Contents

Sommario

3

ENTFERNUNGEN
DISTANCES
DISTANZE

Einige Erklärungen :

In jedem Ortstext finden Sie Entfernungen zur Landeshauptstadt und zu den nächstgrößeren Städten in der Umgebung. Sind diese in der nebenstehenden Tabelle aufgeführt, so wurden sie durch eine Raute ♦ gekennzeichnet. Die Kilometerangaben der Tabelle ergänzen somit die Angaben des Ortstextes.

Da die Entfernung von einer Stadt zu einer anderen nicht immer unter beiden Städten zugleich aufgeführt ist, sehen Sie bitte unter beiden entsprechenden Ortstexten nach. Eine weitere Hilfe sind auch die am Rande der Stadtpläne erwähnten Kilometerangaben.

Die Entfernungen gelten ab Stadtmitte unter Berücksichtigung der günstigsten (nicht immer kürzesten) Strecke.

Quelques précisions :

Au texte de chaque localité vous trouverez la distance de la capitale du " Land " et des villes environnantes. Lorsque ces villes sont celles du tableau ci-contre, leur nom est précédé d'un losange ♦. Les distances intervilles du tableau les complètent.

La distance d'une localité à une autre n'est pas toujours répétée en sens inverse : voyez au texte de l'une ou l'autre. Utilisez aussi les distances portées en bordure des plans.

Les distances sont comptées à partir du centre-ville et par la route la plus pratique, c'est-à-dire celle qui offre les meilleures conditions de roulage, mais qui n'est pas nécessairement la plus courte.

Commentary :

The text on each town includes its distances to the ''land'' capital and to its neighbours. Towns specified in the table opposite are preceded by a lozenge ♦ in the text. The distances in the table complete those given under individual town headings for calculating total distances.

To avoid excessive repetition some distances have only been quoted once, you may, therefore, have to look under both town headings. Note also that some distances appear in the margins of the town plans.

Distances are calculated from centres and along the best roads from a motoring point of view - not necessarily the shortest.

Qualche chiarimento :

Nel testo di ciascuna località troverete la distanza dalla capitale del '' land '' e dalle città circostanti. Quando queste città appaiono anche nella tabella a lato, il loro nome è preceduto da una losanga ♦. Le distanze tra le città della tabella le completano.

La distanza da una località ad un'altra non è sempre ripetuta in senso inverso : vedete al testo dell'una o dell'altra. Utilizzate anche le distanze riportate a margine delle piante.

Le distanze sono calcolate a partire dal centro delle città e seguendo la strada più pratica, ossia quella che offre le migliori condizioni di viaggio, ma che non è necessariamente la più breve.

ENTFERNUNGEN ZWISCHEN DEN GRÖSSEREN STÄDTEN

DISTANCES ENTRE PRINCIPALES VILLES

DISTANCES BETWEEN MAJOR TOWNS

DISTANZE TRA LE PRINCIPALI CITTÀ

527 km

Beispiel · Exemple · Example · Esempio

Hannover – Stuttgart

Entfernungen in km (Dreieckstabelle). Jede Zeile nennt die Entfernung der Stadt zu allen vorher genannten Städten, in der Reihenfolge: Aachen, Augsburg, Bamberg, Berlin, Bonn, Braunschweig, Bremen, Bremerhaven, Darmstadt, Dortmund, Duisburg, Düsseldorf, Essen, Frankfurt, Freiburg, Hamburg, Hannover, Karlsruhe, Kassel, Kiel, Koblenz, Köln, Konstanz, Lübeck, Mannheim, München, Nürnberg, Oldenburg, Osnabrück, Regensburg, Saarbrücken, Stuttgart, Trier, Ulm, Wiesbaden, Würzburg.

Stadt	Entfernungen (km)
Augsburg	571
Bamberg	463 · 208
Berlin	641 · 563 · 405
Bonn	92 · 501 · 380 · 605
Braunschweig	416 · 553 · 396 · 231 · 553
Bremen	381 · 681 · 524 · 345 · 167 · 221
Bremerhaven	439 · 735 · 578 · 446 · 403 · 221 · 58
Darmstadt	268 · 326 · 214 · 585 · 185 · 535 · 294 · 255
Dortmund	159 · 579 · 407 · 496 · 123 · 271 · 236 · 265 · 82
Duisburg	81 · 559 · 431 · 564 · 72 · 339 · 290 · 265 · 236 · 29
Düsseldorf	105 · 578 · 450 · 546 · 95 · 321 · 323 · 255 · 255 · 31 · 29
Essen	121 · 580 · 77 · 532 · 307 · 310 · 257 · 252 · 38 · 58 · 65
Frankfurt	259 · 211 · 553 · 97 · 335 · 348 · 246 · 35 · 223 · 147 · 201 · 68
Freiburg	482 · 353 · 414 · 805 · 412 · 602 · 712 · 770 · 490 · 489 · 481 · 374 · 489 · 270
Hamburg	491 · 709 · 552 · 297 · 455 · 135 · 120 · 107 · 346 · 375 · 458 · 481 · 362 · 491 · 758
Hannover	357 · 566 · 409 · 289 · 195 · 64 · 123 · 177 · 280 · 262 · 299 · 132 · 248 · 140 · 615 · 151
Karlsruhe	352 · 229 · 284 · 675 · 282 · 472 · 582 · 640 · 107 · 333 · 380 · 316 · 359 · 190 · 133 · 628 · 327
Kassel	310 · 408 · 251 · 382 · 274 · 151 · 222 · 279 · 167 · 228 · 281 · 196 · 201 · 457 · 307 · 361 · 96 · 406
Kiel	577 · 808 · 651 · 364 · 541 · 178 · 53 · 94 · 486 · 461 · 613 · 374 · 590 · 857 · 628 · 96 · 250 · 727 · 619
Koblenz	152 · 428 · 361 · 611 · 63 · 522 · 580 · 481 · 132 · 166 · 384 · 63 · 175 · 133 · 164 · 151 · 209 · 209 · 248 · 512
Köln	70 · 519 · 391 · 576 · 27 · 351 · 316 · 423 · 201 · 66 · 94 · 27 · 123 · 187 · 430 · 300 · 245 · 106 · 619 · 245
Konstanz	583 · 202 · 420 · 811 · 513 · 693 · 813 · 875 · 590 · 592 · 632 · 574 · 590 · 134 · 106 · 849 · 241 · 134 · 548 · 948 · 531 · 512
Lübeck	549 · 767 · 610 · 322 · 513 · 232 · 178 · 232 · 581 · 433 · 420 · 407 · 564 · 816 · 686 · 92 · 566 · 365 · 327 · 106 · 484 · 365
Mannheim	286 · 287 · 274 · 630 · 216 · 412 · 522 · 580 · 53 · 300 · 281 · 300 · 301 · 80 · 143 · 568 · 267 · 68 · 240 · 837 · 68 · 225 · 409 · 345
München	629 · 68 · 274 · 585 · 630 · 623 · 751 · 805 · 384 · 632 · 619 · 613 · 634 · 411 · 287 · 779 · 425 · 240 · 478 · 837 · 573 · 573 · 106 · 626 · 225
Nürnberg	475 · 137 · 60 · 438 · 392 · 453 · 581 · 635 · 226 · 462 · 464 · 466 · 464 · 223 · 411 · 609 · 249 · 299 · 339 · 667 · 403 · 407 · 385 · 239 · 165 · 299
Oldenburg	365 · 538 · 440 · 329 · 215 · 170 · 49 · 58 · 443 · 226 · 274 · 206 · 429 · 696 · 496 · 168 · 206 · 565 · 407 · 797 · 203 · 407 · 765 · 226 · 765 · 595 · 595
Osnabrück	268 · 580 · 423 · 232 · 200 · 121 · 123 · 177 · 364 · 139 · 179 · 121 · 152 · 332 · 599 · 231 · 141 · 469 · 317 · 289 · 469 · 310 · 700 · 289 · 480 · 695 · 480 · 105
Regensburg	575 · 138 · 160 · 492 · 515 · 552 · 681 · 735 · 543 · 562 · 564 · 553 · 564 · 566 · 441 · 566 · 334 · 360 · 808 · 767 · 360 · 439 · 409 · 767 · 360 · 125 · 101 · 695 · 580
Saarbrücken	282 · 373 · 384 · 741 · 212 · 523 · 554 · 612 · 170 · 277 · 332 · 277 · 424 · 209 · 144 · 536 · 236 · 132 · 193 · 778 · 132 · 255 · 369 · 313 · 101 · 454 · 441 · 538 · 695 · 369
Stuttgart	417 · 161 · 241 · 632 · 347 · 514 · 642 · 696 · 172 · 425 · 426 · 425 · 426 · 205 · 205 · 527 · 82 · 133 · 274 · 737 · 183 · 183 · 527 · 737 · 89 · 219 · 206 · 631 · 441 · 369 · 226
Trier	149 · 465 · 402 · 725 · 143 · 507 · 581 · 635 · 218 · 263 · 364 · 263 · 237 · 302 · 302 · 670 · 82 · 212 · 124 · 769 · 82 · 274 · 728 · 226 · 255 · 638 · 534 · 469 · 631 · 728 · 226 · 311 · 93
Ulm	501 · 82 · 246 · 601 · 431 · 611 · 731 · 793 · 256 · 510 · 519 · 512 · 510 · 237 · 91 · 595 · 159 · 140 · 167 · 825 · 180 · 217 · 502 · 825 · 140 · 175 · 210 · 715 · 502 · 372 · 502 · 91 · 395 · 303
Wiesbaden	236 · 368 · 243 · 582 · 153 · 364 · 441 · 499 · 45 · 204 · 225 · 225 · 239 · 39 · 214 · 283 · 149 · 89 · 102 · 578 · 89 · 164 · 355 · 578 · 89 · 425 · 328 · 618 · 441 · 355 · 355 · 210 · 214 · 164 · 298
Würzburg	370 · 209 · 97 · 498 · 287 · 356 · 484 · 538 · 121 · 338 · 359 · 298 · 118 · 191 · 309 · 369 · 191 · 279 · 327 · 570 · 327 · 291 · 209 · 291 · 109 · 383 · 209 · 498 · 383 · 209 · 209 · 148 · 291 · 245 · 150

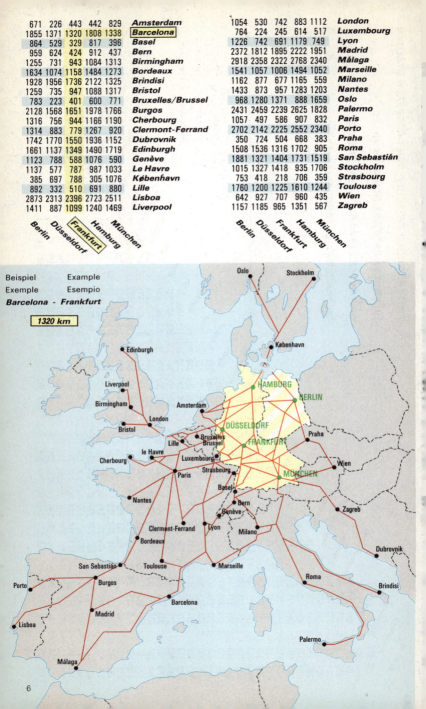

Berlin	Düsseldorf	Frankfurt	Hamburg	München	
671	226	443	442	829	*Amsterdam*
1855	1371	1320	1808	1338	*Barcelona*
864	529	329	817	396	*Basel*
959	624	424	912	437	*Bern*
1255	731	943	1084	1313	*Birmingham*
1634	1074	1158	1484	1273	*Bordeaux*
1928	1956	1736	2122	1325	*Brindisi*
1259	735	947	1088	1317	*Bristol*
783	223	401	600	771	*Bruxelles/Brussel*
2128	1568	1651	1978	1766	*Burgos*
1316	756	944	1166	1190	*Cherbourg*
1314	883	779	1267	920	*Clermont-Ferrand*
1742	1770	1550	1936	1152	*Dubrovnik*
1661	1137	1349	1490	1719	*Edinburgh*
1123	788	588	1076	590	*Genève*
1137	577	787	987	1033	*Le Havre*
385	697	788	305	1076	*København*
892	332	510	691	880	*Lille*
2873	2313	2396	2723	2511	*Lisboa*
1411	887	1099	1240	1469	*Liverpool*

Berlin	Düsseldorf	Frankfurt	Hamburg	München	
1054	530	742	883	1112	*London*
764	224	245	614	517	*Luxembourg*
1226	742	691	1179	749	*Lyon*
2372	1812	1895	2222	1951	*Madrid*
2918	2358	2322	2768	2340	*Málaga*
1541	1057	1006	1494	1052	*Marseille*
1162	877	677	1165	559	*Milano*
1433	873	957	1283	1203	*Nantes*
968	1280	1371	888	1659	*Oslo*
2431	2459	2239	2625	1828	*Palermo*
1057	497	586	907	832	*Paris*
2702	2142	2225	2552	2340	*Porto*
350	724	504	668	383	*Praha*
1508	1536	1316	1702	905	*Roma*
1881	1321	1404	1731	1519	*San Sebastián*
1015	1327	1418	935	1706	*Stockholm*
753	418	218	706	359	*Strasbourg*
1760	1200	1225	1610	1244	*Toulouse*
642	927	707	960	435	*Wien*
1157	1185	965	1351	567	*Zagreb*

Beispiel   Example

Exemple   Esempio

Barcelona - Frankfurt

1320 km

6

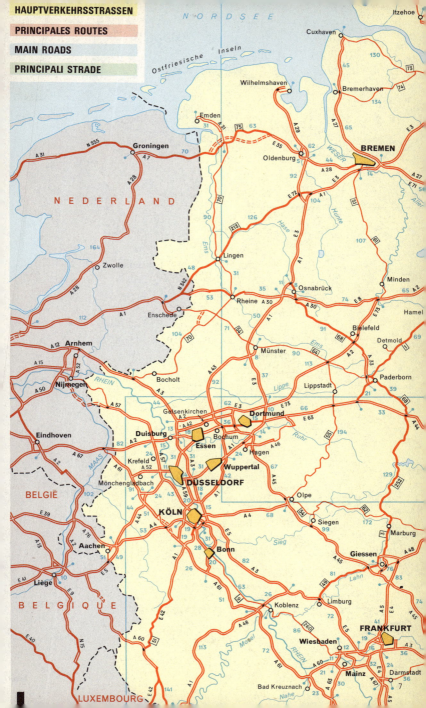

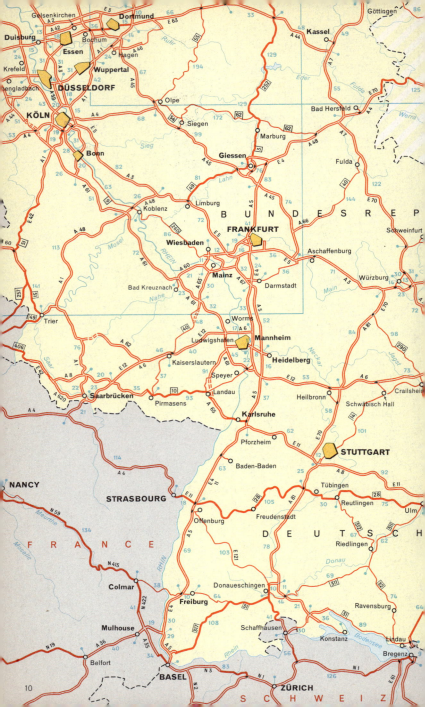

Der Michelin-Führer...

Er ist nicht nur ein Verzeichnis guter Restaurants und Hotels, sondern gibt zusätzlich eine Fülle nützlicher Tips für die Reise. Nutzen Sie die zahlreichen Informationen, die er bietet.

Zum Gebrauch dieses Führers

Die Erläuterungen stehen auf den folgenden Seiten.
Beachten Sie dabei, daß das gleiche Zeichen rot oder schwarz, fett oder dünn gedruckt, verschiedene Bedeutungen hat.

Zur Auswahl der Hotels und Restaurants

Der Rote Michelin-Führer ist kein vollständiges Verzeichnis aller Hotels und Restaurants. Er bringt nur eine bewußt getroffene, begrenzte Auswahl. Diese basiert auf regelmäßigen Überprüfungen durch unsere Inspektoren an Ort und Stelle. Bei der Beurteilung werden auch die zahlreichen Hinweise unserer Leser berücksichtigt.

Zu den Stadtplänen

Sie informieren über Fußgänger- und Geschäftsstraßen, Durchgangs- oder Umgehungsstraßen, über die Lage von Hotels und Restaurants (an Hauptverkehrsstraßen oder in ruhiger Gegend), wo sich die Post, das Verkehrsamt, die wichtigsten öffentlichen Gebäude, Sehenswürdigkeiten u. dgl. befinden.

Ihre Meinung zu den Angaben des Führers, Ihre Kritik, Ihre Verbesserungsvorschläge interessieren uns sehr. Zögern Sie daher nicht, uns diese mitzuteilen... wir antworten bestimmt.

**Michelin Reifenwerke KGaA. - Touristikabteilung
Postfach 210951 - 7500 KARLSRUHE 21**

Vielen Dank im voraus und angenehme Reise !

Wahl eines Hotels, eines Restaurants

Unsere Auswahl ist für Durchreisende gedacht. In jeder Kategorie drückt die Reihenfolge der Betriebe eine weitere Rangordnung aus.

KLASSENEINTEILUNG UND KOMFORT

🏨	Großer Luxus und Tradition	XXXXX
🏨	Großer Komfort	XXXX
🏨	Sehr komfortabel	XXX
🏨	Mit gutem Komfort	XX
🏚	Mit ausreichendem Komfort	X
🏠	Bürgerlich	
M	Moderne Einrichtung	
garni	Hotel ohne Restaurant	
	Restaurant vermietet auch Zimmer	mit Zim

EINRICHTUNG

Für die 🏨, 🏨, und 🏨 geben wir keine Einzelheiten über die Einrichtung an, da diese Hotels jeden Komfort besitzen.

In den Häusern der übrigen Kategorien nennen wir die vorhandenen Einrichtungen. Diese können in einigen Zimmern fehlen.

30 Z	Anzahl der Zimmer
50 B	Anzahl der Betten
🛗	Fahrstuhl
▣	Klimaanlage
TV	Fernsehen im Zimmer
🛁wc 🛁	Privatbad mit wc, Privatbad ohne wc
🚿wc 🚿	Privatdusche mit wc, Privatdusche ohne wc
☎	Zimmertelefon mit Außenverbindung
♿	Für Körperbehinderte leicht zugängliche Zimmer
🧒	Spezielle Einrichtungen/Angebote für Kinder
🍽	Garten-, Terrassenrestaurant
🏊 🏊	Freibad, Hallenbad oder Thermalhallenbad
⚕	Kneippabteilung
🧖s	Sauna
🏖	Strandbad
🌿	Liegewiese, Garten
🎾	Tennisplatz
⛳	Golfplatz und Lochzahl
🐎	Reitpferde
🏛	Konferenzräume (mind. 25 Plätze)
🚗	Garage
Ⓟ	Parkplatz reserviert für Gäste
	Das Mitführen von Hunden ist unerwünscht :
🐕	im ganzen Haus
🐕 Rest	im Restaurant
🐕 Zim	im Hotelzimmer
Mai - Okt.	Öffnungszeit, vom Hotelier mitgeteilt
nur Saison	Unbestimmte Öffnungszeit eines Saisonhotels
	Die Häuser, für die wir keine Schließungszeiten angeben, sind im allgemeinen ganzjährig geöffnet.

ANNEHMLICHKEITEN

In manchen Hotels ist der Aufenthalt wegen der schönen, ruhigen Lage, der nicht alltäglichen Einrichtung und Atmosphäre und dem gebotenen Service besonders angenehm und erholsam.

Solche Häuser und ihre besonderen Annehmlichkeiten sind im Führer durch folgende Symbole gekennzeichnet :

⚏⚏⚏ ... ⌂	Angenehme Hotels
XXXXX ... ✗	Angenehme Restaurants
« Park »	Besondere Annehmlichkeit
⇖	Sehr ruhiges, oder abgelegenes und ruhiges Hotel
⇘	Ruhiges Hotel
⇐ Rhein	Reizvolle Aussicht
⇐	Interessante oder weite Sicht

Die Übersichtskarten S. 50 bis S. 57 helfen Ihnen bei der Suche nach besonders ausgezeichneten Häusern.

Wir wissen, daß diese Auswahl noch nicht vollständig ist, sind aber laufend bemüht, weitere solche Häuser für Sie zu entdecken ; dabei sind uns Ihre Erfahrungen und Hinweise eine wertvolle Hilfe.

KÜCHE

Die Sterne : siehe Karten S. 50 bis 57.

Unter den zahlreichen in diesem Führer empfohlenen Häusern verdienen einige Ihre besondere Aufmerksamkeit : ihre regionale oder internationale Küche ist überdurchschnittlich gut. Auf diese Häuser weisen die Sterne hin.

Bei den mit « Stern » ausgezeichneten Betrieben nennen wir maximal drei kulinarische Spezialitäten, die Sie probieren sollten.

❀   **Eine sehr gute Küche : verdient Ihre besondere Beachtung**

Gutes Speiseangebot, regionale und internationale Spezialitäten : eine angenehme Unterbrechung Ihrer Reise.

Vergleichen Sie aber bitte nicht den Stern eines sehr teuren Luxusrestaurants mit dem Stern eines kleineren oder mittleren Hauses, wo man Ihnen zu einem annehmbaren Preis eine ebenfalls vorzügliche Mahlzeit reicht.

❀❀   **Eine hervorragende Küche : verdient einen Umweg**

Ausgesuchte Spezialitäten und Weine... angemessene Preise.

❀❀❀   **Eine der besten Küchen : eine Reise wert**

Ein denkwürdiges Essen, edle Weine, tadelloser Service, gepflegte Atmosphäre... entsprechende Preise.

Karte **29**/41   **Sorgfältig zubereitete, preiswerte Mahlzeiten**

Wir glauben, daß es für Sie interessant ist, außer den Stern-Restaurants auch solche Häuser zu kennen, die zu einem Preis unter 30,- DM ein besonders gutes, vorzugsweise landesübliches Essen bieten.

Auf der Karte Seite 50 bis 57 finden Sie alle Orte, in denen wir ein solches Haus empfehlen.

Im Text sind die betreffenden Häuser durch den fettgedruckten Essenspreis hinter der roten Angabe Karte kenntlich gemacht.

Biere und Weine : Siehe S. 44 - 49

PREISE

Die Preise sind uns im Sommer 1985 angegeben worden. Sie können Veränderungen unterliegen, wenn die Lebenshaltungskosten steigen sollten. Sie können dann auf jeden Fall als Richtpreise dienen.

Halten Sie beim Betreten des Hotels den Führer in der Hand. Sie zeigen damit, daß Sie aufgrund dieser Empfehlung gekommen sind.

Die Namen der Hotels und Restaurants, die ihre Preise genannt haben, sind fett gedruckt. Gleichzeitig haben sich diese Häuser verpflichtet, die angegebenen Preise den Benutzern des Michelin-Führers zu berechnen.

Informieren Sie uns bitte über jede unangemessen erscheinende Preiserhöhung.

Wenn keine Preise angegeben sind, raten wir Ihnen, sich beim Hotelier danach zu erkundigen.

Die angegebenen Preise gelten für die Hochsaison und enthalten Bedienung und MWSt.

Mahlzeiten

◂	Mahlzeiten unter 15 DM
Karte **29**/41	Sorgfältig zubereitete, preiswerte Mahlzeiten (der fettgedruckte Preis beinhaltet : Suppe oder kleine Vorspeise, Hauptgericht, evtl. ein Dessert und ein landesübliches Getränk).
Karte 14/32	Der niedrigste Preis entspricht einer einfachen Mahlzeit : Suppe und Hauptgericht, evtl. Dessert, der höchste Preis einem reichhaltigen Essen : Suppe oder kleine Vorspeise, Hauptgericht, Käse oder Dessert. Diese Zusammenstellung entspricht den von vielen Häusern angebotenen Menus (Gedecken). « Couvert » wird im allgemeinen nicht extra berechnet.
Fb	Frühstücksbuffet, im Übernachtungspreis enthalten (gelegentlich wird jedoch ein Zuschlag erhoben).
♨	Preiswerte offene Weine.

Zimmer

5 Z : 8 B 25/64 - 45/95	Zimmer- und Bettenzahl mit Mindest- und Höchstpreisen für Einzelzimmer - Doppelzimmer inkl. Frühstück (in einigen Hotels und Autobahn-Rasthäusern wird das Frühstück separat berechnet, ist aber im angegebenen Preis enthalten).
5 Appart. 70/120	Anzahl der Ferienappartements mit Mindest- und Höchstpreis pro Tag.

Pension

P 58/90	Mindest- und Höchstpreis für Vollpension pro Person und Tag während der Hauptsaison (die Preise gelten im allgemeinen ab 3 Tagen).
ᴬᴱ ⓞ Ⓔ 𝗩𝗜𝗦𝗔	**Kreditkarten.** — Von Hotels und Restaurants akzeptierte Kreditkarten : American Express — Diners Club — Eurocard (Access-MasterCard) — Visa (BankAmericard).

NÜTZLICHE HINWEISE

Die Preise sind für Durchreisende angegeben. Aber ganz gleich, ob Sie nur für eine Nacht oder für längere Zeit in einem Hotel bleiben wollen : vereinbaren Sie mit dem Hotelier auf jeden Fall vorher den Endpreis inklusive aller evtl. Zuschläge. So sichern Sie sich am besten vor unliebsamen Überraschungen.

Erfahrungsgemäß werden bei größeren Veranstaltungen, Messen und Ausstellungen (siehe S. 60) in vielen Städten und deren Umgebung erhöhte Preise verlangt.

Die Preise für Hotel-Appartements werden im allgemeinen individuell abgesprochen. Anzahl und Preise zur Verfügung stehender Ferienappartements sind hinter den Übernachtungspreisen angegeben.

Kurtaxe

In einigen Orten ist die Kurtaxe nicht im Übernachtungs- bzw. Pensionspreis enthalten ; sie wird gesondert erhoben oder in Rechnung gestellt.

Zimmerreservierung

Sie sollte, wenn möglich, rechtzeitig vorgenommen werden. Lassen Sie sich dabei vom Hotelier noch einmal die endgültigen Preise nennen.

Bei schriftlichen Zimmerbestellungen empfiehlt es sich, einen Freiumschlag oder einen internationalen Antwortschein (beim Postamt erhältlich) beizufügen.

Reiseinformationen :

Deutsche Zentrale für Tourismus (DZT),
Beethovenstr. 69, 6000 Frankfurt 1, ✆ 7 57 20,
Telex 4189178.

Allgemeine Deutsche Zimmerreservierung (ADZ),
Beethovenstr. 69, 6000 Frankfurt 1, ✆ 74 07 67,
Telex 416666.

ADAC : Adressen im jeweiligen Ortstext

AvD : Lyoner Str. 16, 6000 Frankfurt 71 - Niederrad, ✆ 6 60 63 00

ACE : Schmidener Str. 233, 7000 Stuttgart 50, ✆ 5 06 71, Telex 7254825, Notruf : ✆ 53 44 44

DTC : Amalienburgstr. 23, 8000 München 60, ✆ 8 11 10 48, Telex 524508.

HAUPTSEHENSWÜRDIGKEITEN

Bewertung

★★★	Eine Reise wert
★★	Verdient einen Umweg
★	Sehenswert

Lage

Sehenswert	In der Stadt
Ausflugsziel	In der Umgebung der Stadt
N, S, O, W	Die Sehenswürdigkeit liegt im Norden (N), Süden (S), Osten (O), Westen (W) der Stadt.
über ①, ④	Zu erreichen über Ausfallstraße ①, ④ auf dem Stadtplan
2 km	Entfernung in Kilometern

STÄDTE

In alphabetischer Reihenfolge (ä = ae, ö = oe, ü = ue, ß = ss)

7500	Postleitzahl
✉ 2891 Waddens	Postleitzahl und zuständiges Postamt
✆ 0211	Vorwahlnummer (bei Gesprächen vom Ausland aus wird die erste Null weggelassen)
✆ 0591 (Lingen)	Vorwahlnummer und zuständiges Fernsprechamt
Ⓛ	Landeshauptstadt
987 ③ ④	Nummer der Michelin-Karte und Faltseite
24 000 Ew.	Einwohnerzahl
Höhe 175 m	Höhe
Heilbad	
Kneippkurort	
Heilklimatischer	
Kurort-Luftkurort	Art des Ortes
Seebad	
Sommerfrische	
Erholungsort	
Wintersport	
800/1 000 m	Höhe des Wintersportgeländes und Maximal-Höhe, die mit Kabinenbahn oder Lift erreicht werden kann
🚠 2	Anzahl der Kabinenbahnen
🚡 4	Anzahl der Schlepp- oder Sessellifts
🎿 4	Anzahl der Langlaufloipen
AX A	Markierung auf dem Stadtplan
⁂ ≼	Rundblick, Aussichtspunkt
✈	Flughafen
🚗 ✆ 7720	Ladestelle für Autoreisezüge - Nähere Auskünfte unter der angegebenen Telefonnummer
⛴	Autofähre
🛈	Informationsstelle
ADAC	Allgemeiner Deutscher Automobilclub (mit Angabe der Geschäftsstelle)

18

STADTPLÄNE

Straßen

Autobahn, Straße mit getrennten Fahrbahnen

    Anschlußstelle : Autobahneinfahrt und/oder -ausfahrt

Hauptverkehrsstraße

Einbahnstraße - nicht befahrbare Straße

Fußgängerzone - Straßenbahn

Einkaufsstraße - Parkplatz

Tor - Passage - Tunnel

Bahnhof und Bahnlinie

Autofähre - Bewegliche Brücke

Sehenswürdigkeiten — Hotels - Restaurants

Sehenswertes Gebäude mit Haupteingang

Sehenswerter Sakralbau :

    Kathedrale, Kirche oder Kapelle

Schloß - Ruine - Windmühle - Sonstige Sehenswürdigkeiten

Referenzbuchstabe einer Sehenswürdigkeit

Hotel, Restaurant - Referenzbuchstabe

Sonstige Zeichen

Informationsstelle - Michelin-Niederlassung

Krankenhaus - Markthalle - Wasserturm - Fabrik

Garten, Park, Wäldchen - Friedhof - Jüd. Friedhof

Stadion - Golfplatz - Bildstock - Turm

Freibad - Hallenbad

Flughafen - Pferderennbahn- Aussicht - Rundblick

Standseilbahn - Seilschwebebahn

Moschee - Synagoge

Denkmal, Statue - Brunnen - Jachthafen - Leuchtturm

Schiffsverbindungen : Autofähre - Personenfähre

Öffentliches Gebäude, durch einen Buchstaben gekennzeichnet :

    Gerichtsgebäude

    Sitz der Landesregierung - Rathaus

    Museum - Theater

    Polizei (in größeren Städten Polizeipräsidium)

    Universität, Hochschule

Straßenkennzeichnung (identisch auf Michelin-Stadtplänen
und -Abschnittskarten)

Hauptpostamt (postlagernde Sendungen), Telefon

Automobilclub - Bergwerk

U-Bahnstation, unterirdischer S-Bahnhof

*Die Namen der wichtigsten Einkaufsstraßen
sind am Anfang des Straßenverzeichnisses in rot aufgeführt.*

Découvrez
le guide…

et sachez l'utiliser pour en tirer le meilleur profit. Le Guide Michelin n'est pas seulement une liste de bonnes tables ou d'hôtels, c'est aussi une multitude d'informations pour faciliter vos voyages.

La clé du Guide

Elle vous est donnée par les pages explicatives qui suivent.
Sachez qu'un même symbole, qu'un même caractère, en rouge ou en noir, en maigre ou en gras, n'a pas tout à fait la même signification.

La sélection des hôtels et des restaurants

Ce Guide n'est pas un répertoire complet des ressources hôtelières d'Allemagne, il en présente seulement une sélection volontairement limitée. Cette sélection est établie après visites et enquêtes effectuées régulièrement sur place. C'est lors de ces visites que les avis et observations de nos lecteurs sont examinés.

Les plans de ville

Ils indiquent avec précision : les rues piétonnes et commerçantes, comment traverser ou contourner l'agglomération, où se situent les hôtels (sur de grandes artères ou à l'écart), où se trouvent la poste, l'office de tourisme, les grands monuments, les principaux sites, etc…

Sur tous ces points et aussi sur beaucoup d'autres, nous souhaitons vivement connaître votre avis. N'hésitez pas à nous écrire, nous vous répondrons.

Merci par avance.

Services de Tourisme Michelin
46, avenue de Breteuil, 75341 PARIS CEDEX 07

Bibendum vous souhaite d'agréables voyages.

Le choix d'un hôtel, d'un restaurant

Notre classement est établi à l'usage de l'automobiliste de passage. Dans chaque catégorie les établissements sont cités par ordre de préférence.

CLASSE ET CONFORT

🏨	Grand luxe et tradition	XXXXX
🏨	Grand confort	XXXX
🏨	Très confortable	XXX
🏨	De bon confort	XX
🏠	Assez confortable	X
🏠	Simple mais convenable	
M	Dans sa catégorie, hôtel d'équipement moderne	
garni	L'hôtel n'a pas de restaurant	
	Le restaurant possède des chambres	mit Zim

L'INSTALLATION

Les hôtels des catégories 🏨, 🏨, 🏨, possèdent tout le confort, les symboles de détail n'apparaissent donc pas dans le texte de ces hôtels.

Dans les autres catégories, nous indiquons les éléments de confort existants mais certaines chambres peuvent ne pas en être pourvues.

30 Z	Nombre de chambres
50 B	Nombre de lits
🛗	Ascenseur
🖻	Air conditionné
TV	Télévision dans la chambre
⊟wc ⊟	Salle de bains et wc privés, Salle de bains privée sans wc
🛁wc 🛁	Douche et wc privés, Douche privée sans wc
☎	Téléphone dans la chambre, direct avec l'extérieur (cadran)
♿	Chambres accessibles aux handicapés physiques
👫	Equipements d'accueil pour les enfants
☂	Repas servis au jardin ou en terrasse
☒ ☒	Piscine : de plein air ou couverte
⚘	Cure Kneipp
🔥s	Sauna
⛱	Plage aménagée
♣	Jardin de repos
⚜	Tennis
⛳18	Golf et nombre de trous
🐴	Chevaux de selle
⚜	Salles de conférences (25 places minimum)
🚗	Garage
Ⓟ	Parc à voitures réservé à la clientèle
🐕	Accès interdit aux chiens : dans tout l'établissement
🐕 Rest	au restaurant seulement
🐕 Zim	dans les chambres seulement
Mai - Okt.	Période d'ouverture, communiquée par l'hôtelier
nur Saison	Ouverture probable en saison mais dates non précisées
	Les établissements ouverts toute l'année sont ceux pour lesquels aucune mention n'est indiquée.

L'AGRÉMENT

Le séjour dans certains hôtels se révèle parfois particulièrement agréable ou reposant.

Cela peut tenir d'une part au caractère de l'édifice, au décor original, au site, à l'accueil et aux services qui sont proposés, d'autre part à la tranquillité des lieux.

De tels établissements se distinguent dans le guide par les symboles rouges indiqués ci-après.

🏨🏨🏨 ... 🏠	Hôtels agréables
XXXXX ... ✕	Restaurants agréables
« Park »	Élément particulièrement agréable
🐦	Hôtel très tranquille ou isolé et tranquille
🐦	Hôtel tranquille
← Rhein	Vue exceptionnelle
←	Vue intéressante ou étendue

Consultez les cartes p. 50 à 57, elles faciliteront vos recherches.

Nous ne prétendons pas avoir signalé tous les hôtels agréables, ni tous ceux qui sont tranquilles ou isolés et tranquilles.

Nos enquêtes continuent. Vous pouvez les faciliter en nous faisant connaître vos observations et vos découvertes.

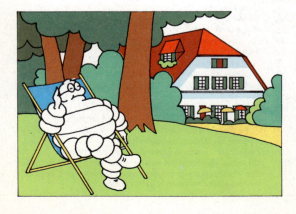

LA TABLE

Les étoiles : voir la carte (p. 50 à 57).

Parmi les nombreux établissements recommandés dans ce Guide certains méritent d'être signalés à votre attention pour la qualité de leur cuisine, qu'il s'agisse de cuisines propres au pays ou étrangères. C'est le but des étoiles de bonne table.

Nous indiquons presque toujours, pour ces établissements, trois spécialités culinaires. Essayez-les à la fois pour votre satisfaction et aussi pour encourager le chef dans son effort.

❀ **Une très bonne table dans sa catégorie**

Cuisine soignée, spécialités régionales et étrangères.

L'étoile marque une bonne étape sur votre itinéraire.

Mais ne comparez pas l'étoile d'un établissement de luxe à prix élevés avec celle d'une petite maison où à prix raisonnables, on sert également une cuisine de qualité.

❀❀ **Table excellente, mérite un détour**

Spécialités et vins de choix, attendez-vous à une dépense en rapport.

❀❀❀ **Une des meilleures tables, vaut le voyage**

Table merveilleuse, grands vins, service impeccable, cadre élégant… Prix en conséquence.

Karte **29**/41 **Les repas soignés à prix modérés**

Tout en appréciant les bonnes tables à étoiles, vous souhaitez parfois trouver sur votre itinéraire, des restaurants plus simples à prix modérés. Nous avons pensé qu'il vous intéresserait de connaître des maisons qui proposent, pour une addition ne dépassant pas 30 DM tout compris, un menu particulièrement soigné, souvent de type régional.

Consultez la carte p. 50 à 57

et ouvrez votre Guide au nom de la localité choisie. La maison que vous cherchez se distingue des autres par son prix de repas imprimé en caractères gras et par le mot Karte inscrit en rouge.

La bière et les vins : voir p. 44 à 49

LES PRIX

Les prix que nous indiquons dans ce guide ont été établis en été 1985. Ils sont susceptibles d'être modifiés si le coût de la vie subit des variations importantes. Ils doivent, en tout cas, être considérés comme des prix de base.

Les prix indiqués sont des prix « Haute Saison » et s'entendent tout compris, c'est-à-dire service et T.V.A. inclus.

Entrez à l'hôtel le Guide à la main, vous montrerez ainsi qu'il vous conduit là en confiance.

Les hôtels et restaurants figurent en gros caractères lorsque les hôteliers nous ont donné tous leurs prix et se sont engagés à les appliquer aux touristes de passage porteurs de notre guide.

Prévenez-nous de toute majoration paraissant injustifiée. Si aucun prix n'est indiqué, nous vous conseillons de demander les conditions.

Repas

➛	Établissement proposant un repas simple à moins de 15 DM
Karte **29**/41	Repas soignés à prix modérés (il s'agit de repas composés d'un potage ou petite entrée, d'un plat garni, parfois d'un dessert, boisson comprise).
Karte 14/32	Le premier prix correspond à un repas à l'allemande, simple mais convenable, comprenant : potage et plat garni. Le deuxième à un repas plus complet comprenant : potage ou hors-d'œuvre, plat garni, fromage ou dessert. Ces prix concernent aussi bien des repas établis à la carte que des menus à prix fixe. Généralement on ne compte pas de supplément pour le couvert
Fb	Frühstücksbuffet : petit déjeuner avec choix servi au buffet, compris dans le prix de la chambre
🍷	Vin de table à prix modéré

Chambres

5 Z : 8 B	Nombre de chambres et de lits.
25/64 - 45/95	Prix des chambres minimum et maximum pour une personne — pour deux personnes, par nuit, petit déjeuner inclus (sur autoroutes le petit déjeuner est parfois compté séparément)
5 Appart. 70/120	L'hôtel dispose aussi d'appartements, avec cuisine, généralement destinés aux séjours. Prix minimum et maximum, suivant grandeur, par jour

Pension

P 58/90	Prix minimum et maximum de la pension complète par personne et par jour en saison
	Chauffage. — En Allemagne, un supplément pour le chauffage, pourra dans certains cas, être ajouté au prix de la chambre
AE ⦿ E VISA	**Cartes de crédit.** — Principales cartes de crédit acceptées par l'établissement : American Express — Diners Club — Eurocard — Visa.

QUELQUES PRÉCISIONS UTILES

Les prix sont indiqués en Deutsche Mark. Ils concernent surtout les touristes de passage, mais qu'il s'agisse d'une nuitée ou d'un séjour il est bon de s'entendre avec l'hôtelier sur les conditions « tout compris », ce qui évitera ensuite toute contestation possible.

A l'occasion de certaines manifestations commerciales ou touristiques (voir p. 60), les prix demandés par les hôteliers risquent d'être sensiblement majorés dans certaines villes et jusqu'à leurs lointains environs.

Au restaurant

Les prix correspondent à des menus présentés s'il s'agit de prix fixes, et à une carte chiffrée s'il s'agit de prix à la carte, pour des repas servis aux heures normales (12 h - 13 h 30 et 18 h 30 - 21 h).

A l'hôtel

Le petit déjeuner est inclus dans le prix de la chambre, mais lorsqu'il est servi sous forme de buffet (Frühstücksbuffet), quelques suppléments peuvent être ajoutés à la note.

La pension

Elle comprend la chambre, le petit déjeuner et deux repas. Les prix de pension sont donnés à titre indicatif et sont souvent applicables à partir de trois jours, mais il est nécessaire de consulter l'hôtelier pour conclure un arrangement définitif.

Taxe de séjour

Dans quelques stations de cure la taxe de séjour n'est pas incluse dans les prix de chambres ou de pension et doit être payée en supplément.

Les réservations

Chaque fois que possible, la réservation est souhaitable. Demandez à l'hôtelier de vous fournir dans sa lettre d'accord toutes précisions utiles sur la réservation et les conditions de séjour.

A toute demande écrite, il est conseillé de joindre un coupon-réponse international.

Certains hôteliers demandent parfois le versement d'arrhes. Il s'agit d'un dépôt-garantie qui engage l'hôtelier comme le client.

Pour visiter une ville et ses environs

LES CURIOSITÉS

Intérêt

★★★	Vaut le voyage
★★	Mérite un détour
★	Intéressant

Situation

Sehenswert	Dans la ville
Ausflugsziel	Aux environs de la ville
N, S, O, W	La curiosité est située : au Nord, Sud, Est, ou Ouest
über ①, ④	On s'y rend par la sortie ① ou ④ repérée par le même signe sur le plan du Guide et sur la carte
6 km	Distance en kilomètres

LES VILLES

Classées par ordre alphabétique (mais ä = ae, ö = oe, ü = ue, ß = ss)

7500	Numéro de code postal
⊠ 2891 Waddens	Numéro de code postal et nom du bureau distributeur du courrier
✆ 0211	Indicatif téléphonique interurbain
✆ 0591 (Lingen)	Indicatif téléphonique interurbain suivi, si nécessaire, de la localité de rattachement
𝕃	Capitale de « Land »
987 ③ ④	Numéro de la Carte Michelin et numéro du pli
24 000 Ew	Population
Höhe 175 m	Altitude de la localité
Heilbad	Station thermale
Kneippkurort	Station de cures Kneipp
Heilklimatischer	Station climatique
Kurort-Luftkurort	Station climatique
Seebad	Station balnéaire
Sommerfrische	Station de villégiature
Erholungsort	Station de villégiature
Wintersport	Sports d'hiver
800/1 000 m	Altitude de la station et altitude maximum atteinte par les remontées mécaniques
⛷ 2	Nombre de téléphériques ou télécabines
⛷ 4	Nombre de remonte-pentes et télésièges
⛷ 4	Ski de fond et nombre de pistes
AX A	Lettres repérant un emplacement sur le plan
※ ≼	Panorama, vue
✈	Aéroport
🚗 ✆ 7720	Localité desservie par train-auto. Renseignements au numéro de téléphone indiqué
⛴	Transports maritimes
🅱	Information touristique
ADAC	Automobile Club d'Allemagne

26

LES PLANS

Voirie

Autoroute, route à chaussées séparées
    échangeur : complet, partiel
Grande voie de circulation
Sens unique - Rue impraticable
Rue piétonne - Tramway
Rue commerçante - Parc de stationnement
Porte - Passage sous voûte - Tunnel
Gare et voie ferrée
Bac pour autos - Pont mobile

Curiosités — Hôtels Restaurants

Bâtiment intéressant et entrée principale
Édifice religieux intéressant :
    Cathédrale, église ou chapelle
Château - Ruines - Moulin à vent - Curiosités diverses
Lettre identifiant une curiosité
Hôtel, restaurant. Lettre les identifiant

Signes divers

Information touristique - Agence Michelin
Hôpital - Marché couvert - Château d'eau - Usine
Jardin, parc, bois - Cimetière - Cimetière israélite
Stade - Golf - Calvaire - Tour
Piscine de plein air, couverte
Aéroport - Hippodrome - Vue - Panorama
Funiculaire - Téléphérique, télécabine
Mosquée - Synagogue
Monument, statue - Fontaine - Port de plaisance - Phare
Transport par bateau :
    passagers et voitures, passagers seulement
Bâtiment public repéré par une lettre :
    Palais de justice
    Siège du gouvernement provincial - Hôtel de ville
    Musée - Théâtre
    Police (commissariat central) - Université, grande école
Repère commun aux plans et aux cartes Michelin détaillées
Bureau principal de poste restante, téléphone
Automobile Club - Puits de mine
Station de métro, gare souterraine

Les hôteliers ont pris des engagements
vis-à-vis des lecteurs de ce guide.
Présentez bien votre Guide Michelin de l'année.

Discover
the guide...

To make the most of the guide know how to use it. The Michelin Guide offers in addition to the selection of hotels and restaurants a wide range of information to help you on your travels.

The key to the guide

...is the explanatory chapters which follow.
Remember that the same symbol and character whether in red or black or in bold or light type, have different meanings.

The selection of hotels and restaurants

This book is not an exhaustive list of all hotels in Germany but a selection which has been limited on purpose. The final choice is based on regular on the spot enquiries and visits. These visits are the occasion for examining attentively the comments and opinions of our readers.

Town plans

These indicate with precision pedestrian and shopping streets ; major through routes in built up areas ; exact locations of hotels whether they be on main or side streets ; post offices ; tourist information centres ; the principal historic buildings and other tourist sights.

Your views or comments concerning the above subjects or any others, are always welcome. Your letter will be answered.

Thank you in advance.

Michelin Reifenwerke KGaA. - Touristikabteilung
Postfach 210951 - 7500 KARLSRUHE 21

Bibendum wishes you a pleasant journey.

Choosing your hotel or restaurant

We have classified the hotels and restaurants with the travelling motorist in mind. In each category they have been listed in order of preference.

CLASS, STANDARD OF COMFORT

🏛️	Luxury in the traditional style	XXXXX
🏛️	Top class comfort	XXXX
🏛️	Very comfortable	XXX
🏛️	Good average	XX
🏛️	Quite comfortable	X
🏠	Modest comfort	
M	In its class, hotel with modern amenities	
garni	The hotel has no restaurant	
	The restaurant has bedrooms	mit Zim

HOTEL FACILITIES

Hotels in categories 🏛️, 🏛️, 🏛️, usually have every comfort : details are not repeated under each hotel.

In other categories, we indicate the facilities available, however, they may not be found in each room.

30 Z	Number of rooms
50 B	Number of beds
🛗	Lift (elevator)
▤	Air conditioning
TV	Television in room
🛁 wc 🛁	Private bathroom with toilet, private bathroom without toilet
🚿 wc 🚿	Private shower with toilet, private shower without toilet
☎	External phone in room
♿	Rooms accessible to the physically handicapped
🧒	Special facilities for children
🏡	Meals served in garden or on terrace
🏊 🏊	Outdoor or indoor swimming pool
🧖	Kneipp cure service
≘s	Sauna
🏖️	Beach with bathing facilities
🌳	Garden
🎾	Tennis court
⛳ 18	Golf course and number of holes
🐎	Horse riding
🏛️	Equipped conference hall (minimum seating : 25)
🚗	Garage available (usually charged for)
Ⓟ	Private park
🐕	Dogs are not allowed : in any part of the hotel
🐕 Rest	in the restaurant
🐕 Zim	in the bedrooms
Mai - Okt.	Dates when open, as indicated by the hotelier
nur Saison	Probably open for the season - precise dates not available.

Choosing your hotel or restaurant

AMENITY

Your stay in certain hotels will be sometimes particularly agreeable or restful.

Such a quality may derive from the hotel's fortunate setting, its decor, welcoming atmosphere and service.

Such establishments are distinguished in the Guide by the symbols shown below.

🏨🏨🏨 ... 🏨	Pleasant hotels
XXXXX ... X	Pleasant restaurants
« Park »	Particularly attractive feature
⑤	Very quiet or quiet, secluded hotel
⑤	Quiet hotel
≤ Rhein	Exceptional view
≤	Interesting or extensive view

By consulting the maps on pp. 50 to 57 you will find it easier to locate them.

We do not claim to have indicated all the pleasant, very quiet or quiet, secluded hotels which exist.

Our enquiries continue. You can help us by letting us know your opinions and discoveries.

CUISINE

The stars : refer to the map on pp. 50 to 57.

Among the numerous establishments recommended in this Guide certain of them merit being brought to your particular attention for the quality of their cooking. That is the aim of the stars for good food.

In the text of these establishments we show some of the culinary specialities, to a maximum of three, that we recommend you to try.

❀ **An especially good restaurant in its class**

Carefully prepared meals, speciality dishes either regional or foreign.

The star indicates a good place to stop on your journey.

But beware of comparing the star given to a « de luxe » establishment with accordingly high prices with that of a simpler one, where for a lesser sum one can still eat a meal of quality.

❀❀ **Excellent cooking, worth a detour**

Specialities and wines of first class quality... do not expect such meals to be cheap.

❀❀❀ **Some of the best cuisine, worth a journey**

Superb food, fine wines, faultless service, elegant surroundings... One will pay accordingly !

Karte **29**/41   **Good food at moderate prices**

Apart from those establishments with stars we have felt that you might be interested in knowing of other establishments which for not more than 30 DM (all inclusive) offer a particular high standard of cooking, often of regional dishes.

Refer to the maps on pp. 50-57, and turn to the appropriate pages in the text. The establishments in this category are shown with their meal prices in bold type and the word Karte in red.

Beer and Wines : see pp. 44 to 49.

Choosing your hotel or restaurant

PRICES

Valid for summer 1985 the rates shown may be revised if the cost of living changes to any great extent. In any event they should be regarded as basic charges.

The prices shown are for the « high season » and are inclusive of service and V.A.T.

Your recommendation is self-evident if you always walk into a hotel, guide in hand.

Hotels and restaurants whose names appear in bold type have supplied us with their charges in detail and undertaken to abide by them, wherever possible, if the traveller is in possession of this year's guide.

If you think you have been overcharged, let us know. Where no rates are shown it is best to enquire about terms in advance.

Meal prices

➤ Establishment serving meals for less than 15 DM.

Karte **29**/41 Good food at moderate prices (a meal composed of soup or hors-d'œuvre, main dish with vegetables, sometimes a sweet, drink included).

Karte 14/32 The first figure for a plain but well prepared German-type meal : soup and main dish with vegetables.
The second figure is for a fuller meal consisting of : soup or hors-d'œuvre, main course, cheese or dessert.
These prices apply equally to « à la carte » and fixed price meals.
There is, generally, no cover charge.

Fb Frühstücksbuffet : breakfast with choice from buffet, included in the price of the room.

⚱ Table wine at a moderate price.

Rooms

5 Z : 8 B Number of rooms and beds
25/64 - 45/95 with lowest and highest prices for single rooms — double rooms for one night, breakfast included. (In some motorway hotels the price of breakfast is counted separately).

5 Appart. 70/120 The hotel also has apartments with kitchen. These are generally for stays of some length. Prices given are the minimum and maximum daily rates and vary according to the size of apartment.

Full-board

P 58/90 Lowest and highest full « en pension » rate (room, breakfast and two meals) per person in the high season.

Heating. — In Germany, an extra charge for heating may sometimes be added to the price of the room.

AE ⓓ E VISA **Credit cards** — Principal credit cards accepted by establishments : American Express — Diners Club — Eurocard (Access and MasterCard) — VISA (BankAmericard)

Choosing your hotel or restaurant

A FEW USEFUL DETAILS

The prices, shown in Deutsche Marks, are primarily for motorists staying for one or two nights only. But whether you are merely stopping overnight or staying much longer it is best to agree « all-in » terms with the hotelier beforehand so as to avoid any argument later.

In the case of certain trade exhibitions or tourist events (see p. 60), prices demanded by hoteliers are liable to reasonable increases in certain cities and for some distance in the area around them.

Set meals

Ordinarily the meal prices relate to printed « set meal » or « à la carte » menus for set meals served at normal hours (noon to 1.30 pm and 6.30 to 9 pm).

In the Hotel

Breakfast is included in the price of the room, but when it is served from a buffet (Frühstücksbuffet) some additional charges are likely.

Full-board

This comprises room, breakfast and 2 meals per day. Full-board prices given are a guide only and are generally applicable for a minimum stay of three days. It is, however, advisable to consult the hotelier to arrange definite terms.

Tax

In certain spa (health) resorts there is a special tax applicable which is not included in the room or pension rates and must therefore be paid over and above the hotel bill.

Reservations

Reserving in advance, when possible, is advised. Ask the hotelier to provide you, in his letter of confirmation, with all terms and conditions applicable to your reservation.

It is advisable to enclose an international reply coupon with your letter.

Certain hoteliers require the payment of a deposit. This constitutes a mutual guarantee of a good faith.

SIGHTS

Star-rating

★★★	Worth a journey
★★	Worth a detour
★	Interesting

Finding the sights

Sehenswert	Sights in town
Ausflugsziel	On the outskirts
N, S, O, W	The sight lies north, south, east or west of the town
über ①, ④	Sign on town plan indicating the road leading to a place of interest
6 km	Distance in kilometres

TOWNS

in alphabetical order (but ä = ae, ö = oe, ü = ue, ß = ss)

7500	Postal number
⊠ 2891 Waddens	Postal number and Post Office serving the town
✿ 0211	Telephone dialling code. Omit 0 when dialling from abroad.
✿ 0591 (Lingen)	For a town not having its own telephone exchange, the town where the exchange serving it is located is given in brackets after the dialling code.
Ⓛ	Capital of « Land »
987 ③ ④	Number of the appropriate sheet and section of the Michelin road map
24 000 Ew	Population
Höhe 175 m	Altitude (in metres)
Heilbad	Spa
Kneippkurort	Health resort (Kneipp)
Heilklimatischer Kurort-Luftkurort	Health resort
	Health resort
Seebad	Seaside resort
Sommerfrische	Holiday resort
Erholungsort	Holiday resort
Wintersport	Winter sports
800/1000 m	Altitude (in metres) of resort and highest point reached by lifts
⛟ 2	Number of cable-cars
⛷ 4	Number of ski and chairlifts
⛷ 4	Cross-country skiing and number of runs
AX A	Letters giving the location of a place on the town map
☀ ≤	Panoramic view, view
✈	Airport
🚗 ☎ 7720	Place with a motorail connection, further information from telephone number listed
⛴	Shipping line
🅱	Tourist Information Centre
ADAC	German Automobile Club

Seeing a town and its surroundings

TOWN PLANS

Roads

Motorway, dual carriageway
   Interchange : complete, limited
Major through route
One-way street - Unsuitable for traffic
Pedestrian street - Tram
Shopping street - Car park
Gateway - Street passing under arch - Tunnel
Station and railway
Car ferry - Lever bridge

Sights — Hotels — Restaurants

Place of interest and its main entrance
Interesting place of worship
   Cathedral, church or chapel
Castle - Ruins - Windmill - Other sights
Reference letter locating a sight
Hotel, restaurant with reference letter

Various signs

Tourist Information Centre - Michelin Branch
Hospital - Covered market - Water tower - Factory
Garden, park, wood - Cemetery - Jewish cemetery
Stadium - Golf course - Cross - Tower
Outdoor or indoor swimming pool
Airport - Racecourse - View - Panorama
Funicular - Cable-car
Mosque - Synagogue
Monument, statue - Fountain
Pleasure boat harbour - Lighthouse
Ferry services : passengers and cars, passengers only
Public buildings located by letter :
   Law Courts
   Provincial Government Office - Town Hall
   Museum - Theatre
   Police (in large towns police headquarters)
   University, colleges
Reference number common to town plans and large scale Michelin maps
Main post office with poste restante, telephone
Automobile Club - Mine, pit
Underground station, S-Bahn station underground

North is at the top on all town plans.

35

Scoprite
la guida…

e sappiatela utilizzare per trarre il miglior vantaggio. La Guida Michelin è un elenco dei migliori alberghi e ristoranti, naturalmente. Ma anche una serie di utili informazioni per i Vostri viaggi !

La '' chiave ''

Leggete le pagine che seguono e comprenderete !
Sapete che uno stesso simbolo o una stessa parola in rosso o in nero, in carattere magro o grasso, non ha lo stesso significato ?

La selezione degli alberghi e ristoranti

Attenzione ! La guida non elenca tutte le risorse alberghiere di Germania. E' il risultato di una selezione, volontariamente limitata, stabilita in seguito a visite ed inchieste effettuate sul posto. E, durante queste visite, amici lettori, vengono tenute in evidenza le Vs. critiche ed i Vs. apprezzamenti !

Le piante di città

Indicano con precisione : strade pedonali e commerciali, il modo migliore per attraversare od aggirare il centro, l'esatta ubicazione degli alberghi e ristoranti citati, della posta centrale, dell'ufficio informazioni turistiche, dei monumenti più importanti e poi altre e altre ancora utili informazioni per Voi !

Su tutti questi punti e su altri ancora, gradiremmo conoscere il Vs. parere. SCRIVETECI e non mancheremo di risponderVi !

Michelin Reifenwerke KGaA. - Touristikabteilung
Postfach 210951 - 7500 KARLSRUHE 21

Grazie e… buon viaggio.

La scelta di un albergo, di un ristorante

La nostra classificazione è stabilita ad uso dell'automobilista di passaggio. In ogni categoria, gli esercizi vengono citati in ordine di preferenza.

CLASSE E CONFORT

🏨🏨	Gran lusso e tradizione	XXXXX
🏨🏨	Gran confort	XXXX
🏨🏨	Molto confortevole	XXX
🏨	Di buon confort	XX
🏛	Abbastanza confortevole	X
🏫	Semplice ma conveniente	
M	Nella sua categoria, albergo con attrezzatura moderna	
garni	L'albergo non ha ristorante	
	Il ristorante dispone di camere	mit Zim

INSTALLAZIONI

I 🏨🏨, 🏨🏨, 🏨🏨 offrono ogni confort, per questi alberghi non specifichiamo quindi il dettaglio delle installazioni.

Nelle altre categorie indichiamo gli elementi di confort esistenti ; alcune camere possono talvota esserne sprovviste.

30 Z	Numero di camere
50 B	Numero di letti
🛗	Ascensore
▤	Aria condizionata
TV	Televisione in camera
🛁wc🛁	Bagno e wc privati, bagno privato senza wc
🚿wc🚿	Doccia e wc privati, doccia privata senza wc
☎	Telefono in camera comunicante direttamente con l'esterno
♿	Camere d'agevole accesso per i minorati fisici
🛝	Attrezzatura per accoglienza e ricreazione dei bambini
☂	Pasti serviti in giardino o in terrazza
🏊 🏊	Piscina : all'aperto, coperta
🧍	Cura Kneipp
⛱s	Sauna
🏖	Spiaggia attrezzata
🌳	Giardino da riposo
🎾	Tennis
⛳18	Golf e numero di buche
🏇	Cavalli da sella
🏛	Sale per conferenze (minimo 25 posti)
🚗	Garage
P	Parcheggio
🚫🐕	E' vietato l'accesso ai cani : ovunque
🚫🐕 Rest	soltanto al ristorante
🚫🐕 Zim	soltanto nelle camere
Mai - Okt.	Periodo di apertura comunicato dall'albergatore
nur Saison	Apertura in stagione, ma periodo non precisato
	Gli esercizi senza tali indicazioni sono aperti tutto l'anno.

AMENITÀ

Il soggiorno in alcuni alberghi si rivela talvolta particolarmente ameno o riposante.

Ciò può dipendere sia dalle caratteristiche dell'edificio, dalle decorazioni non comuni, dalla sua posizione, dall'accoglienza e dai servizi offerti, sia dalla tranquillità dei luoghi.

Questi esercizi sono così contraddistinti :

🏚🏚🏚 ... 🏛	Alberghi ameni
✗✗✗✗✗ ... ✗	Ristoranti ameni
« Park »	Un particolare piacevole
🐾	Albergo molto tranquillo o isolato e tranquillo
🐾	Albergo tranquillo
≼ Rhein	Vista eccezionale
≼	Vista interessante o estesa

Consultate le carte da p. 50 a 57.

Non abbiamo la pretesa di aver segnalato tutti gli alberghi ameni, nè tutti quelli molto tranquilli o isolati e tranquilli.

Le nostre ricerche continuano. Le potrete agevolare facendoci conoscere le vostre osservazioni e le vostre scoperte.

LA TAVOLA

Le Stelle : vedere la carta da p. 50 a p. 57.

Tra i numerosi esercizi raccomandati in questa guida alcuni meritano di essere segnalati alla vostra attenzione per la qualità della loro cucina, che può essere cucina propria del paese oppure d'importazione. Questo è lo scopo delle « stelle di ottima tavola ».

Per questi esercizi indichiamo quasi sempre tre specialità culinarie : provatele, tanto per vostra soddisfazione quanto per incoraggiare l'abilità del cuoco.

❀ **Un'ottima tavola nella sua categoria**

Cucina accurata, specialità regionali e d'importazione.
Una tappa gastronomica sul vostro itinerario. Non mettete però a confronto la stella di un esercizio di lusso, dai prezzi elevati, con quella di un piccolo esercizio dove, a prezzi ragionevoli, viene offerta una cucina di qualità.

❀❀ **Tavola eccellente : merita una deviazione.**

Specialità e vini scelti… Aspettatevi una spesa in proporzione.

❀❀❀ **Una delle migliori tavole : vale il viaggio.**

Tavola meravigliosa, grandi vini, servizio impeccabile, ambientazione accurata… Prezzi conformi.

Karte **29**/41 **Pasti accurati a prezzi contenuti**

Pur apprezzando le ottime tavole « a stella », alle volte desiderate trovare, sul vostro itinerario, dei ristoranti più semplici a prezzi contenuti.
Riteniamo sia interessante per voi conoscere quegli esercizi che, per una somma non superiore ai 30 DM tutto compreso, offrono un pasto particolarmente accurato, sovente di tipo regionale.

Consultate la carta da p. 50 a p. 57

ed aprite la guida in corrispondenza della località prescelta. L'esercizio che cercate richiamerà la vostra attenzione grazie al prezzo del pasto stampato in grassetto ed alla sigla Karte evidenziata in rosso.

La birra e i vini : vedere da p. 45 a p. 49.

I PREZZI

Questi prezzi, redatti durante l'estate 1985, possono venire modificati qualora il costo della vita subisca notevoli variazioni. Essi debbono comunque essere considerati come prezzi base.

Entrate nell'albergo con la Guida alla mano, dimostrando in tal modo la fiducia in chi vi ha indirizzato.

Gli alberghi e ristoranti figurano in carattere grassetto quando gli albergatori ci hanno comunicato tutti i loro prezzi e si sono impegnati ad applicarli ai turisti di passaggio in possesso della nostra pubblicazione.

Segnalateci eventuali maggiorazioni che vi sembrino ingiustificate. Quando i prezzi non sono indicati, vi consigliamo di chiedere preventivamente le condizioni.

I prezzi indicati sono prezzi per « alta stagione » e sono calcolati tutto compreso, cio è con servizio ed I.V.A. inclusi.

Pasti

→ Esercizio che presenta un pasto semplice per meno di 15 DM

Karte **29**/41 Pasti accurati a prezzi contenuti (comprendono : una minestra o un antipastino, un piatto con contorno, a volte un dessert, bevanda compresa).

Karte 14/32 Il 1º prezzo corrisponde ad un pasto alla tedesca, semplice ma conveniente, comprendente : minestra e piatto con contorno. Il 2º prezzo corrisponde ad un pasto più completo comprendere : minestra o antipasto, piatto con contorno, formaggio o dessert.
Questi prezzi si riferiscono tanto a pasti « alla carta » quanto a menu a prezzo fisso.
Generalmente, il coperto non viene addebitato.

Fb Frühstücksbuffet : prima colazione con ampia scelta servita al buffet, inclusa nel prezzo della camera.

Vino da tavola a prezzo modico.

Camere

5 Z : 8 B Numero di camere e di letti.
25/64 - 45/95 Prezzo minimo e prezzo massimo per una notte, per una camera singola — per una camera occupata da due persone, compresa la prima colazione.

5 Appart. 70/120 L'albergo dispone anche di appartamenti con cucina, destinati generalmente a soggiorni. Prezzo minimo e massimo giornaliero secondo l'ampiezza.

Pensione

P 58/90 Prezzo minimo e massimo della pensione completa per persona e per giorno in alta stagione.

Riscaldamento. — In certi casi, in Germania, il riscaldamento viene addebitato a parte.

Carte di credito. — Principali carte di credito accettate da un albergo o ristorante : American Express — Diners Club — Eurocard — Visa (Bank Americard).

QUALCHE CHIARIMENTO UTILE

I prezzi sono indicati in Deutsche Mark e riguardano soprattutto i turisti di passaggio ; tuttavia, sia per un semplice pernottamento sia per un soggiorno, è bene prendere accordi con l'albergatore circa le condizioni « tutto compreso », al fine di evitare ogni possibile contestazione.

In occasione di alcune manifestazioni commerciali o turistiche (vedere p. 60), i prezzi richiesti dagli albergatori possono subire un sensibile aumento nelle località interessate e nei loro dintorni.

Al ristorante

I prezzi fissi corrispondono a menu regolarmente presentati, quelli alla carta ad una lista con i rispettivi prezzi : s'intende sempre per pasti serviti ad ore normali (dalle 12 alle 13,30 e dalle 18,30 alle 21).

All'albergo

La prima colazione è normalmente inclusa nel prezzo della camera, ma se viene servita come « buffet » (Frühstücksbuffet), può essere aggiunto un supplemento.

La pensione

Comprende la camera, la piccola colazione ed i due pasti. I prezzi di pensione sono dati a titolo indicativo e sono generalmente applicabili a partire da 3 giorni di permanenza : è comunque indispensabile prendere accordi preventivi con l'albergatore per stabilire le condizioni definitive.

Tassa di soggiorno

In alcune stazioni di cura, la tassa di soggiorno non è inclusa nel prezzo delle camere o della pensione e deve essere pagata in più sul conto dell'albergo.

Le prenotazioni

Appena possibile è consigliabile prenotare. Chiedete all'albergatore di fornirvi nella sua lettera di conferma ogni dettaglio sulle condizioni che vi saranno praticate.

Ad ogni richiesta scritta, è opportuno allegare un tagliando-risposta internazionale.

Alle volte alcuni albergatori chiedono il versamento di una caparra. E' un deposito-garanzia che impegna tanto l'albergatore che il cliente.

Per visitare una città ed i suoi dintorni

LE CURIOSITÀ

Grado d'interesse

★★★	Vale il viaggio
★★	Merita una deviazione
★	Interessante

Situazione

Sehenswert	Nella città
Ausflugsziel	Nei dintorni della città
N, S, O, W	La curiosità è situata : a Nord, a Sud, a Est, a Ovest
über ①, ④	Ci si va dall'uscita ① o ④ indicata con lo stesso segno sulla pianta
6 km	Distanza chilometrica

LE CITTÀ

Elencate in ordine alfabetico (ma ä = ae, ö = oe, ü = ue, ß = ss)

7500	Codice di avviamento postale
✉ 2891 Waddens	Numero di codice e sede dell'Ufficio postale
☎ 0211	Prefisso telefonico interurbano. Dall' estero non formare lo 0.
☎ 0591 (Lingen)	Quando il centralino telefonico si trova in un' altra località, ne indichiamo il nome tra parentesi, dopo il prefisso
🗓	Capoluogo di « Land »
987 ③ ④	Numero della carta Michelin e numero della piega
24 000 Ew	Popolazione
Höhe 175 m	Altitudine
Heilbad	Stazione termale
Kneippkurort	Stazione di cure Kneipp
Heilklimatischer	Stazione climatica
Kurort-Luftkurort	Stazione climatica
Seebad	Stazione balneare
Sommerfrische	Stazione di villeggiatura
Erholungsort	Stazione di villeggiatura
Wintersport	Sport invernali
800/1 000 m	Altitudine della località ed altitudine massima raggiungibile dalle risalite meccaniche
🚠 2	Numero di funivie o cabinovie
🚡 4	Numero di sciovie e seggiovie
🎿 4	Sci di fondo e numero di piste
AX B	Lettere indicanti l'ubicazione sulla pianta
❄ ≤	Panorama, vista
✈	Aeroporto
🚗 ☎ 7720	Località con servizio auto su treno. Informarsi al numero di telefono indicato
⛴	Trasporti marittimi
🛈	Ufficio informazioni turistiche
ADAC	Automobile Club Tedesco

LE PIANTE

Viabilità

Autostrada, strada a carreggiate separate
   svincolo : completo, parziale
Grande via di circolazione
Senso unico - Via impraticabile
Via pedonale - Tranvia
Pasteur Via commerciale - Parcheggio
Porta - Sottopassaggio - Galleria
Stazione e ferrovia
Battello per auto - Ponte mobile

Curiosità — Alberghi – Ristoranti

Edificio interessante ed entrata principale
Costruzione religiosa interessante :
   Cattedrale, chiesa o cappella
Castello - Ruderi - Mulino a vento - Curiosità varie
B Lettera che identifica una curiosità
e Albergo, Ristorante. Lettera di riferimento che li identifica sulla pianta

Simboli vari

Centro di distribuzione Michelin
Ufficio informazioni turistiche
Ospedale - Mercato coperto - Torre idrica - Fabbrica
Giardino, parco, bosco - Cimitero - Cimitero ebreo
Stadio - Golf - Calvario - Torre
Piscina : all'aperto, coperta
Aeroporto - Ippodromo - Vista - Panorama
Funicolare - Funivia, Cabinovia
Monumento, statua - Fontana - Moschea - Sinagoga
Porto per imbarcazioni da diporto - Faro
Trasporto con traghetto :
   passeggeri ed autovetture, solo passeggeri
Edificio pubblico indicato con lettera :
J   Palazzo di giustizia
L   R   Sede del Governo della Provincia - Municipio
M   T   Museo - Teatro
POL.   Polizia (Questura, nelle grandi città)
U   Università, grande scuola
③ Simbolo di riferimento comune alle piante ed alle carte Michelin particolareggiate
Ufficio centrale di fermo posta, telefono
ADAC ✕ Automobile Club - Pozzo di miniera
Stazione della Metropolitana, Stazione sotterranea

BIERE

Die Bierherstellung, deren Anfänge bis ins 9. Jh. zurückreichen, unterliegt in Deutschland seit 1516 dem Reinheitsgebot, welches vorschreibt, daß zum Bierbrauen nur Hopfen, Gerstenmalz, Hefe und Wasser verwendet werden dürfen.

Etwa 1.400 Brauereien stellen heute in Deutschland ca. 4.000 verschiedene Biere her, deren geschmackliche Vielfalt auf den hauseigenen Braurezepten beruht.

Beim Brauen prägt die aus Malz und dem aromagebenden Hopfen gewonnene Würze zusammen mit dem Brauwasser, der Gärungsart (obergärig, untergärig) und der für das Gären verwendeten Hefe entscheidend Qualität, Geschmack, Farbe und Alkoholgehalt des Bieres.

Die Vollbiere (Alt, Export, Kölsch, Märzen, Pils, Weizenbier) haben einen Alkoholgehalt von 3,7 % bis 4,2 % und einen Stammwürzegehalt (= vor der Gärung gemessener Malzextraktgehalt der Würze) von 11 % bis 14 %.

Die Starkbiere (Bock- und Doppelbockbiere) liegen im Alkoholgehalt bei 5,3 % bis 5,7 % und im Stammwürzegehalt bei 16 % bis 18 %.

Durch den höheren Malzanteil wirken vor allem die dunklen Biere (Rauchbier, Bockbier, Malzbier) im Geschmack leicht süß.

LA BIÈRE

La fabrication de la bière en Allemagne remonte au début du 9e siècle. En 1516 une « ordonnance d'intégrité » (Reinheitsgebot) précise que seuls le houblon, le malt, la levure et l'eau peuvent être utilisés pour le brassage de la bière. Il en est toujours ainsi et le procédé utilisé est le suivant :

Le malt de brasserie — grains d'orge trempés, germés et grillés — est mis à tremper et à cuire en présence de houblon qui apporte au moût, ainsi élaboré, ses éléments aromatiques. Grâce à une levure, ce moût entre en fermentation.

Aujourd'hui environ 1 400 brasseries produisent en Allemagne 4 000 sortes de bières diverses par leur goût, leur couleur et également leur teneur en alcool.

Au restaurant ou à la taverne, la bière se consomme généralement à la pression « vom Fass ».

Les bières courantes ou Vollbiere (Kölsch, Alt, Export, Pils, Märzen, bière de froment) sont les plus légères et titrent 3 à 4° d'alcool.

Les bières fortes ou Starkbiere (Bockbier, Doppelbock) atteignent 5 à 6° et sont plus riches en malt.

Elles sont légères dans le Sud (Munich, Stuttgart), un peu plus fermentées et amères en Rhénanie (Dortmund, Cologne), douceâtres à Berlin.

Les bières brunes (malt torréfié) peuvent paraître sucrées (Rauchbier, Bockbier, Malzbier).

BEER

Beer has been brewed in Germany since the beginning of 9C. In 1516 a decree on quality (Reinheitsgebot) was passed which stated that only hops, malt, yeast and water should be used for brewing. This still applies and the following method is used :

Brewer's malt — obtained from barley after soaking, germination and roasting — is mixed with water and hops which flavour the must, and boiled. Yeast is added and the must is left to ferment.

Today about 1400 breweries in Germany produce 4000 kinds of beer which vary in taste, colour and alcohol content.

In restaurants and bars, beer is generally on draught « vom Fass ».

Popular beers or Vollbiere (Kölsch, Alt, Export, Pils, Märzen and beer from wheatgerm) are light and 3-4 % proof.

Strong beers or Starkbiere (Bockbier, Doppelbock) are rich in malt and 5-6 % proof.

These are light in the South (Munich, Stuttgart), stronger and more bitter in Rhineland (Dortmund, Cologne) and sweeter in Berlin.

Dark beers (roasted malt) may seem rather sugary (Rauchbier, Bockbier, Malzbier).

LA BIRRA

La fabbricazione della birra in Germania risale all'inizio del nono secolo. Nel 1516, un "ordinanza d'integrità" (Reinheitsgebot) precisa che, per la produzione della birra, possono essere solamente adoperati il luppolo, il malto, il lievito e l'acqua. Ciò è rimasto immutato e il processo impiegato è il seguente:

Il malto -derivato da semi d'orzo macerati, germinati e tostati- viene macerato e tostato unitamente al luppolo che aggiunge al mosto, elaborato in tal modo, le sue componenti aromatiche. Grazie all'apporto di un lievito, questo mosto entra in fermentazione.

Oggigiorno, circa 1400 birrerie producono in Germania 4000 tipi di birra diversi per il loro gusto, colore e la loro gradazione alcolica.

Nei ristoranti o nelle taverne, la birra viene consumata alla spina "vom Fass".

Le birre comuni o Vollbiere (Kölsch, Alt, Export, Pils, Märzen, birra di frumento) sono le più leggere e raggiungono una gradazione alcolica di 3 o 4°.

Le birre forti o Starkbiere (Bockbier, Doppelbock) raggiungono una gradazione alcolica di 5 o 6° e sono le più ricche di malto.

Esse sono leggere nel Sud (Monaco, Stuttgart), leggermente più fermentate e amare in Renania (Dortmund, Colonia), dolciastre a Berlino.

Le birre scure (malto torrefatto) possono sembrare dolcificate (Rauchbier, Bockbier, Malzbier).

WEINBAUGEBIETE

CARTE DU VIGNOBLE

MAP OF THE VINYARDS

CARTA DEI VIGNETI

WEINE

Auf einer Gesamtanbaufläche von ca. 91.000 ha gedeiht in Deutschland in den elf bestimmten Anbaugebieten (Ahr, Mittelrhein, Mosel-Saar-Ruwer, Nahe, Rheingau, Rheinhessen, Hessische Bergstraße, Franken, Rheinpfalz, Württemberg, Baden) eine Vielfalt von Weinen unterschiedlichsten Charakters, geprägt von der Verschiedenartigkeit der Böden, vom Klima und von der Rebsorte.

Die wichtigsten Weine

Weißwein (ca. 80 % der dt. Weinproduktion)

REBSORTEN	CHARAKTERISTIK	HAUPTANBAUGEBIET
Gutedel	leicht, aromatisch	Baden
Kerner	rieslingähnlich, rassig	Württemberg
Morio-Muskat	aromatisch, bukettreich	Rheinpfalz
Müller-Thurgau	würzig-süffig, feine Säure	Franken, Rheinhessen, Baden, Nahe
Riesling (in Baden : Klingelberger)	rassig, spritzig, elegant, feine Fruchtsäure	Mittelrhein, Mosel-Saar-Ruwer, Rheingau
Ruländer	kräftig, füllig, gehaltvoll	Baden
Silvaner	fruchtig, blumig, kräftig	Franken, Rheinhessen, Nahe, Rheinpfalz
(Gewürz-) Traminer (i.d. Ortenau : Clevner)	würzig, harmonisch	Baden
Weißburgunder	blumig, fruchtig, elegant	Baden

Rotwein

Badisch Rotgold	rassig, gehaltvoll, elegant	Baden
Lemberger	kernig, kräftig, wuchtig	Württemberg
Portugieser	leicht, süffig, mundig frisch	Ahr, Rheinpfalz
Schwarzriesling	zart, fruchtig	Württemberg
(blauer) Spätburgunder (in Württemberg : Clevner)	rubinfarben, samtig, körperreich	Ahr, Baden
Trollinger	leicht, frisch, fruchtig	Württemberg

Das Weingesetz von 1971 und 1982 teilt die deutschen Weine in 4 Güteklassen ein :

— **deutscher Tafelwein** muß aus einer der 4 Weinregionen stammen (Tafelwein, ohne den Zusatz "deutscher" kann mit Weinen aus EG-Ländern verschnitten sein).

— **Landwein** trägt eine allgemeine Herkunftsbezeichnung (z. B. Pfälzer Landwein), darf nur aus amtlich zugelassenen Rebsorten gewonnen werden, muß mindestens 55 Öchslegrade haben und darf nur trocken oder halbtrocken sein.

— **Qualitätswein bestimmter Anbaugebiete** muß aus einem der 11 deutschen Anbaugebiete stammen und auf dem Etikett eine Prüfnummer haben.

— **Qualitätswein mit Prädikat** darf nur aus einem einzigen Bereich innerhalb der 11 deutschen Anbaugebiete stammen, muß auf dem Etikett eine Prüfnummer haben und eines der 6 Prädikate besitzen :
  Kabinett, Spätlese, Auslese, Beerenauslese, Trockenbeerenauslese, Eiswein.

Eiswein, wird aus Trauben gewonnen, die nach Frost von mindestens - 7°C gelesen wurden.

LES VINS

Le vignoble allemand s'étend sur plus de 91 000 ha. Les vins les plus connus proviennent principalement des 11 régions suivantes : Ahr, Mittelrhein (Rhin moyen), Mosel-Saar-Ruwer, Nahe, Rheingau, Rheinhessen (Hesse rhénane), Hessische Bergstraße (Montagne de Hesse), Franken (Franconie), Rheinpfalz (Rhénanie-Palatinat), Württemberg (Wurtemberg), Baden (Pays de Bade).

Principaux vins

Vins blancs *(80 % de la production)*

CÉPAGES	CARACTÉRISTIQUES	PRINCIPALES RÉGIONS
Gutedel	*léger, bouqueté*	Pays de Bade
Kerner	*proche du Riesling*	Wurtemberg
Morio-Muskat	*aromatique, bouqueté*	Rhénanie-Palatinat
Müller-Thurgau	*vigoureux, nerveux*	Franconie, Hesse Rhénane, Pays de Bade, Nahe
Riesling (dans le pays de Bade : Klingelberger)	*racé, élégant, au fruité légèrement acidulé*	Rhin moyen, Moselle-Sarre-Ruwer, Rheingau
Ruländer	*puissant, rond, riche*	Pays de Bade
Silvaner	*fruité, bouqueté, puissant*	Franconie, Hesse rhénane, Nahe, Rhénanie-Palatinat
Traminer, Gewürztr.	*épicé, harmonieux*	Pays de Bade
Weißburgunder	*bouqueté, fruité, élégant*	Pays de Bade

Vins rouges

CÉPAGES	CARACTÉRISTIQUES	PRINCIPALES RÉGIONS
Badisch Rotgold	*racé, riche, élégant*	Pays de Bade
Lemberger	*charnu, puissant*	Wurtemberg
Portugieser	*léger, gouleyant, frais*	Ahr, Rhénanie-Palatinat
Schwarzriesling	*tendre, fruité*	Wurtemberg
(blauer) Spätburgunder (en Wurtemberg : Clevner)	*de couleur rubis, velouté*	Ahr, Pays de Bade
Trollinger	*léger, frais, fruité*	Wurtemberg

La législation de 1971 et de 1982 classe les vins allemands en 4 catégories :

— **Tafelwein ou deutscher Tafelwein,** vins de table, sans provenance précise, pouvant être des coupages, soit de vins de la C.E.E., soit de vins exclusivement allemands.

— **Landwein** porte une appellation d'origine générale (ex. Pfälzer Landwein), et ne peut provenir que de cépages officiellement reconnus ; il doit avoir au minimum 55° Öchsle et ne peut être que sec ou demi sec.

— **Qualitätswein bestimmter Anbaugebiete,** vins de qualité supérieure, ils portent un numéro de contrôle officiel et ont pour origine une des 11 régions (Gebiet) déterminées.

— **Qualitätswein mit Prädikat,** vins strictement contrôlés, ils représentent l'aristocratie du vignoble, ils proviennent d'un seul vignoble d'appellation et portent en général l'une des dénominations suivantes :

Kabinett (réserve spéciale), Spätlese (récolte tardive), Auslese (récolte tardive, raisins sélectionnés), Beerenauslese, Trockenbeerenauslese (vins liquoreux), Eiswein.

Les " Eiswein » (vins des glaces) sont obtenus à partir de raisins récoltés après une gelée d'au moins — 7° c.

WINES

The German vineyards extend over 91,000 ha — 225,000 acres and 11 regions : Ahr, Mittelrhein, Mosel-Saar-Ruwer, Nahe, Rheingau, Rheinhessen, Hessische Bergstraße, Franken (Franconia), Rheinpfalz (Rhineland-Palatinate), Württemberg, Baden.

Principal Wines

White wines *(80 % of production)*

GRAPE STOCK	CHARACTERISTICS	MAIN REGIONS
Gutedel	*light, fragrant*	Baden
Kerner	*similar to Riesling*	Württemberg
Morio-Muskat	*fragrant, full bouquet*	Rhineland-Palatinate
Müller-Thurgau	*potent, lively*	Franconia, Rheinhessen, Baden, Nahe
Riesling (in Baden : Klingelberger)	*noble, elegant, slightly acid and fruity*	Mittelrhein, Mosel-Saar-Ruwer
Ruländer	*potent, smooth, robust*	Baden
Silvaner	*fruity, good bouquet, potent*	Franconia, Rheinhessen, Nahe, Rhineland-Palatinate
Traminer, Gewürztraminer	*spicy, smooth*	Baden
Weißburgunder	*delicate bouquet, fruity, elegant*	Baden

Red wines

Badisch Rotgold	*noble, robust, elegant*	Baden
Lemberger	*full bodied, potent*	Württemberg
Portugieser	*light, smooth, fresh*	Ahr, Rhineland-Palatinate
Schwarzriesling	*delicate, fruity*	Württemberg
(blauer) Spätburgunder (in Württemberg : Clevner)	*ruby colour, velvety*	Ahr, Baden
Trollinger	*light, fresh, fruity*	Württemberg

Following legislation in 1971 and 1982, German wines fall into 4 categories :

— **Tafelwein or deutscher Tafelwein** are table wines with no clearly defined region of origin, and which in effect may be a blending of other Common Market wines or of purely German ones.

— **Landwein** are medium quality wines between the table wines and the Qualitätswein b. A. which carry a general appellation of origin (i.e. Pfälzer Landwein) and can only be made from officially approved grapes, must have 55° " Öchslegrade " minimum and must be dry or medium dry.

— **Qualitätswein bestimmter Anbaugebiete,** are wines of superior quality which carry an official control number and originate from one of the 11 clearly defined regions (Gebiet) e.g. Moselle, Baden, Rhine.

— **Qualitätswein mit Prädikat,** are strictly controlled wines of prime quality. These wines are grown and made in a clearly defined and limited area or vineyard and generally carry one of the following special descriptions.

Kabinett (a perfect reserve wine), Spätlese (wine from late harvest grapes), Auslese (wine from specially selected grapes), Beerenauslese, Trockenbeerenauslese (sweet wines), Eiswein.

Eiswein (ice wines) are produced from grapes harvested after a minimum — 7°C frost.

I VINI

Il vigneto tedesco si estende su più di 91.000 ettari. Esso comporta 11 regioni : Ahr, Mittelrhein (Reno medio), Mosel-Saar-Ruwer, Nahe, Rheingau, Rheinhessen (Hesse renano), Hessische Bergstraße (montagna di Hesse), Franken (Franconia), Rheinpfalz (Renania-Palatinato), Württemberg, Baden.

Vini principali

Vini bianchi *(80% della produzione)*

VITIGNI	CARATTERISTICHE	PRINCIPALI REGIONI
Gutedel	*leggero, aromatico*	Baden
Kerner	*molto simile al Riesling*	Württemberg
Morio-Muskat	*aromatico*	Renania-Palatinato
Müller-Thurgau	*vigoroso*	Franconia, Hesse renano, Baden, Nahe
Riesling (Nella regione di Baden : Klingelberger)	*aristocratico, elegante, fruttato leggermente acidulo*	Reno medio, Mosella-Sarre-Ruwer, Rheingau
Ruländer	*forte, corposo, robusto*	Baden
Silvaner	*fruttato, aromatico, forte*	Franconia, Hesse renano, Nahe Renania-Palatinato
Traminer (Gewürz-)	*corposo, armonico*	Baden
Weißburgunder	*aromatico, fruttato, elegante*	Baden

Vini rossi

VITIGNI	CARATTERISTICHE	PRINCIPALI REGIONI
Badisch Rotgold	*aristocratico, robusto, elegante*	Baden
Lemberger	*corposo, forte*	Württemberg
Portugieser	*leggero, fresco*	Ahr, Renania-Palatinato
Schwarzriesling	*tenero, fruttato*	Württemberg
(blauer) Spätburgunder (nella regione di Württemberg : Clevner)	*colore rubino, vellutato, pieno, corposo*	Ahr, Baden
Trollinger	*leggero, fresco, fruttato*	Württemberg

La legislazione del 1971 e del 1982 classifica i vini tedeschi in 4 categorie :

— **Tafelwein o deutscher Tafelwein** : vini da tavola, senza provenienza precisa, possono essere di taglio, sia per i vini della C.E.E. che per vini esclusivamente tedeschi.

— **Landwein** : in termini di qualità è una via di mezzo fra il vino da tavola e il Qualitätswein b.A., è contrassegnato da denominazione di origine generale (es. : Pfälzer Landwein) e proviene esclusivamente da uve ufficialmente riconosciute ; deve raggiungere minimo 55° Öchsle e può essere solo secco o semi secco.

— **Qualitätswein bestimmter Anbaugebiete** : vini di qualità superiore, sono contrassegnati da un numero di controllo ufficiale e provengono da una delle 11 regioni (Gebiet) determinate (Mosel, Baden, Rhein...)

— **Qualitätswein mit Prädikat** : vini rigorosamente controllati, rappresentano l'aristocrazia del vigneto, provengono da un unico vigneto di denominazione e sono generalmente contrassegnati da una delle seguenti denominazioni :

Kabinett (riserva speciale), Spätlese (raccolta tardiva), Auslese (raccolta tardiva, uve selezionate), Beerenauslese, Trockenbeerenauslese (vini liquorosi), Eiswein.

Gli " Eiswein " (vini dei ghiacci) si ottengono a partire da una raccolta dopo una gelata di almeno — 7°C.

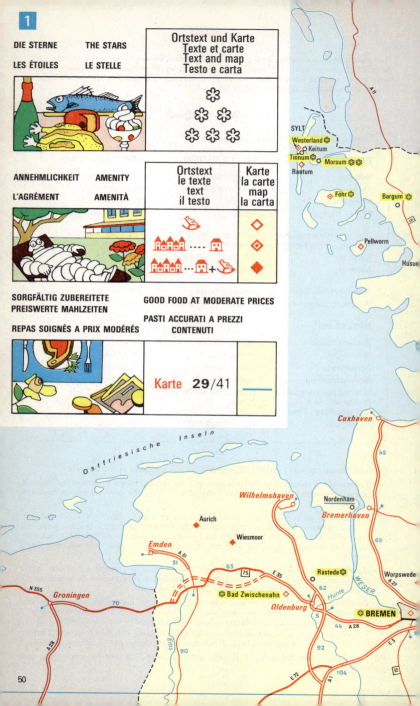

DIE STERNE	THE STARS	Ortstext und Karte Texte et carte Text and map Testo e carta
LES ÉTOILES	LE STELLE	❀ ❀❀ ❀❀❀

ANNEHMLICHKEIT	AMENITY	Ortstext le texte text il testo	Karte la carte map la carta
L'AGRÉMENT	AMENITÀ		◇ ◆ ◆

SORGFÄLTIG ZUBEREITETE PREISWERTE MAHLZEITEN

GOOD FOOD AT MODERATE PRICES

REPAS SOIGNÉS A PRIX MODÉRÉS

PASTI ACCURATI A PREZZI CONTENUTI

Karte 29/41

SYLT
Westerland
Keitum
Tinnum
Rantum
Morsum
Bargum
Föhr
Pellworm
Husum

Cuxhaven
45

Ostfriesische Inseln

Wilhelmshaven
Nordenham
Bremerhaven
Aurich
Wiesmoor
Emden
A 31
31
63
75
E 35
65
Rastede
Worpswede
A 27
N 355
Groningen
70
Bad Zwischenahn
62
WESER
Oldenburg
Hunte
BREMEN
5
44
A 28
E 3
A 28
Ems
90
92
A 1
104
E 72

Flensberg ◇ Steinberg

Schleswig

149   83

A 7

Rendsburg   Kiel   71   Malente-Gremsmühlen   88
                76   Eutin
Neumünster   A 7   Timmendorfer Strand
Ostsee-Kanal   204
Nord-   Itzehoe   83   206   Bad Schwartau   20   Travemünde   105   117
57   A 25   A 7   Tremsbüttel   50   Lübeck   67   89
130   HAMBURG   A 1   Ratzeburg   41   Schwerin
73   12   Lütjensee   Mölln   207
74   32   28   A 24   E 15   106   25
134   24   ELBE   83   67
E 3   Bendestorf   4   67
Jesteburg
Hanstedt
85   Egestorf   Lüneburg
Schneverdingen
Bispingen
A 7   Suhlendorf
E 71
Walsrode   146
56   A 27   79
Aller   3   97   53   191

Weser

51

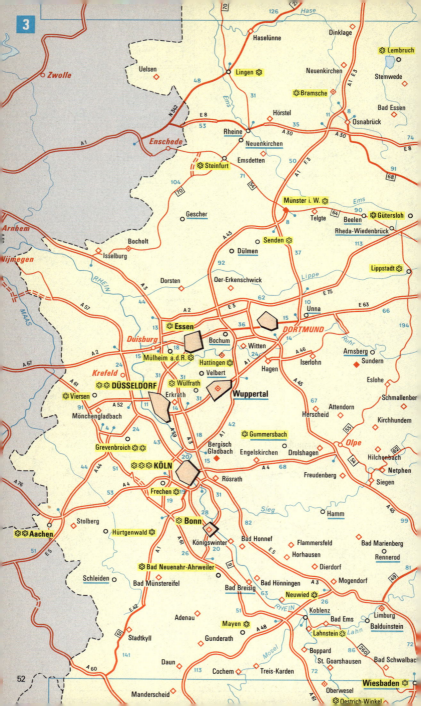

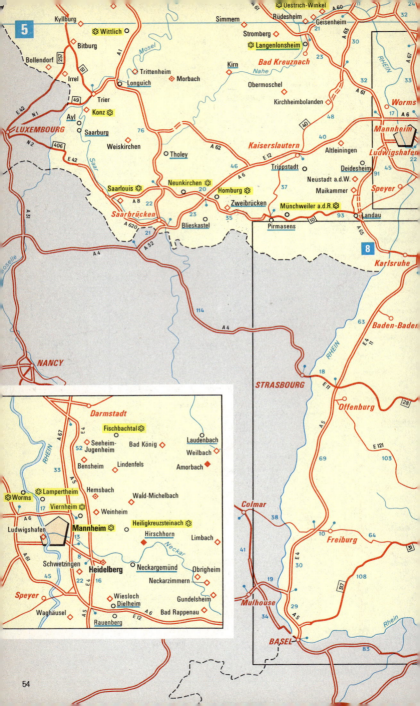

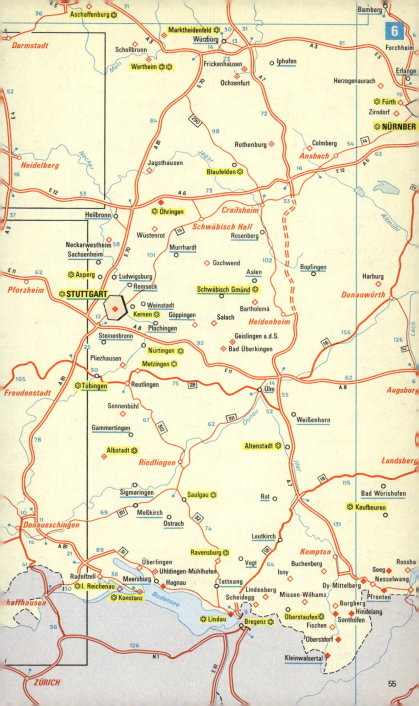

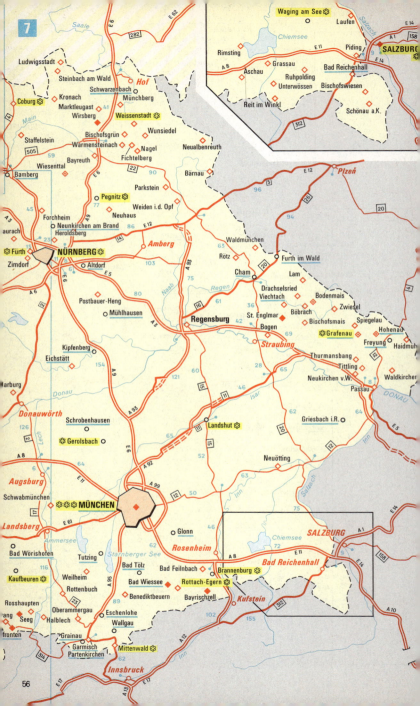

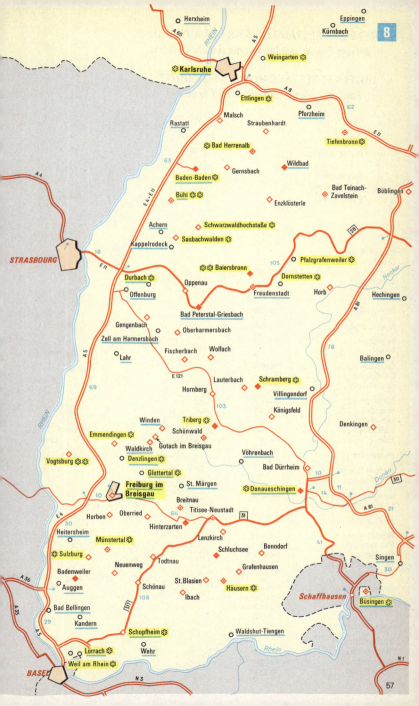

Herxheim

Eppingen
Kürnbach

RHEIN

A 65

A 5

Karlsruhe

Weingarten

A 8

Ettlingen

62

Malsch

Pforzheim

E 11

Rastatt

Straubenhardt

Bad Herrenalb

Tiefenbronn

63

Wildbad

Gernsbach

Bad Teinach-
Zavelstein

Böblingen

Baden-Baden

Bühl

Enzklösterle

Achern

Schwarzwaldhochstraße

(28)

STRASBOURG

Kappelrodeck

Sasbachwalden

18

E 11

Baiersbronn

105

Pfalzgrafenweiler

Neckar

Durbach

Oppenau

Dornstetten

Offenburg

Freudenstadt

Horb

Hechingen

Bad Peterstal-Griesbach

A 81

Gengenbach

Oberharmersbach

Zell am Harmersbach

78

Balingen

A 5

Fischerbach

Wolfach

Lahr

E 121

69

Hornberg

Lauterbach

Schramberg

103

Villingendorf

Königsfeld

Denkingen

Winden

Triberg

Schönwald

Emmendingen

Gutach im Breisgau

Vöhrenbach

Waldkirch

Denzlingen

Bad Dürrheim

10

Vogtsburg

Glottertal

Donau

311

**Freiburg im
Breisgau**

St. Märgen

Donaueschingen

11

14

Breitnau

Titisee-Neustadt

31

A 81

E 4

Horben

Oberried

64

Heitersheim

Hinterzarten

30

Lenzkirch

41

Münstertal

Schluchsee

Bonndorf

Singen

Sulzburg

Neuenweg

Todtnau

Grafenhausen

30

Badenweiler

St.Blasien

Schaffhausen

A 36

Auggen

Schönau

Häusern

N 1

Ibach

Bad Bellingen

317

Büsingen

108

A 35

Kandern

29

A 5

Schopfheim

Waldshut-Tiengen

Rhein

N 3

Lörrach

Wehr

Weil am Rhein

BASEL

N 3

Hotel, Albergo

Restaurant
Self-service
Ristorante

Baden-Baden
Bruchsal
Brunautal . . . . siehe Bispingen
Büttelborn

Camberg

Dornstadt . . . . ,, Ulm (Donau)

Edenbergen . . . . ,, Augsburg

Fernthal . . . . ,, Neustadt a. d. W.
Feucht

Garbsen . . . . ,, Hannover
Göttingen
Grunewald . . . . ,, Berlin

Heiligenroth . . . . ,, Montabaur
Hienberg . . . . ,, Schnaittach
Hösel . . . . ,, Ratingen
Holledau . . . . ,, Schweitenkirchen
Hünxe . . . . ,, Wesel

Irschenberg

Kassel-Söhre
Kirchheim

Langwieder See . . . . ,, München
Leipheim

Pfungstadt

Reinhardshain . . . . . ,, Grünberg
Remscheid
Rhynern . . . . ,, Hamm i. W.
Riedener Wald . . . . . ,, Arnstein
Rimberg . . . . ,, Breitenbach a. H

Schermshöhe . . . . . . ,, Schnaittach
Seligweiler . . . . ,, Ulm (Donau)
Steigerwald . . . . ,, Höchstadt a. d.
  ,, Aisch

Tecklenburg

Waldmohr
Weibersbrunn
Weiskirchen . . . . ,, Seligenstadt
Wülferode . . . . ,, Hannover

58

HOTELS AND RESTAURANTS ON MOTORWAYS
Only the hotels are mentioned in the guide

ESERCIZI SULLE AUTOSTRADE
Solo gli alberghi sono citati nella guida

DEUTSCHE

DEMOKRATISCHE

REPUBLIK

POLSKA

ČESKOSLOVENSKO

ÖSTERREICH

59

Messe- und Ausstellungsgelände sind im Ortstext angegeben.

Bayreuth	Wagner-Festspiele	24. 7. - 27. 8.
Berlin	Internationale Grüne Woche	24. 1. - 2. 2.
	Internationale Tourismus-Börse (ITB)	28. 2. - 6. 3.
Bregenz (A)	Festspiele	22. 7. - 24. 8.
Düsseldorf	Internationale Bootsausstellung	18. 1. - 26. 1.
	DRUPA - Messe Druck und Papier	2. 5. - 15. 5.
Essen	Camping-Touristik	15. 3. - 23. 3.
	Internationaler Caravan-Salon	27. 9. - 5.10.
Frankfurt	Internationale Frankfurter Messen	1. 3. - 5. 3.
		23. 8. - 27. 8.
	Automechanika	9. 9. - 14. 9.
	Frankfurter Buchmesse	1.10. - 6.10.
	Touristica	15.11. - 23.11.
Freiburg	Camping- und Freizeitausstellung	8. 3. - 16. 3.
Friedrichshafen	IBO - Messe	19. 4. - 27. 4.
	Internationale Wassersportausstellung	
	(INTERBOOT)	20. 9. - 28. 9.
Hamburg	REISEN - Freizeit, Hobby, Garten	15. 2. - 23. 2.
	INTERNORGA	14. 3. - 19. 3.
	Internationale Boots-Ausstellung	25.10. - 2.11.
Hannover	ABF (Ausstellung Auto-Boot-Freizeit)	1. 3. - 9. 3.
	Hannover Messe	9. 4. - 16. 4.
	ILA - Internationale Luftfahrt-Ausstellung	6. 6. - 15. 6.
Karlsruhe	Therapiewoche	30. 8. - 4. 9.
	Offerta	25.10. - 2.11.
Köln	Internationale Möbelmesse	14. 1. - 19. 1.
	PHOTOKINA	3. 9. - 9. 9.
	IFMA - Internationale Fahrrad- und Mottorad-	
	Ausstellung	18. 9. - 22. 9.
Mannheim	Maimarkt	26. 4. - 6. 5.
München	Internationale Handwerksmesse	8. 3. - 16. 3.
	BAUMA - Internationale Fachmesse für Baumaschinen	7. 4. - 13. 4.
	Opern - Festspiele	7. 7. - 31. 7.
	Oktoberfest	20. 9. - 5.10.
Nürnberg	Internationale Spielwarenmesse	30. 1. - 5. 2.
	Freizeit - Boot - Caravan - Camping - Touristik	15. 2. - 23. 2.
	Christkindlesmarkt	29.11. - 24.12.
Saarbrücken	Internationale Saarmesse	19. 4. - 27. 4.
Salzburg (A)	Festspiele	22. 3. - 31. 3.
	»	26. 7. - 31. 8.
Stuttgart	CMT - Ausstellung für Caravan, Motor, Touristik	11. 1. - 19. 1.
	INTERGASTRA	10. 4. - 16. 4.
	Cannstatter Volksfest	27. 9. - 5.10.
Ulm	Leben-Wohnen-Freizeit	12. 4. - 20. 4.

In alphabetischer Reihenfolge (ä = ae, ö = oe, ü = ue)
classées par ordre alphabétique (mais ä = ae, ö = oe, ü = ue)
in alphabetic order (but ä = ae, ö = oe, ü = ue)
in ordine alfabetico (se non che ä = ae, ö = oe, ü = ue)

BREGENZ, KUFSTEIN, SALZBURG (Österreich) sind in der alphabetischen Reihenfolge, GOTTLIEBEN und KREUZLINGEN (Schweiz) unter Konstanz erwähnt.

AACH (HEGAU) 7701. Baden-Württemberg 🗺️ ⑧, 🗺️ ⑥ — 1 400 Ew — Höhe 504 m — ☎ 07774.
♦Stuttgart 144 — ♦Freiburg im Breisgau 98 — ♦Konstanz 50 — ♦Ulm (Donau) 128 — Stockach 14.

    ✗ **Krone** mit Zim, Hauptstr. 8 (B 31), ℰ 4 13, ✗ — ▥ 🅿
    Karte 14/40 *(Donnerstag geschl.)* 🍷 — **5 Z : 10 B** 25 - 48/50.

AACHEN 5100. Nordrhein-Westfalen 🗺️ ㉓, 🗺️ ㉔, 🗺️ ⑥ — 245 000 Ew — Höhe 174 m — Heilbad — ☎ 0241.

Sehenswert : Domschatzkammer★★★ — Dom★★ (Pala d'Oro★★★, Ambo Heinrichs II★★★, Radleuchter★★) — Couven-Museum★ BY M1 — Suermondt- Ludwig-Museum★ CZ M2.

Kongreßzentrum Eurogress (CY), ℰ 15 10 11, Telex 832319.

🛈 Verkehrsverein, Bahnhofsplatz 4, ℰ 3 06 00 und Markt 39, ℰ 3 34 91.

🛈 Autobahn Aachen-Süd (Belgienlinie), ℰ (02408) 30 10 und Autobahn Aachen- Nord (Hollandlinie), ℰ (0241) 1 44 00.

ADAC, Zollernstr. 5, ℰ 50 80 12, Notruf ℰ 1 92 11.

♦Düsseldorf 81 ③ — Antwerpen 140 ⑨ — ♦Bonn 92 ③ — Bruxelles 143 ⑥ — ♦Köln 70 ③ — Liège 54 ⑥ — Luxembourg 159 ⑥.

Stadtplan siehe nächste Seite.

    🏨 ❀ **Steigenberger Hotel Quellenhof**, Monheimsallee 52, ℰ 15 20 81, Telex 832864,
    « Großer Park, Terrasse mit ≼ », direkter Zugang zum Kurmittelhaus, ✗ — 🛗 📺 ⅙ ➿
    🅰 (mit ▤). 🆎 ⓞ 🇪 💳   CY a
    Karte 35/76 — **Parkstube** *(nur Abendessen)* Karte 29/58 — **200 Z : 300 B** 145/225 - 228/298 Fb — P 214/294
    Spez. Steinbutt in Champagner-Grapefruitsauce, Lammfilet mit Beaujolais-Sauce, Printeneis mit Rumtopffrüchten.

    🏨 **Aquis Grana-Cityhotel** 🅼, Büchel 32, ℰ 44 30, Telex 8329718, direkter Zugang zum
    Thermalhallenbad Römerbad (Gebühr) — 🛗 📺 🅿 🅰. 🆎 ⓞ 🇪 💳   BY a
    (nur Abendessen für Hausgäste) — **90 Z : 157 B** 125/145 - 185/200 Fb.

    🏨 **Novotel**, Joseph-von-Görres-Straße (Am Europaplatz), ℰ 16 40 91, Telex 832435, ➿,
    ⊠ (geheizt), 🐕 — 🛗 ▤ 📺 ⅙ 🅿 🅰. 🆎 ⓞ 🇪 💳   DY s
    Karte 27/49 — **119 Z : 238 B** 130/150 - 163/173 Fb.

    🏨 **Krott**, Wirichsbongardstr. 16, ℰ 4 83 73, Telex 832150, ➿ — 🛗 📺 🚿wc ▥wc 🕿. 🆎 ⓞ 🇪
    💳   BZ a
    Karte 34/68 — **19 Z : 30 B** 95/130 - 135/160.

    🏨 **Royal** garni, Jülicher Str. 1, ℰ 1 50 61, Telex 8329357 — 🛗 📺 ▥wc 🕿 ➿. 🆎 ⓞ 🇪 💳 CY z
    28 Z : 42 B 98/130 - 140/160.

    🏨 **Benelux** garni, Franzstr. 21, ℰ 2 23 43 — 🛗 📺 🚿wc ▥wc 🕿 ➿ 🅿. 🆎 ⓞ 🇪 💳 BZ f
    26 Z : 41 B 89/100 - 108/145.

    🏨 **Buschhausen**, Adenauerallee 215, ℰ 6 30 71, Telex 832897, ➿, ⊠ — 🛗 📺 🚿wc ▥wc 🕿
    🅿 🅰. 🆎 ⓞ 🇪 💳   über ⑤
    Karte 19/40 — **83 Z : 140 B** 68/115 - 98/155 Fb.

    🏨 **Stadt Koblenz** garni, Leydelstr. 2, ℰ 2 22 41 — ▥wc 🕿 ➿. 🆎 💳 CZ e
    20. Dez.- 10. Jan. geschl. — **14 Z : 20 B** 85/100 - 115/130.

    🏨 **Hotel am Marschiertor** garni, Wallstr. 1, ℰ 3 19 41 — 🛗 🚿wc ▥wc 🕿. 🆎 ⓞ 💳 BZ n
    44 Z : 78 B 55/94 - 88/135 Fb.

    🏨 **Eupener Hof** garni, Krugenofen 63, ℰ 6 20 35, Telex 832131, ➿ — 🛗 ▥wc 🕿 ➿. 🆎 ⓞ
    🇪 💳   über ⑥
    21 Z : 39 B 89/115 - 120/140.

AACHEN

★★DOM
★★★DOMSCHATZKAMMER

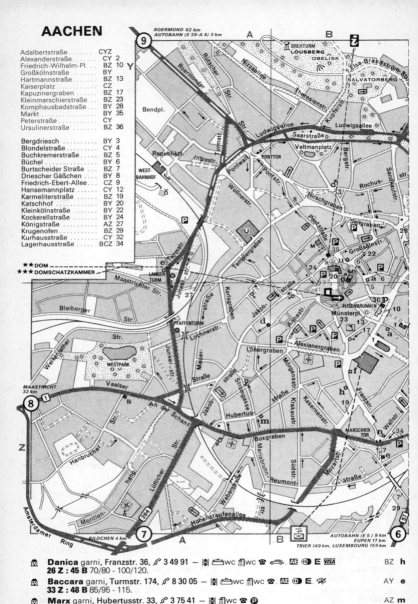

🏠 **Danica** garni, Franzstr. 36, ℰ 3 49 91 – |≣| 💧wc 🏠wc 🕿 ⇔. ᴁ ⓪ Ε 𝘝𝘐𝘚𝘈   BZ **h**
   26 Z : 45 B 70/80 - 100/120.

🏠 **Baccara** garni, Turmstr. 174, ℰ 8 30 05 – |≣| 💧wc 🏠wc 🕿. ᴁ ⓪ Ε. ❄   AY **e**
   33 Z : 48 B 85/95 - 115.

🏠 **Marx** garni, Hubertusstr. 33, ℰ 3 75 41 – |≣| 🏠wc 🕿 🅿   AZ **m**
   33 Z : 60 B 50/88 - 80/110.

🏠 **Drei Könige** garni, Ecke Markt/Büchel, ℰ 4 83 93, Telex 8329381 – |≣| 📺 💧wc 🏠wc 🕿. ᴁ
   ⓪ Ε   BY **u**
   20. Dez.- 6. Jan. geschl. – **18 Z : 30 B** 60/115 - 115/175 Fb.

🏠 **Danmark**, Lagerhausstr. 21, ℰ 3 44 14 – |≣| 🏠wc 🕿. ᴁ ⓪ Ε 𝘝𝘐𝘚𝘈   CZ **w**
   (nur Abendessen für Hausgäste) – **20 Z : 32 B** 65/90 - 95/110.

🏠 **Frankfurter Hof** garni, Bahnhofstr. 30, ℰ 3 71 44 – |≣| 💧wc 🏠wc 🕿. ᴁ ⓪ Ε 𝘝𝘐𝘚𝘈   CZ **d**
   24 Z : 29 B 65/95 - 85/105 Fb.

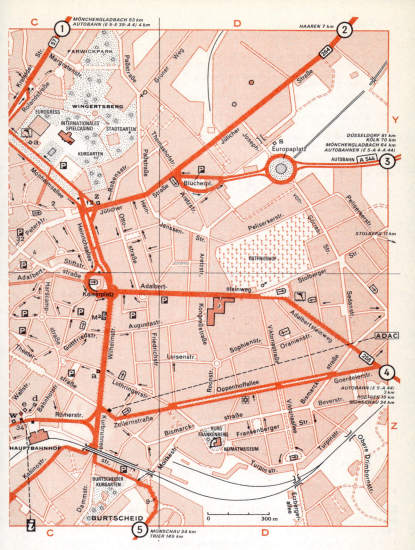

XXXX ✿✿ **Gala**, Monheimsallee 44 (im Casino), 𝒫 15 30 13, « Modern-elegante Einrichtung » —
🍴 AE ⓞ E VISA   CY
nur Abendessen, Montag geschl. — **Karte** 55/115 (Tischbestellung ratsam) (siehe auch Rest.
Palm-Bistro)
Spez. Seezunge mit Kapernknospen, Kalbsfilet mit Hummer, Aachener Printenauflauf.

XX **La Bécasse** (modernes Rest. mit französischer Küche), Hanbrucher Str. 1, 𝒫 7 44 44 — AE
ⓞ E VISA   AZ s
Samstag bis 18 Uhr, Sonntag und Juli - Aug. 3 Wochen geschl. — **Karte** 40/85.

XX **Le Canard**, Bendelstr. 28, 𝒫 3 86 63 — AE ⓞ E   AZ d

XX **Ratskeller**, Markt (im historischen Rathaus), 𝒫 3 50 01, 🍴, « Rustikale Einrichtung,
Ziegelgewölbe » — AE ⓞ E VISA   BY R
Karte 27/60.

XX **Elisenbrunnen**, Friedrich-Wilhelm-Platz 13a, ℰ 2 97 72, 🏠 – 🆎 ⑩ 🇪 𝗩𝗜𝗦𝗔   BZ p
Karte 28/65.

XX **Tradition**, Burscheider Str. 11, ℰ 4 48 42 – 🆎 ⑩ 🇪 𝗩𝗜𝗦𝗔   BZ e
Dienstag - Mittwoch 18 Uhr geschl. – Karte 21/60 (Tischbestellung ratsam).

XX **Palm-Bistro**, Monheimsallee 44 (im Casino), ℰ 15 30 13 – 🆎 ⑩ 🇪 𝗩𝗜𝗦𝗔   , CY
ab 15 Uhr geöffnet – Karte 28/69.

XX **Da Salvatore** (Italienische Küche), Bahnhofsplatz 5, ℰ 3 13 77 – 🆎 ⑩ 🇪 𝗩𝗜𝗦𝗔   CZ w
Dienstag geschl. – Karte 20/57.

XX **Zum Schiffgen**, Hühnermarkt 21, ℰ 3 35 29 – 🆎 ⑩ 🇪 𝗩𝗜𝗦𝗔   BYZ c
Montag geschl. – Karte 19/49.

XX **Ristorante Piccolo** (Italienische Küche), Wilhelmstr. 68, ℰ 2 68 52 – 🆎 🇪   CZ a
Montag und Aug. geschl. – Karte 24/52.

In Aachen-Friesenrath ④ : 14 km :

XXX **Schloß Friesenrath** 🏖 mit Zim, Pannekoogweg 46, ℰ (02408) 8 00 21, « Ehem. gräfliches
Palais, Park » – 📺 ➡wc 🕿 🅿. 🇪. 🎾
Anfang - Mitte Jan. geschl. – Karte 35/70 *(Montag geschl.)* – **3 Z : 6 B** 110 - 160.

In Aachen-Kornelimünster ④ : 10 km :

🏠 **Zur Abtei**, Napoleonsberg 132, ℰ (02408) 21 48, �──── – ➡wc 🍴wc 🕿 ⇔. 🇪. 🎾 Rest
20. Dez.- 1. Jan. geschl. – Karte 22/62 – **15 Z : 25 B** 45/80 - 80/100.

XX ✿ **St. Benedikt**, Benediktusplatz 12, ℰ (02408) 28 88
nur Abendessen, Montag - Dienstag geschl. – Karte 44/77 (variable Betriebsferien,
Tischbestellung erforderlich)
Spez. Flußkrebse im Wurzelsud, Loup de mer in Blätterteig, Dessertteller "St. Benedikt".

In Aachen-Lichtenbusch ⑤ : 8 km :

🏠🏠 **Zur Heide**, Raafstr. 80, ℰ (02408) 22 93 – 📺 ➡wc 🍴wc 🕿 ⇔ 🅿 🛦. 🆎 ⑩ 🇪 𝗩𝗜𝗦𝗔
Karte 18,50/50 *(Mittwoch geschl.)* – **29 Z : 63 B** 40/80 - 70/120 Fb.

In Aachen-Walheim SO : 12 km :

XX **Brunnenhof** mit Zim, Schleidener Str. 132 (B 258), ℰ (02408) 8 00 24 – ➡wc 🍴wc 🕿 ⇔
🅿. 🆎 ⑩ 🇪
5.- 12. Feb. geschl. – Karte 27/65 *(Mittwoch geschl.)* – **10 Z : 14 B** 48/60 - 90.

XX **Gut Kalkhäuschen** (Italienische Küche), Schleidener Str. 400 (B 258, S : 2 km),
ℰ (02408) 8 09 10 – 🅿
Montag - Dienstag 18 Uhr, 2.- 16. Jan. und 7.- 28. Juli geschl. – Karte 44/65 (Tischbestellung
ratsam).

An der Straße Verlautenheide-Stolberg ③ : 9 km :

XXX **Gut Schwarzenbruch**, ✉ 5190 Stolberg, ℰ (02402) 2 22 75 – 🅿
Karte 37/72.

An der B 258 Richtung Monschau ⑤ : 12 km :

🏠🏠 **Relais Königsberg**, Schleidener Str. 440, ✉ 5100 AC-Walheim, ℰ (02408) 8 00 07, �──── – 🛗
📺 🍴wc 🕿 ⇔ 🅿 🛦. 🇪
21. Dez.- 6. Jan. geschl. – Karte 20/60 – **25 Z : 40 B** 65/80 - 85/115.

Siehe auch : *Würselen* ① : 6 km

AALEN 7080. Baden-Württemberg 𝟿𝟾𝟽 ㊱ – 63 000 Ew – Höhe 430 m – ✿ 07361.

🛈 Städt. Verkehrsamt, Neues Rathaus, ℰ 50 03 01.
ADAC, Bahnhofstr. 81, ℰ 6 47 07.

♦Stuttgart 73 – ♦Augsburg 107 – Heilbronn 113 – ♦Nürnberg 144 – ♦Ulm (Donau) 75 – ♦Würzburg 153.

🏠🏠 **Aalener Ratshotel** 🅼 garni, Friedrichstr. 7, ℰ 6 20 01 – ➡wc 🍴wc 🕿 🅿. 🆎 ⑩ 🇪 𝗩𝗜𝗦𝗔
35 Z : 60 B 53/65 - 78/95 Fb.

🏠 **Weißer Ochsen**, Bahnhofstr. 47, ℰ 6 26 85 – 🍴wc 🕿 🅿 🛦. 🎾
Karte 17/43 *(Samstag geschl.)* 🍷 – **8 Z : 14 B** 45 - 80.

🏠 **Café Antik** garni, Stuttgarter Str. 47, ℰ 6 86 84 – 📺 🍴wc 🕿 🅿. 🆎 ⑩ 🇪
22 Z : 36 B 48 - 74.

🏠 **Grauleshof**, Ziegelstr. 155, ℰ 3 24 69 – ➡wc 🍴wc 🕿 🅿. 🎾 Zim
◄ Karte 14/41 *(Montag geschl.)* 🍷 – **8 Z : 13 B** 40/42 - 65/70.

🏠 **Alter Löwen**, Löwenstr. 8, ℰ 6 61 61 – 🍴wc 🕿. 🆎 ⑩
◄ *25. Juli - 18. Aug. geschl.* – Karte 14,50/37 *(Sonntag geschl.)* 🍷 – **18 Z : 23 B** 30/38 - 56/72.

🍴 **Im Pelzwasen** 🏖, Eichendorffstr. 10, ℰ 3 17 61, ≼, 🏠 – 🍴 🕿 ⇔ 🅿
◄ Karte 12/39 *(Montag geschl.)* 🍷 – **12 Z : 16 B** 34 - 60.

XX **Ratskeller**, Marktplatz 30, ✆ 6 21 11 – 🅿. 🆊 🅾 🄴 🆅🆂🅰
Montag geschl. – Karte 19/46.

X **Roter Ochsen** (Brauerei-G.), Radgasse 9, ✆ 6 25 17 – 🅿. 🆊 🅾 🄴 🆅🆂🅰
Freitag und 1.- 20. Aug. geschl. – Karte 17/47 🥂.

X **Restaurant Waldcafé**, Stadionweg 1, ✆ 4 10 20, « Gartenterrasse » – 🅿. 🄴
Dienstag 17 Uhr - Mittwoch und Jan. 3 Wochen geschl. – Karte 22/45.

In Aalen-Röthardt NO : 4 km :

🏠 **Vogthof** Ⓜ 🦐, Bergbaustr. 28, ✆ 7 36 88 – 🏚wc ☎ ⟸ 🅿. 🆊 🄴
↤ *Juli - Aug. 3 Wochen geschl. – Karte 12/37 (Freitag geschl.)* 🥂 – **14 Z : 19 B** 40 - 68.

In Aalen-Unterkochen SO : 4 km :

🏠🏠 **Scholz** Ⓜ, Aalener Str. 80, ✆ 81 21 – 📺 🛁wc 🏚wc ☎ ⟸ 🅿. 🆊 🅾 🄴. 🛥 Rest
Karte 18/38 🥂 – **35 Z : 60 B** 59/65 - 84/95 Fb.

🏠 **Goldenes Lamm**, Kocherstr. 8, ✆ 81 82 – 🏚wc ☎ 🅿. 🆊 🅾 🄴 🆅🆂🅰
24.- 28. Dez. geschl. – Karte 18,50/58 (Samstag nur Abendessen, Sonntag - Montag 17 Uhr geschl.) – **15 Z : 20 B** 48/75 - 86/115 Fb.

🏠 **Kälber** 🦐, Behringstr. 26, ✆ 84 44, ← – 📺 🛁wc 🏚wc ☎ ⟸ 🅿 🛥. 🆊 🅾 🄴 🆅🆂🅰
*1.- 15. Jan. geschl. – Karte 22/38 (Sonntag ab 15 Uhr geschl.) – **20 Z : 33 B** 50/75 - 84/96 Fb.

🏠 **Läuterhäusle** 🦐, Waldhäuser Str. 109, ✆ 8 72 57, 🌳 – 🛁wc 🏚wc ☎ 🅿
Karte 24/45 *(Freitag geschl.)* – **10 Z : 15 B** 45 - 75 Fb.

In Aalen-Waldhausen O : 9,5 km :

🛎 **Adler**, Deutschordenstr. 8, ✆ (07367) 24 26 – 🏚 🅿. 🆊 🄴
Karte 17/46 *(Montag geschl.)* 🥂 – **8 Z : 12 B** 30/32 - 60.

In Aalen-Wasseralfingen N : 2 km :

🏠 **Krone**, Wilhelmstr. 3, ✆ 7 14 02 – 🏚 ⟸ 🅿. 🛥
↤ *Juli - Aug. 3 Wochen geschl. – Karte 16/45 (Freitag 18 Uhr - Samstag geschl.)* 🥂 – **13 Z : 17 B** 32/36 - 64/70.

X **Waldgasthof Erzgrube**, Bergbaupfad (O : 2 km, in Richtung Röthardt), ✆ 7 15 24 – 🅿
↤ *Dienstag und Anfang - Mitte Nov. geschl. – Karte 14/35* 🥂.

Siehe auch : **Oberkochen** (S : 9 km)

ABBACH, BAD 8403. Bayern – 6 450 Ew – Höhe 374 m – Heilbad – ✆ 09405.

🛈 Kurverwaltung, Kaiser-Karl V.-Allee 5, ✆ 15 55.

♦München 109 – Ingolstadt 62 – Landshut 63 – ♦Nürnberg 112 – ♦Regensburg 10 – Straubing 56.

🏠 **Pension Elisabeth** 🦐 garni, Ratsdienerweg 8, ✆ 13 15, 🛋, 🌾 – 🛁wc 🏚wc ☎ 🅿
25 Z : 31 B 37/50 - 62/80 – 8 Appart. 70.

🏠 **Zur Post**, Am Markt 21, ✆ 13 33, Biergarten – 🏚wc ☎ 🅿
20 Z : 25 B.

🏠 **Café Rathaus**, Kaiser-Karl V.-Allee 6, ✆ 10 48, Biergarten – 🏚wc ⟸ 🅿
↤ *20. Dez.- 10. Jan. geschl. – Karte 10,50/27 – **30 Z : 40 B** 20/35 - 40/70 – P 30/45.

ABENBERG 8549. Bayern 🔢🔢🔢 ㉘ – 4 800 Ew – Höhe 412 m – ✆ 09178.

🛈 Rathaus (Klöppelmuseum), Stillaplatz, ✆ 7 11.

♦München 158 – Ansbach 30 – Ingolstadt 85 – ♦Nürnberg 32.

🛎 **Gasthof Altstadt** 🦐, Burgsteig 5, ✆ 3 22, 🌳 – 🏚wc. 🄴
↤ Karte 12/24 – **8 Z : 16 B** 33 - 53.

ABENSBERG 8423. Bayern 🔢🔢🔢 ㉗ – 8 800 Ew – Höhe 371 m – ✆ 09443.

♦München 89 – Ingolstadt 39 – Landshut 46 – ♦Regensburg 34.

🏠 **Jungbräu**, Weinbergerstr. 6, ✆ 68 74 – 🛁wc 🏚wc 🅿
↤ *5.- 10. Aug. geschl. – Karte 12/34 (Freitag ab 14 Uhr geschl.) – **28 Z : 36 B** 26/35 - 50/68.

🛎 **Zum Kuchlbauer**, Stadtplatz 2, ✆ 14 84 – 🛁wc 🏚wc 🅿
↤ Karte 14/35 – **24 Z : 44 B** 25/35 - 50/70.

In Biburg 8427 S : 3 km :

🏠🏠 **Klosterhotel** 🦐, Eberhardplatz 1, ✆ (09443) 14 27, 🌳, Biergarten – 🛗 🛁wc 🏚wc 🅿 🛥.
🆊 🅾
Karte 17,50/40 – **25 Z : 50 B** 38/65 - 65/95.

ABENTHEUER Rheinland-Pfalz siehe Birkenfeld.

ABTSDORFER SEE Bayern siehe Laufen.

ACHERN 7590. Baden-Württemberg 👁👁👁 ㉞. 👁👁👁 ⑳. 👁👁 ④ — 20 600 Ew — Höhe 143 m — ✆ 07841.

🛈 Reisebüro der Sparkasse, Hauptstr. 84, ✆ 64 15 11.

♦Stuttgart 127 — Baden-Baden 33 — Offenburg 26 — Strasbourg 36.

🏛 **Götz Sonne-Eintracht**, Hauptstr. 112, ✆ 64 50, Telex 752277, 🔲, 🍴 — 📶 📺 ⅙ 🚗 🅿
🛁 🆎 ⓪ E 🆚
Karte 29/72 *(Sonntag geschl.)* — **56 Z : 90 B** 67/120 - 118/200.

🏠 **Schwarzwälder Hof**, Kirchstr. 38, ✆ 50 01 — 📺 🛁wc 🚿wc ☎ 🚗 🅿 🛁. 🆎 E
19.- 30. Nov. geschl. — Karte 21/40 *(Sonntag ab 15 Uhr geschl.)* 🍴 — **24 Z : 42 B** 39/68 - 78/110 Fb.

In Achern-Önsbach SW : 4 km :

XX **Adler** (Restauriertes Fachwerkhaus a.d.J. 1724), Rathausstr. 5, ✆ 41 04 — 🅿
Mittwoch 15 Uhr - Donnerstag und Juni 3 Wochen geschl. — Karte 27/53 🍴.

ACHIM 2807. Niedersachsen 👁👁👁 ⑮ — 29 100 Ew — Höhe 20 m — ✆ 04202.

♦Hannover 102 — ♦Bremen 20 — Verden an der Aller 21.

🏛 **Stadt Bremen**, Obernstr. 45, ✆ 89 20, Telex 249428, 🔁 — 📶 📺 🛁wc 🚿wc ☎ 🅿 🛁. 🆎
⓪ E. 🍴 Rest
Karte 26/50 — **43 Z : 58 B** 49/75 - 75/120 Fb.

🏠 **Gieschen's Hotel**, Obernstr. 12, ✆ 80 07 — 🚿wc ☎ 🚗 🅿. 🆎 ⓪ E
Karte 25/53 — **24 Z : 30 B** 45/54 - 87/98 Fb.

In Achim-Uphusen NW : 5,5 km :

🏛 **Novotel Bremer Kreuz**, zum Klümoor, ✆ 60 86, Telex 249440, 🔲 (geheizt), 🍴 — 📶 🖥 📺
🛁wc ☎ ⅙ 🅿 🛁. 🆎 ⓪ E 🆚
Karte 25/47 — **116 Z : 232 B** 110/130 - 143/153 Fb.

In Thedinghausen 2819 S : 8 km :

🏠 **Braunschweiger Hof**, Braunschweiger Str. 38, ✆ (04204) 2 61 — 🚿wc 🚗 🅿
Karte 18/38 *(Sonntag geschl.)* — **14 Z : 18 B** 35/40 - 60/70.

ACHSLACH 8371. Bayern — 1 100 Ew — Höhe 600 m — Wintersport : 600/800 m ≰1 ≰2 — ✆ 09929 (Ruhmannsfelden).

♦München 163 — Cham 41 — Deggendorf 19.

In Achslach-Kalteck S : 4 km — Höhe 750 m :

🏛 **Berghotel Kalteck** ঌ, ✆ (09905) 2 63, ≤, 🍴, 🔁, 🔲, 🍴, ≴ — 🛁wc 🅿
→ *3. Nov.- 20. Dez. geschl.* — Karte 12/38 — **23 Z : 42 B** 47/59 - 71/114 Fb.

ADELEBSEN 3404. Niedersachsen — 3 300 Ew — Höhe 180 m — ✆ 05506.

♦Hannover 131 — Göttingen 18 — Münden 27.

🏠 **Zur Post**, Mühlenanger 38, ✆ 6 00 — 🛁wc 🚿wc 🚗 🅿
→ *Juli geschl.* — Karte 14,50/36 — **13 Z : 20 B** 30 - 58.

ADELSDORF Bayern siehe Höchstadt an der Aisch.

ADELSRIED 8901. Bayern — 1 500 Ew — Höhe 491 m — ✆ 08294 (Horgau).

♦München 76 — ♦Augsburg 18 — ♦Ulm (Donau) 65.

🏠 **Schmid**, Augsburger Str. 28, ✆ 8 91, Telex 539723, 🔁, 🔲 — 📶 🛁wc 🚿wc ☎ 🅿 🛁. 🆎 ⓪
E 🆚
24. Dez.- 8. Jan. geschl. — Karte 16/42 — **66 Z : 112 B** 60/75 - 90/95.

ADENAU 5488. Rheinland-Pfalz 👁👁👁 ㉔ — 3 000 Ew — Höhe 300 m — ✆ 02691.

🛈 Verkehrsamt im Rathaus, Kirchplatz, ✆ 20 15.

Mainz 163 — ♦Aachen 105 — ♦Bonn 48 — ♦Koblenz 72 — ♦Trier 95.

🏠 **Hof Hirzenstein** ঌ, Hirzensteinstraße, ✆ 21 66, ≤, 🍴, 🍴 — 🚿wc 🅿. ⓪ E. 🍴 Zim
1.- 14. Nov. geschl. — Karte 16/41 *(Montag geschl.)* — **8 Z : 16 B** 40 - 70.

🏠 **Zum wilden Schwein**, Hauptstr. 117, ✆ 20 55 — 🚿wc 🚗 🅿. 🆎 ⓪ E
→ *10. Jan.- 5. Feb. geschl.* — Karte 14/54 — **7 Z : 13 B** 30/50 - 55/75.

X **Historisches Haus-Blaue Ecke** mit Zim, Markt 4, ✆ 20 05, « Schönes Fachwerkhaus a.d.J. 1578 » — 🚿. 🆎 ⓪ E
Karte 16/50 — **8 Z : 14 B** 30/36 - 60/66.

An der B 412 O : 9 km :

🏛 **St. Georg** ঌ, ✉ 5488 Hohe Acht, ✆ (02691) 15 16, ≤, 🍴 — 📺 🛁wc 🚿wc ☎ 🅿. 🍴 Rest
Karte 25/51 — **18 Z : 41 B** 55/60 - 80/103 Fb.

In Kaltenborn 5489 NO : 11 km :

🏠 **Grüner Stiefel** ঌ, Hohe-Acht-Str. 6, ✆ (02691) 6 87, 🔲, 🍴 — 🚿wc ☎ 🅿
15 Z : 28 B.

AERZEN Niedersachsen siehe Hameln.

AGLASTERHAUSEN 6955. Baden-Württemberg — 3 600 Ew — Höhe 197 m — ✪ 06262.
♦Stuttgart 94 — Heidelberg 30 — Heilbronn 40 — Mosbach 15.

   In Schwarzach-Unterschwarzach 6951　N : 2,5 km :

🏨 **Haus Odenwald** ﹩, Wildparkstr. 8, ✐ (06262) 8 01, 🏤, 🕿, 🎬, 🚗 — ⇔wc 🛁wc ☎ ℗
   🏠. 🆎
   Karte 19/45 ﹩ — **26 Z : 47 B** 56/70 - 106 Fb.

AHAUS 4422. Nordrhein-Westfalen 🔢 ⑬ ⑭ — 28 500 Ew — Höhe 50 m — ✪ 02561.
🅱 Verkehrsamt, Rathaus, Hindenburgallee 1, ✐ 7 22 88.
♦Düsseldorf 116 — Bocholt 49 — Enschede 26 — Münster (Westfalen) 55.

🏩 **Ratshotel Residenz**, Coesfelder Str. 21, ✐ 20 51, Telex 89761, 🕿 — 🛗 📺 ⅛ ℗ 🏠. 🆎 ⓪
   🛡 𝘝𝘐𝘚𝘈
   Karte 24/58 — **39 Z : 75 B** 75/105 - 120/130 Fb.

🏠 **Schloß-Hotel** ﹩, Oldenkott-Platz 3, ✐ 20 77 — ⇔wc 🛁 ☎ ⇔. ⓪
   Ende Juli - Mitte Aug. geschl. — Karte 19/50 *(Freitag geschl.)* — **21 Z : 27 B** 30/50 - 59/90 —
   P 50/70.

   In Ahaus-Ottenstein　W : 7 km :

XX **Haus im Flör** ﹩ mit Zim, Hörsteloe 49 (N : 2 km Richtung Alstätte), ✐ (02567) 10 57, 🚗 —
   🛁wc ☎ ⇔ ℗. 🆎 ⓪ 🛡 𝘝𝘐𝘚𝘈. 🕷
   Juli - Aug. 3 Wochen geschl. — Karte 25/50 *(Montag geschl.)* — **8 Z : 14 B** 55 - 95.

   In Ahaus-Wüllen　SW : 2 km :

🏠 **Hof zum Ahaus**, Argentréstr. 10, ✐ 8 10 75/88 21 — 🛁wc ☎ ℗
   5.- 14. Feb. geschl. — Karte 15/41 *(Mittwoch geschl.)* — **14 Z : 30 B** 40 - 70 Fb.

AHAUSEN Niedersachsen siehe Rotenburg (Wümme).

AHLEN 4730. Nordrhein-Westfalen 🔢 ⑭ — 53 700 Ew — Höhe 83 m — ✪ 02382.
♦Düsseldorf 124 — Bielefeld 67 — Hamm in Westfalen 13 — Münster (Westfalen) 34.

🏨 **Gretenkort**, Oststr. 4, ✐ 52 76 — ⇔wc 🛁wc ☎ ⇔. 🆎 ⓪ 🛡 𝘝𝘐𝘚𝘈
   Juli - Aug. 4 Wochen geschl. — Karte 21/58 *(Samstag geschl.)* — **22 Z : 34 B** 35/50 - 65/100 Fb.

XX **Haus Höllmann** mit Zim, Weststr. 124, ✐ 22 32 — 🛁 ☎ ⇔ ℗ 🏠
   Juli - Aug. 3 Wochen geschl. — Karte 16/47 *(Montag geschl.)* — **8 Z : 12 B** 35/45 - 70/80.

X **Zur Langst**, Am Stadtwald 6, ✐ 29 32, Terrasse am See — ℗
   Okt. - Mai Montag und 22. Dez.- 10. Jan. geschl. — Karte 20/48.

   An der Straße nach Warendorf　NO : 7 km :

XX **Zur Alten Schänke Samson**, Tönnishäuschen 7, ✉ 4730 Ahlen, ✐ (02528) 14 54, 🏤 — ℗
   Jan. und Dienstag geschl. — Karte 23/53.

AHLHORN Niedersachsen siehe Großenkneten.

AHNATAL Hessen siehe Kassel.

AHORN Bayern siehe Coburg.

AHRENSBURG 2070. Schleswig-Holstein 🔢 ⑤ — 26 000 Ew — Höhe 25 m — ✪ 04102.
♦Kiel 79 — ♦Hamburg 23 — ♦Lübeck 47.

🏨 **Ahrensburg** ﹩ garni, Ahrensfelder Weg 48, ✐ 5 13 21 — 📺 🛁wc ☎ ℗ 🏠. 🆎 ⓪ 🛡 𝘝𝘐𝘚𝘈.
   🕷
   21 Z : 34 B 81/89 - 116/130.

   In Ahrensburg-Ahrensfelde　S : 4 km:

🏠 **Ahrensfelder Hof** ﹩, Dorfstr. 10, ✐ 6 63 16, 🚗, 🐎 — 📺 🛁wc ☎ ℗
   Karte 21/62 *(Montag geschl.)* — **7 Z : 11 B** 70/100 - 120.

   Siehe auch : *Tremsbüttel*　NO : 11 km

AHRENSFELDE Schleswig-Holstein siehe Ahrensburg.

AIBLING, BAD 8202. Bayern 🔢 ⑰, 🔢 ⑱ – 13 200 Ew – Höhe 501 m – Heilbad – ☎ 08061.
🛈 Städt. Kurverwaltung, W.-Leibl-Platz, 🖉 21 66.
♦München 63 – Rosenheim 12 – Salzburg 92.

🏨 **Schmelmer Hof**, Äußere Kolbermoorer Straße, 🖉 49 20, 🍴, Bade- und Massageabteilung, ⭐, 🏊, 🌡 – 📶 🅿 🅐
Karte 20/49 – **93 Z : 150 B** 65/95 - 130/170 Fb.

🏨 **Moorbad-H. Meier**, Frühlingsstr. 2, 🖉 20 34, Bade- und Massageabteilung, ⭐, 🏊, 🌡 –
📶 📺 ➜wc 🕽wc ☎ ⬅ 🅿 🅐. 🆎 ⓞ 🄴 🆅🅸🆂🅰. ✹ Rest
Dez.- 6. Jan. geschl. – Karte 18,50/51 – **80 Z : 124 B** 50/93 - 77/149 Fb – P 70/113.

🏨 **Kurhotel Ludwigsbad**, Rosenheimer Str. 18, 🖉 20 11, « Gartenterrasse, Park », Bade- und Massageabteilung, 🌡 – 📶 ➜wc 🕽wc ☎ ⬅ 🅿 🅐. 🆎. ✹
März - Okt. – Karte 25/47 – **72 Z : 99 B** 52/75 - 100/135 Fb – P 81/104.

🏨 **Lindner**, Marienplatz 5, 🖉 40 50, 🌡 – ➜wc 🕽wc ☎ ⬅ 🅿 🅐. ✹ Rest
Karte 22/47 – **34 Z : 50 B** 45/60 - 76/120 – P 75/85.

🏨 **Kurhotel Schuhbräu**, Rosenheimer Str. 6, 🖉 20 20, Bade- und Massageabteilung, ⭐, 🏊, 🌡 – 📶 ➜wc 🕽wc ☎ 🅿. ⓞ 🄴. ✹ Rest
Karte 21/44 – **54 Z : 85 B** 49/75 - 92/146 Fb – P 82/104.

🏨 **Parkcafé Bihler** 🏡, Katharinenstr. 8, 🖉 40 66, 🍴, 🌡 – 🕽wc ☎ ⬅ 🅿. 🆎 ⓞ 🄴. ✹ Zim
15. Jan.- 15. Feb. geschl. – Karte 16/41 *(Donnerstag geschl.)* – **23 Z : 36 B** 36/60 - 76/96 – P 63/83.

🏨 **Pension Medl** 🏡, garni, Erlenweg 4 (Harthausen), 🖉 60 19, 🌡 – 📺 ➜wc 🕽wc ☎ 🅿. ✹
14 Z : 22 B 37/45 - 66/74.

✗ **Ratskeller** mit Zim, Kirchzeile 13, 🖉 23 29, Biergarten – 🕽wc 🅿
➜ Karte 14,50/40 *(Mittwoch geschl.)* – **6 Z : 10 B** 35/50 - 70 – P 50/60.

AICHACH 8890. Bayern 🔢 ㊱ – 15 500 Ew – Höhe 445 m – ☎ 08251.
♦München 59 – ♦Augsburg 24 – Ingolstadt 53 – ♦Ulm (Donau) 98.

🏨 **Bauerntanz**, Stadtplatz 18, 🖉 70 22 – 📶 🕽wc ☎ 🅿. 🆎 ⓞ 🄴
Karte 18,50/42 *(Montag geschl.)* – **16 Z : 25 B** 48 - 80.

🏨 **Specht**, Stadtplatz 43, 🖉 32 55, 🍴 – 🕽wc 🅿. ✹
15 Z : 30 B.

In Aichach - Untergriesbach :

🏨 **Wagner** 🏡, Harthofstr. 38, 🖉 29 97 – 🕽wc ⬅ 🅿 🅐
➜ Karte 14/29 *(Dienstag geschl.)* 🍷 – **31 Z : 52 B** 25/35 - 50/60 Fb.

AICHELBERG 7321. Baden-Württemberg – 850 Ew – Höhe 400 m – ☎ 07164 (Boll).
♦Stuttgart 43 – Göppingen 12 – Kirchheim unter Teck 11 – ♦Ulm (Donau) 51.

🏨 **Panorama** 🏡, Boller Str. 11, 🖉 20 81, ≤, 🍴 – 🕽wc ☎ ⬅ 🅿 🅐
Karte 20/50 – **20 Z : 25 B** 36/48 - 62/85.

AIDENBACH 8359. Bayern 🔢 ㊳, 🔢 ⑦ – 2 500 Ew – Höhe 337 m – Erholungsort – ☎ 08543.
♦München 155 – Passau 35 – ♦Regensburg 103.

🏨 **Zum Bergwirt**, Egglhamer Str. 9, 🖉 12 08, 🍴 – 🕽wc ⬅ 🅿 🅐
10.- 22. Feb. geschl. – Karte 16/28 – **16 Z : 30 B** 29/35 - 52/62 – P 35/43.

AINRING 8229. Bayern 🔢 ⑱ – 8 500 Ew – Höhe 457 m – Luftkurort – ☎ 08654 (Freilassing).
🛈 Verkehrsamt, 🖉 80 11.
♦München 135 – Bad Reichenhall 15 – Salzburg 13 – Traunstein 27.

🏨 **Pension Irene** 🏡, 🖉 85 62, 🍴, 🌡 – ➜wc 🕽wc 🅿
➜ *20. Okt.- 22. Dez. geschl.* – Karte 14/27 *(Dienstag geschl.)* 🍷 – **22 Z : 37 B** 32 - 60.

In Ainring-Ulrichshögl SW : 1,5 km – Höhe 600 m :

✗✗ **Ulrichshögl**, 🖉 82 61, ≤ Salzburg und Alpen, 🍴 – 🅿
➜ *Dienstag und Feb. geschl.* – Karte 14,50/41.

AISCHFELD Baden-Württemberg siehe Alpirsbach.

AITERHOFEN Bayern siehe Straubing.

AIX-LA-CHAPELLE = Aachen.

ALBERSDORF 2243. Schleswig-Holstein 🔢 ⑤ – 3 450 Ew – Höhe 6 m – Luftkurort – ☎ 04835.
♦Kiel 72 – Itzehoe 37 – Neumünster 59 – Rendsburg 36.

🏨 **Kurhotel Ohlen** 🏡, Am Weg zur Badeanstalt 1, 🖉 3 51, 🌡 – ➜wc 🕽wc ☎ ⬅ 🅿
Karte 20/46 *(Montag geschl.)* – **11 Z : 20 B** 48/60 - 95/110.

🏨 **Ramundt**, Friedrichstr. 1, 🖉 2 21 – 🕽wc ☎ ⬅ 🅿
Karte 20/43 *(Sonntag geschl.)* – **12 Z : 16 B** 34/55 - 58/85.

ALBERSHAUSEN Baden-Württemberg siehe Uhingen.

ALBSTADT 7470. Baden-Württemberg 987 ㉟ — 46 800 Ew — Höhe 730 m — Wintersport : 600/975 m ⟋5 ⟋4 — ✆ 07431.

Ausflugsziel : Raichberg ≤★★, N : 11 km.

🇩 Städtisches Verkehrsamt, Albstadt-Ebingen, Marktstraße, Rathaus, ✆ 16 21 22.

◆Stuttgart 98 — ◆Freiburg im Breisgau 132 — ◆Konstanz 104 — ◆Ulm (Donau) 97.

In Albstadt 1-Ebingen :

🏨 ❀ **Linde**, Untere Vorstadt 1, ✆ 5 30 61 — ➡wc 🕭wc ☎
23. Dez.- 7. Jan., 28. März - 7. April und 25. Juli - 18. Aug. geschl. — Karte 37/72 *(Tischbestellung ratsam)* (Samstag sowie Sonn- und Feiertage geschl.) — **23 Z : 30 B** 78/95 - 140/150 Fb
Spez. Lachs und Steinbutt mit Sauerampfersauce, Freiland-Ente mit Riesling-Orangen-Sauce, Rehfilets mit Pflaumenpfannküchle und Bratapfel.

🏨 **Maria** ⟍, Mozartstr. 1, ✆ 44 63, 🕾, 🍽 — ➡wc 🕭wc ☎ ⟨⟩
14. Juli - 4. Aug. und 22. Dez.- 6. Jan. geschl. — (nur Abendessen für Hausgäste) — **19 Z : 24 B** 40/55 - 80/96.

✗ **In der Breite** mit Zim, Ferdinand-Steinbeis-Str. 2, ✆ 29 10 — 🕭wc ☎ 🅿
Juli - Aug. 3 Wochen geschl. — Karte 16/42 *(Montag geschl.)* — **5 Z : 7 B** 38/43 - 72.

In Albstadt 15-Lautlingen :

🏩 **Gästehaus Falken**, Falkenstr. 13, ✆ 7 46 44, 🍽, 🐎 — 🕭wc ⟨⟩ 🅿
Juli - Aug. 3 Wochen geschl. — Karte 15/25 *(Freitag geschl.)* ⅃ — **14 Z : 22 B** 30/36 - 60/68.

In Albstadt 2-Tailfingen :

🏨 **Post**, Goethestr. 27, ✆ (07432) 40 98, 🏖 — ➡wc 🕭wc ☎ ⟨⟩ 🅿 🛁
21. Juli - 11. Aug. geschl. — Karte 21/54 *(Juni - Okt. Samstag geschl.)* — **30 Z : 40 B** 39/70 - 90/95 Fb.

🏩 Ochsen, Goethestr. 10, ✆ (07432) 57 53 — ⟨⟩
22 Z : 27 B.

In Meßstetten-Oberdigisheim 7475 SW : 15 km ab Albstadt-Ebingen :

✗✗ **Zum Ochsen**, Breitenstr. 9, ✆ (07436) 12 10 — 🅿
13.- 31. Jan. und Montag geschl. — Karte 21/46 (Tischbestellung ratsam).

ALDERSBACH 8359. Bayern 426 ⑦ — 3 500 Ew — Höhe 324 m — ✆ 08543 (Aidenbach).

◆München 158 — Passau 32 — Regensburg 111 — Salzburg 122.

🏨 **Gasthaus Mayerhofer**, Ritter-Tuschl-Str. 2, ✆ 16 02, Biergarten, 🍽 — ➡wc 🕭wc ☎ 🅿
➡ 8.- 16. Feb. und 1.- 16. Nov. geschl. — Karte 12,50/28 *(Montag geschl.)* ⅃ — **20 Z : 29 B** 30/35 - 60/70.

ALEXANDERSBAD, BAD Bayern siehe Wunsiedel.

ALF 5584. Rheinland-Pfalz 987 ㉔ — 1 800 Ew — Höhe 95 m — ✆ 06542 (Bullay).

Ausflugsziel : Marienburg : Lage★★ (≤★★) S : 2 km.

Mainz 108 — ◆Koblenz 84 — ◆Trier 61.

🏨 **Bömer**, Ferd.-Remy-Str. 27, ✆ 23 10, 🍽 — 🛗 🕭wc. ✗ Rest
Karte 16/36 — **27 Z : 52 B** 27/32 - 50/60 — P 40/48.

🏨 **Mosel-Hotel-Alf**, Moselstr. 1, ✆ 25 81, ≤, 🏖 — 🛗 ➡wc 🕭 ⟨⟩ 🅿. 🆎 ⓞ. ✗ Zim
März-Okt. — Karte 17/35 ⅃ — **13 Z : 27 B** 32/58 - 54/78.

ALFDORF-HAGHOF Baden-Württemberg siehe Welzheim.

ALFELD (LEINE) 3220. Niedersachsen 987 ⑮ — 24 000 Ew — Höhe 93 m — ✆ 05181.

◆Hannover 52 — Göttingen 66 — Hildesheim 26 — ◆Kassel 108.

🏨 **City-Hotel** garni, Leinstr. 14, ✆ 30 73 — 🛗 📺 🕭wc ☎ ⟨⟩. 🆎 ⓞ 🇪
28 Z : 34 B 49/69 - 89 Fb.

🏨 **Deutsches Haus**, Holzerstr. 25, ✆ 30 98 — 🛗 📺 🕭wc ☎ ⟨⟩ 🛁. 🆎 ⓞ 🇪 🆅🆂🅰 ✗ Rest
Karte 21/51 *(Sonntag ab 15 Uhr geschl.)* — **28 Z : 50 B** 45/55 - 78/90 Fb.

🏩 Berghotel Schlehberg ⟍, Heinrich-Rinne-Str. 37, ✆ 53 10, ≤, 🏖 — 🕭 🅿
10 Z : 14 B.

✗ **Ratskeller**, Marktplatz 1, ✆ 51 92 — 🛁. 🆎 ⓞ 🇪 🆅🆂🅰
Samstag geschl. — Karte 20/49.

In Alfeld-Hörsum SO : 3,5 km :

🏨 **Zur Eule** ⟍, Horststr. 45, ✆ 46 61, 🔲, 🍽 — 🕭wc ☎ ⟨⟩ 🅿
Karte 20/41 — **36 Z : 60 B** 30/40 - 60/80.

ALFTER Nordrhein-Westfalen siehe Bonn.

ALKEN 5401. Rheinland-Pfalz — 700 Ew — Höhe 85 m — ✪ 02605 (Löf).

Mainz 93 — Cochem 28 — ♦Koblenz 23.

🏠 **Landhaus Schnee**, Moselstr. 6, ℰ 33 83, ≤ — 🗑wc 🅿. ⓄⒺ
6. Jan.- 6. Feb. geschl. — Karte 17/44 (Mitte Nov.- Mitte April Mittwoch geschl.) ♨ — **12 Z :
26 B** 35/40 - 70.

🏠 **Zum roten Ochsen**, Moselstr. 14, ℰ 6 89, ≤ — 🗑wc 🅿
→ *3. Jan.- Feb. geschl. — Karte 13/32 (Nov.- März Montag geschl.)* — **26 Z : 50 B** 28/30 - 48/58.

ALLENBACH Rheinland-Pfalz siehe Idar-Oberstein.

ALLENSBACH 7753. Baden-Württemberg 🟘🟘🟘 ㉝, 🟘🟘🟘 ⑦, 🟘🟘🟘 ⑨ — 6 000 Ew — Höhe 400 m —
Erholungsort — ✪ 07533.

🛈 Verkehrsamt, Rathausplatz 2, ℰ 63 40.

♦Stuttgart 173 — ♦Konstanz 11 — Singen (Hohentwiel) 21.

🏠 **Haus Rose** garni, Konstanzer Str. 23, ℰ 31 00 — 📺 🗑wc 🕾 ⇐ 🅿
24. Dez.- 20. Jan. geschl. — **8 Z : 20 B** 49 - 88.

🏠 **Haus Regina** garni, Gallus-Zembrot-Str. 17, ℰ 50 91, ≤ — 🛏wc 🗑wc 🅿
Jan.- Feb. geschl. — **17 Z : 25 B** 33/46 - 62/100.

Beim Wildpark Bodanrück NW : 5 km :

XX **Landgasthaus Mindelsee**, ✉ 7753 Allensbach, ℰ (07533) 13 21, 🎃 — 🅿
10. Jan.- 1. März und Dienstag geschl. — Karte 18/44 ♨.

ALLERSBERG 8501. Bayern 🟘🟘🟘 ㉝ — 7 100 Ew — Höhe 384 m — ✪ 09176.

♦München 139 — Ingolstadt 65 — ♦Nürnberg 29 — ♦Regensburg 94.

🏠 **Traube** garni, Gilardistr. 27, ℰ 3 67 — 🛏wc 🗑wc 🅿
28 Z : 50 B 37/47 - 62/70.

An der Straße nach Nürnberg N : 6 km :

XX **Faberhof**, ✉ 8501 Pyrbaum, ℰ (09180) 6 13, 🎃 — 🅿. ⓄⒺ
Dienstag und Jan. 3 Wochen geschl. — Karte 35/71.

ALPE ECK Bayern siehe Sonthofen.

ALPENSTRASSE (DEUTSCHE) Bayern 🟘🟘🟘 ㉝㉟㉞
Sehenswert : Panoramastr.✶✶✶ (von Lindau bis Berchtesgaden) — Lindau : Römerschanze ≤✶,
Stadtgarten ≤✶ — Hindelang : Jochstraße✶✶ (Kanzel≤✶) — Füssen : St.-Anna-Kapelle (Totentanz✶)
— Schloß Neuschwanstein✶✶ : äußere Galerie des Thronsaals ≤✶✶✶ — Schloß Hohenschwangau✶
— Schloß Linderhof✶ : Schloßpark✶✶ — Garmisch-Partenkirchen : St.-Anton-Anlagen ≤✶ —
Spitzingsattel : Aussichtspunkt ≤✶ — Wendelstein : Gipfel ※✶✶ — Chiemsee✶ — Reit im Winkl :
Oberbayrische Häuser✶ — Weißbachschlucht✶ — Schwarzbachwachtstraße✶ : Südhang ※✶✶ —
Hintersee✶ — Berchtesgaden : Schloßplatz✶ - Schloß (Dormitorium✶).

ALPIRSBACH 7297. Baden-Württemberg 🟘🟘🟘 ㉟ — 7 000 Ew — Höhe 435 m — Luftkurort —
Wintersport : 628/749 m ✂3 ✂4 — ✪ 07444.

Sehenswert : Ehemaliges Kloster✶.

🛈 Kurverwaltung im Rathaus, Marktplatz, ℰ 20 85.

♦Stuttgart 99 — Freudenstadt 18 — Schramberg 19 — Villingen-Schwenningen 51.

🏠 **Rößle**, Aischbachstr. 5, ℰ 22 81 — 🔌 🛏wc 🗑wc ⇐ 🅿
Karte 15/36 *(Montag geschl.)* ♨ — **28 Z : 51 B** 29/44 - 54/76 — P 45/55.

🏠 **Waldhorn**, Kreuzstr. 4, ℰ 24 11 — 🗑wc 🅿. ⓄⒺ
→ *28. Nov.- 15. Dez. geschl. — Karte 14/48 (Mittwoch geschl.)* — **10 Z : 18 B** 37 - 74 — P 53.

🏠 **Schwanen-Post**, Marktstr. 5, ℰ 22 05 — 🗑wc ⇐
9 Z : 15 B.

In Alpirsbach 2-Aischfeld O : 5 km :

🏠 **Sonne**, Im Aischfeld 29, ℰ 23 30, 🎃 — 🛏wc 🗑wc 🅿
→ *15.- 30. Nov. geschl. — Karte 12/38 (Donnerstag geschl.)* — **23 Z : 42 B** 36 - 70 — P 48.

🏠 **Hirsch**, Im Aischfeld 35, ℰ 22 02, 🎃 — 🗑wc ⇐ 🅿
→ *20. Okt.- 10. Nov. geschl. — Karte 14/22 (Dienstag geschl.)* — **13 Z : 22 B** 25/32 - 52/62 —
P 34/42.

In Alpirsbach-Ehlenbogen :

🏠 **Mittlere Mühle** 🦌, nahe der B 294 (NO : 6 km), ℰ 23 80, 🎃 — 🛏wc 🗑wc 🕾 ⇐ 🅿
→ Karte 13/30 ♨ — **15 Z : 23 B** 26/33 - 50/65 — P 44/49.

🏠 **Adler**, an der B 294 (N : 2 km), ℰ 22 15, 🎃 — 🗑 🅿
→ *10.- 31. Jan. geschl. — Karte 14/29 (Mittwoch geschl.)* — **21 Z : 35 B** 25/38 - 50/70 — P 40/45.

70

ALSFELD 6320. Hessen 987 ㉖ — 17 100 Ew — Höhe 264 m — ✪ 06631.

Sehenswert : Marktplatz★ — Rathaus★ — Rittergasse (Fachwerkhäuser★).

🛈 Städt. Verkehrsbüro, Rittergasse 3, ✆ 43 00.

♦Wiesbaden 128 — ♦Frankfurt am Main 107 — Fulda 44 — ♦Kassel 93.

🏛 **Krone**, Schellengasse 2 (B 62), ✆ 40 41 — 🛏️wc ☎ ⟷ 🅿. 🆎 ⑩ 🇪 VISA
Karte 18/52 — **38 Z : 70 B** 36/48 - 64/85 Fb.

🏛 **Klinghöffer**, Hersfelder Str. 47, ✆ 20 73 — 🛏️wc ☎ ⅙ 🅿. 🆎 ⑩ 🇪. ⅙ Rest
Karte 15/36 — **40 Z : 75 B** 36/40 - 59/78.

🏛 **Zur Erholung**, Grünberger Str. 26 (B 49), ✆ 20 23 — 📺wc 🛏️wc ⟷ 🅿 🏔 🆎 ⑩ 🇪
⟵ Karte 13,50/44 ⅚ — **29 Z : 52 B** 30/40 - 72 — P 64.

In Romrod 1 6326 SW : 6 km über die B 49 :

🏛🏛 **Sport-Hotel Vogelsberg** ⅞, Kneippstr. 1 (S : 1 km), ✆ (06636) 8 90, Telex 49404, 🖾s, 🏊,
🐎, ⅙ (Halle) — 🛏️ 📺 🛏️wc 🅿 🏔. 🆎 ⑩ 🇪 VISA. ⅙ Rest
Karte 22/58 — **108 Z : 210 B** 85/95 - 150/160 Fb.

ALSHEIM 6526. Rheinland-Pfalz — 2 700 Ew — Höhe 92 m — ✪ 06249.

Mainz 32 — Alzey 19 — ♦Darmstadt 34 — Worms 16.

🏛 **Hubertushof**, Mainzer Str. 1, ✆ 41 00, 🏊 (geheizt), 🐎 — 🅿. ⑩
27. Dez.- 12. Jan. geschl. — Karte 17,50/40 *(wochentags nur Abendessen, Montag geschl.)* ⅚ —
9 Z : 16 B 28/30 - 56.

ALTDORF 8503. Bayern 987 ㉖ — 12 300 Ew — Höhe 446 m — ✪ 09187.

♦München 176 — ♦Nürnberg 22 — ♦Regensburg 80.

🏛 **Türkenbräu** ⅞, Mühlweg 5, ✆ 23 21 — 🛏️wc ☎ 🅿. 🇪
⟵ Karte 13,50/30 *(nur Abendessen, Samstag - Sonntag geschl.)* — **33 Z : 42 B** 32/45 - 64/68.

🏛 **Alte Nagelschmiede**, Oberer Markt 13, ✆ 56 45 — 🛏️wc ☎. ⑩
Mitte Aug.- Anfang Sept. geschl. — Karte 21/47 *(Dienstag 14 Uhr - Mittwoch geschl.)* — **21 Z :
24 B** 38/50 - 68.

ALTDORF Bayern siehe Landshut.

ALTDROSSENFELD Bayern siehe Neudrossenfeld.

ALTENA 5990. Nordrhein-Westfalen 987 ⑭ — 24 000 Ew — Höhe 159 m — ✪ 02352.

♦Düsseldorf 88 — Hagen 25 — Iserlohn 16 — Lüdenscheid 14.

🏛 **Dewor** garni, Gerichtsstr. 15, ✆ 2 53 33 — 🛏️wc
12 Z : 21 B.

🍴🍴 **Burg Altena**, Fr.-Thomee-Str. 80 (in der Burg), ✆ 28 84 — 🅿. ⑩ 🇪
Montag geschl. — Karte 22/67.

Siehe auch : *Neuenrade* (O : 13 km)

ALTENAHR 5481. Rheinland-Pfalz 987 ㉔ — 2 100 Ew — Höhe 169 m — ✪ 02643.

🛈 Verkehrsverein, Brückenstr. 9, ✆ 84 48.

Mainz 163 — ♦Bonn 30 — Euskirchen 29 — ♦Koblenz 62 — ♦Trier 113.

🏛🏛 **Central-Hotel**, Brückenstr. 5, ✆ 18 15 — 📺wc 🛏️wc 🅿. ⅙ Zim
Dez. geschl. — Karte 17/50 — **25 Z : 47 B** 30/40 - 50/80.

🏛🏛 **Zur Post**, Brückenstr. 2, ✆ 20 98, 🖾s, 🏊 — 🛏️ 📺 📺wc 🛏️wc 🅿. 🆎 ⑩ 🇪 VISA
20. Nov.- 20. Dez. geschl. — Karte 15/39 *(Jan.- März Dienstag geschl.)* — **55 Z : 90 B** 30/65 -
60/95 — P 58/83.

🏛🏛 **Zum schwarzen Kreuz**, Brückenstr. 7, ✆ 15 34, 🐎 — 🛏️ 📺wc 🛏️wc 🅿. 🇪. ⅙ Zim
Jan.- 14. März geschl. — Karte 23/49 *(März - Juni Dienstag geschl.)* — **19 Z : 38 B** 45/63 -
70/105 — P 62/79.

🏛 **Ruland**, Brückenstr. 6, ✆ 83 18, 🍴 — 🛏️wc 🅿. ⅙ Zim
⟵ 15. Jan.- 15. Feb. geschl. — Karte 14/34 — **42 Z : 80 B** 28/50 - 50/80.

ALTENAU 3396. Niedersachsen 987 ⑯ — 3 050 Ew — Höhe 450 m — Heilklimatischer Kurort —
Wintersport : 450/900 m ⅗3 ⅖3 — ✪ 05328.

🛈 Kurverwaltung, Schultal 5, ✆ 4 11.

♦Hannover 109 — ♦Braunschweig 61 — Göttingen 71 — Goslar 18.

🏛 **Moock's Hotel**, Am Schwarzenberg 11, ✆ 2 22, 🍴 — 🛏️wc ☎ ⟷ 🅿
14 Z : 25 B Fb.

🏛 **Landhaus am Kunstberg** ⅞ garni, Bergmannstieg 5, ✆ 2 55, ≼, 🖾s, 🏊, 🐎 — 🛏️wc ☎
⟷ 🅿
3. Nov.- 15. Dez. geschl. — **14 Z : 26 B** 38/45 - 58/76 — 7 Appart 75/85.

Fortsetzung →

ALTENAU

 🏠 **Gebirgshotel** ⑤, Kleine Oker 17, ℰ 2 18, ⊜, 🔲, 🚗 – 📱 ➡️wc 🛏wc ☎ 🅿. 🍽 Rest
  Nov.- 20. Dez. geschl. – Karte 19,50/38 – **42 Z : 65 B** 26/52 - 60/84 – P 47/61.

 🏠 **Deutsches Haus**, Marktstr. 17, ℰ 3 50, 🚗 – 🛏wc ➡️ 🅿
  Karte 16,50/56 *(Nov.- Mai Dienstag geschl.)* – **11 Z : 38 B** 23/35 - 46/60 Fb.

 ✗ **Zur kleinen Oker**, Kleine Oker 34, ℰ 5 84 – ⓪
  7.- 27. April, Anfang Nov.- 19. Dez. und Donnerstag geschl. – Karte 16,50/37.

ALTENBERGE 4417. Nordrhein-Westfalen 🗺⑭ – 8 000 Ew – Höhe 140 m – ✆ 02505.
◆Düsseldorf 138 – Enschede 49 – Münster (Westfalen) 15.

 🏠 **Stüer**, Laerstr. 6, ℰ 12 12 – 🛏wc 🅿
  Juli - Aug. 2 Wochen geschl. – Karte 16/35 *(wochentags nur Abendessen, Montag geschl.)* –
  37 Z : 71 B 30/46 - 60/92.

ALTENHEIM Baden-Württemberg siehe Neuried.

ALTENKIRCHEN IM WESTERWALD 5230. Rheinland-Pfalz 🗺㉔ – 5 300 Ew – Höhe 245 m
– ✆ 02681.
Mainz 110 – ◆Bonn 49 – ◆Koblenz 56 – ◆Köln 65 – Limburg an der Lahn 50.

 🏠 **Haus Hubertus** ⑤, Frankfurter Str. 59a, ℰ 34 28, 🍴, « Garten », ⊜ – 🛏wc ☎ ➡️ 🅿
  🛁. ⓪ 🄴 𝗩𝗜𝗦𝗔
  Karte 20/52 *(Montag geschl.)* – **13 Z : 23 B** 38 - 70.

 In Altenkirchen-Leuzbach SW : 2 km :

 🏠 **Petershof**, Wiedstr. 84, ℰ 29 83, 🍴, 🚗 – 🛏wc ➡️ 🅿. 🄰🄴
  Karte 17/40 *(Freitag geschl.)* – **7 Z : 11 B** 25/40 - 70/72.

 In Berod 5231 S : 7 km :

 🏠 Röhrig, Rheinstr. 1, ℰ (02680) 4 91 – 🛏wc 🅿
  10 Z : 20 B.

 In this guide,
 *a symbol or a character, printed in red or **black**, in **bold** or light type,*
 does not have the same meaning.
 Please read the explanatory pages carefully (pp. 28 to 35).

ALTENKUNSTADT Bayern siehe Burgkunstadt.

ALTENMARKT AN DER ALZ 8226. Bayern 🗺㉗, 🗺⑲ – 3 300 Ew – Höhe 490 m –
✆ 08621 (Trostberg).
◆München 82 – Passau 113 – Rosenheim 44 – Salzburg 60.

 🏠 **Angermühle**, Angermühle 1, ℰ 30 26 – 🛏wc ➡️ 🅿
  Karte 15,50/42 *(Freitag geschl.)* 🛁 – **28 Z : 45 B** 33/45 - 60/70.

ALTENMEDINGEN Niedersachsen siehe Bevensen, Bad.

ALTENSTADT 7919. Bayern 🗺㊱ – 4 500 Ew – Höhe 530 m – ✆ 08337.
◆München 165 – Bregenz 93 – Kempten (Allgäu) 58 – ◆Ulm (Donau) 36.

 🏠 **Fischer**, Memminger Str. 35 (B 19), ℰ 2 68 – 🛏wc ➡️ 🅿
  Karte 16/37 – **20 Z : 32 B** 35/40 - 54/62.

 In Altenstadt-Illereichen :

 🏠 ✿ **Landhotel Schloß-Wirtschaft** ⑤, Kirchplatz 2, ℰ 80 45, Telex 54980, 🍽 – 📺 ➡️wc
  🛏wc ☎ 🅿. 🄰🄴 ⓪ 🄴
  Karte 50/87 *(Montag geschl.)* – **11 Z : 23 B** 76/80 - 140/154
  Spez. Gänseleber mit Sauternesgelee, Lammkarree mit Bohnenstrudel.

ALTENSTEIG 7272. Baden-Württemberg 🗺㉟ – 10 000 Ew – Höhe 504 m – Luftkurort –
Wintersport : 561/584 m ✠1 ⫞1 – ✆ 07453.
Sehenswert : Lage★ – ≼★ auf Berneck (von der Straße nach Calw).
🛈 Städt. Verkehrsamt, Rosenstr. 28 (ev. Gemeindehaus), ℰ 66 33.
◆Stuttgart 68 – Freudenstadt 25 – Tübingen 48.

 🏠 **Traube**, Rosenstr. 6, ℰ 62 30 – 🛏wc ➡️ 🅿 🛁. 🄰🄴 🄴. 🍽 Zim
  25. Okt.- 20. Nov. geschl. – Karte 15,50/39 *(Mittwoch ab 13 Uhr geschl.)* 🛁 – **33 Z : 52 B** 27/43 -
  54/76 – P 42/54.

 🏠 **Deutscher Kaiser**, Poststr. 1, ℰ 85 58 – 🛏wc ➡️ 🅿. ⓪
  4.- 25. Okt. geschl. – Karte 16/36 *(Freitag geschl.)* 🛁 – **10 Z : 16 B** 27/35 - 54/68 – P 38/48.

In Altensteig 4-Berneck NO : 3 km — Erholungsort :

🏨 **Traube**, Hauptstr. 22, 🌮 80 05, 🛏, 🔲, 🌺 — 📶 🛁wc 🚿wc 🍴wc ☎ 🚗 🅿 🏊
Karte 17/47 ⚓ — **54 Z : 85 B** 30/51 - 56/93 — P 47/70.

🏠 **Hirsch** 🍴, Schloßsteige 22, 🌮 86 96 — 🍴wc
Nov. geschl. — Karte 18/36 *(Dienstag geschl.)* — **11 Z : 23 B** 40/45 - 72/80 — P 50.

🏛 **Rössle** (mit 🏨 Gästehaus, 🍴), Marktplatz 8, 🌮 81 56, 🛏, 🔲, 🌺 — 📺 🍴wc 🚗 🅿.
➤ 🍴 Zim
Nov. geschl. — Karte 14,50/38 *(Mittwoch geschl.)* ⚓ — **26 Z : 42 B** 32/60 - 60/110 — P 41/65.

In Altensteig 5-Spielberg SW : 5 km :

🏛 **Ochsen**, Römerstr. 2, 🌮 61 22, 🌺 — 🍴wc 🚗 🅿. 🍴 Zim
➤ Karte 14/32 *(Montag geschl.)* — **16 Z : 29 B** 22/32 - 44/64 — P 34/44.

In Altensteig 1-Überberg NW : 2 km :

🏠 Hirsch, Simmersfelder Str. 24, 🌮 82 90, 🛏, 🌺 — 🛁wc 🍴wc 🚗 🅿
16 Z : 31 B.

In Altensteig 6-Wart NO : 7 km :

🏨 **Sonnenbühl** 🍴, Wildbader Str. 44, 🌮 (07458) 77 10, Telex 765400, 🏡, Bade- und
Massageabteilung, 🔥, 🛏, 🔲, 🌺, 🍴, Fahrradverleih — 📶 📺 🛁wc 🚿wc ☎ 🅿 🏊. 🆎 🅴.
🍴 Rest
Karte 29/56 — **113 Z : 220 B** 80/105 - 115/140 Fb — 18 Appart. 93/271.

ALTGLASHÜTTE Bayern siehe Bärnau.

ALTGLASHÜTTEN Baden-Württemberg siehe Feldberg im Schwarzwald.

ALTLEININGEN 6719. Rheinland-Pfalz 🔲🔲 ④. 🔳 ⑩ — 2 000 Ew — Höhe 300 m — 🕿 06356.
Mainz 68 — Kaiserslautern 28 — ◆Mannheim 39.

🏨 **Berghof** 🍴, Burgstr. 17, 🌮 80 77, ≤, 🏡, « Ausstellung zeitgenössischer Kunst », 🌺 —
🛁wc 🍴wc ☎ 🅿 🏊. 🆎
15. Jan. - 15. Feb. geschl. — Karte 40/76 *(umfangreiches Weinangebot, Tischbestellung ratsam)*
(Sonntag 15 Uhr - Montag geschl.) — **20 Z : 45 B** 65/100 - 85/150.

In Carlsberg 6719 SW : 4 km :

🍴🍴 Olympia (Griechische Küche), Lindenstr. 9, 🌮 (06356) 3 02 — 🅿.

ALTLOHBERGHÜTTE Bayern siehe Lohberg.

ALTÖTTING 8262. Bayern 🔳🔳🔳 ㊲. 🔳🔳🔳 ⑥ — 11 000 Ew — Höhe 402 m — Wallfahrtsort — 🕿 08671.
🔢 Wallfahrts- und Verkehrsverein, Kapellplatz 2a, 🌮 80 68.
◆München 93 — Landshut 64 — Passau 83 — Salzburg 66.

🏨 **Zur Post**, Kapellplatz 2, 🌮 50 40, 🏡, 🛏 — 📶 📺 🛁wc 🍴wc ☎ 🅿 🏊. 🆎 ⓪ 🅴 🆅🆂🅰
Karte 20/50 ⚓ — **90 Z : 163 B** 52/95 - 88/170 Fb.

🏨 **Schex**, Kapuziner Str. 13, 🌮 40 21, 🏡 — 📶 🍴wc 🚗 🅿 🏊. 🆎 ⓪
➤ *5. Jan. - 15. Feb. geschl.* — Karte 14,50/43 *(Nov.- März Montag geschl.)* — **50 Z : 98 B** 45/55 -
70/100.

🏠 **Plankl**, Schlotthamer Str. 4, 🌮 65 22, 🌺 — 🍴wc 🅿
➤ Karte 13,50/33 — **65 Z : 125 B** 29/49 - 58/96.

🏠 **Scharnagl**, Neuöttinger Str. 2, 🌮 1 37 10 — 🍴wc 🚗 🅿
➤ Karte 14/35 — **105 Z : 210 B** 32/40 - 56/67 — P 51/63.

In Bräu im Moos SW : 9,5 km, über Tüßling :

🍴 Bräu im Moos, ✉ 8261 Tüßling, 🌮 (08633) 10 41, Biergarten, Brauerei-Museum, Hirschgehege
— 🅿.

In Teising 8261 W : 5 km :

🍴 **Gasthof Hutter**, Hauptstr. 17 (B 12), 🌮 (08633) 2 07, 🏡
➤ *25. Aug. - 12. Sept. und Dienstag 14 Uhr - Mittwoch geschl.* — Karte 13/31 ⚓.

In Tüßling-Kiefering 8261 W : 6 km über die B 299 :

🏠 Landgasthof zum Bauernsepp 🍴, 🌮 (08633) 71 02, « Innenhofterrasse » — 🛁wc 🍴wc
🅿
Nov. geschl. — Karte 18,50/47 — **25 Z : 50 B** 40 - 60 — P 48.

ALTREICHENAU Bayern siehe Liste der Feriendörfer.

ALTRIP Rheinland-Pfalz siehe Ludwigshafen am Rhein.

ALTUSRIED 8966. Bayern 🄌🄍🄎 ⑮ — 7 400 Ew — Höhe 722 m — Erholungsort — ☎ 08373.
♦München 124 — Kempten (Allgäu) 14 — Memmingen 30.

☎ **Rössle**, Hauptstr. 24, ℰ 2 26 — 𝄞 ❶. 🍴 Zim
— Mitte Nov.- Mitte Dez. geschl. — Karte 14/32 *(Samstag geschl., Dienstag und Donnerstag nur Mittagessen)* — **8 Z : 12 B** 27/33 - 50/66.

ALTWEILNAU Hessen siehe Weilrod.

ALZENAU 8755. Bayern 🄎🄍🄌 ㉟ — 14 700 Ew — Höhe 114 m — ☎ 06023.
♦München 378 — Aschaffenburg 19 — ♦Frankfurt am Main 36.

In Alzenau-Hörstein S : 4 km :

🏨 **Käfernberg** 🍃, Mömbriser Str. 9, ℰ 26 26, ≼, « Weinstube im alpenländischen Stil », ⊜s — 🛁 ➯wc 𝄞wc ☎ ❶ 🅰. 🄰🄴 ⓪ 🄴
Karte 23/45 *(nur Abendessen, Sonntag und Aug. 2 Wochen geschl.)* — **31 Z : 58 B** 30/78 - 55/110 Fb.

In Alzenau-Wasserlos SO : 2 km :

🏨 **Krone am Park** garni, Hellersweg 1, ℰ 60 52, Telex 4188169, ⊜s, 🌳, 🍴 — 𝄞wc ☎ ⟺ ❶ 🅰. 🄴
23 Z : 31 B 65/90 - 120/148 Fb.

🏠 **Schloßberg** 🍃, Schloßberg 2, ℰ 10 58, ≼ Maintal, 🌇, 🄦 — 📺 ➯wc 𝄞wc ☎ ❶ 🅰. 🄰🄴 ⓪ 🄴
2.- 28. Jan. geschl. — Karte 25/51 — **19 Z : 31 B** 60/85 - 100/130.

🏠 **Krone** 🍃, Hahnenkammstr. 37, ℰ 60 25 — 𝄞wc ☎ ❶ 🅰
Karte 15/42 *(Sonntag 15 Uhr - Montag 18 Uhr geschl.)* — **23 Z : 37 B** 40/48 - 76/80 Fb.

ALZENBACH Nordrhein-Westfalen siehe Eitorf.

ALZEY 6508. Rheinland-Pfalz 🄎🄍🄌 ㉟ — 15 800 Ew — Höhe 173 m — ☎ 06731.
🅱 Städt. Verkehrsamt, Fischmarkt 3, ℰ 3 71.
Mainz 34 — ♦Darmstadt 48 — Kaiserslautern 49 — Bad Kreuznach 29 — Worms 28.

🏨 **Massa-Hotel**, Industriestr. (O : 1 km, nahe der Autobahn), ℰ 40 30, Telex 42461, 🌇, 🍴 (Halle) — 📺 Rest 📺 ➯wc 𝄞wc ☎ ❶ 🅰 (mit 🍽). 🄰🄴 ⓪ 🄴 🆅🅸🆂🅰
Karte 17/52 👟 — **97 Z : 168 B** 62/72 - 99 Fb.

🏠 **Krause**, Gartenstr. 2, ℰ 61 81 — 𝄞wc ☎ ⟺ ❶
27. Dez.- 14. Jan. geschl. — Karte 17/49 *(Samstag geschl.)* 👟 — **20 Z : 25 B** 30/50 - 55/65.

✗ **Weinhaus Rebe** mit Zim (Griechische Küche), Antoniterstr. 47, ℰ 12 85 — 𝄞
14 Z : 20 B.

*Die im Michelin-Führer
verwendeten Zeichen und Symbole haben —
fett oder dünn gedruckt, rot oder schwarz —
jeweils eine andere Bedeutung.
Lesen Sie daher die Erklärungen (S. 12 bis 19) aufmerksam durch.*

AMBERG 8450. Bayern 🄎🄍🄌 ㉗ — 47 000 Ew — Höhe 375 m — ☎ 09621.
Sehenswert : Deutsche Schulkirche★ AZ A.
🅱 Fremdenverkehrsamt, Zeughausstr. 1a, ℰ 1 02 33.
ADAC, Kaiser-Wilhelm-Ring 29a, ℰ 2 23 80, Telex 631247.
♦München 204 ⑤ — Bayreuth 79 ⑥ — ♦Nürnberg 61 ⑤ — ♦Regensburg 64 ③.

Stadtplan siehe gegenüberliegende Seite.

🏨 **Brunner** Ⓜ, Batteriegasse 3, ℰ 2 39 44 — 🛁 ➯wc 𝄞wc ☎ ⟺ ❶. ⓪   BZ e
(nur Abendessen für Hausgäste) — **40 Z : 63 B** 55/65 - 90/100.

🏨 Heiner Fleischmann, Wörthstr. 4, ℰ 1 51 32, ⊜s — 📺 ➯wc 𝄞wc ☎ ⟺   AZ f
(nur Abendessen für Hausgäste) — **34 Z : 50 B** Fb.

🏠 Josefshaus, Kaiser-Wilhelm-Ring 4, ℰ 1 23 56 — 🛁 𝄞wc ⟺ ❶ 🅰   AZ r
13 Z : 26 B.

🏠 Gall, Sulzbacher Str. 89, ℰ 6 33 31 — 𝄞 ☎ ⟺ ❶   AY a
30 Z : 48 B.

✗✗ Casino- Altdeutsche Stube, Schrannenplatz 8, ℰ 2 26 64 — 🅰   AZ T

In Freudenberg 8451   NO : 10 km über Krumbacher Straße BY :

🏨 **Hammermühle** 🍃, ℰ (09627) 6 11, 🌇, ⊜s, 🌳 — 𝄞wc ❶ 🅰
Karte 20/51 — **28 Z : 52 B** 50/70 - 86/98 Fb.

74

AMBERG

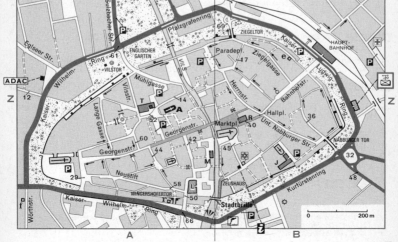

AMBURGO = Hamburg.

AMELINGHAUSEN 2124. Niedersachsen ⑨⑧⑦ ⑮ − 2 350 Ew − Höhe 65 m − Erholungsort − ✸ 04132.

🛈 Samtgemeindeverwaltung, Lüneburger Str. 30, 𝒫 10 71.
♦Hannover 104 − ♦Hamburg 57 − Lüneburg 26.

🏠 **Schencks Gasthaus** (mit Gästehaus Bergpension ⑳), Lüneburger Str. 48, 𝒫 3 14, ⇔s, ☒,
🛏 −☐wc 🛁wc ⬅ 🅿 🔊
Karte 18/42 − **29 Z : 54 B** 40/70 - 70/98 Fb − 2 Appart. 70 − P 55/65.

🕭 **Fehlhaber**, Lüneburger Str. 38, 𝒫 3 76 − 🛁wc ⬅ 🅿
Karte 18/37 *(Mittwoch geschl.)* − **14 Z : 24 B** 36/40 - 76/80 − P 54/58.

In Wriedel-Wettenbostel 3111 SO : 8 km :

🕭 **Heidehof Zur Erika** ⑳, Brunnenweg 1, 𝒫 (05829) 5 29, 🌤, ⇔s, 🛏 − 🛁wc 🅿
März geschl. − Karte 16/36 *(Mittwoch geschl.)* − **12 Z : 22 B** 35/40 - 64/70 − P 46/48.

AMERANG 8201. Bayern ④②⑥ ⑱ − 2 600 Ew − Höhe 560 m − ✸ 08075.
♦München 69 − Landshut 84 − Salzburg 89.

🏠 **Gasthof Palm**, Wasserburger Str. 10, 𝒫 2 07, ⅃ (geheizt), 🛏 − 🛁wc 🅿
15 Z : 30 B Fb.

AMMERBUCH Baden-Württemberg siehe Tübingen.

AMMERTSWEILER Baden-Württemberg siehe Mainhardt.

AMORBACH 8762. Bayern ⑨⑧⑦ ㉕ − 5 000 Ew − Höhe 166 m − Luftkurort − ✸ 09373.
Sehenswert : Abteikirche★ (Chorgitter★, Bibliothek★, Grüner Saal★).
🛈 Städt. Verkehrsamt, Rathaus, 𝒫 7 78.
♦München 353 − Aschaffenburg 47 − ♦Darmstadt 69 − Heidelberg 67 − ♦Würzburg 77.

🏠🏠 **Post**, Schmiedstr. 2, 𝒫 4 10/14 10, 🌤, ⇔s, 🛏 − 🔲 ☐wc 🛁wc ⬅ 🅿. 🆎 ⓪
Mitte Jan.- Mitte Feb. geschl. − Karte 24/57 − **30 Z : 53 B** 32/60 - 56/98 Fb − P 58/86.

🏠🏠 **Badischer Hof** (mit Gästehaus ⑳), Am Stadttor 4, 𝒫 12 08 − ☐wc 🛁wc ⬅ 🅿 🔊
29 Z : 44 B.

🏠 **Frankenberg** ⑳, Gotthardsweg 12, 𝒫 12 50, ≼, 🌤, ⅃, ☒, 🛏 − ☐wc 🛁wc ⬅ 🅿. ⓪
Mitte Nov.- Mitte Feb. geschl. − Karte 17/39 − **20 Z : 42 B** 35/50 - 74/90 − P 60/74.

✕✕ **Victoria**, Johannesturmstr. 10, 𝒫 17 50
Mittwoch 15 Uhr - Donnerstag geschl. − Karte 18,50/55.

In Amorbach-Boxbrunn W : 10 km :

🕭 **Bayrischer Hof** (mit 🏠 Gästehaus), Hauptstr. 8, 𝒫 4 35/14 35 − 🛁wc ⬅ 🅿
➡ *Jan.- Feb. 3 Wochen geschl.* − Karte 13,50/30 *(Freitag geschl.)* − **15 Z : 28 B** 25/31 - 44/62 −
P 38/47.

Im Otterbachtal W : 3 km über Amorsbrunner Straße :

🏠🏠 **Der Schafhof** ⑳ (ehem. Klostergut), ✉ 8762 Amorbach, 𝒫 (09373) 80 88, ≼, 🌤, 🛏, ✕
− 🔲 ☐wc ☎ 🅿 🔊 🆎 ⓪ 𝘝𝘐𝘚𝘈 ✂ Zim
6. Jan.- 20. Feb. geschl. − Karte 30/62 − **16 Z : 32 B** 90/110 - 135/200 Fb − P 150/245.

AMPFING 8261. Bayern ⑨⑧⑦ ㉗, ④②⑥ ⑤ − 5 100 Ew − Höhe 415 m − ✸ 08636.
♦ München 74 − Landshut 60 − Salzburg 89.

🏠🏠 **Fohlenhof** Ⓜ, Zangberger Str. 23, 𝒫 8 88, 🌤 − ☐wc 🛁wc ☎ 🅿 🔊. 🆎 ⓪
Karte 21/44 *(Montag geschl.)* − **31 Z : 47 B** 50/60 - 70/80 Fb.

AMRUM (Insel) Schleswig-Holstein ⑨⑧⑦ ④ − Seeheilbad − Insel der Nordfriesischen Inselgruppe.

⚓ von Dagebüll (ca. 2 h). Für PKW Voranmeldung bei Wyker Dampfschiffs-Reederei GmbH in 2270 Wyk auf Föhr, 𝒫 (04681) 7 01.

Nebel 2278. − 950 Ew − ✸ 04682.
🛈 Kurverwaltung, 𝒫 5 44.

✕ **Ekke-Nekkepenn**, 𝒫 22 45 − 🅿
Mitte März - Ende Okt. geöffnet, außer Saison Mittwoch geschl. − Karte 18/45.

Norddorf 2278. − 850 Ew − ✸ 04682.
🛈 Kurverwaltung, 𝒫 8 11.
Nebel 4 − Wittdün 9.

🏠 **Appartement-Hotel Seeblick** ⑳, 𝒫 8 88, ⇔s, ☒ − 🔲 🔲 🛁wc ☎ ⬅ 🅿. 🄴
9. Jan.- 19. Feb. geschl. − Karte 21/47 *(Nov.- März Montag und Dienstag ab 15 Uhr geschl.)* −
22 Z : 44 B 90/96 - 152/172 Fb − 15 Appart. 140.

🏠 **Graf Luckner** 🕊, ℰ 23 67 − 🏛wc 🅿
Nov.- 15. Dez. geschl. − Karte 19/48 *(Okt.- April Dienstag und Mittwoch geschl.)* − **20 Z : 30 B** 47/70 - 90/100 − P 75/80.

🏠 **Ual Oemreng Wiartshüs** 🕊, ℰ 20 03, « Altfriesische Kate, Seemannsstube », 🍴 − ⌂wc 🏛 🅿. 🆎 ⓞ
15. Jan.- 15. Feb. geschl. − Karte 21/53 *(Nov.- März Mittwoch - Donnerstag geschl.)* − **14 Z : 25 B** 44/54 - 88/104 − P 68/78.

Wittdün 2278. − 700 Ew − 🅲 04682.

🛈 Kurverwaltung, ℰ 8 61.

🏠 **Ferienhotel Weiße Düne**, Achtern Strand 6, ℰ 23 77, 🛋, 🔲 − 📺 🏛wc 🅿
Karte 25/59 *(16. Jan.- 20. März, 10. Nov.- 15. Dez. und Montag geschl.)* − **13 Appart. : 50 B** 64 - 128.

🏠 **Strandhotel Vierjahreszeiten** 🕊, Obere Wandelbahn 16, ℰ 23 79, ⩽ − 🏛wc 🅿
Ostern - Mitte Okt. − (Rest. nur für Pensionsgäste) − **40 Z : 70 B** 39/88 - 78/138 − 18 Appart. 120/180 − P 66/96.

ANDECHS (Klosterkirche) Bayern Sehenswürdigkeit siehe Herrsching am Ammersee.

ANDERNACH 5470. Rheinland-Pfalz �"🲂🲁 ㉔ − 29 000 Ew − Höhe 66 m − 🅲 02632.

🛈 Touristinformation, Läufstr. 11, ℰ 40 62 24.

Mainz 120 − ♦Bonn 43 − ♦Koblenz 18 − Mayen 23.

🏨 **Parkhotel Andernach** Ⓜ, Konrad-Adenauer-Allee 33, ℰ 4 40 51, ⩽, 🏖 − 🛗 📺 🏛wc ☎ ⇔ 🅿 🅰. 🆎 🅴 𝗩𝗜𝗦𝗔
Karte 25/60 − **28 Z : 56 B** 70 - 120 Fb.

🏨 **Fischer** Ⓜ, Am Helmwartsturm 4, ℰ 49 20 47 − 🛗 📺 🏛wc ☎ ⇔ 🅿. 🆎 ⓞ 🅴. ❄
Karte 21/45 *(nur Abendessen, Sonntag geschl.)* − **18 Z : 36 B** 65/70 - 110 Fb.

🏨 **Traube**, Konrad-Adenauer-Allee 14, ℰ 4 60 40, ⩽, 🏖 − ⌂wc 🏛wc ☎. 🆎 ⓞ 🅴 𝗩𝗜𝗦𝗔
Karte 23/59 *(im Winter Samstag geschl.)* 🍴 − **25 Z : 52 B** 48/70 - 90/100.

🏨 Meder garni, Konrad-Adenauer-Allee 17, ℰ 4 26 32, ⩽ − 📺 ⌂wc 🏛wc ☎ ⇔
10 Z : 20 B.

🏠 **Urmersbach** 🕊 garni, Frankenstr. 6, ℰ 4 55 22 − 🏛wc ⇔ 🅿
28 Z : 45 B 40 - 70.

🏠 **Rheinkrone**, Konrad-Adenauer-Allee 22, ℰ 4 35 87, ⩽ − 🛗 🏛wc. ⓞ 🅴
➡ Karte 14/36 *(Nov.- Mai Montag geschl.)* − **26 Z : 49 B** 49/55 - 85 Fb.

🏠 **St. Peter**, Konrad-Adenauer-Allee 19, ℰ 4 49 69, ⩽ − 🏛wc ☎. 🆎 ⓞ 𝗩𝗜𝗦𝗔
1.- 25. Jan. geschl. − Karte 16/44 − **7 Z : 15 B** 45/50 - 90/100.

🏠 **Maaßmann**, Markt 12, ℰ 4 22 36 − 🏛wc ⇔
➡ Karte 14/28 *(nur Abendessen, Freitag geschl.)* 🍴 − **13 Z : 24 B** 45/50 - 80/90.

✕✕ **Krahnenburg**, Auf dem Krahnenberg 17 (NW : 2 km), ℰ 4 71 01, ⩽ Rheintal, 🏖 − 🅿. 🆎 ⓞ 🅴 𝗩𝗜𝗦𝗔
Nov.- März und Freitag geschl. − Karte 21/56 🍴.

ANDREASBERG Nordrhein-Westfalen siehe Bestwig.

ANGELBACHTAL 6921. Baden-Württemberg − 3 600 Ew − Höhe 154 m − 🅲 07265.
♦Stuttgart 91 − Heilbronn 40 − ♦Karlsruhe 47 − ♦Mannheim 44.

In Angelbachtal-Eichtersheim

✕ Schloßrestaurant, Im Schloß, ℰ 86 80 − 🅿.

ANIF Österreich siehe Salzburg.

ANKUM 4554. Niedersachsen − 5 200 Ew − Höhe 54 m − 🅲 05462.
♦Hannover 149 − ♦Bremen 103 − Nordhorn 62 − ♦Osnabrück 40.

🏨 **Artland-Sporthotel**, Tütinger Str. 28, ℰ 4 56, 🛋, 🔲, ❀ (Halle), 🏊 (Halle) − 🛗 📺 ⌂wc 🏛wc ☎ 🅿 🅰. 🆎 🅴
Karte 25/52 − **57 Z : 117 B** 65/85 - 100/125 Fb.

🏛 **Raming**, Hauptstr. 21, ℰ 2 02 − 🏛wc ⇔ 🅿
➡ Karte 11/27 − **18 Z : 24 B** 25/30 - 50/60.

ANNOVER = Hannover.

ANNWEILER 6747. Rheinland-Pfalz 987 ㉔. 242 ⑧. 57 ⑨ − 7 700 Ew − Höhe 183 m − Luftkurort − ✆ 06346.

Ausflugsziele : Burg Trifels : Lage★, Kapellenturm ☀★ O : 7 km − Asselstein : Felsen★ S : 5 km.

🛈 Verkehrsamt, Rathaus, ✆ 22 00.

Mainz 125 − Landau in der Pfalz 15 − Neustadt an der Weinstraße 33 − Pirmasens 33 − Speyer 42.

- 🏠 **Haus Bergterrasse** ⦾ garni, Trifelsstr. 8, ✆ 72 19, ≤, 🚗 − 🏧wc 🅿
  28 Z : 34 B 29 - 56.
- 🏠 **Scharfeneck**, Altenstr. 17, ✆ 83 92 − 🛏wc 🏧wc
  1.- 17. Jan. geschl. − Karte 16/40 *(Freitag geschl.)* 🍷 − **18 Z : 26 B** 30/44 - 53/64.
- 🏠 **Richard Löwenherz**, Burgstr. 23, ✆ 83 94 − 🏧wc 🅿
  15. Nov.- 15. Dez. geschl. − Karte 14/43 *(Mittwoch geschl.)* 🍷 − **14 Z : 23 B** 28/30 - 56/60 − P 43.

ANRÖCHTE 4783. Nordrhein-Westfalen − 9 300 Ew − Höhe 200 m − ✆ 02947.
♦Düsseldorf 134 − Lippstadt 13 − Meschede 30 − Soest 21.

- 🏠 **Café Buddeus**, Hauptstr. 128, ✆ 39 95 − 🛏wc 🏧wc ☎ 🚗 🅿 🎿
  Karte 18/35 *(Freitag geschl.)* − **25 Z : 35 B** 25/35 - 48/66.

ANSBACH 8800. Bayern 987 ㉖ − 40 000 Ew − Höhe 409 m − ✆ 0981.

Sehenswert : Residenz★ (Fayencenzimmer★★, Spiegelkabinett★).

🛈 Städt. Verkehrsamt, Rathaus, Martin-Luther-Pl. 1, ✆ 5 12 43.

ADAC, Jüdtstr. 60, ✆ 8 48 38, Notruf ✆ 1 92 11.

♦München 202 − ♦Nürnberg 56 − ♦Stuttgart 162 − ♦Würzburg 78.

- 🏨 **Am Drechselsgarten** ⦾, Am Drechselsgarten 1, ✆ 8 90 20, Telex 61850, ≤, 🌳, 🚻 − 🛗 📺 🅿 🎿 🆎 ⓪ ⓔ 𝘝𝘐𝘚𝘈. 🛥
  Karte 31/70 − **76 Z : 115 B** 95/110 - 130/170 Fb.
- 🏨 **Der Platengarten**, Promenade 30, ✆ 32 17, « Gartenterrasse » − 🛗 🛏wc 🏧wc ☎
  20. Dez.- 20. Jan. geschl. − Karte 17/39 *(Samstag geschl.)* − **18 Z : 30 B** 40/70 - 66/130.
- 🏨 **Christl** ⦾ garni, Richard-Wagner-Str. 39, ✆ 8 62 00/81 21 − 📺 🛏wc 🏧wc ☎ 🚗 🅿
  24 Z : 37 B 49/110 - 89/150.
- 🏠 **Windmühle**, Rummelsberger Str. 1 (B 14), ✆ 35 20 − 🛏wc 🏧wc ☎ 🅿 🎿. 🆎
  20. Dez.-15. Jan. geschl. − Karte 14/38 *(Samstag geschl.)* 🍷 − **35 Z : 70 B** 35/70 - 65/100.
- 🏠 **Augustiner**, Karolinenstr. 30, ✆ 24 32 − 🏧 🅿
  17 Z : 26 B.
- 🏠 **Schwarzer Bock**, Pfarrstr. 31, ✆ 21 48, 🌳 − 🏧wc. 🆎 ⓪ ⓔ
  Karte 19/48 *(Sonntag ab 15 Uhr geschl.)* − **17 Z : 26 B** 40/50 - 80/100.

In Ansbach-Brodswinden S : 7 km über die B 13 :

- 🏠 **Landgasthof Kaeßer** ⦾, Brodswinden 23, ✆ 73 18 − 🛏wc 🏧wc 🅿 🎿
  Karte 12/25 *(Samstag geschl.)* 🍷 − **13 Z : 25 B** 28/45 - 56/90 Fb.

ANTWEILER 5489. Rheinland-Pfalz − 570 Ew − Höhe 293 m − ✆ 02693.
Mainz 173 − ♦Aachen 99 − ♦Bonn 54 − ♦Koblenz 72.

- 🏠 **Haus Sophie**, Ahrtalstr. 59, ✆ 2 35, 🚗 − 🏧wc 🅿
  Karte 13/49 − **7 Z : 14 B** 28/40 - 56/70.
- 🏠 **Zur Traube**, Ahrtalstr. 36, ✆ 2 36, 🚗 − 🏧 🅿
  12 Z : 22 B.

ANZING 8011. Bayern − 3 100 Ew − Höhe 516 m − ✆ 08121.
♦München 22 − Landshut 65 − Salzburg 148.

- 🏠 **Kirchenwirt**, Hoegerstr. 2, ✆ 30 33 − 🏧wc 🚗 🅿
  Aug. geschl. − Karte 14/32 *(Montag geschl.)* − **16 Z : 24 B** 41 - 75.

APFELDORF 8921. Bayern − 980 Ew − Höhe 670 m − ✆ 08869 (Kinsau).
♦München 71 − ♦Augsburg 63 − Garmisch-Partenkirchen 65 − Kempten im Allgäu 71.

- ✕ **Goldener Apfel** ⦾ mit Zim, Kirchplatz 1, ✆ 13 12, 🌳 − 🏧wc 🅿
  Nov. geschl. − Karte 17/43 *(Montag geschl.)* − **3 Z : 6 B** 50/65 - 70/90.

APPENWEIER 7604. Baden-Württemberg 987 ㉞. 242 ㉔. 87 ⑤ − 8 100 Ew − Höhe 137 m − ✆ 07805.
♦Stuttgart 143 − Baden-Baden 47 − Freudenstadt 50 − Strasbourg 22.

- 🏠 **Schwarzer Adler**, Ortenauer Str. 44 (B 3), ✆ 27 85 − 🏧 🚗 🅿
  Karte 14,50/45 *(Samstag und Jan.- Mitte Feb. geschl.)* 🍷 − **22 Z : 40 B** 29/43 - 58/86.

AQUISGRANA = Aachen.

ARNIS Schleswig-Holstein siehe Kappeln.

ARNOLDSHAIN Hessen siehe Schmitten im Taunus.

78

ARNSBERG 5760. Nordrhein-Westfalen 987 ⑭ — 75 500 Ew — Höhe 230 m — ✪ 02931.

🛈 Verkehrsverein, Neumarkt 6, 🖉 40 55.

ADAC, Lange Wende 42 (Neheim-Hüsten), 🖉 2 79 79, Notruf 🖉 1 92 11.

◆Düsseldorf 129 — ◆Dortmund 62 — Hamm in Westfalen 42 — Meschede 22.

🏦 **Menge,** Ruhrstr. 60, 🖉 40 44, « Kleiner Garten », 🛲 — 🛏wc 🗑wc ☎ 🚗 🅿. ⑪
   15. Aug. - 6. Sept. geschl. — Karte 28/45 *(nur Abendessen, Sonntag geschl.)* — **20 Z : 37 B**
   40/42 - 80/84 Fb.

🏦 **Kurhotel Klosterberg** ⑤, Klosterstr. 15, 🖉 31 14, ≤, 🛲 — 🖼 🛏wc 🗑wc ☎ 🚗 🅿. 🆎
   ⑪ 🆅 — *Nov. geschl. — Karte 23/46 (Sonntag ab 15 Uhr geschl.)* — **25 Z : 42 B** 38/65 - 65/90.

🏠 **Goldener Stern,** Alter Markt 6, 🖉 36 62 — 🗑wc 🆎 🅴
   Karte 18/42 *(Mittwoch geschl.)* — **14 Z : 18 B** 48/58 - 76.

🛖 **Zur Linde,** Ruhrstr. 41, 🖉 34 02 — 🗑wc 🅿
   15 Z : 25 B.

🛖 **Café Spindelreher** ⑤ garni, Ehmsenstr. 93, 🖉 1 06 96 — 🗑wc 🚗
   10 Z : 18 B 22/35 - 44/64.

   In Arnsberg - Bruchhausen NW : 4 km :

🏠 **Zur Post,** Bruchhausener Str. 29, 🖉 (02932) 3 13 96, 🍴 — 🖼 🗑wc ☎ 🚗 🅿. 🔝. ⑪ 🅴
   Karte 15/37 — **44 Z : 70 B** 35 - 60.

   In Arnsberg - Herdringen NW : 8 km :

🏠 **Dietzel** ⑤, Neuer Weg 11, 🖉 (02932) 45 33 — 🖼 🛏wc 🗑wc 🅿 🔝
   Karte 17/43 — **53 Z : 100 B** 36/48 - 66/78.

   In Arnsberg - Neheim-Hüsten NW: 9 km — ✪ 02932 :

🏨 **Dorint Hotel Sauerland** ⑤, Zu den 3 Bänken, 🖉 20 01, ≤, 🍴, 🍴, 🔲, 🛲 — 🖼 📺 🏌 🅿
   🔝. 🆎 ⑪ 🅴. 🍽 Rest
   Karte 29/56 — **165 Z : 240 B** 98/118 - 142/172 Fb — 48 Appart..

🏦 **Waldhaus - Rodelhaus** ⑤, Zu den 3 Bänken, 🖉 2 27 60, ≤, 🍴 — 🗑wc ☎ 🅿. ⑪ 🅴.
   🍽 Rest
   Karte 20/40 *(28. Juli - 20. Aug. und Dienstag geschl.)* — **21 Z : 36 B** 48 - 75/90 Fb.

🏠 **Lattrich,** Mendener Str. 22, 🖉 2 27 09 — 🛏wc 🗑wc ☎ 🚗 🅿 🔝. 🆎 ⑪ 🅴
   Karte 19/53 *(Montag geschl.)* — **19 Z : 31 B** 30/45 - 75/85 Fb.

🏠 **Krone** ⑤, Johannesstr. 62, 🖉 2 42 31 — 🖼 🗑wc ☎ 🚗 🅿. 🅴. 🍽 Zim
➟ *Juli - Aug. 2 Wochen geschl. — Karte 13,50/35 (nur Abendessen, Sonntag geschl.)* — **25 Z :
   48 B** 28/42 - 56/80.

🏠 **Meemann,** Bahnhofstr. 25, 🖉 3 12 67 — 🗑wc 🚗 🅿
   (nur Abendessen) — **17 Z : 24 B.**

   In Arnsberg 2-Oeventrop O : 8 km :

🏠 **Pension Kordel** ⑤, Oesterfeldweg 16, 🖉 (02937) 18 44, 🍴, 🔲, 🛲 — 🗑 🅿. 🍽
   (Rest. nur für Hausgäste) — **15 Z : 30 B.**

ARNSTEIN 8725. Bayern 987 ㉖ ㉗ — 8 000 Ew — Höhe 228 m — ✪ 09363.
◆München 295 — Fulda 100 — Schweinfurt 24 — ◆Würzburg 25.

🛖 **Goldener Engel,** Marktstr. 2, 🖉 3 05, 🍴 — 🗑wc 🚗 🅿
   ab Aschermittwoch und Aug.-Sept. je 2 Wochen geschl. — Karte 13,50/30 (Montag geschl.) —
   13 Z : 21 B 27/35 - 54/70.

   An der Autobahn A 7 Schweinfurt-Würzburg :

🍴🍴 **Rasthaus Riedener Wald Ostseite** mit Zim, ✉ 8702 Rieden, 🖉 (09363) 50 01, 🍴 — 🗑wc
   ☎ 🚗 🅿
   Karte 18,50/50 — **6 Z : 13 B** 63/73 - 110.

🍴 **Rasthaus Riedener Wald-Westseite** mit Zim, ✉ 8702 Rieden, 🖉 (09363) 7 01, 🍴 —
   🚗 🅿. 🆎 ⑪ 🅴 🆅
   Karte 17,50/45 *(auch Self-service)* — **11 Z : 21 B** 58 - 90.

AROLSEN 3548. Hessen 987 ⑮ — 16 300 Ew — Höhe 286 m — Heilbad — ✪ 05691.
🛈 Kur- und Verkehrsverwaltung, Haus des Kurgastes, Prof.-Klapp-Str. 14, 🖉 20 30.
◆Wiesbaden 205 — ◆Kassel 46 — Marburg an der Lahn 85 — Paderborn 55.

🏨 **Dorint-Schlosshotel** ⑤, Große Allee 1, 🖉 30 91, Telex 994521, 🍴, direkter Zugang zum
   Kurmittelhaus, 🍴, 🔲, 🛲 — 🖼 📺 🚗 🅿 🔝. 🆎 ⑪ 🅴 🆅
   Karte 26/62 — **55 Z : 110 B** 94/129 - 158/182 Fb — P 142/157.

🏠 **Kurhaus** ⑤, Große Allee 23, 🖉 20 26, « Garten » — 🛏wc 🗑wc ☎ 🚗 🅿. ⑪ 🅴. 🍽 Rest
   Mitte Feb. - Anfang März geschl. — Karte 20/40 (Montag geschl.) — **16 Z : 24 B** 47/52 - 92/95
   P 72/75.

   In Arolsen-Mengeringhausen — Erholungsort :

🏠 **Luisen-Mühle** ⑤, Luisenmühler Weg 1, 🖉 30 21, , 🍴, 🔲, 🛲 — 🗑wc ☎ 🚗 🅿
   Karte 16/43 *(Freitag geschl.)* — **14 Z : 20 B** 33/40 - 66/80 — P 53/60.

ASBACH Bayern siehe Drachselsried bzw. Rotthalmünster.

ASCHAFFENBURG 8750. Bayern 9 8 7 ㉕ — 59 650 Ew — Höhe 130 m — ☎ 06021.

Sehenswert : Schloß Johannisburg★ — Park Schöntal★ Z.

Ausflugsziel : Park Schönbusch : ≤★★ bis zum Aschaffenburger Schloß, ③ : 3 km.

🛈 Städt. Fremdenverkehrsamt und Verkehrsverein, Dalbergstr. 6. ℘ 3 04 26.

ADAC, Wermbachstr. 10, ℘ 2 78 90, Notruf ℘ 1 92 11.

♦München 354 ① — ♦Darmstadt 40 ③ — ♦Frankfurt am Main 40 ④ — ♦Würzburg 78 ①.

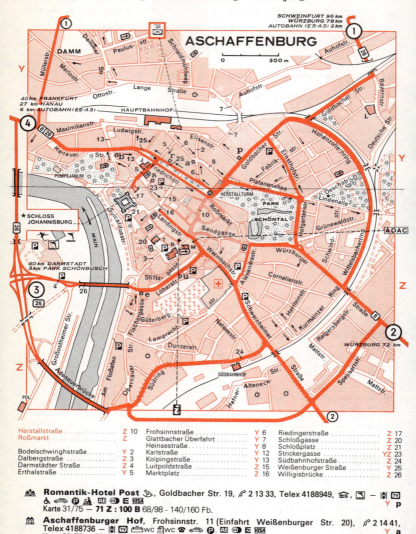

🏨🏨 **Romantik-Hotel Post** ⚬, Goldbacher Str. 19, ℘ 2 13 33, Telex 4188949, ≘s , 🔳 — 🛗 📺
    🍴 ⟵⟶ 🅿 🏋 AE ⓞ E VISA
    Karte 31/75 — **71 Z : 100 B** 68/98 - 140/160 Fb.   **Y p**

🏨 **Aschaffenburger Hof**, Frohsinnstr. 11 (Einfahrt Weißenburger Str. 20), ℘ 2 14 41,
    Telex 4188736 — 🛗 📺 ⟶ wc 🛁wc ☎ ⟵⟶ 🅿 AE ⓞ E VISA
    Karte 23/57 — **59 Z : 110 B** 75/120 - 115/158 Fb.   **Y a**

🏨 **Wilder Mann**, Löherstr. 51, ℘ 2 15 55, Telex 4188329, ≘s — 📺 🛁wc ☎ ⟵⟶ 🅿 🏋 AE ⓞ E
                                                           Z e
    23. Dez. - 7. Jan. geschl. — Karte 25/46 — **50 Z : 75 B** 65/75 - 85/110 Fb.

🏨 **Syndikus**, Löherstr. 35, ℘ 2 35 88 — 🛗 🛁wc ☎   **Z u**
    (nur Abendessen) — **19 Z : 25 B.**

🏠 **Zum Ochsen**, Karlstr. 16, 📞 2 13 31 — 🛏️wc 🚿wc ☎ 🅿️ 🆎 ⓔ 𝚟𝚒𝚜𝚊   Y **b**
Aug. 3 Wochen geschl. — Karte 17,50/39 *(Montag bis 17 Uhr geschl.)* 🍴 — **24 Z : 38 B** 50 - 88
Fb.

🏠 **Fischer** garni, Weißenburger Str. 32, 📞 2 34 85 — 📶 📺 🛏️wc 🚿wc ☎ 🅿️ ⓔ 𝚟𝚒𝚜𝚊   Y **r**
20 Z : 40 B 49/60 - 85/120 Fb.

🏠 **Kolping**, Treibgasse 26, 📞 2 88 82 — 📶 🚿wc ☎ 🦽   Y **s**
33 Z : 43 B Fb.

✕✕ **Jägerhof**, Darmstädter Str. 125 (nahe Park Schönbusch) — 🅿️   über ③

In Aschaffenburg-Schweinheim über ② :

🏠 **Gästehaus Dümpelsmühle** 🦢, Gailbacher Str. 80, 📞 9 44 49, 🌳 — 🛏️wc 🚿wc 🅿️. 🆎.
🐾
20. Dez.- 10. Jan. geschl. — (nur Abendessen für Hausgäste) — **20 Z : 28 B** 42/55 - 78/95.

In Goldbach 8758 ① : 3,5 km :

🏠 **Rußmann**, Aschaffenburger Str. 96, 📞 (06021) 5 16 50 — 🚿 🅿️
21 Z : 26 B.

In Goldbach-Unterafferbach 8758 NO : 7 km über ① :

🏠 **Landhaus Spessart** 🦢, Dr.-Leissner-Str. 20, 📞 (06021) 5 21 71, 🌳 — 🛏️wc ⬅➡ 🅿️
(nur Abendessen für Hausgäste) — **10 Z : 20 B** 48 - 82 — 7 Appart.

In Haibach 8751 ② : 4,5 km :

🏠 **Spessartstuben**, Jahnstr. 7, 📞 (06021) 67 96, 🔭 — 📺 🛏️wc 🚿wc ☎ 🅿️. ⓞ ⓔ
✕ *Anfang - Mitte Feb. geschl.* — Karte 13/46 *(Samstag geschl.)* — **28 Z : 50 B** 60/65 - 90/100 Fb.

In Hösbach-Winzenhohl 8759 ② : 6,5 km, in Haibach-Ortsmitte links ab :

🏨 **Klingerhof** 🦢, Am Hügel 10, 📞 (06021) 67 91, Telex 4188809, ≼ Spessart, Bade- und
Massageabteilung, 🔭, 🎬 — 📶 📺 🛏️wc 🚿wc ☎ 🅿️ 🦽. 🆎 ⓞ ⓔ
Karte 23/52 — **49 Z : 92 B** 85/95 - 120/140 Fb.

In Johannesberg 8752 N : 8 km über Müllerstraße Y :

✕✕ ❀ **Sonne - Meier's Restaurant** mit Zim, Hauptstr. 2, 📞 (06021) 4 21 77, 🌳 — 🚿wc ☎ 🅿️.
🆎 ⓞ ⓔ
25. Aug. - 12. Sept. geschl. — Karte 31/67 *(Montag geschl.)* — **12 Z : 18 B** 45/65 - 80/90
Spez."Mein Gemüsesüppchen", Lachs in geröstetem Mohn, Meiers Fischtopf.

In Johannesberg-Steinbach 8752 N : 8 km über Müllerstraße Y :

🏠 **Berghof** 🦢, Heppenberg 7, 📞 (06021) 4 38 31, ≼ — 🚿wc ⬅➡ 🅿️
Karte 16/37 *(Freitag, März 2 Wochen und Ende Aug. - Anfang Sept. geschl.)* — **18 Z : 27 B**
30/40 - 50/66.

✕✕ **Gasthaus Fäth**, Steinbacher Str. 21, 📞 (06021) 4 69 17 — 🅿️
Freitag bis 18 Uhr, Montag und 10.- 31. Aug. geschl. — Karte 26/64.

ASCHAU IM CHIEMGAU 8213. Bayern 🐾🐾🐾 ⑰, 🔲🔲🔲 ⑱ ⑰ — 4 300 Ew — Höhe 615 m — Luftkurort
— Wintersport : 700/1 550 m ⛷1 ⛷15 ⛷5 - ❄ 08052.

🛈 Kurverwaltung, Kampenwandstr. 37, 📞 3 92.

♦München 82 — Rosenheim 23 — Salzburg 64 — Traunstein 35.

🏠 **Edeltraud**, Narzissenweg 15, 📞 5 52, ≼, 🌳 — 🛏️wc 🚿wc ⬅➡ 🅿️. 🐾
Nov.- 15. Dez. geschl. — (nur Abendessen für Hausgäste) — **14 Z : 25 B** 42/44 - 74.

🏠 **Alpengasthof Brucker** 🦢, Schloßbergstr. 12, 📞 3 87/9 87, Biergarten, 🌳 — 🚿wc 🅿️.
↔ 🐾 Zim
Nov.- 15. Dez. geschl. — Karte 11,50/25 *(Mittwoch geschl.)* — **8 Z : 16 B** 24/30 - 48/60.

In Aschau-Sachrang SW : 12 km — Höhe 738 m :

🏠 **Sachranger Hof** 🦢, Dorfstr. 3, 📞 (08057) 3 83, 🌺, 🔭 — 🍽 Rest 🛏️wc 🚿wc 🅿️. 🆎 ⓞ ⓔ
↔ *3.- 30. Nov. geschl.* — Karte 14/40 *(außer Saison Montag geschl.)* — **10 Z : 23 B** 32 - 58/64 —
P 55/60.

In Bernau-Reit 8214 NO : 3 km Richtung Bernau, dann rechts ab, noch 1 km — Höhe
700 m :

🏨 **Seiseralm** 🦢, Reit 4, 📞 (08051) 74 04, ≼ Chiemgau und Chiemsee, 🌺, 🔭, 🌳 — 🛏️wc
↔ 🚿wc ⬅➡ 🅿️
22. Okt.- 20. Nov. geschl. — Karte 12/33 *(Donnerstag geschl.)* 🍴 — **25 Z : 45 B** 30/35 - 60/70.

🏨 **Seiserhof** 🦢, Reit 5, 📞 (08051) 72 95, ≼ Chiemgau und Chiemsee, 🌺, 🌳 — 🛏️wc 🚿wc
↔ 🅿️
20. Nov. - 20. Dez. geschl. — Karte 13/35 *(Mittwoch geschl.)* 🍴 — **26 Z : 48 B** 32/40 - 56/64 — 4
Appart. 50/90.

ASCHBACH Hessen siehe Wald-Michelbach.

ASCHEBERG 4715. Nordrhein-Westfalen 987 ⑭ — 12 400 Ew — Höhe 65 m — ✿ 02593.

🛃 Verkehrsverein, Rathausplatz 2. 🖋 63 24.

♦Düsseldorf 116 — ♦Dortmund 50 — Hamm in Westfalen 24 — Münster (Westfalen) 24.

🏨 **Gästehaus Hubertus-Jagdschlößchen**, Himmelstr. 2, 🖋 8 66, Telex 891807, « Altdeutsches Restaurant », 🕿, 🔲 — 📶 📺 🛏wc 📶wc 🕿 🚗 🅿 🕍 🖭 🖸 🖪 VISA 🐾
Karte 31/74 — **39 Z : 70 B** 68/100 - 100/180.

🏨 Haus Klaverkamp - Gästehaus Eschenburg, Steinfurter Str. 21, 🖋 10 35 (Hotel) 8 84 (Rest.) —
📺 📶wc 🕿 🅿
29 Z : 46 B.

In Ascheberg 2-Davensberg NW : 4 km :

🏨 **Clemens August** (mit Gästehaus 📶), Burgstr. 54, 🖋 4 30, 🕿 — 📶wc 🕿 🅿 🕍
24. Feb. - 21. März geschl. — Karte 17,50/39 *(Sonntag 15 Uhr - Montag geschl.)* — **27 Z : 45 B**
30/48 - 60/88.

🏨 Haus Börger, Burgstr. 60, 🖋 2 57 — 📶wc 🕿 🅿
12 Z : 23 B.

In Ascheberg 3-Herbern SO : 7 km :

🏨 **Zum Wolfsjäger** 📶 garni, Südstr. 36, 🖋 (02599) 4 14 — 📶 📺 🛏wc 📶wc 🕿 🚗 🅿
13 Z : 22 B 50/60 - 80/100.

🏨 **Wesselmann**, Benediktuskirchplatz 6, 🖋 (02599) 8 56 — 📶wc. 🖭 🖪
➙ Karte 13/40 *(Mittwoch geschl.)* — **9 Z : 18 B** 40 - 64.

ASCHEBERG IN HOLSTEIN 2323. Schleswig-Holstein 987 ⑤ — 2 500 Ew — Höhe 37 m —
Luftkurort — ✿ 04526.

♦Kiel 35 — ♦Lübeck 61 — Oldenburg in Holstein 47 — Neumünster 30.

🏨 **Am See**, Plöner Chaussee 21, 🖋 2 57, <, 🍴, 🐾, 🎋 — 🅿. 🖸
Karte 16/45 *(Nov.- März Freitag geschl.)* — **16 Z : 27 B** 38/42 - 76/84 — P 62/66.

In Dersau 2323 S : 4 km — Luftkurort :

🏨 **Zur Mühle am See**, Dorfstr. 47, 🖋 (04526) 3 45, 🐕, 🎋 — 📶wc 📶 🖪. 🖭 🖸 🖪
2.- 17. Jan. geschl. — Karte 18/42 — **21 Z : 38 B** 30/43 - 60/86 — P 47/60.

ASCHHAUSERFELD Niedersachsen siehe Zwischenahn, Bad.

ASCHHEIM Bayern siehe München.

ASENDORF Niedersachsen siehe Jesteburg.

ASPACH Baden-Württemberg siehe Backnang.

ASPERG 7144. Baden-Württemberg 987 ㉟ — 12 300 Ew — Höhe 270 m — ✿ 07141.

♦Stuttgart 20 — Heilbronn 38 — Ludwigsburg 5 — Pforzheim 54.

🏨 ✿ **Adler** 🐕, Stuttgarter Str. 2, 🖋 6 30 01, Telex 7264603, 🕿, 🔲 — 📶 📺 🅿 🕍 (mit 🗏). 🖭
🖸 🖪 VISA
Juli - Aug. 3 Wochen geschl. — Karte 21/67 *(Tischbestellung erforderlich)* (Montag geschl.) —
63 Z : 95 B 95/129 - 134/184 Fb.

🍴 **Bären** mit Zim, Königstr. 8, 🖋 6 20 31, Biergarten — 📶wc 🅿
2.- 13. Jan. und 4.- 25. Aug. geschl. — Karte 17,50/41 *(Montag geschl.)* — **7 Z : 10 B** 52/66 - 86.

ASTENBECK Niedersachsen siehe Holle.

ATTENDORN 5952. Nordrhein-Westfalen 987 ㉔ — 22 700 Ew — Höhe 256 m — ✿ 02722.
Sehenswert : Attahöhle★ — Biggetalsperre★.

🛃 Reise und Verkehrs GmbH, Niederste Str. 23, 🖋 6 42 29.

♦Düsseldorf 131 — Lüdenscheid 37 — Siegen 46.

🏨 **Rauch**, Wasserstr. 6, 🖋 20 48 (Hotel) 22 67 (Rest.) — 🛏wc 📶wc 🕿 🚗 🅿
Karte 23/48 *(Sonntag ab 14 Uhr geschl.)* — **16 Z : 24 B** 49/52 - 98 Fb.

🏨 **Zur Post**, Niederste Str. 7, 🖋 24 65, 🕿, 🔲 — 📶wc 🅿
➙ 2.- 30. Jan. geschl. — Karte 14/40 *(Freitag geschl.)* — **40 Z : 70 B** 30/50 - 60/80.

🏠 **Zum Ritter**, Kölner Str. 33, 🖋 22 49 — 📶wc
➙ Karte 13/32 *(Donnerstag geschl.)* — **32 Z : 54 B** 30/35 - 60/75.

In Attendorn 3-Ewig SW : 2 km :

🍴 Forsthaus mit Zim, Petersburger Weg 4, 🖋 73 17, Biergarten — 📶 🚗 🅿
6 Z : 10 B.

In Attendorn 3-Kraghammer SW : 3 km :

🏠 **Parkhotel Wiederhold**, Ihnestr. 30, 𝒫 76 26, 🚗 — 📺 🍴wc ⟸ 🅿. �% Zim
7 Z : 13 B.

In Attendorn 3-Neu Listernohl SW : 3 km :

XX **Le Pâté** ✍ mit Zim, Alte Handelsstr. 15, 𝒫 75 42, 🚗 — 🍴wc. 🆎 **E**. �%
Juli - Aug. 4 Wochen geschl. — Karte 32/66 (Montag geschl.) — **10 Z : 16 B** 35/40 - 70.

Außerhalb O : 3,5 km, Richtung Helden :

🏰 **Burghotel Schnellenberg** ✍, ✉ 5952 Attendorn, 𝒫 (02722) 69 40, Telex 876732, « Burg a.
d. 13. Jh., Burgkapelle, Burgmuseum », �% — 🅿 🅰 🆎 ① **E**
2. - 20. Jan. und 16. - 26. Dez. geschl. — Karte 27/69 — **47 Z : 84 B** 80/120 - 140/190 Fb.

In Attendorn 11-Niederhelden O : 8 km :

🏰 **Sporthotel Schnellenberg**, Repetalstr. 219, 𝒫 (02721) 13 10, 🏠, 🍴s, 🛇, 🚗, 🐎 (Halle) —
🛁wc 🍴wc ☎ ⟸ 🅿 🅰. ① **E**
Karte 20/47 — **42 Z : 92 B** 65/72 - 110/124 Fb.

🏰 **G. Struck**, Repetalstr. 245, 𝒫 (02721) 15 23, 🍴s, 🛇, 🚗 — 🛁wc 🍴wc ☎ ⟸ 🅿 🅰. 🆎 ①.
�%
Karte 16/57 *(Dienstag geschl.)* — **43 Z : 85 B** 56/63 - 103/118 Fb.

ATZELGIFT Rheinland-Pfalz siehe Hachenburg.

ATZENHAIN Hessen siehe Mücke.

AUA Hessen siehe Neuenstein.

AUERBACH IN DER OBERPFALZ 8572. Bayern 📖📖📖 ⑳ — 9 000 Ew — Höhe 435 m — ✆ 09643.
◆München 212 — Bayreuth 42 — ◆Nürnberg 68 — ◆Regensburg 102 — Weiden in der Oberpfalz 49.

🏰 **Romantik-Hotel Goldener Löwe**, Unterer Markt 9, 𝒫 17 65, « Knappenstube » — 📳
📺 Rest 📺 🛁wc ☎ ⟸ 🅿 🅰 (mit 🍴). 🆎 ① **E** 🆅🅸🆂🅰. �% Rest
Karte 20/57 — **29 Z : 50 B** 36/86 - 60/130 — P 76/134.

🏠 **Federhof**, Bahnhofstr. 37, 𝒫 12 69 — 🛁wc 🍴wc ⟸ 🅿
🚑 *24. Dez.- 12. Jan. geschl. — Karte 14/33 (Nov. - März Freitag ab 13 Uhr geschl.)* — **25 Z : 35 B**
36/60 - 75/85.

AUERSBERGSREUT Bayern siehe Haidmühle.

AUFSESS 8551. Bayern — 1 400 Ew — Höhe 426 m — ✆ 09198.
◆München 231 — ◆Bamberg 29 — Bayreuth 31 — ◆Nürnberg 61.

🏠 **Sonnenhof**, Tal 70, 𝒫 2 36, 🏠, 🛇 (geheizt), 🚗 — 🍴wc 🅿
🚑 *7.- 20. Jan. geschl. — Karte 11/23 (Nov.- März Dienstag geschl.)* ⅄ — **20 Z : 40 B** 24/35 - 40/60.

AUGGEN 7841. Baden-Württemberg 📖📖📖 ⑳. 📖📖 ⑨ — 2 000 Ew — Höhe 266 m —
✆ 07631 (Müllheim).
◆Stuttgart 240 — Basel 31 — ◆Freiburg im Breisgau 44 — Mulhouse 28.

🏠 **Gästehaus Krone** garni, Hauptstr. 6, 𝒫 60 75, 🍴s, 🛇, 🚗 — 📳 🛁wc 🍴wc 🅿
Feb. geschl. — **30 Z : 46 B** 40/65 - 85/110 Fb.

X **Zur Krone** mit Zim, Hauptstr. 12, 𝒫 25 56, eigener Weinbau — 🅿
Feb. geschl. — Karte 27/55 (Mittwoch geschl.) ⅄ — **7 Z : 12 B** 40 - 65.

X **Bären** mit Zim, Bahnhofstr. 1 (B 3), 𝒫 23 06, eigener Weinbau — 🍴wc 🅿
27. Sep.- 26. Jan. geschl. — Karte 18,50/49 (Donnerstag-Freitag 15 Uhr geschl.) ⅄ — **8 Z : 16 B**
35/45 - 54/80.

In Auggen-Hach NO : 2 km :

🏰 **Lettenbuck** ✍, 𝒫 40 81, 🏠, 🍴s, 🛇, 🚗 — 📳 🛁wc 🍴wc ☎ ⟸ 🅿. 🆎 **E**
15. Dez.- 15. Jan. geschl. — Karte 26/58 (Sonntag 14,30 Uhr - Montag geschl.) — **36 Z : 46 B**
74/124 - 144/154 Fb.

Verwechseln Sie nicht :

Komfort der Hotels : 🏨🏨🏨 ... 🏠, 🏡
Komfort der Restaurants : XXXXX ... X
Gute Küche : ❀❀❀, ❀❀, ❀

AUGSBURG 8900. Bayern 🗾⑨⑧⑦ ㉟ — 246 000 Ew — Höhe 496 m – ✿ 0821.

Sehenswert : Fuggerei★ – Maximilianstraße★ – St.-Ulrich- und St.-Afra-Kirche★ (Simpertuskapelle : Baldachin mit Statuen★) – Dom (Südportal★★ des Chores, Türflügel★, Prophetenfenster★, Gemälde von Holbein dem Älteren) — Städtische Kunstsammlungen (Festsaal★★) Y **M1** — St.-Anna-Kirche (Fuggerkapelle★) X **B**.

🛈 Verkehrsverein, Bahnhofstr. 7, ℰ 3 60 24.

ADAC, Ernst-Reuter-Platz 3, ℰ 3 63 05, Notruf ℰ 1 92 11.

◆München 68 ① – ◆Ulm (Donau) 82 ⑥.

Stadtplan siehe gegenüberliegende Seite.

🏨🏨🏨 **Steigenberger Drei Mohren-Hotel** ⤸, Maximilianstr. 40, ℰ 51 00 31, Telex 53710, « Gartenterrasse » – 🛗 📺 ⇔ 🅿 🕍 ⒶⒺ ⓄⒹ Ⓔ   XY a
Karte 45/70 — **110 Z : 170 B** 131/190 - 220/240 Fb.

🏨🏨 **Holiday Inn - Turmhotel** ⤸, Wittelsbacher Park, ℰ 57 70 87, Telex 533225, Rest. in der 35. Etage mit ≼ Augsburg und Alpen, 🍴, 🖂 – 🛗 🍽 Rest 📺 🕭 🅿 🕍. ⒶⒺ ⓄⒹ Ⓔ 𝚅𝙸𝚂𝙰   Z a
Karte 31/61 — **184 Z : 302 B** 150/175 - 180/235 Fb.

🏨 **Dom-Hotel** ⤸ garni, Frauentorstr. 8, ℰ 15 30 31 – 🛗 📺 ⇌wc 🛏wc ☎ ⇔ 🅿   X c
44 Z : 77 B 55/67 - 83/115.

🏨 **Riegele,** Viktoriastr. 4, ℰ 3 90 39 – 🛗 📺 ⇌wc 🛏wc ☎ ⇔ 🅿 🕍   Z d
27 Z : 55 B.

🏨 **Ost** garni, Fuggerstr. 4, ℰ 3 30 88, Telex 533576 – 🛗 🛏wc ☎. ⒶⒺ ⓄⒹ Ⓔ 𝚅𝙸𝚂𝙰   X z
24. Dez.- 7. Jan. geschl. — **58 Z : 85 B** 50/90 - 90/140.

🏨 **Langer** garni, Gögginger Str. 39, ℰ 57 80 77 – 🛗 📺 ⇌wc ☎ ⇔ 🅿. ⒶⒺ ⓄⒹ Ⓔ   Z r
24 Z : 50 B 60/90 - 80/120.

🏨 **Post,** Fuggerstr. 7, ℰ 3 60 44 – 🛗 📺 ⇌wc 🛏wc 🅿 🕍   X e
20. Dez.- 8. Jan. geschl. — Karte 22/48 (Sonntag geschl.) — **50 Z : 85 B** 50/90 - 80/150 Fb.

🏨 **Fischerle** garni (siehe auch Rest. Zum alten Fischertor), Pfärrle 16, ℰ 15 60 51 – 🛏wc ☎.   Z c
ⒶⒺ ⓄⒹ Ⓔ 𝚅𝙸𝚂𝙰
24. Dez.- 6. Jan. geschl. — **18 Z : 30 B** 55/60 - 90/95.

🏨 **Thalia** garni, Obstmarkt 5, ℰ 31 30 37, 🍴, 🖂 – 🛗 🛏wc ☎. ⒶⒺ ⓄⒹ Ⓔ 𝚅𝙸𝚂𝙰   X v
45 Z : 62 B 38/90 - 70/95.

🏨 **Gästehaus Iris** garni, Gartenstr. 4, ℰ 51 09 81 – ⇌wc 🛏wc ⇔   Z e
Aug. geschl. — **10 Z : 14 B** 40/65 - 100/120.

🏨 **Pension Anita** ⤸ garni, Ratdoltstr. 11, ℰ 41 64 30 – 🛏   Z s
23 Z : 30 B.

🍴🍴 **Zum alten Fischertor,** Pfärrle 14, ℰ 51 86 62 – ⒶⒺ ⓄⒹ Ⓔ 𝚅𝙸𝚂𝙰. ⁂   Z c
Sonntag - Montag und Feiertage geschl. — Karte 56/82.

🍴🍴 **Die Ecke,** Elias-Holl-Platz 2, ℰ 51 06 00 – ⓄⒹ Ⓔ   X n
Karte 28/65.

🍴🍴 **Fuggerkeller,** Maximilianstr. 38, ℰ 51 62 60 – 🍽   XY a

🍴🍴 **Zeughaus-Stuben,** Zeugplatz 6, ℰ 51 16 85, 🍸 – ⒶⒺ Ⓔ. ⁂   X b
Sonn- und Feiertage geschl. — Karte 22/59.

🍴 **Fuggerei-Stube,** Jakoberstr. 26, ℰ 3 08 70 – 🛗 Ⓔ   X r
Sonntag - Montag geschl. — Karte 30/64 (Tischbestellung erforderlich).

🍴 **7-Schwaben-Stuben** (Schwäbische Küche), Bürgermeister-Fischer-Str. 12, ℰ 31 45 63   X x
Karte 21/45.

🍴 **Ratskeller,** Rathausplatz 2, ℰ 51 78 48, 🍸 – ⒶⒺ Ⓔ   X R
← Sonntag 14 Uhr - Montag geschl. — Karte 14/38.

In Augsburg 21-Haunstetten ③ : 7 km :

🏨🏨 **Gregor,** Landsberger Str. 62, ℰ 8 30 10 – 🛗 📺 ⇌wc 🛏wc ☎ 🕭 ⇔ 🅿 🕍. ⒶⒺ ⓄⒹ Ⓔ
Karte 22/59 (Sonn- u. Feiertage geschl.) — **40 Z : 60 B** 75/110 - 97/140 Fb.

In Augsburg-Mühlhausen ① : 6 km :

🍴🍴 **Flughafen-Restaurant,** Flughafenstr. 6, ℰ 70 72 24, 🍸 – 🅿. ⒶⒺ ⓄⒹ Ⓔ 𝚅𝙸𝚂𝙰
Montag und Jan. geschl. — Karte 17,50/53.

In Augsburg-Oberhausen über ⑥ :

🏨🏨 **Alpenhof,** Donauwörther Str. 233, ℰ 41 30 51, Telex 533123, 🍴, 🖂 – 🛗 📺 ⇌wc 🛏wc ☎
🕭 🅿 🕍. ⒶⒺ ⓄⒹ Ⓔ 𝚅𝙸𝚂𝙰
Karte 20/63 — **135 Z : 251 B** 75/103 - 114/150 Fb.

In Stadtbergen 8901 W : 3 km über Augsburger Straße Z :

🏨 **Café Weinberger** garni, Bismarckstr. 55, ℰ (0821) 52 30 61 – 🛗 🛏wc ☎ 🅿
Mitte - Ende Aug. geschl. — **27 Z : 31 B** 38/48 - 75.

In Neusäß 8902 ⑤ : 4 km :

🏨 **Neusässer Hof** (mit Gasthof Schuster), Hauptstr. 7, ℰ (0821) 46 10 51, Biergarten – 🛗
← 🛏wc ☎ ⇔ 🅿
21. Dez.- 6. Jan. geschl. — Karte 14/42 (Dienstag geschl.) — **50 Z : 60 B** 42/62 - 84/94.

AUGSBURG

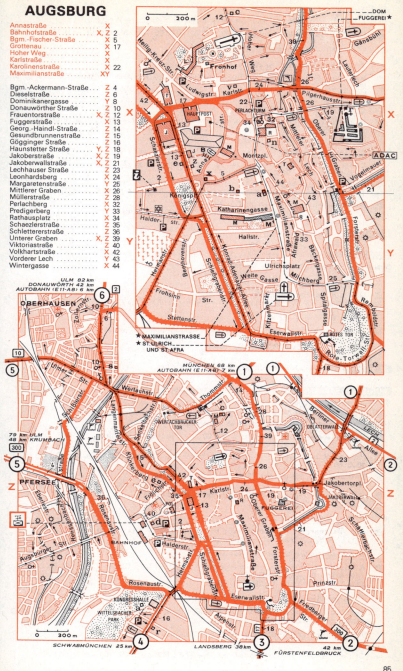

In Gersthofen 8906 ⑥ : 6 km, an der BAB-Ausfahrt Augsburg-West :

🕍 **Via Claudia** Ⓜ, Augsburger Str. 130, ℰ (0821) 4 98 50, Telex 533538, 🚗 – 🛗 📺 ❷ 🏂. 🖭
⓪ **E** 🆅🆂🅰
Karte 25/56 – **90 Z : 185 B** 68/125 - 135/155 Fb.

An der Autobahn A 8 - Südseite NW : 8 km :

🏠 **Rasthaus Edenbergen**, ⊠ 8901 Edenbergen, ℰ (0821) 48 30 82 – 🛁wc 📶wc 🚗 ❷. 🖭
E
Karte 18/41 (auch Self-service) – **22 Z : 38 B** 41/63 - 80/102.

In Kissing 8901 ② : 12 km :

XX **Gunzenlee mit Zim** (mit Florentiner- und Weinstube), Münchner Str. 14 (B 2), ℰ (08233) 61 39, 🍴 – 📶❷🏂
9 Z : 15 B.

In Königsbrunn 8901 ③ : 13 km – ⊛ 08231 :

🏠 **Zeller**, Hauptstr. 78 (B 17), ℰ 40 24, 🚗 – 🛗 📺 🛁wc ❷ ❷ 🏂. 🖭
Karte 19/56 – **59 Z : 98 B** 68/88 - 94/135 Fb.

🍴 **Krone**, Hauptstr. 44 (B 17), ℰ 8 61 97 – 📶wc ❷
→ 19. Aug.- 8. Sept. geschl. – Karte 12/27 (Montag geschl.) 🍷 – **9 Z : 18 B** 41 - 62/64.

XX **Hunnenklause**, Hunnenstr. 3, ℰ 20 23 – ❷. 🖭 **E**
Sonntag 14 Uhr - Montag geschl. – Karte 31/70 (Tischbestellung ratsam).

AUGUSTA = Augsburg.

AUKRUG 2356. Schleswig-Holstein – 3 400 Ew – Höhe 20 m – ⊛ 04873.
♦Kiel 44 – ♦Hamburg 71 – Itzehoe 26 – Neumünster 14.

In Aukrug-Innien :

XX **Gasthof Aukrug**, Bargfelder Str. 2, ℰ 4 24 – ❷. **E**
wochentags nur Abendessen, Jan. und Montag geschl. – Karte 27/54.

An der B 430 SW : 6,5 km :

XX **Hof Bucken** (mit Gästehaus 📖), ⊠ 2356 Aukrug-Innien, ℰ (04873) 2 09, 🍴, « Garten » –
📶wc ❷
Karte 19/50 – **10 Z : 20 B** 29/39 - 58/78.

AUMÜHLE Schleswig-Holstein siehe Hamburg.

AURICH (OSTFRIESLAND) 2960. Niedersachsen 🕮🕮🕮 ⑭ – 35 000 Ew – Höhe 8 m – ⊛ 04941.
🛈 Tourist-Information, Pavillon am Pferdemarkt, ℰ 44 64.
ADAC, Große Mühlenwallstr. 31, ℰ 55 52, Telex 27423.
♦Hannover 241 – Emden 26 – ♦Oldenburg 70 – Wilhelmshaven 51.

🏨 **Brems Garten**, Kirchdorfer Str. 7, ℰ 1 00 08 – 📶wc 🕿 ❷ 🏂 (mit 🍽). 🖭 ⓪ **E**
Karte 21/58 – **25 Z : 46 B** 49/58 - 85/98 Fb.

🏨 **Piqueurhof**, Bahnhofstr. 1, ℰ 41 18, Telex 27457 – 🛗 📺 🛁wc 📶wc 🕿 ᴔ 🚗 ❷ 🏂
48 Z : 80 B Fb.

🏠 **Letkant** garni, Esenser Str. 76, ℰ 43 10 – 📶wc 🚗 ❷. 🌿
12 Z : 21 B 40 - 70.

🏠 **Hesse** garni, Burgstr. 24, ℰ 23 15 – 📶wc 🕿. 🖭 ⓪ **E** 🆅🆂🅰
13 Z : 28 B 35/40 - 70/80.

In Aurich-Sandhorst O : 2 km :

🏠 **Am Waldesrand**, Hoheberger Weg 157, ℰ 70 11, 🍴 – 📶wc 🚗 ❷
Karte 17,50/37 (Donnerstag geschl.) – **10 Z : 20 B** 20/33 - 60/66.

In Aurich-Wallinghausen O : 3 km :

🏨 **Köhlers Forsthaus** 📖, Hoheberger Weg 192, ℰ 44 14, « Garten », 🚗, 🔲, 🎯 – 🛁wc
📶wc ᴔ ❷ 🏂. 🖭 ⓪ **E**
Karte 22/56 – **38 Z : 65 B** 50/85 - 86/180 Fb.

In Aurich-Wiesens SO : 6 km :

🏨 **Waldhof** 📖, Zum alten Moor 10, ℰ 6 10 99, « Park, Gartenterrasse », 🎯 – 📶wc 🕿 🚗 ❷
Karte 23/57 – **10 Z : 15 B** 55 - 103/110 – P 85.

In Großefehn-Westgroßefehn 2962 S : 11 km :

🏠 **Helgoland**, ℰ (04945) 3 12 – 📶wc 🚗 ❷
→ 24. Dez. - 20. Jan. geschl. – Karte 13,50/30 – **37 Z : 74 B** 35/65 - 50/100 – 8 Appart. 70.

AYING 8011. Bayern — 3 000 Ew — Höhe 611 m — Wintersport : ☃1 — 🕾 08095.
♦München 26 — Rosenheim 34.

  🏨 **Brauereigasthof Aying**, Zornedinger Str. 2, 𝒫 7 05, 🍽, « Rustikale Einrichtung » — 🛏wc
    🛁wc ☎ 🅿 ♨. ⒶⒺ ⓄⒹ Ⓔ
    Ende Jan.- Mitte Feb. geschl. — Karte 23/66 — **19 Z : 36 B** 75/100 - 134/174.

AYL 5511. Rheinland-Pfalz — 1 200 Ew — Höhe 160 m — 🕾 06581 (Saarburg).
Mainz 178 — Merzig 28 — Saarburg 3,5 — ♦Trier 21.

  🏨 **Weinhaus Ayler Kupp** ⬤, Trierer Str. 49, 𝒫 30 31, Weingut, Weinprobe,
    « Gartenterrasse » — 🛁wc 🅿 ⬤ Rest
    Dez.- Jan. geschl. — Karte **28**/50 *(nur Abendessen, Sonntag geschl.)* ⅃ — **16 Z : 22 B** 30/45 - 50/75.

BABENHAUSEN 8943. Bayern 𝟵𝟴𝟳 ㉚ — 4 600 Ew — Höhe 563 m — 🕾 08333.
♦München 112 — ♦Augsburg 64 — Memmingen 22 — ♦Ulm (Donau) 39.

  🏨 **Sailer Bräu** ⬤, Judengasse 10, 𝒫 13 28 — 🛏wc 🛁wc ⬅ 🅿
    Karte 16,50/37 *(Donnerstag geschl.)* — **20 Z : 33 B** 28/40 - 52/76 — P 42/50.

BABENHAUSEN 6113. Hessen 𝟵𝟴𝟳 ㉚ — 14 000 Ew — Höhe 130 m — 🕾 06073.
♦Wiesbaden 63 — Aschaffenburg 14 — ♦Darmstadt 26.

  🏨 **Deutscher Hof**, Bismarckplatz 4, 𝒫 33 36 — 🛁wc ⬅ 🅿. ⒶⒺ Ⓔ
    Mitte Juli - Mitte Aug. geschl. — Karte 18/28 *(nur Abendessen, Samstag geschl.)* — **24 Z : 35 B** 30/50 - 59/98.

BACHARACH 6533. Rheinland-Pfalz 𝟵𝟴𝟳 ㉔ — 2 750 Ew — Höhe 80 m — 🕾 06743.
Sehenswert : Markt★ — Posthof★ — Burg Stahleck (Aussichtsturm ⬉★★).
🛈 Städtisches Verkehrsamt, Oberstr. 1, 𝒫 12 97.
Mainz 50 — ♦Koblenz 50 — Bad Kreuznach 33.

  🏨 **Park-Café**, Marktstr. 8, 𝒫 14 22, 🍴, 🖼 — 🛗 🛏wc 🛁wc ⬅. ⬤ Zim
    März - 10. Nov. — Karte 17,50/48 *(Dienstag geschl.)* — **26 Z : 52 B** 45/65 - 75/120.

  🏨 **Altkölnischer Hof**, Blücherstr. 2, 𝒫 13 39 — 🛗 🛏wc 🛁wc ⬅. ⓄⒹ 𝗩𝗜𝗦𝗔
    Ende März - Anfang Nov. — Karte 17/41 — **21 Z : 44 B** 50/65 - 78/95.

  🏨 **Gelber Hof**, Blücherstr. 26, 𝒫 10 17, 🍴 — 🛗 🛏wc 🛁wc. ⒶⒺ Ⓔ 𝗩𝗜𝗦𝗔
    Jan. geschl. — Karte 17,50/50 *(Montag geschl.)* ⅃ — **32 Z : 60 B** 45/75 - 80/100.

  🏨 **Zur Post**, Oberstr. 38, 𝒫 12 77 — 🛁wc. ⒶⒺ
  ⬅ *10. März - Okt.* — Karte 14,50/37 *(Dienstag geschl.)* ⅃ — **17 Z : 35 B** 35/55 - 62/85.

  🏡 **Im Malerwinkel** ⬤ garni (Fachwerkhaus a.d.J. 1696), Blücherstr. 41, 𝒫 12 39, 🍴 — 🛏wc
    🛁wc ⬅ 🅿
    20 Z : 35 B 25/45 - 45/65.

BACKNANG 7150. Baden-Württemberg 𝟵𝟴𝟳 ㉔ — 29 200 Ew — Höhe 240 m — 🕾 07191.
♦Stuttgart 32 — Heilbronn 36 — Schwäbisch Gmünd 42 — Schwäbisch Hall 37.

  🏨 **Schwanen** ⬤, Schillerstr. 9, 𝒫 81 31 — 🛏wc 🛁wc ☎ ⬤ Zim
    Karte 16,50/44 *(Samstag geschl.)* ⅃ — **12 Z : 21 B** 70/75 - 110.

  🏨 **Holzwarth** garni, Eduard-Breuninger-Str. 2, 𝒫 81 94 — 🛏wc 🛁wc ☎ 🅿
    15 Z : 28 B 50 - 88.

  🏨 **Bitzer** garni, Eugen-Adolff-Str. 29, 𝒫 6 53 09 — 🛁wc ☎ 🅿. ⒶⒺ ⓄⒹ Ⓔ
    32 Z : 49 B 49 - 89 Fb.

  XXX Weinstube Mildenberger, Schillerstr. 23 (1. Etage), 𝒫 6 82 11.

  X **Königsbacher Klause**, Sulzbacher Str., 𝒫 6 62 38
    4. - 25. Juli und Samstag geschl. — Karte 17/33 ⅃.

  In Backnang 4-Steinbach O : 4 km :

  X **Auberge du Linde** mit Zim, Lindenplatz 2, 𝒫 6 17 71 — 🛁 🅿
    8 Z : 10 B.

  In Aspach-Großaspach 7152 NW : 4 km :

  XX **Lamm**, Hauptstr. 23, 𝒫 (07191) 2 02 71 — 🅿
    Sonntag 15 Uhr - Montag und Mitte Juli - Mitte Aug. geschl. — Karte 21/47 ⅃.

  In Aspach-Kleinaspach 7152 NW : 7 km :

  🏨 **Sonnenhof** ⬤, Oberstenfelder Straße, 𝒫 (07148) 80 81, 🍴, 🏊, 🖼, 🍴, 🍽 — 🛁wc ☎ 🅿
    🎈
    Karte 16,50/48 ⅃ — **130 Z : 250 B** 28/52 - 48/86 Fb.

BAD... siehe unter dem Eigennamen des Ortes (z.B. Bad Orb siehe Orb, Bad).
    voir au nom propre de la localité (ex. : Bad Orb voir Orb, Bad).
    see under second part of town name (e.g. for Bad Orb see under Orb, Bad).
    vedere nome proprio della località (es. : Bad Orb vedere Orb, Bad).

BADEN-BADEN 7570. Baden-Württemberg **987** ㉟, **242** ⑳, **57** ⑳ – 50 000 Ew – Höhe 181 m – Heilbad – ✆ 07221.

Sehenswert : Lichtentaler Allee★★ BZ.

Ausflugsziele : Ruine Yburg ✳★★, AZ – Schwarzwaldhochstraße (Höhenstraße★★ von Baden-Baden bis Freudenstadt).

🛈 Kurdirektion (Abt.-Information), Augustaplatz 8, ✆ 27 52 00, Telex 781208.

ADAC, Lange Str. 77, ✆ 2 22 10, Notruf ✆ 1 92 11.

♦Stuttgart 112 ① – ♦Freiburg im Breisgau 112 ① – ♦Karlsruhe 39 ① – Strasbourg 61 ①.

Stadtplan siehe nächste Seite.

🏨 ❀ **Brenner's Park-Hotel** ⑤, Schillerstr. 6, ✆ 35 30, Telex 781261, ≤, 余, « Park », Bade- und Massageabteilung (Brenners Spa), ∴, ≘s, ☒, ☞ ⇔ ❷ ⚐ ⚗. ✕ Rest – Karte 52/95 (siehe auch Rest. Schwarzwald-Stube) – **109 Z : 170 B** 216/406 - 252/522 – P 300/490.
   BZ **a**

🏨 **Steigenberger Hotel Badischer Hof,** Lange Str. 47, ✆ 2 28 27, Telex 781121, 余, Bade- und Massageabteilung, ≘s, ☒, ☞ – 🛗 ❷ ⚐ **AE** ① **E** **VISA**. ✕ Rest – Karte 35/74 – **140 Z : 235 B** 155/262 - 234/384 Fb – P 229/297.
   AY **e**

🏨 **Steigenberger-Hotel Europäischer Hof,** Kaiserallee 2, ✆ 2 35 61, Telex 781188, ≤ – 🛗 ☎ ❷ ⚐ **AE** ① **E** **VISA**. ✕ Rest – Karte 37/72 – **135 Z : 210 B** 135/225 - 234/324 Fb – P 189/277.
   BY **b**

🏨 **Quisisana** ⑤, Bismarckstr. 21, ✆ 34 46, Bade- und Massageabteilung, ∴, ≘s, ☒, ☞ – 🛗 ☎ ❷ ⚐ **AE** ① . ✕ Rest – Karte 31/65 – **60 Z : 90 B** 135/195 - 210/270 Fb – P 175/215.
   AZ **n**

🏨 **Holiday Inn Sporthotel** Ⓜ, Falkenstr. 2, ✆ 3 30 11, Telex 781255, ≘s, ☒, ☞ – 🛗 ☎ ❷ ⚐ **AE** ① **E** **VISA** – Karte 30/73 – **121 Z : 137 B** 166/190 - 245/278 Fb.
   BZ **e**

🏨 **Bad-Hotel Zum Hirsch** ⑤, Hirschstr. 1, ✆ 2 38 96, Telex 781193, « Antike Einrichtung, Ballsaal », Bade-und Massageabteilung – 🛗 ☎ ⇔ ❷ ⚐ **AE** ① **E** **VISA**. ✕ Rest (nur Abendessen für Hausgäste) – **58 Z : 82 B** 103/195 - 170/240 Fb.
   BY **g**

🏨 **Der Quellenhof** Ⓜ ⑤, Sofienstr. 27, ✆ 2 21 34, Telex 781202 – 🛗 ☎ Rest ☎ ⇔ ⚗ (mit ☒). **AE** ① **E** **VISA** – Karte (siehe auch Rest. **Das Süße Löchel**) – Altstadtbistro 's Badstüble (Sonntag geschl.) Karte 25/50 – **50 Z : 75 B** 127/142 - 178 Fb – P 177.
   BY **s**

🏨 **Golf-Hotel** ⑤, Fremersbergstr. 113, ✆ 2 36 91, Telex 781174, 余, « Park », ≘s, ⚐, ☒, ☞, ✕ – 🛗 ☎ ❷ ⚐ **AE** ① **E** **VISA**. ✕ Rest – April-Okt. – Karte 34/63 – **85 Z : 140 B** 100/155 - 140/230 Fb – P 125/210.
   AZ **m**

🏨 **Allee-Hotel Bären,** Hauptstr. 36, ✆ 7 10 46, Telex 781291, ≤, 余, « Park », ☞ – 🛗 ☎ ☎ ❷ ⚐ **AE** ① **E** – Karte 29/66 – **89 Z : 120 B** 145 - 220 Fb – P 201.
   AZ **p**

🏨 **Der Selighof** Ⓜ, Fremersbergstr. 125, ✆ 21 71, Bade- und Massageabteilung, ≘s, ☒, ☞ – 🛗 ☎ ☎wc 🏧wc ☎ ☎ ⇔ ❷ ⚐. ✕ Rest   über Fremersbergstr. – Karte 26,50/55 – **120 Z : 250 B** 110/130 - 140/180 Fb – P 155/175.
   AZ

🏨 **Holland** garni, Sofienstr. 14, ✆ 2 55 95, « Park », ☒, ☞ – 🛗 ☎wc ☎ ⇔ – **65 Z : 96 B** Fb.
   BY **z**

🏨 **Tannenhof** ⑤ garni, Hans-Bredow-Str. 20, ✆ 27 11 81, Telex 781215, ≤ – 🛗 ☎ ☎wc 🏧wc ☎ ❷. ✕ – **24 Z : 42 B** 45/85 - 100/130 Fb.
   AZ **m**

🏨 **Haus Reichert** garni, Sofienstr. 4, ✆ 2 41 91, ≘s, ☒ – 🛗 ☎wc 🏧wc ☎. **AE** ① **E** **VISA** – **50 Z : 75 B** 82/90 - 134/160.
   BY **v**

🏨 **Der kleine Prinz** Ⓜ, Lichtentaler Str. 36, ✆ 34 64 – 🛗 ☎ ☎wc 🏧wc ☎. **AE** ① **E** **VISA** nur Hotel : Dez.- Feb. geschl. – Karte 27/54 (Donnerstag geschl.) – **17 Z : 30 B** 65/150 - 130/250 Fb.
   BZ **u**

🏨 **Süß** ⑤, Friesenbergstr. 2, ✆ 2 23 65, ≤, ☞ – ☎wc 🏧wc ☎ ❷. **AE** ① **E** **VISA**. ✕ Rest Mitte März-Anfang Nov. – (Rest. nur für Hausgäste) – **40 Z : 62 B** 39/90 - 70/125.
   AY **t**

🏨 **Atlantic** garni, Sofienstr. 2a, ✆ 2 41 11, « Caféterrasse » – 🛗 ☎wc 🏧wc ☎. **AE** ① **E** – **55 Z : 80 B** 52/93 - 138/250.
   BY **r**

🏨 **Müller** ⑤ garni, Lange Str. 34, ✆ 2 32 11 – 🛗 ☎ ☎wc ☎ – **26 Z : 40 B** Fb.
   BY **g**

🏨 **Deutscher Kaiser** ⑤, Merkurstr. 9, ✆ 3 30 36 – 🛗 ☎ 🏧wc ☎ ⇔ ⚗. **AE** ① **E** **VISA**. ✕ Rest – Karte 23/60 – **28 Z : 50 B** 80/90 - 130/140 Fb – P 120/130.
   BZ **h**

🏨 **Etol** ⑤ garni, Merkurstr. 7, ✆ 2 58 55 – ☎wc 🏧wc ☎ ❷. **AE** ① **E** **VISA** – **21 Z : 34 B** 70/90 - 110/140 Fb.
   BZ **h**

🏨 **Schweizer Hof** garni, Lange Str. 73, ✆ 2 42 31 – 🛗 🏧 ☎ – **29 Z : 45 B** 38/48 - 70/105.
   AY **s**

🏨 **Greiner** ⑤ garni, Lichtentaler Allee 88, ✆ 7 11 35, ≤ – 🏧wc ❷. ✕ Ende Nov.- Mitte Dez. geschl. – **33 Z : 54 B** 35/50 - 70/85.
   AZ **u**

🏨 **Bischoff** garni, Römerplatz 2, ✆ 2 23 78 – 🛗 🏧wc ☎. **AE** ① **E** **VISA**. ✕ Dez.- Jan geschl. – **22 Z : 40 B** 50/60 - 90/100.
   BY **a**

🏨 **Am Markt,** Marktplatz 18, ✆ 2 27 47 – 🛗 ☎wc 🏧wc ☎. **AE** ① **E** **VISA** (nur Abendessen für Hausgäste) – **27 Z : 42 B** 37/65 - 74/90.
   BY **u**

🏨 **Römerhof** garni, Sofienstr. 25, ✆ 2 34 15 – 🛗 🏧wc ☎ ⇔. **AE** ① **E** **VISA**. ✕ Mitte Dez.-Ende Jan. geschl. – **24 Z : 40 B** 36/65 - 80/105.
   BY **k**

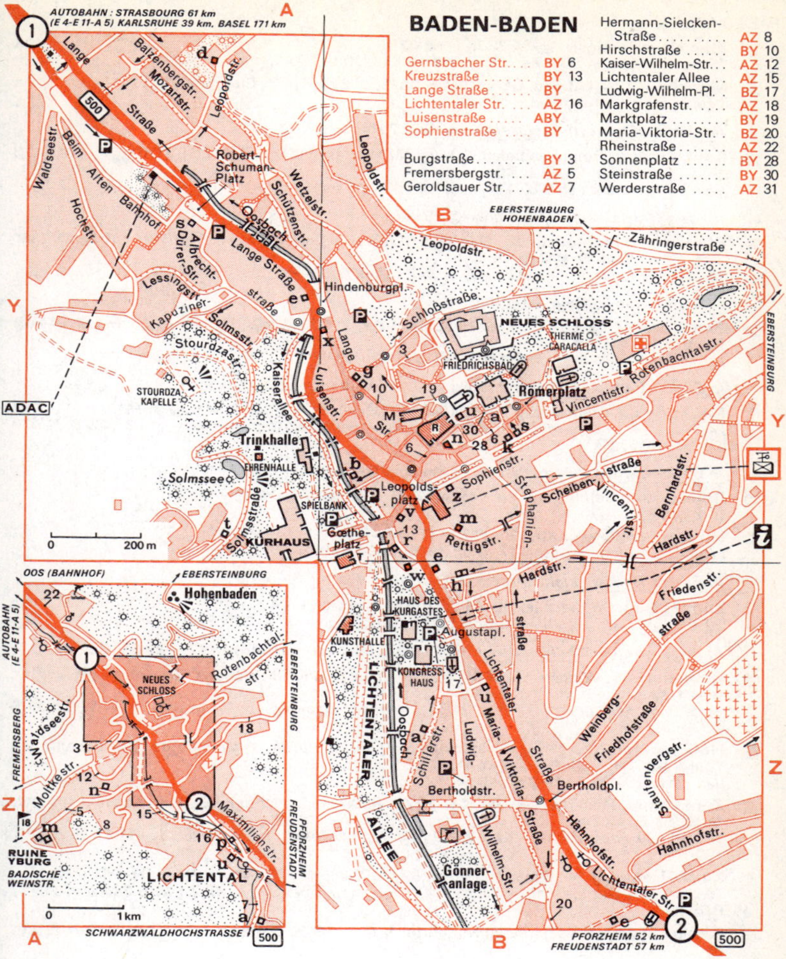

BADEN-BADEN

Gernsbacher Str.	BY 6	Hermann-Sielcken-Straße	AZ 8
Kreuzstraße	BY 13	Hirschstraße	BY 10
Lange Straße	BY	Kaiser-Wilhelm-Str.	AZ 12
Lichtentaler Str.	AZ 16	Lichtentaler Allee	AZ 15
Luisenstraße	ABY	Ludwig-Wilhelm-Pl.	BZ 17
Sophienstraße	BY	Markgrafenstr.	AZ 18
Burgstraße	BY 3	Marktplatz	BY 19
Fremersbergstr.	AZ 5	Maria-Viktoria-Str.	BZ 20
Geroldsauer Str.	AZ 7	Rheinstraße	AZ 22
		Sonnenplatz	BY 28
		Steinstraße	BY 30
		Werderstraße	AZ 31

XXX **Stahlbad**, Augustaplatz 2, ☎ 2 45 69, « Gartenterrasse » – AE ⓓ E VISA — BZ **w**
Sonntag 15 Uhr - Montag geschl. – Karte 50/99.

XXX **Zum Goldenen Kreuz**, Lichtentaler Str. 13 (Passage), ☎ 3 27 27, « Innenhof mit Brunnen » – ⓓ E VISA — BYZ **e**
2.- 16. Jan. und Donnerstag geschl. – Karte 33/62.

XX Mirabell im Kurhaus, Kaiserallee 1, ☎ 2 27 17 – ▤. ✻ — AY
nur Abendessen.

XX ✻ **Schwarzwald-Stube** (Stadtrest. des Brenner's Park-H.), Schillerstr. 6, ☎ 35 30, ☂ – ▤ Ⓟ. ✻ — BZ **a**
Karte 50/100.

XX **Das Süße Löchel**, Sofienstr. 27, ☎ 2 30 30 – ▤. AE ⓓ E VISA — BY **s**
Karte 32/68.

XX **Oxmox**, Kaiserallee 4, ☎ 2 99 00 – AE — ABY **x**
nur Abendessen, Dienstag geschl. – Karte 38/85.

XX **Schloßtangente**, Leopoldstr. 17, ☎ 3 25 70 – Ⓟ — AY **d**
Karte 23/48.

Fortsetzung →

✗ **Zum Nest**, Rettigstr. 1, 🖉 2 30 76 — 🍴 🅿   BY **m**
15. Jan.- 2. Feb. und Donnerstag geschl. — Karte 20/57.

✗ **Münchner Löwenbräu**, Gernsbacher Str. 9, 🖉 2 23 11, 🍴, Biergarten   BY **n**
Karte 21/50.

An der Straße nach Ebersteinburg NO : 2 km :

🏨 **Kappelmann**, Rotenbachtalstr. 30, ⊠ 7570 Baden-Baden, 🖉 (07221) 34 61, 🍴, 🚗 — 🛗
🛁wc 🚿wc ☎ 🅿. 🆎 ⓪ Ε VISA
Karte 23/55 — **42 Z : 65 B** 80/110 - 140/160 Fb — P 115/130.

An der Straße nach Gernsbach ② : 5 km :

🏨 **Waldhotel Fischkultur** ⬈, Gaisbach 91, ⊠ 7570 Baden-Baden, 🖉 (07221) 7 10 25, 🍴, 🚗
— 🛗 🛁wc 🚿wc ☎ 🔌 🅿. 🆎 Ε
15. Jan.- Feb. geschl. — Karte 26/60 — **35 Z : 60 B** 72/92 - 89/133 — P 99/130.

In Baden-Baden-Balg über ① :

🏨 **Panorama** Ⓜ ⬈ garni, Balger Hauptstr. 101a, 🖉 6 20 51, ☎, 🏊, 🚗 — 🛗 🚿wc ☎ 🔌 🅿
🔥. 🆎 ⓪ Ε VISA. 🍴
Dez.- 15. Jan. geschl. — **25 Z : 50 B** 90/155 - 125/175 Fb.

In Baden-Baden 21-Ebersteinburg NO : 3 km über Gernsbacher Str. BY :

🏠 **Merkurwald**, Staufenweg 1, 🖉 2 41 49, ≤, 🍴 — 🛁wc 🚿wc ☎ 🔌 🅿. Ε VISA
24. Nov.- 19. Dez. geschl. — Karte 21/48 (Nov.- Feb. Dienstag geschl.) — **16 Z : 23 B** 34/61 -
67/108 — P 64/88.

In Baden-Baden - Geroldsau S : 5 km über Geroldsauer Str. AZ :

🏨 **Sonne** garni, Geroldsauer Str. 145, 🖉 74 12 — 🛁wc 🚿wc ☎ 🅿
18 Z : 36 B 65 - 90.

🏠 **Hirsch**, Geroldsauer Str. 130, 🖉 7 13 17, 🚗 — 🅿
Karte 18/37 (Montag geschl.) 🔥 — **15 Z : 30 B** 30 - 50/80 — P 50.

In Baden-Baden - Lichtental :

🏠 **Zum Felsen**, Geroldsauer Str. 43, 🖉 7 16 41 — 🚿wc 🅿. 🍴   AZ **a**
20. Dez.- 15. Jan. geschl. — Karte 14,50/34 (Montag geschl.) — **9 Z : 18 B** 35/45 - 60/70.

In Baden-Baden 23 - Neuweier SW : 10 km über Fremersbergstr. AZ — ✪ 07223 :

🏨 **Rebenhof** ⬈, Weinstr. 58, 🖉 54 06, ≤ Weinberge und Rheinebene, 🍴, 🚗 — 🛁wc 🚿wc
☎ 🔌 🅿
Ende Jan.- Feb. geschl. — Karte **26**/51 (Sonntag - Montag 15 Uhr geschl.) 🔥 — **17 Z : 29 B**
56/70 - 92/122.

🏨 **Heiligenstein** ⬈ garni, Heiligensteinstr. 19a, 🖉 5 20 04, ≤ Weinberge, Rheinebene und
Yburg, ☎, 🚗 — 🛗 🛁wc 🚿wc ☎ 🅿
Jan. geschl. — **24 Z : 48 B** 52/63 - 98/125.

🏠 **Zum Lamm**, Mauerbergstr. 34, 🖉 5 72 12, « Rustikale Einrichtung, Gartenterrasse » — 🛁wc
☎ 🅿. ⓪ Ε. 🍴 Zim
10. Jan.- 20. Feb. geschl. — Karte 25/59 (Montag - Dienstag 17 Uhr geschl.) — **11 Z : 19 B** 50/70
- 90/140.

🏠 **Zum Altenberg** ⬈, Schartenbergstr. 6, 🖉 5 72 36, 🍴, 🏊, 🚗 — 🛁wc 🚿wc 🅿
15. Nov.- 15. Dez. geschl. — Karte 21/42 (Donnerstag geschl.) — **19 Z : 35 B** 38/42 - 70/92 —
P 62/76.

🏠 Pension **Röderhof** ⬈ garni, Im Nußgärtel 2, 🖉 5 20 44, « Garten », 🚗 — 🛁wc 🚿wc ☎ 🔌
🅿
16 Z : 32 B.

✗✗ ✪ **Zum Alde Gott**, Weinstr. 10, 🖉 55 13, ≤, 🍴 — 🅿. ⓪ Ε VISA
7.- 31. Jan. und Donnerstag - Freitag 18 Uhr geschl. — Karte 42/79
Spez. Lachs-Sülze mit Schnittlauchsauce, Lammfilet im Kräutermantel, Perlhuhn mit Gänselebersauce.

✗✗ **Schloß Neuweier**, Mauerbergstr. 21, 🖉 5 79 44, « Waffensammlung, Gartenterrasse »
🅿
Dienstag - Mittwoch 17 Uhr und Feb. geschl. — Karte 30/76.

✗✗ **Rebstock** ⬈ mit Zim, Schloßackerweg 3, 🖉 5 72 40, ≤, 🍴, 🚗 — 🚿
4 Z : 8 B.

✗✗ Traube, Mauerbergstr. 107, 🖉 5 72 16 — 🅿.

In Baden-Baden - Oberbeuern über ② und Maximilianstr. AZ :

🏠 **Waldhorn**, Beuerner Str. 54, 🖉 7 22 88, « Gartenterrasse mit Grill », 🐎 — 🛁wc 🚿wc ☎
🅿. 🆎 Ε VISA
1.- 22. März geschl. — Karte 18/44 (Sept.- Mai Montag ganztägig, Juni - Aug. Montag bis 17
Uhr geschl.) — **14 Z : 22 B** 40/70 - 80/110.

In Baden-Baden - Oos ① : 5 km :

🏠 **Goldener Stern**, Ooser Hauptstr. 16, 🖉 6 15 09 — 🛁wc 🚿 🅿. 🆎 ⓪ Ε VISA
Karte 18,50/43 (Sonntag ab 15 Uhr geschl.) — **18 Z : 27 B** 37/45 - 64/78.

In Baden-Baden 24 - Sandweier ① : 8 km :

🏨 **Blume**, Mühlstr. 24, ℰ 5 17 11, 綸, 🔲, 🔲, 🎪 – 🛗 🗄wc 🏧 ☎ 🅿 🏌
Karte 22/46 – **22 Z : 50 B** 50/60 - 95 – P 74.

In Baden-Baden 11-Steinbach SW : 9 km über Fremersbergstr. AZ :

🏩 **Hirsch**, Steinbacher Str. 68, ℰ (07223) 54 10 – 🗄wc 🅿
Nov. 2 Wochen geschl. – Karte 17/40 *(Montag geschl.)* 👗 – **11 Z : 20 B** 30/34 - 58/64.

🏩 **Zum Landprinzen**, Steinbacher Str. 76, ℰ (07223) 5 72 69 – 🅿
Mitte Sept.- Mitte Okt. geschl. – Karte 15/39 *(Donnerstag geschl.)* 👗 – **12 Z : 19 B** 30 - 60.

In Baden-Baden 22-Varnhalt SW : 6 km über Fremersbergstr. AZ – 🟠 07223 :

🏨 **Monpti** 🦢, Auf der Alm 24, ℰ 5 70 45, ≤ Rheinebene, 🔲, 🔲 (geheizt), 🎪 – 📺 🗄wc ☎
🅿
März - Nov. – (Rest. nur für Hausgäste) – **13 Z : 23 B** 60 - 95.

🏠 **Landhaus Zuflucht** 🦢 garni, Auf der Alm 21, ℰ 63 21, ≤ Weinberge, Caféterrasse, 🔲,
🎪 – 🗄wc 🏧 ☎ 🅿. 🆔 VISA
März - Nov. – **6 Z : 10 B** 39/49 - 78/98.

🏠 **Zum Adler**, Klosterbergstr. 15, ℰ 5 72 41, ≤ Weinberge und Rheinebene, 綸 – 🗄wc 🏧wc
🅿. 🆔 ⑩ E VISA
7. Jan.- 5. Feb. geschl. – Karte 20/60 *(Donnerstag geschl.)* 👗 – **9 Z : 15 B** 35/48 - 76/86.

🏠 **Haus Rebland**, Umweger Str. 133, ℰ 5 20 47, ≤ Weinberge und Rheinebene, 綸, 🔲, 🔲
– 🗄wc 🏧wc ☎ 🚗 🅿
15. Nov.- 15 Dez. geschl. – Karte 15/40 *(Mittwoch geschl.)* 👗 – **24 Z : 43 B** 38/45 - 72/86 –
P 55/58.

🍴🍴 ❀ **Pospisil's Restaurant Merkurius** mit Zim, Klosterbergstr. 2, ℰ 54 74, ≤ Weinberge und
Ruine Yburg, 綸, 🎪 – 🏧wc 🅿. E
Karte 50/79 *(Dienstag und Samstag nur Abendessen, Montag geschl.)* – **3 Z : 6 B** 50 - 80/130
Spez. Stopfgänseleber auf geröstetem Bauernbrot, Seezungenroulade in Currysauce, Erdbeerknödel mit
geriebenem Lebkuchen.

An der Autobahn A 5 über ① :

🏠 Rasthaus Baden-Baden, ✉ 7570 Baden-Baden 24, ℰ (07221) 6 10 81, 綸 – 🏧wc 🅿
30 Z : 60 B.

▮BADENWEILER▮ 7847. Baden-Württemberg 🔡🔡🔡 ㉞, 🔡🔡🔡 ④, 🔡🔡🔡 ④ – 3 800 Ew – Höhe 426 m –
Heilbad – Badenweiler ist für den Durchgangsverkehr gesperrt, Fahrerlaubnis nur für Hotelgäste
oder mit Sondergenehmigung – 🟠 07632.

Sehenswert : Kurpark★★ – Burgruine ※★.

Ausflugsziele : Blauen : Aussichtsturm ※★★, SO : 8 km – Schloß Bürgeln★ S : 8 km.

🅱 Kurverwaltung, Ernst-Eisenlohr-Str. 4, ℰ 7 21 10.

◆Stuttgart 242 – Basel 45 – ◆Freiburg im Breisgau 46 – Mulhouse 30.

🏰 **Römerbad** 🦢, Schloßplatz 1, ℰ 7 00, Telex 772933, « Park », Massage, 🔲, 🔲 (geheizt),
🔲, 🎪, ※ – 🛗 🔲 🏌 🚗 🅿 🏌. 🆔 VISA. ※ Rest
Karte 36/84 – **111 Z : 158 B** 160/210 - 250/310 – 6 Appart. 綸 – P 220/270.

🏰 **Schwarzmatt** Ⓜ 🦢, Schwarzmattstr. 6, ℰ 60 42, 綸, 🔲 – 🛗 🔲 🚗 🅿. ※ Rest
Karte 30/60 (Tischbestellung ratsam) – **45 Z : 80 B** 95/145 - 190/290 Fb – P 135/175.

🏰 **Park-Hotel - Parkstüble** 🦢, Ernst-Eisenlohr-Str. 6, ℰ 7 10, Telex 17763210, « Garten »,
Massage, 🔲 (geheizt), 🔲, 🎪 – 🚗 🅿. 🆔 VISA. ※
März - 10. Nov. – Karte 33/66 – **85 Z : 120 B** 95/180 - 200/260 Fb – 7 Appart. 150 – P 155/220.

🏨 **Weißes Haus** 🦢, Wilhelmstr. 6, ℰ 50 41, « Park », Massage, 🎪, ※ – 🛗 🚗 🅿. ※
März - 15. Nov. – (Rest. nur für Hausgäste) – **41 Z : 65 B** 80/105 - 150/196 Fb – P 113/131.

🏨 **Eckerlin**, Römerstr. 2, ℰ 50 61, ≤, 綸, « Garten », 🔲, 🔲, 🎪 – 🛗 🚗 🅿. ※
4. Jan. - 1. März und 15. Nov. - 15. Dez. geschl. – Karte 18/38 *(Dienstag 18 Uhr - Mittwoch
geschl.)* – **38 Z : 55 B** 90/118 - 180/220 – P 115/143.

🏨 **Blauenwald** garni, Blauenstr. 11, ℰ 50 08, 🔲 – 🛗 🗄wc 🏧wc ☎ 🚗 🅿
Dez. - 15. Feb. geschl. – **38 Z : 46 B** 55/63 - 115/120.

🏨 **Ritter**, Friedrichstr. 2, ℰ 50 74, Telex 774105, 綸, « Garten », 🔲, 🔲, 🎪 – 🛗 🔲 🗄wc
🏧wc ☎ 🅿. 🆔. ※
Karte 20/53 – **50 Z : 75 B** 60/100 - 120/250 – P 100/150.

🏨 **Romantik-Hotel Sonne** 🦢, Moltkestr. 4, ℰ 50 53, 🎪 – 🗄wc 🏧wc ☎ 🚗 🅿. 🆔 ⑩ E
VISA. ※ Zim
Mitte Feb.- Mitte Nov. – Karte 21/52 *(Mittwoch geschl.)* 👗 – **42 Z : 62 B** 72/95 - 120/170 Fb –
7 Appart. 120/140 – P 92/126.

🏨 Post (mit Gästehaus), Sofienstr. 1, ℰ 50 51, 綸, 🔲, 🔲 – 🛗 🗄wc 🏧wc ☎ 🚗
55 Z : 87 B Fb.

🏨 **Schloßberg** 🦢 garni, Schloßbergstr. 3, ℰ 50 16, ≤, 🔲, 🎪 – 🛗 🔲 🗄wc ☎ 🅿. ※
Mitte Feb.- Mitte Nov. – **28 Z : 40 B** 69/90 - 130/170 Fb.

🏨 **Anna** 🦢, Oberer Kirchweg 2, ℰ 50 31, ≤, « Dachterrasse », 🔲, 🎪 – 🛗 🗄wc 🏧wc ☎ 🅿.
※ Rest
15. Feb.-15. Nov – (Rest. nur für Hausgäste) – **42 Z : 60 B** 68/95 - 132/190 Fb – P 103/130.

91

🏨 **Schlößle** 🦢 garni, Kanderner Str. 4, ✆ 2 40, ≤, « Geschmackvolle Einrichtung »,
🔥 (geheizt), 🐀 – 🛁wc 🚿wc ☎ 🅿
25. Nov. - 25. Jan. geschl. – **16 Z : 24 B** 50/60 - 100/120 Fb.

🏨 **Schnepple** 🦢 garni, Hebelweg 15, ✆ 54 20, 🐀 – 📶🛁wc 🚿wc ☎ 🚗 🅿. 🚫
März- 15. Nov. – **20 Z : 30 B** 51/70 - 102/140 Fb.

🏨 **Kurhotel Hasenburg**, Schweighofstr. 6, ✆ 4 10, 🍴, 🔲, 🐀 – 📶 🛁wc 🚿wc ☎ 🅿.
🚫 Zim
März - Okt. – Karte 22/44 – **40 Z : 60 B** 50/90 - 100/180 Fb – P 86/126.

🏨 **Daheim** 🦢, Römerstr. 8, ✆ 51 38, ≤, Massage, 🍴, 🔲, 🐀 – 📶 🚿wc ☎ 🚗. ⓪. 🚫
Dez.-Jan. geschl. – (Rest. nur für Hausgäste) – **46 Z : 75 B** 80/95 - 160/180 – P 96/122.

🏨 **Haus Christine** 🦢 garni, Glasbachweg 1, ✆ 60 04, 🐀 – 🛁wc 🚿wc ☎ 🅿
7. - 31. Jan. und 1. - 20. Dez. geschl. – **15 Z : 21 B** 53/80 - 106/130.

🏨 **Försterhaus Lais** 🦢, Badstr. 42, ✆ 3 17, 🍴, 🔲, 🐀 – 🛁wc 🚿wc 🚗 🅿. ⓪ 🄴
Karte 17/47 *(Sonntag geschl.)* ♨ – **28 Z : 46 B** 40/56 - 80/132 – P 62/81.

🏨 **Badenweiler Hof** 🦢 garni, Wilhelmstr. 40, ✆ 3 44 – 📶 🛁wc 🚿wc ☎ 🅿. 🚫
27 Z : 40 B.

🏨 **Haus Ebert** garni, Friedrichstr. 7, ✆ 4 65, 🐀 – 🚿wc 🚗. 🚫
15. Feb. - 15. Nov. – **15 Z : 20 B** 40/45 - 70/84.

In Badenweiler 3-Lipburg SW : 3 km :

🏨 **Landgasthof Schwanen** 🦢, E.-Scheffelt-Str. 5, ✆ 52 28, eigener Weinbau, 🐀 – 🚿wc
🅿. 🄰🄴 ⓪ 🄴
7. Jan.- 7. Feb. geschl. – Karte 17/38 *(Donnerstag geschl.)* ♨ – **18 Z : 28 B** 30/45 - 50/80 Fb –
P 51/71.

In Badenweiler 3-Sehringen S : 3 km :

🏨 **Gasthof zum Grünen Baum** 🦢, Sehringer Str. 19, ✆ 74 11, ≤, 🌳 – 🛁wc 🚿wc 🚗 🅿.
🚫 Zim
17. Dez. - 15. Feb. geschl. – Karte 16/47 *(Montag geschl.)* ♨ – **17 Z : 26 B** 26/47 - 50/90 –
P 57/78.

Auf dem Blauen SO : 8 km – Höhe 1 165 m :

🏔 **Hochblauen** 🦢, ✉ 7847 Badenweiler, ✆ (07632) 3 88, ≤ Schwarzwald und Alpen, 🌳, 🐀
– 🚿wc 🚗 🅿
März - Okt. – (Rest. nur für Hausgäste, für Passanten Self-Service, Mittwoch 18 Uhr -
Donnerstag geschl.) ♨ – **15 Z : 25 B** 33/46 - 60/88.

BÄRENTAL Baden-Württemberg siehe Feldberg im Schwarzwald.

BÄRNAU 8591. Bayern 𝟿𝟾𝟽 ㉗ – 3 800 Ew – Höhe 575 m – 🕓 09635.
♦München 285 – Bayreuth 73 – ♦Nürnberg 139.

In Bärnau-Altglashütte S : 9 km – Wintersport : 800/900 m ≰2 :

🏔 **Haus Rose** 🦢, ✆ 4 31, ≤, 🍴, 🐀 – 🚿 🅿
🚠 Karte 12/30 – **16 Z : 30 B** 25 - 50 – P 34.

🏔 **Blei** 🦢, ✆ 2 83, ≤, 🌳, 🐀 – 🅿
🚠 *1. - 15. Nov. geschl.* – Karte 12/32 ♨ – **26 Z : 43 B** 22/25 - 44/48 – P 33.

BAHLINGEN 7836. Baden-Württemberg 𝟤𝟦𝟤 ㉘. 𝟪𝟽 ⑦ – 3 000 Ew – Höhe 248 m –
🕓 07663 (Eichstetten).
♦Stuttgart 190 – ♦Freiburg im Breisgau 22 – Offenburg 48.

🏨 **Lamm**, Hauptstr. 49, ✆ 13 11, 🍴 – 🚿wc ☎ 🚗 🅿 🏸. 🄰🄴 🄴
Aug. 2 Wochen geschl. – Karte 15/46 *(Sonntag geschl.)* ♨ – **27 Z : 45 B** 32/48 - 60/88 Fb.

🏔 **Hecht**, Hauptstr. 57, ✆ 16 33 – 🚿wc 🅿
🚠 *2. - 15. Jan. geschl.* – Karte 14/33 *(Montag geschl.)* ♨ – **9 Z : 16 B** 28/45 - 50/75.

BAIERBRUNN Bayern siehe Schäftlarn.

Grüne Michelin-Führer *in deutsch*

Paris	Provence
Bretagne	Schlösser an der Loire
Côte d'Azur (Französische Riviera)	Italien
Elsaß Vogesen Champagne	Spanien
Korsika	

BAIERSBRONN 7292. Baden-Württemberg **987** ㉟ — 14 000 Ew — Höhe 550 m — Luftkurort — Wintersport : 584/1 065 m ≰11 ≰12 — ✦ 07442.

🅱 Kurverwaltung, Freudenstädter Str. 36, ℘ 25 70.

♦Stuttgart 100 ② — Baden-Baden 50 ① — Freudenstadt 7 ②.

Stadtplan siehe nächste Seite.

🏨 **Rose**, Bildstöckleweg 2, ℘ 20 35, ⊜, ◨, ♨ — 🛗 📺 ⇌wc 🗻wc ☎ ৬ ⇌ 🅿 🛄. 🆎 ⓞ. ❀
Ende Nov.- Mitte Dez. geschl. — Karte 15/48 ⅃ — **50 Z : 75 B** 41/60 - 91/103 Fb — 2 Appart. — P 57/77.
AX **h**

🏨 **Rosengarten** ⍦, Bildstöckleweg 35, ℘ 20 88, ⊜, ◨ — ⇌wc 🗻wc ☎ 🅿. ❀ Zim
7.- 20. April und 10. Nov.- 18. Dez. geschl. — Karte 16/47 *(Mittwoch geschl.)* ⅃ — **27 Z : 50 B** 30/47 - 80/94 Fb — P 68.
AX **a**

🏠 **Café Berghof** ⍦, Bildstöckleweg 17, ℘ 25 80, <, 🍴, Bade- und Massageabteilung, ⊜, ◨ — 🛗 ⇌wc 🗻wc 🅿. ❀ Rest
10.- 26. April und 6. Nov.- 24. Dez. geschl. — Karte 16/38 *(Montag geschl.)* ⅃ — **36 Z : 60 B** 35/65 - 70/98 Fb — P 56/74.
AX **f**

🏠 **Zum Hirsch**, Oberdorfstr. 74, ℘ 30 33, ⊜, ◨, ♨ — 🛗 ⇌wc 🗻wc 🅿
← *Mitte Jan.- Anfang Feb. geschl.* — Karte 14,50/38 *(Donnerstag geschl.)* ⅃ — **43 Z : 62 B** 26/50 - 52/98 Fb — P 48/71.
AY **d**

🏠 **Falken**, Oberdorfstr. 95, ℘ 24 43, ⊜ — 🛗 ⇌wc 🗻wc ☎ ⇌ 🅿. ⓞ 𝚅𝙸𝚂𝙰
12. Nov.- 4. Dez. geschl. — Karte 16/42 *(Dienstag geschl.)* — **21 Z : 36 B** 45/55 - 75/98 Fb — P 68.
AY **s**

🏠 **Miller-Wagner**, Forbachstr. 4, ℘ 22 57, 🍴 — 🛗 ⇌wc 🗻wc 🅿
4. Nov.- 8. Dez. geschl. — Karte 17,50/38 *(Mittwoch geschl.)* ⅃ — **20 Z : 30 B** 41/51 - 76/80 Fb — P 59.
AX **e**

🏠 **Krone**, Freudenstädter Str. 32, ℘ 22 09, ⊜, ◨ — ⇌wc 🗻wc ⇌ 🅿
← *Nov.- 15. Dez. geschl.* — Karte 14/39 *(Montag geschl.)* ⅃ — **47 Z : 80 B** 32/52 - 60/88 Fb — P 52/65.
AY **r**

🏠 **Panorama-Hotel** garni, Forststr. 1, ℘ 24 85, < — ⇌wc 🗻wc 🅿
Nov.- 15. Dez. geschl. — **27 Z : 46 B** 30/40 - 58/76.
AY **k**

In Baiersbronn 1-Tonbach :

🏩 **Kur- und Sporthotel Traube Tonbach** Ⓜ ⍦, Tonbachstr. 237, ℘ 49 20, Telex 764394, <, Bade- und Massageabteilung, 🐟, ⊜, ♨, 🍴 (Halle) — 🛗 📺 🏌 ⇌ ❀ Zim
(Rest. nur für Hausgäste, siehe auch Rest. Schwarzwaldstube und Köhlerstube) — **180 Z : 300 B** 117/160 - 234/320 Fb — P 144/185.
BZ **n**

🏨 **Kurhotel Sonnenhalde** ⍦, Obere Sonnenhalde 63, ℘ 30 44, <, 🍴, ◨, ♨ — 🛗 ⇌wc 🗻wc ☎ ⇌ 🅿 🛄. ❀ Rest
10. Nov.-15. Dez. geschl. — Karte 20/42 *(Mittwoch geschl.)* ⅃ — **26 Z : 48 B** 59/97 - 114 Fb — P 77.
BZ **t**

🏨 **Waldlust**, Tonbachstr. 174, ℘ 30 28, ⊜, ◨, ♨ — 🛗 ⇌wc 🗻wc ☎ 🅿. ❀ Zim
7. Nov.- 14. Dez. geschl. — Karte 18,50/43 *(Dienstag geschl.)* ⅃ — **53 Z : 90 B** 36/65 - 68/120 Fb — P 54/80.
BZ **x**

🏨 **Kurhotel Tanne** ⍦, Tonbachstr. 243, ℘ 20 69, <, 🍴, ⊜, ◨, ♨ — 🛗 ⇌wc 🗻wc ⇌ 🅿 🛄
1.- 15. Dez. geschl. — Karte 15,50/44 *(Montag geschl.)* — **60 Z : 96 B** 38/70 - 72/140 Fb — P 48/80.
BZ **v**

🏨 **Alte Mühle** garni, Tonbachstr. 177, ℘ 26 05, ◨, ♨ — ⇌wc 🗻wc 🅿
Nov.- 20. Dez. geschl. — **16 Z : 28 B** 47 - 88.
BZ **s**

🏠 **Waldheim**, Tonbachstr. 59, ℘ 34 97, ♨ — 🗻wc ⇌ 🅿
Ende Okt.- Mitte Dez. geschl. — (Rest. nur für Hausgäste) — **30 Z : 40 B** 28/45 - 56/80 — P 44/66.
BZ **y**

XXXX ✿✿ **Schwarzwaldstube** (Französische Küche), Tonbachstr. 237, ℘ 49 20, < — 🅿. 🆎 ⓞ E. ❀
13. Jan.- 6. Feb., 10.- 24. Juli und Donnerstag - Freitag 18 Uhr geschl. — Karte 43/92 (Tischbestellung ratsam)
Spez. Hummer-Cassolette in Sauternes, Rotbarbe mit Kräutern in Knoblauchsauce, Gefüllte Taubenbrust im Netz.
BZ **u**

XXX ✿ **Köhlerstube**, Tonbachstr. 237, ℘ 49 20, <, 🍴, « Behaglich-rustikale Restauranträume » — 🅿. 🆎 ⓞ E
Karte 27/69 (Tischbestellung ratsam)
Spez. Erbsensuppe mit Lachsklößchen, Schwarzwaldforelle mit Flußkrebsen, Rehmedaillons in Wacholdersauce.
BZ **u**

Im Murgtal, Richtung Schwarzwaldhochstraße :

In Baiersbronn 2-Mitteltal :

🏩 **Kurhotel Mitteltal** ⍦, Gärtenbühlweg 14, ℘ 4 71, <, 🍴, Bade- und Massageabteilung, 🐟, ⊜, ♨ (geheizt), ◨, ♨, ❀ — 🛗 📧 Rest 📺 🏌 ⇌ 🅿
Restaurants : — **Kaminstube** Karte 31/62 — **Restaurant Bareiss** separat erwähnt — **102 Z : 170 B** 110/170 - 200/360 Fb — P 130/200.
AZ **e**

🏨 **Lamm**, Ellbachstr. 4, ℘ 30 15, ⊜, ◨, ♨, ≤ — 🛗 ⇌wc 🗻wc ☎ ⇌ 🅿. 🆎 ⓞ E
Mitte Nov.- Mitte Dez. geschl. — Karte 17/51 ⅃ — **44 Z : 72 B** 50/80 - 98/142 Fb — P 75/97.
AZ **m**

93

BAIERSBRONN

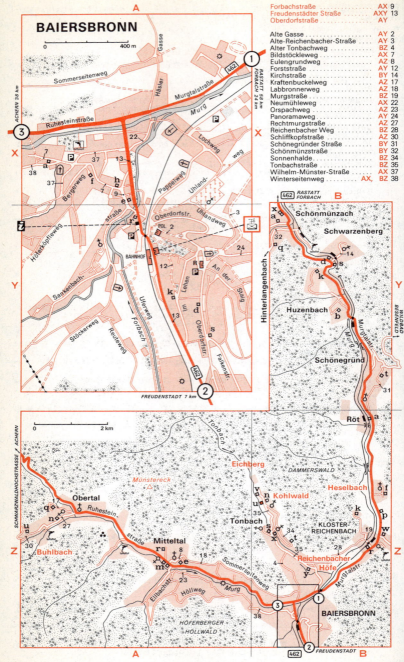

Forbachstraße .... AX 9
Freudenstädter Straße .... AXY 13
Oberdorfstraße .... AY

Alte Gasse .... AY 2
Alte-Reichenbacher-Straße .... AY 3
Alter Tonbachweg .... BZ 4
Bildstöckleweg .... AX 7
Eulengrundweg .... AZ 8
Forststraße .... AY 12
Kirchstraße .... BY 14
Kraftenbuckelweg .... AZ 17
Labbronnerweg .... AZ 18
Murgstraße .... BZ 19
Neumühleweg .... AX 22
Orspachweg .... AZ 23
Panoramaweg .... AZ 24
Rechtmurgstraße .... AZ 27
Reichenbacher Weg .... BZ 28
Schliffkopfstraße .... AZ 30
Schönegründer Straße .... BY 31
Schönmünzstraße .... BY 32
Sonnenhalde .... BZ 34
Tonbachstraße .... BZ 35
Wilhelm-Münster-Straße .... AX 37
Winterseitenweg .... AX, BZ 38

94

🏠 **Gästehaus Birkenhof** ❧, Oedenhofweg 17, ℰ 39 19, ☞ – ⌂wc ⋔wc ℗   AZ **r**
(Rest. nur für Hausgäste) – **16 Z : 27 B** 36/58 - 70/96 – P 56/70.

🏠 **Schwert**, Ruhesteinstr. 301, ℰ 22 56 – ⌂wc ⋔wc ℗   AZ **m**
16 Z : 30 B.

XXXX ❀❀ **Restaurant Bareiss**, Gärtenbühlweg 14, ℰ 4 71, ← – ▤ ℗. ⦿   AZ **e**
20. Mai - 13. Juni, 24. Nov.- 24. Dez. und Montag - Dienstag geschl. – Karte 49/84 (Weinkarte mit 350 Weinen)
Spez. Cassolette von Wachtel und Gänseleber, St. Peters-Fisch mit Jakobsmuscheltartar, Gefüllter Kaninchenrücken mit Sauce von schwarzen Oliven.

In Baiersbronn 1-Obertal – ✪ 07449 :

🏨 **Zum Engel** ❧, Rechtmurgstr. 28, ℰ 6 81, 🔲, ☞ – 🛗 ℗   AZ **n**
Nov.- Dez. 4 Wochen geschl. – Karte 22/50 – **72 Z : 121 B** 75/106 - 142/196 Fb – P 101/132.

🏨 **Waldhotel Sommerberg** ❧, Hirschauerwald 23, ℰ 2 17, ← Obertal, 🍴, ⇔, 🔲 – 🛗   AZ **q**
⌂wc ⋔wc ☎ ⇔ ℗. ⦿
10. Nov.- 18. Dez. geschl. – Karte 16/41 – **35 Z : 60 B** 55/75 - 85/170 – 2 Ferienhäuser 55/76 –
P 90/115.

🏠 **Pension Sigwart** ❧, Am Hänger 24 (Buhlbach), ℰ 6 96, ←, ☞ – ⋔wc ☎ ℗. ❊ Rest   AZ **u**
(Rest. nur für Hausgäste) – **19 Z : 36 B** 35/45 - 52/90 – P 59/69.

Im Murgtal, Richtung Forbach :

In Baiersbronn 6-Klosterreichenbach :

🏨 **Heselbacher Hof** ❧, Heselbacher Weg 72, ℰ 30 98, ←, 🍴, Massage, ⇔, 🔲, ☞ – 📺   BZ **f**
⌂wc ⋔wc ⇔ ℗. ❊ Zim
Nov.- 15. Dez. geschl. – Karte 16,50/35 (Montag geschl.) ⅙ – **26 Z : 50 B** 48/65 - 76/128 Fb –
P 58/80.

🏠 **Ailwaldhof** ❧, Ailwald 1, ℰ 24 84, ←, ☞ – ⌂wc ⇔ ℗. ❊   BZ **k**
20. Nov.- 20. Dez. geschl. – Karte 19,50/50 ⅙ – **23 Z : 40 B** 39/74 - 78/110.

🏠 **Schützen**, Murgstr. 1, ℰ 35 94 – ⋔wc ⇔ ℗   BZ **r**
15. Nov.- 15. Dez. geschl. – Karte 16/37 ⅙ – **19 Z : 30 B** 29/38 - 56/72 – P 45/55.

🏠 **Anker**, Murgtalstr. 218, ℰ 33 10, ☞ – ⋔wc ⇔ ℗   BZ **p**
20. Okt.- 20. Nov. geschl. – Karte 16/34 ⅙ – **18 Z : 28 B** 29/38 - 56/72 – P 45/55.

♒ **Ochsen**, Musbacher Str. 5, ℰ 22 22, ☞ – ⋔wc ℗   BZ **w**
➜ Anfang Jan.- Anfang Feb. geschl. – Karte 13,50/34 (Dienstag geschl.) ⅙ – **18 Z : 34 B** 37 -
68/72 – P 55.

In Baiersbronn 6-Röt :

🏨 **Sonne**, Murgtalstr. 323, ℰ 23 86, 🍴, ☞ – ⌂wc ⋔wc ℗. ❊ Rest   BZ **a**
15. Jan.- 5. Feb. geschl. – Karte 20/42 – **40 Z : 70 B** 43/48 - 78/90 Fb – P 54/64.

In Baiersbronn 6-Schönegründ :

♒ **Löwen** ❧, Schönegründer Str. 90, ℰ (07447) 4 33, ☞ – ⋔wc ℗   BY **t**
18 Z : 30 B.

In Baiersbronn 9-Huzenbach :

🏨 **Höhenhotel Huzenbach** ❧, Roter Rain, ℰ (07447) 4 75, ←, 🍴, Bade- und   BY **b**
Massageabteilung – 🛗 ⋔wc ℗. ⦿
Ende Nov.- Mitte Dez. geschl. – Karte 15,50/48 (Mittwoch geschl.) – **57 Z : 84 B** 30/56 - 70/110
– P 48/70.

🏠 **Schloß** ❧, Silberberg 148 (NW : 2 km), ℰ (07447) 10 66, ← Schwarzwald, 🍴, ⇔, ☞ – 📺   BY **k**
⌂wc ⋔wc ⇔ ℗
15. Nov.- 15. Dez. geschl. – Karte 16/40 ⅙ – **18 Z : 38 B** 42/44 - 84 Fb – P 56/62.

In Baiersbronn 9-Schwarzenberg – ✪ 07447 :

🏨 **Sackmann**, Murgtalstr. 602 (B 462), ℰ 10 22, 🍴, Bade- und Massageabteilung, ♨, ⇔, 🔲   BY **s**
– 🛗 ⇔ ℗ 🏋
Karte 18/55 – **58 Z : 105 B** 48/78 - 94/160 Fb – P 77/105.

🏨 **Löwen**, Murgtalstr. 604 (B 462), ℰ 3 11 – 🛗 📺 ⌂wc ⋔wc ℗   BY **d**
Karte 18,50/48 – **28 Z : 48 B** 35/52 - 70/95 – P 58/70.

In Baiersbronn 9-Schönmünzach – ✪ 07447 :

🏨 **Sonnenhof** ❧, Schifferstr. 36, ℰ 10 46, 🍴, 🔲 – 🛗 ⌂wc ⋔wc ☎ ℗. ❊ Rest   BY **a**
9. Nov.- 14. Dez. geschl. – Karte 19/43 ⅙ – **36 Z : 65 B** 43/68 - 82/122 Fb – P 59/80.

🏨 **Café Klumpp** ❧, Schönmünzstr. 95 (SW : 1 km), ℰ 3 56, ⇔, 🔲, ☞ – 🛗 ⌂wc ⋔wc ℗.   BY **q**
❊
15. Nov.- 14. Dez. geschl. – Karte 16/31 ⅙ – **46 Z : 66 B** 28/38 - 52/76 – P 47/58.

Fortsetzung →

BAIERSBRONN

🏨 **Kurhotel Schwarzwald**, Murgtalstr. 655, 🖉 10 88, Bade- und Massageabteilung, ♨, 🈯,
🚗 – 🛗 🛏wc 🕎wc 🚬 🅿︎   BY   x
15. Nov.- 10. Dez. geschl. – Karte 20/47 *(Nov.- April Dienstag geschl.)* – **25 Z : 45 B** 35/61 -
70/128 Fb – P 50/82.

🏨 **Carola**, Murgtalstr. 647, 🖉 3 29 – 🕎wc 🚬 🅿︎   BY   x
15. Jan.- 15. Feb. geschl. – Karte 15,50/37 *(Montag ab 13 Uhr geschl.)* 🍴 – **16 Z : 29 B** 35/38 -
70/76 Fb – P 54.

In Baiersbronn 9-Hinterlangenbach W : 10,5 km ab Schönmünzach BY :

🏨 **Forsthaus Auerhahn - Gästehaus Katrin** 🔅, 🖉 (07447) 3 90, Wildgehege, 🈯, 🔲, 🚗,
🎿, 🎿 – 🔲 🛏wc ☎ 🚬 🅿︎
10. Nov.- 9. Dez. geschl. – Karte 16/31 *(Dienstag ab 14 Uhr geschl.)* 🍴 – **13 Z : 24 B** 42/94 -
84/118 Fb – 8 Appart. 72/80 – P 64/79.

━━━━━━━
BAIERSDORF Bayern siehe Erlangen.

━━━━━━━
BALDUINSTEIN 6251. Rheinland-Pfalz – 700 Ew – Höhe 105 m – 🕐 06432 (Diez).

Mainz 69 – Limburg an der Lahn 10 – ◆Koblenz 62.

🏨 ❀ **Zum Bären**, Bahnhofstr. 24, 🖉 8 10 91 – 🕎wc ☎ 🚬 🅿︎ &
11. - 28. Feb. und Okt. 1 Woche geschl. – Karte 35/70 *(Dienstag geschl.)* – **10 Z : 18 B** 46/52 -
92/104
Spez. Fischteller, Wachtelbrüstchen in Feigensauce, Lammrücken mit Kräutersauce.

━━━━━━━
BALINGEN 7460. Baden-Württemberg 🄰🄱🄲 🄴 – 30 000 Ew – Höhe 517 m – 🕐 07433.

Ausflugsziel : Lochenstein ◆*, S : 8 km.

ADAC, Wilhelm-Kraut-Str. 46, 🖉 1 03 33, Telex 763626.

◆Stuttgart 82 – ◆Freiburg im Breisgau 116 – ◆Konstanz 116 – Tübingen 36 – ◆Ulm (Donau) 134.

🏨 Stadt Balingen Ⓜ garni, Hirschbergstr. 48 (Nähe Stadthalle), 🖉 80 21, Telex 763621 – 🛗 🔲
🛏wc 🕎wc ☎ 🅿︎
59 Z : 79 B Fb.

🏨 **Thum**, Neige 20 (B 27), 🖉 87 93 – 🛗 🛏wc 🕎wc ☎ 🚬 🅿︎ & E
Ende Juli - Mitte Aug. geschl. – Karte 29/46 *(Samstag geschl.)* – **26 Z : 38 B** 42/60 - 80/100.

🏨 **Hamann**, Neue Str. 11, 🖉 25 25 – 🔲 🛏wc 🕎wc ☎ 🚬 🆎 ⓪ E 𝖵𝖨𝖲𝖠
Karte 18/45 *(Samstag und Sonntag sowie Aug. 2 Wochen geschl.)* – **65 Z : 100 B** 45/75 -
80/105 Fb.

🏨 **Lang**, Wilhelm-Kraut-Str. 1, 🖉 2 14 89 – 🕎wc 🚬
26 Z : 32 B.

🍴🍴 **Zum Hirschgulden**, Charlottenstr. 27 (Stadthalle), 🖉 25 81 – 🅿︎ &.

🍴 **Muttle**, Neue Str. 7, 🖉 2 15 97
Montag und Juli 3 Wochen geschl. – Karte 16/40.

━━━━━━━
BALLERSBACH Hessen siehe Mittenaar.

━━━━━━━
BALLRECHTEN-DOTTINGEN Baden-Württemberg siehe Sulzburg.

━━━━━━━
BALTRUM (Insel) 2985. Niedersachsen 🄰🄱🄲 ④ – 870 Ew – Seeheilbad – Insel der
Ostfriesischen Inselgruppe, Autos nicht zugelassen – 🕐 04939.

🛳 von Neßmersiel (ca. 30 min), 🖉 2 35.

🄱 Pavillon am Anleger, 🖉 3 05.

◆Hannover 269 – Aurich (Ostfriesland) 28 – Norden 17 – Wilhelmshaven 70.

🏨 **Strandhotel Wietjes** 🔅, Nr. 58, 🖉 2 37, ◆, 🈯, 🚗 – 🛗 🔲 🛏wc 🕎wc ☎
März - 15. Okt. – Karte 19/43 – **52 Z : 102 B** 55/100 - 110/200 – 42 Appart. – P 100/115.

🏨 **Dünenschlößchen** 🔅, Ostdorf 48, 🖉 2 34, ◆, 🚗 – 🛏wc 🕎wc ☎. 🍽
April - 15. Okt. – Karte 17/52 *(Montag geschl.)* – **45 Z : 75 B** 50/80 - 90/126 Fb – 8 Appart. 170
– P 77/98.

🏨 **Strandhof** 🔅, Nr. 123, 🖉 2 54, 🚗 – 🕎wc ☎. 🍽 Rest
März - Okt. – Karte 16,50/48 – **40 Z : 70 B** 45/69 - 82/130 – 8 Appart. 80/130 – P 57/77.

🍴🍴 **Witthus an't Brüg** 🔅 mit Zim, Nr. 137, 🖉 3 58, ◆, 🌤 – 🔲 🕎wc
8 Z : 12 B.

━━━━━━━
BALVE 5983. Nordrhein-Westfalen – 10 800 Ew – Höhe 250 m – 🕐 02375.

◆Düsseldorf 101 – Arnsberg 26 – Hagen 38 – Plettenberg 16.

In Balve 6-Eisborn N : 9 km :

🏨 **Zur Post** 🔅, Eisborner Dorfstr. 3, 🖉 (02379) 6 66, 🈯, 🔲, 🚗 – 🛗 🕎wc ☎ 🅿︎ & 🆎 ⓪ E.
🍽 Zim
Karte 24/52 – **50 Z : 75 B** 58/63 - 95 Fb.

🏨 **Antoniushütte** 🔅, Eisborner Dorfstraße 10, 🖉 (02379) 2 53, 🚗 – 🕎wc 🅿︎ &. 🍽 Zim
35 Z : 70 B Fb.

BAMBERG 8600. Bayern 🫙🫙🫙 ⑳ — 71 000 Ew — Höhe 260 m — ✪ 0951.

Sehenswert : Dom★★ (Bamberger Reiter★★★, St.- Heinrichs-Grab★★★) Z — Altes Rathaus★ Z F — Diözesanmuseum★ Z C — Böttingerhaus★ Z D — Concordia-Haus★ Z A — Alte Hofhaltung (Innenhof★★) Z — Vierkirchenblick ≤★ Z B — Terrassen der ehem. St.-Michael Abtei ≤★ Y E — Neue Residenz : Rosengarten ≤★ Z.

🛈 Städt. Fremdenverkehrsamt, Hauptwachstr. 16, ℰ 2 64 01.

ADAC, Adolf-Kolping-Str. 20, ℰ 1 69 57, Notruf ℰ 1 92 11.

♦München 230 ② — Erfurt 154 ⑤ — ♦Nürnberg 60 ② — ♦Würzburg 97 ②.

Stadtplan siehe nächste Seite.

🏨 **National**, Luitpoldstr. 37, ℰ 2 41 12, Telex 662916 — 🕼 📺 ⇔ 🅿. 🆎 ⓘ 🅴. ❄   Y r
Karte 27/58 — **41 Z : 72 B** 70/110 - 95/180 Fb.

🏨 **Barock-Hotel am Dom** ⑤ garni, Vorderer Bach 4, ℰ 5 40 31 — 🕼 🛁wc 🕾. 🆎 ⓘ 🅴   Z k
27. Jan.- 17. Feb. geschl. — **19 Z : 36 B** 52/58 - 85/95.

🏨 **St. Nepomuk** Ⓜ ⑤, Obere Mühlbrücke 9, ℰ 2 51 83, ≤, « Ehemalige Mühle in der Regnitz gelegen » — 🕼 🛁wc 🛁wc 🕾 🅿 🍴. 🆎 ⓘ 🅴   Z a
Karte 25/55 (Montag geschl.) — **10 Z : 20 B** 65/90 - 125 Fb.

🏨 **Gästehaus Steinmühle** Ⓜ ⑤ garni (Anmeldung im Rest. Böttingerhaus), Obere Mühlbrücke 5, ℰ 5 40 74, Telex 662946 — 🕼 📺 ⇔wc 🕾 ⇔. 🆎 ⓘ 🅴 𝐕𝐈𝐒𝐀   Z c
2. - 31. Jan. geschl. — **12 Z : 28 B** 90 - 140.

🏨 **Brudermühle**, Schranne 1, ℰ 5 40 91 — 🛁wc 🕾. 🆎 🅴   Z b
Karte 18/46 (Montag geschl.) 🍴 — **16 Z : 24 B** 59/68 - 92 Fb.

🏨 **Altenburgblick** ⑤ garni, Panzerleite 59, ℰ 5 40 23, ≤ — 🕼 ⇔wc 🛁wc 🕾 🅿   Z y
42 Z : 54 B 37/57 - 80/92.

🏠 **Café und Gästehaus Graupner** garni, Lange Str. 5, ℰ 2 51 32 — 🛁wc 🕾 ⇔. 🅴   Z v
28 Z : 49 B 40/48 - 60/70 Fb.

🏠 **Weierich**, Lugbank 5, ℰ 5 40 04, « Rest. in fränkischem Bauernstil » — ⇔wc 🛁wc 🕾 ⇔   Z s
20. Dez. - 10. Jan. geschl. — Karte 15/30 (Freitag geschl.) — **22 Z : 40 B** 48/50 - 80/85.

🏠 **Hospiz** garni, Promenade 3, ℰ 2 66 24 — 🕼 ⇔wc 🛁wc ⇔   Y u
35 Z : 65 B.

🏠 **Ringlein und Gästehaus** garni, Dominikanerstr. 9, ℰ 5 40 98 — ⇔wc 🛁wc 🕾 🅿. 🅴. ❄   Z n
34 Z : 65 B 55/65 - 85.

🏠 **Die Alte Post**, Heiliggrabstr. 1, ℰ 2 78 48 — 📺 🛁wc 🕾. 🆎 ⓘ 𝐕𝐈𝐒𝐀. ❄ Rest   Y z
→ Karte 14/33 (nur Abendessen, Sonntag geschl.) — **45 Z : 70 B** 54/65 - 79/105.

🏠 **Alt Bamberg** garni, Habergasse 11, ℰ 2 52 66 — ⇔wc 🛁wc 🕾   Z m
21 Z : 31 B 45/55 - 90/120.

🏚 **Wilde Rose** ⑤, Keßlerstr. 7, ℰ 2 66 76   Y e
→ Aug. und Dez. je 2 Wochen geschl. — Karte 13,50/28 (Montag geschl.) 🍴 — **23 Z : 40 B** 32/36 - 52.

XXX **Böttingerhaus**, Judenstr. 14, ℰ 5 40 74, « Restauriertes Barockhaus a.d.J. 1713, Innenhofterrasse » — 🍴. 🆎 ⓘ 🅴 𝐕𝐈𝐒𝐀. ❄   Z D
2. - 31. Jan. geschl. — Karte 36/58.

XXX **Romantik-Restaurant Weinhaus Messerschmitt** mit Zim, Lange Str. 41, ℰ 2 78 66, « Brunnenhof » — 📺 ⇔wc 🛁wc 🕾 🍴. 🆎 ⓘ 🅴 𝐕𝐈𝐒𝐀   Z x
Karte 29/56 — **15 Z : 24 B** 53/80 - 105/145.

XX **Michels Küche**, Markusstr. 13, ℰ 2 61 99   Y d
ab 18 Uhr geöffnet, Sonntag - Montag geschl., Mittwoch und Donnerstag auch Mittagessen — Karte 29/48 (Tischbestellung erforderlich).

XX **Würzburger Weinstube**, Zinkenwörth 6, ℰ 2 26 67, 🍷 — 🅿. 🆎 ⓘ 🅴 𝐕𝐈𝐒𝐀   Z w
Ende Aug.- Mitte Sept. und Dienstag 15 Uhr - Mittwoch geschl. — Karte 19/48 🍴.

X **Theaterrose**, Schillerplatz 7, ℰ 2 62 39, « Gartenterrasse » — 🍴. 🆎 ⓘ 🅴   Z T
Montag geschl. — Karte 16/42.

In Bamberg-Bug ③ : 4 km :

🏠 **Buger Hof** ⑤, Am Regnitzufer 1, ℰ 5 60 54, 🍷 — 🛁wc ⇔ 🅿
→ Karte 13/27 (Montag geschl.) — **29 Z : 45 B** 28/40 - 50/75.

🏚 **Lieb-Café Bug** ⑤, Am Regnitzufer 23, ℰ 5 60 78, 🍷 — 🛁wc ⇔ 🅿
→ 20. Dez.- 10. Jan. geschl. — Karte 12,50/27 (Freitag geschl.) — **15 Z : 25 B** 30/45 - 58/70.

In Hallstadt 8605 ⑤ : 4 km :

🏠 **Frankenland**, Bamberger Str. 76, ℰ (0951) 7 12 21 — 🕼 ⇔wc 🛁wc 🕾 ⇔ 🅿. 🆎 ⓘ 🅴
→ Karte 13/33 (Freitag geschl.) — **38 Z : 57 B** 39/40 - 64/68.

Siehe auch : *Memmelsdorf*

MICHELIN-REIFENWERKE KGaA. 8605 Hallstadt (über ⑤ : 5 km), ℰ (0951) 79 11, Telex 662746, Postfach 11 40.

97

BAMBERG

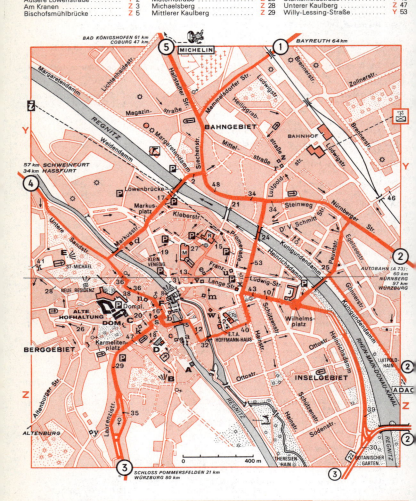

BARDENBACH Saarland siehe Wadern.

BARGTEHEIDE 2072. Schleswig-Holstein 987 ⑤ — 9 800 Ew — Höhe 48 m — ✆ 04532.
◆Kiel 73 — ◆Hamburg 29 — ◆Lübeck 38 — Bad Oldesloe 14.

　🏠　**Papendoor** (mit Gästehaus), Lindenstr. 1, ℰ 70 41, 🛋, 🖼 — 📺 ▥wc ☎ ⇔ 🅿. ⅀
　　　Karte 22/57 *(nur Abendessen, Sonntag geschl.)* — **18 Z : 27 B** 70/75 - 110 Fb.

　XX　**Utspann**, Hamburger Str. 1 (B 75), ℰ 62 20, 🏡 — 🅿. ⅀ ⓪
　　　Montag geschl. — Karte 25/60.

BARGUM 2255. Schleswig-Holstein — 800 Ew — Höhe 3 m — ✆ 04672 (Langenhorn).
◆Kiel 111 — Flensburg 37 — Schleswig 63.

　XX　❀ **Andresen's Gasthof - Friesenstuben** mit Zim, an der B 5, ℰ 10 98 — 📺 ▥wc 🅿. ⓪.
　　　❀ Zim
　　　Mitte Jan. - Anfang Feb. und Sept. 1 Woche geschl. — Karte 38/76 *(Montag - Dienstag 18 Uhr
　　　geschl.)* — **5 Z : 10 B** 75 - 110
　　　Spez. Krebsmaultasche auf Blattspinat, Salzwiesenlamm in Aromaten, Walderdbeeren mit gratiniertem Ahorneis.

BARMSEE Bayern siehe Krün.

BARNSTORF 2847. Niedersachsen 987 ⑭ — 5 300 Ew — Höhe 30 m — ✆ 05442.
◆Hannover 105 — ◆Bremen 52 — ◆Osnabrück 67.

　🏛　**Roshop**, Am Markt 6, ℰ 6 42, 🛋, 🖼, 🍴 — 🛗 ▤ Rest 📺 ▥wc ☎ 🕭 ⇔ 🅿 🏋 (mit 🍴). 🄴
　　　Karte 18/43 — **62 Z : 100 B** 37/65 - 69/130 Fb.

　🛏　Stukering, Lange Str. 11 (B 51), ℰ 4 05 — ▥ ⇔ 🅿 — **13 Z : 17 B**.

BARNTRUP 4924. Nordrhein-Westfalen 987 ⑮ — 9 200 Ew — Höhe 200 m — ✆ 05263.
🛈 Verkehrsamt, Mittelstr. 24, ℰ 20 82.
◆Düsseldorf 216 — Bielefeld 47 — Detmold 30 — ◆Hannover 67.

　🏛　Jägerhof, Frettholz 5 (B 1/66), ℰ 25 52 — ⊐wc ☎ 🅿 🏋
　　　12 Z : 24 B Fb.

BARSINGHAUSEN 3013. Niedersachsen 987 ⑮ — 35 000 Ew — Höhe 100 m — ✆ 05105.
🛈 Fremdenverkehrsamt, Rathaus, Bergamtstr. 5, ℰ 7 42 63.
◆Hannover 23 — Bielefeld 87 — Hameln 42 — ◆Osnabrück 117.

　🏠　**Verbandsheim des NFV** ♨, Bergstr. 54, ℰ 30 04, 🏡, 🛋, 🖼, 🍴 — ▥wc ☎ ⇔ 🅿 🏋
　　　Karte 19/43 *(auch Diät)* — **57 Z : 85 B** 55/80 - 95/130 Fb.

　🏠　Pension Caspar ♨ garni, Lauenauer Allee 8, ℰ 35 43, 🛋, 🌳 — ⊐wc ▥wc ⇔ 🅿. 🍴
　　　10 Z : 18 B.

　X　**Ratskeller** ♨ mit Zim, Marktstr. 21, ℰ 32 85 — 📺 ▥. 🍴
　　　25. Juli - 13. Aug. geschl. — Karte 16/37 *(Mittwoch geschl.)* — **9 Z : 16 B** 40/60 - 70/90.

　　　In Barsinghausen 8-Groß Munzel N : 7,5 km :

　🛏　Calenberger Hof, Dammstr. 8, ℰ (05035) 5 05 — ▥ ⇔ 🅿
　　　13 Z : 21 B.

BARSSEL 2914. Niedersachsen — 9 500 Ew. — Höhe 9 m — ✆ 04499.
◆Hannover 208 — Cloppenburg 53 — ◆Oldenburg 37 — Papenburg 36.

　🏠　**Ummen**, Friesoyther Str. 2, ℰ 15 76 — ▥ 🅿
　　　20. Dez.- 10. Jan. geschl. — Karte 16,50/40 *(Freitag geschl.)* — **13 Z : 20 B** 28 - 56.

BARTHOLOMÄ 7071. Baden-Württemberg — 1 800 Ew — Höhe 746 m — Wintersport : 🎿4 —
✆ 07173.
◆Stuttgart 74 — Aalen 16 — Heidenheim an der Brenz 18 — Schwäbisch Gmünd 21.

　🏠　Turnerheim ♨, Am Bärenberg, ℰ 73 12, ≤, 🏡, 🛋, 🌳, 🍴 — ▥wc ☎ 🕭 🅿 🏋
　　　42 Z : 80 B Fb.

　🏠　Haus Anita ♨, Am Bärenberg, ℰ 75 65, ≤, 🏡, 🌳 — ▥wc ☎ ⇔ 🅿 🏋
　　　14 Z : 26 B.

　　　An der Straße nach Steinheim SO : 3 km :

　🛏　**Gasthof im Wental**, ✉ 7071 Bartholomä, ℰ (07173) 75 19 — ▥ ⇔ 🅿. 🍴 Zim
　→　*Dez. geschl.* — Karte 13/30 *(Montag geschl.)* ⚥ — **25 Z : 40 B** 23/45 - 46/80 — P 36/52.

BASEL Schweiz siehe Michelin-Führer "France" (unter Bâle).

BATTENBERG AN DER EDER 3559. Hessen 987 ㉕ — 5 100 Ew — Höhe 349 m — ✆ 06452.
◆Wiesbaden 151 — ◆Kassel 85 — Marburg an der Lahn 31 — Siegen 71.

　🛏　**Rohde** ♨, Hauptstr. 53, ℰ 32 04 — ▥wc ⇔ 🅿
　→　Karte 12/30 — **12 Z : 17 B** 22/32 - 44/64.

BATTWEILER Rheinland-Pfalz siehe Zweibrücken.

BAUMBERG Nordrhein-Westfalen siehe Monheim.

BAUMHOLDER 6587. Rheinland-Pfalz 🔢 ㉘ – 4 500 Ew – Höhe 450 m – Erholungsort – ✆ 06783.
Mainz 107 – Kaiserslautern 52 – ◆Saarbrücken 75 – ◆Trier 76.

🏨 **Berghof**, Korngasse 12, ✆ 10 11, 🍴 – 📺 🛁wc 🛁wc 🕿 🅿 🏊. 🆑 ⑩ 🄴 *VISA*
Karte 24/63 *(wochentags nur Abendessen)* – **19 Z : 38 B** 65 - 110 – P 110.

BAUNATAL 3507. Hessen – 22 400 Ew – Höhe 180 m – ✆ 0561 (Kassel).
◆Wiesbaden 218 – Göttingen 57 – ◆Kassel 11 – Marburg an der Lahn 82.

In Baunatal 1-Altenbauna :

🏨 **Ambassador**, Friedrich-Ebert-Allee, ✆ 4 99 30, Telex 992240, 🈳 – 🛗 📺 🛁wc 🕿 🚗 🅿
🏊. 🆑 ⑩ 🄴 *VISA*
Karte 19/50 – **120 Z : 240 B** 121 - 163 Fb.

🏨 **Scirocco**, Kirchbaunaer Str. 1, ✆ 49 58 56, Telex 992478 – 🛗 🛁wc 🕿 🅿 🏊. 🆑
Karte 18/46 – **56 Z : 105 B** 59 - 94 Fb.

In Baunatal 6-Rengershausen :

🏨 **Felsengarten** ⌂, Felsengarten 4 (O : 2 km), ✆ 49 22 33/49 30 68, ≤ Fuldatal, 🍴 – 🛁wc 🕿
🚗 🅿 🏊 🄴
Karte 26/59 – **38 Z : 65 B** 30/60 - 65/90.

BAVEN Niedersachsen siehe Hermannsburg.

BAYERISCH EISENSTEIN 8371. Bayern 🔢 ㉘ – 1 600 Ew – Höhe 724 m – Luftkurort – Wintersport : 724/1 456 m ≰7 ≱5 – ✆ 09925.
Ausflugsziel : Hindenburg-Kanzel ≤★, NW : 9 km.
🛈 Verkehrsamt, Schulbergstraße (beim Rathaus), ✆ 3 27.
◆München 193 – Passau 77 – Straubing 85.

🏨 **Sportel**, Hafenbrädl-Allee 16, ✆ 6 25, ≤, 🌲 – 📺 🛁wc 🛁wc 🅿. 🄴. ✳
Nov. geschl. – (nur Abendessen für Hausgäste) – **15 Z : 30 B** 40 - 75 Fb.

🏠 **Pension am Regen** ⌂ garni, Anton-Pech-Weg 21, ✆ 4 64, 🈳, ☒, 🌲 – 🛁wc 🛁wc 🚗
🅿
19. Okt. - 15. Dez. geschl. – **24 Z : 41 B** 28/39 - 76 – 5 Appart. 55/65.

🏠 **Waldspitze**, Hauptstr. 4, ✆ 3 08, 🈳, ☒ – 🛁wc 🚗 🅿 – **40 Z : 80 B.**

🏠 **Pension Wimmer** ⌂ garni, Am Buchenacker 13, ✆ 4 38, ≤, 🈳, ☒, 🌲, Skischule –
🛁wc 🛁wc 🅿
20 Z : 32 B 26/36 - 50/73 Fb.

🏠 **Pension Maximilian**, Hafenbrädl-Allee 17, ✆ 4 16, ≤ – 🛁wc 🛁wc 🅿
Nov.- 15. Dez. geschl. – Karte 11,50/30 (März - Mai Mittwoch geschl.) – **15 Z : 28 B** 30/42 -
56/64.

🏠 **Neuwaldhaus**, Hauptstr. 5, ✆ 4 44, 🈳, 🌲 – 🛁wc 🛁wc 🕿 🚗 🅿. 🆑 ⑩ 🄴
Karte 12/34 – **36 Z : 64 B** 23/28 - 46/56 – P 41/46.

In Bayerisch Eisenstein - Regenhütte S : 5,5 km :

🏠 Sperl, ✆ 2 25, 🌲 – 🛁wc 🚗 🅿. ✳ – **13 Z : 25 B.**

Am Brennes NW : 7 km – Höhe 1 030 m :

🏨 **Sporthotel Brennes**, ⌨ 8371 Bayerisch Eisenstein, ✆ (09925) 2 56, ≤, 🍴, 🌲 – 🛁wc
🛁wc 🕿 🏓 🚗 🅿. 🆑 ⑩ 🄴
Karte 15,50/47 – **33 Z : 57 B** 33/48 - 55/115 – P 59/71.

BAYERISCH GMAIN Bayern siehe Reichenhall, Bad.

BAYERSOIEN 8117. Bayern – 1 000 Ew – Höhe 812 m – Luftkurort und Moorkuren – ✆ 08845.
Ausflugsziel : Echelsbacher Brücke★ N : 3 km.
🛈 Verkehrsamt, Dorfstr. 45, ✆ 18 90 – ◆München 102 – Garmisch-Partenkirchen 31 – Weilheim 38.

🏨 **Kurhotel St. Georg**, Eckweg 28, ✆ 10 61, Bade- und Massageabteilung, ⚕ – 📺 🛁wc 🕿
🚗 🅿. 🄴
Mitte Nov.- Weihnachten geschl. – Karte 18/35 (Nov.- April Dienstag geschl.) – **23 Z : 45 B** 55
- 82.

🏠 Metzgerwirt, Dorfstr. 39, ✆ 18 65 – 📺 🛁wc 🕿 🅿 – **9 Z : 21 B.**

🏠 **Haus am Kapellenberg** ⌂, Eckweg 8, ✆ 5 22, ≤, 🍴, 🌲 – 🛁wc 🅿
Karte 16,50/37 – **16 Z : 32 B** 26/43 - 46/74.

🏠 **Fischer am See** garni, Dorfstr. 80, ✆ 7 91 – 🛁wc 🅿
20. Okt. - 20. Dez. geschl. – **15 Z : 28 B** 29/32 - 54 – 2 Appart.

BAYREUTH 8580. Bayern 🔟🔟🔟 ㉖ ㉗ — 71 000 Ew — Höhe 340 m — ✿ 0921.
Sehenswert : Markgräfliches Opernhaus★ **Z** — Richard-Wagner-Museum★ **Z M.**
Ausflugsziel : Schloß Eremitage★ : Schloßpark★ 4 km über ②.

Festspiel-Preise : siehe Seite 17 und 60
Prix pendant le festival : voir p. 25 et 60
Prices during tourist events : see pp. 33 and 60
Prezzi duranti i festival : vedere p. 41 e 60

🅸 Tourist-Information, Luitpoldplatz 9, 𝒫 2 20 15, Telex 642706.
ADAC, Hohenzollernring 64, 𝒫 6 96 60, Notruf 1 92 11.
♦München 230 ③ — ♦Bamberg 64 ⑤ — ♦Nürnberg 83 ③ — ♦Regensburg 160 ③.

Bahnhofstraße . . . . **Y** 3
Kanalstraße . . . . **Z** 6
Kanzleistraße . . . . **Z** 7
Ludwigstraße . . . . **Z** 12
Maximilianstraße . . . . . . **Z**
Opernstraße . . . . **Z** 15
Richard-Wagner-Str. . . . **Z** 16
Schulstraße . . . . **Y** 18
Sophienstraße . . . . **Y** 19

Am Mühltürlein . . . . . . **YZ** 2
Birkenstraße . . . . **Z** 4
Hohenzollernring . . . . . . **Z** 5
Karl-Marx-Straße . . . . . **Z** 8
Tunnelstraße . . . . **Y** 20
Wilhelminenstraße . . . . **Z** 21
Wittelsbacherring . . . . . **Z** 23
Wölfelstraße . . . . **Z** 24

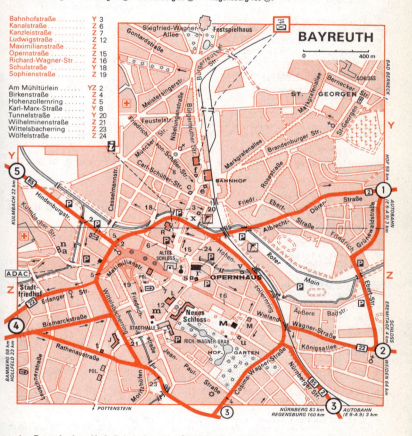

BAYREUTH

🏨🏨 **Bayerischer Hof**, Bahnhofstr. 14, 𝒫 2 20 81, Telex 642737, Dachgarten-Restaurant (ab 18 Uhr geöffnet), ⛟, 🔲, 🖙 – 🛗 📺 P. 🅰🅴 ⓞ E 𝗩𝗜𝗦𝗔
Karte 21/50 (Sept.- Juni Sonntag geschl.) — **64 Z : 98 B** 45/120 - 85/160 Fb. . . . . **Y e**

🏨🏨 **Königshof**, Bahnhofstr. 23, 𝒫 2 40 94, ⛟ – 🛗 📺 P. 🅰🅴 ⓞ E
Karte 19/57 — **44 Z : 72 B** 45/120 - 90/150 Fb. . . . . **Y f**

🏨 **Goldener Hirsch**, Bahnhofstr. 13, 𝒫 2 30 46 – 📺 ➟wc 🏠wc ☎ 🚗 P. 🖙
Karte 15/33 (nur Abendessen) — **40 Z : 76 B** 40/85 - 75/130. . . . . **Y c**

🏨 **Goldener Anker** 🠖 garni, Opernstr. 6, 𝒫 6 55 00 – ➟wc ☎ 🚗
20. Dez. - 6. Jan. geschl. — **29 Z : 43 B** 45/75 - 85/95. . . . . **Z s**

🏨 **Zur Lohmühle**, Badstr. 37, 𝒫 6 30 31, 🕸 – 📺 🏠wc ☎ P. ⓞ E. 🛠 Rest
29. Aug. - 14. Sept. geschl. — Karte 17/43 (abends Tischbestellung ratsam) — **12 Z : 24 B** 65 - 98 (Anbau mit 40 Betten bis Sommer 1986). . . . . **Z v**

🏠 **Am Hofgarten** 🐾 garni, Lisztstr. 6, ℰ 6 90 06, 🛎 – 🕸 🛏wc 🚿wc ☎ 🚗. 🖭 ◑ 🖪. 🕸
20. Dez. - 20. Jan. geschl. – **20 Z : 29 B** 45/70 - 98/120.　　　　　　　　Z u

🏠 **Kolpinghaus**, Kolpingstr. 5, ℰ 2 10 61 – 🕸 🛏wc 🚿wc ☎ 🚗 🅿 ♨. 🖭 ◑　　　Y x
5. - 25. Mai geschl. – Karte 15/48 (Sonn- und Feiertage geschl.) – **35 Z : 50 B** 40/70 - 78/98.

🏠 Spiegelmühle, Kulmbacher Str. 28, ℰ 4 10 91 – 🖭 🛏wc 🚿wc ☎ 🅿　　　　　　Z a
13 Z : 18 B.

🏯 **Goldener Löwe**, Kulmbacher Str. 30, ℰ 4 13 27 – 🚿wc 🚗. 🖭 ◑ 🖪　　　　　Z n
⬥ 1. - 15. Sept. geschl. – Karte 12/27 (Sonntag geschl.) ♨ – **12 Z : 20 B** 40/45 - 72/76.

🗙🗙 **Bürgerreuth** 🐾 mit Zim (Italienische Küche), An der Bürgerreuth 20, ℰ 2 36 32, ☂ – 🅿
Karte 20/50 (im Winter Dienstag geschl.) – **16 Z : 24 B** 38 - 70.
　　　　　　　　　　　　　　　　　　　　　　　über Siegfried-Wagner-Allee　Y

🗙 **Wolffenzacher**, Badstr. 1, ℰ 6 45 52 – 🖪　　　　　　　　　　　　　　　Z r
⬥ Sonntag und über Pfingsten 3 Wochen geschl. – Karte 13,50/36 ♨.

🗙 Postei, Friedrichstr. 15, ℰ 6 43 26　　　　　　　　　　　　　　　　　　Z m

🗙 **Fränkischer Hof** mit Zim, Rathenaustr. 28, ℰ 6 42 14 – 🚗 🅿　　　　　　　Z t
Okt. 3 Wochen geschl. – Karte 20/46 (Mittwoch geschl.) – **13 Z : 18 B** 26/30 - 52/66.

Im Schloßpark Eremitage ② : 4 km :

🏨 **Eremitage** 🐾, Eremitage 42, ℰ 9 92 87, ☂ – 🛏wc 🚿wc ☎ 🅿 ♨. 🕸 Rest
⬥ Jan. geschl. – Karte 14/34 (Dienstag geschl.) – **10 Z : 18 B** 30/45 - 70/80.

In Bayreuth-Oberkonnersreuth ③ : 3 km :

🗙🗙 **Zur Sudpfanne**, Oberkonnersreuther Str. 4, ℰ 5 28 83, ☂ – 🅿. 🖭 ◑ 🖪
Montag - Dienstag 17 Uhr und ab Pfingsten 2 Wochen geschl. – Karte 21/66.

In Bayreuth - Seulbitz ② : 6,5 km :

🏨 **Waldhotel Stein** 🐾, ℰ 90 01, ≤, 🛎, 🏊, 🖫, 🐎 – 🖭 🛏wc 🚿wc ☎ 🅿 ♨. 🖭 ◑ 🖪 🆅🆂🅰.
🕸 Rest
Dez. - 15. Jan. geschl. – Karte 29/57 – **43 Z : 80 B** 58/78 - 96/130 Fb.

In Bayreuth-Thiergarten ③ : 6 km :

🗙🗙🗙 **Schloßhotel Thiergarten** 🐾 mit Zim, ℰ (09209) 13 14, ☂ – 🛏wc 🚿 ☎ 🚗 🅿. 🖭 ◑ 🖪
🆅🆂🅰. 🕸 Rest
Karte 30/66 – **9 Z : 18 B** 45/80 - 90/140.

In Eckersdorf-Donndorf 8581 ④ : 5 km :

🏠 **Gästehaus Teupert** garni, Bayreuther Str. 1, ℰ (0921) 3 00 12, 🐎 – 🚿wc 🚗 🅿
15 Z : 25 B 30/50 - 55/70.

BAYRISCHZELL 8163. Bayern 9̲8̲7̲ ⑰, 4̲2̲6̲ ⑱ – 1 600 Ew – Höhe 802 m – Heilklimatischer
Kurort – Wintersport : 800/1 800 m ⚡1 ⚡24 ⚡5 – ☸ 08023.

Ausflugsziel : Wendelstein ⚞ ★★ (⚡ ab Bayrischzell-Osterhofen).

🇮 Kuramt, Kirchplatz 7, ℰ 6 48.

⬥München 77 – Miesbach 23 – Rosenheim 37.

🏨 **Romantik-H.-Meindelei** 🐾, Michael-Meindl-Str. 13, ℰ 1326, « Garten », 🛎, 🖫, 🐎 –
🖭 🛏wc 🚿wc ☎ 🅿. 🖭 ◑ 🖪
Nov.- 20. Dez. geschl. – Karte 28/65 (nur Abendessen) – **17 Z : 32 B** 80/90 - 135/140 Fb.

🏠 **Haus Effland** 🐾 garni, Tannermühlstr. 14, ℰ 2 63, 🛎, 🖫, 🐎 – 🛏wc 🚿wc ☎ 🅿
April und 25. Okt. - 22. Dez. geschl. – **14 Z : 22 B** 51/55 - 78/120.

🏠 **Schönbrunn** 🐾, Sudelfeldstr. 21, ℰ 7 26, « Gartenterrasse », 🐎 – 🛏wc 🚿 🚗 🅿
10. April - 20. Mai und 15. Okt. - 20. Dez. geschl. – Karte 18,50/43 – **23 Z : 33 B** 54/62 - 104/124
– P 74/82.

🏠 **Gasthof zur Post**, Schulstr. 3, ℰ 2 26 – 🛏wc 🚿wc 🚗 🅿. 🖭 ◑ 🖪
Mitte Okt.- Mitte Dez. geschl. – Karte 17/46 (Dienstag geschl.) – **46 Z : 71 B** 37/68 - 74/136 Fb
– P 68/95.

🏠 **Alpenrose**, Schlierseer Str. 6, ℰ 6 20, ☂, 🐎 – 🛏wc 🚿wc 🚗 🅿
⬥ Nov.- Mitte Dez. geschl. – Karte 14/40 – **30 Z : 60 B** 48/60 - 74/100 Fb – P 68/85.

🏠 **Deutsches Haus**, Schlierseer Str. 16, ℰ 2 02 – 🚿wc ☎ 🅿. 🖭 ◑ 🖪
⬥ 19. Nov.- 19. Dez. geschl. – Karte 14/33 – **29 Z : 50 B** 35/45 - 69/89 – P 63/73.

🏯 **Wendelstein**, Ursprungstr. 1, ℰ 6 10, Biergarten – 🛏wc 🚿wc 🅿
⬥ 2. Nov.-20. Dez. geschl. – Karte 14/46 (Montag geschl.) – **22 Z : 42 B** 34/47 - 68/90 – P 54/66.

In Bayrischzell-Osterhofen NW : 3 km :

🏨 **Alpenhof**, Osterhofen 1, ℰ 2 87, ≤, ☂, 🛎, 🖫, 🐎 – 🕸 🛏wc 🚿wc ☎ 🚗 🅿 ♨
20. Okt. - 20. Dez. geschl. – Karte 15/45 (Montag geschl.) ♨ – **45 Z : 75 B** 49/72 - 92/128 Fb –
P 65/82.

In Bayrischzell-Geitau NW : 5 km :

🏠 **Postgasthof Rote Wand** ⑤, 𝒫 6 61, ≤, « Gartenterrasse » – 🏠wc ⇌ 🅿
Nov.- 15. Dez. geschl. – Karte 13,50/32 *(Dienstag geschl.)* – **30 Z : 50 B** 30/50 - 58/90 –
P 50/61.

An der Straße nach Oberaudorf O : 12,5 km :

🏠 **Alpengasthof Feuriger Tatzelwurm** ⑤, ✉ 8203 Oberaudorf, 𝒫 (08034) 5 74,
« Terrasse mit ≤ Kaisergebirge », ⇌, 🔥, 🌳 – 🖵wc 🏠wc ☎ ⇌ 🅿. ⓞ E
10. Nov. - 10. Dez. geschl. – Karte 13,50/37 *(Nov.- April Dienstag geschl.)* – **25 Z : 40 B** 35/50 -
60/90.

BEBRA 6440. Hessen 𝟵𝟴𝟳 ㉙ – 16 500 Ew – Höhe 205 m – ✆ 06622.
◆Wiesbaden 182 – Erfurt 120 – Bad Hersfeld 15 – ◆Kassel 64.

🏤 **Hessischer Hof**, Kasseler Str. 4, 𝒫 60 71 – 🏠wc ☎ ⇌ 🅿
24. Dez.- 10. Jan. geschl. – Karte 15,50/35 *(Samstag geschl.)* – **13 Z : 19 B** 37/42 - 60/70.

🏤 **Röse**, Hersfelder Str. 1, 𝒫 80 26 – 🏠wc ⇌ 🅿
Karte 17/42 *(Samstag und Juli 2 Wochen geschl.)* – **13 Z : 22 B** 29/42 - 58/76 Fb.

In Bebra-Weiterode :

🏠 **Haus Sonnenblick**, Am Berg 1 (an der Straße nach Ronshausen), 𝒫 30 58, ⇌, 🏊 – 🏠wc
☎ 🅿. E
Karte 15/41 – **45 Z : 90 B** 42/58 - 84/100 Fb.

BECHEN Nordrhein-Westfalen siehe Kürten.

BECKE Nordrhein-Westfalen siehe Gummersbach.

BECKUM 4720. Nordrhein-Westfalen 𝟵𝟴𝟳 ⑭ – 38 500 Ew – Höhe 100 m – ✆ 02521.
◆Düsseldorf 130 – Bielefeld 56 – Hamm in Westfalen 20 – Lippstadt 25 – Münster (Westfalen) 41.

XX **Zaffiro** (Italienische Küche), Wilhelmstr. 39, 𝒫 1 42 35, « Modern-elegantes Restaurant » –
⒜ⓔ ⓞ E. 🕸
Samstag bis 18 Uhr, Montag und Ende März - Anfang April geschl. – Karte 24/58.

Am Höxberg S : 1,5 km :

🏨 **Höxberg** Ⓜ ⑤, Soestwarte 1, 𝒫 70 88, 🔥 – 🖵wc 🏠wc ☎ ⇌ 🅿 🏋
41 Z : 56 B

🏠 **Zur Windmühle**, Lippborger Str. 33, 𝒫 34 08 – 🏠wc ⇌ 🅿. 🕸
Karte 18,50/52 *(Montag geschl.)* – **11 Z : 16 B** 45/48 - 80.

🏠 **Haus Pöpsel** ⑤, Herzfelder Str. 60, 𝒫 36 28 – 🏠wc 🅿
Aug. und 21. Dez. - 5. Jan. geschl. – Karte 15/39 *(wochentags nur Abendessen)* – **8 Z : 12 B**
39 - 78.

BEDBURG-HAU Nordrhein-Westfalen siehe Kleve.

BEDERKESA 2852. Niedersachsen 𝟵𝟴𝟳 ⑤ – 4 500 Ew – Höhe 10 m – Luftkurort – ✆ 04745.
🖪 Verkehrsamt, Amtsstraße, 𝒫 70 07.
◆Hannover 198 – ◆Bremerhaven 25 – Cuxhaven 39 – ◆Hamburg 108.

🏩 **Waldschlößchen - Bösehof** Ⓜ ⑤, Hauptmann-Böse-Str. 19, 𝒫 70 31, ≤, 🔥, ⇌, 🏊, 🌳
– 🕎 ⇌ 🅿 🏋. ⒜ⓔ ⓞ E 𝖵𝖨𝖲𝖠
Karte 28/58 – **30 Z : 51 B** 53/85 - 110/146 Fb – P 88/120.

🏨 **Seehotel Dock**, Zum Hasengarten 2, 𝒫 60 61, ⇌, 🏊 – 🕎 🏠wc ♿ 🅿 🏋. 🕸 Rest
Karte 19/49 – **43 Z : 77 B** 50/60 - 100/120 – P 80/90.

BEEDENBOSTEL Niedersachsen siehe Lachendorf.

BEELEN 4413. Nordrhein-Westfalen – 5 000 Ew – Höhe 52 m – ✆ 02586.
◆Düsseldorf 148 – Bielefeld 37 – Münster (Westfalen) 37.

XX **Hemfelder Hof** mit Zim, Clarholzer Str. 21 (SO : 3 km, B 64), 𝒫 2 15 – 🏠wc ⇌ 🅿 🏋
🕸 Zim
Jan. 2 Wochen geschl. – Karte 26/51 *(Freitag 14 Uhr - Samstag 15 Uhr geschl.)* – **11 Z : 17 B**
40 - 70.

BEERFELDEN 6124. Hessen 𝟵𝟴𝟳 ㉙ – 7 000 Ew – Höhe 397 m – ✆ 06068.
◆Wiesbaden 106 – ◆Darmstadt 61 – Heidelberg 44 – ◆Mannheim 58.

🏠 **Schwanen**, Metzkeil 4, 𝒫 22 27 – 📺 🏠wc ☎
Juli und Okt. jeweils 2 Wochen geschl. – Karte 16/44 *(Montag geschl.)* – **7 Z : 14 B** 38 - 72.

Auf dem Krähberg NO : 10 km :

🏠 **Reussenkreuz** ⑤, ✉ 6121 Sensbachtal, 𝒫 (06068) 22 63, ≤, 🔥, 🌳 – 🏠wc ⇌ 🅿
Mitte Nov. - 24. Dez. geschl. – Karte 16/41 *(Freitag ab 14 Uhr geschl.)* 🍴 – **22 Z : 36 B** 25/55 -
50/98 – P 40/62.

103

BEHRINGEN Niedersachsen siehe Bispingen.

BEHRINGERSDORF Bayern siehe Schwaig.

BEHRINGERSMÜHLE Bayern siehe Gössweinstein.

BEIDENFLETH Schleswig-Holstein siehe Wilster.

BEILNGRIES 8432. Bayern 987 ㉗ − 6 500 Ew − Höhe 372 m − Erholungsort − ✆ 08461.

🛈 Touristik-Verband, Hauptstr. 14 (Haus des Gastes), ✆ 84 35.

◆München 108 − Ingolstadt 35 − ◆Nürnberg 72 − ◆Regensburg 51.

🏨 **Gams**, Hauptstr. 16, ✆ 3 58, Telex 55435, ☎ − 📺 ⌂wc 🛏wc 🅿 🏧 AE ① E VISA
— Karte 14,50/45 − **73 Z : 140 B** 59 - 106 − P 82/88.

🏨 **Fuchs-Bräu**, Hauptstr. 23, ✆ 4 43, Biergarten, ☎, 🛆 − 📟 📺 🛏wc 🅿 🏧 AE ① E VISA
— 2.- 12. Jan. geschl. − Karte 13,50/38 *(Nov.- März Montag geschl.)* 🍴 − **56 Z : 102 B** 37/68 - 64/95 Fb − P 57/85.

🏤 **Goldener Hahn**, Hauptstr. 44, ✆ 4 19, 🌧 − 🛏wc ⇐ 🅿. E
— Karte 13/33 − **24 Z : 42 B** 28/37 - 52/66.

🏤 **Wagner-Bräu**, Hauptstr. 41, ✆ 12 29 − 🛏wc 🅿
— Karte 12/25 *(Samstag - Sonntag geschl.)* − **16 Z : 28 B** 20/30 - 40/60.

BEILSTEIN 7141. Baden Württemberg − 5 000 Ew − Höhe 258 m − ✆ 07062.

◆Stuttgart 41 − Heilbronn 16 − Schwäbisch Hall 47.

🏠 **Langhans**, Auensteiner Str. 1, ✆ 54 36 − ⌂wc 🛏wc ☎ 🅿. AE ①
— Feb. geschl. − Karte 22/56 − **7 Z : 15 B** 48 - 85/95.

🍴 Burg Hohenbeilstein, Langhans 1, ✆ 57 70, 🌧, « Burg a.d. 13. Jh., Burgfalknerei » − 🅿.

In Beilstein-Stocksberg 7156 NO : 11 km, Höhe 540 m :

🏠 **Landgasthof Krone**, Prevorster Str. 2, ✆ (07130) 13 22, 🌧, 🛆 − 🛏wc 🅿 🏧 VISA
— Mitte Nov.- 26. Dez. geschl. − Karte 20/48 *(Montag geschl.)* 🍴 − **10 Z : 16 B** 37/50 - 66/85 Fb − 3 Appart. 55 − P 59/70.

BEILSTEIN 5591. Rheinland-Pfalz − 200 Ew − Höhe 85 m − ✆ 02673 (Ellenz-Poltersdorf).

Sehenswert : Burg Metternich ≤★ − Mainz 111 − Bernkastel-Kues 68 − Cochem 11.

🏠 **Haus Burgfrieden** ⮑, Im Mühlental 63, ✆ 14 32, ☎ − 📟 🛏wc 🅿. AE ①
— Ende März - Mitte Nov. − Karte 18/43 − **30 Z : 60 B** 40/60 - 80/90.

🏠 **Haus Lipmann**, Moselstr. 3, ✆ 15 73, ≤, eigener Weinbau, « Rittersaal, Gartenterrasse » − 🛏wc 🅿
— 15. März-15. Nov. − Karte 20/45 − **24 Z : 44 B** 28/45 - 52/75.

🏤 **Zur guten Quelle - Klapperburg**, Marktplatz 34, ✆ 14 37, Sammlung von Kaffeemühlen
— − 🛏wc
— Dez. - Jan. geschl. − Karte 13/35 *(Feb. - Mai Montag geschl.)* − **22 Z : 37 B** 22/40 - 44/60.

BELCHEN Baden-Württemberg siehe Schönau im Schwarzwald.

BELL Rheinland-Pfalz siehe Mendig.

BELLERSDORF Hessen siehe Mittenaar.

BELLHEIM 6729. Rheinland-Pfalz − 7 000 Ew − Höhe 110 m − ✆ 07272.

Mainz 126 − ◆Karlsruhe 32 − Landau in der Pfalz 13 − Speyer 22.

🏠 **Bellheimer Bräustübl**, Hauptstr. 78, ✆ 10 05 − ⌂wc 🛏wc ☎ ⇐ 🅿 🏧 AE ① E
— Karte 16,50/60 🍴 − **19 Z : 28 B** 28/44 - 60/78.

🍴 **Wappenschmiedmühle**, an der B 9 (O : 2 km), ✆ 23 57, 🌧 − 🅿
— Montag und Donnerstag geschl. − Karte 14,50/36 🍴.

BELLINGEN, BAD 7841. Baden-Württemberg 216 ④, 242 ㊵, 87 ⑨ − 3 000 Ew − Höhe 256 m
— Heilbad − ✆ 07635 (Schliengen).

🛈 Bade- und Kurverwaltung, im Kurmittelhaus, ✆ 10 25.

◆Stuttgart 247 − Basel 27 − Müllheim 12.

🏨 **Paracelsus**, Akazienweg 1, ✆ 10 18, Bade- und Massageabteilung, 🛆 − ⌂wc 🛏wc ☎ 🅿.
— 🍴
— 20. Nov.- Jan. geschl. − (Rest. nur für Hausgäste) − **22 Z : 34 B** 60 - 98 Fb.

🏠 **Markushof**, Badstr. 6, ✆ 10 83, 🌧 − ⌂wc 🛏wc ☎ 🅿. 🍴
— 8. Dez.- 15. Jan. geschl. − Karte 16/52 *(Mittwoch geschl.)* 🍴 − **23 Z : 32 B** 55/70 - 90/120 −
P 77/90.

🏠 **Quellenhof** garni, Im Mittelgrund 1, ✆ 10 73, 🔅, 🛆 − ⌂wc 🛏wc ☎ 🅿. 🍴 − **23 Z : 35 B**.

🏠 **Eden**, Im Mittelgrund 2, ✆ 10 61, 🛆 − 🛏wc ☎ ⇐ 🅿. 🍴
— (Rest. nur für Pensionsgäste) − **23 Z : 29 B** 42/48 - 78/84 Fb − P 58/73.

🏠 **Therme** garni, Rheinstr. 72, ☏ 93 48, 🍴 – 🛏wc ⋔wc ⟷ 🅿
Mitte Nov.- 26. Dez. geschl. – **16 Z : 26 B** 42/67 - 80/95.

🏠 **Landgasthof Schwanen**, Rheinstr. 50, ☏ 13 14, eigener Weinbau – 🛏wc ⋔wc 🅿. **E**
10. Dez.- 12. Jan. geschl. – Karte 27/56 *(Dienstag geschl.)* ⅃ – **14 Z : 23 B** 36/56 - 56/88 –
P 59/67.

🏠 **Burger**, Im Mittelgrund 5, ☏ 94 58, 🍽, 🍴 – ⋔wc 🅿
Karte 16/45 ⅃ – **15 Z : 24 B** 37/66 - 76/88.

🏠 **Römerhof** garni, Ebnetstr. 9, ☏ 94 21, 🍴 – ⋔wc 🅿. ⌘
15. Dez.- 15. Jan. geschl. – **21 Z : 32 B** 35/45 - 77/83.

🏠 **Birkenhof**, Rheinstr. 76, ☏ 6 23, 🍴 – ⋔wc ☎ 🅿. ⌘
15. Dez.- Jan. geschl. – (Rest. nur für Pensionsgäste) – **15 Z : 25 B** 35/45 - 86 – P 60/70.

🏠 **Kaiserhof**, Rheinstr. 68, ☏ 6 00 – 🛏wc ⋔wc 🅿. ⌘ Zim
20 Z : 30 B.

In Bad Bellingen 4-Hertingen O : 3 km :

🏨 **Hebelhof-Römerbrunnen** ⌂, Bellinger Str. 5, ☏ 10 01, Massage, ⌂, 🔲, 🍴 – ⋔wc ☎
⅃ ⟷ 🅿. **E**. ⌘ Zim
7. Jan.- 1. Feb. geschl. – Karte 16/53 *(Donnerstag geschl.)* ⅃ – **18 Z : 32 B** 55/73 - 97/125 Fb –
P 84/92.

BELM Niedersachsen siehe Osnabrück.

BEMPFLINGEN Baden-Württemberg siehe Metzingen.

BENDESTORF 2106. Niedersachsen – 2 000 Ew – Höhe 50 m – Luftkurort – ✆ 04183.
♦Hannover 130 – ♦Hamburg 30 – Lüneburg 40.

🏨 **Haus Meinsbur** ⌂, Gartenstr. 2, ☏ 60 88, « Gartenterrasse » – 📺 🛏wc ⋔wc ☎ 🅿. **AE**
① E VISA
15. Jan.- Feb. geschl. – Karte 28/62 – **12 Z : 22 B** 60/100 - 100/200.

🏠 **Waldfrieden** ⌂, Waldfriedenweg 17, ☏ 66 55 – 🛏wc ⋔wc 🅿 🏋
1.-21. Dez. geschl. – Karte 18/41 – **23 Z : 35 B** 30/40 - 60/80 – 4 Appart. 90/110 – P 47/57.

BENDORF 5413. Rheinland-Pfalz 987 ㉔ – 17 000 Ew – Höhe 81 m – ✆ 02622.
Mainz 101 – ♦Bonn 63 – ♦Koblenz 10 – Limburg an der Lahn 42.

🏨 **Berghotel Rheinblick** ⌂, Remystr. 79, ☏ 1 40 81, ≤ Rheintal, 🍽, 🍴, ⚒ – 📺 🛏wc
⋔wc ☎ ⟷ 🅿 🏋. **AE** ① **E**
20. Dez.- 15. Jan. geschl. – Karte 17/50 *(Freitag geschl.)* – **23 Z : 40 B** 32/58 - 60/100 Fb.

✕✕ **La Charrue**, Bergstr. 25, ☏ 1 02 12 – 🅿. **E**
Donnerstag - Freitag 18 Uhr und Aug. geschl. – Karte 32/64.

✕✕ **Weinhaus Syré**, Engersport 12, ☏ 25 81 – 🅿
Mitte Juli - Mitte Aug. und Montag - Dienstag 18 Uhr geschl. – Karte 33/64.

BENEDIKTBEUERN 8174. Bayern 987 ㊲, 426 ⑰ – 2 500 Ew – Höhe 615 m – Erholungsort –
✆ 08857.
Sehenswert : Ehemalige Klosterkirche (Anastasia-Kapelle★).
🅸 Verkehrsamt, Prälatenstr. 5, ☏ 2 48.
♦München 61 – Garmisch-Partenkirchen 44 – Bad Tölz 15.

🏠 **Alpengasthof Friedenseiche** ⌂, Häusernstr. 34, ☏ 82 05, 🍽, 🍴 – 🛏wc ⋔wc ☎ ⟷ 🅿
30 Z : 50 B Fb.

BENSHEIM AN DER BERGSTRASSE 6140. Hessen 987 ㉕ – 33 000 Ew – Höhe 100 m –
✆ 06251.
Ausflugsziele : Staatspark Fürstenlager★★ N : 3 km – Auerbacher Schloß : Nordturm ≤★ N : 7 km.
🅸 Kur- und Verkehrsverein, Bensheim 3-Auerbach, Goethestr. 15, ☏ 7 37 37.
ADAC, Bahnhofstr. 30, ☏ 6 98 88, Telex 468388.
♦Wiesbaden 66 – ♦Darmstadt 26 – Heidelberg 35 – Mainz 59 – ♦Mannheim 32 – Worms 20.

🏠 **Bacchus**, Rodensteinstr. 30, ☏ 3 90 91 – 📺 🛏wc ⋔wc ☎ 🅿. **AE E**
Karte 19/42 ⅃ – **22 Z : 45 B** 62/65 - 95.

🏠 **Hans** ⌂ garni, Rodensteinstr. 48, ☏ 21 73 – 📺 🛏wc ⋔wc ☎ ⟷ 🅿. **AE**
20. Dez.- 10. Jan. geschl. – **15 Z : 24 B** 37/55 - 82/85.

🏠 **Präsenzhof**, Am Wambolter Hof 7, ☏ 42 56, ⌂ – 🛗 📺 ⋔wc ☎ ⟷. **AE** ①
Karte 14/36 *(Mittwoch geschl.)* – **28 Z : 50 B** 49/52 - 79/82.

✕✕ **Michelangelo** mit Zim, Berliner Ring 108 (am Badesee), ☏ 3 90 09 – ⋔wc ☎ 🅿. ⌘
11 Z : 15 B Fb.

In Bensheim 3-Auerbach :

🏨 **Parkhotel Krone**, Darmstädter Str. 168, ℰ 7 30 81, Telex 468537, « Gartenterrasse », ⇄, 🔄 – 🛗 📺 🗠 🚽 ☎️ ⅏ Ⓔ 𝘝𝘐𝘚𝘈
Karte 21/50 – **55 Z : 110 B** 85 - 115 Fb.

🏨 **Poststuben** ⑤, Schloßstr. 28, ℰ 7 29 87, « Behagliches Restaurant » – ⋔wc 🗠 ⅏ Ⓔ
Karte 17,50/54 *(Mittwoch geschl.)* 🍴 – **18 Z : 30 B** 45/55 - 75/85.

XX **Burggraf** mit Zim, Darmstädter Str. 231, ℰ 7 56 60, ⌂ – ⋔wc ☎️ ℗. ⅏ Ⓔ 𝘝𝘐𝘚𝘈
Juli 2 Wochen geschl. – **Karte** 24/54 *(Montag und Samstag jeweils bis 18 Uhr geschl.)* – **6 Z : 12 B** 40/60 - 80.

X Parkhotel Herrenhaus 🍃 mit Zim, Im Staatspark Fürstenlager (N : 3 km), ℰ 7 22 74, ⌂, 🌳 – 🚽wc ☎️ 🗠 ℗ – *(Abendessen nur nach Voranmeldung)* – **5 Z : 9 B**.

BENTHEIM, BAD 4444. Niedersachsen 𝟵𝟴𝟳 ⑭, 𝟰𝟬𝟴 ⑭ – 14 500 Ew – Höhe 50 m – Heilbad – 🌀 05922 – 🅱 Verkehrsbüro, Schloßstr. 2, ℰ 31 66.
♦Hannover 207 – Enschede 29 – Münster (Westfalen) 56 – ♦Osnabrück 75.

🏨 **Großfeld** ⑤, Schloßstr. 6, ℰ 8 28, Telex 98326, ⌂, « Brunnengarten », ⇄, 🔄, 🌳 – 🛗 🗠 🚿 ⅏ Ⓔ 𝘝𝘐𝘚𝘈. 🌀 Rest
Karte 26/55 – **45 Z : 80 B** 70/90 - 140/180 Fb.

🏨 **Am Berghang** ⑤, Am Kathagen 69, ℰ 20 47, ⇄, 🔄, 🌳 – 📺 ⋔wc ☎️ ℗ 🚿. 🌀
Jan. geschl. – Karte 26/55 – **25 Z : 50 B** 70/80 - 110/120 Fb.

🏨 **Steenweg**, Ostend 1, ℰ 23 28 – ⋔wc ☎️ ℗. Ⓞ Ⓔ
Karte 16/29 *(Donnerstag geschl.)* – **20 Z : 30 B** 35/43 - 65/75 – P 52/55.

XX Schulze-Berndt, Ochtruper Str. 38, ℰ 23 22 – ℗.

In Bad Bentheim-Gildehaus W : 5 km :

🏨 **Niedersächsischer Hof** Ⓜ ⑤, Am Mühlenberg 5, ℰ (05924) 5 67, ⌂, ⇄, 🔄, 🌳 – 📺 ℗ 🚿. ⅏ Ⓔ
Karte 25/59 – **25 Z : 35 B** 65/80 - 130/150 Fb.

BERATZHAUSEN 8411. Bayern – 5 300 Ew – Höhe 417 m – Erholungsort – 🌀 09493.
🅱 Verkehrsamt, Marktstr. 29, ℰ 7 48 – ♦München 137 – Ingolstadt 63 – ♦Nürnberg 80 – ♦Regensburg 28.

🛎 **Friesenmühle**, Friesenmühle, ℰ 7 35, 🌳 – ⋔wc 🗠 ℗
Karte 9/28 *(Mittwoch geschl.)* – **16 Z : 30 B** 25/30 - 50/60 – P 40.

BERCHTESGADEN 8240. Bayern 𝟵𝟴𝟳 ㉟, 𝟰𝟮𝟲 ⑱ – 8 200 Ew – Höhe 540 m – Heilklimatischer Kurort – Wintersport : 530/1 800 M ✦2 ≴27 ✦7 – 🌀 08652.
Sehenswert : Schloßplatz★ – Schloß (Dormitorium★) – Ausflugsziele : Deutsche Alpenstraße★★★ (von Berchtesgaden bis Lindau) – Kehlsteinstraße★★★ – Kehlstein☀★★ (nur mit RVO - Bus ab Obersalzberg : O : 4 km) – Roßfeld-Höhenringstraße ≤★★ (O : 7 km über die B 425).
🅱 Kurdirektion, Königssee Str. 2, ℰ 50 11, Telex 56213.
♦München 154 ③ – Kitzbühel 77 ② – Bad Reichenhall 18 ③ – Salzburg 23 ①.

Stadtplan siehe gegenüberliegende Seite.

🏨 **Geiger**, Stanggass, ℰ 50 55, Telex 56222, ≤, ⌂, « Park », ⇄, 🔄, 🔄, 🌳 – 🛗 📺 🗠 ℗. ⅏ Ⓞ Ⓔ. 🌀 Rest   über ③
15. Nov.- 15. Dez. geschl. – Karte 27/60 – **55 Z : 90 B** 90/180 - 130/280 Fb.

🏨 **Demming** ⑤, Sunklerg. 2, ℰ 50 21, ≤, ⇄, 🔄, 🌳 – 🛗 📺 🚽wc ⋔wc ☎️ ℗ ⅏ Ⓞ Ⓔ 𝘝𝘐𝘚𝘈
Nov.- 15. Dez. geschl. – Karte 21/46 *(nur Abendessen)* – **35 Z : 64 B** 80/110 - 150/172 Fb.   **r**

🏨 **Alpenhotel Kronprinz** ⑤, Am Brandholz, ℰ 6 10 61, Telex 56201, ≤, ⌂, ⇄ – 🛗 📺 🚽wc ⋔wc 🗠 ℗. ⅏ Ⓞ Ⓔ   über Kälbersteinstr.
3. Nov.- 20. Dez. geschl. – Karte 17/58 – **67 Z : 136 B** 72/107 - 120/170 Fb.

🏨 **Fischer**, Königsseer Str. 51, ℰ 40 44, ≤, ⇄, 🔄 – 🛗 📺 🚽wc ⋔wc ☎️ 🗠 ℗. ⅏. 🌀   **s**
28. Okt.- 20. Dez. geschl. – Karte 20/42 *(Montag bis 18 Uhr geschl.)* – **57 Z : 100 B** 69/130 - 130/180 Fb.

🏨 **Wittelsbach** Ⓜ garni, Maximilianstr. 16, ℰ 50 61, ≤ – 🛗 🚽wc ⋔wc ☎️ ℗. ⅏ Ⓞ Ⓔ 𝘝𝘐𝘚𝘈   **t**
Nov.- 15. Dez. geschl. – **28 Z : 50 B** 75/110 - 130/150 Fb.

🏨 **Vier Jahreszeiten**, Maximilianstr. 20, ℰ 50 26, Telex 56216, ≤, ⇄, 🔄 – 🛗 📺 🚽wc ⋔wc ☎️ 🗠 ℗ 🚿. ⅏ Ⓞ Ⓔ 𝘝𝘐𝘚𝘈   **a**
Karte 16/58 – **67 Z : 100 B** 70/120 - 115/200 Fb.

🏨 **Post**, Maximilianstr. 2, ℰ 50 67, ≤, ⌂, Biergarten – 🛗 🚽wc ⋔wc ☎️. ⅏ Ⓞ Ⓔ 𝘝𝘐𝘚𝘈   **u**
Karte 18/47 – **43 Z : 81 B** 65/95 - 119/149 Fb – P 90/101.

🏨 **Krone** ⑤, Am Rad 5, ℰ 28 81, ≤, « Gemütlich eingerichtete Zimmer im Bauernstil », 🌳 – 📺 🚽wc ⋔wc ℗. 🌀 Rest   über Locksteinstraße
20. Okt.- 20. Dez. geschl. – (nur Abendessen für Hausgäste) – **28 Z : 45 B** 37/77 - 72/150.

🏨 **Sporthotel Seimler**, Maria am Berg 4 (NO : 1,5 km), ℰ 50 31, ⌂, ⇄, 🔄 – 🛗 📺 ⋔wc ☎️ 🗠 ℗. ⅏ Ⓔ   über ①
Mitte Nov.- Mitte Dez. geschl. – Karte 16/43 – **38 Z : 75 B** 57/65 - 94/104 Fb.

🏨 **Grassl** garni, Maximilianstr. 15, ℰ 40 71 – ⋔wc ☎️. ⅏ Ⓞ Ⓔ 𝘝𝘐𝘚𝘈   **e**
33 Z : 53 B 35/63 - 60/116.

🏨 Bavaria, Sunklerg. 11, ℰ 26 20, ≤ – ⋔wc   **d**
(nur Abendessen für Hausgäste) – **29 Z : 45 B**.

BERCHTESGADEN

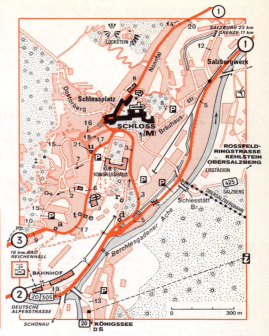

Benutzen Sie
auf Ihren Reisen in Europa
die Michelin-Länderkarten
1:400 000 und 1:1 000 000.

Pour parcourir l'Europe,
utilisez les cartes Michelin
Grandes Routes
1/400 000 et 1/1 000 000.

Auf dem Obersalzberg O : 5 km, über die B 425 — Höhe 1 000 m :

🏠 **Türken** ⟨⟩, ✉ 8240 Berchtesgaden, ☎ (08652) 24 28, < Berchtesgadener Berge, 🍴, 🚬 –
🛏 ⌂wc ⏽wc 🅿 AE E
Nov.- 20. Dez. geschl. — Karte 14/35 *(Dienstag geschl.)* — **17 Z : 26 B** 45/65 - 60/90.

An der Roßfeld-Höhenringstraße ① : 7 km :

🏠 **Gästehaus Neuhäusl** ⟨⟩ garni, Wildmoos 42, Höhe 850 m, ✉ 8240 Berchtesgaden 3,
☎ (08652) 39 91, < Untersberg, 🚬 – ⌂wc ⏽wc ⟨⟩ 🅿
21 Z : 40 B 28/36 - 50/62.

✕ Grenzgasthaus Neuhäusl, Wildmoos 45, Höhe 850 m, ✉ 8240 Berchtesgaden 3,
☎ (08652) 27 86, < Untersberg, 🍴 – 🅿.

Auf dem Kehlstein SO : 15 km, nur mit RVO-Bus ab Obersalzberg — Höhe 1 834 m :

✕ **Kehlsteinhaus**, ✉ 8240 Berchtesgaden, ☎ (08652) 29 69, < Berchtesgadener Berge, 🍴
Mai - Okt. geöffnet, nur Mittagessen — Karte 19/30.

Siehe auch : *Schönau am Königssee, Ramsau und Bischofswiesen*

BERG Baden-Württemberg siehe Ravensburg.

BERG 8137. Bayern 四二六 ⑦ — 7 000 Ew — Höhe 630 m — ✿ 08151 (Starnberg).
♦München 30 — Garmisch-Partenkirchen 69 — Starnberg 6.

🏨 **Strandhotel Schloß Berg** ⟨⟩, Seestr. 17, ☎ 5 00 21, < Starnberger See, « Seeterrasse »
– ⌂wc ☎ 🅿
Karte 26/67 — **22 Z : 37 B** 60/108 - 118/158.

In Berg 3-Leoni S : 1 km :

🏨 **Dorint-Seehotel Leoni** ⟨⟩, Assenbucher Str. 44, ☎ 59 11, Telex 526483, < Starnberger
See, 🍴, ⟨⟩, ◻, ▲ – 💈 📺 ⌂wc ⏽wc ☎ ⟨⟩ 🅿 ♿ AE ⓞ E VISA
Karte 27/64 — **72 Z : 130 B** 104/114 - 158/170 Fb — P 152/162.

*Si vous devez faire étape dans une station
ou dans un hôtel isolé,
prévenez par téléphone, surtout en saison.*

BERG 8683. Bayern — 2 900 Ew — Höhe 614 m — ✆ 09293.
♦München 286 — Bayreuth 57 — ♦Nürnberg 142.

In Berg-Rudolphstein N : 7 km **987** ② :

🏠 **Gutshof Rudolphstein** 🦢 garni, 🍴 2 63, 🍽 — 🛁wc 🚿wc 🚗 **P**. 🛥
13 Z : 25 B 35/40 - 55/65.

🏠 **Vogel** garni, Am Bühl 50, 🍴 4 77, ≤, 🍽 — 🛁wc 🚿wc 🚗 **P**
50 Z : 96 B 31/41 - 50/70.

✗ **Gasthof Vogel**, Hauptstraße, 🍴 2 28 — **P**
➤ Karte 12/28.

BERGEN 8221. Bayern **426** ⑱ — 3 700 Ew — Höhe 554 m — Luftkurort — Wintersport : 550/1 670 m ✄1 ✄5 ✄4 — ✆ 08662 (Siegsdorf).
🅱 Verkehrsverein, Dorfplatz 5, 🍴 83 21.
♦München 105 — Rosenheim 46 — Salzburg 42 — Traunstein 10.

🏠 **Bergener Hof**, Staudacher Str. 12, 🍴 86 31, 🍱, 🍸, 🍽 — 🛁wc 🚿wc **P**
10.- 25. Jan. und 31. Okt.- 18. Dez. geschl. — (nur Abendessen für Hausgäste) — **17 Z : 33 B** 55/70 - 74/102.

✗ **Säulner Hof** 🦢 mit Zim, Säulner Weg 1, 🍴 86 55, 🍱, 🍽 — 🛁wc 🚿wc **P**
6 Z : 12 B.

In Bergen-Holzhausen NW : 4 km :

🏠 **Alpenblick**, Schönblickstr. 6, 🍴 (08661) 3 18, « Terrasse mit ≤ » — 🚿 **P**
15 Z : 30 B.

BERGEN 3103. Niedersachsen **987** ⑮ — 18 200 Ew — Höhe 75 m — ✆ 05051.
♦Hannover 67 — Celle 24 — ♦Hamburg 94 — Lüneburg 68.

🏠 **Kohlmann** 🦢, Lukenstr. 6, 🍴 30 14 — 🚿wc ☎ 🚗 **P**. **AE** ⓞ **E**
Karte 20/49 *(Montag bis 18 Uhr geschl.)* — **14 Z : 21 B** 40/48 - 80.

Bergen 2-Altensatzkoth siehe : *Celle*

BERGHAUPTEN Baden-Württemberg siehe Gengenbach.

BERGHAUSEN Rheinland-Pfalz siehe Katzenelnbogen.

BERGHEIM Österreich siehe Salzburg.

BERGHEIM (Erft) 5010. Nordrhein-Westfalen **987** ㉓ — 51 900 Ew — Höhe 71 m — ✆ 02271.
♦Düsseldorf 41 — ♦Köln 26 — Mönchengladbach 38.

🏠 **Parkhotel**, Kirchstr. 12, 🍴 4 15 60 — 🚿wc ☎ 🏋 . **AE** ⓞ **E** **VISA**. 🛥 Zim
Karte 21/69 — **25 Z : 43 B** 55/70 - 100/110.

🏠 **Konert**, Kölner Str. 33, 🍴 4 41 83 — 🚿 🚗 **P**
➤ 20. Dez.-10. Jan. geschl. — Karte 14/37 *(Sonn- und Feiertage geschl.)* — **11 Z : 16 B** 33/43 - 65.

BERGHOF Bayern siehe Halblech.

BERGISCH GLADBACH 5060. Nordrhein-Westfalen **987** ㉔ — 102 100 Ew — Höhe 86 m — ✆ 02202.
♦Düsseldorf 50 — ♦Köln 17.

In Bergisch Gladbach 2 :

🏨 **Zur Post** garni, Hauptstr. 154 (Fußgängerzone), 🍴 3 50 51, Telex 8873229 — 📺 🚿wc ☎ **P**.
AE ⓞ **E** **VISA**. 🛥
22 Z : 35 B 65/100 - 110/160.

✗✗✗ **Eggemanns Bürgerhaus**, Bensberger Str. 102, 🍴 3 61 34 — ⓞ
Montag geschl. — Karte 31/72 (Tischbestellung ratsam).

✗ Diepeschrather Mühle 🦢 mit Zim, Diepeschrath 2 (über Paffrath), 🍴 5 16 51, 🍱 — 🚿wc **P**
11 Z : 14 B.

In Bergisch Gladbach 1-Bensberg — ✆ 02204 :

🏨 **Waldhotel Mangold** 🦢, Am Milchbornbach, 🍴 5 40 11 — 📺 🛁wc 🚿wc ☎ **P** 🏋 . 🛥
20. Dez.- 10. Jan. geschl. — Karte 30/61 *(nur Abendessen, Sonn- und Feiertage geschl.)* —
19 Z : 34 B 90/125 - 135/165.

🏠 **Falltor-Wache**, Falltorstr. 26, 🍴 5 26 42 — 📺 🚿wc ☎ 🚗 **P**
Karte 26/55 *(nur Abendessen, Samstag geschl.)* — **11 Z : 19 B** 54/78 - 98/128 Fb.

✗ **Tessiner Klause**, Wipperfürther Str. 43, 🍴 5 34 63, 🍱 — **P**. **AE**
Dienstag geschl. — Karte 17/45.

In Bergisch Gladbach 2-Gronau :

🏠 **Gronauer Tannenhof**, Robert-Schuman-Str. 2, ☎ 3 50 88 – 📶 📺 🛏wc ☎ ⇦ 🅿 🛆 (mit 📖). 🖭 ⓞ E 𝒱𝐼𝒮𝒜
Karte 26/61 – **35 Z : 70 B** 70/95 - 135/165 Fb.

In Bergisch Gladbach 4-Herkenrath :

🏠 **Arnold**, Strassen 31, ℰ (02204) 80 54, 🎐 – 🛏wc ☎ 🅿
Karte 24/50 *(Freitag geschl.)* – **20 Z : 38 B** 65/95 - 85/115.

🏠 **Hamm**, Strassen 14, ℰ (02204) 80 41 (Hotel) 8 21 55 (Rest.) – ⇨wc 🛏wc ☎ 🅿. E 𝒱𝐼𝒮𝒜
Karte 17/45 *(Montag und Mittwoch jeweils bis 15 Uhr geschl.)* – **26 Z : 53 B** 65/95 - 95/135.

In Bergisch Gladbach 2-Herrenstrunden :

XX **Malteser Komturei** mit Zim, Herrenstrunden 23, ℰ 3 32 20 – ⇨wc 🛏wc ☎ 🅿. 🖭 ⓞ E. 🎐
Karte 32/60 *(nur Abendessen)* – **8 Z : 18 B** 100 - 140/150.

In Bergisch Gladbach 1-Refrath :

🏠 **Tannenhof Refrath** garni, Lustheide 45a, ℰ (02204) 6 70 85 – 🛏wc ☎ 🅿 🛆. 🖭 ⓞ E 𝒱𝐼𝒮𝒜
34 Z : 70 B 70/90 - 100/150.

In Bergisch Gladbach 2-Schildgen :

X **Waldrestaurant Nittum**, Nittumer Weg 7, ℰ 8 13 10 – 🅿
Montag - Dienstag geschl. – Karte 20/54.

Im Sülztal O : 17 km :

🏠 **Schloß Georghausen** 🈂, ✉ 5253 Lindlar-Hommerich, ℰ (02207) 25 61, « Barockes Wasserschloß », 🎐, 🔲 – ⇨wc 🛏wc 🅿 🛆. 🖭 ⓞ E 𝒱𝐼𝒮𝒜
Karte 35/76 *(Montag - Dienstag geschl.)* – **10 Z : 20 B** 80 - 145 Fb.

BERGKIRCHEN Bayern bzw. Nordrhein-Westfalen siehe Dachau bzw. Oeynhausen, Bad.

BERGLEN Baden-Württemberg siehe Winnenden.

BERGNEUSTADT 5275. Nordrhein-Westfalen 🟨🟨🟨 ㉔ – 19 200 Ew – Höhe 254 m – ☎ 02261 (Gummersbach).

♦Düsseldorf 95 – ♦Köln 57 – Olpe 20 – Siegen 47.

🏠 **Feste Neustadt**, Hauptstr. 19, ℰ 4 17 95 – ⇨wc 🛏wc ⇦. 🎐
Juli - Aug. 3 Wochen geschl. – Karte 16/45 *(Sonntag ab 15 Uhr geschl.)* – **22 Z : 38 B** 30/45 - 70/80.

BERGRHEINFELD Bayern siehe Schweinfurt.

BERGSTEIG Baden-Württemberg siehe Fridingen an der Donau.

BERGTHEIM 8702. Bayern – 1 900 Ew – Höhe 272 m – ☎ 09367.
♦München 285 – Schweinfurt 23 – ♦Würzburg 17.

🏠 **Pension Schlier** 🈂 garni, Raiffeisenstr. 8, ℰ 4 48, 🎐 – ⇦ 🅿. 🎐
11 Z : 15 B 26/35 - 50/60.

BERGZABERN, BAD 6748. Rheinland-Pfalz 🟨🟨🟨 ㉔, 🟨🟨 ㉘, 🟨🟨 ② – 6 500 Ew – Höhe 200 m – Heilklimatischer Kurort – Kneippheilbad – ☎ 06343.
🔋 Kurverwaltung, Kurtalstr. 25 (im Thermalhallenbad), ℰ 88 11.
Mainz 127 – ♦Karlsruhe 38 – Landau in der Pfalz 15 – Pirmasens 42 – Wissembourg 10.

🏩 **Westenhöfer** Ⓜ 🈂, Kneippstr. 1, ℰ 84 72, Telex 453632, 🎐 – 📶 📺 🅿 🛆. ⓞ 𝒱𝐼𝒮𝒜
Karte 20/47 – **40 Z : 80 B** 80/150 - 105/270 Fb – P 93/190.

🏠 **Petronella - Arnold** Ⓜ, Kurtalstr. 47, ℰ 10 75, 🎐, 🈂, 🎐 – 📶 ⇨wc 🛏wc 🅿 ♿ 🅿 🛆
Karte 18,50/42 *(Nov.- März Mittwoch geschl.)* ⅄ – **33 Z : 54 B** 55/75 - 95 Fb – P 76/83.

🏠 **Kurhotel Am Wonneberg** 🈂, Am Wonneberg 9, ℰ 20 23, Telex 453475, 🎐, Bade- und Massageabteilung, ♨, 🈂, 🔲, 🎐, ✕ – 📶 📺 ⇨wc 🛏wc ☎ ♿ 🅿 🛆. 🖭 ⓞ E
Karte 20/53 *(auch Diät)* – **58 Z : 85 B** 58/95 - 135/145 Fb – P 100/127.

🏠 **Park-Hotel** 🈂, Kurtalstr. 83, ℰ 24 15, Bade- und Massageabteilung, ♨, 🈂, 🔲 – 📶 ⇨wc 🛏wc ☎ 🅿. ⓞ E
5. Jan.- Feb. geschl. – Karte 20/62 *(auch Diät)* ⅄ – **42 Z : 75 B** 49/90 - 98/160 Fb – P 89/125.

🏠 **Kur- und Fitness Hotel Isabella**, Tischberger Str. 5, ℰ 10 85, Telex 453617, Bade- und Massageabteilung, ♨, 🈂, 🔲 – 📶 📺 ⇨wc ☎ 🅿 🛆. ⓞ 𝒱𝐼𝒮𝒜
Karte 19/40 – **75 Appart. : 140 B** 90/95 - 115.

Fortsetzung →

🏠 **Pfälzer Wald**, Kurtalstr. 77, 🌐 10 56, ≤, �, 🌱 – 🛁wc ☎ 🅿. 🍴 Zim
Feb. geschl. – Karte 18/45 🍸 – **25 Z : 40 B** 30/50 - 56/95 Fb – P 52/72.

🏠 **Seeblick** 🦢, Kurtalstr. 71, 🌐 25 39, 🔲 – 🍴 🛁wc 🅿. 🍴 Rest
15. Jan.-15. Feb. geschl. – (Rest. nur für Hausgäste) – **60 Z : 90 B** 60 - 105/120 – P 85.

🏠 **Wasgau** 🦢, Friedrich-Ebert-Str. 21, 🌐 84 01, 🌱 – 🛁wc 🅿
10. Jan.- 20. Feb. geschl. – (Rest. nur für Pensionsgäste) – **29 Z : 48 B** 40/44 - 84/86 Fb –
P 57/59.

🏠 **Rebenhof** 🦢, Weinstr. 58, 🌐 10 35 – 🛏wc 🛁wc ☎ 🚗 🅿
Karte 21/46 *(nur Abendessen, Mittwoch geschl.)* – **16 Z : 32 B** 60/65 - 90/95.

🏠 **Augspurger Mühle**, Kurtalstr. 87 (B 427), 🌐 75 91, 🌖, 🌱 – 🛁wc 🅿. 🍴 Zim
16 Z : 26 B.

♨ **Zum Pflug**, Weinstr. 39, 🌐 15 09 – 🛁wc ☎ 🚗 🅿
24. Dez.- 20. Jan. geschl. – Karte 13,50/35 *(Dienstag geschl.)* 🍸 – **10 Z : 15 B** 29/35 - 56 –
P 44.

🍴🍴 Kurpark-Restaurant, Rötzweg 9 (Haus des Gastes), 🌐 7312, « Parkterrasse ».

🍴🍴 **Rössel** mit Zim, Schlittstr. 2, 🌐 15 58 – 🛁wc 🅿
15. Jan.- 15. Feb. geschl. – Karte 19,50/50 *(Montag geschl.)* 🍸 – **8 Z : 12 B** 31/36 - 62/70.

🍴🍴 **Wilder Mann** mit Zim, Weinstr. 19, 🌐 15 00, 🌖 – 🍴 🅿
10 Z : 17 B.

In Pleisweiler-Oberhofen 6749 NO : 2,5 km :

🍴 **Schloßbergkeller** 🦢 mit Zim, Im Bienengarten 22 (Pleisweiler), 🌐 (06343) 15 82 – 🛁wc ☎
🅿
Karte 14,50/45 *(Dienstag geschl.)* 🍸 – **9 Z : 21 B** 40 - 70 – P 62.

In Gleiszellen-Gleishorbach 6749 N : 4,5 km :

🏛 **Südpfalz-Terrassen** 🦢, Winzergasse 42 (Gleiszellen), 🌐 (06343) 20 66, ≤, 🌖, 🛎, 🔲, 🌱
– 🛁wc ☎ 🅿 🏋
1.- 25. Dez. geschl. – Karte 18/50 *(Montag geschl.)* 🍸 – **52 Z : 94 B** 48/60 - 80/94 Fb – P 73/85.

BERKHEIM 7951. Baden-Württemberg 987 �️ – 1 800 Ew – Höhe 580 m – 🌀 08395.
♦Stuttgart 138 – Memmingen 11 – Ravensburg 65 – ♦Ulm (Donau) 46.

♨ Ochsen, Alte Steige 1, 🌐 6 57 – 🛏wc 🚗 🅿 – **17 Z : 25 B.**

BERKHOF Niedersachsen siehe Wedemark.

BERLEBURG, BAD 5920. Nordrhein-Westfalen 987 🔵 – 20 000 Ew – Höhe 450 m –
Kneippheilbad – Wintersport : 500/750 m ✂2 ✍9 – 🌀 02751.
🅱 Verkehrsbüro, Im Herrengarten 1, 🌐 70 77.
♦Düsseldorf 174 – Frankenberg an der Eder 46 – Meschede 56 – Siegen 44.

🏠 **Westfälischer Hof**, Astenbergstr. 6 (B 480), 🌐 4 94 – 📺 🛏wc 🛁wc ☎ 🚗 🅿 🏋. 🆎 🅾
🇪 🆅🆂🅰. 🍴 Rest
Karte **26**/54 – **40 Z : 60 B** 28/52 - 50/94 – P 52/82.

🏠 **Landhaus Luise** 🦢 garni, Lerchenweg 5, 🌐 37 42, 🛎, 🔲 – 🛁wc ☎ 🅿. 🍴
17 Z : 32 B 48 - 90 – 3 Appart. 80/90.

🏠 **Zum Starenkasten**, Goetheplatz 2, 🌐 39 64, ≤, 🌱 – 🛏wc 🛁wc ☎ 🅿. 🅾 🇪
Karte 17/45 *(Montag geschl.)* – **19 Z : 30 B** 41 - 82 – P 59.

🏠 **Wittgensteiner Hof**, Parkstr. 14, 🌐 72 02, 🛎 – 🛁wc 🅿. 🅾 🇪
Karte 18,50/52 – **24 Z : 33 B** 29/40 - 58/76 – P 46/57.

🏠 Panorama 🦢, Buchenweg 8, 🌐 33 58, ≤, 🌱 – 🛁wc 🅿 – **12 Z : 24 B.**

🍴 Dreute mit Zim, Ederstr. 18, 🌐 71 61 – 🍴. 🍴 Rest – **11 Z : 20 B.**

An der Straße nach Hallenberg NO : 6 km :

🏠 **Erholung** 🦢, ✉ 5920 Bad Berleburg 1-Laibach, 🌐 (02751) 72 18, ≤, 🌱 – 🛁wc 🚗 🅿
Mitte Nov.- Mitte Dez. geschl. – Karte 16/41 – **17 Z : 31 B** 33/45 - 66/82.

In Bad Berleburg 5-Raumland S : 4 km :

🏠 **Raumland**, Hinterstöppel 7, 🌐 56 67, 🌖 – 🍴 🚗 🅿
Karte 18/36 – **12 Z : 20 B** 34/42 - 68/78.

🍴 **Kunze** mit Zim, Wittgensteiner Str. 8, 🌐 56 08 – 🍴 🅿
Juli - Aug. 3 Wochen geschl. – Karte 16/38 *(Dienstag geschl.)* – **6 Z : 10 B** 26/28 - 48/52 –
P 36/38.

In Bad Berleburg 6-Wemlighausen NO : 3 km :

♨ **Aderhold**, An der Lindenstr. 6, 🌐 39 60, 🛎, 🌱 – 🛁wc 🚗 🅿
4.- 25. Okt. geschl. – Karte 14/27 *(Montag geschl.)* – **16 Z : 28 B** 24/27 - 48/54 – P 34/37.

In Bad Berleburg 3-Wingeshausen W : 14 km :

♨ **Weber** 🦢, Inselweg 5, 🌐 (02759) 4 12, 🌱 – 🛁wc 🅿
Nov.- 15. Dez. geschl. – Karte 17/47 *(Dienstag geschl.)* – **7 Z : 14 B** 32/40 - 64 – P 39/45.

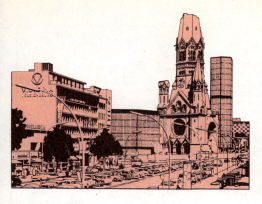

BERLIN

BERLIN Berlin-West 1000. 🔲🔲🔲 ⑰ – 1 960 000 Ew – Höhe 40 m – ✆ 030.

Frühere Reichshauptstadt, seit 1945 Viersektorenstadt unter Verwaltung des Alliierten Kontrollrates. Seit 1948 durch den Auszug der Sowjets aus dem Kontrollrat Spaltung in Berlin-Ost und Berlin-West. Im Vertrag von 1972 zwischen der Bundesrepublik Deutschland und der DDR wurde die Zugehörigkeit von West-Berlin zur Rechts-, Wirtschafts- und Finanzordnung der Bundesrepublik Deutschland bestätigt.

Als Kultur- und Wissenschaftszentrum, Theater- und Konzertstadt (Deutsche Oper, Schiller-Theater, Philharmonie, Staatliche Museen) aber auch als Kongreß-, Messe- und Ausstellungsstadt (Messegelände, Internationales Congress-Centrum) ist Berlin weltbekannt.

Berlin ist aber auch eine «grüne» Stadt (ein Drittel des Stadtgebiets besteht aus Grün-, Wald- und Wiesenfläche) : keine andere deutsche Stadt hat so viele Seen (Havelseen) mit solcher Uferlänge (290 km), so ausgedehnte Wälder (Grunewald, Tegeler Forst), Park- und Grünanlagen (Botanischer Garten, Tiergarten) wie West-Berlin.

HAUPTSEHENSWÜRDIGKEITEN

Berlin-West

Kurfürstendamm** BDX und Kaiser-Wilhelm-Gedächtniskirche DEV – Brandenburger Tor** (Berlin-Ost) GU – Zoologischer Garten (Aquarium) ** EV .

Museum Dahlem*** (Gemäldegalerie**, Museum für Völkerkunde**) MT – Schloß Charlottenburg** BU (im Knobelsdorff-Flügel : Gemäldesammlung**, Goldene Galerie**, Kunstgewerbemuseum* mit Welfenschatz**) – Antikenmuseum* (Schatzkammer***) BU M3 – Ägyptisches Museum* (Büste der Königin Nofretete*) BU M4 – Nationalgalerie* FV M6.

Olympia-Stadion** LS F – Funkturm (❄*) AV – Botanischer Garten** MT.

Havel* und Pfaueninsel* LT – Wannsee** LT.

Maria-Regina-Martyrum-Kirche* BU D und Gedenkstätte von Plötzensee DU.

Berlin-Ost

Brandenburger Tor** GU – Unter den Linden* GUV (Deutsche Staatsoper* GHU C, Neue Wache** HU D, Zeughaus** GHU) – Platz der Akademie* GV.

Museumsinsel (Pergamon-Museum*** GHU M7 mit Pergamon-Altar, Nationalgalerie** HU M8).

Alexanderplatz** HU – Fernsehturm** (❄) HU K – Karl-Marx-Allee* HU – Sowjetisches Ehrenmal* NS.

✈ Tegel, ✆ 41 01 31 45 (Berlin S. 5 MS). – 🚲 Berlin - Wannsee, ✆ 3 13 81 30.

Messegelände (Berlin S. 6 AV), ✆ 3 03 81, Telex 182908.

🛈 Berlin Tourist-Information im Europa-Center (Budapester Straße). ✆ 2 62 60 31, Telex 18 3356 ;

🛈 Verkehrsamt im Flughafen Tegel, ✆ 41 01 31 45.

ADAC, Berlin-Wilmersdorf, Bundesallee 29 (B 31), ✆ 8 68 61, Telex 183513 ; Notruf ✆ 1 92 11.

ZUGÄNGE NACH BERLIN

Diese Angaben erfolgen ohne Gewähr.

Übergänge (alle sind Tag und Nacht geöffnet) - siehe nebenstehenden Plan.

Erforderliche Papiere : Gültiger Reisepaß
(auch für Jugendliche ab 15 Jahren), Führer-
schein, Kraftfahrzeugschein. Das benötigte
Transitvisum wird am Grenzübergang aus-
gestellt.

Geld : DM-West und Devisen dürfen un-
beschränkt mitgeführt werden. Die Mit-
nahme von DM-Ost ist nicht gestattet.

Straßenbenutzungsgebühren und Visage-
bühren sind nur noch von Ausländern zu
entrichten.

Benzin : Benzin kann in ausreichender
Menge mitgeführt werden.
Im übrigen stehen an den Transitstrecken
besondere Tankstellen zur Verfügung.

Geschwindigkeitsbeschränkung : Auf den
Autobahnen der DDR ist die Geschwindig-
keit auf 100 km/h begrenzt.

Auf dem Luftweg : Für die Flugreise nach
Berlin gelten für ausländische Staatsange-
hörige die gleichen Reisepapiere wie für
Reisen in die Bundesrepublik.
Zahlreiche Flugverbindungen bestehen
täglich zwischen Berlin und den Flughäfen
der Bundesrepublik : Köln - Bonn, Bremen,
Düsseldorf, Frankfurt am Main, Hamburg,
Hannover, München, Nürnberg, Saarbrück-
en und Stuttgart mit Anschlüssen an das
internationale Flugnetz. Direktflüge auch
nach Glasgow, London, New York, Paris,
Washington und Zürich.

⊙ Übergangsstelle mit Kontrolle – Point de
passage contrôlé – Check-entrance
Punto di transito (Controllo)

╲ 185 Entfernung nach Berlin (West)
Distance entre ce point et Berlin-Ouest
Distance from this point to West Berlin
Distanza tra questo punto e Berlino-Ovest

ACCÈS A BERLIN

Les recommandations ci-dessous sont données sous toute réserve.

Points de transit (tous sont ouverts jour et nuit) — Voir ci-dessus.

Papiers : Passeport en cours de validité (même pour les jeunes à partir de 15 ans), visa de transit
en République Démocratique Allemande délivré aux points de contrôle. Permis de conduire national,
papiers nationaux de la voiture (carte grise ou certificat de propriété…), carte de contrôle remise
au point de passage de la RDA. Carte Verte (assurance internationale), plaque de nationalité
apposée sur la voiture.

Monnaie : Les étrangers peuvent avoir sur eux une somme illimitée de DM-Ouest et d'argent
étranger (à l'exclusion de DM-Est).

Taxes : Péage et visa de transit 10,- DM (aller et retour).

Essence : En RDA, en cas de nécessité seulement, il est possible de s'approvisionner aux « postes
d'essence internationaux ».

Limitation de vitesse sur les autoroutes de la RDA : 100 km/h.

Par avion : Pour les voyages aériens à destination de Berlin-Ouest, les papiers nécessaires à
l'entrée en Allemagne fédérale suffisent.
Tous les jours, de nombreux avions assurent la liaison entre Berlin et les aérodromes de l'Allemagne
fédérale : Cologne - Bonn, Brême, Düsseldorf, Francfort-sur-le-Main, Hambourg, Hanovre, Munich,
Nuremberg, Sarrebruck, Stuttgart, et permettent la correspondance avec les réseaux aériens internationaux. Vols directs vers Glasgow, Londres, New York, Paris, Washington et Zurich.

Passage à Berlin-Est : Les étrangers (non ressortissants de l'Allemagne fédérale) qui ont l'intention
de se rendre à Berlin-Est, doivent emprunter le point de contrôle de la Friedrichstraße. Ce seul
point de passage est connu sous le nom de « Checkpoint Charlie » (Visa 5,- DM, valable de 0⁰⁰ à
24⁰⁰ h). Le passage est ouvert jour et nuit. Il n'est pas nécessaire d'avoir de laisser-passer, mais il
faut présenter le passeport, le permis de conduire, la carte grise et la carte verte d'assurance
internationale.

ACCESS TO BERLIN

The following information must be re-checked before travelling.

Transit Points (these are open day and night) — See Berlin p. 2.

Papers : Valid passport (separate one necessary for all children over 15), transit visa for the German Democratic Republic issued at checkpoints, current driving licence (for country of origin), vehicle documents (i.e. : registration book), control card issued at the crossing into the GDR, Green Card (international insurance), nationality plate fixed to the car.

Currency : Foreigners may carry an unlimited amount of West DM and foreign currencies (except East DM).

Taxes : Toll and transit visa (10 DM Rtn).

Petrol : In the GDR, « International filling stations » should be used in cases of emergency only.

Speed limit on motorways in GDR : 100 km/h (60 mph).

By air : To fly to West Berlin, the papers required for entering the Federal Republic are sufficient. Planes from international lines link Berlin daily with airports in the Federal Republic and elsewhere. Cologne - Bonn, Bremen, Düsseldorf, Frankfurt am Main, Hamburg, Hannover, Munich, Nuremberg, Saarbrücken, Stuttgart, Glasgow, London, New York, Paris, Washington and Zürich.

Entering East Berlin : Foreigners (non-nationals of the Federal Republic) planning to go to East Berlin must go through the checkpoint located on Friedrichstraße. This is the only access, known as « Checkpoint Charlie » (visa 5 DM, expires at midnight), and is open day and night. A pass is not required but passport, driving licence, registration book and international insurance Green Card have to be produced.

ACCESSI A BERLINO

Le raccomandazioni seguenti sono date con riserva.

Punti di transito (questi passaggi sono aperti giorno e notte) — Vedere Berlin p. 2.

Documenti : Passaporto non scaduto (anche per i giovani di età superiore ai 15 anni), visto di transito nella Repubblica Democratica Tedesca rilasciato ai posti di controllo. Patente di guida del proprio Paese, documento nazionale d'immatricolazione dell'automobile (libretto di circolazione), carta di controllo rilasciata ai punti di passaggio dalla RDT. Carta Verde (certificato di assicurazione internazionale), targa di nazionalità applicata all'automobile.

Moneta : Gli stranieri possono portare indosso una somma illimitata in DM-Occidentali ed in denaro straniero (esclusi i DM Orientali).

Tasse : Pedaggio e visto di transito (10 DM andata e ritorno).

Benzina : Nella RDT, soltanto in caso di necessità è possibile rifornirsi ai « distributori internazionali ».

Nella RDT, sulle autostrade, velocità limitata a 100 chilometri orari.

Via aerea : Per i viaggi aerei diretti a Berlino-Ovest, sono sufficienti i documenti necessari per l'ingresso nella Germania Federale.
Ogni giorno, numerosi aerei effettuano il collegamento tra Berlino e gli aeroporti della Germania Federale : Amburgo, Colonia - Bonn, Brema, Düsseldorf, Francoforte sul Meno, Hannover, Monaco di Baviera, Norimberga, Saarbrücken, Stoccarda, che consentono le coincidenze con le reti aeree internazionali. Collegamenti aerei diretti con Glasgow, Londra, New-York, Parigi, Washington e Zurich.

Passaggio a Berlino-Est : Gli stranieri (non originari della Germania Federale) che intendono recarsi a Berlino-Est, devono passare dal punto di controllo della Friedrichstraße. Quest' unico punto di transito è noto con il nome di « Checkpoint Charlie » (visto 5 DM, valido dalle ore 0 alle 24). Il passaggio è aperto giorno e notte. Non occorre avere un lasciapassare, ma bisogna presentare il passaporto, la patente, il libretto di circolazione e la carta verde di assicurazione internazionale.

**Straßenverzeichnis
siehe Berlin S.9 und S.12**

••••• Grenze zw. Berlin-West
  und Berlin-Ost
  Ligne de séparation entre
  Berlin-Ouest   et
  Berlin-Est
  Partition line between
  West-Berlin   and
  East-Berlin
  Linea di separazione tra
  Berlino-Ovest   e
  Berlino-Est

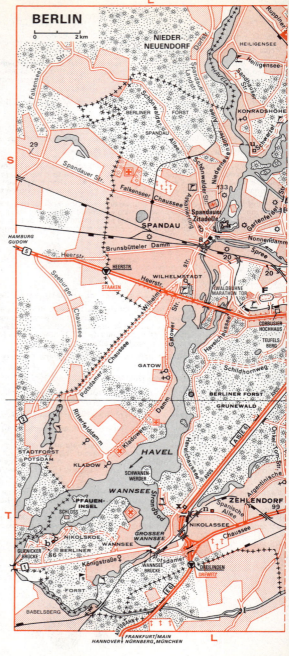

⊖ Übergangsstelle mit
  Kontrolle.
  Point de passage
  contrôlé.
  Check-entrance.
  Punto di transito
  (controllo)

⬤ Nur für Einwohner
  der   Bundesrepublik
  Deutschland.
  Réservé aux ressor-
  tissants   de   la
  République Fédérale.
  For the nationals of the
  Federal Republic only.
  Riservato ai cittadini della
  Repubblica Federale.

⬤ Nur für Ausländer.
  Réservé aux étrangers.
  For Foreigners only.
  Solamente per gli stranieri

⬤ Nur für Westberliner.
  Réservé aux Berlinois de
  l'Ouest.
  For West Berliners only.
  Solo per i Berlinesi della
  zona Ovest

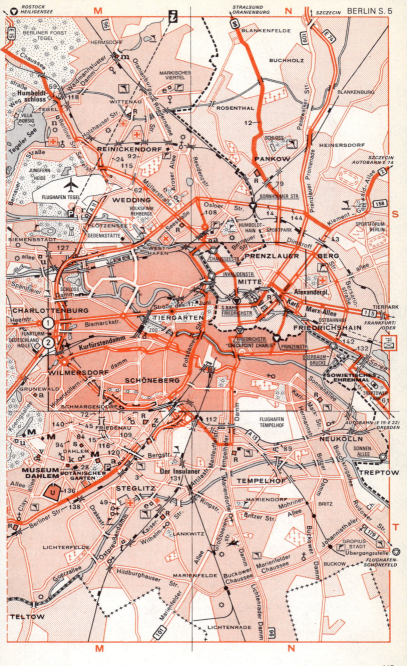

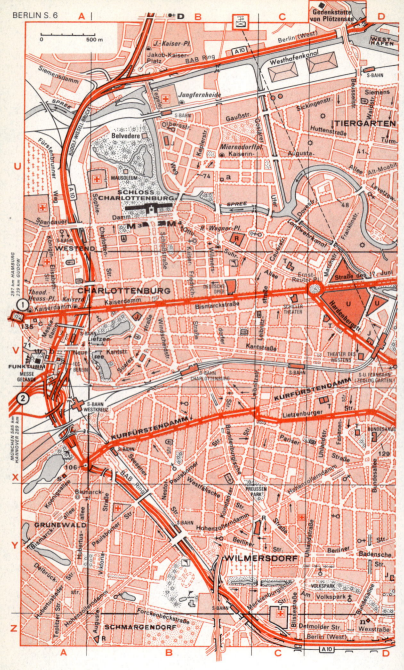

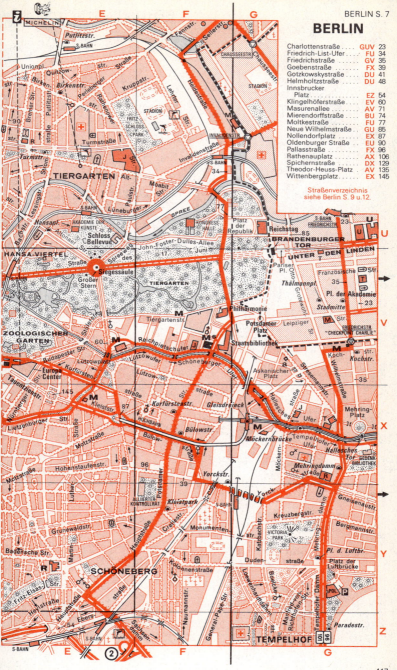

BERLIN

117

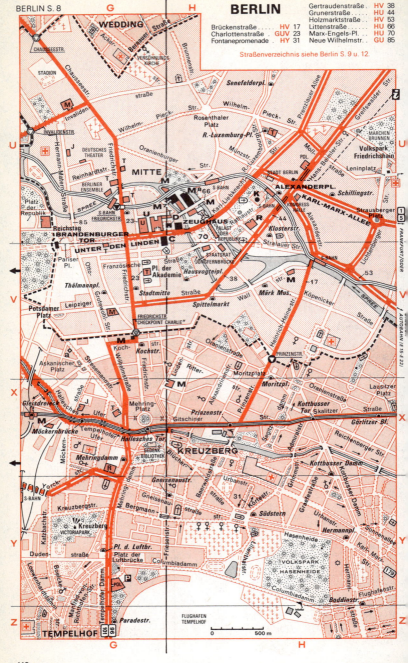

BERLIN

Brückenstraße	HV	17	Gertraudenstraße	HV	38
Charlottenstraße	GUV	23	Grunerstraße	HU	44
Fontanepromenade	HY	31	Holzmarktstraße	HV	53
			Littenstraße	HU	66
			Marx-Engels-Pl.	HU	70
			Neue Wilhelmstr.	GU	85

Straßenverzeichnis siehe Berlin S. 9 u. 12.

Karl-Marx-Straße	S. 8	HY	
Kurfürstendamm	S. 11	DX	
Rheinstraße	S. 5	MT	109
Schloßstr. (STEGLITZ)	S. 5	MT	120
Tauentzienstraße	S. 11	EV	
Wilmersdorfer Straße	S. 10	BV	
Ackerstraße	S. 8	GU	
Adenauerplatz	S. 10	BX	
Admiralstraße	S. 8	HX	
Akazienstraße	S. 11	EY	
Albertstraße	S. 11	EY	
Albrecht-Achilles-Str.	S. 10	BX	2
Albrechtstraße	S. 5	MT	3
Alexanderplatz	S. 8	HU	
Alexanderstraße	S. 8	HU	
Alexandrinenstraße	S. 8	HX	
Alt-Moabit	S. 7	EU	
Altonaer Straße	S. 11	EV	
Am Treptower Park	S. 5	NS	5
Am Volkspark	S. 11	DY	
Amtsgerichtsplatz	S. 10	BV	
An der Urania	S. 11	EX	6
Ansbacher Straße	S. 11	EX	
Argentinische Allee	S. 4	LT	
Aroser Allee	S. 5	MS	
Aschaffenburger Str.	S. 11	EY	
Askanierring	S. 4	LS	
Askanischer Platz	S. 7	GV	
Attilastraße	S. 5	NT	
Augsburger Straße	S. 11	DX	
Auguste-Viktoria-Straße	S. 10	BY	
Bachstraße	S. 11	EV	
Badensche Straße	S. 11	DY	
Baerwaldstraße	S. 8	HY	
Bamberger Straße	S. 11	EY	
Barbarossastraße	S. 11	EY	
Barfußstraße	S. 5	MS	9
Barstraße	S. 10	CY	
Bayerischer Platz	S. 11	EY	
Belziger Straße	S. 11	EY	
Bergmannstraße	S. 7	GY	
Bergstraße	S. 5	MT	
Berliner Straße	S. 11	DY	
Berliner Straße (REINICKENDORF)	S. 5	MS	
Berliner Straße (ZEHLENDORF)	S. 5	MT	
Bernauer Str. (TEGEL)	S. 5	MS	
Bernauer Straße (WEDDING)	S. 8	GU	
Bersarinstraße	S. 5	NS	
Beusselstraße	S. 6	DU	
Bielefelder Straße	S. 10	BY	
Birkenstraße	S. 7	EU	
Bismarckallee	S. 6	AY	
Bismarckplatz	S. 6	AY	
Bismarckstraße	S. 10	BV	
Blankenfelder Straße	S. 5	NS	12
Bleibtreustraße	S. 10	CV	
Blissestraße	S. 10	CY	
Blücherstraße	S. 8	HX	
Boelckestraße	S. 7	GY	
Bornholmer Straße	S. 5	NS	14
Brandenburgische Str.	S. 10	BX	
Breitenbachplatz	S. 5	MT	15
Breitscheidplatz	S. 11	EV	16
Bremer Straße	S. 7	EU	
Britzer Damm	S. 5	NT	
Britzer Straße	S. 5	NT	
Brückenstraße	S. 8	HV	17
Brunnenstraße	S. 8	HU	
Brunsbütteler Damm	S. 4	LS	
Buckower Chaussee	S. 5	NT	
Buckower Damm	S. 5	NT	
Budapester Straße	S. 11	EV	
Bülowstraße	S. 7	FX	

Bundesallee	S. 11	DY	
Buschkrugallee	S. 5	NT	
Carmerstraße	S. 11	DV	
Cauerstraße	S. 10	CV	19
Charlottenburger Ch.	S. 4	LS	20
Charlottenstraße	S. 7	GU	23
Chausseestraße	S. 7	GU	
Cicerostraße	S. 10	BY	
Clayallee	S. 5	MT	
Columbiadamm	S. 8	HY	
Crellestraße	S. 7	FY	
Cunostraße	S. 10	BY	
Dahlmannstraße	S. 10	BX	
Damaschkestraße	S. 10	BX	
Delbrückstraße	S. 6	AY	
Detmolder Straße	S. 6	CZ	
Dimitroffstraße	S. 5	NS	
Dominicusstraße	S. 11	EY	
Dorfstraße	S. 4	LS	
Dovestraße	S. 6	CU	
Drakestraße	S. 5	MT	
Droysenstraße	S. 10	BX	
Dudenstraße	S. 7	GY	
Düsseldorfer Straße	S. 10	CX	
Eberstraße	S. 7	EZ	
Eichbornstraße	S. 5	MS	24
Einemstraße	S. 11	EX	
Einsteinufer	S. 11	DV	
Eisenacher Straße	S. 11	EY	
Eisenzahnstraße	S. 10	BX	
Emser Platz	S. 10	CY	
Emser Straße	S. 10	CX	
Englische Straße	S. 11	DV	
Erfurter Straße	S. 11	EY	25
Ernst-Reuter-Platz	S. 11	DV	
Ettaler Straße	S. 11	EX	27
Fabeckstraße	S. 5	MT	28
Falkenhagener Straße	S. 4	LS	29
Falkenseer Chaussee	S. 4	LS	
Fasanenstraße	S. 11	DV	
Fehrbelliner Platz	S. 10	CY	
Fennstraße	S. 7	FU	
Flughafenstraße	S. 8	HY	
Fontanepromenade	S. 8	HY	31
Forckenbeckstraße	S. 6	BZ	
Franklinstraße	S. 6	DU	
Französische Straße	S. 7	GV	
Fraunhoferstraße	S. 10	CV	
Freiherr-vom-Stein-Str.	S. 11	EY	
Friedrich-List-Ufer	S. 7	FU	34
Friedrichstraße	S. 7	GU	35
Friesenstraße	S. 8	GY	
Fritschestraße	S. 10	BV	
Fritz-Elsas-Straße	S. 11	EY	
Fürstenbrunner Weg	S. 6	AU	
Fuggerstraße	S. 11	EX	
Gartenfelder Straße	S. 4	LS	
Gatower Straße	S. 4	LS	
Gaußstraße	S. 6	BU	
Geisbergstraße	S. 11	EX	
General-Pape-Straße	S. 7	FZ	
Georg-Wilhelm-Straße	S. 10	BX	
Gertraudenstraße	S. 8	HV	38
Gervinusstraße	S. 10	BV	
Gitschiner Straße	S. 8	HX	
Gneisenaustraße	S. 7	GY	
Goebenstraße	S. 7	FX	39
Goerzallee	S. 5	MT	
Goethestraße	S. 10	CV	
Goltzstraße	S. 11	EY	
Goslarer Ufer	S. 6	CU	
Gotzkowskystraße	S. 6	DU	41
Graefestraße	S. 8	HY	
Greifswalder Straße	S. 5	NS	43
Grieser Platz	S. 10	BY	
Grimmstraße	S. 8	HY	
Großbeerenstraße	S. 5	NT	

Großer Stern	S. 11	EV	
Grunerstraße	S. 8	HU	44
Grunewaldstraße	S. 11	EY	
Güntzelstraße	S. 11	DY	
Hallesches Ufer	S. 7	GX	
Hans-Beimler-Straße	S. 8	HU	
Hardenbergstraße	S. 11	DV	
Hasenheide	S. 8	HY	
Hauptstraße	S. 11	EY	
Havelchaussee	S. 4	LS	
Heerstraße	S. 4	LS	
Heidestraße	S. 7	FU	
Heilbronner Straße	S. 10	BX	
Heiligendammer Str.	S. 5	MT	45
Heiligenseestraße	S. 4	LS	
Heinrich-Heine-Straße	S. 8	HV	
Helmholtzstraße	S. 6	DU	48
Hermannstraße	S. 8	HY	
Hermann-Matern-Str.	S. 8	GU	
Heylstraße	S. 11	EY	
Hildburghauser Straße	S. 5	MT	
Hindenburgdamm	S. 5	MT	49
Hochmeisterplatz	S. 10	BX	
Hofjägerallee	S. 11	EV	
Hohenstaufenstraße	S. 11	EX	
Hohenzollerndamm	S. 10	CY	
Holtzendorffplatz	S. 10	BX	
Holtzendorffstraße	S. 10	BV	52
Holzhauser Straße	S. 5	MS	
Holzmarktstraße	S. 8	HV	53
Hubertusallee	S. 6	AY	
Hubertusbader Str.	S. 6	AY	
Huttenstraße	S. 6	DU	
Innsbrucker Platz	S. 7	EZ	54
Innsbrucker Straße	S. 11	EY	
Invalidenstraße	S. 7	FU	
Jakob-Kaiser-Platz	S. 6	BU	
Joachim-Friedrich-Str.	S. 10	BX	
Joachimstaler Platz	S. 11	DV	55
Joachimstaler Str.	S. 11	DX	
Johannisthaler Ch.	S. 5	NT	
J.-F.-Dulles-Allee	S. 7	FU	
John-F.-Kennedy-Platz	S. 11	EY	57
Kaiserdamm	S. 10	BV	
Kaiser-Friedrich-Straße	S. 10	BV	
Kaiserin-Augusta-Allee	S. 6	CU	
Kaiser-Wilhelm-Straße	S. 5	MT	
Kalischer Straße	S. 10	BY	
Kantstraße	S. 10	BV	
Karl-Liebknecht-Str.	S. 8	HU	
Karl-Marx-Allee	S. 8	HU	
Karlsruher Straße	S. 10	BX	
Karolinenstraße	S. 5	MS	59
Katzbachstraße	S. 7	GY	
Keplerstraße	S. 6	BU	
Kladower Damm	S. 4	LT	
Kleiststraße	S. 11	EX	
Klement-Gottwald-Allee	S. 5	NS	
Klingelhöferstraße	S. 11	EV	60
Knesebeckstraße	S. 11	DV	
Kochstraße	S. 7	GV	
Königin-Elisabeth-Str.	S. 6	AV	
Koenigsallee	S. 5	MT	
Königstraße	S. 4	LT	
Köpenicker Landstr.	S. 7	EV	61
Köpenicker Straße	S. 8	HV	
Körtestraße	S. 8	HY	
Kolonnenstraße	S. 7	FY	
Konstanzer Straße	S. 10	CX	
Kottbusser Damm	S. 8	HY	
Kreuzbergstraße	S. 7	GY	
Krumme Straße	S. 10	BV	
Kruppstraße	S. 7	EU	
Kufsteiner Straße	S. 11	EY	
Kurfürstenstraße	S. 11	EV	
Kurt-Schumacher-Damm	S. 5	MS	62

Fortsetzung siehe Berlin S. 12

119

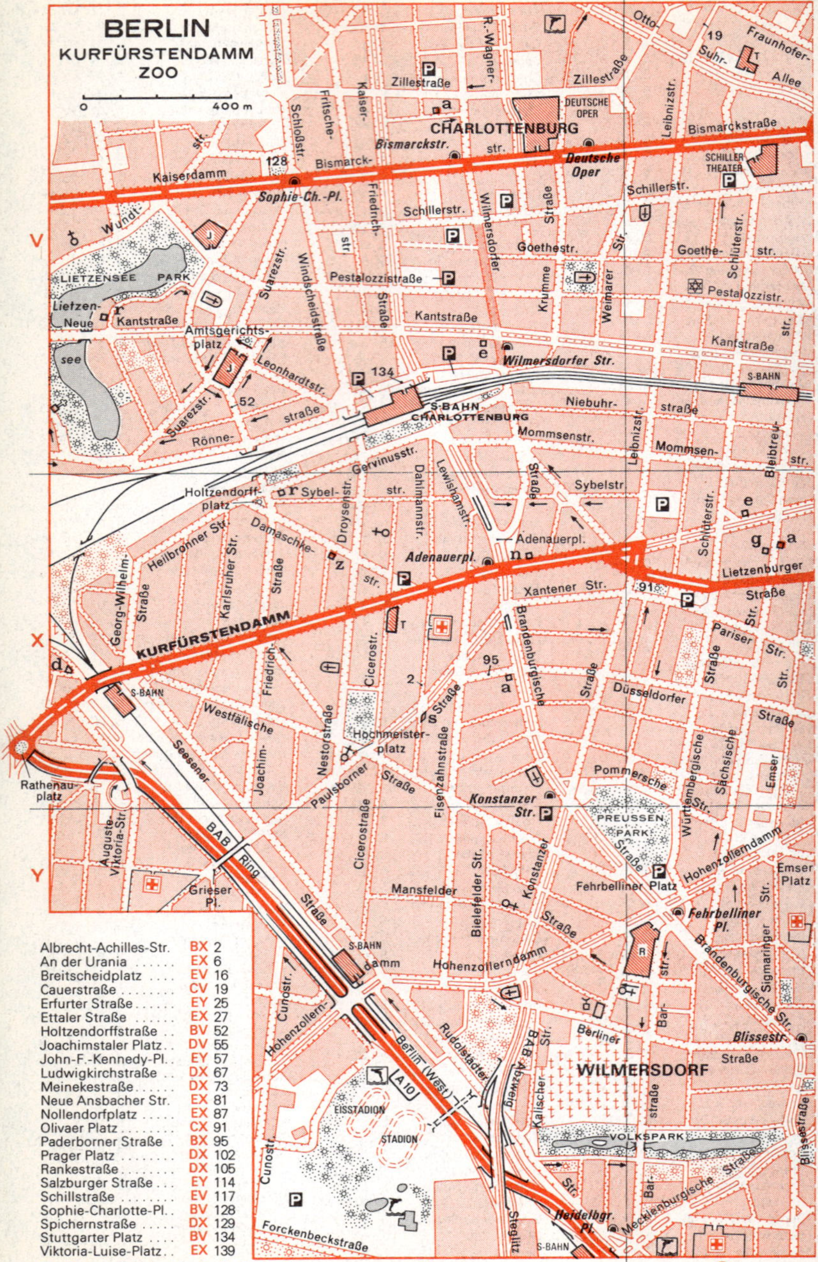

BERLIN
KURFÜRSTENDAMM
ZOO

0   400 m

CHARLOTTENBURG

WILMERSDORF

KURFÜRSTENDAMM

LIETZENSEE PARK

DEUTSCHE OPER

SCHILLER THEATER

S-BAHN CHARLOTTENBURG

PREUSSEN PARK

VOLKSPARK

EISSTADION

STADION

Straßenverzeichnis siehe Berlin S. 9 u. 12.

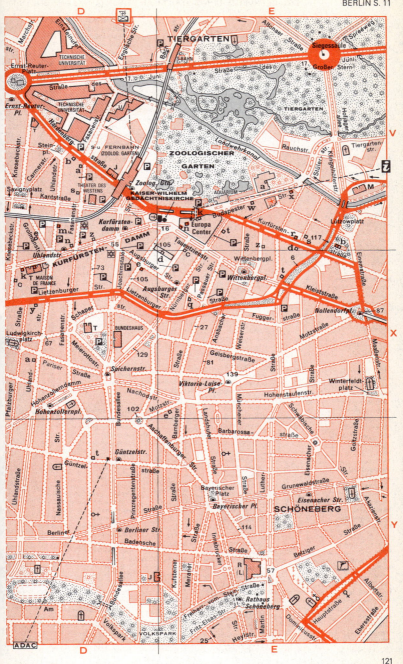

HOTELS UND

RESTAURANTS

Am Kurfürstendamm und Nähe Kurfürstendamm Stadtplan Berlin : S. 10-11 :

Bristol-Hotel Kempinski ⌂, Kurfürstendamm 27 (B 15), ℰ 88 10 91, Telex 183553, Massage, ⌂, ☒ – 🛗 🗏 📺 & 🅿 ⌂. 🆎 ⓪ 🄴 𝘝𝘐𝘚𝘈. ✸ Rest — DV n
Restaurants : – **Kempinski-Grill** Karte 40/85 – **Kempinski-Rest.** *(Montag geschl.)* Karte 36/75 – **Kempinski-Eck** Karte 28/45 – **358 Z : 645 B** 230/330 - 280/400.

Steigenberger Berlin Ⓜ, Los-Angeles-Platz 1 (B 30), ℰ 2 10 80, Telex 181444, ⌂, Massage, ⌂, ☒ – 🛗 🗏 📺 ⇦ ⌂. 🆎 ⓪ 🄴 𝘝𝘐𝘚𝘈 — EX d
Restaurants : – **Park-Restaurant** *(nur Abendessen)* Karte 47/74 – **Berliner Stube** Karte 23/52 – **377 Z : 600 B** 190/309 - 260/360 Fb.

Mondial Ⓜ ⌂, Kurfürstendamm 47 (B 15), ℰ 88 41 10, Telex 182839, Massage, ☒ – 🛗 🗏 Rest 📺 & ⇦ ⌂ (mit 🗏). 🆎 ⓪ 🄴 𝘝𝘐𝘚𝘈. ✸ Rest — CX e
Karte 28/60 – **75 Z : 150 B** 145/175 - 190/210 Fb.

Am Zoo garni, Kurfürstendamm 25 (B 15), ℰ 88 30 91, Telex 183835 – 🛗 📺 ⌂wc 🛁wc ☎ 🅿 ⌂. 🆎 ⓪ 🄴 𝘝𝘐𝘚𝘈 — DV z
145 Z : 200 B 110/138 - 170 Fb.

Arosa, Lietzenburger Str. 79 (B 15), ℰ 88 00 50, Telex 183397, ⌇ (geheizt) – 🛗 📺 ⌂wc 🛁wc ☎ ⇦ ⌂. 🆎 ⓪ 🄴 𝘝𝘐𝘚𝘈. ✸ Rest — DX y
Karte 26/55 *(Sonntag geschl.)* – **90 Z : 140 B** 110/125 - 170/185 Fb.

Kronprinz garni (restauriertes Haus a.d.J. 1894), Kronprinzendamm 1 (B 31), ℰ 89 60 30, Telex 181459, Biergarten – 🛗 📺 🛁wc ☎ ⌂. 🆎 ⓪ 🄴 𝘝𝘐𝘚𝘈 — BX d
53 Z : 96 B 85/115 - 115/165 Fb.

Hecker's Deele, Grolmanstr. 35 (B 12), ℰ 8 89 01, Telex 184954 – 🛗 🗏 Rest 📺 ⌂wc ☎ ⇦ 🅿. 🆎 ⓪ 🄴 — DV e
Karte 23/63 – **60 Z : 120 B** 108/135 - 157/177.

Domus garni, Uhlandstr. 49 (B 15), ℰ 88 20 41, Telex 185975 – 🛗 🛁wc ☎ 🅿. 🆎 ⓪ 🄴 𝘝𝘐𝘚𝘈 23. Dez.- 1. Jan. geschl. – **76 Z : 100 B** 88/122 - 130 Fb. — DX a

Kurfürstendamm am Adenauerplatz garni, Kurfürstendamm 68 (B 15), ℰ 88 28 41, Telex 184630 – 🛗 ⌂wc 🛁wc ☎ 🅿 ⌂. 🆎 ⓪ 🄴 — BX n
33 Z : 55 B 69/116 - 122/195.

Berlin-Plaza garni, Knesebeckstr. 63 (B 15), ℰ 88 41 30, Telex 184181 – 🛗 📺 ⌂wc 🛁wc ☎ 🅿. 🆎 ⓪ 🄴 𝘝𝘐𝘚𝘈 — DX c
131 Z : 221 B 98/124 - 124/144 Fb.

Bremen garni, Bleibtreustr. 25 (B 15), ℰ 8 81 40 76, Telex 184892 – 🛗 ⌂wc ☎. 🆎 ⓪ 🄴 21.- 28. Dez. geschl. – **48 Z : 72 B** 120 - 160/180. — CX g

Ristorante Anselmo, Damaschkestr. 17 (B 31), ℰ 3 23 30 94, « Modernes ital. Restaurant » – ✸ — BX z
Montag geschl. – Karte 38/71.

Tessiner Stuben, Bleibtreustr. 33 (B 15), ℰ 8 81 36 11 – 🆎 ⓪ 🄴 𝘝𝘐𝘚𝘈 — CX a
Samstag und Sonntag nur Abendessen – Karte 36/77 (Tischbestellung ratsam).

123

XX **Kopenhagen** (Dänische Smörrebröds), Kurfürstendamm 203 (B 15), ℰ 8 83 25 03 — ▣. ⒶⒺ
Ⓞ Ⓔ — DX k
Karte 29/55.

X **Hongkong** (China-Rest.), Kurfürstendamm 210 (2. Etage, ▣) (B 15), ℰ 8 81 57 56 — ⒶⒺ ⓄⒺ
Karte 23/38. — DX T

X **Friesenhof**, Uhlandstr. 185 (B 12), ℰ 8 83 60 79 — ▣ — DV m
Karte 17,50/45.

Nähe Gedächtniskirche und Zoo Stadtplan Berlin : S. 10-11 :

▣ **Inter-Continental**, Budapester Str. 2 (B 30), ℰ 2 60 20, Telex 184380, Massage, ⇔, ▧ —
▣ ▣ Ⓗ ➜ Ⓟ ▥. ⒶⒺ ⓄⒺ ⓋⒾⓈⒶ. ⅍ Rest — EV a
Karte 45/79 — **Brasserie** Karte 34/55 — **600 Z : 1 150 B** 181/296 - 257/382 Fb.

▣ **Schweizerhof**, Budapester Str. 21 (B 30), ℰ 2 69 60, Telex 185501, Bade- und
Massageabteilung, ⇔, ▧ — ▣ Rest ▣ Ⓗ ➜ Ⓟ ▥ (mit ▣). ⓋⒾⓈⒶ. ⅍ Rest — EV w
Karte 36/75 — **431 Z : 876 B** 168/258 - 224/314.

▣ **Palace-Restaurant La Réserve**, Budapester Str. 42 (im Europa-Center) (B 30), ℰ 26 20 11,
Telex 184825 — ▣ ▣ Rest ▣ Ⓟ ▥. ⒶⒺ ⓄⒺ ⓋⒾⓈⒶ. ⅍ Rest — EV k
Karte 48/85 — **175 Z : 250 B** 161/244 - 224/384 Fb.

▣ **Alsterhof**, Augsburger Str. 5 (B 30), ℰ 21 99 60, Telex 183484, ⇗, Massage, ⇔, ▧ — ▣
▣ ➜ Ⓟ ▥. ⒶⒺ ⓄⒺ ⓋⒾⓈⒶ
Karte 25/60 — **141 Z : 250 B** 123/153 - 178/192 Fb. — EX q

▣ **Berlin Penta Hotel** Ⓜ ⑂, Nürnberger Str. 65 (B 30), ℰ 24 00 11, Telex 182877, Massage,
⇔, ▧ — ▣ ▣ ▣ Ⓗ ➜ Ⓟ ▥. ⒶⒺ ⓄⒺ ⓋⒾⓈⒶ. ⅍ Rest — EV t
Karte 30/66 — **425 Z : 850 B** 177 - 229 Fb.

▣ **Savoy**, Fasanenstr. 9 (B 12), ℰ 31 06 54, Telex 184292 — ▣ ▣. ⒶⒺ ⓄⒺ ⓋⒾⓈⒶ. ⅍ Rest — DV s
Karte 30/60 — **115 Z : 180 B** 148/168 - 200/260 Fb.

▣ **Berlin**, Kurfürstenstr. 62 (B 30), ℰ 26 92 91, Telex 184332, ⇗ — ▣ ▣ Rest ▣ Ⓟ ▥ (mit ▣).
ⒶⒺ ⓄⒺ ⓋⒾⓈⒶ — EV b
Karte 27/60 (siehe auch Berlin Grill) — **255 Z : 400 B** 105/145 - 158/178 Fb.

▣ **Berlin Excelsior Hotel**, Hardenbergstr. 14 (B 12), ℰ 3 19 91, Telex 184781 — ▣ ▣ Rest ▣
Ⓟ ▥. ⒶⒺ ⓄⒺ ⓋⒾⓈⒶ. ⅍ Rest — DV b
Karte 29/68 — **320 Z : 611 B** 142/172 - 172/192 Fb.

▣ **Ambassador - Restaurant Conti-Fischstuben**, Bayreuther Str. 42 (B 30), ℰ 21 90 20,
Telex 184259, Massage, ⇔, ▧ — ▣ ▣ Rest ▣ ⇌wc ▣wc ☎ ➜ Ⓟ ▥. ⒶⒺ ⓄⒺ ⓋⒾⓈⒶ.
⅍ Rest — EV z
Karte 35/75 (Sonntag geschl.) — **200 Z : 360 B** 125/170 - 180/220 Fb.

▣ **Hamburg**, Landgrafenstr. 4 (B 30), ℰ 26 91 61, Telex 184974 — ▣ ▣ ⇌wc ☎ ➜ Ⓟ ▥. ⒶⒺ
ⓄⒺ ⓋⒾⓈⒶ. ⅍ Rest — EV s
Karte 23/58 — **240 Z : 330 B** 118/130 - 144/168 Fb.

▣ **Sylter Hof**, Kurfürstenstr. 116 (B 30), ℰ 2 12 00, Telex 183317 — ▣ ▣ ⇌wc ☎ Ⓟ ▥. ⒶⒺ
ⓄⒺ ⓋⒾⓈⒶ — EV d
Karte 25/56 (Sonntag ab 15 Uhr geschl.) — **131 Z : 180 B** 120/220 - 180/280 Fb — 25 Appart.
180/280.

▣ **President** garni, An der Urania 16 (B 30), ℰ 21 90 30, Telex 184018, ⇔ — ▣ ▣ ⇌wc ▣wc
☎ Ⓟ. ⒶⒺ ⓄⒺ ⓋⒾⓈⒶ — EX t
60 Z : 110 B 110/160 - 160/200 Fb.

▣ **Astoria** garni, Fasanenstr. 2 (B 12), ℰ 3 12 40 67, Telex 181745 — ▣ ▣ ⇌wc ▣wc ☎. ⒶⒺ ⓄⒺ
Ⓔ ⓋⒾⓈⒶ — DV a
32 Z : 51 B 65/95 - 80/150.

▣ **Remter** garni, Marburger Str. 17 (B 30), ℰ 24 60 61, Telex 183497 — ▣ ▣ ⇌wc ▣wc ☎ Ⓟ.
ⓄⒺ ⓋⒾⓈⒶ — EVX c
33 Z : 51 B 75/120 - 90/130 Fb.

XXX **Berlin-Grill**, Kurfürstenstr. 62 (im Hotel Berlin) (B 30), ℰ 26 92 91 — ▣ Ⓟ. ⒶⒺ ⓄⒺ ⓋⒾⓈⒶ. ⅍
Sonntag geschl. — Karte 43/84 (Tischbestellung ratsam). — EV b

XXX **Ritz**, Rankestr. 26 (B 30), ℰ 24 72 50 — ⒶⒺ ⓄⒺ Ⓔ — DX e
Sonn- und Feiertage sowie Juli - Aug. 4 Wochen geschl. — Karte 36/66.

XX **Mövenpick - Café des Artistes**, Europa-Center (1. Etage) (B 30), ℰ 2 62 70 77, ≼, ⇗ —
▣. ⒶⒺ ⓄⒺ — EV n
Karte 32/64 — **Mövenpick-Restaurant** Karte 22/42.

XX **Du Pont**, Budapester Str. 1 (B 30), ℰ 2 61 88 11 — ⒶⒺ ⓄⒺ Ⓔ — EV x
Samstag bis 18 Uhr, Sonn- und Feiertage sowie 24. Dez.- 2. Jan. geschl. — Karte 35/72.

XX **Daitokai** (Japanische Küche), Tauentzienstr. 9 (im Europa-Center, 1. Etage) (B 30),
ℰ 2 61 80 99 — ⒶⒺ ⓄⒺ ⓋⒾⓈⒶ. ⅍ — EV n
Montag geschl. — Karte 33/68.

XX **Ristorante IL Sorriso** (Italienische Küche), Kurfürstenstr. 76 (B 30), ℰ 2 62 13 13 — ⒶⒺ ⓄⒺ
Ⓔ. ⅍ — EV r
Sonntag geschl. — Karte 27/54 (abends Tischbestellung ratsam).

In Berlin-Charlottenburg Stadtplan Berlin : S. 4, 6 und 10-11 :

🏨 **Seehof** ⟫, Lietzensee-Ufer 11 (B 19), ℰ 32 00 20, Telex 182943, ≤, 🏤, 🏠, 🔲 – 🛗 📺 🚐
  🛁 (mit 🛏). 🖭 ⓪ 🄴 𝗩𝗜𝗦𝗔, 🍴 Rest   **BV r**
  Karte 36/72 – **77 Z : 100 B** 120/165 - 185/210 Fb.

🏨 **Kanthotel** garni, Kantstr. 111 (B 12), ℰ 32 30 26, Telex 183330 – 🛗 📺 🚿wc 🛁wc ☎ ⓟ. 🖭
  ⓪ 🄴 𝗩𝗜𝗦𝗔   **BV e**
  55 Z : 110 B 119/129 - 159/169 Fb.

🏨 **Ibis** garni, Messedamm 10 (B 19), ℰ 30 20 11, Telex 182882 – 🛗 🚿wc 🛁wc ☎ 🛁
  191 Z : 350 B Fb.   **AV b**

🏨 **Econtel** garni (modernes Economy-H.), Sömmeringstr. 24 (B 10), ℰ 34 40 01 – 🛗 🛁wc ☎ ⓟ
  🛁. 🄴   **BU a**
  205 Z : 473 B 77/96 - 107/117.

🏨 **Kardell**, Gervinusstr. 24 (B 12), ℰ 3 24 10 66 – 🛗 🛁wc 🛁wc ☎ ⓟ. 🖭 ⓪ 🄴 𝗩𝗜𝗦𝗔   **BX r**
  Karte 29/65 *(Samstag bis 17 Uhr geschl.)* – **33 Z : 49 B** 80/100 - 140/150 Fb.

🏨 **Am Studio** garni, Kaiserdamm 80 (B 19), ℰ 30 20 81, Telex 182825 – 🛗 📺 🚿wc ☎ 🚐. 🖭
  ⓪ 🄴 𝗩𝗜𝗦𝗔   **AV c**
  78 Z : 94 B 75/85 - 98/115 Fb.

XX ❀ **Ponte Vecchio** (Toskanische Küche), Spielhagenstr. 3 (B 10), ℰ 3 42 19 99 – ⓪   **BV a**
  nur Abendessen, Dienstag und Juli - Aug. 4 Wochen geschl. – Karte 32/59 (Tischbestellung
  erforderlich)
  Spez. Carpaccio "a modo mio", Spaghetti "al Rosa Nero", Medaglioni d'agnello "alla Fiorentina".

XX **Pullman**, Messedamm 11 (Im Congress-Center) (B 19), ℰ 30 38 39 46, ≤ – 🛗 📧 🛗 🛁. 🖭
  ⓪ 🄴 🍴   **AV s**
  Sonntag ab 18 Uhr und Juli - Aug. 4 Wochen geschl. – Karte 22/61.

In Berlin-Dahlem Stadtplan Berlin : S. 5 :

🏨 **Forsthaus Paulsborn** ⟫, Am Grunewaldsee (B 33), ℰ 8 13 80 10, 🏤 – 📺 🚿wc 🛁wc ☎
  ⓟ. 🖭 ⓪ 🄴 𝗩𝗜𝗦𝗔   **MT u**
  Karte 22/54 *(Montag geschl.)* – **11 Z : 22 B** 85 - 120.

XXXX ❀ **Maître**, Podbielskiallee 31 (B 33), ℰ 8 32 60 04, « Elegantes Restaurant in einer Villa » –
  🖃. 🖭 ⓪ 🄴   **MT s**
  nur Abendessen, Sonntag geschl. – Karte 135/189 *(nur Menu)* (Tischbestellung erforderlich).

XX **Alter Krug**, Königin-Luise-Str. 52 (B 33), ℰ 8 32 50 89, « Gartenterrasse » – ⓟ. ⓪ 🄴 𝗩𝗜𝗦𝗔
  Donnerstag geschl. – Karte 21/61.   **MT k**

In Berlin-Friedenau Stadtplan Berlin : S. 5 :

🏨 Hospiz Friedenau ⟫ garni, Fregestr. 68 (B 41), ℰ 8 51 90 17 – 🚿wc 🛗 ☎ 🚐 ⓟ. 🍴
  16 Z : 25 B.   **MT z**

In Berlin-Grunewald Stadtplan Berlin : S. 4-6 :

XX **Chalet Corniche**, Königsallee 5b (B 33), ℰ 8 92 85 97 – 🖭 ⓪   **AX s**
  nur Abendessen – Karte 38/68.

XX **Castel Sardo** (Italienische Küche), Hagenstr. 2 (B 33), ℰ 8 25 60 14, 🏤 – 🖭 ⓪ 🄴   **MS a**
  Montag geschl. – Karte 24/57.

X **Chalet Suisse**, Im Jagen 5 (Zufahrt über Clayallee) (B 33), ℰ 8 32 63 62, 🏤 – ⓟ. 🖭 ⓪ 🄴
  𝗩𝗜𝗦𝗔   **MT v**
  Karte 25/61.

In Berlin-Kreuzberg Stadtplan Berlin : S. 7-8 :

🏨 **Hervis** garni, Stresemannstr. 97 (B 61), ℰ 2 61 14 44, Telex 184063 – 🛗 📺 🚿wc 🛁wc ☎ ⓟ
  🛁. 🖭 ⓪ 🄴 𝗩𝗜𝗦𝗔   **GV a**
  71 Z : 118 B 88/122 - 130/175 Fb.

In Berlin-Lankwitz Stadtplan Berlin : S. 5 :

🏨 **Pichlers Viktoriagarten**, Leonorenstr. 18 (B 46), ℰ 7 71 60 88, 🏤 – 🛁wc ☎ ⓟ   **MT e**
  30. Juni - 27. Juli geschl. – Karte 17/46 *(Montag bis 17 Uhr geschl.)* – **24 Z : 31 B** 36/62 -
  71/119.

In Berlin-Lichterfelde Stadtplan Berlin : S. 5 :

🏨 **Haus Franken** ⟫ garni (ehem. Villa), Hochbergplatz 7 (B 45), ℰ 7 72 10 89, 🏠, 🌳 – 🛁wc
  ☎   **MT f**
  11·Z : 18 B 76/100 - 122/134.

In Berlin-Nikolassee Stadtplan Berlin : S.4 :

XX **An der Rehwiese**, Matterhornstr. 101 (B 38), ℰ 8 03 27 20 – ⓪   **LT n**
  nur Abendessen, Dienstag und Juli - Aug. 3 Wochen geschl. – Karte 37/75 (Tischbestellung
  ratsam).

In Berlin-Reinickendorf Stadtplan Berlin : S. 5 :

🏨 **Rheinsberg am See**, Finsterwalder Str. 64 (B 26), ℰ 4 02 10 02, Telex 185972, 🏤, Massage,
  🏠, 🏊, 🔲, 🌳 – 🛗 📺 🛁wc ☎ ⓟ   **MS e**
  Karte 25/60 – **75 Z : 150 B** 65/98 - 142 Fb.

In Berlin-Siemensstadt Stadtplan Berlin : S. 5 :

🏨 **Novotel**, Ohmstr. 4 (B 13), ℰ 38 10 61, Telex 181415, ⌐ (geheizt) – 🛗 ≣ 📺 🛏wc ☎ 🄿
🍴 (mit ≣)　　　　　　　　　　　　　　　　　　　　　　　　　　MS　u
119 Z : 238 B Fb.

In Berlin - Steglitz Stadtplan Berlin : S. 5 :

🏨 **Steglitz International** M, Albrechtstr. 2 (Ecke Schloßstr.) (B 41), ℰ 79 10 61, Telex 183545,
Massage, ⇔ – 🛗 📺 🕭 🍴 AE ⓞ E VISA　　　　　　　　　　　MT　a
Karte 29/58 – **212 Z : 400 B** 120/165 - 160/190 Fb.

In Berlin-Tegel Stadtplan Berlin : S. 5 :

🏨 **Novotel Berlin Airport** M, Kurt-Schumacher-Damm 202 (über Flughafen-Zufahrt) (B 51),
ℰ 4 10 60, Telex 181605, ⇔, ⌐ (geheizt) – 🛗 ≣ 📺 🛏wc ☎ 🕭 🄿 🍴 AE ⓞ VISA　　MS　r
Karte 25/47 – **187 Z : 374 B** 135/155 - 173/183 Fb.

🏨 **Gästehaus am Tegeler See** 🦢, Wilkestr. 2 (B 27), ℰ 4 38 40 (Hotel) 4 38 43 33 (Rest.) – 🛗 📺
🍴wc ☎ ⇔ 🄿　　　　　　　　　　　　　　　　　　　　　　　MS　n
39 Z : 70 B Fb.

In Berlin-Tegelort Stadtplan Berlin : S. 4 :

🏨 **Igel** 🦢 garni, Friederikestr. 33 (B 27), ℰ 4 33 90 67 – 🛏wc 🍴wc ☎ 🄿 AE ⓞ E　　LS　u
43 Z : 84 B 70/98 - 130/130.

In Berlin-Waidmannslust Stadtplan Berlin : S. 5

XXX ⊛ **Rockendorf's Restaurant** (elegante Einrichtung), Düsterhauptstr. 1 (B 28), ℰ 4 02 30 99
– AE ⓞ　　　　　　　　　　　　　　　　　　　　　　　　　　　MS　m
Aug. 3 Wochen, Weihnachten - Neujahr sowie Sonntag - Montag und Feiertage geschl. –
Karte 48/92 (Tischbestellung ratsam)
Spez. Parfait von Tomaten und Joghurt mit warmem Hummer, Wildentenbrust in Gänsestopfleber-Sauce
(Okt.-Nov.), Terrine von Datteln und Feigen mit Zimtsauce und Honigeis.

In Berlin-Wedding Stadtplan Berlin : S. 5 :

🏨 **Pückler-Hospiz** 🦢 garni, Schönwalder Str. 21 (B 65), ℰ 46 10 21 – 🛗 🍴wc ☎ 🄿　　NS　a
52 Z : 69 B 45/86 - 110/128.

In Berlin-Wilmersdorf Stadtplan Berlin : S. 10-11 :

🏨 **Crest Motor Hotel** garni, Güntzelstr. 14 (B 31), ℰ 87 02 41, Telex 182948 – 🛗 📺 🛏wc
🍴wc ☎ ⇔ AE ⓞ E VISA　　　　　　　　　　　　　　　　　　　DY　t
110 Z : 150 B 145 - 189 Fb.

🏨 **Franke**, Albrecht-Achilles-Str. 57 (B 31), ℰ 8 92 10 97, Telex 184857 – 🛗 🛏wc ☎ 🄿　　BX　s
67 Z : 90 B.

🏨 **Lichtburg**, Paderborner Str. 10 (B 15), ℰ 8 91 80 41, Telex 184208 – 🛗 🛏wc ☎. AE ⓞ E
VISA　　　　　　　　　　　　　　　　　　　　　　　　　　　　BX　a
Karte 20/37 – **62 Z : 100 B** 100/104 - 147/153.

🏨 **Atrium-Hotel** garni, Motzstr. 87 (B 30), ℰ 24 40 57 – 🛗 🍴wc ☎. E　　　　　EX　e
22 Z : 40 B 45/72 - 95/98.

XX **Medel**, Durlacher Str. 25 (Ecke Bruchsaler Str.) (B 31), 🌿, « Einrichtung eines Südtiroler
Berghofs » – AE E　　　　　　　　　　　　　　　　　　　　　　DZ　n
wochentags nur Abendessen – Karte 32/63.

Am Wannsee Stadtplan Berlin : S. 4 :

X Blockhaus Nikolskoe, Nikolskoer Weg (B 39), ℰ 8 05 29 14 – 🄿　　　　　　LT　b

An der Avus Stadtplan Berlin : S. 4 :

🏨 **Raststätte - Motel Grunewald**, Kronprinzessinenweg 120 (B 38), ℰ 8 03 10 11, 🌿 – 🛗
🍴wc ☎ 🄿　　　　　　　　　　　　　　　　　　　　　　　　　LT　x
Karte 17,50/39 – **36 Z : 80 B** 74/81 - 112/120.

MICHELIN-REIFENWERKE KGaA. Niederlassung Alt Moabit 95-97 (B 21) (Berlin S. 7 EU),
ℰ 3 91 30 11.

☛ *Pour aller loin rapidement, utilisez les cartes Michelin à 1/1 000 000.*

BERMATINGEN Baden-Württemberg siehe Markdorf.

BERMBACH Hessen siehe Waldems.

BERMERSBACH Baden-Württemberg siehe Forbach.

BERNAU AM CHIEMSEE 8214. Bayern 987 ㉛, 426 ⑱ – 5 000 Ew – Höhe 555 m – Luftkurort
– ✪ 08051 (Prien).

🛈 Kur- u. Verkehrsamt, Aschauer Straße, ℰ 72 18.

♦München 84 – Rosenheim 25 – Salzburg 59 – Traunstein 30.

🏠 **Talfriede**, Kastanienallee 1, *𝒫* 74 18 — 🛏wc 🅿
Mai - Okt. — (nur Abendessen für Hausgäste) — **29 Z : 65 B** 65/85 - 110/150 Fb.

🏠 **Alter Wirt - Bonnschlößl**, Kirchplatz 9, *𝒫* 72 00, « Park », 🌿 — 🛁wc 🛏wc 🚗 🅿
➜ *Mitte Okt.- Mitte Nov. geschl.* — Karte 12/35 *(Montag geschl.)* ⚗ — **40 Z : 75 B** 37/45 - 64/75 Fb.

☎ **Chiemsee**, Zellerhornstr. 1, *𝒫* 72 45, Biergarten, 🌿 — 🛁wc 🛏wc 🚗 🅿
➜ *4. Nov.- 6. Dez. geschl.* — Karte 12/30 *(Dienstag geschl.)* — **20 Z : 38 B** 33/45 - 54/72 — P 48/55.

☎ **Jägerhof**, Rottauer Str. 15, *𝒫* 73 77 — 🛏wc 🅿
➜ *Mitte Nov.- Mitte Dez. geschl.* — Karte 14,50/38 *(Mai - Okt. Dienstag, Dez.- April Dienstag - Mittwoch 18 Uhr geschl.)* — **15 Z : 30 B** 30/42 - 55/77.

Bernau-Reit siehe : *Aschau*

BERNAU IM SCHWARZWALD 7821. Baden-Württemberg 🔲🔲🔲 ㉞ ㉟. 🔲🔲🔲 ㊲. 🔲🔲🔲 ⑤ — 1 550 Ew
— Höhe 930 m — Luftkurort — Wintersport : 930/1 300 m ⚡7 ⚡4 — ✪ 07675.

🅱 Kurverwaltung, Bernau-Innerlehen, Rathaus, *𝒫* 8 96.
◆Stuttgart 198 — Basel 59 — ◆Freiburg im Breisgau 47 — Waldshut-Tiengen 35.

In Bernau-Dorf :

☎ **Löwen**, Dorf 30, *𝒫* 2 77, 🔲, 🌿 — 🛏wc 🚗 🅿
4. Nov.- 18. Dez. geschl. — (Rest. nur für Hausgäste) — **13 Z : 25 B** 35/46 - 60/88 Fb — P 50/66.

☎ **Bergblick**, Dorf 19, *𝒫* 4 24, 🌷, 🌿 — 🛏wc 🚗 🅿
26. Okt.- 25. Dez. geschl. — Karte 15,50/31 *(Dienstag geschl.)* ⚗ — **12 Z : 23 B** 36 - 66 — P 49.

In Bernau-Hof :

☎ **Bernauer Hof** 🍴, *𝒫* 3 61, 🌿 — 🛏wc 🚗 🅿
➜ *Nov. geschl.* — Karte 12/30 *(Montag geschl.)* ⚗ — **13 Z : 25 B** 29 - 57 — P 45.

In Bernau-Innerlehen :

☎ **Rössle** 🍴, Hauptstr. 29, *𝒫* 3 47, 🔲, 🌿 — 🛏wc 🚗 🅿. 🎿 Zim
Nov.- 14. Dez. geschl. — Karte 17/22 ⚗ — **40 Z : 60 B** 40/55 - 76/90 — P 55/65.

In Bernau-Oberlehen :

🏠 **Schwanen** 🍴, Oberlehen 43, *𝒫* 3 48, 🌿 — 🛏wc 🚗 🅿. 🆎 **E**
10. Nov.- 15. Dez. geschl. — Karte 16/42 *(Mittwoch geschl.)* ⚗ — **22 Z : 38 B** 28/35 - 50/64 —
P 48/55.

🏠 **Bären**, Oberlehen 14, *𝒫* 6 40, 🌿 — 🛏wc ☎ 🅿
April und Nov. geschl. — Karte 18/46 *(Montag geschl.)* ⚗ — **12 Z : 24 B** 40/50 - 70 — P 55/70.

In Bernau-Riggenbach :

🏠 **Adler**, Hauptstr. 40, *𝒫* 8 08, ≤, Bade- und Massageabteilung, ⚖, 🕿, 🌿 — 🔆 🛁wc 🛏wc
🅿
15. Nov.- 10. Dez. geschl. — Karte 16,50/42 *(Freitag geschl.)* ⚗ — **26 Z : 60 B** 30/60 - 65/90 —
3 Appart. — P 45/55.

Siehe auch : *Liste der Feriendörfer*

BERNE 2876. Niedersachsen 🔲🔲🔲 ⑭ — 6 900 Ew — Höhe 2 m — ✪ 04406.
◆Hannover 158 — ◆Bremen 37 — Bremerhaven 54 — ◆Oldenburg 25 — Wilhelmshaven 64.

💥 **Weserblick**, Juliusplate 6 (an der Fähre nach Farge), *𝒫* 2 14, ≤, 🌷 — 🅿 ⚗. ⓞ
Karte 23/64.

BERNECK IM FICHTELGEBIRGE, BAD 8582. Bayern 🔲🔲🔲 ㉗ — 5 000 Ew — Höhe 377 m —
Kneippheilbad — Luftkurort — ✪ 09273.

🅱 Kurverwaltung, Rathaus, Bahnhofstraße, *𝒫* 61 25.
◆München 244 — Bayreuth 15 — Hof 45.

🏠 **Kurhotel zur Mühle** 🍴, Kolonnadenweg 1, *𝒫* 61 33, « Gartenterrasse », Bade- und
Massageabteilung, ⚖, 🔲 — 🛁wc 🛏wc ☎ 🚗 🅿. 🆎 ⓞ **E** 🆅🆂🅰. 🎿 Rest
5. Nov.- 15. Dez. geschl. — Karte 18,50/50 — **42 Z : 60 B** 44/70 - 78/160 Fb — P 64/90.

🏠 **Bube** 🍴, An der Ölschnitz 93, *𝒫* 61 21, 🌷, 🕿 — 🔆 🛏wc 🚗
50 Z : 82 B.

🏠 **Kneippkurhotel Heissinger** 🍴 garni, An der Ölschnitz 51, *𝒫* 3 31, ⚖ — 🔆 🛁wc 🛏wc
🚗. 🆎
1. Dez.- 15. Feb. geschl. — **16 Z : 25 B** 33/46 - 74/92 Fb.

🏠 **Haus am Kurpark** 🍴, Heinersreuther Weg 1, *𝒫* 76 18 — 🛁wc 🛏wc 🅿. 🆎 **E**
➜ *Nov. geschl.* — Karte 12/30 *(nur Abendessen)* — **15 Z : 29 B** 40 - 78/84.

🏠 **Landhaus Bad Berneck** garni, Hofer Str. 23, *𝒫* 64 19, 🕿 — 🛏wc 🚗 🅿
Nov.- 10. Dez. geschl. — **19 Z : 32 B** 28/45 - 54/86.

🏠 **Haus Elisabeth** 🍴 garni, Eisenleitenstr. 6, *𝒫* 71 78 — 🔆 🛁wc 🛏wc 🚗 🅿
18 Z : 26 B 33/39 - 62/65.

BERNECK IM FICHTELGEBIRGE, BAD

In Bad Berneck-Goldmühl SO : 3 km :

🏠 **Schwarzes Roß** 🦌, Maintalstr. 11, 🍴 3 64, 🚗 — 🛏wc ⟸ 🅿
← 25. Okt.- 1. Dez. geschl. — Karte 14/30 *(März-Okt. Sonntag ab 14 Uhr, Dez.-Feb. Sonntag ganztäg. geschl.)* — **27 Z : 50 B** 24/31 - 44/62 — P 39/43.

In Goldkronach 8581 SO : 5 km :

🏠 **Zum Alexander von Humboldt** 🦌, Bad Bernecker Str. 4, 🍴 (09273) 3 56, 🍷, 🖼 — 🛏wc
← 🅿
Karte 12/30 *(Nov. und Donnerstag geschl.)* — **25 Z : 48 B** 28/48 - 48/88 — P 48/68.

BERNKASTEL-KUES 5550. Rheinland-Pfalz 🖫🖫🖫 ㉔ — 7 500 Ew — Höhe 115 m — ☼ 06531.

Sehenswert : Markt★.

Ausflugsziel : Burg Landshut ⇐★★, S : 3 km.

🛈 Tourist-Information, in Bernkastel, Gestade 5, 🍴 40 23.

Mainz 113 — ♦Koblenz 103 — ♦Trier 49 — Wittlich 16.

Im Ortsteil Bernkastel :

🏨 **Zur Post** (Fachwerkhaus a.d.J. 1827 mit modernem Hotelneubau), Gestade 17, 🍴 20 22 — 🛗
🛁wc 🛏wc ☎ ⟸ 🅰 🖾 ⑩ E 𝘝𝘐𝘚𝘈
Karte 18/58 — **40 Z : 85 B** 36/70 - 56/98.

🏨 Doctor Weinstuben, Hebegasse 5, 🍴 60 81, « Restaurant im histor. Gebäudeteil » — 🛗 🛁wc
🛏wc ☎
15 Z : 30 B Fb.

🏨 **Römischer Kaiser**, Markt 29, 🍴 30 38 — 🛁wc 🛏wc ☎. 🖾 ⑩ E 𝘝𝘐𝘚𝘈
Jan.- Feb. geschl. — Karte 19/57 — **31 Z : 60 B** 45/60 - 85/100.

🏠 **Binz**, Markt 1, 🍴 22 25 — 🛏wc
Dez.- Jan. geschl. — Karte 16/40 *(Jan.- Juli Dienstag geschl.)* — **10 Z : 20 B** 35/65 - 70/95.

🏠 **Burg Landshut**, Gestade 11, 🍴 30 19, Telex 4721565 — 🛁wc 🛏wc ☎. 🖾 ⑩ E 𝘝𝘐𝘚𝘈
Jan.- Feb. geschl. — Karte 20/62 *(Nov.- April Dienstag geschl.)* — **30 Z : 60 B** 40/80 - 72/135.

🏠 **Behrens** garni, Schanzstr. 9, 🍴 60 88 — 🛗 🛏wc ☎
27 Z : 55 B 38/85 - 76/110 Fb.

🏠 **Älteste Weinstube**, Kallenfelsstr. 27, 🍴 40 64, « Fachwerkhaus a. d. J. 1740 », 🍷 — 🛏wc
☎. 🖾 ⑩ E 𝘝𝘐𝘚𝘈
Karte 22/60 *(Nov.- Juli Montag geschl.)* — **10 Z : 20 B** 60/70 - 75/125 Fb.

🏠 **Moselblümchen**, Schwanenstr. 10, 🍴 23 35 — 🛏wc. 🍴 Rest
Feb.- 20. März geschl. — Karte 15/51 *(Nov.- Ostern Sonntag, Ostern - Okt. Montag geschl.)* ⚭
— **22 Z : 40 B** 32/50 - 50/76.

🏠 **Huwer**, Römerstr. 35, 🍴 23 53
← Ende Feb.- Anfang März geschl. — Karte 12.50/37 *(Montag geschl.)* — **12 Z : 20 B** 26/30 - 52/56.

XX **Rôtisserie Royale**, Burgstr. 19, 🍴 65 72, « Originelle Einrichtung in einem Fachwerkhaus a.d. 17. Jh. »
außer Saison wochentags nur Abendessen — Karte 24/57 (Tischbestellung ratsam).

X **Altes Brauhaus**, Gestade 4, 🍴 25 52, ☂
Jan.- Feb. geschl. — Karte 16/42 ⚭.

Im Ortsteil Kues :

🏨 **Mosel Hotelpark** Ⓜ 🦌, Am Kurpark, 🍴 20 11, Telex 4721559, ☂, 🍷, 🖼, 🚗, 🍴 (Halle),
Fitness-Sportcenter — 🛗 📺 ⚒ 🅿 🖼 🖾 ⑩ E 𝘝𝘐𝘚𝘈
Karte 23/58 ⚭ — **110 Z : 220 B** 90 - 130 Fb — 40 Appart. 92.

🏨 **Drei Könige** garni, Bahnhofstr. 1, 🍴 23 27 — 🛗 🛁wc 🛏wc 🅿. 🖾 E
Mitte Nov.- Mitte März geschl. — **40 Z : 68 B** 75/100 - 125/150.

🏨 **Panorama** garni, Rebschulweg 48, 🍴 30 61, 🍷, 🚗 — 🛏wc ☎ 🅿. ⑩. 🍴
13 Z : 27 B 40/55 - 70/85.

🏠 **Weinhaus St. Maximilian** garni, Saarallee 12, 🍴 24 31, eigener Weinbau — 🛁wc 🛏wc
🅿
Ostern - Mitte Nov. — **10 Z : 20 B** 45/65 - 74/80.

XX **Hubertusklause** mit Zim, Cusanusstr. 26, 🍴 80 45 — 🛏wc 🅿. ⑩ E
Mitte Feb.- Mitte März geschl. — Karte 27/60 *(Nov.- April Mittwoch geschl.)* — **5 Z : 9 B** 40/50 -
75.

X **Café Volz** mit Zim, Lindenweg 18, 🍴 66 27, ☂ — 🛏wc ☎ 🅿
7 Z : 13 B.

Im Ortsteil Wehlen NW : 4 km :

🏠 **Mosel-Hotel** 🦌, Uferallee 3, 🍴 85 27, ⇐, ☂, 🚗 — 🛁wc 🛏wc 🅿
März - Nov. — Karte 19/46 — **16 Z : 30 B** 38/55 - 70/90 — P 56/65.

🏠 Sonnenlay, Hauptstr. 47, 🍴 64 96 — 🛁wc 🛏wc 🅿
12 Z : 19 B.

XX **Sonnenuhr** mit Zim, Hauptstr. 110, 🍴 84 23 — 🛏wc 🅿. 🖾 E
März 2 Wochen geschl. — Karte 20/59 *(Dienstag geschl.)* — **9 Z : 17 B** 30/40 - 60/76.

BERNRIED Bayern siehe Deggendorf.

BERNRIED AM STARNBERGER SEE 8139. Bayern 🆔🆔🆔 ⑦ − 2 000 Ew − Höhe 633 m − Erholungsort − ✪ 08158.

♦München 47 − Starnberg 20 − Weilheim 18.

🏨 **Marina Bernried** ⤸, Segelhafen 1, 𝒫 60 46, Telex 527764, ≤, 🍴, ≘s, 🔲, 🐎, 🚗, Yachthafen − 📺 ⌷wc ☎ 🅿 🏖, 🆀 🗉
  15. Dez.- 7. Jan. geschl. − Karte 24/62 − **75 Z : 150 B** 98/148 - 125/158 Fb − 18 Appart. 490 pro Woche.

🏠 **Seeblick**, Tutzinger Str. 9, 𝒫 30 51, 🍴, ≘s, 🔲, 🚗 − 📶 🏛wc ☎ 🛆 🅿 🏖
  Karte 17/41 − **128 Z : 230 B** 45/64 - 60/106 − P 75/94.

BEROD Rheinland-Pfalz siehe Altenkirchen im Westerwald.

BERTRICH, BAD 5582. Rheinland-Pfalz 🆔🆔🆔 ㉔ − 1 400 Ew − Höhe 165 m − Heilbad − ✪ 02674.
🛈 Kurverwaltung, Kirchstr. 7, 𝒫 3 14.

Mainz 118 − ♦Koblenz 93 − ♦Trier 60.

🏨 **Staatl. Kurhaus-Kurhotel**, Kurfürstenstr. 34, 𝒫 2 34, « Gartenterrasse », Bade- und Massageabteilung − 📶 📺 🏛wc ☎ ⇐ 🅿
  36 Z : 50 B.

🏨 **Alte Mühle** ⤸, Bäderstr. 46, 𝒫 2 74, 🍴 − 📶 ⌷wc 🏛wc ☎ 🅿. 🕿 Rest
  Dez.- 15. Feb. geschl. − Karte 22/50 − **40 Z : 55 B** 42/55 - 88/104 − P 72/81.

🏨 **Am Schwanenweiher** ⤸ garni, Am Schwanenweiher, 𝒫 6 69, 🚗 − 🏛wc 🅿. 🕿
  12 Z : 24 B.

🏨 **Diana**, Kurfürstenstr. 5, 𝒫 3 89, 🍴, Bade- und Massageabteilung, 🛆 − ⌷wc 🏛wc ☎ ⇐ 🅿. 🗉. 🕿
  Karte 16/45 *(auch Diät)* − **15 Z : 25 B** 46/58 - 82/116 − P 78/88.

🏨 **Fürstenhof**, Kurfürstenstr. 36, 𝒫 3 66, direkter Zugang zum Kurmittelhaus − 📶 🏛wc ☎ ⇐. ⓪ 🗉. 🕿 Rest
  Karte 21/58 − **37 Z : 62 B** 55/80 - 100/120 Fb − P 85/90.

🏠 **Haus Christa** ⤸ garni, Viktoriastr. 4, 𝒫 4 29 − 📶 🏛wc 🅿
  März - 16. Nov. − **24 Z : 36 B** 40 - 64.

🏠 **Hotel am Üßbach**, Kurfürstenstr. 19, 𝒫 3 69 − 📶 📺 🏛wc 🛆
  Karte 16/42 − **20 Z : 30 B** 42 - 76 − P 62.

BESCHEID Rheinland-Pfalz siehe Trittenheim.

BESENFELD Baden-Württemberg siehe Seewald.

BESIGHEIM 7122. Baden-Württemberg 🆔🆔🆔 ㉕ − 8 100 Ew − Höhe 185 m − ✪ 07143.
Ausflugsziel : Hessigheim (Felsengarten ≤★) O : 3 km.

♦Stuttgart 30 − Heilbronn 20 − Ludwigsburg 14 − Pforzheim 60.

🍴 **Röser**, Am Bahnhof, 𝒫 3 51 71 − 🏛wc ⇐ 🅿
⟵ *7.- 24 Aug. und 23. Dez.- 6. Jan. geschl.* − Karte 14/32 *(nur Abendessen, Mittwoch geschl.)* 🛆
  − **22 Z : 35 B** 28/42 - 50/75.

  In Freudental 7121 W : 6 km :

🏠 **Lamm**, Hauptstr. 14, 𝒫 (07143) 1 85 82 − 🏛wc ☎ 🅿
  27. Jan.- 27. Feb. geschl. − Karte 18,50/40 *(Donnerstag - Freitag 17 Uhr geschl.)* 🛆 − **10 Z : 18 B** 40 - 60.

BESTWIG 5780. Nordrhein-Westfalen − 12 000 Ew − Höhe 350 m − Wintersport : 350/750 m ✗3 ✗4 − ✪ 02904.
🛈 Verkehrsamt, an der B 7, 𝒫 8 12 75.

♦Düsseldorf 156 − Brilon 14 − Meschede 8.

  In Bestwig 7-Andreasberg S : 6 km :

🏨 **Andreasberg**, 𝒫 (02905) 6 13, « Garten », ≘s, 🔲 − 🏛wc 🅿 🏖
  Karte 19/40 *(Donnerstag geschl.)* − **18 Z : 35 B** 42 - 80.

  In Bestwig 4-Ostwig O : 1,5 km :

🏨 **Nieder**, Hauptstr. 19, 𝒫 5 91, « Gartenterrasse », ≘s − 📶 🏛wc ☎ 🅿
  10. Jan.- 10. Feb. geschl. − Karte 17/43 *(Montag geschl.)* − **35 Z : 60 B** 54 - 96 − P 65/70.

  In Bestwig 6-Ramsbeck S : 7 km :

🏠 **Ramsbecker Hof**, Heinrich-Lübke-Str. 30, 𝒫 (02905) 5 25 − 🏛wc ☎ 🅿
  Karte 16/42 *(Dienstag geschl.)* − **9 Z : 20 B** 35 - 70 − P 52.

■BETZDORF■ 5240. Rheinland-Pfalz 🗗🗗🗗 ㉔ – 11 200 Ew – Höhe 185 m – 🔴 02741.

Mainz 120 – ♦Köln 99 – Limburg an der Lahn 65 – Siegen 23.

🏨 **Breidenbacher Hof**, Klosterhof 7, 🖋 2 26 96 – 🔲 ➡wc 🏠wc 🕿 ⇐ 🅿 🛦. 🝙 🕥 🖪 𝗩𝗜𝗦𝗔
26. Juli - 10. Aug. geschl. – Karte 25/50 *(Samstag bis 18 Uhr und Sonntag geschl.)* – **16 Z :
28 B** 50/78 - 109/129 Fb.

🏠 **Bürgergesellschaft**, Augustastr. 5, 🖋 10 41, 🍴 – 🏠wc 🕿 ⇐. 🝙 🕥 🖪 𝗩𝗜𝗦𝗔
Karte 17/47 *(Mittwoch geschl.)* – **8 Z : 14 B** 50/65 - 100/120.

■BETZENSTEIN■ 8571. Bayern – 2 200 Ew – Höhe 441 m – 🔴 09244.

♦München 211 – Bayreuth 41 – ♦Nürnberg 45 – ♦Regensburg 125 – Weiden in der Oberpfalz 65.

🕿 Burghardt, Hauptstr. 7, 🖋 2 06 – 🏠wc
12 Z : 21 B.

■BEUREN■ 7444. Baden-Württemberg – 3 300 Ew – Höhe 434 m – Erholungsort –
🔴 07025 (Neuffen).

♦Stuttgart 44 – Reutlingen 21 – ♦Ulm (Donau) 66.

🏨 **Beurener Hof** 🖳 🐾, Hohenneuffenstr. 16, 🖋 51 57 – 🏠wc 🕿 ⇐ 🅿
15. Jan.- 1. Feb. geschl. – Karte 23/61 *(Dienstag geschl.)* – **10 Z : 17 B** 40/55 - 70/90 –
P 90/110.

🏠 **Schwanen** 🐾, Kelterstr. 6, 🖋 22 90 – 🏠wc 🅿
Mitte Aug.- Anfang Sept. geschl. – Karte 17/36 *(nur Abendessen, Montag geschl.)* – **13 Z :
20 B** 30/38 - 54/64.

✕ **Schloß-Café**, Badstr. 7, 🖋 32 70, 🍴 – 🅿
Montag, Juli und Dez. jeweils 2 Wochen sowie jedes letzte Wochenende im Monat geschl. –
Karte 17,50/40.

■BEURON■ 7792. Baden-Württemberg 🗗🗗🗗 ㉟ – 1 200 Ew – Höhe 625 m – Erholungsort –
🔴 07466.

♦Stuttgart 117 – ♦Freiburg im Breisgau 114 – ♦Konstanz 64 – ♦Ulm (Donau) 113.

🏠 **Pelikan**, Abteistr. 12, 🖋 4 06, 🍴 – 🍽 ➡wc 🏠wc 🕿 ⇐ 🅿. 🎿
7. Jan.- 5. März geschl. – Karte 14/37 🍷 – **32 Z : 54 B** 44 - 80.

In Beuron-Hausen im Tal NO : 9 km :

🏠 **Steinhaus**, Schwenninger Str. 2, 🖋 (07579) 5 56 – ➡wc 🅿 🛦. 🎿 Zim
18. Nov.- 24. Dez. geschl. – Karte 15,50/33 *(Montag geschl.)* 🍷 – **11 Z : 20 B** 35 - 70 – P 49.

In Beuron-Thiergarten NO : 14,5 km :

✕✕ **Berghaus Alber** 🐾 mit Zim, Waldstr. 52, 🖋 (07570) 3 93, ≼, 🍴, 🔥 – 🏠wc 🅿
10. Jan.- 10. Feb. geschl. – Karte 24/45 *(Dienstag geschl.)* 🍷 – **7 Z : 15 B** 28/38 - 47/65 –
P 48/58.

■BEVENSEN, BAD■ 3118. Niedersachsen 🗗🗗🗗 ⑯ – 9 600 Ew – Höhe 39 m – Heilbad und
Kneipp-Kurort – 🔴 05821.

🗗 Kurverwaltung, Brückenstr. 1, 🖋 30 77.

♦Hannover 113 – ♦Braunschweig 100 – Celle 70 – Lüneburg 24.

🏨 **Fährhaus** 🖳 🐾, Alter Mühlenweg 1, 🖋 70 94, 🍴, 🍽, 🔥 – 🔲 🏠wc 🕿 🛦 🅿. 🝙 🕥 🖪 𝗩𝗜𝗦𝗔
Karte 25/58 – **38 Z : 64 B** 75/98 - 116/146 Fb – P 109/124.

🏨 **Landhaus Marina** 🐾, Haberkamp 2, 🖋 30 06, 🍴, Bade- und Massageabteilung, 🍽, 🔲,
🔥 – 🔲 ➡wc 🏠wc 🕿 🅿. 🎿
6. Jan.- 3. Feb. geschl. – Karte 29/60 *(Montag geschl.)* – **25 Z : 38 B** 83/105 - 164/180 Fb –
P 101/123.

🏨 **Zur Amtsheide-Pension Ronco** 🐾 garni, Zur Amtsheide 5, 🖋 12 49, Massage, 🔥
– 🍽 ➡wc 🏠wc 🕿 🅿
47 Z : 68 B 51/90 - 95/100 Fb – 18 Appart. 95/120.

🏨 **Sonnenhügel** 🐾, Zur Amtsheide 4, 🖋 4 10 41, 🍽 – 🍽 🔲 🏠wc 🕿 🅿. 🎿
Dez.- Jan. geschl. – (Rest. nur für Hausgäste) – **25 Z : 31 B** 60/75 - 106/120 Fb – 7 Appart. –
P 82/97.

🏨 **Kieferneck** 🐾, Lerchenweg 1, 🖋 30 33, Bade- und Massageabteilung, 🔲 – 🍽 🏠wc 🕿 🅿
Karte 26/55 – **52 Z : 81 B** 65/68 - 110/116 Fb – P 95/98.

🏠 **Parkhotel** 🐾, Alter Wiesenweg 2, 🖋 70 07, 🍴, 🔥 – 🍽 ➡wc 🏠wc 🕿 🅿. 🎿 Rest
36 Z : 54 B Fb.

🏠 **Heidekrug**, Bergstr. 15, 🖋 70 71, 🔥 – 🍽 ➡wc 🏠wc 🕿 ⇐ 🅿
Mitte Jan.- Feb. geschl. – Karte 29/60 *(Dienstag geschl., Nov.- März Montag 15 Uhr - Dienstag
geschl.)* – **17 Z : 21 B** 52/65 - 92/98 – P 85/104.

🏠 **Pension Sabine** 🐾, Zur Amtsheide 18, 🖋 70 31 – 🍽 ➡wc 🏠wc 🕿 🛦 🅿
Nov.- 15. Dez. geschl. – (Rest. nur für Hausgäste) – **24 Z : 36 B** 49/59 - 94/100 – P 74/84.

🏠 **Berlin** 🐾, Alter Wiesenweg 11, 🖋 30 15 – 🍽 🔲 ➡wc 🏠wc 🕿 🅿. 🎿
Dez.- 7. Jan. geschl. – (Rest. nur für Hausgäste) – **29 Z : 41 B** 43/61 - 76/110 – P 64/82.

In Bad Bevensen-Medingen NW : 1,5 km :

🏨 **Vier Linden-Tannenhof,** Bevenser Str. 3, 🅿 30 88, ⇔, 🔲, 🎏 – 🗱wc ☎ 🅿 🧖 **E**
Karte 20/60 – **32 Z : 54 B** 62 - 100/120 Fb – P 72/89.

In Altenmedingen 3119 N : 6 km – ✪ 05807 :

🏨 **Hof Rose** 🌿 (Niedersächsischer Gutshof), Niendorfer Weg 12, 🅿 2 21, 🍴, ⇔, 🔲, 🎏, 🐎
– 🗱wc 🅿. 🛞
Feb. geschl. – (Rest. nur für Pensionsgäste) – **20 Z : 28 B** 41/65 - 82/118 Fb – P 70/94.

🏠 **Fehlhabers Hotel,** Hauptstr. 5, 🅿 2 34, 🔲, 🎏 – 🗱wc ⇐ 🅿
27 Z : 40 B.

In Bienenbüttel 3119 NW : 11 km :

🏠 **Drei Linden,** Lindenstr. 6, 🅿 (05823) 70 82, 🍴, ⇔, 🔲 – 🛗 🗱wc ⇐ 🅿 🧖
Karte 16,50/45 – **29 Z : 50 B** 30/45 - 60/90 – P 57/72.

BEVERUNGEN 3472. Nordrhein-Westfalen 🟨🟨🟨 ⑮ – 16 100 Ew – Höhe 96 m – ✪ 05273.
🛈 Verkehrsamt, Rathaus, Weserstr. 12, 🅿 9 21 55.
♦Düsseldorf 226 – Göttingen 63 – ♦Hannover 115 – ♦Kassel 56.

🏨 **Stadt Bremen,** Lange Str. 13, 🅿 13 75, ⇔, 🔲, Fahrradverleih – 🛗 📺 ⇔wc 🗱wc ☎ 🅿
🧖. 🆎 ⓪ **E**
Karte 17/43 – **46 Z : 66 B** 35/55 - 75/110 Fb.

🏠 **Pension Resi** 🌿, Am Kapellenberg 2, 🅿 13 97, ⇔, 🔲, 🎏 – 🗱wc 🅿
(Rest. nur für Hausgäste) – **9 Z : 16 B** 30 - 56 – P 45.

🏠 **Pension Bevertal** 🌿 garni, Jahnweg 1a, 🅿 54 85, 🎏 – ⇔wc 🗱wc 🅿. 🛞
13 Z : 25 B 32 - 64.

🏡 **Kuhn** 🌿, Weserstr. 27, 🅿 13 53 – 🗱wc ⇐ 🅿
← Karte 13,50/26 – **15 Z : 29 B** 28/38 - 56/65.

🏡 **Böker,** Bahnhofstr. 25, 🅿 13 54 – 🗱 ⇐ 🅿
10 Z : 21 B.

In Beverungen 2-Dalhausen SW : 7 km :

🏠 **Zur Mühle,** Beverstr. 2, 🅿 (05645) 16 51, ⇔, 🔲, 🎏 – 📺 🗱wc ☎ 🅿 🧖. **E**
15. Nov.- 15. Dez. geschl. – Karte 17/38 – **49 Z : 112 B** 46 - 80 Fb.

BEXBACH 6652. Saarland 🟨🟨🟨 ⑦. 🟨🟨 ⑦. 🟨🟨 ⑪ – 19 500 Ew – Höhe 249 m – ✪ 06826.
♦Saarbrücken 30 – Homburg/Saar 7 – Kaiserslautern 41 – Neunkirchen/Saar 7.

🏨 **Hochwiesmühle** 🌿, Hochwiesmühle 50, 🅿 60 01, Biergarten, ⇔, 🔲, 🎾 – 📺 🗱wc ☎
⇐ 🅿 🧖 🎿 – **53 Z : 100 B** 37/61 - 68/99 Fb.
Karte 20/48 🎿 – **53 Z : 100 B** 37/61 - 68/99 Fb.

🏨 **Zur Krone,** Rathausstr. 6, 🅿 59 56 – 🛗 ⇔wc 🗱wc ☎ ⇐ 🅿. 🆎 ⓪ **E**
Karte 21/52 – **16 Z : 30 B** 48/65 - 85/130 Fb.

🏠 **Klein - Restaurant Stadtkeller,** Rathausstr. 35, 🅿 48 10 (Hotel) 14 96 (Rest.) – 🗱wc ☎
← Karte 14,50/42 *(Freitag geschl.)* 🎿 – **20 Z : 40 B** 30/40 - 60/70.

🏡 **Carola,** Rathausstr. 70, 🅿 40 34 – ☎ 🅿
Karte 16,50/50 *(Donnerstag geschl.)* – **13 Z : 20 B** 30 - 60.

BIBERACH AN DER RISS 7950. Baden-Württemberg 🟨🟨🟨 ㊱ – 28 400 Ew – Höhe 532 m –
✪ 07351.
🛈 Städt. Fremdenverkehrsstelle, Theaterstr. 6, 🅿 5 14 36.
♦Stuttgart 134 – Ravensburg 47 – ♦Ulm (Donau) 42.

🏠 **Berliner Hof,** Berliner Platz 5, 🅿 2 10 51, ⇔ – 🛗 ⇔wc 🗱wc ☎ ⇐ 🅿 🧖. ⓪ **E**
Karte 17,50/45 *(Montag geschl.)* – **28 Z : 46 B** 56/60 - 86/98 Fb.

🏠 **Lutz** garni, Erlenweg 18, 🅿 20 71 – 📺 🗱wc ☎ ⇐ 🅿. ⓪ **E**
13 Z : 24 B 55 - 85 Fb.

🏠 **Brauerei-Gaststätte und Gästehaus Haberhäusle** 🌿, Haberhäuslestr. 22, 🅿 70 57,
🍴 – 🗱 ⇔wc 🗱wc ☎ ⇐ 🅿. 🛞 Zim
Karte 15/40 *(Sonntag 14 Uhr - Montag, Aug. 2 Wochen sowie 23. Dez. - 5. Jan geschl.)* – **13 Z :
19 B** 48/58 - 90.

🏠 **Drei König,** Marktplatz 26 (1. Etage), 🅿 60 74 – 🛗 ⇔wc 🗱wc ☎
← Karte 13,50/31 *(Samstag geschl.)* – **8 Z : 14 B** 45/52 - 68/72.

🏠 **Reith,** Ulmer Straße, 🅿 78 28 – 🛗 ⇔wc 🗱wc ☎ ⇐ 🅿. 🆎 ⓪
Karte 17/32 *(nur Abendessen)* – **43 Z : 60 B** 45/60 - 85/98 Fb.

🏠 **Bahn-H. Keller - Rest. Rauchfang,** Bahnhofstr. 26, 🅿 65 74 – 🗱wc ⇐ 🅿
14 Z : 19 B Fb.

🏡 **Grüner Baum,** Schulstr. 9, 🅿 89 21 – 🛗 🗱 ⇐
29 Z : 38 B.

🍴🍴 **Stadthalle - Restaurant Kupferdächle,** Theaterstr. 8, 🅿 79 88 – 🧖. 🆎 ⓪ **E**
Karte 15/47.

BIBERACH IM KINZIGTAL 7616. Baden-Württemberg 987 ㉞. 87 ⑥ − 2 800 Ew − Höhe 195 m − Erholungsort − ✆ 07835 (Zell am Harmersbach).
◆Stuttgart 164 − ◆Freiburg im Breisgau 55 − Freudenstadt 47 − Offenburg 18.

In Biberach-Prinzbach SW : 6 km :

🏠 **Badischer Hof** 🦢 (mit 2 Gästehäusern), Talstr. 32, 🍴 81 49, 🛋, 🏊 (geheizt), 🐎 − 🛏wc
➡ ☎ 🚗 🅿 🔧
  13. Feb.- 14. März geschl. − Karte 14,50/40 *(Mittwoch geschl.)* 🍷 − **44 Z : 90 B** 40/45 - 80 Fb −
  P 40/62.

BIBURG Bayern siehe Abensberg.

BIEBELRIED Bayern siehe Würzburg.

BIEBERTAL 6301. Hessen − 9 600 Ew − Höhe 190 m − ✆ 06409.
◆Wiesbaden 99 − Gießen 10 − Marburg an der Lahn 27.

In Biebertal 6-Bieber :

XX Reehmühle mit Zim, Hauptstr. 59, 🍴 3 63, « Ehem. Mühle a.d. 17. Jh. » − 🚗 🅿
  5 Z : 8 B.

In Biebertal 4-Fellingshausen :

🏠 Dünsbergheim 🦢, 🍴 70 82, ≤, 🍴, 🏊, 🐎 − 🛏wc 🅿 🔧
  20 Z : 30 B.

In Biebertal 2-Königsberg :

XX **Berghotel Reehmühle** mit Zim, Bergstr. 47, 🍴 (06446) 3 60, ≤, 🐎 − 🛏 🅿. 🅰🅴 🇪
  7.- 31. Jan. geschl. − Karte 17/50 *(Montag geschl.)* − **8 Z : 13 B** 35 - 60 − P 55.

BIEBESHEIM 6083. Hessen − 6 300 Ew − Höhe 90 m − ✆ 06258.
◆Wiesbaden 48 − ◆Darmstadt 19 − Mainz 36 − ◆Mannheim 39 − Worms 24.

🏠 Biebesheimer Hof, Königsberger Str. 1, 🍴 70 54, 🍴 − 🛏wc ☎ 🅿 🔧
  18 Z : 22 B.

BIEDENKOPF 3560. Hessen 987 ㉗ − 15 000 Ew − Höhe 271 m − Luftkurort − Wintersport :
500/674 m ✂2 ✂2 − ✆ 06461.
🛈 Städt. Verkehrsamt, Am Markt, 🍴 30 26.
◆Wiesbaden 152 − ◆Kassel 101 − Marburg an der Lahn 32 − Siegen 55.

🏠 Panorama 🦢, Am Radeköppel, 🍴 30 91, ≤, 🍴 − 🚗wc 🛏wc ☎ 🅿 🔧
  43 Z : 85 B.

🏠 **Schloß-Hotel** 🦢, Nikolauskirchstr. 18, 🍴 35 35 − 🛗 🚗wc 🛏wc 🅿
➡ Karte 14/38 *(Sonntag 14 Uhr - Montag 18 Uhr geschl.)* − **18 Z : 30 B** 40/45 - 90.

🏠 Balbach, Am Markt, 🍴 55 88 − 🛏wc 🅿
  10 Z : 20 B.

BIELEFELD 4800. Nordrhein-Westfalen 987 ⑭ − 312 000 Ew − Höhe 115 m − ✆ 0521.
🛈 Verkehrsverein, Am Bahnhof 6 (Leinenmeisterhaus), 🍴 17 88 44 und Altes Rathaus, Niederwall 25, 🍴 17 88 99.
ADAC, Stapenhorststr. 131, 🍴 1 08 10, Notruf 🍴 10 81 65.
◆Düsseldorf 180 ⑤ − ◆Dortmund 112 ⑤ − ◆Hannover 111 ②.

Stadtplan siehe nächste Seiten.

🏨 **Novotel** 🦢, Am Johannisberg 5, 🍴 12 40 51, Telex 932991, 🏊 (geheizt), 🐎 − 🛗 🖵 📺 🔧 🅿
  🔧 🅰🅴 🅾 🇪 𝗩𝗜𝗦𝗔   BY b
  Karte 27/55 − **119 Z : 238 B** 130 - 166 Fb.

🏨 **Senator**, Sonderburger Str. 3, 🍴 2 50 55, Telex 932766, 🛋 − 🛗 📺 🅿. 🅰🅴 🇪 𝗩𝗜𝗦𝗔   BY v
  Karte 24/59 − **57 Z : 71 B** 105/125 - 156/170 Fb.

🏨 **Waldhotel Brands Busch** 🦢, Furtwänglerstr. 52, 🍴 2 40 93, Telex 932835, 🛋 − 🛗 📺
  🚗wc 🛏wc ☎ 🅿 🔧. 🅰🅴 🅾 🇪 𝗩𝗜𝗦𝗔   BY m
  Karte 24/52 − **65 Z : 120 B** 95 - 138 Fb.

🏨 **Brenner Hotel Diekmann**, Otto-Brenner-Str. 133, 🍴 29 60 06, Telex 932303 − 🛗 📺 🛏wc
  ☎ 🔧 🅿 🔧. 🅰🅴 🅾 🇪   BY y
  Karte 22/59 − **75 Z : 110 B** 80/110 - 130/200 Fb.

🏨 **Conta-Hotel** 🦢 (Appartementhaus), Schelpsheide 19, 🍴 88 10 57, 🛋 − 📺 🚗wc 🛏wc
  ☎ 🚗 🅿 🔧. 🅰🅴 🅾 🇪 𝗩𝗜𝗦𝗔   BX v
  Karte 20/47 − **52 Z : 82 B** 75 - 110/120 Fb.

🏠 **Altstadt-Hotel** garni, Ritterstr. 15, 🍴 17 93 14, 🛋 − 🛗 🚗wc 🛏wc ☎. 🅰🅴 🇪   DY v
  21 Z : 33 B 95/105 - 130/135 Fb.

🏠 Stadt Bremen garni, Bahnhofstr. 32, 🍴 6 70 88 − 🛗 📺 🚗wc 🛏 ☎ 🚗   DY u
  55 Z : 60 B.

132

XXX ❀ **Ente**, Niedernstr. 18 (1. Etage, [🛗]), 🕿 55 54 55 – 𝖠𝖤 ⓪ **E**　　　　DY **a**
Ende Juli - Ende Aug., Sonntag - Montag und Feiertage geschl. – Karte 44/65 (Tischbestellung ratsam)
Spez. Spargelparfait mit Gewürztraminervinaigrette, Törtchen von verschiedenen Fischen, Saltimbocca von Kalbsbries mit Portweinsauce.

XX La Bohème (Italienische Küche), Niederwall 37, 🕿 17 85 53　　　　DZ **s**

XX **Löwenhof-Der Rauchfang**, Niederwall 43, 🕿 6 04 44 – ℗ 🏖. 𝖠𝖤 ⓪ **E**　　　　DZ **z**
Karte 19/60.

XX Ratskeller, Niederwall 25, 🕿 6 08 90 – 🏖　　　　DZ **R**

X **Im Bültmannshof** (Restaurierter Fachwerkbau a.d.J. 1802), Kurt-Schumacher-Str. 17a, 🕿 10 08 41 – ℗ 🏖. ⓪ **E**　　　　AY **s**
Montag geschl. – Karte 20/56.

X **Sparrenburg**, Am Sparrenberg 38a, 🕿 6 59 39, ☂ – ℗ 🏖　　　　DZ **f**
Dienstag geschl. – Karte 21/50.

X **Nico's Restaurant** (Griechische Küche), Werther Str. 58, 🕿 12 30 22　　　　BY **e**
Juli - 15. Aug. und Montag geschl. – Karte 23/58.

In Bielefeld 1-Babenhausen:

⚓ **Bültmannskrug**, Babenhauser Str. 37, 🕿 88 31 44 – 🛏wc 🕿 𝖠𝖤 ⓪ **E** 𝖵𝖨𝖲𝖠　　　　BX **b**
Karte 16/39 *(wochentags nur Abendessen, Dienstag geschl.)* – **9 Z : 12 B** 50 - 85.

In Bielefeld 14-Brackwede:

🏠 Wiebracht, Cheruskerstr. 35, 🕿 44 14 03, ☎️, ▧ – 🛏wc 🕿 🚗 ℗　　　　AY **n**
35 Z : 53 B.

XX **Brackweder Hof** mit Zim, Gütersloher Str. 236, 🕿 44 25 26 – ℗. ⓪ **E**　　　　AZ **u**
Karte 20/48 – **5 Z : 8 B** 31 - 56.

In Bielefeld 1-Gadderbaum:

XX Emmermann's Hotel Habichtshöhe mit Zim, Bodelschwinghstr. 79, 🕿 2 51 66, « Gartenterrasse » – 📺 🛏wc 🕿 🚙 ℗ 🏖　　　　BY **c**
11 Z : 16 B Fb.

In Bielefeld 1-Großdornberg:

XX **Kreuzkrug**, Werther Str. 462, 🕿 10 22 64 – ℗　　　　AX **w**
Montag geschl. – Karte 20/50.

In Bielefeld 17-Heepen:

🏩 Petter, Alter Postweg 68, 🕿 3 38 61 – 🛏wc 🕿 🚙 ℗. **E**　　　　CY **h**
Karte 19/40 *(nur Abendessen)* – **18 Z : 26 B** 45/75 - 80/110.

🏠 **Haus Oberwittler**, Vogteistr. 10, 🕿 33 32 31 – 🛏wc ℗. ⚗️　　　　CY **t**
Karte 16/43 *(Donnerstag geschl.)* – **10 Z : 15 B** 35/38 - 69/74.

In Bielefeld 18-Hillegossen:

🏩 **Berghotel Stiller Friede** ≷, Selhausenstr. 12, 🕿 2 30 55, ☂, ☎️, ⚘ – 📺 ⛲wc 🛏wc 🕿　　　　BY **g**
🚙 ℗. 𝖠𝖤 ⓪ **E**
Karte 21/53 *(Freitag geschl.)* – **28 Z : 38 B** 75 - 90/110 Fb.

🏠 **Schweizer Haus**, Christophorusstr. 23, 🕿 20 50 94 – ⛲wc 🛏wc 🕿 🚙 ℗. 𝖠𝖤 ⓪ **E**
Weihnachten - Neujahr geschl. – Karte 21/50 *(Samstag - Sonntag nur Abendessen)* – **18 Z :**
26 B 55/68 - 90/110 Fb.　　　　CY **y**

🏠 **Siekmann** garni, Detmolder Str. 624, 🕿 20 60 44 – 🛏wc 🚙 ℗. ⚗️　　　　CY **u**
Aug. geschl. – **16 Z : 19 B** 51/56 - 85.

In Bielefeld 1 - Hoberge-Uerentrup:

🏩 **Hoberger Landhaus** ≷, Schäferdreesch 18, 🕿 10 10 31, ☎️, ▧ – 📺 ⛲wc 🛏wc 🕿 🚙　　　　AY **f**
℗ 🏖. ⓪ **E** 𝖵𝖨𝖲𝖠. ⚗️
Karte 27/49 *(Sonntag geschl.)* – **30 Z : 50 B** 86/99 - 138 Fb.

🏠 **Peter auf'm Berge**, Bergstr. 45, 🕿 10 00 36 – 🛏wc 🕿 ℗. ⓪　　　　AY **d**
Karte 21/49 *(Freitag geschl.)* – **21 Z : 25 B** 54/66 - 100.

In Bielefeld 1-Kirchdornberg:

XX **Italienisches Gasthaus am Tie**, Am Tie 15, 🕿 10 22 42 – ℗. 𝖠𝖤 **E**　　　　AX **a**
21. Juli - 21. Aug. und Montag geschl. – Karte 30/58.

In Bielefeld 18-Oldentrup:

🏩 **Oldentruper Hof**, Hillegosser Str. 260, 🕿 20 75 51, Telex 932537, Massage, ☎️, ▧ – 🛗 📺　　　　CY **z**
🛏wc 🕿 ℗ 🏖. 𝖠𝖤 ⓪ **E** 𝖵𝖨𝖲𝖠. ⚗️ Rest
Karte 23/55 – **70 Z : 135 B** 65/99 - 99/160 Fb.

In Bielefeld 1-Schildesche:

XX **Bonne Auberge** (restauriertes Fachwerkhaus a.d.J. 1775), An der Stiftskirche 10, 🕿 8 16 68　　　　BX **q**
– ℗. ⚗️
nur Abendessen, 12.- 30. Juli und Montag geschl. – Karte 25/55.

6　　　　133

BIELEFELD

135

In Bielefeld 14-Quelle :

🏨 **Büscher**, Carl-Severing-Str. 136, 𝒫 45 03 11, 🕿, ⌁, 🖳, 🛋 – 🛏wc 🕿 🚗 🅿 🛎 ⓞ **E**
➤ Karte 14/45 – **24 Z : 33 B** 37/55 - 70/88.   AY **k**

In Bielefeld 12-Senne :

🏨 **Zur Spitze**, Windelsbleicher Str. 215, 𝒫 4 00 08 – 🛏wc 🚗 🅿. **E**   BZ **a**
Karte 17/47 *(Samstag bis 18 Uhr, Sonntag ab 14 Uhr geschl.)* – **22 Z : 30 B** 35/42 - 65/78 Fb.

🏨 **Café Busch**, Brackweder Str. 120 (B 68), 𝒫 4 90 06, 🌦 – 📺 🛏wc 🕿 🅿. 🕸 Zim   BZ **x**
Karte 17/44 – **11 Z : 20 B** 30/50 - 60/80.

🗙🗙 **Waterbör** (Restauriertes Fachwerkhaus im Ravensberger Bauernstil), Waterboerstr. 77,
𝒫 2 41 41, 🌦 – 🅿. ᴁᴇ **E**   BYZ **s**
Freitag und Okt. 3 Wochen geschl. – Karte 23/58.

In Bielefeld 11-Sennestadt :

🏨 **Niedermeyer**, Paderborner Str. 290 (B 68), 𝒫 (05205) 76 73 – 🚪wc 🛏wc 🕿 🚗 🅿. 🕸 Zim
20. Dez.- 1. Jan. geschl. – Karte 20/52 *(nur Abendessen, Sonntag geschl.)* – **56 Z : 77 B** 48/76 -
78/135 Fb.   CZ **u**

🏨 **Wintersmühle** 🕊, Sender Str. 6, 𝒫 (05205) 7 03 85, 🕿, 🛋 – 📺 🛏wc 🕿 🕭 🚗 🅿. ᴁᴇ.
🕸   BZ **r**
(nur Abendessen für Hausgäste) – **20 Z : 30 B** 40/85 - 90/130 Fb.

In Bielefeld 14-Ummeln:

🏨 **Landhaus Ummelner Mühle**, Gütersloher Str. 299, 𝒫 4 80 12, 🌦 – 🚪wc 🛏wc 🕿 🚗 🅿 🛎
50 Z : 80 B Fb.   AZ **b**

MICHELIN-REIFENWERKE KGaA. Niederlassung Eckendorfer Str. 129 (CX), 𝒫 7 59 55, Postfach
59 10.

Bei Übernachtungen in kleineren Orten
oder abgelegenen Hotels empfehlen wir, hauptsächlich in der Saison,
rechtzeitige telefonische Anmeldung.

BIENENBÜTTEL Niedersachsen siehe Bevensen, Bad.

BIENGEN Baden-Württemberg siehe Krozingen, Bad.

BIENWALDMÜHLE Rheinland-Pfalz siehe Scheibenhardt.

BIESSENHOFEN Bayern siehe Kaufbeuren.

BIETIGHEIM-BISSINGEN 7120. Baden-Württemberg 𝟡𝟠𝟟 ㉕ – 34 200 Ew – Höhe 220 m –
✿ 07142.
🛈 Verkehrsamt, Rathaus Bietigheim, Marktplatz, 𝒫 7 42 03.
◆Stuttgart 25 – Heilbronn 25 – Ludwigsburg 9 – Pforzheim 55.

Im Stadtteil Bietigheim :

🏨 **Parkhotel**, Freiberger Str. 71, 𝒫 5 10 77, Telex 724203, 🌦 – 🛗 📺 🚪wc 🛏wc 🕿 🚗 🅿
🛎. ᴁᴇ ⓞ **E** 𝗩𝗜𝗦𝗔
Karte 24/55 – **50 Z : 89 B** 55/78 - 90/120 Fb.

🏨 **Rose-Combé**, Besigheimer Str. 2, 𝒫 4 10 38 – 🚪wc 🛏wc 🕿 🚗 🅿 🛎
➤ *Weihnachten-Neujahr und Juli-Aug. 3 Wochen geschl.* – Karte 14,50/40 *(Samstag-Sonntag
geschl.)* 🍸 – **27 Z : 38 B** 40/70 - 60/92.

🏨 **Alka**, Freiberger Str. 57, 𝒫 5 27 30, 🌦 – 🛏wc 🚗 🅿. 🕸 Zim
20 Z : 32 B.

🏨 **Zum Schiller**, Marktplatz 5, 𝒫 4 10 18 – 🛏wc
Aug. 3 Wochen geschl. – Karte 16/50 *(Samstag 15 Uhr - Sonntag und Feiertage geschl.)* 🍸 –
27 Z : 40 B 43/55 - 66/82 Fb.

🏨 **Gästehaus Else** garni, Finkenweg 21, 𝒫 5 27 28, « Garten » – 🛏wc 🅿. ⓞ. 🕸
21. Dez.- 7. Jan. geschl. – **13 Z : 14 B** 30/47 - 62/85.

Im Stadtteil Bissingen :

🏨 **Otterbach**, Bahnhofstr. 153, 𝒫 60 53 – 🛗 📺 🚪wc 🛏wc 🕿 🅿 🛎. ᴁᴇ ⓞ **E** 𝗩𝗜𝗦𝗔
12. Juli - 2. Aug. geschl. – Karte 18/47 *(Samstag bis 18 Uhr geschl.)* – **55 Z : 90 B** 50/80 -
84/100.

BIHLERDORF Bayern siehe Sonthofen.

BILFINGEN Baden-Württemberg siehe Kämpfelbach.

BILLERBECK 4425. Nordrhein-Westfalen 987 ⑭, 408 ⑭ − 9 500 Ew − Höhe 138 m − ✆ 02543.

🛈 Verkehrsverein, Bahnhofstr. 5 (Sparkasse), ✆ 3 49.

◆Düsseldorf 110 − Enschede 56 − Münster (Westfalen) 32 − Nordhorn 65.

🏨 **Weissenburg**, Gantweg 18 (N : 2 km), ✆ 5 02, ≤, « Wildgehege, Park », ⇔, 🔲, 🐎 − 🛗
⬛wc ☎ ⇔ 🅿 🅰. 🖭 ⓞ E 𝓥𝓘𝓢𝓐. ✾ Zim
Karte 18/59 *(Montag geschl.)* − **50 Z : 85 B** 45/85 - 80/140 Fb.

🏨 **Homoet** garni, Schmiedestr. 2, ✆ 3 26 − ⬛wc ⬛wc ☎ ⇔. ⓞ E. ✾
15 Z : 23 B 33/48 - 75/90.

XX **Domschenke** mit Zim, Markt 6, ✆ 44 24 − 📺 ⬛wc ⬛wc ☎. 🖭 ⓞ
Jan. 2 Wochen geschl. − Karte 17/49 *(Mittwoch geschl.)* − **11 Z : 25 B** 45/60 - 90/120.

BILM Niedersachsen siehe Sehnde.

BINGEN 6530. Rheinland-Pfalz 987 ㉔ − 24 000 Ew − Höhe 82 m − ✆ 06721.

Sehenswert : Burg Klopp ≤⋆.

Ausflugsziel : Rheintal⋆⋆⋆ (von Bingen bis Koblenz).

🛈 Städt. Verkehrsamt, Rheinkai 21, ✆ 18 42 05.

Mainz 34 ③ − ◆Koblenz 66 ④ − Bad Kreuznach 15 ② − ◆Wiesbaden 36 ③.

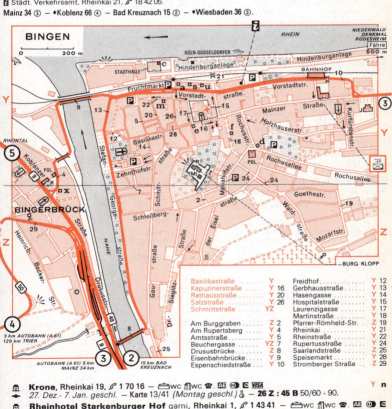

Basilikastraße	Y		Freidhof	Y 12
Kapuzinerstraße	Y 16		Gerbhausstraße	Y 13
Rathausstraße	Y 20		Hasengasse	Y 14
Salzstraße	Y 26		Hospitalstraße	Y 15
Schmittstraße	YZ		Laurenzigasse	Y 17
			Martinstraße	Y 18
Am Burggraben	Z 2		Pfarrer-Römheld-Str.	Z 19
Am Rupertsberg	Y 4		Rheinkai	Y 21
Amtstraße	Y 5		Rheinstraße	Y 22
Beuchergasse	YZ 7		Rupertusstraße	Y 24
Drususbrücke	Z 8		Saarlandstraße	Z 25
Eisenbahnbrücke	Y 9		Speisemarkt	Y 28
Espenschiedstraße	Y 10		Stromberger Straße	Z 29

🏨 **Krone**, Rheinkai 19, ✆ 1 70 16 − ⬛wc ⬛wc ☎. 🖭 ⓞ E 𝓥𝓘𝓢𝓐   Y n
↠ *27. Dez.- 7. Jan. geschl.* − Karte 13/41 *(Montag geschl.)* ⅃ − **26 Z : 45 B** 50/60 - 90.

🏨 **Rheinhotel Starkenburger Hof** garni, Rheinkai 1, ✆ 1 43 41 − ⬛wc ⬛wc ☎. 🖭 ⓞ E   Y
𝓥𝓘𝓢𝓐   a
Jan. geschl. − **30 Z : 55 B** 32/60 - 64/104.

🏨 **Gästehaus Martinskeller** garni, Martinstr. 1, ✆ 1 34 75 − ⬛wc ☎ ⇔   Y f
10 Z : 20 B 65/75 - 95.

🏨 **Café Köppel** ⧖ garni, Kapuzinerstr. 12, ✆ 1 47 70 − ⬛wc. ✾   Y e
30 Z : 56 B 35/50 - 60/90.

🏨 **Am Rochusberg** garni, Rochusstr. 17, ✆ 1 25 32 − 🛗 ⬛wc ⬛wc. 🖭 E   Y d
17 Z : 31 B 36/45 - 65/90.

🏨 **Anker**, Rheinkai 4, ℰ 1 43 22 – ⓪   Y s
Jan. geschl. – Karte 15,50/46 (März - Okt. Mittwoch ab 14 Uhr, Nov.- Feb. Samstag geschl.) –
11 Z : 23 B 30/35 - 58.

🏨 **Engelbert** garni, Rheinkai 9, ℰ 1 47 15 – 🚾wc. ⅍ 🅴 𝗩𝗜𝗦𝗔, ⅍   Y u
20. Mai - 9. Juni und 27. Okt.- 20. Nov. geschl. – **15 Z : 24 B** 27/45 - 54/85.

🏨 **Germaniablick** garni, Mainzer Str. 142, ℰ 1 47 73 – 🚾wc ⇐ 🅿. ⅍ ⓪ 🅴 𝗩𝗜𝗦𝗔
17 Z : 35 B 32/48 - 60/82.   über Mainzer Str.   Y

🏨 **Goldener Kochlöffel** garni, Rheinstr. 22, ℰ 1 39 44 – ⊟wc 🚾wc   Y m
17. Dez.- 5. Feb. geschl. – **12 Z : 22 B** 30/45 - 60/85.

✕ Stadthalle-Rheinterrassen mit Zim, Museumstr. 2, ℰ 1 20 21, ≤, 🍽, – 📺 ⊟wc 🚾wc ☎ 🅿
🅰   Y c
9 Z : 18 B.

In Bingen-Bingerbrück :

🏨 **Römerhof** garni, Rupertsberg 10, ℰ 3 22 48 – 📺 ⊟wc 🚾wc ⇐ 🅿   Z x
Mitte März - Okt. – **30 Z : 55 B** 33/55 - 60/89.

In Münster-Sarmsheim 6531 ② : 4 km :

🏨 **Trollmühle**, Trollbachstr. 10, ℰ (06721) 4 33 94, 🍽 – 🚾wc ☎ 🅿
Karte 15/43 *(Montag geschl.)* ♨ – **26 Z : 43 B** 55 - 90.

In Laubenheim 6531 ② : 6 km :

🏩 **Traube**, Naheweinstr. 66, ℰ (06704) 12 28 – 🚾wc ☎ 🅿
6.- 18. Aug. geschl. – Karte 15,50/32 *(Montag geschl.)* ♨ – **14 Z : 21 B** 32/35 - 56/60.

BINZEN 7851. Baden-Württemberg 🔲🔲🔲 ④. 🔲🔲🔲 ⑩. 🔲🔲 ⑨ – 2 000 Ew – Höhe 285 m –
😊 07621 (Lörrach).
♦Stuttgart 260 – Basel 11 – ♦Freiburg im Breisgau 64 – Lörrach 6.

🏨 Ochsen, Hauptstr. 42, ℰ 6 23 26 – 🚾wc ☎ 🅿
22 Z : 40 B Fb.

✕✕ **Mühle** ⅍ mit Zim, Mühlenstr. 26, ℰ 60 73, « Gartenterrasse », ⇌ – 📺 🚾wc ☎ ⇐ 🅿 🅰.
⅍ ⓪ 🅴 𝗩𝗜𝗦𝗔
Karte 24/66 *(Montag geschl.)* ♨ – **15 Z : 30 B** 50/80 - 80/120.

In Wittlingen 7851 NO : 3,5 km :

🏩 **Hirschen**, Kandertalstr. 6, ℰ (07621) 31 28, ⇌ – ⊟wc 🚾wc ⇐ 🅿
(nur Abendessen für Hausgäste) – **25 Z : 48 B** 30/60 - 50/80.

BIPPEN 4576. Niedersachsen – 2 600 Ew – Höhe 60 m – 😊 05435.
♦Hannover 160 – Nordhorn 59 – ♦Osnabrück 45.

🏨 **Forsthaus Maiburg**, Maiburgstr. 26 (S : 2 km), ℰ 12 56, 🍽, ⇌ – 📺 🚾wc 🅿. ⓪ 🅴.
⅍ Rest
Karte 23/38 *(Dienstag geschl.)* – **7 Z : 12 B** 35/40 - 70.

🏩 **Maiburger Hof**, Bahnhofstr. 6, ℰ 3 33, ⅍ – 🚾 ⇐ 🅿
← *1.- 15. Okt. geschl.* – Karte 12/27 *(Montag bis 18 Uhr geschl.)* – **16 Z : 21 B** 30/33 - 60/65.

BIRGLAND 8451. Bayern – 1 500 Ew – Höhe 510 m – 😊 09666.
♦München 194 – Amberg 22 – ♦Nürnberg 51.

In Birgland-Schwend :

🏨 **Birglander Hof** ⅍, ℰ 5 05, 🍽, ☒, 🔲, ⇌ – ⊟wc 🚾wc ☎ ⇐ 🅿
← Karte 13/34 ♨ – **34 Z : 58 B** 38/48 - 67 Fb.

BIRKENAU Hessen siehe Weinheim an der Bergstraße.

BIRKENFELD 7534. Baden-Württemberg – 8 900 Ew – Höhe 343 m – 😊 07231 (Pforzheim).
♦Stuttgart 56 – ♦Karlsruhe 36 – Pforzheim 6,5.

✕✕ Zur Sonne mit Zim, Dietlinger Str. 134, ℰ 4 78 24, « Gemütliche Einrichtung » – 🚾wc ☎ 🅿
5 Z : 8 B.

BIRKENFELD 6588. Rheinland-Pfalz 🔲🔲🔲 ㉔ – 6 950 Ew – Höhe 396 m – Erholungsort –
😊 06782.
Mainz 109 – Kaiserslautern 70 – ♦Saarbrücken 66 – ♦Trier 60 – ♦Wiesbaden 111.

✕ **San Marino** (Italienische Küche), Königsberger Str. 1, ℰ 54 67, 🍽 – 🅿
Montag geschl. – Karte 16/42 ♨.

In Abentheuer 6589 W : 6 km :

✕✕ **La Cachette** ⅍ mit Zim, Böckingstr. 11, ℰ (06782) 57 22, « Ehem. Jagdschloß a. d. 18. Jh. »
– 🚾 🅿
15. Jan.- 15. Feb. geschl. – Karte 19/45 *(Tischbestellung ratsam)* (Montag geschl.) – **7 Z : 11 B**
40 - 60.

BIRNAU-MAURACH Baden-Württemberg. Sehenswürdigkeit siehe Uhldingen-Mühlhofen.

BIRNBACH 8345. Bayern 426 ⑥ ⑦ − 1 800 Ew − Höhe 450 m − Erholungsort mit Heilquellenkurbetrieb − ☎ 08563.

🛈 Verkehrsamt, Neuer Marktplatz 1, 🖉 13 14.
♦München 147 − Landshut 82 − Passau 46.

🏨 **Kurhotel Hofmark** ⏴, Professor-Drexel-Str. 16, 🖉 5 48, Bade- und Massageabteilung, direkter Zugang zur Therme − ⌂wc ☎ 🅿 🏊 . 🝙 ① 🄴
    Karte 19/41 − **76 Z : 156 B** 67/77 - 102/128 Fb − P 101/111.

🏨 **Kurhotel Quellenhof** ⏴, Brunnaderstr. 11, 🖉 6 66, Bade- und Massageabteilung, ⏴s , 🖾,
    − 🖵 ⌂wc ☎ ⟨⟩ 🝙 🄴
    8. Jan.- 4. Feb. geschl. − Karte 17/44 (Donnerstag geschl.) ⏴ − **36 Z : 60 B** 50/70 - 76/130 Fb.

🏠 **Alte Post** garni, Hofmark 23, 🖉 21 64 − ⌂wc ☎ 🅿
    30 Z : 48 B 36/39 - 60/66.

🏠 **Jagdhof** ⏴, Brunnaderstr. 13, 🖉 13 47, Massage − 🛗 ⌂wc ⌂wc ⟨⟩ 🅿 . 🌂
    (nur Abendessen für Hausgäste) − **31 Z : 52 B**.

🏠 **Rappensberg** garni, Brunnaderstr. 9, 🖉 6 02, ⏴s − ⌂wc ⌂wc ⟨⟩ 🅿 . 🌂
    15.- 27. Dez. geschl. − **18 Z : 31 B** 34/38 - 50/58.

    In Holzham 0 : 5 km :

🏠 Landgasthof Winbeck, nahe der B 388, ✉ 8399 Bayerbach, 🖉 (08532) 3 17 − ⌂wc 🅿 . 🌂 Zim
    16 Z : 25 B.

BISCHOFSDHRON Rheinland-Pfalz siehe Morbach.

BISCHOFSGRÜN 8583. Bayern 987 ㉗ − 2 200 Ew − Höhe 679 m − Luftkurort − Wintersport : 653/1 024 m ⛷5 ⛸6 (Skizirkus Ochsenkopf) − ☎ 09276.

🛈 Verkehrsamt im Rathaus, Hauptstr. 27, 🖉 12 92.
♦München 259 − Bayreuth 27 − Hof 57.

🏨 **Sport-Hotel Kaiseralm** ⏴, Fröbershammer 31, 🖉 10 11, Telex 642839, ≼ Bischofsgrün und Fichtelgebirge, ⏴s , 🖾, 🏇, 🎾 − 🛗 🖵 🛝 ⟨⟩ 🅿 🏊 . ① 🄴 . 🌂 Rest
    Karte 24/52 − **110 Z : 182 B** 70/105 - 124/156 Fb − 3 Appart. 75/135 − P 107/125.

🏨 **Kurhotel Puchtler-Deutscher Adler** ⏴, Kirchenring 4, 🖉 10 44, Telex 642164, Bade- und Massageabteilung, 🏊, ⏴s , 🏇 − 🛗 ⌂wc ⌂wc ☎ 🝙 🅿 . 🝙 ①
    15. Nov.- 15. Dez. geschl. − Karte 15/40 − **34 Z : 51 B** 34/62 - 58/110 Fb − 4 Appart. 85 −
    P 62/82.

🏠 **Berghof** ⏴, Ochsenkopfstr. 40, 🖉 10 21, ≼, 🏕, ⏴s , 🏇, 🐴 − ⌂wc ⌂wc ☎ ⟨⟩ 🅿
    24. Nov.- 13. Dez. geschl. − Karte 13/33 − **30 Z : 54 B** 24/40 - 64/74 − P 52/62.

🏠 **Landhaus Tannenhof** ⏴ garni, Ochsenkopfstr. 27, 🖉 13 33, ⏴s , 🏇 − ⌂wc ⌂wc 🅿
    Nov.- 20. Dez. geschl. − **11 Z : 20 B** 39/43 - 72/83.

🏠 **Mainquelle** ⏴, Am Hügelfelsen 14, 🖉 10 88, Bade- und Massageabteilung, 🏊, ⏴s , 🖾 −
    ⌂wc ⌂wc 🅿 . 🝙 ①
    Karte 16/45 (Montag geschl.) − **32 Z : 43 B** 31/49 - 58/102 − P 54/72.

🏠 **Jägerhof**, Hauptstr. 12, 🖉 2 57, ⏴s − ⌂wc ⌂wc ⟨⟩ 🅿 . 🄴
    10. Nov.- 15. Dez. geschl. − Karte 13/37 (Donnerstag ab 15 Uhr geschl.) ⏴ − **16 Z : 29 B** 23/40 -
    46/72 − P 39/53.

🏠 **Goldener Löwe**, Hauptstr. 10, 🖉 4 59, 🏕, 🏇 − ⌂wc ⟨⟩ 🅿
    15. Nov.- 15. Dez. geschl. − Karte 13/38 (Mittwoch geschl.) ⏴ − **20 Z : 35 B** 33/42 - 60/78 −
    P 49/59.

🏠 **Siebenstern** ⏴ garni, Kirchbühl 15, 🖉 3 07, ≼, 🏇 − ⌂wc ⌂wc 🅿
    4. Nov.- 15. Dez. geschl. − **15 Z : 30 B** 35/45 - 60.

🏠 **Hirschmann** ⏴ garni, Fröbershammer 9, 🖉 4 37, 🏇 − ⌂wc ⟨⟩ 🅿 . 🌂
    Nov.- 15. Dez. geschl. − **15 Z : 25 B** 33/35 - 60.

BISCHOFSHEIM AN DER RHÖN 8743. Bayern 987 ㉘㉙ − 4 800 Ew − Höhe 435 m − Erholungsort − Wintersport : 450/930 m ⛷10 ⛸5 − ☎ 09772.

Ausflugsziel : Kreuzberg (Kreuzigungsgruppe ≼*) SW : 7 km.

🛈 Verkehrsverein, Rathaus, Kirchplatz 4, 🖉 14 52.
♦München 364 − Fulda 39 − Bad Neustadt an der Saale 20 − ♦Würzburg 96.

🏠 **Bischofsheimer Hof** ⏴, Bauersbergstr. 59a, 🖉 12 97, ≼, 🏕, ⏴s , 🏇 − ⌂wc ⟨⟩ 🅿
    Karte 12/35 (Montag geschl.) − **8 Z : 14 B** 36 - 62 − P 54.

🏠 **Adler**, Ludwigstr. 28, 🖉 3 20, 🏇 − ⌂wc ⌂wc ⟨⟩ 🅿
    15. Nov.- 20. Dez. geschl. − Karte 14/30 − **26 Z : 46 B** 25/38 - 46/62 − P 38/46.

    An der B 278 NW : 5 km − Höhe 750 m :

🏠 Rhönhäuschen, ✉ 8743 Bischofsheim a. d. Rhön, 🖉 (09772) 3 22, ≼, 🏕 − ⌂wc 🅿
    20 Z : 38 B.

In Bischofsheim-Haselbach :

🏠 **Luisenhof** ॐ garni, Haselbachstr. 93, 𝒫 18 80, 🛌 – ▥wc 🅟. 🆎
14 Z : 27 B 35 - 60 Fb.

In Bischofsheim - Oberweißenbrunn W : 5 km :

🏠 **Zum Lamm**, Oberweißenbrunn 26, 𝒫 (09772) 4 16, 🛌, 🛋 – ▥wc 🚗 🅟
↞ 9. März - 1. April und 10. Nov.- 18. Dez. geschl. – Karte 12/29 *(Montag geschl.)* – **21 Z : 38 B**
26/34 - 48/56 – P 38/43.

BISCHOFSMAIS 8379. Bayern – 2 700 Ew – Höhe 685 m – Erholungsort – Wintersport :
700/1 097 m ⚡4 ⚡7 – 🕾 09920.
🔹 Verkehrsamt im Rathaus, 𝒫 3 37.
♦München 159 – Deggendorf 18 – Regen 8.

🏠 **Zur Alten Post**, Dorfstr. 2, 𝒫 2 74 – |🍴| ▥wc 🕾 🅟
↞ 2. Nov.- 18. Dez. geschl. – Karte 12/28 – **32 Z : 65 B** 35 - 60 Fb – P 45.

🏠 Berghof Plenk ॐ garni, Oberdorf 18, 𝒫 4 42, 🛋 – ▥wc 🅟
17 Z : 32 B Fb.

In Bischofsmais-Wastlsäg :

🏔 **Wastlsäge** ॐ, 𝒫 2 16, Telex 69158, <, 🏡, Massage, ♨, 🛌, 🏊, 🛋, 🎿 – |🍴| ✆ 🚗 🅟
🏛 . 🆎 ① ⓔ 𝗩𝗜𝗦𝗔
Nov. - 15. Dez. geschl. – Karte 25/59 – **91 Z : 180 B** 74 - 130/150 Fb.

Siehe auch : *Liste der Feriendörfer*

BISCHOFSWIESEN 8242. Bayern 🔢🔢🔢 ⑧, 🔢🔢🔢 ⑩ – 7 800 Ew – Höhe 600 m – Heilklimatischer
Kurort – Wintersport : 600/1 390 m ⚡3 ⚡3 – 🕾 08652 (Berchtesgaden).
🔹 Verkehrsverein, Hauptstr. 48 (B 20), 𝒫 72 25, Telex 56238.
♦München 148 – Berchtesgaden 5 – Bad Reichenhall 13 – Salzburg 28.

🏨 **Brennerbascht**, Hauptstr. 46 (B 20), 𝒫 72 21, 🏡 – |🍴| ⊟wc ▥wc 🅟
25 Z : 52 B Fb.

🏠 **Gästehaus Elvira** ॐ garni, Reitweg 25 (2 km Richtung Maria Gern), 𝒫 26 31,
< Lattengebirge und Watzmann, 🛌, 🛁 (geheizt), 🛋 – 📺 ▥wc 🕾 🛆 🚗 🅟. ⓞ. 🎿
25. Okt.- 20. Dez. geschl. – **11 Z : 19 B** 50/80 - 80/115.

🏠 **Mooshäusl** ॐ, Jennerweg 11, 𝒫 72 61, < Watzmann, Hoher Göll und Brett, 🛌, 🛋 –
▥wc 🚗 🅟. 🎿 Rest
25. Okt.-18. Dez. geschl. – (nur Abendessen für Hausgäste) – **20 Z : 34 B** 42/50 - 84/88 Fb.

BISPINGEN 3045. Niedersachsen 🔢🔢🔢 ⑮ – 5 500 Ew – Höhe 70 m – 🕾 05194.
🔹 Verkehrsverein, Rathaus, Borsteler Str. 4, 𝒫 8 87.
♦Hannover 94 – ♦Hamburg 60 – Lüneburg 45.

🏨 **Rieckmanns Gasthof**, Kirchweg 1, 𝒫 12 11, « Cafégarten », 🛋 – ▥wc 🚗 🅟. 🆎 🅴
↞ 20. Dez.- 10. Jan. geschl. – Karte 14/35 *(Nov.-Mai Montag geschl.)* – **24 Z : 46 B** 28/45 - 54/84
– P 48/65.

In Bispingen-Behringen NW : 4 km :

🏠 **Behringer Hof**, Seestr. 6, 𝒫 4 44, 🏡 – ⊟wc ▥wc 🅟
nur Saison – **12 Z : 24 B** Fb.

🍴🍴 **Niedersachsen Hof** mit Zim, Widukindstr. 3, 𝒫 77 50, 🏡 – 📺 ▥wc 🕾 🅟 🏛
Feb. geschl. – Karte 20/46 *(Okt. - Juli Dienstag geschl.)* – **5 Z : 12 B** 45 - 90.

In Bispingen-Hützel NO : 2,5 km :

🏛 **Ehlbecks Gasthaus**, Bispinger Str. 8, 𝒫 3 19/23 19, 🛋 – ⊟wc ▥wc 🚗 🅟
10. Feb.- 10. März geschl. – Karte 17,50/38 *(Okt.-Juni Montag geschl.)* – **14 Z : 22 B** 28/45 –
56/70 – P 50/57.

In Bispingen-Niederhaverbeck NW : 10 km – 🕾 05198 :

🏠 **Menke** ॐ, 𝒫 3 30, 🏡, 🛌 – ▥wc 🚗 🅟
Anfang Feb. - Anfang März geschl. – Karte 19/50 – **17 Z : 32 B** 35/50 - 70/90.

🏠 **Landhaus Haverbeckhof** ॐ, 𝒫 2 51, 🏡, 🛋 – ▥wc 🅟
Karte 17/58 – **30 Z : 45 B** 34/70 - 48/96 – P 56/70.

🏠 **Landhaus Eickhof** ॐ, 𝒫 2 88, 🛋 – ▥wc 🚗 🅟
Jan.- Feb. geschl. – Karte 18/48 – **20 Z : 40 B** 30/44 - 60/88 – P 56/70.

In Bispingen-Oberhaverbeck NW : 9 km :

🏠 **Reiterpension Stimbekhof** ॐ, 𝒫 (05198) 2 21, 🛋 – ▥ 🚗 🅟. 🎿
(Rest. nur für Pensionsgäste) – **16 Z : 25 B** 37/70 - 69/91 – P 68/79.

An der Autobahn A 7- Westseite :

🏠 Motel-Raststätte Brunautal, ✉ 3045 Bispingen-Behringen, 𝒫 (05194) 8 85 – ▥wc 🕾 🛆 🅟.
🎿 Zim
30 Z : 63 B.

BISSENDORF KREIS OSNABRÜCK 4516. Niedersachsen — 13 100 Ew — Höhe 108 m — ✆ 05402 — ◆Hannover 129 — Bielefeld 49 — ◆Osnabrück 13.

In Bissendorf 2-Schledehausen NO : 8 km — Luftkurort :

🏛 **Bracksiek**, Bergstr. 22, ✆ 71 81 — 🔊 🛏wc ఉ ⟸ ❷
◆ Karte 14,50/35 *(Dienstag geschl.)* — **31 Z : 45 B** 28/40 - 55/79.

BISSINGEN AN DER TECK 7311. Baden-Württemberg — 3 000 Ew — Höhe 422 m — ✆ 07023 (Weilheim).
◆Stuttgart 41 — Kirchheim unter Teck 7 — ◆Ulm (Donau) 57.

In Bissingen-Ochsenwang SO : 6 km — Höhe 763 m :

🏔 **Krone** ⑤, Eduard-Mörike-Str. 33, ✆ 33 67, 🚗 — 🛏wc ❷ 🏭
Sept. - Okt. 2 Wochen geschl. — Karte 17/38 *(Dienstag geschl.)* — **20 Z : 38 B** 30/35 - 52/64.

BISTENSEE Schleswig-Holstein siehe Rendsburg.

BITBURG 5520. Rheinland-Pfalz 🄨🄩🄷 ㉓, 🄸🄞🄨 ㉗ — 12 000 Ew — Höhe 339 m — ✆ 06561.
🛈 Verkehrsbüro Bitburger Land, Bedastr. 11, ✆ 89 34.
Mainz 165 — ◆Trier 31 — Wittlich 36.

🏛 **Eifelbräu**, Römermauer 36, ✆ 70 31 — 📺 🛏wc ☎ ⟸ ❷ 🏭, 🆎 ⓞ 🅴 *VISA*
Karte 22/54 *(12.- 19. Feb. und Montag geschl.)* — **28 Z : 51 B** 60 - 85/95 Fb.

🏛 **Louis Müller**, Hauptstr. 42, ✆ 48 40 — 🛏wc ⟸
◆ Karte 14/48 *(Mittwoch geschl.)* — **8 Z : 15 B** 40/45 - 70.

XX **Chez Claude**, Hauptstr. 39, ✆ 23 57 — *VISA*
Dienstag und Juni - Juli 2 Wochen geschl. — Karte 26/54 ⑤.

In Rittersdorf 5521 NW : 4 km :

🏛 **Zur Wisselbach**, Bitburger Str. 2, ✆ (06561) 33 80, 🚗 — 🛏wc ❷. 🐾 Rest
Karte 17/32 — **20 Z : 40 B** 38 - 62/72 — P 45/50.

In Wolsfeld 5521 SW : 8 km :

🏛 **Zur Post**, an der B 257, ✆ (06568) 3 27, 🚗 — 🛏wc ❷. 🐾
◆ Karte 14/40 *(Dienstag geschl.)* — **19 Z : 40 B** 35/40 - 60/80.

In Gondorf 5521 O : 10 km :

🏛 **Waldhaus Eifel** ⑤, Eifelpark, ✆ (06565) 20 77, 🍴, 🍴 — 🔊 📺 ⊟wc 🛏wc ☎ ❷ 🏭. 🆎 🅴
4. Nov.- 4. Dez. geschl. — Karte 15,50/39 *(im Winter Donnerstag, im Sommer Donnerstag ab 18 Uhr geschl.)* — **50 Z : 100 B** 51/60 - 91 Fb — 4 Appart. 135 — P 72.

🏛 **Zur schönen Aussicht** ⑤, Philippsheimer Str. 8, ✆ (06565) 20 51, ≤, 🍴, 🖼, 🚗 — ⊟wc
◆ 🛏wc ☎ ❷ 🏭. 🆎 ⓞ 🅴. 🐾 Rest
Karte 14/33 — **64 Z : 120 B** 49/57 - 76/100 Fb.

In Dudeldorf 5521 O : 11 km über die B 50 :

🏛 **Romantik-Hotel zum alten Brauhaus**, Herrengasse 2, ✆ (06565) 22 08, « Gartenterrasse », 🚗 — ⊟wc 🛏wc ☎ ❷. 🆎 ⓞ 🅴 *VISA*. 🐾 Rest
7.- 30. Jan. geschl. — Karte 20/58 *(Mittwoch geschl.)* — **17 Z : 34 B** 50/70 - 80/140.

Am Stausee Bitburg NW : 12 km über Biersdorf — ✉ 5521 Biersdorf — ✆ 06569 :

🏨 **Dorint Sporthotel Südeifel** ⑤, ✆ 8 41, Telex 4729607, ≤, 🍴, 🍴, 🖼, 🚗, 🎾 (Halle) —
🔊 🏋 ❷ 🏭. 🆎 ⓞ 🅴. 🐾 Rest
Karte 28/61 — **106 Z : 212 B** 80/106 - 130/172 Fb — P 128/154.

🏛 **Waldhaus Seeblick** ⑤, Ferienstr. 1, ✆ 2 22, ≤ Stausee, « Terrasse mit Grillplatz », 🚗 —
◆ 🛏wc ❷. 🐾 Rest
5. Jan.- 15. Feb. geschl. — Karte 14/38 — **20 Z : 40 B** 42/45 - 66/70 — P 66/69.

🏛 **Berghof** ⑤, Ferienstr. 3, ✆ 8 88, ≤ Stausee, 🍴, 🚗 — 🛏wc ☎ ⟸ ❷
15. Nov.- 24. Dez. geschl. — Karte 18,50/55 *(Nov.- April Montag geschl.)* — **12 Z : 24 B** 40/45 - 60/66.

Siehe auch : *Liste der Feriendörfer*

BLAIBACH Bayern siehe Kötzting.

BLANKENHEIM 5378. Nordrhein-Westfalen 🄨🄩🄷 ㉓ — 8 100 Ew — Höhe 500 m — ✆ 02449.
🛈 Verkehrsbüro im Rathaus, Rathausplatz, ✆ 3 33 — ◆Düsseldorf 110 — ◆Aachen 77 — ◆Köln 74 — ◆Trier 99.

🏛 **Kölner Hof**, Ahrstr. 22, ✆ 10 61, 🍴 — ⊟wc 🛏wc ☎ ⟸ ❷ 🏭
17. Feb. - 10. März geschl. — Karte 15/53 *(Okt.- April Mittwoch geschl.)* — **26 Z : 50 B** 30/40 - 58/68.

🏛 **Café Violet**, Kölner Str. 7, ✆ 13 88, 🍴, 🖼 — 🛏wc. ⓞ 🅴
Nov. geschl. — Karte 18/40 *(Okt. - Mai Dienstag geschl.)* — **9 Z : 18 B** 45 - 72.

XX **Em Duffes**, Kölner Str. 5, ✆ 2 15 — 🆎 ⓞ 🅴 *VISA*
9. Jan.- 10. Feb. und Donnerstag geschl. — Karte 24/60.

BLAUBACH Rheinland-Pfalz siehe Kusel.

BLAUBEUREN 7902. Baden-Württemberg 987 ㉟ ㊱ – 12 000 Ew – Höhe 519 m – ☎ 07344.
Sehenswert: Ehemaliges Kloster (Hochaltar★★).
Stadtverwaltung, Rathaus, Karlstr. 2, ✆ 13 77.
♦Stuttgart 83 – Reutlingen 57 – ♦Ulm (Donau) 18.

Zum Ochsen, Marktstr. 4, ✆ 62 65 – wc wc ☎ . AE
Dez.- Jan. 4 Wochen geschl. – Karte 15/45 – **31 Z : 52 B** 35/60 - 60/100 – P 60/85.

In Blaubeuren-Weiler W : 2 km :

Forellenfischer garni, Aachtalstr. 5, ✆ 50 24, Telex 712955 – wc wc ☎ P. E
Mitte Dez.- Mitte Jan. geschl. – **22 Z : 36 B** 39/65 - 78/101 Fb.

Forellen-Fischer, Aachtalstr. 6, ✆ 65 45 – P.
Jan. und Sonntag 15 Uhr - Montag geschl. – Karte 23/56.

BLAUEN Baden-Württemberg siehe Badenweiler.

BLAUFELDEN 7186. Baden-Württemberg 987 ㉖ – 4 500 Ew – Höhe 460 m – ☎ 07953.
♦Stuttgart 123 – Heilbronn 80 – ♦Nürnberg 122 – ♦Würzburg 89.

✿ **Zum Hirschen** mit Zim, Hauptstr. 15, ✆ 3 55 – wc wc P.
Mitte Dez.- Mitte Jan. geschl. – Karte 17/70 *(Tischbestellung ratsam)* (April - Okt. Montag, Nov.- März Sonntag 15 Uhr - Montag geschl.) – **12 Z : 18 B** 28/45 - 55/90
Spez. Tatar von Flußfischen mit Krebsen (Mai - Sept.), Entenstopfleber mit Quitten (Nov.- Feb.), Pochierte Rindslende mit Lauch und Meerrettich.

Orte mit sehr ruhigen und abseits gelegenen Hotels finden Sie auf der Karte S. 50 bis 57.
Die ruhigen Hotels sind im Text durch das Zeichen gekennzeichnet.

BLECKEDE 2122. Niedersachsen 987 ⑯ – 8 000 Ew – Höhe 10 m – ☎ 05852.
Stadtverwaltung, Auf dem Kamp 1, ✆ 14 22.
♦Hannover 148 – ♦Hamburg 66 – Lüneburg 24.

Landhaus an der Elbe, Elbstr. 5, ✆ 12 30, ≤, , – wc ☎ P
Karte 23,50/40 *(Nov.- April Freitag geschl.)* – **11 Z : 18 B** 40/50 - 79/90.

In Neetze SW : 8 km :

Gasthof Strampe, Bleckeder Str. 2, ✆ (05850) 81 16, , – wc P
Karte 18/41 – **33 Z : 65 B** 35/48 - 66/86.

BLEIALF Rheinland-Pfalz siehe Prüm.

BLIESKASTEL 6653. Saarland 987 ㉔, 57 ⑦, 87 ⑪ – 23 500 Ew – Höhe 210 m – Kneippkurort – ☎ 06842.
♦Saarbrücken 25 – Neunkirchen/Saar 16 – Sarreguemines 24 – Zweibrücken 12.

Blieskasteler Hof, Zweibrücker Str. 5, ✆ 47 37, – wc wc ☎ P. Rest
6 Z : 9 B.

Gasthaus Schwalb, Gerbergasse 4, ✆ 23 06 – P. E
Jan. 2 Wochen, Juli - Aug. 3 Wochen und Sonntag 15 Uhr - Montag geschl. – Karte **24**/40.

In Blieskastel-Mimbach SO : 1,5 km :

Bliestal-Hotel, Breitfurter Str. 10, ✆ 27 60 – wc wc ☎ P. Zim
Karte 17,50/40 – **13 Z : 26 B** 40 - 70.

In Blieskastel-Niederwürzbach NW : 5 km :

Hubertushof mit Zim, Kirschendell 32, ✆ 65 44, – TV wc ☎ P
6 Z : 12 B.

BLOMBERG 4933. Nordrhein-Westfalen 987 ⑮ – 15 000 Ew – Höhe 200 m – ☎ 05235.
Städt. Verkehrsamt, Marktplatz 2, ✆ 5 42 50.
♦Düsseldorf 208 – Detmold 21 – ♦Hannover 74 – Paderborn 38.

Burghotel Blomberg, Am Brink 1, ✆ 3 71/20 71, , « Mittelalterliche Burg », , – TV P . E VISA
Karte 30/71 – **22 Z : 36 B** 64/72 - 116/132.

Café Knoll, Langer Steinweg 33, ✆ 73 98, « Historische Fachwerkfassade a.d.J.1622 » – TV wc ☎ P
9 Z : 17 B.

Deutsches Haus, Marktplatz 7, ✆ 60 22 – . E
Juli - Aug. 4 Wochen geschl. – Karte 19/41 – **11 Z : 17 B** 35/45 - 70/80.

BLUMBERG 7712. Baden-Württemberg **427** ⑥ – 10 500 Ew – Höhe 703 m – ✆ 07702.

◆Stuttgart 143 – Donaueschingen 17 – Schaffhausen 26 – Waldshut-Tiengen 44.

☎ **Hirschen,** Hauptstr. 72, ℰ 26 57 – 🛏 🏠wc 🚗 🅿 🈐
⟶ Okt.- Nov. 3 Wochen geschl. – Karte 13/31 (Mittwoch geschl.) ◊ – **16 Z : 30 B** 38 - 58 – P 44.

In Blumberg 3-Epfenhofen SO : 3 km :

🏠 **Löwen,** Hauptstr. 11 (B 314), ℰ 21 19, 🔲, 🚖 – 🛏 🏠wc 🏠wc 🚗 🅿
6. Jan.- 15. Feb. geschl. – Karte 15/37 (Freitag geschl.) ◊ – **15 Z : 28 B** 34 - 68 – 2 Appart. –
P 44.

BOCHOLT 4290. Nordrhein-Westfalen **987** ⑬, **211** ⑲, **408** ⑳ – 66 500 Ew – Höhe 26 m –
✆ 02871.

🅱 Stadtinformation-Verkehrsbüro, Europaplatz 22, ℰ 95 32 98.

◆Düsseldorf 83 – Arnhem 57 – Enschede 58 – Münster (Westfalen) 82.

🏨 **Stadt-Hotel,** Bahnhofstr. 24, ℰ 1 50 44 – 📺 🛁wc 🏠wc ☎ 🚗 🅿. 🆎 ⓞ 🅴 𝑉𝐼𝑆𝐴
Karte 20/62 (Samstag - Sonntag und Feiertage geschl.) – **20 Z : 30 B** 70 - 135 Fb.

🏨 **Kupferkanne,** Dinxperloer Str. 53, ℰ 41 31 – 🛏 🏠wc ☎ 🅿 🈐. 🆎 ⓞ 🅴 𝑉𝐼𝑆𝐴
Karte 17/53 (Montag geschl.) – **17 Z : 30 B** 58/75 - 98/140 Fb.

🏠 **Zigeuner Baron,** Bahnhofstr. 17, ℰ 1 53 18, « Gartenterrasse » – 📺 🏠wc ☎ 🚗 🅿. 🆎 ⓞ
🅴
Karte 18/46 – **12 Z : 21 B** 60 - 115.

🏠 **Kronenburg** garni, Adenauerallee 49, ℰ 3 05 17 – 🛁wc ☎. 🆎 ⓞ 🅴 𝑉𝐼𝑆𝐴
15 Z : 30 B 58 - 89.

🏠 **Werk II** garni, Gasthausplatz 7, ℰ 1 28 37 – 🏠wc ☎
11 Z : 16 B 45 - 75.

In Bocholt-Barlo N : 5 km :

🏨 **Schloß Diepenbrock** Ⓜ ⌁, Schloßallee 5, ℰ 35 45, 🍴 – 📺 🛁wc 🏠wc ☎ 🚗 🅿. 🆎
ⓞ 🅴 𝑉𝐼𝑆𝐴
Karte 30/62 – **20 Z : 34 B** 98 - 175 Fb.

BOCHUM 4630. Nordrhein-Westfalen **987** ⑭ – 409 000 Ew – Höhe 45 m – ✆ 0234.

Siehe Ruhrgebiet (Übersichtsplan).

Sehenswert : Bergbaumuseum★.

🅱 Verkehrsverein im Hauptbahnhof, ℰ 1 30 31.

🅱 Informationszentrum Ruhr-Bochum, Rathaus, Rathausplatz, ℰ 6 21 39 75.

ADAC, Ferdinandstr. 12, ℰ 31 10 01, Notruf ℰ 1 92 11.

◆Düsseldorf 48 ⑥ – ◆Dortmund 21 ② – ◆Essen 17 ⑥.

Stadtplan siehe nächste Seite.

🏨 **Novotel Bochum** Ⓜ, Stadionring 22, ℰ 59 40 41, Telex 825429, 🔲 (geheizt), 🚖 – 🛏 🖥 📺
🈐 🅿 🈐. 🆎 ⓞ 🅴 𝑉𝐼𝑆𝐴   **X n**
Karte 23/54 – **118 Z : 236 B** 130 - 163 Fb.

🏨 **Arcade,** Universitätsstr. 3, ℰ 3 33 11, Telex 825447 – 🛏 📺 🏠wc ☎ 🛗 🅿 🈐. 🅴 𝑉𝐼𝑆𝐴.
🍽 Rest   **Z s**
Karte 18/39 (Sonntag geschl.) ◊ – **168 Z : 350 B** 78 - 98 Fb.

🏨 **Savoy** garni, Huestr. 11, ℰ 6 08 86 – 🛏 🛁wc 🏠wc ☎. 🆎 ⓞ 🅴 𝑉𝐼𝑆𝐴   **Z e**
64 Z : 92 B 74/95 - 120 Fb.

🏨 **Plaza,** Hellweg 20, ℰ 1 30 85 (Hotel) 68 15 07 (Rest.) – 🛏 📺 🛁wc 🏠wc ☎. 🆎 ⓞ 🅴   **Z a**
Karte 17,50/50 (Italienische Küche, nur Abendessen, Sonntag geschl.) – **36 Z : 40 B** 75/78 - 100
Fb.

🏠 Ostmeier, Westring 35, ℰ 6 08 15, 🍺, 🔲 – 🛏 🏠wc ☎ 🅿 🈐   **Y e**
(nur Abendessen) – **47 Z : 60 B**.

🏨 **Intercity Hotel Ibis,** Im Hauptbahnhof, ℰ 6 06 61, Telex 825644 – 🛏 🏠wc ☎ 🅿 🈐. 🆎 ⓞ
🅴 𝑉𝐼𝑆𝐴   **Z c**
Karte 17/42 – **80 Z : 145 B** 77/99 - 117/127 Fb.

🏠 Schmidt, Drusenbergstr. 164, ℰ 3 70 77 – 🏠wc 🚗 🅿   **X r**
31 Z : 43 B.

🏠 **Haus Oekey,** Auf dem alten Kamp 10, ℰ 3 86 71 – 🛁wc 🏠wc ☎ 🚗 🅿. 🆎 ⓞ 🅴 𝑉𝐼𝑆𝐴. 🍽   **X c**
Karte 21/47 (nur Abendessen, Juli und Montag geschl.) – **18 Z : 34 B** 68 - 88 Fb.

XXX Haus Diana, Gudrunstr. 21, ℰ 50 20 22 – 🅿   **X e**

XX **Stammhaus Fiege,** Bongardstr. 23, ℰ 1 26 43   **Y v**
30. Juli - 27. Aug. und Donnerstag geschl. – Karte **28**/53.

XX **Schweizer Stübli,** Wittener Str. 123, ℰ 33 57 60   **X s**
Samstag bis 18 Uhr und Mittwoch sowie 15. Juli-15. Aug. geschl. – Karte 32/60.

X **Mutter Wittig,** Bongardstr. 35, ℰ 1 21 41 – 🆎 ⓞ 🅴 𝑉𝐼𝑆𝐴   **Y k**
Karte 18/45.

X **Bochumer Brauhaus,** Rathausplatz 5, ℰ 1 42 15   **Y z**
Sonntag und Juli - Aug. auch Samstag geschl. – Karte 15/43.

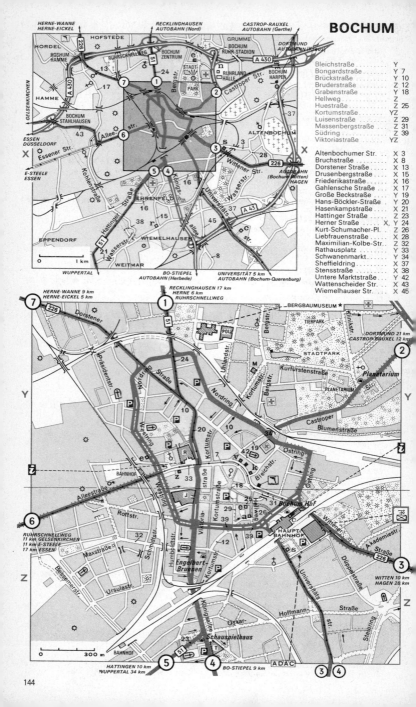

BOCHUM

144

In Bochum-Gerthe über ② und Castroper Hellweg :

🏡 Borgmann, Lothringer Str. 13, ℰ 85 02 48 – 🍴 🅿 🖭. 🛇
10 Z : 22 B.

In Bochum-Stiepel S : 6 km über Universitätsstraße X :

🏨 **Wald- und Golf-Hotel Lottental** M 🌭, Grimbergstr. 52, ℰ 79 10 55, Telex 825552, 🍽,
🖃s, 🖾 – 🛗 🛏wc 🍴wc ☎ 🅿 🖭 🗚 ① 🗲
Karte 26/57 – **100 Z : 188 B** 78 - 98 Fb.

In Bochum-Sundern über ⑤ :

XXX **Haus Waldesruh**, Papenloh 8 (nahe der Sternwarte), ℰ 47 16 76, ≤, 🍽 – 🅿 🖭
Montag und Feb. geschl. – Karte 27/56.

In Bochum 6-Wattenscheid ⑥ : 5 km :

🏨 **Am Südpark**, Höntroper Str. 103, ℰ 7 31 62 – 🖭 🛏wc 🍴wc ☎ 🅿 🖭. 🗚 ① 🗲 VISA
Karte 29/56 – **20 Z : 24 B** 85 - 110 Fb.

BOCKENEM 3205. Niedersachsen 𝟿𝟾𝟽 ⑮ – 12 000 Ew – Höhe 113 m – ✆ 05067.

◆Hannover 68 – ◆Braunschweig 50 – Göttingen 54.

🏛 **Mackensen** 🌭, Stobenstr. 4, ℰ 15 84 – 🍴wc. 🛇 Zim
◆ Juni geschl. – Karte 13/35 *(Samstag und Sonntag jeweils bis 18 Uhr geschl., Okt.- März
Samstag - Sonntag 18 Uhr geschl.)* 🍴 – **12 Z : 20 B** 35/43 - 66/82.

BOCKLET, BAD 8733. Bayern – 2 220 Ew – Höhe 230 m – Heilbad – ✆ 09708.

Ausflugsziel : Schloß Aschach: Graf-Luxburg-Museum★, SW : 1 km (Mai - Okt. Fahrten mit hist.
Postkutsche).

🛈 Kurverwaltung, im Haus des Kurgastes, Kurhausstraße ℰ 2 17.

◆München 339 – Fulda 62 – Bad Kissingen 10.

🏨 **Kurhotel Kunzmann** M 🌭, An der Promenade 6, ℰ 8 11, 🍽, Bade- und Massageabteilung,
◆ 🕭, 🖃s, 🖾, 🍽 – 🛗 🛒 Rest 🍴wc ☎ 🕭 🔄 🅿 🖭. 🗲
Karte 14,50/48 *(auch Diät)* – **76 Z : 112 B** 52/67 - 102/134 Fb – P 74/87.

🏡 **Laudensack**, von-Hutten-Str. 37, ℰ 2 24, « Gartenterrasse », 🍽 – 🍴wc 🅿
Mitte Dez.- Mitte Feb. geschl. – Karte 23/49 *(Sonntag ab 18 Uhr und Dienstag geschl.)* 🍴 –
34 Z : 53 B 32/40 - 62/76 – P 50/64.

🏡 **Kurpension Diana** 🌭, Waldstr. 19, ℰ 13 86, Massage, 🍽 – 🛏wc 🍴wc 🔄 🅿
März - Mitte Nov. – (Rest. nur für Hausgäste) – **17 Z : 23 B** 34/44 - 68 – P 54/64.

BODELSHAUSEN Baden-Württemberg siehe Hechingen.

BODENKIRCHEN Bayern siehe Vilsbiburg.

BODENMAIS 8373. Bayern 𝟿𝟾𝟽 ㉘ – 3 400 Ew – Höhe 689 m – Luftkurort – Wintersport :
700/1 456 m ⛷1 ⛷2 ⛷3, am Arber : ⛷1 ⛷5 ⛷5 – ✆ 09924.

Ausflugsziele : Großer Arber ≤★★ NO : 11 km und Sessellift – Großer Arbersee★ NO : 8 km.

🛈 Verkehrsamt, Bergknappenstr. 10, ℰ 70 01, Telex 69103.

◆München 178 – Cham 51 – Deggendorf 35 – Passau 73.

🏨 **Kur- und Sporthotel Adam** M, Bahnhofstr. 51, ℰ 70 11, Bade- und Massageabteilung,
🖃s, 🖾, 🍽 – 🛗 🛏wc 🍴wc ☎ 🕭 🅿 🖭 🗲 VISA 🛇 Rest
(nur Abendessen für Hausgäste) – **33 Z : 71 B** 59 - 108 Fb.

🏨 **Atlas Hotel Sonnenhof** 🌭, Rechensöldenweg 8, ℰ 77 10, Telex 69133, ≤, 🍽, Bade- und
Massageabteilung, 🕭, 🖃s, 🖾, 🍽, 🎿 – 🛗 🖭 🛏wc 🍴wc ☎ 🎿 🔄 🅿 🖭. 🗚 ① 🗲
Karte 19,50/44 – **115 Z : 230 B** 70/109 - 118/170 Fb – P 98/124.

🏨 **Waldhotel Riederin** 🌭, Riederin 1, ℰ 70 71, ≤ Bodenmais, 🖃s, 🖾 (geheizt), 🖾, 🍽,
🎿 (Halle), Tennisschule, 🍴 – 🛗 🖭 🛏wc 🍴wc ☎ 🕭 🔄 🅿. 🛇
Anfang Nov.- Mitte Dez. geschl. – Karte 16/37 – **54 Z : 104 B** 55/70 - 76/124 Fb.

🏨 **Hofbräuhaus**, Marktplatz 5, ℰ 70 21, 🍽, 🖃s, 🖾 – 🛗 🛏wc 🍴wc ☎ 🕭 🔄 🅿 🖭
◆ Anfang Nov.- Mitte Dez. geschl. – Karte 14/40 – **79 Z : 148 B** 34/55 - 50/105 Fb.

🏨 **Andrea** 🌭, Hölzlweg 10, ℰ 3 86, ≤ Bodenmais, 🖃s, 🖾, 🍽 – 🖭 🛏wc 🍴wc ☎ 🅿. 🗲
🛇 Rest
Nov.-15. Dez. geschl. – (nur Abendessen für Hausgäste) – **26 Z : 55 B** 67/79 - 130/154 Fb (nur
Halbpension).

🏨 **Hubertus** 🌭, Amselweg 2, ℰ 70 26, ≤, 🍽, 🖃s, 🖾, 🍽 – 🛏wc 🍴wc ☎ 🔄 🅿
36 Z : 66 B Fb.

🏨 **Neue Post**, Kötztinger Str. 25, ℰ 70 77, 🍽, 🖃s, 🍽, 🍴 – 🖭 🛏wc 🍴wc ☎ 🅿. 🗲
◆ 4.- 15. Jan. geschl. – Karte 13,50/36 – **42 Z : 80 B** 30/45 - 56/78 Fb.

🏨 **Fürstenbauer**, Kötztinger Str. 34, ℰ 70 91, ≤, 🍽, 🖃s, 🍽 – 🖭 🛏wc 🍴wc ☎ 🅿
◆ Nov.- 20. Dez. geschl. – Karte 14,50/36 – **22 Z : 43 B** 38/64 - 60/80 Fb.

🏨 **Waldesruh**, Scharebenstr. 31, ℰ 70 81, ≤, 🍽, 🖃s, 🍽 – 🛗 🛏wc 🍴wc ☎ 🅿 🖭
76 Z : 130 B Fb.

🏨 **Waldeck** 🦢, Arberseestr. 39, 𝒫 70 55, ≤, Biergarten, ⇔, 🚗 – 📺 🛀wc 🅿
◆ Nov.- 10. Dez. geschl. – Karte 12,50/32 – **55 Z : 100 B** 51 - 68/82 Fb – P 55/72.

🏨 **Bergknappenhof** garni, Silberbergstr. 8, 𝒫 4 66, ⇔, 🔲, 🚗, ✖ – 🛗 🛀wc 🛀wc 🚗 🚗
🅿. 🛥
18 Z : 31 B 40/50 - 72/76 – 21 Appart. 50/90.

🏨 **Zur Klause** 🦢 garni, Klause 1a, 𝒫 18 85, ≤, ⇔, 🚗 – 🛀wc 🛀wc 🅿. 🛥
Nov.- 20. Dez. geschl. – **18 Z : 36 B** 26/35 - 52/69.

🏨 **Bayerischer Hof**, Bahnhofstr. 29, 𝒫 10 64 – 🛀wc 🚗 🅿. 🛥
16 Z : 30 B.

In Bodenmais-Böhmhof SO : 1 km :

🏨 **Böhmhof** 🦢, Böhmhof 1, 𝒫 2 22, ⇔, 🔲 (geheizt), 🚗 – 🛀wc 🛀wc 🕿 🚗 🅿
◆ Nov.- 15. Dez. geschl. – Karte 14/35 (Mai - Okt. Dienstag geschl.) 🍴 – **23 Z : 50 B** 38/54 - 76/80
Fb.

In Bodenmais-Mais NW : 2,5 km :

🏨 **Waldblick**, 𝒫 3 57, ⇔, 🔲, 🚗 – 🛀wc 🚗 🅿
28. Okt. - 18. Dez. geschl. – (nur Abendessen für Hausgäste) – **24 Z : 50 B** 35/38 - 70/80.

In Bodenmais-Mooshof NW : 1 km :

🏨 **Mooshof**, Mooshof 7, 𝒫 70 61, ≤, 🍴, ⇔, 🔲, 🚗 – 🛗 🛀wc 🛀wc 🕿 🅿. 🛥 Rest
◆ 2. Nov.- 15. Dez. geschl. – Karte 12,50/31 – **40 Z : 75 B** 34/50 - 60/90 Fb.

BODENSEE Baden-Württemberg und Bayern 987 ㉟ ㊱, 216 ⑨ ⑩ ⑪ – Höhe 395 m.

Sehenswert : See** – Konstanz : Lage*-Seeufer*-Münster* (Türflügel*) – **Insel Reichenau*** : in
Oberzell (Stiftskirche St. Georg : Wandgemälde**)-in Mittelzell (Münster* : Münsterschatz*) –
Insel Mainau – Haldenhof : ≤** – Überlingen : Münster* - Stadtgraben (Westanlagen**) –
Birnau : Lage** der Wallfahrtskirche* – **Meersburg :**Oberstadt* (Marktplatz*,
Steigstraße*)-Känzele ≤**-Neues Schloß (Terrasse ≤**) – Hagnau : Parkplatz (an der B 31)≤*
– Lindau : Römerschanze ≤*-Stadtgarten ≤*.

BODENTEICH 3123. Niedersachsen 987 ⑯ – 4 600 Ew – Höhe 55 m – Luftkurort – ✆ 05824.
🛈 Verkehrsbüro, Rathaus, Hauptstr. 23, 𝒫 10 11.
◆Hannover 107 – ◆Braunschweig 76 – Lüneburg 50 – Wolfsburg 54.

🏛 **Braunschweiger Hof**, Neustädter Str. 2, 𝒫 10 16, ⇔, 🔲, 🚗, 🏃 – 🛗 🛀wc 🕿 🚿 🅿 🛥
26. Dez.- 1. Jan. geschl. – Karte 19/45 – **34 Z : 65 B** 35/55 - 60/90 – P 65/85.

BODENWERDER 3452. Niedersachsen 987 ⑮ – 6 200 Ew – Höhe 75 m – Luftkurort – ✆ 05533.
🛈 Städt. Verkehrsamt, Brückenstr. 7, 𝒫 25 60.
◆Hannover 68 – Detmold 59 – Hameln 23 – ◆Kassel 103.

🏨 **Deutsches Haus**, Münchhausenplatz 4, 𝒫 39 25 – 🛗 📺 🛀wc 🛀wc 🕿 🅿 🛥
Karte 19/45 (Nov.- April Samstag Ruhetag, Jan. geschl.) – **40 Z : 60 B** 36/58 - 70/98 Fb.

BODENWÖHR 8465. Bayern 987 ㉗ – 3 500 Ew – Höhe 378 m – ✆ 09434.
◆München 168 – Cham 34 – ◆Nürnberg 99 – ◆Regensburg 46.

🏛 Brauereigasthof Jacob, Ludwigsheide 2, 𝒫 12 38, ≤, 🍴, 🐎, 🚗 – 📺 🛀wc 🕿 🚗 🅿 🛥
🛥 Zim
30 Z : 50 B Fb – 2 Appart.

BODMAN-LUDWIGSHAFEN 7762. Baden-Württemberg 987 ㉟, 427 ⑦, 216 ⑨ – 3 300 Ew –
Höhe 410 m – ✆ 07773.
🛈 Verkehrsamt, Rathaus (Bodman), Seestr. 5, 𝒫 54 86 und Verkehrsbüro, Rathaus (Ludwigshafen), Rathausstr.2,
𝒫 50 23.
◆Stuttgart 165 – Bregenz 74 – ◆Konstanz 34 – Singen (Hohentwiel) 26.

Im Ortsteil Bodman – Erholungsort :

🏛 Linde am See 🦢, Kaiserpfalzstr. 50, 𝒫 50 65, Telex 793212, ≤, 🍴, Boots- und Badesteg,
⇔, 🚗, ✖ – 🛀wc 🛀wc 🕿 🅿 🛥
45 Z : 76 B Fb.

🏨 **Adler** 🦢, Kaiserpfalzstr. 119, 𝒫 56 50, « Terrasse mit ≤ », 🚗 – 🛀wc 🅿
19. März - 15. Nov. – Karte 16,50/31 – **24 Z : 39 B** 28/40 - 56/80.

🏨 **Seehaus** 🦢, Kaiserpfalzstr. 21, 𝒫 56 62, ≤, 🚗 – 🛀wc 🅿
April - Okt. – Karte 16,50/32 (Dienstag geschl.) – **11 Z : 22 B** 30/40 - 56/80 – P 58/68.

✕✕ Weinstube Torkel (Fachwerkhaus a.d.J. 1772, mit Gästehaus Sommerhaus), Am Torkel 6,
𝒫 56 66, 🚗 – 🛀wc 🅿
nur Saison – (nur Abendessen, Tischbestellung ratsam) – **10 Z : 19 B**.

Im Ortsteil Ludwigshafen :

🏨 **Strandhotel Adler**, Hafenstr. 4, ℰ 52 14, ≼, « Gartenterrasse am See », 🐎 − 🛏️wc 🅿. 🖭
E 𝘷𝘪𝘴𝘢
Karte 17,50/48 *(Nov.- März Montag geschl.)* 🍴 **− 23 Z : 40 B** 35/55 - 70/110.

🏨 **Krone**, Hauptstr. 25, ℰ 53 16, ☎s − 🛏️ 🅿
← Karte 14,50/38 *(Montag geschl.)* − **18 Z : 32 B** 30/35 - 60/70 − P 60.

BÖBLINGEN 7030. Baden-Württemberg 𝟿𝟪𝟽 ㊳ − 42 000 Ew − Höhe 464 m − ✆ 07031.
🅱 Städt. Verkehrsamt, im Pavillon bei der Kongreßhalle, ℰ 2 30 11, Telex 7265755.
ADAC, Schafgasse 1, ℰ 2 08 64.
♦Stuttgart 19 − ♦Karlsruhe 80 − Reutlingen 36 − ♦Ulm (Donau) 97.

🏨 **Böhler**, Postplatz 17, ℰ 2 51 43, ☎s, 🎴 − 🔋 🖭 ⌷wc 🛏️wc ☎ 🅿 🛁. ⓪ E
Karte 24/61 *(Freitag 18 Uhr - Samstag geschl.)* − **45 Z : 65 B** 90/120 - 132/165 Fb.

🏨 **Wanner** garni, Tübinger Str. 2, ℰ 22 77 05 − 🖭 🛏️wc ☎ ⇔. 🖭 ⓪ E
Karte 18/44 − **33 Z : 55 B** 99/110 - 140 Fb.

🏨 **Böblinger Haus**, Keilbergstr. 2, ℰ 22 70 44 − ⌷wc 🛏️wc ☎ ⇔ 🅿. 🛇
26 Z : 36 B.

🏨 **Rieth**, Tübinger Str. 155 (B 464), ℰ 27 35 44, 🐎 − 🛏️wc ☎ ⇔ 🅿
28. Juli - 16. Aug. geschl. − (nur Abendessen für Hausgäste) − **46 Z : 67 B** 55/75 - 75/115.

🏨 **Schönbuch**, Bahnhofstr. 30, ℰ 22 30 43 − 🛏️wc 🅿
30 Z : 37 B.

🏨 **Decker** garni, Marktstr. 40, ℰ 22 50 87 − 🛏️ ⇔
18 Z : 21 B 52/60 - 70/80.

🏨 **Ebner** garni, Marktstr. 44, ℰ 2 33 69 − 🛏️wc ☎
16 Z : 20 B 46/65 - 70/78.

XX **Seerestaurant Kongreßhalle**, Tübinger Str. 14, ℰ 2 60 56, ≼, 🌿 − 🔲 🅿 🛁. 🖭 ⓪ E
Karte 25/55.

In Böblingen-Hulb :

🏨 **Novotel Böblingen**, Otto-Lilienthal-Str. 18, ℰ 2 30 71, Telex 7265438, ☎s, 🌊 (geheizt), 🐎
− 🔋 🔲 🖭 ⌷wc 🛏️wc ☎ 🍴 🅿 🛁. 🖭 ⓪ E 𝘷𝘪𝘴𝘢
Karte 23/47 − **119 Z : 240 B** 131/157 - 169/173 Fb.

In Ehningen-Herdstelle 7031 SW : 6 km :

XX **IL Gabbiano** (Italienische Küche), Herdweg 13, ℰ (07034) 52 54 − 🅿
Mittwoch geschl. − Karte 25/55.

In Schönaich 7036 SO : 6 km − ✆ 07031 :

🏨 **Pfefferburg**, Böblinger Straße, ℰ 5 10 85, ≼, 🌿 − 🖭 🛏️wc ☎ 🅿. 🖭 ⓪ E 𝘷𝘪𝘴𝘢
Karte 19/62 *(Sonntag 15 Uhr - Montag geschl.)* − **27 Z : 35 B** 70/90 - 110/130 Fb.

🏨 **Wagner** 🐕 garni, Cheruskerstr. 6, ℰ 5 10 94 − 🖭 ⌷wc 🛏️wc ☎ 🅿. 🖭 ⓪ E 𝘷𝘪𝘴𝘢. 🛇
25 Z : 38 B 69 - 84.

🏨 **Sulzbachtal** 🐕, Im Sulzbachtal (NO : 2 km, Richtung Steinenbronn), ℰ 5 10 88 (Hotel)
5 15 11 (Rest.), 🌿 − 🖭 🛏️wc ☎ 🅿
Hotel: 22. Dez. - 9. Jan. geschl. − Karte 18/40 *(Rest.: 27. Dez. - 13. Jan. und Montag geschl.)* −
20 Z : 32 B 59/63 - 83/87.

BÖBRACH 8371. Bayern − 1 500 Ew − Höhe 575 m − Erholungsort − Wintersport : 🎿4 −
✆ 09923 (Teisnach).
🅱 Verkehrsverein, Rathaus, ℰ 23 52.
♦München 171 − Passau 78 − Regen 18 − Regensburg 98.

🏨 **Ödhof** 🐕, Öd Nr. 5, ℰ 12 46, ≼, 🌿, ☎s, 🎴, 🐎, 🎯, 🐴 − 🔋 🛏️wc ☎ ⇔ 🅿. 🛇
← Nov.- 15. Dez. geschl. − Karte 13,50/33 *(Dienstag geschl.)* − **18 Z : 34 B** 41/50 - 74 − P 59/63.

Siehe auch : **Liste der Feriendörfer**

BÖHMENKIRCH 7926. Baden-Württemberg 𝟿𝟪𝟽 ㊳ − 4 500 Ew − Höhe 694 m −
✆ 07332 (Weißenstein).
♦Stuttgart 70 − Göppingen 26 − Heidenheim an der Brenz 17 − ♦Ulm (Donau) 45.

🏠 **Lamm**, Kirchstr. 8, ℰ 52 43 − 🛏️wc ⇔ 🅿 🛁. 🛇 Zim
← 6.- 16. Aug. geschl. − Karte 14,50/29 *(Montag geschl.)* 🍴 − **18 Z : 30 B** 25/28 - 44/56.

BÖNNIGHEIM 7124. Baden-Württemberg − 6 300 Ew − Höhe 221 m − ✆ 07143.
♦Stuttgart 40 − Heilbronn 17 − Ludwigsburg 24 − Pforzheim 36.

🏨 **Bebenhauser Hof** (ehemalige mittelalterliche Hofanlage), Ringstr. 19, ℰ 20 89 − 🖭 🛏️wc
☎ 🛁. 🖭
Juli - Aug. 4 Wochen geschl. − Karte 20/49 *(Samstag geschl.)* − **19 Z : 32 B** 65 - 95 Fb.

🏠 **Rössle**, Karlstr. 37, ℰ 2 17 80 − 🛏️ 🅿
13 Z : 18 B.

BÖRNSDORF Schleswig-Holstein siehe Bosau.

BOESDORF Schleswig-Holstein siehe Malente-Gremsmühlen.

BÖSINGEN Baden-Württemberg siehe Pfalzgafenweiler.

BOGEN 8443. Bayern 987 ㉗ – 9 050 Ew – Höhe 332 m – ✆ 09422.
♦München 134 – ♦Regensburg 60 – Straubing 12.

☎ **Zur Post**, Stadtplatz 15, 𝒫 13 46 – 🚻wc ⇐ ℗
↦ ab Pfingsten 2 Wochen geschl. – Karte 12/27 (Freitag geschl.) – **19 Z : 24 B** 27/30 - 50/52.

In Bogen-Bogenberg O : 3,5 km :

✗ **Schöne Aussicht** 🌿 mit Zim, 𝒫 15 39, ← Donauebene, Biergarten – 🛏wc 🚻wc ⇐ ℗
↦ Karte 13,50/31 ⅃ – **6 Z : 10 B** 25 - 50.

BOHMTE 4508. Niedersachsen 987 ⑭ – 9 700 Ew – Höhe 58 m – ✆ 05471.
♦Hannover 122 – ♦Bremen 98 – ♦Osnabrück 21.

🏨 Gieseke-Asshorn, Bremer Str. 55, 𝒫 10 01, 🛋 – 🚻wc ⇐ ℗
9 Z : 12 B.

BOLL 7325. Baden-Württemberg – 4 400 Ew – Höhe 425 m – ✆ 07164.
🛈 Verkehrsamt, Hauptstr. 94 (Rathaus), 𝒫 74 57.
♦Stuttgart 48 – Göppingen 9 – ♦Ulm (Donau) 49.

🏨 **Badhotel Stauferland** 🌿, Gruibinger Str. 32, 𝒫 20 77, « Terrasse mit ← », 🛋, 🔲, 🐎 –
📶 🛏wc 🚻wc ☎ ℗ 🏛 🅴. 🍽 Rest
Aug. 2 Wochen geschl. – Karte 26/59 – **45 Z : 57 B** 72/80 - 110/150 Fb.

☎ **Löwen**, Hauptstr. 46, 𝒫 29 39 – 🚻wc ℗. ⑩
↦ 17. Dez.- 22. Jan. geschl. – Karte 15/38 (Montag geschl.) ⅃ – **22 Z : 30 B** 33/50 - 60/80.

BOLLENDORF 5521. Rheinland-Pfalz 409 ㉗ – 1 700 Ew – Höhe 215 m – Luftkurort – ✆ 06526.
Mainz 193 – Bitburg 28 – Luxemburg 43 – ♦Trier 34.

🏨 Burg Bollendorf 🌿, 𝒫 5 11, 🌳, Vogelpark, 🐎, 🎾, 🐎 – 📺 🛏wc 🚻wc ☎ ℗ 🏛. 🍽 Rest
18 Z : 38 B – 20 Appart.

🏨 **Sonnenberg** 🌿, Im Beitberg (NW : 1,5 km), 𝒫 5 52, ← Sauertal, 🌳, 🛋, 🔲, 🐎 – 📶 🚻wc
↦ ℗. 🍽 Rest
10. Jan.- 15. Feb. und 20. Nov.- 20. Dez. geschl. – Karte 14,50/46 ⅃ – **28 Z : 56 B** 52/73 - 81/109
– P 58/76.

🏨 Ritschlay 🌿, Auf der Ritschlay 3, 𝒫 2 12, ←, Garten mit Grillpavillon, 🐎 – 🚻wc ℗. 🍽
nur Saison – (Rest. nur für Hausgäste) – **20 Z : 35 B**.

🏨 Scheuerhof, Sauerstaden 42, 𝒫 3 95, Biergarten – 🚻wc ☎ ℗. 🅴. 🍽
6. Jan.- 5. Feb. geschl. – Karte 16,50/50 (Okt.- März Montag geschl.) ⅃ – **14 Z : 30 B** 44/45 -
84/86 Fb – P 62/68.

🏨 **Hauer**, Sauerstaden 20, 𝒫 3 23, 🌳 – 🚻wc ℗
↦ Karte 14/38 – **25 Z : 40 B** 29/49 - 54/68 – P 49/56.

🏨 **Landhaus Oesen** 🌿, Auf dem Oesen 13, 𝒫 3 05, ←, 🌳, 🐎 – 🚻wc ℗. 🍽
↦ 12. Nov. - 20. Dez. geschl. – Karte 14/35 – **12 Z : 24 B** 36/40 - 60/80 – P 50/60.

🏨 **Vier Jahreszeiten** 🌿, Auf dem Träuschfeld 6, 𝒫 2 67, ←, 🌳, 🐎 – 🚻wc ℗. 🍽 Rest
↦ Karte 16,50/41 – **13 Z : 26 B** 30/45 - 50/75 Fb – P 44/55.

An der Straße nach Echternacherbrück SO : 2 km :

🏨 **Am Wehr**, ✉ 5521 Bollendorf, 𝒫 (06526) 2 42, ←, 🌳 – 🚻wc ⇐ ℗. 🅴. 🍽
↦ Nov. geschl. – Karte 14/36 – **16 Z : 36 B** 48/63 - 80/110 – P 48/63.

LE GUIDE VERT MICHELIN ALLEMAGNE

Paysages, monuments

Routes touristiques

Géographie

Histoire, Art

Itinéraires de visite

Plans de villes et de monuments.

BONN 5300. Nordrhein-Westfalen 🔢🔢🔢 ㉔ – Bundeshauptstadt – 291 500 Ew – Höhe 64 m – ✆ 0228.

Sehenswert : In Bonn : Regierungsviertel★ (Bundeshaus★) – Doppelkirche Schwarz-Rheindorf★ DY – Rheinisches Landesmuseum (Römische Abteilung★) BZ **M** – Münster (Kreuzgang★) CZ **A** – Alter Zoll ⇐★ CY – **In Bonn-Bad Godesberg :** Rheinufer★ (⇐★) – Godesburg ☀★.

🛬 Köln-Bonn in Wahn (① : 27 km), ✆ (02203) 7 21.

🅱 Informationsstelle, Münsterstr. 20 (Cassius Bastei), ✆ 77 34 66.

🅱 Werbe- und Verkehrsamt, Rathaus Bad Godesberg, Kurfürstenallee 2, ✆ 77 39 27.

ADAC, Godesberger Allee 125 (Bad Godesberg), ✆ 37 94 57, Notruf ✆ 1 92 11.

♦Düsseldorf 72 ⑥ – ♦Aachen 92 ⑥ – ♦Köln 27 ⑥ – Luxemburg 190 ④.

Stadtpläne siehe nächste Seiten.

🏨 **Königshof,** Adenauerallee 9, ✆ 2 60 10, Telex 886535, ≤ Rhein, 🏕 – 🛗 📺 ⇔ 🅿 🏋️ . 🆑 ⓞ 🅴 🆅🆂🅰. 🎾 Rest   **CZ a**
Karte 30/71 – **137 Z : 206 B** 140/190 - 190/240 Fb.

🏨 **Bristol** ⓢ, Poppelsdorfer Allee/Ecke Prinz-Albert-Straße, ✆ 2 01 11, Telex 8869661, 🏕, Massage, ⇔, 🔲 – 🛗 🗖 📺 ⇔ 🅿 🏋️. 🆑 ⓞ 🅴 🆅🆂🅰   **CZ v**
Restaurants : – **Majestic** *(Sonntag geschl.)* Karte 35/80 – **Pickwick** Karte 17,50/24 – **120 Z : 200 B** 185/240 - 240/320 Fb.

🏨 **Steigenberger-Hotel Bonn,** Am Bundeskanzlerplatz, ✆ 2 01 91, Telex 886363, ≤ Bonn und Rhein, 🏕, 🔲 – 🛗 🗖 Rest 📺 ⇔ 🏋️ (mit 🛗). 🆑 ⓞ 🅴 🆅🆂🅰. 🎾 Rest   **DZ z**
Restaurants : – **Atrium-Rest.** Karte 25/56 – **Ambassador-Club (18. Etage)** *(Samstag bis 18 Uhr geschl.)* Karte 35/75 – **160 Z : 320 B** 129/240 - 240/320 Fb.

🏨 **Domicil** Ⓜ garni (Rest. im Hause), Thomas-Mann-Str. 24, ✆ 72 90 90, Telex 886633, « Elegante Einrichtung » – 🛗 📺 🏋️. 🆑 🅴 🆅🆂🅰   **BY e**
42 Z : 80 B 154/200 - 204/304.

🏨 **Kaiser-Karl-Hotel** Ⓜ garni, Vorgebirgsstr. 56, ✆ 65 09 33, Telex 886856, Innenhof-Garten, « Elegante Einrichtung » – 🛗 📺 ⇔ 🏋️. 🆑 ⓞ 🅴 🆅🆂🅰   **BY a**
52 Z : 70 B 148/208 - 250/310.

🏨 **Schloßpark-Hotel** ⓢ, Venusbergweg 27, ✆ 21 70 36, Telex 889561, ⇔, 🔲 – 🛗 📺 ⇔ 🏋️. 🆑 ⓞ 🅴 🆅🆂🅰. 🎾   **BZ a**
Karte 31/50 *(Samstag bis 18 Uhr geschl.)* – **67 Z : 85 B** 80/110 - 130/180 Fb.

🏩 **Auerberg,** Kölnstr. 362, ✆ 67 10 31, ⇔, 🔲 – ⇔wc 🛁wc ☎ ⇔. 🆑 ⓞ 🅴 🆅🆂🅰. 🎾
21. Dez.- 2. Jan. geschl. – **30 Z : 36 B** 75/90 - 115/120.   über Kölnstraße **ABY**

🏩 **Beethoven,** Rheingasse 26, ✆ 63 14 11, Telex 886467 – 🛗 ⇔wc 🛁wc ☎ ⇔. 🆑 ⓞ 🅴 🆅🆂🅰. 🎾 Zim   **CY s**
Karte 26/51 *(Samstag geschl.)* – **60 Z : 85 B** 60/128 - 128/148 Fb.

🏩 **Continental** garni, Am Hauptbahnhof, ✆ 63 53 60 – 🛗 📺 ⇔wc 🛁wc ☎ 🏋️. 🆑 ⓞ 🅴 🆅🆂🅰
22. Dez.- 6. Jan. geschl. – **35 Z : 62 B** 110/160 - 180/195.   **CZ r**

🏩 **Astoria** garni, Hausdorffstr. 105, ✆ 23 95 07, ⇔ – 🛗 ⇔wc 🛁wc ☎ 🅿. 🆑 ⓞ 🅴 🆅🆂🅰
23. Dez.- 7. Jan. geschl. – **50 Z : 74 B** 85/95 - 130/150.   über Hausdorffstrasse **CZ**

🏩 **Sternhotel** ⓢ garni, Markt 8, ✆ 65 44 55, Telex 886508 – 🛗 ⇔wc 🛁wc ☎ 🏋️. 🆑 ⓞ 🅴 🆅🆂🅰. 🎾   **CY e**
65 Z : 120 B 89/140 - 115/149.

🏠 **Rheinland** garni, Berliner Freiheit 11, ✆ 65 80 96 – 🛗 🛁wc ☎   **CY q**
28 Z : 35 B 80 - 120.

🏠 **Kölner Hof** garni, Kölnstr. 502, ✆ 67 10 04 – 🛁wc ☎ ♿ ⇔ 🅿. 🆑 ⓞ
19. Juli.- 10. Aug. geschl. – **41 Z : 64 B** 59 - 102.   über Kölnstraße **ABY**

🏠 **Römerhof,** Römerstr. 20, ✆ 63 47 96 – 🛁wc ☎ 🅿. 🎾 Zim   **CY f**
Karte 16/47 *(nur Abendessen, Montag geschl.)* – **26 Z : 40 B** 68/96 - 96/144.

🏠 **Kurfürstenhof,** Baumschulallee 20, ✆ 63 11 66 – 🛗 🛁wc ☎   **BZ x**
(nur Abendessen für Hausgäste) – **27 Z : 48 B** 45/79 - 72/109.

🏠 **Bergischer Hof,** Münsterplatz 23, ✆ 63 34 41 – 🛗 ⇔wc 🛁 ☎ 🏋️   **CY m**
Karte 17/45 – **28 Z : 48 B** 42/69 - 79/102.

🏠 **Central-Hotel** garni, Lotharstr. 9, ✆ 21 80 04 – 🛗 ⇔wc 🛁wc ☎. 🆑 ⓞ 🅴
36 Z : 48 B 40/70 - 65/97.   **CZ d**

🏠 **Esplanade** garni, Colmantstr. 47, ✆ 65 73 70 – 🛁wc ☎. ⓞ 🆅🆂🅰   **BZ e**
14 Z : 24 B 45/75 - 72/95.

🏠 **Schwan** ⓢ garni, Mozartstr. 24, ✆ 63 41 08 – ⇔wc 🛁 ☎. 🎾   **BZ s**
24 Z : 36 B 45/75 - 85/110.

🏠 **Weiland** ⓢ garni, Breite Str. 98a, ✆ 65 50 57 – 🛁wc ☎. 🆑 ⓞ 🅴 🆅🆂🅰   **CY d**
16 Z : 32 B 41/63 - 73/94.

🏠 **Baden - Restaurant Pierre Patrice,** Graurheindorfer Str. 1, ✆ 63 36 00 (Hotel) 65 26 21 (Rest.) – 🛁wc. 🆑 ⓞ 🆅🆂🅰   **BY r**
Karte 33/54 *(Samstag und Sonntag jeweils bis 18 Uhr geschl.)* – **28 Z : 43 B** 40/65 - 90/95.

🏠 **Eden** garni, Am Hofgarten 6, ✆ 22 40 77 – ⇔wc ☎. 🎾   **CZ s**
18 Z : 28 B 45/100 - 100/140.

🏠 **Haus Hofgarten** garni, Fritz-Tillmann-Str. 7, ✆ 22 34 82 – ⇔wc 🛁 ☎   **CZ g**
15 Z : 26 B 45/95 - 70/130.

149

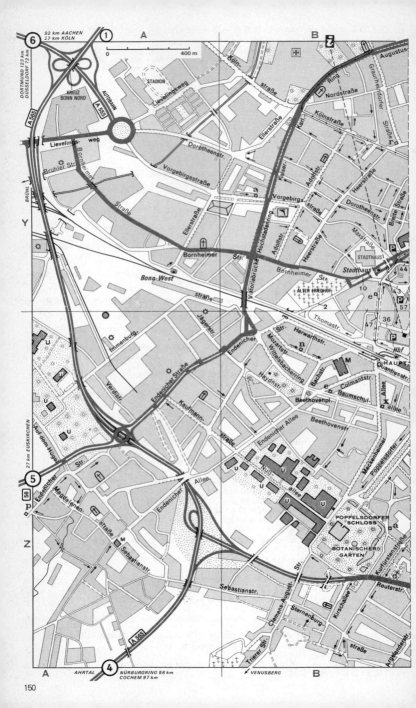

BONN

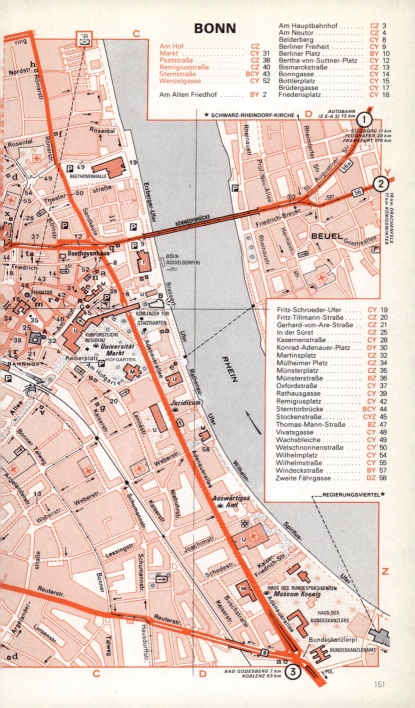

★ SCHWARZ-RHEINDORF-KIRCHE

AUTOBAHN (E 5-A 3) 13 km
SIEGBURG 11 km
FLUGHAFEN 28 km
FRANKFURT 176 km

16 km DRACHENFELS
17 km KÖNIGSWINTER

BEUEL

KENNEDYBRÜCKE

(KÖLN-DÜSSELDORFER)

RHEIN

BEETHOVENHALLE

Beethovenhaus

STERNTOR

KOBLENZER TOR
STADTGARTEN

KURFÜRSTLICHE RESIDENZ
Universität
Markt
HOFGARTEN
Kaiserplatz

BAHNHOF

Am Hofgarten

Juridicum

Auswärtiges
Amt

REGIERUNGSVIERTEL ★

Kaiser-Friedrich-Str.

HAUS DES BUNDESPRÄSIDENTEN
Museum Koenig

HAUS DES
BUNDESKANZLERS

Bundeskanzlerpl.
BUNDESKANZLERAMT

BAD GODESBERG 7 km
KOBLENZ 63 km

POL.

151

BONN-
BAD GODESBERG

0   500 m

152

XXX **Am Tulpenfeld**, An der Heuß-Allee 2, ℰ 21 90 81, 🍽 – 🏛. ⓞ E 𝑉𝐼𝑆𝐴. 🦟 über ③
Weihnachten - Neujahr sowie Samstag, Sonn- und Feiertage geschl. – Karte 38/82.

XX **Ristorante Grand'Italia** (Italienische Küche), Bischofsplatz 1, ℰ 63 83 33 – 𝔸𝔼 ⓞ E 𝑉𝐼𝑆𝐴.
🦟
Karte 30/68.   CYZ c

XX ❀ **Petit Poisson**, Wilhelmstr. 23 a, ℰ 63 38 83 – 𝔸𝔼 ⓞ E   CY x
Sonntag - Montag geschl. – Karte 45/80 (Tischbestellung ratsam)
Spez. La Cotriade (Fischsuppe), Crépinettes von Austern, Kalbsbries und Hummer im Wirsingmantel.

XX **Zur Lese**, Adenauerallee 37, ℰ 22 33 22, ≼ Rhein, 🍽 – ℗. 𝔸𝔼 ⓞ E 𝑉𝐼𝑆𝐴   CZ e
Montag geschl. – Karte 31/59.

XX **Ristorante Caminetto** (Italienische Küche), Römerstr. 83, ℰ 65 42 27   CY h
Sonntag und Juli - Aug. 3 Wochen geschl. – Karte 27/53.

XX **Zum Kapellchen**, Brüdergasse 12, ℰ 65 10 52 – 𝔸𝔼 ⓞ E   CY n
Sonntag und Juli - Aug. 3 Wochen geschl. – Karte 36/73.

XX **Em Höttche**, Markt 4, ℰ 65 85 96, « Altdeutsche Gaststätte » – 𝔸𝔼 ⓞ E   CY e
Sonntag und 22. Dez. - 8. Jan. geschl. – Karte 22/68.

XX Restaurant Beethovenhalle, Theaterstr. 3, ℰ 63 33 48, ≼ Rhein, 🍽 – 🏛   CY

XX **Schaarschmidt**, Brüdergasse 14, ℰ 65 44 07 – ⓞ E   CY a
Juli - Aug. 3 Wochen, Samstag bis 18 Uhr und Sonntag geschl. – Karte 37/76 (Tischbestellung
ratsam).

X **Ristorante La Capannina** (Italienische Küche), Kesselgasse 1, ℰ 65 18 60   CY t
Karte 20/49.

X **Im Bären** (Brauereigaststätte), Acherstr. 1, ℰ 63 32 00   CY r
Karte 16/43.

Auf dem Venusberg über Trierer Straße BZ und Im Wingert :

🏠 **Berghotel**, Haager Weg 83 (SW : 6 km), ℰ 28 50 15 – 🚽wc 🛁wc ☎ ℗. 𝔸𝔼 ⓞ
Karte 19,50/51 – **16 Z : 22 B** 60/75 - 80/100.

In Bonn 3-Beuel :

🏨 **Schloßhotel Kommende Ramersdorf** (ehem. Ritterordens-Schloß, Schloßmuseum),
Oberkasseler Str. 10 (Ramersdorf), ℰ 44 07 34 (Hotel) 44 33 04 (Rest.), ≼, 🍽, « Einrichtung
mit Stil-Möbeln und Antiquitäten » – 🚽wc 🛁wc ☎ ℗ 🏛. 𝔸𝔼 ⓞ E 𝑉𝐼𝑆𝐴
Karte 37/54 *(Italienische Küche, Dienstag geschl.)* – **18 Z : 28 B** 85/100 - 150/170 Fb.
über ② und die B 42

🏠 **Alfa-Hotel** garni, Röhfeldstr. 60 (Ecke Pützchens Chaussee), ℰ 46 20 84, Telex 886635 – 🚾
🛁wc ☎ ⇦. 𝔸𝔼 ⓞ E 𝑉𝐼𝑆𝐴   über ②
29 Z : 58 B 79/119 - 105/155 Fb.

🏠 **Willkens**, Goetheallee 1, ℰ 47 16 40, Telex 8869769 – 🛗 🛁wc ☎. 𝔸𝔼 ⓞ E 𝑉𝐼𝑆𝐴. 🦟
Karte 19/40 *(nur Abendessen, Samstag geschl.)* – **35 Z : 59 B** 48/66 - 78/98.
über Goetheallee DY

🏠 **Mertens**, Rheindorfer Str. 134, ℰ 47 44 51 – 🚽 🛁 ☎ ℗. ⓞ   über Rheindorfer Str. DY
🍴 Karte 13/32 *(nur Abendessen, Dienstag geschl.)* – **13 Z : 23 B** 48 - 85.

In Bonn-Endenich :

🏠 **Altes Treppchen**, Endenicher Str. 308, ℰ 62 50 04, « Behagliches Restaurant mit
altdeutscher Einrichtung » – 🛁 ☎ ⇦ ℗. 𝔸𝔼 ⓞ E   AZ p
22. Dez.- 3. Jan. geschl. – Karte 26/55 *(Samstag geschl.)* – **24 Z : 31 B** 48/56 - 85/98.

In Bonn 2-Bad Godesberg :

🏨 **Rheinhotel Dreesen** 🦢, Rheinstr. 45, ℰ 8 20 20, Telex 885417, ≼, 🍽, « Park », 🌲 – 🛗
🚾 ⇦ ℗ 🏛. 𝔸𝔼 ⓞ E 𝑉𝐼𝑆𝐴. 🦟 Rest   Z a
Karte 26/60 – **85 Z : 140 B** 105/175 - 152/190 Fb.

🏨 **Zum Adler** garni, Koblenzer Str. 60, ℰ 36 40 71 – 🛗 🚽wc 🛁wc ☎ ⇦. 𝔸𝔼 ⓞ E 𝑉𝐼𝑆𝐴   Y a
40 Z : 55 B 70/100 - 130/140.

🏨 **Godesburg-Hotel** 🦢 (moderner Hotelbau in der Godesburg-Ruine), Auf dem Godesberg
5, ℰ 31 60 71, Telex 885503, ≼ Bad Godesberg und Siebengebirge, 🍽 – 🚾 🛁wc ☎ ℗ 🏛.
𝔸𝔼 ⓞ E 𝑉𝐼𝑆𝐴   Y e
Karte 23/58 – **14 Z : 20 B** 80/120 - 110/150.

🏨 **Insel-Hotel**, Theaterplatz 5, ℰ 36 40 82, Telex 885592, 🍽 – 🛗 🚽wc 🛁wc ☎ ℗ 🏛. 𝔸𝔼 ⓞ
E. 🦟 Rest   Y v
Karte 15/40 – **66 Z : 100 B** 97/110 - 155/165.

🏨 **Parkhotel** garni, Am Kurpark 1, ℰ 36 30 81, Telex 885463 – 🛗 🚽wc 🛁wc ☎ ℗. E   Y p
54 Z : 68 B 85/144 - 120/180 Fb.

🏨 **Rheinland**, Rheinallee 17, ℰ 35 30 87 – 🚽wc 🛁wc ☎ ℗ 🏛   Y r
Karte 27/55 – **32 Z : 60 B** 80/90 - 120/135.

🏠 **Cäcilienhöhe** 🦢, Goldbergweg 17, ℰ 32 10 01, ≼ Bad Godesberg und Siebengebirge –
🛁wc ☎ ℗. 𝔸𝔼 ⓞ E   über Muffendorfer Str.   Z
Karte 36/67 *(Juli - Aug. 3 Wochen, Samstag bis 18 Uhr und Sonntag geschl.)* – **11 Z : 20 B** 100
- 130.

153

🏠 **Schaumburger Hof** ⚓, Am Schaumburger Hof 10, ℰ 36 40 95, ≤ Rhein und Siebengebirge, « Gartenterrasse am Rhein » − ➞wc 🅿 🏛 ⑩   Y g
20. Dez. - 14. Jan. geschl. − Karte 21/52 − **34 Z : 54 B** 57/80 - 99/140.

🏠 **Zum Löwen** garni, Von Grooteplatz 1, ℰ 35 49 51 − 🛗 📶wc 🕿   Y n
22. Dez. - 6. Jan. geschl. − **49 Z : 60 B** 52/86 - 96/120.

XXX **Wirtshaus St. Michael**, Brunnenallee 26, ℰ 36 47 65, « Antike Einrichtung »   Z r
ab 19 Uhr geöffnet, Sonn- und Feiertage geschl. − Karte 40/85 (Tischbestellung ratsam).

XX **von Eicken**, Ahrstr. 45 (Wissenschaftszentrum), ℰ 37 91 70 − 🏛 ⑩ 🇪   Y t
Samstag geschl. − Karte 29/56.

XX **Stadthalle**, Koblenzer Str. 80, ℰ 36 40 35, ≤, 🌲 − 🅿 🏛   Z u
20.-25. Dez. geschl. − Karte 18,50/45.

XX **Alt Godesberg**, Bürgerstr. 4, ℰ 36 27 56 − 🏛 ⑩ 🇪 🆅🇮🇸🇦   Y c
6. - 11. Feb., 7. - 21. Aug. sowie Sonn- und Feiertage geschl. − Karte 21/56.

X Redüttchen, Kurfürstenallee 1, ℰ 36 40 41, 🌲   Z s

X da tung (China-Rest.), Am Michaelshof 4b (1. Etage, 🛗), ℰ 35 38 99   Y d

In Bonn 2 - Bad Godesberg-Lannesdorf über ② :

XX ✿ **Korkeiche** (rustikales Rest. in einem unter Denkmalschutz stehenden Fachwerkhaus), Lyngsbergstr. 104, ℰ 34 78 97, 🌲
nur Abendessen, Montag und Juli geschl. − Karte 30/72 (Tischbestellung erforderlich)
Spez. Pfifferlinge und Kalbsbries in Kräutercrêpes, Steinbutt in Trüffelsauce, Zwetschgenstrudel mit Zimteis (Aug.-Okt.).

In Bonn 2 -Bad Godesberg-Mehlem ② : 4 km :

🏨 **Drachenfels** ⚓ garni, Siegfriedstr. 28, ℰ 34 30 67, ≤ Rhein und Drachenfels − 🛗 ➞wc
📶wc 🅿. 🏛 🇪
2.- 30. Aug. geschl. − **20 Z : 33 B** 70/80 - 110/120.

🏨 **Alte Schmiede** (Fachwerkhaus a.d.J. 1660), Mainzer Str. 173, ℰ 34 98 10, 🌲 − 🅿. 🏛 ⑩
Montag geschl. − Karte 26/61.

In Bonn-Hardtberg über ④ :

🏨 **Novotel** Ⓜ, Konrad-Adenauer-Damm/Ecke Pascalstraße, ℰ 5 20 10, Telex 886743, 🌲,
⊿ (geheizt) − 🛗 🔲 📺 ➞wc 🕿 ᵹ 🅿 🏛. 🏛 ⑩ 🇪
Karte 24/54 − **142 Z : 284 B** 130/174 - 163/206 Fb.

In Bonn 3-Holzlar über ② :

🏠 **Wald-Café** ⚓, Am Rehsprung 35, ℰ 48 20 44, 🌲 − 📶wc 🕿 ⇐ 🅿 🏛. 🏛
Karte 20/46 *(Montag geschl.)* − **26 Z : 40 B** 39/56 - 62/97.

In Bonn-Lengsdorf über ④ :

🏠 **Kreuzberg** garni, Provinzialstr. 35 (B 257), ℰ 25 39 18 − 📶wc 🕿 🅿. 🏛 🇪
20 Z : 24 B 42/55 - 78/110.

XX ✿ **Le Marron**, Provinzialstr. 35, ℰ 25 32 61 − 🅿. 🏛 ⑩ 🇪
Samstag - Sonntag 19 Uhr geschl. − Karte 49/94
Spez. Salat vom Kalbskopf mit Langustenmedaillons, Piccata vom Seeteufel, Rehrücken mit Pilzen im Strudelteig.

In Bonn 1-Tannenbusch :

🏨 **Bonn-Apparte**, Westpreußenstr. 20, ℰ 6 68 60 − 📺 ➞wc 📶wc 🕿 🅿. 🏛 ⑩ 🇪 🆅🇮🇸🇦. 🌂
388 Z : 660 B 60/90 - 80/120 (ohne Frühstück, nur Selbstverpflegung).
über Lievelingsweg   AY

In Alfter 5305   NW : 10 km über Brühler Str. AY :

XXX **Herrenhaus Buchholz**, Buchholzweg 1, ℰ (02222) 6 00 05, « Gartenterrasse » − 🅿 🏛. ⑩
🇪
Karte 36/76 (Tischbestellung ratsam).

In Bornheim-Roisdorf 5303   NW : 10 km über Brühler Str. AY :

🏠 **Heimatblick** ⚓, Brombeerweg 1, ℰ (02222) 6 00 37, ≤ Bonn und Rheinebene,
« Gartenterrasse » − 📶wc 🕿 🅿 🏛. 🌂 Zim
Karte 21/50 − **18 Z : 30 B** 35/45 - 55/85.

In Wachtberg-Niederbachem 5307   ② : 2,5 km ab Bonn - Bad Godesberg-Mehlem :

🏨 **Dahl** ⚓, Heideweg 9, ℰ (0228) 34 10 71, Telex 885495, ≤, ⇐, 🔲 − 🛗 ➞wc 📶wc 🕿 ⇐
🅿 🏛. 🌂 Zim
22. Dez. - 5. Jan. geschl. − Karte 17/43 *(Sonntag ab 15 Uhr geschl.)* − **63 Z : 85 B** 65/82 -
99/105.

BONNDORF 7823. Baden-Württemberg 🔢 ⑳, 🔢 ⑦, 🔢 ⑤ − 5 500 Ew − Höhe 847 m − Luftkurort − Wintersport : 847/898 m ⊀3 ⊀6 − ☎ 07703.
🛈 Kurverwaltung, Schwimmbadstr. 10, ℰ 4 11.
♦Stuttgart 151 − Donaueschingen 25 − ♦Freiburg im Breisgau 55 − Schaffhausen 35.

🏠 **Schwarzwald-Hotel**, Rothausstr. 7, 𝒫 4 21, ⇆, 🔲, 🐎 – 🔌 🛏wc 🛁wc ☎ 🅿. 🖭 ⑩ 🗲
20. Nov.- 15. Dez. geschl. – Karte 19,50/51 🦐 – **67 Z : 120 B** 39/56 - 74/110 Fb – P 65/81.

🏛 **Sonne**, Martinstr. 7, 𝒫 3 36 – 🛏wc 🅿
◆ Mitte Nov.- Anfang Dez. geschl. – Karte 14/36 (Jan.- April Samstag ab 14 Uhr geschl.) 🦐 –
33 Z : 60 B 23/33 - 40/58.

🏛 **Bonndorfer Hof**, Bahnhofstr. 2, 𝒫 71 18, 🐎 – 🛏wc 🅿. ⚘ Zim
15. Okt.- 15. Nov. geschl. – Karte 18/42 (Montag geschl.) 🦐 – **12 Z : 20 B** 29/35 - 56/74 –
P 52/54.

XX **Germania** mit Zim, Martinstr. 66, 𝒫 2 81 – 🛏wc 🔌 🅿. ⚘ Zim
Nov. geschl. – Karte 20/50 (Montag geschl.) – **8 Z : 12 B** 25/35 - 50/65 – P 49/59.

Im Steinatal :

🏠 **Walkenmühle** 🦢, (W : 5 km), ✉ 7823 Bonndorf, 𝒫 (07703) 79 31, ⇆, 🐎 – 🛏wc ☎ ⇖
🅿
10. Nov.- 14. Dez. geschl. – Karte 19/45 (Dienstag Ruhetag, außer Saison wochentags nur
Abendessen) – **14 Z : 26 B** 36/60 - 72/98.

🏛 **Sommerau** 🦢 (400 Jahre altes Schwarzwälder Holzhaus), (W : 10 km), ✉ 7823 Bonndorf,
𝒫 (07703) 6 70, 🐎, ⇖, 🦌 – 🛏wc 🅿
2.- 24. Dez. geschl. – Karte 18/48 (Montag 18 Uhr - Dienstag geschl.) 🦐 – **12 Z : 24 B** 31/33 -
56/60 – P 46.

In Bonndorf-Holzschlag NW : 8 km :

🏘 **Schwarzwaldhof Nicklas** (moderner Schwarzwaldhof), Bonndorfer Str. 11, 𝒫 (07653) 8 03,
🌣, « Rustikale Einrichtung, Garten », 🐎, Grillplatz – 🛏wc ☎ 🎿 🅿
4. Nov.- 15. Dez. geschl. – Karte 19/45 (Dienstag geschl.) 🦐 – **18 Z : 30 B** 37/42 - 79/90.

BOOSTEDT Schleswig-Holstein siehe Neumünster.

BOPFINGEN 7085. Baden-Württemberg 👿👿👿 ㉘㉖ – 11 200 Ew – Höhe 470 m – ✪ 07362.
◆Stuttgart 100 – ◆Augsburg 82 – ◆Nürnberg 104 – ◆Ulm (Donau) 77.

🏘 **Sonne**, Hauptstr. 20, 𝒫 30 11, ⇆ – 🛏wc 🛏wc ⇖ 🅿. 🖭 ⑩ 🗲 𝗩𝗜𝗦𝗔
20. Dez.- 3. Jan. geschl. – Karte 29/48 (Sonntag 14 Uhr - Montag 18 Uhr geschl.) – **20 Z : 30 B**
44/60 - 85/90 Fb.

🏠 **Ipf-Hof** 🦢, Rich.-Wagner-Str. 2, 𝒫 75 31, ⇐ – 🛏wc 🛏wc ☎ ⇖ 🅿
Karte 18/48 (Freitag geschl.) 🦐 – **20 Z : 30 B** 30/70 - 66/100.

BOPPARD 5407. Rheinland-Pfalz 👿👿👿 ㉘ – 17 500 Ew – Höhe 70 m – Kneippheilbad – ✪ 06742.
Sehenswert : Gedeonseck ⇐ ★ – 🖪 Städt. Verkehrsamt, Karmeliterstr. 2, 𝒫 1 03 19.
🖪 Verkehrsamt, Am Theodor-Hoffmann-Platz (Bad Salzig), 𝒫 62 97 – Mainz 89 – Bingen 42 – ◆Koblenz 21.

🏛 **Bellevue**, Rheinallee 41, 𝒫 10 20, Telex 426310, ⇐, 🌣, ⇆, 🔲, ⚒ – 🔌 📺 ⇖ 🛁. 🖭 ⑩
🗲. ⚘ Rest
Karte 29/70 – **80 Z : 150 B** 90/135 - 130/200 Fb.

🏛 **Rheinlust**, Rheinallee 27, 𝒫 30 01, Telex 426319, ⇐ – 🔌 📺 🛏wc 🛏wc ☎ 🅿 🛁. 🖭 ⑩ 🗲
𝗩𝗜𝗦𝗔
15. April - 28. Okt. – Karte 20/60 🦐 – **93 Z : 186 B** 40/78 - 68/135 – P 68/111.

🏠 **Baudobriga-Weinhaus Ries**, Rheinallee 43, 𝒫 23 30, ⇐, 🌣, eigener Weinbau – 🔌 🛏wc
🛏wc
nur Saison – **42 Z : 67 B**.

🏠 **Am Ebertor**, Heerstraße (B 9), 𝒫 20 81, 🌣 – 🛏wc ☎ 🅿 🛁. 🖭 ⑩ 🗲
April - Okt. – Karte 19/47 🦐 – **60 Z : 120 B** 69 - 96 Fb.

🏠 **Rebstock**, Rheinallee 31, 𝒫 26 71, ⇐ – 🛏wc 🛏wc. 🖭
10. Jan.- 15. Feb. geschl. – Karte 18/50 (Sept.- Mai Dienstag geschl.) 🦐 – **29 Z : 50 B** 30/50 -
60/100.

🏠 **Günther** garni, Rheinallee 40, 𝒫 23 35, ⇐ – 🔌 🛏wc 🛏wc ☎. ⚘
Mitte Dez.- Mitte Jan. geschl. – **20 Z : 35 B** 30/50 - 60/86.

In Boppard 4-Buchholz W : 6,5 km – Höhe 406 m :

🏠 **Tannenheim**, Bahnhof Buchholz 3 (B 327), 𝒫 (06742) 22 81, 🌣, 🐎 – 📺 🛏wc ⇖ 🅿
28. Juli - 17. Aug. geschl. – Karte 15/35 🦐 – **14 Z : 23 B** 38/41 - 68/80 – P 54/59.

X **Waldhaus Doevenspeck**, Hunsrückhöhenstr. (B 327), 𝒫 31 59, 🌣 – 🅿 🦐
März und Dienstag geschl. – Karte 15/40 🦐.

In Boppard 1-Bad Salzig S : 3 km – Mineralheilbad :

🏠 **Haus Bach** 🦢, Salzbornstr. 6, 𝒫 62 54, 🌣 – 🔌 🛏wc. 🖭 ⑩ 🗲
Jan. geschl. – Karte 16,50/40 (im Winter Montag geschl.) – **35 Z : 55 B** 32/40 - 52/106 –
P 51/59.

🏛 **Berghotel Rheinpracht** 🦢, Am Kurpark, 𝒫 62 79, ⇐, 🌣, 🐎 – 🛏wc ⇖ 🅿
◆ April - 25. Okt. – Karte 14/33 (Dienstag geschl.) 🦐 – **12 Z : 22 B** 29/40 - 60/76 – P 43/51.

Außerhalb N : 12 km über die B 9 bis Spay, dann links ab Auffahrt Rheingoldstraße

🏘 **Klostergut Jakobsberg** 🅼 🦢, Höhe 318 m, ✉ 5407 Boppard, 𝒫 (06742) 30 61,
Telex 426323, ⇐, Bade- und Massageabteilung, ♨, ⇆, 🔲, 🐎, ⚒ (Halle) – 🔌 📺 🅿 🛁. 🖭
⑩ 🗲 𝗩𝗜𝗦𝗔. ⚘ Rest
Karte 34/70 – **110 Z : 214 B** 95/160 - 140/260 Fb.

BORCHEN Nordrhein-Westfalen siehe Paderborn.

BORDESHOLM 2352. Schleswig-Holstein 〔9〕〔8〕〔7〕 ⑤ — 7 000 Ew — Höhe 25 m — ✿ 04322.
◆Kiel 22 — ◆Hamburg 78 — Neumünster 12.

🏠 **Zur Kreuzung**, Holstenstr. 23, ✆ 45 86 — 🍴wc ℗
Karte 16/40 — **29 Z : 70 B** 30/35 - 53/60 Fb.

BORGHOLZHAUSEN 4807. Nordrhein-Westfalen 〔9〕〔8〕〔7〕 ⑭ — 7 500 Ew — Höhe 135 m — ✿ 05425.
◆Düsseldorf 185 — Bielefeld 26 — Münster (Westfalen) 57 — ◆Osnabrück 35.

In Borgholzhausen 3 - Kleekamp W : 5 km :

🏠 **Sportel Westfalenruh** garni, Kleekamp 6 (B 68), ✆ (05421) 17 17, ☎s, ⤓ (geheizt), 🐎, 🌭. Fahrradverleih — 🍴wc ℗
11 Z : 24 B 40/58 - 70/90.

In Borgholzhausen - Winkelshütten N : 3 km :

🏠 Landhaus Uffmann, Barnhausen 1, ✆ 50 05, ☎s — 📺 🛁wc 🍴wc ☎ ℗ 🏛.
34 Z : 65 B Fb.

BORKEN 3587. Hessen — 15 400 Ew — Höhe 190 m — ✿ 05682.
◆Wiesbaden 196 — Bad Hersfeld 42 — ◆Kassel 43 — Marburg an der Lahn 56.

XX **Bürgerhaus** mit Zim, Bahnhofstr. 33, ✆ 24 91 — 📺 🍴wc ☎ ⇦ ℗ 🏛
Karte 19/40 *(Sonntag ab 14 Uhr und Samstag geschl.)* — **12 Z : 15 B** 45 - 80.

BORKEN 4280. Nordrhein-Westfalen 〔9〕〔8〕〔7〕 ⑬. 〔2〕〔1〕〔1〕 ⑲. 〔4〕〔0〕〔8〕 ⑳ — 33 900 Ew — Höhe 46 m — ✿ 02861.
◆Düsseldorf 86 — Bocholt 18 — Enschede 57 — Münster (Westfalen) 64.

🏠 **Lindenhof**, Raesfelder Str. 2, ✆ 81 88 — 🔉 🛁wc 🍴wc ☎ ⇦ ℗ 🏛 🆔 ⓪ 🅴 💳
23.- 30. Dez. geschl. — Karte 21/60 *(Freitag geschl.)* — **65 Z : 100 B** 45/100 - 90/160 Fb.

In Borken-Gemen N : 1 km :

🐟 Demming-Evers, Neustr. 15, ✆ 23 12 — 🍴wc ⇦ ℗
(nur Abendessen) — **9 Z : 14 B**.

In Borken-Rhedebrügge W : 6 km :

X **Haus Grüneklee** mit Zim, Rhedebrügge 5, ✆ (02872) 18 18, « Gartenterrasse » — 🍴 ℗
27. Dez.- 21. Jan. geschl. — Karte 18/40 *(wochentags nur Abendessen, Dienstag geschl.)* —
5 Z : 10 B 33 - 65.

In Heiden 4284 SO : 7 km :

🏠 **Beckmann**, Borkener Str. 7a, ✆ (02867) 85 41, Grillterrasse, Fahrradverleih — 📺 🛁wc ☎
← ⇦ ℗ 🏛
6.- 31. Jan. geschl. — Karte 14,50/44 *(Donnerstag geschl.)* — **13 Z : 28 B** 38 - 76.

BORKUM (Insel) 2972. Niedersachsen 〔9〕〔8〕〔7〕 ③ — 8 300 Ew — Seeheilbad — Größte Insel der Ostfriesischen Inselgruppe — ✿ 04922.
🚢 von Emden-Außenhafen (ca. 2 h 30 min) - Voranmeldung ratsam, ✆ (04921) 2 01 18.
🅱 Verkehrsbüro am Bahnhof, ✆ 30 33 16.
◆Hannover 253 — Emden 4.

🏠 Nautic-H. 🅼 🐾 garni, Goethestr. 18, ✆ 30 40, ☎s — 🔉 📺 🛁wc ☎ ⇦ ℗
nur Saison — **73 Z : 166 B** Fb.

🏠 **Poseidon** 🐾, Bismarckstr. 40, ✆ 8 11, ☎s, ⬛ — 🔉 🍴wc ☎. 🌭
März - Okt. — Karte 18/51 *(außer Saison Dienstag geschl.)* — **62 Z : 117 B** 85/100 - 145/190 Fb.

🏠 **Seehotel Upstalsboom** 🐾, Viktoriastr. 2, ✆ 20 67 — 🔉 🛁wc 🍴wc ☎. 🌭 Rest
März - Okt. — Karte 25/45 *(außer Saison Montag geschl.)* — **39 Z : 72 B** 88/140 - 150/180 Fb —
P 111/126.

🏠 **Miramar** 🐾, Am Westkaap 20, ✆ 8 91, ⬳, ☎s, ⬛ — 🍴wc ☎ ℗
(nur Abendessen für Hausgäste) — **36 Z : 72 B** 116/200 - 196/316.

🏠 **Nordsee-Hotel** 🐾, Bubertstr. 9, ✆ 8 41, Bade- und Massageabteilung, 🛁, ☎s — 🔉 📺
🛁wc 🍴wc ☎ ℗. ⓪. 🌭 Rest
März - Okt. — (Rest. nur für Hausgäste) — **115 Z : 200 B** 116/157 - 157/255 Fb — P 100/140.

🏠 **Friesenhof** 🅼 🐾, Rektor-Meyer-Pfad 2, ✆ 5 78, ☎s, ⬛ — 🔉 📺 🛁wc 🍴wc ☎
Nov.- 20. Dez. geschl. — (nur Abendessen für Hausgäste) — **18 Z : 50 B** 109/129 - 190/290 Fb.

🏠 **Graf Waldersee**, Bahnhofstr. 6, ✆ 10 94 — 🍴wc ☎. ⓪. 🌭 Rest
März - Okt. — Karte 19,50/43 — **28 Z : 54 B** 56/76 - 108/148 Fb — P 81/106.

X **Stadtschänke**, Franz-Habich-Str. 18, ✆ 22 25
15. Dez. - 15. Juni Montag Ruhetag, 15. Nov.- 15. Dez. geschl. — Karte 21/53.

BORNHEIM Nordrhein-Westfalen siehe Bonn.

156

BORNHÖVED 2351. Schleswig-Holstein 987 ⑤ − 2 600 Ew − Höhe 42 m − ✪ 04323.
◆Kiel 31 − ◆Hamburg 83 − ◆Lübeck 49 − Oldenburg in Holstein 60.

In Ruhwinkel 2355 N : 2 km :

🏠 **Zum Landhaus** ≫, Dorfstr. 18, ℰ (04323) 63 82, « Garten », 🐴 − 🏚wc ℗
Karte 16/34 *(Freitag geschl.)* − **14 Z : 24 B** 26/33 - 50/60 − P 40.

BOSAU 2422. Schleswig-Holstein − 700 Ew − Höhe 25 m − Erholungsort − ✪ 04527 (Hutzfeld).
🅱 Verkehrsamt, Haus des Kurgastes, Bischofsdamm, ℰ 4 98.
◆Kiel 41 − Eutin 16 − ◆Lübeck 37.

🏛 **Strauers Hotel am See** ≫, Neuer Damm 2, ℰ 2 07, ≼, « Gartenterrasse », 🛥, 🐴,
Bootssteg· − 🏚wc 🔥 ⟸ ℗
März-Okt. − Karte 23/56 *(Montag kein Abendessen)* − **25 Z : 50 B** 51/79 - 87/102 − 4 Appart.
120 − P 85/108.

🏠 **Braasch zum Frohsinn** ≫, Kirchplatz 6, ℰ 2 69, 🛥, 🐴 − 🏚wc ⟸ ℗. ⅏ Rest
nur Saison − **32 Z : 60 B.**

In Börnsdorf 2321 NO : 3 km :

🏠 Landhaus Jägerhof ≫, ℰ (04527) 2 11, « Gartenterrasse », 🐴 − 🏚wc ⟸ ℗
18 Z : 38 B.

BOSEN Saarland siehe Nohfelden.

BOTHEL Niedersachsen siehe Rotenburg (Wümme).

BOTTROP 4250. Nordrhein-Westfalen 987 ⑬ − 118 000 Ew − Höhe 30 m − ✪ 02041.

Siehe Ruhrgebiet (Übersichtsplan).

🅱 Reisebüro und Verkehrsverein, Gladbecker Str. 9, ℰ 2 70 11, Telex 8579426.
◆Düsseldorf 44 − ◆Essen 11 − Oberhausen 8,5.

🏠 **Schmitz** garni, Kirchplatz 7, ℰ 2 23 07 − 🏚wc. ⅏
9 Z : 12 B 38 - 67/75.

In Bottrop 2 - Kirchhellen-Feldhausen NW : 14 km über die B 223 :

🏛 **Landhaus Berger** ≫ garni, Marienstr. 5, ℰ (02045) 30 61, ⅀, 🐴 − 📺 ⊟wc 🏚wc ☎ ⟸
℗. ⅏ E VISA
13 Z : 19 B 60/68 - 105/108.

✗ **Gasthof Berger** ≫ mit Zim, Schloßgasse 35, ℰ (02045) 26 68, ⌂ − 🏚wc ⟸ ℗. ⅏ E
VISA
28. Juli - 19. Aug. geschl. − Karte 20/50 *(Montag geschl.)* − **6 Z : 8 B** 35/50 - 90.

BRACHTTAL Hessen siehe Wächtersbach.

BRÄUNLINGEN 7715. Baden-Württemberg 427 ⑥ − 5 400 Ew − Höhe 694 m − Erholungsort −
✪ 0771 (Donaueschingen).
🅱 Städt. Verkehrsamt, Kirchstr. 10, ℰ 60 31 44.
◆Stuttgart 132 − Donaueschingen 6,5 − ◆Freiburg im Breisgau 58 − Schaffhausen 41.

🏠 **Lindenhof**, Zähringerstr. 24, ℰ 6 25 14 − ⅀ 🏚wc ☎ ⟸ ℗. AE
◆ Karte 14/39 ⅃ − **21 Z : 38 B** 33/37 - 65/70 − P 48/58.

🏠 **Weinstube Wehinger**, Spitalplatz 5, ℰ 6 16 85 − 🏚 ℗
◆ *10.- 28. Juli geschl.* − Karte 14,50/27 *(Montag geschl.)* ⅃ − **9 Z : 16 B** 28/30 - 52/54 − P 46.

✗✗ **Österreichische Stub'n**, Kirchstr. 7, ℰ 6 17 57 − ℗. E
Dienstag geschl. − Karte 22/50 ⅃.

BRAKE 2880. Niedersachsen 987 ⑭ − 18 000 Ew − Höhe 4 m − ✪ 04401.
◆Hannover 178 − ◆Bremen 59 − ◆Oldenburg 31.

🏛 **Wilkens-Hotel Haus Linne**, Mitteldeichstr. 51, ℰ 53 57, ≼, ⌂ − 🏚wc ☎ ℗ 🔔. ⅏
Karte 27/50 *(Samstag geschl.)* − **12 Z : 23 B** 63/68 - 96/106 Fb.

BRAKEL 3492. Nordrhein-Westfalen 987 ⑮ − 16 700 Ew − Höhe 141 m − Luftkurort − ✪ 05272.
🅱 Verkehrsamt, Haus des Gastes, Am Markt, ℰ 60 92 69.
◆Düsseldorf 206 − Detmold 43 − ◆Kassel 76 − Paderborn 36.

🏛 **Kurhotel am Kaiserbrunnen - Haus am Park** ≫, Brunnenallee 77, ℰ 91 31, Telex 931717,
⌂, Massage, ⅀, ⬛, 🐴 − 🏚wc ☎ 🔥 ℗ 🔔. AE E
Karte 16/52 − **72 Z : 114 B** 53/63 - 96/116 Fb − P 81/91.

🏠 **Stein** ≫, Ringstr. 30, ℰ 96 95 − 🏚wc ⟸ ℗
◆ Karte 12,50/30 *(Sonntag 14 Uhr - Montag 16 Uhr geschl.)* − **10 Z : 17 B** 26/30 - 50/60.

In Brakel-Istrup SW : 6,5 km :

🏠 **Waldesruh** ≫, Am Brunsberg 119, ℰ 71 97, ⅀, ⬛ (Gebühr), 🐴 − 🏚 ℗. ⅏ Rest
Karte 19/34 − **9 Z : 18 B** 33/40 - 56/80 − P 50.

BRAMSCHE 4550. Niedersachsen 987 ⑭ — 25 000 Ew — Höhe 46 m — ✆ 05461.

◆Hannover 167 — ◆Bremen 111 — Lingen 56 — ◆Osnabrück 16 — Rheine 54.

🏨 **Idingshof** ⬡, Bührener Esch 1 (über Malgartener Str.), ✆ 37 31, 🏡 — 📶 📺 ➡wc 🛁wc ☎
🖂 🖧 🆎 ⓪ **E**
Karte 33/70 — **34 Z : 51 B** 51/85 - 90/145 Fb.

🏚 **Bramgau**, Malgartener Str. 9, ✆ 38 54 — 🛁wc ☎ ⬅ **Ⓟ**
Karte 21/47 *(Montag geschl.)* — **9 Z : 15 B** 45 - 80.

🏠 **Schulte**, Münsterstr. 20, ✆ 42 83 — 🛁wc ⬅ **Ⓟ**. **E**
23.- 31. Dez. geschl. — Karte 17/40 *(Samstag bis 18 Uhr und Sonntag ab 14 Uhr geschl.)* —
17 Z : 24 B 35/50 - 65/75.

In Bramsche 4-Hesepe N : 2,5 km :

🏚 **Haus Surendorff**, Dinklingsweg 1, ✆ 30 46, ⇔, 🔲, 🌳 — 🛁wc ☎ ⬅ **Ⓟ**. ⓪ VISA ✻ Zim
Karte 18,50/48 — **17 Z : 27 B** 36/50 - 60/80.

In Bramsche 1-Malgarten NO : 6 km :

✗✗ ⭐ **Landhaus Hellmich** mit Zim, Sögelner Allee 47, ✆ 38 41 — ➡wc 🛁wc ⬅ **Ⓟ**. ⓪ **E** VISA
6.- 28. Jan. und 15.- 22. Sept. geschl. — Karte 34/75 *(Montag geschl.)* — **9 Z : 14 B** 50 - 78/105
Spez. Carpaccio von Taubenbrust, Lachs auf drei Arten, Kaninchenfilet im Fleischmantel.

BRAMSTEDT, BAD 2357. Schleswig-Holstein 987 ⑤ — 10 000 Ew — Höhe 10 m — Heilbad —
✆ 04192.

🛈 Verkehrsbüro, Rathaus, Bleeck 17, ✆ 15 35 — ◆Kiel 58 — ◆Hamburg 48 — Itzehoe 27 — ◆Lübeck 60.

🏨 **Köhlerhof** ⬡, Am Köhlerhof, ✆ 50 50, Telex 2180104, « Park mit Teich », ⇔, 🔲 — 📶 **Ⓟ**
🖧 🆎 ⓪ VISA
Karte 24/52 — **130 Z : 260 B** 100/120 - 145/175 Fb — P 160/180.

🏨 **Kurhotel Gutsmann** ⬡, Birkenweg 4, ✆ 30 33, « Gartenterrasse », ⇔, 🔲 — 📶 📺 🛗 **Ⓟ**
🖧 🆎 ⓪ **E**
Karte 27/64 — **120 Z : 200 B** 45/75 - 95/140 Fb — P 75/110.

🏚 **Zur Post**, Bleeck 29, ✆ 40 55 — 🛁wc ☎ ⬅ **Ⓟ** 🖧 🆎 ⓪ **E** VISA
22. Dez.- 2. Jan. geschl. — Karte 25/54 *(Sonntag geschl.)* — **34 Z : 60 B** 59/80 - 96/128 Fb —
P 95/118.

✗✗ **Bruse** mit Zim, Bleeck 7, ✆ 14 38, 🏡 — 🛁wc **Ⓟ**. ⓪ **E**
Okt. geschl. — Karte 21/52 *(Montag 15 Uhr - Dienstag geschl.)* — **7 Z : 12 B** 33/45 - 66/76.

✗ **Bramstedter Wappen**, Bleeck 9, ✆ 33 54, 🏡 — **Ⓟ**
Anfang - Mitte Sept. und Donnerstag ab 18 Uhr - Freitag geschl. — Karte 22/45.

BRANDENBERG Baden-Württemberg siehe Todtnau.

BRANDMATT Baden-Württemberg siehe Sasbachwalden.

BRANNENBURG 8204. Bayern 426 ⑱ — 5 000 Ew — Höhe 500 m — Luftkurort — Wintersport :
800/1 730 m ⚡2 (Skizirkus Wendelstein) ⚡1 — ✆ 08034.

Ausflugsziel : Wendelsteingipfel ✻✻ (mit Zahnradbahn, 55 Min.).

🛈 Verkehrsamt, Rosenheimer Str. 5, ✆ 5 15 — ◆München 72 — Miesbach 32 — Rosenheim 17.

🏚 **Hubertushof**, Nußdorfer Str. 15, ✆ 86 45, 🌳 — ➡wc 🛁wc ☎ ⬅ **Ⓟ**
27. Okt.- 16. Dez. geschl. — Karte 19/36 *(Dienstag geschl.)* — **22 Z : 40 B** 38/66 - 72/112 — 2
Appart. 105 — P 60/82.

🏚 **Kürmeier**, Dapferstr. 5, ✆ 4 35, 🏡 — 🛁wc ⬅ **Ⓟ**
↝ 2.- 25. Nov. geschl. — Karte 13/25 *(Montag geschl.)* — **20 Z : 40 B** 30/38 - 56/68 — P 40/48.

🏚 **Zur Post**, Sudelfeldstr. 20, ✆ 4 64, 🏡, 🌳 — 🛁wc ⬅ **Ⓟ**
↝ 1.- 15. Dez. geschl. — Karte 12/37 *(Donnerstag geschl.)* 🍴 — **38 Z : 65 B** 30/40 - 56/85 —
P 41/55.

🏠 **Schloßwirt**, Kirchplatz 1, ✆ 23 65 — 🛁wc ⬅ **Ⓟ**. ✻
↝ Nov.- 10. Dez. geschl. — Karte 11,50/26 *(Montag - Dienstag geschl.)* 🍴 — **19 Z : 37 B** 30/35 -
55/70.

✗✗ ⭐ **Weinstube Dapfer**, Sudelfeldstr. 17, ✆ 27 65 — **Ⓟ**. **E**
Dienstag - Samstag nur Abendessen, Sonntag 15 Uhr - Montag und Ende Aug.- Mitte Sept.
geschl. — Karte 44/76 (Tischbestellung erforderlich)
Spez. Parfait von Geflügelleber, Lachsforelle in Riesling, Rinderrücken in Beaujolais-Sauce (ab 2 Pers.).

BRAUBACH 5423. Rheinland-Pfalz 987 ㉔ — 3 800 Ew — Höhe 71 m — ✆ 02627.

Ausflugsziel : Lage✻✻ der Marksburg✻ S : 2 km — Mainz 87 — ◆Koblenz 13.

🏚 **Zum weißen Schwanen**, Brunnenstr. 4, ✆ 5 59, « Weinhaus a.d. 17. Jh. », 🌳 — 🛁wc ☎
Ⓟ
Karte 22/45 *(Tischbestellung ratsam)* (nur Abendessen, Mittwoch geschl.) 🍴 — **14 Z : 25 B**
40/50 - 70/90.

🏚 **Rheinufer**, Gartenstr. 3, ✆ 4 87, ◁, 🏡 — 🛁wc **Ⓟ**
Karte 15/44 *(Dienstag geschl.)* 🍴 — **12 Z : 24 B** 35/50 - 70/80.

🏚 **Hammer**, Untermarktstr. 15, ✆ 3 36, eigener Weinbau — 🛁 ⬅ 🆎 ⓪ **E**
↝ Jan. geschl. — Karte 12/48 *(Donnerstag geschl.)* 🍴 — **12 Z : 20 B** 38 - 56/70.

BRAUNEBERG Rheinland-Pfalz siehe Mülheim/Mosel.

BRAUNFELS 6333. Hessen 987 ㉔㉕ — 9 400 Ew — Höhe 285 m — Luftkurort — ✪ 06442.
🛈 Kur-GmbH, Fürst-Ferdinand-Str. 4 (Haus des Gastes), ℰ 50 61.
◆Wiesbaden 84 — Gießen 28 — Limburg an der Lahn 34.

🏨 **Schloß-Hotel**, Hubertusstr. 2, ℰ 50 51, ⌀ — ⇌wc �filwc ☎ 🅿 🚗. 🆎 🇪
  27. Dez.- 15. Jan. geschl. — Karte 17/48 — **36 Z : 60 B** 50/65 - 85/95.

🛎 **Solmser Hof**, Markt 1, ℰ 42 35, 😀 — ⫤ 🚗. 🆎 ① 🇪
  Karte 17/47 (Donnerstag geschl.) — **9 Z : 13 B** 35/40 - 65.

BRAUNLAGE 3389. Niedersachsen 987 ⑯ — 7 000 Ew — Höhe 565 m — Heilklimatischer Kurort
— Wintersport : 560/965 m ✎1 ✎3 ⫝̸3 — ✪ 05520.
🛈 Kurverwaltung Braunlage, Elbingeröder Str. 17, ℰ 10 54.
🛈 Kurverwaltung Hohegeiss, Kirchstr. 15 a, ℰ (05583) 2 41.
◆Hannover 124 — ◆Braunschweig 69 — Göttingen 67 — Goslar 33.

🏩 **Maritim Berghotel** 🐾, Pfaffenstieg, ℰ 30 51, Telex 96261, ≤, Dachgartencafé, Bade- und
  Massageabteilung, ≦s, ⫟ (geheizt), 🔲, 🐾, % — 🔲 ⇌ 🅿 🚗. 🆎 ① 🇪 VISA. %
  Karte 28/72 — **300 Z : 600 B** 106/177 - 166/278 Fb.

🏨 **Romantik-Hotel Tanne**, Herzog-Wilhelm-Str. 8, ℰ 10 34, « Geschmackvoll - behagliche
  Einrichtung », 🐾 — 📺 ⇌wc filwc ☎ 🅿. 🆎 ① 🇪 VISA. % Zim
  Karte 32/66 (Tischbestellung ratsam) — **22 Z : 38 B** 60/80 - 90/160 — P 105/125.

🏨 **Hohenzollern-Waldidyll** 🐾, Dr.-Barner-Str. 11, ℰ 30 91, ≤, ≦s, 🔲, 🐾 — 🛗 ⇌wc filwc
  🐾 ⟿ 🅿. ① 🇪. %
  Karte 22/52 — **31 Z : 55 B** 61/76 - 112/140 Fb — P 87/107.

🏨 **Kurhotel Rögener**, Wurmbergstr. 1, ℰ 30 86, ≦s, 🔲, 🐾 — 🛗 🞐 Rest ⇌wc filwc ☎ 🅿.
  %
  Karte 18/50 — **67 Z : 107 B** 60/75 - 120/132 Fb — 3 Appart. 77 — P 84/99.

🏨 **Brauner Hirsch**, Am Brunnen 1, ℰ 10 64 — 🛗 ⇌wc filwc ☎ ⟿ 🅿. 🇪
  Karte 17/50 — **53 Z : 80 B** 36/75 - 66/103 — P 60/81.

🏠 **Bremer Schlüssel** 🐾, Robert-Roloff-Str. 11, ℰ 30 68, 🐾 — 🛗 ⇌wc filwc ☎ ⟿ 🅿. %
  (Rest. nur für Pensionsgäste) — **12 Z : 21 B** 45 - 80/90 — P 65/70.

🏠 **Klavehn** 🐾, Am Jermerstein 17, ℰ 5 29, ≤, « Einrichtung in privat-wohnlichem Stil », ≦s,
  🔲, 🐾 — ⇌wc filwc 🅿
  (nur Abendessen für Hausgäste) — **31 Z : 45 B** 33/50 - 65/90.

🏠 **Hasselhof** 🐾 garni, Schützenstr. 6, ℰ 30 41, 🔲, 🐾 — filwc ☎ 🅿. 🆎 🇪. %
  21 Z : 40 B 38/60 - 76/104.

🏠 **Erholung**, Lauterberger Str. 10, ℰ 13 79, 🐾 — ⇌wc filwc 🅿
  15. Nov.- 15. Dez. geschl. — Karte 16/46 — **32 Z : 59 B** 30/65 - 55/85.

🏠 **Pension Sohnrey** 🐾, Herzog-Joh.-Albrecht-Str. 39, ℰ 10 61, 🐾 — 📺 filwc ☎ 🅿. %
  (Rest. nur für Hausgäste) — **15 Z : 21 B** 36/44 - 72/78 — P 57/60.

🏠 **Haus Dümling** 🐾, Obere Bergstr. 9, ℰ 30 48, 🔲, 🐾 — filwc ☎ 🅿. %
  (Rest. nur für Hausgäste) — **23 Z : 32 B** 54/64 - 96/108 — P 70/83.

🏠 **Berliner Hof**, Elbingeröder Str. 12, ℰ 4 27 — fil ⟿ 🅿
  ⟿ Nov.- Dez. geschl. — Karte 12/43 (Mittwoch geschl.) — **30 Z : 46 B** 24/36 - 52/67 — P 45/57.

  In Braunlage 2 - Hohegeiss SO : 12 km — Höhe 642 m — Heilklimatischer Kurort —
  Wintersport : 600/700 m ✎4 ⫝̸2 — ✪ 05583 :

🏠 **Rust** 🐾, Am Brande 3, ℰ 8 31, ≤, ≦s, 🔲, 🐾 — ⇌wc filwc ☎ 🅿. % Zim
  Nov.- 15. Dez. geschl. — Karte 15/27 — **15 Z : 27 B** 43/46 - 84/88 — P 62.

🏠 **Gästehaus Brettschneider** 🐾, Hubertusstr. 2, ℰ 8 06, 🐾 — ⇌wc filwc ⟿ 🅿. %
  Nov.- 20. Dez. geschl. — (Rest. nur für Hausgäste) — **11 Z : 19 B** 36/40 - 72/80 — P 56/60.

🏠 **Müller's Hotel**, Bohlweg 2, ℰ 8 26 — filwc 🅿
  18 Z : 46 B.

XX **Landhaus bei Wolfgang**, Hindenburgstr. 6, ℰ 8 88 — ① 🇪
  4. Nov.- 22. Dez. und Donnerstag geschl., Weihnachten - Pfingsten nur Abendessen — Karte
  25/64 (ab 21 Uhr Tanzmusik).

  Siehe auch : *Liste der Feriendörfer*

BRAUNSBACH 7176. Baden-Württemberg — 2 600 Ew — Höhe 235 m — ✪ 07906.
◆Stuttgart 93 — Heilbronn 53 — Schwäbisch Hall 13.

  In Braunsbach-Döttingen NW : 3 km :

🏠 **Schloß Döttingen** 🐾, ℰ 5 73, ≦s, ⫟, 🐾 — filwc 🅿 🚗
  15.- 31. Aug. geschl. — Karte 18/42 (Sonntag ab 14 Uhr geschl.) ⟊ — **44 Z : 70 B** 48 - 90.

BRAUNSCHWEIG

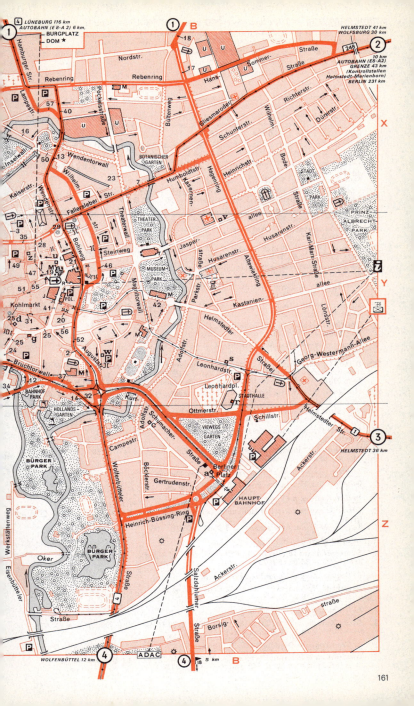

BRAUNSCHWEIG 3300. Niedersachsen ⑨⑧⑦ ⑮ ⑯ — 253 000 Ew — Höhe 72 m — ✪ 0531.

Sehenswert : Dom★ (Imerward-Kruzifix★★, Bronzeleuchter★) — Ausstellung : Ausgewählte Kostbarkeiten mittelalterlicher Kunst★ BY M1 — Burgplatz (Löwendenkmal★).

🅱 Städt. Verkehrsverein, Hauptbahnhof, ℰ 72 37 und Bohlweg (Pavillon), ℰ 4 64 19, Telex 952895.

ADAC, Kurt-Schumacher-Str. 2, ℰ 7 20 66, Notruf ℰ 1 92 11.

◆Berlin 231 ② — ◆Hannover 64 ⑦ — Magdeburg 92 ②.

Stadtplan siehe vorhergehende Seiten.

🏨🏨	**Atrium**, Berliner Pl. 3, ℰ 7 30 01, Telex 952576 — 🛗 📺 ⇔ 🛃 🏧 ① E 𝗩𝗜𝗦𝗔 Karte 35/80 — **130 Z : 200 B** 115/180 - 165/300 Fb.	BZ a
🏨🏨	**Mövenpick-Hotel** Ⓜ ♨, Welfenhof, ℰ 4 81 70, Telex 952777, 🍴, Massage, ⇔, 🔲, Saunarium und Solegrotte — 🛗 🖿 Rest 📺 ᷆ ⇔ 🛃 🏧 ① E 𝗩𝗜𝗦𝗔 Karte 22/58 — **132 Z : 220 B** 140 - 175/195.	BY z
🏨	**Fürstenhof**, Campestr. 12, ℰ 79 10 61, 🍴, 🔲 — 🖿 Rest 🏧 ① E 𝗩𝗜𝗦𝗔 Karte 20/53 *(Indonesische Küche)* — **39 Z : 54 B** 75/90 - 125/150 Fb.	BZ c
🏨	**Deutsches Haus**, Ruhfäutchenplatz 1, ℰ 4 44 22, Telex 952744 — 🛗 📺 ⇌wc ᷆wc ☎ 🅿 🛃 🏧 ① E 𝗩𝗜𝗦𝗔 Karte 20/55 — **84 Z : 118 B** 75/93 - 106/142.	BY u
🏨	**Lessing- Hof** ♨, Okerstr. 13, ℰ 4 54 55 — 🛗 📺 ᷆wc ☎ ⇔ 🅿 🛃 E Karte 21/47 *(nur Abendessen, Sonntag geschl.)* — **50 Z : 73 B** 44/77 - 79/105.	AX b
🏨	**Forsthaus**, Hamburger Str. 72 (B 4), ℰ 3 28 01 — 🛗 ᷆wc ☎ ⇔ 🅿 🛃 🏧 ① E 🌂 Karte 22/60 — **48 Z : 60 B** 67/99 - 95/154.	über ①
🏨	**Frühlingshotel** garni, Bankplatz 7, ℰ 4 93 17 — 🛗 📺 ⇌wc ᷆wc ☎ 🏧 ① E 🌂 **66 Z : 90 B** 46/85 - 85/105 Fb.	AY a
🏨	**Lorenz**, Friedrich-Wilhelm-Str. 2, ℰ 4 55 68 — 🛗 ⇌wc ᷆wc ☎ ⇔ 🛃 🏧 E Karte 16/38 — **43 Z : 50 B** 40/57 - 65/85.	BY d
🏨	**Gästehaus Wartburg** ♨ garni, Rennelbergstr. 12, ℰ 5 76 21 — ᷆wc ☎ 🏧 **22 Z : 34 B** 38/55 - 68/95.	AX z
🏨	**Zur Oper** garni, Jasperallee 21, ℰ 33 60 95 — ⇌wc ᷆ ☎ **42 Z : 65 B** 38/85 - 78/110.	BY v
🏨	**An der Stadthalle** garni, Leonhardstr. 21, ℰ 7 30 68 — 📺 ᷆ ☎ 🅿. 🏧 ① E 🌂 **27 Z : 40 B** 38/50 - 72/84.	BY s
🏨	**Thüringer Hof** ♨ garni, Sophienstr. 1, ℰ 8 12 22 — ᷆ ⇔ **27 Z : 45 B** 32/45 - 60/75.	AY h
🏨	**Pension Wienecke** garni, Kuhstr. 14, ℰ 4 64 76, ⇔ **19 Z : 23 B** 37/40 - 67.	BY w
XXX	**Ritter St. Georg** mit Zim, Alte Knochenhauerstr. 13, ℰ 1 30 39 (Hotel) 4 66 84 (Rest.), 🍴, « Restauriertes Fachwerkhaus a.d. 14. Jh. » — 📺 ⇌wc ᷆wc ☎ 🛃 🏧 ① E Karte 29/67 *(Montag geschl.)* — **Altes Steakhaus** Karte 18,50/49 — **22 Z : 46 B** 95/135 - 139/180.	AY e
XXX	**Haus zur Hanse**, Güldenstr. 7, ℰ 4 61 54, « Fachwerkhaus a.d. 16. Jh. » — 🛃 🏧 ① E 🌂 Karte 27/63.	AY x
XX	**Gewandhauskeller**, Altstadtmarkt 1, ℰ 4 44 41 — 🏧 ① E *Sonntag ab 14 Uhr geschl.* — Karte 24/63.	AY d
X	**Löwen-Krone**, Leonhardplatz (Stadthalle), ℰ 7 20 76 — 🅿 🛃 𝗩𝗜𝗦𝗔 Karte 17/55.	BY r
X ◆	**Hongkong** (Chinesische Küche), Friedrich-Wilhelm-Str. 30, ℰ 4 68 58 — 🏧 ① E *Montag geschl.* — Karte 13,50/33.	BY g

In Braunschweig-Buchhorst über Kastanienallee BY :

X	**Grüner Jäger**, Ebertallee 50, ℰ 7 16 43, 🍴 — 🅿 🛃.	

In Braunschweig-Ölper ⑦ : 3,5 km :

🏨	**Ölper Turm** (historisches Gebäude), Celler Heerstr. 46, ℰ 5 40 85, Biergarten — 📺 ᷆wc ☎ 🅿 🛃 Karte 18,50/47 *(nur Abendessen)* — **8 Z : 12 B** 58/65 - 106.

In Braunschweig-Rüningen ⑤ : 5 km :

🏨	**Starenkasten**, Thiedestr. 25, ℰ 87 41 21, ⇔, 🔲 — 🛗 ᷆wc ☎ 🅿 🛃 🏧 ① E Karte 18/53 — **33 Z : 55 B** 70 - 110 Fb.

In Braunschweig-Volkmarode ② : 5 km :

🏨	**Jägerhof**, Volkmarsweg 16, ℰ 3 66 57 — ᷆wc ☎ 🅿 Karte 15/42 — **18 Z : 34 B** 33/42 - 80 Fb.

In Hülperode 3301 ⑦ : 9 km :

🏨	**Altes Zollhaus**, Celler Str. 2 (B 214), ℰ (05303) 20 71, ⇔, 🔲 — ᷆wc ☎ ⇔ 🅿 🏧 Karte 18/54 — **28 Z : 35 B** 55/60 - 85/90 Fb.

In Cremlingen 1-Weddel 3302 ③ : 10 km :

🏨	**Gästehaus Niemann**, Dorfplatz 24, ℰ (05306) 44 77 — ⇌wc ᷆wc ⇔ 🅿 🛃 Karte 18/50 *(Montag bis 17 Uhr geschl.)* — **16 Z : 24 B** 36/40 - 70 Fb.

BRAUWEILER Nordrhein-Westfalen siehe Pulheim.

BREDSTEDT 2257. Schleswig-Holstein 987 ④ – 5 700 Ew – Höhe 5 m – ✆ 04671.

🛈 Fremdenverkehrsverein, Markt, 𝒫 20 66.

◆Kiel 101 – Flensburg 38 – Husum 17 – Niebüll 25.

🏠 **Thomsens G.**, Markt 13, 𝒫 14 13 – 🛏wc ⇔ 🅿
Dez.- 15. Jan. geschl. – Karte 17/51 *(Samstag 14 Uhr - Sonntag 17 Uhr geschl.)* – **23 Z : 40 B** 33/45 - 65/80.

🏠 **Club-Hotel** garni, Bahnhofstr. 3, 𝒫 20 41, 🛆 (geheizt), 🚗 – 🛏wc ☎ ⇔ 🅿 🐾
20. Dez.- 10. Jan. geschl. – **39 Z : 79 B** 38/58 - 65/94.

XX **Friesenhalle** mit Zim, Hohle Gasse 2, 𝒫 15 21 – 📺 🛏wc ☎ ⇔ 🅿. ❄ Rest
Feb. und Okt. je 2 Wochen geschl. – Karte 21/53 *(Sept.- Mai Freitag 14 Uhr - Samstag 18 Uhr geschl.)* – **7 Z : 15 B** 38/49 - 77/98.

In Ockholm-Schlüttsiel 2255 NW : 17 km :

XX **Fährhaus Schlüttsiel** ⬲ mit Zim, 𝒫 (04674) 2 55, ≤ – ▤ Rest 📺 🛏wc ☎ 🅿. ❄
nur Saison – **8 Z : 12 B**.

Siehe auch : *Bargum* N : 10,5 km

BREGENZ A-6900. 🅻 Österreich 987 ㊱, 216 ⑪, 426 ⑭ – 24 500 Ew – Höhe 400 m – Wintersport : 414/1 020 m ❄1 ⤙2 – ✆ 05574 (innerhalb Österreich).

Sehenswert : ≤* (vom Hafendamm) BY – Vorarlberger Landesmuseum★ BY M1 – Martinsturm ≤★ BY.

Ausflugsziel : Pfänder★★ : ≤★★ (mit ⤙) BY.

Festspiel-Preise : siehe Seite 17 und 60
Prix pendant le festival : voir p. 25 et 60
Prices during tourist events : see pp. 33 and 60
Prezzi duranti i festival : vedere p. 41 e 60.

🛈 Fremdenverkehrsamt, Inselstr. 15, 𝒫 2 33 91.

Wien 619 ① – Innsbruck 197 ② – ◆München 189 ① – Zürich 123 ③.

Die Preise sind in der Landeswährung (ö. S.) angegeben.

Stadtplan siehe nächste Seite.

🏨 **Mercure**, Platz der Wiener Symphoniker, 𝒫 26 10, Telex 57470 – 📶 ▤ 📺 ♿ 🅿 🐾. 🆎 ⑩ E 𝚅𝙸𝚂𝙰
Karte 140/340 – **94 Z : 190 B** 780 - 1130 Fb.

AY e

🏨 **Schwärzler**, Landstr. 9, 𝒫 2 24 22, Telex 57672, 🍴, ⇔, 🛆, 🚗 – 📶 📺 ⇔wc ☎ ⇔ 🅿
🐾. 🆎 ⑩ E 𝚅𝙸𝚂𝙰
über Landstr. AZ
Karte 150/350 – **70 Z : 140 B** 520/790 - 980/1200 Fb.

🏨 **Weisses Kreuz** garni, Römerstr. 5, 𝒫 2 24 88 – 📶 📺 ⇔wc 🛏wc ☎. 🆎 ⑩ E 𝚅𝙸𝚂𝙰
BY s
44 Z : 86 B 560/620 - 920/980 Fb.

🏨 **Messmer**, Kornmarktstr. 16, 𝒫 2 23 56, Telex 57715, 🍴, ⇔ – 📶 ⇔wc 🛏wc ☎ ♿ 🅿
BY u
55 Z : 100 B Fb.

🏠 **Central** garni, Kaiserstr. 26, 𝒫 2 29 47, Telex 57779 – 📶 ⇔wc ☎. 🆎 𝚅𝙸𝚂𝙰
BY a
24. Dez.- 10. Jan. geschl. – **40 Z : 70 B** 250/600 - 500/900.

🏠 **Heidelberger Faß**, Kirchstr. 30, 𝒫 2 24 63 – 🛏wc ☎. ❄ Rest
BZ r
18 Z : 30 B.

🏠 **Germania**, Am Steinenbach 9, 𝒫 2 27 66, 🍴 – ⇔wc 🛏wc ☎ ⇔ 🅿. 𝚅𝙸𝚂𝙰. ❄ Rest BY n
20. Okt. - 18. Nov. geschl. – Karte 132/310 *(Montag geschl.)* – **17 Z : 34 B** 350/600 - 540/740.

XXX ⸙ **Zoll**, Arlbergstr. 118, 𝒫 3 17 05, 🍴 – ⇔ 🅿
über ②
Donnerstag sowie Jan. und Juni je 2 Wochen geschl. – Karte 240/560 (Tischbestellung ratsam)
Spez. Bodenseefisch - Suppe, Souffliertes Egliflet, Ragout von Kalbsbries mit Entenstopfleber.

In Bregenz-Fluh O : 5 km über Fluher Str. BZ – Höhe 750 m :

🏠 **Berghof Fluh** ⬲, 𝒫 2 42 13, ≤ Bregenzer Wald, 🍴 – ⇔wc 🅿. 🆎 ⑩ E 𝚅𝙸𝚂𝙰
6. Jan.- 1. März geschl. – Karte 130/350 – **12 Z : 22 B** 400 - 700 – P 650.

In Lochau A-6911 ① : 3 km :

XX **Mangold**, Pfänderstr. 3, 𝒫 (05574) 2 24 31, 🍴 – 🅿
Montag - Dienstag 17 Uhr und 7. Jan.- 6. Feb. geschl. – Karte 115/380.

X **Weinstube Messmer**, Landstr. 3, 𝒫 (05574) 2 41 51, 🍴 – 🅿
Ende Nov.- Anfang Dez., Donnerstag und von Nov.- April auch Freitag bis 17 Uhr geschl. – Karte 133/300.

In Eichenberg A-6911 ① : 8 km :

🏠 **Schönblick** ⬲, Dorf 6, 𝒫 (05574) 2 59 65, ≤ Bodensee, Lindau und Alpen, 🍴, ⇔, 🛆, 🚗, ❄ – 📶 📺 ⇔wc 🛏wc ☎ 🅿
20. Nov.- 20. Dez. geschl. – Karte 145/300 *(Montag geschl.)* ⸙ – **14 Z : 34 B** 380/500 - 700 Fb – 6 Appart. 460/770.

BREGENZ

Bahnhofstraße ...... AY
Kaiserstraße ...... BY 4
Rathausstraße ...... BY 10

Anton-Schneider-Str. BY 3

Kirchstraße .... BYZ 5
Kornmarktstraße ... BY 6
Landstraße .... AZ 7
Leutbühel .... BY 8
Maurachgasse ..... BY 9
Seestraße .... BY 13
Thalbachgasse ..... BZ 14
Weiherstraße ...... ABY 15

Les prix de chambre et de pension
peuvent parfois être majorés de la taxe de séjour et d'un supplément de chauffage.
Lors de votre réservation à l'hôtel,
faites-vous bien préciser le prix définitif qui vous sera facturé.

BREISACH 7814. Baden-Württemberg 987 ㉞, 242 ㉜, 87 ⑦ – 9 800 Ew – Höhe 191 m – ☎ 07667.

Sehenswert : Münster (Lage★, Hochaltar★), Terrasse ≤★.

🛈 Verkehrsamt, Gutgesellenplatz 14, ☏ 8 32 27.

◆Stuttgart 209 – Colmar 24 – ◆Freiburg im Breisgau 28.

- **Am Münster** Ⓜ ⤴, Münsterbergstr. 23, ☏ 70 71, Telex 772687, ≤ Rheinebene und Vogesen, 🍴, 🚭, 🔲 – 🛗 📺 🕭 ⛟ 🅿 🚗 🖭 ⓘ 🖃 𝖵𝖨𝖲𝖠
7.- 20. Jan. geschl. – Karte 23/56 🍷 – **42 Z : 63 B** 69/93 - 116/150 Fb.

- **Kapuzinergarten** Ⓜ ⤴, Kapuzinergasse 26, ☏ 10 55, ≤ Kaiserstuhl und Schwarzwald, 🍴, 🚲 – ㎖wc ☎ & 🅿
Feb.- März 3 Wochen geschl. – Karte 16/42 *(Mittwoch geschl.)* 🍷 – **12 Z : 24 B** 49/70 - 78/90 Fb.

- Breisacher Hof, Neutorplatz 16, ☏ 3 92 – ㎖wc 🅿
31 Z : 60 B.

- Kaiserstühler Hof, Richard-Müller-Str. 2, ☏ 2 36 – ㎖
16 Z : 30 B.

- **Bären**, Kupfertorplatz 7, ☏ 2 81, 🍴 – ㎖wc 🅿
Jan. geschl. – Karte 15/40 *(Donnerstag geschl.)* 🍷 – **23 Z : 40 B** 25/40 - 50/70.

BREISIG, BAD 5484. Rheinland-Pfalz – 7 000 Ew – Höhe 62 m – Heilbad – ☎ 02633.

🛈 Verkehrsamt, Albert-Mertes-Str. 11, (Heilbäderhaus Geiersprudel), ✆ 92 55.

Mainz 133 – ◆Bonn 33 – ◆Koblenz 30.

🏨 **Kurhaus** ⤵, Koblenzer Str. 33 (im Kurpark), ✆ 9 73 11, ≤, 🏤, direkter Zugang zum städt. Kurzentrum – 🛗 � 🗍wc ☎ ⟸ 🅿 🛗 🝙 🖃 𝘝𝘐𝘚𝘈
Karte 23/56 – **69 Z : 98 B** 44/81 - 94/133 Fb – P 95/121.

🏠 Quellenhof - Zum Fritze Will, Albert-Mertes-Str. 23, ✆ 94 79, 🏤 – 🗍wc 🅿. 🛥 Zim
19 Z : 29 B Fb.

🏠 **Niederee**, Zehnerstr. 2 (B 9), ✆ 92 10, 🥘 – 🛗 🗍wc 🅿. 🝙 🝚 🖃 𝘝𝘐𝘚𝘈. 🛥
6.- 29. Jan. geschl. – Karte 17/40 (Mittwoch geschl.) ⅄ – **37 Z : 55 B** 32/51 - 64/90 Fb – P 56/73.

🏠 **Zur Mühle** ⤵, Koblenzer Str.15 (B 9), ✆ 91 42, 🔲, 🌁 – 🗍wc 🗍wc 🅿. 🝙 🝚. 🛥 Rest
7. Jan.- 24. Feb. geschl. – Karte 15/40 ⅄ – **41 Z : 60 B** 35/68 - 58/120 – P 60/93.

🏠 **Haus am Bocksborn** ⤵, Eifelstr. 52, ✆ 93 35, 🥘, 🔲 – 🝚 🗍wc 🅿. 🛥 Rest
Mitte Nov.- Mitte Dez. geschl. – (Rest. nur für Hausgäste) – **16 Z : 24 B** 41/50 - 74/82.

🏠 **Haus Mathilde** ⤵, Waldstr. 5, ✆ 93 60 – 🗍wc 🗍wc 🅿
15. Nov.- 14. Dez. geschl. – (Rest. nur für Hausgäste) – **21 Z : 33 B** 24/38 - 62/72 – P 47/56.

🏠 **Anker**, Rheinufer 12, ✆ 93 29, ≤, 🏤 – 🗍wc 🅿. 🝙
Mitte März - Mitte Nov. – Karte 18/40 ⅄ – **21 Z : 30 B** 30/43 - 60/86 – P 50/58.

XX **Am Kamin**, Zehnerstr. 10, ✆ 9 67 22, 🏤 – 🝙 🝚 🖃
Juni - Juli 3 Wochen sowie Montag geschl. – Karte 27/50.

X **Vater und Sohn** mit Zim, Zehnerstr. 78 (B 9), ✆ 91 48, 🏤 – 🗍wc 🅿. 🝙 🝚 🖃
Karte 18/47 (Nov.-März Donnerstag geschl.) – **8 Z : 15 B** 33/43 - 66/86.

In Waldorf 5481 SW : 8 km :

🏠 **Berghotel Iwelstein - Waldcafé** ⤵, ✆ (02636) 78 88 (Hotel) 64 83 (Rest.), « Park », 🥘, ⤵, 🌁 – 🗍wc 🅿 🛗
15. Nov.- 19. Dez. geschl. – Karte 21/47 (Montag geschl.) – **20 Z : 30 B** 32/53 - 72/88 – P 55/76.

BREITACHKLAMM Bayern. Sehenswürdigkeit siehe Oberstdorf.

BREITBRUNN AM CHIEMSEE 8211. Bayern – 1 350 Ew – Höhe 539 m – ☎ 08054.

Sehenswert : Chiemsee★.

◆München 96 – Rosenheim 26 – Traunstein 28.

🏨 **Beim Oberleitner am See** ⤵, Seestr. 24, ✆ 3 96, ≤, 🏤, 🌁, Bootssteg – 🅿
Ostern - Mitte Okt. – Karte 14/32 (Mittwoch geschl.) ⅄ – **9 Z : 18 B** 28/32 - 50.

XX **Wastlhuberhof**, ✆ 4 82 – 🅿
12.- 28. Feb., 28. Okt.- 14. Nov. und Dienstag - Mittwoch 18 Uhr geschl. – Karte 26/56.

BREITENBACH AM HERZBERG 6431. Hessen – 1 200 Ew – Höhe 250 m – ☎ 06675.

◆Wiesbaden 149 – Fulda 35 – Giessen 42 – ◆Kassel 75.

An der Autobahn A 48 (Nordseite) NW : 5 km :

🏠 **Rasthaus Motel Rimberg**, ✉ 6431 Rimberg, ✆ (06675) 5 61, ≤ – 🛗 🗍wc 🗍wc ☎ 🛆 ⟸
🅿. 🝙 🝚 🖃 𝘝𝘐𝘚𝘈
Karte 15,50/52 – **11 Z : 24 B** 55/65 - 95.

BREITNAU 7821. Baden-Württemberg – 1 800 Ew – Höhe 950 m – Luftkurort – Wintersport :
1 000/1 200 m ⚡2 ⚡1 – ☎ 07652 (Hinterzarten).

🛈 Kurverwaltung, Rathaus, ✆ 16 97.

◆Stuttgart 167 – Donaueschingen 42 – ◆Freiburg im Breisgau 30.

🏨 **Kaiser's Tanne Wirtshus**, an der B 500 (SO : 2 km), ✆ 15 51, « Gartenterrasse mit ≤ »,
🥘, 🔲, 🌁 – 🛗 🝚 🗍wc 🗍wc ☎ 🛆 🅿. 🝙 🝚
18. Nov.- 17. Dez. geschl. – (Montag geschl.) – **29 Z : 60 B** 60/90 - 100/156 Fb.

🏨 **Café Faller**, an der B 500 (SO : 2 km), ✆ 3 11, « Terrasse mit ≤ », 🥘, 🌁 – 🝚 🗍wc 🗍wc
🛆 🅿
Ende Nov.- Mitte Dez. geschl. – Karte 18/46 (Mittwoch 17 Uhr-Donnerstag geschl.) ⅄ – **16 Z :
34 B** 37/47 - 66/100 Fb.

🏠 **Backhof Helmle**, an der B 500 (SO : 2 km), ✆ 3 89, 🌁 – 🗍wc 🅿. 🛥 Rest
Karte 15/30 (Dienstag nur Abendessen) – **12 Z : 36 B** 34 - 64 – P 52.

🏠 **Löwen**, an der B 500 (O : 1 km), ✆ 3 59, ≤, 🏤 – 🗍wc ⟸ 🅿
10. Nov.-20. Dez. geschl. – Karte 17/40 (Dienstag geschl.) ⅄ – **18 Z : 28 B** 28/42 - 56/84 –
P 56/68.

🏠 **Kreuz** ⤵, Dorfstr. 1, ✆ 13 88, ≤, direkter Zugang zum 🔲 im Kurhaus – 🗍wc 🗍wc ⟸ 🅿
Nov.- Mitte Dez. geschl. – Karte 16,50/37 (Montag geschl.) ⅄ – **16 Z : 32 B** 35/45 - 70/80 Fb –
P 60.

BREKENDORF 2372. Schleswig-Holstein – 700 Ew – Höhe 15 m – ✪ 04336.

◆Kiel 46 – Rendsburg 24 – Schleswig 14.

☎ **Hüttener Berge**, Am Hang 1, ✆ 32 88 – ⏢wc 🕯wc 🅿. ✾ Zim
Karte 18/36 *(Mittwoch geschl.)* – **26 Z : 54 B** 55/60 - 90.

BRELINGEN Niedersachsen siehe Wedemark.

BREMEN 2800. ⬛ Stadtstaat Bremen 🄈🄏🄎 ⑭⑮ – 550 000 Ew – Höhe 10 m – ✪ 0421.
Sehenswert : Marktplatz★★ – Focke-Museum★★ U M2 – Rathaus★ (Treppe★★) – Dom St.
Petri★ (Taufbecken★★ Madonna★) – Wallanlagen★ ABXY – Böttcherstraße★ BY : Roseliushaus★
(Nr.6) und Paula-Modersohn-Becker-Haus★ (Nr.8) BY B – Schnoor-Viertel★ BY – Kunsthalle★CY M.
🛫 Bremen-Neustadt (S : 6 km) V, ✆ 5 59 51.
🚉 ✆ 30 63 07.
Ausstellungsgelände a. d. Stadthalle (CX), ✆ 3 50 52 34.
🛈 Verkehrsverein, Tourist-Information am Bahnhofsplatz, ✆ 3 63 61, Telex 244854.
ADAC, Bennigsenstr. 2, ✆ 4 99 40, Notruf ✆ 1 92 11.
◆Hamburg 120 ① – ◆Hannover 123 ①.

Stadtplan siehe nächste Seiten.

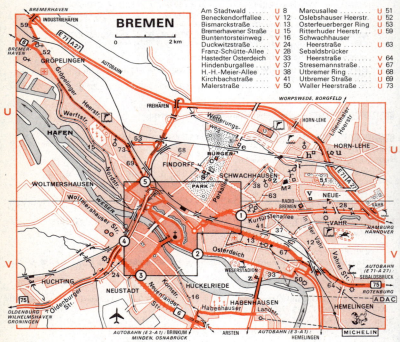

Am Stadtwald . . . . . . U 8	Marcusallee . . . . U 51
Beneckendorffallee . . . V 12	Oslebshauser Heerstr. . U 52
Bismarckstraße . . . . . V 13	Osterfeuerberger Ring . U 53
Bremerhavener Straße . U 15	Ritterhuder Heerstr. . . . U 59
Buntentorsteinweg . . . V 16	Schwachhauser
Duckwitzstraße . . . . . V 24	Heerstraße . . . . U 63
Franz-Schütte-Allee . . V 28	Sebaldsbrücker
Hastedter Osterdeich . . V 33	Heerstraße . . . . V 64
Hindenburgallee . . . . V 37	Stresemannstraße . . . U 67
H.-H.-Meier-Allee . . . . U 38	Utbremer Ring . . . . . . U 68
Kirchbachstraße . . . . V 41	Utbremer Straße . . . . U 69
Malerstraße . . . . V 50	Waller Heerstraße . . . . U 73

🏨 **Park-Hotel** ⤳, im Bürgerpark, ✆ 3 40 85 55, Telex 244343, ≤, « Terrasse am Hollersee »,
🏖 – 🛗📺 🅿 ♿ 🅰🅴 ⓸ 🅴 𝖵𝖨𝖲𝖠 – ✾ CX a
Karte 33/79 – **150 Z : 220 B** 165/235 - 250/280 Fb.

🏨 CP Bremen Plaza ⓜ, Hillmannplatz 20, ✆ 1 76 70, ☎ – 🛗🔲📺 ♿ 🅿 ♿ – ✾ Rest BXY n
Restaurants : – **Belvedere** – **Hillman's Garten** – **230 Z : 460 B** Fb.

🏨 **Zur Post**, Bahnhofsplatz 11, ✆ 3 05 90, Telex 244971, Massage, ☎s, 🔲 – 🛗📺 ♿ 🚗 ♿ BX x
🅰🅴 ⓸ 🅴 𝖵𝖨𝖲𝖠
Karte 25/60 – **222 Z : 333 B** 130/165 - 165/180 Fb.

🏨 **Munte**, Am Stadtwald, ✆ 21 20 63, Telex 246562, ☎s, 🔲 – 🛗 📺 🕯wc ☎ 🅿 ♿ 🅰🅴 ⓸ 🅴
𝖵𝖨𝖲𝖠 U e
Karte 22/48 – **64 Z : 128 B** 85/105 - 120/140 Fb.

🏨 **Überseehotel** garni, Wachtstr. 27, ✆ 32 01 97, Telex 246501 – 🛗 📺 ⏢wc 🕯wc ☎ ♿ ♿
🅰🅴 ⓸ 🅴 BY u
142 Z : 210 B 75/100 - 120/140 Fb.

166

🏨 **Ibis**, Rembertiring 51, ℰ 3 69 70, Telex 244511 − 🛗 ⋔wc ☎ 🕭 🚗 ⚗. 🖭 ⓞ 🗲 𝚅𝙸𝚂𝙰   CY **e**
Karte 21/48 − **162 Z : 250 B** 91/108 - 133/150 Fb.

🏨 **Bremer Hospiz**, Löningstr. 16, ℰ 32 16 68, Telex 244353 − 🛗 🛏wc ⋔wc ☎ 🕭 Ⓟ ⚗. 🖭
ⓞ 🗲 𝚅𝙸𝚂𝙰   CXY **d**
Karte 20/48 *(Samstag - Sonntag nur Mittagessen)* − **76 Z : 110 B** 86/98 - 125/149 Fb.

🏠 **Lichtsinn** garni, Rembertstr. 11, ℰ 32 32 35 − ⋔wc ☎ 🕭. 🛇   CY **a**
31 Z : 45 B 90/140 - 120/160 Fb.

🏠 **Bahnhofshotel** garni, Bahnhofsplatz 8, ℰ 1 46 88 − 🛗 📺 🛏wc ⋔wc ☎. 🖭 ⓞ 🗲 𝚅𝙸𝚂𝙰
36 Z : 60 B 53/88 - 98/128.   BX **f**

🏠 **Residence** garni, Hohenlohestr. 42, ℰ 34 10 20, ☎ − 🛗 🛏wc ⋔wc ☎. 🖭 ⓞ 🗲 𝚅𝙸𝚂𝙰
20. Dez.- 2. Jan. geschl. − **34 Z : 60 B** 45/75 - 85/110 Fb.   CX **k**

✕✕ **Meierei**, im Bürgerpark, ℰ 21 19 22, ≤, « Gartenterrasse » − Ⓟ. 🖭 ⓞ 🗲 𝚅𝙸𝚂𝙰   U **c**
Karte 34/69.

✕✕ **Das Bremer Flett**, Böttcherstr. 3, ℰ 32 09 95 − 🖭 ⓞ 🗲   BY **g**
Karte 26/57.

✕✕ **Ratskeller-Bacchuskeller**, im alten Rathaus, ℰ 32 09 36 − 🖭 ⓞ 🗲   BY **R**
Sonntag 14 Uhr - Montag geschl. − Karte 26/56 (Weinkarte mit etwa 600 deutschen Weinen).

✕✕ **Deutsches Haus**, Am Markt 1, ℰ 32 10 48 − 🖭 ⓞ 🗲   BY **s**
Karte 21/63.

✕✕ **Kaffeehaus am Emmasee**, im Bürgerpark, ℰ 34 42 41, ≤, « Terrasse am See » − 🕭 ⚗.
🖭 ⓞ 🗲 𝚅𝙸𝚂𝙰   U **s**
Karte 27/52.

✕ ❀ **Grashoff's Bistro**, Contrescarpe 80, ℰ 1 47 49 − ⓞ. 🛇   BXM **n**
wochentags bis 18.30 Uhr geöffnet, Samstag 14 Uhr - Sonntag geschl. − Karte 55/80
(Tischbestellung erforderlich)
Spez. Spaghetti mit Hummer, Bremer Kükenragout, Warmer Baumkuchenpudding mit Weinschaumsauce.

✕ **Jürgenshof**, Jürgensdeich 1 (Nähe Weserstadion), ℰ 44 10 37, 🌳 − Ⓟ   V **z**
Karte 23/64.

✕ **Vosteen**, Ostertorsteinweg 80, ℰ 7 80 37 − ⚗. 🖭 ⓞ 🗲   CY **r**
Mittwoch geschl. − Karte 19/56.

✕ **Concordenhaus**, Hinter der Holzpforte 2, ℰ 32 53 31 − 🖭. 🛇   BY **r**
Karte 35/65 (Tischbestellung ratsam).

✕ **La Villa** (Italienische Küche), Goetheplatz 4, ℰ 32 79 63, « Gartenterrasse » − 🖭 ⓞ 🗲
Samstag bis 18 Uhr, Sonntag und Juli - Aug. 4 Wochen geschl. − Karte 25/55 (Tischbestellung
ratsam).   CY **s**

✕ **Comturei** (Historisches Kellergewölbe a.d. 13. Jh.), Ostertorstr. 31, ℰ 32 50 50 − 🖭 ⓞ 🗲
Sonntag geschl. − Karte 19/60 (Tischbestellung ratsam).   BY **m**

✕ **Alte Gilde**, Ansgaritorstr. 24, ℰ 17 17 12 − ⚗. 🖭 ⓞ 🗲   BY **a**
Mai - Sept. Sonntag geschl. − Karte 23/53.

✕ **Topaz** (Einrichtung im Bistro-Stil), Violenstr. 13, ℰ 32 52 58 − 🖭 ⓞ   BY **e**
Sonntag geschl. − Karte 33/62.

✕ Zum Herforder (Brauerei-G.), Pelzerstr. 8, ℰ 1 30 51   BY **t**

✕ **Friesenhof** (Brauerei-G.), Hinter dem Schütting 12, ℰ 32 16 61   BY **u**
Karte 23/50.

In Bremen - Alte Neustadt :

🏨 **Westfalia**, Langemarckstr. 40, ℰ 50 04 40, Telex 246190 − 🛗 📺 🛏wc ⋔wc ☎ Ⓟ ⚗. 🖭
ⓞ 🗲. 🛇 Rest   AY **n**
Karte 21/58 − **69 Z : 105 B** 68/80 - 96/120 Fb.

In Bremen-Borgfeld NO : 11 km über Lilienthaler Heerstr. U :

✕✕ **Borgfelder Landhaus**, Warfer Landstr. 73, ℰ 27 05 12 − Ⓟ ⚗. 🖭 ⓞ 🗲
Karte 29/52.

In Bremen 71-Farge 2820 ⑤ : 32 km :

🏨 **Fährhaus Meyer-Farge** Ⓜ, Wilhelmshavener Str. 1, ℰ 6 86 81, ≤, 🌳,
« Schiffsbegrüßungsanlage » − 📺 🛏wc ⋔wc ☎ Ⓟ ⚗. 🖭 ⓞ 🗲 𝚅𝙸𝚂𝙰
Karte 26/64 − **20 Z : 38 B** 65/75 - 110/140 Fb.

In Bremen-Horn :

🏨 **Landgut Horn** Ⓜ, Leher Heerstr. 140, ℰ 25 10 35 − 📺 🛏wc ⋔wc ☎ 🕭 🚗 Ⓟ. 🖭 ⓞ 🗲
𝚅𝙸𝚂𝙰   U **u**
Karte 20/57 *(nur Abendessen, Montag geschl.)* − **21 Z : 34 B** 78/88 - 119/123.

🏨 **Landhaus Louisenthal**, Leher Heerstr. 105, ℰ 23 20 76, 🌿 − ⋔wc ☎ Ⓟ. 🖭 ⓞ 🗲 𝚅𝙸𝚂𝙰
(nur Abendessen für Hausgäste) − **41 Z : 75 B** 50/75 - 84/130 Fb.   U **h**

In Bremen 41-Schwachhausen :

🏨🏨 **Crest Hotel Bremen**, August-Bebel-Allee 4, ℰ 2 38 70, Telex 244560 − 🛗 ▤ Rest 📺 Ⓟ
⚗ (mit ▤). 🖭 ⓞ 🗲 𝚅𝙸𝚂𝙰   U **v**
Karte 31/62 − **144 Z : 204 B** 160/167 - 217/227 Fb.

Fortsetzung →

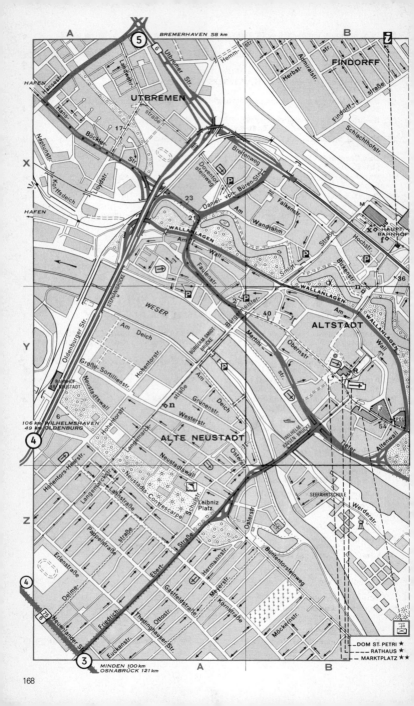

BREMEN

🏨 **La Campagne**, Schwachhauser Heerstr. 276, ℰ 23 60 59 – 📺 ⌷wc ⋔wc ☎ ⇦ ℗   **U** **r**
(nur Abendessen) – **15 Z : 27 B**.

🏨 **Heldt** ⟋, Friedhofstr. 41, ℰ 21 30 51 – ⋔wc ☎. 🄰🄴 ⑩ 🆅🅸🆂🄰   **U** **s**
20. Dez.- 6. Jan. geschl. – Karte 15/35 *(nur Abendessen, Samstag - Sonntag geschl.)* – **50 Z :**
80 B 49/65 - 77/95 Fb.

In Bremen 70 - Vegesack 2820 ⑤ : 22 km :

🏨 **Strandlust** ⟋, Rohrstr. 11, ℰ 66 70 73, ≤, « Terrasse am Weserufer » – 📺 ⌷wc ⋔wc ☎
℗ 🏔 🄰🄴 ⑩ 🄴
Karte 21/62 – **25 Z : 50 B** 98/120 - 150/220 Fb.

☎ **Garni**, Gerhard-Rohlfs-Str. 54, ℰ 66 90 15 – 🛗 ⋔wc ☎ ℗. 🄰🄴 ⑩
41 Z : 53 B 36/50 - 60/80.

In Lilienthal 2804   NO : 12 km Richtung Worpswede **U** :

🏨 **Rohdenburg's Gaststätte**, Trupermoorer Landstr. 28, ℰ (04298) 36 10 – ⌷wc ⋔wc ☎
℗. 🄰🄴 ⑩
Karte 15/38 *(Mittwoch geschl., Montag nur Abendessen)* – **16 Z : 27 B** 35/50 - 64/80.

🏨 Motel Lilienthal garni, Hauptstr. 84, ℰ (04298) 10 55, 🖳 – ⋔wc ☎ ⇦ ℗
28 Z : 46 B Fb.

In Oyten 2806   SO : 17 km über die B 75 :

🏨 **Motel Höper**, Hauptstr. 56, ℰ (04207) 9 66, ⇔, 🖳, ⇜ – 📺 ⋔wc ☎ ⅅ ℗ 🏔 🄰🄴 ⑩ 🄴 🆅🅸🆂🄰.
⋇ Rest
Karte 18/47 *(Samstag - Sonntag nur Abendessen)* – **35 Z : 70 B** 68/73 - 95/120.

🏨 **Café Hollmann** garni, Hauptstr. 85, ℰ (04207) 45 54, ⇔ – 🛗 📺 ⋔wc ☎ ⅅ ℗. ⑩. ⋇
16. Dez.- 9. Jan. geschl. – **18 Z : 25 B** 58/70 - 94/96.

MICHELIN-REIFENWERKE KGaA. Niederlassung 2800 Bremen 61-Habenhausen Ziegelbren-
nerstr. 5 (V), ℰ 8 35 41.

Grüne Michelin-Führer *in deutsch*

Paris	Provence
Bretagne	Schlösser an der Loire
Côte d'Azur (Französische Riviera)	Italien
Elsaß Vogesen Champagne	Spanien
Korsika	

BREMERHAVEN 2850. Bremen 🄈🄇🄇 ④ – 134 800 Ew – Höhe 3 m – ✿ 0471.

Sehenswert : Deutsches Schiffahrtsmuseum★★★ AZ **M**.

🛈 Verkehrsamt und Stadtstudio, Obere Bürger (im Columbus-Center), ℰ 5 90 27 75.

ADAC, Fährstr. 18, ℰ 4 24 70, Notruf ℰ 1 92 11.

♦Bremen 58 ⑤ – ♦Hamburg 135 ②.

Stadtplan siehe gegenüberliegende Seite.

🏨 **Nordsee-Hotel Naber**, Theodor-Heuss-Platz 1, ℰ 4 70 01, Telex 238881 – 🛗 📺 ⅅ ⇦ ℗
🏔. 🄰🄴 ⑩ 🄴 🆅🅸🆂🄰   **AZ** **a**
Karte 29/64 – **101 Z : 184 B** 116/152 - 171/222 Fb.

🏨 **Haverkamp**, Prager Str. 34, ℰ 4 50 31, Telex 238679, ⇔, 🖳 – 🛗 📺 ⌷wc ⋔wc ☎ ℗ 🏔.
🄰🄴 ⑩ 🄴 🆅🅸🆂🄰. ⋇ Rest   **AZ** **n**
Karte 26/61 – **110 Z : 170 B** 78/125 - 115/165.

🏨 **Parkhotel - Restaurant Waldschenke** ⟋, im Bürgerpark, ℰ 2 70 41, ⍟ – 📺 ⌷wc
← ⋔wc ☎ ℗ 🏔. 🄰🄴 ⑩ 🄴   über Walter-Delius-Str. **BZ**
Karte 14/43 – **46 Z : 100 B** 78/108 - 116/146 Fb.

🏨 **Geestemünde** ⟋ garni, Am Klint 20, ℰ 2 88 00 – ⋔wc   **BZ** **z**
14 Z : 20 B 50/69 - 90/95.

🏨 **Weser-Hotel**, Weserstr. 132, ℰ 7 11 56, Telex 238581 – 📺 ⋔wc ☎ ℗. ⋇   **BY** **a**
74 Z : 140 B.

🏨 **Zur Börse**, Lange Str. 34, ℰ 8 80 41 – ⋔wc ☎ ℗   **BY** **c**
Karte 16/38 *(Samstag - Sonntag geschl.)* – **34 Z : 52 B** 42/55 - 68/78.

❌❌ **Fischereihafen-Restaurant Natusch**, Am Fischbahnhof, ℰ 7 10 21, « Maritimes Dekor »
– 🄰🄴 🄴   **BY** **x**
Montag geschl. – Karte 27/64.

❌ **Seute Deern** (vorwiegend Fischgerichte), Am Alten Hafen, ℰ 41 62 64, « Rest. auf einer
Dreimast-Bark a. d. J. 1919 » – 🖿 🄰🄴 ⑩ 🄴 🆅🅸🆂🄰   **AZ** **u**
Karte 24/55.

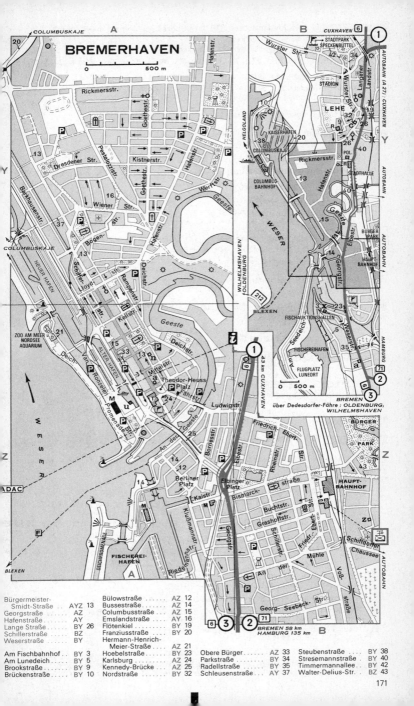

BREMERHAVEN

0 _____ 500 m

CUXHAVEN 6
STADTPARK SPECKENBÜTTEL
AUTOBAHN (A 27): CUXHAVEN
STADION
LEHE
HELGOLAND
KAISERHAFEN
COLUMBUSKAJE
COLUMBUS-BAHNHOF
Rickmersstr.
POL.
STADTHALLE
BÜRGER PARK
HAUPTBAHNHOF
AUTOBAHN
WESER
WILHELMSHAVEN / OLDENBURG
BLEXEN
FISCHAUKTIONSHALLEN
FISCHEREIHAFEN
FLUGPLATZ LUNEORT
HAMBURG
71

43 km CUXHAVEN
BREMEN über Dedesdorfer-Fähre : OLDENBURG, WILHELMSHAVEN
0 _____ 500 m
BÜRGER PARK
HAUPTBAHNHOF
AUTOBAHN

ZOO AM MEER NORDSEE AQUARIUM
Theodor-Heuss Platz
Ludwigstr.
Berliner Platz
Elbinger Platz
Buchtstr.
Mühle
FISCHEREIHAFEN
BLEXEN
BREMEN 58 km
HAMBURG 135 km

COLUMBUSKAJE
ADAC

171

BREMERVÖRDE 2740. Niedersachsen 987 ⑤ – 19 200 Ew – Höhe 4 m – ❀ 04761.
🛈 Verkehrsverein Vörder Land, Neue Str. 33, 𝄞 36 38.
♦Hannover 170 – ♦Bremen 71 – ♦Bremerhaven 48 – ♦Hamburg 78.

 🏠 **Park-Hotel**, Stader Str. 22 (B 74), 𝄞 24 60, 🏢, 🚗, 🚲 – ⌐wc 🚿wc ☎ ⟵⟶ 🅿 🚗. 🅰🅴 ⑩ 🄴
  VISA
  Karte 19/57 – **16 Z : 30 B** 40/55 - 85/95.

 🏠 **Daub**, Bahnhofstr. 2, 𝄞 30 86 – ⌐wc 🚿wc ☎ ⟵⟶ 🅿 🚿 🅰🅴 ⑩ 🄴
  Karte 18/44 *(Sonntag ab 14 Uhr geschl.)* – **31 Z : 48 B** 33/43 - 66/82.

BRENNES Bayern siehe Bayerisch Eisenstein.

BRENSBACH 6101. Hessen – 4 700 Ew – Höhe 175 m – ❀ 06161.
♦Wiesbaden 73 – ♦Darmstadt 26 – ♦Mannheim 53 – Michelstadt 19.

 In Brensbach 3-Stierbach :

 🏠 **Freizeit-Hotel Schnellertshof**, Erbacher Str. 100, 𝄞 23 80, Wildgehege, ⌐s, 🖳, 🚗, 🎾
  – 🚿wc 🅿
  Karte 16/45 – **14 Z : 28 B** 48 - 86.

 In Brensbach 1-Wersau :

 🏠 **Zum Kühlen Grund**, Bahnhofstr. 81, 𝄞 4 47 – 🛏 ⌐wc 🚿wc ☎ 🅿 🚿. 🎿 Zim
 ➔ Ende Juli - Mitte Aug. geschl. – Karte 14/48 *(Montag geschl.)* 🍴 – **26 Z : 36 B** 45 - 82.

BRETTEN 7518. Baden-Württemberg 987 ㉖ – 23 100 Ew – Höhe 180 m – ❀ 07252.
♦Stuttgart 54 – Heilbronn 47 – ♦Karlsruhe 28 – ♦Mannheim 64.

 🏠🏠 **Krone**, Melanchthonstr. 2, 𝄞 20 41 – 🛏 ⌐wc 🚿wc ☎ 🅿 🚿. 🅰🅴 ⑩ 🄴 VISA
  Juli - Aug. 3 Wochen geschl. – Karte 20/55 *(Freitag geschl.)* – **45 Z : 75 B** 40/75 - 95/110 Fb.

 🏠 Zum Hirsch, Melanchthonstr. 68, 𝄞 23 56 – 🚿wc 🅿
  16 Z : 24 B.

BRETZENHEIM 6551. Rheinland-Pfalz – 2 200 Ew – Höhe 110 m – ❀ 0671 (Bad Kreuznach).
Mainz 38 – ♦Koblenz 75 – Bad Kreuznach 5.

 🏠 **Weinhaus Schmidt-Grüner Baum**, Kreuznacher Str. 33, 𝄞 22 38 – 🛏 🚿wc ☎ 🅿. 🎿 Zim
  (nur Abendessen) – **35 Z : 47 B**.

BREUBERG/ODENWALD 6127. Hessen – 7 150 Ew – Höhe 150 m – ❀ 06165.
♦Wiesbaden 83 – Aschaffenburg 24 – ♦Darmstadt 38.

 In Breuberg-Neustadt :

 🏠🏠 **Rodensteiner**, Wertheimer Str. 3, 𝄞 20 01, 🏢, 🚗 – 🛏 📺 🚿wc ☎ 🅿 🚿
  40 Z : 70 B Fb.

BRIETLINGEN Niedersachsen siehe Lüneburg.

BRIGACHTAL Baden-Württemberg siehe Villingen-Schwenningen.

BRILON 5790. Nordrhein-Westfalen 987 ⑭⑮ – 25 000 Ew – Höhe 455 m – Luftkurort –
Wintersport : 450/600 m ⚞2 ⚟3 – ❀ 02961.
🛈 Städt. Verkehrsamt, Steinweg 26, 𝄞 9 42 02.
♦Düsseldorf 168 – ♦Kassel 89 – Lippstadt 47 – Paderborn 47.

 🏠🏠 **Zur Post** Ⓜ, Königstr. 7, 𝄞 40 44, 🏢, ⌐s, 🖳 – 🛏 📺 ⌐wc ☎ ⟵⟶ 🅿. 🅰🅴 ⑩ 🄴 VISA
  Karte 16,50/49 – **16 Z : 28 B** 62/65 - 102/122 Fb – P 87.

 🏠 **Quellenhof**, Strackestr. 12 (B 7/480), 𝄞 30 34, ⌐s, 🖳 – 📺 ⌐wc 🚿wc ☎ ⟵⟶ 🅿. 🅰🅴 ⑩ 🄴
  VISA. 🎿 Rest
  Karte 16/47 *(Donnerstag geschl.)* – **18 Z : 34 B** 42/63 - 96/112.

 🏠 **Drübelhof**, Hoppecker Str. 66 (SO : 1,5 km über die B 7), 𝄞 32 39, ⌐s, 🚗 – 🚿wc 🅿. 🅰🅴 ⑩
  🎿 Rest
  Karte 21/45 – **26 Z : 43 B** 42/52 - 80/100 Fb.

 🏠 **Starke**, Am Markt 15 (B 7), 𝄞 80 08 – 🛏 📺 ⌐wc 🚿wc ☎ ⟵⟶ 🚿. 🅰🅴 ⑩ 🄴 VISA
  Karte 15,50/45 – **20 Z : 32 B** 26/40 - 51/64 – P 51/63.

 In Brilon-Gudenhagen S : 4 km über die B 7 und die B 251 :

 🏠🏠 **Ströthoff** 🐾, Rübezahlweg 47, 𝄞 25 40, ⌐s, 🖳, 🚗 – 📺 ⌐wc 🚿wc ☎ ⟵⟶ 🅿 🚿
  Karte 16/34 – **28 Z : 52 B** 38/41 - 76/82 – P 51/59.

 🗙🗙 **Haus Waldsee** mit Zim, 𝄞 33 18, ⌐s, 🚗 – 🚿wc 🅿
  Karte 21/43 – **5 Z : 11 B** 40 - 80.

 In Brilon-Wald S : 8 km über die B 7 und die B 251 :

 🏠 **Jagdhaus Schellhorn** 🐾, In der Lüttmecke 9, 𝄞 33 34, ⌐s, 🖳, 🚗 – 🚿wc 🅿
  20. Nov. - 24. Dez. geschl. – (Rest. nur für Hausgäste) – **15 Z : 25 B** 52 - 100/110 – P 60/65.

BRINKUM Niedersachsen siehe Stuhr.

BRODENBACH 5401. Rheinland-Pfalz — 600 Ew — Höhe 85 m — Erholungsort — ✪ 02605 (Löf).
Mainz 94 — Cochem 25 — ♦Koblenz 26.

   🏠 **Peifer**, Moselweinstr. 43 (SW : 1,5 km), ✆ 7 56, ≤, ☒, ☞ — 🛗 🛁wc ❷. 🖭 ➀ **E**. ⛾
      19. Dez.- 15. Jan. geschl. — Karte 15/42 *(Nov.- 15. März Mittwoch geschl.)* ⅃ — **24 Z : 43 B** 40 -
      80.

BROMBACH Nordrhein-Westfalen siehe Overath.

BROME 3127. Niedersachsen 987 ⑯ — 2 500 Ew — Höhe 67 m — ✪ 05833.
♦Hannover 118 — ♦Hamburg 141 — ♦Braunschweig 60.

   In Brome-Zicherie S : 4 km :

   🏠 **Hubertus**, an der B 244, ✆ 15 15, ☞, Wildgehege — 🛁wc ☎ ⇦ ❷ 🅿. ⛾ Zim
      Feb. geschl. — Karte 15/46 *(wochentags nur Abendessen, Montag geschl.)* — **24 Z : 33 B** 45/50
      - 80/90.

BRUCHERTSEIFEN Rheinland-Pfalz siehe Hamm (Sieg).

BRUCHHAUSEN-VILSEN 2814. Niedersachsen — 4 700 Ew — Höhe 19 m — Luftkurort —
✪ 04252.
♦Hannover 79 — ♦Bremen 40 — Minden 83 — Verden an der Aller 30.

   🏠 **Deutsches Haus**, Homfelder Str. 1, ✆ 18 65, ≋, ☒ — 🛁wc 🛁wc ⇦ ❷ 🅿
      Karte 18/41 — **27 Z : 46 B** 38/40 - 76 Fb — P 52/55.

   XX **Dillertal**, an der B 6 (SW : 4 km), ✆ 26 80, ☞ — ❷ 🅿. ➀ **E**
      Donnerstag geschl. — Karte 21/58.

   XX **Forsthaus Heiligenberg**, Homfeld (SW : 4 km), ✆ 6 33, « Altes niedersächsisches Forsthaus,
      Gartenterrasse » — ❷ 🅿.

BRUCHMÜHLBACH-MIESAU 6793. Rheinland-Pfalz 57 ⑧ — 3 700 Ew — Höhe 265 m — ✪ 06372.
Mainz 109 — Homburg/Saar 13 — Kaiserslautern 26 — ♦Saarbrücken 48.

   🏠 **Haus Hubertus**, Sandstr. 3 (Bruchmühlbach), ✆ 13 26 — 🛗 ⇦ ❷. 🖭 ➀ **E**. ⛾
      Juni - Juli 3 Wochen geschl. — Karte 12/28 *(nur Abendessen, Samstag geschl.)* ⅃ — **8 Z : 11 B**
      25/32 - 43/49.

BRUCHSAL 7520. Baden-Württemberg 987 ㉕ — 38 000 Ew — Höhe 115 m — ✪ 07251.
Sehenswert : Schloß (Treppenhaus★★).
🛈 Verkehrsamt, Bahnhofsplatz 1, ✆ 7 93 01.
♦Stuttgart 68 — Heidelberg 37 — Heilbronn 61 — ♦Karlsruhe 25 — ♦Mannheim 49.

   🏨 **Keller** M, Heidelberger Str. 19 (B 3), ✆ 1 80 11, Telex 7822415, ≋, ☒, ☞ — 📺 🛁wc 🛁wc
      ☎ ❷ 🅿. 🖭 ➀ **E**
      Weihnachten - 6. Jan. geschl. — Karte 21/53 *(Samstag - Sonntag geschl.)* — **51 Z : 80 B** 65/85 -
      125 Fb.

   🏨 **Scheffelhöhe** ⛾, Unteröwisheimer Str. 20, ✆ 10 30 95, ≤, ☞, ≋ — 🛗 🛁wc ☎ ⅃ ❷ 🅿.
      ⛾ Rest
      24. Dez.- 10. Jan. geschl. — Karte 18/43 *(nur Abendessen, Sonntag geschl.)* ⅃ — **60 Z : 94 B**
      65/78 - 96/125 Fb.

   🏠 **Goldenes Lamm**, Kübelmarkt 8, ✆ 20 58 — 🛁wc ☎ ⇦
      Aug. geschl. — Karte 20/57 *(Freitag - Samstag 18 Uhr geschl.)* ⅃ — **20 Z : 26 B** 52 - 95.

   🏠 **Ratskeller**, Kaiserstr. 68, ✆ 1 51 11 — 🛁wc ⇦
      15. Mai - Juni und 20. Dez.- 6. Jan. geschl. — Karte 16,50/37 *(nur Abendessen, Sonntag geschl.)*
      ⅃ — **18 Z : 31 B** 34/40 - 68/80.

   🏠 **Garni**, Amalienstr. 6, ✆ 21 38, ☞ — 🛁wc 🛁wc ⇦. ⛾
      15 Z : 27 B 40/45 - 80.

   XX **Zum Bären**, Schönbornstr. 28, ✆ 8 86 27, ☞ — ❷. 🖭 **E** 𝘝𝘐𝘚𝘈
      Karte 21/49 ⅃.

   XX **Erbprinz** (Italienische Küche), Friedrichstr. 2, ✆ 1 42 29 — ⛾
      Juli und Dienstag geschl. — Karte 24/54.

   In Bruchsal-Büchenau SW : 7 km :

   🏨 **Ritter** M garni (siehe auch Restaurant Ritter), Au in den Buchen 83, ✆ (07257) 30 21,
      Telex 725710, ≋ — 🛗 📺 🛁wc ☎ ❷ 🅿. 🖭 ➀ **E**
      2.- 15. Jan. geschl. — **48 Z : 62 B** 60 - 90/100 Fb.

   X **Ritter** mit Zim, Au in den Buchen 73, ✆ (07257) 14 23, Biergarten — 📺 🛁wc ☎ ❷ 🅿. 🖭 ➀
      E
      2.- 15. Jan. geschl. — Karte 18/38 *(Dienstag bis 17 Uhr geschl.)* ⅃ — **5 Z : 10 B** 50/60 - 80/90.

In Bruchsal 3-Obergrombach S : 7 km :

⚲ **Grüner Baum**, Hauptstr. 40, 𝒫 (07257) 20 04, eigener Weinbau – ⇔ 🅿
➜ 30. Aug.- 22. Sept. geschl. – Karte 12,50/25 *(Donnerstag und Sonntag geschl.)* 🍴 – **8 Z : 12 B** 25 - 50.

In Bruchsal 4-Untergrombach SW : 4,5 km :

✕ **Michaelsklause**, Auf dem Michaelsberg (NO : 2,5 km), Höhe 274 m, 𝒫 (07257) 32 30, Biergarten – 🅿. 🆎
Karte 16,50/45 🍴.

In Karlsdorf-Neuthard 7528 NW : 4 km – ✪ 07251 :

🏨 **Karlshof**, Bruchsaler Str. 1 (B 35), 𝒫 4 10 79 – 📺 ⇔wc 🚿wc ☎ 🅿. 🆎 🅴
Nov. geschl. – Karte 19/59 *(Sonntag und Montag ab 15 Uhr geschl.)* – **18 Z : 42 B** 63/68 - 68/78 Fb.

✕✕ **Schlindwein-Stuben**, Altenbürgstr. 6, 𝒫 4 10 76, 🌤 – 🆎 🅴 🆅🅸🆂🅰
1.- 22. Aug. und Donnerstag geschl. – Karte 18/56 🍴.

Nahe den Ausfahrten zu den Autobahn-Raststätten NW : 5 km :

🏨 **Forst** 🦢, Gottlieb-Daimler-Straße 6, ✉ 7529 Forst, 𝒫 (07251) 1 60 58, 🌤, 🐎 – ⇔wc
🚿wc ☎ ⇔ 🅿. 🆎 🆅🅸🆂🅰
Karte 23/58 *(Samstag bis 18 Uhr und Montag geschl.)* 🍴 – **27 Z : 48 B** 69/90 - 95/105.

An der Autobahn A 5 - Westseite :

🏨 **Rasthof Bruchsal**, ✉ 7529 Forst, 𝒫 (07251) 33 23, Telex 7822203, 🌤 – 🚿wc ☎ ⇔ 🅿. 🆎 🅴 🆅🅸🆂🅰
Karte 22/63 🍴 – **65 Z : 130 B** 41/75 - 80/118.

BRUCHWEILER Rheinland-Pfalz siehe Kempfeld.

BRÜCK Nordrhein-Westfalen siehe Nideggen.

BRÜCKENAU, BAD 8788. Bayern 𝟿𝟾𝟽 ⑳ – 6 500 Ew – Höhe 300 m – Heilbad – ✪ 09741.
🄱 Städt. Kurverwaltung, Rathaus, 𝒫 7 21.
♦München 345 – ♦Frankfurt am Main 97 – Fulda 34 – ♦Würzburg 78.

In Bad Brückenau 1 – Stadtbezirk :

🏠 **Deutsches Haus**, Bahnhofstr. 3 (B 27), 𝒫 50 75, 🛁 – 📺 ⇔wc 🚿wc ☎ 🅿. 🆎 ⓪ 🅴
➜ Karte 13/37 – **14 Z : 24 B** 35/45 - 70/80 Fb – P 55/60.

🏠 **Zur Mühle** 🦢, Ernst-Putz-Str. 17, 𝒫 50 61, « Kleiner Park », 🐎 – ⇔wc 🚿wc ⇔ 🅿. 🅴
🍽
Karte 16/32 *(Nov.- April Mittwoch geschl.)* – **37 Z : 60 B** 28/48 - 62/86 Fb – P 53/73.

⚲ **Central Hotel - Haus Franken**, Unterhainstr. 8 (B 27), 𝒫 22 60, 🐎 – ⇔wc 🚿wc ⇔ 🅿
➜ Karte 12/26 – **22 Z : 35 B** 25/35 - 50/70 – P 42/50.

In Bad Brückenau 2 – Staatsbad :

🏩 **Dorint-Kurhotel** 🦢, Heinrich-von-Bibra-Str. 13, 𝒫 8 50, direkter Zugang zum Kurmittelzentrum – 🛗 📺 ⇔ 🅿 🚪. 🆎 ⓪ 🅴 🆅🅸🆂🅰 🍽 Rest
Karte 30/61 – **110 Z : 220 B** 81/97 - 130/162 Fb – P 129/145.

🏨 **Fürstenhof u. Schloßhotel** 🦢, Heinrich-v.-Bibra-Str. 16, 𝒫 50 71, ≤, 🌤 – 🛗 ⇔wc 🚿wc ☎ 🚪 🅿 🚪. 🍽 Rest
43 Z : 60 B.

🏠 **Haus Buchonia** 🦢 garni, Wernarzer Str. 21, 𝒫 28 23, 🔲, 🐎 – 🚿wc ☎ 🅿. 🍽
8 Z : 12 B 38 - 66.

In Bad Brückenau-Wernarz SW : 4 km :

🏠 **Landhotel Weißes Ross**, Frankfurter Str. 30, 𝒫 20 60, 🛁, 🔲, 🐎, 🐎 – 🚿wc 🅿
25 Z : 40 B.

In Oberleichtersbach 8781 S : 4 km :

🏨 **Rhön-Hof**, Hammelburger Str. 4, 𝒫 (09741) 50 91, ≤, 🌤, 🛁, 🔲, 🐎 – 🛗 ⇔wc 🚿wc ☎ 🅿
🚪
32 Z : 50 B Fb.

BRÜGGEN 4057. Nordrhein-Westfalen **212** ㉘ — 12 400 Ew — Höhe 40 m — ✆ 02163.

◆Düsseldorf 54 — Mönchengladbach 22 — Roermond 17 — Venlo 17.

🏨 **Brüggener Klimp**, Burgwall 15, ✆ 50 95, 🍴, 😑, ⬛, 🚿 — 🛏wc ☎ 🅿 🎿
Karte 17/38 *(Dienstag geschl.)* — **45 Z : 90 B** 50/55 - 80/85 Fb.

🏨 **Haus Melanie** 😑 garni, Gelagweg 17, ✆ 74 15 — 🛏wc — **10 Z : 17 B**.

XX **Brixhof**, Hochstr. 6, ✆ 51 43, « Innenhofterrasse »
2.- 24. Jan. und Dienstag geschl. — Karte 24/50.

X **Zum Burghof** mit Zim, Klosterstr. 33, ✆ 53 40, 🍴 — 🛏 🅿. 🎿 Zim
10 Z : 15 B.

In Brüggen-Born NO : 2 km :

🏨 **Landhotel Borner Mühle** 😑, ✆ 70 01, 🍴 — 🗒 🛁wc 🛏wc ☎ 🅿 🎿. 🅰🅴 ⓞ 🇪
Karte 21/51 — **27 Z : 47 B** 66/95 - 108/130 Fb.

In Brüggen 2-Bracht N : 5 km :

X **Haus Uhle** mit Zim, Kaldenkirchener Str. 36 (B 221), ✆ (02157) 71 70 — 🛏wc 🅿
25. Juni - 15. Juli geschl. — Karte 17/48 *(Montag geschl.)* — **3 Z : 6 B** 30 - 60.

BRÜHL 5040. Nordrhein-Westfalen **987** ㉓ — 43 500 Ew — Höhe 65 m — ✆ 02232.

Sehenswert : Schloß (Treppenhaus★).

🛈 Informationszentrum, Uhlstr. 2, ✆ 7 92 43.

◆Düsseldorf 61 — ◆Bonn 20 — Düren 35 — ◆Köln 13.

🏨 **Rheinischer Hof** garni, Euskirchener Str. 123, ✆ 3 30 21 — 🗒 🛁wc ☎ 🅿. 🅰🅴 ⓞ 🇪 🆅🅸🆂🅰
15. Dez.- 15. Jan. geschl. — **22 Z : 48 B** 65 - 93.

XX **Schloßkeller**, Kölnstr. 74, ✆ 70 06 75 — 🅿 🎿
Montag geschl. — Karte 20/43.

X **Früh in Brühl** (Brauerei-G.), Kölnstr. 50, ✆ 4 26 75
Karte 16/43.

BRÜN Nordrhein-Westfalen siehe Wenden.

BRUNSBÜTTEL 2212. Schleswig-Holstein **987** ⑤ — 13 000 Ew — Höhe 2 m — ✆ 04852.

◆Kiel 96 — ◆Hamburg 83 — Itzehoe 27.

🏨 **Zur Traube**, Am Markt 9, ✆ 5 10 11 — 🛏wc ☎ 🚐 🅿 🎿 — **22 Z : 43 B** Fb.

BRUNSWICK = Braunschweig.

BRUSCHIED Rheinland-Pfalz siehe Kirn.

BUCHAU AM FEDERSEE, BAD 7952. Baden-Württemberg **987** ㉟ — 3 800 Ew — Höhe 586 m — Moorheilbad — ✆ 07582.

Ausflugsziele : Steinhausen : Wallfahrtskirche★ SO : 10 km — **Bad Schussenried : ehemaliges Kloster (Klosterbibliothek★)** SO : 9 km.

🛈 Verkehrsamt, Rathaus, ✆ 23 51.

◆Stuttgart 112 — Ravensburg 43 — Reutlingen 71 — ◆Ulm (Donau) 63.

🏨 **Zum Kreuz**, Hofgartenstr. 1, ✆ 82 72 — 🛏wc 🚐
🍴 Juli - Aug. 2 Wochen geschl. — Karte 13/33 *(Mittwoch geschl.)* — **20 Z : 40 B** 30/40 - 60/80 — P 41/50.

🏥 **Moorbadstuben**, Schussenrieder Str. 30, ✆ 21 77 — 🛏wc
15. Dez.- 15. Jan. geschl. — Karte 15/30 *(Freitag geschl.)* 🎿 — **11 Z : 19 B** 26/33 - 48/58 — P 41/48.

X **Hofbräuhaus** mit Zim, Schloßplatz 12, ✆ 82 27 — 🛏wc 🅿. 🎿 Rest
🍴 Ende Juli - Mitte Aug. geschl. — Karte 14/45 *(Montag geschl.)* 🎿 — **8 Z : 12 B** 38 - 75 — P 52.

BUCHEN (ODENWALD) 6967. Baden-Württemberg **987** ㉕ — 15 000 Ew — Höhe 342 m — Erholungsort — ✆ 06281.

🛈 Verkehrsamt, Hochstadtstr. 2, ✆ 27 80.

◆Stuttgart 113 — Heidelberg 87 — Heilbronn 59 — ◆Würzburg 68.

🏨 **Romantik-Hotel Prinz Carl**, Hochstadtstr. 1, ✆ 18 77, « Rustikale Weinstube » — 🗒 🛁wc 🛏wc ☎ 🅿 🎿. 🅰🅴 ⓞ 🇪 🆅🅸🆂🅰. 🎿 Rest
Karte 24/53 — **23 Z : 32 B** 45/71 - 75/126 Fb — P 93/126.

In Buchen-Hainstadt N : 1,5 km :

🏥 **Zum Schwanen**, Hornbacher Str. 4, ✆ 23 87, ⬛ — 🗒 🛏wc ☎ 🅿. 🎿 Zim
1.- 20. Aug. geschl. — Karte 16/26 *(Mittwoch geschl.)* 🎿 — **19 Z : 35 B** 33/38 - 62/68.

In Buchen-Hettigenbeuern NW : 9 km :

🏥 **Löwen** 😑, Morretalstr. 8, ✆ (06286) 2 75, 😑, ⬛, 🚿, 🐾 — 🛏wc 🅿. 🎿
🍴 15. Nov.- 20. Dez. geschl. — Karte 13/30 *(Mittwoch geschl.)* 🎿 — **21 Z : 40 B** 34 - 64 — P 45/47.

175

BUCHENBERG 8961. Bayern 🄸🄹🄴 ⑮ – 3 500 Ew – Höhe 895 m – Erholungsort – Wintersport : 900/1 036 m ⟨7 ⟨3 – ✆ 08378.

♦München 133 – Kempten (Allgäu) 8,5 – Isny 17.

　🏨 **Jagdhaus Schwarzer Bock** 🐾, Kürnacher Str. 169 (NW : 1,5 km), 🖉 4 72, ⇌s, 🔳, 🔥, ✂ (Halle) – 📺 ⌂wc 🗇wc ☎ 🄿 🔧
　Karte 16,50/57 *(Nov. 2 Wochen geschl.)* – **27 Z : 46 B** 55/80 - 104/130 – P 82/105.

　🏨 **Adler,** Lindauer Str. 15, 🖉 2 49, Biergarten, ⇌s, 🔳, 🔥 – ⌂wc 🗇wc 🄿
　8.- 25. Dez. geschl. – Karte 16,50/38 *(Montag geschl.)* 🍴 – **21 Z : 38 B** 26/42 - 50/80.

BUCHHOLZ IN DER NORDHEIDE 2110. Niedersachsen ����🄷 ⑮ – 29 000 Ew – Höhe 46 m – ✆ 04181.

♦Hannover 124 – ♦Bremen 96 – ♦Hamburg 37.

　　In Buchholz-Dibbersen :

　🏠 **Frommann,** Harburger Str. 8 (B 75), 🖉 78 00, 🔳, 🔥 – 🗇wc ☎ 🄿
　Karte 19/38 – **41 Z : 75 B** 32/50 - 55/80 – P 58/73.

　　In Buchholz-Steinbeck :

　🏨 **Zur Eiche,** Steinbecker Str. 111, 🖉 80 69 – 🗇wc ☎ ⇐ 🄿. 🄰🄴 ⓞ 🄴. ✂ Rest
　Karte 19/48 *(Mittwoch geschl.)* – **18 Z : 36 B** 55 - 80.

　🏡 **Hoheluft,** an der B 75, 🖉 3 17 00 – 🗇wc ⇐ 🄿 🔧
　Karte 17,50/40 *(Samstag geschl.)* – **21 Z : 36 B** 35/48 - 56/78.

BUCHING Bayern siehe Halblech.

BUCHLOE 8938. Bayern 🄹🄸🄷 ㊱ – 8 500 Ew – Höhe 627 m – ✆ 08241.

♦München 68 – ♦Augsburg 42 – Kempten (Allgäu) 60 – Memmingen 49.

　🏡 **Hirsch,** Bahnhofstr. 57, 🖉 45 22 – 🗇 ⇐ 🄿. ✂ Zim
　Pfingsten und Weihnachten je 2 Wochen geschl. – Karte 15/30 *(Samstag-Sonntag geschl.)* –
　19 Z : 26 B 32/36 - 55/70.

BÜCHLBERG 8391. Bayern – 3 200 Ew – Höhe 489 m – Erholungsort – Wintersport : ⟨2 – ✆ 08505.

🄱 Verkehrsamt, Hauptstr. 5 (Rathaus), 🖉 12 22.

♦München 192 – Freyung 21 – Passau 15.

　🏠 **Zur Post,** Marktplatz 6, 🖉 12 10, 🍴, 🐾 – 🗇wc 🄿
　➜ *Nov.- 15. Dez. geschl.* – Karte 12/24 – **33 Z : 70 B** 26/32 - 52/62.

　🏠 **Pension Beinbauer** 🐾 garni, Pangerlbergstr. 5, 🖉 5 20, 🔥 – 🗇wc 🄿
　32 Z : 64 B 24/30 - 48/56.

　🏠 **Gasthof Binder,** Freihofer Str. 6, 🖉 16 71, ⟨, 🍴, ⇌s, 🔥 – 📶 🗇wc ☎ ⇐ 🄿
　➜ Karte 11/28 *(Nov.- Mai Donnerstag geschl.)* – **29 Z : 52 B** 26/32 - 43/56 – P 38/45.

BÜCKEBURG 3062. Niedersachsen 🄹🄸🄷 ⑮ – 21 000 Ew – Höhe 60 m – ✆ 05722.

Sehenswert : Schloß (Fassade★).

🄱 Städt. Verkehrsamt, Stadthaus 2, Lange Str. 45, 🖉 20 60.

♦Hannover 62 – Bielefeld 63 – ♦Bremen 106 – ♦Osnabrück 93.

　✕✕ **Ratskeller,** Bahnhofstr. 2, 🖉 40 96 – 🔧.

　　In Bückeburg-Röcke W : 5 km :

　✕✕ **Große Klus,** Am Klusbrink 19, 🖉 62 48 – 🄿
　Mitte - Ende Juni, Dienstag und Donnerstag geschl. – Karte 22/65.

BÜDINGEN 6470. Hessen 🄹🄸🄷 ㉕ – 18 000 Ew – Höhe 130 m – Luftkurort – ✆ 06042.

Sehenswert : Stadtmauer★ – Schloß (Kapelle : Chorgestühl★).

🄱 Städt. Verkehrsamt, Auf dem Damm 2, 🖉 30 91.

♦Wiesbaden 91 – ♦Frankfurt am Main 48 – Fulda 78.

　🏨 **Stadt Büdingen,** Jahnstr. 16, 🖉 5 61, 🍴, ⇌s, 🔳 – 📶 ⌂wc 🗇wc ☎ 🄿 🔧. 🄰🄴 ⓞ 🄴
　Karte 17/40 – **56 Z : 100 B** 48/61 - 86.

　🏠 **Sonnenberg,** Sudetenstr. 4, 🖉 30 51, 🍴 – ⌂wc 🗇wc ☎ 🄿 🔧
　13 Z : 21 B.

　🏠 **Fürstenhof** garni, Neustadt 37, 🖉 24 49 – 🗇 🄿
　13 Z : 21 B 30/40 - 56/76.

BÜDLICHERBRÜCK Rheinland-Pfalz siehe Trittenheim.

176

BÜHL 7580. Baden-Württemberg 🄈🄏🄏 ㉔, 🄐🄷 ⑳ — 22 800 Ew — Höhe 135 m – ✪ 07223.
Ausflugsziel : Burg Altwindeck ≼★ SO : 4 km.
🛈 Verkehrsamt, Hauptstr. 41, 𝒫 28 32 12.
♦Stuttgart 117 — Baden-Baden 17 — Offenburg 41.

🏠 **Grüne Bettlad**, Blumenstr. 4, 𝒫 2 42 38, 🍴, — 🛏wc 🛏wc ☎
Karte 32/75 *(Sonntag 14 Uhr - Montag und Mitte Dez.- Mitte Jan. geschl.)* — **8 Z : 15 B** 65/80 - 120/165.

🏠 Adler, Johannesplatz 3, 𝒫 2 46 22 — 🖼 🛏wc 🛏wc
9 Z : 15 B.

In Bühl-Eisental :

🏛 Weinberg 🍴, Weinbergstr. 2, 𝒫 2 22 57, 🍴, 🍴 — 🛏wc 🛏wc ☎ 🅿
15 Z : 24 B.

✕ **Zum Rebstock**, Weinstr. 2 (B 3), 𝒫 2 42 45 — 🅿
Montag - Dienstag 17 Uhr geschl. — Karte 22/54.

In Bühl-Kappelwindeck :

🏠 **Jägersteig**, Kappelwindeckstr. 95a, 𝒫 2 41 25, ≼ Bühl und Rheinebene, 🍴 — 🛏wc 🅿
14. Jan.- 14. Feb. geschl. — Karte 18,50/54 *(Montag bis 18 Uhr und Donnerstag geschl.)* 🍷 —
12 Z : 24 B 55 - 68/90 — P 63/73.

✕ **Der Einsiedelhof** mit Zim, Kappelwindeckstr. 51, 𝒫 2 12 76, 🍴 — 🛏wc 🚗 🅿
20. Jan.- 14. Feb. geschl. — Karte 19/40 *(Dienstag geschl.)* 🍷 — **9 Z : 15 B** 30/42 - 54/70.

✕ **Zum Rebstock** mit Zim, Kappelwindeckstr. 85, 𝒫 2 21 09, 🍴 — 🛏 🅿
Ende Feb.- Mitte März geschl. — Karte 16/41 *(Mittwoch geschl.)* 🍷 — **6 Z : 13 B** 25/30 - 45/60
— P 40/47.

In Bühl-Neusatz :

🏠 **Pension Linz** 🍴 garni, Waldmattstr. 10, 𝒫 2 52 06, ≼, 🍴, 🖼, 🌺, 🎾 — 🛏wc ☎ 🅿
11 Z : 19 B 33/42 - 68/82.

✕ **Traube**, Obere Windeckstr. 20 (Waldmatt), 𝒫 2 16 42 — 🅾 **E**
Montag - Dienstag geschl. — Karte **29**/59.

In Bühl-Rittersbach :

✕✕ **Zur Blume** mit Zim, Hubstr. 85, 𝒫 2 21 04 — 🛏wc 🛏wc ☎ 🅿
Karte 13,50/41 *(Donnerstag geschl.)* 🍷 — **13 Z : 23 B** 27/45 - 55/90 — P 65.

An der Burgruine Altwindeck SO : 4 km über Kappelwindeck :

✕✕✕ ✿✿ **Burg Windeck**, Kappelwindeckstr. 104, ✉ 7580 Bühl, 𝒫 (07223) 2 36 71, ≼ Bühl und
Rheinebene — 🅿 🅾 **E**
Montag - Dienstag und Jan.- 22 Feb. geschl. — Karte 53/108 (bemerkenswerte Weinkarte)
Spez. Taubensalat mit Gänseleber, Hummer auf Linsen, Perlhuhnbrust mit Orangen-Senfsauce.

Siehe auch : *Schwarzwaldhochstraße*

BÜHL AM ALPSEE Bayern siehe Immenstadt im Allgäu.

BÜHLERHÖHE Baden-Württemberg siehe Schwarzwaldhochstraße.

BÜHLERTAL 7582. Baden-Württemberg 🄐🄷 ⑳ — 8 000 Ew — Höhe 500 m — Luftkurort —
✪ 07223 (Bühl).
🛈 Verkehrsamt, Hauptstr. 92, 𝒫 7 33 95.
♦Stuttgart 120 — Baden-Baden 20 — Strasbourg 51.

🏨 **Rebstock**, Hauptstr. 110, 𝒫 7 31 18, 🍴, 🌺 — 🖼 🛏wc 🛏wc ☎ 🅿 🛅 🄰🄴 🅾 **E**
17. Nov.- 5. Dez. geschl. — Karte 21/59 🍷 — **32 Z : 55 B** 49/65 - 74/112 Fb.

🏠 Grüner Baum, Hauptstr. 31, 𝒫 7 22 06, 🌺 — 🛏wc 🛏wc 🅿 🛅 ✿
50 Z : 80 B.

🏛 **Zur Laube**, Hauptstr. 72, 𝒫 7 22 30 — 🛏 🅿 ✿
Ende März - Anfang April geschl. — Karte 13,50/28 *(Montag geschl.)* 🍷 — **8 Z : 15 B** 32 - 60 —
P 46.

BÜHLERZELL 7161. Baden-Württemberg — 1 700 Ew — Höhe 392 m — Erholungsort — ✪ 07974.
♦Stuttgart 84 — Aalen 42 — Schwäbisch Hall 23.

🏛 **Zum Goldenen Hirsch**, Heilbergerstr. 2, 𝒫 3 86 — 🛏 🚗 🅿
Mitte Jan.- Anfang Feb. geschl. — Karte 14,50/27 *(Donnerstag geschl.)* 🍷 — **8 Z : 15 B** 27 - 54
— P 42.

Verwechseln Sie nicht ✕ *und* ✿ :
✕ *kennzeichnet den Komfort des Restaurants,*
✿ *kennzeichnet die überdurchschnittliche Qualität der Küche.*

177

BÜNDE 4980. Nordrhein-Westfalen 987 ⑭ — 43 000 Ew — Höhe 70 m — ✪ 05223.

🛈 Verkehrsamt, Rathaus, Bahnhofstr. 15, ✆ 16 12 12.

◆Düsseldorf 203 — Bielefeld 23 — ◆Hannover 97 — ◆Osnabrück 46.

🏨 **City-Hotel - Restaurant zur alten Post**, Kaiser-Wilhelm-Str. 2, ✆ 1 00 96, Telex 9313141
— 🔊 📺 ➡wc ☎ 🅿 ♨. 🆎 ⑩ 🅴
Karte 31/60 *(Montag - Freitag nur Abendessen)* — **54 Z : 106 B** 76/92 - 136/198 Fb.

In Bünde 1-Ennigloh :

🏨 **Parkhotel Sonnenhaus**, Borriesstr. 28, ✆ 4 29 69, 🍽 — 📺 ➡wc 🇲wc ☎ 🅿 ♨. 🆎 ⑩ 🅴
Karte 25/58 *(Sonntag geschl.)* — **18 Z : 20 B** 55/65 - 90 Fb.

✕ **Waldhaus Dustholz**, Ellersiekstr. 81, ✆ 6 16 06, 🍽 — 🅿
Montag - Dienstag 17 Uhr und Juli- Aug. 2 Wochen geschl. — Karte 18/41.

BÜRCHAU Baden-Württemberg siehe Neuenweg.

BÜREN 4793. Nordrhein-Westfalen 987 ⑭ ⑮ — 19 000 Ew — Höhe 232 m — ✪ 02951.

◆Düsseldorf 152 — ◆Kassel 92 — Paderborn 29.

🏠 **Kretzer**, Wilhelmstr. 2, ✆ 24 43 — 📺 🇲wc ☎ 🅿 ♨
➡ Karte 13/35 *(Mittwoch ab 14 Uhr und Juli 3 Wochen geschl.)* 🍴 — **15 Z : 24 B** 28/35 - 52/60.

🏠 **Ackfeld**, Bertholdstr. 9, ✆ 22 04 — 🇲 ➡ ♨. 🅴
➡ Karte 14,50/32 *(Samstag geschl.)* — **16 Z : 26 B** 28/30 - 52/60.

BÜRGSTADT 8761. Bayern — 3 850 Ew — Höhe 130 m — ✪ 09371 (Miltenberg).

◆München 352 — Aschaffenburg 43 — Heidelberg 79 — ◆Würzburg 76.

🏠 **Stern** Ⓜ, Hauptstr. 23, ✆ 26 76, 🍽, « Weinlaube », 🍽 — 🇲wc ☎ 🅿
➡ *Jan. geschl.* — Karte 13/35 *(Donnerstag geschl.)* 🍴 — **9 Z : 15 B** 35 - 64.

✕ **Centgraf-Anker** mit Zim, Josef-Ulrich-Str. 3, ✆ 21 29, 🍽 — 🇲 🅿
➡ Karte 13/31 *(Donnerstag bis 18 Uhr geschl.)* 🍴 — **10 Z : 20 B** 29/36 - 49/64.

BÜSINGEN 7701. Baden-Württemberg 427 ⑥. 216 ⑧ — Deutsche Exklave im Schweizer
Hoheitsgebiet, Schweizer Währung (sfrs) — 1 100 Ew — Höhe 421 m — ✪ 07734 (Gailingen).

◆Stuttgart 167 — ◆Konstanz 42 — Schaffhausen 5 — Singen (Hohentwiel) 15.

✕✕✕ ✿ **Alte Rheinmühle** 🐟 mit Zim (ehemalige Mühle a.d.J. 1664), Junkerstr. 93, ✆ 60 76,
Telex 793788, ≤, 🍽 — ➡wc 🇲wc ☎ 🅿 ♨. 🆎 ⑩
20. Dez.- 10. Jan. geschl. — Karte 42/80 (Tischbestellung erforderlich) — **16 Z : 32 B** 75/85 -
140/180 Fb
Spez. Eglifilet in Champagnersauce, Kalbsfilet mit Morchelsauce, Rinderfilet in Rotweinsauce.

✕✕ **Hauenstein**, Schaffhauser Str. 69 (W : 2,5 km), ✆ 62 77, ≤
Montag - Dienstag sowie Jan., Juni und Okt. je 2 Wochen geschl. — Karte 29/50 (Tischbestellung
ratsam).

BÜSUM 2242. Schleswig-Holstein 987 ④ — 6 500 Ew — Nordseeheilbad — ✪ 04834.

🛈 Kurverwaltung, ✆ 80 01 — ◆Kiel 102 — Flensburg 103 — Meldorf 25.

🏨 **Strandhotel Hohenzollern** 🐟, Strandstr. 2, ✆ 22 93 — 🔊 📺 🇲wc ☎ 🅿. 🆎
März - Okt. und Weihnachten - Neujahr geöffnet — Karte 21/48 — **43 Z : 81 B** 67/127 - 134 Fb
— P 96.

🏨 **Zur Alten Apotheke** garni, Hafenstr. 10, ✆ 20 46 — 🔊 📺 ➡wc 🇲wc ☎ ➡ 🅿. 🌂
15. März - Okt. — **17 Z : 33 B** 70/90 - 80/120 Fb.

🏨 **Erlengrund** 🐟, Nordseestr. 100 (NW : 2 km), ✆ 20 71, 🍽, ≋s, 🔲, 🍽 — 📺 ➡wc 🇲wc ☎
➡ 🅿
Weihnachten geschl. — Karte 23/46 — **47 Z : 84 B** 41/71 - 82/116 — P 77/96.

🏨 **Windjammer** 🐟, Dithmarscher Str. 17, ✆ 20 66, ≋s — 🔊 📺 ➡wc 🇲wc ☎ 🅿
7. Jan.- Feb. und Nov.- 20. Dez. geschl. — Karte 25/44 — **51 Z : 100 B** 52/70 - 100/120 Fb.

🏨 **Friesenhof** 🐟, Nordseestr. 66, ✆ 20 95, ≋s, 🍽, 🍴 — 🔊 ➡wc 🇲wc ☎ 🅿. 🆎 ⑩
Karte 22/60 — **33 Z : 60 B** 79 - 114/138 Fb — P 91/113.

🏠 **Seegarten** 🐟, Strandstr. 3, ✆ 20 11, ≤ — 🔊 ➡wc 🇲wc ☎ ➡ 🅿. ⑩. 🌂 Zim
Jan.- Feb. geschl. — Karte 22/51 — **21 Z : 37 B** 58/70 - 116/138 — 21 Appart. 135 — P 110.

🏠 **Stadt Hamburg**, Kirchenstr. 11, ✆ 20 85, 🍽 — 🔊 📺 ➡wc 🇲wc ☎ 🅿 ♨. 🌂 Zim
➡ *22.- 25. Dez. geschl.* — Karte 14/43 — **47 Z : 69 B** 36/50 - 64/87 — P 64/77.

🏠 **Zur alten Post**, Hafenstr. 2, ✆ 23 92, « Dithmarscher Bauernstube » — 🇲wc 🅿
➡ Karte 14/40 — **29 Z : 52 B** 42 - 66/76.

🏠 **Pension Dorn**, Deichstr. 15, ✆ 20 15, Garten, 🍽 — 📺 🇲wc ☎ ➡ 🅿. 🌂 Rest
Nov.- 15. Dez. geschl. — (Rest. nur für Hausgäste) — **31 Z : 45 B** 33/55 - 62/72 Fb.

In Büsumer Deichhausen 2242 O : 2 km :

🏨 **Dohrn's Rosenhof** 🐟, To Wurth, ✆ (04834) 20 54, 🍽, ≋s — 📺 ➡wc 🇲wc ☎ 🅿 ♨.
April - Okt. — Karte 23/47 — **22 Z : 45 B** 72 - 136 Fb.

🏠 **Deichgraf** 🐟, Achtern Dieck 14, ✆ (04834) 22 71, 🍽, 🍽 — 🇲wc 🅿. 🆎
Mitte März - Okt. — Karte 22/48 — **22 Z : 40 B** 46/50 - 77/86 Fb — 2 Appart. 70 — P 72/75.

In Westerdeichstrich 2242 N : 3 km :

🏨 **Der Mühlenhof** ॐ garni, Dorfstr. 22, ℰ (04834) 20 61, 🌾 – 📺 🛏wc ☎ 🚗 🅿. ✖
16 Z : 32 B 65/70 - 95/130 – 8 Appart. 80/85.

XXX **Der Mühlenhof**, Dorfstr. 22, ℰ (04834) 28 86, « Elegantes Rest. in einer ehem. Windmühle »
– 🅿. AE ◑ E. ✖
15. Jan.- 20. Feb. geschl. – Karte 28/69.

BÜTTELBORN 6087. Hessen – 10 000 Ew – Höhe 85 m – ✪ 06152.
◆Wiesbaden 35 – ◆Darmstadt 12 – ◆Frankfurt am Main 35 – Mainz 28 – ◆Mannheim 56.

🏨 **Haus Monika**, an der B 42 (O : 1,5 km), ℰ 50 82 – 🛏wc ☎ 🅿. AE E VISA
24. Dez.- 2. Jan. geschl. – Karte 15/35 *(Freitag 15 Uhr - Samstag geschl.)* ॐ – **28 Z : 42 B** 47 -
76.

An der Autobahn A 67 :

🏠 **Raststätte Büttelborn Süd**, ✉ 6087 Büttelborn, ℰ (06152) 50 16 – 🛏wc 🅿. E
Karte 18/43 – **22 Z : 42 B** 38/60 - 65/110.

BÜTZFLETH Niedersachsen siehe Stade.

BUFLINGS Bayern siehe Oberstaufen.

BURBACH 5909. Nordrhein-Westfalen 987 ㉔ – 14 200 Ew – Höhe 370 m – ✪ 02736.
◆Düsseldorf 145 – ◆Köln 108 – Limburg an der Lahn 45 – Siegen 21.

In Burbach-Holzhausen O : 8 km :

XX **D'r Fiester-Hannes**, Flammersbacher Str. 7, ℰ 39 33, « Restauriertes Fachwerkhaus a.d.
17. Jh. mit geschmackvoller Einrichtung » – E
Montag geschl. – Karte 28/67.

In Burbach-Wahlbach NW : 2 km :

🏠 **Gilde-Hotel Bechtel** ॐ, Heisterner Weg 49, ℰ 66 73, 🌾 – 🛏wc 🚗 🅿. E. ✖
← *5.- 24. Okt. geschl.* – Karte 14/33 *(Samstag geschl.)* – **17 Z : 28 B** 32/45 - 64/78.

In Burbach-Wasserscheide O : 5,5 km :

🏠 **Haus Wasserscheide**, Dillenburger Str. 66, ℰ 80 68 – 🛏wc ☎ 🅿
15. Jan.- 12. Feb. geschl. – Karte 18/47 *(Samstag bis 18 Uhr geschl.)* – **14 Z : 22 B** 30/52 -
60/95.

BURG Schleswig-Holstein siehe Fehmarn (Insel).

BURG (KREIS DITHMARSCHEN) 2224. Schleswig-Holstein – 4 000 Ew – Höhe 46 m –
Luftkurort – ✪ 04825.
◆ Kiel 87 – Flensburg 114 – ◆Hamburg 78.

🏠 **Riedel**, Nantzstr. 3, ℰ 81 34 – 🛏wc ☎ 🅿
Karte 15/38 *(Okt.- Mai Samstag geschl.)* – **14 Z : 22 B** 45 - 80.

BURGAU 8872. Bayern 987 ㊱ – 7 900 Ew – Höhe 453 m – ✪ 08222.
◆München 102 – ◆Augsburg 44 – Günzburg 11 – ◆Ulm (Donau) 40.

🏨 **Post**, Käppelestr. 11, ℰ 14 77 – 🛏wc 🅿. ✖
20. Dez.- 8. Jan. geschl. – (nur Abendessen für Hausgäste) – **22 Z : 40 B** 32/50 - 60/95.

BURGBERG IM ALLGÄU 8978. Bayern – 2 600 Ew – Höhe 750 m – Wintersport : 750/900 m
🚡1 🚠2 – ✪ 08321 (Sonthofen).
🛈 Verkehrsbüro, Rathaus, ℰ 8 48 10.
◆München 145 – Kempten (Allgäu) 26 – Oberstdorf 16.

🏨 Zum Löwen, Grüntenstr. 1, ℰ 95 83, 🍴 – 🚗 🅿
9 Z : 18 B.

🏨 **Berggasthof Alpenblick** ॐ, (O : 3 km), Höhe 1 060 m, ℰ 33 54, ≤ Allgäuer Alpen, 🍴, 🌾
← – 🅿
15. Nov.- 20. Dez. geschl. – Karte 13/25 *(Montag geschl.)* – **8 Z : 16 B** 23 - 46 – P 35.

XX Burgberger Stuben, Bergstr. 2, ℰ 97 05 – 🅿. ✖
wochentags nur Abendessen.

BURGDORF 3167. Niedersachsen 987 ⑮ – 28 000 Ew – Höhe 56 m – ✪ 05136.
◆Hannover 25 – ◆Braunschweig 52 – Celle 24.

In Burgdorf-Hülptingsen O : 3 km :

🏨 Sporting-Hotel Ⓜ, Tuchmacherweg 20 (B 188), ℰ 8 50 51, ✖ (Halle) – 📺 🛏wc ☎ 🅿
(nur Abendessen) – **15 Z : 30 B**.

179

BURGEBRACH 8602. Bayern — 4 800 Ew — Höhe 269 m — ✪ 09546.
♦München 227 — ♦Bamberg 15 — ♦Nürnberg 56 — ♦Würzburg 66.

🏠 **Gasthof u. Gästehaus Goldener Hirsch**, Hauptstr. 14, ☎ 12 27, 🍴, 🔲, 🌳 — 🛏wc
🚪 🏧wc ⟵⟶ 🅿
24. Dez.- 5. Jan. geschl. — Karte 11/23 (Freitag geschl.) ⅜ — **58 Z : 104 B** 28/38 - 50/68.

♨ **Fränkischer Hof**, Steigerwaldstr. 9, ☎ 3 20, �, 🌳 — 🏧wc ⟵⟶ 🅿
🚪 Karte 12/24 (Nov.- Mai Donnerstag geschl.) ⅜ — **12 Z : 18 B** 28/40 - 56/60.

BURGHASLACH 8602. Bayern — 2 100 Ew — Höhe 300 m — ✪ 09552 (Schlüsselfeld).
♦München 229 — ♦Bamberg 46 — ♦Nürnberg 58 — ♦Würzburg 59.

🏠 **Pension Talblick** ⌚, Fürstenforster Str. 32, ☎ 17 70, ≤, 🌳 — 🏧wc 🅿. ⚘
(nur Abendessen für Hausgäste) — **10 Z : 23 B** 24 - 48.

♨ **Rotes Ross**, Kirchplatz 5, ☎ 3 74 — 🔩 🏧wc 🅿
🚪 7. Jan.- 3. Feb. geschl. — Karte 10,50/26 ⅜ — **16 Z : 28 B** 23/27 - 44/46.

BURGHAUN 6419. Hessen — 6 000 Ew — Höhe 241 m — ✪ 06652 (Hünfeld).
♦Wiesbaden 187 — Fulda 22 — Bad Hersfeld 24.

♨ **Zum weißen Roß**, Schloßstr. 4, ☎ 28 68 — 🏧wc ⟵⟶
🚪 Karte 15/27 (Mittwoch geschl.) — **14 Z : 26 B** 30 - 60.

BURGHAUSEN 8263. Bayern 🆂🆃 ㉛. 🅰🆉🅶 ⑲ — 17 500 Ew — Höhe 350 m — ✪ 08677.
Sehenswert : Lage ★★ **der Burg** ★★.
🅿 Verkehrsamt, Rathaus, Stadtplatz 112, ☎ 24 35.
♦München 110 — Landshut 78 — Passau 81 — Salzburg 58.

🏨 **Bayerische Alm** ⌚, Robert-Koch-Str. 211, ☎ 20 61, ≤, Terrasse mit ≤, 🌳 — 📺 🛏wc 🏧wc
☎ ⟵⟶ 🅿
22 Z : 40 B Fb.

🏨 **Post**, Stadtplatz 39, ☎ 30 44, � — 🛏wc 🏧wc ☎ ⟵⟶ 🏧. E
🚪 27. Dez.- 20. Jan. geschl. — Karte 14/38 (Freitag geschl.) ⅜ — **23 Z : 42 B** 45/60 - 70/93 Fb.

🏠 **Glöcklhofer**, Ludwigsberg 4, ☎ 70 24, Biergarten, 🌊 (geheizt), 🌳 — 🛏wc 🏧wc ☎ ⟵⟶
🅿. ⚘ Rest
24. Dez.- 6. Jan. geschl. — Karte 15/45 — **60 Z : 80 B** 35/60 - 64/100.

🏠 **Salzach** ⌚ garni, Hans-Stiglocher-Str. 17, ☎ 70 18, ≤ — 📺 🛏wc 🏧wc ☎ 🅿
🚪 27. Dez.- 20. Jan. geschl. — (nur Abendessen für Hausgäste) — **15 Z : 30 B** 45/65 - 70/93 Fb.

🏠 **Burghotel**, Marktler Str. 2, ☎ 70 38, � — 🛏wc 🏧wc 🅿. 🆎 ⓘ E 𝑉𝐼𝑆𝐴. ⚘ Rest
Karte 20/45 (18.-31. Aug. geschl.) — **37 Z : 52 B** 37/56 - 82/94.

🏠 **Lindacher Hof**, Mehringer Str. 47, ☎ 45 45 — 🏧wc ⟵⟶ 🅿. E
🚪 Karte 14/34 (Dienstag geschl.) ⅜ — **42 Z : 58 B** 34/45 - 66/80.

BURGKUNSTADT 8622. Bayern 🆂🆃 ㉘ — 6 700 Ew — Höhe 281 m — ✪ 09572.
♦München 273 — ♦Bamberg 48 — Bayreuth 38 — Coburg 34.

🏠 **Drei Kronen**, Lichtenfelser Str. 24, ☎ 14 21 — 🏧wc ⟵⟶ 🅿. ⚘
🚪 Karte 11/23 — **32 Z : 57 B** 24/30 - 48/60.

♨ **Gampertbräu**, Bahnhofstr. 22, ☎ 14 67 — ⟵⟶ 🅿
🚪 23. Dez.- 16. Jan. geschl. — Karte 12/25 (Montag geschl.) — **9 Z : 17 B** 24/26 - 48/50.

In Altenkunstadt 8621 S : 2 km :

🏨 **Gondel**, Marktplatz 7, ☎ (09572) 6 61, « Rest. mit rustikaler Einrichtung » — 🛏wc 🏧wc ☎
⟵⟶ 🅿 🏧
Karte 24/51 — **32 Z : 51 B** 38/65 - 75/130 — P 56/83.

BURGLENGENFELD 8412. Bayern 🆂🆃 ㉗ — 10 300 Ew — Höhe 347 m — ✪ 09471.
Ausflugsziel : Kallmünz (Burgruine ≤★**)** SW : 9 km.
♦München 149 — Amberg 34 — ♦Nürnberg 90 — ♦Regensburg 27.

🏠 **Gerstmeier**, Berggasse 5, ☎ 52 44 — 🏧wc ☎ 🅿 — **27 Z : 43 B**.

🍴 **Zu den 3 Kronen**, Hauptstr. 1, ☎ 52 81 — 🅿
🚪 12.- 20. März, 1.- 14. Sept. und Mittwoch geschl. — Karte 12/30.

BURGTHANN 8501. Bayern — 9 000 Ew — Höhe 440 m — ✪ 09183.
♦München 159 — ♦Nürnberg 24 — ♦Regensburg 79.

🍴🍴 **Blaue Traube mit Zim**, Schwarzachstr. 7, ☎ 5 55, � — 🏧wc 🅿 — **7 Z : 10 B**.

BURGWALD 3559. Hessen — 4 900 Ew — Höhe 230 m — ✪ 06457.
♦Wiesbaden 145 — ♦Kassel 90 — Marburg an der Lahn 24 — Paderborn 111 — Siegen 82.

In Burgwald-Ernsthausen :

🍴🍴 **Burgwald-Stuben**, Marburger Str. 25 (B 252), ☎ 80 66 — 🅿
Mittwoch und Juli - Aug. 3 Wochen geschl. — Karte 23/63.

BURGWEDEL 3006. Niedersachsen — 19 500 Ew — Höhe 58 m — ✆ 05139.
♦Hannover 22 — ♦Bremen 107 — Celle 28 — ♦Hamburg 137.

In Burgwedel 1-Grossburgwedel 🗓🗓🗓 ⑮ :

🏨 Springhorstsee 🦢, Am Springhorstsee (NW : 1,5 km, Richtung Bissendorf), 𝒫 70 88 (Hotel) 33 47 (Rest.), ≤, 🛁 — 🚻wc 🛏wc ☎ 🅿
(wochentags nur Abendessen) — **22 Z : 30 B** Fb.

🏨 **Marktkieker** garni, Am Markt 7, 𝒫 70 93 — 🚻wc 🛏wc ☎ 🅿. 🝏
23. Dez - 6. Jan. geschl. — **12 Z : 16 B** 78/113 - 123/164 Fb.

🏠 **Oetting**, Dammstr. 18, 𝒫 25 09 — 🛏 🅿
Mitte Dez.-Mitte Jan. geschl. — Karte 15,50/35 *(nur Abendessen, Freitag geschl.)* — **28 Z : 40 B** 40/58 - 70/85 Fb.

In Burgwedel 5-Wettmar :

✕✕ Remise, Hauptstr. 31, 𝒫 33 33, « Ehem. Remise, eingerichtet mit alten ostfriesischen Möbeln » — 🅿
wochentags nur Abendessen — (Tischbestellung ratsam).

BURLADINGEN 7453. Baden-Württemberg — 12 400 Ew — Höhe 722 m — ✆ 07475.
♦Stuttgart 78 — ♦Freiburg im Breisgau 173 — ♦Ulm (Donau) 92.

In Burladingen 9-Gauselfingen SO : 4,5 km :

🏔 **Wiesental**, Gauzolfstr. 23, 𝒫 75 35 — 🛏 ⟸ 🅿
4.- 28. Nov. geschl. — Karte 15/35 *(Donnerstag geschl.)* — **16 Z : 21 B** 30/40 - 52/60.

In Burladingen 4-Killer NW : 6 km :

🏔 **Lamm**, Hauptstr. 1, 𝒫 (07477) 10 88 — 🚻wc 🛏wc ☎ ⟸ 🅿
🚗 *Ende Jan.- Mitte Feb. geschl.* — Karte 13/34 *(Freitag geschl.)* — **13 Z : 23 B** 28/35 - 56/70.

In Burladingen 7-Melchingen N : 12 km :

🏠 **Gästehaus Hirlinger** 🦢 garni, Falltorstr. 9, 𝒫 (07126) 5 55, ≋s, 🌤 — 🛏wc ⟸ 🅿
14 Z : 26 B 29/33 - 58.

BURSCHEID 5093. Nordrhein-Westfalen 🗓🗓🗓 ㉔ — 16 100 Ew — Höhe 200 m — ✆ 02174.
♦Düsseldorf 42 — ♦Köln 26 — Remscheid 19.

🏠 **Schützenburg**, Hauptstr. 116, 𝒫 56 18, ▦ — 🚻wc 🛏wc ☎ ⟸ 🅿 🏊
Karte 20/55 *(16. Juli - 13. Aug. und Freitag - Samstag 17 Uhr geschl.)* — **26 Z : 36 B** 47/91 - 98/140.

In Burscheid 2-Hilgen NO : 4 km :

🏠 **Heyder**, Kölner Str. 94 (B 51), 𝒫 50 91, ▦ — 📺 🛏wc ☎ ⟸ 🅿 🏊 🙊 Zim
Karte 16/45 *(Juli 3 Wochen, 21. Dez.- 5. Jan. und Samstag geschl.)* — **25 Z : 34 B** 40/75 - 70/120.

BUSECK Hessen siehe Gießen.

BUSENBACH Baden-Württemberg siehe Waldbronn.

BUTJADINGEN 2893. Niedersachsen — 6 400 Ew — Höhe 3 m — ✆ 04733.
🅱 Kurverwaltung, Strandallee (Burhave), 𝒫 16 16.
♦Hannover 214 — ♦Bremerhaven 15 — ♦Oldenburg 67.

In Butjadingen 1-Fedderwardersiel — Seebad :

🏠 **Zur Fischerklause** 🦢, Sielstr. 16, 𝒫 3 62, 🌤 — 🛏wc ⟸ 🅿
Karte 18/40 *(15. Okt.- 15. Nov. und Dienstag geschl.)* — **17 Z : 29 B** 35/45 - 65/85.

In Butjadingen 3-Ruhwarden :

🏨 **Schild's Hotel** 🦢 (mit Gästehaus), Butjadinger Str. 8, 𝒫 (04736) 2 25, ≋s, 🏊 (geheizt), 🌤 — 🛏wc ♿ 🅿. 🙊
Ostern - 20. Sept. — (Rest. nur für Hausgäste) — **72 Z : 180 B** 38/55 - 72/80 — P 50/55.

In Butjadingen 2-Stollhamm :

🏔 Rolands-Eck, Hauptstr. 34, 𝒫 (04735) 2 48 — 🛏wc ☎ 🅿 🏊 🙊 Zim
7 Z : 14 B.

In Butjadingen 3-Tossens — Seebad :

🏠 **Strandhof** 🦢, Am Strandbad, 𝒫 (04736) 2 67, ≋s, 🌤 — 📺 🚻wc 🛏wc ⟸ 🅿 🏊
Karte 13/42 — **29 Z : 58 B** 31/45 - 62/72 — 18 Appart. 60/120 — P 50/60.

➤ *Inclusion in the Michelin Guide*
cannot be achieved by pulling strings
or by offering favours.

BUTZBACH 6308. Hessen 987 ㉙ – 21 500 Ew – Höhe 205 m – ✆ 06033.
◆Wiesbaden 71 – ◆Frankfurt am Main 42 – Gießen 23.

  🏠 **Hessischer Hof** garni, Weiseler Str. 43, ✆ 41 38 – 🛗 🗑wc ☎ ⇐ 🅿
     30 Z : 40 B 49/59 - 78/95 Fb.

  ✗ **Werb-Hiltscher** mit Zim, Wetzlarer Str. 3, ✆ 6 49 11, « Fachwerkhaus a.d. 16. Jh. »
  ➖ 29. Juni - 29. Juli geschl. – Karte 14/40 (Montag geschl.) – **6 Z : 10 B** 28 - 48.

    In Butzbach-Griedel O : 2 km :

  ✗✗ **Wetterau**, Hauptstr. 51, ✆ 6 06 00 – 🅰🅴 ⓞ 🅴 𝗩𝗜𝗦𝗔
     Samstag bis 18 Uhr und Montag geschl. – Karte 38/69.

BUXHEIM Bayern siehe Memmingen.

BUXTEHUDE 2150. Niedersachsen 987 ⑤ – 34 000 Ew – Höhe 5 m – ✆ 04161.
Ausflugsziel : Jork : Bauernhäuser★, NW : 9 km.
🛈 Stadtinformation, Lange Str. 4, ✆ 50 12 97.
◆Hannover 158 – ◆Bremen 99 – Cuxhaven 93 – ◆Hamburg 37.

  🏠 **Zur Mühle**, Ritterstr. 16, ✆ 30 03 – 🛗 📺 🗑wc ☎. 🅰🅴 ⓞ
     Karte 28/60 (Dienstag geschl.) – **21 Z : 42 B** 69 - 99 Fb.

  ✗ Ratskeller, Breite Str. 2, ✆ 29 88.

    In Buxtehude-Hedendorf W : 5 km :

  ✗✗ **Zur Walhalla**, Harsefelder Str. 39, ✆ (04163) 20 55, 🌫, « Mehrere Stuben mit verschiedenen
     Einrichtungen » – 🅿 🔩 ⓞ 🅴
     Montag bis 17 Uhr geschl. – Karte 24/56.

    In Buxtehude 1-Neukloster W : 4 km :

  🏠 **Seeburg**, Cuxhavener Str. 145 (B 73), ✆ 8 20 71, ≤, « Gartenterrasse » – 📺 🗑wc ☎ ⇐ 🅿
     🔩 ⓞ 🅴
     Karte 22/60 – **14 Z : 21 B** 60/73 - 98 Fb.

    In Jork 2155 NW : 9 km :

  ✗✗ **Herbstprinz**, Osterjork 76, ✆ (04162) 74 03, « Ehem. Altländer Bauernhaus mit antiker
     Einrichtung » – 🅿. 🅰🅴 ⓞ 🅴 𝗩𝗜𝗦𝗔
     Montag geschl. – Karte 26/55.

CADENBERGE 2175. Niedersachsen 987 ⑤ – 3 200 Ew – Höhe 8 m – ✆ 04777.
◆Hannover 218 – ◆Bremerhaven 56 – Cuxhaven 33 – ◆Hamburg 97.

  🏠 **Eylmann's Hotel**, Bergstr. 5, ✆ 2 21 – 🛗 🗑wc ⇐ 🅿 🔩. 🅰🅴
     Karte 15/42 – **33 Z : 55 B** 29/48 - 58/86.

CALDEN Hessen siehe Kassel.

CALW 7260. Baden-Württemberg 987 ㉝ – 22 500 Ew – Höhe 395 m – ✆ 07051.
🛈 Kurverwaltung, Rathaus Hirsau, ✆ 56 71 – ◆Stuttgart 47 – Freudenstadt 66 – Pforzheim 26 – Tübingen 40.

  🏠 Ratsstube, Marktplatz 12, ✆ 17 31 – 🗑wc ☎ – **16 Z : 24 B**.

  ☎ **Zum Rößle**, Hermann-Hesse-Platz 2, ✆ 3 00 52 – 🗑 ⇐
     Karte 16/40 (Freitag geschl.) – **22 Z : 30 B** 28/35 - 58/65.

  ✗ Zum Rappen mit Zim, Bahnhofstr. 8, ✆ 21 64 – 🗑 🅿. ✂ Zim – **9 Z : 11 B**.

    In Calw-Hirsau N : 2,5 km – Luftkurort :

  🏠 **Kloster Hirsau**, Wildbader Str. 2, ✆ 56 21, Telex 726145, 🌫, 🔲, 🌫, ☞ – 🛗 ☁wc 🗑wc ☎
     ⇐ 🅿 🔩. 🅰🅴 ⓞ 🅴
     Karte 27/62 (Montag geschl.) – **46 Z : 78 B** 56/75 - 120/140 Fb – P 85/110.

    In Calw - Stammheim SO : 4,5 km :

  ✗✗ **Adler** mit Zim, Hauptstr. 16, ✆ 42 87, 🌫 – 🗑wc ☎ 🅿. ✂ Zim
     Anfang Nov.- Anfang Dez. geschl. – Karte 21/65 (Dienstag geschl.) – **11 Z : 18 B** 38/55 -
     70/100.

CAMBERG, BAD 6277. Hessen 987 ㉔ – 12 000 Ew – Höhe 214 m – Kneippheilbad – ✆ 06434.
🛈 Städt. Kurverwaltung, Am Amthof 6, ✆ 60 05.
◆Wiesbaden 37 – ◆Frankfurt am Main 61 – Limburg an der Lahn 17.

  🏠 **Panorama** 🍃 garni, Priessnitzstr. 6, ✆ 63 96, ☞ – ☁wc 🗑wc
     10 Z : 19 B 48/70 - 78/85.

    An der Autobahn A 3 W : 4 km :

  🏠 Rasthaus und Motel Camberg (Westseite), ✉ 6277 Bad Camberg, ✆ (06434) 60 66, ≤ – 🗑wc
     ☎ ⇐ 🅿 🔩 – **27 Z : 51 B**.

CARLSBERG Rheinland-Pfalz siehe Altleiningen.

CARTHAUSEN Nordrhein-Westfalen siehe Halver.

CASSEL = Kassel.

CASTELL 8711. Bayern — 850 Ew — Höhe 318 m — 🕾 09325.
◆München 252 — ◆Bamberg 69 — ◆Nürnberg 81 — Schweinfurt 46 — ◆Würzburg 38.

🏠 **Haus Schloßberg** ⟫ garni, August-Sperl-Str. 17, 🍴 4 06, 🚗 — 🛏wc 🛁wc 🕾 🚗 🅿
6 Z : 12 B 43 - 68.

CASTROP-RAUXEL 4620. Nordrhein-Westfalen 987 ⑭ — 80 000 Ew — Höhe 55 m — 🕾 02305.

Siehe Ruhrgebiet (Übersichtsplan).

◆Düsseldorf 73 — Bochum 12 — ◆Dortmund 12 — Münster (Westfalen) 56.

XXX **Haus Goldschmieding**, Ringstr. 97, 🍴 3 29 31 — 🅿 ᴀᴇ ⓪ ᴇ
Samstag bis 14 Uhr und Montag geschl. — Karte 35/80.

CELLE 3100. Niedersachsen 987 ⑮ — 72 000 Ew — Höhe 40 m — 🕾 05141.
Sehenswert : Altstadt★★ — Schloß (Hofkapelle★) Y.
Ausflugsziel : Wienhausen (Kloster★) ③ : 10 km.
🄳 Verkehrsverein, Schloßplatz 6a, 🍴 2 30 31 — ADAC, Nordwall 1a, 🍴 10 60, Notruf 🍴 1 92 11.
◆Hannover 45 ④ — ◆Bremen 112 ⑤ — ◆Hamburg 117 ①.

CELLE

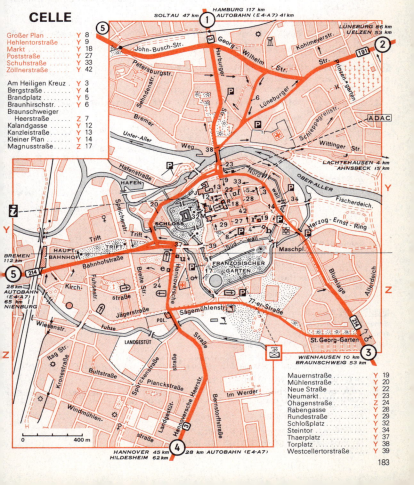

🏛 **Fürstenhof - Restaurant Endtenfang** 🦢, Hannoversche Str. 55, ℰ 20 10, Telex 925293, « Historisches Palais mit Hotelanbau », ⛫, 🔲 — 📶 📺 ⇔ 🅿 🚗 🅰🅴 ⓞ. 🎇 Rest   Z e
Karte 35/80 — **Kutscherstube** *(nur Abendessen, Sonntag geschl.)* Karte 20/43 — **75 Z : 110 B**
90/190 - 150/320 Fb.

🏛 **Borchers** 🦢 garni, Schuhstr. 52 (Passage), ℰ 70 61 — 📶 ⎓wc ⎓wc ☎ ⇔. 🅰🅴 ⓞ   Y f
19 Z : 37 B 79/130 - 130/180 Fb.

🏛 **Atlantik** garni, Südwall 12a, ℰ 2 30 39 — ⎓wc ☎. 🅰🅴 ⓞ 🈺 𝘝𝘐𝘚𝘈   Y b
15. Dez. - 15. Jan. geschl. — **19 Z : 25 B** 50/98 - 80/148 Fb.

🍴🍴 **Städtische Union Celle**, Thaerplatz 1, ℰ 60 96, 🏡 — 🅿 🚗. 🅰🅴 ⓞ 🈺   Z u
Sonntag 19 Uhr - Montag geschl. — Karte 22/52.

🍴🍴 Historischer Ratskeller, Markt 14, ℰ 2 23 97 — 🚗   Y R

🍴 **Schwarzwaldstube**, Bergstr. 14, ℰ 21 73 41 — ⓞ 🈺 𝘝𝘐𝘚𝘈   Y r
Montag - Dienstag geschl. — Karte 23/56.

In Celle-Altencelle ③ : 2 km :

🏛 Schaperkrug, Braunschweiger Heerstr. 85 (B 214), ℰ 8 30 91 — ⎓wc ⎓wc ☎ ⇔ 🅿 🚗
34 Z : 59 B Fb.

In Celle-Groß Hehlen ① : 4 km :

🏛 **Celler Tor**, Celler Str. 13 (B 3), ℰ 5 10 11, ⛫, 🏡 — 📶 ♿ ⇔ 🅿 🚗. 🅰🅴 ⓞ 🈺 𝘝𝘐𝘚𝘈
Karte 26/57 *(Sonntag ab 15 Uhr und Juli - Aug. 3 Wochen geschl.)* — **58 Z : 100 B** 78/86 - 142/152 Fb.

In Bergen 2-Altensalzkoth 3103 ① : 14 km :

🏛 **Helms**, an der Straße nach Celle, ℰ (05054) 10 71, ⛫, 🏡 — ⎓wc ⎓wc ☎ ⇔ 🅿 🚗. ⓞ
15. Dez.- Jan. geschl. — Karte 18/46 — **41 Z : 63 B** 37/81 - 74/122.

CHAM 8490. Bayern 🥉🥉🥉 ⑳ — 16 600 Ew — Höhe 368 m — ✆ 09971.
🔲 Städt. Verkehrsamt, Rosenstr. 1, ℰ 50 56.
◆München 178 — Amberg 73 — Passau 109 — Plzen 94 — ◆Regensburg 56.

🏛 **Randsberger Hof**, Randsberger-Hof-Str. 15, ℰ 12 66, Biergarten, ⛫ — 📶 ⎓wc ⎓wc ☎
← 🅿 🚗. 🅰🅴 ⓞ 🈺
Karte 12,50/34 — **89 Z : 175 B** 34/38 - 68/76 Fb.

🏛 **Gästeheim am Stadtpark** 🦢 garni, Tilsiter Str. 3, ℰ 22 53 — ⎓ ☎ ⇔
11 Z : 20 B 26/28 - 50/55.

🍴🍴 **Ratskeller** mit Zim, Am Kirchplatz, ℰ 14 41 — ⎓wc ⎓wc ☎. 🅰🅴 ⓞ 🈺
10.- 30. Jan. geschl. — Karte **24**/46 *(Sonntag 15 Uhr - Montag geschl.)* — **11 Z : 20 B** 35/40 - 65/70.

In Cham-Chammünster 8491 O : 3 km über die B 85 :

🏛 **Berggasthaus Oedenturm** 🦢, Am Oedenturm 11, ℰ 38 80, ≤, 🏡, 🏡 — ⎓wc ⎓wc ⇔
← 🅿. ⓞ
15. Okt.- 15. Dez. geschl. — Karte 13/35 *(Montag geschl.)* — **11 Z : 20 B** 27/29 - 53/60 - P 38/45.

In Cham-Chammünster-Schlondorf 8491 O : 5 km über die B 85 :

🛖 **Sonnenhof**, Am Fuchsbühl 14, ℰ 3 03 98, 🏡, ⛫, 🏡 — ⎓wc 🅿. 🎇
Nov.- 6. Dez. geschl. — (nur Abendessen für Hausgäste) — **10 Z : 18 B** 24/33 - 52/64.

In Traitsching-Sattelbogen 8499 S : 15 km über die B 20 :

🏛 **Sattelbogener Hof-Gästehaus Birkenhof** 🦢, Im Wiesental 2, ℰ (09974) 3 77, ≤, 🏡,
← ⛫, 🔲, 🏡 — ⎓wc 🅿
12.- 28 Feb. geschl. — Karte 9/27 — **58 Z : 122 B** 26/29 - 50/54.

CHIEMING 8224. Bayern 🥉🥉🥉 ㊲, 🟦🟦🟦 ⑲ — 3 700 Ew — Höhe 532 m — Erholungsort — ✆ 08664.
Sehenswert : Chiemsee★.
🔲 Verkehrsamt, Rathaus, ℰ 2 45.
◆München 104 — Traunstein 12 — Wasserburg am Inn 37.

🏛 **Unterwirt**, Hauptstr. 32, ℰ 2 14, Biergarten — ⎓wc ⎓wc 🅿
10. Okt.- 25. Nov. geschl. — Karte 15/39 *(Montag - Dienstag geschl.)* ⚗ — **8 Z : 11 B** 35 - 70.

In Chieming-Ising NW : 7 km — Luftkurort :

🏛 **Zum goldenen Pflug** 🦢, Kirchberg 3, ℰ (08667) 4 21, Telex 56542, « Bayerischer Gutsgasthof, Zimmer mit Stil- und Bauernmöbeln », 🏡, 🐎 (Reitschule und -hallen) — 📶
⎓wc ⇔ 🅿 🚗. 🅰🅴
Karte 20/55 — **55 Z : 108 B** 85/98 - 120/186 Fb.

In Grabenstätt-Hagenau 8221 S : 3 km :

🛖 Chiemseefischer, ℰ (08661) 2 17, 🏡, ⛫ — ⎓wc ⇔ 🅿
12 Z : 28 B.

CLAUSTHAL-ZELLERFELD 3392. Niedersachsen 987 ⑯ — 17 100 Ew — Höhe 600 m — Heilklimatischer Kurort — Wintersport : 600/800 m ⚡1 ⚡2 — ✪ 05323.

Ausflugsziel : ⩽★★ von der B 242, SO : 7 km.

🏛 Kurgeschäftsstelle, Bahnhofstr. 5a, 𝒫 70 24.

◆Hannover 98 — ◆Braunschweig 62 — Göttingen 59 — Goslar 19.

🏠 **Wolfs-Hotel**, Goslarsche Str. 60 (B 241), 𝒫 30 14, ⇌, 🖼, 🚗 — ⤸wc 🛁wc ☎ 🅿 🏊
Karte 19/50 *(Sonntag ab 15 Uhr geschl.)* — **33 Z : 65 B** 44/77 - 76/118 Fb — P 69/102.

🏠 **Friese**, Burgstätter Str. 2, 𝒫 33 10 — 📺 🛁wc 🅿
Karte 18/37 *(Ungarische Küche)* (Dienstag geschl.) — **25 Z : 50 B** 38/60 - 60/90 Fb — P 58/80.

🏠 **Schnabelhaus**, Rollstr. 31, 𝒫 14 28 — 🛁 🅿
(Rest. nur für Hausgäste) — **13 Z : 21 B** 28/36 - 56/72.

🏠 **Kronprinz**, Goslarsche Str. 20, 𝒫 34 92 — 🛁 🅿
Nov. geschl. — Karte 17/39 *(Montag geschl.)* — **10 Z : 20 B** 33/39 - 56/70.

CLEVE , **CLEVES** = Kleve.

CLOEF Saarland Sehenswürdigkeit siehe Mettlach.

CLOPPENBURG 4590. Niedersachsen 987 ⑭ — 22 900 Ew — Höhe 42 m — ✪ 04471.

Sehenswert : Museumsdorf★.

🏛 Städt. Verkehrsamt, Rathaus, 𝒫 66 11.

◆Hannover 178 — ◆Bremen 67 — Lingen 68 — ◆Osnabrück 76.

🏨 **Schäfers H.**, Lange Str. 66, 𝒫 24 84 — 🛁wc ☎ ⟷ 🅿. 🆑 ⓞ 🇪 𝑉𝐼𝑆𝐴
Karte 20/50 *(Freitag geschl.)* — **15 Z : 23 B** 50 - 80/90.

🏨 **Deeken**, Friesoyther Str. 2, 𝒫 25 85, ⇌, 🚗 — ⤸wc 🛁wc ☎ ⟷ 🅿. 🆑 ⓞ
Juli - Aug. 3 Wochen geschl. — Karte 15/54 *(Samstag geschl.)* — **21 Z : 35 B** 40/60 - 80/110 Fb.

🏠 **Schlömer**, Bahnhofstr. 17, 𝒫 28 38 — 🛁wc ☎ ⟷ 🅿. 🆑 ⓞ 🇪
Karte 21/40 — **12 Z : 22 B** 55/60 - 100/110.

🏠 **Zum weißen Roß**, Löninger Str. 37, 𝒫 65 25 — 🛁wc ☎ ⟷ 🅿. 🆑 ⓞ 🇪
Karte 15/38 *(Freitag 15 Uhr - Samstag 17 Uhr geschl.)* — **17 Z : 28 B** 35/50 - 70/100.

🏠 Taphorn, Auf dem Hook 3, 𝒫 36 46 — 🛁wc 🅿. ⚡ Zim
26 Z : 37 B.

An der Thülsfelder Talsperre Süd NW : 12 km :

🏠 Heidegrund 🌳, Dreibrückenweg 10, ✉ 4594 Garrel-Petersfeld, 𝒫 (04495) 2 12,
« Gartenterrasse », 🚗 — ⤸wc 🛁wc ☎ 🅿
11 Z : 22 B.

An der Thülsfelder Talsperre Nord NW : 15 km :

🏠 **Seeblick** 🌳, Seeblickstr. 3, ✉ 2908 Friesoythe-Thülsfelde, 𝒫 (04495) 2 75, ⩽, 🍴 — 🛁wc
⟷ 🅿. 🇪
15. Feb.- 15. Nov. — Karte 15/38 — **12 Z : 22 B** 30/37 - 60/74.

COBBENRODE Nordrhein-Westfalen siehe Eslohe.

COBLENCE , **COBLENZA** = Koblenz.

COBURG 8630. Bayern 987 ㉘ — 45 100 Ew — Höhe 297 m — ✪ 09561.

Sehenswert : Veste Coburg★ Y — Hofgarten★ Y — Gymnasium Casimirianum★ Z A.

🏛 Fremdenverkehrsamt, Herrengasse 4, 𝒫 9 50 71.

ADAC, Webergasse 26, 𝒫 9 47 47.

◆München 279 ② — ◆Bamberg 47 ② — Bayreuth 74 ②.

Stadtplan siehe nächste Seite.

🏨 **Blankenburg - Rest. Kräutergarten**, Rosenauer Str. 30, 𝒫 7 50 05, 🍴, « Restaurant mit rustikaler Einrichtung » — 🛗 📺 ⤸wc 🛁wc ☎ 🅿 🏊 🇪. ⚡   Y y
2- 12. Jan. geschl. — Karte 25/55 — **36 Z : 56 B** 71/85 - 101/170 Fb.

🏨 **Goldene Traube**, Am Viktoriabrunnen 2, 𝒫 98 33 — 🛗 📺 🛁wc ☎ ⟷ 🅿 🏊. 🆑 ⓞ 🇪   Z t
Karte 20/44 — **88 Z : 137 B** 60/75 - 85/135 Fb.

🏨 **Goldener Anker**, Rosengasse 14, 𝒫 9 50 27, ⇌, 🖼 — 🛗 ⤸wc 🛁wc ☎ ⟷ 🏊. 🆑   Z n
Karte 16/46 *(Sonntag ab 14 Uhr geschl.)* — **63 Z : 105 B** 55/75 - 98/125.

🏨 **Stadt Coburg** 🌳, Lossaustr. 12, 𝒫 77 81, ⇌ — 🛗 📺 🛁wc 🛁wc ☎ 🅿 🏊. 🆑 🇪. ⚡ Rest   Y e
Karte 21/47 *(Sonntag geschl.)* — **49 Z : 80 B** 46/80 - 80/105 Fb.

🏨 ✿ **Coburger Tor -Rest. Schaller**, Ketschendorfer Str. 22, 𝒫 2 50 74, 🍴 — 📺 🛁wc ☎ 🅿.   Z a
Karte 31/78 *(Freitag 14 Uhr - Samstag 18 Uhr geschl.)* (Tischbestellung ratsam) — **20 Z : 30 B** 55/65 - 85/105 Fb
Spez. Hummerklößchen aus dem Estragondampf, Täubchen in fränkischem Rotwein, Topfen-Schaumknödel mit Früchten.

185

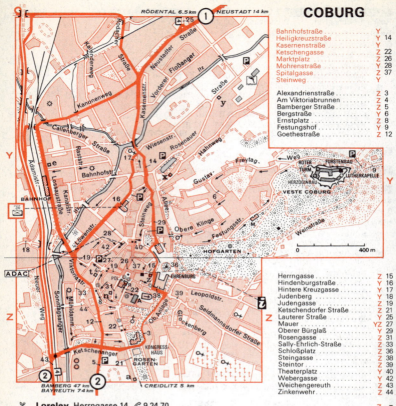

COBURG

✗ **Loreley**, Herrngasse 14, ✆ 9 24 70
Karte 18/43.
Z z

✗ Ratskeller, Markt 1, ✆ 9 24 00
Z R

✗ Speisehaus Schröck (vorwiegend Fisch-, Wild- und Geflügelgerichte), Hahnweg 1, ✆ 9 24 41,
Y x

In Coburg - Neu-Neershof O : 7,5 km über Seidmannsdorfer Str. Z :

🏨 **Schloß Neuhof** ⚘, Neuhofer Str. 10, ✆ (09563) 20 51, « Stilvolle Restauranträume, Park »
— 📺 ⛘wc ⛘wc ☎ 🅿 🛁 AE 🅴
Karte 26/60 *(nur Abendessen)* — **20 Z : 40 B** 55/145 - 95/170.

In Coburg-Scheuerfeld W : 3 km über Judenberg Y :

🏠 **Gasthof Löhnert** ⚘, Schustersdamm 28, ✆ 3 00 41, ⟨⟩, 🏊, 🐎 — ⛘wc ☎ 🅿
➜ 2. - 15. Jan. geschl. — Karte 13/28 *(Donnerstag geschl.)* — **56 Z : 81 B** 28/38 - 55/65.

In Rödental 8633 ① : 6,5 km :

🏠 **Brauerei-G. Grosch** (Brauereibesichtigung möglich), Oeslauer Str. 115, ✆ (09563) 5 47 —
➜ ⛘wc ☎ ⟲ 🅿
Karte 14/38 *(Montag geschl.)* — **16 Z : 30 B** 32/45 - 55/80.

In Ahorn-Witzmannsberg 8631 SW : 10 km über ② und die B 303 :

🏠 **Waldpension am Löhrholz** ⚘, Badstr. 20a, ✆ (09561) 13 35 — ⛘wc 🅿
➜ Karte 14,50/34 (Mahlzeiten im Rest. Freizeitzentrum) — **18 Z : 30 B** 34/48 - 65 Fb.

In Großheirath 8621 ② : 11 km :

🏨 **Steiner** Ⓜ, Hauptstr. 5, ✆ (09565) 8 35, ⟨⟩, 🏊 — 🛗 ⛘wc ⛘wc ☎ 🅿 🛁
➜ Karte 14/35 — **42 Z : 95 B** 25/40 - 50/75 Fb.

COCHEM 5590. Rheinland-Pfalz **987** ㉔ – 8 000 Ew – Höhe 91 m – ✆ 02671.

Sehenswert : Lage★ – Pinnerkreuz ≤★ (mit Sessellift).

🛈 Verkehrsamt, Endertplatz, ℰ 39 71.

Mainz 139 – ♦Koblenz 51 – ♦Trier 92.

🏨 **Germania**, Moselpromenade 1, ℰ 2 61, Telex 869422, ≤, 🍴 – 🛗 🛁wc 🛁wc ☎. 🆎 ⓞ 🅴 **VISA**
  Mitte Jan.- Mitte Feb. geschl. – **Karte** 27/65 (Nov.- April Mittwoch geschl.) – **28 Z : 50 B** 55/75 - 90/120 – P 90/110.

🏨 **Alte Thorschenke**, Brückenstr. 3, ℰ 70 59, « Historisches Haus a. d. J. 1332 » – 🛗 🛁wc
  🛁wc ☎ 🏠. 🆎 ⓞ 🅴 **VISA**
  5. Jan.- 10. März geschl. – **Karte** 25/59 – **55 Z : 95 B** 45/75 - 65/160 Fb – P 69/104.

🏡 **Haus Erholung** garni, Moselpromenade 64, ℰ 75 99, 🍴, 🔲, 🌳 – 🛁wc ℗
  15. Dez.- 15. Jan. geschl. – **11 Z : 20 B** 38/48 - 58/76 – 6 Appart. 80.

🏡 **Karl Müller**, Moselpromenade 9, ℰ 13 33 (Hotel) 71 31 (Rest.), ≤, 🍴 – 🛗 🛁wc 🛁wc ☎
  nur Saison – **38 Z : 69 B**.

XX **Lohspeicher** ⬤ mit Zim, Obergasse 1, ℰ 39 76 – 🛗 🛁wc ℗. 🆎 ⓞ 🅴. 🍽 Rest
  4. Jan.- 15. Feb. geschl. – **Karte** 22/69 (Dienstag geschl.) – **9 Z : 18 B** 48/75 - 84/90.

XX **Zur Börse** mit Zim, Pater-Martin-Str. 2, ℰ 81 80 – 🛁wc ☎. 🆎 ⓞ 🅴 **VISA**
  Jan. 2 Wochen geschl. – **Karte** 20/55 (Donnerstag geschl.) – **4 Z : 8 B** 45 - 90 – P 69.

X **Vonderbeck** mit Zim, Moselpromenade 19, ℰ 70 25, ≤ – 🛁
  März - 15. Nov. – **Karte** 13/35 – **10 Z : 20 B** 23/27 - 40/54 – P 40/45.

In Cochem-Cond :

🏨 **Triton** ⬤ garni, Uferstr. 10, ℰ 2 18, ≤, 🍴, 🔲 – 🛗 🛁wc 🛁wc ☎. 🆎 ⓞ **VISA**. 🍽
  15. März - 15. Nov. – **17 Z : 32 B** 65/85 - 120.

🏨 **Am Rosenhügel** garni, Valwiger Str. 57, ℰ 13 96, ≤, 🌳 – 🛗 🛁wc ℗. 🅴
  23 Z : 45 B 38/41 - 74/82.

🏨 **Café Thul** ⬤, Brauselaystr. 27, ℰ 71 34, ≤, 🍴, 🌳 – 🛗 🛁wc ⬤ ℗. ⓞ 🅴
  Dez.- Jan. geschl. – **Karte** 15/37 ⅊ – **27 Z : 47 B** 37/80 - 70/120.

🏨 **Brixiade** ⬤, Uferstr. 13, ℰ 30 15, « Gartenterrasse » – 🛗 🛁wc 🛁wc. 🆎. 🍽 Zim
  20.- 27. Dez. geschl. – **Karte** 19/50 – **39 Z : 73 B** 38/75 - 75/100 – P 70/82.

🏡 **Am Hafen**, Uferstr. 14, ℰ 84 74, ≤, 🍴 – 🛁wc ☎. 🆎 ⓞ 🅴
  Karte 16/39 – **16 Z : 30 B** 38/50 - 60/90 – P 58/73.

In Cochem-Sehl :

🏨 **Parkhotel Landenberg**, Sehler Anlagen 1, ℰ 71 10, « Gartenterrasse », 🍴, 🔲 – 🛁wc
  🛁wc ☎ ⬤ ℗. 🆎 ⓞ 🅴 **VISA**
  5. Jan.- 10. März geschl. – **Karte** 25/59 – **35 Z : 60 B** 55/75 - 90/160.

🏡 **Panorama**, Klostergartenstr. 44, ℰ 84 30, 🍴, 🔲, 🌳 – 🛗 🛁wc 🛁wc ☎ ℗ 🏊. 🍽 Rest
  Karte 20/42 – **27 Z : 47 B** 55/80 - 90/100 – 10 Appart. 60.

🏡 **Weinhaus Klasen**, Sehler Anlagen 8, ℰ 76 01, eigener Weinbau – 🛗 🛁wc ⬤ ℗
  27. Dez.- 10. Jan. geschl. – **Karte** 17/27 (nur Abendessen, Nov.- Mai Mittwoch geschl.) ⅊ –
  10 Z : 20 B 35/38 - 70/76 – 3 Appart. 70.

🏡 **Gästehaus Keßler-Meyer** ⬤ garni, Am Reilsbach, ℰ 45 64, ≤, 🌳 – 🛁wc ℗
  März - Mitte Nov. – **16 Z : 33 B** 50/70 - 80/110.

🏔 **Zur schönen Aussicht**, Sehler Anlagen 22, ℰ 72 32, ≤, eigener Weinbau – 🛁wc. 🍽
  Karte 17,50/35 (Nov.- Mai Montag geschl.) ⅊ – **21 Z : 40 B** 27/35 - 43/70 – P 55/68.

An der Straße nach Kaisersesch NW : 3 km :

🏨 **Weißmühle** ⬤, ✉ 5590 Cochem, ℰ (02671) 89 55, 🍴, 🌳 – 🛗 🛁wc ☎ 👍 ℗ 🏊. ⓞ
  Karte 22/45 – **36 Z : 66 B** 49/60 - 84/120 – P 77/83.

In Valwig 5591 O : 4 km :

🏨 **Moog**, Moselstr. 60, ℰ (02671) 74 75, ≤, eigener Weinbau – 🛗 🛁wc
  Jan.- 15. März und 15.- 30. Nov. geschl. – **Karte** 16/35 (nur Abendessen) ⅊ – **21 Z : 45 B** 48/50 - 64/74.

In Ernst 5591 O : 5 km – ✆ 02671 :

🏡 **Traube**, Moselstr. 71, ℰ 71 20 – 🛁wc ℗
  nur Saison – **26 Z : 46 B**.

🏡 **Haus Sonnenschein** ⬤, Klosterstr. 35, ℰ 74 44, 🍴, 🌳 – 🛁wc 🛁wc ℗. 🆎 **VISA**. 🍽 Rest
  (nur Abendessen für Hausgäste) – **20 Z : 40 B** 40/42 - 68/72 Fb.

🏡 **Ring**, Moselstr. 122, ℰ 72 48, ≤, eigener Weinbau – 🛁wc 🛁wc ☎ ℗
  (Rest. nur für Hausgäste) – **13 Z : 23 B**.

🏡 **Weinhaus André**, Moselstr. 1, ℰ 46 88, ≤, eigener Weinbau – 🛁wc ℗. 🆎
  15. Dez.- Jan. geschl. – (Rest. nur für Hausgäste) – **16 Z : 28 B** 30/40 - 56/66 – P 46/49.

CÖLBE Hessen siehe Marburg an der Lahn.

COESFELD 4420. Nordrhein-Westfalen 987 ⑭. 408 ⑭ — 31 000 Ew — Höhe 81 m — ✪ 02541.
🛈 Verkehrsverein, Rathaus, Bernhard-von-Gallenstraße, ℰ 1 53 50.
♦Düsseldorf 105 — Münster (Westfalen) 38.

🏠 **Westfälischer Hof**, Süringstr. 32, ℰ 28 58 — 🍴wc ☎ ⇦ ℗. 🆎 ⓞ 🇪
Karte 16/45 — **13 Z : 19 B** 40 - 70.

🏠 Jägerhof, Süringstr. 48, ℰ 30 90 — 🍴 ⇦ ℗
14 Z : 19 B.

COLMBERG 8801. Bayern — 1 100 Ew — Höhe 442 m — ✪ 09803.
♦München 225 — Ansbach 17 — Rothenburg ob der Tauber 18 — ♦Würzburg 71.

🏠 **Schloß Colmberg** ⤢, ℰ 2 62, ≤, « Hotel in einer 1000-jährigen Burganlage, Wildpark,
➝ Gartenterrasse », 🄵 — ⇨wc 🍴wc ℗ 🏊
Karte 14/34 *(Dienstag geschl.)* — **31 Z : 60 B** 45/70 - 75/120.

COLOGNE, **COLONIA** = Köln.

CONSTANCE, **COSTANZA** = Konstanz.

CRAILSHEIM 7180. Baden-Württemberg 987 ㉖ — 25 500 Ew — Höhe 412 m — ✪ 07951.
🛈 Städt. Verkehrsamt, Rathaus, ℰ 40 31 25.
♦Stuttgart 114 — ♦Nürnberg 102 — ♦Würzburg 112.

🏨 **Post-Faber**, Lange Str. 2 (B 14/290), ℰ 80 38 — 🛗 📺 ⇨wc 🍴wc ☎ ⇦ ℗ 🏊 🆎 ⓞ 🇪
VISA
Karte 19/45 *(Freitag 15 Uhr - Samstag 18 Uhr geschl.)* 🍴 — **65 Z : 90 B** 38/68 - 82/98 Fb.

🏠 Rose, Lange Str. 16, ℰ 54 46 — 🍴wc
28 Z : 50 B.

🏠 Schwarzer Bock, Bahnhofstr. 5, ℰ 2 22 92 — 🍴wc ☎ ℗
26 Z : 38 B.

CREGLINGEN 6993. Baden-Württemberg 987 ㉘ — 4 900 Ew — Höhe 277 m — Erholungsort —
✪ 07933.
Sehenswert : Herrgottskirche (Marienaltar★★).
🛈 Verkehrsamt, Rathaus, ℰ 6 31.
♦Stuttgart 145 — Ansbach 50 — Bad Mergentheim 28 — ♦Würzburg 45.

🏠 **Krone**, Hauptstr. 12, ℰ 5 58 — 🍴 ⇦ ℗
➝ *20. Dez.- Jan. geschl.* — Karte 13/28 *(Montag geschl.)* 🍴 — **25 Z : 40 B** 28/40 - 56/68 — P 48/54.

CREMLINGEN Niedersachsen siehe Braunschweig.

CUXHAVEN 2190. Niedersachsen 987 ④ — 64 000 Ew — Höhe 3 m — Nordseeheilbad —
✪ 04721.
Sehenswert : Landungsbrücke ″Alte Liebe★″ (≤★ Schiffsverkehr) — Kugelbake (≤★ Elbmündung).
Ausflugsziel : Lüdingworth : Kirche★ ① : 9,5 km.
🛈 Verkehrsverein, Lichtenbergplatz, ℰ 3 60 46.
♦Hannover 222 ② — ♦Bremerhaven 43 ① — ♦Hamburg 130 ①.

Stadtplan siehe gegenüberliegende Seite.

🏨 **Donner's Hotel** ⤢, Am Seedeich 2, ℰ 3 70 14, ≤, 🚗, 🖼 — 🛗 ⇨wc 🍴wc ☎ ⇦ ℗ 🏊
🆎 ⓞ 🇪   **Y b**
Karte 24/67 — **85 Z : 150 B** 51/120 - 90/190 Fb.

🏨 **Seepavillon** ⤢, Bei der Alten Liebe 5, ℰ 3 80 64, ≤ Nordsee-Schiffsverkehr — 🍴wc ☎ ℗
🏊 🆎 ⓞ 🇪 **VISA** ✾ Zim   **Y f**
Karte 27/65 — **47 Z : 88 B** 50/84 - 107/130 Fb — P 80/110.

🏨 **Stadt Cuxhaven**, Alter Deichweg 11, ℰ 3 70 88, Telex 232244 — 🛗 ⇨wc 🍴wc ☎ ℗ 🏊 🆎
ⓞ 🇪 **VISA**   **Y e**
Karte 18/60 — **42 Z : 72 B** 55/66 - 110/120 Fb — P 85/90.

🏠 **Beckröge** ⤢, Dohrmannstr. 9, ℰ 3 55 19 — 🍴wc. ✾   **Y a**
(nur Abendessen für Hausgäste) — **10 Z : 19 B** 40/48 - 74/86.

In Cuxhaven 12-Altenbruch ① : 8 km :

🏠 **Deutsches Haus**, Altenbrucher Bahnhofstr. 2, ℰ (04722) 25 01 — ⇨wc 🍴wc ☎ ⇦ ℗
➝ *1.- 19. Jan. geschl.* — Karte 14/39 *(Okt.- März Sonntag geschl.)* — **25 Z : 50 B** 44 - 88 — P 62.

In Cuxhaven 13-Altenwalde ② : 5 km :

🏨 **Am Königshof**, Hauptstr. 67 (B 6), ℰ (04723) 30 42, 🖼 — 🛗 ⇨wc 🍴wc ☎ ⇦ ℗
18. Dez.- 10. Jan. geschl. — (nur Abendessen für Hausgäste) — **20 Z : 40 B** 50/65 - 85/95.

KUGELBAKE : ←★ELBMÜNDUNG

HELGOLAND

SEEBADER BRÜCKE

0   400 m

JACHTHAFEN

ELBE

RADAR LEUCHTTURM

ALTER HAFEN

AUSSEN-HAFEN

AMERIKA HAFEN

NEUER-FISCHEREI-HAFEN

BAHNHOF

RITZEBÜTTEL

SCHLOSS

Marktplatz

Pastorenallee

BREMERHAVEN 39 km

AUTOBAHN (E 71-A 27) : BREMERHAVEN 43 km
HAMBURG 130 km

LANDUNGSBRÜCKE "ALTE LIEBE" ★ :
←★ SCHIFFSVERKEHR

Nordersteinstraße .... Z

Am Bauhof	Z 3
Annenstraße	Y 4
Bahnhofstraße	Z 6
Blohmstraße	Z 7
Fährstraße	Y 8
Friedrich-Carl-Straße	Z 10
Grodener Chaussee	Z 12
Helgoländer Straße	Y 14
Kaemmererplatz	Z 16
Konrad-Adenauer-Allee	Z 17
Schillerplatz	Y 18
Schillerstraße	Z 20
Stresemannplatz	Y 21
Westerreihe	Z 24
Zollkaje	Y 27

In Cuxhaven-Döse NW : 3 km über Strichweg Y :

Deichgraf-Kur-Hotel ⚓, Nordfeldstr. 16, ℘ 4 70 91, ≤, Bade- und Massageabteilung, ⚕, ⊜, 🖼 – 🛗 ⌨wc 🛁wc ☎ 🚭 🅿 🏦 AE ⓪ E VISA
6. Jan.- Feb. geschl. – Karte 26/56 (auch Diät) – **120 Z : 248 B** 65/118 - 104/188 Fb – 10 Appart. 95/200 – P 99/116.

Astrid ⚓ garni, Hinter der Kirche 26, ℘ 4 89 03, ⊜ – 📺 ⌨wc 🛁wc ☎ 🅿
27. Dez.- 15. März geschl. – **25 Z : 47 B** 60/80 - 90/140 – 2 Appart. 70/140.

Neue Liebe ⚓, Prinzessinnentrift 12, ℘ 4 82 70, ≤ – 🛗 🛁wc ☎ 🅿. ❀ Rest
Karte 18,50/32 (im Winter garni) – **43 Z : 74 B** 42/56 - 73/112 – P 64/80.

In Cuxhaven-Duhnen NW : 6 km über Strichweg Y :

Badhotel Sternhagen ⚓, Cuxhavener Str. 86, ℘ 4 86 66, ≤, ⊜, 🖼 – 🛗 📺 🅿. ⓪. ❀
25. Nov.- 17. Dez. geschl. – Karte 34/72 – **49 Z : 88 B** 100/150 - 180/300 Fb.

Golf- und Strandhotel Duhnen ⚓, Duhner Strandstr. 7, ℘ 4 70 71, ≤, ⊜, 🖼, ⌕ – 🛗 ⌨wc 🛁wc ☎ 🅿 🏦. ❀ – **110 Z : 200 B** – 20 Appart.

189

🏠 **Strandperle-Landhaus Stutzi** ⌂, Duhner Strandstr. 15, ℰ 4 70 55, ≤, 佘, ≘s, ◻ – 🛗
📺 ⌂wc 🚿wc 🛎wc ☎ & 🅿 🏇. 🖭 ⓞ 🎗 🛐
Dez.- Mitte Jan. geschl. – Karte 23/68 – **56 Z : 108 B** 45/95 - 90/190 Fb – 10 Appart. 170 –
P 75/125.

🏠 **Seelust**, Cuxhavener Str. 65, ℰ 4 70 65, ≤, Massage, ≘s, ◻, 🐎 – 🛗 📺 ⌂wc 🚿wc ☎ &
🅿 🏇 – **80 Z : 132 B** Fb.

🏠 **Wehrburg** ⌂ garni, Wehrbergsweg 53, ℰ 4 88 95, ≘s, 🐎 – 🛗 ⌂wc 🚿wc ☎ 🅿
Nov. geschl. – **52 Z : 103 B** 58/75 - 86/140 Fb.

🏠 **Meeresfriede** ⌂, Wehrbergsweg 11, ℰ 4 60 11, ◻, 🐎 – 📺 🚿wc ☎ ⟸ 🅿. 🎗
Jan.- Feb. geschl. – (nur Abendessen für Hausgäste) – **31 Z : 72 B** 58/80 - 108/148 Fb.

🏠 **Neptun** ⌂, Nordstr. 11, ℰ 4 80 71 – ⌂wc 🚿wc ☎ 🅿. ⓞ. 🎗
(nur Abendessen für Hausgäste) – **24 Z : 46 B** Fb.

🍴 **Fischerstube Duhnen**, Nordstr. 8a, ℰ 4 81 44 – 🅿. 🖭
März - 15. Nov. – Karte 16/53.

In Cuxhaven-Sahlenburg W : 10 km über Westerwischweg Z :

🏠 **Itjen** ⌂ garni, Am Sahlenburger Strand, ℰ 2 94 45, ≤ – 🚿wc 🅿. 🎗
10.- 29. Dez. geschl. – **21 Z : 42 B** 45 - 77.

🏠 **Frauenpreiss** ⌂, Wernerwaldstr. 41, ℰ 2 90 82, ≘s, ◻, 🐎 – 🛗 ⌂wc 🚿wc ☎ 🅿. 🖭
Karte 17,50/46 – **22 Z : 44 B** 50/60 - 84/92 – 5 Appart. 95 – P 72/82.

🏠 **Wernerwald** ⌂, Wernerwaldstr. 21, ℰ 2 91 41, ◻ – 🛗 ⌂wc 🚿wc ⟸ 🅿
25 Z : 50 B – 6 Appart. und 10 Ferienhäuser.

DACHAU 8060. Bayern 🟨🟨🟨 ㊲ – 33 100 Ew – Höhe 505 m – 🌀 08131.
♦München 17 – ♦Augsburg 54 – Landshut 72.

🏠 **Zieglerbräu**, Konrad-Adenauer-Str. 8, ℰ 40 74 – ⌂wc 🚿wc ⟸ 🅿 – **28 Z : 50 B**.

🏠 **Hörhammerbräu**, Konrad-Adenauer-Str. 12, ℰ 47 11 – 🚿wc 🏇 – **14 Z : 33 B**.

🏠 Burgmeier, Hermannstr. 9, ℰ 48 95 – 🚿 ⟸ 🅿 – **20 Z : 30 B**.

🍴🍴 **Le Gourmet**, Martin-Huber-Str. 20, ℰ 7 23 39 – ⓞ
nur Abendessen, Aug. und Sonntag - Montag geschl. – Karte 23/48 🍷.

In Dachau-Ost :

🏠 **Götz**, Pollnstr. 6, ℰ 2 10 61 – 🛗 📺 🚿wc ☎ ⟸ 🅿
Karte 18/41 *(nur Abendessen)* – **38 Z : 55 B** 78/92 - 104/120 Fb.

🏠 **Huber** ⌂ garni, Josef-Seliger-Str. 7, ℰ 18 88, Telex 527545 – 📺 ⌂wc 🚿wc ☎ ⟸ 🅿. 🎗
17 Z : 28 B 69/75 - 96/105.

In Karlsfeld-Rothschwaige 8047 SO : 2 km :

🏠 **Hubertus**, Münchener Str. 7, ℰ (08131) 9 80 01, Telex 526659, 佘, ≘s, ◻, 🐎 – 🛗 ⌂wc
🚿wc ☎ 🅿 🏇. 🖭 ⓞ
Karte 16/50 – **70 Z : 140 B** 46/85 - 81/110.

In Bergkirchen-Günding 8066 SW : 3 km :

🏠 **Forelle**, Brucker Str. 16, ℰ (08131) 40 07, 佘 – 📺 🚿wc ☎ ⟸ 🅿. 🖭 ⓞ
24. Dez.- 10. Jan. geschl. – Karte 16/39 *(Samstag - Sonntag geschl.)* 🍷 – **25 Z : 50 B** 45/65 –
80/95 Fb.

In Hebertshausen 8061 N : 4 km :

🏠 **Landgasthof Herzog**, Heripertplatz 1, ℰ (08131) 16 21, 佘 – 🛗 🚿wc ☎ 🅿. 🖭
Karte 15/50 *(Montag geschl.)* – **25 Z : 54 B** 45/52 - 89/94.

DACHSBERG 7821. Baden-Württemberg 🟨🟨🟨 ⑥ – 1 300 Ew – Höhe 940 m – Erholungsort –
Wintersport : ✗2 – 🌀 07672.
🅸 Verkehrsbüro, Rathaus Wittenschwand, ℰ 20 75.
♦Stuttgart 201 – Basel 65 – Donaueschingen 75 – St. Blasien 11.

In Dachsberg-Wittenschwand :

🏠 **Dachsberger Hof** ⌂, ℰ 26 47, ≤, 佘, ≘s, ◻, 🐎 – 🚿wc 🅿. 🖭
⟵ *11. Nov. - 15. Dez. geschl.* – Karte 12/37 🍷 – **18 Z : 30 B** 30/40 - 54/72 – P 42/53.

DÄNISCH-NIENHOF Schleswig-Holstein siehe Schwedeneck.

DAHLEM 5377. Nordrhein-Westfalen – 4 300 Ew – Höhe 520 m – 🌀 02447.
♦Düsseldorf 122 – ♦Aachen 79 – ♦Köln 80 – Mayen 69 – Prüm 26.

In Dahlem-Kronenburg SW : 9 km :

🏠 **Schloßhotel Das Burghaus** ⌂, Burgbering 4, ℰ (06557) 2 65, ≤, « Kaminzimmer mit
antiker Einrichtung » – ⌂wc 🚿wc 🅿. ⓞ 🖭 🎗 Rest
Karte 28/52 *(Dienstag geschl.)* – **15 Z : 30 B** 45/55 - 55/85.

🏠 **Eifelhaus** ⌂, Burgbering 12, ℰ (06557) 2 95, ≤, 佘 – ⌂wc 🚿wc
2. Jan.- 7. Feb. geschl. – Karte 17,50/35 *(Montag geschl.)* – **16 Z : 29 B** 30 - 60.

DAHLENBURG 2121. Niedersachsen 🏤 ⑯ − 3 100 Ew − Höhe 30 m − ✪ 05851.
♦Hannover 148 − ♦Braunschweig 118 − Lüneburg 24.

⚿ **Kurlbaum**, Gartenstr. 12, ℰ 4 09, 🏖 − ▥wc ℗. ❀
April und Juli - Aug. je 2 Wochen geschl. − Karte 19/44 *(Samstag geschl.)* − **12 Z : 20 B** 26/50 - 52/90 − P 43/67.

In Tosterglope-Ventschau 2121 NO : 10 km :

🏠 Heil's Hotel ⟨⟩, Hauptstr. 31, ℰ (05853) 2 21, 🏕, 🚿, ▢, 🛶, 🏖 − 📺 ▥wc ☎ ⟵ ℗ 🛄. ❀ Rest
12 Z : 26 B − 7 Appart.

DAHME 2435. Schleswig-Holstein 🏤 ⑥ − 1 400 Ew − Ostseeheilbad − ✪ 04364.
🅸 Kurverwaltung, Kurpromenade, ℰ 80 11.
♦Kiel 79 − Grömitz 13 − Heiligenhafen 22.

🏨 **Breutz**, Haakestr. 6, ℰ 82 40, Bade- und Massageabteilung, 🚿, ▢ − 🛗 ➪wc ▥wc ℗. **E**. ❀
Nov. geschl. − Karte 23/48 *(Okt.- März Montag und Mittwoch geschl.)* − **27 Z : 55 B** 85/93 - 154 Fb.

🏠 **Thode**, Memelstr. 3, ℰ 3 16, 🚿, ▢ − 🛗 ➪wc ▥wc ℗. ❀
April - 10. Okt. − Karte 18/40 − **60 Z : 110 B** 70/110 - 100/130.

🏠 **Holsteinischer Hof** ⟨⟩, Strandstr. 9, ℰ 2 52 − ▥wc ℗
15. Jan.- Feb. und Nov.- 15. Dez. geschl. − Karte 17,50/53 − **35 Z : 60 B** 70/90 - 130 − P 90/95.

🏠 **Boness**, Denkmalplatz 5, ℰ 3 43, 🏖 − ▥wc ℗. 🆔 ⓸ **E**
Nov.- 10. Dez. geschl. − Karte 19/53 *(Jan.- März Montag geschl.)* − **15 Z : 28 B** 40/65 - 65/115 − 4 Appart 75/95.

DAHN 6783. Rheinland-Pfalz 🏤 ㉔. 🗺 ⑨. 🗺 ② − 5 100 Ew − Höhe 210 m − Luftkurort − ✪ 06391.
Sehenswert : Burgruinen★ (⟨★).
Ausflugsziel : Felsenlandschaft★ des Wasgaus.
🅸 Fremdenverkehrsbüro, Schulstr. 29, Rathaus, ℰ 12 12.
Mainz 143 − Landau in der Pfalz 35 − Pirmasens 22 − Wissembourg 24.

🏠 **Zum Jungfernsprung**, Pirmasenser Str. 9, ℰ 32 11 (Hotel) 6 19 (Rest.) − ▥wc ℗. ❀
Karte 15/38 *(Mitte Nov.- Mitte Dez. und Montag geschl.)* ⚮ − **20 Z : 32 B** 28/42 - 56/84 − P 47/61.

✗ **Ratsstube**, Weißenburger Str. 1, ℰ 16 53 − ❀
Montag - Dienstag geschl. − Karte 21/45 ⚮.

In Erfweiler 6781 NO : 3 km :

🏨 **Die kleine Blume** ⟨⟩, Winterbergstr. 106, ℰ (06391) 12 34, 🏕, 🚿, ▢ − 🛗 ▥wc ☎ ⟵ ℗ 🛄. 🆔 ⓸ **E**
Karte 24/50 *(Montag - Dienstag 18 Uhr geschl.)* − **13 Z : 26 B** 69 - 108 Fb.

DALEIDEN 5529. Rheinland-Pfalz − 850 Ew − Höhe 510 m − ✪ 06550 (Irrhausen).
Mainz 234 − Bitburg 48 − Prüm 28 − Vianden 27.

⚿ **Eifeler Hof** ⟨⟩, Hauptstr. 11, ℰ 14 32, 🏖 − ▥wc ℗. ❀ Zim
Karte 15,50/26 *(Mittwoch geschl.)* − **11 Z : 18 B** 28/32 - 50/56.

DAMP Schleswig-Holstein siehe Liste der Feriendörfer.

DANNENBERG 3138. Niedersachsen 🏤 ⑯ − 8 250 Ew − Höhe 22 m − ✪ 05861.
🅸 Gästeinformation, Markt 5, ℰ 3 01.
♦Hannover 137 − ♦Braunschweig 125 − Lüneburg 51.

⚿ **Ratskeller**, Markt 1, ℰ 84 69 − ▥wc
⇴ Karte 13/41 − **20 Z : 40 B** 25/40 - 44/70.

⚿ Zur Post, Marschtorstr. 6, ℰ 25 11 − ▥wc ⟵ ℗
16 Z : 29 B.

DANNENFELS 6765. Rheinland-Pfalz − 900 Ew − Höhe 420 m − ✪ 06357 (Standenbühl).
Mainz 57 − Kaiserslautern 30 − Bad Kreuznach 50.

✗ Mühlbach mit Zim, Bennhauser Str. 15, ℰ 2 55, ▢, 🏖 − ℗
3 Z : 5 B.

DARMSTADT 6100. Hessen 🄈🄇🄇 ㉕ — 137 000 Ew — Höhe 146 m — ✪ 06151.

Sehenswert : Hessisches Landesmuseum★ — Prinz-Georg-Palais (Großherzogliche Porzellansammlung★).

Ausflugsziel : Jagdschloß Kranichstein : Jagdmuseum★ NO : 5 km.

🅱 Verkehrsamt, Luisenplatz 5, ℰ 13 27 80.

🅱 Tourist-Information am Hauptbahnhof, ℰ 13 27 82.

ADAC, Marktplatz 4, ℰ 2 62 77, Notruf ℰ 1 92 11.

◆Wiesbaden 45 ④ — ◆Frankfurt am Main 35 ④ — ◆Mannheim 53 ④.

Stadtplan siehe gegenüberliegende Seite.

🏨 **Maritim-Hotel** Ⓜ, Rheinstr. 105 (B 26), ℰ 8 00 41, Telex 419625, 🚗, 🖼 – 🕴 🗐 📺 🖫 🚗
🛆. 🆀🆃 ⓞ ⒠ 𝗩𝗜𝗦𝗔, ⅏ Rest   **Y d**
Karte 34/67 — **312 Z : 624 B** 138/218 - 188/298 Fb.

🏨 **Weinmichel**, Schleiermacherstr. 10, ℰ 2 68 22, Telex 419275, « Gemütlich-rustikales
Restaurant, Weinrestaurant "Taverne" (ab 17 Uhr) » – 🕴 📺 🗲wc 🖩wc ☎ ℗ 🛆. 🆀🆃 ⓞ ⒠
𝗩𝗜𝗦𝗔   **X h**
27. Dez.- 4. Jan. geschl. — Karte 22/54 🍴 — **74 Z : 100 B** 72/104 - 118/148.

🏨 **Prinz Heinrich**, Bleichstr. 48, ℰ 8 28 88, « Rustikale Einrichtung » – 🕴 🖩wc ☎   **Y k**
Karte 22/52 (Tischbestellung ratsam) — **64 Z : 85 B** 82/98 - 125/135 Fb.

🏨 **Donnersberg** garni, Donnersbergring 38, ℰ 3 31 58, Telex 4197271 – 🕴 📺 🗲wc 🖩wc ☎. ⅏
17 Z : 26 B Fb.   **Z t**

🏨 **Mathildenhöhe** garni, Spessartring 53, ℰ 4 80 46, 🚗 – 🕴 📺 🗲wc ☎ 🚗 ℗. 🆀🆃 ⓞ ⒠
                                                          Y t
22 Z : 44 B 95/110 - 132/155.

🏨 **Zum Rosengarten**, Frankfurter Str. 79 (B 3), ℰ 7 50 73 – 🖩wc ☎ ℗   über ①
31 Z : 36 B Fb.

🏨 **City-Hotel** garni, Adelungstr. 44, ℰ 3 36 91 – 🕴 🗲wc 🖩wc ☎ 🚗 ℗. 🆀🆃 ⒠ 𝗩𝗜𝗦𝗔   **X v**
58 Z : 73 B 60/85 - 90/110.

🏨 **Hawerkaste** garni, Elisabethenstr. 39, ℰ 2 11 43 – 🖩wc ☎ ℗. 🆀🆃 ⓞ ⒠   **X z**
20. Dez.- 2. Jan. geschl. — **33 Z : 50 B** 50/85 - 80/110 Fb.

🏨 **Zentral-Hotel** garni, Schuchardstr. 6, ℰ 2 64 11 – 🗲wc 🖩wc. 🆀🆃 ⓞ ⒠ 𝗩𝗜𝗦𝗔   **X b**
24 Z : 34 B 40/75 - 70/95.

🏨 **Ernst Ludwig** garni, Ernst-Ludwig-Str. 14, ℰ 2 60 11 – 🕴 🖩wc ☎. 🆀🆃 ⓞ ⒠ 𝗩𝗜𝗦𝗔   **X d**
20 Z : 30 B 38/76 - 68/96.

XX **Ratskeller**, Marktplatz 8, ℰ 2 69 89 – 🛆   **X a**

X **Orangerie**, Bessunger Str. 44, ℰ 66 49 46, 🎇 – 🆀🆃   **Z a**
1.- 13. Jan. und Montag geschl. — Karte 24/50 🍴.

X **Breithaupt's Kochlöffel**, Heidelberger Str. 23, ℰ 31 50 22   **Z e**
nur Abendessen.

X **Fan's China-Rest.**, Mühlstr. 60, ℰ 2 01 99 – ⅏   **X p**
Karte 16/33.

In Darmstadt-Eberstadt ③ : 7 km :

🏨 Stadt Heidelberg, Heidelberger Landstr. 351, ℰ 5 50 71, 🎇, 🚗, 🖼 – 📺 🖩wc ☎
20 Z : 33 B.

🏨 **Rehm** garni, Heidelberger Landstr. 306, ℰ 5 50 22 – 📺 🖩wc ☎ 🚗. ⅏
Mitte Juli - Mitte Aug. geschl. — **22 Z : 44 B** 45/65 - 64/85.

🏨 **Schweizerhaus**, Mühltalstr. 35, ℰ 5 44 60, « Gartenterrasse » – 🖩wc 🚗 ℗
Karte 22/55 (Freitag geschl.) — **20 Z : 25 B** 38/60 - 76/95.

In Darmstadt-Einsiedel NO : 7 km über Dieburger Straße Y :

XX **Einsiedel** mit Zim, Dieburger Str. 263, ℰ (06159) 2 44, 🎇, « Rustikales Restaurant » – 🖩wc
℗. 🆀🆃
Karte 26/62 (Dienstag geschl.) — **7 Z : 13 B** 50/70 - 90.

In Mühltal 4-Trautheim 6109 SO : 5 km über Nieder-Ramstädter Straße Z :

🏨 **Waldesruh** 🐾, Am Bessunger Forst 28, ℰ (06151) 1 40 88, 🎇, 🖼 – 🕴 🖩wc ☎ ℗
Karte 16/40 (Freitag geschl.) 🍴 — **38 Z : 50 B** 60 - 95 Fb.

In Weiterstadt-Gräfenhausen 6108 NW : 8 km über ⑤ :

🏨 **Zum Löwen**, Darmstädter Landstr. 11, ℰ (06150) 5 10 25 – 🗲wc 🖩wc ☎ ℗. ⅏ Zim
Karte 18/40 (Samstag geschl.) 🍴 — **14 Z : 19 B** 48 - 72.

Auf der Ruine Frankenstein ③ : 11 km über Darmstadt-Eberstadt :

X **Burg Frankenstein**, ✉ 6109 Mühltal 3, ℰ (06151) 5 46 18, ≪ Rheinebene, 🎇 – ℗ 🛆
Montag geschl. — Karte 19/45.

DARMSTADT

PRINZ-GEORG-PALAIS
★ HESSISCHES LANDESMUSEUM

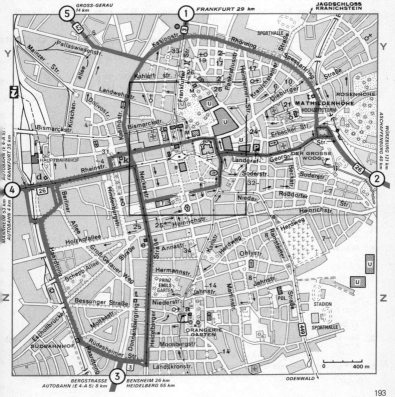

193

DARSCHEID Rheinland-Pfalz siehe Daun.

DASBURG 5529. Rheinland-Pfalz 987 ㉓. 409 ㉘ — 320 Ew — Höhe 408 m — ✆ 06550 (Irrhausen).

Mainz 241 — Prüm 35 — Vianden 21.

  🏠   **Zur Post**, Hauptstr. 3 (B 410), ✆ 15 30, 🍴 — 📶wc 🅿. �། Zim
       13 Z : 22 B.

DATTELN 4354. Nordrhein-Westfalen 987 ⑭ — 36 500 Ew — Höhe 55 m — ✆ 02363.

Siehe Ruhrgebiet (Übersichtsplan).

♦Düsseldorf 81 — ♦Dortmund 20 — Münster (Westfalen) 44 — Recklinghausen 12.

  🏠   **Schwarzien zum Ring** Ⓜ, Ostring 41 (B 235), ✆ 5 24 65 (Hotel) 42 65 (Rest.), 🍸, 🍴 — 📺
       📶wc ☎ 🅿. 🅰🅴 ⓞ 🄴. �། Zim
       Karte 19,50/46 *(Donnerstag ab 15 Uhr geschl.)* — **9 Z : 14 B** 55/75 - 105/130.

       In Datteln-Ahsen   NW : 7 km Richtung Haltern-Recklinghausen :

  🏨   **Landhaus Jammertal** 🍸, Ostleven 32, ✆ 40 63, 🍸, 🍴, 🍴, 🌭 — 🛗 📺 🛏wc 📶wc ☎
       🕹 🅿 🏛. ⓞ 🄴
       Karte 30/60 — **27 Z : 54 B** 70/85 - 95/130 Fb.

DAUCHINGEN Baden-Württemberg siehe Villingen-Schwenningen.

DAUN 5568. Rheinland-Pfalz 987 ㉓ — 7 800 Ew — Höhe 425 m — Heilklimatischer Kneippkurort
— Mineralheilbad — ✆ 06592.

Ausflugsziel : Weinfelder Kirche : Lage★ SO : 3 km.

🛈 Kurverwaltung, Leopoldstr. 14, ✆ 25 38.

Mainz 161 — ♦Bonn 79 — ♦Koblenz 70 — ♦Trier 64.

  🏯   **Kurfürstliches Amtshaus** 🍸, Auf dem Burgberg, ✆ 30 31, Telex 4729310, ≤, 🍴, 🔲 —
       🛗 📺 🅿 🏛. 🅰🅴 🄴
       Karte 40/77 — **45 Z : 75 B** 82/120 - 128/168 Fb — P 125/147.

  🏨   **Panorama** 🍸, Rosenbergstr. 26, ✆ 13 47, ≤, Bade- und Massageabteilung, 🔥, 🍴, 🔲, 🌭
       — 🛗 🛏wc 📶wc ☎ 🅿. 🌃 Rest
       4. Nov. - 10. Dez. geschl. — Karte 18/46 *(Montag geschl.)* — **26 Z : 52 B** 56/60 - 104/110 —
       P 80/86.

  🏨   **Hommes**, Wirichstr. 9, ✆ 5 38, 🍴, 🔲, 🌭 — 🛗 📺 🛏wc 📶wc ☎ 🅿 🏛. 🅰🅴 ⓞ 🄴 🆅🆘🅰
       15. Nov.- 20. Dez. geschl. — Karte 19/55 — **42 Z : 70 B** 65/69 - 114/122 Fb — P 90/94.

  🏨   **Parkhotel Liesertal**, Maria-Hilf-Str. 16, ✆ 5 53, « Terrassencafé », 🍴, 🌭 — 📺 🛏wc
       📶wc ☎ 🅿. 🅰🅴 🆅🆘🅰. 🌃
       Karte 19/40 — **31 Z : 54 B** 49/82 - 98/130 — P 79/109.

  🏠   **Stadt Daun**, Leopoldstr. 14, ✆ 35 55, direkter Zugang zum Kurzentrum, 🔲 — 🛗 📺 🛏wc
       ☎ 🏛. 🅰🅴 ⓞ 🄴
       Karte 16/37 *(nur Abendessen, Nov.- April Sonntag geschl.)* — **30 Z : 55 B** 56 - 99 Fb.

  🏠   **Zum Goldenen Fäßchen**, Rosenbergstr. 5, ✆ 30 97 — 🛗 📶wc ☎ 🅿. 🅰🅴
       Karte 16/36 *(Donnerstag geschl.)* — **27 Z : 48 B** 42/46 - 78/90 — P 65.

  🏠   **Thielen**, Trierer Str. 20, ✆ 25 80, 🌭 — 📶wc 🛎 🅿. 🅰🅴
       Karte 16,50/37 *(Donnerstag geschl.)* — **13 Z : 20 B** 30/50 - 60/70 — P 52/54.

  🏠   **Groß**, Maria-Hilf-Str. 3, ✆ 21 62, 🍴, 🔲 — 🛏wc 📶wc ☎ 🛎 🅿
       Jan.- Feb. 4 Wochen geschl. — Karte 16,50/40 — **21 Z : 38 B** 35/42 - 69/79 — P 55/61.

       In Daun-Gemünden   S : 2 km :

  🏠   **Berghof** 🍸, Lieserstr. 20, ✆ 28 91, ≤, 🍴, 🌭 — 🛏wc 📶wc 🛎 🅿. 🌃 Rest
       Nov.-15. Dez. geschl. — Karte 19/45 *(Montag geschl.)* — **17 Z : 36 B** 30/41 - 54/74 — P 46/58.

  🏠   **Müller** 🍸, Lieserstr. 17, ✆ 25 06, 🍴, 🌭 — 📶wc 🛎 🅿. 🌃 Rest
  ↤   3. Jan.- 8. Feb. geschl. — Karte 13/35 *(Donnerstag geschl.)* — **12 Z : 23 B** 32/40 - 60/70 Fb —
       P 45/48.

       Im Eifel-Ferienpark Daun   S : 6 km :

  🏨   **Club-Hotel** 🍸, Im Grafenwald, ✆ (06592) 71 30, Telex 4729320, 🍴, 🔲, 🍽 (Halle),
       🏌 (Halle, Schule, Parcours) — 📺 🛏wc ☎ 🚶 🛎 🅿 🏛. 🅰🅴 ⓞ 🄴 🆅🆘🅰. 🌃 Zim
       Karte 22/58 — **53 Z : 106 B** 94 - 139 Fb.

       In Schalkenmehren 5569   SO : 5 km — Erholungsort :

  🏨   **Landgasthof Michels** 🍸, St.-Martin-Str. 9, ✆ (06592) 23 02, 🍴, 🔲, 🌭 — 🛗 📶wc 🛎
       🅿. 🌃
       15. Jan.- 17. Feb. geschl. — Karte 17/50 — **31 Z : 52 B** 36/50 - 64/92 — P 61/75.

  🏠   **Schneider-Haus am Maar**, Maarstr. 22, ✆ (06592) 23 18, 🔥, 🌭 — 📺 📶wc 🛎 🅿
  ↤   10. Jan.- 10. Feb. geschl. — Karte 14,50/37 — **19 Z : 33 B** 25/45 - 50/72 — 2 Appart. 80 —
       P 46/58.

In Darscheid 5569 NO : 6 km — Erholungsort :

🏠 **Schommers**, Karl-Kaufmann-Straße, ℰ (06592) 6 20 — 🛏wc 🛉wc ☎ 🚗 ⓟ. 🎾 Rest
14 Z : 26 B.

🏚 **Haus Sonne** ॐ garni, Gartenstr. 4, ℰ (06592) 21 66, 🍽 – 🚗 ⓟ. 🎾
12 Z : 23 B 24/45 - 48/66 – P 33/46.

Siehe auch : *Liste der Feriendörfer*

DAUSENAU Rheinland-Pfalz siehe Ems, Bad.

DECKENPFRONN 7261. Baden-Württemberg — 2 200 Ew — Höhe 575 m — ✆ 07056.
♦Stuttgart 37 — Freudenstadt 57 — Pforzheim 37 — Tübingen 29.

🏠 **Krone** garni (Mahlzeiten im Gasthof Krone, gegenüber), Marktplatz 10, ℰ 30 11, 🛎 – 🛗
🛉wc ☎ 🚗 ⓟ. ⓞ
29 Z : 47 B 65/72 - 110 Fb.

DEDELSTORF Niedersachsen siehe Hankensbüttel.

DEGGENDORF 8360. Bayern 🔟🔟🔟 ㉘ — 31 000 Ew — Höhe 312 m — Wintersport : 500/1 200 m ⅗5
✥8 — ✆ 0991.
Ausflugsziele : Niederalteich (Klosterkirche★) SO : 12 km — Metten : Kloster (Bibliothek★) NW :
5 km.
🛈 Städt. Verkehrsamt, Oberer Stadtplatz, ℰ 38 01 69.
♦München 144 — Landshut 74 — Passau 65 — ♦Regensburg 80.

🏨 **Centralhotel**, Östl. Stadtgraben 30, ℰ 60 11, Telex 69712, 🛎, 🗔 – 🛗 📺 🛏wc 🛉wc ☎ 🕭
ⓟ 🛆 (mit 🍽). 🄰🄴 ⓞ 🄴 𝘝𝘐𝘚𝘈. 🎾 Rest
Karte 20/43 *(nur Abendessen)* – **72 Z : 112 B** 59/84 - 98/130 Fb.

XX **Charivari**, Bahnhofstraße (Eingang Westlicher Stadtgarten), ℰ 77 70 – 🄴
5.- 11. Feb., 25. Juli - 15. Aug. und Montag - Dienstag 18 Uhr geschl. – Karte 28/55
(Tischbestellung ratsam).

X **Ratskeller**, Oberer Stadtplatz 1, ℰ 67 37
← *Freitag geschl.* – Karte 14/35.

X **Zum Grafenwirt**, Bahnhofstr. 7, ℰ 87 29, 🍽 – 🄰🄴
← *20. Mai - 5. Juni und Dienstag geschl.* – Karte 13,50/37.

In Deggendorf-Natternberg SW : 6 km :

🏠 **Zum Burgwirt**, Deggendorfer Str. 7, ℰ 3 22 36, 🍽 – 🛏wc 🛉wc ☎ 🚗 ⓟ
← *Aug. geschl.* – Karte 14,50/34 *(Montag geschl.)* – **18 Z : 35 B** 37 - 60.

In Bernried 8351 NW : 12 km :

🏠 **Bernrieder Hof** ॐ, Bogener Str. 9, ℰ (09905) 2 28, 🍽, 🛎, 🔼, 🍽 – 🛏wc 🛉wc ☎ 🚗
← ⓟ. 🎾 Rest
Karte 13/30 – **15 Z : 26 B** 29 - 58 – 2 Appart. 36/72 – P 40/43.

An der Straße nach Kalteck NW : 12 km :

🏨 **Reblingerhof** ॐ, Kreisstr. 3, ✉ 8351 Bernried 1-Rebling, ℰ (09905) 5 55, ≼, 🍽,
← Damwildgehege, 🛎, 🔼, 🍽 – 🛏wc 🛉wc 🚗 ⓟ
1.- 20. Dez. geschl. – Karte 13/40 *(Montag geschl.)* – **14 Z : 30 B** 42/50 - 84/99.

In Niederalteich 8351 SO : 12 km :

XX **Klosterhof**, Mauritiushof 2, ℰ (09901) 76 73, Biergarten – ⓟ
Montag geschl. – Karte 20/56.

DEIDESHEIM 6705. Rheinland-Pfalz 🔟🔟🔟 ㉔, 🔢🔢 ④, 🔢🔢 ⑩ — 3 500 Ew — Höhe 117 m — Luftkurort
— ✆ 06326.
🛈 Tourist Information, Bahnhofstraße (Stadthalle), ℰ 50 21.
Mainz 88 — Kaiserslautern 39 — ♦Mannheim 23 — Neustadt an der Weinstraße 8.

🏨 **Hatterer's Hotel Zum Reichsrat**, Weinstr. 12, ℰ 60 11, Telex 454826, 🍽 – 🛉wc ☎ 🚗
ⓟ 🛆. 🄰🄴 ⓞ 🄴 𝘝𝘐𝘚𝘈
Karte 23/65 – **51 Z : 95 B** 90/115 - 135/160 Fb.

🏨 **Romantik-Hotel Deidesheimer Hof - Hahnhof Weinstuben**, Am Marktplatz, ℰ 18 11,
Telex 454804, 🍽, « Gewölbekeller » – 📺 🛏wc 🛉wc ☎ ⓟ 🛆. 🄰🄴 ⓞ 🄴 𝘝𝘐𝘚𝘈
22.- 31. Dez. geschl. – Karte 28/46 ⅃ – **27 Z : 51 B** 45/116 - 83/160 Fb.

🏠 **Gästehaus Tenne** garni, Weinstr. 69, ℰ 14 24, 🛎, 🍽 – 📺 🛉wc ☎ ⓟ. 🎾
8 Z : 15 B 40/52 - 65/85.

🏠 **Gästehaus Hebinger** garni, Bahnhofstr. 21, ℰ 3 87, Weinprobierstube – 🛉wc ⓟ. 🎾
20. Dez.- 7. Jan. geschl. – **11 Z : 22 B** 37/45 - 65/75.

XXX **Zur Kanne** (Haus a.d. 12. Jh. mit kleinem Innenhof), Weinstr. 31, ℰ 3 96 – ⓞ 🄴
Dienstag geschl. – Karte 33/71.

DEIZISAU Baden-Württemberg siehe Esslingen.

DELBRÜCK 4795. Nordrhein-Westfalen – 22 700 Ew – Höhe 95 m – ✿ 05250.
◆Düsseldorf 171 – Bielefeld 39 – Münster (Westfalen) 74 – Paderborn 16.

🏠 **Balzer**, Oststr. 4, ℰ 2 41 – 📺wc ⇐ 🏠. –
15.- 30. Juli geschl. – Karte 26/45 *(Samstag geschl.)* – **10 Z : 17 B** 35 - 70.

DELECKE Nordrhein-Westfalen siehe Möhnesee.

DELLIGSEN 3223. Niedersachsen – 9 900 Ew – Höhe 130 m – ✿ 05187.
◆Hannover 54 – Hameln 55 – Hildesheim 41.

In Delligsen-Grünenplan NW : 4 km – Erholungsort :

🏠 **Lampes Hotel**, Obere Hilsstr. 1, ℰ 72 82 – 🔋 📺 📺wc ☎ ❷ 🏠. ⓞ. ✻ Rest
Karte 19/48 *(Montag geschl.)* – **20 Z : 45 B** 48/55 - 78/95 – P 60/72.

DELMENHORST 2870. Niedersachsen 987 ⑭ – 78 000 Ew – Höhe 18 m – ✿ 04221.
🛈 Verkehrspavillon, Am Bahnhof, ℰ 1 40 61, Telex 249200.
◆Hannover 136 – ◆Bremen 13 – ◆Oldenburg 37.

🏠 **Hotel am Stadtpark**, An den Graften 3, ℰ 1 46 44, Telex 249545, ⇔, 🔲 – 🔋 ⇐wc 📺wc
☎ ⇐ 🏠. 🎴 ⓞ E 🎴
Karte 27/55 *(Sonn- und Feiertage geschl.)* – **100 Z : 200 B** 70/90 - 95/110.

🏠 **Motel Annenriede**, Annenheider Damm 129, ℰ 68 71 – 📺 📺wc ☎ ❷. 🎴 ⓞ E 🎴
✻ Rest
20. Dez. - 9. Jan. geschl. – Karte 17/38 – **60 Z : 120 B** 43/53 - 64/71 Fb.

🏠 **Thomsen**, Bremer Str. 186, ℰ 7 00 98 – 📺wc ☎ ❷ 🏠. 🎴 ⓞ E 🎴
Karte 15/37 – **70 Z : 120 B** 36/55 - 62/78.

🏠 **Zum Burggrafen**, Brauenkamper Str. 28, ℰ 8 25 46 – 📺 ⇐ ❷
← 13,50/34 *(nur Abendessen, Sonntag geschl.)* – **12 Z : 18 B** 25/30 - 50.

XXX **Gut Hasport**, Hasporter Damm 220, ℰ 2 32 23, « Bauernhaus a. d. J. 1780 » – ❷. ✻
21. Juli - 12. Aug. und Montag geschl. – Karte 27/64.

Siehe auch : *Ganderkesee*

DENKENDORF 7306. Baden-Württemberg – 9 400 Ew – Höhe 300 m – ✿ 0711 (Stuttgart).
◆Stuttgart 23 – Göppingen 34 – Reutlingen 32 – ◆Ulm (Donau) 71.

🏠 **Bären-Post** ⏚, Deizisauer Str. 12, ℰ 34 40 26 – 🔋 📺wc ☎ ⇐ ❷ 🏠
22. Dez. - 12. Jan. geschl. – Karte 22/50 *(Samstag bis 18 Uhr geschl.)* – **65 Z : 113 B** 88 - 132
Fb.

DENKENDORF 8071. Bayern 987 ㉗ – 3 200 Ew – Höhe 480 m – ✿ 08466.
◆München 95 – ◆Augsburg 107 – Ingolstadt 22 – ◆Nürnberg 72 – ◆Regensburg 88.

🏠 Post, Hauptstr. 14, ℰ 2 36, ☞ – 📺wc ⇐ ❷ – **46 Z : 80 B**.

DENKINGEN 7209. Baden-Württemberg – 1 800 Ew – Höhe 697 m – ✿ 07424.
◆Stuttgart 107 – Donaueschingen 37 – Offenburg 97 – Tübingen 73.

Auf dem Klippeneck O : 4,5 km – Höhe 998 m :

XX **Höhenrestaurant Klippeneck** ⏚ mit Zim, ✉ 7209 Denkingen, ℰ (07424) 8 59 28, < Baar
und Schwarzwald, ☞ – ⇐wc 📺wc ☎ ❷
Karte 21,50/54 *(Montag geschl.)* – **8 Z : 13 B** 45 - 90 – P 70.

DENZLINGEN 7809. Baden-Württemberg 242 ㉛, 87 ⑦ – 11 500 Ew – Höhe 235 m – ✿ 07666.
◆Stuttgart 203 – ◆Freiburg im Breisgau 12 – Offenburg 61.

🏠 **Arnold**, Bahnhofstr. 2, ℰ 22 23 – 📺wc ⇐ ❷
Karte 27/58 *(Sonntag 16 Uhr - Montag geschl.)* 🗼 – **10 Z : 16 B** 30/40 - 60/70.

🏠 Krone, Hauptstr. 44, ℰ 22 41, Gartenwirtschaft – 📺wc ❷ – **20 Z : 30 B**.

XX ☸ **Rebstock-Stube** mit Zim, Hauptstr. 74, ℰ 20 71 – 📺 ❷. ⓞ E
Aug. 3 Wochen geschl. – Karte 33/65 *(Tischbestellung ratsam)* (Sonntag - Montag geschl.) –
9 Z : 13 B 40 - 80
Spez. Wachtelsalat mit Gänseleber, Fischteller "au beurre blanc", Côte de boeuf "bordelais".

In Vörstetten 7801 W : 3 km :

X **Sonne** mit Zim, Freiburger Str. 4, ℰ (07666) 23 26, ☞ – ❷. ✻ Rest
← Aug. 3 Wochen geschl. – Karte 12/39 *(Tischbestellung ratsam)* (Samstag geschl.) – **10 Z :
19 B** 28/45 - 54/80.

In Vörstetten-Schupfholz 7801 NW : 5 km :

🏠 **Jahn** ⏚, Kaiserstuhlstr. 2, ℰ (07666) 25 92, ☞ – 📺wc ⇐ ❷
(nur Abendessen für Hausgäste) – **16 Z : 25 B** 29/46 - 50/85.

DERNAU 5481. Rheinland-Pfalz — 1 900 Ew — Höhe 125 m — ✆ 02643 (Altenahr).

Mainz 152 — Adenau 27 — ♦Bonn 30.

☎ **Kölner Hof**, Schmittmannstr. 40 (B 267), ℰ 84 07 — 🏠wc 🅿
　　 Jan. geschl. — Karte 12/37 *(Donnerstag geschl.)* — **19 Z : 34 B** 30/35 - 60/65.

DERNBACH (KREIS NEUWIED) 5419. Rheinland-Pfalz — 750 Ew — Höhe 310 m — ✆ 02689 (Dierdorf).

Mainz 106 — ♦Koblenz 30 — ♦Köln 71 — Limburg an der Lahn 47.

🏨 **Country-Hotel** ⑤, Hauptstr. 42, ℰ 20 11, Telex 869939, 🚗, 🔲, 🐴, 🍴 — 🔂 📺 🅿 🏌. 🆎
　　 ⓘ 🄴. 🍴 Rest
　　 Karte 20/64 — **148 Z : 260 B** 70/90 - 155 Fb.

DERSAU Schleswig-Holstein siehe Ascheberg in Holstein.

LES GUIDES VERTS MICHELIN

Paysages, monuments
Routes touristiques
Géographie, Économie
Histoire, Art
Itinéraires de visite
Plans de villes et de monuments.

DETMOLD 4930. Nordrhein-Westfalen 987 ⑮ — 67 800 Ew — Höhe 134 m — ✆ 05231.

Ausflugsziele : Freilichtmuseum★ S : 2 km BX **M** — Hermannsdenkmal★ (❄★) SW : 6 km ABY.

🛈 Städt. Verkehrsamt, Rathaus, Lange Straße, ℰ 7 73 28.

ADAC, Paulinenstr. 64, ℰ 2 34 06.

♦Düsseldorf 197 ⑤ — Bielefeld 29 ① — ♦Hannover 95 ③ — Paderborn 27 ④.

Stadtplan siehe nächste Seite.

🏨 **Detmolder Hof**, Lange Str. 19, ℰ 2 82 44, Telex 935850, « Elegantes Restaurant » — 🔂 📺.
　　 🆎 ⓘ 🄴 💳　　　　　　　　　　　　　　　　　　　　　　　　　　　　　 AZ **v**
　　 Karte 24/62 *(Montag bis 18 Uhr geschl.)* — **39 Z : 65 B** 70/90 - 98/180 Fb.

🏨 **Lippischer Hof - Restaurant Le Gourmet** ⑤, Allee 2, ℰ 3 10 41, Telex 935637 — 🔂
　　 🛏wc 🏠wc 🅿 🕹 🅿 🏌. 🆎 ⓘ 🄴 💳　　　　　　　　　　　　　　　 AZ **n**
　　 Karte 37/71 *(Freitag und Samstg jeweils bis 18 Uhr geschl.)* — **24 Z : 38 B** 60/80 - 98/150 Fb.

XX **Ratskeller**, Rosental am Schloß, ℰ 2 22 66 — 🏌　　　　　　　　　　 AZ **f**
　　 wochentags nur Abendessen, Dienstag geschl. — Karte 18/43.

In Detmold 14-Berlebeck — Luftkurort :

🏨 **Hirschsprung**, Paderborner Str. 212, ℰ 49 11, « Gartenterrasse » — 🛏wc 🏠wc ☎ 🚗 🅿
　　 🏌. 🆎 🄴　　　　　　　　　　　　　　　　　　　　　　　　　　　　　 BY **t**
　　 Karte 29/69 — **12 Z : 20 B** 55/75 - 90/120.

☎ **Kanne**, Paderborner Str. 155, ℰ 4 72 12 — 🏠wc 🅿 ⓘ. 🍴 Zim　　　 BY **m**
　　 Anfang - Mitte Jan. und Mitte - Ende Nov. geschl. — Karte 22/47 *(Montag geschl.)* — **23 Z :**
　　 45 B 30/45 - 55/75.

In Detmold 15-Heidenoldendorf :

🏠 Landhotel Diele, Bielefelder Str. 257, ℰ 6 60 31 — 📺 🏠wc ☎ 🅿　　 AX **a**
　　 23 Z : 36 B Fb.

In Detmold 14-Heiligenkirchen :

🏠 **Achilles**, Paderborner Str. 87, ℰ 4 72 04, 🚗 — 🛏wc 🏠wc ☎ 🚗 🅿. 🆎 🄴 💳. 🍴 Rest
　　 Karte 18,50/38 *(Samstag geschl.)* — **22 Z : 36 B** 44/55 - 80/90.　　　　 BY **g**

🏠 **Friedrichshöhe**, Paderborner Str. 6, ℰ 4 70 53, 🌳 — 🏠wc 🚗 🅿. 🄴　　 BY **e**
🛬 *3.- 25. Jan. geschl.* — Karte 14/36 *(Montag geschl.)* — **14 Z : 28 B** 35/42 - 70/76.

In Detmold 17-Hiddesen — Kneippkurort :

🏠 **Römerhof** ⑤, Maiweg 37, ℰ 8 82 38, ≤, 🌳 — 🔂 🏠wc ☎ 🅿 🏌. 🆎 ⓘ 🄴　 AY **d**
　　 Karte 17/45 *(Freitag geschl.)* — **20 Z : 40 B** 45/51 - 90.

In Detmold 18-Pivitsheide :

🏠 **Forellenhof** ⑤, Gebr.-Meyer-Str. 50, ℰ (05232) 82 53, 🐴 — 📺 🏠wc ☎ 🅿. 🆎 ⓘ 🄴. 🍴
　　 (nur Abendessen für Hausgäste) — **7 Z : 14 B** 41/50 - 70/82 Fb.　　　　　 AX **b**

🏠 **Parkhotel Berkenhoff** ⑤, Stoddartstr. 48, ℰ (05232) 81 20, « Park » — 🏠wc 🚗 🅿
　　 Karte 16/51 *(Montag und Freitag geschl.)* — **11 Z : 20 B** 40/55 - 70/90.　　 AX **s**

In Detmold 19-Schönemark über ③ : 8 km :

🏠 **Berghof Stork** ⑤, Leistruper Waldstr. 100, ℰ 5 83 10, ≤ — 🏠wc 🅿
　　 Karte 20/35 *(Dienstag geschl.)* — **6 Z : 12 B** 40/45 - 70.

DETMOLD

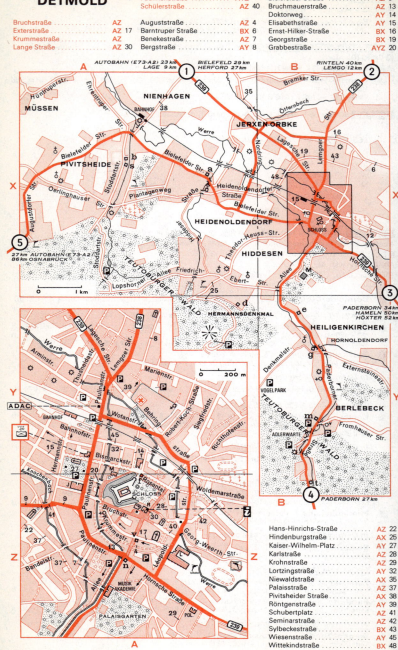

DETTELBACH 8716. Bayern ᵍᵇᵈ ㉘ — 4 300 Ew — Höhe 185 m — ✆ 09324.

Sehenswert : Wallfahrtskirche (Kanzel★).

♦München 264 — ♦Bamberg 61 — ♦Nürnberg 93 — ♦Würzburg 19.

🏨 **Grüner Baum**, Falterstr. 2, ℰ 14 93 — 🛁wc 🚗
   4.- 21. Aug. geschl. — Karte 16/31 *(Dienstag geschl.)* ⅋ — **20 Z : 36 B** 26/45 - 48/75.

DETTINGEN UNTER TECK 7319. Baden-Württemberg — 5 200 Ew — Höhe 385 m — ✆ 07021.

♦Stuttgart 36 — Reutlingen 34 — ♦Ulm (Donau) 57.

🏨 **Teckblick**, Teckstr. 36, ℰ 5 47 88, 🌧 — 🛁wc ☎ 🅿 🏋. 🆎 ⑩ E 💳
   Karte 19,50/40 *(Okt.- April Sonntag ab 14 Uhr geschl.)* — **15 Z : 28 B** 45 - 72.

DEUDESFELD 5531. Rheinland-Pfalz — 500 Ew — Höhe 450 m — ✆ 06599 (Weidenbach).

Mainz 181 — Bitburg 28 — ♦Bonn 107 — ♦Trier 67.

🏨 **Sonnenberg** ॐ, Birkenstr. 14, ℰ 8 67, 🛋, 🔲, 🌧 — 🛁wc 🅿
   (Rest. nur für Hausgäste) — **22 Z : 40 B** Fb.

🏨 **Zur Post**, Hauptstr. 8, ℰ 8 66, 🛋, 🌧 — 🛁wc 🅿. 🛇 Rest
⬅ Karte 14,50/33 — **21 Z : 36 B** 25/27 - 50/54.

DEUTSCH-EVERN Niedersachsen siehe Lüneburg.

DEUX-PONTS = Zweibrücken.

DIEBLICH 5401. Rheinland-Pfalz — 2 200 Ew — Höhe 65 m — ✆ 02607 (Kobern).

Mainz 96 — Cochem 39 — ♦Koblenz 14.

🏨 **Pistono**, Hauptstr. 30, ℰ 2 18, 🛋, 🔲 — 🛗 🛁wc. 🛇
⬅ Karte 12/27 *(Montag geschl.)* — **65 Z : 130 B** 25/50 - 50/100.

DIELHEIM 6909. Baden-Württemberg — 7 100 Ew — Höhe 130 m — ✆ 06222.

♦Stuttgart 102 — Heidelberg 25 — Heilbronn 50 — ♦Karlsruhe 48 — ♦Mannheim 38.

In Dielheim 2-Horrenberg O : 3,5 km :

🍽🍽 **Zum wilden Mann**, Burgweg 1, ℰ 35 53 — 🅿. **E**
   Dienstag, 23. Dez.- 12. Jan. und Juli - Aug. 3 Wochen geschl. — Karte **25**/58 ⅋.

🍽 **Zum Hirsch** mit Zim, Hoffenheimer Str. 7, ℰ 88 72 — 🛁wc 🅿. 🛇
   Juli - Aug. 3 Wochen geschl. — Karte 19/42 *(Donnerstag geschl.)* ⅋ — **5 Z : 8 B** 45 - 90.

DIEMELSEE 3543. Hessen — 5 600 Ew — Höhe 340 m — ✆ 05633.

♦Wiesbaden 200 — ♦Kassel 70 — Marburg 80 — Paderborn 62.

In Diemelsee-Vasbeck :

🏨 **Landhotel Westfalenblick** ॐ, Marsberger Str. 22, ℰ (02993)5 55, ≤, 🛋, 🔲 — 🛁wc ☎
   🏋 🅿
   Karte 19/37 — **35 Z : 66 B** 30/45 - 60/76.

DIEMELSTADT 3549. Nordrhein-Westfalen ᵍᵇᵈ ⑮ — 6 000 Ew — Höhe 280 m — ✆ 05694.

🛈 Städt. Verkehrsamt, Ramser Str. 6 (Wrexen), ℰ 4 34.

♦Düsseldorf 184 — ♦Dortmund 126 — ♦Kassel 53 — Paderborn 38.

In Diemelstadt 6-Wethen :

🏨 **Pension Hanebeck** ॐ, ℰ 4 32, 🛋, 🔲, 🌧 — 📺 🛁wc 🅿. 🛇
   3. Nov. - 15. Dez. geschl. — (Rest. nur für Hausgäste) — **14 Z : 30 B** 30/38 - 52/70 Fb — P 36/47.

In Diemelstadt 2-Wrexen — Luftkurort :

🏨 **Kussmann**, Hauptstr. 5, ℰ (05642) 4 15 — 🛁wc 🏋 🚗 🅿
   18 Z : 38 B.

DIEPHOLZ 2840. Niedersachsen ᵍᵇᵈ ⑭ — 14 700 Ew — Höhe 39 m — ✆ 05441.

♦Hannover 109 — ♦Bremen 67 — ♦Oldenburg 64 — ♦Osnabrück 51.

🏨 Trakehner Hof, Postdamm 1, ℰ 34 34 — 🛁wc 🅿
   8 Z : 11 B.

In Diepholz 4 -Heede NO : 2 km :

🍽 **Zum Jagdhorn**, Heeder Dorfstr. 31, ℰ 22 02 — 🅿
   Mittwoch und Juli - Aug. 3 Wochen geschl. — Karte 19/48.

In Diepholz 3-St. Hülfe NO : 3 km :

🏨 **Lohaus** (Niedersächsisches Fachwerkhaus a.d.J. 1819), St. Hülfe 20 (B 51), ℰ 20 64, 🛇 —
   📺 🛁wc ☎ 🚗 🅿. 🆎 ⑩
   Karte 15,50/34 *(Montag geschl.)* — **9 Z : 15 B** 38 - 70.

DIERDORF 5419. Rheinland-Pfalz 987 ㉔ — 4 400 Ew — Höhe 240 m — ✆ 02689.
Mainz 106 — ♦Koblenz 30 — ♦Köln 77 — Limburg an der Lahn 47.

🏠 **Waldhotel** ॐ, an der B 413 (W : 2 km), ℰ 71 96, ⌐, ☞ — ⊟wc ▥wc ☎ ⟺ 🅿
Karte 20/44 *(Montag geschl.)* — **18 Z : 30 B** 42 - 70.

In Großmaischeid 5419 SW : 6 km :

🏠 **Tannenhof** ॐ, Stebacher Str. 64, ℰ (02689) 51 67, ☞ — 📺 ⊟wc ▥ 🅿 ⚠
➡ Karte 14/46 — **26 Z : 45 B** 35/50 - 70/100.

In Thalhausen 5451 SW : 10 km :

🏠 **Thalhauser Mühle** ॐ, ℰ (02639) 6 18, ⇔, 🔲, ☞ — ▥wc 🅿. ⌘
Mitte Jan.- Mitte Feb. geschl. — Karte 15,50/35 *(Montag - Dienstag 18 Uhr geschl.)* — **10 Z :
25 B** 45 - 70/81.

In Isenburg 5411 SW : 11 km :

🏛 Haus Maria ॐ, Caanerstr. 3, ℰ (02601) 29 80, ☞, ☞ — ⊟wc ▥wc ⟺ 🅿 ⚠. ⌘
14 Z : 28 B.

DIESSEN AM AMMERSEE 8918. Bayern 987 ㊳, 426 ⑯ — 7 500 Ew — Höhe 536 m — Luftkurort
— ✆ 08807.
Sehenswert : Stiftskirche★ — Ammersee★.
🛈 Verkehrsamt, Mühlstr. 4, ℰ 2 44 — ♦München 53 — Garmisch-Partenkirchen 62 — Landsberg am Lech 22.

🏠 **Strand-Hotel** ॐ, Jahnstr. 10, ℰ 50 38, ≼, ☞, 🐎, ☞ — ⊟wc ▥wc 🅿. 🆎 ⓞ
Karte 18/50 *(1.- 24. Jan. Betriebsferien, Montag und Nov.- März auch Dienstag geschl.)* —
13 Z : 24 B 60/70 - 88/120.

🏠 **Seefelder Hof** ॐ, Alexander-Koester-Weg 6, ℰ 10 22, Biergarten — ▥wc ☎ 🅿. 🆎 ⓞ 🅴
➡ Jan. geschl. — Karte 14/46 *(Donnerstag geschl.)* — **22 Z : 40 B** 33/90 - 66/119 Fb — P 69/126.

In Riederau 8919 N : 4 km :

🏠 **Kramerhof** ॐ, Ringstr. 4, ℰ (08807) 77 97, Biergarten, ☞ — ▥wc 🅿. 🅴
2.- 18. Jan. geschl. — Karte 18/37 *(Mittwoch geschl.)* ⅍ — **11 Z : 23 B** 45 - 75/80 — P 70.

DIETERSHEIM Bayern siehe Neustadt an der Aisch.

DIETFURT AN DER ALTMÜHL 8435. Bayern 987 ㉗ — 5 100 Ew — Höhe 365 m — ✆ 08464.
🛈 Verkehrsbüro, Rathaus, Hauptstraße, ℰ 2 40.
♦München 126 — Ingolstadt 44 — ♦Nürnberg 81 — ♦Regensburg 61.

🏠 Zum Bräu Toni, Hauptstr. 4, ℰ 4 23 — ▥wc 🅿 ⚠ — **21 Z : 50 B**.

🕊 **Zur Post**, Hauptstr. 25, ℰ 3 21, ☞ — 🅿
➡ Karte 10/20 *(Dienstag geschl.)* — **8 Z : 12 B** 20 - 40.

In Dietfurt-Mühlbach SO : 2,5 km :

🏠 Zum Wolfsberg, Riedenburger Str. 1, ℰ 17 57, ☞, ⇔, 🔲, ☞ — ▥wc 🅿 ⚠
65 Z : 100 B.

DIETRINGEN Bayern siehe Füssen.

DIETZENBACH 6057. Hessen — 26 000 Ew — Höhe 125 m — ✆ 06074.
♦Wiesbaden 48 — Aschaffenburg 41 — ♦Darmstadt 24 — ♦Frankfurt am Main 13.

In Dietzenbach-Steinberg :

🏠 Main Taunus Hotel, Taunusstr. 15, ℰ 21 91 — ⊟wc ▥wc ☎ 🅿
(Italienische Küche) — **16 Z : 24 B**.

DIETZHÖLZTAL 6344. Hessen — 6 400 Ew — Höhe 315 m — ✆ 02774.
♦Wiesbaden 142 — Gießen 63 — Marburg an der Lahn 49 — Siegen 30.

In Dietzhölztal-Ewersbach :

🏠 Wickel ॐ, Am Ebersbach 2, ℰ 24 38, ⇔ — ▥ 🅿 — **8 Z : 14 B** Fb.

DIEZ/LAHN 6252. Rheinland-Pfalz 987 ㉔ — 9 000 Ew — Höhe 111 m — ✆ 06432.
🛈 Verkehrsamt, Rathaus, Wilhelmstr. 63, ℰ 60 12 70.
Mainz 54 — ♦Koblenz 56 — Limburg an der Lahn 4,5.

🏠 Imperial, Rosenstr. 42, ℰ 21 31, ≼, ☞ — ▥wc 🅿. ⌘ Rest — **17 Z : 22 B** Fb.

🏠 **Hof von Holland**, Wilhelmstr. 47, ℰ 29 21 — ▥wc ⚠
Jan. geschl. — Karte 15/40 *(Montag geschl.)* — **18 Z : 30 B** 40/45 - 70/80.

XX **IL Mulino**, Wilhelmstr. 42, ℰ 46 06 — 🆎 ⓞ 🅴
Karte 16/58.

X **Musketier-Schänke**, Schulstr. 3, ℰ 52 85
Donnerstag geschl. — Karte 18/45.

200

DILLENBURG 6340. Hessen 987 ㉔ — 25 000 Ew — Höhe 220 m — ✆ 02771.

🛈 Städt. Verkehrsamt, Rathausstr. 7, ✆ 70 61.

♦Wiesbaden 127 — Gießen 47 — Marburg 52 — Siegen 30.

🏨 **Schwan**, Wilhelmsplatz 6, ✆ 60 11 — 🛏️wc ☎. 🅰🅴 ⓪ 🖂 𝗩𝗜𝗦𝗔. ❄️
Karte 19/53 — **16 Z : 22 B** 38/60 - 75/90 Fb.

🏨 **Oranien**, Am Untertor 1, ✆ 70 85, Telex 873230 — 📺 🛏️wc ☎ ⇔ 🅿. 🅰🅴 ⓪
(nur Abendessen für Hausgäste) — **25 Z : 50 B** 65 - 90.

In Dillenburg-Eibach O : 4 km :

🏠 **Kanzelstein** ⑨, Fasanenweg 2, ✆ 58 36, 🌤️ — 🛏️wc 🅿. ❄️ Zim
Karte 17/26 — **20 Z : 26 B** 35 - 60.

🏡 **Quellenhof** ⑨, Grünsweg 5, ✆ 63 05, 🚗 — ⇔wc 🛏️ 🅿
↠ Karte 14/35 *(Freitag bis 17 Uhr geschl.)* — **12 Z : 21 B** 28/36 - 54/68.

DILLINGEN AN DER DONAU 8880. Bayern 987 ㊱ — 17 500 Ew — Höhe 434 m — ✆ 09071.

♦München 108 — ♦Augsburg 50 — ♦Nürnberg 121 — ♦Ulm (Donau) 53.

🏨 **Convikt** ⑨, Conviktstr. 9 a, ✆ 40 55, 🌤️ — ⇔wc 🛏️ ⇔ 🅿
Karte 13/35 — **40 Z : 60 B** 28/50 - 60/100.

🏨 **Dillinger Hof** garni (Rest. im Hause), Rudolf-Diesel-Str. 8, ✆ 4 10 61 — 🛏️wc ☎ 🅿
32 Z : 40 B 48 - 78 Fb.

🏠 **Garni**, Donauwörther Str. 62, ✆ 22 50 — 🛏️wc ☎ ⇔ 🅿. 🖂
18 Z : 24 B 30/48 - 60/65.

🏠 **Gästehaus Noll** garni, G.-Schmid-Ring 47, ✆ 7 95 — 🛏️ ⇔ 🅿
24. Dez.- 7. Jan. geschl. — **15 Z : 24 B** 27/35 - 48/60.

DILLINGEN/SAAR 6638. Saarland 987 ㉓ ㉔, 242 ⑥, 57 ⑤ — 23 000 Ew — Höhe 182 m —
✆ 06831 (Saarlouis).

♦Saarbrücken 33 — Saarlouis 5 — ♦Trier 62.

🏠 **Saarland-Hotel König**, Göbenstr. 1, ✆ 7 80 01 — 🛏️wc ☎ 🅿. ⓪ 🖂
Karte 22/51 *(Sonntag ab 15 Uhr geschl.)* ⅛ — **15 Z : 25 B** 49/55 - 85 Fb.

🏠 **Gambrinus**, Saarstr. 33, ✆ 7 11 03 — 🛏️wc 🅿
Karte 15,50/34 *(Mittwoch geschl.)* — **12 Z : 21 B** 45/50 - 80/90.

DINGOLFING 8312. Bayern 987 ㊲ — 14 300 Ew — Höhe 364 m — ✆ 08731.

♦München 101 — Landshut 32 — Straubing 34.

🏡 Stiefelwirt, Karlsbader Str. 15, ✆ 28 51, 🌤️ — 🛏️ ⇔ 🅿. ❄️ Zim — **10 Z : 12 B**.

In Loiching 1-Oberteisbach 8311   SW : 5 km :

🏨 **Räucherhansl**, ✆ (08731) 30 25, 🌤️, ⇔, — 🕸 ⇔wc 🛏️wc ☎ 🅖 🅿 ᱐
↠ Karte 12/30 *(Dienstag bis 17 Uhr geschl.)* — **55 Z : 103 B** 40/48 - 65/76 Fb.

DINKELSBÜHL 8804. Bayern 987 ㉖ — 11 000 Ew — Höhe 440 m — ✆ 09851.

Sehenswert : St.-Georg-Kirche★ — Deutsches Haus★.

🛈 Städt. Verkehrsamt, Marktplatz, ✆ 30 13.

♦München 159 — ♦Nürnberg 93 — ♦Stuttgart 115 — ♦Ulm (Donau) 103 — ♦Würzburg 105.

🏨 **Eisenkrug**, Dr.-Martin-Luther-Str. 1, ✆ 34 29 — 🕸 🛏️wc. 🅰🅴 ⓪ 🖂
Karte 21/46 *(Nov.- März Freitag geschl.)* — **11 Z : 20 B** 60/80 - 90/105.

🏨 **Hecht**, Schweinemarkt 1, ✆ 8 11 — ⇔wc 🛏️wc ⇔ ᱐. 🅰🅴 ⓪ 🖂 𝗩𝗜𝗦𝗔
2. Jan.- Feb. und 4.- 15. Aug geschl. — Karte 17/52 *(Montag geschl.)* — **30 Z : 53 B** 55/65 -
80/100 Fb.

🏠 **Deutsches Haus**, Weinmarkt 3, ✆ 23 46, 🌤️, « Fachwerkhaus a.d. 15. Jh. » — ⇔wc 🛏️wc
⇔ ᱐
Jan.- Feb. geschl. — Karte 17/47 — **13 Z : 24 B** 65 - 100 Fb.

🏠 **Goldene Rose**, Marktplatz 4, ✆ 8 31 — ⇔wc 🛏️wc 🅿. 🅰🅴 ⓪ 🖂 𝗩𝗜𝗦𝗔
8. Jan.- Feb. geschl. — Karte 21/48 — **22 Z : 43 B** 45/52 - 69/89.

🏡 **Goldene Krone**, Nördlinger Str. 24, ✆ 22 93 — 🕸 🛏️wc ⇔
↠ Aug. und Nov. je 2 Wochen geschl. — Karte 13/28 *(Mittwoch geschl.)* ⅛ — **26 Z : 50 B** 43 - 61.

🏡 **Weißes Ross**, Steingasse 12, ✆ 22 74 — 🛏️wc ⇔. 🅰🅴 ⓪ 🖂. ❄️ Rest
↠ 15. Jan.- 15. Feb geschl. — Karte 14/36 *(Donnerstag ab 14 Uhr geschl.)* ⅛ — **16 Z : 24 B** 35/45 -
48/80 — P 54/62.

✗ Zum Reichsadler, Weinmarkt 7, ✆ 20 20, Biergarten — ᱐.

DINKLAGE 2843. Niedersachsen 987 ⑭ — 9 600 Ew — Höhe 30 m — ✆ 04443.

♦Hannover 131 — ♦Bremen 79 — ♦Oldenburg 59 — ♦Osnabrück 48.

🏠 **Burghotel** ⑨, Burgallee 1, ✆ 20 25, 🌤️, Wildpark — 🕸 ⇔wc ☎ 🅿 ᱐. 🅰🅴 ⓪ 🖂
Karte 17/48 — **26 Z : 52 B** 55/70 - 90/120 Fb.

🏠 Wiesengrund - Haus Waldesruh, Lohner Str. 17 (W : 2 km, nahe der Autobahn-Ausfahrt),
✆ 20 50 — ⇔wc 🛏️wc ⇔ 🅿 — **29 Z : 50 B**.

DINSLAKEN 4220. Nordrhein-Westfalen 987 ⑬ – 62 700 Ew – Höhe 30 m – ☎ 02134.

Siehe Ruhrgebiet (Übersichtsplan).

Stadtinformation, Bahnhofsvorplatz, ☎ 6 62 22.

♦Düsseldorf 49 – ♦Duisburg 16 – Oberhausen 20 – Wesel 14.

Bahnhofshotel, Bahnstr. 53, ☎ 26 72 – wc ☎. Zim
Karte 14,50/40 – **17 Z : 25 B** 50/70 - 90.

Garni, Bahnhofsvorplatz 9, ☎ 5 23 09 – wc wc P. AE E.
22 Z : 34 B 40/50 - 67/75.

XXX **Die Burg**, Althoffstr. 2 (bei der Stadthalle), ☎ 59 44 – . AE E
Montag geschl. – Karte 25/57.

DIRMSTEIN 6716. Rheinland-Pfalz – 2 500 Ew – Höhe 108 m – ☎ 06238.

Mainz 61 – Kaiserslautern 43 – ♦Mannheim 24 – Worms 13.

Café Kempf, Marktstr. 3, ☎ 30 11, , , – wc ☎ . Zim
6.- 21. Jan. geschl. – Karte 20,50/56 *(Dienstag geschl.)* – **28 Z : 56 B** 45/80 - 80/140 Fb.

In Großkarlbach 6711 SW : 4 km :

Winzergarten, Hauptstr. 17, ☎ (06238) 8 48, – wc ☎ P
1.- 18. Jan. geschl. – Karte 18/42 *(Dienstag geschl.)* – **35 Z : 65 B** 40 - 65.

XX **Schänke im Weinkeller**, Hauptstr. 67, ☎ (06238) 6 78, , eigener Weinbau
wochentags nur Abendessen – Karte 34/57 .

DISCHINGEN 7925. Baden-Württemberg – 4 500 Ew – Höhe 463 m – ☎ 07327.

♦Stuttgart 109 – Heidenheim an der Brenz 18 – Nördlingen 27.

Schloßgaststätte , Im Schloß Taxis, ☎ 4 25, , – wc wc P
14.- 30. Nov. geschl. – Karte 14/36 *(Donnerstag geschl.)* – **14 Z : 22 B** 36/48 - 60/90.

DITTELSHEIM-HESSLOCH 6521. Rheinland-Pfalz – 1 800 Ew – Höhe 200 m – ☎ 06244.

Mainz 38 – Kaiserslautern 60 – Bad Kreuznach 39 – Worms 19.

XX **Weinkastell**, auf dem Kloppberg, ☎ 74 85, ≤, – P
Montag geschl. – Karte 24/49 .

DITZENBACH, BAD 7342. Baden-Württemberg – 2 900 Ew – Höhe 509 m – Heilbad – ☎ 07334 (Deggingen).

Verkehrsamt im Rathaus, ☎ 50 43.

♦Stuttgart 56 – Göppingen 19 – Reutlingen 51 – ♦Ulm (Donau) 44.

Zum Lamm, Hauptstr. 30, ☎ 43 21, – wc ☎ P.
Jan. geschl. – Karte 20/48 *(Mittwoch geschl.)* – **8 Z : 16 B** 42 - 70 – P 63.

Gästehaus Schulz, Lindenstr. 2, ☎ 62 38, – wc P
7 Z : 11 B.

Heuändres, Helfensteinstr. 8, ☎ 53 20 – P
15. Nov.- 3. Jan. geschl. – Karte 18/45 *(Montag geschl.)* – **9 Z : 13 B** 30/35 - 58/70 – P 52/65.

In Bad Ditzenbach-Gosbach SW : 2 km :

Hirsch, Unterdorfstr. 2, ☎ (07335) 51 88 – wc ☎ P.
15. Jan.- 15. Feb. und 20. Okt. - 8. Nov. geschl. – Karte 18/55 *(Montag geschl.)* – **12 Z : 22 B** 30/40 - 50/72 – P 55/65.

DOBEL 7544 Baden-Württemberg 987 ㉟ – 1 700 Ew – Höhe 689 m – Heilklimatischer Kurort – Wintersport : 500/710 m 2 2 – ☎ 07083 (Bad Herrenalb).

Kurverwaltung, im Rathaus, ☎ 23 46.

♦Stuttgart 74 – Baden-Baden 28 – ♦Karlsruhe 33 – Pforzheim 24.

Gästehaus Flora garni, Brunnenstr. 7, ☎ 29 48, , – wc wc ☎ P.
10 Z : 18 B 42/50 - 73/84.

Rössle , Joh.-P.-Hebel-Str. 7, ☎ 23 53 – wc P
15. Nov.- 15. Dez. geschl. – Karte 17/40 *(Dienstag geschl.)* – **26 Z : 35 B** 26/40 - 50/75 – P 48/60.

X **Wagnerstüble** mit Zim, Wildbader Str. 45, ☎ 87 58, ≤, – wc wc P.
Mitte Jan. - Mitte Feb. geschl. – Karte 32/67 *(Dienstag geschl.)* – **6 Z : 9 B** 42 - 76.

In Dobel-Eyachmühle SO : 3 km :

X **Eyachmühle**, ☎ (07081) 25 91, ≤, – P
2. Nov.- 24. Dez. und Montag 18 Uhr - Dienstag geschl. – Karte 16,50/41.

DÖHLE Niedersachsen siehe Egestorf.

DÖRENTRUP 4926. Nordrhein-Westfalen — 8 300 Ew — Höhe 200 m — ✆ 05265.
◆Düsseldorf 206 — Bielefeld 37 — Detmold 20 — ◆Hannover 75.

In Dörentrup-Farmbeck :

🏠 **Begatal**, Bundesstr. 2 (B 66), ℰ 82 55 — ⇱wc ☎ ℗
Karte 16/37 *(Montag geschl.)* — **10 Z : 19 B** 44 - 85.

In Dörentrup 4-Schwelentrup — Luftkurort :

🏨 **Waldhotel** ⹂, Am Wald 2, ℰ 4 28, ⇱, ◻ — ⬛wc ℗ 🏋
Karte 18/38 — **25 Z : 48 B** 42 - 80.

🍴🍴 **Jagdrestaurant Grünental**, Sternberger Str. 38, ℰ 2 52 — ℗ 🏋. ⓞ E
Montag geschl. — Karte 17/50.

DÖRLINBACH Baden-Württemberg siehe Schuttertal.

DÖRVERDEN Niedersachsen siehe Verden an der Aller.

DÖTTESFELD 5419. Rheinland-Pfalz — 350 Ew — Höhe 220 m — Erholungsort — ✆ 02685 (Flammersfeld).
Mainz 117 — ◆Koblenz 43 — ◆Köln 74 — Limburg an der Lahn 58.

🏨 **Zum Wiedbachtal** ⹂, Wiedstr. 14, ℰ 4 08, ◻, 🌳 — ⬛wc ℗
◆ Karte 14,50/35 *(Dienstag geschl.)* — **16 Z : 26 B** 33/35 - 65/70.

In Oberlahr 5231 W : 3 km :

🏨 **Der Westerwald Treff** ⹂, ℰ (02685) 8 70, Telex 868611, Biergarten, ⇱, ◻, ✘ (Halle) — ⬛
🖥 🏓 ℗ 🏋
148 Z : 296 B Fb — 50 Bungalows.

DÖTTINGEN Baden-Württemberg siehe Braunsbach.

DONAUESCHINGEN 7710. Baden-Württemberg ⑨⑧⑦ ㉟, ④②⑦ ⑥ — 18 200 Ew — Höhe 686 m — ✆ 0771.
Sehenswert : Fürstenberg-Sammlungen (Gemäldegalerie★ : Passionsaltar★★).
🛈 Verkehrsamt, Karlstr. 41, ℰ 38 34.
◆Stuttgart 126 — Basel 108 — ◆Freiburg im Breisgau 65 — ◆Konstanz 73 — Reutlingen 119 — Zürich 99.

🏨 **Öschberghof** Ⓜ ⹂, am Golfplatz (NO : 4 km), ℰ 8 41, Telex 792717, ≤, 🌳, ⇱, ◻, 🌳, 🏓
— 🖥 🖥 🕭 ⟺ ℗ 🏋. 🎾
Karte **26**/58 *(Tischbestellung ratsam)* — **53 Z : 93 B** 105 - 145 Fb.

🏨 **Schützen**, Josefstr. 2, ℰ 50 85 — 🖥 ⬛wc ⬛wc ☎ ℗ 🏋. AE E VISA
Karte 20/48 *(Montag geschl.)* — **24 Z : 43 B** 45/70 - 80/85 Fb.

🏠 **Linde**, Karlstr. 18, ℰ 30 48 — 🖥 ⬛wc ☎ ℗. AE ⓞ E VISA. 🎾
20. Dez.- 25. Jan. geschl. — Karte 17/45 *(Freitag 15 Uhr - Samstag geschl.)* ♨ — **19 Z : 36 B**
45/50 - 85 Fb.

🏠 **Ochsen**, Käferstr. 18, ℰ 40 44 (Hotel) 36 88 (Rest.), ⇱, ◻ — ⬛wc ⬛wc ☎ ⟺ ℗. E VISA
◆ Karte 12/34 *(Donnerstag, Juli-Aug. 2 Wochen und Ende Dez.- Anfang Jan. geschl.)* ♨ — **43 Z :**
60 B 42/48 - 66/72 Fb.

🏠 **Zur Sonne**, Karlstr. 38, ℰ 31 44, ⇱ — ⬛wc ⬛wc ⟺ ℗. 🎾 Rest
◆ 15. Dez.- 25. Jan. geschl. — Karte 14,50/45 *(Sonntag 14 Uhr - Montag geschl.)* ♨ — **20 Z : 30 B**
44/46 - 88.

🍴🍴🍴 ❀ **Fürstenberg-Parkrestaurant**, Brigachweg 8 (beim Sportzentrum), ℰ 33 93 — ℗. AE
ⓞ E VISA
Samstag 15 Uhr - Montag, Feb. 2 Wochen und Aug. geschl. — Karte 49/84 *(abends
Tischbestellung ratsam)*
Spez. Antoniussüpple mit Steinbutt, Dialog von Gänsestopfleber und Kalbsbries, Roulade vom Salzgraslamm.

🍴 **Donaustuben**, Marktstr. 2 (Donauhalle), ℰ 21 89 — ℗ 🏋. AE ⓞ E VISA
◆ 13.- 30. Aug. geschl. — Karte 13,50/43.

In Donaueschingen - Allmendshofen S : 2 km :

🏨 **Grüner Baum**, Friedrich-Ebert-Str. 59, ℰ 20 97, 🌳, 🌳 — 🖥 ⬛wc ⬛wc ☎ 🕭 ⟺ ℗ 🏋.
AE ⓞ E VISA
Karte 15,50/40 — **40 Z : 70 B** 46/56 - 78 Fb.

In Donaueschingen-Aufen NW : 2,5 km :

🏠 **Waldblick** ⹂, Am Hinteren Berg 7, ℰ 40 74, ⇱, ◻, 🌳, 🐎 — 🖥 ⬛wc ☎ ⟺ ℗ 🏋. AE
ⓞ E VISA
1.- 20. Dez. geschl. — Karte 13/38 *(Montag geschl.)* ♨ — **40 Z : 70 B** 52/60 - 80/90 Fb.

In Donaueschingen 15-Wolterdingen NW : 6 km :

🏠 **Tannenhof**, Hubertshofener Str. 8, ℰ (07705) 4 44, 🌳 — ⬛wc ⬛wc ☎ ⟺ ℗
Karte 18/40 ♨ — **24 Z : 46 B** 35/45 - 68/86 Fb.

203

DONAUSTAUF Bayern siehe Regensburg.

DONAUWÖRTH 8850. Bayern 🎱🎱🎱 ㊲ — 17 500 Ew — Höhe 405 m — ✪ 0906.
Ausflugsziele : Kaisheim : ehemalige Klosterkirche (Chorumgang★) N : 6 km — Harburg : Schloß (Sammlungen★) NW : 1 km.
🅉 Verkehrsamt, Rathaus, Rathausgasse 1, ✆ 50 21.
♦München 100 — Ingolstadt 56 — ♦Nürnberg 95 — ♦Ulm (Donau) 79.

🏠 **Drei Kronen**, Bahnhofstr. 25, ✆ 2 10 77 — 🛏wc 🚿wc 🅿. 🆎 ⓪ 🇪
   Karte 18,50/50 — **37 Z : 56 B** 42/48 - 78/85 Fb.

🏠 **Traube**, Kapellstr. 14, ✆ 60 96, 🛋 — 🛗 📺 🚿wc 🅿 🛁. 🆎 ⓪ 🇪 🆅🆂🅰
   Karte 15,50/44 *(Mittwoch geschl.)* — **38 Z : 55 B** 31/57 - 54/90 Fb.

✕✕ **Tanzhaus**, Reichsstr. 34 (2. Etage, 🛗), ✆ 50 01
   1.- 20. Aug. und Montag geschl. — Karte 15/34.

   In Donauwörth-Nordheim SO : 2 km über die B 16 :

🏠 **Donauwörther Hof**, Teutonenweg 16, ✆ 59 50, 🏊, 🐴 — 🛏wc 🚿wc ☎ 🚗 🅿. 🆎 🇪.
   ✾ Rest
   Karte 16/29 — **26 Z : 50 B** 30/45 - 60/80.

   In Donauwörth-Parkstadt :

🏠 **Parkcafé**, Sternschanzenstr. 1, ✆ 60 37, ← Donauwörth, 🍴, 🐴 — 🛏wc 🚿wc ☎ 🅿 🛁. 🆎
   ⓪ 🇪
   27. Dez.- 10. Jan. geschl. — Karte 21/45 — **36 Z : 48 B** 46/55 - 76/88 Fb.

DONZDORF 7322. Baden-Württemberg — 11 100 Ew — Höhe 405 m — ✪ 07162 (Süßen).
♦Stuttgart 57 — Göppingen 13 — Schwäbisch Gmünd 17 — ♦Ulm (Donau) 45.

🏠 **Becher** (mit Gästehaus, 🏡), Schloßstr. 7, ✆ 2 95 20, 🛋, 🐴 — 🛏wc 🚿wc ☎ 🅿 🛁
   Karte 15/33 🍺 — **63 Z : 110 B** 32/55 - 58/90.

DORMAGEN 4047. Nordrhein-Westfalen 🎱🎱🎱 ㉓ — 55 500 Ew — Höhe 45 m — ✪ 02106.
Ausflugsziel : Zons : befestigtes Städtchen★ N : 6 km.
♦Düsseldorf 25 — ♦Köln 24 — Neuß 19.

🏨 **Romantik-Hotel Höttche** Ⓜ, Krefelder Str. 14 (B 9), ✆ 4 10 41, Telex 8517376, « Rustikales
   Rest. », 🛋, 🔲, 🚗 🅿 🛁. 🆎 ⓪ 🇪 🆅🆂🅰
   23.- 30. Dez. geschl. — Karte 33/70 — **56 Z : 84 B** 90/145 - 145/195 Fb.

   In Dormagen 5-St. Peter NW : 5,5 km über die B 9 :

🏠 **Stadt Dormagen** garni, Robert-Bosch-Str. 2, ✆ 78 28, 🛋 — 🚿wc ☎ 🚻 🅿. 🆎 ⓪ 🇪
   23. Dez.- 6. Jan. geschl. — **14 Z : 20 B** 55 - 90.

DORNBURG 6255. Rheinland-Pfalz — 8 000 Ew — Höhe 400 m — ✪ 06436.
Mainz 75 — ♦ Frankfurt am Main 88 — Koblenz 46 — Siegen 55.

   In Dornburg-Frickhofen :

🏠 Café Bock garni, Hauptstr. 30, ✆ 20 77 — 📺 🛏wc 🚿wc ☎
   10 Z : 20 B.

DORNHAN 7242. Baden-Württemberg — 5 300 Ew — Höhe 650 m — Erholungsort — ✪ 07455.
♦Stuttgart 83 — Freudenstadt 19 — Rottweil 29.

   In Dornhan-Fürnsal N : 3 km :

🏠 **Pension Schaupp** 🏡, Bettenhauser Str. 26, ✆ 13 46, 🐴 — 🛏wc 🚿wc 🚗 🅿. ✾ Rest
   Nov.- 15. Dez. geschl. — (Rest. nur für Hausgäste) — **17 Z : 26 B** 24/30 - 44/56.

🏠 **Rössle**, Dorfwiesenstr. 11, ✆ 82 28, ←, 🐴 — 🚿wc 🅿
   20. Okt.- 15. Nov. geschl. — Karte 12/25 *(Montag geschl.)* — **10 Z : 18 B** 26/29 - 50/56 —
   P 37/40.

DORNSTADT Baden-Württemberg siehe Ulm (Donau).

Les hôtels ou restaurants agréables
sont indiqués dans le guide par un signe rouge.
Aidez-nous en nous signalant les maisons où,
par expérience, vous savez qu'il fait bon vivre.
Votre guide Michelin sera encore meilleur.

🏛🏛🏛 ... 🏠

✕✕✕✕✕ ... ✕

DORNSTETTEN 7295. Baden-Württemberg **987** ㉟ − 5 700 Ew − Höhe 615 m − Luftkurort − ✆ 07443.

🛈 Kurverwaltung, Rathaus, Marktplatz 2, ℰ 58 68.

◆Stuttgart 87 − Freudenstadt 8.

🏠 **Löwen**, Hauptstr. 3, ℰ 64 81, 🛏 − 📺wc ᠍wc ⟵
Nov. geschl. − **Karte** 15/34 *(Freitag geschl.)* − **35 Z : 60 B** 30/39 - 54/70 − P 45/52.

In Dornstetten-Aach SW : 2 km − Erholungsort :

🏠 **Waldgericht** (Fachwerkhaus a.d.15.Jh.), Grüntaler Str. 4, ℰ 80 33 − ᠍wc ☎ ◐
Karte 15,50/41 − **18 Z : 27 B** 35/40 - 70/80 − P 59.

🏠 Lamm, Glattalstr. 13, ℰ 66 57 − ᠍wc ◐
9 Z : 15 B.

In Dornstetten-Hallwangen NO : 2,5 km − Luftkurort :

XX ❀ **Die Mühle**, Eichenweg 23 (nahe der B 28), ℰ 63 29 − ◐. ᴀᴇ ◐ ᴇ
Montag - Dienstag 17 Uhr geschl. − **Karte** 31/72.

DORNUM 2988. Niedersachsen **987** ④ − 5 100 Ew − Höhe 5 m − ✆ 04933.

◆Hannover 262 − Emden 46 − ◆Oldenburg 91 − Wilhelmshaven 54.

🏠 **Burg-Hotel** ⟆, Beningalohne 2, ℰ 19 11, 🌳 − 📺wc ᠍wc ☎ ◐
4. Jan.- 15. März geschl. − **Karte** 19/50 − **8 Z : 15 B** 40/50 - 70/90.

DORSTEN 4270. Nordrhein-Westfalen **987** ⑬ − 73 000 Ew − Höhe 35 m − ✆ 02362.

Siehe Ruhrgebiet (Übersichtsplan).

◆Düsseldorf 61 − Bottrop 17 − ◆Essen 29 − Recklinghausen 19.

🏠 **Am Kamin** Ⓜ, Alleestr. 37, ℰ 2 70 07 − 🛗 📺wc ☎ ⟵ ◐. ᴀᴇ ◐
Karte 24/57 *(nur Abendessen, Sonntag geschl.)* − **25 Z : 50 B** 80 - 110 Fb.

🏠 Koop-Dorstener Hof ⟆, Markt 13, ℰ 2 26 29 − ᠍wc
12 Z : 20 B.

XX **Ente**, Klosterstr. 95, ℰ 4 11 32 − ◐
nur Abendessen, Montag und Ende Juni - Anfang Juli geschl. − **Karte** 45/75 (Tischbestellung ratsam).

In Dorsten 21-Hervest :

🏠 **Haus Berken**, An der Molkerei 30, ℰ 6 12 13 − ᠍wc ◐
Karte 20/46 *(Mittwoch geschl.)* − **21 Z : 30 B** 38/46 - 70/90.

XX **Henschel**, Borkener Str. 47, ℰ 6 26 70 − ◐. ᴇ
Donnerstag, Juli - Aug. 2 Wochen und Okt. 1 Woche geschl. − **Karte** 37/71.

In Dorsten 21 - Holsterhausen :

XX **Petit Restaurant**, Freiheitstr. 1, ℰ 6 28 53 − ᴀᴇ ◐ ᴇ 𝘝𝘐𝘚𝘈
nur Abendessen, Sonntag und Juli - Aug. 4 Wochen geschl. − **Karte** 34/64.

In Dorsten 12 - Lembeck NO : 10,5 km :

XX **Schloßhotel Lembeck** ⟆ mit Zim, im Wasserschloß Lembeck (S : 2 km), ℰ (02369) 72 13, Schloßkapelle, Museum, « Park » − 📺wc ☎ ◐ 🅿🄰 ᴀᴇ ◐ ᴇ 𝘝𝘐𝘚𝘈
Karte 22/64 *(Montag geschl.)* − **6 Z : 11 B** 50/65 - 90/105.

In Dorsten 11 - Wulfen NO : 7 km − ✆ 02369 :

🏠 **Humbert**, Burghof 2 (B 58), ℰ 41 09 − 📺wc ᠍wc ☎ ⟵ ◐ 🄰 ᴀᴇ ◐ ᴇ 𝘝𝘐𝘚𝘈
29. Juli - 16. Aug. geschl. − **Karte** 15/42 *(Montag bis 18 Uhr geschl.)* − **23 Z : 36 B** 35/50 - 70/100.

🏠 **Haus Schürmann**, Dülmener Str. 163 (O : 2 km, an der B 58), ℰ 42 77, 🌳 − ᠍wc ☎ ⟵
◐
Karte 14/44 *(Mittwoch - Donnerstag 17 Uhr geschl.)* − **12 Z : 19 B** 28/38 - 50/70.

In Dorsten 11 - Wulfen-Deuten W : 4 km ab Wulfen :

🏠 **Grewer**, Weseler Str. 351 (B 58), ℰ (02369) 41 39, 🌳 − ᠍wc ⟵ ◐
Karte 17/36 *(Donnerstag geschl.)* − **15 Z : 21 B** 30/36 - 56/68.

DORTMUND 4600. Nordrhein-Westfalen **987** ⑭ − 600 000 Ew − Höhe 65 m − ✆ 0231.

Siehe Ruhrgebiet (Übersichtsplan).

Sehenswert : Fernsehturm★ (❀★) − Westfalenpark★ BCZ − Marienkirche (Marienaltar★) BYZ B.
🛫 (Holzwickede) ℰ (02301) 23 81.
Ausstellungsgelände Westfalenhalle (AZ), ℰ 1 20 45 21, Telex 822321.
🛈 Verkehrspavillon am Hauptbahnhof, ℰ 14 03 41, Informations- und Presseamt, Balkenstr. 40, ℰ 54 22 21 30.
ADAC, Kaiserstr. 63, ℰ 5 49 91, Notruf ℰ 1 92 11.
◆Düsseldorf 82 ⑤ − ◆Bremen 236 ③ − ◆Frankfurt am Main 223 ⑤ − ◆Hannover 212 ③ − ◆Köln 94 ⑤.

Stadtpläne siehe nächste Seiten.

205

DORTMUND

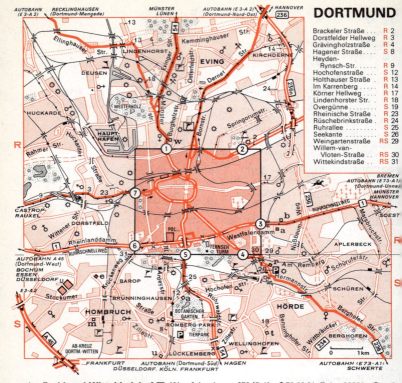

🏨🏨 **Parkhotel Wittekindshof** Ⓜ, Westfalendamm 270 (B 1), ☎ 59 60 81, Telex 82226, 😀, ⬛
– 🔌 TV P 🅰 . AE E VISA   R b
Karte 28/67 – **65 Z : 100 B** 145/155 - 195/225 Fb.

🏨🏨 **Römischer Kaiser**, Olpe 2, ☎ 5 43 21, Telex 822441, 😀 – 🔌 TV 🅰 🅰   BZ a
141 Z : 191 B Fb.

🏨🏨 **Parkhotel Westfalenhalle** Ⓜ 🏊, Strobelallee 41, ☎ 1 20 42 45, Telex 822413, ≤, 😀, ⬛,
🖼 – 🔌 TV 🅰 P 🅰 . AE ① E VISA   AZ s
Karte 22/56 – **107 Z : 130 B** 117/150 - 140/175 Fb.

🏨🏨 **Drees**, Hohe Str. 107, ☎ 10 38 21, Telex 822490, 🖼 – 🔌 TV 🅰 P 🅰 . AE ① E   AZ n
Karte 19/52 – **114 Z : 170 B** 50/110 - 106/126 Fb.

🏨 **Consul** garni, Gerstenstr. 1, ☎ 10 38 25, Telex 822490, 😀, 🖼 – 🔌 TV ⭤wc 🚿wc ☎ 🅰 . AE
① E   AZ v
42 Z : 51 B 50/95 - 106 Fb.

🏨 **Senator**, Münsterstr. 187 (B 54), ☎ 81 81 61, Telex 8227507 – 🔌 TV 🚿wc ☎ ⭤. AE ① E
VISA   R w
Karte 22/42 (Italienische Küche) ⓐ – **34 Z : 70 B** 84/114 - 124/144 Fb.

🏨 **Gildenhof** garni, Hohe Str. 139, ☎ 12 20 35 – 🔌 ⭤wc 🚿wc ☎ 🅰 . AE ① E VISA   AZ x
Aug. geschl. – **49 Z : 90 B** 55/90 -90/130 Fb.

🏨 **Union** garni, Arndtstr. 66, ☎ 52 82 43 – 🔌 TV ⭤wc 🚿wc ☎ ⭤. AE ①   CZ u
26 Z : 42 B 45/65 - 80/120 Fb.

🏨 **Stadthotel** garni, Reinoldistr. 14, ☎ 57 10 11 – 🔌 TV ⭤wc 🚿wc ☎. AE ① E   BY u
27 Z : 35 B 69/82 - 99.

🏨 **City-H. Dortmund** garni, Silberstr. 37, ☎ 14 20 86, Telex 8227570 – 🔌 TV ⭤wc 🚿wc ☎
⭤ P . AE ① E VISA   AZ u
55 Z : 88 B 58/85 - 95/120.

🏨 **Esplanade** garni, Bornstr. 4, ☎ 52 89 31 – 🔌 🚿wc ☎   BY u
43 Z : 73 B.

🏨 **Drei Kronen** garni, Münsterstr. 70, ☎ 81 86 61, Telex 822422, 😀 – 🔌 🚿wc ☎. AE ① E   AY a
23. Dez.- 1. Jan. geschl. – **60 Z : 84 B** 38/65 - 68/95 Fb.

🏠 **National** garni, Hoher Wall 2, ℰ 14 00 12 – 🛗 🚻wc 🏨wc ☎. 🅰🅴 ⓞ 🇪   AZ **e**
21 Z : 35 B 65/88 - 110/140.

🏠 **Atlanta** garni, Ostenhellweg 51, ℰ 57 95 18 – 🛗 🏨wc ☎. ⓞ 🇪   BY **r**
18 Z : 27 B 35/65 - 99.

🏠 **Merkur** garni, Milchgasse 5, ℰ 52 83 49 – 🛗 🏨wc ☎ 🚗 🅰🅴 ⓞ 🇪. 🛇   BY **c**
22. Dez.- 5. Jan. geschl. – **24 Z : 30 B** 47/69 - 89/97.

XX **Mövenpick-Appenzeller Stube**, Kleppingstr. 11, ℰ 57 92 25 – 🅰🅴 ⓞ 🇪 🆅🅸🆂🅰   BZ **c**
Karte 28/64.

XX **SBB Restaurant**, Westfalendamm 166, ℰ 59 78 15 – 🅿. 🅰🅴 ⓞ   CZ **e**
Samstag geschl. – Karte 29/55.

XX Schwarzer Rabe, Hansastr.101, ℰ 1 69 27, Straßenterrasse   AZ **g**

XX Turmrestaurant, im Westfalenpark (Eintritt 🇪 3,50 DM), ℰ 12 61 44, ☀ Dortmund und
Umgebung, « Rotierendes Restaurant in 138 m Höhe » – 🍽 🅿. 🛇   CZ

XX **Reinoldi**, Reinoldistr. 7, ℰ 57 20 60 – 🚿. 🅰🅴 ⓞ   BY **n**
15. Juli - 3. Aug., Samstag sowie Sonn- und Feiertage geschl. – Karte 18/45.

X **Hövels Hausbrauerei**, Hoher Wall 5, ℰ 14 10 44, Biergarten, « Kleine Brauerei im
Restaurant » – 🚿. 🅰🅴 ⓞ 🇪   AZ **c**
Karte 18/45 (nur Ausschank im Restaurant gebrauter Biere).

In Dortmund 41-Aplerbeck ③ : 4 km :

🏠 **Postkutsche** garni, Postkutschenweg 20, ℰ 44 10 01 – 🏨wc ☎ 🅿
27 Z : 42 B 38/52 - 70/90 Fb.

🏠 **Märker Stuben**, Kleine Schwerter Str. 4, ℰ 48 11 15 – 🏨wc 🅰🅴 ⓞ 🇪
Karte 15/40 *(Mittwoch geschl.)* – **10 Z : 15 B** 46/50 - 90.

In Dortmund 50-Barop :

🏨 **Romantik-Hotel Lennhof** 🦢, Menglinghauser Str. 20, ℰ 7 57 26, Telex 822602, 🏡,
« Rustikale Einrichtung », 🍃, 🏊 – 📺 🏨wc ☎ 🅿 🚿. 🅰🅴 ⓞ 🇪 🆅🅸🆂🅰 🛇   S **m**
Karte 36/84 – **39 Z : 78 B** 98 - 144 Fb.

In Dortmund 72-Bövinghausen ⑥ : 8 km :

🏠 **Commerz** Ⓜ garni, Provinzialstr. 396, ℰ 63 00 53 – 🛗 🚻wc 🏨wc ☎ 🚗 🅿 🚿. 🅰🅴 ⓞ 🇪
37 Z : 43 B 68/78 - 98 Fb.

In Dortmund 30-Brücherhof :

🏠 **Schuggert**, Brücherhofstr. 98, ℰ 46 40 81 – 🏨wc ☎ 🅿. 🅰🅴   S **t**
Karte 16,50/40 – **26 Z : 42 B** 35/75 - 65/95.

In Dortmund 50-Brünninghausen :

🏨 **Rombergpark** 🦢, Am Rombergpark 67, ℰ 71 40 73, ≤, 🏡 – 🛗 📺 🚻wc 🏨wc ☎ 🚗 🅿
🚿 🅰🅴 ⓞ 🇪   S **a**
Karte 19/68 – **31 Z : 40 B** 89/95 - 139.

In Dortmund 1-Gartenstadt :

XX Grüner Baum, Lübkestr. 9, ℰ 43 02 55   R **a**

In Dortmund 50-Groß Barop :

XX Storckshof, Ostenbergstr. 111, ℰ 75 20 50, « Ehem. Bauernhaus, rustikale Einrichtung » – 🅿
  S **e**

In Dortmund 30-Höchsten über Wittbräucker Str. S :

🏠 **Haus Überacker**, Wittbräucker Str. 504 (B 234), ℰ (02304) 8 04 21, 🏡 – 🏨wc 🅿
Juli - Aug. 3 Wochen geschl. – Karte 17/54 *(Donnerstag geschl.)* – **15 Z : 20 B** 40 - 70.

In Dortmund 30-Hörde :

XX **Zum Treppchen**, Faßstr. 21, ℰ 43 14 42, Biergarten, « Haus a. d. J. 1763, rustikale
Einrichtung » – 🅿   S **r**
Sonntag geschl. – Karte 27/53 (Tischbestellung ratsam).

In Dortmund 50-Kirchhörde :

🏨 Haus Mentler, Schneiderstr. 1, ℰ 73 17 88, 🏡 – 📺 🏨wc ☎ 🚗 🅿   S **u**
16 Z : 28 B.

In Dortmund 1-Körne :

🏨 **Körner Hof** garni, Hallesche Str. 102, ℰ 59 00 28, 🍃, 🏊 – 🛗 🚻wc 🏨wc ☎ 🚗 🅰🅴 ⓞ 🇪
23. Dez.- 5. Jan. geschl. – **21 Z : 42 B** 75 - 104.   CY **a**

In Dortmund 50-Lücklemberg über Hagener Str. S :

🏨 **Zum Kühlen Grunde** 🦢, Galoppstr. 57, ℰ 7 39 47, 🏡, 🍃, 🏊 – 📺 🏨wc ☎ 🅿 🚿. 🅰🅴 ⓞ
🇪 🆅🅸🆂🅰
Karte 21/54 *(Dienstag bis 16 Uhr geschl.)* – **22 Z : 28 B** 85 - 128.

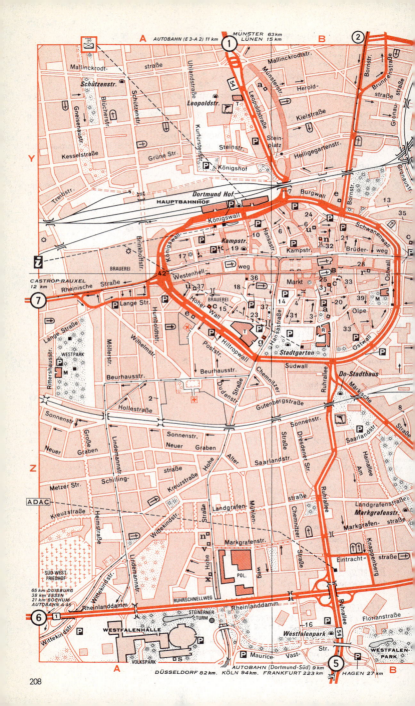

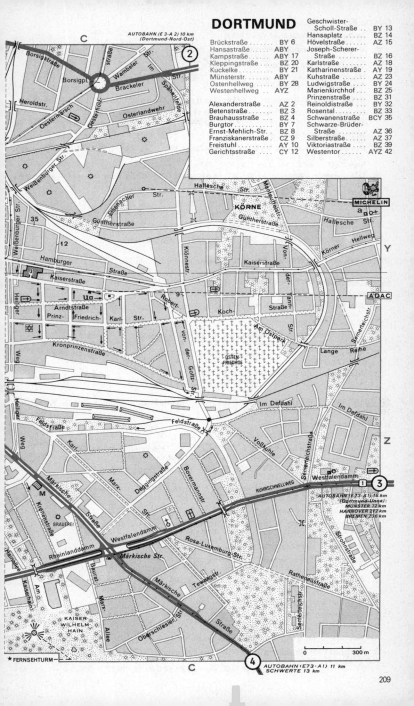

DORTMUND

AUTOBAHN (E 3-A 2) 10 km
(Dortmund-Nord-Ost)

② ③ ④

AUTOBAHN (E73-A1) 16 km
(Dortmund-Unna):
MÜNSTER 72 km
HANNOVER 212 km
BREMEN 236 km

AUTOBAHN (E73-A1) 11 km
SCHWERTE 13 km

KÖRNE

★ FERNSEHTURM

KAISER-WILHELM-HAIN

BRAUEREI

OSTEN-FRIEDHOF

MICHELIN

ADAC

0   300 m

209

In Dortmund 76-Oespel ⑥ : 6 km :

🏛 **Novotel Dortmund-West** Ⓜ 🐾, Brennaborstr. 2, 𝒫 6 54 85, Telex 8227007, 🛋,
🏊 (geheizt), 💆 – 🛗 🗐 📺 🔄wc 🅿 👶 🅿 👶. 🅰🅴 🅴 🆅🆂🅰
Karte 24/58 – **104 Z : 208 B** 124/140 - 156 Fb.

🟉🟉 **Haus Horster**, Borussiastr. 7, 𝒫 6 58 58 – 🅿
Montag geschl. – Karte 21/50.

In Dortmund 50-Schanze S : 10 km über Hagener Straße S :

🏛 **Hülsenhain** 🐾, Am Ossenbrink 57, 𝒫 73 17 67, 🛋 – 🍴wc ☎ 🅿 ⊙. 🎇 Zim
Karte 25/48 *(Freitag bis 18 Uhr und Montag geschl.)* – **14 Z : 24 B** 60 - 90.

In Dortmund 30-Syburg ⑤ : 13 km :

🏛🏛 **Parkhotel Landhaus Syburg**, Westhofener Str. 1, 𝒫 77 44 71, Telex 8227534, Massage,
⇔, 🔲 – 🛗 📺 🔄 – 🅿 👶, 🅰🅴 🅴 🆅🆂🅰
Karte 26/65 – **64 Z : 118 B** 95/140 - 120/160 Fb.

🏛 **Dieckmann**, Wittbräucker Str. 980 (B 54), 𝒫 77 41 46, 🛋, « Kaminzimmer » – 📺 🔄wc
🍴wc ☎ 🅿 🅰🅴 🅴
Karte 22/57 – **11 Z : 20 B** 80/95 - 120/140.

🏛 **Haus Schröer**, Hohensyburgstr. 186, 𝒫 77 44 91 – 🍴wc 🔄 🅿 👶
Karte 18,50/46 *(24. Dez.- 7. Jan. und Samstag geschl.)* – **20 Z : 30 B** 45/85 - 85/95.

In Holzwickede 4755 ③ : 13 km :

🏛 **Lohenstein** garni, Hauptstr. 21, 𝒫 (02301) 86 17 – 🍴wc ☎ 🔄
16 Z : 22 B.

MICHELIN-REIFENWERKE KGaA. Niederlassung Eisenacher Str. 13 (CY), 𝒫 52 73 45.

DOSSENHEIM 6901. Baden-Württemberg – 9 600 Ew – Höhe 120 m – ✆ 06221 (Heidelberg).
♦Stuttgart 126 – ♦Darmstadt 57 – Heidelberg 5,5 – Mainz 86 – ♦Mannheim 22.

🏛 **Am Kirchberg** 🐾 garni (Mahlzeiten im Goldenen Hirsch), Steinbruchweg 4, 𝒫 8 50 40 –
🍴wc ☎ 🅿. 🎇
10 Z : 20 B 50 - 80 Fb.

🏛 **Bären**, Daimlerstr. 6 (Gewerbegebiet-Süd), 𝒫 8 50 29 – 🍴wc ☎ 🔄 🅿
(nur Abendessen für Hausgäste) – **17 Z : 34 B** 46 - 76 Fb.

🏛 **Heidelberger Tor** garni, Heidelberger Str. 32, 𝒫 8 52 34 – 🔄wc 🍴wc 🅿. 🎇
18 Z : 36 B Fb.

🟊 **Goldener Hirsch**, Hauptstr. 59, 𝒫 8 51 19 – 🍴wc 🅿
27. Dez.- 14. Jan. geschl. – Karte 17/37 – **10 Z : 20 B** 35 - 70 Fb.

DRACHSELSRIED 8371. Bayern – 2 400 Ew – Höhe 533 m – Erholungsort – Wintersport :
700/850 m ✂1 🎿4 – ✆ 09945 (Arnbruck).
🛈 Verkehrsamt, Zellertalstr. 8, 𝒫 5 05.
♦München 178 – Cham 37 – Deggendorf 35.

🏛 **Zum Schlossbräu**, Hofmark 1, 𝒫 10 38, 🔲, 🛋 – 🔄wc 🍴wc 🔄 🅿. 🎇 Zim
🔸 *Nov.-22. Dez. geschl.* – Karte 13/28 👶 – **70 Z : 130 B** 28/39 - 48/76.

🏛 **Falter**, Zellertalstr. 6, 𝒫 13 92, ⇔, 🔲, 🛋 – 🛗 🔄wc 🍴wc 🔄 🅿
34 Z : 59 B.

🏛 **Haus Hochstein** garni, Eichenweg 10, 𝒫 5 15, ⇔, 🔲, 🛋 – 🍴wc ☎ 🅿
25. Okt.- 20. Dez. geschl. – **22 Z : 42 B** 25/46 - 40/80.

In Drachselsried-Asbach S : 6 km :

🏛 **Berggasthof Fritz** 🐾, 𝒫 (09923) 22 12, ≤, ⇔, 🛋 – 🔄wc 🍴wc 🔄 🅿
🔸 *Nov.- 12. Dez. geschl.* – Karte 12/22 – **40 Z : 75 B** 21/31 - 36/56 – P 35/43.

In Drachselsried-Oberried SO : 2 km :

🏛 **Berggasthof Hochstein** 🐾, Oberried 9 1/2, 𝒫 4 63, ≤, 🛋, 🛋 – 🍴wc 🅿
🔸 *3. Nov.- 15. Dez. geschl.* – Karte 12,50/32 – **27 Z : 54 B** 33/35 - 50/60 – P 41/45.

🏛 **Rieder Eck** 🐾, Oberried 31, 𝒫 6 42, ≤, ⇔, 🔲, 🛋, 🏇(Halle) – 🍴wc ☎ 🔄 🅿
(nur Abendessen für Hausgäste) – **30 Z : 54 B** Fb – 13 Appart.

In Drachselsried-Unterried SO : 3 km :

🏛 **Lindenwirt** 🐾, 𝒫 3 83, ⇔, 🛋 – 🛗 🔄wc 🍴wc 🅿
🔸 *Nov.- 20. Dez. geschl.* – Karte 11,50/26 👶 – **42 Z : 78 B** 30/35 - 56/60 Fb – P 46.

Außerhalb O : 6 km, über Oberried – Höhe 730 m :

🟊 **Berggasthof Riedlberg** 🐾, ✉ 8371 Drachselsried, 𝒫 (09924) 19 91, ≤, 🏊 (geheizt), 🛋, 🎿
🔸 – 🍴wc 🔄 🅿
28. Okt.- 15. Dez. geschl. – Karte 12,50/25 – **29 Z : 52 B** 28/34 - 48/62 – P 39/47.

DREIEICH 6072. Hessen — 42 000 Ew — Höhe 130 m – ✪ 06103.

♦Wiesbaden 45 — ♦Darmstadt 17 — ♦Frankfurt am Main 18.

In Dreieich-Dreieichenhain :

🏠 **Burghof**, Am Weiher 6, ℰ 8 46 24, 🌤 – 🏠wc ☎ Ⓟ 🏛
14 Z : 18 B.

🟡🟡 **Alte Bergmühle**, Geisberg 25, ℰ 8 18 58, « Rustikale Einrichtung, Gartenterrasse » – Ⓟ.
🆎 ⓞ Ⓔ 𝗩𝗜𝗦𝗔
Montag geschl. — Karte 30/65 (auf Vorbestellung: "Essen wie im Mittelalter").

In Dreieich-Götzenhain :

🏠 **Krone**, Wallstr. 2, ℰ 8 41 15 – 🏠wc Ⓟ
↠ *Mitte Juli - Mitte Aug. geschl.* — Karte 14/27 *(wochentags nur Abendessen, Samstag geschl.)*
— **46 Z : 60 B** 45/50 - 80/85.

In Dreieich-Sprendlingen :

🏨 **Dorint-Kongress-Hotel**, Eisenbahnstr. 200, ℰ 60 60, Telex 417954, ☎, 🔲 – 🕴 📺 Ⓟ 🏛.
🆎 ⓞ Ⓔ 𝗩𝗜𝗦𝗔. ✂ Rest
Karte 25/64 — **92 Z : 180 B** 139/178 - 198/246 Fb.

🏨 **Rhein-Main-Hotel**, Hauptstr. 47, ℰ 6 30 70, Telex 417931 – 🕴 📺 ☁wc 🏠wc ☎ Ⓟ 🏛. 🆎
ⓞ Ⓔ 𝗩𝗜𝗦𝗔
Karte 31/57 — **70 Z : 120 B** 75/120 - 118/160.

🏠 **Herrnbrod-Ständecke** garni (Gaststätte nebenan), Hauptstr. 29, ℰ 6 30 37 – 🕴 🏠wc ☎ Ⓟ
40 Z : 48 B.

🟡🟡 **Ristorante Tonini** (Italienische Küche), Fichtestr. 50 (im Bürgerhaus), ℰ 6 10 81 – Ⓟ 🏛.
🆎 ⓞ Ⓔ 𝗩𝗜𝗦𝗔
Karte 21/62 (Tischbestellung ratsam) 🍷.

Gutsschänke Neuhof siehe unter *Frankfurt am Main.*

DREIS KREIS BERNKASTEL-WITTLICH Rheinland-Pfalz siehe Wittlich.

DRENSTEINFURT 4406. Nordrhein-Westfalen — 11 600 Ew — Höhe 78 m – ✪ 02508.

♦Düsseldorf 123 — Hamm in Westfalen 15 — Münster (Westfalen) 22.

An der B 63 SO : 6,5 km :

🏠 **Haus Volking**, Herrenstein 22, ✉ 4406 Drensteinfurt 2-Walstedde, ℰ (02387) 6 65 – 🕴 🏠wc
☎ ⇐ Ⓟ
Karte 15/42 *(Montag geschl.)* — **15 Z : 25 B** 32/45 - 65/85 Fb.

DRIBURG, BAD 3490. Nordrhein-Westfalen 𝟵𝟴𝟳 ⑮ — 18 500 Ew — Höhe 220 m — Heilbad —
✪ 05253.

🅱 Verkehrsamt, Lange Straße, ℰ 8 81 80.

♦Düsseldorf 190 — Detmold 28 — ♦Kassel 86 — Paderborn 20.

🏨 **Gräfliches Kurhaus** ⅍, im Kurpark, ℰ 8 41, Telex 936629, 🌤, 🐎, 🎾 – 🕴 ☁wc 🏠wc ☎
⇐ Ⓟ 🏛. Ⓔ. ✂ Rest
Karte 26/74 *(auch Diät)* — **132 Z : 160 B** 65/100 - 130/140 Fb — P 75/105.

🏨 **Neuhaus und Reform-Hotel** ⅍, Steinbergstieg 18, ℰ 36 71, ☎, 🔲, 🐎 – 🕴 🏠wc ☎ Ⓟ
🏛. 🆎 ⓞ Ⓔ. ✂ Rest
Karte 24/46 *(auch Diät und Reformkost)* — **108 Z : 143 B** 39/59 - 78/98 Fb — 15 Appart. —
P 67/87.

🏨 **Schwallenhof**, Brunnenstr. 34, ℰ 32 23, ☎, 🔲, 🐎, 🐕 – 🕴 ☁wc 🏠wc ☎ ⇐ Ⓟ. Ⓔ
Karte 18/47 — **34 Z : 45 B** 49/69 - 104/120 Fb — 5 Appart. 80/110.

🏠 **Pension Brockmann**, Brunnenstr. 14, ℰ 24 10, 🐎 – 🕴 🏠wc Ⓟ. ✂
(Rest. nur für Hausgäste) — **34 Z : 45 B** 35/50 - 70/100 Fb — P 47/67.

🏠 **Althaus Parkhotel**, Caspar-Heinrich-Str. 17, ℰ 20 89, « Gartenterrasse » – 🕴 🏠wc ☎ Ⓟ
Karte 16,50/42 *(auch Diät)* — **44 Z : 53 B** 40/70 - 89/110 — 4 Appart. 90 — P 60/80.

🏠 **Café am Rosenberg** ⅍, Hinter dem Rosenberge 22, ℰ 20 02, ≤, « Gartenterrasse », ☎,
🐎 – ☁wc 🏠wc ☎ Ⓟ. ✂ Zim
Karte 18/43 *(Mittwoch geschl.)* — **22 Z : 29 B** 32/45 - 84/90 — P 48/60.

🏠 **Teutoburger Hof**, Brunnenstr. 2, ℰ 22 25 – 🏠wc Ⓟ
20. Dez.- 20. Jan. geschl. — Karte 17,50/23 *(Montag geschl.)* — **18 Z : 24 B** 38/45 - 72/80 Fb.

Ne confondez pas :

    Confort des hôtels   : 🏨🏨 ... 🏠, 🏠

    Confort des restaurants : 🟡🟡🟡🟡🟡 ... 🟡

    Qualité de la table   : ❀❀❀, ❀❀, ❀

DROLSHAGEN 5962. Nordrhein-Westfalen − 10 500 Ew − Höhe 375 m − 🐝 02761.

🛈 Verkehrsamt, Klosterhof 2, ✆ 7 03 17.

♦Düsseldorf 114 − Hagen 59 − ♦Köln 70 − Siegen 34.

🏠 **Auf dem Papenberg** 🐾, ✆ 7 12 10, ≤, 🐎 − 🍴wc 🚗 🅿. 🦌
(Rest. nur für Hausgäste) − **11 Z : 20 B** 27/34 - 54 − P 43.

In Drolshagen-Frenkhauserhöh N : 4 km :

🏠 **Zur schönen Aussicht** 🐾, Biggeseestraße, ✆ 25 83, ≤, 🐎 − 📺 🍴wc 🅿 🧖. 🦌
8.- 23. Jan. geschl. − Karte 18/36 *(Dienstag geschl.)* − **14 Z : 28 B** 38/45 - 70/80.

In Drolshagen-Hützemert NW : 3 km :

🏠 **Haus Wigger**, Vorm Bahnhof 4, ✆ (02763) 5 88, 🍴, 🚭, 🐎 − 🍴wc 🅿
14 Z : 26 B.

In Drolshagen-Scheda NW : 6 km :

🏠 **Haus Schulte**, Zum Höchsten 2, ✆ (02763) 3 88 − 🍴wc 🚗 🅿
Karte 18/52 *(Mittwoch geschl.)* − **16 Z : 32 B** 30/35 - 50/60.

DUDELDORF Rheinland-Pfalz siehe Bitburg.

DUDERSTADT 3408. Niedersachsen 987 ⑯ − 23 400 Ew − Höhe 172 m − 🐝 05527.

🛈 Verkehrsbüro, Rathaus, Marktstr. 66, ✆ 84 12 00.

♦Hannover 131 − ♦Braunschweig 118 − Göttingen 32.

🏠 **Zum Löwen**, Marktstr. 30, ✆ 30 72 − ⛲wc 🍴wc 🕿 🚗 🧖
Karte 17/46 − **36 Z : 61 B** 35/50 - 65/95.

🏠 **Deutsches Haus** 🐾, Hinterstr. 29, ✆ 40 52 − 🍴wc 🕿 🚗
🛬 Karte 14,50/33 *(Montag geschl.)* − **31 Z : 53 B** 33/38 - 62/75.

DÜLMEN 4408. Nordrhein-Westfalen 987 ⑭, 408 ㉑ − 40 000 Ew − Höhe 70 m − 🐝 02594.

🛈 Verkehrsamt, Rathaus, ✆ 1 22 92.

♦Düsseldorf 94 − Münster (Westfalen) 34 − Recklinghausen 27.

🏨 **Zum Wildpferd**, Münsterstr. 52, ✆ 50 63, 🚭, 🔳 − 🍴 ⛲wc 🍴wc 🦽 🚗 🧖. 🆎 ⓞ 🇪 VISA
Karte 20/42 *(Sonntag ab 14 Uhr geschl.)* − **38 Z : 55 B** 48/72 - 80/125.

🏨 **Merfelder Hof**, Borkener Str. 60, ✆ 10 55, 🍴, 🚭 − 🍴wc 🕿 🚗 🅿. 🇪
Karte 28/54 − **35 Z : 60 B** 35/70 - 60/110 Fb.

🏠 **Am Markt**, Marktstr. 21, ✆ 23 88 − 🍴wc 🚗 🧖. 🆎 ⓞ 🇪 VISA
Karte 18,50/44 *(Freitag ab 14 Uhr geschl.)* − **20 Z : 28 B** 40/55 - 70/90.

🏠 **Lehmkuhl** garni, Coesfelder Str. 8, ✆ 44 34 − 🍴wc
11 Z : 17 B 30/39 - 60/78.

🍴🍴 **Rôtisserie Kamin**, Tiberstr. 20, ✆ 66 88
nur Abendessen − (Tischbestellung ratsam).

Außerhalb NW : 5 km über Borkener Straße :

🍴 **Haus Waldfrieden**, Börnste 20, ✆ (02594) 22 73, 🍴, Märchenwald, Kinderspielplatz − 🅿.
🛬 🦌
Freitag und 25. Nov. - 25. Dez. geschl. − Karte 14,50/48.

DÜNSEN Niedersachsen siehe Harpstedt.

DÜREN 5160. Nordrhein-Westfalen 987 ㉓ − 85 600 Ew − Höhe 126 m − 🐝 02421.

🛈 Rathaus, Kaiserplatz, ✆ 12 12 30.

ADAC, Oberstr. 30, ✆ 1 45 98., Notruf ✆ 1 92 11.

♦Düsseldorf 71 ① − ♦Aachen 34 ② − ♦Bonn 57 ④ − ♦Köln 48 ②.

Stadtplan siehe gegenüberliegende Seite.

🏨 **Alte Post**, Josef-Schregel-Str. 36, ✆ 1 70 01, Telex 833880 − 🍴 🍽 📺 🚗 🅿 🧖. 🆎 ⓞ 🇪
VISA   Y r
Karte 29/72 − **45 Z : 70 B** 85/106 - 130/160.

🏨 **Germania**, Josef-Schregel-Str. 20, ✆ 1 50 00 − 🍴 ⛲wc 🍴wc 🕿 🚗 🅿 🧖. 🇪   Y c
Karte 17/46 *(Sonntag geschl.)* − **52 Z : 90 B** 40/85 - 60/110.

🏠 **Zum Nachtwächter**, Kölner Landstr. 12 (B 264), ✆ 7 40 31 − 🍴wc 🅿   Y e
20. Dez.- 4. Jan. geschl. − Karte 18/44 *(nur Abendessen)* − **37 Z : 75 B** 34/50 - 63/85.

🏠 **Gasthof Düren Ost**, Kölner Landstr. 77 (B 264), ✆ 3 32 83 − ⛲wc 🍴wc 🕿 🚗 🅿. 🇪   Y s
22. Juli- 2. Aug. geschl. − Karte 15,50/36 *(Sonntag geschl.)* − **28 Z : 54 B** 36/52 - 68/85.

🍴🍴 **Stadtpark-Rest.**, Valenciener Str. 2, ✆ 6 30 68, « Gartenterrasse » − 🅿. 🆎 ⓞ 🇪 VISA
4.- 23. Aug., Samstag bis 18 Uhr und Dienstag geschl. − Karte 25/58.   X n

🍴🍴 Stadthalle, Bismarckstr. 9, ✆ 1 63 74, 🍴 − 🅿 🧖   Y

DÜREN

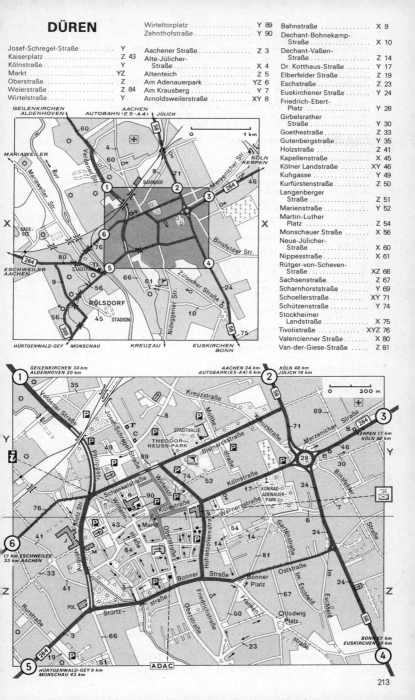

213

DÜREN

In Düren-Mariaweiler NW : 3 km über Mariaweiler Str. X :

🏠 **Mariaweiler Hof**, An Gut Nazareth 45, ℰ 8 79 00 — �🅦wc ☎ ⇔ 🅿. 🆀 🅴
Karte 16/40 *(Mittwoch bis 16 Uhr geschl.)* — **10 Z : 15 B** 32/60 - 64/80.

In Düren-Niederau S : 3 km über Nidegener Str. X :

🏠 **Europa**, Kreuzauer Str. 103, ℰ 5 80 58 — 🆃🆅 ⇔wc �🅦wc ☎ 🅿. 🆀 🅴 𝘝𝘐𝘚𝘈
Karte 24/50 — **17 Z : 34 B** 75 - 120/130.

In Kreuzau-Untermaubach 5166 S : 11 km über Nidegener Str. X :

XX **Mühlenbach**, Rurstr. 16, ℰ (02422) 41 58 — 🅿. 🅴
Dienstag und 1.- 20. März geschl. — Karte 19/45.

DÜRKHEIM, BAD 6702. Rheinland-Pfalz 𝟡𝟠𝟟 ②. 𝟝𝟟 ⑩ — 17 600 Ew — Höhe 120 m — Heilbad — ✪ 06322.

🛈 Städt. Verkehrsamt, am Bahnhofsplatz, ℰ 79 32 75.

Mainz 82 — Kaiserslautern 33 — ♦Mannheim 22 — Neustadt an der Weinstraße 14.

🏨 **Crest Hotel**, Kurbrunnenstr. 30, ℰ 60 10, Telex 454694 — 🛗 🆃🆅 🕭 🅿 🏋 . 🆀 🅾 🅴 𝘝𝘐𝘚𝘈
Karte 31/64 — **100 Z : 200 B** 136/141 - 202/212 Fb.

🏨 **Kurparkhotel** ⑤, Schloßplatz 1, ℰ 79 70, Telex 454818, ≼, ⛱, Massage, ⇔, ⬛ — 🛗 🕭
🅿 🏋 (mit 🍽). 🆀 🅾 🅴 𝘝𝘐𝘚𝘈
Restaurants : — **Schlemmer-Ecke** Karte 33/61 — **Alt Dürkheim** Karte 23/53 — **109 Z : 195 B** 118 - 172/190 Fb — P 151.

🏨 **Leininger Hof** garni, Kurgartenstr. 17, ℰ 40 86, Telex 454894, ⇔, ⬛, ⛶ — 🛗 🆃🆅 ⇔ 🏋 .
🆀 🅾 🅴 𝘝𝘐𝘚𝘈
96 Z : 144 B 105/170 - 150/210 Fb.

🏩 **Gartenhotel Heusser** ⑤, Seebacher Str. 50, ℰ 20 66, Telex 454889, « Garten », ⇔,
⬛ (geheizt), ⬛, ⛶ — 🛗 ⇔wc �🅦wc ☎ 🅿 🏋. 🆀 🅾 🅴. ⛟
(Rest. nur für Hausgäste) — **76 Z : 120 B** 68/95 - 115/148 Fb — P 98/115.

🏩 **Fronmühle**, Salinenstr. 15, ℰ 82 11, ⛱, ⇔, ⬛, ⛶ — 🛗 ⇔wc � 🅦wc ☎ 🅿 🏋
Karte 22/56 *(Montag geschl.)* 🧒 — **21 Z : 45 B** 70 - 115 Fb — P 92/104.

🏠 Haus Boller, Kurgartenstr. 19, ℰ 14 28, ⛶ — ⇔wc �

🅦wc ☎ ⇔
16 Z : 24 B.

X **Weinakademie**, Holzweg 76, ℰ 24 14
wochentags nur Abendessen, Freitag und 1.- 20. Sept. geschl. — Karte 23/47.

X Weinstube Bach-Mayer, Gerberstr. 13, ℰ 86 11
nur Abendessen.

In Bad Dürkheim-Seebach SW : 1,5 km :

🏩 **Landhaus Fluch** ⑤ garni, Seebacher Str. 95, ℰ 24 88, ⛶ — 🛗 🅦wc ☎ 🅿. ⛟
20. Dez.- 6. Jan. geschl. — **27 Z : 48 B** 52/60 - 85/95 Fb.

In Bad Dürkheim-Ungstein N : 2 km :

🏠 **Panorama** ⑤, Alter Dürkheimer Weg 8, ℰ 47 11, ≼, ⛶ — 🅦wc ⇔ 🅿
20. Dez.- 20. Jan. geschl. — Karte 16/33 *(nur Abendessen, Freitag geschl.)* 🧒 — **15 Z : 28 B** 31/42 - 64/82.

🏚 **Weinstube Bettelhaus**, Weinstr. 89, ℰ 35 59 — ⇔wc 🅦wc. 🆀
◆ Mitte Dez.- Mitte Jan. geschl. — Karte 13,50/30 *(nur Abendessen, Dienstag geschl.)* 🧒 — **19 Z :
35 B** 35/40 - 70/80.

DÜRRHEIM, BAD 7737. Baden-Württemberg 𝟡𝟠𝟟 ㉟ — 10 500 Ew — Höhe 706 m — Heilbad — Heilklimatischer Kurort — Wintersport : 780/895 m ⚡2 — ✪ 07726.

🛈 Zimmernachweis, im Kurmittelhaus, ℰ 6 42 95.

♦Stuttgart 113 — ♦Freiburg im Breisgau 70 — ♦Konstanz 76 — Villingen-Schwenningen 8.

🏩 **Kur- und Sporthotel Hänslehof** ⑤, Hofstr. 13, ℰ 80 34, Telex 7921328, ⇔, ⬛ — 🛗 🆃🆅
⇔wc ☎ ⇔ 🅿 🏋. 🆀 🅾 🅴 𝘝𝘐𝘚𝘈
Karte 26/60 — **126 Z : 220 B** 90/99 - 129/141 Fb — 7 Appart. 125.

🏩 **Kurhotel Waldeck** ⑤, Waldstr. 18, ℰ 80 01/66 30, Telex 7921315, Bade- und Massageabteilung, ⇔, ⛶ — 🛗 🆃🆅 ⇔wc 🅦wc ☎ ⇔ 🅿 🏋. 🆀 🅾 🅴 𝘝𝘐𝘚𝘈
Karte 20/47 *(auch Diät)* — **80 Z : 120 B** 69/85 - 118/140 Fb — P 105/128.

🏠 **Salinensee** ⑤, Am Salinensee 1, ℰ 80 21, ≼, « Terrasse am See », ⛶ — ⇔wc 🅦wc ☎
⇔ 🅿 🏋. ⛟ Zim
14.- 24. Dez. geschl. — Karte 15/36 *(Freitag geschl.)* — **20 Z : 30 B** 48/51 - 96/102 Fb — P 78/82.

🏠 **Haus Baden** ⑤ garni, Kapfstr. 6, ℰ 76 81, ⛶ — 🅦wc ☎ 🅿. ⛟
16 Z : 21 B 42/60 - 80/95.

Dans les grandes villes,
certains hôtels proposent des « forfaits week-end »
à des prix intéressants.

DÜSSELDORF 4000. ⑫ Nordrhein-Westfalen 𝟵𝟴𝟳 ㉓ ㉔ – 569 000 Ew – Höhe 40 m – ✆ 0211.

Sehenswert : Königsallee★ – **Hofgarten★** – **Hetjensmuseum★** BX **M2** – **Landesmuseum Volk u. Wirtschaft★** BV **M1** – **Goethemuseum★** CV **M3** – **Thyssenhaus★** CVX E.

Ausflugsziel : Schloß Benrath (Park★) S : 10 km über Kölner Landstr. T.

✈ Düsseldorf-Lohausen (① : 8 km), ✆ 42 12 23 – 🚗 ✆ 3 68 04 68.

Messe-Gelände (S), ✆ 4 56 01, Telex 8584853.

🛈 Verkehrsverein, K.-Adenauer-Pl. 12 und im Hauptbahnhof, ✆ 35 05 05, Telex 8587785.

ADAC, Kaiserswerther Str. 207, ✆ 43 49 51, Notruf ✆ 1 92 11.

Amsterdam 225 ② – ◆Essen 31 ② – ◆Köln 39 ⑦ – Rotterdam 237 ②.

Die Angabe (D 15) nach der Anschrift gibt den Postzustellbezirk an : Düsseldorf 15
L'indication (D 15) à la suite de l'adresse désigne l'arrondissement : Düsseldorf 15
The reference (D 15) at the end of the address is the postal district : Düsseldorf 15
L'indicazione (D 15) posta dopo l'indirizzo precisa il quartiere urbano : Düsseldorf 15

Messe-Preise : siehe S. 17 und 60   **Foires et salons :** voir p. 25 et 60
Fairs : see pp. 33 and 60   **Fiere :** vedere p. 41 e 60

DÜSSELDORF U. UMGEBUNG

① A B ① C ② D

WESEL 56 km
DUISBURG 25 km
ADAC
DUISBURG 29 km
AUTOBAHN (E 36-A 3) 15 km
ESSEN 31 km
MÜLHEIM
26 km
76

Kaiserswerther Str.
GOLZHEIM
Johannstr.
Heinrich- Ehrhardt- Str.
Rather
Straße
Grashofstr.
Münsterstr.
Brehmstr.

Uerdinger Str.
Rodistr.
Kennedydamm
DERENDORF
Ulmenstr.
Collenbachstr.
Ulmenstr.
52
S. Bahn
DERENDORF
Gruner-
str.
EIS-
STADION

U
THEODOR-HEUSS-BRÜCKE
Brüsseler Str.
Cecilien-
Kaiserswerther
KÖLN-
DÜSSELDORFER
RHEIN-
PARK
46
Klever Straße
Rather Straße
Münsterstr.
24
AQUAZOO
Rethelstr.
9

⑥ Kaiser- Friedrich- Ring
27
e
Nordstr.
Prinz-Georg-Str.
Moltkestr.
Dr-Bagel-Str.

OBERKASSEL
Hofgartenstr.
M
M1
Duisburger Str.
Kaiserstr.
Str.
305

V
Luegallee
OBERKASSELER BRÜCKE
TONHALLE
46
HOF-
GARTEN
Jägerhofstr.
104
HOF-
M3 GARTEN
Adlerstr.
Grafenberger Allee

⑥
25 km KREFELD
31 km MÖNCHENGLADBACH
124 km NIJMEGEN
(NIMWEGEN)
Kaiser- Wilhelm- Ring
Schlosufer
70
Am Wehrhahn
Kölner
Str.
Ackerstr.

⑥
SCHLOSSTURM
ALTSTADT
M2
Rheinkniebrücke
51
94
Berliner Allee
Immermann str.
Karl-
Str.
Wehrhahn
Worringer
Str.
HAUPTBAHNHOF

X
RHEIN
Mannesmannufer
Rathausufer
Königsallee
33
Graf-
Adolf-
Hüttenstr.
Cornelius str.
80

HAFEN
Stromstr.
Straße
POL.
Fürstenwall
Elisabethstr.
Fürstenwall
Ellerstr.
strasse

Y
31
Bilker
Bachstr.
Allee
Oberbilker Allee
Krupp
strasse

Z
25
Volklinger
Straße
Volmerswerther
BAHNHOF BILK
Aachener
Straße
Merowingerstr.
12
12
43
60
22
Auf'm
Hennekamp
Medienhafen str.
114
VOLKSGARTEN
Steffier-Karrelleweg

⑤
81 km AACHEN
43 km KÖLN
37 km MÖNCHENGLADBACH
10 km NEUSS
Südring
Südring
⑦④
AUTOBAHN A 46
KÖLN 39 km
⑦④
AUTOBAHN A 46
WUPPERTAL 37 km

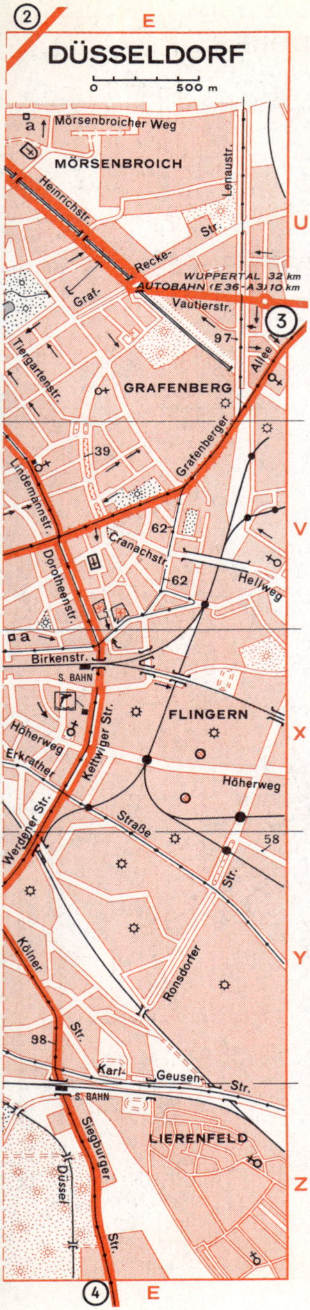

DÜSSELDORF

0   500 m

Mörsenbroicher Weg

MÖRSENBROICH

Heinrichstr.

WUPPERTAL 32 km
AUTOBAHN (E 36·A 3) 10 km
Vautierstr.

GRAFENBERG

Grafenberger

Lindemannstr.

Cranachstr.

Dorotheenstr.

Birkenstr.
S. BAHN

FLINGERN

Höherweg

Erkrather

Kettwiger Str.

Weidener Str.

Höherweg

Kölner

Ronsdorfer Str.

Karl-
Geusen-Str.
S. BAHN

LIERENFELD

Siegburger

Düssel

Str.

Straßenverzeichnis
siehe Düsseldorf S. 3.

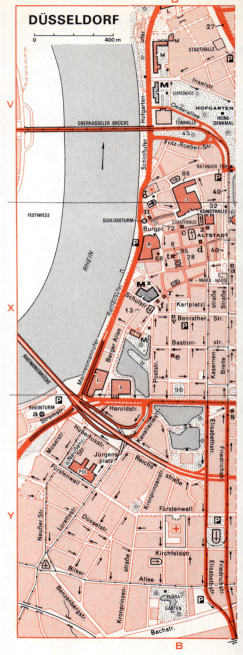

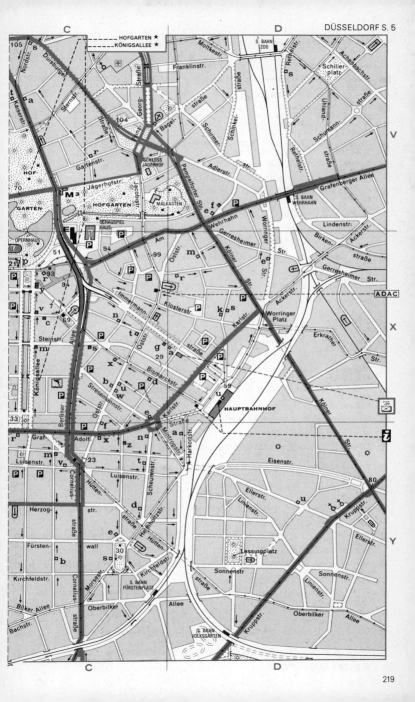

Breidenbacher Hof, Heinrich-Heine-Allee 36 (D 1), ℰ 86 01, Telex 8582630 – 🛗 🖿 📺 ♨.
🖭 ① Ε *VISA*. ⠹⠵   BX a
Restaurants : – **Grill Royal** *(Samstag bis 18 Uhr und Sonntag geschl.)* Karte 53/102 –
Breidenbacher Eck Karte 37/73 – **160 Z : 230 B** 245/350 - 320/470.

Steigenberger Parkhotel, Corneliusplatz 1 (D 1), ℰ 86 51, Telex 8582331, ⇔ – 🛗 📺 ℗
♨. 🖭 ① Ε *VISA*. ⠹⠵ Rest   CX p
Karte 40/89 – **160 Z : 220 B** 219/370 - 300/420 Fb.

Nikko Ⓜ, Immermannstr. 41 (D 1), ℰ 86 61, Telex 8582080, ⇔, Massage, ⇔s, ⃞ – 🛗 🖿 📺
⬥ ℗ ♨. 🖭 ① Ε *VISA*. ⠹⠵ Rest   DX a
Restaurants : – **Benkay** *(Japanisches Rest.)* Karte 30/80 – **Travellers** Karte 37/75 – **301 Z :**
600 B 221/316 - 292/387 Fb.

Excelsior garni, Kapellstr. 1 (D 30), ℰ 48 60 06, Telex 8584737 – 🛗 📺 . 🖭 ① Ε *VISA*   CV a
65 Z : 100 B 138/153 - 208/268.

Savoy, Oststr. 128 (D 1), ℰ 36 03 36, Telex 8584215, Massage, ⇔s, ⃞ – 🛗 🖿 Rest 📺 ℗ ♨.
🖭 ① Ε *VISA*   CX w
Karte 32/70 – **130 Z : 180 B** 165/230 - 240/320 Fb.

Holiday Inn, Graf-Adolf-Platz 10 (D 1), ℰ 37 70 53, Telex 8586359, ⇔s, ⃞ – 🛗 🖿 📺 ℗ ♨.
🖭 ① Ε *VISA*   CY r
Restaurants : – **Suppentopf** *(nur Mittagessen, Sonntag geschl.)* Karte 21/38 – **La Rhénane**
Karte 30/70 – **120 Z : 215 B** 214/233 - 278 Fb.

Uebachs, Leopoldstr. 5 (D 1), ℰ 36 05 66, Telex 8587620 – 🛗 📺 ⇔ ♨. 🖭 ① Ε *VISA*
⠹⠵ Rest   DX r
Karte 35/68 *(außerhalb der Messezeiten Sonntag geschl.)* – **82 Z : 110 B** 130/180 - 180/220 Fb.

Graf Adolf ⠹ garni, Stresemannplatz 1 (D 1), ℰ 36 05 91, Telex 8587844 – 🛗 📺 ⌷wc
�🛏wc ☎. 🖭 ① Ε   CX e
21. Dez.- 2. Jan. geschl. – **100 Z : 130 B** 70/125 - 155/185 Fb.

Ambassador garni, Harkortstr. 7 (D 1), ℰ 37 00 03, Telex 8586286 – 🛗 📺 ⌷wc �🛏wc ☎ ℗.
🖭 ① Ε *VISA*   DY a
60 Z : 130 B 90/130 - 150/180 Fb.

Lindenhof garni, Oststr. 124 (D 1), ℰ 36 09 63, Telex 8587012 – 🛗 📺 ⌷wc �🛏wc ☎. 🖭 ①
Ε *VISA*   CX u
43 Z : 70 B 120/145 - 160/185.

National garni, Schwerinstr. 16 (D 30), ℰ 49 90 62, Telex 8586597, ⇔s – 🛗 📺 ⌷wc �🛏wc
☎ ℗. 🖭 ① Ε   CU b
35 Z : 70 B 105/185 - 150/205 Fb.

Madison garni, Graf-Adolf-Str. 47 (D 1), ℰ 37 02 96 – 🛗 📺 �🛏wc ☎ ℗. 🖭 ① Ε. ⠹⠵   CY x
24 Z : 48 B 120 - 155 Fb.

City garni, Bismarckstr. 73 (D 1), ℰ 36 50 23, Telex 8587362 – 🛗 📺 ⌷wc �🛏wc ☎. 🖭 ① Ε
VISA   CX d
52 Z : 95 B 110/150 - 140/170.

Börsenhotel garni, Kreuzstr. 19a (D 1), ℰ 36 30 71, Telex 8587323 – 🛗 📺 ⌷wc �🛏wc ☎
♨. 🖭 ① Ε *VISA*   CX n
76 Z : 102 B 130/190 - 190/240 Fb.

Eden, Adersstr. 29 (D 1), ℰ 38 10 60, Telex 8582530 – 🛗 📺 ⌷wc �🛏wc ☎. 🖭 ① Ε *VISA*
(Rest. nur für Hausgäste) – **90 Z : 120 B** 127/155 - 188/210 Fb.   CY m

Centralhotel garni, Luisenstr. 42 (D 1), ℰ 37 90 01, Telex 8582145 – 🛗 📺 ⌷wc �🛏wc ☎. 🖭 ① Ε
80 Z : 120 B 140/170 - 190 Fb.   CY v

Lancaster garni, Oststr. 166 (D 1), ℰ 35 10 66 – 🛗 📺 ⌷wc �🛏wc ☎. 🖭. ⠹⠵   CXY f
38 Z : 60 B 130 - 170 Fb.

Intercity-Hotel Ibis garni, Konrad-Adenauer-Platz 14 (D 1), ℰ 1 67 20, Telex 8588913 – 🛗
�🛏wc ☎ ⬥ ♨. 🖭 ① Ε *VISA*   DX u
166 Z : 249 B 108/154 - 148/164 Fb.

Astoria Ⓜ garni, Jahnstr. 72 (D 1), ℰ 38 20 88, Telex 8581834 – 🛗 📺 ⌷wc �🛏wc ☎. 🖭 ①
Ε *VISA*. ⠹⠵   CY b
25 Z : 40 B 88/145 - 120/175 Fb.

Schumacher garni, Worringer Str. 55 (D 1), ℰ 36 04 34, Telex 8586610 – 🛗 📺 ⌷wc �🛏wc ☎. 🖭
① Ε *VISA*   DX e
30 Z : 53 B 85/140 - 140/200 Fb.

Cristallo garni, Schadowplatz 7 (D 1), ℰ 8 45 25, Telex 8582119 – 🛗 📺 ⌷wc �🛏wc ☎.   CX r
35 Z : 39 B 120 - 180.

Monopol garni, Oststr. 135 (D 1), ℰ 8 42 08, Telex 8587770 – 🛗 ⌷wc �🛏wc ☎. 🖭 ① Ε. ⠹⠵
23. Dez.- 1. Jan. geschl. – **45 Z : 60 B** 98/160 - 145/230 Fb.   CX b

Doria garni, Duisburger Str. 1a (D 30), ℰ 48 03 01 – 🛗 📺 �🛏wc ☎. 🖭 ① Ε   CV s
23. Dez.- 2. Jan. geschl. – **27 Z : 39 B** 89/110 - 130/170 Fb.

Imperial garni, Venloer Str. 9 (D 30), ℰ 48 30 08, Telex 8587187 – 🛗 ⌷wc �🛏wc ☎ ⇔. 🖭
① Ε *VISA*   BCU e
39 Z : 56 B 84/129 - 119/149.

🏨 **Minerva** garni, Cantadorstr. 13a (D 1), 𝒸 35 09 61, Telex 8586888 — 🛗 📺 🛁wc 🚿wc ☎. 🆎
E. 🍴   DX m
12 Z : 21 B 110 - 150.

🏨 **Astor** garni, Kurfürstenstr. 23 (D 1), 𝒸 36 06 61, ⇔ — 📺 🚿wc ☎. 🆎 E   DX k
16 Z : 25 B 75/105 - 95/145.

🏨 **Großer Kurfürst** garni, Kurfürstenstr. 18 (D 1), 𝒸 35 76 47 — 🛗 📺 🛁wc 🚿wc. 🆎 E   DX s
22 Z : 38 B 75/105 - 95/145.

🏨 **Regina** garni, Scheurenstr. 3 (D 1), 𝒸 37 04 46 — 🛗 🚿wc ☎. 🆎 E. 🍴   CY n
Aug. geschl. — **35 Z : 60 B** 85 - 115 Fb.

🏨 **Weidenhof** garni, Oststr. 98 (Ecke Marienstraße) (D 1), 𝒸 32 54 54, Telex 8586271 — 🛗 📺
🛁wc 🚿wc ☎. 🆎 ⓪ E 𝐕𝐈𝐒𝐀   CX t
30 Z : 45 B 90/120 - 120/160.

🏨 **Royal** garni, Gartenstr. 30 (D 30), 𝒸 49 00 49 — 🛗 🛁wc 🚿wc ☎.   CV r
40 Z : 60 B.

🏨 **Vossen am Karlplatz**, Bilker Str. 2 (D 1), 𝒸 32 50 10, Telex 8586605 — 🛗 🛁wc 🚿wc ☎. 🆎
⓪ E 𝐕𝐈𝐒𝐀 🍴 Zim   BX v
Karte 17/49 *(Juli - Aug. 3 Wochen geschl.)* — **55 Z : 89 B** 59/150 - 95/190 Fb.

🏨 **Stuttgarter Hof** garni, Bismarckstr. 39 (D 1), 𝒸 32 90 63 — 🛗 📺 🚿wc ☎. 🆎 ⓪ E 𝐕𝐈𝐒𝐀   CX x
22. Dez.- 1. Jan. geschl. — **35 Z : 45 B** 75/120 - 105/180.

🏨 **Wieland** garni, Wielandstr. 8 (D 1), 𝒸 35 01 71 — 🛗 📺 🛁wc 🚿wc ☎. 🆎 ⓪ E   DV e
22 Z : 45 B 75/145 - 125/180.

🏨 **Wurms** garni, Scheurenstr. 23 (D 1), 𝒸 37 50 01, Telex 8584290 — 🛗 🛁wc 🚿wc ☎. 🆎 ⓪ E
𝐕𝐈𝐒𝐀. 🍴   CY t
28 Z : 41 B 50/95 - 120/130.

🏨 **Gästehaus am Hofgarten** garni, Arnoldstr. 5 (D 30), 𝒸 44 63 82 — 🛁wc 🚿wc ☎. 🆎 E
23. Dez.- 3. Jan. geschl. — **24 Z : 37 B** 70/135 - 155.   CV t

𝗫𝗫𝗫𝗫 ❀ **Orangerie**, Bilker Str. 30 (D 1), 𝒸 13 18 28 — ⓪   BX e
außerhalb der Messezeiten Sonntag geschl. — Karte 50/105 (Tischbestellung ratsam) — **Bistro**
Karte 33/66
Spez. Carpaccio von Gänseleber mit Ingwer, Pot au feu von Edelfischen, Wachteln in Madeirasauce.

𝗫𝗫𝗫 ❀ **Victorian**, Königstr. 3a (1. Etage) (D 1), 𝒸 32 02 22 — ▤. 🆎 ⓪ E 𝐕𝐈𝐒𝐀   CX c
Sonn- und Feiertage geschl. — Karte 48/85 — **Lounge** Karte 26/63
Spez. Gänseleberterrine, Safrannudeln mit Meeresfrüchten in Champagnersauce, Kalbsfilet in weißer
Baumpilzbutter.

𝗫𝗫𝗫 **La Scala**, Königsallee 14 (1. Etage, 🛗) (D 1), 𝒸 32 68 32 — 🆎 ⓪ E. 🍴   CX y
Sonntag geschl. — Karte 37/69.

𝗫𝗫𝗫 **Müllers und Fest** KD, Königsallee 12 (D 1), 𝒸 32 60 01, ☂ — 🍴   CX y

𝗫𝗫 **La Terrazza**, Königsallee 30 (Kö-Center, 2. Etage, 🛗) (D 1), 𝒸 32 75 40 — 🆎 ⓪ E 𝐕𝐈𝐒𝐀
Sonn- und Feiertage geschl. — Karte 37/70 (Tischbestellung ratsam).   CX v

𝗫𝗫 **Schneider - Wibbel - Stuben**, Schneider-Wibbel-Gasse 7 (D 1), 𝒸 8 00 00, ☂   BX t

𝗫𝗫 **Nippon Kan** (Japanisches Rest.), Immermannstr. 35 (D 1), 𝒸 35 31 35 — 🆎 ⓪ E 𝐕𝐈𝐒𝐀. 🍴   CX g
Karte 38/61 (Tischbestellung ratsam).

𝗫𝗫 **China-Sichuan-Restaurant**, Graf-Adolf-Platz 7 (1. Etage) (D 1), 𝒸 37 96 41   BY s
(Tischbestellung ratsam).

𝗫𝗫 **Zur Auster** (Rest. im Bistro-Stil, überwiegend Fischgerichte), Berger Str. 9 (D 1), 𝒸 32 44 04   BX r
(Tischbestellung ratsam).

𝗫𝗫 **Daitokai** (Japanisches Rest.), Mutter-Ey-Str. 1 (D 1), 𝒸 32 50 54 — ▤. 🆎 ⓪ E 𝐕𝐈𝐒𝐀. 🍴   BX z
Sonntag geschl. — Karte 33/68 (Tischbestellung ratsam).

𝗫𝗫 **Weinhaus Tante Anna** (ehemalige Hauskapelle a. d. J. 1593), Andreasstr. 2 (D 1), 𝒸 13 11 63
— 🆎 ⓪ E 𝐕𝐈𝐒𝐀   BX c
nur Abendessen, außerhalb der Messezeiten Sonntag geschl. — Karte 35/65.

𝗫 **Mandarin** (Chinesische Küche), Steinstr. 23 (1. Etage) (D 1), 𝒸 32 81 96 — ⓪ E 𝐕𝐈𝐒𝐀   CX s
Karte 17/47.

Brauerei-Gaststätten :

𝗫 **Zum Schiffchen**, Hafenstr. 5 (D 1), 𝒸 13 24 22   BX f
25. Dez.- 1. Jan. sowie Sonn- und Feiertage geschl. — Karte 22/52 (Tischbestellung ratsam).

𝗫 **Frankenheim**, Wielandstr. 14 (D 1), 𝒸 35 14 47   DV f
Karte 16/45 (abends Tischbestellung ratsam).

𝗫 **Im Goldenen Ring**, Burgplatz 21 (D 1), 𝒸 13 31 61, Biergarten — 🅰   BX n
Karte 17/46.

𝗫 **Benrather Hof**, Steinstr. 1 (D 1), 𝒸 32 52 18, ☂   CX m
Karte 16/43.

𝗫 **Im Goldenen Kessel**, Bolker Str. 44 (D 1), 𝒸 32 60 07   BX d
Weihnachten - Neujahr geschl. — Karte 16/36.

In Düsseldorf 31-Angermund ① : 15 km über die B 8 :

🏭 **Haus Litzbrück**, Bahnhofstr. 33, 𝒫 (0203) 7 44 81, « Gartenterrasse », ⭐, 🏊, 🎣 – 📺
⇔ 🅿 🏄. 🖭 ⓪ 🖾
Karte 36/69 *(15. Juli - 15. Aug. geschl.)* – **23 Z : 38 B** 115/135 - 145/185.

🏠 **Haus Mariand'l** ⚓ garni, Blumenweg 3, 𝒫 (0203) 7 44 55, ⭐, 🏊, 🎣 – 📺 🕍wc 🕿 ⇔
12 Z : 23 B 85/115 - 145.

In Düsseldorf 13-Benrath über Kölner Landstr. T :

🏨 **Rheinterrasse**, Benrather Schloßufer 39, 𝒫 71 20 70, « Terrasse mit ≤ » – 📺 ⇔wc 🕍wc
🕿 🅿 🏄. ⓪ 🖾
Karte 21/65 – **19 Z : 35 B** 90/120 - 150/180 Fb.

🏞 **Waldesruh**, Am Wald 6, 𝒫 71 60 08 – ⇔wc 🕍wc 🕿 🅿
Karte 16/35 *(nur Abendessen, Freitag - Sonntag und Juni - Juli 3 Wochen geschl.)* – **35 Z :**
42 B 50/65 - 110/120.

XX **Lignano** (Italienische Küche), Hildener Str. 43, 𝒫 71 19 36 – 🖭 ⓪ 🖾 𝘝𝘐𝘚𝘈. 🍴
Samstag bis 18 Uhr, Sonntag, 18. Mai - 1. Juni und 31. Aug.- 14. Sept. geschl. – Karte 29/66.

XX **Pigage** mit Zim, Schloßallee 28, 𝒫 71 40 66 – ⇔wc 🕍wc 🕿 🅿. ⓪ 🖾 𝘝𝘐𝘚𝘈
Karte 28/67 – **10 Z : 17 B** 65/100 - 100/180.

In Düsseldorf 1-Bilk Stadtplan Düsseldorf : S. 2 :

🏠 **Hennekamp** garni, Auf'm Hennekamp 37, 𝒫 34 70 66 – 🛗 📺 ⇔wc 🕿 ⇔. 🖭 ⓪   CZ e
20 Z : 40 B 110 - 130/180.

In Düsseldorf 30-Derendorf Stadtplan Düsseldorf : S. 2 :

🏨 **Michelangelo** garni, Roßstr. 61, 𝒫 48 01 01, Telex 8588649 – 🛗 📺 ⇔wc 🕍wc 🕿 🅿. 🖭 ⓪
🖾 𝘝𝘐𝘚𝘈   CU a
24. Dez.- 1. Jan. geschl. – **70 Z : 105 B** 105/245 - 135/305 Fb.

🏨 **Gildors-Hotel** garni, Collenbachstr. 51, 𝒫 48 80 05, Telex 8584418 – 🛗 📺 ⇔wc 🕍wc 🕿
35 Z : 70 B Fb.   CU n

XXX **Amalfi** (Italienische Küche), Ulmenstr. 122, 𝒫 43 38 09 – 🖭 ⓪ 🖾   CU r
Sonntag geschl. – Karte 26/60.

In Düsseldorf 1-Düsseltal Stadtplan Düsseldorf : S. 2 :

🏨 **Haus am Zoo** ⚓ garni, Sybelstr. 21, 𝒫 62 63 33, « Garten », ⭐, 🏊 (geheizt), 🎣 – 🛗 📺
⇔wc 🕍wc 🕿 ⇔. 🖭 🖾   DU h
22 Z : 37 B 105/135 - 150/180 Fb.

🏠 **Berolina** garni, Rethelstr. 81, 𝒫 67 10 97 – 📺 🕍wc 🕿   DV s
21. Dez.- 2. Jan. geschl. – **30 Z : 45 B** 80/95 - 120.

In Düsseldorf 13-Eller Stadtplan Düsseldorf : S. 1 :

🏨 **Novotel Düsseldorf Süd**, Am Schönenkamp 9, 𝒫 74 10 92, Telex 8584374, �, 🏊 (geheizt),
🎣 – 🛗 📺 ⇔wc 🕿 ⑂ 🅿 🏄. 🖭 ⓪ 🖾 𝘝𝘐𝘚𝘈   T a
Karte 23/57 – **120 Z : 240 B** 140/170 - 173/193 Fb.

In Düsseldorf 1-Flingern Stadtplan Düsseldorf : S. 3 :

🏠 **Im Tönnchen** garni, Wetterstr. 4, 𝒫 68 44 04 – 🛗 📺 ⇔wc 🕿. 🖭 ⓪ 🖾 𝘝𝘐𝘚𝘈   EX a
20 Z : 40 B 95/125 - 115/140 Fb.

In Düsseldorf 1-Friedrichstadt Stadtplan Düsseldorf : S. 5 :

🏨 **Esplanade**, Fürstenplatz 17, 𝒫 37 50 10, Telex 8582970, ⭐, 🏊 – 🛗 📺 ⇔wc 🕍wc 🕿 ⇔.
🖭 ⓪ 🖾 𝘝𝘐𝘚𝘈. 🍴 Rest   CY s
Karte 32/65 – **80 Z : 110 B** 120/160 - 168/220 Fb.

🏨 **Fürstenhof** garni, Fürstenplatz 3, 𝒫 37 05 45, Telex 8586540 – 🛗 📺 ⇔wc 🕍wc 🕿. 🖭 ⓪
🖾 𝘝𝘐𝘚𝘈   CY e
43 Z : 75 B 115/145 - 165/198 Fb.

🏠 **Beyer** garni, Scheurenstr. 57, 𝒫 37 09 91 – 🛗 📺 ⇔wc 🕿. 🖭 🖾   CY d
19 Z : 36 B 65/115 - 95/145.

In Düsseldorf 30-Golzheim Stadtplan Düsseldorf : S. 2 :

🏩 **Inter-Continental** Ⓜ, Karl-Arnold-Platz 5, 𝒫 4 55 30, Telex 8584601, Massage, ⭐, 🏊 – 🛗
🏊 📺 🅿 🏄. 🖭 ⓪ 🖾 𝘝𝘐𝘚𝘈. 🍴 Rest   BU q
Karte 38/82 – **310 Z : 620 B** 317/378 - 368/441 Fb.

🏩 **Düsseldorf Hilton**, Georg-Glock-Str. 20, 𝒫 43 49 63, Telex 8584376, �, Massage, ⭐, 🏊,
🎣 – 🛗 🏊 📺 ⑂ 🅿 🏄. 🖭 ⓪ 🖾 𝘝𝘐𝘚𝘈. 🍴 Rest   BU r
Restaurants – **Hofgarten** Karte 24/56 – **San Franciso** separat erwähnt – **383 Z : 680 B** 211/353
- 280/455.

🏨 **Golzheimer Krug** ⚓, Karl-Kleppe-Str. 20, 𝒫 43 44 53, Telex 8588919, � – 📺 ⇔wc 🕍wc
🕿 🅿. 🖭 ⓪ 🖾 𝘝𝘐𝘚𝘈   AU e
Karte 31/65 *(außerhalb der Messezeiten Freitag geschl.)* – **27 Z : 50 B** 115/215 - 162/230 Fb.

🏠 **Rheinpark** garni, Bankstr. 13, 𝒫 49 91 86 – 🕍wc ⇔. 🍴   BU b
30 Z : 40 B 50/80 - 85/105.

XXXX ❀ **San Francisco**, Georg-Glock-Str. 20 (im Hilton-Hotel), ℰ 43 49 63 — 🗐 🅿 🖭 **E** 𝚅𝙸𝚂𝙰.
❀ BU r
Karte 50/85 (abends Tischbestellung ratsam)
Spez. Gänseleberterrine, Steinbuttmedaillon in Rotweinbutter, Kalbsfilet in weißer Trüffelsauce.

XX **Fischer-Stuben Mulfinger**, Rotterdamer Str. 15, ℰ 43 26 12, « Gartenterrasse » ABU a
Freitag 14 Uhr - Samstag geschl. — Karte 34/70 (Tischbestellung ratsam).

XX **Rosati** (Italienische Küche), Felix-Klein-Str. 1, ℰ 4 36 05 03, 🕭 — 🅿. 🖭 ① **E**. ❀ AU s
Sonntag geschl. — Karte 39/70 (Tischbestellung ratsam).

In Düsseldorf 13-Holthausen Stadtplan Düsseldorf : S. 1 :

🏨 **Dase** ⇘ garni, Bonner Str. 7 (Eingang Am Langen Weiher), ℰ 79 90 71 — 🔌 🖭 🛗wc ☎
⇗. 🖭 ① **E**. ❀ T u
22. Dez.- 2. Jan. geschl. — **50 Z : 54 B** 85/100 - 130/146 Fb.

In Düsseldorf 31-Kaiserswerth über ① und die B 8 :

🏨 **Barbarossa** garni, Niederrheinstr. 365 (B 8), ℰ 40 27 19 — 🔌 🛏wc 🛗wc ☎. 🅿. 🖭 ① **E**
20. Dez.- 5. Jan. geschl. — **33 Z : 39 B** 85/98 - 110/135.

XXX ❀❀ **Im Schiffchen** (Haus a.d.J. 1733 mit schöner Fassade), Kaiserswerther Markt 9,
ℰ 40 10 50 — ① **E**
nur Abendessen, Sonn- und Feiertage sowie Juli - Aug. 4 Wochen geschl. — Karte 76/105
(Tischbestellung erforderlich)
Spez. Gefüllte Canelloni in Trüffelbutter, kleiner Hummer in Kamillenblüten gedämpft, Eisauflauf mit Bergkräutern.

XX **Alte Rheinfähre**, Fährerweg 22, ℰ 40 11 34, Gartenterrasse mit ≼ — 🅿.

In Düsseldorf 30-Lohausen Stadtplan Düsseldorf : S. 1 :

XX **Flughafen Grill-Restaurant**, Terminal 2 (4. Etage 🔌), ℰ 4 21 60 97, ≼ — 🖭 ① **E** 𝚅𝙸𝚂𝙰. ❀
Karte 30/64. S f

In Düsseldorf 30-Mörsenbroich Stadtplan Düsseldorf : S. 2-3 :

🏨 **Ramada-Renaissance-Hotel** Ⓜ, Nördlicher Zubringer 6, ℰ 6 21 60, Massage, ⇔, 🖳 —
🔌 🗐 🕭 🏋 🏛 🖭 ① **E** 𝚅𝙸𝚂𝙰. ❀ Rest DU e
Karte 35/75 — **250 Z : 390 B** 216/326 - 282/392 Fb.

🏨 **Merkur** garni, Mörsenbroicher Weg 49, ℰ 63 40 31 — 🛏wc 🛗 ☎ 🅿. 🖭 ① **E** EU a
28 Z : 42 B 68/90 - 95/140 Fb.

In Düsseldorf 1-Oberbilk Stadtplan Düsseldorf : S. 5 :

🏨 **Berliner Hof** garni, Ellerstr. 110, ℰ 78 47 44 — 🔌 🛗wc ☎ ⇗. **E** DY u
21 Z : 30 B 74/124 - 100/162.

In Düsseldorf 11-Oberkassel Stadtplan Düsseldorf : S. 1 :

🏨 **Ramada**, Am Seestern 16, ℰ 59 10 47, Telex 8585575, ⇔, 🖳 — 🔌 🗐 🖭 🅿 🏛. 🖭 ① **E**
𝚅𝙸𝚂𝙰. ❀ Rest S a
Karte 42/82 — **222 Z : 390 B** 182/232 - 244/329 Fb.

🏨 **Rheinstern Penta Hotel**, Emanuel-Leutze-Str. 17, ℰ 5 99 70, Telex 8584242, ⇔, 🖳 — 🔌
🗐 Rest 🖭 🅿 🏛 (mit 🗐). 🖭 ① **E** 𝚅𝙸𝚂𝙰. ❀ S r
Karte 31/64 — **182 Z : 364 B** 181/211 - 257/287 Fb.

🏨 **Hanseat** garni, Belsenstr. 6, ℰ 57 50 69 — 🖭 🛗wc ☎. 🖭 ① **E** 𝚅𝙸𝚂𝙰 S n
28 Z : 48 B 110/140 - 160/220 Fb.

🏨 **Arosa** garni, Sonderburgstr. 48, ℰ 55 40 11, Telex 8582242 — 🔌 🛏wc 🛗wc ☎ ⇗. 🅿. 🖭
① ST e
22. Dez.- 1. Jan. geschl. — **32 Z : 44 B** 100/120 - 140/160.

XXX **De' Medici** (Italienische Küche), Amboßstr. 3, ℰ 59 41 51 — 🖭 ① **E** 𝚅𝙸𝚂𝙰 S m
außerhalb der Messezeiten Samstag bis 18 Uhr sowie Sonn- und Feiertage geschl. — Karte
31/70 (abends Tischbestellung erforderlich).

In Düsseldorf 12-Unterbach SO : 11 km über Rothenbergstr. T :

🏨 **Am Zault**, Gerresheimer Landstr. 40, ℰ 25 10 81 — 🖭 🛏wc 🛗wc ☎ 🅿 🏛. 🖭 **E** 𝚅𝙸𝚂𝙰.
❀ T
Karte 27/63 *(Samstag bis 18 Uhr geschl.)* — **44 Z : 72 B** 120/140 - 180 Fb.

In Düsseldorf 1-Unterbilk Stadtplan Düsseldorf : S. 2 :

XXX **Savini** (Italienische Küche), Stromstr. 47, ℰ 39 39 31 — ① AY e
Samstag bis 18 Uhr und Sonntag geschl. — Karte 43/83 (Tischbestellung ratsam).

XX **Rheinturm Top 180**, Stromstr. 20, ℰ 8 48 58, ☀ Düsseldorf und Rhein, « Rotierendes Rest.
in 172 m Höhe », (🔌. Gebühr 4 DM) — 🗐. 🖭 ① **E**. ❀ Stadtplan Düsseldorf : S. 4 BY a
Karte 32/64.

In Düsseldorf 31-Wittlaer ① : 12 km über die B 8 :

XX **Brand's Jupp**, Kalkstr. 49, ℰ 40 40 49, « Gartenterrasse » — 🅿. 🖭 ① **E** 𝚅𝙸𝚂𝙰
Montag und 5.- 31. Jan. geschl. — Karte 31/72.

223

In Meerbusch 1-Büderich 4005 über ⑥ und die B 9 – ✿ 02105 :

XXX **Landhaus Mönchenwerth**, Niederlöricker Str. 56 (an der Schiffsanlegestelle), ℰ 7 79 31, ≤, 🏤 – 🅿. 🆎 ⑩ 🅴 𝖵𝖨𝖲𝖠   S c
22. Dez.- 6. Jan. und Samstag geschl. – Karte 36/86.

XXX **Haus Landsknecht** mit Zim, Poststr. 70, ℰ 26 02 – ⋔wc 🅿 🅿. ⑩. 🛇   S u
Karte 35/73 *(Samstag geschl.)* – **6 Z : 12 B** 64/88 - 106/156.

X **Lindenhof**, Dorfstr. 48, ℰ 26 64   S v
wochentags nur Abendessen, Montag und Feiertage, Feb. 1 Woche und Juli - Aug. 3 Wochen geschl. – Karte 28/52 (Tischbestellung erforderlich).

In Meerbusch 3 - Langst-Kierst 4005 über ⑥ und Neußer Str. S :

🏠 **Haus Niederrhein** 🛇, Zur Rheinfähre, ℰ (02150) 28 39, ≤, 🏤 – ⊖wc ⋔wc 🅿 🅿
12 Z : 24 B.

Siehe auch : *Mettmann* O : 16 km.

MICHELIN-REIFENWERKE KGaA. Niederlassung 4040 Neuß 1, Moselstr. 11 (über ⑤), ℰ (02101) 4 90 61.

DUISBURG 4100. Nordrhein-Westfalen 👿👿👿 ⑬ – 548 000 Ew – Höhe 31 m – ✿ 0203.

Siehe Ruhrgebiet (Übersichtsplan)

Sehenswert : Hafen★ (Rundfahrt★) AZ.

🄱 Stadtinformation, Königstr. 53, ℰ 2 83 21 89 — ADAC, Koloniestr. 148, ℰ 35 50 25, Notruf ℰ 1 92 11.
◆Düsseldorf 29 ③ – ◆Essen 20 ① – Nijmegen 111 ①.

Stadtplan siehe gegenüberliegende Seite.

🏩 **Steigenberger-Hotel Duisburger Hof**, Neckarstr. 2, ℰ 33 10 21, Telex 855750, 🏤 – 🛗 📺 🅿 🅿. 🆎 ⑩ 🅴 𝖵𝖨𝖲𝖠. 🛇 Rest   CX f
Karte 32/64 – **112 Z : 145 B** 149/189 - 228/268 Fb.

🏨 **Novotel**, Landfermannstr. 20, ℰ 30 00 30, Telex 8551638, ≘s, 🔲 – 🛗 🔲 📺 ⊖wc 🅿 🅿 &
🅿. 🆎 ⑩ 🅴 𝖵𝖨𝖲𝖠   CX w
Karte 22/50 – **162 Z : 324 B** 130/150 - 163/173 Fb.

🏨 **Plaza** Ⓜ garni, Dellplatz 1, ℰ 2 19 75, Telex 8551661, ≘s, 🔲 – 🛗 📺 ⊖wc ⋔wc 🅿. 🆎 ⑩
🅴 𝖵𝖨𝖲𝖠   BY c
50 Z : 75 B 75/129 - 120/185 Fb.

🏨 **Haus Friederichs**, Neudorfer Str. 33, ℰ 35 57 37 – 🛗 📺 ⋔wc 🅿   CY b
Karte 23/46 *(nur Abendessen, Sonntag geschl.)* – **34 Z : 46 B** 75/90 - 130 Fb.

🏨 **Haus Reinhard** garni, Fuldastr. 31, Garten, ≘s – 📺 ⊖wc ⋔wc 🅿 🏎. 🛇   CX h
24. Dez.- 3. Jan. geschl. – **15 Z : 22 B** 95/105 - 140/160 Fb.

🏠 **Stadt Duisburg** garni, Düsseldorfer Str. 124, ℰ 2 23 75, ≘s – 🛗 📺 ⊖wc ⋔wc 🅿. 🆎
⑩ 🅴   CY n
35 Z : 60 B 70/130 - 90/160 Fb.

XX **La Provence**, Hohe Str. 29, ℰ 2 44 53 – 🛇   CX k
Juli - Aug. 3 Wochen, Samstag bis 18 Uhr sowie Sonn- und Feiertage geschl. – Karte 46/75.

XX **Mercatorhalle**, König-Heinrich-Platz, ℰ 33 20 66, Telex 855502, 🏤 – 🍽 🅿   CX r

XX **Rôtisserie Laterne im Klöcknerhaus**, Mülheimer Str. 38, ℰ 2 12 98, 🏤 – 🍽 🅿 🅿   CX e
Samstag - Sonntag geschl. – Karte 20/62.

In Duisburg 28 - Buchholz :

🏠 **Sittardsberg** garni, Sittardsberger Allee 10, ℰ 70 00 01, ≘s – 🛗 ⊖wc ⋔wc 🅿 🅿. 🆎 ⑩
🅴 𝖵𝖨𝖲𝖠   AZ a
35 Z : 45 B 62/80 - 115/150.

In Duisburg 17 - Homberg :

🏩 **Ampurias** Ⓜ 🛇, Königstr. 24, ℰ (02136)1 20 05, Telex 8551618, ≤, Massage, ≘s,
🍲 (geheizt), 🔲 – 🛗 📺 🅿 🅿. 🆎 ⑩ 🅴. 🛇 Zim   AZ d
Karte 31/73 – **16 Z : 32 B** 90/185 - 125/225 Fb.

🏨 **Rheingarten**, Königstr. 78, ℰ (02136) 50 01, Telex 8551435, ≤, 🏤 – 🛗 📺 ⊖wc ⋔wc 🅿 🅿
🅿. 🆎 ⑩ 🅴 𝖵𝖨𝖲𝖠   AZ x
27. Dez.- 2. Jan. geschl. – Karte 27/57 – **28 Z : 56 B** 90/119 - 140/164 Fb.

In Duisburg 1-Kaiserberg :

XX **Wilhelmshöhe**, Am Botanischen Garten 21, ℰ 33 06 66, « Gartenterrasse » – 🅿. 🆎 ⑩ 🅴
Montag - Dienstag geschl. – Karte 25/54.   AZ s

In Duisburg 14-Rheinhausen :

🏠 **Mühlenberger Hof**, Hohenbudberger Str. 88, ℰ (02135) 45 65, Biergarten, « Rustikal
gemütliche Einrichtung », 🍲 – 📺 ⋔wc 🅿 🅿   AZ t
Mitte Sept.- Anfang Okt. geschl. – Karte 20/51 *(Samstag bis 18 Uhr und Montag geschl.)* –
10 Z : 14 B 50/80 - 100/120.

DUISBURG

In Duisburg 13-Ruhrort :

✗ **Postkutsche**, Amtsgerichtsstr. 20, ℰ 8 23 42 — **E**   AYZ r
Samstag geschl. — Karte 29/65.

In Duisburg 1-Wanheimerort :

🏠 **Am Sportpark** garni, Buchholzstr. 27, ℰ 77 03 40, 🕿s, 🔲 — 🛗 ∰wc 🚗 **P. AE � E**   AZ f
20 Z : 35 B 55/70 - 90/110.

DUNNINGEN 7213. Baden-Württemberg — 5 000 Ew — Höhe 665 m — 🕿 07403.
♦Stuttgart 101 — Freudenstadt 49 — Villingen-Schwenningen 25.

☎ **Krone**, Hauptstr. 8 (B 462), ℰ 2 75 — ∰wc 🕿 🚗 **P**
28. Juli - 23. Aug. geschl. — Karte 15/38 *(Freitag ab 14 Uhr und Montag geschl.)* 🍴 — **10 Z :**
18 B 38 - 76.

DURACH Bayern siehe Kempten (Allgäu).

DURBACH 7601. Baden-Württemberg 🔢 ㉔, 🔢 ⑤ — 3 700 Ew — Höhe 216 m — Erholungsort
— 🕿 0781 (Offenburg).
🎫 Verkehrsamt im Rathaus, Tal 189, ℰ 4 11 89.
♦Stuttgart 148 — Baden-Baden 54 — Freudenstadt 51 — Offenburg 9.

🏨 🕸 **Zum Ritter**, Tal 185, ℰ 3 10 31, 🕿s, 🔲 — 🛗 📺 🚗 **P** 🛁. 🌸
Karte 33/88 *(7. Jan.- 7. Feb. und Sonntag - Montag 18 Uhr geschl.)* — **62 Z : 110 B** 60/140 -
105/220 Fb
Spez. Badische Schneckensuppe, Steinbuttfilet in Hummersauce, Schwarzwälder Kirschauflauf mit
Traminerweinschaum-Sauce (2 Pers.).

🏨 **Rebstock** 🍴, Halbgütle 256, ℰ 4 15 70, �, 🌳 — ∰wc 🕿 🚗 **P** 🛁. 🌸 Zim
Jan. geschl. — Karte 29/54 *(Montag geschl.)* 🍴 — **15 Z : 26 B** 48/52 - 88/94.

In Durbach-Ebersweier NW : 4 km :

☎ **Krone**, Am Durbach 1, ℰ 4 12 44, 🌳 — ∰
Karte 15/37 *(Dienstag geschl.)* 🍴 — **14 Z : 27 B** 30/36 - 60/70.

DURMERSHEIM 7552. Baden-Württemberg — 11 500 Ew — Höhe 119 m — 🕿 07245.
♦Stuttgart 91 — ♦Karlsruhe 14 — Rastatt 10.

🏠 **Adler**, Hauptstr. 49, ℰ 24 57 — ∰wc **P**
30. Jan.- 17. Feb. geschl. — Karte 17/51 *(Donnerstag geschl.)* 🍴 — **23 Z : 35 B** 35/50 - 58/80.

EBELSBACH Bayern siehe Eltmann.

EBENSFELD Bayern siehe Staffelstein.

EBERBACH AM NECKAR 6930. Baden-Württemberg 🔢 ㉘ — 15 400 Ew — Höhe 131 m —
Heilquellen-Kurort — 🕿 06271.
🎫 Kurverwaltung, Im Kurzentrum, Kellereistr. 32, ℰ 48 99.
♦Stuttgart 107 — Heidelberg 33 — Heilbronn 53 — ♦Würzburg 111.

🏨 **Karpfen** (Fassade mit Fresken der Stadtgeschichte), Am alten Markt 1, ℰ 23 16 — 🛗 🚻wc
∰wc **P. AE E**
Karte 18/45 *(Dienstag bis 18 Uhr geschl.)* — **44 Z : 75 B** 38/60 - 68/90.

🏨 **Kettenboot**, Friedrichstr. 1, ℰ 24 70 — 🛗 🚻wc ∰wc
30. Okt.- 15. Nov. geschl. — Karte 21/56 *(Freitag geschl.)* — **16 Z : 25 B** 45/70 - 90/110.

🏠 **Krone-Post**, Hauptstr. 1, ℰ 23 10, ≼, 🌳 — 🛗 🚻wc ∰wc 🕿 **P. AE ⓧ E VISA** 🌸 Rest
Nov. geschl. — Karte 23/46 *(Dez.- März Samstag geschl.)* — **48 Z : 80 B** 40/75 - 85/120 Fb.

✗✗ **Altes Badhaus** mit Zim (Fachwerkhaus a. d. 15. Jh.), Am Lindenplatz 1, ℰ 56 16, 🌳 — 📺
∰wc 🕿. **AE ⓧ E VISA**
4.- 20. Jan. geschl. — Karte 23/51 *(Nov.- Mai Montag ab 15 Uhr und Sonntag geschl.)* — **7 Z :**
14 B 50/65 - 100.

✗✗ **Kurhaus**, Leopoldsplatz 1, ℰ 27 00, ≼, 🌳 — **AE**
Montag geschl. — Karte 24/56.

Eberbach-Brombach siehe unter *Hirschhorn am Neckar.*

EBERMANNSTADT 8553. Bayern 🔢 ㉘ — 5 700 Ew — Höhe 290 m — Erholungsort — 🕿 09194.
🎫 Verkehrsamt, im Bürgerhaus, Bahnhofstr. 7, ℰ 81 28.
♦München 219 — ♦Bamberg 30 — Bayreuth 61 — ♦Nürnberg 48.

🏨 **Resengörg** 🍴, Hauptstr. 36, ℰ 81 74 — 🛗 🚻wc ∰wc 🕿 🚗 **P** 🛁. ⓧ **E**
← Karte 11,50/30 🍴 — **36 Z : 70 B** 28/35 - 60/65 — P 45/50.

🏨 **Sonne**, Hauptstr. 29, ℰ 3 42, 🌳 — ∰wc 🚗 **P** 🛁
32 Z : 64 B.

Fortsetzung →

🏨 **Schwanenbräu**, Marktplatz 2, ℇ 2 09 — 🏦wc ⇶ 🧬
— 2.- 10. Jan. geschl. — Karte 11,50/30 ℧ — **23 Z : 42 B** 30/32 - 56/64 — P 42.

🏨 **Haus Feuerstein** ∾ garni, Georg-Wagner-Str. 15, ℇ 85 05 — 🏦wc
12 Z : 23 B 29 - 54.

In Ebermannstadt-Rothenbühl O : 2 km über die Straße nach Gößweinstein :

☗ **Pension Bieger** ∾, ℇ 95 34 — ∇wc 🏦wc ☉. ✌ Rest
⎰ Karte 11/26 — **40 Z : 75 B** 24/35 - 40/62 — P 39/46.

EBERN 8603. Bayern ⚪⚫⚭ ⚪ — 7 000 Ew — Höhe 271 m — ☀ 09531.
◆München 255 — ◆Bamberg 26 — Coburg 26 — Schweinfurt 56.

☗ **Post**, Bahnhofstr. 2, ℇ 80 77 — 🏦wc ☉
⎰ 27. Dez.- 15. Jan. geschl. — Karte 10,50/31 *(Montag geschl.)* ℧ — **17 Z : 26 B** 26/35 - 52/60.

EBERSBACH AN DER FILS 7333. Baden-Württemberg — 13 900 Ew — Höhe 292 m — ☀ 07163.
◆Stuttgart 33 — Göppingen 10 — ◆Ulm (Donau) 70.

🏨 **Adler**, Stuttgarter Str. 4 (B 10), ℇ 35 28 — 🚽 ∇wc 🏦 ☉. Ⓜ Ⓢ Ⓒ
Karte 21/48 *(Montag geschl.)* — **27 Z : 45 B** 32/50 - 64/100.

EBERSBERG 8017. Bayern ⚪⚫⚭ ⚫. ⓄⓉⓁ ⚪ — 9 200 Ew — Höhe 563 m — Erholungsort — ☀ 08092.
◆München 32 — Landshut 69 — Rosenheim 31.

🏮 **Klostersee** ∾, Am Priel 3, ℇ 2 10 73 — 📺 🏦wc ☏ ☉ 🧬. Ⓜ Ⓒ
⎰ Mitte - Ende Aug. geschl. — Karte 14/34 *(nur Abendessen, Samstag - Sonntag geschl.)* —
17 Z : 25 B 43/48 - 73/78.

🏨 Ebersberger Hof, Sieghartstr. 16, ℇ 2 04 42 — 📺 ∇wc 🏦wc ☏ ⇶ — **11 Z : 18 B** Fb.

In Ebersberg-Oberndorf O : 2,5 km :

🏮 **Huber**, Münchner Str. 11, ℇ 28 41, ⇒, 🖻, ✌ — 🚽 ∇wc 🏦wc ☉ 🧬. Ⓜ
⎰ Weihnachten - Mitte Jan. geschl. — Karte 14/38 *(Dienstag geschl.)* — **37 Z : 68 B** 45/50 - 75 —
P 75.

EBERSBURG Hessen siehe Poppenhausen/Wasserkuppe.

EBERSDORF 8624. Bayern — 5 700 Ew — Höhe 303 m — ☀ 09562.
◆München 276 — ◆Bamberg 49 — Coburg 12 — Kronach 20.

🏨 **Brauerei-G. Goldener Stern**, Canter Str. 15, ℇ 10 61 — 🚽 ∇wc 🏦wc ☉
⎰ Aug. 2 Wochen geschl. — Karte 12,50/36 *(Montag ab 14 Uhr geschl.)* — **23 Z : 28 B** 24/39 -
46/74.

In Sonnefeld 8625 O : 5,5 km :

✃ Zum goldenen Löwen, Thüringer Str. 2, ℇ (09562) 89 21 — ☉.

EBERSWEIER Baden-Württemberg siehe Durbach.

EBRACH 8602. Bayern ⚪⚫⚭ ⚪ — 2 300 Ew — Höhe 325 m — Erholungsort — ☀ 09553.
Sehenswert : Ehemaliges Kloster★★ (Klosterkirche★).
🚲 Verkehrsamt im Rathaus, Bauernhofstr. 4, ℇ 2 17.
◆München 248 — ◆Bamberg 34 — ◆Nürnberg 77 — ◆Würzburg 47.

🏨 **Klosterbräu**, Marktplatz 4, ℇ 2 12, Gartenwirtschaft, 🚌 — 🏦 ⇶ ☉
⎰ 15. Feb.- 15. Nov. — Karte 14/42 ℧ — **19 Z : 33 B** 30/40 - 58 — P 55.

EBSDORFERGRUND Hessen siehe Marburg.

EBSTORF 3112. Niedersachsen — 4 500 Ew — Höhe 50 m — ☀ 05822.
Sehenswert : Ehemaliges Benediktiner Kloster (Nachbildung der Ebstorfer Weltkarte★).
◆Hannover 108 — ◆Braunschweig 95 — ◆Hamburg 80 — Lüneburg 25.

☗ **Zur Krone**, Bahnhofstr. 8, ℇ 24 77 — ∇wc 🏦wc ☏ ☉
⎰ Feb. geschl. — Karte 20/41 *(Okt.- Mai Donnerstag geschl.)* — **9 Z : 17 B** 30/35 - 60/75.

ECHING 8057. Bayern — 9 250 Ew — Höhe 460 m — ☀ 089 (München).
◆München 21 — Ingolstadt 59 — Landshut 55.

🏮 **Olymp**, Wielandstr. 3, ℇ 3 19 46 82, Telex 5214960, ⇒, 🖻 — 📺 ∇wc 🏦wc ☏ ⇶ ☉ 🧬.
Ⓜ Ⓢ Ⓒ 💳
24. Dez.- 7. Jan. geschl. — Karte 21/49 *(Samstag - Sonntag geschl.)* — **33 Z : 55 B** 75/85 - 108
Fb.

🏨 Huberwirt, Untere Hauptstr. 1, ℇ 3 19 21 16 — 🚽 🏦wc ⇶ ☉ 🧬 — **50 Z : 94 B**.

In Neufahrn 8056 O : 3 km :

🏨 **Krone**, Echinger Str. 23, ℇ (08165) 40 81 — 🚽 📺 🏦wc ☏ ⇶ ☉. Ⓜ
⎰ Karte 14,50/48 *(Samstag geschl.)* — **36 Z : 60 B** 70/90 - 99/110.

ECHTERNACHERBRÜCK 5521. Rheinland-Pfalz **409** ⑰ — 600 Ew — Höhe 160 m — ☎ 06525.
Mainz 188 — Bitburg 21 — Luxembourg 36 — Trier 26.

🏨 **Im Wingert** ⤴, Bollendorfer Str. 36, ℘ 4 30, ≤, 斎, 全s, 🔲, 泵 — 訓wc ☎ 🄿. 🗚 ⓞ 🖹 🕸
Karte 31/70 *(Nov.- April Montag und Dienstag geschl.)* — **12 Z : 28 B** 92/102 - 160.

ECKENHAGEN Nordrhein-Westfalen siehe Reichshof.

ECKERNFÖRDE 2330. Schleswig-Holstein **987** ⑤ — 24 000 Ew — Höhe 5 m — Seebad — ☎ 04351.
🛈 Kurverwaltung, im Meerwasserwellenbad, ℘ 60 11.
♦Kiel 28 — Rendsburg 30 — Schleswig 24.

🏨 **Stadt Kiel** garni, Kieler Str. 74, ℘ 28 67 — 訓wc ☎ ⇦.
21 Z : 40 B.

🏨 **Sandkrug**, Berliner Str. 146 (B 76), ℘ 4 14 93, ≤ — ⇨wc 訓wc ⇦ 🄿
2. Jan.- 5. Feb. geschl. — Karte 17,50/42 *(Freitag geschl.)* — **16 Z : 28 B** 35/54 - 68/88.

XX **Ratskeller**, Rathausmarkt 8, ℘ 24 12
Feb. und Montag geschl. — Karte 21/48.

X **Kiekut**, an der B 76 (SO : 3 km), ℘ 4 13 10, ≤, 斎 — 🄿
Feb. und Dienstag geschl. — Karte 21/41.

In Gammelby 2330 NW : 5 km über die B 76 :

🏨 **Gammelby**, Dorfstr. 6, ℘ (04351) 88 10, 全s, ℀ — ⇨wc 訓wc ☎ ♿ ⇦ 🄿. 🗚 ⓞ 🖹 VISA.
🕸 Rest
Karte 24/57 — **32 Z : 65 B** 41/65 - 78/112 Fb.

In Groß Wittensee 2333 SW : 9 km über die B 203 :

🏨 **Schützenhof**, Rendsburger Str. 2, ℘ (04356) 3 33, 泵 — 訓wc ⇦ 🄿
Karte 18,50/42 *(Sept.- Juni Donnerstag geschl.)* — **25 Z : 46 B** 42/58 - 78/104 — 3 Appart. 95.

ECKERSDORF Bayern siehe Bayreuth.

EDENKOBEN 6732. Rheinland-Pfalz **987** ⑳, **242** ⑧, **57** ⑩ — 6 000 Ew — Höhe 148 m — Luftkurort — ☎ 06323.
Ausflugsziele : Schloß Ludwigshöhe (Max-Slevogt - Sammlung) W : 2 km — Rietburg : ≤ ★
W : 2 km und Sessellift.
🛈 Verkehrsamt, Weinstr. 86, ℘ 32 34.
Mainz 101 — Landau in der Pfalz 11 — Neustadt an der Weinstraße 10.

🏨 **Pfälzer Hof**, Weinstr. 85, ℘ 29 41 — 訓
22. Dez.- 15. Jan. geschl. — Karte 18/42 ⅃ — **11 Z : 17 B** 34/40 - 64/70 — P 62/68.

EDERSEE Hessen siehe Waldeck.

EDIGER-ELLER 5591. Rheinland-Pfalz — 1 500 Ew — Höhe 92 m — ☎ 02675.
Mainz 118 — Cochem 8 — ♦Koblenz 61 — ♦Trier 70.

Im Ortsteil Ediger :

🏨 **Weinhaus Feiden**, Moselweinstr. 22, ℘ 2 59, eigener Weinbau, « Blumenterrasse » — 訓wc
⇦ 🄿
Feb. geschl. — Karte 16,50/44 *(Nov.- Mai Mittwoch geschl.)* — **17 Z : 31 B** 42/50 - 54/84.

🏨 **Zum Löwen**, Moselweinstr. 23, ℘ 2 08, 斎, eigener Weinbau — 訓wc ⇦ 🄿. 🗚 ⓞ 🖹 VISA
← Karte 14/44 ⅃ — **23 Z : 40 B** 30/45 - 54/80 — P 50/60.

🏨 **St. Georg**, Moselweinstr. 10, ℘ 2 05, eigener Weinbau, 全s — 訓wc. 🕸 Rest
12 Z : 29 B.

Im Ortsteil Eller :

🏨 **Oster**, Moselweinstr. 61, ℘ 2 32, eigener Weinbau — 訓wc ⇦ 🄿. 🗚 🖹. 🕸 Zim
← März - 15. Nov. — Karte 14,50/34 *(Donnerstag geschl.)* ⅃ — **12 Z : 21 B** 30/40 - 52/74 — P 43/50.

EFRINGEN-KIRCHEN 7859. Baden-Württemberg **216** ④, **427** ④, **87** ⑨ — 9 000 Ew — Höhe 266 m — ☎ 07628.
♦Stuttgart 254 — Basel 15 — ♦Freiburg im Breisgau 60 — Müllheim 28.

🏨 **Haus Barbara** garni, Egringer Str. 12, ℘ 19 00, 全s — 訓wc 🄿. 🕸
15 Z : 30 B.

In Efringen-Kirchen - Maugenhard NO : 7 km :

X **Krone** ⤴ mit Zim, Mappacher Str. 34, ℘ 3 22, 斎, eigener Weinbau, 泵 — 訓wc 🄿
1.- 14. Feb. geschl. — Karte 18/47 *(Dienstag - Mittwoch geschl.)* ⅃ — **20 Z : 35 B** 36/45 - 70.

9   229

EGESTORF 2115. Niedersachsen 987 ⑯ – 2 500 Ew – Höhe 80 m – Erholungsort – 🅪 04175.
🛈 Verkehrsverein, 🖉 15 16.
◆Hannover 107 – ◆Hamburg 46 – Lüneburg 29.

🏠 **Zu den 8 Linden**, Alte Dorfstr. 1, 🖉 4 50 – 🛏wc 🛁wc 🅿 🏕
Karte 20/49 – **30 Z : 54 B** 38/60 - 63/110.

🏠 **Soltau**, Lübberstedter Str. 1, 🖉 4 80 – 🛏wc 🛁wc 🅿 🏕
Karte 18/45 – **25 Z : 53 B** 35/55 - 60/90 – P 55/70.

In Egestorf-Döhle SW : 5 km :

🏠 **Aevermannshof** 🦌, Dorfstr. 44, 🖉 14 54, 🌲 – 🛏wc 🛁wc ☎ 🅿
16 Z : 30 B.

🏛 **Pension Auetal** 🦌, Dorfstr. 40, 🖉 4 39, ⇌s, 🏊 (geheizt), 🐎 – 🛁wc ⅙ 🅿
(nur Abendessen für Hausgäste) – **20 Z : 36 B** 33/35 - 56/65.

In Egestorf-Sahrendorf NW : 3 km :

🏨 **Hof Sudermühlen** 🦌, Nordheide 1 (S : 1 km), 🖉 14 41, Telex 2180412, 🌲, ⇌s, 🏔, 🐎, ✕,
🐎 – 📺 🛏wc 🛁wc ☎ ⇌ 🅿 🏕 – **40 Z : 80 B**.

🏠 **Studtmanns Gasthof**, Im Sahrendorf 19, 🖉 5 03, 🌲 – 🛁wc ☎ 🅿 🏕 ✿ Zim
← 15. Jan.- 15. Feb. geschl. – Karte 14/36 *(Dienstag geschl.)* – **16 Z : 28 B** 38/45 - 70/74 –
P 55/57.

In Gödenstorf-Lübberstedt 2125 O : 3 km :

🏛 **Gellersen's Gast- und Pensionshaus**, Lübberstedter Str. 20, 🖉 (04175) 4 94, 🐎 – 🛁wc
🅿
Nov. geschl. – Karte 14,50/33 *(Dez.- Mai Montag geschl.)* – **13 Z : 24 B** 32/34 - 64/68 –
P 44/46.

EGGENFELDEN 8330. Bayern 987 ㉘, 426 ⑥ – 12 000 Ew – Höhe 415 m – 🅪 08721.
◆München 117 – Landshut 56 – Passau 72 – Salzburg 98 – Straubing 62.

🏨 **Bachmeier**, Schoenauer Str. 2, 🖉 30 71, 🐎 – 🛏wc 🛁wc ☎ ⇌ 🅿 🏕 🗚 E
Karte 18/44 🍴 – **50 Z : 75 B** 49/59 - 83/95 Fb.

🏠 **Motel Waldhof** 🦌, Michael-Sallinger-Weg 5, 🖉 28 58 – 🛁wc ⇌ 🅿
20. Dez.- 10. Jan. geschl. – (nur Abendessen für Hausgäste) – **19 Z : 25 B** 36/40 - 58/62.

EGGENSTEIN-LEOPOLDSHAFEN Baden-Württemberg siehe Karlsruhe.

EGGERODE Nordrhein-Westfalen siehe Schöppingen.

EGGINGEN 7891. Baden-Württemberg 427 ⑤ ⑥, 216 ⑦ – 1 450 Ew – Höhe 460 m – 🅪 07746.
◆Stuttgart 163 – Donaueschingen 37 – Schaffhausen 29 – Waldshut-Tiengen 21.

🏛 Dreikönig, Waldshuter Str. 6 (B 314), 🖉 6 20, 🌲 – 🛏wc 🛁wc ⇌ 🅿. ✿ Zim – **12 Z :
22 B**.

EGGSTÄTT 8201. Bayern – 1 750 Ew – Höhe 539 m – Erholungsort – 🅪 08056.
◆München 99 – Rosenheim 23 – Traunstein 28.

🏛 **Unterwirt-Widemann**, Kirchplatz 8, 🖉 3 37, 🌲, 🐎 – 🛁wc 🅿. ✿ Zim
← Karte 12,50/23 *(Nov.- Mai Montag geschl.)* – **40 Z : 80 B** 25/30 - 50/60 – P 37/44.

🏛 **Zur Linde** (mit Gästehaus 🦌), Priener Str. 42, 🖉 2 47, 🌲, ⇌s, 🏔, 🐎 – 🛁wc 🅿
← Karte 13,50/27 🍴 – **34 Z : 65 B** 26/32 - 52/64 – P 39/46.

EGING AM SEE 8359. Bayern – 3 000 Ew – Höhe 420 m – Erholungsort – 🅪 08544.
◆München 172 – Deggendorf 29 – Passau 30.

🏛 Passauer Hof, Deggendorfer Str. 9, 🖉 2 29, ⇌s, 🏔, 🐎 – 🛏wc 🛁wc 🅿 – **120 Z : 220 B**.

EGLING Bayern siehe Wolfratshausen.

EGLOFFSTEIN 8551. Bayern 987 ㉘ – 1 900 Ew – Höhe 350 m – Luftkurort – 🅪 09197.
🛈 Verkehrsamt, Rathaus, 🖉 2 02.
◆München 201 – ◆Bamberg 45 – Bayreuth 52 – ◆Nürnberg 36.

🏨 **Häfner-Rest. L'escargot**, Badstr. 131, 🖉 2 30, 🌲, 🐎 – 🛏wc 🛁wc 🅿 🏕 🗚 E 🛎
15. Feb.- 15. März geschl. – Karte 27/63 *(Montag geschl.)* – **25 Z : 43 B** 29/60 - 58/110 – 11
Appart. 44/50 – P 56/70.

🏠 **Post**, Talstr. 8, 🖉 5 55, 🌲, ⇌s, 🐎, 🐎 – 📺 🛏wc 🛁wc 🅿 🏕
30 Z : 59 B Fb.

EHEKIRCHEN 8859. Bayern – 3 200 Ew – Höhe 405 m – 🅪 08435.
◆München 54 – ◆Augsburg 40 – Ingolstadt 35.

🏠 **Strixner Hof** 🅼 🦌, Leiterweg 5 (Schönesberg), 🖉 18 77, 🌲, ⇌s, 🐎 – 🛁wc ☎ 🅿
← 28. Jan.- 13. Feb. geschl. – Karte 12/34 *(Donnerstag geschl.)* 🍴 – **7 Z : 14 B** 48 - 78.

EHINGEN 7930. Baden-Württemberg 🔟🟊🟋 ㉚ – 22 000 Ew – Höhe 511 m – ✆ 07391.

Ausflugsziel : Obermarchtal : ehem. Kloster★ SW : 14 km.

◆Stuttgart 101 – Ravensburg 70 – ◆Ulm (Donau) 26.

🏠 **Zur Linde**, Lindenstr. 51, ℰ 34 98 – 🛏wc 🕾 🅿. 🆎 ⓪ 🄴
Aug. geschl. – Karte 15/40 *(Montag geschl.)* ⅋ – **12 Z : 20 B** 50/60 - 85/95.

🏠 **Zum Pfauen**, Schulgasse 4, ℰ 5 35 29 – 📺 🛏wc 🕾 ⇙. ⓪ 🄴
→ Karte 14,50/39 *(Freitag und Ende Aug.- Mitte Sept. geschl.)* – **8 Z : 12 B** 50 - 80.

🏠 Brauerei-Gasthof Schwert, Am Viehmarkt 9, ℰ 12 88 – 🕮 🛏wc 🕾 ⇙ 🅿
14 Z : 16 B.

EHLSCHEID 5451. Rheinland-Pfalz – 1 200 Ew – Höhe 360 m – Luftkurort – ✆ 02634 (Rengsdorf).

🛈 Kurverwaltung, Haus des Kurgastes, ℰ 22 07.

Mainz 118 – ◆Koblenz 35 – ◆Köln 73.

🏨 **Haus Westerwald** ⑤, Parkstr. 3, ℰ 26 26, Telex 868527, 🍽, 🖙, 🏊, 🐎 – 🕮 🛏wc 🕾 🅿 🏊. 🄴
Karte 22/54 – **60 Z : 96 B** 32/55 - 65/99 – P 68/91.

🏠 **Park-Hotel** ⑤, Parkstr. 17, ℰ 85 43, 🍽, 🐎 – 🛏wc 🕾 🅿
Karte 15,50/42 – **12 Z : 21 B** 40/55 - 85/90 – P 62/67.

🏠 **Müller-Krug** ⑤, Parkstr. 15, ℰ 80 65, 🍽, 🖙, 🏊, 🐎 – 🛏wc 🛏wc ⇙ 🅿. 🆎 ⓪ 🄴
6.- 31. Jan. und 17. Nov. - 25. Dez. geschl. – Karte 19/60 – **33 Z : 50 B** 36/78 - 62/84 – P 58/75.

🏠 **Haus Roseneck** ⑤ garni, Parkstr. 21, ℰ 26 55, 🏊, 🐎 – 📺 🛏wc 🛏wc 🕾 🅿
16 Z : 30 B 38 - 70/78.

🏠 Sonnenhof ⑤, Rheinstr. 10, ℰ 22 56, « Gartenterrasse » – 🛏wc ⇙ 🅿
19 Z : 31 B.

🏠 **Zum grünen Kranz** ⑤, Wilhelmstr. 5, ℰ 23 02, 🐎 – 🛏wc 🛏wc ⇙ 🅿. ⓪ 🄴
4.- 15. Nov. geschl. – Karte 17/44 *(Dienstag geschl.)* – **22 Z : 35 B** 28/40 - 50/74 Fb.

EHNINGEN Baden-Württemberg siehe Böblingen.

EHRENKIRCHEN 7801. Baden-Württemberg 🔢🟋 ㉘, 🔢 ⑧, 🔢 ⑳ – 5 600 Ew – Höhe 265 m – ✆ 07633.

◆Stuttgart 221 – Basel 56 – ◆Freiburg im Breisgau 14.

In Ehrenkirchen 1-Kirchhofen :

🏠 **Sonne-Winzerstuben**, Lazarus-Schwendi-Str. 20, ℰ 70 70, « Garten » – 🛏wc ⇙ 🅿 🏊. 🆎 🄴
15. Dez.- 15. Jan. geschl. – Karte 16,50/50 *(Freitag geschl.)* ⅋ – **14 Z : 23 B** 35/50 - 70/100.

🏠 **Zur Krone**, Herrenstr. 5, ℰ 52 13, 🐎 – 🛏wc 🛏wc ⇙ 🅿. 🄴
Juli 2 Wochen geschl. – Karte 18/44 *(Dienstag-Mittwoch 15 Uhr geschl.)* ⅋ – **8 Z : 14 B** 30/45 - 65.

In Pfaffenweiler 7801 NO : 2 km ab Kirchhofen :

✕✕ Historisches Gasthaus zur Stube, Weinstr. 39, ℰ (07664) 63 77 – 🅿.

EHRINGSHAUSEN 6332. Hessen – 9 200 Ew – Höhe 174 m – ✆ 06443.

◆Wiesbaden 107 – ◆Frankfurt am Main 96 – ◆Koblenz 86.

🏠 **Friedrichshof**, Bahnhofstr. 72, ℰ 22 20 – 📺 🛏wc 🕾 🅿
Karte 16/34 *(Samstag bis 18 Uhr geschl.)* – **13 Z : 19 B** 30/42 - 50/70.

EHRLICH Rheinland-Pfalz siehe Heimborn.

EIBELSHAUSEN Hessen siehe Eschenburg.

EIBELSTADT 8701. Bayern – 2 100 Ew – Höhe 177 m – ✆ 09303.

◆München 271 – ◆Frankfurt am Main 119 – ◆Nürnberg 108 – ◆Stuttgart 149 – ◆Würzburg 10.

🏠 **Zum Roß**, Hauptstr. 14, ℰ 2 14 – 🛏wc 🅿
→ *7. Jan.- Feb. geschl.* – Karte 13,50/31 ⅋ – **18 Z : 34 B** 31/38 - 55/75.

EICHELHÜTTE Rheinland-Pfalz siehe Eisenschmitt.

EICHENBERG Österreich siehe Bregenz.

EICHENZELL Hessen siehe Fulda.

231

EICHSTÄTT 8078. Bayern 🔢🔢🔢 ⊗ — 14 100 Ew — Höhe 390 m — ✆ 08421.
Sehenswert : Bischöflicher Residenzbezirk★ : Residenzplatz★★ (Mariensäule★) —
Dom (Pappenheimer Altar★★, Mortuarium★, Kreuzgang★) — Hofgarten (Muschelpavillon★).
🚩 Städt. Verkehrsbüro, Domplatz 18, ✆ 79 77.
◆München 107 — ◆Augsburg 76 — Ingolstadt 27 — ◆Nürnberg 93.

- 🏠 **Café Fuchs** garni, Ostenstr. 8, ✆ 79 98, ☎ — 🛗 ⏤wc 🚿wc ☎ 🅿
  22 Z : 40 B 38/46 - 68/70.

- 🏠 Zur Trompete, Ostenstr. 3, ✆ 16 13, Biergarten — 🚿wc ☎ ⇦ 🅿
  39 Z : 76 B.

- 🏠 Burgschänke ⤳, Burgstr. 19 (in der Willibaldsburg), ✆ 49 70, ≼, Biergarten — 🚿wc ☎ 🅿 🏋
  8 Z : 17 B Fb.

- ✕✕ **Domherrenhof**, Domplatz 5 (1. Etage 🛗), ✆ 61 26, « Restauriertes Stadthaus a.d.
  Rokokozeit » — 🏋
  Montag geschl. — Karte **29**/58.

- ✕ Krone mit Zim, Domplatz 3, ✆ 44 06, Biergarten — 🚿
  6 Z : 7 B.

  In Eichstätt-Landershofen O : 3 km :

- 🏠 **Café Pröll** garni, Am Haselberg 1, ✆ 47 35 — 🚿wc 🅿
  25 Z : 40 B 32/48 - 65/75.

  An der B 13 NW : 9 km :

- 🏠 **Zum Geländer** ⤳, ✉ 8079 Schernfeld-Geländer, ✆ (08421) 63 00, Biergarten,
  ➳ Wildschweingehege, 🌳 — 🚿wc ⇦ 🅿 🏋
  Feb. geschl. — Karte 13,50/38 *(Donnerstag geschl.)* 🍴 — **27 Z : 50 B** 25/34 - 50/68.

EICHTERSHEIM Baden-Württemberg siehe Angelbachtal.

The overnight or full board prices may
in some cases be increased by the addition of a local bed tax or
a charge for central heating.
Before making your reservation confirm with the hotelier
the exact price that will be charged.

EIGELTINGEN 7706. Baden-Württemberg 🔢🔢🔢 ⑨. 🔢🔢🔢 ⑥ — 2 700 Ew — Höhe 450 m — ✆ 07774.
◆Stuttgart 148 — ◆Freiburg im Breisgau 103 — ◆Konstanz 45 — Stockach 10 — ◆Ulm (Donau) 124.

- 🏠 **Zur Lochmühle** ⤳, Hinterdorfstr. 44, ✆ 71 41, « Einrichtung mit bäuerlichen Antiquitäten,
  Sammlung von Kutschen und Traktoren, Gartenterrasse », 🌳, ➳ — 🚿wc
  1.- 12. Feb. geschl. — Karte 16,50/47 *(Montag geschl.)* 🍴 — **15 Z : 30 B** 25/40 - 45/70 — P 51/63.

EILSEN, BAD 3064. Niedersachsen — 2 400 Ew — Höhe 90 m — Heilbad — ✆ 05722 (Bückeburg).
🚩 Kur- und Verkehrsverein, Bückeburger Str. 2 (Haus des Gastes), ✆ 82 36.
◆Hannover 58 — Bielefeld 59 — Minden 15 — ◆Osnabrück 89.

  In Luhden-Schermbeck 3061 SW : 3 km :

- ✕✕ **Landhaus Schinken-Kruse**, Steinbrink 10, ✆ (05722) 44 04, « Terrasse mit ≼ » — 🅿
  Montag geschl. — Karte 23/62.

EIMELDINGEN 7859. Baden-Württemberg 🔢🔢🔢 ⑩. 🔢🔢🔢 ④. 🔢🔢 ⑨ — 1 600 Ew — Höhe 266 m —
✆ 07621 (Lörrach).
◆Stuttgart 260 — Basel 11 — ◆Freiburg im Breisgau 63 — Lörrach 7.

- 🏠 **Landgasthaus Steinkellerhof - Ochsen**, Hauptstr. 32, ✆ 67 13, 🌤 — ⏤wc 🚿wc ☎ 🅿.
  🅰🅴 ⓞ 🇪 ⌛ Zim
  Karte 20/61 *(Montag geschl.)* 🍴 — **18 Z : 33 B** 50/75 - 80/130 Fb.

- ⌂ **Haus Garni**, Hauptstr. 26 (B 3), ✆ 60 63, ☎ — 📺 ⏤wc 🚿wc ☎ 🅿
  6 Z : 14 B 65 - 96/126.

- ✕ **Zum Löwen**, Hauptstr. 23 (B 3), ✆ 6 25 88, Gartenwirtschaft — 🅿
  14.- 30. Jan. und Dienstag - Mittwoch geschl. — Karte 20/49 🍴.

  In Fischingen 7851 N : 2 km :

- ✕ **Zur Tanne** mit Zim, Dorfstr. 31, ✆ (07628) 3 63, 🌤 — 🚿wc 🅿. ⌛ Zim
  2.- 15. Jan. geschl. — Karte 16/49 *(Mittwoch - Donnerstag geschl.)* 🍴 — **7 Z : 14 B** 35/55 - 70/95.

EIMKE 3111. Niedersachsen — 1 050 Ew — Höhe 45 m — ✆ 05873.
◆Hannover 97 — ◆Braunschweig 93 — Celle 54 — Lüneburg 48.

- ⌂ **Dittmers Gasthaus**, Dorfstr. 6, ✆ 3 29 — 🚿wc 🅿
  Feb. geschl. — Karte 15/43 *(Montag geschl.)* — **7 Z : 14 B** 28 - 56.

EINBECK 3352. Niedersachsen 987 ⑮ – 30 600 Ew – Höhe 114 m – ✆ 05561.

Sehenswert : Marktplatz★★ – Haus Marktstraße 13★★ – Tiedexer Straße★★ – Ratswaage★.

🛈 Fremdenverkehrsverein, Rathaus, Marktplatz 6, ✆ 31 62 21.

◆Hannover 71 – ◆Braunschweig 94 – Göttingen 41 – Goslar 64.

🏨 **Panorama** ⑤, Mozartstr. 2, ✆ 7 20 72, Telex 965586, 佘 – 🛗 ➾wc 🛗wc ☎ 🔥 ➾ 🅿 🚗.
ℕ 🄴
Karte 30/55 – **42 Z : 84 B** 66 - 112 Fb.

🏨 **Zum Hasenjäger** ⑤, Hubeweg 119, ✆ 40 63, ≤, 佘 – 🔟 ➾wc 🛗wc ☎ 🅿. 🄴 ⓋⅠⓈⒶ
Karte 22/55 – **13 Z : 21 B** 52/58 - 85/95 Fb.

🏨 **Gildehof**, Marktplatz 3, ✆ 21 60 – 🛗 🛗wc ➾ 🚗. 🄰🄴 ⓄⅮ 🄴
Karte 20/50 – **17 Z : 32 B** 35/50 - 70/80 Fb.

🏨 **Einbecker Hof**, Neuer Markt 20, ✆ 33 70 – 🛗wc ☎. 🄴
↔ Karte 14,50/43 (Dienstag geschl.) – **10 Z : 18 B** 35/45 - 70/85 Fb.

🎌 **Zum Schwan** mit Zim, Tiedexer Str. 1, ✆ 46 09, 佘 – 🛗wc ➾ 🅿. 🄴 ⓋⅠⓈⒶ. 🌿
Karte 27/56 (wochentags nur Abendessen, Freitag geschl.) – **8 Z : 14 B** 40/47 - 76/90.

EINRUHR Nordrhein-Westfalen siehe Simmerath.

EISENBACH 7821. Baden-Württemberg – 2 200 Ew – Höhe 950 m – Erholungsort –
Wintersport : 959/1 138 m ⚡2 ⚡2 – ✆ 07657.

🛈 Kurverwaltung, im Bürgermeisteramt, ✆ 4 98.

◆Stuttgart 148 – Donaueschingen 22 – ◆Freiburg im Breisgau 43.

🏨 **Eisenbachstube**, Mühleweg 1, ✆ 4 64 – 🛗wc 🅿
12. - 28. Feb. geschl. – Karte 18/35 (Dienstag geschl.) – **11 Z : 24 B** 34/37 - 62/68 – P 52.

🏩 **Bad**, Hauptstr. 55, ✆ 4 71, 佘, ➾, 🔳, 🔥, ⚡ – ➾wc 🛗wc ➾ 🅿
3. Nov.- 2. Dez. geschl. – Karte 15/37 (Montag geschl.) 🍷 – **39 Z : 72 B** 28/36 - 52/70 –
P 43/51.

EISENBERG Bayern siehe Pfronten.

EISENBERG (PFALZ) 6719. Rheinland-Pfalz – 8 100 Ew – Höhe 248 m – ✆ 06351.

Mainz 59 – Kaiserslautern 29 – ◆Mannheim 40.

🏨 **Waldhotel** Ⓜ ⑤, Martin-Luther-Str. 20, ✆ 4 31 75, 佘, ➾, 🔥 – 🛗 🔟 🛗wc ☎ 🔥 🅿 🚗.
🄰🄴 ⓄⅮ 🄴 ⓋⅠⓈⒶ
Karte 19/53 🍷 – **39 Z : 78 B** 54 - 87 Fb – P 88.

EISENHEIM Bayern siehe Volkach.

EISENSCHMITT 5561. Rheinland-Pfalz – 680 Ew – Höhe 328 m – Erholungsort –
✆ 06567 (Oberkail).

Mainz 146 – Kyllburg 13 – ◆Trier 54 – Wittlich 17.

In Eisenschmitt-Eichelhütte :

🏨 **Molitors Mühle** ⑤, ✆ 5 81, ≤, « Gartenterrasse », ➾, 🔳, 🔥, ⚡ – 🛗wc ☎ ➾ 🅿.
🌿 Rest
1.- 25. Dez. geschl. – Karte 19/45 – **30 Z : 50 B** 48/82 - 74/105 Fb – P 68/72.

EISLINGEN AN DER FILS 7332. Baden-Württemberg 987 ㉟ – 18 300 Ew – Höhe 336 m –
✆ 07161 (Göppingen).

Stuttgart 49 – Göppingen 5 – Heidenheim an der Brenz 38 – ◆Ulm (Donau) 45.

🏨 **Hirsch**, Ulmer Str. 1 (B 10), ✆ 81 52 50 – 🛗 ➾wc 🛗wc ➾ 🅿. 🄰🄴 ⓄⅮ 🄴 ⓋⅠⓈⒶ. 🌿
Karte 20/45 (Freitag - Samstag und Sept.- Okt. 3 Wochen geschl.) – **26 Z : 38 B** 40/80 - 68/120.

🎌🎌🎌 **Palmengarten Restaurant Schönblick**, Höhenweg 11, ✆ 8 96 01, ≤, 佘 – 🄰🄴 ⓄⅮ
Montag - Dienstag, Ende Jan.- Anfang Feb. und 13.- 28. Juli geschl. – Karte 33/71.

EITORF 5208. Nordrhein-Westfalen 987 ㉔ – 16 100 Ew – Höhe 89 m – ✆ 02243.

◆Düsseldorf 89 – ◆Bonn 32 – ◆Köln 49 – Limburg an der Lahn 76 – Siegen 78.

🏩 **Monschau**, Schoellerstr. 13, ✆ 25 12 (Hotel) 60 44 (Rest.) – 🛗 🅿
↔ Karte 13,50/30 (Mitte - Ende Juli und Freitag - Samstag geschl.) – **5 Z : 8 B** 30/35 - 64.

🎌 **Böck Dich**, Markt 15, ✆ 25 93
↔ Dienstag und 10. Juni - 5. Juli geschl. – Karte 14,50/42.

In Eitorf-Alzenbach O : 2 km :

🏨 **Schützenhof**, Windecker Str. 2, ✆ 23 57, ➾, 🔳 – 🛗 ➾wc 🛗wc ☎ 🅿 🚗
↔ Karte 12/34 – **86 Z : 180 B** 25/60 - 50/95.

In Eitorf-Niederottersbach NO : 4,5 km :

🏨 **Steffens** ⑤, ✆ 62 24, ➾ – 🛗wc ☎ 🅿 🚗
17 Z : 32 B.

233

EIWEILER Saarland siehe Heusweiler.

ELCHINGEN 7915. Bayern — 9 100 Ew — Höhe 464 m — ✪ 07308.
♦München 127 — ♦Augsburg 69 — ♦Ulm (Donau) 14.

In Elchingen-Oberelchingen :

✗ **Klosterbräustuben**, Klosterhof 1, ℰ 25 93, ⇪ — ℗ 🅰
15. Jan.- 10. Feb. geschl. — Karte 16/37.

In Elchingen-Unterelchingen :

🏦 Zahn, Hauptstr. 35, ℰ 23 38 — 🗏wc ⇦ ℗ 🅰 — **16 Z : 24 B**.

ELFERSHAUSEN 8731. Bayern — 2 200 Ew — Höhe 199 m — ✪ 09704.
♦München 318 — Fulda 69 — Bad Kissingen 12 — ♦Würzburg 52.

🏨 **Gästehaus Ullrich**, Aug.-Ullrich-Str. 42, ℰ 2 81, Telex 672807, ⇪, « Garten », ⇌, 🔲, 🛥
— 🛉 ⅄ ⇦ ℗ 🅰 . ⓘ 🄴
Karte 23/52 (Juli - Aug. Montag geschl.) — **68 Z : 130 B** 80 - 119 Fb.

ELLENZ-POLTERSDORF 5591. Rheinland-Pfalz — 1 200 Ew — Höhe 85 m — ✪ 02673.
Mainz 130 — Bernkastel-Kues 69 — Cochem 11.

🏠 **Dehren**, Kurfürstenstr. 30 (Poltersdorf), ℰ 13 25, eigener Weinbau — 🛏wc 🗏wc ℗. 🄰🄴
🍸 Zim
Karte 15,50/33 (Montag geschl.) ⅄ — **23 Z : 47 B** 42/60 - 60/80.

🏠 **Weinhaus Fuhrmann**, Moselweinstr. 21 (Ellenz), ℰ 15 62, ≤, ⇪ — 🛏wc 🗏wc ℗. 🄰🄴 🄴
🆅🅸🆂🅰
15. März - 15. Nov. — Karte 17/40 — **28 Z : 51 B** 32/50 - 54/80 — P 45/55.

ELLMENDINGEN Baden-Württemberg siehe Keltern.

ELLWANGEN 7090. Baden-Württemberg 🄳🄸🄳 ⓐ — 21 600 Ew — Höhe 430 m — Erholungsort ·
✪ 07961.
🄸 Städt. Verkehrsamt, Schmiedstr. 1, ℰ 24 63.
♦Stuttgart 94 — Aalen 19 — ♦Nürnberg 114 — ♦Ulm (Donau) 82 — ♦Würzburg 135.

🏨 **Roter Ochsen**, Schmiedstr. 16, ℰ 40 71 — 🛉 🛏wc 🗏wc ☎ ⇦ ℗ 🅰 . 🄰🄴. 🍽 Rest
Karte 19,50/51 (Sonntag 15 Uhr - Montag geschl.) ⅄ — **24 Z : 35 B** 40/68 - 65/98 Fb.

✗✗ **Stiftskeller**, Marktplatz 18, ℰ 26 66, « Historischer Gewölbekeller » — 🄰🄴
nur Abendessen — Karte 19/47.

In Ellwangen-Espachweiler SW : 4 km :

🏡 **Seegasthof** 🦢, Bussardweg 1, ℰ 77 60, ⇪ — 🗏wc ⇦ ℗
↓ 27. Dez.- 15. Jan. geschl. — Karte 12,50/34 (Freitag geschl.) ⅄ — **7 Z : 13 B** 26/35 - 56/70 —
P 44/50.

ELMSHORN 2200. Schleswig-Holstein 🄳🄸🄳 ⑤ — 42 000 Ew — Höhe 5 m — ✪ 04121.
♦Kiel 90 — Cuxhaven 77 — ♦Hamburg 34 — Itzehoe 25.

🏨 **Royal**, Lönsweg 5, ℰ 2 20 66, ⇌, 🔲 — 🛏wc 🗏wc ☎ ℗ 🅰
Karte 25/55 — **82 Z : 130 B** 48/70 - 100/122 Fb.

🏠 **Drei Kronen**, Gärtnerstr. 92, ℰ 2 20 49 — 🛏wc 🗏wc ☎ ⇦ ℗. 🄰🄴 ⓘ 🄴 🆅🅸🆂🅰
Karte 19/42 — **26 Z : 50 B** 48/54 - 72/82 Fb.

ELMSTEIN 6738. Rheinland-Pfalz 🄶🄳🄶 ⑧. 🄶🄷 ⑨. 🄶🄷 ① — 3 000 Ew — Höhe 225 m — Erholungso ·
— ✪ 06328.
🄸 Verkehrsamt, Bahnhofstr. 14, ℰ 2 34.
Mainz 111 — Kaiserslautern 28 — Neustadt a.d.W. 23.

In Elmstein-Appenthal SO : 1 km :

✗✗ **Zum Lokschuppen**, Bahnhofstr. 13, ℰ 2 81, ⇪ — ℗
Montag und Jan. 2 Wochen geschl. — Karte 19/50 ⅄.

ELTEN Nordrhein-Westfalen siehe Emmerich.

ELTMANN 8729. Bayern 🄶🄳🄷 ⓐ — 4 900 Ew — Höhe 240 m — ✪ 09522.
♦München 254 — ♦Bamberg 19 — Schweinfurt 35.

🏠 **Zur Wallburg**, Wallburgstr. 1, ℰ 10 04, ⇪, ⇌ — 🗏wc ⇦ ℗. 🍽
↓ Karte 13/24 (nur Abendessen, Dienstag geschl.) ⅄ — **16 Z : 32 B** 24/32 - 44/60.

In Ebelsbach 8729 N : 1 km :

🏡 **Klosterbräu**, Georg-Schäfer-Str. 11, ℰ (09522) 2 35, ⇪ — 🗏wc ⇦ ℗
↓ 27. Dez.- 11. Jan. geschl. — Karte 12,50/30 (Okt. - April Freitag geschl.) ⅄ — **20 Z : 33 B** 25/33
48/62.

ELTVILLE AM RHEIN 6228. Hessen — 16 000 Ew — Höhe 90 m — ✪ 06123.

🛈 Städt. Verkehrsamt, Schmittstr. 3, 𝒫 50 91.

♦Wiesbaden 14 — Limburg an der Lahn 51 — Mainz 17.

🏨 **Sonnenberg** ⊗ garni, Friedrichstr. 65, 𝒫 30 81 — 🛗 🗏wc ☎ 🚗 🅿. 🆎 E
Ende Dez.- Anfang Jan. geschl. — **27 Z : 56 B** 75/90 - 100/110 Fb.

🏨 **Rosenhof** ⊗ (Haus a. d. J. 1540), Martinstr. 9, 𝒫 33 60 — 📺 🗏wc 🛏 ☎. 🆎 ⓞ E
Juli - Aug. 3 Wochen geschl. — Karte 30/55 (Mittwoch geschl.) ⅄ — **7 Z : 11 B** 55/60 - 88/98.

XX **Burg Crass** ⊗ mit Zim, Freygäßchen 1 (an der B 42), 𝒫 36 35, ≤, 🍴 — 🗏wc 🅿. E
Karte 30/61 (Montag geschl.) (bemerkenswerte Weinkarte) ⅄ — **2 Z : 4 B** 100 - 120.

XX **Weinpump**, Rheingauer Str. 3, 𝒫 23 89, « Innenhof » — 🆎 E
Dienstag geschl. — Karte 24/61 ⅄.

X **Schänke Altes Holztor**, Schwalbacher Str. 18, 𝒫 25 82
wochentags nur Abendessen, Montag geschl. — Karte 20/54 ⅄.

In Eltville 2-Erbach W : 2 km :

🏨 **Schloß Reinhartshausen**, Hauptstr. 35, 𝒫 40 81, ≤, 🍴 — 🛗 🅿 🏋. 🆎 ⓞ E 💳
Jan.- 14. Feb. geschl. — Karte 26/59 (Montag geschl.) ⅄ — **38 Z : 57 B** 90/165 - 170/250 Fb.

🏨 **Tillmanns Erben**, Hauptstr. 2, 𝒫 40 14, 🍴, eigener Weinbau — 📺 🗏wc 🗏wc ☎ 🅿
(nur Abendessen) — **16 Z : 34 B**.

In Eltville 3-Hattenheim W : 4 km :

🏨 **Zum Krug**, Hauptstr. 34, 𝒫 (06723) 28 12, eigener Weinbau, « Fachwerkhaus a.d.J. 1720 » —
📺 🗏wc ☎ 🅿. ⓞ E
20. Dez.- 20. Jan. geschl. — Karte 25/56 (Sonntag 16 Uhr - Montag geschl.) ⅄ — **9 Z : 16 B** 60 -
100/120.

In Eltville 4-Martinsthal N : 3 km :

🏚 **Zur Krone**, Hauptstr. 27, 𝒫 7 16 81, 🍴, « Fachwerkhaus a.d.J. 1528 » — 🗏 🅿. 🞉 Rest
Jan.- Feb. geschl. — Karte 15/40 (Montag geschl.) ⅄ — **8 Z : 15 B** 25/30 - 42/50.

In Eltville 5-Rauenthal N : 4 km :

🏚 **Weinhaus Engel**, Hauptstr. 12, 𝒫 7 23 00, 🍴 — 🗏wc 🅿
10. Dez.- 15. Feb. und Ende Juli - Anfang Aug. geschl. — Karte 16/38 (Mittwoch 15 Uhr -
Donnerstag geschl.) ⅄ — **9 Z : 17 B** 25/42 - 50/72.

ELTZ (Burg) Rheinland-Pfalz Sehenswürdigkeit siehe Moselkern.

ELZACH 7807. Baden-Württemberg 🅖🅗🅖 ㉞. 🅐🅐🅐 ㉜ — 6 350 Ew — Höhe 361 m — Luftkurort —
✪ 07682.

🛈 Verkehrsamt, im Haus des Gastes, 𝒫 79 90.

Stuttgart 189 — ♦Freiburg im Breisgau 31 — Offenburg 43.

🏨 **Krone-Ladhof**, Ladhof 5 (B 294), 𝒫 5 75, 🍴, 🏊 — 🗏wc 🅿
16 Z : 34 B.

🏚 **Waldgasthof Summeri** ⊗, Krankenhausstr. 4a, 𝒫 12 12, ≤, 🍴 — 🗏wc 🗏wc 🅿
Mitte Nov.- Mitte Dez. geschl. — Karte 18/30 (wochentags Mittagessen nur für Hausgäste,
Montag geschl.) ⅄ — **10 Z : 19 B** 31/33 - 62/66.

🏚 **Hirschen-Post**, Hauptstr. 37 (B 294), 𝒫 2 01 — 🗏wc 🗏wc 🚗. 🞉 Zim
🞀 März und Okt.- Nov. je 2 Wochen geschl. — Karte 13/28 (Freitag geschl.) ⅄ — **16 Z : 29 B** 22/32
- 44/66 — P 36/47.

In Elzach 3-Oberprechtal NO : 7,5 km — Höhe 459 m :

🏨 **Adler**, Waldkircher Str. 2, 𝒫 12 91 — 🗏wc 🗏wc 🅿
Karte 20/47 (Nov.- April Montag geschl.) — **27 Z : 41 B** 29/35 - 58/70.

🏨 **Pension Endehof**, Waldkircher Str. 13, 𝒫 12 62, 🏊, 🞒 — 🗏wc 🚗 🅿
(Rest. nur für Hausgäste) — **24 Z : 42 B** 34/38 - 60.

ELZE 3210. Niedersachsen 🅖🅗🅖 ⑮ — 9 600 Ew — Höhe 76 m — ✪ 05068.

Hannover 30 — Göttingen 82 — Hameln 31 — Hildesheim 17.

🏨 **Deutsches Haus**, Hauptstr. 1, 𝒫 21 01 — 🗏wc ☎ 🚗 🅿
12 Z : 20 B.

An der Straße nach Esbeck SW : 2,5 km :

XX **Landhaus Saalemühle**, ✉ 3210 Elze 1, 𝒫 (05068) 33 24 — 🅿. ⓞ E
wochentags nur Abendessen, Montag geschl. — Karte 33/61.

ELZTAL Baden-Württemberg siehe Mosbach.

EMBSEN Niedersachsen siehe Lüneburg.

EMDEN 2970. Niedersachsen 987 ⑬⑭, 408 ⑦ – 51 000 Ew – Höhe 4 m – ✆ 04921.

Sehenswert : Ostfriesisches Landesmuseum★ (Rüstkammer★★).

🚢 nach Borkum (Autofähre, Voranmeldung erforderlich) ✆ 2 01 18.

🛈 Verkehrsverein, am Ratsdelft im Feuerschiff, ✆ 3 25 28.

ADAC, Kirchstr. 12, ✆ 2 20 02.

♦Hannover 251 ② – Groningen 98 ② – ♦Oldenburg 80 ② – Wilhelmshaven 77 ①.

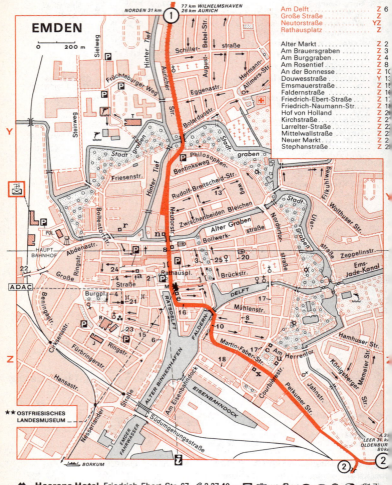

EMDEN

77 km WILHELMSHAVEN
26 km AURICH
NORDEN 31 km

★★ OSTFRIESISCHES LANDESMUSEUM

BORKUM

A 31
LEER 31 km
OLDENBURG 80 km

🏨 **Heerens Hotel**, Friedrich-Ebert-Str. 67, ✆ 2 37 40 – TV ⌕wc ⮐wc ☎ ⇦ 🅿 ⓞ ⚐ Zim
Karte 22/56 *(Samstag geschl.)* – **23 Z : 34 B** 58/80 - 80/110 Fb.   **Z**

🏨 Am Boltentor, Hinter dem Rahmen 10, ✆ 3 23 46 – TV ⌕wc ⮐wc ☎ 🅿 ⚐
17 Z : 30 B Fb.   **Y**

🏠 **Schmidt**, Friedrich-Ebert-Str. 79, ✆ 2 40 57 – ⮐wc ☎ ⇦ 🅿 AE
Karte 19/47 *(nur Abendessen, Samstag geschl.)* – **27 Z : 40 B** 48/58 - 80/98.   **z**

🏠 **Faldernpoort**, Courbièrestr. 6, ✆ 2 10 75 – TV ⮐wc 🅿 ⚐ AE ⓞ E
Karte 22/48 *(nur Abendessen)* – **37 Z : 43 B** 60/70 - 90/100 Fb.   **z**

🏠 **Deutsches Haus**, Neuer Markt 7, ✆ 2 20 48 – ⌕wc ⮐wc ☎ ⇦ 🅿 AE ⓞ E VISA
Karte 21/51 *(Samstag geschl.)* – **28 Z : 34 B** 70/98 - 98/120 Fb.   **z**

236

🏠 **Goldener Adler**, Neutorstr. 5, 🖋 2 40 55 — 📺 🛗wc ☎. 🆎 ⑩   Z e
→ Karte 14,50/59 *(Freitag geschl.)* — **16 Z : 25 B** 85/100 - 125 Fb.

🏠 **Großer Kurfürst** garni, Neutorstr. 41, 🖋 2 03 03 — 🛁wc 🛗wc 🚗. 🆎 ⑩   Y n
24 Z : 35 B 35/60 - 66/95.

🏠 **City-Hotel** garni, Neutorstr. 48, 🖋 2 02 77 — 📶 🛗 🅿   YZ s
16 Z : 20 B.

EMMELSHAUSEN 5401. Rheinland-Pfalz — 4 100 Ew — Höhe 490 m — Luftkurort — ✆ 06747.
Mainz 76 — ♦Koblenz 30 — Bad Kreuznach 57 — ♦Trier 112.

🏨 **Union - Hotel**, Rhein-Mosel-Str. 71, 🖋 5 67 — 📶 🛁wc 🛗wc 🚗 🅿 🏃 ⚡ Zim
→ *Mitte - Ende Nov. geschl.* — Karte 13/48 *(Mittwoch ab 14 Uhr geschl.)* 🍷 — **36 Z : 60 B** 45 - 75/90.

🏠 **Stoffel** 🦆, Waldstr. 3a, 🖋 80 64, 🛋, 🌳 — 📺 🛗wc ☎ 🚗 🅿
15.- 31. Jan. geschl. — (Rest. nur für Hausgäste) — **19 Z : 35 B** 35/42 - 68/80 — P 48/53.

🏠 **Tannenhof** 🦆 garni, Simmerner Str. 21, 🖋 76 54, 🛋, 🔲, 🌳 — 📶 🛗wc ☎ 🚗 🅿. ⚡
23 Z : 44 B.

In Halsenbach-Ehr 5401 N : 3,5 km :

🏠 **Zur Katz**, Auf der Katz 6 (B 327), 🖋 (06747) 66 26, 🍺, 🛋, 🔲, 🌳 — 🛗wc 🚗 🅿
→ *14.- 28. Jan. geschl.* — Karte 14,50/40 *(Montag geschl.)* — **18 Z : 30 B** 30/35 - 60/70.

🏡 **Alter Posthof**, Hunsrückhöhenstr. 3 (B 327), 🖋 (06747) 62 76, 🌳 — 📺 🛗 🚗 🅿
9 Z : 17 B.

EMMENDINGEN 7830. Baden-Württemberg 🔤🔤🔤 ㉘, 🔤🔤 ⑦ — 25 000 Ew — Höhe 201 m — ✆ 07641.
🛈 Verkehrsamt, Marktplatz 1 (Rathaus), 🖋 45 23 26.
♦Stuttgart 193 — ♦Freiburg im Breisgau 16 — Offenburg 51.

🏠 **Post**, Bahnhofstr. 1, 🖋 37 96 — 🛁wc 🛗wc — **14 Z : 22 B**.

🏡 **Drei Linden** garni, Karl-Bautz-Str. 7, 🖋 86 77 — 🛗wc 🚗 🅿
12 Z : 24 B 31/35 - 62/65 Fb.

🍴 **Zum Grünen Baum**, Karl-Friedrich-Str. 58 (B 3), 🖋 80 87, 🍺 — **E**
Montag geschl. — Karte 18,50/47.

In Emmendingen 12-Maleck NO : 3 km :

🍴🍴🍴 ❀ **Krone** 🦆 mit Zim, Brandelweg 1, 🖋 84 96, 🍺, « Garten mit Teich », 🌳 — 🛗wc ☎ 🅿
🏃 🆎 ⑩ 💳 *VISA*
4.- 28. Feb. geschl. — Karte 36/70 *(Tischbestellung ratsam)* (Montag geschl.) — **13 Z : 21 B** 50/55 - 100/110
Spez. Langustinen in Karottensud, Cassolette von Jakobsmuscheln, Kalbsnieren mit Apfelwein und Calvados.

In Emmendingen 13-Windenreute O : 3,5 km :

🏨 **Windenreuter Hof** 🦆, Rathausweg 19, 🖋 76 92, ≤, 🌳 — 🛁wc 🛗wc ☎ 🅿. 🆎 ⑩ 💳 *VISA*
Karte 30/69 — **34 Z : 65 B** 40/78 - 90/150.

🏡 **Zur Waldschänke** 🦆, Schlegelhof 6, 🖋 5 10 00, 🌳 — 🛗wc 🅿. ⚡
8. Sept.- 5. Okt. geschl. — Karte 15,50/32 *(Montag geschl.)* 🍷 — **7 Z : 14 B** 35 - 55.

EMMERICH 4240. Nordrhein-Westfalen 🔤🔤🔤 ㉓, 🔤🔤🔤 ⑩ — 30 000 Ew — Höhe 19 m — ✆ 02822.
🛈 Fremdenverkehrsamt, Martinikirchgang 2 (Rheinmuseum), 🖋 7 52 07.
Düsseldorf 103 — Arnhem 33 — Nijmegen 34 — Wesel 40.

🍴🍴 **Rheincafé Staffeld**, Rheinpromenade 2, 🖋 38 59, ≤, 🍺.

In Emmerich 3-Elten NW : 7 km :

🏨 **Waldhotel Hoch-Elten** 🦆, Lindenallee 34, 🖋 (02828) 20 91, Telex 8125286, ≤, 🍺, 🛋, 🔲,
🌳 — 📶 📺 🛗wc ☎ 🅿 🏃. 🆎 ⑩ 💳. ⚡ Rest
Karte 30/75 — **20 Z : 40 B** 48/78 - 96/140 Fb.

🏡 **Wanders**, Eltener Markt 2, 🖋 (02828) 22 20 — 🛁wc 🚗 🅿. ⚡
23. Dez.-1. Jan. geschl. — Karte 15/34 — **11 Z : 20 B** 33/40 - 60/80.

In Emmerich 1-Vrasselt SO : 5 km :

🏠 **Heering**, Reeser Str. 384 (B 8), 🖋 81 92, 🛋, 🔲 — 🛁wc 🛗wc ☎ 🚗 🅿 — **12 Z : 22 B**.

EMS, BAD 5427. Rheinland-Pfalz 🔤🔤🔤 ㉘ — 11 000 Ew — Höhe 85 m — Heilbad — ✆ 02603.
🛈 Kur- und Verkehrsverein, Pavillon, Lahnstr. 90, 🖋 44 88.
Mainz 66 — ♦Koblenz 17 — Limburg an der Lahn 40 — ♦Wiesbaden 61.

🏨 **M.C.I.-Hotel Staatl. Kurhaus**, Römerstr. 1, 🖋 30 16, Telex 869017, 🛋, 🔲 — 📶 📺 🅿
🏃. 🆎 ⑩ 💳 *VISA*
Karte 31/66 *(auch Diät)* — **108 Z : 160 B** 106/150 - 150/160 Fb — P 148/186.

🏨 **Kuckenberg**, Lahnstr. 6, 🖋 25 82, ≤, 🍺 — 📶 🛁wc 🛗wc ☎
nur Saison — **33 Z : 60 B**.

Fortsetzung →

🏩 **Park-Hotel** 🦢, Malbergstr. 7, 𝒫 20 58, 🛋, 🔲, 🚿 − 🕸 🛁wc 🕾 🅿. 🆎 ⓪ 🇪
  Nov. - 15. Dez. geschl. − Karte 20/35 − **30 Z : 50 B** 48/64 - 92/116 − P 73/83.

🏩 **Guttenberg** garni, Mainzer Str. 5, 𝒫 40 84 − 🕸 🛁wc 🕾 − *nur Saison* − **55 Z : 75 B**.

🏩 **Bäderlei-Hotels-Weidenbusch und Mainau**, Grabenstr. 24, 𝒫 20 40 − 🛁wc 🛁wc. 🆎
  ⓪ 🇪
  Karte 20/45 − **32 Z : 55 B** 35/60 - 70/100 − 2 Appart. 60.

🏩 **Goldenes Faß**, Römerstr. 7, 𝒫 22 32 − 🛁
  ← Karte 14,50/48 *(Dienstag geschl.)* − **15 Z : 28 B** 30/40 - 60/80 − P 52/60.

🏴 **Café Am Kurpark**, Römerstr. 8, 𝒫 30 16, 🍴 − 🛁. 🆎 ⓪ 🇪 🆅🆂🅰
  2.-26. Jan. geschl. − Karte 19/42.

  Außerhalb S : 3 km über Braubacher Str. :

🏨 **Café Wintersberg** 🦢 garni, ✉ 5427 Bad Ems, 𝒫 (02603) 42 82, ≼ Bad Ems und Umgebung,
  🛋, 🚿 − 🛁wc 🛁wc 🅿
  15. Dez.- 15. Jan. geschl. − **14 Z : 24 B** 40/60 - 84/90.

  In Dausenau 5409 O : 4 km :

🏛 **Lahnhof**, Lahnstr. 3, 𝒫 (02603) 61 74 − 🛁wc
  ← *Feb. geschl.* − Karte 14/33 *(Donnerstag geschl.)* − **15 Z : 28 B** 29/37 - 53/65.

  In Kemmenau 5421 NO : 5 km :

🏴 **Kupferpfanne-Maurer-Schmidt** 🦢 (mit Gästehaus), Hauptstr. 17, 𝒫 1 41 97, 🚿 − 🛁wc
  🛁wc 🕾 🛋 🅿. 🆎 ⓪ 🇪
  Nov. geschl. − Karte 28/69 *(Dienstag geschl.)* − **12 Z : 21 B** 40/50 - 80.

EMSDETTEN 4407. Nordrhein-Westfalen 𝟡𝟠𝟩 ⑭ − 31 600 Ew − Höhe 45 m − ✪ 02572.
🛈 Verkehrsverein, Am Markt, 𝒫 8 26 66.
◆Düsseldorf 152 − Enschede 50 − Münster (Westfalen) 31 − ◆Osnabrück 46.

🏨 **Lindenhof**, Emsstr. 42, 𝒫 70 11, « Einrichtung mit Antiquitäten und Stilmöbeln », 🛋 −
  🛁wc 🕾 🛋 🅿
  20. Dez.- 10. Jan. geschl. − Karte 16/40 *(nur Abendessen, Sonntag geschl.)* − **25 Z : 40 B** 32/50
  - 65/95.

🏩 **Kloppenborg**, Frauenstr. 15, 𝒫 8 10 77 − 🛁wc 🕾 🛋 🅿. 🇪
  Karte 15,50/40 *(nur Abendessen, Sonntag und Ende Juli - Mitte Aug. geschl.)* − **16 Z : 24 B**
  35/55 - 65/88 Fb.

🏴 **Altdeutsches Gasthaus Bisping-Waldesruh**, Emsstr. 100 (NO : 2 km), 𝒫 28 82 − 🅿
  16. Aug.- 6. Sept. und Montag geschl. − Karte 15/44.

  Jenseits der Ems NO : 4 km über die B 475, dann links ab :

🏩 **Schipp-Hummert** 🦢, Veltrup 17, ✉ 4407 Emsdetten, 𝒫 (02572) 73 37, 🚿 − 🛁wc 🚿 🅿
  Karte 15/37 *(Freitag geschl.)* − **16 Z : 25 B** 40/45 - 60/68.

EMSING Bayern siehe Titting.

EMSKIRCHEN 8535. Bayern 𝟡𝟠𝟩 ㉘ − 4 500 Ew − Höhe 320 m − ✪ 09104.
◆München 207 − ◆Bamberg 59 − ◆Nürnberg 32 − ◆Würzburg 69.

🏛 **Rotes Herz**, Hindenburgstr. 21 (B 8), 𝒫 6 94 − 🛁wc 🛁wc 🛋. 🆎 🇪. 🍴
  ← *20. Mai - 2. Juni geschl.* − Karte 11,50/24 *(Samstag - Sonntag geschl.)* 🍸 − **12 Z : 20 B** 28 - 56.

EMSTAL 3501. Hessen − 6 400 Ew − Höhe 320 m − Luftkurort − ✪ 05624.
🛈 Verkehrsverein, Kasseler Str. 57, 𝒫 7 77 − ◆Wiesbaden 212 − ◆Frankfurt am Main 203 − ◆Kassel 22.

  In Emstal-Sand :

🏨 **Emstaler Höhe** 🦢, Kissinger Str. 2, 𝒫 80 81, ≼, 🍴, 🛋 − 🕸 🛁 🛁wc 🅿 🛋. 🇪. 🍴 Zim
  Karte 20/46 − **51 Z : 95 B** 41/46 - 68/88 Fb − P 58/63.

🏨 **Sander Hof** 🦢, Karlsbader Str. 27, 𝒫 80 11, 🍴, 🚿 − 🛁wc 🛋 🅿
  5. Jan.- 15. März geschl. − (Rest. nur für Hausgäste) − **30 Z : 51 B** 38/43 - 68/74.

🏩 **Grischäfer** (ehem. Scheune), Kasseler Str. 78, 𝒫 3 54, « Hessisch-rustikale Einrichtung »
  🛁wc 🅿
  (wochentags nur Abendessen) (auf Vorbestellung: Essen wie im Mittelalter) − **16 Z : 32 B**.

ENDINGEN 7833. Baden-Württemberg 𝟠𝟩 ⑦. 𝟞𝟤 ㉘. 𝟤𝟦𝟤 ㉘ − 7 650 Ew − Höhe 187 m − ✪ 07642
🛈 Verkehrsbüro, Hauptstr. 60, 𝒫 15 55 − ◆Stuttgart 189 − ◆Freiburg im Breisgau 27 − Offenburg 47.

🏩 **Pfauen** garni, Hauptstr. 78, 𝒫 80 50 − 🛁wc 🛁wc 🛋 🅿
  26 Z : 45 B 25/35 - 50/60.

🏴 **Schindlers Ratsstube**, Marktplatz 10, 𝒫 34 58
  Dienstag 15 Uhr - Mittwoch und 7.- 28. Jan. geschl. − Karte 20/53 🍸.

🏴 **Badische Weinstube**, Hauptstr. 23, 𝒫 78 16
  Dienstag - Mittwoch 17 Uhr und Juli - Aug. 2 Wochen geschl. − Karte 20/54 🍸.

  In Endingen-Königschaffhausen W : 4,5 km :

🏛 **Adler**, Hauptstr. 35, 𝒫 32 12 − 🛁wc 🅿
  5.- 18. Aug. geschl. − Karte 15,50/41 *(Dienstag geschl.)* 🍸 − **12 Z : 23 B** 29/35 - 44/65.

ENDORF, BAD 8207. Bayern 987 ③⑦, 426 ⑱ – 5 300 Ew – Höhe 520 m – Luftkurort, Heilquellen- und Moorkurbetrieb – ✆ 08053.

🛈 Kurverwaltung im Rathaus, Bahnhofstr. 6, ℰ 4 22.

♦München 85 – Rosenheim 15 – Wasserburg am Inn 19.

🏨 **Kurhotel Ströbinger Hof** Ⓜ, Ströbinger Str. 19 (beim Kurzentrum), ℰ 8 41, direkter Zugang zum Kurmittelhaus – 📶 📺 🚿wc 🛁wc ☎ 🚗 🅿
(Rest. nur für Hausgäste) – **57 Z : 100 B** 70/80 - 140/170.

🏨 **Elisabeth**, Kirchplatz 2, ℰ 8 37, Massage, 🚿 – 📶 🚿wc 🛁wc ☎ 🅿
24. Dez.- 1. Jan. geschl. – (Rest. nur für Hausgäste) – **30 Z : 50 B** 45/70 - 80/98 Fb.

🏨 **Zum Alten Ziehbrunnen** 🦢, Bergstr. 30, ℰ 3 29, 🌳 – 🚿wc 🛁wc 🅿
(Rest. nur für Hausgäste) – **14 Z : 20 B** 28/38 - 56/76 – 2 Appart. 40 – P 60/70.

🏤 **Münchner Kindl**, Kirchplatz 2, ℰ 12 14 – 🚗 🅿
17. Feb.- 6. März und 13.- 31. Okt. geschl. – Karte 14/33 *(Montag geschl.)* 🍴 – **9 Z : 16 B** 25 - 48.

In Bad Endorf-Antwort S : 1,5 km :

🏤 Antworter Hof, Hirnsberger Str. 52, ℰ 8 68, 🌳, 🌲 – 📶 🚿wc 🛁wc ☎ 🅿 – **55 Z : 100 B**.

In Bad Endorf-Pelham NO : 5 km :

🏤 Seeblick 🦢, ℰ 3 45, ≤, 🌳, 🛶, 🌲 – 🛁wc 🅿 – **75 Z : 150 B**.

ENGELSBERG Bayern siehe Tacherting.

ENGELSBRAND 7543. Baden-Württemberg – 4 000 Ew – Höhe 620 m – ✆ 07082 (Neuenbürg).

♦Stuttgart 61 – Calw 19 – Pforzheim 11.

In Engelsbrand 3-Salmbach :

🏤 **Schwarzwald** 🦢, Pforzheimer Str. 41, ℰ (07235) 3 32, 🌲 – 📺 🚿wc 🛁wc ☎ 🚗 🅿
Nov. 3 Wochen geschl. – Karte 16/40 *(Donnerstag geschl.)* 🍴 – **17 Z : 28 B** 28/50 - 50/70.

ENGELSKIRCHEN 5250. Nordrhein-Westfalen 987 ㉔ – 19 700 Ew – Höhe 120 m – ✆ 02263.

🛈 Verkehrsamt, E.-Ründeroth, Rathausplatz 1, ℰ 50 11.

♦Düsseldorf 73 – ♦Köln 36 – Olpe 43.

🏤 **Lindenhof**, Bergische Str. 27, ℰ 25 61 – 🚿wc 🛁wc ☎ 🅿 🧖
Karte 16/53 – **21 Z : 31 B** 42/56 - 93.

In Engelskirchen-Oberstaat W : 7 km über die B 55 :

🏤 Bergische Schweiz 🦢, ℰ 24 78, ≤, Wildgehege, Terrasse – 🛁wc 🅿 – **12 Z : 23 B**.

In Engelskirchen-Ründeroth O : 4,5 km :

🏤 Baumhof, Hauptstr. 18, ℰ 55 12 – 🛁wc 🅿 – **14 Z : 20 B**.

In Engelskirchen - Wiehlmünden O : 6,5 km :

XXX **Kümmelecke - Windsor Room**, Gummersbacher Str. 60 (B 55/56), ℰ 58 31 – 🅿. ⑩. ✸
Dienstag geschl. – Karte 21/63.

ENGEN IM HEGAU 7707. Baden-Württemberg 987 ㉟, 216 ⑧, 427 ⑥ – 9 000 Ew – Höhe 520 m – ✆ 07733.

Ausflugsziel : Hegaublick ≤★, NW : 6 km (an der B 31).

🛈 Verkehrsamt, Rathaus, Hauptstr. 11, ℰ 50 20.

♦Stuttgart 142 – Bregenz 101 – Donaueschingen 28 – Singen (Hohentwiel) 16.

🏤 **Badischer Hof**, Breite Str. 26, ℰ 54 31, 🌳 – 🛁wc 🚗
Karte 16,50/50 *(Mitte Okt.- März Samstag geschl.)* – **25 Z : 48 B** 35/50 - 66/96 Fb.

XX **Zum Lamm**, Vorstadt 27, ℰ 10 00, 🌳 – ⚫ E VISA
Montag bis 18 Uhr geschl. – Karte 23/53.

X **Kapuziner Stube**, Hegaustr. 7, ℰ 68 76 – 🅿. E
Montag geschl. – Karte 19,50/43.

Am Neuhewen NW : 7 km über die B 31 – Höhe 790 m :

XX **Hegaublick** 🦢 mit Zim, Hegaublick 4, ✉ 7707 Engen-Stetten, ℰ (07733) 87 54, ≤ Hegau, 🌳, 🌲 – 🛁wc 🅿. E
Karte 15,50/38 *(Montag geschl.)* – **5 Z : 10 B** 36/42 - 60/75.

ENGENHAHN Hessen siehe Niedernhausen.

ENGER 4904. Nordrhein-Westfalen 987 ⑭ – 16 800 Ew – Höhe 94 m – ✆ 05224.

Düsseldorf 196 – Bielefeld 16 – ♦Hannover 99 – Herford 9 – ♦Osnabrück 45.

🏤 Herzog Wittekind, Bünder Str. 3, ℰ 24 07 – 🛁wc 🚗 🅿 – **13 Z : 19 B**.

XX **Brünger in der Wörde**, Herforder Str. 14, ℰ 23 24 – 🅿 🧖. ⒶⒺ ⑩ E
Montag geschl. – Karte 20/47.

ENINGEN Baden-Württemberg siehe Reutlingen.

ENKIRCH 5585. Rheinland-Pfalz – 2 000 Ew – Höhe 100 m – Erholungsort –
❸ 06541 (Traben-Trarbach).
Ausflugsziel : Starkenburg ≤★, S : 5 km.
🛈 Verkehrsbüro, Brunnenplatz, ℰ 92 65.
Mainz 104 – Bernkastel-Kues 29 – Cochem 51.

🏠 **Neumühle** ⸲, Großbachtal 17, ℰ 15 50, nur Eigenbauweine – 🍴wc ❷
3. Jan.- 20. März geschl. – Karte 15/38 🍴 – **35 Z : 70 B** 38/46 - 56/72.

🏠 **Dampfmühle**, Am Steffensberg 80, ℰ 68 67, eigener Weinbau, ⌂, 🥀 – 🍴wc ❷
Karte 15/36 – **18 Z : 32 B** 31/36 - 56/72.

ENNEPETAL 5828. Nordrhein-Westfalen 🔢🔢🔢 ⑭ – 35 000 Ew – Höhe 200 m – ❸ 02333.
🛈 Haus Ennepetal, Gasstr. 10 (Milspe), ℰ 78 65.
♦Düsseldorf 54 – Hagen 12 – ♦Köln 61 – Wuppertal 14.

In Ennepetal-Königsfeld SW : 7 km ab E.-Milspe :

XX **Spreeler Mühle**, Spreeler Weg 128, ℰ (0202) 61 13 49, �఼ – ❷
Montag und 15. Jan.- 15. Feb. geschl. – Karte 16/49.

In Ennepetal-Voerde :

🏠 **Wiemer Hof** ⸲, Dr.-Siekermann-Weg 8, ℰ 33 37 – 🍴wc ❷
(nur Abendessen) – **23 Z : 28 B**.

An der Heilenbecker-Talsperre S : 6 km über die Straße nach Radevormwald :

XX **Haus Heilenbecker Talsperre**, ✉ 5828 Ennepetal, ℰ (02333) 7 17 95, �఼ – ❷.

ENNIGER Nordrhein-Westfalen siehe Ennigerloh.

ENNIGERLOH 4722. Nordrhein-Westfalen – 20 400 Ew – Höhe 106 m – ❸ 02524.
♦Düsseldorf 134 – Beckum 10 – Bielefeld 60 – Warendorf 16.

🏠 **Hubertus**, Enniger Str. 4, ℰ 20 94, 🍴 – 🍴wc ☎ ❷ 🅰 🅰🅴 ⓘ 🅴. ⚡ Zim
➡ Karte 14/41 (Donnerstag geschl.) – **19 Z : 25 B** 50/60 - 95/100 Fb.

In Ennigerloh-Enniger W : 5,5 km :

X **Lindenhof** (restauriertes Fachwerkhaus a. d. 18. Jh.), Hauptstr. 62, ℰ (02528) 84 65 – ❷.

In Ennigerloh-Ostenfelde NO : 5 km :

🏠 **Kröger**, Hessenknapp 17, ℰ 22 14 – 📺 ➡wc 🍴wc ☎ ⇐ ❷
➡ Karte 13/32 (nur Abendessen, Freitag geschl.) – **14 Z : 22 B** 42 - 70.

ENSE 4763. Nordrhein-Westfalen – 10 000 Ew – Höhe 180 m – ❸ 02938.
♦Düsseldorf 110 – ♦Dortmund 44 – Hamm 24 – Soest 22.

In Ense-Bremen :

X **Zur alten Post** mit Zim, Am Spring 2 (bei der Kirche), ℰ 6 25, �఼ – 🍴wc ❷. ⚡ Zim
5 Z : 10 B.

ENZKLÖSTERLE 7546. Baden-Württemberg 🔢🔢🔢 ㉟ – 1 300 Ew – Höhe 598 m – Luftkurort -
Wintersport : 600/900 m ✍3 ✍4 – ❸ 07085.
🛈 Kurverwaltung, ℰ 5 17.
♦Stuttgart 89 – Freudenstadt 26 – Pforzheim 39.

🏠🏠 **Waldhorn-Post**, Wildbader Str. 1, ℰ 7 11, �఼, 🍴, 🔲, 🥀, ⚡ – 🛗 ⇐ ❷ 🅰
8. Jan.- 5. Feb., 17. Feb.- 14. März und 1.- 12. Dez. geschl. – Karte 23/65 – **48 Z : 92 B** 38/113
76/150 Fb.

🏠🏠 **Enztal-Hotel**, Freudenstädter Str. 67, ℰ 6 11, �఼, 🍴, 🔲 – 🛗 ⇐ ❷ 🅰. ⚡ Zim
2.- 21. Dez. geschl. – Karte 22/56 – **54 Z : 90 B** 68/85 - 118/170 Fb – P 86/114.

🏠 **Schwarzwaldschäfer** ⸲, Am Dietersberg 2, ℰ 3 80, « Gartenterrasse mit Grill », 🍴, 🔲,
🥀 – ➡wc ⇐ ❷
15. Nov.- 15. Dez. geschl. – (nur Abendessen für Hausgäste) – **27 Z : 44 B** 55/75 - 98/110 F
– 2 Appart. 95.

🏠 **Hirsch - Café Klösterle**, Freudenstädter Str. 2, ℰ 2 61, 🍴 – ➡wc 🍴wc ⇐ ❷
Nov.- 15. Dez. geschl. – Karte 21/45 (Jan.- April Montag geschl.) – **52 Z : 85 B** 33/54 - 54/92 F
– P 52/76.

🏠 **Gästehaus am Lappach** garni, Aichelberger Weg 4, ℰ 5 11, 🔲, 🥀 – 🛗 ➡wc 🍴wc 🔵
❷. ⚡
5. Nov.- 19. Dez. geschl. – **32 Z : 53 B** 56/64 - 86/100.

🏠 **Gästehaus Forsthaus** ⸲ garni, Im Rohnbachtal, ℰ 6 80, 🍴, 🔲, 🥀 – 📺 ➡wc 🍴wc 🔵
❷. ⚡
Nov.- 20. Dez. geschl. – **13 Z : 25 B** 58/64 - 100/128 Fb.

🏠 **Schwarzwaldhof**, Freudenstädter Str. 9, ✆ 2 63 – 📶 🛁wc 🚿wc ⟵⟶ –
17. Feb.- 14. März geschl. – Karte 19/50 *(Nov.- April Dienstag geschl.)* – **25 Z : 45 B** 47/49 -
84/92 Fb – P 61/65.

🏠 **Park-Hotel Hetschelhof** 🌿, Hetschelhofweg 1, ✆ 2 73, 🌺, – 🛁wc 🚿wc ☎ 🅿. ⓪ 🅴 –
Nov. geschl. – Karte 23/52 *(auch Diät)* – **29 Z : 58 B** 52/72 - 100 Fb – P 75.

🏠 Café **Wiesengrund** 🌿 garni, Friedenstr. 1, ✆ 2 27, 🌺 – 🚿wc ⟵⟶ 🅿 – **16 Z : 32 B**.

🏠 **Schwarzwaldhaus** 🌿 garni, Hetschelhofweg 7, ✆ 3 83, 🌺 – 🛁wc ⟵⟶ 🅿 – **9 Z : 15 B**.

In Enzklösterle-Poppeltal SW : 5 km :

🏠 **Waldeck** 🌿, Eschentalweg 10, ✆ 5 15, 🌺 – 📶 🚿wc 🅿
Karte 16/33 – **35 Z : 60 B** 40/50 - 70/84.

EPPELHEIM Baden-Württemberg siehe Heidelberg.

EPPENBRUNN 6781. Rheinland-Pfalz 🟨🟨 ⑪ – 1 700 Ew – Höhe 390 m – Erholungsort –
✪ 06335.
Mainz 135 – Landau in der Pfalz 59 – Pirmasens 14.

🏠 **Landhaus** 🌿, Hügelstr. 8, ✆ 74 47, 🍴, 🍸, 🌺 – 🚿wc ☎ 🅿
Karte 17,50/38 *(Freitag geschl.)* 🍴 – **7 Z : 12 B** 36/43 - 72/76.

EPPERTSHAUSEN 6116. Hessen – 5 000 Ew – Höhe 140 m – ✪ 06071.
♦Wiesbaden 57 – Aschaffenburg 27 – ♦Darmstadt 22 – ♦Frankfurt am Main 24.

🏠 **Waldhotel Johannishof** 🌿, Nieder-Röder-Straße, ✆ 3 30 31, 🍴 – 📺 🛁wc 🚿wc ☎ 🅿
15 Z : 30 B.

🏛 **Krone**, Dieburger Str. 1 (B 45), ✆ 3 15 08 – 🚿wc ⟵⟶ 🅿. 🍽 Zim
↤ *27. Juli - 18. Aug. geschl.* – Karte 12,50/27 *(Samstag bis 18 Uhr und Sonntag geschl.)* – **14 Z :
20 B** 40 - 70.

EPPINGEN 7519. Baden-Württemberg 🟨🟨🟨 ㉕ – 15 300 Ew – Höhe 190 m – ✪ 07262.
♦Stuttgart 80 – Heilbronn 26 – ♦Karlsruhe 48 – ♦Mannheim 64.

🏨 **Villa Waldeck** 🌿, Waldstr. 80, ✆ 10 61, 🍴, 🌺 – 🛁wc 🚿wc ☎ ⟵⟶ 🅿. 🅰🅴 🅴. 🍽 Rest
1.- 23. Jan. geschl. – Karte 21/48 *(Montag geschl.)* 🍴 – **16 Z : 26 B** 43/50 - 78/85 Fb.

🏠 **Geier**, Kleinbrückentorstr. 4, ✆ 44 24 – 📶 🚿wc 🚿wc ☎ 🅿 🅰. 🅰🅴 🅴
Karte 15/37 🍴 – **24 Z : 34 B** 40 - 75.

✗ **Berliner Eck**, Berliner Ring 40, ✆ 44 82 – 🅿
↤ *Dienstag und 7.- 20. Aug. geschl.* – Karte 14,50/32.

In Eppingen-Richen NO : 5,5 km :

✗ **Kutscherstuben Falkensee**, Berwanger Str. 29, ✆ 18 73, 🍴 – 🅿
Montag - Dienstag 18 Uhr und 29. Jan.- 12. Feb. geschl. – Karte 27/53.

In Gemmingen 7519 NO : 8 km :

✗ **Krone** mit Zim, Richener Str. 3, ✆ (07267) 2 56 – 🚿wc 🅿. 🅰🅴
Juli 3 Wochen geschl. – Karte 24/45 *(Samstag bis 18 Uhr und Dienstag geschl.)* 🍴 – **4 Z : 6 B**
30 - 56.

EPPSTEIN 6239. Hessen – 12 500 Ew – Höhe 184 m – Luftkurort – ✪ 06198.
Sehenswert : Hauptstraße (Blick★ zur Burgruine).
♦Wiesbaden 20 – ♦Frankfurt am Main 28 – Limburg an der Lahn 41.

In Eppstein-Vockenhausen :

🏛 **Nassauer Hof**, Hauptstr. 104, ✆ 14 44 – 📶 ⟵⟶ 🅿
Juni 2 Wochen geschl. – Karte 16,50/41 *(Montag geschl.)* 🍴 – **10 Z : 16 B** 30 - 60.

ERBACH IM ODENWALD 6120. Hessen 🟨🟨🟨 ㉕ – 11 300 Ew – Höhe 223 m – Luftkurort –
✪ 06062.
Sehenswert : Schloß (Hirschgalerie★) – 🅱 Verkehrsamt, Neckarstr. 3, ✆ 6 40.
♦Wiesbaden 95 – ♦Darmstadt 50 – Heilbronn 79 – ♦Mannheim 59 – ♦Würzburg 100.

🏠 **Odenwälder Bauern- und Wappenstuben** 🌿, Am Schloßgraben 30, ✆ 22 36 – 🚿wc
☎. ⓪ 🅴
5.- 25. Feb. geschl. – Karte 18/39 *(Montag geschl.)* 🍴 – **12 Z : 20 B** 35/38 - 54/68.

🏠 **Gebhardt** garni, Jahnstr. 32, ✆ 32 86 – 🚿wc 🅿. 🅰🅴 🅴 🆅🆂🅰
23. Dez.- 12. Jan. geschl. – **12 Z : 20 B** 25/32 - 52/62.

✗✗ **Zum Hirsch**, Bahnstr. 2, ✆ 35 59 – 🍽
Mittwoch geschl. – Karte 17/43 🍴.

In Erbach-Erlenbach SO : 2 km :

🏛 **Erlenhof** 🌿, ✆ 31 74, 🍴 – 🚿wc 🅿 – Karte 13,50/34 *(Dienstag geschl.)* – **18 Z : 34 B** 34/38
↤ - 52/68.

241

ERBACH (ALB-DONAU-KREIS) 7904. Baden-Württemberg — 10 700 Ew — Höhe 530 m — ✪ 07305.

♦Stuttgart 104 — Tuttlingen 105 — ♦Ulm (Donau) 12.

   🏠 **Kögel,** Ehinger Str. 44, 🖉 80 21 — 🛏wc 🛁wc ☎ 🚗 🅿
     20. Dez.- 6. Jan. geschl. — Karte 22/39 (nur Abendessen, Sonntag geschl.) — **32 Z : 44 B** 32/45 - 58/71.

   🏠 Schloßberg-Hotel 🌿 garni, Max-Johann-Str. 27, 🖉 72 51 — 🛁wc 🅿 — **24 Z : 34 B**.

ERBENDORF 8488. Bayern 🤷🅗🅘 ㉗ — 4 800 Ew — Höhe 510 m — Erholungsort — ✪ 09682.
🛈 Verkehrsamt, Bräugasse, 🖉 23 27.
♦München 248 — Bayreuth 40 — ♦Nürnberg 108 — Weiden in der Oberpfalz 24.

   🏠 **Pension Pöllath** 🌿 garni, Josef-Höser-Str. 12, 🖉 5 87, 🍽, 🌳 — 🛁wc 🚗. ✤
     15 Z : 25 B 21/25 - 40/48.

   In Erbendorf-Pfaben N : 6 km, Höhe 720 m — Wintersport ⚡1 :

   🏨 **Steinwaldhaus** 🌿, 🖉 23 91, ← Oberpfälzer Wald, 🔲 — 🛁wc ☎ 🅿 🔠
     2.- 23. März und 9. Nov.- 20. Dez. geschl. — Karte 15/39 🍺 — **59 Z : 105 B** 44 - 79 — P 60/66.

ERDING 8058. Bayern 🤷🅗🅘 ㉗ — 25 300 Ew — Höhe 462 m — ✪ 08122.
♦München 35 — Landshut 39 — Rosenheim 66.

   🏠 **Mayr Wirt,** Haager Str. 4, 🖉 70 94 — 📵 🛏wc 🛁wc ☎ 🚗 🔠. 🆎 🅾 🇪
   ◆ Karte 14,50/35 (Samstag geschl.) 🍺 — **68 Z : 104 B** 33/62 - 64/102.

   🏩 **Schmidbauer,** Zollnerstr. 7, 🖉 1 41 40 — 🛁 🚗. ✤ Zim
   ◆ 9.- 27. Aug. geschl. — Karte 11/26 (Montag geschl., Samstag - Sonntag nur Mittagessen) — **16 Z : 20 B** 30/35 - 50/70.

   In Oberding 8059 NW : 6 km :

   XX **Balthasar Schmid** mit Zim, Hauptstr. 29, 🖉 (08122) 25 65 — 📺 🛁wc ☎ 🅿
   ◆ Ende Aug.- Mitte Sept. geschl. — Karte 13/41 (Donnerstag geschl.) — **6 Z : 8 B** 56 - 94.

ERFTSTADT 5042. Nordrhein-Westfalen 🤷🅗🅘 ㉓ — 45 600 Ew — Höhe 90 m — ✪ 02235.
♦Düsseldorf 64 — Brühl 8 — ♦Köln 18.

   In Erftstadt-Lechenich :

   XX **Hostellerie Le Gourmet** 🌿 mit Zim, Blessemer Str. 3, 🖉 7 74 48 — 🛏wc 🛁wc 🅿. 🆎
   🅾 🇪
     10.- 16. Feb. geschl. — Karte 48/86 (nur Abendessen) — **9 Z : 16 B** 55/60 - 80/110.

ERFWEILER Rheinland-Pfalz siehe Dahn.

ERGOLDING Bayern siehe Landshut.

ERGOLDSBACH 8305. Bayern 🤷🅗🅘 ㉗ — 6 000 Ew — Höhe 417 m — ✪ 08771.
♦München 88 — Ingolstadt 80 — Landshut 16 — ♦Regensburg 44.

   🏩 **Dallmaier,** Hauptstr. 26, 🖉 12 10, Biergarten — 🛁wc 🚗 🅿
   ◆ Karte 12/27 — **15 Z : 24 B** 30 - 58/60.

ERKELENZ 5140. Nordrhein-Westfalen 🤷🅗🅘 ㉓ — 35 900 Ew — Höhe 97 m — ✪ 02431.
♦Düsseldorf 45 — ♦Aachen 38 — Mönchengladbach 15.

   🏨 **Rheinischer Hof** garni, Kölner Str. 18, 🖉 22 94 — 📺 🛏wc 🛁wc ☎ 🚗. 🆎 🅾 🇪 🆅🆂🅰
     25 Z : 36 B 70/85 - 100/120 Fb.

   XX **Oerather Mühle,** Roermonder Str. 36, 🖉 24 02, 🌳 — 🅿 🔠
     Mittwoch geschl. — Karte 18,50/53.

   Siehe auch : *Wegberg* N : 8 km

ERKENSRUHR Nordrhein-Westfalen siehe Simmerath.

ERKHEIM 8941. Bayern — 10 000 Ew — Höhe 600 m — ✪ 08336.
♦München 98 — ♦Augsburg 67 — Memmingen 14 — ♦Ulm (Donau) 68.

   🏠 **Gästehaus Herzner** 🌿, Färberstr. 19, 🖉 3 00, 🍽, 🌳 — 🛁wc 🅿
     (nur Abendessen für Hausgäste) — **15 Z : 30 B** 28/40 - 60.

ERKRATH 4006. Nordrhein-Westfalen — 40 000 Ew — Höhe 50 m — ✪ 0211 (Düsseldorf).
♦Düsseldorf 9 — Wuppertal 26.

   In Erkrath-Unterfeldhaus S : 4,5 km :

   🏠 **Unterfeldhaus** Ⓜ 🌿 garni, Millrather Weg 21, 🖉 25 30 09 — 📺 🛁wc ☎ 🅿
     23. Dez.- 2. Jan. geschl. — **12 Z : 22 B** 90 - 120 Fb.

ERLABRUNN Bayern siehe Würzburg.

ERLANGEN 8520. Bayern 987 ⑳ — 100 000 Ew — Höhe 285 m — ✿ 09131.

🛈 Pavillon am Hugenottenplatz, ℰ 2 50 74.

ADAC, Henkestr. 26, ℰ 2 56 52, Notruf ℰ 1 92 11.

◆München 191 ④ — ◆Bamberg 40 ① — ◆Nürnberg 20 ④ — ◆Würzburg 91 ⑥.

Stadtplan siehe nächste Seite.

🏨 **Transmar-Krongress-Hotel**, Beethovenstr. 3, ℰ 80 40, Telex 629750, 🕿, 🖼 — 🛗 🗐 📺 ఊ 🗗 ◫ ⑩ 🗉 𝖵𝖨𝖲𝖠   **Z u**
Karte 18/40 — **138 Z : 263 B** 149/196 - 179/259 Fb.

🏨 **Grille**, Bunsenstr. 35, ℰ 61 36, Telex 629839 — 🛗 📺 ⊆wc ⊓⊔wc 🕿 🅿 ఊ ◫ ⑩ 🗉 𝖵𝖨𝖲𝖠
Karte 26/53 *(Samstag geschl.)* — **65 Z : 90 B** 70/130 - 150/170 Fb.

over Günther-Scharowsky-Str.   **X**

🏨 **Luise** garni, Sophienstr. 10, ℰ 12 20, 🖼 — 🛗 📺 ⊆wc ⊓⊔wc 🕿 🅿. ⑩ 🗉   **X p**
24. Dez.- 2. Jan. geschl. — **73 Z : 90 B** 69/99 - 109/129 Fb.

🏨 **Bayerischer Hof**, Schuhstr. 31, ℰ 81 10, Telex 629908, 🕿 — 🛗 📺 ⊆wc ⊓⊔wc 🕿 🅿. ◫ ⑩ 🗉 𝖵𝖨𝖲𝖠   **Z q**
Karte 17/48 *(Samstag geschl.)* — **150 Z : 300 B** 134/195 - 160/300 Fb.

🏨 **Fränkischer Hof** (mit rustikalem Salvator- und Weinkeller), Goethestr. 34, ℰ 2 20 12 — 🛗   **Z a**
⊆wc ⊓⊔wc 🕿
Karte 20/49 *(Samstag und Mitte Aug.- Mitte Sept. geschl.)* — **31 Z : 45 B** 45/85 - 78/120.

🏨 **West** garni, Möhrendorfer Str. 44, ℰ 4 20 46, 🖼 — 📺 ⊆wc ⊓⊔wc 🕿 🅿 ఊ   **V f**
1.- 15. Aug. geschl. — **44 Z : 65 B** 60/95 - 85/120.

🏨 **Rokokohaus** 🍴 garni, Theaterplatz 13, ℰ 2 90 63 — 🛗 📺 ⊆wc ⊓⊔wc 🕿 ⇦. ◫ ⑩ 🗉 𝖵𝖨𝖲𝖠   **Y r**
24. Dez.- 6. Jan. geschl. — **37 Z : 60 B** 75/105 - 135/160 Fb.

🏨 **Fischküche Silberhorn** 🍴, Wöhrstr. 13, ℰ 2 30 05 — 📺 ⊆wc ⊓⊔wc 🕿 🅿. ❄   **Y f**
Mai-Aug. garni — Karte 21/52 *(Sonntag ab 15 Uhr und Dienstag geschl.)* — **19 Z : 28 B** 64/85 -
105/140 Fb.

🏠 **Alpha** garni, Loewenichstr. 33, ℰ 2 30 55 — ⊆wc ⊓⊔wc 🕿 ⇦ 🅿   **Y c**
18 Z : 27 B.

🏠 **Bahnhof-H.** garni, Bahnhofplatz 5, ℰ 2 70 07 — 🛗 📺 ⊆wc ⊓⊔wc 🕿 ⇦. ◫ ⑩ 🗉 𝖵𝖨𝖲𝖠   **Z t**
10. Aug.- 7. Sept. geschl. — **19 Z : 24 B** 44/81 - 118 Fb.

🏠 **Antik** garni, Wilhelmstr. 23, ℰ 2 90 71 — 📺 ⊓⊔ ⇦   über ②
12 Z : 17 B 58/68 - 92 Fb.

🏠 **Am Eichenwald** garni, Palmstr. 5, ℰ 2 20 39 — 📺 ⊆wc ⊓⊔wc 🕿 🅿. ◫ ⑩ 🗉   **V b**
34 Z : 54 B 32/75 - 90/125.

🏠 **Süd** 🍴 garni, Wacholderweg 37, ℰ 3 20 21 — 📺 ⊆wc ⊓⊔wc 🕿 ⇦   **X u**
16 Z : 23 B 45/75 - 80/98 Fb.

🏠 **Wiessner** garni, Harfenstr. 1c, ℰ 2 28 20 — ⊓⊔wc ⇦   **Y n**
25 Z : 34 B 46/85 - 75/135 Fb.

🍴🍴 **Altmann's Stube** 🍴 mit Zim, Theaterplatz 9, ℰ 2 62 27, 🍴 — ⊓⊔wc 🕿. ◫ ⑩   **Y v**
Karte 29/62 *(Samstag - Sonntag und Feiertage geschl.)* — **12 Z : 16 B** 55/65 - 85/95 Fb.

🍴🍴 Frankenkrug, Beethovenstr. 3 (Stadthalle), ℰ 2 58 82   **Z u**

🍴 **Weinstube Kach**, Kirchenstr. 2, ℰ 2 23 72 — ◫ ⑩ 🗉 𝖵𝖨𝖲𝖠. ❄   **Y s**
15. Aug.- 12. Sept. sowie Sonn- und Feiertage geschl. — Karte 30/51.

🍴 **Oppelei**, Halbmondstr. 4, ℰ 2 15 62 — ⑩ 🗉   **Z x**
Mittwoch und 20. Aug.- 3. Sept. geschl. — Karte 16/46.

🍴 **Gasthaus Strauß** mit Zim, Rückertstr. 10, ℰ 2 36 45 — 📺 ⊓⊔wc 🕿   **Z r**
Karte 16,50/38 *(Montag geschl.)* — **13 Z : 16 B** 43/68 - 80/98 Fb.

🍴 **Grüner Markt**, Einhornstr. 9, ℰ 2 25 51 — ◫ ⑩   **Z k**
Sonntag und 25. Aug.- 15. Sept. geschl. — Karte 15/43.

In Erlangen-Bruck :

🏠 **Am Birkenweg** garni, Am Birkenweg 5a, ℰ 6 39 52 — ⊆wc ⊓⊔wc 🕿 🅿   **X**
22 Z : 32 B Fb.   über Fürther Str.

🏠 **Roter Adler**, Fürther Str. 5, ℰ 6 32 85, Telex 626753 — ⊓⊔wc   **X r**
Karte 12/26 *(nur Abendessen, Samstag geschl.)* — **28 Z : 42 B** 48/58 - 75/90.

In Erlangen-Eltersdorf ⑤ : 5 km :

🏨 **Rotes Ross** garni, Eltersdorfer Str. 15 A, ℰ 6 00 84, 🕿, 🍴 — ⊆wc ⊓⊔wc 🕿 ⇦ 🅿. ◫ ⑩
🗉 𝖵𝖨𝖲𝖠
28 Z : 50 B 54/69 - 86/99 Fb.

In Erlangen-Frauenaurach über ⑤ :

🏠 **Schwarzer Adler** garni, Herdegenplatz 1, ℰ 99 20 51, « Renoviertes fränkisches
Fachwerkhaus, Weinstube » — 📺 ⊓⊔wc 🕿
31. Juli - 15. Sept. und Weihnachten - Anfang Jan. geschl. — **7 Z : 11 B** 78/98 - 120/125.

🍴🍴 Ratskeller, Gaisbühlstr. 4, ℰ 99 00 66, 🍴 — 🅿 ఊ
Montag und 1.- 20. Aug. geschl. — Karte 14/44.

ERLANGEN

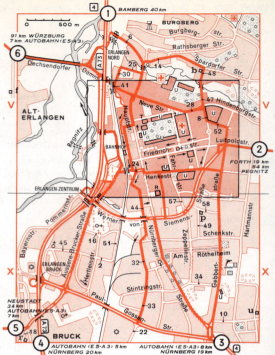

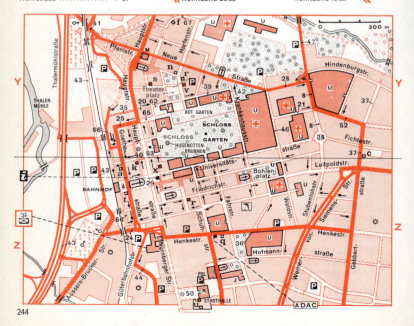

In Erlangen-Tennenlohe über ③ :

🏨 **Transmar-Motor-Hotel** Ⓜ, Wetterkreuzstr. 7, ℰ 60 80, Telex 629912, ⇌s, ☒, 🏖 – ▯ 📺 👍 ℗ 🏋. 🅰🅴 ⓪ 🅴 𝑽𝑰𝑺𝑨. 🍴 Rest
Karte 20/44 – **126 Z : 252 B** 129/196 - 159/236 Fb.

🏨 **Tennenloher Hof**, Am Wetterkreuz 32, ℰ 6 00 18, ⇌s, ☒ – ▯ 🛁wc ☎ ℗. 🅰🅴 ⓪ 🅴 𝑽𝑰𝑺𝑨
Karte 13/41 *(nur Abendessen, Samstag geschl.)* ⅙ – **26 Z : 50 B** 70 - 90 Fb.

In Baiersdorf 8523 ① : 7 km :

XX **Zum Storchennest** mit Zim, Hauptstr. 41, ℰ (09133) 8 26 – 📺 🛁wc
2.- 10. Jan. und 5.- 19. Aug. geschl. – Karte 22/62 *(Montag geschl.)* – **6 Z : 10 B** 38/48 - 60/75.

Nahe der Straße nach Dechsendorf ⑥ : 5 km :

🏠 **Rasthaus am Heusteg** ⏴, Heusteg 13, ⊠ 8520 Erlangen-Dechsendorf, ℰ (09131) 4 12 25,
🏖 – 🛁 ℗. 🅴
24. Dez.- 5. Jan. geschl. – Karte 11/34 *(Samstag geschl.)* ⅙ – **20 Z : 30 B** 29/42 - 50/66.

ERLENBACH Baden-Württemberg siehe Weinsberg.

ERLENBACH 8765. Bayern – 8 000 Ew – Höhe 125 m – ✆ 09372.
♦München 354 – Aschaffenburg 25 – Miltenberg 16 – ♦Würzburg 78.

🏠 **Tannenhof** ⏴, Am Stadtwald 66, ℰ 44 40, 🏖 – 🛁wc ⇌ ℗. 🅴. 🍴
Karte 15,50/35 *(wochentags nur Abendessen, Freitag geschl.)* ⅙ – **20 Z : 34 B** 35/40 - 65/70.

🏠 **Fränkische Weinstuben**, Mechenharder Str. 5, ℰ 56 72, 🏖, eigener Weinbau, 🏖 –
🛁wc ℗. 🅰🅴. 🍴 Zim
Ende Aug.- Mitte Sept. geschl. – Karte 17,50/32 *(Freitag geschl.)* ⅙ – **16 Z : 26 B** 30/45 - 50/75.

X **Bürgerkeller**, Dr.-Vits-Str. 100, ℰ 52 01 – ℗
5.-28. Aug. und Montag geschl. – Karte 13/35 ⅙.

ERLENSEE 6455. Hessen – 10 700 Ew – Höhe 105 m – ✆ 06183.
♦Wiesbaden 65 – ♦Frankfurt am Main 26 – Fulda 81 – ♦Würzburg 114.

In Erlensee-Rückingen :

🏠 **Brüder-Grimm-Hotel**, Rhönstr. 9 (B 40 - Abfahrt Erlensee-Süd), ℰ 8 20 – ▯ 📺 🛁wc ☎
℗ 🏋. 🅰🅴 ⓪ 🅴 𝑽𝑰𝑺𝑨
Karte 24/51 *(Samstag geschl.)* – **90 Z : 144 B** 69/80 - 98/120 Fb.

ERNST Rheinland-Pfalz siehe Cochem.

ERNSTHAUSEN Hessen siehe Burgwald.

ERPFINGEN Baden-Württemberg siehe Sonnenbühl.

ERWITTE 4782. Nordrhein-Westfalen 987 ⑭ – 13 700 Ew – Höhe 106 m – ✆ 02943.
♦Düsseldorf 135 – Lippstadt 7 – Meschede 36 – Soest 17.

🏠 **Büker**, Am Markt 14, ℰ 23 36 – 🛁 ⇌ ℗. 🅰🅴
23. Dez.- 6. Jan. geschl. – Karte 14,50/34 *(Freitag geschl.)* – **21 Z : 30 B** 27/38 - 54/72.

ERZGRUBE Baden-Württemberg siehe Seewald.

ESCHAU 8751. Bayern – 2 600 Ew – Höhe 171 m – ✆ 09374.
♦München 347 – Aschaffenburg 32 – Miltenberg 16 – ♦Würzburg 71.

In Eschau-Hobbach NO : 5,5 km :

🏠 **Zum Engel**, Bayernstr. 47, ℰ 3 88, 🏖 – 🛁wc 🛁wc ℗ 🏋. 🍴
8.- 23. Dez. geschl. – Karte 18,50/47 *(Montag geschl.)* ⅙ – **16 Z : 28 B** 27/46 - 50/80.

In Eschau-Wildensee O : 10 km :

🏠 **Waldfrieden** ⏴, ℰ 3 28, 🏖 – 🛁wc ⇌ ℗. 🍴 Zim
Nov.- 25. Dez. geschl. – Karte 11/23 *(Abendessen nur für Hausgäste, Montag geschl.)* ⅙ –
20 Z : 38 B 26/31 - 52/62.

ESCHBACH 5429. Rheinland-Pfalz – 300 Ew – Höhe 380 m – ✆ 06771.
Mainz 57 – Bingen 37 – ♦Koblenz 27.

🏨 **Zur Suhle** ⏴, Hauptstr. 51, ℰ 79 21, ≤, 🏖, « Garten mit Teich », ⇌s, ⌇, ☒, ✕ – ▯
🛁wc 🛁wc ☎ ℗ 🏋. 🍴 Rest
Karte 17/47 ⅙ – **25 Z : 40 B** 55/90 - 105/150.

ESCHBORN Hessen siehe Frankfurt am Main.

ESCHEDE 3106. Niedersachsen 987 ⑮ — 6 500 Ew — Höhe 70 m — ✪ 05142.
◆Hannover 60 — Celle 17 — Lüneburg 69.

   🏠 **Deutsches Haus**, Albert-König-Str. 8, ℰ 22 36, 🐎 — 🍴wc 🕿 ⇔ 🅿. ✸ Zim
      Feb. geschl. — Karte 16/39 *(Montag geschl.)* — **12 Z : 27 B** 28/38 - 56/70.

ESCHENBURG 6345. Hessen — 9 700 Ew — Höhe 299 m — ✪ 02774.
◆Wiesbaden 137 — Gießen 58 — Marburg 44 — Siegen 41.

   In Eschenburg-Eibelshausen :

   🏠 Haus Schulz, Hauptstr. 22 (B 253), ℰ 16 07 — 🍴 — *(nur Abendessen)* — **12 Z : 18 B**.

   In Eschenburg-Wissenbach :

   🏠 Bauernstube, Bezirksstr. 22 (B 253), ℰ 18 29 — 🍴 ⇔ 🅿 — **9 Z : 15 B**.

ESCHENLOHE 8116. Bayern 426 ⑯ — 1 400 Ew — Höhe 636 m — Erholungsort — ✪ 08824.
🚉 Verkehrsamt im Rathaus, Murnauer Str. 1, ℰ 2 21.
◆München 74 — Garmisch-Partenkirchen 15 — Weilheim 30.

   🏨 **Tonihof** ⤶, Walchenseestr. 42, ℰ 10 21, ≼ Loisachtal mit Wettersteingebirge, 🏡, Massage, ⇌, 🐎 — 📺 ⇔wc 🍴wc 🕿 ⇔ 🅿 🛁. ✸ Rest
      7. Jan.- 10. Feb. geschl. — Karte 27/71 *(Mittwoch - Donnerstag 16 Uhr geschl.)* — **28 Z : 50 B** 52/60 - 120/168 Fb — P 73/83.

   🏠 **Zur Brücke - Villa Bergkristall**, Loisachstr. 1, ℰ 2 10 — 🍴wc ⇔ 🅿
      Mitte Nov.- Mitte Dez. geschl. — Karte 18/40 *(Dienstag geschl.)* — **30 Z : 57 B** 28/48 - 56/96.

ESCHWEGE 3440. Hessen 987 ⑮⑯ — 24 000 Ew — Höhe 170 m — ✪ 05651.
◆Wiesbaden 221 — Göttingen 49 — Bad Hersfeld 58 — ◆Kassel 56.

   🏨 **National** garni, Friedrich-Wilhelm-Str. 2, ℰ 6 00 35, ⇌ — 📶 📺 🍴wc 🕿 ⇔ 🅿. AE E VISA
      38 Z : 69 B 49/70 - 103/115 Fb.

   🏠 **Zur Struth** ⤶, Struthstr. 7a, ℰ 2 10 81, 🏡 — 🍴wc 🅿
      Karte 17,50/37 *(Sonntag 15 Uhr - Montag 17 Uhr und Juli geschl.)* — **27 Z : 35 B** 28/45 - 56/75.

   🏠 **Stadthalle**, Wiesenstr. 9, ℰ 5 00 41, 🏡 — ⇔wc 🍴wc 🕿 🅿 🛁. E
      Karte 20/50 — **16 Z : 22 B** 39 - 68.

ESCHWEILER 5180. Nordrhein-Westfalen 987 ㉓ — 53 000 Ew — Höhe 161 m — ✪ 02403.
◆Düsseldorf 74 — ◆Aachen 15 — Düren 17 — ◆Köln 55.

   🏠 **Park-Hotel**, Parkstr. 16, ℰ 2 61 88 — ⇔wc 🍴wc 🕿. AE Ⓞ E VISA
      Karte 18,50/39 *(nur Abendessen)* — **18 Z : 26 B** 41/75 - 87/115.

ESENS 2943. Niedersachsen 987 ④ — 6 150 Ew — Seebad — ✪ 04971.
🚉 Kurverwaltung, Kirchplatz 1, ℰ 30 88.
◆Hannover 261 — Emden 50 — ◆Oldenburg 91 — Wilhelmshaven 50.

   🏠 **Appart-Hotel Kröger**, Bahnhofstr. 18, ℰ 22 29, 🐎 — 📺 🍴wc 🕿 🅿 🛁. ✸
      Karte 18,50/45 *(15. Sept.- 15. Juni Montag geschl.)* — **14 Z : 32 B** 45 - 90.

   🏠 **Wieting's Hotel**, Am Markt 7, ℰ 45 68, ⇌ — 📺 🍴wc 🅿. AE Ⓞ. ✸ Zim
      Karte 15/39 *(Okt.- April Sonntag geschl.)* — **14 Z : 25 B** 43/45 - 85.

   🏠 **Waldhotel**, Auricher Str. 52, ℰ 21 11, 🐎 — 🍴wc 🕿 🛁 ⇔ 🅿. ✸ Zim
      2.- 20. Jan. geschl. — Karte 17/42 *(Okt.- Mai Donnerstag geschl.)* — **10 Z : 15 B** 35/45 - 70.

   In Esens-Bensersiel NW : 4 km :

   🏨 **Hörn van Diek**, Lammertshörn, ℰ 24 29, ☒ — 🍴wc 🅿. ✸
      März - Okt. — Karte 20/49 *(nur Abendessen)* — **18 Appart. : 40 B** 83/90 - 110/120 Fb.

   ✕ Seeterrassen, Am Strand, ℰ 8 78, ≼, 🏡 — *nur Saison.*

   Siehe auch : *Liste der Feriendörfer*

ESLOHE 5779. Nordrhein-Westfalen 987 ⑭ — 8 500 Ew — Höhe 310 m — Luftkurort — ✪ 02973.
🚉 Verkehrsbüro, Haus des Gastes, Kupferstraße, ℰ 4 42.
◆Düsseldorf 159 — Meschede 20 — Olpe 43.

   🏠 **Haus Stötzel** ⤶ garni, St. Rochus-Weg 1a, ℰ 67 32 — 🍴wc 🅿. ✸
      7 Z : 13 B 30/34 - 56/64.

   🏠 **Zur Post**, Hauptstr. 75, ℰ 64 60, ⇌ — 🍴wc 🅿
      Karte 13,50/28 *(Mittwoch geschl.)* — **12 Z : 24 B** 23/33 - 46/66 — P 48/52.

   In Eslohe 2-Cobbenrode S : 7,5 km :

   🏨 **Berghotel Habbel** ⤶, Stertberg 1, ℰ (02970) 4 22, ≼, 🏡, ⇌, ☒, 🐎 — 📶 📺 ⇔wc 🍴wc 🕿 🅿 🛁. AE E. ✸
      Karte 19/47 — **23 Z : 46 B** 60/105 - 110/180.

   🏠 **Hennemann**, Olper Str. 28 (B 55), ℰ (02970) 2 36, ⇌, ☒, 🐎, ✕ — 📺 ⇔wc 🍴wc ⇔ 🅿. ✸ Rest
      Karte 19,50/40 *(Montag geschl.)* 🛁 — **23 Z : 44 B** 45/48 - 78/90.

In Eslohe 7-Niedersalwey W : 4 km :

♠ **Woiler Hof**, Salweytal 10, ℰ 4 97 − ⓜwc ⟸ ⊕
Karte 14,50/25 *(Dienstag geschl.)* − **15 Z : 27 B** 24/33 - 48/65.

In Eslohe 8-Obersalwey W : 8 km :

🏨 **Berghotel Bender** ⬩, ℰ 7 85, ≼ Sauerländer Berge, ⇌, ⬛, ⟐ − |❖| ⓜwc ☎ ຄ ⊕ ⚲
26 Z : 41 B.

In Eslohe 3-Wenholthausen N : 4 km :

🏠 **Sauerländer Hof**, Südstr. 35, ℰ 63 47, ⌖, ⇌, ⬛, ⟐ − ⓜwc ⊕. ⬥ Rest
1.- 25. Dez. geschl. − Karte 19/49 *(Nov.- März Donnerstag geschl.)* − **22 Z : 45 B** 38/65 - 76/130
Fb.

ESPACHWEILER Baden-Württemberg siehe Ellwangen.

ESPELKAMP 4992. Nordrhein-Westfalen 987 ⑭⑮ − 24 500 Ew − Höhe 43 m − ✪ 05772.
♦Düsseldorf 223 − ♦Bremen 99 − ♦Hannover 93 − ♦Osnabrück 46.

🏠 **Haus Mittwald** ⬩, Ostlandstr. 23, ℰ 40 29 − ⌸wc ⓜwc ☎ ⊕
Karte 18/47 *(Samstag geschl.)* − **29 Z : 37 B** 40/59 - 82/92 Fb.

ESPENAU Hessen siehe Kassel.

ESSEL Niedersachsen siehe Schwarmstedt.

ESSELBACH Bayern siehe Marktheidenfeld.

ESSEN 4300. Nordrhein-Westfalen 987 ⑭ − 650 000 Ew − Höhe 120 m − ✪ 0201.
Siehe Ruhrgebiet (Übersichtsplan).

Sehenswert : Münster : Münsterschatzkammer★★ (Vortragekreuze★★★) BX E, Goldene Madonna★★★
BX D − Museum Folkwang★★ ABY − Villa Hügel★ (Historische Sammlung Krupp★★) S −
Grugapark★ AZ − Johanniskirche: Altar★ BX F.

Ausflugsziel : Essen-Werden : Abteikirche (Vierungskuppel★, Bronzekruzifixus★) S A.

Messegelände a.d. Grugahalle (AZ), ℰ 7 24 41, Telex 8579647.

🛈 Verkehrsverein im Hauptbahnhof, Südseite, ℰ 2 04 21, Telex 8579562.

ADAC, Klarastr. 58, ℰ 77 00 88, Notruf ℰ 1 92 11.

♦Düsseldorf 31 ⑤ − Amsterdam 204 ⑧ − Arnhem 108 ⑧ − ♦Dortmund 38 ③.

Stadtplan siehe nächste Seite.

🏨 **Sheraton-Hotel** Ⓜ ⬩, Huyssenallee 55, ℰ 2 09 51, Telex 8571266, Massage, ⇌, ⬛ − |❖| ▤
📺 ໕ ⊕ ⚲. ⬥ Rest BY e
207 Z : 414 B Fb.

🏨 **Handelshof Hotel Mövenpick**, Am Hauptbahnhof 2, ℰ 1 70 80, Telex 857562 − |❖| 📺 ໕
⚲. 🆎 ⓪ ⒠ 𝗩𝗜𝗦𝗔 BX n
Karte 22/65 − **196 Z : 240 B** 145/160 - 175/190 Fb.

🏨 **Essener Hof**, Teichstr. 2, ℰ 2 09 01, Telex 8579582 − |❖| 📺 ⌸wc ⓜwc ☎ ⚲. 🆎 ⓪ ⒠ 𝗩𝗜𝗦𝗔
⬥ Rest BX c
Karte 25/56 *(nur Abendessen, Samstag - Sonntag geschl.)* − **130 Z : 160 B** 88/115 - 140/170 Fb.

🏨 **Assindia**, Viehofer Platz 5, ℰ 23 50 77, Telex 8571374, ⇌ − |❖| 📺 ⌸wc ⓜwc ☎ ⟸ ⊕. 🆎
Karte 25/48 *(nur Abendessen, Samstag geschl.)* − **45 Z : 80 B** 90/130 - 120/170 Fb. BX z

🏨 **Europa** garni, Hindenburgstr. 35, ℰ 23 20 41 − |❖| ⌸wc ⓜwc ☎. 🆎 ⓪ ⒠ BX m
48 Z : 65 B 90 - 150 Fb.

🏨 **Arcade**, Hollestr. 50, ℰ 2 42 80, Telex 8571133 − |❖| ⓜwc ☎ ໕ ⊕ ⚲. ⒠ 𝗩𝗜𝗦𝗔 BX a
Karte 19,50/40 *(nur Abendessen, Samstag - Sonntag geschl.)* − **144 Z : 300 B** 85/105 - 114 Fb.

🏠 **Luise** garni, Dreilindenstr. 96, ℰ 23 92 53 − |❖| ⌸wc ⓜwc ☎. 🆎 BY a
30 Z : 37 B 45/75 - 98/118 Fb.

XXX **Rôtisserie im Saalbau**, Huyssenallee 53, ℰ 22 18 66, ⌖ − ⊕ ⚲. 🆎 ⓪ ⒠ BY r
Karte 33/64.

XX **La Grappa** (Italienische Küche), Rellinghauser Str. 4, ℰ 23 17 66 − 🆎 ⓪ ⒠ 𝗩𝗜𝗦𝗔 BY v
Samstag bis 18 Uhr und Juli-Aug. auch Sonntag geschl. − Karte 34/68 (Tischbestellung ratsam).

X **Dalmatien**, Hohenzollernstr. 34, ℰ 77 08 10 − ⒠ BY y
Samstag geschl. − Karte 21/50.

In Essen 1-Bredeney :

🏨 **Bredeney** ⬩, Theodor-Althoff-Str. 5, ℰ 71 40 81, Telex 857597, ⌖, Massage, ⇌, ⬛, ⟐
− |❖| ▤ Rest 📺 ⊕ ⚲ (mit ▤). 🆎 ⓪ ⒠ 𝗩𝗜𝗦𝗔 S b
Restaurants : − **Bisou de mer** Karte 37/69 − **Coq d'or** Karte 21/53 − **Pfanne** *(nur Abendessen,
Sonntag geschl.)* Karte 34/63 − **314 Z : 558 B** 140/155 - 200/220 Fb.

Fortsetzung →

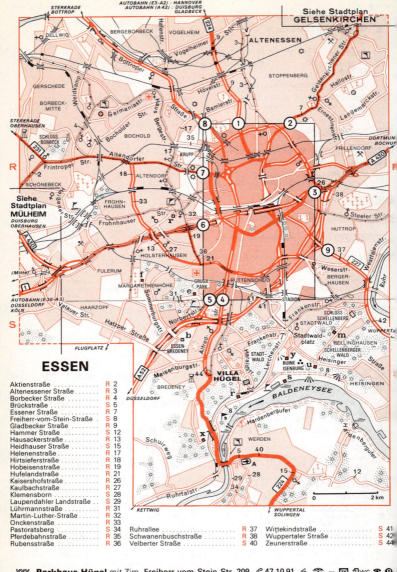

ESSEN

Aktienstraße	R	2
Altenessener Straße	R	3
Borbecker Straße	R	4
Brückstraße	S	5
Essener Straße	R	7
Freiherr-vom-Stein-Straße	S	8
Gladbecker Straße	S	9
Hammer Straße	S	12
Hausackerstraße	S	13
Heidhauser Straße	S	15
Helenenstraße	R	17
Hirtsieferstraße	R	18
Hobeisenstraße	R	19
Hufelandstraße	R	21
Kaisershofstraße	R	26
Kaulbachstraße	R	27
Klemensborn	S	28
Laupendahler Landstraße	S	29
Lührmannstraße	R	31
Martin-Luther-Straße	R	32
Onckenstraße	R	33
Pastoratsberg	S	34
Pferdebahnstraße	R	35
Rubensstraße	R	36

Ruhrallee	R	37	Wittekindstraße	S	41
Schwanenbuschstraße	R	38	Wuppertaler Straße	S	42
Velberter Straße	S	40	Zeunerstraße	S	44

XXX **Parkhaus Hügel** mit Zim, Freiherr-vom-Stein-Str. 209, ℰ 47 10 91, ≤, 🐟 – 📺 🛎wc ☎ 🅿
🖥. 🅰🅴 ⓪ 🅴
Karte 29/69 – **13 Z : 30 B** 95/110 - 145 Fb.

S r

XX **Die schwarze Lene**, Baldeney 38, ℰ 44 23 51, ≤ Baldeneysee, 🐟 – 🅿
Jan. und Donnerstag geschl. – Karte 30/66.

S u

XX **Heimliche Liebe**, Baldeney 33, ℰ 44 12 21, ≤ Baldeneysee, 🐟 – 🅿
Dienstag und 2. Jan.- 2. Feb. geschl. – Karte 25/66.

S y

X **Seeterrassen Schloß Baldeney**, Freiherr-vom-Stein-Str. 386a, ℰ 47 21 32, ≤, 🐟 – 🅿
Jan. und Montag geschl. – Karte 26/58.

S s

248

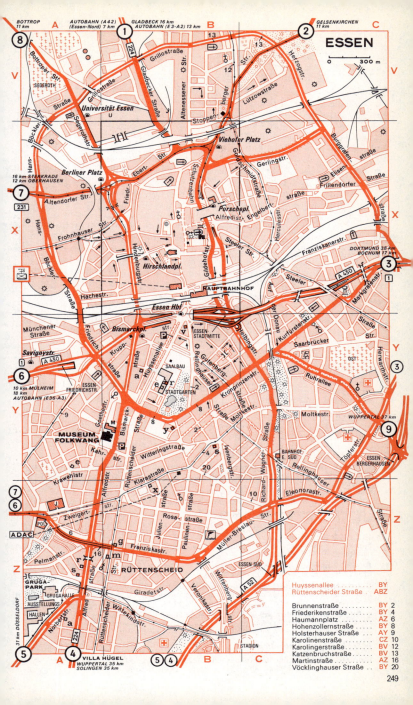

ESSEN

Huyssenallee	BY
Rüttenscheider Straße	ABZ
Brunnenstraße	BY 2
Friederikenstraße	BY 4
Haumannplatz	AZ 6
Hohenzollernstraße	BY 8
Holsterhauser Straße	AY 9
Karolinenstraße	CZ 10
Karolingerstraße	BV 12
Katzenbruchstraße	BV 13
Martinstraße	AZ 16
Vöcklinghauser Straße	BY 20

249

ESSEN

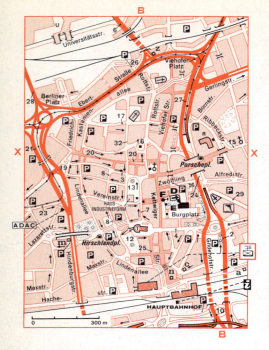

En haute saison,
et surtout dans les stations,
il est prudent de
retenir à l'avance

In Essen 17-Burgaltendorf SO : 12 km über Wuppertaler Str. S :

🏠 **Burg Mintrop** 🦢 garni, Schwarzensteinweg 81, ℰ 5 76 41, 🕿, 🔍, 🛏, – 📺 ⛌wc ∭wc
45 Z : 60 B 85/120 - 140/170.

In Essen 1-Frohnhausen :

🏠 **Oehler** 🦢 garni, Liebigstr. 8, ℰ 70 53 27 – 🅿   R r
6. Dez.- 4. Jan. geschl. – **16 Z : 20 B** 40/42 - 76.

In Essen 18-Kettwig ④ : 11 km – ☎ 02054 :

🏰 ❀ **Schloß Hugenpoet** 🦢 (ehem. Wasserschloß), August-Thyssen-Str. 51 (W : 2,5 km),
ℰ 60 54, 🏡, « Park, umfangreiche Gemäldesammlung », ❦ – 🛗 📺 ⟷ 🅿 🔨 🆎 ⓞ 🗲.
❦ Rest
Karte 50/100 *(bemerkenswerte Weinkarte)* – **21 Z : 34 B** 115/180 - 195/220.
Spez. Sauerampfercremesuppe mit Wachtelei, Gänseleberparfait, Perlhuhnbrust mit Entenlebersauce.

🏠 ❀ **Romantik-Hotel Résidence** Ⓜ 🦢, Auf der Forst 1, ℰ 89 11, Telex 8579129 – 📺 ∭wc
☎ 🅿 🆎 ⓞ 🗲 VISA
Juli - Aug. 3 Wochen geschl. – Karte 45/70 *(nur Abendessen, Sonntag - Montag geschl.)* –
18 Z : 33 B 125/150 - 165/220 Fb
Spez. Lachsforellenroulade mit Hummersauce, Geräucherter Lammrücken mit Knoblauchpurée, Weißes
Kaffeeparfait im Schokoladenmantel.

🏠 **Sengelmannshof** 🦢, Sengelmannsweg 35, ℰ 60 68, 🕿 – 🛗 ⛌wc ∭wc ☎ ⟷ 🅿 🔨
Karte 22/51 – **26 Z : 42 B** 85/110 - 140/170 Fb.

🏠 **Schmachtenbergshof**, Schmachtenbergstr. 157, ℰ 89 33 – ⛌wc ∭wc ☎ ⟷ 🅿
Karte 18,50/40 *(wochentags nur Abendessen, Montag und 1.- 24. Aug. geschl.)* – **27 Z : 44 B**
44/62 - 88/102.

XXX ❀ **Ange d'or**, Ruhrtalstr. 326, ℰ 23 07, 🏡 – 🅿 🆎 ⓞ 🗲. ❦
nur Abendessen, Sonntag - Montag und 1.- 15. Jan. geschl. – Karte 63/116
Spez. Cremesuppe von Austern, Hummer auf Poulardenbrust "Auguste Thonart", Ente in Bouzy rouge - Sauce.

In Essen 1-Margaretenhöhe :

X **Bauer-Barkhoff** (ehem. Bauernhaus a.d.J. 1825), Lehnsgrund 14a, ℰ 71 54 83, 🏡 – 🅿
23. Dez.- 4. Jan. und Donnerstag - Freitag geschl. – Karte 17,50/50.   R f

In Essen 1-Rellinghausen :

XXX **Kockshusen** (Fachwerkhaus a.d. 17. Jh.), Pilgrimsteig 51, ℰ 47 17 21, « Gartenterrasse » —
Ⓟ ⚗ ᴬᴱ ⓞ Ε   S m
Dienstag und Aug. 3 Wochen geschl. — Karte 37/72.

In Essen 1-Rüttenscheid :

🏨 **Arosa**, Rüttenscheider Str. 149, ℰ 7 22 80, Telex 857354 — 🛗 ▭ TV Ⓟ. ᴬᴱ ⓞ Ε *VISA*   BZ g
Karte 32/70 — **68 Z : 85 B** 120/145 - 185/230 Fb.

🏨 **Hotel an der Gruga** garni, Eduard-Lucas-Str. 17, ℰ 4 19 10, « Behagliche Einrichtung »
TV ⇄wc 🚿wc ☎ Ⓟ   AZ a
35 Z : 45 B 80/92 - 125/152 Fb.

🏨 **Jung** garni, Wehmenkamp 1, ℰ 79 30 33 — 🛗 ⇄wc 🚿wc ☎. ᴬᴱ ⓞ Ε *VISA*   BZ m
Juli - Aug. 3 Wochen und 22. Dez.- 10. Jan. geschl. — **42 Z : 54 B** 55/95 - 110/140 Fb.

🏠 **Ruhr - Hotel** garni, Krawehlstr. 42, ℰ 77 51 72 — 🛗 🚿wc ☎   AY r
32 Z : 44 B 49/85 - 104/125 Fb.

🏠 **Behr's - Parkhotel** garni, Alfredstr. 118, ℰ 77 90 95 — ⇄wc ☎ Ⓟ. Ε   AZ r
20 Z : 30 B 68/95 - 110/150.

🏠 **Rüttenscheider Hof**, Klarastr. 18, ℰ 79 10 51 — ⇄wc 🚿wc ☎. ᴬᴱ ⓞ Ε   BZ x
Karte 24/59 *(Samstag bis 17 Uhr, Donnerstag und Juli geschl.)* — **22 Z : 33 B** 85/90 - 155/170.

XXX Silberkuhlshof, Lührmannstr. 80, ℰ 77 32 67, « Gartenterrasse » — 🚼 Ⓟ   R e

XX **Bonne auberge**, Witteringstr. 92, ℰ 78 39 99 — ᴬᴱ ⓞ Ε *VISA*   BY s
Sonntag geschl. — Karte 30/60.

XX **Gruga Hof**, Alfredstr. 122, ℰ 77 17 70 — ⓞ Ε   AZ s
Karte 19/64.

In Essen 16-Werden ④ : 9 km :

XX **Zur Platte**, Weg zur Platte 73, ℰ 49 12 37, ≤ Baldeneysee und Werden, 🌳 — Ⓟ. ᴬᴱ ⓞ Ε   S x
Montag und 1.- 16. Feb. geschl. — Karte 26/63.

ESSEN, BAD 4515. Niedersachsen 987 ⑭ — 12 400 Ew — Höhe 90 m — Heilbad — ✆ 05472.

🅱 Kurverwaltung, Ludwigsweg 6, ℰ 8 33.
♦Hannover 133 — Bielefeld 54 — ♦Osnabrück 24.

🏨 **Haus Deutsch Krone** ⤸, Ludwigsweg 10, ℰ 8 61, ≤, 🍴, 🏊 — 🛗 🚿wc Ⓟ ♨. ⓞ
Karte 18,50/50 — **74 Appart. : 166 B** 55/85 - 84/180 Fb.

🏨 **Parkhotel** ⤸, Auf der Breede 1, ℰ 20 68, ≤, 🌳 — 🛗 ⇄wc 🚿wc ☎ Ⓟ ♨
Karte 19/49 — **27 Z : 50 B** 48/55 - 80/105.

🏠 **Reckum**, Lindenstr. 48, ℰ 10 10, 🌳 — 🚿wc ☎ 🚗 Ⓟ
3.- 23. Dez. geschl. — Karte 20/48 — **16 Z : 26 B** 38/45 - 68/75 — P 54/57.

🏡 **Waldhotel Rögge**, Bergstr. 51 (S : 1 km), ℰ 22 27, 🌳 — ⇄wc 🚿wc 🚗 Ⓟ
17. Nov.- 21. Dez. geschl. — Karte 19/42 *(Okt.- April Donnerstag geschl.)* — **27 Z : 45 B** 26/72 - 48/144.

ESSING Bayern siehe Kelheim.

ESSINGEN 7087. Baden-Württemberg — 5 000 Ew — Höhe 520 m — Wintersport : 500/700 m ⛷3
✕3 — ✆ 07365.
♦Stuttgart 70 — Aalen 6 — ♦Augsburg 126 — ♦Ulm (Donau) 68.

🏠 **Sonne**, Rathausgasse 17, ℰ 2 72 — ⇄wc 🚿wc 🚗 Ⓟ
Juli - Aug. 3 Wochen geschl. — Karte 18/33 *(Freitag geschl.)* — **22 Z : 30 B** 26/36 - 46/68.

ESSLINGEN AM NECKAR 7300. Baden-Württemberg 987 ㉟ — 90 000 Ew — Höhe 240 m —
✆ 0711 (Stuttgart).

Sehenswert : Altes Rathaus★ Y B.

🅱 Kultur- und Freizeitamt, Marktplatz 16 (Spaeth'sches Haus), ℰ 3 51 24 41.
ADAC, Hindenburgstr. 95, ℰ 31 10 72, Telex 7256472.
♦Stuttgart 14 ④ — Reutlingen 40 ③ — ♦Ulm (Donau) 80 ③.

Stadtplan siehe nächste Seite.

🏨 **Rosenau** ⤸, Plochinger Str. 65, ℰ 31 14 18, 🍴, 🏊 — 🛗 🚿wc ☎ Ⓟ
Karte 18,50/45 *(nur Abendessen, Aug. und Samstag geschl.)* — **42 Z : 60 B** 67/79 - 110 Fb.
über Plochinger Straße   Z

🏨 **Panorama-Hotel** garni, Mülberger Str. 66, ℰ 37 31 88, ≤ — 🛗 ⇄wc 🚿wc ☎ Ⓟ. ᴬᴱ ⓞ Ε
VISA   Y a
24. Dez.- 6. Jan. geschl. — **35 Z : 50 B** 53/88 - 84/108 Fb.

XX **Dicker Turm**, in der Burg (Zufahrt über Mülberger Str.), ℰ 35 50 35, ≤ Esslingen — 🛗 Ⓟ. ᴬᴱ
Ε   Y d
Montag Ruhetag, Sonn- und Feiertag ab 18 Uhr geschl. — Karte 28/61 (Tischbestellung ratsam).

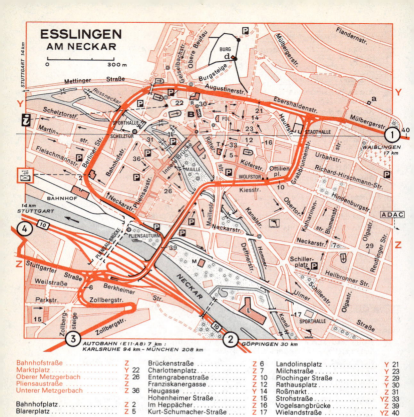

ESSLINGEN
AM NECKAR

In Esslingen-Berkheim ③ : 4 km :

🏨 **Linde**, Ruiter Str. 2, ℰ 34 53 18, 🏊 (geheizt), 🚗 – ⋔wc ☎ 🅿
23. Dez.- 2. Jan. geschl. – Karte 16/43 *(Samstag geschl.)* 🛏 – **58 Z : 75 B** 32/70 - 72/115.

🏨 **Berkheimer Hof**, Kastellstr. 1, ℰ 3 45 16 07, 🏡 – ⋔wc 🚗 🅿
Karte 18/39 *(Samstag bis 15 Uhr geschl.)* 🛏 – **14 Z : 19 B** 42/75 - 65/88.

In Esslingen-Liebersbronn ① : 4 km :

🏨 **Jägerhaus**, Römerstr. 1, ℰ 37 12 69, ≤ Schwäbische Alb, « Gartenterrasse », 🚗 – 📶 ⋔wc
☎ 🕭 🚗 🅿 – **42 Z : 85 B** Fb.

🏨 **Traube** 🐟, Im Gehren 6, ℰ 37 11 03, 🏡, 🏊 – ⋔wc ☎ 🅿
Anfang - Mitte Aug. geschl. – Karte 18/40 – **35 Z : 60 B** 55/65 - 75/90.

In Esslingen-Rüdern NW : 6 km über Geiselbachstraße Y :

✕ Melac, Uhlbacher Str. 36, ℰ 32 36 93 – 🅿 – *wochentags nur Abendessen.*

In Esslingen-Sulzgries NW : 4 km über Geiselbachstraße Y :

✕✕ Hirsch, Sulzgrieser Str. 114, ℰ 37 13 56 – 🅿 🗛🗓 🗉 🆅🆂🆀
Mittwoch - Donnerstag 17 Uhr geschl. – Karte 22/50.

In Deizisau 7301 ② : 7 km, über die B 10 :

✕ Ochsen mit Zim, Sirnauer Str. 1, ℰ (07153) 2 79 45 – 📶 🅿 🐟 Zim – **8 Z : 15 B.**

ETTAL 8107. Bayern 🔢🔢🔢 ⑱ – 1 100 Ew – Höhe 878 m – Luftkurort – Wintersport : 🎿2 – ✆ 08822 (Oberammergau).

Ausflugsziel : Schloß Linderhof★ : Schloßpark★★ W : 9,5 km.

🛈 Verkehrsamt, Ammergauer Str. 8, ℰ 5 34.

♦München 88 – Garmisch-Partenkirchen 15 – Landsberg am Lech 62.

🏛 **Benediktenhof** ⚘, Zieglerstr. 1, ℰ 46 37, ≤, 🍴, « Haus im bäuerlichen Barockstil » –
🛏wc 🛁wc ⇔ ℗
Nov.- 22. Dez. geschl. – Karte 29/59 – **18 Z : 34 B** 39/62 - 87/106.

🏛 **Ludwig der Bayer**, Kaiser-Ludwig-Platz 10, ℰ 66 01, Telex 592416, 🍴, 🍴, 🔲, 🛶, 🚗, ✗ –
📶 🛏wc 🛁wc 🕿 ℗ 🏊
Mitte Nov.- 20. Dez. geschl. – Karte 15,50/37 – **71 Z : 142 B** 39/76 - 64/110 Fb – P 68/98.

🏛 **Zur Post**, Kaiser-Ludwig-Platz 18, ℰ 5 96, 🍴 – 🔲 🛏wc 🛁wc ⇔ ℗. 🆎 E 𝕍𝕀𝕊𝔸
➡ 15. Nov.- 15. Dez. geschl. – Karte 14,50/42 *(Dez.- März Montag - Dienstag geschl.)* – **20 Z :
40 B** 37/65 - 60/120 – 4 Appart 60/90.

ETTENHAUSEN Bayern siehe Schleching.

ETTLINGEN 7505. Baden-Württemberg 987 ㉟ – 37 300 Ew – Höhe 135 m – ✆ 07243.
🛈 Verkehrsamt im Rathaus, Marktplatz, ℰ 10 12 21.
♦Stuttgart 79 – Baden-Baden 36 – ♦Karlsruhe 8 – Pforzheim 30.

🏨 ❀ **Erbprinz**, Rheinstr. 1, ℰ 1 20 71, Telex 782848, 🍴 – 📶 🔲 ⇔ ℗ 🏊. 🆎 Ⓞ E
24. und 31. Dez. geschl. – Karte 42/88 *(an Sonn- und Feiertagen mittags nur Menu)* – **49 Z :
76 B** 120/200 - 170/300
Spez. Gefüllte Salmschnitte mit sauce verte, Lamm-Nüßchen mit Thymian und Schalottenpürree, Ente ''à l'orange''
(2 Pers.).

🏛 **Holder**, Forlenweg 18, ℰ 1 60 08, 🍴 – 📶 🛁wc ℗
24. Dez.- 7. Jan. geschl. – (nur Abendessen für Hausgäste) – **30 Z : 42 B** 53/58 - 85 Fb.

XXX **Alb 31** (modernes Restaurant in renoviertem Altstadthaus), Albstraße 31, ℰ 1 77 18
Montag, 3.- 17. Feb. und Aug. 2 Wochen geschl., Samstag, Sonn- und Feiertage nur Abendessen
– Karte 50/78 (Tischbestellung ratsam).

XX **Yasmin** (Chinesische Küche), Marktstr. 16, ℰ 39 29
Karte 18,50/42.

XX **Ratsstuben**, Kirchenplatz 1, ℰ 1 47 54
Juni 3 Wochen geschl. – Karte 26/56.

In Ettlingen 3-Spessart SO : 5 km :

🏛 **Zum Strauß**, Talstr. 2, ℰ 21 10, 🛶 – 🛁wc ⇔ ℗
➡ Karte 14,50/43 *(Montag geschl.)* 🍴 – **7 Z : 13 B** 32 - 60.

X **Spessarter Hof** ⚘ mit Zim, Linienring 18, ℰ 24 98, 🍴 – 🛁 ℗. 🆎 ✗ Zim
➡ *Feb. geschl.* – Karte 12,50/42 *(Mittwoch geschl.)* 🍴 – **6 Z : 13 B** 30 - 58.

ETZELWANG 8459. Bayern – 1 500 Ew – Höhe 500 m – ✆ 09663.
♦München 195 – Amberg 27 – Hersbruck 14 – Nürnberg 49.

🏠 **Gasthof Pürner**, Hauptstr. 20, ℰ 12 30 – 🛁wc 🛁wc ℗
22 Z : 39 B.

In Etzelwang-Schmidtstadt N : 3 km :

🏠 **Jurahof** ⚘, ℰ 6 44, Biergarten, 🛶 – 🛁wc 🛁wc ⇔ ℗
23 Z : 39 B.

EUSKIRCHEN 5350. Nordrhein-Westfalen 987 ㉓ – 43 700 Ew – Höhe 165 m – ✆ 02251.
🛈 Verkehrs- und Reisebüro, Wilhelmstr. 9, ℰ 5 40 81.
♦Düsseldorf 78 – ♦Bonn 27 – Düren 30 – ♦Köln 41.

🏨 **Rothkopf**, Kommerner Str. 76, ℰ 5 56 11 – 🛁wc 🕿 ℗. 🆎 Ⓞ E 𝕍𝕀𝕊𝔸
➡ Karte 14,50/47 – **26 Z : 52 B** 38/68 - 65/118.

🏛 **Regent** ⚘ garni, Kirchwall 18, ℰ 44 66, 🍴 – 🛁wc 🕿. 🆎 ⓄE
23 Z : 40 B 55/80 - 85/120.

🏛 **Strang** garni, am Bahnhof, ℰ 32 78 – 🔲 🛁wc 🛁wc 🕿 ⇔ ℗
Juni geschl. – **13 Z : 20 B** 40/45 - 80/90.

XX **Zur Kupferkanne**, Kölner Str. 7, ℰ 31 44 – ⓄE
Montag 15 Uhr - Dienstag und Juli - Aug. 3 Wochen geschl. – Karte 17/49.

In Euskirchen-Stotzheim :

🏛 **Zweiffel**, Stotzheimer Str. 36, ℰ 68 18 – 🛁 ⇔ ℗ 🏊
Karte 19/42 – **7 Z : 11 B** 25/40 - 50/80.

EUTIN 2420. Schleswig-Holstein 987 ⑥ – 18 800 Ew – Höhe 35 m – Luftkurort – ✆ 04521.
🛈 Fremdenverkehrsamt, Haus des Kurgastes, ℰ 31 55.
♦Kiel 44 – ♦Lübeck 40 – Oldenburg in Holstein 29.

🏛 **Wittler**, Bahnhofstr. 28, ℰ 26 22 – 🛁wc 🛁wc 🕿 ⇔. E
Karte 20/45 – **29 Z : 58 B** 42/65 - 62/120 – P 68/85.

XX **Voss-Haus** mit Zim, Vossplatz 6, ℰ 17 97, « Historische Räume a. d. 18. Jh. » – 🔲 🛁wc
🕿 ℗ 🏊. 🆎
Karte 26/54 *(Nov.- April Donnerstag geschl.)* – **13 Z : 26 B** 60 - 110.

In Eutin-Fissau N : 2,5 km :

🏨 **Wiesenhof** ॐ, Leonhardt-Boldt-Str. 25, *℘* 27 26, ⛫, ⊠, 🚗 – 🛗wc 🅿 ⚘
März - 15. Nov. – (nur Abendessen für Hausgäste) – **35 Z : 60 B** 55/69 - 100/138 Fb.

XX **Fissauer Fährhaus**, Leonhardt-Boldt-Str. 8, *℘* 23 83, ≤, « Terrasse am See » – 🅿
15. Jan.- 20. Feb. geschl., Nov.- März Dienstag Ruhetag – Karte 23/56.

In Eutin-Neudorf SW : 2 km :

🏠 **Freischütz** garni, Braaker Str. 1, *℘* 24 60, ⛫ – 🛗wc ☎ ⟺ 🅿
15 Z : 30 B.

In Eutin-Sielbeck N : 5,5 km :

🏠 Uklei-Fährhaus, Eutiner Str. 7 (Am Kellersee), *℘* 24 58, ≤, « Terrasse am See », 🚗 – 🚿wc
🛗wc 🅿
22 Z : 40 B.

An der Straße nach Schönwalde NO : 3 km :

XX **Redderkrug** mit Zim, Am Redderkrug, ⊠ 2420 Eutin, *℘* (04521) 22 32, ≤, 🎇, 🏊, 🚗 – 📺
🛗wc 🅿 🏋
Karte 17/45 (2.- 26. Jan. geschl.) – 20 Appart. 65/85.

EXTERTAL 4923. Nordrhein-Westfalen – 13 100 Ew – Höhe 220 m – 🕿 05262.
♦Düsseldorf 221 – ♦Hannover 72 – Paderborn 64 – ♦Osnabrück 103.

In Extertal-Bösingfeld :

🏠 **Timpenkrug**, Mittelstr. 14, *℘* 7 52 – 🛗wc ⟺ 🅿. E
Karte 15,50/30 (Dienstag geschl.) – **15 Z : 30 B** 38/40 - 58/60.

In Extertal-Linderhofe :

🏠 **Zur Burg Sternberg**, Sternberger Str. 37, *℘* 21 79, ⛫, ⊠, 🚗, 🐎 – ≣ 📺 🛗wc ⟺ 🅿
⟻ Karte 14,50/38 – **40 Z : 60 B** 54 - 95.

FAHL Baden-Württemberg siehe Todtnau.

FALKAU Baden-Württemberg siehe Feldberg im Schwarzwald.

FALKENSTEIN KREIS CHAM 8411. Bayern – 3 000 Ew – Höhe 627 m – Luftkurort – Wintersport : 630/700 m ≰1 ≰3 – 🕿 09462.
🛈 Verkehrsamt im Rathaus, *℘* 2 44.
♦München 162 – Cham 21 – ♦Regensburg 40 – Straubing 29.

🏠 Schröttinger Bräu, Marktplatz 7, *℘* 3 21 – 🛗wc 🅿
25 Z : 50 B.

🏠 **Café Schwarz** ॐ, Arracher Höhe 1, *℘* 2 50, ≤, ⛫, ⊠, 🚗 – 🛗wc ⟺ 🅿
(Rest. nur für Pensionsgäste) – **20 Z : 40 B** 35 (Halbpension) – P 39.

FALLINGBOSTEL 3032. Niedersachsen 🤾 ⑮ – 11 000 Ew – Höhe 45 m – Kneippheilbad – Luftkurort – 🕿 05162.
🛈 Kurverwaltung, Sebastian-Kneipp-Platz 1, *℘* 21 01.
♦Hannover 59 – ♦Bremen 70 – ♦Hamburg 95 – Lüneburg 69.

🏠 **Café Berlin**, Düshorner Str. 7, *℘* 30 66, 🎇, 🚗 – 🛗wc ☎ ⟺ 🅿. 🆎 ① E 𝖵𝖨𝖲𝖠
Karte 16,50/50 – **16 Z : 30 B** 47/51 - 70/88 Fb.

🏠 **Karpinski** garni, Kirchplatz 1, *℘* 30 41 – ≣ 🚿wc 🛗wc ☎ ⟺ 🅿 🏋. ① E 𝖵𝖨𝖲𝖠
15. Dez.- 15. Jan. geschl. – **22 Z : 40 B** 45/50 - 80.

In Fallingbostel-Dorfmark NO : 7 km :

🏨 Heidehof, Großer Hof 1, *℘* (05163) 12 33 – 🚿wc 🛗wc 🅿 🏋
14 Z : 24 B Fb.

🏨 **Deutsches Haus**, Hauptstr. 26, *℘* (05163) 12 32, 🚗 – 🛗 🅿
⟻ Karte 14/38 – **15 Z : 25 B** 30/34 - 60/68.

In Fallingbostel-Tietlingen NW : 2 km :

X **Sanssouci** ॐ mit Zim, Lönsweg 9, *℘* 20 04, 🎇, 🚗 – 📺 🛗wc ☎ 🅿
3.- 28. Feb. geschl. – Karte 23/54 (Nov.- März nur Abendessen und Donnerstag geschl.) –
7 Z : 15 B 50/60 - 90/120.

FARCHANT 8105. Bayern 🯄🯆🯇 ⑯ – 3 400 Ew – Höhe 700 m – Erholungsort – 🕿 08821 (Garmisch-Partenkirchen).
🛈 Verkehrsamt im Rathaus, Am Gern 1, *℘* 67 55.
♦München 84 – Garmisch-Partenkirchen 4 – Landsberg am Lech 73.

🏨 **Apparthotel Farchanter Alm** ⚫, Esterbergstr. 37, 🏠 6 87 18, ≤, 🏤, 🛋, 🔲, 🚗 — 📺
🔟wc ☎ ⟵ 🅿 ⓪ Ε
Ende Okt. - 15. Dez. geschl. — Karte 16/36 *(Dienstag geschl.)* — **25 Appart. : 80 B** 67 - 119.

🏠 **Föhrenhof** ⚫, Frickenstr. 2, 🏠 66 40, 🏤, 🚗 — 📺 ⟵wc 🔟wc 🅿
15. Okt.- 20. Dez. geschl. — Karte 18/42 *(Montag geschl.)* — **26 Z : 45 B** 35/42 - 55/80.

🏠 **Gästehaus Zugspitz** garni, Mühldörflstr. 4, 🏠 67 29, ≤, 🛋, 🚗 — ⟵wc 🔟wc ☎ 🅿. ✯
14 Z : 22 B Fb.

🎭 **Alter Wirt**, Bahnhofstr. 3, 🏠 62 38, 🏤 — 🔟 🅿
März sowie Nov.- Dez. je 2 Wochen geschl. — Karte 15/43 *(Montag geschl.)* — **34 Z : 54 B**
32/45 - 59/77.

In Oberau 8106   NO : 4 km :

🏠 **Forsthaus**, Hauptstr. 1, 🏠 (08824) 2 12, 🏤 — ⟵wc ☎ ⟵ 🅿. 🆎 ⓪ Ε 💳
Nov.- 18. Dez. geschl. — Karte 18/40 *(Dienstag geschl.)* — **33 Z : 64 B** 58/70 - 88/110.

FASSBERG 3105. Niedersachsen — 7 000 Ew — Höhe 60 m — ✪ 05055.
🛈 Verkehrsbüro in Müden, Hauptstr. 6, 🏠 (05053) 3 29.
♦Hannover 87 — Celle 44 — Munster 14.

In Faßberg 2-Müden SW : 4 km — Erholungsort — ✪ 05053 :

🏨 **Zur Post**, Hauptstr. 7, 🏠 10 77, « Gartenterrasse », 🛋 — ⟵wc 🔟wc ☎ 🅿. ✯ Zim
Karte 20/52 *(Montag geschl.)* — **40 Z : 70 B** 68/84 - 98/120 Fb.

🏨 **Zum Bauernwald** ⚫, Alte Dorfstr. 8, 🏠 5 88, « Gartenterrasse », 🛋, 🚗 — ⟵wc 🔟wc ☎
⟵ 🅿 🏌. 🆎 ⓪ Ε 💳. ✯ Rest
Mitte Jan.- Ende Feb. geschl. — Karte 20/41 *(Dienstag geschl.)* — **38 Z : 55 B** 55/64 - 94/98 Fb.

🏠 **Herrenbrücke**, am Waldschwimmbad (SW : 1 km), 🏠 5 92, 🏤, 🛋 — ⟵wc 🔟wc ☎ 🅿.
🏌. 🆎 Ε
Karte 18/41 — **40 Z : 80 B** 50/55 - 80/90 — P 70/80.

🏠 **Lührenhof**, Sandstr. 2, 🏠 2 65, 🏤 — 🔟wc 🅿. ✯ Zim
Karte 16/38 *(Mittwoch geschl.)* — **5 Z : 13 B** 64 - 92 Fb.

🏠 **Jägerhof** ⚫, Wietzendorfer Weg 19, 🏠 5 81, 🏤, 🚗, ✗ — 🅿
Karte 20/54 — **26 Z : 52 B** 62 - 98/120 — P 81/94.

FAULENFÜRST Baden-Württemberg siehe Schluchsee.

FEHMARN Schleswig-Holstein 🔢 ⑥ — Ostseeinsel, durch die Fehmarnsundbrücke★ (Auto und
Eisenbahn) mit dem Festland verbunden.
🚢 (Fähre) 🏠(04371) 2 61 — ⟵ von Puttgarden nach Rodbyhavn/Dänemark.
🛈 Verkehrsamt in Burg, Rathaus, Markt 1, 🏠 30 51, Kurverwaltung in Südstrand, 🏠 40 11.

Burg 2448 — 6 500 Ew — Ostseeheilbad — ✪ 04371.
♦Kiel 86 — ♦Lübeck 86 — Oldenburg in Holstein 31.

🏠 **Kurhotel Hasselbarth**, Sahrensdorfer Str. 39, 🏠 23 22, Telex 29813, Bade- und
Massageabteilung, 🔱, 🛋, 🔲, 🚗 — ⟵wc 🔟wc ☎ ⟵ 🅿
(Rest. nur für Hausgäste) — **15 Z : 23 B** 75/120 - 150/160 — P 130.

XX **Doppeleiche**, Breite Str. 32, 🏠 32 23, 🏤 — 🆎 ⓪
Okt.- April Dienstag, 7. Jan.- Feb. und Nov.- 25. Dez. geschl. — Karte 21/47.

In Burg-Südstrand :

🏨 **Intersol** Ⓜ ⚫, Südstrandpromenade, 🏠 40 91, ≤ — 📶 📺 ⟵wc 🔟wc ☎ 🅦 🅿 🏌. 🆎 ⓪
10. Jan.- Feb. geschl. — Karte 18/45 — **32 Z : 96 B** 91/141 - 143/173.

Landkirchen - Neujellingsdorf 2449 — 1 900 Ew — ✪ 04371.
Burg 7 km.

XX **Margaretenhof**, Neujellingsdorf, 🏠 39 75 — 🅿
Mitte Mai - Mitte Nov. geöffnet, nur Abendessen, Montag geschl. — Karte 25/45.

Siehe auch : *Liste der Feriendörfer*

FEILNBACH, BAD 8201. Bayern 🔢 ⑱ — 6 000 Ew — Höhe 540 m — Moorheilbad — ✪ 08066.
🛈 Kur- und Verkehrsamt, Bahnhofstr. 5, 🏠 14 44.
♦München 62 — Miesbach 22 — Rosenheim 19.

🏨 **Kur- und Sporthotel Schwarz** Ⓜ ⚫, Am Heilholz 3, 🏠 80 24, 🛋, 🔲, 🚗 — 📺 ⟵wc
🔟wc 🅦 🅿. ✯ Rest
(Rest. nur für Hausgäste) — **24 Z : 46 B** 55/75 - 100/135 Fb — P 84/109.

🏠 **Gästehaus Kniep** ⚫, Wendelsteinstr. 41, 🏠 3 37, ≤, 🛋, 🚗 — ⟵wc 🔟wc 🅿. ✯
15. Okt.- Nov. geschl. — (Rest. nur für Hausgäste) — **14 Z : 22 B** 30/33 - 59/65.

🏠 **Gundelsberg** ⚫, Gundelsberger Str. 9, 🏠 2 19, ≤ Voralpenlandschaft, 🏤, 🚗 — 🔟wc ⟵
🅿 — **13 Z : 23 B**.

FELDAFING 8133. Bayern 987 ⑰. 426 ⑰ – 4 100 Ew – Höhe 650 m – Erholungsort – ✪ 08157.
♦München 35 – Garmisch-Partenkirchen 65 – Weilheim 19.

🏨 **Kaiserin Elisabeth**, Tutzinger Str. 2, 𝒫 10 13, Telex 526408, ≤ Starnberger See, 😄,
« Park », 🏤, 🛋, ☜ – 🛗 ⇔wc �📶wc ☎ ⇦ 🄿 🅰. ﷼ ⓞ 🄴 ▨
Karte 30/68 – **70 Z : 100 B** 70/130 - 130/210 Fb – P 135/195.

FELDBERG IM SCHWARZWALD 7828. Baden-Württemberg 987 ㉞. 216 ⑥. 427 ⑤ – 1 900 Ew
– Höhe 1 230 m – Luftkurort – Wintersport : 1 000/1 500 m ≰17 ⑂3 – ✪ 07655.

Sehenswert : Fernsehturm ※** – Bismarck-Denkmal ≤** – Feldsee** (3 km zu Fuß).

🇹 Kurverwaltung, Feldberg-Altglashütten, 𝒫 (07655) 10 92.

♦Stuttgart 170 – Basel 60 – Donaueschingen 45 – ♦Freiburg im Breisgau 43.

🏨 **Dorint-Hotel Feldberger Hof** 😄, Am Seebuck 10, 𝒫 (07676) 3 11, Telex 7721124, ≤, 🛋,
🅂 – 🛗 📺 ⇔wc �📶wc ☎ ⬆ 🄿 🄰. ﷼ ⓞ 🄴
Karte 20/57 (auch Self-Service) – **70 Z : 140 B** 68/80 - 106/160 Fb – 32 Appart. 175 – P 108/128.

In Feldberg 1-Altglashütten – Höhe 901 m :

🏠 **Waldeck**, Windgfällstr. 19, 𝒫 3 64, ≤ – ⇔wc �📶wc ⇦ 🄿
Nov.- Mitte Dez. geschl. – Karte 19/40 *(Mittwoch geschl.)* 🍴 – **20 Z : 37 B** 33/45 - 60/80 Fb –
P 56/69.

🏠 **Pension Schlehdorn**, Sommerberg 1 (B 500), 𝒫 5 64, ≤, 🛋, 🌱 – �📶wc ⇦ 🄿. ❄
(nur Abendessen für Hausgäste) – **12 Z : 24 B** 30/38 - 60/75.

🏠 **Sonneck**, Schwarzenbachweg 5, 𝒫 2 11, 🌱 – �📶wc 🄿
15. Nov.- 1. Dez. geschl. – Karte 18/40 *(Dienstag geschl.)* 🍴 – **18 Z : 34 B** 38/45 - 72 – P 57.

🏩 **Seehof**, Am Windgfällweiher (SO : 1,5 km), 𝒫 2 55, 😄 – ⇔wc �📶wc 🄿. ﷼
Nov.- 15. Dez. geschl. – Karte 16/33 *(Dienstag geschl.)* 🍴 – **13 Z : 22 B** 36 - 64/72 – P 58/62.

In Feldberg 2-Bärental – Höhe 1 000 m :

🏠 **Tannhof** 😄, Im Dobel 1, 𝒫 3 44, ≤, 🛋, 🅂, 🌱, ❄ – ⇔wc �📶wc ⬆ ⇦ 🄿. ❄ Rest
Karte 20/49 🍴 – **22 Z : 40 B** 37/70 - 70/140 – 7 Appart. – P 67/102.

🏠 **Hubertus**, Panoramaweg 9, 𝒫 5 36, ≤, 🌱 – �📶wc 🄿
Nov.- 10. Dez. geschl. – (nur Abendessen für Hausgäste) – **10 Z : 20 B** 33/45 - 70/80 –
2 Appart. 50/70.

🏠 **Adler** (ehemaliges Bauernhaus a.d.J. 1840), Feldbergstr. 4 (B 317), 𝒫 2 30 – ⇔wc �📶wc ☎
⇦ 🄿
Karte 18/44 *(Dienstag geschl.)* 🍴 – **11 Z : 22 B** 32/47 - 58/98 – 3 Appart. 65/135 – P 55/72.

🏠 **Waldhotel**, Feldbergstr. 1 (B 317/ B 500), 𝒫 2 32, 🛋, 🅂, 🌱 – ⇔wc �📶wc ☎ ⇦ 🄿
Mitte Nov.- Mitte Dez. geschl. – Karte 16,50/46 *(Montag geschl.)* 🍴 – **20 Z : 35 B** 37/55 - 70/98
– P 62/80.

In Feldberg 4-Falkau – Höhe 950 m :

🏠 Peterle 😄, Schuppenhörnlestr. 18, 𝒫 6 77, ≤, 🌱 – ⇔wc �📶wc ⇦ 🄿
12 Z : 22 B.

FELDKIRCHEN Bayern siehe München.

FELDKIRCHEN-WESTERHAM 8152. Bayern – 6 000 Ew – Höhe 551 m – ✪ 08063.
♦München 37 – Rosenheim 24.

Im Ortsteil Feldkirchen :

🏨 **Mareis**, Münchner Str. 10, 𝒫 97 30, 😄, 🛋, 🅂 – 🛗 ⇔wc �📶wc ☎ ⇦ 🄿 🄰. ﷼ ⓞ 🄴
27. Dez.- 12. Jan. und 9.- 23. Feb. geschl. – Karte 18/57 *(Jan.- April Sonntag geschl.)* – **61 Z :
87 B** 50/61 - 85/99 Fb.

Im Ortsteil Westerham :

🏩 **Schäffler**, Miesbacher Str. 23, 𝒫 2 03 – ⇦ 🄿. ﷼ ❄ Zim
⬅ *Mitte Jan.- Mitte Feb. und Ende Sept.- Anfang Okt. geschl.* – Karte 12/32 *(Mittwoch geschl.)*
– **16 Z : 27 B** 30/35 - 60.

Im Ortsteil Aschbach NW : 3 km ab Feldkirchen :

✕✕ **Berggasthof Aschbach** mit Zim, 𝒫 90 91, ≤, 😄 – ⇔wc �📶wc ☎ 🄿
Mitte Jan.-Mitte Feb. geschl. – Karte 19/49 *(Montag geschl.)* – **9 Z : 18 B** 54/59 - 78/88.

FELDSEE Baden-Württemberg Sehenswürdigkeit siehe Feldberg.

FELLBACH Baden-Württemberg siehe Stuttgart.

FELLHORST Schleswig-Holstein siehe Fleckeby.

FELLINGSHAUSEN Hessen siehe Biebertal.

FENSTERBACH Bayern siehe Schwarzenfeld.

FEUCHT 8501. Bayern 987 ㉖ — 11 500 Ew — Höhe 361 m — ✪ 09128.

Siehe Nürnberg (Umgebungsplan).

♦München 153 — ♦Nürnberg 17 — ♦Regensburg 95.

🏠 **Bauer** garni, Schwabacher Str. 25b, ☎ 29 33 — 📶 🛏wc 🚗 🅿   CT **x**
   23. Dez.-7. Jan. geschl. — **36 Z : 53 B** 32/45 - 54/68.

🏛 **Bernet**, Marktplatz 6, ☎ 33 07   CZ **n**
➡ 1.- 25. Juni geschl. — Karte 11/26 (Freitag geschl.) — **11 Z : 19 B** 25 - 48.

   An der Autobahn A 9 SW : 2 km :

🏠 **Rasthaus und Motel Nürnberg-Feucht**, Ostseite, ✉ 8501 Feucht, ☎ (09128) 34 44 —
   🛏wc ⟵ 🚗 🅿. 🍴 Rest   CT **e**
   Karte 16,50/41 (auch Self-Service) — **58 Z : 110 B** 45/80 - 76/96.

FEUCHTWANGEN 8805. Bayern 987 ㉖ — 10 500 Ew — Höhe 450 m — Erholungsort — ✪ 09852.

🟦 Verkehrsbüro, Rathaus, ☎ 8 43.

♦München 171 — Ansbach 25 — Schwäbisch Hall 52 — ♦Ulm (Donau) 115.

🏛🏛 **Romantik-H. Greifen-Post**, Marktplatz 8, ☎ 20 02, Telex 61137, « Geschmackvolle
   Einrichtung », ☎, 🖼, — 📶 📺 ⟵wc 🛏wc ☎ 🚗 🔧. 🆎 ⑩ 🅴 🆅🆂🅰
   Karte 30/55 (Nov.- März Montag geschl.) — **32 Z : 62 B** 75/100 - 110/180 Fb — P 120/140.

🏠 **Lamm**, Marktplatz 5, ☎ 5 00 — 🛏wc 🚗 — **9 Z : 17 B**.

🏠 **Wilder Mann**, Ansbacher Berg 2, ☎ 7 19 — 🛏wc 🅿
➡ Ende Aug.-Mitte Sept. geschl. — Karte 11,50/26 (Donnerstag geschl.) 🍴 — **10 Z : 19 B** 28/32 -
   55/60.

🏠 **Ballheimer**, Ringstr. 57, ☎ 91 82 — 🛏wc 🚗 🅿. ⑩
➡ Karte 12/25 🍴 — **12 Z : 20 B** 35/40 - 60/70.

   In Feuchtwangen-Wehlmäusel SO : 7 km :

🏛 **Pension am Forst** 🍃, Wehlmäusel 4, ☎ (09856) 5 14, ☎, 🌳 — 🛏wc 🚗 🅿
➡ Karte 10/29 (Dienstag geschl.) 🍴 — **21 Z : 41 B** 27/28 - 52/58 — P 38/40.

FEUERSCHWENDT Bayern siehe Liste der Feriendörfer (Neukirchen vorm Wald).

FICHTELBERG 8591. Bayern — 2 800 Ew — Höhe 684 m — Luftkurort — Wintersport : 700/920 m
🎿1 🎿5 — ✪ 09272 — 🟦 Verkehrsamt im Rathaus, Bayreuther Str. 4, ☎ 3 53.

♦München 259 — Bayreuth 30 — Marktredwitz 21.

🏛🏛 **Schönblick** 🍃, Gustav-Leutelt-Str. 18, ☎ 3 08, ☎, 🖼 — 🛏wc 🚗 🅿
   Nov.- Mitte Dez. geschl. — Karte 15/35 (Mittwoch geschl.) — **50 Z : 100 B** 33/45 - 56/85 —
   P 52/67.

   Am Fichtelsee NO : 3 km über Fichtelberg-Neubau :

🏠 **Waldgasthof am Fichtelsee** 🍃, ✉ 8591 Fichtelberg, ☎ (09272) 4 66, ≤, 🌳, 🌳 — ⟵wc
➡ 🛏wc ☎ 🚗 🅿
   3.- 21. März und 27. Okt.- 19. Dez. geschl. — Karte 14/29 — **18 Z : 33 B** 36/38 - 66/70 — P 54/58.

FILDERSTADT 7024. Baden-Württemberg — 35 000 Ew — Höhe 398 m — ✪ 0711 (Stuttgart).

♦Stuttgart 16 — Reutlingen 25 — ♦Ulm (Donau) 80.

   In Filderstadt 1-Bernhausen :

🏛🏛 **Schwanen**, Bernhäuser Hauptstr. 36, ☎ 70 10 11 — 📶 📺 🛏wc ☎ 🅿. 🆎 ⑩
   Karte 24/54 — **39 Z : 53 B** 94 - 140 Fb.

   In Filderstadt 4-Bonlanden :

🏛🏛🏛 **Am Schinderbuckel**, Bonländer Hauptstr. 145 (nahe der B 312), ☎ 77 10 36, Telex 7255837,
   ☎, 🖼 — 📶 📺 🅿 🔧. 🆎 ⑩
   Karte 40/84 — **135 Z : 200 B** 118/174 - 174/195 Fb.

FINNENTROP 5950. Nordrhein-Westfalen 987 ㉔ — 17 400 Ew — Höhe 230 m — ✪ 02721
(Grevenbrück).

♦Düsseldorf 130 — Lüdenscheid 43 — Meschede 46 — Olpe 25.

   In Finnentrop 1-Bamenohl SO : 2 km :

🏛🏛 **Cordes**, Bamenohler Str. 59, ☎ 7 07 36 — 🛏wc ☎ 🚗 🅿 🔧. ⑩ 🅴. 🍴 Rest
   Karte 19/50 (Dienstag geschl.) — **28 Z : 54 B** 45/54 - 90/108.

   In Finnentrop 13-Rönkhausen N : 7 km :

🏠 **Im stillen Winkel** 🍃, Kapellenstr. 11, ☎ (02395) 3 71 — 🛏wc ☎ 🅿. ⑩ 🅴 🆅🆂🅰
   4.- 15. Nov. geschl. — Karte 19/42 (Donnerstag geschl.) — **10 Z : 15 B** 45/55 - 85/95 — P 50/60.

FISCHBACH Saarland siehe Quierschied.

FISCHBACH KREIS HOCHSCHWARZWALD Baden-Württemberg siehe Schluchsee.

257

FISCHBACHAU 8165. Bayern **4 2 6** ⑱ – 4 700 Ew – Höhe 771 m – Erholungsort – Wintersport : 770/900 m ⚡1 ⚡7 – ✆ 08028.

🛈 Verkehrsamt, Rathaus, Kirchplatz 10, ℘ 8 76.
♦München 72 – Miesbach 18.

In Fischbachau-Birkenstein O : 1 km :

🏠 **Kramerwirt** ⑤, Birkensteinstr. 80, ℘ 8 02, 🍴 – 🏦wc ℗. 🍽 Zim
3.- 18. Dez. geschl. – Karte 15/52 – **21 Z : 40 B** 45/65 - 90/110.

🏠 **Oberwirt** ⑤, Birkensteinstr. 91, ℘ 8 14, 🍴, 🌅 – ⛗wc 🏦wc 🚗 ℗. 🍽 Zim
15.- 30. Jan. und 15. Nov.- 15. Dez. geschl. – Karte 13/32 *(Mittwoch geschl.)* – **26 Z : 42 B** 29/47 - 58/68 – P 48/53.

In Fischbachau-Winkl N : 1 km :

✗ **Café Winklstüberl** mit Zim, Leitzachtalstr. 68, ℘ 7 42, « Gemütliche Bauernstuben, Sammlung von Kaffeemühlen, Garten, Terrasse mit ≤ » – 🏦wc ℗
Karte 16/30 – **8 Z : 14 B** 25/30 - 50/60.

FISCHBACHERHÜTTE Rheinland-Pfalz siehe Niederfischbach.

FISCHBACHTAL 6101. Hessen – 2 500 Ew – Höhe 300 m – ✆ 06166.
♦Wiesbaden 72 – ♦Darmstadt 25 – ♦Mannheim 57.

In Fischbachtal 2-Lichtenberg – Erholungsort :

✗✗✗ ❀ **Landhaus Baur** ⑤ mit Zim, Lippmannweg 15, ℘ 83 13, ≤, 🍴, « Ehem. Villa in einem kleinen Park », 🌅 – ℗. 🍽 Rest
über Fastnacht 1 Woche geschl. – Karte 46/73 *(Montag geschl.)* – **6 Z : 12 B** 50 - 90
Spez. Steinbuttfrikassee mit Lehmspargel (Frühling), Rebhuhn mit Aniskrautnudeln, Kaninchenrücken auf Rahmlinsen.

FISCHEN IM ALLGÄU 8975. Bayern **9 8 7** ㊳, **4 2 6** ⑮ – 3 400 Ew – Höhe 760 m – Luftkurort – Wintersport : 760/1 665 m ⚡3 ⚡4 – ✆ 08326.

🛈 Verkehrsamt, Am Anger 8, ℘ 18 15.
♦München 157 – Kempten (Allgäu) 33 – Oberstdorf 6.

🏨 **Rosenstock**, Berger Weg 14, ℘ 18 95, 🛏, ☒, 🌅 – 🍴 📺 ⛗wc 🏦wc ☎ ℗. 🍽 Rest
27. Okt.- 17. Dez. geschl. – (Rest. nur für Hausgäste) – **42 Z : 70 B** 53/70 - 82/140 Fb – P 62/91.

🏠 **Gästehaus Burgmühle** ⑤ garni, Auf der Insel 4a, ℘ 73 52, 🌅 – ⛗wc ☎ ℗. 🍽
Mitte Nov.- Mitte Dez. geschl. – **16 Z : 29 B** 45/72 - 72/100.

🏠 **Café Haus Alpenblick** ⑤, Maderhalmer Weg 10, ℘ 3 37, ≤, 🌅 – ⛗wc 🏦wc 🚗 ℗.
🍽 Zim
Mitte April - Anfang Mai und Mitte Okt.- Mitte Dez. geschl. – (nur Abendessen für Hausgäste) – **21 Z : 36 B** 40/45 - 76/80.

🏠 Birkenhof, Berger Weg 22, ℘ 3 92 – ℗
12 Z : 20 B.

🏠 **Krone**, Auf der Insel 1, ℘ 2 87, 🍴 – 🏦wc ℗
4. Nov.- 20. Dez. geschl. – Karte 14,50/33 *(Montag 14 Uhr - Dienstag geschl.)* – **16 Z : 28 B** 28/36 - 56/66 – P 46/52.

🏛 **Münchner Kindl**, Hauptstr. 11, ℘ 3 89, 🌅 – 🏦wc ℗
2. Nov.- 19. Dez. geschl. – Karte 16/31 *(Donnerstag geschl.)* – **17 Z : 35 B** 35/40 - 70/80 – 11 Appart. 57/87.

✗ **Gasthaus Bergfrieden**, Berger Weg 3, ℘ 78 57, 🍴 – ℗
Montag und Nov.- Mitte Dez. geschl. – Karte 16/40.

In Fischen-Berg :

🏠 **Kaserer-Zacher** ⑤, Gundelsberger Weg 7, ℘ 4 17, ≤, 🌅 – 🏦wc 🚗 ℗. 🍽
21. Okt.- 20. Dez. geschl. – (nur Abendessen für Hausgäste) – **28 Z : 45 B** 38/44 - 76/84.

🏠 **Haus Gentner** garni, Haldenweg 18, ℘ 2 29, ≤, 🌅 – ⛗wc 🏦wc ℗. 🍽
Anfang Okt.- Weihnachten geschl. – **13 Z : 22 B** 32 - 64.

In Fischen-Langenwang S : 3 km :

🏨 **Kur- und Sporthotel Sonnenbichl** ⑤, Sägestr. 19, ℘ 18 51, ≤, 🍴, Bade- und Massageabteilung, ⚖, 🛏, 🌅, ✗ – 🍴 ⛗wc 🏦wc ☎ 🚗 ℗. 🍽 Zim
7.- 25. April und 27. Okt.- 18. Dez. geschl. – Karte 15/42 *(auch Diät)* – **53 Z : 100 B** 53/84 - 106/146 Fb – P 73/93.

🏠 **Café Frohsinn** ⑤, Wiesenweg 4, ℘ 18 48, ≤, Bade- und Massageabteilung, 🛏, ☒, 🌅 – 🍴 🏦wc ℗. 🍽 Rest
Nov.- 20. Dez. geschl. – Karte 15,50/35 *(Sonntag 17,30 Uhr - Montag geschl.)* – **48 Z : 76 B** 33/76 - 66/106 – 18 Appart. 125 – P 48/76.

In Fischen-Maderhalm :

🏨 **Kur- und Sporthotel Tanneck** ⑤, Maderhalm 20, ℘ 18 88, ≤ Fischen u. Allgäuer Berge, Bade- und Massageabteilung, ⚖, 🛏, ☒, 🌅, ✗ – 🍴 🚗 ℗ 🅿 🆎
6. April- 1. Mai und 2. Nov.- 20. Dez. geschl. – Karte 23/55 *(Montag geschl.)* – **63 Z : 110 B** 69/108 - 134/242 Fb – P 105/139.

🏠 **Café Maderhalm** ॐ, Maderhalm 19, ℰ 2 56, ← Fischen u. Allgäuer Berge, 🌫 — 🏠wc ⇐ 🅿. ❀ Zim
Nov.- 15. Dez. geschl. — Karte 15/34 (Mittwoch 14 Uhr - Donnerstag geschl.) — **15 Z : 25 B** 40/45 - 78/80 — P 56.

🏠 **Bergblick u. Haus Alpenruh** ॐ, Maderhalm 14, ℰ 18 74, ←, 🌫 — 🛏wc 🏠wc ⇐ 🅿. ❀ Zim
10. April- 1. Mai geschl. — Karte 16/39 (Nov.- Mitte Dez. Dienstag geschl.) — **16 Z : 35 B** 25/35 - 48/68 — P 41/49.

In Obermaiselstein 8981 W : 3 km :

🏨 **Café Steiner** ॐ, Niederdorf 21, ℰ (08326) 4 90, ←, 🌫 — 🏠wc 🏠wc 🅿
Nov.- 20. Dez. geschl. — (Rest. nur für Hausgäste) — **13 Z : 24 B** 30/32 - 60/64 Fb — P 49/54.

FISCHERBACH 7612. Baden-Württemberg — 1 600 Ew — Höhe 220 m — Erholungsort — ✪ 07832 (Haslach).
◆Stuttgart 149 — ◆Freiburg im Breisgau 51 — Freudenstadt 50 — Offenburg 33.

🏨 **Krone** ॐ, Talstr. 17, ℰ 29 97, 🌫, 🌫 — 🛏 🏠wc 🏠wc ᕋ ⇐ 🅿. ❀ Zim
Karte 16,50/38 *(Montag geschl.)* ⅃ — **20 Z : 36 B** 38 - 73/76.

🏠 **Hansjakob** ॐ, Hansjakobstr. 5, ℰ 87 63, ←, ⊜, 🖳 — 🛏 🅿
Karte 13,50/30 ⅃ — **11 Z : 24 B** 26/32 - 52/64.

Außerhalb N : 7 km, Zufahrt über Hintertal — Höhe 668 m :

❌❌ **Nillhof** ॐ mit Zim, ✉ 7612 Fischerbach, ℰ (07832) 25 00, ← Schwarzwald, 🌫, ⊜, 🌫 — 🏠wc 🏠wc ☎ ⇐ 🅿. ℀ ⓔ ⓔ
Karte 16/54 ⅃ — **18 Z : 29 B** 40/55 - 88/110 Fb — P 55/70.

FISCHINGEN Baden-Württemberg siehe Eimeldingen.

FISSAU Schleswig-Holstein siehe Eutin.

FLADUNGEN 8741. Bayern 🟦🟦🟦 ㉘ — 2 400 Ew — Höhe 416 m — ✪ 09778.
🅱 Fremdenverkehrsverein, im Rathaus, Marktplatz, ℰ 2 48.
◆München 377 — ◆Bamberg 107 — Fulda 40 — ◆Würzburg 109.

🏠 **Sonnentau** ॐ, Wurmberg (NO : 1,5 km), ℰ 3 92, ←, ⊜, 🌫 — 🏠wc ⇐ 🅿
Nov.- 25. Dez. geschl. — Karte 10,50/22 (Dienstag geschl.) — **15 Z : 30 B** 28/34 - 40/48 — 2 Bungalows 60.

FLAMMERSFELD 5232. Rheinland-Pfalz — 1 000 Ew — Höhe 270 m — Luftkurort — ✪ 02685.
🅱 Verkehrsverein, Raiffeisenstr. 4, ℰ 10 11.
Mainz 119 — ◆Koblenz 45 — ◆Köln 66 — Limburg an der Lahn 60.

🏠 **Bergischer Hof**, Rheinstr. 37, ℰ 4 49, 🔥 (geheizt), 🌫 — 🏠wc ⇐ 🅿
1.- 15. März geschl. — Karte 13,50/30 — **17 Z : 25 B** 30/45 - 60/80 — P 45/53.

In Rott 5232 SW : 2 km :

🏠 **Zur Schönen Aussicht** ॐ, ℰ (02685) 3 44, « Garten », ⊜, 🖳, 🌫 — 📺 🏠wc 🏠wc ⇐ 🅿. ❀
20. Okt.- 5. Dez. geschl. — Karte 14,50/30 (Dienstag geschl.) — **20 Z : 30 B** 36/42 - 72/84 — P 59/64.

In Schürdt 5232 NO : 3 km :

🏨 **Pension Waldhof** ॐ, ℰ (02685) 2 73, 🌫, Wildgehege, ⊜, 🌫 — 🛏 🏠wc ᕋ ⇐ 🅿. ❀
20 Z : 31 B Fb.

FLECKEBY 2334. Schleswig-Holstein — 1 400 Ew — Höhe 20 m — ✪ 04354.
◆Kiel 38 — Eckernförde 10 — Schleswig 13.

In Fellhorst 2334 S : 5 km :

🏨 Sport- und Tagungshotel Fellhorst ॐ, ℰ (04354) 7 21, ⊜, 🖳, 🌫, ℀ — 🏠wc 🏠wc ☎ 🅿
26 Z : 52 B Fb.

FLECKL Bayern siehe Warmensteinach.

FLEIN Baden-Württemberg siehe Heilbronn.

FLENSBURG 2390. Schleswig-Holstein 🟦🟦🟦 ⑤ — 86 000 Ew — Höhe 20 m — ✪ 0461.
Sehenswert : Städtisches Museum★ — Nikolaikirche (Orgel★) — Flensburger Förde★ Y.
🅱 Verkehrsverein, Norder Str. 6, ℰ 2 30 90.
ADAC, Robert-Koch-Str. 33, ℰ 5 30 33, Notruf ℰ 1 92 11.
◆Kiel 88 ③ — ◆Hamburg 158 ③.

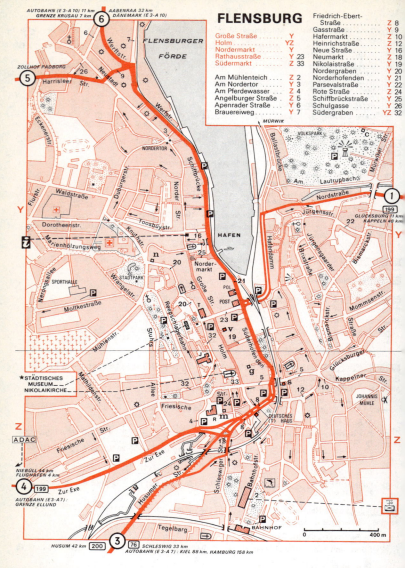

FLENSBURG

AUTOBAHN (E 3-A 10) 11 km ▲AABENRAA 32 km
GRENZE KRUSAU 7 km ⑥ DÄNEMARK (E 3-A 10)

FLENSBURGER
FÖRDE

ZOLLHOF PADBORG
⑤ Harrisleer Str.

MÜRWIK

Große Straße	Y
Holm	YZ
Nordermarkt	Y
Rathausstraße	Y 23
Südermarkt	Z 33

Am Mühlenteich	Z 2
Am Nordertor	Y 3
Am Pferdewasser	Z 4
Angelburger Straße	Z 5
Apenrader Straße	Y 6
Brauereiweg	Y 7

Friedrich-Ebert-Straße	Z 8
Gasstraße	Y 9
Hafermarkt	Z 10
Heinrichstraße	Z 12
Neue Straße	Y 16
Neumarkt	Z 18
Nikolaistraße	Y 19
Nordergraben	Y 20
Norderhofenden	Y 21
Parsevalstraße	Y 22
Rote Straße	Y 24
Schiffbrückstraße	Y 25
Schulgasse	Y 26
Südergraben	YZ 32

NIEBÜLL 44 km
FLUGHAFEN 4 km
④ 199 Zur Exe
AUTOBAHN (E 3-A 7):
GRENZE ELLUND

HUSUM 42 km 200 ③ 76 SCHLESWIG 33 km
AUTOBAHN (E 3-A 7) : KIEL 88 km, HAMBURG 158 km

GLÜCKSBURG 11 km
① 199 KAPPELN 48 km

🏨 **Flensburger Hof**, Süderhofenden 38, ☏ 1 73 20, Telex 22594 — 📺 TV 🛗wc ☎ 🚗 🅿 AE
① E VISA
Karte 22/48 *(nur Abendessen, Sonntag geschl.)* — **28 Z : 50 B** 70/120 - 145.
Z g

🏨 **Am Rathaus** garni, Rote Str. 32, ☏ 1 73 33 — 🛗 🛏wc 🛗wc ☎ 🅿
20. Dez.- 5. Jan. geschl. — **42 Z : 65 B** 65/72 - 110.
Z m

🏨 **Am Wasserturm** ⑧, Blasberg 13, ☏ 3 60 71, Telex 22580, 🛗, ⬚, ⚘ — 🛗wc ☎ 🅿 AE ①
E 🍽 Rest
Karte 19,50/45 — **26 Z : 42 B** 70/80 - 105/130.
Y c

🏨 **Am Stadtpark**, Nordergraben 70, ☏ 2 49 00 — 🛗wc. AE ①. 🍽
Karte 19/42 *(Sonntag geschl.)* — **22 Z : 30 B** 38/68 - 80/98.
Y n

XX **Stadtrestaurant im Deutschen Haus**, Bahnhofstr. 15, ℰ 2 35 66 — 🅿 🕍. 🆎 ⓪   Z
   Sonntag geschl. — Karte 19,50/56.

X **Borgerforeningen**, Holm 17, ℰ 2 33 85 — 🅿 🕍. 🆎 ⓪ ⋸ 𝖵𝖨𝖲𝖠   Y v
   Sonntag geschl. — Karte 18/48.

X **Schwarzer Walfisch** mit Zim, Angelburger Str. 44, ℰ 2 50 82   Z s
   Karte 17/52 *(Sonntag geschl.)* — **11 Z : 15 B** 35/38 - 65/75.

   In Harrislee-Wassersleben ⑥ : 5 km :

🏠 **Wassersleben**, Wassersleben 4, ℰ 7 20 85, ≤, 🍃 — 🏠wc ☎ 🅿. 🆎 ⋸
   Karte 19/49 *(Sept.- Mai Montag geschl.)* — **17 Z : 28 B** 35/63 - 65/92.

   In Oeversee 2391 ③ : 9 km an der B 76 :

🏠🏠 **Romantik-H. Historischer Krug**, ℰ (04630) 3 34, ⇌ — 🆃🆅 ⌂wc 🏠wc ☎ ⅙ 🅿 🕍. 🆎
   ⓪ ⋸ 𝖵𝖨𝖲𝖠
   Karte 30/60 — **32 Z : 66 B** 65/75 - 109/129.

   In Tarp 2399 ③ : 14 km :

🏨 **Bahnhofshotel**, Bahnhofstr. 1, ℰ (04638) 3 58 — 🏠wc ⇌ 🅿
   Karte 14/42 — **28 Z : 50 B** 26/33 - 50/62 Fb.

FLINTBEK Schleswig-Holstein siehe Kiel.

FLINTSBACH AM INN 8201. Bayern — 2 200 Ew — Höhe 496 m — Luftkurort — ✪ 08034.
🛈 Verkehrsamt, Rathaus, Kirchstr. 9, ℰ 4 13.
◆München 73 — Rosenheim 18.

🏠 **Dannerwirt**, Kirchplatz 4, ℰ 20 17 — 🏠wc ☎ 🅿
   28 Z : 50 B.

FÖHR (Insel) Schleswig-Holstein 🄨🄧🄫 ④ Insel der Nordfriesischen Inselgruppe — Seebad.
⛴ von Dagebüll (ca. 45 min). Für PKW Voranmeldung bei Wyker Dampfschiffs-Reederei GmbH
in Wyk, ℰ (04681) 9 01.
◆Kiel 126 — Flensburg 57 — Niebüll 15.

   Süderende 2270 — 150 Ew — ✪ 04683

🏠🏠 ✿ **Landhaus Altes Pastorat** ⌂, ℰ 2 26, « Garten », 🐎, — 🆃🆅 ⌂wc 🏠wc 🅿. ⓪. ✾
   Mai - Mitte Sept. — Karte 65/85 *(nur Menu, nur Abendessen)* (Voranmeldung erforderlich,
   Montag geschl.) — **6 Z : 10 B** 190 - 350/380 (inkl. Menu) Fb
   Spez. Tagesfrische Produkte der Insel und des Meeres.

   Wyk 2270 — 5 300 Ew — Heilbad — ✪ 04681.
   🛈 Städt. Kurverwaltung, Rathaus, Hafenstraße, ℰ 30 40.

🏨 **Kurhotel am Wellenbad** ⌂, Sandwall 29, ℰ 21 99, ≤, ⇌, 🏊 — 🛗 ⌂wc 🏠wc ☎ 🅿. 🆎.
   ✾ Rest
   13. Jan.- 6. März geschl. — Karte 31/58 — **55 Z : 104 B** 77/119 - 138/202 Fb — P 107/146.

🏨 **Kurhaus-Hotel** ⌂ garni (Rest. im Hause), Sandwall 40, ℰ 7 91, ⇌ — 🆃🆅 ⌂wc 🏠wc ☎ 🅿
   28 Z : 55 B.

🏠 **Duus**, Hafenstr. 40, ℰ 7 08 — 🆃🆅 🏠wc ☎
   20. Nov.- 20. Dez. geschl. — Karte 21/50 — **25 Z : 45 B** 40/70 - 80/130.

🏠 **Strandhotel**, Königstr. 1, ℰ 7 97, ≤, 🍃 — 🛗 🆃🆅 🏠wc ☎ 🅿
   1.- 23. Dez. geschl. — Karte 20/40 *(Nov.- März Freitag geschl.)* — **28 Z : 47 B** 63 - 110.

🏠 **Colosseum** ⌂, Große Str. 42, ℰ — 🏠wc ☎ 🅿. ✾ Zim
   Feb. geschl. — Karte 18,50/53 *(Mitte Okt.- Mitte Mai Samstag geschl.)* — **20 Z : 34 B** 52/94 -
   94/102 — 4 Appart. 75/100 — P 74/88.

🏠 **Haus der Landwirte**, Hafenstr. 2, ℰ 5 35 — 🏠wc ☎. ✾ Zim
   Karte 18/37 *(Okt.- März geschl.)* — **11 Z : 21 B** 43/50 - 86/116 — P 60/65.

X **Alt Wyk** (mit Ferienwohnungen), Große Str. 4, ℰ 32 12 — 🆃🆅 🏠wc
   15. Jan.- Feb. geschl. — Karte 21/55 *(Okt.- Mai Dienstag geschl.)* — 7 Appart. 120.

FÖRTSCHENDORF Bayern siehe Pressig.

FORBACH 7564. Baden-Württemberg — 6 000 Ew — Höhe 331 m — Luftkurort — ✪ 07228.
🛈 Kurverwaltung, Kurhaus, Striedstr. 14, ℰ 23 40.
◆Stuttgart 106 — Baden-Baden 26 — Freudenstadt 31 — ◆Karlsruhe 50.

🏠 **Goldener Hirsch**, Hauptstr. 2, ℰ 22 18, 🍃, 🏊 — ⌂wc 🏠wc 🅿 🕍
   1.- 20. Dez. geschl. — Karte 19/48 *(Okt.- April Mittwoch, Mai - Sept. Mittwoch ab 14 Uhr
   geschl.)* — **22 Z : 41 B** 51/53 - 106 — P 71.

🏨 **Löwen**, Hauptstr. 9, ℰ 22 29, 🍃, 🐎 — 🛗 🏠 ⇌
   1.- 21. Nov. geschl. — Karte 14/29 *(Dienstag geschl.)* ⅙ — **27 Z : 49 B** 24/32 - 48/64 — P 42/51.

In Forbach 3-Bermersbach NW : 3 km :

☎ **Sternen** ⤝, Bermersbachstr. 8, ℰ 22 66 – ⌷wc ⓛ – **10 Z : 16 B** 28/35 - 56/70 – P 48/55.
7.- 21. Okt. geschl. – Karte 15/25 *(Dienstag geschl.)* ⓛ – **10 Z : 16 B** 28/35 - 56/70 – P 48/55.

In Forbach 5-Raumünzach S : 6,5 km an der B 462 :

🏠 **Wasserfall**, Schwarzwaldtälerstraße, ℰ 8 89, ⩽, 🍴, 🚗 – ⌷wc 🅟wc ⓟ
Karte 15/34 *(Sept.- März Donnerstag geschl.)* ⓛ – **15 Z : 32 B** 28/40 - 56/72 – P 45/55.

An der Schwarzenbachtalsperre SW : 9,5 km über Raumünzach – Höhe 670 m :

🏠 **Schwarzenbach-Hotel** ⤝, ✉ 7564 Forbach, ℰ (07228) 24 59 (Hotel) 22 59 (Rest.), ⩽, 🍴,
🔲 – 🕴 ⌷wc 🕿 ⓟ ⩘ 🆎
Karte 22/44 *(Nov.- März Dienstag geschl.)* ⓛ – **37 Z : 65 B** 38/70 - 60/102 – P 60/82.

In Forbach 5-Hundsbach SW : 14 km über Raumünzach – Wintersport : 750/1000 m ⼦1
⼧1 – ✿ 07220 :

🏠 **Tannberg** ⤝, Aschenplatz 2, ℰ 2 87, 🍴, 🚗, 🍷 – 🅟wc 🕿 ⇐ ⓟ – **16 Z : 34 B** Fb.

🏠 **Feiner Schnabel** ⤝, Hundseckstr. 24, ℰ 2 72, 🍴, 🖭, 🔲, 🚗 – ⌷wc 🅟wc ⇐ ⓟ. ⓞ.
🍷 Rest
2. Nov.- 22. Dez. geschl. – Karte 15/40 ⓛ – **12 Z : 20 B** 41/59 - 90/98 – P 60/67.

☎ **Zur Schönen Aussicht** ⤝, Kapellenstr. 14, ℰ 2 27, ⩽, 🚗 – 🅟 ⓟ
↞ 15. Nov.- 20. Dez. geschl. – Karte 14/30 *(Dienstag gèschl.)* – **16 Z : 28 B** 25/26 - 50/52 – P 45.

FORCHHEIM 8550. Bayern 📗📘📙 ㉘ – 29 000 Ew – Höhe 265 m – ✿ 09191.
Sehenswert : Pfarrkirche (Bilder der Martinslegende★).
🄱 Städt. Verkehrsamt, Rathaus, ℰ 8 43 38 – ◆München 206 – ◆Bamberg 25 – ◆Nürnberg 35 – ◆Würzburg 93.

🏛 **Franken** Ⓜ ⤝ garni, Ziegeleistr. 17, ℰ 16 09 – 📺 🅟wc 🕿 ⇐ ⓟ. ⩘ ⓞ ⒠. 🍷
31 Z : 56 B 44/59 - 83.

🏛 **Pilatushof** ⤝ garni, Kapellenstr. 13, ℰ 8 99 70 – 📺 🅟wc 🕿 ⓺.
Aug. 2 Wochen geschl. – **8 Z : 12 B** 50/65 - 85/90 Fb.

🏠 **Garni**, Holzstr. 5, ℰ 25 92 – 🅟wc ⓟ. 🍷
Aug. 2 Wochen geschl. – **8 Z : 11 B** 30/45 - 68.

🏠 **Höpfl**, Fr.-v.-Schletz-Str. 30 (über äußere Nürnberger Straße), ℰ 28 01 – ⌷wc 🅟wc ⇐
ⓟ.
6.- 29. Nov. geschl. – (nur Abendessen für Hausgäste) – **48 Z : 90 B** 28/40 - 50/74.

In Kunreuth-Regensberg 8551 SO : 15 km :

🏠 **Berggasthof Hötzelein** ⤝, ℰ (09199) 2 64, ⩽, 🍴, 🖭, 🚗 – 🕴 ⌷wc 🅟wc ⓟ ⩘. 🍷
↞ 18. Nov.- 24. Dez. geschl. – Karte 14/37 *(Dienstag geschl.)* ⓛ – **28 Z : 48 B** 40/43 - 72/84 –
P 46/54.

FORCHHEIM Baden-Württemberg siehe Rheinstetten.

FORCHTENBERG 7119. Baden-Württemberg – 3 800 Ew – Höhe 189 m – ✿ 07947.
◆Stuttgart 83 – Heilbronn 41 – Künzelsau 13 – ◆Würzburg 93.

☎ **Brauereigasthof Specht**, Öhringer Str. 35, ℰ 22 02 – 🅟wc ⓟ. 🍷 Zim
Sept. 2 Wochen geschl. – Karte 17/26 *(Dienstag geschl.)* ⓛ – **10 Z : 18 B** 25/35 - 50/65.

In Forchtenberg-Sindringen W : 6 km :

🏠 **Krone**, Untere Gasse 2, ℰ (07948) 4 01 – ⌷wc 🅟wc ⓟ ⩘
↞ 2.- 24. Jan. geschl. – Karte 13,50/36 *(Dienstag geschl.)* ⓛ – **13 Z : 21 B** 35 - 65 – P 48.

FORSBACH Nordrhein-Westfalen siehe Rösrath.

FRÄNKISCH CRUMBACH 6101. Hessen – 2 700 Ew – Höhe 200 m – Erholungsort –
✿ 06164 (Reichelsheim) – ◆Wiesbaden 78 – ◆Darmstadt 30 – ◆Mannheim 51.

🏠 **Pension Lindenhöhe** ⤝, Allee 24, ℰ 14 39, ⩽, 🖭, 🔲, 🚗 – 🕴 🅟wc ⓟ ⩘. 🍷
(Rest. nur für Hausgäste) – **22 Z : 40 B** – 12 Appart..

FRAMMERSBACH 8773. Bayern 📗📘📙 ㉘ – 4 900 Ew – Höhe 238 m – Erholungsort –
Wintersport : 450/530 m ⼦1 ⼧2 – ✿ 09355.
🄱 Verkehrsverein im Rathaus, Marktplatz 3, ℰ 20 01.
◆München 332 – ◆Frankfurt am Main 71 – Fulda 74 – ◆Würzburg 52.

🏠 **Spessartruh**, Wiesener Str. 129, ℰ 4 43, ⩽, 🖭, 🔲, 🚗 – 🅟wc ⓟ
↞ 15. Nov.- 14. Dez. geschl. – Karte 13/26 ⓛ – **25 Z : 50 B** 40/60 - 80 – P 45/62.

☎ **Kessler**, Orber Str. 23, ℰ 12 36, 🚗 – 🅟wc ⇐ ⓟ
1.- 21. Nov. geschl. – Karte 15/30 *(Nov.- März Mittwoch geschl.)* ⓛ – **13 Z : 27 B** 24/32 - 56/6
– P 34/42.

☎ **Schwarzkopf**, Lohrer Str. 80, ℰ 3 07 – 🅟 ⇐
15. Jan. - 15. Feb. geschl. – Karte 16/40 *(Montag geschl.)* – **12 Z : 18 B** 22/30 - 40/60.

In Frammersbach-Habichsthal W : 7,5 km :

☎ **Zur frischen Quelle**, ℰ (06020) 3 93, 綜, 炘, ⌂wc ℵwc ⇔ ℗ – **24 Z : 38 B**.

In Wiesen 8752 NW : 11 km :

🏠 **Berghof** ♨, Am Berg 1, ℰ (06096) 3 30, ⩽, ⌂ – ℵwc ℗
↤ Karte 13/37 *(Okt.- April Donnerstag geschl.)* ⅃ – **13 Z : 24 B** 35/40 - 57.

FRANCFORT-SUR-LE-MAIN = Frankfurt am Main.

FRANCOFORTE-SUL-MENO = Frankfurt am Main.

FRANKENAU Hessen siehe Liste der Feriendörfer.

FRANKENBERG AN DER EDER 3558. Hessen 🅈🅇🄻 ㉕ – 18 800 Ew – Höhe 323 m – ☎ 06451.
Sehenswert : Rathaus★ – **Ausflugsziel** : Haina : Ehemaliges Kloster★ (Klosterkirche★) O : 18 km.
🅱 Verkehrsamt, Pferdemarkt 22, ℰ 50 51 49.
✦Wiesbaden 156 – ✦Kassel 78 – Marburg 36 – Paderborn 104 – Siegen 83.

🏨 **Rats-Schänke** ♨, Marktplatz 7, ℰ 30 66 – 🛗 ℵwc ☎ ⇔. 綜
Nov. geschl. – Karte 17/36 *(Donnerstag geschl.)* – **20 Z : 39 B** 40/60 - 75/100 Fb.
🏠 **Sonne** ♨, Marktplatz 2, ℰ 90 19 – 🛗 📺 ℵwc ☎. 🆎 ⓞ 🇪
Karte 19/47 – **18 Z : 30 B** 60 - 90 Fb.

FRANKENSTEIN (Ruine) Hessen siehe Darmstadt.

FRANKENTHAL IN DER PFALZ 6710. Rheinland-Pfalz 🅈🅇🄻 ㉔ ㉕ – 47 000 Ew – Höhe 94 m –
☎ 06233.

Siehe auch Mannheim-Ludwigshafen (Umgebungsplan).

🅱 Städt. Verkehrsverein, Rathaus, ℰ 8 94 93.
Mainz 66 ③ – Kaiserslautern 47 ③ – ✦Mannheim 13 ① – Worms 10 ③.

FRANKENTHAL
IN DER PFALZ

**Die Hotelbesitzer
sind gegenüber den Lesern
dieses Führers
Verpflichtungen eingegangen.**

**Zeigen Sie deshalb
dem Hotelier Ihren
Michelin-Führer
des laufenden Jahres.**

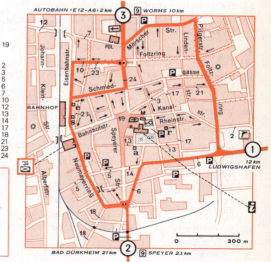

🏨🏨 **Central**, Karolinenstr. 6, ℰ 2 50 71, Telex 465246, ⌂, 🖼 – 🛗 ⇔ ℗ 🛁. 🆎 ⓞ 🇪 🆅🇮🇸🇦 **a**
Karte 30/66 – **60 Z : 115 B** 109/125 - 139/160 Fb.

🏠 **Rathaus Café** garni, Rheinstr. 8, ℰ 2 10 41 – ⌂wc ℵwc ☎ – **30 Z : 48 B** **r**

🏠 **Aachener Hof**, Ostring 21, ℰ 6 15 92, ⩽ – 🛗 📺 ⌂wc ℵwc ☎ ⇔
Karte 19/44 *(Samstag geschl.)* – **16 Z : 26 B** 46/70 - 76/90.
Umgebungsplan Mannheim-Ludwigshafen AU **n**

🏠 **Post-Hotel** garni, Eisenbahnstr. 2, ℰ 2 72 17 – 🛗 📺 ℵwc ☎ **s**
27 Z : 54 B 30/55 - 50/70.

☎ **Brauhauskeller**, Eisenbahnstr. 8, ℰ 2 72 62 – ℵ – **26 Z : 42 B** Fb **e**

FRANKFURT AM MAIN 6000. Hessen 🄈🄇🄈 ⑳ – 612 600 Ew – Höhe 91 m – ✿ 069.

Sehenswert : Zoo★★★ FX – Goethehaus★★ und Goethemuseum★ DEY M1 – Dom★ (Turm★★, Domschatz★, Chorgestühl★) EY – Palmengarten★ CV – Senckenberg-Museum★ (Paläonthologie★★) CX M8 – Städelsches Kunstinstitut★ (Gemäldesammlung★★ altniederländischer und deutscher Maler des 16. Jh.) DY M2 – Museum für Kunsthandwerk★ EY M4 – Evangelische Katharinenkirche (Glasfenster★) EX A – Henninger Turm ❄ ★ DZ.

✈ Rhein-Main (⑤ : 12 km, AU), ℰ 6 90 25 95.

🚗 in Neu-Isenburg, ℰ (06102) 85 75.

Messegelände (CY), ℰ 7 57 51, Telex 411558.

🄱 Verkehrsamt, im Hauptbahnhof (Nordseite), ℰ 2 12 88 49.

🄱 U-Bahnstation Hauptwache, B-Ebene, ℰ 2 12 87 08.

ADAC, Schumannstr. 4, ℰ 7 43 00, Notruf ℰ 1 92 11.

♦Wiesbaden 39 ⑤ – ♦Bonn 176 ⑤ – ♦Nürnberg 223 ④ – ♦Stuttgart 205 ⑤.

Die Angabe (F 15) nach der Anschrift gibt den Postzustellbezirk an : Frankfurt 15
L'indication (F 15) à la suite de l'adresse désigne l'arrondissement : Frankfurt 15
The reference (F 15) at the end of the address is the postal district : Frankfurt 15
L'indicazione (F 15) posta dopo l'indirizzo precisa il quartiere urbano : Frankfurt 15

Messe-Preise : siehe S. 17 und 60 **Foires et salons :** voir p. 25 et 60
Fairs : see pp. 33 and 60 **Fiere :** vedere p. 41 e 60

Stadtpläne siehe nächste Seiten.

🏨 **Steigenberger-Hotel Frankfurter Hof**, Bethmannstr. 33 (F 16), ℰ 2 02 51, Telex 411806, 🍴 – 📶 ▤ Rest 📺 ᶜ. 🛦. 🄰🄴 🕐 🄴 🆅🄸🆂🄰. ⁕ Rest — **400 Z : 600 B** 189/349 - 250/380 Fb. DY e
Karte 35/74 (Samstag geschl.) (siehe auch **Rest. français und Frankfurter Stubb**)

🏨 **Hessischer Hof**, Friedrich-Ebert-Anlage 40 (F 97), ℰ 7 54 00, Telex 411776, « Sèvres-Porzellansammlung im Restaurant » – 📶 📺 🄿 🛦. 🄰🄴 🕐 🄴 🆅🄸🆂🄰. ⁕ Rest — **161 Z : 226 B** 289/384 - 398/448. CY p
Karte 52/86

🏨 **Frankfurt Intercontinental**, Wilhelm-Leuschner-Str. 43 (F 1), ℰ 23 05 61, Telex 413639, ≼ Frankfurt, Massage, ☎, 🏊 – 📶 ▤ 📺 ᶜ. 🛦. 🄰🄴 🕐 🄴 🆅🄸🆂🄰. ⁕ Rest CY a
Restaurants : – **Rôtisserie** (Samstag bis 18 Uhr geschl.) Karte 44/90 – **Brasserie** Karte 27/62 – **Bierstube** (Samstag, sowie Sonn- und Feiertage geschl.) Karte 17/32 – **800 Z : 1 450 B** 299/342 - 369/414 Fb.

🏨 CP **Frankfurt Plaza** 🄼, Hamburger Allee 2 (F 90), ℰ 77 07 21, Telex 412573, ≼ Frankfurt, ☎ – 📶 📺 ᶜ. 🛦. ⁕ Rest CX a
Restaurants : – **Geheimratsstube** – **Bäckerei** – **591 Z : 1 182 B** Fb.

🏨 **Parkhotel Frankfurt**, Wiesenhüttenplatz 36 (F 1), ℰ 2 69 70, Telex 412808, Massage, ☎ – 📶 📺 🄿 🛦. 🄰🄴 🕐 🄴 🆅🄸🆂🄰 CY k
Restaurants : – **La Truffe** (Samstag bis 19 Uhr sowie Sonn- und Feiertage geschl.) Karte 45/90 – **Die Parkstube** (regionale deutsche Küche) Karte 30/60 – **280 Z : 420 B** 270/360 - 380/590 Fb.

🏨 **Savigny**, Savignystr. 14 (F 1), ℰ 7 53 30, Telex 412061 – 📶 📺 🛦. 🄰🄴 🕐 🄴 🆅🄸🆂🄰 CY f
20. Dez.- 2. Jan. geschl. – Karte 28/72 – **122 Z : 165 B** 160/230 - 260/300 Fb.

🏨 **National**, Baseler Str. 50 (F 1), ℰ 23 48 41, Telex 412570 – 📶 📺 🛦. 🄰🄴 🕐 🄴 🆅🄸🆂🄰. ⁕ Rest CY x
Karte 27/60 – **95 Z : 130 B** 65/145 - 150/210 Fb.

🏨 **Imperial**, Sophienstr. 40 (F 90), ℰ 7 93 00 30, Telex 4189636 – 📶 📺 ➘wc ☎ ⬅ 🄿. 🄰🄴 🕐 🄴 🆅🄸🆂🄰 CV t
Karte 23/47 – **60 Z : 120 B** 138/198 - 193/270 Fb.

🏨 **Savoy**, Wiesenhüttenstr. 42 (F 16), ℰ 23 05 11, Telex 416394, Massage, ☎, 🏊 – 📶 ▤ Rest 📺 ➘wc 🍴wc ☎ ⬅ 🄿. 🄰🄴 🕐 🄴 🆅🄸🆂🄰. ⁕ Rest CY s
Karte 38/70 – **151 Z : 200 B** 155 - 205 Fb.

🏨 **Turm-Hotel - Restaurant Sudpfanne**, Eschersheimer Landstr. 20 (F 1), ℰ 55 00 01 – 📶 📺 ➘wc ☎ 🄿. 🄰🄴 🕐 🄴 🆅🄸🆂🄰 EX b
Karte 24/53 (Samstag geschl.) – **75 Z : 130 B** 98 - 150/183 Fb.

🏨 **An der Messe** garni, Westendstr. 102 (F 1), ℰ 74 79 79, Telex 4189009 – 📶 📺 ➘wc 🍴wc ☎ ⬅. 🄰🄴 🕐 🄴 🆅🄸🆂🄰 CX e
46 Z : 88 B 140/180 - 170/250 Fb.

🏨 **Continental**, Baseler Str. 56 (F 1), ℰ 23 03 41, Telex 412502 – 📶 📺 ➘wc 🍴wc ☎ 🛦. 🄰🄴 🕐 🄴 🆅🄸🆂🄰. ⁕ CY y
Karte 19/45 (Sonn- und Feiertage geschl.) – **80 Z : 140 B** 98/130 - 146/160.

🏨 **Mozart** garni, Parkstr. 17 (F 1), ℰ 55 08 31 – 📶 📺 ➘wc 🍴wc ☎. 🄰🄴 🕐 🆅🄸🆂🄰 CV p
22. Dez.- 2. Jan. geschl. – **35 Z : 56 B** 115/135 - 185.

🏨 **Falk** garni, Falkstr. 38 a (F 90), ℰ 70 80 94 – 📶 ➘wc 🍴wc ☎ 🄿 🛦 CV n
22. Dez.- 2. Jan. geschl. – **32 Z : 50 B** 88/98 - 145/155.

🏨 Jaguar garni, Theobald-Christ-Str. 19 (F 1), ℰ 43 93 01 – 📶 🍴wc ☎ ⬅ FX y
37 Z : 56 B.

🏨 **Am Zoo**, Alfred-Brehm-Platz 6 (F 1), ℰ 49 07 71, Telex 4170082 – 📶 📺 ➘wc 🍴wc ☎ 🄿. 🄰🄴 🕐 🄴 🆅🄸🆂🄰 FX c
Karte 20/47 (nur Abendessen, Sonntag geschl.) – **85 Z : 140 B** 79/90 - 115/125 Fb.

🏠 **Tatra** garni, Kreuznacher Str. 37 (F 90), ℰ 77 20 71 – 🕭 ➭wc 🛁wc ☎ ⇔. AE ① E VISA. ⪼
20. Dez.- 6. Jan. geschl. – **25 Z : 40 B** 95 - 135/140 Fb.   CX u

🏠 **Am Dom** garni, Kannengießergasse 3 (F 1), ℰ 28 21 41, Telex 414955 – 🕭 TV ➭wc 🛁wc 🄿
30 Z : 45 B 100/130 - 150/180 Fb.   EY s

🏠 **Admiral** garni, Hölderlinstr. 25 (F 1), ℰ 44 80 21 – 🕭 TV ➭wc 🛁wc ☎ 🄿. AE ① E
47 Z : 67 B 70/85 - 100/130.   FX w

🏠 **Corona** garni, Hamburger Allee 48 (F 90), ℰ 77 90 77 – 🕭 🛁 ☎. AE
15. Dez.- 15. Jan. geschl. – **27 Z : 52 B** 55/90 - 100/160.   CX n

🏠 **Neue Kräme** garni, Neue Kräme 23 (F 1), ℰ 28 40 46 – 🕭 TV ➭wc 🛁wc ☎. AE ① E VISA
21 Z : 30 B 79/87 - 120/130 Fb.   EY w

🏠 **Diana** garni, Westendstr. 83 (F 1), ℰ 74 70 07 – ➭wc 🛁wc ☎. AE ① E
24 Z : 33 B 59/82 - 85/110.   CX d

🏠 **Palmengarten** garni, Palmengartenstr. 8 (F 1), ℰ 75 20 41 – 🕭 ➭wc 🛁wc ☎ ⇔. E
7. Dez.- 7. Jan. geschl. – **20 Z : 28 B** 50/100 - 100/140.   CX r

🏠 **Balmoral** garni, Emil-Sulzbach-Str. 14 (F 30), ℰ 77 50 04 – 🛁 ☎ ⇔
16 Z : 25 B 65/70 - 120/140.   CX c

XXXX ⬡ **Restaurant français**, Bethmannstr. 33 (im Steigenberger-H. Frankfurter Hof) (F 16),
ℰ 2 02 51 – 🍴. AE ① E VISA. ⪼   DY e
Sonn- und Feiertage sowie Juli - Aug. 4 Wochen geschl. – Karte 40/90 (Tischbestellung
ratsam)
Spez. Terrine von Krustentieren, Wolfsbarschfilet mit Limonen-Kräutervinaigrette, Kalbsmedaillon mit Morcheln
in Kaviarsauce.

XXX **Weinhaus Brückenkeller**, Schützenstr. 6 (F 1), ℰ 28 42 38, « Alte Kellergewölbe mit
kostbaren Antiquitäten » – 🄿. AE ① E VISA   FY a
nur Abendessen, außerhalb der Messezeiten Sonn- und Feiertage geschl. – Karte 47/97
(Tischbestellung ratsam).

XXX **Mövenpick-Baron de la Mouette**, Opernplatz 2 (F 1), ℰ 2 06 80, 🌫 – 🍴   DX f
Karte 35/76 – **Orangerie** Karte 24/47.

XXX ⬡ **Humperdinck**, Grüneburgweg 95 (Ecke Liebigstr.) (F 1), ℰ 72 21 22 – AE ① E VISA
Samstag bis 19 Uhr und Sonntag geschl. – Karte 65/91   CV a
Spez. Lachsroulade mit Vermouth, Pochierter Lammrücken auf Lauchstreifen, Limonencreme mit zwei Saucen.

XXX **Tse-Yang** (Chinesische Küche), Kaiserstr. 67 (F 1), ℰ 23 25 41 – AE ① E VISA. ⪼   CY v
Karte 27/62.

XX **Le Midi**, Liebigstr. 47 (F 1), ℰ 72 14 38, 🌫 – AE ① E VISA   CV b
2.- 18. Aug., Samstag bis 19 Uhr und Sonntag geschl. – Karte 31/64.

XX **Da Bruno** (Italienische Küche), Elbestr. 15 (F 1), ℰ 23 34 16 – 🍴. AE ① E   CY t
Mitte Juli - Mitte Aug. sowie Sonn- und Feiertage geschl. – Karte 37/65.

XX **Frankfurter Stubb** (Rest. im Kellergewölbe des Hotel Frankfurter Hof), Bethmannstr. 33
(F 16), ℰ 21 56 79 – 🍴. AE ① E VISA. ⪼   DY e
Sonn- und Feiertage sowie Aug. 3 Wochen geschl. – Karte 25/55 (Tischbestellung ratsam).

XX **La Galleria** (Italienische Küche), Theaterplatz 2 (BfG-Haus UG) (F 1), ℰ 23 56 80 – 🍴   DY u
(Tischbestellung ratsam).

XX **Firenze** (Italienische Küche), Berger Str. 30 (F 1), ℰ 43 39 56 – 🍴. AE ① E. ⪼   FX s
außerhalb der Messezeiten Montag geschl. – Karte 37/72 (Tischbestellung ratsam).

XX **Börsenkeller**, Schillerstr. 11 (F 1), ℰ 28 11 15 – 🍴 🄰. AE ① E VISA   EX z
Sonntag geschl. – Karte 20/60.

X ⬡ **Ernos Bistro** (Französische Küche), Liebigstr. 15 (F 1), ℰ 72 19 97, 🌫 – AE ① E VISA
16.- 21. Juli und außerhalb der Messezeiten Samstag - Sonntag geschl. – Karte 51/94   CX s
(Tischbestellung erforderlich)
Spez. Foie d'oie frais, Ragout de Lotte et de Saumon, Canard de Challans aux baies de Cassis.

X **Intercity-Restaurant**, im Hauptbahnhof (1. Etage 🕭) (F 1), ℰ 23 19 56   CY
Karte 16,50/41.

In Frankfurt 60 - Bergen-Enkheim Stadtplan Frankfurt : S. 3 · ⬣ 06109 :

🏠🏠 **Klein**, Vilbeler Landstr. 55, ℰ 3 10 23, Telex 4175019, 🌫 – 🕭 TV 🛁wc ☎ 🄿 🄰. AE ① E VISA
Karte 24/52 *(Samstag geschl.)* – **50 Z : 70 B** 86/118 - 118/148 Fb.   BR e

XX **Capriccio**, Marktstr. 15, ℰ 2 33 34, 🌫 – 🄰. AE ① E   BR s
Montag geschl. – Karte 23/60.

XX **Schelmenstube**, Landgraben 1, ℰ 2 10 32 – 🄰   BR a

In Frankfurt 50 - Eschersheim Stadtplan Frankfurt : S. 4 :

🏠 **Motel Frankfurt** garni, Eschersheimer Landstr. 204, ℰ 56 80 11 – TV 🛁wc ☎ 🄿   DV e
68 Z : 126 B 64/94 - 94/144.

🏠 **Goldener Schlüssel**, Eschersheimer Landstr. 442, ℰ 52 01 22 – ➭wc 🛁wc ☎. AE ① E
Karte 18/46 – **14 Z : 20 B** 75/85 - 95/105.   BR b

In Frankfurt 90 - Ginnheim Stadtplan Frankfurt : S. 3 :

XX Ristorante Atelier (Italienische Küche), Ginnheimer Landstr. 49, ℰ 53 14 07 – 🄿. ⪼   BR k

STRASSENVERZEICHNIS

FRANKFURT AM MAIN

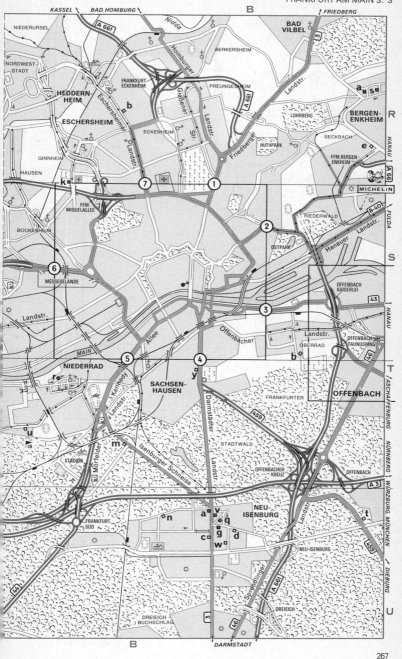

267

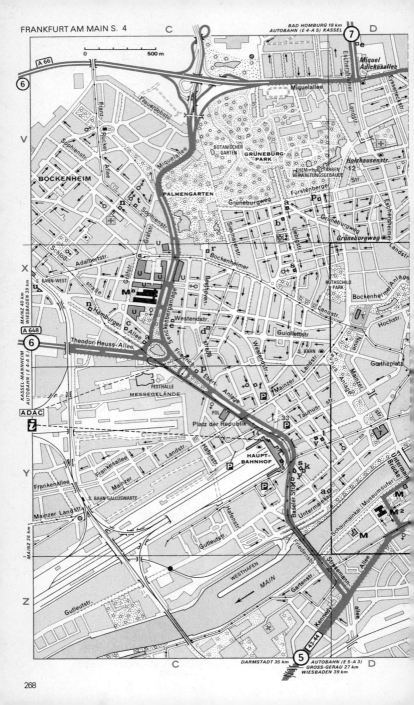

FRANKFURT AM MAIN

Straßenverzeichnis siehe Frankfurt S. 2

269

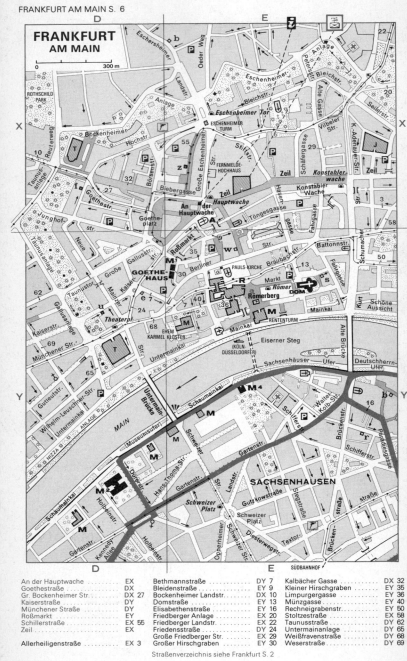

FRANKFURT
AM MAIN

In Frankfurt 80 - Griesheim Stadtplan Frankfurt : S. 2 :

🏨🏨 **Ramada-Caravelle**, Oeserstr. 180, ℰ 3 90 50, Telex 416812, ☎s, ⌧ – 🛗 ▤ Rest 📺 🅟 🏋.
AE ⓞ E 𝘝𝘐𝘚𝘈.
Karte 38/76 — **236 Z : 400 B** 163/221 - 260/304 Fb.   **AS p**

In Frankfurt 80 - Höchst W : 10 km, über Mainzer Landstraße (AS) oder über die A 66 :

🏨 **Höchster Hof**, Mainberg 3, ℰ 3 00 40, Telex 414990, ☎s – 🛗 📺 ⌷wc 🏛wc ☎ 🅟 🏋. AE
ⓞ E 𝘝𝘐𝘚𝘈.
Karte 20/52 — **165 Z : 250 B** 75/130 - 120/180 Fb.

In Frankfurt 56 - Nieder-Eschbach über Homburger Landstraße BR :

🏠 **Schaller** ⌕, Deuil-La-Barre-Str. 103, ℰ 5 07 57 67 — 🏛wc ☎ 🅟
13 Z : 16 B.

In Frankfurt 71 - Niederrad Stadtplan Frankfurt : S. 3 :

🏨🏨 **Arabella-Hotel Frankfurt**, Lyoner Str. 44, ℰ 6 63 30, Telex 416760, 🍴, ☎s, ⌧ – 🛗 ▤ 📺
🏋 🅟 🏋. AE ⓞ E 𝘝𝘐𝘚𝘈. ⌖ Rest   **BT u**
Karte 28/57 — **400 Z : 600 B** 150/215 - 200/265 Fb.

🏨🏨 **Crest-Hotel Frankfurt**, Isenburger Schneise 40, ℰ 6 78 40, Telex 416717 – 🛗 ▤ 📺 🅟 🏋.
AE ⓞ E 𝘝𝘐𝘚𝘈.   **BT m**
Karte 24/65 — **283 Z : 420 B** 172/189 - 214/249 Fb.

XX **Weidemann**, Kelsterbacher Str. 66, ℰ 67 59 96, 🍴 – 🅟. AE ⓞ E 𝘝𝘐𝘚𝘈   **BT r**
Samstag, Sonn- und Feiertage nur Abendessen — Karte 45/70 (Tischbestellung ratsam).

In Frankfurt 70 - Oberrad Stadtplan Frankfurt : S. 3 :

🏠 **Waldhotel Hensels Felsenkeller** ⌕, Buchrainstr. 95, ℰ 65 20 86, 🍴, ⌧ – ⌷wc 🏛wc.
      BS b
Karte 15/24 *(nur Abendessen, Samstag-Sonntag geschl.)* — **21 Z : 30 B** 45/70 - 78/98 Fb.

In Frankfurt 90 - Rödelheim Stadtplan Frankfurt : S. 2 :

🏠 **Radilohof**, Radilostr. 39, ℰ 78 32 87 — 🏛wc 🅟. ⌖
(nur Abendessen für Hausgäste) — **35 Z : 51 B** 50/70 - 80/120.   **AS e**

In Frankfurt 70 - Sachsenhausen Stadtplan Frankfurt : S. 3-6 :

🏨🏨 **Holiday Inn-City Tower** Ⓜ, Mailänder-Str. 1, ℰ 68 00 11, Telex 411805, ☎s – 🛗 ▤ 📺 🅟
🏋. AE ⓞ E 𝘝𝘐𝘚𝘈. ⌖   **BT y**
Restaurants : — Le Ballon Karte 26/62 — **Kaffeemühle** Karte 23/43 — **405 Z : 750 B** 186/276 -
244/334 Fb.

🏠 **Mühlberg** garni, Offenbacher Landstr. 56, ℰ 61 30 63 – 🛗 🏛wc 🅟 ⇔. AE ⓞ   **FY h**
Ende Dez.- Anfang Jan. geschl. — **69 Z : 98 B** 50/85 - 80/140.

🏠 **Hübler** garni, Große Rittergasse 91, ℰ 61 60 38 — ⌷wc 🏛wc ☎ ⇔. ⌖   **EY b**
10. Juli - 20. Aug. und 6. Dez.- 6. Jan. geschl. — **46 Z : 58 B** 50/85 - 100/130.

🏠 **Royal** garni, Wallstr. 17, ℰ 62 30 26 – 🛗 ⌷wc ☎ ⇔. AE ⓞ E   **EY r**
35 Z : 50 B 70/85 - 100/130.

XX **Bistrot 77** (modernes Bistro-Restaurant), Ziegelhüttenweg 1, ℰ 61 40 40, 🍴 – AE ⓞ E
Mitte Juni - Mitte Juli sowie Samstag bis 19 Uhr und Sonntag geschl. — Karte 50/90.   **EZ a**

X **Henninger Turm - Museums Stubb** (🛗 DM 3), Hainer Weg 60, ℰ 6 06 36 00, ❄ Frankfurt,
« Rotierendes Restaurant in 101 m Höhe » – ▤ 🅟 🏋.   **FZ**
außerhalb der Messezeiten Montag geschl. — Karte 17,50/52.

In Frankfurt-Sindlingen 6230 W : 13 km über die A 66 AS :

🏨 **Post**, Sindlinger Bahnstr. 12, ℰ 3 70 10, Telex 416681, ☎s, ⌧ – 🛗 ⌷wc 🏛wc ☎ ⇔ 🅟 🏋.
105 Z : 174 B Fb.

In Eschborn 6236 NW : 12 km :

🏨 **Novotel**, Philipp-Helfmann-Str. 10, ℰ (06196) 4 28 12, Telex 415655, 🍴, ⌇ (geheizt), 🐴 –
🛗 📺 🏋 🅟 🏋. AE ⓞ E   **AR n**
Karte 22/41 — **227 Z : 454 B** 138/162 - 175/185 Fb.

Beim Main-Taunus-Einkaufszentrum W : 14 km über ⑥ :

🏨🏨 **Holiday Inn**, Am Main-Taunus-Zentrum 1, ✉ 6231 Sulzbach, ℰ (06196) 78 78, Telex 410373,
☎s, ⌧ – 🛗 ▤ 🏋 🅟 🏋. AE ⓞ E 𝘝𝘐𝘚𝘈.   **BU v**
Karte 32/64 — **291 Z : 566 B** 180/224 - 240 Fb.

In Neu-Isenburg 6078 S : 7 km (Stadtplan Frankfurt : S. 3) – 🕭 06102 :
🚗 ℰ 85 75.

🏨 **Isabella-Hotel**, Herzogstr. 61, ℰ 35 70, Telex 4185651, ☎s – 🛗 📺 ⌷wc ☎ 🅟 🏋. AE ⓞ
E 𝘝𝘐𝘚𝘈.   **BU w**
Karte 28/45 *(nur Abendessen, Freitag - Samstag geschl.)* — **230 Z : 400 B** 110/170 - 170/210 Fb.

🏨 **Wessinger**, Alicestr. 2, ℰ 2 70 79, Telex 4185654, « Gartenterrasse » – 🛗 📺 🏛wc ☎ 🅟 🏋.
AE ⓞ E   **BU n**
Karte 33/71 *(Montag geschl.)* — **42 Z : 60 B** 65/125 - 97/159 Fb.

🏠 **Alfa** garni, Frankfurter Str. 123 (B 3), ℰ 1 70 24 − 🛏wc 🛁wc ☎. AE ⓪ E   BU **c**
   23 Z : 37 B 40/60 - 65/90.

🏠 **Sauer** garni, Offenbacher Str. 83, ℰ 3 68 79 − 🛏wc 🛁wc ⟵ 🅿. E   BU **d**
   15 Z : 25 B 40/65 - 68/78.

🏠 **Isenburger Hof**, Frankfurter Str. 40, ℰ 3 53 20, 🍴 − 🛁wc 🅿   BU **v**
   30 Z : 42 B.

XX **Neuer Haferkasten** (Italienische Küche), Löwengasse 4, ℰ 3 53 29 − ⓪ E 𝖵𝖨𝖲𝖠   BU **v**
   20. Juli - 20. Aug. und Sonntag geschl. − Karte 37/65.

XX **Ammerländer Schinkenkrug**, Frankfurter Str. 1, ℰ 42 76 − 🅿. AE ⓪ E   BU **a**
   Dienstag geschl. − Karte 33/62.

X Grüner Baum (traditionelles Äppelwoilokal), Marktplatz 4, ℰ 3 83 18, « Innenhof » − 🅿
   (Tischbestellung ratsam).   BU **q**

X **Alt Isenburg**, Offenbacher Str. 21, ℰ 3 63 08 − 🍽. AE ⓪ E   BU **g**
   Karte 21/51.

In Neu-Isenburg 2-Gravenbruch 6078   SO : 11 km :

🏨 **Gravenbruch-Kempinski-Frankfurt** Ⓜ, ℰ (06102) 50 50, Telex 417673, 🍴, « Park »,
   Massage, 🔽, ⟰ (geheizt), 🔲, 🎾, ⚗ − 🖬 🖥 🅿 🅰. AE ⓪ E 𝖵𝖨𝖲𝖠. ⚗ Rest
   Karte 36/79 (siehe auch Gourmet-Rest.) − **317 Z : 570 B** 171/291 - 191/372 Fb.   BU **t**

XXXX ⊛ **Gourmet Restaurant** (im Hotel Gravenbruch-Kempinski), ℰ (06102) 50 50 − 🖥 🅿. AE
   ⓪ E 𝖵𝖨𝖲𝖠. ⚗   BU **t**
   nur Abendessen, Juli - Aug. 4 Wochen sowie außerhalb der Messezeiten Samstag, Sonn- und
   Feiertage geschl. − Karte 45/116 (Tischbestellung ratsam)
   Spez. Hummerragout mit Nudeln, Gratinierter Lammrücken, Getrüffelte Maispoularde.

In Neu-Isenburg - Zeppelinheim 6078   ⑤ : 11 km, an der B 44 :

X **Forsthaus Mitteldick**, Flughafenstr. 20, ℰ (069) 69 18 01, 🍴 − 🅿 🅰. AE ⓪ E 𝖵𝖨𝖲𝖠   AU **h**
   Samstag geschl. − Karte 25/60.

Beim Rhein-Main Flughafen   SW : 12 km (Nähe BAB-Ausfahrt Flughafen) − ✉ **6000**
Frankfurt 75 − ✆ 069 :

🏨 **Sheraton** Ⓜ, Am Flughafen (Terminal Mitte), ℰ 6 97 70, Telex 4189294, 🔽, 🔲 − 🖿 🖥 📺
   🅰 🅰. AE ⓪ E 𝖵𝖨𝖲𝖠. ⚗ Rest   AU **a**
   Restaurants: − **Papillon** (Samstag, Sonn- und Feiertage nur Abendessen) Karte 47/99 −
   Maxwell's Bistro Karte 31/60 − **Taverne** (Samstag - Sonntag geschl.) Karte 23/63 − **819 Z :**
   1 636 B 256/361 - 307/416 Fb.

🏨 **Steigenberger Airporthotel**, Unterschweinstiege 16, ℰ 6 98 51, Telex 413112, 🔽, 🔲,
   kostenloser Flughafentransfer − 🖿 🖥 📺 🅿 🅰. AE ⓪ E 𝖵𝖨𝖲𝖠   AU **z**
   Restaurants: − **Grill-Rest.** (Samstag, Sonn- und Feiertage geschl.) Karte 35/70 − **Pergola** Karte
   27/52 − **350 Z : 500 B** 181/281 - 265/335 Fb.

XXX **Rôtisserie 5 Continents**, im Flughafen, Ankunft Ausland B (Besucherhalle, Ebene 3),
   ℰ 6 90 34 44, ⬌ − 🍽. AE ⓪ E 𝖵𝖨𝖲𝖠   AU **a**
   Karte 36/76.

XX **Waldrestaurant Unterschweinstiege**, Unterschweinstiege 16, ℰ 69 25 03,
   « Gartenterrasse, rustikale Einrichtung » − 🖥 🅿. AE ⓪ E 𝖵𝖨𝖲𝖠   AU **z**
   Karte 31/69 (Mittags kalt-warmes Buffet, Tischbestellung ratsam.)

X Quo Vadis (Italienische Küche), im Flughafen, Ankunft B (Treffpunkt, Ebene 1), ℰ 6 90 34 54
   − 🖥   AU **r**

An der Straße von Neu - Isenburg nach Götzenhain   S : 13 km über die A 661 und
Autobahnausfahrt Dreieich BU :

XXX Gutsschänke Neuhof, ✉ 6072 Dreieich-Götzenhain, ℰ (06102) 32 14, « Rustikale Einrichtung,
   Gartenterrasse » − 🅰 🅿 🅰.

Siehe auch : *Maintal* ② : 13 km

MICHELIN-REIFENWERKE KGaA. Niederlassung ✉ 6000 Frankfurt 61-Fechenheim Orber Str.
16 (BS), ℰ (069) 41 70 06.

MICHELIN GREEN GUIDE GERMANY

Picturesque scenery, buildings

Scenic routes

Geography

History, Art

Touring programmes

Plans of towns and monuments.

FRASDORF 8201. Bayern 987 ⑦, 426 ⑱ — 2 300 Ew — Höhe 598 m — ✪ 08052.
♦München 78 — Innsbruck 115 — Salzburg 64.

🏨 **Landgasthof Karner** ♨, Nußbaumstr. 6, ℘ 14 67, Biergarten — 📺 🛏wc 🚾wc ☎ 🅿. 🆎 ⓪ 🈴
Weihnachten geschl. — Karte 38/64 *(Nov.- März nur Abendessen) —* **20 Z : 32 B** 67 - 89/110.

FRAUENAU 8377. Bayern — 3 050 Ew — Höhe 616 m — Erholungsort — Wintersport : 620/800 m ⚡1 ⚡3 — ✪ 09926.
Sehenswert : Glasmuseum.
🛈 Verkehrsamt, Rathausplatz 4, ℘ 7 19.
♦München 187 — Cham 66 — Deggendorf 43 — Passau 57.

🏠 **Landgasthof Hubertus** ♨, Loderbauerweg 2, ℘ 7 01, 🌳 — 🛏wc 🚾wc ☎ 🅿
➜ *10. Nov.- 14. Dez. geschl. —* Karte 12,50/30 🍷 — **15 Z : 30 B** 32/35 - 56/64 — P 45.

🏠 **Garni Eibl-Brunner**, Hauptstr. 18, ℘ 3 16, 🛏, 🔲, 🌳 — 🛏 🛏wc 🚾wc ☎ 🅿
Nov.- 18. Dez. geschl. — (Mahlzeiten im Gasthof Eibl-Brunner) — **28 Z : 52 B** 34/40 - 66/84.

🏠 **Büchler**, Dörflstr. 18, ℘ 3 50, ≤, 🛏, 🌳 — 🚾wc 🅿. 🆎 🈴
➜ *2. Nov.- 20. Dez. geschl. —* Karte 12,50/29 🍷 — **23 Z : 43 B** 25/32 - 40/56 — P 40/48.

🏠 **Gästehaus Poppen** ♨, Godehardstr. 18, ℘ 7 15, ≤, 🛏, 🌳 — 🚾wc ☎ ⟺ 🅿
(nur Abendessen für Hausgäste) — **16 Z : 44 B** 37 - 58/64.

🏠 **Café Ertl** garni, Krebsbachweg 3, ℘ 7 30, 🛏, 🌳 — 🚾wc 🅿
Nov.- 15. Dez. geschl. — **20 Z : 40 B** 25/27 - 44/50.

🏠 **Pension Prucker** ♨ garni, Spitzhiebelweg 26, ℘ 2 45, 🛏, 🔲, 🌳 — 🚾wc ☎ 🅿. 🏊
Jan.- Feb. 3 Wochen und Nov. geschl. — **24 Z : 43 B** 29/40 - 59/70 — 2 Appart. 68/75.

FRAUENBERG Bayern siehe Haidmühle bzw. Laaber.

FRECHEN 5020. Nordrhein-Westfalen 987 ㉓ — 42 500 Ew — Höhe 65 m — ✪ 02234.
♦Düsseldorf 47 — ♦Aachen 62 — ♦Bonn 36 — ♦Köln 13.

🏠 **Haus Schiffer** garni, Elisabethstr. 6, ℘ 5 51 51 — 🚾wc 🅿
17 Z : 30 B 38/66 - 90.

XXX ❀ **Gambrinus** (Italienische Küche), Burgstr. 65, ℘ 1 28 00 — 🍽 🅿. ⓪. 🏊
Montag 15 Uhr - Dienstag und 6.- 26. Aug. geschl. — Karte 50/81
Spez. Antipasto misto dal Carrello, Taglierini alle "vongole", Medaglioni di Manzoalla "Sorrentina".

In Frechen-Königsdorf NW : 3 km :

🏠 **Haus Wagner**, Aachener Str. 548 (B 55), ℘ 6 11 05, 🌳 — 🚾wc ☎ 🅿. 🆎 ⓪ 🈴 🆅🆂🅰 🏊 Zim
Karte 21/48 *(nur Abendessen, Mittwoch geschl.) —* **20 Z : 35 B** 75/100 - 120/140.

FREDEBURG Schleswig-Holstein siehe Ratzeburg.

FREDEN (LEINE) 3222. Niedersachsen — 4 100 Ew — Höhe 95 m — ✪ 05184.
♦Hannover 61 — Einbeck 19 — Hildesheim 35.

🏠 **Steinhoff**, Mitteldorf 1, ℘ 3 91 — 🍴 🛏wc 🚾wc ⟺ 🅿 🏋
Karte 16,50/44 — **26 Z : 48 B** 28/45 - 55/70.

FREIAMT 7838. Baden-Württemberg 242 ㉘, 87 ⑦ — 4 000 Ew — Höhe 434 m — ✪ 07645.
🛈 Verkehrsamt, Kurhaus, Badstraße, ℘ 6 44.
♦Stuttgart 195 — ♦Freiburg im Breisgau 30 — Offenburg 53.

In Freiamt-Brettental :

🏨 **Ludinmühle** ♨, Brettental 20, ℘ 5 01, 🛏, 🌳 — 🛏wc 🚾wc 🅿 🏋. 🈴
Karte 21/57 — **26 Z : 48 B** 49/55 - 92/108 Fb — P 56/66.

In Freiamt-Ottoschwanden :

🏩 **Café Hipp**, Helgenstöckle 150, ℘ 2 42 — 🚾wc ⟺ 🅿
➜ *1.- 20. Nov. geschl. —* Karte 14/31 *(Montag geschl.)* 🍷 — **15 Z : 24 B** 26/32 - 64 — P 38/44.

🏩 **Sonne**, Hauptstr. 193, ℘ 2 14 — 🅿
Feb. geschl. — Karte 16/38 *(Montag 14 Uhr - Dienstag geschl.) —* **10 Z : 22 Z** 24 - 48 — P 40.

FREIBERG Baden-Württemberg siehe Ludwigsburg.

FREIBURG (ELBE) 2163. Niedersachsen 987 ⑤ — 2 100 Ew — Höhe 3 m — ✪ 04779.
♦Hannover 213 — ♦Bremerhaven 79 — Cuxhaven 49 — ♦Hamburg 92.

🏩 **Kehdinger Hof**, Hauptstr. 59, ℘ 3 16 — 🍴 ⟺ 🅿
Karte 19/38 *(Dienstag geschl.) —* **9 Z : 14 B** 27 - 52.

Sehenswert : Münster★★ : Turm★★★ (≤★), Hochaltar von Baldung Grien★★ BY — Ehemaliges Kaufhaus★ BY A — Rathausplatz★ und Neues Rathaus★ BY R1 — Augustiner-Museum★ (mittelalterliche Kunst★★, Adelhauser Kreuz★★) BYM1.

Ausflugsziel : Schloßberg★ (≤★) 5 min mit der Seilbahn CY

Messegelände a. d. Stadthalle (über ②), ✆ 7 10 20.

🛈 Städt. Verkehrsamt, Rotteckring 14, ✆ 2 16 32 89, Telex 761110.

ADAC, Karlsplatz 1, ✆ 3 13 23, Notruf ✆ 1 92 11.

♦Stuttgart 206 ④ — Basel 71 ④ — ♦Karlsruhe 133 ④ — Strasbourg 86 ④.

Stadtplan siehe gegenüberliegende Seite.

🏛 ❀ **Colombi-Hotel** ⏳, Rotteckring 16, ✆ 3 14 15, Telex 772750, Cafeterrasse — 🛗 📺 🚗 🚪. 🅰 🛏 ① E 𝘝𝘐𝘚𝘈   BY **a**
Karte 34/76 (Tischbestellung erforderlich) — **102 Z : 182 B** 148/175 - 198/230 Fb.
Spez. Terrine von Salm, Steinbutt und Hummer, Reh-Ravioli mit Fricassée von Waldpilzen, Pochiertes Lammrückenfilet in Knoblauch-Thymiansauce.

🏨 **Rheingold** 🅼, Eisenbahnstr. 47, ✆ 3 60 66, Telex 761126, Massage, 🛗 — 🛗 🍽 Rest 📺 🚪wc 🛗wc ☎ 🅿 🛏 (mit 🛁). 🅰 ① E 𝘝𝘐𝘚𝘈. ✄ Rest   AY **d**
Karte 25/52 — **40 Z : 80 B** 130/150 - 160/190 Fb.

🏨 **Novotel Freiburg,** Am Karlsplatz, ✆ 3 12 95, Telex 772774 — 🛗 🍽 Rest 📺 🚪wc ☎ 🛏 (mit 🛁). 🅰 ① E 𝘝𝘐𝘚𝘈   BY **c**
Karte 18/50 — **112 Z : 189 B** 150 - 173 Fb.

🏨 **Victoria,** Eisenbahnstr. 54, ✆ 3 18 81 — 🛗 🚪wc 🛗wc ☎ 🚗 🛏. 🅰 ① E 𝘝𝘐𝘚𝘈   BY **r**
Karte 30/57 — **70 Z : 100 B** 65/110 - 90/160.

🏨 **Central-H.** 🅼 garni, Wasserstr. 6, ✆ 3 18 31 — 🛗 📺 🛗wc ☎ 🚗 🛏. 🅰 ① E 𝘝𝘐𝘚𝘈. ✄
45 Z : 84 B 84/95 - 130/140 Fb.   BY **k**

🏨 **Park Hotel Post** 🅼 garni, Eisenbahnstr. 35, ✆ 3 16 83, Telex 7721528 — 🛗 📺 🚪wc 🛗wc ☎ 🚗. 🅰 ① E 𝘝𝘐𝘚𝘈   BY **v**
41 Z : 76 B 90/105 - 150/165 Fb.

🏨 **Zum Roten Bären** (Haus a.d.J. 1120, seit 1311 Gasthof), Oberlinden 12, ✆ 3 69 13, Telex 7721574 — 🛗 📺 🚪wc 🛗wc ☎ 🚗 🛏. 🅰 ① E 𝘝𝘐𝘚𝘈   BY **u**
Karte 30/60 — **33 Z : 60 B** 75/135 - 98/180 Fb.

🏨 **Oberkirchs Weinstuben,** Münsterplatz 22, ✆ 3 10 11 — 🛗 🚪wc 🛗wc ☎ 🚗   BY **s**
20. Dez.- 15. Jan. geschl. — Karte 20/55 (Sonn- und Feiertage geschl.) — **28 Z : 50 B** 55/120 - 90/180.

🏨 **Rappen,** Münsterplatz 13, ✆ 3 13 53, 🍽 — 🛗 📺 🚪wc 🛗wc ☎. 🅰 ① E   BY **b**
Karte 23/54 — **19 Z : 36 B** 55/90 - 90/130 Fb.

🏠 **Am Rathaus** ⏳ garni, Rathausgasse 6, ✆ 3 11 29, Telex 7721828 — 🛗 📺 🚪wc 🛗wc ☎ 🛗 🚗. 🅰 ① E 𝘝𝘐𝘚𝘈   BY **z**
42 Z : 65 B 70/85 - 125 Fb.

🏠 **Kolpinghaus,** Karlstr. 7, ✆ 3 13 11/3 19 30 — 🛗 🚪wc 🛗wc ☎ 🅿 🛏   CY **v**
Karte 17/44 — **88 Z : 150 B** 40/80 - 70/94.

🏠 **Atlanta** garni, Rheinstr. 29, ✆ 27 23 36, ⬛ — 🛗 🚪wc 🛗wc ☎ 🚗   BX **c**
45 Z : 72 B.

🏠 **Markgräfler Hof** (ehem. Stadtpalais a.d.J. 1476), Gerberau 22, ✆ 3 25 40 — 📺 🚪wc 🛗wc ☎. ① E 𝘝𝘐𝘚𝘈. ✄   BY **f**
Karte 28/63 (Sonn- und Feiertage, Montag bis 18 Uhr und Aug. 3 Wochen geschl.) — **18 Z : 29 B** 70 - 130 Fb.

XXX **Ratskeller,** Münsterplatz 11 (Untergeschoß), ✆ 3 75 30 — 🅰 ① E 𝘝𝘐𝘚𝘈   BY **n**
Karte 23/59.

XX **Weinstube zur Traube,** Schusterstr. 17, ✆ 3 21 90   BY **s**
(Tischbestellung ratsam).

XX **Greiffenegg-Schlössle,** Schloßbergring 3 (🛗), ✆ 3 27 28, « Terrasse mit ≤ Freiburg und Kaiserstuhl » — 🅰 E 𝘝𝘐𝘚𝘈   CY **m**
Feb. und Montag geschl. — Karte 24/55.

XX **Schloßbergrestaurant Dattler,** Am Schloßberg 1 (Zufahrt über Wintererstraße, oder mit Schloßberg-Seilbahn, DM 2,80), ✆ 3 17 29, ≤ Freiburg und Kaiserstuhl, 🍽 — 🅿. 🅰 E   CY **r**
Dienstag geschl. — Karte 23/55.

XX **Kleiner Meyerhof,** Rathausgasse 27, ✆ 2 69 41   BY **g**
Karte 24/59.

Brauereigaststätten :

X **Großer Meyerhof,** Grünwälderstr. 7, ✆ 2 25 52   BY **e**
Montag 14 Uhr-Dienstag geschl. — Karte 18/38 🍺.

X **Greif,** Sedanstr. 2, ✆ 3 98 77   AY **k**
Dienstag geschl. — Karte 17,50/44.

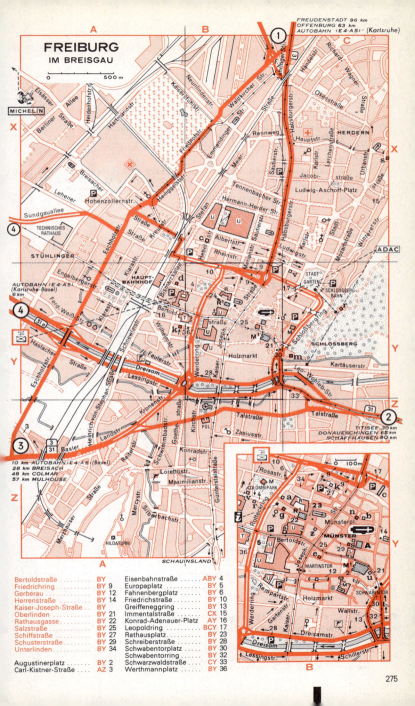

FREIBURG
IM BREISGAU

MICHELIN

0   500 m

FREUDENSTADT 96 km
OFFENBURG 63 km
AUTOBAHN (E 4-A 5) (Karlsruhe)

HERDERN

Ludwig-Aschoff-Platz

ADAC

STÜHLINGER

TECHNISCHES
RATHAUS

AUTOBAHN (E 4-A 5)
(Karlsruhe-Basel)
6 km

HAUPT-
BAHNHOF

STADT-
GARTEN

SCHLOSSBERG-
BAHN

SCHLOSSBERG

Holzmarkt

Kartäuserstr.

TITISEE 30 km
DONAUESCHINGEN 65 km
SCHAFFHAUSEN 90 km

Basler

10 km AUTOBAHN E 4 A 5 (Basel)
28 km BREISACH
48 km COLMAR
57 km MULHOUSE

HILDATURM

SCHAUINSLAND

ROSATR.

COLOMBIPARK

MÜNSTER

Münsterpl.

MARTINSTOR

SCHWABENTOR

Holzmarkt

Wallstr.

In Freiburg-Betzenhausen ④ : 2 km :

🏠 **Zur Bischofslinde** 🅢 garni, Am Bischofskreuz 15, ℰ 8 26 88 — �📶wc ☎ 🚗 🅿. AE ⓘ E
VISA
22 Z : 44 B 50 - 85.

In Freiburg-Ebnet ② : 3,5 km :

🏠 **Ruh**, Schwarzwaldstr. 225 (B 31), ℰ 6 20 65 — 🛏wc 📶wc ☎ 🅿
Karte 15/30 *(Freitag geschl.)* — **14 Z : 28 B** 43 - 75.

In Freiburg-Günterstal S : 2 km über Günterstalstraße BZ :

XX **Kühler Krug** mit Zim, Torplatz 1, ℰ 2 91 03, 🍴 — 📺 🛏wc 📶wc ☎. AE ⓘ E
Jan. 1 Woche, Juni 2 Wochen geschl. — Karte **29**/63 *(Tischbestellung ratsam)*
(Donnerstag-Freitag 18 Uhr geschl.) — **9 Z : 16 B** 55/60 - 80/120.

In Freiburg-Herdern :

🏨 **Panoramahotel am Jägerhäusle** 🅢, Wintererstr. 89, ℰ 55 10 11, Telex 772613, ≼ Freiburg
und Kaiserstuhl, 🍴, Massage, ☎, 🔲, 🎾 — 🛗 📺 🛏wc 📶wc ☎ 🅿 🔧. AE ⓘ E VISA
Karte 28/58 — **86 Z : 138 B** 112/135 - 165/185 Fb.   über Immentalstr.   CX

XX **Eichhalde**, Stadtstr. 91, ℰ 5 48 17 — AE ⓘ E VISA   CX s
Samstag bis 18 Uhr, Dienstag und Juli geschl. — Karte 30/65.

In Freiburg-Kappel SO : 7 km über ② und FR-Littenweiler :

🏨 **Zum Kreuz**, Großtalstr. 28, ℰ 6 20 55, ☎ — 📺 📶wc ☎ 🚗 🅿
Karte 20/44 *(Mittwoch - Donnerstag 17 Uhr sowie Feb. und Juli je 2 Wochen geschl.)* 🔧 —
20 Z : 29 B 55/70 - 78/92 Fb.

♨ **Adler** 🅢, Schulerdobel 1, ℰ 6 54 13, 🍴 — 📶 🅿
Karte 18/44 *(Donnerstag und Jan. 2 Wochen geschl.)* — **10 Z : 16 B** 38/45 - 62/70.

In Freiburg-Lehen ④ : 3 km :

🏨 **Bierhäusle**, Breisgauer Str. 41, ℰ 8 50 17 — 🛗 🛏wc 📶wc ☎ 🅿. AE ⓘ E
Karte 23/58 *(Dienstag geschl.)* 🔧 — **44 Z : 62 B** 39/75 - 70/120 Fb.

In Freiburg-Littenweiler ② : 2 km :

♨ **Schwärs H. Löwen**, Kappler Str. 120, ℰ 6 30 41 — 🛏wc ☎ 🚗 🅿. AE ⓘ E VISA
Karte 20/45 *(Montag und 4.- 25. Aug. geschl.)* 🔧 — **19 Z : 30 B** 36/54 - 68/86.

In Freiburg-Opfingen W : 10,5 km über Carl-Kistner-Str. AZ :

🏠 **Zur Tanne**, Altgasse 2, ℰ (07664) 18 10 — 📶wc
12. Jan.- 12. Feb. geschl. — Karte 15,50/44 *(Juli - Mitte April Dienstag geschl.)* (von Mitte April -
Mitte Juni nur Spargelgerichte) 🔧 — **17 Z : 34 B** 26/41 - 52/78.

In Freiburg-St. Georgen ③ : 3 km :

🏠 **Zum Schiff**, Basler Landstr. 35 (B 3/31), ℰ 4 33 78 — 📶wc 🚗 🅿. AE ⓘ E VISA
Karte 18/41 *(Sonn- und Feiertage geschl.)* 🔧 — **43 Z : 70 B** 39/54 - 68/93.

🏠 **Ritter St. Georg** garni, Basler Landstr. 82, ℰ 4 35 93 — 📶wc 🅿. AE ⓘ E VISA
1.- 17. Nov. geschl. — **23 Z : 40 B** 39/59 - 69/98.

In Freiburg-Tiengen ③ : 9,5 km :

XX **Zum Anker**, Freiburger Landstr. 37, ℰ (07664) 14 85 — 🅿
Dienstag geschl. — Karte 21/50.

In Freiburg-Zähringen N : 2 km über Zähringer Str. BCX :

XX **Zähringer Burg** (Französische Küche), Reutebachgasse 19, ℰ 5 40 41, « Badische Gaststube
a.d. 18. Jh. » — 🅿. AE ⓘ
1.- 20. Jan. und Montag geschl. — Karte 29/71.

In Merzhausen 7802 SW : 3 km über Merzhauser Str. AZ :

🏠 **Frohe Einkehr** 🅢, Alte Str. 23, ℰ (0761) 4 00 76, 🍴 — 🛏wc 📶wc ☎ 🅿
18 Z : 30 B.

Siehe auch : *Horben und Oberried-Schauinsland*

MICHELIN-REIFENWERKE   KGaA.   Niederlassung   Freiburg-Hochdorf (Industriegebiet),
Weißerlenstraße (über Elsässer Str. AX), ℰ 1 60 81.

FREIGERICHT 6463. Hessen — 12 600 Ew — Höhe 178 m — ✪ 06055.
♦Wiesbaden 77 — Aschaffenburg 28 — ♦Frankfurt am Main 41.

In Freigericht 4-Horbach — Erholungsort :

🏠 **Haus Vorspessart**, Geiselbacher Str. 11, ℰ 31 33, 🔲 — 🛗 📶wc 🅿
Feb. geschl. — Karte 19/33 *(Freitag geschl.)* — **16 Z : 30 B** 35 - 70 Fb — P 48.

FREILASSING 8228. Bayern 987 ㊳, 426 ⑲ — 13 000 Ew — Höhe 425 m — Erholungsort — ☎ 08654.

♦München 139 — Bad Reichenhall 19 — Salzburg 7 — Traunstein 29.

🏨 **Moosleitner**, Wasserburger Str. 52 (W : 2,5 km), ℰ 20 81, 🍴, 🡒, 🍽 (Halle) — 📺 ⌂wc ☎ 🡒 🅿 🆎 ① E
Karte 18/51 *(Samstag geschl.)* — **37 Z : 60 B** 65/75 - 99/110 Fb — 3 Appart. 98.

🏨 **Rupertus**, Martin-Oberndorfer-Str. 6, ℰ 95 04, 🍴 — ⌂wc 🅿 🛁 🆎 E
◄ *Jan. geschl.* — Karte 13/26 *(Freitag geschl.)* ⅃ — **37 Z : 60 B** 30/48 - 65/78.

🏠 **Zollhäusl**, Zollhäuslstr. 11, ℰ 95 79, 🍴, 🡒 — ⌂wc 🡒 🅿
◄ Karte 13/38 *(Sept. - Mai Montag geschl.)* ⅃ — **16 Z : 30 B** 32/44 - 56/68 Fb.

Siehe auch : *Salzburg* (Österreich)

FREILINGEN 5419. Rheinland-Pfalz 987 ㉔ — 500 Ew — Höhe 370 m — Erholungsort — ☎ 02666.

Mainz 88 — ♦Köln 94 — Limburg an der Lahn 28.

🏠 **Ludwigshöh**, Hohe Str. 33 (B 8), ℰ 2 80, 🡒 — ⌂wc 🡒 🅿
Jan. geschl. — Karte 18/37 *(Freitag geschl.)* — **11 Z : 20 B** 25/33 - 50/64 — 2 Appart.

FREINSHEIM 6713. Rheinland-Pfalz — 4 000 Ew — Höhe 100 m — ☎ 06353.

Mainz 79 — Kaiserslautern 42 — ♦Mannheim 22.

XX **von Busch-Hof** (Rest. in einem ehemaligen Klosterkeller), ℰ 77 05
wochentags nur Abendessen, 2. Jan.- 2. Feb. und Dienstag geschl. — Karte 22/45 ⅃.

FREISING 8050. Bayern 987 ㊲ — 35 000 Ew — Höhe 448 m — ☎ 08161.

Sehenswert : Domberg★ — Dom★ (Chorgestühl★, Benediktuskapelle★).

♦München 34 — Ingolstadt 56 — Landshut 36 — ♦Nürnberg 144.

🏨 **Isar-Hotel** Ⓜ, Isarstr. 4, ℰ 8 10 04, Telex 526552 — 🛗 📺 ⌂wc ☎ 🅿 🛁. 🆎 ① E 𝐕𝐈𝐒𝐀
Karte 16/45 *(Sonntag 15 Uhr - Montag 18 Uhr geschl.)* — **36 Z : 72 B** 85 - 120 Fb.

🏨 **Bayerischer Hof**, Untere Hauptstr. 3, ℰ 30 37 — 🛗 ⌂wc ⌂wc ☎ 🡒 🅿
Karte 15/35 *(Samstag geschl.)* — **70 Z : 90 B** 45/50 - 82/94.

🏠 **Zur Gred**, Bahnhofstr. 8, ℰ 30 97 — ⌂wc ☎ 🛁
21 Z : 45 B.

XX **La Lanterna** (Italienische Küche), General-von-Nagel-Str. 16, ℰ 25 80 — 🆎 ① E 𝐕𝐈𝐒𝐀
1.- 15. Sept., Samstag bis 18 Uhr und Mittwoch geschl. — Karte 21/47.

X Stadtkeller, Marienplatz 4, ℰ 74 50.

FREMDINGEN Bayern siehe Oettingen.

FREUDENBERG 6982. Baden-Württemberg 987 ㉕ — 4 000 Ew — Höhe 127 m — ☎ 09375.

♦Stuttgart 145 — Aschaffenburg 48 — Heidelberg 85 — ♦Würzburg 64.

🏠 **Goldenes Faß**, Faßgasse 3, ℰ 6 51 — ⌂wc ⌂wc ☎ 🡒 🅿 🛁. ① E
März 2 Wochen geschl. — Karte 20/42 *(Montag geschl.)* — **14 Z : 22 B** 45/50 - 75/80.

X **Rose** mit Zim, Hauptstr. 230, ℰ 6 53, 🍴 — ⌂wc 🅿. E
Karte 16/46 *(Dienstag geschl.)* ⅃ — **9 Z : 18 B** 26/38 - 50/68.

In Freudenberg-Boxtal O : 10 km :

🏠 **Rose** 🐾, Kirchstr. 15, ℰ (09377) 12 12, 🡒 — ⌂wc 🅿
◄ *Jan. geschl.* — Karte 13/30 *(Montag geschl.)* ⅃ — **14 Z : 29 B** 24/32 - 43/60.

FREUDENBERG Bayern siehe Amberg.

FREUDENBERG 5905. Nordrhein-Westfalen 987 ㉔ — 16 800 Ew — Höhe 300 m — Luftkurort — ☎ 02734.

🛈 Städt. Verkehrsamt, Krottorfer Str. 25, ℰ 4 30.

♦Düsseldorf 119 — ♦Dortmund 94 — Hagen 75 — ♦Köln 82 — Siegen 17.

🏠 Zum Alten Flecken 🐾, Marktstr. 11, ℰ 80 41, 🖘 — 📺 ⌂wc ⌂wc ☎ 🡒 🅿. 🍽
16 Z : 30 B.

🏠 **Haus im Walde** 🐾, Schützenstr. 31, ℰ 70 57, Telex 876843, 🖘, 🔲, 🡒 — 🛗 ⌂wc ⌂wc ☎
🡒 🅿 🛁. 🆎 ① E 𝐕𝐈𝐒𝐀
Karte 20/46 — **36 Z : 70 B** 42/55 - 84/110.

FREUDENSTADT 7290. Baden-Württemberg 987 ㉟ — 19 700 Ew — Höhe 735 m — Heilklimatischer Kurort — Wintersport : 660/950 m ⚡4 ⚡8 — ☎ 07441.

Sehenswert : Marktplatz★ — Stadtkirche (Lesepult★★).

Ausflugsziel : Schwarzwaldhochstraße (Höhenstraße★★ von Freudenstadt bis Baden-Baden) ④.

🛈 Städt. Kurverwaltung, Lauterbadstr. 5, ℰ 60 74.

♦Stuttgart 88 ② — Baden-Baden 57 ⑤ — ♦Freiburg im Breisgau 96 ③ — Tübingen 73 ②.

FREUDENSTADT

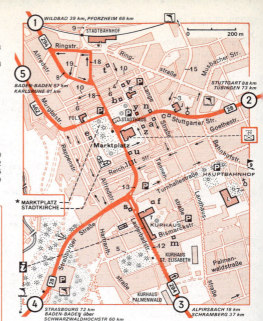

Benutzen Sie
auf Ihren Reisen in Europa
die **Michelin-Länderkarten**
1:400 000 und 1:1 000 000.

Pour parcourir l'Europe,
utilisez les cartes Michelin
Grandes Routes
à 1/400 000 et 1/1 000 000.

Steigenberger Park-Hostellerie ⑤, Karl-von-Hahn-Str. 129, ✆ 8 10 71, Telex 764266, 帿, Bade- und Massageabteilung, ⚒, ≦s, ⌧, 帿 – 劃 �📺 ⇌ 🅿 ⚒. 🆎 ① 🅴 🆅🆂🅰. ※ Rest
Karte 27/58 *(auch Diät)* – **136 Z : 220 B** 97/130 - 148/218 Fb – P 126/185.   über ①

Kurhotel Sonne am Kurpark ⑤, Turnhallestr. 63, ✆ 60 44, Telex 764388, Bade- und Massageabteilung, ⚒, ≦s, ⌧, 帿, 🐎 (Halle) – 劃 �📺 ⇌wc 帿wc 🐎 ⇌ 🅿. 🆎 ① 🅴 🆅🆂🅰. ※
1.- 26. Dez. geschl. – Karte 28/55 *(auch Diät)* – **45 Z : 60 B** 85/135 - 148/212 Fb – P 112/173.   f

Kurhotel Schwarzwaldhof ⑤, Hohenrieder Str. 74 (beim Golfplatz), ✆ 74 21, Telex 764371, 帿, direkter Zugang zur Badeabteilung mit ⌧ des Kurhotel Eden – 劃 �📺 ⇌wc 帿wc 🐎 ⇌ 🅿. 🆎 ① 🅴 🆅🆂🅰. ※ Rest   über Bahnhofstr.
Karte 28/55 – **40 Z : 66 B** 75/98 - 145/205 – P 109/141.

Hohenried ⑤, Zeppelinstr. 5, ✆ 24 14, Massage, ⚒, ≦s, ⌧, 帿 – ⌧ ⇌wc 帿wc 🐎 ⇌. 🆎. ※   über ③
Karte 22/41 *(Montag geschl.)* (Mittagessen nur für Hausgäste) – **27 Z : 42 B** 87/93 - 124/164 Fb.

Post, Stuttgarter Str. 5, ✆ 24 21, 帿 – 劃 ⇌wc 帿wc 🐎 ⇌ ⚒   n
Nov. geschl. – Karte 22/48 – **44 Z : 76 B** 70/100 - 116/148 Fb – P 91/103.

Bären, Langestr. 33, ✆ 27 29 – �📺 ⇌wc 帿wc 🐎 ⇌. 🆎 ①   a
10.- 30. Jan. geschl. – Karte 24/65 *(Montag geschl.)* – **21 Z : 34 B** 45/60 - 92/130 Fb.

Kur- und Sporthotel Eden ⑤, im Nickentäle 5, ✆ 70 37, Telex 764270, Bade- und Massageabteilung, ⚒, ≦s, ⌧, 帿 – 劃 ⇌wc 帿wc 🐎 ⇌ 🅿 ⚒. 🆎 🅴 🆅🆂🅰. ※ Rest
Karte 22/51 – **60 Z : 120 B** 85/120 - 132/144 Fb – P 106/136.   über Bahnhofstr.

Landhaus Bukenberger ⑤ garni, Herrenfelder Str. 65, ✆ 27 71, 帿 – ⇌wc 帿wc 🅿
Nov.- 15. Dez. geschl. – **14 Z : 26 B** 32/50 - 64/100 Fb.   über Herrenfelder Str.

König Karl, Bahnhofstr. 83, ✆ 22 87, 帿 – 帿wc 🐎. ※ Rest   über Bahnhofstr.
Karte 15/41 *(Montag geschl.)* – **12 Z : 22 B** 48 - 96 Fb.

Zum Warteck, Stuttgarter Str. 14, ✆ 74 18 – �📺 帿wc 🐎. ※   c
März 3 Wochen geschl. – Karte 18/44 *(Samstag geschl.)* – **12 Z : 22 B** 45/55 - 78/95 Fb.

Birkenhof, Wildbader Str. 95 (B 294), ✆ 40 74, 帿 – ⇌wc 帿wc 🐎 🅿 ⚒   über ①
21 Z : 34 B.

Café Württemberger Hof garni, Lauterbadstr. 10, ✆ 60 47 – 劃 ⇌wc 帿wc 🐎. 🆎 ① 🅴 🆅🆂🅰   s
10. Nov.- 15. Dez. geschl. – **22 Z : 35 B** 45/95 - 76/128 Fb.

Zur Traube, Marktplatz 41, ✆ 28 80 – 帿wc 🐎   e
10. Nov.- 10. Dez. geschl. – (Rest. nur für Hausgäste) – **27 Z : 46 B** 27/35 - 54/70 – P 47/53.

Zum Schwanen, Forststr. 6, ✆ 22 67 – 帿wc 🅿. ※ – **18 Z : 25 B** Fb.   v

🏠 **Krone**, Marktplatz 29, 𝒫 20 07 − 🛏 ☎   **u**
↔ Karte 14/36 − **30 Z : 50 B** 40/45 - 76/90 − P 60/70.

🏠 **Haus Central** garni, Bismarckstr. 19, 𝒫 22 86, �̄ − ⊟wc 🛏wc. ⬚   **m**
20. Okt.- 20. Dez. geschl. − **14 Z : 19 B** 40/50 - 76.

🏠 **Pension Regina** garni, Lauterbadstr. 156, 𝒫 29 10, 🌄 − ⊟wc 🛏wc ℗   über ③
25 Z : 40 B 25/35 - 50/70 Fb.

🏠 **Markt-Café Rebstock** garni, Marktplatz 63, 𝒫 21 58 − ⊟wc ⇐⇒   **b**
Nov.- Mitte Dez. geschl. − **15 Z : 22 B** 22/35 - 40/65.

🏠 **Gasthof See**, Forststr. 17, 𝒫 26 88 − 🛏wc ⇐⇒ ℗. ⒜Ɛ ⓞ Ɛ. ⬚ Zim   **t**
↔ 1.- 21. Nov. geschl. − Karte 13,50/30 (Mittwoch geschl.) − **11 Z : 22 B** 32/48 - 60/84 − P 47/57.

🏠 **Jägerstüble** (mit Gästehaus ⬚), Marktplatz 12, 𝒫 23 87 − ⊟wc 🛏wc ⇐⇒   **z**
Nov. geschl. − Karte 18/38 (Montag geschl.) − **19 Z : 35 B** 30/44 - 60/90.

XX **Ratskeller**, Marktplatz 8, 𝒫 26 93   **y**
Feb.- Mai Dienstag - Mittwoch 18 Uhr und 7. Jan.- 7. Feb. geschl. − Karte 28/66.

An der B 28 ④ : 2 km :

🏠 **Langenwaldsee**, Straßburger Str. 99, ✉ 7290 Freudenstadt, 𝒫 (07441) 22 34, ⬚, 🛏, 🛏,
🛏, 🛏 − 🆃🆅 ⊟wc 🛏wc ☎ ℗. ⬚ Rest
2. Nov.- 15. Dez. geschl. − Karte 23/42 − **38 Z : 60 B** 55/95 - 100/140 Fb − P 90/115.

In Freudenstadt - Dietersweiler ② : 5 km :

🏠 **Café Brück**, Geschwister-Scholl-Str. 2, 𝒫 8 11 11, 🛏 − 🛗 🛏wc ℗
20. Okt.- 20. Dez. geschl. − (Rest. nur für Hausgäste) − **24 Z : 45 B** 35/40 - 70/80 − P 52/55.

In Freudenstadt-Igelsberg ① : 11 km − Erholungsort :

🏠 **Krone**, Hauptstr. 8, 𝒫 (07442) 34 58, 🛏, 🌄 − 🛗 ⊟wc 🛏wc ☎ ℗ ⬚. ⓞ Ɛ
Ende Nov.- Mitte Dez. geschl. − Karte 22/44 − **30 Z : 55 B** 47/68 - 94/132 Fb − P 68/105.

In Freudenstadt-Lauterbad ③ : 3 km − Luftkurort :

🏠 **Grüner Wald**, Kinzigtalstr. 23 (B 294), 𝒫 24 27, 🛏, 🌄 − ⊟wc 🛏wc ⇐⇒ ℗. Ɛ
↔ 3. Nov.- 3. Dez. geschl. − Karte 14,50/40 ⬚ − **38 Z : 72 B** 40/56 - 60/106 Fb − P 54/77.

🏠 **Kurhotel Lauterbad**, Amselweg 5, 𝒫 8 10 07, 🌸, 🛏, 🌄 − ⊟wc 🛏wc ☎ ℗. ⓞ Ɛ.
⬚ Rest
15. Nov.- 15. Dez. geschl. − Karte 18/48 (auch Diät) − **20 Z : 31 B** 40/70 - 84/120 Fb − P 64/80.

🏠 **Gut Lauterbad**, Dietrichstr. 5, 𝒫 74 96, 🌸, 🛏, 🌄 − 🛏wc ☎ ℗. ⒜Ɛ ⓞ Ɛ 🆅🆂🅰
13.- 19. Jan. und 8.- 21. Dez. geschl. − Karte 20/48 (Montag geschl.) − **20 Z : 36 B** 42/48 - 70/90
Fb − P 60/73.

🏠 **Landhaus Waldesruh** ⬚, Hardtsteige 5, 𝒫 30 35, 🛏, 🌄 − 🛏wc ⇐⇒ ℗
(nur Abendessen für Hausgäste) − **28 Z : 48 B** 28/50 - 56/70 Fb.

🏠 **Berghof** ⬚, Hardtsteige 20, 𝒫 8 26 37, 🛏, 🛏, 🌄 − ⊟wc 🛏wc ⇐⇒ ℗. ⓞ Ɛ
15. Nov.- 15. Dez. geschl. − Karte 15/30 (Nov.- April Dienstag, Mai - Okt. Dienstag ab 13 Uhr
geschl.) ⬚ − **35 Z : 52 B** 28/42 - 54/80 − P 48/62.

In Freudenstadt-Zwieselberg ④ : 8 km Richtung Bad Rippoldsau :

🏠 **Hirsch**, Hauptstr. 10, 𝒫 21 10, 🌸, − ⊟wc 🛏wc ☎ ⇐⇒ ℗
3. Nov.- 13. Dez. geschl. − Karte 17/30 − **35 Z : 60 B** 28/46 - 52/88 − P 46/70.

Freudenstadt-Kniebis siehe : **Schwarzwaldhochstraße**

▰▰**FREUDENTAL** Baden-Württemberg siehe Besigheim.

▰▰**FREYSTADT** 8437. Bayern − 5 600 Ew − Höhe 406 m − ✪ 09179.
♦München 134 − Ansbach 67 − Ingolstadt 61 − ♦Nürnberg 40.

🏠 **Pietsch**, Marktplatz 55, 𝒫 51 04 − 🛏wc
↔ 1.- 15. April geschl. − Karte 13/29 (Sonntag geschl.) − **55 Z : 105 B** 28/50 - 50/80 − P 50/70.

▰▰**FREYUNG** 8393. Bayern 9️⃣8️⃣7️⃣ ⊗, 4️⃣2️⃣6️⃣ ⑦ − 7 500 Ew − Höhe 658 m − Luftkurort − Wintersport :
658/800 m ⬚3 ⬚2 − ✪ 08551.
🅱 Direktion für Tourismus, Rathaus, Langgasse 5, 𝒫 44 55 − ♦München 205 − Grafenau 15 − Passau 34.

🏠 **Kur- und Sporthotel Bavaria** ⬚, Solla 20, 𝒫 8 97, Telex 57437, Bade- und
↔ Massageabteilung, 🌸, 🛏, 🛏, ⬚ (Halle) − 🛗 ⊟wc 🛏wc ℗ ⬚
Karte 12/38 − **174 Z : 348 B** 66 - 106 − 114 Appart. 88 − P 83/96.

🏠 **Brodinger** ⬚, Schulgasse 15, 𝒫 40 04, 🌄 − 🛗 🛏wc ℗
↔ März und Nov. je 2 Wochen geschl. − Karte 13/33 (Sonntag geschl.) − **15 Z : 40 B** 36 - 70.

🏠 **Brodinger - Am Freibad**, Zuppinger Str. 3, 𝒫 43 42, 🌸 − 🛗 ⊟wc 🛏wc ☎ ⬚ ℗
↔ März und Nov. je 2 Wochen geschl. − Karte 13/34 (Montag geschl.) − **15 Z : 32 B** 35 - 70 −
P 49/51.

🏠 **Zur Post**, Stadtplatz 2, 𝒫 40 25, 🌄 − 🛗 🛏wc ℗
↔ März - April und Okt.- Nov. geschl. − Karte 12/27 (Montag geschl.) − **30 Z : 53 B** 24/32 - 48/64.

🏠 **Veicht**, Stadtplatz 14, 𝒫 8 63 − 🛏wc ☎ ⇐⇒ ℗
↔ Ende Nov.- Mitte Dez. geschl. − Karte 13/26 (Nov.- Mai Samstag geschl.) − **32 Z : 50 B** 28/38 -
52/64.

In Mauth-Finsterau **8391** N : 15 km — Höhe 998 m :

✗ **Bärnriegel** ☟ mit Zim, 🖉 (08557) 7 01 — 🏠wc 🅿. ✾
10. Nov.- 15. Dez. geschl. — Karte 20/44 *(März - Juni Montag geschl.)* ♨ — **5 Z : 10 B** 30 - 50.

In Mitterfirmiansreut **8391** NO : 19 km über Philippsreut — Erholungsort — Wintersport :
900/1 100 m ✚5 ☚2 :

🏨 **Sporthotel Sperlich** ☟, Hauptstr. 54, 🖉 (08557) 7 33, ≼, 🛋, 🚗, ✾ (Halle) — 🏠wc ⟵
🅿
15. April - 20. Mai und 20. Okt.- 15. Dez. geschl. — (nur Abendessen für Hausgäste) — **30 Z :
54 B** 31/57 - 54/76 Fb.

Siehe auch : *Liste der Feriendörfer*

FRIBOURG, **FRIBURGO** = Freiburg im Breisgau.

FRICKENHAUSEN **8701.** Bayern — 1 500 Ew — Höhe 189 m — ✪ 09331 (Ochsenfurt).
♦München 277 — Ansbach 61 — ♦Würzburg 21.

🏨 **Weingut Meintzinger** ☟ garni, Jahnplatz 33, 🖉 30 77 — 📺 ⊟wc 🏠wc ☎ ⟵ 🅿
15 Z : 30 B 65/100 - 90/165 Fb.

✗✗ **Fränkische Weinstube**, Hauptstr. 19, 🖉 6 51, 🌣, « Ehrbars Keller »
21. Dez.- 14. Jan. und Montag geschl. — Karte 23/53 (Tischbestellung ratsam) ♨.

Siehe auch : *Ochsenfurt*

FRICKINGEN **7771.** Baden-Württemberg **216** ⑩ — 2 500 Ew — Höhe 500 m — ✪ 07554
(Heiligenberg).
♦Stuttgart 142 — Bregenz 67 — Sigmaringen 41.

🏛 **Paradies**, Kirchstr. 8, 🖉 2 75 — 🏠wc ⟵ 🅿
22. Dez.- 15. Jan. geschl. — Karte 15,50/30 *(Samstag geschl.)* ♨ — **18 Z : 28 B** 25/30 - 50/60.

✗ Löwen mit Zim, Kirchstr. 23, 🖉 2 15 — 🅿
11 Z : 20 B.

*Dans ce guide
un même symbole, un même mot,
imprimé en noir ou en rouge, en maigre ou en gras,
n'ont pas tout à fait la même signification.
Lisez attentivement les pages explicatives (p. 20 à 27).*

FRIDINGEN AN DER DONAU **7203.** Baden-Württemberg **987** ㉟, **427** ⑥ ⑦ — 2 900 Ew — Höhe
600 m — Erholungsort — ✪ 07463 (Mühlheim an der Donau).
Ausflugsziel : Knopfmacherfelsen : Aussichtskanzel ≼★★, O : 3 km.
♦Stuttgart 118 — ♦Freiburg im Breisgau 107 — ♦Konstanz 57 — ♦Ulm (Donau) 120.

🏛 Sonne, Bahnhofstr. 22, 🖉 4 46 — 🏠wc ⟵ 🅿
15 Z : 30 B.

🏛 Feuerhake ☟, Bahnhofstr. 107, 🖉 4 10 — 🏠 🅿
13 Z : 18 B.

In Fridingen-Bergsteig SW : 2 km Richtung Mühlheim — Höhe 670 m :

✗✗ **Landhaus Donautal** mit Zim, 🖉 4 69, ≼, 🌣, 🚗 — 🏠 ⟵ 🅿. E. ✾ Zim
15. Jan.- 15. Feb. geschl. — Karte 22/46 *(Montag geschl.)* — **6 Z : 10 B** 45/65 - 90/105.

Beim Knopfmacherfelsen O : 2,5 km Richtung Beuron :

✗✗ **Berghaus Knopfmacher** ☟ mit Zim, ✉ 7203 Fridingen, 🖉 (07463) 10 57, ≼, 🌣, 🛋, 🔲
— 🏠wc ☎ 🅿. 🆎 🇪
13. Jan.- 11. Feb. geschl. — Karte 17/44 *(Dienstag ab 18 Uhr geschl.)* — **5 Z : 12 B** 46 - 92/96 —
P 56/64.

FRIEDBERG/HESSEN **6360.** Hessen **987** ㉖ — 25 000 Ew — Höhe 150 m — ✪ 06031.
Sehenswert : Judenbad★ — Burg (Adolfsturm★) — Stadtkirche (Sakramentshäuschen★).
🛈 Amt für Fremdenverkehr, Am Seebach 2, (in der Stadthalle), 🖉 98 87.
♦Wiesbaden 61 — ♦Frankfurt am Main 32 — Gießen 36.

🏛 **Stadthalle**, Am Seebach 2, 🖉 90 85, 🌣 — 🅾 🏠wc ☎ 🅿 🏊
Karte 21/44 — **20 Z : 32 B** 59/70 - 104/110.

In Rosbach v. d. H. **6365** SW : 7 km, nahe der Autobahn :

🏛 Waldschlößchen, 🖉 (06003) 2 51, ≼ — 🏠wc ☎ ⟵ 🅿 🏊
19 Z : 34 B.

FRIEDEBURG 2947. Niedersachsen 987 ⑭ — 9 600 Ew — Höhe 10 m — Erholungsort — ✆ 04465.
◆Hannover 224 — ◆Oldenburg 54 — Wilhelmshaven 25.

🏛 **Oltmanns**, Hauptstr. 79, 𝒫 2 05, « Gartenterrasse », 🌳 — 📶wc 🚗 🅿
   3.- 18. Jan. geschl. — Karte 18/43 *(Freitag bis 17 Uhr geschl.)* — **21 Z : 35 B** 33/38 - 65/70 —
   P 60/70.

🏛 **Deutsches Haus**, Hauptstr. 87, 𝒫 4 81 — 📶wc 🚗 🅿 🏛
◆ Karte 14,50/30 *(Montag bis 17 Uhr geschl.)* — **20 Z : 28 B** 31/35 - 58/62.

XX **Friedeburg**, Hopelser Weg 11 (W : 1,5 km, nahe der B 436), 𝒫 3 67, « Gartenterrasse » —
   🅿
   Montag und Okt. 2 Wochen geschl. — Karte 20/43.

FRIEDENFELS 8591. Bayern — 1 600 Ew — Höhe 537 m — Erholungsort — ✆ 09683.
◆München 259 — Bayreuth 50 — ◆Nürnberg 112 — Weiden in der Oberpfalz 34.

🏛 **Schloßschenke** ⑳, Schloßbergstr. 31, 𝒫 2 73, 🍴, 🌳 — 📶wc 🅿. AE
◆ Karte 13,50/37 ⅄ — **40 Z : 80 B** 22/30 - 48/60 — P 36/44.

FRIEDENWEILER 7829. Baden-Württemberg — 1 650 Ew — Höhe 910 m — Kneippkurort —
Wintersport : 920/1 000 m ⚡1 ⚡6 — ✆ 07651 (Titisee-Neustadt).
🅸 Kurverwaltung, Rathausstr. 16, 𝒫 50 34.
◆Stuttgart 151 — Donaueschingen 25 — ◆Freiburg im Breisgau 42.

🏛 **Baers Hotel und Kurhaus** ⑳, Kurhausweg 2, 𝒫 10 77, Telex 7722310, Bade- und
   Massageabteilung, ⚕, 🔲, 🌳, 🎿 — 🔌 🛁wc 🚗 🅿
   Nov.-19. Dez. geschl. — Karte 21/55 *(auch Diät)* — **95 Z : 130 B** 55/92 - 91/148 Fb — P 80/125.

🏛 **Pension Ebi** ⑳, Klosterstr. 4, 𝒫 75 74, 🍴, 🔲, 🌳 — 🛁wc 📶wc ☎ 🚗 🅿. 🎿
   Nov.-20. Dez. geschl. — Karte 18/47 *(Dienstag geschl.)* — **29 Z : 45 B** 39/60 - 78/112 Fb —
   P 63/85.

♨ **Steppacher** ⑳, Rathausstr. 4, 𝒫 75 16, 🌳 — 🅿
◆ 15. Nov.- 15. Dez. geschl. — Karte 14,50/30 *(Montag ab 14 Uhr geschl.)* ⅄ — **12 Z : 20 B** 23/29 -
   46 — P 44.

   In Friedenweiler-Rötenbach SO : 4 km — Erholungsort :

♨ **Adler**, Hauptstr. 28, 𝒫 (07654) 3 59, 🌳 — 📶wc 🅿
◆ Karte 13/31 *(Nov.- Mai Mittwoch geschl.)* ⅄ — **29 Z : 50 B** 22/28 - 44/54 — P 39/45.

♨ **Rössle**, Hauptstr. 14, 𝒫 (07654) 3 51, 🌳 — 📶wc 🚗 🅿
◆ 15. Nov.- 15. Dez. geschl. — Karte 13/35 *(Dienstag geschl.)* ⅄ — **16 Z : 30 B** 21/27 - 42/54 —
   P 39/44.

FRIEDLAND Niedersachsen siehe Göttingen.

FRIEDRICHSDORF (OBERTAUNUSKREIS) Hessen siehe Homburg v. d. H., Bad.

FRIEDRICHSHAFEN 7990. Baden-Württemberg 987 ㉟㊱, 216 ⑩ ⑪, 427 ⑦ — 52 900 Ew — Höhe
402 m — ✆ 07541.
Messegelände, am Riedlepark (BY), 𝒫 2 30 01, Telex 734315.
🅸 Tourist-Information, Friedrichstr. 18 (am Yachthafen), 𝒫 2 17 29.
◆Stuttgart 167 ① — Bregenz 30 ② — ◆Freiburg im Breisgau 161 ③ — Ravensburg 20 ①.

Stadtplan siehe nächste Seite.

🏨 **Buchhorner Hof**, Friedrichstr. 33, 𝒫 2 50 41, Telex 734210 — 🔌 📺 🚗. AE ⓞ E VISA
   20. Dez.- 10. Jan. geschl. — Karte 22/63 — **65 Z : 120 B** 75/100 - 120/180 Fb.   AZ **a**

🏨 **Föhr** 〽, Albrechtstr. 73, 𝒫 2 60 66, ⚡ — 🔌 📺 ♿ 🅿. AE E VISA   über Albrechtstr.   AZ
   Karte 23/48 *(Sonntag geschl.)* — **20 Z : 28 B** 59/70 - 94/160 Fb — 2 Appart. 140/250.

🏛 **City-Krone**, Schanzstr. 7, 𝒫 2 20 86, Telex 734215, 🍴, 🔲 — 🔌 📺 🛁wc 📶wc 🅿. AE ⓞ E
   VISA   AY **c**
   21. Dez.- 20. Jan. geschl. — Karte 18/44 *(nur Abendessen, Samstag - Sonntag geschl.)* — **80 Z :
   125 B** 65/80 - 95/115.

🏛 Goldenes Rad u. Drei König, Karlstr. 43, 𝒫 2 10 81 (Hotel) 2 16 25 (Rest.), Telex 734391, 🍴 —
   📺 🛁wc 📶wc ☎ 🅿   AY **n**
   70 Z : 120 B Fb — 2 Appart.

🏛 **Sonne**, Friedrichstr. 95, 𝒫 2 10 18 — 🛁wc 📶wc ☎ 🅿. AE ⓞ E VISA   AY **e**
   20. Dez.- 10. Jan. geschl. — Karte 17/38 *(Montag geschl.)* ⅄ — **35 Z : 62 B** 44/58 - 80/89 Fb.

🏛 **Krager**, Ailinger Str. 52, 𝒫 7 10 11 — 🛁wc 📶wc ☎ 🚗 🅿   BY **s**
   20. Dez.- 15. Jan. geschl. — Karte 16,50/36 *(nur Abendessen, Freitag geschl.)* — **17 Z : 27 B**
   48/58 - 88.

   In Friedrichshafen 5-Ailingen N : 6 km, über Ailinger Str. BY — Erholungsort :

🏛 Sieben Schwaben, Hauptstr. 37, 𝒫 5 50 98 — 🔌 📶wc ☎ ♿ 🅿 🏛
   (nur Abendessen) — **26 Z : 48 B** Fb.

🏛 **Zur Gerbe**, Hirschlatter Str. 14, 𝒫 5 10 84, 🍴, 🍴, 🔲, 🌳, 🎿 — 📶wc ☎ 🅿
   2.- 15. Jan. geschl. — Karte 16/36 *(Freitag geschl.)* — **38 Z : 67 B** 45/48 - 72/80 Fb — P 60/66.

FRIEDRICHSHAFEN

In Friedrichshafen 2-Fischbach ③ : 5 km :

🏨 Traube, Meersburger Str. 13, ℰ 4 20 38, ⟺, 🔲, 🛋 – ⟹wc 🚿wc ☎ 🅿 🎿
40 Z : 80 B Fb.

🏠 **Maier**, Poststr. 1, ℰ 4 15 93, 🏤 – ⟹wc 🚿wc 🅿. 🆎
15. Jan.- 9. Feb. geschl. – Karte 19/50 *(Okt.- April Freitag geschl.)* – **48 Z : 80 B** 39/68 - 74/98
– P 58/68.

In Friedrichshafen 1-Jettenhausen N : 2 km, über Riedleparkstr. AZ :

🏠 Knoblauch, Jettenhauser Str. 32, ℰ 5 10 44, 🏤, ⟺ – 🚿wc 🅿
32 Z : 68 B Fb.

In Friedrichshafen - Schnetzenhausen NW : 4 km, über Hochstr. AZ :

🏨 **Krone**, Untere Mühlbachstr. 1, ℰ 49 01, Telex 734217, ⟺, 🔲 (geheizt), 🛋, ✕ (Halle) – 📺 🅿 🎿 🕉 🅴 🆅🆂🅰 🏊 Zim
Karte 17/45 – **97 Z : 170 B** 50/100 - 80/150 Fb *(Anbau mit 🔲 ab Frühjahr 1986)*.

✕✕ **Kachelofe**, Manzeller Str. 30, ℰ 4 16 92, 🏤 – 🅿. 🆎 🅴
12.- 28. April und Samstag geschl. – Karte 25/48.

In Friedrichshafen - Waggershausen N : 3 km, über Hochstr. AZ :

🏠 **Traube**, Sonnenbergstr. 12, ℰ 5 11 52, ⟺ – 📶 🚿wc ☎ 🚗 🅿. 🆎 🅴 🆅🆂🅰
Karte 16/40 *(Montag bis 17 Uhr geschl.)* – **34 Z : 60 B** 38/48 - 65/85 Fb.

FRIEDRICHSHALL, BAD 7107. Baden-Württemberg 987 ㉕ – 11 800 Ew – Höhe 160 m –
✆ 07136.

♦Stuttgart 62 – Heilbronn 10 – ♦Mannheim 83 – ♦Würzburg 110.

In Bad Friedrichshall 1-Jagstfeld :

☕ **Café Schöne Aussicht**, Deutschordenstr. 2, ℰ 60 57, ≤, 🏤, 🛋 – 🚿 🅿
🔜 24. Dez.- 15. Jan. geschl. – Karte 13/26 *(Montag geschl.)* 🍴 – **16 Z : 30 B** 30/35 - 58/62.

In Bad Friedrichshall 2-Kochendorf :

🏨 **Schloß Lehen**, Hauptstr. 2, 🖉 74 41 — 🛗 📺 🗑wc 🏧wc ☎ 🅿 🏛. 🆎 ⓪ E 𝗩𝗜𝗦𝗔
Karte 24/61 — **31 Z : 45 B** 60/85 - 80/140 Fb.

🏠 **Krone-Gästehaus Bauer**, Marktplatz 2, 🖉 84 17 — 🗑wc 🏧wc 🅿
27. Okt.- 5. Nov. geschl. — Karte 17,50/30 *(Okt.- April Freitag geschl.)* — **70 Z : 110 B** 30/70 - 55/100.

FRIEDRICHSKOOG 2228. Schleswig-Holstein 𝟵𝟴𝟳 ④ ⑤ — 3 000 Ew — Höhe 2 m — Seebad — ✆ 04854.

🛈 Kurverwaltung, Koogstr. 35a, 🖉 8 11.

◆Kiel 116 — ◆Hamburg 108 — Itzehoe 52 — Marne 13.

🏠 **Krabbe's Hotel - Stadt Hamburg** ⚲, Strandweg 6 (NW : 4 km), 🖉 2 86, 🏕, 🚗 — 📺 🏧wc 🅿
(überwiegend Fischgerichte) — **16 Z : 32 B** — 5 Appart.

FRIEDRICHSRUHE Baden-Württemberg siehe Öhringen.

FRIEDRICHSTADT 2254. Schleswig-Holstein 𝟵𝟴𝟳 ⑤ — 2 800 Ew — Höhe 4 m — Luftkurort — ✆ 04881.

🛈 Tourist-Information, am Mittelburgwall 23, 🖉 72 40.

◆Kiel 82 — Heide 25 — Husum 15 — Schleswig 49.

🏠 **Aquarium-Café**, Am Mittelburgwall 6, 🖉 4 19, 🏕 — 🗑wc 🏧wc 🚗 🅿. E
Karte 21/50 *(Nov.- Feb. Dienstag geschl.)* — **21 Z : 45 B** 50 - 70/90.

🏠 Stadt Hamburg, Am Markt 7 (Eingang Ostermarktstr.), 🖉 3 98, 🔲 — 🏧wc
13 Z : 26 B.

XX **Holländische Stube** mit Zim, Am Mittelburgwall 24, 🖉 72 45, 🏕, « Holländisches Haus a.d. 17. Jh. und Jugendstilhaus » — 📺 🏧wc. 🆎 ⓪
Nov. geschl. — Karte 27/47 *(Dez.- Feb. Mittwoch geschl.)* — **7 Z : 18 B** 50/80 - 90.

FRIELENDORF Hessen siehe Liste der Feriendörfer.

FRIESENHEIM 7632. Baden-Württemberg 𝟴𝟳 ⑥. 𝟮𝟰𝟮 ㉘ — 10 200 Ew — Höhe 158 m — ✆ 07821 (Lahr).

◆Stuttgart 158 — ◆Freiburg im Breisgau 54 — Offenburg 12.

🏠 **Krone**, Kronenstr. 2 (B 3), 🖉 6 20 38 — 🗑wc 🏧wc ☎ 🚗 🅿 🏛
Aug. 2 Wochen und 27. Dez.- 10. Jan. geschl. — Karte 16/47 *(Freitag geschl.)* ⅃ — **29 Z : 40 B** 27/41 - 54/76.

In Friesenheim 2-Oberweier :

XX **Mühlenhof** mit Zim, Oberweierer Hauptstr. 32, 🖉 65 20 — 🏧wc ☎ 🚗 🅿
Jan. und Aug. je 3 Wochen geschl. — Karte 15/38 *(Dienstag geschl.)* ⅃ — **12 Z : 18 B** 32/34 - 60/62.

FRITZLAR 3580. Hessen 𝟵𝟴𝟳 ㉕ — 15 000 Ew — Höhe 235 m — ✆ 05622.

Sehenswert : Dom★ — Marktplatz★ — Stadtmauer (Grauer Turm★).

🛈 Verkehrsbüro, Rathaus, 🖉 38 36.

◆Wiesbaden 201 — Bad Hersfeld 48 — ◆Kassel 32 — Marburg 61.

🏠 **Deutscher Kaiser**, Kasseler Str. 27, 🖉 15 06 — 🏧wc ☎ 🚗
Karte 17,50/43 — **12 Z : 24 B** 34/38 - 65/70.

🏠 **Kaiserpfalz**, Gießener Str. 20, 🖉 22 78 — 🏧 🚗 🅿. 🍽 Rest
Karte 13,50/30 *(Sonntag ab 14 Uhr geschl.)* — **15 Z : 24 B** 30/33 - 60/66.

FRÖNDENBERG 5758. Nordrhein-Westfalen — 21 500 Ew — Höhe 140 m — ✆ 02373 (Menden).

◆Düsseldorf 96 — ◆Dortmund 30 — Iserlohn 16.

🏠 **Landhaus Völker** ⚲, Sümbergstr. 29a, 🖉 73 91 — 🏧wc ☎ 🅿. 🆎 E. 🍽
Karte 20/55 — **9 Z : 15 B** 60/70 - 110/130.

🏠 **Haus Ruhrbrücke**, Ruhrstr. 20, 🖉 7 21 69 — 🗑wc 🏧 🚗 🅿
Karte 15/34 *(Freitag und Juli - Aug. 3 Wochen geschl.)* — **11 Z : 15 B** 35/45 - 60/75.

FUCHSTAL 8915. Bayern 𝟰𝟮𝟲 ⑯ — 2 500 Ew — Höhe 619 m — ✆ 08243.

◆München 69 — Garmisch-Partenkirchen 72 — Landsberg am Lech 12.

🏠 **Landgasthof Hohenwart**, an der B 17, 🖉 22 31, 🏕 — 🗑wc 🏧wc 🅿
Karte 18/39 *(Donnerstag geschl.)* — **20 Z : 36 B** 30/35 - 55/65 Fb.

FÜRSTENAU 4557. Niedersachsen 987 ⑭ — 7 800 Ew — Höhe 50 m — ✪ 05901.

✦Hannover 195 — ✦Bremen 117 — Nordhorn 48 — ✦Osnabrück 44.

🏠 **Zum Deutschen Reich**, Bahnhofstr. 20, ✆ 10 76 — ⋔wc ⟐ 🅿
➡ 2.- 6. Jan. geschl. — Karte 13/40 *(Montag geschl.)* — **17 Z : 28 B** 35/40 - 66/70.

🏠 **Stratmann**, Große Str. 29, ✆ 31 39 — ⋔wc ☎ 🅿
➡ Karte 11/30 — **10 Z : 18 B** 30 - 60.

🏠 **Landwehr**, Buten Porten 1, ✆ 31 76, 🚗 — ⋔ ⟐ 🅿. 🎿
➡ Juli - Aug. 3 Wochen geschl. — Karte 13,50/34 *(Montag bis 17 Uhr geschl.)* — **12 Z : 14 B** 27/30 - 54/60.

FÜRSTENFELDBRUCK 8080. Bayern 987 ㉘⑰, 426 ⑯ ⑰ — 31 800 Ew — Höhe 528 m — ✪ 08141.

✦München 26 — ✦Augsburg 42 — Garmisch-Partenkirchen 97.

🏛 **Post**, Hauptstr. 7, ✆ 2 40 74 — 🛗 ⌂wc ⋔wc ☎ ⟐ 🅿 🍴. 🆎 ⓪ 🅴 VISA. 🎿
23. Dez.- 6. Jan. geschl. — Karte 15/44 *(Sonntag ab 15 Uhr und Samstag geschl.)* — **44 Z : 65 B** 60/65 - 80/120.

🏠 **Brucker Gästehaus** garni, Kapellenstr. 3, ✆ 66 08 — TV ⋔wc ☎ 🅿
14 Z : 20 B 55/70 - 90/110.

🏠 **Drexler** garni, Hauptstr. 10, ✆ 50 61 — ⌂wc ⋔wc ☎ ⟐
24. Dez.- 12. Jan. sowie Sonn- und Feiertage geschl. — **15 Z : 25 B** 50/55 - 80/100.

FÜRSTENLAGER (STAATSPARK) Hessen Sehenswürdigkeit siehe Bensheim a.d. Bergstraße.

FÜRSTENZELL 8399. Bayern 987 ㉘, 426 ⑦ — 6 400 Ew — Höhe 358 m — ✪ 08502.

✦München 169 — Linz 92 — Passau 14 — ✦Regensburg 121.

🏠 **Mayer**, Griesbacher Str. 6, ✆ 2 26 — ⋔wc ⟐ 🅿
➡ 26. Aug.- 17. Sept. geschl. — Karte 12,50/29 *(Samstag geschl.)* ⅃ — **18 Z : 26 B** 25/36 - 50/68 — P 39/49.

FÜRTH 8510. Bayern 987 ㉘ — 99 000 Ew — Höhe 294 m — ✪ 0911 (Nürnberg).

Siehe auch Nürnberg-Fürth (Umgebungsplan).

🄳 Verkehrsverein im ABR, Bahnhofplatz, ✆ 77 26 70.

ADAC, Fürther Freiheit 15, ✆ 77 60 06.

✦München 172 ⑧ — ✦Nürnberg 7 ⑧.

Stadtplan siehe gegenüberliegende Seite.

🏛 **Bavaria** Ⓜ garni, Nürnberger Str. 54, ✆ 77 49 41, Telex 626570, ⟐s, 🅢 (Gebühr) — 🛗 ⌂wc
⋔wc ☎ 🅿. 🆎 🅴   Z e
47 Z : 78 B 73/83 - 114/170.

🏛 ❀ **Baumann**, Schwabacher Str. 131, ✆ 77 76 50 — 🛗 TV ⋔wc ☎ 🅿. 🎿   Z d
1.- 25. Aug. geschl. — Karte 46/93 *(Tischbestellung ratsam)* (Montag bis 18 Uhr sowie Sonn-
und Feiertage geschl.) — **21 Z : 33 B** 68/85 - 98/125
Spez. Gänseleberterrine, Überkrusteter Saibling in Frankenriesling, Bresse-Taube in Knoblauch und Thymian.

🏛 **Park-Hotel**, Rudolf-Breitscheid-Str. 15, ✆ 77 66 66, Telex 623471 — 🛗 TV ⌂wc ⋔wc ☎. 🆎
⓪ 🅴 VISA. 🎿   Z a
(nur Abendessen für Hausgäste) — **66 Z : 90 B** 68/85 - 130.

🍴🍴 ❀ **Kupferpfanne** (Rest. mit rustikaler Einrichtung), Königstr. 85, ✆ 77 12 77 — 🆎 ⓪ 🅴   Y r
Sonn- und Feiertage geschl. — Karte 43/84 *(Tischbestellung ratsam)*
Spez. Gefüllter Artischockenboden mit Hummer und Kalbsbries, Carpaccio "Kupferpfanne", Rehrückenfilet mit Pfifferlingen.

Folgende Häuser finden Sie auf dem Stadtplan Nürnberg-Fürth :

In Fürth-Dambach :

🏛 **Forsthaus** Ⓜ 🦌, Zum Vogelsang 20, ✆ 77 98 80, Telex 626385, 🌳, ⟐s — 🛗 TV ♿ 🅿 🍴.
🆎 ⓪ 🅴 VISA   AS g
Karte 31/70 — **108 Z : 143 B** 145 - 180 Fb.

In Fürth-Poppenreuth :

🏛 **Novotel Fürth**, Laubenweg 6, ✆ 79 10 10, Telex 622214, ⟐s, ⅃ (geheizt), 🚗 — 🛗 TV
⌂wc ☎ ♿ 🅿 🍴. 🆎 ⓪ 🅴 VISA   AS n
Karte 30/48 — **131 Z : 262 B** 130 - 163 Fb.

In Fürth-Ronhof :

🏛 **Hachmann** 🦌, Ronhofer Hauptstr. 191, ✆ 79 80 05, 🌳, ⟐s, 🅢 — TV ⌂wc ⋔wc ☎ ⟐
🅿 🍴. 🎿 Zim   AS s
Karte 16/40 *(Samstag 14 Uhr - Sonntag und 11.- 31. Aug. geschl.)* ⅃ — **29 Z : 46 B** 62/98 - 130/165 Fb.

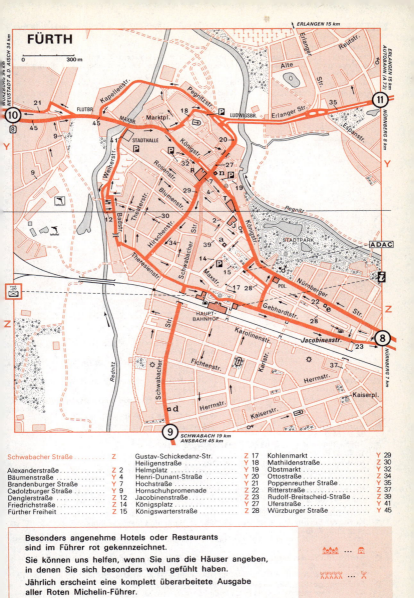

FÜRTH

0   300 m

FÜRTH IM ODENWALD 6149. Hessen — 10 100 Ew — Höhe 198 m — Erholungsort — ☎ 06253.
♦Wiesbaden 83 — ♦Darmstadt 42 — Heidelberg 36 — ♦Mannheim 33.

In Fürth-Weschnitz NO : 6 km :

Erbacher Hof, Hammelbacher Str. 2, ℰ 56 04, ≘s, ⊠, ⇙ – ⋔wc 🅿 🏛
Karte 17/49 ⚬ – **43 Z : 69 B** 35/48 - 65/90 – P 55/65.

FÜSSEN 8958. Bayern 987 ⑧. 426 ⑯ — 13 000 Ew — Höhe 803 m — Kneipp- und Luftkurort — Wintersport : 810/950 m ⟜3 ⟝12 — ✆ 08362.

Sehenswert : St.-Anna-Kapelle (Totentanz★) B.

Ausflugsziele : Schloß Neuschwanstein★★ ⟜★★★ ② : 4 km und 1,5 km zu Fuß — Schloß Hohenschwangau★ 4 km über ② — Alpsee★ : Pindarplatz ⟜★ 4 km über ② — Romantische Straße★★ (von Füssen bis Würzburg).

🛈 Kurverwaltung, Augsburger Torplatz 1. ✆ 70 77.

◆München 120 ② — Kempten (Allgäu) 41 ④ — Landsberg am Lech 63 ②.

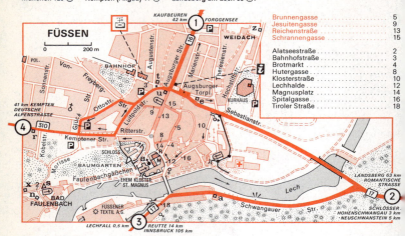

🏨 **Hirsch**, Schulhausstr. 4, ✆ 60 55, Telex 541308, Biergarten — 🛏wc 🛁wc ☎ 🅿. 🆎 ⑩ Ǝ   e
   Dez.- 15. Feb. geschl. — Karte 19/46 — **46 Z : 85 B** 85/95 - 150/170.

🏨 **Christine** ⚶ garni, Weidachstr. 31, ✆ 72 29, 🥗 — 📺 🛏wc 🛁wc ☎ 🅿. 🎮   z
   15. Jan.- 15. Feb. geschl. — **15 Z : 30 B** 70/90 - 130/150.

🏨 **Fürstenhof** garni, Kemptener Str. 23 (B 310), ✆ 70 06 — 🛁wc ☎ 🅿. 🆎 Ǝ   r
   Nov.- 10. Dez. geschl. — **15 Z : 30 B** 45/75 - 90/96 Fb.

🏨 **Sailer's Kurhotel** ⚶, Bildhauer-Sturm-Str. 14, ✆ 70 89, Bade- und Massageabteilung, 🔥,
   ⚶, 🔲, 🥗 — 📱 🛏wc 🛁wc — 📱 🅿. 🎮 Rest   über ①
   Nov.-25. Dez. geschl. — (Rest. nur für Hausgäste) — **18 Z : 36 B** 55/80 - 80/130.

🏨 **Sonne** garni, Reichenstr. 37, ✆ 60 61 — 📱 🛏wc 🛁wc ☎ 🅿. 🆎 ⑩ Ǝ 💳   u
   32 Z : 64 B 75 - 115.

🏨 **Allgäu**, Bahnhofstr. 4, ✆ 63 69 — 🛏wc 🛁wc ☎. 🎮   t
   12 Z : 21 B.

🏩 **Kapuziner**, Schwangauer Str. 20, ✆ 77 45 — 🛏wc 🛁wc 🅿   a
   Mitte Okt.- Mitte Dez. geschl. — Karte 15/30 *(Freitag geschl.)* — **10 Z : 18 B** 29/50 - 48/70 —
   P 53/60.

🍴🍴 **Kurhaus-Pulverturm**, Schwedenweg 1, im Kurhaus, ✆ 60 78, 🌳 — 📱 🅿 🪑. 🆎 Ǝ
   Nov.- 10. Dez. geschl. — Karte 19,50/51.

In Füssen-Bad Faulenbach :

🏩 **Kurhotel Berger** ⚶, Alatseestr. 26, ✆ 60 31, Bade- und Massageabteilung, 🔥, ⚶, 🔲, 🥗
   — 📱 🛁wc ☎ 🅿. 🎮 Rest   x
   15. Jan.- 15. Feb. und Nov.- 20. Dez. geschl. — (Rest. nur für Hausgäste) — **34 Z : 50 B** 51/69 -
   114 — P 84/92.

🏩 **Kurhotel Wiedemann** ⚶, Am Anger 3, ✆ 3 72 31, Bade- und Massageabteilung, 🔥 — 📱
   🛁wc ⟜ 🅿
   Nov.- 20. Dez. geschl. — (Rest. nur für Hausgäste) — **31 Z : 47 B** 46/50 - 92/100 Fb — P 69/73.

🏩 **Frühlingsgarten**, Alatseestr. 8, ✆ 61 07, 🌳 — 🛏wc 🛁wc   s
   Nov.- April und Nov.- Dez. geschl. — Karte 15/32 *(Juni - Sept. Freitag ab 15 Uhr, Okt.- Mai Freitag ganztägig
   geschl.)* 🪑 — **17 Z : 30 B** 36/45 - 80/86 — P 60/66.

In Füssen-Hopfen am See ① : 5 km :

🏨 **Alpenblick**, Uferstr. 10, ✆ 70 18, ⟜, 🌳 — 🛏wc 🛁wc ☎ 🅿. 🆎 ⑩ Ǝ 💳
   Karte 17/44 — **27 Z : 60 B** 69/79 - 112/134 — P 91/114.

🏨 **Geiger**, Uferstr. 18, ✆ 70 74, ⟜, 🌳 — 🛏wc 🛁wc 🅿
   24 Z : 40 B Fb.

🍴 **Fischerhütte** (Fischspezialitäten), Uferstr. 16, ✆ 71 03, ⟜, 🌳 — 🅿. 🆎 ⑩ Ǝ 💳
   7. Jan.- Feb., Montag und Nov.- März auch Dienstag geschl. — Karte 15,50/46.

In Füssen-Weißensee ④ : 6 km :

🏨 **Bergruh** ♨, Alte Steige 16, ℰ 77 42, ≤, 🍴, Bade- und Massageabteilung, ♨, 🔄, 🔲, 🚗
— 📶wc 📶wc 🏠 ☎ 🅿 🅰. 🌺 Zim
22. Nov.- 24. Dez. geschl. — Karte 20/45 *(auch Diät, Dienstag geschl.)* — **27 Z : 50 B** 45/100 -
90/200 Fb — 3 Appart. 95 — P 76/130.

🏨 **Seegasthof Weißensee**, an der B 310, ℰ 70 95, ≤, 🍴, 🚣, 🚗 — 📶 📶wc 🏠 ☎ 🅿
Anfang Nov.- 25. Dez. geschl. — Karte 16,50/44 *(Okt.-Mai Montag geschl.)* — **22 Z : 41 B** 55/75 -
96/106 Fb — P 78/90.

🏠 **Seehof**, Gschrifter Str. 5, ℰ 68 22, ≤, 🍴, 🚗 — 📶wc 🅿. 🌺 Zim
Nov.- 20. Dez. geschl. — Karte 17/30 *(Dienstag geschl.)* — **14 Z : 26 B** 39/52 - 65/72.

🏠 **Steigmühle** garni, Alte Steige 3, ℰ 73 73, ≤, 🔄 — 📶wc 📶wc 🅿. 🌺
10 Z : 25 B — 6 Appart..

🏠 **Weißer Hirsch**, Wiedmar 10, ℰ (08363) 4 38, ≤ — 📶wc 🚗 🅿
Okt.- 25. Dez. geschl. — Karte 13/25 🦪 — **12 Z : 24 B** 24/36 - 46/73 — P 43/55.

In Dietringen 8959 ① : 9 km :

🏨 **Schwarzenbach**, an der B 16, ℰ (08367) 3 43, ≤ Forggensee und Allgäuer Alpen, 🍴, 🔄,
🚗 — 📶wc 🏠 ☎ 🅿
8.- 31. Jan. geschl. — Karte 18/47 🦪 — **29 Z : 60 B** 30/50 - 60/94.

Siehe auch : *Schwangau*

FÜSSING, BAD 8397. Bayern 4️⃣2️⃣6️⃣ ⑦ — 6 500 Ew — Höhe 324 m — Thermalbad — ✪ 08531.

🛈 Kurverwaltung, Kuralle 15, ℰ 22 62 43.
♦München 147 — Passau 32 — Salzburg 110.

🏨 **Kurhotel Wittelsbach** M, Beethovenstr. 8, ℰ 2 10 21, Bade- und Massageabteilung, 🔄,
🔲, 🚗 — 📶 📺 🚗 🅿. 🌺
2.- 31. Jan. geschl. — (Rest. nur für Hausgäste) — **68 Z : 104 B** 100/130 - 180/250 Fb —
P 135/165.

🏨 Kurhotel **Mürz**, Birkenallee 9, ℰ 2 16 16, Bade- und Massageabteilung, 🔄, 🔲, 🚗 — 📶
📶wc 📶wc 🏠 🅿. 🌺
(Rest. nur für Hausgäste) — **70 Z : 100 B** Fb.

🏨 **Kur-Hotel Zink**, Thermalbadstr. 1, ℰ 2 20 31, Bade- und Massageabteilung, ♨, 🔲 (geheizt),
🔲, 🚗 — 📶. E. 🌺
Dez.- 20. Jan. geschl. — (Rest. nur für Hausgäste) — **105 Z : 170 B** 68/95 - 132/185 Fb.

🏨 Kurhotel **Holzapfel**, Thermalbadstr. 5, ℰ 2 13 81, Bade- und Massageabteilung, 🚗, direkter
Zugang zu den Thermalschwimmbädern — 📶 📶wc 📶wc 🏠 ☎ 🅿. 🌺
90 Z : 130 B Fb.

🏨 **Kur- und Badehotel Ludwig Thoma** M, Ludwig-Thoma-Weg 23, ℰ 22 80, Bade- und
Massageabteilung, 🔄, 🔲 — 📶 📶wc 🚗 🅿
Karte 11/28 — **93 Appart. : 200 B** 78 - 88/135.

🏨 **Parkhotel** ♨, Waldstr. 16, ℰ 2 20 83, « Gartenterrasse », Bade- und Massageabteilung,
🔲 (Thermal), 🔲, 🚗 — 📶 📶wc 📶wc 🏠 ☎ 🅿. 🌺
15. Feb.- 17. Nov. — Karte 15/38 — **98 Z : 125 B** 48/78 - 110/130 — P 79/108.

🏨 **Mühlbach-Stuben**, Bachstr.15 (Safferstetten, S : 1 km), ℰ 2 20 11, 🍴, Bade- und
Massageabteilung, 🔄, 🔲, 🚗 — 📶 📶wc 🏠 🚗 🅿. 🌺
57 Z : 85 B Fb.

🏨 Kurheim **Quellenhof** garni, Dr.-Koch-Str. 2, ℰ 26 18, Bade- und Massageabteilung, 🔄,
🔲 (Thermal), 🔲, 🚗 — 📶 📶wc 📶wc 🏠 🚗 🅿. 🌺
70 Z : 102 B.

🏨 Kurhotel **Sonnenhof**, Schillerstr. 4, ℰ 2 16 21, Bade- und Massageabteilung, ♨, 🔲, 🚗 — 📶
📶wc 📶wc 🏠 🚗 🅿 🚗. 🌺
100 Z : 136 B Fb.

🏨 **Kurpension Falkenhof** ♨ garni, Paracelsusstr. 4, ℰ 20 32, Massage, 🔄, 🔲, 🚗 — 📶
📶wc 🏠 🅿. 🌺
30. Nov.- 20. Dez. geschl. — **41 Z : 58 B** 50/63 - 94 Fb.

🏠 **Bayerischer Hof**, Kuralle 18, ℰ 28 11, Bade- und Massageabteilung, 🔲 — 📶 📶wc 📶wc ☎
🚗 🅿
15. Dez.- 15. Feb. geschl. — Karte 15/39 — **55 Z : 89 B** 80 - 138 — P 105.

🏠 **Zur Post**, Inntalstr. 36 (Riedenburg, SO : 1 km), ℰ 2 10 94, 🍴, 🚗 — 📶wc 🏠 🅿. 🌺
7. Jan.- 18. Feb. geschl. — Karte 13,50/34 *(Donnerstag geschl.)* — **46 Z : 68 B** 43 - 64/80 Fb.

🏠 **Sacher**, Schillerstr. 3, ℰ 2 10 44, Massage, 🚗 — 📶 📶wc 🏠 ☎ 🅿. 🌺 Rest
15. Dez.- 15. Jan. geschl. — Karte 15/36 *(Samstag geschl.)* — **38 Z : 46 Z** 48 - 90 — P 72/75.

🏠 Pension **Diana** garni, Kuralle 12, ℰ 2 29 92, Massage, 🚗 — 📶 📺 📶wc 🅿. 🌺
42 Z : 60 B.

🏛 **Brunnenhof** garni, Schillerstr. 9, ℰ 26 29, Massage, 🛏 — 📶 📺wc 🅿. ❌
Dez.- Jan. geschl. — **28 Z : 40 B** 39/54 - 68.

🏛 **Panland-Hotel**, Thermalbadstr. 14, ℰ 20 54, Bade- und Massageabteilung — 📶 ⌷wc ☎
🅿
Karte 14/40 — **92 Z : 140 B** 46 - 76 Fb — P 72.

🏛 City-Hotel garni, Prof.-Böhm-Str. 9, ℰ 20 31, Bade- und Massageabteilung, ⇔ — 📶 📺
⌷wc 📶wc ☎ 🅿
50 Z : 100 B.

XX **Schloßtaverne**, Inntalstr. 26 (Riedenburg, SO : 1 km), ℰ 25 68, 🍴, Biergarten — 🅿
Mittwoch und Jan. 3 Wochen geschl. — Karte 16/41.

X Aichmühle, Hochrainstr. 50, ℰ 2 29 20, 🍴 — 🅿.

FULDA 6400. Hessen 🗒🗒🗒 ⊛ — 59 600 Ew — Höhe 280 m — ✪ 0661.

Sehenswert : Dom (Bonifatiusgruft : Bonifatiusaltar★, Domschatz★) — St.-Michael-Kirche★.

Ausflugsziel : Kirche auf dem Petersberg (romanische Steinreliefs★★, Lage★, ≤★) O : 4 km (über
die B 458 Y).

🅙 Städt. Verkehrsbüro, Schloßstr. 1, ℰ 10 23 46.

ADAC, Robert-Kircher-Str. 6, ℰ 7 71 11, Notruf ℰ 1 92 11.

◆Wiesbaden 146 ② — ◆Frankfurt am Main 104 ② — Gießen 110 ① — ◆Kassel 107 ① — ◆Würzburg 108 ②.

Stadtplan siehe gegenüberliegende Seite.

🏨 **Maritim Hotel Am Schloßgarten** Ⓜ, Paulspromenade 2, ℰ 28 20, Telex 49136, ⇔, 🔲
— 📶 📺 🅿 ♿. 🆎 ⑩ 🆅🆂🅰 —
Karte siehe Rest. Diana-Keller — **120 Z : 240 B** 105/165 - 170/225 Fb.
       Y c

🏨 **Romantik-Hotel Goldener Karpfen**, Simpliziusplatz 1, ℰ 7 00 44, ⇔ — 📺 📶 ♿, ⇨ 🅿
♿. 🆎 ⑩ E 🆅🆂🅰. ❌ Rest
24. Dez.- 6. Jan. geschl. — Karte 31/68 — **55 Z : 110 B** 110/130 - 220 Fb.
       Z f

🏨 **Zum Kurfürsten**, Schloßstr. 2, ℰ 7 00 01, ⇔ — 📶 📺 ⌷wc 📶wc ☎ ⇨ 🅿 ♿. 🆎 ⑩ E
🆅🆂🅰
Karte 24/51 — **69 Z : 132 B** 49/80 - 90/130.
       Y n

🏨 **Europa**, Haimbacher Str. 65, ℰ 7 50 43, 🍴, 🛏 — 📶 ⌷wc 📶wc ☎ ♿, ⇨ 🅿 ♿. 🆎 ⑩ E
Karte 18/46 — **65 Z : 120 B** 54/65 - 56/105.   über Langebrückenstr.   Y

🏨 **Kolpinghaus**, Goethestr. 13, ℰ 7 60 52, 🍴 — 📶 ⌷wc 📶wc ☎ 🅿 ♿. 🆎 E 🆅🆂🅰
Karte 14/44 — **55 Z : 80 B** 62 - 99.
       Z b

🏨 **Lenz**, Leipziger Str. 122, ℰ 60 10 41, Telex 49733, ⇔ — 📶 ⌷wc 📶wc ☎ ♿, 🅿. 🆎 ⑩ E 🆅🆂🅰
Karte 16/40 — **46 Z : 88 B** 36/58 - 68/148 Fb.
       Y a

🏛 Peterchens Mondfahrt garni, Rhabanusstr. 7 (5. Etage), ℰ 7 70 94 — 📶 📺 📶wc ☎
21 Z : 35 B.
       Y e

🏛 **Bachmühle**, Künzeller Str. 133, ℰ 7 78 00 — 📶wc ☎ 🅿 ♿. 🆎 E 🆅🆂🅰. ❌ Rest
Karte 18/39 — **19 Z : 38 B** 51 - 79.   über Künzeller Str.   Z

🏛 **Hessischer Hof** garni, Nikolausstr. 22, ℰ 7 22 89 — ⌷wc 📶wc ⇨. 🆎 E 🆅🆂🅰
30 Z : 46 B 35/60 - 65/90.
       Y s

🏮 **Ritter**, Kanalstr. 20, ℰ 7 20 83 — ⌷wc ⇨ 🅿
Karte 12,50/38 *(Freitag geschl.)* — **19 Z : 30 B** 32/42 - 64/74.
       Z r

XX **Diana-Keller**, Paulspromenade 2 (Orangerie), ℰ 7 31 21 — 🅿. 🆎 ⑩ 🆅🆂🅰
Karte 31/57.
       Y

In Fulda-Bernhards ① : 7 km :

XX **Geishecke** mit Zim, Burgunderstr. 33 (nahe der B 27), ℰ 6 63 40, 🍴 — 📶wc 🅿
Mitte Jan.- Anfang Feb. geschl. — Karte **25**/46 *(Dienstag geschl.)* ♿ — **7 Z : 11 B** 31 - 56.

In Fulda-Lehnerz ① : 2,5 km über die B 27, nahe Autobahnausfahrt Nord :

🏮 **Keiper** garni, Leipziger Str. 180, ℰ 6 90 70 — ⇨ 🅿
15 Z : 23 B 30/40 - 60/72.

X **Grillenburg** mit Zim, Leipziger Str. 183, ℰ 6 76 63, 🍴 — 📶wc 🅿 ♿
Karte 13/37 *(Montag geschl.)* — **8 Z : 11 B** 32 - 58.

In Künzell 6411 O : 3 km über die B 458 :

🏛 Christinenhof am Park, Georg-Stieler-Str. 1, ℰ (0661) 6 90 20, 🔲 — 📶wc ☎ 🅿
46 Z : 65 B.

In Petersberg 4-Horwieden 6415 O : 5,5 km über die B 458 YZ, nach 3 km links ab Richtung
Hofbieber :

🏛 **Horwieden** 🔽, Tannenküppel 2, ℰ (0661) 6 50 01, ⇔, 🔲, ❌ (Halle) — 📶wc ☎ 🅿
20. Dez.- 15. Jan. geschl. — Karte 14,50/27 *(Nov.- April Sonntag geschl.)* — **20 Z : 31 B** 25/40 -
50/70.

In Petersberg 6-Almendorf 6415 NO : 6 km über die B 458 YZ und über Petersberg-Stöckels:

🏨 **Berghof** 🔽, Hubertusstr. 2, ℰ (0661) 6 60 03, ⇔, 🔲 — 📶 📶wc ☎ ♿ 🅿 ♿
40 Z : 60 B.

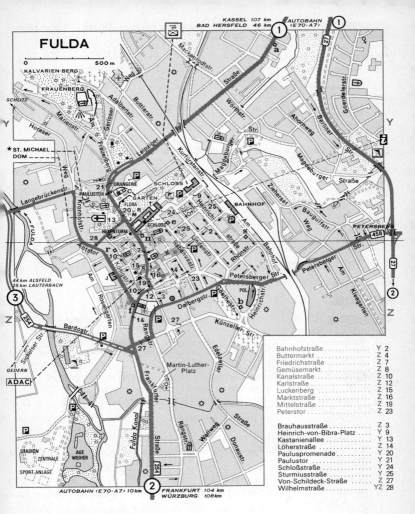

FULDA

0   500 m

KALVARIEN-BERG
FRAUENBERG

SCHLITZ

★ ST. MICHAEL
DOM

44 km ALSFELD
25 km LAUTERBACH

GEDERN
ADAC

KASSEL 107 km
BAD HERSFELD 46 km
AUTOBAHN (E70-A7)

PETERSBERG
456

AUTOBAHN (E70-A7) 10 km
FRANKFURT 104 km
WÜRZBURG 108 km

Bahnhofstraße	Y 2
Buttermarkt	Z 4
Friedrichstraße	Z 7
Gemüsemarkt	Z 8
Kanalstraße	Z 10
Karlstraße	Z 12
Luckenberg	Z 15
Marktstraße	Z 16
Mittelstraße	Z 19
Peterstor	Z 23

Brauhausstraße	Z 3
Heinrich-von-Bibra-Platz	Y 9
Kastanienallee	Y 13
Löherstraße	Z 14
Pauluspromenade	Y 20
Paulustor	Y 21
Schloßstraße	Y 24
Sturmiusstraße	Y 25
Von-Schildeck-Straße	Z 27
Wilhelmstraße	YZ 28

In Petersberg 3-Marbach **6415** ① : 9 km :

Hahner, Bahnhofstr. 6, ℰ (0661) 6 17 62, ☎, 🔲 – 🚻WC 🚗 🅿
23. Dez.- 4. Jan. geschl. – Karte 11/26 *(Montag bis 17 Uhr geschl.)* – **22 Z : 39 B** 28/35 - 52/60.

In Eichenzell 7-Löschenrod **6405** ② : 7 km :

XX **Zur Alten Brauerei,** Frankfurter Str. 1, ℰ (06659) 12 08 – 🅿
Montag geschl. – Karte 34/64 *(Tischbestellung ratsam).*

FULDATAL Hessen siehe Kassel.

Die im Michelin-Führer
verwendeten Zeichen und Symbole haben
– **fett** oder dünn gedruckt, rot oder **schwarz** –
jeweils eine andere Bedeutung.
Lesen Sie daher die Erklärungen (S. 12 bis 19) aufmerksam durch.

🏨 🏨

Karte **25**/45

FURTH IM WALD 8492. Bayern 🗺️🔢 ㉗ — 10 000 Ew — Höhe 410 m — Erholungsort — Wintersport : 610/950 m ✂️2 ⛷️4 — ✪ 09973.

🛈 Fremdenverkehrsamt, Schloßplatz 1, ✆ 38 13.

◆München 198 — Cham 19 — ◆Regensburg 56.

🏨 **Hohenbogen**, Bahnhofstr. 25, ✆ 15 09 — 🛗 ➡️wc 🛏️wc ⟺ 🅰️. 🆎 ⓪
Karte 23/45 🍴 — **28 Z : 60 B** 28/32 - 56/64 — P 38/40.

🏨 **Himmelreich**, Himmelreichweg 7, ✆ 18 40 — 🛏️wc ℗
➡️ Karte 11/24 — **27 Z : 60 B** 25/30 - 50.

🏨 Zur Post, Stadtplatz 12, ✆ 15 06 — ➡️wc 🛏️wc ☎ ℗
25 Z : 38 B.

🏠 Hofer-Bräu, Waldschmidtstr. 20, ✆ 13 27 — 🛏️wc ℗
19 Z : 27 B.

FURTWANGEN 7743. Baden-Württemberg 🗺️🔢 ㉟ — 11 000 Ew — Höhe 870 m — Erholungsort — Wintersport : 850/1 150 m ✂️6 ⛷️5 — ✪ 07723.

Ausflugsziele : Brend : Aussichtsturm※★ NW : 6 km — Hexenlochschlucht★ SW : 10 km.

🛈 Fremdenverkehrsverein, Rathaus, Marktplatz 4, ✆ 6 14 00.

◆Stuttgart 141 — Donaueschingen 29 — ◆Freiburg im Breisgau 48 — Offenburg 71.

🏨 **Ochsen**, Marktplatz 7, ✆ 78 13 — 🛏️wc ⟺ ℗
Karte 16,50/44 — **30 Z : 50 B** 30/35 - 80/90.

🏠 **Kussenhof** 🦌, Kussenhofstr. 43, ✆ 77 60, ≤, 🐎, — ➡️wc 🛏️wc ℗
➡️ Nov. geschl. — Karte 12/32 (Montag geschl.) 🍴 — **13 Z : 24 B** 24/30 - 48/55.

🏠 **Löwen**, Bregstr. 67, ✆ 78 26, 🐎 — 🛏️ ⟺ ℗
➡️ Karte 14/35 (Mittwoch geschl.) 🍴 — **11 Z : 22 B** 28/38 - 50/55 — P 48/58.

Neueck siehe : **Gütenbach**

FUSCHL AM SEE Österreich siehe Salzburg.

GACKENHOF Hessen siehe Poppenhausen/Wasserkuppe.

GÄRTRINGEN 7034. Baden-Württemberg — 10 000 Ew — Höhe 450 m — ✪ 07034.

◆Stuttgart 32 — Freudenstadt 59 — ◆Karlsruhe 88.

🏨 **Bären**, Daimlerstr. 11, ✆ 2 10 61 — 📺 🛏️wc ☎ ℗ 🅰️. 🆎 🄴
Karte 16/38 (Samstag und Sonntag nur Abendessen, an Feiertagen sowie 24. Dez.- 6.Jan. geschl.) — **24 Z : 36 B** 70 - 112 Fb.

GAGGENAU 7560. Baden-Württemberg 🗺️🔢 ㉟ — 30 000 Ew — Höhe 142 m — ✪ 07225.

◆Stuttgart 103 — Baden-Baden 16 — ◆Karlsruhe 30 — Rastatt 14.

🏨🏨 **Stadthotel Gaggenau** Ⓜ, Konrad-Adenauer-Str. 1, ✆ 6 70, Telex 78808, 🍴 — 🛗 📺 ℗ 🅰️. 🆎 ⓪ 🄴 📇
Restaurants: — **Le Triangle** Karte 32/67 — **Hechtstube** Karte 19/45 — **63 Z : 108 B** 89/119 - 145/169 Fb.

In Gaggenau 19-Michelbach NO : 3,5 km :

✕✕ **Zur Traube** (Rest. in einem restaurierten Fachwerkhaus a.d. 18. Jh.), Lindenstr. 10, ✆ 7 62 63 — ℗ 🆎
Karte 27/64 (abends Tischbestellung ratsam).

In Gaggenau 15-Moosbronn NO : 8 km :

🏨 **Mönchhof** 🦌, Hinteres Feld 2, ✆ (07204) 6 19, « Ehem. Meisterhaus der Glashütte a.d.J. 1723 », 🐎 — 🛏️wc ℗. ⓪
8.- 29. Dez. geschl. — (nur Abendessen für Hausgäste) — **17 Z : 32 B** 44 - 88 Fb.

🏨 **Hirsch**, Herrenalber Str. 17, ✆ (07204) 2 37, 🍴, 🐎 — 🛏️wc ℗
15. Nov.- 18. Dez. geschl. — Karte 16/40 (Montag 19 Uhr - Dienstag geschl.) — **10 Z : 15 B** 29/35 - 58/70.

In Gaggenau 12-Bad Rotenfels :

🏨 **Ochsen**, Murgtalstr. 20, ✆ 15 82 — 🛏️wc ⟺ ℗. ✂️ Zim
Karte 21/46 (20. Dez.- 20. Jan. und Samstag geschl.) 🍴 — **30 Z : 50 B** 35/50 - 55/80.

GAIENHOFEN 7766. Baden-Württemberg 🗺️🔢 ⑨ — 4 000 Ew — Höhe 400 m — ✪ 07735.

🛈 Verkehrsbüro, Gemeindeverwaltung, ✆ 30 03.

◆Stuttgart 175 — Schaffhausen 29 — Singen (Hohentwiel) 23 — Zürich 68.

In Gaienhofen 3-Hemmenhofen :

🏨 **Kur- und Sporthotel Höri** 🦌, Seestr. 20, ✆ 81 10, Telex 793740, ≤, 🍴, Bade- und Massageabteilung, 🅰️, 🛁, 🏊, 🐟, 🐎, ✕, 🏃 (Halle) — 📺 ➡️wc 🛏️wc ☎ ℗ 🅰️
6. Jan. - Feb. geschl. — Karte 25/70 — **87 Z : 130 B** 60/110 - 120/220 Fb.

🏨 **Landgasthaus Kellhof**, Hauptstr. 318, ✆ 20 35, 🍴 — 🛏️wc ⟺ ℗
Nov. geschl. — Karte 16,50/37 (Dienstag geschl.) 🍴 — **7 Z : 15 B** 45 - 52/80.

GAILDORF 7160. Baden-Württemberg 987 ㉙㉚ — 10 500 Ew — Höhe 335 m — ✆ 07971.
♦Stuttgart 67 — Aalen 43 — Schwäbisch Gmünd 29 — Schwäbisch Hall 17.

In Gaildorf 3-Unterrot S : 3 km :

🏛 **Kocherbähnle**, Schönberger Str. 8, 🖉 64 60 — 🏛wc ☎ 🚗 ℗. 🝖
Aug. 2 Wochen geschl. — Karte 18/43 *(Sonntag 15 Uhr - Montag 17 Uhr geschl.)* 👃 — **9 Z :**
15 B 44 - 75.

GAMMELBY Schleswig-Holstein siehe Eckernförde.

GAMMERTINGEN 7487. Baden-Württemberg 987 ㉟ — 659 m — Höhe 665 m — ✆ 07574.
♦Stuttgart 77 — ♦Freiburg im Breisgau 160 — ♦Konstanz 100 — ♦Ulm (Donau) 79.

🏛 **Post**, Sigmaringer Str. 4, 🖉 8 77, 🚌 — ▤ 📺 🛁wc 🏛wc ☎ ℗ 🏊 . 🝖 ⓞ 🝒
1.- 20. Jan. geschl. — Karte 27/62 — **30 Z : 58 B** 33/85 - 60/150 Fb.

GANDERKESEE 2875. Niedersachsen 987 ⑭ — 27 200 Ew — Höhe 25 m — Erholungsort —
✆ 04222.
🛈 Verkehrsbüro, Rathaus, 🖉 4 40.
♦Hannover 140 — ♦Bremen 20 — ♦Oldenburg 31.

🏛 **Atlas-Motel**, Adelheider Str. 12 (B 212), 🖉 20 41, 🌧, 🚌, 🎾 (Halle) — 📺 🛁wc 🏛wc ☎
℗ 🏊 . 🝖 ⓞ 🝒 VISA
Karte 25/60 — **57 Z : 80 B** 55/75 - 80/120 Fb.

🏚 **Oldenburger Hof**, Wittekindstr. 16 (B 212), 🖉 33 09 — 🏛wc ☎ ℗
♦ *22. Dez.- 4. Jan. geschl.* — Karte 14,50/40 *(Samstag geschl.)* — **21 Z : 32 B** 34/50 - 70/80 Fb.

Am Flugplatz W : 2,5 km :

🏛 **Airfield-Hotel**, 🖉 (04222) 10 91, Telex 249278, 🎾 (Halle) — 📺 🛁wc ☎ 🛁 ℗ 🏊
24 Z : 48 B Fb.

In Ganderkesee 2-Bookholzberg N : 8 km über die B 212 :

🏛 **Waldhof Hasbruch** 🦌, Hedenkampstr. 20, 🖉 (04223) 84 00, 🌧 — 🛁wc 🏛wc ℗. ⓞ
Karte 19/50 — **15 Z : 30 B** 27/45 - 54/90.

In Ganderkesee 1-Hoyerswege SO : 2,5 km :

🏛 **Hof Hoyerswege**, Wildeshauser Landstr. 66 (B 213), 🖉 24 11, « Gartenterrasse », 🌳 —
🛁wc 🏛wc ☎ 👃 🚗 ℗ 🏊 . 🝖 ⓞ 🝒
Karte 22/56 *(Montag bis 18 Uhr geschl.)* — **20 Z : 29 B** 49 - 79.

In Ganderkesee 3-Stenum N : 6 km :

🍴 **Lüschens Bauerndiele**, Dorfring 75, 🖉 (04223) 4 44, « Gartenterrasse » — ℗. ⓞ 🝒
Mittwoch geschl. — Karte 18,50/47.

GANDERSHEIM, BAD 3353. Niedersachsen 987 ⑮ — 12 300 Ew — Höhe 125 m — Heilbad —
✆ 05382.
🛈 Kurverwaltung, Stiftsfreiheit 12, 🖉 7 34 40.
♦Hannover 83 — ♦Braunschweig 70 — Göttingen 49 — Goslar 40.

🏛 **Weißes Roß**, Markt 1, 🖉 40 55, Telex 957322, 🚌 — ▤ 🏛wc ☎ ℗ 🏊 . 🝒
Karte 18,50/48 👃 — **55 Z : 100 B** 45/80 - 80/160 Fb.

🏛 **Kurpark-Hotel Bartels** 🦌, Dr.-Heinrich-Jasper-Str. 2, 🖉 7 50, Telex 957332, 🚌, 🏊, 🌳
— ▤ 🛁wc 🏛wc ☎ ℗ 🏊 . 🍴 Rest
Mitte Dez.- Jan. geschl. — (Rest. nur für Hausgäste) — **114 Z : 168 B** 45/57 - 88 Fb — P 62/77.

GANGKOFEN 8314. Bayern 987 ㊲, 426 ⑥ — 6 000 Ew — Höhe 440 m — ✆ 08722.
♦München 95 — Landshut 40 — Passau 88.

🏚 **Café Danner**, Marktplatz 13, 🖉 2 55 — 🏛wc ℗
♦ *Aug.- Sept. 3 Wochen geschl.* — Karte 12/30 *(Montag geschl.)* — **8 Z : 12 B** 30 - 46.

GARBSEN Niedersachsen siehe Hannover.

GARLSTORF Niedersachsen siehe Salzhausen.

GARMISCH-PARTENKIRCHEN 8100. Bayern 987 ㊱㊲, 426 ⑱ — 27 200 Ew — Höhe 707 m —
Heilklimatischer Kurort — Wintersport : 800/2 950 m 🚠12 🎿39 🎿3 — ✆ 08821.
Sehenswert : St.-Anton-Anlagen (Y) ≤*.
Ausflugsziele : Wank ☀** O : 2 km und Seilbahn — Partnachklamm** 25 min zu Fuß (ab
Skistadion) — Zugspitzgipfel*** (☀***) mit Zahnradbahn (Fahrzeit 1,10 h) oder mit 🚠 ab
Eibsee (Fahrzeit 10 min).
🛈 Verkehrsamt, Bahnhofstr. 34, 🖉 5 30 55, Telex 59660 und Kurverwaltung, Schnitzschulstr. 19, 🖉 5 30 93.
ADAC, Hindenburgstr. 14, 🖉 22 58, Telex 59672.
♦München 88 ① — ♦Augsburg 115 ① — Innsbruck 61 ② — Kempten (Allgäu) 99 ③.

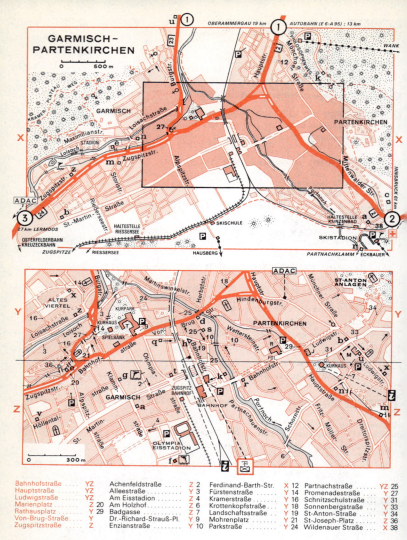

Grand-Hotel Sonnenbichl, Burgstr. 97, ✆ 70 20, Telex 59632, ≤, 🍴, Massage, ⊆s, 🔲 –
📺 TV ♣ ℗ 🅰️ AE ⓞ E VISA
Restaurants : – **Blauer Salon** Karte 35/75 – **Zirbelstube** Karte 18/51 – **90 Z : 170 B** 135/180 –
220/270 Fb.
X u

Posthotel Partenkirchen, Ludwigstr. 49, ✆ 5 10 67, Telex 59611, « Historische Herberge
mit rustikaler Einrichtung » – 📺 ℗ 🅰️ AE ⓞ E VISA
Karte 26/65 – **61 Z : 100 B** 80/175 - 130/190 Fb.
Y u

Obermühle ⤸, Mühlstr. 22, ✆ 70 40, Telex 59609, ≤, « Gartenterrasse », ⊆s, 🔲, 🚗 – 📳
TV ⇌ ℗ 🅰️ AE ⓞ E VISA
Karte 29/70 – **93 Z : 178 B** 105/180 - 190/270 Fb – 5 Appart. 218 – P 140/180.
X e

Clausings Post - Romantik-Hotel, Marienplatz 12, ✆ 5 80 71, Telex 59679, 🍴,
« Poststüberl » – 📳 TV ℗ 🅰️ AE ⓞ E VISA
Restaurants : – **Poststüberl** Karte 32/60 – **Boulevard-Terrasse** Karte 18/45 – **Post-Hörndl** Karte
13,50/38 – **31 Z : 57 B** 95/140 - 130/200 Fb – P 135/180.
Z e

🏨 **Holiday Inn** Ⓜ, Mittenwalder Str. 2, ℰ 75 61, Telex 592415, 🏭, 🚗, 🔲, 🎿 – 🔟 📺 Ⓟ 🏋️
Ⓐ Ⓔ 🆅🆂🅰   Z m
Karte 20/62 – **117 Z : 189 B** 166/197 - 214/249 Fb – P 186/236.

🏨 **Partenkirchner Hof - Reindl-Grill**, Bahnhofstr. 15, ℰ 5 80 25, Telex 592412,
≼ Wetterstein, « Terrasse », 🚗, 🔲, 🌿 – 🔟 📺 🚗 Ⓟ Ⓐ Ⓞ Ⓔ 🆅🆂🅰   Z r
15. Nov.-15. Dez. geschl. – Karte **29**/60 (Tischbestellung ratsam) – **67 Z : 110 B** 60/150 -
130/280 Fb – P 90/130 (Anbau mit 11 Appart. ab Frühjahr 1986).

🏨 **Dorint Sporthotel** ⑤, Mittenwalder Str. 59, ℰ 70 60, Telex 592464, ≼, 🏭, Massage, 🚗,
🔲, 🌿, 🎿 (Halle) – 🔟 🏄 🚗 Ⓟ Ⓐ Ⓞ Ⓔ   X c
Karte 21/60 – **156 Z : 480 B** 120/240 - 160/280 – P 128/188.

🏛 **Bernriederhof** Ⓜ, von-Müller-Str. 12, ℰ 7 10 74, Telex 592421, 🚗, 🌿 – 📺 🛁wc ⬛wc 🕾
Ⓟ Ⓐ Ⓞ Ⓔ 🆅🆂🅰   X n
(nur Abendessen für Hausgäste) – **41 Z : 82 B** 110/150 - 170/240 Fb.

🏛 **Wittelsbach**, von-Brug-Str. 24, ℰ 5 30 96, Telex 59668, ≼ Waxenstein und Zugspitze,
« Gartenterrasse », 🚗, 🔲, 🌿 – 🔟 📺 🛁wc ⬛wc 🕾 🚗 Ⓟ Ⓐ Ⓞ Ⓔ 🆅🆂🅰 🍴 Rest   Y d
Mitte Okt.- Mitte Dez. geschl. – Karte 26/61 – **60 Z : 100 B** 88/140 - 150/176 Fb – P 132/150.

🏛 **Staudacherhof** ⑤ garni, Höllentalstr. 48, ℰ 5 51 55, 🚗, 🔳, 🔲, 🌿 – 🔟 📺 🛁wc ⬛wc
🕾 🚗 Ⓟ Ⓔ   Z v
April 2 Wochen und Nov.- 15. Dez. geschl. – **38 Z : 60 B** 55/100 - 115/175 Fb.

🏛 **Bellevue** ⑤ garni, Rießerseestr. 9, ℰ 5 80 08, « Garten », 🚗, 🔲, 🌿 – 🔟 🛁wc ⬛wc 🕾
🚗 Ⓟ   X m
10. Nov.- 15. Dez. geschl. – **25 Z : 43 B** 49/120 - 104/152 Fb.

🏛 **Königshof**, St.-Martin-Str. 4, ℰ 5 30 71, Telex 59644, Dachterrasse mit ≼, Massage, 🚗, 🔲
– 🔟 🍴 Rest 📺 🛁wc 🕾 🚗 🏋️ (mit 🍴) Ⓐ Ⓞ Ⓔ 🆅🆂🅰   Z k
Karte 23/55 – **84 Z : 180 B** 107/142 - 162/192 Fb.

🏛 **Gästehaus Renate** garni, Olympiastr. 21, ℰ 7 20 41, ≼, 🚗, 🌿 – 🛁wc ⬛wc 🕾 🚗 Ⓟ
Ⓞ Ⓔ   Z t
Nov.- 20. Dez. geschl. – **17 Z : 27 B** 70/90 - 120/130.

🏛 **Boddenberg** ⑤ garni, Wildenauer Str. 21, ℰ 5 10 89, ≼, « Garten », 🔳 (geheizt), 🌿 – 📺
🛁wc ⬛wc 🕾 🚗 Ⓟ Ⓐ Ⓔ 🆅🆂🅰   X r
Nov.- 15. Dez. geschl. – **23 Z : 38 B** 55/68 - 100/130 Fb.

🏛 **Zugspitz - Kulmbacher Stuben**, Klammstr. 19, ℰ 5 10 50, ≼, 🏭, 🚗, 🔲, 🌿 – 🔟 🛁wc
⬛wc 🕾 🖧 🏋️ Ⓐ Ⓔ 🆅🆂🅰   Z g
Karte 28/54 *(Montag geschl.) –* **43 Z : 70 B** 38/105 - 76/170.

🏛 **Garmischer Hof** garni, Bahnhofstr. 51, ℰ 5 10 91, « Garten », 🌿 – 🔟 🛁wc ⬛wc 🕾 Ⓟ
Ⓐ Ⓞ Ⓔ   Y q
40 Z : 66 B 48/75 - 100/120 Fb.

🏛 **Buchenhof** ⑤ garni, Brauhausstr. 3, ℰ 5 21 21, ≼, 🚗, 🔲, 🌿 – 🛁wc ⬛wc 🕾 🚗 Ⓟ
Nov.- 15. Dez. geschl. – **15 Z : 30 B** 65/130 - 95/160 – 3 Appart. 130/160.   Y x

🏛 **Brunnthaler** garni, Klammstr. 31, ℰ 5 80 66, ≼, 🚗, 🌿 – 🔟 🛁wc ⬛wc 🕾 🚗 Ⓟ 🌿
15. Nov.- 15. Dez. geschl. – **22 Z : 39 B** 70/90 - 110/120.   Z a

🏛 **Leiner**, Wildenauer Str. 20, ℰ 5 00 34, ≼, 🏭, « Garten », 🚗, 🔲, 🌿 – 🔟 🛁wc ⬛wc
Ⓟ Ⓐ Ⓞ Ⓔ 🌿 Rest   X a
April 3 Wochen und 26. Okt.- 19. Dez. geschl. – Karte 20/45 – **53 Z : 74 B** 39/65 - 106/118 Fb –
2 Appart. 90/130 – P 75/101.

🏠 **Rheinischer Hof**, Zugspitzstr. 76, ℰ 7 20 24, 🚗, 🔳, 🌿 – 🔟 🛁wc ⬛wc 🕾 🚗 Ⓟ Ⓔ
Karte 17/45 *(15. Nov.-15. Dez. geschl.) –* **28 Z : 58 B** 71/90 - 112/145 Fb.   X z

🏠 **Aschenbrenner** garni, Loisachstr. 46, ℰ 5 80 29, ≼, 🌿 – 🔟 📺 🛁wc ⬛wc 🕾 Ⓟ Ⓐ Ⓞ Ⓔ
🆅🆂🅰   Y z
25 Z : 43 B 55/90 - 105/160 Fb.

🏠 **Birkenhof** garni, St.-Martin-Str. 110, ℰ 5 50 71, 🌿 – 📺 🛁wc ⬛wc 🕾 🚗 🌿   X b
Nov.- Mitte Dez. geschl. – **10 Z : 19 B** 60/70 - 100.

🏠 **Flora**, Hauptstr. 85, ℰ 7 20 39 – 🛁wc ⬛ 🕾 Ⓟ Ⓞ Ⓔ   Z n
Karte 36/78 *(Montag geschl.) –* **21 Z : 31 B** 50/80 - 100/130.

🏠 **Roter Hahn** garni, Bahnhofstr. 44, ℰ 5 40 65, 🔲, 🌿 – 🔟 🛁wc ⬛wc 🕾 Ⓟ   Y h
32 Z : 45 B 46/65 - 82/105.

🏠 **Gasthof Fraundorfer**, Ludwigstr. 24, ℰ 21 76 – ⬛wc 🕾 Ⓟ   Z x
➡ *April 3 Wochen und 4. Nov.- 4. Dez. geschl. –* Karte 14/43 *(Dienstag geschl.) –* **24 Z : 50 B**
48/55 - 96/120.

🏠 **Berggasthof Panorama** ⑤, St. Anton 3, ℰ 25 15, ≼ Garmisch-Partenkirchen und
Zugspitzmassiv, « Terrasse » – ⬛wc Ⓟ   X k
15. Jan.- 5. Feb. und 15. Nov.- 20. Dez. geschl. – Karte 16,50/43 – **19 Z : 40 B** 35/45 - 70/85 – 2
Appart. 120 – P 60/70.

🏠 **Bavaria** ⑤, Partnachstr. 51, ℰ 34 66, 🌿 – ⬛wc ⬛wc Ⓟ Ⓐ   Y s
20. Okt.- 20. Dez. geschl. – (nur Abendessen für Hausgäste) – **30 Z : 50 B** 42/62 - 96/106.

🍽 **Reindls Drei Mohren**, Ludwigstr. 65, ℰ 20 75   Y b
April 2 Wochen geschl. – Karte 18/40 *(Montag geschl.) –* **13 Z : 20 B** 34 - 56.

🍽🍽 **Alpenhof**, Bahnhofstr. 74 (in der Spielbank), ℰ 5 90 55, 🏭 – Ⓟ Ⓞ Ⓔ   Y
Karte 28/63 – **Casinostüberl** Karte 34/75.

11

Außerhalb S : 4 km, über Wildenauer Str. X — Höhe 900 m, hoteleigene 🎿 :

🏨 **Forsthaus Graseck** 🐾, Graseck 10, ⊠ 8100 Garmisch-Partenkirchen, ℰ (08821) 5 40 06, Telex 59653, ≼ Wetterstein, 🍴, Bade- und Massageabteilung, 🔥, 🚏, 🔲, 🏇 — 📶 🛗wc ⟸ 🅿 🄰, 🄰🄴 🄾 🄴. 🎿 Rest
Nov. geschl. — Karte 20/52 — **38 Z : 70 B** 45/94 - 100/150 Fb — P 73/119.

Am Rießersee S : 2 km über Rießerseestr. X :

🏨 **Rießersee-Hotel** 🐾, Rieß 5, ⊠ 8100 Garmisch-Partenkirchen, ℰ (08821) 75 80, Telex 59658, ≼, 🍴, 🚏, 🔲, — 📶 🄰 📺 🕭 🅿 🄰. 🄰🄴 🄾 🄴 🆅🅸🆂🅰 Fb.
Karte 23/66 — **155 Z : 310 B** 135/160 - 160/245 Fb.

XX **Café Restaurant Rießersee** 🐾 mit Zim, Rieß 6, ⊠ 8100 Garmisch-Partenkirchen, ℰ (08821) 5 01 81, ≼ See und Zugspitzmassiv, « Seeterrasse », 🔥 — 📺 🛗wc ☎ ⟸ 🅿.
🄴
7.- 25. April und 27. Okt.- 20. Dez. geschl. — Karte 19/54 *(Montag geschl.)* — **8 Z : 15 B** 65/100 - 120/150.

Am Zugspitzplatt — Höhe 2 650 m — (Zahnradbahn ab Garmisch-Partenkirchen bzw. ab Eibsee oder 🎿 ab Eibsee über Zugspitzgipfel)

🏨 **Schneefernerhaus** 🐾, ⊠ 8100 Garmisch-Partenkirchen, ℰ (08821) 5 80 11, Telex 59633, ≼ Alpen, 🍴, Liegeterrassen, 🎿 — 📶 📺 🛗wc 🛗wc ☎   Zugspitzbahnhof   Z
Karte 19/36 (auch Self-service-Rest.) — **11 Z : 21 B** 52/82 - 126/164 — P 73/109.

GAUTING 8035. Bayern 🔢🔢🔢 ⑰. 🔢🔢🔢 ⑰ — 16 000 Ew — Höhe 585 m — ✆ 089 (München).
♦München 20 — ♦Augsburg 60 — Garmisch-Partenkirchen 83.

🏨 **Simon** garni, Bahnhofplatz 6, ℰ 8 50 14 15, 🚏 — 📶 🛗wc ☎ 🅿. 🄰🄴 🄴
22. Dez.- Mitte Jan. geschl. — **30 Z : 50 B** 42/75 - 65/108.

GEESTHACHT 2054. Schleswig-Holstein 🔢🔢🔢 ⑤ — 25 000 Ew — Höhe 16 m — ✆ 04152.
♦Kiel 118 — ♦Hamburg 29 — ♦Hannover 167 — Lüneburg 29.

🏨 **Fährhaus Ziehl**, Fährstieg 20, ℰ 23 40, 🍴 — 🛗wc 🛗wc ⟸ 🅿
Karte 17/41 *(Freitag geschl.)* — **18 Z : 29 B** 35/66 - 66/90.

🏨 **Lindenhof** garni, Joh.-Ritter-Str. 38, ℰ 30 61 — 🛗wc 🅿
20 Z : 38 B 47/61 - 67/92 Fb.

XX Forsthaus Grüner Jäger, an der B 5 (SO : 3 km), ℰ 22 79, 🍴 — 🅿.

X **Ratskeller**, Am Markt 15, ℰ 7 12 82
Samstag bis 18 Uhr und Montag geschl. — Karte 20/65.

GEFREES 8586. Bayern 🔢🔢🔢 ⑰ — 4 300 Ew — Höhe 503 m — ✆ 09254.
♦München 253 — Bayreuth 25 — Hof 36.

🏨 **Grüner Baum**, Hauptstr. 51, ℰ 3 37 — 🛗wc
Karte 13,50/30 — **16 Z : 26 B** 30/45 - 52/65.

GEILENKIRCHEN 5130. Nordrhein-Westfalen 🔢🔢🔢 ㉓. 🔢🔢🔢 ㉖ — 22 000 Ew — Höhe 75 m — ✆ 02451.
♦Düsseldorf 68 — ♦Aachen 25 — Mönchengladbach 40.

🏨 **Stadthotel** garni, K.-Adenauer-Str. 146, ℰ 70 77 — 🛗wc ☎. 🄰🄴
13 Z : 20 B 48 - 90.

🏨 **Jabusch**, Markt 3, ℰ 27 25 — 🛗 ⟸
Karte 18,50/42 *(Montag geschl.)* — **13 Z : 20 B** 30/43 - 60/70.

GEISELHÖRING 8442. Bayern 🔢🔢🔢 ⑰ — 5 400 Ew — Höhe 353 m — ✆ 09423.
♦München 113 — Landshut 44 — ♦Regensburg 33 — Straubing 15.

🏨 Erlbräu, Stadtplatz 17, ℰ 3 57, Biergarten — 🛗wc ⟸ 🅿
20 Z : 26 B.

GEISELWIND 8614. Bayern — 2 000 Ew — Höhe 400 m — ✆ 09556.
♦München 237 — ♦Bamberg 55 — ♦Nürnberg 67 — ♦Würzburg 44.

🏨 **Zur Krone**, Kirchplatz 2, ℰ 2 44 — 📶 📺 🛗wc 🛗wc ☎ 🕭 ⟸ 🅿 🄰. 🄰🄴 🄾
Karte 14,50/26 🍺 — **42 Z : 75 B** 26/45 - 48/70 — P 46/50.

🏨 **Gasthof Lamm**, Marktplatz 8, ℰ 2 47 — 🛗wc ⟸. 🄾
Karte 10/22 🍺 — **49 Z : 102 B** 23/28 - 40/50.

GEISENHAUSEN Bayern siehe Schweitenkirchen.

GEISENHEIM 6222. Hessen — 11 700 Ew — Höhe 96 m — ✆ 06722 (Rüdesheim).

◆Wiesbaden 28 — ◆Koblenz 68 — Mainz 31.

✗ **Rheingau-Pavillon**, ℰ 8515, ← Rhein, 斎 — 🅿
➤ 15. Dez.- 8. Feb., Freitag und Sept.- Mai auch Donnerstag ab 15 Uhr geschl. — Karte 14,50/46 🍴.

Beim Kloster Marienthal N : 4 km :

🏠 **Waldhotel Gietz** 🦌, Marienthaler Str. 20, ⊠ 6222 Geisenheim-Marienthal, ℰ (06722) 83 16, 斎, 🚗, 🛏, 🐎 — 🏧wc 🅿 🚗. 🖭 ⓞ 🅴
Karte 23/50 🍴 — **35 Z : 46 B** 50/80 - 150 Fb.

An der Straße nach Presberg N : 4,5 km :

✗ **Haus Neugebauer** 🦌 mit Zim, ⊠ 6222 Geisenheim-Johannisberg, ℰ (06722) 88 27, 斎, 🚗 — 🏧wc 🅿 🖭 ⓞ 🅴
3. Jan.- 15. Feb. geschl. — Karte 18/46 *(Dienstag geschl.)* 🍴 — **6 Z : 11 B** 48 - 86.

GEISINGEN 7716. Baden-Württemberg 987 ㊲, 427 ⑥ — 5 700 Ew — Höhe 661 m — ✆ 07704.

◆Stuttgart 128 — Donaueschingen 15 — Singen (Hohentwiel) 30 — Tuttlingen 17.

In Geisingen 3 - Kirchen-Hausen SO : 2,5 km :

🏠 **Gasthof Sternen**, Ringstr. 2, ℰ 2 13, 🚗, 🗔 — 🏧wc 🕿 🅿 🚗. 🅴
➤ Karte 14/45 🍴 — **33 Z : 64 B** 27/45 - 50/80 — P 45/63.

GEISLINGEN AN DER STEIGE 7340. Baden-Württemberg 987 ㊲ — 26 300 Ew — Höhe 464 m — ✆ 07331.

🅱 Kulturamt, Hauptstr. 19, ℰ 2 42 68.

◆Stuttgart 69 — Göppingen 18 — Heidenheim an der Brenz 30 — ◆Ulm (Donau) 32.

🏠 **Krone**, Stuttgarter Str. 148 (B 10), ℰ 6 10 71 — 🏧wc 🕿 🅿. 🐎
1.- 8. Jan. geschl. — Karte 18/46 *(Sonntag geschl.)* 🍴 — **35 Z : 64 B** 30/74 - 60/138.

In Geislingen-Eybach NO : 4 km :

🏠 **Ochsen**, von-Degenfeld-Str. 22, ℰ 6 20 51, 斎, 🚗, 🚗 — 🔌🏧wc 🏧wc 🕿 🚗 🅿
25. Okt.- 15. Nov. geschl. — Karte 16/42 *(Freitag geschl.)* — **31 Z : 50 B** 35/65 - 70/110.

In Geislingen - Weiler ob Helfenstein O : 3 km — Höhe 640 m :

🏨 **Burghotel** 🦌 garni, Burggasse 41, ℰ 4 10 51, 🚗, 🗔, 🚗 — 📺 🏧wc 🏧wc 🕿 🚗 🅿. 🐎
Juli - Aug. 3 Wochen geschl. — **23 Z : 34 B** 51/91 - 88/137.

✗✗ **Burgstüble**, Dorfstr. 12, ℰ 4 21 62 — 🖭 ⓞ 🅴
nur Abendessen, Sonntag und Juli 3 Wochen geschl. — Karte 35/70 (Tischbestellung erforderlich).

GEITAU Bayern siehe Bayrischzell.

GELDERN 4170. Nordrhein-Westfalen 987 ⑬, 409 ⑦ — 28 300 Ew — Höhe 25 m — ✆ 02831.

◆Düsseldorf 63 — ◆Duisburg 43 — Krefeld 30 — Venlo 23 — Wesel 29.

🏠 **Rheinischer Hof**, Bahnhofstr. 40, ℰ 55 22 — 🏧wc 🕿 🅿. ⓞ
Karte 15/39 *(Samstag geschl.)* — **28 Z : 45 B** 28/45 - 56/75.

🏠 **Voss**, Markt 28, ℰ 22 30 — 🏧wc 🏧wc 🚗 🅿 🚗. 🖭 ⓞ 🅴 𝗩𝗜𝗦𝗔
Karte 16/48 — **23 Z : 33 B** 40/50 - 65/80.

GELNHAUSEN 6460. Hessen 987 ㉘ — 19 000 Ew — Höhe 140 m — ✆ 06051.

Sehenswert : Marienkirche✶ (Chorraum✶✶).

🅱 Verkehrsbüro, Kirchgasse 2, ℰ 1 25 61.

◆Wiesbaden 84 — ◆Frankfurt am Main 42 — Fulda 62 — ◆Würzburg 86.

🏠 **Burg Mühle**, Burgstr. 2, ℰ 50 05 — 🏧wc 🏧wc 🕿 🚗 🅿. 🖭 ⓞ 🅴
Karte 24/52 — **18 Z : 33 B** 55/95 - 85/120.

🏠 **Grimmelshausen-Hotel**, Schmidtgasse 12, ℰ 1 70 31 — 📺 🏧wc 🚗. 🖭 🅴
18. Dez.- 10. Jan. geschl. — Karte 18/50 *(Montag geschl.)* — **24 Z : 40 B** 30/65 - 56/90.

🏩 **Schelm von Bergen**, Obermarkt 22, ℰ 27 55
➤ Karte 13/32 *(Freitag geschl.)* — **10 Z : 16 B** 30 - 50/60.

✗ **Stadt-Schänke**, Fürstenhofstr. 1, ℰ 46 18, 斎 — 🅿. 🖭 🅴 𝗩𝗜𝗦𝗔
Mittwoch, März - April 3 Wochen und 15.- 30. Okt. geschl. — Karte 16/37.

In Gelnhausen 2-Meerholz SW : 5 km :

✗ **Schießhaus**, Schießhausstr. 10, ℰ 6 69 29 — 🅿. ⓞ
26. Juni - 10. Juli und Mittwoch geschl. — Karte **29**/51.

GELSENKIRCHEN

GELSENKIRCHEN 4650. Nordrhein-Westfalen 987 ⑭ — 296 800 Ew — Höhe 30 m — ✪ 0209.

Siehe Ruhrgebiet (Übersichtsplan).

🛈 Verkehrsverein, Hans-Sachs-Haus, ℰ 2 33 76.

ADAC, Ruhrstr. 2, ℰ 2 39 73, Notruf ℰ 1 92 11.

◆Düsseldorf 45 ③ — ◆Dortmund 32 ② — ◆Essen 11 ④ — Oberhausen 19 ⑤.

Stadtplan siehe vorhergehende Seite.

🏨🏨 **Maritim**, Am Stadtgarten 1, ℰ 1 59 51, Telex 824636, ☎, 🖃 — 🔦 📺 ⇔ 🅿 🛎. 🖭 ⑩ **E**
VISA. 🌿 Rest
Karte 32/74 *(Samstag - Sonntag geschl.)* — **265 Z : 500 B** 104/162 - 174/232 Fb.

        Z a

🏨 **Weinhaus St. Petrus**, Munckelstr. 3, ℰ 2 64 73 — 🔦 🖵wc 🏛wc ☎
18 Z : 26 B.

        X u

🍴🍴 **Hirt**, Arminstr. 14, ℰ 2 32 35 — ⑤.

        X t

In Gelsenkirchen-Buer 4660 :

🏨🏨 **Monopol**, Springestr. 9, ℰ 37 55 62 — 🔦 📺 🏛wc ☎ ⇔ 🅿 🛎. 🖭 ⑩ **E**
Karte 28/62 — **30 Z : 50 B** 81 - 120 Fb.

        Y e

🏨🏨 **Zum Schwan**, Urbanusstr. 40, ℰ 3 72 44 — 📺 🏛wc ☎
(nur Abendessen) — **15 Z : 21 B** Fb.

        Y b

🏨 **Post**, Goldbergplatz 6, ℰ 3 73 83 — 🔦 🖵wc 🏛wc 🅿 🛎. 🖭 ⑩ **E** **VISA**
Karte 15,50/49 — **60 Z : 90 B** 35/80 - 65/120.

        Y v

🍴🍴🍴 **Mövenpick Schloß Berge - Baron de la Mouette**, Adenauerallee 103, ℰ 5 99 58,
« Terrasse mit ≤ » — 🖃 🅿 🛎. 🖭 ⑩ **E** **VISA**
Karte 32/65 — Belle Terrasse-Taverne Karte 23/50.

        Y s

🍴🍴🍴 **Parkhaus Kaiserau**, Cranger Str. 66, ℰ 59 11 04, « Gartenterrasse » — 🅿 🛎. 🖭 ⑩ **E**
Montag geschl. — Karte 28/64.

        Y n

🍴 **Ratsstuben - Ratskeller**, Rathausplatz 2, ℰ 39 45 94
Karte 15/38 ⑤.

        Y R

GEMMINGEN Baden-Württemberg siehe Eppingen.

GEMÜNDEN Rheinland-Pfalz siehe Daun.

GEMÜNDEN AM MAIN 8780. Bayern 987 ㉖ — 9 800 Ew — Höhe 150 m — ✪ 09351.

🛈 Verkehrsamt, Scherenbergstr. 4, ℰ 38 30.

◆München 319 — ◆Frankfurt am Main 88 — Bad Kissingen 38 — ◆Würzburg 39.

🏨 **Schäffer**, Bahnhofstr. 28 (B 26), ℰ 34 27 — 🖵wc 🏛 ⇔ 🛎
→ *Jan. geschl.* — Karte 13,50/40 ⑤ — **34 Z : 50 B** 30/38 - 65/75.

An der B 27 SO : 12 km über Wernfeld :

🏯 **Waldeck**, Gössenheimer Str. 1, ⊠ 8785 Eußenheim, ℰ (09358) 2 48 — 🏛wc ⇔ 🅿
→ *Nov. geschl.* — Karte 12,50/25 *(Donnerstag geschl.)* ⑤ — **20 Z : 45 B** 30/45 - 55/70.

GEMÜNDEN (RHEIN-HUNSRÜCK-KREIS) 6541. Rheinland-Pfalz 987 ㉔ — 1 200 Ew — Höhe
282 m — Erholungsort — ✪ 06765.

Mainz 74 — ◆Koblenz 68 — Bad Kreuznach 44 — ◆Trier 95.

🏨 **Waldhotel Koppenstein** ⑤, SO : 1 km Richtung Bad Kreuznach, ℰ 4 56, ≤, 🍴, 🐎 —
🏛wc 🅿
Karte 18/51 *(Montag geschl.)* ⑤ — **14 Z : 31 B** 36/41 - 66/76.

GENGENBACH 7614. Baden-Württemberg 242 ㉙, 87 ⑤ — 10 500 — Höhe 172 m —
Erholungsort — ✪ 07803.

🛈 Verkehrsbüro, Hauptstr. 17, ℰ 26 37.

◆Stuttgart 160 — Offenburg 11 — Villingen-Schwenningen 68.

🏨 **Reichsstadt**, Engelgasse 33, ℰ 22 02, 🐎 — 📺 🏛wc ☎ ⇔ ⑩ **E** **VISA**
Feb. geschl. — Karte 20/45 *(Montag geschl.)* — **23 Z : 32 B** 38/50 - 64.

🏨 **Blume**, Brückenhäuserstr. 10, ℰ 24 39 — 🖵wc 🏛wc ⇔ 🅿
Feb.- März 3 Wochen geschl. — Karte 19/41 *(Mittwoch und Sonntag jeweils ab 14 Uhr geschl.)*
⑤ — **21 Z : 40 B** 32/48 - 56/80.

🍴🍴 **Jägerstüble** ⑤ mit Zim, Mattenhofweg 3, ℰ 27 38, ≤, 🍴, « Wildgehege » — 🏛wc ☎ ⇔
🅿
10 Z : 20 B.

In Berghaupten 7611 W : 2,5 km :

🍴🍴 **Hirsch** mit Zim, Dorfstr. 9, ℰ (07803) 28 90 — 🏛wc ⇔ 🅿
über Fasching 3 Wochen und Aug. 2 Wochen geschl. — Karte **28**/50 *(Montag geschl.)* ⑤ —
7 Z : 14 B 33 - 60.

GENSINGEN 6531. Rheinland-Pfalz — 2 300 Ew — Höhe 90 m — ☎ 06727.

Mainz 36 — ◆Koblenz 72 — Bad Kreuznach 9.

🏠 Landhotel St. Hubertus, Kreuznacher Str. 61 (B 41), ℰ 2 62 — 🚽wc 🛁wc 🅿
12 Z : 25 B.

GEORGSMARIENHÜTTE 4504. Niedersachsen — 32 400 Ew — Höhe 100 m — ☎ 05401.

◆Hannover 142 — Bielefeld 51 — Münster (Westfalen) 51 — ◆Osnabrück 8,5.

In Georgsmarienhütte-Oesede :

🏠 **Herrenrest**, an der B 51 (S : 2 km), ℰ 53 83 — 🚽wc 🛁wc 🚗 🅿. ✂ Zim
Karte 15/35 *(Montag geschl.)* — **28 Z : 50 B** 32/45 - 58/75.

GERETSRIED Bayern siehe Wolfratshausen.

GERLINGEN Baden-Württemberg siehe Stuttgart.

GERMERING 8034. Bayern 987 ③⑦. 426 ⑰ — 35 200 Ew — Höhe 532 m — ☎ 089 (München).

◆München 18 — ◆Augsburg 53 — Starnberg 18.

🏨 Mayer, Augsburger Str. 15 (B 2), ℰ 84 40 71, 🍽 — 🛗 🚽wc 🛁wc ☎ 🚗 🅿 🔥
65 Z : 93 B Fb.

🏨 Regerhof, Dorfstr. 38, ℰ 84 70 84, 🍴, 🚬 — 🛗 📺 🛁wc ☎ 🅿
34 Z : 50 B Fb.

In Germering - Unterpfaffenhofen S : 1 km :

🏨 **Huber**, Bahnhofplatz 8, ℰ 84 60 01 — 🛗 🚽wc 🛁wc ☎ 🅿 🔥. 🆎
Karte 20/45 — **50 Z : 90 B** 65/82 - 96/120.

In Puchheim 8039 W : 2 km :

🏨 **Parsberg**, Augsburger Str. 1 (B 2), ℰ (089) 80 20 71 — 🛗 📺 🚽wc 🛁wc ☎ 🚗 🅿 🔥. 🆎 ⓓ 🄴
Karte 18,50/50 *(Mitte Mai - Anfang Juni und Montag geschl.)* — **44 Z : 85 B** 45/65 - 58/80 Fb.

GERMERSHEIM 6728. Rheinland-Pfalz 987 ㉒⑧ — 15 600 Ew — Höhe 104 m — ☎ 07274.

Mainz 111 — ◆Karlsruhe 34 — Landau in der Pfalz 21 — Speyer 18.

🏠 Ries garni, Oberamtsstr. 1, ℰ 24 31 — 🛁wc. ✂
27 Z : 40 B.

✕ **Bayerischer Hof** mit Zim, Hauptstr. 18, ℰ 25 58
Mitte Juni - Anfang Juli geschl. — Karte 15/41 *(Mittwoch ab 14 Uhr und Samstag geschl.)* 🍴
6 Z : 8 B 35 - 60.

GERNSBACH 7562. Baden-Württemberg 987 ㉟ — 14 000 Ew — Höhe 160 m — Luftkurort —
☎ 07224.

Sehenswert : Altes Rathaus★.

🄸 Verkehrsamt, Rathaus, Igelbachstr. 11, ℰ 6 44 44.

◆Stuttgart 91 — Baden-Baden 11 — ◆Karlsruhe 35 — Pforzheim 41.

🏨 Sonnenhof, Loffenauer Str. 33, ℰ 30 96, ≤, 🍴 — 📺 🚽wc 🛁wc ☎ 🅿
Karte 19/47 🍴 — **21 Z : 40 B** 42/48 - 70/80 Fb.

🏨 Stadt Gernsbach garni, Hebelstr. 2, ℰ 20 91, Telex 78939 — 🛗 🚽wc 🛁wc ☎ 🅿. 🆎 🄴 VISA
43 Z : 84 B 68/72 - 108/114 Fb.

🏠 Am Kurpark, Kelterbergstr. 2, ℰ 22 20 — 🛁wc ☎ 🅿 🔥. 🆎 VISA
Karte 17,50/45 *(Montag geschl.)* — **13 Z : 24 B** 30/49 - 52/80 — P 55/65.

An der Straße nach Lautenbach SO : 2 km :

🏠 **Brandeck** 🐾, Schwannweg 130, ✉ 7562 Gernsbach, ℰ (07224) 22 97, ≤, 🍴 — 🚽wc 🛁wc
🅿
Karte 16/40 *(Dienstag und 15. Jan.- 15. Feb. geschl.)* — **15 Z : 25 B** 35/45 - 70/90 — 4 Appart. 85.

An der Straße nach Baden-Baden und zur Schwarzwaldhochstr. SW : 4 km :

🏠 **Nachtigall**, Müllenbild 1, ✉ 7562 Gernsbach, ℰ (07224) 21 29, 🚗, ✂ — 🚽wc 🛁wc 🚗
🅿
Feb. geschl. — Karte 20/45 *(Montag geschl.)* — **15 Z : 25 B** 32/55 - 64/110.

In Gernsbach-Obertsrot S : 2 km :

✕ Markgräflich Badische Gaststätte, Im Schloß Eberstein, ℰ 21 50, « Terrasse mit ≤ Murgtal »
— 🅿.

In Gernsbach 7-Reichental SO : 7 km — Höhe 416 m :

🏛 **Grüner Baum** 🐾, Süßer Winkel 1, ℰ 34 38 — 🚗 🅿
⬅ 15. Okt.- 20. Nov. geschl. — Karte 14/30 *(Montag geschl.)* 🍴 — **11 Z : 20 B** 28/32 - 47/50.

In Gernsbach 7 - Reichental-Kaltenbronn SO : 16 km — Höhe 900 m — Wintersport : 900/1 000 m ≤2 ≤1 :

🏛 **Höhenhotel Sarbacher,** 🖉 10 44, 🍽, ≤ — 🛗wc 🕿 🅿
   Nov.- 24. Dez. geschl. — Karte 19/50 — **14 Z : 23 B** 37/50 - 74/86 — P 67/80.

   In Gernsbach 3 -Staufenberg W : 2,5 km :

🏛 **Sternen,** Staufenberger Str. 111, 🖉 33 08, 🍽 — 🛗wc ⇐ 🅿
⬅ *Nov. geschl.* — Karte 14/38 *(Donnerstag geschl.)* 🍴 — **15 Z : 30 B** 38 - 60 — P 45.

   In Loffenau 7563 O : 5 km — Höhe 320 m :

🏛 **Tannenhof** 🐾, Bocksteinweg 9, 🖉 (07083) 86 36, ≤ Loffenau und Murgtal, 🍽, 🈂, 🍽 — 🛗wc 🕿 🅿 🛁
   13. Jan.- 17. Feb. geschl. — Karte 19/42 *(Montag geschl.)* — **16 Z : 31 B** 35 - 58.

🏛 **Zur Sonne,** Obere Dorfstr. 4, 🖉 (07083) 24 87, 🍽 — 🛗 🛗wc 🅿 🛁
   10. Jan.- 15. Feb. geschl. — Karte 18/39 *(Mittwoch ab 14 Uhr geschl.)* 🍴 — **22 Z : 40 B** 29/38 - 50/68 Fb.

GERNSHEIM 6084. Hessen 987 ⊛ — 8 000 Ew — Höhe 90 m — 🕿 06258.
◆Wiesbaden 53 — ◆Darmstadt 21 — Mainz 46 — ◆Mannheim 39 — Worms 20.

🍴 **Hubertus,** Waldfrieden (O : 2 km), 🖉 22 57 — 🖴wc 🛗wc 🅿. ⓞ **E**
   Karte 15,50/40 *(Samstag geschl.)* — **13 Z : 20 B** 33/55 - 60/70.

GEROLSBACH 8069. Bayern — 2 400 Ew — Höhe 456 m — 🕿 08445.
◆München 63 — ◆Augsburg 47 — Ingolstadt 44.

🍴🍴 ⊛ **Zur Post,** St.-Andreas-Str. 3, 🖉 5 02 — 🅿
   wochentags nur Abendessen, Montag - Dienstag geschl. — Karte 35/60 (Tischbestellung ratsam)
   Spez. Krabbensalat, Rehlende in Wacholderrahm, Apfelpfannkuchen mit Calvados.

GEROLSTEIN 5530. Rheinland-Pfalz 987 ⊛ — 7 100 Ew — Höhe 400 m — Luftkurort — 🕿 06591.
🛈 Verkehrsamt, Rathaus, 🖉 1 32 17.
Mainz 182 — ◆Bonn 90 — ◆Koblenz 86 — Prüm 20.

🏛 **Waldhotel Rose** 🐾, Zur Büschkapelle 5, 🖉 6 43, ≤, 🈂, 🏊, 🍽 — 🖴wc 🕿 🅿 🛁. 🗚 ⓞ
   E 𝗩𝗜𝗦𝗔. 🍽 Rest
   Karte 20/58 — **30 Z : 60 B** 54/72 - 93/135 Fb — P 71/79.

🏛 **Seehotel** 🐾, am Stausee, 🖉 2 22, 🈂, 🏊, 🍽 — 🖴wc 🛗wc ⇐ 🅿. 🍽 Rest
   5. Nov.- 18. Dez. geschl. — Karte 16/36 — **33 Z : 70 B** 41/55 - 64/78.

🏛 **Haus Menne,** Hauptstr. 115, 🖉 6 51 — 🖴wc 🛗wc 🕿 ⇐ 🅿. ⓞ **E**
   Karte 18/47 — **21 Z : 34 B** 37/40 - 65/74 — 19 Appart. — P 65/75.

🏛 **Tannenfels** garni, Lindenstr. 60, 🖉 41 23 — 🛗wc ⇐ 🅿
   9 Z : 15 B 33/47 - 59/73.

GEROLZHOFEN 8723. Bayern 987 ⊛ — 6 500 Ew — Höhe 235 m — 🕿 09382.
◆München 262 — ◆Bamberg 52 — ◆Nürnberg 91 — Schweinfurt 22.

🏛 **An der Stadtmauer** garni, Rügshöfer Str. 25, 🖉 65 77 — 🛗 🛗wc 🛁
   15. Jan.- 15. Feb. geschl. — **28 Z : 55 B** 38 - 76.

🏛 **Wilder Mann,** Marktplatz 2, 🖉 3 22 — 🛗wc ⇐ 🅿. ⓞ 𝗩𝗜𝗦𝗔
⬅ *Jan. 2 Wochen geschl.* — Karte 13/35 *(Freitag geschl.)* 🍴 — **16 Z : 24 B** 27/35 - 50/68.

GERSFELD 6412. Hessen 987 ⊛⊛ — 5 800 Ew — Höhe 482 m — Kneipp- und Luftkurort — Wintersport : 500/950 m ≤7 ≤7 — 🕿 06654.
Ausflugsziel : Wasserkuppe : ≤★★ N : 9,5 km.
🛈 Kurverwaltung, Haus am Marktplatz, 🖉 70 77.
◆Wiesbaden 160 — Fulda 28 — ◆Würzburg 96.

🏛 **Kurhotel Gersfelder Hof** 🐾, Auf der Wacht 14, 🖉 70 11, ≤, 🍽, Bade- und Massageabteilung, 🛁, 🈂, 🏊, 🍽, 🍽 — 🛗 🖴wc 🛗wc 🕿 🅿 🛁. 🗚 🍽 Rest
   Karte 25/53 — **62 Z : 100 B** 56/64 - 98/120 Fb — P 88/96.

🏛 **Sonne,** Amelungstr. 1, 🖉 3 03, 🈂 — 🖴wc ⇐
⬅ *1.- 22. Dez. geschl.* — Karte 13/35 — **19 Z : 35 B** 28/36 - 50/58.

   In Gersfeld-Hettenhausen W : 9 km :

🏛 **Gästehaus Strecker** 🐾 garni, Hartlingsgraben 2, 🖉 (06656) 10 17, 🈂, 🏊, 🍽 — 🛗wc 🕿 ⇐ 🅿
   Nov.- 20. Dez. geschl. — **7 Z : 14 B** 46 - 75 — 3 Appart. 85.

   In Gersfeld-Obernhausen NO : 5 km :

🏛 **Berghof Wasserkuppe,** an der B 284, 🖉 2 51, ≤, 🍽, 🈂, 🍽 — 🛗wc 🅿 🛁
⬅ Karte 12/38 🍴 — **20 Z : 46 B** 29 - 51 — P 53.

🍴🍴 **Peterchens Mondfahrt** 🐾 mit Zim, an der Wasserkuppe (N : 4 km), 🖉 3 81, « Geschmackvolle Zimmereinrichtung » — 🛗wc 🅿
   3. Nov.- 14. Dez. geschl. — Karte 16/44 *(Dienstag geschl.)* — **7 Z : 13 B** 42 - 70.

299

GERSHEIM 6657. Saarland 242 ⑪, 57 ⑰, 87 ⑫ — 7 000 Ew — Höhe 240 m — ☎ 06843.

♦Saarbrücken 30 — Sarreguemines 13 — Zweibrücken 23.

    ✗ **Quirin** mit Zim, Bliesstr. 5, ℰ 3 15 — ℗
    ← Karte 14/45 *(Montag geschl.)* ⅃ — **2 Z : 4 B** 28 - 56.

    In Gersheim - Walsheim NO : 2 km :

    🏠 **Walsheimer Hof**, Bliesdahlheimer Weg 4, ℰ 83 55 — 📺 🛏 ☎
    Karte 18/40 *(Montag geschl.)* — **8 Z : 14 B** 30/40 - 60/80.

GERSTETTEN 7929. Baden-Württemberg 987 ㊱ — 10 300 Ew — Höhe 624 m — ☎ 07323.

♦Stuttgart 89 — ♦Augsburg 93 — Heidenheim an der Brenz 15 — ♦Ulm (Donau) 33.

    In Gerstetten-Gussenstadt NW : 6 km :

    🏛 **Krone**, Bühlstr. 4, ℰ 51 21, 🛏, 🔲 — 🛏wc ⟸ ℗. ⚡ Zim
    ← Karte 13,50/29 *(Freitag geschl.)* ⅃ — **10 Z : 16 B** 35/40 - 65/70.

GERSTHOFEN Bayern siehe Augsburg.

GESCHER 4423. Nordrhein-Westfalen 987 ⑬, 408 ⑭ — 14 400 Ew — Höhe 62 m — ☎ 02542.

🛈 Verkehrsverein, Katharinenstr. 1, ℰ 43 00.

♦Düsseldorf 107 — Bocholt 39 — Enschede 45 — Münster (Westfalen) 49.

    🏠 **Domhotel**, Kirchplatz 6, ℰ 3 63 — 🛏wc ⟸ ℗ 🅰. 🆎 ⓞ ⒠ VISA
    Juli - Aug. 3 Wochen geschl. — Karte 26/50 *(Freitag geschl.)* — **10 Z : 18 B** 27/38 - 52/70.

    🏠 **Tenbrock**, Hauskampstr. 12, ℰ 3 18 — 🛏wc ⟸ ℗. ⒠. ✻
    Juli - Aug. 2 Wochen geschl. — Karte 15/38 *(Sonntag ab 14 Uhr geschl.)* — **12 Z : 24 B** 28/30 - 56/60.

    🏛 **Zur Krone**, Hauptstr. 39, ℰ 10 50 — 🛏wc ⟸ ℗. ⓞ ⒠
    ← *Juli - Aug. 2 Wochen geschl.* — Karte 14/36 *(Sonntag 15 Uhr-Montag 15 Uhr geschl.)* — **12 Z : 20 B** 25/33 - 50/66.

    🏛 **Ruthmann**, Gabelpunkt 6 (SO : 3 km an der B 67), ℰ 10 74 — 🛏 ⟸ ℗. 🆎 ⓞ
    1.- 7. Jan. geschl. — Karte 16/35 *(Freitag 14 Uhr - Samstag 17 Uhr geschl.)* — **10 Z : 12 B** 28/30 - 56/60.

GESEKE 4787. Nordrhein-Westfalen 987 ⑭ — 17 800 Ew — Höhe 103 m — ☎ 02942.

♦Düsseldorf 149 — Lippstadt 15 — Paderborn 20.

    🏠 Haus am Teich 🦢, Am Teich 2, ℰ 10 73 — 🖂 📺 🛏wc ☎ ℗
    10 Z : 17 B.

GEVELSBERG 5820. Nordrhein-Westfalen 987 ⑭ — 33 000 Ew — Höhe 140 m — ☎ 02332.

Siehe Ruhrgebiet (Übersichtsplan).

♦Düsseldorf 57 — Hagen 9 — ♦Köln 62 — Wuppertal 17.

    🏠 Garni, Großer Markt 1, ℰ 47 24 — 🖂 🛏wc ☎ ⟸
    15 Z : 25 B.

    🏠 **Auto-Hotel** garni, Hagener Str. 225 (B 7), ℰ 63 87 — 🛏wc ☎ ℗
    27 Z : 45 B 55/62 - 88/92.

GIEBOLDEHAUSEN 3416. Niedersachsen 987 ⑯ — 3 600 Ew — Höhe 155 m — ☎ 05528.

♦Hannover 118 — ♦Braunschweig 105 — Göttingen 27.

    In Rhumspringe 3429 SO : 7 km :

    🏠 **Rhume-Hotel**, Dechant-Hartmann-Str. 21, ℰ (05529) 2 41, 🌴, Massage, 🛏, 🔲, 🐎 — 🖂
    🛏wc ℗ 🅰. 🅿
    Karte 21/45 — **31 Z : 48 B** 32/40 - 60/75.

GIENGEN AN DER BRENZ 7928. Baden-Württemberg 987 ㊳ — 18 300 Ew — Höhe 465 m — ☎ 07322.

Ausflugsziel : Lonetal★ SW : 7 km.

♦Stuttgart 116 — ♦Augsburg 82 — Heidenheim an der Brenz 12 — ♦Ulm (Donau) 34.

    🏠 Gawron 🦢, Richard-Wagner-Str. 5, ℰ 70 31 — 🖂 🛏wc ☎ ⟸ ℗
    35 Z : 60 B Fb.

    🏛 Kanne, Marktstr. 22, ℰ 50 10 — 🛏wc ⟸
    21 Z : 31 B.

Ne confondez pas :

    Confort des hôtels : 🏨🏨 ... 🏠, 🏛

    Confort des restaurants : ✗✗✗✗✗ ... ✗

    Qualité de la table : ❀❀❀, ❀❀, ❀

Ausflugsziel : Burg Krofdorf-Gleiberg (Bergfried ※★) (NW : 6 km).
🛈 Verkehrs- und Informationsbüro, Berliner Platz 2, ℰ 3 06 24 89.
ADAC, Bahnhofstr. 15, ℰ 7 20 08, Notruf ℰ 1 92 11.
♦Wiesbaden 91 ⑤ − ♦Frankfurt am Main 62 ⑤ − ♦Kassel 139 ④ − ♦Koblenz 106 ②.

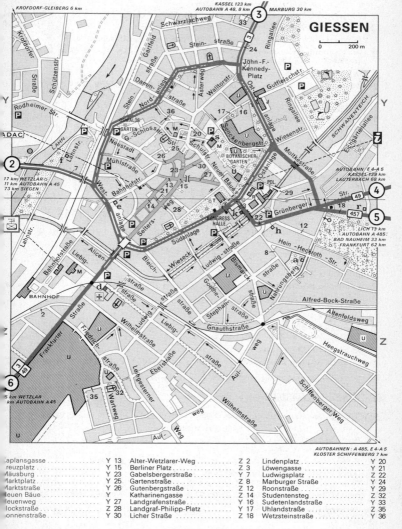

🏛 **Steinsgarten,** Hein-Heckroth-Str. 20, ℰ 3 89 90, Telex 4821713, Dachterrasse, ▨ − 🛗 📺 ⓟ
🛐 **84 Z : 120 B** Fb.   Z a

🏛 **Kübel,** Bahnhofstr. 47, ℰ 7 70 70, Telex 4821754 − 🛏wc 🛁wc ☎ ⓟ 🛐   Z e
46 Z : 65 B.

🏛 **Am Ludwigsplatz** garni, Ludwigsplatz 8, ℰ 3 30 82 − 🛗 📺 🛏wc 🛁wc ☎. 𝔸𝔼 ⓞ 𝔼 𝖵𝖨𝖲𝖠
45 Z : 71 B 52/96 - 96/124.   Z h

🏨 **Motel an der Lahn** garni, Lahnstr. 21, 🐾 7 35 16, « Einrichtung im Bauernstil » – 🛏wc 🚗 **Y f**
14 Z : 20 B 35/65 - 75/80.

🏨 **Park Hotel**, Wolfstr. 26, 🐾 4 20 96 – 📺 🛁wc 🛏wc ☎ 🚗 **Z r**
Karte 17/33 *(nur Abendessen, Sonntag geschl.)* – **19 Z : 30 B** 40/65 - 75/93.

XX **Schlosskeller** (Rest. in einem alten Kellergewölbe), Brandplatz 2, 🐾 3 83 06 – ⅍ **E Y s**
1.- 15. Jan. und Montag geschl. – Karte 20/53.

XX Kongresshalle-Ratsstuben, Berliner Platz 2, 🐾 7 30 25 – 🅿 🏛 **Z k**

XX Martinshof, Liebigstr. 20, 🐾 7 37 13 – 🅿 🏛 **Z d**

In Wettenberg 1 - Krofdorf-Gleiberg 6301 NW : 6 km über Korfdorfer Str. **Y** :

🏨 **Wettenberg**, Am Augarten 1, 🐾 (0641) 8 20 17, Telex 4821144 – 🛏wc ☎ 🅿 🏛 ⅍ ① E
Karte 23/55 – **45 Z : 80 B** 61/75 - 84/108 Fb.

In Wettenberg 2-Wißmar 6301 N : 7 km über Sudetenlandstr. **Y** :

🏨 **Gästehaus Schwalb** 🦢, Friedensstr. 14, 🐾 (06406) 25 76 – 🛏wc ☎ 🅿. 🦌
25. Dez.- 20. Jan. geschl. – Karte 14,50/25 *(Freitag geschl.)* – **9 Z : 17 B** 34/36 - 62/66.

In Buseck-Oppenrod 6305 ④ : 10 km :

🏨 **Lohberg** 🦢, Turnstr. 3, 🐾 (06408) 30 31 – 🛏wc ☎ 🚗 🅿 🏛
Karte 21/51 *(Montag geschl.)* – **13 Z : 20 B** 42/50 - 80.

GIFHORN 3170. Niedersachsen 987 ⑯ – 36 000 Ew – Höhe 55 m – ✆ 05371.
🛈 Tourist-Information, Michael-Clare-Str. 6 (nahe Rathaus), 🐾 8 82 51.
♦Hannover 79 – ♦Braunschweig 28 – Lüneburg 88.

🏨 **Heidesee** garni (siehe auch Rest. Heidesee), Celler Str. 109 (B 188, W : 2 km), 🐾 5 30 21, 🔲,
🌳 – 🛁 🚗 🅿 🏛. ⅍ ① E 🆅🆂🅰 🦌
23.- 29. Dez. geschl. – **45 Z : 68 B** 74/85 - 125/135 Fb.

🏨 **Deutsches Haus** 🦢, Torstr. 11, 🐾 5 40 51, 🌳 – 🛏wc ☎ 🚗 🅿 🏛
Juli - Aug. 3 Wochen geschl. – Karte 19/52 *(Sonntag ab 15 Uhr geschl.)* – **34 Z : 55 B** 28/55 -
50/100 Fb – 6 Appart. 110.

🏨 Jägerhof, Bromer Str. 4 (B 188, O : 2 km), 🐾 23 87, 🍴, 🔲, 🌳 – 🛏wc ☎ 🚗 🅿 🏛. 🦌 Zim
– **16 Z : 23 B**.

XX **Heidesee**, Celler Str. 109 (B 188, W : 2 km), 🐾 43 48, ≼, 🌤 – 🅿 🏛. ① 🆅🆂🅰
Karte 22/50.

In Gifhorn-Winkel SW : 6 km :

🏨 **Landhaus Winkel** 🦢 garni, Hermann-Löns-Weg 2, 🐾 29 55/1 29 55, 🌳 – 🛁wc 🛏wc ☎
👶 🅿
24.- 31. Dez. geschl. – **21 Z : 34 B** 46/50 - 80/84 Fb.

An der B 4 N : 8 km :

🏨 **Der Heidehof**, ✉ 3125 Wesendorf, 🐾 (05376) 2 81, 🌤, 🍴, 🌳 – 🛏wc 🅿. ⅍ E
Karte 22/57 – **11 Z : 22 B** 45/60 - 85/105.

In Isenbüttel 3172 S : 8 km :

🏨 **Seehotel** 🦢, am Tankumsee (NO : 5 km), 🐾 (05374) 16 21, ≼, 🌤, 🔲 – 🛏wc ☎ 🅿 🏛. ⅍
E
1.- 14. Jan. geschl. – Karte 23/54 *(Sonntag ab 15 Uhr geschl.)* – **28 Z : 56 B** 85 - 145 Fb.

GINSHEIM-GUSTAVSBURG Hessen siehe Mainz.

GLADBECK 4390. Nordrhein-Westfalen 987 ⑬ – 80 000 Ew – Höhe 30 m – ✆ 02043.
Siehe Ruhrgebiet (Übersichtsplan).
ADAC, Rentforter Str. 43, 🐾 2 55 19, Notruf 🐾 1 92 11.
♦Düsseldorf 54 – Dorsten 11 – ♦Essen 16.

🏨 Schultenhof, Schultenstr. 10, 🐾 5 17 79 – 🛏wc ☎ 🅿. 🦌 – **13 Z : 20 B**.

🏨 Garni, Voßstr. 144, 🐾 6 22 92 – 🛏 🚗 🅿 – **12 Z : 22 B**.

🏨 Wormland, Hochstr. 3, 🐾 2 27 48 – 🛏 🚗 🅿 – **15 Z : 21 B** Fb.

XX Haus Wittringen, Burgstr. 64, 🐾 2 23 23, 🌤, « Westfälisches Wasserschloß » – 🅿 🏛

GLADENBACH 3554. Hessen 987 ㉕ – 11 500 Ew – Höhe 340 m – Kneippheilbad – Luftkurort
– ✆ 06462.
🛈 Kurverwaltung, im Haus des Gastes, Hainstraße, 🐾 17 30.
♦Wiesbaden 122 – Gießen 28 – Marburg 20 – Siegen 61.

🏨 **Am Schloßgarten** 🦢, Hainstr. 7, 🐾 70 15, 🍴, 🔲, 🌳 – 🛁wc 🛏wc ☎ 🅿 🏛. ⅍ ① E
🦌 Zim
4.- 30. Jan. geschl. – Karte 17/48 *(Montag geschl.)* – **20 Z : 30 B** 46 - 90 Fb.

🏨 **Zimmermann**, Bahnhofstr. 72, 🐾 13 67, 🍴, 🔲, 🌳 – 🛁wc 🛏wc 🚗 🅿
Karte 13/33 *(Mittagessen nur für Pensionsgäste)* – **28 Z : 40 B** 35/55 - 75/98 – P 55/75.

GLANDORF 4519. Niedersachsen 𝟡𝟠𝟟 ⑭ — 5 400 Ew — Höhe 64 m — 🔾 05426.
◆Hannover 148 — Bielefeld 38 — Münster (Westfalen) 33 — ◆Osnabrück 26.

🏠 **Herbermann**, Münsterstr. 25, ℰ 18 01 — 🛗wc ⇔ ℗ 🏛. ॐ
↤ Karte 12/28 *(Dienstag geschl.)* (Mahlzeiten in der Gastwirtschaft H.) — **13 Z : 28 B** 35/55 - 60.

GLASHÜTTE Nordrhein-Westfalen siehe Schieder-Schwalenberg.

GLASHÜTTEN 6246. Hessen — 5 300 Ew — Höhe 506 m — Luftkurort — 🔾 06174 (Königstein im Taunus).
◆Wiesbaden 34 — ◆Frankfurt am Main 30 — Limburg an der Lahn 33.

🏠 **Weitzel**, Limburger Str. 17, ℰ 69 81, ≼, 🏤, 🐎 — ⇱wc 🛗wc ℗ 🏛
30 Z : 48 B Fb.
🍴🍴 **Glashüttener Hof** mit Zim, Limburger Str. 84, ℰ 69 22, 🏤 — 🛗wc ☎ ℗. **E**
Karte 25/54 *(Montag geschl.)* — **9 Z : 14 B** 52 - 104.

In Glashütten 2-Schloßborn SW : 3,5 km :

🍴🍴 **Schützenhof**, Langstr. 13, ℰ 6 10 74 — ℗
Sonntag bis 18 Uhr, Mittwoch und April geschl. — Karte 43/80.

GLATTEN 7296. Baden-Württemberg — 2 200 Ew — Höhe 535 m — 🔾 07443 (Dornstetten).
◆Stuttgart 89 — Freudenstadt 10.

🏠 **Schwanen**, Neuneckerstr. 2, ℰ 64 22 — 📧 ⇱wc 🛗wc ℗. 🖭. ॐ Zim
↤ 8.- 29. Jan. geschl. — Karte 13/35 *(Okt.- April Montag geschl.)* — **23 Z : 42 B** 32 - 60.

GLEISZELLEN-GLEISHORBACH Rheinland-Pfalz siehe Bergzabern, Bad.

GLONN 8019. Bayern 𝟜𝟚𝟞 ⑱ — 4 000 Ew — Höhe 536 m — Erholungsort — 🔾 08093.
◆München 29 — Rosenheim 33.

🏠 **Café Schwaiger** garni, Feldkirchner Str. 3, ℰ 50 88 — 🛗wc ℗
33 Z : 70 B 40/44 - 60/64.
🍴🍴 **Zur Lanz**, Prof.-Lebsche-Str. 24, ℰ 6 76 — ℗. ⓪
Montag - Dienstag und Aug. 3 Wochen geschl. — Karte 29/63 (abends Tischbestellung ratsam).

GLOTTERTAL 7804. Baden-Württemberg 𝟠𝟟 ⑦. 𝟚𝟜𝟚 ㉛ — 2 600 Ew — Höhe 306 m — Erholungsort — 🔾 07684.
🛈 Verkehrsamt, in der Kur- und Sporthalle, ℰ 2 53.
◆Stuttgart 208 — ◆Freiburg im Breisgau 17 — Waldkirch 11.

🏨 ✿ **Hirschen und Gästehaus Rebenhof**, Rathausweg 2, ℰ 8 10, Telex 772349, 🖙, 🐎, ॐ — 📧 🛗 ⇱wc ℗ 🏛
Karte 29/70 *(Montag geschl.)* — **Winzerstube** *(Dienstag geschl.)* Karte 13/25 ♨ — **47 Z : 83 B** 72/112 - 120/176 Fb — P 90/150
Spez. Steinbutt in Morchelrahmsauce, Gefüllte Poulardenbrust in Trüffelsauce, Rehrücken "Art des Hauses" (ab 2 Pers., saisonbedingt).

🏨 **Kreuz**, Landstr. 14, ℰ 2 06, 🖙 — 📧 🛗wc ☎ ℗. 🖭 ⓪ **E**
Mitte Feb.- Anfang März geschl. — Karte 21/56 *(Donnerstag geschl.)* — **25 Z : 41 B** 44/48 - 75/95 — P 73/77.

🏠 **Zum Goldenen Engel**, Friedhofstr. 2, ℰ 2 50, « Alter Schwarzwaldgasthof » — 🛗wc ⇔ ℗
Anfang Jan.- Anfang Feb. geschl. — Karte 20/55 *(Mittwoch geschl.)* ♨ — **10 Z : 18 B** 40/45 - 66 — P 66/71.

🏠 **Pension Faller** ॐ garni, Talstr. 9, ℰ 2 26, 🐎 — ⇱wc 🛗wc ⇔ ℗. ॐ
1.- 25. Dez. geschl. — **11 Z : 20 B** 35/60 - 57/95.

🏠 **Schwarzenberg**, Talstr. 24, ℰ 3 17, 🖙, ▨ — ⇱wc 🛗wc ☎ ⇔ ℗. 🖭 ⓪ **E**
(nur Abendessen für Hausgäste) — **20 Z : 40 B** 40/45 - 70/80.

🏠 **Zur Linde**, Talstr. 98, ℰ 2 49 — 🛗wc ℗
Mitte Jan.- Mitte Feb. geschl. — Karte 16/38 *(Montag geschl.)* — **10 Z : 17 B** 30 - 60.

🍴🍴 **Zum Adler** mit Zim, Talstr. 11, ℰ 2 31, « Einrichtung im Schwarzwälder Bauernstil » — 🛗wc ☎ ⇔ ℗. ⓪ 𝖵𝖨𝖲𝖠
Karte 23/65 *(Tischbestellung ratsam)* (Dienstag geschl.) — **13 Z : 23 B** 35/50 - 60/80.

🍴🍴 **Schloßmühle** mit Zim, Talstr. 22, ℰ 2 29, 🏤 — 📧 ⇱wc 🛗wc ☎ ℗. 🖭 ⓪ **E** 𝖵𝖨𝖲𝖠
Karte 23/69 *(Nov. und Mittwoch geschl.)* ♨ — **10 Z : 18 B** 50/52 - 90/96 Fb.

In Heuweiler 7803 W : 2,5 km :

🍴🍴 **Zur Laube** mit Zim, Glottertalstr. 1, ℰ (07666) 22 67, « Restauriertes Fachwerkhaus » — 📧 📺 🛗wc ☎ ⇔ ℗. ॐ Zim
20. Jan.- 14. Feb. geschl. — Karte 28/61 *(Dienstag geschl.)* ♨ — **7 Z : 14 B** 58/65 - 100/110.

GLÜCKSBURG 2392. Schleswig-Holstein 987 ⑤ — 7 600 Ew — Höhe 30 m — Seeheilbad —
🕾 04631.

Sehenswert : Wasserschloß (Lage★).

🛈 Kurverwaltung, Sandwigstr. 1a (Kurmittelhaus), 🗞 9 21.

◆Kiel 93 — Flensburg 10 — Kappeln 40.

🏨 **Intermar** 🦌, Förderstr. 2, 🗞 9 41, Telex 22670, ≤, 🏤, ⇔, 🔲 — 🛗 🗏 Rest 🔲 ⇐ 🔟 AE
　　① E VISA 🍽 Rest
　　Karte 34/65 — **80 Z : 160 B** 102/112 - 162/188 Fb — P 133/164.

🏩 **Kurpark-H.**, Sandwigstr. 1, 🗞 5 51 — 🛗 🔲 ⇔wc 🗍wc 🕾 ⇐ 🔟. AE ① E VISA
　　Karte 20/46 *(Okt.- April wochentags nur Abendessen)* — **42 Z : 100 B** 74/84 - 127 Fb.

　　In Glücksburg-Drei NO : 4 km :

🏩 **Café-Drei** 🦌, Drei 5, 🗞 25 75 — 🔲 ⇔wc 🗍wc 🕾 🅿. AE E
　　Jan.- 14. März geschl. — Karte 20/46 *(Mitte Sept.-März Montag geschl.)* — **10 Z : 20 B** 55 - 90.

GLÜCKSTADT 2208. Schleswig-Holstein 987 ⑤ — 12 000 Ew — Höhe 3 m — 🕾 04124.

◆Kiel 91 — ◆Bremerhaven 75 — ◆Hamburg 54 — Itzehoe 22.

🏩 **Tiessens Hotel**, Kleine Kremper Str. 18, 🗞 21 16 — ⇔wc 🗍wc 🕾 ⇐ 🅿. AE ① E VISA
　　Karte 20/51 *(Dienstag geschl.)* — **20 Z : 30 B** 53/65 - 90/98.

XX **Ratskeller**, Markt 4, 🗞 24 64
　　Feb. und Montag geschl., Okt.- März auch Sonntag ab 15 Uhr geschl. — Karte 30/65
　　(Tischbestellung ratsam).

GMUND AM TEGERNSEE 8184. Bayern 987 ㊲, 426 ⑰ — 6 400 Ew — Höhe 739 m — Luftkurort
— Wintersport : 700/900 m ≤3 ≰3 — 🕾 08022 (Tegernsee).

🛈 Reise- und Verkehrsbüro, Bahnhof, 🗞 73 91.

◆München 48 — Miesbach 11 — Bad Tölz 14.

🏩 **Oberstöger**, Tölzer Str. 4, 🗞 70 19, Biergarten — 🗍wc 🕾 🅿
➖ *Nov.- 15. Dez. geschl.* — Karte 14,50/33 *(Mittwoch geschl.)* — **31 Z : 51 B** 38/45 - 66/76 —
　　P 58/68.

　　In Gmund-Ostin SO : 2 km :

🏩 Zum Kistlerwirt, Schlierseer Str. 60, 🗞 77 19, 🏤, 🌳 — ⇔wc 🗍wc 🅿 — **23 Z : 50 B** Fb.

GOCH 4180. Nordrhein-Westfalen 987 ⑬, 408 ⑲ — 30 000 Ew — Höhe 18 m — 🕾 02823.

🛈 Verkehrsamt, Markt 2, 🗞 32 02 01.

◆Düsseldorf 87 — Krefeld 54 — Nijmegen 31.

🏨 **Odenthal**, Brückenstr. 46, 🗞 54 12, ⇔ — 🗍wc 🕾 🅿 🔟
　　Karte 19/46 *(Sonntag 14 Uhr - Montag 18 Uhr geschl.)* — **26 Z : 32 B** 33/50 - 65/85.

🏩 **Litjes**, Pfalzdorfer Str. 2, 🗞 40 16 — 🗍wc 🕾 🅿
　　Karte 19/40 *(nur Abendessen, Montag und Aug. 2 Wochen geschl.)* — **15 Z : 24 B** 39 - 72.

🏩 **Zur Friedenseiche**, Weezer Str. 1, 🗞 73 58 — 🗍wc ⇐ 🅿
➖ Karte 14,50/37 *(nur Abendessen, Sonntag geschl.)* — **20 Z : 31 B** 33/40 - 60/80.

X **Haus Huck**, Am Steintor 11, 🗞 76 70 — ①
　　Mittwoch geschl. — Karte 21/40.

　　In Goch 7-Nierswalde NW : 5 km :

🏨 Martinschänke 🦌, Dorfstr. 2, 🗞 20 53, 🌳 — ⇔wc 🗍wc 🕾 🅿 — **14 Z : 24 B**.

GOCKENHOLZ Niedersachsen siehe Lachendorf.

GÖDENSTORF Niedersachsen siehe Egestorf.

GÖGGINGEN Baden-Württemberg siehe Krauchenwies.

GÖHRDE Niedersachsen siehe Hitzacker.

GÖPPINGEN 7320. Baden-Württemberg 987 ㉟ — 53 000 Ew — Höhe 325 m — 🕾 07161.

Ausflugsziel : Gipfel des Hohenstaufen ※★, NO : 8 km.

🛈 Verkehrsamt, Marktstr. 2, 🗞 6 52 92.

ADAC, Ulrichstr. 62, 🗞 2 19 19, Telex 727813.

◆Stuttgart 44 ⑤ — Reutlingen 49 ⑤ — Schwäbisch Gmünd 26 ① — ◆Ulm (Donau) 63 ④.

Stadtplan siehe gegenüberliegende Seite.

🏨 **International**, Grünewaldweg 2, 🗞 7 90 31, Massage, ⇔, 🔲 — 🛗 🔲 ⇔wc 🗍wc 🕾 ⇐
　　🅿 🔟. AE ① E VISA　　　　　　　　　　　　　　　　　　über Dürerstr.　Z
　　(nur Abendessen für Hausgäste) — **58 Z : 100 B** 68/110 - 104/152 Fb.

🏨 **Hohenstaufen**, Freihofstr. 64, 🗞 7 00 77, Telex 727619 — 🔲 ⇔wc 🗍wc 🕾 ⇐. AE ① E
　　VISA　　　　　　　　　　　　　　　　　　　　　　　　　　　　　　　　　　　Y
　　Karte 28/61 *(23.- 30. Dez., Freitag - Samstag 18 Uhr und Feiertage geschl.)* — **35 Z : 51 B** 68/83
　　104/120 Fb.

304

GÖPPINGEN

Grabenstraße .... Z
Hauptstraße .... Z
Kellereistraße .... Z 7
Lange Straße .... Z 9
Marktplatz .... Z 10
Poststraße .... Z
Spitalstraße .... Z 24

Am Fischbergele .... Z 2

Geislinger Straße .... Z 3
Heininger Straße .... Z 4
Hohenstaufenstraße ...... Z 6
Kronengasse .... Z 8
Mittlere
  Karlstraße .... Z 12
Oberhofenstraße .... Z 14
Pfarrstraße .... Z 16
Rosenplatz .... Y 18
Rosenstraße .... Y 19
Schloßstraße .... Z 21
Wühlestraße .... Z 26

✗✗ **Höhenrestaurant Traubenkeller,** Weingärten 23, ✆ 7 31 76, « Terrasse mit ≼ » – 🅿   Z
Donnerstag und Feb. 3 Wochen geschl. – Karte **26**/46.   über Heininger Str.

✗ **Bierhaus Maier** mit Zim, Kirchstr. 25, ✆ 7 20 28 – 🛁wc ☎   Z r
    8 Z : 11 B.

In Göppingen 11-Hohenstaufen ② : 8 km :

✗✗ **Café Honey do** 🐾 mit Zim, Eutenbühl 1, ✆ (07165) 3 39, ≼ Schwäbische Alb – 📺 🛁wc ☎
🅿. 🔞. 🍴 Zim
    Karte 13,50/46 *(Dienstag geschl.)* – **5 Z : 10 B** 52 - 104.

In Göppingen-Holzheim über Heininger Straße Z :

🏔 **Stern,** Eislinger Str. 15, ✆ 81 22 13 – 🛁 🅿
    2.- 23. Aug. geschl. – Karte 14,50/31 *(Freitag - Samstag 15 Uhr geschl.)* 🍴 – **12 Z : 20 B** 27/37 -
    54/70.

In Göppingen 8-Jebenhausen ④ : 3 km :

🏨 **Pension Winkle** 🐾 (Nichtraucher-H.), Schopflenbergweg 5, ✆ 4 15 74, 🚂, 🔲 – 🛏wc
🛁wc ☎ 🚭 🖙 🅿. 🇪 𝗩𝗜𝗦𝗔. 🍴
    24. Dez.- 15. Jan. geschl. – (nur Abendessen für Hausgäste) – **17 Z : 23 B** 47/52 - 75/85.

In Göppingen 7-Ursenwang ③ : 5 km :

✗✗ **Bürgerhof,** Tannenstr. 2, ✆ 81 12 26 – 🅿. 🅰🅴 ⓞ 🇪
    Montag - Dienstag und Aug. 3 Wochen geschl. – Karte 21/50.

In Wangen 7321 ⑤ : 6 km – ✆ 07161 :

🏨 **Linde,** Hauptstr. 30, ✆ 2 30 22 – 🛏wc 🛁wc ☎ 🖙 🅿. ⓞ 🇪. 🍴 Rest
    13.- 26. Jan. geschl. – Karte 20/50 🍴 – **12 Z : 15 B** 36/55 - 88.

✗✗ **Landgasthof Adler,** Hauptstr. 103, ✆ 2 11 95 – 🅿. ⓞ 🇪
    Montag und 10.- 24. Jan. geschl. – Karte 23/52.

✗ **Ziegelei** mit Zim, Holzhäuser Str. 5, ✆ 2 35 00 – 🛁wc 🅿. 🅰🅴
    15. Sept.- 1. Okt. geschl. – Karte 16/47 *(Dienstag geschl.)* – **6 Z : 10 B** 35/45 - 68/85.

GÖRWIHL 7883. Baden-Württemberg **216** ⑥, **242** ④⓪, **427** ⑤ — 4 000 Ew — Höhe 671 m — Erholungsort — 🕿 07754.

◆Stuttgart 198 — Basel 56 — Todtmoos 15 — Waldshut-Tiengen 18.

In Görwihl-Rotzingen N : 3,5 km :

🏤 **Lueg ins Land** ⏴, Rotzingen 54, 𝒫 4 77, ≤, 🚗 — 🏠wc 🅿
◆ 25. Okt.- 25. Nov. geschl. — Karte 14/31 *(Okt.- April Montag geschl.)* 🔔 — **10 Z : 18 B** 34 - 68 — P 48.

GÖSSWEINSTEIN 8556. Bayern **987** ㉘ — 4 200 Ew — Höhe 493 m — Luftkurort — 🕿 09242.

Sehenswert : Marienfelsen ≤★★ — Wagnershöhe ≤★.

🛈 Verkehrsamt, Burgstr. 67, 𝒫 4 56.

◆München 219 — ◆Bamberg 45 — Bayreuth 46 — ◆Nürnberg 75.

🏠 **Regina** garni, Pezoldstr. 109, 𝒫 2 50, 🚗 — 🏠wc 🏠wc 🚗 🅿
15 Z : 28 B 35/41 - 60/68.

🏠 **Zur Rose**, Marktplatz 7, 𝒫 2 25 — 🏠wc. 🎋 Zim
◆ Nov. geschl. — Karte 13/35 *(Montag geschl.)* — **19 Z : 39 B** 36/49 - 66/72.

🏤 **Fränkische Schweiz**, Pezoldstr. 21, 𝒫 2 90, Biergarten — 🏠wc 🚗 🅿
◆ 15. Nov.- 15. Dez. geschl. — Karte 10/21 *(Dienstag geschl.)* — **12 Z : 22 B** 22/27 - 44/54 — P 37/42.

In Gössweinstein - Behringersmühle :

🏤 **Frankengold**, Pottensteiner Str. 29, 𝒫 2 73, 🌱, 🚗 — 🏠 🅿
Karte 15/38 *(Mittwoch geschl.)* 🔔 — **9 Z : 18 B** 28/34 - 40/80 — P 44/55.

🏤 **Zur schönen Aussicht** ⏴, Haus Nr. 22, 𝒫 2 94, ≤, 🚗 — 🎋
20. Dez.-10. Jan. geschl. — (Rest. nur für Hausgäste) — **10 Z : 19 B** 23/32 - 43/64 — P 32/39.

GÖTTELFINGEN Baden-Württemberg siehe Seewald.

GÖTTINGEN 3400. Niedersachsen **987** ⑮ — 138 000 Ew — Höhe 159 m — 🕿 0551.

Sehenswert : Fachwerkhäuser (Junkernschänke★) YZ **B**.

🛈 Fremdenverkehrsamt, Altes Rathaus, Markt 9, 𝒫 5 40 00, Tourist Office, vor dem Bahnhof, 𝒫 5 60 00.

ADAC, Herzberger Landstr. 3, 𝒫 5 10 28, Notruf 𝒫 1 92 11.

◆Hannover 122 ③ — ◆Braunschweig 109 ③ — ◆Kassel 47 ③.

Stadtplan siehe gegenüberliegende Seite.

🏨 **Gebhards Hotel** ⏴, Goetheallee 22, 𝒫 5 61 33, Telex 96602, 🖼 — 📶 📺 🅿 ⚙ 🆎 ⓪ **E** 𝑉𝐼𝑆𝐴
   Karte 32/66 *(Sonntag bis 18 Uhr geschl.)* — **61 Z : 82 B** 68/110 - 155/165 Fb. **Y e**

🏨 **Park-Hotel Ropeter**, Kasseler Landstr. 45, 𝒫 90 20, Telex 96821, Massage, 🛎, 🖼, 🚗 —
   📶 ☰ Rest 🚗 🅿 ⚙ 🆎 ⓪ **E** 𝑉𝐼𝑆𝐴 🎋 Rest   über ③
   Karte 28/68 — **110 Z : 160 B** 60/110 - 95/150 Fb.

🏛 **Eden** ⏴ garni, Reinhäuser Landstr. 22a, 𝒫 7 60 07, 🛎, 🖼 — 📶 🏠wc 🏠wc 🕿 🅿. 🎋
   62 Z : 89 B 58/95 - 92/140 Fb. **Z d**

🏛 **Central** ⏴ garni, Jüdenstr. 12, 𝒫 5 71 57 — 🏠wc 🕿 🚗 🅿. 🆎 ⓪ **E** 𝑉𝐼𝑆𝐴 **Y n**
   22. Dez.- 2. Jan. geschl. — **45 Z : 70 B** 45/95 - 85/160.

🏠 **Zur Sonne** garni, Paulinerstr. 10, 𝒫 5 67 38, Telex 96787 — 📶 🏠wc 🏠wc 🕿 🚗 🅿. ⓪ **E** 𝑉𝐼𝑆𝐴
   20. Dez.-5. Jan. geschl. — **41 Z : 62 B** 60/75 - 90/104. **YZ a**

🏠 **Rennschuh** garni, Kasseler Landstr. 93, 𝒫 9 30 44, 🛎, 🖼 — 🏠wc 🕿 🚗 🅿. 🎋 über ③
   76 Z : 118 B 48/55 - 75/82.

🏠 **Hainholzhof-Kehr** ⏴, Borheckstr. 66 (O : 4 km), 𝒫 7 50 08, 🌱 — 🏠wc 🏠wc 🕿 🅿 ⚙. 🆎
   ⓪ **E**   über Herzberger Landstraße **Y**
   Karte 20/48 *(Montag geschl.)* — **12 Z : 21 B** 40/50 - 65/85.

🏠 **Garni Gräfin v. Holtzendorff** ⏴, Ernst-Ruhstrat-Str. 4 (im Industriegebiet), 𝒫 6 39 87 —
   🏠 🏠   über ④
   22 Z : 30 B 37/45 - 62/72.

XX **Junkernschänke**, Barfüßerstr. 5, 𝒫 5 73 20, « Fachwerkhaus a. d. 15. Jh. » — ⚙. ⓪ **E**
   Montag geschl. — Karte 26/62. **Y n**

XX **Rathskeller**, Markt 9, 𝒫 5 64 33, 🌱 — ⚙. 🆎 ⓪ **E** 𝑉𝐼𝑆𝐴 **Z u**
   Karte 21/52.

XX **Zum Schwarzen Bären** (Gaststätte a. d. 16. Jh.), Kurze Str. 12, 𝒫 5 82 84 — 🆎 **E** **Z x**
   Montag geschl. — Karte 23/60.

X **La Sicilia** (Italienische Küche), Wendenstr. 8a, 𝒫 5 50 08 **Z t**
◆ Karte 11,50/42.

X Gauß-Keller, Obere Karspüle, 𝒫 5 66 16 **Y r**

X Balkan-Sonne, Paulinerstr. 10, 𝒫 4 29 12 **YZ a**

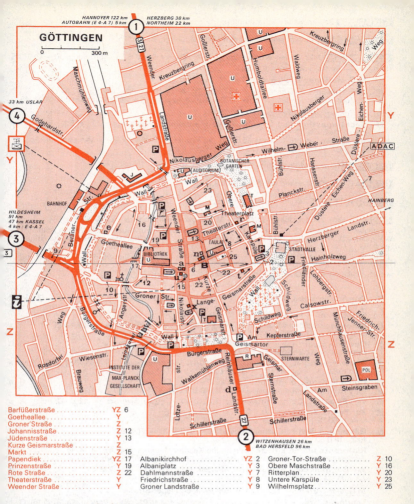

In Göttingen - Groß-Ellershausen ③ : 4 km :

🏨 **Freizeit In**, Dransfelder Str. 3 (B 3), ℰ 9 20 51, Telex 96681, Massage, ≘, ⌧, ⚒ (Halle) —
📺 🅿 🕭. ⒶⒺ Ⓞ Ⓔ
Karte 19/54 ⅜ — **72 Z : 144 B** 68/79 - 108/160 Fb.

🏨 **Lindenhof**, Dransfelder Str. 9 (B 3), ℰ 9 22 52 — ⌿wc ⇐ 🅿 🕭
22. Dez.- 5. Jan. geschl. — Karte 15/35 (Sonntag ab 14 Uhr geschl.) — **22 Z : 28 B** 32/45 - 60/80.

In Göttingen 23-Nikolausberg NO : 5 km über Nikolausberger Weg Y :

🏨 **Beckmann** ⌂ garni, Ulrideshuser Str. 44, ℰ 2 10 55 — ⌐wc ⌿wc ☎ ⇐ 🅿 🕭
26 Z : 40 B 34/55 - 60/80.

In Friedland - Groß-Schneen 3403 ② : 10 km :

XX **Schillingshof** ⌂ mit Zim, Lappstr. 14, ℰ (05504) 2 28 — ⌿wc 🅿. Ⓞ Ⓔ
Karte 36/77 (Montag geschl.) — **3 Z : 6 B** 70 - 100.

An der Autobahn A 7 (Westseite) ③ : 6,5 km :

🏨 **Autobahn-Rasthaus und Motel**, ✉ 3405 Rosdorf 1-Mengershausen, ℰ (05509) 6 33, ♨ —
⌿wc ☎ 🅿
32 Z : 86 B.

GOLDBACH Bayern siehe Aschaffenburg.

GOLDKRONACH Bayern siehe Berneck im Fichtelgebirge, Bad.

GOMADINGEN 7423. Baden-Württemberg — 2 200 Ew — Höhe 675 m — Erholungsort — ✆ 07385.
♦Stuttgart 64 — Reutlingen 23 — ♦Ulm (Donau) 60.

    In Gomadingen-Dapfen SO : 3 km :

🏠 **Zum Hirsch**, Lautertalstr. 58, ℰ 4 27, ⌕s, ◪, ⌖ — ⌂wc ⋔wc ⟺ 🅿 ⚿ ⋈ ℤim
    20. Nov.- 15. Dez. geschl. — Karte 12/38 *(Dienstag geschl.)* ⌽ — **20 Z : 40 B** 37 - 70 — P 46/48.

    In Gomadingen-Offenhausen W : 2 km :

✗✗ **Gestütsgasthof** (mit Gästehaus, 300 m entfernt), Ziegelbergstr. 22, ℰ 5 21, ⌕s, ⌖ —
    ⌂wc ⋔wc ⟺ 🅿
    10.- 28. Feb. geschl. — Karte 18,50/48 *(im Winter Dienstag 15 Uhr - Mittwoch, im Sommer
    Mittwoch geschl.)* ⌽ — **11 Z : 22 B** 40 - 78 Fb — P 55.

GONDORF Rheinland-Pfalz siehe Bitburg.

GONNESWEILER Saarland siehe Nohfelden.

GORXHEIMERTAL Hessen siehe Weinheim.

GOSLAR 3380. Niedersachsen 987 ⑯ — 51 700 Ew — Höhe 320 m — ✆ 05321.
Sehenswert : Altstadt★★★ (Marktplatz★★, Fachwerkhäuser★★, Rathaus★ mit Huldigungssaal★★) —
Wallanlagen★ B — Breites Tor★ B — Neuwerkkirche★ A — Ausflugsziel : Klosterkirche Grauhof★
① : 3 km.
🛈 Kur- und Fremdenverkehrsgesellschaft, Markt 7, ℰ 28 46 — ADAC, Breite Str. 31, ℰ 2 40 43, Notruf ℰ
1 92 11.
♦Hannover 90 ④ — ♦Braunschweig 43 ① — Göttingen 80 ④ — Hildesheim 59 ④.

Stadtplan siehe gegenüberliegende Seite.

🏰 **Der Achtermann**, Rosentorstr. 20, ℰ 2 10 01, Telex 953847 — 🛗 ⌂wc ⋔wc ☎ ⅋ 🅿 ⚿ ⏧
    ⪚ 𝖵𝖨𝖲𝖠   A r
    Karte 21,50/57 — **112 Z : 188 B** 85/132 - 145/198 Fb.

🏰 **Kaiserworth**, Markt 3, ℰ 2 11 11, Telex 953874 — ⌂wc ⋔wc ☎ 🅿 ⚿ . ⪚ ⓞ ⪚   B x
    Karte 25/59 — **52 Z : 80 B** 95/105 - 130/180 Fb.

🏰 **Das Brusttuch**, Hoher Weg 1, ◪ — 🛗 📺 ⌂wc ⋔wc ☎   AB B
    Karte 21/45 — **13 Z : 26 B** 95 - 148 Fb.

🏠 **Schwarzer Adler**, Rosentorstr. 25, ℰ 2 40 01, « Gartenterrasse » — ⌂wc ⋔ ☎ 🅿   A e
    Karte 19/50 *(Montag geschl.)* — **35 Z : 60 B** 43/80 - 70/120.

🏠 **Goldene Krone**, Breite Str. 46, ℰ 2 27 92 — ⋔wc ⟺ 🅿   B d
    Karte 18/43 *(Mittwoch geschl.)* ⌽ — **26 Z : 40 B** 38/65 - 65/90.

🏠 Villa Berger ⌇, Oberer Triftweg 6, ℰ 2 16 40, ⌖ — ⌂wc ⋔wc ⟺ — **12 Z : 22 B** Fb.   A u

🏠 **Zur Tanne**, Bäringerstr. 10, ℰ 2 11 31 — ⋔wc ⟺ 🅿   A h
    Karte 12,50/32 *(nur Abendessen)* — **24 Z : 42 B** 42/65 - 75/95 Fb.

🏠 **Gästehaus Graul** ⌇ garni, Bergdorfstr. 2, ℰ 2 19 31 — ⋔wc 🅿   B a
    10 Z : 19 B 30/50 - 55/70.

✗✗ **Ristorante Mamma Rosa** (Italienische Küche), Mauerstr. 4, ℰ 4 02 07 — 🅿   B t
    Samstag bis 18 Uhr, Donnerstag und 20. Juli - 15. Aug. geschl. — Karte 25/59.

✗ **Weißer Schwan - Balkan-Grill**, Münzstr. 11, ℰ 2 57 37 — ⪚ ⓞ ⪚   AB A
    10. Juni - 8. Juli geschl. — Karte 19,50/40.

    In Goslar 1-Grauhof NO : 4,5 km über Heinrich-Pieper-Straße A :

🏰 **Landhaus Grauhof** ⌇, Am Grauhof-Brunnen, ℰ 8 40 01, ⌲, « Park », ⌕s — 🛗 📺 ⋔wc
    ☎ ⟺ 🅿 ⚿ . ⪚ ⓞ ⪚ 𝖵𝖨𝖲𝖠
    Karte 23/55 — **29 Z : 51 B** 46/119 - 92/130 Fb — P 91/115.

    In Goslar 2-Hahnenklee SW : 15 km über ③ — Höhe 560 m — Heilklimatischer Kurort —
    Wintersport : 560/724 m ⪻1 ⪼2 ⪻1 — ✆ 05325 :

🏰 **Dorint-Harzhotel Kreuzeck** Ⓜ, Am Kreuzeck (SO : 2,5 km), ℰ 7 41, Telex 953721, ⌕s, ◪,
    ⌖, ✗ — 🛗 📺 ⅋ 🏊 ⟺ 🅿 ⚿ . ⪚ 𝖵𝖨𝖲𝖠 . ⌖ Rest
    Karte 30/63 — **92 Z : 180 B** 109 - 136/176 Fb.

🏰 **Hahnenkleer Hof** ⌇, Parkstr. 24a, ℰ 20 11 (Hotel) 28 29 (Rest.), ⌲, ⌕s, ◪, ⌖ — 🛗
    ⌂wc ⋔wc ☎ ⟺ 🅿 ⪚ ⓞ ⪚ . ⌖ Rest
    15. Nov.- 20. Dez. geschl. — Karte 18/50 *(Dienstag geschl.)* — **32 Z : 52 B** 75/95 - 145/165 Fb —
    P 107/127.

🏰 **Diana-Café Seerose**, Parkstr. 4, ℰ 20 74, ≤, ⌲, ⌕s, ◪, ⌖ — 📺 ⌂wc ⋔wc ☎ ⟺ 🅿
    ⚿
    4. Nov.- 8. Dez. geschl. — Karte 17/59 *(Montag geschl.)* — **26 Z : 50 B** 65/95 - 110/130 Fb — 4
    Appart. 70/160 — P 90/100.

🏰 **Vier-Jahreszeiten**, Parkstr. 14, ℰ 7 70, Telex 953757, ⌲, ⌕s, ◪, — 🛗 📺 ⋔wc ☎ ⟺ 🅿
    ⚿ . ⪚ ⓞ ⪚
    Karte 19,50/48 — **126 Z : 252 B** 84 - 144 Fb.

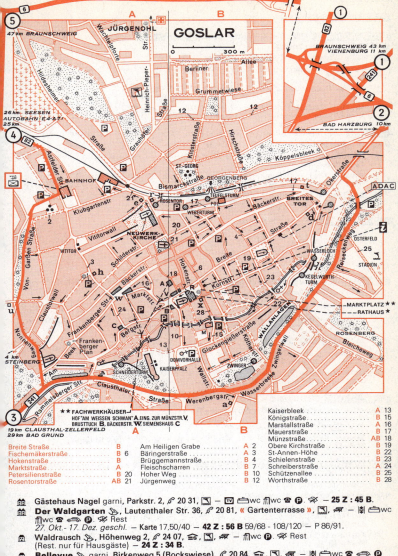

Gästehaus Nagel garni, Parkstr. 2, 🖉 20 31, 🖾 – 📺 🛏wc 🛁wc 🛎 🅿. ❀ – **25 Z : 45 B.**

Der Waldgarten ⤴, Lautenthaler Str. 36, 🖉 20 81, « Gartenterrasse », 🖾, 🚗 – 🛗 🛏wc 🛁wc 🛎 🚗 🅿. ❀ Rest
27. Okt.- 17. Dez. geschl. – Karte 17,50/40 – **42 Z : 56 B** 59/68 - 108/120 – P 86/91.

Waldrausch ⤴, Höhenweg 2, 🖉 24 07, 🛋, 🖾, 🚗 – 🛁wc 🅿. ❀ Rest
(Rest. nur für Hausgäste) – **24 Z : 34 B.**

Bellevue ⤴ garni, Birkenweg 5 (Bockswiese), 🖉 20 84, 🛋, 🖾, 🚗 – 🛗 🛏wc 🛎 🚗 🅿
28 Z : 45 B 37/45 - 75/90 Fb.

Am Walde, Lautenthaler Str. 19, 🖉 20 77, 🖾, 🚗 – 🛗 🛏wc 🛁wc 🅿
Nov.- 20. Dez. geschl. – Karte 13,50/32 – **27 Z : 40 B** 45/55 - 90/110.

Eden am See ⤴, Grabenweg 10 (Bockswiese), 🖉 23 88, 🚗, 🚗 – 🛁wc 🅿. 🇪. ❀
20. Okt.- 20. Dez. geschl. – Karte 17/40 (Donnerstag geschl.) – **14 Z : 24 B** 45/50 - 60/90 –
P 75/80.

Harzer Hof, Rathausstr. 9, 🖉 25 13 – 🛏wc 🛁wc 🅿. ❀ Zim
14.- 29. April geschl. – Karte 20/53 (Okt.- Mai Donnerstag geschl.) – **11 Z : 13 B** 45/80 - 90 Fb
– P 75.

Siehe auch : *Liste der Feriendörfer*

GOTTINGA = Göttingen.

GOTTLIEBEN Schweiz siehe Konstanz.

GOTTMADINGEN 7702. Baden-Württemberg 🎠🎠 ⑧, 🎠🎠 ⑥ — 8 900 Ew — Höhe 432 m —
✪ 07731 Singen (Hohentwiel).
◆Stuttgart 159 — Schaffhausen 17 — Singen (Hohentwiel) 7.

🏨 **Schmidt** garni, Hauptstr. 59, ℰ 7 21 55 — 📺 🏙wc ☎ ℗
   11 Z : 27 B.

🏠 **Sonne**, Hauptstr. 61, ℰ 7 16 28 — 🏙wc ℗. 🖭 ⑩ 🄴 𝘝𝘐𝘚𝘈
   Karte 16/40 *(Freitag geschl.)* — **15 Z : 30 B** 35/45 - 60/80.

🏠 **Ihr Hotel Haase**, Heilsbergweg 2, ℰ 7 16 64 — 🏙wc ⟵⟶ ℗
   Karte 17/34 *(nur Abendessen)* — **11 Z : 20 B** 37/43 - 75/80.

GRAACH 5550 Rheinland-Pfalz — 1 300 Ew — Höhe 105 m — ✪ 06531 (Bernkastel-Kues).
Mainz 116 — Bernkastel-Kues 3 — ◆Trier 46 — Wittlich 13.

🏠 **Weinhaus Pfeiffer** garni, Gestade 12, ℰ 40 01, ≤ — 🏙wc ☎ ⟵⟶ ℗. 🌿
   13 Z : 23 B 40/60 - 70/78.

🏠 **Antoniushof** garni, Bernkasteler Str. 11, ℰ 66 01, ≤, ⊜, 🌳 — 🏙wc ☎ ℗
   März - 15. Nov. — **12 Z : 29 B** 40/50 - 60/76.

🏯 **Zur Traube**, Hauptstr. 102, ℰ 21 89 — 🏙wc ℗
   Karte 12/35 *(Montag geschl.)* 🍴 — **12 Z : 21 B** 29/35 - 38/56.

GRABENSTÄTT Bayern siehe Chieming.

Si vous cherchez un hôtel tranquille,
ne consultez pas uniquement les cartes p. 50 à 57,
mais regardez également dans le texte les établissements indiqués avec le signe 🦢

GRÄFELFING 8032. Bayern 🎠🎠🎠 ㉗, 🎠🎠🎠 ⑰ — 13 300 Ew — Höhe 540 m — ✪ 089 (München).
◆München 12 — Garmisch-Partenkirchen 81 — Landsberg am Lech 46.

In Gräfelfing-Lochham :

🏠 **Würmtaler Gästehaus**, Rottenbucher Str. 55, ℰ 85 12 81, 🌳 — 📺 🏙wc ☎ ℗. 🌿
⟵⟶ Karte 14/42 *(Samstag geschl.)* — **52 Z : 80 B** 60/85 - 80/125.

In Planegg 8033 SW : 1 km :

🏠 **Planegg** 🦢 garni, Gumstr. 13, ℰ (089) 8 57 10 79 — 🛏 🏙wc ☎ ℗
   24. Dez.- 6. Jan. geschl. — **39 Z : 58 B** 40/58 - 71/90.

🏯 **Café Waldrose** 🦢, Karlstr. 9, ℰ (089) 8 59 92 69, 🌳 — 🏙 ⟵⟶ ℗
   (Rest. nur für Hausgäste) — **16 Z : 23 B** 30/50 - 62/92.

GRÄFENDORF 8781. Bayern — 1 700 Ew — Höhe 166 m — ✪ 09357.
◆München 330 — ◆Frankfurt am Main 99 — Bad Kissingen 34 — ◆Würzburg 50.

In Gräfendorf-Seewiese SW : 2 km :

🏨 Jagdschloß Seewiese 🦢, ℰ 2 81, ⊜, 🏊, 🌳, 🐎 — 🛏 ⟵wc 🏙wc ☎ ℗ 🏛
   27 Z : 55 B Fb.

GRAFENAU 8352. Bayern 🎠🎠🎠 ㉘, 🎠🎠🎠 ⑦ — 8 000 Ew — Höhe 610 m — Luftkurort — Wintersport :
610/700 m ⟨1 ⟨3 — ✪ 08552.
🄸 Verkehrsamt im Rathaus, Rathausgasse 1, ℰ 20 85, Telex 57425.
◆München 190 — Deggendorf 46 — Passau 37.

🏨 **Steigenberger-Hotel Sonnenhof** 🦢, Sonnenstr. 12, ℰ 20 33, Telex 57413, ≤, 🌳, Bade-
   und Massageabteilung, 🔥, ⊜, 🏊, 🌳, 🌿 — 🛏 📺 ₺ 🎿 ⟵⟶ ℗ 🏛. 🖭 ⑩ 🄴. 🌿 Rest
   Karte 24/50 — **196 Z : 320 B** 76/102 - 122/170 Fb.

🏨 **Parkhotel** 🦢, Freyunger Str. 51 (am Kurpark), ℰ 24 44, ≤, 🌳, ⊜, 🏊, 🌳 — ⟵wc 🏙wc
   ☎ ⟵⟶ ℗ 🏛. 🖭 🄴
   15. Nov.- 10. Dez. geschl. — Karte 16,50/45 — **35 Z : 70 B** 40/54 - 80/84 Fb — P 80/94.

🏠 **Gästehaus Sonnenberg** 🦢, Schärdinger Str. 8, ℰ 12 73, ≤, « Gartenterrasse », ⊜, 🏊,
   🌳 — 🏙wc ☎ ℗
   Nov.- 15. Dez. geschl. — (nur Abendessen für Hausgäste) — **50 Z : 85 B** 30/40 - 60/72.

XX ✿ **Säumerhof** mit Zim, Steinberg 32, ℰ 24 01, ≤, ⊜, 🌳 — 📺 🏙wc ☎ ℗. ⑩
   Karte 35/60 *(Montag - Mittwoch nur Abendessen)* — **11 Z : 19 B** 49/56 - 98/112
   Spez. Piccata vom Seeteufel, Nierenbraten vom Kaninchen, Joghurt-Mousse mit Früchten.

In Grafenau-Grüb N : 1,5 km :

🏠 **Hubertus**, Grüb 20, ℰ 13 59, 🌳 — 🏙wc ⟵⟶ ℗
⟵ *Nov. geschl.* — Karte 11/35 *(Montag geschl.)* — **13 Z : 28 B** 35 - 70 — P 50.

In Grafenau-Rosenau NO : 3 km :

🏠 **Postwirt**, 🖉 10 18, 🛁, 🖭 – 🛏 🚽wc 🏛wc ☎ 🅿
➡ *15. Nov.- 15. Dez. geschl. – Karte 11/27 (April - Nov. Dienstag geschl.)* 🍴 – **36 Z : 68 B** 28/45 - 56/70 Fb.

In Neuschönau 8351 NO : 9 km :

🏠 **Bayerwald** 🦌, Am Hansenhügel 5, 🖉 (08558) 17 13, 🛁, 🖭, 🌲 – 🛏 🏛wc 🅿
*30. Okt.- 20. Dez. geschl. – (nur Abendessen für Hausgäste) – **32 Z : 60 B** 35/45 - 64/86 Fb.*

GRAFENHAUSEN 7821. Baden-Württemberg 🔢 ⑥, 🔢 ⑤ – 1 900 Ew – Höhe 895 m – Luftkurort – Wintersport : 900/1 100 m ≰1 ≴5 – 🅰 07748 – 🛈 Kurverwaltung, Rathaus, 🖉 2 65.
◆Stuttgart 174 – Donaueschingen 41 – ◆Freiburg im Breisgau 58 – Waldshut-Tiengen 30.

🏠 **Tannenmühle** 🦌, Tannenmühlenweg 5 (SO : 3 km), 🖉 2 15, 🍴, kleines Wild- und Tiergehege, 🌲 – 🏛wc 🅿
Mitte Nov.- Mitte Dez. geschl. – Karte 21/41 (Okt.- Mai Dienstag geschl.) 🍴 – **30 Z : 58 B** 36/50 - 70/80 – P 60/65.

In Grafenhausen-Rothaus N : 3 km – Höhe 975 m :

🏨 **Kurhaus Rothaus**, 🖉 12 51, Bade- und Massageabteilung, 🛁, 🌲 – 🚽wc 🏛wc 🚗 🅿 🛁. 🖭
*Nov. geschl. – Karte 20/65 – **51 Z : 88 B** 55/65 - 130/140 Fb – P 72/90.*

GRAFENWIESEN 8491. Bayern – 1 400 Ew – Höhe 509 m – Erholungsort – 🅰 09941 (Kötzting).
🛈 Verkehrsamt im Rathaus, 🖉 16 97.
◆München 191 – Cham 26 – Deggendorf 50.

🏠 **Birkenhof** 🦌, Auf der Rast 7, 🖉 15 82, ≤, 🌲 – 🏛wc 🅿
➡ *10. Jan.- 15. März und 20. Okt.- 20. Dez. geschl. – Karte 12/25* 🍴 – **26 Z : 52 B** 31 - 54 Fb – P 46.

GRAFING 8018. Bayern 🔢 ⑦, 🔢 ⑧ – 10 500 Ew – Höhe 519 m – 🅰 08092.
◆München 36 – Landshut 80 – Rosenheim 35 – Salzburg 110.

🏠 **Hasi** garni, Griesstr. 5, 🖉 40 27 – 🏛wc ☎ 🚗 🅿
21 Z : 37 B 34/45 - 65.

GRAINAU 8104. Bayern 🔢 ⑧, 🔢 ⑯ – 3 500 Ew – Höhe 748 m – Luftkurort – Wintersport : 750/2 950 m ≴3 ≴5 ≴4 – 🅰 08821 (Garmisch-Partenkirchen).
Ausflugsziel : Zugspitzgipfel★★★ (🏔★★★) mit Zahnradbahn (40 min) oder ≴ ab Eibsee (10 min).
🛈 Verkehrsamt, Waxensteinstr. 35, 🖉 8 12 81 – ◆München 94 – Garmisch-Partenkirchen 6.

🏨 **Eibsee - Hotel** 🦌, am Eibsee (SW : 3 km), 🖉 80 81, Telex 59666, ≤ Eibsee, 🍴, 🛁, 🖭, 🦌, 🌲, 🎾, ≴2 – 🛏 🍽 Rest 🛗 🅿 🛁 (mit 🍽). 🖭 ⓜ 🅴. 🍴 Rest
Karte 27/62 – **120 Z : 220 B** 125/200 - 170/235 Fb.

🏨 **Alpenhotel Waxenstein** 🦌, Eibseestr. 16, 🖉 80 01, Telex 59663, ≤ Waxenstein und Zugspitze, 🍴, 🛁, 🖭 – 🛏 📺 🚽wc 🏛wc ☎ 🚗 🅿 🛁. 🖭 ⓜ 🅴 🆅🅸🆂🅰
Karte 26/66 – **48 Z : 84 B** Halbpension 89/108 - 145/198 Fb – P 101/120.

🏨 **Alpenhof** 🦌, Alpspitzstr. 22, 🖉 80 71, ≤, 🍴, 🛁, 🖭, 🌲 – 🛏 📺 🚽wc 🏛wc ☎ 🅿. 🖭 ⓜ 🅴
*10. Nov.- 15. Dez. geschl. – Karte 23/45 – **38 Z : 70 B** 60/115 - 120/190 Fb.*

🏨 **Quellenhof**, Schmölzstr. 1, 🖉 5 10 81, Telex 59659, 🛁, 🖭, 🌲 – 🛏 🚽wc 🏛wc ☎ 🚗 🅿 🛁. 🖭 🅴
*15. Nov.- 15. Dez. geschl. – Karte 21/48 (nur Abendessen) – **40 Z : 86 B** 55/130 - 110/164 Fb.*

🏨 **Wetterstein** garni, Waxensteinstr. 14c, 🖉 80 04, 🛁, 🌲 – 🚽wc 🏛wc ☎ 🚗 🅿. 🍴
15 Z : 27 B 60 - 110.

🏨 **Längenfelder Hof** 🦌 garni, Längenfelderstr. 8, 🖉 80 88, ≤, 🛁, 🖭, 🌲 – 🚽wc ☎ 🚗 🅿. 🍴
*Nov.- Mitte Dez. geschl. – **17 Z : 34 B** 63 - 116.*

🏠 **Post** 🦌, Postgasse 10, 🖉 88 53, ≤, 🌲 – 🚽wc 🏛wc 🚗 🅿. 🖭 ⓜ
*15. Okt.- 18. Dez. geschl. – Karte 17/36 – **38 Z : 50 B** 35/75 - 64/120 – P 60/88.*

🏠 **Haus Bayern** 🦌 garni, Zugspitzstr. 54a, 🖉 89 85, ≤, 🛁 (geheizt), 🌲 – 🚽wc ☎ 🅿. 🍴
16 Z : 26 B 45/55 - 74/90.

🏠 **Jägerhof** 🦌 garni, Enzianweg 1, 🖉 85 18, 🌲 – 🏛wc 🅿
*Nov.- 15. Dez. geschl. – **21 Z : 35 B** 37/76 - 78/98.*

🏠 **Grainauer Hof** 🦌, Schmölzstr. 5, 🖉 5 00 61, ≤, 🛁, 🛁 (geheizt), 🖭, 🌲 – 🚽wc 🏛wc 🅿. 🖭 ⓜ 🅴
*Nov.- 15. Dez. geschl. – (nur Abendessen für Hausgäste) – **28 Z : 50 B** 45/90 - 80/120 Fb.*

🏠 **Gästehaus Barbara** 🦌 garni, Am Krepbach 12, 🖉 89 24, 🌲 – 🏛wc 🚗 🅿. 🍴
13 Z : 23 B 68 - 80 – 5 Appart. 75/80.

✗ **Gasthaus am Zierwald** mit Zim, Zierwaldweg 2, 🖉 88 40, ≤, 🍴, 🌲 – 🏛wc 🅿. 🖭 ⓜ 🅴. 🍴
*31. März - 9. April geschl. – Karte 17/35 (Mittwoch geschl.) – **5 Z : 10 B** 46 - 72/86.*

GRASDORF Niedersachsen siehe Holle.

GRASELLENBACH 6149. Hessen — 3 000 Ew — Höhe 420 m — Kneippheilbad — Luftkurort — ✆ 06207 (Wald-Michelbach).

🛈 Verkehrsbüro, Nibelungenhalle, 𝄢 25 54.

◆Wiesbaden 95 — Beerfelden 21 — ◆Darmstadt 55 — ◆Mannheim 46.

🏨 **Kur- und Ferienhotel Siegfriedbrunnen** ⅏, Hammelbacher Str. 7, 𝄢 4 21, 🏞, Bade- und Massageabteilung, �’, ☎, ⌁ (geheizt), 🖂, 🚗, ✗ — 🛗 ⇌wc 𝄐wc ☎ 🅿 🏃 🎩 🄴 💳
Karte 18,50/54 🍴 — **69 Z : 118 B** 55/98 - 110/150 Fb — P 85/128.

🏨 **Marienhof** ⅏, Güttersbacher Str. 43, 𝄢 50 55, 🏞, 🖂, 🚗 — 🛗 ⇌wc 𝄐wc ☎ 🅿. ✗
11. Nov.- 18. Dez. geschl. — (Rest. nur für Hausgäste) — **26 Z : 44 B** 45/65 - 90/132 Fb — P 65/86.

🏠 **Dorflinde**, Siegfriedstr. 14, 𝄢 22 50, 🏞, 🚗 — 📺 ⇌wc 𝄐wc 🅿. ✗ Zim
15. Jan.- Feb. und 3. Nov.- 15. Dez. geschl. — Karte 17,50/38 (auch Diät, Dienstag geschl.) 🍴 — **22 Z : 34 B** 35/65 - 70/110 Fb — P 50/65.

🏠 **Café Gassbachtal** ⅏, Hammelbacher Str. 16, 𝄢 50 31, 🏞, Bade- und Massageabteilung, �’, ☎ — 🛗 𝄐wc ☎ 🅿. ✗
15. Nov.- 15. Dez. geschl. — (Rest. nur für Pensionsgäste) — **23 Z : 37 B** 49/60 - 94/120 Fb — P 62/75.

🏠 **Odenwald** garni, Siegfriedstr. 61, 𝄢 32 10, ≤, ☎, 🖂, 🚗 — ⇌wc 𝄐wc 🅿
18 Z : 30 B Fb.

🏠 **Landhaus Muhn** Ⓜ ⅏, Im Erzfeld 10, 𝄢 23 16, ☎, 🚗 — 🅿. ✗
(Rest. nur für Hausgäste) — **14 Z : 23 B** 45/52 - 90.

🏠 **Pension Rheingold** ⅏, Im Erzfeld 33, 𝄢 75 99, 🚗 — 𝄐wc 🅿. ✗
(Rest. nur für Hausgäste) — **14 Z : 21 B**.

In Grasellenbach-Hammelbach W : 5 km :

♨ **Jägerhof**, Weschnitzer Str. 39, 𝄢 (06253) 56 11 — 𝄐wc 🅿. ✗
Nov. geschl. — Karte 14/35 (Dienstag geschl.) 🍴 — **15 Z : 28 B** 23/29 - 46/58 — P 32/42.

In Grasellenbach-Tromm SW : 7 km — Höhe 580 m :

🏠 **Zur schönen Aussicht** ⅏, Auf der Tromm 2, 𝄢 33 10, ≤, 🏞 — 𝄐wc 🚗 🅿
1.- 24. Dez. geschl. — Karte 13/33 (Montag geschl.) 🍴 — **17 Z : 27 B** 24/31 - 42/60 — P 40/47.

In Grasellenbach-Wahlen S : 2 km :

♨ **Burg Waldau**, Volkerstr. 1, 𝄢 22 78 — 𝄐wc 🅿
Feb. geschl. — Karte 15/34 (Dienstag ab 14 Uhr geschl.) — **22 Z : 35 B** 25/30 - 50/60.

GRASSAU 8217. Bayern 🄰🄱🄶 ⑱ ⑲ — 5 400 Ew — Höhe 557 m — Luftkurort — ✆ 08641.

🛈 Verkehrsbüro, Kirchplatz 3, 𝄢 23 40.

◆München 91 — Rosenheim 32 — Traunstein 25.

🏨 **Sporthotel Achental** ⅏, Mietenkamer Str. 65, 𝄢 30 41, Telex 563320, 🏞, ☎, 🖂, 🚗, ✗ — 🛗 ⇌wc 𝄐wc ☎ 🅿 🏃
160 Z : 300 B Fb.

🏨 **Hansbäck** Ⓜ, Kirchplatz 18, 𝄢 20 58 — 🛗 ⇌wc 𝄐wc ☎ 🅿. ✗
31 Z : 70 B — 4 Appart.

🏨 **Gästehaus Sperrer**, Marktstr. 4, 𝄢 20 11, 🏞, ☎ — 🛗 ⇌wc 𝄐wc 🅿 🏃 ⑩
Karte 12/35 (Montag und 3.- 26. Nov. geschl.) 🍴 — **36 Z : 64 B** 39/44 - 66/76 — P 48/58.

🏠 **Weißbräu**, Rottauer Str. 1, 𝄢 24 83 — 🛗 ⇌wc 𝄐wc ☎ 🅿
21 Z : 40 B.

Außerhalb NW : 6 km über die B 305, nach Rottau links ab :

🏠 Berggasthaus Adersberg ⅏, Höhe 815 m, ✉ 8217 Grassau, 𝄢 (08641) 30 11, ≤ Chiemsee und Alpenlandschaft, ☎, ⌁ (geheizt), 🚗 — 🛗 ⇌wc 𝄐wc ☎ 🚗 🅿
25 Z : 50 B.

GREBENSTEIN 3523. Hessen — 6 000 Ew — Höhe 175 m — ✆ 05674.

◆Wiesbaden 241 — ◆Kassel 17 — Paderborn 63.

✗✗ **Zur Deutschen Eiche**, Untere Schnurstr. 3, 𝄢 2 46 — 🅿 🏃. 🄴
15. Juli - 4. Aug. und Mittwoch geschl. — Karte **18**/35.

GREDING 8547. Bayern 🄷🄸🄳 ㉖ ㉗ — 6 500 Ew — Höhe 400 m — ✆ 08463.

◆München 113 — Ingolstadt 39 — ◆Nürnberg 61.

🏨 **Schuster**, Marktplatz 23, 𝄢 16 16, ☎ — 🛗 𝄐wc 🚗 🅿 🏃
Karte 17/52 — **55 Z : 110 B** 55/75 - 79/105.

🏠 **Hotel am Markt**, Marktplatz 2, 𝄢 94 04 — 𝄐wc 🅿. 🄰🄴 ⑩ 🄴
Karte 16/35 — **21 Z : 43 B** 32/35 - 56/60.

🏠 **Bauer-Keller**, Kraftsbucher Str. 1 (jenseits der BAB-Ausfahrt), 𝄢 2 03, 🏞, 🚗 — 𝄐wc 🚗 🅿
Nov.- 5. Dez. geschl. — Karte 14/30 (Sonntag bis 17 Uhr geschl.) 🍴 — **26 Z : 52 B** 28/37 - 45/60.

GREFRATH 4155. Nordrhein-Westfalen − 13 700 Ew − Höhe 32 m − ✿ 02158.
♦Düsseldorf 48 − Krefeld 20 − Mönchengladbach 25 − Venlo 16.

🏨 Grefrather Hof Ⓜ, Am Waldrand 1 (Nähe Eisstadion), 🕾 10 61, Telex 854863, 🍴, ⭍s, 🔲, 🎯 (Halle) − 🛗 ⊟wc ▥wc ☎ ➋ 🏌
　　80 Z : 152 B Fb.

GREIFENSTEIN 6349. Hessen − 7 100 Ew − Höhe 432 m − Erholungsort − ✿ 06449 (Ehringshausen-Katzenfurt).
♦Wiesbaden 90 − Gießen 38 − Limburg an der Lahn 40 − Siegen 54.

🏠 Simon ⬙, Talstr. 3, 🕾 2 09, ⩽, ⭍s, 🐎 − ▥wc ➋
　　18 Z : 35 B.

GREIMERATH Rheinland-Pfalz siehe Zerf.

GREIMHARTING Bayern siehe Rimsting.

GREMSDORF Bayern siehe Höchstadt an der Aisch.

GRENZACH-WYHLEN 7889. Baden-Württemberg 🄸🄸🄶 ④, 🄸🄷🄷 ④, 🄷🄷 ⑩ − 13 200 Ew − Höhe 272 m − ✿ 07624.
♦Stuttgart 271 − Basel 6 − Bad Säckingen 25.

Im Ortsteil Grenzach :

🏠 **Eckert**, Basler Str. 20, 🕾 50 01, 🍴 − 🛗 ⊟wc ▥wc ☎ ➋
　　Karte 20/55 (Freitag-Samstag 16 Uhr geschl.) ⅋ − **29 Z : 40 B** 59 - 86 Fb.

GREVEN 4402. Nordrhein-Westfalen 🄹🄸🄷 ⑩ − 30 000 Ew − Höhe 52 m − ✿ 02571.
♦Düsseldorf 141 − Enschede 59 − Münster (Westfalen) 20 − ♦Osnabrück 43.

🍴 **Altdeutsche G. Wauligmann**, Schiffahrter Damm 22 (B 481), SO : 4,5 km, 🕾 23 88, 🍴 −
➡ ➋
　　28. Juli - 19. Aug. und Montag - Dienstag geschl. − Karte 14,50/46.

In Greven-Gimbte S : 4,5 km :

🏠 **Schraeder**, Dorfstr. 29, 🕾 49 24 − ▥wc ☎ ⬅ ➋ 🏌. 🅰🅴
　　Karte 16,50/48 (Sonntag 14 Uhr - Montag 18 Uhr geschl.) − **26 Z : 44 B** 40/55 - 75/90.

GREVENBROICH 4048. Nordrhein-Westfalen 🄹🄸🄷 ㉓ − 57 000 Ew − Höhe 60 m − ✿ 02181.
Ausflugsziel : Schloß Dyck★ N : 7 km.
♦Düsseldorf 28 − ♦Köln 31 − Mönchengladbach 26.

🏨 **Sonderfeld**, Bahnhofsvorplatz 6, 🕾 14 33 − 🛗 📺 ⊟wc ▥wc ☎ ➋ 🏌. ⓐ 🇪 🆅🅸🆂🅰
　　Karte 22/54 (nur Abendessen, 7.- 28. Juli, 20. Dez.- 5. Jan. sowie Samstag, Sonn- und Feiertage geschl.) − **43 Z : 68 B** 52/79 - 89/115 Fb.

🏠 **Stadt Grevenbroich**, Röntgenstr. 40, 🕾 30 48 − ▥wc ☎ ➋. 🅰🅴
　　20. Dez.- 5. Jan. geschl. − Karte 20/50 (nur Abendessen, Samstag - Sonntag geschl.) − **27 Z : 37 B** 48/70 - 80/100 Fb.

🏠 **Zur Alten Schmiede**, Karl-Oberbach-Str. 25, 🕾 36 79 − 🛗 📺 ▥wc ☎ ➋. 🅰🅴 ⓐ 🇪 🆅🅸🆂🅰
　　Karte 21/50 (Dienstag geschl.) − **8 Z : 14 B** 59/79 - 96/128.

🍴🍴🍴 ⬩⬩ **Zur Traube** mit Zim, Bahnstr. 47, 🕾 6 87 67, bemerkenswerte Weinkarte − 📺 ⊟wc ▥wc ☎ ⬅ ➋ 🏌. 🅰🅴 ⓐ 🇪
　　23.- 31. März, Juli 2 Wochen und 22. Dez.- 15. Jan. geschl. − Karte 49/98 (Tischbestellung erforderlich) (Sonntag - Montag geschl.) − **5 Z : 10 B** 125/190 - 165/270
　　Spez. Parfait vom Stör mit Kaviar, Taubenbrüstchen mit Zwergorangensauce, Tannenhonigparfait mit Walderdbeerenmus.

GRIESBACH IM ROTTAL 8399. Bayern 🄹🄸🄷 ㊳, 🄸🄷🄶 ⑦ − 6 700 Ew − Höhe 535 m − Luftkurort mit Heilquellen-Kurbetrieb − ✿ 08532.
🅱 Kurverwaltung, Stadtplatz 3 und Kurallee 6 (Kurzentrum), 🕾 10 41.
♦München 153 − Landshut 95 − Passau 41 − Salzburg 116.

🏨 **Lindbüchl**, Prof.-Baumgartner-Str. 1, 🕾 20 91, Bade- und Massageabteilung, ⭍s, 🔲 − 🛗 ➡ 📺 ▥wc ➋ 🏌
　　Karte 13/37 − **90 Appart. : 185 B** 53/60 - 76/90.

🏠 **Rottaler Hof** ⬙ garni, Kronberger Str. 11, 🕾 13 09, ⩽, 🐎 − ▥wc ⬅ ➋
　　Nov. geschl. − **12 Z : 17 B** 28/50 - 54/60.

🏡 **Zum Lebzelter**, Sparkassenstr. 6, 🕾 13 30, 🍴, 🐎 − ⊟wc ▥wc ⬅ ➋. 🌂 Zim
➡ 2.- 30. Nov. geschl. − Karte 12,50/34 (Freitag geschl.) − **20 Z : 26 B** 25/35 - 47/70.

313

Im Kurzentrum Dreiquellenbad S : 3 km :

🏨 **Steigenberger-Hotel Griesbach** Ⓜ 🦢, Am Kurwald 2, ℰ 10 01, Telex 57606, « Gemütliche, rustikale Ausstattung », Bade- und Massageabteilung, 🛁, ⌇ (Thermal), 🏊, 🛵, 🏌 (Halle) — 🛗 📺 ⇔ 🅿 🏌 🖭 ◉ E. 🍴 Rest
Restaurants : — **König Ludwig und Kachelofen** Karte 31/62 — **Zum Alois - Rottal Stuben** separat erwähnt — **185 Z : 330 B** 105/140 - 190/210 Fb — P 153/173.

🏨 **Parkhotel Griesbach** Ⓜ 🦢, Am Kurwald 10, ℰ 2 81, Bade- und Massageabteilung, ⚓, 🛁, ⌇ (Thermal), 🏊, 🛵 — 🛗 📺 ⇔ 🏌 🖭 ◉ E. 🍴 Rest
Karte 26/51 — **160 Z : 330 B** 95/125 - 160/210 Fb — P 140/170.

🏨 **Konradshof** 🦢 garni, Thermalbadstr. 30, ℰ 70 20, Bade- und Massageabteilung, 🏊, 🛵 — 🛗 🚿wc 🕿 & 🅿. 🍴
12. Jan.- 23. Feb. geschl. — **72 Z : 115 B** 41/55 - 80/90.

🏨 **Kurhotel Summerhof** 🦢, Thermalbadstr. 6, ℰ 88 55, 🌳, 🛵 — 🛗 🛁wc 🚿wc 🕿. 🍴 Zim
39 Z : 60 B Fb.

🏨 **Birkenhof** 🦢, Thermalbadstr. 15, ℰ 10 96, Massage, ⌇ (geheizt), 🏊, 🛵 — 🛁wc ⇔. 🖭 E
Karte 18/40 *(Montag - Dienstag nur Mittagessen)* — **85 Z : 170 B** 80/105 - 130/205 (nur Halbpension) — 70 Appart. 460/780 pro Woche.

🏨 **Glockenspiel** 🦢 garni, Thermalbadstr. 21, ℰ 20 11, Bade- und Massageabteilung, ⌇ (geheizt), 🏊, 🛵 — 🛗 📺 🛁wc 🕿 ⇔. 🍴
52 Z : 100 B 47/55 - 82/94 Fb — 9 Appart. 68.

🏠 **Hubertus** 🦢 garni, Thermalbadstr. 10, ℰ 86 60 — 🛗 🚿wc 🅿. 🍴
26 Z : 40 B.

🏠 **Haus Christl** 🦢 garni, Thermalbadstr. 11, ℰ 17 91, Massage, ⚓, 🏊, 🛵 — 🚿wc 🕿. 🍴
20 Z : 35 B.

🏠 **Haus Kurpark** 🦢 garni, Thermalbadstr. 8, ℰ 88 44, 🛵 — 🛁wc 🚿wc. 🍴
10. Jan.- 20. Feb. geschl. — **39 Z : 56 B** 35/45 - 62/68.

🏠 **St. Leonhard** 🦢, Thermalbadstr. 9, ℰ 20 31, Biergarten, Massage — 📺 🚿wc 🕿
21 Z : 39 B.

XX **Zum Alois - Rottal Stuben**, Am Kurwald 2, ℰ 10 01 — 🅿. 🖭 ◉ E. 🍴
Karte 29/51.

In Griesbach-Schwaim S : 4 km :

🏠 **Venushof**, ℰ 5 74, Biergarten, ⚓, 🛵 — 🚿wc 🅿. 🍴
15. Dez.- Jan. geschl. — Karte 16/34 *(Samstag geschl.)* — **27 Z : 50 B** 35/40 - 65/70 Fb.

Siehe auch : *Liste der Feriendörfer*

In some towns and their surrounding areas,
hoteliers are liable to increase their prices
during certain trade exhibitions and tourist events.

GRIESEMERT Nordrhein-Westfalen siehe Olpe/Biggesee.

GRIESHEIM 6103. Hessen — 21 000 Ew — Höhe 145 m — ✪ 06155.
Wiesbaden 43 — Darmstadt 7 — ◆Frankfurt am Main 35.

🏨 **Prinz Heinrich** 🦢, Am Schwimmbad 12, ℰ 6 20 68, 🌳, « Behaglich-rustikale Einrichtung », ⚓ — 🛗 🛁wc 🚿wc 🕿 ⇔ 🅿 🏌
29. Dez.- 6. Jan. geschl. — Karte 22/43 *(wochentags nur Abendessen)* — **75 Z : 100 B** 82/120 - 130/150 Fb.

🏠 **Café Nothnagel** garni, Wilhelm-Leuschner-Str. 67, ℰ 40 31, ⚓, 🏊 — 🛗 🚿wc 🕿 🅿
32 Z : 50 B 65/70 - 100/110.

GRÖMITZ 2433. Schleswig-Holstein 987 ⑥ — 7 300 Ew — Höhe 10 m — Ostseeheilbad — ✪ 04562.
🅱 Kurverwaltung, Strandallee, ℰ 6 91.
◆Kiel 72 — Neustadt in Holstein 12 — Oldenburg in Holstein 21.

🏨 **Kur- und Sporthotel Reimers** Ⓜ 🦢, Am Schoor 46, ℰ 60 93, ⚓, 🏊, 🛵, 🏌 (Halle), 🐎 (Halle, Reitsportzentrum) — 🛗 🚿wc 🕿 🅿. 🖭 ◉ E
8. Jan.- Feb. geschl. — Karte 23/63 *(nur Abendessen, Nov.- Dez. Montag geschl.)* — **92 Z : 183 B** 85/110 - 150/186 Fb.

🏨 **Kaiserhof**, Am Strande 14, ℰ 70 07, ≤, 🌳 — 🛗 🛁wc 🕿 🅿
nur Saison — **12 Z : 46 B** — 50 Appart. (ganzjährig geöffnet).

🏨 **Villa am Meer** 🦢, Seeweg 6, ℰ 2 19, ⚓ — 🛗 🛁wc 🚿wc 🕿 🅿
März - Mitte Okt. — Karte 19/50 — **33 Z : 60 B** 78/120 - 130/155.

🏨 **Strandidyll** 🦢, Uferstr. 26, ℰ 68 86, ≤ Ostsee, 🌳, ⚓, 🏊 — 🛗 📺 🛁wc 🕿 🅿. 🍴
15. März - 20. Okt. — Karte 20/58 — **28 Z : 65 B** 69/132 - 143/175 Fb — 60 Appart. 110/150.

🏠 **Zur schönen Aussicht** 🐾, Uferstr. 12, 𝒫 70 81, ≤ Strand und Ostsee, 🚗 − 🛏 🛖wc 🅿
März − Okt. − Karte 19/50 − **83 Z : 160 B** 45/85 - 90/150 Fb.

🏠 **Pinguin - Restaurant La Marée**, Christian-Westphal-Str. 52, 𝒫 ♨ 27 − 🛖wc 🅿
Jan.- Feb. und Nov. geschl. − Karte 37/68 *(nur Abendessen, Montag geschl.)* − **22 Z : 34 B** 48/85 - 83/110.

🏠 **Wanner**, Blankwasserweg 10, 𝒫 2 57 − 🛏 🛖wc 🅿
März − Okt. − Karte 16,50/46 − **23 Z : 52 B** 45/80 - 70/138 − 5 Appart. 150.

🏠 Dornröschen 🐾, Gorch-Fock-Weg 11, 𝒫 61 30, 🚗 − 📺 🛖wc ☎ 🅿
17 Z : 40 B.

GRÖNENBACH 8944. Bayern 𝟡𝟠𝟟 ㊱, 𝟜𝟚𝟞 ⑮ − 4 200 Ew − Höhe 680 m − Kneippkurort − 🌀 08334.

🛈 Kurverwaltung, Haus des Gastes, Marktplatz, 𝒫 2 28.

♦München 128 − Kempten (Allgäu) 27 − Memmingen 15.

🏨 **Haus Renate** 🐾 garni (modernes Gästehaus mit rustikaler Einrichtung), Beethovenstr. 1, 𝒫 10 12, 🚗, 🔲, 🌿 − 📺 🛖wc ☎ 🅿, 🅰🅴. 🎿
5 Z : 10 B 62/72 - 86/96.

🏠 **Zur Post**, Marktstr. 10, 𝒫 2 06 − 🍴 🛖wc 🔁 🅿. 🅰🅴
Karte 13/33 *(Dienstag geschl.)* ♨ − **18 Z : 30 B** 25/35 - 50/70.

🗙🗙 **Badische Weinstube**, Marktplatz 8, 𝒫 5 05, « Gemütlich-rustikales Restaurant » − 🅿. ⑩ 🅴
Karte 16/50.

An der Straße Wolfertschwenden - Dietmannsried SO : 8 km :

🗙🗙 **Forsthaus**, Niederholz 2, ✉ 8944 Grönenbach, 𝒫 (08334) 15 30, 🌫 − 🅿
wochentags nur Abendessen, Jan. 2 Wochen, Mitte Aug.- Anfang Sept. und Donnerstag geschl. − Karte 25/60.

GRONAU IN WESTFALEN 4432. Nordrhein-Westfalen 𝟡𝟠𝟟 ⑭, 𝟜𝟘𝟠 ⑭ − 41 300 Ew − Höhe 40 m − 🌀 02562.

🛈 Verkehrsverein, Konrad-Adenauer-Str. 45, 𝒫 14 87.

♦Düsseldorf 133 − Enschede 10 − Münster (Westfalen) 54 − ♦Osnabrück 81.

🏨 **Gronauer Sporthotel** 🐾, Jöbkesweg 5 (O : 3 km, über Ochtruper Straße), 𝒫 2 00 15, Telex 89661, 🚗, 🔲, 🌿 − 🛖wc ☎ 🅿. 🅰🅴 ⑩ 🅴. 🎿 Rest
Karte 18/41 *(Sonntag ab 14 Uhr geschl.)* − **28 Z : 45 B** 48/60 - 90.

🏨 **Landhaus Rottmann** 🐾, Amtsvennweg 60 (am Vogelpark), 𝒫 60 04, 🌫, 🎿 − 🛖wc ☎ 🅿 🚣. 🅰🅴 🅴
2.- 17. Jan. geschl. − Karte 21/49 *(Montag bis 17 Uhr geschl.)* − **16 Z : 29 B** 45 - 80.

🏠 **Autorast Bergesbuer**, Ochtruper Str. 161 (B 54, O : 3,5 km), 𝒫 43 23, 🐾 (Halle) − 🛖wc ☎ 🔁 🅿
Dez. geschl. − Karte 13/38 *(Freitag geschl.)* − **15 Z : 22 B** 39/55 - 80/106.

🏠 **Zum alten Fritz**, Enscheder Str. 59, 𝒫 33 02 − 🛖wc ☎ 🅿. 🎿
Karte 16/44 *(Sonntag 14 Uhr - Montag 17 Uhr geschl.)* − **15 Z : 25 B** 35/42 - 60/78.

🗙🗙 Driland mit Zim, Gildehauser Str. 350 (NO : 4,5 km), 𝒫 36 00, 🌫 − 🛖wc 🅿 🚣. 🎿
5 Z : 10 B.

In Gronau-Epe S : 3,5 km − 🌀 02565 :

🏨 **Schepers**, Ahauser Str. 1, 𝒫 12 67, 🌫 − 🛏 📺 🍴wc 🛖wc ☎ 🔁 🅿. 🅰🅴 ⑩ 🅴 🆅🆂🅰. 🎿
Karte 22/50 *(Samstag bis 18 Uhr und Sonntag geschl.)* − **24 Z : 38 B** 55/60 - 100/110 Fb.

🏠 **Ammertmann**, Nienborger Str. 23, 𝒫 13 14 − 🛖wc 🔁 🅿
Karte 13/41 − **14 Z : 20 B** 28/37 - 60/70.

🗙🗙 **Heidehof**, Amtsvenn 1 (W : 4 km), 𝒫 13 30, 🌫 − 🅿. 🅰🅴 ⑩ 🅴
15.- 30. Jan., 15.- 30. Okt., Samstag bis 15 Uhr und Montag geschl. − Karte 27/60.

GRONAU (LEINE) 3212. Niedersachsen − 5 100 Ew − Höhe 78 m − 🌀 05182.

♦Hannover 39 − Hameln 40 − Hildesheim 18.

In Rheden-Heinum 3211 SO : 5 km :

🏠 **Rotdorn**, Gronauer Landstr. 12, 𝒫 (05182) 31 31 − 🛖wc 🔁 🅿
3.- 25. Juli geschl. − Karte 20/43 *(Dienstag geschl.)* ♨ − **12 Z : 20 B** 34/40 - 64/70.

GROSS-GERAU 6080. Hessen 𝟡𝟠𝟟 ㉘ − 14 500 Ew − Höhe 90 m − 🌀 06152.

♦Wiesbaden 32 − Mainz 24 − ♦Darmstadt 14 − ♦Frankfurt am Main 31 − ♦Mannheim 58.

🏨 **Adler**, Frankfurter Str. 11, 𝒫 22 86 − 🛏 🍴wc 🛖wc ☎ 🅿 🚣. 🅰🅴 🅴 🆅🆂🅰. 🎿
Karte 19/51 *(Sonntag ab 15 Uhr geschl.)* − **68 Z : 116 B** 40/80 - 70/120 Fb.

GROSS-GRÖNAU Schleswig-Holstein siehe Lübeck.

GROSS-SACHSEN Baden-Württemberg siehe Hirschberg.

GROSS-UMSTADT 6114. Hessen 987 ⊛ — 19 000 Ew — Höhe 180 m — ☎ 06078.
♦Wiesbaden 67 — ♦Darmstadt 22 — ♦Frankfurt am Main 37 — ♦Mannheim 75 — ♦Würzburg 108.

  🏠 **Gästehaus Jakob** garni, Zimmerstr. 43, ℰ 20 28, ≼, 🖳, 🐎 — 📺 🏠wc ☎ 🚗 🅿. 🛱
    22 Z : 40 B 45/58 - 68/85.

GROSSBOTTWAR 7141. Baden-Württemberg — 6 550 Ew — Höhe 215 m — ☎ 07148.
♦Stuttgart 35 — Heilbronn 23 — Ludwigsburg 19.

  XX **Stadtschänke** mit Zim, Hauptstr. 36, ℰ 80 24, « Historisches Fachwerkhaus a. d. 15. Jh. »
    — 🏠wc ☎. 🆎 ⓪ 🇪 𝖵𝖨𝖲𝖠
    9.- 22. Sept. geschl. — Karte 22/48 (Mittwoch geschl.) ⚱ — **5 Z : 8 B** 48 - 85.

GROSSBURGWEDEL Niedersachsen siehe Burgwedel.

GROSSDINGHARTING Bayern siehe München.

GROSSEFEHN Niedersachsen siehe Aurich.

GROSSENBRODE Schleswig-Holstein siehe Heiligenhafen.

GROSSENKNETEN 2907 Niedersachsen — 11 500 Ew — Höhe 35 m — ☎ 04435.
♦Hannover 170 — ♦Bremen 57 — ♦Oldenburg 27 — ♦Osnabrück 82.

  In Großenkneten-Ahlhorn S : 6 km 987 ⓡ :
  🏠 **Altes Posthaus**, Cloppenburger Str. 2 (B 213), ℰ 20 04, 🐎 — 🏠 🅿. 🛱 Zim
  ↤ Karte 13/38 — **12 Z : 18 B** 20/23 - 40/45.

  In Großenkneten 1-Moorbek O : 5 km :
  🏠 **Gut Moorbek** ≶, Amelhausener Str. 56, ℰ (04433) 2 55, ≼, 🐎, « Gartenterrasse am See »,
    🛱, 🖳, 🐎 — 🏠wc ☎ 🅿 🏋. 🆎 ⓪ 🇪. 🛱 Zim
    Okt.- Nov. 3 Wochen geschl. — Karte 19/50 (Dienstag geschl.) — **16 Z : 29 B** 64/75 - 98/120.

GROSSENLÜDER Hessen siehe Salzschlirf, Bad.

GROSSER ARBER Bayern Sehenswürdigkeit siehe Bodenmais.

GROSSER FELDBERG Hessen Sehenswürdigkeit siehe Schmitten im Taunus.

GROSSHEIRATH Bayern siehe Coburg.

GROSSHEUBACH 8766. Bayern — 4 500 Ew — Höhe 125 m — Erholungsort —
☎ 09371 (Miltenberg).
♦München 354 — Aschaffenburg 38 — Heidelberg 77 — Heilbronn 83 — ♦Würzburg 78.

  XX **Zur Krone** mit Zim, Miltenberger Str. 1, ℰ 26 63 — 🏠wc 🅿. 🇪
    Nov. geschl. — Karte 18/51 (Montag geschl.) ⚱ — **9 Z : 14 B** 38/42 - 70/75.

GROSSKARLBACH Rheinland-Pfalz siehe Dirmstein.

GROSSMAISCHEID Rheinland-Pfalz siehe Dierdorf.

GROSS WITTENSEE Schleswig-Holstein siehe Eckernförde.

GRÜNBERG 6310. Hessen 987 ⊛ — 11 700 Ew — Höhe 273 m — Erholungsort — ☎ 06401.
🎗 Fremdenverkehrsamt, Rabegasse 1 (Marktplatz), ℰ 70 45.
♦Wiesbaden 102 — ♦Frankfurt am Main 73 — Gießen 22 — Bad Hersfeld 72.

  🏠 **Sporthotel Sportschule** ≶, Am Tannenkopf (O : 1,5 km), ℰ 80 20, 🐎, « Park », 🛱, 🖳,
    🐎, 🏸 (Halle) — 🛗 🏠wc ☎ 🅿 🏋. 🛱 Rest
    22. Dez.- 5. Jan. geschl. — Karte 20/49 (Sonntag ab 15 Uhr geschl.) — **52 Z : 101 B** 58 - 90 Fb.

  An der Autobahn A 48 NW : 6 km :
  🏠 Raststätte Reinhardshain, Nordseite, ✉ 6310 Grünberg 11, ℰ (06401) 60 61, 🐎 — 🏠wc 🚗
    🅿 🏋
    36 Z : 67 B.

GRÜNENPLAN Niedersachsen siehe Delligsen.

GRÜNSTADT 6718. Rheinland-Pfalz 987 ⑳ – 12 400 Ew – Höhe 165 m – 🕾 06359.
Mainz 59 – Kaiserslautern 36 – ◆Mannheim 29 – Neustadt an der Weinstraße 28.

In Grünstadt-Asselheim N : 2 km :

🏤 **Scharfes Eck**, Holzweg 6, 𝒫 30 51, 🕿, 🔄 – 🛏wc 🗋wc ☎ 🖘 🅿. 🖭 ⑩ 🖪
Karte 21,50/50 *(nur Abendessen, Sonntag - Montag und Juli geschl.)* – **25 B : 45 B** 59/75 -
95/130 Fb.

In Neuleiningen 6719 SW : 3 km – 🕾 06359 :

🏠 **Haus Sonnenberg** garni, Am Sonnenberg 1, 𝒫 8 26 60, ≤, 🕿, 🔄 – 🗋wc 🅿
7 Z : 15 B 52/58 - 78/88.

XX **Liz' Stuben**, Am Goldberg 2, 𝒫 53 41, � – 🅿
nur Abendessen, Sonn- und Feiertage sowie Jan.- Feb. und Mai - Juni je 2 Wochen geschl. –
Karte 33/64 (Tischbestellung ratsam).

X **Zum Gäsbock**, Mittelgasse 32, 𝒫 8 29 32
Montag und Jan.- Feb. 4 Wochen geschl. – Karte 16/32 🍴.

GRÜNWALD Bayern siehe München.

GRUND, BAD 3362. Niedersachsen 987 ⑮⑯ – 3 100 Ew – Höhe 325 m – Moor-Heilbad –
🕾 05327.
🛈 Kurverwaltung, Clausthaler Str. 38, 𝒫 20 21.
◆Hannover 90 – ◆Braunschweig 77 – Göttingen 66 – Goslar 29.

🏠 **Panorama-Hotel Schönhofsblick** 🏖, Schönhofsblick 1, 𝒫 14 35, ≤, 🌤, 🕿, 🛲 –
◆ 🛏wc 🗋wc 🖘 🅿. 🖭 ⑩ 🖪 𝓥𝓘𝓢𝓐. 🎇 Rest
15. Nov.- 4. Dez. geschl. – Karte 14/36 *(Montag geschl.)* – **15 Z : 26 B** 43/55 - 90/100 Fb –
P 60/65.

🏠 **Jägerstieg** 🏖 garni, von-Eichendorff-Str. 9, 𝒫 27 62, 🕿, 🔄, 🛲 – 🛗 📺 🛏wc 🗋wc ☎ 🖘
🅿
12 Z : 21 B.

🏠 **Pension Berlin** 🏖, von-Eichendorff-Str. 18, 𝒫 20 72, 🕿, 🔄, 🛲 – 📺 🛏wc 🗋wc ☎ 🅿.
🎇 Rest
Nov.- 10. Dez. geschl. – (Rest. nur für Hausgäste) – **22 Z : 39 B** 51/70 - 94/100 Fb – P 70/73.

🏠 **Rolandseck** 🏖, von-Eichendorff-Str. 10, 𝒫 13 03, 🕿, 🔄, 🛲 – 🛏wc 🗋wc 🖘 🅿. 🎇
(Rest. nur für Hausgäste) – **12 Z : 20 B** 42 - 84.

GRUSSENDORF Niedersachsen siehe Sassenburg.

GSCHWEND 7162. Baden-Württemberg – 4 300 Ew – Höhe 475 m – Erholungsort – 🕾 07972.
◆Stuttgart 55 – Schwäbisch Gmünd 19 – Schwäbisch Hall 27.

🏡 **Hötzinger** 🏖, Mühläckerle 6, 𝒫 3 95 – 🗋wc 🖘 🅿
Jan. geschl. – Karte 15/46 *(Montag geschl.)* 🍴 – **15 Z : 24 B** 30/35 - 60/64.

In Gschwend-Mittelbronn SO : 7 km :

X **Stern** mit Zim, Eschacher Str. 4, 𝒫 4 98 – 🅿. ⑩
Mitte Jan.- Mitte Feb. geschl. – Karte 21/50 *(Mittwoch geschl.)* 🍴 – **4 Z : 6 B** 27 - 54.

GSTADT AM CHIEMSEE 8211. Bayern 987 ㉟, 426 ⑱ – 900 Ew – Höhe 534 m – Erholungsort
– 🕾 08054.
Sehenswert : Chiemsee★.
◆München 94 – Rosenheim 27 – Traunstein 27.

🏠 **Gästehaus Heistracher** garni, Seeplatz 3, 𝒫 2 51, ≤ – 🗋wc 🖘 🅿
23 Z : 46 B 35/40 - 60/76.

🏠 **Pension Jägerhof**, Breitbrunner Str. 5, 𝒫 2 42, 🕿, 🛲 – 🛏wc 🗋wc 🅿. 🎇
Anfang April - Mitte Nov. – (Rest. nur für Hausgäste) – **32 Z : 50 B** 36/39 - 60/78.

GUDENHAGEN Nordrhein-Westfalen siehe Brilon.

GÜGLINGEN 7129. Baden-Württemberg 987 ㉕ – 4 300 Ew – Höhe 220 m –
🕾 07135 (Brackenheim).
◆Stuttgart 48 – Heilbronn 20 – ◆Karlsruhe 54.

🏤 **Herzogskelter** (historisches Gebäude a.d. 16. Jh.), Deutscher Hof 1, 𝒫 40 11,
« Innenhofterrasse » – 🛗 🗋wc ☎ 🅿 🎎. 🖭 ⑩ 🖪
Karte 27/58 – **19 Z : 38 B** 60 - 90.

GÜNNE Nordrhein-Westfalen siehe Möhnesee.

GÜNZBURG 8870. Bayern 987 ㉟ – 18 800 Ew – Höhe 448 m – ✪ 08221.
◆München 112 – ◆Augsburg 54 – ◆Nürnberg 147 – ◆Ulm (Donau) 29.

🏤 **Zettler** Ⓜ, Ichenhauser Str. 26a, ℰ 3 00 08, Telex 531158, 佘 – 🕸 📺 ⇔wc 🏮wc ☎ ⇐ 🅿
Å. ⓞ Ε
Karte 25/70 *(Sonn- und Feiertage ab 15 Uhr geschl.)* – **26 Z : 52 B** 79/98 - 119/140 Fb.

🏠 **Bettina** garni, Augsburger Str. 68, ℰ 3 19 80, ⥾ – 📺 🏮wc ☎ 🅿. 🛏
11 Z : 19 B.

🏠 **Zur Münz**, Marktplatz 25, ℰ 47 23 – 🏮 🅿. 🆎 Ε
Karte 15/40 – **11 Z : 18 B** 30/35 - 52/65.

🏠 **Goldene Traube**, Marktplatz 22, ℰ 55 10 – 🏮wc. 🆎 ⓞ Ε 𝒱𝐼𝑆𝐴
↤ Karte 14,50/42 *(Samstag - Sonntag geschl.)* – **33 Z : 64 B** 32/55 - 54/75.

An der Autobahn-Ausfahrt SO : 3,5 km :

🏨 **Landgasthof Linde**, Hauptstr. 24 (B 16), ✉ 8870 Günzburg-Deffingen, ℰ (08221) 48 83, 佘
– 🅿
Karte 16/44 – **15 Z : 27 B** 30/45 - 59/73.

GÜTENBACH 7741. Baden-Württemberg – 1 450 Ew – Höhe 860 m – Luftkurort –
✪ 07723 (Furtwangen).
◆Stuttgart 149 – Donaueschingen 37 – ◆Freiburg im Breisgau 41.

Auf dem Neueck O : 3 km – Höhe 984 m :

🏠 **Höhenhotel Neueck**, Vordertalstr. 53, ✉ 7741 Gütenbach, ℰ (07723) 20 83, Telex 792929,
≤, 佘, Ⅎ – ⇔wc 🏮wc ⇐ 🅿. 🆎 ⓞ Ε 𝒱𝐼𝑆𝐴
Karte 17/48 – **65 Z : 120 B** 40/70 - 70/120 Fb – 25 Appart. 110 – P 63/90.

GÜTERSLOH 4830. Nordrhein-Westfalen 987 ⑭ – 81 000 Ew – Höhe 94 m – ✪ 05241.
🛈 Städt. Verkehrsverein, Rathaus, Berliner Str. 70, ℰ 82 27 49.
◆Düsseldorf 156 – Bielefeld 17 – Münster (Westfalen) 57 – Paderborn 45.

🏩 **Parkhotel Gütersloh** Ⓜ, Kirchstr. 27, ℰ 8 50, Telex 933641, 佘, « Geschmackvolle,
elegante Einrichtung, kleiner Park », ⥾ – 🕸 ▤ Rest 📺 🕭 ⇐ Å. 🆎 ⓞ Ε 𝒱𝐼𝑆𝐴. 🛏 Rest
Karte 37/67 – **84 Z : 170 B** 155 - 195 Fb.

🏩 **Stadt Gütersloh** Ⓜ garni, Kökerstr. 23, ℰ 17 11, Telex 933426 – 🕸 📺 ⇐. 🆎 ⓞ Ε
40 Z : 78 B 95 - 135.

🏤 **Am Rathaus** garni, Friedrich-Ebert-Str. 62, ℰ 1 30 44 – 🕸 📺 🏮wc ☎ 🅿. 🆎 ⓞ Ε. 🛏
18 Z : 26 B 75/78 - 110.

🏠 **Ravensberger Hof**, Moltkestr. 12, ℰ 17 51 – 🕸 📺 ⇔wc 🏮wc ☎ 🅿 Å
44 Z : 60 B Fb.

🏠 **Center Hotel** garni, Kökerstr. 6, ℰ 2 80 25 – 🕸 ⇔wc 🏮wc ☎. 🆎
24 Z : 32 B 65/80 - 100/110 Fb.

🏠 **Stadt Hamburg**, Feuerbornstr. 9, ℰ 5 89 11 – ⇔wc 🏮wc ☎ ⇐ 🅿. 🆎 ⓞ
Karte 24/48 *(nur Abendessen, Sonntag geschl.)* – **21 Z : 30 B** 33/70 - 55/110 Fb.

🏠 **Busch**, Carl-Bertelsmann-Str. 127, ℰ 18 01 – ⇔wc 🏮wc ☎ 🅿 Å. 🆎 ⓞ Ε 𝒱𝐼𝑆𝐴
Karte 23/61 – **18 Z : 25 B** 55/70 - 90 Fb.

🏨 **Zum Appelbaum**, Neuenkirchener Str. 59, ℰ 5 11 76 – 🏮wc ☎ 🅿. 🆎
↤ 12.- 26. Aug. geschl. – Karte 14/29 *(Sonntag geschl.)* – **9 Z : 12 B** 52 - 90.

XX **Zur Deele**, Kirchstr. 13, ℰ 2 83 70
nur Abendessen, Samstag geschl. – Karte 28/60 (Tischbestellung ratsam) 🛏.

XX **Stadthalle**, Friedrichstr. 10, ℰ 1 40 17, 佘 – 🅿 Å
Samstag bis 18 Uhr geschl. – Karte 22/57.

In Gütersloh 11-Avenwedde NO : 3 km :

XXX ✿ **Landhaus Altewischer** (Westfälisches Bauernhaus a.d. 18. Jh.), Avenwedder Str. 36,
ℰ 7 66 11 – 🅿. ⓞ Ε
nur Abendessen, Donnerstag sowie Jan. und Juli - Aug. jeweils 2 Wochen geschl. – Karte
42/82
Spez. Variation vom Lachs mit Kaviar, Bluttaube auf Perlzwiebelkompott, "Reine de Saba" (Dessert).

In Gütersloh 12-Isselhorst NO : 6,5 km :

🏠 **Zum Postillon**, Zum Brinkhof 1, ℰ 64 32, ⥾ – 🏮wc 🅿. 🆎 ⓞ. 🛏 Rest
Karte 19/40 *(Donnerstag geschl.)* – **20 Z : 32 B** 39/55 - 70/90 Fb.

In Verl 4837 SO : 11 km :

🏤 **Landhaushotel - Altdeutsche Gaststätte**, Sender Str. 23, ℰ (05246) 31 31, 佘, ⥾, 🖾,
佘 – ⇔wc 🏮wc ☎ 🅿 Å. 🆎 ⓞ Ε
Karte 18/50 *(nur Abendessen)* – **25 Z : 35 B** 55/98 - 100/140.

GÜTTERSBACH Hessen siehe Mossautal.

GULDENTAL Rheinland-Pfalz siehe Langenlonsheim.

GUMMERSBACH 5270. Nordrhein-Westfalen 987 ㉘ − 51 600 Ew − Höhe 250 m − ✿ 02261.
ADAC, Hindenburgstr. 43, ℰ 2 36 77, Notruf ℰ 1 92 11.
♦Düsseldorf 91 − ♦Köln 54 − Lüdenscheid 44 − Siegen 55.

🏠 **Theile** garni, Karlstr. 9, ℰ 2 25 07 − 🛁wc ☎ 🅿
17 Z : 25 B 30/50 - 65/80.

☎ **Minne**, Schützenstr. 6, ℰ 2 25 09 − 🛁
Karte 15/33 *(nur Abendessen, Samstag geschl.)* − **10 Z : 15 B** 30/40 - 60/70.

In Gummersbach 1-Becke NO : 3 km :

🏠 **Stremme** M, Beckestr. 55, ℰ 2 27 67 − 🛁wc 🚗 🅿. ⓓ E
Karte 18/46 *(Freitag geschl.)* − **9 Z : 16 B** 40/50 - 80/100.

In Gummersbach 21-Derschlag SO : 6 km :

🏠 **Huland**, Kölner Str. 26, ℰ 5 31 51 − 🛁wc ☎ 🚗 🅿 🏋. ⓓ. ✻ Rest
Juli - Aug. 3 Wochen geschl. − Karte 18/50 *(Montag bis 18 Uhr geschl.)* − **19 Z : 36 B** 33/60 - 75/110.

🏠 **Haus Charlotte** garni, Kirchweg 3, ℰ 5 21 11, ≼ − 🛁wc 🛁wc ☎ 🚗
19. Dez.- 5. Jan. geschl. − **12 Z : 20 B** 30/50 - 70/90.

In Gummersbach 31-Dieringhausen S : 7 km :

XXX ✿ **Die Mühlenhelle** mit Zim, Hohler Str. 1, ℰ 7 50 97, « Elegante Einrichtung » − 🍽 Rest 🛁wc ☎ 🅿. ⓓ
Jan. 1 Woche und Juli - Aug. 3 Wochen geschl. − Karte 46/89 *(bemerkenswerte Weinkarte)* *(Sonntag 14 Uhr - Montag geschl.)* − **7 Z : 11 B** 75/85 - 120/168
Spez. Nudeln in Champagnersauce mit Gänseleberwürfeln, Barbarie-Ente mit Morchelsauce, Weißes Schokoladeneis mit Orangenbutter.

In Gummersbach 1-Hülsenbusch W : 7 km :

XX **Schwarzenberger Hof**, Schwarzenberger Str. 48, ℰ 2 21 75 − 🅿. 🅰🅴 E. ✻
Montag, 17.- 31. Aug. und 23. Dez.- 6. Jan. geschl. − Karte **26**/54.

In Gummersbach 1-Lieberhausen NO : 10 km :

🏠 **Landgasthof Reinhold** 🅢, Kirchplatz 2, ℰ (02354) 52 73 − 🛁wc ☎ 🅿 🏋. ⓓ E
Karte 15/35 *(Nov.- April Donnerstag geschl.)* − **14 Z : 28 B** 30/43 - 55/80.

In Gummersbach 31-Rebbelroth S : 4 km :

🏠 **Bodden**, Rebbelrother Str. 14, ℰ 5 20 88, Telex 884769, ⇌ − 🛁wc ☎ 🚗 🅿. 🅰🅴 ⓓ
Karte 15/44 *(Sonntag ab 14 Uhr geschl.)* − **18 Z : 35 B** 34/60 - 60/90.

In Gummersbach 1-Rospe S : 2 km :

🏠 **Tabbert**, Hardtstr. 28, ℰ 2 10 05, 🎐 − 🛁wc 🛁wc ☎ 🚗 🅿. ⓓ
24. März - 6. April und 14.- 30. Aug. geschl. − *(nur Abendessen für Hausgäste)* − **22 Z : 28 B** 40/58 - 90/100.

In Gummersbach 31-Vollmerhausen S : 6 km :

🏠 **Parr**, Vollmerhauser Str. 8, ℰ 7 71 49 − 🛁wc 🅿 🏋
Karte 21,50/43 − **16 Z : 27 B** 30/55 - 60/90.

In Gummersbach 1-Windhagen N : 1,5 km :

🏨 **Heedt**, an der B 256, ℰ 6 50 21, Telex 884400, « Park », ⇌, 🏊, 🎐, ✻ − 🛗 📺 🚿 🚗 🅿 🏋. 🅰🅴 E. ✻ Rest
Karte 32/70 − **130 Z : 220 B** 88/135 - 136/186 Fb.

GUMPEN Hessen siehe Reichelsheim.

GUNDELFINGEN 7803. Baden-Württemberg 242 ㉘. 87 ⑦ − 10 200 Ew − Höhe 255 m − ✿ 0761 (Freiburg im Breisgau).
♦Stuttgart 201 − ♦Freiburg im Breisgau 7 − Offenburg 59.

🏠 **Stab**, Dorfstr. 1, ℰ 5 86 33 − 🛗 🛁wc 🚗 🅿 − *(nur Abendessen)* − **22 Z : 40 B**.

X **Ratskeller**, Wildtalstr. 1, ℰ 58 17 18
Montag und 18. Juli - 1. Aug. geschl. − Karte 15/38.

GUNDELSHEIM 6953. Baden-Württemberg 987 ㉘ − 6 300 Ew − Höhe 154 m − ✿ 06269.
Ausflugsziel : Burg Guttenberg★ : Greifvogelschutzstation und Burgmuseum★ SW : 2 km.
🅱 Verkehrsamt, Rathaus, ℰ 10 68 − ♦
♦Stuttgart 75 − Heidelberg 50 − Heilbronn 20.

🏨 **Zum Lamm** 🅢, Schloßstr. 25, ℰ 3 16, ⇌ − 🛁wc 🚗 🅿
Karte 20/49 *(Donnerstag geschl.)* 🍴 − **49 Z : 75 B** 35/60 - 70/120.

Auf dem Michaelsberg N : 4 km über Gundelsheim-Böttingen - Höhe 250 m :

X **Höhengaststätte Michaelsberg** 🅢 mit Zim, ✉ 6953 Gundelsheim, ℰ (06269) 3 32, 🎐, 🎐, 🍴 − 🛁 ☎ 🚗 🅿. ✻
März - Nov. − Karte 16,50/39 *(Dienstag - Freitag nur Abendessen, Montag geschl.)* 🍴 − **14 Z : 24 B** 30/35 - 58/70 Fb.

319

GUNDERATH Rheinland-Pfalz siehe Liste der Feriendörfer.

GUNZENHAUSEN 8820. Bayern 987 ⊛ — 15 000 Ew — Höhe 422 m — © 09831.

🛈 Städt. Kultur- und Verkehrsamt, Haus des Gastes, Dr.-Martin-Luther-Platz 4, ℰ 6 10.

◆München 152 — Ansbach 28 — Ingolstadt 73 — ◆Nürnberg 53.

🏨 **Grauer Wolf**, Marktplatz 9, ℰ 90 58 — 📺 ➡wc 🛁wc ☎ ➪. ⓞ 𝐄
　　Karte 15/35 ⅃ — **15 Z : 24 B** 46/55 - 80.

🏨 **Brauhaus**, Marktplatz 10, ℰ 27 37 — 🛁wc ☎ 🅿. 🆎 ⓞ 𝐄
➡ Karte 13,50/32 *(Montag geschl.)* ⅃ — **10 Z : 16 B** 35 - 60.

GUTACH IM BREISGAU 7809. Baden-Württemberg 242 ⊛, 87 ⑦ — 3 600 Ew — Höhe 290 m —
© 07681 (Waldkirch).

◆Stuttgart 208 — ◆Freiburg im Breisgau 21 — Offenburg 66.

🏰 **Adler**, Landstr. 6, ℰ 70 22, « Gartenterrasse mit Grill, Orchestrion a.d.19.Jh. » — 📺 ➡wc
🛁wc ☎ ➪ 🅿. 🆎 ⓞ 𝐄
　　über Fastnacht 2 Wochen geschl. — Karte 25/70 *(Sonntag - Montag 17 Uhr geschl.)* — **15 Z :
29 B** 52/80 - 75/110.

　　In Gutach-Bleibach NO : 1 km — Erholungsort — © 07685 :

🏰 **Silberkönig** Ⓜ 🐾, Am Silberwald 24, ℰ 4 91, ☆, ⇔s, ➪, 🚗 — 🛁wc ☎ 🅿 🖄. 🆎 ⓞ 𝐄
　　3.- 13. Feb. geschl. — Karte 19/60 ⅃ — **39 Z : 81 B** 65 - 130.

🏰 **Romantik-H. Stollen**, Elzacher Str. 2 (B 294), ℰ 2 07, « Behagliche Einrichtung » — 📺
➡wc 🛁wc ☎ 🅿. 🆎 𝐄 𝗩𝗜𝗦𝗔 ⅏ Zim
　　Karte 22/65 *(Donnerstag geschl.)* — **12 Z : 20 B** 55/80 - 110/150 Fb.

✗✗ **Zum wilden Mann**, Simonswälder Str. 118 (Kregelbach), ℰ 2 26 — 🅿
　　Mittwoch und 3. Feb.- 5. März geschl. — Karte 21/53 ⅃.

GUTACH (SCHWARZWALDBAHN) 7611. Baden-Württemberg — 2 300 Ew — Höhe 300 m —
Erholungsort — © 07833 (Hornberg).

◆Stuttgart 136 — ◆Freiburg im Breisgau 48 — Offenburg 41 — Villingen-Schwenningen 39.

🏯 **Linde** 🐾, Ramsbachweg 234, ℰ 3 08, ⇔s, ⟦⟧, 🚗 — 🛗 ➡wc 🛁wc ➪ 🅿
➡ Feb. geschl. — Karte 14,50/41 ⅃ — **24 Z : 45 B** 27/42 - 50/79.

✗ **Landgasthof zum Museum - Vogtsbauernstube**, an der B 33 (N : 2 km, beim
Freilichtmuseum), ℰ (07831) 72 73, « Gartenterrasse » — 🅿. 🆎 𝐄 𝗩𝗜𝗦𝗔
　　bis 19 Uhr geöffnet, Mitte Nov.- Mitte März geschl., außer Saison Montag Ruhetag — Karte
17/43.

GUTENBERG Baden-Württemberg siehe Lenningen.

GUTENZELL-HÜRBEL Baden-Württemberg siehe Ochsenhausen.

GUTTENBERG (BURG) Baden-Württemberg siehe Hassmersheim.

GYHUM Niedersachsen siehe Zeven.

HAAN 5657. Nordrhein-Westfalen — 26 700 Ew — Höhe 165 m — © 02129.

◆Düsseldorf 19 — ◆Köln 40 — Wuppertal 14.

🏰 **Schallbruch** garni, Schallbruch 15 (nahe der B 228, NO : 2 km), ℰ 30 45, ⇔s, ⟦⟧ — 🛁wc ☎
➪ 🅿. 🆎 ⓞ 𝐄 𝗩𝗜𝗦𝗔
　　25 Z : 29 B 68/75 - 110/125 Fb.

🏨 **Friedrich Eugen Engels** 🐾, Hermann-Löns-Weg 14, ℰ 30 10, ⇔s, ⟦⟧ — ➡wc 🛁wc ☎
➪ 🅿. ⅏ Zim
　　Juli - Aug. 4 Wochen geschl. — Karte 20/48 *(Donnerstag geschl.)* — **20 Z : 29 B** 65/80 - 110/130.

🏨 **Gästehaus Jakobs** 🐾 garni, Neustr. 11, ℰ 24 32 — 🛁wc ➪
　　14 Z : 18 B 56/65 - 95.

✗ **Aurora** (Italienische Küche), Bachstr. 141, ℰ 5 12 09, ☆ — 🆎
　　Samstag bis 18 Uhr und Juli - Aug. 3 Wochen geschl. — Karte 28/51.

　　In Haan 2-Gruiten NO : 6 km :

🏨 **Haus Poock** 🐾, Osterholzer Str. 83, ℰ (02104) 63 81, ☆ — 🛁wc ☎ ➪ 🅿 🖄
　　Karte 19/50 *(Juli - Aug. 3 Wochen geschl.)* — **33 Z : 55 B** 56 - 90.

HAAR Bayern siehe München.

HABICHSTHAL Bayern siehe Frammersbach.

320

HACHENBURG 5238. Rheinland-Pfalz 987 ㉔ — 5 200 Ew — Höhe 370 m — Luftkurort — ✆ 02662.

🛈 Städt. Verkehrsamt, Mittelstr. 2, (Rathaus), ℘ 63 83.

Mainz 106 — ♦Koblenz 54 — ♦Köln 82 — Limburg an der Lahn 46 — Siegen 55.

🏨 **Burggarten** 🐾, In der Burgbitz, ℘ 68 25, ≤, 🚗 — 🍴wc ☎ ⇔ ℗ 🅰. AE ⓄⓀ E VISA
  Karte 20/51 *(Montag geschl.)* 🍴 — **12 Z : 21 B** 48 - 88 — P 68.

🏨 **Zur Krone**, Alter Markt 3, ℘ 10 27 — 🍴wc
  Nov. geschl. — Karte 23/46 *(Dienstag geschl.)* — **16 Z : 30 B** 50/68 - 110/140.

🏨 Zum weißen Roß, Alter Markt 7, ℘ 17 85, 🚗 — ⇌wc 🍴wc ⇔ ℗
  19 Z : 34 B.

XX **Friedrich** mit Zim, Graf-Heinrich-Str. 2, ℘ 10 71, 🏡 — 🍴 ⇔ ℗. AE Ⓞ E
  2.- 31. Jan. geschl. — Karte 23/51 *(Montag geschl.)* 🍴 — **7 Z : 11 B** 39 - 75.

  In Atzelgift 5239 N : 6 km :

🏨 **Birkenhof** 🐾, Kleine Nisterstr. 11, ℘ (02662) 65 31, ⇔, 🏊, 🚗 — 🍴wc ℗. Ⓞ
  (Rest. nur für Hausgäste) — **15 Z : 30 B** 48/53 - 90/100.

  In Heuzert 5239 NW : 7 km :

🏨 Zur Dorfschänke 🐾, Hohler Weg 2, ℘ (02688) 81 36, 🚗 — 🍴wc ℗
  10 Z : 18 B.

HADAMAR 6253. Hessen 987 ㉔ — 11 000 Ew — Höhe 130 m — ✆ 06433.

♦Wiesbaden 60 — ♦Koblenz 57 — Limburg an der Lahn 8,5.

  In Hadamar-Niederhadamar :

🏨 **Zur Sonne**, Mainzer Landstr. 119, ℘ 42 70 — 📺 🍴wc ☎ ℗
  Karte 15/50 *(Mittwoch geschl.)* — **12 Z : 22 B** 45/60 - 80.

  In Hadamar 3-Oberzeuzheim :

🏨 **Waldhotel Hubertus** 🐾, Waldstr. 12, ℘ 33 00, ⇔, 🏊, 🚗 — ⇌wc 🍴wc ℗. ⚞⚟
  Nov.- 15. Dez. geschl. — (Rest. nur für Hausgäste) — **21 Z : 37 B** 37 - 74.

HÄUSERN 7822. Baden-Württemberg 216 ⑥, 427 ⑤ — 1 300 Ew — Höhe 899 m — Luftkurort — Wintersport : 850/950 m ⟋1 ⟋2 — ✆ 07672 (St. Blasien).

🛈 Kur- und Sporthaus, St.-Fridolin-Str. 5a, ℘ 14 62.

♦Stuttgart 186 — Basel 66 — Donaueschingen 60 — ♦Freiburg im Breisgau 58 — Waldshut-Tiengen 22.

🕸 ❀ **Adler** (mit ▦▦ Haus Böhler), St.-Fridolin-Str. 15, ℘ 3 24, Telex 7721211, ⇔, 🏊, 🚗 — 🛗
  ⇔ ℗. AE Ⓞ E VISA
  10. Nov.- 13. Dez. geschl. — Karte 21/75 *(Montag geschl.)* — **59 Z : 98 B** 49/80 - 90/160 Fb —
  P 80/115
  Spez. Fischteller mit hausgemachten Nüdele, Gebratene Ente mit Armagnacpflaumen, Lammsattel "Adlerwirt's Art".

🏩 **Albtalblick**, St. Blasier Str. 9 (W : 1 km), ℘ 5 10, ≤ Albtal mit Albsee, 🏡, Bade- und Massageabteilung, 🔥, ⇔, 🚗 — 📺 ⇌wc 🍴wc ☎ ⇔ ℗. AE E
  15.- 30. Jan. geschl. — Karte 16/44 🍴 — **35 Z : 56 B** 40/55 - 74/90 Fb — 8 Appart. 50/70 —
  P 60/72.

🏨 **Waldlust** 🐾, In der Würze 18, ℘ 5 02, 🏡, Wildgehege, ⇔ — 🛗 🍴wc ⇔ ℗
  Karte 20/47 *(Montag geschl.)* 🍴 — **25 Z : 48 B** 26/43 - 45/85 Fb — 2 Appart 45/55.

🏨 **Schöpperle**, Klemme 3, ℘ 21 61, 🏡, 🚗 — 🍴wc ⇔ ℗
  März geschl. — Karte 17/42 *(Okt.- Mai Mittwoch geschl.)* 🍴 — **13 Z : 25 B** 32/36 - 64/72 —
  P 62/66.

X **Chämi-Hüsle**, St.-Fridolin-Str. 1, ℘ 3 24 (über Hotel Adler), « Modernes Schwarzwaldhaus » — ℗
  Montag - Freitag nur Abendessen, Dienstag und Mitte Nov.- Mitte Dez. geschl. — Karte 16,50/41.

HAGE Niedersachsen siehe Norden.

Siehe Ruhrgebiet (Übersichtsplan).

🚗 🖉 6 07 00.

🛈 Büro Hagen-Information, Pavillon Mittelstraße, 🖉 1 35 73.
ADAC, Körnerstr. 62, 🖉 2 43 16, Notruf 🖉 1 92 11.
♦Düsseldorf 65 ① – ♦Dortmund 27 ① – ♦Kassel 178 ①.

HAGEN

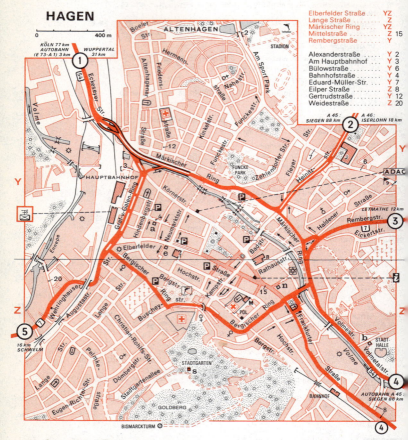

Elberfelder Straße . . .	YZ
Lange Straße	Z
Märkischer Ring	YZ
Mittelstraße	Z 15
Rembergstraße	Y

Alexanderstraße	Y 2
Am Hauptbahnhof . . .	Y 3
Bülowstraße	Y 6
Bahnhofstraße	Y
Eduard-Müller-Str. . . .	Y 7
Eilper Straße	Z 8
Gertrudstraße	Y 12
Weidestraße	Z 20

🏨🏨 **Crest-Hotel** Ⓜ, Wasserloses Tal 4, 🖉 39 10, Telex 823441, 🚬, 🔲 – 🛗 ▤ Rest 📺 🔣 Ⓟ
🔣 (mit ▤). 🖭 ⓞ 🄴 𝘝𝘐𝘚𝘈 🛠 Rest — **Z b**
Karte 28/64 – **148 Z : 236 B** 146 - 197 Fb.

🏨 **Deutsches Haus**, Bahnhofstr. 35, 🖉 2 10 51, Telex 823640 – 🛗 ⇆wc 🛁wc ☎ — **Y a**
Karte 17/45 *(Samstag geschl.)* – **39 Z : 50 B** 75/95 - 108/142.

🏨 **Central-Hotel** garni, Dahlenkampstr. 2, 🖉 1 63 02 – 🛗 ⇆wc 🛁wc ☎ 🚗 🖭 ⓞ 🄴
Weihnachten - Neujahr geschl. – **25 Z : 31 B** 70 - 98 Fb. — **Z n**

🏨 **Lex** garni, Elberfelder Str. 71, 🖉 3 20 30 – 🛗 ⇆wc 🛁wc ☎ 🚗 🛠 — **Y e**
55 Z : 65 B 40/74 - 80/108.

🍽🍽 **Parkhaus Hagen** 🕭 mit Zim, Parkhaus 1, 🖉 33 10 57, « Gartenterrasse » – 🛁wc ☎ Ⓟ 🔣
22.- 25. Dez. geschl. – Karte 21/48 *(Montag geschl.)* – **8 Z : 16 B** 50 - 100. — **Z s**

In Hagen 1-Ambrock ④ : 6 km :

🏨 **Kehrenkamp**, Delsterner Str. 172 (B 54), 🖉 7 90 11 – 🛁wc ☎ 🚗 Ⓟ
Karte 15,50/45 *(Samstag geschl.)* – **20 Z : 33 B** 58/65 - 90/150.

In Hagen 8-Dahl ④ : 7 km :

🏨 **Funkenhaus**, Dahler Str. 51 (B 54), ℰ (02337) 13 91 — 🛏wc 🛁wc 🚗 🅿
Karte 14/46 *(Freitag geschl.)* — **24 Z : 42 B** 28/60 - 55/100.

In Hagen 1-Halden O : 5,5 km über Haldener Straße **Y** :

🏨 **Landhotel Halden**, Berchumer Str. 82, ℰ 5 18 69 — 🛁wc ☎ 🚗 🅿. 🆎 ⓪ 🄴
Karte 17/47 *(Samstag bis 18 Uhr und Sonntag sowie 23. Dez. - Mitte Jan. geschl.)* — **19 Z : 35 B**
70/75 - 110/120 Fb.

In Hagen 7-Haspe ⑤ : 4 km :

🏨 **Union** Ⓜ, Kölner Str. 25, ℰ 4 90 91, Telex 823506 — 🔲 🛏wc 🛁wc ☎ 🅿. 🆎. 🛐
(nur Abendessen für Hausgäste) — **26 Z : 33 B** 45/70 - 93/100 Fb.

In Hagen 5-Hohenlimburg ③ : 8 km :

🏨 **Bentheimer Hof**, Stennertstr. 20, ℰ (02334) 48 26 — 🛁wc ☎ 🚗 🅿. 🆎 ⓪ 🄴
Karte 24,50/64 *(Samstag und Juli - Aug. 3 Wochen geschl.)* — **23 Z : 35 B** 40/65 - 60/88 Fb.

🏨 **Reher Hof**, Alter Reher Weg 13 (Ortsteil Reh), ℰ (02334) 5 11 83 — 🛁wc ☎ 🅿
(nur Abendessen) — **15 Z : 23 B**.

In Hagen 8-Rummenohl ④ : 13 km :

🏨 **Dresel**, Rummenohler Str. 31 (B 54), ℰ (02337) 13 18, « Gartenterrasse » — 📺 🛏wc 🛁wc
☎ 🚗 🅿. 🆎 🄴 𝗩𝗜𝗦𝗔
Karte 22/66 *(Montag geschl.)* — **20 Z : 30 B** 48/79 - 102/128.

In Hagen 1-Selbecke SO : 4 km über Eilper Straße **Z** :

🏨 **Schmidt**, Selbecker Str. 220, ℰ 7 00 77 — 🛁wc ☎ 🚗 🅿. 🆎 ⓪ 🄴. 🛐 Zim
Karte 16/39 *(nur Abendessen, Samstag geschl.)* — **28 Z : 39 B** 58/70 - 80/90.

HAGNAU 7759. Baden-Württemberg 🔲🔲🔲 ⑩. 🔲🔲🔲 ⑦ — 1 300 Ew — Höhe 409 m —
✿ 07532 (Meersburg).

Sehenswert : ≤* vom Parkplatz an der B 31.

🅱 Verkehrsverein, Seestr. 16, ℰ 68 42.

♦Stuttgart 196 — Bregenz 43 — Ravensburg 29.

🏨 **Erbguth's Landhaus - Rest. Kupferkanne** 🛐, Neugartenstr. 39, ℰ 62 02, Telex 733811,
≤, 🌳, 🏖, 🌿 — 📺 🛏wc 🛁wc ☎ 🅿. 🆎 ⓪ 🄴 𝗩𝗜𝗦𝗔
2. Jan.- Feb. geschl. — Karte 34/63 *(Montag geschl.)* — **15 Z : 31 B** 77/120 - 140/200 Fb.

🏨 **Alpina** garni, Höhenweg 10, ℰ 52 38 — 🛏wc 🛁wc ☎ 🚗 🅿. 🆎 ⓪ 🄴 𝗩𝗜𝗦𝗔. 🛐
18 Z : 36 B 75/125 - 120/230.

🏨 **Café Hansjakob** 🛐, Hansjakobstr. 17, ℰ 63 66 — 📺 🛏wc 🛁wc ☎ 🚗 🅿. 🛐
Jan. geschl. — (nur Abendessen für Hausgäste, im Winter garni) — **21 Z : 40 B** 55 - 98/108 Fb.

🏨 **Landhaus Messmer** 🛐 garni, Meersburger Str. 12, ℰ 62 27, ≤, 🏖, 🌿 — 🛏wc 🛁wc 🅿.
🛐
März - Okt. — **14 Z : 23 B** 48/80 - 100/130.

🏨 **Pauli's Kajüte**, Meersburger Str. 2, ℰ 62 50, ≤, 🌳, 🏖, 🔲 — 🛁wc 🚗 🅿
15. März - Okt. — Karte 18/38 *(Mittwoch geschl.)* — **18 Z : 28 B** 43/46 - 86/92.

🏨 **Löwen**, Hansjakobstr. 2, ℰ 62 41, 🌳, 🏖, 🌿 — 🛁wc 🅿
16 Z : 27 B.

🏨 **Gästehaus Schmäh** garni, Kapellenstr. 3, ℰ 62 10, 🌿 — 🛏wc 🛁wc 🅿
April - Okt. — **16 Z : 32 B** 42/45 - 70/90.

🏨 **Zum Weinberg** garni (Mahlzeiten im Gasthof Hagenauer Hof), Hauptstr. 34 (B 31), ℰ 62 44,
🌿 — 🛏wc 🛁wc ☎ ♿ 🚗 🅿
19 Z : 32 B.

🏨 **Zur Winzerstube** 🛐, Seestr. 1, ℰ 63 50, ≤, 🏖, 🌿 — 🛁wc 🅿. 🛐
April - Okt. — (nur Abendessen für Hausgäste) — **10 Z : 19 B** 45 - 66/86.

🏨 **Pension Seeperle** garni, Seestr. 22, ℰ 62 40, 🏖, 🔲, 🌿 — 🛁wc 🅿
21 Z : 35 B 33/45 - 60/80.

🏨 **Gästehaus Mohren** garni, Sonnenbühl 1, ℰ 94 28, ≤, 🌿 — 🛁wc 🚗 🅿
14 Z : 27 B 28/38 - 56/75.

🏨 **Scharfes Eck** garni, Kirchweg 2, ℰ 62 61 — 🛁wc 🚗 🅿
15. Dez.- 15. Jan. geschl. — **14 Z : 24 B** 32/40 - 66/74.

XX **Steidle** mit Zim, Seestr. 17, ℰ 59 00 — 📺 🛁wc 🚗 🅿. 🆎 ⓪ 🄴
Mitte Jan.- Mitte März geschl. — Karte 25/57 *(außer Saison nur Abendessen und Donnerstag
geschl.)* — **7 Z : 14 B** 50/60 - 90/100 Fb — 3 Appart. 65/95.

HAIBACH Bayern siehe Aschaffenburg.

HAIDMÜHLE 8391. Bayern **426** ⑤ — 2 000 Ew — Höhe 831 m — Erholungsort — Wintersport : 800/1 300 m ✠4 ✠5 — ⊕ 08556.

Ausflugsziel : Dreisessel : Hochstein ⋇⋆ SO : 11 km.

🛈 Fremdenverkehrsamt, ℰ 3 75.

♦München 241 — Freyung 25 — Passau 64.

🏠 Café Hochwald, ℰ 3 01, ≘s, 🛲 — 🗐wc ⇐ 🅿
(nur Abendessen für Hausgäste) — **24 Z : 45 B.**

🏠 Strohmaier ⇘, ℰ 4 90, 🏤, 🛲 — 🗐wc 🅿
← Nov.- 15. Dez. geschl. — Karte 13/30 (außer Saison Dienstag geschl.) — **24 Z : 36 B** 22/29 -
40/54 — P 45/50.

In Haidmühle-Auersbergsreut NW : 3 km — Höhe 950 m :

🏠 **Haus Auersperg** ⇘, ℰ 3 53, 🛲 — 🗐wc 🗐wc ⇐ 🅿
Karte 16,50/35 — **19 Z : 38 B** 30/35 - 49/62 — P 42/50.

In Haidmühle-Frauenberg S : 6 km — Höhe 918 m :

🏨 **Adalbert-Stifter-Haus** ⇘, ℰ 3 55, ≼, ≘s, 🛲 — 🗐wc ⇐ 🅿. ⋇
← Nov.- 20. Dez. geschl. — Karte 13,50/45 — **15 Z : 26 B** 48/55 - 82/94 Fb.

Siehe auch : *Liste der Feriendörfer*

HAIGER 6342. Hessen — 18 600 Ew — Höhe 280 m — ⊕ 02773.

♦Wiesbaden 130 — Gießen 50 — Siegen 25.

🏠 **Fuchs** garni, Bahnhofstr. 23 (B 277), ℰ 30 68 — 🗐wc ☎ 🅿. ㏂ ⑩ **E**
14 Z : 20 B 60 - 94 Fb.

🏠 **Reuter**, Hauptstr. 82, ℰ 30 10 — 🗐wc ⇐. **E** 𝘝𝘐𝘚𝘈
Karte 18/42 (Samstag bis 18 Uhr geschl.) — **27 Z : 40 B** 33/48 - 64/90.

✗✗ La Toscana, Bahnhofstraße (B 277), ℰ 38 38, 🏤 — 🗐 🅿 ⚐.

In Haiger-Flammersbach SW : 3 km :

🏨 **Westerwaldstern Tannenhof** ⇘, Am Schimberg 1, ℰ 50 11, 🏤, Massage, ≘s, 🔳 —
🗐wc 🅿 ⚐. ㏂ **E**
Karte 22/50 — **36 Z : 72 B** 84 - 135 Fb.

HAIGERLOCH 7452. Baden-Württemberg **987** ㉟ — 9 200 Ew — Höhe 425 m — ⊕ 07474.

Sehenswert : Lage⋆⋆ — Schloßkirche⋆ — ≼⋆ von der Oberstadtstraße unterhalb der Wallfahrtskirche St. Anna.

🛈 Verkehrsamt, Oberstadtstraße (Rathaus), ℰ 60 61.

♦Stuttgart 70 — Freudenstadt 40 — Reutlingen 48 — Villingen-Schwenningen 59.

🏠 Römer, Oberstadtstr. 41, ℰ 10 15 — 🗐wc ☎ 🅿
11 Z : 20 B.

🏠 Krone, Oberstadtstr. 47, ℰ 4 11 — 🗐
← Karte 14/33 (Donnerstag geschl.) ⚗ — **12 Z : 18 B** 30/35 - 58/70.

✗ Brauerei-Gaststätte Schlößle, Hechinger Str. 9, ℰ 62 35 — 🅿.

In Haigerloch-Bad Imnau NW : 5 km — Kurort :

🏠 **Eyachperle**, Sonnenhalde 2, ℰ 84 36, ≘s — 🗐wc 🅿
10.- 30. Jan. geschl. — Karte 17/26 (Montag geschl.) — **13 Z : 20 B** 35/39 - 70.

HALBLECH 8959. Bayern — 3 000 Ew — Höhe 815 m — Erholungsort — Wintersport : 800/1 500 m ✠5 ✠6 — ⊕ 08368.

🛈 Verkehrsamt, Bergstraße (Buching), ℰ 2 85.

♦München 106 — Füssen 13 — Schongau 23.

In Halblech-Berghof :

🏠 **Gästehaus Alpenland** ⇘ garni, Falkenstr. 14, ℰ 6 99, ≼, 🛲 — 🗐wc 🅿. ⋇
Nov.- 20. Dez. geschl. — **9 Z : 18 B** 40/45 - 70.

In Halblech-Buching **426** ⑯ :

🏨 **Sporthotel Bannwaldsee**, Sesselbahnstr. 10, ℰ 8 51, ≼, 🏤, ≘s, 🔳, 🛲 — 🛗 🖴wc 🗐wc
☎ 🅿. ⋇ Rest
3. Okt.- 17. Dez. geschl. — Karte 20/49 — **42 Z : 84 B** 70 - 136 — P 90.

🏠 **Geiselstein**, Füssener Str. 26 (B 17), ℰ 2 60, 🏤, ≘s, 🛲 — 🖴wc ⇐ 🅿
← 15. Nov.- 15. Dez. geschl. — Karte 14/33 ⚗ — **21 Z : 36 B** 25/50 - 50/70 — P 45/55.

🏠 **Schäder**, Romantische Str. 16, ℰ 13 40, 🏤, 🛲 — 🗐wc 🅿. ⋇
26. Nov.- 8. Dez. geschl. — Karte 16/47 — **12 Z : 24 B** 40 - 70 — P 58.

In Halblech-Trauchgau **426** ⑯

🏠 Sonnenbichl ⇘, Am Müllerbichl 1, ℰ 8 71, ≼, 🏤, ≘s, 🔳, 🛲, ✗ (Halle) — 🖴wc 🗐wc ☎
⇐ 🅿
(nur Abendessen) — **24 Z : 44 B** Fb.

HALDEM Nordrhein-Westfalen siehe Stemwede.

HALDENHOF Baden-Württemberg Sehenswürdigkeit siehe Bodensee.

HALFING 8201. Bayern **986** ⑱ − 2 000 Ew − Höhe 602 m − ✆ 08055.
♦München 68 − Landshut 78 − Rosenheim 17 − Salzburg 76 − Wasserburg am Inn 14.

🏨 **Kern**, Kirchplatz 5, ℰ 2 11, ☎, ⚘ − 🏢wc ℗
48 Z : 93 B.

🏨 **Schildhauer**, Chiemseestr. 3, ℰ 2 28, ☎, ▨, ⚘ − ➡wc 🏢wc ℗
🡒 *Nov. geschl.* − Karte 13,50/27 *(Dienstag geschl.)* − **30 Z : 60 B** 30/35 - 50/70.

HALLE IN WESTFALEN 4802. Nordrhein-Westfalen **987** ⑭ − 18 500 Ew − Höhe 130 m −
✆ 05201.
♦Düsseldorf 176 − Bielefeld 17 − Münster (Westfalen) 60 − ♦Osnabrück 38.

🏠 **St. Georg** ⚘ garni, Winnebrockstr. 2/Alleestraße, ℰ 20 50 − ➡wc 🏢wc ☎ & ℗
27 Z : 35 B 47 - 83.

In Werther 4806 O : 6 km :

🏠 **Kippskrug**, Engerstr. 29, ℰ (05203) 2 66, ✂ (Halle) − 🏢wc ☎ ℗
13 Z : 18 B Fb.

HALLENBERG 5789. Nordrhein-Westfalen **987** ㉘ − 4 800 Ew − Höhe 385 m − Wintersport :
420/815 m ✺3 − ✆ 02984.
🛈 Verkehrsverein, Merklinghauserstr. 15, ℰ 82 03.
♦Düsseldorf 200 − ♦Kassel 86 − Korbach 32 − Marburg 45 − Siegen 85 − ♦Wiesbaden 165.

🏠 **Diedrich**, Nuhnestr. 2, ℰ 83 70, ☎ − 🛋 🏢wc ℗
Nov. geschl. − Karte 21/42 *(Dienstag geschl.)* − **24 Z : 44 B** 45/55 - 66/80 − 5 Appart 50/150 −
P 51/67.

HALLSTADT Bayern siehe Bamberg.

HALSENBACH Rheinland-Pfalz siehe Emmelshausen.

HALSTENBEK Schleswig-Holstein siehe Hamburg.

HALTE Niedersachsen siehe Weener.

HALTERN 4358. Nordrhein-Westfalen **987** ⑭ − 32 000 Ew − Höhe 35 m − ✆ 02364.
🛈 Städt. Verkehrsamt, Rathaus, Markt 1, ℰ 10 01.
♦Düsseldorf 79 − Münster (Westfalen) 46 − Recklinghausen 15.

🏠 **Lemloh**, Mühlenstr. 3, ℰ 34 65 (Hotel) 1 26 42 (Rest.) − 📺 🏢wc ☎ ⇔ ℗. 🆎 ⓞ 🅴 💳
Karte 24/50 *(Montag geschl.)* − **12 Z : 24 B** 45/52 - 85/102.

XX **Waldhotel Tari** mit Zim, Dorstener Str. 137, ℰ 1 50 35 − 🏢wc ☎ ℗. 🆎 🅴. ✂
Karte 17/50 *(Donnerstag geschl.)* − **10 Z : 20 B** 30/40 - 60/75.

In Haltern 4-Flaesheim SO : 5,5 km :

🏠 **Jägerhof zum Stift Flaesheim**, Flaesheimer Str. 360, ℰ 23 27 − ➡wc 🏢wc ⇔ ℗ 🎿
28. Juli - 15. Aug. geschl. − Karte 24/56 *(Dienstag geschl.)* − **13 Z : 26 B** 40/45 - 76/98.

In Haltern 5-Sythen N : 5 km :

🏠 **Pfeiffer**, Am Wehr 71, ℰ 64 45 − 🛋 ➡wc 🏢wc ☎ ℗ 🎿. 🆎 ⓞ. ✂ Zim
14. Juli - 8. Aug. geschl. − Karte 17/33 *(Donnerstag geschl.)* − **15 Z : 25 B** 30/44 - 56/70.

HALVER 5884. Nordrhein-Westfalen **987** ㉔ − 15 900 Ew − Höhe 436 m − ✆ 02353.
♦Düsseldorf 65 − Hagen 32 − Lüdenscheid 12 − Remscheid 26.

🏩 **Halvara**, Kölner Str. 16, ℰ 34 60 − ➡wc 🏢wc ☎ ⇔ ℗ 🎿
Karte 18/49 − **10 Z : 20 B** 45 - 80.

In Halver-Carthausen NO : 4 km :

🏩 **Frommann**, ℰ 6 11, ☎, ☎, ▨, ⚘ − 📺 ➡wc 🏢wc ☎ ⇔ ℗ 🎿. 🆎 ⓞ 🅴 💳
Karte 30/65 − **22 Z : 38 B** 69/85 - 106/130 Fb.

HAMBERGE Schleswig-Holstein siehe Lübeck.

HAMBURG 2000. 🅻 Stadtstaat Hamburg 🄎🄎🄎 ⑤ – 1 640 000 Ew – Höhe 10 m – ✪ 040.

Sehenswert : Rathausmarkt* und Jungfernstieg* DY – Außenalster*** (Rundfahrt***) EX – Tierpark Hagenbeck** T – Fernsehturm** (☀**) BX – Kunsthalle** (Deutsche Malerei des 19.Jh.) EY M1 – St. Michaelis* (Turm ☀*) BZ – Stintfang (≤*) BZ – Hafen** (Rundfahrt**) BZ.

Ausflugsziele : Norddeutsches Landesmuseum** AV M – Altonaer Balkon ≤* AV S – Wedel : Willkomm-Höft (Schiffsbegrüßungsanlage beim Schulauer Fährhaus ≤*) ⑤ : 23 km über die B 431 U.

🛫 Hamburg-Fuhlsbüttel (N : 15 km T), ℰ 50 80, City- Center Airport (Air Terminal im ZOB FY), Brockesstraße, ℰ 50 85 57.

🚗 ℰ 39 18 65 56.

Messegelände (BX) ℰ 3 56 91, Telex 212609.

🛈 Tourist-Information, Fremdenverkehrszentrale, Hachmannplatz 1 (am Hbf), ℰ 24 87 00, Telex 2163036 und Hotelnachweis im Hbf, ℰ 24 87 00.

🛈 Zimmernachweis im Flughafen (Halle D), ℰ 24 87 00.

ADAC, Amsinckstr. 39 (H 1), ℰ 2 39 91, Notruf ℰ 1 92 11.

◆Berlin 297 ③ – ◆Bremen 120 ⑥ – ◆Hannover 151 ④.

Die Angabe (H 15) nach der Anschrift gibt den Postzustellbezirk an : Hamburg 15

L'indication (H 15) à la suite de l'adresse désigne l'arrondissement : Hamburg 15

The reference (H 15) at the end of the address is the postal district : Hamburg 15

L'indicazione (H 15) posta dopo l'indirizzo precisa il quartiere urbano : Hamburg 15

Stadtpläne siehe nächste Seiten.

Beim Hauptbahnhof, in St. Georg, östlich der Außenalster Stadtplan : S. 5 und 7 :

🏨 **Atlantic-Hotel Kempinski** ⑊, An der Alster 72 (H 1), ℰ 24 80 01, Telex 2163297, ≤ Außenalster, Massage, ⇔s, 🔲 – 🛗 🍴 Rest 📺 ⇐ 🅿 🚻 (mit 🍴). 🆎 ⓞ E 💳. ❄ Rest
Karte 50/100 – **300 Z : 430 B** 280/300 - 350/420.
EX a

🏨 **Europäischer Hof,** Kirchenallee 45 (H 1), ℰ 24 81 71, Telex 2162493 – 🛗 🍴 Rest 📺 ⇐ 🚻 (mit 🍴). 🆎 ⓞ E 💳
Restaurants : – **Hamburg-Restaurant** Karte 30/69 – **Bürgerstube** Karte 22/45 – **350 Z : 620 B** 118/214 - 174/268 Fb.
FY e

🏨 **Berlin,** Borgfelder Str. 1 (H 26), ℰ 25 16 40, Telex 213939 – 🛗 🍴 Rest 📺 ⇐ 🅿 🚻 (mit 🍴). 🆎 ⓞ E 💳. ❄ Rest
Karte 28/57 – **93 Z : 120 B** 115/135 - 160/180 Fb.
GY a

🏨 **Reichshof,** Kirchenallee 34 (H 1), ℰ 24 83 30, Telex 2163396 – 🛗 📺 ⇐ 🚻. 🆎 ⓞ E 💳. ❄ Rest
Karte 35/74 – **310 Z : 450 B** 130/214 - 190/260 Fb.
FY d

🏨 **Prem,** An der Alster 9 (H 1), ℰ 24 54 54, Telex 2163115, « Garten » – 🛗 📺. 🆎 ⓞ E 💳. ❄ Rest
Karte 39/85 – **48 Z : 75 B** 145/215 - 210/290 Fb.
FX c

🏨 **Fürst Bismarck** garni, Kirchenallee 49 (H 1), ℰ 2 80 10 91, Telex 2162980 – 🛗 📺 🛁wc 🚿wc ☎. 🆎 ⓞ E 💳
23. Dez.- 1. Jan. geschl. – **59 Z : 92 B** 80/120 - 115/145.
FY x

🏨 **Senator,** Lange Reihe 18 (H 1), ℰ 24 12 03, Telex 2174002 – 🛗 📺 🛁wc 🚿wc ☎ 🅿. 🆎 ⓞ E 💳
(nur Abendessen für Hausgäste) – **56 Z : 120 B** 128 - 176 Fb.
FY u

🏨 **St. Raphael,** Adenauer-Allee 41 (H 1), ℰ 24 11 91, Telex 2174733 – 🛗 📺 🛁wc ☎ 🅿 🚻. ❄ Rest
120 Z : 160 B Fb.
FY m

🏨 **Kronprinz** garni, Kirchenallee 46 (H 1), ℰ 24 32 58, Telex 2161005 – 🛗 📺 🛁wc 🚿wc ☎. ⓞ E 💳. ❄
73 Z : 110 B 95 - 145 Fb.
FY e

🏠 **Alte Wache,** Adenauer-Allee 25 (H 1), ℰ 24 12 91, Telex 2162254 – 🛗 📺 🚿wc ☎ 🅿 🚻.
24. Dez.- 2. Jan. geschl. – (nur Abendessen für Hausgäste) – **72 Z : 80 B** 98/130 - 130/150.
FY s

🏠 **Dänischer Hof,** Holzdamm 4 (H 1), ℰ 24 55 56, Telex 2162760 – 🛗 🛁wc 🚿wc ☎ 🅿. 🆎 E 💳
(Rest. nur für Hausgäste) – **44 Z : 60 B** 80/120 - 120/170.
EXY d

🏠 **Metro Merkur** garni, Bremer Reihe 12 (H 1), ℰ 24 33 83, Telex 2162683 – 🛗 📺 🛁wc 🚿wc ☎. 🆎 ⓞ E 💳
109 Z : 200 B 80/110 - 105/135.
FY z

🏠 **Wedina** ⑊ garni, Gurlittstr. 23 (H 1), ℰ 24 30 11, ⇔s, 🏊 (geheizt), 🛖 – 🛁wc 🚿wc ☎. 🆎 ⓞ E 💳
22. Dez.- 10. Feb. geschl. – **23 Z : 40 B** 54/100 - 78/115.
FX n

🏠 **Alt Nürnberg** garni, Steintorweg 15 (H 1), ℰ 24 60 24 – 🛁wc 🚿wc ☎
24. Dez.- 1. Jan. geschl. – **16 Z : 29 B** 45/90 - 70/120.
FY a

❌❌ **Peter Lembcke,** Holzdamm 49 (H 1), ℰ 24 32 90 – 🆎 ⓞ E
28. Juli - 16. Aug. sowie Sonn- und Feiertage geschl. – Karte 46/81.
FY t

Binnenalster, Altstadt, Neustadt Stadtplan Hamburg : S. 6 und 7 :

🏨 ✿ **Vier Jahreszeiten - Restaurant Haerlin**, Neuer Jungfernstieg 9 (H 36), ℰ 3 49 41, Telex 211629, ≼ Binnenalster – 🛗 📺 ⟺ 🅿️, 🆎 ⓞ E 𝖵𝖨𝖲𝖠, ℋ
DY **v**
Karte 50/100 – **175 Z : 252 B** 235/365 - 349/516
Spez. Pot au feu von Hummer, Lammrückenfilet mit Kräuterfüllung in Blätterteig, Zitronensoufflé mit Himbeersauce.

🏨 **Ramada Renaissance Hotel** Ⓜ, Große Bleichen (H 36), ℰ 34 91 80, Massage, ⬡ – 🛗 ▦
📺 🅗 🅿️ 🅟, 🆎 ⓞ E 𝖵𝖨𝖲𝖠, ℋ Rest
CY **e**
Karte 46/79 – **211 Z : 297 B** 247/337 - 295/385 Fb.

🏨 **CP Hamburg Plaza**, Marseiller Str. 2 (H 36), ℰ 3 50 20, Telex 214400, ≼ Hamburg, ⬡, 🔲
– 🛗 ▦ 📺 🅗 ⟺ 🅟, 🆎 ⓞ E 𝖵𝖨𝖲𝖠, ℋ Rest
CX **a**
Restaurants : – **Englischer Grill** *(nur Abendessen, Sonntag geschl.)* Karte 37/77 –
Vierländerstube Karte 28/57 – **570 Z : 1140 B** 200/280 - 259/340 Fb.

🏨 **Hafen Hamburg**, Seewartenstr. 9 (H 11), ℰ 31 15 25, Telex 2161319, ≼ – 🛗 ⌂wc ⋔wc ☎
🅟 🅟, 🆎 ⓞ E 𝖵𝖨𝖲𝖠
BZ **y**
Karte 35/72 *(Montag geschl.)* – **155 Z : 280 B** 95/110 - 135/150 Fb.

🏨 **Alster-Hof** garni, Esplanade 12 (H 36), ℰ 35 00 70, Telex 213843 – 🛗 📺 ⌂wc ⋔wc ☎ 🅟.
🆎 ⓞ E 𝖵𝖨𝖲𝖠
DX **x**
20. Dez.- 2. Jan. geschl. – **120 Z : 210 B** 100/120 - 160/190.

🏨 **Baseler Hospiz**, Esplanade 11 (H 36), ℰ 34 19 21, Telex 2163707 – 🛗 ⌂wc ⋔wc ☎ 🅟
Karte 20/47 *(Sonn- und Feiertage geschl.)* 🅗 – **160 Z : 202 B** 55/122 - 90/140.
DX **x**

XXX **Zum alten Rathaus** (mit Unterhaltungslokal Fleetenkieker), Börsenbrücke 10 (H 11), ℰ 36 75 70
(Tischbestellung ratsam)
DZ **n**

XXX **Ehmke**, Grimm 14 (H 11), ℰ 32 71 32 – 🆎 ⓞ E 𝖵𝖨𝖲𝖠, ℋ
DZ **a**
Samstag bis 18 Uhr und Sonntag geschl. – Karte 36/72.

XXX **Ratsweinkeller**, Gr. Johannisstr. 2 (H 11), ℰ 36 41 53, « Hanseatisches Rest. a.d.J. 1896 »
– 🅟, 🆎 ⓞ E
DY **R**
Sonn- und Feiertage geschl. – Karte 25/60.

XX **Deichgraf**, Deichstr. 23 (H 11), ℰ 36 42 08 – 🆎 ⓞ E 𝖵𝖨𝖲𝖠
CZ **a**
Samstag bis 18 Uhr sowie Sonn- und Feiertage geschl. – Karte 28/79 (Tischbestellung ratsam).

XX **Harmonie**, Ost-West-Str. 12 (H 1), ℰ 32 71 91
EZ **n**

XX **Mövenpick - Café des Artistes**, Große Bleichen 36 (H 36), ℰ 35 16 35 – 🛗. 🆎 ⓞ E 𝖵𝖨𝖲𝖠
CY **r**
Karte 34/66 – **Mövenpick-Restaurant** Karte 20/52.

XX **Schümann's Austernkeller**, Jungfernstieg 34 (H 36), ℰ 34 62 65, « Restaurant aus der
Zeit der Jahrhundertwende mit Séparées und Salons » – ℋ
CY **a**
Sonn- und Feiertage geschl. – Karte 44/105.

XX **Restaurant im Finnlandhaus**, Esplanade 41 (12. Etage, 🛗) (H 36), ℰ 34 41 33, ≼ Hamburg,
Binnen- und Außenalster – ▦, 🆎 ⓞ E 𝖵𝖨𝖲𝖠, ℋ
DX **b**
Samstag ganztägig, Sonn- und Feiertage ab 15 Uhr geschl. – Karte 34/73.

XX **Überseebrücke**, Vorsetzen (H 11), ℰ 31 33 33, ≼ Hafen und Werften – ▦
BZ **b**

XX **Johann Cölln-Austernstuben** (Althamburgischer Rest. in kleinen Stübchen, vorwiegend
Fische, Krusten- und Schalentiere), Brodschrangen 1 (H 11), ℰ 33 07 22
DZ **z**
(Tischbestellung ratsam).

XX **Viking** (im Chilehaus), Depenau 3 (H 1), ℰ 32 71 71 – 🆎 ⓞ E
EZ **t**
Sonn- und Feiertage geschl. – Karte 26/66.

X **Valentin's Restaurant**, Neuer Wall 30 (H 36), ℰ 36 52 80 – 🆎 ⓞ E 𝖵𝖨𝖲𝖠
CY **s**
Sonn- und Feiertage geschl., Juli - 9. Aug. nur Mittagessen – Karte 27/55.

X **Vitell** (Bistro-Restaurant), Wexstr. 38 (H 36), ℰ 34 50 30
CY **n**
Samstag - Sonntag 19 Uhr und 1.- 28. Aug. geschl. – Karte 42/70.

In den Außenbezirken :

In Hamburg-Altona :

🏠 **Raphael Hotel Altona**, Präsident-Krahn-Str. 13 (H 50), ℰ 38 12 39, Telex 2174733 – 🛗
⋔wc ☎ 🅟, 🆎 ⓞ E, ℋ Rest
AV **a**
Karte 20/36 *(nur Abendessen, Samstag - Sonntag geschl.)* – **54 Z : 95 B** 56/103 - 82/140 Fb.

XXXX ✿ **Landhaus Scherrer**, Elbchaussee 130 (H 50), ℰ 8 80 13 25 – 🅟. 🆎 ⓞ E
U **c**
Sonn- und Feiertage sowie 14.- 27. Juli geschl. – Karte 55/105 (Tischbestellung erforderlich) –
Bistro-Restaurant *(nur Mittagessen)* Karte 30/60
Spez. Marinierter Stör mit Languste in Algenvinaigrette, Gepökelter Kalbskopf mit Graupen-Kerbelbutter,
Vierländer Entenbrust auf Wirsing.

XXX **Fischereihafen-Restaurant Hamburg**, Große Elbstr. 143 (H 50), ℰ 38 18 16, ≼ – 🅟, 🆎
ⓞ
AV **d**
Karte 30/93 (Tischbestellung ratsam).

XX **Hanse-Grill**, Elbchaussee 94 (H 50), ℰ 39 46 11 – 🅟
AV **s**

In Hamburg-Bergedorf 2050 ③ : 18 km über die B 5 U :

🏠 **Sachsentor** garni, Bergedorfer Schloßstr. 10 (H 80), ℰ 7 24 30 11, Telex 2165022 – 🛗 📺
⋔wc ☎ 🅟, 🆎 E 𝖵𝖨𝖲𝖠
35 Z : 80 B 95 - 125 Fb.

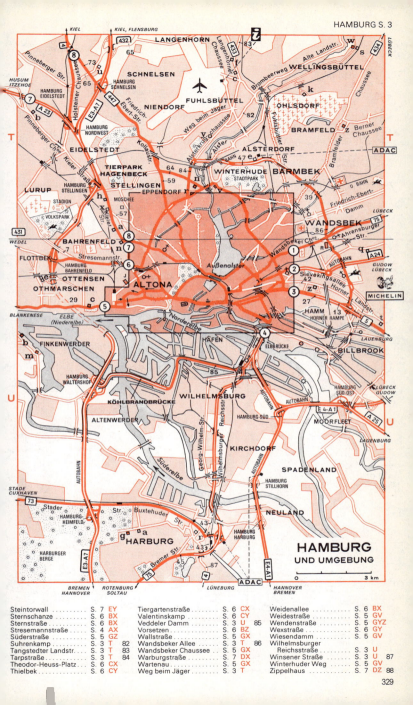

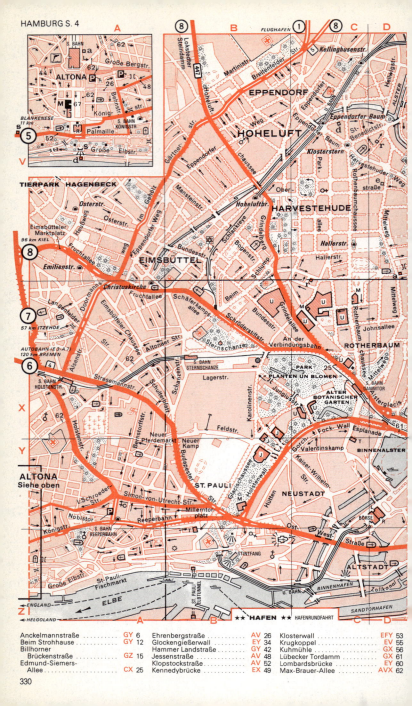

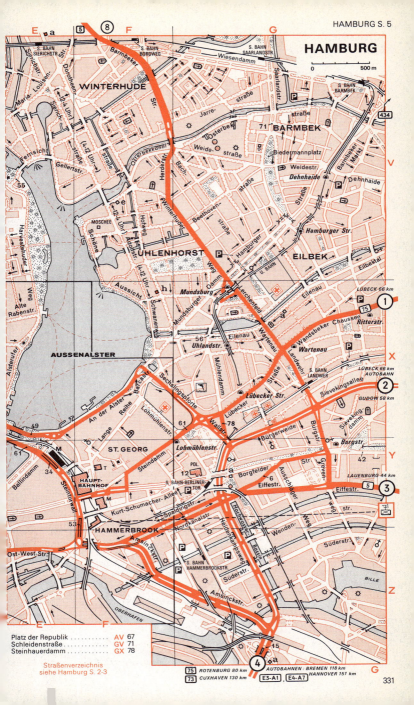

HAMBURG

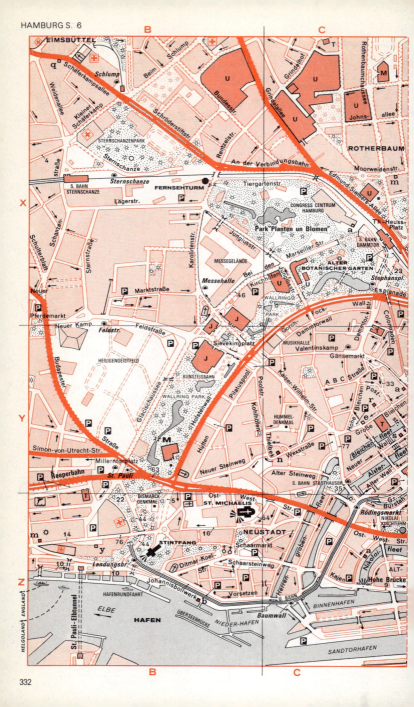

HAMBURG

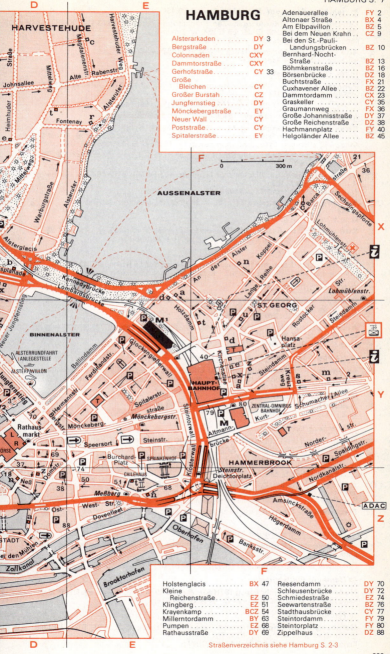

AUSSENALSTER

ST. GEORG

BINNENALSTER

HAUPT-BAHNHOF

HARVESTEHUDE

HAMMERBROOK

STADT

Straßenverzeichnis siehe Hamburg S. 2-3

In Hamburg-Bergstedt NO : 17 km über die B 434 T :

XX **Landhaus zum Lindenkrug** mit Zim, Bergstedter Chaussee 128 (B 434) (H 65), 𝄎 6 04 80 05, 🏤 – 🗠 🗠 wc �ℿwc ☎ 🅿. 🝙 ⓘ E 𝚅𝚂𝙰. 🍽 Zim
Karte 35/77 *(Montag geschl.)* – **6 Z : 10 B** 70 - 110.

X **Alte Mühle**, Alte Mühle 34 (H 65), 𝄎 6 04 91 71, 🏤 – 🅿
Mittwoch geschl. – Karte 26/56.

In Hamburg-Billstedt :

🏨 **Panorama** Ⓜ garni, Billstedter Hauptstr. 44 (H 74), 𝄎 73 17 01, Telex 212162, 🔲 – 🛗 🗠
🗠 🅿 🝙. 🝙 ⓘ E 𝚅𝚂𝙰   U t
24. Dez.- 2. Jan. geschl. – **111 Z : 162 B** 120/160 - 160/220 Fb.

In Hamburg-Blankenese W : 16 km über ⑤ und Elbchaussee U :

🏨 **Strandhotel** 🝙, Strandweg 13 (H 55), 𝄎 86 09 93, ≤, 🏤, « Ehem. Villa mit eleganter Einrichtung, ständige Bilderausstellung », 🗠, 🚗 – 🛗 🗠 wc ⅏wc ☎ 🅿. 🝙 ⓘ E 𝚅𝚂𝙰
Karte 37/76 *(Sonntag 15 Uhr - Montag geschl.)* – **13 Z : 22 B** 105/205 - 180/325 Fb.

🏠 **Behrmann** garni, Elbchaussee 528 (H 55), 𝄎 86 36 73 – 🗠 wc ⅏wc ☎ 🗠 🅿. 🍽
27 Z : 50 B 65/110 - 100/145.

XXX **Sagebiels Fährhaus**, Blankeneser Hauptstr. 107 (H 55), 𝄎 86 15 14, « Gartenterrasse mit ≤ » – 🅿. 🝙 ⓘ E 𝚅𝚂𝙰
Nov.- März Montag geschl. – Karte 31/75.

XXX **Süllberg**, Süllbergsterrasse 2 (H 55), 𝄎 86 16 86, « Gartenterrasse mit ≤ » – 🅿 🝙. 🝙 ⓘ
E 𝚅𝚂𝙰
Karte 36/76.

X **Strandhof** (Bistro-Restaurant), Strandweg 27 (H 55), 𝄎 86 52 36, ≤, 🏤 – 🝙 ⓘ
nur Abendessen, Montag und 3.- 31. Jan. geschl. – Karte 40/89.

In Hamburg-Bramfeld :

XX **Don Camillo e Peppone** (Italienische Küche), Im Soll 50 (H 71), 𝄎 6 42 90 21 – 🝙 ⓘ E
nur Abendessen, Dienstag geschl. – Karte 37/59 (Tischbestellung ratsam).   T z

In Hamburg-City Nord :

🏨 **Crest-Hotel Hamburg**, Mexicoring 1 (H 60), 𝄎 6 30 50 51, Telex 2174155 – 🛗 🗐 Rest 🛗
🗠 🅿 🝙 (mit 🗐). 🝙 ⓘ E 𝚅𝚂𝙰. 🍽 Rest   T e
Karte 30/60 – **185 Z : 270 B** 171/195 - 224/256 Fb.

🏨 **Alsterkrug-Hotel**, Alsterkrugchaussee 277, 𝄎 51 30 30, Telex 2173828, 🗠 – 🛗 🛗 ⅏wc ☎
🗠 🅿 🝙. 🝙 ⓘ E 𝚅𝚂𝙰. 🍽 Rest   T y
Karte 28/53 – **80 Z : 160 B** 129/143 - 173/187 Fb.

In Hamburg-Duvenstedt über Alte Landstr. T :

XX **Le Relais de France**, Poppenbütteler Chaussee 3 (H 65), 𝄎 6 07 07 50 – 🅿. ⓘ
Dienstag bis 18 Uhr und Sonntag - Montag geschl. – Karte 49/76 (Tischbestellung ratsam).

In Hamburg-Eilbek :

🏠 **Helbing** garni, Eilenau 37 (H 76), 𝄎 25 20 83 – 🛗 ☎   GX a
17 Z : 23 B 60/70 - 98/110.

In Hamburg-Eimsbüttel :

🏨 **Norge-Kon-Tiki-Grill**, Schäferkampsallee 49 (H 6), 𝄎 44 17 21, Telex 214942, Massage, 🗠
– 🛗 🗐 Rest 🛗 🗠 wc ⅏wc ☎ 🅿 🝙. 🝙 ⓘ E 𝚅𝚂𝙰. 🍽 Rest   BX q
23.- 30. Dez. geschl. – Karte 25/64 – **88 Z : 170 B** 110/145 - 134/184 Fb.

In Hamburg-Eppendorf :

XXX ✿ **Le canard**, Martinistr. 11 (H 20), 𝄎 4 60 48 30 – 🝙 ⓘ. 🍽   T r
Sonntag geschl. – Karte 57/100 (Tischbestellung erforderlich)
Spez. Parfait von Räucheraal, Champagnersuppe mit Hummer, Barberie-Entenbrust in Beaujolais.

XX **Fisch Sellmer** (überwiegend Fischgerichte), Ludolfstr. 50 (H 20), 𝄎 47 30 57 – 🅿. 🝙. 🍽
Karte 29/76.   T n

In Hamburg-Finkenwerder 2103 :

XX **Finkenwerder Elbblick**, Focksweg 42 (H 95), 𝄎 7 42 51 91, ≤ Elbe, 🏤 – 🅿   U b
Karte 26/74.

X **Finkenwärder Hof**, Auedeich 61 (H 95), 𝄎 7 42 81 37 – 🅿   U m

In Hamburg-Fuhlsbüttel :

🏠 **Hadenfeldt** 🝙, Friedhofsweg 15 (H 63), 𝄎 59 62 40 – ⅏wc ☎ 🗠 🅿. 🝙 ⓘ E   T k
Karte 19/40 *(Freitag geschl.)* – **24 Z : 42 B** 39/55 - 83/95.

In Hamburg-Hamm :

🏨 **Hamburg International**, Hammer Landstr. 200 (H 26), 𝄎 21 14 01, Telex 2164349 – 🛗 🛗
🗠 wc ⅏wc ☎ 🝙 🗠 🅿 🝙. 🝙 E 𝚅𝚂𝙰   U z
Karte 27/71 – **100 Z : 214 B** 95/125 - 130/184 Fb.

In Hamburg-Harburg 2100 :

🏠 **Süderelbe** garni, Großer Schippsee 29 (H 90), 𝒫 77 32 14 — |𝓈| 𝓂wc ☎. 🅰🅴 ⓞ 🅴. 🛠   U   r
   20. Dez.- 4. Jan. geschl. — **21 Z : 40 B** 80 - 100/112.

🏠 **Heimfeld** garni, Heimfelder Str. 91 (H 90), 𝒫 7 90 56 78, 🐾 — |𝓈| 𝓂wc ☎ 🅿. 🅰🅴   U   a
   49 Z : 80 B 45/80 - 110 Fb.

XX **Haus Lindtner** mit Zim, Heimfelder Str. 123 (H 90), 𝒫 7 90 80 81, « *Gartenterrasse* » — 📺
   ⌂wc 𝓂wc ☎ 🚗 🅿 🏛   U   g
   16 Z : 25 B.

In Hamburg-Harvestehude westlich der Außenalster :

🏨 **Inter-Continental**, Fontenay 10 (H 36), 𝒫 41 41 50, Telex 211099, ≼ Hamburg und Alster,
   🏖, Massage, ⇌s, 🔳 — |𝓈| ▤ 📺 ♿ 🚗 🅿 🏛. 🅰🅴 ⓞ 🅴 𝘝𝘐𝘚𝘈. 🛠 Rest   EX   r
   Restaurants : — **Fontenay-Grill** *(Samstag nur Abendessen)* Karte 47/96 — **Hulk-Brasserie**
   Alster-Buffet Karte 33/58 — **300 Z : 600 B** 245/295 - 295/345 Fb.

🏨 **Smolka**, Isestr. 98 (H 13), 𝒫 47 50 57, Telex 215275 — |𝓈| 📺 ⇌. 🅰🅴 ⓞ 🅴 𝘝𝘐𝘚𝘈. 🛠 Rest
   Karte 24/63 *(Samstag ab 15 Uhr sowie Sonn- und Feiertage geschl.)* — **40 Z : 65 B** 105/160 -   CV   d
   188/205 Fb.

🏨 **Garden Hotels Pöseldorf** 🦢 garni, Magdalenenstr. 60 (H 13), 𝒫 44 99 59, Telex 212621,
   « *Elegante Einrichtung* », 🐾 — |𝓈| 📺 ⌂wc 𝓂wc ☎. 🅰🅴 ⓞ 🅴 𝘝𝘐𝘚𝘈   EX   c
   70 Z : 100 B 133/233 - 206/306.

🏨 **Mittelweg** garni, Mittelweg 59 (H 13), 𝒫 45 32 51, Telex 2152663 — 📺 ⌂wc 𝓂wc ☎ 🅿
   38 Z : 51 B 92/132 - 154/174.   DV   e

🏨 **Abtei** 🦢 garni, Abteistr. 14 (H 13), 𝒫 44 29 05, Telex 2165645 — 📺 ⌂wc 𝓂wc ☎. 🅰🅴 ⓞ 🅴
   𝘝𝘐𝘚𝘈   DV   r
   14 Z : 26 B 115/160 - 165/220 — 4 Appart. 150/250.

XX **La vite** (Italienische Küche), Heimhuder Str. 5 (H 13), 𝒫 45 84 01, 🏖 — 🛠   DX   e
   (Tischbestellung ratsam).

XX **Daitokai** (Japanisches Rest.), Milchstr. 1 (H 13), 𝒫 4 10 10 61 — ▤. 🅰🅴 ⓞ 🅴. 🛠   DV   a
   Sonntag geschl. — Karte 33/68 (Tischbestellung ratsam).

XX **Osteria Martini** (Italienische Küche), Badestr. 4 (H 13), 𝒫 4 10 16 51 — 🅰🅴 ⓞ 🅴 𝘝𝘐𝘚𝘈. 🛠
   Karte 32/60 (Tischbestellung ratsam).   DX   t

In Hamburg-Langenhorn :

🏨 **Schümann** 🦢 garni, Langenhorner Chaussee 157 (H 62), 𝒫 5 20 80 25 — 📺 ⌂wc 𝓂wc ☎
   ⇌ 🅿   T   f
   47 Z : 75 B Fb.

🏠 **Koch's Hotel** garni, Langenhorner Chaussee 79 (H 62), 𝒫 5 31 41 42 — 𝓂wc ☎ 🅿   T   c
   18 Z : 27 B 77 - 105.

X **Zum Wattkorn** mit Zim, Tangstedter Landstr. 230 (H 62), 𝒫 5 20 37 97, 🏖 — 𝓂wc 🅿
   Karte 23/52 *(Montag geschl.)* — **14 Z : 19 B** 46/78 - 80/104.
                                   über Tangstedter Landstraße   T

In Hamburg-Lohbrügge 2050 ③ : 15 km über die B 5 :

🏨 **Alt Lohbrügger Hof**, Leuschner Str. 76 (H 80), 𝒫 73 91 41, 🏖 — 📺 𝓂wc ☎ 🅿 🏛
   24 Z : 40 B Fb.

In Hamburg-Nienstedten ⑤ : 13 km über Elbchaussee U :

XXX **Jacob** mit Zim, Elbchaussee 401 (H 52), 𝒫 82 93 52, ≼, « *Terrasse an der Elbe* » — 📺 ⌂wc
   ☎ 🅿 🏛
   14 Z : 28 B.

XX ✿ **Landhaus Dill**, Elbchaussee 404 (H 52), 𝒫 82 84 43 — 🅿. 🅰🅴 ⓞ 🅴 𝘝𝘐𝘚𝘈
   Dienstag - Freitag nur Abendessen, Montag geschl. — Karte 43/84
   Spez. Marinierter Lachs auf Reibekuchen, Seeteufelmedaillons mit Pinot-Noir-Sauce, Lammrücken mit
   Safransauce.

X **Zum Elbschloß-Brauhausstuben**, Elbchaussee 374 (H 52), 𝒫 82 99 88, 🏖 — 🅿
   Karte 24/58.

In Hamburg-Othmarschen :

🏠 **Schmidt** garni, Reventlowstr. 60 (H 52), 𝒫 88 28 31, 🐾 — |𝓈| 📺 ⌂wc 𝓂wc ☎ 🅿. 🅰🅴   U   e
   37 Z : 65 B 58/99 - 92/135.

🏠 **Wagner** garni, Reventlowstr. 64 (H 52), 𝒫 8 80 81 73 — 📺 𝓂wc ☎ 🅿   U   e
   17 Z : 30 B.

In Hamburg-Poppenbüttel über die B 434 T :

XX **Ristorante Dante** (Italienische Küche), Harksheider Str. 2 (H 65), 𝒫 6 02 00 43
   wochentags nur Abendessen — (Tischbestellung ratsam).

In Hamburg-Rahlstedt über ① :

🏨 **Eggers**, Rahlstedter Str. 78 (B 435) (H 73), 𝒫 6 77 22 11, Telex 2173678, ⇌s, 🔳 — |𝓈| 📺
   ⌂wc 𝓂wc ☎ 🅿. 🅰🅴 ⓞ 🅴
   Karte 23/64 *(nur Abendessen)* — **93 Z : 136 B** 50/95 - 100/150 Fb.

In Hamburg-Rothenburgsort :

🏨 **Elbbrücken-Hotel** garni, Billhorner Mühlenweg 28 (H 28), 𝄞 78 27 47 — 🛗 🚻wc 🛁wc 🕻 🅿
33 Z : 60 B.
                 GZ **a**

In Hamburg-Rotherbaum :

🏩 **Elysee** Ⓜ ⤳, Rothenbaumchaussee 10, 𝄞 41 41 20, Telex 212455, Massage, ⤸ — 🛗 🖥 📺
  & ⇔ ⚓. 🆎 ⓞ 𝘝𝘐𝘚𝘈
                 CX **m**
Restaurants : — **Piazza Romana** Karte 35/59 — **Brasserie** Karte 25/45 — **299 Z : 598 B** 175/265 - 220/310 Fb.

XX ✿ **L'auberge française** (Französische Küche), Rutschbahn 34 (H 13), 𝄞 4 10 25 32 — ⤷
Okt.- Dez. Sonntag, Jan.- Sept. Samstag und Sonntag geschl., Juli Betriebsferien — Karte 42/72 (Tischbestellung erforderlich)
                 CVX **r**
Spez. Foie d'oie poêlé sauce truffes et pommes, Salade tiède de scampi au beurre de basilic, Filets de rougets "Antibes".

XX **Fernsehturm-Restaurant**, Lagerstr. 2 (🛗, Gebühr 3,75 DM) (H 6), 𝄞 43 80 24, ☀ Hamburg, « Rotierendes Restaurant in 132 m Höhe » — 🖥 🅿. 🆎 ⓞ E 𝘝𝘐𝘚𝘈. ⤷
                 BX
Karte 40/70 (Tischbestellung ratsam).

In Hamburg-St. Pauli :

XX **Bavaria-Blick**, Bernhard-Nocht-Str. 99 (7. Etage, 🛗) (H 4), 𝄞 31 48 00, ≤ Hafen — 🖥. 🆎 ⓞ
E 𝘝𝘐𝘚𝘈
                 BZ **m**
Karte 28/68 (Tischbestellung ratsam).

In Hamburg-Sasel NO : 14 km über die B 434 T :

🏨 **Mellingburger Schleuse** ⤳ (250 Jahre altes niedersächsisches Bauernhaus), Mellingburgredder 1 (H 65), 𝄞 6 02 40 01, ⬛ — 🚻wc 🛁wc 🕻 ⇔ 🅿 ⚓. 🆎 ⓞ E
Karte 27/69 *(Dienstag geschl.)* — **28 Z : 60 B** 111 - 167 Fb.

In Hamburg-Schnelsen :

🏨 **Novotel**, Oldesloer Str. 166 (H 61), 𝄞 5 50 20 73, Telex 212923, ⣾ (geheizt) — 🛗 📺 🚻wc
🕻 & 🅿 ⚓. 🆎 ⓞ E 𝘝𝘐𝘚𝘈
                 T **u**
Karte 23/53 — **124 Z : 248 B** 142/162 - 175/185 Fb.

In Hamburg-Stellingen :

🏨 **Helgoland** garni (Hospiz), Kieler Str. 177 (H 54), 𝄞 85 70 01 — 🛗 🚻wc 🛁wc 🕻 & ⇔ 🅿
⚓. 🆎 ⓞ E 𝘝𝘐𝘚𝘈
                 U **n**
109 Z : 218 B 104/119 - 146/182 Fb.

🏨 **Falck**, Kieler Str. 333 (H 54), 𝄞 5 40 20 61, Telex 213664, ⚑ — 🛗 📺 🚻wc 🛁wc 🕻 ⇔ 🅿
⚓. 🆎 ⓞ E 𝘝𝘐𝘚𝘈
                 T **x**
Karte 31/67 — **83 Z : 150 B** 105/155 - 150/190 Fb.

🏨 **Münch** ⤳ garni, Frühlingstr. 37 (H 54), 𝄞 8 50 50 26 — 📺 🛁wc 🕻 ⇔. 🆎 ⓞ. ⤷
                 T **a**
12 Z : 14 B 95 - 125 Fb.

🏨 **Rex** ⤳ garni, Kieler Str. 385 (H 54), 𝄞 54 48 13 — 🛁 🕻 🅿
                 T **h**
33 Z : 51 B 54/72 - 89/96.

In Hamburg-Uhlenhorst :

🏨 **Parkhotel Alster-Ruh** ⤳ garni, Am Langenzug 6 (H 76), 𝄞 22 45 77 — 📺 🚻wc 🛁wc 🕻.
🆎 E
                 FV **e**
27 Z : 43 B 97/147 - 139/204 Fb.

XX **Ristorante Roma** (Italienische Küche), Hofweg 7 (H 76), 𝄞 2 20 25 54 — 🆎 ⓞ
                 FX **h**
Samstag - Sonntag 19 Uhr geschl. — Karte 35/59.

In Hamburg-Veddel :

🏨 **Carat-Hotel** Ⓜ, Sieldeich 9 (H 28), 𝄞 78 96 60, Telex 2163354 — 🛗 📺 🚻wc 🛁wc 🕻 🅿 ⚓.
🆎 ⓞ E 𝘝𝘐𝘚𝘈
                 U **s**
Karte 29/57 — **93 Z : 170 B** 125 - 165 Fb.

In Hamburg-Volksdorf über ① :

XX **Ristorante Due Torri** (Italienische Küche), Im alten Dorfe 40 (H 67), 𝄞 6 03 40 42, ⌖ — 🆎
ⓞ E
Montag und 7. Jan.- 1. Feb. geschl. — Karte 26/58.

In Hamburg-Wandsbek :

🏨 **Haus Osterkamp** garni, Osterkamp 54 (Marienthal) (H 70), 𝄞 6 56 00 01, ⚑ — 🚻wc 🛁wc 🕻
&
                 U **q**
20 Z : 30 B.

In Hamburg-Wellingsbüttel :

🏨 **Rosengarten** garni, Poppenbüttler Landstr. 10b (H 65), 𝄞 6 02 30 36, ⤸, ⚑ — 📺 🛁wc 🕻
⇔ 🅿. 🆎 E
                 T **s**
10 Z : 17 B 98 - 145.

XX **Randel**, Poppenbüttler Landstr. 1 (H 65), 𝄞 6 02 47 66, ⌖, « 10 ha großer Park » — & 🅿
⚓. 🆎 ⓞ E
                 T **w**
Montag geschl. — Karte 27/69.

In Hamburg-Winterhude :

XX Benedikt, Dorotheenstr. 182a (H 60), ✆ 4 60 34 64 — (Tischbestellung ratsam). EV a

XX **Fra Diavolo** (Italienische Küche), Hudtwalckerstr. 16 (H 60), ✆ 47 57 35 — 🆎 ⓪ T v
Samstag und Juli geschl. — Karte 30/70.

In Rellingen Krupunder 2084 Schleswig-Holstein :

🏨 **Fuchsbau**, Altonaer Str. 357, ✆ (04101) 3 10 31, « Gartenterrasse », ⇌, 🐎 — 📺 ⋔wc ☎
🅿 🏄. 🆎 ⓪ E 💳 T b
Karte 23/48 *(nur Abendessen, Sonn- und Feiertage geschl.)* — **63 Z : 110 B** 86/105 - 107/135.

In Halstenbek 2083 Schleswig-Holstein NW : 17 km über ⑦ :

XX **Wupperman's Kochstube**, Bahnhofstr. 22, ✆ (04101) 4 74 44 — 🅿
nur Abendessen, Montag geschl. — Karte 41/70 (Tischbestellung ratsam).

In Pinneberg 2080 Schleswig-Holstein NW : 19 km über ⑦ :

🏨 Cap Polonio ⋙, Fahltskamp 48, ✆ (04101) 2 24 02 — 📱 ⋔wc ☎ 🅿 🏄 — **46 Z : 86 B** Fb.

In Reinbek 2057 Schleswig-Holstein O : 20 km über die B 5 U :

🏨 **Sachsenwald-Congress-Hotel** Ⓜ, Hamburger Str. 2, ✆ (040) 72 76 10, Telex 2163074, ⇌
— 📱 📺 ⇌wc ⋔wc ☎ 🕭 🅿 🏄. 🆎 ⓪ E 💳
Karte 28/62 — **66 Z : 150 B** 115/135 - 140/165 Fb.

XX **Waldhaus Reinbek**, Loddenallee 2, ✆ (040) 7 22 68 46, 🐎 — 🅿. 🆎 ⓪ E 💳
Montag geschl. — Karte 26/60.

In Stapelfeld 2000 Schleswig-Holstein NO : 20 km über ② :

🏨 **Zur Windmühle**, Hauptstr. 63 (nahe der Autobahnabfahrt Stapelfeld) (H 73),
✆ (040) 6 77 30 03, 🐎 — 📺 ⇌wc ⋔wc ☎ 🅿 🏄. 🆎 ⓪ E 💳
Karte 31/60 — **32 Z : 46 B** 68/78 - 100/112 Fb.

In Wedel 2000 Schleswig-Holstein ⑥ : 23 km über die B 431 U :

🏨 **Motel Roland**, Marktplatz 8, ✆ (04103) 54 11 — ⇌wc ⋔wc ☎ ⇐ 🅿. ⋇
23. Dez.-1. Jan. geschl. — Karte 22/47 🍸 — **20 Z : 33 B** 41/57 - 66/85.

In Aumühle 2055 Schleswig-Holstein O : 26 km über Sievekingsallee und Hermannstal U —
🕭 04104 :

XX Fürst Bismarck Mühle ⋙ mit Zim, Mühlenweg 3, ✆ 20 28, 🐎 — ⇌wc ☎ 🅿 — **7 Z : 12 B**.

XX **Fischerhaus** ⋙ mit Zim, Am Mühlenteich 3, ✆ 50 42, <, 🐎 — 📺 ⇌wc ⋔wc ☎ ⇐ 🅿
Karte 30/65 — **14 Z : 23 B** 64 - 98.

XX **Waldesruh am See** ⋙ mit Zim, Am Mühlenteich 2, ✆ 30 46, « Gartenterrasse mit < », 🐎,
⋇ — 📱 ⇌wc ⋔wc ☎ 🅿. 🆎 ⓪
Karte 24/55 *(Dienstag geschl.)* — **16 Z : 24 B** 58/79 - 110/130.

MICHELIN-REIFENWERKE KGaA. Niederlassung Billbrookdeich 183 (H 74), (Hamburg S. 3 U),
✆ 7 32 01 73.

HAMELN 3250. Niedersachsen 987 ⑮ — 58 800 Ew — Höhe 68 m — 🕭 05151.

Sehenswert : Hochzeitshaus★.

Ausflugsziel : Hämelschenburg★ ③ : 11 km.

🅱 Verkehrsverein, Deisterallee, ✆ 20 25 17 — ADAC, Ostertorwall 15, ✆ 33 35, Notruf ✆ 1 92 11.

✦Hannover 45 ① — Bielefeld 80 ⑤ — Hildesheim 48 ② — Paderborn 67 ④ — ✦Osnabrück 110 ⑤.

Stadtplan siehe nächste Seite.

🏨 **Dorint Hotel Weserbergland**, 164er Ring 3, ✆ 79 20, Telex 924716, 🐎, ⇌, 🔲 — 📱 📺
⇌wc ⋔wc ☎ 🅿 🏄. 🆎 ⓪ E 💳. ⋇ Rest s
Karte 30/65 — **103 Z : 165 B** 91/99 - 152/168 Fb.

🏨 **Zur Krone**, Osterstr. 30, ✆ 74 11, Telex 924733 — 📱 📺 ⋔wc ☎ 🅿 🏄. 🆎 ⓪ E 💳. ⋇ Rest v
Karte 32/70 — **37 Z : 75 B** 62/122 - 113/163 Fb.

🏨 **Zur Börse**, Osterstr. 41a, ✆ 70 80 (Hotel) 2 25 75 (Rest.) — 📱 ⋔wc ☎ 🅿. 🆎 ⓪ E a
Weihnachten - Neujahr geschl. — Karte 18,50/46 — **36 Z : 49 B** 39/49 - 76/92.

🏨 **Bellevue** garni, Klütstr. 34, ✆ 6 10 18 — ⇌wc ⋔wc ☎ 🅿
24 Z : 35 B 38/50 - 68/90.

🏨 **Hirschmann** garni, Deisterallee 16, ✆ 75 91 — ⋔wc ☎. 🆎 z
18 Z : 31 B 54 - 95.

XX **Seehof**, Tönebönweg 3, ✆ 4 17 22, 🐎 — 🕭 🏄. 🆎 ⓪ E 💳 über Ohsener Str.
Karte 23/52.

X **Rattenfängerhaus**, Osterstr. 28, ✆ 38 88, « Renaissancehaus a.d.J. 1603 » — 🏄. 🆎 ⓪ E
💳 n
Karte 21/50.

X **China-Rest. Peking**, 164-er Ring 5, ✆ 4 18 44 — 🆎 ⓪ E. ⋇ e
Karte 19/40.

337

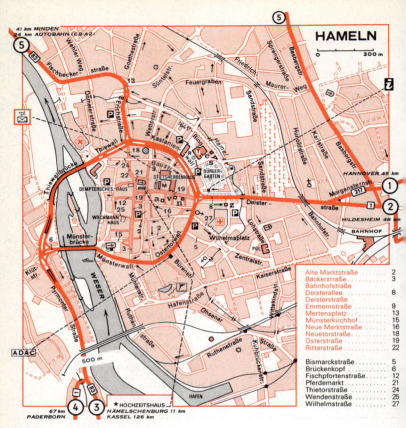

HAMELN

0 ____ 300 m

41 km MINDEN
24 km AUTOBAHN (E 8-A 2)

HANNOVER 45 km

HILDESHEIM 48 km

BAHNHOF

67 km PADERBORN

★ HOCHZEITSHAUS
HÄMELSCHENBURG 11 km
KASSEL 126 km

In Hameln 5-Klein Berkel ③ : 3 km :

🏨 **Klein Berkeler Warte**, an der B 1, 𝒫 6 50 81, 🥘 – 🛏wc ☎ 🅿 🔁, 𝔸𝔼 ⓞ Ⓔ 𝖵𝖨𝖲𝖠
Karte 21/48 – **14 Z : 18 B** 50/85 - 95/125.

🏨 **Gästehaus Ohrberg** ⑤ garni, Margeritenweg 1, 𝒫 6 59 79, ⑤ (geheizt), 🥘 – 🛏wc ☎
🅿 ⓪
16 Z : 21 B 50/60 - 90.

In Hameln 9-Unsen N : 6 km über Goethestraße :

♨ **Waldhof** ⑤, Waldhofweg 5, 𝒫 8 82 22, 🌳, 🥘 – 🛏 🅿
Jan. geschl. – Karte 19/38 *(Freitag geschl.)* – **8 Z : 14 B** 36 - 66.

Auf dem Klütberg W : 7 km über ④ :

✕✕ **Klütturm**, ✉ 3250 Hameln, 𝒫 (05151) 6 16 44, < Hameln, Weser und Bergland – 🅿.

In Aerzen 2-Groß Berkel 3258 ④ : 7 km :

🏨 **Dammköhler** ⑤ garni, An der Breite 1, 𝒫 (05154) 21 36 – 🛏wc 🅿
9 Z : 12 B 35 - 64.

HAMFELDE IN LAUENBURG Schleswig-Holstein siehe Trittau.

HAMM IN WESTFALEN 4700. Nordrhein-Westfalen 🔢 ⑭ – 180 100 Ew – Höhe 63 m –
✆ 02381.

🛈 Verkehrsverein, Bahnhofsvorplatz (im Kaufhaus Horten), 𝒫 2 34 00.

🛈 Stadtinformation, Nordstr. 7, 𝒫 2 09 45.

ADAC, Oststr. 48a, 𝒫 2 92 88, Notruf 𝒫 1 92 11.

♦Düsseldorf 111 ③ – Bielefeld 76 ① – ♦Dortmund 44 ③ – Münster (Westfalen) 37 ①.

HAMM
IN WESTFALEN

INNENSTADT

339

HAMM IN WESTFALEN

Maritim-Hotel M, Neue Bahnhofstr. 3, ☎ 1 30 60, Telex 828886, �, 🔲 – 🛗 🟰 📺 🦽 🚗 🟦 🔷 🟥 VISA, 🍴 Rest — **Z a**
Karte 29/63 — **142 Z : 263 B** 127/167 - 177/225 Fb.

Stadt Hamm M, Südstr. 9, ☎ 2 90 91, Telex 828719 – 🛗 📺 🚗. 🟦 🔷 E VISA. 🍴 *(nur Abendessen)* — **25 Z : 46 B** 73/110 - 130/180 Fb. — **Y a**
Karte 32/55

Herzog garni, Caldenhofer Weg 22, ☎ 2 00 50 – 🛏wc 🛁wc ☎ 🚗 🅿. 🟦 🔷 E — **Z e**
23 Z : 30 B 58/85 - 90/125.

Breuer, Ostenallee 95, ☎ 8 40 01 – 🛁wc ☎ 🚗 🟨. 🍴 Zim — **V b**
Juni - Juli 3 Wochen geschl. – Karte 19/49 *(Freitag geschl.)* — **23 Z : 30 B** 50/60 - 90.

In Hamm 3-Pelkum ④ : 5 km über die B 61 :

Selbachpark ⑤, Kamener Straße (B 61), ☎ 4 09 44 – 🛏wc 🛁wc ☎ 🅿 🟨. E
Karte 20/53 — **25 Z : 50 B** 53 - 95.

Wielandstuben, Wielandstr. 84, ☎ 40 12 17, « Elegante, rustikale Einrichtung » – 🅿
Montag geschl. – Karte 22/59.

In Hamm-Rhynern ③ : 7 km :

Grüner Baum mit Zim, Reginenstr. 3, ☎ (02385)24 54, � – ☎ 🅿. 🟦 🔷 E
Karte 21/56 — **13 Z : 20 B** 45 - 81.

An der Autobahn A 2 über ③ :

Rasthaus Rhynern Nord, Ostendorfstr. 62, ⌧ 4700 Hamm-Rhynern, ☎ (02385) 4 65, 🌡, 🚅
– 🛏wc 🛁wc ☎ 🚗 🅿 🟨 – **40 Z : 56 B**.

Rasthaus Rhynern Süd, Im Zengerott 3, ⌧ 4700 Hamm-Rhynern, ☎ (02385) 4 55, 🌡
🛁wc 🚗 🅿
Karte 17/40 *(auch Self-service)* — **13 Z : 23 B** 55/74 - 109/123.

HAMM (SIEG) 5249. Rheinland-Pfalz — 11 000 Ew — Höhe 208 m — ✿ 02682.
Mainz 124 – ◆Bonn 63 – Limburg an der Lahn 64 – Siegen 48.

Romantik-Hotel Alte Vogtei, Lindenallee 3, ☎ 2 59, 🚅 – 📺 🛏wc 🛁wc ☎ 🚗. 🟦 🔷
E VISA
Karte 27/51 *(Mittwoch und Juni - Juli 2 Wochen geschl.)* 🍷 – **15 Z : 30 B** 44/58 - 84/106.

In Hamm-Au W : 2,5 km :

Auermühle, an der B 256, ☎ 2 51, 🏊 (geheizt), 🚅 – 🛁wc ☎ 🚗 🅿 🟨. 🟦 🔷 E
2.- 18. Jan. geschl. – Karte 18/51 *(Freitag geschl.)* 🍷 — **27 Z : 44 B** 32/46 - 60/86 – P 50/72.

In Hamm-Bruchertseifen SO : 4 km :

Kroppacher Schweiz, Koblenzer Str. 2 (B 256), ☎ 16 30 – 🛁wc 🚗 🅿 — **17 Z : 30 B**.

In Hamm-Thalhausermühle S : 2 km :

Thalhausermühle ⑤, ☎ 5 11, 🚍, 🔲, 🚅 – 🛁wc 🅿. 🔷
10.- 31. Jan. geschl. – (Rest. nur für Hausgäste) — **20 Z : 30 B** 31/49 - 56/92 – 5 Appart. 50 –
P 54/72.

In Seelbach-Marienthal 5231 S : 5 km :

Waldhotel Imhäuser ⑤, Hauptstr. 14, ☎ (02682) 2 71, 🚅 – 🛁wc 🚗 🅿. 🟦 🔷
Karte 16/41 *(Montag geschl.)* – **18 Z : 31 B** 32/35 - 64/70 – P 45/50.

HAMMELBACH Hessen siehe Grasellenbach.

HAMMELBURG 8783. Bayern 987 ㉙ – 12 500 Ew — Höhe 180 m — ✿ 09732.
🖪 Städt. Verkehrsbüro, Kirchgasse 6, ☎ 40 54 – ◆München 319 – ◆Bamberg 94 – Fulda 70 – ◆Würzburg 53.

Kaiser M, An der Walkmühle, ☎ 12 50, 🚅 – 🛁wc 🅿
(wochentags nur Abendessen) — **11 Z : 22 B**.

Engel, Marktplatz 12, ☎ 21 29 – 🛏wc 🛁wc ☎ 🚗
Karte 16/33 *(22. Dez.- 15. Jan. und Sonntag ab 14 Uhr geschl.)* — **15 Z : 30 B** 36/50 - 60/80.

Im Schloß Saaleck W : 3 km :

Schloß Saaleck ⑤, ⌧ 8783 Hammelburg, ☎ (09732) 20 20, ≤ Saaletal und Hammelburg
– 🛁wc ☎ 🅿 🟨. E
23. Dez.- Jan. geschl. – Karte 22/58 *(Montag - Dienstag 14 Uhr geschl., Nov.- Feb. nur
Abendessen)* — **13 Z : 25 B** 70/90 - 115/160.

In Hammelburg-Morlesau W : 8 km über Hammelburg-Diebach :

Nöth ⑤, Morlesauer Str. 3, ☎ (09357) 4 79, 🏊 (geheizt), 🚅 – 🛁wc 🅿. 🔷 E
15. Jan.- 15. Feb. geschl. – Karte 17/39 *(Nov.- Mai Montag geschl.)* — **20 Z : 40 B** 29/35 - 58/70.

In Wartmannsroth-Neumühle 8781 W : 6 km über Hammelburg-Diebach :

Neumühle ⑤ (Fachwerkhäuser mit wertvoller antiker Einrichtung), ☎ (09732) 40 11, 🚍,
🔲, 🚅, 🍴 – 🛏wc 🛁wc ☎ 🅿 🟨. 🍴 Rest
13. Jan.- Feb. geschl. – (Rest. nur für Hausgäste) — **15 Z : 21 B** 120/150 - 180/210 – 12 Appart.
150/200.

HAMMER Bayern siehe Siegsdorf.

HAMMINKELN Nordrhein-Westfalen siehe Wesel.

HANAU AM MAIN 6450. Hessen **987** ㉕ — 92 100 Ew — Höhe 105 m — ✆ 06181.
🛈 Verkehrsverein (im DER Reisebüro), Nürnberger Str. 41, ✆ 2 40 21.
ADAC, Sternstraße (Parkhaus), ✆ 2 45 11, Notruf ✆ 1 92 11.
♦Wiesbaden 59 ③ – ♦Frankfurt am Main 20 ④ – Fulda 89 ① – ♦Würzburg 104 ②.

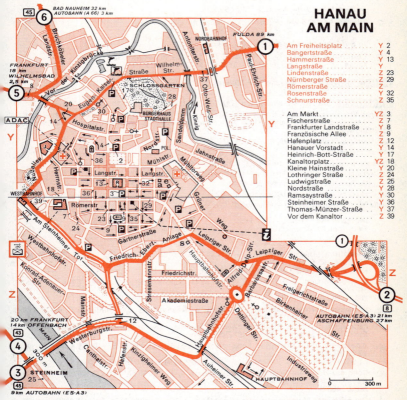

HANAU
AM MAIN

🏛 **Brüder-Grimm-Hotel** Ⓜ, Kurt-Blaum-Platz 6, ✆ 30 60, Dachterrasse mit ≤, Bade- und
Massageabteilung, 🛁 – 📶 📺 🛏wc 🛁wc 🚿 ♿ 🅿 🛗 ᴬᴱ ⓞ Ε 𝗩𝗜𝗦𝗔   Z s
Karte 29/65 *(Samstag bis 18 Uhr und Sonntag sowie 23. Dez. - 1. Jan. geschl.)* – **95 Z : 190 B**
95/120 - 140/180 Fb.

🏠 **Royal**, Salzstr. 14, ✆ 2 41 57 – 🛏wc 🛁wc ☎ 🅿. ᴬᴱ ⓞ Ε   Y e
Karte 17/44 *(Sonntag geschl.)* – **17 Z : 27 B** 79/83 - 115 Fb.

🏠 **Diamant** garni, Langstr. 5, ✆ 25 40 84 – 📶 🛁wc ☎. ᴬᴱ Ε   Y a
18 Z : 24 B 65 - 95.

In Hanau 6-Mittelbuchen ⑥ : 7 km :

🏛 **Sonnenhof** garni, Alte Rathausstraße 6, ✆ 7 57 66 – 🛁wc ☎
15 Z : 26 B 45/51 - 88/94.

In Hanau 7-Steinheim ③ : 4 km :

🏩 **Birkenhof**, von-Eiff-Str. 37, ✆ 64 62, 🐴 – 🛏wc 🛁wc ☎ 🅿. ᴬᴱ
(nur Abendessen für Hausgäste) – **20 Z : 33 B** 75/85 - 120/130.

In Hanau-Wilhelmsbad über ⑤ :

✕✕ **Golf Club** 🏌 mit Zim, Wilhelmsbader Allee 32, ✆ 8 32 19, ≤, 🌳, 🐴 – 🛁wc 📶 ☎ 🅿
6 Z : 10 B.

HANDELOH 2111. Niedersachsen — 1 250 Ew — Höhe 38 m — 🄲 04188.

♦Hannover 124 — ♦Bremen 89 — ♦Hamburg 50 — Lüneburg 46.

  🏠 **Fuchs**, Hauptstr. 35, ℰ 4 14, 🍴, 🐎, 🎾 — ⏕wc 🏚wc ☎ 🅿 ⚒
    Karte 15/44 — **30 Z : 55 B** 32/50 - 58/85.

HANKENSBÜTTEL 3122. Niedersachsen 🗺 ⑯ — 3 600 Ew — Höhe 40 m — Luftkurort — 🄲 05832.

♦Hannover 83 — ♦Braunschweig 62 — Celle 40 — Lüneburg 65.

  In Dedelstorf 1-Repke 3122 SW : 5 km :

  🏠 **Dierks**, an der B 244, ℰ (05832) 4 46, 🐎 — 🏚wc ⚿ 🚗 🅿
    Karte 15/38 — **17 Z : 27 B** 34 - 65 — P 43.

  In Sprakensehl-Masel 3101 NW : 6 km :

  🏠 **Landhaus Adebahr** 🦢, ℰ (05837) 3 77, 🔺, 🐎 — ⏕wc 🏚wc 🅿. 🎇 Rest
    Karte 17,50/45 *(Montag geschl.)* — **11 Z : 21 B** 32/44 - 52/76.

HANN. MÜNDEN Niedersachsen = Münden.

HANNOVER 3000. 🄻 Niedersachsen 🗺 ⑮ — 550 000 Ew — Höhe 55 m — 🄲 0511.

Sehenswert : Herrenhäuser Gärten★★ (Großer Garten★★, Berggarten★) A — Kestner-Museum★ DY M1 — Marktkirche (Schnitzaltar★★) DY A — Niedersächsisches Landesmuseum (urgeschichtliche Abteilung★) EZ M2.

🛫 Hannover-Langenhagen (① : 11 km), ℰ 7 30 51.

🚂 ℰ 1 98 54 52.

Messegelände (über ② und die B 6), ℰ 8 91, Telex 922728.

🅸 Verkehrsbüro, Ernst-August-Platz 8, ℰ 1 68 23 19.

🅸 City-Air-Terminal, Raschplatz 1 PQ, ℰ 1 68 28 01.

ADAC, Hindenburgstr. 37, ℰ 8 50 01, Notruf ℰ 1 92 11.

♦Berlin 289 ② — ♦Bremen 123 ① — ♦Hamburg 151 ①.

  Messe-Preise : siehe S. 17 und 60   **Foires et salons :** voir p. 25 et 60
  Fairs : see pp. 33 and 60   **Fiere :** vedere p. 41 e 60

Stadtpläne siehe nächste Seiten.

  🏨 **Maritim** Ⓜ, Hildesheimer Str. 34, ℰ 1 65 31, Telex 9230268, 🍴, 🔲 — 🛗 🖳 📺 ⚑ 🅿 ⚒. 🄰🄴
    🄾 🄴 🆅🅸🆂🅰 🎇 Rest   EZ **b**
    Karte 31/82 — **293 Z : 580 B** 148/264 - 198/325 Fb.

  🏨 **Inter-Continental**, Friedrichswall 11, ℰ 1 69 11, Telex 923656 — 🛗 🖳 Rest 📺 ⚑ ⚒ (mit 🍴).
    🎇 Rest   DY **a**
    285 Z : 560 B Fb.

  🏨 ❀ **Schweizerhof Hannover - Schu's Restaurant** Ⓜ, Hinüberstr. 6, ℰ 3 49 50,
    Telex 923359 — 🛗 📺. 🄰🄴 🄾 🄴 🆅🅸🆂🅰   EX **d**
    Karte 50/85 *(Samstag bis 18 Uhr geschl.)* (bemerkenswerte Weinkarte) — **Gourmet's Buffet**
    Karte 27/59 — **84 Z : 151 B** 174/259 - 233/278 Fb.

  🏨 **Kastens Hotel Luisenhof**, Luisenstr. 1, ℰ 1 61 51, Telex 922325 — 🛗 📺 ⚑ 🚗 🅿 ⚒. 🄰🄴
    🄾 🄴 🆅🅸🆂🅰 🎇 Rest   EX **b**
    Karte 36/70 *(Juli - Aug. Sonntag geschl.)* — **200 Z : 280 B** 129/215 - 192/260 Fb.

  🏨 **Congress-Hotel am Stadtpark**, Clausewitzstr. 6, ℰ 2 80 55 57, Telex 921263, 🎇, Massage,
    🍴, 🔲 — 🛗 📺 🚗 🅿 ⚒   B **e**
    252 Z : 455 B Fb.

  🏨 **Grand Hotel Mussmann** garni, Ernst-August-Platz 7, ℰ 32 79 71, Telex 922859 — 🛗 📺 🅿
    ⚒. 🄰🄴 🄾 🄴 🆅🅸🆂🅰   EX **v**
    100 Z : 160 B 128/298 - 178/318 Fb.

  🏨 **Königshof** Ⓜ garni, Königstr. 12, ℰ 31 20 71, Telex 922306 — 🛗 ⏕wc 🏚wc ☎ ⚑ 🅿. 🄰🄴 🄴
    84 Z : 168 B 98/170 - 148/180 Fb.   EX **c**

  🏨 **Central-Hotel Kaiserhof**, Ernst-August-Platz 4, ℰ 32 78 11, Telex 922810 — 🛗 📺 ⏕wc 🏚wc
    ☎ ⚒. 🎇 Rest   EX **a**
    70 Z : 100 B Fb.

  🏨 **Am Funkturm - Ristorante Milano**, Hallerstr. 34, ℰ 31 70 33 (Hotel) 33 23 09 (Rest.) — 🛗
    ⏕wc 🏚wc ☎ ⚑ 🅿. 🄰🄴 🄴   EV **s**
    Karte 23/50 ♨ — **40 Z : 52 B** 60/98 - 140 Fb.

  🏨 **Hospiz Loccumer Hof**, Kurt-Schumacher-Str. 16, ℰ 32 60 51 — 🛗 📺 ⏕wc 🏚wc ☎ 🚗
    ⚒. 🄰🄴 🄾 🄴 🆅🅸🆂🅰 🎇   DX **s**
    Karte 21/60 *(Samstag und Sonntag ab 15 Uhr geschl.)* — **70 Z : 105 B** 70/105 - 100/160 Fb.

  🏨 **Am Leineschloß** garni, Am Markte 12, ℰ 32 71 45, Telex 922010 — 🛗 📺 ⏕wc 🏚wc ☎
    🚗. 🄰🄴 🄾 🄴 🆅🅸🆂🅰   DY **z**
    88 Z : 160 B 135/224 - 198/284 Fb.

  🏨 **Körner**, Körnerstr. 24, ℰ 1 46 66, Telex 921313, 🎇, 🔲 — 🛗 📺 ⏕wc 🏚wc ☎ 🚗 ⚒
    81 Z : 130 B Fb.   DX **e**

🏨 **Am Rathaus**, Friedrichswall 21, ℰ 32 62 68, Telex 923865, ☎ – 🏢 🚽wc 🛁wc ☎. E 𝗩𝗜𝗦𝗔
Karte 23/55 *(Sonntag geschl.)* – **53 Z : 80 B** 86/180 - 250/240 Fb. EY **y**

🏨 **Intercity-Hotel**, Ernst-August-Platz 1, ℰ 32 74 61, Telex 921171 – 🏢 🍽 Rest 📺 🛁wc ☎
🛁 (mit 🚿). 𝗔𝗘 E EX **r**
Karte 15/45 – **57 Z : 92 B** 78/116 - 116/140.

🏨 **Thüringer Hof** garni, Osterstr. 37, ℰ 32 64 37 – 🏢 🚽wc 🛁wc ☎. 𝗔𝗘 ⓞ E EY **e**
24. Dez.- 1. Jan. geschl. – **60 Z : 75 B** 75/180 - 95/200.

🏨 **Atlanta** garni, Hinüberstr. 1, ℰ 34 29 39, Telex 924603 – 🏢 🚽wc 🛁wc ☎ 🚗. E. 𝒮𝒶
38 Z : 50 B 55/115 - 110/210 Fb. EX **t**

🏨 **Bischofshol**, Bemeroder Str. 2 (am Messeschnellweg), ℰ 51 10 82, 🌳 – 🛁wc ☎ 🅿
Karte 19/46 *(Freitag geschl.)* – **12 Z : 15 B** 60 - 100. B **x**

🏨 **CVJM City-Hotel** 🚭 garni, Limburgstr. 3, ℰ 32 66 81 – 🏢 🛁wc ☎. E DX **u**
34 Z : 50 B 55/85 - 110/120.

🏨 **Flora** garni, Heinrichstr. 36, ℰ 34 23 34 – 🛁wc FV **w**
23 Z : 30 B.

🏨 **Hospiz am Bahnhof** garni, Joachimstr. 2, ℰ 32 42 97 – 🏢 🛁 ☎ EX **u**
22. Dez.- 2. Jan. geschl. – **36 Z : 48 B** 41/63 - 80/98.

XXXX ✿ **Landhaus Ammann** mit Zim, Hildesheimer Str. 185, ℰ 83 08 18, Telex 9230900, 🌳,
« Elegante Einrichtung, Innenhofterrasse » – 🏢 📺 🚽wc 🛁wc ☎ 🖐 🅿 🛁. 𝗔𝗘 ⓞ E.
𝒮𝒶 Rest B **b**
Karte 40/90 (bemerkenswerte Weinkarte) – **Nudelstubb** Karte 30/54 – **14 Z : 28 B** 165/195 -
210/320
Spez. Gemüseterrine mit Hummermedaillons, Seezunge mit Safrannudeln und Artischockensauce, Entenbrust
mit Rotwein-Preißelbeeren.

XXX **Bakkarat im Casino am Maschsee**, Arthur-Menge-Ufer 3 (1. Etage), ℰ 80 10 20, ≤, 🌳
– 𝗔𝗘 ⓞ E 𝗩𝗜𝗦𝗔 DZ **a**
Karte 33/68.

XXX ✿ **Georgenhof** 🚭 mit Zim, Herrenhäuser Kirchweg 20, ℰ 70 22 44, « Niederdeutsches
Landhaus in einem kleinen Park, Gartenterrasse » – 🚽wc 🛁wc ☎ 🅿 B **r**
Karte 42/102 (bemerkenswerte Weinkarte) – **17 Z : 26 B** 65/150 - 115/180
Spez. Pörkölt vom Donauwaller (Jan.- Mai), Heidelammkotelett in Blätterteig, Soufflé von Perlhuhnbrust in
Portweinsauce.

XXX **Zur Brügge's Restaurant**, Bödekerstr. 29, ℰ 31 90 05 FV **a**
Sonn- und Feiertage sowie Aug. 2 Wochen geschl. – Karte 43/79.

XXX **Mövenpick - Baron de la Mouette**, Georgstr. 35 (1. Etage), ℰ 32 62 85 – 🍽. 𝗔𝗘 ⓞ E 𝗩𝗜𝗦𝗔 EX **x**
Karte 35/60.

XX **Ratskeller**, Köbelinger Str. 60, ℰ 1 53 63 – 🛁 DY **n**
Sonntag - Montag und Feiertage geschl. – Karte 23/60.

XX ✿ **Clichy**, Weiße Kreuzstr. 31, ℰ 31 24 47 EV **m**
Sonn- und Feiertage sowie Juli - Aug. 3 Wochen geschl. – Karte 39/75 (Tischbestellung
ratsam)
Spez. Steinbutt im Wirsingblatt, Lachsroulade in Sauerampfersauce, Lammnüßchen mit Paprikabutter.

XX ✿ **Stern's Restaurant Härke-Stuben**, Marienstr. 104, ℰ 81 73 22 – 𝗔𝗘 ⓞ E FY **b**
Samstag bis 19 Uhr geschl. – Karte 41/91
Spez. Kaninchenterrine mit Pilzsalat, Kalbsbries mit Himbeeressigsauce, Heidschnuckenrücken im Kartoffelmantel
(Okt.- Dez.).

XX **Rôtisserie Helvetia**, Georgsplatz 11, ℰ 1 48 41 – ⓞ E 𝗩𝗜𝗦𝗔 EY **k**
Karte 23/55.

XX **Leineschloß**, Hinrich-Wilhelm-Kopf-Platz 1, ℰ 32 66 93, 🌳 – 🅿 🛁 DY **k**

XX **Tai-Pai** (Chinesische Küche), Hildesheimer Str. 73, ℰ 88 52 30 EZ **a**
Montag geschl. – Karte 17,50/41.

XX **Mövenpick im Casino am Maschsee**, Arthur-Menge-Ufer 3, ℰ 80 40 18, « Terrasse am
See mit ≤ » – 𝗔𝗘 ⓞ E 𝗩𝗜𝗦𝗔 DZ **a**
Karte 20/50.

XX **Mandarin-Pavillon** (Chinesische Küche), Marktstr. 45 (Passage), ℰ 1 89 79 DY **x**

X **Härke-Klause** (Brauerei Gaststätte), Ständehausstr. 4, ℰ 32 11 75 – 𝗔𝗘 ⓞ E EY **b**
Sonn- und Feiertage geschl. – Karte 15/46 *(auch Diät)*.

In Hannover 51-Bothfeld über Podbielskistraße B :

🏨 **Halberstadt** garni, Im Heidkampe 80, ℰ 64 01 18, 🌳 – 📺 🚽wc 🛁wc ☎ 🅿
23. Dez.- 2. Jan. geschl. – **36 Z : 50 B** 65/110 - 95/140 Fb.

XXX ✿ **Witten's Hop**, Gernsstr. 4, ℰ 64 88 44, « Rustikale Einrichtung » – 🅿. 𝒮𝒶
wochentags nur Abendessen, Dienstag sowie 16. Feb.- 12. März und 17.- 24. April geschl. –
Karte 55/96 (bemerkenswerte Weinkarte)
Spez. Knurrhahn in der Trüffelkruste, Sautierte Wachtelbrüstchen mit pochierter Gänsestopfleber, Gefülltes
Täubchen in Trockenbeerenauslese.

XX **Steuerndieb**, Steuerndieb 1 (im Stadtpark Eilenriede), ℰ 69 50 99, Biergarten (nur
Self-Service), « Grillterrasse » – 🅿. 𝗔𝗘 ⓞ B **c**
Sonntag ab 18 Uhr geschl. – Karte 28/63.

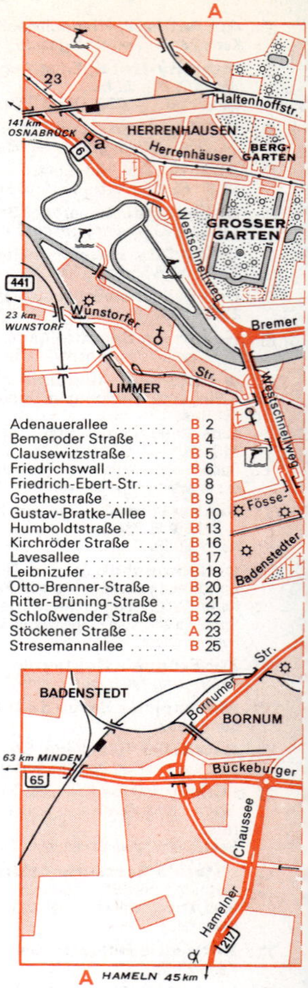

Adenauerallee	B	2
Bemeroder Straße	B	4
Clausewitzstraße	B	5
Friedrichswall	B	6
Friedrich-Ebert-Str.	B	8
Goethestraße	B	9
Gustav-Bratke-Allee	B	10
Humboldtstraße	B	13
Kirchröder Straße	B	16
Lavesallee	B	17
Leibnizufer	B	18
Otto-Brenner-Straße	B	20
Ritter-Brüning-Straße	B	21
Schloßwender Straße	B	22
Stöckener Straße	A	23
Stresemannallee	B	25

In Hannover 51-Buchholz über Podbielskistraße B :

Föhrenhof, Kirchhorster Str. 22, ☎ 6 17 21, Telex 923448, – wc wc ☎ Ⓟ. AE E VISA. Rest
Karte 24/54 – **77 Z : 138 B** 105/150 - 150/200 Fb.

Buchholzer Windmühle, Pasteurallee 30, ☎ 64 91 38, – Ⓟ
Sonn- und Feiertage geschl. – Karte 25/53.

In Hannover 81-Döhren :

Wichmann, Hildesheimer Str. 230, ☎ 83 16 71, « Innenhof » – Ⓟ — B s
Montag sowie Sonn- und Feiertage geschl. – Karte 43/78.

Die Insel - Maschseeterrassen, Rudolf-von-Bennigsen-Ufer 81, ☎ 83 12 14, <, – Ⓟ. AE E — B k
2.- 21. Jan. und Montag geschl. – Karte 24/60.

In Hannover 42-Flughafen ① : 11 km :

Holiday Inn, Am Flughafen, ☎ 73 01 71, Telex 924030, – Ⓟ. AE E VISA
Karte 26/64 – **145 Z : 243 B** 185/200 - 215/235 Fb.

In Hannover 21-Herrenhausen :

Brauereigaststätte Herrenhausen, Herrenhäuser Str. 99, ☎ 79 50 17 – — A a

In Hannover 51-Isernhagen NB Süd N : 12 km über Podbielskistraße B :

Welfenhof, Prüssentrift 86, ☎ 6 54 06, Telex 923138 – Rest wc wc ☎ Ⓟ. AE E VISA
Karte 21/60 – **50 Z : 60 B** 65/98 - 98/165 Fb.

In Hannover 71-Kirchrode über ② und die B 65 :

Crest-Hotel Hannover, Tiergartenstr. 117, ☎ 5 10 30, Telex 922748, – wc wc ☎ Ⓟ. AE E VISA
Karte 30/62 – **108 Z : 184 B** 173 - 232 Fb.

In Hannover 71-Kleefeld über ② und die B 65 :

Alte Mühle, Hermann-Löns-Park 3, ☎ 55 94 80, <, « Niedersächsisches Bauernhaus, Gartenterrasse » – Ⓟ. AE
Donnerstag und Juli - Aug. 3 Wochen geschl. – Karte 25/68.

In Hannover 1-List :

Waldersee garni, Walderseestr. 39, ☎ 69 80 63, – wc wc ☎ Ⓟ. AE — B m
27 Z : 44 B 80/140 - 130/210.

Grünewald garni, Grünewaldstr. 28, ☎ 69 50 41, – wc wc ☎. AE — B m
26 Z : 44 B 80/140 - 130/210.

In Hannover 72-Messe :

Parkhotel Kronsberg, Messeschnellweg (am Messegelände), ☎ 86 10 86, Telex 923448, – Rest Ⓟ (mit). AE E VISA. Rest — B a
Karte 29/72 – **109 Z : 171 B** 105/150 - 150/200 Fb.

Hannover 81-Waldhausen :

Hubertus garni, Adolf-Ey-Str. 11, ☎ 83 02 58 – wc ☎ — B t
18 Z : 26 B 55/75 - 110/120.

Eden garni (ehem. Villa), Waldhausenstr. 30, ☎ 83 04 30, – wc ☎. — B y
23 Z : 35 B 55/80 - 80/120 Fb.

In Hannover 89-Wülfel :

Wülfeler Brauereigaststätten mit Zim, Hildesheimer Str. 380, ☎ 86 50 86, – ☎ Ⓟ. — B n
Karte 27/56 *(Okt.- Mai Sonntag ab 15 Uhr, Juni - Sept. Sonntag ganztägig geschl.)* – **35 Z : 45 B** 41/69 - 82/110 Fb.

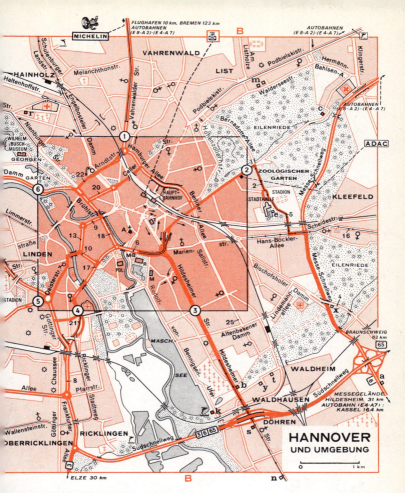

In Laatzen-Grasdorf 3014 ③ : 9 km :

  Haase, Am Thie 4, ℰ (0511) 82 10 41 – 🛏wc ☎ 🅿
Karte 15/40 – **35 Z : 53 B** 55/65 - 85/95.

In Hemmingen 1-Westerfeld 3005 ④ : 8 km :

  Berlin garni, Berliner Str. 4, ℰ (0511) 42 30 14, Telex 924676, 🖙 – 🗃 📺 ⌷wc 🛏wc ☎ 🅿
AE ① E VISA
41 Z : 58 B 60/90 - 120.

In Langenhagen 3012 ① : 10 km :

  Grethe, Walsroder Str. 151, ℰ (0511) 73 80 11, 🌲, 🎣 – 🗃 🛏wc ☎ 🅿 🚗 ❀ Rest
Aug. 3 Wochen geschl. – Karte 20/53 *(Samstag - Sonntag geschl.)* – **51 Z : 96 B** 80 - 120 Fb.

In Langenhagen 6-Krähenwinkel 3012 ① : 11 km :

  Jägerhof, Walsroder Str. 251, ℰ (0511) 73 40 11, 🌲 – 🛏wc ☎ 🅿 🚗 ① E VISA
23. Dez.- 5. Jan. geschl. – Karte 28/60 *(Samstag bis 18 Uhr und Sonntag geschl.)* – **27 Z : 44 B**
70/85 - 125/145 Fb.

In Ronnenberg-Benthe 3003 ④ : 10 km über die B 65 :

  Benther Berg M 🐎, Vogelsangstr. 18, ℰ (05108) 30 45, Telex 922253, 🌲, 🖙, 🎣, ✈ – 🗃
🖥 Rest 📺 ⌷wc ☎ 🅿 🚗 (mit 🍴). AE ❀
Karte 35/67 *(Sonntag ab 18 Uhr geschl.)* – **70 Z : 110 B** 50/93 - 90/145 Fb.

345

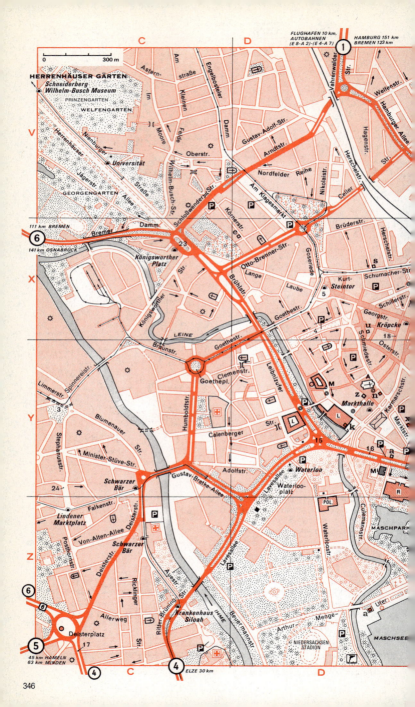

HANNOVER

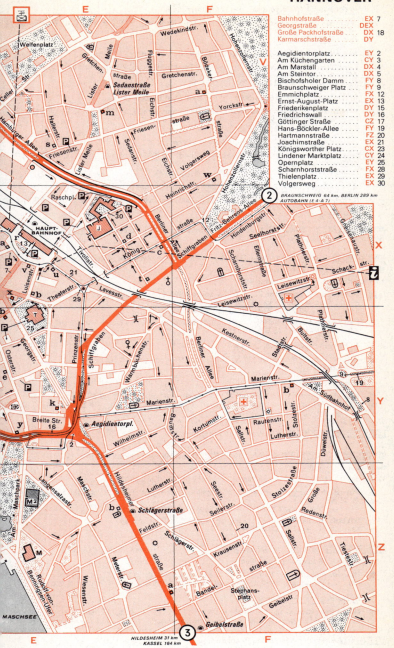

BRAUNSCHWEIG 64 km, BERLIN 289 km
AUTOBAHN (E 4-A 7)

HILDESHEIM 31 km
KASSEL 164 km

347

In Garbsen 1-Havelse 3008 ⑥ : 12 km über die B 6 :

🏨 Wildhage, Hannoversche Str. 45, 𝒫 (05137) 7 50 33, ⭲ – 📺 ⌂wc ⋔wc ☎ ⇆ Ⓟ 🛆.
🎉 – Rest
25 Z : 35 B Fb.

In Garbsen 4-Berenbostel 3008 ⑥ : 13 km über die B 6 :

🏨 **Landhaus Köhne am See** ⤜, Seeweg 19, 𝒫 9 10 85, ≼, « Gartenterrasse », ⭲, ⬜, ⚘,
🎉 – Rest ⌂wc ⋔wc ☎ Ⓟ
Karte 23/64 – **19 Z : 30 B** 76/125 - 120/160 Fb.

In Garbsen 1-Alt Garbsen 3008 ⑥ : 14,5 km über die B 6 :

🏨 **Waldhotel Garbsener Schweiz**, Alte Ricklinger Straße, 𝒫 (05137) 7 30 33, ⭱, ⭲, ⬜ –
📺 ⌂wc ⋔wc ☎ Ⓟ 🛆
Karte 21/55 – **68 Z : 99 B** 50/90 - 95/135 Fb.

An der Autobahn A 2 Richtung Köln ⑤ : 15 km :

🏨 **Autobahnrasthaus-Motel Garbsen-Nord**, ⊠ 3008 Garbsen 1, 𝒫 (05137) 7 20 21, ⭱ –
🖳 ⋔wc ☎ ⇆ Ⓟ 🛆
Karte 18/45 (auch Self-service) – **39 Z : 78 B** 62/72 - 94.

An der Autobahn A 7 Kassel-Hamburg SO : 15 km über ② und die B 65 :

✗ Raststätte Wülferode Ost (mit Motel), ⊠ 3000 Hannover 72, 𝒫 (0511) 52 27 55 – 📺 ⋔wc ☎
Ⓟ
11 Z : 16 B.

MICHELIN-REIFENWERKE KGaA. Niederlassung 3012 Langenhagen 7 - Godshorn (über ①)
Bayernstr. 13, 𝒫 (0511) 78 10 15.

HANSTEDT 2116. Niedersachsen 987 ⑮ – 4 700 Ew – Höhe 40 m – Erholungsort – ✿ 04184.
🛈 Verkehrsverein, Am Steinberg 2, 𝒫 5 25.
◆Hannover 118 – ◆Hamburg 41 – Lüneburg 31.

🏨 **Sellhorn**, Winsener Str. 23, 𝒫 80 10, Telex 2189395, « Gartenterrasse », ⭲, ⬜, ⚘ – 🖬 📺
⌂wc ⋔wc ☎ ⇆ Ⓟ 🛆. ⒶⒺ ⓪ Ⓔ 𝘝𝘐𝘚𝘈
Karte 25/58 – **51 Z : 89 B** 78/125 - 110/150 Fb.

🏠 **Landhaus Augustenhöh** ⤜-garni, Am Steinberg 77 (W : 1,5 km), 𝒫 3 23, ⚘ – ⋔wc Ⓟ
März - Okt. – **13 Z : 18 B** 40/50 - 80/90.

In Hanstedt-Nindorf S : 2,5 km :

🏠 Brauner Hirsch, Rotdornstr. 15, 𝒫 10 68, ⭱, ⚘ – ⋔wc ☎ ⇆ Ⓟ
15 Z : 28 B.

In Hanstedt-Ollsen S : 4 km :

🏠 **Zur Eiche**, Am Naturschutzpark 3, 𝒫 2 16, ⚘ – 📺 ⋔wc Ⓟ. ⒶⒺ ⓪ Ⓔ
15. Jan.- Feb. geschl. – Karte 25/53 *(Nov.- Juli Donnerstag geschl.)* – **9 Z : 17 B** 49/64 - 80/100
– 4 Appart. 61/75.

HAPPURG-KAINSBACH Bayern siehe Hersbruck.

HARBURG (SCHWABEN) 8856. Bayern 987 ㊱ – 5 600 Ew – Höhe 413 m – ✿ 09003.
Sehenswert : Schloß (Sammlungen★).
◆München 111 – ◆Augsburg 53 – Ingolstadt 67 – ◆Nürnberg 102 – ◆Stuttgart 129.

🏠 **Fürstliche Burgschenke** ⤜, Auf Schloß Harburg, 𝒫 15 04, Burghofterrasse – ⋔wc ☎
◆ Ⓟ. Ⓔ 𝘝𝘐𝘚𝘈
März - 5. Nov. – Karte 14,50/42 – **9 Z : 18 B** 65/83 - 85/118.

🏩 Straußen, Marktplatz 2, 𝒫 13 98, ⭲ – 🖬 ⌂wc ⋔wc ⇆ Ⓟ
◆ Karte 9,50/25 – **12 Z : 20 B** 28/40 - 60/70.

HARDEGSEN 3414. Niedersachsen 987 ⑮ – 7 500 Ew – Höhe 173 m – ✿ 05505.
◆Hannover 115 – ◆Braunschweig 102 – Göttingen 21.

🏠 **Illemann**, Lange Str. 32 (B 241), 𝒫 22 69 – ⋔wc ⇆ Ⓟ 🛆
Nov. geschl. – Karte 18/37 *(Freitag geschl.)* – **17 Z : 32 B** 35/40 - 70/80 – P 46/52.

In Hardegsen-Goseplack SW : 5 km :

✗✗ Altes Forsthaus mit Zim, an der B 241, 𝒫 24 22 – ⌂wc ☎ Ⓟ. ⒶⒺ ⓪ Ⓔ
13. Jan.- 13. Feb. geschl. – Karte 21/56 *(Dienstag geschl.)* – **5 Z : 10 B** 42 - 84.

HARDERT Rheinland-Pfalz siehe Rengsdorf.

HARDHEIM 6969. Baden-Württemberg 987 ㉘ — 6 700 Ew — Höhe 271 m — Erholungsort — ✆ 06283.

◆Stuttgart 116 — Aschaffenburg 70 — Heilbronn 74 — ◆Würzburg 53.

🏠 **Zur Wohlfahrtsmühle** (mit 🏠 Gästehaus Ⓜ), Miltenberger Str. 25 (NW : 2 km), ✆ 3 15, 🍴, 🐎 — 📺 ➿wc 🛏 ☎ **P**
März-Okt. — Karte 15/54 *(Montag geschl.)* — **20 Z : 34 B** 30/50 - 60/100 — P 40/60.

In Hardheim-Schweinberg O : 4 km :

🏠 **Zum Roß**, Königheimer Str. 23, ✆ 10 51 — 🛗 ➿wc 🛏 ☎ **P**
Feb. geschl. — Karte 12/29 *(Sonntag 15 Uhr - Montag 17 Uhr geschl.)* 👍 — **27 Z : 45 B** 25/35 - 50/60.

HARDT Nordrhein-Westfalen siehe Sendenhorst.

HARMELINGEN Niedersachsen siehe Soltau.

HARPSTEDT 2833. Niedersachsen 987 ⑭ — 3 000 Ew — Höhe 20 m — Erholungsort — ✆ 04244.

◆Hannover 103 — ◆Bremen 31 — ◆Osnabrück 95.

🏠 **Zur Wasserburg** (ehem. Wassermühle), Amtsfreiheit 4, ✆ 10 08, 🍴, 🐎, ✂ — ➿wc 🛏 ☎ **P**
Karte 21/42 *(Montag geschl.)* — **14 Z : 27 B** 40/48 - 75/80.

In Harpstedt-Dünsen NO : 3 km :

🏠 Waldfrieden ⟨⟩, Vor der Linde 1, ✆ 3 33, 🍴, 🐎 — 🛏wc ☎ ➿ **P**
19 Z : 30 B.

HARRISLEE Schleswig-Holstein siehe Flensburg.

HARSEFELD 2165. Niedersachsen 987 ⑤ — 8 500 Ew — Höhe 30 m — Luftkurort — ✆ 04164.

◆Hannover 176 — ◆Bremen 82 — ◆Hamburg 55.

🏠 **Meyer**, Marktstr. 17, ✆ 37 05 — 🛏wc ☎ ➿ **P**
Karte 16/39 — **14 Z : 26 B** 45 - 80/86 — P 65.

HARSEWINKEL 4834. Nordrhein-Westfalen — 19 000 Ew — Höhe 65 m — ✆ 05247.

◆Düsseldorf 158 — Bielefeld 29 — Münster (Westfalen) 46.

🏠 **Poppenborg**, Brockhägerstr. 9, ✆ 22 41, « Modern-elegantes Rest. mit Art-Deco Elementen », ⟨⟩ — 🛗 📺 ➿wc 🛏wc ☎ ➿ **P** 👍 Ⓞ ✂
Jan. 1 Woche, Juli - Aug. 2 Wochen geschl. — Karte 40/79 *(bemerkenswerte Weinkarte)* (Freitag geschl.) — **18 Z : 24 B** 50/90 - 130/140 Fb.

In Harsewinkel 3-Greffen W : 6 km :

🏠 **Zur Brücke**, Hauptstr. 38, ✆ (02588) 6 16, ⟨⟩, ⬚ — 🛏wc ☎ ➿ **P**
Juli - Aug. 4 Wochen geschl. — Karte 18/36 *(Freitag geschl.)* — **34 Z : 50 B** 45/50 - 90/100.

In Harsewinkel 2-Marienfeld SO : 4 km :

🏠 **Klosterpforte** ⟨⟩, Klosterhof 3, ✆ 81 54, ⬚ — 🛏wc **P** 👍 ✂ Zim
Juli - Aug. 4 Wochen geschl. — Karte 24/50 *(nur Abendessen, Dienstag geschl.)* — **70 Z : 104 B** 65 - 110.

✂✂ Le coq d'or im Deutschen Haus, an der B 513 (SO : 1 km), ✆ 81 09 — **P**.

HARTEGASSE Nordrhein-Westfalen siehe Lindlar.

HARZBURG, BAD 3388. Niedersachsen 987 ⑯ — 25 000 Ew — Höhe 300 m — Heilbad — Heilklimatischer Kurort — Wintersport : 480/800 m ✦1 ✧3 ✧3 (Torfhaus) — ✆ 05322.

🛈 Kurverwaltung im Haus des Kurgastes, Herzog-Wilhelm-Str. 86, ✆ 30 44.

◆Hannover 100 — ◆Braunschweig 46 — Göttingen 90 — Goslar 10.

🏨 **Braunschweiger Hof**, Herzog-Wilhelm-Str. 54, ✆ 70 35, Telex 957821, Bade- und Massageabteilung, 👍, ⟨⟩, ⬚, 🐎 — 🛗 📺 ➿ **P** 👍 🆎 Ⓞ Ⓔ 𝘝𝘐𝘚𝘈
Karte 27/76 — **69 Z : 120 B** 75/95 - 128/168 Fb — P 110/135.

🏠 **Seela**, Nordhäuser Str. 5 (B 4), ✆ 70 11, Telex 957629, Bade- und Massageabteilung, ⟨⟩, ⬚. Ferienfahrschule — 🛗 📺 ➿wc 🛏wc ☎ ➿ **P** 👍 Ⓞ Ⓔ 𝘝𝘐𝘚𝘈. ✂ Rest
(Rest. nur für Hausgäste) — **134 Z : 280 B** 63/103 - 106/156 Fb.

🏠 **Harz-Autel**, Nordhäuser Str. 3, ✆ 30 11, ⟨⟩, ⬚, 🐎, ✂ — ➿wc 🛏wc ☎ ➿ **P**. 🆎 Ⓞ Ⓔ 𝘝𝘐𝘚𝘈
Karte 21/61 — **35 Z : 70 B** 52/85 - 100/120 — 2 Appart. 85/125.

🏠 **Haus Eden** ⟨⟩ garni, Amsbergstr. 27, ✆ 47 33 — 📺 ➿wc 🛏wc. ✂
16 Z : 32 B 50/70 - 100/120 — 2 Appart 95.

🏨 Kurpark-Hotel Haus Berolina, Kurhausstr. 5, 𝒫 43 57, 🔲, 🚿 – 🛗 📺 �👗wc 🅿. 🛇
55 Z : 80 B.

🏨 **Käsewieter-Busch** 🐾 garni, Herzog-Wilhelm-Str. 102, 𝒫 20 38, 🚿 – 🛏️wc �👗wc ☎ 🅿.
🅰🅴 ⓞ 🄴
12 Z : 24 B 50/55 - 85/95.

🏨 **Ein schönes Plätzchen** 🐾 garni, Am Rodenberg 39a, 𝒫 36 44, 🛗, 🚿 – �👗wc 🅿. 🛇
15. Nov.-15. Dez. geschl. – **12 Z : 19 B** 42/55 - 83/99.

🏨 **Landhaus am Rodenberg** 🐾 garni, Am Rodenberg 20, 𝒫 30 58, 🚿 – �👗wc ⟸
15 Z : 21 B 46/60 - 84/94.

🏨 **Berliner Bär** garni, Am Kurpark 2 a, 𝒫 24 17 – �👗wc ⟸ 🅿. 🛇
Nov.- 19. Dez. geschl. – **14 Z : 20 B** 30/36 - 57/67.

🏨 **Gästehaus Parkblick** 🐾 garni, Am Stadtpark 6, 𝒫 14 98 – 🅿. 🛇
Nov.- 20. Dez. geschl. – **18 Z : 28 B** 29/35 - 57/62.

XX **Brauner Hirsch** mit Zim, Herzog-Julius-Str. 52, 𝒫 22 60 – 📺 �👗wc 🅿. 🅰🅴
Karte 21/56 – **13 Z : 21 B** 30/50 - 50/80 - P 65/85.

XX Kurhaus, Kurhausstr. 11, 𝒫 70 41, ≼, 🍽️ – 🅿 ♨️.

HASEL Baden-Württemberg siehe Wehr.

HASELBRUNN Bayern siehe Pottenstein.

HASELÜNNE 4473. Niedersachsen 𝟿𝟾𝟽 ⑭ – 11 000 Ew – Höhe 25 m – ✆ 05961.
◆Hannover 224 – ◆Bremen 113 – Enschede 69 – ◆Osnabrück 68.

🏛️ **Burg-Hotel** garni (Stadtpalais a.d. 18. Jh.), Steintorstr. 7, 𝒫 15 44, Telex 981213, 🛗 –
🛏️wc �👗wc ☎ 🅿
21. Dez.- 10. Jan. geschl. – **17 Z : 33 B** 65 - 105 Fb.

XX **Jagdhaus Wiedehage**, Steintorstr. 9, 𝒫 4 22 – 🅿. 🅰🅴 ⓞ 🄴
Mittwoch geschl. – Karte 18/51.

In Haselünne-Eltern NO : 1,5 km :

🏨 **Bartels**, Löninger Str. 26 (B 213), 𝒫 4 91, 🚿 – �👗wc ⟸ 🅿
23. Dez.- 5. Jan. geschl. – (nur Abendessen für Hausgäste) – **13 Z : 19 B** 27/34 - 50/64.

In Herzlake-Aselage 4471 O : 11 km :

🏰 **Zur alten Mühle** 🐾, 𝒫 (05962) 6 47, 🛗, 🔲, 🚿, 🎾 (Halle) – 🅿 ♨️
Karte 31/59 – **36 Z : 62 B** 65/95 - 120/140 Fb.

HASLACH IM KINZIGTAL 7612. Baden-Württemberg 𝟿𝟾𝟽 ㉞, 𝟤𝟦𝟤 ㉘ – 6 000 Ew – Höhe 222 m
– Erholungsort – ✆ 07832 – 🄸 Städt. Verkehrsamt, Klosterstr. 1, 𝒫 80 80.
◆Stuttgart 174 – ◆Freiburg im Breisgau 46 – Freudenstadt 50 – Offenburg 28.

🏨 **Ochsen**, Mühlenstr. 39 (B 33), 𝒫 24 46, 🚿 – ⫙ 🅿
1.- 21. Okt. geschl. – Karte 19/40 (Freitag ab 14 Uhr und Donnerstag geschl.) ♨️ – **9 Z : 18 B**
30/35 - 60/70.

HASSFURT 8728. Bayern 𝟿𝟾𝟽 ㉘ – 11 500 Ew – Höhe 225 m – ✆ 09521.
◆München 276 – ◆Bamberg 34 – Schweinfurt 20.

🏨 **Walfisch**, Obere Vorstadt 8, 𝒫 84 07 – �👗wc ⟸
🍴 Mitte Juni - Anfang Juli geschl. – Karte 13,50/33 (Freitag geschl.) ♨️ – **19 Z : 25 B** 28/40 -
62/64.

🏠 **Mainaussicht** 🐾, Fischerrain 8, 𝒫 14 09, ≼ – ⫙ ⟸ 🅿
🍴 Karte 12/26 – **25 Z : 40 B** 24/30 - 48/60.

HASSLOCH 6733. Rheinland-Pfalz 𝟤𝟦𝟤 ⑧, �“𝟽 ⑩ – 19 000 Ew – Höhe 115 m – ✆ 06324.
Mainz 89 – ◆Mannheim 24 – Neustadt an der Weinstraße 9,5 – Speyer 16.

🏛️ **Pfalz-Hotel**, Lindenstr. 50, 𝒫 40 47, Telex 454796, 🛗, 🔲, 🚿 – 🛗 🖿 Rest 📺 🛏️wc �👗wc
☎ ♿ 🅿 ♨️. ⓞ 🄴 🆅🅸🆂🅰. 🛇 Rest
Karte 24/51 (nur Abendessen, Sonntag geschl.) ♨️ – **35 Z : 60 B** 53/59 - 91 Fb.

🏨 **Gasthaus am Rennplatz**, Rennbahnstr. 149, 𝒫 25 70, 🍽️ – 📺 ⫙wc ☎ ⟸ 🅿. 🛇 Zim
Okt.- Nov. 4 Wochen geschl. – Karte 16/34 (Montag geschl.) ♨️ – **13 Z : 16 B** 32/44 - 64/84.

HASSMERSHEIM 6954. Baden-Württemberg – 4 500 Ew – Höhe 152 m – ✆ 06266.
Ausflugsziel : Burg Guttenberg★ : Greifvogelschutzstation und Burgmuseum★ S : 5 km.
◆Stuttgart 78 – Heilbronn 27 – Mosbach 13.

Auf Burg Guttenberg S : 5 km – Höhe 279 m :

X **Burgschenke**, ✉ 6954 Hassmersheim, 𝒫 (06266) 2 28, ≼ Gundelsheim und Neckartal, 🍽️
Greifvogelschutzstation, Burgmuseum – 🅿
Montag und Nov.- Feb. geschl. – Karte 23/50.

♦Wiesbaden 20 – ♦Frankfurt am Main 20 – Mainz 20.

🏠 **Am Schwimmbad**, Staufenstr. 35, 𝒫 26 64 – 📺 🛏wc 🛄wc ☎ 🖙 🅿
　Juli - Aug. 2 Wochen geschl. – (nur Abendessen für Hausgäste) – **17 Z : 26 B** 40/55 - 85/88.

XX **Terrassen-Rest. (Italienische Küche)**, L.-Winterstein-Ring, 𝒫 24 34, « Gartenterrasse » – 🅿
　🛄 🕪.

X **Ungarisches Rest.**, Lindenstr. 17, 𝒫 24 15, 🏤
　Samstag ab 15 Uhr, Dienstag, Mitte Jan.- Anfang Feb. und Mitte Juli - Anfang Aug. geschl. –
　Karte 21/37 (Tischbestellung ratsam).

HATTGENSTEIN 6589. Rheinland-Pfalz — 300 Ew — Höhe 550 m — Wintersport (am Erbeskopf) :
680/800 m ⚡4 🎿2 – ✿ 06782.

Mainz 114 – Birkenfeld 8 – Morbach 15 – ♦Trier 60.

🏠 **Waldhotel Grübner** 🕊, Kiefernweg 9, 𝒫 56 73, ≤, 🏤 – 🛄wc ☎ 🖙 🅿
　(Rest. nur für Hausgäste) – **18 Z : 30 B** 36/45 - 72/90 – P 50.

In Schwollen 6589　NO : 1 km :

🏠 **Manz**, Hauptstr. 48, 𝒫 (06787) 4 65, 🏤 – 🕪 🛄wc 🖙
　(Rest. nur für Hausgäste) – **12 Z : 21 B** 32/34 - 56.

In Hüttgeswasen 6589　NW : 4 km — Höhe 696 m :

🏠 Gethmann 🕊, an der B 269, 𝒫 (06782) 8 88, ≤, 🛋, 🖵, 🏤 – 🕪 🛄wc ☎ 🖙 🅿
　17 Z : 28 B Fb.

HATTINGEN 4320. Nordrhein-Westfalen 987 ⑭ — 60 000 Ew — Höhe 80 m — ✿ 02324.

Siehe Ruhrgebiet (Übersichtsplan).

♦Düsseldorf 44 – Bochum 10 – Wuppertal 24.

XX **Zur alten Krone** mit Zim, Steinhagen 6, 𝒫 2 18 24/5 23 45
　Karte 30/53 (Montag geschl.) – **4 Z : 8 B** 70 - 110.

XX **Europa**, Brandtstr. 10, 𝒫 2 23 26, 🏤 – 🅿. 🕪
　Montag geschl. – Karte 17/51.

In Hattingen 15-Bredenscheid　S : 5,5 km :

🏠 **Landhaus Siebe** 🕊, Am Stuten 29, 𝒫 2 34 77/2 20 22, 🏤 – 🛄wc ☎ 🅿 🛄
　5.- 30. Jan. geschl. – Karte 19/54 (Montag geschl.) – **20 Z : 36 B** 50/60 - 90.

In Hattingen 1-Niederelfringhausen　S : 7 km :

XX **Landgasthaus Huxel**, Felderbachstr. 9, 𝒫 (02052) 64 15, 🏤, « Stileinrichtung mit vielen
　Sammelstücken » – 🅿
　Freitag bis 17 Uhr, Montag und 1.- 24. Jan. geschl. – Karte 31/62.

In Sprockhövel 1-Niedersprockhövel 4322　SO : 8 km :

XXX ❀ **Rôtisserie Landhaus Leick** 🕊 mit Zim, Bochumer Str. 67, 𝒫 (02324) 7 34 33, « Kleiner
　Park » – 📺 🛏wc 🛄wc ☎ 🅿. 🝙 ⓞ 🅴
　1.- 20. Jan. geschl. – Karte 46/83 (Sonntag - Montag 18 Uhr geschl.) – **6 Z : 12 B** 90/172 -
　141/234
　Spez. Hummer in Basilikum, Entenconfit mit Waldpilzen, Gefüllte Milchlammschulter mit Schalottensauce.

XX **Die Pfannenschmiede**, Bochumer Str. 67, 𝒫 (02324) 7 22 44, 🏤 – 🅿. 🝙 ⓞ 🅴
　Montag geschl. – Karte 26/52.

Hattingen-Oberelfringhausen siehe : _Wuppertal_

HAUENSTEIN 6746. Rheinland-Pfalz 242 ⑧ ⑫, 57 ⑨, 87 ① ② — 4 700 Ew — Höhe 249 m —
Luftkurort – ✿ 06392.

🛈 Verkehrsamt, im Rathaus, 𝒫 4 02 10.

Mainz 124 – Landau in der Pfalz 26 – Pirmasens 24.

🏠 **Felsentor**, Bahnhofstr. 88, 𝒫 16 17, 🛋 – 📺 🛄wc ☎ 🅿 🛄. 🝙 ⓞ 🅴
　Jan. 3 Wochen geschl. – Karte 15,50/56 (Montag geschl.) ⅋ – **27 Z : 52 B** 40/55 - 75/99 –
　P 69/85.

🏠 **Kurpfalz**, Landauer Str. 69, 𝒫 5 05, 🏤 – 📺 🛄wc ☎ 🖙 🅿. 🝙 ⓞ 🅴 𝚅𝙸𝚂𝙰. 🕪
　Karte 17/39 (Dienstag geschl.) ⅋ – **11 Z : 22 B** 40/50 - 75.

In Wilgartswiesen 6741　NO : 4 km – Erholungsort :

🏠 **Am Hirschhorn** 🕊 garni, Am Hirschhorn 12, 𝒫 (06392) 17 23, ≤, 🛋, 🖵, 🏤 – 🛄wc 🅿. 🕪
　15. März - 15. Nov. – **16 Z : 30 B** 35/46 - 72.

HAUSEN IM TAL Baden-Württemberg siehe Beuron.

HAUSEN-ROTH Bayern siehe Liste der Feriendörfer.

HAUSEN (Kreis Offenbach) Hessen siehe Obertshausen.

HAUZENBERG 8395. Bayern 🏷️🅰🅱🅶 ⑦ — 12 000 Ew — Höhe 545 m — Erholungsort — Wintersport : 700/830 m ⚡2 ⚡1 — 🅾 08586.

🅱 Verkehrsamt im Rathaus, Schulstr. 2. 𝒫 26 91.

♦München 195 — Passau 18.

- 🏠 **Zum Stemplinger Hansl**, Am Rathaus 6, 𝒫 12 16, 🍽 — 🛁wc 🚿wc ☎ 🅿
  - ➡ Karte 12,50/38 — **22 Z : 50 B** 34/38 - 64/68.

- 🏠 **Koller**, Im Tränental 5, 𝒫 12 61 — 🛁wc 🚿wc 🚗
  - ➡ Karte 10/20 *(Montag bis 17 Uhr und Samstag ab 13 Uhr geschl.)* — **15 Z : 22 B** 21/31 - 40/54.

- 🏠 Alte Post, Am Rathaus 8, 𝒫 12 36 — 🛁wc 🚗. 🍴
  - **9 Z : 14 B.**

  In Hauzenberg-Penzenstadl NO : 5 km :

- 🏠 **Landhaus Rosenberger** 🍴, Penzenstadl 31, 𝒫 22 51, ≤, 🚿, 📺, 🍽, 🍴 — 🚿wc 🅿
  (nur Abendessen für Hausgäste) — **30 Z : 60 B.**

HAVERLAH 3324 Niedersachsen — 1 900 Ew — Höhe 152 m — 🅾 05341.

♦Hannover 62 — ♦Braunschweig 30 — Salzgitter-Bad 2.

- 🏠 **AHS-Gästehaus** 🍴 garni, Feldstr. 1, 𝒫 30 01 10, 🚿, 📺 — 🚿wc ☎ 🚗 🅿. 🍴
  9 Z : 10 B 45 - 90.

HAVIXBECK 4409 Nordrhein-Westfalen 🏷️🅰🅾🅱 ⑭ — 9 700 Ew — Höhe 100 m — 🅾 02507.

♦Düsseldorf 123 — Enschede 57 — Münster (Westfalen) 17.

- 🏠 **Beumer**, Hauptstr. 46, 𝒫 12 36, 🚿, 📺 — 🛁wc 🚿wc 🅿
  23.- 31. Dez. geschl. — Karte 17/43 *(Montag geschl.)* — **18 Z : 38 B** 37/47 - 70/83.

  In Nottuln-Stevern 4405 SW : 6 km :

- 🍴🍴 **Gasthaus Stevertal**, 𝒫 (02502) 4 14, 🍴 — 🅿
  20. Dez.- 18. Jan. und Freitag geschl. — Karte 23/49.

HAYNA Rheinland-Pfalz siehe Herxheim.

HEBERTSHAUSEN Bayern siehe Dachau.

HECHINGEN 7450. Baden-Württemberg 🏷️🅰🅱🅶 ㉟ — 16 600 Ew — Höhe 530 m — 🅾 07471.

Ausflugsziel : Burg Hohenzollern : Lage★★★, 🌸★ S : 6 km.

🅱 Städtisches Verkehrsamt, Rathaus, 𝒫 50 51.

♦Stuttgart 67 — ♦Freiburg im Breisgau 131 — ♦Konstanz 131 — ♦Ulm (Donau) 119.

- 🏠 **Café Klaiber**, Obertorplatz 11, 𝒫 22 57 — 🚿wc 🚗 🅿
  Juli - Aug. 2 Wochen geschl. — Karte 16/34 *(Samstag geschl.)* — **23 Z : 34 B** 28/50 - 54/85.

- 🍴 **Schwanen**, Bahnhofstr. 4, 𝒫 35 14 — 🅿 🅰
  Mittwoch geschl. — Karte 18/56.

  In Hechingen-Stetten SO : 1,5 km :

- 🏠 **Falken**, Hechinger Str. 52, 𝒫 23 51, 🍴, 🍽 — 🚿 🚗 🅿. 🍴 Rest
  15. Dez.- 15. Jan. geschl. — Karte 15,50/26 *(Samstag geschl.)* — **15 Z : 28 B** 29/35 - 52/56.

  An der B 27 S : 2,5 km :

- 🏨 **Brielhof**, ✉ 7450 Hechingen, 𝒫 (07471) 23 24, 🍴 — 🛁wc 🚿wc ☎ 🚗 🅿 🅰. 🅰🅴 🅴
  22.- 30. Dez. geschl. — Karte 29/54 — **21 Z : 31 B** 35/60 - 60/87.

  In Bodelshausen 7454 N : 6,5 km :

- 🏠 **Zur Sonne**, Ringstr. 84, 𝒫 (07471) 79 79 — 🛁wc 🚿wc 🅿 🅰
  Juli - Aug. 3 Wochen geschl. — (nur Abendessen für Hausgäste) — **14 Z : 21 B** 36/56 - 58/80 Fb.

HEGE Bayern siehe Wasserburg am Bodensee.

HEIDE 2240. Schleswig-Holstein 🏷️🅰🅱🅶 ⑤ — 22 000 Ew — Höhe 14 m — 🅾 0481.

🅱 Fremdenverkehrsbüro, Rathaus, Postelweg 1, 𝒫 9 92 38.

♦Kiel 81 — Husum 40 — Itzehoe 51 — Rendsburg 45.

- 🏨 **Berlin** 🍴 garni, Österstr. 18, 𝒫 30 66, Telex 28839, 🍴 — 📺 🚿wc ☎ 🚗 🅿. 🅰🅴 🅾🅳 🅴
  32 Z : 46 B 55/65 - 98 Fb.

- 🏠 **Kotthaus**, Rüsdorfer Str. 3, 𝒫 80 11 — 🚿wc ☎ 🚗 🅿 🅰. 🍴
  Karte 25/57 — **18 Z : 28 B** 40/45 - 70/80.

- 🍴🍴 **Berliner Hof**, Berliner Str. 46, 𝒫 55 51 — 🅿. 🅰🅴
  Montag und Jan.- Feb. 3 Wochen geschl. — Karte 23/57.

HEIDELBECK Nordrhein-Westfalen siehe Kalletal.

HEIDELBERG 6900. Baden-Württemberg 987 ㉙ – 134 000 Ew – Höhe 110 m – 🕿 06221.

Sehenswert : Schloß★★★ (Rondell ⩓★, Altan ⩓★, Deutsches Apothekenmuseum★ Z M) – Schloßgarten★ (Scheffelterrasse ⩓★★) – Kurpfälzisches Museum★ (Windsheimer Zwölfbotenaltar★★, Gemälde und Zeichnungen der Romantik★★) Y M – Haus zum Ritter★ Y N – Universitätsbibliothek (Buchausstellung★) Z A – Neckarufer (⩓★★★ von der Neuenheimer- und Ziegelhäuser Landstraße) – Philosophenweg★ (⩓★) Y.

Ausflugsziel : Molkenkur ⩓★ (mit Bergbahn) Z.

🛈 Tourist-Information, Pavillon am Hauptbahnhof, 𝄞 2 13 41, Telex 461555.

ADAC, Heidelberg-Kirchheim (über ④), Carl-Diem-Str. 2, 𝄞 78 05 31, Telex 461487.

♦Stuttgart 120 ④ – ♦Darmstadt 55 ④ – ♦Karlsruhe 55 ④ – ♦Mannheim 18 ⑤.

Stadtplan siehe nächste Seite.

🏨 **Der Europäische Hof**, Friedrich-Ebert-Anlage 1, 𝄞 2 71 01, Telex 461840, « Gartenanlage im Innenhof » – 🛗 📺 🛗 🏋️ AE ⑩ E VISA
Karte 51/90 (siehe auch Rest. Kurfürstenstube) – **125 Z : 200 B** 139/219 - 280/350.   Z u

🏨 **Atlas-Hotel**, Bergheimer Str. 63, 𝄞 50 80, Telex 461426 – 🛗 📺 🅿 🏋️ AE ⑩ E VISA
Karte 27/49 – **124 Z : 234 B** 125/165 - 175/195 Fb.   V v

🏨 **Romantik-Hotel Zum Ritter**, Hauptstr. 178, 𝄞 2 42 72, Telex 461506, « Renaissancehaus a.d.J. 1592 » – 🛗 ➪wc 🏋️wc 🕿 AE ⑩ E VISA
Karte 26/68 – **36 Z : 58 B** 60/145 - 90/240.   Y N

🏨 **Hirschgasse** ⚘, Hirschgasse 3, 𝄞 4 99 21, Telex 461474, « Historisches Gasthaus a.d.J. 1472 mit geschmackvoller Einrichtung » – 🛗 📺 ➪wc 🏋️wc 🕿 🅿 AE ⑩ E VISA. ❀   Y s
23. Dez.- 5. Feb. geschl. – Karte 39/82 (nur Abendessen, Sonn- und Feiertage geschl.) – **40 Z : 80 B** 130/170 - 170/215 Fb.

🏨 **Schönberger Hof** (Haus a.d.J. 1772), Untere Neckarstr. 54, 𝄞 2 26 15 – ➪wc 🏋️wc 🕿
Juli und Weihnachten geschl. – Karte 32/58 (nur Abendessen, Samstag - Sonntag geschl.) – **15 Z : 28 B** 70/90 - 130.   Y b

🏨 **Alt Heidelberg - Restaurant Graimberg**, Rohrbacher Str. 29, 𝄞 1 50 91, Telex 461897, ➪ – 🛗 📺 ➪wc 🏋️wc 🕿 🅿 🏋️ AE ⑩ E VISA
Karte 21/57 – **80 Z : 150 B** 125/145 - 165/195.   X n

🏨 **Kurfürst** garni, Poststr. 46, 𝄞 2 47 41, Telex 461566 – 🛗 📺 ➪wc 🏋️wc 🕿 🏋️ ➪ 🅿 AE
61 Z : 92 B 90/95 - 155/165.   V v

🏨 **Parkhotel Atlantic** ⚘ garni, Schloß-Wolfsbrunnenweg 23, 𝄞 2 45 45, Telex 461825, ⩓, « Kleiner Park » – ➪wc 🏋️wc 🕿 🅿 AE ⑩ E VISA
1.- 15. Jan. geschl. – **23 Z : 40 B** 90/135 - 140/180.   Y t

🏨 **Holländer Hof**, Neckarstaden 66, 𝄞 1 20 91, Telex 461882, ⩓ – 🛗 ➪wc 🏋️wc 🕿 🏋️ 🏋️ AE ⑩ E VISA
Karte 24/57 (Feb. geschl.) 🏋️ – **40 Z : 72 B** 80/145 - 125/165 Fb.   Y v

🏨 **Perkeo** garni (siehe auch Rest. Perkeo), Hauptstr. 75, 𝄞 2 22 55 – ➪wc 🏋️wc 🕿. AE ⑩ E VISA
23. Dez.- 7. Jan. geschl. – **25 Z : 50 B** 96/115 - 138/166.   YZ d

🏨 **Neckar-H.** garni, Bismarckstr. 19, 𝄞 2 32 60 – 🛗 ➪wc 🏋️wc 🕿 🅿 AE E VISA
23. Dez.- 8. Jan. geschl. – **34 Z : 65 B** 90/120 - 120/160.   Z a

🏨 **Am Schloss** garni, Zwingerstr. 20 (Parkhaus Kornmarkt), 𝄞 16 00 11 – 🛗 ➪wc 🏋️wc 🕿 🅿. AE ⑩ E
20. Dez.- 7. Jan. geschl. – **21 Z : 37 B** 95/140 - 135/170.   Y r

🏨 **Bayrischer Hof** garni, Rohrbacher Str. 2, 𝄞 1 40 45, Telex 461417 – 🛗 📺 ➪wc 🏋️wc 🕿 🏋️. AE ⑩ E VISA
45 Z : 70 B 48/85 - 72/125 Fb.   Z b

🏨 **Acor** garni, Friedrich-Ebert-Anlage 55, 𝄞 2 20 44 – 🛗 📺 ➪wc 🏋️wc 🕿 🅿. AE ⑩ E VISA. ❀
20. Dez.-10. Jan. geschl. – **19 Z : 30 B** 100/160 - 140/200.   Z f

🏨 **Central** garni, Kaiserstr. 75, 𝄞 2 06 72 – 🛗 ➪wc 🏋️wc 🕿
51 Z : 80 B 66/80 - 118/128.   X a

🏨 **Diana** garni, Rohrbacher Str. 152, 𝄞 3 12 43, Telex 461658, « Kleiner Garten » – 🛗 ➪wc 🏋️wc 🕿 🅿 – **60 Z : 100 B**.   X e

🏨 **Kohler** garni, Goethestr. 2, 𝄞 2 43 60 – 🛗 🏋️wc 🕿
Mitte Dez.- Mitte Jan. geschl. – **43 Z : 80 B** 46/74 - 66/110.   X x

🏨 **Anlage Hotel**, Friedrich-Ebert-Anlage 32, 𝄞 2 64 25 – 🛗 ➪wc 🏋️wc 🕿. AE E VISA
Feb. geschl. – (nur Abendessen für Hausgäste) – **20 Z : 35 B** 65/75 - 99/105.   Z k

🏨 **Reichspost** ⚘ garni, Gaisbergstr. 38, 𝄞 2 22 52 – 🛗 ➪wc 🏋️wc 🕿 ➪
Jan.- 12. Feb. geschl. – **28 Z : 45 B** 60/80 - 80/98.   X c

XXX **Kurfürstenstube** (Stadtrestaurant des Europäischen Hofs), Nadlerstraße, 𝄞 2 71 01 – AE ⑩ E VISA
Karte 51/90.   Z u

XXX **Weinstube im Schloß**, Im Schloß, 𝄞 2 00 81 – AE E   Z
Mitte Dez.- Jan. und Dienstag geschl. – Karte 21/56.

XX **Merian-Stuben**, Neckarstaden 24 (im Kongresshaus Stadthalle), 𝄞 2 73 81, �   Y

XX **Molkenkur** ⚘ mit Zim, Klingenteichstr. 32, 𝄞 1 08 94, « Terrasse mit ⩓ Schloß und Neckartal » – 🏋️wc 🕿 🅿 🏋️ – **18 Z : 32 B**.   Z w

XX **Kurpfälzisches Museum**, Hauptstr. 97, 𝄞 2 40 50, �   Y M
Nov.- April Montag und 24. Dez.- 7. Jan. geschl. – Karte 21/60.

HEIDELBERG

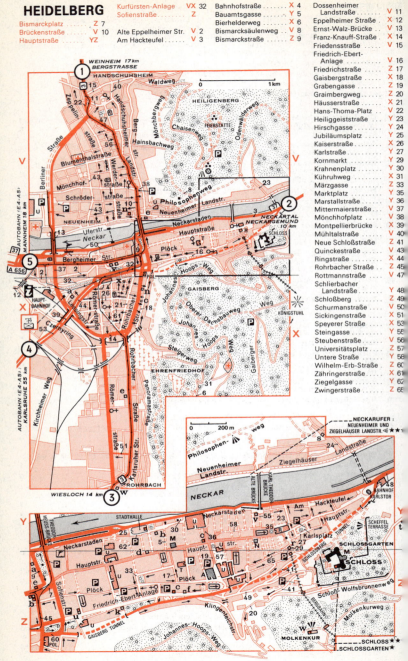

XX **Kupferkanne**, Hauptstr. 127 (1. Etage), 𝒫 2 17 90   **Y c**
27. Juli - 18. Aug. und Sonntag geschl. — Karte 21/49 ⅃.

XX Denner, Bergheimer Str. 8, 𝒫 16 03 03   **Z e**

XX Da Mario (Italienische Küche), Rohrbacher Str. 2, 𝒫 1 35 91   **Z b**

X **Perkeo** (Altdeutsche Gaststätte a.d. J. 1891), Hauptstr. 75, 𝒫 16 06 13, Biergarten — AE Ⓞ❘
E   **YZ d**
Karte 19/50.

X **Scheffeleck**, Friedrich-Ebert-Anlage 51, 𝒫 2 61 72   **Z c**
Sonntag geschl. — Karte 31/60.

X **Zieglerbräu** (Brauerei-G.), Bergheimer Str. 1b, 𝒫 2 53 33   **Z b**
Karte 18/41.

In Heidelberg-Handschuhsheim : über Mühltalstr. **V** :

XX **Zum Zapfenberg**, Große Löbingsgasse 13, 𝒫 4 52 60 — AE E
nur Abendessen, Sonntag und Aug. 3 Wochen geschl. — Karte 41/63 (Tischbestellung ratsam).

In Heidelberg-Kirchheim ④ : 3 km :

🏨 **Crest-Hotel**, Pleikartsförsterstr. 101, 𝒫 7 10 21, Telex 461650 — TV ➥wc ⌂wc ☎ ♿ Ⓟ 🏊.
AE Ⓞ E VISA. ⋙ Rest
Karte 33/67 — **113 Z : 170 B** 131 - 202 Fb.

☺ **Sonne** garni, Schmitthennerstr. 1 (Ecke Pleikartsförsterstr.), 𝒫 7 21 62 — ⌂
17 Z : 36 B 30 - 40/45.

In Heidelberg-Neuenheim :

🏨 **Prinzhotel Heidelberg**, Neuenheimer Landstr. 5, 𝒫 4 03 20, Telex 461474 — ▯ TV ➥wc ☎
♿ ➥ Ⓟ 🏊. AE Ⓞ E VISA. ⋙   **V e**
Karte 35/65 *(wochentags nur Abendessen)* — **50 Z : 90 B** 177/190 - 229/249 Fb.

X Dorfschänke, Lutherstr. 14, 𝒫 4 56 86   **V n**
wochentags nur Abendessen.

In Heidelberg - Pleikartsförsterhof ④ : 3 km :

XX **Pleikartsförsterhof** (regionale Küche), 𝒫 7 59 71 — Ⓟ
Sept. und Dienstag geschl. — Karte 24/45 (Tischbestellung ratsam) ⅃.

In Heidelberg-Rohrbach :

🏠 Goldener Adler garni, Rathausstr. 8, 𝒫 39 09 82 — ⌂wc Ⓟ   **X w**
20 Z : 30 B.

In Heidelberg-Ziegelhausen O : 5 km über Neuenheimer Landstraße **V** :

🏠 **Schwarzer Adler**, Kleingemünder Str. 6, 𝒫 8 05 81, ➛ — ➥wc ⌂wc ☎ Ⓟ. AE
Karte 23/49 ⅃ — **20 Z : 39 B** 60/75 - 85/125.

In Eppelheim 6904 W : 4 km über Eppelheimer Str. **X** :

🏨 **Rhein-Neckar-Hotel** ➾, Seestr. 75, 𝒫 (0 62 21) 76 20 01 — TV ⌂wc ☎ ➥ Ⓟ 🏊
Karte 17/41 — **24 Z : 30 B** 58 - 88.

Adler	Wenn der Name eines Hotels dünn gedruckt ist, dann hat uns der Hotelier Preise und Öffnungszeiten nicht oder nicht vollständig angegeben.

HEIDEN Nordrhein-Westfalen siehe Borken.

HEIDENAU 2111. Niedersachsen — 1 500 Ew — Höhe 35 m — 🕙 04182.
➤ Hannover 126 — ◆Bremen 76 — ◆Hamburg 50.

🏠 **Heidenauer Hof**, Hauptstr. 23, 𝒫 41 44 — ⌂wc ⌂wc ➥ Ⓟ. AE
Karte 16,50/48 *(Dienstag geschl.)* — **18 Z : 32 B** 36/58 - 65/95.

HEIDENHEIM AN DER BRENZ 7920. Baden-Württemberg 987 ㉟ — 48 200 Ew — Höhe 490 m
- 🕙 07321.
◀ Städt. Verkehrsamt, im Rathaus, 𝒫 32 73 40.
➤Stuttgart 87 — ◆Nürnberg 132 — ◆Ulm (Donau) 46 — ◆Würzburg 177.

🏨 **Schweizer Hof**, Steinheimer Str. 8, 𝒫 4 40 61 — TV ⌂wc ➥ Ⓟ. AE Ⓞ E VISA
◆ Karte 12,50/48 — **17 Z : 33 B** 65/75 - 120/130.

🏠 **Linde**, St.-Pöltener-Str. 53, 𝒫 5 11 01 — ⌂wc ➥ Ⓟ
◆ *Aug. geschl.* — Karte 14/36 *(Samstag geschl.)* ⅃ — **28 Z : 34 B** 48/55 - 80/95 Fb.

🏠 **Haus Hellenstein**, Seestr. 16, 𝒫 2 20 71 — TV ⌂wc ☎ ➥. AE E
Karte 17/30 *(Freitag geschl.)* — **14 Z : 28 B** 45/47 - 90 Fb.

🏠 **Ottilienhof**, Schnaitheimer Str. 19, 𝒫 4 10 77 — ▯ ⌂wc ⌂wc Ⓟ. Ⓞ E VISA. ⋙
Karte 18/45 ⅃ — **15 Z : 24 B** 58/62 - 85/88 Fb.

☆ **Raben**, Erchenstr. 1, ℰ 2 18 39 — 🗄 🅿
🍴 *Juli - Aug. 3 Wochen geschl.* — Karte 14/38 *(Freitag geschl.)* — **20 Z : 28 B** 35/69 - 70/90.

☆ **Löwen**, Hauptstr. 11, ℰ 2 30 05 — ☎. ஊ E
🍴 Karte 13/36 *(Samstag 14 Uhr - Sonntag geschl.)* 🍺 — **14 Z : 19 B** 30 - 60/70.

☆ **Haus Hubertus**, Giengener Str. 82, ℰ 5 18 00 — 🗄 ☎ ⟵ 🅿 ஊ
🍴 Karte 18/42 *(Samstag bis 16 Uhr geschl.)* 🍺 — **8 Z : 12 B** 28/40 - 58/65.

XX **Haus Friedrich**, Wilhelmstr. 80, ℰ 4 56 62
Sonn- und Feiertage ab 15 Uhr, Aug. und Mittwoch geschl. — Karte 18/48 🍺.

XX **Schloßgaststätte-Panoramastuben**, Schloßhaustr. 55, ℰ 4 10 66, ≤, 🍸 — 🅿 🏌 ஊ
7.- 28. Jan. und Montag geschl. — Karte 17,50/40.

In Heidenheim 9-Mergelstetten S : 2 km über die B 19 :

🏨 **Hirsch** 🌿 garni, Buchhofsteige 3, ℰ 5 10 30 — 🗄 📺 wc ☎ ⟵ 🅿 ஊ ⓘ E 𝗩𝗜𝗦𝗔
24. Dez.- 6. Jan. geschl. — **40 Z : 50 B** 70/85 - 95/130 Fb.

🏨 **Lamm**, C.-Schwenk-Str. 40 (B 19), ℰ 5 11 41 — 🗄 ☎ ⟵ 🅿
🍴 Karte 13/40 *(Montag geschl.)* 🍺 — **9 Z : 15 B** 35 - 60.

In Heidenheim 5-Mittelrain NW : 2 km :

XX **Rembrandt-Stuben**, Rembrandtweg 9, ℰ 6 54 34, 🍸 — 🅿
Aug. und Montag 14 Uhr - Dienstag geschl. — Karte 25/55 🍺.

In Steinheim am Albuch 7924 W : 6 km :

🏨 **Zum Kreuz**, Hauptstr. 26, ℰ (07329) 60 07, 🍸 — 📺 🗄 wc ☎ 🅿 🏌
29. Juli - 19. Aug. geschl. — Karte 18/49 *(Sonntag 15 Uhr - Montag geschl.)* 🍺 — **7 Z : 11 B** 45 -
75.

☆ **Pension Croonen** 🌿, Obere Ziegelhütte 5, ℰ (07329) 2 10, 🚗, 🐎 (Halle) — 🗄 wc
🍴 *20. Dez.- 8. Jan. geschl.* — Karte 13/19 — **9 Z : 15 B** 30 - 50.

An der Straße nach Giengen SO : 7 km :

XX **Landgasthof Oggenhausener Bierkeller**, ✉ 7920 HDH-Oggenhausen, ℰ (07321) 5 22 30,
🍸 — 🅿 ஊ ⓘ E
Feb. und Dienstag 15 Uhr - Mittwoch geschl. — Karte 22/56.

Im Stubental W : 7 km :

X **Sontheimer Wirtshäusle** mit Zim, an der B 466, ✉ 7924 Steinheim-Sontheim,
ℰ (07329) 2 85, 🚗 — 🗄 wc ⟵ 🅿
22. Dez.- 20. Jan. geschl. — Karte 22/46 *(Samstag geschl.)* 🍺 — **11 Z : 17 B** 21/30 - 42/56.

HEIGENBRÜCKEN 8751. Bayern — 2 300 Ew — Höhe 300 m — Luftkurort — 🕐 06020.
🛈 Kur- und Verkehrsamt, Rathaus, ℰ 3 81.
◆München 350 — Aschaffenburg 26 — ◆Würzburg 74.

🏨 **Wildpark**, Lindenallee 39, ℰ 4 94, 🍸, ☀s, ▨, — 🗄 🗄 wc 🅿 🏌
Karte 19/46 — **40 Z : 80 B** 60 - 95 Fb — P 88.

🏨 **Waldhotel Tannenhof**, Lindenallee 40, ℰ 4 44, 🍸, ☀s, ▨, 🚗 — 🗄 wc 🅿 🏌
38 Z : 68 B.

☆ **Zur frischen Quelle**, Hauptstr. 1, ℰ 4 62 — 🗄 wc 🅿
Karte 18/30 *(Okt.- April Dienstag geschl.)* 🍺 — **16 Z : 29 B** 22/29 - 44/57.

HEILBRONN 7100. Baden-Württemberg 🔢🔢🔢 ㉘ — 111 000 Ew — Höhe 158 m — 🕐 07131.
Sehenswert : St.-Kilian-Kirche (Turm★).
🛈 Städtisches Verkehrsamt, Rathaus, ℰ 56 22 70.
ADAC, Innsbrucker Str. 26, ℰ 8 39 16, Telex 728590, Notruf ℰ 1 92 11.
◆Stuttgart 52 ③ — Heidelberg 68 ① — ◆Karlsruhe 91 ① — ◆Würzburg 108 ①.

Stadtplan siehe gegenüberliegende Seite.

🏨 **Insel-H.**, Friedrich-Ebert-Brücke, ℰ 63 00, Telex 728777, ☀s, ▨, 🚗 — 🗄 📺 ♿ 🅿 🏌 ஊ
ⓘ E 𝗩𝗜𝗦𝗔   Y
Restaurants : — **Royal** Karte 37/84 — **Schwäbisches Rest.** Karte 28/65 — **120 Z : 180 B** 108/178
178/228 Fb.

🏨 **Götz** Ⓜ, Moltkestr. 52, ℰ 1 80 01, Telex 728926 — 🗄 🗄 wc 🗄 wc ☎ ⟵ 🏌   Z
86 Z : 153 B Fb.

🏨 **Burkhardt**, Lohtorstr. 7, ℰ 8 19 55, Telex 728480 — 🗄 📺 🗄 wc 🗄 wc ☎ 🅿 🏌 ஊ ⓘ E 𝗩𝗜𝗦
Karte **28**/58 *(Freitag und Juli - Aug. 3 Wochen geschl.)* — **56 Z : 68 B** 75/105 - 120/170 Fb.
                                                                                                                                                        Y

🏨 **Park-Villa** garni, Gutenbergstr. 30, ℰ 7 20 28, « Geschmackvolle Einrichtung », 🚗 — 📺
🗄 wc 🗄 wc ☎. ஊ E
12 Z : 21 B 70/100 - 130/160 Fb.

🏨 **City-H.** 🌿 garni, Allee 40 (14. Etage), ℰ 8 39 58, ≤ — 🗄 🗄 wc 🗄 wc ☎ ⟵. ஊ ⓘ E
1.- 8. Jan. geschl. — **18 Z : 40 B** 75/90 - 120/140 Fb.   Y

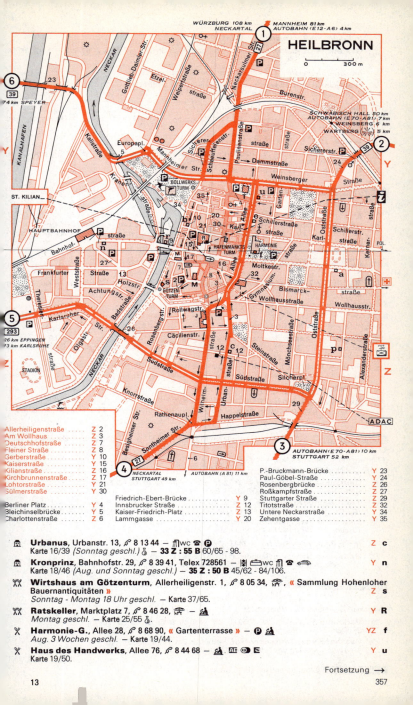

🏛 **Urbanus**, Urbanstr. 13, ℰ 8 13 44 − 📺wc ☎ 🅿   Z c
Karte 16/39 *(Sonntag geschl.)* ⅃ − **33 Z : 55 B** 60/65 - 98.

🏛 **Kronprinz**, Bahnhofstr. 29, ℰ 8 39 41, Telex 728561 − 📞 🛏wc 📺 ☎ 🚗   Y n
Karte 18/46 *(Aug. und Sonntag geschl.)* − **35 Z : 50 B** 45/62 - 84/106.

XX **Wirtshaus am Götzenturm**, Allerheiligenstr. 1, ℰ 8 05 34, 🍴, « Sammlung Hohenloher
Bauernantiquitäten »   Z s
Sonntag - Montag 18 Uhr geschl. − Karte 37/65.

XX **Ratskeller**, Marktplatz 7, ℰ 8 46 28, 🍴 − 🍸   Y R
Montag geschl. − Karte 25/55 ⅃.

X **Harmonie-G.**, Allee 28, ℰ 8 68 90, « Gartenterrasse » − 🅿 🍸   YZ f
Aug. 3 Wochen geschl. − Karte 19/44.

X **Haus des Handwerks**, Allee 76, ℰ 8 44 68 − 🍸 AE ⓘ E   Y u
Karte 19/50.

Fortsetzung →

In Heilbronn-Böckingen ⑤ : 4 km :

Gästehaus Dokkenwadel garni, Großgartacher Str.176 II (B 293), 4 64 70 – P.
18 Z : 21 B 33/52 - 56/72.

Im Jägerhauswald O : 4 km, Zufahrt über Bismarckstraße Z :

Waldgaststätte Jägerhaus, 7100 Heilbronn, (07131) 7 52 25, – P
3. Jan.- 2. Feb. und Montag geschl. – Karte 20/55.

Auf dem Wartberg ② : 5 km – Höhe 303 m:

Höhenrestaurant Wartberg, 7100 Heilbronn, (07131) 16 29 13, Heilbronn und Weinberge, – P

In Flein 7101 S : 5,5 km über Charlottenstr. Z :

Wo der Hahn kräht (moderne Weinstube), Altenbergweg 11, (07131) 5 50 08, Weinprobe, Weinlehrpfad, – Rest wc wc P.
Karte 18/46 – **29 Z : 58 B** 58 - 104.

HEILBRUNN, BAD 8173. Bayern 426 ⑰ – 2 500 Ew – Höhe 682 m – Heilbad – 08046.

Kur- und Verkehrsamt, Haus des Gastes, 3 23.

♦München 63 – Mittenwald 48 – Bad Tölz 8.

Gästehaus Oberland, Wörnerweg 45, 2 38, – wc wc P
10. Nov.- 24. Dez. geschl. – Karte 15/32 *(Mittwoch ab 14 Uhr geschl.)* – **21 Z : 33 B** 27/51 - 54/82 – P 53/67.

HEILENBECKER TALSPERRE Nordrhein-Westfalen siehe Ennepetal.

HEILIGENBERG 7799. Baden-Württemberg 987 ㉟, 216 ⑩, 427 ⑦ – 2 500 Ew – Höhe 726 m – Luftkurort – 07554.

Sehenswert : Schloßterrasse ★.

Kurverwaltung, Rathaus, 2 46.

♦Stuttgart 139 – Bregenz 70 – Sigmaringen 38.

Berghotel Baader, Salemer Str. 5, 3 03, – wc wc P. AE. Zim
10. Okt.- 6. Nov. geschl. – Karte 17/42 *(Nov.- April Freitag geschl.)* – **16 Z : 30 B** 39/56 - 75/103 – P 50/70.

Post, Postplatz 3, 2 08, Linzgau und Bodensee, – wc P. AE.
Dez.- Jan. geschl. – Karte 18/40 – **12 Z : 20 B** 45/63 - 90 – P 72/75.

In Heiligenberg-Steigen :

Hack, Am Bühl 11, 86 86, – wc P
4. Nov.- 2. Dez. geschl. – Karte 17,50/34 *(Montag geschl.)* – **11 Z : 19 B** 35 - 60/64 – P 44/48.

HEILIGENHAFEN 2447. Schleswig-Holstein 987 ⑥ – 9 600 Ew – Höhe 3 m – Ostseeheilbad – 04362.

Kurverwaltung, Rathaus, Markt 4, 73 73.

♦Kiel 67 – ♦Lübeck 67 – Puttgarden 24.

Deutsches Haus, Bergstr. 3, 22 38, – wc P. AE E VISA
Karte 20/47 – **16 Z : 30 B** 45/70 - 95/105 Fb.

Stadt Hamburg, Hafenstr. 17, 22 10 – wc. AE
15. Jan.- 15. Feb. geschl. – Karte 17/48 *(Nov.- Mai Montag geschl.)* – **14 Z : 30 B** 38/60 - 75/95.

Zum alten Salzspeicher, Hafenstr. 2, 28 28 – AE E
15. Jan.- 14. März und Dienstag geschl. – Karte 27/59.

In Großenbrode-Südstrand 2443 O : 8 km :

Hanseatic, Strandpromenade, (04367) 2 84, – P
Nov.- Mai Donnerstag, 10. Jan.- 20. März und 15. Nov.- 20. Dez. geschl. – Karte 21/53.

HEILIGENHAUS 5628. Nordrhein-Westfalen – 28 900 Ew – Höhe 174 m – 02056.

Siehe Ruhrgebiet (Übersichtsplan).

♦Düsseldorf 22 – ♦Essen 22 – Wuppertal 25.

Parkhaus, Parkstr. 38, 50 05, – wc P. AE
27. Dez.- 5. Jan. geschl. – Karte 24/53 – **23 Z : 34 B** 50/90 - 120 Fb.

Gasthof Kuhs-Deutscher Hof, Velberter Str.146, 65 28 – P
Montag - Dienstag und Juli - Aug. 4 Wochen geschl. – Karte 19/50.

HEILIGENRODE Niedersachsen siehe Stuhr.

HEILIGENSTADT 8551. Bayern — 3 400 Ew — Höhe 367 m — 🕿 09198.
◆München 231 — ◆Bamberg 24 — Bayreuth 36 — ◆Nürnberg 60.

In Heiligenstadt-Veilbronn SO : 3 km — Erholungsort :

🏠 **Sponsel-Regus** ⤢, 🖉 2 22, �ということ, — ⏚wc 🗊wc ⬅ 🅿
➤ 10. Jan.- 15. Feb. geschl. — Karte 12/32 *(Okt.- März Dienstag geschl.)* — **30 Z : 50 B** 25/32 -
46/61 Fb — P 35/43.

HEILIGKREUZSTEINACH 6901. Baden-Württemberg — 3 000 Ew — Höhe 280 m — Erholungsort
— 🕿 06220 (Wilhelmsfeld).
◆Stuttgart 119 — Heidelberg 21 — ◆Mannheim 31.

🏚 **Goldner Hirsch**, Weinheimer Str. 10, 🖉 2 27, 🚗, 🔲 — 🗊wc 🅿
Karte 17/40 *(Dienstag geschl.)* ⅙ — **16 Z : 30 B** 30/32 - 60/64 — P 40/42.

🏚 **Roter Löwe**, Weinheimer Str. 2, 🖉 2 24, 🚗, 🔲, 🌺 — 🗊wc 🅿
➤ Nov. geschl. — Karte 13/35 *(Mittwoch geschl.)* ⅙ — **23 Z : 38 B** 28/38 - 54/74 — P 37/52.

In Heiligkreuzsteinach - Eiterbach N : 3 km :

✕ ❀ **Goldener Pflug**, Ortsstr. 40, 🖉 85 09, 🌺 — 🅿
11.- 21. Feb., 8.- 31. Juli und Montag - Dienstag geschl. — Karte 21/68 ⅙
Spez. Terrine von Hecht und Lachs, Kalbslende in Estragon, Lammrücken mit feinen Kräutern.

HEILSBRONN 8802. Bayern 🔢🔢 ❀ — 7 100 Ew — Höhe 410 m — 🕿 09872.
Sehenswert : Ehemalige Klosterkirche (Nothelfer-Altar★).
◆München 189 — Ansbach 17 — ◆Nürnberg 25.

🏠 **Goldener Stern**, Ansbacher Str. 3, 🖉 12 62, 🔲, 🌺 — 🗊wc ⬅ 🅿 🏖. **E**
Dez.- Jan. und Aug. - Sept. je 2 Wochen geschl. — Karte 15/23 *(Samstag geschl.)* — **23 Z : 34 B**
28/38 - 48/60.

HEIMBACH 5169. Nordrhein-Westfalen — 4 500 Ew — Höhe 241 m — Luftkurort — 🕿 02446.
🛈 Verkehrsamt, Seerandweg, 🖉 5 27.
◆Düsseldorf 91 — ◆Aachen 58 — Düren 26 — Euskirchen 26.

🏠 **Meiser**, Hengebachstr. 99, 🖉 2 27 — 🗊wc
Karte 16,50/39 *(Okt.- März Dienstag geschl.)* — **10 Z : 20 B** 40 - 70 — P 58.

🏠 **Eifelhaus**, Mariawalder Str. 3, 🖉 4 31 — 🗊wc. 🆎
➤ 6. Nov.- 25. Dez. geschl. — Karte 14/26 *(März - Mai Montag geschl.)* — **12 Z : 22 B** 25/35 - 50/60
— P 40/45.

🏠 **Burghof**, Hengebachstr. 48, 🖉 4 45, 🚗 — 📺 🗊wc 🕿 🅿
7 Z : 14 B.

✕✕ **Zur Krone**, Hengebachstr. 21 (1.Etage), 🖉 4 52
1.- 29. Okt. und Montag - Dienstag geschl. — Karte 45/70 (Tischbestellung ratsam).

✕ **Eifeler Hof**, Hengebachstr. 43, 🖉 4 42
24. Dez.- 15. Jan. und Montag 14 Uhr - Dienstag geschl. — Karte 18/49.

In Heimbach 2-Hasenfeld W : 1,5 km :

🏠 **Haus Diefenbach** ⤢, Brementhaler Str. 44, 🖉 31 00, ≤, 🚗, 🔲, 🌺 — 🗊wc 🅿. 🍴 Rest
16. Nov.- 27. Dez. geschl. — (nur Abendessen für Hausgäste) — **14 Z : 25 B** 38/47 - 70/90.

🏠 **Heinen**, Schwammenaueler Str. 71, 🖉 33 43 — 🗊 🅿
11 Z : 20 B.

🏠 **Pension Weber**, Schwammenaueler Str. 8, 🖉 2 22, 🗊wc ⬅ 🅿
Okt. 2 Wochen geschl. — (Rest. nur für Hausgäste) — **12 Z : 21 B** 22/30 - 44/60 — P 40/45.

In Heimbach 3-Hergarten SO : 6 km :

🏚 **Lavreysen**, Kermeterstr. 54, 🖉 35 25, 🔲, 🌺 — 🗊wc 🅿. 🍴 Rest
8.- 31. Jan. geschl. — Karte 15,50/33 *(Montag geschl.)* — **14 Z : 34 B** 40 - 70 — P 57.

In Heimbach-Schwammenauel W : 3 km :

✕ **Der Seehof** ⤢ mit Zim, an der Rurtalsperre, 🖉 5 44, ≤, 🌺, Wasserorgel, Märchenwald —
⏚wc 🗊wc 🕿 🅿. **E**
Karte 16/37 *(Okt.- April Montag geschl.)* — **10 Z : 20 B** 35/45 - 65/85.

HEIMBORN 5239. Rheinland-Pfalz — 300 Ew — Höhe 220 m — 🕿 02688 (Kroppach).
Mainz 117 — Limburg an der Lahn 55 — Siegen 49.

In Heimborn-Ehrlich NW : 2 km :

🏚 **Sollmann-Schürg**, Kragstr. 2, 🖉 2 85, 🚗, 🔲, 🌺, 🍴 — ⏚wc 🗊wc 🅿 🏖. 🍴 Rest
2. Nov.- 18. Dez. geschl. — (Rest. nur für Hausgäste) — **30 Z : 55 B** 40/50 - 80/100 — P 54/66.

HEIMBUCHENTHAL 8751. Bayern — 2 100 Ew — Höhe 171 m — Erholungsort — ✆ 06092.
♦München 346 — Aschaffenburg 19 — ♦Würzburg 70.

Zum Lamm, Mühlenweg 4, ℰ 2 53, ⇌, 🖵, 🍴 — 🔔 ᐧwc ☎ ⇌ 🅿 🏄. ❄ Zim
14.- 31. Jan. geschl. — Karte 18/57 ⅃ — **44 Z : 80 B** 46/48 - 88/92 Fb.

Zum Wiesengrund ⧖, Elsavastr. 9, ℰ 13 64, ⇌, 🍴 — 🛁wc ᐧwc ☎ 🅿. ❄
24 Z : 44 B.

Heimbuchenthaler Hof ⧖, Am Eichenberg 1, ℰ 16 87, ≤, ⇌, 🖵, 🍴, ❄ — 🔔 ᐧwc ☎
→ ⇌ 🅿 🏄. 🆑 ⑪ **E**. ❄
7.- 31. Jan. geschl. — Karte 13,50/44 ⅃ — **24 Z : 40 B** 53/58 - 98/103 Fb — P 75/80.

Zur Linde, Hauptstr. 37, ℰ 3 10 — 🛁wc ᐧwc ⇌ 🅿. ❄ Rest
→ Nov. geschl. — Karte 14,50/25 ⅃ — **22 Z : 40 B** 30 - 60 — P 42/50.

Elsava, Hauptstr. 82, ℰ 2 19, 🍴 — ᐧwc ☎ 🅿
18 Z : 34 B Fb.

HEININGEN 3344. Niedersachsen — 800 Ew — Höhe 85 m — ✆ 05334.
♦Hannover 80 — ♦Braunschweig 23 — Goslar 20.

Zum Landsknecht, Hauptstr. 6 (B 4), ℰ 68 88, 🍴, ⇌, 🖵 — ᐧwc 🅿
Karte 17/48 (Donnerstag geschl.) — **15 Z : 25 B** 35/40 - 56/70.

HEINSBERG 5138. Nordrhein-Westfalen 𝟿𝟾𝟩 ③. 𝟤𝟷𝟤 ② — 38 000 Ew — Höhe 45 m — ✆ 02452.
♦Düsseldorf 63 — ♦Aachen 36 — Mönchengladbach 33 — Roermond 20.

In Heinsberg-Unterbruch NO : 3 km :

XX **Altes Brauhaus**, Wurmstr. 4, ℰ 6 10 35, « Täfelung a.d. 16. Jh. »
Sonntag 15 Uhr - Montag und Juli - Aug. 3 Wochen geschl. — Karte 24/55.

HEITERSHEIM 7843. Baden-Württemberg 𝟤𝟦𝟤 ㉞. 𝟦𝟤𝟩 ④. 𝟪𝟽 ⑧ — 3 900 Ew — Höhe 254 m —
✆ 07634.
♦Stuttgart 223 — Basel 48 — ♦Freiburg im Breisgau 22.

Krone, Hauptstr. 7, ℰ 28 11, 🍴 — 📺 🛁wc ᐧwc ⇌ 🅿
Nov. 2 Wochen geschl. — Karte **29**/51 (Dienstag - Mittwoch 17 Uhr geschl.) ⅃ — **12 Z : 20 B**
39/55 - 76/98.

Ochsen, Eisenbahnstr. 9, ℰ 22 18 — 🛁wc ᐧwc ⇌ 🅿
20. Dez.- 20. Jan. geschl. — Karte 17/47 (Montag bis 17 Uhr und Freitag geschl.) ⅃ — **28 Z :**
52 B 35/60 - 56/85.

Löwen, Hauptstr. 58, ℰ 22 84 — ᐧwc ☎ ♿ ⇌ 🅿
12. Feb.- 10. März und 30. Okt.- 11. Nov. geschl. — Karte 17/49 (Sonntag 14 Uhr - Montag
geschl.) ⅃ — **28 Z : 50 B** 30/48 - 58/90.

HELGOLAND (Insel) 2192. Schleswig-Holstein 𝟿𝟾𝟩 ④ — 2 000 Ew — Seebad, 60 km vo
Cuxhaven. Bademöglichkeit auf der vorgelagerten Düne. — Zollfreies Gebiet, Autos auf der Inse
nicht zugelassen — ✆ 04725.

Sehenswert : Felseninsel✶✶ aus rotem Sandstein in der Nordsee.

⚓ von Cuxhaven, Bremerhaven, Wilhelmshaven, Bensersiel, Büsum und Ausflugsfahrten vor
den Ost- und Nordfriesischen Inseln.

Flugverbindung (nach vorheriger Anmeldung) zwischen dem Festland und Helgoland und zwischer
den Ost- bzw. Nordfriesischen Inseln und Helgoland.

🛈 Kurverwaltung, Südstrand, ℰ 7 01, Telex 232194.
Auskünfte über Schiffs- und Flugverbindungen ℰ 7 02 70.

Auf dem Unterland :

Hanseat ⧖ garni, Südstrand 21, ℰ 6 63, ≤ — 📺 ᐧwc. ❄
15. März - Okt. — **22 Z : 38 B** 50/75 - 80/130.

Haus Hilligenlei ⧖ garni, Kurpromenade 36, ℰ 77 33, ≤ — ᐧwc. ❄
32 Z : 46 B 45/80 - 98/122.

Haus Nickels ⧖, Kurpromenade 33, ℰ 5 54, ≤ — ᐧwc ☎
Nov. ohne Abendessen für Hausgäste — **13 Z : 21 B** 36/49 - 71/98.

Villa Augusta ⧖ garni, Südstrand 16, ℰ 2 20, ≤ — 🛁wc ᐧwc ☎. ⑪. ❄
Nov.- 26. Dez. geschl. — **13 Z : 21 B** 50/60 - 100/120.

Auf dem Oberland :

Mailänder ⧖, Am Falm 313, ℰ 5 66, Telex 232113, ≤ Nordsee mit Düne und Reede — ᐧwc
☎. ❄
Nov. geschl. — (Rest. nur für Pensionsgäste) — **28 Z : 41 B** 35/90 - 70/120 — P 70/98.

XX **Zum Hamburger** ⧖ mit Zim, Am Falm 304, ℰ 4 09, ≤ Nordsee mit Düne und Reede, 🍴 —
ᐧwc
Mitte März - Mitte Okt. — Karte 22/54 — **4 Z : 8 B** 49 - 98.

HELLENDORF Niedersachsen siehe Wedemark.

360

HELLENTHAL 5374. Nordrhein-Westfalen — 8 700 Ew — Höhe 420 m — 🕿 02482.
🛈 Verkehrsamt, Rathausstr. 2, ℰ 6 55.
♦Düsseldorf 109 — ♦Aachen 56 — Düren 44 — Euskirchen 36.

🏠 **Haus Lichtenhardt** 🔊, An der Lichtenhardt, ℰ 6 14, ≤, ≘s, 🔲, 🚗 — 🖥wc 🕿 ⇌ 🅿 🏔.
　Ⓞ E
　15.- 31. Jan. geschl. — Karte 22/49 — **20 Z : 33 B** 35/50 - 66/86 — P 51/60.

🏠 **Pension Haus Berghof** 🔊, Bauesfeld 16, ℰ 71 54, ≤, 🚗 — 🖥wc 🅿. 🎿
　(Rest. nur für Pensionsgäste) — **12 Z : 20 B** 27/35 - 56/64 — P 39/42.

　In Hellenthal-Blumenthal NO : 1,5 km :

🏠 **Zum alten Amt**, Schleidener Str. 37 (B 265), ℰ 21 77, ≘s, 🔲, 🚗 — 🖥wc 🅿
　4.- 25. Nov. geschl. — Karte 18/43 (Dienstag geschl.) — **14 Z : 29 B** 45 - 80 Fb.

　In Hellenthal-Hollerath SW : 5,5 km — Wintersport : 600/690 m ⚡1 ⚡1 :

🏠 **Hollerather Hof**, Luxemburger Str. 44 (B 265), ℰ 71 17, ≤, ≘s, 🔲, 🚗 — ⌐wc 🖥wc 🕿 🅿.
　Ⓞ E 𝑽𝑰𝑺𝑨
　März und Nov. je 2 Wochen geschl. — Karte 17,50/42 — **15 Z : 23 B** 28/42 - 55/78.

🏠 **St. Georg**, Luxemburger Str. 46 (B 265), ℰ 3 17, ≤ — 🖥wc 🅿
　Karte 18/36 (Dienstag geschl.) — **18 Z : 32 B** 34/36 - 64/68.

　In Hellenthal-Udenbreth SW : 13 km — Wintersport : 600/690 m ⚡1 ⚡1 :

🏠 **Bergfriede** 🔊, Zum Wilsamtal 31, ℰ (02448) 4 02 — 🖥wc 🅿. 🎿
　(Rest. nur für Hausgäste) — **11 Z : 20 B** 27/30 - 50/54 — P 37/39.

HELMBRECHTS 8662. Bayern 👯👯👯 ㉗ — 10 800 Ew — Höhe 615 m — Wintersport : 620/725 m ⚡4 — 🕿 09252.
♦München 277 — Bayreuth 43 — Hof 18.

🏠 **Zeitler**, Kulmbacher Str. 13, ℰ 10 11 — ⌐wc 🖥wc 🕿 ⇌ 🅿
　30 Z : 40 B.

HELMSTEDT 3330. Niedersachsen 👯👯👯 ⑯ — 28 500 Ew — Höhe 110 m — 🕿 05351.
🛈 Amt für Information und Fremdenverkehr, Rathaus, Markt 1, ℰ 1 73 33.
♦Hannover 96 — ♦Berlin 192 — ♦Braunschweig 41 — Magdeburg 53 — Wolfsburg 30.

🏠 **Park-H.** (mit Gästehaus Schönitz), Albrechtstr. 1, ℰ 3 40 94 — ⌐wc 🖥wc 🕿 🅿 🏔
　(wochentags nur Abendessen) — **29 Z : 47 B**.

🏠 **Petzold**, Schöninger Str. 1, ℰ 60 01 — ⌐wc 🖥wc 🕿 ⇌ 🅿
　(nur Abendessen, Samstag geschl.) — **28 Z : 40 B** 40/54 - 68/86.

HEMAU 8416. Bayern — 6 800 Ew — Höhe 514 m — 🕿 09491.
♦München 125 — ♦Nürnberg 83 — ♦Regensburg 27.

🏠 **Brauerei-Gasthof Donhauser**, Unterer Stadtplatz 4, ℰ 4 31 — ⌐wc 🖥 ⇌ 🅿
　Karte 10/21 (Donnerstag geschl.) — **9 Z : 18 B** 22/26 - 44/50.

HEMER 5870. Nordrhein-Westfalen 👯👯👯 ⑭ — 33 900 Ew — Höhe 240 m — 🕿 02372.
♦Düsseldorf 86 — Arnsberg 35 — Hagen 23 — Soest 40.

XX Fontana di Trevi (Italienische Küche), Hauptstr. 244, ℰ 1 07 81.

　In Hemer-Becke NO : 3 km über die B 7 :

XX **Zum Bären-Jagdhaus Keune Urbecke** 🔊 mit Zim, ℰ 1 07 65, « Gartenterrasse » —
　🖥wc 🕿 ⇌ 🅿. Ⓞ E
　27. Dez.- 7. Jan. geschl. — Karte 24/67 (Montag geschl.) — **4 Z : 6 B** 55/65 - 85/95.

　In Hemer-Stephanopel S : 3,5 km :

XXX **Haus Winterhof**, ℰ 89 81, « Gartenterrasse » — 🅿 🏔. ﾑﾃ E
　Dienstag geschl. — Karte 20/58.

　In Hemer-Sundwig :

🐦 Meise, Hönnetalstr. 75, ℰ 67 37 — 🖥wc ⇌ 🅿
　26 Z : 39 B.

　In Hemer-Westig :

🏠 **Haus von der Heyde** 🔊, Lohstr. 6, ℰ 23 15 — 🖥wc 🕿 🅿
　Karte 15/39 (Samstag geschl.) — **10 Z : 20 B** 40/50 - 65/85.

HEMMENHOFEN Baden-Württemberg siehe Gaienhofen.

HEMMINGEN Niedersachsen siehe Hannover.

HEMSBACH 6944. Baden-Württemberg – 13 000 Ew – Höhe 100 m – 🕓 06201.

◆Stuttgart 141 – ◆Darmstadt 40 – Heidelberg 25 – ◆Mannheim 21.

🏨 **See-Hotel**, Seeweg 12, 🌣 76 51, ≤, 🚗, 🔲 – 🛗⊖wc 🛗wc 🅿 �. ⑨
Karte 15/39 – **82 Z : 160 B** 50/55 - 80/90.

🏨 **Zur Bergstraße**, Landstr. 21 (B 3), 🌣 7 12 14 – 🛗wc. 🆎 ⑨
Karte 19/43 – **12 Z : 22 B** 30/55 - 60/85.

Außerhalb O : 3 km :

🏨🏨 **Watzenhof** 🐾, ⊠ 6944 Hemsbach-Balzenbach, 🌣 (06201) 77 67, 🌣, 🦌 – 🔲 🛗wc ☎ ⊂⊃ 🅿 🚙. 🆎. 🎇
Karte 30/64 – **16 Z : 31 B** 80/100 - 120/160.

HENNEF (SIEG) 5202. Nordrhein-Westfalen 🕚🕝🕖 ㉔ – 30 000 Ew – Höhe 70 m – 🕓 02242.

🛈 Verkehrsamt im Rathaus, Frankfurter Str. 97, 🌣 50 11.

◆Düsseldorf 75 – ◆Bonn 18 – Limburg an der Lahn 89 – Siegen 75.

🏨🏨 **Marktterrassen** garni, Frankfurter Str. 98, 🌣 50 48 – 🛗 🔲 ⊖wc 🛗wc ☎ 🅿 🚙. 🆎 ⑨ 🇪
VISA
15 Z : 23 B 60/85 - 90/130 Fb.

🏵🏵 **Rôtisserie Wingen** mit Zim, Frankfurter Str. 55, 🌣 29 07 – 🔲 ⊖wc 🛗wc ☎. 🆎 ⑨. 🎇
Karte 21/65 *(Sonntag geschl.)* – **6 Z : 9 B** 49 - 75.

🏵🏵 **Haus Steinen**, Hanftalstr. 96, 🌣 32 16 – 🅿. 🇪
nur Abendessen, 2.- 10. Jan. und 7.- 23. Juni geschl. – Karte 20/64.

🏵🏵 **La Trattoria** (Italienische Küche), Geistinger Platz 1, 🌣 68 80 – 🅿.

In Hennef 1-Stadt Blankenberg O : 7 km :

🏨 **Haus Sonnenschein**, Mechtildisstr. 16, 🌣 (02248) 23 58 – ⊖wc 🛗wc ☎ 🅿 🚙. 🆎 ⑨
Karte 16,50/50 *(Nov.- März Donnerstag geschl.)* (Sept.- Jan. überwiegend Fischgerichte) –
15 Z : 29 B 48 - 78.

An der Straße nach Winterscheid NO : 9 km :

🏨🏨 **Winterscheider Mühle** 🐾, ⊠ 5207 Ruppichteroth 4, 🌣 30 40, Telex 889683,
« Wildgehege », 🚗, 🔲, 🦌 – 🛗 🔲 ⊂⊃ 🅿 🚙. 🆎 ⑨ 🇪 *VISA*. 🎇
22.- 25. Dez. geschl. – Karte 24/60 – **96 Z : 156 B** 68/97 - 126/151 Fb.

HENNESEE Nordrhein-Westfalen siehe Meschede.

HENSTEDT-ULZBURG Schleswig-Holstein siehe Kaltenkirchen.

HEPPENHEIM AN DER BERGSTRASSE 6148. Hessen 🕚🕝🕖 ㉘ – 25 000 Ew – Höhe 101 m –
Luftkurort – 🕓 06252.

Sehenswert : Marktplatz★.

🛈 Verkehrsbüro, Großer Markt 3, 🌣 1 31 71.

ADAC, Wilhelmstr. 12, 🌣 39 93, Telex 468366.

◆Wiesbaden 69 – ◆Darmstadt 33 – Heidelberg 32 – Mainz 62 – ◆Mannheim 29.

🏨🏨 **Hotel am Bruchsee** M 🐾, am Bruchsee, 🌣 7 30 56 – 🛗 🔲 ⊖wc 🛗wc ☎ ⊂⊃ 🅿 🚙. 🆎
⑨ 🇪
Karte 26/60 🍸 – **37 Z : 74 B** 85/90 - 110/130 Fb.

🏨 **Halber Mond**, Ludwigstr. 5, 🌣 50 21 – 🔲 ⊖wc 🛗wc 🅿 🚙. 🎇
11 Z : 19 B Fb.

🏨 **Starkenburger Hof**, Kalterer Str. 7, 🌣 60 61, eigener Weinbau, 🔲 – 🛗 🛗wc ☎ 🅿. 🆎 ⑨
➡ 🇪. 🎇
1.- 15. Jan. geschl. – Karte 14,50/29 *(Montag geschl.)* – **37 Z : 64 B** 42/50 - 65/75.

🏨 **Goldener Engel**, Großer Markt 2, 🌣 25 63 – ⊖wc 🛗wc ⊂⊃
➡ Karte 12/38 *(Nov.- März Samstag geschl.)* 🍸 – **36 Z : 60 B** 33/50 - 55/80.

🏨 **Sickinger Hof**, Darmstädter Str. 18, 🌣 7 66 02 – 🛗wc 🅿
➡ *20. Dez.- 15. Jan. geschl.* – Karte 13/25 *(wochentags nur Abendessen, Dienstag geschl.)* 🍸 –
13 Z : 23 B 33/46 - 58/70.

🏨 **Schloßberg**, Kalterer Str. 1, 🌣 22 97 – ⊖wc 🛗wc ⊂⊃
➡ *23. Dez.- 2. Jan. geschl.* – Karte 17/33 *(nur Abendessen, Samstag - Sonntag geschl.)* 🍸 –
17 Z : 31 B 36/50 - 60/82.

🏵🏵 **Winzerkeller** (ehem. Kurfürstlicher Amtshof), Amtsgasse 5, 🌣 23 26 – 🅿 🚙
Sept.- Juni Montag und 3.- 30. Jan. geschl. – Karte 16/47 🍸.

In Heppenheim-Kirschhausen O : 4 km :

🏨 **Haus Lulay** 🐾, Siegfriedstr. 394, 🌣 23 03, 🌣, 🦌 – 🛗wc 🅿. 🎇 Zim
➡ Karte 13,50/32 *(Freitag geschl.)* – **28 Z : 52 B** 27/36 - 54/62 – P 37/44.

HEPPINGEN Rheinland-Pfalz siehe Neuenahr-Ahrweiler, Bad.

HERBERN Nordrhein-Westfalen siehe Ascheberg.

HERBORN IM DILLKREIS 6348. Hessen 987 ㉔ — 22 500 Ew — Höhe 210 m — ✪ 02772.

🛈 Verkehrsamt, Rathaus, ℰ 50 22 23.

♦Wiesbaden 118 — Gießen 38 — Limburg an der Lahn 49 — Siegen 39.

🏨 **Schloß-Hotel**, Schloßstr. 4, ℰ 4 00 71, Telex 873493 — 🛗 📺 🛏wc 🛁wc ☎ 🅿 🏌 🇦🇪 ⑩ **VISA**
Karte 25/63 *(Sonntag ab 15 Uhr geschl.)* — **53 Z : 66 B** 63/95 - 95/145 Fb (Anbau mit 20 Z und 🚃 ab Juni 1986).

🏠 **Garni**, Friedrich-Ebert-Str. 25, ℰ 22 72 — 🛏wc ☎ 🚗 🅿 🇦🇪 ⑩ **E**
9 Z : 13 B 40 - 70.

🍽🍽 **Hohe Schule** 🌿 mit Zim, Schulhofstr. 5, ℰ 23 76, « Innenhofterrasse » — 📺 🛏wc ☎ 🅿 🏌
10 Z : 14 B.

🍽🍽 **Landhaus**, Döringweg 1, ℰ 31 31 — 🅿
Samstag bis 18 Uhr, Dienstag und Juli - Aug. 3 Wochen geschl. — Karte 33/61.

In Herborn 2-Burg N : 2 km :

🏠 **Garni Engelbert**, Hauptstr. 50, ℰ 35 62, 🚃 — 🛏wc 🚗 🅿 **E**
15 Z : 24 B 39 - 60.

HERBRECHTINGEN 7922. Baden-Württemberg 987 ㊱ — 11 500 Ew — Höhe 470 m — ✪ 07324.

♦Stuttgart 113 — Heidenheim an der Brenz 8 — ♦Ulm (Donau) 28.

🏠 **Jungerth** 🌿 garni (siehe auch Rest. Königshof), Ostpreußenstr. 1, ℰ 20 40, 🚃, 🔲 — 🛏wc
☎ 🚗 🅿 — **24 Z : 31 B**.

🏠 **Grüner Baum**, Lange Str. 46, ℰ 22 98, 🍴 — 🛏 🚗 🅿 🏌 ⑩ **E**
Karte 14/35 *(Montag geschl.)* 🎱 — **21 Z : 31 B** 28/40 - 56/72.

🍽 **Königshof**, Hirschhalde 1, ℰ 24 30 — 🅿
Aug. geschl., Montag und Mittwoch nur Abendessen — Karte 17/48 🎱.

HERDECKE 5804. Nordrhein-Westfalen — 24 700 Ew — Höhe 98 m — ✪ 02330.

Siehe Ruhrgebiet (Übersichtsplan).

♦Düsseldorf 62 — ♦Dortmund 16 — Hagen 6.

🏨 **Zweibrücker Hof**, Zweibrücker-Hof-Str. 4, ℰ 40 21, Telex 8239419, 🍴, 🚃, 🔲 — 🛗 📺 🅿
🏌 🇦🇪 **E**
Karte 26/55 — **70 Z : 97 B** 75/95 - 106/128 Fb.

🏠 **Landhotel Bonsmanns Hof**, Wittbräucker Str. 38 (B 54/234, NO : 4 km), ℰ 7 07 62, 🍴 —
🛏wc ☎ 🅿 🎾
Karte 23/55 *(Montag geschl.)* — **11 Z : 14 B** 55/70 - 95/102.

🍽🍽 **Terrine**, Wittener Landstr. 39 (NW : 4 km), ℰ 7 18 56 — 🅿 🇦🇪 ⑩ **E**
Samstag bis 18 Uhr sowie Sonn- und Feiertage geschl. — Karte 43/67 (abends Tischbestellung ratsam).

HERDORF 5243. Rheinland-Pfalz — 8 000 Ew — Höhe 240 m — ✪ 02744.

Mainz 119 — Limburg an der Lahn 58 — Siegen 20.

🍽 **Haus Schneider** mit Zim, Hauptstr. 84, ℰ 61 15, 🚃, 🍴 — 🛏wc 🚗 🅿
26. Juli - 18. Aug. geschl. — Karte 17/41 *(Mittwoch geschl.)* — **7 Z : 13 B** 38 - 72.

HERFORD 4900. Nordrhein-Westfalen 987 ⑭⑮ — 68 000 Ew — Höhe 70 m — ✪ 05221.

Sehenswert : Johanniskirche (Geschnitzte Zunftemporen★).

🛈 Städtisches Verkehrsamt, Fürstenaustr. 7, ℰ 5 14 15.

ADAC, Lübberstr. 30, ℰ 5 80 20, Telex 934629.

♦Düsseldorf 192 ④ — Bielefeld 16 ⑤ — ♦Hannover 91 ③ — ♦Osnabrück 59 ①.

Stadtplan siehe nächste Seite.

🏨 **Dohm-Hotel**, Löhrstr. 4, ℰ 5 33 45, Telex 934639 — 🛗 📺 🛏wc ☎ 🚗 🅿 🏌 🇦🇪 ⑩ **E** **VISA**.
🎾 Rest   Y e
Karte 24/66 — **36 Z : 70 B** 78/110 - 128/160 Fb.

🏨 **Stadt Berlin**, Bahnhofplatz 6, ℰ 5 60 53 — 🛏wc 🛁wc ☎ 🚗 🅿 🏌 🇦🇪 ⑩ **E**. 🎾 Rest
Karte 21/47 *(Samstag - Sonntag kein Abendessen)* — **42 Z : 70 B** 60/85 - 110/135 Fb.   Y q

🏠 **Garni**, Bünder Str. 46, ℰ 5 09 63 — 🛏wc 🚗 🅿   X u
15 Z : 30 B 47/60 - 90/115.

🏠 **Café Hansa** garni, Brüderstr. 40, ℰ 5 61 24 — 🛗 🛏wc ☎. 🇦🇪   Z a
23 Z : 30 B 34/50 - 75/80.

🏠 **Brandt**, Ahmser Str. 132, ℰ 7 13 06 — 🛏wc 🅿   X z
Karte 17/41 — **11 Z : 14 B** 38/50 - 85.

🍽🍽 **Ratskeller**, Rathausplatz 1, ℰ 43 37 — 🇦🇪 ⑩ **E** **VISA**   Y R
Freitag geschl. — Karte 20/51.

🍽🍽 **Waldrestaurant Steinmeyer**, Wüstener Weg 47, ℰ 8 10 04, ≤ Herford, 🍴 — 🅿   X b
20. Jan.- 18. Feb. und Montag geschl. — Karte 21/48.

🍽 Alt Herford, Lockhauser Str. 104, ℰ 7 09 94 — 🎱 🅿   X k

HERFORD

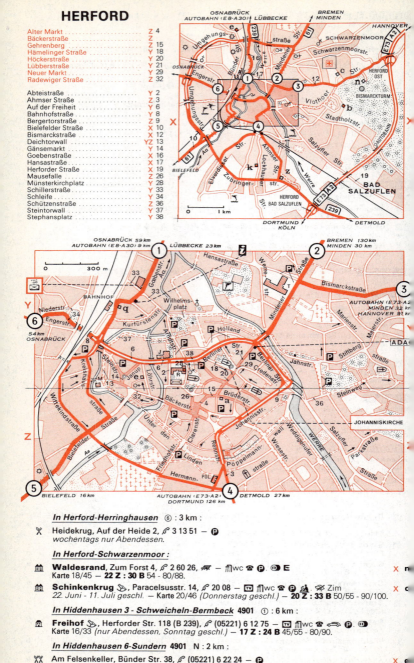

In Herford-Herringhausen ⑥ : 3 km :

✗ Heidekrug, Auf der Heide 2, ✆ 3 13 51 – 🅿
   wochentags nur Abendessen.

In Herford-Schwarzenmoor :

🏨 **Waldesrand**, Zum Forst 4, ✆ 2 60 26, 🐎 – 🛏wc ☎ 🅿 ⓪ E   X n
   Karte 18/45 – **22 Z : 30 B** 54 - 80/88.

🏨 **Schinkenkrug** ⑳, Paracelsusstr. 14, ✆ 20 08 – 📺 🛏wc ☎ 🅿 🏊 ✻ Zim   X c
   22. Juni - 11. Juli geschl. – Karte 20/46 *(Donnerstag geschl.)* – **20 Z : 33 B** 50/55 - 90/100.

In Hiddenhausen 3 - Schweicheln-Bermbeck 4901 ① : 6 km :

🏛 **Freihof** ⑳, Herforder Str. 118 (B 239), ✆ (05221) 6 12 75 – 📺 🛏wc ☎ ⇔ 🅿 ⓪
   Karte 16/33 *(nur Abendessen, Sonntag geschl.)* – **17 Z : 24 B** 45/55 - 80/90.

In Hiddenhausen 6-Sundern 4901 N : 2 km :

✗✗ Am Felsenkeller, Bünder Str. 38, ✆ (05221) 6 22 24 – 🅿   X e

HERGENSWEILER Bayern siehe Lindau im Bodensee.

HERLESHAUSEN 3443. Hessen 987 ㉘㉙ – 3 500 Ew – Höhe 225 m – ✆ 05654.
♦Wiesbaden 212 – Erfurt 78 – Bad Hersfeld 49 – ♦Kassel 73.

🏛 **Gutsschänke**, Burgbergweg 2, ℰ 13 75, 🍴, 🌳 – 🛏wc 🅿
➤ Karte 12,50/27 *(Samstag geschl.)* ⅃ – **11 Z : 22 B** 40/45 - 60.

🏛 **Schneider**, Am Anger 7, ℰ 64 28, 🏊, 🌳 – 🛏wc 🚗 🅿
➤ *Feb. geschl.* – Karte 11,50/20 *(Okt.- April Donnerstag ab 15 Uhr geschl.)* – **15 Z : 24 B** 25/40 - 40/58.

In Herleshausen 7-Holzhausen NW : 8 km über Nesselröden :

🏨 **Hohenhaus** 🦌 (Moderner Hotelbau in einem Gutshof), ℰ 6 81, Telex 993196, ≼, 🍴,
« Park », 🚋, 🏊, 🌳 – 🛗 📺 🕭 🚗 🅿 🏌 ㏂ ⑩ ⅇ
Karte 40/70 – **28 Z : 45 B** 125/140 - 198.

HERMANNSBURG 3102. Niedersachsen 987 ⑮ – 8 000 Ew – Höhe 50 m – Erholungsort – ✆ 05052.
🛈 Verkehrsbüro, Harmsstr. 3a, ℰ 35 85.
♦Hannover 75 – Celle 32 – Lüneburg 79.

🏨 **Heidehof** Ⓜ, Billingstr. 29, ℰ 80 81, 🚋, 🏊 – 🛗 🍽 Rest 🚗 🅿 🏌 (mit 🍽). ㏂ ⑩ ⅇ 𝖵𝖨𝖲𝖠 🏊
Karte 25/50 – **51 Z : 87 B** 67/79 - 120/140 Fb – P 90/114.

🏠 **Völkers-Hotel**, Billingstr. 7, ℰ 33 63 – ➪wc 🛏wc 🚗 🅿 ㏂ ⑩ ⅇ
Karte 21/41 – **16 Z : 28 B** 34/48 - 76/92 – P 59/73.

🏛 **Zur Heidschnucke**, Misselhorn 1 (O : 1,5 km), ℰ 80 01, 🚋, 🏊, 🌳, 🏹 (Halle) – 🛏wc ☎ 🅿
➤ *März geschl.* – Karte 16,50/38 *(Sonntag 14 Uhr - Montag geschl.)* – **20 Z : 36 B** 36/63 - 64/72.

In Hermannsburg-Baven N : 1,5 km :

🏠 **Drei Linden**, Billingstr. 102, ℰ 80 71 – 🛏wc ☎ 🅿
Feb. geschl. – Karte 21/48 *(Okt.- April Dienstag geschl.)* – **10 Z : 21 B** 52 - 84.

In Hermannsburg-Oldendorf S : 4 km :

🏠 Im Oertzetal 🦌, Eschedeer Str. 2, ℰ 4 48, 🌳 – 📺 🛏wc 🅿
16 Z : 30 B.

HERMES Bayern siehe Marktleugast.

HERMESKEIL 5508. Rheinland-Pfalz – 6 500 Ew – Höhe 613 m – ✆ 06503.
Mainz 135 – ♦Bonn 160 – ♦Saarbrücken 57 – ♦Trier 38.

🏨 **Beyer**, Saarstr. 95, ℰ 72 27, 🍴, 🌳 – 🛗 ➪wc 🛏wc 🚗 🅿 ㏂ ⑩ ⅇ 𝖵𝖨𝖲𝖠
Karte 16/39 ⅃ – **15 Z : 30 B** 40/45 - 68/95.

🏠 **Pension Jakobs**, Saarstr. 25, ℰ 10 38, 🚋, 🌳 – 🛏wc ☎ 🅿
(nur Abendessen für Hausgäste) – **34 Z : 74 B** 28/36 - 52/64 Fb – 5 Appart. 50/120.

HERNE 4690. Nordrhein-Westfalen 987 ⑭ – 184 000 Ew – Höhe 42 m – ✆ 02323.

Siehe Ruhrgebiet (Übersichtsplan).

Düsseldorf 51 – Bochum 6 – ♦Dortmund 25 – ♦Essen 21 – Recklinghausen 12.

🏨 **Parkhaus-Parkhotel** 🦌, Schaeferstr.109, ℰ 5 20 47 (Hotel) 5 50 71 (Rest.), ≼, 🍴, 🚋 –
📺 🛏wc ☎ 🚗 🅿 🏌 ㏂ ⑩
Karte 23/58 *(Tischbestellung ratsam)* (Montag und 7. Juli - 4. Aug. geschl.) – **28 Z : 47 B** 65/75 - 110/130 Fb.

🏠 **Zur Post** garni, Poststr. 9, ℰ 5 20 54 – 🛏wc ☎
22 Z : 31 B 65/75 - 110.

🏠 **Sicking-Feldkämper** 🦌 garni, Bahnhofstr. 26, ℰ 5 03 18 – 🛏 🅿
23 Z : 37 B 38/46 - 90.

✗ **Kulturzentrum**, Berliner Platz 11, ℰ 5 01 70
6. Aug.- 3. Sept. und Sonntag geschl. – Karte 19/44.

HEROLDSBERG 8501. Bayern 987 ㉘ – 6 700 Ew – Höhe 351 m – ✆ 0911 (Nürnberg).
München 177 – Bayreuth 82 – ♦Nürnberg 12.

🏠 **Landgasthof Gelber Löwe**, Hauptstr. 42 (B 2), ℰ 56 00 65, 🚋, 🏊 – 🛗 🛏wc ☎ 🅿 🏌 ㏂ ⑩ ⅇ 🏊 Rest
24. Dez.- 8. Jan. geschl. – Karte 19/44 *(Samstag bis 18 Uhr und Sonntag geschl.)* – **45 Z : 60 B** 40/80 - 65/110 Fb.

🏠 **Rotes Ross**, Hauptstr. 10 (B 2), ℰ 56 09 70 (Hotel) 56 00 03 (Rest.), 🍴 – 🛏wc ☎ 🚗 🅿 ㏂ ⑩ ⅇ
➤ 25. Dez.- 6. Jan. geschl. – Karte 14,50/37 *(Freitag geschl.)* – **45 Z : 80 B** 36/50 - 64/84.

🏠 **Föhrenhof** 🦌, Laufer Weg 33, ℰ 56 03 43, 🍴 – 🛏wc ☎ 🅿
➤ Karte 13/35 *(Montag geschl.)* – **29 Z : 36 B** 37/50 - 56/90 Fb.

HERRENALB, BAD 7506. Baden-Württemberg 🆗🆗🆗 ⑤⑥ – 5 300 Ew – Höhe 365 m – Heilbad – Heilklimatischer Kurort – Wintersport : 400/700 m ⟨≤1 – ✿ 07083.

🄱 Städt. Kurverwaltung, Rathaus. ✆ 79 33.

◆Stuttgart 80 – Baden-Baden 22 – ◆Karlsruhe 28 – Pforzheim 30.

🏨 ✿ **Mönchs Posthotel - Rest. Klosterschänke**, Dobler Str. 2, ✆ 74 40, Telex 7245123, « Park », Massage, ⛲ (geheizt), 🐎 – 🛗 📺 ⇔ 🅿 🏌 . 🆎 ⓞ . 🕸 Zim
Karte 36/80 *(Tischbestellung ratsam)* – **50 Z : 80 B** 115/165 - 170/245 Fb – P 145/195
Spez. Seeteufel gebraten mit Aromaten, Das Beste vom Reh mit Pfifferlingen.

🏨 **Kulm Hotel**, Dobler Str. 26, ✆ 74 20, Telex 724016, ♨, ☎, 🔟 – 🛗 🅿 🏌 . 🆎 ⓞ 🄴 🆅🄸🅂🄰 🕸 Rest
Karte 23/50 – **145 Z : 276 B** 95/105 - 135/190 Fb.

🏨 **Harzer**, Kurpromenade 1, ✆ 30 21 (Hotel), 31 09 (Rest.), 🏡, Massage, ☎, 🔟 – 🛗 ⌂wc 📶wc ☎ ⇔. 🆎
Karte 24/57 *(Mitte Nov.- 20. Dez. und Dienstag geschl.)* – **26 Z : 47 B** 75/90 - 120/140 – P 105/120.

🏨 **Parkhotel Adrion** ⚲, Oswald-Zobel-Str. 11, ✆ 30 41, ≼, 🏡, Bade- und Massageabteilung, ♨, ☎, 🔟, 🐎 – 🛗 📶wc ☎ ⇔ 🅿. 🕸
15. Nov.- 15. Dez. geschl. – Karte 17,50/48 – **70 Z : 130 B** 69/89 - 98/138 Fb – 20 Appart 40/109 – P 87/127.

🏨 **Lacher am Park**, Rehteichweg 2, ✆ 40 91, Bade- und Massageabteilung, ☎, 🔟, 🐎 – 🛗 ⌂wc 📶wc ☎ ⇔ 🅿 🏌 . 🆎 🄴 🆅🄸🅂🄰. 🕸
(Rest. nur für Hausgäste) – **64 Z : 95 B** 52/75 - 76/122 Fb – P 62/95.

🏨 **Landhaus Marion - Haus auf der Bleiche** ⚲, Bleichweg 31, ✆ 80 25, 🐎 – 🛗 📺 ⌂wc 📶wc ☎ 🅿 🏌
(nur Abendessen für Hausgäste) – **32 Z : 42 B** 45/60 - 82/160 Fb – 20 Appart. 55/148.

🏨 **Landhaus Floride** ⚲ garni, Graf-Berthold-Str. 20, ☎, 🔟, 🐎 – 🛗 ⌂wc 📶wc ☎ ⇔
6. Jan.- 15. Feb. geschl. – **29 Z : 50 B** 36/49 - 72/100.

🏨 **Kull** ⚲, Bernsteinweg 3, ✆ 20 88, 🔟 – 🛗 ⌂wc 📶wc ☎ 🅿 🏌
37 Z : 49 B.

🏨 **Sonnenhof** ⚲ garni, Bleichweg 9, ✆ 23 12, ☎, 🔟, 🐎 – 🛗 📺 ⌂wc 📶wc ☎ 🅿
25 Z : 40 B 36/85 - 88/110 Fb.

🏨 **Thoma**, Gaistalstr. 46, ✆ 40 41, 🐎 – 📶wc ☎ 🅿. 🕸
15. Nov.-15. Dez. geschl. – (Rest. nur für Hausgäste) – **21 Z : 33 B** 34/54 - 68/88 Fb – P 57/74

🏨 Landhaus Jäger ⚲, Birkenwaldstr. 7, ✆ 6 66, 🔟, 🐎 – 📶wc ☎ ⇔ 🅿. 🕸
(Rest. nur für Hausgäste) – **14 Z : 25 B** Fb.

🏨 Montana, Gaistalstr. 57, ✆ 80 36, ☎, 🐎 – 📶wc ☎ 🅿. 🕸 Rest
(Rest. nur für Hausgäste) – **16 Z : 30 B** Fb.

🏨 **Kühler Brunnen**, Ettlinger Str. 22, ✆ 23 02, 🐎 – 📶wc 🅿
15. Nov.- 19. Dez. geschl. – Karte 13/38 – **30 Z : 48 B** 30/45 - 60/86.

In Bad Herrenalb 3-Althof NW : 6 km :

🏨 **Zur Linde** ⚲, Lindenstr. 8, ✆ 23 01, 🏡, 🔟, 🐎 – 🛗 ⌂wc 📶wc ⇔ 🅿. ⓞ
10. Jan.- 11. Feb. geschl. – Karte 18/44 *(Montag geschl.)* ♨ – **30 Z : 50 B** 38/52 - 95/104 Fb – P 70/78.

In Bad Herrenalb-Gaistal S : 2 km :

🏨 **Haus Hafner** ⚲, Im Wiesengrund 21, ✆ 30 16, ≼, Bade- und Massageabteilung, 🔟, 🐎 – 📺 ⌂wc ☎ 🅿. 🕸
Nov.- 19. Dez. geschl. – Karte 20/38 – **21 Z : 40 B** Halbpension 62/76 - 124/138 Fb – P 72/86.

🏨 **Sonnenblick** ⚲ garni, Im Wiesengrund 2, ✆ 27 49, ≼, 🐎 – ⌂wc 📶wc ⇔ 🅿. 🕸
20. Okt.- 20. Dez. geschl. – **25 Z : 40 B** 30/40 - 68/88.

🏨 Café Waldschlößchen ⚲, Im Wiesengrund 7, ✆ 23 96, ≼, 🏡, 🐎 – 🛗 📶wc ⇔ 🅿. 🕸 Zim
17 Z : 26 B.

In Bad Herrenalb - Kullenmühle N : 1 km :

🏨 Schöne Aussicht ⚲, Kirchenweg 2, ✆ 38 44, ≼, « Caféterrasse », 🐎 – 🛗 📶wc ☎ ⇔ 🅿
🕸 Zim
(Rest. nur für Hausgäste) – **30 Z : 45 B**.

In Bad Herrenalb 5-Neusatz NO : 6,5 km :

🏨 **Waldcafé Schumacher** ⚲, Calwer Str. 27, ✆ 28 86, ≼, 🏡, 🔟, 🐎 – 📶wc 🅿. 🕸 Rest
20. Okt.- 20. Dez. geschl. – Karte 17/34 *(Freitag geschl.)* ♨ – **18 Z : 30 B** 40/50 - 66/84 Fb – P 64/74.

In Bad Herrenalb 4-Rotensol NO : 5 km :

🏨 **Lamm**, Mönchstr. 31, ✆ 23 80 – 📶wc ⇔ 🅿
Okt. und 23. Dez.- Anfang Jan. geschl. – Karte 19/47 *(Montag geschl.)* ♨ – **16 Z : 25 B** 28/34 - 52/64.

HERRENBERG 7033. Baden-Württemberg 987 ㉘ − 25 500 Ew − Höhe 430 m − ✦ 07032.

🛈 Rathaus, Marktplatz, ℰ 1 42 24.

✦Stuttgart 38 − Freudenstadt 53 − ✦Karlsruhe 96 − Reutlingen 33.

🏠 **Hasen**, Hasenplatz 6, ℰ 20 40, Telex 7265344, ⇔ − 🛏 🚻wc 🚻wc ☎ ⇔ ❷ 🏊 ⒶⒺ ⓄⒹ Ⓔ
VISA
Karte 15/42 − **80 Z : 150 B** 30/83 - 55/166.

🏠 **Schönbuch**, Beethovenstr. 54, ℰ 40 60 − 🚻wc ☎ ⇔ ❷
29 Z : 48 B Fb.

🏠 **Café Neumann**, Reinhold-Schick-Platz 2, ℰ 51 39 − 🛏 🚻wc 🚻wc ☎ ❷
Karte 16,50/30 (Montag geschl.) − **9 Z : 13 B** 50/60 - 85.

🏠 **Zum Botenfischer** garni, Nagolder Str. 14, ℰ 30 11 − 🚻wc 🚻wc ☎ ❷
24. - 31. Dez. geschl. − **20 Z : 32 B** 50/55 - 80.

✗ **Auf der Höh**, Hildrizhauser Str. 83 (O : 1,5 km), ℰ 51 53, ≤, « Gartenterrasse » − ❷.

✗ **Zum goldenen Ochsen**, Stuttgarter Str. 42, ℰ 52 31, 🌳
Montag und Aug. 3 Wochen geschl. − Karte 17/37.

In Herrenberg-Affstätt :

✗✗ **Linde**, Kuppinger Str. 14, ℰ 3 16 70, 🌳 − ❷. ⓄⒹ Ⓔ
Dienstag 14 Uhr - Mittwoch geschl. − Karte 20/61.

In Herrenberg-Gültstein S : 4 km :

🏠 **Römerhof**, Rigipsstr. 1, ℰ 7 18 37, 🌳 − 🚻wc 🚻wc ☎ ❷
31 Z : 52 B.

In Herrenberg-Mönchberg SO : 4 km über die B 28 :

🏠 **Gasthof Kaiser** 🐾, Kirchstr. 10, ℰ 7 17 72 − 🚻wc ☎ 🛦 ❷
1.- 15. Jan. geschl. − Karte 18/35 (Samstag geschl.) 🛦 − **22 Z : 36 B** 65 - 85.

*Die im Michelin-Führer
verwendeten Zeichen und Symbole haben −
fett oder dünn gedruckt, rot oder schwarz −
jeweils eine andere Bedeutung.
Lesen Sie daher die Erklärungen (S. 12 bis 19) aufmerksam durch.*

HERRENSCHWAND Baden-Württemberg siehe Todtnau.

HERRIEDEN 8808. Bayern 987 ㉘ − 6 100 Ew − Höhe 420 m − ✦ 09825.

✦München 212 − Aalen 72 − Ansbach 11 − Schwäbisch Hall 73.

🏠 **Zur Sonne**, Ringstr. 5, ℰ 2 46 − 🚻wc ⇔
⬅ Aug. 2 Wochen geschl. − Karte 13/30 (Freitag geschl.) 🛦 − **9 Z : 14 B** 24/28 - 48/56.

HERRISCHRIED 7881. Baden-Württemberg 216 ⑤, 242 ㊵, 427 ⑤ − 2 050 Ew − Höhe 874 m
− Luftkurort − Wintersport : 874/1 000 m ⚡4 🎿3 − ✦ 07764.

🛈 Verkehrsamt, Rathaus, ℰ 61 91.

✦Stuttgart 210 − Basel 51 − Bad Säckingen 20 − Todtmoos 11.

🏠 **Zum Ochsen**, Hauptstr. 14, ℰ 2 10, 🐴 − 🚻wc ⇔ ❷
30 Z : 60 B − 7 Appart.

In Herrischried-Wehrhalden SW : 6 km :

🏠 **Pension Waldheim**, Kleinherrischwand 26, ℰ 2 42, 🐴 − 🚻wc 🚻wc ⇔ ❷
(Rest. nur für Hausgäste) − **16 Z : 27 B** 35/42 - 70/84 − 4 Appart. 60 − P 58.

HERRSCHING AM AMMERSEE 8036. Bayern 987 ㊱ ㊲, 426 ⑱ − 9 000 Ew − Höhe 568 m −
Erholungsort − ✦ 08152.

Sehenswert : Ammersee *.

Ausflugsziel : Klosterkirche Andechs ** S : 6 km.

🛈 Verkehrsbüro, Rathaus, Bahnhofstr. 12, ℰ 34 49.

✦München 39 − Garmisch-Partenkirchen 65 − Landsberg am Lech 35.

🏠 **Piushof** 🐾, Schönbichlstr. 18, ℰ 10 07, Telex 526463, 🌳, 🐴, ✗ − 📺 🚻wc 🚻wc ☎ ⇔
❷ 🏊 ⒶⒺ ⓄⒹ Ⓔ **VISA**
6.- 20. Jan. geschl. − Karte 30/61 (Sonntag 18 Uhr - Montag 18 Uhr geschl.) − **23 Z : 40 B**
98/125 - 140/145 Fb.

🏠 **Alba Seehotel**, Seepromenade, ℰ 20 11, Telex 527732, ≤, 🌳, ⇔, ⛴ − 🛏 📺 🚻wc
🚻wc ☎ ❷ 🏊 ⒶⒺ ⓄⒹ Ⓔ ✳ Rest
23. Dez.- 15. Jan. geschl. − Karte 28/60 − **40 Z : 77 B** 95/115 - 165/180 Fb.

HERSBRUCK 8562. Bayern 987 ㉖ ㉗ – 11 300 Ew – Höhe 345 m – 🕾 09151.

🛈 Verkehrsbüro, Lohweg 29, 🖉 47 55.

◆München 181 – Amberg 36 – Bayreuth 70 – ◆Nürnberg 35.

🏠 **Schwarzer Adler**, Martin-Luther-Str. 26, 🖉 22 31 – 🛦wc ⇔ 🍴 🏶 Rest
20. Mai - 4. Juni geschl. – Karte 11/40 *(Freitag geschl.)* 🍷 – **17 Z : 30 B** 27/40 - 50/65.

🏠 **Roter Hahn**, Unterer Markt 3, 🖉 22 73 – 🛦wc ⇔
20 Z : 30 B Fb.

🏠 **Buchenhof** 🍃 garni, Am Buch 15, 🖉 35 50 – 🛦wc 🅿
2.-14. Jan. geschl. – **12 Z : 21 B** 29/31 - 54/58.

🏠 **Katharinenhof** 🍃 garni, Peter-Henlein-Str. 8, 🖉 23 69, ≤, 🌳 – 🛁wc 🛦wc 🅿
12 Z : 22 B 35/55 - 70/80.

🍴 **Café Bauer** mit Zim, Martin-Luther-Str. 16, 🖉 28 16
8.- 18. Jan. geschl. – Karte 12,50/35 *(Montag geschl.)* 🍷 – **6 Z : 12 B** 28 - 48.

In Happurg-Kainsbach 8561 SO : 5,5 km – Erholungsort :

🏨 **Mühle** 🍃, 🖉 (09151) 40 17, 🌳, Massage, 🆒, 🔲, 🌳 – 📺 🛁wc 🛦wc ☎ ⇔ 🅿 🍴 🕮
⓪ E. 🏶 Rest
Karte 16,50/53 🍷 – **32 Z : 64 B** 65/85 - 100/140.

In Kirchensittenbach - Kleedorf 8565 N : 7 km :

🏠 **Zum Alten Schloß** 🍃, 🖉 (0 91 51) 60 25, 🌳, 🌳 – 🛁wc 🛦wc ⇔ 🅿
15. Nov.- 15. Dez. geschl. – Karte 11,50/32 *(Montag geschl.)* 🍷 – **12 Z : 21 B** 30/55 - 60/70.

In Pommelsbrunn-Hubmersberg 8561 NO : 7,5 km :

🏨 **Lindenhof** 🍃, 🖉 (09154) 10 21, 🌳, 🆒, 🔲 – 🛐 📺 ⇔ 🅿 🍴 ⓪ E 𝘝𝘐𝘚𝘈
Karte 19/55 *(Montag geschl.)* – **34 Z : 58 B** 35/80 - 68/120 Fb.

HERSCHEID 5974. Nordrhein-Westfalen – 6 800 Ew – Höhe 450 m – Erholungsort – 🕾 02357.

◆Düsseldorf 105 – Lüdenscheid 11 – Plettenberg 12.

🏠 Zum Adler, Marktplatz 1, 🖉 22 39 – 🛦wc ⇔ 🅿
11 Z : 18 B.

In Herscheid 2-Hüinghausen NO : 6 km :

🏠 Zum Kamin, Elsener Str. 18, 🖉 24 78 – 🛦wc ☎ ⇔ 🅿
8 Z : 12 B.

🏠 Haus Höggel, Habbeler Str. 4, 🖉 23 54 – 🛁wc 🛦wc ⇔ 🅿
10 Z : 15 B.

In Herscheid-Wellin N : 5 km :

🏠 **Schröder** 🍃, 🖉 41 88, 🌳 – 🛁wc 🛦wc ☎ 🅿. ⓪ E 𝘝𝘐𝘚𝘈
2.- 16. Jan. geschl. – Karte 17,50/55 – **16 Z : 28 B** 48 - 90 – P 64.

An der Straße nach Werdohl NW : 4,5 km über Lüdenscheider Straße :

🏠 **Herscheider Mühle** 🍃, ✉ 5974 Herscheid, 🖉 (02357) 23 25, 🌳 – 🛦wc ☎ ⇔ 🅿
Karte 18/50 *(Freitag geschl.)* – **10 Z : 17 B** 31/39 - 57/75 – P 47/60.

HERSFELD, BAD 6430. Hessen 987 ㉕ – 32 000 Ew – Höhe 209 m – Heilbad – 🕾 06621.

Sehenswert : Ruine der Abteikirche ★ – Rathaus ≼★.

🛈 Städt. Verkehrsbüro, Am Markt 1, 🖉 20 12 74 und Verkehrsbüro, Wandelhalle, 🖉 7 60 30.

ADAC, Benno-Schilde-Str. 11, 🖉 7 67 77.

◆Wiesbaden 167 – Erfurt 126 – Fulda 46 – Gießen 88 – ◆Kassel 69.

🏨 **Hotel am Kurpark** Ⓜ 🍃, Am Kurpark 19, 🖉 16 40, Telex 493169, Caféterrasse, 🆒,
🔲 (Gebühr) – 🛐 📺 🕭 🅿 🍴. 🕮 ⓪ E. 🏶 Rest
Restaurants : – **Lukullus** Karte 25/60 – **Klosterkrug** Karte 19/40 – **93 Z : 180 B** 98 - 125/200 Fb.

🏨 **Parkhotel Rose**, Am Kurpark 9, 🖉 1 56 56, 🌳 – 🛐 📺 🛁wc 🛦wc ☎ ⇔ 🅿. 🕮 ⓪ E.
🏶 Rest
22. Dez.- 15. Jan. geschl. – Karte 26/65 – **19 Z : 34 B** 75/90 - 98/130 Fb.

🏨 **Romantik-Hotel Zum Stern**, Linggplatz 11, 🖉 7 20 07, 🔲 – 🛐 📺 🛁wc 🛦wc ☎ 🅿 🍴.
🕮 ⓪ E
Karte 21/55 *(27. Dez.- 27. Jan. und Freitag bis 18 Uhr geschl.)* – **37 Z : 55 B** 60/85 - 110/144 Fb
– P 95/115.

🏠 **Wenzel**, Nachtigallenstr.3, 🖉 7 20 17, 🌳 – 🛐 📺 🛁wc 🛦wc ☎ ⇔ 🅿 🍴. 🕮 🏶
Karte 21/46 *(3.- 24. Jan. geschl.)* 🍷 – **30 Z : 50 B** 50/75 - 80/150 Fb – P 75/90.

🏠 **Schönewolf**, Brückenmüllerstr. 5, 🖉 7 20 28 – 🛦wc ☎ ⇔
20. Dez.- 20. Jan. geschl. – Karte 21/44 *(Sonntag 14 Uhr - Montag 17 Uhr geschl.)* – **21 Z : 31 B** 48/65 - 85 Fb.

🏠 **Wildes Wässerchen**, Meisebacher Str. 31, ℰ 1 50 55, 🔲, 🍽 – 🛏wc ⫙wc ☎ 🚗 🅿. 🖭
🍴 Rest
Karte 18,50/55 *(Sonntag 15 Uhr - Montag 17 Uhr geschl.)* (bemerkenswerte Weinkarte) – **35 Z :
46 B** 35/50 - 65/90.

🏠 **Haus Deutschland** ⌂, Dr.-Ronge-Weg 2 (am Kurpark), ℰ 23 86, 🍽 – ⫙wc 🅿. ⓪
Karte 19,50/50 – **21 Z : 29 B** 53 - 79/103 – P 65/78.

🏠 **Sander**, Am Bahnhof, ℰ 1 48 02 – 🔊 ⫙wc 🛁
← 1.- 15. Jan. geschl. – Karte 13,50/27 – **56 Z : 90 B** 30/50 - 60/90.

🍴 Formosa (Chinesische Küche), Klaustorplatz 1, ℰ 7 61 04.

Nahe der B 324 NW : 4 km :

🏠 **Waldhotel Glimmesmühle** ⌂, ✉ 6430 Bad Hersfeld, ℰ (06621) 23 22, 🍽 – 🛏wc ⫙wc
🚗 🅿
Karte 16/38 – **22 Z : 34 B** 34/45 - 68/85 – P 55/67.

HERTEN 4352. Nordrhein-Westfalen 🗺 ⑭ – 72 000 Ew – Höhe 60 m – ✆ 02366.

Siehe Ruhrgebiet (Übersichtsplan).

♦Düsseldorf 65 – Gelsenkirchen 12 – Recklinghausen 6.

🏨 **Hotel am Schloßpark**, Resser Weg 36, ℰ 8 00 50, Telex 829922 – 📺 🛏wc ⫙wc ☎ 🅿. 🖭
⓪ 🇪 𝘝𝘐𝘚𝘈
Karte 22/44 – **47 Z : 59 B** 85/95 - 130/170.

🏠 **Feldmann**, Kurt-Schumacher-Str. 7, ℰ 3 51 26 – ⫙wc ☎ 🚗. 🍴 Rest
18 Z : 36 B.

🍴 **Ratskeller**, Kurt-Schumacher-Str. 2, ℰ 3 61 20, « Gartenterrasse »
Feb. geschl., Okt.- Mai Dienstag geschl. – Karte 19/43.

HERTINGEN Baden-Württemberg siehe Bellingen, Bad.

HERXHEIM 6742. Rheinland-Pfalz 𝟤𝟦𝟤 ⑫ – 8 900 Ew – Höhe 120 m – ✆ 07276.

Mainz 125 – ♦Karlsruhe 28 – Landau in der Pfalz 10 – Speyer 31.

In Herxheim-Hayna SW : 2,5 km :

🏨 ✿ **Krone** ⌂, Hauptstr. 62, ℰ 70 01, 🛋 – 🛏wc ⫙wc ☎ 🅿 🛁
Karte 16/59 *(Tischbestellung ratsam)* (Dienstag, Feb.- März und Juli - Aug. je 2 Wochen geschl.)
🍷 – **38 Z : 67 B** 38/45 - 70/78
Spez. Fischterrine mit Sauce verte, Gefülltes Täubchenkotelett im Netz gebraten, Zweierlei mousse au chocolat
mit Früchten und Pflaumeneis.

HERZBERG AM HARZ 3420. Niedersachsen 🗺 ⑯ – 17 700 Ew – Höhe 233 m – ✆ 05521.

🏢 Städt. Verkehrsamt, Marktplatz 30, ℰ 20 41.

♦Hannover 105 – ♦Braunschweig 92 – Göttingen 38.

🏠 **Englischer Hof**, Vorstadt 10, ℰ 50 32 – 🛏wc ⫙wc ☎ 🚼 🅿 🛁. 🖭 ⓪ 🇪 𝘝𝘐𝘚𝘈
← Karte 13,50/42 *(20. Sept.- 16. Okt. geschl.)* – **27 Z : 40 B** 35/50 - 66/93 Fb.

Nahe der B 243 NW : 3 km :

🏨 **Waldhotel Aschenhütte**, ✉ 3420 Herzberg am Harz, ℰ (05521) 20 01, 🌳, Wildgehege,
🍽 – 📺 🛏wc ⫙wc ☎ 🚗 🅿 🛁 🖭 ⓪ 🇪
Karte 20/43 *(Montag geschl.)* – **35 Z : 65 B** 40/45 - 80/90 Fb.

In Herzberg 4-Scharzfeld SO : 4 km :

🏠 **Harzer Hof**, Harzstr. 79, ℰ 50 96 – ⫙wc ☎ 🚗 🅿
27. Jan.- 16. Feb. geschl. – Karte 16,50/39 *(Nov.- April Montag geschl.)* – **10 Z : 17 B** 28/37 -
52/70.

In Herzberg 3-Sieber NO : 8 km – Luftkurort :

🏠 Zur Krone, An der Sieber 102, ℰ (05585) 3 36 – 🛏wc ⫙wc ☎ 🅿
30 Z : 55 B – 7 Appart..

🏠 Haus Iris garni, An der Sieber 102 b, ℰ (05585) 3 55, 🛋, 🍽 – ⫙wc 🚗 🅿 – **18 Z : 30 B**.

HERZLAKE Niedersachsen siehe Haselünne.

HERZOGENAURACH 8522. Bayern 🗺 ⑳ – 18 300 Ew – Höhe 295 m – ✆ 09132.

♦München 195 – ♦Bamberg 52 – ♦Nürnberg 24 – ♦Würzburg 95.

🏨 **Sporthotel adidas** Ⓜ ⌂, Beethovenstr. 6, ℰ 80 81, Telex 625211, 🌳, 🛋, 🔲, 🍽, 🍴 –
🔊 🅿 🛁 🖭 ⓪ 🇪
21.- 30. Dez. geschl. – Karte 31/60 – **32 Z : 65 B** 63/126 - 95/168 Fb.

🏨 **Krone**, Hauptstr. 37, ℰ 80 55 – 🔊 🛏wc ⫙wc ☎ 🅿
11. Aug.- 1. Sept. geschl. – Karte 15,50/40 *(Montag geschl.)* – **22 Z : 33 B** 38/58 - 65/75.

🏠 **Auracher Hof**, Welkenbacher Kirchweg 2, ℰ 20 80 – 🛏wc ⫙wc ☎ 🅿 🛁. 𝘝𝘐𝘚𝘈
← Aug. geschl. – Karte 14/40 *(Freitag 15 Uhr - Samstag geschl.)* – **15 Z : 22 B** 35/50 - 58/73.

HERZOGENRATH 5120. Nordrhein-Westfalen 409 ⑯, 408 ㉘ — 43 900 Ew — Höhe 112 m — ✆ 02406.

◆Düsseldorf 77 — ◆Aachen 12 — Düren 37 — Geilenkirchen 13.

🏨 **Stadthotel**, Rathausplatz 5, ℰ 30 91 — 📺 🛏wc ☎
3.- 13. Jan. geschl. — Karte 19/48 *(Montag geschl.)* — **10 Z : 19 B** 59 - 98 Fb.

In Herzogenrath-Kohlscheid SW : 4 km :

XXX **Casino Laurweg**, Kaiserstr. 101, ℰ (02407) 35 71, « Park », ❀ — 🅿 🏖 E 🆅🆂🅰
Juli und Montag geschl., an Sonn- und Feiertagen nur Mittagessen — Karte 30/70.

HERZOGSTAND Bayern Sehenswürdigkeit siehe Kochel am See.

HERZOGSWEILER Baden-Württemberg siehe Pfalzgrafenweiler.

HESSENTHAL Bayern siehe Mespelbrunn.

HESSISCH OLDENDORF 3253. Niedersachsen 987 ⑮ — 17 800 Ew — Höhe 62 m — ✆ 05152.
◆Hannover 54 — Hameln 12 — ◆Osnabrück 98.

🏨 **Lichtsinn**, Bahnhofsallee 2, ℰ 24 62, Grillgarten — 🛏wc ⇔. ❀
⇔ Karte 13,50/26 *(Sonn- und Feiertage geschl.)* — **12 Z : 16 B** 30/35 - 60/70.

In Hessisch Oldendorf 2-Fischbeck SO : 7,5 km :

🏨 **Weißes Haus** ⬟, ℰ 85 22, « Park-Terrasse », ☞ — 🛏wc ☎ ⇔ 🅿
Feb. geschl. — Karte 19,50/45 *(Montag geschl.)* — **10 Z : 20 B** 45/85 - 80/95.

In Hessisch Oldendorf 18-Fuhlen S : 1,5 km :

🏨 Weserterrasse, Brüggenanger 14, ℰ 23 44 — 🛏wc 🛏wc 🅿. ❀ Zim
15 Z : 25 B.

In Hessisch Oldendorf 9-Zersen N : 5 km :

🏛 **Pappmühle** ⬟, Pappmühle 1, ℰ 86 01, �花, ☔, ☞ — 🛏 🅿
Jan. geschl. — Karte 19/45 *(Dienstag, im Winter auch Montag geschl.)* — **19 Z : 35 B** 33/45 - 66.

HEUBACH 7072. Baden-Württemberg 987 ㊱ — 8 300 Ew — Höhe 465 m — ✆ 07173.
◆Stuttgart 66 — Aalen 14 — Schwäbisch Gmünd 13 — ◆Ulm (Donau) 66.

🏛 Rößle, Hauptstr. 51, ℰ 67 37 — 🛏wc
7 Z : 10 B.

XX **Jägerhaus** mit Zim, Bartholomäer Str. 41, ℰ 69 07, �花 — 🛏wc 🛏wc ☎ ⇔ 🅿. 🆀🅴. ❀
Jan. und Aug. je 2 Wochen geschl. — Karte 19/53 *(Montag 14 Uhr - Dienstag geschl.)* — **5 Z : 7 B** 42/48 - 65.

X **Stadthalle**, Hauptstr. 5, ℰ 62 59 — 🅿
Aug. und Montag geschl. — Karte 16/34 ♨.

HEUSENSTAMM 6056. Hessen — 18 000 Ew — Höhe 119 m — ✆ 06104.
◆Wiesbaden 46 — Aschaffenburg 31 — ◆Frankfurt am Main 13.

🏨 **Schloßhotel - Restaurant Il Galeone**, Frankfurter Str. 9, ℰ 31 31 — 📶 🛏wc ☎ ⇔ 🅿.
🆀🅴 E 🆅🆂🅰
Karte 16/51 *(Italienische Küche, Samstag bis 18 Uhr geschl.)* — **32 Z : 44 B** 62/68 - 96/102.

🏨 **Birkeneck** ⬟, Ernst-Leitz-Str. 16 (Industriegebiet), ℰ 21 79 — 🛏wc ☎ 🅿. ⚫Ⅰ
26. Juli - 17. Aug. geschl. — Karte 27/54 *(nur Abendessen, Freitag geschl.)* — **18 Z : 25 B** 65/95 - 95/110 Fb.

XX **Ratsstuben**, Im Herrengarten 1 (Schloß), ℰ 60 72 29 — 🅿 🏖
Feb. und Mittwoch geschl. — Karte 20/56.

HEUSWEILER 6601. Saarland 242 ⑦, 57 ⑥, 87 ⑪ — 19 600 Ew — Höhe 233 m — ✆ 06806.
◆Saarbrücken 14 — Saarlouis 14 — St. Wendel 33.

In Heusweiler-Eiweiler N : 2 km :

XXX **Gästehaus Gengenbach**, Lebacher Str. 73, ℰ 68 44, « Villa mit privat-wohnlicher Atmosphäre, Garten » — 🅿. 🆀🅴 ⚫Ⅰ E
Samstag bis 18 Uhr sowie Sonn- und Feiertage ab 15 Uhr geschl. — Karte 34/68 (Tischbestellung erforderlich).

HEUWEILER Baden-Württemberg siehe Glottertal.

HEUZERT Rheinland-Pfalz siehe Hachenburg.

HIDDENHAUSEN Nordrhein-Westfalen siehe Herford.

HILCHENBACH 5912. Nordrhein-Westfalen **987** ㉔ — 16 000 Ew — Höhe 350 m — Wintersport (in Hilchenbach-Lützel) : 500/680 m ≰2 — ✆ 02733.

🛈 Reise- u. Verkehrsbüro, Dammstr. 5, ℰ 70 44.

♦Düsseldorf 130 — Olpe 28 — Siegen 21.

🏠 Deutscher Hof, Dammstr. 10, ℰ 43 39 — ⇌wc 🏛wc 🅿 ♨ — **25 Z : 40 B**.

🍴 Pampeses, Am Markt 14, ℰ 41 91, 🍴 — 🅿.

In Hilchenbach-Lützel SO : 10 km :

🏠 Ginsberger Heide 🦢, Hof Ginsberg 2, ℰ 32 24, ≤, 🍴 — 🏛wc 🅿 — **16 Z : 32 B**.

In Hilchenbach-Müsen W : 7 km :

🏠 **Stahlberg**, Hauptstr. 85, ℰ 62 97, 🐎 — ⇌wc 🏛wc ☎ ⇐ 🅿 ⒶⒺ Ⓔ
15.- 30. Jan. geschl. — Karte 18,50/43 *(Donnerstag geschl.)* — **12 Z : 20 B** 48 - 80 Fb — P 68.

In Hilchenbach-Vormwald SO : 2 km :

🏠🏠 **Landhotel Siebelnhof**, Siebelnhofstr. 47, ℰ 70 07, Bade- und Massageabteilung, ♨, 🆘, 🗝, 🐎 — 📺 🏛wc 🅿 ⒶⒺ Ⓔ ⇐ 🦢 Rest
Restaurants : — **Chesa** *(nur Abendessen)* Karte 34/72 — **Ginsburg-Stuben** *(Samstag bis 17 Uhr geschl.)* Karte 17/45 — **30 Z : 40 B** 45/90 - 80/148 Fb.

HILDEN 4010. Nordrhein-Westfalen **987** ㉓ — 53 400 Ew — Höhe 46 m — ✆ 02103.

♦Düsseldorf 14 — ♦Köln 40 — Solingen 12 — Wuppertal 26.

🏠 **Forstbach Hof** 🦢, Forstbachstr. 47, ℰ 6 26 14 — ⇌wc 🏛wc ☎ 🅿. 🦢
20. Juli - 15. Aug. geschl. — Karte 17,50/35 *(Samstag - Sonntag geschl.)* — **22 Z : 34 B** 45/65 - 70/95.

🏨 Wiedenhof, Kölner Str. 38, ℰ 67 66 — ⇌wc 🏛wc ☎ 🅿
(nur Abendessen) — **12 Z : 20 B**.

🍴🍴 **Kaminzimmer**, Mittelstr. 53 (Passage), ℰ 5 36 36 — ⒶⒺ Ⓔ
nur Abendessen, Sonntag sowie Feb. und Aug. je 2 Wochen geschl. — Karte 33/65
(Tischbestellung ratsam).

🍴🍴 Margarethenhof, Walder Str. 287 (O : 3 km), ℰ 6 16 06 — 🅿 ♨.

🍴🍴 Parkrestaurant Stadthalle, Fritz-Gressard-Platz 1, ℰ 5 46 11 — 🅿. ⒶⒺ Ⓔ
Montag geschl. — Karte 27/59.

HILDERS 6414. Hessen **987** ㉕㉖ — 5 000 Ew — Höhe 460 m — Luftkurort — Wintersport : 500/700 m ≰1 ≰3 — ✆ 06681.

🛈 Verkehrsamt im Rathaus, Kirchstr. 2, ℰ 6 51.

♦Wiesbaden 200 — Fulda 29 — Bad Hersfeld 54.

🏠 **Engel**, Marktstr. 12, ℰ 71 04, 🦢 — 🏛wc ☎ ♨. ⒶⒺ Ⓔ Ⓓ 𝐕𝐈𝐒𝐀
Karte 18/44 *(Nov.- März Sonntag ab 15 Uhr geschl.)* — **26 Z : 40 B** 30/46 - 56/76 — 5 Appart. 86 — P 54/63.

🏠 **Hohmann**, Obertor 2, ℰ 2 96 — 🏛wc ⇐
↣ 15. Nov.- 15. Dez. geschl. — Karte 14/33 — **19 Z : 30 B** 32/40 - 54/70 — P 49/56.

🏠 **Deutsches Haus**, Marktstr. 21, ℰ 3 55 — 🏛wc
↣ 20. Nov.- 20. Dez. geschl. — Karte 14/30 *(Mittwoch geschl.)* — **29 Z : 50 B** 29/42 - 56/74 — P 40/50.

🏠 **Rhön-Hotel** 🦢, garni, Battensteinstr. 17, ℰ 13 88 — 📺 🏛wc 🅿
15.- 30. Nov. geschl. — **10 Z : 28 B** 24/35 - 48/56.

HILDESHEIM 3200. Niedersachsen **987** ⑮ — 101 400 Ew — Höhe 89 m — ✆ 05121.

Sehenswert : Dom★ (Kunstwerke★, Kreuzgang★) — St. Michaelis-Kirche★ Y A — Römer-Pelizaeus-Museum★ Z M — St. Andreas-Kirche (Fassade★) Y B — Antoniuskapelle (Lettner★) Z C.

🛈 Verkehrsverein, Markt 5, ℰ 1 59 95.

ADAC, Zingel 39, ℰ 1 20 43, Notruf ℰ 1 92 11.

♦Hannover 31 ⑤ — ♦Braunschweig 54 ② — Göttingen 91 ②.

Stadtplan siehe nächste Seite.

🏠🏠 **Gollart's-Hotel Deutsches Haus**, Carl-Peters-Str. 5, ℰ 1 59 71, Telex 927409, 🆘, 🗝 — 🛗 Rest 📺 ⇌wc 🏛wc 🅿. ⒶⒺ Ⓔ   Y f
Karte 21/58 *(Sonntag geschl.)* — **45 Z : 90 B** 78/89 - 117/153 Fb.

🏠🏠 **Schweizerhof**, Hindenburgplatz 6, ℰ 3 90 81, Telex 927426, 🍴 — 🛗 📺 ⇌wc 🏛wc ☎ 🅿.
ⒶⒺ Ⓔ   Z a
Karte 22/46 — **47 Z : 94 B** 95/110 - 120/140 Fb.

🏠 **Bürgermeisterkapelle**, Rathausstr. 8, ℰ 1 40 21 — 🛗 📺 ⇌wc 🏛wc ☎ ⇐ ♨. ⒶⒺ Ⓔ
Karte 17,50/45 — **47 Z : 65 B** 40/90 - 77/120 Fb.   Y v

🍴🍴 Ratskeller, Markt 2, ℰ 1 44 41 — ♨. 🦢   Y R
Karte 25/59.

🍴 Schlegels Weinstuben (Fachwerkhaus a.d. 15. Jh. mit Brunnentisch), Am Steine 4,
ℰ 3 31 33 — 🅿   Z b
nur Abendessen, Samstag - Sonntag und Juli - Aug. 4 Wochen geschl. — Karte 21/45.

371

HILDESHEIM

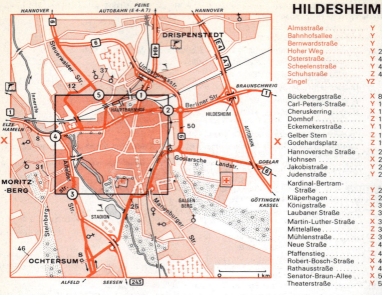

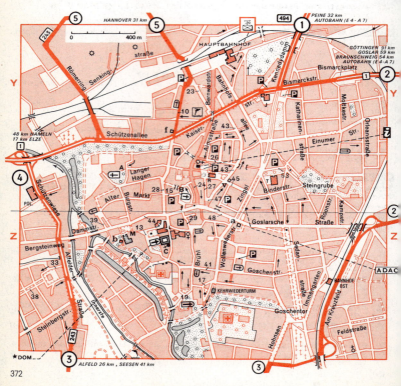

In Hildesheim-Ochtersum :

🏠 **Am Steinberg** garni, Adolf-Kolping-Str. 6, 🖉 26 11 42 – 🛗wc ☎ 🅿   X s
15. Dez.- 14. Jan. geschl. – **19 Z : 35 B** 40/55 - 75/90.

Außerhalb ③ : 5 km, an der Straße nach Alfeld :

XXX ❀ **Romantik-Restaurant Kupferschmiede**, Steinberg 6, ⊠ 3200 HI-Ochtersum,
🖉 (05121) 26 30 25 – 🅿 🏛 🖭 ⓞ ⴹ 𝘝𝘐𝘚𝘈
Sonntag geschl. – Karte 30/98
Spez. Kalbsbries mit Gänsestopflebersauce, Fricassée von Edelfischen, Kaninchenrücken mit weißer Portweinsauce.

In Schellerten 1 - Wendhausen 3209 an der B 6 (② : 7 km über die B 6 X) :

🏠 **Altes Forsthaus** garni, Goslarsche Landstr. 1, 🖉 (05121) 3 77 27, ⴾ, 🞕 – 🛆wc 🛗wc 🚗
🅿 🞄
18 Z : 28 B 38/65 - 75/110.

XX Zum Rotdorn, Goslarsche Landstr. 4, 🖉 (05121) 3 83 36 – 🅿.

HILGEN Nordrhein-Westfalen siehe Burscheid.

HILLESHEIM 5533. Rheinland-Pfalz – 2 500 Ew – Höhe 485 m – ✪ 06593.
🛈 Verkehrsamt, im Rathaus, 🖉 8 01 15.
Mainz 175 – Gerolstein 10 – ◆Köln 99 – Mayen 49.

🛎 **Zum Amtsrichter**, Kölner Str. 10, 🖉 3 80 – 🛗wc 🚗 🅿. 🞄 Zim
🗲 5.- 31. Jan. geschl. – Karte 12,50/42 (Montag geschl.) – **16 Z : 31 B** 28/35 - 50/59 – P 40/42.

HINDELANG 8973. Bayern 𝟿𝟾𝟽 ㊱, 𝟺𝟸𝟼 ⑮, 𝟺𝟸𝟽 ③ – 5 200 Ew – Höhe 850 m – Kneippkurort – Heilklimatischer Kurort – Wintersport : 825/1 690 m 𝈀14 ⴹ10 – ✪ 08324.

Ausflugsziel : Jochstraße★★ : Aussichtskanzel ≼★, NO : 8 km.

🛈 Kurverwaltung, Rathaus, Marktstr. 9, 🖉 20 61.
◆München 161 – Kempten (Allgäu) 35 – Oberstdorf 22.

🏰 **Bad-H. Sonne**, Marktstr. 15, 🖉 20 26, Bade- und Massageabteilung, ⌕, ≘s, 🞕, 🞕, 🞕 – 🕴
📺 🛆wc ☎ 🚗 🅿. 🖭. 🞄 Rest
Nov. geschl. – Karte 26/55 (auch Diät) – **60 Z : 115 B** 53/82 - 112/168 – P 96/130.

🏰 **Kur- und Sporthotel** ⴾ, Zillenbachstr. 50, 🖉 8 41, ≼, Bade- und Massageabteilung, ⌕,
≘s, 🞕 – 🕴 📺 🛆wc ☎ 🏋 🚗 🅿 🏛. 🖭 ⓞ 𝘝𝘐𝘚𝘈
Karte 21/47 – **100 Appart. : 200 B** 60/98 - 80/168 Fb.

🏠 **Sonneck** ⴾ, Rosengasse 10, 🖉 22 78, ≼, 🞕, 🞕, 🞕 – 📺 🛆wc 🛗wc 🅿. 🞄 Rest
Nov.- 20. Dez. geschl. – Karte 19,50/44 (Montag geschl.) – **29 Z : 45 B** 46/62 - 92/124 Fb.

🏠 **Im Wiesengrund** ⴾ garni, Ostrachstr. 23, 🖉 22 19, 🞕 – 🛗wc 🅿
15 Z : 28 B – 7 Appart.

🏠 **Alpengasthof Rosen-Stuben**, Jörg-Lederer-Str. 17, 🖉 23 70, ≼, 🞕 – 🛆wc 🛗wc ☎ 🅿
🗲 Karte 14/42 (Dienstag 14 Uhr - Mittwoch geschl.) – **9 Z : 18 B** 25/40 - 50/70 – P 50/60.

XX **Kurhaus-Restaurant**, Unterer Buigenweg 2, 🖉 24 90, ≼ – 🏛. 🖭
15. Nov.- 1. Dez. geschl. – Karte 19,50/46.

In Hindelang-Bad Oberdorf O : 1 km :

🏰 **Prinz-Luitpold-Bad** ⴾ, 🖉 20 11, ≼ Allgäuer Alpen u. Bad Oberdorf, Bade- und Massageabteilung, ≘s, 🞕, 🞕, 🞕, 🞕 – 🕴 🚗 🅿. 🞄 Rest
Karte 17/52 (auch Diät) – **117 Z : 190 B** 69/115 - 114/220 Fb – P 96/149.

🏰 **Café Haus Helgard** ⴾ garni, Luitpoldstr. 20, 🖉 20 64, ≼, 🞕 – 📺 🛆wc 🛗wc ☎ 🚗 🅿
Mitte April - Anfang Mai und Ende Okt.- 22. Dez. geschl. – **18 Z : 28 B** 32/75 - 58/94 – 2 Appart. 103/128.

🏠 **Bären** ⴾ, Bärengasse 1, 🖉 20 01, ≼, ≘s, 🞕 – 🕴 🛆wc 🛗wc ☎ 🅿
25. Okt.- 18. Dez. geschl. – Karte 20/45 (Mittwoch geschl.) – **32 Z : 47 B** 40/65 - 80/120 Fb – P 84.

🏠 **Gästehaus Viktoria** ⴾ garni, Schmittenweg 16, 🖉 3 81, 🞕 (geheizt), 🞕 – 🛆wc 🛗wc
🚗 🅿. 🞄
15. Okt.- 20. Dez. geschl. – **23 Z : 35 B** 30/36 - 60/72.

XX Alpengasthof Hirsch mit Zim, Kurze Gasse 18, 🖉 3 08 – 🚗 🅿
9 Z : 15 B.

In Hindelang-Hinterstein SO : 5 km :

🏠 **Kurhotel Waidmannsheil** ⴾ, Talstr. 35, 🖉 81 01, ≼, Bade- und Massageabteilung, ⌕,
🞕, 🞕 – 🛆wc 🛗wc 🚗 🅿. 🞄 Rest
20. Okt.- 20. Dez. geschl. – Karte 16/31 (Mittwoch geschl.) – **40 Z : 53 B** 45/60 - 60/100 – 2 Appart. 40/80 – P 75 - 85.

In Hindelang-Oberjoch NO : 7 km — Höhe 1 130 m :

🏨 **Kur- und Sporthotel Haus Ingeburg** ⚲, Am Prinzenwald, 𝒫 71 11, ≼ Allgäuer Alpen, �ﾟ, Bade- und Massageabteilung, 🔥, 🚅, 🧗, 🗔, ⟿, ✕ — ⟿ 🅿. ✿ Zim
Mitte April - Mai und Mitte Okt.- Mitte Dez. geschl. — Karte 18/48 *(Juni - Okt. Montag geschl.)*
— **62 Z : 93 B** 40/93 - 90/184 Fb — P 66/121.

🏨 **Lanig** ⚲, Ornachstr. 11, 𝒫 77 12, ≼ Allgäuer Alpen, 🌰, 🚅, 🧗 (geheizt), 🗔, ⟿, ✕.
Skischule — 🛗 ⟿wc 🛁wc ☎ 🅿
April - Mitte Mai geschl. — Karte 17/41 — **36 Z : 70 B** 60/120 - 120/180 Fb — P 90/140 (im
Winter nur Halb- oder Vollpension).

🏠 **Pension Sepp Heckelmiller** ⚲ garni, Ornachstr. 8, 𝒫 71 37, ≼ Allgäuer Alpen, 🚅, ⟿.
Skischule — ⟿wc 🛁wc 🅿
25. April - 10. Juni und 15. Okt.- 15. Dez. geschl. — **12 Z : 28 B** 37/43 - 72/86 — 6 Appart. 115.

🏠 **Haus Schweiger** ⚲, Ornachstr. 19, 𝒫 77 42, ≼ Allgäuer Alpen, 🚅, ⟿ — ⟿wc 🛁wc ☎
⟿ 🅿
24. Nov.- 18. Dez. geschl. — (Rest. nur für Hausgäste) — **20 Z : 38 B** 40/50 - 80/100 Fb (im
Winter nur Halbpension).

🏠 **Haus Schönblick**, Iselerstr. 2, 𝒫 77 44, ≼, 🚅, ⟿ — ⟿wc 🛁wc
7.- 24. April und 3.- 24. Nov. geschl. — (Rest. nur für Hausgäste) — **21 Z : 38 B** 25/44 - 50/88 —
3 Appart 85/135.

🏠 **Alpengasthof Löwen**, Paßstr. 17, 𝒫 77 03 — ⟿wc 🛁wc ☎ ⟿ 🅿
7. April - 6. Mai und 3. Nov.- 20. Dez. geschl. — Karte 17/47 *(Mai - Okt. Montag geschl.)* —
27 Z : 50 B 35/65 - 56/94 — P 60/84.

In Hindelang-Unterjoch NO : 11 km :

🏔 Alpengasthof Krone ⚲, Sorgschrofenstr. 2, 𝒫 76 04, ⟿ — 🛗 🛁wc ⟿ 🅿
30 Z : 60 B.

✕✕ **Am Buchl** ⚲ mit Zim, Obergschwend 10, 𝒫 71 66, ≼, ⟿ — ⟿wc 🛁wc ☎ 🅿. 🅰🅴
Mitte Mai - Mitte Juni und Mitte Nov.- Mitte Dez. geschl. — Karte 19/47 *(Dienstag 14 Uhr -
Mittwoch geschl.)* — **5 Z : 10 B** 39/45 - 60/75.

HINRICHSFEHN Niedersachsen siehe Wiesmoor.

HINTERHEUBRONN Baden-Württemberg siehe Neuenweg.

HINTERLANGENBACH Baden-Württemberg siehe Baiersbronn.

HINTERSEE Bayern siehe Ramsau.

HINTERWEIDENTHAL 6781. Rheinland-Pfalz 𝟵𝟴𝟳 ㉔. 𝟮𝟰𝟮 ⑧. 𝟱𝟳 ⑨ — 1 800 Ew — Höhe 240 m
— Erholungsort — ✪ 06396.

Mainz 136 — Landau in der Pfalz 33 — Pirmasens 15 — Wissembourg 31.

🏔 **Café Zürn** garni, Waldstr. 21, 𝒫 2 34 — ⟿wc 🛁wc 🅿. ✿
14 Z : 28 B 30/35 - 60/70.

HINTERZARTEN 7824. Baden-Württemberg 𝟰𝟮𝟳 ⑤ — 2 200 Ew — Höhe 885 m — Heilklimatischer
Kurort — Wintersport : 900/1 230 m ⚡4 🎿10 — ✪ 07652.

Ausflugsziel : Titisee★ O : 5 km.

🎏 Kurverwaltung, Freiburger Straße, 𝒫 15 01.

◆Stuttgart 161 — Donaueschingen 38 — ◆Freiburg im Breisgau 26.

🏨 **Park-H. Adler** ⚲, Adlerplatz 3, 𝒫 7 11, Telex 772692, 🌰, « Park mit Wildgehege »,
Massage, 🚅, 🗔, ⟿, ✕ (Halle), ⟿ — 🛗 📺 ♿ ⟿ 🅿 🅰 (mit ▤). 🅰🅴 ⓪ 🅴 𝚅𝙸𝚂𝙰
Karte 36/83 — **76 Z : 145 B** 110/225 - 190/300 Fb.

🏨 **Thomahof**, Erlenbrucker Str. 16, 𝒫 7 01, 🌰, 🚅, 🗔, ⟿ — 🛗 📺 ⟿wc 🛁wc ☎ 🅿. ✿
Karte 24/56 — **34 Z : 65 B** 68/82 - 120/180 Fb — P 98/128.

🏨 **Reppert** ⚲, Adlerweg 21, 𝒫 2 22, 🚅, 🗔, ⟿ — 🛗 📺 ⟿wc 🛁wc ☎ 🅿. ✿ Rest
(nur Abendessen für Hausgäste) — **34 Z : 53 B** 85/165 - 172/248 Fb (Halbpension).

🏨 **Sassenhof** ⚲ garni, Adlerweg 17, 𝒫 15 15, 🚅, 🗔, ⟿ — 🛗 ⟿wc 🛁wc ☎ 🅿
15. Nov.- 15. Dez. geschl. — **22 Z : 30 B** 69/76 - 136/162.

🏨 **Kesslermühle** ⚲, Erlenbrucker Str. 45, 𝒫 15 11, ≼, 🚅, 🗔, ⟿ — 🛗 📺 🛁wc ☎ 🅿. ✿
Nov.- 15. Dez. geschl. — (Rest. nur für Hausgäste) — **27 Z : 50 B** 61/83 - 118/144 Fb.

🏠 **Waldhaus Tannenhain** ⚲, Erlenbrucker Str. 28, 𝒫 16 56, ≼ — 🛁wc 🅿. ✿
20. Nov.- 20. Dez. geschl. — (Rest. nur für Hausgäste) — **26 Z : 48 B** 52/80 - 96/104 — P 82/84.

🏠 **Schwarzwaldhof**, Freiburger Str. 2, 𝒫 3 10 — 🛗 🛁wc ☎ ⟿ 🅿. 🅰🅴
15. Nov.-15. Dez. geschl. — Karte 19/43 *(Dienstag geschl.)* 🍴 — **24 Z : 45 B** 57/62 - 86/104 Fb —
P 73/81.

🏠 **Café Imbery**, Rathausstr. 14, 𝒫 3 18, 🌰, ⟿ — 🛁wc ☎ ⟿ 🅿
Karte 19/40 *(Donnerstag geschl.)* — **16 Z : 22 B** 26/50 - 72/96 — P 64/78.

In Hinterzarten-Alpersbach W : 5 km :

🏠 **Esche** 🕊, Alpersbach 9, 𝒫 2 11, ≤, 🛏 – 🛁wc ⇔ ℗
April 2 Wochen und 2. Nov.- 20. Dez. geschl. – Karte 16/37 *(Mittwoch geschl.)* 🍴 – **18 Z : 32 B**
26/55 - 52/102 – P 51/76.

In Hinterzarten-Bruderhalde SO : 4 km :

🏠 **Alemannenhof** 🕊 (modernes Schwarzwald-Haus), Bruderhalde 21, 𝒫 7 45, ≤ Titisee, 🍽,
⇔, 🔲, 🛏, Badesteg, Schiffstransfer gratis – 🔰 ᴧ ℗ ᴧ̱. 🆎 ⑩ ᴇ 🆅🆈🆂🅰
Nov.- 20. Dez. geschl. – Karte 22/53 – **22 Z : 44 B** 98/103 - 156/166 Fb – P 113/138.

🏠 **Heizmannshof** 🕊, Bruderhalde 35, 𝒫 14 36, ≤, 🍽, 🛏, ℀ – 🛁wc ☎ ℗. 🆎 ⑩ ᴇ 🆅🆈🆂🅰
15. Nov.- 19. Dez. geschl. – Karte 17,50/42 *(Dienstag geschl.)* – **26 Z : 45 B** 30/52 - 60/96 Fb –
P 55/75.

Siehe auch : *Breitnau*

HIRSCHAID 8606. Bayern – 8 700 Ew – Höhe 250 m – ✪ 09543.
◆München 218 – ◆Bamberg 13 – ◆Nürnberg 47.

🏠 **Göller**, Nürnberger Str. 96, 𝒫 91 38, 🔲, 🛏 – 🔰 📺 🛁wc 🛁wc ⇔ ℗ ᴧ̱. 🆎 ⑩ ᴇ 🆅🆈🆂🅰
Karte 13/41 – **57 Z : 100 B** 39/50 - 64/70.

🏠 **Brauerei-Gasthof Kraus**, Luitpoldstr. 11, 𝒫 91 82, Biergarten – 🛁wc ☎ ℗
10. Sept.- 5. Okt. geschl. – Karte 8,50/24 *(Dienstag geschl.)* – **15 Z : 30 B** 28 - 45.

HIRSCHBACH Bayern siehe Königstein.

HIRSCHBERG 6945. Baden-Württemberg – 9 650 Ew – Höhe 110 m – ✪ 06201.
◆Stuttgart 131 – ◆Darmstadt 50 – Heidelberg 15 – ◆Mannheim 17.

In Hirschberg-Großsachsen :

🏨 **Krone**, Landstr. 9 (B 3), 𝒫 5 10 07, Telex 465550, 🍽, ⇔, 🔲 – 🔰 🛁wc ☎ ℗ ᴧ̱. 🆎 ⑩ ᴇ
Karte 31/67 – **95 Z : 190 B** 59/65 - 87/99.

🏠 **Haas'sche Mühle**, Talstr. 10, 𝒫 5 10 41, 🍽, 🛏 – 🔰 🛁wc ☎ ℗
Karte 20/42 *(Dienstag geschl.)* – **20 Z : 32 B** 48 - 90.

In Hirschberg-Leutershausen :

🏠 **Hirschberg**, Goethestr. 2 (B 3), 𝒫 5 10 15 – 🛁wc ☎ ⇔ ℗. 🆎 ⑩ ᴇ 🆅🆈🆂🅰
15. Dez.- 15. Jan. geschl. – Karte 21/46 *(Nov.- April Sonntag geschl.)* – **32 Z : 59 B** 50/75 -
75/95.

HIRSCHEGG Vorarlberg siehe Kleinwalsertal.

HIRSCHHORN AM NECKAR 6932. Hessen – 4 100 Ew – Höhe 131 m – Luftkurort – ✪ 06272.
Sehenswert : Burg (Hotelterrasse ≤★).
🄸 Verkehrsamt, Haus des Gastes, Alleeweg 2, 𝒫 17 42.
◆Wiesbaden 120 – Heidelberg 23 – Heilbronn 63.

🏠 **Zum Naturalisten**, Hauptstr. 17, 𝒫 25 50, 🍽 – 🔰 🛁wc ☎ ᴧ̱. 🆎 ⑩
Karte 15/51 – **24 Z : 45 B** 48/50 - 90 Fb.

🏠 **Haus Burgblick** 🕊 garni, Zur schönen Aussicht 3 (Hirschhorn-Ost), 𝒫 14 20, ≤, 🛏 –
🛁wc ℗. 🆎 ᴇ. ℀
Nov. geschl. – **8 Z : 16 B** 30/35 - 60/68.

🏠 **Forelle**, Langenthaler Str. 2, 𝒫 22 72 – 🛁 ℗
Karte 13/29 🍴 – **13 Z : 26 B** 30/35 - 60/70.

℀℀ **Schloß-H.** 🕊 mit Zim, Auf Burg Hirschhorn, 𝒫 13 73, ≤ Neckartal, 🍽 – 🔰 🛁wc ☎ ℗ ᴧ̱
Dez.- Jan. geschl. – Karte 18/42 *(Nov.- April Montag geschl.)* – **8 Z : 16 B** 100 - 120/150 Fb.

In Hirschhorn-Langenthal NW : 5 km :

🏠 **Zur Linde**, Waldmichelbacher Str. 12, 𝒫 13 66, 🍽, 🛏 – 🛁wc 🛁wc ℗
Nov. geschl. – Karte 14,50/30 *(Okt.- März Dienstag geschl.)* – **22 Z : 40 B** 30/39 - 58/78.

In Rothenberg - Ober-Hainbrunn 6121 N : 5 km :

🏠 **Zur Krone** 🕊, Neckarstr. 4, 𝒫 (06275) 2 58, 🍽, 🛏 – 🛁wc 🛁wc ☎ ℗. ℀ Zim
Ende Okt.- Mitte Nov. geschl. – Karte 16/37 *(Montag geschl.)* 🍴 – **8 Z : 14 B** 34/37 - 68 – P 49.

In Eberbach-Brombach 6930 NW : 6 km :

℀℀ **Talblick** 🕊 mit Zim (Fachwerkhaus a.d.J. 1832, Einrichtung in altbäuerlichem Stil),
Gaisbergweg 5, 𝒫 (06272) 14 51 – 🛁wc ℗. ⑩. ℀ Zim
13.- 31. Jan. und 14.- 31. Juli geschl. – Karte 29/59 *(Tischbestellung ratsam)* (Donnerstag -
Freitag 18 Uhr geschl.) – **5 Z : 10 B** 40/50 - 70/90.

HIRZENHAIN 6476. Hessen — 3 000 Ew — Höhe 240 m — Erholungsort — 🌣 06045.

🛈 Verkehrsamt, Rathaus, 𝒫 3 77.

◆Wiesbaden 107 — ◆Frankfurt am Main 67 — Lauterbach 44.

⚐ Stolberger Hof, Nidderstr. 14, 𝒫 13 09, 😑, 🔲, 🐎 — 📥wc 🅿. 🛥
14 Z : 30 B.

In Merkenfritz 6476 NO : 2 km :

✗ Fuchsbau, an der B 275, 𝒫 (06045) 5 53.

Siehe auch : *Liste der Feriendörfer*

HITTFELD Niedersachsen siehe Seevetal.

HITZACKER 3139. Niedersachsen 987 ⑯ — 5 000 Ew — Höhe 25 m — Luftkurort — 🌣 05862.

🛈 Kurverwaltung, Weinbergsweg 2, 𝒫 80 22.

◆Hannover 142 — ◆Braunschweig 129 — Lüneburg 48.

🏨 **Parkhotel** 🦢, Am Kurpark 3, 𝒫 80 81, 🏛, 😑, 🔲, 🐎 — 📥wc 🛁wc ☎ 🅿 🔼. ◐. 🛥 Rest
20.- 25. Dez. geschl. — Karte 18/48 — **55 Z : 90 B** 55/98 - 110/136 Fb.

🏩 **Scholz** 🦢, Prof.-Borchling-Str. 2, 𝒫 79 72, 🏛, 😑 — 🛗 📺 🛁wc ☎ ᵹ 🅿 🔼
Karte 18/44 — **32 Z : 64 B** 60/81 - 98/112 — P 83/116.

🏩 **Zur Linde**, Drawehnertorstr. 22, 𝒫 3 47 — 📥wc 🛁wc 🚗 🅿. 🛥 Zim
Feb. geschl. — Karte 19/40 *(Donnerstag geschl.)* — **11 Z : 20 B** 33/41 - 65/75.

🏩 **Waldfrieden** 🦢, Weinbergsweg 25, 𝒫 10 11, ≼, 🏛 — 🛁wc 🅿 🔼
Jan. geschl. — Karte 19/53 — **23 Z : 42 B** 44/48 - 80/86.

In Göhrde 3139 W : 13 km :

⚐ **Zur Göhrde**, Kaiser-Wilhelm-Allee 1 (B 216), 𝒫 (05855) 4 23, 🏛, 🐎 — 🛁wc 🚗 🅿 🔼
10. Jan.- 20. Feb. geschl. — Karte 20/45 *(Nov.- April Dienstag geschl.)* — **17 Z : 28 B** 29/60 -
58/78 — P 44/54.

HOBBACH Bayern siehe Eschau.

HOCHHEIM AM MAIN 6203. Hessen — 16 400 Ew — Höhe 124 m — 🌣 06146.

◆Wiesbaden 12 — ◆Darmstadt 32 — ◆Frankfurt am Main 33 — Mainz 7.

⚐ **Traube**, Weiherstr. 13, 𝒫 23 16 (Hotel) 39 02 (Rest.) — 🛁wc 🚗
Karte 18/47 *(nur Abendessen, Montag geschl.)* 🍴 — **29 Z : 45 B** 40/55 - 70/95.

✗✗ **Hochheimer Hof-Domkapitel**, Mainzer Str. 22, 𝒫 20 89 — 🔼. 🆎 ◐ 🄴
Karte 20/62.

✗✗ **Frankfurter Hof** mit Zim, Frankfurter Str. 20, 𝒫 22 52, 🏛 — 🛁
Jan. geschl. — Karte 17,50/42 *(Donnerstag geschl.)* — **12 Z : 20 B** 40/65 - 70/85.

HOCHSPEYER 6755. Rheinland-Pfalz 987 ㉔. 242 ④. 57 ③ — 4 300 Ew — Höhe 266 m — 🌣 06305.

Mainz 83 — Kaiserslautern 9 — ◆Mannheim 58 — Neustadt an der Weinstraße 27.

⚐ **Pfälzer Wald**, Trippstadter Str. 27, 𝒫 2 17 — 🛁wc 🅿
↤ 28. Sept.- 14. Okt. geschl. — Karte 14/28 *(Dienstag geschl.)* 🍴 — **19 Z : 26 B** 31/36 - 62.

HOCKENHEIM 6832. Baden-Württemberg 987 ㉕ — 16 000 Ew — Höhe 100 m — 🌣 06205.

◆Stuttgart 113 — Heidelberg 23 — ◆Karlsruhe 50 — ◆Mannheim 24 — Speyer 12.

🏨 **Motodrom**, Hockenheimring, 𝒫 40 61, Telex 465984, 🏛, 😑 — 🛗 🔲 📺 🛁wc ☎ 🚗 🅿 🔼.
🆎 ◐ 🄴
Karte 24/53 — **60 Z : 100 B** 88/148 - 128/168 Fb.

🏩 **Kanne**, Karlsruher Str. 3, 𝒫 50 71 — 🛗 📥wc 🛁wc ☎ 🅿
Karte 21/47 🍴 — **30 Z : 50 B** 54 - 108.

HODENHAGEN 3035. Niedersachsen 987 ⑮ — 2 000 Ew — Höhe 26 m — 🌣 05164.

◆Hannover 55 — Braunschweig 99 — ◆Bremen 70 — ◆Hamburg 106.

🏨 **Heidehotel Hudemühle**, Hudemühlenburg 18, 𝒫 5 01, 🏛, 😑, 🔲, 🐎 — 🛁wc ☎ 🅿 🔼.
🆎 ◐ 🄴 𝒱𝒾𝒮𝒜
Karte 28/61 — **51 Z : 102 B** 89/119 - 118/158 Fb.

HÖCHBERG Bayern siehe Würzburg.

HÖCHENSCHWAND 7821. Baden-Württemberg 216 ⑥. 427 ⑤ — 2 000 Ew — Höhe 1 008 m —
Heilklimatischer Kurort — Wintersport : 920/1 008 m ⚡1 ⚡3 — 🌣 07672 (St. Blasien).

🛈 Kurverwaltung, Haus des Gastes, 𝒫 25 47.

◆Stuttgart 186 — Donaueschingen 63 — ◆Freiburg im Breisgau 61 — Waldshut-Tiengen 19.

🏨 **Porten-Hotel Kurhaus Höchenschwand**, Kurhausplatz 1, 𝒫 41 11, Telex 7721212, 🏠, « Garten », Bade- und Massageabteilung, ⚓, 🐎, 🖳, ⊷ – ▮ ⇐ 🅿. 🆀 ⓪ ⋿ 𝘝𝘐𝘚𝘈, 🎉 Rest
Mitte Nov.- Mitte Dez. geschl. – Restaurants: – **Hubertus-Stuben** Karte 20/60 ⅃ – **Jägerstube** Karte 16/42 ⅃ – **70 Z : 100 B** 70/94 - 116/152 Fb – 13 Appart. 60/100 – P 108/116.

🏨 **Alpenblick**, St.-Georg-Str. 9, 𝒫 20 55, 🏠, 🐎 – ⌷wc ▥wc ☎ ⇐ 🅿
32 Z : 47 B Fb.

🏨 **Berghotel Steffi** 🦢, Panoramastr. 22, 𝒫 8 55, ≤, 🏠, 🐎 – ⌷wc ▥wc ☎ ⇐ 🅿, 🎉
Karte 21/39 ⅃ – **16 Z : 26 B** 45 - 90 – P 75.

🏠 **Fernblick** 🦢, Im Grün 15, 𝒫 7 66, ≤ – ▮ ⌷wc ▥wc ⇐ 🅿
10. Nov.- 20. Dez. geschl. – (Rest. nur für Hausgäste) – **35 Z : 55 B** 36/50 - 64/84 Fb.

HÖCHST IM ODENWALD 6128. Hessen 𝟵𝟴𝟳 ㉖ – 8 500 Ew – Höhe 175 m – Erholungsort – ✿ 06163.

🄸 Verkehrsamt im Rathaus, Montmelianer Platz 4, 𝒫 30 41.
◆Wiesbaden 78 – Aschaffenburg 37 – ◆Darmstadt 33 – Heidelberg 72.

🏨 **Burg Breuberg**, Aschaffenburger Str. 4, 𝒫 51 33, Biergarten – ⌷wc ▥wc ☎ 🅿 ♨. 🆀 ⋿
Karte 14,50/42 ⅃ – **20 Z : 35 B** 49/60 - 94/112 Fb – P 75/85.

🏠 **Lust**, Bahnhofstr. 60, 𝒫 22 08, Telex 4191958, ≤, 🚋 – 🖳 ▥wc 🅿 ♨. 🆀 ⓪ ⋿. 🎉 Zim
Karte 16/44 *(Sonntag ab 14 Uhr geschl.)* – **47 Z : 98 B** 48/54 - 96/108.

HÖCHSTADT AN DER AISCH 8552. Bayern 𝟵𝟴𝟳 ㉖ – 10 800 Ew – Höhe 272 m – ✿ 09193.
◆München 210 – ◆Bamberg 31 – ◆Nürnberg 39 – ◆Würzburg 71.

🏠 **Kapuzinerbräu**, Hauptstr. 28, 𝒫 83 27 – ▮ ⌷wc ▥wc ⇐ 🅿
(nur Abendessen für Hausgäste) – **15 Z : 30 B** 36/55 - 60/80.

🏠 **Alte Schranne**, Hauptstr. 3, 𝒫 4 41 – ⌷wc ▥wc 🅿. 🎉
(nur Abendessen für Hausgäste) – **26 Z : 40 B** 28/50 - 55/80.

🏠 **Zum Hirschen**, Schloßberg 3, 𝒫 4 12/34 12 – ⇐ 🅿
➼ *Nov. geschl.* – Karte 9/24 *(Dienstag geschl.)* – **17 Z : 36 B** 25 - 46.

In Höchstadt-Etzelskirchen N : 2 km :

🏠 **Schwedenschanze**, Pfarrer-Eckert-Str. 6, 𝒫 12 55 – ▥wc
➼ Karte 13/26 – **24 Z : 57 B** 30 - 50.

In Gremsdorf 8551 O : 3 km :

🏠 **Scheubel**, Hauptstr. 1 (B 470), 𝒫 (09193) 4 44, 🏠 – ▥wc ⇐ 🅿
➼ Karte 12/26 *(Montag geschl.)* ⅃ – **34 Z : 67 B** 25/32 - 50/64.

In Adelsdorf 8551 O : 8 km :

🏠 **Drei Kronen**, Hauptstr. 6 (B 470), 𝒫 (09195) 9 51, 🚋, 🖳 – ▮ ▥wc ☎ 🅿. ⓪. 🎉 Rest
➼ *9.- 29. Nov. geschl.* – Karte 13/30 *(Mittwoch geschl.)* – **56 Z : 110 B** 30/55 - 60/90.

An der Autobahn A 3 NW : 12 km :

🏠 **Rasthaus-Motel Steigerwald**, Autobahn-Südseite, ✉ 8602 Wachenroth, 𝒫 (09548) 4 33, Telex 662476, 🏠 – ▮ ▥wc ☎ 🅿
Karte 16/40 – **48 Z : 110 B** 69/74 - 104/109.

HÖCHSTÄDT AN DER DONAU 8884. Bayern 𝟵𝟴𝟳 ㊱ – 5 000 Ew – Höhe 417 m – ✿ 09074.
◆München 102 – ◆Augsburg 44 – ◆Nürnberg 127 – ◆Ulm (Donau) 60.

🏠 **Gasthof Berg**, Dillinger Str. 17, 𝒫 20 44, 🏠, 🍴, 🐎 – ▥wc ☎ 🅿. ⓪ ⋿
22. Dez.- 5. Jan. geschl. – Karte 15/29 *(Sonntag ab 15 Uhr und Freitag geschl.)* ⅃ – **30 Z : 50 B** 30/48 - 52/75 Fb.

HÖFEN AN DER ENZ 7545. Baden-Württemberg – 1 500 Ew – Höhe 366 m – Luftkurort – ✿ 07081 (Wildbad).

🄸 Verkehrsbüro, Rathaus, 𝒫 52 22.
◆Stuttgart 68 – Baden-Baden 38 – Freudenstadt 48 – Pforzheim 18.

🏨 **Ochsen**, Bahnhofstr. 2, 𝒫 50 21, 🚋, 🖳, 🐎 – ▮ 🖳 ⌷wc ▥wc ☎ ⇐ 🅿 ♨. 🆀
Karte 18/45 – **60 Z : 95 B** 39/60 - 78/116 Fb – P 68/87.

🏨 **Schwarzwaldhotel Hirsch**, Alte Str. 40, 𝒫 50 25 – ▮ ⌷wc ▥wc ☎ ⇐ ♨
Karte 17,50/47 – **20 Z : 40 B** 40/60 - 80/110 Fb.

🏠 **Bussard** garni, Bahnhofstr. 24, 𝒫 52 68, Massage, 🐎 – ▮ ▥wc ⇐ 🅿
22 Z : 40 B.

🏠 **Café Blaich** garni, Hindenburgstr. 55, 𝒫 52 38 – 🖳 ⌷wc ▥wc ☎ 🅿
10. Jan.- 5. Feb. geschl. – **7 Z : 15 B** 38 - 67 – 2 Appart. 70.

An der Straße nach Bad Herrenalb N : 2 km :

🏠 **Eyachbrücke**, ✉ 7540 Neuenbürg, 𝒫 (07082) 88 58, ≤, 🏠, 🖳 – ⌷wc ▥wc ⇐ 🅿
➼ *5. Nov.- 5. Dez. geschl.* – Karte 13,50/31 *(Dienstag geschl.)* ⅃ – **17 Z : 30 B** 26/50 - 50/84 – P 47/60.

377

HÖGEL Bayern siehe Piding.

HÖGERSDORF Schleswig-Holstein siehe Segeberg, Bad.

HÖHR-GRENZHAUSEN 5410. Rheinland-Pfalz — 9 100 Ew — Höhe 260 m — ✿ 02624.
Mainz 94 — ◆Koblenz 19 — Limburg an der Lahn 35.

🏨 **Heinz** ⑤, Bergstr. 77, ✆ 30 33, 🍽, Massage, ⑤, 🏊, 🌳, ※, 🐎 — 🛗 ➔wc 🇲wc ☎ ㅅ
⇦ 🅿 🏥 🝐 ㉿ ⑩ 🄴. ※ Rest
Karte 21/48 — **57 Z : 89 B** 49/80 - 85/130 Fb.

Im Stadtteil Grenzau N : 1,5 km, Zufahrt über die Straße nach Bendorf :

🏨 **Sporthotel Zugbrücke** ⑤, im Brexbachtal, ✆ 10 50, Telex 869505, ⑤, 🏊, 🌳, ※ (Halle)
— 🛗 ➔wc 🇲wc ☎ ㅅ 🅿 🏥 ㉿ ⑩ 🄴. ※ Rest
Karte 19/59 — **119 Z : 240 B** 45/73 - 90/138 Fb — P 77/101.

🏠 Zur Burg Grenzau ⑤ garni, Burgstr. 13, ✆ 76 14 — ➔wc 🇲wc ⇦ 🅿. ※
14 Z : 22 B.

HÖLLE Bayern siehe Naila.

HÖNNINGEN, BAD 5462. Rheinland-Pfalz 🟥🟦🟧 ㉔ — 6 100 Ew — Höhe 60 m — Heilbad — ✿ 02635.
🇮 Verkehrsamt, Neustr. 2a, ✆ 22 73.
Mainz 125 — ◆Bonn 34 — ◆Koblenz 37.

🏠 **Kurpark-Hotel** ⑤, am Thermalbad, ✆ 49 41, ≤, 🍽 — 🛗 🇲wc ☎ ㅅ 🅿 🏥 ㉿ ⑩ 🄴.
※ Zim
Feb. geschl. — Karte 21/48 — **15 Z : 33 B** 70/80 - 110/130 — P 90/115.

🏠 **St. Pierre** garni, Hauptstr. 142, ✆ 20 91 — 🇲wc ☎ ⇦ 🅿. ㉿ 🄴
Jan. geschl. — **19 Z : 45 B** 65 - 110.

🏠 **Rhein-Hotel** ⑤, Rheinallee 4, ✆ 25 26, ≤, 🍽 — 🇲wc ☎ 🅿. ㉿ ⑩ 🄴
1.- 29. Dez. geschl. — Karte 20/50 *(Donnerstag geschl.)* — **16 Z : 28 B** 37/53 - 74/106 Fb —
P 64/70.

🏠 Schönblick ⑤, Am Tannenbusch 10, ✆ 59 11, ≤, « Gartenterrasse », ⑤, 🌳 — 🇲wc 🅿
11 Z : 18 B.

In Rheinbrohl 5456   SO : 4 km :

※ **Im Krug zum grünen Kranze** mit Zim, Kirchstr. 11, ✆ (02635) 24 14, 🍽 — 🅿
6.- 25. Juni geschl. — Karte 21/50 *(Dienstag geschl.)* ⅃ — **6 Z : 9 B** 30/35 - 60/70.

HÖPFINGEN 6969. Baden-Württemberg — 2 800 Ew — Höhe 390 m — ✿ 06283.
◆Stuttgart 119 — Aschaffenburg 73 — Heilbronn 77 — ◆Würzburg 56.

※ **Engel** ⑤ mit Zim, Engelgasse 6, ✆ 16 15 — 🇲wc 🅿
← 20. Okt.- 20. Nov. geschl. — Karte 10/30 *(Donnerstag geschl.)* ⅃ — **6 Z : 11 B** 30 - 60.

HÖRNUM Schleswig-Holstein siehe Sylt (Insel).

HÖRSTEL 4446. Nordrhein-Westfalen — 15 700 Ew — Höhe 45 m — ✿ 05459.
◆Düsseldorf 178 — Münster (Westfalen) 44 — ◆Osnabrück 46 — Rheine 10.

In Hörstel-Bevergern S : 3,5 km :

🏠 Saltenhof ⑤ garni, Kreimershoek 71, ✆ 3 55, Caféterrasse, « Ehemaliges Herrenhaus,
Garten » — 🇲wc ☎ 🅿
12 Z : 21 B.

In Hörstel-Riesenbeck SO : 6 km :

🏨 **Schloßhotel Surenburg** ⑤, Surenburg 13, ✆ (05454) 70 92, Telex 94586, 🍽, ⑤, 🏊, 🌳
— 📺 ➔wc 🇲wc ☎ 🅿 🏥 ㉿ ⑩ 🄴. ※
6.- 31. Jan. geschl. — Karte 28/61 *(Nov.- März Montag geschl.)* — **23 Z : 42 B** 75/90 - 130/140 Fb
— P 105/120.

🏠 **Stratmann**, Sünte-Rendel-Str. 5, ✆ (05454) 70 83, 🏊 — 🇲wc ☎ ⇦ 🅿
Karte 16,50/43 — **24 Z : 48 B** 38/42 - 68/70.

HÖRSTGEN Nordrhein-Westfalen siehe Kamp-Lintfort.

HÖSBACH Bayern siehe Aschaffenburg.

HÖVELHOF 4794. Nordrhein-Westfalen — 12 000 Ew — Höhe 100 m — ✿ 05257.
◆Düsseldorf 189 — Detmold 30 — ◆Hannover 129 — Paderborn 14.

※※ ✿ **Gasthof Brink** mit Zim, Allee 38, ✆ 22 01 — 🇲wc ☎ ⇦ 🏥. ※
Juli geschl. — Karte 35/68 *(nur Abendessen, Tischbestellung erforderlich)* (Montag geschl.) —
9 Z : 16 B 48/80 - 90/118
Spez. Pasteten und Terrinen, Krebsschwänze in weißer Buttersauce, Dessert-Teller.

HÖXTER 3470. Nordrhein-Westfalen 987 ⑮ — 35 000 Ew — Höhe 90 m — ✪ 05271.

Sehenswert : Dechanei★ — Westerbachstraße : Fachwerkhäuser★ — Kilianskirche (Kanzel★★).

Ausflugsziel : Wesertal★ (von Höxter bis Münden).

🛈 Verkehrsamt, Am Rathaus 7, ☎ 6 32 44.

♦Düsseldorf 225 — ♦Hannover 101 — ♦Kassel 70 — Paderborn 55.

🏨 **Niedersachsen**, Möllinger Str. 4, ☎ 3 53 33, Telex 931770, 🍴, 🔲 — 📶 📺 🛏wc 🛁wc ☎ 🚗 🅰. 🖭 ⑩. ⅏ Rest
Karte 21/51 — **55 Z : 99 B** 50/70 - 90/120 Fb.

🏨 **Weserberghof**, Godelheimer Str. 16, ☎ 75 56, 🌳 — 🛁wc ☎ 🚗 🅿 🅰. 🖭 ⑩. ⅏ Rest
Karte 19/47 (Montag geschl.) — **26 Z : 40 B** 32/65 - 70/95 Fb.

🏨 **Corveyer Hof**, Westerbachstr. 29, ☎ 22 72 — 🛁wc
15. - 30. Juli geschl. — Karte 14/35 (Mittwoch geschl.) — **16 Z : 24 B** 28/39 - 52/65.

🏨 **Braunschweiger Hof**, Corbiestr. 5, ☎ 22 36 — 🛁. ⑩ E
Karte 14,50/41 (Donnerstag geschl.) — **7 Z : 10 B** 28/36 - 60/70.

In Höxter-Bödexen NW : 9 km :

🏨 **Obermühle** ⅏, Mühlenberg 2, ☎ (05277) 2 07, 🍴, 🔲, 🌾, 🐎 — 📶 🛁wc 🛁wc ☎ 🅿 🅰.
E
Karte 19,50/42 — **28 Z : 52 B** 35/51 - 70/100.

In Höxter-Corvey O : 2 km :

🍴🍴 **Schloßrestaurant**, im Schloß, ☎ 83 23, « Gartenterrasse » — 🅿. 🖭 ⑩
Jan. - Feb. geschl. — Karte 25/56.

In Höxter 1-Stahle NO : 9 km :

🏨 **Kiekenstein**, Heinser Str. 74 (B 83), ☎ (05531) 33 60, 🌳 — 🛁wc 🚗 🅿. 🖭 E
Karte 14,50/40 — **13 Z : 22 B** 38 - 68.

In Höxter 1-Ovenhausen W : 7 km — Erholungsort :

🏨 **Haus Venken**, Hauptstr. 11, ☎ (05278) 2 79 — 🛁wc 🚗 🅿
28. Jan. - Feb. geschl. — Karte 15,50/34 (Dienstag geschl.) — **21 Z : 38 B** 34 - 51/68.

HOF 8670. Bayern 987 ㉗ — 52 000 Ew — Höhe 495 m — ✪ 09281.

🛈 Amt für Öffentlichkeitsarbeit, Rathaus, ☎ 81 52 33.

♦München 283 ② — Bayreuth 55 ② — ♦Nürnberg 136 ②.

Stadtplan siehe nächste Seite.

🏨 **Central** Ⓜ, Kulmbacher Str. 4, ☎ 68 84, Telex 643932, 🍴 — 📶 📺 🛁wc 🛁wc ☎ 🅿. 🖭 ⑩
E   Y h
5.- 28. Aug. geschl. — Karte 17,50/50 — **50 Z : 100 B** 75/100 - 125/150 Fb.

🏨 **Strauß**, Bismarckstr. 31, ☎ 20 66, 🌳 — 📶 🛁wc 🛁wc ☎ 🚗 🅿 🅰. E   Z u
Karte 20/47 — **62 Z : 91 B** 33/62 - 65/90.

🏨 **Am Maxplatz** ⅏, garni, Maxplatz 7, ☎ 17 39 — 🛁wc 🚗 🅿. E   Y r
18 Z : 28 B 52/62 - 88/94.

🏨 **Deutsches Haus** garni, Marienstr. 33, ☎ 10 48, 🍴 — 📶 📺 🛁wc 🛁wc ☎ 🚗. E   Z n
24. Dez.- 8. Jan. geschl. — **10 Z : 16 B** 60/70 - 95/100.

🏨 **Weißenburger Hof**, Weißenburger Str. 6, ☎ 28 66 — 🛁wc. 🖭 E   Z s
Karte 15/40 (nur Abendessen, Sonntag geschl.) — **13 Z : 26 B** 39/43 - 70/80.

🏨 **Am Kuhbogen**, Marienstr. 88, ☎ 17 08 — 📺 🛁wc ☎. 🖭 E   Z k
Karte 15/33 (nur Abendessen, Sonntag geschl.) — **33 Z : 60 B** 37/40 - 68/74.

🏨 **Burger** garni, Theresienstr. 15, ☎ 22 32 — 🛁wc 🚗 🅿   Z a
25 Z : 36 B 29/44 - 58/70.

🏨 **Künzel**, Kornhausacker 5, ☎ 68 64 — 🛁wc 🛁 🅿   Y e
Karte 12/34 — **86 Z : 145 B** 29/38 - 58/70.

🍴 **Bürgergesellschaft**, Poststr. 6, ☎ 36 89 — E   Y c
30. Juni - 21. Juli und Sonntag 15 Uhr - Montag geschl. — Karte 14,50/35.

In Hof-Krötenbruck ① : 4 km, Abfahrt Flughafen :

🏨 **Munzert**, Eppenreuther Str. 100, ☎ 99 31 — 🛁wc 🛁wc 🚗 🅿
Karte 14/39 (9. Aug.- 2. Sept. und Samstag geschl.) — **41 Z : 55 B** 30/45 - 50/80.

In Hof-Unterkotzau ③ : 3 km Richtung Hirschberg :

🏨 Brauerei Falter, Hirschberger Str. 6, ☎ 68 44, 🌳, Biergarten — 🛁wc ☎ 🚗 🅿
30 Z : 35 B Fb.

In Zedtwitz 8671   N : 5 km über die B 2 Y :

🍴🍴 **Schloß Zedtwitz** mit Zim, ☎ (09281) 8 70 31 — 🛁wc ☎ 🅿 🅰. 🖭 ⑩ E 𝖵𝖨𝖲𝖠
Karte 23/68 (Samstag bis 18 Uhr geschl.) — **4 Z : 6 B** 70 - 110/140.

In Oberkotzau 8679 ① : 8 km :

🏨 **Scharfes Eck**, Schloßstr. 8 (Marktplatz), ☎ (09286) 3 35 — 🛁
Karte 13/22 (Samstag geschl.) — **12 Z : 15 B** 22/28 - 44/56.

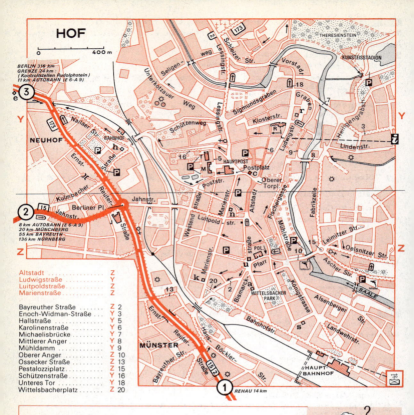

HOF

BERLIN 316 km
GRENZE 24 km :
(Kontrollstellen Rudolfstein)
11 km AUTOBAHN (E 6-A 9)

8 km AUTOBAHN (E 6-A 9)
20 km MÜNCHBERG
55 km BAYREUTH
136 km NÜRNBERG

REHAU 14 km

Do not mix up :

Comfort of hotels	: 🏨🏨 ... 🏠, 🏢
Comfort of restaurants	: 🍴🍴🍴 ... 🍴
Quality of the cuisine	: ❀❀❀, ❀❀, ❀

HOF Österreich siehe Salzburg.

HOFBIEBER Hessen siehe Liste der Feriendörfer.

HOFFNUNGSTHAL Nordrhein-Westfalen siehe Rösrath.

HOFGEISMAR 3520. Hessen 987 ⑮ — 14 400 Ew — Höhe 150 m — ✆ 05671.

🛈 Stadtverwaltung. ✆ 7 11.

♦Wiesbaden 245 — ♦Kassel 23 — Paderborn 63.

- 🏠 **Zum Alten Brauhaus** ♨, Marktstr. 12, ✆ 28 60 — ◧ 🚿wc ⇚ 🅿 ♨
  21 Z : 33 B Fb.

- 🏠 **Haus Hubertus**, Bahnhofstr. 42, ✆ 13 33, ☎ — 🚿wc ☎ 🅿
  Karte 15/32 — **10 Z : 17 B** 40 - 70.

- 🏠 **Müller**, Vor dem Schöneberger Tor 12, ✆ 7 75 — 🚿wc ☎ 🅿
  Karte 13,50/35 — **30 Z : 70 B** 38/40 - 70/76 Fb.

- 🍴🍴 **Stadthalle - Bürgerstuben**, Am Markt, ✆ 15 10 — 🅿 ♨.

  In Hofgeismar-Sababurg NO : 14 km :

- 🏨 **Burghotel Sababurg** ♨ (Burganlage a.d. 14. Jh.), ✆ (05678) 10 52, ≤, Tierpark mit
  Jagdmuseum, « Burgterrasse », ☎, ✿ — 🛏wc 🚿wc ☎ 🅿
  Jan.- Feb. geschl. — Karte 19,50/65 — **15 Z : 30 B** 50/90 - 80/160.

HOFHEIM AM TAUNUS 6238. Hessen — 36 000 Ew — Höhe 150 m – ✪ 06192.
♦Wiesbaden 20 — ♦Frankfurt am Main 21 — Limburg an der Lahn 54 — Mainz 20.

🏨 **Burkartsmühle**, Kurhausstr. 71, 𝒫 2 50 88, ☎s, 🌊 (geheizt), ✕ (Halle) — ⌂wc ☎ 🅿 🕭.
🄰🄴 ⓞ 🄴 𝘝𝘐𝘚𝘈
Karte 42/76 *(Tischbestellung ratsam)* (Sonntag 15 Uhr - Montag 18 Uhr geschl.) — **12 Z : 25 B**
125/205 - 165/245 Fb.

🏨 **Dreispitz** Ⓜ, In der Dreispitz 6, 𝒫 50 99 — 🄣🄥 ⍓wc ☎ 🅿 🕭 — *(nur Abendessen)* — **24 Z :**
34 B Fb.

🏠 **Am Rosenberg** ⑩, Wielandstr. 24, 𝒫 70 41, ≤, ☜, — 🛗 ⌂wc ⍓wc ☎ 🅿 🕭
47 Z : 61 B Fb.

   In Hofheim-Diedenbergen SW : 3 km :

🏠 **Völker's Hotel**, Marxheimer Str. 4, 𝒫 3 74 01 — ⍓wc ☎ 🅿. 🄰🄴 ⓞ 🄴 𝘝𝘐𝘚𝘈 ✕
Karte 34/72 *(Samstag bis 18 Uhr und Mittwoch geschl.)* — **Bistro** Karte 17/39 — **12 Z : 17 B**
60/80 - 100/120.

   In Hofheim-Wallau :

🏠 **Wallauer Hof**, Nassaustr. 6 (Gewerbegebiet Ost), 𝒫 (06122) 40 21 — ⍓wc 🅿. ✕ Zim
14. Juli - 17. Aug. geschl. — Karte 17/38 *(Montag geschl.)* — **43 Z : 70 B** 60/70 - 100.

   In Kriftel 6239 SO : 2 km :

🏨 **Mirabell** ⑩ garni (Griechisches Rest. im Hause), Richard-Wagner-Str. 33, 𝒫 (06192) 80 88,
☎s, 🌊 — 🛗 ⌂wc ⍓wc ☎ ⊶
19. Dez.- 5. Jan. geschl. — **45 Z : 60 B** 75/80 - 100/110 Fb.

HOFHEIM IN UNTERFRANKEN 8729. Bayern 𝟿𝟾𝟽 ㉘ — 5 000 Ew — Höhe 265 m – ✪ 09523.
♦München 284 — ♦Bamberg 49 — Coburg 47.

🏩 Pension **Burgblick** ⑩, Manauer Str. 405 (NO : 2 km), 𝒫 4 50, ☜, ☎s, ⛼ — ⍓wc ⊶ 🅿
17 Z : 34 B.

   In Hofheim-Gossmannsdorf O : 3,5 km :

🏠 **Landhaus Sulzenmühle** ⑩, 𝒫 64 12, ☎s, 🌊, ⛼, 🐎 — ⌂wc ⍓wc 🅿. ⓞ 🄴. ✕ Rest
1.- 10. Jan. geschl. — Karte 17,50/45 *(Donnerstag und 18. Dez.- 18. Feb. geschl.)* 🕭 — **17 Z :**
30 B 37/62 - 66/98.

HOHEGEISS Niedersachsen siehe Braunlage.

HOHELEYE Nordrhein-Westfalen siehe Winterberg.

HOHENAU 8351. Bayern 𝟦𝟤𝟨 ⑦ — 3 100 Ew — Höhe 806 m – ✪ 08558.
♦München 198 — Passau 41 — ♦Regensburg 135.

🏠 **Gasthof Schreiner**, Dorfplatz 17, 𝒫 10 62, ☜ — ⍓wc 🅿
← Karte 10,50/27 🕭 — **31 Z : 62 B** 24/27 - 44/50 — P 36/39.

   In Hohenau-Bierhütte SO : 3 km :

🏨 **Romantik-Hotel Bierhütte** ⑩, 𝒫 3 15, Telex 57446, « Terrasse mit ≤ », ☎s, ⛼ — 🄣🄥
⌂wc ⍓wc ☎ 🅿 🕭. 🄰🄴 ⓞ 🄴
Karte 26/57 — **27 Z : 54 B** 60/85 - 100/140.

HOHENLEIMBACH Rheinland-Pfalz siehe Kempenich.

HOHENRODA 6431. Hessen — 4 000 Ew — Höhe 311 m – ✪ 06676.
♦Wiesbaden 185 — Fulda 39 — Bad Hersfeld 26.

   In Hohenroda-Oberbreitzbach

🏨 **Hessen Hotelpark Hohenroda** ⑩, Schwarzengrund, 𝒫 5 11, Telex 493340, ≤, ☜, ☎s,
🌊, ⛼, ✕, 🐎 (Halle und Parcours) — 🛗 ⍓wc ☎ 🕭 🅿 🕭. 🄰🄴 ⓞ. ✕ Rest
Karte 20/50 — **113 Z : 174 B** 56/96 - 92/108 Fb — P 87/99.

   Siehe auch : *Liste der Feriendörfer*

HOHENSTEIN 7425. Baden-Württemberg — 2 950 Ew — Höhe 740 m – ✪ 07387.
♦Stuttgart 63 — Pforzheim 115 — ♦ Ulm (Donau) 64.

   In Hohenstein - Ödenwaldstetten :

🏩 Brauerei-Gasthof **Lamm**, Im Dorf 5, 𝒫 2 75, 🌊, ⛼ — ⍓wc 🅿 — **10 Z : 20 B**.

HOHENSTEIN Hessen siehe Schwalbach, Bad.

HOHENTWIEL Baden-Württemberg. Sehenswürdigkeit siehe Singen (Hohentwiel).

HOHENWESTEDT 2354. Schleswig-Holstein 𝟿𝟾𝟽 ⑤ — 4 500 Ew — Höhe 48 m – ✪ 04871.
♦Kiel 53 — Itzehoe 21 — Rendsburg 27.

🏠 **Stadt Hamburg**, Itzehoer Str. 2, 𝒫 13 10 — ⍓wc 🅿. 🄰🄴
Juni - Juli 3 Wochen geschl. — Karte 20/44 *(Sonntag geschl.)* — **10 Z : 15 B** 32/37 - 59/69.

HOHENZOLLERN (Burg) Baden-Württemberg. Sehenswürdigkeit siehe Hechingen.

HOHWACHT 2322. Schleswig-Holstein — 1 200 Ew — Höhe 15 m — Seebad – ✆ 04381.
🛈 Kurverwaltung, Berliner Platz 1, 𝒫 70 85.
♦Kiel 41 — Oldenburg in Holstein 21 — Plön 27.

🏨 **Hohwachter Hof** ॐ, Strandstr. 6, 𝒫 70 31 – 📺 🛏wc ✆ 🅿
    17 Z : 32 B.

🏨 **Schulz** ॐ garni, Strandstr. 8, 𝒫 4 10 – 🛏wc ✆ 🅿
    Jan.- März geschl. — **22 Z : 47 B** 40/50 - 80/90 Fb.

🏨 **Strandhotel** ॐ, Strandstr. 10, 𝒫 86 09, 🍴 – 🛏wc 🛏wc – 6 Appart. 50/100.
    Mai - Sept. — Karte 17/42 — **43 Z : 80 B** 38/56 - 78/108 – 6 Appart. 50/100.

XX **Haus am Meer** ॐ mit Zim, Dünenweg 1, 𝒫 75 03, ≤, « Terrasse am Strand », 🍴, 🎿 –
    📺 🛏wc ✆ 🅿
    Jan.- 14. März und Nov.- 22. Dez. geschl. — Karte 18/41 — **5 Z : 13 B** 75 - 116/138 Fb.

HOLDORF 2841. Niedersachsen 987 ⑭ — 5 000 Ew — Höhe 37 m – ✆ 05494.
♦Hannover 129 — ♦Bremen 85 — ♦Oldenburg 65 — ♦Osnabrück 40.

🏨 **Zur Post**, Große Str. 11, 𝒫 2 34 – 🛏wc 🛏wc 🅿. 🆎 ⓞ 🄴. ॐ Zim
— 23. Dez.- 4. Jan. geschl. — Karte 12,50/27 (Sonntag geschl.) — **11 Z : 21 B** 30/35 - 60/65.

HOLLE 3201. Niedersachsen — 6 600 Ew — Höhe 108 m – ✆ 05062.
♦Hannover 51 — ♦Braunschweig 38 — Hildesheim 20.

    In Holle 4-Astenbeck NW : 4 km :

🏛 **Gutsschenke**, an der B 6, 𝒫 18 66 — ✆ 🅿
    Karte 25/60 (nur Abendessen, Montag geschl.) — **7 Z : 16 B** 50/85 - 70/105.

    In Holle 1-Grasdorf N : 3 km :

🏨 **Motel Hilpert** garni, Ohebergstr. 120a, 𝒫 18 94 – 🛏wc 🚗 🅿
    11 Z : 22 B 38 - 63.

HOLLENSTEDT 2114. Niedersachsen 987 ⑮ — 1 700 Ew — Höhe 25 m – ✆ 04165.
♦Hannover 150 — ♦Bremen 78 — ♦Hamburg 43.

🏨 **Eulennest-Haus Hubertus**, Moisburger Str. 12, 𝒫 8 00 55, 🍴 – 🛏wc 🛏wc ✆ 🅿. 🆎 ⓞ
    🄴
    Karte 20/59 — **23 Z : 43 B** 50 - 90.

🏨 **Hollenstedter Hof**, Am Markt 1, 𝒫 83 35 – 🛏wc 🛏wc ✆ 🚗 🅿 🎿. 🆎 ⓞ 🄴
    Karte 22/49 (Montag bis 18 Uhr geschl.) — **18 Z : 36 B** 49/53 - 84/88.

HOLLERATH Nordrhein-Westfalen siehe Hellenthal.

HOLLFELD 8607. Bayern 987 ㉖ — 5 500 Ew — Höhe 402 m — Erholungsort — ✆ 09274.
Ausflugsziel : Felsengarten Sanspareil★ N : 7 km.
♦München 254 — ♦Bamberg 38 — Bayreuth 23.

🏨 **Bettina** ॐ, Treppendorf 22 (SO : 1 km), 𝒫 3 28, 🍴, 🎿 – 📺 🛏wc 🅿 🎿. 🆎
    Karte 19,50/40 (Montag geschl.) — **13 Z : 27 B** 34/40 - 58/70 — P 50/58.

HOLLWEGE Niedersachsen siehe Westerstede.

HOLTLAND Niedersachsen siehe Leer.

HOLZAPPEL 5409. Rheinland-Pfalz 987 ㉔ — 1 100 Ew — Höhe 270 m – ✆ 06439.
Mainz 77 — ♦Koblenz 42 — Limburg an der Lahn 16.

XXX **Herrenhaus zum Bären-Goethehaus** mit Zim, Hauptstr. 15, 𝒫 70 14, 🍴 – 🛏wc 🛏wc
    ✆. 🄴
    Jan. geschl. — Karte 32/85 — **15 Z : 24 B** 50/85 - 98/150.

    In Laurenburg 5409 S : 3 km :

🏛 Zum Schiff, Hauptstr. 9, 𝒫 (06439) 3 56, ≤ – 🛏wc 🚗 🅿
    17 Z : 30 B.

HOLZERATH Rheinland-Pfalz siehe Reinsfeld.

HOLZHAM Bayern siehe Birnbach.

HOLZHAUSEN Bayern siehe Bergen bzw. Teisendorf.

HOLZHAUSEN Hessen siehe Herleshausen.

HOLZKIRCHEN 8150. Bayern 987 ㉗, 426 ⑰ — 9 400 Ew — Höhe 667 m — 🕿 08024.
♦München 34 — Rosenheim 41 — Bad Tölz 19.

🏠 **Alte Post**, Marktplatz 10a, ℰ 60 35 — |≋| 🚿wc 🅿. ℘
47 Z : 100 B.

HOLZMINDEN 3450. Niedersachsen 987 ⑮ — 21 200 Ew — Höhe 83 m — 🕿 05531.
🛈 Verkehrsamt, Obere Str. 30, ℰ 20 88.
🛈 Kurverwaltung (Neuhaus im Solling), Lindenstr. 8 (Haus des Gastes), ℰ (05536) 4 51.
♦Hannover 95 — Hameln 50 — ♦Kassel 80 — Paderborn 65.

🏠 **Parkhotel Interopa** ≶ garni, Altendorfer Str. 19, ℰ 20 01, 🐎 — 📺 🚿wc 🕿 ⅏ 🅿. 🅰🅴 ⓞ
E
43 Z : 80 B 44/75 - 77/120 Fb.

🏠 **Buntrock**, Karlstr. 23, ℰ 20 77 — |≋| 🚿wc 🚿wc 🕿 🅿 🛁. **E**
Karte 18/40 (Samstag geschl.) — **24 Z : 28 B** 38/58 - 80.

🏠 **Schleifmühle** ≶, An der Schleifmühle 3, ℰ 50 98, 🍴, 🔲, 🐎 — 🚿wc 🕿 ⅏ 🅿
Karte 19,50/31 (nur Abendessen, Sonntag geschl.) — **17 Z : 30 B** 47/50 - 63/78 Fb.

XX **Hellers Krug** mit Zim, Altendorfer Str. 19, ℰ 21 15 — 🅿. 🅰🅴 ⓞ **E**
Karte 24/57 (Sonntag geschl.) — **19 Z : 26 B** 30 - 59 Fb.

In Holzminden 2-Neuhaus im Solling SO : 12 km — Höhe 365 m — Heilklimatischer Kurort
— 🕿 05536 :

🏠 **Park-Hotel Düsterdiek** ≶, Am Wildenkiel 19, ℰ 10 22, ≤, « Garten », 🍴, 🔲, 🐎 — |≋|
🚿wc 🚿wc 🕿 🅿 🛁. 🅰🅴 ⓞ **E** VISA
10. Nov.- 18. Dez. geschl. — Karte 17,50/46 — **44 Z : 68 B** 61/68 - 104/132 Fb — P 76/92.

🏠 **Schatte-Haus Enzian** ≶, Am Wildenkiel 15, ℰ 10 55, 🍴, 🔲, 🐎 — |≋| 📺 🚿wc 🚿wc 🕿
🅿. 🅰🅴
Mitte Nov.- Mitte Dez. geschl. — Karte 18/44 — **52 Z : 80 B** 32/75 - 70/135 Fb — P 57/100.

🏠 **Brauner Hirsch**, Am Langenberg 5, ℰ 10 33, « Terrasse mit ≤ » — |≋| 📺 🚿wc 🕿 ⅏ 🅿.
🅰🅴 ⓞ **E** VISA ℘ Rest
7. Jan.- 15. Feb. geschl. — Karte 18/54 — **27 Z : 49 B** 36/47 - 72/93 — P 59/70.

🏠 **Zur Linde**, Lindenstr. 4, ℰ 10 66, « Gartenterrasse », 🍴 — 🚿wc 🚿wc 🕿 ⅏ 🅿 🛁
Karte 16/51 — **18 Z : 32 B** 48/54 - 92/108 — P 61/70.

🏠 **Schwalbenhof** ≶ garni, Wiesengrund 11, ℰ 5 65, 🐎 — 📺 🚿wc 🚿wc 🕿 ⅏ 🅿. ℘
26 Z : 40 B 45/50 - 83/130.

🏠 **Am Wildenkiel**, Am Wildenkiel 18, ℰ 2 43, 🐎 — 🚿wc ⅏ 🅿
(Rest. nur für Hausgäste) — **23 Z : 35 B** 45 - 84 Fb.

In Holzminden 2-Silberborn SO : 12 km — Luftkurort :

🏠 **Sollingshöhe**, Dasseler Str. 15, ℰ (05536) 10 02, 🍴, 🍴, 🔲, 🐎 — 🚿wc 🕿 🅿 🛁
31. Okt.-20. Dez. geschl. — Karte 16,50/36 (Jan.- April Dienstag geschl.) — **30 Z : 47 B** 40/53 -
78/100 Fb — P 59/73.

HOLZWALD Baden-Württemberg siehe Rippoldsau-Schapbach, Bad.

HOLZWICKEDE Nordrhein-Westfalen siehe Dortmund.

HOMBERG (Efze) 3588. Hessen 987 ㉖ — 14 400 Ew — Höhe 270 m — 🕿 05681.
🛈 Verkehrsamt, Rathaus, Obertorstr. 4, ℰ 8 21.
♦Wiesbaden 185 — Fulda 72 — Bad Hersfeld 32 — ♦Kassel 51 — Marburg 62.

🏠 **Stadt Cassel**, Westheimer Str. 25, ℰ 70 61 — 📺 🚿wc 🚿wc 🕿 ⅏ 🛁. 🅰🅴 ⓞ **E** VISA
1.- 15. Jan. geschl. — Karte 22/46 (Samstag bis 18 Uhr geschl.) — **13 Z : 22 B** 35/65 - 65/108.

🏠 **Felsenkeller**, Kasseler Str. 18, ℰ 25 38, 🐎 — 🚿wc 🅿. ℘
11 Z : 20 B.

X **Krone** (Fachwerkhaus a.d.J. 1480), Holzhäuser Str. 1, ℰ 24 07
Mittwoch und Aug. 3 Wochen geschl. — Karte 16/39.

HOMBURG/SAAR 6650. Saarland 987 ㉔, 242 ⑦, 57 ⑦ — 44 000 Ew — Höhe 250 m — 🕿 06841.
🛈 Kultur- und Verkehrsamt, Am Forum, ℰ 20 66.
♦Saarbrücken 35 — Kaiserslautern 42 — Neunkirchen/Saar 15 — Zweibrücken 11.

🏠 ✿ **City-Park-Hotel - Geitlingers-Restaurant**, Am Steinhübel 8, ℰ 13 61, Telex 44660,
Massage, 🍴, 🔲 — |≋| ⅏ 🛁. 🅰🅴 ⓞ **E** VISA ℘ Rest
Karte 37/76 — **127 Z : 175 B** 128/139 - 168/190 Fb
Spez. Cassolette vom Kalbskopf und -bries, St. Petersfisch mit Senf und Kräutern, Lammsattel mit Knoblauchpüree.

🏠 **Schweizerstuben**, Kaiserstr. 72, ℰ 14 11, Telex 447116 — 📺 ⅏ 🅿 🛁
Karte 42/68 (Sonntag geschl.) — **18 Z : 33 B** 80/100 - 140/180 Fb.

🏠 **Euler**, Gerberstr. 17 (Eingang Talstraße), ℰ 6 00 76 — 🚿wc 🚿wc 🕿 ⅏. **E**
Karte 18/46 (Samstag und 24. Dez.- 7. Jan. geschl.) 🛁 — **51 Z : 96 B** 60/65 - 90.

🏠 **Bürgerhof** garni, Eisenbahnstr. 60, ℰ 45 11 — 🚿wc 🕿 🅿 — **33 Z : 50 B.**

XX **Schloßberg-Höhenrestaurant**, auf dem Schloßberg, ℰ 6 20 18, ≤ — 🅿 🛁. 🅰🅴 ⓞ **E** VISA
Juni - Juli 3 Wochen geschl. — Karte 27/57.

In Homburg-Erbach N : 2 km :

🏠 Landhaus Roth, Steinbachstr. 92, ℰ 76 14 — 📶⌂wc ⋔wc ☎ ❻
36 Z : 50 B.

In Homburg-Schwarzenacker SW : 4 km über die B 423 :

🏨 **Zur Spelzenklamm** ⟿, Am Ohligberg 26, ℰ (06848) 5 72, ≤, �花 — ⌂wc ⋔wc ☎ ❻, ᴬᴱ **E**
Karte 23/56 *(Sonntags bis 18 Uhr geschl.)* — **13 Z : 22 B** 70 - 130.

MICHELIN-REIFENWERKE KGaA. Berliner Straße, ℰ 70 41, Telex 44624, Postfach 230.

HOMBURG VOR DER HÖHE, BAD 6380. Hessen 🔢🔢🔢 ㉘ — 52 000 Ew — Höhe 197 m — Heilbad — ✪ 06172.

Sehenswert : Kurpark★.

Ausflugsziel : Saalburg (Rekonstruktion eines Römerkastells)★ 6 km über ④.

🛈 Louisenstraße (Kurhaus), ℰ 1 21 30.

ADAC, Louisenstr. 23, ℰ 2 10 93.

♦Wiesbaden 45 ② — ♦Frankfurt am Main 17 ② — Gießen 48 ① — Limburg an der Lahn 54 ③.

Stadtplan siehe gegenüberliegende Seite.

🏨 **Maritim Kurhaus-Hotel** Ⓜ, Ludwigstraße, ℰ 2 80 51, Telex 415357, �花, 🐝, 🔲 — 📶 📺   **Y m**
🔥, ᴬᴱ ⓞ **E** 𝗩𝗜𝗦𝗔 ⁇ Rest
Karte 32/69 — **150 Z : 221 B** 144/234 - 194/314 Fb.

🏨 **Hardtwald** ⟿, Philosophenweg 31, ℰ 2 50 16, Telex 410594, « Gartenterrasse » — 📺 ⌂wc   **Y z**
⋔wc ☎ ⟿ ❻, ᴬᴱ ⓞ **E** 𝗩𝗜𝗦𝗔 ⁇
Karte 24/60 *(Freitag geschl.)* — **41 Z : 61 B** 88/115 - 125/185 Fb.

🏨 **Geheimrat Trapp** garni, Kaiser-Friedrich-Promenade 55, ℰ 2 60 47, Telex 418088, Massage,   **Y n**
🔥 — 📶 📺 ⌂wc ⋔wc ☎ ❻ 🔥, ᴬᴱ ⓞ **E** 𝗩𝗜𝗦𝗔
50 Z : 80 B 95 - 160 Fb.

🏠 **Haus Daheim** garni, Elisabethenstr. 42, ℰ 2 00 98, Telex 4185081 — 📺 ⌂wc ⋔wc ☎ ⟿,   **Y d**
ᴬᴱ ⓞ **E** 𝗩𝗜𝗦𝗔
19 Z : 32 B 45/78 - 85/125.

🏠 **Villa Kisseleff** garni, Kisseleffstr. 19, ℰ 2 15 40 — ⌂wc ⋔wc ❻. ⁇   **Y b**
14 Z : 17 B.

XXX **Table**, Kaiser-Friedrich-Promenade 85, ℰ 2 44 25, �花 — ᴬᴱ ⓞ   **Z s**
Mitte Dez.- Mitte Jan., Samstag bis 18 Uhr und Sonntag geschl. — Karte 40/76 (Tischbestellung ratsam).

XX **Schildkröte**, Mußbachstr. 19, ℰ 2 33 07 — ᴬᴱ   **Y a**
nur Abendessen, Dienstag und Juli 3 Wochen geschl. — Karte 38/72.

XX **Yuen's China-Rest.**, Kisseleffstr. 15, ℰ 2 47 40, �花   **Y b**

X **Friedrichshof**, Saalburgstr. 66, ℰ 3 58 64 — ❻   über Saalburgstr.   **Y**

In Bad Homburg-Dornholzhausen über ④ und die B 456 :

🏠 **Sonne**, Landwehrweg 3, ℰ 3 10 23 — ⌂wc ⋔wc ☎ ⟿ ❻. ᴬᴱ **E**
Weihnachten - Neujahr geschl. — Karte 24/45 *(nur Abendessen, Dienstag geschl.)* — **15 Z : 30 B** 55/70 - 85/95.

XX **Hirschgarten** (Böhmische Küche), Tannenwaldweg (W : 2,5 km), ℰ 3 35 25, ≤, �花 — ❻.
ᴬᴱ ⓞ **E**
Montag geschl. — Karte 28/54.

In Bad Homburg-Gonzenheim über Frankfurter Landstr. Z :

X **Darmstädter Hof**, Frankfurter Landstr. 77, ℰ 4 13 47 — ❻. ᴬᴱ ⓞ **E** 𝗩𝗜𝗦𝗔
Sonntag geschl. — Karte 25/55.

Bei der Saalburg ④ : 6 km über die B 456 :

XX **Saalburg-Restaurant**, nahe der B 456, ✉ 6380 Bad Homburg v.d.H., ℰ (06175) 10 07 — ❻.
ᴬᴱ ⓞ **E** 𝗩𝗜𝗦𝗔
Karte 23/59.

In Friedrichsdorf 6382 ① : 5 km — ✪ 06172 :

🏨 **Crest-Hotel**, Im Dammwald 1, ℰ 1 71, Telex 415892, 🐝, 🔲 — 📶 📺 ⌂wc ⋔wc ☎ ⟿ ❻
🔥. ᴬᴱ ⓞ **E** 𝗩𝗜𝗦𝗔
Karte 36/69 — **134 Z : 197 B** 161 - 217 Fb.

🏨 **Lindenhof**, Hugenottenstr. 47, ℰ 50 77, 🐝, 🏊 (geheizt), 🌳 — 📶 🍽 Rest 📺 ⌂wc ⋔wc ☎
⟿ ❻. ᴬᴱ ⓞ **E** 𝗩𝗜𝗦𝗔
Karte 25/64 *(nur Abendessen, Samstag geschl.)* — **36 Z : 55 B** 98/140 - 140/200 Fb.

🏠 ✤ **Weißer Turm - Sänger's Rest.**, Hugenottenstr. 121, ℰ 7 20 20 — ⋔wc ☎ ❻. ⓞ **E**
Feb. 2 Wochen geschl. — Karte 45/80 *(Tischbestellung ratsam)* (Samstag bis 18 Uhr und Sonntag geschl.) — **13 Z : 18 B** 55/95 - 100/140
Spez. Gebeiztes Rinderfilet mit Artischockensalat, Zander in Thymianbutter, Pochierte Entenbrust mit Schalottensauce.

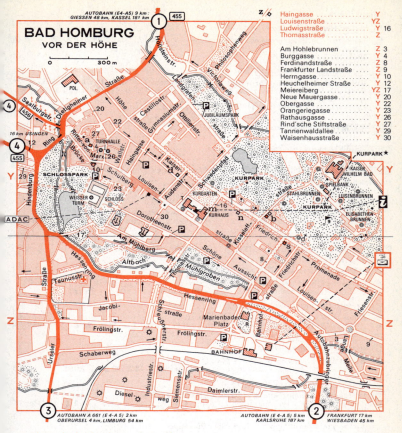

BAD HOMBURG
VOR DER HÖHE

0   300 m

AUTOBAHN (E 4-A 5) 9 km :
GIESSEN 48 km, KASSEL 181 km

16 km USINGEN

KURPARK ★

AUTOBAHN A 661 (E 4-A 5) 2 km :
OBERURSEL 4 km, LIMBURG 54 km

AUTOBAHN (E 4-A 5) 5 km :
KARLSRUHE 187 km

FRANKFURT 17 km :
WIESBADEN 45 km

Les prix de chambre et de pension
peuvent parfois être majorés de la taxe de séjour et d'un supplément de chauffage.
Lors de votre réservation à l'hôtel,
faites-vous bien préciser le prix définitif qui vous sera facturé.

HONAU Baden-Württemberg siehe Lichtenstein.

HONNEF, BAD 5340. Nordrhein-Westfalen 🤍🤍🤍 ㉔ — 23 000 Ew — Höhe 72 m — Heilbad —
✆ 02224.

🛈 Kurverwaltung, Hauptstr. 28a, ✆ 1 71 48.
♦Düsseldorf 86 — ♦Bonn 17 — ♦Koblenz 51.

🏨 Kur- und Gästehaus Ditscheid ⑤, Luisenstr. 27, ✆ 30 61, � — 🛏wc ⓜwc ☎ 🅿 🚗. ✕
   (Rest. nur für Hausgäste) — **50 Z : 70 B.**

🏨 Gästehaus in der Au ⑤ garni, Alexander-von-Humboldt-Str. 33, ✆ 52 19 — 🛏wc ⓜwc ⇔.
   ✕
   nur Saison — **12 Z : 20 B.**

XX **Franco** mit Zim, Markt 3, ✆ 38 48 — 📺 🛏wc ⓜwc ☎. 🆎 ⓘ 🇪 VISA
   Karte 20/50 *(Montag geschl.)* — **8 Z : 15 B** 48 - 80.

X **Kurhaus-Restaurant**, Hauptstr. 28a, ✆ 28 37, 🍴 — 🚗. 🆎 ⓘ 🇪
   Karte 15,50/46.

   In Bad Honnef 6 - Aegidienberg-Rottbitze SO : 8 km :

XX **Zwitscherstuben** mit Zim, Rottbitzer Str. 17, ✆ 85 00, 🍴 — 📺 🛏wc ⓜwc ☎ 🅿 🚗
   Karte 22/50 *(Dienstag geschl.)* — **6 Z : 11 B** 58 - 98.

In Bad Honnef-Rhöndorf N : 1,5 km :

🏨 Bellevue - Die Rheinterrassen, Karl-Broel-Str. 43, ℰ 30 11, Telex 8869551, ≤, 盆 – 劇 📺
⌂wc �iflwc ☎ 🅿 ♨
70 Z : 130 B Fb.

In Windhagen-Rederscheid 5461 SO : 10 km :

🏨 **Golfhotel-Gestüt Waldbrunnen** M ♨, Brunnenstr. 7, ℰ (02645) 1 50, Telex 863020, 盆,
Bade- und Massageabteilung, ≦s, 🖾, ℀ (Halle), 🕎, ⅏ (Halle) – 劇 ≡ Rest 📺 & 🅿 ♨ (mit
🍴), ⚞ ① 🄴 🆅🆂🅰
Karte 44/79 – **54 Z : 107 B** 99/145 - 180/210 Fb – P 143/178.

HONRATH Nordrhein-Westfalen siehe Lohmar.

HOOKSIEL Niedersachsen siehe Wangerland.

HOPSTEN 4447. Nordrhein-Westfalen – 6 400 Ew – Höhe 43 m – 🕿 05458.

♦Düsseldorf 197 – Lingen 26 – ♦Osnabrück 39 – Rheine 16.

🏛 **Kiepenkerl**, Ibbenbürener Str. 2, ℰ 2 34 – ⌂wc ⇐ 🅿
Karte 15/28 *(Dienstag geschl.)* – **11 Z : 17 B** 24/30 - 48/60.

℀ **Kerssen-Brons** mit Zim, Marktplatz 1, ℰ 70 06 – ⌂ ⇐ 🅿
Nov. 3 Wochen geschl. – Karte 14/36 *(Donnerstag 16 Uhr - Freitag geschl.)* – **10 Z : 14 B** 28/33
- 55/66.

HORB 7240. Baden-Württemberg 🔢 🕮 – 20 000 Ew – Höhe 423 m – 🕿 07451.

🛈 Verkehrsbüro, Rathaus, Marktplatz 8, ℰ 36 11.

♦Stuttgart 63 – Freudenstadt 24 – Tübingen 36.

🏛 **Lindenhof**, Bahnhofsplatz 8, ℰ 23 10 – ⌂wc ⅏wc ☎ ⇐ ♨, ⚞ ①
20. Dez.- 20. Jan. geschl. – Karte 17/45 ♨ – **40 Z : 70 B** 25/55 - 54/75 – P 50/73.

In Horb-Dettingen SW : 6 km :

🏛 **Adler**, Alte Str. 3, ℰ (07482) 2 30 – ⅏wc 🅿 ⚞
20. Okt.- 10. Nov. geschl. – Karte 14/33 *(Dienstag geschl.)* ♨ – **14 Z : 24 B** 30/35 - 48/60 –
P 42/47.

In Horb-Hohenberg N : 1 km :

🏛 **Steiglehof**, Steigle 35, ℰ 24 18 – ⅏wc 🅿
23. Dez.- 7. Jan. geschl. – Karte 16/30 *(Sonntag geschl.)* – **13 Z : 20 B** 42 - 75/85.

In Horb-Isenburg S : 3 km :

🏛 **Waldeck** ♨, Mühlsteige 33, ℰ 38 80 – ⅏wc ⇐ 🅿 🄴 🆅🆂🅰
Jan. und Aug. je 2 Wochen geschl. – Karte 14/36 *(Montag geschl.)* ♨ – **8 Z : 14 B** 28/37 -
52/62 – P 50/59.

Auf Schloß Weitenburg O : 12 km über Börstingen

🏛 **Schloß Weitenburg** ♨, ✉ 7241 Eutingen-Weitingen, ℰ (07457) 80 51, ≤, « Schloß a. d. J.
1585, Park, Schloßkapelle », ≦s, 🖾, 🐎, ⅏(Halle) – ⌂wc ⅏wc ☎ 🅿 ♨
Jan.- Feb. geschl. – Karte 23/58 – **35 Z : 60 B** 48/78 - 90/145 Fb – P 91/124.

HORBEN 7801. Baden-Württemberg 🔢 🕮. 🔢 ⑧ – 850 Ew – Höhe 600 m –
🕿 0761 (Freiburg im Breisgau).

♦Stuttgart 216 – ♦Freiburg im Breisgau 10.

In Horben-Langackern :

🏨 **Luisenhöhe** M ♨, ℰ 2 91 61, Telex 7721843, ≤ Schauinsland und Schwarzwald, 盆, ≦s,
🖾, 🐎, ℀ – 劇 📺 ⌂wc ⅏wc ☎ & ⇐ 🅿 ♨, ⚞ ① 🄴 🆅🆂🅰
Karte 25/54 – **50 Z : 70 B** 85/100 - 130/150 Fb.

🏛 **Engel** ♨, ℰ 2 91 11, ≤, « Gartenterrasse », 🐎 – ⅏ ☎ ⇐ 🅿 ① 🄴 🆅🆂🅰
9. Jan.- 5. Feb. geschl. – Karte 20/53 *(Montag geschl.)* ♨ – **22 Z : 36 B** 38/45 - 76/120 –
P 73/80.

HORBRUCH Rheinland-Pfalz siehe Morbach.

HORHAUSEN 5451. Rheinland-Pfalz – 1 400 Ew – Höhe 365 m – 🕿 02687.

🛈 Verkehrsverein, Rheinstraße (Raiffeisenbank), ℰ 14 27.

Mainz 111 – ♦Bonn 52 – ♦Köln 68 – ♦Koblenz 37 – Limburg an der Lahn 52.

🏛 **Grenzbachmühle** ♨, Grenzbachstr. 17 (O : 2 km), ℰ 10 83, 盆, Damhirschgehege, 🐎 –
⌂wc ⅏wc ⇐ 🅿 ℀ Zim
15. Nov.- 15. Dez. geschl. – Karte 17/38 *(Dienstag geschl.)* ♨ – **17 Z : 30 B** 40 - 80 – P 58.

HORN-BAD MEINBERG 4934. Nordrhein-Westfalen 987 ⑮ – 17 000 Ew – Höhe 225 m – ✆ 05234.

Ausflugsziel : Externsteine★ SW : 2 km.

🛈 Städt. Verkehrsamt in Horn, Rathausplatz 2, ✆ 50 51.

🛈 Verkehrsbüro in Bad Meinberg, Parkstraße, ✆ 9 89 03.

◆Düsseldorf 197 – Detmold 10 – ◆Hannover 85 – Paderborn 27.

Im Stadtteil Horn :

🏠 **Vialon**, Rathausplatz 1, ✆ 50 88 – 🛏wc 🛁wc ☎ 🚗 🅿 🏄. 🎿 Zim
Karte 20/49 – **20 Z : 30 B** 40/50 - 80/100.

🏠 **Garre**, Bahnhofstr. 55 (B 1), ✆ 33 38 – 🛏wc 🛁wc 🚗 🅿
27. Juli - 15. Aug. geschl. – Karte 15,50/37 *(Sonntag geschl.)* – **8 Z : 13 B** 40/50 - 70/90.

Im Stadtteil Bad Meinberg – Heilbad :

🏨 **Teutonia**, Allee 19, ✆ 9 88 66, 🚋 – 🛗 📺 🛏wc 🛁wc ☎ 🅿 🏄. ⓞ Ε
15. Jan.- 15. Feb. geschl. – Karte 29/59 – **18 Z : 27 B** 48/60 - 96/120 Fb.

🏨 **Kurhaus zum Stern** 🦢, Parkstr. 15, ✆ 9 80 06, direkter Zugang zum Kurmittelhaus – 🛗
🛏wc 🛁 🚗 🅿 🏄. 🎿 Rest
Karte 21/52 *(auch Diät)* – **70 Z : 100 B** 33/68 - 61/129 Fb – P 55/95.

🏠 **Schauinsland**, Pyrmonter Str. 51 (B 239), ✆ 97 22, « Großer Garten », 🚋, 🌲 – 🛏wc
🛁wc 🅿 Ε
Karte 18/33 – **18 Z : 25 B** 37/40 - 70/80 – P 60/64.

🏠 **Kurhaus Zur Rose**, Parkstr. 47, ✆ 9 80 91, direkter Zugang zum Rosebad – 🛗 🛏wc 🛁wc
☎ 🚗 🅿 🏄. 𝔸Ε ⓞ Ε
15. Jan.- 15. März geschl. – Karte 18/43 – **62 Z : 102 B** 30/55 - 75/110 Fb.

🏠 Drei Kronen - Restaurant Scheune 🦢, Pyrmonter Str. 1 (B 239), ✆ 9 80 51, Cafégarten – 🛗
🛏wc 🛁wc ☎ 🅿
16 Z : 20 B Fb.

🏠 **Stille's Gästehaus** 🦢 garni, Am Ehrenmal 2, ✆ 9 89 82 – 🛏wc 🛁wc. 🎿
16 Z : 23 B 38 - 76.

Im Stadtteil Billerbeck :

🏨 **Zur Linde**, Steinheimer Str. 219, ✆ (05233) 52 89, 🚋, 🔲 – 🛗 🛁wc ☎ 🅿 🏄
6.- 24. Jan. geschl. – Karte 18/32 *(Dienstag geschl.)* – **36 Z : 70 B** 40 - 70/75 – P 55/70.

Im Stadtteil Holzhausen-Externsteine :

🏨 **Kurhotel Bärenstein** 🦢, Am Bärenstein 44, ✆ 50 33, Bade- und Massageabteilung, ♨,
🚋, 🔲, 🌲, 🎾 – 🛗 📺 🛁wc ☎ 🅿 🎿
22. Nov.- 26. Dez. geschl. – Karte 20/40 *(Montag geschl.)* – **76 Z : 98 B** 46/102 - 102/140 –
P 60/85.

Im Stadtteil Leopoldstal :

🏠 **Waldhotel Silbermühle** 🦢, Neuer Teich 57, ✆ 22 22, ≤, 🌳, 🌲 – 🛁wc 🅿. 🎿 Rest
➔ Nov.- 24. Dez. geschl. – Karte 14/37 *(Jan.- März Montag geschl.)* – **17 Z : 33 B** 30/35 - 60/70 –
P 50/55.

HORNBERG (Schwarzwaldbahn) 7746. Baden-Württemberg 987 ㉟ – 5 000 Ew – Höhe 400 m
– Erholungsort – ✆ 07833.

🛈 Städt. Verkehrsamt, Bahnhofstr. 3, ✆ 60 72.

◆Stuttgart 132 – ◆Freiburg im Breisgau 50 – Offenburg 45 – Villingen-Schwenningen 34.

🏨 **Adler**, Hauptstr. 66, ✆ 3 67 – 🛗 🛏wc 🛁wc ☎ 🚗. 𝔸Ε ⓞ Ε
8. Jan.- 4. Feb. geschl. – Karte 18/46 *(Freitag geschl.)* 🛎 – **24 Z : 43 B** 31/39 - 56/72 – P 46/54.

🏠 **Schloß Hornberg** 🦢, Auf dem Schloßberg 1, ✆ 68 41, ≤ Hornberg und Gutachtal, 🌳 –
🛁wc ☎ 🅿 🏄. 𝔸Ε ⓞ Ε 𝐕𝐈𝐒𝐀
15. Jan.- 15. Feb. geschl. – Karte 16,50/51 *(Montag geschl.)* – **41 Z : 88 B** 35/50 - 90/100 –
P 62/80.

Am Karlstein SW : 9 km, über Niederwasser – Höhe 969 m :

🏠 **Zur schönen Aussicht** 🦢, ✉ 7746 Hornberg 2, ✆ (07833) 2 90, ≤, 🌳, 🎿 – 🛁wc 🅿
Mitte Nov.- Mitte Dez. geschl. – Karte 17/39 🛎 – **23 Z : 46 B** 38/40 - 70/78 – P 52/60.

HORRENBERG Baden-Württemberg siehe Dielheim.

HORSTMAR 4435. Nordrhein-Westfalen 987 ⑭ – 6 400 Ew – Höhe 88 m – ✆ 02558.

◆Düsseldorf 123 – Enschede 42 – Münster (Westfalen) 28 – ◆Osnabrück 77.

In Horstmar-Leer N : 5 km :

🏕 **Horstmann**, Dorfstr. 9, ✆ (02551) 51 26 – 🛁wc 🅿
➔ Karte 13/34 *(Nov.- April Freitag geschl.)* – **10 Z : 12 B** 27 - 46/52.

HORUMERSIEL Niedersachsen siehe Wangerland.

HOYA 2812. Niedersachsen 987 ⑮ – 3 700 Ew – Höhe 20 m – 🕿 04251.
♦Hannover 72 – ♦Bremen 59 – Minden 76.

  🏠 **Stadtschänke** garni, Deichstr. 19, 🌸 22 47 – ⋔wc 🕿 ⇐ 🅿. 🌿
    7 Z : 12 B 37/44 - 50/86.

HOYERSWEGE Niedersachsen siehe Ganderkesee.

HUDE 2872. Niedersachsen 987 ⑭ – 12 400 Ew – Höhe 15 m – 🕿 04408.
♦Hannover 152 – ♦Bremen 36 – ♦Oldenburg 20.

  🏠 **Burgdorf's Gaststätte**, Hohe Str. 21, 🌸 18 37 – ⋔wc 🅿. ⓞ
    Karte 16/32 – **10 Z : 20 B** 35 - 65.

HÜCKESWAGEN 5609. Nordrhein-Westfalen 987 ⑳ – 15 000 Ew – Höhe 258 m – 🕿 02192.
🅱 Verkehrsbüro (Reisebüro Schmidt), Islandstr. 22, 🌸 27 64.
♦Düsseldorf 61 – ♦Köln 44 – Lüdenscheid 27 – Remscheid 14.

  🏠 **Zur Post**, Peterstr. 2, 🌸 10 50 – 🅿
    10 Z : 14 B.

  XX **Kleineichen** 🏠 mit Zim, Bevertalstr. 44 (SO : 1 km), 🌸 43 75, 🌸, 🌳 – ⇐ 🅿
    März geschl. – Karte 21/50 *(Montag geschl.)* – **6 Z : 10 B** 30 - 60.

  XX Rats-Stuben, Marktstr. 4, 🌸 73 81 – 🌿.

HÜFINGEN 7713. Baden-Württemberg 987 ㉟, 427 ⑥ – 6 200 Ew – Höhe 686 m –
🕿 0771 (Donaueschingen).
♦Stuttgart 126 – Donaueschingen 3 – ♦Freiburg im Breisgau 59 – Schaffhausen 38.

  🏠 **Frank**, Bahnhofstr. 3, 🌸 6 12 81 – ⋔wc 🕿 ⇐ 🅿
    Karte 18/49 *(Freitag geschl.)* 🍸 – **10 Z : 17 B** 40 - 80.

  In Hüfingen 3-Fürstenberg SO : 9,5 km :

  🏠 **Rössle**, Zähringer Str. 12, 🌸 6 19 22 – ⋔wc 🅿
  ⟶ *1.- 25. Jan. geschl.* – Karte 13/33 *(Mittwoch geschl.)* 🍸 – **6 Z : 12 B** 30 - 50/60.

    Si vous écrivez à un hôtel à l'étranger,
    joignez à votre lettre un coupon réponse international
    (disponible dans les bureaux de poste).

HÜGELSHEIM 7571. Baden-Württemberg 242 ⑯, 87 ③, 57 ⑳ – 1 400 Ew – Höhe 121 m –
🕿 07229.
♦Stuttgart 108 – Baden-Baden 14 – Rastatt 10 – Strasbourg 43.

  🏠 **Hirsch**, Hauptstr. 28 (B 3), 🌸 22 55, 🔥, 🌳 – 📻 ⇌wc ⋔wc ⇐ 🅿
    Mitte Jan.- Mitte Feb. geschl. – Karte 18/57 *(Mittwoch geschl.)* – **33 Z : 60 B** 42/61 - 88/114.

  🏠 **Zum Schwan**, Hauptstr. 45 (B 3), 🌸 22 07, 🌳 – ⇌wc ⋔wc ⇐ 🅿
    Karte 23/54 *(Montag geschl.)* – **21 Z : 38 B** 42/47 - 65/74.

HÜINGHAUSEN Nordrhein-Westfalen siehe Herscheid.

HÜLLHORST Nordrhein-Westfalen siehe Lübbecke.

HÜLPERODE Niedersachsen siehe Braunschweig.

HÜLZWEILER Saarland siehe Schwalbach.

HÜNFELD 6418. Hessen 987 ㉕ – 14 300 Ew – Höhe 279 m – 🕿 06652.
♦Wiesbaden 179 – Fulda 19 – Bad Hersfeld 27 – ♦Kassel 102.

  🏠 **Jägerhof**, Niedertor 9 (B 27), 🌸 22 37 – ⇌wc ⋔wc ⇐ 🅿
  ⟶ *März - April 3 Wochen geschl.* – Karte 14/26 *(April - Okt. Sonntag, Nov.- März Samstag und
    Sonntag geschl.)* – **27 Z : 51 B** 26/34 - 54/68.

  🏠 **Zum Lamm**, Hauptstr. 11, 🌸 23 49 – ⋔wc ⇐. 🆎 🅴
  ⟶ *Okt. 2 Wochen geschl.* – Karte 12/24 *(Mittwoch geschl.)* – **16 Z : 30 B** 25/30 - 50/60.

HÜRTGENWALD 5165. Nordrhein-Westfalen – 7 500 Ew – Höhe 325 m – 🕿 02429.
♦Düsseldorf 88 – ♦Aachen 41 – ♦Bonn 70 – Düren 8,5 – Monschau 35.

  In Hürtgenwald-Gey 409 ⑰ :

  XXX ❀ **Hefter**, Hubertusstr. 38, 🌸 79 71, ⇐ – 🅿
    Montag - Dienstag, Juli - Aug. und Dez.- Jan. je 2 Wochen geschl. – Karte 27/80 (Mittagessen
    nur auf Vorbestellung)
    Spez. Salm auf Rauchsauce, Rehrücken mit Wacholderjus, Printenparfait.

In Hürtgenwald-Simonskall :

🏨 **Haus Kallbach** ⚇, ℰ 12 74, 🌭, ⇔, ◩, 🌺 − 🛗 ⇔wc ⋔wc ☎ 🅿 ♨. ⓪ Ε
5.- 21. Jan. geschl. − Karte 21/51 − **26 Z : 49 B** 54/59 - 90/110 Fb − P 79/84.

🏠 Wiesengrund ⚇, Hauptstr. 12, ℰ 21 13, 🌭, 🌺 − 🛗 ⋔wc 🅿 − **21 Z : 35 B**.

🏠 **Sonneneck** ⚇, Simonskaller Weg 21, ℰ 71 59, 🌺 − ⋔wc ⇦ 🅿
(Rest. nur für Hausgäste) − **12 Z : 20 B** 33/38 - 66/72.

In Hürtgenwald-Vossenack :

🏨 **Zum alten Forsthaus**, Germeter Str. 49, ℰ 78 22, ⇔, ◩, 🌺 − ⇔wc ⋔wc ☎ ⇦ 🅿 ♨.
⓪. ⅍ Rest
Karte 21/57 − **26 Z : 44 B** 57/59 - 102/106 Fb.

HÜTTERSDORF Saarland siehe Schmelz.

HÜTTGESWASEN Rheinland-Pfalz siehe Hattgenstein.

HÜTZEL Niedersachsen siehe Bispingen.

HUNDSBACH Baden-Württemberg siehe Forbach.

HUNGEN 6303. Hessen − 11 800 Ew − Höhe 145 m − ✆ 06402.
◆Wiesbaden 82 − ◆Frankfurt am Main 53 − Gießen 21.

🏠 **Quellenhof**, Gießener Str. 37, ℰ 70 11, ⇔, ◩ − ⋔wc ☎ 🅿 ♨. 🆎 ⓪ Ε
Karte 24/51 (Samstag bis 17 Uhr geschl.) − **32 Z : 60 B** 65/75 - 95/115 Fb.

HUSSENHOFEN Baden-Württemberg siehe Schwäbisch Gmünd.

HUSUM 2250. Schleswig-Holstein 🗤🗥🗦 ⑤ − 23 450 Ew − Höhe 5 m − ✆ 04841.
Sehenswert : Nordfriesisches Museum★ − Ausflugsziel : Die Halligen★ (per Schiff).
🛈 Touristinformation, Großstr. 25, ℰ 66 61 33 − ◆Kiel 84 − Flensburg 42 − Heide 40 − Schleswig 34.

🏨 **Nordseehotel Husum** ⚇, Am Seedeich, ℰ 50 22, ≤, ⇔, ◩ − 🛗 📺 ⇔wc ⋔wc ☎ ⇦
🅿 ♨. 🆎 ⓪ Ε 𝚅𝙸𝚂𝙰
Karte 25/65 − **21 Z : 35 B** 59/75 - 95/150 Fb.

🏨 **Carstens am Wasserturm** ⚇ garni, Hinter der Neustadt 28, ℰ 6 20 62, 🌺 − ⋔wc ☎
⇦ 🅿. 🆎 ⓪ Ε
28 Z : 48 B 68 - 98 Fb.

🏨 **Obsen's-H.**, Hafenstr. 3, ℰ 20 41 − 🛗 📺 ⋔wc ☎ ⇦ 🅿. 🆎 ⓪ Ε 𝚅𝙸𝚂𝙰
Karte 21/43 − **19 Z : 40 B** 78 - 116.

🏨 **Hinrichsen** garni, Süderstr. 35, ℰ 50 51, ⇔ − 📺 ⋔wc ☎ 🅿. 🆎 ⓪ Ε 𝚅𝙸𝚂𝙰
44 Z : 85 B 35/60 - 70/95 Fb.

🏠 **Zur grauen Stadt am Meer**, Schiffbrücke 9, ℰ 22 36 − ⋔ ☎ ⇦. 🆎 ⓪
◀ 20. Dez.- 20. Jan. geschl. − Karte 14,50/41 − **22 Z : 38 B** 35/45 - 70/90.

🏠 **Rosenburg**, Schleswiger Chaussee 65, ℰ 7 23 08, 🌭, 🌺 − ⋔wc ⇦ 🅿. 🆎 ⓪ Ε
Ende Okt.- Mitte Nov. geschl. − Karte 19/40 (Nov.-Mai Samstag geschl.) − **12 Z : 27 B** 40/55 -
80.

🏠 **Osterkrug**, Osterende 56, ℰ 28 85 − ⋔wc 🅿. 🆎 ⓪ Ε 𝚅𝙸𝚂𝙰
Karte 18/45 − **25 Z : 41 B** 30/35 - 60/70.

🏠 **Wohlerts H.** garni, Markt 30, ℰ 22 29 − 📺 ⋔wc ⇦
13 Z : 25 B 35/65 - 70/110.

🍴🍴 Ratskeller, Großstr. 27, ℰ 50 71.

In Simonsberger Koog 2251 SW : 7 km :

🏨 Lundenbergsand ⚇, Lundenbergweg 3, ℰ (04841) 43 57, 🌺 − 📺 ⇔wc ⋔wc ☎ 🅿. ⅍
17 Z : 33 B − 6 Ferienhäuser.

HUZENBACH Baden-Württemberg siehe Baiersbronn.

IBACH 7822. Baden-Württemberg 🗤🗥🗦 ⑥ − 360 Ew − Höhe 1 000 m − Erholungsort −
Wintersport : 1 000/1 100 m ≰1 ⊰2 − ✆ 07672 (St. Blasien).
🛈 Kurverwaltung, Rathaus Oberibach, ℰ 8 42.
◆Stuttgart 195 − Basel 59 − ◆Freiburg im Breisgau 56 − Zürich 79.

In Ibach-Lindau SW : 5 km :

🏠 **Schwarzwaldgasthof Adler** ⚇, ℰ (07674) 3 58, ≤, 🌭, 🌺 − ⋔wc ⇦ 🅿
Karte 15,50/43 (Okt.- Mai Dienstag geschl.) ♨ − **14 Z : 36 B** 38/45 - 50/70 − 3 Appart. 70 −
P 56/71.

In Ibach-Mutterslehen N : 6 km :

🏠 **Schwarzwaldgasthof Hirschen**, Hauptstraße, ℰ 8 66, ≤, 🌭, ⇔, 🌺 − ⇔wc ⋔wc ☎
🅿
Ende Nov.- Mitte Dez. geschl. − Karte 18/47 ♨ − **15 Z : 30 B** 50 - 80/84 − P 76.

IBBENBÜREN 4530. Nordrhein-Westfalen 987 ⑭ − 44 800 Ew − Höhe 79 m − ✪ 05451.

🛈 Tourist-Information, Pavillon am Bahnhof, 𝒫 5 32 09.

◆Düsseldorf 173 − ◆Bremen 143 − ◆Osnabrück 30 − Rheine 22.

🏨 **Leischulte**, Rheiner Str. 10 (B 65), 𝒫 40 88, 🍴, 🖾 − 🛉 📺 🚻wc 🛁wc ☎ 🚗 🅿 🛄. 🖭 ⓪ 🄴 𝖵𝖨𝖲𝖠
Karte 23/50 − **41 Z : 60 B** 38/60 - 90/120 Fb.

🏨 **Hubertushof**, Münsterstr. 222 (B 219, S : 2,5 km), 𝒫 34 10, 🍴 − 🚻wc 🛁wc ☎ 🚗 🅿. ⓪
↤ 2.- 25 Jan. geschl. − Karte 14/44 (Dienstag geschl.) − **17 Z : 27 B** 39/50 - 70/80.

🏨 **Brügge**, Münsterstr. 201 (B 219), 𝒫 1 30 98, 🍴 − 🛁wc 🅿
24.- 31. Dez. geschl. − Karte 18,50/45 (Montag geschl.) − **16 Z : 23 B** 43/60 - 80.

IBURG, BAD 4505. Niedersachsen 987 ⑭ − 9 700 Ew − Höhe 140 m − Kneippheilbad − ✪ 05403.

🛈 Kurverwaltung, Philipp-Sigismund-Allee 4, 𝒫 40 16 12.

◆Hannover 147 − Bielefeld 43 − Münster (Westfalen) 43 − ◆Osnabrück 16.

🏨 **Hotel im Kurpark** 🦢, Philipp-Sigismund-Allee 4, 𝒫 40 11, « Gartenterrasse », direkter Zugang zum Kurmittelhaus − 🛉 🚻wc 🛁wc ☎ 🅿 🛄. ⓪ 🄴
Karte 18/49 − **48 Z : 74 B** 65/104 - 110/154 Fb − P 100/110.

🏨 **Waldhotel Felsenkeller**, Charlottenburger Ring 46 (B 51), 𝒫 8 25, « Gartenterrasse, Wildgehege » − 🛉 🚻wc 🛁wc ☎ 🚗 🅿 🛄. 🖭 ⓪ 🄴
13. Jan.- 21. Feb. geschl. − Karte 17/40 (Okt.-April Freitag geschl.) − **32 Z : 56 B** 40/65 - 80/100 − P 50/65.

🏨 **Altes Gasthaus Fischer Eymann**, Schloßstr. 1, 𝒫 3 11, 🌳 − 🛁wc 🚗 🅿
↤ Karte 13,50/36 (Nov.- März Mittwoch geschl.) − **10 Z : 15 B** 33/37 - 70/74 − P 50.

🏨 Zum Dörenberg, Osnabrücker Str. 145 (B 51, N : 2 km), 𝒫 3 43, ≤ − 🛁wc 🚗 🅿 🛄
16 Z : 30 B Fb.

In Bad Iburg-Ostenfelde :

🏨 Haus Sandkämper, Lienener Str. 2, 𝒫 2051, « Gartenterrasse », 🌳 − 🛁wc 🚗 🅿
25 Z : 50 B.

IDAR-OBERSTEIN 6580. Rheinland-Pfalz 987 ㉔ − 38 000 Ew − Höhe 260 m − ✪ 06781.

Sehenswert : Edelsteinmuseum★★ − Lage★ − ≤★ von der Wasenstraße (in Oberstein).

Ausflugsziel : Felsenkirche★ 10 min zu Fuß (ab Marktplatz Oberstein).

🛈 Städt. Verkehrsamt, Bahnhofstr. 13 (Nahe-Center), 𝒫 2 70 25, Telex 426211.

ADAC, Mainzer Str. 79, 𝒫 4 39 22.

Mainz 92 − Bad Kreuznach 49 − ◆Saarbrücken 79 − ◆Trier 75.

Im Stadtteil Idar :

🏨 **Merian-Hotel**, Mainzer Str. 34, 𝒫 48 11, Telex 426262, ≤ − 🛉 📺 & 🛄. 🖭 ⓪ 🄴 𝖵𝖨𝖲𝖠
Karte 18/45 − **106 Z : 212 B** 89 - 124 Fb.

🏨 **Zum Schwan**, Hauptstr. 25, 𝒫 4 30 81 − 🛁wc 🛁wc ☎ 🚗. 🖭 ⓪ 🄴 𝖵𝖨𝖲𝖠
Karte 27/59 (Freitag geschl.) − **18 Z : 32 B** 33/50 - 65/95 Fb.

Im Stadtteil Oberstein :

🏨 **City-Hotel** garni, Otto-Decker-Str. 15, 𝒫 2 20 62 − 🛁wc ☎ 🅿. 🖭 ⓪ 🄴 𝖵𝖨𝖲𝖠
14 Z : 24 B 60/75 - 95/115.

In Idar-Oberstein 25 - Weierbach NO : 8,5 km :

🏠 Hosser, Hauptstr. 70, 𝒫 (06784) 2 21, 🍴 − 🛁wc 🚗 🅿 − **18 Z : 33 B**.

🏠 Rieth, Weierbacher Str. 13, 𝒫 (06784) 3 96 − 🛁wc 🅿
↤ Karte 14/22 (Sonntag bis 17 Uhr geschl.) − **10 Z : 14 B** 24/30 - 48/60 − P 44/50.

In Veitsrodt 6581 N : 4 km ab Idar :

🏨 Sonnenhof 🦢, Hauptstr. 16a, 𝒫 (06781) 3 10 38, 🍴, 🖾, 🌳 − 🛉 🚻wc 🛁wc ☎ & 🚗 🅿 🛄
27 Z : 41 B Fb.

In Kirschweiler 6580 NW : 7 km ab Idar :

🏨 **Waldhotel** 🦢, Mühlwiesenstr. 12, 𝒫 (06781) 3 38 62 − 🛁wc 🛁wc ☎ 🅿. 🖭 🄴
Karte 16,50/47 − **22 Z : 33 B** 39/44 - 74/78.

In Allenbach 6581 NW : 13 km ab Idar :

🏨 Steuer 🅼, Hauptstr. 10, 𝒫 (06786) 8 89, 🍴, 🌳, Edelsteinschleiferei − 🛁wc 🅿. ⓪ 🄴
↤ Karte 14,50/35 − **13 Z : 26 B** 40 - 65 − 4 Appart. 66.

IDSTEIN 6270. Hessen 987 ㉔ − 20 000 Ew − Höhe 266 m − ✪ 06126.

◆Wiesbaden 21 − ◆Frankfurt am Main 50 − Limburg an der Lahn 28.

🏨 **Felsenkeller**, Schulgasse 1, 𝒫 33 51 − 🛁wc 🛁wc 🚗. 🖭
↤ 24. März - 12. April geschl. − Karte 13,50/24 (Freitag geschl.) − **16 Z : 25 B** 30/45 - 55/68 − P 42/55.

IGEL Rheinland-Pfalz siehe Trier.

IHRINGEN 7817. Baden-Württemberg 🗺 ⑳, 🗺 ⑦, 🗺 ⑫ – 4 600 Ew – Höhe 225 m – ✆ 07668.
◆Stuttgart 204 – Colmar 29 – ◆Freiburg im Breisgau 21.

🏛 **Bräutigam's Weinstuben** Ⓜ, Bahnhofstr. 1, ℰ 2 10, « Gartenterrasse » – 🚻wc 🛁wc ☎
🅿 🅰 🆎 ⓞ 🅴
Karte 21/45 *(Mittwoch geschl.)* 🍴 – **22 Z : 36 B** 30/55 - 60/100 Fb – P 55/80.

☎ **Goldener Engel**, Bachenstr. 27, ℰ 2 40 – 🛖
Karte 17,50/38 *(Montag geschl.)* 🍴 – **12 Z : 20 B** 28/33 - 56/60.

✕✕ **Winzerstube**, Wasenweiler Str. 36, ℰ 50 51, 🏡 – 🅿
Dienstag und über Fasching 2 Wochen geschl. – Karte 22/38 🍴.

ILLERTISSEN 7918. Bayern 🗺 ⑳, 🗺 ⑮ – 13 100 Ew – Höhe 513 m – ✆ 07303.
◆München 151 – Bregenz 106 – Kempten 66 – ◆Ulm (Donau) 27.

🏛 **Am Schloß** 🐾, Lindenweg 6, ℰ 30 40, 🚕 – 📺 🚻wc 🛁wc ☎ 🚗 🅿
23. Dez.- 6. Jan. geschl. – Karte 20/40 *(nur Abendessen, Samstag geschl.)* 🍴 – **16 Z : 32 B**
60/85 - 95/120.

🏠 **Bahnhof-Hotel Vogt**, Bahnhofstr. 11, ℰ 35 55 – 🚻wc 🛁wc ☎ 🚗 🅿. 🛇 Zim
➔ Karte 13,50/36 *(Samstag und 17. Aug.- 5. Sept. geschl.)* – **30 Z : 50 B** 30/48 - 60/85.

ILLINGEN 7132. Baden-Württemberg 🗺 ⑳ – 6 100 Ew – Höhe 235 m –
✆ 07042 (Vaihingen an der Enz).
◆Stuttgart 34 – Heilbronn 59 – ◆Karlsruhe 53 – Pforzheim 18.

🏠 **Lamm**, Vaihinger Str. 19, ℰ 29 38 – 🛁wc 🅿
36 Z : 60 B.

ILSEDE Niedersachsen siehe Peine.

ILSFELD 7129. Baden-Württemberg 🗺 ⑳ – 6 500 Ew – Höhe 252 m – ✆ 07062 (Beilstein).
◆Stuttgart 40 – Heilbronn 12 – Schwäbisch Hall 45.

🏠 **Garni** 🐾, Fischerstr. 30, ℰ 6 19 84 – 🛖 🚗
9 Z : 16 B.

ILSHOFEN 7174. Baden-Württemberg – 4 300 Ew – Höhe 400 m – ✆ 07904.
◆Stuttgart 87 – Crailsheim 13 – Schwäbisch Hall 19.

🏠 **Post**, Hauptstr. 5, ℰ 10 12, Telex 74894 – 🚻wc ☎ 🚗 🅿 🅰. ⓞ
➔ Aug. 2 Wochen geschl. – Karte 13,50/38 🍴 – **17 Z : 30 B** 26/40 - 55/64.

ILTEN Niedersachsen siehe Sehnde.

IMMEKEPPEL Nordrhein-Westfalen siehe Overath.

IMMENDINGEN 7717. Baden-Württemberg 🗺 ⑥ – 5 900 Ew – Höhe 658 m – ✆ 07462.
◆Stuttgart 130 – Donaueschingen 20 – Singen (Hohentwiel) 32.

🏠 **Kreuz**, Donaustr. 1, ℰ 62 75, 🚕 – 🚻wc 🛁wc ☎ 🚗 🅿
21. Sept. - 13. Okt. geschl. – Karte 16/29 *(Montag geschl.)* 🍴 – **18 Z : 36 B** 33/35 - 60.

IMMENSTAAD AM BODENSEE 7997. Baden-Württemberg 🗺 ㉟, 🗺 ⑩, 🗺 ⑦ – 5 900 Ew
– Höhe 407 m – Erholungsort – ✆ 07545.
🛈 Verkehrsamt, Rathaus, Dr. Zimmermann-Str. 1, ℰ 20 11 10.
◆Stuttgart 199 – Bregenz 39 – ◆Freiburg im Breisgau 152 – Ravensburg 29.

🏛 **Strandcafé Heinzler** 🐾, Strandbadstr. 10, ℰ 62 88, ≤, Bootssteg, « Gartenterrasse », 🚕
– 📺 🛁wc ☎ 🅿
Jan. geschl. – Karte 17,50/48 🍴 – **16 Z : 32 B** 60 - 95 Fb – 3 Appart. 120.

🏛 **Seehof** 🐾, Bachstr. 15, ℰ 62 53 (Hotel) 21 79 (Rest.), ≤, 🏡, 🛶, 🍴 – 🛁wc 🅿
Karte 21/59 *(Montag geschl.)* – **34 Z : 55 B** 55/75 - 85/100 – 3 Appart. 90/110.

🏠 **Hirschen**, Bachstr. 1, ℰ 62 38, 🍴 – 🛁wc 🚗
Mitte Nov.- Anfang Jan. geschl. – Karte 16,50/41 *(Montag geschl.)* – **16 Z : 25 B** 40 - 70.

🏠 **Adler**, Dr.-Zimmermann-Str. 2, ℰ 62 58 – 🛁wc 🅿
23. Dez.- Jan. geschl. – Karte 18/40 – **40 Z : 68 B** 35/50 - 60/85.

🏠 **Krone** 🐾, Wattgraben 3, ℰ 62 39, 🍴 – 🛁wc 🅿. 🛇 Zim
Dez.- Jan. geschl. – Karte 15/26 *(Donnerstag geschl.)* – **18 Z : 35 B** 30/45 - 55/75 – P 49/60.

In Immenstaad-Schloß Kirchberg W : 2 km :

✕✕ **Schloß Kirchberg** mit Zim, an der B 31, ℰ 62 46, 🏡 – 🛖 🅿 🅰
Mitte Feb.- Okt. – Karte 20/54 *(Dienstag geschl.)* – **3 Z : 7 B** 45 - 70/80.

IMMENSTADT IM ALLGÄU 8970. Bayern 987 ⑱, 426 ⑮, 427 ⑨ — 14 000 Ew — Höhe 732 m — Erholungsort — Wintersport : 750/1 450 m ⟂10 ⟂12 — ✪ 08323.

🛈 Verkehrsamt, Marienplatz 3, ℰ 63 71 und Seestr. 5 (Bühl am A.), ℰ 89 96.

◆München 148 — Kempten (Allgäu) 23 — Oberstdorf 20.

🏨 **Hirsch**, Hirschstr. 11, ℰ 62 18 — 🛗 📺 ➪wc 🚿wc ⟸ ➍ 🏊
   Karte 16,50/40 🍷 — **30 Z : 50 B** 34/48 - 64/90 Fb — P 60/78.

🏨 **Lamm**, Kirchplatz 2, ℰ 61 92 — ➪wc 🚿wc ⟸ ➍. 🎿
   (nur Abendessen für Hausgäste) — **26 Z : 40 B** 35 - 70.

✕✕ **Deutsches Haus**, Färberstr. 10, ℰ 89 94 — ➍
   15.- 30. Juni und Mittwoch geschl. — Karte 20/42 🍷.

   In Immenstadt - Bühl am Alpsee NW : 3 km — Luftkurort :

🏨 **Terrassenhotel Rothenfels**, Missener Str. 60, ℰ 40 87, ≤, 🌳, 🚿, 🏊, 🌳 — 🛗 ➪wc
◆ 🚿wc ⟸ ➍ 🏊. 🆎 ⓸ 🇪 🎿 Rest
   Mitte Nov.- Mitte Dez.geschl. — Karte 14/52 *(Okt.- Mai Freitag geschl.)* — **32 Z : 68 B** 58/75 - 86/118 — P 71/87.

🏨 **Alpengasthof Bühler Höh**, Lindauer Str. 25, ℰ 5 41 — ➪wc 🚿wc ⟸ ➍. 🇪
   15. Nov.- 15. Dez. geschl. — Karte 16/41 *(Jan.- Mai Montag geschl.)* — **19 Z : 36 B** 32/48 - 62/78 — P 57/67.

   In Immenstadt-Knottenried NW : 7 km :

🏨 **Bergstätter Hof** 🍷, ℰ (08320) 2 87, ≤, 🌳, 🚿, 🏊, 🌳 — 🚿wc ➍
   Nov. geschl. — Karte 16/46 *(außerhalb der Saison Montag geschl.)* — **22 Z : 42 B** 32/55 - 64/96 — P 59/75.

   In Immenstadt-Stein N : 3 km :

🏨 **Eß** 🍷 garni, ℰ 81 04, ≤, 🌳 — 🚿wc ➍. 🎿
   12 Z : 20 B 35/40 - 64.

   In Immenstadt-Thanners NO : 7 km :

🏨 **Zur Tanne**, an der B 19, ℰ (08379) 8 29, 🐎 — 🚿wc ➍
   Nov. geschl. — Karte 15,50/35 *(Montag geschl.)* — **17 Z : 26 B** 32/36 - 60/70 — 8 Appart 50/90 — P 54/58.

INGELFINGEN 7118. Baden-Württemberg — 5 300 Ew — Höhe 210 m — ✪ 07940 (Künzelsau).

🛈 Rathaus, ℰ 40 41.

◆Stuttgart 98 — Heilbronn 56 — Schwäbisch Hall 27 — ◆Würzburg 84.

🏨 **Krone**, Schloßstr. 14, ℰ 80 02, 🌳 — 🚿 ➍
   35 Z : 55 B.

🏠 **Haus Nicklass**, Mariannenstr. 47, ℰ 35 73, 🚿 — 🚿wc ⟸ ➍
   17 Z : 25 B.

INGELHEIM AM RHEIN 6507. Rheinland-Pfalz — 21 000 Ew — Höhe 120 m — ✪ 06132.

Mainz 18 — Bingen 13 — Bad Kreuznach 25 — ◆Wiesbaden 23.

🏨 **Multatuli**, Mainzer Str. 255 (O : 1,5 km), ℰ 71 83, ≤ — 📺 🚿wc ☎ ➍ 🏊
   Karte 21/44 🍷 — **18 Z : 36 B** 70 - 110.

🏨 **Goldene Kugel** garni, Binger Str. 79 (3. Etage), ℰ 71 81 — 🛗 ➪wc 🚿wc ☎
   24. Dez.- 1 Jan. geschl. — **22 Z : 35 B** 48/53 - 86.

INGOLSTADT 8070. Bayern 987 ⑱⑲ — 90 500 Ew — Höhe 365 m — ✪ 0841.

Sehenswert : Maria-de-Victoria-Kirche★ A A — Liebfrauenmünster (Hochaltar★) A B.

🛈 Städtisches Verkehrsamt, Hallstr. 5, ℰ 30 54 15.

ADAC, Theresienstr. 32, ℰ 3 56 35, Telex 55831.

◆München 79 ① — ◆Augsburg 85 ① — ◆Nürnberg 92 ① — ◆Regensburg 78 ①.

Stadtplan siehe gegenüberliegende Seite.

🏨 **Holiday Inn**, Goethestr. 153, ℰ 22 81, Telex 55710, 🌳, 🚿, 🏊 — 🛗 ▤ 📺 ❹ ➍ 🏊. 🆎 ⓸
   🇪 𝖵𝖨𝖲𝖠   über ①
   Karte 20/51 — **124 Z : 200 B** 149 - 194 Fb.

🏨 **Rappensberger**, Harderstr. 3, ℰ 16 25, Telex 55834, 🌳 — 🛗 ❹ ⟸ 🏊. 🆎 ⓸ 🇪   A r
   24. Dez.- 3. Jan. geschl. — Karte 18/50 *(Sonntag 15 Uhr - Montag 18 Uhr geschl.)* — **99 Z : 136 B** 43/105 - 80/150 Fb.

🏨 **Bavaria** 🍷, Feldkirchener Str. 67, ℰ 5 60 01, Telex 55791, 🚿, 🏊, 🌳 — 🛗 📺 ➪wc 🚿wc
   ☎ ⟸ ➍ 🏊. 🆎 ⓸ 🇪   B b
   25. Dez.- 8. Jan. geschl. — Karte 15/45 *(nur Abendessen, Sonntag geschl.)* — **58 Z : 90 B** 70/75 - 90.

🏨 **Donau-Hotel**, Münchener Str. 10, ℰ 60 55 — 🛗 ➪wc 🚿wc ☎ ⟸ ➍ 🏊   B z
   66 Z : 89 B.

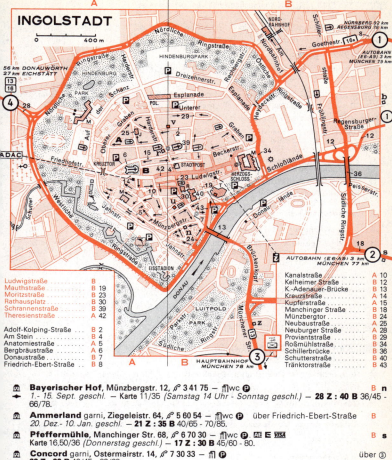

INGOLSTADT

0   400 m

NÜRNBERG 92 km
REGENSBURG 76 km

AUTOBAHN
(E6·A9) 3 km
MÜNCHEN 79 km

56 km DONAUWÖRTH
27 km EICHSTÄTT

ADAC

Regensburger-Straße

AUTOBAHN (E6·A9) 3 km
MÜNCHEN 77 km

HAUPTBAHNHOF
MÜNCHEN 78 km

Bayerischer Hof, Münzbergstr. 12, ℰ 3 41 75 – 🛏wc 🅿   B n
1.- 15. Sept. geschl. – Karte 11/35 *(Samstag 14 Uhr - Sonntag geschl.)* – **28 Z : 40 B** 36/45 - 66/78.

Ammerland garni, Ziegeleistr. 64, ℰ 5 60 54 – 🛏wc 🅿   über Friedrich-Ebert-Straße   B
20. Dez.- 10. Jan. geschl. – **21 Z : 35 B** 40/65 - 70/85.

Pfeffermühle, Manchinger Str. 68, ℰ 6 70 30 – 🛏wc 🅿 🖭 E 𝘝𝘐𝘚𝘈   B s
Karte 16,50/36 *(Donnerstag geschl.)* – **17 Z : 30 B** 45/60 - 80.

Concord garni, Ostermairstr. 14, ℰ 7 30 33 – 🛏 🅿   über ③
23 Z : 33 B 40/45 - 63/68.

Bastei, Schloßlände 1, ℰ 13 41, 🌳 – 🍽 🏛   B T
nur Abendessen, Aug. und Montag geschl. – Karte 20/56.

Rauchfang, Josef-Ponschab-Str. 8, ℰ 3 22 55 – 🖭 ⓪ E   B u
nur Abendessen, 2.- 16. Aug. und Samstag geschl. – Karte 23/48.

Bräustüberl (Brauerei-G.), Adolf-Kolping-Str. 1, ℰ 13 42   AB v

In Ingolstadt-Feldkirchen über ① :

Wirtshaus zum Pauli, Akeleistr. 12, ℰ 3 67 30, 🌳, Biergarten – 🅿.

In Ingolstadt-Hagau SW : 9 km über Südliche Ringstr. AB :

Motel Gemütlichkeit 🐾, Weiherstr. 13, ℰ (08450) 80 31, 🐎 – 📺 🛏wc ☎ 🅿. 🦌
(nur Abendessen für Hausgäste) – **10 Z : 20 B** 38/42 - 65/75.

An der B 13 ④ : 4 km :

Heidehof, Ingolstädter Str. 121 (B 13), ⊠ 8074 Gaimersheim, ℰ (08458) 7 11, Telex 55688, 🌳, Bade- und Massageabteilung, 🐎 – ⫴ 📺 ⟺ 🅿 🏛 🖭 ⓪ E 𝘝𝘐𝘚𝘈
Karte 20/60 – **56 Z : 92 B** 79/93 - 110/150 Fb.

An der B 13 ④ : 7 km :

Rasthaus Gabel, ⊠ 8074 Gaimersheim, ℰ (08458) 84 82, 🐎 – 🛏 🅿
Karte 12/30 *(Freitag geschl.)* 🍴 – **14 Z : 25 B** 26/29 - 52/58.

INNERSTETALSPERRE Niedersachsen siehe Langelsheim.

INNING 8084. Bayern 987 ㉖㉗, 426 ⑯ – 2 800 Ew – Höhe 553 m – ✆ 08143.
♦München 37 – Garmisch-Partenkirchen 77 – Landsberg am Lech 23.

In Inning-Stegen :

🏠 **Wieser** garni, Landsberger Str. 82 (nahe der B 12), ℰ 87 81 – 🚻wc 🏠wc ⇐ 🅿. ❀
20. Dez.- 20. Jan. geschl. – **16 Z : 24 B** 45/70 - 70/90.

INZELL 8221. Bayern 987 ㉘, 426 ⑲ – 3 700 Ew – Höhe 693 m – Luftkurort – Wintersport :
700/1 670 m ✎6 ✎5 – ✆ 08665 – 🅱 Verkehrsverein im Haus des Gastes, Rathausplatz 5, ℰ 8 62.
♦München 118 – Bad Reichenhall 15 – Traunstein 18.

🏨 **Dorint-Hotel**, Lärchenstr. 5, ℰ 60 51, Bade- und Massageabteilung, ⇔, 🔲 – 🛗 📺 🚻wc
☎ ♣ 🅿 🛗 ᴬᴱ ⓞ 🆅🅸🆂🅰 ❀ Rest
Karte 16/53 – **88 Z : 138 B** 70/90 - 110/150 Fb – 130 Appart. 85/140 – P 128/138.

🏨 **Zur Post**, Reichenhaller Str. 2, ℰ 2 31 – 🛗 📺 🚻wc 🏠wc ⇐ 🅿
Karte 18/45 – **48 Z : 79 B** 57 - 106 – 17 Appart. 70/145.

🏠 **Falkenstein**, Kreuzfeldstr. 2, ℰ 2 50, 🍽 – 🛗 🚻wc 🏠wc 🅿 – **32 Z : 64 B** Fb.

🏠 **Birkenhof** garni, Birkenweg 20, ℰ 5 80, 🔲, �花 – 🏠wc 🅿
10 Z : 20 B 47/55 - 70/74.

🏠 **Gästehaus Erika** garni, Traunsteiner Str. 73, ℰ 2 57, �花 – 🏠wc 🅿 – **18 Z : 36 B**.

In Inzell-Schmelz SW : 2,5 km :

🏨 **Gasthof Schmelz**, Schmelzer Str. 132, ℰ 8 34, 🍽, ⇔, 🔲, �花 – 🚻wc 🏠wc ♣ 🅿
15. Nov.- 20. Dez. geschl. – Karte 16,50/42 (Montag geschl.) – **48 Z : 89 B** 63 - 106/166 Fb –
7 Appart. 85/120.

An der B 306 NW : 2 km :

🏠 **Schwarzberg**, Traunsteiner Str. 95, ✉ 8221 Inzell, ℰ (08665) 75 65, ≤, 🍽, �花 – 🏠wc ⇐
🅿
Nov.- 17. Dez. geschl. – Karte 16/32 (Dienstag geschl.) – **30 Z : 54 B** 35/40 - 70.

INZLINGEN Baden-Württemberg siehe Lörrach.

IPHOFEN 8715. Bayern 987 ㉖ – 4 200 Ew – Höhe 250 m – ✆ 09323.
♦München 248 – Ansbach 67 – ♦Nürnberg 72 – ♦Würzburg 29.

🏨 **Romantik-Hotel Zehntkeller**, Bahnhofstr. 12, ℰ 33 18, eigener Weinbau, �花 – 🚻wc
🏠wc ☎ ⇐ 🅿 🛗
7.- 25. Jan. geschl. – Karte 29/63 🍷 – **43 Z : 68 B** 65/80 - 90/130 Fb.

🏠 **Gästehaus Huhn** 🍴 garni, Mainbernheimer Str. 11, ℰ 12 46, �花 – 📺 🏠wc ☎ 🅿. ❀
23. Dez.- 15. Jan. geschl. – **7 Z : 14 B** 40/58 - 76/98.

🏫 **Goldene Krone**, Marktplatz 2, ℰ 33 30, eigener Weinbau – 🚻wc 🏠wc ☎ ⇐ 🅿
← 28. Jan.- 11. Feb. und 4.- 19. Aug. geschl. – Karte 12/41 (Dienstag geschl.) 🍷 – **20 Z : 34 B**
26/40 - 50/68.

In Mainbernheim 8717 NW : 3 km :

🏫 **Zum Falken**, Herrenstr. 27, ℰ (09323) 2 23 – 🏠wc 🅿
← 15. März - 1. April und 1.- 15. Sept. geschl. – Karte 13,50/30 (Dienstag geschl.) 🍷 – **13 Z : 24 B**
30/38 - 50/68.

IRL Bayern siehe Regensburg.

IRMTRAUT 5439. Rheinland-Pfalz – 500 Ew – Höhe 408 m – ✆ 06436.
Mainz 81 – Limburg an der Lahn 22 – Siegen 48.

🏫 **Waldhotel** 🍴, Waldstr. 20, ℰ 48 40, ≤, �花 – 🏠wc ⇐ 🅿
Karte 16/34 – **22 Z : 48 B** 34/38 - 64/72.

IRREL 5521. Rheinland-Pfalz 409 ㉗ – 1 400 Ew – Höhe 178 m – Luftkurort – ✆ 06525.
Mainz 179 – Bitburg 15 – ♦Trier 25.

🏠 **Koch-Schilt**, Prümzurlayer Str. 1, ℰ 8 60, �花 – 🏠wc ☎ ⇐ 🅿 🛗. 🇪
← Karte 13/36 – **30 Z : 60 B** 30/40 - 48/70 – P 40/51.

🏠 **Irreler Mühle**, Talstr. 17, ℰ 8 26, 🍽 – 🏠wc ⇐ 🅿. 🇪
15. Jan.-Feb. geschl. – Karte 15,50/36 (Okt.- April Dienstag geschl.) 🍷 – **11 Z : 20 B** 32/35
58/64 – 2 Appart. 50/55 – P 49.

Im Deutsch-Luxemburgischen Naturpark W : 7 km, am Ortsanfang von Ernzen links ab :

🏛 **Haus Hubertus** 🍴, ✉ 5521 Ernzen, ℰ (06525) 8 28, 🍴, Wildgehege — 🛏wc 🛏wc ℗
10. Jan.- Feb. geschl. — Karte 20/46 *(Mittwoch geschl.)* — **8 Z : 15 B** 50 - 90 — P 75.

In Prümzurlay 5521 NW : 4 km :

🏛 **Haller**, Michelstr. 10, ℰ (06523) 3 91, 🍴, 🌳 — 🛏wc ℗. 🅰🅴 ⓪ 🅴 𝑽𝑰𝑺𝑨. ⚘ Zim
8. Jan.- 12. Feb. geschl. — Karte 17,50/43 🍴 — **24 Z : 50 B** 42/55 - 84/90 — P 55/58.

IRSCHENBERG 8167. Bayern 𝟵𝟴𝟳 ⑰. 𝟰𝟮𝟲 ⑱ — 2 600 Ew — Höhe 730 m — ✆ 08062 (Bruckmühl).
♦München 48 — Miesbach 8 — Rosenheim 23.

🏛 **Kramerwirt**, Wendelsteinstr. 1, ℰ 15 31, ≤, 🍴, 🌳 — 🛏wc 🔄 ℗
22 Z : 45 B.

⚐ **Post**, ℰ 15 14, 🍴 — 🛏wc 🔄 ℗. ⚘
16 Z : 33 B.

An der Autobahn A 8 Richtung Salzburg SW : 1,5 km :

🏛 **Autobahn-Rasthaus Irschenberg**, ✉ 8167 Irschenberg, ℰ (08025) 20 71, ≤ Alpen, 🍴 —
🛏wc ℗
Karte 16,50/37 (auch Self-service) — **19 Z : 35 B** 43/53 - 89.

IRSEE Bayern siehe Kaufbeuren.

ISENBÜTTEL Niedersachsen siehe Gifhorn.

ISENBURG Rheinland-Pfalz siehe Dierdorf.

En dehors des établissements désignés par
XXXXX ... X ,
il existe, dans de nombreux hôtels,
un restaurant de bonne classe.

ISERLOHN 5860. Nordrhein-Westfalen 𝟵𝟴𝟳 ⑭ — 96 200 Ew — Höhe 240 m — ✆ 02371.

Siehe Ruhrgebiet (Übersichtsplan).

🛈 Verkehrsbüro, Bahnhofsplatz, ℰ 2 17 22 58.
♦Düsseldorf 81 ④ —•Dortmund 26 ⑤ — Hagen 18 ④ — Lüdenscheid 30 ③.

Stadtplan siehe nächste Seite.

🏛 **Waldhotel Horn** 🍴, Seilerwaldstr. 10, ℰ 48 71, Telex 827974, 🍴, 🔲 — 🛏 📺 🛁 ℗ 🛎 ⓪
🅴 𝑽𝑰𝑺𝑨   X a
Karte 28/59 — **48 Z : 84 B** 55/120 - 80/160.

🏛 **Engelbert** Ⓜ garni, Poth 4, ℰ 1 23 45, 🍴 — 🛏 📺 🛏wc 🛏wc ☎ 🛎   Z c
25 Z : 45 B Fb.

🏛 **Franzosenhohl** 🍴, Danzweg 25, ℰ 2 00 07, 🍴, 🍴, ⚘ — 🛏 🛏wc 🛏wc ☎ ℗
25 Z : 53 B Fb.   über Obere Mühle   X

⚐ **Café Spetsmann** garni, Poth 6, ℰ 1 40 49 — 🛏wc ☎. 🅰🅴 🅴. ⚘   Z c
11 Z : 16 B 38/55 - 90.

✕✕ **Zum Grafen Engelbert**, Poth 1, ℰ 2 37 22 — 🅰🅴 ⓪ 🅴   Z r
Mai - Okt. Sonntag geschl. — Karte 26/59.

✕✕ **Waldhaus Graumann**, Danzweg 29, ℰ 2 36 05, 🍴 — ℗. 🅴   über Obere Mühle   X
Donnerstag geschl. — Karte 21/55.

In Iserlohn 7-Dröschede W : 4 km über Oestricher Str. X :

⚐ **Peiler**, Oestricher Str. 145, ℰ (02374) 7 14 72, ≤, 🍴 — 🛏wc ☎ ℗. 🅰🅴 ⓪ 🅴 𝑽𝑰𝑺𝑨. ⚘ Zim
Karte 16/49 *(Freitag geschl.)* — **14 Z : 23 B** 40/46 - 72/82 Fb.

In Iserlohn-Kesbern S : 8 km über Obere Mühle X :

⚐ **Zur Mühle** 🍴, Grüner Talstr. 400, ℰ (02352) 29 63 — 🛏wc 🛏wc ☎ 🔄 ℗. 🅰🅴 ⓪
Karte 22/46 *(Montag geschl.)* — **13 Z : 21 B** 58/65 - 88/118.

In Iserlohn-Letmathe ③ : 5 km :

⚐ **Zur Dechenhöhle**, Untergrüner Str. 8, ℰ (02374) 79 62 — 🛏wc ☎ ℗ 🛎. 🅰🅴 ⓪ 🅴. ⚘ Zim
Juli - Aug. 3 Wochen geschl. — Karte 24/57 *(Sonntag geschl.)* — **10 Z : 18 B** 38/52 - 76/95.

In Iserlohn-Lössel ③ : 6 km :

⚐ **Neuhaus**, Lösseler Str. 149, ℰ (02374) 7 14 74, 🍴 — 📺 🛏wc 🛏wc ☎ 🔄 ℗. 🅰🅴 ⓪ 🅴 𝑽𝑰𝑺𝑨
Juli 2 Wochen geschl. — Karte 18/51 *(Dienstag geschl.)* — **12 Z : 20 B** 55/80 - 96/135.

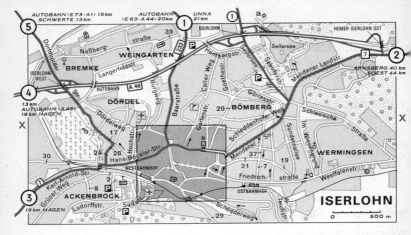

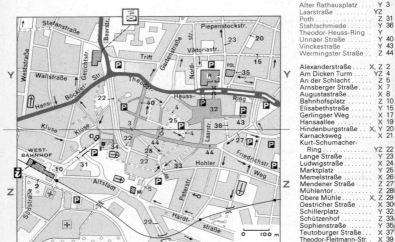

Die Preise   Einzelheiten über die in diesem Führer angegebenen Preise finden Sie auf S. 16 und 17

ISERNHAGEN Niedersachsen siehe Hannover.

ISING Bayern siehe Chieming.

ISMANING 8045. Bayern 987 ③⑦, 426 ⑰ — 13 000 Ew — Höhe 490 m — ✆ 089 (München).
♦München 14 — Ingolstadt 69 — Landshut 58 — ♦Nürnberg 157.

🏨 Mühle (modern-rustikales Hotel), Kirchplatz 5, ℰ 96 50 42, Telex 529537, Biergarten — 🛗
⇔wc 🛁wc ☎ 🅿 🏊
67 Z : 120 B Fb.

🏨 Fischerwirt 🥩 garni, Schloßstr. 17, ℰ 9 61 53, 🛥 — 🛗 ⇔wc 🛁wc ☎ 🅿 🖭 🗲 🛠
22. Dez.- 8. Jan. geschl. — 44 Z : 58 B 49/90 - 70/118 Fb.

🏨 Neuwirt, Schloßstr. 7, ℰ 9 61 61 — ⇔wc 🛁wc ☎ 🚗 🅿
Karte 16/34 — 41 Z : 50 B 55/80 - 74/95 Fb.

🏨 Zur Post, Hauptstr. 7, ℰ 9 62 01 — 🛗 🛁wc 🅿
Karte 15/38 — 35 Z : 65 B 40/70 - 66/100.

ISNY 7972. Baden-Württemberg 987 ㊳, 426 ⑭ ⑮ — 12 700 Ew — Höhe 720 m — Heilklimatischer Kurort — Wintersport : 700/1 120 m ≤9 ≰13 — ۞ 07562 — 🛈 Kur- und Gästeamt, im Rathaus, ℘ 5 00.
♦Stuttgart 189 — Bregenz 42 — Kempten (Allgäu) 25 — Ravensburg 41.

🏠 **Hohe Linde**, Lindauer Str. 75, ℘ 20 66, 🔌, 🚗 — 🛏wc 🛁wc ⇔ ℗. 𝔸𝔼 ⓞ 𝙴
Karte 18/46 *(wochentags nur Abendessen, Freitag geschl.)* — **28 Z : 43 B** 36/48 - 68/88.

XX **Krone** mit Zim, Bahnhofstr. 13, ℘ 24 42 — 🛁wc ⇔. ⓞ
Ende April - Anfang Mai und Ende Nov.- Anfang Dez. geschl. — Karte 18,50/47 *(Donnerstag geschl.)* — **6 Z : 12 B** 45 - 75.

X **Tor-Schenke**, Eberzstr. 1, ℘ 81 45
↣ *nur Abendessen, Montag und Mitte Dez.- Mitte Jan. geschl.* — Karte 12,50/37.

In Isny-Großholzleute O : 4 km an der B 12 :

🏠🏠 **Adler**, ℘ 20 41, « Haus a.d. 14. Jh., Einrichtung im Bauernstil », Massage, ≘, 🚗 — 🛏wc
🛁wc ☎ ⇔ ℗ 🏛. 𝔸𝔼 ⓞ 𝙴
Karte 17/47 — **22 Z : 40 B** 40/56 - 86.

In Isny-Neutrauchburg :

🏠🏠 **Terrassenhotel** ⬍, Dengeltshofer Hang 290, ℘ 20 45, ≤, 🌫, ≘ — 🛏wc 🛁wc ☎ ℗ 🏛.
𝔸𝔼 ⓞ 𝙴 𝚅𝙸𝚂𝙰
Karte 21/51 *(Freitag geschl.)* — **25 Z : 44 B** 53 - 92 — P 74/81.

XX **Schloß-G. Sonne** mit Zim, Schloßstr. 7, ℘ 32 73, 🌫 — 🛏wc ℗ — **6 Z : 10 B**.

Außerhalb NW : 6,5 km über Neutrauchburg :

🏠🏠 **Berghotel Jägerhof** ⬍, ✉ 7972 Isny, ℘ (07562) 7 70, Telex 7321511, ≤ Allgäuer Alpen,
🌫, 🔌, 🚗, ⚒ — ♨ 📺 🛏wc 🛁wc ☎ ℗
Karte 20/55 — **62 Z : 116 B** 83/129 - 138/205 Fb.

ISSELBURG 4294. Nordrhein-Westfalen 408 ⑳ — 9 500 Ew — Höhe 23 m — ۞ 02874.
♦Düsseldorf 87 — Arnhem 46 — Bocholt 13.

In Isselburg 2-Anholt NW : 3,5 km :

🏠🏠🏠 **Parkhotel Wasserburg Anholt** ⬍, Klever Straße, ℘ 20 44, ≤, 🌫, « Wasserschloß a.d.
17. Jh., Park », Fahrradverleih — ♨ ⇔ ℗ 🏛. 𝔸𝔼 ⓞ 𝙴. ⚒ Rest
Restaurants (Montag geschl.) — **Grillroom :** Karte 33/70 — **Treppchen-Pferdestall :** Karte 20/42
— **28 Z : 49 B** 90/150 - 130/190.

🏠 **Legeland**, Gendringer Str. 1, ℘ 8 37 — 🛏wc 🛁wc ℗
11. Feb.- 10. März geschl. — Karte 17/39 *(Freitag geschl.)* — **12 Z : 18 B** 28/40 - 45/70.

ITTLINGEN 6921. Baden-Württemberg — 1 800 Ew — Höhe 154 m — ۞ 07266.
♦Stuttgart 83 — Heilbronn 32 — ♦Karlsruhe 56 — ♦Mannheim 57.

XX **Hammberger Hof**, Reihener Str. 60 (in der Reithalle), ℘ 86 36, ≤, 🌫 — ℗
Montag geschl. — Karte 19/44 🍴.

ITZEHOE 2210. Schleswig-Holstein 987 ⑤ — 35 000 Ew — Höhe 7 m — ۞ 04821.
🛈 Verkehrsverein, Sandberg 18, ℘ 60 51 08.
♦Kiel 69 — ♦Bremerhaven 97 — ♦Hamburg 57 — ♦Lübeck 87 — Rendsburg 44.

🏠🏠 **Gästehaus Hinsch** ⬍ garni, Schillerstr. 27, ℘ 7 40 51, 🚗 — 🛏wc 🛁wc ☎ ℗
21. Dez.- 7. Jan. geschl. — **16 Z : 24 B** 65/75 - 81/101.

🏠 **Immobilia-Hotel** ⬍, Maria-Bornheim-Weg 4, ℘ 7 50 01, ≘ — 🛏wc 🛁wc ☎ ℗. 𝔸𝔼
(nur Abendessen für Hausgäste) — **16 Z : 26 B** 65/70 - 90 Fb.

🏠 **Zum Nesselblatt**, Sandberg 56, ℘ 31 54 — 🛁wc ☎ ⇔
↣ Karte 14/45 *(nur Abendessen, Samstag geschl.)* — **7 Z : 10 B** 55/66 - 87.

An der Straße nach Lägerdorf SO : 3 km :

XX **Jagdhaus Amönenhöhe**, ✉ 2210 Itzehoe, ℘ 98 68, 🌫 — ℗
Karte 26/60.

In Oelixdorf 2210 O : 3,5 km :

🏠 **Auerhahn** ⬍, Horststr. 31a, ℘ (04821) 9 10 61 — 📺 🛁wc ☎ ℗
Karte 19,50/47 — **14 Z : 20 B** 50 - 80.

ITZELBERG Baden-Württemberg siehe Königsbronn.

JAGDHAUS Nordrhein-Westfalen siehe Schmallenberg.

JAGSTHAUSEN 7109. Baden-Württemberg 987 ㉙ — 1 400 Ew — Höhe 210 m — Erholungsort —
۞ 07943 (Schöntal).
Ausflugsziel : Ehemalige Abtei Schöntal : Kirche✶ (Alabasteraltäre✶✶), Ordenssaal✶ NO : 6 km.
🛈 Verkehrsverein, Schloßstr. 12, ℘ 22 95 — ♦Stuttgart 82 — Heilbronn 40 — ♦Würzburg 80.

🏠 **Zur Krone**, Brückenstr. 1, ℘ 23 97 — 🛁wc ⇔ ℗. ⚒ — **10 Z : 15 B**.

X **Burggaststätte Götzenburg** ⬍ mit Zim, ℘ 22 22 — 🛏 🛁 ℗ 🏛 — *nur Saison* — **14 Z : 27 B**.

397

JESTEBURG 2112. Niedersachsen — 6 000 Ew — Höhe 25 m — Luftkurort — ✪ 04183.

🛈 Verkehrsverein, Hauptstr. 68, 𝒫 53 63.

♦Hannover 126 — ♦Hamburg 34 — Lüneburg 39.

  🏨 **Landhaus Jesteburg** Ⓜ 🐾, Am alten Moor 2, 𝒫 20 51, Telex 2189703, ⟨s⟩, 🐎 — 📺 🅿
    🖄, 🆎 ⓞ 🄴
    Karte 28/70 — **27 Z : 48 B** 89 - 135 Fb.

  🏨 **Niedersachsen**, Hauptstr. 60, 𝒫 20 44, ⟨s⟩, 🔲, 🐎 — 🛗 ⟷wc ⋔wc ☎ 🅿 🖄, 🆎 ⓞ 🄴 🆅🆂🅰
    Karte 20/63 — **38 Z : 70 B** 47/77 - 90/128 Fb — P 73/103.

  🏠 **Jesteburger Hof**, Kleckerwaldweg 1, 𝒫 20 08 — ⟷wc ⋔wc ☎ 🅿
    Karte 16,50/43 — **16 Z : 36 B** 30/48 - 55/81 — P 48/63.

  In Asendorf 2116 SO : 4,5 km :

  🏨 **Zur Heidschnucke** 🐾, Im Auetal 14, 𝒫 20 94, ⟨s⟩, 🔲, 🐎 — 🛗 📺 🖐 🅿 🖄, 🆎 ⓞ 🄴 🆅🆂🅰
    Karte 29/58 — **50 Z : 100 B** 63/109 - 108/198 Fb.

JESTETTEN 7893. Baden-Württemberg 🄍🄍🄍 ⑦, 🄏🄍🄏 ⑥ — 4 200 Ew — Höhe 438 m — Erholungsort — ✪ 07745.

♦Stuttgart 174 — Schaffhausen 8 — Waldshut-Tiengen 34 — Zürich 42.

  🏠 **Gutmann**, Bahnhofstr. 28, 𝒫 73 09, 🐎 — ⋔wc 🅿, 🆎 ⓞ
    Karte 16/41 *(Montag geschl.)* — **19 Z : 32 B** 35 - 58.

  🏠 **Zum Löwen**, Hauptstr. 22, 𝒫 73 01 — ⟷ 🅿
    Feb. geschl. — Karte 16,50/47 *(Freitag geschl.)* 🍸 — **10 Z : 20 B** 30/40 - 51.

Si vous écrivez à un hôtel à l'étranger,
joignez à votre lettre un coupon réponse international
(disponible dans les bureaux de poste).

JEVENSTEDT Schleswig-Holstein siehe Rendsburg.

JEVER 2942. Niedersachsen 🄍🄍🄍 ④ — 12 600 Ew — Höhe 10 m — ✪ 04461.

🛈 Verkehrsverein, Am Kirchplatz 11 (Rathaus), 𝒫 30 91.

♦Hannover 229 — Emden 59 — ♦Oldenburg 59 — Wilhelmshaven 18.

  🏨 **Friesen-Hotel** 🐾 garni, Harlinger Weg 1, 𝒫 25 00, 🐎 — 📺 ⋔wc ☎ ⟷ 🅿, ⓞ, 🛇
    41 Z : 55 B 38/70 - 79/98.

  🏠 **Pellmühle** garni, Mühlenstr. 55 (B 210), 𝒫 28 00 — ⋔wc 🅿, 🆎 ⓞ
    19 Z : 36 B 34/44 - 66/84 Fb.

  🏠 **Stöber** 🐾 garni, Hohnholzstr. 10, 𝒫 55 80, 🐎 — ⋔wc ⟷ 🅿, 🛇
    12 Z : 20 B 34/44 - 54/78.

  🏠 **Hennig** garni, Bahnhofstr. 32, 𝒫 30 80, 🐎 — ⟷ 🅿
    12 Z : 16 B 30/40 - 60/80.

  ✕✕ **Haus der Getreuen**, Schlachtstr. 1, 𝒫 30 10 — 🅿, 🆎 ⓞ 🄴 🆅🆂🅰
    Karte 19/54.

JOHANNESBERG Bayern siehe Aschaffenburg.

JORK Niedersachsen siehe Buxtehude.

JÜGESHEIM Hessen siehe Rodgau.

JÜLICH 5170. Nordrhein-Westfalen 🄍🄍🄍 ㉓ — 30 500 Ew — Höhe 78 m — ✪ 02461.

♦Düsseldorf 55 — ♦Aachen 26 — ♦Köln 53.

  🏨 **Kaiserhof**, Bahnhofstr. 5, 𝒫 40 66 — ⟷wc ⋔wc ☎ ⟷ 🅿 🖄
    26 Z : 36 B.

  🏠 **Alte Post**, Kapuzinerstr. 10, 𝒫 33 55 — ⋔wc
    18 Z : 36 B.

  🏠 **Stadthotel** garni, Kölnstr. 5, 𝒫 24 08 — ⟷wc ⋔ ☎, 🆎 ⓞ 🄴 🆅🆂🅰
    26 Z : 42 B 48/65 - 75/110.

JÜNKERATH 5532. Rheinland-Pfalz — 2 100 Ew — Höhe 415 m — Erholungsort — ✪ 06597.

Mainz 189 — ♦Köln 90 — Mayen 63 — Prüm 28.

  🏠 **Jünkerather Hof**, Bahnhofstr. 5, 𝒫 23 82 — ⟷wc ⋔wc 🅿
  ↢ *Nov. geschl.* — Karte 13,50/34 *(Dienstag geschl.)* — **16 Z : 32 B** 33/40 - 66/80.

JUHÖHE Hessen siehe Mörlenbach.

JUIST (Insel) 2983. Niedersachsen 🔲🔲🔲 ③ − 2 500 Ew - Insel der ostfriesischen Inselgruppe, Autos nicht zugelassen − Seeheilbad − 🕿 04935.

⛴ von Norddeich (ca. 1 h 15 min), 🏖 18 02 24.

🛈 Kurverwaltung, Rathaus, 🏖 4 91.

♦Hannover 272 − Aurich/Ostfriesland 31 − Emden 35.

🏛 **Achterdiek** ⚓, Wilhelmstr. 36, 🏖 10 25, 🍴 − 🏖. ⚡ Rest
15. März - 15. Okt. − Karte 36/70 − **34 Z : 65 B** 79/99 - 150/198 Fb − P 118/150.

🏚 **Pabst** ⚓, Strandstr. 15, 🏖 10 14, 🍴 − 🛗 📺 ☕wc 🛁wc 🕿. ⚡ Rest
Nov.- 15. Dez. geschl. − Karte 24/54 − **65 Z : 110 B** 68/125 - 110/190 Fb − 5 Appart 270/350 −
P 100/155 (in der Saison nur P).

🏚 **Nordsee Hotel Freese - Hubertus Klause** ⚓, Wilhelmstr. 60, 🏖 10 81, Telex 27222, ≋,
🔲, 🍴, Windsurfingschule − 📺 ☕wc 🛁wc 🕿. ⚡ Rest
15. März - Okt. − Karte 16/43 − **130 Z : 220 B** Halbpension 126/154 - 173/265 Fb − 5 Appart.
190/220 − P 138/166.

🏚 **Kurhaus und Strandhotel** ⚓, Strandpromenade 1, 🏖 10 71, ≤, ≋, 🔲, 🍴 − 📺 ☕wc 🛁wc
🕿. ⚡
nur Saison − (nur Abendessen) − **66 Z : 158** Fb.

🏠 **Friesenhof** ⚓, Strandstr. 21, 🏖 10 87 − 🛁wc ☕wc 🕿. ⚡
15. März - 15. Okt. − Karte 25/51 − **93 Z : 170 B** 65/130 - 110/210 − P 98/135.

🏠 **Bracht** ⚓ (mit Gästehaus), Wilhelmstr. 13, 🏖 10 84 − 🛗 📺 ☕wc 🛁wc 🕿
83 Z : 149 B Fb.

🏠 **Westfalenhof** ⚓, Friesenstr. 24, 🏖 10 09 − 📺 🛁wc 🕿
20. Okt.- 20. Nov. geschl. − (Rest. nur für Pensionsgäste) − **28 Z : 60 B** nur P 97/109 - 186/210.

🏠 **Haus Dünenpilz** ⚓ garni, Damenpfad 7, 🏖 3 06 − 📺 🛁wc 🕿. ⚡
12 Z : 24 B 59/66 - 110/124 Fb − 6 Appart. 65/130.

🏠 **Hultsch** ⚓, Billstr. 26, 🏖 4 33, ≤ − 📺 🛁wc 🕿. ⚡
15. Okt.- 15. Nov. geschl. − Karte 21/63 (Nov.- Feb. Sonntag geschl.) − **10 Z : 20 B** 80/90 -
130/150 − P 110.

JULIERS = Jülich.

JUNGHOLZ IN TIROL 8965 (über Wertach). 🔲🔲🔲 ⑮ − Österreichisches Hoheitsgebiet,
wirtschaftlich der Bundesrepublik Deutschland angeschlossen. Deutsche Währung − 280 Ew −
Höhe 1 058 m − Wintersport : 1 150/1 600 m ⚡6 ⚡3 − 🕿 08365 (Wertach).

🛈 Fremdenverkehrsverband, Rathaus, 🏖 81 20.

Füssen 31 − Kempten (Allgäu) 31 − Immenstadt im Allgäu 25.

🏛 **Kur- und Sporthotel Tirol** ⚓, 🏖 81 05, ≤ Sorgschrofen und Allgäuer Berge, 🍴, Bade-
und Massageabteilung, ⚓, ≋, 🔲 − 🛗 📺 🛗 ♿ ⇔ 🅿 🏖. ⚡ Rest
Nov.- Mitte Dez. geschl. − Karte 23/48 − **103 Z : 180 B** 91/126 - 177/252 Fb − P 105/140.

🏚 **Sporthotel Waldhorn** ⚓, 🏖 81 35, ≤, 🍴, ≋, 🔲, 🍴, ⚡ − 📺 ☕wc 🛁wc 🕿 ⇔ 🅿.
⑩
Nov.-15. Dez. geschl. − Karte 17/42 − **35 Z : 65 B** 48/60 - 104/120 Fb − P 86.

🏚 **Sporthotel Adler** ⚓, 🏖 81 02, ≤, 🍴, ≋, 🔲, 🍴 − 🛗 🛁wc 🕿 🅿
Nov.- 15. Dez. geschl. − Karte 19/48 − **49 Z : 95 B** 29/95 - 60/132 Fb − P 58/95.

🏠 **Alpenhof** ⚓, 🏖 81 14, ≤, 🍴, ≋, 🍴 − 🛁wc 🕿 🅿
Nov. geschl. − Karte 17/38 − **30 Z : 70 B** 41/60 - 80/108 Fb − P 64/74.

🏠 **Sorgschrofen** ⚓, 🏖 81 04, ≤, 🍴 − 📺 🛁wc 🅿
12 Z : 25 B Fb.

KAARST Nordrhein-Westfalen siehe Neuss.

KÄLBERBRONN Baden-Württemberg siehe Pfalzgrafenweiler.

KÄMPFELBACH 7539. Baden-Württemberg − 5 500 Ew − Höhe 196 m − 🕿 07232
(Königsbach-Stein).

♦Stuttgart 63 − ♦Karlsruhe 25 − Pforzheim 10.

In Kämpfelbach-Bilfingen :

🏠 **Langer's Gaststätte** ⚓, Talstr. 9, 🏖 24 77, Telex 783902, 🍴 − 📺 ☕wc 🛁wc 🕿 ⇔ 🅿.
🅰🅴 ⑩ 🄴 VISA
Ende Dez.- Mitte Jan. geschl. − Karte 16/46 ♿ − **18 Z : 31 B** 30/95 - 56/150 Fb.

KAHL AM MAIN 8756. Bayern − 7 650 Ew − Höhe 107 m − 🕿 06188.

♦München 369 − Aschaffenburg 16 − ♦Frankfurt am Main 33.

🏠 **Zeller**, Aschaffenburger Str. 2 (B 8), 🏖 20 78, 🍴 − ☕wc 🛁 🕿 🅿 🏖. 🅰🅴 🄴
Karte 19/46 (Sonntag geschl.) − **43 Z : 62 B** 42/62 - 76/104 Fb.

🏠 **Mainlust** garni, Aschaffenburger Str. 12, 🏖 20 07 − ☕wc 🛁wc 🕿
13 Z : 22 B.

KAISERSBACH Baden-Württemberg siehe Welzheim.

KAISERSESCH 5443. Rheinland-Pfalz — 2 500 Ew — Höhe 455 m — ✆ 02653.

Mainz 134 — Cochem 14 — ◆Koblenz 43 — Mayen 18.

☎ **Zur Post**, Balduinstr. 1, ℘ 35 54 — 🏗wc 🚗. 🍽 Zim
➡ Karte 12,50/30 *(Montag geschl.)* — **16 Z : 25 B** 25/32 - 50/64.

In Wirfus 5591   SO : 8 km :

🏠 Hubertusstuben ⚞, Hauptstr. 24, ℘ (02653) 35 41, ⛴ (geheizt), 🐎 — 🏗wc 🅿
16 Z : 32 B.

KAISERSLAUTERN 6750. Rheinland-Pfalz 987 ㉔, 242 ④, 57 ⑨ — 104 000 Ew — Höhe 235 m —
✆ 0631.

🛈 Verkehrs- und Informationsamt, Rathaus, ℘ 85 23 16 — **ADAC**, Altstadt-Parkhaus, Salzstraße, ℘ 6 30 81.

Mainz 91 ① — ◆Karlsruhe 92 ② — ◆Mannheim 61 ① — ◆Saarbrücken 71 ③ — ◆Trier 119 ③.

🏨 Dorint-Hotel Pfälzerwald, St.-Quentin-Ring 1, ℘ 2 80 71, Telex 45614, 🏗, Massage, 🚪, 🔲,
🐎 — 📺 🚗 🅿 🛗. 🍽 Rest — **150 Z : 225 B** Fb.   über Kantstr. D

🏠 **City-Hotel** garni, Rosenstr. 28, ℘ 1 30 25, 🚪, 🔲 — 📱 🛏wc 🏗wc ☎   C t
18 Z : 33 B 75/80 - 105.

🏠 **Schweizer Stuben**, Königstr. 9, ℘ 1 30 88 — 🏗wc ☎ 🚗. 🍽 Zim   C s
Juni - Juli 3 Wochen geschl. — Karte 21/53 *(Samstag geschl.)* — **11 Z : 16 B** 59/69 - 92.

🏠 **Bonk** garni, Riesenstr. 13, ℘ 6 50 23 — 📱 🛏wc 🏗wc ☎ 🅿   C c
20. Dez.- 6. Jan. geschl. — **31 Z : 39 B** 50/60 - 80/85.

KAISERSLAUTERN

🏠 **Zepp** garni, Pariser Str. 4, ✆ 7 36 60 – 🛁wc ℗   C   x
    20. Dez.- 10. Jan. geschl. – **55 Z : 80 B** 37/60 - 68/88.

🏠 **Altstadt-Hotel** garni, Steinstr. 51, ✆ 6 30 84 – 🛁wc ☎. AE E   CD   r
    12 Z : 21 B 58/68 - 88.

🏠 **Lautertalerhof** garni, Mühlstr. 31, ✆ 7 24 55 – 🛁wc AE ◑   B   a
    24 Z : 30 B 40/48 - 56/86.

🏠 **Pommerscher Hof** ⤢ garni, Stahlstr. 12, ✆ 4 01 80 – 🛁wc   D   z
    13 Z : 20 B 32/58 - 64/82 Fb.

XX **Alte Post**, Am Mainzer Tor 3, ✆ 6 43 71 – AE ◑ E VISA   D   n
    Karte 28/59 ⅜.

XX **Haus Hexenbäcker**, Mühlstr. 1 (1. Etage), ✆ 7 29 20   C   x
    Samstag nur Abendessen, Sonn- und Feiertage sowie Aug. 2 Wochen geschl. – Karte 23/50 ⅜.

XX **La Pergola** (Italienische Küche), Steinstr. 26 (1. Etage), AE ◑ E VISA   C   u
    7.- 31. Jan. geschl. – Karte 18/46.

X Rathaus-Restaurant, im Rathaus (21. Etage), [§], ✆ 6 89 71, ←   C   R

    Außerhalb S : 2,5 km über Bremerstr. C :

XX **Bremer Hof - Lutz**, Bremerhof 2, ✉ 6750 Kaiserslautern, ✆ (0631)1 58 35, « Garten-
    terrasse » – ℗ E
    Mitte Jan.- Mitte Feb. und Donnerstag geschl. – Karte 25/53 ⅜.

In Kaiserslautern 31 - Dansenberg SW : 6 km über Hohenecker Str. A :

XX **Landhaus Woll** mit Zim, Dansenberger Str. 64, ℰ 5 16 02, « Elegant-rustikale Einrichtung »
— ℗. ⓐ ⓞ ⒠. ⚄
Karte 24/48 *(Dienstag geschl.)* ⅃ — **8 Z : 16 B** 30 - 60.

In Kaiserslautern 27-Morlautern N : 2 km über Morlauterer Str. C :

🏠 Zum Hasselberg, Otterbacher Str. 11, ℰ 7 27 84 — �📶wc ℗
26 Z : 47 B Fb.

KALBACH Hessen siehe Neuhof.

KALIFORNIEN Schleswig-Holstein siehe Schönberg.

KALKAR 4192. Nordrhein-Westfalen ⑨⑧⑦ ⑬ — 11 300 Ew — Höhe 18 m — ✆ 02824.
Sehenswert : Nikolaikirche (Ausstattung★★).
◆Düsseldorf 83 — Nijmegen 35 — Wesel 35.

🏠 **Marktklause**, Am Markt 6, ℰ 22 52 — ☖wc 📶wc ⇔
Karte 16/42 *(Donnerstag geschl.)* — **16 Z : 28 B** 40/45 - 70.

XXX **Ratskeller**, Markt 20, ℰ 24 60, « Ziegelgewölbe a. d. 15. Jh. » — ℗
Sonntag 15 Uhr - Montag und Jan.- Feb. 3 Wochen geschl. — Karte 32/73.

In Kalkar-Kehrum SO : 6 km über Gocher Str. und Römerstraße :

🏠 **Haus Beckmann**, Uedemer Str. 104, ℰ 20 87, 🍴, 🛏, Fahrradverleih — 📶wc ☎ ℗ 🏊. ⓐ
◆ ⓞ ⒠
Karte 13/33 *(Dienstag und 18. Juli - 1. Aug. geschl.)* — **22 Z : 31 B** 61/70 - 98.

KALL 5370. Nordrhein-Westfalen — 9 800 Ew — Höhe 377 m — ✆ 02441.
◆Düsseldorf 101 — ◆Aachen 64 — Düren 38 — Euskirchen 23.

In Kall-Sistig SW : 8 km :

XX Haus West mit Zim, Schleidener Str. 24, ℰ (02445) 72 45, 🛏 — 📶wc ⇔ ℗
11 Z : 21 B.

KALLETAL 4925. Nordrhein-Westfalen — 16 000 Ew — Höhe 200 m — ✆ 05264.
🔳 Verkehrsbüro, Rintelner Str. 8 (Hohenhausen). ℰ 2 50.
◆Düsseldorf 209 — ◆Hannover 77 — ◆Osnabrück 87 — Paderborn 50.

In Kalletal-Heidelbeck :

☎ **Schloßkrug**, Kurstr. 1, ℰ 91 63 — ℗
◆ Karte 14/35 *(Mittwoch geschl.)* — **12 Z : 22 B** 25/27 - 50/54.

In Kalletal-Hohenhausen :

X **Lippischer Hof** mit Zim, Rintelner Str. 2 (B 238), ℰ 91 27 — 📶wc ℗
Karte 16/38 — **10 Z : 20 B** 30/45 - 60/90.

KALLSTADT 6701. Rheinland-Pfalz ⑤⑦ ⑩. ②④② ④ — 1 000 Ew — Höhe 196 m —
✆ 06322 (Bad Dürkheim).
Mainz 69 — Kaiserslautern 37 — ◆Mannheim 26 — Neustadt an der Weinstraße 18.

XX **Breivogel**, Neugasse 59 (1. Etage), ℰ 6 11 08 — ℗. ⓐ
Donnerstag geschl. — Karte 25/57 ⅃.

X **Weinhaus Henninger**, Weinstr. 93, ℰ 22 77, 🍴 — ℗
Montag und Dez.- Jan. 3 Wochen geschl. — Karte 18,50/56 ⅃.

KALMIT Rheinland-Pfalz. Sehenswürdigkeit siehe Maikammer.

KALTENBORN Rheinland-Pfalz siehe Adenau.

KALTENKIRCHEN 2358. Schleswig-Holstein ⑨⑧⑦ ⑤ — 11 300 Ew — Höhe 30 m — ✆ 04191.
◆Kiel 61 — ◆Hamburg 39 — Itzehoe 40 — ◆Lübeck 63.

🏠 **Kaltenkirchener Hof**, Alvesloher Str. 2, ℰ 78 61 — 📶wc ☎ ⇔ ℗. ⓐ ⒠ 🆅🆂🅰
20. Dez.- 10. Jan. geschl. — Karte 21/58 *(nur Abendessen)* — **26 Z : 52 B** 57/59 - 98/118.

X **Kleiner Markt** mit Zim, Königstr. 7, ℰ 21 05 — 📶wc ℗. ⚄ Zim
Okt.- Nov. 2 Wochen geschl. — Karte 19/44 *(Samstag geschl.)* — **7 Z : 14 B** 48 - 80.

In Henstedt-Ulzburg 1 2359 S : 6 km :

🏠 Wiking, Hamburger Str. 81 (B 433), ℰ (04193) 50 81, ⇔ — ⛉ 📺 ☖wc 📶wc ☎ ℗ 🏊
74 Z : 120 B Fb.

KAMEN 4708. Nordrhein-Westfalen 987 ⑭ − 46 000 Ew − Höhe 61 m − ✆ 02307.
Siehe Ruhrgebiet (Übersichtsplan).

🛈 Heimat- und Verkehrsverein, Markt 1, ✆ 14 83 93.

◆Düsseldorf 91 − ◆Dortmund 25 − Hamm in Westfalen 15 − Münster (Westfalen) 48.

🏛 **Stadt Kamen**, Markt 11, ✆ 77 02, « Elegantes Restaurant » − 📺 🍴wc ☎. ⁇ ⓪ 🄴 𝘝𝘐𝘚𝘈
Karte 27/55 *(Samstag bis 18.30 Uhr geschl.)* − **14 Z : 23 B** 49/79 - 118/135 Fb.

☎ **Gambrinus**, Ängelholmer Str. 16, ✆ 1 04 46, ⁇ − 📺 🍴wc ⇔ ⓟ
Karte 20/38 *(wochentags nur Abendessen, Mittwoch geschl.)* − **12 Z : 24 B** 30/55 - 60/100.

☎ **König von Preussen**, Am Geist 3, ✆ 76 11 − 🍴wc ☎ ⇔ ⓟ
Juli - Aug. 3 Wochen geschl. − Karte 17/40 *(Sonntag geschl.)* − **44 Z : 54 B** 34/45 - 68/90.

KAMP-BORNHOFEN 5424. Rheinland-Pfalz 987 ㉔ − 2 000 Ew − Höhe 80 m − ✆ 06773.

Ausflugsziel : Burgen Sterrenberg und Liebenstein ("Feindliche Brüder") ≤★★.

🛈 Verkehrsamt, Rheinuferstr. 34, ✆ 3 60.

Mainz 76 − ◆Koblenz 24 − Lorch 28.

🏛 **Rheingraf** garni, von-der-Leyen-Str. 2, ✆ 73 61 − 🍴wc ⓟ. ⁇
22 Z : 44 B.

🏛 **Rheinpavillon**, Rheinuferstr. 65b (B 42), ✆ 3 37, ≤, ⁇ − 🍴wc ⓟ. 🄰🄴 ⓪
März - Okt. − Karte 17/41 *(Rest. außer Saison nur an Wochenenden und Feiertagen geöffnet)*
🍴 − **11 Z : 22 B** 43 - 80 Fb − P 60.

🏛 Jägerhof, Bahnhofstr. 6, ✆ 2 80 − 🍴wc
18 Z : 36 B.

KAMPEN Schleswig-Holstein siehe Sylt (Insel).

KAMP-LINTFORT 4132. Nordrhein-Westfalen 987 ⑬ − 39 400 Ew − Höhe 28 m − ✆ 02842.
Siehe Ruhrgebiet (Übersichtsplan).

◆Düsseldorf 44 − ◆Duisburg 24 − Krefeld 24.

🏛 **Niederrhein**, Neuendickstr. 96, ✆ 21 04, ⁇, ⁇, ⌁ (geheizt), ⁇, ⁇, ⁇ − ⁇ 📺 ⇔ ⓟ
⁇. 🄰🄴 ⓪ 🄴 𝘝𝘐𝘚𝘈. ⁇
Karte 28/70 − **42 Z : 74 B** 92/113 - 175 Fb.

In Kamp-Lintfort 13 - Hörstgen W : 6 km :

XX **Zur Post** mit Zim, Dorfstr. 29, ✆ 46 96 − ☎ ⓟ. 🄰🄴 ⓪ 🄴 𝘝𝘐𝘚𝘈
Karte 21/62 *(Donnerstag geschl.)* − **7 Z : 11 B** 35 - 70 Fb.

KANDEL Baden-Württemberg siehe Waldkirch.

KANDEL 6744. Rheinland-Pfalz 987 ㉔, 242 ⑫ − 7 800 Ew − Höhe 126 m − ✆ 07275.

Mainz 140 − ◆Karlsruhe 20 − Landau in der Pfalz 15 − Speyer 36 − Wissembourg 22.

🏛 **Zur Pfalz**, Marktstr. 57, ✆ 50 21 − ⁇ 📺 🍴wc ☎ ⬥ ⓟ ⁇. 🄰🄴 ⓪ 🄴
Karte 20/50 🍴 − **51 Z : 85 B** 28/50 - 54/85 Fb.

🏛 Zum Rössel, Bahnhofstr. 9a, ✆ 50 01 − ⁇
15 Z : 27 B.

KANDERN 7842. Baden-Württemberg 987 ㉞, 216 ④, 427 ④ − 6 500 Ew − Höhe 352 m −
✆ 07626.

🛈 Städt. Verkehrsamt, Hauptstr. 18, ✆ 70 29.

◆Stuttgart 252 − Basel 21 − ◆Freiburg im Breisgau 56 − Müllheim 15.

XX **Zur Weserei** mit Zim, Hauptstr. 70, ✆ 4 45 − 🍴wc ⇔ ⓟ
Feb. und Juni jeweils 1 Woche sowie 3. Nov. - 6. Dez. geschl. − Karte 25/61 *(Montag geschl.)* 🍴
− **9 Z : 13 B** 43 - 76.

In Malsburg-Marzell 7841 NO : 4 km :

X **Uli's Landgasthof**, Hauptstr. 49 (Malsburg), ✆ (07626) 84 24 − ⓟ
Montag 15 Uhr - Dienstag geschl. − Karte 29/61 🍴.

KAPFENHARDT Baden-Württemberg siehe Unterreichenbach.

KAPPEL Baden-Württemberg siehe Lenzkirch.

KAPPEL (Wallfahrtskirche) Bayern Sehenswürdigkeit siehe Waldsassen.

**If you write to a hotel abroad, enclose an International Reply Coupon
(available from Post Offices).**

403

KAPPELN 2340. Schleswig-Holstein 987 ⑤ — 11 500 Ew — Höhe 15 m — ✆ 04642.
♦Kiel 58 — Flensburg 48 — Schleswig 32.

In Arnis 2341 SW : 5 km :

🏠 **Schifferhaus**, Lange Str. 8, ℘ (04642) 22 40 — 🛏wc ❷
13 Z : 26 B.

In Maasholm 2341 NO : 12 km :

🏠 **Martensen - Maasholm** ≶, Hauptstr. 38, ℘ (04642) 60 42 — 📺 ⊟wc 🛏wc ❷. 🅰🅴 🇪
2. Jan.- 4. Feb. geschl. — Karte 15/43 *(Nov.- März Montag geschl.)* — **16 Z : 35 B** 30/55 - 64/85.

🏠 **Schleihalle** ≶, Westerstr. 113, ℘ (04642) 62 62, ≤ — 🛏 ❷. 🍽
April - Okt. — Karte 18/44 *(Mittwoch geschl.)* — **10 Z : 20 B** 31/35 - 61.

In Sieseby 2335 SW : 14 km :

XX Schlie-Krog, Dorfstraße, ℘ (04352) 25 31, 🌤 — ❷.

KAPPELRODECK 7594. Baden-Württemberg 🔢 ㉚ — 5 500 Ew — Höhe 219 m — Erholungsort
— ✆ 07842.
🛈 Verkehrsamt, Hauptstraße (Rathaus), ℘ 20 25.
♦Stuttgart 132 — Baden-Baden 38 — Freudenstadt 40 — Offenburg 31.

🏠 **Zum Prinzen**, Hauptstr. 86, ℘ 20 88 — ⊟wc 🛏wc ❷ ❷ 🖕. 🅰🅴 ⓞ 🇪 𝘝𝘐𝘚𝘈
3.- 23. Jan. geschl. — Karte 29/50 *(Montag geschl.)* ᪥ — **14 Z : 26 B** 45/55 - 80/98 Fb — P 60/70.

🏠 **Zum Hirsch**, Kriegerstr. 24, ℘ 21 90, 🌤 — ⊟wc 🛏wc ❷ ⇦ ❷
8. Nov.- 2. Dez. geschl. — Karte 16/39 *(Montag geschl.)* ᪥ — **18 Z : 30 B** 30/40 - 60/80.

X **Zur Linde**, Marktplatz 112, ℘ 22 61 — ❷
Dienstag geschl. — Karte 16/40.

In Kappelrodeck-Waldulm SW : 2,5 km :

X **Zum Rebstock** mit Zim, Kutzendorf 1, ℘ 36 85, eigener Weinbau — 🛏wc ❷
1.- 25. Dez. geschl. — Karte 25/40 *(Montag geschl.)* ᪥ — **6 Z : 12 B** 26/28 - 52/56.

KARBEN 6367. Hessen — 18 000 Ew — Höhe 160 m — ✆ 06039.
♦Wiesbaden 54 — ♦Frankfurt am Main 20 — Giessen 47.

In Karben 1-Groß Karben :

🏨 **Quellenhof** Ⓜ ≶, Brunnenstr. 7 (beim Bahnhof Kloppenheim), ℘ 33 04, Telex 4102006,
🌤, ⊟, ✄ (Halle) — 🛗 📺 ⊟wc 🛏wc ❷ ❷ 🖕. 🅰🅴 ⓞ 🇪 𝘝𝘐𝘚𝘈
Karte 24/56 — **19 Z : 39 B** 115 - 160 Fb.

X **Zum Strissel** (Elsässische Küche), Bahnhofstr. 10, ℘ 39 17 — ❷. 🅰🅴 ⓞ 🇪
Montag und Mitte Aug.- Mitte Sept. geschl. — Karte 21/55 (Tischbestellung ratsam).

KARLSBAD 7516. Baden-Württemberg — 12 550 Ew — Höhe 245 m — ✆ 07202.
♦Stuttgart 69 — ♦Karlsruhe 17 — Pforzheim 19.

In Karlsbad-Spielberg :

X **Turmfalke** ≶ mit Zim, Im Obern Berg 3 (am Wasserturm), ℘ 64 66, ≤, 🌤 — 🛏wc ❷. 🇪
29. Juli - 14. Aug. geschl. — Karte 17/42 *(Montag geschl.)* ᪥ — **5 Z : 7 B** 42/45 - 74.

KARLSDORF-NEUTHARD Baden-Württemberg siehe Bruchsal.

KARLSFELD Bayern siehe Dachau.

KARLSHAFEN, BAD 3522. Hessen 987 ⑤ — 4 400 Ew — Höhe 96 m — Soleheilbad — ✆ 05672.
Sehenswert : Hugenottenturm ≤⋆.
🛈 Kurverwaltung, Rathaus, ℘ 10 22.
♦Wiesbaden 276 — Göttingen 65 — Hameln 79 — ♦Kassel 47.

🏨 **Zum Schwan** ≶ (Jagdschloß, um 1765 erbaut), Conradistr. 3, ℘ 10 44, « Blumengarten,
Rokoko-Zimmer » — 🛗 ⊟wc 🛏wc ❷ ❷ 🖕. 🍽 Rest
Dez.- 15. Feb. geschl. — Karte 29/56 — **35 Z : 57 B** 40/80 - 80/150 — P 70/100.

🏨 Carolinum, Mündener Str. 9, ℘ 10 11, Telex 994826, Bade- und Massageabteilung, 🔺, ⊟,
🔲 — 🛗 ⊟wc 🛏wc ❷ ❷ 🖕. 🍽 Rest
148 Z : 216 B Fb.

🏠 **Weserdampfschiff**, Weserstr. 25, ℘ 24 25, 🌤 — 🛏wc ❷
März - Okt. — Karte 16/40 — **15 Z : 22 B** 27/38 - 54/72 — P 43/52.

X Zur Rose mit Zim, Mündener Str. 50, ℘ 7 14 (Hotel) 25 32 (Rest.) — ❷
8 Z : 14 B.

KARLSRUHE 7500. Baden-Württemberg 987 ㉕ – 272 000 Ew – Höhe 116 m – ✆ 0721.

Sehenswert : Staatliche Kunsthalle (Gemälde★★ altdeutscher Meister, Hans-Thoma-Gemälde-sammlung★) Y M2 – Schloß (Badisches Landesmuseum★ : Türkenbeute★★) Y – Botanischer Garten (Gewächshäuser★) Y.

🚗 ✆ 4 10 37.

Kongreßzentrum (Z), Festplatz (Ettlinger Straße/Hermann-Billing-Straße), ✆ 2 49 57.

🛈 Verkehrsverein, Bahnhofplatz 6, ✆ 38 70 85 – 🛈 Stadt - Information, Karl-Friedrich-Str. 14, ✆ 1 33 34 55.

ADAC, Steinhäuserstr. 22, ✆ 8 10 40, Notruf ✆ 1 92 11.

♦Stuttgart 82 ② – ♦Mannheim 68 ② – ♦Saarbrücken 144 ⑥ – Strasbourg 81 ④.

Stadtplan siehe nächste Seite.

🏨 **Ramada Renaissance Hotel** Ⓜ, Mendelssohnplatz, ✆ 3 71 70, Telex 7825699, 🚘 – 🛗 🍴 📺 ♿ ⇔ 🎱 . 🖭 ⓪ ᴇ 𝘝𝘐𝘚𝘈   Y a
Restaurants : – **Zum Markgrafen** Karte 33/61 – **Zum Brigande** Karte 20/43 – **216 Z : 426 B** 165/205 - 224/264 Fb.

🏨 **Schlosshotel,** Bahnhofplatz 2, ✆ 35 40, Telex 7826746 – 🛗 🍴 📺 ♿ 🅿 🎱   Z a
Restaurants : – **La Résidence** – **Schwarzwaldstube** – **96 Z : 130 B** Fb.

🏨 **Parkhotel Mövenpick,** Ettlinger Str. 23, ✆ 6 04 61, Telex 7825443, 🍽 – 🛗 🍴 Rest 📺 🅿 🎱 🖭 ⓪ ᴇ 𝘝𝘐𝘚𝘈   Z t
Karte 27/63 – **130 Z : 240 B** 140/155 - 189.

🏨 **Residenz,** Bahnhofplatz 14, ✆ 3 71 50, Telex 7826389, 🍽 – 🛗 📺 ⇔wc 🛁wc ☎ 🅿 🎱 . 🖭 ⓪ ᴇ 𝘝𝘐𝘚𝘈   Z c
Karte 21/57 – **110 Z : 200 B** 85/127 - 135/195 Fb.

🏨 **Kaiserhof,** Am Marktplatz, ✆ 2 66 16, Telex 7825600 – 🛗 📺 ⇔wc 🛁wc ☎ 🎱 . 🖭 ⓪ ᴇ 𝘝𝘐𝘚𝘈   Y b
24. Dez.- 6. Jan. geschl. – Karte 19/55 – **40 Z : 55 B** 95/120 - 120/150 Fb.

🏨 **Eden-Hotel,** Bahnhofstr. 17, ✆ 2 87 18, Telex 7826415, « Kleiner Garten » – 🛗 📺 ⇔wc 🛁wc ☎ 🎱 . 🖭 ⓪ ᴇ 𝘝𝘐𝘚𝘈   Z d
Karte 27/53 – **68 Z : 110 B** 90/115 - 120/170 Fb.

🏨 **National** garni, Kriegsstr. 90, ✆ 66 10 34, Telex 7826320, 🚘 – 🛗 📺 ⇔wc 🛁wc ☎ ⇔ 🅿 . 🖭 ⓪ ᴇ 𝘝𝘐𝘚𝘈   Y v
24. Dez.- 7. Jan. geschl. – **36 Z : 64 B** 96/106 - 163/179 Fb.

🏨 **Kübler** ⚲ garni, Bismarckstr. 39, ✆ 2 68 49 – 🛗 ⇔wc 🛁wc ☎ ⇔ 🅿   Y s
88 Z : 130 B 46/90 - 85/145 Fb.

🏨 **Berliner Hof** garni, Douglasstr. 7, ✆ 2 39 81, 🚘 – 🛗 📺 🛁wc ☎ 🅿 . 🖭 ᴇ 𝘝𝘐𝘚𝘈   Y e
55 Z : 70 B 68/90 - 125 Fb.

🏨 **Rio,** Hans-Sachs-Str. 2, ✆ 84 50 61, Telex 7826426 – 🛗 🛁wc ☎ 🅿 . 🖭 ⓪ ᴇ . 🍽 Rest   Y q
24. Dez.- 1. Jan. geschl. – Karte 18/42 (nur Abendessen, Samstag geschl.) – **84 Z : 117 B** 89 -120.

🏨 **Alte Münze** garni, Sophienstr. 24, ✆ 2 49 81 – 🛗 📺 🛁wc ☎   Y m
24. Dez.- 7. Jan. geschl. – **20 Z : 30 B** 85/90 - 120/130.

🏠 **Astoria** garni (siehe auch Rest. Da Pino), Mathystr. 22, ✆ 81 60 71 – 📺 ⇔wc 🛁wc ☎ . 🖭 ⓪ ᴇ 𝘝𝘐𝘚𝘈   Z s
23. Dez.- 7. Jan. geschl. – **15 Z : 24 B** 85/105 - 130/170 Fb.

🏠 **Bahnpost** garni, Am Stadtgarten 5, ✆ 3 49 77, Telex 7826360 – 🛗 📺 ⇔wc ☎   Z b
24. Dez.- 7. Jan. geschl. – **30 Z : 50 B** 85 - 120 Fb.

🏠 **Hasen,** Gerwigstr. 47, ✆ 61 50 76 – 🛗 🛁wc ☎   X r
Karte 28/60 (Sonntag - Montag geschl.) – **37 Z : 50 B** 60/80 - 95/110.

🏠 **Am Markt** garni, Kaiserstr. 76, ✆ 2 77 77 – 🛗 ⇔wc 🛁wc ☎ . 🖭 ⓪ ᴇ 𝘝𝘐𝘚𝘈 . 🍽   Y d
32 Z : 55 B 65/95 - 99/130.

🏠 **Elite** ⚲ garni, Sachsenstr. 17, ✆ 81 73 63 – 🛁wc ☎ ⇔ . ᴇ   Z r
24. Dez.- 6. Jan. geschl. – **30 Z : 45 B** 45/66 - 80/95.

🏠 **Zum Winzerhaus,** Nowackanlage 1, ✆ 6 03 15 – 🛁wc ☎ . ⓪ ᴇ 𝘝𝘐𝘚𝘈   Z y
26. Juli - 15. Aug. geschl. – Karte 21/53 (Freitag geschl.) – **18 Z : 30 B** 45/55 - 85/105 Fb.

🏠 **Erbprinzenhof** garni, Erbprinzenstr. 26, ✆ 2 38 90 – 🛗 📺 ⇔wc 🛁wc ☎ ⇔ . 🖭 ᴇ   Y p
59 Z : 81 B 58/90 - 98/125.

🏠 **Greif,** Ebertstr. 17, ✆ 3 30 01 – 🛗 ⇔wc 🛁wc ☎ ⇔ . 🖭 ᴇ 𝘝𝘐𝘚𝘈   Z g
20. Dez.- 10. Jan. geschl. – (nur Abendessen für Hausgäste) – **87 Z : 120 B** 44/80 - 75/110.

🏠 **Am Tullabad** garni, Ettlinger Str. 21, ✆ 60 66 78 – 🛁wc   Z e
22. Dez.- 6. Jan. geschl. – **22 Z : 32 B** 42/58 - 85.

XXX **Unter den Linden,** Kaiserallee 71, ✆ 84 91 85 – 🖭 ⓪ ᴇ   X e
Samstag bis 18 Uhr und über Fasching 2 Wochen geschl. – Karte 29/66.

XXX **Stadthallen-Restaurant** (modern - elegantes Restaurant), Festplatz 4 (im Kongreß-zentrum), ✆ 37 77 77, 🍽 – 🎱 . 🖭 ⓪   Z
Karte 29/60.

XX **Kleine Abtei,** Hans-Sachs-Str. 1, ✆ 84 89 22   Y u
Karte 22/59.

XX **Santa Lucia** (Italienische Küche), Badenwerkstr. 1, ✆ 2 78 62, 🍽 – 🖭 ⓪ ᴇ . 🍽   Z z
Dienstag geschl. – Karte 20/54.

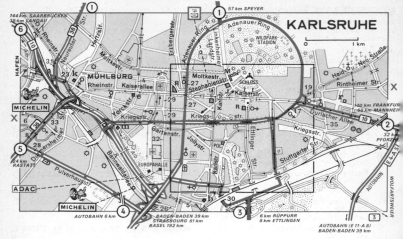

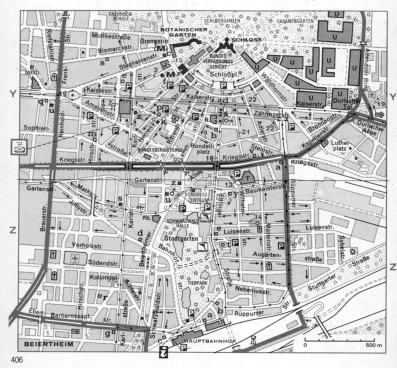

XX **Oberländer Weinstube**, Akademiestr. 7, ℰ 2 50 66, « Innenhof » — ᴬᴱ ⓘ ᴇ 𝘝𝘐𝘚𝘈   Y t
Samstag bis 18 Uhr und Sonntag geschl. — Karte 33/77 (Tischbestellung ratsam).

XX **Da Pino** (Italienische Küche), Mathystr. 22, ℰ 81 39 49   Z s
Donnerstag geschl. — Karte 26/53.

XX **O'Henry's Restaurant**, Breite Str. 24, ℰ 38 55 51 — ⓟ. ᴬᴱ ⓘ ᴇ 𝘝𝘐𝘚𝘈   X b
nur Abendessen, Sonntag geschl. — Karte 30/66 (Tischbestellung ratsam).

XX **Tai Hu** (Chinesische Küche), Stephanienstr. 2a, ℰ 2 22 69 — ▤. ᴬᴱ ᴇ 𝘝𝘐𝘚𝘈   Y c
Dienstag geschl. — Karte 20/48.

XX **Adria** (Italienische Küche), Ritterstr. 19, ℰ 2 06 65, 佘   Z u
Montag und 15. Aug.- 15. Sept. geschl. — Karte 30/55.

XX **Kühler Krug**, Wilhelm-Baur-Str. 3, ℰ 85 54 86, 佘 — ⓟ 🅰   X m
Montag geschl. — Karte 21/58.

X Balkan- Grill, Herrenstr. 36, ℰ 2 15 14, ständige Bilderausstellung   Y k

X **Zum Ritter** (Haus a.d.J. 1778), Hardtstr. 25, ℰ 55 14 55 — ᴬᴱ   X k
Montag geschl. — Karte 17/47.

X **Goldenes Kreuz** (Brauerei-G.), Karlstr. 21a, ℰ 2 20 54   Y z
◆ *Donnerstag geschl.* — Karte 14,50/43 ⅃.

In Karlsruhe 21-Daxlanden W : 5 km über Daxlander Straße X :

XX ❀ **Künstlerkneipe Zur Krone**, Pfarrstr. 18, ℰ 57 22 47, « Altbadische Weinstube, Bilder
Karlsruher Künstler um 1900 »
Sonntag - Montag geschl. — Karte 35/66 (Tischbestellung erforderlich)
Spez. Reh-Maultaschen mit Morcheln, Ente vom Rost, Lammrücken mit frischen Gemüsen.

In Karlsruhe 41-Durlach ② : 7 km :

🏠 **Maison Suisse** ⅏, Hildebrandstr. 24, ℰ 40 60 48 — ᴛᴠ ⌂wc ⋔wc ☎ ⇐, ᴬᴱ ⓘ ᴇ 𝘝𝘐𝘚𝘈
Karte 28/56 *(nur Abendessen, Tischbestellung ratsam)* (Sonntag geschl.) — **15 Z : 22 B** 65/75 -
95/100.

🏠 Große Linde, Killisfeldstr. 18, ℰ 4 22 95 — ⋔wc
25 Z : 40 B.

XX **Burghof**, Reichardtstr. 22 (auf dem Turmberg), ℰ 4 14 59, ≤ Karlsruhe und Rheinebene, 佘
— ⓟ. ᴬᴱ ⓘ ᴇ 𝘝𝘐𝘚𝘈
Montag geschl. — Karte 17/54.

XX **Zum Ochsen**, Pfinzstr. 64, ℰ 4 23 73 — ᴬᴱ ᴇ
Mittwoch, über Fasching 10 Tage und Juli - Aug. 3 Wochen geschl. — Karte 24/61 ⅃.

X **Schützenhaus**, Jean-Ritzert-Str. 8 (auf dem Turmberg), ℰ 49 13 68, 佘 — ⓟ
Mitte Jan.- Anfang Feb. und Dienstag geschl. — Karte 20/49.

In Karlsruhe 41-Grötzingen ② : 8 km :

🏰 **Schloß Augustenburg** ⅏, Kirchstr. 20, ℰ 4 85 55, Caféterrasse, ☎ — ᴛᴠ ⌂wc ⋔wc ☎
ⓟ 🅰. ⓘ ᴇ 𝘝𝘐𝘚𝘈
Karte 37/75 — **27 Z : 50 B** 95/130 - 140/180 Fb.

🕿 **Zum goldenen Ochsen**, Schultheiß-Kiefer-Str. 28, ℰ 48 15 06 — ⋔
◆ *29. Juli - 18. Aug. geschl.* — Karte 14/37 *(Donnerstag geschl.)* ⅃ — **8 Z : 11 B** 27/31 - 54/62.

In Karlsruhe 21-Maxau ⑥ : 9 km :

X **Hofgut Maxau**, ℰ 55 33 33, 佘 — ⓟ. ᴬᴱ ⓘ ᴇ 𝘝𝘐𝘚𝘈
Montag 15 Uhr - Dienstag und Jan. 3 Wochen geschl. — Karte 22/49.

In Karlsruhe 31-Neureut ① : 7 km über die B 36 :

XX **Nagel's Kranz**, Neureuter Hauptstr. 210, ℰ 70 57 42, 佘 — ⓟ
Sonntag geschl. — Karte 36/69.

In Karlsruhe 51-Rüppurr ③ : 4 km :

X Zum Strauß, Lange Str. 94, ℰ 6 04 61, Biergarten — ⓟ.

In Eggenstein-Leopoldshafen 7514 ① : 10 km :

🏠 **Zum Goldenen Löwen**, Hauptstr. 51, ℰ 77 17 01 — ⌂wc ⋔wc ☎. ⅏ Zim
◆ *Juni 1 Woche geschl.* — Karte 14/36 — **10 Z : 12 B** 40/50 - 70.

In Pfinztal-Berghausen 7507 O : 13 km :

XX **Zur Linde** mit Zim, An der Bahn 1 (a.d. Jöhlinger Straße), ℰ (0721) 4 61 18 — ᴛᴠ ⋔wc ☎.
⅏ Zim
Karte 24/44 *(Dienstag geschl.)* ⅃ — **4 Z : 7 B** 80 - 140/160.

MICHELIN-REIFENWERKE KGaA. 7500 Karlsruhe 21
Werk : Vogesenstr. 10 X, ℰ 5 96 01, Telex 7825911
Bereich Vertrieb : Bannwaldallee 60 X, ℰ 8 60 01, Telex 7825868, Postfach 210 951.

KARLSTADT 8782. Bayern 987 ㉖ — 14 000 Ew — Höhe 165 m — ✆ 09353.

◆München 304 — Aschaffenburg 52 — Bad Kissingen 45 — ◆Würzburg 24.

🏨 **Alte Brauerei**, Hauptstr. 58, ℰ 5 69, « Geschmackvolle, gemütliche Einrichtung » — 🛗 📺
⌦wc 🛁wc ☎ 🅿. 🆎 **E**
27. Dez.- 12. Jan. geschl. — Karte 19/46 *(Samstag geschl.)* — **20 Z : 38 B** 60/72 - 98/120 Fb.

☎ **Weißes Lamm**, Alte Bahnhofstr. 20, ℰ 23 31 — 🛁wc ⇌
→ 26. Dez.- 6. Jan. geschl. — Karte 12/24 *(Dienstag geschl.)* — **15 Z : 30 B** 28/36 - 56/72.

KARTHAUS Rheinland-Pfalz siehe Konz.

KARWENDEL Bayern Sehenswürdigkeit siehe Mittenwald.

KASENDORF 8658. Bayern — 2 400 Ew — Höhe 367 m — Wintersport : 400/500 m ≤1 ≈3 (in Zultenberg) — ✆ 09228 (Thurnau).

◆München 260 — ◆Bamberg 43 — Bayreuth 25 — Kulmbach 11.

🏨 **Goldener Anker**, Marktplatz 9, ℰ 6 22, ⇔s, ▢ — 🛁wc ☎ ⇌ 🅿
→ Karte 12,50/25 — **45 Z : 75 B** 32/45 - 60/75.

Pleasant hotels or restaurants
are shown in the Guide by a red sign.
Please send us the names
of any where you have enjoyed your stay.
Your Michelin Guide will be even better.

🏨🏨 ... 🏠

🏛🏛🏛 ... ✗

KASSEL 3500. Hessen 987 ⑮ — 191 400 Ew — Höhe 163 m — ✆ 0561.

Sehenswert : Wilhelmshöhe★★ (Schloßpark★★ : Wasserkünste★, Herkules★★, ≤★★) — Schloß Wilhelmshöhe (Gemäldegalerie★★★, Antikensammlung★) AZ **M1** — Neue Galerie★ BY **M2** — Karlsaue★ (Marmorbad : Inneres★★) BY — Hessisches Landesmuseum★ (Deutsches Tapetenmuseum★★, Astronomisch-Physikalisches Kabinett★★) BY **M3**.

Ausflugsziel : Schloß Wilhelmsthal★ N : 12 km.

🚗 ℰ 7 86 55 88.

Ausstellungsgelände (BY), ℰ 1 49 23.

🛈 Tourist-Information, im Hauptbahnhof, ℰ 1 34 43.

ADAC, Rudolf-Schwander-Str. 17, ℰ 10 34 64, Telex 99737.

◆Wiesbaden 219 ④ — ◆Berlin 382 ② — ◆Bonn 274 ⑤ — ◆Dortmund 167 ⑤ — Erfurt 150 ③ — ◆Frankfurt am Main 190 ② — ◆Hannover 164 ② — Leipzig 284 ③ — ◆Nürnberg 308 ④.

Stadtpläne siehe nächste Seiten.

🏨🏨 **Dorint-Hotel Reiss**, Am Hauptbahnhof (Werner-Hilpert-Str. 24), ℰ 7 88 30, Telex 99740 — 🛗 📺 ⇌ 🅿 🏋. 🆎 ⑩ **E** �неж Rest   BX **a**
Karte 31/60 — **102 Z : 127 B** 59/118 - 148/168 Fb.

🏨🏨 **Domus** Ⓜ, Erzbergerstr. 1, ℰ 10 23 85, Telex 992542 — 🛗 🅿. 🆎 ⑩ **E** 𝗩𝗜𝗦𝗔   BX **f**
Karte 23/59 *(Samstag bis 18 Uhr und Sonntag ab 14 Uhr geschl.)* — **45 Z : 60 B** 85/95 - 130/150 Fb.

🏨 **City-Hotel** garni, Wilhelmshöher Allee 40, ℰ 10 37 73, ⇔s — 🛗 📺 ⌦wc ☎ ⇌ 🅿   AY **s**
43 Z : 80 B Fb.

🏨 **Parkhotel Hessenland**, Obere Königsstr. 2, ℰ 1 49 74, Telex 99773 — 🛗 ⌦wc 🛁wc ☎
⇌ 🏋. 🆎 ⑩ **E**   BY **g**
Karte 23/48 — **115 Z : 200 B** 40/95 - 75/150.

🏠 **Excelsior**, Erzbergerstr. 2, ℰ 10 29 84 — 🛗 🛁wc ☎ 🅿 🏋. 🆎 ⑩ **E** 𝗩𝗜𝗦𝗔   BX **v**
→ Karte 14/20 *(Samstag und Sonntag jeweils ab 13 Uhr geschl.)* — **52 Z : 80 B** 40/70 - 70/100 Fb.

🏠 **Seidel** garni, Holländische Str. 27, ℰ 8 60 47, Telex 99531 — 🛗 📺 ⌦wc 🛁wc ☎. 🆎 ⑩ **E**
𝗩𝗜𝗦𝗔   BX **t**
40 Z : 61 B 48/82 - 94/114.

🏠 **Royal** garni, Giessbergstr. 53, ℰ 8 50 18 — 🛗 📺 ⌦wc 🛁wc ☎ 🅿   BX **u**
46 Z : 72 B.

✗✗ **Landhaus Meister**, Fuldatalstr. 140, ℰ 87 50 50, 🌳 — 🅿 🏋. 🆎 ⑩
Karte 32/73.   über Fuldatalstr. AZ

✗✗ **Bei Henkel**, Im Hauptbahnhof, ℰ 1 45 11 — 🏋. 🆎 ⑩ **E**   BX
Karte 18/54.

✗✗ **Ratskeller-Rôtisserie**, Obere Königsstr. 8 (Rathaus), ℰ 1 59 28 — 🆎 ⑩ **E** 𝗩𝗜𝗦𝗔   BY **R**
Sonntag ab 15 Uhr geschl. — Karte 19/50.

✗✗ **Stadthallen-Rest.**, Friedrich-Ebert-Str. 152, ℰ 77 70 93 — 🅿 🏋. 🆎 ⑩ **E** 𝗩𝗜𝗦𝗔   AX **e**
Karte 22/53.

✗ **China-Restaurant Moon Palace**, Kurt-Schumacher-Str. 29, ℰ 1 83 44 − ⓞ **E**   BX **k**
Karte 17/45.

✗ **Weinhaus Boos**, Wilhelmshöher Allee 97, ℰ 2 22 09   AY **m**
wochentags nur Abendessen − Karte 19/46.

✗ **Kropfwirt**, Obere Königsstr. 37, ℰ 77 27 64   BY **s**
Sonn- und Feiertage geschl. − Karte 18/43.

In Kassel-Bettenhausen ② : 4 km, nahe BAB-Anschluß Kassel-Ost :

🏩 **Holiday Inn**, Heiligenröder Str. 61, ℰ 5 21 51, Telex 99814, ☎, ⬛ − 🛗 ▦ 📺 & 🅿 🏓. 🆔
ⓞ **E** 🆅🆂🅰
Karte 29/60 − **141 Z : 267 B** 109/136 - 138/185 Fb.

In Kassel-Harleshausen NW : 7 km über Rasenallee AZ :

🏨 **Am Sonnenhang** ⤳, Aspenstr. 6, ℰ 6 20 70, Terrasse − 📺 🚻wc & 🅿 🏓
Ende Dez.- Mitte Jan. geschl. − Karte 17/39 *(wochentags ab 14 Uhr geöffnet, Sonntag nur Mittagessen, Freitag geschl.)* − **25 Z : 50 B** 50/60 - 95/116 Fb.

In Kassel-Niederzwehren ⑤ : 3,5 km :

🏛 **Gude - Restaurant Pfeffermühle**, Frankfurter Str. 299, ℰ 4 20 35, Telex 99515, Bade- und Massageabteilung, ☎, ⬛ − 🛗 📺 🚻wc ☎ ⇦ 🅿 🏓
Karte 17/53 *(Sonntag ab 15 Uhr geschl.)* − **54 Z : 108 B** 70/85 - 110/130 Fb.

In Kassel-Wilhelmshöhe :

🏩 **Schloßhotel Wilhelmshöhe** ⤳, Schloßpark 2, ℰ 3 08 80, Telex 99699, 🌇,
« Gartenterrasse mit ≼ Kassel », ☎, ⬛, 🐎 − 🛗 📺 ⇦ 🅿 🏓. 🆔 ⓞ **E** 🆅🆂🅰   AZ **b**
Karte 27/60 − **105 Z : 185 B** 90/120 - 140/170 Fb.

🏨 **Kurparkhotel** Ⓜ, Wilhelmshöher Allee 336, ℰ 3 09 72, Telex 99812 − 🛗 📺 🛏wc 🚻wc ☎
& ⇦ 🅿 🏓. 🆔 ⓞ **E**. 🍽 Rest   AZ **u**
Karte 21/53 − **63 Z : 110 B** 95/130 - 160 Fb.

🏨 **Schweizer Hof**, Wilhelmshöher Allee 288, ℰ 3 40 48, Telex 992416 − 🛗 🛏wc 🚻wc ☎ 🅿
🏓. 🆔 ⓞ **E** 🆅🆂🅰   AZ **r**
Karte 16/45 − **61 Z : 115 B** 50/85 - 80/130 Fb.

🏨 **Im Rosengarten** ⤳ garni, Burgfeldstr. 16, ℰ 3 60 94 − 📺 🛏wc 🚻wc ☎ ⇦ 🅿   AZ **e**
13 Z : 30 B.

✗✗ **Calvados**, Im Druseltal 12, ℰ 30 46 21, Terrasse − 🅿. 🆔 ⓞ **E**   AZ **z**
Karte 19/58.

✗✗ **Haus Rothstein** mit Zim, Heinrich-Schütz-Allee 56, ℰ 3 37 84, 🌇 − 🛏wc 🚻wc ☎ ⇦. **E**
Karte 22/54 *(Montag geschl.)* − **5 Z : 9 B** 60/70 - 120.   über Heinrich-Schütz-Allee AZ

In Ahnatal 1-Weimar 3501 ⑥ : 12 km − Erholungsort :

🏤 **Bühlklause**, Dörnbergstr. 55, ℰ (05609) 97 35, 🌇 − 🛏wc ☎ 🅿
Juli geschl. − Karte 13,50/26 *(Dienstag geschl.)* − **10 Z : 20 B** 30 - 60.

In Calden 3527 NW : 14 km über ⑦ oder über Schanzenstr. AZ :

🏨 **Schloß Wilhelmsthal** ⤳, Beim Schloß Wilhelmsthal (SW : 2 km), ℰ (05674) 8 48,
« Gartenterrasse mit Grill » − 🛏wc 🚻wc ☎ ⇦ 🅿 🏓
Karte 20/54 − **18 Z : 31 B** 60/75 - 90/130.

In Espenau-Schäferberg 3501 ⑦ : 10 km :

🏨 **Waldhotel Schäferberg**, Wilhelmsthaler Str. 14 (B 7), ℰ (05673) 79 71, 🌇 − 📺 🚻wc ☎
⇦ 🏓. 🆔 ⓞ **E** 🆅🆂🅰
Karte 20/53 − **60 Z : 115 B** 60/85 - 100/130 Fb.

In Fuldatal 2-Simmershausen 3501 ① : 7 km :

🏤 **Haus Schönewald**, Wilhelmstr. 17, ℰ (0561) 81 17 08, 🌇 − 🚻wc 🅿. 🍽
Juli geschl. − Karte 14,50/30 *(nur Abendessen, Mittwoch geschl.)* − **26 Z : 47 B** 35 - 60.

✗ **Haus Scharpf** mit Zim, Karlstr. 3, ℰ (0561) 81 23 02 − 🚻wc 🛏 🅿
8.- 25. Sept. geschl. − Karte 18,50/42 *(wochentags nur Abendessen, Dienstag geschl.)* − **6 Z : 10 B** 36/39 - 48/70.

In Niestetal-Heiligenrode 3501 ② : 6 km, nahe BAB-Anschluß Kassel-Ost :

🏨 **Althans** ⤳ garni, Friedrich-Ebert-Str. 65, ℰ (0561) 52 27 09 − 🚻wc 🅿
21. Dez.- 6. Jan. geschl. − **21 Z : 27 B** 35/50 - 60/80.

An der Autobahn A 7 Nähe Kasseler Kreuz ① : 7 km :

🏨 **Autobahn-Rasthaus Kassel**, ✉ 3503 Lohfelden, ℰ (0561) 58 30 31, Telex 99642, ≼, 🌇 −
🛗 🚻wc 🚻wc ☎ ⇦ 🅿 🏓. 🆔 ⓞ **E** 🆅🆂🅰
Karte 20/47 − **78 Z : 163 B** 81 - 124 Fb.

MICHELIN-REIFENWERKE KGaA. Niederlassung 3500 Kassel 1 Osterholzstr. 50 (AZ), ℰ (0561) 57 20 76.

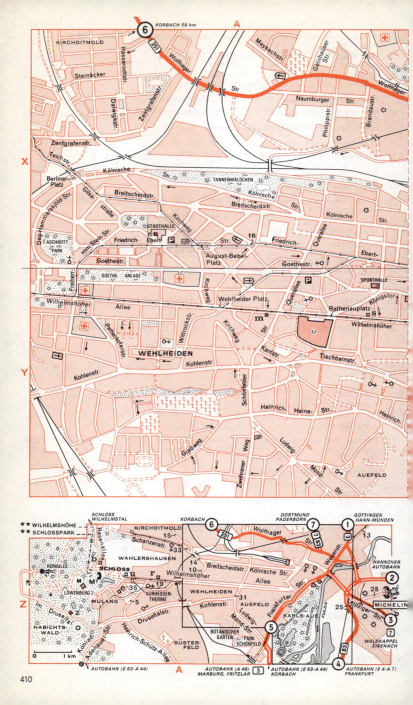

410

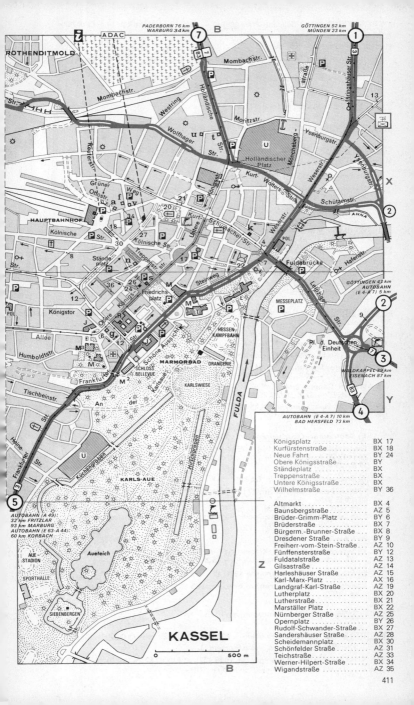

KASSEL

KASTELLAUN 5448. Rheinland-Pfalz 987 ㉔ − 4 300 Ew − Höhe 435 m − ✆ 06762.

🛈 Verkehrsamt, Rathaus, Kirchstr. 1, ✆ 80 01.

Mainz 80 − ♦Koblenz 44 − ♦Trier 96.

🏠 **Zum Rehberg** 🌿 garni, Mühlenweg 1, ✆ 13 32, 🍴, 🌳 − 📺wc 🔔 🅿 ♨
   19 Z : 40 B 38/50 - 76.

🏠 **Zur Post**, Bahnhofstr. 22, ✆ 73 29, 🍴, 🌳 − 🛁wc 📺wc 🔔 🅿. 🎿
➡ Karte 13/37 *(Samstag geschl.)* 🍷 − **19 Z : 30 B** 30/40 - 60/80.

KATTENES Rheinland-Pfalz siehe Löf.

KATZENBACH Rheinland-Pfalz siehe Kirchen (Sieg).

KATZENELNBOGEN 5429. Rheinland-Pfalz − 1 700 Ew − Höhe 300 m − ✆ 06486.

Mainz 51 − ♦Koblenz 50 − Limburg an der Lahn 21 − ♦Wiesbaden 46.

   In Berghausen 5429 SO : 2,5 km :

🏠 **Berghof**, Bergstr. 3, ✆ (06486) 83 44 − 📺wc 🔥 🅿 ♨
➡ Karte 13,50/33 − **24 Z : 50 B** 30 - 60.

   In Klingelbach 5429 NW : 1,5 km :

🏠 **Sonnenhof** 🌿, Kirchstr. 31, ✆ (06486) 4 86, ≪, 🌳, 🎿 − 📺wc 🔔 🅿. ⓪ E
   6.- 18. Jan. geschl. − Karte 15/41 *(Dienstag geschl.)* 🍷 − **24 Z : 46 B** 41/47 - 70/96.

KAUB 5425. Rheinland-Pfalz 987 ㉔ − 1 500 Ew − Höhe 87 m − ✆ 06774.

🛈 Verkehrsamt, im Rathaus, Metzgergasse 26, ✆ 2 22.

Mainz 54 − ♦Koblenz 45 − ♦Wiesbaden 51.

✗ **Deutsches Haus** mit Zim, Schulstr. 1, ✆ 2 66 − 📺 🅿
   Jan. geschl. − Karte 15/46 *(Montag geschl.)* 🍷 − **11 Z : 19 B** 30 - 55/65.

KAUFBEUREN 8950. Bayern 987 ㊱, 426 ⑮ − 41 700 Ew − Höhe 680 m − Wintersport :
707/849 m ⚡8 − ✆ 08341.

🛈 Verkehrsverein, Innere-Buchleithen-Str. 16, ✆ 4 04 05.

ADAC, Kaiser-Max-Str. 3, ✆ 24 07, Telex 54693.

♦München 87 − Kempten (Allgäu) 35 − Landsberg am Lech 30 − Schongau 26.

🏨 **Goldener Hirsch**, Kaiser-Max-Str. 39, ✆ 28 38, 🍴 − 🛁wc 📺wc ☎ 🅿 ♨. 🅰🅴 ⓪ E 𝘝𝘐𝘚𝘈
   Karte 21/50 − **34 Z : 60 B** 57/105 - 95/152 Fb.

🏠 **Hasen**, Ganghoferstr. 7, ✆ 89 41 − ▮❚ 🛁wc 📺wc ☎ 🔔 🅿. 🅰🅴 E
   Karte 15/50 − **62 Z : 100 B** 25/60 - 50/90.

🏠 **Leitner**, Neugablonzer Str. 68, ✆ 33 44 − 📺wc 🅿. 🎿
➡ Karte 11/24 *(Freitag 14 Uhr - Samstag, 1.- 21. Aug. und 23.- 31. Dez. geschl.)* − **22 Z : 33 B**
   27/38 - 40/65.

   In Kaufbeuren-Oberbeuren SW : 2 km :

🏠 **Engel**, Hauptstr. 10, ✆ 21 24 − 🛁wc 📺wc 🔔 🅿. 🅰🅴
➡ Karte 12/26 *(Sonntag ab 14 Uhr, Mittwoch, Samstag und Ende Aug.- Anfang Sept. geschl.)* −
   17 Z : 31 B 26/36 - 42/58.

   In Biessenhofen 8954 S : 6,5 km :

🏨 ❀ **Neue Post**, Füssener Str. 17 (B 16), ✆ (08341) 85 25, 🍽, 🌳 − 📺 🛁wc 📺wc ☎ 🔔 🅿.
   🅰🅴 ⓪ E 𝘝𝘐𝘚𝘈
   Karte 34/80 − **27 Z : 39 B** 39/90 - 66/140
   Spez. Lachs gefüllt mit Meeresschnecken, Allgäuer Lammcarré am Stück gebraten, Angusfilet mit Gänsestopfleber
   in Beaujolaissauce.

   In Irsee 8951 NW : 7 km :

🏨 **Klosterbräustüble** 🌿, Klosterring 1, ✆ (08341) 83 31, 🍽 − 📺wc ☎ 🔔 🅿 ♨
   7.- 31. Jan. geschl. − Karte 15,50/38 − **26 Z : 36 B** 52/58 - 90/100.

   In Pforzen-Hammerschmiede 8951 N : 6,5 km :

✗✗ **Landgasthof Hammerschmiede**, an der B 16, ✆ (08346) 2 71, Biergarten − 🅿. 🅰🅴
   Karte 16/47.

KAUFERING Bayern siehe Landsberg am Lech.

KAYHUDE 2061. Schleswig-Holstein − 800 Ew − Höhe 25 m − ✆ 040 (Hamburg).

♦Kiel 82 − ♦Hamburg 30 − ♦Lübeck 50 − Bad Segeberg 26.

✗✗ **Alter Heidkrug**, Segeberger Str. 10 (B 432), ✆ 6 07 02 52, 🍽 − 🅿 ♨. 🅰🅴 ⓪ E
   Donnerstag und Juli 3 Wochen geschl. − Karte 20/55.

KEHL 7640. Baden-Württemberg 987 ㉞, 87 ⑤, 242 ㉔ — 30 000 Ew — Höhe 139 m — ☻ 07851.

🛈 Verkehrsamt, Am Marktplatz, ℰ 8 82 26.

ADAC, Grenzbüro, Europabrücke, ℰ 21 88.

◆Stuttgart 149 — Baden-Baden 55 — ◆Freiburg im Breisgau 81 — ◆Karlsruhe 76 — Strasbourg 6.

🏨 **Frantel** garni, Straßburger Str. 18, ℰ 7 30 21, Telex 753600 — 📺 ⇔wc ☎
    69 Z : 138 B.

🏨 **Astoria**, Bahnhofstr. 4, ℰ 30 66 — 🛗 ⇔wc 📶wc ☎ ⇐⇒ 🅿. 🄰🄴 ⓪ 🄴 𝗩𝗜𝗦𝗔
    Karte 19/50 *(Sonntag geschl.)* — **30 Z : 64 B** 55/66 - 88/99 Fb.

🕎 **Barbarossa**, Hauptstr. 120, ℰ 55 42, 🌳 — 🛗 📶 ⇐⇒ 🅿
    Karte 18/41 — **22 Z : 45 B** 35/45 - 65.

🛇🛇 Traube mit Zim, Großherzog-Friedrich-Str. 18, ℰ 22 41, Biergarten — **4 Z : 5 B.**

In Kehl-Kork :

🏚 **Schwanen**, Landstr. 3, ℰ 33 38 — 📶wc ☎ 🅿
➳ Karte 14/35 *(Montag und Juli - Aug. 3 Wochen geschl.)* 🏖 — **34 Z : 65 B** 25/45 - 45/70.

🕎 Hirsch, Gerbereistr. 20, ℰ 36 00 — 📶wc 🅿 — *(nur Abendessen)* — **53 Z : 100 B.**

In Kehl-Marlen S : 7 km :

🕎 **Hanauerland**, Kehler Str. 1(B 36), ℰ (07854) 5 00 — 📶wc 🅿. 🍴 Rest
    Karte 19/37 *(Dez.- Mai Sonntag geschl.)* — **22 Z : 50 B** 30/50 - 60/80.

In Rheinau-Linx 7597 NO : 11 km :

🛇 **Grüner Baum** mit Zim, Tullastr. 30, ℰ (07853) 3 58, 🌳 — 🅿
    Feb. und Aug. je 2 Wochen geschl. — Karte 26/51 *(Montag geschl.)* — **6 Z : 13 B** 30 - 50.

KEHLSTEIN Bayern siehe Berchtesgaden.

KEITUM Schleswig-Holstein siehe Sylt (Insel).

KELBERG 5489. Rheinland-Pfalz 987 ㉓㉔ — 1 450 Ew — Höhe 490 m — Luftkurort — ☻ 02692.

🛈 Rathaus, Dauner Str. 22, ℰ 13 12.

Mainz 157 — ◆Aachen 115 — ◆Bonn 65 — ◆Koblenz 66 — ◆Trier 78.

🕎 **Eifeler Hof**, Am Markt, ℰ 3 20, 🌳 — 📶wc 🅿
    Feb. geschl. — Karte 16,50/38 *(Montag geschl.)* — **9 Z : 18 B** 30/40 - 55/70.

KELHEIM 8420. Bayern 987 ㉗ — 15 000 Ew — Höhe 354 m — ☻ 09441.

Ausflugsziele : Befreiungshalle★ W : 3 km — Weltenburg : Klosterkirche★ SW : 7 km.

◆München 106 — Ingolstadt 56 — ◆Nürnberg 108 — ◆Regensburg 24.

🏨 **Ehrnthaller**, Donaustr. 22, ℰ 33 33 — 🛗 📺 ⇔wc 📶wc ☎ ⇐⇒ 🅿 🏊 🄰🄴 ⓪ 🄴 𝗩𝗜𝗦𝗔
➳ über Weihnachten geschl. — Karte 14,50/47 — **71 Z : 109 B** 37/61 - 56/98 Fb.

🏚 **Aukofer**, Alleestr. 27, ℰ 14 60, Biergarten — 🛗 ⇔wc 📶wc 🅿 🏊
➳ 20. Dez.- 10. Jan. geschl. — Karte 11/31 *(Dez.- März Samstag geschl.)* — **60 Z : 90 B** 31/37 -
    54/64.

🕎 **Weißes Lamm**, Ludwigstr. 12, ℰ 98 25 — 🛗 📶wc ⇐⇒
➳ Mitte Nov.- Anfang Dez. geschl. — Karte 11,50/30 *(Nov.-April Samstag geschl.)* — **30 Z : 64 B**
    26/35 - 46/62.

🕎 **Klosterbrauerei Seitz**, Klosterstr. 5, ℰ 35 48 — 🛗 📶wc ⇐⇒ 🅿
➳ 22. Dez.- 10. Jan. geschl. — Karte 13/29 🏖 — **38 Z : 65 B** 29/43 - 52/78.

🛇 **Stockhammer** mit Zim, Am oberen Zweck 2, ℰ 32 54 — 📶wc 🅿 🄴
    11.- 27. Aug. geschl. — Karte 18,50/53 *(Montag geschl.)* — **11 Z : 20 B** 25/40 - 60/70.

In Essing 8421 W : 8 km :

🏚 **Weihermühle**, ℰ (09447) 3 55, Biergarten, 🐟, 🏊 (geheizt), 🌳 — 🛗 📺 📶wc ☎ 🚶 ⇐⇒ 🅿
➳ Dez. geschl. — Karte 12/39 *(Dienstag geschl.)* — **23 Z : 44 B** 38/54 - 76/82.

🛇 **Brauerei-Gasthof Schneider** mit Zim, Altmühlgasse 10, ℰ (09447) 3 54, 🌳 — 📶 ⇐⇒ 🅿
➳ Karte 14/36 *(Montag geschl.)* — **22 Z : 40 B** 24/26 - 40/44.

KELKHEIM 6233. Hessen — 28 400 Ew — Höhe 202 m — ☻ 06195.

◆Wiesbaden 27 — ◆Frankfurt am Main 19 — Limburg an der Lahn 47.

🏨 **Hessischer Hof**, Luisenstr. 5, ℰ 69 94 — 📺 📶wc ☎ 🅿. ⓪ 🄴 𝗩𝗜𝗦𝗔
    Karte 22/60 *(nur Abendessen, Samstag geschl.)* — **13 Z : 22 B** 50/75 - 108/118.

🏚 **Post**, Breslauer Str. 42, ℰ 20 58 — 🛗 📺 ⇔wc 📶wc ☎ ⇐⇒. 🄰🄴 ⓪ 🄴
    Karte 31/62 *(Samstag bis 18 Uhr geschl.)* — **18 Z : 36 B** 64/130 - 106/160.

In Kelkheim-Hornau :

🛇🛇 **Le Corse** (Französische Küche), Hornauer Str. 148, ℰ 6 28 47, « Innenhofterrasse » — 🅿. 🄰🄴
    ⓪ 🄴 𝗩𝗜𝗦𝗔
    nur Abendessen, Sonntag, 1.- 6. Jan. und Juli - Aug. 2 Wochen geschl. — Karte 49/80
    (Tischbestellung ratsam).

In Kelkheim-Münster :

🏨 **Zum goldenen Löwen**, Königsteiner Str. 1, ℰ 40 91 — 📺 ▥wc ☎ 🅿. 🄴. ⋘
Aug.- Sept. 3 Wochen geschl. — Karte 16/36 *(Donnerstag geschl.)* 🍷 — **26 Z : 48 B** 50/55 - 90.

Außerhalb NW : 5 km über Fischbach und die B 455 Richtung Königstein :

🏩 **Schloßhotel Rettershof** ⬙, ⬚ 6233 Kelkheim, ℰ (06174) 2 90 90, Telex 4175039, ⌂, Park,
⬙, ⋘ — 📺 🅿 ⩕, ⒶⒺ 🄴
Karte 35/70 — **35 Z : 58 B** 98/120 - 158/178 Fb.

KELL AM SEE 5509. Rheinland-Pfalz — 1 900 Ew — Höhe 441 m — Luftkurort — ✪ 06589.

🛈 Tourist-Information, Hochwaldstr. 4, ℰ 10 44.

Mainz 148 — Saarburg 27 — ✦Trier 37.

🏨 **St. Michael**, Kirchstr. 3, ℰ 10 68, ⬙, ⋙ — ▤ ⌂wc ▥wc ☎ ⅙ 🅿 ⩕. ⋘
Karte 16/36 🍷 — **35 Z : 65 B** 35/75 - 68/140.

🏠 **Haus Doris** ⬙ garni, Nagelstr. 8, ℰ 71 10, ⬙, ⋙ — ▥wc 🅿
16 Z : 37 B 35 - 60.

🏨 **Zur Post**, Hochwaldstr. 2, ℰ 2 00 — ▥wc ⬅ 🅿
◆ Karte 14/34 *(Freitag geschl.)* 🍷 — **18 Z : 32 B** 28/36 - 56/72 — P 36/46.

KELLENHUSEN 2436. Schleswig-Holstein — 1 500 Ew — Höhe 10 m — Ostseeheilbad —
✪ 04364 (Dahme).

🛈 Kurverwaltung, Strandpromenade, ℰ 4 24.

✦Kiel 83 — Grömitz 11 — Heiligenhafen 25.

🏠 **Erholung**, Am Ring 35, ℰ 2 36 — ▤ ▥wc 🅿
nur Saison — **34 Z : 72 B**.

🏠 **Vier Linden** ⬙, Lindenstr. 4, ℰ 2 39, ⬙ — ⌂wc ▥wc 🅿
42 Z : 110 B.

Siehe auch : *Liste der Feriendörfer*

KELSTERBACH 6092. Hessen — 14 300 Ew — Höhe 107 m — ✪ 06107.

✦Wiesbaden 26 — ✦Darmstadt 33 — ✦Frankfurt am Main 16 — Mainz 26.

🏩 **Novotel Frankfurt Airport** Ⓜ ⬙, Am Weiher 20, ℰ 7 50 50, Telex 4170101, ⪜, ⬙, ▦ —
▤ 📺 ⌂wc ⅙ 🅿 ⩕. ⒶⒺ ⓘ 🄴 𝗩𝗜𝗦𝗔
Karte 22/49 — **151 Z : 302 B** 149/172 - 185 Fb.

🏠 **Haus Kelsterbach**, Waldstr. 126, ℰ 60 08 — ▥wc ☎ 🅿
40 Z : 60 B.

🏠 **Zeltinger Hof** garni, Waldstr. 73, ℰ 21 26 — ▥wc ☎ 🅿. ⒶⒺ ⓘ 🄴 𝗩𝗜𝗦𝗔
1.- 12. Jan. geschl. — **24 Z : 33 B** 40/60 - 83/102.

KELTERN 7538. Baden-Württemberg — 7 200 Ew — Höhe 190 m — ✪ 07236.

✦Stuttgart 61 — ✦Karlsruhe 24 — Pforzheim 11.

In Keltern 2-Ellmendingen :

🏠 **Goldener Ochsen**, Durlacher Str. 8, ℰ 81 42 — ▥wc 🅿
Aug. geschl. — Karte 22/55 *(Sonntag ab 14 Uhr geschl.)* — **14 Z : 21 B** 35/60 - 70/100.

🏠 **Zum Löwen**, Durlacher Str. 10, ℰ 81 31, ⋙ — ▥wc 🅿 ⩕
Juni - Juli 3 Wochen geschl. — Karte 15/41 *(Montag geschl.)* — **11 Z : 20 B** 25/50 - 50/90.

KEMMENAU Rheinland-Pfalz siehe Ems, Bad.

KEMPEN 4152. Nordrhein-Westfalen 𝟵𝟴𝟳 ⑬ — 30 300 Ew — Höhe 35 m — ✪ 02152.

✦Düsseldorf 37 — Geldern 21 — Krefeld 13 — Venlo 22.

🍴🍴 **et kemp'sche huus** (Restauriertes Fachwerkhaus), Neustr. 31, ℰ 5 44 65 — 🅿. ⒶⒺ ⓘ 🄴
Samstag bis 18 Uhr geschl. — Karte 34/77 (Tischbestellung ratsam).

🍴🍴 **Thomas-Keller** (Rest. mit modern-rustikaler Einrichtung), Peterstr. 6, ℰ 28 06 — ⓘ 🄴
Samstag bis 18 Uhr und Mittwoch geschl. — Karte 30/60.

KEMPENICH 5446. Rheinland-Pfalz 𝟵𝟴𝟳 ㉔ — 1 500 Ew — Höhe 455 m — Erholungsort —
✪ 02655 (Weibern).

Mainz 144 — ✦Bonn 55 — ✦Koblenz 53 — ✦Trier 106.

🏠 **Eifelkrone**, Hardt 1 (nahe der B 412), ℰ 13 01, ⌂, ⋙ — ⌂wc ▥wc ⬅ 🅿
Nov.- 15. Dez. geschl. — Karte 16/30 — **14 Z : 28 B** 34/38 - 64/70.

In Hohenleimbach 5446 SW : 4 km :

🏠 **Hammonia** ⬙, Auf der Heeg, ℰ (02655) 18 19 — ▥wc 🅿. ⋘ Rest
Nov. geschl. — Karte 15/28 — **18 Z : 40 B** 31 - 60 — P 42.

KEMPFELD 6581. Rheinland-Pfalz — 950 Ew — Höhe 530 m — Erholungsort — ☎ 06786.

Mainz 111 — Bernkastel-Kues 23 — Idar-Oberstein 15 — ♦Trier 66.

☎ **Ferienfreude,** Hauptstr. 43, ℰ 3 08, 🍴 — 🏠wc 🚗 📵. 🐾 Zim
↵ 30. Okt.- 20. Nov. geschl. — Karte 14/29 *(Freitag geschl.)* — **16 Z : 30 B** 33/38 - 56/64.

In Bruchweiler 6581 NW : 1 km — Erholungsort :

🍴 **Hochwaldhof** mit Zim, Idarwaldstr. 13, ℰ (06786) 4 95, ☎ — 🏠wc 📵
Jan. geschl. — Karte 16,50/33 *(Dienstag geschl.)* — **6 Z : 12 B** 25/30 - 50/60.

KEMPTEN (ALLGÄU) 8960. Bayern 987 ㊱, 426 ⑮ — 58 000 Ew — Höhe 696 m — ☎ 0831.

🛈 Verkehrsamt, Rathausplatz 14, ℰ 2 52 52 37.

ADAC, Bahnhofstr. 55, ℰ 2 90 31, Telex 54873.

♦München 123 ② — ♦Augsburg 102 ② — Bregenz 67 ⑤ — ♦Konstanz 103 ⑤ — ♦Ulm (Donau) 90 ①.

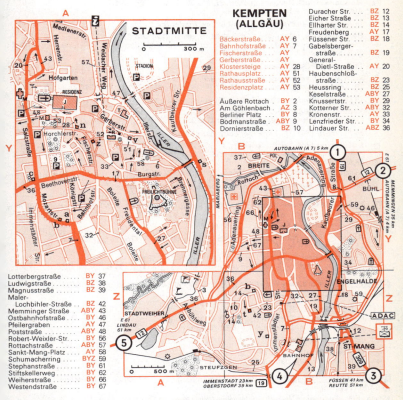

KEMPTEN (ALLGÄU)

Bäckerstraße	AY 6
Bahnhofstraße . .	AY 7
Fischerstraße . .	AY
Gerberstraße . .	AY
Klostersteige . . .	AY 28
Rathausplatz . . .	AY 51
Rathausstraße . .	AY 52
Residenzplatz . .	AY 53
Äußere Rottach . .	BY 2
Am Göhlenbach . .	AZ 3
Berliner Platz . . .	BY 8
Bodmanstraße . . .	ABY 9
Dornierstraße . . .	BZ 10
Duracher Str. . . .	BZ 12
Eicher Straße . . .	BZ 13
Ellharter Str. . . .	BZ 14
Freudenberg	AY 17
Füssener Str. . . .	BZ 18
Gabelsberger-	
straße	BZ 19
General-	
Dietl-Straße . .	AY 20
Haubenschloß-	
straße	BZ 23
Heussring	BZ 27
Keselstraße	ABY
Knusserstr.	BY 29
Kotterner Str. . . .	ABY 32
Kronenstr.	AY 33
Lenzfrieder Str. . .	BY 34
Lindauer Str. . . .	ABZ 36

Lotterbergstraße	BY 37
Ludwigstraße	BZ 38
Magnusstraße	BZ 39
Maler-	
Lochbihler-Straße . .	BZ 42
Memminger Straße . .	ABY 43
Ostbahnhofstraße . . .	BY 46
Pfeilergraben	AY 47
Poststraße	ABY 48
Robert-Weixler-Str. . .	BY 56
Rottachstraße	ABY 57
Sankt-Mang-Platz . . .	AY 58
Schumacherring	BYZ 59
Stephanstraße	BY 61
Stiftskellerweg	BY 62
Weiherstraße	BY 66
Westendstraße	BY 67

🏨 **Fürstenhof,** Rathausplatz 8, ℰ 2 30 50, Telex 541535 — 📶 TV 🚗 🏠. AE ① E VISA   AY **v**
Karte 33/60 — **Ratskeller** *(nur Abendessen)* Karte 17/35 — **70 Z : 133 B** 85/130 - 150/200 Fb.

🏨 **Bayerischer Hof,** Füssener Str. 96, ℰ 7 34 20 — 🖵wc 🏠wc ☎ 🚗 📵. AE ① E VISA   AY **s**
Karte 22/48 — **38 Z : 65 B** 38/75 - 68/125 Fb.

🏨 **Peterhof,** Salzstr. 1, ℰ 2 55 25 — 📶 🖵wc 🏠wc ☎ 🚗 🏠. AE ① E VISA 🐾 Rest   AY **c**
Karte 30/61 — **51 Z : 86 B** 69/77 - 98/124 Fb.

🏨 **Auf'm Lotterberg** 🦢 garni, Königsberger Str. 31, ℰ 9 77 53, ≤, modern-rustikale
Einrichtung — 🏠wc ☎ 🚗 📵 E   über Lotterbergstr.   BY
10. Dez.- 10. Jan. geschl. — **26 Z : 30 B** 45 - 76 Fb.

🏨 **Haslacher Hof,** Immenstädter Str. 74, ℰ 2 40 26 — 🏠wc ☎ 📵 🏠. AE ① E VISA   BZ **y**
Karte 16,50/35 *(nur Abendessen, Freitag geschl.)* — **33 Z : 55 B** 34/44 - 62/75 Fb.

Fortsetzung →

🏠 **Bei den Birken** 🦌 garni, Goethestr. 25, ℰ 2 80 08, 🚗 – ➡wc 🏠wc ☎ 🅿︎   BZ **b**
  20 Z : 25 B 35/45 - 50/80.

🏠 **Sonnenhang** 🦌, Mariaberger Str. 78, ℰ 9 37 56, ≼, 🦌 – 🏠wc 🅿︎ 🛁. 🆅🅸🆂🅰
  ab Pfingsten 2 Wochen geschl. – Karte 17/42 *(Donnerstag geschl.)* – **18 Z : 35 B** 45 - 75 Fb.
                                       über Äußere Rottach   BY

🏠 **Bahnhof-H.**, Mozartstr. 2, ℰ 2 20 73 – ➡wc 🏠wc 🚗, 🆀🅴 ① Ⓔ   AY **a**
➡ Karte 14/32 *(nur Abendessen, Sonntag geschl.)* – **40 Z : 70 B** 32/42 - 60/73.

✕✕ **Restaurant Benz**, Mozartstr. 8, ℰ 2 63 69, 🍽 – 🆀🅴 Ⓔ   AY **b**
  Karte 33/52.

✕✕ **Weinhaus Winkel** (Altdeutsche Weinstube), Fischersteige 9, ℰ 2 24 57 – 🆀🅴 ① Ⓔ   AY **z**
  Sonn- und Feiertage geschl. – Karte 16/55.

✕✕ **Roseneck**, Klostersteige 30 (1. Etage), ℰ 2 93 40 – 🆀🅴 ① Ⓔ   AY **n**
  16. Mai - 9. Juni, Montag sowie Sonn- und Feiertage geschl. – Karte 18,50/47.

✕✕ **Haubenschloß**, Haubenschloßstr. 37, ℰ 2 35 10, 🍽 – 🅿︎. ① Ⓔ   BZ **t**
  Montag geschl. – Karte 18/39.

In Kempten-Lenzfried O : 2 km über Lenzfrieder Str. BYZ :

🍵 **Berg-Café** 🦌, Höhenweg 6, ℰ 7 32 96, ≼, 🦌 – 🏠wc 🚗 🅿︎
➡ Karte 14/28 *(nur Abendessen, Freitag-Sonntag und Aug.- Sept. 3 Wochen geschl.)* – **30 Z :
45 B** 26/38 - 48/60.

In Durach 8968 ③ : 4 km :

🍵 **Zum Schwanen**, Füssener Str. 26 (B 309), ℰ (0831) 6 32 35 – 🏠wc 🚗 🅿︎
➡ *24. Sept.- 15. Okt. geschl.* – Karte 14/27 *(Montag geschl.)* – **11 Z : 25 B** 24/32 - 46/58.

In Durach-Weidach 8968 S : 3 km, über Ludwigstraße BZ :

🍵 **Krone**, Sulzberger Str. 27, ℰ (0831) 6 95 42 – 🏠 🅿︎
  Karte 15/32 *(Mittwoch geschl.)* – **14 Z : 27 B** 26/33 - 52/66.

In Sulzberg 8961 S : 7 km über Ludwigstraße BZ :

🏠 **Sulzberger Hof**, Sonthofener Str. 17, ℰ (08376) 3 01, ≼, 🍽, 🛏 – 🏠wc 🚗 🅿︎. ❄ Zim
  Nov.- Anfang Dez. geschl. – Karte 18/47 *(Nov.- Mai Montag - Dienstag geschl.)* 🍸 – **15 Z :
27 B** 37/40 - 74 – P 60.

🏠 **Rössle**, Jodbadstr. 2 (Raiffeisen-Haus), ℰ (08376) 82 46 – 🏠wc 🅿︎ – **9 Z : 13 B**.

  Siehe auch : *Buchenberg, Waltenhofen und Wiggensbach*

KENZINGEN 7832. Baden-Württemberg 🗺 ㉞, 🗺 ⑦, 🗺 ㉘ ㉜ – 7 000 Ew – Höhe 179 m –
✪ 07644.
◆Stuttgart 182 – ◆Freiburg im Breisgau 28 – Offenburg 40.

🏠 **Bauer** 🦌 garni, Neue Str. 28, ℰ 76 85, 🛋 (geheizt), 🦌 – 🏠wc 🅿︎ 🛁. 🆀🅴 ① Ⓔ
  24 Z : 47 B 42/50 - 65/90.

🍵 **Zum Hirschen**, Hauptstr. 7 (B 3), ℰ 61 71 – 🏠wc 🅿︎. Ⓔ 🆅🅸🆂🅰
  1.- 20. Nov. geschl. – Karte 18/46 *(Mittwoch geschl.)* 🍸 – **17 Z : 31 B** 26/32 - 50/65.

KERKEN 4173. Nordrhein-Westfalen 🗺 ⑬ – 10 700 Ew – Höhe 35 m – ✪ 02833.
◆Düsseldorf 51 – ◆Duisburg 31 – Krefeld 17 – Venlo 22.

In Kerken-Aldekerk :

✕ Haus Thoeren mit Zim, Marktstr. 14, ℰ 44 31 – 🏠 🅿︎
  (wochentags nur Abendessen) – **6 Z : 10 B**.

In Kerken-Nieukerk :

🍵 **Wolters**, Sevelener Str. 15, ℰ 22 06 – 🏠 🅿︎
➡ Karte 14,50/37 *(Samstag geschl.)* – **8 Z : 12 B** 38/40 - 70.

KERNEN IM REMSTAL 7053. Baden-Württemberg – 13 900 Ew – Höhe 265 m –
✪ 07151 (Waiblingen).
◆Stuttgart 19 – Esslingen am Neckar 9 – Schwäbisch Gmünd 43.

In Kernen 2-Stetten :

🏠🏠 **Gästehaus Schlegel** 🦌 garni, Tannenäckerstr. 13, ℰ 4 20 16 – 🛗 ➡wc 🏠wc ☎ 🚗 🅿︎.
  🆀🅴 ① Ⓔ
  30 Z : 50 B 42/70 - 62/105 Fb.

🏠 Hirsch 🦌, Hirschstr. 2, ℰ 4 42 40 – 🏠wc 🚗 🅿︎ – **16 Z : 22 B**.

✕✕ ✿ **Romantik-Restaurant Zum Ochsen** (ehem. Herberge a.d.J. 1769), Kirchstr. 15, ℰ 4 20 15
  – 🅿︎. 🆀🅴 ① Ⓔ
  Mittwoch und 6.- 26. Feb. geschl. – Karte 24/71
  Spez. Aalterrine, Lammrücken in Kräuterbutterschaum (für 2 Pers.), Variation von Früchten mit Zimt-Cassis-Parfait.

✕✕ **Weinstube Idler - Zur Linde** mit Zim, Dinkelstr. 1, ℰ 4 20 18, 🍽 – ➡wc 🏠wc ☎ 🚗 🅿︎.
  🛁. 🆀🅴 ① Ⓔ
  2.- 20. Jan. geschl. – Karte 28/65 *(Montag geschl.)* – **15 Z : 23 B** 50/55 - 80/90.

KERPEN 5014. Nordrhein-Westfalen 987 ㉓ – 54 800 Ew – Höhe 75 m – ✪ 02237.
♦Düsseldorf 60 – Düren 17 – ♦Köln 26.

✗ Zur Glocke, Stiftsstr. 39, 𝒫 25 71
wochentags nur Abendessen – (Tischbestellung ratsam).

In Kerpen-Sindorf NW : 4 km :

🏨 **Park-Hotel** garni, Kerpener Str. 183, 𝒫 (02273) 57 10/5 57 10 – 🛗 flwc ☎ ⇔ ❷. 🆎
21. Dez.- 7. Jan. geschl. – **26 Z : 55 B** 70/90 - 95/110.

🏨 **Zum alten Brauhaus** garni, Herrenstr. 76, 𝒫 (02273) 5 30 86 – 🛗 flwc ☎ ⇔. 🆎 €
33 Z : 48 B 40/60 - 70/90.

KESTERT 5421. Rheinland-Pfalz – 890 Ew – Höhe 74 m – ✪ 06773.
Mainz 68 – ♦Koblenz 30 – Lorch 21.

🏨 **Goldener Stern**, Rheinstr. 38 (B 42), 𝒫 71 02, ≤, 🍽 – flwc
ab Aschermittwoch 2 Wochen geschl. – Karte 15/38 *(Nov.- April Montag geschl.)* ⅄ – **13 Z :**
22 B 28/35 - 48/68 – P 42/50.

KETSCH Baden-Württemberg siehe Schwetzingen.

KETTIG Rheinland-Pfalz siehe Koblenz.

KEVELAER 4178. Nordrhein-Westfalen 987 ⑬ – 23 100 Ew – Höhe 21 m – Wallfahrtsort –
✪ 02832.
🛈 Verkehrsverein, im neuen Rathaus, 𝒫 49 81.
♦Düsseldorf 74 – Krefeld 41 – Nijmegen 42.

🏨 **Goldener Apfel**, Kapellenplatz 13, 𝒫 55 07 (Hotel) 72 57 (Rest.), ≦s, ▨ (Gebühr) – flwc
☎. ⓘ
Karte 17,50/40 *(Freitag geschl.)* – **32 Z : 56 B** 40/60 - 70/90.

🕿 **Zum weißen Kreuz**, Kapellenplatz 21, 𝒫 54 09 – ➖wc fl
21. Jan.- Feb. geschl. – Karte 17/42 *(Montag geschl.)* – **15 Z : 24 B** 29/40 - 58/69.

🕿 Zu den goldenen und silbernen Schlüsseln, Kapellenplatz 19, 𝒫 54 19 – flwc
16 Z : 33 B.

In Kevelaer 2-Kervendonk N : 4 km :

🏨 Voeskenshof ⅀, beim Feriendorf, 𝒫 81 13, 🍽 – flwc ❷ ⚿
9 Z : 18 B.

In Kevelaer 3-Schravelen N : 1,5 km :

🏨 **Sporthotel Schravelsche Heide** ⅀, Grootendonker Str. 54, 𝒫 8 05 51, 🍽, ≦s, ▨,
🎾 (Halle), 🕳(Halle) – flwc ☎ ♿ ❷ ⚿. 🆎 €
5.- 28. Jan. geschl. – Karte 21/51 – **33 Z : 64 B** 58 - 116 Fb.

KIEDRICH 6229. Hessen – 3 500 Ew – Höhe 180 m – Erholungsort – ✪ 06123.
Sehenswert : Pfarrkirche (Ausstattung★★, Kirchengestühl★★, Madonna★).
Ausflugsziele : Ehem. Kloster Eberbach : Mönchsdormitorium★ – Keller (Keltern★★) W : 4 km.
♦Wiesbaden 17 – Mainz 20.

🏨 **Nassauer Hof**, Bingerpfortenstr. 17, 𝒫 24 76, eigener Weinbau, 🍽 – ➖wc flwc ☎ ❷. 🆎
ⓘ €
Jan. geschl. – Karte 21/56 *(Montag geschl.)* ⅄ – **28 Z : 51 B** 42/48 - 72/88 Fb.

✗✗ **Engel** (Fachwerkhaus a.d.J. 1297), Marktplatz 29, 𝒫 57 29
Dienstag geschl. – Karte 30/72.

KIEFERSFELDEN 8205. Bayern 987 ㊲, 426 ⑱ – 5 750 Ew – Höhe 506 m – Luftkurort –
Wintersport : 500/800 m ⛷2 ⚡2 – ✪ 08033.
🛈 Verkehrsamt, Rathausplatz 3, 𝒫 84 90.
ADAC, Grenzbüro, an der Autobahn, 𝒫 83 20, Telex 525516.
♦München 86 – Innsbruck 78 – Rosenheim 31.

🏨 **Zur Post**, Bahnhofstr. 26, 𝒫 70 51, ≦s, 🍽 – 🛗 ➖wc flwc ☎ ⇔ ❷. 🆎 ⓘ €
⟶ Karte 14,50/36 – **35 Z : 70 B** 52 - 89 Fb.

🏨 **Gruberhof** ⅀, König-Otto-Str. 2, 𝒫 70 40, 🍽, ≦s, 🍽 – ➖wc flwc ☎ ❷. 🆎 ⓘ VISA
⟶ Nov.- Dez. 3 Wochen geschl. – Karte 13,50/45 ⅄ – **34 Z : 65 B** 35/65 - 58/95 Fb – P 47/67.

🕿 **Schaupenwirt** ⅀, Kaiser-Franz-Josef-Allee 26, 𝒫 82 15, Biergarten, 🍽 – ❷
⟶ 15. Okt.- 15. Nov. geschl. – Karte 12/29 *(Dienstag geschl.)* – **16 Z : 32 B** 30/34 - 60 – P 36.

Siehe auch : *Kufstein* (Österreich)

KIEL 2300. 🗺 Schleswig-Holstein **987** ⑤ — 250 000 Ew — Höhe 5 m — ✪ 0431.

Sehenswert : Hindenburgufer ★★ (≤★★) — Rathaus (Turm ≤★).

Ausflugsziele : Freilichtmuseum★★ ③ : 7,5 km — Kieler Förde★★ und Prinz-Heinrich-Brücke (≤★)
N : 5 km R — Ausstellungsgelände Ostseehalle (Y), 𝒫 5 12 01, Telex 292996.

🖪 Verkehrsverein, Auguste-Viktoria-Str. 16, 𝒫 6 22 30 — ADAC, Saarbrückenstr. 54, 𝒫 6 60 20.

Flensburg 88 ⑥ — ♦Hamburg 96 ⑤ — ♦Lübeck 92 ⑤.

Stadtpläne siehe nächste Seiten.

🏨 **Conti-Hansa**, Schloßgarten 7, 𝒫 5 11 50, Telex 292813, 🍴, 🚗 — 🛗 📺 🗜 🏛. 🅰🅴 ⓞ **E** **𝓥𝓘𝓢𝓐**   X e
Karte 31/79 — **167 Z : 338 B** 159/209 - 173/263 Fb.

🏨 **Maritim-Bellevue** ⑤, Bismarckallee 2, 𝒫 3 50 50, Telex 292444, ≤ Kieler Förde, 🚗, 🗓 —
🛗 🍽 Rest 📺 🗜 🄿 🏛 (mit 🍽). 🅰🅴 ⓞ **E** **𝓥𝓘𝓢𝓐**. ℀ Rest   R e
Karte 41/78 — **89 Z : 180 B** 119/210 - 195/350 Fb.

🏨 **Kieler Yacht-Club**, Hindenburgufer 70, 𝒫 8 50 55, Telex 292869, ≤ Kieler Förde — 🛗 🗜wc
🛉wc ☎ 🗜 🄿 🏛. 🅰🅴 ⓞ **E** **𝓥𝓘𝓢𝓐**   R m
Karte 41/72 — **60 Z : 100 B** 95/125 - 125/178.

🏨 **Kieler Kaufmann** ⑤, Niemannsweg 102, 𝒫 8 50 11, Telex 292446, 🚗, 🗓 — 📺 🗜wc
🛉wc ☎ 🄿 🏛. 🅰🅴 ⓞ **E** **𝓥𝓘𝓢𝓐**. ℀ Rest   R k
Karte 32/73 — **52 Z : 72 B** 89/115 - 148/175 Fb.

🏨 **Berliner Hof** garni, Ringstr. 6, 𝒫 6 20 50 — 🛗 🗜wc 🛉wc ☎ 🄿. 🅰🅴 ⓞ **E** **𝓥𝓘𝓢𝓐**   Z d
82 Z : 150 B 70/85 - 110/130.

🏨 **Astor**, Holstenplatz 1, 𝒫 9 30 17, Telex 292720, ≤ Kiel und Hafen — 🛗 🗜wc 🛉wc ☎ 🏛. 🅰🅴
ⓞ **E** **𝓥𝓘𝓢𝓐**   Y a
Karte 20/45 *(Sonntag geschl.)* — **59 Z : 87 B** 60/95 - 115/150 Fb.

🏠 **Consul**, Walkerdamm 11, 𝒫 6 30 15 — 📺 🛉wc ☎ 🗜. 🅰🅴 ⓞ **E** **𝓥𝓘𝓢𝓐**   Y k
Karte 20/49 *(Sonntag geschl.)* — **35 Z : 65 B** 60/100 - 90/140 Fb.

🏠 **Wiking** garni, Schützenwall 1, 𝒫 67 30 51, 🚗 — 🛗 📺 🛉wc ☎ 🗜 🄿. 🅰🅴 ⓞ **E** **𝓥𝓘𝓢𝓐**   Y s
41 Z : 71 B 72/85 - 98/120.

🏠 **An der Hörn**, Gablenzstr. 8, 𝒫 67 20 71 — 🛉wc ☎ 🗜. 🅰🅴 ⓞ   Z b
Karte 18/36 *(nur Abendessen)* — **34 Z : 61 B** 78/90 - 120 Fb.

🏠 **Muhl's Hotel**, Lange Reihe 5, 𝒫 9 30 01 — 🛉wc ☎. 🅰🅴 ⓞ **E** **𝓥𝓘𝓢𝓐**   Y u
Karte 19/42 *(Sonntag geschl.)* — **38 Z : 62 B** 50/92 - 108/130 Fb.

🏠 **Erkenhof** garni, Dänische Str. 12, 𝒫 9 50 08 — 🛗 🗜wc 🛉wc ☎. ⓞ **E** **𝓥𝓘𝓢𝓐**   Y e
20. Dez.- 10. Jan. geschl. — **28 Z : 50 B** 75/80 - 110/120 Fb.

🏠 **Rabe's Hotel**, Ringstr. 30, 𝒫 67 60 91 — 🗜wc 🛉wc ☎. 🅰🅴 ⓞ **E** **𝓥𝓘𝓢𝓐**   Z t
(nur Abendessen für Hausgäste) — **29 Z : 50 B** 52/88 - 85/130.

🏠 **Zum Fritz Reuter**, Langer Segen 5a, 𝒫 56 10 16 — 🗜wc 🛉wc ☎ 🄿   X f
(nur Abendessen für Hausgäste) — **40 Z : 70 B** 45/58 - 70/85.

XXX **Rest. im Schloß**, Wall 80, 𝒫 9 11 58, ≤ — 🍽 🏛. ⓞ **E**   XY
Sonntag ab 15 Uhr geschl. — Karte 24/63.

XX **Am Kamin**, Knooper Weg 131, 𝒫 56 12 53   X n
15.- 30. Juli und Montag geschl. — Karte 21/46 (Tischbestellung ratsam).

In Kiel 17-Holtenau :

🏠 **Zur Waffenschmiede**, Friedrich-Voss-Ufer 4, 𝒫 36 28 74, ≤, « Gartenterrasse » — 🛉wc ☎
🄿   R r
20. Dez.- 10. Jan. geschl. — Karte 20/40 *(Donnerstag geschl.)* — **12 Z : 20 B** 45/65 - 70/100.

In Kiel 1-Mettenhof über Hasseldieksdammer Weg Y :

🏨 **Birke** ⑤ garni, Martenshofweg 8, 𝒫 52 40 11, 🚗 — 🛗 📺 🛉wc ☎ 🄿. **E**
57 Z : 85 B 47/94 - 87/122.

In Kiel 17-Schilksee ⑦ : 17 km :

🏠 **Gode Wind** ⑤, Kurallee 8, 𝒫 3 79 77 — 🛉wc ☎ ⚅ 🄿
Karte 19/52 *(Sept.- Mai Montag und Feb. geschl.)* — **12 Z : 21 B** 40 - 74/84.

XX **Restaurant am Olympiahafen**, Fliegender Holländer 45, 𝒫 37 17 17, ≤ — 🄿 🏛
Karte 21/55.

In Flintbek 2302 ③ : 11 km, über die B 4 :

🏠 **Carmen** ⑤, Brückenstr. 7, 𝒫 (04347) 23 19, 🍴 — 🗜wc 🛉wc 🄿
(nur Abendessen) — **14 Z : 20 B**.

In Raisdorf-Vogelsang 2313 ② : 10 km :

🏠 **Rosenheim**, Preetzer Str. 1, 𝒫 (04307) 50 11 — 🛉wc 🗜 🄿. 🅰🅴 ⓞ **E**. ℀ Zim
Karte 18,50/43 — **26 Z : 32 B** 36/48 - 54/76.

MICHELIN-REIFENWERKE KGaA. 2300 Kiel 14-Ellerbek Klausdorfer Weg 171 (über ①), 𝒫 (0431)
72 20 94.

KIEL
UND UMGEBUNG

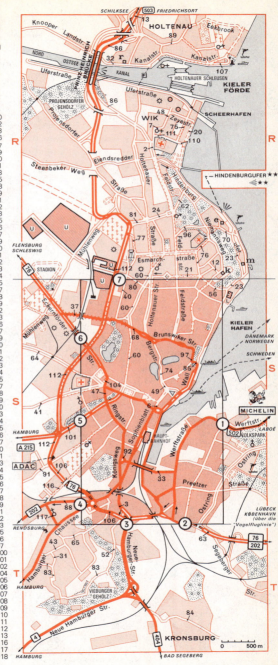

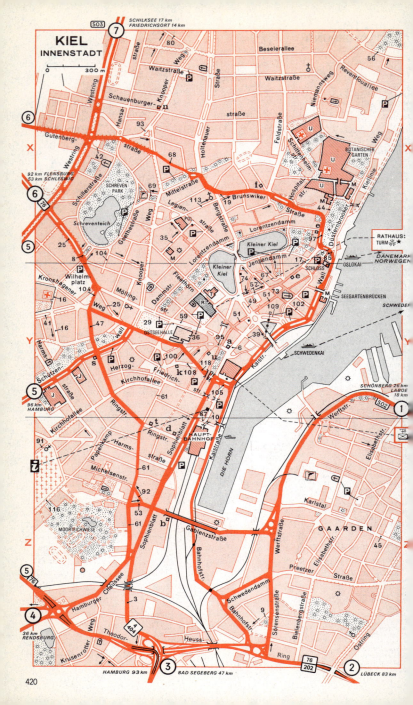

KINDERBEUERN Rheinland-Pfalz siehe Ürzig.

KINDING **8079.** Bayern – 2 000 Ew – Höhe 374 m – ☎ 08467.
♦München 107 – Ingolstadt 34 – ♦Nürnberg 62 – ♦Regensburg 61.

- **Zum Krebs**, Marktplatz 1, ✆ 3 39 – ⋒wc Ⓟ
  Mitte Nov.- Mitte Dez. geschl. – Karte 11/29 *(Nov.- April Mittwoch geschl.)* – **28 Z : 60 B** 36 - 62.

KINHEIM **5561.** Rheinland-Pfalz – 1 000 Ew – Höhe 105 m – Erholungsort – ☎ 06532 (Zeltingen).
Mainz 127 – Bernkastel-Kues 14 – ♦Trier 52 – Wittlich 15.

- **Pohl**, Moselweinstr. 37 (B 53), ✆ 21 96, ←, (Gebühr) – wc ⋒wc Ⓟ
  24. Dez.- 2. Feb. geschl. – Karte 13/36 *(Nov.- Mai Donnerstag geschl.)* – **30 Z : 55 B** 34/36 - 68/72 – P 50/54.
- **Zur Burg**, Moselweinstr. 49 (B 53), ✆ 22 50, ← – ⋒wc ☎ Ⓟ. AE
  Karte 13,50/37 *(Dienstag geschl.)* – **8 Z : 18 B** 24/32 - 50/60 – P 34/42.

KIPFENBERG **8079.** Bayern – 4 600 Ew – Höhe 400 m – Erholungsort – ☎ 08465.
♦München 102 – Ingolstadt 28 – ♦Nürnberg 69.

- **Zum Limes**, Marktplatz 8, ✆ 6 31, « Gartenterrasse » – Ⓟ
  25. Okt.- Nov. geschl. – Karte **21**/43 *(Montag geschl.)* – **6 Z : 12 B** 31/41 - 56/70.
- **Hannemann**, Marktplatz 22, ✆ 16 87 – ⋒wc
  Nov. geschl. – Karte 14/30 *(Dienstag geschl.)* – **12 Z : 20 B** 28/30 - 56.

KIRCHBERG IM WALD **8371.** Bayern – 3 700 Ew – Höhe 736 m – Erholungsort – Wintersport :750/800 m 1 2 – ☎ 09927.
ℹ Verkehrsamt, Rathaus, Ferd.-Neumaier-Str. 14, ✆ 10 15.
♦München 165 – Passau 52 – Regen 8 – Regensburg 100.

- **Zum Amthof**, Amthofplatz 5, ✆ 2 72, – ⋒wc ☎ Ⓟ
  15.- 31. Okt. geschl. – Karte 10,50/25 *(Sept.- Juni Mittwoch geschl.)* – **27 Z : 54 B** 22/30 - 40/50.

KIRCHEN (SIEG) **5242.** Rheinland-Pfalz – 10 600 Ew – Höhe 250 m – Luftkurort – ☎ 02741 (Betzdorf).
Mainz 123 – Limburg an der Lahn 68 – Siegen 20.

- **Panorama-Hotel Druidenschlößchen**, Auf der Sohle 1 (SO : 2 km), ✆ 6 21 11, ←, – ⋒ Ⓟ. AE ⓓ
  Karte 17/46 *(Mittwoch geschl.)* – **12 Z : 19 B** 30/35 - 60/65.

In Kirchen-Katzenbach O : 2,5 km :

- **Zum weißen Stein**, ✆ 6 20 85, ←, – ⋒wc ☎ Ⓟ. AE ⓓ E. Rest
  Karte 21/49 – **25 Z : 50 B** 44/55 - 87/110.

KIRCHENSITTENBACH Bayern siehe Hersbruck.

KIRCHHAIN **3575.** Hessen 987 ㉕ – 16 000 Ew – Höhe 208 m – ☎ 06422.
♦Wiesbaden 128 – Gießen 38 – Bad Hersfeld 67 – ♦Kassel 82 – Marburg 14.

- **Mosebach**, Am Markt 4, ✆ 20 49 – ⋒wc. AE
  Karte 16/34 *(Montag bis 18 Uhr geschl.)* – **18 Z : 24 B** 30/40 - 56/75.

KIRCHHAM **8399.** Bayern 426 ⑦ – 2 000 Ew – Höhe 354 m – ☎ 08533.
ℹ Verkehrsamt, Rathaus, Kirchplatz 3, ✆ 3 24.
♦ München 145 – Passau 34 – Salzburg 107.

An der Straße nach Bad Füssing NO : 1,5 km :

- **Haslinger Hof**, Ed 31, ✉ 8399 Kirchham, ✆ (08531) 2 20 15, Biergarten, « Rustikale Einrichtung », – wc ⋒wc ☎ Ⓟ
  Karte 11/26 (regionale Küche) – **28 Z : 50 B** 38/45 - 59/82.
- **Eurotel Jagdhof**, ✉ 8399 Kirchham, ✆ (08531) 22 71, Biergarten, Bade- und Massageabteilung, – wc ⋒wc ☎ Ⓟ. AE ⓓ
  Karte 19/42 – **200 Appart. : 400 B** 44/70 - 68/114 Fb.

In addition to establishments indicated by
XXXXX ... X,
many hotels possess
good class restaurants.

KIRCHHEIM 6437. Hessen 987 ⊗ — 4 000 Ew — Höhe 245 m — Luftkurort — ✆ 06625.
◆Wiesbaden 156 — Fulda 42 — Gießen 76 — ◆Kassel 67.

🏠 **Eydt,** Hauptstr. 19, ☏ 70 01, Telex 493124 — 🛏 �🀫wc ☎ ⅙ 🅿 🏋
Karte 19/44 — **56 Z : 106 B** 48 - 84.

An der Autobahnausfahrt S : 1,5 km :

🏨 **Motel-Center Kirchheim** ⌂, ⊠ 6437 Kirchheim, ☏ (06625) 6 31, Telex 493337, ≤, 🍽,
⌂, 🍸, 🏊, 🐎 — 📺 ⌂wc �🀫wc ☎ 🅿 🏋. 🝝 ⓪ 🅴 𝑉𝐼𝑆𝐴
Karte 18/44 — **Nord-Süd-Grill** Karte 24/55 — **140 Z : 254 B** 74/89 - 108/128.

Auf dem Eisenberg NW : 10 km — Höhe 636 m :

🏠 **Berggasthof Eisenberg** ⌂, ⊠ 6437 Kirchheim, ☏ (06677) 7 33, ≤, 🍽 — �🀫wc ⅙ 🅿 🏋.
🝝 ⓪ 🅴
Karte 19/42 🍺 — **30 Z : 50 B** 49 - 89.

Siehe auch : *Liste der Feriendörfer*

KIRCHHEIM UNTER TECK 7312. Baden-Württemberg 987 ⊛ — 33 000 Ew — Höhe 310 m —
✆ 07021.
🛈 Verkehrsverein Teck-Neuffen, Max-Eyth-Str. 18 (Spital), ☏ 30 27.
◆Stuttgart 35 — Göppingen 19 — Reutlingen 30 — ◆Ulm (Donau) 59.

🏨 **Zum Fuchsen,** Schlierbacher Str. 28, ☏ 57 80 — 🛏 📺 🅿 🏋. 🝝 ⓪ 🅴 𝑉𝐼𝑆𝐴
Karte 19/50 *(Sonntag geschl.)* — **80 Z : 110 B** 60/130 - 120/160 Fb.

🏠 **Schwarzer Adler,** Alleenstr. 108, ☏ 26 13, ⌂ — 🛏 ⌂wc ⅏wc ☎ ⇐⇒ 🅿. 🝝 🅴. 🞰 Zim
Karte 17/41 *(Samstag geschl.)* — **33 Z : 60 B** 35/65 - 65/110.

In Kirchheim-Nabern SO : 6 km :

🏫 **Rössle,** Weilheimer Str. 1, ☏ 5 59 25, ⌂, 🏊 — 🛏 ⅏wc 🅿
21. Dez.- 7. Jan. geschl. — Karte 16,50/36 *(Samstag geschl.)* — **32 Z : 54 B** 45/60 - 75/90.

In Kirchheim-Ötlingen W : 2 km :

🏫 Ratstube, Stuttgarter Str. 196, ☏ 31 15 — ⅏wc 🅿
8 Z : 12 B.

KIRCHHEIMBOLANDEN 6719. Rheinland-Pfalz 987 ⊛ — 6 200 Ew — Höhe 285 m —
Erholungsort — ✆ 06352.
🛈 Reise- und Verkehrsbüro, Uhlandstr. 2, ☏ 17 12.
Mainz 50 — Kaiserslautern 36 — Bad Kreuznach 42 — Worms 33.

🏠 **Braun** garni, Uhlandstr. 1, ☏ 23 43, ⌂ — 🛏 ⅏wc ☎ ⇐⇒ 🅿. 🅴
26 Z : 38 B 48/52 - 74.

🏠 **Schillerhain** ⌂, Schillerhain 1, ☏ 41 41, 🍽, « Park », 🐎 — ⌂wc ⅏wc ☎ ⇐⇒ 🅿 🏋
Karte 21/46 *(7.- 28. Jan. geschl.)* 🍺 — **28 Z : 40 B** 40/46 - 76/85 Fb.

KIRCHHOFEN Baden-Württemberg siehe Ehrenkirchen.

KIRCHHUNDEM 5942. Nordrhein-Westfalen 987 ⊛ — 12 700 Ew — Höhe 308 m — ✆ 02723.
🛈 Verkehrsamt, Gemeindeverwaltung, ☏ 20 41.
◆Düsseldorf 136 — Meschede 51 — Olpe 22 — Siegen 35.

🏠 **Zum Amtsgericht,** Hundemstr. 57, ☏ 23 55 — ⌂wc ⅏wc 🅿
22 Z : 38 B.

In Kirchhundem 3-Selbecke O : 4 km :

🏠 **Post-Lenneper** ⌂, Selbecke 21, ☏ 7 27 44, 🐎 — ⅏wc ⇐⇒ 🅿. 🞰
Karte 15/35 *(Donnerstag geschl.)* — **10 Z : 20 B** 25/30 - 50/60.

Am Panorama-Park Sauerland SO : 11 km, Richtung Erndtebrück :

🏠 **Waldhaus Hirschgehege** ⌂, ⊠ 5942 Kirchhundem 3, ☏ (02723) 76 58, ≤, 🐎 — ⅏wc ☎
🅿
Karte 18/49 — **18 Z : 30 B** 36/39 - 66/90.

KIRCHLINTELN 2816. Niedersachsen — 8 000 Ew — Höhe 40 m — ✆ 04237.
◆Hannover 87 — ◆Bremen 40 — Rotenburg (Wümme) 28.

In Kirchlinteln-Schafwinkel NO : 10 km :

🏨 **Landhaus Badenhoop** ⌂, Zum Keenmoor 13, ☏ 8 88, ⌂, 🏊, 🐎 — 🛏 ⅏wc ☎ 🅿 🏋
Karte 17/43 — **16 Z : 32 B** 60 - 90 Fb.

KIRCHNÜCHEL Schleswig-Holstein siehe Schönwalde am Bungsberg.

KIRCHZARTEN 7815. Baden-Württemberg, **DD** ⑧ − 8 300 Ew − Höhe 392 m − Luftkurort − ✿ 07661.

Ausflugsziel : Hirschsprung★ SO : 10 km (im Höllental) − 🛈 Verkehrsamt, Hauptstr. 24, ✆ 8 43.
◆Stuttgart 177 − Donaueschingen 54 − ◆Freiburg im Breisgau 9,5.

🏠 **Fortuna**, Hauptstr. 7, ✆ 51 32, 🍴 − 🛏 ⇨wc 🛁wc ☎ 🄿 🛄. 🄰🄴 ① 🄴
Karte 19/56 ⅃ − **34 Z : 64 B** 52/65 - 85/95 Fb − P 77/85.

🏠 **Zur Krone**, Hauptstr. 44, ✆ 42 15, 😑 − 🛁wc − 🄿. 🛇 Zim
◆ 7.- 30. Jan. geschl. − Karte 13/38 *(Dienstag 14 Uhr - Mittwoch geschl.)* − **11 Z : 19 B** 42/52 - 64/78 Fb.

♨ **Zur Sonne**, Hauptstr. 28, ✆ 8 15, 🍴 − ⇨wc 🛁wc 🄿. 🄰🄴 🄴
25. Okt.- 10. Nov. geschl. − Karte 18/42 *(Freitag - Samstag 16 Uhr geschl.)* − **26 Z : 42 B** 28/45 - 54/80 − P 50/63.

🅇🅇 **Landgasthof Zum Rössle** ⑤, mit Zim, Dietenbach 1 (S : 1 km), ✆ 22 40, 🍴, 🝤 − 🛁wc
☎ 🄿. 🄰🄴 ① 🄴
Karte 22/53 *(Mittwoch geschl.)* ⅃ − **6 Z : 12 B** 65 - 85.

In Stegen-Eschbach 7801 N : 4 km :

🅇🅇 **Landgasthof Reckenberg** ⑤ mit Zim, Reckenbergstr. 2, ✆ (07661) 6 11 12 − 🛁wc 🄿
Mitte Jan.- Mitte Feb. geschl. − Karte 23/55 *(Dienstag geschl.)* ⅃ − **6 Z : 12 B** 38 - 58.

KIRN 6570. Rheinland-Pfalz **DDD** ⑳ − 9 500 Ew − Höhe 200 m − ✿ 06752.
Mainz 76 − Idar-Oberstein 16 − Bad Kreuznach 33.

🏠 **Parkhotel**, Kallenfelser Str. 40, ✆ 36 66, 🍴, 🝤 − 🛁wc ☎ ⇨ 🄿 🛄. 🛇 Rest
20. Jan.- 10. Feb. geschl. − Karte 22/54 ⅃ − **18 Z : 32 B** 30/50 - 55/80 Fb.

🏠 **Nahe-Hotel Spielmann**, an der B 41 (S : 2 km), ✆ 30 01, 🝈, 🝤 − 🛁wc ☎ ⇨ 🄿
22 Z : 30 B.

🅇🅇 **Kyrburg**, bei der Burgruine, ✆ 65 44, « Gartenterrasse mit ≤ Kirn und Nahetal » − 🄿. 🄰🄴 ① 🄴
Montag geschl. − Karte 19/47 ⅃.

In Kirn-Kirnsulzbach SW : 5 km :

♨ **Zur Quelle**, Oldenburger Str. 4, ✆ 81 48 − 🛁wc 🄿
◆ Jan. geschl. − Karte 14/29 *(Dienstag geschl.)* ⅃ − **17 Z : 29 B** 30/33 - 60.

In Bruschied - Rudolfshaus 6570 NW : 9 km :

🏠 **Forellenhof Reinhartsmühle** ⑤, ✆ (06571) 3 73, « Terrasse am Teich », 🝤 − 🛁wc 🄿.
① 🄴. 🛇
7. Jan.- 15. März geschl. − Karte 25/50 ⅃ − **30 Z : 60 B** 50/60 - 84/96 Fb − P 70/88.

KIRSCHWEILER Rheinland-Pfalz siehe Idar-Oberstein.

KISSING Bayern siehe Augsburg.

KISSINGEN, BAD 8730. Bayern **DDD** ⑳ − 23 200 Ew − Höhe 201 m − Heilbad − ✿ 0971.

Ausflugsziel : Schloß Aschach : Graf-Luxburg-Museum★ 7 km über ① (Mai - Okt. Fahrten mit hist. Postkutsche) − 🛈 Staatl. Kurverwaltung, Am Kurgarten 1, ✆ 30 43.
◆München 329 ④ − ◆Bamberg 81 ③ − Fulda 62 ⑤ − ◆Würzburg 61 ④.

Stadtplan siehe nächste Seite.

🏛 **Steigenberger Kurhaushotel** ⑤, Am Kurgarten 3, ✆ 8 04 10, Telex 672808, 🍴, 😑, 🝈,
🝤 − 🛗 🖥 ⇨ 🛄. 🄰🄴 ① 🄴 🛇 Rest
Karte 27/60 *(auch Diät)* − **100 Z : 140 B** 85/177 - 140/290 Fb − P 137/281.   **a**

🏛 **Kurotel 2002** ⑤, Von-der-Tann-Str. 18, ✆ 50 11, Telex 672890, ≤, 🍴, Bade- und
Massageabteilung, 🝀, 😑, 🝈 (geheizt), 🝈, 🝤, 🝲 − 🖥 Rest 🖥 ⇨ 🄿 🛄 (mit 🝈)
🛇 Rest
187 Z : 300 B Fb.   **s**

🏛 **Kur-Center**, Frühlingstr. 9, ✆ 8 11, Telex 672837, Bade- und Massageabteilung, 🝀, 😑, 🝈,
🝤 − 🛗 ⇨ 🛄. 🄰🄴. 🛇 Rest
Karte 24/51 *(auch Diät)* − **300 Z : 450 B** 63/111 - 110/158 Fb − P 103/159.   **r**

🏠 **Dorint-Hotel**, Frühlingstr. 1, ✆ 30 50, Telex 672910, 😑 − 🛗 🖥 ⇨wc ☎ 🄿 🛄. 🄰🄴 ① 🄴
🄥🄸🄢🄰. 🛇 Rest
Karte 23/59 − **94 Z : 200 B** 81/94 - 132/142 Fb − P 129/135.   **x**

🏠 **Kurhaus Tanneck** ⑤, Altenbergweg 6, ✆ 40 36, Bade- und Massageabteilung, 😑, 🝈, 🝤
− 🛗 🖥 ⇨wc 🛁wc ☎ 🄿. 🛇
Ende Feb.- Okt. − (Rest. nur für Hausgäste) − **44 Z : 64 B** 75/90 - 110/150 − P 80/115.   **m**

🏠 **Kurhotel Das Ballinghaus**, Martin-Luther-Str. 3, ✆ 12 34, « Kleiner Park », Bade- und
Massageabteilung, 🝈, 🝤 − 🛗 ⇨wc 🛁wc ☎ 🄿. 🄴 🄥🄸🄢🄰 🛇 Rest
März - Nov. − (Rest. nur für Hausgäste) − **70 Z : 110 B** 78/99 - 172/188 Fb − P 113/134.   **d**

🏠 **Kurhotel Bristol** ⑤, Bismarckstr. 8, ✆ 40 31, Bade- und Massageabteilung, 🝀, 😑, 🝈,
🝤 − 🛗 🖥 ⇨wc 🛁wc ☎ 🄿. 🛇
März - Okt. − Karte 22/47 *(auch Diät)* − **104 Z : 150 B** 82/100 - 158/180 Fb − P 115/125.   **h**

🏠 **Diana** ⑤, Bismarckstr. 40, ✆ 40 61, Telex 672832, Bade- und Massageabteilung, 😑, 🝈, 🝤
− 🛗 ⇨wc 🛁wc ☎ 🄿. 🄰🄴 ①. 🛇 Rest
Dez.- Jan. geschl. − (Rest. nur für Hausgäste) − **75 Z : 100 B** 70/110 - 130/200 − P 90/125.   **z**

423

BAD KISSINGEN

Benutzen Sie
auf Ihren Reisen in Europa
die **Michelin-Länderkarten**
1:400 000 und 1:1 000 000.

Pour parcourir l'Europe,
utilisez les cartes Michelin
Grandes Routes
à 1/400 000 et 1/1 000 000.

Astoria, Martin-Luther-Str. 1, ℰ 8 04 30 – 📺 �🛁wc ☎ 🚗   **t**
31 Z : 47 B.

Erika ⑤, Prinzregentenstr. 23, ℰ 40 01, Bade- und Massageabteilung – 📺 📺 🛁wc 🛁wc   **y**
☎. 🦢
Dez.- Jan. geschl. – (Rest. nur für Hausgäste) – **56 Z : 81 B** 63/70 - 120/145 Fb.

Kurheim Arkadenhof ⑤, Von-Humboldt-Str. 9, ℰ 6 11 11, 🛋, 🌳 – 📺 📺 🛁wc 🛁wc ☎   über ②
🚗 🅿. 🦢 Rest
(Rest. nur für Hausgäste) – **20 Z : 36 B** 58/83 - 110/140 – 7 Appart. 75/90 – P 85/112.

Humboldt garni, Theresienstr. 24, ℰ 50 97 – 📺 📺 🛁wc 🛁wc ☎. 🦢   **c**
15 Z : 26 B 49/65 - 98/106.

Motel Fürst Bismarck, Euerdorfer Str. 4, ℰ 12 77, 🌳, Bade- und Massageabteilung, 🔲   **n**
– 📺 📺 🛁wc 🛁wc 🚗 🅿. ① 🅴 VISA 🦢 Rest
Mitte Feb.- Nov. – Karte 16/35 *(auch Diät)* – **38 Z : 55 B** 40/85 - 75/150 – P 65/111.

Hanseat garni, Salinenstr. 27, ℰ 43 45, 🌳 – 🛁wc 🛁wc ☎ 🚗 🅿. 🦢   **b**
22 Z : 33 B 30/48 - 70/85.

Casino-Restaurant ''le jeton'', im Luitpold-Park, ℰ 40 81 – 🅿   **f**
nur Abendessen, Dienstag und 15. Nov.- 30. Dez. geschl. – Karte 18/45.

Werner-Bräu mit Zim, Marktplatz, ℰ 23 72, 🌳 – 🛁wc   **v**
Dez.- Jan. geschl. – Karte 16/43 *(Montag geschl.)* – **5 Z : 10 B** 70 - 110.

Schubert's Weinstuben, Kirchgasse 2, ℰ 26 24, « Hübsche rustikale Einrichtung » – 🆎   **g**
① 🅴
wochentags nur Abendessen, 20.- 25. Dez. geschl. – Karte 17/50.

Kissinger Stüble, Am Kurgarten 1, ℰ 8 04 15 40, 🌳 – 🆎 ① 🅴 VISA   **p**
Nov.- März Donnerstag geschl. – Karte 23/48.

Ratskeller, Spitalgasse 1, ℰ 25 50   **R**
Sonntag geschl. – Karte 18/45.

In Bad Kissingen - Reiterswiesen SO : 1 km über Bergmannstraße :

Sonnenhügel ⑤, Burgstr. 15, ℰ 8 31, Telex 672893, ≤, 🛋, 🔲, 🌳, 🍴 – 📺 🛁wc ☎ 🦽
🚗 🅿 🟰 🆎 ① 🅴
Karte 21/50 – **184 Z : 368 B** 79/84 - 118/128 Fb – 230 Appart.

Am Ballinghain garni, Kissinger Str. 129, ℰ 27 63 – 🛁wc 🛁wc 🚗 🅿. 🅴. 🦢
15. Nov.- 20. Dez. geschl. – **13 Z : 23 B** 42/50 - 75/79.

KISSLEGG 7964. Baden-Württemberg 987 ③⑥, 427 ⑧ − 7 300 Ew − Höhe 650 m − Luftkurort − ☎ 07563.

♦Stuttgart 185 − Bregenz 42 − Kempten (Allgäu) 46 − ♦Ulm (Donau) 93.

🏠 Goldener Adler-Schloßkeller, Herrenstr. 12, ℰ 82 26 − �🚻wc ⟷ 🅿 − **33 Z : 50 B**.

KITZINGEN 8710. Bayern 987 ㉖ − 20 300 Ew − Höhe 191 m − ☎ 09321.

🖪 Verkehrsbüro, Marktstr. 28, ℰ 2 02 05.

♦München 263 − ♦Bamberg 80 − ♦Nürnberg 92 − ♦Würzburg 20.

🏛 **Esbach-Hof**, Repperndorfer Str. 3, ℰ 53 07, 佘 − 🛗 🚻wc 🚻wc 🅿 🄰🄴 🄴 𝚅𝙸𝚂𝙰
Karte 17/46 ⅃ − **32 Z : 64 B** 59/67 - 80/96 Fb.

🏠 **Bayerischer Hof**, Herrnstr. 2, ℰ 40 47, 🔲 − 🚻wc 🚻wc ☎ ⟷ 🅾 𝚅𝙸𝚂𝙰 ❀ Zim
↦ 22. Dez.- 15. Jan. geschl. − Karte 12/41 ⅃ − **31 Z : 60 B** 50 - 75/95 Fb.

🏠 **Deutsches Haus**, Bismarckstr. 10, ℰ 45 19 − 🚻wc ☎ ⟷ 🅿 🄰. 🄴
Karte 16/43 (Sonntag geschl.) ⅃ − **40 Z : 70 B** 39/58 - 65/95 Fb.

☎ **Würzburger Hof**, Falterstr. 18, ℰ 48 55, 🔲 − 🚻wc 🚻wc ☎ ⟷ 🄰🄴 🄴. ❀
↦ 22. Dez.- 18. Jan. geschl. − Karte 14/29 (Freitag geschl.) ⅃ − **30 Z : 50 B** 39/59 - 72/93.

KLAIS Bayern siehe Krün.

KLANXBÜLL Schleswig-Holstein siehe Neukirchen Kreis Nordfriesland.

KLEF Nordrhein-Westfalen siehe Overath.

KLEINBLITTERSDORF Saarland siehe Saarbrücken.

> Adler
>
> If the name of the hotel is not in bold type, on arrival ask the hotelier his prices.

KLEINWALSERTAL 987 ③⑥, 426 ⑮ ㉙ − Österreichisches Hoheitsgebiet, wirtschaftlich der Bundesrepublik Deutschland angeschlossen. Deutsche Währung, Grenzübertritt mit Personalausweis − Wintersport : 1 100/2 000 m 💺2 💺33 💺6 − ☎ 08329 (Riezlern).

Sehenswert : Tal★.

Hotels und Restaurants : Außerhalb der Saison variable Schließungszeiten.

🖪 Verkehrsamt, Hirschegg, im Walserhaus, ℰ 51 14.

In Riezlern 8984 − Höhe 1 100 m :

🏛 **Almhof Rupp** ⌂, Walserstr. 83, ℰ 50 04, ≤, Massage, 🌡, 🔲 − 🛗 🚻wc 🚻wc ☎ 🅿 🄰🄴. ❀ Rest
Mitte April - Ende Mai und Ende Okt.- Mitte Dez. geschl. − Karte 29/60 (Montag geschl.) − **30 Z : 57 B** 70/110 - 104/180 Fb.

🏛 **Haus Böhringer** ⌂ garni, Westeggweg 6, ℰ 53 38, ≤, 🌡, 🔲 − 🚻wc 🅿 ❀
15. April - 15. Mai und 15. Okt.- 15. Dez. geschl. − **18 Z : 30 B** 48/79 - 92/136.

🏛 **Montana** ⌂, Zufahrt über Riezlern/Breitachbrücke, ℰ 53 61, ≤, 🌡, 🔲 − 🛗 🚻wc 🚻wc ☎ ⟷ 🅿. ❀ Rest
10. April - 25. Mai und 10. Okt.- 20. Dez. geschl. − (nur Abendessen für Hausgäste) − **35 Z : 70 B** 67/120 - 124/178 Fb.

🏛 **Stern**, Walserstr. 61, ℰ 52 08, 🌡, 🛁 (geheizt), 🐎 − 🛗 🚻wc 🚻wc ☎ 🅿. 𝚅𝙸𝚂𝙰 ❀ Rest
32 Z : 72 B Fb (im Winter nur Halbpension).

🏠 **Traube** M, Walserstr. 56, ℰ 52 07 − 🛗 📺 🚻wc 🚻wc ☎ 🅿. ❀ Zim
Ende April - Ende Mai und Ende Okt.- 15. Dez. geschl. − Karte 16,50/40 (Mittwoch geschl.) − **23 Z : 43 B** 55/70 - 120/140 (im Winter nur Halbpension).

🏠 **Wagner**, Walserstr. 1, ℰ 52 48, ≤, 🌡, 🐎, ❀ − 📺 🚻wc 🚻wc ☎ 🅿. ❀ Rest
Nov. geschl. − (nur Abendessen für Hausgäste) − **8 Z : 15 B** 38/48 - 72/96 Fb − 9 Appart. 85/125.

🏠 **Post**, Walserstr. 48, ℰ 52 15 − 🚻wc ☎ 🅿
27 Z : 54 B.

𝗫𝗫 **Alpenhof Kirsch** ⌂ mit Zim, Zwerwaldstr. 28, ℰ 52 76, 佘, 🐎 − 🚻wc 🅿. 🄰🄴 🄾 🄴 𝚅𝙸𝚂𝙰
15. Okt.- 15. Dez. geschl. − Karte 19/49 (Mittwoch geschl.) − **10 Z : 15 B** 34/74 - 60/116 Fb (im Winter nur Halbpension).

In Riezlern-Egg 8984 W : 1 km :

🏛 **Erlebach** ⌂, Eggstr. 21, ℰ 53 69, ≤, 佘, 🌡, 🔲, ⚓ − 🛗 📺 🚻wc 🚻wc ☎ ⟷ 🅿
Mitte April - Mitte Mai und Mitte Okt.- Mitte Dez. geschl. − Karte 15,50/50 − **45 Z : 100 B** 50/100 - 90/200 Fb − P 70/124 (im Winter nur Halbpension).

In Riezlern-Schwende 8984 NW : 2 km :

🏠 **Bellevue** ⌂, Außerschwende 4, ℰ 56 20, ≤, 佘, 🐎 − 🚻wc 🚻wc ☎ ⟷ 🅿. 🄰🄴 🄾 🄴
Nov. geschl. − Karte 15/41 ⅃ − **40 Z : 68 B** 38/48 - 70/84 Fb − 5 Appart. 60/100 − P 59/74.

425

In Hirschegg 8985 — Höhe 1 125 m :

🏛 **Ifen-Hotel** ॐ, Oberseitestr. 6, ℰ 50 71, ≤ Kleinwalsertal, 🏤, Bade- und Massageabteilung, 🔥, 😩, 🔲, 🌬 — 🛗 📺 ⟵ 🅿 🛅. 🅰🅴 🄾 🄴. 🌿 Rest
3. Nov.- 6. Dez. geschl. — Karte 36/80 *(Montag geschl.)* — **70 Z : 130 B** 65/185 - 124/330 Fb —
P 143/198 (im Winter nur P).

🏛 **Walserhof**, Walserstr. 11, ℰ 56 84, ≤, 🏤, 😩, 🔲, 🌬, ℀ — 🛏wc 🛗wc ☎ 🅿
3. Nov.- 15. Dez. geschl. — Karte 19/49 — **31 Z : 58 B** Halbpension 69/120 - 128/224 Fb.

🏛 **Haus Tanneneck**, Walserstr. 25, ℰ 57 67, ≤, 🔲, 🌬 — 🛏wc ☎ 🅿. 🌿
3. April - 20. Mai und 2. Nov.- 20. Dez. geschl. — (nur Abendessen für Hausgäste) — **15 Z :
30 B** Halbpension 68/90 - 130/180.

🏛 **Gemma** ॐ, Schwarzwasserstr. 21, ℰ 53 60, ≤, 😩, 🔲, 🌬 — 🛗 🛏wc 🛗wc ☎ ⟵ 🅿.
🌿 Rest
12. April - 25. Mai und 4. Nov.- 15. Dez. geschl. — (nur Abendessen für Hausgäste) — **22 Z :
41 B** 89/99 - 158/198 Fb.

🏛 **Zum Adler**, Walserstr. 51, ℰ 54 24, ≤, 🏤, 😩 — 🛏wc 🛗wc ☎ ⟵ 🅿
Nov.- 10. Dez. geschl. — Karte 16,50/46 *(Mai - Okt. Montag geschl.)* — **26 Z : 46 B** 71/79 -
132/160 Fb — P 91/99.

🏛 **Pension Sonnenberg** ॐ (450 J. altes Bauernhaus), Am Berg 26, ℰ 54 33, ≤ Kleinwalsertal,
« Behagliche Atmosphäre, Gartenanlage », 😩, 🔲, 🌬 — 🛗wc ☎ 🕺 🅿. 🌿 Rest
15. April - 15. Mai und 15. Okt.- 15. Dez. geschl. — (nur Abendessen für Hausgäste) — **16 Z :
30 B** Halbpension 62/90 - 133/190 Fb — 2 Appart. 60/100.

In Mittelberg 8986 — Höhe 1 220 m :

🏛 **Reinhard Leitner** ॐ, Walserstr. 55, ℰ 57 88, ≤, 😩, 🔲, 🌬 — 🛏wc 🛗wc ☎ 🅿
15. April - 15. Juni und 15. Okt.- 15. Dez. geschl. — (nur Abendessen für Hausgäste) — **25 Z :
50 B** 71/80 - 136/164 — 5 Appart. 95/160.

🏛 **Steinbock**, Bödmerstr. 46, ℰ 50 33, 🏤, 😩, 🌬 — 📺 🛏wc 🛗wc ☎ ⟵ 🅿. 🅰🅴 🄾 🄴
15.- 30. April und Nov.- 15. Dez. geschl. — Karte 16/50 *(Mai - Nov. Mittwoch geschl.)* — **22 Z :
45 B** 73/105 - 96/160 Fb.

🏛 **Alpenhaus Walsertal** ॐ, Von-Klenze-Weg 5, ℰ 55 51, ≤, 🛁 (geheizt), 🌬 — 🛏wc 🛗wc
🅿. 🅰🅴 🄾 🄴 🆅🅸🆂🅰
Ende Sept.- Mitte Dez. geschl. — Karte 18/36 — **62 Z : 100 B** 57/85 - 116/156 Fb.

🏛 **Neue Krone**, Walserstr. 84, ℰ 55 07 — 🛏wc 🛗wc ☎ 🅿. 🅰🅴 🄴
15. Jan.- 10. Feb., 15. April - 15. Mai und 12. Okt.- 15. Dez. geschl. — Karte 14/39 *(Mai - Okt.
Mittwoch geschl.)* — **30 Z : 55 B** 34/83 - 60/126 Fb.

🏛 **Alte Krone**, Walserstr. 87, ℰ 57 28, ≤, 😩, 🔲 — 🛗 🛏wc 🛗wc ☎ 🅿. 🄾 🄴
7. April - Anfang Mai und 20. Okt.- 20 Dez. geschl. — Karte 15/49 *(Mai - Okt. Montag geschl.)* —
33 Z : 55 B 46/83 - 92/166 Fb.

✗ **Café Anna** mit Zim, Walserstr. 9, ℰ 55 02, 🏤 — 📺 🛏wc ☎ 🅿
9 Z : 19 B.

✗ **Schwendle**, Schwendlestr. 5, ℰ 59 88, Terrasse mit ≤ Kleinwalsertal — 🅿
Montag, 7. April - 16. Mai und 20. Okt.- 19. Dez. geschl. — Karte 13,50/35 ॐ.

In Mittelberg-Höfle 8986   S : 2 km, Zufahrt über die Straße nach Baad :

🏛 **IFA-Hotel Alpenhof Wildental** 🅼 ॐ, Höfle, ℰ 65 44, Telex 59597, ≤, 🏤, 😩, 🔲, 🌬 —
🛗 📺 ⟵ 🅿
Nov. geschl. — Karte 17/58 — **57 Z : 109 B** Halbpension 82/130 - 164/270 Fb.

🏛 **Berghof Alpinum** ॐ, Wildentalstr. 34, ℰ 51 93, ≤, 😩, 🔲, 🌬, ⚡ — 🛗 🛗wc ☎ ⟵ 🅿. 🅰🅴
🄾 🄴
7. April - 17. Mai und 10. Okt.- 15. Dez. geschl. — (Rest. nur für Hausgäste) — **25 Z : 50 B** 40/85
- 80/130 Fb.

In Mittelberg-Baad 8986   SW : 4 km — Höhe 1 250 m :

🏛 **Alpengasthof Pühringer** ॐ, ℰ 51 74, ≤, 🏤, 😩, 🌬 — 🛏wc 🛗wc ☎ 🅿
33 Z : 60 B.

🏛 **Haus Höft** ॐ garni, Starzelstr. 18, ℰ 50 36, ≤, 😩, 🔲, 🌬 — 🛏wc 🛗wc 🅿. 🌿
25. Okt.- 15. Dez. geschl. — **19 Z : 35 B** 38/45 - 76/90.

Siehe auch : *Liste der Feriendörfer*

KLETTGAU 7895. Baden-Württemberg 🄰🄻🄶 ⑦ — 6 200 Ew — Höhe 345 m — 🕿 07742.
♦Stuttgart 179 — Donaueschingen 56 — Schaffhausen 24 — Waldshut-Tiengen 19 — Zürich 39.

In Klettgau-Griessen :

🏛 **Linde**, Schaffhauser Str. 2, ℰ 55 03 — 🛗wc ⟵ 🅿
20. Dez.- 15. Jan. geschl. — Karte 13,50/37 *(Freitag und jeder 3. Sonntag im Monat geschl.)* ॐ
— **15 Z : 25 B** 25/32 - 44/56.

KLEVE 4190. Nordrhein-Westfalen **987** ⑬, **408** ⑲ — 46 000 Ew — Höhe 20 m — ☎ 02821.
♦Düsseldorf 95 — Emmerich 11 — Nijmegen 23 — Wesel 43.

🏨 **Parkhotel Schweizerhaus**, Materborner Allee 3, ℱ 80 70 — 🛗 ⛢wc ☎ 🕭 🅿 🅰. ஈ ⓘ 🅴
VISA
Karte 16/47 — **70 Z : 124 B** 58 - 90.

🏨 **Heek** garni, Lindenallee 37 (B 9), ℱ 2 50 84, 🔲 — 🛗 📺 ⊟wc ⛢wc ☎ 🅿
20 Z : 32 B 58 - 95.

🏠 **Braam**, Emmericher Str. 159 (B 220), ℱ 90 90, ❄ (Halle) — ⊟wc ⛢wc 🅿 🅰. ஈ ⓘ 🅴
22. Dez.- 4. Jan. geschl. — Karte 22/60 — **45 Z : 60 B** 33/55 - 60.

✖✖ Altes Landhaus Zur Münze, Tiergartenstr. 68 (B 9), ℱ 1 71 47, ⛱ — 🅿.

In Bedburg-Hau 4194 S : 5 km

♨ **Jagdhaus Klobasa**, Peter-Eich-Str. 6, ℱ (02821) 64 99 — ⇔ 🅿
◆ Ende Juni - Mitte Juli geschl. — Karte 13/39 *(Dienstag geschl.)* — **10 Z : 13 B** 27 - 54.

KLINGBERG Schleswig-Holstein siehe Scharbeutz.

KLINGELBACH Rheinland-Pfalz siehe Katzenelnbogen.

KLINGENBERG AM MAIN 8763. Bayern — 6 400 Ew — Höhe 128 m — ☎ 09372.
♦München 354 — Amorbach 18 — Aschaffenburg 29 — ♦Würzburg 78.

Am linken Mainufer :

🏠 **Schöne Aussicht**, Bahnhofstr. 18, ℱ 25 27, ⛱ — 🛗 ⊟wc ⛢wc ⇔ 🅿 🅰. 🅴
20. Dez.- 20. Jan. geschl. — Karte **21**/48 *(Montag geschl.)* ♨ — **25 Z : 40 B** 29/52 - 54/83 -
3 Appart. 45/75.

In Klingenberg-Röllfeld S : 2 km :

🏨 **Paradeismühle** ☜, Röllbacher Str. 85 (O : 2 km), ℱ 25 87, ⛱, Wildgehege, ☎, ☒, 🐎 —
⛢wc ☎ ⇔ 🅿 🅰. ஈ 🅴
Karte 16/45 ♨ — **36 Z : 78 B** 27/55 - 54/100 Fb.

KLINGENBRUNN Bayern siehe Spiegelau.

KLINGENMÜNSTER 6749. Rheinland-Pfalz **242** ②, **57** ⑨ ⑩, **87** ② — 2 300 Ew — Höhe 168 m —
Erholungsort — ☎ 06349.

Mainz 122 — ♦Karlsruhe 43 — Landau in der Pfalz 14 — Pirmasens 45 — Wissembourg 15.

♨ **Frauenlob** ☜, Steinstr. 93, ℱ 68 55 — ⊟wc ⛢wc 🅿. ❄ Zim
25 Z : 45 B.

KLOSTERREICHENBACH Baden-Württemberg siehe Baiersbronn.

KNIEBIS Baden-Württemberg siehe Schwarzwaldhochstraße.

KNITTLINGEN 7134. Baden-Württemberg — 6 500 Ew — Höhe 195 m — ☎ 07043.
♦Stuttgart 49 — Heilbronn 50 — ♦Karlsruhe 32 — Pforzheim 23.

In Knittlingen-Freudenstein O : 5 km :

✖✖ **Linde**, Diefenbacher Str. 42, ℱ 20 36, ⛱ — 🅿. ஈ ⓘ **VISA**
Dienstag geschl. — Karte 24/60 ♨.

KNOPFMACHERFELSEN Baden-Württemberg siehe Fridingen an der Donau.

KNOTTENRIED Bayern siehe Immenstadt im Allgäu.

KOBERN-GONDORF 5401. Rheinland-Pfalz **987** ㉔ — 3 300 Ew — Höhe 70 m — ☎ 02607.
🛈 Verkehrsverein, St.-Matthias-Str. 2, ℱ 10 55.
Mainz 100 — Cochem 33 — ♦Koblenz 16.

In Kobern :

🏨 **Simonis**, Marktplatz 4, ℱ 2 03 — ⛢wc. ஈ ⓘ 🅴
24. Dez.- 10. Jan. geschl. — Karte 24/55 *(Montag geschl.)* ♨ — **14 Z : 25 B** 40/80 - 80/160.

🏠 **Weinstube Hähn** garni, Lennigstr. 1, ℱ 2 46, « Weinprobierstube » — ⛢wc ⇔ 🅿. ஈ. ❄
17 Z : 30 B 29/35 - 55/68.

KOBLENZ 5400. Rheinland-Pfalz 987 ⑳ — 114 000 Ew — Höhe 65 m — ✆ 0261.

Sehenswert : Deutsches Eck★ (≤★).

Ausflugsziele : Festung Ehrenbreitstein★ : Aussichtskanzel ≤★★, Terrasse ≤★ O : 4 km — Rheintal★★★ (von Koblenz bis Bingen) — Moseltal★★ (von Koblenz bis Trier).

🛈 Fremdenverkehrsamt, Pavillon gegenüber dem Hauptbahnhof, ✆ 3 13 04.

ADAC, Hohenzollernstr. 34, ✆ 1 30 30.

Mainz 100 ⑤ — ✦Bonn 63 ① — ✦Wiesbaden 102 ⑤.

Stadtplan siehe gegenüberliegende Seite.

🏨 **Brenner** garni, Rizzastr. 20, ✆ 3 20 60, « Geschmackvolle Einrichtung, kleiner Garten » — 🛗
📺 ⇔ 🛆 AE ① E VISA   Y **d**
15. Dez.- 10. Jan. geschl. — **25 Z : 45 B** 98/138 - 165/230.

🏨 **Kleiner Riesen** ⓢ garni, Kaiserin-Augusta-Anlagen 18, ✆ 3 20 77, Telex 862442, ≤ — 🛗 📺
⇔wc 🛁wc ☎ ⇔. AE ① E VISA   Y **a**
24. Dez.- 2. Jan. geschl. — **28 Z : 50 B** 80/100 - 130/150 Fb.

🏨 **Hohenstaufen** garni, Emil-Schüller-Str. 41, ✆ 3 70 81, Telex 862329 — 🛗 ⇔wc 🛁wc ☎. AE
E VISA   Y **s**
50 Z : 80 B 75/115 - 130/180 Fb.

🏨 **Höhmann** garni, Bahnhofsplatz 5, ✆ 3 50 11 — 🛗 📺 ⇔wc 🛁wc ☎ ⇔. AE ① E VISA. �%
20. Dez.- 15. Jan. geschl. — **40 Z : 70 B** 65/80 - 120/130 Fb.   Y **e**

🏠 **Continental-Pfälzer Hof** garni, Bahnhofsplatz 1, ✆ 3 30 73, Telex 862664 — 🛗 📺 ⇔wc
🛁wc ☎. AE ① E VISA   Y **n**
20. Dez.- 20. Jan. geschl. — **29 Z : 50 B** 60/95 - 100/145 Fb.

🏠 **Hamm** garni, St.-Josef-Str. 32, ✆ 3 45 46 — 🛗 ⇔wc 🛁wc ☎. AE ① E VISA
30 Z : 56 B 48/74 - 85/122 Fb.   Y **u**

🏠 **Victoria** garni, Stegemannstr. 25, ✆ 3 30 27 — 🛗 ⇔wc ☎ ⇔   Y **k**
27 Z : 50 B Fb.

🏠 **Scholz**, Moselweißer Str. 121, ✆ 4 24 88 — 🛁wc 🅿. AE ① E VISA   X **c**
✦   22. Dez.- 5. Jan. geschl. — Karte 14/40 (Sonntag geschl.) — **31 Z : 60 B** 35/48 - 70/85.

🏠 **Union** garni, Löhrstr. 73, ✆ 3 30 03, Telex 862455 — 🛗 ⇔wc 🛁wc ⇔. AE ① E VISA   XY **b**
22. Dez.- 10. Jan. geschl. — **48 Z : 90 B** 58/80 - 120/135 Fb.

🏠 **Reinhard** garni, Bahnhofstr. 60, ✆ 3 48 35 — 🛗 ⇔wc 🛁wc. AE ① E. �%   Y **n**
15. Jan.- 2. Feb. geschl. — **21 Z : 34 B** 40/65 - 70/95.

🏠 **Kornpforte** garni, Kornpfortstr. 11, ✆ 3 11 74 — ⇔wc 🛁wc   X **s**
22. Dez.- 2. Jan. geschl. — **18 Z : 32 B** 38/52 - 76/100.

XX **Stresemann**, Rheinzollstr. 8, ✆ 1 54 64, ≤ — AE ① E   X **t**
Dienstag geschl. — Karte 25/60.

XX **Ratsstuben**, Am Plan 9, ✆ 3 88 34, 🍴 — AE   X **r**
Karte 23/54.

In Koblenz-Ehrenbreitstein :

🏨 **Diehls Hotel**, an der B 42, ✆ 7 20 10, Telex 862663, ≤ Rhein, 🏊 — 🛗 📺 🅿 🛆. AE ① E
Karte 24/54 — **65 Z : 116 B** 75/105 - 120/160 Fb.   Y **z**

🏠 **Hoegg Ehrenbreitstein**, Hofstr. 282 (B 42), ✆ 7 36 29 — 🛁wc 🛆. AE E   X **e**
Karte 21/48 🍴 — **31 Z : 54 B** 45/65 - 70/90.

In Koblenz-Güls über ⑧ :

🏠 **Weinhaus Kreuter**, Stauseestr. 32, ✆ 4 40 88, 🍴 — 📺 🛁wc ☎ 🅿
✦   Karte 14/35 (Freitag und 23. Dez.- 15. Jan. geschl.) 🍴 — **40 Z : 70 B** 32/55 - 60/90.

🏩 **Weinhaus Grebel**, Planstr. 7, ✆ 4 25 30 — 🛁wc 🅿
✦   Karte 14/32 (Freitag geschl.) 🍴 — **33 Z : 52 B** 32/45 - 64/84.

In Koblenz-Metternich über ⑧ :

🏠 **Fährhaus am Stausee** ⓢ, An der Fähre 3, ✆ 20 93, ≤, 🍴 — 📺 ⇔wc 🛁wc ☎ 🅿 🛆. AE
E
20.- 31. Dez. geschl. — Karte 19/52 (Montag geschl.) 🍴 — **25 Z : 42 B** 32/60 - 58/90 Fb.

In Koblenz-Moselweiß über Moselweißer Str. X :

🏨 **Oronto** garni, Ferd.-Sauerbruch-Str. 27, ✆ 4 80 81, Telex 862722 — 🛗 ⇔wc ☎ ⇔. AE ①
E VISA
23. Dez.- 5. Jan. geschl. — **41 Z : 81 B** 65/70 - 110/120 Fb.

🏨 **Haus Bastian** ⓢ, Maigesetzweg 12, ✆ 5 10 11 (Hotel) 5 14 75 (Rest.), ≤, 🍴 — 🛁wc ☎ 🅿.
AE ① E. �% Zim
Karte 15/51 (Mittwoch und 9.- 25. Juli geschl.) — **26 Z : 56 B** 60 - 110.

🏠 **Zum schwarzen Bären**, Koblenzer Str. 35, ✆ 4 40 74, 🍴 — 🛁wc ☎ 🅿 🛆. AE ① E.
�% Zim
6.- 12. Feb. und 12. Juli - 3. Aug. geschl. — Karte 28/57 (Samstag geschl.) 🍴 — **11 Z : 20 B** 60 - 95.

428

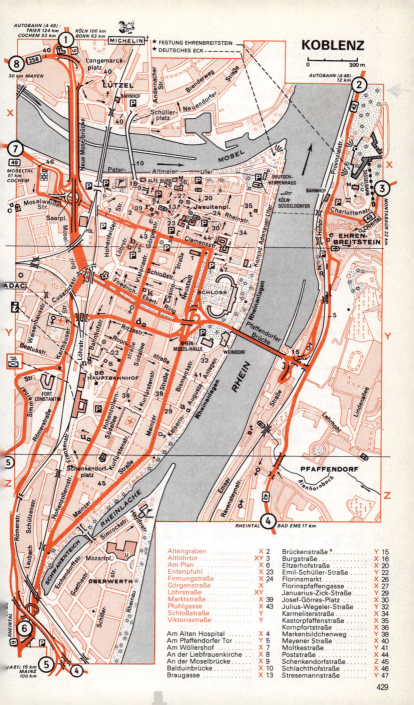

KOBLENZ

429

In Koblenz-Pfaffendorf :

🏠 **Weinhaus Merkelbach**, Emser Str. 87, ℰ 7 32 34, ≤, 🍴 – 🍴wc ☎ 🚗   Y t
14. Juli - 8. Aug. geschl. – Karte 16/44 (Montag geschl.) 🍷 – **9 Z : 18 B** 45/55 - 80/100 Fb.

In Koblenz-Rübenach über ⑧ :

➤ 🏠 **Haus Simonis**, Mauritiusstr. 1, ℰ 2 26 80 – 🍴wc 🅿
(nur Abendessen) – **50 Z : 90 B**.

🏨 **Schweitzer**, Aachener Str. 66, ℰ 2 40 28 – 🍴wc 🚗 🅿
20 Z : 34 B.

In Vallendar 5414 ② : 7 km :

🏠 **Alexander v. Humboldt**, Rheinstr. 31 (B 42), ℰ (0261) 6 60 46, 🍴 – 🛗🍴wc ☎ 🅿. ⑩ E
10.- 24. Dez. geschl. – Karte 16/51 (Montag geschl.) 🍷 – **22 Z : 43 B** 50/55 - 90/100 Fb.

In Kettig 5401 NW : 13 km über ① :

🏨 **Targa**, Weißenthurmer Str. 51, ℰ (02637) 20 31, Telex 867844, 🔲, 🌳 – 📺 🍴wc ☎ 🅿 🏊
Karte 25/57 (Sonntag 15 Uhr - Montag geschl.) – **35 Z : 70 B** 75/105 - 105/150 Fb.

MICHELIN-REIFENWERKE KGaA. Niederlassung Koblenz-Lützel Friedrich-Mohr-Str. 13 (über
Andernacher Straße X), ℰ (0261) 8 6070.

KOCHEL AM SEE 8113. Bayern 📖📖📖 ㉚. 📖📖📖 ⑰ – 4 550 Ew – Höhe 610 m – Luftkurort –
Wintersport: 610/1 760 m ≤5 🎿3 – 🌀 08851.

Ausflugsziele : Walchensee* (S : 9 km) – Herzogstand Gipfel ❄** (SW : 13,5 km ,mit Sessellift
ab Walchensee).

🅸 Verkehrsamt, Kalmbachstr. 11, ℰ 3 38.

✦München 70 – Garmisch-Partenkirchen 36 – Bad Tölz 23.

🏨 **Schmied von Kochel**, Schlehdorfer Str. 6, ℰ 2 16, 🍴 – 🛗 📺 🛏wc 🍴wc ☎ 🚗 🅿
Karte 16/58 – **37 Z : 62 B** 55/85 - 100/140 – P 95/125.

🏨 **Alpenhof-Postillion** garni, Kalmbachstr. 1, ℰ 8 85, 🍴, 🔲 – 🛗 🛏wc 🍴wc ☎ 🚗 🅿 🏊
🆎 E
34 Z : 70 B 56/65 - 108/124 Fb – P 80/88 (Mahlzeiten im Hotel Zur Post).

🏠 **Seehotel Grauer Bär**, Mittenwalder Str. 82 (B 11, SW : 2 km), ℰ 8 61, ≤ Kochelsee,
« Terrasse am See », 🏖🚣 – 🍴wc 🚗 🅿. 🆎 ⑩ E
10. Jan.- 1. März geschl. – Karte 18/42 (Mittwoch geschl.) – **25 Z : 44 B** 37/45 - 70/84 –
P 65/72.

🏠 **Herzogstand**, Herzogstandweg 3, ℰ 3 24, 🍴, 🌳 – 🍴wc 🚗 🅿
(nur Abendessen) – **14 Z : 25 B**.

🏠 **Waltraud**, Bahnhofstr. 20, ℰ 3 33, 🍴 – 🍴wc 🅿
8. Jan.- 15. Feb. geschl. – Karte 16,50/38 – **40 Z : 65 B** 30/41 - 60/72.

🏠 **Zur Post**, Schmied-von-Kochel-Platz 6, ℰ 2 09, 🍴 – 🍴 🚗 🅿. 🆎 E
Karte 16/42 – **33 Z : 60 B** 32/40 - 66/78 – P 62/67.

In Kochel-Ried NO : 5 km :

🏠 **Rabenkopf**, Kocheler Str. 23 (B 11), ℰ (08857) 2 08, 🍴 – 🍴wc 🅿. 🆎 E
Feb.- 15. März geschl. – Karte 17/38 (Böhmische Küche, Donnerstag geschl.) – **14 Z : 26 B**
30/42 - 60/80.

In Kochel-Urfeld S : 9 km :

🏨 **Fischer am See**, ℰ 8 16, ≤ Walchensee und Karwendelgebirge, « Café und Gartenwirtschaft am See », 🏖🚣, 🌳 – 🛏wc ☎ 🅿
Nov. geschl. – Karte 17/40 (Montag geschl., Abendessen nur für Hausgäste) – **36 Z : 62 B**
60/90 - 98/105.

In Kochel-Walchensee SW : 13,5 km :

🏨 **Schwaigerhof**, Seestr. 42, ℰ (08858) 2 32, ≤, 🍴, 🍴, 🏖🚣, 🌳 – 🛏wc 🍴wc ☎ 🅿
23 Z : 42 B – 4 Appart.

KÖLAU Niedersachsen siehe Suhlendorf.

Grüne Michelin-Führer *in deutsch*

Paris	Provence
Bretagne	Schlösser an der Loire
Côte d'Azur (Französische Riviera)	Italien
Elsaß Vogesen Champagne	Spanien
Korsika	

KÖLN 5000. Nordrhein-Westfalen 𝟿𝟾𝟽 ② ㉔ — 1 008 700 Ew — Höhe 65 m — ✿ 0221.

Sehenswert : Dom★★★ (Dreikönigsschrein★★★) DV — Römisch-Germanisches Museum★★★ (Dionysosmosaik) DV — Wallraf-Richartz-Museum (Gemälde von Meistern der Kölner Schule des 14.- 16. Jh.) und Museum Ludwig★★★ DVX — Schnütgen-Museum★★ (Kölner Madonnen) DX M2 — St. Kolumba★ DX V — Neu St. Alban★ BU Z — St. Maria im Kapitol (Holztüren★★) DX D — St. Aposteln (Chorabschluß★) CX N — St. Severin (Inneres★) DY K — Rheinpark★ EU.

U-Bahn z. Zt. im Bau. Umleitungen und provisorische Einbahnstraßen.

Métro en construction. Déviations et sens uniques provisoires.

Underground under construction : temporary traffic diversions and one-way system.

Metropolitana in costruzione. Deviazioni e sensi unici provvisori..

⌖ Köln-Bonn in Wahn (④ : 17 km), ✆ (02203) 4 01 — 🚗 ✆ 1 41 56 66.

Messe- und Ausstellungsgelände (EUV), ✆ 82 11, Telex 8873426.

🛈 Verkehrsamt, Am Dom, ✆ 2 21 33 40, Telex 8883421.

ADAC, Köln 51-Bayenthal, Alteburger Str. 375, ✆ 3 79 90, Notruf ✆ 1 92 11.

♦Düsseldorf 39 ① — ♦Aachen 70 ⑨ — ♦Bonn 27 ⑤ — ♦Essen 68 ②.

Die Angabe (K 15) nach der Anschrift gibt den Postzustellbezirk an : Köln 15

L'indication (K 15) à la suite de l'adresse désigne l'arrondissement : Köln 15

The reference (K 15) at the end of the address is the postal district : Köln 15

L'indicazione (K 15) posta dopo l'indirizzo precisa il quartiere urbano : Köln 15

Messe-Preise : siehe S. 17 und 60   Foires et salons : voir p. 25 et 60
Fairs : see pp. 33 and 60   Fiere : vedere p. 41 e 60

Stadtpläne : siehe Köln Seiten 3-7.

Hotels und Restaurants : Wenn nichts anderes angegeben, siehe Plan Köln Seiten 6 und 7

🏨 **Excelsior Hotel Ernst - Restaurant Hanse Stube**, Trankgasse 1 (K 1), ✆ 27 01, Telex 8882645 — 🛗 ▤ Rest 📺 ⅙ 🛗 (mit ▤). 🆎 ⑩ E. ❄ Rest   DV **a**
Karte 36/83 — **146 Z : 221 B** 208/285 - 260/425 Fb.

🏨 **Dom-Hotel** ⟲, Domkloster 2a (K 1), ✆ 23 37 51, Telex 8882919, « Terrasse mit ≼ » — 🛗 📺 ⅙ 🛗. 🆎 ⑩ E 𝚅𝙸𝚂𝙰. ❄ Rest   DV **d**
Karte 35/90 — **126 Z : 182 B** 185/270 - 295/370 Fb.

🏨 **Inter-Continental**, Helenenstr. 14 (K 1), ✆ 22 80, Telex 8882162, Massage, ☞, 🖾 — 🛗 📺 ⅙ 🅿 🛗. 🆎 ⑩ E 𝚅𝙸𝚂𝙰. ❄ Rest   CV **p**
Karte 40/100 — **300 Z : 580 B** 227/327 - 290/440 Fb.

🏨 **Consul**, Belfortstr. 9 (K 1), ✆ 7 72 10, Telex 8885242, ☞, 🖾 — 🛗 ▤ 📺 🅿 🛗. 🆎 ⑩ E 𝚅𝙸𝚂𝙰. ❄ Rest   DU **v**
Karte 27/56 (Sonn- und Feiertage geschl.) — **122 Z : 230 B** 137/195 - 180/250 Fb.

🏨 **Mondial**, Bechergasse 10 (K 1), ✆ 21 96 71, Telex 8881932 — 🛗 📺 ⟺ 🛗. 🆎 ⑩ E 𝚅𝙸𝚂𝙰. ❄ Rest   DV **f**
Karte 32/62 — **204 Z : 350 B** 140/160 - 185/215 Fb.

🏨 **Savoy** garni, Turiner Str. 9 (K 1), ✆ 12 04 66, Telex 8886360 — 🛗 📺 ➾wc 🛗wc ☎. 🆎 E   DU **s**
69 Z : 112 B 110/165 - 160/265 Fb.

🏨 **Haus Lyskirchen** garni, Filzengraben 28 (K 1), ✆ 23 48 91, Telex 8885449, 🖾 — 🛗 📺 ➾wc 🛗wc ☎ ⟺ 🛗. 🆎 ⑩ E 𝚅𝙸𝚂𝙰   DY **u**
23. Dez.- 2. Jan. geschl. — Karte 28/58 (nur Abendessen, Sonn- u. Feiertage geschl.) — **95 Z : 130 B** 90/136 - 165/190 Fb.

🏨 **Bristol** garni, Kaiser-Wilhelm-Ring 48 (K 1), ✆ 12 01 95, Telex 8881146, « Antike Zimmereinrichtung » — 🛗 ➾wc 🛗wc ☎. 🆎 ⑩ E 𝚅𝙸𝚂𝙰   CU **m**
44 Z : 60 B 95/140 - 145/205.

🏨 **Ascot-Hotel** (Restaurant im Bistrostil), Hohenzollernring 95 (K 1), ✆ 52 10 76, Telex 8883018 — 🛗 📺 ➾wc 🛗wc ☎. 🆎 ⑩ E 𝚅𝙸𝚂𝙰   CV **a**
Karte 20/47 (Samstag und Sonntag nur Abendessen) — **52 Z : 110 B** 88/148 - 122/225 Fb.

🏨 **Königshof** garni, Richartzstr.14 (K 1), ✆ 23 45 83, Telex 8881318 — 🛗 📺 ➾wc 🛗wc ☎. 🆎 ⑩ E 𝚅𝙸𝚂𝙰   DV **n**
85 Z : 140 B 105/168 - 165/235 Fb.

🏨 **Eden-Hotel** garni, Am Hof 18 (K 1), ✆ 23 61 23, Telex 8882889 — 🛗 📺 ➾wc 🛗wc ☎. 🆎 ⑩ E   DV **w**
33 Z : 60 B 138/205 - 189/220 Fb.

🏨 **Kolpinghaus International**, St.-Apern-Str. 32 (K 1), ✆ 21 03 53 — 🛗 🛗wc ☎ 🅿 🛗. 🆎 ⑩   CVX **q**
Karte 18/50 — **48 Z : 85 B** 80 - 110.

🏨 **Kommerzhotel** garni, Breslauer Platz (K 1), ✆ 12 40 86, ☞ — 🛗 📺 ➾wc 🛗wc ☎. 🆎 ⑩ E 𝚅𝙸𝚂𝙰   DV **r**
57 Z : 75 B 105/155 - 160/190 Fb.

🏨 **PLM-Hotel Baseler Hof**, Breslauer Platz 2 (K 1), ✆ 1 65 40, Telex 8886982 — 🛗 📺 ➾wc 🛗wc ☎ 🛗. 🆎 ⑩ E 𝚅𝙸𝚂𝙰   DV **e**
Karte 34/51 (nur Abendessen, Samstag, Sonn- und Feiertage geschl.) — **108 Z : 165 B** 128/165 - 165/210 Fb.

Fortsetzung →

🏨 **Conti** garni, Brüsseler Str. 40 (K 1), ℰ 21 92 62, Telex 8881644 – ▯ ⌐wc ⋔wc ☎ ⇔. AE E　BX n
VISA
43 Z : 78 B 80/170 - 130/180 Fb.

🏨 **Lasthaus am Ring - Restaurant Wintergarten**, Hohenzollernring 20 (K 1),
ℰ 21 04 85 (Hotel)24 18 16 (Rest.), Telex 8882856 – ▯ TV ⌐wc ⋔wc ☎ ⊕ ⚗　CX r
55 Z : 80 B Fb.

🏨 **Leonet** garni, Rubensstr. 33 (K 1), ℰ 23 60 16, Telex 8883506, ⇔, ▭ – ▯ TV ⌐wc ⋔wc ☎　CY e
⊕. AE ⓞ E
78 Z : 150 B 90/150 - 130/230 Fb.

🏨 **Esplanade** garni, Hohenstaufenring 56 (K 1), ℰ 21 03 11, Telex 8881029 – ▯ TV ⌐wc ⋔wc　CY a
☎. AE ⓞ E VISA
33 Z : 55 B 85/185 - 145/235 Fb.

🏨 **Am Augustinerplatz** garni, Hohe Str. 30 (K 1), ℰ 23 67 17, Telex 8882923 – ▯ TV ⌐wc　DX a
⋔wc ☎. AE ⓞ E VISA
56 Z : 105 B 95/190 - 150/245.

🏠 **Windsor** garni, Von-Werth-Str. 36 (K 1), ℰ 13 40 31 – ▯ ⋔wc ☎. AE ⓞ E VISA　CU e
20. Dez.- 1. Jan. geschl. – **37 Z : 55 B** 70/130 - 190.

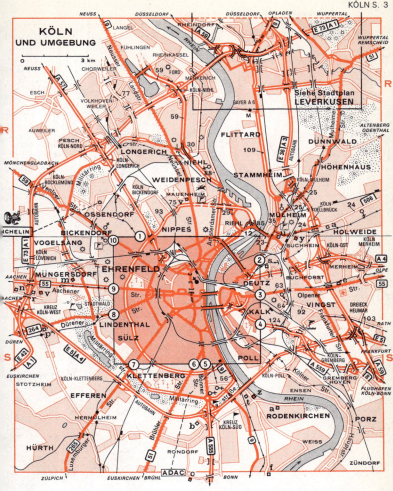

KÖLN
UND UMGEBUNG

0   3 km

Siehe Stadtplan
LEVERKUSEN

🏨 **Ludwig** garni, Brandenburger Str. 24 (K 1), ℰ 12 30 31, Telex 8885326 – 📶 📺 ⌁wc 🛁wc ☎ 🚗, AE ① E VISA
DU x
23. Dez.-1. Jan. geschl. – **61 Z : 100 B** 95/110 - 145/165 Fb.

🏨 **Merian-Hotel** garni, Allerheiligenstr. 1 (K 1), ℰ 12 10 25 – 📶 🛁wc ☎ 🚗 AE ① E
VISA
DU c
22. Dez. - 4. Jan. geschl. – **28 Z : 48 B** 77/98 - 135/185 Fb.

🏨 **Buchholz** garni, Kunibertsgasse 5 (K 1), ℰ 12 18 24 – 📶 📺 ⌁wc 🛁wc ☎. AE ① VISA
DU e
23. Dez. - 3. Jan. geschl. – **17 Z : 27 B** 75/95 - 95/150.

🏨 **Altstadt Hotel** garni, Salzgasse 7 (K 1), ℰ 23 41 87, 🚐 – 📶 🛁wc ☎. AE ① E VISA. 🛠
DX p
22. Dez. - 6. Jan. geschl. – **27 Z : 40 B** 70/85 - 95/120.

🏨 **Coellner Hof**, Hansaring 100 (K 1), ℰ 12 20 75, Telex 8885264 – 📶 📺 ⌁wc 🛁wc ☎ 🚗. AE
① E
DU k
Karte 21/55 (Samstag geschl.) – **58 Z : 88 B** 85/130 - 125/190 Fb.

🏨 **Hotel am Chlodwigplatz** garni, Merowinger Str. 33 (K 1), ℰ 31 40 31 – 🛁wc ☎. AE ①
VISA
DY s
20. Dez.- 8. Jan. geschl. – **23 Z : 43 B** 74/105 - 115/160.

Fortsetzung →

433

KÖLN S. 4

KÖLN

0   500 m

10 59
31 km GREVENBROICH
52 km MÖNCHENGLADBACH

NEU-EHRENFELD
Nußbaumer   Str.
KÖLN
EHRENFELD

S BAHN
NIPPES

Innere-

Einzelheiten
nächste Seiten

Liebigstraße

Herkules

Subbelrather

Str.

Venloer

Helmholtzstr.

Vogelsanger

Straße

T

KÖLN-EHRENFELD
Ost-

Weinsbergstr.

Jäger-

Straße

Subbelrather

Str.

Str.

Bahnhof

Vogelsanger

Str.

Kanalstraße

Straße

Erftstr.
48

Hansaring

72

Christophstr.

U

EHRENFELD
Weinsbergstr.

Venloer

WEST
BAHNHOF

STADT
GARTEN
27

Z

62

Hans-Böckler-
Pl.
e

Str.

V

BRAUNSFELD

a

MELATEN

Melatengürtel

Innere-

B2

Hohenzollernring

70 km AACHEN

9 55

Aachener   Str.
Aachener Str.

Stadtwaldgürtel

Klosterstr.

Ehrenfeldgürtel

Neumarkt

Hahnenstr.

X

M

100

57

Hohenstaufenring

LINDENTHAL

r

Str.

Dürener

Bachemer

Universitätsstraße

Straße

Rochstr.

Weyerstr.

Y

Lindenburger

Allee

Gleueler Str.

U

SÜD-
BAHNHOF

Neue-Weyer-
str.

Salierring

8 264
40 km DÜREN

Dürener

Str.

Lindenthalgürtel

U

Str.

Luxemburger

Efferstr.

VOLKSGARTEN

Mommsenstr.

Str.

Gleueler

Zülpicher

Str.

Kerpener

Str.

Zülpicher

Str.

Str.

Weißhausstr.

Luxemburger

J

P

Pohligstr.

SÜLZ

Sülzburgstr.

Berrenrather

Sülzgürtel

U

u

Honninger

6

Mommsenstr.

Str.

Str.

Gottes-

Weg

Z

BEETHOVENPARK

Berrenrather

Str.

Luxemburger

Str.

KLETTENBERG

Klettenberggürtel

ZOLLSTOCK

Weg

Vorgebirgstr.

7 265
ZÜLPICH 39 km

6 5

Straßenverzeichnis siehe Köln S. 2.

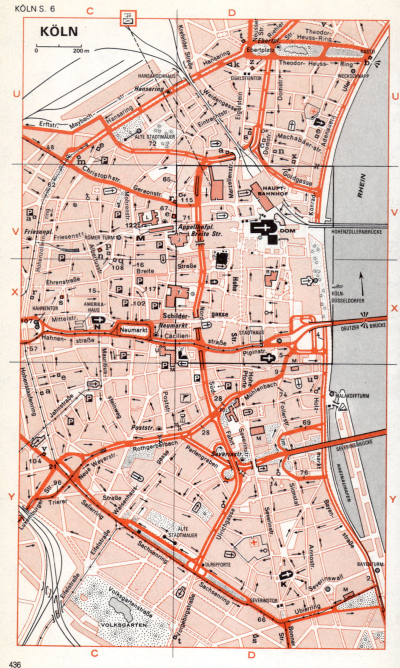

KÖLN S. 6

KÖLN

0   200 m

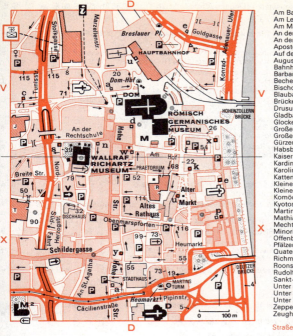

Straßenverzeichnis siehe Köln S. 2.

🏨 **Intercity-Hotel Ibis** garni, Bahnhofsvorplatz (K 1), ✆ 13 20 51, Telex 8881002 — 🔁 🛗wc ☎.
🆎 ⓪ 🔳 𝗩𝗜𝗦𝗔
66 Z : 120 B 109/142 - 152 Fb.   **DV u**

🏨 **Berlin**, Domstr. 10 (K 1), ✆ 12 30 51, Telex 8885123 — 🔁 🛗wc ☎ ⇔. 🆎 ⓪ 🔳 𝗩𝗜𝗦𝗔
19. Dez. - 4. Jan. geschl. — **Karte** 25/53 *(nur Abendessen, Sonn- und Feiertage geschl.)* —
78 Z : 120 B 58/160 - 98/200 Fb.   **DU n**

🏨 **Weinhaus Lenz**, Ursulaplatz 9 (K 1), ✆ 12 00 55 (Hotel) 13 37 09 (Rest.), Telex 8882335 — 🔁
📺 ⇔wc 🛗wc ☎. 🆎 ⓪ 🔳 𝗩𝗜𝗦𝗔 — **90 Z : 160 B** 48/138 - 72/168.
Karte 23/60 *(Montag geschl.)* 🍴   **DU a**

XXXX ⊛ **Chez Alex**, Mühlengasse 1 (K 1), ✆ 23 05 60, « Elegante Einrichtung » — 🍽. 🆎 ⓪ 🔳
Samstag nur Abendessen, Sonn- und Feiertage geschl. — Karte 58/110 (Tischbestellung ratsam)
Spez. Mousse et tartar de saumon, Escalope de turbot au basilic, Foie gras chaud aux girolles.   **DX k**

XXX ⊛ **Rino Casati**, Ebertplatz 3 (K 1), ✆ 72 11 08 — ⓪ 🔳 𝗩𝗜𝗦𝗔 ❀   **DU t**
Sonntag und Juni - Juli 3 Wochen geschl. — Karte 40/90 (Tischbestellung ratsam)
Spez. Nudelgerichte, Babysteinbutt mit Champagnersauce, Ente mit Pflaumensauce.

XXX **Die Bastei**, Konrad-Adenauer-Ufer 80 (K 1), ✆ 12 28 25, ≤ Rhein — 🆎 ⓪ 🔳. ❀   **DU b**
Samstag bis 19 Uhr geschl. — Karte 45/92.

XXX **Franz Kellers Restaurant**, Aachener Str. 21 (K 1), ✆ 21 95 49, 🌳 — 🄿. 🆎 ⓪ 🔳
nur Abendessen, Keller's Keller auch Mittagessen, Sonntag geschl. — Karte 57/90
(Tischbestellung ratsam) — **Kellers Keller** *(Sonntag bis 19 Uhr geschl.)* Karte 33/72.
(Köln S. 4)   **BX n**

XXX ⊛ **Restaurant Bado - La poêle d'or**, Komödienstr. 52 (K 1), ✆ 13 41 00 — ⓪ 🔳   **DV c**
Sonntag - Montag 18 Uhr, an Feiertagen sowie Juli - Aug. 3 Wochen und Weihnachten -
Neujahr geschl. — Karte 56/99 — **Bistro** Karte 20/47
Spez. Foie gras poelé à la graine de moutarde et raisins, St. Pierre aux zestes d'orange et endives, Canette de
Barbarie aux deux cuissons.

XX **Ristorante Alfredo**, Tunisstr. 3 (K 1), ✆ 24 43 01 — 🆎   **DX v**
Samstag 15 Uhr - Sonntag und Juli - Aug. 3 Wochen geschl. — Karte 44/74 (Tischbestellung
ratsam).

XX **St. Georg**, Magnusstr. 3 (K 1), ✆ 21 84 18, 🌳 — 🆎 ⓪ 🔳 𝗩𝗜𝗦𝗔   **CV n**
außerhalb der Messezeiten Sonn- und Feiertage geschl. — Karte 48/93.

Fortsetzung →

XX **Ratskeller**, Rathausplatz 1 (Eingang Alter Markt) (K 1), ℰ 21 83 01, 斧 – ▤ ᴔ 諡. ᴁ ⓞ 🄴 *VISA*　　　　　　　　　　　　　　　　　　　　　　　　　　　　DX u
Karte 26/70.

XX **Weinhaus im Walfisch** (Haus a.d.17. Jh.), Salzgasse 13 (K 1), ℰ 21 95 75 – ℅　　　　DX p
(Tischbestellung ratsam).

XX **Em Krützche**, Am Frankenturm 1 (K 1), ℰ 21 14 32, « Straßenterrasse mit ≼ » – ⓞ　DV x
April - 15. Juni und Montag geschl. – Karte 29/64 (Tischbestellung ratsam).

XX **Börsen-Restaurant**, Unter Sachsenhausen 10 (K 1), ℰ 13 56 26 – ▤ 諡. ᴁ ⓞ 🄴 *VISA*. ℅
Sonn- und Feiertage geschl. – Karte 39/75.　　　　　　　　　　　　　　　　　　CV r

XX **Elsbeth's Restaurant**, Benesisstr. 57 (K 1), ℰ 21 42 78 – ℅　　　　　　　　　　　CX s
außerhalb der Messezeiten Samstag bis 18 Uhr und Sonntag geschl. – Karte 34/66
(Tischbestellung ratsam).

XX **Colonius - Turmrestaurant**, Innere Kanalstr. 100 (🛗, Gebühr 4 DM) (K 1), ℰ 52 20 61,
✳ Köln, « Rotierendes Rest. in 166 m Höhe » – ▤ ❷ ⓞ 🄴 *VISA*. ℅　　(Köln S. 4)　BU s
wochentags nur Abendessen, Montag geschl. – Karte 20/58.

XX **Daitokai** (Japanisches Rest.), Kattenbug 2 (K 1), ℰ 12 00 48 – ▤. ᴁ ⓞ 🄴 *VISA*. ℅　CV e
Montag geschl. – Karte 38/74.

XX **Le Gaulois**, Roonstr. 8 (K 1), ℰ 24 62 39 – ⓞ 🄴　　　　　　　　　　　　　　　CY v
Samstag bis 18 Uhr und Sonntag geschl. – Karte 39/62.

XX **La colombe**, An Groß St. Martin (K 1), ℰ 24 53 79 – ⓞ 🄴　　　　　　　　　　　DX e
nur Abendessen, Juni und Montag geschl. – Karte 33/60.

XX **L'Osteria** (Italienische Küche), Eigelstein 122 (Eingang Greesbergstraße) (K 1), ℰ 12 33 73
– ⓞ 🄴　　　　　　　　　　　　　　　　　　　　　　　　　　　　　　　　　DU z
Samstag bis 18 Uhr, Mittwoch und Juli - Aug. 2 Wochen geschl. – Karte 33/63.

XX **Örgelchen** (Rest. im Bistro-Stil), Drususgasse 7 (K 1), ℰ 40 40 20 – ℅　　　　　　DV s
Karte 27/60.

X **La Baurie** (Französische Küche), Vorgebirgstr. 35 (K 1), ℰ 38 61 49 – *VISA*　　　　DY t
Samstag bis 18 Uhr und Montag geschl. – Karte 42/72.

X **China-Restaurant Tchang**, Große Sandkaul 19 (K 1), ℰ 21 76 51 – ᴁ ⓞ 🄴 *VISA*　DX y
Karte 21/43.

In Köln 41-Braunsfeld :

🏠 **Regent**, Melatengürtel 15, ℰ 5 49 90, Telex 8881824 – 🛗 ▤ Rest ᴛᴠ ⌷wc ℿwc ☎ ❷ 諡.
ᴁ ⓞ 🄴 *VISA*　　　　　　　　　　　　　　　　　　　　　　(Köln S. 4)　AX a
Karte 32/63 – **157 Z : 240 B** 129/226 - 182/242 Fb.

In Köln 91-Brück über ③ und die B 55 :

🏠 **Silencium** garni, Olpener Str. 1031, ℰ 89 90 40 – 🛗 ⌷wc ℿwc ☎ ❷ 諡
60 Z : 120 B Fb.

In Köln 80-Buchforst :

🏠 **Kosmos**, Waldecker Str. 11, ℰ 62 40 41, Telex 887706, ☎, 🖾 – 🛗 ▤ ᴛᴠ ⌷wc ☎ ❷ 諡.
ᴁ ⓞ 🄴 *VISA*　　　　　　　　　　　　　　　　　　　　　(Köln S. 3)　S s
Karte 25/57 *(nur Abendessen)* – **100 Z : 200 B** 107/205 - 155/249 Fb.

In Köln 21-Deutz :

XX **Restaurant im Messeturm**, Kennedy-Ufer (18. Etage, 🛗), ℰ 88 10 08, ≼ Köln – ▤. ᴁ ⓞ
🄴. ℅　　　　　　　　　　　　　　　　　　　　　　(Köln S. 5)　EV
Samstag bis 19 Uhr und Donnerstag geschl. – Karte 36/72.

In Köln 30-Ehrenfeld :

🏠 **Imperial**, Barthelstr. 93, ℰ 51 70 57, ☎ – 🛗 ᴛᴠ ⌷wc ℿwc ☎ ⇆ ❷. ᴁ ⓞ
Karte 22/48 *(nur Abendessen)* – **36 Z : 60 B** 98/130 - 150/180 Fb.　(Köln S. 4)　AV e

XX Zum offenen Kamin, Eichendorffstr. 25, ℰ 55 68 78　　　　　　　　(Köln S. 4)　ABT n

In Köln 80-Holweide :

🏠 **Bergischer Hof** garni, Bergisch-Gladbacher-Str. 406 (B 506), ℰ 63 90 81 – 🛗 ℿwc ☎ ⇆
❷. ⓞ *VISA*　　　　　　　　　　　　　　　　　　　　　　(Köln S.3)　R a
33 Z : 64 B 85/150 - 120/180 Fb.

In Köln 50-Immendorf :

XX **Weinstuben Bitzerhof** mit Zim (Gutshof a.d.J. 1821), Immendorfer Hauptstr. 21,
ℰ (02236) 6 19 21, 斧, « Rustikale Einrichtung » – ᴛᴠ ℿwc ☎ ⇆. ℅ Zim
Aug. geschl. – Karte 33/60 *(Sonntag 14 Uhr - Montag und Samstag bis 18 Uhr geschl.)* – **3 Z :**
6 B 80/90 - 130.　　　　　　　　　　　　　　　　　　　　(Köln S. 3)　S c

In Köln 40-Junkersdorf :

🏠 **Welcome** garni, Schlehdornweg 30, ℰ 48 80 84, Telex 889354 – ℿwc ☎ ❷. ℅
22. Dez. - 4. Jan. geschl. – **24 Z : 42 B** 85 - 130 Fb.　　　　　(Köln S. 3)　S r

XX **Vogelsanger Stübchen**, Vogelsanger Weg 28, ℰ 48 14 78　　　　　(Köln S. 3)　S v
20. Aug. - 10. Sept. und Sonntag - Montag geschl. – Karte 36/70 (Tischbestellung ratsam).

In Köln 41-Klettenberg :

XX **Haus Unkelbach**, Luxemburger Str. 260, ℰ 41 24 18 – ℗. 🅰🅴 ⓪ **E**   (Köln S. 4)   BZ **u**
Karte 20/55.

In Köln 41-Lindenthal :

🏨 Crest-Hotel Köln, Dürener Str. 287, ℰ 46 30 01, Telex 8882516, « Gartenterrasse » – 🛗 🖻 Rest
🔟 🕹 ⇔ ℗ 🛁 (mit 🖾). 🍽 Rest   (Köln S. 4)   AY **v**
152 Z : 200 B Fb.

🏨 **Bremer**, Dürener Str. 225, ℰ 40 50 13, Telex 8882063, 🚅, 🔲 – 🛗 🖻 Rest 🔟 ⇔wc 🚿wc ☎
⇔. 🅰🅴 ⓪ **E** 𝐕𝐈𝐒𝐀. 🍽   (Köln S. 4)   AY **r**
20. Dez.- 4. Jan. geschl. – Karte 38/78 *(Tischbestellung ratsam)* – **König-Pub :** Karte 25/56 –
75 Z : 90 B 95/125 - 135/165 Fb.

In Köln 40 - Lövenich über ⑨ : 8 km :

🏨 **Gut Keuchhof** 🕊 garni, Braugasse 14, ℰ (02234) 7 60 33 – 🚿wc ☎ ℗
23. Dez. - 1. Jan. geschl. – **41 Z : 58 B** 75/95 - 130/160.

In Köln 40-Marsdorf :

🏨 **Novotel Köln-Westkreuz**, Horbeller Str. 1, ℰ (02234) 1 60 81, Telex 8886355, 🌳,
🏊 (geheizt), 🐴 – 🛗 🖻 Rest 🔟 ⇔wc ☎ 🕹 ℗ 🛁 (mit 🖾). 🅰🅴 ⓪ **E** 𝐕𝐈𝐒𝐀 (Köln S. 3)   S **p**
Karte 32/62 – **140 Z : 280 B** 149 - 197 Fb (Anbau mit 60 B, 🔲 ab Frühjahr 1986).

In Köln 91-Merheim :

XXXX ❀❀❀ **Goldener Pflug**, Olpener Str. 421 (B 55), ℰ 89 55 09 – ℗   (Köln S. 3)   S **e**
Samstag bis 18 Uhr, Sonn- und Feiertage sowie Juli - Aug. 3 Wochen geschl. – Karte 75/180
Spez. Salat von Langustinos und Rouget mit zwei Selleries, Schottischer Wildlachs im Gemüsesud, Kalbsbries
mit Trüffeln.

In Köln 80-Mülheim :

🏨 **Kaiser** garni, Genovevastr. 10, ℰ 62 30 57, Telex 8873546 – 🛗 🔟 ⇔wc 🚿wc ☎ ℗ 🛁. 🅰🅴
⓪ **E** 𝐕𝐈𝐒𝐀   (Köln S. 3)   RS **u**
46 Z : 90 B 95/195 - 125/210 Fb.

XXX **Villa Hahnenburg** (ehem. Villa in einem kleinen Park), Ackerstr. 146, ℰ 63 25 95, 🌳 – ℗
🛁. 🅰🅴 ⓪ **E**   (Köln S. 3)   RS **y**
außerhalb der Messezeiten Montag geschl. – Karte 37/72.

In Köln 41-Müngersdorf :

XX **Remise**, Wendelinstr. 48, ℰ 49 18 81, « Historisches Gutsgebäude » – ℗. ⓪ **E**
Aug. 3 Wochen, Samstag bis 18 Uhr und Sonntag geschl. – Karte 41/79 (Tischbestellung
ratsam).   (Köln S. 3)   S **m**

In Köln 90 - Porz-Grengel ④ : 15 km über die A 59 :

🏨 **Spiegel**, Hermann-Löns-Str. 122, ℰ (02203) 6 10 46, « Gartenterrasse » – 🔟 ⇔wc 🚿wc ☎
⇔ ℗
Juli 3 Wochen geschl. – Karte 28/62 *(Freitag - Samstag 18 Uhr geschl.)* – **19 Z : 24 B** 75/90 -
120/140 Fb.

In Köln 90 - Porz-Langel S : 17 km über Hauptstr. S :

XX **Zur Tant**, Rheinbergstr. 49, ℰ (02203) 8 18 83, ≤, 🌳 – ℗. 🅰🅴 ⓪ **E**
30. Jan. - 11. Feb. und Donnerstag geschl. – Karte 36/71.

In Köln 90 - Porz-Wahn ④ : 17 km über die A 59 :

🏨 **Geisler** garni, Frankfurter Str. 172, ℰ (02203) 6 10 20 – 🛗 🔟 ⇔wc ☎ 🕹 ℗ 🛁. 🅰🅴 ⓪ **E** 𝐕𝐈𝐒𝐀
52 Z : 89 B 70/110 - 130 Fb.

In Köln 90 - Porz-Wahnheide ④ : 17 km über die A 59 - ✆ 02203 :

🏨 **Holiday Inn**, Waldstr. 255, ℰ 56 10, Telex 8874665, 🚅, 🔲, 🐴 – 🛗 🖻 🔟 ℗ 🛁. 🅰🅴 ⓪ **E**
𝐕𝐈𝐒𝐀. 🍽 Rest
Karte 23/57 – **113 Z : 160 B** 164/201 - 218/252 Fb.

🏨 **Zur Quelle**, Heidestr. 246, ℰ 6 20 96 (Hotel) 6 37 49 (Rest.) – 🔟 🚿wc ☎ ℗ 🛁
95 Z : 170 B.

🏨 **Stamac** garni, Artilleriestr. 34, ℰ 6 30 23, Telex 8874455, 🐴 – 🚿wc ☎ ℗. 🅰🅴 **E**
23 Z : 40 B 60/65 - 100.

In Köln 50 - Rodenkirchen :

🏨 **Atrium-Rheinhotel** 🕊, Karlstr. 4, ℰ 39 30 45, Telex 889919 – 🛗 🔟 ⇔wc 🚿wc ☎ ⇔
🛁. 🅰🅴 ⓪ **E** 𝐕𝐈𝐒𝐀   (Köln S. 3)   S **t**
Karte 28/56 *(Samstag bis 18 Uhr und Sonntag geschl.)* – **38 Z : 74 B** 98/188 - 148/258 Fb.

🏨 **Rheinblick** 🕊 garni, Uferstr. 20, ℰ 39 12 82, ≤, 🌳, 🚅, 🔲 – ⇔wc 🚿wc ☎ ⇔   (Köln S. 3)   S **a**
20 Z : 36 B 80/90 - 95/120 Fb.

🏨 **An der Tennishalle Schmitte**, Großrotter Weg 1 (Hochkirchen), ℰ (02233) 2 27 77, 🌳,
🍽 (Halle) – 🔟 🚿wc ☎ ℗. 🅰🅴 ⓪ **E**   (Köln S. 3)   S **b**
Karte 21/43 – **18 Z : 26 B** 85/96 - 120/138.

XX **St. Maternus** 🦆 mit Zim, Karlstr. 9, ℰ 39 36 33, « Terrasse mit ≤ » — 🛏wc 🛁wc ☎. AE
ⓄE   (Köln S. 3)   S z
Karte 31/64 *(Montag geschl.)* — **10 Z : 18 B** 80/85 - 140/160.

In Köln 50-Sürth :

🏛 **Falderhof** garni, Falderstr. 29, ℰ (02236) 6 42 44 — 🛁wc ☎. AE   (Köln S. 3)   S f
11 Z : 15 B 110/150 - 170 Fb.

In Köln 40-Weiden :

🏛 **Garten-Hotel** 🦆 garni, Königsberger Str. 5, ℰ (02234) 7 60 06, 🛋 — 🖭 🛏wc 🛁wc ☎ &
⟸. AE   (Köln S. 3)   S n
23.- 31. Dez. geschl. — **33 Z : 53 B** 70/75 - 110/120 Fb.

In Köln 60 -Weidenpesch :

X **Alte Post** (Balkan-Spezialitäten), Neusser Str. 621, ℰ 74 84 86 — Ⓟ. AE ⓄE VISA
Karte 17,50/52.   (Köln S. 3)   R v

In Köln 71-Worringen N : 18 km über die B 9 R :

🏛 **Matheisen**, In der Lohn 45, ℰ 78 10 61 — 🛏wc 🛁wc ☎ Ⓟ. 🛇 Zim
9 Z : 16 B.

MICHELIN-REIFENWERKE KGaA. Niederlassung Köln 30-Ossendorf Blériotstr. 9 (Köln S. 3 R),
ℰ 59 20 11.

KÖNGEN 7316. Baden-Württemberg — 8 200 Ew — Höhe 280 m — ☎ 07024.
◆Stuttgart 26 — Reutlingen 28 — ◆Ulm (Donau) 67.

🏛 **Römerkastell**, Altenberg 1, ℰ 89 21 — 🖭 📺 🛁wc ☎ Ⓟ 🚗. AE ⓄE VISA
Karte 20/57 🍴 — **50 Z : 100 B** 75/95 - 95/135 Fb.

KÖNIG, BAD 6123. Hessen 987 ⊛ — 8 400 Ew — Höhe 183 m — Heilbad — ☎ 06063.
🛈 Verkehrsbüro, Schloßplatz 6 (Stadtverwaltung), ℰ 15 65.
◆Wiesbaden 85 — Aschaffenburg 44 — ◆Darmstadt 40 — Heidelberg 65.

🏛 **Forst-Hotel Carnier** 🦆, Kimbacher Str. 218, ℰ 20 51, Telex 4191662, « Terrasse mit ≤ »,
⟸s, 🏊, 🛋, 🛇 — 📺 Ⓟ 🚗. AE ⓄE VISA 🍴 🛇 Rest
Karte 28/62 — **41 Z : 67 B** 68/105 - 124/148 Fb — P 113/150.

🏛 **Panorama-Hotel** 🦆, Forststr. 18, ℰ 20 75, ≤, 🍴, ⟸s, 🛋, 🛋 — 🖭 🛏wc 🛁wc ☎ Ⓟ 🚗.
AE ⓄE VISA
Karte 22/44 — **30 Z : 46 B** 50/60 - 104/120 Fb.

🏛 **Haus Ursula** 🦆 garni, Frankfurter Str. 6, ℰ 7 29, ⟸s, 🛋, 🛋 — 🛁wc Ⓟ 🚗. 🛇
Mitte Feb.- Mitte Nov. — **14 Z : 24 B** 48/60 - 82.

🏛 **Königsruh** 🦆, Forststr. 26, ≤, 🍴, 🛋 — 🛁wc ⟸ Ⓟ
30 Z : 33 B Fb.

🏛 **Haus Stefan** garni, Friedr.-Ebert-Str. 4, ℰ 25 04, 🛋 — 🛁wc Ⓟ
15. Dez. - 15. Jan. geschl. — **11 Z : 16 B** 30/40 - 52/68.

🏛 **Brunnen-Pension** garni, Frankfurter Str. 22a, ℰ 22 33, ⟸s, 🐎 — 🛁wc ⟸ Ⓟ
4. Jan.- 10. Feb. geschl. — **10 Z : 16 B** 30/45 - 52/60.

🏛 **Deutscher Hof**, Bahnhofstr. 49, ℰ 14 61, 🍴 — 🛁wc Ⓟ. 🛇 Zim
Karte 13,50/41 *(Dienstag 14 Uhr - Mittwoch geschl.)* 🍴 — **10 Z : 13 B** 36 - 72.

🏛 **Haus Waldfrieden** 🦆 garni, Weyprechtstr. 55, ℰ 15 41, 🛋 — 🛁wc Ⓟ
15. Feb. - 15. Nov. — **14 Z : 21 B** 25/33 - 53/66.

In Bad König-Zell S : 2 km :

🏛 **Zur Krone**, Königer Str. 1, ℰ 18 13 — 🛁wc ⟸ Ⓟ
Feb. geschl. — Karte 12/30 🍴 — **31 Z : 51 B** 25/35 - 50/82.

KÖNIGHEIM Bayern siehe Tauberbischofsheim.

KÖNIGSBACH-STEIN 7535. Baden-Württemberg — 8 200 Ew — Höhe 192 m — ☎ 07232.
◆Stuttgart 65 — ◆Karlsruhe 23 — Pforzheim 16.

Im Ortsteil Königsbach :

🏛 **Europäischer Hof**, Steiner Str. 100, ℰ 10 05, 🍴 — 🛏wc 🛁wc ☎ ⟸ Ⓟ 🚗. AE ⓄE
Karte 26/53 *(Montag geschl.)* — **21 Z : 38 B** 78/85 - 140/160.

X **Zum Ochsen**, Marktstr. 11, ℰ 52 25
5. - 16. Aug. und Dienstag geschl. — Karte 28/60.

Im Ortsteil Stein :

X Zum goldenen Lamm, Marktplatz 2, ℰ 17 76 — Ⓟ
(Tischbestellung erforderlich).

KÖNIGSBERG Hessen siehe Bieberthal.

KÖNIGSBERG IN BAYERN 8729. Bayern — 4 300 Ew — Höhe 276 m — ✆ 09525.
♦München 279 — ♦Bamberg 34 — Hofheim 8,5 — Schweinfurt 27.

🏤 **Goldener Stern** 🦢, Markt 6, 𝒫 2 08 — 🍴 ⇐⇒ 🅿
15. Dez.- 15. Feb. geschl. — (nur Abendessen für Hausgäste) — **16 Z : 35 B** 20/26 - 40/52.

KÖNIGSBRONN 7923. Baden-Württemberg — 7 200 Ew — Höhe 500 m — ✆ 07328.
♦Stuttgart 89 — Aalen 14 — Heidenheim an der Brenz 9.

🏠 **Brauereigasthof Weißes Rößle**, Zanger Str. 1, 𝒫 62 82 — 🍴wc 🅿. ⓞ
Karte 15/38 (Montag geschl.) — **19 Z : 30 B** 25/35 - 45/65.

In Königsbronn-Itzelberg SO : 2,5 km :

🏠 **Alte Schmiede**, an der B 19, 𝒫 54 11 — 🍴wc ☎ 🅿
Karte 16/34 (Freitag geschl.) — **26 Z : 31 B** 25/48 - 80/96.

KÖNIGSBRUNN Bayern siehe Augsburg.

KÖNIGSDORF 8197 Bayern 🅘🅑🅖 ⑰ — 2 100 Ew — Höhe 625 m — ✆ 08179.
♦München 45 — Bad Tölz 11 — Weilheim 29.

🏠 **Posthotel Hofherr**, Hauptstr. 31 (B 11), 𝒫 4 70, Biergarten, ⇌ — 📺 ⇐wc 🍴wc ☎ 🅿.
🆎 **E**. 🐾 Zim
Karte 17/41 (Montag geschl.) — **42 Z : 78 B** 35/58 - 60/98.

KÖNIGSFELD IM SCHWARZWALD 7744. Baden-Württemberg 🅘🅑🅖 ㉟ — 5 400 Ew — Höhe
761 m — Heilklimatischer Kurort — Kneippkurort — Wintersport : ≦4 — ✆ 07725.
🛈 Kurverwaltung, Friedrichstr. 11, 𝒫 70 51.
♦Stuttgart 126 — Schramberg 12 — Triberg 19 — Villingen-Schwenningen 13.

🏨 **Schwarzwald-H.** 🦢, Hermann-Voland-Str. 10, 𝒫 70 91, ⇌, Bade- und Massageabteilung,
▲, ⇌, 🔲, 🐎 — 📺 ⇐wc 🍴wc ☎ 🅿 🅰. 🆎 ⓞ **E** 𝚅𝙸𝚂𝙰. 🐾 Rest
Karte 25/58 — **56 Z : 85 B** 55/79 - 112/152 Fb.

🏠 **Hembach** 🦢, Ostlandstr. 8, 𝒫 70 35, ≤, ⇌, 🔲, 🐎 — ⇐wc 🍴wc ☎ 🅿 🐾
(Rest. nur für Hausgäste) — **18 Z : 32 B**.

🏠 **Kurpension Gebauer-Trumpf** 🦢, Bismarckstr. 10, 𝒫 76 07, Bade- und Massageabteilung,
▲, ⇌, 🐎 — ⇐wc 🍴wc ☎ ⇐⇒ 🅿. 🐾 Rest
5. Nov. - 9. Dez. geschl. — (Rest. nur für Hausgäste) — **27 Z : 36 B** 55/65 - 110/130 — P 80/90.

🏤 **Zur Post**, Mönchweiler Str. 10, 𝒫 74 48 — ⇐wc 🍴 🅿
25. Okt. - 15 Nov. geschl. — Karte 16/35 (Montag geschl.) — **10 Z : 14 B** 34 - 68 — P 60.

KÖNIGSHOFEN, BAD 8742. Bayern 🅘🅑🅖 ㉘ — 5 300 Ew — Höhe 277 m — Heilbad — ✆ 09761.
🛈 Kurverwaltung, im Kurzentrum, 𝒫 8 27.
♦München 296 — ♦Bamberg 61 — Coburg 89 — Fulda 82.

🏨 **Vier Jahreszeiten** 🦢, Bamberger Str. 18, 𝒫 7 22, 🐎 — ⇐wc 🍴wc ☎ 🅿 🅰
← Karte 14,50/31 ⅃ — **24 Z : 50 B** 34/40 - 68/96 Fb — P 55/70.

🏠 **Zur Linde**, Hindenburgstr. 36, 𝒫 15 09, Biergarten — 🍴wc 🅿
← 8. Nov. - 15. Dez. geschl. — Karte 12,50/32 ⅃ — **12 Z : 22 B** 30 - 56.

XX **Bayerischer Hof** mit Zim, Hindenburgstr. 19, 𝒫 12 84 — ⇐⇒ 🅿
(wochentags nur Abendessen) — **3 Z : 6 B**.

XX **Schlundhaus** mit Zim (Historisches Gasthaus a.d. 17. Jh.), Marktplatz 25, 𝒫 15 62 — 📺
🍴wc ☎
Karte 18/37 (Dienstag geschl.) ⅃ — **4 Z : 6 B** 50 - 90.

KÖNIGSLUTTER AM ELM 3308. Niedersachsen 🅘🅑🅖 ⑯ — 17 000 Ew — Höhe 125 m — ✆ 05353.
Sehenswert : Ehemalige Abteikirche★ (Plastik der Hauptapsis★★, Nördlicher Kreuzgangflügel★).
♦Hannover 85 — ♦Braunschweig 22 — Magdeburg 67 — Wolfsburg 23.

🏨 **Königshof**, Braunschweiger Str. 21a (B 1), 𝒫 50 30, ⇌, 🔲, 🐾 (Halle) — 📺 🍴wc ☎ 🕭 🅿 🅰.
🆎 ⓞ 𝚅𝙸𝚂𝙰
Karte 20/43 (Mittagessen nur für Hausgäste) — **124 Z : 220 B** Fb.

🏠 **Parkhotel** 🦢 garni, Am Zollplatz 1, 𝒫 84 30 — ⇐wc 🍴wc ☎ ⇐⇒ 🅿
19 Z : 30 B 47/57 - 82.

In Königslutter 2-Bornum W : 5 km über die B 1 :

🏠 **Lindenhof**, Im Winkel 23, 𝒫 23 97 — 🍴wc ⇐⇒ 🅿. 🆎 ⓞ **E**
← Juli - Aug. 3 Wochen geschl. — Karte 14/36 (Montag bis 17 Uhr geschl.) — **16 Z : 25 B** 30/39 -
60/77 Fb.

KÖNIGSSEE Bayern siehe Schönau am Königssee.

KÖNIGSTEIN 8459. Bayern — 1 700 Ew — Höhe 500 m — Erholungsort — ☼ 09665.
♦München 202 — Amberg 29 — Bayreuth 52 — ♦Nürnberg 56.

🏠 **Reif**, Oberer Markt 5, 𝒫 2 52, 🏚, �花 — 🛏wc 🛁wc 🚗
➡ 15. Nov.- 15. Dez. geschl. — Karte 14/29 ⅜ — **19 Z : 40 B** 26/35 - 42/56 — P 40.

🏠 **Wilder Mann**, Oberer Markt 1, 𝒫 2 37, 🏚, 🌸 — 🖸 🛏wc 🛁wc ☎ 🚗 🅿. ❀
➡ 6. Nov.- 6. Dez. geschl. — Karte 10/30 ⅛ — **26 Z : 46 B** 28/62 - 52/68 — P 38/47.

🏠 **Königsteiner Hof**, Marktplatz 10, 𝒫 7 42 — 🛏 🛏wc 🛁wc 🅿
➡ 15. Nov.- 15. Dez. geschl. — Karte 9,50/25 — **24 Z : 45 B** 23/35 - 45/65.

🏛 **Post**, Marktplatz 2, 𝒫 7 41, 🌼 — 🛏wc 🛁wc 🅿
15 Z : 30 B.

In Hirschbach 8459 SW : 10 km :

🏛 **Goldener Hirsch**, 𝒫 (09152) 85 07 — 🛏wc 🛁wc 🅿
➡ 3.- 28. Feb. geschl. — Karte 10/23 *(Montag geschl.)* — **20 Z : 30 B** 18/24 - 36/48 — P 30/36.

KÖNIGSTEIN IM TAUNUS 6240. Hessen 🟧🟧🟧 ㉔㉕ — 16 500 Ew — Höhe 362 m — Heilklimatischer Kurort — ☼ 06174.
Sehenswert : Burgruine★.
🅱 Kurbüro, Hauptstr. 21, 𝒫 20 22 51.
♦Wiesbaden 27 — ♦Frankfurt am Main 23 — Bad Homburg vor der Höhe 14 — Limburg an der Lahn 40.

🏨🏨 **Sonnenhof** ≫, Falkensteiner Str. 9, 𝒫 30 51, Telex 410636, ≤, 🏚, 🅽, 🌸, ❀ — 🖸 🅿 🛗.
🆎 ⓪ 🄴. ❀ Zim
Karte 35/64 — **44 Z : 69 B** 75/120 - 106/200 Fb — P 125/170.

🏨 **Königshof** Ⓜ garni, Wiesbadener Str. 30, 𝒫 30 15, 🏚 — 🖸 🛁wc ☎ 🅿 🛗. 🆎 🄴
26 Z : 36 B 80/90 - 150 Fb.

🏨 **Augusta** garni, Altkönigstr. 8, 𝒫 10 53, 🏚 — 🛁wc ☎ 🅿
20 Z : 35 B 50/75 - 85/110 Fb.

🏠 **Zum Hirsch** ≫ garni, Burgweg 2, 𝒫 50 34 — 🛁wc ☎ 🅿
30 Z : 40 B 40/70 - 80/140.

XX **Weinstube Leimeister**, Hauptstr. 27, 𝒫 2 18 37 — 🆎
Sonntag 15 Uhr - Montag geschl. — Karte 24/59 (Tischbestellung ratsam).

XX **Rats-Stuben**, Hauptstr. 44, 𝒫 52 50 — 🆎 ⓪ 🄴 💳
Dienstag - Mittwoch 18.30 Uhr geschl. — Karte 33/66.

KÖNIGSWINTER 5330. Nordrhein-Westfalen 🟧🟧🟧 ㉔ — 37 000 Ew — Höhe 60 m — ☼ 02223.
Ausflugsziel : Siebengebirge★ : Burgruine Drachenfels★ (nur zu Fuß, mit Zahnradbahn oder Kutsche erreichbar) ❀ ★★.
🅱 Städtisches Verkehrsamt, Drachenfelsstr. 7, 𝒫 2 10 48.
♦Düsseldorf 83 — ♦Bonn 11 — ♦Koblenz 57 — Siegburg 20.

🏨🏨 **Rheinhotel Königswinter**, Rheinallee 9, 𝒫 2 40 51, Telex 885264, ≤, 🌼, 🏚, 🅽 — 🛏 🖸 🚗
🛗 **50 Z : 110 B** Fb.

🏠 **Rheingold**, Drachenfelsstr. 36, 𝒫 2 30 48 — 🛏 🛏wc 🛁wc ☎ 🚗 🛗. 🆎 ⓪ 🄴 💳
2. - 31. Jan. geschl. — Karte 18/53 — **26 Z : 60 B** 45/65 - 90/135.

🏠 **Krone**, Hauptstr. 374, 𝒫 2 24 00 — 🛁wc 🚗
Karte 21/50 — **18 Z : 30 B** 35/60 - 65/95.

🏛 **Im Treppchen**, Drachenfelsstr. 20, 𝒫 2 18 58 — 🛁. ❀ Zim
20. Dez.- Feb. geschl. — Karte 17,50/35 *(Nov.- März Donnerstag geschl.)* — **11 Z : 21 B** 45/60 - 65/85.

In Königswinter 21-Bellinghausen O : 10 km über Oberpleis :

X **Tannenhof** mit Zim, Bellinghausener Str. 50, 𝒫 (02244) 20 43 — 🛁wc 🅿
Nov. geschl. — Karte 18/35 *(Dienstag geschl.)* — **3 Z : 5 B** 30 - 60.

In Königswinter 41-Heisterbacherrott NO : 8 km :

🏨 **Gut Buschhof** Ⓜ ≫, 𝒫 (02244) 20 53, Telex 889629, 🌼, 🌸, ❀ (Halle) — 🖸 🛁wc ☎ 🕸
🅿 🛗. 🆎 ⓪ 🄴
Restaurants : — **Pavillon** Karte 40/70 — **Jägerstube** Karte 16/38 — **Der Alte Kuhstall** Karte 24/56
— **28 Z : 51 B** 75/90 - 130 Fb.

In Königswinter 41-Ittenbach O : 6 km :

🏠 **Gertrudenhof** ≫ garni, Kantering 36, 𝒫 2 14 60, 🌸 — 🛁 ⅙ 🅿
15 Z : 26 B 30/50 - 60/80.

In Königswinter 41-Margarethenhöhe O : 5 km :

XX **Berghof** ≫ mit Zim, Löwenburger Str. 23, 𝒫 2 30 70, ≤ Siebengebirge, 🌼, 🌸 — 🖸 🛁wc
☎ 🅿 🛗. 🆎 ⓪ 🄴
5. - 24. Dez. geschl. — Karte 21/63 — **8 Z : 15 B** 63/68 - 126 — P 85.

In Königswinter 1-Oberdollendorf N : 2,5 km :

XX **Bauernschenke**, Heisterbacher Str. 123, ℰ 2 12 82 — ⓞ E
13. Aug.- 3. Sept. und Donnerstag geschl. — Karte 19/52.

X **Weinhaus zur Mühle**, Lindenstr. 7, ℰ 2 18 13 — ℗. ⓞ E
Donnerstag geschl. — Karte 24/58 ⚓.

KÖRBECKE Nordrhein-Westfalen siehe Möhnesee.

KÖTZTING 8493. Bayern 𝟿𝟾𝟽 ㉗ — 6 800 Ew — Höhe 408 m — Erholungsort — ✆ 09941.
🛈 Fremdenverkehrsamt, Herrenstr. 10, ℰ 35 90.
♦München 189 — Cham 23 — Deggendorf 46.

🏠 **Amberger Hof**, Torstr. 2, ℰ 13 09 — 🛁wc 🚿wc ☎ ⟷ ℗
➤ *5. - 27. Dez. geschl.* — Karte 13,50/30 *(Freitag geschl.)* ⚓ — **24 Z : 41 B** 27/39 - 50/69 — P 47/59.

In Kötzting-Steinbach :

🏠 **Am Steinbachtal**, ℰ 16 94, 🌣 — |𝄀| 🚿wc ℗
45 Z : 86 B.

In Blaibach 8491 SW : 4 km :

🏠 **Blaibacher Hof** ᔑ, Kammleiten 6b, ℰ (09941) 85 88, ≼, 🌣, Damwildgehege, ⇖, 🐎 —
➤ 🛁wc 🚿wc ℗
Karte 11/32 *(Montag bis 18 Uhr geschl., Okt.- Ostern garni)* — **17 Z : 34 B** 35 - 70.

KOHLGRUB, BAD 8112. Bayern 𝟺𝟸𝟼 ⑯ — 2 100 Ew — Höhe 815 m — Moorheilbad —
Wintersport : 820/1 406 m ≼4 ≼⸗ — ✆ 08845.
🛈 Kurverwaltung im Haus der Kurgäste, ℰ 90 21.
♦München 83 — Garmisch-Partenkirchen 31 — Landsberg am Lech 51.

🏨 **Kurhotel Der Schillingshof** ᔑ, Fallerstr. 11, ℰ 10 01, Telex 59425, ≼, Bade- und
Massageabteilung, ⇖, 🗔, 🐎 — |𝄀| ▤ Rest ⟷ ℗ 🛎 (mit ▤). 🆎 ⓞ E. ⅏ Rest
Karte 24/47 — **123 Z : 244 B** 116 - 177 Fb — P 140.

🏠 **Zur Post**, St.-Martin-Str. 2, ℰ 90 41 — 🚿wc ☎ ℗. 🆎
10. Nov.- 25. Dez. geschl. — Karte 16/40 *(Jan. - April Freitag und Samstag geschl.)* — **26 Z :
40 B** 54 - 98/108 Fb — P 63/73.

🏠 **Pfeffermühle** ᔑ, Trillerweg 10, ℰ 6 68, 🌣 — 🚿wc ☎ ℗. ⅏ Zim
nur Saison — **8 Z : 12 B**.

🏡 **Sonnbichlhof** ᔑ, Sonnen 93b (SW : 2 km), ℰ 3 15, ≼, 🌣 — 🚿wc ☎ ℗
5. Nov.- 20. Dez. geschl. — Karte 17/35 *(Donnerstag geschl.)* — **14 Z : 21 B** 26/40 - 56/80.

KOLBERMOOR 8208. Bayern 𝟿𝟾𝟽 ㊲, 𝟺𝟸𝟼 ⑱ — 13 700 Ew — Höhe 465 m —
✆ 08031 (Rosenheim).
♦München 63 — Rosenheim 5.

🏠 **Heider**, Rosenheimer Str. 35, ℰ 9 14 10 — |𝄀| 🚿wc ⟷ ℗. ⓞ E. ⅏
➤ 10. Dez. - 10. Jan. geschl. — Karte 13/26 *(nur Abendessen, Nov.- April Freitag geschl.)* ⚓ —
42 Z : 82 B 37/55 - 67/85.

🏡 **Wendelstein** garni, Brückenstr. 28, ℰ 9 33 27 — |𝄀| 🚿 ⟷ ℗
29 Z : 43 B.

KOLLNBURG 8371. Bayern — 2 700 Ew — Höhe 670 m — Erholungsort — Wintersport :
600/1 000 m ≼2 ≼⸗2 — ✆ 09942.
🛈 Verkehrsamt, Gemeindeverwaltung, ℰ 86 91.
♦München 177 — Cham 30 — Deggendorf 34.

🏠 **Burggasthof**, Burgstr. 11, ℰ 86 86, ⇖ — 🚿wc ℗
20 Z : 43 B.

🏡 **Gästehaus Schlecht**, Viechtacher Str. 6, ℰ 88 09 — 🚿wc ℗. ⅏ Zim
➤ *Nov. geschl.* — Karte 12/30 — **33 Z : 66 B** 25/30 - 42/50 — P 36/40 *(Mahlzeiten im Gasthof
Schlecht)*.

KOLMBERG Bayern siehe St. Englmar.

KONKEN Rheinland-Pfalz siehe Kusel.

KONSTANZ 7750. Baden-Württemberg 𝟿𝟾𝟽 ㊹, 𝟸𝟷𝟼 ⑨ ⑩, 𝟺𝟸𝟽 ⑦ — 68 300 Ew — Höhe 407 m —
✆ 07531.
Sehenswert : Lage★ — Seeufer★ — Münster (Türflügel) A.
Ausflugsziel : Insel Mainau★★ 9 km über ②.
🛈 Tourist-Information, Bahnhofplatz 13, ℰ 28 43 76.
ADAC, Wollmatinger Str. 6, ℰ 5 46 60.
♦Stuttgart 183 ① — Bregenz 61 ③ — ♦Ulm (Donau) 148 ① — Zürich 74 ④.

KONSTANZ

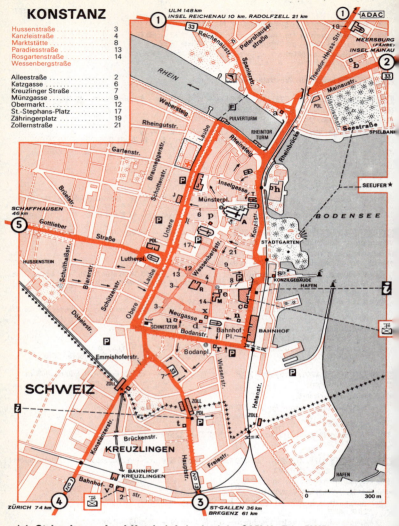

Steigenberger Insel-Hotel, Auf der Insel 1, ☎ 2 50 11, Telex 733276, ≤ Bodensee
« Kreuzgang des ehem. Klosters, Gartenterrasse am See », ♣, 🛥 – 🛗 TV ♿ ℗ 🏊 AE ⓓ
E VISA. ⋘ Rest
Karte 35/60 (siehe auch Rest. Dominikaner Stube) – **115 Z : 180 B** 120/180 - 195/240 Fb –
P 178/238.

Parkhotel am See Ⓜ 🏊 garni, Seestr. 25, ☎ 5 10 77, ≤, Caféterrasse, 🕿 – 🛗 TV 🚗
🏊
36 Z : 80 B Fb.   über ②

Seeblick 🏊, Neuhauser Str. 14, ☎ 5 40 18, 🖄, 🛥, ⋇ – 🛗 TV 🛏wc 🛁wc ☎ 🚗 ℗ 🏊
AE ⓓ E VISA. ⋘ Rest   über ②
Karte 25/53 – **85 Z : 120 B** 52/120 - 98/152 Fb.

Mago-Hotel garni, Bahnhofplatz 4, ☎ 2 70 01 – 🛗 TV 🛏wc 🛁wc ☎ 🚗
31 Z : 55 B 90/110 - 130/180 Fb.

Stadthotel, Bruderturmgasse 2, ☎ 2 40 72 – 🛗 TV 🛏wc 🛁wc ☎ 🏊 AE ⓓ E VISA
Karte 27/45 – **24 Z : 48 B** 69/120 - 120/160 Fb.

🏨 **Bayrischer Hof** garni, Rosengartenstr. 30, ☎ 2 20 75 — 📶 📺 🛠wc ☎. ⓸ 🅴   **x**
25 Z : 40 B 70/80 - 110/120 Fb.

🏨 **Buchner Hof** garni, Buchnerstr.6, ☎ 5 10 35, 🚗 — 📺 ⌐wc 🛠wc ☎ 🚗 🅿. 🅰🅴   **b**
20. Dez.- 10. Jan. geschl. — **13 Z : 25 B** 75/98 - 95/150.

🏨 **Eden** garni, Bahnhofstr. 4, ☎ 2 30 93 — 📺 ⌐wc 🛠wc ☎. 🅰🅴 ⓸ 🅴 𝗩𝗜𝗦𝗔   **n**
18 Z : 32 B 60/80 - 120/140 Fb.

🏠 **Deutsches Haus** garni, Marktstätte 15, ☎ 2 70 65 — 📶 ⌐wc 🛠wc ☎ 🚗. 🅰🅴 🅴   **e**
42 Z : 55 B 47/75 - 80/130 Fb.

🏠 **Balm** garni, Wollmatinger Str. 126 (B 33), ☎ 5 22 72 — 🛠wc ☎ 🅿. 𝒮𝒮   über Zähringerplatz
10 Z : 18 B 48/55 - 80/90.

🏠 Goldener Sternen, Bodanplatz 1, ☎ 2 52 28 — 🛠wc 🚗 — **20 Z : 32 B** Fb.   **r**

XXXX ❀ **Seehotel Siber** 🐟 mit Zim, Seestr. 25, ☎ 6 30 44, ≤, « Modernisierte Jugendstilvilla,
elegante Einrichtung, Terrasse » — 📺 ⌐wc ☎ 🚗 🅿. 🅰🅴 ⓸   über ②
über Fasching 1 Woche geschl. — Karte 38/96 — **11 Z : 22 B** 140/190 - 180/240
Spez. Gänseleberterrine mit kleinem Salat, Getrüffelte Lachsforelle in Hechtmus, Entenbrust an Cassissauce.

XXX **Casino-Restaurant**, Seestr. 21, ☎ 6 36 15, Terrasse mit ≤ — 🅿. 🅰🅴 ⓸   über Seestraße
nur Abendessen — Karte 26/58.

XX **Dominikaner Stube** (Rustikale Einrichtung), Auf der Insel 1(im Steigenberger Insel-H.),
☎ 2 50 11 — 🅿. 🅰🅴 ⓸ 🅴 𝗩𝗜𝗦𝗔   **h**
Karte 25/51 (Regionale Küche).

XX **Zum Nicolai Torkel**, Eichhornstr. 83, ☎ 6 48 02, 🍴   über ②
Montag - Dienstag 18 Uhr und Feb. geschl. — Karte 31/56 (Tischbestellung ratsam).

XX **Neptun**, Spanierstr. 1, ☎ 5 32 33, 🍴 — 🅿. 🅰🅴 ⓸ 🅴 𝗩𝗜𝗦𝗔   **a**
22. Dez.- 15. Jan. und Freitag - Samstag 18 Uhr geschl. — Karte 28/51.

X **Stephanskeller**, St.-Stephans-Platz 43, ☎ 2 35 66, « Rustikale Einrichtung » — 🅰🅴 ⓸ 🅴   **p**
nur Abendessen, Sonn- und Feiertage sowie 10. Juli - 10. Aug. geschl. — Karte 23/49
(Tischbestellung ratsam).

X **Capri-Fischerstuben**, Neugasse 10, ☎ 2 29 50 — 🅰🅴 ⓸ 🅴 𝗩𝗜𝗦𝗔   **d**
15.- 31. Okt. und Dienstag geschl. — Karte 23/59.

X **Konzil-Gaststätten**, Hafenstr. 2, ☎ 2 12 21, Terrasse mit ≤ Bodensee und Hafen — 🦽   **s**
Okt.- April Dienstag und 20. Dez.- Jan. geschl. — Karte 22/42.

In Konstanz-Allmannsdorf ② : 4 km :

🏠 **Mainauer Hof** garni, Mainaustr. 172a, ☎ 3 10 25 — 📶 ⌐wc ☎ 🚗 🅿. 🅰🅴 ⓸ 🅴
34 Z : 50 B 45/75 - 80/120 Fb.

In Konstanz 19-Dettingen NW : 10 km über ① :

🏠 Baumgartner 🐟, Waldstr. 1, ☎ (07533) 57 48, 🚗, 🌳 — 📺 ⌐wc 🛠wc 🅿 — **14 Z : 26 B**.

In Konstanz-Staad ② : 4 km :

🏨 **Schiff**, William-Graf-Platz 2, ☎ 3 10 41, ≤, 🍴 — 📶 🛠wc ☎ 🅿. 🅰🅴 ⓸ 🅴 𝗩𝗜𝗦𝗔
Karte 22/52 (Montag geschl.) — **30 Z : 50 B** 45/98 - 88/150.

🏠 **Haus Schönblick** garni, Schiffstr. 12, ☎ 3 25 70 — 🛠 🅿
22. Dez.- 22. Jan. geschl. — **22 Z : 35 B** 35/45 - 65/75.

In Konstanz-Wollmatingen NW : 5 km über ① :

🏠 **Goldener Adler-Tweer**, Fürstenbergstr. 70, ☎ 7 71 28 — 🛠wc 🅿. 🅰🅴 🅴 𝗩𝗜𝗦𝗔 𝒮𝒮 Zim
Karte 16/46 (Sonntag - Montag 17 Uhr und 23. Dez.- 15. Jan. geschl.) — **30 Z : 60 B** 40/90 -
75/125.

🏠 **Bodan** garni, Fürstenbergstr. 2, ☎ 7 80 02 — 🛠 🅿
25 Z : 50 B 36/56 - 65/90.

In Kreuzlingen CH-8280 — ❀ 072 — 🛈 Verkehrsbüro, Hauptstr. 1a, ☎ 72 38 40.

Preise in Schweizer Franken (sfr)

🏠 **Bahnhof Post**, Nationalstr. 2, ☎ 72 79 72 — 📶 📺 🛠wc ☎ 🅿. 🅰🅴 ⓸ 🅴 𝗩𝗜𝗦𝗔   **v**
Karte 18,50/48 — **35 Z : 65 B** 60/70 - 80/100 Fb.

🏠 **Quellenhof** garni, Alleeweg 12, ☎ 72 77 22 — 📶 📺 ⌐wc 🛠wc ☎ 🚗. 🅰🅴 🅴 𝗩𝗜𝗦𝗔
24. Dez.- 2. Jan. geschl. — **26 Z : 55 B** 48 - 85.   über Alleestraße

🏠 **Schweizerland** garni, Hauptstr. 6, ☎ 72 17 17 — 📶 ⌐wc 🛠wc ☎ 🚗. ⓸ 𝗩𝗜𝗦𝗔   **t**
24. Dez.- 2. Jan. geschl. — **24 Z : 42 B** 42/53 - 84/106 Fb.

In Gottlieben CH-8274 ⑤ : 4 km :

🏯 **Drachenburg und Waaghaus** 🐟, Am Schloßpark, ☎ (072)69 14 14, ≤, 🍴 — 📶 🅿 🦽
16. Dez.- 5. Jan. geschl. — Karte 29/62 — **60 Z : 100 B** 60/120 - 120/250.

🏨 **Romantik-Hotel Krone**, Seestr. 11, ☎ (072)69 23 23, ≤, « Stilvolle Einrichtung, Terrasse
am See » — 📶 ⌐wc 🛠wc ☎ 🅿. 🅰🅴 ⓸ 🅴 𝗩𝗜𝗦𝗔
5. Jan.- 15. Feb. geschl. — Karte 33/79 (Nov.- Feb. Montag geschl.) — **23 Z : 40 B** 75/95 -
110/130.

KONZ 5503. Rheinland-Pfalz 987 ㉘. 409 ㉗ — 15 700 Ew — Höhe 137 m — ❀ 06501.
🛈 Fremdenverkehrsgemeinschaft, Obermosel-Saar, Rathaus, ☎ 77 90.
Mainz 171 — Luxembourg 42 — Merzig 40 — ✦Trier 9.

  🏠 **Parkhotel Mühlenthaler**, Granastr. 26, ℰ 21 57, 🍴 – ⋔wc 🔥 🅿. ⅏
    Karte 14/30 *(15. Dez.- 15. Jan. und Freitag geschl.)* – **26 Z : 42 B** 28/39 - 54/69.

  🏠 **Alt Conz** garni, Gartenstr. 8, ℰ 28 33 – ⋔wc 🅿
    5. - 15. Jan. geschl. – **21 Z : 35 B** 29/40 - 70/80.

  🏠 **Römerstube**, Wiltinger Str. 25, ℰ 21 17 – ⋔wc ☎ 🅿 – **14 Z : 23 B**.

  ✗ **Ratskeller**, Am Markt 1, ℰ 22 58 – ⅏ 🅴
    1.- 8. Jan. und Dienstag geschl. – Karte 15,50/49 ⅃.

    In Konz-Karthaus :

  🏨 **Schons**, Merzlicher Str. 8, ℰ 20 41, 😊 – ⋔wc 🅿
    24.- 31. Dez. geschl. – Karte 16/32 *(Sonntag 14 Uhr - Montag 16 Uhr geschl.)* ⅃ – **42 Z : 74 B**
    30/38 - 60/72.

    In Wasserliesch 5505   W : 2,5 km :

  🏨 ❀ **Scheid** ⅌, Reinigerstr. 48, ℰ (06501) 1 39 58 – ⋔wc 🅿. ⅏
    26. Jan. - 18. Feb. geschl. – Karte 37/80 *(Montag geschl.)* – **15 Z : 26 B** 35/50 - 65/80
    Spez. Gänseleber mariniert in Eiswein, Auswahl von Fischen in Riesling-Buttersauce, Bluttaube gefüllt mit
    Kalbsbries in Trüffelsauce.

  🏠 **Albachmühle** ⅌, Albachstr. 6, ℰ (06501) 1 47 53, 🍴 – ⋔wc 🅿 – **23 Z : 43 B**.

KORB Baden-Württemberg siehe Waiblingen.

KORBACH 3540. Hessen 𝟵𝟴𝟳 ⑮ – 23 300 Ew – Höhe 364 m – ✪ 05631 – 🄱 Verkehrsamt u.
Verkehrsverein, Rathaus, ℰ 5 32 31 – ◆Wiesbaden 187 – ◆Kassel 60 – Marburg an der Lahn 67 – Paderborn 73.

  🏨 **Touric**, Medebacher Landstr. 10, ℰ 80 61, direkter Zugang zum städt. ⧠ – 🎦 📺 ⋔wc ☎ 🔥
    🅿 🔥. 🅴
    Karte 22/48 – **40 Z : 80 B** 52 - 86.

  🏠 **Zum Rathaus**, Stechbahn 8, ℰ 70 77 – 🎦 ⋔wc ☎ 🅿 🔥
    1. - 10. Jan. geschl. – Karte 16,50/43 *(Sonntag geschl.)* – **31 Z : 53 B** 38/50 - 78/90 Fb.

    In Korbach 62-Meineringhausen   SO : 6 km :

  🏨 **Kalhöfer**, Sachsenhäuser Str. 35 (an der B 251), ℰ 34 25 – ⋔wc 🅿
    Karte 13/26 *(Freitag bis 16 Uhr geschl.)* – **14 Z : 22 B** 23/28 - 46/56.

KORDEL 5501. Rheinland-Pfalz 𝟰𝟬𝟵 ㉗ – 2 500 Ew – Höhe 145 m – ✪ 06505.
Mainz 167 – Bitburg 21 – ◆Trier 15 – Wittlich 39.

  🏠 **Raach**, Am Kreuzfeld 1, ℰ 5 99 – 🎦 ⋔wc ☎ 🅿. 🄰🄴
    Jan. geschl. – Karte 17/42 *(Montag geschl.)* ⅃ – **20 Z : 36 B** 26/37 - 52/70.

    In Zemmer-Daufenbach 5506   N : 5 km :

  ✗✗ **Landhaus Mühlenberg**, Am Mühlenberg 2, ℰ (06505) 87 79, ≤, 🌿 – 🅿. 🄰🄴 ⑩
    nur Abendessen, Dienstag, Jan. 3 Wochen und Juli 2 Wochen geschl. – Karte 37/65
    (Tischbestellung erforderlich).

KORNTAL-MÜNCHINGEN Baden-Württemberg siehe Stuttgart.

KORNWESTHEIM 7014. Baden-Württemberg 𝟵𝟴𝟳 ㉟ – 26 600 Ew – Höhe 293 m – ✪ 07154.
🚗 ℰ 20 33 59 – ◆Stuttgart 11 – Heilbronn 41 – Ludwigsburg 5 – Pforzheim 47.

  🏠 **Hasen**, Christofstr. 22, ℰ 63 06 – 🛏wc ⋔wc ☎ ⇐⇒ 🅿
    Aug. 3 Wochen geschl. – Karte 19/39 *(Montag geschl.)* – **16 Z : 28 B** 28/42 - 56/78.

  🏠 **Gästehaus Im Kirchle** ⅌ garni, Zügelstr. 1, ℰ 2 45 46, 😊 – ⋔wc ☎ ⇐⇒ 🅿. ⅏
    10 Z : 14 B 50/55 - 95.

  🏠 **Altes Rathaus**, Lange Str. 47, ℰ 63 66 – ⋔wc ☎ 🅿
    Mitte Aug.- Mitte Sept. geschl. – Karte 16/40 *(Dienstag geschl.)* – **15 Z : 21 B** 35/48 - 64/78.

  🏠 **Bäuerle**, Bahnhofstr. 80, ℰ 61 15 – ⋔wc 🅿
    Ende Aug.- Mitte Sept. geschl. – Karte 17/38 *(Montag geschl.)* – **35 Z : 50 B** 35/62 - 60/80.

  🏨 **Stuttgarter Hof**, Stuttgarter Str. 130, ℰ 31 01 – 📺 ⋔wc 🅿. 🄰🄴 🅴
    Karte 13/38 *(Samstag geschl.)* ⅃ – **23 Z : 31 B** 35/55 - 72/80.

KORSCHENBROICH Nordrhein-Westfalen siehe Mönchengladbach.

KRÄHBERG Hessen siehe Beerfelden.

KRANZEGG Bayern siehe Rettenberg.

KRAUCHENWIES 7482. Baden-Württemberg 𝟵𝟴𝟳 ㉟ – 3 900 Ew – Höhe 583 m – ✪ 07576.
◆Stuttgart 123 – ◆Freiburg im Breisgau 131 – Ravensburg 46 – ◆Ulm (Donau) 78.

    In Krauchenwies 3 - Göggingen   W : 4,5 km :

  🏠 **Löwen**, Mengener Str. 5, ℰ 8 12 – ⋔wc ⇐⇒ 🅿 – **13 Z : 18 B**.

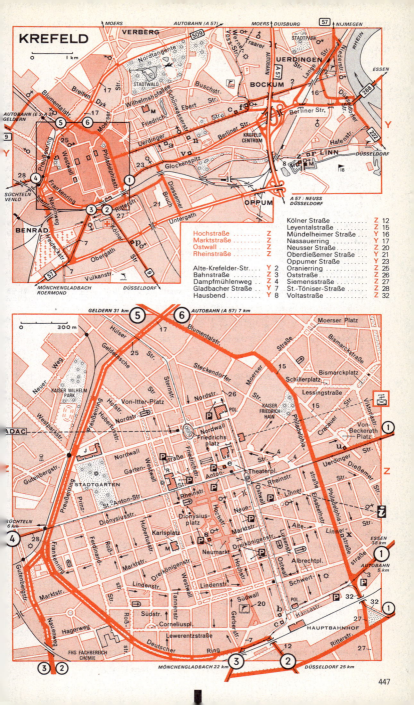

KREFELD

Hochstraße . . . . Z
Marktstraße . . . . Z
Ostwall . . . . Z
Rheinstraße . . . . Z

Alte-Krefelder-Str. . . . Y 2
Bahnstraße . . . . Z 3
Dampfmühlenweg . . . Z 4
Gladbacher Straße . . Y 7
Hausbend . . . . Y 8

Kölner Straße . . . . Z 12
Leventalstraße . . . . Z 15
Mündelheimer Straße . . Y 16
Nassauerring . . . . Y 17
Neusser Straße . . . . . . Z 20
Oberdießemer Straße . . Z 21
Oppumer Straße . . . . . Y 23
Oranierring . . . . Z 25
Oststraße . . . . Z 26
Siemensstraße . . . . . . Z 27
St.-Töniser-Straße . . . . Z 28
Voltastraße . . . . Z 32

Siehe Ruhrgebiet (Übersichtsplan).

🛈 Verkehrsverein, im Seidenweberhaus, ✆ 2 92 90.

ADAC, Friedrichsplatz 14, ✆ 2 91 19, Notruf ✆ 1 92 11.

◆Düsseldorf 25 ② — Eindhoven 86 ⑤ — ◆Essen 38 ①.

Stadtplan siehe vorhergehende Seite.

🏨 **Parkhotel Krefelder Hof** ⌂, Uerdinger Str. 245, ✆ 59 01 91, Telex 853748, Y a
« Gartenterrassen, Park », ⇌, 🖭 — 🛗 📺 🅿 🏋 (mit 🍽). 🆎 ⑩ E 𝘝𝘐𝘚𝘈
Restaurants : — **L'escargot** Karte 49/83 — **Rôtisserie im Park** (nur Abendessen, Sonntag geschl.)
Karte 35/74 — **Altbierstube** (nur Abendessen, Sonntag geschl.) Karte 28/45 — **145 Z : 169 B**
150/180 - 190/252 Fb.

🏨 **Hansa Hotel,** Am Hauptbahnhof 2, ✆ 82 90, ⇌ — 🛗 📺 🕭 🅿 🏋. 🆎 ⑩ E 𝘝𝘐𝘚𝘈. ✂ Rest
Restaurants : — **Hansa-Restaurant** Karte 30/56 — **Galeria** Karte 22/38 — **105 Z : 210 B** 95/165 - Z c
158/210.

🏨 **City-Hotel Dahmen,** Philadelphiastr. 63, ✆ 6 09 51, Telex 8531131 — 🛗 📺 ➖wc 🛁wc ☎ Z x
⇌. 🆎 ⑩ E 𝘝𝘐𝘚𝘈
Karte 24/58 (nur Abendessen, Sonn- und Feiertage geschl.) — **72 Z : 130 B** 90 - 140/170 Fb.

🏨 **Bayrischer Hof** garni, Hansastr. 105, ✆ 3 70 67, Telex 853383 — 🛗 📺 🛁wc ☎. 🆎 ⑩ E Z b
𝘝𝘐𝘚𝘈
16 Z : 21 B 75/85 - 110 Fb.

🏨 **Dahmen,** Schönwasserstr. 12a, ✆ 59 02 96, Telex 8531131 — 🛗 📺 ➖wc 🛁wc ☎ 🅿. 🆎 ⑩ Y v
E 𝘝𝘐𝘚𝘈
Karte 25/50 (nur Abendessen, Freitag - Sonntag geschl.) — **52 Z : 70 B** 72 - 120 Fb.

XX **Restaurant im Seidenweberhaus,** Theaterplatz 1, ✆ 18 16 — 🏋. 🆎 E 𝘝𝘐𝘚𝘈 Z e
Karte 25/59.

XX **Von-Beckerath-Stuben,** Uerdinger Str. 42, ✆ 6 47 16 — 🆎 ⑩ E Z u
Sonntag geschl. — Karte 37/66.

XX **Villa Medici** mit Zim (ehem. Villa), Schönwasserstr. 73, ✆ 59 10 30 — 📺 🛁wc ☎ 🅿. 🆎 ⑩ Y n
E
Karte 29/64 (Italienische Küche, Samstag geschl.) — **9 Z : 15 B** 65/80 - 120/130.

XX **Gasthof Korff,** Kölner Str. 256, ✆ 31 17 89, 🌧 — 🅿. 🆎 ⑩ Y p
Samstag bis 18 Uhr geschl. — Karte 31/65.

X **Et Bröckske** (Brauerei - G.), Marktstr. 41, ✆ 2 97 40, 🌧 Z s
Karte 15/41.

In Krefeld 2-Bockum :

🏠 **Benger,** Uerdinger Str. 620, ✆ 59 01 41 — 🛁wc ☎ ⇌ 🅿. 🆎 ⑩ Y f
Karte 16/41 (Samstag geschl.) — **20 Z : 33 B** 55/75 - 85/108.

XX **La Capannina** (Italienische Küche), Uerdinger Str. 552, ✆ 59 14 61 — 🅿. 🆎 ⑩ E Y c
Sonntag geschl. — Karte 28/68.

In Krefeld 12-Linn :

🏠 **Haus Dahmen** ⌂, Rheinbabenstr. 122, ✆ 57 03 11, Telex 8531131 — 🛗 🛁wc ☎ ⇌ 🏋. 🆎 Y r
⑩ E 𝘝𝘐𝘚𝘈
Karte 26/52 — **24 Z : 34 B** 72/85 - 110 Fb.

XX **Winkmannshof** (ehem. Bauernhaus), Albert-Steeger-Str. 19, ✆ 57 14 66, « Terrasse » — Y z
🆎 ⑩ E 𝘝𝘐𝘚𝘈
Karte 24/55.

KRESSBRONN AM BODENSEE 7993. Baden-Württemberg 426 ⑭. 427 ⑧ — 6 500 Ew — Höhe
410 m — Erholungsort — ✆ 07543.

🛈 Verkehrsamt, Seestr. 20. ✆ 6 02 92.

◆Stuttgart 170 — Bregenz 19 — Ravensburg 23.

🏨 **Strandhotel** 🅼 ⌂, Uferweg 5, ✆ 68 41, <, 🌧, 🚣 — 🛗 ➖wc 🛁wc ☎ ⇌ 🅿
15. Jan.- Feb. geschl. — Karte 22/59 — **30 Z : 60 B** 65/70 - 96/115.

🏨 **Seehof,** Seestr. 25, ✆ 64 80, 🌧 — 🛁wc 🕭 🅿. ✂
März - 10. Nov. — Karte 21/43 (nur Abendessen) — **15 Z : 30 B** 47/60 - 76/90.

🏠 **Adler** garni, Hauptstr. 32, ✆ 62 49 — 🛁 ⇌ 🅿
15 Z : 24 B.

🏨 **Krone,** Hauptstr. 41, ✆ 64 20, 🔫, 🌧 — 🛁wc ⇌ 🅿
20. - 30. Dez. geschl. — Karte 15/30 (Mittwoch geschl.) 🍷 — **20 Z : 38 B** 25/32 - 50/60.

🏨 **Engel,** Lindauer Str. 2, ✆ 65 42 — ➖wc 🛁wc 🅿
Weihnachten - 20. Jan. geschl. — Karte 13,50/25 (Montag geschl.) — **18 Z : 34 B** 22/30 -
44/60.

X **Weinstuben zur Kapelle,** Hauptstr. 15, ✆ 62 71, « Schöne rustikale Einrichtung » — 🅿. 🆎
E
22. Dez. - März und Montag 14 Uhr - Dienstag geschl. — Karte 17/45 🍷.

KREUTH 8185. Bayern **987** ⑰, **426** ⑰ — 3 800 Ew — Höhe 786 m — Heilklimatischer Kurort — Wintersport : 800/1 600 m ⚡8 ⚡5 – ❄ 08029.

🏛 Kuramt, Rathaus, ☏ 10 44.

♦München 63 — Miesbach 28 — Bad Tölz 29.

🏠 **Zur Post**, Nördl. Hauptstr. 5, ☏ 10 21, Telex 526175, Biergarten, 🍴s — 🔲 🚿wc ☎ 🚗 🅿
🧳 (mit 🍽). 🅰🅴 **E**
Karte 19/51 🍺 — **57 Z : 93 B** 88 - 119 Fb — P 128.

In Kreuth-Weißach N : 6 km — ❄ 08022 :

🏠 **Bachmair Weißach**, Tegernseer Str. 103, ☏ 2 40 81, Telex 526900, ≤, 🍴, Massage, 🍴s,
🔲, 🐎, 🎾 — 🔲 📺 🅿 🧳. 🅰🅴 ⓞ **E**. 🏊
Karte 21/52 *(Jan. geschl.)* — **Gourmet-Restaurant** Karte 34/74 — **54 Z : 85 B** 75/165 - 145/245 Fb.

🏠 **Gästehaus Hagn** garni, Ringbergweg 2, ☏ 2 43 34, 🍴s, 🐎 — 📺 🚿wc 🔲wc ☎ 🅿. 🏊
10 Z : 18 B 75 - 128/148 — 2 Appart. 90/110.

🏠 **Gästehaus Jesse** 🦌 garni, Mühlbachweg 13, ☏ 2 40 47, ≤, 🐎 — 🚿wc 🔲wc ☎ 🚗 🅿
12 Z : 19 B 45/65 - 75/85.

KREUZAU Nordrhein-Westfalen siehe Düren.

KREUZLINGEN Schweiz siehe Konstanz.

KREUZNACH, BAD 6550. Rheinland-Pfalz **987** ㉔ — 41 250 Ew — Höhe 105 m — Heilbad — ❄ 0671.

🏛 Kurverwaltung, Kurhausstr. 23 (Bäderkolonnade), ☏ 9 23 25.

ADAC, Kreuzstr. 15, ☏ 3 22 67, Notruf ☏ 1 92 11.

Mainz 45 ② — Idar-Oberstein 50 ⑤ — Kaiserslautern 56 ④ — ♦Koblenz 81 ② — Worms 55 ②.

Stadtplan siehe nächste Seite.

🏛 **Steigenberger Hotel Kurhaus** 🦌, Kurhausstr. 28, ☏ 20 61, Telex 42752, 🍴, 🍴s, direkter Zugang zum Thermal-Sole-Bad — 🔲 ♿ 🧳. 🅰🅴 ⓞ 🆅🆂🅰 🏊 Rest   Z
Restaurants : — **La Casserole** Karte 32/69 — **Kurhauskeller** Karte 16/48 — **108 Z : 200 B** 115/139
- 190/218 Fb — P 155/199.

🏠 **Engel im Salinental** 🅼 garni, Heinrich-Held-Str. 10, ☏ 21 02 — 🔲 🔲wc ☎ 🅿 🧳. 🏊   über ④
22 Z : 40 B.

🏠 **Der Quellenhof** 🦌, Nachtigallenweg 2, ☏ 21 91, ≤, 🍴, Bade- und Massageabteilung, 🍴s,
🔲 — 🚿wc 🔲wc ☎ 🚗 🅿 🧳   Z e
45 Z : 65 B Fb.

🏠 **Caravelle** 🦌, im Oranienpark, ☏ 24 95, 🍴s, 🔲 — 🔲 🚿wc 🔲wc ☎ 🅿 🧳. 🅰🅴 ⓞ **E** 🆅🆂🅰
Karte 27/48 — **110 Z : 160 B** 85/95 - 134/144 Fb.   Z b

🏠 **Oranienhof** 🦌, Priegerpromenade 5, ☏ 3 00 71, 🍴 — 🔲 🚿wc 🔲wc ☎ 🧳
Karte 20/37 🍺 — **24 Z : 34 B** 50/66 - 90/122 Fb — P 80/97.   Z n

🏠 **Michel Mort** garni, Am Eiermarkt 9, ☏ 23 88 — 📺 🚿wc ☎. 🅰🅴 ⓞ **E**   Y s
17 Z : 36 B 69/116 - 116/128 Fb.

🏠 **Viktoria** 🦌, Kaiser-Wilhelm-Str. 16, ☏ 20 37, 🍴, Bade- und Massageabteilung — 🔲 🚿wc
🔲wc ☎   Z r
30 Z : 43 B.

🏠 **Haus Hoffmann** garni, Salinenstr. 141, ☏ 3 27 39 — 🔲wc
Dez.- Jan. geschl. — **19 Z : 27 B** 32/42 - 60/70.   Z u

🏠 **Siebe**, Kornmarkt 1, ☏ 3 10 14 — 🔲 ☎. **E**   Y f
Karte 18/40 🍺 — **15 Z : 22 B** 35/52 - 65/75.

🏠 **Rosenhof** garni, Salinenstr. 139, ☏ 2 87 53 — 🔲wc ☎ 🅿   Z u
1.- 15. Sept. geschl. — **8 Z : 16 B** 31/33 - 61/66.

♨ **Mannheimer Tor**, Mannheimer Str. 211, ☏ 6 80 30 — 🔲wc
Karte 17/35 *(Samstag geschl.)* 🍺 — **14 Z : 18 B** 32/40 - 64/76.   Z m

✕✕ **Die Kauzenburg** (Modernes Restaurant in einer Burgruine), ☏ 2 54 61, ≤ Bad Kreuznach,
« Rittersaal in einem 800 Jahre alten Gewölbe, Aussichtsterrassen » — 🍽 🅿. 🅰🅴 ⓞ **E** 🆅🆂🅰
24. Dez.- 15. Feb. und Montag geschl. — Karte 23/52 (auf Vorbestellung: Essen wie im Mittelalter)
🍺.   Y u

✕✕ **Krone**, Mannheimer Str. 33, ☏ 24 20 — 🅰🅴 ⓞ **E**   Y r
nur Abendessen, Montag geschl. — Karte 24/44.

✕✕ **La Cuisine**, Mannheimer Str. 270, ☏ 7 26 66   Z a

✕ **Im Kleinen Klapdohr** mit Zim, Kreuzstr. 72, ☏ 3 23 60 — 🏊 Zim   Y t
1. - 15 Jan. und Juli geschl. — Karte 18/42 *(Montag geschl.)* 🍺 — **5 Z : 7 B** 28 - 56.

✕ **Historisches Dr.-Faust-Haus** (Fachwerkhaus a.d.J. 1492), Magister-Faust-Gasse 47,
☏ 2 87 58, umfangreiches Weinangebot — 🅿   Y a
wochentags nur Abendessen, Dienstag geschl. — Karte 18,50/50 🍺.

MICHELIN-REIFENWERKE KGaA. 6550 Bad Kreuznach, Binger Straße (über ②), ☏ (0671) 60 71,
Telex 42733.

BAD KREUZNACH

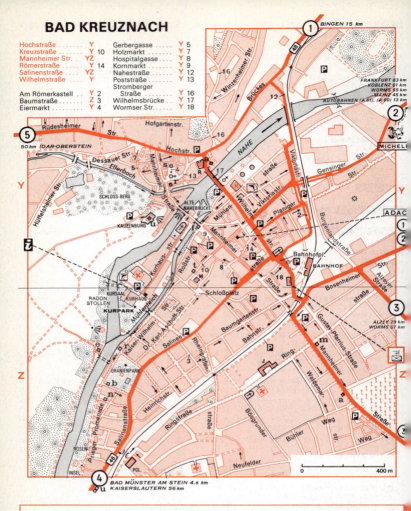

Hochstraße	Y	Gerbergasse	Y	5
Kreuzstraße	Y 10	Holzmarkt	Y	7
Mannheimer Str.	YZ	Hospitalgasse	Y	8
Römerstraße	Y 14	Kornmarkt	Y	9
Salinenstraße	YZ	Nahestraße	Y	12
Wilhelmstraße	Y	Poststraße	Y	13
		Stromberger		
Am Römerkastell	Y 2	Straße	Y	16
Baumstraße	Z 3	Wilhelmsbrücke	Y	17
Eiermarkt	Y 4	Wormser Str.	Y	18

BAD MÜNSTER AM STEIN 4.5 km
KAISERSLAUTERN 56 km

Auch Ihr Nachbar möchte gern ruhig schlafen. Denken Sie bitte daran.

KREUZTAL 5910. Nordrhein-Westfalen **987** ㉔ — 30 100 Ew — Höhe 310 m — ☎ 02732.
♦Düsseldorf 120 — Hagen 78 — ♦Köln 83 — Siegen 11.

Keller, Siegener Str. 33 (B 54), ℰ 40 05, Biergarten, — ⌂wc ⋔wc ☎ ⟺ 🅿. AE ◍ E
VISA
Karte 25/60 *(Samstag bis 15 Uhr geschl.)* — **16 Z : 20 B** 40/65 - 90/98.

In Kreuztal-Ferndorf O : 2 km :

Finke, Marburger Str. 168 (B 508), ℰ 23 02 — ⋔wc ☎ ⟺ 🅿 ⅍
Karte 17,50/40 *(Samstag bis 18 Uhr geschl.)* — **12 Z : 16 B** 45/49 - 98.

In Kreuztal 7-Krombach NW : 5 km :

Berghotel Wetz ⑤, Dicke Buche 10, ℰ 87 63, ← — ⋔wc 🅿 ⅍
Karte 17,50/40 — **43 Z : 63 B** 30/46 - 58/78.

Hambloch, Olper Str. 2 (B 54), ℰ 8 02 32 — ⋔ 🅿 ⅍ AE ◍ E
Juli - Aug. 3 Wochen geschl. — Karte 16/42 *(Dienstag geschl.)* — **11 Z : 15 B** 28/35 - 55/65.

KREUZWERTHEIM Bayern siehe Wertheim.

KRIFTEL Hessen siehe Hofheim am Taunus.

KRÖV 5563. Rheinland-Pfalz — 2 700 Ew — Höhe 105 m — Erholungsort — ✪ 06541 (Traben-Trarbach).

🛈 Verkehrsbüro, Robert-Schumann-Str. 63, ✆ 94 86.

Mainz 131 — Bernkastel-Kues 18 — ♦Trier 56 — Wittlich 19.

🏠 **Echternacher Hof,** Moselweinstr. 24 (B 53), ✆ 14 10 — 🍴wc ☎
15 Z : 22 B.

🏠 **Ratskeller,** Robert-Schuman-Str. 49, ✆ 99 97 — 🛎🍴wc 🅿. 🆎 ⑩ **E**
↔ 10. Jan.- 10. Feb. geschl. — Karte 14/48 (Nov.- Mai Dienstag geschl.) — **22 Z : 42 B** 35/50 -
70/100 — P 60/90.

🏠 **Haus Sonnenlay,** Im Flurgarten 19 (an der B 53), ✆ 96 60, ≤, 🌳 — 🍴wc 🅿
nur Saison — (nur Abendessen für Hausgäste) — **17 Z : 32 B.**

KRONACH 8640. Bayern 🄈🄇🄇 ㉘ — 18 500 Ew — Höhe 325 m — ✪ 09261.

🛈 Städtisches Verkehrsamt, Am Marktplatz, ✆ 9 72 36.

♦München 279 — ♦Bamberg 58 — Bayreuth 44 — Coburg 32.

🏠 **Sonne,** Bahnhofstr. 2, ✆ 34 34 — 🍴wc ☎. 🍽 Rest
32 Z : 48 B.

🏠 **Försterhof** 🦌, Paul-Keller-Str. 3, ✆ 10 41 — 🚻wc 🍴wc ☎ 🅿. ⑩
↔ 20. Dez.- 30. Jan. geschl. — Karte 14/32 (nur Abendessen, Samstag geschl.) — **30 Z : 60 B**
27/45 - 48/70 Fb.

🏠 **Frankenwald,** Ziegelanger 6 (B 85/303), ✆ 21 63 — 🍴wc ⇔ 🅿
↔ Karte 14/28 (Freitag ab 14 Uhr geschl.) 🛁 — **20 Z : 35 B** 24/35 - 45/65.

🏠 **Bauer,** Kulmbacher Str. 7, ✆ 26 27 — 🚻wc 🍴 🅿. 🆎 **E**
↔ 7.- 19. Jan. geschl. — Karte 15,50/43 (Sonntag ab 15 Uhr geschl.) — **16 Z : 21 B** 24/33 - 44/57.

✗ **Kath. Vereinshaus,** Adolf-Kolping-Str. 14, ✆ 31 84
↔ Montag geschl. — Karte 13/31 🛁.

In Oberlangenstadt 8621 SW : 8 km :

🏠 **Hubertus** 🦌, Hubertusstr. 7, ✆ (09264) 5 68, ≤, ⇔, 🄺 — 🍴wc 🅿 🛁. ⑩ **E**
Karte 19/43 — **31 Z : 46 B** 34/45 - 68/78.

In Mitwitz-Bächlein 8621 NW : 10 km :

🏠 **Waldgasthof Bächlein** 🦌, ✆ (09266) 5 35, 🌳, Grillplatz, ⇔, 🐎 — 🍴wc 🅿
57 Z : 100 B.

KRONBERG IM TAUNUS 6242. Hessen — 18 000 Ew — Höhe 257 m — Luftkurort — ✪ 06173.

🛈 Verkehrsverein, Rathaus, Katharinenstr. 7, ✆ 70 32 23.

♦Wiesbaden 28 — ♦Frankfurt am Main 17 — Bad Homburg vor der Höhe 13 — Limburg an der Lahn 43.

🏨 **Schloß-Hotel** 🦌, Hainstr. 25, ✆ 70 11, Telex 415424, ≤ Schloßpark, 🌳, « Antike
Einrichtung », ⻤ — 🛎 📺 🅿 🛁. 🆎 ⑩ **E** 🆅🆂🅰. 🍽 Rest
Karte 50/95 — **54 Z : 78 B** 200/245 - 310/355.

🏩 **Viktoria** 🦌, Viktoriastr. 7, ✆ 40 74, 🌳, 🐎 — 🛎 🚻wc 🍴wc ☎ ⇔ 🅿 🛁. 🆎 ⑩ **E** 🆅🆂🅰
Karte 20/49 (15. Juli - 15. Aug. und Freitag geschl.) — **40 Z : 60 B** 82/86 - 120/166.

🏠 **Taunushof** garni, Frankfurter Str. 13a, ✆ 40 01 — 🛎 🚻wc ☎ ⇔
50 Z : 67 B 85/120 - 115/150.

🕏 **Frankfurter Hof,** Frankfurter Str. 1, ✆ 7 95 96 — 🍴 🅿
Juni - Juli 3 Wochen geschl. — Karte 15/38 (wochentags nur Abendessen, Freitag geschl.) —
14 Z : 19 B 25/50 - 70/90.

✗✗ **Kronberger Hof** mit Zim, Bleichstr. 12, ✆ 7 90 71, 🌳 — 🍴wc ☎ ⇔ 🅿. 🆎 **E**
März - April und Okt. je 3 Wochen geschl. — Karte 16/51 (wochentags nur Abendessen,
Mittwoch geschl.) — **12 Z : 20 B** 35/55 - 70/90 Fb.

✗✗ **Zum Wiesental** 🦌 mit Zim, Ludwig-Sauer-Str. 27, ✆ 46 76, 🌳 — 🚻wc 🍴wc 🅿. 🍽
5 Z : 10 B.

✗ **Weinstube zur Kugel,** Mauerstr. 14, ✆ 47 25
nur Abendessen — (Tischbestellung erforderlich).

KRONENBURG Nordrhein-Westfalen siehe Dahlem.

Verwechseln Sie nicht :

Komfort der Hotels	: 🏨🏨 ... 🏠, 🕏
Komfort der Restaurants	: ✗✗✗✗✗ ... ✗
Gute Küche	: ✿✿✿, ✿✿, ✿

KROZINGEN, BAD 7812. Baden-Württemberg 987 ㉞. 242 ㊱. 427 ④ — 11 800 Ew — Höhe 233 m — Heilbad — ✪ 07633.

🛈 Kurverwaltung, Herbert-Hellmann-Allee 12, ✆ 20 02.

♦Stuttgart 217 — Basel 53 — ♦Freiburg im Breisgau 15.

🏨 **Litschgi-Haus** (Patrizierhaus a.d.J. 1564), Basler Str. 10 (B 3), ✆ 1 40 33, 🌳 — 🔌 TV ⇛wc ⫯wc ☎ 🅿 🍴 ䷀ E VISA
Karte 29/56 — **26 Z : 48 B** 70/100 - 130/150.

🏨 **Appartement-Hotel Amselhof** ⊗, Kemsstr. 21, ✆ 20 77, 🌳, Massage, ◻ — 🔌 TV ⇛wc ⫯wc ☎ ⇚ 🅿 🍴 ䷀ ① E
Karte 21/57 (Dienstag geschl.) — **33 Appart. : 52 B** 67/123 - 124/148 — P 105/120.

🏠 **Biedermeier** ⊗ garni, In den Mühlenmatten 12, ✆ 32 01 — ⇛wc ⫯wc ☎ 🅿
15. Dez. - Jan. geschl. — **22 Z : 35 B** 38/50 - 66/90.

🏠 **Haus Jasmin-Rest. Bären** ⊗, In den Mühlenmatten 3, ✆ 41 01 (Hotel) 1 49 19 (Rest.) — ⇛wc ⫯wc ☎ ⇚ 🅿
20 Z : 32 B.

🏠 **Gästehaus Hofmann** ⊗ garni, Litschgistr. 6, ✆ 31 40, 🌳 — ⫯wc ⇚ 🅿 ① E 🍴
24 Z : 35 B 31/55 - 58/98.

XX **Batzenberger Hof** mit Zim, Freiburger Str. 2 (B 3), ✆ 41 50 — ⫯wc ☎ 🅿 ䷀ ① VISA
Karte 25/47 (Sonntag 15 Uhr - Montag geschl.) ⅃ — **6 Z : 12 B** 48/55 - 78/95.

XX **Kurhaus Restaurant**, Kurhausstraße, ✆ 31 82, ≤, 🌳 — 🅿 🍴 🍴
Nov. - April Montag und 15. - 29. Dez. geschl. — Karte 18/36.

Im Kurgebiet :

🏠 **Haus Pallotti**, Thürachstr. 3, ✆ 1 40 41, 🌳, 🌲 — 🔌 ⫯wc ☎ 🍴 ䷀ ① E 🍴
Jan. geschl. — Karte 17/40 (Sonntag 18 Uhr - Montag geschl.) — **62 Z : 82 B** 40/60 - 80/105 Fb.

🏠 **Ascona** ⊗, Thürachstr. 11, ✆ 1 40 23, 🌲 — ⇛wc ⫯wc ☎ 🅿 🍴
Mitte Feb.- Anfang Nov. — (Rest. nur für Hausgäste) — **25 Z : 30 B** 42/53 - 82/106 Fb — P 70/81.

In Bad Krozingen 2-Biengen NW : 4 km :

🏠 **Gästehaus Hellstern** garni, Hauptstr. 34, ✆ 38 14, 🌲 — ⇛wc ⫯wc ⇚ 🅿 🍴
24. Dez.- Jan. geschl. — **16 Z : 28 B** 26/40 - 40/58.

In Bad Krozingen 5-Schmidhofen S :3,5 km :

X **Storchen** mit Zim, Felix-Nabor-Str. 2, ✆ 53 29 — ⫯wc 🅿
Feb. geschl. — Karte 20/45 (Montag - Dienstag 17 Uhr geschl.) ⅃ — **6 Z : 11 B** 26 - 52.

KRÜN 8108. Bayern 987 ㊲ — 2 000 Ew — Höhe 875 m — Erholungsort — Wintersport : 900/1 200 m ✂2 ✂4 — ✪ 08825.

🛈 Verkehrsamt, Schöttlkarspitzstr. 15, ✆ 2 04.

♦München 96 — Garmisch-Partenkirchen 16 — Mittenwald 8.

🏨 **Alpenhof** ⊗, Edelweißstr. 11, ✆ 14 14, ≤ Karwendel- und Wettersteinmassiv, 🍴, ◻, 🌲 — ⇛wc ⫯wc ☎ 🅿
6. April - 4. Mai und 18. Okt. - 21 Dez. geschl. — (Rest. nur für Hausgäste) — **37 Z : 64 B** 48/62 - 92/104 — P 68/74.

🏠 **Schönblick** ⊗ garni, Soiernstr. 1, ✆ 2 28, ≤ Karwendel- und Wettersteinmassiv, 🌲 — ⫯wc ⇚ 🅿 🍴
15. Okt.-15. Dez. geschl. — **29 Z : 45 B** 40 - 50/74.

🏠 **Schöttlkarspitz**, Karwendelstr. 10, ✆ 2 25 — ⫯wc ⇚ 🅿 🍴 Zim
→ 20. Okt.- 20. Dez. geschl. — Karte 14,50/35 (Montag geschl.) — **27 Z : 47 B** 37 - 72 — P 56.

In Krün-Barmsee W : 2 km :

🏠 **Alpengasthof Barmsee** ⊗, Am Barmsee 4, ✆ 12 14, ≤ Karwendel- und Wettersteinmassiv, 🌳, 🍴, 🍃, 🌲, ✂ — ⇛wc ⫯wc ☎ ⇚ 🅿
25. Okt. - 18. Dez. geschl. — Karte 15,50/36 (Mittwoch geschl.) — **25 Z : 50 B** 30/58 - 60/96 Fb — P 52/70.

In Krün-Klais SW : 4 km :

🏠 **Post**, Bahnhofstr. 7, ✆ (08823) 22 19, 🌳 — ⫯wc ⇚ 🅿 ䷀ E
→ 15. Nov. - 20. Dez. geschl. — Karte 13,50/39 (Montag geschl.) — **18 Z : 34 B** 30/45 - 50/85 — P 60/72.

🏠 **Gästehaus Ingeborg** garni, An der Kirchleiten 7, ✆ (08823) 81 68, ≤, 🌲 — ⫯wc 🅿
Nov. - Mitte Dez. geschl. — **11 Z : 21 B** 22/27 - 42/54.

KRUMBACH Baden-Württemberg siehe Limbach.

KRUMBACH 8908. Bayern 987 ㊱. 426 ② — 11 600 Ew — Höhe 512 m — ✪ 08282.

♦München 124 — ♦Augsburg 48 — Memmingen 38 — ♦Ulm (Donau) 41.

🏠 **Diem**, Kirchenstr. 5, ✆ 30 60, 🍴 — ⫯wc ☎ 🅿
→ Karte 14/32 — **28 Z : 48 B** 27/38 - 47/78.

🏠 **Brauerei-G. Munding**, Augsburger Str. 40, ✆ 44 62, Biergarten — ⇛wc ⫯wc ⇚ 🅿
→ 1.- 15. Sept. geschl. — Karte 12,50/25 ⅃ — **28 Z : 48 B** 24/34 - 48/68 Fb.

KÜNZELL Hessen siehe Fulda.

KÜNZELSAU 7118. Baden-Württemberg 987 ㉕ − 11 600 Ew − Höhe 210 m − ✆ 07940.
♦Stuttgart 94 − Heilbronn 52 − Schwäbisch Hall 23 − ♦Würzburg 84.

⛫ **Wilder Mann** ⤳ garni, Schloßgasse 2, ℰ 23 88, ≘, ◻ − �𝄂wc ☎
   12 Z : 18 B Fb.

⛫ **Frankenbach**, Bahnhofstr. 10, ℰ 23 33 − �𝄂wc ℗
↝ Juli - Aug. 3. Wochen geschl. − Karte 13/34 (Sonn- und Feiertage ab 14 Uhr sowie Dienstag
   geschl.) ⅃ − **13 Z : 18 B** 28/36 - 54/70.

⛫ **Comburgstuben**, Komburgstr. 12, ℰ 35 70 − ⟨𝄂wc ⟩⟨∞⟩
↝ Mitte Juli - Mitte Aug. geschl. − Karte 17,50/34 (Freitag geschl.) ⅃ − **15 Z : 24 B** 28/38 - 56/75.

KÜRNBACH 7519. Baden-Württemberg − 2 400 Ew − Höhe 192 m − ✆ 07258.
♦Stuttgart 67 − Heilbronn 37 − ♦Karlsruhe 42.

⛫ **Lamm**, Lammgasse 5, ℰ 5 88 − ⟨𝄂wc ℗. ⌘
↝ Juli - Aug. 3 Wochen geschl. − Karte 13/30 (Mittwoch geschl.) ⅃ − **10 Z : 16 B** 28/30 - 56/60.

✗ **Am Waldlehrpfad**, Austr. 63, ℰ 5 60/65 60 − ⌘
   Sonntag ab 18 Uhr, Dienstag und Jan. 3 Wochen geschl. − Karte 25/42 ⅃.

KÜRTEN 5067. Nordrhein-Westfalen − 17 000 Ew − Höhe 250 m − Luftkurort − ✆ 02268.
♦Düsseldorf 66 − ♦Köln 32 − Wipperfürth 14.

   In Kürten-Bechen W : 3 km :

🏠 Haus Hubertus Herrscherthal, Kölner Str. 229 (B 506), ℰ 61 99, �️ − ⟨tv⟩ 🛏wc ℗
   9 Z : 17 B.

   In Kürten-Waldmühle S : 1 km :

⛫ **Café Tritz** garni, Wipperfürther Str. 341, ℰ 4 74 − ⟨𝄂wc ℗
   7 Z : 12 B 30/35 - 50/60.

KUFSTEIN A-6330. Österreich 987 ㊲, 426 ⑱ − 14 200 Ew − Höhe 500 m − Wintersport :
515/1 240 m ⟨≤8 ⟨≰4⟩ − ✆ 05372 (innerhalb Österreich).
Sehenswert : Festung : Lage★, ≤★, Kaiserturm★.
Ausflugsziel : Ursprungspaß-Straße★ (von Kufstein nach Bayrischzell).
🛈 Fremdenverkehrsverband, Münchner Str. 2, ℰ 22 07.
Wien 401 − Innsbruck 72 − ♦München 90 − Salzburg 106.

Die Preise sind in der Landeswährung (ö. S.) angegeben.

🏠 **Alpenrose** ⤳, Weißachstr. 47, ℰ 21 22, 🌿 − ⟨tv⟩ 🛏wc ⟨𝄂wc ☎ ⟨∞⟩ ℗ ⌂. E 𝗩𝗜𝗦𝗔
   7.- 26. Jan. geschl. − Karte 170/390 − **18 Z : 35 B** 350/490 - 600/690.

🏠 **Weinhaus Auracher Löchl** Ⓜ, Römerhofgasse 3, ℰ 21 38, « Terrasse am Inn, Tiroler
   Weinstuben » − ⟨𝄄⟩ 🛏wc ⟨𝄂wc ℗
   25. Nov. - 20. Dez. geschl. − Karte 107/225 − **35 Z : 60 B** 280/320 - 560/640.

🏠 **Goldener Löwe**, Oberer Stadtplatz 14, ℰ 21 81 − ⟨𝄄⟩ 🛏wc ⟨𝄂wc ☎
   37 Z : 70 B.

🏠 **Tourotel-Kufsteiner Hof** garni, Franz-Josef-Platz 1, ℰ 48 84, Telex 51561 − ⟨𝄄⟩ 🛏wc
   ⟨𝄂wc ☎ ⟨∞⟩ ⌂. Ⅰ Ⓐ Ⓔ Ⓞ Ⅰ E 𝗩𝗜𝗦𝗔
   42 Z : 90 B 435/465 - 720/780 Fb.

🏠 **Tiroler Hof**, Am Rain 16, ℰ 23 31 − ⟨𝄂wc ☎ ⟨∞⟩ ℗. E 𝗩𝗜𝗦𝗔
↝ 4. Nov. - 2. Dez. geschl. − Karte 80/215 (Montag geschl.) ⅃ − **13 Z : 26 B** 220/380 - 440/600.

🏠 **Bären**, Salurner Str. 36, ℰ 22 29 − ⟨𝄄⟩ 🛏wc ⟨𝄂wc ℗
   27. Okt. - 1. Dez. geschl. − Karte 110/230 (Mittwoch geschl.) − **25 Z : 50 B** 260/280 - 460/480.

KULMBACH 8650. Bayern 987 ㉖㉗ − 28 400 Ew − Höhe 306 m − ✆ 09221.
Sehenswert : Plassenburg (Schöner Hof★★, Zinnfigurenmuseum★).
🛈 Städtisches Verkehrsamt, Rathaus, ℰ 80 22 16.
♦München 257 ② − ♦Bamberg 60 ② − Bayreuth 22 ② − Coburg 50 ④ − Hof 49 ①.

Stadtplan siehe nächste Seite.

🏠 **Hansa-Hotel Hönsch**, Weltrichstr. 2a, ℰ 79 95 − ⟨𝄄⟩ ⟨tv⟩ 🛏wc ⟨𝄂wc ☎ ⟨∞⟩. Ⓐ Ⓔ Ⓞ Ⅰ E 𝗩𝗜𝗦𝗔
   (nur Abendessen für Hausgäste) − **30 Z : 44 B** 45/58 - 85/98 Fb.   Z a

🏠 **Purucker**, Melkendorfer Str.4, ℰ 77 57, ≘ − ⟨𝄂wc ☎ ⟨∞⟩ ℗. Ⓐ Ⓔ Ⓞ. ⌘ Rest   Z r
   Karte 18/40 (Samstag - Sonntag geschl.) − **30 Z : 52 B** 35/48 - 64/90.

🏠 **Christl**, Bayreuther Str. 7 (B 85), ℰ 79 55 − 🛏wc ⟨𝄂wc ☎ ⟨∞⟩ ℗. Ⓐ Ⓔ   Z k
   (nur Abendessen für Hausgäste) − **28 Z : 40 B** 38/48 - 62/75.

🏠 **Ertl**, Hardenbergstr. 3, ℰ 77 17, 🌿 − 🛏wc ⟨𝄂wc ℗   Z u
   35 Z : 55 B.

🏠 **Kronprinz** garni, Fischergasse 4, ℰ 51 51 − 🛏wc ⟨𝄂 ℗   Y v
   20 Z : 28 B 37/45 - 68/75.

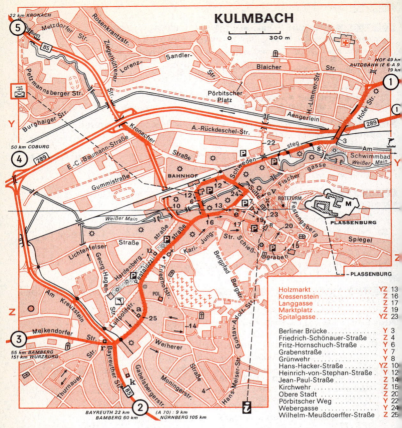

KULMBACH

0   300 m

22 km KRONACH

Metzdorfer Str.
Rosenkrantzstr.
Lorenz-
Sandler-
Ziegelhüttener Str.
Petzmannsberger Str.
Burghaiger Str.
Blaicher   Str.
HOF 49 km
AUTOBAHN (E 6-A 9
19 km

H.-Limmer-Str.

Pörbitscher
Platz
Aengerlein
Hofer Str.

50 km COBURG

E.-C.-Baumann-Straße
Kronacher
A.-Rückdeschel-Str.
289

Gummistraße
Straße
BAHNHOF
Schweden-
steg
Am
Schwimmbad
Weißer Main

Weißer Main
Hans-Hacker-Straße
straße
Straße
v. Fischer gasse
Sulzbr.
ROTETURM
Festungsberg
M
PLASSENBURG

Lichtenfelser Straße
Georg-Hagen-
Hardenberg-
Pestalozzi-
Karl-Jung-
Str. Schieß-
graben
Spiegel

Straße
Bergplad
Bergstr.
– PLASSENBURG

Am Kreuzstein Str.
Lilienbdstr.
Melkendorfer Str.
Weiherer
Pörbitscher Weg

POL.
Heidhofstr.
Bayreuther Str.
Bamberg Str.
Gustav-Adolf-Str.

55 km BAMBERG
151 km WÜRZBURG
Thurnauer Str.
Gabelsbergerstr.
Moningestr.
Straße
Hans-Weiser-Str.

BAYREUTH 22 km
BAMBERG 60 km
(A 70) : 9 km
NÜRNBERG 105 km

Holzmarkt	YZ 13
Kressenstein	Z 16
Langgasse	Z 17
Marktplatz	Z 19
Spitalgasse	YZ 23

Berliner Brücke	Y 3
Friedrich-Schönauer-Straße	Z 4
Fritz-Hornschuch-Straße	Y 6
Grabenstraße	Y 7
Grünwehr	Y 8
Hans-Hacker-Straße	YZ 10
Heinrich-von-Stephan-Straße	Y 12
Jean-Paul-Straße	Y 14
Kirchwehr	Z 15
Obere Stadt	Z 20
Pörbitscher Weg	Y 22
Webergasse	Y 24
Wilhelm-Meußdoerffer-Straße	Z 25

✗ **EKU-Inn** (Moderne Brauerei-G.), Klostergasse 7, ✆ 57 88 – 🆎 ⓪ 🄴   YZ e
Karte 19/41.

In Kulmbach-Burghaig ④ : 3 km :

🏠 **Zum Adler** ⌂, Dorfberg 7, ✆ 14 76 – ⌂wc 🛗wc ⚬ ℗
(nur Abendessen für Hausgäste) – **16 Z : 22 B** 23/36 – 44/54.

In Kulmbach-Höferänger ⑤ : 4 km :

🏨 **Dobrachtal** ⌂, ✆ 20 85, Massage, ≦s, 🔲, 🐎 – 🛗 🛗wc ☎ ℗. 🆎 🄴
21. Dez.- 5. Jan. geschl. – Karte 14/34 *(Freitag geschl.)* – **55 Z : 100 B** 33/70 - 60/105 Fb.

In Kulmbach-Ziegelhütten NW : 2 km über Ziegelhüttener Straße Y :

🏨 **Brauereigasthof Schweizerhof**, Ziegelhüttener Str. 38, ✆ 39 85, Biergarten – 🛗wc ☎ ℗ ⌂
Karte 15/37 *(Mittwoch geschl.)* – **8 Z : 16 B** 38/45 - 76.

KUNREUTH-REGENSBERG Bayern siehe Forchheim.

KUPFERZELL 7115. Baden-Württemberg 🗺️ ☻ – 4 100 Ew – Höhe 345 m – ✆ 07944.
♦ Stuttgart 86 – Heilbronn 46 – Schwäbisch Hall 17 – ♦Würzburg 91.

🏠 **Zum Scharfen Eck**, Schloßstr. 2, ✆ 3 09 – 🛗wc ℗ – **11 Z : 15 B**.

In Kupferzell-Beltersrot S : 8 km :

🏨 **Landgasthof Beck**, Hauptstr. 69, ✆ 3 18 – ⌂wc 🛗wc ℗
Karte 15,50/36 *(Montag geschl.)* – **13 Z : 20 B** 27/35 - 54/70.

In Kupferzell-Eschental SO : 6 km :

🏨 Günzburg, Hauptstr. 14, ✆ 3 38 – 🛗wc ☎ ℗ – **7 Z : 14 B**.

454

KUPPENHEIM 7554. Baden-Württemberg — 6 200 Ew — Höhe 126 m — ✆ 07222 (Rastatt).
♦Stuttgart 98 — Baden-Baden 12 — ♦Karlsruhe 24 — Rastatt 5,5.

✗ **Ochsen** mit Zim, Friedrichstr. 53, ✆ 4 15 30 — ⬛wc ⇔ ℗. ❶ E. ✻ Zim
Juli - Aug. 3 Wochen geschl. — Karte 16/40 *(Sonntag - Montag geschl.)* — **5 Z : 9 B** 35 - 60.

In Kuppenheim 2-Oberndorf SO : 2 km :

✗✗ **Gasthaus Kreuz**, Hauptstr. 41, ✆ (07225) 7 56 23 — ℗
Sonntag 14 Uhr - Montag, Feb. 2 Wochen und Aug. 3 Wochen geschl. — Karte 36/74.

KUSEL 6798. Rheinland-Pfalz 🔢 ㉘, 🔢 ③, 🔢 ⑦ — 6 600 Ew — Höhe 240 m — ✆ 06381.
Mainz 107 — Kaiserslautern 40 — ♦Saarbrücken 50.

☎ **Rosengarten**, Bahnhofstr. 38, ✆ 29 33 — ⬛wc ⇔ ℗
27 Z : 50 B.

In Blaubach 6799 NO : 2 km :

🏨 **Reweschnier** ⑊, Kuseler Str. 5, ✆ (06381) 13 89, ≤, 🌣, 🛋, 🚗 — ⬛wc ⇔ ℗ 🏊 🅰🅴
➤ Karte 14,50/43 *(Montag bis 17 Uhr geschl.)* 🍷 — **26 Z : 52 B** 40/47 - 70/84 — 2 Appart. 50/60.

In Thallichtenberg 6799 NW : 5 km :

🏠 **Burgblick** ⑊, Ringstr. 6, ✆ (06381) 15 26, ≤ — ⬛wc ☎ ℗
➤ Karte 14/28 *(Montag geschl.)* 🍷 — **17 Z : 29 B** 38 - 68.

In Konken 6799 SW : 6 km :

🏠 **Haus Gerlach**, Hauptstr. 39 (B 420), ✆ (06384) 3 27 — ⬛wc ℗
➤ Karte 12/30 *(Montag geschl.)* 🍷 — **10 Z : 15 B** 27/35 - 55/70 — P 45/50.

KYLLBURG 5524. Rheinland-Pfalz 🔢 ㉘, 🔢 ⑦ — 1 300 Ew — Höhe 300 m — Luftkurort — Kneippkurort — ✆ 06563.
🛈 Kurverwaltung, Haus des Gastes, Hochstr. 19, ✆ 20 07.
Mainz 157 — ♦Koblenz 103 — ♦Trier 48 — Wittlich 28.

🏠 **Kurhotel Eifeler Hof**, Hochstr. 2, ✆ 20 01, « Gartenterrasse », Bade- und Massageabteilung, 🔥, 🛋, 🔲 — ⬛wc ⬛wc ℗. ✻
15. Nov.-15. Dez. geschl. — Karte 18,50/42 — **70 Z : 100 B** 31/59 - 64/110 — P 50/79.

🏠 **Pension Müller**, Mühlengasse 3, ✆ 85 85 — ⬛wc ⇔
(Rest. nur für Hausgäste) — **19 Z : 34 B** 33 - 66 — P 50.

☎ **Zur Post**, Bahnhofstr. 30, ✆ 22 16 — ⬛wc ⇔
➤ *7. - 21. Jan. geschl.* — Karte 13/33 *(Montag geschl.)* — **10 Z : 20 B** 29/35 - 57/63 — P 43/46.

In Malberg-Mohrweiler 5524 N : 4,5 km :

🏨 **Berghotel Rink** ⑊, Höhenstr. 14, ✆ (06563) 24 44, ≤, 🛋, 🔲, 🚗, ✻ — 📺 ⬛wc ⬛wc
⇔ ℗. ✻ Rest
Karte 25/46 *(Mittagessen nur für Hausgäste)* 🍷 — **16 Z : 36 B** 45/60 - 70/100.

In Zendscheid 5524 N : 8 km :

🏠 **Haus Kylltal** ⑊, Fischbachtal 1, ✆ (06563) 28 10, 🛋, 🔲 — ⬛wc ℗. ✻ Rest
Karte 16/35 — **36 Z : 78 B** 30/33 - 60 — P 46.

LAABER 8411. Bayern — 4 500 Ew — Höhe 438 m — ✆ 09498.
♦München 138 — ♦Nürnberg 83 — ♦Regensburg 22.

In Frauenberg 8411 NO : 2 km :

🏠 **Frauenberg**, Kirchplatz 5, ✆ (09498) 87 49, 🌣, 🔲, 🚗 — ⬛wc ⬛wc ℗ 🏊
➤ *1.- 20. Aug. und 20. Dez.- 7. Jan. geschl.* — Karte 12/30 *(Sonntag ab 14 Uhr und Freitag geschl.)*
— **20 Z : 40 B** 28/38 - 54/66.

LAASPHE, BAD 5928. Nordrhein-Westfalen 🔢 ㉔ — 16 000 Ew — Höhe 335 m — Kneippheilbad — ✆ 02752.
🛈 Kurverwaltung, Haus des Gastes, ✆ 8 98.
♦Düsseldorf 174 — ♦Kassel 108 — Marburg an der Lahn 43 — Siegen 44.

🏨 **Kur- und Sporthotel Der Rothaar Treff** ⑊, Höhenweg 1, ✆ 1221, Telex 875226, Bade- und Massageabteilung, 🔥, 🛋, 🔲 — 🛗 ⬛wc ☎ ⇔ ℗ 🏊 ✻ Rest
Karte 19/46 — **Stoppenzieher** *(nur Abendessen)* Karte 20/51 — **88 Z : 176 B** 77/82 - 124/134 Fb —
P 114.

🏠 **Wittgensteiner Hof**, Wilhelmsplatz 1 (B 62), ✆ 15 14, 🔥 — ⬛wc ⬛wc ⇔ ℗ 🏊
Karte 20/50 — **33 Z : 47 B** 36/44 - 72/86 — P 52/60.

🏠 **Fasanerie**, Lahnstr. 55 (B 62), ✆ 3 33, 🛋, 🔲, 🚗, ✻ (Halle) — ⬛wc ⬛wc ☎ ⇔ ℗ 🏊
✻ Rest
Karte 21/50 — **29 Z : 51 B** 35/52 - 78/98.

In Bad Laasphe - Feudingen W : 9 km – ✪ 02754 :

🏨 **Doerr**, Sieg-Lahn-Str. 8, ℰ 2 93, ⇋, 🖵 – ⇌wc 🏮 🅿 🏛 . ⑩ E. ❀
Karte 17/42 *(Mittwoch geschl.)* – **35 Z : 70 B** 40/58 - 80/115 – P 62.

🏠 **Gästehaus im Auerbachtal** 🐾, Wiesenweg 5, ℰ 5 88, ⇋, 🖵, 🛋 – 🏮wc ⇦ 🅿 . ❀
nur Saison – (Rest. nur für Hausgäste) – **16 Z : 26 B** 42 - 80/84 – P 60/62.

🏠 **Zum Lahntal**, Sieg-Lahn-Str. 23, ℰ 2 67, ⇋ – ⇌wc 🏮wc 🅿 🏛 . ❀ Zim
Karte 19/42 *(Dienstag geschl.)* – **23 Z : 40 B** 38/49 - 76/96 – P 50/60.

In Bad Laasphe-Glashütte W : 14 km über Laasphe-Volkholz :

🏨 Jagdhof Glashütte 🐾, Glashütter Str. 20, ℰ 88 14, ⇋, 🖵 – 🎛 📺 ⇌wc ☎ 🅿 🏛
28 Z : 51 B.

Niedersachsen siehe Hannover.

LABOE 2304. Schleswig-Holstein 🤍🤍🤍 ⑤ – 4 300 Ew – Seebad – ✪ 04343.
Sehenswert : Marine-Ehrenmal★ (Turm ⪉★★ auf Kieler Förde★★, Museum★).

🖪 Kurverwaltung, im Meerwasserbad, ℰ 73 53.

◆Kiel 18 – Schönberg 13.

🏠 **Seeterrassen** 🐾, Strandstr. 86, ℰ 81 50, ⪉, 🍴 – 🏮wc ☎ 🅿
Dez. - Jan. geschl. – Karte 17/40 – **29 Z : 50 B** 31/50 - 61/90 – 2 Appart. 95.

🏠 **Neu-Stein** 🐾, Steiner Weg (NO : 2 km), ℰ 5 78, ⪉ Kieler Förde, « Gartenterrasse », 🛋 –
🏮wc 🅿 . ⒶⒺ ⑩ E
Feb. - Mitte März geschl. – Karte 19/49 *(Okt. - April Montag geschl.)* – **23 Z : 50 B** 38/45 - 75
– P 65.

In Stein 2304 N : 4 km :

🏠 **Deichhotel Stein** 🐾, Dorfring 36, ℰ (04343) 90 07, ⪉ Kieler Förde, 🍴 – 🏮wc ☎ 🅿 . ⑩ .
❀ Zim
Dez.- Jan. geschl. – Karte 23/54 – **12 Z : 24 B** 50/75 - 96/116.

LACHENDORF 3101. Niedersachsen – 4 500 Ew – Höhe 45 m – ✪ 05145.
◆Hannover 55 – ◆Braunschweig 54 – Celle 12 – Lüneburg 84.

In Lachendorf-Gockenholz NW : 3 km :

✗ Birkenhof mit Zim, Garßner Str. 26, ℰ 5 29 – 🅿
5 Z : 7 B.

In Beedenbostel 3101 N : 4 km :

🍴 **Schulz**, Ahnsbecker Str. 6, ℰ (05145) 82 12 – ⇌wc 🏮wc 🅿 . ❀ Zim
Mitte Juli - Mitte Aug. geschl. – Karte 16/35 *(Montag geschl.)* – **7 Z : 11 B** 35 - 60.

Bayern siehe Neureichenau.

LADBERGEN 4544. Nordrhein-Westfalen 🤍🤍🤍 ⑭ – 6 450 Ew – Höhe 50 m – ✪ 05485.
◆Düsseldorf 149 – Enschede 66 – Münster (Westfalen) 28 – ◆Osnabrück 33.

🏠 **Zur Post** (350 J. alter Gasthof), Dorfstr. 11, ℰ 21 07, 🛋 – 🏮wc ☎ ⇦ 🅿 . E
2.- 17. Jan. und 22. Juli - 4. Aug. geschl. – Karte 21/59 *(Montag geschl.)* – **12 Z : 20 B** 35/60 –
60/90.

✗✗ **Rolinck's Alte Mühle**, Mühlenstr. 17, ℰ 14 84, « Rustikale Einrichtung » – 🅿 . ⒶⒺ ⑩ E
Feb., Samstag bis 18 Uhr und Dienstag geschl. – Karte 26/61.

LADENBURG 6802. Baden-Württemberg – 11 200 Ew – Höhe 98 m – ✪ 06203.
◆Stuttgart 130 – Heidelberg 13 – Mainz 82 – ◆Mannheim 13.

🏨 **Altes Kloster** 🐾, Zehntstr. 2, ℰ 20 01 – 🏮wc ☎ 🅿
Juli - Aug. 4 Wochen geschl. – Karte 26/50 *(nur Abendessen - Samstag geschl.)* –
26 Z : 41 B 65/85 - 110/145 Fb.

🏠 **Im Lustgarten**, Kirchenstr. 6, ℰ 59 74, Gartencafé – 🏮wc ☎ 🅿 . ⑩ . ❀
Anfang - Mitte Jan. und Juli - Aug. 3 Wochen geschl. – Karte 23/41 *(nur Abendessen, Freitag -
Sonntag und Feiertage geschl.)* – **15 Z : 22 B** 46/58 - 66/90 Fb.

🍴 Die Zwiwwel, Kirchenstr. 24, ℰ 24 77 – 🏮 ⇦
17 Z : 24 B.

✗ **Zur Sackpfeife**, Kirchenstr. 45, ℰ 31 45, « Fachwerkhaus a.d.J. 1598, historische Weinstube,
Innenhof »
20. Dez. - 15. Jan. sowie Sonn- und Feiertage geschl. – Karte 25/53 (Tischbestellung ratsam).

*Bei Übernachtungen in kleineren Orten
oder abgelegenen Hotels empfehlen wir, hauptsächlich in der Saison,
rechtzeitige telefonische Anmeldung.*

LAER, BAD 4518. Niedersachsen — 6 300 Ew — Höhe 79 m — Sole-Heilbad — 😊 05424.

🛈 Kurverwaltung, Remseder Str. 1, 𝒫 92 97.

♦Hannover 141 — Bielefeld 37 — Münster (Westfalen) 39 — Bad Rothenfelde 5,5.

🏠 **Storck**, Paulbrink 4, 𝒫 90 08, 🔄, 🔲 — 🔊 📺 ⊂wc ⋔wc ☎ 🅿. ⌘ Zim
Karte 21/47 *(Freitag geschl.)* — **14 Z : 26 B** 59/62 - 106/124 — P 67/81.

In Bad Laer-Winkelsetten :

🏠 **Lindenhof** ⤵, Winkelsettener Ring 9, 𝒫 91 07, 🌆, 🔄, 🚗, ⚘ — 🔊 ⋔wc ⊂wc ⇦ 🅿 🏛. ⌶
⊙ 🄴
5.- 31. Jan. geschl. — Karte 17/45 *(Dienstag geschl.)* — **23 Z : 35 B** 40/52 - 80/108 Fb — P 47/62.

LAGE (LIPPE) 4937. Nordrhein-Westfalen 𝟿𝟾𝟽 ⑮ — 33 000 Ew — Höhe 103 m — 😊 05232.

🛈 Verkehrsamt in Lage-Hörste, Freibadstr. 3, 𝒫 81 93.

♦Düsseldorf 189 — Bielefeld 20 — Detmold 9 — ♦Hannover 106.

🏠 **Haus Schröder**, Bahnhofstr. 1, 𝒫 44 03 — ⋔wc 🅿. ⌶ 🄴
➡ Karte 12/42 — **14 Z : 25 B** 29/44 - 49/69.

In Lage-Hörste SW : 6 km — Luftkurort :

🏠 **Haus Berkenkamp** ⤵, Im Heßkamp 50 (über Billinghauser Straße), 𝒫 7 11 78, 🔄, 🚗 —
⋔wc ⚒ 🅿. ⌘
(Rest. nur für Hausgäste) — **16 Z : 26 B** 34/40 - 68/72 — P 45/50.

LAHNAU Hessen siehe Wetzlar.

LAHNSTEIN 5420. Rheinland-Pfalz 𝟿𝟾𝟽 ㉔ — 19 000 Ew — Höhe 70 m — 😊 02621.

🛈 Städt. Verkehrsamt, Stadthalle (Passage), 𝒫 10 33.

Mainz 102 — Bad Ems 13 — ♦Koblenz 8.

🏰 **Rhein-Lahn** ⤵, im Kurzentrum (SO : 4,5 km), 𝒫 1 51, Telex 869827, Panorama-Café und
Abend-Rest. 15. Etage mit ≤ Rhein und Lahntal, Bade- und Massageabteilung, 🔄,
🔲 (geheizt), 🔲, 🚗, ⚘ (Halle) — 🔊 ⚒ ⇦ 🅿 🏛. ⌶ ⊙ 🄴 🆅🅸🆂🅰. ⌘ Rest
Karte 27/60 — **192 Z : 300 B** 86/96 - 130/160 Fb — P 126/136.

🏠 **Kaiserhof**, Hochstr. 9, 𝒫 24 13 — ⋔wc
Karte 15/38 *(Freitag geschl.)* ⚒ — **18 Z : 36 B** 37/47 - 74.

🏠 **Altes Haus**, Hochstr. 81, 𝒫 27 43 — ⋔wc. ⌶
➡ Juni geschl. — Karte 14/42 *(Montag geschl.)* ⚒ — **11 Z : 20 B** 38/48 - 68.

🏠 **Straßburger Hof**, Koblenzer Str. 2, 𝒫 70 70 — ⋔wc ⇦ 🅿
➡ 20. Dez. - 10. Jan. geschl. — Karte 14/45 *(Samstag geschl.)* ⚒ — **28 Z : 50 B** 32/45 - 64/75.

XXX ❀ **Hist. Wirtshaus an der Lahn**, Lahnstr. 8, 𝒫 72 70 — 🅿
nur Abendessen, Donnerstag sowie über Fasching und im Aug. jeweils 2 Wochen geschl. —
Karte 38/63 (Tischbestellung ratsam)
Spez. Parfait von Entenlebern mit Melonencoulis und Portweingelee, Sauerampfersuppe mit Orangennocken,
Kalbsrückensteak mit Flußkrebscrustade in ihrer Sauce (Juli - Sept.).

LAHR 7630. Baden-Württemberg 𝟿𝟾𝟽 ㉞, 𝟾𝟽 ⑥ — 36 100 Ew — Höhe 168 m — 😊 07821.

🛈 Städt. Verkehrsbüro, Neues Rathaus, Rathausplatz 4, 𝒫 28 22 16.

♦Stuttgart 168 — ♦Freiburg im Breisgau 54 — Offenburg 26.

🏰 **Schulz**, Alte Bahnhofstr. 6, 𝒫 2 26 74, 🌆 — 🔊 ⊂wc ⋔wc ☎ ⇦ 🅿
Karte 27/50 *(Samstag geschl.)* ⚒ — **37 Z : 64 B** 35/90 - 60/130 Fb.

🏰 **Am Westend**, Schwarzwaldstr. 97, 𝒫 4 30 86 — 🔊 ⊂wc ⋔wc ☎ ⚒ ⇦ 🅿. ⌶ 🄴
23. Dez.- 6. Jan. geschl. — Karte 23/45 *(nur Abendessen, Samstag, Sonn- und Feiertage geschl.)*
⚒ — **36 Z : 50 B** 59/64 - 96/120 Fb.

🏠 **Schwanen**, Gärtnerstr. 1, 𝒫 2 10 74 — 🔊 ⊂wc ⋔wc ☎ ⇦ 🅿
Karte 17,50/37 *(Sonntag geschl.)* — **45 Z : 90 B** 28/48 - 50/75 Fb.

🏠 **Löwen** (Fachwerkhaus a.d. 18. Jh.), Obertorstr. 5, 𝒫 2 30 22 — ⊂wc ⋔wc ☎ ⇦ 🏛
23. Dez.- 12. Jan. geschl. — Karte 18/48 *(Sonntag geschl.)* ⚒ — **30 Z : 47 B** 42/60 - 70/90.

In Lahr-Reichenbach O : 3,5 km — Erholungsort :

🏠 **Adler**, Reichenbacher Hauptstr. 18, 𝒫 70 35 — ⊂wc ⋔wc ☎ ⇦ 🅿
12. Feb. - 4. März geschl. — Karte 28/60 *(Dienstag geschl.)* ⚒ — **25 Z : 45 B** 30/50 - 60/90.

An der Straße nach Sulz S : 2 km :

🏠 **Dammenmühle** ⤵, ✉ 7630 Lahr-Sulz, 𝒫 (07821) 2 22 90, « Gartenterrasse », 🔲 (geheizt),
🚗 — ⊂wc ⋔wc ⇦ 🅿
19. Dez.- 12. Jan. und Juni 2 Wochen geschl. — Karte 21/50 *(Montag geschl.)* ⚒ — **20 Z : 34 B**
31/46 - 62/92.

LAICHINGEN 7903. Baden-Württemberg 𝟿𝟾𝟽 ㉟ — 8 700 Ew — Höhe 756 m — 😊 07333.

♦Stuttgart 75 — ♦Reutlingen 46 — ♦Ulm (Donau) 33.

🏠 **Krehl zur Ratsstube**, Radstr. 17, 𝒫 40 21 — ⊂wc ⋔wc ☎ ⇦ 🅿 🏛 — **24 Z : 46 B** Fb.

🏡 **Rad**, Marktplatz 7, 𝒫 51 71 — ⋔wc ⇦ 🅿 — **24 Z : 45 B**.

LAIMNAU Baden-Württemberg siehe Tettnang.

LALLING 8351. Bayern – 1 300 Ew – Höhe 446 m – Wintersport : ∉5 – ✪ 09904.
◆München 167 – Deggendorf 24 – Passau 51.

Im Lallinger Winkel N : 2,5 km Richtung Zell :

🛎 **Thula Sporthotel** ⑂, ✉ 8351 Lalling, ℰ (09904) 3 23, ≼ Donauebene, ㎡, ⌂, ⍁, 舟, ℀
– 🛏wc 🅟. ℀
Nov.- 20. Dez. geschl. – Karte 15/26 – **16 Z : 28 B** 38/40 - 76 – P 55.

LAM 8496. Bayern ⑨⑧⑦ ㉘ – 3 000 Ew – Höhe 576 m – Luftkurort – Wintersport : 520/620 m ∉2
∉2 – ✪ 09943.
🇮 Verkehrsamt, Marktplatz 1, ℰ 10 81.
◆München 196 – Cham 39 – Deggendorf 53.

🏫 **Steigenberger-Hotel Sonnenhof** ⑂, Himmelreich 13, ℰ 7 91, Telex 69932, ≼, ㎡, Bade-
und Massageabteilung, ⌂, ⍁, 舟, ℀ (Halle) – 🛗 📺 ⛷ ⇦ 🅟 ♨ · ꕔ ⓓ E. ℀ Rest
Karte 19,50/48 – **140 Z : 250 B** 64/102 - 94/170 Fb – 18 Appart. 686/1 197 pro Woche – P 105/133.

🏨 **Ferienhotel Bayerwald**, Arberstr. 73, ℰ 7 12, ⌂, ⍁, 舟 – 🛏wc 🛏wc ☎ ⇦ 🅟 ♨ · ⓓ
◆ Nov. geschl. – Karte 14/40 *(Sonntag ab 14 Uhr geschl.)* – **60 Z : 115 B** 32/46 - 64/82 Fb –
P 57/70.

🏨 **Sonnbichl** ⑂, Lambacher Str. 31, ℰ 7 33, ≼, ㎡, ⌂, 舟, Skischule – 🛗 🛏wc 🛏wc ☎ &
◆ 🅟
3. Nov.- 15. Dez. geschl. – Karte 13,50/30 *(Montag geschl.)* – **43 Z : 83 B** 38 - 66 Fb – P 53/58.

🏠 **Huber**, Arberstr. 39, ℰ 12 50 – 🛏wc 🅟
11 Z : 20 B.

🏠 **Bräukeller** garni, Marktplatz 16, ℰ 5 12, ⌂ – 🛏wc 🛏wc 🅟
21 Z : 43 B 30/35 - 60.

🏠 **Post**, Marktplatz 6, ℰ 12 15, 舟 – 🛏wc ☎ ⇦ 🅟
◆ 1. - 15. Nov. geschl. – Karte 11/27 *(Okt.- Mai Freitag geschl.)* – **20 Z : 40 B** 22/30 - 52/60 –
P 40/47.

In Silbersbach 8496 SO : 4 km :

🏠 **Osser-Hotel** ⑂, ℰ (09943) 7 41, ≼, ㎡, Wildgehege, « Rest. mit Ziegelgewölbe », 舟 –
◆ 🛏wc 🛏wc 🅟 ♨. ℀ Rest
Karte 13/36 – **44 Z : 88 B** 46/60 - 66/80 – P 53/72.

LAMBACH Bayern siehe Seeon-Seebruck.

LAMBRECHT 6734. Rheinland-Pfalz ⑨⑧⑦ ㉘, ②④② ⑧, ⑤⑦ ⑩ – 4 300 Ew – Höhe 176 m – ✪ 06325.
Mainz 101 – Kaiserslautern 30 – Neustadt an der Weinstraße 6,5.

🛎 **Kuckert**, Hauptstr. 51, ℰ 81 33 – 🛏wc. ℀
Mitte - Ende Juli und 25. Dez. - 6. Jan. geschl. – Karte 17/35 *(Freitag 15 Uhr - Samstag 18 Uhr
geschl.)* ♨ – **19 Z : 34 B** 32/39 - 56/70.

In Lindenberg 6731 NO : 3 km – Erholungsort :

🛎 **Hirsch**, Hauptstr. 84, ℰ (06325) 24 69, ㎡, 舟 – 🛏wc ⇦
◆ Juni - Juli 3 Wochen geschl. – Karte 14,50/33 *(Montag geschl.)* ♨ – **17 Z : 30 B** 28/32 - 56/64.

LAMPERTHEIM 6840. Hessen ⑨⑧⑦ ㉔㉕ – 31 500 Ew – Höhe 96 m – ✪ 06206.
◆Wiesbaden 78 – ◆Darmstadt 42 – ◆Mannheim 16 – Worms 11.

🏠 **Deutsches Haus**, Kaiserstr. 47, ℰ 20 22, « Gartenterrasse » – 🛗 🛏wc ☎ 🅟
23. Dez. - 7. Jan. geschl. – Karte 17/50 *(Freitag - Samstag 17 Uhr geschl.)* – **30 Z : 37 B** 55/60 -
85/95 Fb.

🏠 **Kaiserhof**, Bürstädter Str. 2, ℰ 26 93 – 📺 🛏wc ☎. ⓓ E
Karte 21/51 *(Sonntag ab 14 Uhr geschl.)* – **10 Z : 12 B** 45/52 - 76/82.

℀℀ ۞ **Waldschlöss'l**, Neuschloßstr. 12, ℰ 5 12 21 – 🅟. ꕔ ⓓ E. ℀
Samstag bis 18.30 Uhr, Montag, Feb. 2 Wochen und Juli - Aug. 3 Wochen geschl. – Karte
43/85 (Tischbestellung ratsam)
Spez. Lasagne vom Lachs, Lammrücken in Kräuterkruste, Perlhuhnbrust in Blätterteig mit Gänselebersauce.

In Lampertheim-Hofheim NW : 11 km :

🛎 **Adler** ⑂, Lindenstr. 16, ℰ (06241) 8 01 95 – 🛏 🅟
◆ Juli geschl. – Karte 14/35 *(nur Abendessen, Sonntag geschl.)* ♨ – **13 Z : 15 B** 30 - 55.

LAMSPRINGE 3206. Niedersachsen – 3 700 Ew – Höhe 220 m – Erholungsort – ✪ 05183.
◆Hannover 77 – ◆Braunschweig 64 – Goslar 35.

🏠 **Lindenhof**, Bergstr. 10, ℰ 10 41 – 🛏wc ☎ ⇦ 🅟
17 Z : 35 B Fb.

458

LANDAU AN DER ISAR 8380. Bayern 987 ㊲ — 11 500 Ew — Höhe 390 m — ✆ 09951.

◆München 115 — Deggendorf 31 — Landshut 46 — Straubing 28.

🏠 **Gästehaus Numberger** garni (ehemalige Villa), Dr.-Aicher-Str. 2, ℰ 80 38, 🌳 — flwc ☎ 🔚 🅿
    18 Z : 24 B 28/39 - 48/65 Fb.

🏠 **Zur Post**, Hauptstr. 86, ℰ 4 41 — flwc 🔚 🅿
    1.- 25. Aug. geschl. — Karte 14,50/40 (Montag geschl.) — **18 Z : 28 B** 24/28 - 44/48.

LANDAU IN DER PFALZ 6740. Rheinland-Pfalz 987 ㉔, 242 ⑤, 57 ⑩ — 37 100 Ew — Höhe 144 m — ✆ 06341.

🛈 Städtisches Verkehrsamt, Neues Rathaus, Marktstr. 50, ℰ 1 33 01.

Mainz 112 — ◆Karlsruhe 35 — ◆Mannheim 52 — Pirmasens 47 — Wissembourg 25.

🏠 **Körber**, Reiterstr. 11, ℰ 40 50 — 🔚wc flwc ☎ 🔚. ᴀᴇ
    22. Dez. - 15. Jan. geschl. — Karte 20/53 (Freitag geschl.) ⅊ — **40 Z : 60 B** 45/65 - 78/105.

🏠 **Kurpfalz**, Horstanze 8, ℰ 45 23 — fl 🔚
    Karte 19/38 (wochentags nur Abendessen, Samstag geschl.) ⅊ — **17 Z : 28 B** 39/55 - 66/78.

🏠 **Brenner**, Linienstr. 16, ℰ 2 00 39 — 🔚wc flwc ☎ 🔚 🅿
    Juli 2 Wochen geschl. — Karte 17/35 (Freitag 15 Uhr - Samstag 17 Uhr geschl.) ⅊ — **25 Z : 40 B** 40/60 - 80/110.

XX **Augustiner**, Königstr. 26, ℰ 44 05 — ⓞ
    Mittwoch, Feb. und Juli je 2 Wochen geschl. — Karte 19/45 ⅊.

X **Meindl**, Nußbaumgasse 8, ℰ 8 71 07
    Montag und Juni - Juli 2 Wochen geschl. — Karte 18/48 ⅊.

In Landau 16-Dammheim NO : 3 km :

🏠 **Zum Schwanen**, Speyerer Str. 26 (B 272), ℰ 5 30 78 — flwc 🅿
    Weihnachten - Neujahr geschl. — Karte 13,50/27 (nur Abendessen, Montag geschl.) ⅊ — **17 Z : 28 B** 35 - 70.

In Landau 14-Godramstein W : 4 km :

XX **Keller**, Bahnhofstr. 28, ℰ 6 03 33 — 🅿. ᴇ. ✻
    22. Dez. - 5. Jan., Mitte Juli - Anfang Aug. und Mittwoch 14 Uhr - Donnerstag geschl. — Karte 27/50 ⅊.

In Landau 15-Nußdorf NW : 3 km :

🏠 **Zur Pfalz**, Geisselgasse 15, ℰ 6 04 51 — 🔚 🅿
    15. Jan.- 15. Feb. geschl. — Karte 16/37 (Montag geschl.) ⅊ — **7 Z : 12 B** 30/35 - 60/70.

In Landau 18-Queichheim :

🏠 **Hubertusstuben**, Hauptstr. 136, ℰ 5 05 57 — flwc 🅿
    8 Z : 15 B.

In Offenbach 6745 O : 6 km :

🏠 **Krone**, Hauptstr. 4, ℰ (06348) 70 64, 🔚, 🔲 — flwc 🅿 ♨
    1.- 11. Jan. geschl. — Karte 16/41 ⅊ — **45 Z : 82 B** 38/45 - 68/78.

LANDKIRCHEN Schleswig-Holstein siehe Fehmarn (Insel).

LANDSBERG AM LECH 8910. Bayern 987 ㊳, 426 ⑯ — 19 000 Ew — Höhe 580 m — ✆ 08191.

Sehenswert : Lage★ — Marktplatz★.

🛈 Verkehrsamt, Rathaus, Hauptplatz, ℰ 12 82 46.

◆München 57 — ◆Augsburg 38 — Garmisch-Partenkirchen 78 — Kempten (Allgäu) 67.

🏠 **Goggl**, Herkomer Str. 19, ℰ 20 81 — 🛗 📺 🔚wc flwc ☎ 🔚. ᴀᴇ ⓞ ᴇ
    Karte 18/56 — **54 Z : 104 B** 35/60 - 55/115 Fb.

🏠 **Landsberger Hof**, Weilheimer Str. 5, ℰ 20 78, 🔚 — flwc 🅿. ᴇ
    Karte 13/37 — **35 Z : 75 B** 32/85 - 65/100.

🏠 **Zederbräu**, Hauptplatz 155, ℰ 22 41 — 🔚 🅿
    20. Okt. - 15. Nov. geschl. — Karte 14,50/37 — **18 Z : 36 B** 27 - 54.

XX **Alt Landtsperg**, Alte Bergstr. 435, ℰ 58 38 — ᴀᴇ ᴇ
    Feb. 2 Wochen, Aug. 3 Wochen, Samstag bis 18 Uhr und Mittwoch geschl. — Karte 25/56.

In Kaufering-West 8912 N : 7 km :

🏠 **Rid**, Bahnhofstr. 10, ℰ (08191) 71 16, 🔚 — flwc 🅿
    20. Dez.- 10. Jan. geschl. — Karte 13,50/41 (Sonn- und Feiertage ab 14 Uhr geschl.) ⅊ — **42 Z : 60 B** 22/31 - 42/62.

LANDSCHEID 5561. Rheinland-Pfalz – 2 300 Ew – Höhe 250 m – ☎ 06575.

Mainz 141 – Bitburg 24 – ♦Trier 35 – Wittlich 12.

In Landscheid-Burg NO : 3 km :

🏨 **Waldhotel Viktoria** ♨, Burger Mühle, ℰ 6 41, Damwildgehege, ☎, ⊠, ☞ – ⊡ ⊟wc
⊟wc ☎ ☜ 🅿 🆎
6.- 30. Jan. geschl. – Karte 18/50 – **50 Z : 100 B** 44/55 - 76/90.

In Landscheid-Niederkail SW : 2 km :

🏠 **Lamberty** ♨, Brückenstr. 8, ℰ 42 86, ☞ – ⊟wc ☎ 🅿 🆎 ✻
Feb. geschl. – Karte 17/40 (Montag geschl.) – **21 Z : 40 B** 38/45 - 70/80 – P 50.

LANDSHUT 8300. Bayern 🮮🮰🮱 ㊲ – 56 400 Ew – Höhe 393 m – ☎ 0871.

Sehenswert : St. Martinskirche★ (Turm★★) – "Altstadt"★.

🮩 Verkehrsverein, Altstadt 315, ℰ 2 30 31.

ADAC, Kirchgasse 250, ℰ 2 68 36.

♦München 72 ⑤ – Ingolstadt 77 ① – ♦Regensburg 60 ② – Salzburg 126 ③.

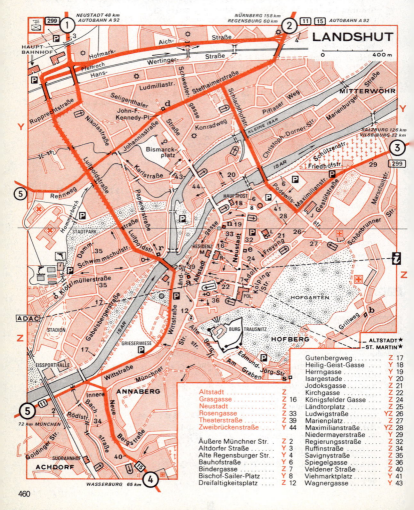

460

🏨 **Kaiserhof** Ⓜ, Papiererstr. 2, 𝒫 68 70, Telex 58440, 🏞 – 🕴 📺 🚗 🛁 (mit 📶). 🆎 ① **E**   **Z r**
    Karte 21/50 – **144 Z : 276 B** 105 - 150 Fb.

🏨 **Romantik-Hotel Fürstenhof** Ⓜ, Stethaimer Str. 3, 𝒫 8 20 25, 🏞, **« Restaurants Herzogstüberl**   **Y d**
    und Fürstenzimmer », 🖥 – 📺 🚗 🅿
    22 Z : 42 B Fb.

🏛 **Goldene Sonne**, Neustadt 520, 𝒫 2 30 87, Biergarten – 🕴 ➿wc 🅼wc ☎ 🅿. 🆎 **E**   **Z e**
🛬 Karte 14/32 *(26. Dez.- 2. Jan. und Freitag ab 14 Uhr geschl.)* – **54 Z : 78 B** 48/62 - 80/110 Fb.

🏠 **Zum Ochsenwirt**, Kalcherstr. 30, 𝒫 2 34 39, Biergarten – 📺 🅼wc 🅿   **Z s**
🛬 25. Aug.- 18. Sept. geschl. – Karte 13/34 *(Dienstag geschl.)* 🍴 – **9 Z : 18 B** 38/45 - 64/78.

🏠 Bergterrasse ⏚ garni, Gerhart-Hauptmann-Str. 1a (Nähe Krankenhaus), 𝒫 8 91 90,
    « Blumengarten » – ➿wc 🅼wc 🚗   **Z b**
    15 Z : 28 B.

🍴🍴 **Beim Vitztumb** (gotisches Gewölbe a. d. 15. Jh.), Ländgasse 51, 𝒫 2 21 96 – ① **E**   **Z a**
    wochentags nur Abendessen, Aug. 2 Wochen und Dienstag geschl. – Karte 23/46 🍴.

🍴 Koller-Bräu, Altstadt 362, 𝒫 8 98 55   **Y n**

    In Landshut-Löschenbrand W : 2,5 km über Rennweg Y :

🏡 **Flutmulde**, Löschenbrandstr. 23, 𝒫 6 93 13 – 🅼wc 🚗 🅿
    (nur Abendessen für Hausgäste) – **20 Z : 23 B** 30/35 - 50/60.

    In Ergolding-Piflas 8300   NO : 2 km über Alte Regensburger Straße Y :

🏡 **Ulrich Meyer** ⏚, Dekan-Simbürger-Str. 22, 𝒫 (0871) 7 34 07, Biergarten – 🅼wc 🅿
    Mitte Aug.- Anfang Sept. geschl. – (nur Abendessen für Hausgäste) – **22 Z : 30 B** 32 - 62.

    In Altdorf 8300   ① : 5 km :

🏠 **Hahn**, Querstr. 6, 𝒫 (0871) 3 20 88, 🏞 – 📺 🅼wc ☎ 🅿
🛬 Karte 13,50/33 *(Mittwoch geschl.)* – **30 Z : 48 B** 35/40 - 70/80 Fb.

🏠 **Wadenspanner**, Kirchgasse 2 (B 299), 𝒫 (0871) 3 17 52 – 🅼wc ☎ 🅿 🛁
🛬 2.- 8. Jan. und 18. Aug.- 2. Sept. geschl. – Karte 13/30 *(Montag geschl.)* – **17 Z : 28 B** 40/45 -
    70/80 Fb.

    In Niederaichbach 8301   NO : 15 km über Niedermayerstraße Y :

🍴🍴 ❀ **Bergcafé**, Georg-Baumeister-Str. 25, 𝒫 (08702) 22 85, ≤, 🏞 – 🅿. ① **E**. ✂
    Sonntag 14 Uhr - Montag geschl. – Karte 37/69
    Spez. Getrüffeltes Entenleberparfait, Seeteufel in Paprikabutter, Taubenkotelette in Portweinsauce.

LANDSTUHL 6790. Rheinland-Pfalz ⑨⑧⑦ ㉔, ⑤⑦ ⑧ – 10 000 Ew – Höhe 240 m – Erholungsort –
❀ 06371.

Mainz 100 – Kaiserslautern 17 – ✦Saarbrücken 56.

🏛 **Rosenhof**, Am Kohlwäldchen 6, 𝒫 20 20, 🏞 – 📺 🅼wc 🚗 🅿 🛁. 🆎 ① **E** VISA. ✂
    Karte 21/55 *(Samstag bis 17 Uhr und Montag geschl.)* 🍴 – **27 Z : 50 B** 60 - 100.

🏠 **Christine**, Kaiserstr. 3, 𝒫 30 44 – 🅼wc ☎ 🚗. 🆎 ① **E** VISA. ✂ Zim
    Karte 22/50 *(nur Abendessen)* 🍴 – **25 Z : 45 B** 60/80 - 100.

🏠 **Zum Zuckerbäcker**, Hauptstr. 1, 𝒫 1 25 55, 🏞 – 🕴 🅼wc ☎ 🅿. 🆎 **E** VISA
    1.- 15. Jan. geschl. – Karte 17/42 *(Freitag geschl.)* 🍴 – **21 Z : 42 B** 55/65 - 90/130 Fb.

🏠 Grüne Laterne, Am alten Markt 7, 𝒫 24 80 – 🅼wc ☎ 🅿
    23 Z : 50 B.

    In Ramstein-Miesenbach 6792   N : 3 km :

🏠 Landgasthof Pirsch ⏚, Auf der Pirsch 12, 𝒫 (06371) 4 39 74 – 🅼wc 🅿
    12 Z : 19 B Fb.

🏠 **La Gondola**, Ziegelhütte, 𝒫 6 20 06, 🏊, 🎿 – ➿wc 🅿. 🆎 ① **E** VISA
    Karte 28/70 (Italienische Küche) – **27 Z : 50 B** 44/96 - 62/142.

LANGDORF 8371. Bayern – 1 800 Ew – Höhe 675 m – Erholungsort – ❀ 09921 (Regen).

🛈 Verkehrsamt, Rathaus, 𝒫 46 41.

✦München 175 – Cham 55 – Deggendorf 32 – Passau 66.

🏠 **Zur Post**, Regener Str. 2, 𝒫 30 43, Damwildgehege, 🖥, 🏊, 🎿 – 🅼wc 🅿
🛬 Ende Okt.- Mitte Dez. geschl. – Karte 12/24 – **19 Z : 40 B** 25 - 50 – P 40.

🏠 **Wenzl**, Degenbergstr. 18, 𝒫 23 91, 🏞, 🖥, 🏊, 🎿 – 🅼wc 🚗 🅿
🛬 Nov.- 19. Dez. geschl. – Karte 12/30 🍴 – **24 Z : 40 B** 32 - 52 – P 41/47.

LANGELSHEIM 3394. Niedersachsen ⑨⑧⑦ ⑯ – 15 800 Ew – Höhe 212 m – ❀ 05326.

🛈 Kurverwaltung, im Rathaus Wolfshagen, 𝒫 40 88.

✦Hannover 80 – ✦Braunschweig 41 – Göttingen 71 – Goslar 9.

    In Langelsheim 5-Astfeld SO : 4 km :

🏠 Granetalsperre ⏚, zur Granetalsperre 9, 𝒫 80 38, 🏞 – 🅼wc 🅿 🛁
    10 Z : 20 B.

In Langelsheim 1-Wolfshagen S : 4 km — Höhe 250 m — Erholungsort :

🏨 **Wolfshof** ⤸, Kreuzallee 22, ℰ 40 33, ≼, 🏠, 🖢, 🔲, 🐾 — 🛗 ⬛wc 🖩 ☎ 🅿. ⚡ Zim
Karte 23/46 — **15 Z : 30 B** 75 - 108 Fb — 30 Appart. 100 — P 104.

🏨 **Berg-Hotel**, Heimbergstr. 1, ℰ 40 62, 🖢, 🖗 — ⬛wc 🖩wc ☎ 🅿
Karte 23/45 — **34 Z : 62 B** 45/53 - 80/94 — P 66/71.

An der Innerstetalsperre SW : 6 km :

🏨 **Berghof Innerstetalsperre** ⤸, ✉ 3394 Langelsheim, ℰ (05326) 10 47, ≼, 🏠, 🖢, 🖗 —
🖩wc ☎ ⟵ 🅿
Feb.- 5. März geschl. — Karte 20/46 *(Dienstag geschl.)* — **15 Z : 27 B** 29/43 - 52/80.

LANGEN 6070. Hessen 🄈🄋🄍 ⊗ — 30 000 Ew — Höhe 142 m — 🌀 06103.

🄱 Städt. Information, Südliche Ringstr. 80, ℰ 20 31 45.

♦Wiesbaden 42 — ♦Darmstadt 14 — ♦Frankfurt am Main 16 — Mainz 36.

🏨 **Dreieich**, Frankfurter Str. 49, ℰ 2 10 01 — 📺 🖩wc ☎ ⟵ 🅿. 🄰🄴
(nur Abendessen für Hausgäste) — **35 Z : 60 B** 35/80 - 55/100 Fb.

🏨 **Deutsches Haus**, Darmstädter Str. 23 (B 3), ℰ 2 20 51 — 🛗 🖗 ⬛wc 🖩wc ☎ ⟵ 🅿 🄰.
⚡ Rest
Karte 18/46 *(Samstag geschl.)* — **60 Z : 80 B** 40/75 - 80/120.

🏨 **Scherer**, Mörfelder Landstr. 55 (B 486), ℰ 7 13 66 — ⬛wc 🖩 ⟵ 🅿
Karte 19/36 *(nur Abendessen, Samstag-Sonntag geschl.)* — **32 Z : 45 B** 45/75 - 75/120.

LANGENARGEN 7994. Baden-Württemberg 🄈🄋🄍 ⊗, 🄔🄖 ⑪, 🄘🄚🄖 ⑭ — 5 800 Ew — Höhe 398 m —
Erholungsort — 🌀 07543.

🄱 Verkehrsamt, Obere Seestr. 2/2, ℰ 3 02 92.

♦Stuttgart 175 — Bregenz 24 — Ravensburg 27 — ♦Ulm (Donau) 116.

🏨 **Löwen - Da Leone**, Obere Seestr. 4, ℰ 30 10, ≼, 🏠 — 🛗 📺 ⬛wc 🖩wc ☎ ⟵ 🅿. 🄰🄴 🄾
🄴 🄥🄸🄨🄰. ⚡ Zim
3. Nov.- 2. Dez. geschl. — Karte 24/56 *(Dez.- April Montag geschl.)* — **27 Appart. : 84 B**
118/158 - 126/166.

🏨 **Schiff**, Marktplatz 1, ℰ 24 07, ≼, 🏠 — 🛗 📺 ⬛wc 🖩wc ☎. ⚡
April - Okt. — Karte 18/36 — **42 Z : 70 B** 56/85 - 86/140 Fb — P 73/92.

🏨 **Engel**, Marktplatz 3, ℰ 24 36, ≼, « Gartenterrasse », 🖢, 🖗 — 🛗 🖩wc ⟵ 🅿. 🄾. ⚡
2. Jan.- 15. März geschl. — Karte 19,50/43 *(Mittwoch geschl.)* — **32 Z : 60 B** 35/70 - 70/118 —
4 Appart. 80.

🏨 **Kurhotel Seeterrasse** ⤸, Obere Seestr. 52, ℰ 23 50, ≼, 🏠, 🖵 (geheizt), 🖗 — 🛗 ⬛wc
🖩wc ☎ ⟵ 🅿. ⚡ Rest
Mitte April - Mitte Okt. — Karte 22/45 *(Donnerstag geschl.)* — **42 Z : 80 B** 65/75 - 100/140.

🏨 **Litz** garni, Obere Seestr. 11, ℰ 22 12, ≼ — 🛗 ⬛wc 🖩wc ☎. 🄴. ⚡
März - Okt. — **36 Z : 60 B** 58/75 - 70/125 Fb.

🏨 **Strand-Café** garni (mit Gästehaus Charlotte), Obere Seestr. 32, ℰ 24 34, ≼,
« Caféterrasse », 🖗 — ⬛wc 🖩wc ⟵ 🅿
24. Dez.- Jan. geschl. — **16 Z : 27 B** 40/65 - 80/120.

🏨 **Seerose** ⤸ garni, Untere Seestr. 99, ℰ 23 49, ≼, 🖬, 🖗 — 🖩. ⚡
Mai-Sept. — **15 Z : 23 B** 37/48 - 73/96.

🏡 **Adler**, Oberdorfer Str. 11, ℰ 24 41 — ⬛wc 🖩wc 🅿
15. Okt.- 15. Nov. geschl. — Karte 17/38 *(Donnerstag geschl., Mitte Nov. - März garni)* — **16 Z :
32 B** 48/59 - 84/106.

🏡 **Café Klett** garni, Obere Seestr. 15, ℰ 22 10 — 📺 🖩wc. ⚡
20. Okt.- Nov. geschl. — **14 Z : 20 B** 36/60 - 70/90.

In Langenargen-Oberdorf NO : 3 km :

🏨 **Hirsch** ⤸, Ortsstr. 1, ℰ 22 17, 🖗 — ⬛wc 🖩wc ⟵ 🅿. ⚡
22. Dez.- Jan. geschl. — Karte 15,50/35 *(Nov.- April nur Abendessen, Freitag geschl.)* — **25 Z :
48 B** 42/45 - 66/88 Fb.

In Langenargen-Schwedi NW : 2 km :

🏨 **Schwedi** ⤸, ℰ 21 42, ≼, « Gartenterrasse », 🖵 (geheizt), 🖗 — 📺 ⬛wc 🖩wc 🅿
Nov.- 15. Jan. geschl. — Karte 18/43 *(Dienstag, Jan.- März auch Montag geschl.)* — **24 Z : 41 B**
50/60 - 90/110 Fb.

Besonders angenehme Hotels oder Restaurants
sind im Führer rot gekennzeichnet.

Sie können uns helfen, wenn Sie uns die Häuser angeben,
in denen Sie sich besonders wohl gefühlt haben.

Jährlich erscheint eine komplett überarbeitete Ausgabe
aller Roten Michelin-Führer.

🏨🏨🏨 ... 🏨

XXXXX ... X

LANGENAU 7907. Baden-Württemberg 𝟵𝟴𝟳 ⊗ — 11 600 Ew — Höhe 467 m — 🅩 07345.
♦Stuttgart 99 — ♦Augsburg 69 — Heidenheim an der Brenz 32 — ♦Ulm (Donau) 18.

🏨 **Weißes Roß** Ⓜ, Hindenburgstr. 29, 𝒫 80 10, Telex 712807, ⇌, 🔲 — 🛗 📺 ⇌wc 🛁wc ☎ 🅟 🏛 ⅍ ① Ⓔ 𝘝𝘐𝘚𝘈
24. Dez.- 6. Jan. geschl. — Karte 26/60 (Samstag 15 Uhr - Sonntag geschl.) — **85 Z : 120 B** 75/115 - 112/162 Fb.

🏠 **Pflug** garni, Hindenburgstr.56, 𝒫 70 71 — 🛗 🛁wc ☎ 🅟
24. Dez.- 6. Jan. geschl. — **25 Z : 39 B** 38/48 - 70/84.

In Rammingen 7901 NO : 4 km :

🏨 Romantik-Hotel Landgasthof Adler 🦢, Riegerstr. 15, 𝒫 (07345) 70 41 — 📺 ⇌wc 🛁wc ☎ ⇌ 🅟 ⅍ Zim
12 Z : 17 B.

LANGENBERG 4831. Nordrhein-Westfalen — 6 700 Ew — Höhe 74 m — 🅩 05248.
♦Düsseldorf 155 — Lippstadt 12 — Rheda-Wiedenbrück 7.

🕱 **Otterpohl**, Hauptstr. 1, 𝒫 2 66 — 🛁wc ⇌ 🅟
↢ 15. Sept. - 10. Okt. geschl. — **Karte** 12,50/32 (Sonntag ab 13 Uhr geschl.) — **12 Z : 17 B** 30/40 - 60/80.

LANGENBRAND Baden-Württemberg siehe Schömberg (Kreis Calw).

LANGENBRÜCKEN Baden-Württemberg siehe Schönborn, Bad.

LANGENBURG 7183. Baden-Württemberg 𝟵𝟴𝟳 ⊗⊗ — 1 900 Ew — Höhe 470 m — Luftkurort — 🅩 07905.
Sehenswert : Schloß (Innenhof*, Automuseum).
🅱 Verkehrsamt im Rathaus, Hauptstr. 15, 𝒫 53 11.
♦Stuttgart 105 — Heilbronn 65 — ♦Nürnberg 136 — Schwäbisch Hall 25 — ♦Würzburg 99.

🏠 **Post**, Hauptstr. 55, 𝒫 3 52 — 🛁wc ⇌ 🅟
24. Dez.- 25. Jan. geschl. — Karte 15,50/38 (Montag geschl.) 🧖 — **19 Z : 30 B** 40/50 - 60/80.

🏠 **Krone**, Hauptstr. 24, 𝒫 2 39 — 🛁 🅟
↢ 15. Jan.- 25. Feb. geschl. — Karte 14/38 (Dienstag geschl.) 🧖 — **13 Z : 20 B** 29/32 - 58/64.

LANGENFELD 4018. Nordrhein-Westfalen 𝟵𝟴𝟳 ⊗⊗ — 48 200 Ew — Höhe 45 m — 🅩 02173.
♦Düsseldorf 23 — ♦Köln 26 — Solingen 13.

🏨 **Bergisches Tor** garni, Solinger Str. 188 (B 229), 𝒫 2 30 33, Telex 8515657, ⇌, 🔲 — 🛗 📺 🛁wc ☎ 🅟 ⊗
36 Z : 48 B 59/85 - 95/105.

🏨 Stadt Langenfeld, Hauptstr. 125, 𝒫 1 31 22, Telex 8515886 — 📺 ⇌wc 🛁wc ☎ 🅟 🏛
(nur Abendessen) — **22 Z : 30 B** Fb.

🏠 Olympia, Düsseldorfer Str. 18 a (B 8), 𝒫 1 76 62 — ⇌wc 🛁wc ☎ 🅟. ⅍
16 Z : 22 B.

🏠 **Kutscheid** 🦢 garni, Schulstr. 44, 𝒫 1 30 36 — ⇌wc 🛁wc ☎ 🅟
14 Z : 24 B 35/40 - 70/80.

An der B 229 NO : 4 km :

🏨 **Haus Gravenberg**, Elberfelder Str. 45, ⊠ 4018 Langenfeld, 𝒫 (02173) 2 30 61, 🦌, Damwildgehege, ⇌, 🔲, 🌳 — 📺 🛁wc ☎ ⇌ 🅟 ⅍ ①
Juli - Aug. 4 Wochen geschl. — Karte 22/56 (Sonntag 14 Uhr-Montag geschl.) — **36 Z : 60 B** 70/105 - 105/145 Fb.

In Langenfeld-Reusrath :

🕱🕱 **Haus Hagelkreuz** mit Zim, Opladener Str. 19 (B 8), 𝒫 1 70 33 — 📺 🛁wc ☎ 🅟 🏛 ⅍ ①
Mitte Aug.- Anfang Sept. geschl. — Karte 16,50/50 (Dienstag 14 Uhr - Mittwoch geschl.) — **7 Z : 12 B** 55/65 - 110/125.

🕱 Chiarelli's Restaurant (Italienische Küche), Opladener Str. 221 (B 8), 𝒫 1 57 46 — 🅟.

LANGENFELD 5441. Rheinland-Pfalz — 750 Ew — Höhe 510 m — 🅩 02655.
Mainz 157 — ♦Bonn 67 — ♦Koblenz 65 — ♦Trier 101.

🏠 **Zum Anker**, Mayener Str. 20, 𝒫 6 04, 🌳 — 🛁wc 🅟
↢ Karte 12/29 — **10 Z : 18 B** 26 - 52.

LANGENHAGEN Niedersachsen siehe Hannover.

LANGENLONSHEIM 6536. Rheinland-Pfalz — 3 500 Ew — Höhe 110 m — 🅩 06704.
Mainz 38 — ♦Koblenz 75 — Bad Kreuznach 7.

🏠 Garni, Naheweinstr. 191, 𝒫 7 00 — 📺 ⇌wc ☎ 🅟
7 Z : 14 B.

In Guldental **6531** W : 5 km :

XX ❀ **Le Val d'Or**, Hauptstr. 3, ☎ (06707) 17 07 – ⓪ **E**
wochentags nur Abendessen, Montag sowie Jan. und Juni - Juli jeweils 2 Wochen geschl. –
Karte 51/112
Spez. Salm auf Tomaten-Estragonravioli, Kotelette von der Wachtel, Dessertteller "Val d'Or".

X **Weingut Kaiserhof** mit Zim, Hauptstr. 2, ☎ (06707) 7 46 – ⋔wc
Feb. geschl. – Karte **26**/44 *(abends Tischbestellung ratsam, Dienstag geschl.)* ⅃ – **4 Z : 8 B**
35/40 - 75.

LANGEOOG (Insel) 2941. Niedersachsen 987 ④ – 3 100 Ew – Seeheilbad – Insel der
ostfriesischen Inselgruppe. Autos nicht zugelassen – ❀ 04972.

⚓ von Bensersiel (ca. 45 min), ☎ (04972) 5 55.

🛈 Kurverwaltung, Hauptstraße, ☎ 5 55.

♦Hannover 266 – Aurich/Ostfriesland 28 – Wilhelmshaven 54.

🏛 **Upstalsboom** ⤏, Hauptstr. 38, ☎ 60 66, 😤, 🎝, 🞉 – ⋔wc ☎
37 Z : 68 B Fb – 16 Appart.

🏛 **Flörke** ⤏, Hauptstr. 17, ☎ 60 97, 🞉 – ⟜wc ⋔wc ☎. 🞉 Rest
15. März - Okt. – (Rest. nur für Hausgäste) – **43 Z : 88 B** 63/85 - 120/160 Fb – P 90/110.

🏛 **Strandeck** ⤏, Kavalierspad 2, ☎ 7 55, 🎝, ⬛, 🞉 – 🛗 ⟜wc ⋔wc ☎. ⓪ **E**. 🞉 Rest
15. März - Okt. – Karte 26/55 – **48 Z : 78 B** 78/120 - 188/220 Fb (nur Halbpension).

🏠 **Kolb** ⤏, Barkhausenstr. 32, ☎ 4 04 – ⟜wc ⋔wc. 🞉
15. März - 15. Nov. – (nur Abendessen für Hausgäste) – **20 Z : 50 B** 75/90 - 120/150 Fb (nur
Halbpension).

🏠 **Haus Westfalen** ⤏, Abke-Jansen-Weg 6, ☎ 2 65 – ⋔wc
10. Jan.- Feb. und Nov.- 25. Dez. geschl. – Karte 22/47 – **33 Z : 60 B** 57/77 - 114/154 Fb –
P 100/120.

Siehe auch : *Liste der Feriendörfer*

LANGERRINGEN Bayern siehe Schwabmünchen.

LANGMÜHLE Rheinland-Pfalz siehe Lemberg.

LATHEN 4474. Niedersachsen 987 ⑭ – 3 800 Ew – Höhe 30 m – ❀ 05933.

♦Hannover 235 – Cloppenburg 57 – Groningen 86 – Lingen 37.

🏠 **Bruns**, Sögeler Str. 2, ☎ 3 27, 🎝 – 📺 ⋔wc ☎ ⟜ 🅿. 🄰🄴 ⓪ **E** 🆅🆂🄰
15.- 22. Juni geschl. – Karte 19,50/52 *(Montag geschl.)* – **19 Z : 36 B** 36/48 - 68/90 Fb –
8 Appart. 50.

LATROP Nordrhein-Westfalen siehe Schmallenberg.

LAUBACH 6312. Hessen – 10 300 Ew – Höhe 250 m – Luftkurort – ❀ 06405.

🛈 Städt. Kurverwaltung, Friedrichstr. 11, ☎ 2 02.

♦Wiesbaden 101 – ♦Frankfurt am Main 73 – Gießen 28.

🏛 **Waldhaus** ⤏, an der B 276 (O : 2 km), ☎ 2 52, 😤, 🎝, ⬛, 🞉 – 🛗 ⟜wc ⋔wc ☎ ⅃ 🅿
🄰. 🄰🄴
Karte 18/48 – **33 Z : 58 B** 39/59 - 70/114 Fb – P 55/79.

🏠 **Café Göbel**, Friedrichstr. 2, ☎ 13 80, 🞉 – ⋔wc 🅿
Karte 15/29 *(Montag ab 15 Uhr geschl.)* – **13 Z : 20 B** 30/38 - 64/76 – P 46/52.

LAUBACH-LEIENKAUL 5443. Rheinland-Pfalz – 1 000 Ew – Höhe 467 m – ❀ 02653
(Kaisersesch).

Mainz 139 – Cochem 18 – ♦Koblenz 49 – ♦Trier 80.

Im Ortsteil Laubach :

🏠 **Eifelperle**, Eifelstr. 34, ☎ 34 25, 🞉 – ⋔wc ⟜ 🅿
Karte 15/35 *(Dienstag geschl.)* – **13 Z : 27 B** 40 - 70.

LAUBENHEIM Rheinland-Pfalz siehe Bingen.

LAUCHRINGEN Baden-Württemberg siehe Waldshut-Tiengen.

LAUDA-KÖNIGSHOFEN 6970. Baden-Württemberg – 14 900 Ew – Höhe 192 m – ❀ 09343.

♦Stuttgart 120 – Bad Mergentheim 12 – ♦Würzburg 40.

🍴 Ratskeller, Josef-Schmitt-Str. 17 (Lauda), ☎ 12 60 – ⟜ ⟜ 🅿
11 Z : 20 B.

XX **Gemmrig's Landhaus** mit Zim, Hauptstr. 68 (Königshofen), ☎ 80 84 – ⋔wc ☎ 🅿. 🄰🄴 **E**
Jan. und Aug. jeweils 1 Woche geschl. – Karte 18/38 *(Montag geschl.)* ⅃ – **5 Z : 9 B** 38 - 65.

In Lauda-Königshofen - Beckstein   S : 5 km :

🏨 **Zum Adler**, Weinstr. 24, ℰ 20 71 − 📺 🛋wc ☎ 🅿
→ Karte 13/35 ♨ − **26 Z : 52 B** 35/45 - 70/90.

🏨 **Gästehaus Birgit** ⤴ garni (siehe auch Weinstuben Beckstein), Am Nonnenberg 12, ℰ 9 98,
≤, ⇔, 🚗 − 🛋wc 🛋wc ☎ ⇐ 🅿
Jan. geschl. − **16 Z : 32 B** 40/60 - 70/90 Fb.

✕ **Weinstuben Beckstein**, Weinstr. 30, ℰ 82 00 − 🅿
→ *Jan. und Mittwoch geschl.* − Karte 13/40 ♨.

LAUDENBACH 8761. Bayern − 1 200 Ew − Höhe 129 m − ✪ 09372.
♦München 358 − Amorbach 14 − Aschaffenburg 32 − ♦Würzburg 82.

✕✕ **Zur Krone** mit Zim, Obernburger Str. 4, ℰ 24 82, 🏡, « Hübsches bäuerliches Restaurant »
− 🛋wc 🛋wc
Feb. 3 Wochen und Aug. 2 Wochen geschl. − Karte 21/52 *(Donnerstag - Freitag 17 Uhr geschl.)* − **8 Z : 14 B** 46/50 - 74/90.

LAUENBURG AN DER ELBE 2058. Schleswig-Holstein 👁👁👁 ⑤ ⑥ − 11 000 Ew − Höhe 45 m −
✪ 04153.
🛈 Stadtverwaltung, im Schloß, ℰ 1 32 08.
♦Kiel 121 − ♦Hannover 149 − ♦Hamburg 44 − Lüneburg 25.

🏨 **Möller**, Elbstr. 48 (Unterstadt), ℰ 20 11, ≤ − 📺 🛋wc ☎. 🆎 ⓞ 🅴 🆅🆂🅰
Karte 21/47 − **26 Z : 49 B** 45/70 - 70/104.

🏨 **Bellevue** ⤴, Blumenstr. 29, ℰ 23 18, ≤, 🏡 − 🛋wc ⇐ 🅿
Karte 20/53 − **12 Z : 22 B** 34/46 - 68/86.

LAUENSTEIN Niedersachsen siehe Salzhemmendorf.

LAUF AN DER PEGNITZ 8560. Bayern 👁👁👁 ㉖ − 22 500 Ew − Höhe 310 m − ✪ 09123.
♦München 173 − Bayreuth 62 − ♦Nürnberg 17.

🏨 **Gasthof Wilder Mann**, Marktplatz 21, ℰ 50 05, « Altfränkische Hofanlage » − 🛋wc 🛋wc
→ ☎ ⇐ 🅿
22. Dez.- 8. Jan. geschl. − Karte 14/38 *(nur Abendessen, Sonntag geschl.)* − **24 Z : 34 B** 35/60 - 58/92.

🏨 **Schwarzer Bär**, Marktplatz 6, ℰ 27 89 − 🛋wc
→ *April und Nov. jeweils 3 Wochen geschl.* − Karte 10/35 *(Dienstag geschl.)* ♨ − **13 Z : 26 B** 28/40 - 50/65.

✕✕ Altes Rathaus, Marktplatz 1, ℰ 27 00 − 🅰.

An der Straße nach Altdorf   S : 2,5 km :

🏨 **Waldgasthof Am Letten**, Letten 13, ✉ 8560 Lauf an der Pegnitz, ℰ (09123) 55 00, 🏡 −
🛋wc 🛋wc ☎ 🅿 🅰. ✸ Zim
Ende Dez.- Mitte Jan. geschl. − Karte 18,50/48 *(Montag geschl.)* − **50 Z : 72 B** 64/75 - 98/105 Fb.

LAUFEN 8229. Bayern 👁👁👁 ㉘, 🔢🔢 ⑲ − 5 600 Ew − Höhe 401 m − Erholungsort − ✪ 08682.
🛈 Verkehrsverband, Laufen-Leobendorf, ℰ 18 10.
♦München 151 − Burghausen 38 − Salzburg 20.

🏨 **Ruperti**, Kohlhaasstr. 7, ℰ 70 87, 🏡, ⇔ − 📶 🛋wc 🛋wc 🅿. 🆎 ⓞ 🅴 🆅🆂🅰
→ *2. Jan. - 15. Feb. geschl.* − Karte 12,50/33 − **42 Z : 90 B** 37/43 - 73/85 Fb − P 58/64.

Am Abtsdorfer See   SW : 4 km :

🏨 **Seebad** ⤴, ✉ 8229 Laufen-Abtsee, ℰ (08682) 2 58, ≤, 🏡, 🛶, 🚗 − 🛋wc 🛋wc ⇐ 🅿
→ *Mitte Feb.- Okt.* − Karte 13,50/35 *(Freitag geschl.)* − **27 Z : 48 B** 25/35 - 47/67 − P 45/55.

LAUFENBURG (BADEN) 7887. Baden-Württemberg 👁👁👁 ㉞㉟, 🔢🔢🔢 ⑥, 🔢🔢🔢 ⑤ − 7 500 Ew − Höhe
337 m − ✪ 07763.
♦Stuttgart 195 − Basel 39 − Waldshut-Tiengen 15.

🏨 **Alte Post**, Andelsbachstr. 6, ℰ 78 36, Terrasse am Rhein, 🚗 − 🛋wc 🛋wc 🅿
→ Karte 13/33 *(Montag geschl.)* ♨ − **11 Z : 20 B** 28/36 - 56/75 − 2 Appart. 40/55.

LAUFFEN AM NECKAR 7128. Baden-Württemberg 👁👁👁 ㉖ − 9 050 Ew − Höhe 172 m − ✪ 07133.
♦Stuttgart 49 − Heilbronn 10 − Ludwigsburg 33.

🏨 **Elefanten**, Bahnhofstr. 12, ℰ 51 23 − 📶 🛋wc 🛋wc ☎ 🅿. 🆎 ⓞ 🅴
1.- 20. Jan. geschl. − Karte 27/52 *(Freitag geschl.)* ♨ − **13 Z : 22 B** 58 - 100/110.

🏨 **Gästehaus Schick** garni, Lange Str. 69, ℰ 86 17 − 🛋wc 🅿
10 Z : 14 B 40 - 60.

LAUINGEN AN DER DONAU 8882. Bayern 🔟🔟🔟 ㉘ — 9 000 Ew — Höhe 439 m — 🅩 09072.
◆München 113 — ◆Augsburg 55 — Donauwörth 31 — ◆Ulm (Donau) 48.

🏨 **Reiser**, Bahnhofstr. 4, 𝒫 24 94 — 🛏wc 🅿. 🅰🅴
♦ *Aug.- Sept. 3 Wochen geschl.* — Karte 14,50/38 *(Samstag geschl.)* — **26 Z : 36 B** 40/62 - 58/74.

🏨 **Drei Mohren**, Imhofstr. 6, 𝒫 46 88 — 🛏
27. Dez.- 7. Jan. geschl. — Karte 16/50 *(Samstag geschl.)* — **24 Z : 33 B** 32/48 - 64/80.

LAUPHEIM 7958. Baden-Württemberg 🔟🔟🔟 ㉘, 🔢🔢🔢 ① ⑭ — 15 000 Ew — Höhe 515 m — 🅩 07392.
◆Stuttgart 118 — Ravensburg 62 — ◆Ulm (Donau) 26.

🏨 **Zum Wyse**, Kapellenstr. 10, 𝒫 30 91 — 🛗 🛁wc 🛏wc 🅿. 🅾 🆅🅸🆂🅰
Karte 15/38 — **20 Z : 24 B** 33/50 - 85 Fb.

LAURENBURG Rheinland-Pfalz siehe Holzappel.

LAUTENBACH (ORTENAUKREIS) 7606. Baden-Württemberg 🔟🔟 ⑤, 🔢🔢🔢 ㉔ — 1 900 Ew — Höhe 210 m — Luftkurort — 🅩 07802 (Oberkirch).
🏛 Verkehrsamt, Hauptstr. 48, 𝒫 22 26.
◆Stuttgart 143 — Freudenstadt 39 — Offenburg 19 — Strasbourg 33.

🏨 **Sternen**, Hauptstr. 47 (B 28), 𝒫 35 38 — 🛗 🛁wc 🛏wc 🕭 🅿 🏊
Nov. geschl. — Karte 17/46 *(Montag geschl.)* 🍴 — **43 Z : 70 B** 32/46 - 64/92 — P 49/64.

🏨 **Sonne - Gästehaus Sonnenhof**, Hauptstr. 51 (B 28), 𝒫 45 35, 🌳, 🛤 — 🛁wc 🛏wc 🅿
5.- 28. Nov. geschl. — Karte 15/50 *(Mittwoch geschl.)* 🍴 — **30 Z : 56 B** 26/50 - 48/98 Fb — P 60/70.

🏨 **Zum Kreuz**, Hauptstr. 66 (B 28), 𝒫 45 60, 🛤 — 🛏wc 🕰 🅿
♦ *20. Nov.- 15. Dez. geschl.* — Karte 14,50/40 *(Dienstag geschl.)* 🍴 — **28 Z : 45 B** 28/34 - 56/68 — P 46/52.

🏨 **Dorfschänke** garni, Hauptstr. 59 (B 28), 𝒫 44 47 — 🛁wc 🛏wc 🅿 — **12 Z : 22 B**.

Auf dem Sohlberg NO : 6 km — Höhe 780 m :

🏔 **Berggasthaus Wandersruh** 🏊, 𝒫 (07802) 24 73, ≤ Schwarzwald und Rheinebene, 🌳,
♦ 🍴, 🛤 — 🛏wc 🅿
15. Jan.- Feb. geschl. — Karte 14,50/34 *(Dez.- März Abendessen nur für Hausgäste, Dienstag geschl.)* — **30 Z : 58 B** 27/34 - 54/68 — P 39/45.

LAUTERBACH 7233. Baden-Württemberg — 3 800 Ew — Höhe 575 m — Luftkurort — Wintersport : 800/900 m ⚡1 — 🅩 07422 (Schramberg).
🏛 Verkehrsbüro, Rathaus, 𝒫 43 70.
◆Stuttgart 122 — ◆Freiburg im Breisgau 60 — Freudenstadt 41 — Offenburg 55 — Schramberg 4.

🏨 **Kurpension Schwarzwaldblick** 🏊, Imbrand 5, 𝒫 2 01 90, ≤, Badeabteilung, 🚿,
🍴 (geheizt), 🛤 — 🛏wc 🅿
Mai - Okt. — (nur Abendessen für Hausgäste) — **12 Z : 24 B** 32/43 - 64/74 Fb.

🏨 **Tannenhof**, Schramberger Str. 61, 𝒫 30 81, 🚿, 🛤 — 🛗 🛏wc ☎ 🕰 🅿 🏊. 🅰🅴 🅾 🅴.
🍴 Zim
Feb. geschl. — Karte 17,50/41 *(Freitag geschl.)* — **45 Z : 73 B** 48/58 - 86 Fb — P 73.

🏨 **Holzschuh**, Siebenlinden 2, 𝒫 44 40, 🍴 (geheizt), 🛤 — 🛏wc 🕰 🅿. 🅴
Nov. geschl. — Karte 16/35 *(Montag geschl.)* 🍴 — **12 Z : 20 B** 36/38 - 72/76 — P 60.

LAUTERBACH 6420. Hessen 🔟🔟🔟 ㉘ — 15 000 Ew — Höhe 285 m — Luftkurort — 🅩 06641.
🏛 Verkehrsverein, Marktplatz 14, 𝒫 80 04.
◆Wiesbaden 151 — Fulda 25 — Gießen 68 — ◆Kassel 110.

🏨 **Schubert**, Kanalstr. 12, 𝒫 30 75 — 📺 🛁wc 🛏wc 🏊. 🅰🅴 🅴
Aug. 1 Woche geschl. — Karte 16/44 *(Sonntag 15 Uhr - Montag geschl.)* — **27 Z : 41 B** 34/55 - 75/94 — P 64/85.

✕ **Casino**, Vogelsbergstr. 36, 𝒫 51 11 — 🅿.

LAUTERBAD Baden-Württemberg siehe Freudenstadt.

LAUTERBERG, BAD 3422. Niedersachsen 🔟🔟🔟 ⑯ — 15 000 Ew — Höhe 300 m — Kneippheilbad — 🅩 05524.
🏛 Städtische Kur- und Badeverwaltung, im Haus des Kurgastes, 𝒫 40 21.
◆Hannover 116 — ◆Braunschweig 87 — Göttingen 49.

🏨🏨 **Revita**, Promenade 56 (Am Kurpark), 𝒫 8 31, Telex 96245, 🌳, Bade- und Massageabteilung, 🚿, 🚿, 🍴, Ferienfahrschule — 🛗 📺 🕭 🕰 🅿 🏊 🅰🅴 🅾 🅴 🆅🅸🆂🅰. 🍴 Rest
Karte 19/55 *(auch Diät)* — **283 Z : 564 B** 68/103 - 116/186 Fb — P 104/139.

🏨🏨 **Kneipp-Sanatorium Mühl**, Ritscherstr. 1, 𝒫 40 66, Bade- und Massageabteilung, 🚿, 🚿,
🍴, 🛤 — 🛗 📺 🅿. 🅾. 🏊
Dez.- 15. Jan. geschl. — (Rest. nur für Hausgäste) — **73 Z : 90 B** 55/100 - 110/160 Fb — P 85/100.

🏛 **Kneipp-Kurhotel Wiesenbeker Teich** ⑤, Wiesenbek 75 (O: 3 km), ℰ 29 94, ≤, « Gartenterrasse », Bade- und Massageabteilung, ⚐, ⚏, ☒, 🏖 – 🛏 ➩wc 🛏wc ☎ 🅿.
ⓓ
Karte 23/56 – **55 Z : 80 B** 35/85 - 60/160 – P 75/120.

🏠 **Kurhotel Riemann**, Promenade 1, ℰ 30 95, 🏖, 🏖 – 🛏 📺 🛏wc ☎ 🚗 🅿. 🆎 ⓞ ㉂
→ Karte 13,50/49 *(auch Diät)* – **36 Z : 63 B** 30/54 - 50/98.

🏠 Kneipp-Kurhotel St. Hubertusklause ⑤, Wiesenbek 16, ℰ 29 55, Bade- und Massageabteilung, ⚐, ⚏, 🏖 – 🛏 🛏wc ☎ 🚗 🅿. 🕸 Zim
31 Z : 38 B.

🏠 **Alexander**, Promenade 4, ℰ 29 23, 🏖, ⚏ – 📺 🛏wc ☎ 🚗 🅿. ㉂
Karte 17/46 – **14 Z : 27 B** 50 - 95 – P 75.

LAUTERECKEN 6758. Rheinland-Pfalz 🔢 ㉔ – 2 300 Ew – Höhe 165 m – ✆ 06382.
Mainz 83 – Bad Kreuznach 38 – Kaiserslautern 32 – ◆Saarbrücken 85.

🏠 **Pfälzer Hof**, Hauptstr. 12, ℰ 3 38, ⚏ – ➩wc 🛏wc 🅿. 🕸
→ 15. Juli - 10. Aug. geschl. – Karte 12/38 *(Nov.- April Freitag geschl.)* ⚐ – **12 Z : 25 B** 37 - 66.

LAUTERSEE Bayern siehe Mittenwald.

LEBACH 6610. Saarland 🔢 ㉔. 🔢 ⑥ ⑦. 🔢 ⑥ – 20 000 Ew – Höhe 275 m – ✆ 06881.
◆Saarbrücken 24 – Saarlouis 20 – St. Wendel 24.

🏠 **Klein**, Marktstr. 2, ℰ 23 05 – 🛏wc 🚗
(nur Abendessen für Hausgäste) – **14 Z : 20 B** 30/36 - 54/64.

✗ **Silberquelle**, Dillinger Str. 120, ℰ 28 80, 🏖 – 🅿
März 2 Wochen, Samstag bis 17 Uhr und Montag geschl. – Karte 21/50.

LECHBRUCK 8923. Bayern 🔢 ⑥ – 2 200 Ew – Höhe 730 m – Erholungsort – ✆ 08862.
Ausflugsziel : Wies : Kirche★★ SO : 10 km.
🛈 Verkehrsverein im Rathaus, Flößerstr. 1, ℰ 85 21.
◆München 103 – Füssen 20 – Landsberg am Lech 47 – Marktoberdorf 20.

🏛 **Ferien-Kurhotel Königshof** Ⓜ ⑤, Hochbergle 1a, ℰ 71 71, Telex 59755, ≤, 🏖, Bade- und Massageabteilung, ⚐, ⚏, ⚏, 🏖 – 🛏 🅿 ⚏. 🆎 ⓞ ㉂ 🆅🆂🅰
Karte 18,50/50 – **57 Z : 114 B** 70/75 - 110/120 Fb – P 91/111.

🏡 **Hirsch** ⑤, Brandach 20, ℰ 82 63, 🏖 – 🛏wc 🅿
→ Mitte Nov.- Mitte Dez. geschl. – Karte 14/30 *(Okt.- Mai Donnerstag geschl.)* ⚐ – **25 Z : 43 B** 33 - 60/65.

🏡 **Pension Keller** ⑤ garni, Am Bichl 12, ℰ 82 29, ⚏ – 🚗 🅿
Nov.- 15. Dez. geschl. – **12 Z : 22 B** 25 - 44.

Siehe auch : *Liste der Feriendörfer*

LECK 2262. Schleswig-Holstein 🔢 ④⑤ – 7 700 Ew – Höhe 6 m – ✆ 04662.
◆Kiel 110 – Flensburg 33 – Husum 36 – Niebüll 11.

🏡 **Deutsches Haus**, Hauptstr. 8, ℰ 26 45 – 🅿
Karte 17,50/42 – **8 Z : 12 B** 30 - 60.

In Stedesand 2261 SW : 6 km :

🏠 **Deichgraf**, an der B 5, ℰ (04662) 27 50 – 🛏wc ☎ 🅿. 🕸
Ende Jan.- Mitte Feb. geschl. – Karte 20/42 ⚐ – **8 Z : 12 B** 35 - 70.

LEER 2950. Niedersachsen 🔢 ⑭ – 32 000 Ew – Höhe 7 m – ✆ 0491.
🛈 Verkehrsbüro, Denkmalplatz, ℰ 31 03, Telex 27603.
◆Hannover 234 – Emden 31 – Groningen 69 – ◆Oldenburg 63 – Wilhelmshaven 66.

🏠 Oberledinger Hof, Bremer Str. 33, ℰ 1 20 72, ⚏ – 📺 🛏wc ☎ 🅿 – **40 Z : 70 B**.

🏠 Central-Hotel, Pferdemarktstr. 47, ℰ 23 71 – 🛏wc 🚗 🅿 – **20 Z : 30 B**.

✗✗ **Zur Waage und Börse**, Neue Str. 1, ℰ 6 22 44, 🏖 – ⚏. 🆎 ⓞ ㉂
Karte 27/65.

Nahe der B 70, Richtung Papenburg SO : 4,5 km :

🏛 **Lange**, Zum Schöpfwerk 1, ✉ 2950 Leer-Nettelburg, ℰ (0491) 1 20 11, ⚏ – 📺 ➩wc 🛏wc ☎ 🚗 🅿
Karte 20/44 *(Sonntag geschl.)* – **39 Z : 58 B** 54/64 - 98 Fb.

In Holtland 2951 NO : 10 km :

🏠 **Preyt** (mit Gästehaus), Leeraner Str. 15 (B 75), ℰ (04950) 22 11, ⚏ – 🛏wc 🚗 🅿. 🆎 ⓞ ㉂
Karte 18/49 – **24 Z : 36 B** 32/55 - 60/100.

LEEZEN Schleswig-Holstein siehe Segeberg, Bad.

LEGAU 8945. Bayern **4 2 6** ⑮ − 2 900 Ew − Höhe 670 m − 🟢 08330.
◆München 133 − Kempten (Allgäu) 27 − Leutkirch 12 − Memmingen 19.

🏛 **Löwen**, Marktplatz 3, 🍴 2 23 − 🛏️wc 🔚 🅿️
→ Karte 11/29 *(Samstag geschl.)* 🍷 − **24 Z : 50 B** 28/33 - 56 − P 44.

LEGDEN 4427. Nordrhein-Westfalen **4 0 8** ⑭ − 5 650 Ew − Höhe 67 m − 🟢 02566.
◆Düsseldorf 123 − Enschede 35 − Münster (Westfalen) 46.

🏛 **Lanfer**, Hauptstr. 21, 🍴 12 07 − 🛏️wc 🛏️wc 🔚 🅿️. ⓘ **E**. 🍴 Rest
22. Dez.- 6. Jan. geschl. − Karte 16/41 *(Montag geschl.)* − **8 Z : 14 B** 28/36 - 56/72.

LEHRTE 3160. Niedersachsen **9 8 7** ⑮ − 40 400 Ew − Höhe 66 m − 🟢 05132.
◆Hannover 20 − ◆Braunschweig 47 − Celle 33.

🏛 **Alte Post**, Poststr. 8, 🍴 40 01, 🔚 − 🛏️wc 🕾 🅿️ 🅰. ⓘ. 🍴
Karte 22/54 *(Sonntag geschl.)* − **26 Z : 33 B** 72/81 - 124/133 Fb.

In Lehrte-Ahlten SW : 4 km :

🏠 **Zum Dorfkrug**, Hannoversche Str. 29, 🍴 60 03, 🔚, 🔲, 🌳 − 🛏️wc 🅿️. 🆎 ⓘ **E**
Karte 19/41 *(nur Abendessen, Sonntag geschl.)* − **29 Z : 52 B** 50/100 - 90/130.

In Lehrte-Steinwedel NO : 6 km über die B 443 :

🏛 **Steinwedeler Dorfkrug**, Dorfstr. 10, 🍴 (05136) 33 52 − 🛏️wc 🔚 🅿️
Juni geschl. − Karte 17/36 *(Montag geschl.)* − **20 Z : 28 B** 35/40 - 70/80.

LEICHLINGEN 5653. Nordrhein-Westfalen − 24 600 Ew − Höhe 60 m − 🟢 02175.
◆Düsseldorf 29 − ◆Köln 23 − Solingen 11.

🏛 **Am Stadtpark**, Am Büscherhof 1a, 🍴 10 18, 🔚 − 🛗 🛏️wc 🕾 🅿️ 🅰 (mit 🛏️). ⓘ **E**
Karte 20/57 − **35 Z : 65 B** 75/100 - 120/180 Fb.

🏠 Lindenhof, Brückenstr. 9, 🍴 43 08 − 🛗 🛏️wc 🕾
(nur Abendessen) − **32 Z : 44 B**.

✕ Bier- und Speisegasthaus, Bahnhofstr. 11 B, 🍴 39 43.

In Leichlingen-Stöcken O : 3,5 km :

✕ **Haus Stöcken** (Bergisches Gasthaus), Stöcken 12, 🍴 28 57, 🌳 − 🅿️
Montag geschl. − Karte 24/52.

In Leichlingen-Witzhelden O : 8,5 km :

✕✕ **Landhaus Lorenzet**, Neuenhof 1, 🍴 (02174) 3 86 86, 🌳 − 🅿️. 🆎 ⓘ **E**
Karte 27/74.

LEIDERSBACH 8751. Bayern − 2 500 Ew − Höhe 196 m − 🟢 06092.
◆München 351 − Aschaffenburg 14 − ◆ Frankfurt am Main 51 − ◆Würzburg 75.

In Leidersbach 4-Volkersbrunn SO : 3 km :

🏛 **Zur Rose**, Volkersbrunner Str. 11, 🍴 2 02, 🔚, 🌳 − 🛏️wc 🅿️
→ 12. Feb. - 12. März geschl. − Karte 13/33 *(Okt.- April Donnerstag ganztägig, Mai - Sept. Donnerstag ab 14 Uhr geschl.)* 🍷 − **11 Z : 21 B** 18/28 - 36/56 − P 34/40.

LEIMEN 6906. Baden-Württemberg − 16 400 Ew − Höhe 120 m − 🟢 06224 (Sandhausen).
◆Stuttgart 109 − Bruchsal 28 − Heidelberg 7.

🏛 **Seipel** 🅼 garni, Am Sportpark, 🍴 7 10 89 − 🛏️wc 🕾 🅿️
28. Dez.- 7. Jan. geschl. − **23 Z : 40 B** 65/69 - 96/112.

🏠 **Traube**, St.-Ilgener-Str. 9, 🍴 7 17 27 − 🛏️ Rest 🛏️wc 🕾 🔚 🅿️
5.- 20. Aug. geschl. − Karte 19/52 *(Sonntag geschl.)* 🍷 − **24 Z : 45 B** 36/50 - 64/90.

🏠 **Zum Bären**, Rathausstr. 20, 🍴 7 15 04, Gartenwirtschaft − 🛏️ 🅿️
15. Juni - 2. Juli geschl. − Karte 16,50/43 *(Montag geschl.)* 🍷 − **14 Z : 20 B** 35/40 - 60/70.

✕ **Seeger's Weinstube**, J.-Reidel-Str. 2, 🍴 7 14 96
Dienstag und Mitte Juli - Mitte Aug. geschl., Mittwoch - Samstag nur Abendessen − Karte 21/42 🍷.

In Leimen-Gauangelloch SO : 8 km :

✕✕✕ **Zum Schwanen**, Hauptstr. 38, 🍴 (06226) 32 19 − 🅿️. 🆎 ⓘ **E**. 🍴
Montag und Jan. 3 Wochen geschl. − Karte 37/85.

In Leimen 2-Lingental O : 3 km :

🏠 **Lingentalerhof** 🍴, Kastanienweg 2, 🍴 7 19 12, 🌳 − 🛏️wc 🕾 🅿️
Mitte Juli - Mitte Aug. geschl. − Karte 18,50/45 *(Sonntag 17 Uhr - Montag geschl.)* 🍷 − **7 Z : 14 B** 30/48 - 68/78.

LEINFELDEN-ECHTERDINGEN Baden-Württemberg siehe Stuttgart.

LEINSWEILER 6741. Rheinland-Pfalz 242 ⑧. 57 ⑩. 87 ① — 450 Ew — Höhe 260 m — ✆ 06345.

Mainz 122 — Landau in der Pfalz 9 — Pirmasens 46 — Wissembourg 20.

⌂ **Leinsweiler Hof** ⏎, An der Straße nach Eschbach (S : 1 km), ⌂ 36 40, ⪡ Weinberge u. Rheinebene, « Gartenterrasse » — ⍮wc ☎ ⇔ ℗ ⛾. ᴱ. ⍟ Rest
Feb. geschl. — Karte 20/50 *(Montag geschl.)* ⅃ — **21 Z : 45 B** 48/68 - 85.

⌃ **Gasthof Rebmann**, Weinstr. 8, ⌂ 25 30 — ⍮wc ᴬᴱ
Feb.- 15. März geschl. — Karte 16/40 *(Nov.- März Dienstag geschl.)* ⅃ — **11 Z : 20 B** 40/48 - 75.

LEIPHEIM 8874. Bayern 987 ㊲ — 5 800 Ew — Höhe 470 m — ✆ 08221 (Günzburg).

♦München 117 — ♦Augsburg 59 — Günzburg 5 — ♦Ulm (Donau) 24.

An der Autobahn A 8 Richtung Augsburg :

⌂ **Rasthaus und Motel Leipheim**, ✉ 8874 Leipheim, ⌂ 7 20 37, 😂 — ⍮wc ℗. ⍟ Rest
Karte 16/40 (auch Self-service) — **27 Z : 54 B** 44/54 - 74/91.

LEIWEN 5559. Rheinland-Pfalz — 1 700 Ew — Höhe 114 m — ✆ 06507 (Neumagen-Dhron).

Mainz 142 — Bernkastel-Kues 29 — ♦Trier 33.

⌂ **Weinhaus Weis**, Römerstr. 10, ⌂ 30 48, eigener Weinbau, 😂, ▦, 🌲 — 📶 📺 ⍮wc ⍮wc
◆ ☎ ℗. ᴬᴱ ᴱ
Jan.- Feb. geschl. — Karte 12/42 *(Mittwoch geschl.)* ⅃ — **19 Z : 34 B** 45/60 - 75/85 Fb —
P 55/60.

⌃ **Leiwener Hof**, Klostergartenstr. 50, ⌂ 35 99 — ⍮wc ⍮wc
12 Z : 24 B.

An der Straße nach Büdlicherbrück O : 2,5 km :

⌂⌂ **Zummethof** ⏎, Panoramaweg 1, ✉ 5559 Leiwen, ⌂ (06507) 30 44, Telex 472574, ⪡
Trittenheim und Moselschleife, « Terrasse » — ⍮wc ☎ ⇔ ℗ ⛾. ᴬᴱ ⓞ ᴱ
3. Jan.- 15. Feb. geschl. — Karte 17/60 *(Nov.- April Montag geschl.)* — **25 Z : 52 B** 35/45 - 65/90
Fb — P 57/67.

LEMBERG 6786. Rheinland-Pfalz 242 ⑫. 57 ⑧. 87 ② — 4 000 Ew — Höhe 320 m — Erholungsort
— ✆ 06331 (Pirmasens).

Mainz 129 — Landau in der Pfalz 42 — Pirmasens 5,5.

✗ **Zum Pfälzer Wald** mit Zim, Hauptstr. 2, ⌂ 4 92 36 — ⍮ ℗
Karte 16/40 *(Mittwoch geschl.)* ⅃ — **4 Z : 8 B** 25 - 33/60.

In Lemberg-Langmühle SO : 2,5 km :

⌃ **Zum Grafenfels** ⏎, Salzbachstr. 33, ⌂ 4 92 41, 😂 — ⍮wc ⍮wc ⇔ ℗. ⍟
Dez.- Feb. geschl. — Karte 16,50/32 *(Donnerstag - Freitag geschl.)* ⅃ — **18 Z : 32 B** 25/31 -
46/60 — P 34/40.

LEMBRUCH 2841. Niedersachsen — 900 Ew — Höhe 40 m — Erholungsort — ✆ 05447.

♦Hannover 119 — ♦Bremen 77 — ♦Osnabrück 42.

⌂⌂ **Seeblick** ⏎, Birkenallee 44, ⌂ 2 13, 😂, 😂, ▦ — 📺 ⍮wc ⍮wc ☎ ⇔ ℗ ⛾. ᴬᴱ ⓞ ᴱ
Karte 22/54 *(Nov.- März Freitag geschl.)* — **24 Z : 42 B** 36/76 - 66/118.

⌂⌂ **Seeschlößchen**, Große Str. 154, ⌂ 12 12, 😂, 😂 — 📺 ⍮wc ☎ ⌧ ℗ ⛾. ᴬᴱ ⓞ ᴱ
Karte 21/54 — **20 Z : 40 B** 68 - 98 Fb — 2 Appart. 80.

⌂ **Strandlust** ⏎, Seestr. 1, ⌂ 2 51, ⪡, 😂 — ⍮wc ⍮wc ☎ ℗. ⍟ Zim
Mitte Dez.-Mitte Jan. geschl. — Karte 20/44 *(Sept.- April Dienstag geschl.)* — **12 Z : 21 B** 44/70
- 85/95.

✗✗✗ ❀ **Landhaus Götker**, Tiemanns Hof 1, ⌂ 12 57 — ℗. ᴬᴱ ⓞ ᴱ
Montag und 2.- 15 Jan. geschl. — Karte 29/73
Spez. Borschtsch von der Taube, Steinbutt mit Meeresalgen und Bigorneaux, Wildhasenrücken mit Blutsauce.

LEMFÖRDE 2844. Niedersachsen 987 ⑭ — 2 100 Ew — Höhe 44 m — ✆ 05443.

♦Hannover 126 — ♦Bremen 84 — ♦Osnabrück 36.

In Lemförde-Stemshorn SW : 2,5 km :

⌂⌂ **Tiemanns H.**, Vor der Brücke 26, ⌂ 5 38, « Kleiner Garten, Terrasse », 🌲 — 📺 ⍮wc
⍮wc ☎ ⇔ ℗ ⛾. ᴬᴱ ⓞ ᴱ. ⍟
Karte 19/46 — **28 Z : 48 B** 45/60 - 70/95 Fb.

LEMGO 4920. Nordrhein-Westfalen 987 ⑮ — 41 400 Ew — Höhe 98 m — ✆ 05261.

Sehenswert : Marktplatz (Rathaus★★, Steingiebelhäuser).

🛈 Verkehrsamt, Kramerstraße (Haus Wippermann), ⌂ 21 13 47.

♦Düsseldorf 198 — Bielefeld 29 — Detmold 12 — ♦Hannover 88.

⌂⌂ **Stadtpalais**, Papenstr. 24, ⌂ 1 04 81, « Adelshof a. d. 16. Jh., wertvolle antike Einrichtung »
— ⍮wc ⍮wc ☎ ⇔ ℗ ⛾. ⓞ ᴱ
2.- 31. Jan. geschl. — Karte 28/62 — **13 Z : 23 B** 68/82 - 120.

Fortsetzung →

🏠 **Lemgoer Hof**, Detmolder Weg 14 (B 238), 𝒫 7 11 97 – ⇔wc �🚿wc ☎ ⇦ 𝐏. 🅰🅴 ⓘ 🇪 𝘝𝘐𝘚𝘈.
Karte 24/42 *(nur Abendessen, Sonntag geschl.)* 🍴 – **18 Z : 34 B** 65/75 - 98/115 Fb.

🏠 Gästehaus Lindau 🦢 garni, Franz-Liszt-Str. 52, 𝒫 42 52, 🌲 – ⇔wc �🚿wc ☎ 𝐏
7 Z : 11 B Fb.

🏠 **Hansa**, Breite Str. 14, 𝒫 48 89 – �🚿wc ☎ ⇦ 𝐏. 🅰🅴 ⓘ 🇪 𝘝𝘐𝘚𝘈. 🍽 Rest
→ Karte 13,50/34 *(Freitag geschl.)* – **33 Z : 48 B** 30/49 - 56/75.

In Lemgo 2-Kirchheide N : 8 km :

🏰 **Im Borke**, Salzufler Str. 132, 𝒫 (05266) 18 85, ⇍, 🌲 – 📺 ⇔wc �🚿wc ☎ ⇦ 𝐏 ⛳
🍽 Zim
Karte 18/45 *(Mittwoch und 31. Juli - 21. Aug. geschl.)* – **13 Z : 25 B** 30/55 - 60/110.

In Lemgo 2-Matorf N : 5,5 km :

🏰 **Gasthof Hartmann - Hotel An der Ilse**, Vlothoer Str. 77, 𝒫 (05266) 16 61, ⇍, 🔲, 🌲 –
→ 📺 ⇔wc �🚿wc ☎ ⇦ 𝐏 ⛳
Karte 13/35 *(Dienstag geschl.)* – **20 Z : 34 B** 32/45 - 64/80.

LENGERICH 4540. Nordrhein-Westfalen 𝟿𝟾𝟽 ⑭ – 21 600 Ew – Höhe 80 m – 🕿 05481.
🛈 Reise- und Verkehrsbüro, Bahnhofstr. 10, 𝒫 35 78, Telex 941338.
♦Düsseldorf 173 – Bielefeld 57 – Münster (Westfalen) 39 – ♦Osnabrück 17.

🏠 **Altdeutsches Haus** garni, Rahestr. 36, 𝒫 25 54, 🌲 – ⇔wc �🚿wc 𝐏
10 Z : 16 B 46/50 - 80/86.

🏠 **Heckmann**, Lienener Str. 35, 𝒫 34 41 – �🚿wc ⇦ 𝐏 ⛳
28. Juli - 17. Aug. geschl. – Karte 17/40 *(Sonntag geschl.)* – **11 Z : 16 B** 37/41 - 70/80.

🏠 **Haus Werlemann**, Altstadt 8, 𝒫 10 55 – �🚿wc ⇦ 𝐏. 🅰🅴 ⓘ 🇪
Karte 15,50/43 *(Sonntag ab 15 Uhr und Freitag geschl.)* – **19 Z : 31 B** 33/46 - 60/80.

XX **Römer**, Rathausplatz 4 (1. Etage), 𝒫 3 78 50
Montag und Juli - Aug. 3 Wochen geschl. – Karte 22/48.

In Lengerich-Ringel S : 6,5 km :

🏠 Waldhotel Hilgemann 🦢, Ringeler Str. 197, 𝒫 (05484) 10 92, 🌳, 🌲 – �🚿wc 𝐏
10 Z : 22 B.

LENGGRIES 8172. Bayern 𝟿𝟾𝟽 ㉗. 𝟺𝟸𝟼 ⑰ – 8 200 Ew – Höhe 680 m – Luftkurort – Wintersport :
680/1 700 m ⛷1 ⛷21 ⛷3 – 🕿 08042.
🛈 Verkehrsamt, Rathausplatz 1, 𝒫 29 77.
♦München 60 – Bad Tölz 9 – Innsbruck 88.

🏨 **Brauneck-Hotel**, Münchner Str. 25, 𝒫 20 21, Telex 526247, ≼, Biergarten, ⇍ – 🕴 🔥 ⇦
𝐏 ⛳. 🅰🅴 ⓘ 🇪
Karte 20/48 – **105 Z : 186 B** 70/77 - 110/120 Fb.

🏰 **Alpenrose** garni, Brauneckstr. 1, 𝒫 80 61, ⇍, 🌲 – ⇔wc �🚿wc ☎ 𝐏. ⓘ 🇪
21 Z : 38 B 45/50 - 80/100.

🏠 **Zur Post**, Marktstr. 3, 𝒫 24 54, 🌳 – �🚿wc ⇦ 𝐏. 🍽 Zim
Mitte Nov.- Mitte Dez. geschl. – Karte 15,50/30 *(Mittwoch geschl.)* – **22 Z : 40 B** 35/40 - 60.

🏠 **Lenggrieser Hof**, Münchner Str. 3, 𝒫 87 74, 🌳 – 📺 �🚿wc ☎ ⇦ 𝐏
12 Z : 24 B.

🏠 **Altwirt**, Marktstr. 13, 𝒫 89 40, 🌳, ⇍ – ⇔wc �🚿wc ⇦ 𝐏. 🅰🅴
18. Nov.- 20. Dez. geschl. – Karte 16/40 *(Montag geschl.)* 🍴 – **20 Z : 38 B** 41/44 - 62/70 – P 64.

🏠 **Gästehaus Seemüller** 🦢 garni, Oberreiterweg 3, 𝒫 27 81, ⇍, 🔲, 🌲 – 📺 ⇔wc �🚿wc
☎ ⇦ 𝐏
13 Z : 23 B 50/70 - 90/100 Fb.

🏠 Haus Geierstein 🦢 garni, Bachmairstr. 18, 𝒫 25 20, 🌲 – �🚿wc ⇦ 𝐏. 🍽
16 Z : 24 B.

LENNESTADT 5940. Nordrhein-Westfalen 𝟿𝟾𝟽 ㉔ – 27 000 Ew – Höhe 285 m – 🕿 02723.
♦Düsseldorf 130 – Meschede 48 – Olpe 19.

In Lennestadt 1-Altenhundem :

🏠 **Im Schlamm** garni, Gartenstr. 9, 𝒫 50 75 – 🕴 �🚿wc ☎ 𝐏. ⓘ
14 Z : 24 B 40 - 78.

In Lennestadt 16-Bilstein SW : 6 km :

🏰 **Faerber-Luig**, Freiheit 42, 𝒫 (02721) 8 00 09, Bade- und Massageabteilung, ⇍, 🔲 – 🕴
⇔wc �🚿wc ☎ 𝐏 ⛳. ⓘ
Karte 22/48 – **38 Z : 69 B** 53/70 - 105/130 Fb.

In Lennestadt 11-Bonzel W : 9 km :

🏠 **Haus Kramer**, Bonzeler Str. 7, 𝒫 (02721) 85 23, ⇍, 🔲 – ⇔ �🚿wc 𝐏. 🍽
22. Feb.- 8. März geschl. – Karte 16/30 *(Montag geschl.)* – **25 Z : 38 B** 34/44 - 60/84.

In Lennestadt 1-Gleierbrück O : 6 km :

🏠 **Gleiertal**, Saalhauser Str. 9, ℰ 81 61, 🛏, 🔲, 🚗 – 📶 🛁wc 🛁wc 🕿 🅿 🎿. 🏊 Zim
15. Nov.- 15. Dez. geschl. – Karte 15,50/44 *(Montag geschl.)* – **32 Z : 58 B** 35/65 - 68/82.

🏠 **Pieper**, Gleierstr. 2, ℰ 82 11, 🛏, 🔲, 🚗 – 📶 🛁wc 🛁wc 🅿. ⓄⒾ E 𝘝𝘐𝘚𝘈
Karte 17,50/43 – **24 Z : 46 B** 36/52 - 72/90.

In Lennestadt 1-Saalhausen SO : 8 km – Luftkurort :

🏠 **Voss**, Winterberger Str. 36, ℰ 81 14, 🛏, 🔲, 🚗 – 📶 🛁wc 🛁wc 🕿 🅿. 🏊
21 Z : 37 B.

🏠 **Haus Hilmeke** 🛥, (O : 1 km), ℰ 81 71, <, « Gartenterrasse », 🛏, 🔲, 🚗 – 📶 🛁wc 🛁wc
🕿 🚗 🅿. 🏊
16. Nov.- 25. Dez. geschl. – Karte 18/41 – **26 Z : 45 B** 55/75 - 80/114.

🏠 **Haus Rameil**, Winterberger Str. 49, ℰ 81 09, 🚗 – 📶 🛁wc 🛁wc 🅿. ⓄⒾ E
Nov.- Dez. 3 Wochen geschl. – Karte 15,50/41 *(Montag geschl.)* – **17 Z : 28 B** 43/53 - 80 –
P 53.

🏠 **Gastreich**, Winterberger Str. 40, ℰ 85 26, 🚗 – 🛁wc 🅿. ⓄⒾ E. 🏊
10. Nov.- 25. Dez. geschl. – (Rest. nur für Hausgäste) – **22 Z : 38 B** 36/40 - 68/76 – P 42/47.

LENNINGEN 7318. Baden-Württemberg – 8 000 Ew – Höhe 530 m – Wintersport : 700/870 m
🎿3 – ✆ 07026.

◆Stuttgart 44 – Reutlingen 27 – ◆Ulm (Donau) 66.

In Lenningen 4-Gutenberg SO : 4 km :

🏠 **Löwen** 🛥 garni, Höllsternstr. 6, ℰ 78 10 – 🛁wc 🛁wc 🅿
15. Dez.- 10. Jan. geschl. – **21 Z : 37 B** 24/42 - 48/84.

In Lenningen 3-Schopfloch SO : 11 km :

✗ **Sommerberg**, Kreislerstr. 4, ℰ 21 07, <, 🍽 – 🅿
Dienstag geschl. – Karte 19/43 🍴.

LENZFRIED Bayern siehe Kempten (Allgäu).

LENZKIRCH 7825. Baden-Württemberg 🔢🔢🔢 ㉟. 🔢🔢🔢 ⑤ – 4 700 Ew – Höhe 810 m –
Heilklimatischer Kurort – Wintersport : 800/1 100 m 🎿4 🎿5 – ✆ 07653.

🆘 Kurverwaltung, Kurhaus am Kurpark, ℰ 6 84 39, in Saig : Rathaus, ℰ 7 86, in Kappel : Rathaus, ℰ 3 09.
◆Stuttgart 158 – Donaueschingen 35 – ◆Freiburg im Breisgau 40 – Schaffhausen 50.

🏨 **Schwarzwaldhotel Ruhbühl** 🛥, im Feriendorf (O : 3 km), ℰ 8 21, <, 🍽, 🛏, 🔲, 🚗, ✗
– 📶 📺 🛁wc 🛁wc 🕿 & 🚶 🅿. 𝘈𝘌 E 𝘝𝘐𝘚𝘈
Ende Nov.- 20. Dez. geschl. – Karte 23/52 🍴 – **37 Z : 74 B** 73/105 - 109/160 Fb – P 111/143.

🏨 **Ursee** 🛥, Grabenstr. 18, ℰ 7 81, <, 🍽, 🛏, 🚗 – 📶 🛁wc 🛁wc 🕿 & 🅿 🎿
Nov.- 15. Dez. geschl. – Karte 16/58 *(Montag geschl.)* 🍴 – **52 Z : 90 B** 38/85 - 70/122 Fb –
2 Appart. 78 – P 68/86.

🏠 **Vogt** 🛥, Am Kurpark 7, ℰ 7 06, 🚗 – 🛁wc 🛁wc 🕿 🚗 🅿. 𝘈𝘌 𝘝𝘐𝘚𝘈. 🏊
11. Nov.- 7. Dez. geschl. – Karte 24/58 *(Montag geschl.)* 🍴 – **19 Z : 30 B** 33/40 - 62/90 –
P 60/67.

In Lenzkirch-Kappel NO : 3 km – Luftkurort :

🏠 Pfauen, Mühlhaldenweg 1, ℰ 7 88, <, 🍽, 🛏, 🚗 – 📶 🛁wc 🅿
28 Z : 55 B.

🏠 **Straub** 🛥, Neustädter Str. 3, ℰ 2 22, <, 🛏, 🚗 – 🛁wc 🛁wc & 🚗 🅿
← 15. Nov.-15. Dez. geschl. – Karte 14/45 *(Samstag geschl.)* 🍴 – **35 Z : 57 B** 36/50 - 77/96 Fb –
15 Appart. 37/77 – P 54/71.

In Lenzkirch-Raitenbuch W : 4 km :

🏠 **Grüner Baum** 🛥, Raitenbucher Str. 17, ℰ 2 63, <, 🚗 – 🛁wc 🚗 🅿
4. Nov.- 15. Dez. geschl. – Karte 15/35 *(Montag geschl.)* 🍴 – **20 Z : 40 B** 29/44 - 54/82 –
P 50/64.

In Lenzkirch-Saig NW : 7 km – Luftkurort :

🏨 **Kur- und Sporthotel Saigerhöh** 🛥, ℰ 7 41, Telex 7722314, <, 🍽, Bade- und
Massageabteilung, 🔥, 🛏, 🔲, 🚗, ✗ (Halle) – 📶 & 🚶 🚗 🅿 🎿. 🏊 Rest
Karte 26/84 – **103 Z : 150 B** 62/127 - 124/250 Fb – P 97/162.

🏨 Ochsen (Schwarzwaldgasthof a.d. 17. Jh.), Dorfplatz 1, ℰ 7 35, 🛏, 🔲, 🚗, ✗ – 📶 🛁wc
🛁wc 🕿 🚗 🅿
40 Z : 70 B Fb – 2 Appart.

🏨 **Hochfirst**, Dorfplatz 5, ℰ 7 51, « Gartenterrasse », 🔲, 🚗 – 🛁wc 🛁wc 🕿 🚗 🅿
4. Nov.- 19. Dez. geschl. – Karte 17,50/47 *(Donnerstag geschl.)* 🍴 – **25 Z : 45 B** 34/85 - 56/
126 Fb – P 60/91.

Fortsetzung →

🏠 **Haus am Hang** 🌳, Hochfirstweg 12, ℰ 8 60, ≤, ☎, ☞ – ☐wc ⌂wc ☎ ⇔ 🅿. 🆎 ⑩ 🅴 𝗩𝗜𝗦𝗔
10. Nov.- 15. Dez. geschl. – (Rest. nur für Hausgäste) – **22 Z : 36 B** 32/42 - 64/84 – P 60/70.

🏠 **Café Alpenblick** 🌳, Titiseestr. 17, ℰ 7 30, ≤, ☞, ☞ – ☐wc ⌂wc ⇔ 🅿
↠ Karte 14/26 ⅄ – **16 Z : 25 B** 27/42 - 52/72 – 3 Appart. 85/100 – P 45/58.

🏠 **Sport-Hotel Sonnhalde** 🌳, Hochfirstweg 24, ℰ 8 08, ≤, ☞, ☎, 🞐, ☞ – ☐wc ⌂wc
☎ 🅿 ♨
Karte 16/44 (Montag geschl.) ⅄ – **35 Z : 70 B** 43/72 - 70/130 Fb – P 66/95.

🏠 **Waldhotel** 🌳, Turmweg 10, ℰ 4 33, ≤, ☞, ☞ – ☐wc ⌂wc 🅿. ⌘ Rest
(Abendessen nur für Hausgäste) – **19 Z : 36 B**.

Siehe auch : *Liste der Feriendörfer*

LEONBERG 7250. Baden-Württemberg 🔢🔢🔢 ㉟ – 39 000 Ew – Höhe 385 m – ✆ 07152.
♦Stuttgart 20 – Heilbronn 55 – Pforzheim 33 – Tübingen 43.

🏠 **Sonne u. Gästehaus** garni, Stuttgarter Str.1, ℰ 2 76 26 – ☐wc ⌂wc ⇔ 🅿
44 Z : 70 B 40/85 - 70/130.

🍴 Schwarzer Adler, Graf-Ulrich-Str. 5, ℰ 2 64 90.

In Leonberg-Eltingen :

🏠🏠 **Hirsch**, Hindenburgstr. 1, ℰ 4 30 71, Telex 7245714 – 🛗 ⌂wc ☎ 🅿 ♨. 🆎 ⑩ 🅴
Karte 22/59 (Sonn- und Feiertage ab 15 Uhr geschl.) – **69 Z : 105 B** 45/90 - 65/120 Fb.

🏠 **Brauerei-G. Kirchner**, Leonberger Str. 14, ℰ 4 30 45 – ☐ ☐wc ⌂wc ☎ 🅿. 🆎
15.- 30. Sept. geschl. – Karte 19/50 (Samstag geschl.) ⅄ – **15 Z : 18 B** 48/65 - 78/98 Fb.

In Leonberg-Höfingen N : 4 km :

🏠 Schloß Höfingen (Schloß a.d. 11.Jh.), Am Schloßberg, ℰ 2 10 49 – ☐ ⌂wc ☎ 🅿
(wochentags nur Abendessen) – **10 Z : 16 B** Fb.

In Leonberg-Ramtel :

🏠🏠 **Eiss**, Neue Ramtelstr. 28, ℰ 2 00 41, Telex 724141, ☞ – 🛗 ☐ ☐wc ⌂wc ☎ ⇔ 🅿 ♨. 🆎
⑩ 🅴 𝗩𝗜𝗦𝗔
Karte 26/71 – **100 Z : 150 B** 58/150 - 100/220 Fb.

Im Glemstal SO : 4 km :

🏠🏠 **Glemseck**, ✉ 7250 Leonberg-Eltingen, ℰ (07152) 4 31 34, ☞, ⌂wc ☎ ⇔ 🅿 ♨. 🆎 ⑩
🅴 𝗩𝗜𝗦𝗔
Karte 21/50 (Montag geschl.) – **16 Z : 22 B** 48/60 - 78/94.

LEONI Bayern siehe Berg.

LEUN 6337. Hessen – 4 900 Ew – Höhe 140 m – ✆ 06473.
♦ Wiesbaden 80 – ♦ Frankfurt am Main 83 – Gießen 27.

🏛 **Leuner Hof** 🌳, Vogelsang 4, ℰ 4 22 – ⌂ ⇔ 🅿. ⌘ Zim
↠ 15. Juli - 5. Aug. geschl. – Karte 12/30 (Freitag geschl.) – **11 Z : 15 B** 28/33 - 56/66.

LEUTERSHAUSEN Baden-Württemberg siehe Hirschberg.

LEUTESDORF 5451. Rheinland-Pfalz – 2 500 Ew – Höhe 65 m – ✆ 02631 (Neuwied).
Mainz 119 – ♦Bonn 45 – ♦Koblenz 27 – Neuwied 9.

🏠 **Im Frontal** garni, Im Frontal 18, ℰ 7 17 68, ☎, 🞐 – ☐wc ⌂wc ⇔ 🅿
15. Dez.-15. Jan. geschl. – **17 Z : 31 B** 38/40 - 70.

🏛 **Leyscher Hof**, August-Bungert-Allee 9, ℰ 7 31 31, ≤, « Rheinterrasse », ☞ – ⌂wc ⇔
🅿. 🅴
16. Dez. - 15. Jan. geschl. – Karte 15/42 (Donnerstag geschl.) ⅄ – **14 Z : 26 B** 32/42 - 55/75.

LEUTKIRCH 7970. Baden-Württemberg 🔢🔢🔢 ㉞. 🔢🔢🔢 ⑭ – 20 200 Ew – Höhe 655 m – ✆ 07561
– 🄱 Verkehrsbüro, Rathaus, Gänsbühl, ℰ 36 65.
♦Stuttgart 171 – Bregenz 50 – Kempten (Allgäu) 31 – ♦Ulm (Donau) 79.

🏠 Zum Rad, Obere Vorstadtstr. 5, ℰ 42 44 – ⌂wc ☎ ⇔ – **30 Z : 45 B** Fb.

🏠 **Garni-Haus Wiltrud** 🌳, Obere Vorstadtstr. 7, ℰ 37 54, ☞ – ⌂wc ⇔
20 Z : 33 B 32/42 - 64/84.

🏠 **Mohren**, Wangener Str. 1, ℰ 24 00 – ⌂wc ⇔ 🅿. 🆎
Ende Okt.- Mitte Nov. geschl. – Karte 15,50/40 (Dienstag geschl.) – **12 Z : 21 B** 35/40 - 60/80.

In Leutkirch 1-Adrazhofen :

🍴🍴 **Schneiders Adler**, Kemptener Str. 33, ℰ 36 00 – 🅿 ♨. 🆎 🅴
Samstag bis 17 Uhr und Montag sowie 27. Dez.- Anfang Jan. geschl. – Karte **27**/41.

In Leutkirch 1-Schloß Zeil N : 7,5 km – Höhe 754 m :

🍴 Schloß-G. Grüner Baum 🌳 mit Zim (Gasthof a.d.J. 1759), ℰ 24 20, ≤, Biergarten – ☐wc
⌂wc 🅿 – **5 Z : 9 B**.

LEVERKUSEN

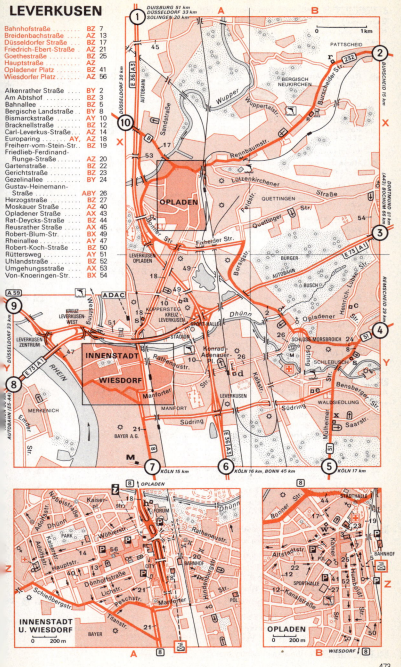

INNENSTADT
U. WIESDORF

OPLADEN

473

LEVERKUSEN 5090. Nordrhein-Westfalen 987 ❷ — 158 000 Ew — Höhe 45 m – ✆ 0214.

Sehenswert : Agfa-Gevaert-Fotohistorama★ AY M.

🖥 Presse- und Verkehrsamt, Stadthaus, Friedrich-Ebert-Platz 1, ℰ 3 52 83 16.

ADAC, Overfeldweg 68, ℰ 6 31 74, Notruf ℰ 1 92 11.

◆Düsseldorf 33 ① − ◆Köln 16 ⑥ − Wuppertal 41 ①.

Stadtplan siehe vorhergehende Seite.

🏨 **Ramada**, Am Büchelter Hof 11, ℰ 4 10 12, Telex 8510238, ⇔, 🖂 − 🖩 🖳 📺 🅿 🏋 . 🕮 ⑩ **E**   AZ h
VISA . 🍴 Rest
Karte 26/68 − **200 Z : 400 B** 117/217 - 234/324 Fb.

XX **La Concorde**, Hardenbergstr. 91, ℰ 6 39 38 − 🅿   AY s

In Leverkusen-Fettehenne über ④ :

🏠 **Fettehenne** garni, Berliner Str. 40 (B 51), ℰ 9 10 43, 🖂, 🚗 − 🏠wc ⇌ 🅿. **E**
32 Z : 44 B 50/65 - 80/95.

In Leverkusen-Küppersteg :

🏠 **Haus Janes** garni, Bismarckstr. 71, ℰ 6 40 43 − 🛁wc 🏠wc ☎ 🅿   AY a
49 Z : 74 B 41/63 - 75/105.

In Leverkusen-Manfort :

🏠 **Haus Schweigert**, Moosweg 3, ℰ 7 64 78 − 🛁wc 🏠 ⇌ 🅿. 🕮 ⑩ **E**   AY d
Karte 19/60 *(Samstag geschl.)* − **14 Z : 20 B** 50/65 - 90/95.

In Leverkusen 3-Opladen :

🏠 **Hohns** garni, Düsseldorfer Str. 33, ℰ (02171) 12 81 − 🖩 🏠wc ☎ 🅿 ⇌   BZ w
15 Z : 23 B 82/99 - 112/154.

In Leverkusen 31-Pattscheid :

🍴 **May-Hof**, Burscheider Str. 285 (B 232), ℰ (02171) 3 09 39 − 🏠wc ☎ 🅿. ⑩ **E**   BX r
15.- 30. Juli geschl. − Karte 17/38 *(Montag geschl.)* − **15 Z : 21 B** 37/60 - 72/90.

In Leverkusen-Schlebusch :

🏨 **Atrium-Hotel** garni, Heinrich-Lübke-Str. 40, ℰ 5 50 92, Telex 8510268, ⇔ − 📺 🛁wc
🏠wc ☎ 🅿. 🕮 ⑩ **E**   BY c
40 Z : 65 B 75/100 - 130/170 Fb.

🏠 **Kürten**, Saarstr. 1, ℰ 5 50 51, ⇔, 🖂 − 🏠wc ☎ 🅿   BY x
Karte 17/50 *(Samstag geschl.)* − **37 Z : 66 B** 48/68 - 85/113.

🏠 **Alscher** 🍃 garni, Bogenstr. 1, ℰ 5 59 11 − 🏠wc 🅿. 🍴   BY e
23 Z : 26 B 44/71 - 75.

X **Alt Schlebusch**, Bergische Landstr. 54, ℰ 5 11 38   BY s

LICH 6302. Hessen 987 ❷ — 11 200 Ew — Höhe 170 m − Erholungsort − ✆ 06404.

Ausflugsziel : Ehemaliges Kloster Arnsburg★ : Ruine der Kirche★ SW : 4 km.

◆Wiesbaden 87 − ◆Frankfurt am Main 59 − Gießen 13 − Bad Hersfeld 90.

🏠 **Holländischer Hof**, Braugasse 8, ℰ 23 76 − 🛁wc 🏠wc ⇌ 🅿
(nur Abendessen) − **20 Z : 30 B**.

🏠 **Pension Bergfried** 🍃 garni, Kreuzweg 25, ℰ 25 47, ⇔ − 🏠wc ☎ 🅿
13 Z : 23 B 42 - 68.

In Lich-Arnsburg SW : 4 km :

🏨 **Alte Klostermühle-Rest. Altes Brauhaus** 🍃, ℰ 20 29, 🌳, 🚗 − 🏠wc ☎ 🅿 🏋. **E**
Karte 20/57 *(Nov.- März Mittwoch geschl.)* − **26 Z : 42 B** 44/65 - 78/105 Fb − P 69/90.

In Lich 2-Eberstadt SW : 6 km :

🍴 **Zum Pfaffenhof**, Butzbacher Str. 25, ℰ (06004) 6 29 − 🏠wc 🅿
Karte 15,50/37 − **17 Z : 27 B** 28/40 - 52/76 − P 48/62.

LICHTENAU 4791. Nordrhein-Westfalen − 9 400 Ew − Höhe 308 m − ✆ 05295.

◆ Düsseldorf 186 − ◆Kassel 70 − Marburg an der Lahn 118 − Paderborn 17.

In Lichtenau-Atteln SW : 9 km :

🍴 **Birkenhof**, Zum Sauertal 36, ℰ (05292) 5 70, 🚗 − 🏠wc 🅿
Karte 13/30 − **10 Z : 18 B** 26/28 - 52/54 − P 37.

In Lichtenau 5 - Herbram-Wald NO : 9 km :

🏨 **Hubertushof** 🍃, Hubertusweg 5, ℰ (05259) 4 27, 🌳, ⇔, 🖂, 🚗 − 🏠wc ☎ 🕭 🅿 🏋. 🕮
⑩ **E**
Karte 16,50/48 − **52 Z : 97 B** 52/70 - 84/98 Fb − P 85/98.

🏠 **Waldpension Küchmeister** 🍃, Eggering 10, ℰ (05259) 2 31, 🚗 − 🏠wc 🕭 🅿
(Rest. nur für Hausgäste) − **18 Z : 33 B** 22/32 - 40/64 − P 37/47.

LICHTENBERG Hessen siehe Fischbachtal.

LICHTENFELS 8620. Bayern **987** ㉖ — 21 000 Ew — Höhe 272 m — ✆ 09571.

Ausflugsziel : Wallfahrtskirche Vierzehnheiligen★★ (Nothelfer-Altar★★) S : 5 km.

🛈 Städt. Fremdenverkehrsamt, Marktplatz 1, ✆ 50 61.

◆München 268 — ◆Bamberg 33 — Bayreuth 53 — Coburg 19.

🏠 **Preussischer Hof**, Bamberger Str. 30, ✆ 50 15 — 🛗 🚪wc 🛎wc ☎ 🅿
Juli 3 Wochen geschl. — Karte 12/32 (Freitag ab 15 Uhr geschl.) 🅹 — **31 Z : 52 B** 25/38 - 55/64.

In Lichtenfels-Reundorf SW : 5 km :

🏠 **Müller** 🐾, Kloster-Banz-Str. 4, ✆ 60 21, 🚭, 🍽 — 🚪wc 🛎wc ☎ 🅿
Mitte Nov.- Mitte Dez. geschl. — Karte 10/26 (Mittwoch geschl.) 🅹 — **36 Z : 57 B** 24/30 - 44/56
Fb — 8 Appart. 50/80.

In Michelau 8626 NO : 5 km :

🏠 **Spitzenpfeil** 🐾, Alte Poststr. 4 (beim Hallenbad), ✆ (09571) 81 17 — 🛎wc ⇐ 🅿
11. Aug.- 1. Sept. geschl. — Karte 11/24 (Mittwoch ab 13 Uhr und Sonntag bis 17 Uhr geschl.)
— **13 Z : 18 B** 20/28 - 38/50.

In Marktzeuln 8621 O : 9 km :

🏠 **Pornschlegel** 🐾, Schwürbitzer Str. 25, ✆ (09574) 2 97, ≤, 🍽, 🚭, 🍽 — 🛎wc ⇐ 🅿
(nur Abendessen) — **20 Z : 30 B**.

LICHTENFELS 3559. Hessen — 4 700 Ew — Höhe 420 m — Erholungsort — ✆ 05636.

◆Wiesbaden 175 — ◆Kassel 76 — Marburg an der Lahn 55.

In Lichtenfels 4-Fürstenberg :

🏠 **Zur Igelstadt**, Mittelstr. 2, ✆ 12 76, 🚭, 🌄 — 🛎wc ⇐ 🅿. 🍽 Rest
15.- 24. Dez. geschl. — Karte 13/25 (Montag geschl.) — **19 Z : 35 B** 28/35 - 50/64.

🏠 **Zum Deutschen Haus**, Violinenstr. 4, ✆ 12 27 — 🛎wc ⇐ 🅿
Karte 13,50/24 (Mittwoch geschl.) — **22 Z : 38 B** 26/29 - 52/58.

LICHTENSTEIN 7414. Baden-Württemberg — 8 200 Ew — Höhe 565 m — Wintersport : 700/820 m
🎿4 🏃3 — ✆ 07129.

◆Stuttgart 57 — Reutlingen 16 — Sigmaringen 48.

In Lichtenstein-Honau :

🏠 **Adler** (mit Gästehaus Herzog Ulrich 🛗), Heerstr. 26, ✆ 23 70, 🚭 — 🚪wc 🛎wc ☎ 🅿 🔧.
🔵 **E**
Karte 17,50/45 (Nov.- April Donnerstag geschl.) — **50 Z : 90 B** 44/100 - 70/200 — P 74/130.

🍴 **Forellenhof Rössle** mit Zim, Heerstr. 20, ✆ 40 01 — 🚪wc 🛎wc 🅿
Karte 15/38 🅹 — **12 Z : 20 B** 45/55 - 75/85.

LIEBENAU 3073. Niedersachsen — 3 500 Ew — Höhe 32 m — ✆ 05023.

◆Hannover 60 — ◆Bremen 67 — Minden 38 — ◆Osnabrück 119.

🏠 **Schweizerlust** 🐾, ✆ 5 88, 🍽, 🍽 — 📺 🛎wc ☎ 🅿 🔧. 🍽 Zim
9 Z : 13 B.

LIEBENZELL, BAD 7263. Baden-Württemberg **987** ㉟ — 6 500 Ew — Höhe 321 m — Heilbad und
Luftkurort — ✆ 07052.

🛈 Kurverwaltung, Kurhausdamm 4, ✆ 20 15.

◆Stuttgart 46 — Calw 7,5 — Pforzheim 19.

🏨 **Kronen-Hotel - Haus Tanneck** 🐾, Badweg 7, ✆ 20 81, 🍽, 🚭, 🌄, 🍽, 🍽 — 🛗 🅿 🔧.
🍽
Karte 32/67 — **60 Z : 100 B** 69/80 - 125/154 Fb — P 108/119.

🏨 **Ochsen**, Karlstr. 12, ✆ 20 74, 🍽, 🚭, 🌄, 🍽 — 🛗 🅿 🔧
Karte 19,50/59 (auch Diät) — **48 Z : 73 B** 45/80 - 90/150 Fb — P 80/115.

🏠 **Waldhotel** 🐾 garni, Hölderlinstr. 1, ✆ 20 95, ≤, 🚭, 🌄, 🍽 — 🛗 📺 🛎wc ☎ ⇐. 🍽
28 Z : 42 B 50/75 - 115/125.

🏠 **Schwarzwald-H. Emendörfer** garni, Neuer Schulweg 4, ✆ 23 23, 🚭, 🌄, 🍽 — 🛗 🚪wc
🛎wc ☎ 🅿
20 Z : 30 B 49/59 - 100/118.

🏠 **Weisse**, Unterhaugstetter Str. 13, ✆ 22 53, ≤, 🍽 — 🛗 🚪wc 🛎wc 🅿. 🍽
6.- 31. Jan. geschl. — (Rest. nur für Hausgäste) — **30 Z : 42 B** 48/52 - 84/100 — P 72/78.

🏠 **Am Bad-Wald** 🐾 garni, Reuchlinweg 19, ✆ 30 11, ≤, 🚭, 🌄, 🍽 — 🛗 🚪wc 🛎wc ☎ ⇐
30 Z : 45 B 28/45 - 72/88 — 4 Appart. 62/70.

🏠 **Litz**, Wilhelmstr. 28, ✆ 20 08 — 📺 🚪wc 🛎wc 🅿. 🔵 **E**. 🍽
Karte 17/45 — **45 Z : 60 B** 31/55 - 54/96 — P 53/77.

🏠 **Haus Hubertus** 🐾 garni, Eichendorffstr. 2, ✆ 14 43, ≤, 🍽 — 🛎wc
16 Z : 28 B 32/48 - 58/76 Fb.

Fortsetzung →

LIEBENZELL, BAD

🏠 **Gästehaus Koch** garni, Sonnenweg 3, ℰ 13 06, ⛻, 🍴 – 🛏wc 🚗. ⚘
15 Z : 22 B 26/45 - 52/82.

🏠 Hirsch, Kirchstr. 31, ℰ 22 33 – 🛏wc
15 Z : 24 B.

🏛 **Löwen**, Baumstr. 1, ℰ 14 68, 🍴 – 🛏
15. Nov. - 3. Dez. geschl. – Karte 15/36 (Montag geschl.) – **12 Z : 15 B** 25/35 - 47/70 – P 42/53.

In Bad Liebenzell-Monakam NO : 4,5 km – Höhe 536 m :

🏠 **Waldblick** ⚘, Monbachstr. 25, ℰ 8 35, ≤, 🍴 – 🛏wc 🛏wc 🅿
*Nov.- Mitte Dez. geschl. – Karte 18/36 (Dienstag geschl., im Sommer Dienstag ab 13 Uhr
geschl.)* – **18 Z : 29 B** 35/45 - 70/90 Fb – P 56/65.

Siehe auch : *Liste der Feriendörfer*

LIENEN 4543. Niedersachsen – 7 800 Ew – Höhe 94 m – Erholungsort – 🕓 05483.
🛈 Tourist-Information im Haus des Gastes, Diekesdamm 1, ℰ 80 80.
♦ Hannover 153 – Bielefeld 47 – Münster (Westfalen) 48 – ♦Osnabrück 22.

✕✕ **Küppers** mit Zim, Lengericher Str. 11, ℰ 7 78 – 📺 🛏wc 🛏wc 🅿
*März - April und Juli je 2 Wochen geschl. – Karte 22/56 (Sonntag geschl.) (Tischbestellung
ratsam)* – **5 Z : 12 B** 55 - 110.

LIESER 5550. Rheinland-Pfalz – 1 400 Ew – Höhe 107 m – 🕓 06531 (Bernkastel-Kues).
Mainz 117 – Bernkastel-Kues 4 – ♦Trier 40 – Wittlich 14.

🏠 **Mehn zum Niederberg**, Moselstr. 2, ℰ 60 19, 🍴, ⛻, 🍴 – 📺 🛏wc 🕿 🚗 🅿. 🄴
15. Dez. - Jan. geschl. – Karte 19/48 🦪 – **25 Z : 45 B** 32/50 - 64/90 Fb – 9 Appart. 50/80 –
P 50/60.

In Maring-Noviand 5551 NW : 2 km :

🏠 **Weinhaus Liesertal**, Moselstr. 39 (Maring), ℰ (06535) 8 48 – 🛏wc 🕿 🅿. 🄰🄴
2. Jan.- 11. Feb. geschl. – Karte 18/48 (Feb.- April Dienstag geschl.) 🦪 – **26 Z : 52 B** 45/55 -
80/110.

LILIENTHAL Niedersachsen siehe Bremen.

LIMBACH 6951. Baden-Württemberg – 4 300 Ew – Höhe 385 m – Luftkurort – 🕓 06287.
♦Stuttgart 101 – Amorbach 22 – Heidelberg 57 – Heilbronn 47.

🏠 Volk ⚘, Baumgarten 3, ℰ 2 01, ⛻, 🞏, 🍴 – 🛏wc 🚗 🅿 🛁
24 Z : 43 B Fb.

🏛 **Limbacher Mühle** ⚘, Heidersbacher Str. 18 (O : 1 km), ℰ 10 20, 🍴 – 🛏 🅿. ⚘ Zim
15.- 30. Nov. geschl. – Karte 12/28 (Montag geschl.) 🦪 – **7 Z : 12 B** 29 - 58 – P 37.

In Limbach-Krumbach SW : 2 km :

🏛 **Engel-Restaurant Zur alten Scheune**, Engelstr. 19, ℰ 2 62, 🍴, ⛻, 🞏, 🍴 – 🛏wc 🚗
🅿
15. Nov.- 24. Dez. geschl. – Karte 17/37 (nur Abendessen, Montag geschl.) 🦪 – **24 Z : 45 B**
28/38 - 56/76 Fb.

LIMBURG AN DER LAHN 6250. Hessen 987 ㉔ – 29 000 Ew – Höhe 118 m – 🕓 06431.
Sehenswert : Dom★ (Lage★★) – Friedhofterrasse ≤★.
Ausflugsziel : Burg Runkel★ (Lage★★) O : 7 km.
🛈 Städt. Verkehrsamt, Hospitalstr. 2, ℰ 20 32 22.
♦Wiesbaden 52 ② – ♦Frankfurt am Main 74 ② – Gießen 56 ① – ♦Koblenz 50 ① – Siegen 70 ①.

Stadtplan siehe gegenüberliegende Seite.

🏨 **Zimmermann**, Blumenröder Str. 1, ℰ 4 20 30, Telex 484782 – 📺 🛏wc 🛏wc 🕿 🅿. 🄰🄴 🄾
🄴 🆅🅸🆂🅰. ⚘ Rest   **A h**
(nur Abendessen für Hausgäste) – **30 Z : 55 B** 58/95 - 85/168.

🏨 **Dom-Hotel**, Grabenstr. 57, ℰ 2 40 77 – 📶 🛏wc 🛏wc 🕿 🅿 🛁. 🄰🄴 🄾 🄴 🆅🅸🆂🅰. ⚘   **A v**
1.- 6. Jan. geschl. – Karte 19/46 – **59 Z : 105 B** 69/78 - 114/130 Fb.

🏨 **Martin**, Holzheimer Str. 2, ℰ 4 10 01 – 📶 🛏wc 🕿 🚗. 🄰🄴   **A s**
Karte 15/41 *(wochentags nur Abendessen, Sonntag nur Mittagessen, Mittwoch und Juli - Aug.
2 Wochen geschl.)* – **30 Z : 55 B** 42/75 - 80/102 Fb.

🏠 **Huss - China-Restaurant Lotos**, Bahnhofsplatz 3, ℰ 2 50 87 (Hotel) 63 00 (Rest.) – 📶
🛏wc 🛏wc 🕿 🅿. 🄰🄴 🄾 🄴 🆅🅸🆂🅰   **A f**
Karte 16,50/42 – **38 Z : 60 B** 39/64 - 74/112.

✕✕ **St. Georgsstube**, Hospitalstr. 4 (Stadthalle), ℰ 2 60 27 – 🛁. 🄰🄴 🄾 🄴 🆅🅸🆂🅰   **A e**
Karte 20/50.

In Limburg 3-Staffel NW : 3 km :

🏠 **Alt-Staffel**, Koblenzer Str. 56, ℰ 37 65 – 🛏wc 🕿 🅿 🛁. 🄰🄴 🄴   **B n**
22. Dez. - 10. Jan. geschl. – Karte 14/36 (Sonntag ab 15 Uhr geschl.) 🦪 – **13 Z : 25 B** 40 - 80.

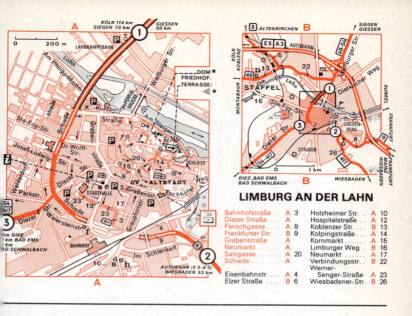

LIMBURG AN DER LAHN

LIMBURGERHOF 6703. Rheinland-Pfalz — 9 500 Ew — Höhe 98 m — ✆ 06236 (Neuhofen).

Mainz 86 — ♦Mannheim 9,5 — Neustadt an der Weinstraße 24 — Speyer 13.

🏛 **Rechner**, Brunckstr. 2 (Ecke Speyerer Straße), ℰ 82 39 — ℗. ✵
⬅ *Juli geschl. — Karte 12,50/25 (Freitag - Samstag geschl.)* 🍷 — **16 Z : 24 B** 28/36 - 56.

In Waldsee 6701 SO : 6 km :

🏛 **Oberst**, Neuhofener Str. 54, ℰ (06236)5 30 31, 🔲 — 🛁 📺wc 🚗 ℗
Karte 16/36 *(Freitag geschl.)* — **32 Z : 50 B** 32/47 - 66/90.

LINDAU IM BODENSEE 8990. Bayern 🔢🔢🔢 ⊛⊛, 🔢🔢🔢⑭ — 25 000 Ew — Höhe 399 m — ✆ 08382.

Sehenswert : Römerschanze ≤★ — Stadtgarten ≤★.

Ausflugsziel : Deutsche Alpenstraße★★★ (von Lindau bis Berchtesgaden).

🚗 ℰ40 00.

🛈 Fremdenverkehrsamt, am Hauptbahnhof, ℰ 50 22.

München 180 ① — Bregenz 10 ② — Ravensburg 33 ③ — ♦Ulm (Donau) 123 ①.

Stadtplan siehe nächste Seite.

Auf der Insel :

🏨 **Bayerischer Hof**, Seepromenade, ℰ 50 55, Telex 54340, « Terrasse mit ≤ », ⊿ (geheizt),
🚑 — 🛁📺🛗♿℗🅿️. 🆎 ⑩   **Z b**
Ostern-Okt. — Karte 30/70 — **95 Z : 172 B** 94/172 - 166/290 Fb.

🏨 **Reutemann-Seegarten** ⏚, Seepromenade, ℰ 50 55, Telex 54340, « Terrasse mit ≤ »,
⊿ (geheizt), 🚑 — 🛁📺℗🅿️ 🆎 ⑩   **Z k**
Karte 24/65 — **Lieber Augustin** *(Donnerstag geschl.)* Karte 20/34 — **66 Z : 118 B** 78/135 - 118/
220 Fb.

🏨 **Lindauer Hof**, Seepromenade, ℰ 40 64, « Terrasse mit ≤ », 🛥, 🔲 — 🛁 🛗wc 📺wc ☎. 🆎
⑩ 🇪 𝖵𝖨𝖲𝖠   **Z y**
März - Nov. — Karte 18/41 — **23 Z : 45 B** 55/114 - 118/139 Fb.

🏨 **Helvetia** ⏚, Seepromenade, ℰ 59 98, « Terrasse mit ≤ » — 🛁 🛗wc 📺wc. 🆎 ⑩ 🇪 𝖵𝖨𝖲𝖠
März - Okt. — Karte 25/62 — **46 Z : 88 B** 85/105 - 140/180.   **Z x**

🏨 **Insel-H.** garni, Maximilianstr. 42, ℰ 50 17 — 🛁 🛗wc 📺wc ☎ 🚗. 🆎 🇪 𝖵𝖨𝖲𝖠   **Z a**
28 Z : 44 B 75/94 - 120/124 Fb.

🏨 **Brugger** garni, Bei der Heidenmauer 11, ℰ 57 80/60 86, 🛥 — 📺wc ☎. 🆎 ⑩ 🇪 𝖵𝖨𝖲𝖠   **Y r**
20 Z : 40 B 35/65 - 62/110.

🏨 **Café Peterhof** garni, Schafgasse 10, ℰ 57 00 — 🛁 🛗wc 📺wc   **Y n**
Ende März - Anfang Dez. — **28 Z : 50 B** 38/75 - 72/100.

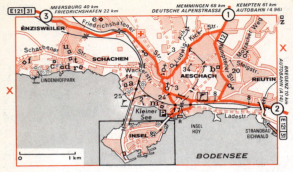

LINDAU
IM BODENSEE

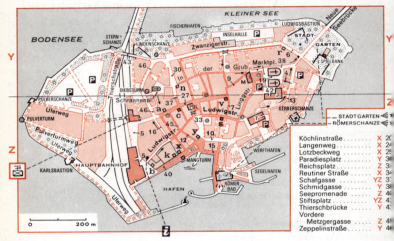

XXX ❀ **Walliser Stube**, Ludwigstr. 7, ✆ 64 49 — AE ① Z
nur Abendessen, Sonntag, 10.- 17. Feb. und 3.- 17. Nov. geschl. — Karte 43/70 (Tischbestellung
ratsam)
Spez. Terrinen und Pasteten, Soufflé von Zander und Lachsforelle, Poulardenbrust mit Pilzen gefüllt.

XX **Spielbank-Rest.**, Oskar-Groll-Anlage 2, ✆ 52 00, ≤ Bodensee und Alpen, �іⁿ — ⓟ. AE ①
E VISA Y
Karte 26/68.

X Weinstube Frey, Maximilianstr. 15 (1. Etage), ✆ 52 78, « Altdeutsche Stube » Z

X **Zum Sünfzen**, Maximilianstr. 1, ✆ 58 65, 🌿 — AE E VISA Z
Okt.- April Donnerstag und 23. Jan.- Feb. geschl. — Karte 17,50/47 🍺.

In Lindau-Aeschach :

🏠 Am Holdereggenpark, Giebelbachstr. 1, ✆ 60 66 — 🛁wc ☎ 🚗 ⓟ X
nur Saison — (nur Abendessen) — **26 Z : 40 B** Fb.

🏠 **Toscana** garni, Am Aeschacher Ufer 14, ✆ 31 31, 🌾 — 🛁wc ⌂wc ☎ ⓟ. 🌸 X
Mitte Dez.- Mitte Jan. geschl. — **20 Z : 25 B** 50/55 - 90/95.

In Lindau - Hoyren :

XXX ❀ **Hoyerberg Schlössle**, Hoyerbergstr. 64 (auf dem Hoyerberg), ✆ 2 52 95, « Terrasse m
≤ Bodensee und Alpen » — ⓟ. AE ① E VISA X
Montag geschl. — Karte 44/82 (Tischbestellung ratsam)
Spez. Scampicremesuppe, Milchlammkeule mit Kräutern gratiniert, Dessertteller Surprise.

In Lindau-Reutin :

🏚 **Köchlin** (ehemaliges Zollhaus), Kemptener Str. 41, ✆ 55 01, Biergarten, 🌾 — ⌂wc ⇦ G
AE ① E VISA X
Nov. geschl. — Karte 17/37 (Montag geschl.) — **20 Z : 35 B** 37/44 - 72/82 Fb.

In Lindau-Schachen :

🏨 **Bad Schachen** 🦢, Badstr. 1, ℰ 50 11, Telex 54396, ≤ Bodensee, Lindau und Alpen, « Park », Bade- und Massageabteilung, ⏣, ⇔, ⚊ (geheizt), 🖾, 🚣, 🚗, ✗ – 🖨 📺 🔥 🚫 🅿 ♿
nur Saison – **130 Z : 200 B** Fb.
X d

🏰 **Strand-Hotel Tannhof** 🦢, Oeschländer Weg 24, ℰ 60 44, ≤, 🌲, « Park », ⚊ (geheizt), 🚣, 🚗 – 🖨 📺 🚫 ✗ Rest
Mitte März- Ende Okt. – Karte 26/48 – **29 Z : 55 B** 76/146 - 132/182 Fb.
X r

🏠 **Parkhotel Eden-Schachen** 🦢 garni, Schachener Str. 143, ℰ 58 16, 🚗 – 🖨 ⇔wc 🛁wc
☎ 🅿. 🆎 ◉ 🗾
15. Nov.- Jan. geschl. – **26 Z : 45 B** 49/85 - 98/114 Fb.
X t

🏠 **Haus Kellner** 🦢 garni, Alwindstr. 7, ℰ 56 86, « Garten », 🚗 – ⇔wc 🛁wc 🚗
nur Saison – **12 Z : 20 B**.
X f

🏠 **Brombeiß** 🦢 garni, Dennenmoosstr. 3, ℰ 67 47, ≤, 🖾, 🚗 – 🛁wc 🚗 🅿. 🆎 🗉 🗾
April - 15. Okt. – **20 Z : 32 B** 55/60 - 90/100.
X c

🏠 **Appartement-H. Schachen-Schlößle** garni, Enzisweiler Str. 5, ℰ 50 69, ⇔, 🖾 – 📺 ⇔wc 🛁wc ☎ 🅿. 🆎 ◉ 🗉 🗾
März - Okt. – **22 Z : 33 B** 47/98 - 88/130 – 19 Appart. 97/149.
X u

In Lindau-Streitelsfingen :

🍴 **Montfort Schlößle** 🦢, Streitelsfinger Str. 38, ℰ 7 28 11, ≤ Lindau, Bodensee und Alpen, Biergarten – 🛁wc 🅿
Dez.- Feb. geschl. – Karte 13/30 (Montag geschl.) – **16 Z : 27 B** 28/40 - 46/80.
X z

In Hergensweiler - Stockenweiler 8991 NO : 10 km über ① :

🍴🍴 ✸ **Stockenweiler**, an der B 12, ℰ (08388) 2 43 – 🅿. ◉
nur Abendessen, Feb. und Juni je 2 Wochen sowie Donnerstag geschl. – Karte 38/58 (Tischbestellung ratsam).

Siehe auch : *Bregenz* (Österreich)

▐ **LINDBERG** Bayern siehe Zwiesel.

▐ **LINDENBERG** Rheinland-Pfalz siehe Lambrecht.

▐ **LINDENBERG IM ALLGÄU** 8998. Bayern 987 ⑳, 426 ⑭ – 10 100 Ew – Höhe 800 m – Höhenluftkurort – ✆ 08381.
🔢 Städt. Verkehrsamt, Marktstr. 1, ℰ 23 83.
♦München 174 – Bregenz 24 – Kempten (Allgäu) 56 – Ravensburg 36.

🏠 **Waldseehotel** 🦢, Austr. 41, ℰ 21 36, Bade- und Massageabteilung, ⇔ – 📺 🛁wc ☎ 🚗 🅿 ♿
(Rest. nur für Hausgäste) – **17 Z : 28 B** Fb.

🏠 **Alpengasthof Bavaria**, Manzen 8, ℰ 13 26, ≤ Allgäuer Berge, 🌲, ⚊ (geheizt), 🚗 – 🛁wc 🚗 🅿
Karte 19/42 (Freitag geschl.) ⚥ – **18 Z : 34 B** 40/48 - 65/75.

🏠 **Weinstube Bode** 🦢, Nadenberg 7, ℰ 28 28, ≤, 🌲, 🚗 – 🛁wc 🅿
6.- 20. Aug. geschl. – Karte 17/42 (Montag geschl.) – **8 Z : 14 B** 40 - 80.

▐ **LINDENFELS** 6145. Hessen – 4 700 Ew – Höhe 364 m – Heilklimatischer Kurort – ✆ 06255.
🔢 Kurverwaltung im Rathaus, Burgstraße, ℰ 24 25.
♦Wiesbaden 86 – ♦Darmstadt 46 – ♦Mannheim 42.

🏠 **Odenwaldhotel**, Nibelungenstr. 73, ℰ 20 08, 🌲, 🖾 – 🖨 ⇔wc 🛁wc ☎ 🚗 🅿. 🆎 ◉ 🗉 🗾
Mitte Jan.- Mitte Feb. geschl. – Karte 16/43 – **41 Z : 62 B** 39/59 - 74/95 Fb – P 53/65.

🏠 **Waldschlösschen**, Nibelungenstr. 102, ℰ 24 60, 🌲 – 🛁wc ☎ 🚗 🅿
15. Nov.- Jan. geschl. – Karte 19/45 (Montag geschl.) – **13 Z : 21 B** 40 - 76 – P 49/52.

🍴 **Altes Rauch'sches Haus** 🦢, Burgstr. 31, ℰ 5 21, 🌲 – 🛁wc 🚗
10. Jan.- 19. Feb. geschl. – Karte 14/38 (Dienstag geschl.) ⚥ – **14 Z : 23 B** 31/37 - 58/70 – P 45/51.

In Lindenfels-Seidenbuch W : 6 km – Luftkurort :

🏠 **Forsthotel Seidenbuch** 🦢, Buchenstr. 25, ℰ 7 56, ⇔, 🚗 – ⇔wc 🛁wc 🅿 ♿. ◉. ✗
2.- 25. Jan. geschl. – Karte 13/37 – **24 Z : 44 B** 40 - 76.

In Lindenfels 2-Winkel NW : 3 km :

🏠 **Zum Wiesengrund** 🦢, Talstr. 3, ℰ 20 71, ⇔, 🖾, 🚗 – ⇔wc 🛁wc 🚗 🅿 ♿
Mitte Jan.- Mitte Feb. geschl. – Karte 14,50/35 (Montag geschl.) – **47 Z : 80 B** 30/40 - 60/80 Fb – P 40/50.

In Lindenfels 3-Winterkasten N : 6 km :

🏠 **Landhaus Sonne** 🦢 garni, Bismarckturmstr. 26, ℰ 5 60, ⇔, 🖾, 🚗 – 📺 🛁wc 🅿
15. Nov.- 24. Dez. geschl. – **10 Z : 16 B** 40/45 - 80/85.

LINDERHOF (Schloß) Bayern Sehenswürdigkeit siehe Ettal.

LINDLAR 5253. Nordrhein-Westfalen – 18 100 Ew – Höhe 246 m – 🕙 02266.

🖪 Fremdenverkehrsamt, Eichenhofstr. 8, 🖉 60 11.

◆Düsseldorf 78 – Gummersbach 25 – ◆Köln 41 – Wipperfürth 13.

🏠 **Zum Holländer** Ⓜ, Kölner Str. 6, 🖉 66 05 – 📺 🚻wc 🗱wc 🗱 🛴 **E**
10.- 30. Juli geschl. – Karte 20/45 *(nur Abendessen, Mittwoch geschl.)* 🍴 – **8 Z : 13 B** 60 -
80 Fb.

🏠 **Lintlo** garni, Hauptstr. 5, 🖉 62 40 – 🚻wc 🗱wc 🕿 🚗 🅿. 🌸
15 Z : 30 B 58/70 - 70/80 Fb.

XX **Schlemmer-Ecke**, Kölner Str. 2, 🖉 63 55
Dienstag geschl. – Karte 18/46.

In Lindlar 3-Hartegasse N : 5 km :

🏠 Sprenger-Roth, Sülztalstr. 52, 🖉 53 04 – 🗱wc 🚗 🅿 – **14 Z : 27 B**.

In Lindlar 3-Kappellensüng N : 5 km :

🏠 **Zur Dorfschänke** 🦢, Anton-Esser-Str. 42, 🖉 65 65, 🥤, 🐎 – 🗱 🅿. 🌸 Zim
Ende Juli - Anfang Aug. geschl. – Karte 17,50/35 *(Montag geschl.)* – **12 Z : 24 B** 30 - 60.

LINGEN 4450. Niedersachsen 987 ⑭ – 48 700 Ew – Höhe 33 m – 🕙 0591.

🖪 Städt. Verkehrsbüro, Rathaus, Elisabethstr. 14, 🖉 8 23 50.

◆Hannover 204 – ◆Bremen 135 – Enschede 47 – ◆Osnabrück 65.

🏠 **B 70**, An der Kapelle 2 - Ecke Rheiner Str. (S : 3 km), 🖉 42 63 – 🗱wc 🕿 🅿 🛴
22. Dez.- 6. Jan. geschl. – Karte 24/57 *(Sonntag geschl.)* – **22 Z : 40 B** 60 - 97.

🏠 **Ewald** garni, Waldstr. 90, 🖉 6 23 42 – 🗱 🕿 🅿. 🆎 **E**
14 Z : 20 B 38 - 62/70.

XXX ❀ **Altes Forsthaus Beck**, Georgstr. 22, 🖉 37 98, « Ständige Kunstausstellung » – 🅿. 🆎
E 🎫. 🌸
Samstag bis 18 Uhr, Montag und Juli - Aug. 3 Wochen geschl. – Karte 36/72
Spez. Baby-Steinbutt mit Steinpilzen in beurre blanc (Juli - Aug.), Kaninchenrücken mit Rosmarin, Rum-Datteln
in Karamelsauce.

XX **Rats-Stuben**, Elisabethstr. 18, 🖉 33 41.

In Lingen-Darme über die B 70 und Schüttorfer Straße :

🏠 **Am Wasserfall** 🦢, Hanekenfähr, 🖉 40 99, ≤, 🍴, Bootssteg – 📺 🗱wc 🕿 🅿 🛴. 🆎 ⓪ **E**
Karte 27/50 – **39 Z : 54 B** 46 - 76.

In Lingen 1-Schepsdorf SW : 3 km :

🏠 **Waldhotel Neerschulte**, Lohner Str. 1 (B 213), 🖉 30 60, 🛎, 🔲 – 🗱wc 👤 🚗 🅿. ⓪ **E**
✦ Aug. 2 Wochen geschl. – Karte 14,50/38 *(Samstag bis 17 Uhr geschl.)* – **40 Z : 50 B** 30/50 -
60/80.

🏠 **Hubertushof**, Nordhorner Str. 18 (B 213), 🖉 35 14, 🍴 – 🚻wc 🗱wc 🕿 🚗 🅿
Juli 3 Wochen geschl. – Karte 18/44 *(Sonntag ab 14 Uhr geschl.)* – **37 Z : 58 B** 32/50 - 58/85.

LINZ AM RHEIN 5460. Rheinland-Pfalz 987 ㉔ – 6 300 Ew – Höhe 60 m – 🕙 02644.

🖪 Verkehrsamt, Rathaus, Marktplatz, 🖉 25 26.

Mainz 131 – ◆Bonn 28 – ◆Koblenz 40.

🏠 **Weinstock**, Linzhausenstr. 38, 🖉 24 59, « Gartenterrasse », 🐎 – 🚻wc 🗱wc 🚗 🅿 🛴
34 Z : 70 B.

🏠 **Burg Ockenfels** 🦢, an der Straße nach Ockenfels (N : 1,5 km), 🖉 20 71, ≤ Rheintal
« Gartenterrasse » – 🚻wc 🗱wc 🕿 🅿 – **23 Z : 43 B**.

LIPBURG Baden-Württemberg siehe Badenweiler.

LIPPOLDSBERG Hessen siehe Wahlsburg.

LIPPSPRINGE, BAD 4792. Nordrhein-Westfalen 987 ⑮ – 12 800 Ew – Höhe 123 m – Heilba
– 🕙 05252 – 🖪 Verkehrsbüro, F.-W.-Weber-Platz 33, 🖉 5 03 03.

◆Düsseldorf 179 – Detmold 18 – ◆Hannover 103 – Paderborn 9.

🏠 **Kurhaus-Hotel** 🦢, Birkenallee 2, 🖉 20 10, Telex 936933, 🍴, 🛎, 🔲 – 🕽 📺 👤 🅿 🛴. 🅰
⓪ **E** 🎫. 🌸 Rest
Karte 23/57 – **72 Z : 130 B** 105/135 - 155/185.

🏠 **Gästehaus Scherf** 🦢 garni, Arminiusstr. 23, 🖉 60 12, 🛎, 🔲, 🐎 – 🕽 🚻wc 🗱wc 🕿
22 Z : 36 B 46/60 - 80/90 Fb – 6 Appart. 90.

🏠 **Zimmermann** garni, Detmolder Str. 180, 🖉 5 00 61, 🐎 – 🕽 🚻wc 🗱wc 🕿 🚗 🅿
23 Z : 38 B Fb.

🏠 **Diana** 🦢 garni, Lindenstr. 2, 🖉 65 00 – 🕽 🗱wc 🕿 🚗 – **21 Z : 33 B**.

480

LIPPSTADT 4780. Nordrhein-Westfalen 987 ⑭ — 65 000 Ew — Höhe 77 m — ✆ 02941.

🛈 Städt. Verkehrsverein, Lange Str. 14, ✆ 5 85 15.

🛈 Kurverwaltung, Bad Waldliesborn, Quellenstr. 6a, ✆ 80 01.

◆Düsseldorf 142 — Bielefeld 52 — Meschede 43 — Paderborn 31.

🏨 ✿ **Drei Kronen**, Marktstr. 2, ✆ 31 18 — 📺 ⌷wc ⋔wc ☎ ⇔ 🛄. 🅰🅴 ⓞ. ⅏
Karte 46/80 *(Montag geschl.)* — **10 Z : 15 B** 48/85 - 105/125.

🏨 **City-Hotel** garni, Lange Str. 1, ✆ 50 33, ⋐ — 📲 📺 ⋔wc ☎ ⓟ. 🅰🅴 ⓞ Ε
21 Z : 38 B 56/78 - 107/137 Fb.

🏨 **Altes Brauhaus**, Rathausstr. 12, ✆ 45 31 — ⋔wc ☎ ⓟ 🛄. 🅰🅴 ⓞ Ε
Karte 20/44 — **21 Z : 31 B** 45/75 - 90/120 Fb.

🏨 **Augustinerhof**, Bahnhofstr. 6, ✆ 70 62 — 📲 📺 ⋔wc ☎ ⇔ ⓟ
26 Z : 45 B Fb.

XXX ✿ **Grand Cru** (ehem. Villa), Wiedenbrücker Str. 34, ✆ 6 42 42 — ⓟ. 🅰🅴 ⓞ Ε. ⅏
Montag bis 18 Uhr, Sonn- und Feiertage sowie Juli - Aug. 2 Wochen geschl. — Karte 58/89
(Tischbestellung ratsam)
Spez. Gänseleber - Parfait, Lachs- und Lammgerichte.

In Lippstadt 4-Bad Waldliesborn N : 5 km :

🏨 **Haus Jonathan**, Parkstr. 13, ✆ 86 43 — ⋔wc ☎ ⓟ
14 Z : 22 B.

🏠 **Parkhotel Ortkemper** ⅏, Im Kreuzkamp 10, ✆ 86 66 — 📲 ⋔wc ☎ ⓟ. ⅏ Rest
Karte 20/45 *(auch Diät)* — **32 Z : 50 B** 42/44 - 84/88 Fb — P 60.

🏠 **Hubertushof**, Holzstr. 8, ✆ 85 40 — ⋔wc ⇔ ⓟ 🛄. ⅏ Zim
Karte 15/40 *(Montag geschl.)* — **16 Z : 25 B** 35/45 - 70/90.

LIST Schleswig-Holstein siehe Sylt (Insel).

LISTERTALSPERRE Nordrhein-Westfalen siehe Meinerzhagen.

LOCHAU Österreich siehe Bregenz.

LOCKWEILER Saarland siehe Wadern.

LÖCHERBERG Baden-Württemberg siehe Oppenau.

LÖF 5401. Rheinland-Pfalz — 2 100 Ew — Höhe 85 m — ✆ 02605.
Mainz 94 — Cochem 26 — ◆Koblenz 23.

🏨 **Krähennest**, Auf der Kräh 26, ✆ 30 03, ≤, 🏰, 🐎, ⅏ — 📺 ⌷wc ⋔wc ☎ ⓟ 🛄. ⅏
74 Z : 141 B.

🏠 **Sternburg**, Moselufer 73, ✆ 6 31, ≤, 🏰, ⋐ — ⋔wc ⓟ. ⅏ — **32 Z : 58 B.**

In Löf-Kattenes :

🏠 **Gasthof Langen**, Oberdorfstr. 6, ✆ 45 75 — ⋔wc ⓟ. Ε 𝘝𝘐𝘚𝘈. ⅏ Zim
15. Dez. - 15. Jan. geschl. — Karte 15,50/27 *(Nov. - Mai Dienstag geschl.)* — **26 Z : 50 B** 25/40 - 50/70.

LÖFFINGEN 7827. Baden-Württemberg 987 ㉟, 427 ⑤ ⑥ — 6 000 Ew — Höhe 802 m —
Erholungsort — ✆ 07654.
🛈 Kurverwaltung, Rathaus, ✆ 4 00.
◆Stuttgart 139 — Donaueschingen 16 — ◆Freiburg im Breisgau 46 — Schaffhausen 51.

🏨 **Pilgerhof** ⅏, Maienlandstr. 24, ✆ 3 58, ⋐, 🐎 — ⌷wc ⋔wc ⇔ ⓟ 🛄
Nov. 3 Wochen geschl. — Karte 16/36 *(Montag geschl.)* ⅃ — **26 Z : 50 B** 30/48 - 60/92 —
P 40/54.

🏠 **Wildpark** ⅏, am Wildpark (NW : 2 km), ✆ 2 39, 🏰, 🔲, 🐎, ⅏ — ⌷wc ⋔wc ☎ ⇔ ⓟ
🛄
20. Nov.- 19. Dez. geschl. — Karte 17/46 *(Jan.- April Dienstag geschl.)* ⅃ — **29 Z : 50 B** 35/55 -
80/90 — P 60/65.

In Löffingen 5-Dittishausen NO : 3 km — Luftkurort :

🏛 **Zum Rössle** ⅏, Fliederstr. 3, ✆ 2 16, 🐎 — ⋔ ⓟ. ⅏ Zim
➔ 21. Nov.- 12. Dez. geschl. — Karte 13/38 *(Montag geschl.)* ⅃ — **12 Z : 15 B** 20/28 - 40/56 —
P 38/41.

In Löffingen 6-Reiselfingen S : 3,5 km :

🏛 **Sternen** ⅏, Mühlezielstr. 5, ✆ 3 41, 🐎 — ⋔wc ⇔ ⓟ
➔ 1.- 15. März geschl. — Karte 14,50/30 *(Mittwoch geschl.)* ⅃ — **12 Z : 26 B** 33/35 - 64 — P 45/50.

🏛 **Krone**, Dietfurtstr. 14, ✆ 5 07, 🐎 — ⋔wc ⇔ ⓟ
➔ Nov. geschl. — Karte 13/28 *(Montag geschl.)* ⅃ — **10 Z : 19 B** 28 - 56 — P 40.

Siehe auch : *Liste der Feriendörfer*

LÖHNE 4972. Nordrhein-Westfalen 987 ⑮ — 36 000 Ew — Höhe 60 m — ✪ 05732.
♦Düsseldorf 208 — ♦Hannover 85 — Herford 12 — ♦Osnabrück 53.

In Löhne 1-Ort :

🏠 **Schewe** 🕭, Dickendorner Weg 48, ℰ 8 10 28 — ⌂wc ☎ 🅿. **E**
(nur Abendessen für Hausgäste) — **30 Z : 46 B** 35/50 - 60/80.

In Löhne 3-Gohfeld :

🏠🏠 **Relexa** Ⓜ 🕭, Bültestr. 13, ℰ (05731) 84 40, Telex 9724774, Biergarten, ⇌ — 🕼 📺 ⌂wc ☎
🅿 🛆. 🆎 ⓞ **E** 𝗩𝗜𝗦𝗔
Karte 28/59 — **86 Z : 172 B** 95 - 140 Fb — P 140.

✕✕ **Kramer**, Koblenzer Str. 183, ℰ (05731) 8 38 38 — 🅿
Samstag bis 18 Uhr und Montag geschl. — Karte 24/55.

In Löhne 1-Wittel :

✕✕ **Landhotel Witteler Krug** mit Zim, Koblenzer Str. 305 (B 61), ℰ 31 31 — ⌂wc ⇌ 🅿
8 Z : 12 B.

LÖHNHORST Niedersachsen siehe Schwanewede.

☛ *Benutzen Sie für weite Fahrten in Europa*
die Michelin-Länderkarten im Maßstab 1:1 000 000.

LÖNINGEN 4573. Niedersachsen 987 ⑭ — 11 600 Ew — Höhe 35 m — ✪ 05432.
♦Hannover 202 — ♦Bremen 91 — Enschede 91 — ♦Osnabrück 69.

🏠 **Deutsches Haus**, Langenstr. 14, ℰ 24 22, 🐎 — ⌂wc ⇌ 🅿 🛆. **E**. 𝒮 Rest
22. Dez.- 4. Jan. geschl. — Karte 18/48 — **20 Z : 33 B** 30/46 - 60/86.

LÖRRACH 7850. Baden-Württemberg 987 ㉟, 216 ④. 427 ④ — 41 000 Ew — Höhe 294 m —
✪ 07621.

Ausflugsziel : Burg Rötteln★ N : 3 km.

🚗 ℰ 80 26.

🛈 Verkehrsbüro, Bahnhofsplatz, ℰ 1 56 20.

ADAC, Brombacher Str. 76, ℰ 1 06 27 und Grenzbüro, Lörrach-Stetten, ℰ 17 23 50.

♦Stuttgart 265 — Basel 9 — Donaueschingen 96 — ♦Freiburg im Breisgau 69 — Zürich 83.

🏠🏠 **Villa Elben** 🕭 garni, Hünerbergweg 26, ℰ 20 66, ≼, « Park », 🐎 — 🕼 ⌂wc ⌂wc ☎ 🅿
34 Z : 44 B 53/70 - 85/100 Fb.

🏠🏠 **Park-Hotel Homberger** garni, Turmstr. 24, ℰ 30 41, Telex 773663 — 🕼 ⌂wc ⌂wc 🛆
🆎 ⓞ **E** 𝗩𝗜𝗦𝗔
35 Z : 80 B 60/70 - 100/110 Fb.

🏠 **City-Hotel** garni, Weinbrennerstr. 2, ℰ 83 40 — 🕼 ⌂wc ⌂wc ☎ 🅿. 🆎 ⓞ **E** 𝗩𝗜𝗦𝗔
28 Z : 56 B 70/75 - 105/115 Fb.

🏠 **Bijou** garni, Basler Str. 7e, ℰ 8 90 77 — ⌂wc ⌂wc ☎ ⇌ 🅿. 🆎 ⓞ **E** 𝗩𝗜𝗦𝗔
20 Z : 36 B 50/65 - 80/95 Fb.

🏠 **Binoth am Markt** garni, Basler Str. 169, ℰ 26 73 — 🕼 ⌂wc ⌂wc ☎ 🏃. 🆎 ⓞ **E** 𝗩𝗜𝗦𝗔
22 Z : 39 B 45/65 - 65/95.

🏠 **Schmidt** 🕭 garni, Pestalozzistr. 9, ℰ 1 01 40 — ⌂wc ⇌ 🅿. 𝒮
24. Dez.- 6. Jan. geschl. — **30 Z : 43 B** 35/45 - 62/75.

✕✕ **Zum Kranz** mit Zim, Basler Str. 90, ℰ 8 90 83 — 📺 ⌂wc ☎ 🅿. 🆎 ⓞ **E** 𝗩𝗜𝗦𝗔
Karte 29/55 (Tischbestellung ratsam) (Sonn- und Feiertage geschl.) 🍷 — **9 Z : 17 B** 60/85
110/150.

In Lörrach-Haagen NO : 3,5 km :

🏠 **Henke** 🕭 garni, Markgrafenstr. 48, ℰ 5 15 10 — ⌂wc ☎ 🅿
23 Z : 36 B 36/48 - 55/70.

✕ **Markgrafen-Stuben**, Hauinger Str. 34, ℰ 5 23 65 — 🆎 ⓞ **E**
Montag geschl. — Karte 16,50/49 🍷.

An der B 316 SO : 4 km :

✕✕ **Landgasthaus Waidhof**, ✉ 7851 Inzlingen, ℰ (07621) 26 29 — 🅿
Feb. und Sonntag 17 Uhr - Montag geschl. — Karte 27/57.

In Inzlingen 7851 SO : 6 km :

✕✕ ✿ **Inzlinger Wasserschloß** (Wasserschloß a.d.15.Jh.), Riehenstr. 5, ℰ (07621) 4 70 57 — 🅿
🆎 ⓞ **E**
Ende Juli- Mitte Aug. und Dienstag - Mittwoch 17 Uhr geschl. — Karte 42/78
Spez. Lachstartar mit Felchencaviar, Lammcarré "provençale", Kalbsnieren in Senfsauce.

LÖSCHENBRAND Bayern siehe Landshut.

LÖWENSTEIN 7101. Baden-Württemberg – 2 500 Ew – Höhe 384 m – 😊 07130.
◆Stuttgart 49 – Heilbronn 18 – Schwäbisch Hall 30.

※ **Lamm** mit Zim, Maybachstr. 43, ✆ 13 23
6 Z : 9 B.

In Löwenstein-Hösslinsülz NW : 3,5 km :

🏠 **Roger**, Heiligenfeldstr. 56 (nahe der B 39), ✆ 67 36, ⇔ – 📶 📺 ⇔wc ⋔wc ☎ 🔊 ⇔ 🅿
🦶 🆎 ⓪
Karte 16/36 🍸 – **39 Z : 70 B** 40/73 - 73/103.

LOFFENAU Baden-Württemberg siehe Gernsbach.

LOHBERG 8491. Bayern 987 ㉘ – 1 800 Ew – Höhe 650 m – Erholungsort – Wintersport :
550/850 m ✂2 – 😊 09943 (Lam).
🅱 Verkehrsamt, Haus des Gastes, Rathausweg 1, ✆ 7 60.
◆München 205 – Cham 44 – Deggendorf 62 – Passau 90.

🏠 **Landhaus Baumann**, Ringstr. 7, ✆ 6 47, ⇔, ⇔, ⇔, ⇔ – ⋔wc 🅿. ⚘
(nur Abendessen für Hausgäste) – **12 Z : 21 B**.

In Lohberg-Altlohberghütte O : 3 km – Höhe 850 m :

🏠 **Bergpension Kapitän Goltz**, ✆ 13 87, ⇔, ⇔, ⇔ – ⋔wc 🅿. 🆎 ⓪
5. Nov.- 15. Dez. geschl. – Karte 15/39 – **12 Z : 22 B** 35 - 60 Fb.

In Lohberg-Sommerau SW : 2,5 km über Lohberghütte :

🏠 **Pension Grüne Wiese** ⇘, Sommerauer Str. 10, ✆ 12 08, ⇔, ▣, ⇔ – ⋔wc 🅿
Nov.- 15. Dez. geschl. – (nur Abendessen für Hausgäste) – **26 Z : 46 B** 33/35 - 60/65.

LOHMAR 5204. Nordrhein-Westfalen – 25 100 Ew – Höhe 75 m – 😊 02246.
◆Düsseldorf 63 – ◆Köln 23 – Siegburg 5.

※ **Jägerhof**, Hauptstr. 35, ✆ 42 79 – 🅿
wochentags nur Abendessen – Karte 21/46.

In Lohmar 1-Donrath :

※※ **Meigermühle**, an der Straße nach Rösrath (NW : 2 km), ✆ 50 00 – 🅿. ⓪
Dienstag geschl. – Karte 23/58.

In Lohmar 21-Honrath N : 9 km :

🏠 **Haus am Berg** ⇘, Auf der Höhe, ✆ (02206) 22 38, ⇔, « Gartenterrasse » – ⇔wc ⋔wc 🅿
🦶
Juli - Aug. 2 Wochen geschl. – Karte 33/62 (Freitag geschl.) – **16 Z : 28 B** 40/75 - 80/130.

In Lohmar 21-Wahlscheid NO : 4 km – 😊 02206 :

🏰 **Schloß Auel**, an der B 484 (NO : 1 km), ✆ 20 41, Telex 887510, ⇔, « Antike Einrichtung,
Park, Schloßkapelle », ⇔, ▣, ⇔, ⚘ – 🅿 🦶 🆎 ⓪ 🅴
Karte 29/67 – **23 Z : 44 B** 87/157 - 144/224 Fb.

🏠 **Aggertal-Hotel Zur alten Linde** ⇘, Bartholomäusstr. 8, ✆ 16 99, ⇔ – ⋔wc ☎ ⇔ 🅿
🦶. ⓪
Juli - Aug. 3 Wochen geschl. – Karte 23/61 (nur Abendessen, Dienstag geschl.) – **18 Z : 25 B**
65/85 - 110/130 Fb.

🏠 **Haus Säemann** ⇘, Am alten Rathaus 17, ✆ 77 87, ⇔, ⇔ – ⇔wc ⋔wc ⇔ 🅿. 🅴
Karte 20/50 (wochentags nur Abendessen, Montag geschl.) – **12 Z : 18 B** 45/70 - 65/90 Fb.

※※ **Naafs-Häuschen**, an der B 484 (NO : 3 km), ✆ 16 65, ⇔ – 🅿
Donnerstag geschl. – Karte 26/65.

※※ **Haus Stolzenbach**, an der B 484 (SW : 1 km), ✆ (02246) 43 67, ⇔ – 🅿
Donnerstag geschl. – Karte 25/58.

LOHNE 2842. Niedersachsen 987 ⑭ – 19 600 Ew – Höhe 34 m – 😊 04442.
Hannover 123 – ◆Bremen 81 – ◆Oldenburg 61 – ◆Osnabrück 50.

🏠 **Waldhotel** ⇘, Burgweg 16, ✆ 32 60 – ⋔wc ⇔ 🅿
14 Z : 20 B.

🛎 **Deutsches Haus**, Brinkstr. 18, ✆ 15 44 – ⋔wc ⇔ 🅿. ⓪
Karte 16/29 (Samstag geschl.) – **10 Z : 16 B** 28/35 - 70.

Die im Michelin-Führer
verwendeten Zeichen und Symbole haben –
fett *oder dünn gedruckt, rot oder* schwarz –
jeweils eine andere Bedeutung.
Lesen Sie daher die Erklärungen (S. 12 bis 19) aufmerksam durch.

LOHR AM MAIN 8770. Bayern 987 ㉘ — 17 000 Ew — Höhe 161 m — ✪ 09352.

🛈 Tourist-Information, Ludwigstr. 10, ☎ 90 01.

♦München 321 — Aschaffenburg 35 — Bad Kissingen 51 — ♦Würzburg 41.

🏛 **Bundschuh** 🦶, Am Kaibach 7, ☎ 25 06 — ➱wc 🛁wc ☎ ⟵ 🅿. 🆎 ⓞ. 🛥
20. Dez. - 15. Jan. geschl. — (nur Abendessen für Hausgäste) — **20 Z : 30 B** 45/58 - 75/85.

🏠 **Beck's Hotel** 🦶 garni, Lindenstr. 2, ☎ 21 53, 🐎 — 🛁wc ⟵ 🅿
19 Z : 24 B 40/45 - 70/72.

☎ **Engel**, Vorstadtstr. 7, ☎ 25 30 — 🛁 ⟵ 🅿
↔ Karte 14,50/35 (Montag geschl.) 🍷 — **11 Z : 18 B** 32/36 - 56/62.

✗ **Mopper-Stube**, Jahnstr. 8 (Stadthalle), ☎ 12 93, 🍽 — 🅿 🍺.

✗ **Postkeller**, Hauptstr. 51, ☎ 25 40
Sonntag bis 18 Uhr und Mittwoch sowie Mitte Juli - Mitte Aug. geschl. — Karte 15/37 🍷.

In Lohr-Sendelbach O : 1 km :

🏠 **Postillion-Zur alten Post**, Steinfelder Str. 1, ☎ 27 65, Biergarten — ➱wc 🛁wc 🅿
↔ 27. Dez.- 9. Jan. und 28. Juli - 6. Aug. geschl. — Karte 14/33 (Mittwoch geschl.) 🍷 — **11 Z : 20 B**
38/42 - 66/72.

In Lohr-Steinbach O : 3 km :

🏠 **Adler**, Steinbacher Str. 14, ☎ 16 62, 🐎 — 🛁wc 🅿
13. Feb.- 13. März geschl. — Karte 13/32 (Donnerstag geschl.) — **17 Z : 27 B** 26/40 - 52/74.

Bei Maria Buchen SO : 5,5 km über Lohr-Steinbach :

🏛 **Buchenmühle** 🦶, Buchentalstr. 23, ✉ 8770 Lohr-Steinbach, ☎ (09352) 34 24, « Terrasse mit
≤ », 🐎 — 📺 ➱wc 🛁wc ☎ ⟵ 🅿
15 Z : 26 B.

LOICHING Bayern siehe Dingolfing.

LONGUICH 5559. Rheinland-Pfalz — 1 180 Ew — Höhe 150 m — ✪ 06502.

Mainz 151 — Bernkastel-Kues 38 — ♦Trier 13 — Wittlich 26.

✗✗ **Auf der Festung**, Maximinstr. 30, ☎ 49 20, bemerkenswerte Weinkarte — 🅿
2.- 17. Juli und Montag 15 Uhr - Dienstag geschl. — Karte **29**/62.

LORCH 7073. Baden-Württemberg 987 ㉟ — 9 200 Ew — Höhe 281 m — ✪ 07172.

♦Stuttgart 45 — Göppingen 18 — Schwäbisch Gmünd 8.

☎ **Zum Bahnhof**, Gmünder Str. 11, ☎ 74 47 — 🛁wc ⟵ 🅿. 🛥 Zim
26 Z : 38 B.

LORCH AM RHEIN 6223. Hessen 987 ㉔ — 5 000 Ew — Höhe 83 m — ✪ 06726.

Sehenswert : Pfarrkirche (Kruzifix★).

🛈 Verkehrsbüro, Marktstr. 5, ☎ 3 17.

♦Wiesbaden 45 — ♦Koblenz 51 — Limburg an der Lahn 68 — Mainz 48.

☎ **Arnsteiner Hof**, Schwalbacher Str. 8, ☎ 93 71 — 🛁wc ⟵ 🅿. ⓞ E
↔ Karte 14/34 (Montag bis 16 Uhr geschl.) 🍷 — **12 Z : 20 B** 35/40 - 70/75.

An der Straße nach Bad Schwalbach, im Wispertal — ✪ 06726 :

✗✗ **Alte Villa**, (NO : 9 km), ✉ 6223 Lorch, ☎ 12 62, 🍺, 🐎 — 🅿
nur Abendessen, Dienstag, Juli 2 Wochen und 27. Dez.- Feb. geschl. — Karte 40/71.

✗✗ **Laukenmühle**, (NO : 13 km), ✉ 6223 Lorch 4, ☎ (06775) 3 55, 🍽 — 🅿
5. Dez.- Jan. geschl. — Karte 15/48 🍷.

✗ **Kammerburg**, (NO : 9 km), ✉ 6223 Lorch, ☎ 94 15, 🍽 — 🅿
Dez.- Mitte Feb. und Montag geschl. — Karte 15/47.

In Lorch 4-Espenschied NO : 15 km — Höhe 404 m — Luftkurort :

🏠 **Sonnenhang** 🦶, Borngasse 1, ☎ (06775) 3 14, ≤, 🍽, 🍺, 🖼, 🐎 — 🛁wc 🦽 🅿. 🛥
März - Okt. — Karte 17/34 🍷 — **16 Z : 27 B** 44/56 - 88/94 — P 54/56.

In Lorch 3-Ransel N : 9 km — Höhe 450 m :

🏠 **Rheingauer Berghof** 🦶, Taunusstr. 1, ☎ 6 29, ≤, « Gartenterrasse », 🖼, 🖼, 🐎 — 🛁w
🅿
März-Okt. — (Rest. nur für Hausgäste) — **7 Z : 14 B** 52 - 80 — P 65.

LORELEY Rheinland-Pfalz siehe St. Goarshausen.

LORSCH 6143. Hessen — 10 700 Ew — Höhe 100 m — ✪ 06251 (Bensheim).

Sehenswert : Königshalle★.

🛈 Kultur- u. Verkehrsamt, Marktplatz 1, ☎ 50 41.

♦Wiesbaden 65 — ♦Darmstadt 29 — Heidelberg 34 — ♦Mannheim 26 — Worms 15.

🏨 Sandhas, Kriemhildenstr. 6, ℰ 5 14 04, « Rest. Alte Abtei », ☎ – 🛗 📺 ➜wc ﬦwc ☎ 🅿
🔺
104 Z : 150 B Fb.

🏠 **Schillereck** ⑤, Schillerstr. 27, ℰ 5 23 01 – ﬦwc ⇦
➜ Aug.- Sept. 3 Wochen geschl. – Karte 13,50/30 (nur Abendessen, Freitag - Samstag geschl.) ⑤
– **11 Z : 16 B** 27/35 - 48.

☎ **Kaplan** ⑤, Heinrichstr. 21, ℰ 5 22 49 – ﬦ ⇦ 🅿
➜ Karte 12/25 (wochentags nur Abendessen, Dienstag geschl.) ⑤ – **13 Z : 20 B** 23/28 - 44/48.

XX **Zum Schwanen**, Nibelungenstr. 52, ℰ 5 22 53
nur Abendessen, 6. Juli - 6. Aug., 22. Dez. - 10. Jan. und Samstag geschl. – Karte 23/58
(Tischbestellung erforderlich) ⑤.

LOSSBURG 7298. Baden-Württemberg 987 ㉟ – 5 300 Ew – Höhe 666 m – Luftkurort –
Wintersport : 650/800 m ⟋1 ⟋6 – ✆ 07446.
🛈 Kurverwaltung, Hauptstraße 35, ℰ 21 56.
♦Stuttgart 100 – Freudenstadt 8,5 – Villingen-Schwenningen 60.

🏨 Hirsch, Hauptstr. 5, ℰ 20 20 – 🛗 ➜wc ﬦwc ☎ ⇦ 🅿
46 Z : 80 B.

🏠 **Traube** ⑤, Gartenweg 3, ℰ 15 14, 🌇, 🏊, 🌳 – 🛗 ﬦwc ⇦ 🅿
Okt.- Nov. 3 Wochen geschl. – Karte 15,50/30 (Montag geschl.) – **34 Z : 57 B** 40/50 - 80/90 Fb
– P 52/55.

🏠 Ochsen ⑤ garni, Buchenweg 12, ℰ 15 06, ☎, 🌳 – ➜wc ⇦ 🅿. 🎿
13 Z : 24 B.

🏠 **Zum Bären**, Hauptstr. 4, ℰ 13 52 – ➜wc ﬦwc 🅿
➜ Karte 14/35 (Okt.- April Donnerstag geschl.) – **22 Z : 40 B** 32/40 - 56/70 – P 54/60.

In Lossburg-Oedenwald W : 3 km :

🏠 **Adrionshof** ⑤, ℰ 20 41, 🏊, 🌳 – ﬦwc ⇦ 🅿. 🎿 Zim
Nov. geschl. – Karte 16,50/32 – **28 Z : 45 B** 45/50 - 80/96 Fb – P 60/70.

In Lossburg-Rodt :

🏠 Café Schröder ⑤, Pflegersäcker 5, ℰ 5 74, 🌇, 🌳 – 🛗 📺 ➜wc ﬦwc 🅿
21 Z : 40 B Fb.

🏠 **Panorama-Hotel** ⑤, Breuninger Weg 30, ℰ 20 91, ☎, 🏊, 🌳 – 🛗 ﬦwc 🅿
Nov.- 15. Dez. geschl. – Karte 15/40 (Montag geschl.) – **36 Z : 69 B** 45/50 - 80/100 – P 60/70.

In Lossburg-Schömberg SW : 6 km – Erholungsort :

🏠 **Waldhufen**, Ortsstr. 8, ℰ 27 77 – ﬦwc ☎ ⇦ 🅿. 🎿
Karte 18/40 – **9 Z : 17 B** 40/70 - 75/80 – P 60/70.

LOXSTEDT 2854. Niedersachsen – 14 500 Ew – Höhe 3 m – ✆ 04744.
♦Hannover 178 – ♦Bremen 54 – ♦Bremerhaven 12.

In Loxstedt-Dedesdorf SW : 13 km :

X **Zum alten Dorfkrug** mit Zim, Föhrstr. 14, ℰ (04740) 3 06 – ﬦwc ☎ 🅿
Karte 19/40 – **7 Z : 14 B** 36 - 72.

LUBECCA = Lübeck.

LUDWIGSBURG 7140. Baden-Württemberg 987 ㉟ – 80 000 Ew – Höhe 300 m – ✆ 07141.
Sehenswert : Blühendes Barock : Schloß★- Park★ (Märchengarten★★).
🛈 Fremdenverkehrsamt, Wilhelmstr. 12, ℰ 91 02 52.
ADAC, Neckarstr. 102, ℰ 5 10 15, Telex 7264670.
♦Stuttgart 16 ④ – Heilbronn 36 ① – ♦Karlsruhe 86 ⑤.

Stadtplan siehe nächste Seite.

🏨 **Favorit** garni, Gartenstr. 18, ℰ 9 00 51, Telex 7264699 – 🛗 📺 ➜wc ﬦwc ☎ ♿ ⇦. 🆎 ⑩   Y r
E 💳. 🎿
50 Z : 55 B 76/90 - 120/150.

🏨 **Schiller-Hospiz**, Gartenstr. 17, ℰ 2 34 63 – 🛗 ➜wc ﬦwc ☎ 🅿 🔺. 🆎. 🎿   Y a
Karte 26/59 (Sonntag geschl.) – **52 Z : 68 B** 45/90 - 80/140.

🏨 **Alte Sonne**, Bei der kath. Kirche 3, ℰ 2 52 31 – ﬦwc ☎. 🆎 ⑩ E 💳   Y n
Juli - Aug. 3 Wochen geschl. – Karte 21/57 (auch schwäbische Küche; Tischbestellung ratsam)
(Samstag - Sonntag geschl.) – **14 Z : 20 B** 49/82 - 120/130 Fb.

🏠 Heim garni, Schillerstr. 19, ℰ 2 61 44 – 🛗 ➜wc ﬦwc ☎. 🆎 E   Z c
39 Z : 50 B 47/75 - 88/125 Fb.

🏠 **Westend**, Fr.-List-Str. 26, ℰ 4 23 12 – ﬦ 🅿. 🆎. 🎿 Zim   Z d
Karte 22/55 (Freitag 14 Uhr - Samstag, Sonntag ab 14 Uhr und Juli - Aug. 4 Wochen geschl.) –
14 Z : 19 B 34/52 - 60/80.

LUDWIGSBURG

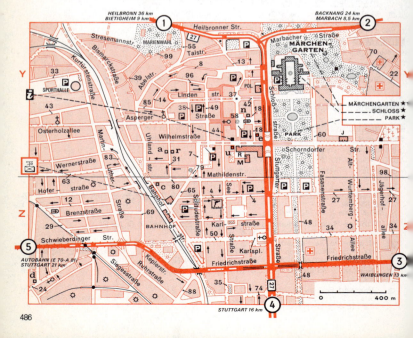

XX **Ratskeller**, Wilhelmstr. 13, ✆ 2 67 19, 🏠 – ℗ 🅰. ⅩⅤ ⊙ Ɛ 𝘝𝘐𝘚𝘈   **Y u**
Karte 20/57.

XX **Post-Cantz**, Eberhardstr. 6, ✆ 2 35 63 – ⅩⅤ Ɛ   **Y e**
Mittwoch - Donnerstag und Juni - Juli 3 Wochen geschl. – Karte **29**/52.

In Ludwigsburg-Hoheneck :

🏠 **Hoheneck** ⅋, Uferstraße (beim Heilbad), ✆ 5 11 33, 🏠 – ⌂wc ⋔wc ☎ ℗   **V s**
20. Dez.- 7. Jan. geschl. – Karte 19,50/48 *(Freitag geschl.)* – **15 Z : 20 B** 46/60 - 82/110.

In Ludwigsburg-Oßweil über ③ :

🏠 **Kamin** ⅋ garni, Neckarweihinger Str. 52, ✆ 8 67 67 – ⅋ ⋔wc ☎ ⟸ ℗. ⅩⅤ ⊙ Ɛ 𝘝𝘐𝘚𝘈
17 Z : 22 B 66/80 - 95/105 Fb.

In Ludwigsburg 9-Pflugfelden :

🏠🏠 **Stahl - Restaurant Zum goldenen Pflug** Ⓜ, Dorfstr. 4, ✆ 4 07 40, Telex 7264374 – ⅋ ⅋
⌂wc ⋔wc ☎ ⟸. ⅩⅤ ⊙ Ɛ 𝘝𝘐𝘚𝘈   **X e**
Juli - Aug. 3 Wochen geschl. – Karte 25/64 🍷 – **24 Z : 43 B** 65/85 - 125/135 Fb.

Beim Schloß Monrepos :

🏠🏠🏠 **Schloßhotel Monrepos** Ⓜ ⅋, ✆ 30 20, Telex 7264720, « Gartenterrasse », ⟸, 🖼, 🌳 –
⅋ ⅋ ℗ ⅋ (mit Ⅲ). ⅩⅤ ⊙ Ɛ 𝘝𝘐𝘚𝘈   **V r**
Restaurants : – **Bugatti** (Ⅲ, *italienische Küche*) *(nur Abendessen, Sonn- und Feiertage geschl.)*
Karte 26/70 – **Gutsschenke** Karte 25/66 – **83 Z : 125 B** 130/150 - 165/210 Fb.

In Freiberg 7149   N : 4 km :

XX **Schwabenstuben**, Marktplatz 5, ✆ (07141) 7 50 37, 🏠 – ℗
Samstag bis 17 Uhr, Montag und Sept. 3 Wochen geschl. – Karte 20/48.

XX **Spitznagel**, Ludwigsburger Str. 58 (Beihingen), ✆ (07141)7 25 80 – ℗
15. Juli - 3. Aug. und Montag geschl. – Karte 21/49.

LUDWIGSHAFEN AM RHEIN 6700. Rheinland-Pfalz 🔠🔠🔠 ㉔ ㉕ – 165 000 Ew – Höhe 95 m –
☎ 0621.

Siehe auch Mannheim-Ludwigshafen (Übersichtsplan).

🅱 Verkehrsverein, Informationspavillon am Hauptbahnhof, ✆ 51 20 35.

ADAC, Theaterplatz 10, ✆ 51 93 61, Telex 464770.

Mainz 82 ② – Kaiserslautern 55 ② – ♦Mannheim 3 ④ – Speyer 22 ③.

Stadtplan siehe nächste Seite.

🏠🏠🏠 **Ramada** Ⓜ, Pasadena-Allee 4, ✆ 51 93 01, Telex 464545, ⟸, 🖼 – ⅋ ⊟ ⊡ ⟸ ℗ ⅋. ⅩⅤ
⊙ Ɛ 𝘝𝘐𝘚𝘈   **Z v**
Karte 30/69 – **198 Z : 400 B** 160/200 - 200/240 Fb.

🏠🏠 **Pfalzhotel Excelsior**, Lorientallee 16, ✆ 51 92 01, Telex 464540, ≤, ⟸, 🖼 – ⅋ ⊡ ⌂wc
☎ ⟸ ℗ ⅋. ⅩⅤ ⊙ Ɛ 𝘝𝘐𝘚𝘈. 🍽 Rest   **Z n**
Karte 20/54 – **160 Z : 250 B** 135/150 - 160/180 Fb.

🏠 **Karpp**, Rheinfeldstr. 56, ✆ 69 10 78, kleiner Innenhof – ⅋ ⋔wc ☎   **BV e**
Karte 18,50/39 *(nur Abendessen, Samstag - Sonntag geschl.)* – **18 Z : 29 B** 38/65 - 65/95.

🏠 **Regina** garni, Bismarckstr. 40, ✆ 51 90 26 – ⅋ ⌂wc ⋔wc ☎   **Y c**
34 Z : 58 B.

X **Ratsstuben** (*Jugoslawische Küche*), Bahnhofstr. 13, ✆ 51 63 99 – ⅩⅤ ⊙ Ɛ 𝘝𝘐𝘚𝘈. 🍽   **Y r**
Karte 18/44 🍷.

Folgende Häuser finden Sie auf dem Stadtplan Mannheim-Ludwigshafen :

In Ludwigshafen-Friesenheim :

🏠 **Parkpension** ⅋ garni, Luitpoldstr. 150, ✆ 69 45 21 – ⋔ ⟸   **AV v**
24 Z : 34 B 38/45 - 66/72.

In Ludwigshafen-Gartenstadt :

🏠 **Gartenstadt**, Maudacher Str. 188, ✆ 55 10 51, ⟸, 🖼, 🍽 (Halle) – ⅋ ⊡ ⌂wc ⋔wc ☎
℗. ⅩⅤ ⊙ Ɛ 𝘝𝘐𝘚𝘈   **BV h**
(nur Abendessen für Hausgäste) – **48 Z : 74 B** 65/78 - 100/130 Fb.

In Ludwigshafen-Oppau :

🏠 **Oppauer Stubb**, Fritz-Winkler-Str. 20, ✆ 65 38 74 – ⋔ ⟸   **BU e**
Karte 22/43 *(Dienstag geschl.)* 🍷 – **12 Z : 19 B** 38/48 - 58/65.

In Altrip 6701   SO : 10 km über Rheingönheim und Hoher Weg **BCV**

🏠 **Strandhotel Darstein** ⅋, Zum Strandhotel 10, ✆ (06236) 20 73, ≤, 🏠 – ⌂wc ⋔wc ☎ ℗
⅋
17 Z : 32 B Fb.

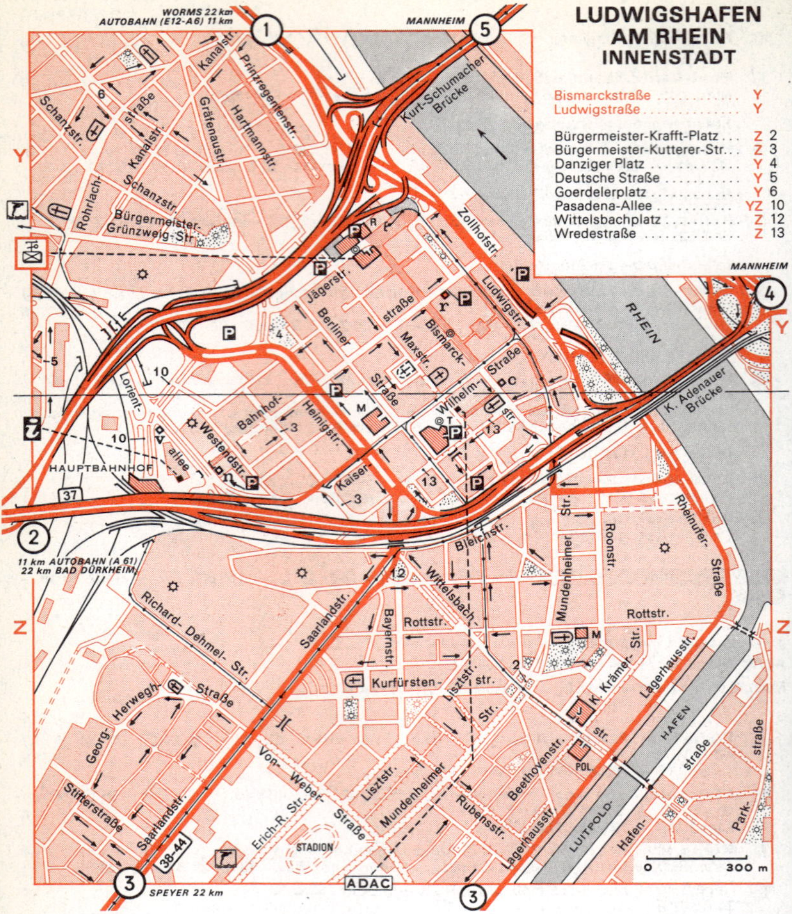
LUDWIGSHAFEN AM RHEIN INNENSTADT
Bismarckstraße . . . . Y
Ludwigstraße . . . . Y
Bürgermeister-Krafft-Platz . . . Z 2
Bürgermeister-Kutterer-Str. . . Z 3
Danziger Platz . . . . Y 4
Deutsche Straße . . . . Y 5
Goerdelerplatz . . . . Y 6
Pasadena-Allee . . . . YZ 10
Wittelsbachplatz . . . . Z 12
Wredestraße . . . . Z 13
WORMS 22 km
AUTOBAHN (E12-A6) 11 km
MANNHEIM
11 km AUTOBAHN (A 61)
22 km BAD DÜRKHEIM
SPEYER 22 km
HAUPTBAHNHOF
RHEIN
HAFEN
STADION
ADAC
K. Adenauer Brücke
Kurt-Schumacher Brücke
0 300 m

LUDWIGSSTADT **8642.** Bayern **987** ㉖ – 4 300 Ew – Höhe 444 m – Erholungsort – Wintersport : 500/700 m ≤3 ⛷6 – ☎ 09263.

♦München 310 – ♦Bamberg 89 – Bayreuth 75 – Coburg 58.

In Ludwigsstadt-Lauenstein N : 3 km :

Posthotel Lauenstein, Orlamünderstr. 2, ☎ 5 05, ≤, Bade- und Massageabteilung, – wc wc ☎ P
Karte 17/46 – **27 Z : 54 B** 34/46 - 66/86 – P 61/73.

Burghotel Lauenstein, Burgstr. 4, ☎ 2 56, ≤, – wc P .
Karte 14,50/39 – **22 Z : 38 B** 29/42 - 58/84 – P 54/67.

Siehe auch : ***Steinbach am Wald***

LÜBBECKE **4990.** Nordrhein-Westfalen **987** ⑭ – 24 600 Ew – Höhe 91 m – ☎ 05741.

♦Düsseldorf 215 – ♦Bremen 105 – ♦Hannover 95 – ♦Osnabrück 45.

Quellenhof, Obernfelder Allee 1, ☎ 70 13, « Gartenterrasse » – wc wc ☎ P . E
Karte 16/39 – **15 Z : 30 B** 59/79 - 105/138.

Stadthallen-Restaurant, Rahdener Str.1, ☎ 74 77, – P.

In Lübbecke 5-Nettelstedt O : 5,5 km :

🏨 **Moorhof-Chez Raphael**, Moorweg 1, 𝒫 66 43 – 🛏wc ⫘wc ⫘ P. AE ⓞ E
Karte 22/60 *(Montag geschl.)* – **10 Z : 16 B** 46/50 - 84/88.

In Hüllhorst-Oberbauerschaft 4971 S : 3,5 km :

🏨 **Berghotel**, Buchenweg 1 (nahe der B 239), 𝒫 (05741) 72 53, ⫘, 🖼 – ⫘wc ☎ P. AE
ⓞ
Karte 18/40 – **15 Z : 26 B** 44 - 76.

En dehors des établissements désignés par
XXXXX ... X ,
il existe, dans de nombreux hôtels,
un restaurant de bonne classe.

LÜBECK 2400. Schleswig-Holstein 𝟵𝟴𝟳 ⑥ – 208 700 Ew – Höhe 10 m – ✆ 0451.

Sehenswert : Altstadt★★★ – Holstentor★★ – Marienkirche★★ – Haus der
Schiffergesellschaft★ (Innenausstattung★★) – Rathaus★ – Heiligen-Geist-Hospital★ –
St.-Annen-Museum★ BYZ M – Burgtor★ BX D – Füchtingshof★ – Jakobikirche (Orgel★★) BX B –
Katharinenkirche (Figurenreihe★ von Barlach).

🛈 Touristbüro, Markt, 𝒫 7 23 00, Telex 26894.

🛈 Touristbüro, Beckergrube 95, 𝒫 1 22 81 09.

🛈 Auskunftspavillon im Hauptbahnhof, 𝒫 7 23 00 – **ADAC**, Katharinenstr. 37, 𝒫 4 39 39, Telex 26213.

♦Kiel 92 ⑤ – ♦Hamburg 66 ⑥ – Neumünster 58 ⑤.

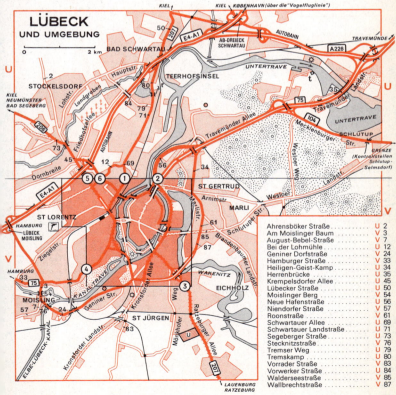

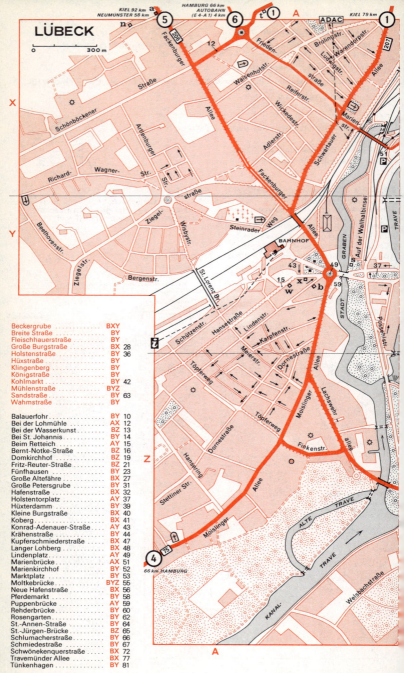

LÜBECK

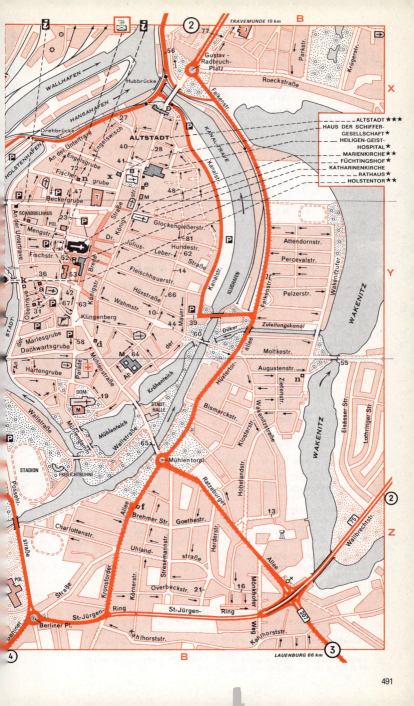

LÜBECK

🏨 **Lysia-Hotel Mövenpick**, Auf der Wallhalbinsel 3, ℰ 1 50 40, Telex 26707, 🏤 – 🛗 📺 🅿   AY s
  🔥. 🆎 ⓞ ᴇ 𝘝𝘐𝘚𝘈
  Karte 24/56 – **130 Z : 260 B** 145/175 - 179/209 Fb.

🏨 **Kaiserhof** garni, Kronsforder Allee 13, ℰ 79 10 11, � – 🛗 📺 ⇨wc ⋔wc 🕿 🅿. 🆎 ⓞ ᴇ   E
  𝘝𝘐𝘚𝘈   BZ f
  55 Z : 110 B 80/120 - 105/170.

🏨 **Jensen**, Obertrave 4, ℰ 7 16 46, Telex 26360 – 🛗 ⇨wc ⋔wc 🕿. 🆎 ⓞ ᴇ   BY k
  Karte 24/51 – **50 Z : 100 B** 71/100 - 116/160 Fb.

🏨 **Terminus** garni, Lindenplatz 2, ℰ 8 46 44 – ⋔wc 🕿. 🆎 ᴇ 𝘝𝘐𝘚𝘈   AY x
  15 Z : 30 B 65/90 - 90/120.

🏨 **Excelsior** garni, Hansestr. 3, ℰ 8 26 26 – 🛗 ⇨wc ⋔wc 🕿 🅿. 🆎 ⓞ ᴇ 𝘝𝘐𝘚𝘈   AY w
  54 Z : 100 B 70/135 - 95/170 Fb.

🏨 **Lindenhof** garni, Lindenstr. 1a, ℰ 8 40 15 – 🛗 ⋔wc 🕿 ⇦. ⓞ ᴇ 𝘝𝘐𝘚𝘈   AY b
  54 Z : 90 B 45/75 - 80/120.

🏨 **Herrenhof** garni, Herrendamm 8, ℰ 4 60 27 – ⋔wc 🅿. 🆎 ⓞ ᴇ 𝘝𝘐𝘚𝘈   AX n
  28 Z : 40 B 40/50 - 70/82.

🏨 **Wakenitzblick**, Augustenstr. 30, ℰ 79 12 96, ≤, 🏤 – ⇨wc ⋔wc 🕿 ⇦. 🆎 ⓞ ᴇ   BZ v
  Karte 21/46 *(Sept.- April Montag geschl.)* – **14 Z : 27 B** 60/77 - 90/120.

🏨 **Motel Zur Lohmühle**, Bei der Lohmühle 54, ℰ 47 17 69 – ⋔wc 🕿 & ⇦ 🅿 🔥. 🆎 ⓞ ᴇ   E
  Karte 18/37 – **32 Z : 64 B** 65 - 110.   AX t

🏨 Altstadt-Hotel garni, Fischergrube 52, ℰ 7 20 83 – ⋔wc   BX n
  25 Z : 45 B.

XXX **Das Schabbelhaus**, Mengstr. 48, ℰ 7 20 11, « Altes Lübecker Kaufmannshaus, antikes
  Mobiliar » – 🆎 ⓞ ᴇ 𝘝𝘐𝘚𝘈   BY
  Sonntag ab 15 Uhr geschl. – Karte 37/77 (Tischbestellung ratsam).

XXX **Stadtrestaurant**, Am Bahnhof 2, ℰ 8 40 44 – 🔥. 🆎 ⓞ ᴇ 𝘝𝘐𝘚𝘈   AY
  Karte 19/60 – Lübsche Katen : Karte 15/34.

XXX **La nouvelle étoile** (mit Bistro), Große Petersgrube 8, ℰ 7 64 40 – 🆎 ⓞ ᴇ 𝘝𝘐𝘚𝘈   BY r
  nur Abendessen, Mai - Aug. Sonn- und Feiertage geschl. – Karte 39/64.

XX **Zum Ratsherrn** (mit Motel), Herrendamm 2, ℰ 4 33 39 – 📺 ⇨wc ⋔wc 🕿 🅿. 🆎 ⓞ ᴇ
  𝘝𝘐𝘚𝘈   AX a
  Karte 26/66 *(Sonntag geschl.)* – **9 Z : 18 B** 75/80 - 120.

XX Schiffergesellschaft, Breite Str. 2, ℰ 7 67 76, « Historische Gaststätte a.d.J. 1535 mit
  zahlreichen Andenken an Lübecker Seefahrer » – 🔥   BX x
  (abends Tischbestellung ratsam).

XX **Die Gemeinnützige**, Königstr. 5, ℰ 7 38 12, « Stilvolle Festsäle, Terrassengarten » – 🔥   BX e
  Sonntag geschl. – Karte 19,50/46.

XX **Lübecker Hanse**, Kalk 3, ℰ 7 80 54 – 🆎 ⓞ ᴇ 𝘝𝘐𝘚𝘈   BY a
  Sonn- und Feiertage geschl. – Karte 36/64.

X Ratskeller, Markt 13 (im Rathaus), ℰ 7 20 44   BY R

X **Shanghai** (Chinesische Küche), Königstr. 129, ℰ 7 76 66 – 🆎 ⓞ ᴇ 𝘝𝘐𝘚𝘈   BY d
  Dienstag geschl. – Karte 20/46.

  In Lübeck 1-Absalonshorst ③ : 9 km :

X **Absalonshorst** 🦌 mit Zim, Absalonshorster Weg 100, ℰ (04509) 10 40, 🏤, 🐎 – ⋔wc 🕿
  ⇦ 🅿
  Jan. geschl. – Karte 18,50/51 *(Montag geschl.)* – **7 Z : 14 B** 40 - 70.

  In Lübeck 1-Gothmund :

🏨 **Fischerklause** 🦌, Fischerweg 21, ℰ 39 32 83, 🏤 – 📺 ⋔wc 🕿 🅿. 🆎 ⓞ ᴇ   U t
  Karte 25/53 *(Montag geschl.)* – **6 Z : 12 B** 75 - 120.

  In Lübeck-Travemünde ② : 19 km – Ostseeheilbad – ⊕ 04502.

  🛈 Kurverwaltung, Strandpromenade 1b, ℰ 8 43 63.

🏨 **Maritim**, Trelleborgallee 2, ℰ 7 50 01, Telex 261432, ≤ Lübecker Bucht und Travemündung,
  Massage, direkter Zugang zum Strandbad-Zentrum, 🚾, 🟥 – 🛗 ▤ Rest 📺 ⇦ 🔥. 🆎 ⓞ
  ᴇ 𝘝𝘐𝘚𝘈. 🎇 Rest   C z
  Karte 31/72 – **240 Z : 500 B** 119/195 - 202/262 Fb.

🏨 Kurhaus Hotel, Außenallee 10, ℰ 8 11, 🏤, 🚾, 🟥, 🐎 – 🛗 📺 ⇨wc ⋔wc 🕿 🅿 🔥.
  🎇 Rest   C
  104 Z : 170 B Fb.

🏨 **Deutscher Kaiser**, Vorderreihe 52, ℰ 50 28, Telex 261443, ≤, 🟥 (geheizt) – 🛗 ⇨wc ⋔wc
  🕿. 🆎 ᴇ 𝘝𝘐𝘚𝘈   C v
  Karte 26/54 (auch Self-service) – **45 Z : 95 B** 65/110 - 105/175 Fb.

🏨 **Strandperle**, Kaiserallee 10, ℰ 7 42 49, 🏤 – ⋔wc 🕿. 🆎 ⓞ ᴇ 𝘝𝘐𝘚𝘈   C n
  Nov. geschl. – Karte 20/55 *(Dez.- April Dienstag geschl.)* – **10 Z : 19 B** 80/100 - 120/160 Fb.

🏨 **Atlantic** garni, Kaiserallee 2a, ℰ 7 41 36 – ⇨wc ⋔wc 🕿 🅿. 🆎 ⓞ ᴇ   C c
  33 Z : 52 B 50/100 - 90/160.

🏨 **Seegarten** garni, Kaiserallee 11, ℰ 7 27 70, 🚾, 🟥 – ⇨wc ⋔wc ⇦ 🅿   C a
  20 Z : 30 B 45/100 - 95/160 – 5 Appart. 120/140.

🏠 **Sonnenklause** garni, Kaiserallee 21, ✆ 7 33 30, Yachtcharter — 🛏wc
🏠wc ☎ 🚗 🅿. ❄
April - Mitte Okt. — **25 Z :**
38 B 55/103 - 110/128.

C s

🏠 **Strandhaus Becker** 🦢, Strandpromenade 7, ✆ 7 50 35, ≤, 🍴 — 🛏wc
🏠wc ☎ 🅿
Nov.- 15. Dez. geschl. — Karte 20/55 — **34 Z : 50 B** 55/155 - 110/175.

C u

✕✕✕ **Casino - Restaurant,** S t r a n d p r o m e n a d e, ✆ 8 20, ≤ — 🅿. ❄
wochentags nur Abend-essen — Karte 40/78.

C

In Lübeck 1-Brodten N :
5 km ab Travemünde :

✕✕ **Hermannshöhe,** Brodtner Steilufer 1, ✆ (04502) 7 30 21, ≤ Lübecker Bucht, « Gartenterrasse » — 🅿. 🆎 ⓪ 🇪
15. Nov.- 24. Dez. Betriebsferien, Mitte Okt.-März Montag geschl. — Karte 23/63.

In Groß-Grönau 2401
③ : 6 km :

🏠 **Forsthaus St. Hubertus,** an der B 207, ✆ (04509) 20 26 — 📺 🛏wc 🏠wc ☎ 🅿. 🆎 ⓪
🇪 🆅🇮🇸🇦
Karte 19/51 *(Dienstag geschl.)* — **24 Z : 46 B** 35/60 - 70/110 Fb.

In Hamberge 2401 ④ : 6 km über die B 75 :
🏠 **Oymanns Hotel** 🦢 garni, Stormarnstr. 12, ✆ (0451) 89 13 51, 🌳 — 🛏wc ☎ 🚗 🅿
21 Z : 29 B 48 - 72.

LÜCHOW 3130. Niedersachsen 🐿🐿🐿 ⑯ — 10 700 Ew — Höhe 18 m — 😊 05841.
🅱 Stadtverwaltung, Theodor-Körner-Str. 14, ✆ 47 91.
◆Hannover 138 — ◆Braunschweig 125 — Lüneburg 66.

🏠 **Jahn,** Burgstr. 2, ✆ 22 15 — 🏠wc 🚗. ❄ Rest
22. Dez.- 3. Jan. geschl. — Karte 18/42 *(Freitag und Sonntag jeweils ab 14 Uhr geschl.)* — **21 Z : 35 B** 27/42 - 50/77 Fb.

🏠 **Ratskeller,** Lange Str. 56, ✆ 55 10 — 🏠wc 🚗 🅿 🏊
12 Z : 19 B.

LÜDENSCHEID 5880. Nordrhein-Westfalen 🐿🐿🐿 ㉔ — 73 500 Ew — Höhe 420 m — 😊 02351.
ADAC, Knapper Str. 20, ✆ 2 66 87, Notruf ✆ 1 92 11.
◆Düsseldorf 97 — Hagen 30 — ◆Dortmund 47 — Siegen 59.

🏨 **Crest-Hotel** 🦢, Parkstr. 66, ✆ 15 61, Telex 826644, 🍴, Massage, ⚕, ▣ — 🛗 🍴 Rest 📺 🚗 🅿 🏊
187 Z : 330 B Fb.

🏠 **Haus Sissi** garni, Honseler Str. 7, ✆ 8 31 35 — 🛗 🏠 🅿. ❄
14 Z : 22 B 37/42 - 66/72.

✕✕ **Stadtgarten-Rest.,** Freiherr-vom-Stein-Str. 9 (Kulturhaus), ✆ 2 74 30, 🍴 — 🍴 🅿 🏊
Montag geschl. — Karte 19/49.

In Lüdenscheid-Brügge W : 5 km über die B 229 :
🏠 **Passmann,** Volmestr. 83, ✆ 7 90 96, Telex 826777 — 📺 🏠wc ☎ 🚗 🅿. 🆎 ⓪ 🇪
Karte 28/61 — **28 Z : 50 B** 55/78 - 100/130.

In Lüdenscheid-Oberrahmede N : 4 km Richtung Altena :
🏠 **Zum Markgrafen,** Altenaer Str. 209, ✆ 59 04 — 🏠wc ☎ 🅿
Karte 21/54 — **10 Z : 15 B** 60 - 90 Fb.

Benachrichtigen Sie sofort das Hotel, wenn Sie ein bestelltes Zimmer nicht belegen können.

LÜBECK-TRAVEMÜNDE

LÜDINGHAUSEN 4710. Nordrhein-Westfalen 987 ⑭ — 19 700 Ew — Höhe 60 m — ✆ 02591.
◆Düsseldorf 97 — ◆Dortmund 37 — Münster (Westfalen) 28.

🏨 **Zur Post**, Wolfsberger Str. 11, ✆ 40 41 — 🛗 🛎 wc **P** ᴁ ⓪ **E**
　　Karte 18/50 *(Montag geschl.)* — **33 Z : 50 B** 45/60 - 82/93 Fb.

🏠 **Westfalenhof**, Münsterstr. 17, ✆ 38 20, « Rest. mit altdeutscher Einrichtung » — 🛎 wc **P**.
　　ᴁ ⓪ **E**
　　Aug.- Sept. 3 Wochen geschl. — Karte 19/49 *(Samstag bis 18 Uhr, Sonntag - Montag 18 Uhr geschl.)* — **9 Z : 15 B** 33/45 - 66/88.

　　In Lüdinghausen-Seppenrade W : 4 km :

XX **Schulzenhof** mit Zim, Alter Berg 2, ✆ 81 61 — 🛎 wc **P**
　　Karte 25/61 *(Montag - Dienstag 17 Uhr geschl.)* — **7 Z : 14 B** 41/46 - 82/90.

XX **Zur Linde** mit Zim, Alter Berg 6, ✆ 81 49, 🌳, « Fachwerkhaus mit rustikaler Einrichtung »
　　— 📺 ⇌wc 🛎 wc 🕿 ⇦ **P**. **E**
　　Karte 19/44 *(Donnerstag geschl.)* — **6 Z : 12 B** 45 - 90.

LÜGDE 4927. Nordrhein-Westfalen 987 ⑮ — 11 700 Ew — Höhe 106 m — ✆ 05281 (Bad Pyrmont).
🛈 Verkehrsamt im Rathaus, Am Markt, ✆ 70 11.
◆Düsseldorf 219 — Detmold 32 — ◆Hannover 68 — Paderborn 49.

☎ **Westfälischer Hof**, Bahnhofstr. 25, ✆ 72 34 — 🛎 wc ⇌ **P**
→ 26. Dez.-18. Jan. geschl. — Karte 13/35 — **12 Z : 22 B** 20/28 - 40/54 — P 35/43.

　　In Lüdge-Hummersen SO : 16 km :

🏠 **Lippische Rose**, Detmolder Str. 35, ✆ (05283) 2 28, 🛋, 🔦, 🌳, 🍴 — 🛗 ⇌wc 🛎 wc 🕿 **P**
　　🏊
　　Karte 15/35 *(Okt.- April Dienstag geschl.)* — **60 Z : 100 B** 45/60 - 80/100 — P 65/80.

🏠 Zur Post, Detmolder Str. 23, ✆ (05283) 13 05, 🌳 — ⇌wc 🛎 wc 🕿 **P** 🏊
　　37 Z : 68 B.

LÜNEBURG 2120. Niedersachsen 987 ⑮ — 61 000 Ew — Höhe 17 m — Heilbad — ✆ 04131.
Sehenswert : Rathaus★★ (Große Ratsstube★★) — "Am Sande"★ (Stadtplatz) — "Wasserviertel" (ehemaliges Brauhaus★) X B.
🛈 Verkehrsverein, Rathaus, Marktplatz, ✆ 3 22 00.
ADAC, Egersdorffstr. 1, ✆ 3 20 20.
◆Hannover 124 ③ — ◆Braunschweig 116 ② — ◆Bremen 132 ① — ◆Hamburg 55 ①.

Stadtplan siehe gegenüberliegende Seite.

🏨 **Seminaris** Ⓜ, Soltauer Str. 3, ✆ 20 81/71 31, Telex 2182161, 🌳, direkter Zugang zum
　　Kurzentrum — 🛗 🖭 Rest ⇌ 🏊 (mit 🛎) . ᴁ ⓪ **E**. 🍴 Rest　　　　　　　　　　 **Z e**
　　Karte 22/55 — **165 Z : 200 B** 81 - 125/187 Fb.

🏨 **Residenz** Ⓜ, Münstermannskamp 10, ✆ 4 50 47, Telex 2182213 — 🛗 📺 ⇌wc 🛎 wc 🕿 ⇌
　　P. ᴁ ⓪ **E** 𝚅𝙸𝚂𝙰　　　　　　　　　　　　　　　　　　　　　　　　　　　　　 **Z n**
　　Karte 29/60 — **35 Z : 60 B** 75/85 - 130 Fb.

🏨 **Wellenkamp's Hotel**, Am Sande 9, ✆ 4 30 26 — 📺 ⇌wc 🛎 wc 🕿 🏊 . ᴁ ⓪ **E** 𝚅𝙸𝚂𝙰
　　Karte 30/69 *(Nov.- Mai Montag geschl.)* — **45 Z : 70 B** 42/68 - 76/125.　　　　 **Y a**

🏠 **Bremer Hof** 🐾, Lüner Str. 13, ✆ 3 60 77 — 📺 🛎 wc 🕿 **P**. ᴁ ⓪ **E**　　　　 **X v**
　　Karte 19/38 *(Samstag sowie Sonn- und Feiertage jeweils ab 15 Uhr geschl.)* — **41 Z : 78 B** 35/56
　　- 63/92 Fb.

🏠 **Scheffler** (altes Patrizierhaus), Bardowicker Str. 7, ✆ 3 18 41 — 🛎 wc ⇌　　　　 **X c**
　　Karte 17,50/45 *(Sonntag ab 15 Uhr geschl.)* — **18 Z : 28 B** 34/52 - 68/84.

🏠 **Heiderose**, Uelzener Str. 29, ✆ 4 44 10 — 🛎 wc 🕿 **P**. 🏊　　　　　　　　　 **Z f**
　　Karte 16/33 *(Freitag geschl.)* — **22 Z : 32 B** 40/50 - 70/80 — P 62/72.

🏠 **Hotel am Kurpark**, Uelzener Str. 41, ✆ 4 47 92 — 🛎 wc ⇌ **P**　　　　　　　 **Z b**
　　22. Dez.- 22. Jan. geschl. — Karte 20/41 — **47 Z : 66 B** 36/45 - 66/84 — P 61/70.

XX Zum Heidkrug mit Zim, Am Berge 5, ✆ 3 12 49, « Gotischer Backsteinbau a.d. 15. Jh. » —
　　⇌wc 🛎 wc 🕿 ⇌. 🍴 Zim　　　　　　　　　　　　　　　　　　　　　　　　 **X s**
　　6 Z : 11 B.

XX **Ratskeller**, Am Markt 1, ✆ 3 17 57　　　　　　　　　　　　　　　　　　　 **X R**
　　Mittwoch geschl. — Karte 21/52.

X **Kronen-Brauhaus** (Brauerei-Gaststätte), Heiligengeiststr. 39, ✆ 20 82 00/71 32 00,
　　Biergarten — ᴁ ⓪ **E**　　　　　　　　　　　　　　　　　　　　　　　　　　 **Y u**
　　Karte 19/45.

X **Ristorante Italia**, Auf dem Schmaarkamp 2, ✆ 3 71 73 — **P**. ᴁ ⓪ **E**
　　wochentags nur Abendessen — Karte 19/44.　　　　über Vor dem Bardowicker Tore　 **X**

　　An der B 4 ① : 5 km :

🏠 **Motel Landwehr**, Hamburger Str. 15, ✉ 2120 Lüneburg, ✆ (04131) 12 10 24, 🏊 (geheizt),
　　🌳 — 📺 ⇌wc 🛎 wc 🕿 ♿ ⇌ **P**. ⓪ **E**. 🍴
　　20. Dez.- 20. Jan. geschl. — Karte 20/37 *(nur Abendessen, Sonntag geschl.)* — **34 Z : 70 B** 45/98
　　- 90/155.

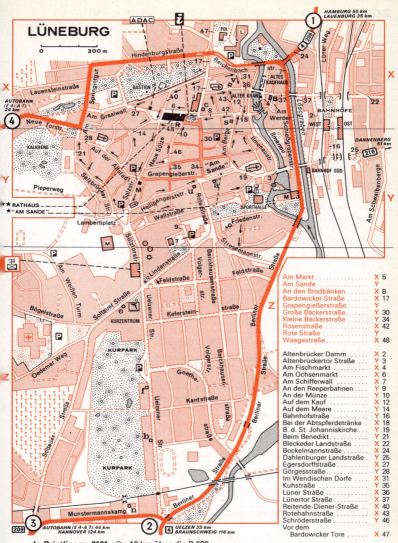

LÜNEBURG

0   300 m

In Brietlingen 2121 ① : 10 km über die B 209 :

🏠 **Gasthof Franck**, an der B 209, 𝓟 (04133) 31 11, ☞s, 🔲 – 🚿wc ☎ ⟷ 🅿. 🄴
Karte 19/51 *(Nov.- Mai Montag geschl.)* – **32 Z : 60 B** 35/58 - 65/105 Fb.

In Deutsch-Evern 2121 ② : 7 km :

🍴🍴 **Niedersachsen**, Bahnhofstraße, 𝓟 (04131) 7 93 74, 🍴 – 🅿 🛝. ⑩
Donnerstag geschl. – Karte 18/50.

In Embsen 2121 ③ : 7 km :

🏠 **Stumpf**, Ringstr.6, 𝓟 (04134) 2 15, 🍴, « Historische Sammlungen », ☞s – 🚿 ⟷ 🅿. 🕸 Zim
← Karte 14,50/36 *(Montag bis 17 Uhr geschl.)* – **6 Z : 10 B** 30 - 60.

In Südergellersen-Heiligenthal 2121 ③ : 6 km in Rettmer rechts ab :

🍴 **Wassermühle**, 𝓟 (04135) 2 32 – 🅿. ⑩
wochentags nur Abendessen, Dienstag geschl. – Karte 17/38.

LÜNEN 4670. Nordrhein-Westfalen 987 ⑭ − 88 000 Ew − Höhe 50 m − ✆ 02306.

Siehe Ruhrgebiet (Übersichtsplan).

♦Düsseldorf 94 − ♦Dortmund 15 − Münster (Westfalen) 50.

XX Park-Terrassen, Kurt-Schumacher-Str. 43, ℰ 2 36 66, 🏠 − 🅿 🛁.

An der Straße nach Bork NW : 4 km :

🏛 **Siebenpfennigsknapp**, Borker Str. 281 (B 236), ⊠ 4670 Lünen, ℰ (02306) 58 68 − 🛏wc
← 🍴wc 🅿 🛁
  Karte 14/47 *(Freitag geschl.)* − **22 Z : 38 B** 40/52 - 85/95.

In Selm 4714 NW : 12 km :

🏛 **Haus Knipping** ⑤, Ludgeristr. 32, ℰ (02592) 30 09 − 📺 🍴wc ☎ 🅿. ⑩
  Karte 15/40 *(Mittwoch geschl.)* − **20 Z : 30 B** 50 - 90 Fb.

In Selm-Cappenberg 4714 N : 5 km :

XX **Kreutzkamp** ⑤ mit Zim, Cappenberger Damm 3, ℰ (02306) 5 41 81, 🏠, « Historisches
  Rest. in altdeutschem Stil » − 🛏wc ← 🅿 🛁. ﭏ ⑩ 🇪
  Karte 32/69 *(Montag geschl.)* − **12 Z : 22 B** 55/70 - 90/120.

LÜTJENBURG 2322. Schleswig-Holstein 987 ⑥ − 5 400 Ew − Höhe 25 m − ✆ 04381.

🛈 Verkehrsamt, Markt 12, ℰ 91 49.

♦Kiel 34 − ♦Lübeck 75 − Neumünster 56 − Oldenburg in Holstein 21.

🏛 **Ostseeblick** ⑤ garni, Am Bismarckturm, ℰ 66 88, ≤, 🈺, 🔲 − 🍴wc 🅿. ⑩ 🇪 VISA
  2.- 24. Jan. geschl. − **24 Z : 48 B** 74 - 120 Fb.

🏛 Brüchmann, Markt 20, ℰ 70 01, 🈺 − 🛏wc 🍴wc ☎ ← 🅿
  30 Z : 55 B.

X **Bismarckturm**, Vogelberg 3, ℰ 79 21, ≤, 🏠 − 🅿 🛁
  Nov.- März Montag und Jan. geschl. − Karte 23/53.

In Panker 2322 N : 4,5 km :

X **Ole Liese** ⑤ mit Zim, ℰ (04381) 3 74, 🏠 − 🛏wc 🍴wc 🅿
  27. Dez.- 28. Feb. geschl. − Karte 23/50 − **6 Z : 11 B** 45/52 - 92.

LÜTJENSEE 2073. Schleswig-Holstein − 2 500 Ew − Höhe 50 m − ✆ 04154 (Trittau).

♦Kiel 85 − ♦Hamburg 30 − ♦Lübeck 43.

🏛 **Fischerklause** ⑤, Am See 1, ℰ 71 65, ≤ Lütjensee, « Terrasse am See » − 🍴wc ☎ ←
  🅿. ⑩ 🇪
  6.- 24. Jan. geschl. − Karte 28/60 − **13 Z : 19 B** 60/75 - 105/113.

XX **Forsthaus Seebergen** ⑤ (mit Gästehäusern), ℰ 71 82, ≤, « Terrasse am See » − 📺
  🛏wc 🍴wc ☎ 🅿. ﭏ ⑩ 🇪 VISA
  Karte 30/72 *(Montag geschl.)* − **9 Z : 18 B** 55/75 - 90/130.

XX Seehof, Seeredder 3, ℰ 71 00, ≤ Lütjensee, « Terrasse am See » − 🅿.

LÜTZ Rheinland-Pfalz siehe Treis-Karden.

LÜTZELBACH Hessen siehe Modautal.

LÜTZENHARDT Baden-Württemberg siehe Waldachtal.

LUHDEN Niedersachsen siehe Eilsen, Bad.

LUISENBURG Bayern. Sehenswürdigkeit siehe Wunsiedel.

LUTTER AM BARENBERGE 3372. Niedersachsen − 2 800 Ew − Höhe 165 m − ✆ 05383.

♦Hannover 70 − ♦Braunschweig 40 − Goslar 21.

X **Kammerkrug** mit Zim, Frankfurter Str. 1, ℰ 2 51 − 🍴wc 🅿 🛁
  Karte 17,50/37 − **7 Z : 12 B** 35 - 60.

An der Straße nach Othfresen O : 6 km :

🏛 **Der Harhof** ⑤, ⊠ 3384 Liebenburg 1, ℰ (05383) 3 66, « Gartenterrasse », 🐎 − 🍴wc ←
  🅿
  Karte 16/33 *(Montag-Dienstag geschl.)* − **10 Z : 16 B** 33/38 - 60/70.

MAASHOLM Schleswig-Holstein siehe Kappeln.

MAGONZA = Mainz.

Die Preise	Einzelheiten über die in diesem Führer angegebenen Preise finden Sie auf S. 16 und 17

MAHLBERG 7631. Baden-Württemberg 시시시 ㉙. 🟦🟦 ⑥ − 3 300 Ew − Höhe 170 m −
✪ 07825 (Kippenheim).

◆ Stuttgart 173 − ◆Freiburg im Breisgau 40 − ◆Karlsruhe 98 − Strasbourg 51.

    🏠   **Löwen**, Karl-Kromer-Str. 8, ℘ 10 06, Telex 782510, 📷 − 📐wc 🕿 ⟺ ➋ 🏊. 🆎 ⓞ 🅴 💳
        Jan. geschl. − Karte 17,50/62 ⅄ − **28 Z : 56 B** 45/55 - 80/100 Fb.

MAIBRUNN Bayern siehe St. Englmar.

MAIKAMMER 6735. Rheinland-Pfalz 시시시 ⑧. 🟦🟦 ⑩. 🟦🟦 ① − 3 700 Ew − Höhe 180 m −
Erholungsort − ✪ 06321 (Neustadt a.d. Weinstraße).

Ausflugsziel : Kalmit ☀★★ NW : 6 km.

🅱 Verkehrsamt, Immengartenstr. 24, ℘ 5 80 31.

🅱 Verkehrsamt, in St. Martin, Haus des Gastes, ℘ (06323) 53 00.

Mainz 101 − Landau in der Pfalz 15 − Neustadt an der Weinstraße 6.

    🏠   **Waldhaus Wilhelm** ⅍, Kalmithöhenstr. 6 (W : 2,5 km), ℘ 5 80 44, ≤, 📷, 🐎 − ⌂wc
        📐wc 🕿 ➋ 🏊. 🆎
        Karte 21/59 *(Montag geschl.)* ⅄ − **30 Z : 64 Z** 42/45 - 75/95 Fb.

    🏠   **Apart-Hotel Immenhof**, Immengartenstr. 26, ℘ 5 80 01 (Hotel) 5 80 05 (Rest.), 📷, 🚭 −
        📐wc 🕿 ⅍ ➋ 🏊. 🆎 ⓞ 🅴
        6. Jan.- 2. Feb. geschl. − Karte 16,50/40 *(Donnerstag geschl.)* ⅄ − **34 Z : 68 B** 80 - 90/100 Fb.

    🏠   **Motel am Immengarten** ⅍ garni, Marktstr. 71, ℘ 55 18, 🐎 − ⌂wc 📐wc 🕿 ⅍ ➋. ⓞ.
        🔆
        24. Dez.- 6. Jan. geschl. − **13 Z : 26 B** 53 - 85 Fb.

    🏛   **Goldener Ochsen**, Marktstr. 4, ℘ 51 05 − 🍴 📐wc ➋
        20. Dez.- 4. Jan. geschl. − Karte 18/47 *(Freitag geschl.)* ⅄ − **20 Z : 30 B** 40/44 - 75/80 −
        P 60/65.

    🏛   **Gästehaus Mandelhöhe** ⅍ garni, Maxburgstr. 9, ℘ 5 99 82 − 📐wc ➋
        10 Z : 17 B 36 - 64 − 2 Appart. 65.

    ✗   **Gutsschänke Weingut Straub**, Bahnhofstr. 20, ℘ 51 43 − ➋. ⓞ
        nur Abendessen, 20. Juli - 20. Aug., 22. Dez.- 24. Jan. sowie Montag und Donnerstag geschl.
        − Karte 17,50/41 *(Tischbestellung ratsam)* ⅄.

    In St. Martin 6731 W : 2,5 km − Erholungsort :

    ✗✗ **Grafenstube**, Edenkobener Str. 38, ℘ (06323) 27 98
        7. Jan.- 14. Feb. und Montag - Dienstag geschl. − Karte 21/43.

    ✗   **Weinstube Altes Rathaus**, Tanzstr. 9, ℘ (06323) 24 04
        Weihnachten - Neujahr und Mittwoch - Donnerstag 17 Uhr geschl. − Karte 19/39 ⅄.

MAINAU (Insel) 7750. Baden-Württemberg 시시시 ⑦. 시시시 ⑩ − Insel im Bodensee (tagsüber für
PKW gesperrt, Eintrittspreis bis 19 Uhr 6 DM, ab 19 Uhr Zufahrt mit PKW gegen Gebühr möglich) −
Höhe 426 m − ✪ 07531 (Konstanz).

Sehenswert : Insel★★ − Park★★.

◆Stuttgart 191 − ◆Konstanz 7 − Singen (Hohentwiel) 34.

    ✗   **Schwedenschenke**, ℘ 30 31 66, 📷
        23. Dez.- 28. März und außer Saison Montag geschl. − Karte 21/55.

MAINBERNHEIM Bayern siehe Iphofen.

MAINBURG 8302. Bayern 🟦🟦🟦 ㉗ − 11 100 Ew − Höhe 456 m − ✪ 08751.

◆München 69 − Ingolstadt 44 − Landshut 34 − ◆Regensburg 53.

    🏛   **Post-Maderholz** garni, Mittertorstr. 4, ℘ 15 17 − ⌂wc 📐wc ➋
        26 Z : 40 B 24/39 - 44/65.

    ✗   **Espert-Klause**, Espertstr. 7, ℘ 13 42 − 🔆
        Aug. und Montag geschl. − Karte 15,50/31 ⅄.

MAINHARDT 7173. Baden-Württemberg − 4 300 Ew − Höhe 500 m − Luftkurort − ✪ 07903.

🅱 Rathaus, ℘ 20 21.

◆Stuttgart 53 − Heilbronn 35 − Schwäbisch Hall 16.

    In Mainhardt-Ammertsweiler W : 4 km :

    🏨   **Zum Ochsen**, Löwensteiner Str. 15 (B 39), ℘ 23 91, 🚭 − 📐wc ⟺ ➋ 🏊
        Feb. geschl. − Karte 16/44 *(Montag geschl.)* ⅄ − **24 Z : 43 B** 28/47 - 56/94.

    In Mainhardt-Stock O : 2,5 km :

    🏛   **Löwen**, an der B 14, ℘ 10 91, 🚭, 🔲, 🐎 − ⌂wc 📐wc 🕿 ⟺ ➋ 🏊. 🆎 ⓞ
        Karte 18/40 ⅄ − **40 Z : 75 B** 40/45 - 80.

MAINTAL 6457. Hessen — 38 000 Ew — Höhe 95 m — ✆ 06109.
♦Wiesbaden 53 — ♦Frankfurt am Main 13.

In Maintal 2-Bischofsheim :

🏨 **Hübsch** ♨, Griesterweg 12, ✆ 6 40 06 — 📺 ⌂wc ⧍wc ☎ 🅿. 🆎 ⓞ E 𝑉𝐼𝑆𝐴
Karte 27/57 *(Samstag geschl.)* — **80 Z : 100 B** 78/120 - 112/154 Fb.

In Maintal 1-Dörnigheim :

🏨 **Zum Schiffchen** ♨, Untergasse 21, ✆ (06181) 49 13 32, <, 🌣 — ⧍wc ☎ 🅿 🏊
Karte 25/47 *(Samstag geschl.)* — **25 Z : 40 B** 58 - 90 Fb.

XXX ❀ **Hessler**, Am Bootshafen 4, ✆ (06181) 49 29 51 — 🅿
Sonntag bis 19 Uhr, Montag und Juli - Aug. 4 Wochen geschl. — **Karte** 52/96 (Tischbestellung erforderlich)
Spez. Rotbarbe im Sesammantel, Lammrücken in Thymiankruste, Dreierlei von Mousse au chocolat.

MAINZ 6500. 🄻 Rheinland-Pfalz 9⃞8⃞7⃞ ㉔ — 186 000 Ew — Höhe 82 m — ✆ 06131.
Sehenswert : Gutenberg-Museum★★★ — Leichhof <★★ — Dom★ (Grabstätte der Erzbischöfe★, Kreuzgang★) — Mittelrheinisches Landesmuseum★ **BX M** — Kurfürstliches Schloß (Römisch-Germanisches Zentralmuseum★) **CX M1** — Ignazkirche (Kreuzigungsgruppe★) **CY A**.
Ausstellungsgelände Volkspark (**DZ**), ✆ 8 10 44.
🛈 Verkehrsverein, Bahnhofstr. 15, ✆ 23 37 41, Telex 4187725.
ADAC, Große Bleiche 47, ✆ 23 46 01.
♦Frankfurt am Main 39 ② — ♦Mannheim 82 ⑤ — ♦Wiesbaden 13 ⑧.

Stadtpläne siehe nächste Seiten.

🏨 **Hilton** ♨ (mit Rheingoldhalle), Rheinstr. 68, ✆ 24 50, Telex 4187570, < — 🛗 🖹 📺 ♿ 🚗
🅿. 🆎 ⓞ E 𝑉𝐼𝑆𝐴 **CXY k**
Restaurants : — **Römische Weinstube** Karte 23/47 — **Rheingrill** Karte 38/65 — **435 Z : 844 B** 193/353 - 266/431 Fb.

🏨 **PLM-ETAP-Hotel Mainzer Hof**, Kaiserstr. 98, ✆ 23 37 71, Telex 4187787, « Pano-rama-Rest. mit < » — 🛗 📺 🏊. 🆎 ⓞ E 𝑉𝐼𝑆𝐴 **BCX v**
Karte 29/71 — **75 Z : 116 B** 135/168 - 185/240 Fb.

🏨 **Europahotel**, Kaiserstr. 7, ✆ 67 10 91, Telex 4187702 — 🛗 🖹 Rest 📺 ⌂wc ⧍wc ☎ 🏊 (mit 🖹). 🆎 ⓞ **BX r**
Karte 28/65 — **87 Z : 145 B** 110/160 - 180/210 Fb.

🏨 **Favorite - Parkhotel** Ⓜ, Karl-Weiser-Str. 1, ✆ 8 20 91, Telex 4187266, <, « Gartenterrasse » — 🛗 📺 ⌂wc ☎ 🚗 🅿 🏊. 🆎 ⓞ E **DZ a**
Karte 28/57 *(Montag geschl.)* — **42 Z : 84 B** 135/155 - 190/210 Fb.

🏨 **Central-Hotel Eden**, Bahnhofsplatz 8, ✆ 67 40 01, Telex 4187794 — 🛗 ⌂wc ⧍wc ☎ 🏊 🆎 ⓞ E 𝑉𝐼𝑆𝐴 **BY h**
Karte (siehe Rest. **L'échalote**) — **64 Z : 91 B** 78/125 - 125/200.

🏨 **Hammer** ♨ garni, Bahnhofsplatz 6, ✆ 61 10 61, Telex 4187739 — 🛗 📺 ⧍wc ☎. 🆎 ⓞ E 𝑉𝐼𝑆𝐴 **BY z**
37 Z : 60 B 89/95 - 120/145.

🏨 **Grünewald** garni, Frauenlobstr. 14, ✆ 67 40 84, ☎ — 🛗 📺 ⧍wc ☎. 🆎 ⓞ E 𝑉𝐼𝑆𝐴 **BX e**
45 Z : 90 B 90 - 130 Fb.

🏨 **Moguntia** ♨ garni, Nackstr. 48, ✆ 67 10 41, Telex 4187127 — 🛗 ⧍wc ☎ 🚗. 🆎 E 𝑉𝐼𝑆𝐴 **AX a**
23. Dez.- 2. Jan. geschl. — **18 Z : 39 B** 85 - 110 Fb.

🏨 **Am Römerwall** ♨ garni, Römerwall 53, ✆ 23 21 35, « Garten » — 🛗 ⌂wc ⧍wc ☎ 🅿 **BY r**
50 Z : 67 B 50/100 - 80/120.

🏨 **City-Hotel Neubrunnenhof** garni, Große Bleiche 26, ✆ 23 22 37, Telex 4187320 — 🛗 ⌂wc ⧍wc ☎ 🅿. ⓞ 𝑉𝐼𝑆𝐴 **BY q**
42 Z : 66 B 49/108 - 95/150 Fb.

🏨 **Stiftswingert** garni, Am Stiftswingert 4, ✆ 8 24 41 — ⧍wc ☎ 🅿. 🆎 ⓞ E 𝑉𝐼𝑆𝐴 **CDZ w**
30 Z : 42 B 79/95 - 108/115.

🏨 **Schottenhof** ♨ garni, Schottstr. 6, ✆ 23 29 68, Telex 4187664 — 🛗 📺 ⧍wc ☎. 🆎 ⓞ E 𝑉𝐼𝑆𝐴 **BY s**
38 Z : 50 B 79/89 - 98/125 Fb.

🏨 **Mira** garni, Bonifaziusstr. 4, ✆ 61 30 87 — 🛗 ⌂wc ⧍wc ☎. 🆎 ⓞ E 𝑉𝐼𝑆𝐴 **BY u**
43 Z : 80 B 48/85 - 88/105.

XXX **Drei Lilien**, Ballplatz 2, ✆ 22 50 68 — 🆎 ⓞ E 𝑉𝐼𝑆𝐴 **CY r**
nur Abendessen, Dienstag und Juli - Aug. 2 Wochen geschl. — Karte 39/74.

XXX **L'échalote**, Bahnhofsplatz 8, ✆ 61 43 31 — 🖹. 🆎 ⓞ E 𝑉𝐼𝑆𝐴 **BY h**
Sonntag geschl. — Karte 38/75.

XXX **Zum Leininger Hof**, Kappelhofgasse (Ecke Weintorstraße), ✆ 22 84 84 — 🆎 E **CY z**
nur Abendessen, Sonntag geschl. — Karte 38/60 (Tischbestellung ratsam) ♨.

XX **Walderdorff**, Karmeliterplatz 4, ✆ 22 25 15 — 🆎 ⓞ E 𝑉𝐼𝑆𝐴 **CY v**
Sonn- und Feiertage sowie Feb. 2 Wochen geschl. — Karte 35/64 *(mittags nur Bistro-Karte 23/37).*

MAINZ

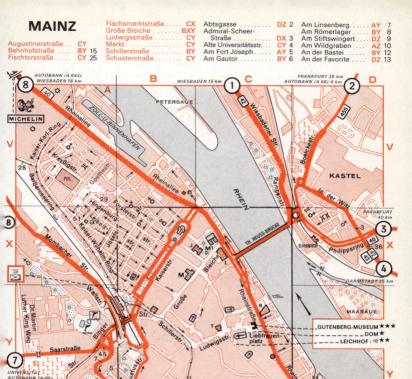

XX Rats- und Zunftstuben Heilig Geist, Rentengasse 2, ℰ 22 57 57, « Kreuzrippengewölbe a.d. 13. Jh. » – AE ① E

Sonntag geschl. – Karte 24/60 ⅃.   **CY x**

XX Haus des deutschen Weines, Gutenbergplatz 3, ℰ 22 86 76 – 🅰️ AE ① E

Sonn- und Feiertage geschl. – Karte 26/62 (Weinkarte mit über 200 Weinen) ⅃.   **CY e**

XX Geberts Weinstuben, Frauenlobstr. 94, ℰ 61 16 19

Samstag - Sonntag 18 Uhr und Juni - Juli 4 Wochen geschl. – Karte 26/57.   **BV e**

XX Bei Mama Gina (Italienische Küche), Holzstr. 34, ℰ 23 41 23 – AE E

Montag geschl. – Karte 29/65.   **CY a**

XX Man-Wah (Chinesische Küche), Am Brand 42, ℰ 23 16 69 – AE ① E VISA

Karte 23/60.   **CY p**

X Thomasbräu, Große Bleiche 29 (Neubrunnenplatz), ℰ 23 41 83, ☞   **BY b**

X Weinhaus Schreiner, Rheinstr. 38, ℰ 22 57 20 – AE E

Dienstag - Freitag nur Abendessen, 25. Aug.- 22. Sept. und Montag geschl. – Karte 14,50/36   **CY t**
⅃.

X Zum Salvator (Brauerei-G.), Große Langgasse 4, ℰ 22 06 44 – AE ① E VISA

Samstag ab 15 Uhr geschl. – Karte 19/47.   **CY m**

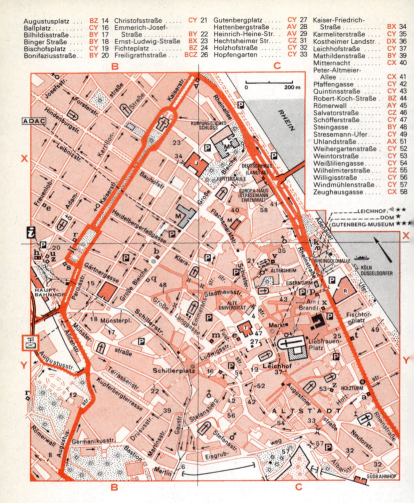

In Mainz-Bretzenheim über ⑥, nahe der Autobahn-Auffahrt Mainz-Lerchenberg :

🏛 **Novotel Mainz-Süd**, Essenheimer Str. 200, ℰ 36 10 54, Telex 4187236, ☒ (geheizt) — ▮◗
▮ Rest 📺 ⌷wc ☎ ♿ 🅿 🚲 AE ① E 𝘝𝘐𝘚𝘈
Karte 25/52 — **121 Z : 242 B** 130 - 163 Fb.

In Mainz-Finthen ⑦ : 7 km :

🏛 **Kurmainz** Ⓜ, Flugplatzstr. 44, ℰ 4 00 56, Telex 4187001, « Behaglich eingerichtetes Hotel »,
🛋, ☒, 🌳, ✂ — ▮◗ 📺 ⌷wc 🄼wc ☎ ⇆ 🅿 🚲 AE ① E 𝘝𝘐𝘚𝘈 ✂
21. Dez.- 5. Jan. geschl. — **Karte 25/48** *(nur Abendessen)* — **70 Z : 125 B** 95/135 - 120/
165 Fb.

In Mainz-Gonsenheim ⑦ : 5 km :

🏚 **Waldhorn** ⬥ garni, Vierzehn-Nothelfer-Str. 39, ℰ 47 20 57, ⇆, ☒ — 📺 ⌷wc 🄼wc
22 Z : 40 B.

✗✗ **Zum Löwen**, Mainzer Str. 2, ℰ 4 36 05 — ①
1.- 19. Aug und Sonntag 15 Uhr - Montag geschl. — **Karte 50/85** (abends Tischbestellung
ratsam).

In Mainz-Hechtsheim S : 5 km über Hechtsheimer Straße CZ :

🏨 **Café Hechtsheimer Hof** garni, Alte Mainzer Str. 31, 𝄞 50 90 16 — 📺 🕍wc ☎ 🅿. 🆎 ⓪ 🗲
24 Z : 47 B 85/110 - 120/150.

🏨 **Am Hechenberg-Gästehaus Zur Birke** ⚘ garni, Am Schinnergraben 82, 𝄞 5 87 01, 🚍
— 📺 🕍wc ☎ 🅿. 🆎 ⓪ 🗲
79 Z : 139 B 47/105 - 90/120.

In Mainz-Lerchenberg ⑦ : 6 km :

🏨 **Am Lerchenberg**, Hindemithstr. 5, 𝄞 7 30 01 — 📳 📺 🕍wc ☎ 🕭 🅿. 🆎 ⓪ 🗲 VISA
Karte 23/52 *(Freitag - Samstag 18 Uhr geschl.)* 🍴 — **41 Z : 70 B** 73 - 106.

In Mainz-Mombach ⑧ : 3 km :

🏨 **Zum goldenen Engel**, Kreuzstr. 72, 𝄞 68 10 26 — 🕍wc
Karte 20/52 *(Samstag geschl.)* 🍴 — **15 Z : 22 B** 55 - 90 Fb.

Im Mainz-Weisenau über Hechtsheimer Str. CZ :

🏨 **Bristol** Ⓜ ⚘, Friedrich-Ebert-Str. 20, 𝄞 80 60, Telex 4187136, 🚍, 🔲 — 📳 🍽 Rest 📺
🛏wc ☎ 🅿 🕭 (mit 🍽). 🆎 ⓪ 🗲 VISA
Karte 28/56 — **72 Z : 150 B** 140/180 - 180/220 Fb.

In Ginsheim-Gustavsburg 6095 ④ : 9 km :

🏨 **Rheinischer Hof** ⚘, Hauptstr. 51 (Ginsheim), 𝄞 (06144) 21 48 — 🕍wc 🅿
Karte 19/44 — **25 Z : 40 B** 50/60 - 80/90 Fb.

🏨 **Alte Post** garni, Dr.-Hermann-Str. 28 (Gustavsburg), 𝄞 (06134) 5 20 41, 🚍, 🔲 — 📳 📺
🕍wc ☎ 🅿
23. Dez.- 6. Jan. geschl. — **52 Z : 70 B** 55/75 - 90/100.

In Nieder-Olm 6501 ⑥ : 10 km :

🏨 **Dietrich** Ⓜ ⚘ garni, Maler-Metten-Weg 3, 𝄞 (06136) 50 85, Telex 4187239, 🚍, 🔲 — 📳 📺
🛏wc 🕍wc ☎ 🅿 🕭 🆎 ⓪ 🗲. 🏕
26 Z : 48 B 110 - 140 Fb.

In Stadecken-Elsheim 6501 ⑥ : 17 km, über die Autobahn, Abfahrt Nieder-Olm :

🏨 Gästehaus Christian ⚘ garni, Christian-Reichert-Str. 3 (Stadecken), 𝄞 (06136) 36 11, 🚗 —
📺 🛏wc 🕍wc ☎ 🚗 🅿. 🏕
9 Z : 18 B.

MICHELIN-REIFENWERKE KGaA. Niederlassung Mainz-Mombach, Rheinallee 205 (über ⑧).
𝄞 68 20 28.

Ensure that you have up to date Michelin maps in your car.

MAISACH 8031. Bayern 987 ㊱㊲ 426 ⑯ ⑰ — 9 900 Ew — Höhe 516 m — ✪ 08141
(Fürstenfeldbruck).
♦München 29 — ♦Augsburg 46 — Landsberg am Lech 44.

🏨 Strobel garni, Josef-Sedlmayr-Str. 6, 𝄞 9 05 31 — 🕍wc 🅿
27 Z : 40 B.

MALBERG Rheinland-Pfalz siehe Kyllburg.

MALCHEN Hessen siehe Seeheim-Jugenheim.

MALENTE-GREMSMÜHLEN 2427. Schleswig-Holstein 987 ⑤⑥ — 11 500 Ew — Höhe 35 m —
Kneippheilbad — Luftkurort — ✪ 04523.
Sehenswert : Lage★.
🛈 Fremdenverkehrsverein, im Haus des Kurgastes, Bahnhofstr. 4a, 𝄞 25 88.
♦Kiel 41 — ♦Lübeck 47 — Oldenburg in Holstein 36.

🏨 **Dieksee**, Diekseepromenade 13, 𝄞 30 65, ≤, 🍴, 🚗 — 📳 ⓪ 🚗 🕭
9. Jan.- 7. März geschl. — Karte 27/52 — **66 Z : 118 B** 80/90 - 116/136 — P 89/116.

🏨 **Intermar**, Hindenburgallee 2, 𝄞 4 04 00, Telex 261367, ≤, 🍴, Bade- und Massageabteilung,
🔥, 🚍, 🔲, 🎱, 🚗 — 📳 ⓪ 🗲 VISA 🚗 Rest
Karte 26/57 — **180 Z : 360 B** 84/104 - 148/163 Fb — 96 Appart. 130 — P 126/146.

🏨 **Admiralsholm** ⚘, Schweizer Str. 60 (NO : 2,5 km), 𝄞 30 51, ≤, 🍴, « Lage am See, Park »,
Massage, 🚍, 🔲, 🎱, 🚗 — 🕍wc 🛏wc ☎ 🅿. 🏕 Rest
Karte 29/62 *(Nov.- März Montag geschl.)* — **25 Z : 40 B** 52/83 - 104/160 — P 87/118.

🏨 **Diekseehöh** garni, Diekseepromenade 17, 𝄞 36 18, ≤ — 📺 🕍wc ☎ 🅿. 🏕
März - 15. Okt. — **9 Z : 18 B** 73 - 120.

Fortsetzung →

🏨 **Kurhotel Godenblick** ⚴, Godenbergredder 7, ℰ 26 44, Bade- und Massageabteilung, ♨,
🔄, 🔲, 🐾 — 🚻wc 🛏wc 🅿. 🌸
April - Okt. — (Rest. nur für Hausgäste) — **46 Z : 80 B** 61/79 - 84/128 — P 70/92.

🏨 **Diekseequell** ⚴ garni, Diekseepromenade 21, ℰ 17 10, ≤, 🔄, 🔲, 🐾 — 🛏wc 🕿 🅿
20. Jan.- 20. Feb. geschl. — **20 Z : 48 B** 55/75 - 92/108.

🏨 **Landhaus am Kellersee** ⚴ garni, Kellerseestr. 26, ℰ 29 66, ≤, 🐾, 🐾 — 🚻wc 🛏wc 🅿
43 Z : 80 B 53/76 - 88/122 — 6 Appart. 112/170.

🏨 **Deutsches Haus**, Bahnhofstr. 71, ℰ 14 05, 🐾 — 🚻wc 🛏wc 🅿
Karte 19/50 — **28 Z : 50 B** 34/58 - 68/100 Fb.

🏨 **Böhmischer Hof**, Plöner Str. 1, ℰ 16 28 — 🛏wc
24 Z : 30 B.

🏨 **Godenberghorst** ⚴, Godenbergredder 15, ℰ 36 66, 🐾 — 🚻wc 🛏wc 🅿. 🌸
März-Okt. — (nur Abendessen für Hausgäste) — **17 Z : 24 B** 51/60 - 72/78.

In Malente-Gremsmühlen - Neversfelde N : 2 km :

🏛 **Landhaus am Holzberg** ⚴, Grebiner Weg 2, ℰ 39 82, « Park, Gartenterrasse », Bade-
und Massageabteilung, ♨, 🔄, 🔲, 🐾, 🍴 — 🛎 📺 🚻wc 🛏wc 🕿 🚗 🅿. ⑩. 🌸 Rest
20. Nov.- 20. Dez. geschl. — Karte 24/53 *(auch Diät)* — **46 Z : 60 B** 75/110 - 130/180 Fb —
P 110/125.

In Bösdorf-Niederkleveez 2321 W : 6 km :

🏡 **Fährhaus Niederkleveez** ⚴, Am Dieksee 6, ℰ (04523) 22 16, ≤, 🏞, 🐾 — 🅿
9 Z : 16 B.

MALGARTEN Niedersachsen siehe Bramsche.

MALLERSDORF-PFAFFENBERG 8304. Bayern 𝟵𝟴𝟳 ㉗ — 4 900 Ew — Höhe 411 m — ✪ 08772.
◆München 100 — Landshut 31 — ◆Regensburg 38 — Straubing 28.

Im Ortsteil Steinrain :

🏨 **Steinrain**, ℰ 3 66, 🏞, 🐾 — 🛏wc 🛏 🚗 🅿
🍴 27. Dez.- 10. Jan. geschl. — Karte 10,50/25 *(Samstag geschl.)* 🍷 — **12 Z : 20 B** 22/25 - 46/50.

MALSBURG-MARZELL Baden-Württemberg siehe Kandern.

MALSCH 7502. Baden-Württemberg — 12 000 Ew — Höhe 147 m — ✪ 07246.
◆Stuttgart 90 — ◆Karlsruhe 18 — Rastatt 13.

🍴 **Eintracht** mit Zim, Waldprechtsstr. 22, ℰ 12 22 — 🅿
1.- 15. März und 15. Sept.- 15. Okt. geschl. — Karte 17/45 *(Freitag geschl.)* — **10 Z : 20 B** 25/32 -
50/60.

In Malsch 4 - Waldprechtsweier-Tal S : 3 km :

🏛 **Waldhotel Standke** ⚴, Talstr. 45, ℰ 10 88, 🏞, 🔄, 🔲, 🐾 — 🛏wc 🕿 🚗 🅿 🈴. ⑩ 🇪
10. Jan.- 10. Feb. geschl. — Karte 15/43 *(Dienstag geschl.)* — **30 Z : 55 B** 51/65 - 80/110 —
P 62/80.

MALTERDINGEN Baden-Württemberg siehe Riegel.

MANDERSCHEID 5562. Rheinland-Pfalz 𝟵𝟴𝟳 ㉓ — 1 350 Ew — Höhe 388 m — Heilklimatischer
Kurort — ✪ 06572.
Sehenswert : Kaisertempel ≤★★ — Lage der Burgen★ — Niederburg★.
🅱 Kurverwaltung, im Kurhaus, Grafenstraße, ℰ 7 71.
Mainz 168 — ◆Bonn 98 — ◆Koblenz 78 — ◆Trier 57.

🏛 **Zens** ⚴, Kurfürstenstr. 35, ℰ 7 69, « Garten », Bade- und Massageabteilung, ♨, 🔄, 🔲,
🐾 — 🛎 🚻wc 🛏wc 🚗 🅿. 🌸 Rest
10. Nov.- 19. Dez. geschl. — Karte 24/56 *(Feb.- März Montag geschl.)* — **46 Z : 72 B** 45/75 -
70/136 Fb — P 70/100.

🏨 **Café Bleeck** garni, Dauner Str. 10, ℰ 44 31, 🔄, 🔲 — 🛏wc 🛏wc 🅿. 🌸
16 Z : 26 B 35/60 - 69/72.

🏨 **Fischerheid**, Kurfürstenstr. 31, ℰ 7 01, « Garten », 🐾 — 🛏wc 🛏wc 🕿 🅿. 🈁 ⑩ 🇪
Anfang Nov.- Mitte Dez. geschl. — Karte 18,50/51 — **17 Z : 35 B** 27/50 - 54/86.

🏨 **Heidsmühle** ⚴, Mosenbergstr. 22 (W : 1,5 km), ℰ 7 47, « Gartenterrasse » — 🛏wc 🛏wc
🅿. 🌸 Zim
12. Nov.- Dez. geschl. — Karte 15/44 *(Dienstag geschl.)* 🍷 — **12 Z : 18 B** 39/48 - 79 — P 56/60.

🏨 **Haus Burgblick** ⚴, Klosterstr. 18, ℰ 7 84, ≤, 🐾 — 🛏wc 🅿. 🌸 Rest
Mitte März - Okt. — (Rest. nur für Hausgäste) — **21 Z : 35 B** 29/33 - 55/58 — P 49.

🏨 **Gästehaus Huth** ⚴, Talblick, ℰ 7 15, ≤, 🏞, 🐾 — 🛏wc 🚗 🅿
16 Z : 28 B.

MANNHEIM 6800. Baden-Württemberg 👤👤👤 ㉘ — 307 000 Ew — Höhe 95 m — ✦ 0621.

Sehenswert : Städtische Kunsthalle★★ FY B — Quadratischer Grundriß der Innenstadt★ EFY —
Städtisches Reiß-Museum★ EY M im Zeughaus — Hafen★ FY.

Ausstellungsgelände (CV), ✆ 40 80 17, Telex 462594.

🛈 Verkehrsverein, Bahnhofsplatz 1, ✆ 10 10 11 — **ADAC**, Am Friedensplatz, ✆ 44 40 81, Notruf ✆ 1 92 11.

◆Stuttgart 133 ② — ◆Frankfurt am Main 80 ① — Strasbourg 146 ②.

Stadtpläne siehe nächste Seiten.

🏨 **Maritim Parkhotel** Ⓜ, Friedrichsplatz 2, ✆ 4 50 71, Telex 463418, ⌂s, 🔲 — 🛗 📺 ⇔
🅰️ 🆎 ⓪ 🄴 𝒱𝐼𝒮𝐴 . ❄ Rest   **FY y**
Karte 34/75 — **187 Z : 284 B** 141/232 - 192/272 Fb.

🏨 **Holiday Inn** Ⓜ, N 6, ✆ 1 07 10, Telex 462264, 🍴, ⌂s, 🔲 — 🛗 📺 🔥 ⇔ 🅰️ 🆎 ⓪ 🄴
𝒱𝐼𝒮𝐴   **EY p**
Karte 24/59 — **148 Z : 249 B** 150/210 - 190/215 Fb.

🏨 **Steigenberger Hotel Mannheimer Hof**, Augusta-Anlage 4, ✆ 4 50 21, Telex 462245,
« Atriumgarten » — 🛗 📺 Rest 📺 🔥 🄿 🅰️ 🆎 ⓪ 🄴 𝒱𝐼𝒮𝐴 . ❄ Rest   **FY a**
Karte 34/68 — **180 Z : 235 B** 145/195 - 190/240 Fb.

🏛 **Augusta-Hotel**, Augusta-Anlage 43, ✆ 40 80 01, Telex 462395 — 🛗 📺 🅰️   **FZ c**
105 Z : 150 B Fb.

🏛 **Wartburg**, F 4,7, ✆ 2 89 91 — 🛗 📺 ⇔wc 🅿wc ☎ ⇔ 🅰️ 🆎 ⓪ 🄴 𝒱𝐼𝒮𝐴   **EY k**
Karte 24/57 — **150 Z : 250 B** 95/110 - 145/160 Fb.

🏛 **Novotel Mannheim**, Auf dem Friedensplatz, ✆ 40 20 71, Telex 463694, 🍴, 🏊 (geheizt) —
🛗 📺 ⇔wc 🔥 🔥 🄿 🅰️ 🆎 ⓪ 🄴 𝒱𝐼𝒮𝐴   **CV t**
Karte 22/45 — **180 Z : 360 B** 130 -161 Fb.

🏛 **Intercity-Hotel**, im Hauptbahnhof, ✆ 2 29 25, Telex 463604 — 🛗 📺 ⇔wc 🅿wc ☎ 🅰️ . 🆎
⓪ 🄴 𝒱𝐼𝒮𝐴   **EFZ**
Karte 18/43 — **47 Z : 87 B** 70/81 - 106/124 Fb.

🏠 Seitz garni, Seckenheimer Str. 132, ✆ 40 30 15 — 🛗 ⇔wc 🅿 🄿 — **35 Z : 48 B** Fb.   **FZ m**

🏠 **Holländer Hof** garni, U 1,11, ✆ 1 60 95 — 🛗 📺 🅿wc ☎ ⇔. 🆎 ⓪ 🄴 𝒱𝐼𝒮𝐴   **FY d**
24. Dez.- 7. Jan. geschl. — **37 Z : 74 B** 69/85 - 98/120 Fb.

🏠 **Wegener** garni, Tattersallstr. 16, ✆ 44 49 88 — 🛗 🅿 ☎. 🆎   **FZ e**
24. Dez.- 7. Jan. geschl. — **54 Z : 74 B** 42/78 - 65/95 Fb.

🏠 **Möbus** garni, K 3, 10, ✆ 2 66 22, ⌂s, 🔲 — 🅿wc 🅿. 🆎 ⓪ 🄴 𝒱𝐼𝒮𝐴   **EY s**
15. Dez.- 7. Jan. geschl. — **36 Z : 52 B** 49/70 - 80/99.

XXX **Da Gianni** (elegantes italienisches Restaurant), R 7,34, ✆ 2 03 26 — 🆎 🄴   **FY f**
Montag und Juli 3 Wochen geschl. — Karte 39/82 (Tischbestellung ratsam).

XXX **Savarin im Rosengarten**, Friedrichsplatz 7a, ✆ 44 30 07 — 🗖 🅿. 🆎 ⓪   **FY**
Sonn- und Feiertage sowie Juli - Aug. 4 Wochen geschl. — Karte 34/78.

XX ✿ **Kopenhagen**, Friedrichsring 2a, ✆ 1 48 70 — 🗖. 🆎 ⓪ 🄴   **FY z**
Sonn- und Feiertage sowie Juni 3 Wochen geschl. — Karte 42/89 (Tischbestellung ratsam).
Spez. Schalen- und Krustentiere, Meeresfrüchteterrine, Steinbutt in Champagnersenfsauce.

XX ✿ **L'Epi d'or**, H 7,3, ✆ 1 43 97 — 🗖. 🆎 ⓪ 🄴. ❄   **EY n**
Samstag bis 18 Uhr, Sonntag und Juni 2 Wochen geschl. — Karte 46/80 (Tischbestellung
erforderlich)
Spez. Hummersalat mit Algen (Saisonbedingt, ab 2 Pers.), Rochenflügel mit Schalottenbutter, Rehmedaillons in
eigener Sauce.

XX Bit am Theater (Jugoslawische Küche), Goethestr. 16, ✆ 2 01 37 — 🗖   **FY r**

XX **Martin**, Lange Rötterstr. 53, ✆ 33 38 14, 🍴 — ❄   **FX a**
18. Juli - 21. Aug. und Mittwoch geschl. — Karte 15/47 🍷.

XX **Rauchfang**, N 7, 8, ✆ 2 24 27 — 🆎 ⓪ 🄴 𝒱𝐼𝒮𝐴   **FY b**
20. Juli - 16. Aug. sowie Sonn- und Feiertage geschl. — Karte 30/78.

X **Elsässer Stub**, N 7,8, ✆ 2 24 27 — 🆎 ⓪ 🄴 𝒱𝐼𝒮𝐴   **FY b**
nur Abendessen, 20. Juli - 16. Aug. sowie Sonn- und Feiertag geschl. — Karte 24/42 🍷.

In Mannheim 51-Feudenheim :

X **Zum Ochsen** mit Zim, Hauptstr. 70, ✆ 79 20 65, 🍴 — 🅿wc 🅿 — **14 Z : 20 B**.   **DV x**

In Mannheim 71-Friedrichsfeld :

🏠 **Stattmüller**, Neckarhauser Str. 60, ✆ 47 30 11, Biergarten — 🔥 ☎ 🅿   **DV a**
Karte 19/43 (Samstag bis 17 Uhr und Dienstag geschl.) — **11 Z : 19 B** 35/40 - 65/75.

XXX ✿ **Blass**, Langlachweg 30 (im Haus Famöla, 4. Etage 🛗), ✆ 47 20 04, ≪ — 🅿   **DV s**
Samstag bis 18 Uhr und Montag geschl. — Karte 40/82
Spez. Gänseleber in Portogelee, Rouladen von Wildlachs, Lammcarré mit Kräutern überbacken.

In Mannheim 24-Neckarau :

🏠 **Alt Nürnberg**, Friedrichstr. 19, ✆ 85 30 58 — 🛗 🅿wc ☎ 🅿   **CV y**
↖ Karte 14/45 (nur Abendessen, Samstag, Sonn- und Feiertage geschl.) — **24 Z : 42 B** 45 - 65.

🏠 **Axt**, Adlerstr. 23, ✆ 85 14 77 — ⇔wc 🔥wc   **CV d**
Aug. geschl. — Karte 15/30 (nur Abendessen, Freitag geschl.) 🍷 — **14 Z : 19 B** 44 - 60.

XX **Jägerlust**, Friedrichstr. 90, ✆ 85 22 35 — 🆎 ⓪ 🄴. ❄   **CV u**
nur Abendessen, 4.- 18. Feb., 25. Aug.- 23. Sept. und Dienstag geschl. — Karte 31/55
(Tischbestellung ratsam).

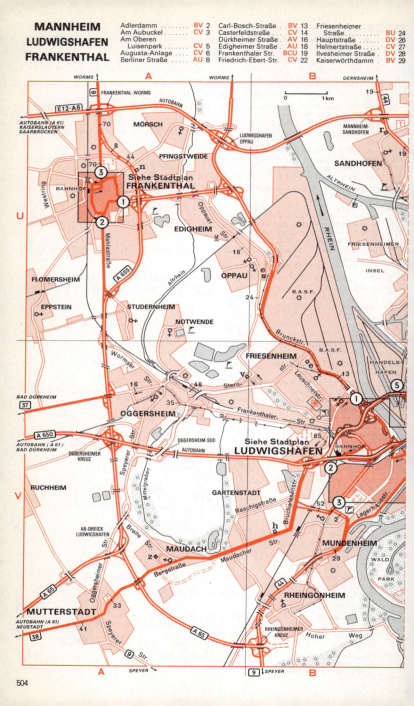

MANNHEIM
LUDWIGSHAFEN
FRANKENTHAL

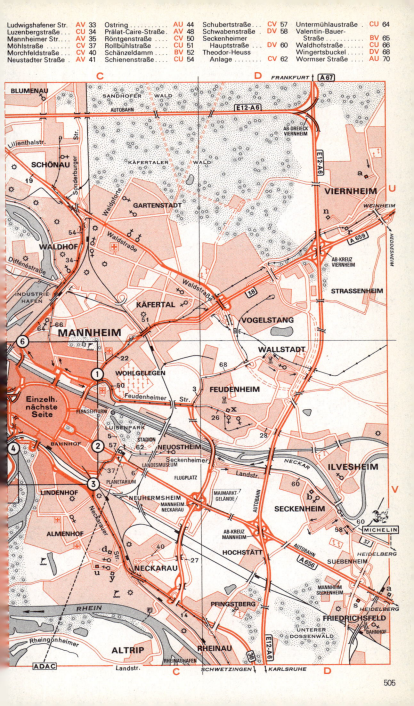

MANNHEIM

506

In Mannheim 31-Sandhofen :

🏨 **Weber Hotel** garni (siehe auch Rest. Schwarzwaldstube), Frankenthaler Str. 85 (B 44), ℰ 3 80 80, Telex 463537, ☎ – 🛗 📺 ⌷wc ⌷wc ☎ 🅿 🏂 . 🅰🅴 ⓪ 🅴   BU r
100 Z : 140 B 70/112 - 124/174 Fb.

🟫🟫 **Schwarzwaldstube im Weber Hotel**, Frankenthaler Str. 85 (B 44), ℰ 77 22 00 – 🅿 . 🅰🅴
⓪ 🅴 . ⛏   BU r
20. Dez.- 12. Jan. und Samstag geschl. – Karte 24/47 ⅃.

In Mannheim 61-Seckenheim :

🏨 **Löwen**, Hauptstr. 159(B 37), ℰ 47 30 34 (Hotel) 47 20 35 (Rest.), Telex 463788, 🌫 – 🛗 📺
⌷wc ☎ 🅿 🏂 . 🅴   DV b
Karte 24/55 (Samstag bis 17 Uhr, Sonn- und Feiertage sowie Ende Juli - Mitte Aug. geschl.) –
70 Z : 103 B 68/78 - 94/104 Fb.

Siehe auch : **Ludwigshafen am Rhein** (auf der linken Rheinseite)

MICHELIN-REIFENWERKE KGaA. Niederlassung 6803 Edingen-Neckarhausen Mannheimer
Str. (über die B 37 DV), ℰ (06203) 86 01.

◼◼ MARBACH AM NECKAR ◼◼ 7142. Baden-Württemberg 🈰🈚🈲 ㉕ – 13 000 Ew – Höhe 229 m –
✪ 07144.

Sehenswert : Schiller-Nationalmuseum★.

🚹 Stadtverwaltung, Rathaus, ℰ 10 21.
♦Stuttgart 32 – Heilbronn 32 – Ludwigsburg 8,5.

🟫 **Goldener Löwe**, Niklastorstr. 39, ℰ 66 63
wochentags nur Abendessen, Sonntag nur Mittagessen, Aug. und Montag geschl. – Karte
18,50/46.

🟫 **Stadthalle**, Schillerhöhe 12, ℰ 54 68, « Terrasse mit ⩽ » – 🅿 🏂
Dienstag und Aug. 3 Wochen geschl. – Karte 17/47.

☛ *Die Hotelbesitzer sind gegenüber den Lesern*
dieses Führers Verpflichtungen eingegangen.
Zeigen Sie deshalb dem Hotelier Ihren Michelin-Führer des laufenden Jahres.

◼◼ MARBURG ◼◼ 3550. Hessen 🈰🈚🈲 ㉕ – 75 000 Ew – Höhe 180 m – ✪ 06421.
Sehenswert : Elisabethkirche★★ (Kunstwerke★★★ : Elisabethschrein★★) – Marktplatz★ – Schloß★
– Universitätsmuseum für Kunst und Kulturgeschichte★ BY M.
Ausflugsziel : Spiegelslustturm ⩽★, O : 9 km.

🚹 Verkehrsamt, Neue Kasseler Str. 1 (am Hauptbahnhof), ℰ 20 12 49.

ADAC, Bahnhofstr. 6b, ℰ 6 70 67.
♦Wiesbaden 121 ② – Gießen 30 ② – ♦Kassel 93 ① – Paderborn 140 ① – Siegen 81 ②.

Stadtplan siehe nächste Seite.

🏨 **Europäischer Hof - Restaurant Atelier**, Elisabethstr. 12, ℰ 6 40 44 (Hotel) 6 22 55 (Rest.),
Telex 482636 – 🛗 ⌷wc 🏂 . 🅰🅴 ⓪ 🅴 🆅🅸🆂🅰   BY a
Karte 23/44 (Italienische Küche) – **109 Z : 173 B** 44/95 - 70/135 Fb.

🏨 **Waldecker Hof**, Bahnhofstr. 23, ℰ 6 30 11, ☎, 📺 – 🛗 📺 ⌷wc ⌷wc ☎ 🚗 . 🅰🅴 ⓪ 🅴
🆅🅸🆂🅰 . ⛏   BY d
Karte 17,50/40 (nur Abendessen, Montag geschl.) – **41 Z : 65 B** 48/80 - 85/140 Fb.

🏨 **Hansenhaus Rechts** ⅋, Sonnenblickallee 9, ℰ 2 30 46 – 📺 ⌷wc ☎ 🅿 . ⛏
Karte 25/60 (Montag geschl.) – **20 Z : 36 B** 75/100 - 125.   über Großseelheimer Str.   BZ

🟫 **Haus Müller** garni, Deutschhausstr. 29, ℰ 6 56 59 – ⌷   BY b
12 Z : 17 B 37/60 - 68/95.

🟫 **Bahnhofshotel Rump** garni, Bahnhofstr. 29, ℰ 6 54 00 – ⌷wc 🚗 🅿 . 🅴   BY d
1.- 15. Aug. geschl. – **20 Z : 30 B** 35/55 - 70/100.

🟫 **Garni**, Bahnhofstr. 14, ℰ 6 56 44 – ⌷wc. 🅰🅴 🅴   BY n
20 Z : 30 B 38/60 - 80/110.

🟫 **Zur Sonne** (Fachwerkhaus a. d. 16. Jh.), Markt 14, ℰ 2 60 36 – ⌷wc 🚗 . ⓪   AY s
Karte 16/49 (Montag geschl.) – **12 Z : 18 B** 40/50 - 90.

🟫🟫 **Milano** (Italienische Küche), Biegenstr. 19, ℰ 2 24 88 – 🅰🅴 ⓪ 🅴 🆅🅸🆂🅰   BY e
Dienstag und Juli - Aug. 4 Wochen geschl. – Karte 25/50.

🟫 Santa Lucia (Italienische Küche), Deutschhausstr. 35, ℰ 6 78 99   BY r

🟫 **Stadthallen-Restaurant**, Biegenstr. 15, ℰ 2 46 66 – ▤ 🅿 🏂   BY f
15. Juli - 5. Aug. geschl. – Karte 14,50/36.

In Marburg 18-Gisselberg ② : 5 km :

🟫 **Fasanerie** ⅋, Zur Fasanerie 13, ℰ 70 39, ⩽, ☎, 🌫 – ⌷wc 🚗 🅿 . 🅰🅴 ⓪ 🅴 🆅🅸🆂🅰
20. Dez.- 10. Jan. geschl. – Karte 13/38 (wochentags nur Abendessen, Freitag geschl.) – **35 Z :
50 B** 45/65 - 105/130.

Fortsetzung ⟶

MARBURG

In Marburg 1-Marbach W : 1 km über Marbacher Weg BY :

🏠 **Berggarten**, Emil-von-Behring-Str. 26, ℘ 6 60 07, Bade- und Massageabteilung, ⚓, ≌s, 🦌
→ – ▥wc ☎. 𝖠𝖤 ⓞ 𝖤 𝖵𝖨𝖲𝖠
1.- 10. Jan. geschl. – Karte 13,50/35 – **32 Z : 50 B** 45/70 - 70/95.

In Marburg 9-Michelbach NW : 7 km über Marbacher Weg BY :

🏠 **Stümpelstal** ⑤, Stümpelstal 2, ℘ (06420) 2 81, ⊥ (geheizt), 🦌 – ▥wc ⇔ 🅿. 🐾 Zim
20. Dez.- 15 Jan. geschl. – Karte 20/42 (Donnerstag geschl.) – **53 Z : 100 B** 35/45 - 70/80.

In Marburg 3-Schröck SO : 5 km über Großseelheimer Str. BZ :

🏠 **Elisabethbrunnen**, Zum Elisabethbrunnen 104, ℘ (06424) 2 60 66, 😐 – ▥wc ☎ 🅿
Karte 20/53 (Dienstag und 1.- 10. Jan. geschl.) – **11 Z : 18 B** 53 - 90.

In Marburg 1-Wehrshausen-Dammühle W : 5 km über Rotenberg BZ :

🏠 **Dammühle** ⑤, Dammühlenstr. 1, ℘ 2 30 07, 😐, 🦌 – ⇔wc ▥wc ☎ 🅿 ⚖. ⓞ 𝖤
23. Dez.- 1. Jan. geschl. – Karte 18,50/50 (Freitag geschl.) – **10 Z : 20 B** 38/48 - 68/88.

In Cölbe 3553 ① : 7 km :

☎ **Orthwein**, Kasseler Str. 48, ℘ (06421) 8 20 11 – ▥ ☎ ⇔ 🅿
→ Karte 11,50/34 (Freitag geschl.) – **23 Z : 33 B** 27/30 - 54/60.

In Ebsdorfergrund 9-Frauenberg 3557 SO : 8 km über Cappeler Straße BZ :

🏠 **Zur Burgruine** ⑤, Cappeler Str. 10, ℘ (06424) 13 79, Biergarten, ≌s – ⇔wc ▥wc 🅿 ⚖
Mitte Jan.- Mitte Feb. geschl. – Karte 18/47 (Montag geschl.) – **18 Z : 27 B** 40/55 - 80/85.

Der Tip vom „Bib"

Luftdruck

Achten Sie immer auf den korrekten Luftdruck Ihrer Reifen. Der richtige Luftdruck ist nämlich entscheidend für die Fahreigenschaften des Autos und damit auch für Ihre Sicherheit.

● Kontrollieren und korrigieren Sie den Luftdruck regelmäßig alle 14 Tage an den kalten Reifen, d. h. bevor sich die Reifen durch eine längere Fahrt erwärmen konnten.

● Der Luftdruck erhöht sich während der Fahrt, das ist ganz normal. Lassen Sie daher niemals an den warmen Reifen die Luft ab.

● Nach der Luftdruckkontrolle das Aufschrauben der Ventilkappen nicht vergessen, um die völlige Dichtheit der Ventile zu garantieren und das Eindringen von Schmutz und Feuchtigkeit zu verhindern.

Montagehinweise

Bei der Ausrüstung Ihres Fahrzeugs mit 2 neuen Reifen sind diese auf die Hinterachse zu montieren, auch bei Vorderradantrieb.

Achtung: Bei der Montage von XWX-, XDX- und TRX-Reifen müssen alle Fahrzeugräder mit dem gleichen Reifentyp ausgerüstet werden.

Der „Bekannteste"

Michelin XZX
(SR-Reifen bis 180 km/h)

Neben problemlosem Fahrver-
halten, komfortablem Abrollen
und hoher Kilometerleistung
zeichnet sich der XZX durch
überlegene Naßrutschfestigkeit
aus. Bemerkenswert ist seine
gute Wintertauglichkeit und das
geringe Abrollgeräusch.

Die „Neuen"

Michelin MX
(SR-Reifen bis 180 km/h)

Neuer Serie 80-Reifen,
entwickelt mit Michelin-
Spitzentechnologie. Bestwerte
in allen Laufeigenschaften –
mit besonderem Schwerpunkt
auf dem Naßlaufverhalten.

Michelin MXL
(SR-Reifen bis 180 km/h)

Sportlicher Breitreifen in
Serie 70 und 65. Hervorragender
Nässegriff und hohe Lenk-
präzision zeichnen ihn aus.
Geringer Rollwiderstand für
weniger Benzinverbrauch.

Die „Schnellen"

Michelin XVS
(HR-Reifen bis 210 km/h)

Fahrer von sportlichen und
schweren Fahrzeugen schätzen
am XVS besonders das genaue
Ansprechen auf Lenkbewegun-
gen, die Richtungsstabilität bei
hohen Geschwindigkeiten und
den vibrationsfreien Rundlauf.

Michelin MXV
(HR-Reifen bis 210 km/h)

Ideale Bereifung für die
schnellen und sportlichen Autos
moderner Konzeption. Höchste
Fahrpräzision verbindet sich mit
ungewöhnlich kultiviertem Abroll-
verhalten. Ausgezeichnete Naß-
laufeigenschaften.
(Serie 60, 65 und 70, teilweise
auch in VR-Ausführung.)

Michelin TRX
(HR-Reifen bis 210 km/h)

Die neue Dimension des
Autofahrens für die gehobene
Fahrzeugklasse. Überragend im
Lenkverhalten, neutrales Grenz-
verhalten in schnellen Kurven
sowie exzellente Bodenhaftung.
Und das alles ohne Komfort-
verlust.

Die „Super-schnellen"

Michelin XDX
(VR-Reifen bis ca. 235 km/h)

Sportlich und dennoch komfortabel–XDX, der Reifen für Limousinen und Coupés mit einer Spitzengeschwindigkeit zwischen 210 und 235 km/h. Ein Reifen, der für seine Kategorie eine ausgesprochen hohe Kilometerleistung bietet.

Michelin XWX
(VR-Reifen über 210 km/h)

Der XWX ist der Reifen für sportliche Fahrweise. Selbst bei Geschwindigkeiten weit über 210 km/h bietet er bestechende Fahreigenschaften in puncto Geradeauslauf, Lenkverhalten und Rutschfestigkeit.

Michelin TRX
(VR-Reifen über 210 km/h)

VR-Ausführung des Michelin TRX. Zeichnet sich besonders durch neutrales Grenzverhalten in schnell gefahrenen Kurven, sehr präzises Lenkverhalten und ausgezeichnete Richtungsstabilität bei hohen Geschwindigkeiten aus.

Die „Griffigen"
für den Winter

Michelin X M+S 100
(Winterreifen bis 160 km/h)

Neuartiger Lamellenreifen mit
hervorragenden Wintereigen-
schaften. Sein Geheimnis beruht
auf rund 2000 feinen Profil-
einschnitten, die automatisch
nachgeschärft' werden.
Das Ergebnis: mehr Traktion im
Schnee und kürzere Bremswege
auf Eis.

Michelin TRX M+S 45
(Winterreifen bis 190 bzw. 210 km/h)

Das speziell auf das TRX-System
abgestimmte M+S-Profil mit
seinen zahlreichen Lamellen
sorgt für ausgezeichneten
Wintergriff. Bei entsprechenden
Straßenverhältnissen kann der
TRX M+S 45 bis zu 190 bzw.
210 km/h (je nach Dimension)
gefahren werden.

Luftdrucktabelle für Pkw X-Reifen

Fahrzeugtyp	Reifengröße	Vollast u. Autob. VA	HA	Teillast VA	HA
ALFA ROMEO (I)					
Alfasud 1,2–1,5 ab Modell 1981	145 R 13 MX 165/70 R 13 MXL	1,9 1,8	1,5 1,6	1,9 1,8	1,5 1,6
Alfa 33, Alfasud TI, Sprint	165/70 R 13 MXL	1,8	1,6	1,8	1,6
Alfasud Quadrifoglio verde	190/55 HR 340 TRX	1,8	1,6	1,8	1,6
Giulietta 1,3–1,6	165 R 13 MX 185/70 R 13 MXL	1,8	2,0	1,8	2,0
Giulietta 2000	185/65 R 14 MXV	1,8	2,0	1,8	2,0
Alfetta 1600, 1800	165 R 14 MX 185/70 R 14 MXL	1,8	2,0	1,8	2,0
Alfetta 2000 ab Mod. 83	185/70 R 14 MXV	1,8	2,2	1,8	1,8
Alfa 75 1,8	185/70 R 13 MXV	1,8	2,0	1,8	2,0
Alfa 75 2,0	185/65 R 14 MXV	1,8	2,0	1,8	2,0
AUDI [1]) (D)					
80 ab Mod. 79: 1,3 l, 1,6 l, Diesel, Turbodiesel Coupé GL (1,6 u. 1,8 l)	155 R 13 MX, XZX 165 R 13 MX, XZX 175/70 R 13 MXL	1,8	2,0	1,7	1,7
	185/60 R 14 MXV	1,7	1,8	1,6	1,6
80 ab 79: 1,6 l/81 kW 80 GTE ab 1/83	175/70 R 13 MXV 185/60 R 14 MXV	1,8 1,7	2,0 1,8	1,7 1,6	1,7 1,6
90 2,0 u. 2,2 E	185/60 R 14 MXV	1,9	2,1	1,8	1,8
80 Quattro 90 Quattro	175/70 R 14 MXV 195/60 R 14 MXV	2,3	2,3	1,9	1,9
100/Avant Mod. 77–82: 1,6 l/63 kW – 2,1 l/85 kW	165 R 14 MX 185/70 R 14 MXL	2,2 2,1	2,2 2,1	2,0 1,9	2,0 1,9
100 ab Mod. 83 1,8 l/55 kW	165 R 14 MX 185/70 R 14 MXL	1,9 1,8	2,2 2,1	1,8 1,7	1,8 1,7
100 ab Mod. 83 1,8 l/66 kW		2,0	2,3	1,9	1,9
100 ab Mod. 83 1,9 l/74 kW	185/70 R 14 MXL	2,3	2,4	2,1	1,9
100 ab Mod. 83 Diesel		2,4	2,4	2,2	1,9
100 ab Mod. 83 2,2 l/100 kW	185/70 R 14 MXV	2,6	2,3	2,1	2,0
100 CS Quattro 1,8 l/66 kW	185/70 R 14 MXL	2,0	2,6	1,9	2,0
100 CS 2,2 l/101 kW	205/60 VR 15 MXV	2,3	2,3	2,0	1,8
AUSTIN-ROVER (GB)					
Mini 850, 1000, 1100	145 R 10 MX, XZX	1,9	1,8	1,9	1,8
Metro 1,0	150/65 R 315 TDX'E [7])	2,1	2,0	2,1	2,0
Metro 1,3	160/65 R 315 TDX'E [7])	2,0	1,8	2,0	1,8
BMW [1]) (D)					
315, 316, 318, 318 i bis Modell 82	165 R 13 MX, XZX 185/70 R 13 MXL, MXV	2,0	2,2	1,9	1,9
320 i bis Mod. 82	185/70 R 13 MXV	2,0	2,1	1,9	1,9
320/6 Zyl., 323 i bis Mod. 82	185/70 R 13 MXV	2,2	2,4	2,0	2,0
316, 318 i (E 30) bis Mod. 85	175/70 R 14 MXV 195/60 R 14 MXV 200/60 HR 365 TDX [7])	2,0	2,4	1,8	2,0
320 i (E 30) bis Mod. 85	195/60 R 14 MXV	2,3	2,6	2,1	2,2
	200/60 HR 365 TDX [7])	2,0	2,5	1,8	2,0
323 i (E 30) bis Mod. 85	195/60 VR 14 MXV	2,3	2,6	2,1	2,2
	200/60 VR 365 TDX [7])	2,0	2,5	1,8	2,0
316/318 i (E 30) Mod. 86	175/70 R 14 MXL/MXV	2,2	2,6	1,9	2,1
	195/65 R 14 MXV 200/60 HR 365 TDX [7])	1,9	2,2	1,8	1,9
320 i, 325 e (E 30) Mod. 86	195/65 R 14 MXV 200/60 HR 365 TDX [7])	2,2	2,6	1,9	2,1
325 i (E 30) Mod. 86	195/65 VR 14 MXV 200/60 VR 365 TDX [7])	2,3	2,6	2,2	2,2

Fahrzeugtyp	Reifengröße	Luftdruck (bar)			
		Vollast u. Autob.		Teillast	
		VA	HA	VA	HA
BMW [1]) (D) (Fortsetzung)					
520/6 Zyl., 525	175 HR 14 XAS, MXV	2,2	2,5	2,1	2,1
	195/70 HR 14 XVS, MXV	2,1	2,3	2,0	2,0
528	195/70 HR 14 XVS, MXV	2,2	2,4	2,1	2,1
518 i	175 R 14 88 T MX	2,0	2,4	2,0	2,0
520 i ab Mod. 82, 525 e	175 HR 14 XAS, MXV				
518, 520 i ab Mod. 82	195/70 HR 14 XVS, MXV	2,0	2,4	2,0	2,0
518 i, 525 e	200/60 HR 390 TRX [4])				
524 td	175 HR 14 XAS, MXV				
525 i	195/70 HR 14 XVS, MXV	2,4	2,6	2,2	2,2
	200/60 HR 390 TRX [4])				
528 i ab Mod. 82	195/70 VR 14 XDX, XWX	2,4	2,6	2,2	2,2
	200/60 VR 390 TRX [4])				
728, 728 i bis Mod. 82	195/70 HR 14 XVS, MXV	2,4	2,8	2,3	2,3
	220/55 VR 390 TRX [4])	2,3	2,6	2,2	2,2
728 i ab Mod. 83	195/70 VR 14 XDX, XWX	2,5	2,8	2,4	2,4
	205/70 VR 14 XDX, XWX	2,3	2,6	2,2	2,2
	220/55 VR 390 TRX [4])				
732 i, 733 i, 735 i bis Mod. 82	205/70 VR 14 XWX, XDX	2,3	2,6	2,2	2,2
	220/55 VR 390 TRX [4])				
735 i ab Mod. 83	205/70 VR 14 XWX, XDX	2,5	2,8	2,3	2,3
	220/55 VR 390 TRX [4])				
628 CSi ab 5/82	205/70 VR 14 XWX, XDX	2,3	2,5	2,2	2,2
	220/55 VR 390 TRX [4])				
635 CSi ab 5/82	205/70 VR 14 XWX	2,5	2,8	2,3	2,3
	220/55 VR 390 TRX [4])				
CITROËN (F)					
LNA 11 E/RE/RS	135 R 13 MX	1,9	1,9	1,6	1,9
Visa Spezial und Club	135 R 13 MX	1,7	2,0	1,7	2,0
Visa 11 E/RE / Super E	145 R 13 MX	1,9	1,9	1,9	1,9
Visa Super X, Visa II Super X	155/70 R 13 MXL	1,8	2,0	1,8	2,0
Visa GT	160/65 R 340 TRX As	1,8	1,9	1,8	1,9
2 CV-4, 2 CV-6 alle Modelle Dyane 4, Dyane 6	125-15 X 135 SR 15 zX	1,4	1,8	1,4	1,8
GS, GSX, GSA	145 SR 15 XZX	1,8	1,9	1,8	1,9
BX, BX 14 E/RE	145 R 14 MX	1,9	2,0	1,9	2,0
	165/70 R 14 81 T MXL	1,8	1,8	1,8	1,8
BX 16 RS/TRS	165/70 R 14 81 T MXL	2,0	2,0	2,0	2,0
	170/65 R 365 TRX'AS [4])	1,9	2,1	1,9	2,1
BX 19 D/RD/TRD	165/70 R 14 81 T MXL	2,1	2,1	2,1	2,1
CX 2000 Reflex/Athena	185 SR 14 XZX	2,0	2,1	2,0	2,1
CX 20, CX Pallas	175 SR 14 XZX	–	2,1	–	2,1
CX 2400 Pallas Injection ab Mod. 82, CX 25 IE Pallas	185 HR 14 XVS	2,0	2,1	2,0	2,1
	190/65 HR 390 TRX [4])	2,2	1,4	2,2	1,4
CX 2400 Prestige Injection ab Mod. 82, CX 25 IE Prest.	185 HR 14 XVS	2,2	2,2	2,2	2,2
	190/65 HR 390 TRX [4])	2,2	1,4	2,2	1,4
CX GTi ab Mod. 82	190/65 HR 390 TRX	2,2	1,4	2,2	1,4
CX 2500 Diesel Reflex/ Pallas Mod. 82, CX 25 D	185 SR 14 XZX	2,2	2,1	2,2	2,1
	175 SR 14 XZX	–	2,1	–	2,1
CX 25 Turbodiesel	190/65 HR 390 TRX	2,4	2,0	2,4	2,0
CX 20 Mod. 85 CX 20 TRE	195/70 R 14 91 T MXL	2,2	2,1	2,2	2,1
	190/65 HR 390 TRX [4])	2,2	1,4	2,2	1,4
CX 25 Mod. 85 Pallas, Prestige, Ri	195/70 R 14 MXV	2,4	2,0	2,4	2,0
	190/65 HR 390 TRX [4])	2,2	1,8	2,2	1,4
CX 25 D, Pallas D Mod. 85	195/70 R 14 91 T MXL	2,4	1,8	2,4	1,8
	190/65 HR 390 TRX [4])	2,2	1,4	2,2	1,4
DAIMLER-BENZ (D)					
Typ 201: 190 D, 190 D 2.5	185/65 R 15 87 T MXL	2,0	2,3	1,8	2,0
Typ 201: 190, 190 E	185/65 R 15 87 H MXV	2,2	2,5	2,0	2,2
Typ 123: 200, 230, 230 E, 250 200 D, 220 D, 240 D, 300 D	175 SR 14 zX-P, MX-P	2,0	2,2	2,0	2,2[2])
	175 HR 14 MXV-P, XVS-P	2,3	2,5	2,3	2,5[3])
Typ 123: 250 Bauj. 82, 280, 280 E, 230/280 C/CE	195/70 HR 14 XVS-P, MXV-P	2,0	2,2	2,0	2,2[2])
		2,3	2,5	2,3	2,5[3])

Fahrzeugtyp	Reifengröße	Luftdruck (bar)			
		Vollast u. Autob.		Teillast	
		VA	HA	VA	HA
DAIMLER-BENZ (D) (Fortsetzung)					
Typ 123: T-Mod. ab 2/80: 200/230 T, 240/300 TD 300 TD Turbodiesel	195/70 R 14 91 S MXL 195/70 HR 14 90 H XVS-P 195/70 R 14 91 H MXV-P	2,0 2,3	2,7 3,0	2,0 2,3	2,2[2] 2,5[3]
Typ 123: T-Mod. ab 2/80: 250 T, 230/280 TE	195/70 HR 14 90 H XVS-P 195/70 R 14 91 H MXV-P	2,0 2,3	2,7 3,0	2,0 2,3	2,2[2] 2,5[3]
Typ 124: 200 D	185/65 R 15 87 T MXL				
Typ 124: 200	185/65 R 15 87 H MXV	2,0	2,6	2,0	2,2
Typ 124: 250 D	195/65 R 15 91 T MXL				
Typ: 124: 230 E, 300 D	195/65 R 15 91 H MXV				
Typ 126: 280 S	195/70 HR 14 XVS-P	2,2 2,5	2,5 2,8	2,1 2,4	2,3[5] 2,6[6]
Typ 126: 280 SE, 280 SEL	195/70 VR 14 XDX, XWX				
Typ 126: 380 SE, SEL, SEC	205/70 VR 14 XDX, XWX				
Typ 126: 500 SE, 500 SEL	205/70 VR 14 XDX, XWX	2,6	3,1	2,5	2,7
Typ 126: 500 SEC	205/70 VR 14 XDX, XWX	2,5	3,0	2,4	2,6
FIAT (I)					
500, 500 D/F/L/R	125 SR 12 zX	1,1	1,6	1,1	1,6
126	135 R 12 MX	1,4	2,0	1,4	2,0
Panda	135 R 13 MX 145/70 R 13 MXL	1,8	2,0	1,8	2,0
Uno 45, 45 ES, 55, 55 S, 70 S	135 R 13 MX 155/70 R 13 MXL	2,2 2,0	2,2 2,2	1,9 1,9	1,9 1,9
127	135 R 13 MX 155/70 R 13 MXL	1,9 2,0	2,2 2,2	1,9 2,0	2,0 2,0
Ritmo 60, 65, 75 Ritmo Super 75, 85	145 R 13 MX 165/70 R 13 MXL	1,9	2,2	1,9	1,8
Ritmo 105 TC, 125 TC	185/60 R 14 MXV	2,0	2,2	2,0	2,2
Regata ES, 70	155 R 13 MX, XZX	1,9	2,2	1,9	1,8
Regata 70, 75 S, 85 S	165/65 R 14 78 T MXL	2,0	2,2	2,0	1,9
Regata 100 S	165/65 R 14 78 T MXL	2,2	2,4	2,2	2,2
131 ab Mod. 83 1300–1600 CL, Super	165 R 13 MX, XZX 175/70 R 13 MXL	1,8	2,2	1,8	1,8
	185/60 R 14 MXV	2,0	2,1	2,0	2,1
Argenta 1600 und 2000 Argenta 100, 120 ie	175/70 R 14 MXL 185/60 R 14 85 T MXL	1,9 2,1	2,0 2,3	1,9 2,0	2,0 2,1
FORD (D)					
Fiesta bis Mod. 83	145 R 12 MX 155 R 12 MX 155/70 R 13 MXL	1,8	2,0	1,6	1,8
Fiesta ab Mod. 84	135 R 13 MX 155/70 R 13 MXL	2,6 2,1	2,8 2,3	1,8 1,6	1,8 1,8
Fiesta XR 2	185/60 R 13 MXV	2,0	2,0	1,9	1,9
Escort Mod. 81–83	145 R 13 MX 155 SR 13 XZX, MX 175/70 R 13 MXL	2,0	2,3	1,8	1,8
Escort ab Mod. 84	145 R 13 MX 155 SR 13 XZX, MX	2,0	2,3	1,6	2,0
Orion 1,3/1,6 l	155 SR 13 XZX, MX	2,0	2,3	1,6	2,0
Orion 1,6 i	175/70 R 13 MXV				
Escort XR 3, i, Cabr. 1,6 i	185/60 R 14 MXV	2,0	2,3	1,6	2,0
Sierra 1,6 l, 2,3 l Diesel	165 SR 13 XZX, MX 185/70 R 13 MXL	2,0	2,5	1,8	1,8
Sierra 2,0 l Sierra 2,3 l	165 HR 13 XVS 2 185/70 R 13 MXV, XVS 2				
Sierra 2,0 i S	195/60 R 14 MXV				
Sierra XR 4 i, XR 4x4	195/60 VR 14 MXV				
Capri ab Modell 79	165 R 13 MX, XZX 185/70 R 13 MXL, MXV	1,9	2,2	1,6	1,9
Granada 1,6–2,3 l	175 SR 14 XZX, MX	1,9	2,5	1,7	1,7
Granada 1,6/2,0/2,3/2,6 l	185 SR 14 XZX				
Granada 2,8/2,8 i/3,0 l	185 HR 14 XVS				

Fahrzeugtyp	Reifengröße	Luftdruck (bar)			
		Vollast u. Autob.		Teillast	
		VA	HA	VA	HA
FORD (D) (Fortsetzung)					
Granada LS, GLS, Ghia S	190/65 HR 390 TRX	1,9	2,5	1,7	1,7
Scorpio 1,8 l	175 R 14 88 T MX				
Scorpio 2,0 l/77 kW	175 R 14 88 H MXV	2,1	2,9	1,8	1,8
Scorpio 1,8–2,0 l	185/70 R 14 88 H MXV				
Scorpio 2,8 i	185/70 VR 14 MXV				
HONDA (J)					
Civic 1200, 1300	155 R 12 MX	1,9	1,9	1,6	1,6
	155 R 13 MX, XZX	1,9	1,9	1,7	1,7
Civic S 1,5 ab Mod. 83	165/70 R 13 MXL	2,2	2,2	1,8	1,8
Accord ab Mod. 82	165 R 13 MX, XZX	2,2	2,2	1,8	1,8
	185/70 R 13 MXL				
Prelude ab Mod. 83	185/70 R 13 MXV	2,2	2,2	1,8	1,8
Quintet	155 R 13 MX, XZX	2,0	2,0	1,8	1,8
	175/70 R 13 MXL				
JAGUAR (GB)					
XJ 6 2,8/3,4/4,2 l bis Mod. 81	205/70 VR 15 XWX, XDX	2,1	2,5	1,7	1,8
XJ 6 3,4/4,2 l ab Mod. 82	205/70 VR 15 XDX, XWX	2,4	2,6	2,4	2,3
LANCIA (I)					
A 112	135 R 13 MX	1,7	1,9	1,7	1,9
	155/70 R 13 MXL				
Y 10	135 R 13 MX	2,2	2,2	2,0	2,0
	155/70 R 13 MXL				
Delta 1300	165/70 R 13 MXL	2,0	2,0	1,8	1,8
Delta/Prisma 1300–1500	165/65 R 14 MXL				
Beta Lim. 1600, 2000	175/70 R 14 MXL	2,2	2,2	1,7	1,7
Beta HPE, Trevi 1600	185/65 R 14 MXV				
Trevi 2000 VX	185/65 R 14 MXV	2,2	2,2	1,7	1,7
Thema 2000 i E	175/70 R 14 MXV	2,2	2,2	2,0	2,0
	195/60 R 14 MXV	2,3	2,3	2,2	2,2
Thema 6 V	185/70 VR 14 MXV	2,3	2,3	2,2	2,2
	205/60 VR 14 MXV	2,2	2,2	2,1	2,1
MAZDA (J)					
323	155 R 13 MX, XZX	1,7	1,9	1,7	1,9
323 Sp (FA 4)	175/70 R 13 MXL				
626 1600/2000 (CB 2)	165 R 13 MX, XZX	1,8	2,0	1,8	2,0
626 Coupé (CB 2)	185/70 R 13 MXL				
MITSUBISHI (J)					
Colt 1200, 1500 (C 10)	155 R 13 MX, XZX	1,6	1,6	1,6	1,6
Lancer 1200, 1500 (C 10)	175/70 R 13 MXL				
Tredia 1400 GL	155 R 13 MX, XZX	1,7	1,7	1,7	1,7
Tredia 1,4 GLX, 1,6 GLS	165 R 13 MX, XZX	1,7	1,7	1,7	1,7
Cordia 1600 GLS	185/70 R 13 MXL	1,9	1,9	1,9	1,9
Galant 1600 GLX	165 R 13 MX, XZX	1,9	2,1	1,9	1,9
	185/70 R 13 MXL				
NISSAN/Datsun (J)					
Micra	145 R 12 MX	2,1	2,1	2,1	2,1
	155 R 12 MX	2,2	2,2	2,2	2,2
Cherry 120 A, 100 A	155 SR 13 XZX, MX	2,0	2,0	1,7	1,7
	165/70 R 13 MXL				
Sunny (B 11)	155 R 13 MX, XZX	2,2	2,2	1,8	1,8
	175/70 R 13 MXL	2,4	2,4	1,8	1,8
Stanza 1600	165 R 13 MX, XZX	2,0	2,0	1,8	1,8
	185/70 R 13 MXL				
Stanza 1800	185/70 R 13 MXV	2,4	2,4	1,8	1,8
Bluebird (U 11)	185/70 R 14 MXV	2,4	2,4	2,0	2,0
OPEL [1]) (D)					
Corsa, Corsa TR 1,0	135 R 13 MX	2,1	2,6	1,9	1,7
Corsa L, TR, TRL	145 R 13 MX	1,8	2,4	1,6	1,6
1,0–1,3 l	155/70 R 13 MXL	1,9	2,4	1,7	1,7
Kadett D 1,0–1,3 S	145 R 13 MX	2,0	2,3	1,8	1,8

Fahrzeugtyp	Reifengröße	Luftdruck (bar)			
		Vollast u. Autob.		Teillast	
		VA	HA	VA	HA
OPEL [1]) **(D) (Fortsetzung)**					
Kadett D, DL 1,0–1,3 S	155 R 13 MX, XZX 175/70 R 13 MXL	1,9 1,8	2,2 2,1	1,7 1,6	1,7 1,6
Kadett D, DL, 1,6 SH 1,6 I Diesel	155 R 13 MX, XZX 175/70 R 13 MXL	2,1 2,0	2,4 2,3	1,9 1,8	1,9 1,8
Kadett-E 1,2 u. 1,3 I	155 R 13 MX 175/70 R 13 MXL 175/65 R 14 82 T MXL	1,9	2,1	1,8	1,6
Kadett-E 1,6 I	155 R 13 78 T MX 175/70 R 13 82 T MXL 175/65 R 14 82 T MXL	2,1	2,3	2,0	1,8
Kadett-E GSi	175/70 R 13 MXV 185/60 R 14 MXV	2,2	2,4	2,2	1,9
Manta-B 1,2 S–2,0 N Ascona-B 1,3–2,0 S	165 R 13 MX, XZX 185/70 R 13 MXL	2,0 1,8	2,3 2,0	1,7 1,6	1,7 1,6
Manta-B 2,0 S/E ab 4/82	185/70 R 13 MXV	2,0	2,2	1,8	1,8
Manta-B GT/E ab 4/82	195/60 R 14 MXV	2,1	2,3	1,9	1,9
Ascona-C 1,3/1,3 S Ascona-CL 1,3–1,6, Diesel	155 R 13 MX, XZX 165 R 13 MX, XZX 185/70 R 13 MXL	2,2 2,1 2,0	2,4 2,3 2,2	1,9 1,9 1,8	1,7 1,7 1,7
Ascona-C 1,8 E, 1,8 i	165 HR 13 XVS 2 185/70 R 13 MXV	2,2 2,1	2,4 2,3	2,0 1,9	1,8 1,8
Ascona-C SR	195/60 R 14 MXV	2,2	2,4	2,0	2,0
Rekord D 1,7/1,9 I Rekord D 2,0 I Limousine	175 SR 14 XZX, MX 185/70 R 14 MXL	1,8 1,6	2,0 1,8	1,8 1,6	1,8 1,6
Rekord E 1,7/1,8/1,9/2,0 N 2,0 S bis Mod. 82	175 SR 14 XZX, MX 185/70 R 14 MXL	2,0	2,2	1,8	1,8
Rekord E 2,0 E, 2,2 i 2,0 S ab Mod. 83	175 HR 14 XAS, MXV 185/70 R 14 MXV	2,0	2,2	1,8	1,8
Senator-A 2,0/2,5 E 2,8/3,0 H Monza-A 2,0/2,5 E 2,8/3,0 H	175 HR 14 XAS, MXV 195/70 R 14 MXV	2,5	2,8	2,2	2,2
PEUGEOT (F)					
205 GL 1,0, 205 XE	135 R 13 MX	2,0	2,1	2,0	2,1
205 GL/GR 1,1, XL, XR	145 R 13 MX	1,9	2,1	1,9	2,1
205 GR 1,4, 205 SR, XT	165/70 R 13 MXL	1,7	1,9	1,7	1,9
205 GLD, GRD, XLD, XRD	145 R 13 MX	2,0	2,0	2,0	2,0
305 SR	155 R 14 MX-P 165/70 R 14 81 T MXL	1,7 1,9	2,0 2,1	1,7 1,9	2,0 2,1
305 GLD, SRD	155 R 14 MX-P 165/70 R 14 81 T MXL	1,8 2,0	2,0 2,1	1,8 2,0	2,0 2,1
504 L, LD, GR, GRD	165 R 14 MX	1,8	2,0	1,8	2,0
504 SR, SRD	175 SR 14 XZX, MX	1,8	2,0	1,8	2,0
504 TI	175 HR 14 XAS, MXV	1,8	2,1	1,6	1,9
505 GL, GR, SR, TI	175 R 14 MXV-P, XVS-P	1,8	2,1	1,6	1,9
	175 SR 14 XZX-P, MX-P 185/70 R 14 MXL	2,0 1,8	2,2 2,1	1,8 1,8	2,0 2,1
505 STI	175 HR 14 MXV-P, XVS-P 180/65 HR 390 TRX [4]) •	1,8 1,6	2,1 1,9	1,6 1,6	1,9 1,9
505 GTi Mod. 84	185/70 R 14 88 T MXL 190/65 HR 390 TRX [4])	1,8	2,1	1,8	2,1
505 GTi, Turbo Injection	195/60 R 15 MXV	2,0	2,1	2,0	2,1
604 GTi/GTD Turbo bis 9/83	190/65 HR 390 TRX	1,6	2,1	1,6	2,1
604 GTi ab 9/83	195/60 R 15 MXV	2,0	2,2	2,0	2,2
604 GTD Turbo ab 9/83		2,0	2,1	2,0	2,1
PORSCHE (D)					
911 2,7 I	185/70 VR 15 XWX, XDX	2,0	2,4	2,0	2,4
924 ab 8/78	185/70 R 14 MXV	2,0	2,0	2,0	2,0
924 Turbo, 944	185/70 VR 15 XDX, XWX	2,0	2,5	2,0	2,5
RENAULT (F)					
R 4, R 4 L, TL, GTL	135 R 13 MX 145 R 13 MX	1,8 1,5	2,1 1,8	1,7 1,4	1,9 1,7
R 5 L, TL, GTL (R 1221/22/25/27, 1391/97)	135 R 13 MX 145 R 13 MX	1,9 1,8	2,1 2,0	1,7 1,7	1,9 1,9

Fahrzeugtyp	Reifengröße	Vollast u. Autob. VA	HA	Teillast VA	HA
RENAULT (F) (Fortsetzung)					
R 5 LS, TS (R 1224), TX	145 R 13 MX	1,7	2,0	1,6	1,9
R 5 Mod. 85 1,1 l	145/70 R 13 MXL				
R 5 Mod. 85 1,4 l	155/70 R 13 MXL 165/65 R 13 MXL	2,0	2,2	1,8	2,0
R 9/R 11 C, TC, GTC, TL	145 R 13 MX	1,8	2,0	1,7	1,9
R 9/R 11 GTL, TD, GTD, GTS, TSE, TDE, GTX, TXE	155 SR 13 XZX, MX 175/70 R 13 MXL	1,8	2,0	1,7	1,9
Fuego	175/70 R 13 MXL	2,1	2,3	2,0	2,2
Fuego TX, GTX	185/70 R 13 MXV	2,1	2,3	2,0	2,2
R 18 ab Mod. 82, R 18 TL	155 SR 13 XZX, MX	1,9	2,0	1,7	1,8
R 18 TS, GTL	165 R 13 MX, XZX	1,9	2,1	1,8	2,0
R 18 GTS, GTX	165 HR 13 XVS 2 185/65 R 14 MXV	2,0	2,2	1,9	2,1
R 20 TL, GTL ab Mod. 81	165 R 13 MX, XZX	2,1	2,1	1,9	1,9
R 20 LS, TS ab Mod. 81	165 R 13 MX, XZX	2,3	2,1	2,2	2,0
R 20 TX	165 R 14 MX 190/65 HR 390 TRX [4]	2,1 2,0	2,2 2,2	1,9 1,8	2,0 2,0
R 25 TS, GTS, GTX	165 R 14 84 H MXV 185/70 R 14 88 H MXV 195/60 R 15 86 H MXV	2,1	2,2	1,8	2,0
R 25 V6 Injection	195/60 R 15 MXV	2,0	2,2	1,8	2,0
R 25 Turbo	205/60 VR 15 MXV	2,5	2,3	2,2	2,0
R 30 TS, TX	175 HR 14 XAS, MXV 190/65 HR 390 TRX [4]	2,0	2,2	1,8	2,0
TALBOT (Simca/Chrysler) (F)					
Samba	135 R 13 MX 145 R 13 MX	2,1 2,0	2,2 2,1	1,9 1,8	2,0 1,9
Samba GLS	165/70 R 13 MXL 170/65 R 340 TRX AS [4]	1,9 1,7	2,2 2,0	1,7 1,7	2,0 2,0
Horizon	145 R 13 MX 155 R 13 MX, XZX 175/70 R 13 MXL	2,1 2,0 2,0	2,2 2,0 2,0	1,8 1,8 1,8	1,8 1,8 1,8
1510 und Solara	155 R 13 MX, XZX 165 R 13 MX, XZX 175/70 R 13 MXL	1,9	2,0	1,8	1,8
TOYOTA (J)					
Starlet Limousine	145 R 13 MX 165/70 R 13 MXL	1,9	1,9	1,7	1,7
Tercel	145 R 13 MX 165/70 R 13 MXL	1,9 1,8	1,9 1,8	1,9 1,7	1,9 1,7
Camry 1,8 (SV 10)	165 R 13 MX, XZX 185/70 R 13 MXL	2,1	2,1	1,9	1,9
Corolla Limousine, Coupé, Liftback	155 R 13 MX, XZX 175/70 R 13 MXL	1,8	1,8	1,7	1,7
Carina Limousine	165 R 13 MX, XZX	1,7	1,9	1,6	1,6
Celica Coupé ST, LT,	165 R 13 MX, XZX	2,0	2,1	1,7	1,7
Celica XT	165 R 14 MX	2,0	2,1	1,7	1,7
Celica GT Coupé, Liftback	185/70 R 14 MXV	2,0	2,1	1,7	1,7
Corona Limousine, Liftback	175 SR 14 XZX, MX	1,7	1,7	1,7	1,7
Cressida Limousine	175 SR 14 XZX, MX	2,0	2,0	1,7	1,7
VOLKSWAGEN [1] (D)					
Polo Mod. 82–85: 1,05 l	135 R 13 MX	1,9	2,2	1,7	1,7
Polo Mod. 82–85: 1,1 u. 1,3 l Derby Mod. 82–84	145 R 13 MX 155/70 R 13 MXL	1,7	2,1	1,6	1,6
Polo Stufenheck Mod. 85 Derby Mod. 85	165/65 R 13 MXL	1,7	2,1	1,6	1,6
Polo Mod. 86: 1,05 l	135 R 13 69 S MX	2,1	2,4	1,7	1,7
Polo Mod. 86: 1,05 u. 1,3 l	145 R 13 74 S MX 155/70 R 13 75 S MXL	1,9	2,3	1,6	1,6
Polo Stufenheck Mod. 86 Polo Coupé Mod. 86	155/70 R 13 75 S MXL 165/65 R 13 76 S MXL	1,9	2,3	1,6	1,6

Fahrzeugtyp	Reifengröße	Luftdruck (bar)			
		Vollast u. Autob.		Teillast	
		VA	HA	VA	HA
VOLKSWAGEN [1]**) (D)** (Fortsetzung)					
Golf/Jetta 1,3–1,6 l (63 kW) Passat/Diesel bis Mod. 80	155 R 13 MX, XZX 175/70 R 13 MXL	1,8	2,2	1,7	1,7
Golf/Jetta Diesel	155 R 13 MX, XZX	1,9	2,3	1,8	1,8
Golf GTI, Jetta LI, CLI, GLI	175/70 R 13 MXV	1,8	2,2	1,7	1,7
Scirocco ab 3/81: 1,3–1,6 l (63 kW)	155 R 13 MX, XZX 175/70 R 13 MXL	1,9	2,2	1,8	1,8
Scirocco GLI, GTI ab 3/81	175/70 R 13 MXV	1,9	2,2	1,8	1,8
Golf II 1,3 l	155 R 13 MX, XZX 175/70 R 13 MXL	2,0	2,4	1,8	1,8
Golf II Diesel	155 R 13 MX, XZX 175/70 R 13 MXL	2,2	2,4	2,0	1,8
Golf II 1,6 und 1,8 l	175/70 R 13 MXL 175/70 R 13 MXV 185/60 R 14 MXV	2,0	2,4	2,0	1,8
Golf GTi 16 V	185/60 VR 14 MXV	2,2	2,4	2,0	1,8
Jetta II: 1,3 l/40 kW	175/70 R 13 MXL	2,0	2,6	1,8	1,8
Jetta II: 1,6 und 1,8 l	175/70 R 13 MXL 175/70 R 13 MXV 185/60 R 14 MXV	2,0	2,6	2,0	1,8
Passat/Santana 1,3–1,8 l, Diesel	165 R 13 MX, XZX 185/70 R 13 MXL	1,9	2,3	1,8	1,8
Passat/Santana 1,9 l	185/70 R 13 MXV 195/60 R 14 MXV	2,0	2,3	1,9	1,9
Passat Variant, Diesel	165 R 13 MX, XZX	1,9	2,6	1,8	1,8
Passat Variant 1,9 l	185/70 R 13 MXV	2,0	2,6	1,9	1,9
Käfer (Typ 1)	155 R 15 MX, XZX	1,3	1,9	1,3	1,9
VOLVO (S)					
66 L, DL, GL 1,3 l	155 SR 13 XZX, MX	1,6	1,9	1,4	1,6
240 DL, GL	175 SR 14 XZX, MX	1,9	2,2	1,8	1,9
240 GLE		1,9	2,3	1,8	1,9
240 GLT 242 GT, GLT	185/70 R 14 MXV 195/60 R 15 MXV	1,9	2,3	1,8	1,9
244 L, DL	165 R 14 MX	1,9	2,3	1,8	1,9
242/244 DL, GL	175 SR 14 XZX, MX	1,8	2,2	1,8	1,9
244 DL, GLD (Servolenkung), GL, GLE ab Mod. 81	175 SR 14 XZX, MX 185/70 R 14 MXL	1,8 1,9	2,2 2,3	1,8 1,8	1,9 1,9
244 GLD (mechan. Lenkung) ab Mod. 81	175 SR 14 XZX, MX 185/70 R 14 MXL	2,0 2,1	2,4 2,5	2,0 2,0	2,1 2,1
340/343/345 L, DL, GL	155 R 13 MX, XZX	1,9	2,4	1,9	2,1
340/343/345 DLS, GLS 360 GLS	165 R 13 MX, XZX 175/70 R 13 MXL 185/70 R 13 MXL	1,9	2,4	1,9	2,1
360 GLE	175/70 R 13 82 T MXL 185/60 R 14 MXV	1,9	2,4	1,9	2,1
740 GL, GLE	185/70 R 14 88 T MXL 175 HR 14 XAS, MXV	2,1	2,3	1,9	1,9
760	195/60 R 15 MXV	2,1	2,3	1,9	1,9

[1]) Die Teillastluftdrücke gelten für alle Geschwindigkeiten.
[2]) bis 160 km/h.　　　　[4]) Nur auf TR-Rad.　　　　[6]) über 180 km/h.
[3]) über 160 km/h.　　　　[5]) bis 180 km/h.　　　　[7]) Nur auf TD-Rad

Erläuterungen zu den Luftdrucktabellen
– Vollast und Autobahn
Diese Werte gelten für das voll ausgelastete Fahrzeug auf Landstraßen und Autobahnen, sowie für teilbelastete Fahrzeuge im Autobahneinsatz. Abweichende Einsatzkriterien sind bei den entsprechenden Fahrzeugen durch Fußnoten gekennzeichnet.

– Teillast
Die in dieser Spalte angeführten Werte entsprechen dem normalen Einsatz des Fahrzeuges unter mittleren Belastungen und Geschwindigkeiten im Stadtverkehr und auf Landstraßen.

Erscheinen in beiden Spalten die gleichen Werte, gilt der angegebene Luftdruck für alle Belastungen und Geschwindigkeiten.

Wichtig – Michelin-Schläuche sind der besonderen Konstruktion der 'X' Reifen angepaßt. Wir empfehlen deshalb auf alle Fälle, in Michelin 'X' Reifen immer Michelin-Schläuche zu montieren.

In Weimar-Wolfshausen **3556** ② : 10 km :

🏠 **Bellevue**, Hauptstr. 35 (B 3), ℰ (06421) 70 01, ≤, 綜, ≘s, 👨, ♨ – 📺 ffwc ☎ ♿ ❷ ⛽. ᴁᴇ ⓞ
E VISA
Karte 16/49 – **32 Z : 48 B** 39/80 - 85/160 Fb.

♨ **Alt-Weimar**, an der B 3, ℰ (06421) 70 17, 綜 – ffwc ❷. ᴁᴇ **E**
Karte 19/51 – **11 Z : 15 B** 35/40 - 70/80.

MARCH 7801. Baden-Württemberg 🔢🔢 🕲. 🔢🔢 ⑦ – 7 900 Ew – Höhe 190 m – ✆ 07665.
♦Stuttgart 198 – ♦Freiburg im Breisgau 11 – Offenburg 56.

In March 3-Neuershausen :

🏠 **Gästehaus Löwen** ⑊, garni, Hofackerstr. 5, ℰ 22 06, ≘s, ▨, 👨 – ffwc ⟷ ❷
20 Z : 30 B 30/42 - 62/78.

MARIA LAACH 5471. Rheinland-Pfalz – Höhe 285 m – Benediktiner-Abtei – ✆ 02652 (Mendig).
Sehenswert : Abteikirche★.
Mainz 121 – ♦Bonn 55 – ♦Koblenz 31 – Mayen 13.

🏠 **Seehotel Maria Laach** ⑊, ℰ 42 51, ≤, 綜, ▨, 👨 – 🛗 ⟷wc ffwc ☎ ⟷ ❷ ⛽. ᴁᴇ **E**
Karte 22/55 – **75 Z : 94 B** 39/60 - 80/115 – P 75/96.

MARIA RAIN Bayern siehe Oy-Mittelberg.

MARIENBERG, BAD 5439. Rheinland-Pfalz – 5 400 Ew – Höhe 500 m – Kneippheilbad –
Luftkurort – Wintersport : 500/572 m ✑1 🎿2 – ✆ 02661.
🄷 Kurverwaltung, Wilhelmstr. 10, ℰ 70 31.
Mainz 102 – Limburg an der Lahn 43 – Siegen 43.

🏠 **Kneipp-Kurhotel Wildpark** ⑊, Kurallee 1 (am Wildpark, W : 1 km), ℰ 70 69, ≤, Bade-
und Massageabteilung, ⌘, ≘s, ▨, 👨 – 🛗 ⟷wc ffwc ☎ ⟷ ❷ ⛽. ᴁᴇ ⓞ VISA. ✗ Rest
Mitte Nov.- Mitte Dez. geschl. – Karte 21/54 – **53 Z : 80 B** 42/70 - 108/140 Fb.

🏠 **Café Kristall** ⑊, Goethestr. 21, ℰ 73 99, ≤ – ffwc ffwc ☎ ⟷ ❷
3. Nov.- 6. Dez. geschl. – Karte 18,50/46 – **20 Z : 31 B** 49 - 89 Fb – P 58.

🏠 **Westerwälder Hof**, Wilhelmstr. 21, ℰ 12 23, Telex 869333, 綜 – ffwc ☎ ❷
Karte 16/47 – **17 Z : 30 B** 49/74 - 78/138 Fb – P 64/99.

🏠 **Ferger**, Wilhelmstr. 11, ℰ 51 21 – ⟷wc ffwc ⟷ ❷
← *März 3 Wochen geschl.* – Karte 13,50/36 *(Donnerstag geschl.)* – **12 Z : 18 B** 32/40 - 64.

🏠 **Landhaus Kogge** ⑊, Rauscheidstr. 2, ℰ 51 32, 👨 – ffwc ❷
← Karte 14/32 *(Mittwoch geschl.)* – **10 Z : 15 B** 34/42 - 68 – P 49.

In Salzburg 5439 NO : 7 km – Wintersport : 600/654 m ✑1 🎿2 :

♨ **Salzburger Kopf** ⑊, Waldstr. 3, ℰ (02667) 2 68, 👨 – ffwc ⟷ ❷. ✗
Karte 15/29 *(Montag geschl.)* – **11 Z : 20 B** 30/35 - 60/70 – P 37/45.

MARIENBERGHAUSEN Nordrhein-Westfalen siehe Nümbrecht.

MARIENBURG Rheinland-Pfalz. Sehenswürdigkeit siehe Alf.

MARIENHAGEN 3221. Niedersachsen – 1 000 Ew – Höhe 248 m – ✆ 05185.
♦Hannover 41 – Hameln 33 – Hildesheim 28.

🏠 **Bartels Berghotel** ⑊, Berliner Str. 18, ℰ 4 48, ≘s, ▨ – 🛗 ffwc ☎ ❷ ⛽
← *Juli - 15. Aug. geschl.* – Karte 14,50/30 – **63 Z : 108 B** 39/49 - 68/78 Fb.

MARIENHEIDE 5277. Nordrhein-Westfalen – 13 400 Ew – Höhe 317 m – ✆ 02264.
🄷 Verkehrsamt, Hauptstr. 20, ℰ 60 21.
♦Düsseldorf 80 – Gummersbach 10 – Lüdenscheid 31 – Wipperfürth 12.

In Marienheide-Rodt SO : 3 km :

🏠 **Landhaus Wirth-Rest. Im Krug** Ⓜ ⑊, Friesenstr.8, ℰ 87 94, Telex 884198, ≤, ≘s, ▨,
👨 – ffwc ☎ ❷ ⛽. ᴁᴇ ⓞ **E**. ✗ Zim
20. Dez.- 3. Jan. geschl. – Karte 27/60 *(Sonntag geschl.)* – **32 Z : 54 B** 70/75 - 120/130 Fb.

MARIENTHAL, KLOSTER Hessen siehe Geisenheim.

MARING-NOVIAND Rheinland-Pfalz siehe Lieser.

MARKDORF 7778. Baden-Württemberg 987 ㉟. 216 ⑩. 427 ⑦ — 10 400 Ew — Höhe 453 m — 🕿 07544.

🛈 Fremdenverkehrsbüro, Marktstr. 1, ℰ 80 21.

◆Stuttgart 167 — Bregenz 45 — ◆Freiburg im Breisgau 154 — Ravensburg 20.

🏛 **Bischofsschloß** Ⓜ, Schloßweg 6, ℰ 81 41 — 🛗 📺 ➡️wc ☎ 🅿 🏛
Karte 25/54 — **24 Z : 48 B** 68/90 - 110/150 Fb — P 103/125.

🏠 **Landhaus Traube**, Steibensteg 7 (B 33, O : 1 km), ℰ 33 50, 🍴, 🦌 — 📺 🕁wc 🅿. 🆎 ⑩.
🍽 Zim
20. Dez.- 2. Feb. geschl. — Karte 22/49 (Freitag - Samstag 17 Uhr geschl.) — **13 Z : 21 B** 46/58 - 70/75 Fb.

In Bermatingen 7775 W : 3,5 km :

🏠 **Haus Buchberg** 🕭 garni, Buchbergstr. 15, ℰ (07544) 20 27 — 🕁wc ⇐ 🅿
Ende Dez.- Anfang Jan. geschl. — **15 Z : 30 B** 34 - 62.

MARKGRÖNINGEN 7145. Baden-Württemberg 987 ㉟ — 12 500 Ew — Höhe 286 m — 🕿 07145.

Sehenswert : Rathaus★.

◆Stuttgart 19 — Heilbronn 42 — Pforzheim 34.

🍴 **Ratstüble** 🕭 mit Zim (Haus a.d. 16. Jh.), Marktplatz 2, ℰ 53 83 — 🅿. ⑩ 🇪
2.- 23. Jan. und Juli - Aug. 2 Wochen geschl. — Karte 17,50/41 (Montag geschl.) 🍸 — **7 Z : 11 B** 30 - 55.

MARKLOHE Niedersachsen siehe Nienburg (Weser).

MARKSBURG Rheinland-Pfalz Sehenswürdigkeit siehe Braubach.

MARKT BIBART 8536. Bayern — 1 900 Ew — Höhe 312 m — 🕿 09162 (Scheinfeld).

◆München 234 — ◆Bamberg 70 — ◆Nürnberg 58 — ◆Würzburg 50.

🏠 **Zum Hirschen**, Nürnberger Str. 13 (B 8), ℰ 82 78 — 🕁 ⇐ 🅿
Karte 12,50/30 (Montag geschl.) 🍸 — **32 Z : 60 B** 25/30 - 50.

MARKTBREIT 8713. Bayern 987 ㉘ — 4 000 Ew — Höhe 185 m — 🕿 09332.

Sehenswert : Maintor und Rathaus★.

◆München 272 — Ansbach 58 — ◆Bamberg 89 — ◆Würzburg 25.

🏠 **Löwen**, Marktstr. 8, ℰ 30 85, « Gasthof a. d. J. 1450 » — 🕁wc 🕁wc ⇐ ⑩ 🇪
13.- 26. Jan. geschl. — Karte 17,50/41 🍸 — **50 Z : 80 B** 28/48 - 50/90 Fb.

MARKTHEIDENFELD 8772. Bayern 987 ㉘ — 9 600 Ew — Höhe 153 m — 🕿 09391.

🛈 Stadtverwaltung, Rathaus, Adenauer-Platz 17, ℰ 10 07.

◆München 322 — Aschaffenburg 46 — ◆Würzburg 29.

🏨 **Anker** Ⓜ garni (siehe auch Weinhaus Anker), Obertorstr. 6, ℰ 40 41, Telex 689608 — 🛗
🕁wc 🕁wc ☎ ᳖ ⇐ 🅿 🏛 🆎
36 Z : 65 B 60/85 - 98/145.

🏠 **Zum Löwen**, Marktplatz 3, ℰ 15 71 — 🕁wc
20. Nov.- 15. Dez. geschl. — Karte 12/33 (Mittwoch geschl.) 🍸 — **45 Z : 80 B** 29/48 - 50/76.

🏠 **Schöne Aussicht**, Brückenstr. 8, ℰ 34 55 — 🛗 🕁wc 🅿 🏛
Karte 14,50/41 🍸 — **48 Z : 100 B** 35/48 - 68/78.

🏠 **Baumhof-Tenne** 🕭, Baumhofstr. 147, ℰ 35 49, 🦌, 🍴 — 🕁wc ☎ ⇐ 🅿. 🇪
24. Dez.- 15. Jan. geschl. — Karte 13/31 (nur Abendessen, Montag geschl.) 🍸 — **18 Z : 30 B** 32/40 - 58/70.

🏠 **Mainblick**, Mainkai 11, ℰ 23 73 — 🕁wc ⇐
15. Nov.- 10. Dez. geschl. — Karte 16,50/33 (Montag geschl.) 🍸 — **24 Z : 40 B** 34 - 65.

🍴🍴🍴 ❀ **Weinhaus Anker**, Obertorstr. 13, ℰ 17 36, bemerkenswerte Weinkarte — 🆎 ⑩ 🇪
10.- 24. Dez. und Montag - Dienstag 18 Uhr geschl. — Karte 39/88 (Tischbestellung ratsam)
Spez. Wild- und Fischpasteten, Rehmedaillon Weinhaus Anker, Desserts vom Wagen.

In Esselbach 1-Kredenbach 8771 W : 6 km über die B 8 :

🏠 **Spessartblick** 🕭, Spessartstr. 34, ℰ (09394) 4 54, ≼, 🍴, ᳖, 🦌 — 🕁wc 🅿. 🆎
Karte 14/35 (Mittwoch geschl.) 🍸 — **25 Z : 52 B** 28/35 - 48/70.

MARKTLEUGAST 8654. Bayern — 4 100 Ew — Höhe 555 m — 🕿 09255.

◆München 261 — Bayreuth 33 — Hof 32 — Kulmbach 19.

In Marktleugast-Hermes SW : 4 km :

🏠 **Landgasthof Haueis** 🕭, Hermes 1, ℰ 2 45, 🍴, 🦌 — 🕁wc ⇐ 🅿. ⑩ 🇪
15. Jan.- 10. März geschl. — Karte 13/27 🍸 — **36 Z : 60 B** 20/30 - 40/60.

MARKTOBERDORF 8952. Bayern 987 ㊱, 426 ⑮ ⑯ — 15 500 Ew — Höhe 758 m — Erholungsort — ☎ 08342.

♦München 99 — Füssen 29 — Kaufbeuren 13 — Kempten (Allgäu) 28.

🏨 **Sepp**, Bahnhofstr. 13, ℰ 20 48, 🍴 — 📺 🛏wc 🛁wc ☎ 🚗 🅿 🧺 **E**. 🕸 Zim
   Karte 17/38 *(Samstag geschl.)* — **60 Z : 94 B** 37/60 - 80/90 — P 50/70.

MARKTREDWITZ 8590. Bayern 987 ㉗ — 18 700 Ew — Höhe 539 m — ☎ 09231.

🛈 Städt. Fremdenverkehrsbüro, Altes Rathaus, ℰ 41 38.

♦München 288 — Bayreuth 54 — Hof 48.

🏠 **Kaiserhof** garni, Bahnhofstr. 22, ℰ 10 31 — 🛏wc 🛁wc ☎ 🅿
   16 Z : 31 B Fb.

🏠 **Moser am Bahnhof**, Bahnhofsplatz 10, ℰ 40 57, 🍴 — 🛁wc ☎ 🅿 🧺. 🖭 ⑩ **E**
   Karte 18/43 — **34 Z : 52 B** 41/45 - 78/82.

🏠 **Park-Hotel**, Martin-Luther-Str. 5, ℰ 6 20 22 — ▐🅫 🛁wc ☎ 🚗 🅿
   Karte 16/46 — **24 Z : 48 B** 42/50 - 80.

🏠 **Triebel**, Stöhrengrundweg 1, ℰ 6 20 41, 🍴 — 🛁wc 🅿
➡ *15. Nov.- 10. Dez. geschl.* — Karte 13/27 *(nur Abendessen, Freitag geschl.)* — **16 Z : 30 B** 30/35 - 60.

🍴🍴 **Stadtpark-Am Kamin** mit Zim, Klingerstr. 18, ℰ 24 89 — 📺 🛁wc 🚗 🅿
   Karte 18,50/48 *(Sonn- und Feiertage geschl.)* — **8 Z : 12 B** 27/48 - 55/68.

MARKTSCHELLENBERG 8246. Bayern — 1 750 Ew — Höhe 480 m — Heilklimatischer Kurort — Wintersport : 800/1 000 m ⚡1 — ☎ 08650.

🛈 Verkehrsamt, Rathaus, ℰ 3 52.

♦München 144 — Berchtesgaden 10 — Salzburg 13.

🏠 **Moldan**, Marktplatz 7, ℰ 2 19, 🍴 — 🛏wc 🛁wc ☎
➡ *15. Nov.- 15. Dez. geschl.* — Karte 13,50/39 *(Okt.- April Montag geschl.)* 🧒 — **13 Z : 26 B** 40 - 62/70 — P 51/60.

Am Eingang der Almbachklamm S : 3 km über die B 305 :

🍴 **Zur Kugelmühle** 🏞 mit Zim, 🖂 8246 Marktschellenberg, ℰ (08650) 4 61, ≼, « Garten-
➡ terrasse, Sammlung von Versteinerungen » — 🛏wc 🛁wc 🅿. 🕸 Zim
   25. Okt.- 26. Dez. geschl. — Karte 14,50/35 *(im Winter Samstag, im Sommer Mittwoch geschl.)*
   🧒 — **8 Z : 16 B** 22/40 - 44/70.

MARKTZEULN Bayern siehe Lichtenfels.

MARL 4370. Nordrhein-Westfalen 987 ⑭ — 90 000 Ew — Höhe 62 m — ☎ 02365.

Siehe Ruhrgebiet (Übersichtsplan).

Sehenswert : Skulpturenmuseum Glaskasten.

🛈 Informationsamt, Rathaus, ℰ 10 57 03.

♦Düsseldorf 66 — Gelsenkirchen 17 — Gladbeck 12 — Münster (Westfalen) 62 — Recklinghausen 10.

🏨 **Novotel** 🏞, Eduard-Weitsch-Weg 2, ℰ 10 20, Telex 829916, 🏊 (geheizt), 🍴 — ▐🅫 🖥 📺
   🛏wc 🛁wc 🧺. 🖭 ⑩ **E** 𝘝𝘐𝘚𝘈
   Karte 24/56 — **96 Z : 192 B** 110/130 - 143/153 Fb.

🏠 **Baumeister**, Nordstr. 267 (N : 3 km), ℰ 2 22 63 — 🛁wc 🅿
   Karte 17/44 *(Sonntag geschl.)* — **14 Z : 24 B** 28/43 - 55/80.

🍴🍴 **Jägerhof-Tränke** mit Zim, Recklinghäuser Str. 188 (SO : 4 km, B 225), ℰ 1 40 71 — 🛏wc
   🅿. 🕸
   Karte 18,50/49 *(Montag geschl.)* — **7 Z : 14 B** 38/50 - 74/95.

In Marl-Hüls :

🏨 **Loemühle** 🏞, Loemühlenweg 221, ℰ 4 40 15, « Park, Gartenterrasse », Massage, 🅰🆂,
   🏊 (geheizt), 🎾, 🍴 — 📺 🛏wc 🛁wc ☎ 🧺 🅿 🧺. 🖭 ⑩
   Karte 25/64 — **55 Z : 85 B** 55/150 - 125/200 Fb.

MARQUARTSTEIN 8215. Bayern 987 ㊲, 426 ⑲ — 2 900 Ew — Höhe 545 m — Luftkurort — Wintersport : 600/1 200 m ⚡3 ⚡2 — ☎ 08641 (Grassau).

🛈 Verkehrsamt, Bahnhofstr. 3, ℰ 82 36.

♦München 96 — Rosenheim 37 — Salzburg 55 — Traunstein 23.

🏠 **Alpenrose** (mit Gästehaus, 🏞, 🅰🆂 🏊 (geheizt) 🍴), Staudacher Str. 3 (B 305), ℰ 82 29, 🍴
➡ — 🛁wc 🚗 🅿
   10.- 30. Jan. geschl. — Karte 13,50/44 *(Freitag geschl.)* 🧒 — **22 Z : 36 B** 27/35 - 54/68 — P 46/52.

🏠 **Prinzregent**, Loitshauser Str. 5, ℰ 82 56, 🍴 — 🛁wc 🚗 🅿 ⑩
➡ Karte 12,50/34 *(Montag geschl.)* 🧒 — **14 Z : 30 B** 25/33 - 45/60 — P 46/54.

In Marquartstein-Pettendorf N : 2 km :

🏠 **Weßnerhof**, Pettendorfer Str. 55, ℰ 80 58, 🍴, 🍴 — ▐🅫 🛁wc 🚗 🅿. 🕸 Rest
➡ *10. Nov.- 10. Dez. geschl.* — Karte 11,50/36 *(Mittwoch geschl.)* 🧒 — **38 Z : 70 B** 27/31 - 58/60 — P 49/52.

511

MARSBERG 3538. Nordrhein-Westfalen 987 ⑮ − 22 500 Ew − Höhe 255 m − ✪ 02992.

🛈 Verkehrsbüro, Bülbergstr. 2, 𝄐 33 88.

♦Düsseldorf 185 − Brilon 22 − ♦Kassel 67 − Paderborn 44.

🏠 **Zum Kurhaus**, Schildstr. 4, 𝄐 7 39, Bade- und Massageabteilung, ♨, �, 🔲 − 📶wc ☎ 🅿
Karte 16,50/40 *(Mittwoch geschl.)* − **8 Z : 15 B** 40/45 - 65/75.

🏠 **Westfälischer Hof**, Dr. Rentzingstr. 4, 𝄐 82 83 − 📶wc 🅿. 🏖 Rest
Karte 16,50/42 − **10 Z : 20 B** 40 - 70 − P 64.

🏠 **Haus Wegener** ⬦, Stobkeweg 8 (NO : 2 km), 𝄐 26 29, 🍴, 🛋 − 📶wc 🅿. 🏖
Nov. geschl. − Karte 18,50/37 *(Montag geschl.)* − **8 Z : 15 B** 40 - 60/70.

In Marsberg-Bredelar SW : 7 km :

🏠 **Haus Nolte**, Mester-Everts-Weg 6, 𝄐 (02991) 3 29, 🍴 − 📶wc ☎ 🅿. 🏖 Rest
Karte 18/39 *(Montag bis 18 Uhr geschl.)* − **9 Z : 18 B** 35/40 - 70/80.

MARTINSZELL Bayern siehe Waltenhofen.

MASCHEN Niedersachsen siehe Seevetal.

MAULBRONN 7133. Baden-Württemberg 987 ㉕ − 5 900 Ew − Höhe 250 m − ✪ 07043.

Sehenswert : Ehemaliges Zisterzienserkloster★★ (Kreuzgang★★ mit Brunnen- Kapelle★★, Klosterbauten★★, Klosterkirche★).

♦Stuttgart 45 − Heilbronn 55 − ♦Karlsruhe 37 − Pforzheim 20.

🏠 Birkenhof, Bahnhofstr. 1, 𝄐 67 63, 🛋 − 📶wc ⬅ 🅿
12 Z : 22 B.

🍴🍴 **Klosterkeller**, Klosterhof 5, 𝄐 65 39, 🍴 − 🅿. 🆎 ⑩ Ε 𝖵𝖨𝖲𝖠
15. Dez.- Jan. und Montag geschl. − Karte 19/61 ⬧.

MAULBURG Baden-Württemberg siehe Schopfheim.

MAUSBACH Nordrhein-Westfalen siehe Stolberg/Rhld.

MAUTH Bayern siehe Freyung.

MAXIMILIANSAU Rheinland-Pfalz siehe Wörth am Rhein.

MAYEN 5440. Rheinland-Pfalz 987 ㉔ − 20 000 Ew − Höhe 240 m − ✪ 02651.

Ausflugsziel : Schloß Bürresheim★ NW : 5 km.

🛈 Städtisches Verkehrsamt, im alten Rathaus, Markt, 𝄐 8 82 60.

Mainz 126 − ♦Bonn 63 − ♦Koblenz 35 − ♦Trier 99.

🏠 **Neutor**, Am Neutor 2, 𝄐 7 30 95 − 📧 📺 📶wc ☎ 🅿. 🆎 Ε
12. Juli - 1. Aug. geschl. − Karte 18,50/47 *(Donnerstag 14 Uhr - Freitag 17 Uhr geschl.)* ⬧ −
20 Z : 30 B 40/55 - 70/90.

🏠 **Keupen** ⬦, Marktplatz 23, 𝄐 7 30 77 − 📶wc ☎ 🅿. 🆎 Ε
↔ Karte 14/28 *(Sonntag geschl.)* − **21 Z : 34 B** 36 - 66.

🏠 **Katzenberg**, Koblenzer Str. 174, 𝄐 4 35 85, 🍴 − 📶wc 🅿
22. Dez.- 6. Jan. geschl. − Karte 17/40 *(Nov.- April Freitag geschl.)* − **26 Z : 50 B** 35 - 70.

🏠 **Maifelder Hof**, Polcher Str. 74, 𝄐 7 30 66, Biergarten − 📶wc ⬅ 🅿. Ε
23. Dez. 3. Jan. geschl. − Karte 16/42 *(Samstag geschl.)* − **17 Z : 25 B** 30/45 - 70/80.

🏠 **Jägerhof** garni, Ostbahnhofstr. 33, 𝄐 4 32 93 − 📶wc ⬅. 🆎 ⑩ Ε
20 Z : 32 B 27/35 - 54/60.

🏠 **Zur Traube** garni, Bäckerstr. 6, 𝄐 24 56 − 📺 📶wc ⬅. 🆎
24 Z : 46 B 28/34 - 50/62.

🏠 **Zum Alten Fritz**, Koblenzer Str. 56, 𝄐 4 32 72 − 📶wc ⬅ 🅿. 🆎 Ε
Karte 15/37 *(Dienstag geschl.)* − **19 Z : 36 B** 25/34 - 68.

🎇 **Zum Dicken Baum**, Bürresheimer Str. 1, 𝄐 26 72 − 📶 ⬅ 🅿. Ε. 🏖 Zim
↔ Karte 13,50/36 *(nur Abendessen, Freitag geschl.)* − **16 Z : 24 B** 28/30 - 55/60.

🍴🍴🍴 ✿ **Gourmet-Rest. Wagner**, Markt 10, 𝄐 28 61 − ⑩ Ε
Montag - Dienstag 18 Uhr sowie März und Juli je 2 Wochen geschl. − Karte 45/80 (Weinkarte mit 200 Weinen, Tischbestellung ratsam)
Spez. Rehleber-Parfait, Pfifferling-Gratin mit Flußkrebsen, Glattbuttschnitte mit Kräuterkruste und Elblingsauce.

🍴 **Im Römer**, Marktstr. 46, 𝄐 23 15
7.- 30. Juli und Mittwoch - Donnerstag 18 Uhr geschl. − Karte 17,50/43 ⬧.

In Mayen-Kürrenberg W : 7 km :

🏠 **Pension Wasserspiel**, Weiherhölzchen 7, 𝄐 30 81, <, 🛋 − 🚿wc 📶wc 🅿. 🏖 Zim
7. Jan.- 21. März und 13. Okt. - 19. Dez. geschl. − (Rest. nur für Hausgäste) − **21 Z : 36 B** 34/4 - 58/80 Fb.

Im Nettetal NW : 7 km :

🏩 **Schloß-Hotel** ⤵, ⌧ 5440 Mayen, ℰ (02651) 51 01, « Gartenterrasse », 🎪, 🐎 – 📺 ⇔
🅿 🛁, 🆎 ⓪ 🅴 ✗ Rest
Karte 31/70 – **20 Z : 39 B** 83/180 - 105/286.

In Riedener Mühlen 5441 NW : 11 km, im Nettetal :

🏨 **Haus Hubertus** ⤵, ℰ (02655) 14 84, ≼, « Garten mit Wasserspielen », ⇐, 🔲, 🎪, ✗ –
⇆ ⇳ 📺 ⟷wc 🔥 ☎ ⇔ 🅿 🛁, 🆎 🅴
Karte 13/50 – **45 Z : 65 B** 55/60 - 110/120.

MAYENCE = Mainz.

MAYSCHOSS 5481. Rheinland-Pfalz – 1 000 Ew – Höhe 141 m – ✪ 02643 (Altenahr).
Mainz 158 – Adenau 22 – ✦Bonn 34.

🏝 **Zur Saffenburg**, Hauptstr. 43 (B 267), ℰ 83 92, ≼, 🍴 – ⟷wc ⇔ 🅿
22. Dez.- Feb. geschl. – Karte 17/44 *(März - Juni Donnerstag geschl.)* – **21 Z : 40 B** 40/55 -
60/80.

In Mayschoß-Laach :

🏩 **Lochmühle**, an der B 267, ℰ 13 45, Telex 861766, ≼, eigener Weinbau, ⇐, 🔲 – ⇳ 📺 ⇔
🅿 🛁, 🆎 ⓪ 🅴 𝗩𝗜𝗦𝗔
Karte 33/72 – **71 Z : 114 B** 98/143 - 156/206 Fb – P 153/198.

🏚 **Jägerstübchen**, an der B 267, ℰ 15 39, 🍴 – ⟷wc ☎ 🅿
⇆ Karte 14,50/40 *(Nov.- März Dienstag geschl.)* – **10 Z : 16 B** 52/56 - 86/96.

MECHERNICH 5353. Nordrhein-Westfalen – 22 000 Ew – Höhe 298 m – ✪ 02443.
🖪 Fremdenverkehrsamt, Rathaus, ℰ 4 91 54.
✦Düsseldorf 94 – ✦Bonn 43 – Düren 33 – ✦Köln 52.

In Mechernich-Kommern NW : 4 km :

🏨 **Sporthotel Kommern am See**, an der B 266/477, ℰ 50 95, Telex 833312, ⇐, 🔲, 🎪, ✗ (Halle)
– ⟷wc ☎ 🅿 🛁
37 Z : 74 B Fb.

🏨 **Waldhotel Mühlental - Ristorante La Fattoria** ⤵, nahe der B 266/477,
ℰ 39 16 (Hotel) 36 68 (Rest.), 🍴, ⇐, 🐎(Halle) – ⟷wc ☎ 🅿. 🆎 🅴
Jan. geschl. – Karte 19/49 *(Montag geschl.)* – **17 Z : 38 B** 59 - 89/110 Fb.

XXX Chez Michel, Kölner Str. 25, ℰ 66 00 – 🅿
wochentags nur Abendessen.

XX Haus Kommern am See, an der B 266/477, ℰ 52 10, ≼, 🍴 – 🅿.

Die Preise   Einzelheiten über die in diesem Führer angegebenen Preise
finden Sie auf S. 16 und 17

MECKENBEUREN 7996. Baden-Württemberg 𝟿𝟪𝟽 ㊲, 𝟸𝟷𝟼 ⑪, 𝟺𝟸𝟽 ⑦⑧ – 9 900 Ew – Höhe 417 m
– ✪ 07542 (Tettnang).
✦Stuttgart 158 – Bregenz 32 – Ravensburg 11.

In Meckenbeuren-Reute SW : 2 km :

🏚 Haus Martha garni, Hügelstr. 21, ℰ 26 66, ⇐ – ⟷wc ⇔ 🅿
14 Z : 30 B.

MEDEBACH 5789. Nordrhein-Westfalen 𝟿𝟪𝟽 ⑮㉖ – 7 400 Ew – Höhe 411 m – ✪ 02982.
✦Düsseldorf 195 – ✦Kassel 76 – Marburg 61 – Paderborn 89 – Siegen 101.

🏝 **Café Trippel**, Oberstr. 6, ℰ 85 70 – ⟷wc ⇔ 🅿
⇆ 1.- 20 Nov. geschl. – Karte 12/27 – **8 Z : 12 B** 32/35 - 68.

In Medebach 6-Küstelberg NW : 8,5 km :

🏚 **Schloßberghotel** ⤵, ℰ (02981) 26 61, ≼, ⇐, 🔲 – ⇳ ⟷wc ⟷wc 🅿. ⓪
Mitte Nov.- Mitte Dez. geschl. – Karte 16/40 *(Mittwoch geschl.)* – **17 Z : 30 B** 50 - 90/100.

MEERBUSCH Nordrhein-Westfalen siehe Düsseldorf.

MEERSBURG 7758. Baden-Württemberg 𝟿𝟪𝟽 ㊲, 𝟸𝟷𝟼 ⑩, 𝟺𝟸𝟽 ⑦ – 5 250 Ew – Höhe 450 m –
✪ 07532.
Sehenswert : Oberstadt★ (Marktplatz★ B, Steigstraße★ A) – Neues Schloß (Terrasse ≼★) AB –
Känzele (Belvedere ≼★★) B.
🖪 Kur- und Verkehrsamt, Schloßplatz 4, ℰ 8 23 83.
✦Stuttgart 191 ② – Bregenz 48 ① – ✦Freiburg im Breisgau 143 ② – Ravensburg 31 ①.

MEERSBURG

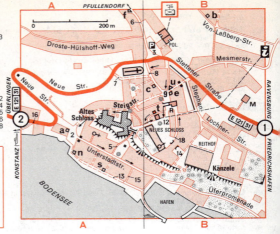

Pour les grands voyages
d'affaires ou de tourisme
Guide MICHELIN rouge :
Main Cities EUROPE.

🏨 **Wilder Mann**, Bismarckplatz 2, ℰ 90 11, ≤, « Gartenterrasse, Rosengarten », 🏖️, 🐎 – ⊟wc 🛁wc ☎ ⇔ 🅿️   **A a**
    März - Okt. – Karte 25/57 *(abends Tanzmusik)* – **36 Z : 60 B** 50/99 - 128/168 Fb.

🏨 **Terrassenhotel Weißhaar** ⑳, Stefan-Lochner-Str. 24, ℰ 90 06, ≤ Bodensee,   **B**
    « Gartenterrasse » – ⊟wc 🛁wc ☎ ⇔ 🅿️   über Stefan-Lochner-Str.
    26 Z : 48 B.

🏨 **Löwen**, Marktplatz 2, ℰ 60 13 – ⊟wc 🛁wc ☎ 🅿️   **B e**
    13 Z : 25 B Fb – 2 Appart.

🏨 **Becher** ⑳ garni, Menizhofer Weg 4, ℰ 97 45, ≤, 🐎 – ⊟wc 🛁wc ☎ ⇔ 🅿️ 𝗩𝗜𝗦𝗔   **B**
    22. Dez.- 6. Jan. geschl. – **13 Z : 22 B** 75/95 - 130/145.   über Stefan-Lochner-Str.

🏨 **Villa Bellevue** ⑳ garni, Am Rosenhag 5, ℰ 97 70, ≤, 🐎 – ⊟wc 🛁wc ☎ ⇔ 𝗔𝗘 ⓞ   **B**
    März - Okt. – **10 Z : 20 B** 75/88 - 136/178.   über Stefan-Lochner-Str.

🏨 **Bären** (Historischer Gasthof aus dem 17. Jh.), Marktplatz 11, ℰ 60 44 – 🛁wc ⇔   **B u**
    Mitte März - Mitte Nov. – Karte 21/45 *(Montag geschl.)* – **16 Z : 29 B** 50 - 78/98.

🏨 **Bad-Hotel** ⑳, von-Lassberg-Str. 23, ℰ 61 33, ☎, 🖼️ – ⊟wc 🛁wc ☎ 🅿️ 𝗔𝗘 ⓞ 𝗘 𝗩𝗜𝗦𝗔   **B b**
    Jan.- 20. Feb. geschl. – (nur Abendessen für Hausgäste) – **15 Z : 25 B** 65/85 - 80/160.

🏨 **3 Stuben**, Winzergasse 1, ℰ 60 19 – ⊟wc 🛁wc ⇔   **B c**
    15. Feb.- Nov. – Karte 24/51 *(Donnerstag geschl.)* – **16 Z : 30 B** 75/85 - 98/130.

🏨 **Seehotel zur Münz** ⑳, Seestr. 7, ℰ 90 90, ≤, 🏕️ – 🖩 ⊟wc 🛁wc ⇔ 🅿️ 🌢 Zim   **A s**
    März - Mitte Nov. – Karte 19/42 *(Dienstag 15 Uhr - Mittwoch geschl.)* – **16 Z : 34 B** 55/61 -
    82/110.

🏨 **Zum Schiff**, Bismarckplatz 5, ℰ 60 25, ≤, 🏕️ – 🛁wc 🅿️   **A n**
    Ostern - Nov. – Karte 16/49 – **35 Z : 70 B** 35/65 - 64/110 – P 70/103.

🏨 **Gästehaus Seegarten** ⑳ garni, Uferpromenade 47, ℰ 64 00, ≤ – ⊟wc 🛁wc ⇔ 🅿️   **B**
    März - Okt. – **11 Z : 22 B** 50/80 - 90/130.   über Uferpromenade

🏨 **Pension Off** ⑳ garni, Uferpromenade 51, ℰ 61 48, ≤ – 🛁wc ⇔ 🅿️   **B**
    Feb.- Mitte Nov. – **16 Z : 25 B** 40/75 - 75/110.   über Uferpromenade

🏨 **Schützen-Haus Diana** ⑳, Daisendorfer Str. 7, ℰ 97 35, 🏕️, ☎, 🐎 – 🛁wc ⇔ 🅿️   **A f**
    16. Dez.- 15. Feb. geschl. – Karte 19/48 *(Dienstag geschl.)* – **14 Z : 21 B** 35/65 - 70/110.

🍴🍴 **Winzerstube zum Becher**, Höllgasse 4, ℰ 90 09   **B t**
    Montag - Dienstag 17 Uhr und 8. Dez.- 15. Jan. geschl. – Karte 29/62 (Tischbestellung ratsam).

MEHRING 5559. Rheinland-Pfalz – 2 000 Ew – Höhe 122 m – ✆ 06502 (Schweich).

Mainz 153 – Bernkastel-Kues 40 – ♦Trier 19.

🏨 **Weinhaus Molitor** ⑳ garni, Maximinstr. 9, ℰ 27 88, 🐎 – 🛁wc ⇔ 🅿️ 𝗘
    10 Z : 20 B 37 - 70.

🏨 **Zum Fährturm**, Peter-Schroeder-Platz 2 (B 53), ℰ 24 03, 🏕️, eigener Weinbau – 🛁wc 🅿️ 🌢
    11 Z : 20 B.

    In Pölich 5559   O : 3 km :

🍴 **Pölicher Held**, Hauptstr. 5 (B 53), ℰ (06507) 33 17, ≤, 🏕️, eigener Weinbau – 🛁wc ⇔ 🅿️
♦   *Weihnachten - 15. Jan. geschl.* – Karte 14/35 *(Nov.- April Donnerstag geschl.)* 🍷 – **10 Z : 24 B**
    25/33 - 50/60.

MEHRSTETTEN Baden-Württemberg siehe Münsingen.

MEINERZHAGEN 5882. Nordrhein-Westfalen 987 ㉔ — 19 300 Ew — Höhe 385 m — Wintersport : 400/500 m ≰5 — ✿ 02354.

🛈 Verkehrsamt, Bahnhofstr. 11, ℰ 60 51.

◆Düsseldorf 86 — Lüdenscheid 19 — Olpe 21 — Siegen 47.

🏠 **Wirth,** Hauptstr. 19, ℰ 22 26 — 📳 ➡️wc 🏛wc ⟺ 🅿. 🆎 ⓞ 🇪 💳
(nur Abendessen für Hausgäste) — **18 Z : 30 B** 38/60 - 70/120.

✗ **Am Schnüffel** mit Zim, Heerstr.10, ℰ 25 80, ≼ — 🏛wc ☎ 🅿
8 Z : 14 B.

In Meinerzhagen - Willertshagen O : 4 km :

🏠 **Bauer,** ℰ 29 06, 🐎 — ➡️wc 🏛wc 🅿 ⛵. 🎯
24 Z : 36 B.

In Meinerzhagen 2-Windebruch, an der Listertalsperre O : 16 km :

🏨 **Fischerheim,** ℰ (02358) 2 70, ≼, 🍴, 🐎 — ⟺ 🅿. 🎯 Zim
➡ *März - Nov. — Karte 13/32 (Donnerstag geschl.)* — **14 Z : 22 B** 28/32 - 54/57 — P 42.

MEISSENHEIM 7631. Baden-Württemberg 987 ⑤, 🗺 ⑩ — 3 200 Ew — Höhe 150 m — ✿ 07824.

◆Stuttgart 168 — ◆Freiburg im Breisgau 53 — Lahr 17 — Offenburg 17.

In Schwanau 1-Ottenheim 7635 SW : 3 km :

🏨 **Erbprinzen** (Landgasthof a.d. 18. Jh.), Schwarzwaldstr. 5, ℰ (07824) 24 42 — 🏛 ⟺ 🅿
Jan.- Mitte Feb. geschl. — Karte 19/46 (Mittwoch bis 18 Uhr und Montag geschl.) 🍷 — **11 Z :
22 B** 50 - 59.

MEITINGEN 8901. Bayern 987 ㊱ — 9 000 Ew — Höhe 432 m — ✿ 08271.

◆München 79 — ◆Augsburg 21 — Donauwörth 21 — ◆Ulm (Donau) 90.

🏨 **Zur alten Post,** Römerstr. 2 (B 2), ℰ 23 45 — 🏛wc 🅿
16 Z : 30 B.

MELDORF 2223. Schleswig-Holstein 987 ⑤ — 7 200 Ew — Höhe 6 m — ✿ 04832.

◆Kiel 93 — Flensburg 94 — ◆Hamburg 95 — Neumünster 72.

🏠 **Zur Linde,** Südermarkt 1, ℰ 70 33 — 📺 🏛wc
Karte 18/48 — **12 Z : 25 B** 33/42 - 56/78.

🏠 **Stadt Hamburg,** Nordermarkt 2, ℰ 14 61 — 📺 🏛wc ☎ 🅿 ⛵
Karte 16,50/40 — **15 Z : 26 B** 46 - 82.

MELLE 4520. Niedersachsen 987 ⑭ — 43 000 Ew — Höhe 80 m — Solbad — ✿ 05422.

🛈 Kurverwaltung, Rathaus, am Markt, ℰ 10 31 12.

◆Hannover 115 — Bielefeld 36 — Münster (Westfalen) 80 — ◆Osnabrück 26.

🏠 **Berghotel Menzel** 🌿, Walter-Sudfeldt-Weg 6, ℰ 50 05, « Terrasse mit ≼ », ⟺ — 📳 🏛wc
☎ 🅿 ⛵ ⓞ 🇪
Karte 23/49 — **35 Z : 55 B** 55 - 100 — P 75.

🏠 **Meller Hof,** Mühlenstr. 37, ℰ 50 35 — ➡️wc 🏛wc ☎ 🅿
Karte 18,50/48 — **13 Z : 26 B** 45/60 - 90/120.

🏠 **Lumme,** Haferstr. 7, ℰ 33 64 — 🏛 ☎ ⟺ 🅿. 🎯 Zim
Karte 15,50/35 *(Montag und 15. Juli - 14. Aug. geschl.)* — **13 Z : 20 B** 35/45 - 60/80.

🏠 **Bayerischer Hof,** Bahnhofstr. 14, ℰ 55 66 — 🏛wc ☎ 🅿
Karte 15/37 *(Montag geschl.)* — **14 Z : 21 B** 43 - 80 — P 65.

✗✗ **Heimathof,** Friedr.-Ludwig-Jahn-Str. 10 (im Erholungszentrum Am Grönenberg), ℰ 55 61,
🍴, « Fachwerkhaus a.d. J. 1620 » — 🅿
Freitag 14 Uhr - Samstag 15 Uhr geschl. — Karte 27/65.

✗ **Menzel** mit Zim, Markt 1, ℰ 21 11 — 🏛wc ☎ 🅿 ⛵
Karte 16,50/45 — **6 Z : 7 B** 40 - 75.

In Melle 7-Riemsloh SO : 7 km :

🏠 **Alt Riemsloh,** Alt-Riemsloh 51, ℰ (05226) 55 44 — 🏛wc ☎ ⟺ 🅿. 🎯
Karte 18,50/32 *(Samstag geschl.)* — **11 Z : 20 B** 38 - 68.

MELLENDORF Niedersachsen siehe Wedemark.

MELLINGHAUSEN Niedersachsen siehe Sulingen.

MELLRICHSTADT 8744. Bayern 987 ㉖ — 6 000 Ew — Höhe 270 m — ✿ 09776.

◆München 359 — ◆Bamberg 89 — Fulda 72 — ◆Würzburg 91.

🏨 **Sturm,** Ignaz-Reder-Str. 3, ℰ 4 70, ⟺, 🐎 — 📳 ➡️wc 🏛wc ☎ 🔧 🅿 ⛵. ⓞ 🇪
Karte 17/48 *(Sonntag ab 14 Uhr geschl.)* 🍷 — **37 Z : 68 B** 43/48 - 72/78.

🏨 **Gästehaus Riedel,** Hauptstr. 25, ℰ 2 88 — 🏛 ⟺
15 Z : 21 B.

MELSUNGEN 3508. Hessen 987 ㉘ — 15 000 Ew — Höhe 182 m — Luftkurort — ✆ 05661.

Sehenswert : Rathaus★ — Fachwerkhäuser★ — ⓘ Verkehrsbüro, Kasseler Str. 42 (Pavillon), ✆ 23 48.

♦Wiesbaden 198 — Bad Hersfeld 45 — ♦Kassel 34.

🏨 **Sonnenhof** Ⓜ, Franz-Gleim-Str. 11, ✆ 60 51 — ⌷ ⌗wc ☎ ❷ ❷. ❄
   24 Z : 36 B.

🏠 **Hessischer Hof** ⌂, Rotenburger Str. 22, ✆ 60 94, ⌖ — ⌗wc ☎ ⟿ ⌙. AE
   20. Dez.- 25. Jan. geschl. — Karte 19/41 (Montag geschl.) — **26 Z : 50 B** 42/65 - 66/102 —
   P 67/90.

   Auf dem Heiligenberg W : 7 km, über die B 253, nach der Autobahn rechts ab :

🏠 **Burg Heiligenberg** ⌂, ⌧ 3582 Felsberg-Gensungen, ✆ (05662) 8 31, ≤ Edertal, ⌖, ⌖ —
   ⌷wc ⌗wc ☎ ⟿ ❷ ⌙. ❄
   Karte 16/56 — **35 Z : 63 B** 32/75 - 64/110.

MEMMELSDORF 8608. Bayern — 7 000 Ew — Höhe 285 m — ✆ 0951 (Bamberg).

♦München 240 — ♦Bamberg 7 — Coburg 45.

🏠 **Brauerei-Gasthof 3 Kronen**, Hauptstr. 19 (B 22), ✆ 4 30 01 — ⌗wc ☎ ⟿ ❷. AE E
   ⟜ Karte 12/32 (Freitag geschl.) — **25 Z : 38 B** 28/45 - 50/71.

MEMMINGEN 8940. Bayern 987 ㊱, 426 ⑮ — 37 800 Ew — Höhe 595 m — ✆ 08331.

Sehenswert : Pfarrkirche St. Martin (Chorgestühl★).

ⓘ Städt. Verkehrsamt, Ulmer Str. 9 (Parishaus), ✆ 85 03 38 — ADAC, Sankt-Josefs-Kirchplatz 8, ✆ 7 13 03.

♦München 114 ② — Bregenz 74 ④ — Kempten (Allgäu) 35 ③ — ♦Ulm (Donau) 55 ⑤.

MEMMINGEN

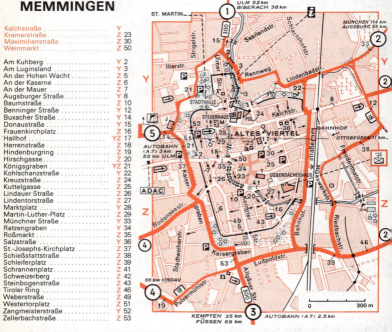

🏨 **Park-Hotel an der Stadthalle - Restaurant Schwarzer Ochsen**, Ulmer Str. 7,
   ✆ 8 70 41, Telex 541038, ⌖, Biergarten, « Restaurant im Tiroler Bauernstil », ⌂ — ⌷ TV
   ⌷wc ⌗wc ☎ ❷ ⌙. AE ❶ E VISA
   Karte 23/68 — **89 Z : 160 B** 65/77 - 111/115 Fb.   Y r

🏠 **Adler**, Maximilianstr. 3, ✆ 8 70 15 — ⌷ ⌷wc ⌗wc ☎ ⟿ ⌙. AE ❶ E VISA
   Karte 16/47 — **48 Z : 80 B** 35/60 - 70/98 Fb.   Z a

🏠 **Weißes Roß**, Kalchstr. 16, ✆ 20 20 — ⌷wc ⌗wc ☎ ⟿. E. ❄ Rest
   Karte 17/42 — **44 Z : 70 B** 45/60 - 70/110.   Y e

🏠 **Garni am Südring**, Pulvermühlstr. 1, ✆ 31 37 — ⌷ ⌷wc ⌗wc ☎ ⌖ ⟿ ❷. ❄
   24. Dez.- 6. Jan. geschl. — **40 Z : 50 B** 32/55 - 52/85.   Z n

In Memmingen-Amendingen über ① : 2 km :

🏨 **Hiemer,** Obere Str. 24, ℰ 8 79 51 — ⊜ ⌂wc ⋔wc ☎ ⇜ 🅿 🛂. 🖭
30. Dez.- 10. Jan. geschl. — Karte 17/40 *(Mittwoch geschl.)* — **32 Z : 56 B** 50/60 - 95/120 Fb.

In Buxheim 8941 ⑤ : 4,5 km :

✗ **Weiherhaus** 🦢 mit Zim, Am Weiherhaus 13, ℰ (08331) 7 21 23, 😙, 🐎 — ⋔wc 🅿. 🏖 Zim
Karte 15,50/42 — **10 Z : 20 B** 40 - 75.

MENDEN 5750. Nordrhein-Westfalen ⑨⑧⑦ ⑭ — 56 900 Ew — Höhe 145 m — ✪ 02373.
◆Düsseldorf 92 — ◆Dortmund 34 — Iserlohn 12.

🏨 **Central** garni, Unnaer Str. 33, ℰ 50 45 — ⊜ ⋔wc ☎. 🖭 ⑩ 🖃
Juli - Aug. 2 Wochen geschl. — **16 Z : 20 B** 63/68 - 98 Fb.

MENDIG 5442. Rheinland-Pfalz — 7 900 Ew — Höhe 200 m — ✪ 02652.
Mainz 120 — ◆Bonn 56 — ◆Koblenz 29 — Mayen 8.

Im Ortsteil Niedermendig :

🏨 **Felsenkeller,** Bahnstr. 35, ℰ 12 72 — ⌂wc ⋔wc ⇜ 🅿. 🖭 🖃
Juli- Aug. 3 Wochen geschl. — Karte 18/48 *(Freitag geschl.)* — **28 Z : 51 B** 30/45 - 59/78.

🏨 **Hansa,** Laacher-See-Str. 11, ℰ 44 10, 😙 — ⌂wc ⋔wc ⇜ 🅿. 🖭 ⑩ 🖃. 🏖 Zim
Jan.- 15. Feb. geschl. — Karte 14/38 *(Donnerstag geschl.)* — **18 Z : 38 B** 30/38 - 52/76.

In Bell 5441 NW : 4 km :

🕍 **Eifelperle,** Hauptstr. 62, ℰ (02652) 44 18 — ⋔wc ⇜. 🏖
(Rest. nur für Hausgäste) — **19 Z : 36 B** 21/40 - 42/52.

Siehe auch : *Maria Laach*

MENGEN 7947. Baden-Württemberg ⑨⑧⑦ ㊳, ㊷㊲ ⑦ — 9 500 Ew — Höhe 560 m — ✪ 07572.
◆Stuttgart 116 — Bregenz 89 — ◆Freiburg im Breisgau 138 — ◆Ulm (Donau) 72.

🏨 **Rebstock,** Hauptstr. 93, ℰ 34 11 — ⋔wc ☎ ⇜ 🅿 — **15 Z : 22 B** Fb.

🏨 **Roter Ochsen,** Hauptstr. 92, ℰ 56 60 — ⌂wc ⋔wc ⇜ 🅿 — **20 Z : 32 B.**

MENSLAGE Niedersachsen siehe Quakenbrück.

MEPPEN 4470. Niedersachsen ⑨⑧⑦ ⑭ — 31 200 Ew — Höhe 20 m — ✪ 05931.
◆Hannover 240 — ◆Bremen 129 — Groningen 96 — ◆Osnabrück 85.

🏨 **Pöker,** Herzog-Arenbergstr. 15a, ℰ 23 16 — ⊜ ⌂wc ⋔wc 🅿 🛂
52 Z : 66 B Fb.

🏨 **Parkhotel** 🦢, Lilienstr. 21 (nahe der Freilichtbühne), ℰ 1 80 11, 😙 — ⊜ ⌂wc ⋔wc ☎
⇜ 🅿 🛂. 🖭 ⑩ 🖃 🆅🆂🅰
Karte 15/40 *(nur Abendessen, Sonntag geschl.)* — **27 Z : 38 B** 45/55 - 70/90 Fb.

🏨 **Schmidt am Markt** 🦢, Markt 17, ℰ 1 22 80 — ⌂wc ⋔wc ☎ ⇜
24 Z : 30 B.

🏨 **Zum Schlagbaum,** Dürenkämpe 1 (B 402, O : 2 km), ℰ 66 83 — ⋔wc 🅿
23. Dez.- 8. Jan. geschl. — Karte 17/32 *(Sonntag ab 14 Uhr geschl.)* — **21 Z : 28 B** 30/38 - 60/70.

🏨 **Von Euch,** Kuhstr. 21, ℰ 1 25 28 — ⋔ ⇜ 🛂. ⑩
22. Dez.- 6. Jan. geschl. — Karte 17/48 *(Sonntag geschl.)* — **12 Z : 17 B** 35/50 - 70/85.

✗ **Bahnhofs-H. Hülsmann** mit Zim, Hüttenstr. 2, ℰ 22 21 — ⋔wc ☎ ⇜ 🅿. 🖃
➡ Karte 14,50/49 *(Samstag bis 18 Uhr geschl.)* — **9 Z : 12 B** 36/48 - 78.

MERDINGEN 7801. Baden-Württemberg ㊳⑦ ⑦ — 2 100 Ew — Höhe 260 m — ✪ 07668 (Ihringen).
◆Stuttgart 210 — Breisach am Rhein 12 — ◆Freiburg im Breisgau 16.

🕍 **Gasthaus zum Pfauen,** Langgasse 10, ℰ 2 67, 🐎 — ☎ 🅿. 🖭
➡ Karte 14,50/38 *(Mittwoch geschl.)* — **6 Z : 10 B** 25 - 50.

MERGENTHEIM, BAD 6990. Baden-Württemberg ⑨⑧⑦ ㊳ — 19 800 Ew — Höhe 210 m — Heilbad — ✪ 07931.

Ausflugsziel : Stuppach : Pfarrkirche (Stuppacher Madonna★★ von Grünewald) S : 6 km.

🛈 Kultur- und Verkehrsamt, Marktplatz 3, ℰ 5 72 32.
◆Stuttgart 117 — Ansbach 74 — Heilbronn 75 — ◆Würzburg 53.

🏩 **Parkhotel** Ⓜ 🦢, Lothar-Daiker-Str. 6 (im Kurpark), ℰ 5 61 00, Telex 74222, Bade- und
Massageabteilung, ≦ₛ, ⃞, 🐎 — ⊜ 📺 🕹 🅿 🛂. 🖭 ⑩ 🖃 🆅🆂🅰. 🏖 Rest
Karte 25/60 *(auch Diät)* — **116 Z : 158 B** 106/144 - 172/192 Fb — P 137/167.

🏩 **Kurhotel Victoria,** Poststr. 2, ℰ 59 30, Telex 74224, « Tiroler- und Zirbelstube,
Gartenterrasse », Bade- und Massageabteilung, ≦ₛ, ⃞ — ⊜ 🅿 🛂. 🖭 ⑩ 🖃 🆅🆂🅰
Karte 25/55 *(auch Diät)* — **100 Z : 150 B** 85/110 - 150/175 Fb — P 105/140.

Fortsetzung →

🏨 **Bundschu**, Cronbergstr. 15, ℰ 30 43, Bade- und Massageabteilung, 🏊 – 🚪wc 🏺wc ☎
🄿. 🆎 ⓪ 🄴
Jan. geschl. – Karte 21/54 *(Montag geschl.)* ⅃ – **60 Z : 80 B** 50/80 - 100/132 Fb – P 80/96.

🏨 **Deutschmeister**, Ochsengasse 7, ℰ 70 58 – 🔳 🚪wc 🏺wc ☎ 🄿. 🆎 ⓪ 🄴 *VISA*. 🍽 Rest
➡ Karte 13,50/44 – **54 Z : 110 B** 52/55 - 92/95 Fb – P 70/77.

🏨 **Steinmeyer**, Wolfgangstr. 2, ℰ 72 20, Bade- und Massageabteilung, 🏊 – 🏺wc ☎ 🄿. 🆎
⓪ 🄴
Jan. geschl. – Karte 16/41 *(auch Diät, Freitag geschl.)* – **15 Z : 25 B** 40/55 - 75/90 – P 65/75.

🏠 **Garni am Markt**, H.-H.-Ehrler-Platz 40, ℰ 61 01 – 🔳 🚪wc 🏺wc ☎ ⇐⇒. 🆎 ⓪ 🄴
15. Dez.- 15. Jan. geschl. – **32 Z : 48 B** 34/50 - 68/90 Fb.

🏠 Reichshof garni, Härterichstr. 10, ℰ 73 94 – 🚪wc 🏺wc
27 Z : 35 B.

🏠 **Zum wilden Mann** ⬙, Reichengässle 6, ℰ 76 38, Bade- und Massageabteilung – 🏺wc 🄿
➡ *Dez.- Jan. 4 Wochen geschl.* – Karte 14,50/41 *(Mittwoch geschl.)* – **17 Z : 25 B** 28/42 - 53/84 –
P 61/66.

In Bad Mergentheim - Löffelstelzen NO : 4 km :

🏠 **Hirschen**, Alte Würzburger Str. 29, ℰ 74 94 – ⇐⇒ 🄿. 🍽
➡ *23. Dez.- 20. Jan. geschl.* – Karte 12,50/30 *(Donnerstag geschl.)* ⅃ – **14 Z : 18 B** 28 - 56 – P 43.

In Bad Mergentheim - Markelsheim SO : 6 km :

🏨 **Weinstube Lochner**, Hauptstr. 39, ℰ 20 81, 🛒, 🔳 – 🚪wc 🏺wc ☎ 🄿 🧖
6.- 30. Jan. geschl. – Karte 18,50/40 *(Montag geschl.)* ⅃ – **50 Z : 95 B** 42/59 - 79/95 Fb –
P 68/75.

In Bad Mergentheim - Neunkirchen S : 2 km :

🏠 **Rummlers Löwen**, Althäuser Str. 18, ℰ 26 93, 🍴 – 🏺wc ⇐⇒ 🄿. 🍽 Zim
➡ *23. Dez.- 19. Jan. geschl.* – Karte 13/36 *(Montag geschl.)* ⅃ – **12 Z : 21 B** 25/35 - 50/70.

MERING 8905. Bayern 🐾 ㊲, 🅰🅱🅶 ③ – 6 500 Ew – Höhe 526 m – 🅲 08233.
♦München 53 – ♦Augsburg 15 – Landsberg am Lech 29.

🏠 **Schlosserwirt**, Münchner Str. 29 (B 2), ℰ 95 04 – 🏺wc ⇐⇒ 🄿. 🍽
➡ *Juli - Aug. 3 Wochen geschl.* – Karte 12/27 *(Sonntag geschl.)* – **14 Z : 20 B** 27/35 - 52/65.

MERKENFRITZ Hessen siehe Hirzenhain.

MERKLINGEN 7901. Baden-Württemberg 🐾 ㊱㊲ – 1 500 Ew – Höhe 699 m – 🅲 07337.
♦Stuttgart 68 – Reutlingen 53 – ♦Ulm (Donau) 26.

🏠 **Ochsen**, Hauptstr. 12, ℰ 4 83 – 🏺wc ⇐⇒ 🄿
➡ *Nov. geschl.* – Karte 14,50/30 *(nur Abendessen, Sonntag geschl.)* – **19 Z : 40 B** 38/50 - 65/80.

MERTESDORF Rheinland-Pfalz siehe Trier.

MERZHAUSEN Baden-Württemberg siehe Freiburg im Breisgau.

MERZIG 6640. Saarland 🐾 ㉓, 🅰🅱🅶 ②, 🅰🅾🅶 ㉗ – 29 700 Ew – Höhe 174 m – 🅲 06861.
🄱 Kultur- und Verkehrsamt, Zur Stadthalle 4, ℰ 28 77.
♦Saarbrücken 46 – Luxembourg 56 – Saarlouis 21 – ♦Trier 49.

🏠 **Merll-Rieff**, Schankstr. 27, ℰ 25 65 – 🏺wc ☎ ⇐⇒ 🄿
Karte 16/51 *(Mittwoch geschl.)* ⅃ – **8 Z : 15 B** 38 - 70.

🏠 **Zum Römer**, Schankstr. 2, ℰ 26 45, 🍴 – 🏺 ⇐⇒ 🄿
➡ *22. Juni - 5. Juli geschl.* – Karte 16/42 *(Samstag geschl.)* – **13 Z : 18 B** 28/32 - 50/54.

XX **Stadt Merzig**, Zur Stadthalle 4, ℰ 28 88, 🍴 – 🄿
Samstag nur Abendessen, Montag und Aug. geschl. – Karte 22/51 ⅃.

MESCHEDE 5778. Nordrhein-Westfalen 🐾 ⑭ – 33 700 Ew – Höhe 262 m – 🅲 0291.
🄱 Städt. Verkehrsamt, Rathaus, Ruhrstr. 25, ℰ 20 52 77.
♦Düsseldorf 150 – Brilon 22 – Lippstadt 43 – Siegen 97.

🏨 **Von Korff**, Le-Puy-Str. 19, ℰ 5 10 90 – 📺 🏺wc ☎ ⇐⇒ 🄿. 🆎 ⓪ 🄴 *VISA*
Karte 24/59 – **Bistro-Café** Karte 18/43 – **13 Z : 21 B** 45/74 - 80/109 Fb.

🏠 **Gercken** garni, Zeughausstr. 7, ℰ 71 66 – 🏺wc ⇐⇒ 🄿. 🍽
28 Z : 48 B 35/50 - 70/90.

Am Hennesee SW : 1,5 km :

🏠 **Hennesee-Hotel** ⬙, ✉ 5778 Meschede, ℰ (0291) 71 02, ≤, 🍴, 🛒, 🅰🅶, 🏊 – 🏺 ☎ ⇐⇒
🄿 🧖
15. Dez. - Feb. geschl. – Karte 18/52 – **27 Z : 36 B** 30/45 - 65/70.

In Meschede 3-Freienohl W : 10 km :

🏛 **Haus Luckai** ⚲, Christine-Koch-Str. 11, ℰ (02903) 77 52, 🚗 – 🏛wc ⟵🚗 🅿
Karte 15/34 – **17 Z : 28 B** 40/42 - 60/75.

In Meschede 12-Grevenstein SW : 13,5 km – Wintersport : 450/600 m ≴1 – ✿ 02934 :

🏛 **Holländer Hof**, Ohlstr. 4, ℰ 2 60 – 🏛wc ⟵🚗 🅿
13. Feb.- 4. März geschl. – Karte 16/46 *(Montag geschl.)* – **16 Z : 29 B** 32/44 - 62/88.

🏛 Gasthof **Becker**, Burgstr. 9, ℰ 3 66, 🕭 – 🛏wc ☎ 🅿 🛆
11 Z : 20 B.

🏛 **Landhaus Rossel**, Ostfeld 25, ℰ 3 26, 🍴, 🚗 – 🏛wc ⟵🚗 🅿
6.- 17. April geschl. – Karte 17/41 *(Nov.- Mai Montag geschl.)* – **15 Z : 30 B** 30/37 - 58/71.

In Meschede-Olpe W : 9 km :

🏛 **Hütter**, Freienohler Str. 31, ℰ (02903) 76 64, 🚗 – 🏛wc ⟵🚗 🅿 🛆
15 Z : 23 B.

MESPELBRUNN 8751. Bayern 🤍🤍🤍 ㉕ – 2 200 Ew – Höhe 269 m – Erholungsort – ✿ 06092 (Heimbuchenthal).

🅱 Verkehrsverein, Hauptstr. 173, ℰ 3 19.
♦München 342 – Aschaffenburg 16 – ♦Würzburg 66.

🏛🏛 **Schloßgaststätte** ⚲, Schloßallee 25, ℰ 2 56, 🍴 – 🏛wc ⟵🚗 🅿
– Anfang Jan.- Mitte Feb. und 3. Nov. - 25. Dez. geschl. – Karte 13/31 🍷 – **30 Z : 50 B** 35/50 - 60/70.

🏛 **Engel**, Hauptstr. 268, ℰ 3 13, « Zirbelstube », 🚗 – 🏛wc ⟵🚗 🅿
⬥ 6. Nov.- 25. Dez. geschl. – Karte 14,50/38 *(Jan.- April Montag und Dienstag geschl.)* 🍷 – **22 Z : 35 B** 30/45 - 55/75.

🏛 **Elsavatal**, Schloßallee 2, ℰ 2 89, 🚗 – 🏛wc 🅿
⬥ 20. Dez.- Jan. geschl. – Karte 12/43 *(Nov.- Ostern Montag geschl.)* 🍷 – **18 Z : 30 B** 27/35 - 54/70 – P 43/46.

🏛 **Haus Sonnenhang** ⚲ garni, Schloßallee 21, ℰ 2 98, 🚗 – 🏛wc 🅿
März - Sept. – **19 Z : 35 B** 35 - 50/60.

In Mespelbrunn 2-Hessenthal N : 4 km :

🏛 **Hobelspan**, Hauptstr. 49, ℰ 2 62, 🛋 (geheizt), 🚗 – 🛗 🛏wc 🏛wc 🅿
⬥ 7.- 30. Jan. geschl. – Karte 13,50/36 *(Dienstag geschl.)* 🍷 – **25 Z : 42 B** 36/45 - 66/80 – P 42/50.

🏛 **Spessart**, Würzburger Str. 4, ℰ 2 75, 🛋, 🚗 – 🏛wc ⟵🚗 🅿
⬥ Karte 12,50/36 *(Nov.- März Mittwoch geschl.)* 🍷 – **19 Z : 34 B** 24/30 - 48/60 – P 37/43.

🏛 **Gästehaus Rosenberger** ⚲, Neuer Weg 2, ℰ 70 51, 🛋, 🚗 – 🛗 🛏wc 🏛wc 🅿. 🍽 Rest
⬥ Mai - Okt. – Karte 12/35 – **30 Z : 50 B** 36/55 - 76/90 Fb – 6 Appart. 70.

🏠 **Waldhaus** ⚲, Waldweg 10, ℰ 2 47, 🖼, 🚗 – 🏛wc 🅿. 🆎
⬥ Mitte Nov.- Mitte Dez. geschl. – Karte 13/27 🍷 – **25 Z : 40 B** 27/40 - 50/70 – P 39/50.

MESSKIRCH 7790. Baden-Württemberg 🤍🤍🤍 ㊱, 🤍🤍🤍 ⑦ – 7 000 Ew – Höhe 605 m – ✿ 07575.
♦Stuttgart 118 – ♦Freiburg im Breisgau 119 – ♦Konstanz 59 – ♦Ulm (Donau) 91.

🏛 **Adler-Alte Post**, Adlerplatz 5, ℰ 8 22 – 🏛wc 🅿 🛆. ⓞ ᴇ
Karte 17,50/36 *(Jan.- März Freitag geschl.)* – **21 Z : 42 B** 35 - 55/65 Fb.

🏛 **Hofgarten**, Dr.-Konrad-Gröber-Str. 18, ℰ 36 12, « Gartenterrasse » – 🏛wc 🅿
Dez.- Jan. 4 Wochen geschl. – Karte 19,50/40 *(Montag geschl.)* – **9 Z : 13 B** 31/42 - 60/80.

In Messkirch-Menningen NO : 5 km :

🍴🍴 **Zum Adler Leitishofen** mit Zim, Hauptstr. 7, ℰ 31 57 – 🏛wc ☎ 🅿. ᴇ
Ende Jan.- Mitte Feb. geschl. – Karte 27/46 *(Dienstag geschl.)* 🍷 – **9 Z : 16 B** 38 - 68.

MESSTETTEN Baden-Württemberg siehe Albstadt.

METELEN 4439. Nordrhein-Westfalen – 5 800 Ew – Höhe 58 m – ✿ 02556.
♦Düsseldorf 136 – Enschede 30 – Münster (Westfalen) 42 – ♦Osnabrück 69.

🏛 **Haus Herdering-Hülso** garni, Neutor 13, ℰ 70 48, 🕭 – 🏛wc ☎ 🅿
8 Z : 16 B 39 - 60/68.

METTINGEN 4532. Nordrhein-Westfalen 🤍🤍🤍 ⑭ – 10 000 Ew – Höhe 90 m – ✿ 05452.
♦Düsseldorf 185 – ♦Bremen 132 – Enschede 75 – ♦Osnabrück 21.

🏛🏛 **Telsemeyer**, Markt 6, ℰ 30 11, Telex 944118, « Wintergarten, Tüöttenmuseum », 🖼 – 🛗
📺 ⟵🚗 🅿 🛆. 🍽
Karte 28/58 – **50 Z : 100 B** 55/85 - 100/140 Fb.

METTLACH 6642. Saarland 𝟿𝟪𝟽 ㉘, 𝟤𝟦𝟤 ②, 𝟦𝟢𝟫 ㉗ − 12 400 Ew − Höhe 165 m − ✆ 06864.

Ausflugsziel : Cloef ≤★★, W : 7 km.

♦Saarbrücken 54 − Saarlouis 29 − ♦Trier 41.

🏨 **Zur Post**, Heinertstr. 17, ℰ 5 57 − 🛏wc ☎ ⇔ 🅿
  Karte 15/50 *(Samstag geschl.)* 🍷 − **10 Z : 18 B** 40/50 - 60/70.

🏨 **Haus Schons** garni, von-Boch-Liebig-Str. 1, ℰ 12 14 − 🛏wc ☎ 🅿
  Sept. 3 Wochen geschl. − **7 Z : 12 B** 42 - 65.

  In Mettlach 5-Orscholz NW : 6 km :

🏨🏨 **Zur Saarschleife**, Cloefstr. 44, ℰ (06865) 7 11, 🍴, 🔭, 🖈, 🛩, ✤ − 🕴 🛏wc ☎ & 🅿 🎠.
  🖭 ⑩
  8.- 24. Jan. geschl. − Karte 19,50/44 🍷 − **60 Z : 110 B** 65/85 - 95/140 Fb.

🏚 **Zum Orkelsfels**, Cloefstr. 97, ℰ (06865) 3 17 − 🛏 🅿. ✤ Zim
◀ *13.- 26. Feb. geschl.* − Karte 14,50/35 *(Donnerstag geschl.)* 🍷 − **10 Z : 19 B** 32/40 - 50/62 −
  P 48/50.

METTMANN 4020. Nordrhein-Westfalen 𝟿𝟪𝟽 ㉔ − 35 700 Ew − Höhe 131 m − ✆ 02104.

♦Düsseldorf 16 − ♦Essen 33 − Wuppertal 16.

  In Mettmann-Metzkausen NW : 3 km :

🏨🏨 **Luisenhof - Restaurant Chez Alfred et Laurence**, Florastr. 82, ℰ 5 30 31, 🔭 − 🛏wc
  ☎ 🅿 🎠. 🖭 ⑩ 🄴. ✤ Rest
  Karte 35/72 *(nur Abendessen, Montag geschl.)* − **35 Z : 60 B** 100/160 - 140/180 Fb.

  An der B 7 W : 3 km :

🏨🏨🏨 **Gut Höhne** 🐾, Düsseldorfer Str. 253, ✉ 4020 Mettmann, ℰ (02104) 7 50 06, Telex 8581297,
  🔭, « Rustikale Einrichtung », 🔭, 🔙, 🖈, ✤, Fußballplatz − 📺 🅿 🎠
  Karte 27/71 − **58 Z : 100 B** 110/155 - 190/235 Fb.

METTNAU (Halbinsel) Baden-Württemberg siehe Radolfzell.

METZINGEN 7430. Baden-Württemberg 𝟿𝟪𝟽 ㉟ − 19 400 Ew − Höhe 350 m − ✆ 07123.

♦Stuttgart 35 − Reutlingen 8 − ♦Ulm (Donau) 79.

🏨🏨 **Schwanen**, Bei der Martinskirche 10, ℰ 13 16, 🍴, 🔭 − 🛏wc 🛏wc ☎ 🎠. 🖭 ⑩
  14. Juli - 4. Aug. geschl. − Karte 17/45 *(Montag geschl.)* − **31 Z : 46 B** 46/70 - 85/115 Fb.

🏨 **Kuhn** garni, Bohlstr. 8, ℰ 26 32 − 🛏wc 🛏 ☎ ⇔ 🅿
  21 Z : 26 B 32/45 - 60/80.

  In Metzingen-Glems S : 4 km :

🏨 **Stausee-Hotel** 🐾, Unterer Hof 3 (am Stausee, W : 1,5 km), ℰ 49 16, ≤ Stausee und Alb −
  🛏wc 🅿 🎠
  10.- 24. Feb. geschl. − Karte 18/48 *(Sonntag 18 Uhr - Montag geschl.)* − **17 Z : 25 B** 38/45 - 70.

  In Bempflingen 7445 N : 5 km :

XX ✿ **Krone** (modern-rustikales Restaurant), Brunnenweg 40, ℰ (07123) 3 10 83 − 🅿 🎠
  *24. Dez.- 6. Jan. und Mitte Juli - Anfang Aug. Betriebsferien, an Feiertagen und Sonntag -
  Montag geschl.* − Karte 24/75 (Tischbestellung ratsam).

MICHELAU Bayern siehe Lichtenfels.

MICHELBACH Rheinland-Pfalz siehe Simmern.

MICHELSTADT 6120. Hessen 𝟿𝟪𝟽 ㉘ − 15 400 Ew − Höhe 210 m − ✆ 06061.

Sehenswert : Marktplatz★ − Rathaus★ − **Ausflugsziel :** Jagdschloß Eulbach : Park★ O : 9 km.

🛈 Verkehrsamt, Rathaus, ℰ 7 41 46.

♦Wiesbaden 92 − Aschaffenburg 51 − ♦Darmstadt 47 − ♦Mannheim 62 − ♦Würzburg 99.

🏨🏨 **Drei Hasen**, Braunstr. 5, ℰ 6 14, 🍴 − 📺 🛏wc 🛏wc ☎. ⑩ 🄴 𝗩𝗜𝗦𝗔. ✤ Zim
  Jan. 3 Wochen geschl. − Karte 21/41 *(Montag geschl.)* 🍷 − **18 Z : 34 B** 40/55 - 70/90.

🏨 **Zum Wilden Mann**, Erbacher Str. 10, ℰ 50 23 − 🛏wc ☎ ⇔
◀ *24. Dez.- 20. Jan. geschl.* − Karte 14/34 *(nur Abendessen, Samstag geschl.)* 🍷 − **31 Z : 51 B**
  28/42 - 56/80.

🏨 Stadt Michelstadt, Erbacher Str. 49, ℰ 50 54 − 🕴 📺 🛏wc 🛏wc ☎ 🅿 🎠 − **42 Z : 62 B**.

🏨 **Am Kellereiberg** garni, Am Kirchenfeld 12, ℰ 48 80 − 📺 🛏wc ⇔ 🅿
  12 Z : 22 B 29/43 - 66/70.

XX **Grüner Baum**, Große Gasse 17, ℰ 24 09, 🍴 − 🖭 ⑩ 🄴
◀ Karte 14/46 🍷.

  In Michelstadt-Stockheim :

🏨 **Nibelungen**, Lindenstr. 12, ℰ 34 48, 🍴 − 📺 🛏wc ☎ ⇔ 🅿
  Aug. geschl. − Karte 17/45 *(Sonntag ab 14 Uhr geschl.)* − **16 Z : 32 B** 45/55 - 80/100.

In Michelstadt-Vielbrunn NO : 13,5 km — Luftkurort :

🏠 **Weyrich** ⟨⟩, Waldstr. 5, 𝒫 (06066) 2 71, ☎, 🔲, 🛏, — ⋔wc 🅿
Karte 16/33 — **23 Z : 40 B** 45/60 - 100 — P 50.

🛎 **Zum Brunnen**, Hauptstr. 36, 𝒫 (06066) 13 61 — ⋔wc 🅿
Jan. und Nov. je 2 Wochen geschl. — Karte 16/42 — **30 Z : 55 B** 35/43 - 56/68.

In Michelstadt - Weiten-Gesäß NO : 6 km :

🏠 **Berghof** ⟨⟩, Hauptstr. 9, 𝒫 37 01, 🛏 — ⋔wc ⟨⟩ 🅿 🏋
Mitte Feb.- Mitte März geschl. — Karte 17,50/45 *(Dienstag geschl.)* ⚹ — **20 Z : 40 B** 35/45 - 64/84.

🛎 **Krone** ⟨⟩, Schulstr. 6, 𝒫 22 89, ☎, 🔲, 🛏 — ⋔wc ⟨⟩ 🅿
Nov.- 10. Dez. geschl. — Karte 12/28 *(Dez.- Mai Donnerstag geschl.)* ⚹ — **27 Z : 40 B** 23/30 - 44/60 — P 35/45.

Siehe auch : Liste der Feriendörfer

MIESBACH 8160. Bayern 987 ㊲, 426 ⑰ — 9 400 Ew — Höhe 686 m — 🕿 08025.
◆München 54 — Rosenheim 29 — Salzburg 101 — Bad Tölz 23.

🏠 **Gästehaus Wendelstein** garni, Bayrischzeller Str. 19 (B 307), 𝒫 85 02, 🛏 — ⟶wc ⋔wc ⟨⟩ 🅿
7. Okt.- 4. Nov. geschl. — **12 Z : 22 B** 38/50 - 75.

✗ **Beer**, Stadtplatz 9, 𝒫 13 71.

Auf dem Harzberg :

🛎 **Sonnenhof** ⟨⟩, Heckenweg 8, 𝒫 42 48, ≤, ☂, 🛏 — ⟶wc ⋔wc ⟨⟩ 🅿
10. Nov.- 15. Dez. geschl. — Karte 13,50/32 — **25 Z : 50 B** 33/50 - 55/85.

MILTENBERG 8760. Bayern 987 ㉕ — 9 500 Ew — Höhe 127 m — 🕿 09371.
Sehenswert : Marktplatz★ — Hauptstraße mit Fachwerkhäusern★.
🛈 Tourist Information, Rathaus, 𝒫 6 72 72.
◆München 347 — Aschaffenburg 44 — Heidelberg 78 — Heilbronn 84 — ◆Würzburg 71.

🏠 **Riesen** garni, Hauptstr. 97, 𝒫 36 44, « Fachwerkhaus a.d.J. 1590 » — 🛗 ⟶wc ⋔wc ☎ ⟨⟩ ⑩
Mitte März - Mitte Nov. — **14 Z : 24 B** 68/94 - 108/158.

🏠 **Jagd-Hotel Rose** Ⓜ (Haus a. d. 17. Jh.), Hauptstr. 280, 𝒫 20 01, ☂ — ⋔wc ☎ 🅿. 🄰🄴 ⑩ 🄴
Karte 23/45 — **27 Z : 50 B** 50/65 - 98/118 Fb.

🏠 **Brauerei Keller**, Hauptstr. 66, 𝒫 30 77 — 📺 ⋔wc ☎ ⟨⟩ 🏋. 🄰🄴 ⑩ 🄴 🆅🆂🄰
Karte 19/50 *(Montag geschl.)* ⚹ — **32 Z : 50 B** 42/48 - 66/88 Fb.

🏠 **Altes Bannhaus**, Hauptstr. 211, 𝒫 30 61 — 🛗 📺 ⋔wc ☎. 🄰🄴 ⑩ 🄴. ⚹ Zim
2.- 21. Jan. geschl. — Karte 36/62 *(Donnerstag geschl.)* (auf Vorbestellung : Ritteressen) — **10 Z : 16 B** 48/60 - 98/112.

🏠 **Weinhaus am Alten Markt** ⟨⟩ garni (Weinstube ab 17 Uhr geöffnet), Marktplatz 185, 𝒫 55 00 — ⋔wc ☎. 🄴. ⚹
Feb. geschl. — **9 Z : 14 B** 42/50 - 70/110.

🏠 **Hopfengarten**, Ankergasse 16, 𝒫 31 31 — ⋔wc ☎
15. Feb. - 15. März geschl. — Karte 14,50/30 *(Dienstag geschl.)* ⚹ — **13 Z : 23 B** 40/45 - 80.

✗ **Fränkische Weinstube** mit Zim, Hauptstr. 111, 𝒫 21 66 — ⋔wc. 🄴
7. Jan.- 5. Feb. und 3.- 9. Nov. geschl. — Karte 14/34 *(Mittwoch geschl.)* ⚹ — **8 Z : 12 B** 30/45 - 55/68.

In Miltenberg-Breitendiel SW : 4 km :

✗ **Troll** ⟨⟩ mit Zim, Odenwaldstr. 21, 𝒫 72 83, ≤, ☂ — ⋔wc 🅿
Karte 15/37 *(Dienstag geschl.)* ⚹ — **4 Z : 7 B** 23/29 - 50/56.

MINDELHEIM 8948. Bayern 987 ㊲, 426 ⑮ — 12 200 Ew — Höhe 600 m — 🕿 08261.
◆München 86 — ◆Augsburg 55 — Memmingen 28 — ◆Ulm (Donau) 66.

🏠 **Stern**, Frundsbergstr. 17, 𝒫 15 17, ☂ — ⋔wc ♿ ⟨⟩ 🅿 🏋
Aug. geschl. — Karte 15/35 *(Sonntag geschl.)* — **42 Z : 66 B** 33/40 - 66/78.

✗✗ **Weberhaus**, Mühlgasse 1, 𝒫 36 35, ☂
25. Sept.- 15. Okt. und Mittwoch geschl. — Karte 18,50/47 (Tischbestellung ratsam).

MINDEN 4950. Nordrhein-Westfalen 987 ⑮ — 80 000 Ew — Höhe 46 m — 🕿 0571.
Sehenswert : Dom★★ (Romanisches Kreuz★★) — Schachtschleuse★★ — Kanalbrücke★.
🛈 Verkehrs- und Werbeamt, Ritterstr. 31, 𝒫 8 93 85.
ADAC, Königstr. 105, 𝒫 2 31 56, Notruf 𝒫 1 92 11.
◆Düsseldorf 220 ③ — ◆Bremen 100 ① — ◆Hannover 72 ② — ◆Osnabrück 81 ④.

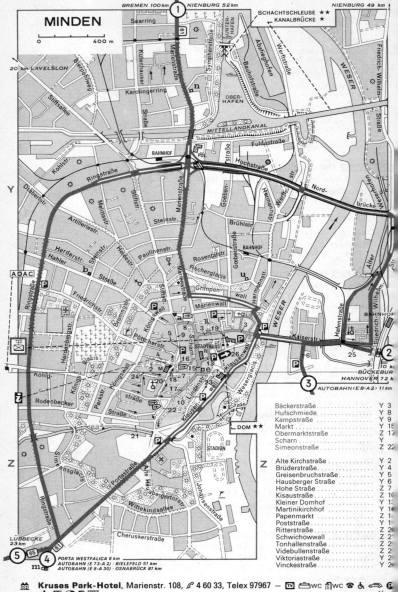

MINDEN

0   400 m

🏨 **Kruses Park-Hotel**, Marienstr. 108, ℰ 4 60 33, Telex 97967 – 📺 🛏wc 🛁wc ☎ 🕭 ⟺ Ⓖ
🛗 . AE ⓞ E 🆅🆂🅰
Karte 22/45 – **43 Z : 75 B** 51/93 - 90/140 Fb.

🏨 **Exquisit** garni, In den Bärenkämpen 2a, ℰ 4 30 55, 🕭, 📓 – 📶 🛁wc ☎ ⟺ Ⓟ 🛗 AE ⓞ E
40 Z : 77 B 66/88 - 98/125 Fb.   über Hahler Straße und Sandtrift   Y

🏨 **Bad Minden**, Portastr. 36, ℰ 5 10 49, Telex 97701, Bade- und Massageabteilung, 🕭 – 📺
🛁wc Ⓟ 🛗 AE ⓞ E 🍴
Karte 22/61 – **33 Z : 62 B** 60/150 - 90/160 Fb.   Z n

🏠 **Silke** ⌂ garni, Fischerglacis 21, ✆ 2 37 36, 🔲, 🚗 – 📥wc 🗄wc ☎ ⟷ 🅿   Y u
   21 Z : 36 B 86 - 135.

🏠 **Victoria** ⌂ garni, Markt 11, ✆ 2 22 40, 🚬 – 📶 📥wc 🗄wc ☎ ⟷, 🔤 ⓞ Ε 𝖵𝖨𝖲𝖠   Y e
   20. Dez.- 10. Jan. geschl. – **44 Z : 64 B** 40/60 - 76/100.

🏠 **Altes Gasthaus Grotehof**, Wettinerallee 14, ✆ 5 40 18, 🚬, 🚗 – 🗄wc ☎ 🅿. Ε
   Karte 18,50/54 *(wochentags nur Abendessen)* – **20 Z : 30 B** 35/90 - 62/120.
                                                                    über Königstraße YZ

XX **Ratskeller**, Markt 1, ✆ 2 58 00 – 🏛   Y R
   Montag geschl. – Karte 17,50/55.

XX **Laterne**, Hahler Str. 38, ✆ 2 22 08 – 🔤 ⓞ Ε   Y b
   Dienstag und Samstag nur Abendessen – Karte 20/47.

X **Pottkieker**, Königswall 1, ✆ 2 13 68   Y a
   Karte 15/42.

   In Minden-Haddenhausen ⑤ : 8 km :

X **Landgasthaus Niemeier**, Bergkirchener Str. 244, ✆ (05734) 22 21 – 🅿
   Dienstag - Mittwoch 17 Uhr und Juli 2 Wochen geschl. – Karte 18,50/38.

MINGOLSHEIM Baden-Württemberg siehe Schönborn, Bad.

MISSEN-WILHAMS 8979 Bayern 🄸🄱🄶 ⑮ – 1 200 Ew – Höhe 854 m – Erholungsort –
Wintersport : 790/1 000 m ⚡5 – ☎ 08320.
♦München 155 – Immenstadt 12 – Kempten (Allgäu) 31.

   Im Ortsteil Missen :

🏡 Albrecht, Hauptstr. 26, ✆ 2 51 – 🗄 🅿 🏛. ⚒ Zim
   16 Z : 30 B.

   Im Ortsteil Wiederhofen W : 4,5 km :

🏠 **Thalerhöhe** ⌂, Zur Thaler Höhe 9, ✆ 5 84, 🍴, 🚗 – 🗄wc 🅿. ⚒ Zim
↤ *15. Nov.- 15. Dez. geschl.* – Karte 13/34 *(Montag geschl.)* – **17 Z : 34 B** 31/33 - 56/60.

MITTELBERG Vorarlberg siehe Kleinwalsertal.

MITTELBRONN Baden-Württemberg siehe Gschwend.

MITTELTAL Baden-Württemberg siehe Baiersbronn.

MITTELZELL Baden-Württemberg siehe Reichenau (Insel).

MITTENAAR 6349. Hessen – 4 900 Ew – Höhe 230 m – ☎ 02772.
♦Wiesbaden 126 – Gießen 47 – Limburg an der Lahn 58 – Siegen 41.

   In Mittenaar-Ballersbach :

🏠 **Berghof** ⌂, Bergstr. 4, ✆ 6 23 06, 🚬 – 📥wc 🗄wc ⟷ 🅿
   Karte 17/46 *(Montag geschl.)* – **17 Z : 23 B** 33/38 - 66/76.

   In Mittenaar-Bellersdorf :

XX **Chez Bernard**, Herrenhof, ✆ (06444) 17 66 – 🅿. Ε
   1.- 23. Juli und Montag geschl. – Karte 43/78 (Mittagessen nur auf Vorbestellung,
   Tischbestellung erforderlich).

   In Mittenaar-Bicken :

🏠 **Thielmann**, Wiesenstr. 5, ✆ 6 20 11, 🍴 – 🗄wc ☎ ⟷ 🅿 🏛. 🔤 ⓞ Ε
   1.- 12. Jan. und Juli - Aug. 2 Wochen geschl. – Karte 17,50/50 *(Freitag 14 Uhr - Samstag 17 Uhr
   geschl.)* – **21 Z : 29 B** 33/38 - 66/76 Fb – P 49/56.

MITTENWALD 8102. Bayern 🄹🄸🄷 ㊲, 🄸🄱🄶 ⑯ ⑰ – 8 300 Ew – Höhe 920 m – Luftkurort –
Wintersport : 920/2 244 m ⚡1 ⚡8 ⚡1 – ☎ 08823.
Sehenswert : Obermarkt★ (bemalte Häuser★★).
Ausflugsziel : Karwendel, Höhe 2 244 m, 10 Min. mit ⚡, ≤ ★★.
🅱 Kurverwaltung und Verkehrsamt, Dammkarstr. 3, ✆ 10 51, Telex 59682.
ADAC, Grenzbüro beim Grenzzollamt, ✆ 59 50.
♦München 103 – Garmisch-Partenkirchen 18 – Innsbruck 37.

🏠 **Post**, Obermarkt 9, ✆ 10 94, 🍴, 🚬, 🔲 – 📶 📺 📥wc 🗄wc ☎ ⟷ 🅿 🏛. ⚒ Rest
   Karte 17/45 – **95 Z : 165 B** 45/90 - 80/160 Fb.

🏠 **Alpenrose** (mit Gästehaus Bichlerhof), Obermarkt 1, ✆ 50 55, 🚬, 🔲, 🚗 – 📥wc 🗄wc ☎
   🏛 ⟷ 🅿. 🔤 ⓞ Ε 𝖵𝖨𝖲𝖠
   Karte 17/47 – **48 Z : 87 B** 33/96 - 58/164 Fb – 2 Appart. 80 – P 57/112.

523

MITTENWALD

🏨 **Berghotel Latscheneck** ⊸, Kaffeefeld 1, ℰ 14 19, ≼ Mittenwald und Karwendel, ≘s, ⊠, ≉ – ⊡ ⇨wc ⋔wc ☎ 🅿. ❄
5. April - 15. Mai und 15. Okt.- 20. Dez. geschl. – (nur Abendessen für Hausgäste) – **16 Z : 30 B** 85/105 - 180/210 Fb (nur Halbpension).

🏨 **Rieger**, Dekan-Karl-Pl. 28, ℰ 50 71, ≼, ≊, ≘s, ⊠, ≉ – ⊡ ⇨wc ⋔wc ☎ ⇦. ㏂ ⓞ ㋐ 🎫 ❄ Rest
Mitte Okt.- 20. Dez. geschl. – Karte 19/50 (Montag geschl.) – **42 Z : 80 B** 62/74 - 100/186 Fb – P 92/123.

🏨 **Wetterstein**, Dekan-Karl-Pl. 1, ℰ 50 58, ≘s, ⊠ – ⊡ ⇨wc ⋔wc ☎. ❄
26 Z : 60 B Fb.

🏨 **Berggasthof Gröblalm** ⊸, Gröblalm (N : 2 km), ℰ 50 33, ≼ Mittenwald und Karwendel, ≊, ≘s – ▯ ⇨wc ⋔wc ☎ 🅿
Ende Okt.- 20. Dez. geschl. – Karte 17/40 (Montag geschl.) – **34 Z : 70 B** 50/80 - 110/130.

🏠 **Gästehaus Franziska** garni, Innsbrucker Str. 24, ℰ 50 51, ≘s, ≉ – ⇨wc ⋔wc ☎ ⇦ 🅿. ㏂ ㋐ 🎫
5. Nov.- 15. Dez. geschl. – **19 Z : 36 B** 45/80 - 80/110 Fb – 3 Appart. 105/145.

🏠 **Alpenhotel Erdt**, Albert-Schott-Str. 7, ℰ 20 01, ≊, ≉ – ⇨wc ⋔wc 🅿. ㏂ ⓞ ㋐ 🎫
20. Okt.- 19. Dez. geschl. – (Rest. nur für Hausgäste) – **37 Z : 70 B** 54/69 - 94/118 – P 79/84.

🏠 **Gästehaus Sonnenbichl** ⊸ garni, Klausnerweg 32, ℰ 50 41, ≼ Mittenwald und Karwendel, ≘s, ≉ – ▯ ⇨wc ⋔wc 🅿. ㋐ ❄
Nov.-15. Dez. geschl. – **20 Z : 40 B** 48/75 - 76/102.

🏠 **Gästehaus Zerhoch** ⊸ garni, Hermann-Barth-Weg 7, ℰ 15 08, ≉ – ⇨wc ⇦
25. Okt.- 23. Dez. geschl. – **14 Z : 26 B** 36/45 - 60/80 – 4 Appart. 55/100.

🏠 **Jägerhof**, Partenkirchner Str. 35, ℰ 10 41, Telex 59695, ≼, ≊ – ▯ ⋔wc ☎ 🅿. ㏂ ⓞ ㋐ 🎫 ❄ Rest
Nov.- 12. Dez. geschl. – Karte 19,50/57 – **50 Z : 100 B** 47/80 - 90/115.

🏠 **Mühlhauser**, Partenkirchner Str. 53, ℰ 15 90, ≊, ≉ – ▯ ⇨wc ⋔wc 🅿. ❄ Rest
25 Z : 50 B.

🏠 **Pension Hofmann** garni, Partenkirchner Str. 25, ℰ 13 18 – ⋔wc ⇦ 🅿. ❄
20. Okt.- 20. Dez. geschl. – **26 Z : 45 B** 36/49 - 62/88.

🏠 **Mittenwalder Hof**, Partenkirchner Str. 28, ℰ 13 81, ≊ – ⋔wc ☎ 🅿. ㏂ ⓞ
20. Okt.- 15. Dez. geschl. – Karte 17,50/42 (Donnerstag bis 18 Uhr geschl.) – **24 Z : 52 B** 35/53 - 74/86 – P 65/77.

🏠 **Wipfelder** garni, Riedkopfstr. 2, ℰ 10 57 – ⇨wc ⋔wc ⇦ 🅿
ab Ostern 3 Wochen und 20. Okt.- 20. Dez. geschl. – **11 Z : 22 B** 38/75 - 78/118.

🏠 **Jagdhaus Drachenburg** ⊸, Elmauer Weg 20 (Zufahrtsbedingungen wie zum Lautersee), ℰ 12 49, ≼ Mittenwald und Karwendel, ≘s, ≉ – ⇨wc ⋔wc 🅿. ㏂ ㋐
Nov.- 18. Dez. geschl. – (nur Abendessen für Hausgäste) – **13 Z : 26 B** 30/42 - 60/86.

XX ⊛ **Arnspitze**, Innsbrucker Str. 68, ℰ 24 25 – 🅿
ab Ostern 3 Wochen, 25. Okt.- 19. Dez. und Dienstag - Mittwoch 18 Uhr geschl. – Karte 26/58
Spez. Pasteten, Kalbsrückensteak mit Rahmmorcheln, Gugelhupfparfait "Wipfelder".

X **Postkeller** (Brauerei-G.), Innsbrucker Str. 13, ℰ 17 29
Montag geschl. – Karte 15,50/42.

Am Lautersee SW : 3 km – Höhe 1 060 m (Zufahrt nur für Hotelgäste mit schriftlicher Zimmerzusage oder entsprechender Bestätigung der Kurverwaltung).

🏠 **Lautersee** ⊸, ✉ 8102 Mittenwald, ℰ (08823) 10 17, ≼ See und Karwendel, « Gartenterrasse am See », ⚓s, ≉ – ⇨wc ☎ 🅿
Nov.- 20. Dez. geschl. – Karte 15,50/37 – **5 Z : 10 B** 60/90 - 120 Fb.

Außerhalb N : 4 km, Richtung Klais bis zum Schmalensee, dann rechts ab – Höhe 1 007 m :

🏠 **Tonihof** ⊸, Brunnenthal 3, ✉ 8102 Mittenwald, ℰ (08823) 50 31, ≼ Wetterstein und Karwendel, ≊, ≘s, ⊠, ≉ – ⇨wc ⋔wc ☎ ⇦ 🅿. ⓞ
Mitte April - Mitte Mai und Mitte Okt.- Mitte Dez. geschl. – Karte 15,50/45 – **21 Z : 40 B** 28/70 - 56/110.

MITTERFELS Bayern siehe Liste der Feriendörfer.

MITTERFIRMIANSREUTH Bayern siehe Freyung.

MITWITZ Bayern siehe Kronach.

MODAUTAL 6101. Hessen – 4 400 Ew – Höhe 405 m – ✆ 06254 (Gadernheim).
♦Wiesbaden 62 – ♦Darmstadt 13 – ♦Mannheim 60.

In Modautal 3-Lützelbach :

🏠 **Zur Neunkircher Höhe**, Brandauer Str. 3, ℰ 8 51, ≊, ≉ – ⋔wc ☎ ⇦ 🅿
15. Nov.- 15. Dez. geschl. – Karte 15/30 (Dienstag geschl.) 🍷 – **14 Z : 22 B** 20/30 - 40/60.

MÖCKMÜHL 7108. Baden-Württemberg 👤👤👤 ㉙ — 5 600 Ew — Höhe 181 m — ✦ 06298.
♦Stuttgart 77 — Heilbronn 35 — ♦Würzburg 86.

🏠 **Württemberger Hof**, Bahnhofstr. 11, ☞ 12 02 — ⫪wc ⟵ ⓟ 🛁. 🎺 Rest
  21. Dez.- 15. Jan. geschl. — **Karte** 16/43 *(Okt.-April Samstag geschl.)* 🛏 — **15 Z : 20 B** 29/42 - 58/76.

🏠 **Alte Stadtmühle**, Mühlgasse 11, ☞ 12 26 — ⫪wc ☎ ⟵ ⓟ. 🅰🅴 ⓞ
  Feb. geschl. — **Karte** 16/38 *(Freitag geschl.)* — **12 Z : 18 B** 30/50 - 56/70.

MÖGLINGEN 7141. Baden-Württemberg — 10 400 Ew — Höhe 270 m — ✦ 07141.
♦ Stuttgart 17 — Heilbronn 38 — ♦Karlsruhe 70 — Pforzheim 38.

🏨 **Zur Traube** 🦢, Rathausplatz 5, ☞ 4 80 50 — 🛗 📺 🛏wc ⫪wc ☎ — **18 Z : 28 B** Fb.

MÖHNESEE 4773. Nordrhein-Westfalen 👤👤👤 ⑩ — 9 200 Ew — Höhe 244 m — ✦ 02924.
Sehenswert : 10 km langer Stausee★ zwischen Haarstrang und Arnsberger Wald.
🚩 Verkehrsamt, in Möhnesee-Körbecke, Brückenstr. 2, ☞ 4 97 — ♦Düsseldorf 122 — Arnsberg 13 — Soest 10.

In Möhnesee-Delecke :

🏠 **Haus Kleis**, Linkstr. 32, ☞ 2 74, 🛋 — ⫪wc ⟵ ⓟ
  Karte 18/40 *(Nov.- März Montag geschl.)* — **15 Z : 30 B** 28/43 - 50/80.

XX **Torhaus** 🦢 mit Zim, Arnsberger Str. 4 (S : 3 km), ☞ 79 99/6 81, 🏡 — ⫪wc ☎ ⓟ. 🅰🅴 ⓞ E. 🎺
  Karte 27/63 — **8 Z : 15 B** 60 - 110 — P 90/95.

In Möhnesee-Günne :

XX **Der Seehof**, Möhnestr. 10, ☞ 3 76, ≼, 🏡 — ⓟ. ⓞ
  Karte 21/61.

In Möhnesee-Körbecke :

🏠 **Haus Griese**, Seestr. 5 (am Freizeitpark), ☞ 2 40/18 40, ≼, 🏡, 🔲, 🔥 — 🛏wc ⫪wc ⓟ 🛁
  Karte 17/36 — **28 Z : 52 B** 39/63 - 80/100 Fb — P 69/93.

In Möhnesee-Wamel :

🏨 **Parkhotel**, Seestr. 8 (B 516), ☞ 2 71, ≼, 🏡 — ⫪wc ☎ ⓟ 🛁. ⓞ E. 🎺 Rest
  Karte 26/62 *(Nov.- März Montag geschl.)* — **26 Z : 41 B** 50/70 - 90/98 Fb — P 65/89.

Siehe auch : *Liste der Feriendörfer*

MÖLLN 2410. Schleswig-Holstein 👤👤👤 ⑥ — 15 700 Ew — Höhe 19 m — Kneippkurort — ✦ 04542.
Sehenswert : Seenlandschaft★ (Schmalsee★) — 🚩 Städt. Kurverwaltung, im Kurzentrum, ☞ 70 90.
♦Kiel 112 — ♦Hamburg 55 — ♦Lübeck 29.

🏨 **Park-Hotel** 🦢, Am Kurgarten, ☞ 39 30, « Gartenterrasse », 🔥 — 🛗 📺 🛏wc ⫪wc ☎ ⓟ. 🅰🅴 ⓞ E 🆅🅸🆂🅰. 🎺
  Karte 32/52 *(Montag geschl.)* — **35 Z : 64 B** 50/80 - 95/140 — P 85/115.

🏨 **Schwanenhof** 🦢, am Schulsee, ☞ 50 15, ≼, 🏡, 🛋, 🐎, 🔥 — 🛗 🛏wc ☎ ⓟ 🛁. 🅰🅴 ⓞ E 🆅🅸🆂🅰
  Karte 24/58 — **28 Z : 56 B** 62 - 102 Fb — P 92.

🏠 **Haus Hubertus** 🦢 garni, Villenstr. 15, ☞ 35 93, 🔥 — ⫪wc ⓟ
  36 Z : 56 B 40/50 - 74/92.

🏠 **Kurhotel Waldlust** 🦢, Lindenweg 1, ☞ 28 37, 🔥 — 🛏wc ⫪wc ⓟ. 🎺 Rest
  Jan.- März und Nov.- 15. Dez. geschl. — (Rest. nur für Pensionsgäste) — **24 Z : 35 B** 38/45 - 70/90 — P 60/70.

🏠 **Seeschlößchen** 🦢 garni, Auf den Dämmen 11, ☞ 37 37, 🐎, 🔥 — ⫪wc ☎ ⓟ
  10 Z : 16 B 35/55 - 70/95.

🏠 **Waldhalle** 🦢, am Schmalsee (SO : 2 km), ☞ 27 48, ≼, 🏡 — 🛏wc ⫪wc ⓟ 🛁. 🅰🅴 ⓞ E 🆅🅸🆂🅰
  März - Okt. — Karte 20/48 — **23 Z : 38 B** 35/60 - 70/100 — P 80/90.

X **Paradies am See**, Doktorhofweg 16, ☞ 41 80, ≼, « Terrasse am See » — ⓟ
  Montag geschl. — Karte 17,50/49.

X **Forsthaus am Wildpark**, Villenstr. 13a, ☞ 46 40, 🏡 — ⓟ
  Ende Jan.- Ende Feb. und Dienstag geschl. — Karte 17,50/53.

X **Seeblick** (mit Appart.), Seestr. 52, ☞ 28 26, ≼, « Terrasse am See » — ⓟ
  Karte 17/44 — 3 Appart. 45.

Über die Straße nach Sterley O : 3,5 km :

🏨 **Waldhof** 🦢, auf Herrenland, ✉ 2410 Mölln, ☞ (04542) 21 15, 🏡, « Park », 🛋, 🔥 — 🛏wc ⫪wc ⓟ. ⓞ
  Karte 19/42 — **18 Z : 32 B** 40/55 - 80/110 — P 65/80.

MÖMBRIS 8752. Bayern — 10 800 Ew — Höhe 175 m — ✪ 06029.

♦ München 356 — Aschaffenburg 12 — ♦Frankfurt am Main 46.

🏛 **Ölmühle**, Markthof 2, ℘ 80 01, 🍴 — 📶 📶wc ☎ 🚗 🏊 , 🅰🅴 🛏 Zim
27. Juli - 10. Aug. geschl. — Karte 21/56 *(Sonntag geschl.)* — **20 Z : 33 B** 50/55 - 89/105.

MÖNCHBERG 8761. Bayern — 2 200 Ew — Höhe 252 m — Luftkurort — ✪ 09374 (Eschau).

♦München 351 — Aschaffenburg 32 — Miltenberg 13 — ♦Würzburg 75.

🏛 **Schmitt** 🦌 , Urbanusstr. 12, ℘ 3 83, ≤, 🍴 , 🍸 , 🔲 , 🌳 , 🎾 — 📶 📥wc 📶wc ☎ 🅿 🏊 .
🛏 Zim
Karte 16,50/40 — **38 Z : 68 B** 42/45 - 80/84 Fb — P 62.

🏡 **Krone** 🦌 , Mühlweg 7, ℘ 5 39, 🌳 — 📶wc 🚗 🅿 . 🛏 Zim
März geschl. — Karte 16,50/32 *(Donnerstag geschl.)* 🍷 — **33 Z : 65 B** 24/30 - 48/56 — P 40.

🏡 **Gästehaus Waldesruh** 🦌 , Forsthausstr. 17, ℘ 5 84, 🍴 , 🌳 — 📶 🚗 🅿 . 🛏
Ostern - Okt. — Karte 14,50/30 *(Mittwoch geschl.)* — **16 Z : 26 B** 20/35 - 34/60 — P 35/45.

MÖNCHENGLADBACH 4050. Nordrhein-Westfalen **987** ㉓ — 260 000 Ew — Höhe 50 m —
✪ 02161.

🛈 Verkehrsverein am Hauptbahnhof, ℘ 2 20 01.

🛈 Verkehrsverein, Rheydt, Pavillon am Markt, ℘ (02166) 4 11 14.

ADAC, Bismarckstr. 17, ℘ 2 03 76, Notruf ℘ 1 92 11.

♦Düsseldorf 31 ① — ♦Aachen 64 ⑥ — ♦Duisburg 50 ① — Eindhoven 88 ① — ♦Köln 63 ① — Maastricht 81 ⑨.

MÖNCHEN-
GLADBACH

*Benachrichtigen Sie
sofort das Hotel,
wenn Sie
ein bestelltes Zimmer
nicht belegen können*

*Prévenez immédiatement
l'hôtelier si vous
ne pouvez pas occuper
la chambre
que vous avez retenue.*

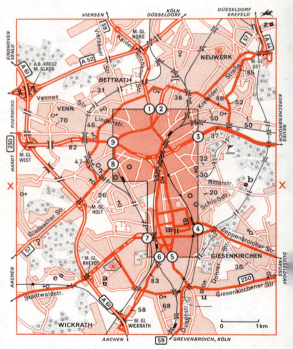

🏛🏛 **Dorint-Hotel**, Hohenzollernstr. 5, ℘ 8 60 60, Telex 852656, 🍴 , ≦s, 🔲 — 📶 🅿 🏊 . 🅰🅴 ⑩ 𝐄 **VISA**
Karte 35/66 — **102 Z : 172 B** 125/140 - 185/196 Fb.   Y **a**

🏛🏛 **Holiday Inn**, Am Geroplatz, ℘ 3 11 31, Telex 852363, ≦s, 🔲 — 📶 🔳 TV 🅿 🏊 . 🅰🅴 ⑩ 𝐄 **VISA**
Karte 33/59 — **128 Z : 193 B** 158/188 - 204 Fb.   Y **b**

🏛 **Dahmen** garni, Aachener Str. 120, ℘ 30 60, Telex 8529269 — 📶 TV 🚗 🅿 🏊 . 🅰🅴 ⑩ 𝐄 **VISA**
98 Z : 142 B 90/99 - 140/149.   Y **h**

🏛 **Burgund**, Kaiserstr. 85, ℘ 2 01 55 — 📶 TV 📶wc ☎. 🅰🅴 ⑩ 𝐄 **VISA**
Ende Juli - Mitte Aug. und Ende Dez.- Mitte Jan. geschl. — Karte 25/51 *(nur Abendessen,
Sonntag geschl.)* — **12 Z : 18 B** 70/75 - 95.   Y **e**

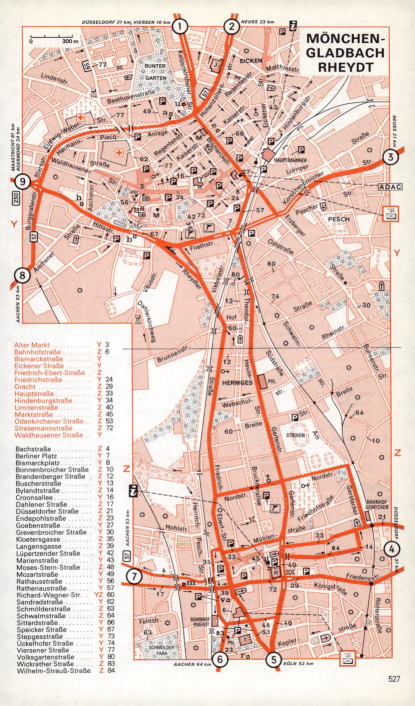

MÖNCHEN-GLADBACH RHEYDT

527

XX **Flughafen-Restaurant**, Krefelder Str. 820, 𝒫 66 20 13, 🍽 – 🅿. 🆎 ⓞ ᴇ 𝑽𝑰𝑺𝑨   X z
22. Juli - 22. Aug. und Montag 15 Uhr - Dienstag geschl. – Karte 23/65.

XX **Kaiser-Friedrich-Halle**, Hohenzollernstr. 15, 𝒫 1 70 10, ≤, 🍽 – ▤ 🅿 ⚐   Y u
Montag geschl. – Karte 22/58.

In Mönchengladbach 5-Genhülsen :

🏛 **Haus Heinen** 🍴, Genhülsen 112, 𝒫 58 10 31, ☎, 🔲 – 🏚wc ☎ 🅿 ⚐. 🆎 ⓞ ᴇ   X e
Karte 18/46 *(Dienstag und Jan. 3 Wochen geschl.) –* **28 Z : 50 B** 75 - 119.

In Mönchengladbach 6-Hardt über ⑨ :

🏔 **Lindenhof**, Vorster Str. 535 (B 230), 𝒫 55 93 40 – 🏚wc ☎ ⟵. 🦌 Zim
Karte 17/45 *(Mitte Dez.- Mitte Jan. und Donnerstag 15 Uhr - Freitag geschl.) –* **10 Z : 17 B**
42/52 - 75/85.

XX Haus Herrentann 🍴 mit Zim, Ungermannsweg 19 (Richtung Rheindahlen), 𝒫 55 93 36, « Park,
Gartenterrasse » – 🏚wc ☎ 🅿 ⚐
7 Z : 10 B.

In Mönchengladbach 2-Rheydt – 🕿 02166

🏨 **Besch-Parkhotel Rheydt**, Hugo-Junkers-Str. 2, 𝒫 4 40 11, Telex 8529143 – 🛗 📺 ⟵ 🅿   Z r
⚐. 🆎 ⓞ ᴇ 𝑽𝑰𝑺𝑨
Karte 36/76 *(Samstag 14 Uhr - Sonntag geschl.) –* **35 Z : 70 B** 95/100 - 150.

🏨 **Coenen** 🍴, Giesenkirchener Str. 41, 𝒫 1 00 88, « Kleiner Garten » – 🛗 📺 ⟵ 🅿 ⚐. 🆎
ⓞ ᴇ 𝑽𝑰𝑺𝑨   X u
Juli - Aug. 2 Wochen geschl. – Karte 26/61 *(wochentags nur Abendessen, Mittwoch geschl.)*
– **50 Z : 80 B** 79/105 - 118/150 Fb.

🏠 Elisenhof 🍴, Klusenstr. 97, 𝒫 36 41, 🔲 – 🏚wc 🏚wc ☎ ⟵ 🅿 ⚐   X a
28 Z : 40 B Fb.

🏠 City-Hotel, Langengasse 4, 𝒫 4 60 18 – 🏚 ☎   Z v
(nur Abendessen) – **38 Z : 70 B**.

XX Schloß-Restaurant (Wasserschloß a. d. 16. Jh.), Schloß Rheydt, 𝒫 2 01 02, « Park,
Gartenterrasse » – 🅿 ⚐   X b
Montag geschl. – Karte 24/62.

X Spickhofen, Dahlener Str. 88, 𝒫 4 22 34   Z m
(Hotel-Neubau mit 80 B ab Sommer 1986).

In Korschenbroich 4052 ③ : 5 km :

🏠 St. Andreas, Gustav-Heinemann-Str. 1, 𝒫 (02161)6 47 64 – 🛗 📺 🏚wc 🏚wc ☎ ⟵ 🅿
(nur Abendessen) – **19 Z : 30 B**.

In Korschenbroich 1-Herrenshoff 4052 ③ : 5 km :

X **Alt Herrenshoff**, Schaffenbergstr. 13, 𝒫 (02161) 64 10 80, « Innenhofterrasse » – 🅿. 🆎
ⓞ ᴇ 𝑽𝑰𝑺𝑨
Montag, 15.- 28. Feb. und 15. Juli - 1. Aug. geschl. – Karte 26/56.

In Korschenbroich 2-Kleinenbroich 4052 ③ : 7 km :

🏠 **Gästehaus im Kamp** 🍴 garni, Im Kamp 5, 𝒫 (02161) 6 74 79 – 🏚wc 🏚wc ☎ ⟵ 🅿
15.- 29. Juli geschl. – **16 Z : 25 B** 50/60 - 90.

XX **Zur Traube**, Haus-Randerath-Str. 15, 𝒫 (02161) 67 04 04, Biergarten – 🅿. 🆎 ⓞ ᴇ
6.- 30. Jan. und Mittwoch geschl. – Karte 24/67.

MÖRFELDEN-WALLDORF 6082. Hessen – 29 800 Ew – Höhe 95 m – 🕿 06105.
♦Wiesbaden 35 – ♦Darmstadt 19 – ♦Frankfurt am Main 17.

Im Ortsteil Walldorf :

XX **La Fattoria** (Italienische Küche), Jourdanallee 4, 𝒫 7 41 01, 🍽 – 🅿. 🆎 ⓞ 𝑽𝑰𝑺𝑨
Montag geschl. – Karte 30/60.

MÖRLENBACH 6942. Hessen – 8 500 Ew – Höhe 170 m – Erholungsort – 🕿 06209.
♦Wiesbaden 81 – ♦Darmstadt 45 – Heidelberg 28 – ♦Mannheim 25.

XX **Zur Krone**, Weinheimer Str. 5, 𝒫 42 89 – 🅿
Juni und Dienstag geschl. – Karte 17,50/40 🍷.

In Mörlenbach-Juhöhe NW : 5 km :

🏔 **Waldschenke Fuhr** 🍴, Kreiswaldweg 25, 𝒫 (06252) 49 67, ≤, 🍽, 🦌 – 🏚wc 🅿
← *Mitte Jan.- Mitte Feb. geschl. – Karte 13,50/32 (Dienstag geschl.) –* **9 Z : 12 B** 32 - 56 –
P 42/50.

XX **Haus Höfle** (mit Ferienwohnungen), 𝒫 (06252) 22 74, « Terrasse mit ≤ », 🦌 – 📺 🏚wc
← 🏚wc ⟵ 🅿. 🦌 Zim
*7. Jan.- 7. Feb. und 23. Juni - 3. Juli geschl. – Karte 12/38 (Montag ab 14 Uhr und Donnerstag
geschl.) –* 8 Appart. 55/60.

MÖRNSHEIM 8831. Bayern — 1 700 Ew — Höhe 420 m – ✪ 09145.
♦München 127 – Ingolstadt 47 – ♦Nürnberg 86.
　XX　Lindenhof mit Zim, Marktstr. 25, ℰ 71 22 — 📺 🛏wc ☎
　　　10 Z : 20 B.

MOERS 4130. Nordrhein-Westfalen 🗗🗗🗗 ⑪ — 102 200 Ew — Höhe 29 m – ✪ 02841.
Siehe Ruhrgebiet (Übersichtsplan).
♦Düsseldorf 40 – ♦Duisburg 12 – Krefeld 17.
　XX　**Zur Trotzburg**, Rheinberger Str. 1, ℰ 2 27 54
　　　4.- 30. Aug., Montag ab 14 Uhr und Samstag geschl. — Karte 18,50/53.

　　　In Moers 3-Repelen　N : 3,5 km :
　🏨　**Zur Linde**, An der Linde 3, ℰ 7 30 61, Biergarten, ☎ — 🛗 📺 🛁wc 🛏wc ☎ ₺ 🚗 🅿 🏋.
　　　🆎 ⑩ E 💳. ✸ Zim
　　　Karte 20/48 — **30 Z : 62 B** 70/85 - 95/120 Fb.

　　　In Moers 1-Schwafheim　S : 3,5 km :
　🏨　Schwarzer Adler, Düsseldorfer Str. 309 (B 57), ℰ 38 21 — 🛗 🛏wc ☎ 🚗 🅿. ✸
　　　40 Z : 60 B Fb.

MÖSSINGEN 7406. Baden-Württemberg 🗗🗗🗗 ⑯ — 15 500 Ew — Höhe 477 m – ✪ 07473.
🛈 Reise- und Verkehrsbüro, im neuen Rathaus, ℰ 40 88.
♦Stuttgart 60 – Tübingen 14 – ♦Ulm (Donau) 112 – Villingen-Schwenningen 65.
　🏠　**Brauhaus Mössingen** garni, Auf der Lehr 30, ℰ 60 23 — 🛗 🛁wc 🛏wc ☎ 🅿
　　　30 Z : 50 B 34/49 - 69/73.
　XX　**Lamm**, Lange Str. 1, ℰ 62 63 — 🅿. E
　　　Montag und Juli - Aug. 3 Wochen geschl. — Karte 23/60.

MOGENDORF 5431. Rheinland-Pfalz — 1 100 Ew — Höhe 300 m – ✪ 02623 (Ransbach).
Mainz 91 – ♦Bonn 70 – ♦Koblenz 30 — Limburg an der Lahn 30.

　　　An der Straße nach Oberhaid　NW : 2 km :
　🏚　**Pension Mausmühle** 🏞, ✉ 5419 Oberhaid, ℰ (02626) 4 11, 🍴 — 📺 🛏wc 🅿. ✸ Rest
　🛏　Nov. geschl. — Karte 14/28 *(abends nur kalte Speisen)* — **13 Z : 21 B** 27/35 - 54/64 — P 38/44.

Orte mit mindestens einem für Rollstuhlfahrer geeigneten Hotel bzw.
mit eigenem Tennisplatz,
Golfplatz oder Reitpferden finden Sie auf einer Liste am Ende des Führers.

MOMMENHEIM Rheinland-Pfalz siehe Nierstein.

MONACO (DI BAVIERA) = München.

MONDSEE Österreich siehe Salzburg.

MONHEIM 4019. Nordrhein-Westfalen — 40 400 Ew — Höhe 40 m – ✪ 02173.
♦Düsseldorf 25 – ♦Köln 28 – Solingen 19.

　　　In Monheim-Baumberg　N : 3 km :
　🏠　**Lehmann** garni, Thomasstr. 24, ℰ 6 37 50, ☎, 🍴 — 🛏wc ☎
　　　19 Z : 24 B 35/64 - 79/89.
　🏚　**Zur Aue**, Hauptstr. 132, ℰ 6 33 19, 🍴 — 🛏 🅿
　🛏　Karte 14,50/42 *(Donnerstag geschl.)* — **13 Z : 26 B** 40/50 - 70/75.

MONREAL 5441. Rheinland-Pfalz 🗗🗗🗗 ㉔ — 900 Ew — Höhe 295 m – ✪ 02651 (Mayen).
Mainz 133 – Cochem 23 – ♦Koblenz 42.
　🏚　**Haus Löwenburg**, Bahnhofstr. 1, ℰ 22 36, 🍴, « Garten », ☎ — 🛏wc 🅿
　🛏　Karte 13/35 *(Nov.- April Dienstag geschl.)* — **7 Z : 15 B** 25/35 - 50/70.

MONREPOS (Schloß) Baden-Württemberg siehe Ludwigsburg.

MONSCHAU 5108. Nordrhein-Westfalen 🗗🗗🗗 ㉘, 🗗🗗🗗 ⑯ — 12 000 Ew — Höhe 405 m – ✪ 02472.
Sehenswert : Fachwerkhäuser★★ — Rotes Haus (Innenausstattung★) — Friedhofskapelle ≤★.
Ausflugsziel : ≤★★ vom oberen Aussichtsplatz an der B 258, NW : 2 km.
🛈 Tourist-Information, Stadtstr. 1, ℰ 33 00.
♦Düsseldorf 110 – ♦Aachen 34 – Düren 43 – Euskirchen 53.

🏨 **Royal** garni, Stadtstr. 6, ☎ 20 33 — 🛗 🗋wc ☎
März - Okt. — **10 Z : 20 B** 45/50 - 80 — 4 Appart. 100/120.

🏨 **Lindenhof**, Laufenstr. 77, ☎ 6 86, 🚗 — 🗋wc 🅿
4. Nov.- 15. Dez. geschl. — Karte 16/38 — **12 Z : 22 B** 45/55 - 60/90.

🏠 **Horchem**, Rurstr. 14, ☎ 4 90, 🌮 — ➰wc 🗋wc ⇐. 🆎 ⓞ 🅴 ᴠɪsᴀ
Mitte Feb.- Mitte März geschl. — Karte 16,50/53 *(Sept.- Mai Montag geschl.)* — **11 Z : 26 B** 45/50 - 70/90.

🏠 **Burgau** garni, St. Vither Str. 16, ☎ 21 20, 🚗 — 📺 🗋wc 🅿. 🆎 🅴
13 Z : 25 B 38/65 - 65/105.

🍴 **Eifeler Hof**, Stadtstr. 10, ☎ 50 46 — 🗋
15. Nov.- 20. Dez. geschl. — Karte 18/40 *(Freitag geschl.)* — **8 Z : 14 B** 25/35 - 45/70.

XX **Alte Herrlichkeit**, Stadtstr. 7, ☎ 22 84 — 🆎 🅴
Okt.- April Dienstag geschl. — Karte 24/62.

XX **Hubertusklause** 🦌 mit Zim, Bergstr. 45, ☎ 50 36, ≤, 🌮 — 📺 🗋wc 🅿
Karte 17/43 *(Mittwoch geschl.)* — **7 Z : 13 B** 25/39 - 56/68.

In Monschau-Höfen S : 4 km — Wintersport : 🎿3 :

🏨 **Aquarium** 🦌 (Einrichtung im Barockstil), Heidgen 34, ☎ 6 93, ⇐, 🏊 (geheizt), 🚗 — 📺 ➰wc 🗋wc ☎ 🅿
(nur Abendessen für Hausgäste) — **10 Z : 20 B** 46/52 - 76/92 — 2 Appart. 100.

🏠 **Sporthotel Prümmer**, Hauptstr. 88 (B 258), ☎ 22 98, ⇐, 🏊 (geheizt), 🚗, 🎾 — 🗋wc ⇐
🅿. 🆎 ⓞ 🅴 ᴠɪsᴀ
15. Nov.- 15. Dez. geschl. — Karte 16/37 *(Dienstag geschl., Okt.- März wochentags nur Abendessen)* — **14 Z : 28 B** 28/35 - 54/66.

In Monschau-Kalterherberg SW : 6 km :

🍴 **Hirsch**, Monschauer Str. 7, ☎ 22 83, 🚗, 🐎 — 🛗 🗋wc ⇐ 🅿. 🅴
Karte 16/35 *(Nov.- April Mittwoch geschl.)* — **42 Z : 85 B** 30/45 - 52/72.

In Monschau-Rohren SO : 8 km — Wintersport : 580/670 m 🚡1 🎿2 :

🏠 **Kirch**, Dröft 3, ☎ 30 77, 🚗 — ➰wc 🗋wc 🅿. ⓞ 🅴
Karte 20/40 *(Mittwoch geschl.)* — **20 Z : 40 B** 40/65 - 80/110 — P 65/85.

MONTABAUR 5430. Rheinland-Pfalz 𝟿𝟾𝟽 ㉔ — 12 000 Ew — Höhe 230 m — ✪ 02602.
🛈 Tourist-Information, Kirchstr. 48a, ☎ 30 01.
Mainz 71 — ✦Bonn 80 — ✦Koblenz 32 — Limburg an der Lahn 22.

🍴 **Zur Post**, Bahnhofstr. 30, ☎ 33 61 — 🛗 🗋 🅿
Karte 16,50/53 🍴 — **24 Z : 36 B** 35/45 - 64/70.

🍴 **Schlemmer**, Kirchstr. 18, ☎ 50 22 — 🗋wc ⇐
← *20. Dez.- 10. Jan. geschl.* — Karte 14,50/42 *(Freitag geschl.)* — **25 Z : 45 B** 35/44 - 60/120.

Im Gelbachtal SO : 3,5 km :

XX **Stock** 🦌 mit Zim, ✉ 5430 Montabaur, ☎ (02602) 35 10 — 🗋wc 🅿. 🐕 Zim
Karte 20/60 — **18 Z : 28 B** 37/45 - 74/89.

An der Autobahn A 3 NO : 4,5 km, Richtung Frankfurt :

🏨 **Motel Heiligenroth**, an der BAB A3, ✉ 5431 Heiligenroth, ☎ (02602) 50 44, Telex 869675, 🌮 — 🛗 📺 🗋wc ☎ 🔒 ⇐ 🅿 🏋. 🆎 ⓞ 🅴
Karte 18/50 — **28 Z : 55 B** 60/80 - 96/100.

In Wirges 5432 NW : 5 km :

🏨 **Paffhausen**, Bahnhofstr. 100, ☎ (02602) 6 00 24, 🚗 — 🗋wc ☎ 🔒 🅿 🏋
Karte 22/52 *(Sonntag ab 15 Uhr geschl.)* — **29 Z : 55 B** 37/65 - 66/103.

MONTJOIE = Monschau.

MOOS Baden-Württemberg siehe Radolfzell.

MOOSBACH 8481. Bayern — 2 700 Ew — Höhe 499 m — Erholungsort — ✪ 09656.
🛈 Verkehrsamt, Rathaus, Marktplatz 1, ☎ 2 26.
✦München 210 — Bayreuth 86 — ✦Nürnberg 114 — ✦Regensburg 87.

🍴 **Goldener Löwe**, Marktplatz 8, ☎ 2 47 — 🗋wc 🅿
21 Z : 42 B.

MOOSBRONN Baden-Württemberg siehe Gaggenau.

MOOSBURG 8052. Bayern 𝟿𝟾𝟽 ㊲ — 13 500 Ew — Höhe 421 m — ✪ 08761.
✦München 53 — Landshut 19 — ✦Nürnberg 161.

🏨 **Bauer**, Münchener Str. 54, ☎ 3 41, Telex 58740 — 🛗 📺 ➰wc 🗋wc ☎ ⇐ 🅿. 🆎 ⓞ
← *Aug. geschl.* — Karte 14/40 — **28 Z : 40 B** 36/62 - 70/120 Fb.

MORBACH/Hunsrück 5552. Rheinland-Pfalz 987 ㉔ — 10 000 Ew — Höhe 450 m — Luftkurort — ✆ 06533.

🔲 Verkehrsamt, Bahnhofstr. 23, ℰ 71 50.

Mainz 107 — Bernkastel-Kues 17 — Birkenfeld 21 — ◆Trier 63.

🏠 **St. Michael**, Bernkasteler Str. 3, ℰ 30 25, 🛏 — 🔌 🛋wc ☎ 🚗 🍽. ㏈ ⑩
Karte 16,50/55 — **41 Z : 80 B** 43/46 - 76/80 Fb.

🏠 **Hochwaldhof**, Bahnhofstr. 93, ℰ 32 49 — 🛁wc 🛋wc 🚗 🅿
19. Juni - 9. Juli geschl. — Karte 16/42 *(Montag geschl.)* — **24 Z : 48 B** 32/35 - 64/70 — P 52/60.

🏠 **Hochwaldcafé** garni, Unterer Markt 4, ℰ 33 78 — 🛋wc 🚗
15 Z : 27 B 35 - 65/70.

🏡 **Zum Schinderhannes**, Bernkasteler Str. 1, ℰ 30 25 — 🛋. ㏈ ⑩ ㊉
Karte 15/34 *(Mittwoch geschl.)* — **20 Z : 34 B** 35/46 - 58/80.

In Morbach-Bischofsdhron NO : 2 km :

✗ **Landgasthof Alte Post** mit Zim, Paulinusstr. 25, ℰ 34 85
Karte 19/44 *(Donnerstag - Freitag 17 Uhr geschl.)* — **7 Z : 12 B** 30 - 60.

In Horbruch 6541 NO : 12 km über die B 327 :

🏠 **Historische Bergmühle** 🌲, ℰ (06543) 40 41, « Ehem. gräfliche Schloßmühle », 🍴 —
🛁wc 🛋 ☎ 🅿. ㏈ ⑩ ㊉ 🆅🆂🅰
Karte 22/56 *(Montag geschl.)* — **11 Z : 21 B** 48/75 - 98/145.

✗ **Alter Posthof** mit Zim, Oberdorf 2, ℰ (06543) 37 70 — 🛋wc 🅿. ㏈ ㊉
13. Jan.- 4. Feb. geschl. — Karte 18,50/49 *(Dienstag geschl.)* — **4 Z : 10 B** 38/45 - 75/100 (Anbau mit 9 Zim ab Sommer 86).

MORINGEN 3413. Niedersachsen — 7 600 Ew — Höhe 179 m — ✆ 05554.

◆Hannover 106 — ◆Braunschweig 91 — Göttingen 27 — Hardegsen 8,5.

An der Straße nach Einbeck N : 2 km :

🏠 **Stennebergsmühle** 🌲, ✉ 3413 Moringen, ℰ (05554) 80 02, Telex 965576, 🍴, 🛏 — 🛋wc ☎ 🚗 🅿 🍽. ㏈ ㊉
Karte 26/60 — **30 Z : 60 B** 68 - 116 Fb.

In Moringen 3-Fredelsloh NW : 8 km :

✗✗ **Pfeffermühle im Jägerhof** mit Zim, Schafanger 1, ℰ (05555) 4 10, 🍴 — 📺 🛋wc ☎ 🅿
3 Z : 5 B.

MORSBACH 5222. Nordrhein-Westfalen 987 ㉔ — 10 500 Ew — Höhe 250 m — ✆ 02294.

Ausflugsziel : Wasserschloß Crottorf★ NO : 10 km.

🔲 Verkehrsamt, Waldbröler Straße (Provinzialhaus), ℰ16 16.

◆Düsseldorf 107 — ◆Köln 70 — Siegen 33.

🏠 **Zum goldenen Acker** 🌲, Zum goldenen Acker 44, ℰ 4 33, 🍴, 🍴 — 🛋wc ☎ 🅿 🍽
Anfang Jan.- Anfang Feb. geschl. — Karte 22/53 *(Abendessen nur für Hausgäste, Montag geschl.)* — **30 Z : 60 B** 50 - 100.

An der Straße nach Waldbröl NW : 5,5 km :

🏠 **Potsdam**, Hülstert 2, ✉ 5222 Morsbach, ℰ (02294) 87 32, ≤, 🍴, 🍴 — 🛁wc 🛋wc 🚗 🅿
Karte 16,50/38 — **21 Z : 37 B** 40/43 - 75.

In Morsbach-Rom N : 7 km :

🏡 **Zum Römertal** 🌲, ℰ 2 35, 🛏, 🍴 — 🛋wc 🅿
26. Feb.- 25. März geschl. — Karte 15/34 *(Montag geschl.)* — **17 Z : 40 B** 27/36 - 49/69.

MORSUM Schleswig-Holstein siehe Sylt (Insel).

MOSBACH 6950. Baden-Württemberg 987 ㉕ — 25 000 Ew — Höhe 151 m — ✆ 06261.

🔲 Städtisches Verkehrsamt, Am Marktplatz, ℰ 8 22 36.

◆Stuttgart 87 — Heidelberg 45 — Heilbronn 33.

🏠 **Lamm** (Fachwerkhaus a.d. 18. Jh.), Hauptstr. 59, ℰ 1 20 21 — 🔌 🛁wc 🛋wc ☎. ㏈ ⑩ ㊉ 🆅🆂🅰
↔ Karte 14,50/39 ⑇ — **52 Z : 87 B** 31/39 - 57/70 — 2 Appart. 80/90.

✗ **Gasthaus zum Amtsstüble** mit Zim, Lohrtalweg 1, ℰ 23 06 — 🅿
Karte 18/38 *(Montag geschl.)* ⑇ — **4 Z : 7 B** 32/40 - 60/64.

In Mosbach-Neckarelz SW : 4 km :

🏠 **Lindenhof**, Martin-Luther-Str. 3, ℰ 71 48 — 🛋wc 🚗 🅿
24. Dez.- 7. Jan. geschl. — Karte 18/38 *(Mittwoch geschl.)* ⑇ — **22 Z : 30 B** 40 - 70.

In Elztal-Dallau 6957 NO : 5,5 km :

🏡 **Zur Pfalz**, Hauptstr. 5, ℰ (06261) 22 93 — 🛋wc 🚗 🅿. 🍲 Zim
17. Feb.- 3. März geschl. — Karte 15/39 *(Montag geschl.)* ⑇ — **13 Z : 21 B** 24/33 - 48/66.

MOSELKERN 5401. Rheinland-Pfalz — 600 Ew — Höhe 83 m — ✆ 02672 (Treis-Karden).
Ausflugsziel : Burg Eltz★★, Lage★★ NW : 1 km und 30 min zu Fuß.
Mainz 106 — Cochem 17 — ◆Koblenz 32.

🏠 **Anker-Pitt**, Moselstr. 42, ℰ 13 03, ≤, ≋ — 🛗 🏻wc ℗. ❄ Zim
— Karte 14,50/44 *(Montag geschl.)* 🍴 — **25 Z : 50 B** 42 - 65/80.

MOSELTAL Rheinland-Pfalz 987 ② ㉔
Sehenswert : Moseltal★★ (von Trier bis Koblenz) — **Trier :** Porta Nigra★★ — Liebfrauenkirche★★ (Grabmal Metternichs★) — Kaiserthermen★★ — Rheinisches Landesmuseum★★ — Dom★ (Domschatzkammer★, Kreuzgang ≤★, Inneres Tympanon★ des südlichen Portals) — Bischöfliches Museum★ (Deckenmalerei des Konstantinischen Palastes★★) — Palastgarten★ — St.Paulin★ — **Bernkastel-Kues :** Markt★ — **Burg Landshut** ≤★★ — **Starkenburg :** ≤★ — **Zell-Kaimt :** ≤★★ von der Umgehungsstraße — **Marienburg :** Lage★★ (≤★★) — **Beilstein :** Burg Metternich ≤★ — **Burg Eltz★★ :** Lage★★ — **Koblenz :** Deutsches Eck★ (≤★).

MOSSAUTAL 6121. Hessen — 2 200 Ew — Höhe 390 m — ✆ 06062 (Erbach).
◆Wiesbaden 99 — Beerfelden 12 — ◆Darmstadt 59 — ◆Mannheim 50.

In Mossautal 1-Güttersbach — Erholungsort :

🏠 **Zentlinde** ⋙, Hüttenthaler Str. 37, ℰ 20 80, ≋, 🔲, 🛝 — 📺 🏻wc 🏻wc ℗ 🛁. ❄ Zim
36 Z : 67 B Fb.

🏠 **Haus Schönblick** ⋙, Hüttenthaler Str. 30, ℰ 53 80, 🛝 — 🏻wc ℗
— 4.- 30. Jan. geschl. — Karte 13/30 *(Mai - Aug. Dienstag geschl.)* — **24 Z : 38 B** 25/35 - 50/70.

In Mossautal-Obermossau :

🏠🏠 Brauerei-Gasthof Schmucker, ℰ (06061) 7 10 01, Biergarten — 🏻wc 🏻wc ☎ ℗ 🛁
26 Z : 55 B.

MOTTEN 8781 Bayern — 1 700 Ew — Höhe 450 m — ✆ 09748.
◆München 358 — Fulda 20 — ◆Würzburg 93.

In Motten-Speicherz S : 7 km :

🏠 **Zum Biber**, Hauptstr. 15 (B27), ℰ 2 14 — 🏻wc 🏻wc ⇐ ℗
— 12.- 30. Nov. geschl. — Karte 13/31 *(Dez.- März Montag geschl.)* — **32 Z : 58 B** 25/37 - 48/62.

MUCH 5203. Nordrhein-Westfalen — 10 000 Ew — Höhe 195 m — ✆ 02245.
◆Düsseldorf 77 — ◆Bonn 33 — ◆Köln 40.

🏨 **Lindenhof**, Lindenstr. 3, ℰ 38 72 — 🏻wc ℗
— März 2 Wochen geschl. — Karte 13/32 *(Sonntag bis 17 Uhr und Donnerstag geschl.)* — **8 Z : 16 B** 25/40 - 50/70.

In Much-Sommerhausen SW : 3 km :

XXX **Landhaus Salzmann** ⋙ mit Zim, Sommerhausener Str. 93, ℰ 14 26, ≤, 🌳 — 📺 🏻wc ☎ ℗. 🖭 ⑩
Karte 22/64 *(Montag geschl.)* — **2 Z : 4 B** 60 - 85.

MUDAU 6933. Baden-Württemberg 987 ㉘ — 4 800 Ew — Höhe 450 m — ✆ 06284.
◆Stuttgart 113 — Aschaffenburg 61 — Heidelberg 59 — ◆Würzburg 80.

X **Engel** mit Zim, Hauptstr. 26, ℰ 3 39
— Karte 14,50/35 *(Mittwoch geschl.)* 🍴 — **8 Z : 15 B** 25 - 50.

MÜCKE 6315. Hessen — 7 500 Ew — Höhe 300 m — ✆ 06400.
◆Wiesbaden 107 — Alsfeld 31 — Gießen 28.

In Mücke-Atzenhain :

🏨 **Zur Linde**, Lehnheimer Str. 2, ℰ (06401) 64 65, ≋, 🛝 — 🏻wc ⇐ ℗
— Karte 12/24 — **18 Z : 30 B** 30/40 - 56/60.

In Mücke-Flensungen :

🏨 **Finkernagel**, Bahnhofstr. 116, ℰ 81 91 — 🏻wc ⇐ ℗. 🖭
Aug.- Sept. 3 Wochen geschl. — Karte 15/34 *(Montag ab 14 Uhr geschl.)* — **14 Z : 24 B** 26/36 - 45/65.

MÜDEN Niedersachsen siehe Faßberg.

In this guide,
a symbol or a character, printed in red or black, in **bold** or light type,
does not have the same meaning.
Please read the explanatory pages carefully (pp. 28 to 35).

🏛 🏛

Karte **25**/45

MÜHLACKER 7130. Baden-Württemberg 987 ㉘㉙ – 23 800 Ew – Höhe 225 m – ✿ 07041.
♦Stuttgart 39 – Heilbronn 65 – ♦Karlsruhe 47 – Pforzheim 12.

🏠 **Scharfes Eck**, Bahnhofstr. 1, ℰ 60 27 – 🛗🛏wc ☎ 🏦. 🖭 🗲 𝘝𝘐𝘚𝘈
→ Karte 14,50/37 *(Mittwoch bis 17 Uhr geschl.)* 🍴 – **29 Z : 45 B** 32/52 - 58/80 Fb.

🏠 **Post**, Poststr. 7, ℰ 34 83 – 🛏wc ☎ 🚗 🅿
Karte 15/35 *(Samstag geschl.)* – **16 Z : 22 B** 29/39 - 58/77.

In Ötisheim 7136 NW : 4 km :

🏠 **Zur Krone**, Maulbronner Str. 11, ℰ (07041) 28 07 – 🛏wc 🅿
→ *Feb. 2 Wochen und Aug. 3 Wochen geschl.* – Karte 11,50/32 *(Montag geschl.)* 🍴 – **7 Z : 11 B** 35 - 70.

MÜHLDORF AM INN 8260. Bayern 987 ㉗, 426 ⑥ – 14 400 Ew – Höhe 383 m – ✿ 08631.
♦München 80 – Landshut 57 – Passau 95 – Salzburg 77.

🏨 **Jägerhof**, Stadtplatz 3, ℰ 40 03 – 🛏wc ☎ 🚗 🅿. 🖭 ⑩ 🗲 𝘝𝘐𝘚𝘈
27. Dez.- 12. Jan. geschl. – Karte 17/45 *(Freitag 15 Uhr - Samstag geschl.)* – **30 Z : 40 B** 29/49 - 70/82.

🏠 **Wetzel** garni, Stadtplatz 36, ℰ 73 36 – 🛗 🛏wc ☎ 🚗. ⑩
22 Z : 33 B 32/55 - 79.

🏠 **Rappensberger** garni, In der Pflanzenau 31 (nahe der B 12), ℰ 70 54 – 🛁wc 🛏wc 🚗
🅿
18 Z : 22 B 31/34 - 58.

MÜHLENBACH 7611. Baden-Württemberg – 1 500 Ew – Höhe 260 m – Erholungsort – ✿ 07832 (Haslach).
♦Stuttgart 178 – ♦Freiburg im Breisgau 42 – Freudenstadt 54 – Offenburg 32.

🏖 **Kaiserhof**, an der B 294 (S : 2,5 km), ℰ 23 93, 🏖, 🏊, 🐎 – 🛏 🚗 🅿
→ *Nov. geschl.* – Karte 14/34 *(Dez.- Mai Donnerstag geschl.)* 🍴 – **11 Z : 20 B** 28/33 - 54/60 – P 43/45.

MÜHLHAUSEN Baden-Württemberg bzw. Bayern siehe Tiefenbronn bzw. Augsburg.

MÜHLHAUSEN 8431. Bayern – 3 900 Ew – Höhe 400 m – ✿ 09185.
♦München 124 – Beilngries 16 – Ingolstadt 51 – ♦Nürnberg 50 – ♦Regensburg 74.

In Mühlhausen-Sulzbürg NW : 6 km :

XX **Alte Post** mit Zim, Marktplatz 7, ℰ 3 66, 🏖, 🏊, 🐎 – 🛏wc 🅿. ⑩
15. Jan.- Feb. geschl. – Karte 26/53 *(Montag geschl.)* – **7 Z : 12 B** 42 - 65/75.

MÜHLHAUSEN IM TÄLE Baden-Württemberg (Krs. Göppingen) siehe Wiesensteig.

MÜHLHEIM AM MAIN 6052. Hessen – 25 000 Ew – Höhe 105 m – ✿ 06108.
♦Wiesbaden 51 – ♦Frankfurt am Main 14 – Hanau am Main 8.

🏠 **Café Kinnel**, G.-Hauptmann-Str. 54, ℰ 7 60 52 – 🛁wc 🛏wc 🅿
Karte 16/33 *(Freitag geschl.)* – **41 Z : 57 B** 47/58 - 87/108 Fb.

🏠 **Scheid**, Hanauer Str. 72, ℰ 7 35 04 – 🛏wc ☎ 🚗 🅿
→ 13. Juli - 4. Aug. geschl. – Karte 14,50/34 *(nur Abendessen, Freitag geschl.)* – **16 Z : 24 B** 55/60 - 100/110.

In Mühlheim 3-Lämmerspiel SO : 5 km :

🏘 **Landhaus Waitz**, Kettelerstr. 26, ℰ 61 08, 🏖, 🏖 – 🛗 📺 🚗 🅿 🏦
27. Dez.- 10. Jan. geschl. – Karte 29/69 *(Samstag bis 17 Uhr und Sonntag ab 15 Uhr geschl.)* – **50 Z : 80 B** 60/98 - 105/150 Fb.

In Mühlheim-Markwald S : 2 km :

🏠 **Seerose** garni, Forsthausstr. 38, ℰ 7 10 51, 🏖, 🐎 – 🛁wc ☎ 🅿
9 Z : 14 B 75/80 - 130 Fb.

MÜHLTAL Hessen siehe Darmstadt.

MÜLHEIM AN DER RUHR 4330. Nordrhein-Westfalen 987 ⑬⑭ – 174 000 Ew – Höhe 40 m – ✿ 0208.

Siehe Ruhrgebiet (Übersichtsplan).

🛈 Verkehrsverein, Rathaus (Nordflügel), Ruhrstr., ℰ 4 55 90 16.
ADAC, Löhrstr. 3, ℰ 47 00 77, Notruf ℰ 1 92 11.
♦Düsseldorf 26 ③ – ♦Duisburg 9 ④ – ♦Essen 10 ② – Oberhausen 5,5 ⑤.

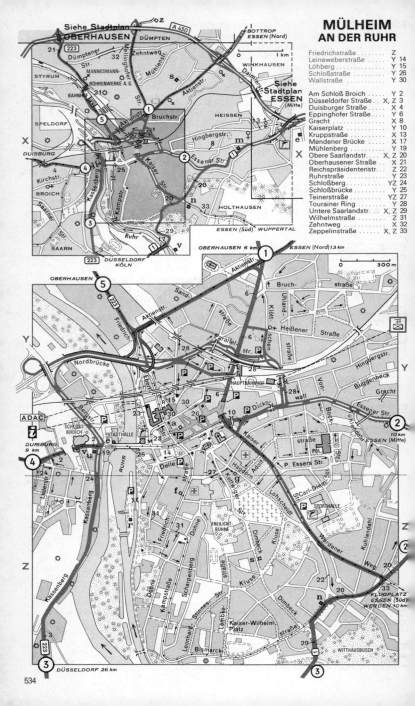

MÜLHEIM
AN DER RUHR

OBERHAUSEN 6 km ① ESSEN (Nord) 13 km

ESSEN (Süd) WUPPERTAL

OBERHAUSEN ⑤

0   300 m

Siehe Stadtplan
OBERHAUSEN

Siehe
Stadtplan
ESSEN
(Mitte)

A 430

BOTTROP
ESSEN (Nord)

DÜMPTEN

WINKHAUSEN

HEISSEN

HOLTHAUSEN

STYRUM

SPELDORF

DUISBURG

BROICH

SAARN

DÜSSELDORF
KÖLN

223

ADAC

SCHLOSS
BROICH

DUISBURG
9 km ④

DÜSSELDORF 26 km ③

10 km ② ESSEN (Mitte)

FLUGPLATZ
ESSEN (Süd)
WERDEN 10 km

WITTHAUSBUSCH

534

🏨 **Noy**, Schloßstr. 28, ℰ 4 46 71 – 🛗 📺 Rest 📺 🖪. 🄰🄴 🄾 🄴 🆅🅸🆂🅰. ❊   Y a
Karte 23/69 *(Sonntag geschl.)* – **60 Z : 80 B** 100/147 - 171/193 Fb.

🏨 **Friederike** garni, Friedrichstr. 32, ℰ 38 13 74, « Garten » – 📺 🚿wc 🛁wc 🖪. 🄰🄴 🄴   Z f
26 Z : 35 B 65/98 - 78/120.

🏠 **Hotel am Schloß Broich** garni, Am Schloß Broich 27, ℰ 42 20 38, 🚌 – 🛗 🚿wc 🛁wc 🖪   Y v
🚗. 🄰🄴 🄴
22 Z : 34 B 80/90 - 120 Fb.

🏠 **Haus Kastanienhof**, Dimbeck 27, ℰ 3 21 39, « Garten », 🚌 – 🛗 🛁wc 🖪 🄿   Z s
Karte 19/40 *(nur Abendessen, Freitag geschl.)* – **29 Z : 50 B** 60/90 - 105/120.

🏠 **Kölner Hof**, Hagdorn 12, ℰ 3 59 59 – 🛁wc 🖪   YZ g
11 Z : 15 B Fb.

XX **Becker-Eichbaum**, Obere Saarlandstr. 5 (B 1), ℰ 3 40 93 – 🄿   Z n
Karte 26/67.

XX ❀ **Fuente**, Gracht 209 (B 1), ℰ 43 18 53 – 🄿. 🄰🄴   X m
Samstag bis 18 Uhr sowie Sonn- und Feiertage geschl. – Karte 56/100 (abends Tischbestellung ratsam)
Spez. Kohlrabi-Soufflé mit Krebsen, Gänsestopfleber auf Meeresböhnchen, Lammfilets in Blätterteig (für 2 Pers.).

XX **Am Kamin**, Striepensweg 62, ℰ 76 00 36, « Gartenterrasse mit offenem Kamin » – 🄿. 🄰🄴   X s
🄾 🄴
Aug.- Sept. 3 Wochen geschl. – Karte 39/70.

XX **La Belle Epoque**, Mühlenberg 12, ℰ 42 64 50, Einrichtung im Jugendstil   Y u
(Tischbestellung ratsam).

XX **Wasserbahnhof**, Schleuseninsel, ℰ 38 16 36, ≤, 🌳 – 🄿 🖪. 🄰🄴 🄾 🄴 🆅🅸🆂🅰   Z r
Donnerstag geschl. – Karte 23/52.

X **Stadthallen-Restaurant**, Am Schloß Broich 2, ℰ 42 20 31 – 🄿 🖪   Y e
24. Juli - 6. Sept. geschl. – Karte 23/58.

Im Rhein-Ruhr-Zentrum über ② und die B 1 :

XX **Mövenpick**, Humboldtring, ℰ 4 99 48 – 🄿. 🄰🄴 🄾 🄴 🆅🅸🆂🅰   X e
Karte 19/52 – **Baron de la Mouette** Karte 36/67.

In Mülheim-Dümpten :

🏠 **Kämpgens Hof**, Denkhauser Höfe 46, ℰ 7 33 66, 🌳, 🚌, 🏊 (geheizt), 🎾 – 🛁wc 🖪 🄿.   X z
🄾 🄴
Karte 27/61 – **20 Z : 32 B** 65 - 95 Fb.

In Mülheim-Holthausen :

X **Haus Grobe**, Zeppelinstr. 60, ℰ 37 52 67 – 🄿. 🄰🄴 🄾 🄴   X n
Dienstag geschl. – Karte 21/48.

In Mülheim-Menden :

XX Speigner's Müller Menden, Mendener Str. 109, ℰ 37 40 15, 🌳 – 🄿   X v

In Mülheim-Mintard über Mendener Brücke X :

🏠 **Mintarder Wasserbahnhof** 🐟, August-Thyssen-Str. 129, ℰ (02054) 72 72, « Terrasse mit
≤ » – 🚿wc 🛁wc 🚗 🄿. 🄰🄴 🄾 🄴
Jan. geschl. – Karte 23/54 *(Freitag geschl.)* – **25 Z : 30 B** 49/75 - 95/125.

In Mülheim-Saarn über Mendener Brücke X :

XXX **Dicken am Damm**, Mintarder Str. 139, ℰ 48 01 15, « Terrasse mit ≤ » – 🄿
Donnerstag und Feb. geschl. – Karte 20/64.

▮ **MÜLHEIM (MOSEL)** ▮ 5556. Rheinland-Pfalz – 1 000 Ew – Höhe 110 m – ✿ 06534.
◦Mainz 119 – Bernkastel-Kues 6 – ◆Trier 40 – Wittlich 14.

🏠 **Moselhaus Selzer**, Moselstr. 7 (B 53), ℰ 7 07, ≤, 🌳, 🎾 – 🚿wc 🛁wc 🚗 🄿
März - Okt. – Karte 16/40 🍴 – **14 Z : 26 B** 40/50 - 60/85.

In Braunenberg 5551 W : 1,5 km :

X **Wolff** mit Zim, Dusemonderstr. 3, ℰ (06534) 6 55 – 🄿
Karte 19/53 *(Dienstag geschl.)* – **6 Z : 10 B** 25 - 50.

Besonders angenehme Hotels oder Restaurants
sind im Führer rot gekennzeichnet.

Sie können uns helfen, wenn Sie uns die Häuser angeben,
in denen Sie sich besonders wohl gefühlt haben.

Jährlich erscheint eine komplett überarbeitete Ausgabe
aller Roten Michelin-Führer.

🏨🏨🏨 ... 🏠

XXXXX ... X

MÜLLHEIM 7840. Baden-Württemberg 987 ㉞, 427 ④, 87 ⑧ – 14 000 Ew – Höhe 230 m – ✿ 07631.

🛈 Städtisches Verkehrsamt, Werderstr. 48, ℘ 40 70.

♦Stuttgart 238 – Basel 41 – ♦Freiburg im Breisgau 42 – Mulhouse 26.

🏨 **Euro-Hotel Alte Post,** an der B 3, ℘ 55 22, Telex 772916, « Gartenterrasse » – 📺 ⇔wc 🛏wc ☎ ⇔ ℗ 🏋. 🆎 ⓞ **E**
Karte 24/56 *(Dez.- März Sonntag geschl.)* ♨ – **57 Z : 120 B** 58/78 - 106/139 Fb.

🏨 **Bauer,** Eisenbahnstr. 2, ℘ 24 62, ➹ – 📶 ⇔wc 🛏wc ☎ ⇔ ℗ 🏋
Mitte Dez.- Mitte Jan. geschl. – Karte 15/47 *(Samstag geschl.)* ♨ – **60 Z : 90 B** 28/52 - 54/90.

🏨 **Gästehaus im Weingarten** ➾ garni, Kochmatt 8, ℘ 1 41 46, ≤, 🔲, ➹ – 📺 ⇔wc 🛏wc 🕹 ⇔ ℗. �
7 Appart. : 14 B 50 - 80/120.

🏠 **Zum Bad,** Badstr. 40, ℘ 38 85, 🏡 – 📺 🛏wc ℗
Feb. geschl. – Karte 17/49 *(Mittwoch geschl.)* ♨ – **9 Z : 17 B** 35/60 - 70/90 Fb.

🏠 **Winzerhaus,** Marktplatz 4, ℘ 27 52 – 🛏 ℗. � Zim
12 Z : 22 B.

✕ **Parkrestaurant im Bürgerhaus,** Hauptstr. 122, ℘ 60 39, « Gartenterrasse » – ℗ 🏋. ⓞ **E**
26. Juli - 12. Aug. und Dienstag geschl. – Karte 21/46 ♨.

In Müllheim 16-Britzingen NO : 5 km – Erholungsort :

✕ **Krone** mit Zim, Markgräfler Str. 32, ℘ 20 46 – 🛏wc ℗
Jan. geschl. – Karte 18,50/39 *(Mittwoch 14 Uhr - Donnerstag geschl.)* – **8 Z : 14 B** 35 - 48/50.

In Müllheim 14-Feldberg SO : 6 km:

🏠 **Zur Krone** ➾, Rheintalstr. 9, ℘ 35 01, ≤, 🏡, eigener Weinbau – 🛏wc ℗. � Zim
5 Z : 9 B.

✕ **Ochsen** mit Zim, Bürgelnstr. 32, ℘ 35 03, « Gartenwirtschaft », ⇔ – ⇔wc 🛏wc ℗
10. Jan. - 12. Feb. und Juli 1 Woche geschl. – Karte 20/50 *(Donnerstag geschl.)* ♨ – **8 Z : 15 B**
28/45 - 76/88.

In Müllheim 11-Niederweiler O : 1,5 km – Erholungsort :

🏠 **Pension Weilertal,** Weilerstr. 15, ℘ 57 94, ➹ – 🛏wc ☎ ℗
(Rest. nur für Hausgäste) – **10 Z : 18 B** 46/65 - 90/130 – P 72/91.

In Müllheim 12-Vögisheim S : 2 km :

🏠 **Haus Friede,** Zizinger Weg 5, ℘ 50 58, ≤, 🏡, ➹ – 📶 ⇔wc 🛏wc ☎ ⇔ ℗
Feb. geschl. – Karte 24/47 *(Montag geschl.)* ♨ – **20 Z : 30 B** 40/55 - 80/96 – P 62/72.

MÜLLINGEN Niedersachsen siehe Sehnde.

MÜNCHBERG 8660. Bayern 987 ㉗ – 13 000 Ew – Höhe 553 m – ✿ 09251.

♦München 266 – Bayreuth 37 – Hof 20.

🏠 **Braunschweiger Hof,** Bahnhofstr. 13, ℘ 50 47 – ⇔wc 🛏wc ⇔ ℗. 🆎 **E**
21.- 30. Dez. geschl. – Karte 16,50/46 – **25 Z : 36 B** 29/45 - 55/80.

In Weißdorf-Wulmersreuth 8661 O : 2,5 km :

🏠 Walther ➾, ℘ (09251) 13 62, ➹ – 🛏 ℗
10 Z : 17 B.

In Sparneck 8663 SO : 6 km :

🏨 **Waldhotel Heimatliebe** ➾, ℘ (09251) 81 13, « Gartenterrasse », ⇔, ➹ – 🛏wc ☎ ⇔
℗ 🏋. 🆎 **E.** � Rest
Karte 18/51 *(auch Diät)* – **23 Z : 46 B** 51/57 - 84/95 Fb – P 76/85.

In Zell 8665 S : 7 km :

🏠 **Zum Waldstein,** Marktplatz 16, ℘ (09257) 2 61, ➹ – 🛏wc ℗
↤ *10.- 20. Nov. geschl.* – Karte 11/22 *(Mittwoch ab 14 Uhr geschl.)* – **20 Z : 34 B** 23/29 - 43/53 –
P 35/42.

Gute Küchen (siehe S. 15)

haben wir für Feinschmecker

durch ✿, ✿✿ oder ✿✿✿ kenntlich gemacht.

MÜNCHEN 8000. Ⓛ Bayern 987⑰, 426 ⑰ − 1 297 000 Ew − Höhe 520 m − ✪ 089.

Sehenswert : Marienplatz★ KLY − Frauenkirche★★ (Turm ❊★) KY − Alte Pinakothek★★★ KY − Deutsches Museum★★ LZ M1 − Residenz★ (Schatzkammer★★, Altes Residenztheater★) LY − Asamkirche★ KZ A − Bayerisches Nationalmuseum★★ HV − Neue Pinakothek★ GU − Münchner Stadtmuseum★ (Moriskentänzer★★) KZ M2 − Städt. Galerie im Lenbachhaus (Porträts Lenbachs★) KY M5 − Staatliche Antikensammlungen★ KY M6 − Glyptothek★ KY M7 − Deutsches Jagdmuseum ★ KY M8 − Olympia-Park (Olympia-Turm ❊★★★) CR − Neues Rathaus★ LY R − Theatinerkirche★ (Chor und Kuppel★) LY D − Englischer Garten (Blick vom Monopteros★) HU.

Ausflugsziel : Nymphenburg★★ (Schloß★, Park★, Amalienburg★★, Botanischer Garten ★★) BS.

🛬 München-Riem (⑤ :11 km), 𝒫 92 11 21 27.

🚗 𝒫 12 88 44 25.

Messegelände (EX), 𝒫 5 10 71, Telex 5212086.

🅱 Verkehrsamt im Hauptbahnhof (gegenüber Gleis 11), 𝒫 2 39 12 56.

🅱 Tourist-Information, Rathaus, 𝒫 2 39 11.

🅱 Verkehrsamt im Flughafen München-Riem, 𝒫 2 39 12 66.

ADAC, Sendlinger-Tor-Platz 9, 𝒫 59 39 79, Notruf 𝒫 1 92 11.

DTC, Amalienburgstr. 23 BS, 𝒫 8 11 10 48, Telex 524508.

Innsbruck 149 ⑤ − ◆Nürnberg 165 ② − Salzburg 140 ④ − ◆Stuttgart 219 ⑦.

Die Angabe (M 15) nach der Anschrift gibt den Postzustellbezirk an : München 15
L'indication (M 15) à la suite de l'adresse désigne l'arrondissement : München 15
The reference (M 15) at the end of the address is the postal district : München 15
L'indicazione (M 15) posta dopo l'indirizzo, precisa il quartiere urbano : München 15

Messe-Preise : siehe S. 17 und 60   **Foires et salons :** voir p. 25 et 60
Fairs : see pp. 33 and 60   **Fiere :** vedere p. 41 e 60

Stadtpläne : siehe München Seiten 2 bis 7.

🏛🏛 ✿ **Vier Jahreszeiten Kempinski - Restaurant Walterspiel** ⤸, Maximilianstr. 17 (M 22), 𝒫 23 03 90, Telex 523859, Massage, 🛎, ☒ − 🛗 🗐 📺 ⇔ 🚗. ᴬᴱ ⑩ E 𝘝𝘐𝘚𝘈. ❊ Rest   LY G
  Karte 64/115 *(Montag und Samstag jeweils bis 18 Uhr und Aug. geschl.)* − **Jahreszeiten-Eck**
  (Sonntag geschl.) Karte 32/65 − **365 Z : 550 B** 248/363 - 381/466
  Spez. Filet vom Meerwolf in Rotwein mit Rindermark, Bresse-Poularde mit Brunnenkresseschaum, Himbeeren "Walterspiel".

🏛🏛 ✿ **Königshof,** Karlsplatz 25 (M 2), 𝒫 55 84 12, Telex 523616 − 🛗 🗐 📺 🅿 🚗. ᴬᴱ ⑩ E 𝘝𝘐𝘚𝘈.
  ❊ Rest   KY s
  Karte 48/112 (Tischbestellung ratsam) − **120 Z : 200 B** 174/224 - 218/318
  Spez. Lasagne mit Seezunge und Langustinen, Gefüllte Hechtklößchen in brauner Noilly-Prat-Sauce, Entenbrust in Honig-Cidre-Sauce.

🏛🏛 **Hilton,** Am Tucherpark 7 (M 22), 𝒫 3 84 50, Telex 5215740, Biergarten, Massage, 🛎, ☒ −
  🛗 🗐 📺 ♿ 🅿 🚗. ᴬᴱ ⑩ E 𝘝𝘐𝘚𝘈   HU n
  Restaurants : − **Hilton-Grill** Karte 36/80 − **Isar-Terrassen** (auch Diät) Karte 28/56 − **485 Z : 900 B** 202/292 - 252/414.

🏛🏛 **Bayerischer Hof-Palais Montgelas,** Promenadeplatz 6 (M 2), 𝒫 2 12 00, Telex 523409, Massage, 🛎, ☒ − 🛗 🗐 Rest ♿ ⇔ 🚗. ᴬᴱ ⑩ E 𝘝𝘐𝘚𝘈   KY y
  Restaurants : − **Grill** Karte 33/75 − **Trader Vic's** *(nur Abendessen)* Karte 28/70 − **Palais Keller** Karte 17/48 − **442 Z : 762 B** 165/228 - 285/413.

🏛🏛 **Continental,** Max-Joseph-Str. 5 (M 2), 𝒫 55 79 71, Telex 522603, 🍴, « Einrichtung mit antiken Möbeln » − 🛗 📺 ⇔ 🚗. ᴬᴱ ⑩ E 𝘝𝘐𝘚𝘈   KY f
  Karte 43/83 − **160 Z : 250 B** 200/280 - 280/350 Fb.

🏛🏛 **Arabella-Westpark-Hotel,** Garmischer Str. 2 (M 2), 𝒫 5 19 60, Telex 523680, 🛎, ☒ − 🛗
  📺 ♿ 🅿 🚗. ᴬᴱ ⑩ E 𝘝𝘐𝘚𝘈   CS t
  Karte 24/60 − **258 Z : 516 B** 160/220 - 220/270 Fb.

🏛🏛 **Excelsior,** Schützenstr. 11 (M 2), 𝒫 55 79 06, Telex 522419 − 🛗 🗐 Rest 📺 🚗. ᴬᴱ ⑩ E 𝘝𝘐𝘚𝘈.
  ❊ Rest   JY z
  Karte 31/68 − **118 Z : 170 B** 149/204 - 198/258.

🏛🏛 **Eden-Hotel-Wolff,** Arnulfstr. 4 (M 2), 𝒫 55 82 81, Telex 523564 − 🛗 📺 ⇔ 🚗. ᴬᴱ ⑩ E 𝘝𝘐𝘚𝘈   JY p
  Karte 25/60 − **214 Z : 320 B** 150/260 - 200/280 Fb.

🏛🏛 **Drei Löwen - Rest. Strawberry,** Schillerstr. 8 (M 2), 𝒫 59 55 21, Telex 523867 − 🛗 📺
  ⇔ 🅿 🚗. ᴬᴱ ⑩ E 𝘝𝘐𝘚𝘈. ❊ Rest   JY e
  Karte 26/50 *(Sonntag geschl.)* − **130 Z : 200 B** 118/138 - 174/198 Fb.

🏛🏛 **Metropol,** Bayerstr. 43, (Eingang Goethestr.) (M 2), 𝒫 53 07 64, Telex 522816 − 🛗 🗐 Rest
  🚗. ᴬᴱ ⑩ E   JY k
  Karte 21/53 − **272 Z : 364 B** 67/144 - 115/153.

Fortsetzung →

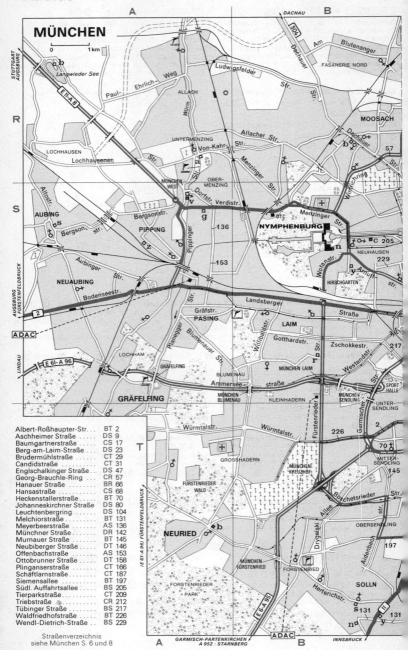

MÜNCHEN

0   1 km

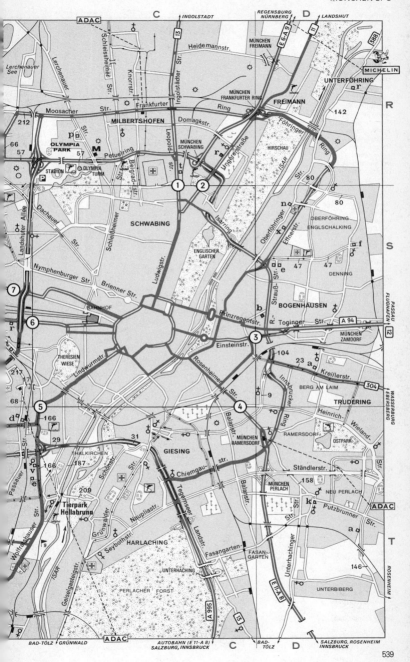

Straßenverzeichnis
siehe München S. 6 und 8

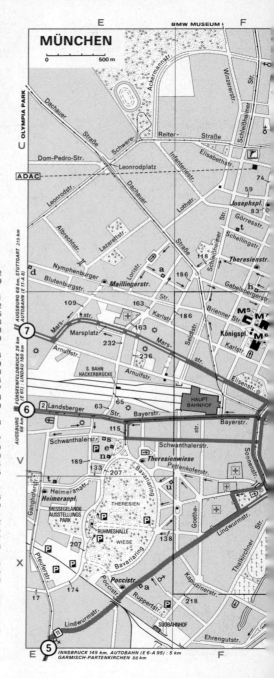

MÜNCHEN

0   500 m

BMW MUSEUM

OLYMPIA PARK

ADAC

AUGSBURG 68 km, STUTTGART 219 km
AUTOBAHN (E 11·A 8)

FÜRSTENFELDBRUCK 26 km
(E 61); LINDAU 180 km

AUGSBURG
68 km

INNSBRUCK 149 km, AUTOBAHN (E 6·A 95) : 5 km
GARMISCH-PARTENKIRCHEN 88 km

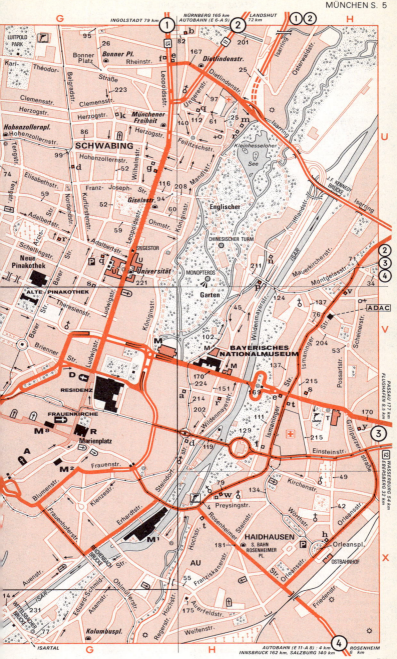

INGOLSTADT 79 km

NÜRNBERG 165 km
AUTOBAHN (E 6-A 9)

LANDSHUT
72 km

LUITPOLD PARK

Bonner Platz

Bonner Pl.

Rheinstr.

Dietlindenstr.

Dietlindenstr.

Osterwaldstr.

Isarring

Karl-

Théodor-

Straße

Belgradstr.

Clemensstr.

Herzogstr.

Clemensstr.

Ungererstr.

Münchener Freiheit

Herzogstr.

Kleinhesseloher See

Isarring

Hohenzollernpl.

Hohenzollernstr.

Herzogstr.

J. F. KENNEDY BRÜCKE

Tengstr.

Elisabethstr.

Hohenzollernstr.

Isarring

SCHWABING

Tengstr.

Nordendstr.

Franz- Joseph-

Str.

Giselastr.

Kurfürstenstr.

Adalbertstr.

Leopoldstr.

Königinstr.

Ohmstr.

Englischer

Adalbertstr.

Mandlstr.

CHINESISCHER TURM

ISAR

Scheltingstr.

Adalbertstr.

SIEGESTOR

Neue Pinakothek

Turkenstr.

Universität

MONOPTEROS

Mauerkircherstr.

Montgelasstr.

ALTE PINAKOTHEK

Theresienstr.

Königinstr.

Ludwigstr.

Garten

Wildenmayerstr.

Ifflandstr.

Brienner

Barer

Str.

Ludwigstr.

ADAC

BAYERISCHES NATIONALMUSEUM

Ismaninger

Scheinerstr.

Possartstr.

RESIDENZ

D

Wildenmayerstr.

Str.

FRAUENKIRCHE

Str.

Ismaninger

Grillparzerstr.

Marienplatz

Frauenstr.

Ismaninger

Einsteinstr.

OSTBAHNHOF

HAIDHAUSEN

Str.

PASSAU 177 km
FLUGHAFEN 8,5 km

WASSERBURG 54 km
EBERSBERG 32 km

Blumenstr.

Klenzestr.

Frauenhoferstr.

Erhardtstr.

Preysingstr.

Rosenheimer

Str.

Steinstr.

Kirchenstr.

Wörthstr.

Orleanstr.

REICHENBACH BRÜCKE

Hochstr.

Rosenheimer

S. Bahn ROSENHEIMER PL.

Orleanspl.

Auenstr.

ISAR

Eduard-Schmid-Str.

Asamstr.

Ohlmüllerstr.

Regerstr.

Hochstr.

AU

Franziskanerstr.

Auerfeldstr.

Str. Orleanstr.

Friedenstr.

WITTELSBACHER BRÜCKE

Welfenstr.

Kolumbuspl.

AUTOBAHN (E 11-A 8) : 4 km
INNSBRUCK 162 km, SALZBURG 140 km

ROSENHEIM
6 km

ISARTAL

STRASSENVERZEICHNIS

Fortsetzung
siehe München S. 8

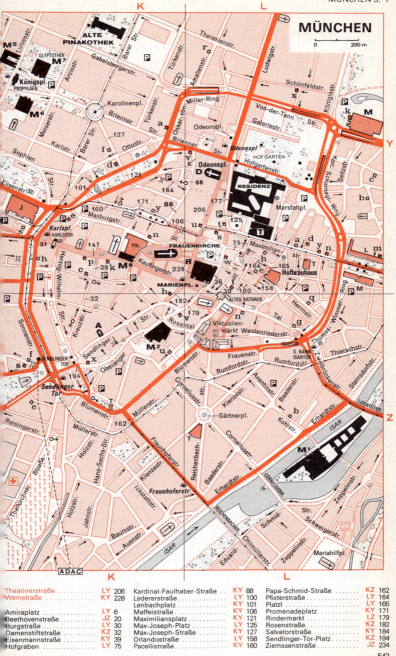

MÜNCHEN

0   200 m

🏨 **Europe** Ⓜ, Erzgießereistr. 15 (M 1), ℰ 18 60 55, Telex 5214977 — 🛗 📺 ➱wc ☎ ⟸ 🅰. 🆎
Ⓞ E 💳
Karte 30/62 — **106 Z : 212 B** 170/180 - 200/210.
EU a

🏨 **Germania**, Schwanthaler Str. 28 (M 2), ℰ 5 16 80, Telex 523790 — 🛗 📺 ➱wc 🍴wc ☎ 🅰.
🆎 Ⓞ E 💳 (überwiegend Steak-Gerichte) — **100 Z : 150 B** 148/188 - 178/218 Fb.
Karte 21/50
JY a

🏨 **Bundesbahnhotel**, Bahnhofplatz 2 (M 2), ℰ 55 85 71, Telex 523174 — 🛗 📺 ➱wc 🍴wc ☎
🅰. 🆎 Ⓞ E 💳
Karte 22/47 — **217 Z : 276 B** 80/115 - 134/170 Fb.
JY u

🏨 **Reinbold** garni, Adolf-Kolping-Str. 11 (M 2), ℰ 59 79 45, Telex 522539 — 🛗 ▤ 📺 ➱wc ☎
⟸. 🆎 Ⓞ E 💳
56 Z : 84 B 77/174 - 127/184.
JY t

🏨 **Deutscher Kaiser**, Arnulfstr. 2 (M 2), ℰ 55 83 21, Telex 522650, Rest. in der 15. Etage mit
< München — 🛗 ➱wc 🍴wc ☎ 🅱 🅿 🅰. 🆎 Ⓞ E 💳 🛇 Rest
Karte 32/60 — **156 Z : 222 B** 112/118 - 175/195 Fb.
JY s

🏨 **Apollo** garni, Mittererstr. 7 (M 2), ℰ 53 95 31, Telex 5212981 — 🛗 📺 ➱wc ☎ ⟸. 🆎 Ⓞ E
💳
23. Dez.- 7. Jan. geschl. — **74 Z : 150 B** 160 - 205 Fb.
JY w

🏨 **Central-Hotel** garni, Schwanthalerstr. 111 (M 2), ℰ 50 60 81, Telex 5216031 — 🛗 📺 ➱wc
☎ 🅿. 🆎 Ⓞ E 💳
60 Z : 130 B 140/175 - 180/195 Fb.
EV s

🏨 **Admiral** garni, Kohlstr. 9 (M 5), ℰ 22 66 41, Telex 529111 — 🛗 📺 ➱wc ☎ ⟸. 🆎 Ⓞ E 💳
22. Dez.- 5. Jan. geschl. — **30 Z : 45 B** 125/200 - 165/220 Fb.
LZ b

🏨 **Bristol** garni, Pettenkoferstr. 2 (M 2), ℰ 59 51 51, Telex 524767 — 🛗 📺 ➱wc ☎ ⟸. 🆎 Ⓞ
E
22. Dez.- 6. Jan. geschl. — **57 Z : 90 B** 110/195 - 165/240.
KZ f

🏨 **Splendid** garni, Maximilianstr. 54 (M 22), ℰ 29 66 06, Telex 522427 — 🛗 📺 ➱wc ☎. 🆎
40 Z : 60 B 92/237 - 124/289 Fb.
HV d

🏨 **Adria** garni, Liebigstr. 8 a (M 22), ℰ 29 30 81 — 🛗 📺 ➱wc 🍴wc ☎. 🆎 Ⓞ E 💳
23. Dez.- 7. Jan. geschl. — **54 Z : 76 B** 60/165 - 90/180.
HV a

🏨 **Ariston** garni, Unsöldstr. 10 (M 22), ℰ 22 26 91, Telex 522437 — 🛗 ➱wc 🍴wc ☎ ⟸ 🅿 🅰.
🆎 Ⓞ E
63 Z : 112 B 105/125 - 125/160 Fb.
LY c

🏨 **Domus** garni, St.-Anna-Str. 31 (M 22), ℰ 22 17 04, Telex 529835 — 🛗 📺 ➱wc ☎ ⟸. 🆎
Ⓞ E
22.- 26. Dez. geschl. — **45 Z : 82 B** 120/160 - 160/220 Fb.
LY b

🏨 **Concorde** garni, Herrnstr. 38 (M 22), ℰ 22 45 15, Telex 522002 — 🛗 📺 ➱wc ☎ ⟸.
🆎 Ⓞ E 💳
23.- 27. Dez. geschl. — **51 Z : 100 B** 110/150 - 130/190 Fb.
LZ q

🏨 **An der Oper** garni (Rest. Bouillabaisse im Hause), Falkenturmstr. 10 (M 2), ℰ 22 87 11,
Telex 522588 — 🛗 ➱wc 🍴wc ☎
54 Z : 99 B.
LY h

🏨 **Königswache - Restaurant Seoul**, Steinheilstr. 7 (M 2), ℰ 52 20 01, Telex 529161 — 🛗 📺
➱wc ☎ ⟸. 🆎 Ⓞ E
16. Dez.- 7. Jan. geschl. — Karte 23/60 (Koreanische Küche) — **48 Z : 76 B** 110/155 - 145/195 Fb.
FU h

🏨 **Ambassador - Restaurant Alfredo**, Mozartstr. 4 (M 2), ℰ 53 08 40, Telex 522445, 🍴
🛗 📺 ➱wc ☎ ⟸. 🆎 Ⓞ E 💳
Karte 30/55 (Italienische Küche, Samstag geschl.) — **62 Z : 100 B** 100/150 - 190/240 Fb.
JZ a

🏨 **Schweiz-Gebhardt** garni, Goethestr. 26 (M 2), ℰ 53 95 85, Telex 529331 — 🛗 ➱wc 🍴wc
☎. 🆎 Ⓞ E 💳
58 Z : 90 B 85/150 - 120/170.
JZ e

🏨 **Europäischer Hof** garni, Bayerstr. 31 (M 2), ℰ 55 46 21, Telex 522642 — 🛗 ➱wc 🍴wc ☎
⟸ 🅿. 🆎 Ⓞ E
170 Z : 260 B 49/148 - 102/158 Fb.
JY b

🏨 **Torbräu**, Tal 37 (M 2), ℰ 22 50 16, Telex 522212 — 🛗 ➱wc 🍴wc ☎ ⟸ 🅿
23. Dez.- 7. Jan. geschl. — Karte 20/56 — **92 Z : 152 B** 100/150 - 180/190.
LZ g

🏨 **City-Hotel** garni, Schillerstr. 3a (M 2), ℰ 55 80 91, Telex 522602 — 🛗 ▤ 📺 ➱wc ☎ ⟸.
Ⓞ
65 Z : 120 B 108/168 - 168/198 Fb.
JY r

🏨 **Meier** garni, Schützenstr. 12 (M 2), ℰ 59 56 23, Telex 529126 — 🛗 📺 ➱wc 🍴wc ☎. 🆎 Ⓞ
E 💳
59 Z : 120 B 118/150 - 166/189 Fb.
JY x

🏨 **Kraft** garni, Schillerstr. 49 (M 2), ℰ 59 48 23 — 🛗 ➱wc 🍴wc ☎. 🆎 Ⓞ E 💳
39 Z : 60 B 65/140 - 130/170.
JZ y

🏨 **Brack** garni, Lindwurmstr. 153 (M 2), ℰ 77 10 52, Telex 524416 — 🛗 ➱wc 🍴wc ☎. 🆎 Ⓞ E
💳
16. Dez.- 3. Jan. geschl. — **54 Z : 80 B** 85/135 - 130/150 Fb.
EX a

Fortsetzung →

🏠 **Brunnenhof** garni, Schillerstr. 36 (M 2), 🖋 55 49 21, Telex 524917 — 🛗 👄wc 🚿wc 🕿 🅿. 🖭
🝐 E 𝘝𝘐𝘚𝘈   JZ d
60 Z : 140 B 85/170 - 110/190.

🏠 **Uhland** garni, Uhlandstr. 1 (M 2), 🖋 53 92 77, Telex 528368 — 🛗 🚿wc 🕿 🅿. 🖭 🝐 E
25 Z : 50 B 75/110 - 95/150 Fb.   EX u

🏠 **Bosch** garni, Amalienstr. 25 (M 2), 🖋 28 10 61 — 🛗 🚿wc 🕿. 🖭 E 𝘝𝘐𝘚𝘈   LY r
  22. Dez.- 4. Jan. geschl. — **75 Z : 120 B** 75/110 - 120/170.

🏠 **Alfa** garni, Hirtenstr. 22 (M 2), 🖋 59 84 61, Telex 5212461 — 🛗 📺 👄wc 🚿wc 🕿 🅿. 🖭 🝐 E
𝘝𝘐𝘚𝘈   JY n
80 Z : 130 B 60/130 - 90/190.

🏠 **Arnulf** garni, Arnulfstr. 12 (M 2), 🖋 59 86 41, Telex 529975 — 🛗 👄wc 🚿wc 🕿 👄   JY m
136 Z : 202 B 80/120 - 130/160.

🏠 **Amba** garni, Arnulfstr. 20 (M 2), 🖋 59 29 21, Telex 523389 — 🛗 👄wc 🚿wc 🕿 👄 🅿. 🖭 𝘝𝘐𝘚𝘈
90 Z : 150 B 85/110 - 110/150.   JY d

🏠 **Stachus** garni, Bayerstr. 7 (M 2), 🖋 59 28 81, Telex 523696 — 🛗 👄wc 🚿wc 🕿. 🖭 🝐 E 𝘝𝘐𝘚𝘈
65 Z : 110 B 65/105 - 95/135.   JY g

🏠 **Blauer Bock** garni, Sebastiansplatz 9 (M 2), — 🛗 🚿wc 🕿 👄   KZ u
  21. Dez.- 6. Jan. geschl. — **76 Z : 130 B** 45/85 - 75/125.

🏠 **Daniel** garni, Sonnenstr. 5 (M 2), 🖋 55 49 45, Telex 523863 — 🛗 👄wc 🚿wc 🕿. 🖭 🝐   KY h
80 Z : 120 B 88/146 - 125/158.

🏠 **Mark** garni, Senefelderstr. 12 (M 2), 🖋 59 28 01, Telex 522721 — 🛗 📺 👄wc 🚿wc 🕿 👄 🅿
🔒. 🖭 🝐 E 𝘝𝘐𝘚𝘈   JY v
94 Z : 145 B 95 - 130/150.

🏠 **Schlicker** garni, Tal 74 (M 2), 🖋 22 79 41 — 🛗 👄wc 🚿wc 🕿 🅿. 🖭 🝐 E   LZ n
  1.- 7. Jan. geschl. — **70 Z : 120 B** 65/85 - 85/140 Fb.

🏠 **Müller** garni, Fliegenstr. 1 (M 2), 🖋 26 60 63 — 🛗 👄wc 🚿wc 🕿 🅿. 🖭 🝐 E   KZ e
  22. Dez.- 7. Jan. geschl. — **40 Z : 60 B** 70/90 - 110/140 Fb.

🏠 **Hahn** garni, Landsberger Str. 117 (M 2), 🖋 5 02 70 37, Telex 5213322 — 🛗 📺 🚿wc 🕿. 🖭
E 𝘝𝘐𝘚𝘈   CS
40 Z : 80 B 75/120 - 100/150.

🏠 **Luitpold** garni, Schützenstr. 14 (Eingang Luitpoldstr.) (M 2), 🖋 59 44 61 — 🛗 👄wc 🚿 🝐. 🖭
🝐 E 𝘝𝘐𝘚𝘈   JY W
48 Z : 72 B 59/114 - 96/148.

🏠 **Platzl**, Münzstr. 8 (M 2), 🖋 23 70 30, Telex 522910 — 🛗 📺 👄wc 🚿wc 🕿. 🖭 E   LY e
  Karte 17/48 (Sonntag geschl.) — **100 Z : 162 B** 72/100 - 96/150.

🍴🍴🍴🍴 ❀❀❀ **Aubergine**, Maximiliansplatz 5 (M 2), 🖋 59 81 71 — E   KY c
  4.- 24. Aug. sowie Sonntag - Montag und Feiertage geschl. — Karte 64/145 (Tischbestellung
  erforderlich)
  Spez. Hummer in Rotweinbuttersauce, Kalbsbriesschnitten auf Artischockensalat, Quarkgratin mit Orangen.

🍴🍴🍴 ❀ **Le Gourmet**, Ligsalzstr. 46 (M 2), 🖋 50 35 97, « Kleines elegantes Restaurant » — 🖭 🝐
E   EX x
  nur Abendessen, Sonntag und ab Pfingsten 3 Wochen geschl. — Karte 60/100 (Tischbestellung
  erforderlich)
  Spez. Falsche Prinzregententorte, Seestern auf Basilikumcreme, Krautwickel vom Lammrücken.

🍴🍴🍴 **La Piazzetta**, Oskar-v.-Miller-Ring 3 (M 2), 🖋 28 29 90, Biergarten, « Modernes italienisches
  Rest. im Florentiner Stil » — 🖭 🝐 E 𝘝𝘐𝘚𝘈   KY a
  Samstag bis 18 Uhr geschl. — Karte 34/63 — Rosticceria Karte 18/47.

🍴🍴🍴 ❀ **Sabitzer**, Reitmorstr. 21 (M 22), 🖋 29 85 84 — 🝐 E   HV x
  Samstag und an Feiertagen nur Abendessen, Sonntag geschl., im Juli und Aug. auch Samstag
  geschl. — Karte 55/97 (Tischbestellung ratsam)
  Spez. Gänsestopfleber mit Johannisbeeren, Steinbutt in Kerbelschaum, Lamm- und Wildgerichte.

🍴🍴🍴 **Maximilianstuben**, Maximilianstr. 27 (M 22), 🖋 22 90 44 — 🔲   LY x
  (Tischbestellung ratsam).

🍴🍴 ❀ **Boettner** (kleines Alt-Münchener Restaurant), Theatinerstr. 8 (M 2), 🖋 22 12 10 — 🔲. 🖭
🝐 E 𝘝𝘐𝘚𝘈   LY y
  Samstag ab 15 Uhr sowie Sonn- und Feiertage geschl. — Karte 57/112 (Tischbestellung ratsam)
  Spez. Hechtsoufflé mit Sauce Nantua, Hummereintopf "Hartung", Rote Grütze.

🍴🍴 **La Belle Epoque**, Maximilianstr. 29 (M 22), 🖋 29 33 11, 🍽   LY x
  4.- 25. Aug., Samstag bis 18 Uhr und Sonntag geschl. — Karte 33/73 (Tischbestellung
  erforderlich).

🍴🍴 **Weinhaus Schwarzwälder** (altes Münchener Weinrestaurant), Hartmannstr. 8 (M 2),
🖋 22 72 16 — 🖭 🝐 E 𝘝𝘐𝘚𝘈   KY x
  Karte 35/74.

🍴🍴 **Chesa Rüegg**, Wurzerstr. 18 (M 22), 🖋 29 71 14, « Rustikale Einrichtung » — 🔲. 🖭 🝐 E
𝘝𝘐𝘚𝘈   LY x
  Samstag, Sonn- und Feiertage geschl. — Karte 30/65 (Tischbestellung ratsam).

XX **Weinhaus Neuner** (Weinhaus a.d.J. 1852), Herzogspitalstr. 8 (M 2), ℰ 2 60 39 54 − **AE Ⓞ**
E   KY c
Sonn- und Feiertage geschl. − Karte 31/65.

XX **El Toula**, Sparkassenstr. 5 (M 2), ℰ 29 28 69 − **AE Ⓞ E VISA**   LY f
Montag und Ende Juli - Ende Aug. geschl. − Karte 47/91 (abends Tischbestellung ratsam).

XX **Zum Bürgerhaus**, Pettenkoferstr. 1 (M 2), ℰ 59 79 09, 😊, « Bäuerliche Einrichtung » − **Ⓞ**
E   KZ s
Samstag bis 18 Uhr sowie Sonn- und Feiertage geschl. − Karte 28/70 (Tischbestellung
erforderlich).

XX **Dallmayr**, Dienerstr. 14 (1. Etage) (M 2), ℰ 2 13 51 00 − **AE Ⓞ**   LY w
Samstag 15 Uhr - Sonntag geschl., Aug. nur Mittagessen − Karte 27/70.

XX **Halali**, Schönfeldstr. 22 (M 22), ℰ 28 59 09   LY x
ab Pfingsten 2 Wochen, Samstag bis 18 Uhr sowie Sonn- und Feiertage geschl. − Karte 32/56
(Tischbestellung ratsam).

XX **Tivoli** (Italienische Küche), Widenmayerstr. 52 (M 22), ℰ 22 12 74, 😊 − **AE Ⓞ E VISA 🛇**
Samstag geschl. − Karte 32/66 (Tischbestellung ratsam).   HU p

XX **Mövenpick im Künstlerhaus**, Lenbachplatz 8 (M 2), ℰ 55 78 65, 😊 − **AE Ⓞ E VISA**
Karte 20/58.   KY e

XX **Csarda Piroschka** (Ungarisches Rest. mit Zigeunermusik), Prinzregentenstr. 1 (M 22),
ℰ 29 54 25 − **Ⓟ. AE Ⓞ E**   LY k
ab 18.30 Uhr geöffnet, Sonntag geschl. − Karte 30/65 (Tischbestellung ratsam).

X **Goldene Stadt** (Böhmische Spez.), Oberanger 44 (M 2), ℰ 26 43 82 − **AE Ⓞ E**   KZ x
Sonntag geschl. − Karte 20/53 (abends Tischbestellung ratsam).

X **Zum Klösterl**, St.-Anna-Str. 2 (M 22), ℰ 22 50 86   LY m
nur Abendessen, Samstag und Feiertage geschl. − Karte 20/55 (Tischbestellung erforderlich).

X **Ratskeller**, Marienplatz 8 (M 2), ℰ 22 03 13 − **AE Ⓞ E**   LY R
Karte 18/42.

Brauerei-Gaststätten :

XX **Spatenhaus-Bräustuben**, Residenzstr. 12 (M 2), ℰ 22 78 41, 😊, « Einrichtung im
alpenländischen Stil » − **AE E VISA**   LY t
Karte 29/65.

X **Franziskaner - Fuchs'n Stub'n**, Perusastr. 5 (M 2), ℰ 22 50 02, 😊 − **AE Ⓞ**   LY s
Karte 23/61.

X **Augustiner Gaststätten**, Neuhauser Str. 16 (M 2), ℰ 2 60 41 06, « Biergarten » − **Ⓞ**
Karte 17/48.   KY p

X **Zum Spöckmeier**, Rosenstr. 9 (M 2), ℰ 26 80 88 − **AE Ⓞ**   KY b
Juni - Aug. Sonntag geschl. − Karte 20/52 🍴.

X **Zum Pschorrbräu**, Neuhauser Str. 11 (M 2), ℰ 2 60 30 01, 😊 − **AE Ⓞ E VISA**   KY k
Karte 19/43.

X **Pschorr-Keller**, Theresienhöhe 7 (M 2), ℰ 50 10 88, Biergarten − **🏛. Ⓞ E**   EV n
Karte 18/43.

X **Hackerkeller und Schäfflerstuben**, Theresienhöhe 4 (M 2), ℰ 50 70 04, Biergarten − **AE
Ⓞ E VISA**   EV e
Karte 16/44.

X Drei Rosen, Rindermarkt 5 (M 2), ℰ 26 84 08   KZ v

In München 60-Aubing :

🏠 **Grünwald** garni, Altostr. 38, ℰ 87 52 26 − 🛁wc ⇦ **Ⓟ**   AS s
20. Dez.- 7. Jan. und 1.- 18. Aug. geschl. − **37 Z : 60 B** 42/70 - 70/80.

In München 80-Berg am Laim :

🏠 **Eisenreich** garni, Baumkirchner Str. 17, ℰ 43 40 21 − 📶 🛁wc ☎ ⇦. **AE Ⓞ E**   DS a
19. Dez.- 5. Jan. geschl. − **36 Z : 48 B** 67/70 - 105.

In München-Bogenhausen :

🏨 Sheraton, Arabellastr. 6 (M 81), ℰ 92 40 11, Telex 522391, ≤ München, Biergarten, Massage,
⇆, 🏊, 🎿 − 📶 🖿 📺 & ⇦ 🏛. 🛇   DS e
Restaurants : − **Atrium** − **Alt Bayern Stube** *(nur Abendessen)* − **Sandwich Bar** − **650 Z :
1 300 B**.

🏨 **Prinzregent** Ⓜ garni, Ismaninger Str. 42 (M 80), ℰ 4 70 20 81, Telex 524403,
« Elegant-rustikale Einrichtung », ⇆ − 📶 📺 ⇦. **AE Ⓞ E VISA**   HV t
Weihnachten - 6. Jan. geschl. − **66 Z : 100 B** 166/210 - 200/260 Fb.

🏨 **Crest-Hotel**, Effnerstr. 99 (M 81), ℰ 98 25 41, Telex 524757 − 📶 🖿 📺 **Ⓟ** 🏛. **AE Ⓞ E VISA**
🛇 Rest   DS x
Karte 26/54 − **155 Z : 240 B** 177/222 - 224/239 Fb.

🏨 **Arabella-H.**, Arabellastr. 5 (M 81), ℰ 9 23 21, Telex 529987, ≤ München, Massage, ⇆, 🏊
− 📶 🖿 Rest 📺 & ⇦ 🏛 (mit 🛁). **AE Ⓞ E VISA**   DS e
Karte 27/57 − **285 Z : 450 B** 145/231 - 190/250 Fb − 90 Appart. 250/350.

XXX ❀ **Käfer Schänke**, Schumannstr. 1 (M 80), ℰ 4 16 81, Telex 523073, 🏤, « Mehrere Stuben mit rustikaler und Stil-Einrichtung » — 🆎 ⓞ ㊤. 🍽   HV s
Sonn- und Feiertage geschl. — Karte 40/90 (Tischbestellung erforderlich)
Spez. Vorspeisen vom Schaubuffet, Mit weißen Trüffeln gefüllte Ravioli (Nov.- März), Ragout von Krebsen, Entenbrust und -leber in Nelkenpfeffersauce.

XXX **da Pippo** (Italienische Küche), Mühlbaurstr. 36 (M 80), ℰ 4 70 48 48, 🏤 — ⓞ ㊤. 🍽   DS b
1.- 21. Aug. sowie Sonn- und Feiertage geschl. — Karte 38/65.

XX Tai Tung (China-Rest.), Prinzregentenstr. 60 (Villa Stuck) (M 80), ℰ 47 11 00   HV e

XX **Mifune** (Japanisches Rest.), Ismaninger Str. 136 (M 80), ℰ 98 75 72 — 🆎 ⓞ ㊤. 🍽   HV v
am 2. Sonntag im Monat ganztägig, an allen übrigen Sonntagen bis 18 Uhr sowie Juni 1 Woche geschl. — Karte 23/60.

X **Zum Klösterl**, Schneckenburger Str. 31 (M 80), ℰ 47 61 98   HV y
Samstag geschl. — Karte 20/55.

In München 81-Englschalking :

🏨 **Kent** garni, Englschalkinger Str. 245, ℰ 93 50 73, Telex 5216716, 🛄 — 🛗 📺 ⇌wc ⋔wc ☎
⇌ 🆎 ⓞ ㊤   DS f
47 Z : 90 B 96/148 - 160/210 Fb.

In München 50-Feldmoching über Lerchenauer Str. CR :

🏡 **Schießstätte** ⑤, Karlsfelder Str. 35, ℰ 3 13 84 39, Biergarten — ⋔wc ☎ ℗. 🍽
⇌ *22. Dez.- 7. Jan. geschl.* — Karte 14/30 ⑤ — **12 Z : 25 B** 38/42 - 59/72.

In München 80-Haidhausen :

🏨 **Preysing** (siehe auch Rest. Preysing-Keller), Preysingstr. 1, ℰ 48 10 11, Telex 529044, « Rustikal-elegante Einrichtung », 🛄, 🔲 — 🛗 🍽 📺 ⇌ 🏊   HX w
— **Preysing-Pub** *(bis 15 Uhr geschl.)* — **73 Z : 92 B**.

🏨 **München Penta Hotel**, Hochstr. 3, ℰ 4 48 55 55, Telex 529046, Massage, 🛄, 🔲 — 🛗 🍽
📺 ℗ 🏊, 🆎 ⓞ ㊤ 𝘝𝘐𝘚𝘈   HX t
Karte 34/68 — **583 Z : 1130 B** 183/248 - 246/266 Fb.

🏨 **Stadt Rosenheim** garni, Orleansplatz 6a, ℰ 4 48 24 24 — 🛗 ⇌wc ⋔wc ☎. 🆎 ⓞ ㊤ 𝘝𝘐𝘚𝘈
61 Z : 90 B 59/99 - 98/164.   HX h

🏨 **Habis**, Maria-Theresia-Str. 2a, ℰ 4 70 50 71 — 📺 ⇌wc ⋔wc ☎. 🆎   HV i
Karte 30/55 *(nur Abendessen)* — **24 Z : 44 B** 95 - 120/140 Fb.

XXX ❀ **Preysing-Keller**, Innere-Wiener-Str. 6, ℰ 48 10 15, « Gewölbe mit rustikaler Einrichtung »
— 🔲   HX w
nur Abendessen — (bemerkenswerte Weinkarte)
Spez. Suppe vom Donau-Waller mit Gurken, Kalbsniere mit Pilzduxelles gefüllt, Pot-au-feu vom Lamm.

In München 21-Laim :

🏨 **Petri** garni, Aindorferstr. 82, ℰ 58 10 99, 🔲 — 🛗 ⋔wc ☎ ⇌   BS l
Weihnachten - Anfang Jan. geschl. — **45 Z : 70 B** 93/133 - 118/140 Fb.

In München 50-Moosach :

🏨 **Mayerhof** garni, Dachauer Str. 421, ℰ 1 41 30 41, Telex 524675 — 🛗 📺 ⇌wc ⋔wc ☎ ⇌
℗. 🆎 𝘝𝘐𝘚𝘈   BR l
60 Z : 126 B 79/114 - 99/145.

In München 19-Neuhausen :

🏨 Nymphenburg, Nymphenburger Str. 141, ℰ 18 10 86 — 🛗 ⇌wc ⋔wc ☎ ⇌   EU c
(nur Abendessen) — **45 Z : 80 B**.

In München 83-Neu Perlach :

🏨 **Orbis Hotel München** Ⓜ, Karl-Marx-Ring 87, ℰ 6 32 70, Telex 5213357, 🛄, 🔲 — 🛗 🍽 Res
📺 ⇌ ℗ 🏊 (mit 🍽), 🆎 ⓞ ㊤ 𝘝𝘐𝘚𝘈. 🍽 Rest   über Ständlerstr.   DT
Karte 24/58 — **185 Z : 328 B** 130/160 - 160/190 Fb.

🏨 **Novotel**, Rudolf-Vogel-Bogen 3, ℰ 63 80 00, Telex 522030, 🏤, 🛄, 🔲 — 🛗 📺 ⓗ ℗ 🏊. 🆎
ⓞ ㊤ 𝘝𝘐𝘚𝘈   DT i
Karte 24/54 — **254 Z : 508 B** 140/166 - 175/185 Fb.

In München 19-Nymphenburg :

🏨 **Kriemhild** garni, Guntherstr. 16, ℰ 17 00 77 — ⇌wc ⋔wc ☎ ℗. ㊤   BS y
18 Z : 32 B 56/92 - 88/114.

X **Canale Grande** (Italienische Küche), Ferdinand-Maria-Str. 51, ℰ 17 45 65, 🏤 — 🍽   BS s
Karte 25/55.

X Schloßwirtschaft zur Schwaige, Schloß Nymphenburg Eingang 30, ℰ 17 44 21, Biergarten —
℗   BS r

In München 81-Oberföhring :

🏨 **Bräupfanne**, Oberföhringer Str. 107 a, ℰ 95 10 95, 🏤 — 📺 ⇌wc ⋔wc ☎ ⇌ ℗. 🆎 ⓞ
㊤ 𝘝𝘐𝘚𝘈   DS i
Karte 21/55 — **25 Z : 47 B** 120/130 - 179 Fb.

In München 60-Obermenzing :

🏠 **Verdi** garni, Verdistr. 123, ℰ 8 11 14 84 — 🛏 🅿. ※ AS g
1.- 15. Aug. geschl. — **15 Z : 20 B** 42/65 - 66/90.

✕ **Weichandhof**, Betzenweg 81, ℰ 8 11 16 21, « Hübscher bayr. Landgasthof, Gartenterrasse » AS v
— 🅿
(Tischbestellung ratsam).

In München 40-Oberwiesenfeld :

🏨 **Olympiapark-Hotel**, Helene-Mayer-Ring 12, ℰ 3 51 60 71, Telex 5215231, freier Zugang zum
🏊 in den Thermen — 🛗 📺 🅿 🏋. 🖭 ⓞ 🇪 🅅🇸🇦. ※ Rest CR p
24. Dez.- 6. Jan. geschl. — Karte 19/42 — **100 Z : 194 B** 125/155 - 155/195 Fb.

In München 60-Pasing :

🏠 **Petra** ⌕ garni, Marschnerstr. 73, ℰ 83 20 41 — ⌂wc 🛏wc ☎ ⇔. ※ AS z
22. Dez.- 8. Jan. geschl. — **18 Z : 26 B** 62/70 - 85/95.

In München 83-Perlach :

🏨 **Zum Bräu**, Pfanzeltplatz 11, ℰ 6 37 35 37 — 🛗 ⌂wc ☎ 🅿 DT k
28 Z : 50 B Fb.

In München 40-Schwabing :

🏨 **Holiday Inn**, Leopoldstr. 194, ℰ 34 09 71, Telex 5215439, Massage, ⇔, 🏊 — 🛗 🍽 📺 ⇔ CR t
🏋. 🖭 ⓞ 🇪 🅅🇸🇦.
Restaurants : — Almstuben-Grill (nur Abendessen) Karte 32/63 — Oma's Küche Karte 22/44 —
360 Z : 720 B 190/235 - 270/310 Fb.

🏨 **Residence**, Artur-Kutscher-Platz 4, ℰ 38 17 80, Telex 529788, ☀, 🏊 — 🛗 ⇔ 🏋. 🖭 ⓞ 🇪 HU q
🅅🇸🇦. ※ Rest
Karte 30/60 — **150 Z : 300 B** 178 - 248.

🏨 **Weinfurtners Garden-Hotel** garni, Leopoldstr. 132, ℰ 36 80 04, Telex 5214315 — 🛗 📺 GU e
⌂wc ☎ ⇔ 🅿 🏋.
180 Z : 340 B 122 - 174 Fb.

🏨 **International-H. Auer** garni, Hohenzollernstr. 5, ℰ 33 30 43, Telex 529148 — 🛗 📺 ⌂wc ☎ GU g
⇔
70 Z : 140 B.

🏨 **Biederstein** ⌕ garni, Keferstr. 18, ℰ 39 50 72, ☀ — 🛗 ⌂wc ☎ ⇔. 🖭 HU m
31 Z : 39 B 85/110 - 115/140.

🏨 **Consul** garni, Viktoriastr. 10, ℰ 33 40 35 — 🛗 📺 ⌂wc ☎ ⇔ 🅿 GU k
27 Z : 47 B 70/130 - 100/150 Fb.

🏨 **Leopold**, Leopoldstr. 119, ℰ 36 70 61, Telex 5215160 — 🛗 📺 ⌂wc 🛏wc ☎ ⅙ ⇔ 🅿. 🖭 GU f
ⓞ 🇪 🅅🇸🇦.
Karte 25/49 (Samstag geschl.) — **85 Z : 120 B** 95/120 - 130/160 Fb.

🏠 **Gästehaus Englischer Garten** ⌕ garni, Liebergesellstr. 8, ℰ 39 20 34, ☀ — 📺 ⌂wc ☎ HU r
⇔
14 Z : 22 B 85/116 - 112/152 — 14 Appart.

🏠 **Lettl** ⌕ garni, Amalienstr. 53, ℰ 28 30 26 — 🛗 📺 ⌂wc 🛏wc ☎ ⇔ 🅿 GU s
23. Dez.- 2. Jan. geschl. — **26 Z : 45 B** 69/115 - 104/150.

✕✕✕✕ ❀❀❀ **Tantris**, Johann-Fichte-Str. 7, ℰ 36 20 61, ☀, « Moderner Restaurant-Bau mit
eleganter Einrichtung » — 🍽 🅿. 🖭 ⓞ 🇪. ※ HU b
Pfingsten - Anfang Juni sowie Sonn- und Feiertage geschl., Montag und Samstag nur
Abendessen — Karte 69/131 (Tischbestellung ratsam)
Spez. Hummer in Basilikum, Taubenbrust auf Lauch und Pfifferlingen, Quark-Soufflé mit Walderdbeeren und
Birnensauce.

✕✕✕ ❀ **La mer**, Schraudolphstr. 24, ℰ 2 72 24 39, « Bemerkenswerte Dekoration » — 🖭 ⓞ 🇪.
※ GU r
nur Abendessen, Ende Juli - Ende Aug. und Montag geschl. — Karte 53/95 (Tischbestellung
ratsam)
Spez. Marinierte Gänseleber mit Trüffel, Eintopf von Hummer und Jakobsmuscheln, Gratin von Früchten.

✕✕✕ ❀ **Savarin**, Schellingstr. 122, ℰ 52 53 11 — ⓞ 🇪 FU t
Samstag bis 18 Uhr, Sonntag - Montag und Aug. 3 Wochen geschl. — Karte 47/78
(Tischbestellung ratsam)
Spez. Hechtklößchen in Dillrahm, Zicklein mit Rosmarinsauce, Dessert "Savarin Suprise".

✕✕ **Walliser Stuben**, Leopoldstr. 33, ℰ 34 80 00, Biergarten — 🖭 ⓞ 🇪 🅅🇸🇦 GU g
ab 18 Uhr geöffnet, Sonn- und Feiertage geschl. — Karte 30/60.

✕✕ **Daitokai** (Japanisches Rest.), Nordendstr. 64 (Eingang Kurfürstenstr.), ℰ 2 71 14 21 — 🍽.
🖭 ⓞ 🇪 🅅🇸🇦. ※ GU d
Sonntag geschl. — Karte 33/68.

✕✕ **Bistro Terrine** (Französische Küche), Amalienstr. 89 (Amalien-Passage), ℰ 28 17 80 — 🖭
🇪. ※ GU q
Montag und Samstag nur Abendessen, Sonn- und Feiertage sowie 17. Mai - 2. Juni geschl. —
Karte 34/65 (Tischbestellung ratsam).

✕ **Ristorante Bei Grazia**, Ungererstr. 161, ℰ 36 69 31 CR y
Freitag 15 Uhr - Samstag geschl. — Karte 24/46 (Tischbestellung ratsam).

In München 70-Sendling :

🏠 **Inge** garni, Steinerstr. 20, ℰ 7 23 70 91 — 🛗 🍴wc ☎ 🅿. 🆎 ⓘ **E**　　CT **e**
19. Dez.- 6. Jan. geschl. — **34 Z : 47 B** 70/90 - 120/140 Fb.

🏠 **Parkhotel Neuhofen**, Plinganserstr. 102, ℰ 7 23 10 86, 🍽 — 🛗 🛁wc 🍴wc ☎ 🚗. 🆎 ⓘ
E　　CT **v**
Karte 22/50 — **30 Z : 57 B** 75/118 - 102/126 Fb.

In München 71-Solln :

🏠 **Hotel und Gasthof Sollner Hof**, Herterichstr. 63, ℰ 79 20 90, Biergarten — 🛁wc 🍴wc ☎
🚗 🅿. 🆎 ⓘ **E** 🆅🆂🅰　　BT **s**
24.- 31. Dez. geschl. — Karte 15/35 🍴 — **46 Z : 78 B** 76/98 - 104/128.

🏠 **Zum Süden** garni, Wolfratshauser Str. 211, ℰ 79 71 96 — 🍴wc ☎ 🚗 🅿. 🆎 **E**　　BT **y**
24 Z : 40 B 79/89 - 110/120.

🏠 **Villa Solln** garni, Wilh.-Leibl-Str. 16, ℰ 79 20 91, 🛋, 🔲, 🛏 — 🍴wc ☎ 🚗. **E**　　BT **n**
24. Dez.- 1. Jan. geschl. — **25 Z : 40 B** 80/85 - 100/120.

In München 82-Trudering　über die B 304 DS :

🏠🏠 **Am Moosfeld** Ⓜ, Am Moosfeld 35, ℰ 42 91 90, 🛋 — 🛗 🍴wc ☎ 🅿 🍴. 🆎 ⓘ **E** 🆅🆂🅰
(nur Abendessen für Hausgäste) — **60 Z : 124 B** 93 - 144 Fb.

🍽🍽 **Passatore** (Italienische Küche), Wasserburger Landstr. 212 (B 304), ℰ 4 30 30 00, 🍽 — 🆎
ⓘ **E**
Mittwoch geschl. — Karte 26/52 (abends Tischbestellung ratsam).

in München 50-Untermenzing :

🏠🏠 **Insel-Mühle**, Von-Kahr-Str. 87, ℰ 8 10 10, Telex 5218292, « Terrasse an der Würm » — 📺
🛁wc 🍴wc ☎ 🚗 🅿. ⓘ **E**　　AR **a**
Karte 33/64 (Sonn- und Feiertage geschl.) — **37 Z : 70 B** 120/160 - 200/240.

In München 70-Untersendling :

🏠 **Carmen**, Hansastr. 146 (Einfahrt Haus Nr. 148), ℰ 7 60 10 99, Telex 5213121 — 🛗 📺 🛁wc
🍴wc ☎ 🚗 🅿. 🆎 ⓘ **E** 🆅🆂🅰　　CT **d**
Karte 21/46 (Italienische Küche, Samstag - Sonntag 18 Uhr geschl.) — **65 Z : 107 B** 75/128 -
110/185 Fb.

🏠 **Rivoli**, A.-Rosshaupter-Str. 18, ℰ 77 00 41, Telex 5212295 — 🛗 📺 🛁wc 🍴wc ☎ 🚗 🍴. 🆎
E　　CT **d**
Karte 24/50 (Italienische Küche) — **62 Z : 100 B** 95/165 - 145/195 Fb.

In Neuried 8027 :

🍽🍽 **Neurieder Hof**, Münchner Str. 2, ℰ (089) 7 55 82 72, Biergarten — 🅿. 🆎 ⓘ **E** 🆅🆂🅰　　AT **b**
Montag 15 Uhr - Dienstag geschl. — Karte **27**/60 (abends Tischbestellung ratsam).

In Unterföhring 8043 :

🏠 Tele-H., Bahnhofstr. 15, ℰ (089) 95 01 46, 🍽 — 🛗 📺 🛁wc ☎ 🚗 🅿.　　DR **r**
59 Z : 120 B Fb.

In Feldkirchen 8016　③ : 10 km :

🏠🏠 **Bauer**, Münchner Str. 6, ℰ (089) 9 09 80, Telex 529637, 🍽, 🛋, 🔲 — 🛗 🛁wc 🍴wc ☎ 🍴 🅿
🍴. 🆎 ⓘ **E**
Karte 20/51 — **65 Z : 90 B** 88 - 135 Fb.

In Unterhaching 8025　S : 10 km über Tegernseer Landstr. CT :

🏠🏠 Huber-Rest. Huber Klausn 🐾, Kirchfeldstr. 8, ℰ (089) 61 90 51 (Hotel) 6 11 16 18 (Rest.), 🛋,
🔲, 🛏, 🍽 — 🛗 📺 🛁wc 🍴wc ☎ 🚗 🅿 🍴. 🍽
65 Z : 93 B.

🍽🍽 **Angerhof**, Südstr. 8, ℰ (089) 6 11 16 21, 🍽 — 🅿. **E**
4.- 26. Aug. und Montag - Dienstag geschl. — Karte 18/61.

🍽🍽 Pfeffermühle, Münchner Str. 107, ℰ (089) 6 11 19 71.

In Haar 8013　SO : 12 km über ③ — ✪ 089 (München) :

🏠 **Motel Heberger** garni, Jagdfeldring 95, ℰ 46 45 74, ständige Bilder-Galerie — 📺 🛁wc
🍴wc ☎ 🚗 🅿. 🆎 ⓘ **E** 🆅🆂🅰
27 Z : 40 B 95/105 - 135 Fb.

🏠 **Wiesbacher**, Waldluststr. 25, ℰ 46 40 40, 🍽, Zugang zum öffentlichen 🏊 — 🛗 🛁wc 🍴wc
☎ 🅿. 🆎 ⓘ **E** 🆅🆂🅰
Karte 19/45 — **32 Z : 63 B** 54/89 - 88/123 Fb.

🍽🍽 **Kreitmair** (bayerischer Landgasthof), ✉ 8011 Keferloh 2, ℰ 46 46 57, Biergarten — 🍴 🅿
ⓘ **E**
2.- 21. Jan. und Montag geschl. — Karte 19,50/54 (Tischbestellung ratsam).

In Neubiberg 8014　SO : 12 km über Neubiberger Str. DT :

🏠 **Rheingoldhof** 🐾 garni, Rheingoldstr. 4, ℰ (089) 60 34 07 — 🛁wc 🍴wc 🚗 🅿
24. Dez.- 10. Jan. und Ende Aug. - Mitte Sept. geschl. — **24 Z : 35 B** 48 - 78.

In Ottobrunn 8012 SO : 12 km über Neubiberger Str. DT :

🏨 **Aigner** garni, Rosenheimer Landstr. 118, ℰ (089) 60 01 70, Telex 528210 — 📶 📺 ➡wc 🛁wc
☎ ✿ 🅿 🛆 🅴 🆅🆂🅰
70 Z : 110 B 100/140 - 160/180 Fb.

🏨 **Gästehaus Heidi** garni, Parkstr. 23, ℰ (089) 6 09 72 77 — 🛁wc ☎ 🅿 ⓪ 🅴
Mitte Dez.- Mitte Jan. geschl. — **18 Z : 27 B** 45/55 - 65/80.

In Aschheim 8011 ③ : 13 km über Riem :

🏨 **Zur Post**, Ismaninger Str. 11 (B 471), ℰ (089) 9 03 20 27, 🍴 — 📶 ➡wc 🛁wc ☎ ✿ 🅿 🛆
➡ Karte 14/42 — **50 Z : 70 B** 43/85 - 72/130 Fb.

In Grünwald 8022 S : 13 km über Geiselgasteigstr. CT :

🏨 **Forsthaus Wörnbrunn** ⤵, im Grünwalder Forst, ℰ (089) 64 18 85, Biergarten,
« **Gemütlich-rustikale Einrichtung** » — ➡wc 🛁wc ☎ 🅿 🛆
17 Z : 30 B Fb.

🏨 **Alter Wirt**, Marktplatz 1, ℰ (089) 64 18 55, 🍴, « **Bayrischer Landgasthof mit gemütlicher**
Atmosphäre » — 📶 ➡wc 🛁wc ☎ ✿ 🛆 🅰 ⓪
Karte 22/55 — **49 Z : 75 B** 70/110 - 85/160 Fb.

🏨 **Schloß-Hotel Grünwald**, Zeillerstr. 1, ℰ (089) 64 19 35, 🍴 — ➡wc 🛁wc ☎ 🅿 🅰 ⓪ 🅴
Jan. geschl. — Karte 23/55 — **16 Z : 27 B** 100/130 - 150/180 Fb.

In Grünwald-Geiselgasteig 8022 S : 12 km über Geiselgasteigstr. CT :

🏨 **Ritterhof** garni, Nördliche Münchner Str. 6, ℰ (089) 6 49 32 41, ⤴, 🐎 — ➡wc 🛁wc ☎ ✿
🅿 🅰 🅴
10 Z : 20 B 50/98 - 85/150.

In Straßlach 8021 S : 4 km ab Grünwald :

✗ Waldschänke Alpenblick, Riedweg 15, ℰ (08170) 2 14, 🍴, Biergarten — 🅿.

In Großdingharting 8021 S : 6,5 km ab Grünwald :

✗ Landgasthof Killer mit Zim, Am Weiher 4, ℰ (08170) 5 96, 🍴 — ➡wc 🛁wc 🅿
7 Z : 11 B.

In Oberhaching 8024 S : 14 km über die A 995 CT :

🏨 **Hachinger Hof** Ⓜ ⤵, Pfarrer-Socher-Str. 39, ℰ (089) 6 13 50 91, 🖿 — 📶 📺 ➡wc 🛁wc
☎ ✿ 🅿 🅰 ⓪ 🅴
24. Dez.- 8. Jan. geschl. — Karte 15/30 *(nur Abendessen, Samstag - Sonntag geschl.)* — **47 Z :**
62 B 68/88 - 95/140 Fb.

An der Autobahn A 8 Richtung Augsburg (W : 5 km ab Autobahneinfahrt Obermenzing) :

🏨 **Langwieder See**, Kreuzkapellenstr. 68, ✉ 8000 München 60, ℰ (089) 8 14 24 24, ≤, 🍴 —
🛁wc ✿ 🅿 🛆 🅰 ⓪ 🅴 🆅🆂🅰   AR b
Karte 19/44 — **100 Z : 170 B** 50/73 - 91/114.

MICHELIN-REIFENWERKE KGaA. Niederlassung : 8046 Garching, Gutenbergstr. 4, ℰ (089)
3 20 20 41 (über ② und Autobahn Nürnberg) (München S. 3 DR).

┌───┐
│   Benutzen Sie bitte immer die neuesten Ausgabe   │
│   der Michelin-Straßenkarten und -Reiseführer.   │
└───┘

MÜNCHWEILER AN DER RODALB 6785. Rheinland-Pfalz 🟦🟦🟦 ⑧, 🟥🟥 ⑨, 🟥🟥 ① — 3 100 Ew —
Höhe 273 m — ✿ 06395.
Mainz 131 — Landau in der Pfalz 39 — Pirmasens 9.

✗✗✗ ✿ **Krone** mit Zim, Hauptstr. 1, ℰ 16 81 — 🛁wc 🅿 ⓪ 🅴
Juni - Juli 3 Wochen geschl. — Karte 47/80 *(Tischbestellung ratsam)* (Samstag bis 18 Uhr und
Montag - Dienstag 18 Uhr geschl.) — **14 Z : 16 B** 30/60 - 55/100
Spez. Hausgemachte Ravioli, Hummer mit Sauerampfernudeln (2 Pers.), Warme Früchtetorte mit Safran-Honigeis.

MÜNDEN 3510. Niedersachsen 🟦🟦🟦 ⑮ — 28 000 Ew — Höhe 125 m — Erholungsort — ✿ 05541.
Sehenswert : Fachwerkhäuser** — Rathaus*.
Ausflugsziel : Wesertal* (von Münden bis Höxter).
🅱 Städtisches Verkehrsbüro, Rathaus, ℰ 7 53 13.
◆Hannover 151 ① — ◆Braunschweig 138 ① — Göttingen 34 ① — ◆Kassel 23 ②.

Stadtplan siehe nächste Seite.

🏨 **Berghotel Eberburg** ⤵, Tillyschanzenweg 14, ℰ 44 53, ≤ Münden, 🍴 — 📺 🛁wc ☎ ✿
🅿 🅰 ⓪ 🅴   Z u
Karte 21/42 *(wochentags nur Abendessen, Montag geschl.)* — **27 Z : 51 B** 35/64 - 73/105 Fb.

Fortsetzung →

551

MÜNDEN

🏠 **Schmucker Jäger**, Wilhelmshäuser Str. 45 (B 3), 𝄞 50 49 — ⌂wc 🗑wc ☎ 🅿 🏛 AE E Z r
Karte 14/45 *(Sonntag 15 Uhr - Montag 17 Uhr geschl.)* — **32 Z : 64 B** 35/55 - 64/92.

🏠 **Jagdhaus Heede**, Hermannshäger Str. 81, 𝄞 23 95, 🏮, 🌲 — 🗑wc 🅿. ❀ Zim über ①
Nov. geschl. — Karte 14/38 *(Montag geschl.)* — **20 Z : 34 B** 45/60 - 80.

🏠 **Hainbuchenbrunnen** 🌲, Hainbuchenbrunnen 4, 𝄞 3 31 66, ≤, 🏮, ≋, 🖾, 🌲, ❀ — ⌂wc 🅿 🏛 ❀ über Vogelsangweg Z
15. Jan.- Febr. geschl. — Karte 18/42 *(nur Abendessen, Nov.- April Donnerstag geschl.)* — **20 Z : 38 B** 40/59 - 79/99 Fb — P 70/89.

✕✕ **Ratskeller** (Rest. im Rathaus a.d.J. 1605), Am Markt 3, 𝄞 10 00 — ① E VISA Y R
Montag geschl. — Karte 28/64.

Im Werratal ① : 5 km :

🏠 **Gästehaus Weitemeyer** garni, beim letzten Heller (B 80), ✉ 3510 Münden, 𝄞 (05541) 49 31 — 🗑 🚗 🅿
12 Z : 22 B 27/33 - 54/60.

In Münden 18-Laubach ① : 6 km :

🏠 **Werrastrand**, Buschweg 41, 𝄞 3 32 58, 🏮, ≋ — 🗑wc ☎ 🚗 🅿 🏛. ❀ Zim
Nov. geschl. — Karte 17,50/44 *(Dienstag geschl.)* — **16 Z : 29 B** 42/58 - 68/80.

MÜNDER AM DEISTER, BAD 3252. Niedersachsen 987 ⑮ — 20 000 Ew — Höhe 120 m — Heilbad — ✆ 05042.

🛈 Kurverwaltung, im Haus des Kurgastes, 𝄞 30 62.

♦Hannover 33 — Hameln 16 — Hildesheim 38.

🏠 **Kastanienhof** 🌲, Am Stadtbahnhof 11 (am Süntel), 𝄞 30 63, 🌲 — TV ⌂wc ☎ 🚗 🅿
Karte 19,50/49 *(Montag geschl.)* — **20 Z : 32 B** 48/105 - 90/160 Fb.

🏠 **Wiesengrund**, Lange Str. 70, 𝄞 20 22, 🌲 — ⌂wc 🗑wc ☎ 🅿
Nov. geschl. — Karte 19/51 *(Freitag - Samstag geschl.)* — **24 Z : 29 B** 55/129 - 95/160 Fb.

🏠 **Terrassen-Café** 🌲, Querlandweg 2, 𝄞 30 45, 🏮, ≋ — 📺 TV 🗑wc ☎ ♿ 🅿. ①
Karte 18/46 — **22 Z : 34 B** 52/75 - 102/130 Fb.

🏠 **Goldenes M** 🌲, Lange Str. 70a, 𝄞 27 17, 🌲 — 🗑wc 🅿
(Rest. nur für Hausgäste) — **12 Z : 18 B** 38/54 - 84/108 — P 56/72.

In Bad Münder 1-Klein Süntel SW : 9 km :

🏠 **Landhaus Zur schönen Aussicht** 🌲, 𝄞 5 19 55, ≤, « Gartenterrasse », 🌲 — ⌂wc 🗑wc 🅿. ❀ Zim
Nov. geschl. — Karte 21/45 *(Dienstag geschl.)* — **17 Z : 30 B** 36/55 - 72/100.

MÜNNERSTADT 8732. Bayern — 8 100 Ew — Höhe 234 m — ✆ 09733.

Sehenswert : Stadtpfarrkirche (Werke✲ von Veit Stoss und Riemenschneider).

🛈 Tourist-Information, Marktplatz 1, 𝄞 90 31.

♦München 331 — ♦Bamberg 86 — Fulda 76 — Schweinfurt 29.

🏠 **Bayerischer Hof** (Fachwerkhaus a.d. 17. Jh.), Marktplatz 9, 𝄞 2 25, 🏮, ≋ — ⌂wc 🗑wc ☎. ①
Karte 17/42 *(Nov.- März Donnerstag geschl.)* — **21 Z : 44 B** 38 - 70/76 Fb.

🏠 **Café Winkelmann** garni, Marktplatz 13, 𝄞 94 41 — 🗑wc
22. Sept.- 17. Okt. geschl. — **11 Z : 18 B** 22/30 - 44/60.

MÜNSINGEN 7420. Baden-Württemberg 987 ㉟ — 11 200 Ew — Höhe 706 m — ✆ 07381.

♦Stuttgart 61 — Reutlingen 32 — ♦Ulm (Donau) 51.

⚐ **Herrmann**, Ernst-Bezler-Str. 1, 🕿 22 02 — 📶 ⋔wc 🅿
  22. Dez.- 5. Jan. geschl. — Karte 13/30 *(Freitag geschl.)* ⅃ — **38 Z : 60 B** 33/50 - 54/75.

  In Mehrstetten 7421 SO : 9 km :

🏠 **Zum Hirsch-Gästehaus Mandel** ⌂, Bahnhofstr. 7, 🕿 (07381) 24 79, ≼, ≠ — ⋔wc 🅿
  Juni geschl. — Karte 18/31 *(Mittwoch geschl.)* ⅃ — **11 Z : 22 B** 40 - 66.

MÜNSTER AM STEIN - EBERNBURG, BAD 6552. Rheinland-Pfalz 987 ㉔ — 4 100 Ew — Höhe 120 m — Heilbad — ✆ 06708.

Sehenswert : Felsenlandschaft★★ — Kurpark★ — Rheingrafenstein ≼★.

🛈 Verkehrsverein, Berliner Str. 73, 🕿 15 00.

Mainz 51 — Kaiserslautern 52 — Bad Kreuznach 4,5.

🏠 **Hotel am Kurpark** ⌂, Kurhausstr.10, 🕿 12 92, Massage, ≘, ≠ — ⇔wc ⋔wc 🕿 🅿. ❀
  März - 10. Nov. und Weihnachten - Neujahr geöffnet — (nur Abendessen für Hausgäste) —
  32 Z : 40 B 50/70 - 106/114 Fb.

🏠 **Parkhotel Plehn** ⌂, Kurhausstr. 8, 🕿 8 13 99, Bade- und Massageabteilung — 🛗 ⋔wc 🕿 🅿
  🛋
  73 Z : 110 B Fb.

🏠 **Krone**, Berliner Str. 73, 🕿 20 22, Telex 42813, ≘, ▧ — 🛗 ⇔wc ⋔wc 🕿 🅿 🛋
  58 Z : 94 B Fb.

🏠 **Post**, Berliner Str. 33, 🕿 30 26 — 🛗 ⇔wc ⋔wc 🕿 🅿 🛋. ❀
  28 Z : 38 B.

🏠 **Kaiserhof**, Berliner Str. 35, 🕿 39 50 — ⋔wc ⇐⇒ 🅿. ⑩
  Nov. geschl. — (Rest. nur für Hausgäste) — **22 Z : 35 B** 42/48 - 84/90 — P 70/73.

🏠 **Gästehaus Weingut Rapp** ⌂ garni, Schloßgartenstraße (Ebernburg), 🕿 23 12, ≠ —
  ⋔wc 🅿
  10 Z : 16 B 40 - 68 — 4 Appart. 75.

🏠 **Haus in der Sonne** ⌂, Bismarckstr. 24, 🕿 21 13, ≼ — ⇔wc ⋔wc 🕿 🅿. ❀
  Anfang Nov.- Mitte Dez. geschl. — (Rest. nur für Hausgäste) — **13 Z : 24 B** 40/45 - 70/95.

🏠 **Haus Lorenz** ⌂, Kapitän-Lorenz-Ufer 18, 🕿 18 41, ≼, ≌, ≠ — ⋔wc ⇐⇒
  24. Nov.- 12. Jan. geschl. — Karte 16,50/46 *(Montag geschl.)* ⅃ — **20 Z : 34 B** 46/49 - 53/88 —
  P 71/74.

  In Norheim 6551 W : 3 km :

🏠 **Gästehaus Bergamo** ⌂ garni, Lembergblick 1, 🕿 (0671) 2 55 05, ≘, ▧, ≠, ❀ (Halle) —
  📺 ⇔wc ⋔wc 🕿 ⇐⇒ 🅿
  16 Z : 29 B.

MÜNSTER (WESTFALEN) 4400. Nordrhein-Westfalen 987 ⑭ — 272 000 Ew — Höhe 62 m — ✆ 0251.

Sehenswert : Prinzipalmarkt★ — Dom★ (Domkammer★★ BY M2, astronomische Uhr★, Sakramentskapelle★) — Rathaus (Friedenssaal★) — Residenz-Schloß★ AY — Landesmuseum für Kunst und Kulturgeschichte (Altarbilder★★) BY M1 — Lambertikirche (Turm★) BY A.

Ausflugsziel : Straße der Wasserburgen★ (Vornholz★, Hülshoff★, Lembeck★, Vischering★) (über Roxeler Str. E).

≠ 🕿 69 13 26.

Ausstellungsgelände Halle Münsterland (DZ), 🕿 6 00 21, Telex 892681.

🛈 Verkehrsverein, Berliner Platz 22, 🕿 4 04 95.

ADAC, Ludgeriplatz 11, 🕿 4 28 79, Notruf 🕿 1 92 11.

♦Düsseldorf 124 ④ — Bielefeld 85 ① — ♦Dortmund 70 ④ — Enschede 64 ⑤ — ♦Essen 86 ④.

Stadtplan siehe nächste Seiten.

🏨 **Mövenpick Hotel am Aasee** M ⌂, Kardinal-von-Galen-Ring 65, 🕿 8 90 20, Telex 251104,
  ≌ — 🛗 📺 ⚒ 🅿 🛋. ᴬᴱ ⑩ 🄴 ᴠᴵˢᴬ   E a
  Restaurants : — **Mövenpick-Rest.** Karte 23/40 — **Rössli** Karte 30/60 — **120 Z : 160 B** 145/155 -
  180/190 Fb.

🏨 **Schloß Wilkinghege** (Wasserschloß a.d.16.Jh.), Steinfurter Str. 374 (B 54), 🕿 21 30 45, ❀,
  🖇 — 🅿 🛋. ᴬᴱ ⑩ 🄴. ❀ Rest   E r
  Karte 36/66 — **41 Z : 70 B** 98/110 - 135/170 Fb.

🏨 **Kaiserhof** garni, Bahnhofstr. 14, 🕿 4 00 59, Telex 892141 — 🛗 📺 ⇔wc ⋔wc 🕿 🅿 🛋. ᴬᴱ
  ⑩ 🄴 ᴠᴵˢᴬ   CZ b
  104 Z : 150 B 95/135 - 147/185 Fb.

🏨 **Windsor** garni, Warendorfer Str. 177, 🕿 3 03 28, Telex 892604, ≘ — 🛗 📺 ⋔wc 🕿. ᴬᴱ ⑩ 🄴
  ᴠᴵˢᴬ   E d
  29 Z : 45 B 68/85 - 105/125 Fb.

Fortsetzung →

553

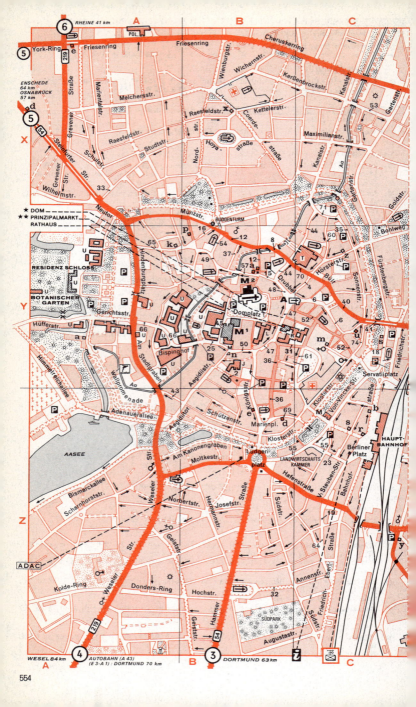

MÜNSTER
(WESTFALEN)

0 200 m

LE GUIDE VERT MICHELIN
ALLEMAGNE

Paysages, monuments

Routes touristiques

Géographie

Histoire, Art

Itinéraires de visite

Plans de villes et de monuments

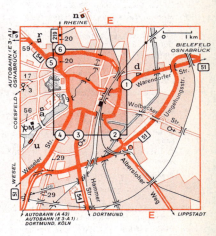

🏠 **Café Central**, Aegidiistr. 1, ℰ 4 03 55, Fahrradverleih — 🛏 📺 ⫶wc ☎ ⇔. 🆎 ⓞ 🗲 𝖵𝖨𝖲𝖠
※ Zim   BY n
14. Juli - 4. Aug. geschl. — Karte 19/51 *(Sonntag geschl.)* — **20 Z : 32 B** 80/105 - 120/138.

🏠 **Steinburg**, Mecklenbecker Str. 80, ℰ 7 71 79, ≼, ⫶ — 📺 ⫶wc ☎ 🅿 ᴬ. ※ Zim   E u
22. Dez.- 5. Jan. geschl. — Karte 22/53 *(Montag geschl.)* — **15 Z : 29 B** 83 - 132.

🏠 **Coerdehof** garni, Raesfeldstr. 2, ℰ 2 07 57, Telex 891494 — 🛏 ⫶wc ☎. ⓞ   BX x
42 Z : 82 B 45/76 - 78/130.

🏠 **Feldmann**, Klemensstr. 24, ℰ 4 33 09 — 🛏 📺 ⫶wc ☎ ᴬ. 🗲   CY m
Karte 25/54 *(Sonn- und Feiertag geschl.)* — **35 Z : 50 B** 50/80 - 90/130.

🏠 **Überwasserhof**, Überwasserstr. 3, ℰ 4 06 30 — 🛏 ⊟wc ⫶wc ☎. 🆎 ⓞ 🗲   AY k
22. Dez.- 5. Jan. geschl. — Karte 15/48 *(Dienstag geschl.)* — **56 Z : 76 B** 44/67 - 86/114.

🏠 **Conti** garni, Berliner Platz 2a, ℰ 4 04 44, Telex 892113 — 🛏 📺 ⊟wc ⫶wc ☎ 🅿. 🆎 ⓞ 🗲
𝖵𝖨𝖲𝖠   CZ r
62 Z : 100 B 50/100 - 85/150.

🏠 **Lindenhof** ⋙ garni, Kastellstr. 1, ℰ 4 54 84 — ⫶wc ☎ 🅿 ᴬ   AY a
31 Z : 40 B.

🏠 **Martinihof**, Hörster Str. 25, ℰ 4 00 73 (Hotel) 4 66 43 (Rest.) — 🛏 ⊟wc ⫶wc ☎. 🗲   CY z
23. Dez.- 6. Jan. und 15. Juli- 1. Aug. geschl. — Karte 16,50/45 *(Sonntag geschl.)* — **52 Z : 70 B**
42/66 - 75/102.

🏠 **Horstmann** garni, Windthorststr. 12, ℰ 4 70 77 — 🛏 ⊟wc ⫶wc ☎   CZ s
28 Z : 35 B 49/65 - 95/110.

🏠 **Mauritzhof** garni, Eisenbahnstr. 17, ℰ 4 23 66 — ⫶wc ☎. 🆎 ⓞ 🗲 𝖵𝖨𝖲𝖠   CY s
24.- 30. Dez. geschl. — **22 Z : 40 B** 39/85 - 75/115.

🏠 **Hansa-Haus** garni, Albersloher Weg 1, ℰ 6 43 24, ⥩ — ⫶ 🅿. 🆎 ⓞ 🗲   CZ y
22. Dez.- 2. Jan. geschl. — **16 Z : 25 B** 40/48 - 78/88.

XXX ✿ **Kleines Rest. im Oerschen Hof** (Französische Küche), Königsstr. 42, ℰ 4 20 61
Sonntag und Aug. geschl. — **Karte** 65/90 (Tischbestellung ratsam)   BZ e
Spez. Escalope de foie poêlée - sauce Porto, Ragout de truffes aux oeufs de cailles pochés, Navarin de homard au
vinaigre de champagne.

XX **Bakenhof** mit Zim, Roxeler Str. 376, ℰ 86 15 06 — ⫶wc ☎ 🅿
2 Z : 5 B.   über Albert-Schweizer-Straße   E

XX **Ratskeller**, Prinzipalmarkt 8, ℰ 4 42 26 — 🆎 ⓞ 🗲 𝖵𝖨𝖲𝖠   BY R
Karte 19/46.

X **Wienburg** ⋙ mit Zim, Kanalstr. 237, ℰ 29 33 54, ⫶, Garten — ⫶ ☎ 🅿 ᴬ. 🆎 ⓞ 🗲   E n
Karte 19/51 *(Montag geschl.)* — **8 Z : 10 B** 45/50 - 90.

X **Shanghai** (China-Rest.), Verspoel 22, ℰ 5 64 77 — ⓞ 🗲   BZ d
Karte 15/34.

X **Goldene Stadt**, Friesenring 6, ℰ 29 38 70 — 🆎 🗲   AX e
Karte 18/51.

Brauerei-Gaststätten :

X **Kiepenkerl**, Spiekerhof 45, ℰ 4 03 35, ⫶ — ᴢ. 🆎 ⓞ 🗲   BY a
Karte 21/50.

X **Bierstuben Wielers**, Spiekerhof 47, ℰ 4 34 16, ⫶ — 🆎 ⓞ 🗲 𝖵𝖨𝖲𝖠   BY a
Montag geschl. — Karte 19/53.

X **Pinkus Müller** (Altbier-Küche, traditionelles Studentenlokal), Kreuzstr. 4, ℰ 4 51 51   BY p
Sonn- und Feiertage geschl. — Karte 24/53 (westfälische und münstersche Spezialitäten).

X **Altes Gasthaus Leve**, Alter Steinweg 37, ℰ 4 55 95 — ᴢ. ⓞ   CY u
Montag geschl. — Karte 16,50/35.

In Münster-Amelsbüren ③ : 11 km :

XXX ✿ **Davert Jagdhaus** ⋙ mit Zim, Wiemannstr. 4, ℰ (02501) 5 80 58, « Gartenterrasse mit
Grill » — ⫶ ☎ 🅿. 🆎 ⓞ 🗲
Ende Juli - Mitte Aug. geschl. — Karte 30/66 *(Donnerstag geschl.)* — **7 Z : 12 B** 50 - 100
Spez. Salat mit warmen Meeresfrüchten, Seezunge und Lachs in zwei Saucen, Dessert-Teller "Maison".

In Münster-Gremmendorf ② : 4 km :

🏠 **Münnich** ⋙, Heeremansweg 11, ℰ 62 40 81, ⫶ — ⫶wc ☎ 🅿 ᴬ. 🆎 ⓞ 🗲
24. Dez.- 5. Jan. geschl. — Karte 14/36 — **29 Z : 58 B** 54 - 79 Fb.

In Münster-Handorf ① : 7 km :

🏠🏠 **Romantik-Hotel Hof zur Linde** ⋙ (westfälischer Bauernhof), Handorfer Werseufer 1,
ℰ 32 50 03, Telex 891500, « Bauernstuben mit offenem Herdfeuer » — 🛏 📺 ⊟wc ⫶wc ☎
🅿 ᴬ. 🆎 ⓞ 🗲 𝖵𝖨𝖲𝖠. ※ Zim
Karte 32/60 — **30 Z : 54 B** 70/110 - 110/135 Fb.

🏠🏠 **Deutscher Vater**, Petronillaplatz 9, ℰ 3 20 33, Telex 892756, ⥩ — 🛏 ⫶wc ☎ ⇔ 🅿 ᴬ.
🆎 ⓞ 🗲 𝖵𝖨𝖲𝖠. ※ Zim
Karte 23/53 *(Freitag geschl.)* — **26 Z : 36 B** 41/75 - 85/125.

🏠 **Haus Eggert** 🦉, Zur Haskenau 81 (N : 5 km über Dorbaumstr.), ℘ 3 20 83, Telex 891487, 🏠, ⇌ — 🔟 🍴wc 🕿 🅿 🚗 ⅀ 🅴 *VISA*
Karte 21/50 — **30 Z : 60 B** 69/90 - 96/120.

🏠 **Handorfer Hof**, Handorfer Str. 22, ℘ 3 21 62 — 🔟 🍴wc 🕿 🅿 🅴
Karte 19/42 *(Montag geschl.)* — **15 Z : 22 B** 55 - 95 Fb.

🏠 **Haus Vennemann** 🦉, Vennemannstr. 6, ℘ 3 21 01, « Gartenterrasse » — 🛗 🍴wc 🕿 🚗
🅿 🚗 ⑩ *VISA*
Karte 20/53 — **23 Z : 40 B** 63/70 - 102/120 Fb.

In Münster-Hiltrup ③ : 6 km — ✆ 02501 :

🏯 ⚘ **Waldhotel Krautkrämer** 🦉, Am Hiltruper See 173 (SO : 1,5 km), ℘ 80 50, Telex 892140,
≤, 🏠, ⇌, 🔲, 🐎 — 🛗 🔟 🔩 🅿 🚗 🅴 ⑩ 🅴 *VISA*, 🍴 Rest
Karte 41/79 — **73 Z : 120 B** 145/180 - 179/219 Fb
Spez. Lachsforelle mit Meerrettichbutter, Lammrücken in der Kräuterkruste.

🏠 **Hiltruper Gästehaus** 🅼 garni, Marktallee 44, ℘ 40 16 — 🛗 🔟 🍴wc 🕿 🅿 🅴 ⑩ 🅴
21 Z : 42 B 80 - 125 Fb.

In Münster-Wolbeck O : 9 km über Wolbecker Straße 🅴 :

🏠 **Thier-Hülsmann** (westfälisches Bauernhaus a. d. J. 1676), Münsterstr. 33, ℘ (02506) 20 66,
🐎 — 🍴wc 🕿 🚗 🅿 🚗 🅴 🍴
Aug. 2 Wochen geschl. — Karte 28/58 *(Dienstag geschl.)* — **31 Z : 55 B** 45/85 - 80/135.

Richtung Coesfeld W : 6,5 km über Einsteinstraße 🅴, vor der Autobahn links ab :

🏠 **Parkhotel Schloß Hohenfeld** 🦉, Dingbänger Weg 400, ✉ 4400 Münster-Roxel,
℘ (02534) 70 31, Telex 891447, « Gartenterrasse », ⇌, 🐎 — 🔟 🍴wc 🕿 🚗 🅿 🚗 🅴 ⑩ 🅴
Karte 33/59 — **51 Z : 83 B** 105/115 - 142/160 Fb.

MÜNSTEREIFEL, BAD 5358. Nordrhein-Westfalen 🄟🄑🄦 ㉓ — 17 000 Ew — Höhe 290 m —
Kneippheilbad — ✆ 02253.

Sehenswert : Ehemalige Stadtbefestigung★ — Windeckhaus★.

🄱 Kurverwaltung im Rathaus, Marktstraße, ℘ 9 91.
♦Düsseldorf 91 — ♦Bonn 39 — Düren 43 — ♦Köln 50.

🏠 **Park-Hotel** 🦉, Im Kurpark, ℘ 60 81, 🏠, ⇌, 🔲, 🐎 — 🔟 🛁wc 🍴wc 🕿 🅿 🚗 🅴 ⑩
🅴
Karte 20/56 — **50 Z : 110 B** 69/120 - 98/160 Fb — P 108/158.

🏠 **Städt. Kneipp-Kurhaus** 🦉, Nöthener Str. 10, ℘ 60 21, ≤, 🏠, « Park », Bade- und
Massageabteilung, 🛀, ⇌, 🔲, 🐎 — 🛗 🛁wc 🍴wc 🕿 🚗 🅿 🚗 🍴
Karte 20/47 *(auch Diät)* — **47 Z : 55 B** 45/66 - 81/130 Fb — P 75/96.

🏠 **Witten**, Wertherstr. 5, ℘ 64 55, ⇌, 🔲 — 🛗 🍴wc ⑩ 🅴
1.- 26. Dez. geschl. — Karte 17/42 — **27 Z : 40 B** 35/60 - 70/90.

🏠 **Jungmühle** garni, Unnaustr. 14, ℘ 51 55, Bade- und Massageabteilung, 🛀 — 🍴wc 🚗 🅿
🍴
18 Z : 30 B.

🏠 **Kneippkurhaus Tanneck** 🦉, Bergstr. 39, ℘ 60 31, ≤, Bade- und Massageabteilung, 🛀,
⇌, — 🛗 🛁wc 🕿 🚗 🅿 🍴
Nov.- 20. Dez. geschl. — Karte 22/45 *(auch Diät)* — **83 Z : 90 B** 45/87 - 77/133 — P 71/120.

🏠 **Hillebrand**, Wertherstr. 28, ℘ 86 87 — 🛁wc 🍴wc 🅿 🚗 ⑩ 🍴
Karte 16/48 *(Dez.- Mitte April Freitag geschl.)* — **15 Z : 27 B** 35/50 - 75/105 — P 65/88.

🏠 **Kurhotel Hoever**, Wertherstr. 57, ℘ 65 88, Bade- u. Massageabteilung, 🛀, 🐎 — 🛁wc
⬅ 🍴wc 🅿, ⑩
Karte 14/41 *(Donnerstag ab 15 Uhr geschl.)* — **32 Z : 46 B** 32/40 - 64/80 — P 52/60.

🏠 **Grunwald's-H.**, Kettengasse 4, ℘ 81 50, ⇌ — 🍴wc 🚗, ⑩
(Rest. nur für Pensionsgäste) — **14 Z : 23 B** 36/53 - 67/80 — P 50/59.

✕✕ **Weinhaus an der Rauschen** mit Zim, Heisterbacher Str. 1, ℘ 73 37, 🏠 — 🛁wc 🍴wc, ⑩
🅴
9.- 31. Jan. geschl. — Karte 20/52 — **9 Z : 14 B** 32 - 64/72.

In Bad Münstereifel - Eicherscheid S : 3 km :

🏠 **Café Oberfollmühle**, Ahrweiler Str. 41, ℘ 79 04, 🐎 — 🚗 🅿, 🍴 Rest
⬅ 1.- 26. Dez. geschl. — Karte 14/35 *(Donnerstag geschl.)* — **13 Z : 25 B** 32 - 64 — P 42.

In Bad Münstereifel - Iversheim N : 3,5 km :

🏠 **Zur hohen Ley**, Euskirchener Str. 120 (B 51), ℘ 89 16, 🏠, 🐎 — 🛁wc 🍴wc 🚗 🅿
20 Z : 34 B.

MÜNSTER-SARMSHEIM Rheinland-Pfalz siehe Bingen.

MÜNSTERSCHWARZACH Bayern siehe Schwarzach.

MUNSTERTAL 7816. Baden-Württemberg 987 ㉞, 242 ㊱, 427 ⑤ — 4 600 Ew — Höhe 400 m —
Luftkurort — Wintersport : 800/1 200 m ≼5 ≼5 — 🕾 07636.

Ausflugsziel : Belchen ☀️ *** S : 18 km.

🛈 Kurverwaltung, Untermünstertal, 𝒫 6 60.

♦Stuttgart 229 — Basel 65 — ♦Freiburg im Breisgau 27.

In Untermünstertal :

🏨 **Adler-Stube**, Münster 59, 𝒫 2 34, 🍴, 🛋, 🌧 — ⌂wc 🛁wc 🕾 🅿. 🆎 **E**. 🦅 Zim
Mitte Nov.- Mitte Dez. geschl. — Karte 20/53 (Dienstag 14 Uhr - Mittwoch geschl.) ⅄ — **20 Z :
38 B** 47/85 - 84/148 — P 69/117.

🏠 **Landgasthaus Langeck** 🦢, Langeck 6, 𝒫 2 09, 🌧 — 🛁wc 🅿
13 Z : 25 B Fb.

🏠 **Münstertäler Hof**, Hofstr. 49, 𝒫 2 28 — 🛁wc 🅿
15. Jan.- 15. Feb. geschl. — Karte 17,50/41 (Mittwoch 14 Uhr - Donnerstag geschl.) ⅄ — **10 Z :
18 B** 33/45 - 66 — P 48.

XX 🍴 **Neumühle zur Krone** mit Zim, Rotenbuck 17, 𝒫 3 12, 🍴, 🌧 — 🛁wc 🅿. 🆎 **E**
Jan. 2 Wochen geschl. — Karte 32/62 (Montag geschl.) ⅄ — **20 Z : 32 B** 29/49 - 57/79 — P 59/70
Spez. Klare Tomatensuppe mit Basilikum, Lammrückenfilet mit Kräuterkruste, Weißes Mokkaparfait mit Früchten.

XX **Schmidt's Gasthof Zum Löwen**, Wasen 54, 𝒫 5 42, 🍴 — 🅿
Dienstag und 7.- 31. Jan. geschl. — Karte 30/63.

In Obermünstertal :

🏨 **Romantik-Hotel Spielweg** 🦢, Spielweg 61, 𝒫 6 18, 🍴, 🛋, 🟦 (geheizt), 🔲, 🌧, 🦅 —
⌂wc 🛁wc 🕾 ⇦ 🅿. 🆎 ⓪ **E** 𝚅𝙸𝚂𝙰
8. Jan.- 9. Feb. geschl. — Karte 34/66 (Montag - Dienstag 15 Uhr geschl.) — **36 Z : 60 B** 85/98 -
145/175 — P 123/133.

🏠 **Gasthaus zur Linde**, Krumlinden 13, 𝒫 4 47, 🍴 — 📺 🛁wc 🕾 🅿
10. Nov.- 10. Dez. geschl. — Karte 20/52 (Montag geschl.) ⅄ — **10 Z : 20 B** 46/54 - 90/100.

MUNICH = München.

MUNSTER 3042. Niedersachsen 987 ⑮ — 18 500 Ew — Höhe 73 m — 🕾 05192.

♦Hannover 92 — ♦Bremen 106 — ♦Hamburg 82 — Lüneburg 48.

🏨 **Kaiserhof**, Breloher Str. 50, 𝒫 50 22 — 🛁wc 🕾 ⇦ 🅿 🛁
Karte 18/42 (Montag geschl.) — **12 Z : 18 B** 40/50 - 80/110.

🏠 **Lüneburger Hof**, Fr.-Heinrich-Platz 32, 𝒫 31 23 — 🛁wc 🕾 ⇦ 🅿. 🆎 ⓪ **E**
2.- 12. Jan. geschl. — Karte 18/40 (Mittwoch geschl.) — **21 Z : 35 B** 33/40 - 65/80.

In Munster-Oerrel SO : 9 km :

🏨 **Kaminhof** (niedersächsisches Bauernhaus), Salzwedeler Str. 5, 𝒫 28 41, 🌧 — 🛁wc 🕾 ⇦
🅿. 🦅 Rest
1.- 21. Feb. geschl. — Karte 21/43 — **14 Z : 28 B** 45 - 80/90.

MURNAU 8110. Bayern 987 ㊲, 426 ⑯ — 10 600 Ew — Höhe 700 m — Luftkurort, Moorkuren —
🕾 08841.

🛈 Verkehrsamt, Kohlgruber Str. 1, 𝒫 20 74.

♦München 70 — Garmisch-Partenkirchen 24 — Weilheim 20.

🏨 **Kurhotel Seidlpark** 🅼 🦢, Seidlpark 2, 𝒫 20 11, Telex 59530, ≼, « Gartenterrasse », Bade-
und Massageabteilung, 🛋, 🔲, 🌧 — 🛁 🅿 🛁. 🆎 ⓪ **E** 𝚅𝙸𝚂𝙰
Karte 25/56 — **60 Z : 120 B** 103/128 - 162 Fb — P 129/151.

🏨 **Alpenhof Murnau** 🦢, Ramsachstr. 8, 𝒫 10 45, ≼ Ammergauer Alpen und Estergebirge,
« Gartenterrasse », 🔲 (geheizt), 🌧 — 🛎 🅿 🛁. 🦅 Rest
Karte 34/82 — **48 Z : 92 B** 105/165 - 155/240 Fb.

🏠 **Post** garni, Obermarkt 1, 𝒫 18 61 — 🛁wc ⇦
6. Nov.- 15. Dez. geschl. — **20 Z : 30 B** 40/49 - 75/97.

♨ **Griesbräu**, Obermarkt 37, 𝒫 14 22 — 🛎 🛁wc 🕾 🅿
← Karte 13/32 (Mittwoch 15 Uhr - Donnerstag geschl.) — **15 Z : 25 B** 35/45 - 70/80 — P 50/60.

♨ **Alter Wirt**, Untermarkt 12, 𝒫 14 34 — 🛁wc 🅿
15 Z : 30 B.

In Riegsee-Aidling 8110 NO : 6 km :

♨ **Post** 🦢, Dorfstr. 26, 𝒫 (08847) 62 25, ≼ Wettersteingebirge, 🍴 — 🛁wc 🅿
← Karte 14,50/30 (Nov.- April Donnerstag geschl.) — **12 Z : 25 B** 30 - 60/64 — P 48/54.

MURRHARDT 7157. Baden-Württemberg 987 ㉟ — 13 200 Ew — Höhe 300 m — Erholungsort —
🕾 07192.

Sehenswert : Stadtkirche (Walterichskapelle★).

🛈 Städtisches Verkehrsamt, Rathaus, 𝒫 21 30.

♦Stuttgart 48 — Heilbronn 41 — Schwäbisch Gmünd 34 — Schwäbisch Hall 34.

🏨 **Sonne-Post** ⟨⟩, Walterichsweg 1, 🖉 80 81, Telex 7245910, Massage, 🌐, 🔲, 🐎 – 🍽 📺
🚗 🅿 🏊 ᴬᴱ ⓪ Ε 🆅🆂🅰
Karte : *siehe Rest. Sonne-Post* – **37 Z : 65 B** 75/91 - 112/168 Fb.

✕✕ **Sonne-Post**, Karlstr. 6, 🖉 80 81 – 🅿. ᴬᴱ ⓪ Ε 🆅🆂🅰
7.- 29. Jan. und Sonntag 15 Uhr - Montag geschl. – Karte 29/66 (Tischbestellung ratsam) 🍴.

MUTTERSTADT 6704. Rheinland-Pfalz 🄨🄷🄷 ㉔ ㉕ – 12 500 Ew – Höhe 95 m – 🄷 06234.

Mainz 77 – Kaiserslautern 58 – ◆Mannheim 12 – Speyer 22.

🏠 **Jägerhof**, An der Fohlenweide 29 (Gewerbegebiet), 🖉 10 31 – 🚻wc 🛁wc ☎ 🚗 🅿.
❄ Zim
Karte 26/38 *(wochentags nur Abendessen, Freitag und Juli - Aug. geschl.)* 🍴 – **20 Z : 28 B**
50/55 - 90/100.

🏠 **Ebnet**, Neustadter Str. 53, 🖉 17 31 – 🛁wc ☎ 🅿
22. Dez.- 6. Jan. geschl. – Karte 16/37 *(nur Abendessen, Samstag geschl.)* 🍴 – **22 Z : 42 B**
42/45 - 72/75.

🏠 **Pension Ruth** ⟨⟩ garni, Friedensstr. 8, 🖉 40 96 – 🛁wc 🅿
10 Z : 20 B 37/45 - 65.

NABBURG 8470. Bayern 🄨🄷🄷 ㉗ – 6 500 Ew – Höhe 410 m – 🄷 09433.

◆München 184 – ◆Nürnberg 92 – ◆Regensburg 62 – Weiden in der Oberpfalz 29.

🏠 **Post**, Regensburger Str. 2, 🖉 61 05 – 🛁wc 🚗 🅿 🏊
🍴 *20. Dez.- 15. Jan. geschl.* – Karte 13/26 *(nur Abendessen, Samstag - Sonntag geschl.)* 🍴 –
28 Z : 37 B 28/35 - 56/70.

NAGEL 8591. Bayern – 2 000 Ew – Höhe 585 m – Erholungsort – 🄷 09236.

◆München 268 – Bayreuth 38 – Hof 56 – Weiden in der Oberpfalz 47.

In Nagel-Grünlas SO : 1,5 km :

🏡 **Grenzhaus** ⟨⟩, Grünlas 16, 🖉 2 52, 🌐, 🐎 – 🛁wc 🅿. ❄ Rest
🍴 *25. Okt. - 15. Dez. geschl.* – Karte 11,50/25 – **13 Z : 26 B** 21/28 - 40/64 – P 33/45.

In Nagel-Wurmloh NO : 2 km :

🏠 Hohe Matzen, Wunsiedler Str. 41, 🖉 2 41, 🐎 – 🛁wc 🚗 🅿 – **24 Z : 43 B**.

NAGOLD 7270. Baden-Württemberg 🄨🄷🄷 ㉟ – 20 500 Ew – Höhe 400 m – 🄷 07452.

🄱 Rathaus, Marktstr. 27, 🖉 40 01.

◆Stuttgart 52 – Freudenstadt 39 – Tübingen 34.

🏨 **Gästehaus Post**, Bahnhofstr. 3, 🖉 40 48 – 🍽 📺 🚻wc 🛁wc ☎ 🅿 🏊. ᴬᴱ ⓪ Ε 🆅🆂🅰
Karte : *siehe Romantik - Rest. Alte Post* – **24 Z : 34 B** 70/90 - 122/149.

🏠 **Schiff**, Unterm Wehr 19, 🖉 26 05 – 🍽 🛁wc 🚗 🅿. Ε
Karte 17/38 *(Samstag geschl.)* – **26 Z : 44 B** 37/75 - 90/110 – P 61/90.

🏠 **Köhlerei**, Marktstr. 46, 🖉 20 07 – 🛁wc 🚗 🅿
19. Dez.- 13. Jan. geschl. – Karte 17,50/43 *(Freitag geschl.)* – **20 Z : 28 B** 34/48 - 68/96.

✕✕ **Romantik-Rest. Alte Post** (Fachwerkhaus a.d. 17. Jh.), Bahnhofstr. 2, 🖉 40 49 – 🅿. ᴬᴱ
⓪ Ε 🆅🆂🅰
Karte 27/71.

✕ Zum alten Löwen, Herrenberger Str. 4, 🖉 30 90, 🍽 – 🅿.

In Nagold 4-Pfrondorf N : 4,5 km :

🏨 **Pfrondorfer Mühle** (Gasthof mit modernem Gästehaus), an der B 463, 🖉 6 60 44, 🍽, 🐎
– 📺 🚻wc 🛁wc ☎ 🚗 🅿. Ε
8.- 31. Jan. geschl. – Karte 15,50/50 *(Montag geschl.)* 🍴 – **14 Z : 21 B** 64 - 110 Fb – P 75/84.

In Rohrdorf 7271 NW : 4 km :

✕ **Hubers Lokäle**, Talstr. 30 (B 28), 🖉 (07452) 21 56 – 🅿. ᴬᴱ ⓪ Ε
Dienstag geschl. – Karte 23/58.

NAILA 8674. Bayern 🄨🄷🄷 ㉗ – 9 500 Ew – Höhe 511 m – Wintersport : 500/600 m ✠1 ✠1 –
🄷 09282 – ◆München 288 – Bayreuth 59 – Hof 18.

🏡 **Grüner Baum**, Marktplatz 5, 🖉 4 05 – 🚻wc 🛁wc. ❄ Zim
🍴 *Aug. geschl.* – Karte 11,50/27 *(Donnerstag geschl.)* – **12 Z : 17 B** 22/29 - 42/55.

In Naila-Culmitz SW : 5 km :

🏡 **Zur Mühle** ⟨⟩, 🖉 63 61, 🐎 – 🛁wc 🚗 🅿
🍴 Karte 12/26 – **17 Z : 28 B** 23/28 - 42/54 – P 35/40.

In Naila-Hölle N : 5 km :

🏠 **König David**, Humboldtstr. 27, 🖉 (09288) 10 08, 🍽 – 🚻wc 🛁wc ☎ 🚗 🅿. ᴬᴱ ⓪ Ε
🍴 *4.- 29. Nov. geschl.* – Karte 14/40 🍴 – **38 Z : 58 B** 28/40 - 42/66 – P 37/54.

NASSAU 5408. Rheinland-Pfalz 987 ㉔ — 6 000 Ew — Höhe 80 m — Luftkurort — ✪ 02604.

🗷 Verkehrsamt, Rathaus, ✆ 6 60.

Mainz 57 — ♦Koblenz 26 — Limburg an der Lahn 49 — ♦Wiesbaden 52.

🏛 **Fischbach's Goldene Krone** (Historisches Fachwerkhaus), Bezirksstr. 20, ✆ 44 10, ≤, 🏡
— 🛏wc 🅿. 🆎
2.- 8. Jan. geschl. — Karte 32/63 *(Montag geschl.)* — **13 Z : 23 B** 42/48 - 68/80.

🏠 **Rüttgers** garni, Dr.-Haupt-Weg 4, ✆ 41 22 — 🛏wc 🅿. **E**
9 Z : 15 B 30/35 - 54/64.

🕿 Nassauer Löwen, Obertal 11, ✆ 43 81 — 🛏wc — **11 Z : 19 B**.

✕ Rathausschänke (Jugoslawische Küche), Am Marktplatz 1, ✆ 16 59.

In Weinähr 5409 NO : 6 km :

🏠 **Weinhaus Treis**, Hauptstr. 1, ✆ (02604) 50 15, 🏡, eigener Weinbau, ≘s, ⊿ (geheizt), 🛝
— 📺 ⇌wc 🛏wc 🕿 ⊹⊹ 🅿
Mitte Nov.- Anfang Dez. geschl. — Karte 15/40 ⅋ — **40 Z : 75 B** 34/55 - 56/94 — P 54/70.

NASTÄTTEN 5428. Rheinland-Pfalz — 3 300 Ew — Höhe 250 m — ✪ 06772.

Mainz 46 — ♦Koblenz 45 — Limburg an der Lahn 34 — ♦Wiesbaden 41.

🏠 **Oranien** ⑤, Oranienstr. 10, ✆ 15 42, 🛝, ✼ —, 🛏wc ⇌ 🅿 🛁. 🎴 Zim
➤ 7.- 21. Jan. geschl. — Karte 14/40 *(Nov.-Mai Freitag geschl.)* ⅋ — **21 Z : 37 B** 27/45 - 54/80 —
P 39/52.

NAUHEIM, BAD 6350. Hessen 987 ㉖ — 28 500 Ew — Höhe 145 m — Heilbad — ✪ 06032.

Ausflugsziel : Münzenberg (Burgruine★) N: 13 km.

🗷 Verkehrsamt der Kurverwaltung, Ludwigstr. 20, ✆ 34 41.

🗷 Verkehrsverein, Pavillon in der Parkstraße, ✆ 21 20.

♦Wiesbaden 64 — ♦Frankfurt am Main 36 — Gießen 31.

🏨 **Parkhotel am Kurhaus** Ⓜ ⑤, Im Nördlichen Park 16, ✆ 30 30, Telex 415514, ≘s, 🔲 — 🕼
📺 ⅋ ⇌ 🅿 🛁. 🆎 ⑩ **E** 𝐕𝐈𝐒𝐀
Karte 29/64 — **99 Z : 166 B** 108/148 - 168/228 Fb — P 138/202.

🏨 **Am Hochwald** ⑤, Carl-Oelemann-Weg 9, ✆ 34 80, Telex 415518, 🏡, Bade- und
Massageabteilung, ≘s, 🔲 — 🕼 ▤ Rest ⅋ ⇌ 🅿 🛁. 🆎 ⑩ **E**
Karte 27/64 — **124 Z : 210 B** 92/130 - 112/150 Fb — P 126/158.

🏛 **Accadia** ⑤, Lindenstr. 15, ✆ 39 06, Telex 4184251 — 🕼 ⇌wc 🛏wc 🕿 — **42 Z : 70 B** Fb.

🏛 **Blumes Hotel am Kurhaus** ⑤ garni, Auguste-Viktoria-Str. 3, ✆ 20 72 — 🕼 ⇌wc 🛏wc 🕿
⇌ 🅿. **E**
15. Dez.- Jan. geschl. — **20 Z : 30 B** 45/90 - 95/130.

🏛 **Haus Grunewald** garni (ehem. Villa, nur Nichtraucher), Terrassenstr. 10, ✆ 22 30, « Stilvolle
Einrichtung » — ⇌wc 🕿 🅿
22. Dez.- 5. Jan. geschl. — **11 Z : 18 B** 70/92 - 120/136.

🏠 **Intereuropa**, Bahnhofsallee 13, ✆ 20 36, Telex 4102053 — 🕼 📺 ⇌wc 🛏wc 🕿 🛁
35 Z : 65 B Fb.

🏠 **Hinterberger** garni (ehemalige Villa), Frankfurter Str. 10, ✆ 3 20 68 — ⇌wc 🛏wc 🕿
23 Z : 32 B.

🏠 **Kurhotel Graefe - Villa Carola** ⑤, Küchlerstr. 2, ✆ 8 16 46, 🛝 — ⇌wc 🛏wc
(Rest. nur für Hausgäste) — **30 Z : 40 B**.

🏠 **Rex** garni, Reinhardstr. 2, ✆ 20 47 — 🕼 📺 🛏wc 🕿. 🆎 ⑩ **E**
32 Z : 58 B 40/64 - 67/112.

🏠 **Spöttel** ⑤, Luisenstr. 5, ✆ 60 11 — 🕼 🛏wc 🕿
(Rest. nur für Hausgäste) — **36 Z : 53 B** 49/55 - 85/90 — P 71/84.

✕ **Gaudesberger** mit Zim, Hauptstr. 6, ✆ 25 08 — 🆎 ⑩ **E** 𝐕𝐈𝐒𝐀
Nov. 3 Wochen geschl. — Karte 15,50/46 *(Mittwoch geschl.)* — **8 Z : 12 B** 35/40 - 64/72 —
P 50/54.

NAUMBURG 3501. Hessen — 5 000 Ew — Höhe 280 m — Luftkurort — ✪ 05625.

Sehenswert : ≤★ von der Netzer Straße.

🗷 Verkehrsamt, Rathaus, Burgstraße, ✆ 8 97.

♦Wiesbaden 218 — ♦Kassel 36 — Korbach 27 — Fritzlar 17.

🏠 **Haus Weinrich**, Bahnhofstr. 7, ✆ 2 23, 🛝 — 🛏wc ⇌ 🅿. **E**
➤ 15. Okt.- 15. Nov. geschl. — Karte 14,50/30 — **17 Z : 27 B** 35 - 70 — P 45.

In Naumburg 4-Heimarshausen SO : 9 km :

🏠 **Ferienhof Schneider** ⑤, ✆ (05622) 17 98, 🐴, (Reitplatz) — 🛏wc ⊹⊹ 🅿. 🎴 Rest
5. Jan.- 28. März geschl. — Karte 15/28 — **27 Z : 54 B** 35/49 - 64/74 — P 52/57.

NEBEL Schleswig-Holstein siehe Amrum (Insel).

NEBELHORN Bayern Sehenswürdigkeit siehe Oberstdorf.

560

NECKARGEMÜND 6903. Baden-Württemberg 🔟🔟🔟 ㉘ — 15 000 Ew — Höhe 124 m — ✆ 06223.

Ausflugsziel : Dilsberg : Burg (Turm ❄★) NO : 5 km.

🅱 Verkehrsamt, Hauptstr. 56, ✆ 35 53.

◆Stuttgart 107 — Heidelberg 10 — Heilbronn 53.

🏛 **Zum Ritter** (Haus a. d. 16. Jh.), Neckarstr. 40, ✆ 70 35, Telex 461837, ≼ — 🏠wc ☎ 🅿 🚗. 🆎
 E 🆅🆂🅰
 Karte 26/56 (auf Vorbestellung: Mittelalterliches Rittermahl) — **41 Z : 82 B** 65/90 - 88/145 Fb.

✕✕ Zum letzten Heller, Brückengasse 10, ✆ 35 65
 wochentags nur Abendessen.

✕ Griechische Weinstube Stadt Athen (historisches Studentenlokal), Neckarstr. 38, ✆ 22 85, ≼,
 🏠
 wochentags nur Abendessen.

In Neckargemünd 2-Dilsberg NO : 4,5 km :

🏛 **Schöne Aussicht** 🦌, Vor dem Tore 2, ✆ 21 32, ≼ Neckartal, 🏠 — 🏠 🅿
 27. Dez. - 8. Feb. geschl. — Karte 16/45 *(Montag - Freitag nur Abendessen, Dienstag geschl.)* ♨
 — **13 Z : 20 B** 35 - 65/70.

✕✕ **Sonne**, Obere Str. 14, ✆ 22 10 — 🆎 ⓪ E
 Donnerstag geschl. — Karte 17/43 ♨.

In Neckargemünd-Rainbach O : 2 km :

✕✕ Waibels G. Neckartal, Ortsstr. 9, ✆ 24 55, « Gartenterrasse » — 🅿.

In Neckargemünd - Waldhilsbach SW : 5 km :

✕✕ **Zum Rössl** mit Zim, Heidelberger Str. 15, ✆ 26 65, 🏠 — 🏠wc 🏠wc 🛌 🅿
 Karte **28**/46 *(Montag und Donnerstag geschl.)* ♨ — **13 Z : 20 B** 35/42 - 62/74.

NECKARSTEINACH 6918. Hessen 🔟🔟🔟 ㉘ — 4 200 Ew — Höhe 127 m — Luftkurort — ✆ 06229.

🅱 Verkehrsbüro, Bahnhofstr. 5, ✆ 5 45.

◆Wiesbaden 111 — Heidelberg 14 — Heilbronn 57.

🏠 **Schiff**, Neckargemünder Str. 2, ✆ 3 24, ≼, 🏠 — 🍴 🏠wc 🏠wc ♿ 🅿 🚗
 Nov.- 14. Jan. geschl. — Karte 15,50/45 *(Montag geschl.)* — **22 Z : 40 B** 42/70 - 84/88.

🏠 **Vierburgeneck**, Heiterswiesenweg 11 (B 37), ✆ 5 42, ≼, 🏠, 🛒 — 🏠wc 🏠wc 🅿. 🗗
 15. Dez.- 15. Feb. geschl. — Karte 15/36 *(Dienstag geschl., Sonn- und Feiertage nur Abendessen)*
 — **15 Z : 31 B** 38/58 - 76/80 Fb.

🏠 **Neckarblick** garni, Bahnhofstr. 27, ✆ 12 24 — 🏠 🅿
 20. Dez. - 15. Jan. geschl. — **14 Z : 28 B** 37/45 - 65/80 Fb.

NECKARSULM 7107. Baden-Württemberg 🔟🔟🔟 ㉘ — 21 600 Ew — Höhe 150 m — ✆ 07132.

◆Stuttgart 58 — Heilbronn 5,5 — ◆Mannheim 78 — ◆Würzburg 106.

🏠 **Post**, Neckarstr. 8, ✆ 50 81 — 🏠wc ☎
 20. Dez.- 10. Jan. geschl. — Karte 19,50/45 *(Samstag geschl.)* ♨ — **20 Z : 28 B** 34/57 - 65/95.

🏠 **Sulmana** 🦌 garni, Ganzhornstr. 21, ✆ 50 24 — 🍴 🏠wc 🏠wc ☎ 🅿. 🗗
 22. Dez.- 6. Jan. geschl. — **29 Z : 44 B** 40/64 - 85/140.

✕✕ **Ballei**, Deutschordensplatz, ✆ 60 11 — 🅿 🚗. E
 Montag und Juli - Aug. 3 Wochen geschl. — Karte 21/49 ♨.

NECKARWESTHEIM 7129. Baden-Württemberg — 2 350 Ew — Höhe 266 m — ✆ 07133 (Lauffen).

◆Stuttgart 41 — Heilbronn 13 — Ludwigsburg 25.

🏛 **Schloßhotel Liebenstein** 🅼 🦌, S : 2 km, ≼, 🏠, 🕱 — 🍴 📺 🏠wc ☎ 🅿 🚗. 🆎 E. 🗗 Rest
 7. Jan.- 6. Feb. geschl. — Karte 31/61 *(Montag geschl.)* — **24 Z : 48 B** 130/150 - 165/210.

🏠 **Pension Hofmann**, Hauptstr. 12, ✆ 78 76, 🛌 — 🏠wc ☎ 🅿
 Weihnachten - Neujahr geschl. — (nur Abendessen für Hausgäste) — **17 Z : 26 B** 39/45 -
 60/65.

NECKARZIMMERN 6951. Baden-Württemberg — 1 800 Ew — Höhe 151 m — ✆ 06261 (Mosbach).

◆Stuttgart 80 — Heilbronn 25 — Mosbach 8.

🏛 **Burg Hornberg-Im Alten Marstall** 🦌 (Burg Götz von Berlichingen), ✆ 40 64, ≼
 Neckartal — 🏠wc 🏠wc ☎ 🅿 🚗. 🆅🆂🅰 🗗 Zim
 März - Nov. — Karte 25/59 — **27 Z : 45 B** 70/90 - 90/150 — P 110/150.

NEETZE Niedersachsen siehe Bleckede.

NEHREN 5591. Rheinland-Pfalz — 100 Ew — Höhe 90 m — ✆ 02673.

Mainz 120 — Koblenz 63 — ◆Trier 74.

🏠 **Quartier Andre**, an der B 49, ✆ 40 15, 🏠, 🛒 — 🏠wc ☎ 🅿. 🆎 🗗 Rest
 ⬅ *18. Nov.- 18. Dez. geschl.* — Karte 14,50/31 *(Dienstag geschl.)* ♨ — **9 Z : 18 B** 42 - 72/78
 — 4 Appart. 65/95.

NENNDORF, BAD 3052. Niedersachsen 987 ⑮ — 8 800 Ew — Höhe 70 m — Heilbad — ✆ 05723.

🅱 Kur- und Verkehrsverein, Hauptstr. 11. ℰ 34 49.

◆Hannover 32 — Bielefeld 85 — ◆Osnabrück 115.

🏨 **Residenz-Hotel**, Kurhausstr 1, ℰ 60 11, Telex 972279, 🍴, 🛏 — 🛗 📺 ♿ ⟷ 🅿 🅰 🅐🅔 🅞
🅔 𝐕𝐈𝐒𝐀
Karte 24/49 — **90 Z : 146 B** 94/99 - 141/149 Fb — P 129.

🏨 **Kurpension Harms** 🐾, Gartenstr. 5, ℰ 70 31, Massage, 🍴, 🛏 — 🛗 📺 🗟wc ✆ 🅿
(Rest. nur für Hausgäste) — **53 Z : 71 B** 50/58 - 77/105 Fb — P 68/76.

🏨 **Kurhotel Hannover**, Hauptstr. 12a, ℰ 20 77, Massageabteilung, 🍴, 🔲 — 🛗 🗟wc 🅿
🅰
Karte 16/48 — **58 Z : 72 B** 58/120 - 90/140 Fb.

🏨 **Villa Kramer** 🐾 (ehem. Kaufherren- und Botschaftshaus), Kramerstr. 4, ℰ 20 15, 🍴 — 🛗
🗟wc ✆ ⟷ 🅿. 🦌
6.- 31. Jan. geschl. — Karte 17/41 (auch Diät, Abendessen nur für Hausgäste) — **15 Z : 19 B**
43/50 - 85/100 — P 73/75.

🏨 **Schaumburg Diana**, Rodenberger Allee 28, ℰ 35 85, 🍴 — 🗟wc ✆ 🅿. 🅐🅔 🅞 🅔. 🦌 Rest
(Rest. nur für Hausgäste) — **24 Z : 33 B** 43/60 - 88/120 Fb.

🏨 Lindenhof garni, Bahnhofstr. 29, ℰ 62 45 — 🛁wc 🗟wc 🅿
16 Z : 20 B.

In Bad Nenndorf 3-Waltringhausen NO : 1,5 km :

🏨 **Deisterblick** garni, Finkenweg 1, ℰ 20 31 — 📺 🗟wc ✆ 🅿
16 Z : 22 B 48 - 86.

Außerhalb SO : 3,5 km, von der B 65 vor der Autobahnauffahrt rechts abbiegen :

🏨 **Waldgasthof Mooshütte** 🐾, ✉ 3052 Bad Nenndorf, ℰ (05723) 36 10, 🍴, 🍴 — 📺 🗟wc
🅿
15. Dez.- 15. Jan. geschl. — Karte 16,50/30 (Donnerstag geschl.) — **5 Z : 7 B** 35/42 - 84 —
P 60/65.

NENTERSHAUSEN Hessen siehe Sontra.

NERESHEIM 7086. Baden-Württemberg 987 ㉟ — 6 700 Ew — Höhe 500 m — ✆ 07326.
Sehenswert : Klosterkirche★.

◆Stuttgart 101 — Aalen 26 — Heidenheim an der Brenz 21 — ◆Nürnberg 111.

In Neresheim - Ohmenheim N : 3 km :

🏨 **Zur Kanne**, Brühlstr. 2, ℰ 67 21, 🍴, 🍴 — 🗟wc ✆ ⟷ 🅿 🅰
◆ Mitte - Ende Jan. geschl. — Karte 13/28 (Freitag geschl.) 🍴 — **39 Z : 75 B** 24/34 - 48/58 —
P 42/52.

NESSELWANG 8964. Bayern 987 ㊲, 426 ⑮ — 3 000 Ew — Höhe 865 m — Luftkurort —
Wintersport : 900/1 600 m ⟨7 ⟩3 — ✆ 08361.

🅱 Verkehrsamt, Rathaus, Hauptstr. 18, ℰ 7 50.

◆München 120 — Füssen 17 — Kempten (Allgäu) 24.

🏨 **Bergcafé**, Sudetenweg 2, ℰ 2 23, ≤, 🍴, Bade- und Massageabteilung, 🏔, 🍴, 🔲, 🍴 —
🛗 🛁wc 🗟wc ✆ 🅿. 🅐🅔 🅞 🅔 𝐕𝐈𝐒𝐀
Karte 23/44 — **40 Z : 75 B** 54/75 - 86/140 Fb — 3 Appart. 85 — P 88/117.

🏨 **Brauerei-Gasthof Post**, Hauptstr. 25, ℰ 2 38, Biermuseum, Bierseminare — 🛁wc 🗟wc
✆ ⟷ 🅿
Karte 19/42 — **23 Z : 38 B** 48/70 - 84/94 Fb.

🏨 Pension Gisela 🐾, Falkensteinstr. 9, ℰ 2 17, 🍴, 🍴, 🍴 — 🗟wc ✆ 🅿. 🦌
18 Z : 30 B.

🏨 **Marianne**, Römerstr. 11, ℰ 32 18, ≤, 🍴, 🍴 — 🗟wc 🅿. 🅔. 🦌
Nov.- 15. Dez. geschl. — Karte 17,50/44 — **30 Z : 60 B** 37/47 - 74/98 — P 51/66.

🏨 **Sportcafé Martin** 🐾, An der Riese 18, ℰ 14 24, 🍴 — 🗟wc 🅿
◆ Nov. geschl. — Karte 14/35 — **24 Z : 50 B** 30/45 - 60/76 — P 48/63.

An der Bergstation der Alpspitzbahn Berg- und Talfahrt 8 DM — Höhe 1 500 m :

🏨 **Berggasthof Sportheim Böck** 🐾, ✉ 8964 Nesselwang, ℰ (08361) 31 11, ≤ Alpen, 🍴,
🍴 — 🅿 (an der Talstation)
7. April - 7. Mai und 3. Nov.- 12. Dez. geschl. — Karte 17/30 (im Mai, Juni, Sept. und Okt. jeweils
Montag geschl.) — **20 Z : 35 B** 26 - 52.

In Nesselwang-Lachen NO : 2 km :

🏨 Löwen, an der Straße nach Marktoberdorf, ℰ 6 40, 🍴, 🍴, 🔲, 🍴 — 🛗 🛁wc 🗟wc 🅿
27 Z : 58 B.

Siehe auch : *Liste der Feriendörfer*

NETPHEN 5902. Nordrhein-Westfalen – 22 700 Ew – Höhe 250 m – 🔀 02738.
🔼 Verkehrsverein, Amtsstr. 6, Rathaus, 𝒫 3 61.
♦Düsseldorf 138 – Siegen 8.

In Netphen 1-Sohlbach NO : 8 km :

🏠 **Waldhaus** 🦌, Vorm Breitenberg 27, 𝒫 12 84, ≤, 🐎, 🔲 – 🅼wc 🕿 🅿. 🆎
Jan. geschl. – Karte 17/45 *(Mittwoch geschl.)* – **11 Z : 20 B** 31/43 - 62/86 – P 38/52.

Bei der Lahnquelle SO : 17,5 km über Netphen-Deuz – Höhe 610 m :

🏠 **Forsthaus Lahnhof** 🦌, ✉ 5902 Netphen 3, 𝒫 (02737) 34 03, ≤, 🦌, 🐎 – 🅼wc 🚗 🅿
Karte 17/46 *(Dienstag geschl.)* – **14 Z : 21 B** 47/50 - 80.

NETTETAL 4054. Nordrhein-Westfalen 👄👄👄 ⑬ – 37 500 Ew – Höhe 46 m – 🔀 02153.
🔼 Verkehrsamt in Nettetal 1-Lobberich, Rathaus, Marktstr. 32, 𝒫 12 12 18.
♦Düsseldorf 47 – Krefeld 24 – Mönchengladbach 24 – Venlo 15.

In Nettetal 1-Hinsbeck :

🏨 **Haus Josten**, Wankumer Str. 3, 𝒫 20 36 – 📺 🅼wc 🕿 🚗 🅿
20. *Juli - 10. Aug. geschl.* – Karte 14,50/31 *(Mittwoch geschl.)* – **9 Z : 16 B** 27/40 - 54/70.

🍴🍴 **Berghof** 🦌 mit Zim, Panoramaweg 19, 𝒫 37 04 – 🛏wc 🅼 🕿 🚗 🅿 🎿 🆎 ⑩ 🄴 🆚🆂🄰
4.- 28. *Feb. geschl.* – Karte 21/53 *(Montag geschl.)* – **8 Z : 13 B** 39/45 - 78.

In Nettetal 1-Lobberich :

🏨 **Haus am Rieth** garni, Reinersstr. 5, 𝒫 34 05, 🐎, 🔲 – 📺 🛏wc 🅼wc 🕿 🚗 🅿. 🆎
19. *Dez.- 8. Jan. geschl.* – **22 Z : 34 B** 60 - 95 Fb.

🏠 **Rütten**, Hochstr. 1, 𝒫 10 33 – 🅼wc 🚗 🆎 ⑩ 🄴. 🍽 Zim
Karte 16,50/49 *(15. Juni - 15. Juli und Freitag geschl.)* – **14 Z : 21 B** 35/45 - 65/70.

🍴🍴 **Zum Schänzchen** mit Zim, Dyck 58 (südlich der BAB-Ausfahrt), 𝒫 24 65 – 🅼wc 🕿 🅿
Karte 16/45 *(Montag und Juli - Aug. 3 Wochen geschl.)* – **11 Z : 19 B** 42/45 - 74/85.

NEUALBENREUTH 8591. Bayern – 1 450 Ew – Höhe 549 m – 🔀 09638.
♦München 254 – Bayreuth 83 – ♦Nürnberg 171.

🏨 **Golfhotel Schloß Ernestgrün** 🦌, an der Straße nach Tirschenreuth S : 1 km, 𝒫 8 01, 🐂 –
🛏wc 🅼wc 🕿 🅿 🎿 – **31 Z : 58 B** Fb.

NEUBEUERN 8201. Bayern 👄👅👆 ⑱ – 3 200 Ew – Höhe 478 m – Luftkurort – 🔀 08035 (Raubling).
♦München 69 – Miesbach 31 – Rosenheim 12.

🏨 **Burghotel-Burgdacherl** 🦌, Marktplatz 23, 𝒫 24 56, ≤ Riesenkopf und Kaisergebirge,
Dachterrasse, Bade- und Massageabteilung, 🐎 – 📳 🅼wc 🕿 🚗
Karte 16/44 *(Montag geschl.)* – **14 Z : 28 B** 43/68 - 68/98 – P 70/94.

NEUBIBERG Bayern siehe München.

NEUBULACH 7265. Baden-Württemberg – 3 800 Ew – Höhe 584 m – Luftkurort – 🔀 07053.
🔼 Kurverwaltung, Rathaus, 𝒫 75 92.
♦Stuttgart 57 – Calw 10 – Freudenstadt 41.

🏠 **Hirsch**, Calwer Str. 5, 𝒫 70 90, 🐎 – 🛏wc 🅼wc 🚗 🅿. 🍽 Zim – **16 Z : 28 B**.

🏨 **Zum Rößle**, Obere Torstr. 8, 𝒫 77 66, 🐎, 🏊 (geheizt), 🐎 – 🅼wc 🅿
Ende Okt.- Mitte Nov. geschl. – Karte 16,50/34 *(Montag geschl.)* 🍴 – **14 Z : 28 B** 27/35 - 50/68
– P 38/45.

In Neubulach-Martinsmoos SW : 5 km :

🏠 **Schwarzwaldhof**, Wildbader Str. 28, 𝒫 (07055) 3 55, 🐎 – 🅼wc 🅿. 🍽
10. *Feb.- 1. März geschl.* – Karte 16/32 *(Dienstag geschl.)* 🍴 – **16 Z : 26 B** 34/40 - 64 – P 44.

In Neubulach-Oberhaugstett SW : 1 km :

🏠 **Löwen**, Hauptstr. 21, 𝒫 (07053) 62 00 – 🅼wc 🅿 – **13 Z : 22 B**.

NEUBURG AN DER DONAU 8858. Bayern 👄👅👆 ⑳ – 24 400 Ew – Höhe 403 m – 🔀 08431.
🔼 Städt. Fremdenverkehrsbüro, Amalienstr. A 54, 𝒫 5 52 40.
♦München 95 – ♦Augsburg 53 – Ingolstadt 22 – ♦Ulm (Donau) 124.

🏠 **Bergbauer**, Fünfzehnerstr. 11, 𝒫 25 64 – 🅼wc 🕿
1.- 8. *Jan. geschl.* – Karte 14,50/41 *(Freitag - Samstag 17 Uhr geschl.)* – **22 Z : 32 B** 30/45 -
58/85 Fb.

🏠 **Garni im Schrannenhaus**, Schrannenplatz C 153, 𝒫 4 76 99 – 🅼wc
13 Z : 19 B 42 - 64.

🏠 **Kieferlbräu**, Eybstr. B 239, 𝒫 20 14 – 🅼wc 🅿
Karte 14/38 *(Donnerstag und 24. Juli - 13. Aug. geschl.)* – **16 Z : 21 B** 25/40 - 48/60.

🍴 **Gasthof Pfafflinger** mit Zim, Schrannenplatz C 131, 𝒫 16 50, 🏡 – 🅼wc. 🍽
Karte 15/50 – **3 Z : 6 B** 38 - 75.

In Neuburg-Bergen NW : 8 km :

✕ **Zum Klosterbräu** mit Zim, Kirchplatz 1, ℰ 20 88, Biergarten, « Altbayrischer Landgasthof »
— ⽤wc ⟺ ℗
23. Dez.- 13. Jan. geschl. — Karte 13/40 (Sonntag 17 Uhr - Montag geschl.) — **10 Z : 16 B** 36 - 62.

In Neuburg-Bittenbrunn NW : 2 km :

🏠 **Zum Kirchbaur** (traditioneller Landgasthof), Monheimer Str. 119, ℰ 25 32,
« Gartenterrasse », 🛏 — ⟷wc ⽤wc ☎ ⟺ ℗ ♨. 🍴
Karte 16/48 (Samstag geschl.) — **40 Z : 60 B** 41/61 - 74/104 Fb.

NEUDROSSENFELD 8581. Bayern — 3 000 Ew — Höhe 340 m — ✪ 09203.

♦München 241 — ♦Bamberg 55 — Bayreuth 10.

Im Ortsteil Altdrossenfeld S : 1 km :

🏠 Brauerei-Gasthof Schnupp, an der B 85, ℰ 2 22, 🍴 — ⟷wc ⽤wc ☎ ⟺ ℗
19 Z : 27 B.

NEUENAHR-AHRWEILER, BAD 5483. Rheinland-Pfalz 🔢 ㉔ — 28 000 Ew — Höhe 92 m — Heilbad — ✪ 02641.

🛈 Kur- und Verkehrsverein Bad Neuenahr, Pavillon am Bahnhof und Verkehrsverein Ahrweiler, Marktplatz 12, ℰ 22 78.

Mainz 147 ③ — ♦Bonn 30 ② — ♦Koblenz 56 ③.

Stadtplan siehe gegenüberliegende Seite.

Im Stadtteil Bad Neuenahr

🏨 **Steigenberger Kurhotel**, Kurgartenstr. 1, ℰ 22 91, Telex 861812, 🍴, 🔲, direkter Zugang
zum Bäderhaus — 🛗 📺 ♿ ♨. 🆎 ⓪ Ɛ 🆅🆂🅰. 🍴 Rest   CZ **v**
Karte 29/69 (auch Diät) — **171 Z : 223 B** 115/145 - 160/230 Fb — P 133/198.

🏨 **Dorint-Hotel** 🍸, Am Dahliengarten, ℰ 89 50, Telex 861805, « Terrasse mit ≤ », ⟺, 🔲,
🛏 — 🛗 📺 ♿ ℗ ♨. 🆎 ⓪ Ɛ 🆅🆂🅰. 🍴 Rest   BY **u**
Karte 21/74 (auch Diät) — **180 Z : 300 B** 115/128 - 176/192 Fb — P 136/172.

🏨 **Giffels Goldener Anker** 🍸, Mittelstr. 14, ℰ 23 85, Telex 861768, « Garten », ⟺, 🛏 — 🛗
⬛ Rest 📺 ⟷wc ⽤wc ☎ ♿ ℗ ♨. 🆎 ⓪ Ɛ 🆅🆂🅰. 🍴 Rest   CZ **w**
Karte 28/64 (auch Diät) — **85 Z : 120 B** 68/89 - 125/180 Fb — P 107/127.

🏨 **Elisabeth** 🍸, Georg-Kreuzberg-Str. 11, ℰ 2 60 74, ⟺, 🔲 — 🛗 📺 ⽤wc ☎ ℗ ♨. 🍴 Rest
März-Nov. — Karte 24/38 (auch Diät) — **60 Z : 75 B** 67/106 - 150/172 — 4 Appart. 94/112 —
P 91/110.   CZ **z**

🏨 **Seta-Hotel**, Landgrafenstr. 41, ℰ 80 30, Telex 861850, ✕ — 🛗 ⽤wc ☎ ℗ ♨. 🆎 ⓪ Ɛ
🆅🆂🅰   CZ **r**
Karte 21/45 — **136 Z : 145 B** 92 - 125 Fb.

🏨 **Fürstenberg-Rest. Habsburg** 🍸, Mittelstr. 6, ℰ 23 17, 🍴, 🛏 — 🛗 ⽤wc ☎ ℗. 🍴 Rest
Karte 23/57 — **27 Z : 49 B** 51/80 - 92/111.   CZ **a**

🏨 **Aurora - Martha** 🍸, Georg-Kreuzberg-Str. 8, ℰ 2 60 20, 🛏 — 🛗 📺 ⟷wc ⽤wc ☎. 🆎 ⓪
Ɛ 🆅🆂🅰. 🍴 Rest   CZ **z**
15. Nov.-14. Dez. geschl. — (Rest. nur für Hausgäste) — **50 Z : 65 B** 64/120 - 132/160 Fb —
P 92/108.

🏨 **Pfäffle**, Lindenstr. 7, ℰ 2 42 35, 🍴 — 🛗 ⟷wc ⽤wc ☎ ℗. 🆎 ⓪ Ɛ. 🍴 Rest   CZ **s**
Karte 25/55 (auch Diät) — **50 Z : 64 B** 58/80 - 128/216 — P 88/138.

🏠 **Hamburger Hof** garni, Jesuitenstr. 11, ℰ 2 60 17, « Garten », 🛏 — ⟷wc ⽤wc ☎ ⟺
32 Z : 50 B.   CZ **c**

🏠 **Krupp**, Poststr. 4, ℰ 22 73 — 🛗 ⽤wc ☎ ℗ ♨. 🍴   CZ **t**
Karte 17/35 (auch Diät) — **35 Z : 50 B** 42/62 - 120 — P 60/82.

🏠 **Rieck** garni, Hauptstr. 45, ℰ 2 66 99, 🛏 — ⽤wc ⟺ ℗   CZ **n**
11 Z : 18 B.

🏠 **Kur-Eck** garni, Lindenstr. 2, ℰ 2 55 46 — 🛗 ⟷wc ⽤wc ☎ ℗. ⓪ Ɛ   CZ **b**
22 Z : 40 B 42/64 - 80/114.

🏠 **Haus Ernsing**, Telegrafenstr. 30, ℰ 22 21 — 🛗 ⟷wc ⽤wc ☎. 🍴 Rest   CZ **m**
(Rest. nur für Hausgäste) — **23 Z : 33 B**.

✕✕ **Ratskeller**, Casinostr. 8, ℰ 2 54 66 — ⓪   CZ **d**
Dienstag - Mittwoch 19 Uhr geschl. — Karte 38/70.

✕✕ Kurhaus-Rest., Kurgartenstr. 1, ℰ 22 91, 🍴 — ♨   CZ **e**

✕ **Piccola Milano** (Italienische Küche), Kreuzstr. 8c, ℰ 2 43 75   CZ **p**
Juni - Juli 4 Wochen geschl. — Karte 21/45.

✕ **Kurpark**, Oberstr. 8, ℰ 2 61 81, ≤, 🍴 — ℗   CZ **u**
Nov.- April Donnerstag geschl. — Karte 19,50/50 (auch Diät).

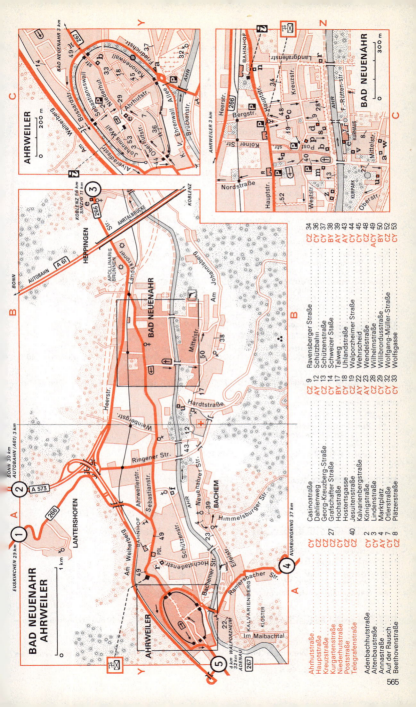

BAD NEUENAHR AHRWEILER

Adenbachhutstraße	CZ 2	Casinostraße	CY 9
Altenbaustraße	CZ 3	Dahlienweg	CZ 12
Annastraße		Georg-Kreuzberg-Straße	CZ 13
Auf der Rausch	AY 4	Grafschafter Straße	CY 14
Beethovenstraße	CZ 8	Hochstraße	BY 17
		Hostertsgasse	CY 18
Ahrhutstraße		Jesuitenstraße	CZ 19
Hauptstraße		Kalvarienbergstraße	AY 22
Kreuzstraße		Königstraße	CZ 23
Kurgartenstraße	CZ 27	Lindenstraße	CZ 28
Niederhutstraße		Marktplatz	CZ 29
Poststraße	CZ 40	Otterstraße	CY 32
Telegrafenstraße		Plätzerstraße	CZ 33

Ravensberger Straße	CZ 34
Schützbahn	CY 36
Schützenstraße	CZ 37
Schweizer Straße	BY 38
Talweg	AY 39
Uhlandstraße	AY 43
Walporzheimer Straße	CZ 44
Wehrscheid	CY 45
Wendelstraße	CZ 48
Wilhelmstraße	ACY 49
Willibrordusstraße	ACY 50
Wolfgang-Müller-Straße	BY 52
Wolfsgasse	CZ 53

Im Stadtteil Ahrweiler

🏨 **Avenida** garni, Schützenstr. 136, *ℰ* 33 66, ≋, 🔲, 🍴 – 🛁wc 🗔wc ☎ 🅟. ᴁ 🅴 𝗩𝗜𝗦𝗔. 🍽
    23 Z : 40 B 55/75 - 90/110.   AY   **f**

🏨 **Hohenzollern**, Silberbergstr. 50, *ℰ* 42 68, ◁ Ahrtal, « Gartenterrasse » – 🗔wc ☎ 🅟   über ⑤
    14 Z : 24 B.

🏨 **Zum Ännchen**, Niederhutstr. 10, *ℰ* 3 48 05 – 🛗 🗔wc ☎ 🅟   CY   **b**
    20. Jan.- 5. Feb. geschl. – Karte 13,50/47 – **16 Z : 32 B** 30/47 - 55/85.

🏨 **Zum Stern**, Markt 9, *ℰ* 3 47 38 – 🗔wc. 🍽   CY   **e**
    Jan.- Feb. 4 Wochen geschl. – Karte 22/50 (Montag geschl.) – **15 Z : 25 B** 34/55 - 60/90 –
    P 58/78.

🏨 **Zum Römer** garni, Schülzchenstr. 11, *ℰ* 3 61 01 – 🗔wc 🅟. 🍽   AY   **r**
    10 Z : 16 B 40/50 - 75.

🏨 **Schützenhof**, Schützenstr. 1, *ℰ* 3 43 77, Biergarten – 🗔wc ☎. 🍽 Zim   CY   **a**
    15. Feb.- 15. März geschl. – Karte 13,50/33 (Donnerstag geschl.) – **9 Z : 18 B** 48 - 90.

Im Stadtteil Heimersheim ③ : 4 km ab Neuenahr :

XX **Scherhag**, Johannisstr. 28, *ℰ* 2 61 14
    18. Aug.- 4. Sept. und Montag geschl., Okt.- März nur Abendessen – Karte 22/45.

Im Stadtteil Heppingen :

XX **Zur Alten Post** mit Zim, Landskroner Str. 110, *ℰ* 2 41 14 – 🗔wc ⇐   BY   **e**
    Karte 18/48 (Dienstag geschl.) 🍷 – **8 Z : 15 B** 30/38 - 50/60.

Im Stadtteil Walporzheim ⑤ : 1 km ab Ahrweiler :

XXX **Romantik-Rest. Weinhaus St. Peter**, Walporzheimer Str. 134 (B 267), *ℰ* 3 40 31,
    « Innenhofterrasse » – 🅟. ᴁ ⓸ 🅴 𝗩𝗜𝗦𝗔. 🍽
    März - 20. Dez. – Karte 36/82.

XX ❀ **Gourmet im Teufenbach** 🦢 mit Zim, *ℰ* 3 41 98, ≋, – 📺 🛁wc ☎ 🅟. ᴁ ⓸
    Karte 37/68 (Tischbestellung erforderlich) – **2 Z : 4 B** 60 - 90
    Spez. Ahrtaler Kräutersüppchen, Lammnüßchen mit Gänsestopfleber in Ahr-Spätburgunder, Ente nach
    Großmutter-Art (auf Vorbestellung).

NEUENBÜRG 7540. Baden-Württemberg 🔟🔟🔟 ㉟ – 7 100 Ew – Höhe 325 m – ✆ 07082.
♦Stuttgart 62 – Baden-Baden 40 – Pforzheim 12.

🏠 **Zum Grünen Baum**, Flößerstr. 7, *ℰ* 29 55, 🌳 – 🗔wc. ⓸
    über Ostern und Weihnachten je 2 Wochen geschl. – Karte 18/50 (Samstag geschl.) – **10 Z :**
    21 B 32/40 - 56/72.

NEUENBURG 7844. Baden-Württemberg 🔟🔟🔟 ㉟ ㊵, 🔟🔟🔟 ④, 🔟🔟 ⑧ – 7 800 Ew – Höhe 231 m –
✆ 07631 (Müllheim).
ADAC, Grenzbüro, im Grenzzollamt, *ℰ* 77 95.
♦Stuttgart 232 – Basel 35 – ♦Freiburg im Breisgau 36 – Mulhouse 20.

🏠 **Zur Krone**, Breisacher Str. 1, *ℰ* 7 20 65, 🌳 – 🛗 🗔wc ⇐ 🅟
    Mitte Okt.- Mitte Nov. geschl. – Karte 16,50/48 (Mittwoch geschl.) 🍷 – **25 Z : 48 B** 27/48 -
    54/70.

🏠 **Touristik-Hotel** garni, Basler Str. 2, *ℰ* 78 76 – 🗔wc 🅟
    10 Z : 20 B.

NEUENDETTELSAU 8806. Bayern – 7 000 Ew – Höhe 440 m – ✆ 09874.
♦München 187 – Ansbach 19 – ♦Nürnberg 41.

🏨 **Sonne**, Hauptstr. 43, *ℰ* 7 66 – 🛗 🛁wc 🗔wc 🅟 ⚏. 🍽 Rest
    1.- 15. Aug. geschl. – Karte 11/30 (Montag geschl.) 🍷 – **53 Z : 70 B** 25/60 - 50/90.

NEUENKIRCHEN KREIS SOLTAU 3044. Niedersachsen 🔟🔟🔟 ⑮ – 5 000 Ew – Höhe 35 m –
Luftkurort – ✆ 05195.
🛈 Verkehrsverein, Rathaus, Kirchstr. 9, *ℰ* 17 18.
♦Hannover 90 – ♦Bremen 71 – ♦Hamburg 88 – Lüneburg 62.

🏠 **Tödter**, Hauptstr. 2, *ℰ* 12 47 – 📺 🗔wc ☎ ⇐ 🅟 ⚏
    Nov. geschl. – Karte 12/45 (Freitag geschl.) – **16 Z : 29 B** 40 - 75 – P 55.

🏠 **Neuenkirchener Hof**, Hauptstr. 27, *ℰ* 6 06, 🍴 – 🗔wc 🅟
    11 Z : 20 B.

NEUENKIRCHEN KREIS STEINFURT 4445. Nordrhein-Westfalen – 10 500 Ew – Höhe 64 m –
✆ 05973.
♦Düsseldorf 180 – Enschede 37 – Münster (Westfalen) 43 – ♦Osnabrück 54.

🏨 **Schützenhof**, Wettringer Str. 46 (B 70), *ℰ* 8 58, Telex 981723, 🌳, « Stilvolle, rustikale
    Räume », 🍴, 🍽 – 🛁wc 🗔wc ☎ ⇐ 🅟 ⚏. ᴁ ⓸ 🅴 𝗩𝗜𝗦𝗔. 🍽 Zim
    Karte 29/53 – **30 Z : 46 B** 55/60 - 90/110 Fb.

NEUENKIRCHEN (OLDENBURG) 2846. Niedersachsen − 5 800 Ew − Höhe 31 m − ✆ 05493.
♦Hannover 179 − ♦Bremen 97 − ♦Osnabrück 28.

Beim Kloster Lage SW : 5 km :

🏛 **Kommende Lage** 🦢 (Hotel in einem Rittergut a.d. 13.Jh.), ✉ 4555 Rieste, ✆ (05464) 51 51, Telex 941442, « Gartenterrasse », 🍽 − 🗑wc ☎ 🅿 🏧. 🆎 ⓞ 🅴. ⅏ Rest
Karte 23/48 *(Montag geschl.)* − **30 Z : 45 B** 59/84 - 93/128 Fb.

NEUENRADE 5982. Nordrhein-Westfalen − 11 500 Ew − Höhe 324 m − ✆ 02392.
♦Düsseldorf 103 − Iserlohn 22 − Werdohl 6.

🏛 **Kaisergarten** 🦢, Hinterm Wall 15, ✆ 6 10 15 − 📺 🛁wc 🗑wc ☎ 🚗 🅿 🏧. 🆎 ⓞ 🅴 💳
Karte 18/56 *(Dienstag bis 18 Uhr geschl.)* − **10 Z : 19 B** 52 - 90.

🏛 **Landhaus Uffelmann**, Kohlberg 4 (N : 2,5 km), Höhe 500 m, ✆ 6 13 12, ≼ Sauerländer Berge, 🏡, 🍽, ⅏ − 🗑wc 🅿. 🆎
Karte 22/70 − **19 Z : 30 B** 45/65 - 80/110.

NEUENSTADT AM KOCHER 7106. Baden-Württemberg − 6 300 Ew − Höhe 180 m − ✆ 07139.
♦Stuttgart 61 − Heilbronn 21 − ♦Mannheim 94 − ♦Würzburg 89.

In Oedheim 7101 W : 4,5 km :

🏨 **Sonne**, Hauptstr. 35, ✆ (07136) 2 01 30 − 🗑wc 🅿. ⅏ Zim
22. Dez.- 15. Jan. und Aug. geschl. − Karte 15,50/40 *(Donnerstag - Freitag geschl.)* 🍴 − **20 Z : 35 B** 26/34 - 48/68.

NEUENSTEIN 6431. Hessen − 3 200 Ew − Höhe 400 m − ✆ 06677.
♦Wiesbaden 166 − Fulda 53 − Bad Hersfeld 11 − ♦Kassel 58.

In Neuenstein-Aua 🔢🔢🔢 ㉕ :

🏛 **Hess**, Geistalstr. 8, ✆ 4 43, « Grillgarten », 🔼 − 🛁wc 🗑wc ☎ 🚗 🅿 🏧. 🆎 ⓞ 🅴
Karte 19/54 − **40 Z : 79 B** 40/54 - 72/103 Fb.

NEUENWEG 7861. Baden-Württemberg 🔢🔢🔢 ⑱. 🔢🔢🔢 ⑤. 🔢🔢 ⑧ − 420 Ew − Höhe 750 m − Erholungsort − Wintersport : 800/1 414 m ⚡2 ⚡1 − ✆ 07673 (Schönau).
♦Stuttgart 259 − Basel 49 − ♦Freiburg im Breisgau 49 − Müllheim 21.

🏚 **Markgräfler Hof**, Ortsstr. 22, ✆ 3 77 − 🗑wc 🅿
15. Nov.- 25. Dez. geschl. − Karte 15/36 *(Mittwoch geschl.)* − **25 Z : 45 B** 30 - 55 − P 50.

🏨 **Belchenstüble**, Schönauer Str. 63, ✆ 72 05, 🏡 − 🗑wc 🅿. ⅏
Mitte Jan.- Mitte Feb. geschl. − Karte 16/44 *(Donnerstag geschl.)* 🍴 − **12 Z : 23 B** 20/30 - 38/56.

In Neuenweg-Hinterheubronn NW : 5 km :

🏨 **Haldenhof** 🦢, ✆ 2 84, ≼, 🏡 − 🗑wc 🚗 🅿
15. Nov.-Dez. geschl. − Karte 16/44 *(Dienstag geschl.)* 🍴 − **14 Z : 24 B** 32/37 - 78/88 − P 56/61.

In Bürchau 7861 S : 3 km − ⚡1 − Erholungsort :

🏚 **Berggasthof Sonnhalde** 🦢, Sonnhaldenweg 37, ✆ (07629) 2 60, ≼, 🔲, 🏡, ⚡, Skiverleih − 🗑wc 🚗 🅿
10. Nov.- 20. Dez. geschl. − Karte 15/52 *(Montag - Dienstag geschl.)* 🍴 − **21 Z : 39 B** 29/40 - 58/78 Fb − P 45/60.

NEUERBURG 5528. Rheinland-Pfalz 🔢🔢🔢 ㉓. 🔢🔢🔢 ㉗ − 1 800 Ew − Höhe 337 m − Luftkurort − ✆ 06564.
🛈 Tourist-Information, Herrenstr. 2, ✆ 26 73.
Mainz 189 − Bitburg 23 − Prüm 33 − Vianden 19.

🏚 **Berghof** 🦢, Plascheiderberg 27, ✆ 25 50, ≼, 🏡 − 🗑wc 🚗 🅿. ⅏
Karte 16/50 − **15 Z : 24 B** 40/50 - 80/100.

🏚 **Schloß-Hotel**, Bitburger Str. 13, ✆ 23 73 − 🗑wc 🚗 🅿
Nov.- Anfang Dez. geschl. − Karte 15/31 *(im Winter Montag ab 14 Uhr geschl.)* − **30 Z : 60 B** 24/29 - 42/48 − P 40/45.

🏨 **Kölner Hof**, Markt 8, ✆ 21 82, 🏡 − 🛁wc 🗑wc 🅿
← Karte 12/31 *(Okt.- Mai Donnerstag geschl.)* − **24 Z : 45 B** 30/35 - 60/70 − P 45/50.

🏨 **Zur Stadt Neuerburg**, Poststr. 10, ✆ 21 26 − 🛁wc 🗑wc 🅿. 🅴. ⅏ Zim
← 10. Jan.- 15. Feb. geschl. − Karte 14,50/33 − **23 Z : 45 B** 31/37 - 58/71 − P 41/48.

NEUERSHAUSEN Baden-Württemberg siehe March.

NEUFAHRN Bayern siehe Eching.

NEUFARN Bayern siehe Vaterstetten.

NEUFFEN 7442. Baden-Württemberg 🔢🔢🔢 ⑩ — 4 800 Ew — Höhe 405 m — ✆ 07025.
Ausflugsziel : Burg Teck : Turm ⚒★, NO : 10 km — ♦Stuttgart 41 — Reutlingen 17 — ♦Ulm (Donau) 70.

  ✕ **Traube** mit Zim, Hauptstr. 24, ℰ 28 94, ⇌ — 📺 🍴wc ☎ ⟷ ℗. 🖭 ⓞ
      Karte 17/40 *(Freitag 14 Uhr - Samstag und Aug. 2 Wochen geschl.)* — **6 Z : 14 B** 70/120 -
      90/140.

  ✕ **Stadthalle**, Oberer Graben 28, ℰ 26 66 — ℗ 🏛 ⓞ
      Montag 14 Uhr - Dienstag, Jan. 1 Woche und Aug. 3 Wochen geschl. — Karte 23/48.

NEUHARLINGERSIEL 2943. Niedersachsen — 1 500 Ew — Seebad — ✆ 04974.
🅱 Kurverein, Am Hallenbad, ℰ 3 55 — ♦Hannover 257 — Emden 59 — ♦Oldenburg 87 — Wilhelmshaven 46.

  🏨 **Appartment-Hotel Wasserschloß an der Nordsee**, Bettenwarfen 2, ℰ 2 17, ♨, Bade-
      und Massageabteilung, ♨, ⇌, 🔲, 🔥 — 📺 🛏wc 🍴wc ☎ ℗. 🖭 ⓞ. ✀
      Karte 22/52 — **14 Z : 28 B** 132 - 159 Fb — 38 Appart. 120/220 — P 151.

  🏠 **Rodenbäck**, Hafen-Ostseite 2, ℰ 2 25, ← — 🍴wc ☎ ℗. ✀ Zim
      3. Nov.- 27. Dez. geschl. — Karte 19/42 *(Montag geschl.)* — **14 Z : 23 B** 48/65 - 78/85 — 13
      Appart. 75/90.

  🏠 **Mingers**, Am Hafen West 1, ℰ 3 17, ← — 📺 🍴wc ☎ ⟷ ℗. ⓞ. ✀ Zim
      10. Jan.- 15. Feb. und 1.- 27. Dez. geschl. — Karte 20/56 *(Mittwoch geschl.)* — **20 Z : 40 B** 58/75
      - 120/140 — 12 Appart. 85/130.

  🏠 **Janssens Hotel**, Hafen-Westseite 7, ℰ 2 24, ← — 🍴wc ☎ ℗. 🖭 ⓞ. ✀
      Mitte Feb.- Mitte Nov. — (Rest. nur für Hausgäste) — **23 Z : 43 B** 47 - 88.

  ✕✕ Landhaus Sielhof (Friesisches Herrschaftshaus a.d.J. 1755 in einem kleinen Park), ℰ 2 80, ♨
      — ℗.

NEUHAUS AM INN 8399. Bayern — 3 000 Ew — Höhe 312 m — ✆ 08503.
♦München 162 — Linz 96 — Passau 18 — Regensburg 142.

  🏨 **Gästehaus Alte Innbrücke** Ⓜ ⤸ garni, Finkenweg 7, ℰ 14 31, ←, 🔥 — 🛗 🛏wc 🍴wc ℗
      🏛
      32 Appart. : 70 B 38 - 62 Fb.

      In Neuhaus-Vornbach N : 4 km :

  🏨 **Am Schloßpark** Ⓜ, Dr.-Duisberg-Str. 1, ℰ 3 38, ♨, ⇌, 🔲, 🔥 — 🛗 🛏wc ☎ ℗ 🏛. 🖭
      15. Dez.- 15. Jan. geschl. — Karte 17/35 *(Nov.- März Montag geschl.)* — **46 Appart. : 92 B**
      36/45 - 61/68 — P 53/62.

NEUHAUS AN DER PEGNITZ 8574. Bayern — 3 000 Ew — Höhe 380 m — ✆ 09156.
Sehenswert : Lage★ — ♦München 199 — Amberg 38 — Bayreuth 47 — ♦Nürnberg 53.

  🏠 **Burg Veldenstein** ⤸, Burgstr. 88, ℰ 6 33, ♨, Wildgehege,Volière, ⇌, 🔥 — 🛏wc 🍴wc
  ◄ ⚒ ℗. 🖭 ⓞ
      15. Jan.- Feb. geschl. — Karte 12,50/29 *(Montag geschl.)* — **19 Z : 33 B** 39/41 - 72/77.

  🏠 **Bayerischer Hof**, Unterer Markt 72, ℰ 2 69, ♨, 🔥 — 🛏wc 🍴wc ⟷ ℗. ✀
  ◄ *10. Jan.- 15. Feb. geschl.* — Karte 11/27 *(Montag geschl.)* ⚗ — **12 Z : 20 B** 28/55 - 50/70.

NEUHAUSEN OB ECK 7201. Baden-Württemberg 🔢🔢🔢 ⑥ ⑦ — 3 200 Ew — Höhe 768 m —
✆ 07467 — ♦Stuttgart 131 — ♦Konstanz 50 — Tuttlingen 10 — ♦Ulm (Donau) 106.

  🍴 **Krone**, Meßkircher Str. 2, ℰ 3 78
  ◄ Karte 13,50/26 *(Freitag geschl.)* — **15 Z : 25 B** 26/28 - 49/53.

NEUHÖWEN Baden-Württemberg siehe Engen im Hegau.

NEUHOF 6404. Hessen — 10 500 Ew — Höhe 275 m — ✆ 06655.
♦Wiesbaden 133 — ♦Frankfurt am Main 89 — Fulda 15.

  🏠 **Schützenhof**, Gieseler Str. 2, ℰ 20 71, ⇌ — 🍴wc ⟷ ℗. 🖭 ⓞ 🅴
  ◄ *Juli - Aug. 2 Wochen geschl.* — Karte 15,50/42 — **17 Z : 32 B** 30/40 - 60/70.

      In Kalbach 1-Grashof 6401 S : 8 km über Neuhof-Mittelkalbach :

  🏠 **Zum Grashof** ⤸, ℰ (06655) 20 41, ←, 🔥 — 🍴wc ☎ ⟷ ℗
      Karte 15,50/30 *(Montag geschl.)* — **18 Z : 24 B** 35 - 70 — P 65.

NEUHOF AN DER ZENN 8501. Bayern — 1 700 Ew — Höhe 335 m — ✆ 09107.
♦München 198 — ♦Nürnberg 34 — ♦Würzburg 81.

  🏨🏨 **Riesengebirge** Ⓜ, Marktplatz 14, ℰ 13 71, « Gartenterrasse », ⇌ — 🛗 📺 ℗ 🏛. ⓞ
      Karte 24/65 — **34 Z : 57 B** 35/95 - 90/125 Fb.

NEU-ISENBURG Hessen siehe Frankfurt am Main.

NEUKIRCHEN Bayern siehe Sulzbach-Rosenberg.

NEUKIRCHEN AM TEISENBERG Bayern siehe Teisendorf.

NEUKIRCHEN BEIM HL. BLUT 8497. Bayern — 3 800 Ew — Höhe 490 m — Wintersport : 670/1 060 m ⏏2 ⏏4 — 🕿 09947.

🛈 Verkehrsamt, Marktplatz 2, ✆ 3 30.

♦München 208 — Cham 30 — Zwiesel 46.

- 🏠 **Zum Bach**, Marktstr. 1, ✆ 12 18, 🐴 — 🛏wc ⟸ 🅿
- ← Nov. geschl. — Karte 11/27 — **14 Z : 30 B** 23/25 - 46/50.
- 🏠 **Späth**, Marktstr. 7, ✆ 3 39 — 🛏wc ⟸ 🅿
- ← 6.- 23. Okt. geschl. — Karte 12/23 — **14 Z : 28 B** 24/28 - 44/52.

NEUKIRCHEN KREIS NORDFRIESLAND 2266. Schleswig-Holstein 987 ④ — 1 300 Ew — Höhe 2 m — 🕿 04664 — Ausflugsziel : Hof Seebüll : Nolde-Museum★ N : 5 km.

♦Kiel 133 — Flensburg 56 — Niebüll 14.

- 🏠 **Fegetasch**, Osterdeich, ✆ 2 02 — ⟸ 🅿. 🛇
- 22. Dez.- 6. Jan. geschl. — Karte 15,50/36 (Okt.- April Sonntag ab 14 Uhr geschl.) — **14 Z : 27 B** 26/28 - 52/56.

  In Klanxbüll 2266 W : 4 km :

- 🏠 **Wiedingharder Hof**, Am Bahnhof 2, ✆ (04668) 2 55 — 🅿. 🛇
- Karte 15/28 — **14 Z : 26 B** 24 - 48 — P 40.

NEUKIRCHEN (SCHWALM-EDER-KREIS) 3579. Hessen — 7 400 Ew — Höhe 260 m — Kneipp- und Luftkurort — 🕿 06694.

🛈 Kurverwaltung, im Rathaus, Kurhessenstraße, ✆ 60 33.

♦Wiesbaden 148 — Bad Hersfeld 33 — ♦Kassel 80 — Marburg 52.

- 🏠 **Landgasthof Combecher**, Kurhessenstr. 32, ✆ 60 48, ⟸s — 🛏wc 🕿 ⟸ 🅿. 🆎 **E**
- Karte 15/45 — **36 Z : 68 B** 34/48 - 62/80 — P 45/58.
- 🏠 **Kneipp-Kurhotel Sonnenhof** 🕭, Kienbergweg 30, ✆ 70 11, ≤, Bade- und Massageabteilung, ♨, 🔲, 🐴 — 🛏wc 🕿 🅿. 🛇
- Jan.- 15. Feb. geschl. — (Rest. nur für Hausgäste) — **33 Z : 44 B** 40 - 76 — P 60/62.

NEUKIRCHEN VORM WALD Bayern siehe Liste der Feriendörfer.

NEULAUTERN Baden-Württemberg siehe Wüstenrot.

NEULEININGEN Rheinland-Pfalz siehe Grünstadt.

NEULINGEN Baden-Württemberg siehe Pforzheim.

NEU-LISTERNOHL Nordrhein-Westfalen siehe Attendorn.

NEUMAGEN-DHRON 5559. Rheinland-Pfalz — 3 000 Ew — Höhe 120 m — 🕿 06507.

Mainz 133 — Bernkastel-Kues 20 — ♦Trier 39.

- 🏠 **Zur Post**, Römerstr. 79, ✆ 21 14 — 🚻wc 🛏wc ⟸ 🅿. 🆎 🕕
- ← April - 15. Dez. — Karte 14,50/36 (Montag geschl.) ♨ — **19 Z : 32 B** 35 - 65 — P 50.

NEUMARKT IN DER OBERPFALZ 8430. Bayern 987 ㉖㉗ — 31 600 Ew — Höhe 429 m — 🕿 09181.

♦München 138 — Amberg 40 — ♦Nürnberg 40 — ♦Regensburg 72.

- 🏠 **Nürnberger Hof**, Nürnberger Str. 28a, ✆ 3 24 28 — 🚻wc 🛏wc ⟸ 🅿
- ← 25. Okt.- 5. Nov. geschl. — Karte 13/33 (Samstag geschl.) — **59 Z : 98 B** 35/50 - 60/80.
- 🏠 **Stern**, Oberer Markt 32, ✆ 52 38 — 📶 🚻wc 🛏wc ⟸ 🅿. **E**
- ← Ende Feb.- Mitte März geschl. — Karte 11,50/32 (Samstag geschl.) — **56 Z : 105 B** 30/45 - 60/80.
- 🏠 **Mehl** 🕭, Kirchengasse 3, ✆ 57 16 — 🛏wc
- ← 1.- 14. Jan. geschl. — Karte 13/28 (nur Abendessen, Sonntag geschl.) — **22 Z : 29 B** 30/45 - 58/80.
- 🏠 **Gasthof Ostbahn**, Bahnhofstr. 4, ✆ 50 41 — 📶 🛏wc 🕿 ⟸ 🅿. 🛇 Zim
- ← Karte 12,50/29 (Dienstag geschl.) — **18 Z : 36 B** 40 - 62.

NEUMARKT-ST. VEIT 8267. Bayern 987 ㊲, 426 ⑧ — 5 500 Ew — Höhe 448 m — 🕿 08639.

♦München 98 — Landshut 39 — Passau 93 — Salzburg 89.

- 🏠 **Peterhof**, Bahnhofstr. 31, ✆ 3 09 — 🛏wc ⟸ 🅿
- ← 4.- 20. Aug. geschl. — Karte 12/26 (Samstag geschl.) — **19 Z : 30 B** 23/35 - 44/65.
- 🏠 **Post**, Stadtplatz 21, ✆ 3 50, ⟸s — 🛏wc ⟸ 🅿. 🛇 Rest
- ← Karte 12/28 — **15 Z : 27 B** 26/30 - 50/56.

  In Niedertaufkirchen 8267 SO : 8 km :

- ✗ **Söll mit Zim**, Hundhamer Str. 2, ✆ (08639) 2 27, 🏛 — 📺 🛏wc ⟸ 🅿
- **6 Z : 9 B**.

🛈 Fremdenverkehrsbüro, ZOB-Pavillon, Großflecken, ℘ 4 32 80 – **ADAC**, Wasbeker Str. 306 (B 430), ℘ 6 22 22.
♦Kiel 34 ⑥ – Flensburg 100 ⑥ – ♦Hamburg 66 ⑤ – ♦Lübeck 58 ③.

NEUMÜNSTER

Benutzen Sie
auf Ihren Reisen in Europa
die Michelin-Länderkarten
1:400 000 und 1:1 000 000.

Pour parcourir l'Europe,
utilisez les cartes Michelin
Grandes Routes
à 1/400 000 et 1/1 000 000.

🏨 **Parkhotel** Ⓜ garni, Parkstr. 29, ℘ 4 30 27, Telex 299602 – 📶 📺 ⌁wc ☎ 🕭 🅿. 🖭 ⓞ 🄴
45 Z : 81 B 85/105 - 125/160 Fb.   Y

🏨 **Friedrichs** garni, Rügenstr. 11, ℘ 80 11, Telex 299510 – 📶 🏠wc ☎ 🅿   Z **a**
23. Dez.- 3. Jan. und an Feiertagen geschl. – **38 Z : 57 B** 48/56 - 90/96.

🏨 **Firzlaff's Hotel** garni, Rendsburger Str. 183 (B 205), ℘ 5 14 66 – 📺 ⌁wc 🏠wc ☎ 🅿   Y **x**
18 Z : 31 B 50 - 90.

🏨 **Pries** garni, Luisenstr. 3, ℘ 1 23 42 – 📺 🏠wc ☎ 🅿   Y **d**
16 Z : 24 B 45/55 - 80/90.

XX **Ratskeller**, Großflecken 63, ℘ 4 23 99 – ✂   Z **r**
Karte 25/53.

XX **Wappenklause**, Gasstr. 12, ℘ 4 50 71 – 🅿 🎿. 🖭 ⓞ   Y **a**
Sonntag geschl. – Karte 25/63.

XX **Holsteiner Bürgerhaus und Deel** mit Zim, Brachenfelder Str. 58, ℘ 2 32 84 – 🏠wc 🅿. 🖭
ⓞ   Z **e**
Karte 18/62 – **5 Z : 9 B** 45/50 - 80/95.

XX **Am Kamin**, Probstenstr. 13, ℘ 4 28 53   Z **d**
nur Abendessen, Sonntag und 11. Juli - 21. Aug. geschl. – Karte 34/66.

In Neumünster 2-Einfeld ① : 3,5 km :

🏨 **Tannhof**, Kieler Str. 452 (B 4), ℘ 52 91 97, 🏊, 🐎 – 🏠wc ☎ 🕭 🅿 🎿. ✂ Zim
Karte 20/45 – **22 Z : 44 B** 47/52 - 80/99.

In Neumünster-Gadeland ③ : 3,5 km :

♨ **Kühl**, Segeberger Str. 74 (B 205), ℘ 7 11 18 – 🏠wc ⌁ 🅿
Karte 17/42 (nur Abendessen, Sonntag geschl.) – **46 Z : 68 B** 30/45 - 50/78.

In Boostedt 2351 SO : 8 km über Boostedter Straße :

XX Grill-Restaurant Anno 1819, Friedrichswalder Str. 8, ℘ (04393) 14 48, ⛽ – 🅿.

NEUNBURG VORM WALD 8462. Bayern 987 ㉗ − 7 800 Ew − Höhe 398 m − Erholungsort − ✆ 09672.

◆München 193 − Cham 38 − ◆Nürnberg 100 − ◆Regensburg 71.

🏠 Frankbräu, Vorstadt 10, ℰ 8 53 − 🏠 🅿
13 Z : 19 B.

NEUNKIRCHEN 6951. Baden-Württemberg − 1 500 Ew − Höhe 350 m − ✆ 06262.

◆Stuttgart 92 − Heidelberg 34 − Heilbronn 40 − Mosbach 15.

🏠 **Stumpf** ⤸, Zeilweg 16, ℰ 8 98, ≤, 🌦, « Garten », 🈁, 🔲, 🛏, ❊ − 🕌 🛏wc 🏠wc ☎ ⅃
🅿. ⓔ ᴇ
Nov. geschl. − Karte 17/38 ⅃ − **30 Z : 54 B** 65 - 110/140 − P 70/85.

NEUNKIRCHEN 5908. Nordrhein-Westfalen − 14 500 Ew − Höhe 250 m − ✆ 02735.

◆Düsseldorf 139 − Limburg an der Lahn 53 − Siegen 15.

In Neunkirchen-Wiederstein SO : 3 km :

🏠 **Blecher**, Frankfurter Str. 174, ℰ 22 50 − 🏠 ⇦ 🅿
Juli - Aug. 4 Wochen geschl. − Karte 16,50/25 − **15 Z : 18 B** 23/27 - 46/54.

NEUNKIRCHEN AM BRAND 8524. Bayern − 6 100 Ew − Höhe 317 m − ✆ 09134.

◆München 190 − ◆Bamberg 40 − ◆Nürnberg 26.

🏠 **Selau** ⤸, In der Selau 5, ℰ 6 01, Telex 629728, 🈁, 🔲, 🛏, ❊ (Halle) − 🕌 🛏wc 🏠wc ☎
⇦ 🅿 ᴀ. ᴀᴇ ⓞ ᴇ. ❊ Rest
Karte 19/58 *(Sonntag ab 15 Uhr geschl.)* − **60 Z : 120 B** 75 - 120/135 Fb.

🍴🍴 **Historisches Gasthaus Klosterhof** (Gebäude a.d. 17. Jh., rustikale Einrichtung), Innerer
Markt 7, ℰ 15 85
Mitte Aug. - Anfang Sept. und Montag geschl. − Karte 29/57.

NEUNKIRCHEN/SAAR 6680. Saarland 987 ㉔, 242 ⑦, 87 ⑪ − 51 400 Ew − Höhe 255 m −
✆ 06821.

◆Saarbrücken 22 − Homburg/Saar 15 − Idar-Oberstein 60 − Kaiserslautern 51.

🏠 **Am Zoo**, Zoostr. 27, ℰ 2 70 74 − 🕌 📺 🛏wc ☎ 🅿 ᴀ. ᴀᴇ ⓞ ᴇ
Karte 17/45 *(Montag geschl.)* ⅃ − **35 Z : 60 B** 58/63 - 85/93 Fb.

🍴🍴🍴 ❊ **Hostellerie Bacher**, Zweibrücker Str. 86, ℰ 8 75 55, bemerkenswerte Weinkarte − ᴀᴇ
ⓞ ᴇ
Sonntag und Juni - Juli 3 Wochen geschl. − Karte 35/70 (Tischbestellung ratsam)
Spez. Langustinos auf Kohl in Linsenschaum, Kalbskopf in Meerrettichsauce, Kalbsfilet im Netz mit
Sellerie-Roquefortsauce.

In Neunkirchen 5-Furpach SO : 4 km :

🏠 **Gutshof Furpach**, Beim Wallratsroth 1, ℰ 3 10 59, Telex 444154, 🌦 − 📺 🏠wc ☎ ⇦ 🅿 ᴀ
20 Z : 36 B Fb.

🏠 **Furpacher Hof**, Kohlhofweg 3, ℰ 3 11 82 − 🏠wc ☎ ⇦ 🅿
Karte 15/34 *(nur Abendessen, Samstag geschl.)* ⅃ − **12 Z : 14 B** 30/45 - 65/75.

NEUNKIRCHEN-SEELSCHEID 5206. Nordrhein-Westfalen − 15 700 Ew − Höhe 180 m −
✆ 02247.

◆Düsseldorf 81 − ◆Bonn 24 − ◆Köln 40.

Im Ortsteil Neunkirchen :

🏠 **Kurfürst**, Hauptstr. 13, ℰ 10 38, 🌦 − 🛏wc ☎ 🅿 ᴀ. ᴀᴇ ⓞ ᴇ
Karte 17,50/60 − **22 Z : 44 B** 42 - 84 Fb.

NEUÖTTING 8265. Bayern 987 ㉗㉘, 426 ⑥ − 7 900 Ew − Höhe 392 m − ✆ 08671.

◆München 94 − Landshut 62 − Passau 82 − Salzburg 74.

🏠 **Krone**, Ludwigstr. 69, ℰ 23 43 − 🕌 🏠wc ⇦. ⓞ
⬥ *23. Dez.- 6. Jan. geschl. −* Karte 12,50/26 *(Samstag ab 14 Uhr geschl.)* ⅃ − **28 Z : 45 B** 22/36 -
44/64.

In Perach-Eisenbuch 8261 NO : 13 km über Reischach in Richtung Erlbach :

🏠 **Gästehaus Eisenbuch** ⤸, ℰ (08670) 10 10, « Gartenterrasse », 🈁, 🔲, 🌦 − 🏠wc 🅿
⬥ Karte 11,50/31 *(Montag geschl.)* ⅃ − **16 Z : 31 B** 28/35 - 50/65 − P 43/53.

NEUPOTZ 6729. Rheinland-Pfalz − 1 600 Ew − Höhe 110 m − ✆ 07272.

Mainz 123 − ◆Karlsruhe 23 − Landau 23 − ◆Mannheim 52.

🏠 **Zum Lamm**, Hauptstr. 7, ℰ 28 09 − 🏠wc 🅿
⬥ *Juli - Aug. 3 Wochen geschl. −* Karte 14,50/34 *(Sonntag ab 14 Uhr und Dienstag geschl.)* ⅃ −
12 Z : 18 B 25/30 - 50/60.

NEUREICHENAU 8391. Bayern — 3 700 Ew — Höhe 680 m — Erholungsort — 🏢 08583.
♦München 220 — Freyung 26 — Passau 43.

In Neureichenau-Lackenhäuser O : 8 km :

🏨 **Bergland Hof** ⌂, 𝄢 12 86, ≼, ≘s, ⅃ (geheizt), 🗚, 🐾, ⌘ — 🖵 ⌂wc ⋔wc 🅿. ⌘ Rest
➖ Nov.- 15. Dez. und zwischen Ostern und Pfingsten 4 Wochen geschl. — Karte 14/32 *(Dienstag geschl.)* — **35 Z : 65 B** 27/38 - 49/76 Fb — 2 Appart. 85 — P 47/59.

NEUREUT Baden-Württemberg siehe Karlsruhe.

NEURIED 7607. Baden-Württemberg **87** ⑤, **62** ⑩ — 7 200 Ew — Höhe 148 m — 🏢 07807.
♦ Stuttgart 156 — ♦ Freiburg im Breisgau 59 — Lahr 21 — Offenburg 11 — Strasbourg 19.

In Neuried 2-Altenheim :

🏨 **Ratsstüble**, Kirchstr. 38, 𝄢 8 05, ≘s, 🗚 — ⋔wc 🅿. ⌘ Zim
15. Jan.- 6. Feb. geschl. — Karte 16/36 *(Sonntag geschl.)* ⅃ — **27 Z : 47 B** 26/35 - 46/68.

NEURIED Bayern siehe München.

NEUSÄSS Bayern siehe Augsburg.

NEUSCHÖNAU Bayern siehe Grafenau.

NEUSCHWANSTEIN (Schloß) Bayern. Sehenswürdigkeit siehe Füssen.

NEUSS 4040. Nordrhein-Westfalen **987** ㉓ — 144 000 Ew — Höhe 40 m — 🏢 02101.
Sehenswert : Stiftskirche St. Quirinus★.
Ausflugsziel : Schloß Dyck★ SW : 9 km über ⑤.
🛈 Verkehrsverein, Friedrichstr. 40, 𝄢 2 79 80.
ADAC, Markt 21, 𝄢 27 33 80, Notruf 𝄢 1 92 11.
♦Düsseldorf 10 ② — ♦Köln 38 ② — Krefeld 20 ⑦ — Mönchengladbach 21 ⑥.

Stadtplan siehe gegenüberliegende Seite.

🏩 **Rheinpark-Plaza** ⌂, Rheinallee 1, 𝄢 15 30, Telex 8517521, ≼, Massage, ≘s, 🔲 — ▯ ▤
🖵 ⇦ 🅿 ♿. 🆎 ⓪ **E** **VISA**. ⌘ Rest   X b
Restaurants : — **Petit Paris** Karte 26/55 — **Alfredo's** *(Juli und Sonntag geschl.)* Karte 41/74 —
240 Z : 480 B 175/325 - 235/385 Fb.

🏨 **City-Hotel** Ⓜ garni, Adolf-Flecken-Str. 18, 𝄢 27 50 21, Telex 8517780 — ▯ 🖵 ⌂wc ⋔wc
☎ ⇦. 🆎 ⓪ **E** **VISA**   Y r
50 Z : 82 B 124/164 - 154/184 Fb.

🏨 **Hamtor-Hotel** garni, Hamtorwall 17, 𝄢 22 20 02, ≘s — ▯ ⌂wc ⋔wc ☎ 🅿 ♿. 🆎 ⓪ **E**
VISA   Y s
35 Z : 50 B 66/86 - 120 Fb.

🏨 **Haus Hahn** garni, Bergheimer Str. 125 (B 477), 𝄢 4 90 51 — ⋔wc ☎ 🅿. ⓪ **E** **VISA**. ⌘
20. Dez.- 5. Jan. geschl. — **15 Z : 20 B** 80 - 140.   Z u

🏨 **Hansa-Hotel** garni, Krefelder Str. 22 (Bahnhofspassage), 𝄢 22 20 81 — ▯ ⌂wc ⋔wc ☎
über Weihnachten 1 Woche geschl. — **61 Z : 91 B** 50/90 - 85/150 Fb.   Y n

🏨 **Marienhof** garni, Kölner Str. 187 a, 𝄢 1 33 59, Telex 8517465 — 🖵 ⌂wc ⋔wc ☎ ⇦ 🅿. 🆎
⓪   X l
30 Z : 38 B 50/95 - 90/140 Fb.

XX **Rosengarten in der Stadthalle**, Selikumer Str. 25, 𝄢 27 41 81, ☂ — 🅿 ♿   Z

XX **Bölzke**, Michaelstr. 29, 𝄢 2 48 26   Z a

XX **Zum Stübchen**, Preussenstr. 73, 𝄢 8 22 16 — **E**   X n
wochentags nur Abendessen, 15. Juni - 15. Juli und Montag geschl. — Karte 32/73
(Tischbestellung ratsam).

XX **An de Poz** (Rest. in altem Kellergewölbe), Oberstr. 7, 𝄢 27 27 77 — 🆎 ⓪ **E** **VISA**   Z b
Samstag bis 18 Uhr, Sonn- und Feiertage sowie Juli 3 Wochen geschl. — Karte 33/60.

XX **Herzog von Burgund**, Erftstr. 88, 𝄢 2 35 52, ☂ — 🆎 ⓪ **E** **VISA**   Z c
10.- 23. Feb., 2 Wochen im Juli, Samstag bis 18 Uhr sowie Sonn- und Feiertage geschl. — Karte
22/60.

XX **St. Georg auf der Rennbahn**, Hammer Landstr. 1, 𝄢 2 85 75, ≼, ☂ — 🅿   YZ a

X **Im Kessel** (Brauereigaststätte), Krefelder Str. 42, 𝄢 22 25 71 — 🆎 ⓪ **E** **VISA**   Y v
Karte 16/42.

In Neuss-Erfttal SO : 5 km über die A 57, X, Autobahnausfahrt Norf :

🏩 **Novotel Neuss**, Am Derikumer Hof 1, 𝄢 1 70 81, Telex 8517634, ☂, ⅃ (geheizt), 🗚 — ▯
🖵 ⌂wc ☎ ⇦ 🅿 ♿. 🆎 ⓪ **E** **VISA**
Karte 21/47 — **116 Z : 228 B** 129/155 - 152/178 Fb.

NEUSS

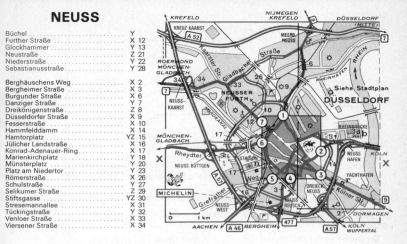

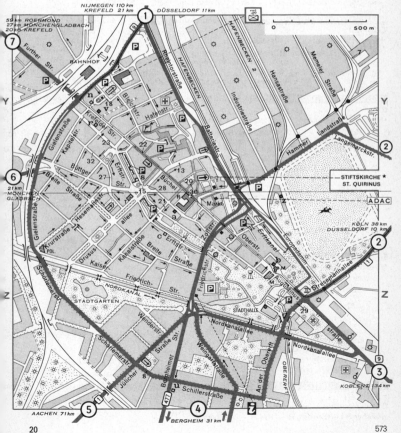

In Neuss-Grimlinghausen SO : 6 km über ③ :

🏨 **Landhaus Hotel** Ⓜ (mit Bistro Zwitscherstube), Hüsenstr. 17, ℘ 3 70 30, Telex 8517891, Biergarten — 📶 📺 ﹐wc ☎ & ⇔ 🅿 🏧. 🖪
Karte 20/36 *(Sonntag geschl.)* — **30 Z : 55 B** 120/150 - 150/250 Fb.

In Neuss-Stüttgen ③ : 8 km :

🏠 **Haus Stüttgen**, Koblenzer Str. 63 (B 9), ℘ 3 92 55, 🌲 — ﹐wc 🅿. 🝙
22. Dez.-14. Jan. geschl. — Karte 19/45 *(Samstag geschl.)* — **16 Z : 24 B** 45/48 - 90/96.

In Kaarst 4044 NW : 6 km über Viersener Str. ✕ :

🏠 **Landhaus Michels** garni, Kaiser-Karl-Str. 10, ℘ (02101) 60 40 04 — 🛏wc ﹐wc ☎ ⇔ 🅿.
🝙 🝒 🖪 🛇
24. Dez.- 6. Jan. geschl. — **25 Z : 40 B** 40/80 - 90/100.

In Kaarst 2-Büttgen 4044 W : 6 km über Rheydter Str. ✕ :

🏠 **Jan van Werth**, Rathausplatz 20, ℘ (02101) 51 41 60 — 📶 🛏wc ﹐wc ☎ 🅿. 🝜
Karte 19/55 *(Freitag und Juli - Aug. 4 Wochen geschl.)* — **26 Z : 40 B** 50/80 - 90/110.

🏠 **Gästehaus Alt Büttgen** garni, Kölner Str. 30, ℘ (02101) 51 80 66 — 🛏wc ﹐wc ⇔ 🅿
16 Z : 20 B 50/60 - 90/120.

MICHELIN-REIFENWERKE KGaA. Niederlassung 4040 Neuss 1 Moselstr. 11 ✕ , ℘ 4 90 61.

NEUSTADT AM MAIN 8771. Bayern — 1 200 Ew — Höhe 153 m — 🕓 09393.
◆München 338 — Lohr am Main 8 — ◆Würzburg 43.

🏫 **Zum Engel**, Hauptstr. 1, ℘ 5 05, 🌲 — 📶 ﹐wc ⇔ 🅿
15. Nov.- 15. Dez. geschl. — Karte 14/36 *(Montag geschl.)* — **20 Z : 32 B** 28/39 - 54/70.

NEUSTADT AM RÜBENBERGE 3057. Niedersachsen 987 ⑮ — 40 100 Ew — Höhe 35 m —
🕓 05032.
◆Hannover 26 — ◆Bremen 85 — ◆Osnabrück 138.

🏠 **Scheve**, Marktstr. 21, ℘ 20 85 — ﹐wc ☎ 🅿 🏧
10. Juli - 1. Aug. geschl. — Karte 15/44 *(Sonntag ab 15 Uhr geschl.)* — **12 Z : 23 B** 35/45 - 65/75.

🏠 **Sonnenhof**, Am Schießstand 19, ℘ 30 68 — ﹐wc ⇔ 🅿
➤ Karte 14,50/31 *(nur Abendessen, Sonntag geschl.)* — **27 Z : 46 B** 35/45 - 70/90.

NEUSTADT AN DER AISCH 8530. Bayern 987 ㉖ — 11 200 Ew — Höhe 292 m — 🕓 09161.
🄸 Fremdenverkehrsamt, Ansbacher Str. 1, ℘ 6 51.
◆München 217 — ◆Bamberg 53 — ◆Nürnberg 41 — ◆Würzburg 67.

🏠 **Römerhof - Ristorante Forum**, Richard-Wagner-Str. 15, ℘ 24 98 — ﹐wc & ⇔ 🅿 🏧.
🝙 🝕 🖪 𝘝𝘐𝘚𝘈
Karte 17,50/35 *(Italienische Küche)* (Aug. und Mittwoch geschl.) ♨ — **30 Z : 50 B** 27/55 - 55/100
Fb.

🏠 **Aischtal-Hotel**, Ostendstr. 29, ℘ 27 66 — ﹐wc 🅿. 🝜
➤ 6.- 29. Aug. geschl. — Karte 13,50/30 *(Montag geschl.)* ♨ — **14 Z : 24 B** 30/45 - 56/68 — P 48/54.

🏫 **Roter Adler**, Riedfelder Ortsstr. 34 (B 8), ℘ 23 19 — ﹐wc 🅿. 🛇
20. Dez.- 15. Jan. geschl. — Karte 15/38 *(Freitag 15 Uhr - Samstag geschl.)* ♨ — **17 Z : 28 B**
30/45 - 52/80.

In Dietersheim 8531 SW : 6,5 km :

🏠 **Frankenland** 🛇, Schützenstr. 15, ℘ (09161) 28 76 — ﹐wc ⇔ 🅿. 🝜
Jan. geschl. — Karte 15/46 *(Sonntag 15 Uhr - Montag geschl.)* — **10 Z : 15 B** 28/40 - 50/68.

NEUSTADT AN DER DONAU 8425. Bayern 987 ㉗ — 10 000 Ew — Höhe 355 m — 🕓 09445.
🄸 Verkehrsamt, Heiligenstädter Straße (Bad Gögging), ℘ 5 61.
◆München 90 — Ingolstadt 33 — Landshut 48 — ◆Regensburg 43.

🏠 **Zum Löwenbräu**, Herzog-Ludwig-Str. 6, ℘ 3 51 — ﹐wc ⇔ 🅿
➤ 27. Dez.- 25. Jan. geschl. — Karte 11/32 *(Samstag geschl.)* — **19 Z : 32 B** 25/35 - 50/65 —
P 37/47.

In Neustadt-Bad Gögging NO : 4 km :

🏨 **Kurhotel Centurio** 🛇, Am Brunnenforum 6, ℘ 82 91, 🌲, Bade- und Massageabteilung,
direkter Zugang zur Limestherme (Gebühr) — 📶 🛏wc ⇔ 🅿 🏧. 🝙 🝕 🖪
Karte 18/43 — **67 Z : 144 B** 60 - 80/120 Fb — P 74/94.

✕ **Eisvogel** 🛇 mit Zim, an der Abens 20, ℘ 5 65, 🌲, 🐎 — ﹐wc ☎ ⇔ 🅿. 🝙
Jan. geschl. — Karte 15,50/36 *(Montag geschl.)* — **5 Z : 9 B** 35 - 70.

NEUSTADT AN DER SAALE, BAD 8740. Bayern 987 ㉖ — 14 500 Ew — Höhe 232 m — Heilbad
— 🕓 09771.
🄸 Städt. Verkehrsamt, am Hohntor, ℘ 33 60.
◆München 344 — ◆Bamberg 86 — Fulda 59 — ◆Würzburg 76.

🏠 **Stadthotel**, An der Stadthalle 4, ✆ 80 91 – 🛁wc ☎ 🅿 🏛 ᴁ **E**
Aug. geschl. – Karte 29/46 *(Sonn- und Feiertage ab 14 Uhr geschl.)* – **31 Z : 35 B** 48 - 88 -
P 78.

🏠 **Löwen**, Hohnstr. 26, ✆ 22 81 – 🛁wc 🅿
➤ Karte 13/52 – **34 Z : 54 B** 25/40 - 50/70.

Im Kurviertel :

🏠 **Haus Sonnenschein** ⬟, Waldweg 3, ✆ 25 01, 🌭 – 🛁wc 🚬
15. Nov. - Dez. geschl. – (Rest. nur für Hausgäste) – **17 Z : 25 B** 25/35 - 58/65.

NEUSTADT AN DER WALDNAAB 8482. Bayern 🎱🎱🎱 ㉗ – 5 800 Ew – Höhe 408 m – 🔆 09602.
♦München 210 – Bayreuth 60 – ♦Nürnberg 105 – ♦Regensburg 87.

🏨 **Grader**, Freyung 39, ✆ 70 85 – 🅿 🛁wc ☎ 🚬 🅿 ᴁ ⓞ **E** 𝖵𝖨𝖲𝖠
Karte 16/40 *(Samstag geschl.)* ⬟ – **44 Z : 90 B** 35/40 - 55/75 Fb – P 45/55.

NEUSTADT AN DER WEINSTRASSE 6730. Rheinland-Pfalz 🎱🎱🎱 ㉔, 🎱🎱🎱 ⑧, 🎱🎱 ⑩ – 54 300 Ew
– Höhe 140 m – 🔆 06321.
🛈 Touristik-Information, Exterstr. 4, ✆ 85 53 29, Telex 454869.
ADAC, Martin-Luther-Str. 69, ✆ 8 90 50, Telex 454849.
Mainz 94 – Kaiserslautern 36 – ♦Karlsruhe 56 – ♦Mannheim 29 – Wissembourg 46.

🏨 **Kurfürst** garni, Mussbacher Landstr. 2, ✆ 74 41, Telex 454895, 🌭 – 🅿 ➡wc 🛁wc ☎ 🚬
🅿 🏛 ᴁ ⓞ **E**
40 Z : 60 B 65/90 - 99/110 Fb.

🏠 **Königsmühle** ⬟, Schöntalstr. 11 (W : 3 km), ✆ 8 30 31 – 🛁wc ☎ 🅿 🏛
Karte 15/42 *(Montag geschl.)* ⬟ – **26 Z : 40 B** 32/50 - 62/88 Fb.

🏠 **Pfalzgraf** garni, Friedrichstr. 2, ✆ 21 85 – 🅿 ➡wc 🛁wc 🚬
32 Z : 50 B.

🌲 **Festwiese**, Festplatzstr. 8, ✆ 35 06 – 🅿 🏛 ᴁ
Karte 19/44 *(Sonn- und Feiertage ab 14 Uhr geschl.)* ⬟ – **23 Z : 35 B** 37/70 - 74/120 (Anbau mit
30 B, ⬟ ab Frühjahr 1986).

🍴🍴 **Saalbau-Restaurant**, Bahnhofstr. 1, ✆ 3 31 00 – 🅿 🏛
Karte 18/59.

🍴 **Liebstöckl** (Elsässer Weinstube), Mittelgasse 22, ✆ 3 31 61
Feb., Montag bis 14 Uhr sowie Sonn- und Feiertage geschl. – Karte 28/59 ⬟.

🍴 **Ratsherrenstuben**, Marktplatz 10, ✆ 8 32 53
Montag geschl. – Karte 22/51.

In Neustadt 13-Haardt N : 2 km :

🏨 **Haardter Schloß - Restaurant Lang** ⬟, Mandelring 35, ✆ 3 26 25, « Villa a.d.J. 1875 in
eindrucksvoller Lage über Neustadt » – 🅃🆅 ➡wc 🛁wc ☎ 🅿 🏛 ᴁ
Feb. geschl. – Karte 44/79 *(Sonntag 14 Uhr - Montag 18 Uhr geschl.)* – **11 Z : 21 B** 79/96 -
108/158.

🏨 **Tenner** ⬟ garni, Mandelring 216, ✆ 65 41, « Kleiner Park », 🍸, 🅃🆅 – 🅃🆅 ➡wc 🛁wc ☎
🚬 🅿 🏛 ᴁ ⓞ **E** 𝖵𝖨𝖲𝖠
über Weihnachten geschl. – **40 Z : 70 B** 35/56 - 89/99 Fb – 2 Appart. 65/130.

🏠 **Haardter Herzel** ⬟, Eichkehle 58, ✆ 64 21, 🌭, 🌭 – 🛁wc 🚬 🅿
➤ Karte 13,50/26 ⬟ – **10 Z : 20 B** 36/45 - 68/72.

In Neustadt 19-Hambach SW : 3 km :

🌲 **Klostergut** ⬟, Enggasse 20, ✆ 72 93, ≤, 🌭 – 🛁 ☎
15. Dez. - 15. Jan. geschl. – (nur Abendessen für Hausgäste) – **12 Z : 20 B** 29/35 - 56/66.

🍴 **Rittersberg** ⬟ mit Zim, beim Hambacher Schloß, ✆ 8 62 50, ≤ Rheinebene – 🛁wc 🅿 🏛
🌭
Feb. geschl. – Karte 24/47 *(Donnerstag geschl.)* ⬟ – **5 Z : 12 B** 55 - 90.

NEUSTADT AN DER WIED 5466. Rheinland-Pfalz – 5 500 Ew – Höhe 165 m –
🔆 02683 (Asbach).
🛈 Verkehrsbüro,im Bürgerhaus, ✆ 3 24 24.
Mainz 123 – ♦Koblenz 49 – ♦Köln 65 – Limburg an der Lahn 64.

🌲 **Wiedischer Hof**, Kirchplatz 4, ✆ 3 12 24, 🌭 – 🛁wc 🚬 🅿
9 Z : 15 B.

🌲 **Zum Wiedtal**, Wiedtalstr. 2, ✆ 3 12 25, 🌭 – 🛁 🚬 🅿 ⓞ **E**
➤ Karte 13/36 – **21 Z : 31 B** 26/29 - 48/54 – P 40/42.

An der Autobahn A 3 S : 4,5 km Richtung Frankfurt.

🏠 **Autobahn-Rasthaus Fernthal**, ⬡ 5466 Neustadt-Fernthal, ✆ (02683) 35 34, ≤, 🌭 – 🛁wc
☎ 🅿
Karte 18,50/44 – **28 Z : 63 B** 55/78 - 88.

575

NEUSTADT BEI COBURG 8632. Bayern 987 ㉖ — 18 000 Ew — Höhe 344 m — 🔶 09568.
♦München 296 — ♦Bamberg 61 — Bayreuth 68 — Coburg 14.

🏠 **Bahnhofs-Hotel**, Bahnhofstr. 24, ℘ 30 71 — ⊟wc ⋔wc ☎ ⋘ ❷
14 Z : 32 B.

In Neustadt-Fürth am Berg SO : 7 km :

🏠 **Grenzgasthof Bätz** ⅞, Allee 37, ℘ 30 96, ⌂, ⋨ — ⊟wc ⋔wc ⋘ ❷ ⌘
━ Nov. geschl. — Karte 14/37 *(Freitag geschl.)* — **40 Z : 68 B** 22/35 - 44/65 — P 40/53.

In Neustadt-Wellmersdorf S : 5 km :

🏠 **Gästehaus Heidehof** ⅞, Wellmersdorfer Str. 50, ℘ 21 55, ⋨ — ⊟wc ⋔wc ❷. ⅜ Zim
━ Karte 12,50/30 *(Montag geschl.)* — **41 Z : 81 B** 35 - 65.

NEUSTADT IN HOLSTEIN 2430. Schleswig-Holstein 987 ⑥ — 16 000 Ew — Höhe 4 m — 🔶 04561.
♦Kiel 60 — ♦Lübeck 34 — Oldenburg in Holstein 21.

🏠 **Hamburger Hof** garni, Lienaustr. 26, ℘ 62 40 — ⊟wc ⋘ ❷. ⅜
22. Dez.- 3. Jan. geschl. — **10 Z : 20 B** 48 - 86.

🏛 **Holländersruh**, Kremper Str. 13, ℘ 43 70 — ⋔wc ⋘ ❷
Karte 16,50/34 *(nur Abendessen, Samstag geschl.)* — **17 Z : 32 B** 35/60 - 70/90.

In Neustadt-Pelzerhaken O : 5 km :

XX **Eichenhain** ⅞ mit Zim, Eichenhain 3, ℘ 74 80, ≤, ⌂, ⌂, ⋨ — ⋔wc ☎ ❷. ⅖ **E**
4. Jan.- 15. Feb. und 10. Nov.- 24. Dez. geschl. — Karte 26/59 *(Feb.- Mai Donnerstag geschl.)* —
8 Z : 16 B 65/75 - 102/130 Fb — 8 Appart. 140.

NEUSTIFT Bayern siehe Passau.

NEUTRAUBLING Bayern siehe Regensburg.

NEU-ULM 7910. Bayern 987 ㉖ — 47 500 Ew — Höhe 468 m — 🔶 0731 (Ulm/Donau).
Stadtplan siehe Ulm (Donau).
🅱 Städt. Verkehrsbüro, Ulm, Münsterplatz, ℘ 6 41 61.
ADAC, Ulm, Neue Str. 40, ℘ 6 66 66, Notruf ℘ 1 92 11.

🏨 **Mövenpick-Hotel** Ⓜ ⅞, Silcherstr. 40 (Edwin-Scharff-Haus), ℘ 8 01 10, Telex 712539, ≤,
⌂, 🔄 — ⧉ ▤ Rest 📺 ⅘ ❷ ⌘. ⅖ ⑩ **E** 𝘝𝘐𝘚𝘈   Y e
Karte 20/45 — **109 Z : 209 B** 160 - 180 Fb.

🏩 **City-Hotel** garni, Ludwigstr. 27, ℘ 7 40 25, ⌂ — ⧉ ⊟wc ⋔wc ❷   Y z
20 Z : 35 B 85/90 - 110/120.

🏠 **Deckert**, Karlstr. 11, ℘ 7 60 81 — ⋔wc ☎ ⋘   Y s
(nur Abendessen) — **23 Z : 33 B** Fb.

🏛 **Stadt Lindau**, Bahnhofstr. 10, ℘ 7 71 48, Biergarten — ⋘ ❷   Y r
━ 18. Mai - 3. Juni geschl. — Karte 13/30 *(Samstag geschl.)* ⅃ — **23 Z : 40 B** 31/33 - 55/58.

In Neu-Ulm - Pfuhl ② : 2 km :

🏛 **Sonnenkeller**, Leipheimer Str. 97 (B 10), ℘ 71 93 44, ⌂ — ⋔wc ⋘ ❷. ⅖ **E**
━ 23. Dez.- 7. Jan. geschl. — Karte 13/26 *(Sonntag ab 15 Uhr geschl.)* ⅃ — **20 Z : 35 B** 34/38 -
54/58.

In Neu-Ulm - Reutti SO : 6,5 km über Reuttier Str. Y :

🏩 **Landhof Meinl**, Marbacher Str. 4, ℘ 7 60 47, Massage, ⌂ — ⧉ 📺 ⊟wc ⋔wc ☎ ❷ ⌘.
⅖ ⑩ **E** 𝘝𝘐𝘚𝘈
24. Dez.- 6. Jan. geschl. — (nur Abendessen für Hausgäste, Freitag-Sonntag garni) — **30 Z :**
50 B 68/73 - 105/115 Fb.

🏛 **Rössle**, Neu-Ulmer Str. 3, ℘ 7 53 23, ⌂ — ⋔ ❷
15 Z : 20 B.

In Neu-Ulm - Schwaighofen über Reuttier Str. Y :

XX **Zur Post**, Reuttier Str. 172, ℘ 7 74 10 — ❷. ⅖ **E**
4.- 25. Aug. und Montag geschl. Samstag nur Abendessen — Karte 21/52.

NEUWEILER 7266. Baden-Württemberg — 2 500 Ew — Höhe 640 m — Wintersport : ⚞4 —
🔶 07055 — 🅱 Touristik-Information, Rathaus, ℘ 4 77.
♦Stuttgart 66 — Freudenstadt 36 — Pforzheim 41.

In Neuweiler-Oberkollwangen NO : 3 km :

🏠 **Talblick** ⅞, Breitenberger Str. 15, ℘ 2 32, ⌂, 🔄, ⋨ — ⊟wc ⋔wc ❷ — **18 Z : 32 B**.

In Neuweiler-Zwerenberg SW : 3 km :

🏠 **Ochsen**, Schwarzwaldstr. 24, ℘ 3 53, ⋨ — ⋔wc ❷
━ 3.- 30. Nov. geschl. — Karte 14,50/39 *(Dienstag geschl.)* ⅃ — **22 Z : 42 B** 28/35 - 51/62 —
P 48/55.

NEUWEILNAU Hessen siehe Weilrod.

NEUWIED 5450. Rheinland-Pfalz 987 ㉔ – 63 000 Ew – Höhe 60 m – ✆ 02631.

🛈 Städt. Verkehrsamt, Kirchstr. 50, ✆ 80 22 60.

Mainz 114 – ♦Bonn 54 – ♦Koblenz 15.

🏨 **Stadt-Hotel** garni, Pfarrstr. 1a, ✆ 2 21 95 – 🛗 🗍wc ☎ ⟷
16 Z : 28 B Fb.

🏨 **Hubertus-Stuben** ⤢, Deichstr. 16, ✆ 2 40 46 – 📺 🖴wc 🗍wc ☎
Karte 18/52 – **20 Z : 32 B** 43/58 - 78/99.

🏠 **Stadtpark-Hotel**, Heddesdorfer Str. 84, ✆ 2 38 88 – 🗍wc ☎. ᴀᴇ ⓞ ᴇ 𝘝𝘐𝘚𝘈
↞ Karte 13,50/40 *(Deutsche und Persische Küche)* 👶 – **13 Z : 23 B** 25/55 - 50/95.

🏠 **Haus Viktoria** garni, Augustastr. 37, ✆ 2 37 66 – 🗍
17 Z : 27 B 30/45 - 50/70.

XX ❀ **Im Landratsgarten**, Im Unterdorf 25, ✆ 5 87 00 – ❶
Samstag bis 19 Uhr sowie Sonn- und Feiertage geschl. – Karte 45/83 (Tischbestellung ratsam)
Spez. Feinschmeckersalat mit warmen Taubenbrüstchen, Wachtel gefüllt mit Wirsing und Gänseleber, Dessertteller "Landratsgarten".

XX **Deichkrone**, Deichstr. 14, ✆ 2 38 93, ≤ Rhein, 🌫 – ᴀᴇ ⓞ ᴇ
Montag geschl. – Karte 27/60.

XX **Im Leseverein**, Marktstr. 72, ✆ 2 50 89, 🌫 – ᴀᴇ ⓞ ᴇ 𝘝𝘐𝘚𝘈
Montag geschl. – Karte 23/50.

In Neuwied 21-Engers O : 7 km :

🏠 **Euro-Hotel Fink**, Werner-Egk-Str. 2, ✆ (02622) 49 50 – 🖴wc 🗍wc ❶
20. Juli - 10. Aug. geschl. – Karte 18,50/36 *(wochentags nur Abendessen, Freitag geschl.)* –
35 Z : 72 B 38 - 76.

In Neuwied 22 - Heimbach-Weis NO : 7 km :

🏤 **Lindenhof**, Sayner Str. 34, ✆ (02622) 26 78 – 🗍wc ⟷ ❶
20. Juli - 10. Aug. geschl. – (nur Abendessen für Hausgäste) – **12 Z : 25 B** 28/33 - 56/66.

In Neuwied 23-Oberbieber NO : 6 km :

🏠 **Waldhaus Wingertsberg** ⤢, Wingertsbergstr. 48, ✆ 4 90 21, ≤ – 🗍wc ☎ ⟷ ❶. ᴀᴇ ᴇ.
🍴 Rest
2.- 17. Jan. geschl. – Karte 16/50 *(Montag geschl.)* – **30 Z : 50 B** 41/48 - 78/86.

In Neuwied 13-Segendorf N : 5,5 km :

🏠 **Fischer-Hellmeier**, Austr. 2, ✆ 5 35 24, 🌫, 🐎 – 🗍wc ☎ ❶. ᴀᴇ ᴇ
Karte 17,50/52 *(Freitag geschl.) –* **10 Z : 20 B** 40 - 80.

NEVERSFELDE Schleswig-Holstein siehe Malente-Gremsmühlen.

NIDDA 6478. Hessen – 17 600 Ew – Höhe 150 m – ✆ 06043.

🛈 Kurverwaltung, Bad Salzhausen, ✆ 5 61.

♦Wiesbaden 88 – ♦Frankfurt am Main 56 – Gießen 43.

In Nidda 11-Bad Salzhausen – Heilbad :

🏨 **Kurhaus-Hotel** ⤢, Kurstr. 2, ✆ 9 17, direkter Zugang zum Kurmittelhaus, 🐎 – 🛗 🖴wc
🗍wc ☎ ⟷ ❶ 👶. ᴀᴇ ⓞ ᴇ. 🍴 Rest
Karte 24/54 – **46 Z : 65 B** 45/85 - 98/150 – P 83/119.

NIDDERAU 6369. Hessen 987 ㉕ – 14 000 Ew – Höhe 182 m – ✆ 06187.

♦Wiesbaden 60 – ♦Frankfurt am Main 22 – Gießen 52.

In Nidderau 1 - Heldenbergen

🏠 **Zum Adler**, Windecker Str. 2, ✆ 30 58 – 🗍wc ☎ ❶. ᴇ
↞ Karte 14/38 *(Dienstag geschl.)* 👶 – **17 Z : 25 B** 42/60 - 76/96.

NIDEGGEN 5168. Nordrhein-Westfalen 987 ㉓ – 8 200 Ew – Höhe 325 m – Luftkurort – ✆ 02427.

🛈 Städt. Verkehrsamt, Rathaus, Zülpicher Str. 1, ✆ 4 35.

♦Düsseldorf 91 – Düren 14 – Euskirchen 25 – Monschau 30.

🏠 **Ratskeller**, Am Markt 1, ✆ 2 18 – 🗍wc ❶. ⓞ ᴇ
15.- 30. Nov. geschl. – Karte 18/42 *(Okt.- März Dienstag geschl.)* – **8 Z : 14 B** 28/40 - 50/76.

In Nideggen-Abenden S : 3 km :

🏠 **Zur Post** (Haus a.d. 16. Jh.), Mühlbachstr. 9, ✆ 2 79 – 🖴wc 🗍wc ❶. ᴇ
Karte 30/58 – **19 Z : 35 B** 25/40 - 50/80.

🏠 **Abendener Hof**, Mühlbachstr. 22, ✆ 61 92 – 🗍wc ☎ ❶. ᴇ
Karte 17/44 – **10 Z : 19 B** 41 - 82.

NIDEGGEN

In Nideggen-Brück W : 2 km :

🏨 **Hetzinger Hof** ॐ, Hetzinger Weg (Nähe Campingplatz), 🖋 66 56, ☕ (geheizt), 🌳 – 🚪wc 🏠wc ☎ 🅿
20 Z : 36 B.

In Nideggen-Rath N : 2 km :

🏠 **Küpper - Forsthaus Rath**, Rather Str. 126, 🖋 2 65, ≤, 🌳 – 🏠wc 🅿 🛋
26 Z : 47 B.

🏠 **Gästehaus Thomé** ॐ garni, Im Waldwinkel 25, 🖋 61 73 – 🏠wc 🅿. ॐ
9 Z : 14 B 36 - 58/62.

In Nideggen-Schmidt SW : 9 km – Höhe 430 m :

🏨 **Zum alten Fritz**, Monschauer Str. 1, 🖋 (02474) 4 77, ☕, 🔲, 🌳 – 🏢 🚪wc 🏠wc ⟵ 🅿
🛋
Karte 16,50/39 (Sept.- Juni Dienstag geschl.) – **33 Z : 55 B** 33/41 - 54/78 – P 41/55.

✗ **Bauernstube** mit Zim, Heimbacher Str. 53, 🖋 (02474) 4 49, Wildpark, 🌳 – 🏠wc 🅿
20. Nov.- 27. Dez. geschl. – Karte 15/37 (Freitag geschl.) – **8 Z : 14 B** 35 - 60 – P 45.

NIEBÜLL 2260. Schleswig-Holstein 🗺🅱🤧 ④ – 7 200 Ew – Höhe 2 m – Luftkurort – 🕒 04661.
🚗 🖋 42 33.
🅱 Stadtverwaltung, Rathausplatz 2, 🖋 7 77.
◆Kiel 121 – Flensburg 44 – Husum 42.

🏠 **Bossen**, Hauptstr. 15, 🖋 7 31, ☕ – 📺 🏠wc ☎ 🅿 🛋. 🆎 🅴
Karte 16,50/46 – **55 Z : 110 B** 39/63 - 75/98.

NIEDERAICHBACH Bayern siehe Landshut.

NIEDERALTEICH Bayern siehe Deggendorf.

NIEDERAUDORF Bayern siehe Oberaudorf.

NIEDERAULA 6434. Hessen 🗺🅱🤧 ㊶ – 5 500 Ew – Höhe 210 m – 🕒 06625.
◆Wiesbaden 158 – Bad Hersfeld 11 – Fulda 35 – ◆Kassel 70.

✗✗ **Schlitzer Hof** mit Zim, Hauptstr. 1, 🖋 3 41 – ⟵ 🅿. 🆎 ⓪ 🅴
2.- 31. Jan. geschl. – Karte 26/52 (Nov.- Mai Montag geschl.) – **13 Z : 18 B** 29 - 58.

In Niederaula-Niederjossa SW : 4 km :

🏠 **Gasthof Eydt**, Josser Str. 44 (B 62), 🖋 13 23 – 🏠wc ⟵ 🅿
➤ Karte 14/31 🎋 – **30 Z : 64 B** 35/40 - 50/65.

NIEDERDÜRENBACH Rheinland-Pfalz siehe Niederzissen.

NIEDERESCHACH Baden-Württemberg siehe Villingen-Schwenningen.

NIEDERFISCHBACH 5241. Rheinland-Pfalz – 4 700 Ew – Höhe 270 m – 🕒 02734.
Mainz 169 – Olpe 29 – Siegen 13.

🏠 **Café Fuchshof**, Siegener Str. 22, 🖋 6 12 17, ☕, 🔲 – 🏠wc ☎ 🅿
➤ 23.- 29. Dez. geschl. – Karte 14,50/43 – **14 Z : 30 B** 45 - 90 Fb.

In Niederfischbach-Fischbacherhütte NW : 2 km :

🏨 **Bähner** ॐ, Konrad-Adenauer-Str. 26, 🖋 65 46, ≤, 🍴, ☕, 🔲, 🌳 – 🏠wc ☎ ⛺ ⟵ 🅿
🛋. 🆎 ⓪ 🅴 💳. ॐ Zim
über Weihnachten geschl. – Karte 20/55 – **32 Z : 60 B** 65/70 - 105/120 Fb – P 90.

NIEDERHAVERBECK Niedersachsen siehe Bispingen.

NIEDERHELDEN Nordrhein-Westfalen siehe Attendorn.

NIEDERJOSSA Hessen siehe Niederaula.

NIEDERKAIL Rheinland-Pfalz siehe Landscheid.

NIEDERKASSEL 5216. Nordrhein-Westfalen – 27 500 Ew – Höhe 50 m – 🕒 02208.
◆Düsseldorf 67 – ◆Bonn 20 – ◆Köln 23.

Im Ortsteil Ranzel N : 2,5 km :

🏠 **Zur Krone**, Kronenweg 1, 🖋 35 01 – 🏠wc 🅿
➤ Karte 14/29 (Mittwoch geschl.) – **14 Z : 20 B** 35 - 65.

578

NIEDERNHAUSEN 6272. Hessen — 12 500 Ew — Höhe 300 m — ☎ 06127.
◆Wiesbaden 14 — ◆Frankfurt am Main 43 — Limburg an der Lahn 41.

🏠 **Engel**, Wiesbadener Str. 43, 𝒫 59 00, 🏠 — 🛏wc ℗
→ Karte 14,50/39 *(Dienstag geschl.)* — **13 Z : 24 B** 40/60 - 65/90.

In Niedernhausen 2-Engenhahn NW : 6 km :

🏨 **Wildpark-Hotel** 🦌, Trompeterstr. 21, 𝒫 (06128) 7 10 33, 🏠, 🔲, 🛋 — 🗄wc 🛏wc ☎ 🚗
℗ 🛁
Karte 24/53 — **36 Z : 68 B** 56/120 - 89/160 Fb — P 88/117.

🏠 Sonnenhof 🦌, Eschenhaher Weg 5, 𝒫 (06128) 7 19 62, ≤, 🏠 — 🛏wc ℗
16 Z : 28 B.

In Niedernhausen 4-Oberjosbach NO : 2 km :

🏠 Gästehaus Baum 🦌, Langgraben 4, 𝒫 84 28 — 🛏wc ☎ ℗
7 Z : 14 B.

NIEDERNWÖHREN Niedersachsen siehe Stadthagen.

NIEDER-OLM Rheinland-Pfalz siehe Mainz.

NIEDEROTTERSBACH Nordrhein-Westfalen siehe Eitorf.

NIEDERSALWEY Nordrhein-Westfalen siehe Eslohe.

NIEDERSTETTEN 6994. Baden-Württemberg 987 ㉖ — 5 100 Ew — Höhe 307 m — ☎ 07932.
◆Stuttgart 127 — Crailsheim 37 — Bad Mergentheim 21 — ◆Würzburg 52.

🏠 **Krone**, Marktplatz 3, 𝒫 12 22 — 🗄wc 🛏wc ☎ ℗
Feb. geschl. — Karte 15,50/46 🍴 — **21 Z : 38 B** 25/50 - 50/80.

NIEDERSTOTZINGEN 7907. Baden-Württemberg 987 ㊱ — 3 800 Ew — Höhe 450 m — ☎ 07325.
◆Stuttgart 117 — ◆Augsburg 65 — Heidenheim an der Brenz 30 — ◆Ulm (Donau) 38.

Im Ortsteil Oberstotzingen :

🏨 **Schloßhotel Oberstotzingen**, 𝒫 60 14, 🚢, 🛋, ☁, 🐎 — 📺 🗄wc 🛏wc ☎ 🚗 ℗ 🛁
🆎 ⓪ Ε 💳
Mitte Jan.- Mitte Feb. geschl. — Karte 52/88 *(Montag - Dienstag 18 Uhr geschl.)* —
Schloßschenke *(Mittwoch geschl.)* Karte 15/35 — **14 Z : 32 B** 110 - 160.

NIEDERTAUFKIRCHEN Bayern siehe Neumarkt-St. Veit.

NIEDERZISSEN 5471. Rheinland-Pfalz — 2 300 Ew — Höhe 205 m — ☎ 02636.
Mainz 131 — ◆Bonn 44 — ◆Koblenz 42.

🏠 Am Bowenberg 🦌, 𝒫 62 17, 🏠 — 🗄wc ℗ 🛁
12 Z : 25 B.

In Niederdürenbach 5471 W : 2,5 km :

🏠 **Maarheide** 🦌, Maarheider Weg, 𝒫 (02636) 63 35, ≤, 🏠, 🚢, 🔲 — 🛏wc ☎ ℗. 🆎 Ε
Karte 18,50/45 — **26 Z : 52 B** 46/56 - 86/96.

NIEFERN-ÖSCHELBRONN 7532. Baden-Württemberg — 9 700 Ew — Höhe 228 m — ☎ 07233.
◆Stuttgart 47 — ◆Karlsruhe 42 — Pforzheim 7.

Im Ortsteil Niefern :

🏨 **Gasthof Goll** garni, Hebelstr. 6, 𝒫 12 44 — 🔔 📺 🗄wc 🛏wc ☎ 🕭 ℗ 🛁
15 Z : 34 B 49/62 - 79/103.
🏨 **Krone**, Schloßstr. 1, 𝒫 12 37, 🏠 — 🔔 📺 🛏wc ☎ 🚗. 🆎 ⓪ Ε. 🍴 Rest
28. Dez.- 12. Jan. geschl. — Karte 19/45 *(Freitag 15 Uhr - Samstag 14 Uhr geschl.)* — **44 Z : 76 B**
50/90 - 75/130 Fb.
🏠 Kirnbachtal, Hauptstr. 123, 𝒫 39 72 — 🛏wc 🚗 ℗
20 Z : 30 B.

Siehe auch : *Pforzheim* SW : 7 km

NIEHEIM 3493. Nordrhein-Westfalen — 6 600 Ew — Höhe 183 m — ☎ 05274.
◆Düsseldorf 203 — Detmold 29 — Hameln 48 — ◆Kassel 90.

🏠 **Berghof** 🦌, Piepenborn 17, 𝒫 3 42, ≤, 🏠, 🛋 — 🛏wc 🚗 ℗. 🍴
→ 7.- 28. Okt. geschl. — Karte 13,50/31 *(Okt.- April Montag geschl.)* — **10 Z : 18 B** 36 - 72.

579

NIENBURG (WESER) 3070. Niedersachsen 987 ⑮ — 30 000 Ew — Höhe 25 m — ✪ 05021.
🛈 Städtisches Verkehrsamt, Lange Str. 39. ✆ 8 73 55.
◆Hannover 48 — Bielefeld 103 — ◆Bremen 63.

🏨 **Nienburger Hof** Ⓜ, Hafenstr. 3, ✆ 1 30 48 — 🛗 🛞wc ☎ 🅿 🏂. 🆎 ⑩ 🅴 𝖵𝖨𝖲𝖠
   Karte 18,50/48 — **20 Z : 30 B** 67/90 - 110/150 Fb.

🏨 **Zum Kanzler**, Lange Str. 63, ✆ 30 77 — 🛞wc ☎ 🚗 🅿 🏂
   Karte 14/52 — **16 Z : 24 B** 40/65 - 60/90 Fb.

   In Nienburg-Holtorf N : 4 km :

✕ **Der Krügerhof**, Verdener Landstr. 267 (B 215), ✆ 29 06 — 🅿. ⑩ 𝖵𝖨𝖲𝖠. ✗
   Montag geschl. — Karte 15,50/45.

   In Marklohe 3071 NW : 6 km :

🏠 Hubertus ⌂, Hubertusweg 248, ✆ (05021) 33 78, 🍽, ⤓, 🐴 — 🛏wc 🛞 ☎ 🚗 🅿
   13 Z : 20 B.

NIENDORF Schleswig-Holstein siehe Timmendorfer Strand.

NIENSTÄDT Niedersachsen siehe Stadthagen.

NIERSTEIN 6505. Rheinland-Pfalz 987 ㉔ — 6 600 Ew — Höhe 89 m — ✪ 06133 (Oppenheim).
🛈 Verkehrsverein, Rathaus, Bildstockstr. 10, ✆ 51 11.
Mainz 20 — ◆Darmstadt 23 — Bad Kreuznach 39 — Worms 28.

🏨 **Rheinhotel**, Mainzer Str. 16, ✆ 51 61, ≤, 🍽 — 📺 🛞wc ☎ 🚗 🅿. 🆎 ⑩ 🅴 𝖵𝖨𝖲𝖠
   10. Dez.- 10. Jan. geschl. — Karte 21/65 *(Mitte Nov.- Mitte März Samstag - Sonntag geschl.)*
   (Weinkarte mit über 250 rheinhessischen Weinen) 🍷 — **13 Z : 25 B** 79/99 - 109/159 Fb.

🏠 **Alter Vater Rhein**, Große Fischergasse 4, ✆ 56 28 — 🛞wc. ✗
   Juni - Juli 3 Wochen und Dez.- Jan. 6 Wochen geschl. — Karte 17/49 *(Sonntag geschl.) —*
   11 Z : 18 B 27/35 - 70.

   In Mommenheim 6501 W : 8 km :

🏨 **Zum Storchennest**, Wiesgartenstr. 3, ✆ (06138) 12 33, 🍽, 🐴 — 🛞wc 🚗 🅿
   2.- 14. Jan. und 14.- 31. Juli geschl. — Karte 12,50/38 *(Montag geschl.)* 🍷 — **11 Z : 33 B** 40/65 -
   70.

NIESTETAL-HEILIGENRODE Hessen siehe Kassel.

NIEUKERK Nordrhein-Westfalen siehe Kerken.

NINDORF Niedersachsen siehe Hanstedt.

NITTEL 5511. Rheinland-Pfalz — 1 600 Ew — Höhe 160 m — ✪ 06584 (Wellen).
Mainz 187 — Luxembourg 32 — Saarburg 20 — ◆Trier 25.

🍴 **Zum Mühlengarten**, Uferstr. 5 (B 419), ✆ 3 87, 🍽, eigener Weinbau, 🏠, 🐴 — 🛞 🚗 🅿
   15. Nov.- 1. Dez. geschl. — Karte 14/44 *(Montag geschl.)* 🍷 — **17 Z : 29 B** 30 - 60.

NITTENAU 8415. Bayern 987 ㉗ — 6 900 Ew — Höhe 350 m — ✪ 09436.
🛈 Verkehrsamt, Rathaus, ✆ 5 76.
◆München 158 — Amberg 49 — Cham 36 — ◆Regensburg 36.

🏠 **Pirzer**, Brauhausstr. 3, ✆ 82 26, Biergarten, 🐴 — 🛞wc 🛞wc 🚗 🅿
   Okt. geschl. — Karte 12,50/29 — **39 Z : 65 B** 22/32 - 44/64.

NÖRDLINGEN 8860. Bayern 987 ㉘㉟ — 20 000 Ew — Höhe 430 m — ✪ 09081.
Sehenswert : St.-Georg-Kirche★ (Turm★, Magdalenen-Statue★) — Stadtmauer★ — Museum★ M.
🛈 Städt. Verkehrsamt, Marktplatz 2, ✆ 43 80.
◆München 128 ② — ◆Nürnberg 92 ① — ◆Stuttgart 112 ④ — ◆Ulm (Donau) 82 ③.

Stadtplan siehe gegenüberliegende Seite.

🏨 **Am Ring**, Bürgermeister-Reiger-Str. 14, ✆ 40 29 — 🛗 🛞wc 🛞wc ☎ 🚗 🅿 🏂. 🅴   **e**
   22. Dez.- 10. Jan. geschl. — Karte 14,50/39 🍷 — **39 Z : 65 B** 47/59 - 89/98.

🏠 **Sonne**, Marktplatz 3, ✆ 50 67, Telex 51749 — 📺 🛞wc 🛞wc ☎ 🚗 🅿 🏂. 🆎 🅴   **s**
   27. Dez.- 12. Jan. geschl. — Karte 16/44 *(Freitag geschl.)* 🍷 — **40 Z : 60 B** 32/75 - 64/105.

🏠 **Schützenhof**, Kaiserwiese 2, ✆ 39 40, Biergarten — 🛞wc 🅿   **z**
   14 Z : 25 B Fb.

🏠 **Mondschein**, Bauhofgasse 5, ✆ 8 60 73 — 🛞 ☎. ✗ Rest   **a**
   Karte 14/28 🍷 — **12 Z : 20 B** 32/34 - 64/68.

🍴 **Zum Engel** (Brauerei-G.), Wemdinger Str. 4, ✆ 31 67 — 🛞 🚗 🅿   **r**
   3.- 24. Aug. geschl. — Karte 11/26 *(Samstag geschl.)* 🍷 — **9 Z : 15 B** 25/28 - 48/54.

🍴 **Zum Goldenen Lamm**, Schäfflesmarkt 3, ✆ 42 06 — 🛞wc 🅿   **t**
   Nov. geschl. — Karte 13/29 *(Montag geschl.)* 🍷 — **8 Z : 16 B** 22/30 - 44/60.

NÖRDLINGEN

Baldinger Straße 2
Bei den Kornschrannen 4
Deininger Straße 12
Eisengasse 14
Löpsinger Straße 23
Marktplatz 25
Polizeigasse 32
Reimlinger Straße 34
Schäfflesmarkt 36
Schrannenstraße 39

Bauhofgasse 3
Beim Klösterle 6
Brettermarkt 8
Bürgermeister-Reiger-Straße 9
Drehergasse 13
Frauengasse 15
Hafenmarkt 16
Hallgasse 17
Herrengasse 19
Kreuzgasse 21
Luckengasse 24
Nürnberger Straße 28
Obstmarkt 29
Oskar-Mayer-Straße 30
Salvatorgasse 35
Ulmer Straße 40
Vordere Gerbergasse 41
Weinmarkt 43
Wemdinger Straße 45
Würzburger Straße 46

Michelin hängt keine Schilder an die empfohlenen Hotels und Restaurants.

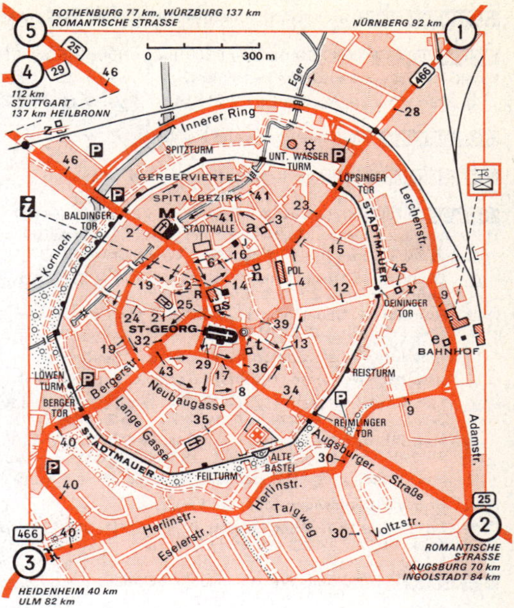

NÖRTEN-HARDENBERG 3412. Niedersachsen 987 ⑮ – 8 900 Ew – Höhe 140 m – ☎ 05503.
♦Hannover 109 – ♦Braunschweig 96 – Göttingen 11 – ♦Kassel 57.

Burghotel Hardenberg, ☎ 10 47, Telex 96634, « Terrasse mit ≤ » – TV wc wc ☎ P. AE E VISA
Karte 28/74 – **42 Z : 74 B** 80/105 - 140/190 Fb.

Im Rodetal O : 3 km an der B 446 :

Rodetal mit Zim, ✉ 3406 Bovenden 1, ☎ (05594) 6 33, – wc ☎ P
Karte 21/57 – **9 Z : 21 B** 50/55 - 100/110.

NOHFELDEN 6697. Saarland 987 ㉔, 57 ⑦ – 10 900 Ew – Höhe 350 m – ☎ 06852.
♦ Saarbrücken 57 – Kaiserslautern 59 – ♦Trier 55 – ♦Wiesbaden 117.

Burghof, Burgstr. 4, ☎ 65 65, , – wc P – **10 Z : 15 B.**

In Nohfelden 14-Bosen W : 4 km :

Seehotel Weingärtner, Bostalstr. 12, ☎ 16 01, Telex 445359, , , – TV wc wc ☎ P. AE E VISA. Rest
Karte 19/53 – **66 Z : 120 B** 59/78 - 92/138 Fb – P 74/116.

Bostal-Hotel Merker, Bostalstr. 46, ☎ 67 70 – wc wc P. AE E
4. Jan.- 4. Feb. geschl. – Karte 18/52 *(Dienstag geschl.)* – **20 Z : 42 B** 40 - 70 – P 60.

In Nohfelden 1-Gonnesweiler SW : 3 km :

See-Café garni, Frühlingstr. 34, ☎ 60 11, ≤, – wc ☎ P. – **14 Z : 25 B.**

NONNENHORN 8993. Bayern – 1 600 Ew – Höhe 406 m – Luftkurort – ☎ 08382(Lindau im Bodensee).
Verkehrsamt, Seehalde 2, ☎ 82 50.
♦München 187 – Bregenz 17 – Ravensburg 25.

Zum Torkel, Seehalde 14, ☎ 84 12, , – wc wc ☎ P – **22 Z : 38 B.**

Engel-Seewirt, Seestr. 15, ☎ 82 85, « Caféterrasse am See mit ≤ », – wc P
Dez.- 10. Feb. geschl. – Karte 17,50/44 *(Okt.- April Montag - Dienstag geschl.)* – **30 Z : 54 B** 42/47 - 80/96.

Haus am See, Uferstr. 23, ☎ 82 69, ≤, , – wc P. Rest
März - Okt. – (Rest. nur für Hausgäste) – **22 Z : 37 B** 45/47 - 55/90.

NONNENMISS Baden-Württemberg siehe Wildbad im Schwarzwald.

NONNWEILER 6696. Saarland – 8 400 Ew – Höhe 375 m – Heilklimatischer Kurort – ✪ 06873.
♦Saarbrücken 50 – Kaiserslautern 75 – ♦Trier 42.

🏠 Parkschenke, Auensbach 68, ✆ 60 44 – 🏠wc ☎ 🅿 – **13 Z : 19 B**.

NORDDEICH Niedersachsen siehe Norden.

NORDDORF Schleswig-Holstein siehe Amrum (Insel).

NORDEN 2980. Niedersachsen 987 ③ ④ – 25 500 Ew – Höhe 3 m – ✪ 04931.
🚩 Verkehrsbüro am Markt, ✆ 1 34 07 und Verkehrsamt, Norddeich, Hattermannsweg 2, ✆ 80 96.
♦Hannover 268 – Emden 31 – ♦Oldenburg 97 – Wilhelmshaven 78.

🏨 **Deutsches Haus,** Neuer Weg 26, ✆ 42 71 – 📶 📺 🛏wc 🏠wc ☎ ⟺ 🅿 🧖 . 🆎 ⑩ Ε 💳
   Karte 16/50 – **41 Z : 68 B** 36/51 - 68/92 Fb.

🏠 **Reichshof,** Neuer Weg 53, ✆ 24 11 – 🏠wc ☎ ⟺
➡ Karte 13,50/45 – **20 Z : 42 B** 38/45 - 76/90.

   In Norden 2 - Norddeich NW : 4,5 km – Seebad.
   🚢 nach Norderney (Autofähre) und 🚢 nach Juist.

🏨 **Fährhaus,** Hafenstr. 1, ✆ 80 27, ≤ – 📶 📺 🛏wc 🏠wc ☎ ⟺ 🅿 . 🆎 ⑩ Ε 💳
   3. Nov.- 10. Dez. geschl. – Karte 32/63 – **35 Z : 70 B** 71/75 - 135/150.

🏠 **Henschen's Hotel** garni, Norddeicher Str. 30 d, ✆ 80 68, 🏊 – 📺 🏠wc ☎ 🅿
   15. Okt.- 15. Nov. geschl. – **8 Z : 15 B** 30/40 - 80/85 – 3 Appart. 80.

🏠 Haus Windhuk 🦢, Deichstr. 12a, ✆ 80 92, 🍴 – 🏠wc 🅿 – **20 Z : 40 B**.

   In Hage-Lütetsburg 2984   O : 3 km :

🏠 **Landhaus Spittdiek,** Landstr. 67, ✆ (04931) 34 13, 🍴, 🍴 – 🏠wc ☎ 🚿 ⟺ 🅿 . 🍴
   Karte 16,50/45 – **11 Z : 18 B** 38 - 70.

NORDENAU Nordrhein-Westfalen siehe Schmallenberg.

NORDENHAM 2890. Niedersachsen 987 ④ – 33 500 Ew – Höhe 2 m – ✪ 04731.
♦Hannover 200 – ♦Bremen 81 – ♦Bremerhaven 7 – ♦Oldenburg 54.

🏨 **Friedeburg,** Oldenburger Str. 2 (B 212), ✆ 40 55, ≤, 🍴 – 📶 🏠wc ☎ 🅿 🧖 . 🆎 ⑩ Ε
   Karte 19/52 *(Samstag bis 18 Uhr und Sonntag ab 14 Uhr geschl.)* – **36 Z : 55 B** 33/69 - 65/117
   Fb.

🏨 **Aits-Luetjens** garni, Bahnhofstr. 120, ✆ 8 00 44 – 🏠wc 🏠wc ☎ ⟺ 🅿 . Ε
   21 Z : 35 B 53/57 - 92.

🏠 **Zur Post,** Bahnhofstr. 37, ✆ 70 17 – 📺 🏠wc ☎. 🆎 ⑩
➡ Karte 14/40 *(Sonntag ab 15 Uhr geschl.)* – **23 Z : 42 B** 45/60 - 70/95.

   In Nordenham-Tettens N : 10 km :

XX **Landhaus Tettens** (ehem. Bauernhaus), Am Dorfbrunnen 17, ✆ 3 94 24 – 🅿
   Sept.- April Montag, 7.- 24. Jan. und 25. Aug. - 5. Sept. geschl. – Karte **29**/58.

NORDERNEY (Insel) 2982. Niedersachsen 987 ③ ④ – 8 200 Ew – Seeheilbad – Insel de
Ostfriesischen Inselgruppe – ✪ 04932 – 🚢 von Norddeich (ca. 1h), ✆ (04931) 80 11.
🚩 Verkehrsbüro der Kurverwaltung, Bülowallee, ✆ 29 55.
♦Hannover 272 – Aurich/Ostfriesland 31 – Emden 35.

🏩 **Kurhotel** 🦢, Am Kurgarten, ✆ 7 71 – 📶 📺 🅿 . 🍴 Rest
   15. Jan.- 20. Feb. und Nov.- 15. Dez. geschl. – Karte 26/68 *(nur Abendessen)* – **33 Z : 51 B**
   120/170 - 196/266.

🏩 **Hanseatic** Ⓜ 🦢, Gartenstr. 47, ✆ 30 32, ⟺, 🏊, 🍴 – 📶 📺 🛁. 🍴
   5. Nov.- 24. Dez. geschl. – *(nur Abendessen für Hausgäste)* – **36 Z : 72 B** 75/130 - 130/190.

🏨 **Strandhotel Germania** 🦢, Kaiserstr. 1, ✆ 6 48, ≤ – 📶 📺 🏠wc 🏠wc ☎. 🍴
   April - Okt. – Karte 25/78 – **47 Z : 75 B** 50/140 - 126/202 – P 105/162.

🏨 **Strandhotel Pique** 🦢, Am Weststrand 4, ✆ 7 53, ≤, 🍴, Massage, ⟺, 🏊 – 📶 📺 🏠wc
   🏠wc ☎ 🅿 . ⑩ . 🍴
   10. Jan.- 10. Feb. und 3. Nov.- 21. Dez. geschl. – Karte 24/54 *(Dienstag geschl.)* – **23 Z : 48 B**
   65/110 - 140/210 Fb.

🏨 **Haus am Meer - Rodehuus und Wittehuus** 🦢 garni, Kaiserstr. 3, ✆ 89 30, ≤, ⟺, 🏊
   – 📶 📺 🏠wc 🏠wc ☎ 🅿
   25. Nov.- 18. Dez. geschl. – **58 Z : 120 B** 55/110 - 110/240 Fb – 6 Appart. 80/140.

🏨 **Strand- und Aparthotel an der Georgshöhe** 🦢, Kaiserstr. 24, ✆ 89 80, ≤, ⟺, 🏊, 🍴
   🍴 – 📶 📺 🏠wc ☎ 🅿 . ⑩ . 🍴
   10.- 30. Nov. geschl. – Karte 26/55 *(Dez.- März Dienstag geschl.)* – **42 Z : 80 B** 65/95 - 150/190
   Fb – 50 Appart. 95/175 – P 135/155.

🏨 **Seeschlößchen** Ⓜ 🦢 garni, Damenpfad 13, ✆ 30 21, ⟺ – 📶 📺 🏠wc ☎. 🍴
   März - 15. Nov. – **14 Z : 24 B** 69/130 - 138/210.

🏠 **Friese** 🌳, Friedrichstr. 34, 𝒫 30 15, 🍴 – 🛗 📶wc ☎. 🕷 Zim
15. Jan.- Feb. geschl. – Karte 17,50/50 (Okt.- April Mittwoch geschl.) – **45 Z : 69 B** 72/82 - 128
– P 97.

🏠 **Golf-Hotel** 🌳, Am Golfplatz (O : 5 km), 𝒫 7 31, <, 🍴, 🍴, 🚗, 🕷 – 📺 ➡wc 📶wc ☎
➡ 🅿. 🔘 E
11. Nov.- 18. Dez. geschl. – Karte 19/57 – **21 Z : 37 B** 84/87 - 144/180 Fb – 3 Appart 110/120 –
P 120/138.

🏠 **Haus Waterkant** 🌳 garni, Kaiserstr. 9, 𝒫 7 77, <, 🍴, 🔲 – 🛗 📶wc ☎ 🅿. 🕷
13. Jan.- 10. Feb. und 25. Nov.- 25. Dez. geschl. – **49 Z : 80 B** 62/88 - 86/160 – 9 Appart.
68/155.

✗ **Le pirate,** Friedrichstr. 37, 𝒫 18 66
(überwiegend Fischgerichte).

NORDERSTEDT 2000. Schleswig-Holstein 𝟿𝟾𝟽 ⑤ – 67 000 Ew – Höhe 26 m – ✪ 040 (Hamburg).
ADAC, Berliner Allee 38 (Herold Center), 𝒫 5 23 38 00.
♦Kiel 79 – ♦Hamburg 19 – Itzehoe 58 – ♦Lübeck 69.

In Norderstedt-Garstedt :

🏨 **Heuberg** garni, Niendorfer Str. 52, 𝒫 5 23 11 97 – 📺 📶wc ☎ ➡ 🅿. 🆎 ⓪ E 𝒱𝐼𝒮𝒜. 🕷
25 Z : 33 B 75/78 - 95.

🏨 **Maromme** garni, Marommer Str. 58, 𝒫 5 25 20 37 – ➡wc ☎ 🅿 🏋
18 Z : 37 B Fb.

In Norderstedt-Glashütte :

🏨 **Norderstedter Hof,** Mittelstr. 54, 𝒫 5 24 00 46, Telex 2164128 – 🛗 📺 📶wc ☎ 🅿. 🆎 ⓪ E
𝒱𝐼𝒮𝒜
23. Dez.- 2. Jan. geschl. – Karte 30/68 *(nur Abendessen, Samstag - Sonntag geschl.)* – **90 Z :
120 B** 81/97 - 120/125.

In Norderstedt-Harkshörn :

🏨 **Schmöker Hof,** Oststr. 18, 𝒫 5 22 40 56, 🍴, 🍴 – 📺 ➡wc 📶wc ☎ 🅿 🏋. 🆎 ⓪ E 𝒱𝐼𝒮𝒜
Karte 25/54 – **40 Z : 60 B** 85/98 - 120/130 Fb.

In Norderstedt-Harksheide :

✗✗ **Zur Kupferpfanne,** Ulzburger Str. 572 (B 433), 𝒫 5 22 45 43 – 🅿.

NORDHEIM Bayern siehe Volkach.

NORDHORN 4460. Niedersachsen 𝟿𝟾𝟽 ⑭, 𝟺𝟶𝟾 ⑭, 𝟸𝟷𝟷 ⑩ – 50 000 Ew – Höhe 22 m – ✪ 05921.
🛈 Verkehrsverein, Frensdorfer Ring 2 (am Bahnhof), 𝒫 1 30 36.
ADAC, Lingener Str. 9, 𝒫 3 63 83, Telex 98219.
♦Hannover 224 – ♦Bremen 155 – Groningen 113 – Münster (Westfalen) 73.

🏨 **Determann,** Bernhard-Niehues-Str. 12, 𝒫 60 21, 🍴, 🔲 – 🛗 📶wc ☎ 🅿 🏋. 🆎 ⓪ E 𝒱𝐼𝒮𝒜
Karte 17,50/45 *(Sonntag ab 14 Uhr geschl.)* – **45 Z : 65 B** 45/65 - 90/130 Fb.

🏨 **Rolinck-Bräu,** Neuenhauser Str. 10, 𝒫 3 40 98 – 📺 ➡wc 📶wc ☎ ➡ 🅿. 🆎 ⓪ E 𝒱𝐼𝒮𝒜
Karte 18,50/58 – **15 Z : 20 B** 54 - 105.

🏠 **Euregio,** Dortmunder Str. 20 (Einfahrt Denekamper Str.), 𝒫 50 77 – 📶wc ☎ 🅿. 𝒱𝐼𝒮𝒜. 🕷
Karte 15/32 *(nur Abendessen)* – **26 Z : 34 B** 42 - 69.

🏠 **Am Stadtring - Restaurant Adria,** Am Strampel 1 (Ecke Stadtring), 𝒫 1 47 70 – 📶wc ☎
➡ ➡ 🅿. 🆎 ⓪ E
Karte 14/38 *(Jugoslawische Küche, Samstag bis 18 Uhr geschl.)* – **20 Z : 27 B** 39/45 - 78/90.

🏠 **Möllers,** Lingener Str. 52, 𝒫 3 54 14 – 📶 ➡ 🅿
16 Z : 25 B.

NORDRACH 7611. Baden-Württemberg 𝟸𝟺𝟸 ㉘ – 2 000 Ew – Höhe 300 m – Luftkurort –
✪ 07838 – ♦Stuttgart 130 – Freudenstadt 39 – Lahr 23 – Offenburg 28.

🏠 **Stube,** Talstr. 144, 𝒫 2 02 – ➡wc 📶wc 🅿
15. Nov.- 10. Dez. geschl. – Karte 15/38 *(Dienstag geschl.)* – **15 Z : 25 B** 30/32 - 60 – P 45/50.

NORDSTRAND 2251. Schleswig-Holstein 𝟿𝟾𝟽 ④ – 2 700 Ew – Höhe 1 m – ✪ 04842.
♦Kiel 103 – Flensburg 61 – Husum 19 – Schleswig 53.

In Nordstrand-Herrendeich :

🏠 **Landgasthof Kelting** 🌳, 𝒫 3 35 – ➡wc 🅿
Karte 17/36 *(Nov.- März Montag geschl.)* – **11 Z : 20 B** 35/45 - 60/75.

NORHEIM Rheinland-Pfalz siehe Münster am Stein-Ebernburg, Bad.

NORIMBERGA = Nürnberg.

NORTHEIM 3410. Niedersachsen 987 ⑮ − 33 700 Ew − Höhe 121 m − ✿ 05551.

🛈 Fremdenverkehrsbüro, Am Münster 30, ℰ 6 36 50.

♦Hannover 98 − ♦Braunschweig 85 − Göttingen 27 − ♦Kassel 69.

🏠 Sonne, Breite Str. 59, ℰ 40 71 − 📶 🏠wc ☎ ⇔
24 Z : 48 B.

🏠 **Zum Rücking**, Rückingsallee 16, ℰ 35 45 − 📺 🏠wc ☎ 🅿 🆎 ⓪ 🇪 𝘝𝘐𝘚𝘈
Karte 17/38 − **15 Z : 26 B** 48 - 73 Fb.

🏠 **Leineturm**, an der B 241 (W : 1,5 km), ℰ 35 76, ⨳ − 📺 🏠wc ☎ ⇔ 🅿 🏊 . 🆎 🇪
Juli 3 Wochen geschl. − Karte 23/62 (Sonntag ab 15 Uhr geschl.) − **10 Z : 15 B** 36/49 - 70/90.

🏠 **Deutsche Eiche**, Bahnhofstr. 16, ℰ 22 93 − 🏠wc ⇔. 🇪
20. Dez.- 3. Jan. geschl. − Karte 16/35 (Sonntag geschl.) − **26 Z : 37 B** 36/42 - 60/75.

Bei der Freilichtbühne O : 3 km über die B 241 :

🏠 Waldhotel Gesundbrunnen 🦌, ✉ 3410 Northeim, ℰ (05551) 20 33, 🍴 − 🚽wc 🏠wc ☎ 🅿
🏊
28 Z : 45 B Fb.

NORTORF 2353. Schleswig-Holstein 987 ⑤ − 6 000 Ew − Höhe 30 m − ✿ 04392.

♦Kiel 29 − Flensburg 81 − ♦Hamburg 78 − Neumünster 16.

🏠 **Kirchspiels Gasthaus**, Große Mühlenstr. 9, ℰ 49 22, « Elegante, geschmackvolle Einrichtung » − 📺 🚽wc 🏠wc ☎ ⇔ 🅿 🏊 . 🆎 ⓪ 🇪. 𝘚𝘦
Juli 3 Wochen geschl. − Karte 22/54 (Samstag bis 18 Uhr geschl.) − **11 Z : 22 B** 55 - 85/95.

NORTRUP 4577. Niedersachsen − 2 200 Ew − Höhe 34 m − ✿ 05436.

♦Hannover 153 − ♦Bremen 89 − ♦Osnabrück 44.

✗ Jagdhaus Spark 🦌 mit Zim, Mühlenweg 6, ℰ 4 27 − 🏠 🅿 − **6 Z : 9 B**.

NOTSCHREI Baden-Württemberg siehe Todtnau.

NOTTULN Nordrhein-Westfalen siehe Havixbeck.

NÜMBRECHT 5223. Nordrhein-Westfalen − 12 700 Ew − Höhe 280 m − Luftkurort − ✿ 02293.

🛈 Kur- und Verkehrsverein, Weiherstraße, ℰ 24 73.

♦Düsseldorf 91 − ♦Köln 53 − Waldbröl 8.

🏠 **Derichsweiler Hof** 🦌, Jacob-Engels-Str. 22, ℰ 60 61, 🔥 − 📶 🏠wc ☎ 🚹 🅿 🏊 . ⓪
Juli geschl. − Karte 20/45 (Montag geschl.) − **33 Z : 62 B** 51/65 - 102/128 − P 75.

🏠 **Parkschlößchen**, Bahnhofstr. 2, ℰ 69 59 − 📺 🏠wc ☎ 🅿
Karte 22/58 − **20 Z : 38 B** 28/50 - 50/85 − P 60/70.

🏠 Kurhaus Hotel 🦌 garni, Bitzenweg 2, ℰ 60 55, 🔥, 🆇 − 🚽wc 🏠wc ☎ 🅿
33 Z : 44 B.

🏠 **Am Kurpark** 🦌, Lindchenweg 15, ℰ 15 76, 🍴, 🔥, ⨳ − 📺 🏠wc ☎ ⇔ 🅿. ⓪ 🇪 𝘝𝘐𝘚𝘈
6. Jan.- 20. Feb. geschl. − Karte 18/41 (Okt.- April Dienstag geschl.) − **18 Z : 36 B** 50 - 70 − P 71.

✗✗ Rheinischer Hof mit Zim, Hauptstr. 64, ℰ 67 89 − 🏠wc ⇔ 🅿. 𝘚𝘦 Zim
11 Z : 15 B.

In Nümbrecht-Bierenbachtal NO : 4 km :

🏠 Spitzer-In der Schlenke 🦌, Schlenkestr. 3, ℰ 60 31, ⨳ − 📺 🏠wc ☎ 🅿
31 Z : 56 B.

In Nümbrecht-Marienberghausen NW : 8 km :

🏠 **Zur alten Post** 🦌, Humperdinckstr. 6, ℰ 71 73 − 🏠wc ☎ 🅿. 🆎
Karte 16/38 (Montag geschl.) − **16 Z : 24 B** 35 - 60 − P 45.

An der Straße von Homburg-Bröl nach Wiehl N : 3 km :

✗ **Café Holsteins Mühle** 🦌 mit Zim, ✉ 5223 Nümbrecht, ℰ (02293) 69 56, 🍴, « Ehem. Wassermühle, rustikale Einrichtung » − 🏠wc ☎ 🅿. 🆎 ⓪ 🇪
Karte 16,50/54 (Nov.- März Montag geschl.) − **7 Z : 12 B** 33/35 - 56.

NÜRBURG 5489. Rheinland-Pfalz 987 ㉔ − 200 Ew − Höhe 610 m − Luftkurort − ✿ 02691 (Adenau) − Sehenswert : Burg★ (🌲★).

Mainz 152 − ♦Bonn 56 − Mayen 26 − Wittlich 57.

🏠 **Sporthotel Tribüne**, bei Start und Ziel des Nürburgrings (S : 1 km), ℰ 20 35, Telex 863919 − 🚽wc 🏠wc ☎ ⇔ 🅿 🏊 . ⓪ 🇪
15. Nov.- 15. Dez. geschl. − Karte 19/45 − **51 Z : 75 B** 50/67 - 99/109.

🏠 **Zur Burg** 🦌, Burgstr. 4, ℰ 75 75, 🔥 − 🏠wc 🅿. ⓪. 𝘚𝘦 Rest
15. Nov.- 15. Dez. geschl. − Karte 16,50/38 − **34 Z : 61 B** 28/60 - 56/120 − P 45/78.

🏠 **Döttinger Höhe**, an der B 258 (NO : 2 km), ℰ 73 21 − 📺 🚽wc 🏠wc ☎ ⇔ 🅿
15. März - Nov. − Karte 17,50/44 (Mittwoch geschl.) − **19 Z : 36 B** 49/95 - 60/135.

NÜRNBERG 8500. Bayern 987 ㉖ — 480 000 Ew — Höhe 300 m — ✪ 0911.

Sehenswert : Germanisches National-Museum★★ HZ M1 — St.-Sebaldus-Kirche★ (Kunstwerke★★) HY A — Stadtbefestigung★ — Dürerhaus★ HY B — Schöner Brunnen★ HY C — St.-Lorenz-Kirche★ (Engelsgruß★★) HZ D — Kaiserburg (Sinnwellturm ≼★, Tiefer Brunnen★) HY .

✈ Nürnberg BS, ℘ 37 54 40 — 🚗 ℘ 2 19 53 04.

Messezentrum (CT), ℘ 8 60 60, Telex 623613.

🛈 Tourist-Information, im Hauptbahnhof (Mittelhalle), ℘ 23 36 32 und Am Hauptmarkt (Rathaus), ℘ 23 36 35.

ADAC, Prinzregentenufer 7, ℘ 5 39 01, Notruf ℘ 1 92 11.

◆München 165 ⑤ — ◆Frankfurt am Main 223 ⑧ — Leipzig 279 ③ — ◆Stuttgart 206 ⑤ — ◆Würzburg 109 ⑧.

Messe-Preise : siehe S. 17 und 60	Foires et salons : voir p. 25 et 60
Fairs : see pp. 33 and 60	Fiere : vedere p. 41 e 60

Stadtpläne siehe nächste Seiten.

🏨 **Atrium-H.** M, Münchener Str. 25, ℘ 4 90 11, Telex 626167, 🍽, 🔄, 🔲 — 🕴 🍴 Rest 📺 🗄
🔄 🅿 🛄 (mit 🍽). 🅰🅴 ⓞ 🅴 🆅🆂🅰 — 🛏 Rest **— 200 Z : 300 B** 153/163 - 180/210 Fb. **GX g**
Karte 35/64 *(Okt.- April nur Abendessen)*

🏨 **Grand-H.**, Bahnhofstr. 1, ℘ 20 36 21, Telex 622010, 🔄 — 🕴 📺 🔄 🛄. 🅰🅴 ⓞ 🅴 🆅🆂🅰 —
Restaurants — **Fürstenhof** *(wochentags nur Abendessen)* Karte 29/70 — **Kanne** Karte 19/23 —
187 Z : 273 B 157/197 - 209/249 Fb. **JZ d**

🏨 **Carlton**, Eilgutstr. 13, ℘ 20 35 35, Telex 622329, « Gartenterrasse », 🔄 — 🕴 📺 🅿 🛄. 🅰🅴
ⓞ 🅴 🆅🆂🅰 🛏 Rest **HZ f**
1.- 6. Jan. geschl. — Karte 35/71 — **130 Z : 200 B** 115/155 - 176/210 Fb.

🏨 **Crest-H. Nürnberg**, Münchener Str. 283, ℘ 4 94 41, Telex 622930, 🔄 — 🕴 🍴 Rest 📺 🅿
🛄. 🅰🅴 ⓞ 🅴 🆅🆂🅰 **BT y**
Karte 27/59 — **141 Z : 211 B** 146/176 - 217/239 Fb.

🏨 **Novotel Nürnberg-Süd**, Münchener Str. 340, ℘ 8 67 91, Telex 626449, 🍽, 🔄, 🔲 (geheizt),
🐎 — 🕴 🍴 📺 🔄wc ☎ 🅿 🛄. 🅰🅴 ⓞ 🅴 🆅🆂🅰. 🛏 Rest **CT s**
Karte 29/52 — **117 Z : 234 B** 130/150 - 163/173 Fb.

🏨 **Deutscher Hof**, Frauentorgraben 29, ℘ 20 38 21, Telex 622992, « Weinstube
Bocksbeutelkeller (ab 17 Uhr geöffnet) » — 🕴 🍴 Rest 🔄wc 🚿wc ☎ 🛄 (mit 🍽). 🅰🅴 ⓞ 🅴
🆅🆂🅰. 🛏 Rest **HZ p**
Karte 23/53 🍺 — **50 Z : 70 B** 100/110 - 140/180.

🏨 **Merkur**, Pillenreuther Str. 1, ℘ 44 02 91, Telex 622428 — 🕴 📺 🔄wc 🚿wc ☎ 🅿 🛄. 🅰🅴 ⓞ
🅴 🆅🆂🅰 **FX x**
Karte 24/61 — **160 Z : 310 B** 90/150 - 135/260 Fb.

🏨 **Drei Linden**, Äußere Sulzbacher Str. 1, ℘ 53 36 20 — 📺 🔄wc 🚿wc ☎ 🔄 🅿 🛄. 🅰🅴 🅴
🆅🆂🅰. 🛏 Zim **GU u**
Karte 27/56 — **28 Z : 44 B** 80/110 - 120/160 Fb.

🏨 **Burghotel-Großes Haus** garni, Lammsgasse 3, ℘ 20 44 14, Telex 623567, 🔄, 🔲 (Gebühr)
— 🕴 🔄wc 🚿wc ☎. 🅰🅴 ⓞ 🅴 🆅🆂🅰 **HY k**
44 Z : 81 B 75/120 - 110/160.

🏨 **Victoria** garni, Königstr. 80, ℘ 20 38 01 — 🕴 🔄wc 🚿wc ☎. 🅰🅴 ⓞ 🅴 **JZ x**
22. Dez.- 7. Jan. geschl. — **64 Z : 90 B** 75/85 - 120/140 Fb.

🏨 **Bayerischer Hof** garni, Gleißbühlstr. 15, ℘ 20 92 51, Telex 626547 — 🕴 🚿wc ☎ 🔄. 🅰🅴 ⓞ
🅴 🆅🆂🅰 **JZ u**
80 Z : 105 B 79/85 - 118/124 Fb.

🏨 **Prinzregent** garni, Prinzregentenufer 11, ℘ 53 31 07, Telex 622728 — 🕴 🔄wc 🚿wc ☎ **JYZ a**
38 Z : 60 B Fb.

🏨 **Cristal** garni, Willibaldstr. 7, ℘ 5 10 05 — 🕴 🔄wc 🚿wc ☎ **GU d**
28 Z : 40 B Fb.

🏨 **Petzengarten** 🌳, Wilhelm-Späth-Str. 47, ℘ 4 95 81, Telex 622581, Biergarten — 🕴 📺 🚿wc
☎ 🔄 🛄. 🅰🅴 ⓞ 🅴 🆅🆂🅰 — Karte 14,50/42 — **32 Z : 57 B** 80/90 - 135. **GX a**
25.- 30. Dez. geschl.

🏨 **Weinhaus Steichele**, Knorrstr. 2, ℘ 20 43 78 — 🕴 🚿wc ☎ 🔄. 🅰🅴. 🛏 Rest **HZ x**
Karte 22/40 🍺 — **37 Z : 57 B** 58/68 - 88/110 Fb.

🏨 **Reichshof** 🌳, Johannesgasse 16, ℘ 20 37 17, Telex 626300 — 🕴 🔄wc 🚿wc ☎ 🅿 🛄. 🅰🅴
ⓞ 🅴 🆅🆂🅰 **JZ n**
Karte 28/57 *(Sonntag geschl.)* — **65 Z : 110 B** 55/110 - 100/170 Fb.

🏨 **Drei Raben** garni, Königstr. 63, ℘ 20 45 83 — 🕴 📺 🚿wc ☎. 🅰🅴 🅴 🆅🆂🅰 **JZ v**
27 Z : 40 B 49/95 - 95/130.

🏨 **Erlenstegen** garni, Äußere Sulzbacher Str. 157 (B 14), ℘ 59 10 33 — 🕴 🔄wc 🚿wc ☎ 🅿 **GU a**
24. Dez.- 7. Jan. geschl. — **40 Z : 60 B** 85/95 - 120/140 Fb.

🏨 **Am Sterntor**, Tafelhofstr. 8, ℘ 2 35 81, Telex 622632 — 🕴 🔄wc 🚿wc ☎ 🛄. 🅰🅴 ⓞ 🅴 🆅🆂🅰 **HZ h**
Karte 19/52 — **110 Z : 170 B** 60/135 - 90/170.

🏨 **Am Heideloffplatz** 🌳 garni, Heideloffplatz 9, ℘ 44 94 51 — 🕴 🔄wc 🚿wc ☎ 🅿. 🅰🅴 ⓞ 🅴
🆅🆂🅰 **FX t**
24. Dez.-6. Jan. geschl. — **50 Z : 70 B** 40/82 - 82/122 Fb.

🏨 **Burghotel-Kleines Haus** garni, Schildgasse 14, ℘ 20 30 40 — 🕴 🔄wc 🚿wc ☎. 🅰🅴 ⓞ 🅴
🆅🆂🅰 **HY a**
19 Z : 30 B 55/70 - 79/90.

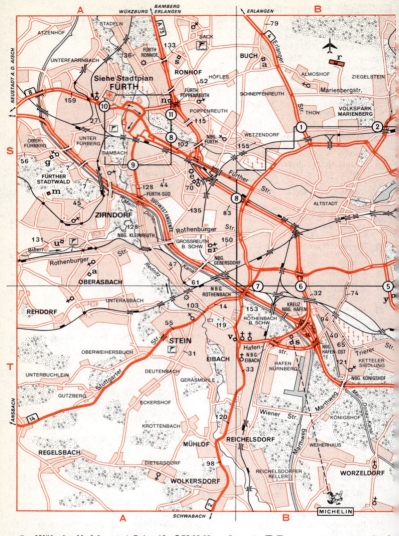

🏨 **Wöhrder Hof** ⌂ garni, Rahm 18, ☎ 53 60 60 — ⊟wc ☎ ① **E**   **GV b**
23. Dez.- 6. Jan. geschl. — **26 Z : 36 B** 68 - 110 Fb.

🏨 **Am Schönen Brunnen** ⌂ garni, Hauptmarkt 17 (2. Etage), ☎ 22 42 25 — ▯ ⊟wc �🛁wc   **HY w**
🛗 ⟵ᗒ
25 Z : 34 B 75/100 - 95/130.

🏨 **Kröll** garni, Hauptmarkt 6, ☎ 22 71 13 — ▯ �🛁wc ☎   **HY c**
25 Z : 48 B 39/82 - 82/96.

🏨 **Westend** garni, Karl-Martell-Str. 42, ☎ 31 45 19 — �🛁wc ℗ ⚙   **AS e**
22. Dez.- 7. Jan. geschl. — **26 Z : 40 B** 52/65 - 80/100.

🏨 **Klughardt** ⌂ garni, Tauroggenstr. 40, ☎ 59 17 02 — �🛁wc ☎ ℗ **E**   **GU u**
24. Dez.- 6. Jan. geschl. — **34 Z : 43 B** 50/79 - 86/108.

🏨 **Garni am Ring**, Am Plärrer 2, ☎ 26 57 71 — ▯ �🛁 ☎ ⟵ᗒ   **HZ y**
23. Dez.- 2. Feb. geschl. — **31 Z : 56 B** 40/65 - 68/95.

🏠 **Fackelmann** garni, Essenweinstr. 10, ℰ 20 41 21, ☎ – 🛗 🏠
59 Z : 70 B 33/78 - 88/110 Fb. — HZ **g**

🏠 **Am Josephsplatz** garni, Josephsplatz 30, ℰ 24 11 56 – 📺 ⌂wc 🏠wc. 🅰🅴 ⓞ 🄴 — HZ **k**
37 Z : 63 B 40/100 - 60/120.

🏠 **City-Hotel** garni, Königstr. 25, ℰ 22 56 38 – 🛗 🏠wc ☎. 🅰🅴 ⓞ 🄴 🆅🅸🆂🅰 — HZ **z**
22. Dez.- 6. Jan. geschl. – **21 Z : 32 B** 70 - 130.

🏠 **Pfälzer Hof** garni, Am Gräslein 10, ℰ 22 14 11 – ⌂wc 🏠wc ☎ ⇔ — HZ **a**
24. Dez.- 10. Jan. geschl. – **20 Z : 26 B** 44/61 - 81/98.

🏛🏛 **Goldenes Posthorn**, Glöckleinsgasse 2, ℰ 22 51 53, 🍴 – 🅰🅴 ⓞ 🄴 — HY **u**
außerhalb der Messezeiten Sonntag geschl. – Karte 31/66.

🏛🏛 **Zum Waffenschmied**, Obere Schmiedgasse 22, ℰ 22 58 59 — HY **d**
Dez. und Sonntag geschl. – Karte 32/64.

Fortsetzung →

NÜRNBERG

Allersberger Straße . . . . . FGX
Fürther Straße . . . . . . DV

Äußere Cramer-
  Klett-Straße . . . . . . GV 3
Am Messehaus . . . . . GU 8
Beuthener Straße . . . . GX 20
Celtisstraße . . . . . . EX 28
Deumentenstraße . . . . GU 29
Endterstraße . . . . . . EX 35
Galgenhofstraße . . . . FX 46
Gibitzenhofstraße . . . . EX 48
Gostenhofer Hauptstr. . . DV 49
Himpfelshofstraße . . . . DV 59
Hinterm Bahnhof . . . . FX 60
Knauerstraße . . . . . . DVX 76
Kressengartenstraße . . . GV 81
Leyher Straße . . . . . . DV 83
Marienbader Str. . . . . GX 86
Maxfeldstraße . . . . . . FU 91
Maximilianstraße . . . . DV 93
Obere Kanalstraße . . . . DV 104
Pillenreuther Straße . . . FX 112

Poppenreuther Str. . . . DU 113
Prinzregentenufer . . . . GV 116
Scharrerstraße . . . . . . GX 122
Scheurlstraße . . . . . . FGX 124
Schuckertstraße . . . . . EX 127
Schweiggerstraße . . . . GX 132
Steinbühler Straße . . . . EX 137
Südliche Fürther Str. . . . DV 139
Tafelfeldstraße . . . . . EX 141
Tunnelstraße . . . . . . DX 144
Wallensteinstraße . . . . DX 150
Wassertorstraße . . . . . GV 152
Wöhrder Hauptstr. . . . . GV 157
Wöhrder Talübergang . . . GV 158
Zufuhrstraße . . . . . . EX 160

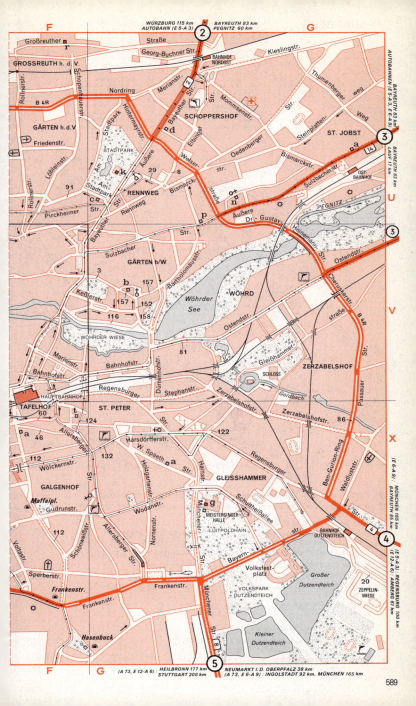

NÜRNBERG

| ✕✕ | **Stadtpark-Rest.-Kulturverein**, Berliner Platz 9, ✆ 55 21 02, « Parkterrasse » – Ⓟ | GU k |

✕✕ **Parkrestaurant Meistersingerhalle**, Münchener Str. 21, ✆ 46 70 14, ☂ – Ⓟ 🅰 AE ⓄⓋ
E VISA ⚘
Aug. geschl. – Karte 31/57. — GX g

✕ **Böhms Herrenkeller**, Theatergasse 19, ✆ 22 44 65 – ⓄⓋ E VISA
Mai - Sept. Sonntag ganztägig, Okt.- April Sonntag ab 14 Uhr geschl. – Karte 18/45 ♨. — HZ m

✕ Nassauer Keller, Karolinenstr. 2, ✆ 22 59 67, « Kellergewölbe a.d.13.Jh. » — HZ u

✕ Opatija, Hauptmarkt 10 (1. Etage), ✆ 22 71 96, ☂ – 🔲 ⚘ — HY c

✕ Patrizier am Hauptmarkt, Hauptmarkt 17 (1. Etage), ✆ 22 42 52 – 🔲 — HY w

✕ **Heilig-Geist-Spital**, Spitalgasse 12, ✆ 22 17 61 – AE ⓄⓋ E
Karte 18/59. — HY e

✕ **Zunftstube**, Obstmarkt 5, ✆ 22 14 78, ☂
Karte 17/42. — HY n

Nürnberger Bratwurst-Lokale :

✕ **Bratwurst-Häusle**, Rathausplatz 1, ✆ 22 76 95, ☂
Sonn- und Feiertage geschl. – Karte 11/20. — HY s

✕ **Bratwurst-Herzle**, Brunnengasse 11, ✆ 22 68 10
Sonntag geschl. – Karte 10/19. — HZ b

✗ **Bratwurst-Friedl,** Hallenplatz 21, ✆ 22 13 60 — HZ q

✗ **Das Bratwurstglöcklein,** im Handwerkerhof, ✆ 22 76 25, 🍴 — JZ z
➡ *24. Dez.- 21. März sowie Sonn- und Feiertage geschl.* — Karte 10,50/20.

In Nürnberg 50-Altenfurt :

🏨 **Daucher** 🐾, Habsburgerstr. 9, ✆ 83 56 99, 🛎 — ∭wc 🅿. 🆎 ⓪ 🇪 — CT b
Karte 23/38 *(nur Abendessen, Freitag, Sonntag und Aug. geschl.)* — **45 Z : 70 B** 40/45 - 70/80 Fb.

🏨 **Nürnberger Trichter** garni, Löwenberger Str. 147, ✆ 83 43 04 — ∭wc 🕿 🚗 🅿. 🇪 — CT a
24. Dez.- 6. Jan. geschl. — **35 Z : 60 B** 55/120 - 85/125 Fb.

🏠 Diana, Oelser Str. 2, ✆ 83 43 29, 🍴 — ∭ 🚗 🅿 — CT n
23 Z : 33 B.

In Nürnberg-Boxdorf ① : 9 km :

🏨 **Landhotel Schindlerhof,** Steinacher Str. 8, ✆ 3 07 77, « Ehem. Bauernhof mit rustikaler
Einrichtung, Innenhof mit Grill » — 📺 ∭wc 🕿 🚗 🅿 🛗. 🆎 ⓪ 🇪
Karte 25/47 — **37 Z : 78 B** 99 - 139 Fb.

In Nürnberg 90-Buch :

✗✗ ❀ **Gasthof Bammes,** Bucher Hauptstr. 63, ✆ 39 13 03, 🍴, « Fränkischer Gasthof » — 🅿.
⓪ 🇪 — BS a
Sonn- und Feiertage geschl. — Karte 40/75 (Tischbestellung ratsam)
Spez. Variationen vom geräucherten Karpfen, Wallerragout mit Krebsschwänzen, Rehnüßchen mit
Lebkuchensauce.

In Nürnberg 60-Eibach :

🏨 **Eibacher Hof** garni, Eibacher Hauptstr. 2 a (B 2), ✆ 63 23 91 — ∭wc ∭wc 🕿 🅿 — ABT v
20. Dez.- 10. Jan. und 1.- 20. Aug. geschl. — **27 Z : 44 B** 42/60 - 80/86.

🏨 **Am Hafen** garni, Isarstr. 37 (Gewerbegebiet Maiach), ✆ 63 33 37, 🛎 — 📺 ∭wc 🅿 — BT s
30 Z : 52 B 40/90 - 70/110.

In Nürnberg 50-Fischbach :

🏨 **Sporthotel Silberhorn,** Fischbacher Hauptstr. 112, ✆ 83 10 84, 🛎, 🏊, ✗ (Halle) — 🛗
∭wc 🕿 🅿 🛗. 🆎 ⓪ 🇪 🆅🆂🅰 — CT g
21. Dez.- 2. Jan. geschl. — Karte 18/52 — **65 Z : 115 B** 65/75 - 100/110 Fb.

In Nürnberg 80-Gostenhof :

🏨 **Hamburg** garni, Hasstr. 3, ✆ 32 72 18 — 🛗 ∭wc 🕿. 🇪 — DV e
25 Z : 45 B 75/95 - 98/160 Fb.

In Nürnberg 90-Großgründlach ① : 11 km :

🏨 **Käferstein** 🐾 garni, Reutleser Str. 67, ✆ 3 09 05, 🛎, 🏊, 🐎 — 📺 ⌁wc ∭wc 🕿 🚗 🅿
🛗. 🆎 ⓪ 🇪
47 Z : 84 B 70/120 - 100/170 Fb.

🏨 Rotes Ross, Großgründlacher Hauptstr. 22, ✆ 30 10 03 — ∭wc 🕿 🅿
(nur Abendessen) — **22 Z : 36 B.**

In Nürnberg 80-Großreuth bei Schweinau :

✗✗ **Romantik-Rest. Rottner,** Winterstr. 15, ✆ 61 20 32, « Gartenterrasse, Grill-Garten » — 🅿
🛗 — AS r
Samstag bis 18 Uhr, Sonn- und Feiertage, 27. Dez.- 7. Jan. und Aug. geschl. — Karte 35/60
(Tischbestellung ratsam).

In Nürnberg 90-Großreuth h.d.V. :

✗✗ ❀ **Lutzgarten,** Großreuther Str. 113, ✆ 35 80 00 — 🅿. 🆎 🇪 — FU r
1.- 10. Jan. sowie Sonn- und Feiertage geschl. — Karte 34/72 (Tischbestellung ratsam)
Spez. Gemüseterrine auf Tomatenessenz, Bresse-Taube im Strudelteig, Dessertteller "Lutzgarten".

In Nürnberg-Kraftshof N : 7 km über ① und Kraftshofer-Hauptstr. BS :

✗✗✗ ❀ **Schwarzer Adler,** Kraftshofer Hauptstr. 166, ✆ 39 21 21, 🍴, « Historisches fränkisches
Gasthaus a.d. 18. Jh., elegant-rustikale Einrichtung » — ⓪ 🇪
23. Dez.- 3. Jan. geschl. — Karte 48/81 (Tischbestellung ratsam)
Spez. Fränkisches Carpaccio, Fondue von Fischen, Schalen- und Krustentieren, Lammrücken und-hirn mit Pimento.

In Nürnberg 50-Langwasser :

🏨 **Am Messezentrum** garni, Bertolt-Brecht-Str. 2, ✆ 8 67 11, Telex 623983 — 🛗 📺 ⌁wc
∭wc 🕿 🚗 🅿 🛗. 🆎 ⓪ 🇪 🆅🆂🅰 — CT d
24. Dez.- 6. Jan. geschl. — **63 Z : 127 B** 108/125 - 143/150 Fb.

In Nürnberg 30-Laufamholz :

🏨 **Park-Hotel** 🐾 garni, Brandstr. 64, ✆ 50 10 57 — ⌁wc 🕿 🅿. 🇪 — CS p
23. Dez.- 7. Jan. geschl. — **21 Z : 39 B** 60/65 - 94.

In Nürnberg 10-Maxfeld :

🏠 **Alte Messehalle** garni, Am Stadtpark 5, ℰ 53 33 66 — 📞wc 🛁wc ☎ 🚗. 🖭 ⓞ 𝐄   **GU**   **c**
57 Z : 83 B 54/65 - 72/86 Fb.

In Nürnberg 30-Mögeldorf :

🏠 Tiergarten 🐾, Schmausenbuckstr. 166, ℰ 57 30 71, Telex 626005, 🏤 — 🛗 📞wc 🛁wc ☎
🚗 🅿 🎎   **CS**   **x**
54 Z : 72 B Fb.

Im Flughafen :

❌❌ **Flughafenrestaurant**, Flughafenstr. 100 (1. Etage), ✉ 8500 Nürnberg 10, ℰ (0911) 52 92 65,
≤, 🏤 — 🛗 ▤ 🅿 🎎. 🖭 ⓞ 𝐄   **BS**   **r**
Karte 22/55.

MICHELIN-REIFENWERKE KGaA. Niederlassung 8500 Nürnberg Lechstr. 29 (Gewerbegebiet
Maiach) BT, ℰ 64 30 11.

▨ **NÜRTINGEN** 7440. Baden-Württemberg 🅰🅱🅲 ㊱ — 34 800 Ew — Höhe 290 m — ✪ 07022.
◆Stuttgart 33 — Reutlingen 21 — ◆Ulm (Donau) 66.

🏨 **Am Schloßberg**, Europastr. 13, ℰ 70 40, Telex 7267355, Massage, ≋, 🔲 — 🛗 📺 🅿 🎎.
🖭 ⓞ
Karte 28/55 — **112 Z : 200 B** 120 - 160 Fb.

🏨 **Vetter** 🐾, Marienstr. 59, ℰ 3 30 11, ≋ — 🛗 📺 🛁wc ☎ 🚗 🅿 🎎.
24. Dez.- Anfang Jan. geschl. — Karte 18/40 (nur Abendessen) — **37 Z : 50 B** 65/80 - 95/110.

🏠 In der Au 🐾 garni, Hohes Gestade 12, ℰ 3 53 30 — 🛁wc 🅿
18 Z : 19 B.

🏠 **Pflum**, Steingrabenstr. 4, ℰ 3 30 80 — 📺 🛁wc ☎ 🅿
Ende Juli - Mitte Aug. geschl. — Karte 20/53 (Samstag geschl.) — **24 Z : 36 B** 50/65 - 115.

In Nürtingen-Hardt NW : 3 km :

❌❌❌ ✿ **Ulrichshöhe**, Herzog-Ulrich-Str. 14, ℰ 5 23 36, « Terrasse mit ≤ » — 🅿
Montag - Dienstag 18 Uhr und Juli - Aug. 3 Wochen geschl. — Karte 46/85
Spez. Steinbutt- und Lachsklößchen im Kresserahm, Lammrücken mit Rosmarinsauce, Rehrücken mit Ebereschen
(15. Mai - Dez.).

In Oberboihingen 7446 NO : 3,5 km :

❌ **Zur Linde**, Nürtinger Str. 24, ℰ (07022) 6 11 68 — 🚗 🅿
Aug. und Montag geschl. — Karte 28/58 🍴.

Verwechseln Sie nicht ❌ und ✿ :

❌ *kennzeichnet den Komfort des Restaurants,*

✿ *kennzeichnet die überdurchschnittliche Qualität der Küche.*

▨ **NUREMBERG** = Nürnberg.

▨ **NUSSDORF AM INN** 8201. Bayern 🅰🅱🅲 ⑱ — 1 900 Ew — Höhe 500 m — Erholungsort —
Wintersport : 600/900 m ✠1 — ✪ 08034.
🛈 Verkehrsamt, Brannenburger Str. 10, ℰ 23 87.
◆München 75 — Innsbruck 96 — Passau 188 — Rosenheim 18 — Salzburg 89.

🏨 **Gästehaus Binder** 🐾 garni, Hochriesweg 7, ℰ 29 19, ≋, 🛋 — 🛁wc ☎ 🚗 🅿. 🌿
Nov. geschl. — **16 Z : 32 B** 47/58 - 76/98 Fb.

🏡 **Café Heuberg** 🐾, Mühltalweg 12, ℰ 23 35, 🏤, 🛋 — 🛁 🅿
6.- 15. Jan. und Nov. 1 Woche geschl. — Karte 16/41 (Mittwoch geschl.) — **19 Z : 30 B** 29/31 -
56/61.

❌❌ **Nußdorfer Hof**, Hauptstr. 4, ℰ 75 66, 🏤 — 🅿 🎎. 🖭 ⓞ 𝐄 𝖵𝖨𝖲𝖠
Karte 21/61.

▨ **OBERAMMERGAU** 8103. Bayern 🅰🅱🅲 ㊲, 🅰🅱🅲 ⑯ — 4 800 Ew — Höhe 834 m — Luftkurort —
Wintersport : 850/1 700 m ✠1 ✠11 ⛷4 — ✪ 08822.
🛈 Verkehrsbüro, Eugen-Pabst-Str. 9a, ℰ 49 21.
◆München 92 — Garmisch-Partenkirchen 19 — Landsberg am Lech 59.

🏨 **Alois Lang** 🐾, St.-Lukas-Str. 15, ℰ 41 41, Telex 59623, « Gartenterrasse », ≋, 🛋 — 🛗 🅿
🖭 ⓞ 𝐄 𝖵𝖨𝖲𝖠
Karte 26/60 — **43 Z : 80 B** 90/130 - 150/200 Fb.

🏨 **Parkhotel Sonnenhof** 🐾, König-Ludwig-Str. 12, ℰ 9 71, Telex 592426, ≤, 🏤, ≋, 🔲 —
🅿 🚗 🅿 🎎. 🖭 ⓞ 𝐄 𝖵𝖨𝖲𝖠
Karte 20/55 — **71 Z : 170 B** 100 - 160 Fb — P 115/135.

🏨 **Böld** 🔥, König-Ludwig-Str. 10, 🌿 5 20, Telex 592406, 🌳, 🚗, 🍴 – 📺 🛁wc 🛁wc ☎ 🅿
🏡 🗚 ⓘ 🗲 𝗩𝗜𝗦𝗔
Karte 21/52 – **60 Z : 100 B** 82/105 - 124/144 Fb – P 135.

🏨 **Wittelsbach**, Dorfstr. 21, 🌿 45 45, Telex 592407 – 🚪 📺 🛁wc ☎. 🗚 ⓘ 🗲 𝗩𝗜𝗦𝗔
20. Okt.- 20. Dez. geschl. – Karte 19/42 (Dienstag geschl.) – **40 Z : 80 B** 65 - 100/120 Fb –
P 90.

🏨 **Turmwirt**, Ettaler Str. 2, 🌿 42 91 – 📺 🛁wc ☎ 🅿. 🗚 ⓘ 🗲 𝗩𝗜𝗦𝗔
Karte 18/50 (Okt.- Dez. Donnerstag geschl.) – **21 Z : 42 B** 50/80 - 110/140 Fb.

🏨 **Alte Post**, Dorfstr. 19, 🌿 66 91 – 🛁wc ☎ 🅿. 🗚 🗲
30. Okt.- 15. Dez. geschl. – Karte 15,50/40 ⚖ – **32 Z : 65 B** 38/55 - 76/110 – P 65/85.

🏨 **Wolf**, Dorfstr. 1, 🌿 69 71, 🌳, 🚗, ⌧, 🍴 – 🚪 📺 🛁wc 🛁wc 🅿. 🗚 ⓘ 🗲 𝗩𝗜𝗦𝗔
Karte 19/49 – **41 Z : 75 B** 55/80 - 88/110.

🏠 **Friedenshöhe** 🔥, König-Ludwig-Str. 31, 🌿 5 98, ≤, 🌳, 🍴 – 🛁wc 🛁wc ☎ 🅿. 🗚 ⓘ 🗲
𝗩𝗜𝗦𝗔, 🍴 Zim
Nov.- 22. Dez. geschl. – Karte 17/49 (Donnerstag geschl.) – **11 Z : 20 B** 50/80 – 116/130 –
P 79/106.

🏠 **Schilcherhof**, Bahnhofstr. 17, 🌿 47 40, Caféterrasse, 🍴 – 🛁wc 🛁wc 🚗 🅿. 🗚 🗲 𝗩𝗜𝗦𝗔
🍴
20. Nov.- Dez. geschl. – (nur Abendessen für Hausgäste) – **24 Z : 45 B** 28/45 - 50/90.

🏠 **Café Wenger** 🔥, Ludwig-Lang-Str. 20, 🌿 47 88, 🌳, 🍴 – 🛁wc 🅿
(nur Abendessen) – **10 Z : 19 B** – 2 Appart.

🏠 **Bayerischer Löwe**, Dedlerstr. 2, 🌿 13 65 – 🛁wc
25. Nov.- 20. Dez. geschl. – Karte 16/37 (Donnerstag geschl.) – **16 Z : 36 B** 40/45 - 74 Fb –
P 65/68.

🏚 **Zur Rose**, Dedlerstr. 9, 🌿 47 06 – 🛁wc 🛁 🅿
29 Z : 50 B – 10 Appart.

OBERASBACH 8501. Bayern – 15 300 Ew – Höhe 295 m – ✆ 0911 (Nürnberg).

Siehe Nürnberg (Umgebungsplan).

◆München 174 – ◆Nürnberg 10 – ◆Würzburg 108.

🏠 **Jesch** garni, Am Rathaus 5, 🌿 6 90 03 – 🚪 🛁wc ☎ 🚗 🅿   **AS a**
23 Z : 36 B 59/69 - 89 Fb.

OBERAU Bayern siehe Farchant.

OBERAUDORF 8203. Bayern 𝟿𝟾𝟽 ⑦. 𝟦𝟤𝟨 ⑱ – 4 000 Ew – Höhe 482 m – Luftkurort –
Wintersport : 500/1 300 m ✂20 ⚡6 – ✆ 08033.
🅱 Kuramt im Rathaus, 🌿 14 74.
◆München 81 – Innsbruck 82 – Rosenheim 28.

🏠 **Alpenhotel**, Marienplatz 2, 🌿 14 54 – 🛁wc 🚗
➤ Karte 14/38 (Okt.- Mai Montag geschl.) – **21 Z : 38 B** 29/35 - 53/70 – P 49/55.

🏠 **Bayerischer Hof** 🔥, Sudelfeldstr. 12, 🌿 14 61, ≤, 🌳, 🍴 – 🛁wc ☎ 🅿. 🗚 ⓘ 🗲
➤ Karte 14/40 (Okt.- Mai Dienstag geschl.) ⚖ – **17 Z : 30 B** 33/49 - 70/84 Fb – P 53/62.

Im Ortsteil Niederaudorf N : 2 km :

🏠 **Alpenhof**, Rosenheimer Str. 97, 🌿 10 36, ≤, 🌳, 🍴 – 🛁wc 🚗 🅿
➤ 17. Nov.- 17. Dez. geschl. – Karte 13/32 (Okt.- Mai Donnerstag geschl.) ⚖ – **16 Z : 30 B** 40/50 -
72/78 – P 54/60.

🏠 Gasthof Keindl, Dorfstr. 4, 🌿 14 36, 🚗 – 🛁wc ☎ 🅿
26 Z : 50 B – 4 Appart.

OBERAULA 6435. Hessen – 3 700 Ew – Höhe 320 m – Luftkurort – ✆ 06628.
◆Wiesbaden 165 – Fulda 50 – Bad Hersfeld 22 – ◆Kassel 69.

🏠 **Zum Stern**, Hersfelder Str. 1 (B 454), 🌿 3 48, 🚗, ⌧, 🍴 – 🛁wc 🅿 🏡 🗲 🍴
Karte 15,50/41 ⚖ – **30 Z : 55 B** 30/40 - 55/73 – P 39/53.

🏠 **Haus Braun**, Heerstr. 10 (Richtung Hausen), 🌿 3 22, 🚗, ⌧, 🍴 – 🛁wc 🅿. 🍴 Zim
➤ Karte 14/30 – **39 Z : 70 B** 36/44 - 68/84.

OBERBECKSEN Nordrhein-Westfalen siehe Oeynhausen, Bad.

OBERBOIHINGEN Baden-Württemberg siehe Nürtingen.

OBERBREITZBACH Hessen siehe Hohenroda.

OBERDERDINGEN 7519. Baden-Württemberg – 8 000 Ew – Höhe 200 m – ✆ 07045.
◆Stuttgart 57 – Heilbronn 42 – ◆Karlsruhe 37.

🍴 **Weinstube Kern**, Hemrichstr. 7, 🌿 5 73, ≤, 🌳 – 🅿
Montag und Feb.- Anfang März geschl. – Karte 16/31 ⚖.

OBERDING Bayern siehe Erding.

OBEREGGENEN Baden-Württemberg siehe Schliengen.

OBERELCHINGEN Bayern siehe Elchingen.

OBERHACHING Bayern siehe München.

OBERHAMBACH Rheinland-Pfalz siehe Liste der Feriendörfer.

OBERHARMERSBACH 7611. Baden-Württemberg − 2 400 Ew − Höhe 300 m − Luftkurort − ✪ 07837.

🛈 Verkehrsverein, Reichstalhalle, ℰ 2 77.

♦Stuttgart 126 − ♦Freiburg im Breisgau 63 − Freudenstadt 35 − Offenburg 30.

🏠 **Landhaus Bärenhof** 🦌, Auf der Hub 1, ℰ 4 40, ⬅ Schwarzwald, 🍴, ⌇ (geheizt), 🌲 −
📺wc ☎ ✪
15. Nov.- 20. Dez. geschl. − Karte 16/52 (Okt.- April Dienstag geschl.) ⚭ − **27 Z : 50 B** 40/50 -
76/96 − P 55/65.

🏠 **Sonne**, Obertal 12, ℰ 2 01, 🌲 − 🛗 ⇌wc 📺wc ⟺ ✪
7. Nov.- 10. Dez. geschl. − Karte 16/39 (Mittwoch geschl.) ⚭ − **20 Z : 35 B** 24/45 - 48/70 −
P 40/54.

🏠 **Landgasthof Forelle**, Talstr. 77, ℰ 2 22, « Gartenterrasse », ⬛, 🟦, 🌲 − ✪. 🍴 Rest
← 15. Jan.- 15. Feb. geschl. − Karte 13/29 (Montag geschl.) ⚭ − **22 Z : 42 B** 36/45 - 65/88 −
P 50/58.

🏠 **Hubertus**, Dorf 2, ℰ 8 31, 🍴, 🌲 − 📺wc ⟺ ✪. 🍴
23 Z : 36 B.

🏠 **Waldfrieden** garni, Am Schrofen 7, ℰ 8 25, 🌲 − 📺wc ✪
11 Z : 21 B 24/35 - 52/60.

An der Straße nach Bad Peterstal-Griesbach N : 4 km :

🏠 **Schwarzwald-Idyll**, Obertal 50, ✉ 7611 Oberharmersbach, ℰ (07837) 2 42, 🍴 − 🛗 📺wc
← ⟺ ✪. E. 🍴 Zim
20. Nov.- 20. Dez. geschl. − Karte 13,50/39 (Okt.- Mai Dienstag geschl.) ⚭ − **25 Z : 46 B** 32/45 -
60/82 Fb − P 45/58.

OBERHAUSEN 8859. Bayern − 1 900 Ew − Höhe 409 m − ✪ 08431.

♦München 101 − Donauwörth 28 − Ingolstadt 28.

Im Ortsteil Unterhausen W : 1,5 km :

✗ **Lindenhof** mit Zim, Lindenstr. 6 (B 16), ℰ 26 17 − 📺 ✪
4 Z : 7 B.

Bei Übernachtungen in kleineren Orten
oder abgelegenen Hotels empfehlen wir, hauptsächlich in der Saison,
rechtzeitige telefonische Anmeldung.

OBERHAUSEN 4200. Nordrhein-Westfalen 987 ⑬ ⑭ − 230 500 Ew − Höhe 45 m − ✪ 0208.

Siehe Ruhrgebiet (Übersichtsplan).

🛈 Verkehrsverein, Berliner Platz 4, ℰ 80 50 51, Telex 856934.

ADAC, Lessingstr. 2 (Buschhausen), ℰ 65 40 01, Notruf ℰ 1 92 11.

♦Düsseldorf 33 ③ − ♦Duisburg 10 ③ − ♦Essen 12 ② − Mülheim an der Ruhr 6 ③.

Stadtplan siehe gegenüberliegende Seite.

🏨 **Ruhrland**, Berliner Platz 2, ℰ 80 50 31, Telex 856900 − 🛗 📺 ⇌wc 📺wc ☎ ⟺ ✪ 🏋 . ⒜Ⓔ
⓪ Ⓔ VISA. 🍴   Y a
Karte 30/68 − **65 Z : 80 B** 59/104 - 118/168.

🏨 **Hagemann**, Buschhausener Str. 84, ℰ 2 08 17 − 📺wc ☎   X c
Karte 17/40 (nur Abendessen) − **12 Z : 20 B** 55/70 - 100/120.

✗ **Ratsstube-Stadthalle**, Düppelstr. 1, ℰ 80 10 41, 🍴 − 🏋   YZ
Karte 16,50/46.

In Oberhausen 12-Osterfeld :

🏨 **Zur Bockmühle**, Teutoburger Str. 156, ℰ 6 90 20, Telex 856489, ⬛ − 🛗 📺 ⇌wc 📺wc ☎
⟺ ✪ 🏋 (mit 🍴). ⒜Ⓔ ⓪ Ⓔ VISA. 🍴 Rest   V s
22. Dez.- 4. Jan. geschl. − Karte 25/67 − **95 Z : 150 B** 85/130 - 130/220 Fb.

In Oberhausen 11-Sterkrade :

✳ 🏠 **Hubertushof** 🦌, Inselstr. 26, ℰ 64 02 13   V r
(nur Abendessen für Hausgäste) − **10 Z : 21 B** 37/52 - 68/88.

MICHELIN-REIFENWERKE KGaA. Niederlassung Max-Eyth-Str. 2 (V), ℰ 65 40 21.

594

OBERHAUSEN

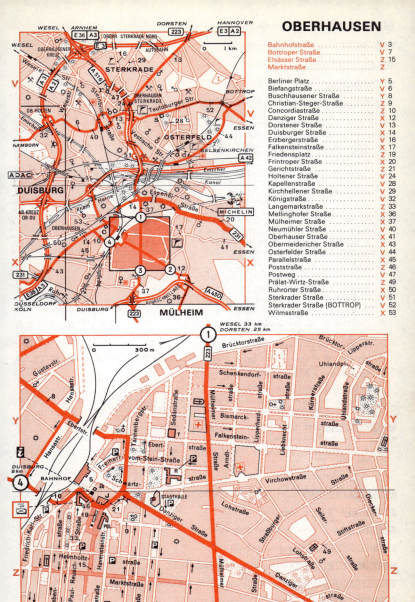

OBERHAVERBECK Niedersachsen siehe Bispingen.

OBERHÖLL Bayern siehe Weiden in der Oberpfalz.

OBERJOCH Bayern siehe Hindelang.

OBERJOSBACH Hessen siehe Niedernhausen.

OBERKIRCH 7602. Baden-Württemberg 987 ㉞, 87 ⑤ − 17 000 Ew − Höhe 194 m − Erholungsort − ✆ 07802.

🖪 Städt. Verkehrsamt, Erwin-Brau-Halle, Appenweierer Straße, ℘ 8 22 42.

♦Stuttgart 140 − Freudenstadt 42 − Offenburg 16 − Strasbourg 30.

🏨 **Romantik-Hotel Obere Linde**, Hauptstr. 25, ℘ 30 38, Telex 752640, 斉, 斉, ❀ − 🛗 �📺 ⌧wc �📶wc ☎ ❷ 🄰. 🄰🄴 ⓸ 🄴 𝗩𝗜𝗦𝗔
Karte 27/68 − **46 Z : 84 B** 55/105 - 95/170 Fb − P 93/150.

🏠 **Lamm** ⑤, Gaisbach 1, ℘ 33 46, 斉, eigener Weinbau, ❀ − 🛗 ⏚wc ☎ ❷ 🄰. 🄰🄴 ⓸. ❀
2.- 20. Jan. geschl. − Karte 17/50 (Dienstag geschl.) ⚑ − **18 Z : 32 B** 42/60 - 66/88 Fb.

🏠 **Pflug**, Hauptstr. 93, ℘ 32 55, 斉, ❀ − ⌧wc ⏚wc ☎ ⇔ ❷. 🄴
15. Feb.- 8. März geschl. − Karte 20/42 (Mittwoch geschl.) ⚑ − **28 Z : 50 B** 38/48 - 72/80 − P 57/64.

🏠 **Ochsen**, Obere Grendelstr. 14, ℘ 41 15 − ⌧wc ⏚wc ☎ ❷ − **12 Z : 22 B**.

🏠 **Zur Sonne** (Haus a.d. 16. Jh.), Hauptstr. 34, ℘ 30 40 − ⏚wc ☎ − **12 Z : 20 B**.

🏠 **Pfauen**, Josef-Geldreich-Str. 18, ℘ 45 29 − ⏚wc ☎ ⇔ ❷. 🄰🄴 🄴. ❀ Zim
19. Feb.- 12. März geschl. − Karte 21/44 (Mittwoch geschl.) ⚑ − **11 Z : 22 B** 37/45 - 70/78 − P 58/63.

🍴🍴 **Schwanen**, Eisenbahnstr. 3, ℘ 22 20 − ❷. 🄴
März und Nov. 2 Wochen sowie Montag geschl. − Karte 15/51 ⚑.

🍴 **Löwen**, Hauptstr. 46, ℘ 45 51, 斉
Mittwoch geschl. − Karte 16/51 ⚑.

In Oberkirch-Bottenau W : 5 km :

🏠 **Rebstock** Ⓜ ⑤, Meisenbühl 19, ℘ 30 47, ≤, 斉, Damwildgehege − 🛗 ⌧wc ⏚wc ☎ ❷.
❀ Zim − **15 Z : 28 B**.

In Oberkirch-Ödsbach S : 3 km :

🏨 **Waldhotel Grüner Baum** ⑤, Alm 33, ℘ 28 01, Telex 752627, 斉, Massage, ≘s, 🔲, ❀, ❀ − ⌧ − 📺 ⌧wc ⏚wc ☎ 🚶 🄰🄴 🄴 𝗩𝗜𝗦𝗔. ❀ Rest
Karte 20/62 ⚑ − **59 Z : 103 B** 60/105 - 98/188 Fb − P 79/128.

In Oberkirch-Nußbach W : 6 km :

🏠 **Rose** ⑤, Herztal 48 (im Ortsteil Herztal), ℘ (07805) 35 40, ❀ − ⏚wc ❷
10. Feb.- 10. März geschl. − Karte 16,50/46 ⚑ − **11 Z : 21 B** 26/39 - 52/78.

OBERKOCHEN 7082. Baden-Württemberg 987 ㊱ − 8 200 Ew − Höhe 495 m − ✆ 07364.

♦Stuttgart 80 − Aalen 9 − ♦ Ulm/Donau 66.

🏨 **Am Rathaus** ⑤, Eugen-Bolz-Platz 2, ℘ 3 95 − 🛗 �📺 ⌧wc ⏚wc ☎ ⇔ ❷ 🄰. 🄰🄴 ⓸ 🄴 𝗩𝗜𝗦𝗔. ❀
Juli-Aug. 3 Wochen geschl. − Karte 23/54 (Freitag-Samstag 17 Uhr geschl.) − **31 Z : 37 B** 65/70 - 100/120 Fb.

OBERKOLLWANGEN Baden-Württemberg siehe Neuweiler.

OBERKOTZAU Bayern siehe Hof.

OBERLAHR Rheinland-Pfalz siehe Döttesfeld.

OBERLANGENSTADT Bayern siehe Kronach.

OBERLEICHTERSBACH Bayern siehe Brückenau, Bad.

OBERLENGENHARDT Baden-Württemberg siehe Schömberg Kreis Calw.

OBERMAISELSTEIN Bayern siehe Fischen im Allgäu.

OBERMOSCHEL 6763. Rheinland-Pfalz − 1 300 Ew − Höhe 187 m − ✆ 06362 (Alsenz).
Mainz 63 − Kaiserslautern 46 − Bad Kreuznach 18.

🏠 **Burg-Hotel** ⑤, ℘ 34 70, ≤ Obermoschel, ≘s, 🔲, ❀ − ⌧wc ⏚wc ⇔ ❷
← 23. Dez.- 20. Jan. geschl. − Karte 14/41 ⚑ − **20 Z : 30 B** 30/42 - 60/84 − P 45/58.

OBERMOSSAU Hessen siehe Mossautal.

596

OBERNBURG 8753. Bayern 🈲🈂🈯 ㉘ — 7 100 Ew — Höhe 125 m — ✿ 06022.
◆München 356 — Aschaffenburg 20 — ◆Darmstadt 47 — ◆Würzburg 80.

🏠 **Anker**, Mainstr. 3, 𝒫 86 47 — 📺 🏠wc ☎ 🄿. 🝰 🝯 🝰 🝰
Karte 22/52 — **22 Z : 41 B** 54 - 85.

🍽 **Karpfen**, Mainstr. 8, 𝒫 86 45 — 🔋 🏠wc ☎ 🄿. 🄾 🝰 🝰 ❀ Zim
15.- 31. Jan. geschl. — Karte 19/49 (Nov.- April Samstag geschl.) 🝰 — **29 Z : 50 B** 28/47 - 56/78.

✗ **Römerhof** mit Zim, Römerstr. 83, 𝒫 86 43, « Gartenterrasse » — 🏠wc ☎ 🄿. 🝰 🝯 🝰
15.- 30. Juni und 20. Dez.- 8. Jan. geschl. — Karte 19,50/39 (Mittwoch geschl.) 🝰 — **11 Z : 17 B**
35/50 - 90/95.

OBERNDORF 7238. Baden-Württemberg 🈲🈂🈯 ㉙ — 13 800 Ew — Höhe 460 m — ✿ 07423.
◆Stuttgart 80 — Freudenstadt 36 — Rottweil 18.

🏠 **Post**, Hauptstr. 18, 𝒫 40 58 — 🏠wc 🏠wc ☎ 🝰 🞁. 🝰 🝯 🝰 🝰
Karte 25/51 — **21 Z : 30 B** 50/65 - 80/100 Fb.

🏠 **Wasserfall**, Lindenstr. 60, 𝒫 35 79, 🝰 — 🏠wc 🝰 🄿
Juli 2 Wochen geschl. — Karte 15/41 (Freitag geschl.) 🝰 — **25 Z : 45 B** 27/40 - 70/80 — P 40/52.

In Oberndorf-Lindenhof W : 3 km :

🏠 **Bergcafé Link** 🝰, Mörikeweg 1, 𝒫 34 91, 🝰, 🝰 — 🏠wc 🏠wc ☎ 🝰 🄿. 🝰
Karte 18/33 (wochentags nur Abendessen, Samstag geschl.) 🝰 — **16 Z : 22 B** 35/50 - 60/80.

OBERNZELL 8391. Bayern 🈲🈂🈯 ㉘ ㉚, 🈴🈵🈶 ⑦ — 3 600 Ew — Höhe 294 m — Erholungsort — ✿ 08591
— 🖪 Verkehrsamt, Marktplatz 42, 𝒫 18 77.
◆München 193 — Passau 16.

🏠 **Sporthotel Fohlenhof** 🝰, Matzenberger Str. 36, 𝒫 3 62, ≤, 🝰, 🝰 (geheizt), 🝰, ✗,
🝰 (Halle) — 🏠wc 🏠wc 🄿. ❀ Rest
13 Z : 25 B Fb.

🏠 **Jachthotel**, Passauer Str. 19, 𝒫 15 95 — 📺 🏠wc 🄿
36 Z : 72 B.

🏠 **Schwarzer Adler**, Marktplatz 20, 𝒫 3 73 — 🏠wc ☎ 🄿. ❀ Rest
↔ Karte 14/32 (Okt.- März Sonntag geschl.) 🝰 — **39 Z : 70 B** 30/35 - 50/70 Fb — P 48.

In Obernzell-Erlau NW : 6 km :

🏠 **Edlhof**, Edlhofstr. 10 (nahe der B 388), 𝒫 4 66, Biergarten, 🝰 — 🏠wc 🏠wc 🄿 🞁
↔ 8.- 30. Nov. geschl. — Karte 11,50/33 (Dienstag geschl.) — **21 Z : 39 B** 32 - 60.

OBERPFRAMMERN 8011. Bayern — 1 500 Ew — Höhe 613 m — ✿ 08093.
◆München 25 — Salzburg 119.

🏠 **Gästehaus Bockmeier** garni, Münchner Str. 3, 𝒫 14 40 — 📺 🏠wc 🄿
23 Z : 34 B 45 - 70.

OBER-RAMSTADT 6105. Hessen — 14 000 Ew — Höhe 200 m — ✿ 06154.
◆Wiesbaden 58 — ◆Darmstadt 8,5 — ◆Mannheim 56.

🏠 **Hessischer Hof**, Schulstr. 14, 𝒫 30 66 — 🏠wc 🄿. 🝰
Juli geschl. — Karte 17/48 (Samstag geschl.) 🝰 — **19 Z : 25 B** 36/55 - 80/90.

In Ober-Ramstadt - Modau S : 3 km :

🏠 **Zur Krone**, Kirchstr. 39, 𝒫 16 33 — 🔋 🏠wc 🄿 🞁. 🝰 🝰. ❀ Zim
Karte 20/51 (Samstag bis 17 Uhr sowie Sonn- und Feiertage geschl.) — **21 Z : 32 B** 54/58 -
78/84.

OBERREICHENBACH 7261. Baden-Württemberg — 2 200 Ew — Höhe 600 m — Wintersport :
🝰5 — ✿ 07051 (Calw).
◆Stuttgart 52 — Freudenstadt 40 — Pforzheim 30 — Tübingen 46.

In Oberreichenbach - Würzbach SW : 5 km :

🍽 **Pension Talblick** 🝰, Panoramaweg 1, 𝒫 (07053) 87 53, 🝰, 🝰 — 🏠wc 🏠wc 🝰 🄿
↔ 20. Nov.- 20. Dez. geschl. — Karte 11/34 — **20 Z : 40 B** 35/45 - 70/96 Fb.

OBERREIFENBERG Hessen siehe Schmitten im Taunus.

OBERREUTE 8999. Bayern 🈴🈵🈶 ⑭ — 1 350 Ew — Höhe 860 m — Erholungsort — Wintersport :
840/1 040 m 🝰1 — ✿ 08387 (Weiler-Simmerberg) — 🖪 Verkehrsamt, Rathaus, 𝒫 4 26.
◆München 182 — Bregenz 35 — Ravensburg 45.

🏠 **Martinshöhe** 🝰, Freibadweg 4, 𝒫 13 13, 🝰 — 🏠wc 🄿
13 Z : 29 B.

🍽 **Alpenhof** 🝰, Unterreute 130, 𝒫 4 96, 🝰 — 📺 🏠wc 🄿
↔ 15. Okt.- 15. Dez. geschl. — Karte 13,50/36 (Donnerstag geschl.) — **12 Z : 21 B** 29/40 - 66/80 —
9 Appart. 55/110 — P 51/62.

In Oberreute-Irsengund S : 1,5 km :

🏠 **Sonnenhalde** ॐ, Hochgratstr. 312, ℰ 23 66, ≤ Voralpen-Gebirgskette, 🌤, 🌿 – 🛏wc
🗲wc 🅿
Karte 19,50/49 *(Montag geschl.)* – **15 Z : 28 B** 45/51 - 90.

Siehe auch : *Liste der Feriendörfer*

OBERRIED 7801. Baden-Württemberg **987** ⑧ – 2 600 Ew – Höhe 455 m – Erholungsort –
Wintersport : 650/1 300 m ≰8 ≰4 – ✪ 07602 – Sehenswert : Schauinslandstraße★.
🛈 Verkehrsbüro, Rathaus, ℰ (07661) 9 93.
◆Stuttgart 182 – Basel 67 – Donaueschingen 59 – ◆Freiburg im Breisgau 13.

🏠 **Zum Hirschen**, Hauptstr. 5, ℰ 54 20, 🌿 – 🛏wc 🗲wc 🅿
10. - 30. Nov. geschl. – Karte 12/44 *(Montag geschl.)* 🍷 – **18 Z : 35 B** 38/42 - 66/78.

♘ **Zum goldenen Adler**, Hauptstr. 58, ℰ (07661) 8 17 – 🗲wc 🖘 🅿
Karte 16/35 *(Mittwoch geschl.)* – **17 Z : 34 B** 25/35 - 50/70.

In Oberried-Schauinsland SW : 9 km **987** ㉟ – Höhe 1 280 m :

🏠 **Halden-Hotel** ॐ (mit historischer Gaststube), ℰ 2 11, ≤ Schwarzwald, 🌤, 🖾s, 🖾, 🌿,
🏌, 🗲 – 🗲wc ☎ 🖘 🅿 ⑩
Karte 20/57 – **45 Z : 70 B** 60/126 - 90/156 Fb – P 103/141.

🏠 **Zum Hof** ॐ, Silberbergstr. 21, ℰ 2 50, 🌿, 🍴 – 🗲wc 🅿
20. Nov. - 20. Dez. geschl. – Karte 22/46 *(Montag geschl.)* 🍷 – **17 Z : 40 B** 33/45 - 60/80 –
P 53/68.

Am Notschrei (S : 11,5 km) siehe *Todtnau.*

OBER-RODEN Hessen siehe Rödermark.

OBERSALWEY Nordrhein-Westfalen siehe Eslohe.

OBERSALZBERG Bayern siehe Berchtesgaden.

OBERSCHLEISSHEIM 8042. Bayern **426** ⑰ – 10 400 Ew – Höhe 477 m – ✪ 089 (München).
Sehenswert : Schloß Schleißheim★.
◆München 14 – ◆Augsburg 64 – Ingolstadt 67 – Landshut 62.

🏠 Blauer Karpfen, Dachauer Str. 1, ℰ 3 15 40 51, 🌤 – 🛏wc 🗲wc ☎ 🖘 🅿 🛆 – **35 Z : 53 B**.

In Oberschleißheim-Lustheim O : 1 km :

🏨 **Kurfürst** garni (Mahlzeiten im Gasthof Kurfürst), Kapellenweg 5, ℰ 3 15 16 44, Telex 522560,
🖾s, 🖾 – 🗲 🖵 🗲wc 🗲wc ☎ 🖘 🅿 🛆. 🆀 ⑩
90 Z : 130 B 45/100 - 75/140 Fb.

In Unterschleißheim-Lohhof 8044 N : 5 km :

✕✕ **Florian-Stuben**, Sportplatzstr. 16c, ℰ (089) 3 10 26 81, « Gewölbe, rustikale Einrichtung »
Montag geschl. – Karte 20/50.

OBER-SCHÖNMATTENWAG Hessen siehe Wald-Michelbach.

OBERSTAAT Nordrhein-Westfalen siehe Engelskirchen.

OBERSTAUFEN 8974. Bayern **987** ㊳, **426** ⑭ – 6 500 Ew – Höhe 789 m – Schrothkurort –
Heilklimatischer Kurort – Wintersport : 740/1 800 m ≼1 ≼36 ≰12 – ✪ 08386.
🛈 Kurverwaltung, Schloßstr. 8, ℰ 20 24, Telex 541136.
◆München 161 – Bregenz 43 – Kempten (Allgäu) 37 – Ravensburg 53.

🏨 ✿ **Kur- und Ferienhotel zum Löwen**, Kirchplatz 8, ℰ 20 42, Telex 54398, Massage, 🖾s, 🖾,
🌿 – 🗲 🖵 🖘 🅿 🆀 🅔 🆅🅸🆂🅰
16. Nov. - 19. Dez. geschl. – Karte 35/90 *(Mittwoch geschl.)* – **31 Z : 52 B** 80/125 - 120/190 Fb
– P 120/155
Spez. Gefüllte Entenherzen auf Honig-Pfannküchle, Getrüffeltes Ferlhuhn (2 Pers.), Honig-Joghurt-Sorbet.

🏨 **Allgäu Sonne** Ⓜ ॐ, Am Schießberg 1, ℰ 70 20, Telex 54370, ≤ Weißachtal, Steibis und
Hochgrat, 🌤, Bade- und Massageabteilung, 🏔, 🖾s, 🖾, 🌿, Skischule – 🗲 🖵 🗲 🖘 🅿.
🆀 ⑩ 🅔. 🍴 Rest
Karte 33/68 – **120 Z : 228 B** 75/171 - 170/260 Fb – 48 Appart. 85/199.

🏨 **Kurhotel Rosen-Alp** ॐ, Am Lohacker 5, ℰ 20 53, ≤, Bade- und Massageabteilung, 🖾s,
🖾 (geheizt), 🖾, 🌿 – 🗲 🖵 🅿. 🍴
15. Nov. - 25. Dez. geschl. – (Rest. nur für Hausgäste) – **65 Z : 90 B** 95/130 - 190/260.

🏨 Kurhotel Alpina ॐ garni, Am Kurpark 7, ℰ 16 61, 🖾s, 🖾 – 🖵 🛏wc ☎ 🖘 🅿. 🍴
10 Z : 20 B Fb.

🏨 **Büttner** garni, Hochgratstr. 2, ℰ 20 58, Massage, 🖾s, 🖾, 🌿 – 🗲 🖵 🗲wc ☎ 🅿
50 Z : 70 B 60/105 - 158/180 – 12 Appart. 180.

🏨 **Kurhotel Adula** garni, Argenstr. 7, 🕾 16 56, Bade- und Massageabteilung, 🛋, �>, 🔲, 🛋
– ⌂wc 📶wc ☎ ⇔
22 Z : 32 B 45/62 - 95/120.

🏨 **Interest Aparthotel** 🦐, Auf der Höh 1, 🕾 16 33, Bade- und Massageabteilung, 🛋, �>, 🔲
– 🛗 🔲 ⌂wc 📶wc ☎ ⇔ Ⓟ
Karte 18/50 *(Mittwoch und 1.- 19. Dez. geschl.)* – **52 Z : 110 B** 68/124 - 137/157 – P 93/149.

🏨 Kurhotel Hochbühl 🦐 garni, Auf der Höh 12, 🕾 6 44, Massage, �>, 🔲, 🛋 – 📶wc ☎ Ⓟ. ⌆
21 Z : 27 B.

🏛 Alpenhof 🦐 garni, Gottfried-Resl-Weg 8a, 🕾 20 21, Massage, 🛋 – 📶wc ☎ Ⓟ. ⌆
23 Z : 32 B.

🏛 **Kurhotel Sonnhalde** 🦐 garni, Paul-Rieder-Str. 2, 🕾 20 82, Massage, 🛋 – 🔲 ⌂wc 📶wc
☎ ⇔ Ⓟ
10. Nov.- 25. Dez. geschl. – **15 Z : 25 B** 60/80 - 120.

🏛 **Kurhotel Einsle** garni, Kalzhofer Str. 4, 🕾 20 32, Massage, 🛋 – ⌂wc 📶wc ☎ Ⓟ. ⌆
21 Z : 30 B 42/51 - 94.

🏛 **Kurhotel Montfort**, Hugo-von-Königsegg-Str. 13, 🕾 20 85, Massage, �>, 🛋 – 📶wc ☎
⇔. 🅰🅴 Ⓞ
25. Nov.- 13. Dez. geschl. – (Rest. nur für Hausgäste) – **28 Z : 36 B** 48/80 - 110/120.

🏛 **Schrothkurhotel Pelz** 🦐 garni, Bürgermeister-Hertlein-Str. 1, 🕾 20 88, Massage, �>, 🔲,
🛋 – ⌂wc 📶wc ☎ ⇔ Ⓟ. ⌆
15. Nov.- 25. Dez. geschl. – **34 Z : 43 B** 65/102 - 130/180.

🏛 **Am Rathaus**, Schloßstr. 6, 🕾 20 40 – 📶wc ☎. 🅰🅴 Ⓞ 🇪
Mitte Nov.- Anfang Dez. geschl. – Karte 20/48 *(Freitag - Samstag 18 Uhr geschl.)* – **8 Z : 15 B**
46 - 92.

XX Beim Kesslar (rustikale Gaststube in einem restaurierten Fachwerkhaus), Lindauer Str. 1,
🕾 12 08 – *nur Abendessen* – (Tischbestellung ratsam).

X **Kurhaus**, Argenstr. 3, 🕾 27 08, « Terrasse mit ≤ » – Ⓟ
✦ Montag geschl. – Karte 13/32.

In Oberstaufen-Bad Rain :

🏛 **Alpengasthof Bad Rain** 🦐, 🕾 73 10, 🔲, 🛋 – ⌂wc 📶wc ☎ Ⓟ
20. Nov.- 20. Dez. geschl. – Karte 19/36 *(Montag geschl.)* – **18 Z : 33 B** 49/59 - 98/118.

In Oberstaufen-Buflings :

🏨 **Kurhotel Engel**, 🕾 16 47, ≤, Massage, �>, 🔲, 🛋 – 🛗 ⌂wc 📶wc ☎ ⇔ Ⓟ. ⌆ Zim
16. Nov.- 20. Dez. geschl. – Karte 15/40 *(Montag geschl.)* – **42 Z : 78 B** 50/90 - 100/150.

In Oberstaufen-Steibis S : 5 km – Höhe 860 m :

🏨 **Kur- und Sporthotel Burtscher**, 🕾 82 42, ≤, « Stilvolle Einrichtung », Bade- und
Massageabteilung, 🛋, �>, 🔲, 🔲, 🛋, ⌆ – 🛗 🔲 Ⓟ. ⌆
Mitte Nov.- Mitte Dez. geschl. – Karte 26/60 *(Montag - Dienstag geschl.)* – **70 Z : 125 B**
75/140 - 140/200 Fb.

In Oberstaufen-Thalkirchdorf – Erholungsort :

🏨 **Traube** 🦐 (Altes Fachwerkhaus mit rustikaler Einrichtung), 🕾 (08325) 4 51, �>, 🔲, 🛋, ⌇
– ⌂wc 📶wc ☎ ⇔ Ⓟ. 🅰🅴 Ⓞ 🇪 𝓥𝓘𝓢𝓐
Anfang Nov.-Mitte Dez. geschl. – Karte 18/46 *(Dienstag Ruhetag, außer Saison Montag 14 Uhr
- Dienstag geschl.)* – **28 Z : 47 B** 49/61 - 85/114 Fb.

🏛 **Konstanzer Hof**, an der B 308, 🕾 (08325) 2 48, 🍽 – 📶wc ☎ Ⓟ
1.- 15. Dez. geschl. – Karte 15/35 *(Montag 14 Uhr - Dienstag geschl.)* – **28 Z : 50 B** 30/40 -
60/76.

In Stiefenhofen-Wolfsried 8999 NW : 4 km :

🏛 **Wolfsried** 🦐, 🕾 (08386) 20 72, �>, 🔲, 🛋, ⌆ – 🛗 ⌂wc 📶wc ⇔ Ⓟ 🛁. ⌆
9. Nov.- 20. Dez. geschl. – Karte 17/34 – **45 Z : 76 B** 35/54 - 50/98 – P 57/76.

OBERSTDORF 8980. Bayern 🎵🎵🎵 🌚, 🎵🎵🎵 ⑮ – 12 000 Ew – Höhe 843 m – Heilklimatischer
Kurort – Kneippkurort – Wintersport : 843/2 200 m ⊰2 ⤊18 ⤊10 – ✪ 08322.
Ausflugsziele : Nebelhorn ⊰⁂ ★★ 30 min mit ⊰ und Sessellift – Breitachklamm★★ SW : 7 km.
🅱 Kurverwaltung und Verkehrsamt, Marktplatz 7, 🕾 70 00.
♦München 165 – Kempten (Allgäu) 39 – Immenstadt im Allgäu 20.

🏨 **Parkhotel Frank** 🦐, Sachsenweg 11, 🕾 55 55, Telex 54407, 🍽, Bade- und
Massageabteilung, �>, 🔲, 🛋 – 🛗 🔲 ⇔ Ⓟ. 🅰🅴 🇪. ⌆ Rest
Nov.- 18. Dez. geschl. – Karte 29/60 – **57 Z : 105 B** 85/140 - 160/300 Fb – P 140/190.

🏨 **Kur- und Ferienhotel Filser** 🦐, Freibergstr. 15, 🕾 10 20, 🍽, Bade- und
Massageabteilung, 🛋, �>, 🔲, 🛋 – 🛗 ⇔ Ⓟ
22. Okt.- 17. Dez. geschl. – Karte 22/55 *(auch Diät)* – **93 Z : 145 B** 45/88 - 75/170 Fb –
P 76/127.

🏨 **Kur- und Sporthotel Exquisit** 🦐, Prinzenstr. 17, 🕾 10 34, ≤, 🍽, Bade- und
Massageabteilung, 🛋, �>, 🔲, 🛋 – 🛗 🔲 Ⓟ. Ⓞ. ⌆ Rest
6. April - 14. Mai und 2. Nov.- 19. Dez. geschl. – Karte 35/65 *(nur Abendessen)* – **37 Z : 74 B**
91/128 - 137/244 Fb.

🏨 **Alpenhof** ⤸, Zweistapfenweg 6, ℰ 30 95, ≤, ⤵, 🏊, 🏕 – 🛏wc 🛁wc ☎ 🚗 🅿
🍽 Rest
Anfang Nov.- 18. Dez. geschl. – Karte 22/50 – **29 Z : 45 B** 45/95 - 90/190 Fb – P 90/145.

🏨 **Haus Wiese** ⤸ garni, Stillachstr. 4a, ℰ 30 30, ≤, 🏊 – 🛁wc ☎ 🅿 🍽
7.- 30. April und 7. Nov.- 14. Dez. geschl. – **13 Z : 21 B** 70/150 - 140/180.

🏨 **Sporthotel Menning** Ⓜ ⤸ garni, Oeschlesweg 18, ℰ 30 29, ≘s, 🏊, 🏕 – 🔆 📺 🛏wc
🛁wc ☎ 🅿
21 Z : 40 B 65/78 - 98/156 Fb.

🏨 **Haus Annemarie** ⤸ garni, Fellhornstr. 26, ℰ 45 49, ≤, ≘s, 🏊, 🏕 – 📺 🛏wc 🛁wc ☎
15. April - 15. Mai und 15. Okt.- 15. Dez. geschl. – **10 Z : 20 B** 160/200 (Doppelzimmer).

🏨 **Adler**, Fuggerstr. 1, ℰ 30 59 – 🛁wc ☎ 🚗 🅿
10. Nov.- 15. Dez. geschl. – Karte 17/60 *(Dienstag geschl.)* – **26 Z : 40 B** 41/81 - 81/113 –
P 77/101.

🏨 **Waldesruhe** ⤸, Stillachstr. 20 (Zufahrt über Alte Walserstr.), ℰ 40 61, ≤, 🏡, ≘s, 🏊, 🏕
– 🔆 📺 🛏wc 🛁wc ☎ 🅿
23. Okt.- 18. Dez. geschl. – Karte 16/43 *(Dienstag geschl.)* – **37 Z : 61 B** 72/110 - 136/180 (nur
Halbpension).

🏠 **Fuggerhof** ⤸, Speichackerstr. 2, ℰ 47 32, ≤, « Gartenterrasse », 🏕 – 🛏wc 🛁wc ☎ 🅿.
🇪
7.- 30. April und 20. Okt.- 20. Dez. geschl. – Karte 19/45 – **19 Z : 40 B** 50/80 - 92/126 Fb –
P 75/92.

🏠 **Regina** garni, Metzgerstr. 7, ℰ 22 04 – 🛏wc 🛁wc 🅿. 🍽
Mitte April - Mitte Mai und 20. Okt.- 20. Dez. geschl. – **16 Z : 28 B** 55/62 - 105.

🏠 **Weller** ⤸ garni, Fellhornstr. 22, ℰ 30 08, ≤, ≘s, 🏊, 🏕 – 🛏wc 🛁wc ☎ 🚗 🅿. 🍽
Nov.- 15. Dez. geschl. – **15 Z : 30 B** 52/85 - 100/140 – 11 Appart. 125.

🏠 **Luitpold** garni, Ludwigstr. 18, ℰ 40 74, 🏕 – 🛏wc 🛁wc ☎ 🅿
34 Z : 50 B 50/60 - 100.

🏠 **Marzeller** garni, Rechbergstr. 8, ℰ 25 86 – 🛁wc ☎ 🅿. 🍽
12 Z : 24 B 47/52 - 84/108.

🏠 **Kappelerhaus** ⤸ garni, Am Seeler 2, ℰ 10 07, ≤, ⤵ (geheizt), 🏕 – 🔆 🛏wc 🛁wc ☎ 🚗
🅿. 🆎 ⓪ 🇪. ⤸
60 Z : 90 B 45/60 - 80/104.

🏠 **Rex** ⤸ garni, Clemens-Wenzeslaus-Str. 3, ℰ 30 17, 🏕 – 🛁wc ☎ 🅿
Nov.- 15. Dez. geschl. – **40 Z : 52 B** 48/54 - 84/86.

🏠 **Steinacker**, Am Otterrohr 3, ℰ 21 46, ≤, 🏕 – 🛏wc 🛁wc ☎ 🅿. 🍽 Rest
5. Okt.- 21 Dez. geschl. – (nur Abendessen für Hausgäste) – **17 Z : 30 B** 40/50 - 75/96 – 2
Appart 80/90.

🏠 **Zum Paulaner Bräu**, Kirchstr. 1, ℰ 23 43 – 🛏wc 🛁wc 🅿. 🆎 ⓪ 🇪
↠ Karte 13/37 *(Dienstag geschl.)* – **44 Z : 85 B** 33/45 - 66/90.

🏠 **Haus Rieger**, Fellhornstr. 20, ℰ 45 50, ≤, ≘s, 🏕 – 🛁wc 🚗 🅿. 🍽
(nur Abendessen für Hausgäste) – **13 Z : 23 B** 55 - 112 Fb.

XX **Rest. 7 Schwaben**, Pfarrstr. 9, ℰ 38 70 – 🆎 ⓪ 🇪
*Dienstag 14 Uhr - Mittwoch, im Winter Mittwoch - Donnerstag 17 Uhr und Anfang April -
Anfang Mai geschl.* – Karte 21/51.

XX **Grüns Restaurant**, Nebelhornstr. 49, ℰ 24 24
Montag - Dienstag 18 Uhr und Juni 3 Wochen geschl. – Karte 34/71.

X **Bacchus-Stuben**, Freibergstr. 4, ℰ 47 87, 🏡 – 🅿. 🇪
Anfang April - Anfang Mai, Montag und im Sommer Sonntag 14 Uhr - Montag geschl. – Karte
19/37.

In Oberstdorf-Jauchen W : 1,5 km – Höhe 900 m :

🏨 **Kurhotel Adula** ⤸, In der Leite 6, ℰ 10 88, Telex 54478, ≤ Oberstdorf und Allgäuer Alpen,
🏡, Bade- und Massageabteilung, 🔥, ≘s, 🏊, 🏕 – 🔆 📺 🚗 🅿 🅿. 🆎. 🍽 Rest
Ende Okt.- Mitte Dez. geschl. – Karte 28/70 *(auch Diät)* – **78 Z : 130 B** 98/147 - 158/304 Fb –
P 141/161.

In Oberstdorf-Kornau SW : 3,5 km – Höhe 954 m :

🏨 **Alpengasthof Kornau** ⤸, ℰ 45 47, « Gartenterrasse », 🏕 – 🛁 🅿
Okt.- 18. Dez. geschl. – Karte 17,50/42 *(Dienstag geschl.)* – **14 Z : 26 B** 30/36 - 56/70.

In Oberstdorf-Reute W : 2 km – Höhe 950 m :

🏨 **Gebirgsaussicht** Ⓜ, ℰ 30 80, ≤ Allgäuer Alpen, 🏡, ≘s, 🏊, 🏕 – 🛏wc 🛁wc ☎ 🚗 🅿.
🆎 ⓪
7. April - 15. Mai und Ende Okt.- 20. Dez. geschl. – Karte 24/50 – **26 Z : 52 B** 68/93 - 118/168
Fb.

🏨 **Panorama** ⤸, ℰ 30 74, ≤ Oberstdorf und Allgäuer Alpen, 🏡, 🏕 – 📺 🛏wc ☎ 🚗 🅿
April und 15. Okt.- 15. Dez. geschl. – Karte 17/40 – **11 Z : 20 B** 60/70 - 100/130 Fb.

In Oberstdorf-Schöllang N : 6 km :

Zur Mühle garni, Mühlenstr. 9, (08326) 5 18, – wc wc
30. Okt.- 15. Dez. geschl. – **26 Z : 40 B** 30/35 - 60/70 – 5 Appart. 85.

In Oberstdorf-Tiefenbach NW : 6 km – Höhe 900 m :

Bergruh, In Ebnat 2, 40 11, – wc wc
7. April - 5. Mai und 10. Nov.- 15. Dez. geschl. – (nur Abendessen für Hausgäste) – **12 Z : 25 B** 65 - 126/130.

OBERSTENFELD 7141. Baden-Württemberg – 6 400 Ew – Höhe 227 m – 07062(Beilstein).
♦Stuttgart 39 – Heilbronn 18 – Schwäbisch Hall 49.

Zum Ochsen, Großbottwarer Str. 31, 30 33, – wc wc . AE E
1.- 21. Jan. geschl. – Karte 20/48 *(Dienstag geschl.)* – **45 Z : 80 B** 30/65 - 65/100 Fb.

OBERTAL Baden-Württemberg siehe Baiersbronn.

OBERTHULBA 8731. Bayern – 4 300 Ew – Höhe 260 m – 09736.
♦München 327 – Fulda 58 – Bad Kissingen 9,5 – ♦Würzburg 59.

Zum grünen Kranz, Obere Torstr. 11, 3 33 – wc . AE E. Rest
1.- 29. Jan. geschl. – Karte 16,50/33 *(Nov.- April Mittwoch geschl.)* – **12 Z : 20 B** 36 - 62.

OBERTRAUBLING Bayern siehe Regensburg.

OBERTRUBACH 8571. Bayern – 2 200 Ew – Höhe 420 m – 09245.
♦München 206 – Bayreuth 44 – Forchheim 28 – ♦Nürnberg 41.

Fränkische Schweiz, Bergstr. 1, 2 18, – wc
Nov. geschl. – Karte 11,50/23 – **30 Z : 50 B** 30 - 45/50.

Alte Post, Trubachtalstr. 1, 3 22, – wc wc
15. Jan.- 10. Feb. geschl. – Karte 11/27 *(Nov.- März Montag geschl.)* – **42 Z : 65 B** 25/30 - 50/60 – P 35.

Treiber, Reichelsmühle (SW : 1,5 km), 4 89, – wc . Zim
Karte 12,50/33 *(Freitag geschl.)* – **9 Z : 18 B** 28/32 - 56/60 – P 44/46.

OBERTSHAUSEN 6053. Hessen – 22 000 Ew – Höhe 100 m – 06104 (Heusenstamm).
♦Wiesbaden 59 – Aschaffenburg 30 – ♦Frankfurt am Main 19.

Anthes, Rob.-Schumann-Str. 2, 48 84 – wc
24 Z : 34 B Fb.

Park-Hotel, Münchener Str. 12, 47 63, Telex 410167 – wc wc . AE E. Zim
Karte 22/53 *(Samstag geschl.)* – **22 Z : 32 B** 59 - 94 Fb.

In Obertshausen-Hausen NO : 2 km :

Kroko-Hotel garni, Egerländer Platz 17, 78 41 – wc wc . AE E VISA
20. Dez.- 5. Jan. geschl. – **26 Z : 46 B** 52/58 - 80/88 Fb.

OBERURSEL (Taunus) 6370. Hessen 987 ㉕ – 42 000 Ew – Höhe 250 m – 06171.
♦Wiesbaden 47 – ♦Frankfurt am Main 19 – Bad Homburg vor der Höhe 4.

Mergner garni, Liebfrauenstr. 20, 35 92 – wc
12 Z : 20 B 41/65 - 76/99.

Rôtisserie Le Cognac, Liebfrauenstr. 6, 5 19 23 – . AE E
nur Abendessen, Montag und Juli geschl. – Karte 33/65.

Zum Schwanen, Hollerberg 7, 5 53 83
26. Juli - 16. Aug. und Mittwoch - Donnerstag geschl. – Karte 18/54.

In Oberursel-Oberstedten :

Sonnenhof garni, Weinbergstr. 94, (06172) 3 10 72, – wc wc
15 Z : 19 B 55/60 - 100.

An der Straße zum Großen Feldberg NW : 4 km :

Parkhotel Waldlust, Hohemarkstr. 168, 6370 Oberursel, (06171) 28 69, « Kleiner Park », – wc wc . E.
23. Dez. -2. Jan. geschl. – Karte 24/47 – **95 Z : 140 B** 78/100 - 120/165.

OBERVEISCHEDE Nordrhein-Westfalen siehe Olpe/Biggesee.

OBERWARMENSTEINACH Bayern siehe Warmensteinach.

OBERWESEL 6532. Rheinland-Pfalz 987 ㉔ — 5 000 Ew — Höhe 70 m — ✆ 06744.

Sehenswert : Liebfrauenkirche★ (Flügelaltäre★).

Ausflugsziel : Burg Schönburg★ S : 2 km.

🛈 Verkehrsamt, Rathausstr. 3, ✆ 81 31, Telex 42300.

Mainz 56 — Bingen 21 — ♦Koblenz 42.

🏨 **Auf Schönburg** ⌂ (Hotel in einer 1000 jährigen Burganlage), Schönburg (SO : 2 km - Höhe 300 m), ✆ 70 27, <, 🏖 — 🛗 🚻wc 🛏wc ☎ 🅿. 🆎 𝐕𝐈𝐒𝐀
1.- 28. Dez. geschl. — Karte 35/70 (Montag geschl.) — **20 Z : 37 B** 85/90 - 120/170.

🏠 **Weinhaus Weiler**, Marktplatz 4, ✆ 3 10, 🏖 — 🛏wc
12. Feb.- 20. März geschl. — Karte 17/38 (Donnerstag geschl.) — **12 Z : 20 B** 35/45 - 60/75.

🏠 **Goldner Pfropfenzieher**, Am Plan 1, ✆ 2 07, 🏖 — 🚻wc 🛏wc 🚗
15. März - Okt. — Karte 15/38 — **16 Z : 30 B** 31/45 - 62/86.

✕✕ **Römerkrug** mit Zim, Marktplatz 1, ✆ 81 76, 🏖 — 🚻wc 🛏wc
15. Dez.- Jan. geschl. — Karte 25/55 (Mittwoch geschl.) — **7 Z : 14 B** 50/80 - 90/130.

In Oberwesel-Dellhofen SW : 2,5 km :

🏛 **Stahl** ⌂, Am Talblick 6, ✆ 4 16, 🌳 — 🛏wc 🅿
➡ 15. Dez.- Jan. geschl. — Karte 14/30 (Nov.- Mai Mittwoch geschl.) 🍴 — **15 Z : 27 B** 26/35 - 52/70.

OBERWÖSSEN Bayern siehe Unterwössen.

OBERWOLFACH 7620. Baden-Württemberg — 2 700 Ew — Höhe 280 m — Luftkurort — ✆ 07834 (Wolfach).

♦Stuttgart 139 — ♦Freiburg im Breisgau 60 — Freudenstadt 40 — Offenburg 42.

In Oberwolfach-Kirche :

🏨 **Drei Könige**, Wolftalstr. 28, ✆ 2 60, Telex 752418 — 🛗 🛏wc ☎ 🅿 🆎 ⓞ 𝐕𝐈𝐒𝐀
Karte 15/40 🍴 — **40 Z : 70 B** 42/48 - 78 Fb — P 60/63.

In Oberwolfach-Walke :

🏨 **Hirschen**, Schwarzwaldstr. 2, ✆ 3 66, 🏖, 🌳 — 🚻wc 🛏wc 🚗 🅿 🅰 🆎 **E**
18. Nov.- 7. Dez. geschl. — Karte 16,50/39 (Montag geschl.) 🍴 — **28 Z : 46 B** 44/50 - 85/111 Fb — P 61/74.

OBERZELL Baden-Württemberg siehe Reichenau (Insel).

OBING 8201. Bayern 987 ㊲. 426 ㊳ — 3 200 Ew — Höhe 564 m — ✆ 08624.

♦München 72 — Passau 123 — Rosenheim 31 — Salzburg 70.

🏛 **Oberwirt**, Kienberger Str. 14, ✆ 22 64, Biergarten, 🐴, 🌳, ✕ — 🚻wc 🛏wc 🚗 🅿. **E**
➡ 5.- 20. Okt. geschl. — Karte 13/35 (Sept.- Juni Mittwoch geschl.) — **24 Z : 50 B** 32 - 56.

In Obing-Großbergham SO : 2,5 km :

🏛 **Pension Griessee** ⌂, ✆ 22 80, 🐴, 🌳 — 🛏wc 🚗 🅿. ✂ Rest
➡ 10. Jan.- 15. März geschl. — Karte 13/32 🍴 — **28 Z : 56 B** 20/24 - 40/48 — P 34/43.

OBRIGHEIM 6951. Baden-Württemberg — 5 100 Ew — Höhe 134 m — ✆ 06261 (Mosbach).

♦Stuttgart 85 — Eberbach am Neckar 24 — Heidelberg 39 — Heilbronn 31 — Mosbach 6.

🏨 **Schloß Neuburg** ⌂, ✆ 70 01, < Neckartal und Neckarelz, 🏖 — 🚻wc 🛏wc ☎ 🚗 🅿 🅰 🆎 ⓞ **E**
1.- 26. Jan. geschl. — Karte 32/58 (Sonntag ab 17 Uhr geschl.) — **13 Z : 25 B** 55/65 - 90/115.

🏨 **Wilder Mann**, Hauptstr. 22 (B 292), ✆ 6 20 91, 🏖, 🖼, — 📺 🚻wc 🛏wc ☎ 🚗 🅿
20. Dez.- 6. Jan. geschl. — Karte 15/39 (Samstag geschl.) 🍴 — **28 Z : 47 B** 48 - 85 Fb.

OBRIGHEIM 6719. Rheinland-Pfalz — 2 800 Ew — Höhe 130 m — ✆ 06359 (Grünstadt).

Mainz 65 — Kaiserslautern 40 — ♦Mannheim 34 — Neustadt an der Weinstraße 33 — Worms 12.

🏠 **Beuke's Hotel Rosengarten** ⌂, Große Hohl 4, ✆ 20 15 — 🚻wc 🛏wc ☎ 🅿. 🆎
2.- 16. Jan. geschl. — (nur Abendessen für Hausgäste) — **27 Z : 36 B** 30/54 - 50/96.

OCHSENFURT 8703. Bayern 987 ㉖ — 11 400 Ew — Höhe 194 m — ✆ 09331.

Sehenswert : Ehemalige Stadtbefestigung★ mit Toren und Anlagen.

🛈 Verkehrsamt, Hauptstr. 39, ✆ 58 55.

♦München 278 — Ansbach 59 — ♦Bamberg 95 — ♦Würzburg 19.

🏛 **Bären**, Hauptstr. 74, ✆ 22 82 — 🛏wc 🚗 🅿. 🆎 ⓞ **E**
1.- 20. Jan. geschl. — Karte 22/53 (wochentags nur Abendessen, Montag geschl.) — **28 Z : 50 B** 35/60 - 70/120 Fb.

🏛 **Zum Schmied von Ochsenfurt**, Hauptstr. 26, ✆ 24 38 — 🛏wc
➡ 15. Dez.- Jan. geschl. — Karte 14/32 (Mittwoch geschl.) — **23 Z : 43 B** 30/42 - 42/70.

In Sommerhausen 8701 NW : 6 km über die B 13 – ✿ 09333 :

🏨 **Ritter Jörg**, Maingasse 14, 𝒫 12 21 – ⌷wc 🛏wc 🅿
Feb. geschl. – Karte 16/42 *(nur Abendessen, Montag geschl.)* ⅃ – **24 Z : 40 B** 50/70 - 80/95.

🏠 **Pension zum Weinkrug** garni, Steingraben 5, 𝒫 2 92 – 📺 🛏wc ☎ ⇌ 🅿. 🆎 🇪
25. Dez.- 7. Jan. geschl. – **13 Z : 29 B** 42/55 - 77/95 Fb.

🍴 **Weinhaus Unkel**, Maingasse 6, 𝒫 2 27 – 🛏wc ⇌
Karte 18/30 *(nur Abendessen, Dienstag geschl.)* ⅃ – **12 Z : 22 B** 35/45 - 60/70.

Nahe der Straße nach Marktbreit O : 2,5 km :

🏨 **Waldhotel Polisina** Ⓜ ⅀, Marktbreiter Str. 265, ⊠ 8701 Frickenhausen, 𝒫 (09331) 30 81,
🏡, ⅀, ◱, ⅌, ⅍ – ⵘ 📺 🅿 🏂, ⓞ 🇪
Karte 29/56 – **33 Z : 60 B** 75/130 - 130/170 Fb.

OCHSENHAUSEN 7955. Baden-Württemberg 𝟵𝟴𝟳 ⑯ – 6 500 Ew – Höhe 609 m – Erholungsort
– ✿ 07352.
♦Stuttgart 139 – Memmingen 22 – Ravensburg 55 – ♦Ulm (Donau) 47.

🍴 **Zum Bohrturm**, Poststr. 41, 𝒫 32 22 – 🛏wc ⇌
➡ Karte 14/32 *(März 1 Woche und Juli - Aug. 2 Wochen sowie Mittwoch geschl.)* – **20 Z : 29 B**
30/55 - 60/100.

🍴 **Adler**, Schloßstr. 7, 𝒫 15 03 – 🛏wc ⇌ 🅿
Juli und Okt. je 1 Woche geschl. – Karte 18/45 *(Montag geschl.)* – **15 Z : 20 B** 30/46 - 60/80.

In Gutenzell-Hürbel 7959 NO : 6 km :

🏠 **Klosterhof** ⅀, Schloßbezirk 2 (Gutenzell), 𝒫 (07352) 13 56, 🏡 – ⌷wc 🛏 🅿
Karte 18/44 *(Freitag geschl.)* – **9 Z : 13 B** 28/40 - 52/65.

OCHSENWANG Baden-Württemberg siehe Bissingen an der Teck.

OCHTENDUNG 5405. Rheinland-Pfalz – 4 200 Ew – Höhe 190 m – ✿ 02625.
Mainz 110 – ♦Koblenz 20 – Mayen 13.

🍴🍴 **Gutshof Arosa** mit Zim, Koblenzer Str. 2 (B 258), 𝒫 44 71 – 🛏wc 🅿. 🆎. ⅍ Zim
Jan. und Juli je 2 Wochen geschl. – Karte 25/63 *(Montag geschl.)* – **13 Z : 22 B** 40/45 - 80/90.

OCHTRUP 4434. Nordrhein-Westfalen 𝟵𝟴𝟳 ⑭, 𝟰𝟬𝟴 ⑭ – 17 200 Ew – Höhe 65 m – ✿ 02553.
♦Düsseldorf 139 – Enschede 21 – Münster (Westfalen) 43 – ♦Osnabrück 70.

🏠 **Münsterländer Hof (Viethues-Fischer)**, Bahnhofstr. 7, 𝒫 20 88 – 📺 🛏wc ☎ ⇌ 🅿
🏂. 🆎 ⓞ 🇪 𝖵𝖨𝖲𝖠
Karte 22/52 *(Samstag bis 18 Uhr und Sonntag ab 14 Uhr geschl.)* – **19 Z : 33 B** 35/60 - 60/98.

🍴🍴 **Bi de Buer**, Brookstr. 19, 𝒫 10 81, 🏡, « Ehemaliges Bauernhaus mit rustikaler Einrichtung »
– 🅿. 🆎 ⓞ 🇪
Samstag bis 17 Uhr und Donnerstag geschl. – Karte 24/60.

An der B 54 SO : 4,5 km :

🍴 **Alter Posthof**, Bökerhook 4, ⊠ 4434 Ochtrup-Welbergen, 𝒫 (02553) 34 87, 🏡,
« Historischer Münsterländer Gasthof » – 🅿
Montag und Ende Dez.- Mitte Jan. geschl. – Karte 21/44.

OCKHOLM Schleswig-Holstein siehe Bredstedt.

ODELZHAUSEN 8063. Bayern 𝟵𝟴𝟳 ㊱㊲ – 1 000 Ew – Höhe 507 m – ✿ 08134.
♦München 37 – Augsburg 33 – Donauwörth 65 – Ingolstadt 77.

🏠 **Schloß-Hotel** ⅀ garni, Am Schloßberg 3, 𝒫 65 98 – ⌷wc 🛏wc ☎ 🅿
23. Dez.- 7. Jan. geschl. – **7 Z : 12 B** 55/100 - 95/140.

ODENTHAL 5068. Nordrhein-Westfalen 𝟵𝟴𝟳 ㉔ – 12 900 Ew – Höhe 80 m – ✿ 02202
(Bergisch Gladbach).
Ausflugsziel : Odenthal-Altenberg : Altenberger Dom (Buntglasfenster★) N : 3 km.
♦Düsseldorf 43 – ♦Köln 18.

🍴🍴 **Herzogenhof**, Altenberger Domstr. 36, 𝒫 7 85 54, 🏡 – 🅿. 🆎 ⓞ 🇪 𝖵𝖨𝖲𝖠
8.- 28. Feb. und Nov. geschl. – Karte 31/65.

🍴 **Gericke**, Altenberger Domstr. 45, 𝒫 7 98 65 – 🅿. 🆎 ⓞ 🇪 𝖵𝖨𝖲𝖠
1.- 10. Aug. und Montag - Dienstag geschl. – Karte 27/53.

🍴 **Zur Post**, Altenberger Domstr. 23, 𝒫 7 81 24, « Gasthaus im bergischen Stil » – 🅿
Donnerstag geschl. – Karte 22/55.

In Odenthal-Altenberg :

🏨 **Altenberger Hof** ⅀, Am Dom, 𝒫 (02174) 42 42 – ⵘ 📺 ⌷wc 🛏wc ☎ 🅿 🏂. ⅍ Zim
Karte 34/83 – **46 Z : 75 B** 95/127 - 130/175 Fb.

In Odenthal-Eikamp SO : 7 km :

🏠 **Eikamper Höhe** 🦢 garni, Schallemicher Str. 11, 𝒫 (02207) 23 21, 🛏 – 🚿wc 🛁wc 🕿 ⟷ **P**. ◑
20 Z : 36 B 40/78 - 60/96 Fb.

OEDENWALD Baden-Württemberg siehe Loßburg.

ÖDENWALDSTETTEN Baden-Württemberg siehe Hohenstein.

OEDHEIM Baden-Württemberg siehe Neuenstadt am Kocher.

OEDING Nordrhein-Westfalen siehe Südlohn.

ÖHNINGEN 7763. Baden-Württemberg **427** ⑥, **216** ⑨ – 3 400 Ew – Höhe 440 m – Erholungsort – 🅩 07735.

🛈 Verkehrsbüro, Rathaus, 𝒫 5 05.
♦Stuttgart 168 – Schaffhausen 22 – Singen (Hohentwiel) 16 – Zürich 61.

🏠 **Adler**, Oberdorfstr. 14, 𝒫 4 50, 🦌, 🍴 – 🛁wc ⟷ **P**. 🦌
15.- 28. Feb. und 15.- 30. Nov. geschl. – Karte 17,50/40 (April - Okt. Dienstag, Nov.- März Montag - Dienstag geschl.) – **22 Z : 40 B** 35 - 70 – P 52.

In Öhningen 3-Wangen O : 3 km :

🏠 **Seehotel Frieden** 🦢, Seestr. 1, 𝒫 33 56, ≤, 🍴, 🦌, 🍴 – 🚿wc **P**. **E**
Karte 18,50/45 (Nov.- Mai Montag geschl.) – **8 Z : 16 B** 48 - 96 – P 60/65.

🏠 **Adler**, Kirchplatz 6, 𝒫 7 24, 🍴, 🦌, 🍴 – 🛁wc **P**
Karte 21/47 (Donnerstag geschl.) 🍷 – **16 Z : 34 B** 25/50 - 50/80.

ÖHRINGEN 7110. Baden-Württemberg **987** ㉓ – 16 700 Ew – Höhe 235 m – 🅩 07941.
Sehenswert : Ehemalige Stiftskirche★ (Margarethen-Altar★).
♦Stuttgart 68 – Heilbronn 28 – Schwäbisch Hall 29.

🏨 **Post-Württemberger Hof**, Karlsvorstadt 4, 𝒫 80 51, Telex 74461, 🛏 – 🚿wc 🛁wc 🕿 **P**
🦌 **AE** ◑ **E** **VISA**
Karte 26/49 (Sonntag ab 14 Uhr geschl.) – **42 Z : 66 B** 39/95 - 75/149 Fb.

🏠 **Krone**, Marktstr. 24, 𝒫 72 78 – 🚿wc. 🍴 Zim
Ende Jan.- Anfang Feb. geschl. – Karte 18,50/37 (Samstag geschl.) – **12 Z : 17 B** 31/49 - 85.

In Öhringen-Cappel O : 2 km :

🏠 **Gästehaus Schmidt**, Haller Str. 128, 𝒫 88 80 – 🛁wc ⟷ **P**
(nur Abendessen für Hausgäste) – **12 Z : 14 B** 28/38 - 60.

In Friedrichsruhe 7111 N : 6 km :

🏰 ✿ **Waldhotel und Schloß Friedrichsruhe** 🦢, 𝒫 (07941) 70 78, Telex 74498, 🍴, Hirschfreigehege, « Garten, Park », 🛏, 🏊, 🏓, 🍴, 🎾, 🍷 – 🛁 ⟷ **P** 🦌. **AE** ◑ **E** **VISA**
Karte 54/98 (Montag - Dienstag 19 Uhr geschl.) – **48 Z : 86 B** 140/195 - 218/398
Spez. Marinierter Thunfisch mit Artischockenbodensalat (Mai - Okt.), Baby-Steinbutt mit Hummermousse gefüllt, Hohenloher Freilandpoularde in zwei Gängen.

OELDE 4740. Nordrhein-Westfalen **987** ⑭ – 27 700 Ew – Höhe 98 m – 🅩 02522.
♦Düsseldorf 137 – Beckum 13 – Gütersloh 23 – Lippstadt 29.

🏨 **Mühlenkamp** **M**, Geiststr. 36, 𝒫 21 71 – 📶 📺 🛁wc 🕿 **P**. **AE** ◑ **E**
Karte 28/55 – **30 Z : 56 B** 69 - 100/106 Fb.

🏠 **Engbert** garni, Lange Str. 26, 𝒫 10 94 – 📶 🚿wc 🛁wc 🕿 ⟷ **P**. **AE** ◑ **E**
23 Z : 33 B 50/58 - 80/90.

🏠 **Oelder Brauhaus**, Am Markt 3, 𝒫 22 09 – 🛁wc 🕿 **P** 🦌
Karte 20/46 (Montag geschl.) – **8 Z : 14 B** 39/44 - 68/78.

🏠 **Zum Wasserturm**, Ennigerloher Str. 43, 𝒫 36 00 – 🛁wc 🕿 **P**
Karte 14/30 (nur Abendessen, Sonntag geschl.) – **14 Z : 18 B** 34/40 - 65/74.

In Oelde 3-Lette N : 6,5 km :

🏠 **Hartmann**, Hauptstr. 40, 𝒫 (05245) 51 65 – 🛁wc 🕿 ⟷ **P** 🦌. 🍴 Rest
49 Z : 95 B Fb.

In Oelde 4-Stromberg SO : 5 km – Erholungsort :

🏠 **Zur Post**, Münsterstr. 16, 𝒫 (02529) 2 46 – 🛁wc ⟷ **P**
Karte 15/34 (15.- 26. Juli und Montag geschl.) – **15 Z : 24 B** 26/30 - 60.

🍴 **Zum Burggrafen mit Zim**, Daudenstr. 5, 𝒫 (02529) 2 21 – 🛁wc **P**. 🍴
6 Z : 12 B.

OELIXDORF Schleswig-Holstein siehe Itzehoe.

OER-ERKENSCHWICK 4353. Nordrhein-Westfalen — 25 000 Ew — Höhe 85 m — ✪ 02368.
Siehe Ruhrgebiet (Übersichtsplan).
◆Düsseldorf 77 — Datteln 8,5 — Dülmen 24 — Recklinghausen 6.

🏠 **Stimbergpark** ⅏, Am Stimbergpark 78, 𝒫 5 65 67, ≼, 🌺 — 🏢wc ☎ 🅿
15 Z : 21 B.

OERLINGHAUSEN 4811. Nordrhein-Westfalen — 15 700 Ew — Höhe 250 m — ✪ 05202.
◆Düsseldorf 182 — Bielefeld 13 — Detmold 19 — Paderborn 32.

🏨 **Am Tönsberg** ⅏, Piperweg 17, 𝒫 65 01, 🕿, 🔲 — 🖼wc ☎ 🅿
(nur Abendessen für Hausgäste) — **15 Z : 23 B** 60 - 90 Fb.

🏠 **Berghotel Birner** ⅏, Danziger Str. 8, 𝒫 34 73, ≼, 🌺¨ — 🏢wc ☎ ⇐ 🅿 🄰
Karte 18/50 — **15 Z : 24 B** 54 - 92.

🍴🍴 **Altes Gasthaus Nagel** mit Zim, Hauptstr. 43, 𝒫 56 55 — 📺 🏢wc ☎
Karte 17/42 (Montag geschl.) — **6 Z : 11 B** 50 - 85.

OESTRICH-WINKEL 6227. Hessen — 11 300 Ew — Höhe 90 m — ✪ 06723.
🗗 Verkehrsamt, Rheinweg 20 (im Stadtteil Winkel), 𝒫 27 74.
◆Wiesbaden 21 — ◆Koblenz 74 — Mainz 24.

Im Stadtteil Oestrich :

🏨 **Romantik-Hotel Schwan**, Rheinallee 5, 𝒫 30 01, Telex 42146, ≼, eigener Weinbau,
« Gartenterrasse » — 🕴 🖼wc 🏢wc ☎ 🅿 🄰, 🄰🄴 🅞 🄴 💳
März - 15. Nov. geschl. — Karte 35/75 — **66 Z : 120 B** 90/165 - 180/230 Fb.

Im Stadtteil Winkel :

🏨 **Hotel Nägler am Rhein**, Hauptstr. 1, 𝒫 50 51, ≼ Rhein und Ingelheim, 🌺, 🕿 — 🕴 🖼wc
🏢wc ☎ 🖐 🅿 🄰, 🄰🄴 🅞 🄴 💳 — **26 Z : 50 B** 62/125 - 105/180.
Karte 24/65 — **26 Z : 50 B** 62/125 - 105/180.

🍴🍴 ❀ **Graues Haus**, Graugasse 10 (an der B 42), 𝒫 26 19, 🌺, « Modernes Rest. in einem
historischen Steinhaus » — 🅿 🄰🄴 🅞 🄴 💳
Montag-Freitag nur Abendessen, Dienstag und 7. Jan.- Feb. geschl. — Karte 36/67
(Tischbestellung ratsam)
Spez. Geräucherter Karpfen auf Weißkohlsalat, Rheingauer Rieslingsuppe, Lammkeule mit Gemüsen.

Im Stadtteil Hallgarten N : 3 km ab Oestrich :

🏠 **Café Plath** ⅏ garni, Am Rebhang, 𝒫 21 66, ≼ Rheintal und Weinberge — 🏢wc 🅿
17 Z : 30 B 30/38 - 58/70.

ÖSTRINGEN 7524. Baden-Württemberg — 10 500 Ew — Höhe 110 m — ✪ 07253.
◆Stuttgart 97 — Heilbronn 45 — ◆ Karlsruhe 41 — ◆ Mannheim 44.

In Östringen-Odenheim SO : 9 km :

🏠 Zum Ochsen, Eppinger Str. 20, 𝒫 (07259) 3 32, 🕿 — 🏢wc 🅿. 🎇
10 Z : 20 B.

ÖTISHEIM Baden-Württemberg siehe Mühlacker.

OETTINGEN 8867. Bayern 🔢 ⑳ — 4 500 Ew — Höhe 419 m — ✪ 09082.
◆München 143 — ◆Nürnberg 77 — ◆Stuttgart 127 — ◆Ulm (Donau) 95.

🏠 Krone, Schloßstr. 34, 𝒫 20 97 — 🏢wc ☎ ⇐ 🅿 🄰
19 Z : 40 B Fb.

In Fremdingen-Raustetten 8864 W : 12 km :

🏠 Waldeck ⅏, Raustetten 12, 𝒫 (09086) 2 30 — 🏢wc ⇐ 🅿. 🎇
10 Z : 18 B.

🏠 Jägerblick ⅏, 𝒫 (09086) 3 14, 🌺 — 🏢wc 🄰
11 Z : 23 B.

OEVERSEE Schleswig-Holstein siehe Flensburg.

OEYNHAUSEN, BAD 4970. Nordrhein-Westfalen 🔢 ㉞⑮ — 46 000 Ew — Höhe 71 m — Heilbad
— ✪ 05731.
🗗 Verkehrshaus, Am Kurpark, 𝒫 2 04 30.
◆Düsseldorf 211 — ◆Bremen 116 — ◆Hannover 79 — ◆Osnabrück 62.

21

🏠 **Kurhotel Wittekind** ⑊, Am Kurpark 10, *✆* 2 10 96 – |⚄| 📺 ⇔wc 🛁wc ☎. ⓞ. ⋘
(Rest. nur für Hausgäste, siehe auch Rest. Wittekindstuben) – **22 Z : 35 B** 55/85 - 128/140 –
P 78/100.

🏠 **Westfälischer Hof**, Herforder Str. 16, *✆* 2 29 10, 🍴 – |⚄| 🛁wc ☎ & ⓟ. ⋘
20 Z : 30 B.

🏠 **Stickdorn**, Wilhelmstr. 17, *✆* 2 11 41 – ⇔wc 🛁wc ☎ ⇔ ⓟ. ⋘ Zim
27 Z : 44 B.

🏠 **Bosse garni**, Herforder Str. 40, *✆* 2 80 61 – ⇔wc 🛁wc ☎ ⇔
20 Z : 30 B.

XXX ✿ **Wittekindstuben**, Am Kurpark 10, *✆* 2 10 96 – ⓞ
3.- 30. Jan., Montag bis 18 Uhr sowie Sonn- und Feiertage geschl. – Karte 38/73 (abends
Tischbestellung ratsam)
Spez. Schnecken- und Fischgerichte, Lammrücken mit Kräutern (2 Pers.).

XX **Kurhaus** (Spielcasino im Hause), Im Kurgarten 8, *✆* 2 99 55, 🍴 – ⅏. ⋘
Nov.- April Montag bis 18 Uhr geschl. – Karte 36/67.

XX **Café Sonntag** mit Zim, Schützenstr. 2, *✆* 2 24 47, « Gartenterrasse » – 📺 ⇔wc 🛁wc ☎
8 Z : 12 B Fb.

An der B 61 NO : 2,5 km :

🏠 **Romantik-Hotel Hahnenkamp** ⑊, Alte Reichsstr. 4, ⊠ 4970 Bad Oeynhausen,
✆ (05731) 50 41, ⇔s, 🔲 – ⇔wc 🛁wc ☎ ⇔ ⓟ ⅏. 🅰🄴 ⓞ 🄴 VISA. ⋘
Karte 24/60 – **22 Z : 33 B** 79/119 - 110/159 Fb – P 108/131.

In Bad Oeynhausen 8-Bergkirchen N : 10 km :

🏠 **Zur Wittekindsquelle**, Bergkirchener Str. 476, *✆* (05734) 22 05 – 🛁wc ⇔ ⓟ. ⋘
15. Jan.- 20 Feb. geschl. – Karte 16/37 (Montag - Dienstag geschl.) – **12 Z : 19 B** 30/38 -
60/76.

In Bad Oeynhausen 7-Lohe S : 3 km :

XX **Windmühle**, Detmolder Str. 273, *✆* 9 24 62, ⬿ – ⓟ. 🅰🄴 ⓞ 🄴
15. Jan.- 15. Feb. und Montag geschl. – Karte 23/56.

In Bad Oeynhausen 11-Oberbecksen SO : 4 km :

🏠 **Forsthaus Alter Förster** ⑊, Forststr. 21, *✆* 9 19 88, 🍴 – 🛁wc ☎ ⇔ ⓟ. ⋘ Zim
Karte 15,50/40 (Freitag geschl.) – **30 Z : 45 B** 30/60 - 56/90.

Siehe auch : *Löhne*

OFFENBACH 6050. Hessen ⑨⑧⑦ ㉖ – 111 400 Ew – Höhe 100 m – ✪ 069 (Frankfurt am Main).
Sehenswert : Deutsches Ledermuseum★★.
Messehalle (Z), *✆* 81 70 91, Telex 411298.
🛈 Verkehrsbüro, Am Stadthof, *✆* 80 65 29 46.
ADAC, Frankfurter Str. 74, *✆* 8 01 61, Telex 4185494.
♦Wiesbaden 44 ④ – ♦Darmstadt 28 ④ – ♦Frankfurt am Main 6 ⑤ – ♦Würzburg 116 ④.

Stadtplan siehe gegenüberliegende Seite.

🏠 **Tourotel** Ⓜ, Kaiserleistr. 45, *✆* 8 06 10, Telex 416839, ⇔s, 🔲 – |⚄| 📺 ⓟ ⅏. 🅰🄴 ⓞ 🄴 VISA
⋘ Rest   **X s**
Karte 28/65 – **246 Z : 492 B** 149 - 189/229 Fb.

🏠 **Novotel** Ⓜ, Strahlenberger Str. 12, *✆* 81 80 11, Telex 413047, ⌫ (geheizt), 🍴 – |⚄| 🖃 Rest
📺 ⇔wc ☎ & ⓟ ⅏ (mit ▤). 🅰🄴 ⓞ 🄴 VISA   **X u**
Karte 20/51 – **130 Z : 260 B** 138/162 - 175/185 Fb.

🏠 **Kaiserhof**, Kaiserstr. 8a, *✆* 81 40 54, Telex 4170303 – |⚄| ⇔wc 🛁wc ☎ ⇔. 🅰🄴 ⓞ 🄴
VISA   **Z a**
Karte 34/79 (Russische Küche) (nur Abendessen, Sonntag geschl.) – **36 Z : 60 B** 48/95 - 80/145.

🏠 **Graf garni**, Ziegelstr. 4, *✆* 81 17 02 – ⇔wc 🛁wc ☎. 🅰🄴 🄴 VISA   **Z g**
28 Z : 40 B 65/95 - 95/125 Fb.

🏠 **Hansa garni**, Bernardstr. 101, *✆* 88 80 75 – 🛁wc ☎ & ⓟ   **Z r**
23. Dez.- 10. Jan. geschl. – **28 Z : 36 B** 40/76 - 74/115.

XX **Beer's Kajüte**, Bieberer Str. 263, *✆* 85 63 99   über ③

X **Marktschänke**, Wilhelmsplatz 14, *✆* 81 63 55   **Z n**
14. Juni - 10. Juli und Sonntag 15 Uhr - Montag geschl. – Karte 19/57.

In Offenbach-Bürgel NO : 2 km über Mainstraße X :

🏠 **Lindenhof** ⑊, Mecklenburger Str. 10, *✆* 86 14 58, Telex 411994 – 📺 ⇔wc 🛁wc ☎ ⓟ
🅰🄴
Karte 22/54 (nur Abendessen, Freitag geschl.) – **42 Z : 66 B** 55/135 - 98/185 Fb.

XX **Zur Post** mit Zim, Offenbacher Str. 33, *✆* 86 13 37 – 🛁wc ☎ ⇔ ⓟ. ⋘ Zim
Juli geschl. – Karte 22/54 (Sonntag 14 Uhr - Montag geschl.) – **8 Z : 12 B** 63 - 102.

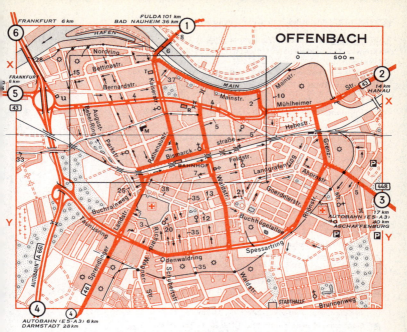

OFFENBACH

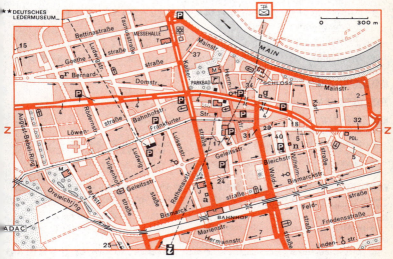

OFFENBACH Rheinland-Pfalz siehe Landau in der Pfalz.

OFFENBURG 7600. Baden-Württemberg 987 ㉞, 87 ⑤ — 50 000 Ew — Höhe 165 m — ✪ 0781.
Messegelände Oberrheinhalle, Messeplatz, ℰ 7 20 81, Telex 752725.
🛈 Städt. Verkehrsamt, Gärtnerstr. 6, ℰ 8 22 53 — ADAC, Hindenburgstr. 8, ℰ 3 77 20.
♦Stuttgart 148 — Baden-Baden 54 — ♦Freiburg im Breisgau 64 — Freudenstadt 58 — Strasbourg 26.

🏨 **Dorint-Hotel Offenburg** M, Messeplatz (bei der Oberrheinhalle), ℰ 50 50, Telex 752889, ⇌, 🔲 — 🛗 ☰ Rest 📺 🕭 🅿 🏋 (mit ☰). 🄰🄴 ⑩ 🄴 𝚅𝙸𝚂𝘈
⑩
Karte 26/58 — **132 Z : 175 B** 120/130 - 155/165 Fb.

🏨 **Palmengarten** 🦢, Okenstr. 13, ℰ 2 50 31, Telex 752849 — 🛗 📺 ➪wc 🚿wc ☎ 🅿 🏋. 🄰🄴 ⑩
22. Dez.- 15. Jan. geschl. — Karte 22/65 (Sonntag geschl.) — **75 Z : 150 B** 100/195 - 145/220 Fb.

🏠 **Union** garni, Hauptstr. 19, ℰ 2 44 78 — 🛗 ➪wc 🚿wc ☎ ⇔. 🄰🄴 🄴 𝚅𝙸𝚂𝘈
35 Z : 65 B 60/70 - 90/95.

🏠 **Central-Hotel** garni, Poststr. 5, ℰ 7 20 04 — ➪wc 🚿wc. 🄰🄴 🄴 𝚅𝙸𝚂𝘈
20 Z : 35 B 57 - 85.

🏠 **Sonne,** Hauptstr. 94, ℰ 7 10 39 — ➪wc 🚿wc ⇔. 🄰🄴 🄴 𝚅𝙸𝚂𝘈
Karte 18,50/40 (9.- 30. März und Samstag geschl.) — **40 Z : 59 B** 42/58 - 65/110.

XX **Franziskaner,** Lange Str. 14, ℰ 15 59, 🍽.

In Offenburg - Albersbösch :

🏠 **Hubertus,** Kolpingstr. 4, ℰ 2 24 68 — 🚿wc ☎ 🅿 🏋. 🄰🄴 ⑩ 🄴 𝚅𝙸𝚂𝘈. 🍴 Rest
🢀 Karte 14/40 (Aug. und Samstag geschl.) — **24 Z : 40 B** 52/77 - 64/104.

In Offenburg-Fessenbach SO : 2 km :

🏠 **Traube,** Fessenbacher Str. 115, ℰ 3 33 29 — ➪wc ☎ 🅿. 🄰🄴 🄴 𝚅𝙸𝚂𝘈
Karte 16,50/52 — **19 Z : 35 B** 57/65 - 85/140 Fb.

In Offenburg-Rammersweier NO : 3 km :

XX **Blume** mit Zim (Fachwerkhaus a.d. 18. Jh.), Weinstr. 160, ℰ 3 36 66, 🍽 — 🚿wc 🅿 🏋
7.- 18. Jan. und Aug. 1 Woche geschl. — Karte 22/55 — **6 Z : 10 B** 44 - 74.

In Offenburg - Zell-Weierbach O : 3,5 km :

🏠 **Gasthaus Sonne,** Obertal 1, ℰ 3 20 24 — 🚿wc ☎ ⇔ 🅿 🏋
Karte 27/47 (Mittwoch geschl.) 🍷 — **7 Z : 10 B** 46 - 78 Fb.

🏠 Gasthof Riedle-Rebenhof 🦢, Talweg 42, ℰ 3 35 79, 🔲 — 🚿wc ☎ 🅿 🏋 — **35 Z : 60 B** Fb.

In Ortenberg 7601 S : 4 km :

🏠 **Glattfelder,** Kinzigtalstr. 20, ℰ (0781) 3 12 19, 🍽 — 🚿wc ⇔ 🅿. 🄰🄴 ⑩ 🄴
2.- 14. Jan. geschl. — Karte 19/65 (Sonntag geschl.) 🍷 — **14 Z : 23 B** 32/42 - 50/70.

XX **Ortenberger Hof** mit Zim, Hauptstr. 46, ℰ (0781) 3 38 51, 🍽 — ➪wc 🚿 🅿. 🄰🄴 ⑩ 🄴 𝚅𝙸𝚂𝘈
Karte 22/57 (Montag geschl.) 🍷 — **7 Z : 12 B** 30/45 - 60/85.

OFTERSCHWANG Bayern siehe Sonthofen.

OHLENBACH Nordrhein-Westfalen siehe Schmallenberg.

OLCHING 8037. Bayern — 10 300 Ew — Höhe 503 m — ✪ 08142.
♦München 27 — ♦Augsburg 51 — Dachau 13.

🏠 **Schiller,** Nöscherstr. 20, ℰ 3 00 88, 🍽, 🔲 — 🚿wc ⇔ 🅿 🏋. 🄰🄴 ⑩ 🄴 𝚅𝙸𝚂𝘈
Karte 17/45 (15.- 29. Aug. und Montag bis 17 Uhr geschl.) — **45 Z : 70 B** 46/60 - 82/95 Fb.

XX **Restaurant Golf-Club,** Feurs-Str. 89 (am Golfplatz), ℰ 32 40, ≤, 🍽 — 🅿. 🍴
(Tischbestellung erforderlich).

OLDENBURG 2900. Niedersachsen 987 ⑭ — 137 000 Ew — Höhe 7 m — ✪ 0441.
Sehenswert : Schloßgarten* — Landesmuseum für Kunst- und Kulturgeschichte im
Schloß (Gemälde * von Tischbein).
🛈 Verkehrsverein, Lange Str. 3, ℰ 2 50 96 — ADAC, Julius-Mosen-Platz 2, ℰ 1 45 45, Telex 25067.
♦Hannover 171 ② — ♦Bremen 49 ② — ♦Bremerhaven 58 ① — Groningen 132 ④ — ♦Osnabrück 105 ③.

Stadtplan siehe gegenüberliegende Seite.

🏨 **City-Club-Hotel** M, Europaplatz 23, ℰ 80 80, Telex 441297, Massage, ⇌, 🔲 — 🛗 📺 🕭 🅿
🏋. 🄰🄴 ⑩ 🄴   **X c**
Karte 25/58 — **90 Z : 200 B** 93 - 136 Fb.

🏨 **Heide,** Melkbrink 49, ℰ 8 10 01, Telex 25604, ⇌, 🔲 — 🛗 🚿wc ☎ 🅿 🏋. 🄰🄴 ⑩ 🄴 𝚅𝙸𝚂𝘈
Karte 19/53 — **75 Z : 150 B** 70/80 - 110/120 Fb — 5 Appart. 120.   **X b**

🏨 **Wieting,** Damm 29, ℰ 2 72 14 — 🛗 ➪wc 🚿wc ☎ 🅿. 🄰🄴 ⑩ 🄴 𝚅𝙸𝚂𝘈   **Y z**
Karte 18/44 (nur Abendessen, Samstag - Sonntag geschl.) — **70 Z : 105 B** 38/85 - 70/115.

🏨 **Posthalter,** Mottenstr. 13, ℰ 2 51 94 — 🛗 📺 ➪wc 🚿wc 🕭   **Z u**
Mitte Dez.- Anfang Jan. geschl. — Karte 20/46 (Sonntag und Juli - Aug. 3 Wochen geschl.) —
28 Z : 47 B 57/85 - 95/130 Fb — 4 Appart. 230/460 (pro Woche).

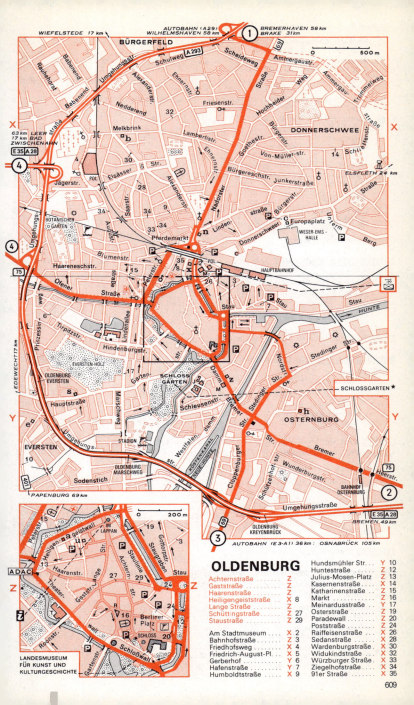

OLDENBURG

🏠 **Park-H.**, Cloppenburger Str. 418, ℰ 4 30 24, Telex 25811 — 🛏wc 🛁wc ☎ 🅿   über ③
Karte 19/46 — **31 Z : 60 B** 49/65 - 79/95.

🏠 **Bavaria**, Bremer Heerstr. 196, ℰ 2 07 45, 🍴, 🔳 — 🛗 🛁wc ☎ ⟸ 🅿 ⒶⒺ ⓞ 🅴 𝑉𝐼𝑆𝐴
Karte 18/40 — **40 Z : 80 B** 59 - 90.   über die B 75   Y

🏠 **Graf von Oldenburg**, Heiligengeiststr. 10, ℰ 2 50 77 — 🛗 📺 🛏wc 🛁wc ☎ ⟸. ⒶⒺ ⓞ 🅴
(nur Abendessen für Hausgäste) — **30 Z : 50 B** 40/98 - 73/149.   X x

🏠 **Schützenhof**, Hauptstr. 38, ℰ 50 20 63 — 🛏wc 🛁wc ☎ ⟸ 🅿 ⒶⒺ ⓞ 🅴   Y s
Karte 17/45 — **30 Z : 52 B** 43/52 - 78/85 Fb.

🏠 **Sprenz** garni, Heiligengeiststr. 15, ℰ 8 70 33 — 🛗 🛁wc ☎ ⟸ 🅿   X n
42 Z : 52 B.

🏠 **Metz** garni, Hundsmühler Str. 16 (B 401), ℰ 50 22 08 — 🛏wc 🛁wc ⟸ 🅿   Y e
23 Z : 41 B 38/45 - 65/80.

🍽 **Le Journal**, Wallstr. 13, ℰ 1 31 28 — ⒶⒺ ⓞ 🅴   Z a
Karte 24/52 (Tischbestellung ratsam).

🍴 Harmonie mit Zim, Dragonerstr. 59, ℰ 2 77 04 — 🅿 ♨   Y h
10 Z : 15 B.

An der B 69 N : 6 km :

🍽🍽🍽 **Der Patentkrug**, Wilhelmshavener Heerstr. 359, ✉ 2900 Oldenburg, ℰ (0441) 3 94 71 — 🅿
♨. ⓞ 🅴
Montag geschl. — Karte 20/60.

Siehe auch : *Rastede*

OLDENBURG IN HOLSTEIN 2440. Schleswig-Holstein 🗺 ⑥ — 9 600 Ew — Höhe 4 m —
✪ 04361.

♦Kiel 55 — ♦Lübeck 55 — Neustadt in Holstein 21.

🏠 **Zur Eule**, Hopfenmarkt 1, ℰ 24 85 — 🛏wc 🛁wc 🅿 ⒶⒺ ⓞ 🅴
20. Dez.- 12. Jan. geschl. — (nur Abendessen für Hausgäste) — **20 Z : 36 B** 48/75 - 80/98.

Siehe auch : *Liste der Feriendörfer*

OLDENDORF Niedersachsen siehe Hermannsburg.

OLDESLOE, BAD 2060. Schleswig-Holstein 🗺 ⑤ — 20 700 Ew — Höhe 10 m — ✪ 04531.
ADAC, Sehmsdorfer Str. 56, ℰ 8 54 11.

♦Kiel 66 — ♦Hamburg 48 — ♦Lübeck 28 — Neumünster 45.

🏨 **Wigger's Gasthof**, Bahnhofstr. 33, ℰ 36 41 — 🛏wc 🛁wc 🅿
19 Z : 32 B.

🏨 **Conti**, Bahnhofstr. 51, ℰ 8 77 96 — ⟸ 🅿
20. Dez.- 5. Jan. geschl. — Karte 16/28 (nur Abendessen) — **22 Z : 38 B** 32/36 - 64.

OLFEN 4716. Nordrhein-Westfalen — 9 100 Ew — Höhe 40 m — ✪ 02595.
♦Düsseldorf 88 — Münster (Westfalen) 37 — Recklinghausen 19.

In Olfen-Kökelsum NW : 2 km :

🍴 **Füchtelner Mühle**, Kökelsum 66, ℰ 4 30, 🏡 — 🅿 ❀
wochentags nur Abendessen.

In Olfen-Vinnum SO : 4 km :

🏠 **Mutter Althoff**, Hauptstr. 42, ℰ 4 16, 🏡, 🍴 — 📺 🛁wc ⟸ 🅿 ♨ ❀
Juli - Aug. 2 Wochen geschl. — Karte 17/43 (Donnerstag - Freitag 17 Uhr geschl.) — **11 Z : 18 B**
35 - 70.

OLLSEN Niedersachsen siehe Hanstedt.

OLPE / BIGGESEE 5960. Nordrhein-Westfalen 🗺 ㉔ — 24 000 Ew — Höhe 350 m — ✪ 02761.
🅱 Tourist-Information, Rathaus, Franziskanerstr. 6, ℰ 8 32 29.
♦Düsseldorf 114 — Hagen 62 — ♦Köln 75 — Meschede 63 — Siegen 34.

🏨 **Biggeschlößchen**, In der Wüste 72 (B 54), ℰ 6 37 62, 🍴 — 🛁wc ☎ 🅿. ⒶⒺ
Karte 18/56 (nur Abendessen, Dienstag geschl.) — **12 Z : 24 B** 50/60 - 70/80.

🏠 **Altes Olpe**, Bruchstr. 16, ℰ 51 71 — 🛏wc 🛁wc ☎ 🅿 ♨. ⓞ 🅴 ❀ Rest
Ende Jan.- Mitte Feb. geschl. — Karte 20/47 (Montag geschl.) — **20 Z : 31 B** 45/55 - 85/90.

🏠 **Tillmann's Hotel**, Kölner Str. 15, ℰ 26 07 — 🛏wc 🛁 ☎ 🅿
Karte 17/44 (Freitag ab 15 Uhr geschl.) — **15 Z : 26 B** 35/65 - 62/98.

🏠 **Kaiserhof**, Martinstr. 24 (B 54), ℰ 52 22 — 🛗 🛏wc 🛁wc ☎ 🅿 ⒶⒺ ⓞ 🅴
Karte 19/47 (Sonntag 15 Uhr - Montag 17 Uhr geschl.) — **21 Z : 40 B** 50/60 - 76/120.

In Olpe-Griesemert NO : 4 km :

🏨 Haus Albus, an der B 55, 𝒫 6 31 02, ≤, 🚭, 🔲, 🛲 – 🛗 📺 🕮wc 🕿 🕭 🚗 🅿 🖾. 🛇
31 Z : 60 B.

In Olpe-Oberveischede NO : 10 km :

🏨 Haus Sangermann, an der B 55, 𝒫 (02722) 81 66 – 🚗 🅿
10 Z : 18 B. – (Wiedereröffnung nach Umbau Ostern 1986)

In Olpe-Rhode N : 4 km :

🏨 **Haus Hetzel** 🌦, Eichhörnchenweg 22, 𝒫 6 26 25, 🚭, 🔲 – 🕮wc 🅿. 🛇
(Rest. nur für Pensionsgäste) – **16 Z : 32 B** 40/45 - 70/80.

OLSBERG 5787. Nordrhein-Westfalen 987 ⑭⑮ – 16 000 Ew – Höhe 333 m – Kneippkurort – Wintersport : 480/780 m ✆2 ✆3 – 🕓 02962.

🛈 Kurverwaltung, Bahnhofstr. 4, 𝒫 30 51.

◆Düsseldorf 167 – ◆Kassel 99 – Marburg 81 – Paderborn 58.

🏨 **Kur-Park-Hotel** 🌦, Stehestraße, 𝒫 80 40, direkter Zugang zum Kurmittelhaus, 🚭, 🔲 –
🛗 📺 🕭 🅿 🖾. 🆎 ⓞ 🄴. 🛇 Rest
Karte 26/46 – **90 Z : 180 B** 78/99 - 103/123 Fb – P 86/133.

🏨 **Hubertushof**, Kirchstr. 12, 𝒫 30 81, 🚭, 🔲, 🛲 – 🕮wc 🕿 🅿 🖾. 🆎 ⓞ 🄴. 🛇 Rest
Karte 20/45 *(Montag geschl.)* – **34 Z : 56 B** 47 - 86 – P 60/68.

In Olsberg 5-Assinghausen S : 6 km :

🍴🍴 **Weiken-Kracht** (mit Ferienwohnungen), Grimmestr. 30, 𝒫 18 47, 🚭, 🔲 – 📺 🕮wc 🕿 🕭 🅿
3. Nov.- 15. Dez. geschl. – Karte 15/44 *(Dienstag geschl.)* – 26 Appart. 30/120.

In Olsberg 1-Bigge W : 2 km :

🍴 **Schettel**, Hauptstr. 52, 𝒫 18 32 – 🕮wc 🅿. ⓞ 🄴
Nov. geschl. – Karte 16/40 *(Dienstag geschl.)* – **10 Z : 16 B** 35 - 70.

In Olsberg 3-Elleringhausen SW : 4 km :

🏨 Haus Keuthen, Elleringhauser Str. 57, 𝒫 24 51 – 🕮wc 🚗 🅿
21 Z : 35 B.

In Olsberg 8-Gevelinghausen W : 4 km :

🏨 **Schloß Gevelinghausen** 🌦, Schloßstr. 1, 𝒫 (02904) 5 55, Telex 84820, 🍴, 🚭, 🔲,
🛇 (Halle) – 🛗 🅿 🖾. 🆎 ⓞ 🄴. 🛇 Rest
Karte 27/64 – **29 Z : 51 B** 68/104 - 104/143 Fb.

🏨 **Stratmann**, Kreisstr. 2, 𝒫 (02904) 22 79, 🍴, 🚭 – 🖿wc 🕮wc 🅿. ⓞ
Karte 16/42 *(Dienstag geschl.)* – **17 Z : 34 B** 42 - 71 – P 52/64.

OPPENAU 7603. Baden-Württemberg 987 ㉞ – 4 900 Ew – Höhe 270 m – Luftkurort – 🕓 07804.

🛈 Städt. Verkehrsamt, Rathausplatz 1, 𝒫 20 43.

◆Stuttgart 150 – Freudenstadt 32 – Offenburg 26 – Strasbourg 40.

🍴 **Rebstock**, Straßburger Str. 13, 𝒫 7 28, 🛲 – 🕮wc 🅿
11 Z : 20 B.

In Oppenau-Kalikutt W : 5 km über Ramsbach – Höhe 600 m :

🏨 **Höhengasthof Kalikutt** 🌦, 𝒫 6 02, ≤ Schwarzwald, 🍴, 🚭, 🛲 – 🛗 🕮wc 🕿 🕭 🚗 🅿
🖾
Karte 16,50/60 🍷 – **28 Z : 50 B** 38/60 - 64/100 Fb – P 64/80.

In Oppenau-Löcherberg S : 5 km :

🏨 **Schwarzwaldhotel Erdrichshof**, Schwarzwaldstr. 57 (B 28), 𝒫 5 65, 🚭, 🔲, 🛲 – 🖿wc
🕮wc 🕿 🚗 🅿. 🆎 ⓞ 🄴 🆅🆂🅰. 🛇 Zim
Karte 19/54 🍷 – **13 Z : 26 B** 52/77 - 98/112 – P 76/80.

🍴 Pflug, Schwarzwaldstr. 60 (B 28), 𝒫 6 07, 🍴 – 🖿wc 🕮wc 🚗 🅿
12 Z : 21 B.

OPPENHEIM 6504. Rheinland-Pfalz 987 ㉔㉕ – 5 000 Ew – Höhe 100 m – 🕓 06133.

Sehenswert : Katharinenkirche★.

🛈 Verkehrsverein, Rathaus, Marktplatz, 𝒫 24 44.

Mainz 23 – ◆Darmstadt 23 – Bad Kreuznach 41 – Worms 26.

🏨 **Oppenheimer Hof**, Hasenbrunnengasse 18, 𝒫 24 95 – 🖿wc 🕮wc 🅿 🖾. ⓞ
Karte 26/56 🍷 – **25 Z : 45 B** 55/75 - 79/125 Fb.

🏨 **Kurpfalz**, Wormser Str. 2, 𝒫 22 91 – 🖿wc 🕮wc 🕿 🚗. 🆎 ⓞ 🄴 🆅🆂🅰
10. Dez.- 10. Jan. geschl. – Karte 21/52 *(nur Abendessen, 15. Nov.- 15. März Sonntag geschl.)*
(Weinkarte mit 250 rheinhessischen Weinen) 🍷 – **20 Z : 35 B** 39/79 - 79/110 Fb.

ORB, BAD 6482. Hessen 987 ⑳ — 8 400 Ew — Höhe 170 m — Heilbad — 🌳 06052.

🛈 Verkehrsverein, Unterorplatz, ℰ 10 16.

♦Wiesbaden 99 — ♦Frankfurt am Main 55 — Fulda 57 — ♦Würzburg 80.

🏨🏨 **Steigenberger Kurhaus-Hotel** ⌂, Horststraße, ℰ 8 80, Telex 4184013, 🍴, direkter Zugang zum Leopold-Koch-Bad — 🛗 📺 ⟷ 🅿 🏃 . 🅰🅴 ⓞ 🄴. 🎇 Rest
Karte 34/62 — **Sälzer Schänke** *(nur Abendessen)* Karte 18/47 — **104 Z : 160 B** 114/135 - 170/250 Fb — P 138/188.

🏨🏨 **Hohenzollern-Haus Roseneck** ⌂, Spessartstr. 4, ℰ 30 45, Massage, 🛁, 🏊, 🌳 — 🛗 ⌂wc 🛏wc 🕿 🅿 🏃 . 🅰🅴 ⓞ 🄴. 🎇 Rest
(Rest. nur für Hausgäste, siehe auch Restaurant Zollernschänke) — **38 Z : 53 B** 70/120 - 125/180 — 6 Appart. 95 — P 106/122.

🏨🏨 **Orbtal** ⌂, Haberstalstr. 1, ℰ 8 10, « Park », Massage, 🏊, 🌳 — 🛗 ⌂wc 🛏wc 🕿 ♿ 🅿. 🅰🅴 ⓞ 🄴
(Rest. nur für Hausgäste) — **36 Appart. : 65 B** 64/95 - 122/154 Fb — P 91/125.

🏨🏨 **Madstein** ⌂, Am Orbgrund 1, ℰ 20 28, direkter Zugang zur Badeabteilung mit 🏊 des Hotel Elisabethpark, 🍴 — 🛗 📺 ⌂wc 🛏wc 🕿 ⟷ 🅿 🏃. 🄴. 🎇 Rest
Karte 25/54 — **42 Z : 63 B** 54/120 - 130/180 Fb — P 86/160.

🏨🏨 **Elisabethpark** ⌂ garni, Rotahornallee 5, ℰ 30 51, Bade- und Massageabteilung, 🏃, 🛁, 🏊 — 🛗 📺 ⌂wc 🛏wc 🕿 ⟷ 🅿
26 Z : 48 B 75/130 - 130/150.

🏨🏨 **Royal** ⌂, Lindenallee 50, ℰ 30 91, 🍴, Massage, 🛁, 🏊 — 🛗 🛏wc 🕿 🅿. 🅰🅴 🄴. 🎇
Karte 19/38 — **29 Z : 42 B** 65/85 - 130/150 Fb — P 95/115.

🏨🏨 **Weisses Roß** ⌂, Marktplatz 4, ℰ 20 91, « Garten », 🌳 — 🛗 ⌂wc 🛏wc 🕿 🅿. 🎇 Rest
Karte 19/55 — **40 Z : 60 B** 37/75 - 76/135 Fb.

🏨🏨 **Bismarck** garni, Kurparkstr. 13, ℰ 30 88, Massage, 🏊 — 🛗 📺 ⌂wc 🛏wc 🕿 🅿. 🄴
17 Z : 26 B 64/89 - 98/128 Fb.

🏨 **Café Fernblick** ⌂, Sälzerstr. 51, ℰ 10 81, ≤, 🍴, Massage — ⌂wc 🛏wc 🕿 ⟷ 🅿
(Rest. nur für Hausgäste) — **28 Z : 39 B** 35/50 - 80/100 Fb — P 62/75.

🏨 **Helvetia** ⌂ garni, Lindenallee 19, ℰ 25 84 — 🛗 🛏wc 🕿 🅿. 🎇
April - Okt. — **15 Z : 20 B** 29/60 - 85.

✕✕ **Zollernschänke**, Spessartstr. 4, ℰ 30 46, « Gemütlich-rustikale Einrichtung » — 🅿. 🅰🅴 ⓞ 🄴
ab 18 Uhr geöffnet, Dienstag geschl. — Karte 28/70 (Tischbestellung ratsam).

An der Straße nach Villbach SO : 7 km :

⛺ **Jagdhaus Horst** ⌂, ✉ 6485 Jossgrund 4-Lettgenbrunn, ℰ (06059) 7 42 — 🅿. 🎇
Feb. geschl. — Karte 16/48 *(Nov.- April Montag geschl.)* — **18 Z : 30 B** 30 - 60 Fb — P 50.

ORSCHOLZ Saarland siehe Mettlach.

ORSINGEN-NENZINGEN 7769. Baden-Württemberg 216 ⑨ — 2 250 Ew — Höhe 450 m — 🌳 07771 (Stockach).

♦Stuttgart 155 — ♦Freiburg im Breisgau 107 — ♦Konstanz 40 — ♦Ulm (Donau) 117.

🏨 Landgasthof Ritter, Stockacher Str. 69 (B 31, Nenzingen), ℰ 21 14, 🍴, 🛁 — 🛗 ⌂wc 🛏wc 🅿 🏃
22 Z : 44 B.

🏨 **Schönenberger Hof**, Stockacher Str. 16 (B 31, Nenzingen), ℰ 20 12, 🍴, 🌳 — ⌂wc 🛏wc 🕿 ⟷ 🅿 🏃. 🄴
Mitte Okt.- Anfang Nov. geschl. — Karte 15/36 (Montag geschl.) 🍴 — **21 Z : 30 B** 29/38 - 54/68.

ORTENBERG Baden-Württemberg siehe Offenburg.

ORTENBERG 6474. Hessen — 8 200 Ew — Höhe 135 m — 🌳 06046.

♦Wiesbaden 103 — ♦Frankfurt am Main 60 — Gießen 48.

🏨 **Rotlipp** ⌂, Rotlippstraße (SW : 1,5 km), ℰ 71 18 — 🛏wc 🅿
Karte 17/35 *(wochentags nur Abendessen)* — **7 Z : 16 B** 40 - 70.

ORTENBURG 8359. Bayern 426 ⑦ — 6 000 Ew — Höhe 350 m — 🌳 08542.

♦München 166 — Passau 24 — ♦Regensburg 127 — Salzburg 129.

In Ortenburg-Vorderhainberg O : 2 km :

🏨 **Zum Koch** ⌂, ℰ 5 18, 🍴, Massage, 🛁, 🏊, 🌳 — 🛗 🛏wc 🅿 🏃. 🎇
7.- 16. Jan. geschl. — Karte 12/29 🍴 — **90 Z : 170 B** 24/38 - 38/50.

OSANN-MONZEL 5561. Rheinland-Pfalz — 1 500 Ew — Höhe 140 m — 🌳 06535.

Mainz 124 — Bernkastel-Kues 11 — ♦ Trier 32 — Wittlich 12.

Im Ortsteil Osann :

🏨 **Apostelstuben**, Steinrausch 3, ℰ 8 41, 🛁, 🏊 — 🛏wc 🕿 🅿
Karte 15/42 🍴 — **36 Z : 70 B** 33/40 - 52/66.

612

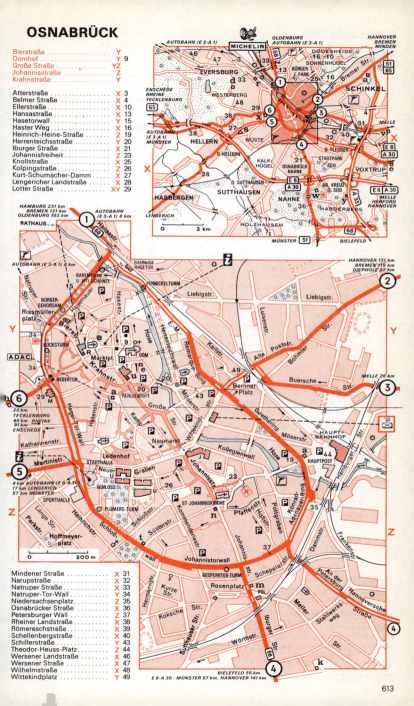

OSNABRÜCK 4500. Niedersachsen 987 ⑭ — 149 500 Ew — Höhe 65 m — ✪ 0541.

Sehenswert : Rathaus (Friedenssaal★) — Marienkirche (Passionsaltar★) Y B.

🛈 Städt. Verkehrsamt, Marktplatz 22, ℰ 3 23 22 02 und Schloßwall 1 (Stadthalle), ℰ 2 37 24.

ADAC, Dielingerstr. 40, ℰ 2 24 88, Telex 94658.

♦Hannover 141 ④ — Bielefeld 55 ④ — ♦Bremen 121 ① — Enschede 91 ⑥ — Münster (Westfalen) 57 ⑤.

Stadtplan siehe vorhergehende Seite.

🏛 **Hohenzollern**, Heinrich-Heine-Str. 17, ℰ 3 31 70, Telex 94776, ⇌, 🖼 – 📶 📺 🅿 🏩 (mit
▦). 🖭 ⓪ 🄴 𝗩𝗜𝗦𝗔   Z a
Karte 34/70 — **105 Z : 140 B** 55/174 - 90/280 Fb.

🏨 **Ibis**, Blumenhaller Weg 152, ℰ 4 04 90, Telex 94831 – 📶 ▦ 🛗wc ☎ 🕭 🅿 🏩. 🖭 ⓪ 🄴
𝗩𝗜𝗦𝗔   X s
Karte 23/45 — **96 Z : 192 B** 93/103 - 135/145 Fb.

🏨 **Parkhotel Osnabrück** 🍴, Edinghausen 1 (Am Heger Holz), ℰ 4 60 83, Telex 94939, 🍴,
⇌, 🖼, 🍴 – 📶 📺 🛗wc 🛗wc ☎ 🕭 ⇐ 🅿 🏩. 🖭 𝗩𝗜𝗦𝗔   X d
Karte 27/64 — **90 Z : 140 B** 55/110 - 100/150.

🏨 **Residenz** Ⓜ gami, Johannisstr. 138, ℰ 58 63 58, « Elegante, behagliche Einrichtung » – 📶
📺 🛗wc ☎ 🕭 ⇐ 🅿   Z m
22 Z : 41 B 60/90 - 110/130 Fb.

🏨 **Kulmbacher Hof**, Schloßwall 67, ℰ 2 78 44 – 📶 📺 🛗wc 🛗wc ☎ 🅿 🏩. 🖭 ⓪ 🄴 𝗩𝗜𝗦𝗔
Karte 22/42 *(nur Abendessen, Sonntag geschl.)* — **45 Z : 75 B** 55/90 - 85/140.   Z t

🏨 **Nikolai-Zentrum** Ⓜ garni, Kamp 1, ℰ 2 83 23, Telex 944868 – 📶 🛗wc ☎ 🅿. 🖭 ⓪ 🄴
26 Z : 44 B 75/105 - 130/150 Fb.   Y a

🏠 **Welp**, Natruper Str. 227, ℰ 12 33 07, 🍴 – 📶 🛗wc ☎ ⇐ 🅿   X r
20 Z : 25 B.

🏠 **Klute**, Lotter Str. 30, ℰ 4 50 01 – 🛗wc ☎ ⇐ 🅿. ⓪   Y h
Karte 18/49 *(Samstag geschl.)* — **22 Z : 24 B** 40/65 - 79/90.

🏠 **Intourhotel** 🍴 garni, Maschstr. 10, ℰ 4 66 43 – 🛗wc ☎ ⇐. 🖭 ⓪ 🄴 𝗩𝗜𝗦𝗔   X x
33 Z : 42 B 35/59 - 65/95.

🏠 **Neustadt** garni, Miquelstr. 34, ℰ 5 12 00 – 🛗wc ⇐   Z k
29 Z : 45 B 35/50 - 60/80.

🍴 **Dom-Restaurant**, Kleine Domsfreiheit 5, ℰ 2 15 54 – 🛗wc. ⓪   Y e
Karte 14/34 *(Samstag geschl.)* — **21 Z : 28 B** 30/60 - 60/100.

✕ **Der Landgraf**, Domhof 9, ℰ 2 23 72 – 🖭 ⓪ 🄴   Y u
Karte 26/54.

✕ Aldermann (Portugiesische Küche), Johannisstr. 92, ℰ 2 61 33 – 🅿   Z n

✕ Ratskeller, Markt 30, ℰ 2 33 88   Y R

In Osnabrück-Gretesch (Richtung Osnabrück-Lüstringen):

🏨 **Gretescher Hof** garni, Sandforter Str. 1, ℰ 3 74 17 – 🛗wc 🛗wc ☎ 🅿. 🖭 ⓪ 🄴 𝗩𝗜𝗦𝗔
20 Z : 32 B 55/75 - 95/125.   X v

In Osnabrück-Nahne (Nähe Neues Kreishaus) :

🏨 **Himmelreich** 🍴, Zum Himmelreich 11, ℰ 5 17 00, 🖼, 🍴 – 🛗wc 🛗wc ☎ 🅿. 🖭 ⓪
(nur Abendessen für Hausgäste) — **40 Z : 50 B** 39/62 - 82/96 Fb.   X w

In Osnabrück-Schinkel :

✕ **Niedersachsenhof**, Nordstraße 109, ℰ 7 75 35, 🍴, « 200 Jahre altes Bauernhaus mit
rustikaler Einrichtung » – 🅿   X a
Okt. und Dienstag geschl. — Karte 20/47.

In Osnabrück-Voxtrup SO : 5 km :

🏠 **Haus Rahenkamp** 🍴, Meller Landstr. 106, ℰ 38 69 71 – 🛗wc ⇐ 🅿 🏩   X e
Karte 16,50/27 *(nur Abendessen, Freitag und Sonntag geschl.)* — **16 Z : 20 B** 34/42 - 64.

Außerhalb, Nähe Franziskus-Hospital ④ : 6,5 km :

✕ **Haus Waldesruh** 🍴, ✉ 4504 Georgsmarienhütte 4-Harderberg, ℰ (0541) 5 43 23, 🍴 –
🛗wc ☎ ⇐ 🅿. 🖭 ⓪.   X y
15.- 31. Dez. geschl. — Karte 15,50/44 *(Montag geschl.)* — **28 Z : 40 B** 30/50 - 56/90 Fb.

In Wallenhorst 4512 ① : 10 km :

🏨 **Bitter**, Große Str. 26, ℰ (05407) 20 15, ⇌ – 📶 🛗wc 🛗wc 🚗 🅿 🏩. 🖭 ⓪ 🄴
Karte 20/54 — **49 Z : 98 B** 50/80 - 92/129.

In Belm-Vehrte 4513 ② : 12 km :

🏠 **Kortlüke**, Venner Str. 5, ℰ (05406) 20 01 – 📶 🛗wc ☎ 🅿
Karte 16,50/42 *(Dienstag geschl.)* — **20 Z : 40 B** 38 - 60.

MICHELIN-REIFENWERKE KGaA. Niederlassung 4500 Osnabrück Pagenstecherstr. 50 (X),
ℰ 6 60 17.

OSTBEVERN Nordrhein-Westfalen siehe Telgte.

OSTEN 2176. Niedersachsen — 2 100 Ew — Höhe 2 m — © 04771.
♦Hannover 206 — ♦Bremerhaven 56 — Cuxhaven 47 — ♦Hamburg 85 — Stade 28.

🏠 **Fährkrug** ⑤, Deichstr. 1, ℰ 39 22 (Hotel) 23 38 (Rest.), ≤, 🏠, Bootssteg, Schwebefähre —
   ⇔wc �📶wc ⟸ ℗ 🏛
   Karte 16/50 — **15 Z : 29 B** 38/42 - 72/84.

OSTENFELDE Nordrhein-Westfalen siehe Ennigerloh.

OSTERBURKEN 6960. Baden-Württemberg 📖📖📖 ㉚ — 4 800 Ew — Höhe 247 m — © 06291
(Adelsheim).
♦Stuttgart 91 — Heilbronn 49 — ♦Würzburg 68.

🏠 **Märchenwald** ⑤, Boschstr. 3 (NO : 2 km), ℰ 80 26, ⇌, 🔲 — ⇔wc �📶wc ☎ ℗ 🏛
   30 Z : 50 B Fb.

🏠 **Römer Hof**, Wannestr. 1, ℰ 82 91 — ⇔wc �📶wc ☎ ⟸ ℗
   10.- 31. Aug. geschl. — Karte 16,50/33 (nur Abendessen, Samstag geschl.) 🍴 — **11 Z : 17 B** 40 -
   72.

OSTERHOFEN 8353. Bayern 📖📖📖 ㉘, 🔲🔲🔲 ⑥ — 11 100 Ew — Höhe 320 m — © 09932.
Ausflugsziel : Klosterkirche* in Osterhofen - Altenmarkt (SW : 1 km).
♦München 152 — Deggendorf 27 — Passau 38 — Straubing 41.

🏠 **Café Pirkl**, Altstadt 1, ℰ 12 76, ✹ (Halle) — �📶wc ⟸ ℗
⟵ 24. Dez.- 7. Jan. geschl. — Karte 12/28 (Montag geschl.) 🍴 — **25 Z : 35 B** 24/28 - 48/56.

OSTERHOFEN Bayern siehe Bayrischzell.

OSTERHOLZ-SCHARMBECK 2860. Niedersachsen 📖📖📖 ⑮ — 25 000 Ew — Höhe 20 m —
© 04791.
♦Hannover 144 — ♦Bremen 28 — ♦Bremerhaven 45.

An der Straße nach Worpswede SO : 3 km :

XXX **Tietjen's Hütte** ⑤ mit Zim, An der Hamme 1, ✉ 2860 Osterholz-Scharmbeck,
   ℰ (04791) 24 15, « Gartenterrasse an der Hamme » — 📺 ⇔wc �📶wc ☎ ⟸ ℗ 🅰🅴 ⓞ 🄴
   Restaurants : — **Mon Bijou** (nur Abendessen, Montag und 6. Jan.- 13. Feb. geschl.) Karte 41/77
   — **Moordiele** Karte 23/46 — **8 Z : 15 B** 75/95 - 140.

Im Stadtteil Heilshorn W : 5 km, an der B 6 :

🏠 **Malte Mildahn**, ℰ (04795) 3 42, 🏠 — �📶wc ⟸ ℗. ⓞ. ✹
   Karte 18/36 (Freitag geschl.) — **22 Z : 40 B** 30/42 - 48/72.

OSTERNOHE Bayern siehe Schnaittach.

OSTERODE AM HARZ 3360. Niedersachsen 📖📖📖 ⑥ — 28 000 Ew — Höhe 230 m — © 05522.
Ausflugsziel : Sösetalsperre* O : 5 km.
🄑 Verkehrs- und Reisebüro, Dörgestr. 40, ℰ 68 55.
♦Hannover 94 — ♦Braunschweig 81 — Goslar 30 — Göttingen 48.

🏠 **Zum Röddenberg**, Steiler Ackerweg 6, ℰ 33 34 — �📶wc ⟸ ℗. 🄴
   Karte 16/38 (wochentags nur Abendessen, Sonntag ab 14 Uhr geschl.) — **30 Z : 50 B** 34/49 -
   60/90 Fb.

🏠 **Pension Haus Börgener** garni, Hoelemannpromenade 10a, ℰ 33 45, « Kleiner Garten » —
   �📶wc ℗
   12 Z : 20 B 32/40 - 54/80.

X **Ratskeller**, Martin-Luther-Platz 2, ℰ 64 44 — 🄴
   Mittwoch geschl. — Karte 17/47.

In Osterode-Freiheit NO : 4 km :

X **Zur alten Harzstraße** mit Zim, Hengstrücken 148 (B 241), ℰ 29 15 — �📶wc ℗. ✹
   13.- 26. Jan. geschl. — Karte 17/53 — **4 Z : 8 B** 30 - 60.

In Osterode-Lerbach NO : 5 km :

🏠 **Sauerbrey**, Friedrich-Ebert-Str. 129, ℰ 68 54, 🚗 — �📶wc ℗
   Karte 17,50/48 (Donnerstag geschl.) — **14 Z : 28 B** 35/45 - 60/80 — P 58/68.

OSTFILDERN 7302. Baden-Württemberg — 28 000 Ew — Höhe 384 m — © 0711(Stuttgart).
♦Stuttgart 22 — Göppingen 39 — Reutlingen 35 — ♦Ulm (Donau) 76.

In Ostfildern 4-Kemnat :

🏠 **Kemnater Hof**, Sillenbucher Straße (W : 1,5 km), ℰ 45 50 48, 🏠, ✹ — 🔁 ⇔wc �📶wc ☎
   ℗. 🅰🅴 🄴
   27. Dez.- 12. Jan. geschl. — Karte 23/46 — **23 Z : 46 B** 85 - 100 Fb.

In Ostfildern 2-Nellingen :

🏨 **Filderhotel** Ⓜ Ⓢ, In den Anlagen 1, ℰ 34 20 91, Telex 7253498, 🍽, 🌳 – 🛗 🍴 Rest 📺
〰wc 🛁wc ☎ 🔥 ⟸ 🅿. 🆎 ⓪ 🅴 🆅🆂🅰. ⚡ Zim
Karte 22/50 *(Freitag - Samstag 18 Uhr geschl.)* – **45 Z : 90 B** 103/135 - 140/170.

🏠 **Germania**, Esslinger Str. 3, ℰ 34 13 93 – 🛁wc 🅿. ⚡
Karte 16/32 *(Samstag - Montag geschl.)* – **26 Z : 42 B** 35/65 - 60/85.

✕ **Stadthalle**, In den Anlagen 6, ℰ 34 20 94 – 🅿 🔥. 🆎 ⓪ 🅴 🆅🆂🅰
Samstag bis 18 Uhr und Sonntag ab 15 Uhr geschl. – Karte 16/44.

In Ostfildern 1-Ruit :

🏠 **Hirsch**, Stuttgarter Str. 7, ℰ 41 25 85 – 📺 〰wc 🛁wc ☎ ⟸ 🅿 🔥. 🆎 🅴. ⚡ Rest
Karte 16/48 *(1.- 21. Aug. und Sonntag geschl.)* 🍷 – **52 Z : 72 B** 68/98 - 98/160 Fb.

OSTRACH 7965. Baden-Württemberg 🟨🟨🟨 ㉝. 🟥🟥🟥 ⑦ – 5 000 Ew – Höhe 620 m – ✪ 07585.
♦Stuttgart 128 – ♦Freiburg im Breisgau 144 – Ravensburg 33 – ♦Ulm (Donau) 83.

✕ **Hirsch** mit Zim, Hauptstr. 27, ℰ 6 01 – ⟸ 🅿
1.- 25. Okt. geschl. – Karte **24**/35 *(Freitag geschl.)* 🍷 – **8 Z : 11 B** 27/35 - 54/70.

OSTWIG Nordrhein-Westfalen siehe Bestwig.

OTTENHÖFEN IM SCHWARZWALD 7593. Baden-Württemberg – 3 200 Ew – Höhe 311 m –
Luftkurort – ✪ 07842 (Kappelrodeck).

Ausflugsziel : Allerheiligen : Lage★ - Wasserfälle★ SO : 7 km.

🛈 Kurverwaltung, Rathaus, Allerheiligenstr. 14, ℰ 20 96.
♦Stuttgart 137 – Baden-Baden 43 – Freudenstadt 35.

🏨 **Pflug**, Allerheiligenstr. 1, ℰ 20 58, 🍽, 🔲 – 🛗 〰wc 🛁wc ☎ 🅿 🔥
Karte 15/54 🍷 – **46 Z : 69 B** 45/63 - 86/100 Fb – P 63/73.

🏠 **Wagen**, Ruhsteinstr. 77, ℰ 4 85, 🍽, « Gartenterrasse », 🌳 – 🛗 〰wc 🛁wc ⟸ 🅿 🔥
Anfang Nov.- Anfang Dez. geschl. – Karte 18/40 *(Dez.- April Donnerstag geschl.)* 🍷 – **40 Z :
70 B** 25/40 - 50/80 – P 40/55.

♔ **Sternen**, Hagenbruck 6, ℰ 20 80, 🍽, 🌳 – 〰wc 🛁 🅿 🔥
31 Z : 50 B.

OTTERNDORF 2178. Niedersachsen 🟨🟨🟨 ④ ⑤ – 6 300 Ew – Höhe 5 m – ✪ 04751.
🛈 Verkehrsamt, Rathaus, ℰ 1 31 31 – ♦Hannover 217 – ♦Bremerhaven 40 – Cuxhaven 17 – ♦Hamburg 113.

🏠 **Zum Weißen Roß**, Marktstr. 42, ℰ 33 08 – 🛁wc ⟸ 🅿. ⚡ Zim
(nur Abendessen für Hausgäste) – **15 Z : 27 B**.

✕ **Elbterrassen**, An der Schleuse 18 (NW : 2 km), ℰ 22 13, ≤, 🍽 – 🅿. ⚡
15. Dez.- Jan. geschl. – Karte 20/48.

OTTMARSBOCHOLT Nordrhein-Westfalen siehe Senden.

OTTOBEUREN 8942. Bayern 🟨🟨🟨 ㉟. 🟥🟥🟥 ⑮ – 7 300 Ew – Höhe 660 m – Kneippkurort –
✪ 08332 – **Sehenswert : Klosterkirche★★★ (Vierung★★★, Chor★★, Chorgestühl★★, Chororgel★★).**

🛈 Kurverwaltung und Verkehrsamt, Marktplatz 14, ℰ 3 30.
♦München 110 – Bregenz 85 – Kempten (Allgäu) 29 – ♦Ulm (Donau) 66.

🏨 **Hirsch**, Marktplatz 12, ℰ 5 52, Telex 54993, Bade- und Massageabteilung, ≋, 🔲 – 🛗
〰wc 🛁wc ☎ ⟸ 🅿 🔥. 🆎 ⓪ 🅴 🆅🆂🅰
Karte 16,50/48 – **85 Z : 130 B** 55/97 - 97/110 Fb.

OTTOBRUNN Bayern siehe München.

OTTWEILER 6682. Saarland 🟨🟨🟨 ㉘. 🟥🟥🟥 ⑦, 🟥🟥 ⑦ – 10 600 Ew – Höhe 246 m – ✪ 06824.
♦Saarbrücken 31 – Kaiserslautern 63 – ♦Trier 80.

✕✕ **Ziegelhütte** (ehemalige Mühle), Mühlstr. 15a, ℰ 75 77 – 🅿 🔥
Juni - Juli 3 Wochen sowie Samstag bis 19 Uhr und Montag geschl. – Karte 36/65.

OVERATH 5063. Nordrhein-Westfalen 🟨🟨🟨 ㉔ – 21 200 Ew – Höhe 92 m – ✪ 02206.
♦Düsseldorf 62 – ♦Bonn 30 – ♦ Köln 25.

In Overath-Brombach NW : 10 km :

🏠 **Zur Eiche**, Dorfstr. 1, ℰ (02207) 75 80, 🍽 – 🛁wc ☎ 🅿 🔥. ⚡ Zim
24. Dez.- 15. Jan. geschl. – Karte 20/50 *(Donnerstag geschl.)* – **12 Z : 22 B** 45/60 - 80.

In Overath-Immekeppel NW : 7 km :

✕✕ **Sülztaler Hof**, Lindlarer Str. 83, ℰ (02204) 77 46
Dienstag, 2.- 11. Jan. und Juli 3 Wochen geschl. – Karte 27/65.

In Overath-Klef NO : 2 km :

🏠 **Lüdenbach,** Klef 99 (B 55), ℰ 21 53 – 📺wc ☎ ⇐ ❷ 🛇 🛠
Mitte Juli - Mitte Aug. geschl. – **Karte** 17/52 *(Dienstag - Freitag nur Abendessen, Montag geschl.)* – **20 Z : 40 B** 50 - 92.

OWSCHLAG 2372. Schleswig-Holstein – 2 300 Ew – Höhe 15 m – ✪ 04336.
◆Kiel 48 – Rendsburg 18 – Schleswig 21.

🏠 **Förster-Haus** ⌘, Beeckstr. 41, ℰ 2 02, ≤, 🍴, ⧓ (geheizt), 🐎, 🛠 – 📺wc ☎ ⇐ ❷. ⓞ
Karte 20/49 – **32 Z : 60 B** 49/55 - 98/110 – 7 Appart. 70/110.

OY-MITTELBERG 8967. Bayern 🄈🄇🄆 🄾, 🄰🄁🄆 🄾 – 3 800 Ew – Höhe 960 m – Luft- und Kneippkurort – Wintersport : 950/1 200 m ⌁2 ⌃6 – ✪ 08366.
🄱 Kur- und Verkehrsamt, Oy, Maria-Rainer-Str. 5, ℰ 2 07.
◆München 124 – Füssen 22 – Kempten (Allgäu) 19.

Im Ortsteil Oy :

🏨 **Kurhotel Tannenhof** ⌘, Tannenhofstr. 19, ℰ 5 52, ≤, 🍴, Bade- und Massageabteilung, 🛁, 🖦, ⧓, 🐎 – 📺 ⎕wc 📺wc ☎ ⇐ ❷. 🛠 Rest
Nov.- 18. Dez. geschl. – **Karte** 18,50/43 – **30 Z : 48 B** 44/69 - 78/118 Fb – 3 Appart. 80 – P 59/77.

🏠 **Löwen,** Hauptstr. 12, ℰ 2 12, 🐎 – 📺wc ⇐ ❷
→ *5. Nov.- 17. Dez. geschl. –* **Karte** 13/37 *(Mittwoch geschl.)* 🍷 – **17 Z : 36 B** 25/35 - 50/60 – P 43/56.

Im Ortsteil Mittelberg :

🏨 **Kur- und Sporthotel Mittelburg** ⌘, ℰ 4 57, Telex 541401, ≤, Bade- und Massageabteilung, 🛁, 🖦, ⧓, 🐎 – 📺 ⎕wc ☎ ❷. ⓞ. 🛠 Rest
Nov.- 15. Dez. geschl. – (Rest. nur für Hausgäste) – **31 Z : 55 B** 50/75 - 120/160 Fb – P 79/117 (in der Saison nur Halb- oder Vollpension).

🏤 **Krone** ⌘, ℰ 2 14, 🐎 – 📺 ❷
→ *15. Nov.- 15. Dez. geschl. –* **Karte** 12/32 *(Donnerstag geschl.)* – **17 Z : 28 B** 22/25 - 44/50 – P 40.

In Oy-Mittelberg - Maria Rain O : 5 km :

🏠 **Sonnenhof** ⌘, Kirchweg 3, ℰ (08361) 5 76, ≤ – 📺wc ☎ ❷
→ *2. Nov.- 15. Dez. geschl. –* **Karte** 13/28 🍷 – **22 Z : 42 B** 24/26 - 48/52 – P 35/41.

In Oy-Mittelberg - Petersthal W : 5 km :

🏠 **Sonne** ⌘, ℰ (08376) 3 12, 🖦, ⧓, 🐎 – 📺wc ❷. 🛠 Zim
5. Nov.- 5. Dez. geschl. – **Karte** 15/32 *(Dienstag geschl.)* – **25 Z : 45 B** 27/40 - 52/80.

OYTEN Niedersachsen siehe Bremen.

PADERBORN 4790. Nordrhein-Westfalen 🄈🄇🄆 🄾 – 118 000 Ew – Höhe 119 m – ✪ 05251.
Sehenswert : Dom★ – Paderquellen★ – Diözesanmuseum (Imadmadonna★) Z M.
🄱 Verkehrsverein, Marienplatz 2a, ℰ 2 19 97 – ADAC, Kamp 9, ℰ 2 77 76, Notruf ℰ 1 92 11.
◆Düsseldorf 170 ⑤ – Bielefeld 43 ⑥ – ◆Dortmund 104 ⑤ – ◆Hannover 143 ⑥ – ◆Kassel 92 ④.

Stadtplan siehe nächste Seite.

🏨 **Arosa,** Westernmauer 38, ℰ 20 00, Telex 936798, 🖦, ⧓ – 🛗 ⬛ Rest 📺 ⇐ 🛇 (mit ⬛).
🄰🄴 ⓞ 🄴 𝖵𝖨𝖲𝖠. 🛠 Rest   Z s
Karte 30/63 – **100 Z : 150 B** 98/129 - 180 Fb.

🏨 **Zur Mühle - Au cygne noir,** Mühlenstraße (Paderquellgebiet), ℰ 2 30 26, Telex 936780 –
🛗 📺 ⎕wc 📺wc ☎ ⇐ ❷. ⓞ 🄴 𝖵𝖨𝖲𝖠. 🛠   Y z
Karte 32/75 – **27 Z : 40 B** 100/130 - 200/260 Fb.

🏨 **Ibis-Hotel,** Paderwall 3, ℰ 2 50 31, Telex 936972 – 🛗 📺wc 📺wc ☎ ⇐ ❷ 🛇. 🄰🄴 ⓞ 🄴 𝖵𝖨𝖲𝖠
Karte 22/47 – **90 Z : 180 B** 88/93 - 123 Fb.   Y u

🏤 **Hausmann-Restaurant Dubrovnik,** Am Bischofsteich 4, ℰ 5 61 60 – 📺 ❷   Y b
Karte 15/36 – **14 Z : 19 B** 39/44 - 73/78.

XXX **Schweizer Haus,** Warburger Str. 99, ℰ 6 19 61 – ❷   über ③

XX **Ratskeller,** im Rathaus, ℰ 2 57 53 – ⬛. ⓞ 🄴 𝖵𝖨𝖲𝖠   Z R
Montag ab 15 Uhr geschl. – **Karte** 18/45.

In Paderborn-Elsen ⑥ : 4,5 km :

🏨 **Kaiserpfalz,** von-Ketteler-Str. 20, ℰ (05254) 55 11 – 📺 ⎕wc 📺wc ☎ ❷. 🛠
28 Z : 36 B Fb.

In Paderborn-Marienloh ① : 6 km :

X **Haus Hentze,** Detmolder Str. 388, ℰ (05252) 43 52, 🍴 – ❷. ⓞ 🄴 𝖵𝖨𝖲𝖠
Karte 15/49.

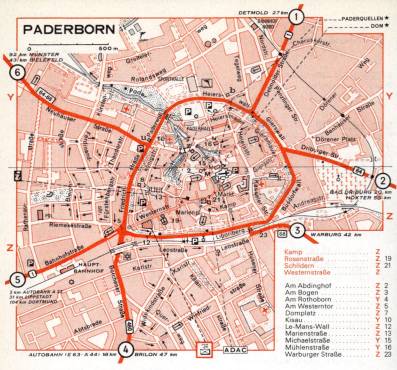

PADERBORN

In Paderborn-Schloß Neuhaus ⑥ : 5 km :

🏠 **Hellmann,** Neuhäuser Kirchstr. 19, ℰ (05254) 22 97 — 🏚wc 🅿
  Karte 15/32 *(nur Abendessen, Freitag geschl.)* — **21 Z : 29 B** 36/40 - 64/74.

In Borchen 2-Nordborchen 4799 ④ : 6 km :

🏠 **Haus Amedieck,** Paderborner Str. 7 (B 480), ℰ (05251) 3 92 46 — 🏚wc 🅿
  Dez. geschl. — Karte 19/43 (nur Abendessen, Freitag geschl.) — **32 Z : 48 B** 45/50 - 75/80.

🏠 **Pfeffermühle,** Paderborner Str. 66 (B 480), ℰ (05251) 3 94 45 — 🔄 📺 🏚wc ☎ 🚗 🅿
  Karte 15/41 *(Freitag ab 14 Uhr geschl.)* — **33 Z : 57 B** 35/50 - 55/75.

PANKER Schleswig-Holstein siehe Lütjenburg.

PAPENBURG 2990. Niedersachsen 987 ⑭ — 30 000 Ew — Höhe 5 m — 🅬 04961.
♦Hannover 240 — Groningen 67 — Lingen 68 — ♦Oldenburg 69.

🏠 **Engeln,** Mittelkanal rechts 97, ℰ 7 18 59 — 🏚wc ☎ 🅿 AE ⑩ 🛇 Rest
  Karte 17,50/41 — **40 Z : 78 B** 38 - 75.

In Papenburg 2-Herbrum SW : 9,5 km :

🏠 **Emsblick** 🖐, Fährstr. 31, ℰ (04962) 2 45, ≤, 🌳, 🛶, 🏊 — 📺 🏚wc ☎ 🚗 🅿
  ← Karte 14/37 — **30 Z : 50 B** 30/50 - 60/90.

PAPPENHEIM 8834. Bayern 987 ㉘ — 4 200 Ew — Höhe 410 m — Luftkurort — 🅬 09143.
🛈 Fremdenverkehrsverein, De singer Str. 14, ℰ 2 66.
♦München 134 — ♦Augsburg 76 — ♦Nürnberg 72 — ♦Ulm (Donau) 113.

🏠 **Sonne,** Deisinger Str. 20, ℰ 3 24, 🌳 — 🏚wc
  ← *Ende Sept.- Anfang Okt. geschl. — Karte 12/35 (Sonntag 14 Uhr - Montag geschl.)* — **11 Z :
  19 B** 35/40 - 56/70.

🏠 **Krone,** Marktplatz 6, ℰ 2 73 — 🛏wc 🏚wc 🅰 🇪 🛇
  ← *Nov. geschl. — Karte 12,50/38 (Mittwoch geschl.)* 🍴 — **21 Z : 32 B** 25/35 - 45/55.

🏠 **Pension Hirschen** garni, Marktplatz 4, ℰ 4 34 — 🏚wc. 🛇 — **10 Z : 19 B.**

🏠 **Gästehaus Dengler** garni, Deisinger Str. 32, ℰ 3 52 — 🏚wc 🚗. 🛇
  12 Z : 21 B 26 - 48/50.

♦München 265 — Bayreuth 54 — Weiden in der Oberpfalz 12.

☎ **Grünthaler Hof** 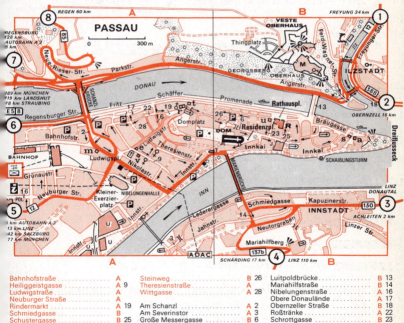, Grüntal 2 (SW : 1,5 km), ℰ 46 25, 🍴, Waldtierpark, 🐎, 🐴 (Haflinger)
— 🚗 🅿
15. Okt.- 15. Nov. geschl. — Karte 12/36 (Dienstag geschl.) — **9 Z : 17 B** 20 - 40 — P 35/38.

PARSBERG 8433. Bayern 987 ㉗ — 5 400 Ew — Höhe 550 m — © 09492.
♦München 137 — Ingolstadt 63 — ♦Nürnberg 64 — ♦Regensburg 42.

🏠 **Zum Hirschen**, Dr.-Schrettenbrunner-Str. 1, ℰ 50 10, 🍴, 🐎 — 🚽wc 🚗 🅿 🏥
— Karte 12,50/27 — **60 Z : 120 B** 27/48 - 50/76 — P 38/49.

PARSDORF Bayern siehe Vaterstetten.

PARTNACHKLAMM Bayern. Sehenswürdigkeit siehe Garmisch-Partenkirchen.

PASSAU 8390. Bayern 987 ㊳, 426 ⑦ — 50 000 Ew — Höhe 290 m — © 0851.
Sehenswert : Lage★★ am Zusammenfluß von Inn, Donau und Ilz — Dom★ (Chorabschluß★★) B.
Ausflugsziel : Veste Oberhaus (B) ≤★★ auf die Stadt.
🅱 Fremdenverkehrsverein, Neuburger Str. 7 (Nibelungenhalle), ℰ 5 14 08.
ADAC, Nikolastr. 2a, ℰ 5 11 31, Telex 5 77 13.
♦München 189 ⑦ — Landshut 120 ⑤ — Linz 110 ④ — ♦Regensburg 118 ⑦ — Salzburg 142 ⑤.

Bahnhofstraße . . . . A	Steinweg . . . . B 26	Luitpoldbrücke . . . . B 13
Heiliggeistgasse . . . . A 9	Theresienstraße . . . . A	Mariahilfstraße . . . . B 14
Ludwigstraße . . . . A	Wittgasse . . . . A 28	Nibelungenstraße . . . . A 16
Neuburger Straße . . . . A		Obere Donaulände . . . . A 17
Rindermarkt . . . . A 19	Am Schanzl . . . . A 2	Obernzeller Straße . . . . B 18
Schmiedgasse . . . . B	Am Severinstor . . . . A 3	Roßtränke . . . . A 22
Schustergasse . . . . B 25	Große Messergasse . . . . B 6	Schrottgasse . . . . B 23

🏛 **König** Ⓜ garni, Untere Donaulände 1, ℰ 3 50 28, ≤ — 🛗 📺 🚿wc ☎ 🚗 🏥 Ⓔ   A t
39 Z : 78 B 65/80 - 110/140 Fb.

🏛 **Wilder Mann** (modernisiertes Patrizierhaus), Schrottgasse 2, ℰ 3 50 71, Dachterrasse,
« Glasmuseum », 🔲 — 🛗 🚽wc ☎ 🏥 🐎   B u
Karte 15/45 — **54 Z : 98 B** 30/80 - 120/160.

🏛 **Passauer Wolf**, Rindermarkt 6, ℰ 3 40 46, Telex 57817, ≤ — 🛗 📺 🚽wc ☎ 🏥 🅰 Ⓞ Ⓔ 𝘝𝘐𝘚𝘈
Karte 23/53 (Montag geschl.) — **43 Z : 60 B** 80/120 - 120/180 Fb.   A r

🏛 **Dreiflüssehof**, Danziger Str. 42, ℰ 5 10 18 — 🛗 📺 🚿wc 🚽wc ☎ 🚗 🅿   über ⑤
— Karte 13/33 (Sonntag geschl.) — **67 Z : 130 B** 40/60 - 70/95 Fb.

Fortsetzung →

🏨 **Altstadt-Hotel Laubenwirt** ⌂, Bräugasse 27 (am Dreiflußeck), ℰ 3 34 51, ≤, 🏔 – 📶
   📺 🚻wc 🛏wc ☎ ⇔. 🅰🅴 ⓞ 🄴 𝗩𝗜𝗦𝗔   **B s**
   Karte 19,50/47 – **40 Z : 62 B** 55/77 - 95/122 Fb.

🏨 **Weisser Hase**, Ludwigstr. 23, ℰ 3 40 66 – 📶 🚻wc 🛏wc ☎ ⇔ 🏔. 🅰🅴 ⓞ 🄴 𝗩𝗜𝗦𝗔   **A e**
   Karte 15/40 🍷 – **122 Z : 230 B** 38/70 - 62/115.

🏨 **Herdegen** garni, Bahnhofstr. 5, ℰ 5 69 95 – 📶 📺 🚻wc 🛏wc ☎ ⓟ. 🅰🅴 𝗩𝗜𝗦𝗔   **A m**
   34 Z : 70 B 35/50 - 70/100.

🏨 Schloß Ort ⌂, Ort 11 (am Dreiflußeck), ℰ 3 40 72 (Hotel) 3 33 31 (Rest.), ≤ – 📶 🚻wc 🛏wc
   ☎ ⇔ ⓟ   **B a**
   34 Z : 55 B.

🏨 **Zum König**, Rindermarkt 2, ℰ 3 40 98, ≤ – 📶 📺 🛏wc ☎ ⇔   **A r**
   Karte 15/38 – **16 Z : 32 B** 54 - 94.

🏨 **Haus Innblick** ⌂ garni, Brixener Str. 7, ℰ 73 61 – 🛏wc ⇔ ⓟ   über ⑤
   15 Z : 30 B.

✗ **Heilig-Geist-Stift-Schenke**, Heiliggeistgasse 4, ℰ 26 07, « Gaststätte a.d.J. 1358,
   Stiftskeller, Wachauer Garten »   **A v**
   5.- 29. Nov. und Mittwoch geschl. – Karte 15,50/40 🍷.

   In Passau-Grubweg ② : 4 km :

🏨 **Firmiangut** ⌂ garni, Firmiangut 12a, ℰ 4 19 55, 🌲 – 🛏wc ☎ ⓟ. 🅰🅴
   Jan. geschl. – **26 Z : 43 B** 55/65 - 100.

   In Passau-Kohlbruck ⑤ : 3 km :

🏨 **Albrecht**, Kohlbruck 18 (an der B 12), ℰ 5 10 11, 🏔 – 🚻wc 🛏wc ☎ ⓟ. 🐾
→ 23. Dez.- 5. Jan. geschl. – Karte 12,50/29 (Freitag geschl.) 🍷 – **40 Z : 75 B** 38/48 -
   70/90 Fb.

   In Passau 16-Neustift ⑥ : 5 km :

🏨 **Pell**, Steinbachstr. 60, ℰ 8 15 01, Biergarten – 📺 🚻wc 🛏wc ☎ ⓟ. 🅰🅴 🄴
   Karte 15/35 (Sonn- und Feiertage ab 15 Uhr geschl.) – **31 Z : 58 B** 45 - 80.

   In Passau 16-Rittsteig ⑥ : 7,5 km :

🏠 **Rittsteig**, Alte Foststr. 58, ℰ 84 58 – 🛏wc ☎ ⓟ
→ Karte 13/33 (Nov.- April Samstag geschl.) – **32 Z : 52 B** 25/40 - 50/78.

   Außerhalb SW : 5 km über Innstraße A , nach dem Kraftwerk rechts ab :

🏠 **Abrahamhof** ⌂, Abraham 1, ✉ 8390 Passau, ℰ (0851) 67 88, ≤, 🏔, 🌲 – 🛏wc
→ ⓟ
   Karte 13/38 (Montag geschl.) – **28 Z : 53 B** 32/40 - 55/75.

   In Thyrnau 2-Kellberg 8391 ② : 10 km – Luftkurort :

🏠 Pfälzer Weinstube, Kurpromenade 11, ℰ (08501) 13 15, 🏔 – 🛏wc ☎ ⓟ
   26 Z : 46 B.

   In Thyrnau 8391 ② : 11 km :

✗✗ Christopherhof m t Zim, Hofmarkstr. 2, ℰ (08501) 2 01, 🌲 – 🛏wc ⓟ
   10 Z : 16 B.

PATERSBERG Rheinland-Pfalz siehe St. Goarshausen.

PATERSDORF Bayern siehe Viechtach.

PATTENSEN 3017. Niedersachsen – 5 500 Ew – Höhe 75 m – ✪ 05101.
♦Hannover 13 – Hameln 36 – Hildesheim 23.

🏨 **Leine-Hotel**, Schönberger Str. 43, ℰ 1 30 36, Telex 5101831, 🚪 – 📶 📺 ♿ ⇔ ⓟ 🏔. 🅰🅴
   ⓞ 🄴 𝗩𝗜𝗦𝗔
   Karte 24/52 (nur Abendessen) – **70 Z : 96 B** 85/92 - 139 Fb.

🏨 Zur Linde, Göttinger Str. 14 (B 3), ℰ 1 23 23 – 🛏wc ☎ ⓟ 🏔. 🐾
   38 Z : 60 B Fb.

PEGNITZ 8570. Bayern 🖫🖫🖫 ㉗ – 14 000 Ew – Höhe 426 m – Erholungsort – ✪ 09241.
🗎 Stadtverwaltung, Hauptstr. 37, ℰ 4 31.
♦München 206 – ♦Bamberg 67 – Bayreuth 33 – ♦Nürnberg 60 – Weiden in der Oberpfalz 55.

🏨 ✿ **Pflaums Posthotel**, Nürnberger Str. 14, ℰ 7 25, Telex 642433, 🏔, 🚪, 🖼, 🌲 – 📶 📺
   ⇔ ⓟ 🏔. 🅰🅴 ⓞ 🄴 𝗩𝗜𝗦𝗔
   Karte 47/90 (Tischbestellung ratsam) – **58 Z : 90 B** 75/150 - 120/250 Fb
   Spez. Marinierter Bachsaibling, Fränkisches Täubchen gefüllt, Gebackene Salbeiblätter mit Aprikosenmus.

🏠 Weißes Lamm, Hauptstr. 42, ℰ 14 25 – 🛏wc ⇔
   11 Z : 23 B.

PEINE 3150. Niedersachsen 987 ⑮ — 45 500 Ew — Höhe 67 m — ✪ 05171.
◆Hannover 39 — ◆Braunschweig 28 — Hildesheim 32.

🏨 **Am Herzberg,** Am Herzberg 18, ℘ 69 90 — ⊖wc �︎wc ⬅ 🅿. ❄
Karte 18/40 *(nur Abendessen, Freitag geschl.)* — **22 Z : 30 B** 58/65 - 112/118.

🏨 Peiner Hof ⤷ garni, Am Silberkamp 23, ℘ 1 53 14 — ⊖wc ﬀ︎wc ☎ 🅿
16 Z : 20 B.

🏨 **Schützenhaus,** Schützenstr. 23, ℘ 1 52 09 — ﬀ︎ ☎ 🅿 ♨. AE ① E
Mitte Juli - Mitte Aug. geschl. — Karte 22/47 *(Sonntag geschl.)* — **9 Z : 15 B** 43 - 85.

In Peine-Stederdorf N : 3 km :

🏨 Schönau, Peiner Str. 17 (B 444), ℘ 62 59 — ﬀ︎wc 🅿
29 Z : 40 B.

In Ilsede 1-Groß Bülten 3152 S : 10 km :

🏨 Gästehaus Ilsede, Triftweg 2, ℘ (05172) 60 88 — ⊖wc ﬀ︎wc ☎ ⬅ 🅿 ♨
12 Z : 20 B.

PEITING 8922. Bayern 987 ㊱, 426 ⑯ — 10 800 Ew — Höhe 718 m — Erholungsort — ✪ 08861.
🛈 Verkehrsverein, Hauptplatz 1, ℘ 65 35.
◆München 87 — Füssen 33 — Landsberg am Lech 30.

🏨 **Dragoner,** Ammergauer Str. 11 (B 23), ℘ 60 51, 🍴, ⇌ — 🔋 TV ﬀ︎wc ☎ 🅿. AE ① E VISA
◆ Karte 14,50/36 ♨ — **51 Z : 95 B** 40/58 - 70/95 — P 55/75.

🏨 **Zum Pinzger,** Am Hauptplatz 9, ℘ 62 40, 🍴 — 🔋 ⊖wc ﬀ︎wc ⬅ 🅿. ① E VISA. ❄ Zim
◆ Karte 13/32 *(Montag geschl.)* ♨ — **21 Z : 44 B** 34/45 - 60/82 Fb — P 52/60.

PELLWORM (Insel) 2251. Schleswig-Holstein 987 ④ — 1 200 Ew — Insel der Nordfriesischen
Inselgruppe — ✪ 04844.
🚢 von Nordstrand-Strucklahnungshörn (ca. 45 min.) - Voranmeldung ratsam, ℘ (04844) 2 22.
🛈 Kurverwaltung, am Hafen Tammensiel, ℘ 5 44.

🏨 **Friesenhaus** ⤷, Kaydeich, ℘ 7 74, 🍴, 🐎 — ⊖wc ﬀ︎wc ☎ 🅿 ♨
März - Okt. — Karte 24/49 — **27 Z : 45 B** 61/67 - 106/118 — P 75/85.

PELZERHAKEN Schleswig-Holstein siehe Neustadt in Holstein.

PENTLING Bayern siehe Regensburg.

PERACH Bayern siehe Neuötting.

PERL 6643. Saarland 242 ②, 409 ㉗ — 6 500 Ew — Höhe 254 m — ✪ 06867.
◆Saarbrücken 72 — ◆Luxembourg 32 — Saarlouis 47 — ◆Trier 46.

🍴 **Hammes,** Hubertus-von-Nell-Str. 15, ℘ 2 35 — ﬀ︎wc 🅿
10.- 30. Juni geschl. — Karte 15/42 *(Mittwoch geschl.)* — **18 Z : 25 B** 30/35 - 60/70.

PETERSBERG Hessen siehe Fulda.

PETERSHAGEN 4953. Nordrhein-Westfalen 987 ⑮ — 24 900 Ew — Höhe 45 m — ✪ 05707.
◆Düsseldorf 230 — ◆Bremen 90 — ◆Hannover 82 — ◆Osnabrück 78.

🏰 **Schloß Petershagen** ⤷ (Fürstbischöfliche Residenz a. d. 14. Jh.), ℘ 3 46, ≼, 🏊 (geheizt),
🍴, ❄ — ⊖wc ☎ 🅿 ♨ AE ① E
Karte 24/57 — **11 Z : 20 B** 80 - 150.

🍴🍴 **Alte Schmiede,** Mindener Str. 25, ℘ 27 55 — AE ① E
Juli - Aug. 3 Wochen und Dienstag - Mittwoch 18 Uhr geschl. — Karte 22/53.

In Petershagen 1-Wietersheim rechtes Weserufer :

🏨 **Rasthaus Wietersheim,** Lange Str. 49, ℘ (05702) 90 39 — ﬀ︎ 🅿
Juli 3 Wochen geschl. — Karte 15/42 *(Samstag bis 16 Uhr geschl.)* — **16 Z : 28 B** 30/40 - 50/70.

PETERSTAL-GRIESBACH, BAD 7605. Baden-Württemberg 987 ㉞ — 3 500 Ew — Höhe 400 m
— Heilbad — Kneippkurort — Wintersport : 700/800 m ✂1 ✂2 — ✪ 07806.
🛈 Kurverwaltung, Bad Peterstal, Schwarzwaldstr. 11, ℘ 10 76.
◆Stuttgart 115 — Freudenstadt 24 — Offenburg 34 — Strasbourg 48.

Im Ortsteil Bad Peterstal :

🏨 **Hirsch,** Insel 1, ℘ 10 38, 🏊 — 🔋 ⊖wc ﬀ︎wc 🅿. E
Karte **25**/48 *(auch Diät, Montag geschl.)* ♨ — **37 Z : 54 B** 35/65 - 80/120 Fb — P 59/90.

🏨 **Bärenwirtshof,** Schwimmbadstr. 4, ℘ 10 74, « Gartenterrasse », Bade- und Massageabteilung, ♨, 🐎 — 🔋 ⊖wc ﬀ︎wc ☎ 🅿. AE VISA
Karte 19/54 *(Mai - Okt. Dienstag ab 13,30 Uhr, Nov.- April Dienstag ganztägig geschl.)* ♨ —
24 Z : 40 B 34/51 - 64/98 Fb — P 53/70.

🏠 **Hubertus** garni, Insel 3, ☎ 5 95, ⌂s, 🔲, ⚞ – 🏠wc ⟺ 🅿. 𝕊𝕊
15. Nov.- 15. Dez. geschl. – **16 Z : 24 B** 30/40 - 64/72.

🏠 **Schauinsland** ⌂s, Forsthausstr. 21, ☎ 81 91, ≤ Bad Peterstal, 🔲 – ⌂wc 🏠wc 🅿. 𝕊𝕊
20. Nov.- 16. Dez. geschl. – (Rest. nur für Hausgäste) – **12 Z : 22 B** 38/46 - 76/90 – P 65/67.

🏡 **Schützen**, Renchtalstr. 21, ☎ 2 41, ⚞ – 🏠wc. 𝕊𝕊 Zim
5. Jan.- 15. Feb. geschl. – Karte 17/39 (Donnerstag geschl.) ⚱ – **13 Z : 24 B** 28/42 - 54/76 –
P 48/52.

Im Ortsteil Bad Griesbach :

🏨 **Dollenberg** ⌂s, Dollenberg 3, ☎ 10 61, ≤, Bade- und Massageabteilung, ⌂s, 🔲, ⚞ – 📺
⌂wc 🏠wc ☎ 🅿 ⚱. ⓓ E
Ende Nov.- Mitte Dez. geschl. – Karte 29/64 – **31 Z : 54 B** 56/78 - 102/154 Fb – P 70/97.

🏠 **Adlerbad**, Kniebisstr. 55, ☎ 10 71, ⚞, Bade- und Massageabteilung, ⌂s – ⧉ 🏠wc ☎ ⟺
🅿
15. Nov.- 19. Dez. geschl. – Karte 17/40 (Mittwoch geschl.) ⚱ – **34 Z : 60 B** 32/55 - 56/94 Fb –
P 45/70.

🏠 **Café Kimmig**, Kniebisstr. 57, ☎ 10 55 – ⧉ ⌂wc 🏠wc ⟺. ⓐE E
12. Feb.- 12. März geschl. – Karte 16,50/40 ⚱ – **11 Z : 22 B** 43/46 - 76/90 – P 60/67.

🏠 **Hoferer** ⌂s, Wilde Rench 29, ☎ 85 66, ⚞ – ⧉ 🏠wc 🅿
Nov. geschl. – Karte 19,50/44 (Montag geschl.) ⚱ – **14 Z : 23 B** 36/38 - 66/72 – P 60.

🏡 Herbstwasen ⌂s, Wilde Rench 68, ☎ 6 27, ≤, ⚞ – 🏠wc ⟺ 🅿 – **17 Z : 30 B**.

XX **Döttelbacher Mühle** mit Zim, Kniebisstr. 8, ☎ 10 37, ⚞ – 🏠wc 🅿
17. Nov.- 13. Dez. geschl. – Karte 17,50/45 (Dienstag ab 13 Uhr geschl.) ⚱ – **15 Z : 28 B** 30/38 -
60/76 Fb.

Außerhalb SO : 5 km über die Straße nach Wolfach :

🏠 **Palmspring** ⌂s, Palmspring 1, ✉ 7605 Bad Peterstal-Griesbach 1, ☎ (07806) 3 01,
Telex 7525319, ≤, ⚞, ⌂s, ⚞, % – 📺 ⌂wc 🏠wc ☎ 🅿. ⓐE E
22. Nov.- 15. Dez. geschl. – Karte 16,50/45 – **20 Z : 40 B** 38/46 - 76/85 Fb.

PETERSTHAL Bayern siehe Oy-Mittelberg.

PETTENDORF Bayern siehe Marquartstein bzw. Regensburg.

PFABEN Bayern siehe Erbendorf.

PFAFFENHOFEN AN DER ILM 8068. Bayern 987 ㊲ – 16 750 Ew – Höhe 430 m – ✿ 08441.
🛈 Verkehrsamt, Haus der Begegnung, Hauptplatz 47, ☎ 94 00.
♦München 50 – ♦Augsburg 62 – Ingolstadt 32 – ♦Regensburg 85.

🏠 **Müllerbräu**, Hauptplatz 2, ☎ 25 11 – 🏠wc 🅿 ⚱
Karte 16/42 (Montag geschl.) – **13 Z : 26 B** 55 - 85.

🏠 **Bortenschlager**, Hauptplatz 39, ☎ 54 61 – ⌂wc 🏠wc ⟺ 🅿
26 Z : 51 B.

PFAFFENWEILER Baden-Württemberg siehe Ehrenkirchen.

PFALZGRAFENWEILER 7293. Baden-Württemberg 987 ㊳ – 5 300 Ew – Höhe 635 m –
Luftkurort – ✿ 07445 – 🛈 Kurverwaltung, im Haus des Gastes, Marktplatz, ☎ 20 31.
♦Stuttgart 76 – Freudenstadt 16 – Tübingen 57.

🏠 **Schwanen**, Marktplatz 1, ☎ 20 44, ⌂s, ⚞ – ⌂wc 🏠wc ⟺ 🅿 ⚱ E
Mitte Jan.- Mitte Feb. geschl. – Karte 17/38 (Mittwoch geschl.) ⚱ – **30 Z : 48 B** 37/48 - 76/88
– P 59/63.

🏡 **Pfalzgraf**, Bellingstr. 19, ☎ 25 91, ⚞ – 🏠 ⟺ 🅿. 𝕊𝕊 Rest
Karte 15/37 (Montag geschl.) ⚱ – **10 Z : 18 B** 30/35 - 60/70 – P 45/50.

🏡 **Lamm**, Lange Str. 63, ☎ 23 93, ⚞, % – 🏠 ⟺ 🅿
1.- 22. Okt. geschl. – Karte 13,50/27 (Dienstag geschl.) ⚱ – **22 Z : 35 B** 22/32 - 44/56.

In Pfalzgrafenweiler - Bösingen NO : 3 km :

🏠 **Pension Gärtner** ⌂s garni, Oberer Höchsten 1, ☎ 29 20, ⚞ – ⌂wc 🏠wc 🅿. 𝕊𝕊
7 Z : 12 B 30/35 - 56/60.

In Pfalzgrafenweiler - Herzogsweiler SW : 4 km :

🏠 **Sonnenschein**, Birkenbuschweg 11, ☎ 22 10, ⚞ – ⌂wc 🏠wc ⟺ 🅿. 𝕊𝕊 Zim
Mitte Nov.- Mitte Dez. geschl. – Karte 16/32 (Mittwoch geschl.) ⚱ – **36 Z : 65 B** 30/40 - 60/76
Fb – P 48/60.

🏠 **Hirsch**, Alte Poststr. 20, ☎ 22 91, ⚞ – 🏠wc ⟺ 🅿. 𝕊𝕊 Rest
24. Okt.- 15. Nov. geschl. – Karte 16/30 ⚱ – **28 Z : 45 B** 30/32 - 60/64 – P 50.

🏠 **Pension Braun** garni, Birkenbuschweg 3, ☎ 28 41, ⚞ – 🏠wc 🅿. 𝕊𝕊
10 Z : 16 B 20/28 - 52/54.

In Pfalzgrafenweiler - Kälberbronn W : 7 km :

🏨 **Schwanen** ⊗, Große Tannenstr. 10, ℰ 20 21, 🏠, Massage, ⊜, 🗔, 🚗 – 🛗 🅿 🏋️ 🕮 ⑩
E. 🍴 Rest
15. Nov.-15. Dez. geschl. – Karte 21/52 – **70 Z : 110 B** 70/120 - 140/240 Fb.

🏨 ❀ **Waldsägmühle** ⊗, an der Straße nach Durrweiler (SO : 2 km), ℰ 20 35, 🗔, 🚗 – 🛗
🛏️wc 🛏️wc ☎ 🅿 🏋️ 🕮 ⑩ **E**
7. Jan.- 6. Feb. geschl. – Karte 24/72 *(Donnerstag geschl.)* ♨ – **38 Z : 69 B** 55/65 - 104/120 Fb
– P 80/92
Spez. Roggennudeln mit Spitzmorcheln, Trilogie von Edelfischen.

In Pfalzgrafenweiler - Neu-Nuifra SO : 5 km :

🏚️ **Schwarzwaldblick**, Vörbacher Str. 3, ⊠ 7244 Waldachtal 1, ℰ (07445) 24 79, 🚗 – 🛏️wc
🅿
Ende Nov.- 15. Dez. geschl. – Karte 15/24 *(Montag geschl.)* – **19 Z : 34 B** 26 - 52 – P 39.

🟥 **PFARRKIRCHEN** 8340. Bayern 🄫🄫🄬 ⊗, 🄰🄬🄶 ⑥ – 10 000 Ew – Höhe 380 m – 🕓 08561.
♦München 135 – Landshut 70 – Passau 58.

🏚️ Ederhof, Zieglstadl 1a, ℰ 17 50 – 🛗 🛏️wc 🛏️wc ☎ 🅿
18 Z : 36 B Fb.

In Postmünster 8341 SW : 4 km :

🏨 **Sport- und Golfhotel Rottauensee** Ⓜ ⊗, Seestr. 10, ℰ (08561) 60 16, ≤, 🏠, ⊜,
🗔 (geheizt), 🚗 – 🛗 🛏️wc ☎ 🅿 🏋️ 🕮 ⑩ **E**
Karte 20/45 – **75 Appart. : 150 B** 65 - 84/104 Fb.

🟥 **PFEDELBACH** 7114. Baden-Württemberg – 6 400 Ew – Höhe 237 m – 🕓 07949.
♦Stuttgart 72 – Heilbronn 32 – Schwäbisch Hall 33.

In Pfedelbach-Untersteinbach SO : 8 km – Erholungsort :

🏚️ **Gästehaus Karin** ⊗, In der Heid 3, ℰ 6 70, ⊜, 🚗 – 🛏️wc 🅿
→ Karte 13,50/28 *(Mittagessen nur für Hausgäste)* – **12 Z : 20 B** 33/35 - 60/64 – P 46/48.

🏚️ **Adler**, Mainhardter Str. 1, ℰ 4 61 – 🛏️wc 🅿
→ Ende Nov.- Mitte Dez. geschl. – Karte 14,50/32 *(Mittwoch geschl.)* ♨ .– **7 Z : 11 B** 30/38 -
50/60.

🟥 **PFEFFENHAUSEN** 8301. Bayern – 4 200 Ew – Höhe 434 m – 🕓 08782.
♦München 85 – Landshut 24 – ♦Regensburg 61.

🏚️ **Brauerei Gasthof Pöllinger**, Moosburger Str. 23, ℰ 16 70 – 🛏️wc 🛏️wc 🅿
→ Karte 11/30 *(Montag geschl.)* – **14 Z : 25 B** 35 - 60.

🟥 **PFINZTAL** Baden-Württemberg siehe Karlsruhe.

🟥 **PFORZEN** Bayern siehe Kaufbeuren.

🟥 **PFORZHEIM** 7530. Baden-Württemberg 🄫🄫🄬 ⊗ – 106 000 Ew – Höhe 280 m – 🕓 07231.
🅱 Stadtinformation, Marktplatz 1, ℰ 39 21 90.
ADAC, Bahnhofstr. 14, ℰ 1 30 55, Notruf ℰ 1 92 11.
♦Stuttgart 50 ② – Heilbronn 82 ② – ♦Karlsruhe 33 ⑤.

Stadtplan siehe nächste Seite.

🏨 **Goldene Pforte** Ⓜ, Hohenstaufenstr. 6, ℰ 3 79 20, 🏠, ⊜, 🗔 – 🛗 🍽️ Rest 📺 🅿 🏋️ (mit **B s**
🍽️). 🕮 ⑩ **E** 🆅🆂🅰
Karte 24/69 – **115 Z : 219 B** 120/140 - 160/180 Fb.

🏨 **Ruf**, Bahnhofplatz 5, ℰ 1 60 11, Telex 783843 – 🛗 📺 🏋️ 🕮 ⑩ **E** 🆅🆂🅰 **B a**
Karte 30/70 – **55 Z : 90 B** 95/120 - 120/170 Fb.

🏚️ **Mönch's Schloßhotel**, Lindenstr. 2, ℰ 1 60 51, Telex 783999 – 🛗 📺 🛏️wc 🛏️wc ☎. 🕮 ⑩ **B e**
E 🆅🆂🅰
Karte 30/56 *(Sonntag geschl.)* – **32 Z : 45 B** 68/95 - 125/150.

🏚️ **Gute Hoffnung - Rôtisserie Le Canard**, Dillsteiner Str. 9, ℰ 2 20 11, Telex 783912 – **A v**
🛏️wc 🛏️wc ☎ 🅿. 🕮 ⑩ **E**
Karte 29/75 *(Samstag und Feiertage bis 19 Uhr sowie Sonntag geschl.)* – **25 Z : 40 B** 85/95 -
90/130.

🏚️ **City** garni, Bahnhofstr. 8, ℰ 35 80 11 – 🛗 📺 🛏️wc 🛏️wc ☎. 🕮 ⑩ **E** 🆅🆂🅰 **B b**
24. Dez.- 6. Jan. geschl. – **20 Z : 27 B** 85/110 - 135/150.

🏚️ **Deutsches Haus**, Pfälzer Str. 26, ℰ 3 20 31, ⊜, 🗔 – 🛗 📺 🛏️wc 🛏️wc ☎ 🚙 **B n**
Karte 17/42 *(Montag geschl.)* – **41 Z : 70 B** 50/70 - 80/115 Fb.

🏚️ **Europa-Hotel** garni, Kronprinzenstr. 1, ℰ 35 70 33 – 🛏️wc 🛏️wc ☎ 🚙. 🕮 ⑩ 🆅🆂🅰 **B t**
24 Z : 35 B 62/69 - 99.

PFORZHEIM

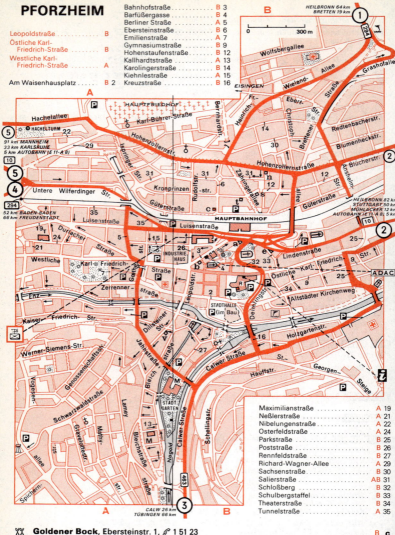

XX **Goldener Bock,** Ebersteinstr. 1, ℰ 1 51 23   B **c**
   Donnerstag - Freitag 17 Uhr und Juli - Aug. 3 Wochen geschl. — Karte **29**/49 (abends
   Tischbestellung ratsam).

X **Ratskeller,** Marktplatz 1 (Rathaus), ℰ 10 12 22, 🕮 – ♿ 🏛   B **R**
   Karte 18/53.

   In Pforzheim-Brötzingen über ④ :

XX **Pyramide,** Dietlinger Str. 25, ℰ 4 17 54
   nur Abendessen, Sonn- und Feiertage geschl. — Karte 36/71.

X **Silberburg,** Dietlinger Str. 27, ℰ 4 11 59.

   In Pforzheim-Büchenbronn SW : 5 km über Kaiser-Friedrich-Str. A :

XX **Adler** mit Zim, Lerchenstr. 21, ℰ 7 12 25 — 🚗 🅿 🕒   — **6 Z : 9 B**
   Ende Juli - Mitte Aug. geschl. — Karte 19/58 (*Sonntag 15 Uhr - Montag geschl.*)
   36/38 - 64.

In Pforzheim-Eutingen ② : 3 km :

🏠 **Stadt Pforzheim**, Hauptstr. 70, ℰ 5 13 55 — 🏗wc 🅿 🎠
9. Juli - 5. Aug. geschl. — Karte 16/35 *(Donnerstag geschl.)* 🍴 — **20 Z : 30 B** 28/38 - 50/65.

In Pforzheim-Sonnenberg über Kaiser-Friedrich-Str. A :

🏠 **Sonnenberg**, Friedrichstr. 41, ℰ 7 12 30 — 🏗 ⇦ 🅿
Karte 18/40 *(Dienstag geschl.)* — **12 Z : 21 B** 35/42 - 60/65.

An der Straße nach Huchenfeld ③ : 4 km :

XXX Hoheneck, Huchenfelder Str. 70, ✉ 7530 Pforzheim, ℰ (07231) 7 16 33 — 🅿.

An der Autobahnausfahrt Pforzheim-Ost ② : 6 km :

🏨 Crest Hotel, Pforzheimer Straße, ✉ 7532 Niefern-Oschelbronn, ℰ (07233) 12 11, Telex 783905,
🍴 — 📶 📺 ⇦wc 🏗wc ☎ ❤ 🅿 🎠
72 Z : 122 B Fb.

In Neulingen-Bauschlott 7531 N : 10 km :

🏠 Goldener Ochsen, Brettener Str. 1, ℰ (07237) 2 25, Biergarten — 🏗wc 🅿 🎠
11 Z : 17 B.

PFREIMD 8473. Bayern 🔢🔢🔢 ㉗ — 5 200 Ew — Höhe 371 m — ✦ 09606.
♦München 188 — ♦Nürnberg 96 — ♦Regensburg 66 — Weiden in der Oberpfalz 25.

🏠 Wilder Mann, Marktplatz 2, ℰ 2 67 — 🏗wc ⇦
24 Z : 35 B.

PFRONTEN 8962. Bayern 🔢🔢🔢 ㊱, 🔢🔢🔢 ⑮, 🔢🔢🔢 ⑨ — 7 500 Ew — Höhe 850 m — Luftkurort — Wintersport : 840/1 840 m ⟙2 ≤15 ⟎7 — ✦ 08363.
🅱 Verkehrsamt, Haus des Gastes, Pfronten-Ried, Vilstalstraße, ℰ 50 43.
♦München 131 — Füssen 12 — Kempten (Allgäu) 29.

In Pfronten-Berg :

🏠 **Alpengasthof zum Engel** ⏸, Am Hörnle 2, ℰ 18 86 — 🏗wc 🅿 🎠
Nov.- 15. Dez. geschl. — Karte 15/42 *(Montag geschl.)* 🍴 — **12 Z : 24 B** 38/40 - 75.

In Pfronten-Dorf :

🏠 **Bavaria** ⏸, Kienbergstr. 62, ℰ 50 04, ≤, 🍴, Massage, ≘s, ⛵ (geheizt), 🏊, 🌳 — 📶 📺
🎿🎿 ⇦ 🅿
4. Nov.- 15. Dez. geschl. — Karte 21/50 — **51 Z : 100 B** 83/133 - 166/266 Fb.

🏨 **Haus Achtal** ⏸ garni, Kienbergstr. 49 b, ℰ 83 29, ≤, ≘s, 🏊, 🌳, ❊ — 🏗wc ☎ 🅿
Nov.- 20. Dez. geschl. — **16 Z : 26 B** 35/45 - 54/80.

In Pfronten-Halden :

🏨 **Pension Zugspitzblick** ⏸ garni, Edelsbergweg 71, ℰ 50 75, ≤, ≘s, 🏊, 🌳 — 🏗wc ☎
⇦ 🅿
24. Okt.- 20. Dez. geschl. — **51 Z : 110 B** 27/70 - 52/85.

🏠 **Edelsberg** ⏸, Edelsbergweg 72, ℰ 50 77, ≤, ≘s, 🏊, 🌳 — ⇦wc 🏗wc ☎ ⇦ 🅿
4. Nov.- 16. Dez. geschl. — Karte 16/37 *(Donnerstag geschl.)* — **9 Z : 18 B** 40 - 72/80 — 11 Appart. 65/95.

In Pfronten-Heitlern :

🏠 **Cafe am Kurpark** ⏸ garni, Schlickestr. 11, ℰ 81 12, Caféterrasse, 🌳 — 🏗wc ⇦ 🅿
16 Z : 25 B 27/45 - 68.

In Pfronten-Meilingen :

🏠 **Berghof** ⏸, Falkensteinweg 13, ℰ 50 17, ≤ Pfronten mit Kienberg und Breitenberg, 🍴 —
⇦wc 🏗wc ☎ 🅿. ❊
Nov.- 15. Dez. geschl. — Karte 16,50/45 *(Montag geschl.)* — **32 Z : 53 B** 43/46 - 68/88 Fb
— 5 Appart. 65/120.

🏠 **In der Sonne** ⏸, Neuer Weg 14, ℰ 50 19, ≤, 🍴, ≘s, 🌳 — ⇦wc 🏗wc ☎ ⇦ 🅿. ❊ Zim
Nov.-15. Dez. geschl. — Karte 14,50/31 *(Dienstag geschl.)* 🍴 — **20 Z : 35 B** 44 - 70/78 Fb
— 2 Appart. 80.

🏠 **Alpenhotel** ⏸, Falkensteinweg 9, ℰ 50 55, ≤, ≘s, 🏊 — ⇦wc 🏗wc ☎ 🅿. 🆎 🅴
20. Okt.- 20. Dez. geschl. — Karte 16/44 *(Mittwoch geschl.)* — **24 Z : 46 B** 53/60 - 96/100 Fb.

In Pfronten-Obermeilingen :

🏠 **Berggasthof Schloßanger - Alp** ⏸, Am Schloßanger 1, Höhe (1 130 m), ℰ 3 81, ≤ Tiroler
Berge, 🍴, ≘s, 🏊, 🌳 — 🏗wc ⇦ 🅿. 🆎 🅾 🅴 𝗩𝗜𝗦𝗔
Nov.- 20. Dez. geschl. — Karte 17/38 *(Jan.- Mai Dienstag geschl.)* — **14 Z : 30 B** 45/80 - 88/140
Fb — 16 Appart. 90/125.

🏠 **Schönblick** ⏸, Falkensteinweg 21, ℰ 81 23, ≤, 🍴, ≘s — ⇦wc 🏗wc ⇦ 🅿
15. Okt.- 15. Dez. geschl. — Karte 15/30 *(Sept.- Mai Donnerstag geschl.)* 🍴 — **16 Z : 34 B** 28/50
- 62/90 — 6 Appart. 60/105.

In Pfronten-Ried :

🏠 **Haus Manhard** 🦢 garni, Birkenweg 21, *𝒫* 18 55, ⇌, 🚗 – 🛗wc ☎ 🅿
15. Okt.- 20. Dez. geschl. – **18 Z : 31 B** 36/52 - 62/78 – 10 Appart. 65/105.

🏠 **Pension Michels Ruh** 🦢 garni, Krankenhausstr. 6, *𝒫* 4 73 – 🛗wc 🅿
Nov.-15. Dez. geschl. – **24 Z : 37 B** 27/37 - 52/68.

In Pfronten-Röfleuten :

🏠 **Frisch** 🦢, Zerlachweg 1, *𝒫* 50 89, ≤, 🍴, ⇌, 🏊, 🚗 – 🛗 🖐wc ☎ 🕭 🥢 🅿. 🖭
3. Nov.- 15. Dez. geschl. – Karte 15/30 *(Mittwoch geschl.)* 🍷 – **34 Z : 58 B** 54 - 97 Fb.

In Pfronten-Steinach :

🏨 **Chesa Bader** 🦢 garni, Enzianstr. 12, *𝒫* 83 96, « Chalet mit rustikal-behaglicher
Einrichtung », ⇌, 🏊, 🚗 – 📺 🖐wc ☎ 🕭 🅿. 🍴
15. Nov.- 15. Dez. geschl. – **8 Z : 16 B** 45 - 90.

In Pfronten-Weißbach :

🏨 **Post**, Kemptener Str. 14, *𝒫* 50 32, ⇌ – 📺 🖐wc ☎ 🕭 🅿. 🖭 ⓞ 🄴 𝑉𝐼𝑆𝐴
Anfang - Mitte April und 5. Nov.- 20. Dez. geschl.) – Karte 24/50 *(Montag geschl.)* – **27 Z : 55 B**
50/60 - 80/90 – 16 Appart. 50/110.

🏨 **Parkhotel Flora** 🦢, Auf der Geigerhalde 43, *𝒫* 50 71, ≤ Allgäuer Bergpanorama, 🍴 – 📺
🖐wc 🖐wc ☎ 🅿. 🖭 ⓞ 🄴 𝑉𝐼𝑆𝐴. 🍴 Rest
Nov.- 15. Dez. geschl. – Karte 17/44 🍷 – **57 Z : 106 B** 60/68 - 100/116 Fb – P 72/91.

In Eisenberg 8959 NO : 6 km :

🏠 **Gockelwirt** 🦢, Pröbstener Str. 23, *𝒫* (08364) 10 41, 🍴, ⇌, 🏊, 🚗, 🍴 – 🖐wc 🖐wc ☎
🕭 🅿
15. Jan.- 15. Feb. und Nov.- 25. Dez. geschl. – Karte 18,50/49 *(außerhalb der Saison Donnerstag
geschl.)* 🍷 – **28 Z : 52 B** 27/49 - 50/114 Fb.

In Eisenberg-Zell 8959 NO : 4 km :

🏨 **Burghotel Bären** 🦢, Dorfstr. 4, *𝒫* (08363) 50 11, 🍴, ⇌, 🚗 – 🛗 🖐wc 🖐wc 🕭 🅿.
🍴 Zim
7. April - 1. Mai und 10. Nov.- 20. Dez. geschl. – Karte 18/47 *(Okt.- Juni Dienstag geschl.)* –
26 Z : 50 B 39/42 - 68/84 Fb.

PFULLENDORF 7798. Baden-Württemberg 𝟿𝟾𝟽 🅖. 𝟺𝟸𝟽 ⑦ – 11 000 Ew – Höhe 650 m –
🕾 07552.

◆Stuttgart 123 – ◆Freiburg im Breisgau 137 – ◆Konstanz 62 – ◆Ulm (Donau) 92.

🏨 **Adler** 🅼, Heiligenberger Str. 20, *𝒫* 80 54 – 🛗 🖐wc 🖐wc ☎ 🅿 🛁. 🖭 ⓞ 🄴
Karte 16,50/47 – **28 Z : 48 B** 50/58 - 80/112 Fb.

🏠 **Stadtblick** garni, Am Pfarröschle 2/1, *𝒫* 3 11 – 🖐wc ☎ 🕭 🅿
14 Z : 19 B 44/45 - 70/78.

🏠 **Krone**, Hauptstr. 18, *𝒫* 81 11 – 📺 🖐wc 🖐wc ☎ 🕭 🅿 🛁. 🖭 🄴
22. Dez.- 10. Jan. geschl. – Karte 17/37 *(Freitag geschl.)* 🍷 – **15 Z : 28 B** 20/45 - 40/75 – 15
Appart. 85/180.

PFULLINGEN Baden-Württemberg siehe Reutlingen.

PFUNGSTADT 6102. Hessen 𝟿𝟾𝟽 ㉘ – 24 000 Ew – Höhe 104 m – 🕾 06157.

◆Wiesbaden 52 – ◆Darmstadt 10 – Mainz 45 – ◆Mannheim 45.

🏨 **Rheinischer Hof**, Rheinstr. 40, *𝒫* 60 76 – 🖐wc ☎ 🅿. 🖭 🄴 𝑉𝐼𝑆𝐴
Karte 28/59 *(Montag geschl.)* – **14 Z : 22 B** 65/74 - 105/125 Fb.

🏠 **Weingärtner** 🦢 garni, Sandstr. 26, *𝒫* 29 58 – 🖐wc 🅿
41 Z : 60 B 35/60 - 57/87.

🍴🍴 **Kirchmühle**, Kirchstr. 31, *𝒫* 68 20, « Originelle Einrichtung aus Teilen einer alten Mühle »
– ⓞ 🄴
Montag geschl. – Karte 34/68 (Tischbestellung ratsam).

An der Autobahn A 67 :

🏠 Autobahn-Hotel (Ostseite), ✉ 6102 Pfungstadt, *𝒫* (06157) 30 31 – 🛗 🖐wc ☎ 🕭 🅿
50 Z : 72 B.

PHILIPPSTHAL 6433. Hessen – 5 400 Ew – Höhe 226 m – Erholungsort – 🕾 06620.

◆Wiesbaden 190 – Fulda 77 – Bad Hersfeld 26.

🏠 **Hessisches Wappen**, Rathausstr. 14, *𝒫* 2 09, ⇌, 🚗 – 🖐wc 🅿
Karte 12,50/25 *(Montag geschl.)* – **11 Z : 20 B** 25/30 - 50/56.

PIDING 8235. Bayern 𝟺𝟸𝟼 ⑱ – 4 300 Ew – Höhe 457 m – Luftkurort – 🕾 08651.

🄱 Verkehrsamt, Thomastr. 2 (Rathaus), *𝒫* 38 60.

◆München 128 – Bad Reichenhall 9 – Salzburg 13.

In Piding - Högl N : 4 km :

🏨 **Berg- und Sporthotel Neubichler Alm** ॐ, Kleinhögl 87, Höhe 800 m, ℰ (08656) 8 74, ≼
Salzburg und Berchtesgadener Land, 🏕, Massage, ⛌, 🏊, 🛥, 🍽, ✗ – 🛗 🖻 Rest 🚻wc
🕿 🅿 🎖 🖭 🕧 🗈
Karte 16/52 – **61 Z : 120 B** 64/90 - 108/130 Fb.

In Piding-Mauthausen :

🏠 **Pension Alpenblick** ॐ, Gaisbergstr. 9, ℰ 43 60, ⛌, 🛥 – 🚻wc 🗍wc 🅿. 🛇
Nov. geschl. – (nur Abendessen für Hausgäste) – **18 Z : 31 B** 35/43 - 68/84.

PINNEBERG Schleswig-Holstein siehe Hamburg.

PIRMASENS 6780. Rheinland-Pfalz ⑨⑧⑦ ㉔, ⑧⑦ ①, ⑤⑦ ⑧ – 52 900 Ew – Höhe 370 m – ✿ 06331.

Sehenswert : Deutsches Schuhmuseum ★ M.

Messegelände Wasgauhalle, ℰ 6 40 41, Telex 452468.

🚈 Verkehrsamt, Messehaus, Dankelsbachstr. 19, ℰ 8 44 44.

ADAC, Ringstr. 78, ℰ 6 44 40, Telex 452348.

Mainz 122 ① – Kaiserslautern 36 ① – Landau in der Pfalz 46 ② – ✦Saarbrücken 63 ①.

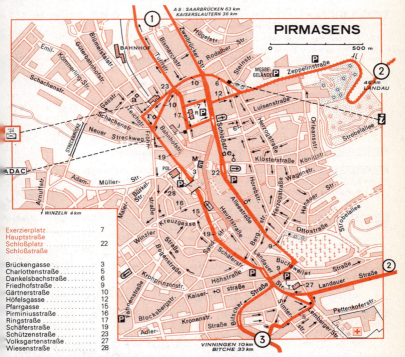

🏨 **Matheis**, Bahnhofstr. 47, ℰ 6 30 75, ⛌, 🏊 – 🛗 🚻wc 🗍wc 🕿 🚗 🅿 🎖 🖭 🕧 🗈
🆅🆂🅰
27. Dez.- 9. Jan. geschl. – Karte 15/45 *(Samstag geschl.)* 🍴 – **77 Z : 132 B** 52 - 90 Fb.
a

🏨 **Wasgauland** garni, Bahnhofstr. 35, ℰ 6 60 23 – 🛗 🗍wc 🕿 🚗 🅿 🖭 🕧 🗈 🆅🆂🅰
r
44 Z : 66 B 48/53 - 74/100 Fb.

🏨 **Hans-Sachs-Hof**, Schloßstr. 59, ℰ 7 00 91, Telex 452428 – 🛗 🚻wc 🗍wc 🕿 🚗 🅿 🎖
🖭 🕧 🗈 🆅🆂🅰
e
Karte 19/46 *(Sonntag geschl.)* 🍴 – **75 Z : 115 B** 45/95 - 75/195 Fb.

Fortsetzung →

In Pirmasens 17 - Winzeln W : 4 km über Winzler Str. oder Arnulfstr. :

🏨 **Kunz**, Bottenbacher Str. 74, ℰ 9 80 53, 🚗, 🔲 — 🔟 ➪wc 🛏wc ☎ 🅿. 🕪 **E**
12.- 28. Juli und 24. Dez.- 1. Jan. geschl. — Karte 21/43 *(Tischbestellung ratsam)* (Freitag -
Samstag 18 Uhr geschl.) ♨ — **28 Z : 50 B** 42/50 - 75/90 Fb.

🏠 **Lindenhof** 🐾, Luitpoldstr. 40, ℰ 9 43 55 — 🛏wc 🅿. 🎐 Zim
Karte 16/42 *(Freitag geschl.)* ♨ — **15 Z : 20 B** 30/38 - 60/70.

🛖 **Dorfschenke**, Bottenbacher Str. 64, ℰ 9 88 54 — 🛏wc ➪ 🅿 — **22 Z : 36 B**.

PLÄTTIG Baden-Württemberg siehe Schwarzwaldhochstraße.

PLAIDT 5472. Rheinland-Pfalz — 5 500 Ew — Höhe 110 m — ✪ 02632 (Andernach).
Mainz 109 — ◆Bonn 63 — ◆Koblenz 19.

🏠 **Geromont**, Rcmerstr. 3 a, ℰ 60 55 — 🛏wc ☎ 🅿. 🎐
23. Dez.- 3. Jan. geschl. — (nur Abendessen für Hausgäste) — **31 Z : 70 B** 38/48 - 60/80 Fb.

PLANEGG Bayern siehe Gräfelfing.

PLATTLING 8350. Bayern 🎛🎛🎛 ㉙ — 10 400 Ew — Höhe 320 m — ✪ 09931.
◆München 134 — Deggendorf 12 — Landshut 65 — Passau 53 — ◆Regensburg 71.

🛖 **Bahnhof-Hotel Liebl**, Bahnhofsplatz 3, ℰ 24 12 — 🛏wc ➪ 🅿. 🎐
Karte 15/45 *(Freitag geschl.)* — **43 Z : 50 B** 30/41 - 52/62.

PLECH 8571. Bayern — 1 200 Ew — Höhe 461 m — Erholungsort — ✪ 09244 (Betzenstein).
◆München 192 — Bayreuth 40 — ◆Nürnberg 46.

In Plech-Bernheck NO : 2,5 km :

🏠 **Veldensteiner Forst** 🐾, ℰ 4 14, 🍴, 🚗, 🔲, 🐎, 🐎 — ➪wc 🛏wc ☎ 🅿 🏊
⟵ 12. Feb.- 12. März geschl. — Karte 13,50/35 *(Montag geschl.)* — **35 Z : 56 B** 30/45 - 60/78 —
P 46/53.

PLEINFELD 8835. Bayern — 6 000 Ew — Höhe 371 m — ✪ 09144.
◆München 140 — Donauwörth 49 — Ingolstadt 60 — ◆Nürnberg 46.

🏠 **Sonnenhof** 🐾, Badstr. 11, ℰ 5 41, 🍴, Biergarten, 🚗 — 🛗 ➪wc 🛏wc 🅿 🏊. 🎐 🕪 **E**
⟵ Karte 13,50/37 ♨ — **56 Z : 112 B** 46/69 - 73/88 Fb.

🛖 **Buckl** 🐾, Kirchenstr. 8, ℰ 2 74 — 🛏 🅿
⟵ Sept. 2 Wochen geschl. — Karte 14/25 — **19 Z : 37 B** 21 - 38 — P 30.

PLEISWEILER-OBERHOFEN Rheinland-Pfalz siehe Bergzabern, Bad.

PLETTENBERG 5970. Nordrhein-Westfalen 🎛🎛🎛 ㉔ — 28 200 Ew — Höhe 210 m — ✪ 02391.
◆Düsseldorf 117 — Arnsberg 43 — Hagen 50 — Lüdenscheid 23 — Olpe 29.

XX **Berghaus Tanneneck**, Brachtweg 61, ℰ 33 66, ≼ Plettenberg und Ebbegebirge — 🅿. 🎐
Anfang - Mitte Jan. und Dienstag geschl. — Karte 19/50.

PLEYSTEIN 8481. Bayern — 1 800 Ew — Höhe 549 m — Erholungsort — Wintersport : 600/800 m
≤1 ⚐4 — ✪ 09654 — 🅗 Rathaus, Neuenhammer Str. 1, ℰ 4 62.
◆München 216 — ◆Nürnberg 116 — ◆Regensburg 94 — Weiden in der Oberpfalz 23.

🏠 **Zottbachhaus** 🐾, Gut Peugenhammer (N : 2 km), ℰ 2 62, 🍴, 🏊, 🐎 — ➪wc 🛏wc ➪
🅿 🏊. 🎐
Nov.- 25. Dez. geschl. — Karte 15/33 *(Montag geschl.)* ♨ — **20 Z : 30 B** 28/40 - 56/80 — P 38/50.

🏠 **Haus Regina**, Marktplatz 18, ℰ 2 37 — 🛏wc 🅿 — **50 Z : 90 B**.

🛖 **Weißes Lamm**, Neuenhammer Str. 11, ℰ 2 73 — ➪wc 🛏wc ➪. 🎐 Zim
⟵ Nov. geschl. — Karte 12/24 *(Dez.-März Freitag geschl.)* — **25 Z : 44 B** 21/30 - 42/60 — P 30/36.

PLIEZHAUSEN 7401. Baden-Württemberg — 6 700 Ew — Höhe 350 m — ✪ 07127.
◆Stuttgart 32 — Reutlingen 8,5 — ◆Ulm (Donau) 80.

🏨 **Schönbuch-Hotel** 🎟 🐾, Stellenäcker Str. 54, ℰ 72 86, Telex 7266101, ≼ Schwäbische Alb,
🍴, 🚗, 🔲, 🐎 — 🛗 🔟 ➪wc 🛏wc ☎ 🅿 🎐 🕪 🗺. 🎐 Rest
2.- 12. Jan. geschl. — Karte 22/65 *(Sonntag ab 15 Uhr geschl.)* — **36 Z : 50 B** 85/100 - 150 Fb.

PLOCHINGEN 7310. Baden-Württemberg 🎛🎛🎛 ㉟ — 12 100 Ew — Höhe 275 m — ✪ 07153.
◆Stuttgart 25 — Göppingen 20 — Reutlingen 36 — ◆Ulm (Donau) 70.

🏨 Schurwald Hotel 🎟 🐾 garni, Marktstr. 13, ℰ 20 64 — 🛗 🔟 ➪wc ☎ 🅿 — **27 Z : 34 B** Fb.
X **Waldhornbräu**, Neckarstr. 25, ℰ 2 11 52 — 🅿 🕪 **E**
Montag und Juli - Aug. 3 Wochen geschl. — Karte 17,50/46.

In Plochingen-Stumpenhof N : 3 km Richtung Schorndorf :

XX **Stumpenhof**, Schorndorfer Str. 1, ℰ 2 24 25 — 🅿
Montag - Dienstag geschl. — Karte 29/52.

PLÖN 2320. Schleswig-Holstein 987 ⑤ – 10 300 Ew – Höhe 25 m – Luftkurort – © 04522.
Sehenswert : Großer Plöner See★ – Schloßterrasse ≤★.
🛈 Kurverwaltung, Lübecker Straße (Schwentinehaus), ☎ 27 17.
✦Kiel 29 – ✦Lübeck 55 – Neumünster 36 – Oldenburg in Holstein 41.

🏠 **Fegetasche**, Fegetasche 1 (B 76), ☎ 33 54, 🍴 – ⋔wc ☎ 🅿. **E**
15. März - Nov. – Karte 19/44 (außer Saison Freitag geschl.) – **20 Z : 40 B** 38/55 - 72/94 –
P 52/70.

🏠 **Touristic** garni, August-Thienemann-Str. 1, ☎ 31 32 – ⋔wc 🅿
19 Z : 40 B 35/50 - 65/85.

🏠 **Seeufer** 🌿 garni, Prinzenstr. 9, ☎ 20 15, ⛵, 🌳 – 🛏wc ⋔wc 🅿. 🏖
Dez.- Jan. 3 Wochen geschl. – **15 Z : 30 B** 45/65 - 75/90.

POCKING 8398. Bayern 987 ㊳. 426 ⑦ – 11 500 Ew – Höhe 323 m – © 08531.
✦München 149 – Landshut 102 – Passau 27 – Salzburg 112.

🏠 **Der Stier v. Pocking**, Berger Str. 5, ☎ 73 38 – ⋔wc 🅿 – **16 Z : 24 B.**
🏠 **Pflieger-Stuben**, Simbacher Str. 21, ☎ 49 50 – ⋔wc 🅿 – **12 Z : 17 B.**
🍴 **Pockinger Hof**, Klosterstr. 13, ☎ 73 39 – 🛏wc ⋔wc ⬅➡ 🅿
➡ Karte 11,50/27 *(Montag geschl.)* ♨ – **19 Z : 33 B** 27/30 - 50/55.
🍴 **Rauch**, Bahnhofstr. 3, ☎ 73 12 – ⋔wc ⬅➡ 🅿
➡ *22. Dez.- 5. Jan. geschl.* – Karte 13,50/29 – **30 Z : 50 B** 21/30 - 42/58.

PÖCKING 8134. Bayern – 5 200 Ew – Höhe 672 m – © 08157.
✦München 32 – ✦Augsburg 71 – Garmisch-Partenkirchen 65.

In Pöcking-Possenhofen SO : 1,5 km :

🍴🍴 **Schiffsglocke**, Seeweg 4, ☎ 70 08, 🍴 – 🆎 ⓪ **E**
Okt.- April Donnerstag und 15.- 30. Jan. geschl. – Karte 25/69.

PÖLICH Rheinland-Pfalz siehe Mehring.

PÖTTMES 8897. Bayern 987 ㊳ – 4 200 Ew – Höhe 406 m – © 08253.
✦München 87 – ✦Augsburg 33 – Ingolstadt 42 – ✦Ulm (Donau) 104.

🍴 **Krone**, Kirchplatz 1, ☎ 3 30 – ⋔ ⬅➡
➡ *15. Sept.- 10. Okt. geschl.* – Karte 11,50/30 *(Montag geschl.)* – **15 Z : 25 B** 24/30 - 48/60.

POLLE 3453. Niedersachsen 987 ⑮ – 1 600 Ew – Höhe 80 m – © 05535.
✦Hannover 83 – Detmold 44 – Hameln 38 – ✦Kassel 88.

🍴🍴 **Burghaus Graf Everstein**, Amtsstr. 6, ☎ 2 78, ≤, 🍴 – 🅿
Okt.- April Freitag geschl. – Karte 24/45.

POMMELSBRUNN Bayern siehe Hersbruck.

POMMERSFELDEN 8602. Bayern 987 ㉘ – 2 200 Ew – Höhe 269 m – © 09548.
Sehenswert : Schloß★ : Treppenhaus★.
✦München 216 – ✦Bamberg 21 – ✦Nürnberg 45 – ✦Würzburg 74.

🏨 **Schloßhotel Pommersfelden** 🌿, im Schloß, ☎ 4 88, 🍴, « Schloßpark », 🏊, 🌳 –
🛏wc ⋔wc ☎ ♿ ⬅➡ 🅿 🎿
Karte 15/42 – **50 Z : 100 B** 36/52 - 52/84.

In Pommersfelden-Limbach S : 1,5 km :

🏠 **Volland**, ☎ 2 81 – ⋔wc 🅿
➡ *28. Mai - 21. Juni geschl.* – Karte 11/22 *(Dienstag geschl.)* ♨ – **12 Z : 30 B** 24/32 - 38/48.

POPPELTAL Baden-Württemberg siehe Enzklösterle.

POPPENHAUSEN 8721. Bayern 987 ㉘ – 4 000 Ew – Höhe 252 m – © 09725.
✦München 317 – ✦Bamberg 71 – Bad Neustadt a.d. Saale 29 – Schweinfurt 11 – ✦Würzburg 49.

🏠 **Landgasthof zum Schwarzen Adler**, Bahnhofstr. 2, ☎ 8 34, 🍴 – 🛏wc ⋔wc 🅿
➡ Karte 13,50/35 – **33 Z : 49 B** 29/38 - 54/62 Fb.

POPPENHAUSEN/WASSERKUPPE 6416. Hessen – 2 700 Ew – Höhe 450 m – Luftkurort –
© 06658.
Wiesbaden 201 – Fulda 18 – Gersfeld 7,5.

🏠 **Hof Wasserkuppe** garni, Pferdskopfstr. 3, ☎ 5 33, 🏖, 🏊, 🌳 – 📺 🛏wc ⋔wc ☎ 🅿
15 Z : 30 B 47/55 - 71/81.
🍴 **Trödelstuben**, Am Lütterkanal 3, ☎ 2 36 – ⓪
10.- 25. Feb. und Mittwoch geschl. – Karte 22/53.

In Poppenhausen-Gackenhof S : 3 km :

☎ **Ebersburg** ॐ, Neuwart 60, ℰ 2 22, ≤ − ᔐwc ⇐ ℗
↤ Karte 14/30 *(Dienstag geschl.)* − **19 Z : 30 B** 29/30 - 52/60.

In Poppenhausen-Rodholz O : 2 km :

🏠 **Berghotel Rhöndistel** ॐ, ℰ 5 81, ≤, 🌲, − ᔐwc ☎ ℗
15. Nov.- 25. Dez. geschl. − Karte 15/40 − **13 Z : 33 B** 47 - 71.

In Poppenhausen-Schwarzerden O : 4 km :

🏨 **Rhön-Hotel Sinai** ॐ, beim Guckaisee, ℰ 5 11, 🌲, ⇐s, 🔳, 🌲 − ᔐ 📺 ⌂wc ᔐwc ☎ ⇐ ⏚. 🅐🅔 ⓘ 🄴
Karte 22/52 − **51 Z : 108 B** 65/100 - 130/210 Fb.

In Ebersburg 3-Weyhers 6408 W : 4 km :

🏠 **Rhönhotel Alte Mühle** ॐ, ℰ (06656) 81 00, ⇐s, 🌲 − ᔐwc ℗
↤ Karte 14/28 *(Jan.- April Montag geschl.)* ⅃ − **16 Z : 32 B** 38/42 - 54/66 − 4 Appart. 72/75.

PORTA WESTFALICA 4952. Nordrhein-Westfalen − 35 000 Ew − Höhe 50 m − ⊙ 0571 (Minden)

Sehenswert : Porta Westfalica★ : Bismarckturm ≤★, Porta Kanzel ≤★ (auf dem rechten Weserufer)
🛈 Haus des Gastes, Porta Westfalica-Hausberge, Kempstr. 6, ℰ 79 12 80.
♦Düsseldorf 214 − ♦Bremen 106 − ♦Hannover 71 − ♦Osnabrück 75.

Im Ortsteil Barkhausen links Weserufer − Luftkurort :

🏨 **Der Kaiserhof**, Freiherr-vom-Stein-Str. 1, ℰ 7 24 47, 🌲 − ⌂wc ☎ ⇐ ℗ ⏚. 🅐🅔 🄴
Karte 19/49 − **45 Z : 80 B** 40/95 - 70/140.

🏠 **Friedenstal**, Alte Poststr. 4, ℰ 7 01 47, 🌲 − ᔐwc ☎ ⇐ ℗. 🅐🅔 𝖵𝖨𝖲𝖠
2. Jan.- 2. Feb. geschl. − Karte 22/46 *(Mitte Ckt.- Mitte April Freitag geschl.)* − **23 Z : 40 B** 43/48 - 80/95.

Im Ortsteil Hausberge − Kneipp-Kurort :

🏩 **Porta Berghotel** Ⓜ ॐ, Hauptstr. 1, ℰ 7 20 61, Telex 97975, ≤, 🌲, ⇐s, 🔳 − ᔐ 📺 ⇐ ℗ ⏚. 🅐🅔 🄴 𝖵𝖨𝖲𝖠
Karte 22/69 − **70 Z : 150 B** 70/110 - 120/170 Fb.

🏠 **Waldhotel Porta Westfalica** ॐ garni, Findelsgrund 81, ℰ 7 27 29, ⇐s, 🌲 − ⌂wc ᔐwc ℗
18 Z : 32 B 30/60 - 60/90 − 2 Appart. 60/80.

Im Ortsteil Lerbeck :

🏠 **Haus Hubertus**, Zur Porta 14, ℰ 73 27, Telex 97963, ⇐s − ᔐwc ☎ ⇐ ℗ ⏚. 🅐🅔 ⓘ 🄴 𝖵𝖨𝖲𝖠
Karte 20/48 − **42 Z : 90 B** 55/65 - 90/110 − P 75.

POSSENHOFEN Bayern siehe Pöcking.

POSTBAUER-HENG 8439. Bayern − 5 700 Ew − Höhe 490 m − ⊙ 09188.
♦München 152 − ♦Nürnberg 28 − ♦Regensburg 82.

In Postbauer-Heng - Dillberg O : 2 km, über die B 8 :

🏨 **Berghof** ॐ, ℰ 6 31, ≤, 🌲, 🌲 − ᔐ ⌂wc ᔐwc ☎ ℗ ⏚. ℀ Rest
Aug. geschl. − Karte 22/49 − **34 Z : 60 B** 55/60 - 82/92.

POSTMÜNSTER Bayern siehe Pfarrkirchen.

POTTENSTEIN 8573. Bayern − 4 900 Ew − Höhe 359 m − Luftkurort − ⊙ 09243 − 🛈 Städtische Verkehrsbüro, Rathaus, ℰ 8 33 − ♦München 212 − ♦Bamberg 51 − Bayreuth 40 − ♦Nürnberg 66.

🏠 **Steigmühle** ॐ garni, Franz-Wittmann-Gasse 24, ℰ 3 38 − ⌂wc ᔐwc ℗. ℀
18 Z : 34 B 24/42 - 52/67.

🏠 **Tucher Stuben**, Hauptstr. 44, ℰ 3 39 − ᔐwc ⇐ ℗. 🄴. ℀ Zim
↤ 15. Nov.- 19. Dez. geschl. − Karte 12/31 ⅃ − **13 Z : 22 B** 37/45 - 68/70.

🏠 **Pottensteiner Hof**, Am Stadtgraben 15, ℰ 8 42 − ᔐwc ☎ ⇐. ⓘ 🄴. ℀
↤ 15. Nov.- 15. Dez. geschl. − Karte 13,50/38 *(Nov.- März Mittwoch geschl.)* ⅃ − **30 Z : 50 B** 28/45 - 56/80.

🏠 **Café Minderlein** ॐ garni, Franz-Wittmann-Gasse 30, ℰ 3 43, 🌲 − ℗
März - Okt. − **11 Z : 22 B** 33 - 45/55.

In Pottenstein-Haselbrunn N : 2,5 km :

☎ **Schaffer** ॐ, Haselbrunn 11, ℰ 3 61, 🌲, 🌲 − ᔐwc ⇐ ℗. ℀
↤ Karte 9/17 ⅃ − **15 Z : 30 B** 24/30 - 46/58.

In Pottenstein-Kirchbirkig S : 4 km :

🏠 **Bauernschmitt**, ℰ 2 35, 🌲, 🌲 − ⌂wc ᔐwc ⇐ ℗
↤ Karte 11,50/24 *(Nov.- März Freitag geschl.)* ⅃ − **21 Z : 35 B** 22/30 - 42/52 Fb − P 40/45.

In Pottenstein-Schüttersmühle SO : 2,5 km :

🏠 **Gasthof Schüttersmühle**, an der B 470, ℰ 2 07, 🍽 – 🛏wc 🅿
↦ *15. Jan.- 15. Feb. geschl. – Karte 12/30 (Nov.- März Montag geschl.)* 🛁 **– 12 Z : 30 B** 35/40 - 60
– P 45.

In Pottenstein-Tüchersfeld NW : 4 km :

🏠 **Zur Einkehr** 🦢, ℰ (09242) 8 09, 🍽 – 🛏wc ↢ 🅿. 🏖
(Rest. nur für Hausgäste) **– 10 Z : 18 B**.

PREETZ 2308. Schleswig-Holstein 🟫🟫🟫 ⑤ – 15 600 Ew – Höhe 34 m – ✪ 04342.
♦Kiel 16 – ♦Lübeck 68 – Puttgarden 82.

🏠 **Driller's Hotel**, Bismarckplatz 2, ℰ 8 12 41 – 🛁wc 🛏wc 🅿. 🖭
Karte 19/40 **– 9 Z : 12 B** 35/40 - 70/80.

XX **Tannenhof** mit Zim, Schwentinestr. 7, ℰ 29 74 – **E**
Feb. geschl. – Karte 17/40 (Dienstag geschl.) – **6 Z : 8 B** 30/40 - 60.

In Preetz-Schellhorn :

🏠 **Landhaus Hahn** 🦢, am Berg 12, ℰ 8 60 01, ⇌, 🌴 – 🖭 🛏wc ☎ 🅿 🛋. 🖭 ⑩ **E** 🆅🆂🅰
Karte 22/52 **– 18 Z : 42 B** 65 - 95 Fb.

PRESSIG 8644. Bayern – 4 400 Ew – Höhe 400 m – ✪ 09265.
♦München 292 – ♦Bamberg 71 – Bayreuth 57 – Coburg 38.

🏠 Barnickel, Kronacher Str. 2 (B 85), ℰ 2 73 – 🛏wc ↢ 🅿 **– 14 Z : 22 B**.

In Pressig-Förtschendorf NO : 6 km :

🏠 **Leiner-Bräu**, Bamberger Str. 13 (B 85), ℰ (09268) 2 27 – 🛁wc 🛏wc ☎ ↢ 🅿
↦ *3.- 17. Nov. geschl. – Karte 13/30 (Freitag geschl.) –* **11 Z : 20 B** 29/32 - 46/52.

PREUSSISCH OLDENDORF 4994. Nordrhein-Westfalen – 11 000 Ew – Höhe 72 m –
Luftkurort – ✪ 05742 – ♦Düsseldorf 225 – ♦Bremen 110 – ♦Hannover 105 – ♦Osnabrück 35.

In Preussisch Oldendorf-Holzhausen SO : 4 km über die B 65 :

🏠 Kurhaus Holsing 🦢, Brunnenallee 3, ℰ (05741) 10 71, « Park, Gartenterrasse », Bade- und
Massageabteilung, 🔱, 🏊 – 🛗 🖭 🛏wc ☎ ↢ 🅿
63 Z : 85 B.

PRIEN AM CHIEMSEE 8210. Bayern 🟫🟫🟫 ㉗, 🟥🟥🟥 ⑱ – 9 100 Ew – Höhe 531 m – Luftkurort –
Kneippkurort – ✪ 08051 – Sehenswert : Chiemsee★.
🛈 Kur- und Verkehrsamt, Rathausstr. 11, ℰ 30 31.
♦München 85 – Rosenheim 23 – Salzburg 64 – Wasserburg am Inn 27.

🏨 **Yachthotel Chiemsee** 🦢, Harrasser Str. 49, ℰ 69 60, Telex 525482, ≤, « Seeterrasse »,
Massage, ⇌, 🏊, 🏖, 🌴, Yachthafen – 🛗 🖭 ↢ 🅿 🛋. 🖭 **E** 🆅🆂🅰
Karte 25/60 **– 103 Z : 225 B** 90 - 125 Fb.

🏠 **Sport-u. Golf-Hotel** 🦢, Erlenweg 16, ℰ 10 01, ⇌, 🏊, 🌴 – 🛗 🛁wc 🛏wc ☎ 🅿 🛋. 🖭
E. 🏖 Rest
April - Okt. – Karte 21/45 (nur Abendessen, Mittwoch geschl.) – **40 Z : 68 B** 68/74 - 120/124
Fb.

🏠 **Charivari**, Staudenstr. 1, ℰ 10 63, Telex 525403, 🍽, ⇌, 🏊, 🌴 – 🛗 🖭 🛁wc 🛏wc ☎
↢ 🅿 🛋. 🖭 **E**
Karte 17/50 **– 34 Z : 56 B** 75/85 - 120 Fb.

🏠 **Bayerischer Hof**, Bernauer Str. 3, ℰ 10 95 – 🛗 🛁wc ☎ ♿ ↢ 🅿 🛋. **E**
15. Nov.- 10. Dez. geschl. – Karte 15,50/44 (Montag geschl.) – **49 Z : 88 B** 50/55 - 92/98 Fb –
P 85/95.

🏠 **Appartement-Hotel Priener Hof** garni, Seestr. 89, ℰ 10 67, ⇌, 🏊 – 🛁wc ☎ ↢ 🅿
36 Z : 140 B Fb.

🏠 **Café Luitpold am See** 🦢 garni, Seestr. 110, ℰ 40 01, ≤, « Caféterrasse am Hafen », 🌴
– 🛁wc 🛏wc ☎ ♿ 🅿
36 Z : 46 B 56/80 - 98 Fb.

🏠 **Reinhart** 🦢, Seestr. 117, ℰ 10 45, ≤, 🌴 – 🖭 🛁wc 🛏wc 🅿. 🖭 **E** 🆅🆂🅰
Nov. geschl. – Karte 21/46 (Jan.- Ostern Donnerstag geschl.) – **29 Z : 50 B** 45/70 - 95/130 Fb
– P 70/95.

🏠 **Gästehaus Drexler** garni, Seestr. 95, ℰ 48 02, Biergarten – 🛏wc 🅿
17 Z : 36 B 35/38 - 64/76.

🏠 **Seehotel Feldhütter**, Seestr. 101, ℰ 43 21, 🍽, Biergarten – 🖭 🛏wc 🅿. 🖭 ⑩ **E**
8. Jan.- März und Nov.- 15. Dez. geschl. – Karte 14,50/31 – **30 Z : 50 B** 35/50 - 64/88 –
P 63/75.

In Prien-Harras SO : 4 km :

🏠 **Fischer am See**, Harrasser Str. 145, ℰ 10 08, ≤, « Terrasse am See », 🌴 – 🛁wc 🛏wc ☎
🅿. **E**
7. Jan.- 7. Feb. geschl. – Karte 16/44 (Okt.- März Montag geschl.) – **15 Z : 30 B** 40/45 - 80/90.

PRIENBACH Bayern siehe Simbach am Inn.

PRINZBACH Baden-Württemberg siehe Biberach im Kinzigtal.

PRÜM 5540. Rheinland-Pfalz **987** ② – 6 500 Ew – Höhe 450 m – Luftkurort – ✪ 06551.
🛈 Verkehrsamt, Rathaus Hahnplatz, ℰ 5 05.
Mainz 196 – ◆Köln 104 – Liège 104 – ◆Trier 64.

🏠 **Tannenhof** ⬧, Am Kurpark 2, ℰ 24 06, 🚭, 🔲, 🐎 – 🛁wc 🅿. 🎇 Rest
   Karte 19,50/45 *(Sonntag 14 Uhr-Montag 17 Uhr geschl.)* – **29 Z : 44 B** 35/50 - 62/82 – P 64/70.

🏠 **Zum Goldenen Stern** garni, Hahnplatz 29, ℰ 30 75 – 🛁wc 🛁wc ☎ 🅿
   54 Z : 80 B 29/36 - 54/66.

🏠 **Haus am Kurpark** garni, Teichstr. 27, ℰ 8 46, 🚭, 🔲, 🐎 – 🛁wc 🛁wc 🅿. 🎇
   9 Z : 16 B 40/43 - 64/73 – 3 Appart. 90/160.

🏠 **Kölner Hof**, Tiergartenstr. 22, ℰ 25 03 – 🛁wc 🅿
   (Rest. nur für Hausgäste) – **14 Z : 25 B** 30/35 - 60/80.

� 🏠 **Post-H. Bäckerkläsjen** mit Zim, Johannismarkt 1, ℰ 22 92 – 🛁wc 🚗. **E**
   Jan. geschl. – Karte 14/40 *(Donnerstag geschl.)* 🍴 – **7 Z : 13 B** 28/32 - 58/62.

🏠 **St. Wendel** mit Zim, Kreuzerweg 1, ℰ 38 39 – 🛁wc ☎ 🅿
   Karte 14/40 *(Dienstag geschl.)* – **5 Z : 10 B** 30 - 56.

   An der B 410 O : 5 km :

🏠 Schoos, ✉ 5540 Fleringen - Baselt, ℰ (06558) 5 04, 🐎, 🐾 – 🛁wc 🛁wc 🅿. 🎇 Rest
   20 Z : 40 B.

   In Weinsheim-Gondelsheim 5540 O : 7 km :

🏠 **Kirst**, Am Bahnhof, ℰ (06558) 4 21, 🔲, 🐎 – 🛗 🛁wc 🛁wc 🅿. 🎇
   Karte 11,50/28 – **23 Z : 36 B** 35/48 - 48/66.

   In Bleialf 5541 NW : 14 km :

🏠 **Zwicker**, Am Markt 2, ℰ (06555) 5 11 – 🛁wc 🅿. 🎇 – **14 Z : 30 B**.

🏠 **Haus Dahmen**, Poststr. 6, ℰ (06555) 3 32, 🐎 – 🛁wc 🚗 🅿. 🎇 Rest
   (Rest. nur für Pensionsgäste) – **10 Z : 20 B** 25/30 - 50/55 – P 35/40.

PRÜMZURLAY Rheinland-Pfalz siehe Irrel.

PUCHHEIM Bayern siehe Germering.

PÜCHERSREUTH Bayern siehe Windischeschenbach.

PÜNDERICH 5581. Rheinland-Pfalz – 1 100 Ew – Höhe 108 m – Erholungsort – ✪ 06542.
Mainz 108 – Bernkastel-Kues 36 – Cochem 45.

🏠 **Alte Dorfschenke** ⬧, Marienburgstr. 20, ℰ 28 97 – 🛁wc
   Karte 14,50/36 *(Dienstag geschl.)* 🍴 – **8 Z : 15 B** 32/42 - 60/70.

🏠 **Weinhaus Lenz**, Hauptstr. 31, ℰ 23 50, ◁, eigener Weinbau – 🛁wc 🅿
   Karte 13/35 *(Donnerstag geschl.)* 🍴 – **15 Z : 27 B** 26/40 - 50/70.

PULHEIM 5024. Nordrhein-Westfalen – 48 100 Ew – Höhe 45 m – ✪ 02238.
◆Düsseldorf 30 – ◆Köln 13 – Mönchengladbach 43.

   In Pulheim 2 - Brauweiler S : 5 km :

🏨 **Abtei-Park-Hotel** garni, Bernhardstr. 50, ℰ (02234)8 10 58 – 🛗 🛁wc ☎ 🅿. 🅰🅴 **E**
   40 Z : 61 B 85/130 - 135/150 Fb.

   In Pulheim-Sinnersdorf NO : 3 km :

🏠 **Faßbender** garni, Stommelner Str. 92, ℰ 5 46 73 – 🛁wc 🅿. 🎇
   22 Z : 29 B 40 - 70.

   In Pulheim 3-Stommeln NW : 4 km :

🏠 **In der Gaffel**, Hauptstr. 45, ℰ 20 15 – 🛁wc ☎ 🅿
   Karte 20/55 *(Donnerstag geschl.)* – **15 Z : 20 B** 50/90 - 100/140.

PYRMONT, BAD 3280. Niedersachsen **987** ⑮ – 22 000 Ew – Höhe 114 m – Heilbad – ✪ 0528
Sehenswert : Kurpark★.
🛈 Kur- und Verkehrsverein, Arkaden 14, ℰ 46 27.
◆Hannover 67 – Bielefeld 58 – Hildesheim 70 – Paderborn 54.

🏨 **Bergkurpark** ⬧, Ockelstr. 11, ℰ 40 01, « Gartenterrasse », 🚭, 🔲, 🐎 – 🛗 📺 🚗 🅿 🏋
   Karte 25/75 – **60 Z : 80 B** 42/104 - 112/180 Fb – 3 Appart. 320 – P 86/148.

🏨 **Kurhotel-Kurhaus** ⬧, Heiligenangerstr. 4, ℰ 1 51, Telex 931636, « Gartenterrasse mit ◁ »,
   Spielcasino, direkter Zugang zum Heiligenangerbad – 🛗 📺 🕭 🅿 🏋. 🅰🅴 ⓄⒹ **E** 🆅🅸🆂🅰. 🎇 Rest
   Karte 25/58 *(auch Diät)* – **103 Z : 142 B** 92/162 - 163/236 Fb – P 119/159.

🏨 **Park-Hotel Rasmussen**, Kirchstr. 8, ℰ 44 85, « Terrasse an der Allee » – 📺 ⌂wc ⋔wc ☎ AE
10. Jan.- 20. März geschl. – Karte 25/73 – **12 Z : 20 B** 70/90 - 138/178 Fb – P 110/130.

🏨 **Bad Pyrmonter Hof**, Brunnenstr. 32, ℰ 60 93 03 – 🔋 📺 ⌂wc ⋔wc ☎ 🕭 🚗 🅿
(Rest. nur für Hausgäste) – **45 Z : 70 B** 50/70 - 100/120 – 7 Appart. 120 – P 78/98.

🏨 **Kaiserhof**, Kirchstr. 1, ℰ 40 11 – 🔋 📺 ⌂wc ⋔wc ☎ 🕷 Rest
März- Nov. – Karte 16/53 (Dienstag geschl.) – **50 Z : 95 B** 65/85 - 110/140 Fb.

🏨 **Pension Heldt**, Severinstr. 9, ℰ 26 23, 🕭, 🔳 – 📺 ⋔wc. 🕷
nur Saison – (Rest. nur für Hausgäste) – **20 Z : 28 B** Fb.

🏠 **Schaumburg** garni, Annenstr. 1, ℰ 25 54 – 🔋 ⌂wc ⋔wc 🚗 🅿
20 Z : 27 B 35/55 - 85/90.

🏠 **Schloßblick** garni, Kirchstr. 23, ℰ 37 23 – 📺 ⌂wc ⋔wc ☎ 🅿
April- Okt. – **16 Z : 22 B** 47/57 - 104/114.

🏠 **Franz - Restaurant Werner's Bauernstube**, Bahnhofstr. 13, ℰ 52 12 – 📺 ⌂wc ⋔wc ☎ 🅿 –
11 Z : 19 B.

🏠 **Frank** garni, Kaiserplatz 1, ℰ 33 83 – ⋔wc. 🕷
Nov.- 15. Dez. geschl. – **19 Z : 26 B** 32/50 - 82/90.

🏠 **Central-Hotel** garni, Rathausstr. 1, ℰ 88 80 – ⋔ 🚗 🕪
15. März- Okt. – **15 Z : 19 B** 25/40 - 60/66.

XX **Alter Fritz**, Brunnenstr. 16, ℰ 86 69 – 🕷.

In Bad Pyrmont-Hagen SW : 4 km :

🏠 **Deutsches Haus**, Pyrmonter Str. 24, ℰ 60 97 73 – ⋔wc ☎ 🚗 🅿
Karte 15/38 (Montag geschl.) – **8 Z : 16 B** 40/50 - 70/80.

QUAKENBRÜCK 4570. Niedersachsen 987 ⑭ – 10 500 Ew – Höhe 40 m – ✪ 05431.
🛈 Verkehrsamt, Rathaus, Marktstr. 1, ℰ 20 41 – ✦Hannover 144 – ✦Bremen 90 – Nordhorn 84 – ✦Osnabrück 50.

🏠 **Niedersachsen**, St. Antoniort 2, ℰ 22 22 – ⋔wc ☎ 🚗 🅿 AE 🕪 E
Karte 19/42 (Sonntag geschl.) – **17 Z : 27 B** 46/61 - 91/96.

XX **Zur Hopfenblüte**, Lange Str. 48, ℰ 33 59, « Fachwerkhaus a.d.J. 1661 » – 🕷
Dienstag geschl. – Karte 17/40.

In Menslage-Bottorf 4575 W : 6 km :

🏨 **Gut Vahlkampf** 🕷, Bottorf 7, ℰ (05437) 6 33, 🕭, 🔳, 🌳, 🐎 – ⌂wc ⋔wc ☎ 🚗 🅿 🏛
AE 🕪 E
Karte 23/45 (Montag geschl.) – **22 Z : 40 B** 68/90 - 98/120.

QUICKBORN 2085. Schleswig-Holstein 987 ⑤ – 18 000 Ew – Höhe 25 m – ✪ 04106.
✦Kiel 76 – ✦Hamburg 23 – Itzehoe 45.

🏨 **Romatik-Hotel Jagdhaus Waldfrieden**, Kieler Str. 1 (B 4, N : 3 km), ℰ 37 71, « Ehem.
Villa, Park » – 📺 ⋔wc ☎ 🅿 AE 🕪 E VISA
Karte 36/70 (Montag geschl.) – **15 Z : 25 B** 70/110 - 100/170 Fb.

🏨 **Sport-Hotel Quickborn**, Harksheider Weg 258, ℰ 40 91, 🍽, 🌳 – 📺 ⌂wc ⋔wc ☎ 🅿
🏛 AE 🕪 E VISA
Karte 27/60 – **27 Z : 38 B** 78/90 - 130 Fb.

QUIERSCHIED 6607. Saarland 242 ⑦, 57 ⑥, 87 ⑪ – 16 800 Ew – Höhe 215 m – ✪ 06897.
✦Saarbrücken 13 – Neunkirchen/Saar 12 – Saarlouis 24.

🏠 **Didion**, Rathausplatz 3, ℰ 6 12 24 – 🔋 ⋔wc 🚗 🅿 – **14 Z : 18 B**.

XX **Da Nico** (Italienische Küche), Am Freibad 1, ℰ 6 28 31, 🍽 – 🅿 🕷
Ende Aug.- Mitte Sept. und Mittwoch geschl. – Karte 26/59.

Im Ortsteil Fischbach-Camphausen SW : 4,5 km :

🏫 **Kerner**, Dudweiler Str. 20, ℰ 6 10 99 – 📺 ⋔wc 🅿
Juni geschl. – Karte 21/41 (Sonntag 15 Uhr - Montag geschl.) – **10 Z : 17 B** 38/55 - 70/90.

RADELSTETTEN Baden-Württemberg siehe Schwäbisch Gmünd.

RADEVORMWALD 5608. Nordrhein-Westfalen 987 ⑳ – 23 800 Ew – Höhe 367 m – ✪ 02195.
✦Düsseldorf 51 – Hagen 27 – Lüdenscheid 22 – Remscheid 13.

🏠 **Café Weber**, Elberfelder Str. 96 (B 229), ℰ 12 74 – ⋔wc 🚗 🅿
⬥ Weihnachten - Anfang Jan. geschl. – Karte 12,50/44 – **29 Z : 50 B** 30/45 - 60/80.

🏫 Park-Cafe garni, Telegrafenstr. 18, ℰ 82 10 – ⋔ 🚗 🅿 – **10 Z : 12 B**.

Außerhalb O : 2 km an der B 483 :

🏨 **Zur Hufschmiede** 🕷, Neuenhof 1, ⬜ 5608 Radevormwald, ℰ (02195) 82 38, 🌳 – ⌂wc
⋔wc ☎ 🅿 AE
Juli - Aug. 3 Wochen geschl. – Karte 17/49 (nur Abendessen, Donnerstag geschl.) – **17 Z :
26 B** 55/95 - 95/135.

RADOLFZELL 7760. Baden-Württemberg 🄥🄗🄖 ㉟, 🄦🄙🄗 ⑥ ⑦, 🄦🄖🄖 ⑨ — 23 000 Ew — Höhe 400 m — Kneippkurort — ✆ 07732.

🅳 Kultur- und Verkehrsamt, Rathaus, Marktplatz 2, 🖉 38 00.

◆Stuttgart 163 — ◆Konstanz 21 — Singen (Hohentwiel) 11 — Zürich 91.

🏨 **Am Stadtgarten** Ⓜ garni, Höllturmpassage Haus 2, 🖉 40 11 — 🛗 📺 ⇔wc 🛁wc ☎ ⇔.
🄰🄴 ⊙ 🄴
31 Z : 55 B 65/80 - 110/150 Fb.

🏨 **Adler**, Seestr. 34, 🖉 34 73 — ⇔wc 🛁wc ☎ ⇔
27. Dez.- 15. Jan. geschl. — Karte 17,50/38 (Mittwoch geschl.) ♨ — **17 Z : 27 B** 45/52 - 85/95 Fb — P 73/80.

🛖 **Braun** ⑤, Schäferhalde 16, 🖉 37 30, ☆, ⇔s — 🛁 ⇔ ❷
20. Dez.- 12. Jan. geschl. — Karte 18/30 (Freitag und Sonntag geschl.) ♨ — **18 Z : 30 B** 35/38 - 64/68.

✕ **Scheffelhof**, Fr.-Werber-Str. 20, 🖉 34 22 — 🄰🄴
Mitte Aug.- Anfang Sept. und Montag geschl. — Karte 15,50/45 ♨.

Auf der Halbinsel Mettnau :

🏨 **Iris am See** ⑤ garni, Rebsteig 2, 🖉 1 05 31, ⇐ — 🛁wc ❷
17 Z : 27 B 48/62 - 85/90.

In Radolfzell 15-Güttingen N : 4,5 km :

🏨 **Adler - Gästehaus Sonnhalde** ⑤, Schloßbergstr. 1, 🖉 16 64, ⇐, ☆, ⇔s, ✿, ✕ — 🛁wc ⇔ ❷. ✾
2. Jan.- 7. Feb. geschl. — Karte 16,50/37 (Dienstag geschl.) ♨ — **15 Z : 27 B** 30/33 - 60.

In Radolfzell 18-Markelfingen O : 4 km :

🏨 **Seehof** garni, Radolfzeller Str. 29, 🖉 1 08 53 — 🛁wc ⇔ ❷
3.- 30. Nov. geschl. — **13 Z : 26 B** 35/40 - 65/70.

🛖 **Kreuz** ⑤, Markolfstr. 8, 🖉 1 05 23 — 🛁wc ❷. ✾ Zim
— 15. Dez.- 15. Jan. geschl. — Karte 14/27 (Freitag geschl.) — **19 Z : 31 B** 33/40 - 60/75 — P 45/55.

In Moos 7761 SW : 4 km :

🏨 **Haus Gottfried**, Böhringer Str. 1, 🖉 (07732) 41 61, ☆, ⇔s, 🅂, ✿, ✕ — ⇔wc 🛁wc ❷ ⇔ ❷. 🄰🄴 ⊙ 🄴
Feb. 2 Wochen geschl. — Karte 22/55 (Freitag geschl.) ♨ — **21 Z : 42 B** 48/60 - 88/100 Fb — P 71/77.

RAHDEN 4993. Nordrhein-Westfalen 🄥🄗🄖 ⑭ — 14 200 Ew — Höhe 35 m — ✆ 05771.
◆Düsseldorf 230 — ◆Bremen 91 — ◆Hannover 102 — ◆Osnabrück 49.

🏨 **Zentral-Hotel Braun**, Weher Str. 16, 🖉 22 15 — 🛁wc ⇔ ❷
(nur Abendessen) — **14 Z : 18 B.**

RAICHBERG Baden-Württemberg. Sehenswürdigkeit siehe Albstadt.

RAIN AM LECH 8852. Bayern 🄥🄗🄖 ㊱ — 7 100 Ew — Höhe 406 m — ✆ 09002.
◆München 102 — ◆Augsburg 44 — Donauwörth 13 — Ingolstadt 43.

🏨 **Café Kunzmann**, Neuburger Str. 31, 🖉 21 88, ☆ — 📺 🛁wc ☎ ❷
Karte 15/33 (Freitag geschl.) ♨ — **8 Z : 13 B** 46/55 - 80.

RAISDORF Schleswig-Holstein siehe Kiel.

RAMMINGEN Baden-Württemberg siehe Langenau.

RAMSAU 8243. Bayern 🄥🄗🄖 ㊳, 🄦🄖🄖 ⑩ — 1 750 Ew — Höhe 669 m — Heilklimatischer Kurort — Wintersport : 670/1 100 m ≰7 ≴2 — ✆ 08657.
Ausflugsziele : Schwarzbachwachtstraße : ⇐★★, N : 7 km — Hintersee★ W : 5 km.
🅳 Verkehrsamt, Im Tal 2, 🖉 12 13.
◆München 138 — Berchtesgaden 11 — Bad Reichenhall 17.

🏨 **Sporthotel Café Rehlegg** ⑤, Holzengasse 16. 🖉 12 14, ⇐, ☆, ⇔s, 🅇 (geheizt), 🅂, ✿, ✕ — 🛗 📺 ♨ ⇔ 🄰♨. 🄰🄴. ✾
Nov. geschl. — Karte 18/54 (Montag geschl.) — **60 Z : 108 B** 73/140 - 110/180 Fb.

🏨 **Oberwirt**, Im Tal 86, 🖉 2 25, Biergarten, ✿ — 🛗 ⇔wc 🛁wc ❷
Nov.-15. Dez. geschl. — Karte 16/29 (Jan.- Mai Montag geschl.) — **31 Z : 55 B** 35/51 - 60/90.

Am Eingang der Wimbachklamm O : 2 km über die B 305 :

🏨 **Wimbachklamm** ⑤, Rotheben 1, ✉ 8243 Ramsau, 🖉 (08657) 12 25, ☆, ⇔s, 🅂 — 🛗 📺
— ⇔wc 🛁wc ☎ ❷
30. Okt.- 22. Dez. geschl. — Karte 14/35 (Dienstag geschl.) — **27 Z : 50 B** 35/65 - 76/110.

634

Am Eingang zum Zauberwald W : 2 km, Richtung Hintersee :

🏨 **Datzmann** 🍴, Hinterseer Str. 45, ⊠ 8243 Ramsau, 𝒫 (08657) 2 35, ≼, �, 🛏 – 🛗 🛁wc
🚗 🗋wc 🅿
20. Okt.- 20. Dez. geschl. – Karte 14/32 (Donnerstag geschl.) 🛉 – **34 Z : 58 B** 26/38 - 50/72.

An der Alpenstraße N : 5 km

♨ **Hindenburglinde**, Alpenstr. 66, Höhe 850 m, ⊠ 8243 Ramsau, 𝒫 (08657) 5 50, ≼, 🌶, 🛏 –
🗋wc 🅿
15. Jan.- 5. Feb. und Nov.- 20. Dez. geschl. – Karte 14/34 (Dienstag 17 Uhr - Mittwoch geschl.)
🛉 – **10 Z : 19 B** 25/35 - 50/70.

An der Straße nach Loipl N : 6 km :

✗ **Schwarzeck**, Schwarzecker Str. 58, Höhe 1 100 m, ⊠ 8243 Ramsau, 𝒫 (08657) 5 29,
≼ Watzmann, Hochkalter und Reiter Alpe, 🌶 – 🅿
7.- 25. April, 10. Nov. - 20. Dez. und Freitag geschl. – Karte 12/36 🛉.

In Ramsau-Hintersee W : 5 km – Höhe 790 m :

🏨 **Seehotel Gamsbock** 🍴, Am See 75, 𝒫 2 79, ≼ See mit Hochkalter, 🌶, 🛏 – 📺 🛁wc
🗋wc ☎ 🅿
Nov.- 20. Dez. geschl. – Karte 12,50/46 🛉 – **26 Z : 50 B** 38/47 - 55/101 Fb – P 48/70.

🏨 **Alpenhof** 🍴, Am See 27, 𝒫 2 53, ≼, 🌶 – 🗋wc 🗋wc 🅿. 🍽 Zim
April - Okt. – Karte 13,50/34 – **18 Z : 35 B** 26/38 - 49/73.

🏨 **Wörndlhof** 🍴, Am See 21, 𝒫 3 73, ≼, 🌶 – 🗋wc 🚗 🅿
20. Okt.- 24. Dez. geschl. – Karte 13/37 (Montag geschl.) – **12 Z : 22 B** 27/40 - 46/80.

RAMSBECK Nordrhein-Westfalen siehe Bestwig.

RAMSDORF Nordrhein-Westfalen siehe Velen.

RAMSTEIN-MIESENBACH Rheinland-Pfalz siehe Landstuhl.

RANDERSACKER 8701. Bayern – 3 600 Ew – Höhe 178 m – ✪ 0931 (Würzburg).
♦München 278 – Ansbach 71 – ♦Würzburg 7.

🏨 **Gasthof und Gästehaus Bären**, Pförtleinsgasse 1, 𝒫 70 81 88 (Hotel) 70 60 75 (Rest.) –
🗋wc 🗋wc 🅿
15. Jan. - 26. Feb. geschl. – Karte 14,50/38 (Mittwoch geschl.) 🛉 – **38 Z : 64 B** 46/50 - 70/75.

♨ **Krönlein**, Krönlein 5, 𝒫 70 73 43 – 🗋wc ☎ 🅿
Karte 12/25 (nur Abendessen, Freitag - Sonntag geschl.) – **11 Z : 15 B** 38 - 66.

RANFELS Bayern siehe Zenting.

RANSBACH-BAUMBACH 5412. Rheinland-Pfalz – 6 900 Ew – Höhe 300 m – ✪ 02623.
Mainz 92 – ♦Bonn 72 – ♦Koblenz 24 – Limburg an der Lahn 31.

♨ **Eisbach**, Schulstr. 2 (Ransbach), 𝒫 23 76, 🌶 – 🚗 🅿
Karte 13/42 (Samstag geschl.) – **14 Z : 21 B** 35 - 70.

RANTUM Schleswig-Holstein siehe Sylt (Insel).

RANZEL Nordrhein-Westfalen siehe Niederkassel.

RAPPENAU, BAD 6927. Baden-Württemberg 𝟵𝟴𝟳 ㉘ – 13 400 Ew – Höhe 265 m – Soleheilbad
– ✪ 07264 – 🛈 Kur- und Verkehrsamt, Salinenstr. 20, 𝒫 86125.
♦Stuttgart 74 – Heilbronn 22 – ♦Mannheim 71 – ♦Würzburg 122.

🏨 **Salinen-Hotel**, Salinenstr. 7, 𝒫 10 93 – 🛗 🗋wc ☎ 🚗 🅿 🛁
Karte 23/51 – **37 Z : 52 B** 53/68 - 99 Fb – P 87/91.

🏨 **Häffner Bräu** 🍴, Salinenstr. 24, 𝒫 10 61, 🌶 – 🛗 🗋wc ☎ 🚗 🅿. 🆎 ⓪ 🝙 💳
20. Dez.- 18. Jan. geschl. – Karte 18,50/38 (Freitag geschl.) 🛉 – **33 Z : 43 B** 36/65 - 110/122 –
P 69/98.

🏨 **Pension Ursula** 🍴 garni, Finkenstr. 11, 𝒫 52 62, ☞, 🛏 – 🗋wc 🗋 🅿
24. Dez.- 10. Jan. geschl. – **7 Z : 12 B** 23/35 - 46/70.

In Bad Rappenau 4-Heinsheim NO : 6 km :

🏰 Schloß Heinsheim 🍴 (Herrensitz a.d.J. 1730), 𝒫 70 45, Telex 782376, « Park, Schloßkapelle »,
🏊, 🛏 – 🛗 🅿 🛁
40 Z : 70 B Fb.

RASTATT 7550. Baden-Württemberg 𝟵𝟴𝟳 ㉞, 𝟮𝟰𝟮 ⑱, 𝟱𝟳 ⑳ – 37 000 Ew – Höhe 123 m – ✪ 07222
– **Ausflugsziel** : Schloß Favorite★ S : 5 km.
🛈 Verkehrspavillon, Kaiserstraße, 𝒫 3 24 03.
♦Stuttgart 97 ① – Baden-Baden 13 ② – ♦Karlsruhe 24 ① – Strasbourg 61 ③.

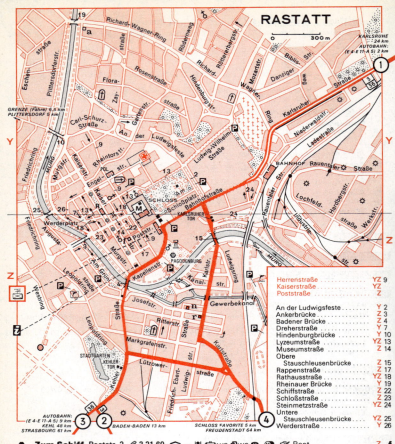

RASTATT

🏠 **Zum Schiff**, Poststr. 2, 𝒫 3 21 60, 🍴 – 🛏 🛁wc 🏳wc ☎. ⓞ. ❄ Rest   Z **f**
Juni 3 Wochen geschl. – Karte **24**/43 (Freitag geschl.) 🍷 – **20 Z : 34 B** 48/65 - 70/88.

🏠 **Im Münchfeld** garni, Donaustr. 7, 𝒫 3 12 70 – 🏳wc ☎ 🅿. 𝔸𝔼 ⓞ 𝔼   über ②
10 Z : 20 B 62 - 88.

🏠 **Brückenhof**, Richard-Wagner-Ring 61, 𝒫 2 10 13 – 🛏 🛁wc 🏳wc ☎ 🅿 🔧. 𝔸𝔼 𝕍𝕀𝕊𝔸   Y **a**
27. Dez.- 10. Jan. geschl. – Karte 17,50/45 – **39 Z : 60 B** 38/54 - 70/83.

🍴🍴 **Romantik-Rest. Katzenbergers Adler** mit Zim, Josefstr. 7, 𝒫 3 21 03 – 🚗 🅿. ❄ Zim   Z **n**
6 Z : 10 B.

🍴🍴 **Zum Storchennest**, Karlstr. 24, 𝒫 3 22 60   Z **r**

RASTEDE 2902. Niedersachsen 987 ⑭ – 17 400 Ew – Höhe 20 m – Luftkurort – ✆ 04402.
♦Hannover 181 – ♦Oldenburg 11 – Wilhelmshaven 44.

🏛 **Hof von Oldenburg**, Oldenburger Str. 199, 𝒫 10 31 – 🖭 Rest 🏳wc ☎ 🐕 🅿 🔧. 𝔸𝔼 ⓞ 𝔼
Karte 18/51 – **25 Z : 47 B** 49/52 - 95 Fb – P 80.

🍴🍴🍴 ❀ **Landhaus am Schloßpark** mit Zim, Südender Str. 1, 𝒫 32 43 – 🏳wc 🅿. 𝔸𝔼 ⓞ
Karte 47/76 (nur Abendessen, Sonntag - Montag geschl.) – **4 Z : 8 B** 55 - 95
Spez. Ochsenschwanzsülze mit Madeira-Essig, Dorsch in Senfkruste, Mariniertes Entensteak mit Backpflaumen.

In Rastede 2-Wahnbek SO : 5 km :

🏠 **Gästehaus Hullmann** garni, Sandbergstr. 2 (B 69), 𝒫 27 66, 🌳 – 🏳wc 🚗 🅿. 𝔸𝔼 ⓞ
18 Z : 23 B 34/40 - 66/76.

RATEKAU Schleswig-Holstein siehe Bad Schwartau.

RATH Nordrhein-Westfalen siehe Nideggen.

RATINGEN 4030. Nordrhein-Westfalen 987 ⑬ — 87 600 Ew — Höhe 70 m — ✆ 02102.
♦Düsseldorf 9,5 — ♦Duisburg 19 — ♦Essen 22.

🏰 **Altenkamp**, Marktplatz 17, ℰ 2 70 44 — 🕽 📺 ⇔ 🍴. 🆎 ⓪ 🄴 VISA
Karte 31/80 *(Samstag, Sonn- und Feiertage sowie Juli - Aug. 4 Wochen geschl.)* — **30 Z : 59 B** 115/130 - 170/180.

🏠 **Anger-Steakhaus**, Angerstr. 20, ℰ 2 50 85 — 🕽 📺 ⇔wc 🍴wc ☎. 🆎 ⓪ 🄴 VISA
Karte 16/50 — **27 Z : 43 B** 95 - 150 Fb.

🏠 **Am Düsseldorfer Platz** garni, Düsseldorfer Platz 1, ℰ 2 70 14, Telex 8585370 — 🕽 ⇔wc
🍴wc ☎ 🄿. 🆎 ⓪ 🄴
20. Dez.- 5. Jan. geschl. — **29 Z : 45 B** 80/110 - 120/130 Fb.

🏠 **Allgäuer Hof**, Beethovenstr. 24, ℰ 2 80 55 — 🕽 ⇔wc 🍴wc ☎ ⇔ 🄿 🍴. 🆎 ⓪ 🄴 VISA
Karte 18,50/51 *(Samstag bis 18 Uhr geschl.)* — **14 Z : 18 B** 85/130 - 120/150.

✕✕ **Altes Gasthaus Suitbertus-Stuben**, Oberstr. 23, ℰ 2 89 67, « Restaurant in einem Fachwerkhaus a.d. 15. Jh. » — 🆎 ⓪ 🄴
14. Juni - 1. Juli und Sonntag - Montag 18 Uhr geschl. — Karte 29/61.

✕ **Fürstenberg-Stube - Chez René**, Marktplatz 15, ℰ 1 36 26 — ⓪
Aug. und Samstag - Sonntag 18 Uhr geschl. — Karte 24/52.

In Ratingen-West :

🏰 **Crest-Hotel**, Broichhofstr. 3, ℰ 4 60 46, Telex 8585235, ≘s, ⤳ (geheizt), 🔲, 🐎, — 🔳 📺 ⴠ
🄿 🍴. 🆎 ⓪ 🄴 VISA. ✻ Rest
Karte 24/70 — **200 Z : 300 B** 179/227 - 269/284 Fb.

Beim Autobahnkreuz Breitscheid N : 5 km, Ausfahrt Mülheim :

🏠 **Novotel Breitscheider Kreuz**, Lintorfer Weg 75, ✉ 4030 Ratingen 5 - Breitscheid,
ℰ (02102) 1 76 21, Telex 8585272, ≘s, ⤳, 🐎, ✻ — 🕽 🔳 📺 ⇔wc 🍴 ⅙ 🄿 🍴. 🆎 ⓪ 🄴 VISA
Karte 24/56 — **120 Z : 240 B** 135/155 - 168/178 Fb.

In Ratingen 5-Breitscheid N : 5 km :

🏠 **Krummenweg** garni, Krummenweg 1 (B 227), ℰ 1 77 24 — ⇔wc 🍴wc ☎ 🄿
Juli geschl. — **23 Z : 46 B** 90/150 - 130/180 Fb.

In Ratingen 6-Hösel NO : 6 km :

🏠 **Haus Nussbaum** ⤸ garni, Pirolweg 1, ℰ 6 01 23, 🐎 — 🍴 ⇔. 🆎 ⓪ 🄴
13 Z : 24 B 55/90 - 95/110.

In Ratingen 4-Lintorf N : 4,5 km :

🏠 **Angerland** Ⓜ garni, Lintorfer Markt 10, ℰ 3 50 33 — 📺 ⇔wc 🍴wc ☎ 🄿. ✻
14 Z : 26 B 80/100 - 120/135 Fb.

RATISBONA, RATISBONNE = Regensburg.

RATTENBERG 8441. Bayern — 1 960 Ew — Höhe 570 m — Erholungsort — ✆ 09963.
🛈 Verkehrsamt, Gemeindeverwaltung, ℰ 7 03.
♦München 153 — Cham 25 — Deggendorf 43 — Straubing 33.

🏠 **Zur Post**, Dorfplatz 2, ℰ 10 00, 🐎 — 📺 ⇔wc 🍴wc ☎ 🄿. 🆎 ⓪
← Karte 13/33 ⅙ — **46 Z : 88 B** 35/48 - 64/84 — P 51/64.

RATZEBURG 2418. Schleswig-Holstein 987 ⑥ — 13 000 Ew — Höhe 15 m — Luftkurort — ✆ 04541 — Sehenswert : Ratzeburger See★ — Dom★ (Hochaltarbild★) — Aussichtsturm ⩹★.
🛈 Verkehrsamt, Alte Wache am Markt, ℰ 27 27.
♦Kiel 107 — ♦Hamburg 68 — ♦Lübeck 24.

🏠 **Der Seehof-Gästehaus Hubertus**, Lüneburger Damm 3, ℰ 41 61, ⩽, 🍽 — 📺 ⇔wc
🍴wc ☎ 🄿 🍴. ⓪ 🄴 VISA
Karte 25/66 — **34 Z : 68 B** 65/118 - 85/152 Fb — P 77/155.

🏠 **Hansa-Hotel**, Schrangenstr. 25, ℰ 33 72 — 🕽 📺 ⇔wc 🍴wc ☎ ⇔ 🄿
Karte 23/47 — **24 Z : 42 B** 60/70 - 90 Fb — P 80/105.

🏠 **Wittlers Hotel - Gästehaus Cäcilie**, Große Kreuzstr. 11, ℰ 32 04, ≘s — 🕽 🍴wc 🍴
15. Dez.-15. Jan. geschl. — Karte 18,50/41 *(Okt.- März Sonntag geschl.)* — **36 Z : 65 B** 38/60 - 68/90 — P 62/88.

In Fredeburg 2418 SW : 5,5 km :

🏠 **Fredenkrug**, Lübecker Str. 5 (B 207), ℰ (04541) 35 55, 🐎, 🐎 — 🍴wc ☎ ⇔ 🄿 🍴
Karte 20/43 — **17 Z : 27 B** 42 - 82 — P 65.

In Salem 2419 SO : 7 km :

🏯 **Lindenhof** ⤸, Seestr. 40, ℰ (04541) 34 71, ⩽, 🐎, 🐎 — 🍴 ⇔ 🄿. ✻ Zim
15. März - 15. Okt. — Karte 27/56 *(Montag geschl., Dienstag - Freitag nur Abendessen)* — **15 Z : 30 B** 43/51 - 65/82.

In Seedorf 2411 SO : 13 km :

🏠 **Schaalsee-Hotel** ॐ, Schloßstr. 9, 𝄢 (04545) 2 82, ⪜, ⪑, 🔲, 🛋 – 🛏wc 🛁wc 🚗 🅿.
🍽 Rest
Dez. geschl. – Karte 20/43 *(Mittwoch geschl.)* – **15 Z : 27 B** 45/90 - 90/100 – P 69/74.

RAUENBERG 6909. Baden-Württemberg – 6 100 Ew – Höhe 130 m – ☯ 06222 (Wiesloch).
♦Stuttgart 99 – Heidelberg 22 – Heilbronn 47 – ♦Karlsruhe 45 – ♦Mannheim 35.

🏨 **Winzerhof** ॐ, Bahnhofstr. 6, 𝄢 6 20 67, Telex 466035, 🍴, eigener Weinbau, ⪑, 🔲 – 🛗
🔲 🛏wc 🛁wc 🚗 🅿 🔥 🆎 🅾 🅴 𝗩𝗜𝗦𝗔
Karte 26/58 ⚥ – **70 Z : 90 B** 41/95 - 98/160 Fb.

🏤 **Café Laier**, Wieslocher Str. 36, 𝄢 6 27 95 – 🛁wc ☎ 🚗 🅿
20. Dez.- 15. Jan. geschl. – Karte 16,50/31 *(Samstag bis 15 Uhr und Dienstag geschl.)* ⚥ –
12 Z : 18 B 28/42 - 58/72.

RAUNHEIM Hessen siehe Rüsselsheim.

RAUSCHENBERG 3576. Hessen – 4 500 Ew – Höhe 282 m – Luftkurort – ☯ 06425.
♦Wiesbaden 140 – ♦Kassel 78 – Marburg 20.

🏠 **Schöne Aussicht**, an der B 3 (NW : 3,5 km), 𝄢 7 17, ⪑, 🔲, 🛋 – 🔲 🛏wc 🛁wc ☎ 🚗
🅿
Karte 12,50/37 *(Montag geschl.)* – **22 Z : 35 B** 26/39 - 52/78 – P 38/51.

RAVENSBURG 7980. Baden-Württemberg 🔢🔢🔢 ⊛⊛, 🔢🔢🔢 ⊕, 🔢🔢🔢 ⊛ – 44 000 Ew – Höhe 430 m
– ☯ 0751.

Sehenswert : Liebfrauenkirche (Kopie der ''Ravensburger Schutzmantelmadonna''★★).
🏛 Städt. Kultur-u. Verkehrsamt, Marienplatz 54, 𝄢 8 23 24.
ADAC, Seestr. 55, 𝄢 2 37 08, Telex 732968.
♦Stuttgart 147 – Bregenz 41 – ♦München 183 – ♦Ulm (Donau) 36.

🏨🏨 ⊛ **Romantik-Hotel Waldhorn**, Marienplatz 15, 𝄢 1 60 21, Telex 732311 – 🛗 🔲 🚗 🅿 🔥 🆎
🅾 🅴 𝗩𝗜𝗦𝗔
Karte 37/89 *(Tischbestellung ratsam)* *(Sonntag - Montag 18 Uhr geschl.)* – **35 Z : 50 B** 70/135 -
110/175 Fb
Spez. Bodensee-Saibling mit Paprikacrème, Maispoularde in Tokajer, Kaninchenfilet mit Bachkresse-Nudeln.

🏠 **Lamm**, Marienplatz 47, 𝄢 39 14 – 🛏wc 🛁wc ☎ 🚗
43 Z : 66 B Fb.

🏠 **Sennerbad** ॐ garni, am Sennerbad 24, 𝄢 20 83, ⪜, 🛋 – 🛗 🛁wc ☎ 🅿
24 Z : 40 B 30/50 - 73/81 Fb.

🏠 **Goldene Uhr**, Saarlandstr. 44, 𝄢 27 75, 🍴 – 🛁wc 🚗 🅿 🆎 🅴 𝗩𝗜𝗦𝗔
Karte 14/33 *(Dienstag geschl.)* – **26 Z : 45 B** 25/36 - 50/60.

🏤 **Weinstube zum Muke**, Herrenstr. 16, 𝄢 2 30 06 – 🛁
Karte 17/33 ⚥ – **22 Z : 36 B** 32/48 - 56/66 Fb.

🍴 **Engel** mit Zim, Marienplatz 71, 𝄢 2 34 84 – 🛏wc 🛁wc ☎ 🚗
Karte 14/44 *(Sonntag geschl.)* – **15 Z : 27 B** 31/40 - 53/62.

🍴 **La Gondola**, Gartenstr. 75, 𝄢 2 39 40 – 🅿

🍴 **Holderbrunnen**, Goetheplatz 7, 𝄢 2 30 43 – 🅿
7.- 28. Aug. und Mittwoch geschl. – Karte 15/38.

In Ravensburg-Dürnast SW : 9,5 km :

🏤 **Landvogtei** (Haus a.d.J. 1470), an der B 33, 𝄢 (07546) 52 39, 🍴, 🛋 – 🛁 🚗 🅿 🅾
🍽 Zim
27. Dez.- 20. Jan. geschl. – Karte 14/30 *(Freitag geschl.)* ⚥ – **10 Z : 21 B** 26/30 - 52/60.

In Berg 7981 N : 4 km :

🏠 **Haus Hubertus** ॐ, Maierhofer Halde 9, 𝄢 (0751) 4 10 58, ⪜, 🍴, Wildgehege – 🛏wc
🛁wc ☎ 🅿 🔥
1.- 15. Jan. geschl. – Karte 22/39 *(Sonntag 14 Uhr - Montag 17 Uhr geschl.)* – **25 Z : 38 B** 58 -
78/88.

In Waldburg 7981 O : 10 km :

🏨 **Krone**, Hauptstr. 21, 𝄢 (07529) 3 21, ⪑, 🔲, 🛋 – 🔲 🛏wc 🛁wc ☎ 🚗 🅿 🔥
27 Z : 48 B.

An der Straße von Grünkraut nach Bodnegg SO : 10 km, 4 km über die B 32, dann rechts
ab :

🏨 **Berghotel Wollmarshöhe** ॐ, ✉ 7981 Bodnegg, 𝄢 (07520) 21 17, ⪜, 🍴, ⪑, 🛋, 🎾 –
🛗 🛏wc 🛁wc 🚗 🅿 🔥
Jan. geschl. – Karte 19/50 *(Dienstag geschl.)* – **36 Z : 55 B** 48/72 - 98/104 – P 74/84.

RAVENSBURG (Burg) Baden-Württemberg siehe Sulzfeld.

RECHTENBACH 8771. Bayern — 1 100 Ew — Höhe 335 m — ✪ 09352.
♦München 327 — Aschaffenburg 29 — ♦Würzburg 47.

☎ **Krone**, Hauptstr. 52, ✆ 22 38, 🚗 — 🍴wc 🚗
← Karte 12/27 *(Freitag geschl.)* 🍴 — **14 Z : 25 B** 24/30 - 48/60.

An der B 26 W : 3,5 km :

XX Bischborner Hof mit Zim, ✉ 8771 Neuhütten, ✆ (09352) 33 56, 🍴 — 🍴wc ☎ 🅿 — **5 Z : 10 B**.

RECKE 4534. Nordrhein-Westfalen 987 ⑭ — 9 800 Ew — Höhe 60 m — ✪ 05453.
♦Düsseldorf 183 — ♦Bremen 140 — Enschede 70 — ♦Osnabrück 40.

🏠 **Altes Gasthaus Greve** 🦐, Markt 1, ✆ 32 43 — 🍴wc 🚗 🅿 🦐 Zim
← Karte 14/30 *(Montag geschl.)* — **14 Z : 21 B** 37/42 - 66/69.

RECKLINGHAUSEN

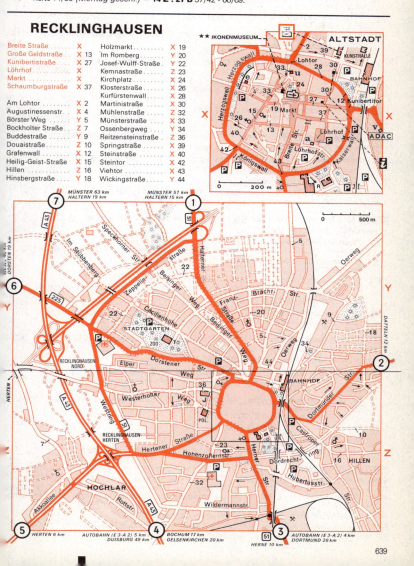

RECKLINGHAUSEN 4350. Nordrhein-Westfalen 987 ⑭ — 118 300 Ew — Höhe 98 m — ✆ 02361.

Siehe Ruhrgebiet (Übersichtsplan).

Sehenswert : Ikonenmuseum ★★.

🛈 Städt. Reisebüro, Kunibertstr. 23, ✆ 58 76 72, Telex 829871.

ADAC, Martinistr. 11, ✆ 1 54 20, Notruf ✆ 1 92 11.

◆Düsseldorf 71 ④ — Bochum 17 ④ — ◆Dortmund 28 ③ — Gelsenkirchen 20 ④ — Münster (Westfalen) 63 ⑦.

Stadtplan siehe vorhergehende Seite.

🏨 **Landhaus Quellberg - Restaurant am Kamin** ⤳, Holunderweg 9, ✆ 4 10 14 (Hotel) 4 34 76 (Rest.), Telex 829551, ☎, ⌇ (geheizt), 🐎 — 🕍wc 🕿 🅿. ❀ Rest
32 Z : 61 B Fb. über Castroper Straße **Z**

🏨 **Barbarossa-Hotel,** Löhrhof 8, ✆ 2 50 71, 🖼 — 🛗 📺 ⟺wc 🕿 🏛 **X a**
56 Z : 90 B Fb.

🏨 **Wüller,** Hammer Str. 1, ✆ 4 10 51 — 🛗 🕍wc 🅿 über Castroper Straße **Z**
57 Z : 105 B Fb.

XXX **Engelsburg** mit Zim, Augustinessenstr. 10, ✆ 2 50 66, 🏡, « Park, Kaminzimmer » — ⟺wc
🕍wc 🕿 🅿 🏛. 🆎 ⓪ 🇪 **X e**
Karte 36/75 — **32 Z : 44 B** 60/83 - 105/130 Fb.

XX **Landhaus Scherrer,** Bockholter Str. 385, ✆ 2 27 20, 🏡 — 🅿. 🆎 ⓪ 🇪 🎫 über Bockholter Str. **Y**
Montag geschl. — Karte 28/49.

XX **Scirocco,** Dortmunder Str. 20, ✆ 4 44 06 — 🆎 ⓪ 🇪 **X v**
Montag und Juli 3 Wochen geschl. — Karte 24/52.

X **Ratskeller,** Rathausplatz 3, ✆ 5 99 11 **X R**

X **Zum Drübbelken,** Münsterstr. 5, ✆ 2 34 93 **X u**
Montag - Freitag nur Abendessen, 15. Juli - 15. Aug. und Mittwoch geschl. — Karte 15,50/32.

REDNITZHEMBACH 8540. Bayern — 4 300 Ew — Höhe 315 m — ✆ 09122 (Schwabach).

◆München 154 — Ansbach 41 — Donauwörth 74 — ◆Nürnberg 22.

🏨 **Hembacher Hof,** Untermainbacher Weg 21, ✆ 70 91 — 🕍wc 🕿 🅿 🏛. 🆎
Aug. geschl. — Karte 16/46 — **22 Z : 37 B** 60/70 - 92.

In Rednitzhembach - Plöckendorf :

🏨 **Kuhrscher Keller** ⤳, Bahnhofstr. 5, ✆ 70 71 — 🕍wc 🅿. ❀ Zim
◆ Karte 12/30 (nur Abendessen,Freitag geschl.) 🍸 — **12 Z : 24 B** 42/45 - 80.

REES 4242. Nordrhein-Westfalen 987 ③, 211 ⑱ — 18 000 Ew — Höhe 20 m — ✆ 02851.

◆Düsseldorf 87 — Arnhem 49 — Wesel 24.

🏨 **Rheinhotel Dresen,** Markt 6, ✆ 12 55, ≤, 🏡 — ⟺wc 🕍wc
Ende Jan.- Mitte Feb. geschl. — Karte 18,50/48 (Freitag geschl.) — **14 Z : 20 B** 40/52 - 80/104.

🏨 **Holzum,** Weseler Str. 1, ✆ 12 90 — ⟺wc 🕍 ⟺ 🅿
Karte 17/48 (Dienstag geschl.) — **9 Z : 11 B** 30/45 - 60/85.

XXX **Op de Poort,** Vor dem Rheintor 5, ✆ 74 22, ≤, 🏡 — 🅿
25. Dez.- 6. Jan. und Montag - Dienstag geschl. — Karte 25/61 (Tischbestellung ratsam).

In Rees-Griethorort NW : 8 km :

XX **Inselgasthof Nass** ⤳ mit Zim, Rheinstr. 1, ✆ 63 24, ≤, 🏡 — 📺 🕍wc 🅿. ❀
Karte 21/50 (vorwiegend Fischgerichte) (Montag geschl.) — **6 Z : 11 B** 46 - 80.

REGEN 8370. Bayern 987 ⑳ — 11 000 Ew — Höhe 536 m — Erholungsort — Wintersport : 🎿3 —
✆ 09921 — 🛈 Verkehrsamt, Haus des Gastes, Stadtplatz 2, ✆ 29 29.

◆München 169 — Cham 49 — Landshut 100 — Passau 60.

🏨 **Pension Panorama** ⤳, Johannesfeldtr. 27, ✆ 23 56, ≤, 🖼, 🐎 — 🕍wc 🅿
10. Jan. - Ostern und 18. Okt. - 20. Dez. geschl. — (nur Abendessen für Hausgäste) — **17 Z :**
31 B 32/35 - 54/68.

🏨 **Landhaus Waldeck** ⤳ garni, Kerschlhöhe 3 (NO : 2,5 km, Richtung Langdorf), ✆ 30 04, ≤,
🖼, 🐎 — 🕍wc 🅿. ❀
Okt.- 20. Dez. geschl. — **12 Z : 20 B** 30 - 50.

🏚 **Pichelsteinerhof** ⤳, Talstr. 35, ✆ 24 72 — 🕍wc 🅿 — **10 Z : 19 B.**

In Regen 2-March W : 6,5 km :

🏨 Zur alten Post, Hauptstr. 37, ✆ 23 93, 🕍wc 🅿. ❀ — **32 Z : 70 B.**

REGENSBURG 8400. Bayern 987 ㉗ — 128 000 Ew — Höhe 339 m — ✆ 0941.

Sehenswert : Dom★ (Glasgemälde★★) **Z** — Alter Kornmarkt★ **Z** — Alte Kapelle★ **Z D** —
Stadtmuseum★ **Z M1** — St. Emmeram★ (Grabmal★ der Königin Hemma) **Z A** — Schloß Thurn und
Taxis : Marstallmuseum★ **Z M2** — St. Jakobskirche (romanisches Portal★) **Z B** — Steinerne
Brücke (≤★) **Z**.

Ausflugsziel : Walhalla★ : Lage★, O : 10 km über Donaustaufer Str. **Y**.

🛈 Tourist-Information, Altes Rathaus, ✆ 5 07 21 41 — ADAC, Luitpoldstr. 2, ✆ 5 56 73, Notruf ✆ 1 92 11.

◆München 125 ④ — ◆Nürnberg 101 ④ — Passau 118 ③.

640

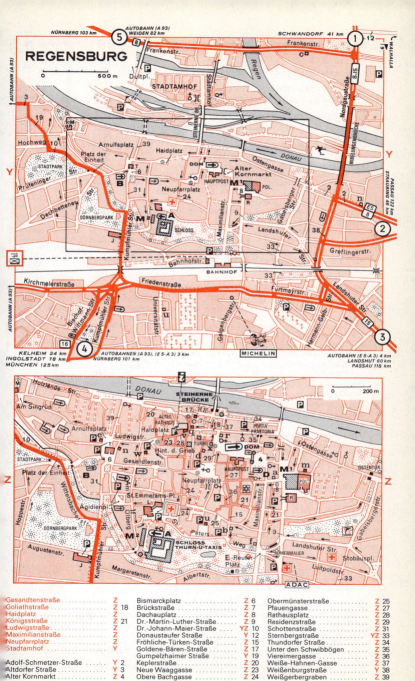

🏨 **Parkhotel Maximilian** garni, Maximilianstr. 28, ℰ 56 10 11, Telex 65181 − 🛗 📺 🅿 🚗 AE
ⓞ E VISA   Z f
53 Z : 105 B 123 - 163 Fb.

🏨 **Avia-Hotel**, Frankenstr. 1, ℰ 4 20 93, Telex 65703 − 🛗 📺 ⌷wc ⋔wc ☎ 🚗 🅿 🚗 AE ⓞ
E VISA   Y c
Karte 21/56 − **81 Z : 123 B** 79/88 - 109/124 Fb.

🏨 **St. Georg**, Karl-Stieler-Str. 8, ℰ 9 70 66, Telex 652504, 🚗 − 🛗 📺 ⋔wc ☎ 🅿 🚗 ⓞ E
VISA   über Bischof-Wittmann-Str.   Y
• Karte 18,50/48 − **59 Z : 112 B** 73/89 - 108/138 Fb.

🏨 **Bischofshof am Dom**, Krauterermarkt 3, ℰ 5 90 86, Biergarten − 🛗 📺 ⌷wc ⋔wc ☎ 🚗
    Z r
60 Z : 106 B Fb.

🏨 **Kaiserhof am Dom**, Kramgasse 10, ℰ 5 40 27, 🍽 − 🛗 ⋔wc ☎ 🚗 AE E   Z x
Karte 14/47 − **32 Z : 55 B** 56/74 - 102/110 Fb.

🏨 **Karmeliten - Restaurant Taverne** (Spanische Küche), Dachauplatz 1, ℰ 5 43 08 (Hotel)
5 49 10 (Rest.), Telex 65170 − 🛗 📺 ⌷wc ⋔wc ☎ 🅿 🚗 AE ⓞ E   Z a
20. Dez.- 20. Jan. geschl. − Karte 22/43 (nur Abendessen, Sonntag geschl.) − **80 Z : 120 B**
52/84 - 86/126.

🏨 **Münchner Hof** 🍃, Tändlergasse 9, ℰ 5 18 05, Telex 652593 − 🛗 ⋔wc ☎ AE E   Z d
← Karte 14,50/39 (Freitag geschl.) − **38 Z : 65 B** 38/60 - 66/92 Fb.

🏨 **Straubinger Hof**, Adolf-Schmetzer-Str. 33, ℰ 5 90 75 − 🛗 ⋔wc ☎ 🚗 🅿 AE ⓞ E VISA
← 22. Dez.- 6. Jan. geschl. − Karte 12/29 ⚘ − **64 Z : 98 B** 36/59 - 72/89.   Y n

🏨 **Apollo 11**, Neuprüll 17, ℰ 9 16 82, 🚗, 🔲 − 🛗 ⌷wc ⋔wc ☎ 🚗 🅿 AE ⓞ E
← Karte 14/30 (Sonntag geschl.) − **52 Z : 80 B** 27/52 - 54/74.   über Universitätsstr.   Y

🏨 **Zum fröhlichen Türken** garni, Fröhliche-Türken-Str. 11, ℰ 5 36 51 − ⋔wc ☎ 🚗 ⓞ E
VISA   Z b
41 Z : 70 B 42/52 - 66/82.

🏨 **Wiendl**, Universitätsstr. 9, ℰ 9 04 16 − ⋔wc 🅿   Y u
← Karte 12/20 (Samstag geschl., Sonntag kein Abendessen) − **33 Z : 54 B** 30/47 - 50/75.

XX **Zum Krebs** (kleines Restaurant in einem renovierten Altstadthaus), Krebsgasse 6, ℰ 5 58 03
− ⓞ   Z w
Montag geschl., Dienstag und Sonntag nur Abendessen − Karte 36/60 (mittags nur Menü)
(Tischbestellung erforderlich).

XX **Ratskeller**, Rathausplatz 1, ℰ 5 17 77, Historischer Saal − 🚗 AE ⓞ E   Z v
← Sonntag 15 Uhr - Montag geschl. − Karte 13,50/41.

XX **Bei Angelo** (Italienische Küche), Drei-Mohren-Str. 11, ℰ 5 33 57   Z n
nur Abendessen, 17. Aug.- 15. Sept. und Sonntag geschl. − Karte 24/59.

X **Obermünster-Stiftskeller**, Obermünsterplatz 7, ℰ 5 31 22, Biergarten − 🅿 🚗 E   Z u
Montag geschl. − Karte 15/45.

X Zum leeren Beutel, Bertholdstr. 6, ℰ 5 89 97   Z m

X **Alte Münz**, Fischmarkt 7, ℰ 5 48 86 − AE ⓞ E VISA   Z c
Karte 16/41.

X **Alter Simpl**, Fischgässel 4, ℰ 5 16 50   Z q
Montag - Freitag nur Abendessen, Samstag nur Mittagessen, Sonntag, 2.- 9. März und 17.- 31.
Aug. geschl. − Karte 23/53.

X **Brauerei Kneitinger** (Brauereigaststätte), Arnulfsplatz 3, ℰ 5 24 55   Z e
← Mitte Mai - Mitte Sept. Sonntag geschl. − Karte 9,50/20.

In Regensburg-Dechbetten SW : 4 km über Kirchmeierstr. Y :

🏨 **Dechbettener Hof**, Dechbetten 11, ℰ 3 52 83, Biergarten − ⋔ 🅿 🚗 🍃 ❄ Zim
7.- 20. Jan. geschl. − Karte 15,50/41 (Montag geschl.) − **12 Z : 19 B** 29/35 - 53/63.

In Regensburg-Irl ② : 7 km :

🏨 **Held**, Irl 11, ℰ (09401) 10 41, 🍽, Biergarten, 🚗, ❄ − 🛗 ⌷wc ⋔wc ☎ 🅿 🚗 ⓞ E
← 22.- 30. Dez. geschl. − Karte 13/36 ⚘ − **62 Z : 100 B** 35/55 - 75/85 Fb.

In Pentling 8401 ④ : 5 km :

🏨 **Schrammel Wirt**, An der Steinernen Bank 10, ℰ (09405) 10 14, Biergarten, 🚗, ❄ (Halle)
← − 🛗 📺 ⋔wc ☎ 🚗 🅿 🚗 AE ⓞ E
Karte 14/43 − **62 Z : 120 B** 75 - 115 Fb.

In Tegernheim 8409 NO : 7 km, Richtung Walhalla Y :

🏨 Minigolf-Hotel 🍃, Bergweg 2, ℰ (09403) 16 44 − ⌷wc ⋔wc ☎ 🚗 🅿 🚗
48 Z : 60 B.

In Pettendorf-Mariaort 8411 ⑥ : 7 km :

🏨 **Gästehaus Krieger**, Naabstr. 20 (B 8), ℰ (0941) 8 00 18, ≤, Biergarten − 🛗 ⌷wc ⋔wc 🚗
← 🅿
Karte 12/35 (Mahlzeiten im Gasthof Krieger) (25. Aug.- 3. Sept., 24. Dez.- 4. Jan. und Mittwoch
geschl.) − **34 Z : 60 B** 25/50 - 48/75.

In Pettendorf-Adlersberg 8411 ⑥ : 7 km :

🏠 **Prössl-Bräu** ⟋, Dominikanerinnenstr. 2, ℰ (09404) 18 22, Biergarten — 🚻wc 🛁wc 🅿. ◪ ▫️
20. Dez.- 16. Jan. geschl. — Karte 12/24 *(Montag geschl.)* — **13 Z : 18 B** 34/37 - 64.

In Obertraubling 8407 ③ : 8 km :

🏠 **Stocker**, St.-Georg-Str. 2, ℰ (09401) 62 73, Biergarten — 🛁wc 🅿
Karte 11,50/24 *(Samstag geschl.)* — **24 Z : 36 B** 24/35 - 48/66.

In Donaustauf 8405 O : 9 km (Richtung Walhalla) Y :

🏠 **Pension Walhalla** ⟋ garni, Ludwigstr. 37, ℰ (09403)15 22, ⩽, 🐴 — 🛁wc 🅿
16 Z : 36 B 33/39 - 54/62.

✗ **Kupferpfanne**, Lessingstr. 48, ℰ (09403) 10 98, 🌳 — 🅿. ◪ ▪
15. Jan.- 15. Feb. und Montag geschl. — Karte 19/52.

In Neutraubling 8402 ② : 10 km :

🏠 **Am See**, Teichstr. 6, ℰ (09401) 14 54, 🌳 — 🛁 🅿
Karte 14,50/37 *(Freitag geschl.)* — **17 Z : 30 B** 35/38 - 70.

🏠 **Groitl**, St. Michaelsplatz 2, ℰ (09401) 10 02 — 🛁 🅿. ◑
1.- 6. Jan. geschl. — Karte 12,50/30 *(Sonntag geschl.)* — **30 Z : 45 B** 29/35 - 52/66.

MICHELIN-REIFENWERKE KGaA. Niederlassung Schikanederstr. 4 (Y). ℰ 7 50 01.

REGENSTAUF 8413. Bayern ⑨⑧⑦ ⑰ — 13 500 Ew — Höhe 345 m — ✪ 09402.
♦München 137 — Amberg 46 — ♦Regensburg 15 — Weiden in der Oberpfalz 76.

🏠 **Wald-Pension** ⟋, Hauzensteiner Str. 102, ℰ 89 87, ⇌s, 🐴 — 🛁wc 🅿
(Rest. nur für Hausgäste) — **20 Z : 26 B** 30 - 60.

REHBURG-LOCCUM 3056. Niedersachsen ⑨⑧⑦ ⑮ — 9 800 Ew — Höhe 60 m — ✪ 05037.
♦ Hannover 44 — ♦ Bremen 89 — Minden 28.

Im Ortsteil Loccum :

🏠 **Rodes H.**, Marktstr. 22, ℰ (05766) 2 38 — 🛁wc ⇌ 🅿
22. Dez.- 12. Jan. geschl. — Karte 17/39 *(Freitag geschl.)* — **19 Z : 30 B** 32/42 - 61/81 — P 41/53.

REICHELSHEIM 6101. Hessen — 7 800 Ew — Höhe 230 m — Erholungsort — ✪ 06164.
🛈 Verkehrsverein, Rathaus, ℰ 20 21 — ♦Wiesbaden 84 — ♦Darmstadt 36 — ♦Mannheim 44.

✗✗ **Zum Schwanen** mit Zim, Rathausplatz 2, ℰ 22 26, 🌳 — 🛁 🅿. ◪ ◑ ▪
Mitte Jan.- Mitte Feb. geschl. — Karte 15,50/56 *(Donnerstag geschl.)* ♨ — **12 Z : 15 B** 22/26 - 44/52 — P 38/42.

In Reichelsheim 3-Eberbach :

🏠 **Landhaus Lortz** ⟋, ℰ 49 69, 🌳, ◪, 🐴 — 🛁wc 🅿. ⚒
30. Dez.- 8. Feb. geschl. — Karte 14/31 *(Montag geschl.)* ♨ — **18 Z : 30 B** 35/43 - 72/76 — 4 Appart. 95 — P 51/57.

In Reichelsheim-Gumpen SW : 2,5 km :

🏠 **Schützenhof**, Kriemhildstr. 73 (B 47), ℰ 22 60, 🌳, 🐴 — 🛁wc 🅿. ◪
Karte 12,50/33 *(Dienstag geschl.)* — **7 Z : 15 B** 26 - 52 — P 36.

REICHENAU (Insel) 7752. Baden-Württemberg ⑷⑵⑺ ⑦. ⑵①⑹ ⑨ — 4 700 Ew — Höhe 398 m — Erholungsort — ✪ 07534 — Sehenswert : In Oberzell : Stiftskirche St. Georg (Wandgemälde★★) — In Mittelzell : Münster★ (Münsterschatz★).
🛈 Verkehrsbüro, Mittelzell, Ergat 1 (Heimatmuseum), ℰ 2 76.
♦Stuttgart 181 — ♦Konstanz 10 — Singen (Hohentwiel) 29.

Im Ortsteil Mittelzell :

🏨 **Romantik-Hotel Seeschau** ⟋, Schiffslände 8, ℰ 2 57, ⩽, « Terrasse am See » — 📺
🚻wc 🛁wc ☎ 🅿. ◪ ◑ ▪
1.- 25. Jan. und 20. Okt.- 15. Dez. geschl. — Restaurants (Sonntag 15 Uhr – Montag geschl.):
— **Winkelmann** *(nur Menu)* Karte 50/75 — **Kamin-Stube** Karte 34/67 — **13 Z : 23 B** 65/90 - 120/150 Fb — 2 Appart. 100
Spez. Strudel vom Egli in Rieslingsauce, Zanderfilet auf Safrangemüse, Kalbsbries mit Kräutern in Rotwein.

🏨 **Strandhotel Löchnerhaus** ⟋, Schiffslände 12, ℰ 4 11, ⩽, 🌳, 🚤, 🐴 — 📳 🚻wc 🛁wc
☎ ⇌ 🅿 🛁. ◪ ◑ ▪ ▫️
15. März - Okt. — Karte 17/56 — **49 Z : 74 B** 65/95 - 130/160 Fb — P 100/130.

🏠 **Mohren**, Pirminstr. 141, ℰ 4 01, 🌳 — 🚻wc 🛁wc ☎ 🅿. ◪ ◑ ▪ ▫️
Jan.- Feb. geschl. — Karte 27/50 *(Montag geschl.)* — **16 Z : 27 B** 52/65 - 100/130 Fb.

Im Ortsteil Oberzell :

🏠 **Kreuz**, Zelleleweg 4, ℰ (07754) 3 32 — 🛁wc ⇌ 🅿
15. Okt.- 15. Nov. geschl. — Karte 17,50/36 *(Montag geschl.)* ♨ — **11 Z : 18 Z** 40/50 - 80/90.

REICHENHALL, BAD 8230. Bayern 987 ⑧, 426 ⑲ — 18 500 Ew — Höhe 470 m — Heilbad — Wintersport : 470/1 600 m ✓1 ✓3 ✓3 — ✿ 08651.

🛈 Verkehrsverein, am Bahnhof, ✆ 14 67 — 🛈 Verkehrsamt in Bayerisch-Gmain, Großmainer Str. 12, ✆ 32 58.

ADAC, Schwarzbach, Autobahn-Grenzbüro, ✆ 49 00.

♦München 136 ① — Berchtesgaden 18 ② — Salzburg 19 ①.

BAD REICHENHALL

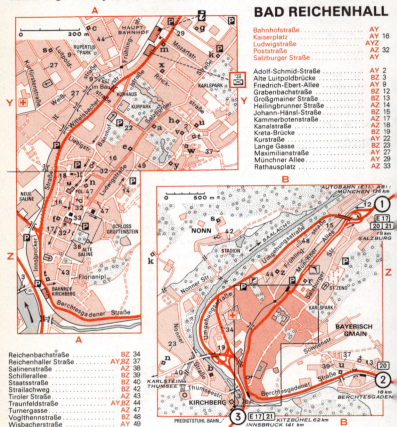

Bahnhofstraße	AY
Kaiserplatz	AY 16
Ludwigstraße	AYZ
Poststraße	AZ 32
Salzburger Straße	AY
Adolf-Schmid-Straße	AY 2
Alte Luitpoldbrücke	BZ 3
Friedrich-Ebert-Allee	AY 9
Grabenbachstraße	BZ 12
Großmainer Straße	BZ 13
Heilingbrunner Straße	AZ 14
Johann-Hänsl-Straße	BZ 15
Kammerbotenstraße	AZ 17
Kanalstraße	AZ 18
Kreta-Brücke	AZ 19
Kurstraße	AY 22
Lange Gasse	BZ 23
Maximilianstraße	AY 27
Münchner Allee	AY 29
Rathausplatz	AZ 33

Reichenbachstraße	BZ 34
Reichenhaller Straße	AY,BZ 37
Salinenstraße	AZ 38
Schillerallee	BZ 39
Staatsstraße	BZ 40
Strailachweg	BZ 42
Tiroler Straße	AZ 43
Traunfeldstraße	AY,BZ 44
Turnergasse	AZ 47
Voglthennstraße	BZ 48
Wisbacherstraße	AY 49

🏨🏨 **Steigenberger-Hotel Axelmannstein** ⑤, Salzburger Str. 4, ✆ 40 01, Telex 56112, 🌺, « Park », Bade- und Massageabteilung, ≘s, 🔁, 🔲, 🚿, 🎾 — 🛄 🖵 📺 ⑤ ⇔ 🅿 🍴 🆎 ⓞ 🄴 💳 🛏 Rest — AY **a**
Restaurants : — **Parkrestaurant** Karte 38/80 — **Axel-Stüberl** (regionale Küche) (Donnerstag geschl.) Karte 17/40 — **156 Z : 220 B** 146/252 - 212/440 Fb — P 170/290.

🏨🏨 **Kurhotel Luisenbad** ⑤, Ludwigstr. 33, ✆ 50 11, Telex 56131, 🌺, « Garten », Bade- und Massageabteilung, ⓛ, ≘s, 🔲, 🚿 — 🛄 ⇔ 🅿 🍴 Rest — AY **e**
Nov.- 20. Dez. geschl. — Karte 33/66 (auch Diät) — **86 Z : 120 B** 97/158 - 182/288 Fb — P 137/204.

🏨🏨 **Panorama** ⑤, Baderstr. 6, ✆ 6 10 01, ≼, 🌺, Bade- und Massageabteilung, ≘s, 🔲 — 🛄 🛏 Rest ♿ 🅿 🍴 (mit 🍽). 🆎 ⓞ 🄴 💳 🍴 Rest — AY **w**
Karte 22/46 — **83 Z : 136 B** 104/128 - 182/204 Fb — P 125/141.

🏨 **Residenz Bavaria** ⑤, Am Münster 3, ✆ 50 16, Telex 56187, 🌺, Bade- und Massageabteilung, ≘s, 🔲 — 🛄 🛁wc ♿ ⇔ 🅿 🆎. 🍴 Rest — AY **g**
Karte 18/47 — **173 Z : 400 B** 74/98 - 128/196 Fb — P 100/124.

🏨 **Hofwirt,** Salzburger Str. 21, ✆ 6 20 21, 🌺, 🚿 — 🛄 🛁wc 🛀wc 📞 🅿 🍴 — AY **k**
Karte 25/47 — **20 Z : 36 B** 50/75 - 100/120 — P 80/100.

🏛 **Kurhotel Alpina** ॐ, Adolf-Schmid-Str. 5, ☎ 20 38, Bade- und Massageabteilung, 🐎 – ▯
📺 🅿 🗑 ⅏wc.☎ 🅿. ॐ
Feb.- Okt. – (Rest. nur für Hausgäste) – **62 Z : 86 B** 60/90 - 100/130 Fb – P 75/95.
AY t

🏛 **Sonnenbichl** ॐ, Adolf-Schmid-Str. 2, ☎ 6 10 19, 🛋, 🐎 – ▯ ⟷wc ⅏wc ☎ 🚗 🅿. 🆎
🅾 🄴 VISA ॐ Rest
(Rest. nur für Hausgäste) – **40 Z : 60 B** 50/80 - 100/130 Fb – P 70/90.
AY h

🏛 **Bayerischer Hof**, Bahnhofsplatz 14, ☎ 50 84, Telex 56123, Bade- und Massageabteilung,
🛋, 🄳 – ▯ ⟷wc ⅏wc ☎ 🚗. 🆎 🄴 VISA
7. Jan.- 6. Feb. geschl. – Karte 17,50/41 – **64 Z : 91 B** 59/105 - 106/154 Fb – P 82/126.
AY m

🏛 **Tiroler Hof**, Tiroler Str. 12, ☎ 20 55, Telex 56151, 🌳, 🄳 – ▯ 📺 ⟷wc ⅏wc ☎ 🅿. 🆎 🅾
🄴 VISA
Karte 17,50/50 – **38 Z : 60 B** 60/90 - 112/160 Fb – P 95/100.
AZ t

🏛 **Tivoli** ॐ, Tivolistr. 2, ☎ 50 03, ≤, 🐎 – ▯ ⟷wc ⅏wc ☎ 🚗 🅿. 🆎 🅾 🄴. ॐ Rest
Feb.- Okt. – (Rest. nur für Hausgäste) – **23 Z : 37 B** 50/80 - 110/140 Fb – P 75/85.
AY y

🏛 **Erika** ॐ, Adolf-Schmid-Str. 3, ☎ 6 10 11, ≤, « Garten », 🐎 – ▯ ⟷wc ⅏wc 🚗 🅿. ॐ
Feb.- Okt. – (Rest. nur für Hausgäste) – **34 Z : 50 B** 45/65 - 90/130 – P 80/90.
AY u

🏛 **Excelsior** ॐ, Paepkestr. 12, ☎ 25 48, 🐎 – ▯ ⟷wc ⅏wc 🚗 🅿. 🅾. ॐ Rest
Karte 21/52 – **32 Z : 52 B** 60/80 - 120/152 – P 80/112.
AY c

🏛 **St. Peter** ॐ, Luipoldstr. 17 1/2, ☎ 6 20 28, 🐎 – ▯ ⅏wc ☎ 🅿. 🅾
Karte 16,50/40 *(Sonn- und Feiertage ab 14 Uhr geschl.) –* **28 Z : 40 B** 53/58 - 95/102 – P 69/76.
AY s

🏛 **Alfons Maria** ॐ garni, Schillerstr. 19, ☎ 20 88, 🐎 – ⟷wc ☎ 🅿
Feb.- Okt. – **26 Z : 30 B** 30/55 - 70/100 Fb.
BZ z

🏛 **Kraller** garni, Zenostr. 7, ☎ 27 52 – ▯ ⟷wc ⅏wc ☎ 🅿
24 Z : 32 B.
BZ r

🏛 **Bergfried und Villa Schönblick** ॐ garni, Adolf-Schmid-Str. 8, ☎ 43 98 – ▯ ⟷wc ⅏wc
🅿
36 Z : 56 B 40/55 - 70/100.
AY v

🏛 **Hansi** ॐ, Rinckstr. 3, ☎ 31 08 – ▯ ⅏wc 🅿. ॐ Rest
Karte 16/37 *(auch Diät)* ⅄ – **18 Z : 28 B** 45/65 - 90/110 Fb – P 70/82.
AY x

🏛 **Brauerei-Gasthof Bürgerbräu**, Waaggasse 2, ☎ 24 11, 🌳 – ▯ ⟷wc ⅏ 🄰. 🆎 🅾 🄴
Karte 16/40 – **41 Z : 55 B** 35/53 - 75/103 Fb – P 65/83.
AZ f

🏛 **Deutsches Haus**, Poststr. 32, ☎ 18 00 – ⅏wc 🅿 🄰. 🆎 🅾 🄴 VISA
März - Nov. – Karte 16,50/40 – **38 Z : 55 B** 36/54 - 68/80 Fb – P 66/86.
AZ n

🍴🍴 **Schweizer Stuben**, Nonner Str. 8, ☎ 27 60 – 🆎 🄴 VISA
Mitte Feb.- Mitte März und Donnerstag - Freitag 18 Uhr geschl. – Karte 24/60.
BZ b

In Bad Reichenhall 3-Karlstein :

🏛 **Karlsteiner Stuben** ॐ, Staufenstr. 18, ☎ 13 89, 🌳, 🐎 – ⅏wc 🅿
15. Jan.- Feb. und Nov.- 20. Dez. geschl. – Karte 14/34 *(Dienstag geschl.)* ⅄ – **48 Z : 78 B**
29/50 - 66/90 Fb – P 49/64.
BZ n

In Bad Reichenhall 4-Marzoll ① *: 6 km :*

🏛 **Schloßberghof** ॐ, Schloßberg 5, ☎ 30 02, ≤, « Gartenterrasse », Bade- und Massage-
abteilung, 🄰, 🛋, 🄳, 🐎 – ▯ ⟷wc ⅏wc ☎ ♿ 🅿
Nov.- 15. Dez. geschl. – Karte 13/36 *(Montag geschl.)* ⅄ – **40 Z : 86 B** 40/75 - 98/120 Fb –
P 70/105.

In Bad Reichenhall 3-Nonn :

🏛 **Neu-Meran** ॐ, ☎ 40 78, ≤ Untersberg und Predigtstuhl, 🌳, 🛋, 🄳, 🐎 – ⟷wc ⅏wc ☎
🅿. ॐ Rest
15. Nov.- 10. Dez. geschl. – Karte 20/60 *(Dienstag - Mittwoch 14 Uhr geschl.)* – **20 Z : 32 B**
62/68 - 124/150 – P 72/105.
BZ k

🏛 **Alpenhotel Fuchs** ॐ, ☎ 6 10 48, ≤ Untersberg und Predigtstuhl, « Gartenterrasse », 🐎
– ▯ ⟷wc ⅏wc ☎ 🅿. 🆎 🅾 🄴
3. Nov.- 20. Dez. geschl. – Karte 17/44 – **36 Z : 60 B** 36/70 - 86/122 Fb – P 58/85.
BZ s

Am Thumsee W : 5 km über Staatsstraße BZ :

🏛 **Haus Seeblick** ॐ, ✉ 8230 Bad Reichenhall 3, ☎ (08651) 29 10, ≤ Thumsee und
Ristfeucht-Horn, « Gartenterrasse », Massage, 🛋, 🄳, 🐎, 🍴, 🐴 – ▯ ⟷wc ⅏wc 🚗 🅿.
ॐ Rest
3. Nov.- 17. Dez. geschl. – (Rest. nur für Hausgäste) – **54 Z : 90 B** 44/55 - 88/110 – P 65/85.

In Bayerisch Gmain 8232 :

🏛 **Amberger**, Schillerallee 5, ☎ (08651) 50 66, 🛋, 🄳, 🐎 – ⟷wc ⅏wc ☎ 🚗 🅿
12. Jan.- 4. Feb. und 8. Nov.- 20. Dez. geschl. – (nur Abendessen für Hausgäste) – **17 Z :**
29 B 42/60 - 66/92.
BZ u

Auch Ihr Nachbar möchte gern ruhig schlafen. Denken Sie bitte daran.

REICHSHOF 5226. Nordrhein-Westfalen — 16 500 Ew — Höhe 300 m — ✆ 02265.

ℹ Verkehrsamt, Reichshof-Eckenhagen, Barbarossastr. 5, ✆ 4 70.

♦Düsseldorf 100 — ♦Köln 63 — Olpe 22 — Siegen 38.

In Reichshof 21-Eckenhagen — Luftkurort — Wintersport : 400/500 m ✄1 :

🏠 **Haus Leyer** ⌂, Am Aggerberg 33, ✆ 90 21, ≤, ☎, ▨, ☞ — ▣ ⌂wc ▥wc ☎ ❷. ☒.
※ Rest
Karte 19/53 — **18 Z : 35 B** 70/85 - 130/150 Fb.

🏠 Park-Hotel, Hahnbucher Str. 12, ✆ 90 59 — ▮৷ ▥wc ☎ ❷ 🛁 — **22 Z : 42 B**.

🏠 **Aggerberg** ⌂, Am Aggerberg 20, ✆ 90 87, ≤, ☞ — ▥wc ☎ ❷. ☒ ⓞ ᴇ 𝚅𝙸𝚂𝙰
Karte 22/41 *(Mittagessen nur für Hausgäste)* — **11 Z : 22 B** 55/60 - 90/110.

🏠 **Zur Post**, Hauptstr. 30, ✆ 2 15 — ⌂wc ▥wc ☎ ❷
März geschl. — Karte 16,50/43 *(Montag geschl.)* — **12 Z : 22 B** 38/45 - 76/80.

In Reichshof-Wildbergerhütte :

🏠 **Landhaus Wuttke**, Crottorfer Str. 57, ✆ (02297) 13 30 — ▥wc ❷ 🛁. ※ Rest
10.- 30. Juli geschl. — Karte 15/35 — **14 Z : 27 B** 37/41 - 74/76.

REIDELBACH Saarland siehe Wadern.

REIL 5586. Rheinland-Pfalz — 1 600 Ew — Höhe 110 m — ✆ 06542 (Bullay).

Mainz 110 — Bernkastel-Kues 34 — Cochem 47.

🏠 **Reiler Hof** ⌂, Moselstr. 27, ✆ 26 29, ≤, ☞ — ▥wc ⇔ ❷
← Dez.- 15. Feb. geschl. — Karte 14,50/44 ⚶ — **18 Z : 32 B** 32/38 - 50/72.

REINBEK Schleswig-Holstein siehe Hamburg.

REINFELD 2067. Schleswig-Holstein ⑨⑧⑦ ⑤ — 7 100 Ew — Höhe 25 m — ✆ 04533.

♦Kiel 66 — ♦Hamburg 55 — ♦Lübeck 17.

🏠 **Gästehaus Seeblick** garni, Ahrensböker Str. 4, ✆ 14 23, ☎ — ▥wc ⇔ ❷
14 Z : 25 B 29/38 - 50/64.

✕ Holsteinischer Hof mit Zim, Paul-von-Schönaich-Str. 50, ✆ 23 41 — ▥ ⇔ — **9 Z : 17 B**.

REINHARDSHAGEN 3512. Hessen — 4 500 Ew — Höhe 114 m — Luftkurort — ✆ 05544.

ℹ Verkehrsamt, in Reinhardshagen-Veckerhagen, Amtsstr. 10, ✆ 10 54.

♦Wiesbaden 246 — Münden 11 — Höxter 53.

In Reinhardshagen 2-Vaake :

🏠 **Sonnenhof**, Mündener Str. 108 (B 80), ✆ 4 01, ☞ — ▥wc ❷
Feb. geschl. — Karte 17,50/38 *(Okt.- März Mittwoch - Donnerstag geschl.)* — **16 Z : 28 B** 37/50 -
68 — P 50.

In Reinhardshagen 1-Veckerhagen :

🏠 **Peter**, Weserstr. 2, ✆ 2 32, ≤, ☞ — ⌂wc ▥wc ⇔ ❷
← 6.- 25. Jan. geschl. — Karte 13,50/31 *(Nov.- März Donnerstag geschl.)* — **16 Z : 28 B** 30/49 -
60/70 — P 42/47.

🏠 **Felsenkeller** ⌂, Felsenkellerstr. 25, ✆ 2 04, ≤ — ⌂wc ▥wc ⇔ ❷. ※ Zim
← Nov. geschl. — Karte 14,50/46 *(Dienstag geschl.)* — **10 Z : 17 B** 30/35 - 60/70 — P 45/48.

REINHEIM 6107. Hessen ⑨⑧⑦ ㉚ — 16 300 Ew — Höhe 145 m — ✆ 06162.

♦Wiesbaden 66 — Aschaffenburg 34 — ♦Darmstadt 18 — ♦Mannheim 65.

🏛 **Darmstädter Hof**, Ludwigstr. 1 (B 38), ✆ 33 54 — ▥ ❷. ※
← 26. Dez.- 12. Jan. geschl. — Karte 13/31 *(Freitag ab 14 Uhr geschl.)* ⚶ — **20 Z : 30 B** 28/30 -
56/60.

REINSFELD 5509. Rheinland-Pfalz — 2 200 Ew — Höhe 494 m — Erholungsort — ✆ 06503.

ℹ Tourist-Information, Herrensteg, ✆ 23 72.

Mainz 143 — Saarburg 35 — ♦Trier 30.

🏠 **Pension zum Rösterkopf** ⌂, Im Flürchen 28, ✆ 5 52 — ▥wc ❷
Nov.- Mitte Dez. geschl. — *(Rest. nur für Hausgäste)* — **13 Z : 24 B** 25/28 - 50/56 — P 35/38.

In Holzerath 5501 W : 9,5 km :

🏠 **Berghotel** ⌂, Römerstr. 34, ✆ (06588) 71 46, ≤, ☎, ☞ — ⌂wc ▥wc ⇔ ❷. ☒
← 4. Jan.- 15. Feb. geschl. — Karte 14/40 *(Dienstag geschl.)* ⚶ — **13 Z : 25 B** 30/33 - 60/66 —
P 48/50.

REISBACH / VILS 8386. Bayern ④②⑥ ⑥ — 5 700 Ew — Höhe 405 m — ✆ 08734.

♦München 112 — Landshut 40 — ♦Regensburg 88.

🏠 **Schlappinger Hof**, Marktplatz 40, ✆ 77 11, Biergarten — ⌂wc ▥wc ☎ ❷
← 27. Dez.- Anfang Jan. geschl. — Karte 11/30 *(Mittwoch geschl.)* — **10 Z : 17 B** 32/35 - 58/64.

REIT IM WINKL 8216. Bayern ⑨⑧⑦ ㊲, ④②⑥ ⑲ — 3 200 Ew — Höhe 700 m — Luftkurort — Wintersport : 700/1 800 m ⟲21 ⟱8 — ✿ 08640 — Sehenswert : Oberbayerische Häuser★.

🛈 Verkehrsamt, Rathaus, ℰ 82 07 — ◆München 111 — Kitzbühel 35 — Rosenheim 52.

🏨 **Unterwirt**, Kirchplatz 2, ℰ 88 11, 🏕, 🛋, 🔲, 🐎 — 🗐 📺 🚗 🅿
    Karte 16,50/55 🎿 — **69 Z : 110 B** 55/98 - 110/196 — 2 Appart 135.

🏨 **Gästehaus am Hauchen** garni, Am Hauchen 5, ℰ 87 74, 🛋, 🔲, 🐎 — 📺 🚗wc 🛋wc 🅿
    Nov. - 15. Dez. geschl. — **26 Z : 52 B** 55/79 - 103/157 Fb.

🏨 **Altenburger Hof** ⌂, Frühlingstr. 3, ℰ 89 94, 🛋, 🔲, 🐎 — 📺 🚗 🛋wc 🅿
    Nov. - 16. Dez. geschl. — (nur Abendessen für Hausgäste) — **13 Z : 30 B** 55/100 - 98/172 Fb.

🏨 **Sonnwinkl** ⌂ garni, Kaiserweg 12, ℰ 16 44, 🛋, 🔲, 🐎 — 📺 🛋wc 🅿. ⌘
    20. Okt. - 18. Dez. geschl. — **23 Z : 40 B** 45/75 - 90/120.

🏠 **Zum Postillion** garni, Dorfstr. 32, ℰ 88 86, 🛋, 🔲, 🐎 — 📺 🚗wc 🛋wc 🅿
    25 Z : 40 B 48/80 - 96/128.

🏠 **Zum Löwen**, Tiroler Str. 1, ℰ 89 01 — 🗐 🚗wc 🛋wc 🅿 🅿
➡ *Ostern - Anfang Mai und Nov. geschl.* — Karte 14/38 *(Mittwoch geschl.)* 🎿 — **30 Z : 52 B** 42/72
    - 68/88.

🏠 **Sonnleiten**, Holunderweg 1 (Ortsteil Entfelden), ℰ 88 82, ≤, 🍽, 🛋 — 📺 🛋wc 🅿 🅿
    (nur Abendessen) — **22 Z : 40 B** Fb.

✕✕ **Klauser's Café-Weinstube** mit Zim, Birnbacher Str. 8, ℰ 84 24, « Gartenterrasse » — 📺
    🕿
    Anfang April - Pfingsten und Nov. - 15. Dez. geschl. — Karte 30/56 *(ab 14 Uhr geöffnet, Montag
    geschl.)* — **2 Z : 4 B** 90 - 110.

Bei der Sprungschanze S : 1,5 km :

🏨 **Steinbacher Hof** ⌂, Steinbachweg 10, ✉ 8216 Reit im Winkl, ℰ (08640) 10 21, ≤, 🍽,
    Massage, 🛋, 🔲, 🐎 — 🗐 🚗wc 🛋wc 🚗 🚗 🅿 🏊. ⌘ Rest
    Nov. - 14. Dez. geschl. — Karte 16/57 🎿 — **66 Z : 108 B** 55/132 - 96/176 Fb.

Auf der Winklmoosalm SO : 10,5 km, Auffahrt im Sommer 5 DM Gebühr, im Winter nur
mit Bus — Höhe 1 160 m :

🏠 **Alpengasthof Winklmoosalm** ⌂, Dürrnbachhornweg 6, ✉ 8216 Reit im Winkl,
    ℰ (08640) 10 97, ≤, 🛋, 🐎 — 🛋wc 🕿 🅿
    7. April - 16. Mai und 19. Okt. - 19. Dez. geschl. — (Rest. nur für Hausgäste, für Passanten
    Self-service) — **18 Z : 36 B** 35/65 - 70/130 (im Winter nur Halbpension 70/85).

🏨 **Alpengasthof Augustiner** ⌂, Klammweg 2, ✉ 8216 Reit im Winkl, ℰ (08640) 82 35, ≤,
    🍽, 🐎 — 🚗wc 🛋 🅿
    7. April - 7. Mai und Nov. geschl. — Karte 15,50/37 *(Mai - Okt. Montag geschl.)* 🎿 — **24 Z : 50 B**
    30/40 - 60/80 (im Winter nur Halbpension 50/73).

REKEN 4421. Nordrhein-Westfalen ⑨⑧⑦ ⑭ — 11 850 Ew — Höhe 135 m — ✿ 02864.
◆Düsseldorf 83 — Bocholt 33 — Dorsten 22 — Münster (Westfalen) 53.

In Reken - Groß-Reken :

🏠 **Schmelting**, Velener Str. 3, ℰ 3 11, 🍽, Damwildgehege — 🚗wc 🛋wc 🚗 🅿
➡ *20. Dez. - 10. Jan. geschl.* — Karte 14,50/48 *(Freitag geschl.)* — **24 Z : 32 B** 35/40 - 70/75.

🏠 **Hartmanns-Höhe** ⌂, Werenzostr. 17, ℰ 13 17, ≤, 🍽, 🐎 — 🛋wc 🅿 🏊. ⌘ Zim
➡ Karte 14/38 *(Donnerstag geschl.)* — **14 Z : 26 B** 35 - 60.

🏠 **Vogelwiesche**, Hauptstr. 31, ℰ 51 17, 🍽 — 📺 🛋wc 🕿 🅿. ᴬᴱ ⓞ
➡ Karte 13/30 *(Montag geschl.)* — **18 Z : 34 B** 35/50 - 70/100.

✕✕ Haus Wilkes, Bergstr. 1, ℰ 12 24, « Gartenterrasse » — 🅿.

RELLINGEN Schleswig-Holstein siehe Hamburg.

REMAGEN 5480. Rheinland-Pfalz ⑨⑧⑦ ㉔ — 15 000 Ew — Höhe 65 m — ✿ 02642.
🛈 Verkehrsamt, Rathaus, am Markt, ℰ 2 25 72 — Mainz 142 — ◆Bonn 23 — ◆Koblenz 38.

🏠 **Fürstenberg**, Rheinpromenade 41, ℰ 2 30 66, ≤, 🍽 — 🚗wc 🛋wc. ᴬᴱ ⓞ ᴱ 𝚅𝙸𝚂𝙰
    15. Dez. - 15. Jan. geschl. — Karte 19,50/42 — **14 Z : 22 B** 55/60 - 105.

In Remagen-Kripp SO : 5,5 km :

🏨 **Rhein-Ahr**, Quellenstr. 67, ℰ 4 41 12, 🛋, 🔲 — 🛋wc 🅿
➡ *24. Dez. - 20. Jan. geschl.* — Karte 13,50/34 *(Montag geschl.)* 🎿 — **17 Z : 32 B** 33/43 - 53/73.

In Remagen-Oberwinter N : 5 km :

✕✕ **Waldheide - Restaurant du Maître** ⌂ mit Zim, Rheinhöhenweg 101, ℰ (02228) 72 92, ≤
    — 🚗wc 🚗 🅿. ⌘ Zim
    Karte 27/68 *(Französische Küche, Montag geschl.)* — **7 Z : 12 B** 60 - 95.

In Remagen-Rolandseck N : 6 km :

✕ **Bellevuechen**, Bonner Str. 68 (B 9), ℰ (02228) 79 09, ≤ — 🅿. ᴬᴱ ⓞ ᴱ 𝚅𝙸𝚂𝙰
    Montag - Dienstag und Juli - Aug. 3 Wochen geschl. — Karte 43/65 *(abends Tischbestellung
    ratsam).*

REMELS Niedersachsen siehe Uplengen.

REMSCHEID 5630. Nordrhein-Westfalen 987 ② — 124 000 Ew — Höhe 366 m — 🌀 02191.

🛈 Amt für Wirtschafts- und Verkehrsförderung, Theodor-Heuss-Platz (Rathaus), ✆ 22 52.

ADAC, Fastenrathstr. 1, ✆ 2 68 60, Notruf ✆ 1 92 11.

◆Düsseldorf 39 ③ — ◆Köln 43 ② — Lüdenscheid 35 ② — Solingen 12 ③ — Wuppertal 12 ④.

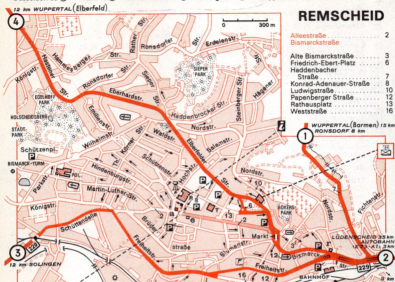

REMSCHEID

🏨🏨 **Remscheider Hof** Ⓜ, Bismarckstr. 39, ✆ 43 20, Telex 8513516 — 🛗 🍴 Rest 📺 ⅙ 🚗 ⓟ
    🖅 🝙 🆎 ⓞ 🆅🆂🅰 — **r**
    Karte 29/66 — **88 Z : 120 B** 124/174 - 178/203.

🏨 **Café Noll**, Alleestr. 85, ✆ 2 40 50 — 🛗 🚻wc 🚻wc ☎ 🚗. 🆎 ⓞ 🅴 — **e**
    Karte 18,50/38 (bis 19 Uhr geöffnet, Sonn- und Feiertage geschl.) — **24 Z : 36 B** 58/80 - 105/120.

XX **Zur Pfeffermühle**, Hochstr. 2, ✆ 2 96 05 — **a**

Nahe der Autobahn SO : 5 km an der Zufahrt zur Talsperre :

XX **In der Mebusmühle**, ✉ 5630 Remscheid, ✆ (02191) 3 25 34, 🍴, « Werkzeuge der
→ heimischen Industrie als Wandschmuck » — ⓟ
    Montag geschl. — Karte 14/43.

An der Autobahn A 1 Ostseite, SO : 6 km :

🏨 **Rasthaus Remscheid**, ✉ 5630 Remscheid, ✆ (02191) 3 10 61, Telex 8513659, 🍴 — 🛗 📺
    🚻wc 🚻wc ☎ ⓟ 🝙. 🆎 ⓞ 🅴
    Karte 20/48 — **50 Z : 100 B** 70/105 - 110/135.

In Remscheid-Lennep ② : 6 km :

🏨 **Berliner Hof** garni, Mollplatz 1, ✆ 6 01 51 — 🚻wc 🚻wc ☎. 🆎 ⓞ 🅴 🆅🆂🅰
    33 Z : 50 Z 60/100 - 135/150.

XX **Bergisches Haus**, Kölner Str. 57, ✆ 6 32 85 — ⓞ 🅴
    Mitte Juli - Mitte Aug. und Freitag - Samstag 18 Uhr geschl. — Karte 35/61.

X **Kölner Hof**, Kölner Str. 34, ✆ 6 16 34
    Dienstag und Juli - Aug. 4 Wochen geschl. — Karte 24/60.

In Remscheid-Lüttringhausen ① : 6 km :

🏠 **Fischer**, Lüttringhauser Str. 131, ✆ 58 35 — 🚻wc ☎ ⓟ. 🌿
    Karte 15,50/45 (Dienstag geschl.) — **24 Z : 36 B** 38/65 - 68/95.

🏠 **Zum Klewinghaus**, Richthofenstr. 30, ✆ 57 87 — 📺 🚻wc ☎ 🚗 ⓟ. 🌿
→ Karte 14,50/51 (Mittwoch geschl.) — **16 Z : 27 B** 65/90 - 95/125.

🏠 **Kromberg**, Kreuzbergstr. 24, ✆ 5 17 17 — 🚻 ☎ 🚗
    Karte 17/47 (Mittwoch geschl.) — **13 Z : 19 B** 35/50 - 70/90.

Siehe auch : *Hückeswagen*

REMSECK AM NECKAR 7148. Baden-Württemberg — 16 300 Ew — Höhe 212 m — 🕿 07146.
♦Stuttgart 12 — Heilbronn 44 — ♦Nürnberg 198.

In Remseck 2-Aldingen :

XX **Schiff** mit Zim, Neckarstr. 1, 𝒫 9 05 40 — 🅿. 🆎 ⑩ E
2.- 16. Jan. geschl. — Karte 23/59 (Samstag bis 18 Uhr und Montag geschl.) — **2 Z : 4 B** 36 - 62.

In Remseck 3-Hochberg :

XX **Gengenbach's Adler**, Am Schloß 2, 𝒫 57 49 — 🅿
Montag und Ende Juli - Mitte Aug. geschl. — Karte **29**/54.

REMSHALDEN 7064. Baden-Württemberg — 12 000 Ew — Höhe 267 m — 🕿 07151 (Waiblingen).
♦Stuttgart 21 — Schwäbisch Gmünd 34 — Schwäbisch Hall 58.

In Remshalden-Grunbach :

🏛 **Hirsch**, Reinhold-Maier-Str. 12, 𝒫 7 24 52, 🍴, 🍸, 🔲, 🛋 — 🛗 🍴wc 🕿 🚗 🅿 🛠. 🆎 ⑩
E
2.- 17. Jan. geschl. — Karte 16/42 (Freitag geschl.) — **42 Z : 60 B** 30/65 - 80/120.

In Remshalden - Hebsack :

X **Zum Lamm - Gästehaus Isolde** mit Zim, Winterbacher Str. 1, 𝒫 (07181) 7 16 57 — 🍴wc
🕿 🅿. 🆎 ⑩ E
Mitte Juli - Mitte Aug. geschl. — Karte 19,50/50 (Sonntag 18 Uhr - Montag geschl.) — **8 Z :**
10 B 44/50 - 68/75.

RENCHEN 7592. Baden-Württemberg 🔟🔟🔟 ㉞, 🔟🔟🔟 ⑳, 🔟🔟 ④ — 6 000 Ew — Höhe 144 m — 🕿 07843.
♦Stuttgart 132 — Baden-Baden 38 — Offenburg 15 — Strasbourg 29.

🏛 **Hanauer Hof**, Poststr. 30, 𝒫 3 27 — 🍴wc 🕿 🚗 🅿. ⑩ E. 🍽
10.- 30. Jan. geschl. — Karte 18,50/52 (Montag geschl.) 🍷 — **15 Z : 25 B** 35/58 - 66/95 Fb.

🏛 **Ratsstube** Ⓜ, Hauptstr. 69 (B 3), 𝒫 26 60 — 🛏wc 🍴wc 🕿 🚗 🅿
3.- 22. Feb. geschl. — Karte 16/42 (Mittwoch geschl.) — **11 Z : 16 B** 45 - 80.

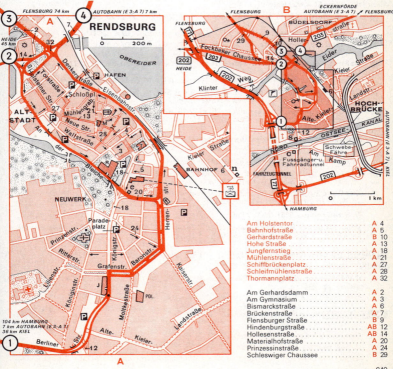

RENDSBURG 2370. Schleswig-Holstein 987 ⑤ — 32 400 Ew — Höhe 7 m — ☎ 04331.

Sehenswert : Eisenbahnhochbrücke★ B.

◆Kiel 36 ① — Neumünster 38 ① — Schleswig 30 ②.

Stadtplan siehe vorhergehende Seite.

🏛 **Conventgarten** 🦢, Hindenburgstr. 38, ℰ 2 70 76, ≼, 🍴 — 🖀 ⋔wc ☎ ℗ 🏊 AE ⑩ E. 🛱
Karte 17,50/48 — **56 Z : 100 B** 62/70 - 100/115.
B s

🏛 **Pelli-Hof - Restaurant Klöndeel**, Materialhofstr. 1, ℰ 2 22 16 — TV ⋔wc ☎ ℗ 🏊 AE ⑩
E VISA
A e
Karte 18/49 — **35 Z : 45 B** 37/60 - 100/140 Fb.

🏛 **Tüxen Hotel** 🦢, Lancasterstr. 44, ℰ 2 70 99 — TV ⋔wc ☎ ℗ AE ⑩ E
Karte 19/35 *(nur Abendessen, Samstag geschl.)* — **20 Z : 40 B** 69 - 99 Fb.
über Kieler Straße B

🏠 **Hansen**, Bismarckstr. 29, ℰ 2 25 50 — ⋔wc ⇖ 🏊 AE ⑩
A n
12. Juli - 5. Aug. geschl. — Karte 20/47 *(Sonntag geschl.)* — **23 Z : 34 B** 32/55 - 64/90.

Am Südufer des Kanals :

🏠 **Schützenheim** 🦢, Itzehoer Chaussee 2, ℰ 8 90 41 — ⋔wc ⇖ ℗
B c
9 Z : 14 B.

In Jevenstedt 2375 ① : 10 km :

🍴 **Lemon**, Itzehoer Chausee 30, ℰ (04337) 3 07 — ⋔wc ℗
21. Dez.- 13. Jan. geschl. — (nur Abendessen für Hausgäste) — **25 Z : 40 B** 35/50 - 70/90.

Am Bistensee ④ : 13 km über Büdelsdorf-Holzbunge :

🏛 **Töpferhaus** 🦢, ✉ 2371 Alt-Duvenstedt, ℰ (04338) 3 33 (Hotel) 2 22 (Rest.), ≼ Bistensee,
🍴, 🚣, 🛶 — 🛁wc ⋔wc ☎ ℗
Karte 32/56 *(Montag geschl.)* — **15 Z : 25 B** 75/95 - 128/155 Fb.

RENGSDORF 5455. Rheinland-Pfalz 987 ㉗ — 2 500 Ew — Höhe 300 m — Heilklimatischer Kurort
— ☎ 02634.

🛈 Kurverwaltung, Westerwaldstr. 32 a, ℰ 23 41.

Mainz 118 — ◆Bonn 57 — ◆Koblenz 31.

🏛 **Obere Mühle** 🦢, an der Straße nach Hardert (N : 1 km), ℰ 22 29, 🍴, « Park », 🛋, 🏓, 🛶
— TV 🛁wc ⋔wc ☎ ℗ 🏊 🛱
15. Nov.- 20. Dez. geschl. — Karte 24/52 *(Dienstag geschl.)* — **20 Z : 34 B** 55/60 - 110/120.

🏛 **Zur Linde**, Westerwaldstr. 35, ℰ 21 55, 🍴, 🛋 — 🖀 🛁wc ⋔wc ☎ ℗ 🏊 AE ⑩ E
Karte 23/62 — **58 Z : 96 B** 43/69 - 75/128 — P 70/101.

🏠 **Schmitz und Gästehaus Tanneneck** 🦢, Friedrich-Ebert-Str. 8, ℰ 22 85, 🛶 — ⋔wc.
🛱 Rest
6. Nov.- 20. Dez. geschl. — (Rest. nur für Hausgäste) — **34 Z : 52 B** 30/48 - 60/90.

🏠 **Pado** 🦢 garni, Auf dem Born 14, ℰ 10 61, 🛋 — 🖀 ⋔wc ☎ ℗ 🏊
3. Jan.- 4. Feb. geschl. — **17 Z : 28 B** 36/62 - 60/80.

🏠 **Rengsdorfer Hof**, Westerwaldstr. 26, ℰ 22 13, 🛶 — ⋔wc
→ 10. Jan.- 5. Feb. geschl. — Karte 14/38 *(Mittwoch geschl.)* — **30 Z : 45 B** 30/35 - 60/70 —
P 42/48.

🍴 **Am Wellenbad** 🦢 mit Zim, Buchenweg 18, ℰ 14 22 — ⋔wc ℗. 🛱 Zim
7.- 31. Jan. geschl. — Karte 17,50/43 *(Dienstag geschl.)* — **5 Z : 8 B** 35 - 70/98.

In Hardert 5455 NO : 3 km — ☎ 02634 (Rengsdorf) :

🏠 **Zur Linde** 🦢, Mittelstr. 27, ℰ 16 63, « Kleiner Garten mit Teich », 🛋 — ⋔wc ⇖ ℗
→ 20. Okt.- 10. Nov. geschl. — Karte 14,50/40 *(Dienstag geschl.)* — **14 Z : 27 B** 30/45 - 56/70.

🏠 **Zur Post** 🦢, Mittelstr. 13, ℰ 27 27, « Garten » — ⋔wc ℗
15. Nov.- 15. Dez. geschl. — Karte 16,50/36 — **16 Z : 28 B** 35/40 - 70/76 — P 52/55.

In Straßenhaus 5451 NO : 7 km :

🏠 **Westfälischer Hof**, Raiffeisenstr. 9, ℰ (02634) 40 70, 🛋, 🛋, 🛶 — 🛁wc ⋔wc ⇖ ℗
Karte 16/36 — **34 Z : 57 B** 40/60 - 80/108 — P 54/65.

RENNEROD 5439. Rheinland-Pfalz 987 ㉗ — 3 800 Ew — Höhe 450 m — ☎ 02664.

Mainz 87 — Limburg an der Lahn 28 — Siegen 42.

🏠 **Café Werner Röttger** (mit Gästehaus 🦢, 🛋, 🛋, 🛶), Hauptstr. 50, ℰ 2 46 — 🛁wc ⋔wc
⇖ ℗ 🏊 VISA
Karte 21/54 — **18 Z : 30 B** 31/49 - 60/98.

RETTENBACH Bayern siehe St. Englmar.

🔖 *Die Hotelbesitzer sind gegenüber den Lesern*
dieses Führers Verpflichtungen eingegangen.
Zeigen Sie deshalb dem Hotelier Ihren Michelin-Führer des laufenden Jahres.

RETTENBERG 8977. Bayern — 2 900 Ew — Höhe 806 m — Wintersport : 800/1 700 m ⟑13 ⟑3 —
✪ 08327 — 🅱 Verkehrsamt, Rathaus, ☏ 4 12.
♦München 139 — Kempten (Allgäu) 25 — Sonthofen 8.

In Rettenberg-Kranzegg :

🏠 **Alpenhof** ⤴, ☏ 4 26, ≼, 🏖, ≊, 🖼, 🍴 — 🛏wc ☎ 🅿
Nov. geschl. — Karte 16,50/36 — **17 Z : 30 B** 34/45 - 60/80 Fb.

🏠 Haus am Wildbach ⤴, ☏ 2 59, 🍴 — 🚿wc 🛏wc 🅿 🐾 Zim
18 Z : 36 B.

🏠 Grüntenhof ⤴, ☏ 3 24 — 🛏wc 🅿 — **11 Z : 26 B**.

RETZBACH Bayern siehe Zellingen.

REUSSENSTEIN Baden-Württemberg. Sehenswürdigkeit siehe Wiesensteig.

REUTLINGEN 7410. Baden-Württemberg 🟨🟨🟨 ㉟ — 96 000 Ew — Höhe 380 m — ✪ 07121.
🅱 Verkehrsbüro, Listplatz 1, ☏ 30 36 22 — **ADAC**, In Laisen 14, ☏ 4 04 04, Telex 729545.
♦Stuttgart 41 ① — Pforzheim 77 ① — ♦Ulm (Donau) 87 ①.

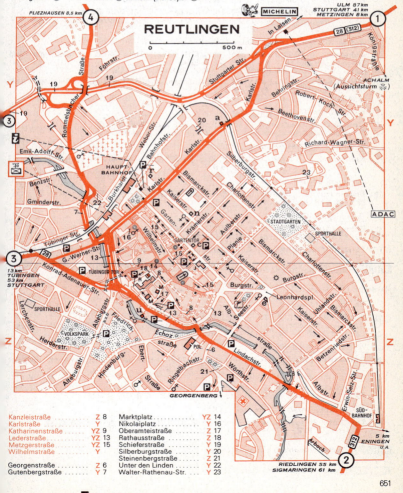

🏨 **Fürstenhof** Ⓜ, Kaiserpassage 5, ℰ 31 80, Telex 729976, Massage, 🕿, 🔲 – 🛗 📺 Ⓟ 🅰️
⚗️ 🆎 ⓪ E 𝘝𝘐𝘚𝘈
Karte 34/59 – **Landgraf** Karte 19/36 – **62 Z : 90 B** 95/145 - 150/195 Fb.
           Y **c**

🏨 **Ernst**, Am Leonhardsplatz, ℰ 4 40 81, Telex 729898, 🕿, 🔲 – 🛗 🍽 Rest 📺 🛏wc 🛁wc 🕿
⚗️ (mit 🍽). 🆎 ⓪ E 𝘝𝘐𝘚𝘈
Karte 17/49 – **Kompa's Restaurant** *(Sonntag und Juli - Aug. 3 Wochen geschl.)* Karte 36/62 –
69 Z : 110 B 51/120 - 79/170 Fb.
           Z **e**

🏨 **Württemberger Hof**, Kaiserstr. 3, ℰ 1 70 56 – 🛗 📺 🛏wc 🛁wc 🕿 Ⓟ
(nur Abendessen für Hausgäste) – **50 Z : 70 B** 48/80 - 78/120 Fb.
           Y **r**

🏨 **Reutlinger Hof** garni, Kaiserstr. 33, ℰ 1 70 75, 🔲 – 🛗 🛁wc 🕿 Ⓟ. 🆎
42 Z : 55 B 40/59 - 76/92.
           Y **n**

XX **Ratskeller-Schlemmergrill**, Marktplatz 22, ℰ 3 84 90, 🌣 – Ⓟ ⚗️. 🆎 ⓪ E 𝘝𝘐𝘚𝘈
Feb.- März geschl. – Karte 28/60 – **Bürgerstube** Karte 17,50/40.
           Z **R**

XX **Stadt Reutlingen**, Karlstr. 55, ℰ 4 23 91 – Ⓟ. 🆎 ⓪
Samstag geschl. – Karte 22/60.
           Y **a**

XX **Alte Mühle**, Frankonenweg 8, ℰ 3 87 86, 🌣 – Ⓟ. 🆎 ⓪ E
Sonntag geschl. – Karte 24/57 ♨.
           Z **u**

Außerhalb S : 3 km über Alteburgstraße Z in Richtung Freibad :

X **Schützenhaus**, Markwasen 2, ✉ 7410 Reutlingen, ℰ (07121) 27 05 25, 🌣 – Ⓟ
20. Jan.- 18. Feb. und Montag - Dienstag geschl., Mai - Sept. Dienstag ab 15 Uhr geöffnet –
Karte 18,50/45.

Auf der Achalm O : 4,5 km, Zufahrt über Königssträßle Y – Höhe 707 m :

🏨 **Achalm** 🏔, ✉ 7410 Reutlingen, ℰ (07121) 1 70 11, Telex 729753, ≼ Reutlingen und
Schwäbische Alb, 🌣 – 🛁wc 🕿 Ⓟ ⚗️. 🆎 ⓪ E
Karte : siehe Höhenrestaurant Achalm – **43 Z : 68 B** 60/110 - 87/130 Fb.

XX **Höhenrestaurant Achalm**, ✉ 7410 Reutlingen, ℰ (07121) 4 26 01, ≼ Reutlingen und
Schwäbische Alb, 🌣 – Ⓟ. 🆎 ⓪ E
Karte 26/63.

In Reutlingen 11-Betzingen über ③ :

X **Lindner Grill**, Julius-Kemmler-Str. 35 (nahe der B 28), ℰ 5 25 98 – Ⓟ
Sonn- und Feiertage sowie Juli - Aug. 3 Wochen geschl. – Karte 14/44.

In Reutlingen 27-Mittelstadt ① : 10 km :

🏨 **Klostermühle**, Neckartenzlinger Str. 90, ℰ (07127) 72 92 – 🛁wc 🛁wc 🚗 ⚗️. ⓪
Aug. geschl. – Karte 19/54 – **14 Z : 18 B** 50/60 - 100.

In Pfullingen 7417 ② : 4,5 km :

🏨 **Engelhardt** garni, Hauffstr. 111, ℰ (07121) 7 70 38, 🕿 – 🛗 🛁wc 🛁wc 🕿 🚗 Ⓟ. 🆎
28 Z : 40 B 58 - 84/90 Fb.

In Eningen 7412 O : 5 km Z :

🏨 **Eninger Hof**, Am Kappelbach 24, ℰ (07121) 8 29 09 – 🛁wc 🕿 🚗 Ⓟ. 🆎 ⓪
15.- 31. Aug. geschl. – Karte 19/46 – **16 Z : 24 B** 46 - 75.

MICHELIN-REIFENWERKE KGaA. Niederlassung Schuckertstr. 9 (über In Laisen Y), ℰ 4 30 41.

RHEDA-WIEDENBRÜCK 4840. Nordrhein-Westfalen 🤍🤍🤍 ⑭ – 38 700 Ew – Höhe 73 m –
✪ 05242.
♦Düsseldorf 151 – Bielefeld 33 – Münster (Westfalen) 54 – Paderborn 36.

Im Stadtteil Rheda :

🏨 **Reuter**, Bleichstr. 3, ℰ 40 51 – 🛗 📺 🛁wc 🛁wc 🕿 Ⓟ
Juli - Aug. 3 Wochen und Weihnachten - Anfang Jan. geschl. – Karte 26/64 *(Freitag 15 Uhr -
Samstag geschl.)* – **30 Z : 45 B** 42/60 - 75/100 Fb.

Im Stadtteil Wiedenbrück :

🏨 **Romantik-Hotel Ratskeller**, Markt 11, ℰ 70 51, « Historische Gasträume mit rustikaler
Einrichtung » – 🛗 📺 🛁wc 🛁wc 🕿 ⚗️. 🆎 ⓪ E 𝘝𝘐𝘚𝘈
Karte 26/56 – **35 Z : 54 B** 60/90 - 111/145 Fb.

🏨 **Hohenfelder Brauhaus**, Lange Str. 10, ℰ 84 06 – 🛁wc 🚗 Ⓟ
Karte 17/36 *(nur Abendessen, Samstag geschl.)* – **12 Z : 17 B** 32/35 - 62/65.

Im Stadtteil Lintel O : 4 km über die B 64 :

🏨 **Landhotel Pöppelbaum**, Am Postdamm 86, ℰ 76 92, 🐎 – 📺 🛁wc 🕿 🚗 Ⓟ ⚗️
Karte 15/40 – **15 Z : 24 B** 45/60 - 90/100.

RHEDEN Niedersachsen siehe Gronau (Leine).

RHEINAU Baden-Württemberg siehe Kehl.

RHEINBACH 5308. Nordrhein-Westfalen 987 ㉓㉔ — 22 500 Ew — Höhe 175 m – ❀ 02226.

🛈 Verkehrsbüro, Schweigelstr. 21, ℰ 8 10.

♦Düsseldorf 87 – ♦Bonn 21 – Euskirchen 13 – ♦Köln 46.

🏨 **Ratskeller**, Vor dem Voigtstor 1, ℰ 49 78, 🍴🍴 – 🚪wc 🕿 🅿. 🛇
  27 Z : 52 B.

🏨 **Am Kamin** ⤶, Langgasse 7, ℰ 1 24 26 – 🚪wc 🕿 🅿. 🆎 ⓞ 🗲 🛇 Zim
  Karte 25/54 *(Sonntag ab 14 Uhr geschl.)* — **20 Z : 30 B** 48/60 - 85/110.

🏨 **Café Mostert** garni, Vor dem Dreeser Tor 9, ℰ 49 00 – 🛗 🚪wc 🚪wc 🕿 🅿
  11 Z : 21 B.

🏨 **Müller** ⤶ garni, Schützenstr. 16, ℰ 48 48, 🚗 – ⓞ 🗲. 🛇
  24. Dez.- 2. Jan. geschl. — **9 Z : 15 B** 42/45 - 75/88.

RHEINBERG 4134. Nordrhein-Westfalen 987 ⑬ — 26 700 Ew — Höhe 25 m – ❀ 02843.

Siehe Ruhrgebiet (Übersichtsplan).

♦Düsseldorf 51 – ♦Duisburg 25 – Krefeld 29 – Wesel 17.

🏨 **Rheintor**, Rheinstr. 63 (B 57), ℰ 30 31 – 📺 🚪wc 🚪wc 🕿 🚗 🅿
  Karte 14,50/54 *(Samstag bis 18 Uhr geschl.)* — **18 Z : 25 B** 50 - 85.

RHEINBREITBACH 5342. Rheinland-Pfalz — 4 000 Ew — Höhe 80 m – ❀ 02224(Bad Honnef).

Mainz 140 – ♦Bonn 20 – ♦Koblenz 49.

🏨 **Haus Bergblick** ⤶, Gebr.-Grimm-Str. 11, ℰ 56 01, 🍴, 🏊 (geheizt), 🚗 – 🚪wc 🚗. 🗲.
  🛇 Zim
  Karte 17/40 *(Mittwoch geschl.)* — **17 Z : 40 B** 44/49 - 84/88.

🏨 **Alt Breitbach**, Kirchplatz 1, ℰ 32 85 – 📺 🚪wc 🕿
  Juni - Juli 3 Wochen geschl. — Karte 17/40 *(Montag - Dienstag 17 Uhr geschl.)* — **8 Z : 14 B** 55
  - 88.

RHEINBROHL Rheinland-Pfalz siehe Hönningen, Bad.

RHEINE 4440. Nordrhein-Westfalen 987 ⑭ — 72 000 Ew — Höhe 45 m – ❀ 05971.

🛈 Verkehrsverein-Tourist Information, Bahnhofstr. 16, ℰ 5 40 55.

ADAC, Tiefe Str. 32, ℰ 5 71 11, Notruf ℰ 1 92 11.

♦Düsseldorf 166 – Enschede 45 – Münster (Westfalen) 45 – ♦Osnabrück 46.

🏨 **Lücke** Ⓜ ⤶, Heilig-Geist-Platz 1, ℰ 5 40 64, 🍴 – 🛗 📺 🚪wc 🕿 🚗 🅿. 🆎 ⓞ 🗲 🆅
  Karte 19/47 *(Sonntag geschl.)* — **24 Z : 48 B** 70/75 - 95/125 Fb.

🏨 **Blömer** ⤶, Tiefe Str. 32, ℰ 5 40 26 – 🛗 🚪wc 🚪wc 🕿. 🆎 ⓞ 🗲
  Karte 18/46 — **35 Z : 50 B** 40/55 - 68/80.

🏨 **Freye** ⤶ garni, Emsstr. 1, ℰ 20 69 – 🚪wc 🕿 🚗. 🛇
  16 Z : 23 B.

In Rheine 11-Elte SO : 7,5 km :

✕✕ **Zum Splenterkotten** (Münsterländer Bauernhaus a.d.J. 1764), Ludgerusring 44,
  ℰ (05975) 2 85, 🍴 – 🅿
  3.- 26. Feb. und Montag - Dienstag geschl. — Karte 19/51.

✕ **Hellhügel** ⤶ mit Zim, Roßweg 1, ℰ (05975) 81 48 – 🚪wc 🅿
  14.- 28. März geschl. — Karte 18/38 *(Freitag geschl.)* — **9 Z : 13 B** 27/35 - 54/70.

In Rheine 11-Mesum SO : 7 km :

✕✕ **Altes Gasthaus Borcharding** mit Zim, Burgsteinfurter Damm 13, ℰ (05975) 12 70,
  « **Stilvolle, rustikale Einrichtung, kleine Innenhofterrasse** » – 🅿. 🛇
  April 3 Wochen und Okt. 2 Wochen geschl. — Karte 29/53 *(Mittwoch - Donnerstag 18 Uhr und
  Samstag bis 18 Uhr geschl.)* — **4 Z : 7 B** 30 - 60.

An der B 70 N : 6 km :

✕✕ **Gutsschänke Holsterfeld** mit Zim, Feldstr. 30, ✉ 4442 Salzbergen, ℰ (05971) 7 06 50 –
  🚪wc 🅿
  6.- 26. Jan. geschl. — Karte 19/51 — **10 Z : 16 B** 35/45 - 70.

RHEINFELDEN 7888. Baden-Württemberg 987 ㉟, 216 ⑤, 427 ④ — 28 000 Ew — Höhe 283 m –
❀ 07623.

♦Stuttgart 284 – Basel 19 – Bad Säckingen 15.

🏨 **Danner**, Am Friedrichsplatz, ℰ 85 34 – 🛗 📺 🚪wc 🕿 🅿 🔧. 🆎 ⓞ 🗲 🆅
  4.- 24. Aug. geschl. — Karte 22/50 *(Sonntag geschl.)* 🍴 — **35 Z : 54 B** 45/60 - 90/110 Fb.

🏨 **Oberrhein** garni, Werderstr. 13, ℰ 10 16 – 🛗 📺 🚪wc 🚪wc 🕿 🚗 🅿. 🆎 ⓞ 🗲
  21 Z : 32 B 55/60 - 80 Fb.

In Rheinfelden-Eichsel N : 6 km :

✕✕ **Café Elke**, Saaleweg 8, ℰ 44 37, « Gartenterrasse mit 🍴 » – 🅿
  Montag und 3.- 21. Feb. geschl. — Karte 16/43 🍴.

In Rheinfelden-Herten W : 6 km :

☼ **Linde**, Rabenfelsstr. 1, *&* 43 65 — **℗**
Ende Aug.- Mitte Sept. geschl. — Karte 16/42 *(Donnerstag - Freitag 17 Uhr geschl.)* 🍸 – **8 Z :**
15 B 25 - 48.

In Rheinfelden-Riedmatt NO : 5 km :

🏠 **Storchen**, Brombachstr. 3 (B 34), *&* 51 94, 🍴 – 🛏 ▥wc ☎ ⟷ **℗**. 🗚 ⓞ **E**
1.- 15. Feb. und 15.- 30. Sept. geschl. — Karte 15/50 *(Freitag - Samstag 16 Uhr geschl.)* 🍸 –
24 Z : 36 B 50/60 - 85/90 Fb.

RHEINSTETTEN 7512. Baden-Württemberg — 18 700 Ew — Höhe 116 m – ✪ 07242.
♦ Stuttgart 88 – ♦ Karlsruhe 10 – Rastatt 14.

In Rheinstetten 1-Forchheim :

🏠 Zum Claus, Hauptstr. 37, *&* (0721) 51 89 72 – ▥ **℗** – **16 Z : 18 B**.
XX **Schoko**, Hauptstr. 53, *&* (0721) 51 05 35 – **℗**. **E**
Samstag geschl. — Karte 17,50/40.

RHEINTAL Rheinland-Pfalz 🔟🔟🔟 ⟨24⟩
Sehenswert : Rheintal★★★ (von Bingen bis Koblenz) — Linkes Ufer : Bingen : Burg Klopp ≤★ —
Bacharach : Markt★ - Posthof★ - Burg Stahleck (Aussichtsturm ≤★★) — Oberwesel :
Liebfrauenkirche★ (Flügelaltäre★) - Burg Schönburg ★ — St. Goar : Burg Rheinfels★★ — Boppard :
Gedeonseck ≤★ — Koblenz : Deutsches Eck★ ≤★ — Rechtes Ufer : Niederwald-Denkmal : ≤★ —
Lorch : Pfarrkirche (Kruzifix★) — Loreley★★★ : ≤★★ — Kamp-Bornhofen : Burgen Sterrenberg und
Liebenstein (Feindliche Brüder) ≤★★ — Marksburg★ : Lage★★ — Festung Ehrenbreitstein★ :
Aussichtskanzel ≤★★ - Terrasse ≤★.

RHENS 5401. Rheinland-Pfalz — 3 000 Ew — Höhe 63 m – ✪ 02628.
Mainz 95 – Boppard 12 – ♦Koblenz 9.

🏠 **Königstuhl**, Am Rhein 1, *&* 22 44, ≤, 🍴, « Haus a.d.J. 1573 mit altdeutscher Einrichtung »
– ▥wc ⟷ **℗**
Jan. geschl. — Karte 28/58 *(Montag geschl.)* – **12 Z : 22 B** 43/68 - 90/135.

In Waldesch 5401 W : 6,5 km, nahe der Hunsrückhöhenstraße :

🏠 **König von Rom** 🦢, Lindenweg 10, *&* (02628) 20 93, ≤, 🍴, 🌳 – ▥wc ☎ ⟷ **℗**. 🗚 ⓞ **E**
Juni - Juli 4 Wochen geschl. — Karte 18/47 *(Montag geschl.)* 🍸 – **24 Z : 44 B** 40/48 - 60/80.

RHEURDT 4137. Nordrhein-Westfalen — 6 000 Ew — Höhe 35 m – ✪ 02845.
♦Düsseldorf 47 – ♦Duisburg 27 – Krefeld 18 – Venlo 35.

🏠 **Motel Bergwinkel - Restaurant Rusticana**, Aldekerker Str. 20, *&* 6 90 04 (Hotel)
65 04 (Rest.), 🚗, 🔳 – ▥wc ☎ **℗**. 🗚 ⓞ **E** 𝘝𝘐𝘚𝘈
4.- 22. Aug. geschl. — Karte 20/56 *(nur Abendessen, Montag geschl.)* – **17 Z : 34 B** 48/60 -
90/100.

RHUMSPRINGE Niedersachsen siehe Gieboldehausen.

RICKENBACH 7884. Baden-Württemberg 🔢🔢🔢 ⑤, 🔢🔢🔢 ⑤ — 3 300 Ew — Höhe 742 m —
Erholungsort – ✪ 07765 – 🄱 Verkehrsamt, Rathaus, *&* 10 17.
♦Stuttgart 216 – Basel 42 – Bad Säckingen 11 – Todtmoos 17.

🏠 **Engel**, Hauptstr. 6, *&* 2 59, 🚗, 🌳 – 🛏 ▥wc ☎ **℗** 🏌. 🗚 ⓞ **E** 𝘝𝘐𝘚𝘈
Karte 16,50/52 *(Okt.- Mai Freitag geschl.)* 🍸 – **71 Z : 136 B** 37/80 - 64/120 – P 51/69.

RIED Bayern siehe Kochel am See.

RIEDENBURG 8422. Bayern 🔟🔟🔟 ⑰ — 4 700 Ew — Höhe 354 m – Luftkurort – ✪ 09442.
Ausflugsziel : Schloß Prunn : Lage★ O : 5 km – 🄱 Verkehrsbüro, Marktplatz, *&* 8 18.
♦München 113 – Ingolstadt 39 – ♦Nürnberg 89 – ♦Regensburg 42.

☼ **Tachensteiner Hof**, Burgstr. 26, *&* 17 23, 🍴, 🚗 – ▥wc **℗**
← Nov.- 15. Dez. geschl. — Karte 10/23 *(Dienstag geschl.)* – **15 Z : 30 B** 25/29 - 44/58 – P 42/58.

RIEDENER MÜHLEN Rheinland-Pfalz siehe Mayen.

RIEDERAU Bayern siehe Diessen am Ammersee.

RIEDLINGEN 7940. Baden-Württemberg 🔟🔟🔟 ⑮ — 8 600 Ew — Höhe 540 m – ✪ 07371.
♦Stuttgart 96 – ♦Freiburg im Breisgau 159 – Ravensburg 51 – ♦Ulm (Donau) 53.

🏠 **Brücke**, Hindenburgstr. 4, *&* 24 49, 🍴 – 📺 ▥wc ⟷ **℗**. 🗚 ⓞ **E**
← Karte 14,50/40 – **36 Z : 70 B** 28/45 - 56/90 Fb – 3 Appart. 150.
🏠 **Mohren**, Marktplatz 7, *&* 73 20 – 🛏 ⊟wc ▥wc ⟷ 🏌
1.- 10. Jan. geschl. — Karte 17/39 🍸 – **35 Z : 50 B** 29/44 - 49/65.

RIEGEL 7831. Baden-Württemberg 𝟵𝟴𝟳 ㉞, 𝟮𝟰𝟮 ②, 𝟲𝟮 ㉖, 𝟴𝟳 ⑦ – 2 900 Ew – Höhe 183 m – ✪ 07642 (Endingen).

♦Stuttgart 187 – ♦Freiburg im Breisgau 25 – Offenburg 45.

🏠 **Riegeler Hof**, Hauptstr. 69, ℰ 14 68 – 🚿wc 🅿. 🆎 ⓞ 🅴 𝖵𝖨𝖲𝖠
  Karte 19,50/48 *(nur Abendessen, Nov.- März Montag geschl.)* 🛁 – **30 Z : 60 B** 35/55 - 55/85.

🏛 **Zum Rebstock**, Hauptstr. 37, ℰ 10 26 – 🚿wc 🅿
  Nov. geschl. – Karte 15/35 *(Mittwoch geschl.)* – **26 Z : 44 B** 25/34 - 50/68.

✕ **Warteck** mit Zim, Hauptstr. 9, ℰ 70 01 – 🅿. 🆎 🅴
  Juli - Aug. 3 Wochen geschl. – Karte 24/65 *(Montag geschl.)* – **6 Z : 10 B** 34 - 64.

In Malterdingen 7831   O : 3 km :

🏠 **Zum Rebstock**, Hauptstr. 45, ℰ (07644) 61 66 – 📺 🚿wc ☎ 🅿
  2.- 28. Jan. geschl. – Karte 20/45 *(Dienstag geschl.)* 🛁 – **13 Z : 22 B** 40/45 - 60/80.

✕✕ **Landhaus Keller**, Gartenstr. 21, ℰ (07644) 13 88, 🍽 – 🅿
  Donnerstag, über Fasching 1 Woche und Sept. 3 Wochen geschl. – Karte 24/58.

RIEGSEE Bayern siehe Murnau.

RIELASINGEN-WORBLINGEN Baden-Württemberg siehe Singen (Hohentwiel).

RIENECK 8786. Bayern – 2 500 Ew – Höhe 170 m – Erholungsort – ✪ 09354.

♦München 325 – Fulda 72 – ♦Würzburg 45.

🏠 **Gut Dürnhof**, Burgsinner Str. 3 (N : 1 km), ℰ 6 41, « Gartenterrasse », ⊿, 🏊, 🐎, 🐎 (Halle)
  – 🚿wc 🅿 🏄
  15.- 26. Dez. geschl. – Karte 16/40 *(Nov.- März Samstag geschl.)* – **40 Z : 65 B** 36/56 - 76/90 Fb
  – P 54/73.

RIETBERG 4835. Nordrhein-Westfalen 𝟵𝟴𝟳 ⑭ – 23 500 Ew – Höhe 83 m – ✪ 05244.

♦Düsseldorf 160 – Bielefeld 35 – Münster (Westfalen) 63 – Paderborn 27.

🏠 **Vogt**, Rathausstr. 24, ℰ 88 02 – 📺 🚿wc 🔔 ☎ 🅿
  Mitte - Ende Aug. geschl. – Karte 15/32 *(nur Abendessen, Samstag geschl.)* – **11 Z : 15 B**
  33/40 - 55.

RIEZLERN Vorarlberg siehe Kleinwalsertal.

RIMBACH 8491. Bayern – 1 700 Ew – Höhe 560 m – Erholungsort – ✪ 09941 (Kötzting).

🛈 Verkehrsamt, Hohenbergenstr. 10, ℰ 89 31.

♦München 202 – Cham 20 – Deggendorf 53.

🏠 **Bayerischer Hof**, ℰ 23 14, 🍽, 🐎 – 🔔 🚿wc 🅿
⬅   *Nov. geschl.* – Karte 10/23 – **79 Z : 152 B** 25/40 - 40/80.

🏠 **Kollmerhof**, Hohenbogenstr. 1, ℰ 12 37, 🍽 – 🚿wc ⬅ 🅿. ⓞ
⬅   *Nov.- 15. Dez. geschl.* – Karte 11,50/24 🛁 – **20 Z : 35 B** 25/35 - 50/60 – P 40/45.

RIMBERG Nordrhein-Westfalen siehe Schmallenberg.

RIMSTING 8219. Bayern – 2 800 Ew – Höhe 563 m – Luftkurort – ✪ 08051 (Prien).

Sehenswert : Chiemsee★.

🛈 Verkehrsamt, Rathaus, Schulstr. 4, ℰ 44 61.

♦München 87 – Rosenheim 20 – Wasserburg am Inn 24.

In Rimsting-Greimharting   SW : 4 km – Höhe 668 m :

🏛 Der **Weingarten** 🌳, Ratzingerhöhe, ℰ 17 75, ≤ Voralpenlandschaft, Chiemsee und Alpen,
  🍽, 🐎 – 🚿wc ⬅ 🅿
  18 Z : 36 B.

In Rimsting-Schafwaschen   NO : 1 km, am Chiemsee :

🏛 **Seehof** 🌳, ℰ 16 97, ≤, 🍽, 🚣, 🐎 – 🚿wc 🅿
⬅   *Nov.- Weihnachten geschl.* – Karte 13/26 *(Dienstag geschl.)* – **21 Z : 42 B** 24/34 - 46/68.

RINGELAI 8391. Bayern 𝟰𝟮𝟲 ⑦ – 960 Ew – Höhe 410 m – Erholungsort – ✪ 08555 (Perlesreut).

♦München 209 – Passau 33 – ♦Regensburg 138.

🏠 **Wolfsteiner Ohe** 🌳, Perlesreuter Str. 5, ℰ 5 76, 🍴, ⊿, 🐎 – 🚿wc 🅿
  26 Z : 46 B.

RINGSHEIM 7636. Baden-Württemberg 𝟮𝟰𝟮 ㉘ – 1 800 Ew – Höhe 166 m – ✪ 07822.

♦Stuttgart 175 – ♦Freiburg im Breisgau 35 – Offenburg 33.

🏠 **Heckenrose**, an der B 3, ℰ 14 84 – 🚿wc 🅿. 🆎 𝖵𝖨𝖲𝖠
  8.- 30. Jan. geschl. – Karte 19/42 *(Montag bis 18 Uhr geschl.)* – **25 Z : 49 B** 28/45 - 56/90.

655

RINTELN 3260. Niedersachsen 987 ⑮ — 27 800 Ew — Höhe 55 m — ✆ 05751.

♦Hannover 60 — Bielefeld 61 — Hameln 27 — ♦Osnabrück 91.

🏠 **Zum Brückentor**, Weserstr. 1, ✆ 4 20 95 — 🛗 🍴wc ☎ 🅿 🏌. 🆎 ⓪ 🅴 💳. 🛥
Karte 17/50 *(Montag geschl.)* — **22 Z : 40 B** 65/70 - 100/125 Fb.

☎ **Stadt Kassel**, Klosterstr. 42, ✆ 22 84 — 🍴wc 🅿. 🆎 ⓪ 🅴
Karte 17/44 — **18 Z : 27 B** 45/48 - 75/80.

Nähe Autobahn NO : 4 km Richtung Buchholz :

🏠 **Schloß Arensburg**, Arensburger Straße, ✉ 3260 Rinteln 4-Steinbergen, ✆ (05751) 50 77 —
🍴wc ☎ 🅿 🏌.
25 Z : 40 B Fb.

In Rinteln 1-Todenmann NW : 3 km — Erholungsort :

🏛 **Weserberghaus** 🦌 garni, Weserberghausweg 1, ✆ 7 68 87, <, « Garten », 🛗s, 🔲, 🚗 —
🍴wc 🅿
24 Z : 35 B.

XX **Altes Zollhaus** mit Zim, Hauptstr. 5, ✆ 7 40 57, <, 🍴 — 📺 🍴wc ☎ 🅿. 🆎 ⓪
Feb. geschl. — Karte 19/53 — **9 Z : 18 B** 50/70 - 85/130.

RIPPOLDSAU-SCHAPBACH, BAD 7624. Baden-Württemberg 987 ㉟ — 2 500 Ew — Höhe
564 m — Heilbad — Luftkurort — ✆ 07440.

🅱 Kurverwaltung, Kurhaus (Bad Rippoldsau), ✆ 7 22.

♦Stuttgart 106 — Freudenstadt 15 — Offenburg 55.

Im Ortsteil Bad Rippoldsau :

🏠 **Kranz**, Reichenbachstr. 2, ✆ 7 25, 🍴, 🔲, 🚗 — 🛗 🍴wc 🍴wc ☎ 🛏 🅿
5. Nov.- 15. Dez. geschl. — Karte 17/50 — **31 Z : 50 B** 50/100 - 100/140 — P 70/95.

🏠 **Zum letzten G'stehr**, Wolftalstr. 17, ✆ 7 14, Caféterrasse — 🛗 🍴wc 🍴wc ☎ 🛏 🅿 🅴
15. Nov.- 20. Dez. geschl. — Karte 16,50/45 *(Dienstag geschl.)* 🍷 — **24 Z : 41 B** 45/54 - 80/104 Fb
— P 60/72.

🏛 **Pension Charlottenhöhe** 🦌, Rilkestr. 7, ✆ 3 10, < — 🍴wc 🅿
(nur Mittagessen für Hausgäste) — **19 Z : 33 B** — 5 Appart.

☎ **Klösterle Hof**, Klösterleweg 2, ✆ 2 15, 🍴 — 🍴wc 🛏 🅿
20. Nov.- 25. Dez. geschl. — Karte 15/40 *(Dienstag geschl.)* — **13 Z : 20 B** 33/35 - 64/68 —
P 49/52.

Im Ortsteil Bad Rippoldsau-Holzwald NW : 3 km :

☎ **Holzwälder Höhe** 🦌, Holzwaldstr. 5, ✆ 2 10, 🚗 — 🍴wc 🅿
7. Nov.- 20. Dez. geschl. — Karte 14/36 *(Mittwoch ab 14 Uhr geschl.)* 🍷 — **14 Z : 25 B** 28/35 -
56/60 — P 49/55.

Im Ortsteil Schapbach S : 10 km — ✆ 07839 :

🏠 **Ochsenwirtshof**, Wolfacher Str. 21, ✆ 2 23, 🔲, 🚗, ❌ — 🛏wc 🍴wc 🅿
Nov.- 15. Dez. geschl. — Karte 17,50/36 *(Donnerstag geschl.)* 🍷 — **23 Z : 40 B** 33/42 - 62/78 Fb
— P 49/62.

🏛 **Sonne**, Dorfstr. 31, ✆ 2 22, 🚗 — 🛏wc 🍴wc 🅿
Karte 14,50/36 *(Montag geschl.)* 🍷 — **13 Z : 26 B** 38/45 - 58/88 — P 49/61.

🏛 **Adler**, Dorfstr. 6, ✆ 2 15, 🚗 — 🍴wc 🛏 🅿
26. Okt.- 10. Dez. geschl. — Karte 13,50/32 *(Donnerstag geschl.)* 🍷 — **9 Z : 20 B** 30/39 - 62/80 Fb
— P 40/50.

Im Ortsteil Bad Rippoldsau-Wildschapbach NW : 3 km ab Schapbach :

🏛 **Grüner Baum**, Wildschapbachstr. 15, ✆ (07839) 2 18, 🍴 — 🛏wc 🍴wc 🅿. ❌ Zim
Karte 14,50/38 *(Dienstag geschl.)* 🍷 — **10 Z : 20 B** 28/32 - 45/58 — P 43/45.

RITTERSDORF Rheinland-Pfalz siehe Bitburg.

RITTSTEIG Bayern siehe Passau.

RIVERIS Rheinland-Pfalz siehe Waldrach.

ROCKENHAUSEN 6760. Rheinland-Pfalz 987 ㉔ — 4 900 Ew — Höhe 200 m — ✆ 06361.
Mainz 71 — Kaiserslautern 27 — Bad Kreuznach 28.

☎ **Pfälzer Hof**, Kreuznacher Str. 30, ✆ 79 68 — 🍴 🅿
22. Dez.-10. Jan. geschl. — Karte 13/34 *(Montag geschl.)* — **18 Z : 30 B** 30/35 - 50/55.

X **Forellenhof** mit Zim, Mühlackerweg 30, ✆ 79 97 — 🍴 🅿. 🆎 ⓪ 🅴
Karte 18/52 *(Montag geschl.)* 🍷 — **6 Z : 12 B** 45 - 80 — P 70.

Lärmen Sie nicht im Hotel ! Ihre Nachbarn werden Ihnen dankbar sein.

656

RODACH 8634. Bayern 987 ㉖ – 6 600 Ew – Höhe 320 m – Heilquellenkurbetrieb – ✆ 09564.
🛈 Fremdenverkehrsamt, Markt 1, ✆ 15 50.
♦München 300 – Coburg 18.

🏨 **Zur Alten Molkerei** 🦢, Ernststr. 6, ✆ 2 38, 🕾 – 🛗 🚻wc 📶wc ☎ 🅿. ⑩. 🛥
  Karte 23/50 *(nur Abendessen, Dienstag geschl.)* – **35 Z : 64 B** 31/50 - 48/82 Fb.

🏨 Alt Rodach, Heldburger Str. 57, ✆ 39 90, 🍴, Massage, 🕾 – 🚻wc ☎ ♿ 🅿 ♨
  16 Z : 28 B.

🏨 **Kurhotel am Thermalbad** 🦢, Thermalbadstr. 20, ✆ 2 07, ≤, 🍴 – 🛗 🚻wc ☎ 🚗 🅿. 🛥
  ↔ Karte 14/36 – **30 Z : 60 B** 49 - 86 Fb – 16 Appart. 50/70 – P 67/73.

🏛 **Rodacher Hof**, Am Markt 13, ✆ 7 27 – 📶wc. 🛥 Zim
  ↔ Mitte Sept.- Anfang Okt. geschl. – Karte 12,50/28 *(Mittwoch geschl.)* – **13 Z : 21 B** 30 - 60.

🏛 **Gästehaus Fadler** garni, Am Markt 18, ✆ 13 34 – 🚻wc 📶wc 🚗
  17 Z : 30 B 28/32 - 48/52.

  In Rodach-Gauerstadt SO : 4,5 km :

🏛 **Brauerei-G.Wacker**, Billmuthäuser Str. 1, ✆ 2 25, 🍴 – 🚻wc 📶wc ☎ 🅿
  ↔ 10. Jan.- 2. Feb. geschl. – Karte 13/32 *(Mittwoch geschl.)* ⅃ – **20 Z : 39 B** 20/30 - 39/58 –
  P 38/48.

RODALBEN 6782. Rheinland-Pfalz 242 ⑧, 57 ⑧, 87 ① – 8 000 Ew – Höhe 260 m –
✆ 06331 (Pirmasens).
Mainz 119 – Kaiserslautern 32 – Pirmasens 6.

🏛 **Zum grünen Kranz**, Pirmasenser Str. 2, ✆ 5 20 36 – 📶wc 🅿
  ↔ Karte 13/33 *(Freitag geschl.)* ⅃ – **12 Z : 19 B** 35/39 - 69 Fb.

✗ **Pfälzer Hof** mit Zim, Hauptstr. 108, ✆ 5 11 23 – 📶 🅿. **E**. 🛥
  Juli geschl. – Karte 17/42 *(Donnerstag ab 19 Uhr und Montag geschl.)* – **7 Z : 7 B** 30.

RODENBERG 3054. Niedersachsen – 5 000 Ew – Höhe 75 m – Luftkurort – ✆ 05723
(Bad Nenndorf).
♦Hannover 34 – Bielefeld 80 – ♦Osnabrück 110.

🏛 **Grüner Baum** garni, Allee 33 (B 442), ✆ 36 51 – 🚻wc 📶 🚗 🅿. 🛥
  20. Dez.- 10. Jan. geschl. – **7 Z : 12 B** 30 - 60/70.

RODENKIRCHEN Niedersachsen siehe Stadland.

RODGAU 6054. Hessen – 36 300 Ew – Höhe 128 m – ✆ 06106.
♦Wiesbaden 54 – Aschaffenburg 27 – ♦Frankfurt am Main 21.

  In Rodgau 1-Jügesheim :

🏛 **Wolfsschlucht**, am Wasserturm, ✆ 32 54 – 🚻wc 📶wc 🅿
  24. Juli - 20. Aug. geschl. – Karte 16/32 *(Dienstag geschl.)* – **12 Z : 22 B** 50 - 90.

  Siehe auch : *Seligenstadt*

RODHOLZ Hessen siehe Poppenhausen/Wasserkuppe.

RODING 8495. Bayern 987 ㉗ – 10 100 Ew – Höhe 370 m – ✆ 09461.
♦München 163 – Amberg 62 – Cham 15 – ♦Regensburg 41 – Straubing 39.

🏛 **Brauereigasthof Brantl**, Schulstr. 1, ✆ 6 75 – 📶wc ♨. 🛥
  ↔ Karte 10/28 *(Mittwoch geschl.)* – **16 Z : 28 B** 29 - 48.

  In Roding-Mitterdorf W : 1 km :

🏛 **Hecht**, Hauptstr. 7, ✆ 22 94, 🍴 – 📶wc 🚗 🅿
  ↔ Karte 10/20 *(Samstag ab 14 Uhr geschl.)* – **18 Z : 33 B** 25/28 - 50.

  In Roding-Neubäu NW : 9 km :

🏨 **Am See** 🦢, Seestr. 1, ✆ (09469) 3 41, ≤, 🍴, 🕾, 🏊, 🍴 – 📶wc 🅿 ♨
  ↔ Karte 12/28 – **57 Z : 120 B** 38 - 55.

RODT Nordrhein-Westfalen siehe Marienheide.

RÖDENTAL Bayern siehe Coburg.

RÖDERMARK 6074. Hessen – 24 000 Ew – Höhe 141 m – ✆ 06106 (Rodgau).
♦Wiesbaden 54 – Aschaffenburg 30 – ♦Darmstadt 25.

  In Rödermark - Ober-Roden 987 ㉘ :

🏨 **Parkhotel Atlantis**, Niederröder Str. 24 (NO : 1,5 km), ✆ 7 09 20, Telex 413555,
  « Gartenterrasse », 🕾, 🏊 – 🛗 📺 🚻wc 📶wc ☎ 🚗 🅿 ♨. 🆎 ⓪ **E** 🆅🆂🅰
  Karte 22/72 – **136 Z : 250 B** 99/109 - 152/175 Fb.

RÖDERMARK

In Rödermark-Urberach :

🏨 **Jägerhof**, Mühlengrund 18, ℰ (06074) 65 02 — 🛏wc ☎ 🅿
Karte 17/40 *(Samstag geschl.)* — **24 Z : 30 B** 55/65 - 100/110 Fb.

RÖHRNBACH 8391. Bayern — 4 500 Ew — Höhe 436 m — Erholungsort — ✪ 08582.
♦München 203 — Freyung 13 — Passau 26.

🏨 **Jagdhof** 🦌, Marktplatz 11, ℰ 2 68, 😊, 🏊 (geheizt), 🏐, 🚿 — 🛗 🛏wc 🅿 🏋
← *3. Nov.- 20. Dez. geschl. — Karte 12,50/37 (Sonntag ab 14 Uhr geschl.)* 🍷 — **54 Z : 120 B** 41/46 - 66/88 Fb.

🏨 **Alte Post**, Marktplatz 1, ℰ 2 20, 😊, 🏐, 🚿 — 🛏wc 🚗 🅿
31 Z : 82 B.

RÖNKHAUSEN Nordrhein-Westfalen siehe Finnentrop.

RÖSRATH 5064. Nordrhein-Westfalen — 21 900 Ew — Höhe 72 m — ✪ 02205.
♦Düsseldorf 56 — ♦Köln 16 — Siegburg 12.

XX **Klostermühle**, Zum Eulenbroicher Auel 15, ℰ 47 58, « Rustikale Einrichtung » — 🅿. 🆎 ⑩
E
Aug. und Montag - Dienstag 18 Uhr geschl. — Karte 31/56.

In Rösrath 3-Forsbach N : 4 km :

🏨 **Forsbacher Mühle** 🦌 garni, Mühlenweg 43, ℰ 42 41 — 🛏wc 🅿
29 Z : 51 B.

In Rösrath 1-Hoffnungsthal NO : 3 km :

🏨 **Lindenhof**, Hauptstr. 289, ℰ 22 01, 🌳 — 🛏wc 🅿
← *Juni - Juli 3 Wochen geschl. — Karte 14/37 (Donnerstag geschl.)* — **14 Z : 20 B** 31/37 - 62/74.

RÖTENBACH Baden-Württemberg siehe Friedenweiler.

ROETGEN 5106. Nordrhein-Westfalen — 6 900 Ew — Höhe 450 m — ✪ 02471.
🅱 Verkehrsverein, Rathaus, Hauptstr. 55, ℰ 40 21.
♦Düsseldorf 96 — ♦Aachen 18 — Lüttich 59 — Monschau 15 — ♦Köln 85.

XX **Marienbildchen** mit Zim, Bundesstr. 4 (B 258, N : 2 km), ℰ 25 23 — 🛏wc ☎ 🅿. 🍸 Zim
28. Juli - 20. Aug. geschl. — Karte 19/72 (Sonntag geschl.) — **10 Z : 19 B** 45/65 - 75/100.

X **Zum genagelten Stein** mit Zim, Bundesstr. 2 (B 258), ℰ 22 78, 🌳 — 🛏wc 🚗 🅿. 🆎
Karte 18,50/46 *(Freitag bis 18 Uhr geschl.)* — **5 Z : 10 B** 49/55 - 90.

An der Straße nach Monschau SO : 4 km :

XX **Fringshaus**, an der B 258, ⊠ 5106 Roetgen, ℰ (02471) 22 87 — 🅿. E
Mittwoch, 15. Juni - 1. Juli und Dez. geschl. — Karte 17/56.

RÖTZ 8463. Bayern 🤍🤍🤍 ⑳ — 3 400 Ew — Höhe 453 m — ✪ 09976.
♦München 204 — Amberg 56 — Cham 25 — Weiden in der Oberpfalz 56.

In Rötz-Bauhof NW : 3 km :

🏨 **Pension Bergfried** 🦌, ℰ 3 22, < Bayerischen Wald, 🌳, 🚿 — 🛏wc 🚗 🅿
← Karte 12/24 🍷 — **20 Z : 35 B** 31/35 - 50/70.

In Rötz-Grassersdorf N : 3 km :

🏨 **Landgasthof Henghuber** 🦌, ℰ 14 13, 🚿 — 🛏wc 🅿. 🍸 Rest
← Karte 10/19,50 — **18 Z : 30 B** 22/27 - 44/54 — P 35/37.

In Rötz-Hillstett W : 4 km :

🏨 **Wutzschleife** 🦌, ℰ 13 51, <, 🌳, 🚿 — 🛁wc 🛏wc ☎ 🚗 🅿 🏋. E
← *2.- 26. Feb. geschl. — Karte 15/49 🍷 — **36 Z : 70 B** 39/47 - 64/86 Fb — P 63/71.*

ROHLSTORF-WARDER Schleswig-Holstein siehe Bad Segeberg.

ROHRDORF Baden-Württemberg siehe Nagold.

ROHRDORF 8201. Bayern 🤍🤍🤍 ⑱ — 4 100 Ew — Höhe 472 m — ✪ 08032.
♦München 69 — Innsbruck 110 — Passau 178 — Rosenheim 10 — Salzburg 73.

🏨 **Zur Post**, Dorfplatz 14, ℰ 50 41, 🌳 — 🛗 🛁wc 🛏wc 🚿 🅿 🏋. 🆎 ⑩ E
← Karte 12,50/34 🍷 — **104 Z : 200 B** 27/42 - 48/70.

ROITHAM Bayern siehe Seeon-Seebruck.

ROMANTISCHE STRASSE Bayern 🗺️ ㉕ ㉖ ㉚

Sehenswert : Strecke★★ von Würzburg bis Füssen — **Würzburg : Residenz**★★ - Haus zum Falken★ - Mainbrücke★ - St. Alfonskirche★ - Neumünster (Fassade★) - Festung Marienberg (Mainfränkisches Museum★★, Fürstengarten ≤★) - Käppele (Terrasse ≤★) — **Weikersheim : Schloß (Ausstattung★★, Rittersaal★★)** - **Creglingen :** Herrgottskirche (Marien-Altar★★) — **Detwang :** Kirche (Kreuzaltar★) — **Rothenburg ob der Tauber :** Mittelalterliches Stadtbild ★★★ - Rathaus★ (Turm ≤★★) - Plönlein★ - Burggarten★ - Spital★ - Spitaltor★ - Stadtmauer★ - St. Jakob-Kirche (Hl.-Blut-Altar★★) - Kalkturm ≤★ — **Dinkelsbühl :** St.-Georg-Kirche★ — **Deutsches Haus**★ — **Nördlingen :** St.-Georg-Kirche (Turm★, Magdalenen-Statue★) - Stadtmauer★ - Museum★ — **Harburg (Schwaben) :** Schloß (Sammlungen★) — **Kaisheim :** ehemalige Klosterkirche (Chorumgang★) — **Augsburg :** Fuggerei★ - Maximilianstraße★ - St. Ulrich- und St. Afra-Kirche★ - Dom★ (Südportal★★ des Chores) - Städtische Kunstsammlungen (Festsaal★) - St. Anna-Kirche (Fuggerkapelle★) — **Landsberg am Lech :** Lage★ - Hauptplatz★ — **Steingaden :** ehemalige Klosterkirche — **Wies :** Kirche★★ — **Schwangau :** Schloß Neuschwanstein★★ ≤★★★ - Schloß Hohenschwangau★ - Alpsee★ : Pindarplatz ≤★ — **Füssen :** St.-Anna-Kapelle (Totentanz★).

ROMROD Hessen siehe Alsfeld.

RONNENBERG Niedersachsen siehe Hannover.

RONSHAUSEN 6447. Hessen — 2 600 Ew — Höhe 210 m — Luftkurort — ☎ 06622 (Bebra).
◆Wiesbaden 189 — Bad Hersfeld 26 — ◆Kassel 73.

🏠 Waldhotel Marbach, Berliner Str. 7, 𝒫 29 78, 🏡, 🚗, ▣, 🌲 — 🕴️🛗wc 🅿. 🎿
31 Z : 55 B.

ROSBACH VOR DER HÖHE Hessen siehe Friedberg/Hessen.

ROSCHE 3115. Niedersachsen — 2 200 Ew — Höhe 60 m — Erholungsort — ☎ 05803.
◆Hannover 110 — Dannenberg 32 — Lüchow 28 — Uelzen 14.

🍴 **Werner,** Lönsstr. 11, 𝒫 5 55, 🚗, 🌲 — 🅿
Karte 16/34 — **40 Z : 70 B** 26 - 52.

ROSENBERG 7091. Baden-Württemberg — 2 400 Ew — Höhe 520 m — ☎ 07967 (Jagstzell).
◆Stuttgart 105 — Aalen 30 — Ansbach 64 — Schwäbisch Hall 28.

🏠 **Landgasthof Adler,** Ellwanger Str. 15, 𝒫 5 13 — 🛗wc 🕴️ 🔚 🅿. 🎿
3. Jan.- 15. Feb. geschl. — Karte 29/56 (Freitag und jeden 1. Sonntag im Monat geschl.) —
11 Z : 20 B 43 - 75.

ROSENGARTEN 2107. Niedersachsen — 11 000 Ew — Höhe 85 m — ☎ 04108.
◆Hannover 140 — ◆Bremen 90 — Buchholz in der Nordheide 8 — ◆Hamburg 27.

In Rosengarten 3-Sieversen :

🏠 **Holst,** Hauptstr. 31, 𝒫 80 18, 🚗, ▣ — 🕴️ 🔚wc 🛗wc 🅿 🔚 🅿 🎿. ⑩ 🇪
Karte 21/48 — **63 Z : 120 B** 55/80 - 80/110 Fb.
🍴🍴 Zur Kutsche, Hauptstr. 24, 𝒫 2 12, 🏡 — 🅿.

ROSENHEIM 8200. Bayern 🗺️ ㊲, 🔢🔢🔢 ⑱ — 51 500 Ew — Höhe 451 m — ☎ 08031.
ADAC, Kufsteiner Str. 55, 𝒫 3 23 55, Notruf 𝒫 1 92 11.
◆München 69 — Innsbruck 108 — Landshut 89 — Salzburg 82.

🏨 **Parkhotel Crombach,** Kufsteiner Str. 2, 𝒫 1 20 86, Telex 525767, « Gartenterrasse » — 🕴️ 📺 🔚wc 🛗wc 🔚 🔚 🅿 🎿 ᴬᴱ ⑩ 🇪
Karte 23/50 (Sonntag geschl.) — **63 Z : 93 B** 68/98 - 98/135 Fb.
🏠 **Alpenhotel Wendelstein,** Bahnhofstr. 4, 𝒫 3 21 08 — 🕴️ 🔚wc 🛗wc 🔚 🔚. ᴬᴱ ⑩ 🇪
Karte 16,50/43 (Sonntag geschl.) — **37 Z : 65 B** 50/75 - 80/130 Fb.
🏠 **Goldener Hirsch,** Münchner Str. 40, 𝒫 1 20 29 — 🕴️ 🔚wc 🛗wc 🔚. ᴬᴱ ⑩ 🇪
Karte 18/48 — **40 Z : 70 B** 39/68 - 78/95.
🏠 **Tyrol,** Kufsteiner Str. 5, 𝒫 3 10 01 — 🕴️ 🔚wc 🛗wc 🔚 🔚 🎿. ᴬᴱ ⑩ 🇪
Karte 20/45 (Montag geschl.) — **27 Z : 40 B** 72/82 - 110.
🍴🍴 **Weinstube Bössl,** Schießstattstr. 9, 𝒫 8 75 28, 🏡 — 🅿
Montag geschl. — Karte 17/39 🍷.

In Rosenheim-Happing S : 3 km nahe der B 15 :

🏨 **Ariadne,** Kirchenweg 38, 𝒫 6 20 49 — 🕴️ 🔚wc 🛗wc 🔚 🔚 🅿. ᴬᴱ ⑩ 🇪 🏧
Karte 21/41 (Sonntag geschl.) — **33 Z : 58 B** 60/75 - 85/110.

In Rosenheim-Heilig Blut S : 3 km über die B 15 Richtung Autobahn :

🏠 **Theresia,** Zellerhornstr. 16, 𝒫 6 78 05, 🚗, 🌲 — 🛗wc 🅿 🎿
Karte 14,50/39 — **25 Z : 42 B** 55/60 - 75/88.
🏠 Alpina, Trainsjochweg 12, 𝒫 6 29 09 — 🛗wc 🔚 🅿
(nur Abendessen für Hausgäste) — **14 Z : 24 B.**

659

ROSSBACH 5461. Rheinland-Pfalz — 1 400 Ew — Höhe 113 m — Luftkurort — ☎ 02638 (Waldbreitbach) — Mainz 132 — ♦Bonn 41 — ♦Koblenz 42.

   🏠 **Strand-Café** ≫, Neustadter Str. 9, ℰ 51 15, ≤, 🍴, 🚗 — 🏼wc ☎ 🅿. 🛝 Zim
   → *13. Jan.- 8. Feb. geschl.* — Karte 13/36 — **21 Z : 36 B** 39 - 54/76.

   🏠 **Zur Mühle** ≫, Mühlenstr. 1, ℰ 3 07, 🚗 — 📺 🏼wc 🅿 — **17 Z : 27 B**.

   🏠 **Haus Tanneck** ≫, Waldstr. 1, ℰ 52 15, ≤, 🍴, 🚗 — 🏼wc 🅿. **E**. 🛝 Zim
   → *März - Mitte Nov.* — Karte 12.50/33 ⅜ — **21 Z : 38 B** 26/33 - 48/60 — P 38/43.

   🏠 **Zur Post**, Wiedtalstr. 55, ℰ 2 80, 🍴, 🚗 — 🏼wc 🅿. 🛝 Zim
   → *März - Okt. und Weihnachten geöffnet* — Karte 13/29 — **16 Z : 26 B** 27/38 - 50/68.

ROSSFELD-RINGSTRASSE Bayern siehe Berchtesgaden.

ROSSHAUPTEN 8959. Bayern 987 ⊗, 426 ⑯ — 1 700 Ew — Höhe 816 m — Wintersport : 800/1 000 m ⅟2 ⅝2 — ☎ 08367 — 🖪 Verkehrsamt, Hauptstr. 10, ℰ 3 64.
♦München 118 — Füssen 11 — Marktoberdorf 18.

   🏠 **Kaufmann** ≫, Füssener Str. 44, ℰ 4 27, ≤, 🍴 — 🛏wc 🏼 ☎ 🚗 🅿. **E**
   → *Mitte Nov.- 18. Dez. geschl.* — Karte 14/36 *(Okt.- Mai Freitag geschl.)* — **20 Z : 40 B** 33/45 - 64/86 — P 50/67.

   In Rosshaupten-Vordersulzberg W : 4 km :

   🏠 Haflingerhof ≫, Vordersulzberg 1, ℰ (08364) 14 02, ≤, 🍴, 🚗, 🐎 — 🛏wc ☎ 🅿. 🛝 Zim
   4 Z : 8 B — 6 Appart.

ROT AM SEE 7185. Baden-Württemberg — 4 200 Ew — Höhe 419 m — ☎ 07955.
♦Stuttgart 132 — Crailsheim 18 — ♦Nürnberg 110.

   🏠 **Café Mack** ≫, Erlenweg 24, ℰ 23 54, 🍴, 🔲, 🚗 — 🏼wc 🚗 🅿 — **26 Z : 44 B**.

   🏠 **Gasthof Lamm**, Kirchgasse 18, ℰ 23 44 — 🏼wc 🚗 🅿
   → *22. Okt.- 10. Nov. geschl.* — Karte 12/37 *(Donnerstag geschl.)* ⅜ — **12 Z : 19 B** 27/33 - 52/62.

ROT AN DER ROT 7956. Baden-Württemberg 426 ⑭ — 3 800 Ew — Höhe 604 m — ☎ 08395.
♦ Stuttgart 149 — Memmingen 17 — Ravensburg 46 — ♦Ulm (Donau) 58.

   ✗ **Klosterkeller** mit Zim, Theodor-Her-Str. 11, ℰ 3 38, 🍴 — 🏼wc 🚗 🅿
   Jan. 2 Wochen geschl. — Karte 23/40 *(Montag geschl.)* ⅜ — **6 Z : 10 B** 35 - 65.

ROTENBURG/FULDA 6442. Hessen 987 ⑯ — 14 500 Ew — Höhe 192 m — Luftkurort — ☎ 06623.
🖪 Verkehrsbüro, im Rathaus, ℰ 30 41 — ♦Wiesbaden 187 — Bad Hersfeld 20 — ♦Kassel 59.

   🏯 **Pergola** ≫, Panoramastr. 1 (Am Hausberg), ℰ 88 83 00, Telex 493299, ≤, 🍴, 🍴, 🔲, 🚗,
   ✗ — 🔯 📺 🅿 🛗 🝙 **E** 📼 🛝 Rest
   Karte 20/51 — **86 Z : 136 B** 85 - 145 Fb — P 111.

   🏠 **Silbertanne** ≫, Am Wäldchen 2, ℰ 16 43, ≤, 🚗 — 🛏wc 🏼wc ☎ 🅿. 🛝 Rest
   27. Jan.- 15. Feb. geschl. — Karte 17/49 — **11 Z : 22 B** 42/70 - 75/90.

   🏢 **Pension Haus Waldborn** ≫, Zum Haseler Berg 2, ℰ 72 33, Badeabteilung, 🔱, 🍴, 🚗 —
   (nur Abendessen für Hausgäste) — **8 Z : 14 B** 29 - 54.

ROTENBURG (WÜMME) 2720. Niedersachsen 987 ⑮ — 20 000 Ew — Höhe 28 m — ☎ 04261.
♦Hannover 107 — ♦Bremen 46 — ♦Hamburg 80.

   🏛 **Stadtpark-Hotel**, Pferdemarkt 3, ℰ 30 55 — 🔯 📺 🛏wc 🏼wc ☎ 🚗 🅿 🛗. 🝙 ⑩ **E** 📼
   Karte 19/47 — **29 Z : 58 B** 64/74 - 108/116 Fb.

   🏠 **Bahnhofs-Hotel Mensing**, Bahnhofstr. 17, ℰ 40 44 — 🛏wc 🏼wc 🚗 🅿 🛗. ⑩
   Karte 18/38 *(Sonntag geschl.)* — **27 Z : 42 B** 28/48 - 56/88.

   🏢 **Bürgerhof**, Am Galgenberg 2, ℰ 52 74 — 🏼 🅿. 🝙 ⑩ **E**
   → Karte 14,50/35 *(Mittwoch geschl.)* — **15 Z : 24 B** 38/45 - 60/75.

   ✗ **Deutsches Haus** (mit Gästehaus ≫), Große Str. 51, ℰ 33 00 — 🅿
   Karte 17/40 *(Sonntag 14 Uhr-Montag 17 Uhr geschl.)* — **8 Z : 10 B** 32 - 64.

   In Rotenburg-Waffensen W : 6 km :

   ✗✗ **Lerchenkrug**, an der B 75, ℰ (04268) 3 43 — 🅿. 🝙 ⑩ **E**
   Dienstag und 11. Juli - 2. Aug. geschl. — Karte 21/50.

   In Ahausen-Eversen 2724 SW : 10 km :

   🏠 **Gasthaus Dönz**, Dorfstr. 10, ℰ (04269) 52 53, 🍴, « Ehemaliger niedersächsischer Bauernhof », 🚗 — 🛏wc 🏼wc 🅿
   Karte 16/44 *(Montag bis 18 Uhr geschl.)* — **12 Z : 18 B** 37 - 70 — P 52/60.

   In Bothel 2725 SO : 8 km :

   ✗✗ **Botheler Landhaus**, Hemsbünder Str. 10, ℰ (04266) 15 17 — 🅿. 🝙 ⑩ **E**
   nur Abendessen, Donnerstag geschl. — Karte 31/58 (Tischbestellung ratsam).

   Siehe auch : *Liste der Feriendörfer*

ROTH KREIS ROTH 8542. Bayern 987 ㉘ — 22 700 Ew — Höhe 340 m — ✆ 09171.

♦München 149 — Ansbach 52 — Donauwörth 67 — ♦Nürnberg 28.

XX Ratsstuben im Schloß Ratibor (Rest. in einer Schloßanlage a.d. 16. Jh.), Hauptstr. 1, ✆ 65 05 — P ⚗.

Am Rother See NO : 1,5 km :

▥ **Seerose** ⏖, Obere Glasschleife 1, ✉ 8542 Roth, ✆ (09171) 24 80, ☂ — ⬛wc ⟵ P.
← ❀ Zim
Karte 14/26 — **20 Z : 30 B** 30/35 - 50/55.

In Roth 1-Pfaffenhofen N : 2,5 km :

▥ Zum Markgraf, Äußere Nürnberger Str. 44, ✆ 31 66, ☂ — ⬛wc ☎ P
11 Z : 17 B.

ROTH/OUR 5529. Rheinland-Pfalz 409 ⑰, 214 ⑱ — 400 Ew — Höhe 220 m — ✆ 06566 (Körperich).

Mainz 193 — Bitburg 29 — Neuerburg 18 — Vianden 2.

▥ **Ourtaler Hof**, Ourtalstr. 27, ✆ 2 18, ☂ — ⬛wc ⬛wc P
← 23. Dez.- 26. Jan. geschl. — Karte 11/36 ⅃ — **27 Z : 45 B** 28/42 - 56/76.

ROTHAUS Baden-Württemberg siehe Grafenhausen.

ROTHENBERG Hessen siehe Hirschhorn am Neckar.

ROTHENBUCH 8751. Bayern — 1 500 Ew — Höhe 340 m — ✆ 06094.

♦München 337 — Aschaffenburg 24 — ♦Frankfurt am Main 63 — Schweinfurt 76.

▥ **Spechtshaardt** ⏖, Rolandstr. 34, ✆ 12 03, ≤, ☂, ☂ — ⬛wc P
← 10.- 30. Nov. geschl. — Karte 14,50/37 — **24 Z : 48 B** 42/45 - 60/72 — P 50/55.

ROTHENBURG OB DER TAUBER 8803. Bayern 987 ㉘ — 11 800 Ew — Höhe 425 m — ✆ 09861.

Sehenswert : Mittelalterliches Stadtbild★★★ — Rathaus★ (Turm ≤★★) — Plönlein★ — Burggarten★ — Spital★ Z — Spitaltor★ Z — Stadtmauer★ YZ — St.-Jakob-Kirche (Hl.- Blut-Altar★★) — Kalkturm ≤★ Z.

Ausflugsziel : Detwang : Kirche (Kreuzaltar★) 2 km über ⑤.

🛈 Städt. Verkehrsamt, Rathaus, ✆ 20 38, Telex 61379.

♦München 236 ② — Ansbach 35 ② — ♦Stuttgart 134 ④ — ♦Würzburg 62 ①.

Stadtplan siehe nächste Seite.

🏰 **Eisenhut**, Herrngasse 3, ✆ 20 41, Telex 61367, « Gartenterrasse » — 📶 📺 ⟵ ⚗. AE ⓪ E
VISA. ❀ Rest   Y e
3. Jan.- Feb. geschl. — Karte 36/78 — **86 Z : 145 B** 148/165 - 210/285 Fb.

🏰 **Goldener Hirsch**, Untere Schmiedgasse 16, ✆ 50 61, Telex 61372, « Rest. Blaue Terrasse mit
≤ Taubertal » — 📶 P ⚗. AE ⓪ E VISA   Z n
Dez.- Jan. geschl. — Karte 28/68 — **80 Z : 145 B** 78/210 - 140/260.

🏰 **Tilman Riemenschneider**, Georgengasse 11, ✆ 20 86, Telex 61384, ☂ — 📶 📺 ⟵ AE
⓪ E VISA   Y z
Karte 21/52 — **60 Z : 125 B** 85/140 - 100/180 Fb.

🏰 **Romantik-Hotel Markusturm**, Rödergasse 1, ✆ 23 70, « Schöne Einrichtung », ☎ — 📺
⬛wc ⬛wc ☎ ⟵ P. AE ⓪ E   Y m
10. Jan.- 18. März geschl. — Karte 26/66 — **28 Z : 50 B** 115/165 - 160/220 Fb.

🏰 **Burg-Hotel** ⏖ garni, Klostergasse 1, ✆ 50 37, Telex 61315, ≤ Taubertal — 📺 ⬛wc ☎ &
P. AE ⓪ E VISA   Y x
Nov. geschl. — **16 Z : 32 B** 105/125 - 140/200.

🏰 **Glocke**, Am Plönlein 1, ✆ 30 25, eigene Weinkellerei — 📶 ⬛wc ⬛wc ☎ ⟵ ⚗. AE ⓪ E
VISA. ❀ Rest   Z g
Karte 15,50/46 ⅃ — **30 Z : 52 B** 43/83 - 68/120.

🏰 **Bären** ⏖, Hofbronnengasse 9, ✆ 30 31, Telex 61380, ☎, 🔲, — 📺 ⬛wc ⬛wc ☎ ⟵. ⓪
E VISA   Z b
Karte 36/71 (nur Abendessen, 5. Jan.- März und 10. Nov.- 20. Dez. geschl.) — **45 Z : 75 B** 90/150
- 160/270 Fb.

🏰 **Bolte** garni, Rosengasse 1, ✆ 43 44, ☎ — 📶 ⬛wc ⬛wc ☎. ❀   Y n
23. März - 8. Nov. — **11 Z : 20 B** 80/95 - 110/180.

🏰 **Mittermeier**, Vorm Würzburger Tor 9, ✆ 22 59, ☎, 🔲, ☂ — 📶 ⬛wc ⬛wc ⟵ P. AE   Y v
Anfang Jan.- Mitte Feb. geschl. — Karte 17/41 — **14 Z : 25 B** 70/95 - 130/170.

🏰 **Reichs-Küchenmeister**, Kirchplatz 8, ✆ 20 46, ☂ — 📶 ⬛wc ⬛wc ☎ ⟵ P. AE ⓪ E   Y s
Karte 22/49 (Dienstag geschl.) — **33 Z : 65 B** 45/95 - 70/120.

🏰 **Café Frei** garni, Galgengasse 39, ✆ 78 36 — 📺 ⬛wc ⬛wc ⟵. AE ⓪ E VISA   Y u
21. Aug.- 9. Sept. geschl. — **14 Z : 29 B** 42/59 - 92.

Fortsetzung →

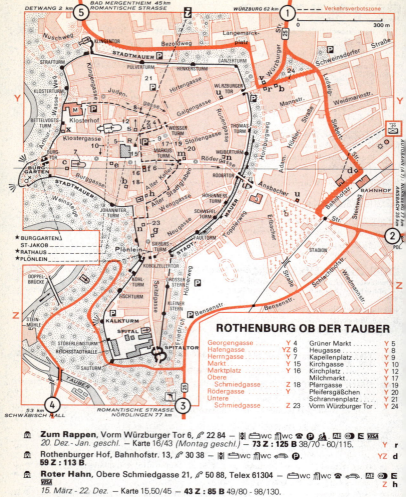

ROTHENBURG OB DER TAUBER

Verkehrsverbotszone

Zum Rappen, Vorm Würzburger Tor 6, ℰ 22 84 – 🛗 ⇱wc 🗍wc ☎ Ⓟ ♨. 🆊 ⑩ Ε 𝘝𝘐𝘚𝘈
20. Dez.- Jan. geschl. – Karte 16/43 *(Montag geschl.)* – **73 Z : 125 B** 38/70 - 60/115. Y r

Rothenburger Hof, Bahnhofstr. 13, ℰ 30 38 – 🛗 ⇱wc 🗍wc ⇔ Ⓟ.
59 Z : 113 B. YZ d

Roter Hahn, Obere Schmiedgasse 21, ℰ 50 88, Telex 61304 – ⇱wc 🗍wc ☎ ⇔. 🆊 ⑩ Ε
𝘝𝘐𝘚𝘈
15. März - 22. Dez. – Karte 15,50/45 – **43 Z : 85 B** 49/80 - 98/130. Z h

Bayerischer Hof, Ansbacher Str. 21, ℰ 34 57 – Ⓟ
10. Jan.- 15. Feb. geschl. – Karte 16/45 *(Donnerstag geschl.)* – **9 Z : 20 B** 45/50 - 75/95. Z u

Linde, Vorm Würzburger Tor 12, ℰ 74 44 – ⇱wc 🗍wc Ⓟ
33 Z : 58 B. Y b

Zum Greifen, Obere Schmiedgasse 5, ℰ 22 81, Gartenterrasse – 🗍wc Ⓟ. 🆊
23. Dez.- Jan. geschl. – Karte 15,50/36 *(Montag geschl.)* 🍴 – **22 Z : 32 B** 33/55 - 60/88. YZ f

Klosterstüble 🦌, Heringsbronnengasse 5, ℰ 67 74 – ⇱wc 🗍wc ⇔. 🆊 ⑩ Ε 𝘝𝘐𝘚𝘈
Jan.- Feb. geschl. – Karte 14/35 *(Sonntag 18 Uhr - Montag geschl.)* – **12 Z : 24 B** 30/35 - 55/60. Y c

Baumeisterhaus, Obere Schmiedgasse 3, ℰ 34 04, « *Patrizierhof a.d. 16. Jh.* » – 🆊 ⑩ Ε
𝘝𝘐𝘚𝘈
Karte 21/53. YZ f

In Steinsfeld-Reichelshofen 8801 ① : 8 km :

Landwehrbräu, an der B 25, ℰ (09865) 8 33 – 🛗 📺 ⇱wc 🗍wc ☎ ♿ ⇔ Ⓟ. 🆊 ⑩ Ε 𝘝𝘐𝘚𝘈
21. Dez.- Jan. geschl. – Karte 15/41 *(Samstag bis 17 Uhr geschl.)* – **30 Z : 65 B** 39/48 - 58/95.

ROTHENFELDE, BAD 4502. Niedersachsen 987 ⑭ — 6 500 Ew — Höhe 112 m — Heilbad – ✿ 05424.

🛈 Kur- und Verkehrsverein, Frankfurter Str. 3, 𝒫 18 75.

◆Hannover 135 — Bielefeld 32 — Münster (Westfalen) 45 — ◆Osnabrück 25.

🏨 **Residenz am Kurpark**, Parkstr. 1, 𝒫 64 30, Telex 94303, ⇔, 🔲 — 🛗 📺 ଲwc 🕾 ৬ 🅿 🛵. ⅋☰ ⓪ 🄴
Restaurants : — **Vier Jahreszeiten** Karte 28/64 — **Salzkate** Karte 18/37 — **64 Z : 114 B** 75/95 - 120/145 Fb — P 115/135.

🏨 **Zur Post** ⑤, Frankfurter Str. 2, 𝒫 10 66, « Restaurant Alte Küche », ⇔, 🔲 — 🛗 ⌂wc ଲwc 🕾 🅿 🛵. ⅋☰ ⓪ 🄴 VISA
Karte 18/59 — **54 Z : 85 B** 40/66 - 80/114 Fb — P 80/89.

🏨 Pension **Feldhaus** ⑤, Wellengartenstr. 4, 𝒫 19 93, ⇔, 🔲, 🐎 — 🛗 ଲwc 🕾 ৬ 🅿
(Rest. nur für Hausgäste) — **47 Z : 54 B** Fb.

🏨 **Parkhotel Gätje** ⑤, Parkstr. 10, 𝒫 10 88, 🌳, kleiner Park, ⇔, 🐎 — ଲwc 🕾 🅿. ⅋☰
Karte 21/64 — **40 Z : 60 B** 47/72 - 94/112 — P 58/99.

🏨 **Dreyer** Ⓜ garni, Salinenstr. 7, 𝒫 10 08 — ଲwc 🕾 🅿. 🛇
16 Z : 26 B 52 - 94 Fb.

🏨 **Haus Noltmann-Peters** ⑤, Am Kurpark 18, 𝒫 16 32, 🔲, 🐎 — 🛗 ⌂wc ଲwc 🕾 ⇐ 🅿. ⓪, 🛇
(Rest. nur für Hausgäste) — **51 Z : 71 B** 35/59 - 72/114 — 2 Appart. 56 — P 56/80.

In Bad Rothenfelde-Aschendorf :

🏨 **Kröger**, Versmolder Str. 26, 𝒫 47 88, 🔲, 🐎 — 📺 ⌂wc ଲwc 🕾 ⇐ 🅿. ⅋☰ ⓪ 🄴
Karte 16/32 *(Donnerstag geschl.)* — **15 Z : 27 B** 40/45 - 70/75 — P 52/58.

ROTT Rheinland-Pfalz siehe Flammersfeld.

ROTT AM INN 8093. Bayern 987 ㊲, 426 ⑱ — 2 900 Ew — Höhe 481 m — ✿ 08039.

◆München 55 — Landshut 73 — Rosenheim 16.

🛎 **Zur Post**, Marktplatz 5, 𝒫 12 25 — ଲ ⇐ 🅿. 🛇 Zim
➡ 26. Aug.- 15. Sept. geschl. — Karte 12,50/30 *(Montag geschl.)* — **16 Z : 26 B** 22/25 - 45.

ROTTACH-EGERN 8183. Bayern 987 ㊲, 426 ㊲ — 6 500 Ew — Höhe 731 m — Heilklimatischer Kurort — Wintersport : 740/1 700 m ✇1 ⑥6 ⑳3 — ✿ 08022 (Tegernsee).

🛈 Kuramt, Rathaus, 𝒫 2 67 40.

◆München 56 — Miesbach 21 — Bad Tölz 22.

🏰 **Bachmair am See** ⑤, Seestr. 47, 𝒫 64 44, Telex 526920, ≤, « Park », Bade- und Massageabteilung, ≛, 🔄 (geheizt), 🔲, 🐎 — 🛗 🗏 Rest 📺 ⇐ 🅿 🛵. ⅋☰ ⓪. 🛇
Karte 39/76 *(auch Diät)* — **260 Z : 400 B** 165/250 - 230/350 Fb.

🏨 **Seehotel Überfahrt** ⑤, Überfahrtstr. 7, 𝒫 2 60 01, Telex 526935, « Terrasse mit ≤ », Bade- und Massageabteilung, ⇔, 🔲, 🐎 — 🛗 📺 ⇐ 🅿 🛵. ⅋☰ ⓪ 🄴. 🛇
Karte 38/73 — **170 Z : 270 B** 120/180 - 200/240 Fb — P 170/250.

🏨 **Walter's Hof im Malerwinkel** Ⓜ ⑤, Seestr. 77, 𝒫 27 70, ≤, 🌳, « Geschmackvoll eingerichtetes Haus », Massage, ⇔, 🔲 — 🛗 📺 ⌂wc ⇐ 🛵. ⅋☰ ⓪ 🄴
Karte 29/70 — **36 Z : 59 B** 140/180 - 195/340 Fb — P 148/200.

🏨 **Franzen-Restaurant Pfeffermühle**, Karl-Theodor-Str. 2a, 𝒫 60 87, 🌳, « Rest. im rustikalen Stil mit Grill-Corner » — ⌂wc ଲwc 🕾 ⇐ 🅿
Karte 22/58 *(Nov.- Weihnachten Dienstag - Mittwoch geschl.)* — **14 Z : 28 B** 75/120 - 120/185.

🏨 **Gästehaus Maier-Kirschner** garni, Seestr. 23, 𝒫 2 60 75, ⇔, 🐎 — 🛗 ⌂wc ଲwc 🕾 🅿
30 Z : 50 B 50/70 - 100/150 — 2 Appart. 140.

🏨 **Gästehaus Haltmair** garni, Seestr. 35, 𝒫 2 60 57, ≤, 🐎 — 🛗 📺 ⌂wc ଲwc 🕾 🅿
26 Z : 50 B 60/100 - 100/140 — 8 Appart. 90/160.

🏨 **Zur Post**, Nördliche Hauptstr. 17, 𝒫 2 60 85, Biergarten — ଲwc 🕾 🅿
Karte 20/51 — **45 Z : 72 B** 72/128 - 106/124 Fb.

🏨 **Seerose** ⑤, Stielerstr. 13, 𝒫 20 21, 🐎 — 🛗 ⌂wc 🕾 🅿. 🛇 Zim
Nov.- 20. Dez. geschl. — (Rest. nur für Hausgäste) — **19 Z : 38 B** 63 - 97/107 — P 84.

🏠 **Lindl**, Nördliche Hauptstr. 25, 𝒫 2 40 64, Biergarten — 📺 ⌂wc ଲwc 🕾 🅿
15. Nov.- 14. Dez. geschl. — Karte 15,50/47 — **11 Z : 18 B** 30/48 - 70/85.

🏠 **Villa Svendsen** ⑤ garni, Fürstenstr. 30, 𝒫 2 65 14, « Kleiner Park », 🐎 — ⌂wc ଲwc ⇐ 🅿. 🄴 🛇
9 Z : 18 B 50/70 - 90/110.

🏠 **Reuther** ⑤ garni, Salitererweg 6, 𝒫 50 46, 🐎 — ⌂wc ଲwc 🕾 🅿. ⅋☰ 🄴. 🛇
26 Z : 42 B 42/60 - 85/100.

🏠 **Café Sonnenhof** ⑤ garni, Sonnenmoosstr. 20, 𝒫 58 12, ≤, 🌳, « Garten » — ⌂wc ଲwc 🕾 🅿
Nov.- 20. Dez. geschl. — **14 Z : 24 B** 33/59 - 72/99.

XXX ❀ **La Cuisine**, Südl. Hauptstr. 2 (1. Etage), 𝒫 2 47 64 — ⓪ 🄴 VISA
nur Abendessen, im Bistro auch Mittagessen, Montag geschl. — Karte 42/72
Spez. Flußkrebse gratiniert, Saltimbocca von Seeteufel, Gefüllte Crêpes mit Schokoladensauce.

In Rottach-Berg :

🏠 **Café Angermaier** 🐾 (ehemaliges Forst- und Bauernhaus), Berg 1, ✆ 2 60 19, ≤, 🍴, 🚗 – 🛏️wc 🛁wc ☎ 🅿 – **21 Z : 35 B.**

An der Talstation der Wallbergbahn S : 3 km :

✗ **Alpenwildpark**, Am Höhenrain 1, ✉ 8183 Rottach-Egern, ✆ (08022) 58 32, « Terrasse mit ≤ » – 🅿
Donnerstag und Nov. geschl. – Karte 15/41.

Weißach siehe unter : *Kreuth*

ROTTENBUCH 8121. Bayern 🗺️🗺️🗺️ ⑱ – 1 700 Ew – Höhe 763 m – Erholungsort – ✆ 08867.
Sehenswert : Mariä-Geburts-Kirche★ – **Ausflugsziel** : Wies (Kirche★★) SW : 12 km.
🛈 Verkehrsverein im Rathaus, ✆ 14 64.
♦München 96 – Füssen 30 – Landsberg am Lech 40.

🏠 **Café am Tor** garni, Klosterhof 1, ✆ 2 55, Caféterrasse – 🛏️wc 🛁wc 🅿
März und Nov. je 2 Wochen geschl. – **11 Z : 20 B** 30/36 - 49/59.

In Rottenbuch-Moos NW : 2 km :

🏠 **Moosbeck-Alm** 🐾, Moos 38, ✆ 13 47, « Gartenterrasse », ⟰, 🚗 – 🛁wc ⇦ 🅿
10. Jan.- 15. Feb. und 15. Nov.- 15. Dez. geschl. – Karte 15,50/40 *(Nov.- April Dienstag geschl.)*
⅋ – **15 Z : 35 B** 39 - 61/70 – P 63.

ROTTENBURG 7407. Baden-Württemberg 🗺️🗺️🗺️ ⑳ – 32 500 Ew – Höhe 341 m – ✆ 07472.
🛈 Verkehrsamt, Marktplatz 22, ✆ 1 52 74.
♦Stuttgart 52 – Freudenstadt 47 – Reutlingen 26 – Villingen-Schwenningen 76.

🏠 Martinshof, Eugen-Bolz-Platz 5, ✆ 2 10 21 – 🛗 🛏️wc 🛁wc ☎ ⇦ 🅿 ♿ – **30 Z : 46 B.**

🏠 **Württemberger Hof**, Tübinger Str. 14, ✆ 66 60 – 🛁 🅿
Juli - Aug. 2 Wochen geschl. – Karte 16/40 *(Samstag geschl.)* ⅋ – **14 Z : 24 B** 33/46 - 64/78.

In Rottenburg 5-Wurmlingen NO : 4 km :

🏠 **Rössle**, Bricciusstr. 25, ✆ 33 33 – 🛏️wc 🛁 🅿
Aug.- Sept. 3 Wochen geschl. – Karte 17,50/46 *(Mittwoch geschl.)* – **13 Z : 23 B** 36/45 - 70/75.

Schloß Weitenburg siehe unter : *Horb*

ROTTENDORF Bayern siehe Würzburg.

ROTTHALMÜNSTER 8399. Bayern 🗺️🗺️🗺️ ⑦ – 4 300 Ew – Höhe 359 m – ✆ 08533.
♦München 142 – Passau 37 – Salzburg 104.

In Rotthalmünster-Asbach NW : 4 km :

🏛️ **Klosterhof St. Benedikt** 🐾, Hauptstr. 52, ✆ 6 81, 🍴 – 🛁wc ☎ 🅿 – *nur Saison* – **24 Z : 30 B.**

ROTTWEIL 7210. Baden-Württemberg 🗺️🗺️🗺️ ⑱ – 23 400 Ew – Höhe 600 m – ✆ 0741.
Sehenswert : Heiligkreuzmünster (Altäre★) – Kapellenkirche (Turm★) – Hauptstraße ≤★ – Lorenzkapelle (Plastiken-Sammlung★) – 🛈 Städt. Verkehrsbüro, Rathaus, Rathausgasse, ✆ 9 42 80.
♦Stuttgart 98 – Donaueschingen 33 – Offenburg 83 – Tübingen 59.

🏛️ **Johanniterbad** 🐾, Johannsergasse 12, ✆ 60 83, Telex 762705 – 🛗 📺 🛏️wc 🛁wc ☎ 🅿 ♿ 🆎 ① Ⓔ 🆅🆂🅰
2.- 17. Jan. geschl. – Karte 25/49 *(Sonntag ab 15 Uhr geschl.)* – **24 Z : 37 B** 57/65 - 96/114 Fb.

🏛️ **Bären**, Hochmaurenstr. 1, ✆ 2 20 46, 🚍 – 🛗 📺 🛁wc ☎ ⇦ 🅿 ✻ Rest
22. Dez.- 15. Jan. geschl. – Karte 16/43 – **31 Z : 56 B** 39/58 - 68/88 Fb.

🏠 **Lamm**, Hauptstr. 45, ✆ 4 50 15 – 🛁wc ☎ 🅿 🆎 Ⓔ 🆅🆂🅰
Karte 18/45 *(Montag geschl.)* – **11 Z : 24 B** 50/75 - 75/115.

🏠 **Park-Café** garni, Königstr. 21, ✆ 71 37 – 🛁wc. 🆅🆂🅰
1.- 6. Jan. geschl. – **15 Z : 27 B** 60/70 - 115.

✗✗ **Haus Zum Sternen** - **Restaurant Sternenkeller** mit Zim (Haus a.d. 14. Jh.), Hauptstr. 60, ✆ 70 06 (Hotel) 4 23 05 (Rest.) – 🛁wc 🛁wc. 🆎 ① Ⓔ 🆅🆂🅰
Karte 16,50/60 *(nur Abendessen, Dienstag - Mittwoch geschl.)* – **12 Z : 19 B** 65 - 130.

✗ **Paradies** mit Zim, Waldtorstr. 15 (1. Etage), ✆ 62 12 – 🛁
Juli - Aug. 3 Wochen geschl. – Karte 16/39 *(Montag geschl.)* – **8 Z : 15 B** 32/38 - 60/70.

ROTZINGEN Baden-Württemberg siehe Görwihl.

RÜCKERSDORF 8501. Bayern – 4 000 Ew – Höhe 326 m – ✆ 0911 (Nürnberg).
♦München 174 – Bayreuth 65 – ♦Nürnberg 14.

🏠 **Wilder Mann**, Hauptstr. 37 (B 14), ✆ 5 70 92, 🍴 – 🛗 🛏️wc 🛁wc ☎ ⇦ 🅿 ♿ ① Ⓔ.
➡ ✻ Rest
24. Dez.- 6. Jan. geschl. – Karte 14/43 – **54 Z : 78 B** 42/70 - 72/102 Fb – P 62/96.

RÜDESHEIM AM RHEIN 6220. Hessen 987 ㉔ — 10 500 Ew — Höhe 85 m — ✆ 06722.

Ausflugsziel : Niederwald-Denkmal ⇐*, NW : 3 km.

🛈 Städt. Verkehrsamt, Rheinstr. 16, ✆ 29 62, Telex 42171 — ✦Wiesbaden 31 — ✦Koblenz 65 — Mainz 34.

🏨 **Central-Hotel**, Kirchstr. 6, ✆ 23 91, Telex 42110 — 劇 🗍wc ⇐ 🅿. ᴬᴱ
➤ 15. März - Nov. — Karte 14,50/45 — **56 Z : 104 B** 80/110 - 120/180.

🏨 **Traube-Aumüller**, Rheinstr. 6, ✆ 30 38, Telex 42144, 🍴 — 劇 ⊖wc 🗍wc ☎ 🅿 🛁. ᴬᴱ ⓸
🄴 ᴠⁱˢᵃ
April - Okt. — Karte 19/45 — **115 Z : 220 B** 65/120 - 80/200.

🏠 **Rüdesheimer Hof**, Geisenheimer Str. 1, ✆ 20 11, Telex 42148, 🍴, eigener Weinbau — 劇
⊖wc 🗍wc ☎ 🅿
Mitte Feb.- Mitte Nov. — Karte 16/52 ⅋ — **48 Z : 90 B** 48/75 - 75/130.

🏠 **Felsenkeller**, Oberstr. 39, ✆ 26 46, Telex 42156, 🍴 — 劇 🗍wc 🅿. ᴬᴱ 🄴 ᴠⁱˢᵃ. ⚭
Ostern-Okt. — Karte 16/43 — **64 Z : 120 B** 70/80 - 110/130 — P 85/100.

🏠 **Zum Bären**, Schmidtstr. 24, ✆ 26 67, Telex 42100, ☎ — 🗍wc. ᴬᴱ 🄴 ᴠⁱˢᵃ. ⚭ Rest
➤ 9. Feb.- 5. März geschl. — Karte 14/42 (Dienstag geschl.) ⅋ — **26 Z : 46 B** 55/60 - 90/100.

🏠 **Rheinstein**, Rheinstr. 20, ✆ 20 04, Telex 42130, ⇐ — 劇 ⊖wc 🗍wc 🅿. ᴬᴱ ⓸ 🄴 ᴠⁱˢᵃ
Mitte März - Mitte Nov. — Karte 16/47 — **43 Z : 80 B** 50/80 - 80/140 — P 75/95.

🏠 **Gasthof Trapp**, Kirchstr. 7, ✆ 36 40, Telex 42160 — 劇 ⊖wc 🗍wc 🅿. ᴬᴱ ⓸ 🄴 ᴠⁱˢᵃ
Mitte März - Nov. — Karte 16/44 ⅋ — **28 Z : 55 B** 55/85 - 85/130.

🏠 **Parkhotel Deutscher Hof**, Rheinstr. 21, ✆ 30 16, Telex 42122, ⇐, 🍴 — 劇 ⊖wc 🗍wc ☎
🅿. ᴬᴱ ⓸ 🄴 ᴠⁱˢᵃ
15. März - 15. Nov. — Karte 24/64 — **80 Z : 144 B** 80/120 - 90/150.

🏠 **Haus Dries** garni, Kaiserstr. 1, ✆ 24 20, ☎, 🖾 — 🗍wc. ⚭
Mitte April - Anfang Nov. — **28 Z : 50 B** 55 - 80/90.

Außerhalb NW : 5 km über die Straße zum Niederwald-Denkmal :

🏨 **Jagdschloß Niederwald** ⚓, ✉ 6220 Rüdesheim, ✆ (06722) 10 04, Telex 42152,
« Gartenterrasse », ☎, 🖾, 🐎, ⚒ — 劇 📺 ⊖wc 🗍wc ☎ ⇐ 🅿 🛁
März - 10. Dez. — Karte 25/60 — **46 Z : 80 B** 98/130 - 170/190 Fb.

In Rüdesheim-Assmannshausen :

🏨 **Krone**, Rheinuferstr. 10, ✆ 20 36, ⇐, eigener Weinbau, « Historisches Hotel a.d. 16. Jh.,
Laubenterrasse », 🏊, 🐎 — 劇 ⇐ 🅿 🛁. ᴬᴱ ⓸ 🄴 ᴠⁱˢᵃ
15. März-15. Nov. — Karte 38/80 — **86 Z : 134 B** 52/107 - 104/249.

🏨 **Unter den Linden**, Rheinallee 1, ✆ 22 88, ⇐, « Laubenterrasse » — 📺 🗍wc ⇐ 🅿
April - Okt. — Karte 18/52 — **28 Z : 53 B** 50/85 - 120/150.

🏠 **Alte Bauernschänke - Nassauer Hof**, Niederwaldstr. 23, ✆ 23 13, Telex 42178, 🍴,
eigener Weinbau — ⊖wc 🗍wc. ᴬᴱ
März - Nov. und Weihnachten geöffnet — Karte 16,50/45 — **65 Z : 110 B** 50/65 - 70/115 —
P 80/100.

🏠 **Anker**, Rheinuferstr. 5, ✆ 29 12, ⇐, 🍴 — 劇 ⊖wc 🗍wc 🅿. ᴬᴱ
Ostern - Okt. — Karte 17,50/43 ⅋ — **41 Z : 70 B** 50/60 - 75/105.

🏠 **Schön**, Rheinuferstr. 3, ✆ 22 25, ⇐, 🍴, eigener Weinbau — ⊖wc 🗍wc 🅿
April-Okt. — Karte 21/59 — **25 Z : 50 B** 50/80 - 100/120 — P 90/120.

🏠 **Lamm**, Rheinuferstr. 6, ✆ 20 55, ⇐, 🍴 — 劇 ⊖wc 🗍wc 🅿
➤ 15. März - 10. Nov. — Karte 14,50/38 — **34 Z : 65 B** 50/80 - 80/140.

🏠 **Zwei Mohren**, Rheinuferstr. 1, ✆ 26 73, ⇐, 🍴 — ⊖wc 🗍wc ⇐. ᴬᴱ ⓸ 🄴 ᴠⁱˢᵃ
20. März - 15. Nov. — Karte 15,50/43 ⅋ — **30 Z : 56 B** 45/65 - 68/120.

🏠 **Café Post**, Rheinuferstr. 2, ✆ 23 26, ⇐, 🍴 — ⊖wc 🗍wc ⇐. ᴬᴱ ⓸ 🄴 ᴠⁱˢᵃ
März - Mitte Nov. — Karte 19/42 — **14 Z : 28 B** 49/79 - 67/117.

✗ **Altes Haus** mit Zim, Lorcher Str. 8, ✆ 20 51, « Fachwerkhaus a.d.J. 1578 » — 🗍wc ☎. 🄴
ᴠⁱˢᵃ. ⚭ Zim
3. Jan.- 14. Feb. geschl. — Karte 16,50/42 (Mittwoch und außer Saison auch Dienstag geschl.)
⅋ — **12 Z : 24 B** 40/60 - 75/100.

In Rüdesheim-Aulhausen — Erholungsort :

🏠 Brömserhof, Hauptstr. 68, ✆ 22 15 — 🗍wc 🅿. ⚭ Zim — **42 Z : 80 B**.

In Rüdesheim-Presberg N : 13 km :

🏡 **Haus Grolochblick** ⚓, Schulstr. 8, ✆ (06726) 7 38, ⇐, 🐎 — 🗍wc 🅿
März - Mitte Nov. — (Rest. nur für Pensionsgäste) — **22 Z : 40 B** 27/32 - 54/64 — P 37/42.

RÜLZHEIM 6729. Rheinland-Pfalz — 6 100 Ew — Höhe 112 m — ✆ 07272.

Mainz 117 — ✦Karlsruhe 27 — Landau in der Pfalz 16 — Speyer 25.

🏨 **Südpfalz** Ⓜ garni, Schubertring 48, ✆ 80 61 — 🗍wc ☎ 🅿. ᴬᴱ ⓸ 🄴 ᴠⁱˢᵃ
23 Z : 38 B 49/55 - 72/80 Fb.

RÜNDEROTH Nordrhein-Westfalen siehe Engelskirchen.

RÜSSELSHEIM 6090. Hessen 987 ㉕ — 63 000 Ew — Höhe 88 m — ✪ 06142.

🏛 Verkehrsamt im Rathaus, Marktplatz, ✆ 60 02 13 — ADAC, Marktplatz 8, ✆ 6 30 27, Telex 4182850.

◆Wiesbaden 19 – ◆Darmstadt 27 – ◆Frankfurt am Main 24 – Mainz 12.

🏨 **Dorint-Hotel Rhein-Main**, Eisenstr. 54 (Gewerbegebiet Im Hasengrund), ✆ 60 70, Telex 4182842, Massage, ⇌ — 🛗 ≡ TV & 🅿 🈂 AE Ⓞ Ɛ VISA
Karte 33/68 — **126 Z : 202 B** 135/180 - 188/230 Fb.

🏨 **City-Hotel**, Marktstr. 2, ✆ 6 50 51, Telex 4182187, ⇌ — 🛗 TV ⊏wc ☎ 🈂 AE Ⓞ Ɛ VISA
Karte 23/50 *(Samstag - Sonntag geschl.)* — **84 Z : 150 B** 105/120 - 140/170 Fb.

In Rüsselsheim-Haßloch/Nord O : 3 km über die B 486 :

🏛 **Rhein-Main-Hotel** ⅊ garni, Adolf-von-Menzel-Str. 19, ✆ 5 10 17 — ⊏wc 🛏wc ☎
50 Z : 75 B 45/70 - 70/98 Fb.

In Raunheim 6096 NO : 4 km :

🏨 **City Hotel** garni, Ringstr. 107, ✆ (06142) 4 40 66, Telex 4182814 — TV 🛏wc ☎ 🅿 AE Ⓞ Ɛ VISA
27 Z : 47 B 90/110 - 110/140 Fb.

RUHPOLDING 8222. Bayern 987 ㊲㊳, 426 ⑱ — 6 800 Ew — Höhe 660 m — Luftkurort — Wintersport : 740/1 636 m ⤑1 ⤑20 ⤑4 — ✪ 08663 — 🏛 Kurverwaltung, Hauptstr. 60, ✆ 12 68.

◆München 115 – Bad Reichenhall 23 – Salzburg 43 – Traunstein 14.

🏨 **Steinbach-Hotel**, Maiergschwendter Str. 10, ✆ 16 44, 🌤, Massage, ⇌, 🏊 — TV 🚗 🅿 🈂 AE Ɛ. 🛇 Rest
3. Nov. - 12. Dez. geschl. — Karte 18,50/50 — **84 Z : 144 B** 65/100 - 120/150 Fb — P 95/135.

🏨 **Zur Post**, Hauptstr. 35, ✆ 10 35, 🌤, Massage, ⇌, 🏊, 🐎 — 🛗 TV 🚗 🅿 🛇
⟵ Karte 14/49 *(Mittwoch geschl.)* — **60 Z : 100 B** 70/90 - 100/140.

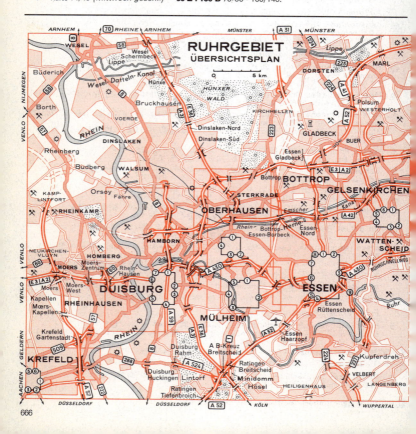

🏨 **Sporthotel Gästehaus am Westernberg** ⚓, Am Wundergraben 4, 🎱 16 74, ≤, Bade-
und Massageabteilung, ⊜, 🔲, 🎠, ✗, 🐎 (Reithalle und Parcours) – 📺 🛏 wc 📶 wc ☎ 🅿
🖐 🗚 🆔 Ⓔ 💳 🍴 Rest
3. Nov.- 14. Dez. geschl. – (Rest. nur für Hausgäste) – **34 Z : 55 B** 49/95 - 96/152 Fb.

🏨 **Ruhpoldinger Hof**, Hauptstr. 30, 🎱 12 12, 🏡, Biergarten, 🔲, 🎠 – 🕴 🛏 wc 📶 wc ☎ 🖐
🚗 🅿 🆔 Ⓔ
Nov.- 15. Dez. geschl. – Karte 16/53 *(Dienstag geschl.)* – **45 Z : 70 B** 42/85 - 74/160.

🏨 **Haus Flora** garni, Zellerstr. 13, 🎱 19 54, ⊜, 🔲, 🎠 – 📶 wc 🖐 🚗 🅿
15. Okt.- 15. Dez. geschl. – **28 Z : 46 B** 60 - 100/120 Fb.

🏨 **Alpina** ⚓, Niederfeldstr. 11, 🎱 99 05, ⊜, 🎠 – 📶 wc ☎ 🅿
(nur Abendessen für Hausgäste) – **14 Z : 32 B** 40/49 - 70/84 Fb.

🏨 **Haus Hahn** ⚓, Niederfeldstr. 16, 🎱 93 90, ⊜, 🎠 – 📶 wc ☎ 🅿
10. Nov.- 10. Dez. geschl. – (nur Abendessen für Hausgäste) – **14 Z : 30 B** 45/65 - 88/98.

🏠 **Almhof**, Maiergschwendter Str. 5, 🎱 14 52, 🎠 – 📶 wc 🅿
(nur Abendessen für Hausgäste) – **20 Z : 34 B**.

🏠 **Diana**, Kurhausstr. 1, 🎱 97 05 – 📶 wc ☎. 🍴
Nov.- 15. Dez. geschl. – Karte 15/39 ⚓ – **26 Z : 48 B** 37/48 - 70/90 – P 63/76.

🏠 **Zum Fuchs**, Brandstätter Str. 38a, 🎱 19 55, 🏡 – 📶 wc 🅿
Nov.- 15. Dez. geschl. – Karte 13/37 *(Mittwoch geschl.)* – **16 Z : 35 B** 45/60 - 78/95.

🏠 **Valentin Plenk** garni, Hauptstr. 64, 🎱 99 98, Telex 56534, ⊜, 🔲 – 🛏 wc 📶 wc ☎ 🅿. 🆔
Ⓔ. 🖐
26 Z : 48 B 40/60 - 60/100.

🏠 **Maiergschwendt** ⚓, (SW : 1,5 km), 🎱 90 33, ≤, 🏡, 🎠 – 🛏 wc ☎ 🚗 🅿
20. Okt.- 20. Dez. geschl. – Karte 16/43 – **12 Z : 23 B** 40/60 - 80/100.

Fortsetzung →

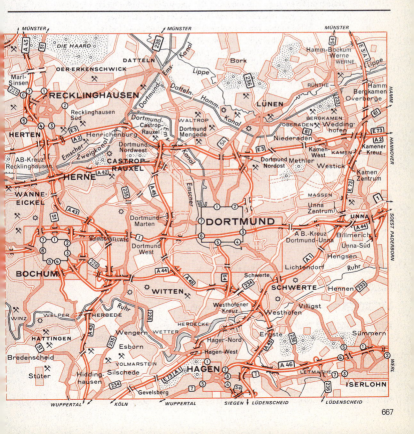

🏠 **Sonnenbichl**, Brandstätter Str. 48, *℘* 12 35, 🛎 — 📺 🛢wc ☎ 🅿
Mitte April - Anfang Mai und Nov.- 18. Dez. geschl. — **Karte** 15/30 *(Montag geschl.)* 🍸 — **16 Z :
29 B** 45/75 - 80/100 Fb.

🏠 **Haus Gertrud**, Von-Hertling-Str. 1 a, *℘* 12 82, 🌺 — 🛏wc 🛢wc ☎ 🅿. 🍴
April und 15. Okt.- 20. Dez. geschl. — *(nur Abendessen für Hausgäste)* — **16 Z : 25 B** 40/48 -
80/86.

🏠 **Fischerwirt** 🦢, Rauschbergstr. 1 (Zell, SO : 2 km), *℘* 17 05, ≤, 🌺 — 🛢wc ⟸ 🅿
➡ *nach Ostern 2 Wochen und 15. Okt.- 15. Dez. geschl.* — **Karte** 13,50/42 *(Montag geschl.)* —
22 Z : 38 B 35/68 - 75/85.

🏠 **Vier Jahreszeiten** garni, Brandstätter Str. 41, *℘* 17 49, ≤, 🌺 — 🛢wc ⟸ 🅿
Nov. geschl. — **17 Z : 29 B** 24/35 - 48/68.

XX **Alpenland**, Hauptstr. 25a (1. Etage), *℘* 96 98 — 🅿. 🆎 🅾 🅴 💳
nur Abendessen, Nov.- 15. Dez. und Dienstag geschl. — **Karte** 17,50/46.

X **Berggasthof Weingarten** 🦢 mit Zim, Weingarten 1 (SW : 3 km), *℘* 92 19, ≤ Ruhpolding
➡ und Trauntal, 🌺 — 🛢wc 🅿
7. April - 1. Mai und Nov.- 20. Dez. geschl. — **Karte** 12/33 *(Montag geschl.)* 🍸 — **6 Z : 10 B** 30/33
- 43/60.

Si vous écrivez à un hôtel à l'étranger,

joignez à votre lettre un coupon réponse international

(disponible dans les bureaux de poste).

RUHRGEBIET Nordrhein-Westfalen 🗺️987 ⑬⑭.

Hotels und Restaurants siehe unter den nachfolgend aufgeführten Städten :

Voir ressources hotelières aux localités suivantes :

For hotels and restaurants see towns indicated below :

Vedere alberghi e ristoranti al testo delle località seguenti :

Bochum - Bottrop - Castrop-Rauxel - Datteln - Dinslaken - Dorsten - Dortmund - Duisburg - Essen -
Gelsenkirchen - Gevelsberg - Gladbeck - Hagen - Hattingen - Heiligenhaus - Herdecke - Herne -
Herten - Iserlohn - Kamen - Kamp-Lintfort - Krefeld - Lünen - Marl - Moers - Mülheim - Oberhausen
- Oer-Erkenschwick - Recklinghausen - Rheinberg - Schermbeck - Schwerte - Unna - Velbert -
Voerde - Waltrop - Werne - Wesel - Wetter - Witten.

Übersichtsplan siehe vorhergehende Seiten

RUHSTORF 8399. Bayern 🗺️426 ⑦ — 5 700 Ew — Höhe 318 m — 🕿 08531.
♦München 155 — Passau 24 — Salzburg 118.

🏠 **Antoniushof**, Ernst-Hatz-Str. 2, *℘* 30 44, 🌺, « Garten », 🛎, 🏊, 🌺 — 🛢wc ☎ ⟸ 🅿 ⚒
➡ 🆎 🅾 🅴 💳. 🍴 Rest
Karte 14/46 *(Montag geschl.)* — **35 Z : 58 B** 42/65 - 78/120 Fb.

🏠 **Mathäser**, Hauptstr. 19, *℘* 30 74 — 🛗 🛏wc 🛢wc ☎ ⟸ 🅿 ⚒
➡ Karte 12,50/40 *(Freitag 14 Uhr-Samstag 16 Uhr geschl.)* 🍸 — **36 Z : 55 B** 36/56 - 72/95 Fb.

RUHWINKEL Schleswig-Holstein siehe Bornhöved.

RUMBACH 6749. Rheinland-Pfalz 🗺️242 ⑫. 🗺️57 ⑱. 🗺️87 ② — 500 Ew — Höhe 230 m — 🕿 06394.
Mainz 150 — Landau in der Pfalz 38 — Pirmasens 31 — Wissembourg 19.

🏠 **Haus Margret** 🦢 garni, Im Baumert 10, *℘* 12 21, 🌺 — 🛢wc 🅿. 🍴
Mitte März - Mitte Nov. — **10 Z : 19 B** 30/42 - 56.

RUMMENOHL Nordrhein-Westfalen siehe Hagen.

RUNKEL Hessen Sehenswürdigkeit siehe Limburg an der Lahn.

RURBERG Nordrhein-Westfalen siehe Simmerath.

SAARBRÜCKEN 6600. 🅻 Saarland 🗺️987 ㉔, 🗺️242 ⑦. 🗺️57 ⑥ — 190 000 Ew — Höhe 200 m — 🕿 0681.
✈ Saarbrücken-Ensheim (SO : 12 km, über Saarbrücker Straße X), *℘* (06893) 8 31.
🚗 *℘* 3 08 55 79.
Messegelände (X), *℘* 5 30 56.
🅸 Verkehrsverein und Städt. Verkehrsamt, Trierer Str. 2, Info-Pavillon, *℘* 3 51 97.
🅸 Verkehrsverein, Rathaus, Rathausplatz, *℘* 3 69 01.
ADAC, Am Staden 9, *℘* 68 70 00, Notruf *℘* 1 92 11.
♦Bonn 212 ⑦ — Luxembourg 94 ⑥ — ♦Mannheim 132 ③ — Metz 67 ⑤ — Strasbourg 123 ④ — ♦Wiesbaden 164 ③.

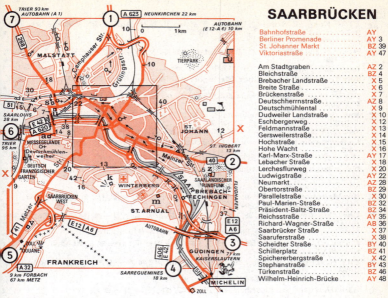

SAARBRÜCKEN

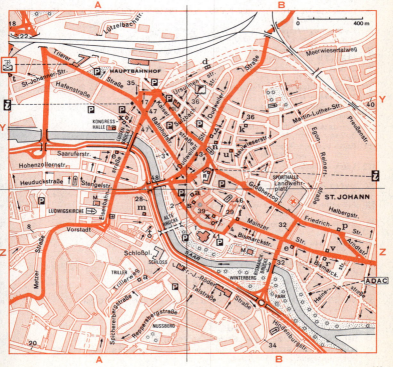

ETAP-Kongreß-Hotel M, Hafenstr. 8, ☎ 3 06 91, Telex 4428942, 🏠, Massage, ≘, ☒ –
🛗 🗐 Rest 📺 ℅ ⟷ ℗ 🛁 (mit 🗐). 🝙 ⓪ ℰ 𝑉𝐼𝑆𝐴   AY x
Karte 25/59 – **150 Z : 300 B** 129 - 175 Fb.

Novotel, Zinzinger Str. 9, ☎ 5 86 30, Telex 4428836, ⅃, 🞟 – 🛗 🗐 📺 ⇌wc ☎ ℅ 🛁. 🝙
⓪ ℰ 𝑉𝐼𝑆𝐴   X v
Karte 22/56 – **100 Z : 200 B** 108 - 143 Fb.

Am Triller-Rôtisserie Chez Marianne ⸰, Trillerweg 57, ☎ 5 10 55, Telex 4421123, ≼,
≘, ☒, 🞟 – 🛗 📺 ⇌wc ⟷ ℗ 🛁. 🝙 ⓪ 𝑉𝐼𝑆𝐴   AZ a
23. Dez.- 1. Jan. geschl. – Karte 23/53 *(Sonntag bis 18 Uhr geschl.)* – **130 Z : 240 B** 82/140 -
126/175 Fb.

Park-Hotel ⸰, Deutschmühlental 4, ☎ 58 10 33 (Hotel) 58 10 44 (Rest.), Telex 4428860, 🏠
– 🛗 📺 ⇌wc ⬛wc ☎ ℗ 🛁. 🝙 ⓪ 𝑉𝐼𝑆𝐴   X t
Karte 22/69 *(Freitag geschl.)* – **42 Z : 62 B** 74/96 - 93/128 Fb.

La Résidence garni, Faktoreistr. 2, ☎ 3 30 30, Telex 4421409 – 🛗 📺 ⇌wc ⬛wc ☎ 🛁. 🝙
⓪ ℰ 𝑉𝐼𝑆𝐴   AY x
73 Z : 132 B 100/130 - 150/180 Fb.

Haus Kiwit ⸰, Theodor-Heuss-Straße, ☎ 85 20 77, « Terrasse mit ≼ », ≘ – ⇌wc ⬛wc
☎ ℗ 🛁. 🝙 ⓪ ℰ   X k
Karte 23/61 *(Samstag geschl.)* – **19 Z : 35 B** 75/145 - 115/170 Fb.

Kirchberghotel garni, St. Josef-Str. 18, ☎ 4 77 83, ≘, ☒ – 🛗 ⬛wc ☎ ⟷. 🝙 ⓪ ℰ
24.- 28. Dez. geschl. – **33 Z : 49 B** 69/73 - 99/109 Fb.   X s

Christine, Gersweiler Str. 39, ☎ 5 50 81, Telex 4428736, ≘, ☒ – 🛗 📺 ⇌wc ⬛wc ☎ ⟷
℗ 🛁. 🝙 ⓪ ℰ 𝑉𝐼𝑆𝐴   X a
Karte : siehe Hubert Müller's Restaurant – **66 Z : 93 B** 49/110 - 84/158 Fb.

Meran garni, Mainzer Str. 69, ☎ 6 53 81, ≘, ☒ – 🛗 ⇌wc ⬛wc ☎ ℅ 🛁. 🝙 ⓪ ℰ. 🞥   BZ r
52 Z : 67 B 59/82 - 102/111 Fb.

City-Hotel M ⸰ garni, Richard-Wagner-Str. 67, ☎ 3 40 88 – 🛗 ⇌wc ⬛wc ☎ ⟷. 🝙 ⓪
ℰ 𝑉𝐼𝑆𝐴   BY k
20. Dez.- 6. Jan. geschl. – **24 Z : 48 B** 62/81 - 91/111 Fb.

Römerhof garni, Am Kieselhumes 4, ☎ 6 17 07, ≘, ☒ – ⬛wc ☎ ℗   X r
24 Z : 38 B 72/75 - 105/115 Fb.

Industrie-Hotel garni, Dudweiler Str. 35, ☎ 3 96 52 – 🛗 📺 ⇌wc ⬛wc ☎. 🝙 ⓪ ℰ 𝑉𝐼𝑆𝐴
46 Z : 70 B 55/95 - 85/120 Fb.   BY y

Kaiserhof, Mainzer Str. 78, ☎ 6 64 26 – 🛗 ⇌wc ⬛wc ☎   BZ v
(nur Abendessen für Hausgäste) – **23 Z : 42 B** 41/69 - 76/101 Fb.

Atlantic garni, Ursulinenstr. 59, ☎ 3 10 18 – 🛗 ⇌wc ⬛ ☎. 🝙 ⓪ ℰ 𝑉𝐼𝑆𝐴   BY d
16 Z : 27 B 50/60 - 70/90.

Drei Kronen garni, Ursulinenstr. 57, ☎ 3 60 32 – 🛗 ⇌wc ⬛ ☎ ⟷   BY d
16 Z : 30 B 55/75 - 85/105.

Central-Hotel garni, Großherzog-Friedrich-Str. 78 (3. Etage), ☎ 6 41 20 – 🛗 ⇌wc ⬛ ℗
31 Z : 48 B 41/70 - 79/94.   BZ p

XXX **La Touraine**, Am alten Hafen (Kongreßhalle, 1. Etage), ☎ 4 93 33 – ℗. 🝙 ⓪ ℰ 𝑉𝐼𝑆𝐴   AY
Karte 35/60.

XXX **Handelshof**, Wilhelm-Heinrich-Str. 17, ☎ 5 69 20 – 🝙 ⓪ ℰ   AZ m
Sonntag 14 Uhr - Montag geschl. – Karte 38/71.

XXX **Edith Welsch**, Breite Str. 12, ☎ 4 93 11 – ⓪   X u
27.- 30. Dez., Samstag bis 18 Uhr, Montag und Feiertage geschl. – Karte 38/72.

XXX **Légère**, Cecilienstr. 7, ☎ 3 59 00 – 🛁. 🝙 ⓪ ℰ 𝑉𝐼𝑆𝐴   BY n
Sonntag und 3.- 18. Aug. geschl. – Karte 36/75.

XX **Hubert Müller's Restaurant**, Gersweiler Str. 39, ☎ 5 58 21 – 🝙 ⓪ ℰ 𝑉𝐼𝑆𝐴   X a
Samstag bis 18 Uhr, Sonntag ab 15 Uhr und Juni - Juli 2 Wochen geschl. – Karte 43/82.

XX **Fröschengasse**, Fröschengasse 18, ☎ 37 17 15 – 🞥   BZ a
Sonn- und Feiertage sowie Samstag bis 18 Uhr geschl. – Karte 30/66.

XX **Ratskeller**, Rathausplatz, ☎ 3 47 80 – 🛁. 🝙 ℰ   BY R
Karte 21/50.

XX **Ristorante Roma** (Italienische Küche), Klausener Str. 25, ☎ 4 54 70   AY t
Montag geschl. – Karte 24/54.

X **Die Neue Brücke**, Cecilienstr. 12, ☎ 39 80 39   BY u
1.- 10. Jan. und Montag 15 Uhr - Dienstag geschl. – Karte 24/59.

X **Bastei**, Saaruferstr. 16, ☎ 5 11 54 – 🝙 ⓪ ℰ 𝑉𝐼𝑆𝐴   AY e
Samstag geschl. – Karte 17,50/44.

X **Yang Tsao** (China-Restaurant), Mainzer Str. 49a, ☎ 6 81 40 – 🝙 ℰ 𝑉𝐼𝑆𝐴   BZ e
Donnerstag geschl. – Karte 26/62.

X **Horch**, Mainzer Str. 2, ☎ 3 44 15   BZ f
Aug. und Samstag geschl. – Karte 27/50.

X Rebstock (Italienische Küche), St. Johanner Markt 43, ☎ 3 68 95   BZ x

X **Gasthaus zum Stiefel** (Brauereigaststätte), Am Stiefel 2, ☎ 3 12 46, 🏠 – 🝙   BZ s
Sonntag geschl. – Karte 19,50/44.

Auf dem Halberg SO : 4 km :

XXX **Schloß Halberg**, ⊠ 6600 Saarbrücken 3, ℰ (0681) 6 31 81 — 🖃 🅿 🏛 X z
Sonntag geschl., an Feiertagen kein Abendessen — Karte 33/75.

In Saarbrücken-Altenkessel 6623 ⑥ : 8 km :

🏛 **Wahlster**, Gerhardstr. 12, ℰ (06898) 8 13 94 — 🛗wc
Karte 17/29 *(nur Abendessen, Sonntag geschl.)* 🍴 — **27 Z : 35 B** 28/39 - 56/76.

In Saarbrücken - Brebach-Fechingen 6604 SO : 8 km über Saarbrücker Str. X :

🏛 **Budapest**, Bliesransbacher Str. 74, ℰ (06893) 20 23, 🛋 — 🛗wc ☎ 🚗 🅿
(nur Abendessen für Hausgäste) — **22 Z : 35 B** 56 - 85.

In Saarbrücken-Bübingen SO : 9 km über die B 51 X :

🏛 **Angelo** Ⓜ, Saargemünder Str. 28, ℰ (06805) 10 81 — 📺 🛗wc ☎ 🚗 🅿. 🅴. 🛇
Karte 20/46 — **12 Z : 24 B** 80/100 - 105/115.

In Saarbrücken - Dudweiler-Süd 6602 NO : 9 km über Dudweiler Landstraße X :

🏛 **Burkhart**, Kantstr. 58, ℰ (06897) 70 17, « Garten » — 📺 🛗wc ☎ 🅿. 🛇 Rest
Karte 23/60 *(Sonntag geschl.)* — **14 Z : 20 B** 50/90 - 80/120.

In Saarbrücken-Gersweiler 6606 SW : 5 km über ⑥ :

🏛 **Waldeck** garni, Am Zimmerplatz 1a, ℰ 70 34 28 — 🛗wc 🅿
28 Z : 54 B 27/60 - 55/90.

In Saarbrücken-St. Arnual :

XX **Felsen**, Feldstr. 17, ℰ 85 19 31 — 🕐 X m
Samstag bis 18 Uhr sowie Sonn- und Feiertage geschl. — Karte 29/55.

In Kleinblittersdorf 6601 SO : 13 km über die B 51 X :

🏛 **Zum Dom**, An der alten Kirche 1, ℰ (06805) 10 35 — 📺 🛗wc ☎ 🅿
Karte 15,50/44 *(Freitag geschl.)* — **9 Z : 18 B** 49/54 - 76/86 Fb.

X **Roter Hahn**, Saarbrücker Str. 20, ℰ (06805) 30 55
Montag 15 Uhr - Dienstag geschl. — Karte 18/48.

MICHELIN-REIFENWERKE KGaA. Niederlassung 6601 Saarbrücken-Bübingen Industriestr. 35
(über die B 51 X), ℰ (06805) 80 58.

SAARBURG 5510. Rheinland-Pfalz 🔢🔢🔢 ㉘. 🔢🔢🔢 ②. 🔢🔢 ⑤ — 6 500 Ew — Höhe 148 m —
Erholungsort — ✪ 06581.

🛈 Verkehrsamt, Graf-Siegfried-Str. 32, ℰ 8 12 15.

Mainz 176 — ◆Saarbrücken 71 — Thionville 44 — ◆Trier 24.

🏛 **Zunftstube**, Am Markt 11, ℰ 36 96 — 🛗wc ☎
Nov.- Dez. 3 Wochen geschl. — Karte 16/38 *(Donnerstag geschl.)* 🍴 — **7 Z : 13 B** 35/39 - 62/68.

🏛 **Haus Seibel**, Kruterberg 14 (S : 1 km), ℰ 21 33, 🍴 — 🛗wc 🅿
Karte 17,50/41 *(Dienstag geschl.)* — **8 Z : 13 B** 30/40 - 60.

🏛 **Saarburger Hof**, Graf-Siegfried-Str. 37, ℰ 23 58, 🍴 — 🛗. 🛇 Rest
20. Dez.- 15. Jan. geschl. — Karte 27/50 *(Freitag geschl.)* 🍴 — **7 Z : 14 B** 35/40 - 60.

X **Burg-Restaurant**, Schloßberg 12 (in der Burg), ℰ 26 22, « Terrasse mit ≤ » — 🅿
Montag und 2. Jan.- 15. Feb. geschl. — Karte 17/47 🍴.

X **Wagner's Restaurant**, Brückenstr. 4 (im Saar-Hotel Jungblut), ℰ 36 16, 🍴 — 🅿
Mittwoch geschl. — Karte 18/43 🍴.

Siehe auch : *Liste der Feriendörfer*

Auch Ihr Nachbar möchte gern ruhig schlafen. Denken Sie bitte daran.

SAARLOUIS 6630. Saarland 🔢🔢🔢 ㉘㉔, 🔢🔢🔢 ⑥, 🔢🔢 ⑤ — 40 000 Ew — Höhe 185 m — ✪ 06831.
◆Saarbrücken 28 ② — Luxembourg 75 ⑤ — Metz 57 ④ — ◆Trier 70 ⑤.

Stadtplan siehe nächste Seite.

🏛 **Ratskeller** garni, Kleiner Markt 7, ℰ 20 90 — 📺 🛗wc ☎. 🅰🅴 ⓘ 🅴 🆅🅸🆂🅰 B d
31 Z : 48 B 67/87 - 106 Fb.

🏛 **Parkhotel**, Ludwigstr. 23, ℰ 13 49 — 📺 🛁wc 🛗wc ☎ 🅿. 🅰🅴 ⓘ 🅴 🆅🅸🆂🅰 B r
Karte 21/38 *(nur Abendessen, Samstag - Sonntag geschl.)* — **25 Z : 43 B** 59/72 - 82/100 Fb.

XX **Schmitt**, Französische Str. 7 (Untergeschoß), ℰ 28 27 B d
Sonn- u. Feiertage geschl. — Karte 23/54.

In Saarlouis 3-Fraulautern :

🏛 **Hennrich**, Rodener Str. 56, ℰ 8 00 91 — 🛁wc 🛗wc ☎ 🅿 🏛 A e
22 Z : 37 B.

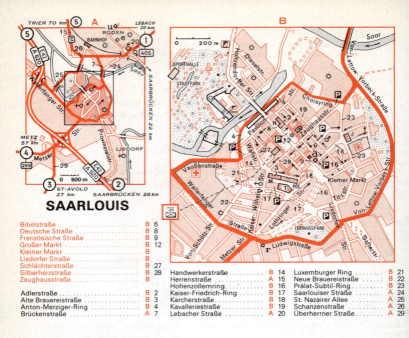

SAARLOUIS

In Saarlouis-Steinrausch :

🏨 **Steinrauschhalle**, Kurt-Schumacher-Allee 129 (beim Freibad), ℘ 8 00 25, 🍴 – 📺 ⋔wc
🕿 🅿 🚗 🕙
A u
2.- 15. Jan. geschl. – Karte 18,50/42 – **18 Z : 39 B** 45/55 - 85/90 Fb.

In Wallerfangen 6634 W : 4 km über Wallerfanger Straße A :

🏨 Maus, Lothringer Str. 86, ℘ (06831) 6 06 68, 🍴 – ⋔wc 🅿. 🎇 Zim
15 Z : 22 B.

XXX ❀ Bernard Epe, Hauptstr. 15, ℘ (06831) 66 69 – 🅿. 🎇
Spez. Geräuchertes Meerbarbenfilet (warm) in Trüffelvinaigrette, Steinbutt in Lachsschaum mit Paprikasauce,
Gefüllter Kaninchenrücken im Wirsingblatt.

In Wallerfangen 5-Kerlingen 6634 W : 9 km über Wallerfanger Straße A :

🏨 **Haus Scheidberg** 🐾, ℘ (06837) 7 50, Telex 443152, ⇐, 🍴, 🛥, 📺, – 🛗 ⋔wc 🕿 🕭 🅿 🚗
🖽 💳. 🎇 Rest
15. Dez.- 15. Jan. geschl. – Karte 24/50 – **49 Z : 76 B** 64 - 98.

In Überherrn-Berus 6636 ③ : 9,5 km :

🏨 **Café Margaretenhof** 🐾, Orannastraße, ℘ (06836) 20 10, ⇐, 🍴, 🛥, 📺, 🚗 – 📺 ⋔wc 🕿
🚗 🅿. 🎇
23. Dez.- 15. Jan. geschl. – Karte 23/48 *(nur Abendessen, Donnerstag geschl.)* 🍷 – **14 Z : 24 B**
55/65 - 80/90 Fb.

SAARWELLINGEN 6632. Saarland 2️⃣4️⃣2️⃣ ⑥. 5️⃣7️⃣ ⑥ – 14 200 Ew – Höhe 200 m – ☎ 06838.
♦Saarbrücken 25 – Lebach 14 – Saarlouis 4,5.

🛏 **Maurer**, Schloßstr. 58, ℘ 27 35 – ⋔wc 🚗 🅿. 🎇 Rest
🍴 Juli - Aug. 2 Wochen geschl. – Karte 14/27 *(Freitag geschl.)* – **25 Z : 40 B** 30/35 - 60/70.

SACHRANG Bayern siehe Aschau im Chiemgau.

SACHSA, BAD 3423. Niedersachsen 9️⃣8️⃣7️⃣ ⑯ – 9 700 Ew – Höhe 360 m – Heilklimatischer
Kurort – Wintersport : 500/650 m ⍅4 ⍅1 – ☎ 05523.
🛈 Kurverwaltung, Am Kurpark 6, ℘ 80 15.
♦Hannover 129 – ♦Braunschweig 95 – Göttingen 62.

🏨 **Harzhotel Romantischer Winkel** 🐾, Bismarckstr. 23, ℘ 10 05, 🍴, 🛥, 📺, 🚗 – 🛗 📺
🚗 🅿 🚗. 🎇 Rest
Nov.- 18. Dez. geschl. – Karte 29/63 – **42 Z : 60 B** 74/82 - 112/142 Fb – P 108/116.

🏨 **Kur-Parkhotel**, Am Kurpark 6b, ℰ 10 55, direkter Zugang zum Kurmittelhaus – 📶 📺 🗇wc ⋔wc ☎ 🅿. ⋇ Rest
Nov.- 18. Dez. geschl. – Karte 21/52 – **50 Z : 80 B** 52/95 - 108/115 Fb – P 86/106.

🏨 **Hildesia** ⑤, Pfaffenberg 28, ℰ 13 00, ☎, 🖾, ⋘ – 📶 🗇wc ⋔wc 🅿
(Rest. nur für Hausgäste) – **42 Z : 79 B** 45/50 - 70/100.

🏠 Lindenhof, Hindenburgstr. 4, ℰ 10 53, ☎ – 📶 ⋔wc ☎ 🅿 – **31 Z : 52 B** Fb.

🏠 **Café Birkenhof** ⑤, Tannenweg 6, ℰ 7 11, ☎, 🖾, ⋘, Skischule – ⋔wc ☎ ⇐ 🅿
15. Nov.- 15. Dez. geschl. – (nur Abendessen für Hausgäste) – **20 Z : 34 B** 38/58 - 76/96 –
2 Appart. 65.

In Bad Sachsa 1-Steina W : 3 km :

🏠 Zum Mühlenberg ⑤, Grundweg 8, ℰ 5 42, ⋘ – ⋔wc 🅿 – **41 Z : 71 B.**

Auf dem Ravensberg NW: 4,5 km – Höhe 660 m :

✗ **Berghof Ravensberg** ⑤ mit Zim, ✉ 3423 Bad Sachsa, ℰ (05523) 21 45, < Harz, 🍴 – 📶
☎ 🅿
Nov. -15. Dez. geschl. – Karte 23/47 – **6 Z : 12 B** 45/60 - 80/110 – P 58/65.

SACHSENHEIM 7123. Baden-Württemberg – 13 900 Ew – Höhe 260 m – 😊 07147.
◆Stuttgart 31 – Heilbronn 31 – Ludwigsburg 15 – Pforzheim 29.

In Sachsenheim-Ochsenbach NW : 10 km :

✗✗ **Landgasthof zum Schwanen**, Dorfstr. 47, ℰ (07046) 21 35, 🍴 – 🅿
Jan. und Montag geschl. – Karte **29**/54 (Tischbestellung ratsam).

SÄCKINGEN, BAD 7880. Baden-Württemberg 987 ㉞, 87 ⑩, 427 ⑤ – 15 400 Ew – Höhe 290 m
– Heilbad – 😊 07761.
Sehenswert : Fridolinsmünster★.
🛈 Kurverwaltung, am Bahnhof, ℰ 5 13 16.
◆Stuttgart 205 – Basel 31 – Donaueschingen 82 – Schaffhausen 67 – Zürich 58.

🏨 **Goldener Knopf**, Rathausplatz 9, ℰ 60 78, <, 🍴 – 📶 🗇wc ⋔wc ☎ 🅰. ℁ ⓪ 𝗩𝗜𝗦𝗔
Feb. 2 Wochen geschl. – Karte 25/55 *(Sonntag - Montag 17 Uhr geschl.)* 🍸 – **55 Z : 85 B** 60/85
- 95/120 – P 83/105.

🏨 **Zur Flüh** ⑤, Weihermatten 38, ℰ 85 13, 🍴, ☎, 🖾 – ⋔wc ☎ ⇐ 🅿 🅰. ℁ ⓪ 𝗘 𝗩𝗜𝗦𝗔
Karte 25/53 *(Sonntag ab 14 Uhr geschl.)* – **40 Z : 55 B** 65/75 - 110/130 Fb – P 80/110.

🏨 **Apparthotel Scheffeleck** ⑤, Schneckenhalde 1 (Kurzentrum), ℰ 55 31, <, ☎ – 📶 🗇wc
⋔wc ☎ 🅿. ℁ ⓪ 𝗘
(nur Abendessen für Hausgäste) – **87 Appart. : 180 B** 85 - 120 Fb.

🏠 **Kater Hiddigeigei**, Tanzenplatz 1 (am Schloßpark), ℰ 40 55, 🍴 – 🗇wc ⋔wc ☎. ℁ 𝗘
3.- 23. Nov. geschl. – Karte 20/53 *(Samstag geschl.)* 🍸 – **16 Z : 22 B** 30/52 - 78 – P 56/78.

🏠 **Café Schneider**, Gießenstr. 21, ℰ 70 17, 🍴 – ⋔wc ☎ 🅿. ℁ ⓪ 𝗘 𝗩𝗜𝗦𝗔
Karte 16/41 *(Samstag bis 14 Uhr, Sonntag ab 18 Uhr geschl.)* – **17 Z : 28 B** 38/65 - 68/95.

In Bad Säckingen 12-Rippolingen NO : 6 km :

🏠 **Zum Rößle** ⑤, Talstr. 14, ℰ 75 22, ⋘ – ⋔wc ⋔wc 🅿. ⋇ Zim
Nov. 3 Wochen geschl. – Karte 14,50/30 *(Donnerstag geschl.)* 🍸 – **15 Z : 22 B** 28/35 - 52/68 –
P 45/53.

SAHRENDORF Niedersachsen siehe Egestorf.

SAIG Baden-Württemberg siehe Lenzkirch.

SALACH 7335. Baden-Württemberg – 6 400 Ew – Höhe 365 m – 😊 07162 (Süßen).
◆Stuttgart 52 – Göppingen 8 – ◆Ulm (Donau) 43.

🏨 **Garni**, Hauffstr. 12, ℰ 83 07 – 📶 ⇐ 🅿
19 Z : 26 B 30/36 - 58/70.

Bei der Ruine Staufeneck O : 3 km :

✗✗ **Burgrestaurant Staufeneck** ⑤ mit Zim, ✉ 7335 Salach, ℰ (07162) 50 28, < Gingen und
Filstal, 🍴 – 📶 ⋔wc ☎ 🅿 🅰. ℁ ⓪ 𝗘
6.- 20. Jan. geschl. – Karte 31/66 *(Donnerstag geschl.)* – **4 Z : 5 B** 50 - 100.

SALEM 7777. Baden-Württemberg 987 ㉟, 216 ⑩, 427 ⑦ – 7 700 Ew – Höhe 445 m – 😊 07553.
Sehenswert : Ehemaliges Kloster★ (Klosterkirche★) – Schloß★.
◆Stuttgart 149 – Bregenz 62 – Sigmaringen 47.

🏠 **Schwanen**, beim Schloß, ℰ 2 83, 🍴 – 🗇wc ⋔wc 🅿
März - Nov. – Karte 22/59 *(Donnerstag geschl.)* – **12 Z : 24 B** 50 - 95.

🏨 **Lindenbaum - Gästehaus Jehle**, Neufracher Str. 1, ℰ 2 11, ☎ – 📶 ⇐ 🅿
Nov. geschl. – Karte 18/33 *(Montag 14 Uhr - Dienstag geschl.)* 🍸 – **8 Z : 16 B** 22/25 - 45/50.

SALEM

In Salem 2-Mimmenhausen S : 2 km :

✕ **Hirschen** mit Zim, Bodenseestr. 135, ℰ 3 76 — �🍴wc 🅿
➡ 15.- 30. März geschl. — Karte 14,50/37 *(Dienstag geschl.)* ⅃ — **8 Z : 16 B** 30/40 - 60/70.

In Salem 3-Neufrach SO : 3 km :

🏠 Reck, Bahnhofstr. 111, ℰ 2 01, 🍴, 🌺, — 🚗 🅿 🛁
8 Z : 15 B.

SALEM Schleswig-Holstein siehe Ratzeburg.

SALMBACH Baden-Württemberg siehe Engelsbrand.

SALZBURG A-5020. ⎕ Österreich 🔢🔢🔢 ㊳, 🔢🔢🔢 ⑲ ⑳ — 140 000 Ew — Höhe 425 m — 🔟 0662 (innerhalb Österreich).

Sehenswert : Stadtbild★★ Y K — Hohensalzburg★★ : ≼★★ (von der Kuenburgbastei) Z — Petersfriedhof★★ Z — Stiftskirche St. Peter★★ Z — Residenz★★ Z — Haus der Natur★★ Y M2 — Franziskanerkirche★Z A — Getreidegasse★ Y — Mirabellgarten★ V — Hettwer Bastei★ : ≼★ Y — Burg und Museum★ : 🌣★★ (vom Reckturm) Z M3 — Mozarts Geburtshaus Y D.

Ausflugsziele : Gaisbergstraße★★ (≼★) über ① — Untersberg★ über ② : 10 km (mit 🚠) — Mondsee ★ ① : 28 km (über die Autobahn A 1).

Festspiel-Preise : Siehe Seite 17 und 60
Prix pendant le festival : voir p. 25 et 60
Prices during tourist events : see pp. 33 and 60
Prezzi duranti i festival : Vedere p. 41 e 60.

🚗 ℰ 71 54 14 22.

Salzburger Messegelände, Linke Glanzeile 65, ℰ 3 45 66.

🅱 Stadtverkehrsbüro, Auerspergstr. 7, ℰ 7 15 11 — ÖAMTC, Alpenstr. 102, ℰ 2 05 01.

Wien 292 ① — Innsbruck 177 ③ — ♦München 140 ③.

Die Preise sind in der Landeswährung (ö. S.) angegeben.

Stadtpläne siehe nächste Seiten.

🏨 **Salzburg Sheraton Hotel** Ⓜ, Auerspergstr. 4, ℰ 79 32 10, Telex 632518, direkter Zugang
➡ zum Kurmittelhaus — 🛗 🍴 📺 🕭 🛁, 🕰 ① Ⓔ 🆅🆂🅰 🍴 Rest   V s
Restaurants : — **Mirabell** Karte 240/490 — **Bistro** Karte 100/350 — **165 Z : 330 B** 1650/2450 -
2150/2950 Fb.

🏨 **Bristol**, Marktplatz 4, ℰ 7 35 57, Telex 633337, « Stilvolle Einrichtung, Gemäldesammlung »
— 🛗 🍴 Rest 📺. 🕰 ① Ⓔ 🆅🆂🅰   Y a
Nov.- 21. Dez. geschl. — Karte 235/600 — **80 Z : 140 B** 1230/2220 - 1840/3450.

🏨 **Österreichischer Hof**, Schwarzstr. 5, ℰ 7 25 41, Telex 633590, « Terrassen an der Salzach
mit ≼ Altstadt und Festung » — 🛗 📺 🚗 🛁 (mit 🍴). 🕰 ① Ⓔ 🆅🆂🅰   Y b
Restaurants : — **Roter Salon** Karte 190/490 — **Salzach-Grill** Karte 115/370 — **120 Z : 200 B**
980/1560 - 1670/2530.

🏨 **Goldener Hirsch**, Getreidegasse 37, ℰ 84 14 11, Telex 632967, « Patrizierhaus a.d.J. 1407
mit stilvoller Einrichtung » — 🛗 🍴 Rest 📺 🛁. 🕰 ① Ⓔ 🆅🆂🅰   Y e
Karte 240/520 — **57 Z : 103 B** 1500/2000 - 2250/3700.

🏨 **Pitter**, Rainerstr. 6, ℰ 7 85 71, Telex 633532, 🍴 — 🛗 📺 🛁. 🕰 ① Ⓔ 🆅🆂🅰. 🍴 Rest   V n
Karte 110/310 — **220 Z : 380 B** 570/800 - 990/1500.

🏨 **Europa**, Rainerstr. 31, ℰ 7 32 93, Telex 633424, Rest. in der 14. Etage mit ≼ Salzburg und
Umgebung — 🛗 🍴 Rest 🍴wc 🕿 🅿 🛁 (mit 🍴). 🕰 ① Ⓔ 🆅🆂🅰   V s
Karte 140/380 — **104 Z : 208 B** 820/980 - 1150/1570 Fb.

🏨 **Winkler**, Franz-Josef-Str. 7, ℰ 7 35 13, Telex 633961 — 🛗 🍴wc 🕿. 🕰 ① Ⓔ 🆅🆂🅰   V f
Karte 150/460 — **103 Z : 208 B** 810/1720 - 1540/1800 Fb.

🏨 **Kasererhof**, Alpenstr. 6, ℰ 2 12 65, Telex 633477, 🍴, 🌺 — 🛗 📺 🍴wc 🍴wc 🕿 🅿. 🕰 Ⓔ
🆅🆂🅰   über ②
Feb. geschl. — Karte 190/400 *(Samstag - Sonntag geschl.)* — **51 Z : 100 B** 1160/2005 - 2115 Fb.

🏨 **Fuggerhof** garni, Eberhard-Fugger-Str. 9, ℰ 2 04 79, Telex 632533, ≼, 🆂, 🌺 — 🍴wc 🍴wc
🕿 🚗 🅿   über Bürglsteinstr.   X
23. Dez.- 7. Jan. geschl. — **20 Z : 40 B** 600/800 - 750/1600.

🏨 **Hohenstauffen** garni, Elisabethstr. 19, ℰ 72 19 30 — 🛗 🍴wc 🍴wc 🕿 🚗. 🕰 ① Ⓔ 🆅🆂🅰   V e
28 Z : 54 B 620/770 - 1020/1290.

🏠 **Schaffenrath**, Alpenstr. 115, ℰ 2 31 53, Telex 633207 — 🛗 📺 🍴wc 🍴wc 🕿 🅿 🛁. 🕰 ①
Ⓔ 🆅🆂🅰   über ②
Karte 110/270 — **50 Z : 100 B** 550/800 - 805/1250.

🏠 **Elefant** 🐾, Sigmund-Haffner-Gasse 4, ℰ 4 33 97, Telex 632725 — 🛗 🍴wc 🍴wc 🕿   Y f
36 Z : 63 B.

🏠 **Weiße Taube** garni, Kaigasse 9, ℰ 84 24 04, Telex 633065 — 🛗 🍴wc 🍴wc 🕿. 🕰 ① Ⓔ 🆅🆂🅰
🍴   Z r
30 Z : 53 B 380/780 - 600/1220.

674

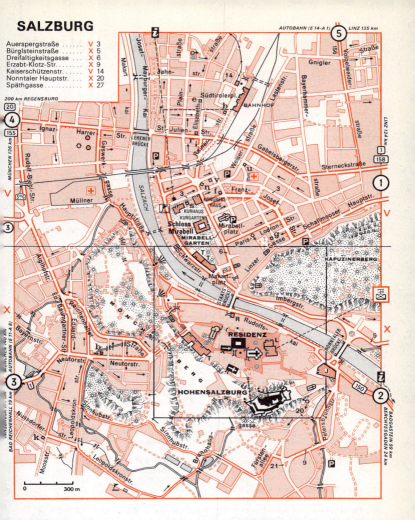

SALZBURG

AUTOBAHN (E 14-A 1)   LINZ 135 km

200 km REGENSBURG

MÜNCHEN 136 km · AUTOBAHN (E 11-A 8)

BAD REICHENHALL 19 km

KAPUZINERBERG

RESIDENZ

HOHENSALZBURG

0 ———— 300 m

🏨 **Nußdorfer Hof** garni, Moosstr. 36, ℰ 45 22 40, Telex 632515, ≦s, ⍨ (geheizt), 🐎, 🎱 – ⌷wc 🛁wc 🕿 ᵭ. 🖘 🅿. 🆎 🅴 𝖵𝖨𝖲𝖠   X k
Feb. geschl. – **35 Z : 65 B** 540/720 - 800/1040.

🏨 **Wolf-Dietrich**, Wolf-Dietrich-Str. 7, ℰ 7 12 75, Telex 633877, ≦s, ⍨ – 🛗 ⌷wc 🛁wc 🕿. 🆎 🅾 🅴 𝖵𝖨𝖲𝖠   V g
8. Feb.- 8. März geschl. – Karte 120/330 (Jan.- März und Nov. garni, Sonntag geschl.) – **32 Z : 50 B** 390/1170 - 980/1320.

🏨 **Zum Hirschen**, St.-Julien-Str. 21, ℰ 73 14 10, Telex 632691, 🏤, ≦s – 🛗 🛁wc 🕿 🅿. 🆎 🅾 🅴 𝖵𝖨𝖲𝖠   V r
Karte 105/265 (Nov.- April Montag geschl.) ᙏ – **80 Z : 140 B** 510/685 - 840/1150.

🏨 **Schütz** garni, Lasserstr. 47, ℰ 7 33 88, Telex 633297 – 🛗 ⌷wc 🛁wc 🕿 – **18 Z : 30 B**.   V u

🏨 **Kasererbräu**, Kaigasse 33, ℰ 4 24 45/84 24 45, Telex 633492 – 🛗 ⌷wc 🛁wc 🕿 🖘 🅿   Z v
30 Z : 50 B Fb

🏨 **Markus Sittikus** garni, Markus-Sittikus-Str. 20, ℰ 7 11 21 – 🛗 ⌷wc 🛁wc 🕿. 🆎 🅾 🅴 𝖵𝖨𝖲𝖠   V v
40 Z : 63 B 355/620 - 590/980.

🏨 **Gablerbräu**, Linzer Gasse 9, ℰ 7 34 41, Telex 631067 – 🛗 ⌷wc 🛁wc 🕿 🛁. 🆎 🅾 🅴 𝖵𝖨𝖲𝖠   Y d
Karte 115/260 ᙏ – **54 Z : 92 B** 590/980 - 1040.

SALZBURG

0   200 m

XX   **Café Winkler**, Mönchsberg 32 (Zufahrt mit 🛗, 15 ö.S.), 𝒫 4 12 15/84 12 15, ⩽ Salzburg,
«Modernes Café-Restaurant auf dem Mönchsberg, Terrassen » – 🏔. ㎒ ⓞ ᴇ 𝘝𝘐𝘚𝘈   Y
Sept.- Juli Montag geschl. – Karte 220/450.

XX   **K u. K Restaurant am Waagplatz**, Waagplatz 2, 𝒫 4 21 56, 🏠, «Mittelalterliches Essen
mit Theateraufführung im Freysauff-Keller (auf Vorbestellung) » – ㎒ ⓞ ᴇ 𝘝𝘐𝘚𝘈   Z h
3.- 23. Feb. geschl. – Karte 125/365 (Tischbestellung ratsam) 🍷.

XX   **Zum Mohren**, Judengasse 9, 𝒫 4 23 87/84 23 87   Y g
Nov. sowie Sonn- und Feiertage geschl. – Karte 130/310 (Tischbestellung ratsam).

X   **Purzelbaum** (Restaurant im Bistrostil), Zugallistr. 7, 𝒫 2 78 43 – ℗. ㎒ ᴇ 𝘝𝘐𝘚𝘈 🍴
Sept.- Mai Sonntag geschl. – Karte 120/430.   Z e

X   **Das Beisl**, Neutorstr. 28, 𝒫 4 27 41   X b
(Tischbestellung ratsam).

In Salzburg-Aigen A-5026   über Bürglsteinstr. X :

🏠   **Doktorwirt**, Glaser Str. 9, 𝒫 2 29 73, Telex 632938, Gastgarten, 🏊, ⛱ (geheizt), ⛳ –
⟵ ⟶ wc 🚿wc ☎ ℗. ㎒ ⓞ ᴇ 𝘝𝘐𝘚𝘈
Nov.- 8. Dez. geschl. – Karte 100/230 (Montag geschl.) 🍷 – **39 Z : 75 B** 380/700 - 600/850.

In Salzburg-Flughafen A-5035   über ③ :

🏠   **Flughafen-Hotel**, Innsbrucker Bundesstr. 105, 𝒫 85 02 12, Telex 633671 – 🛗 ⟶ wc 🚿wc
☎ & ℗ 🏔. ㎒ ⓞ ᴇ 𝘝𝘐𝘚𝘈
Karte 155/380 – **14 Z : 28 B** 405/585 - 720/980.

In Salzburg-Leopoldskron A-5020   über Moosstr. X :

XX   **König Ludwig** mit Zim, Moosstr. 72, 𝒫 4 67 21, Gastgarten – 🚿wc ℗. 🍴 Rest
⟵   Karte 100/360 (Dienstag geschl.) 🍷 – **10 Z : 20 B** 490 - 600.

In Salzburg-Liefering über ④ :

🏨 **Brandstätter**, Münchner Bundesstr. 69, ℰ 3 45 35, Gastgarten, ≘s, ⬜ — 🛗 ➡wc ‖wc ☎
🅿 🏛. ⑩
23. Dez.- 13. Jan. geschl. — Karte 165/410 ⅃ — **36 Z : 63 B** 550/850 - 880/1000 Fb.

In Salzburg-Maria Plain A-5028 über Plainstr.V :

🏛 **Maria Plain** ≫ (Landgasthof aus dem 17. Jh.), Plainbergweg 33, ℰ 5 07 01, Telex 632801,
← « Gastgarten mit ← » — ➡wc ‖ ☎ 🅿 🏛. ⑩
8. Jan.- 14. Feb. geschl. — Karte 90/240 *(Okt.- April Dienstag 14 Uhr - Mittwoch geschl.)* ⅃ —
40 Z : 80 B 385/600 - 580/960.

In Salzburg-Parsch über Bürglsteinstr.X :

🏛 **Fondachhof** ≫, Gaisbergstr. 46, ℰ 2 09 06, Telex 632519, ←, 🌳, « 200-jähriges Herrenhaus
in einem Park », ≘s, ⬜ (geheizt), 🐎 — 🛗 ➡ 🅿 🏛. ⒶⒺ ⑩ 🆅🅸🆂🅰, ❀ Rest
15. März - Okt. — (Rest. nur für Hausgäste) — **30 Z : 48 B** 800/1150 - 1550/2400.

🏨 **Cottage**, Joseph-Messner-Str. 12, ℰ 2 45 71, Telex 632011, Massage, ≘s, ⬜ — 🛗 📺 ➡wc
☎ ➡ 🅿 🏛. ⒶⒺ ⑩ 🄴 🆅🅸🆂🅰
Karte 170/340 ⅃ — **115 Z : 220 B** 900/1500 - 1560/1840 Fb.

🏨 **Haus Ingeborg** ≫, Sonnleitenweg 9, ℰ 2 17 49, Telex 631141, ← Salzburg und Festung, ≘s,
⬜, 🐎 — 📺 ➡wc ☎ 🅿
nur Saison — (Rest. nur für Hausgäste) — **11 Z : 21 B**.

Auf dem Heuberg NO : 3 km über ① — Höhe 565 m :

🏛 **Schöne Aussicht** ≫, ✉ A-5023 Salzburg, ℰ (0662) 7 82 26, Telex 631153, « Gartenterrasse
mit ← Salzburg und Alpen », ≘s, ⬜ (geheizt), 🐎, ❀ — ➡wc ‖wc ☎ 🅿 🏛. ⒶⒺ ⑩
März - Okt. — Karte 130/350 ⅃ — **30 Z : 58 B** 540/660 - 790/950 Fb.

Auf dem Gaisberg über ① :

🏛 **Kobenzl** ≫, Judenbergalpe (O : 9 km), Höhe 750 m, ✉ A-5020 Salzburg, ℰ (0662) 2 17 76,
Telex 633833, 🌳, « Schöne Panorama-Lage mit ← Salzburg und Alpen », Massage, ≘s, ⬜,
🐎 — ⬜ ➡ 🅿 🏛. ⒶⒺ. ❀ Rest
Ende März - Mitte Nov. — Karte 215/505 — **35 Z : 70 B** 900/1800 - 1200/3200 Fb.

🏛 **Berghotel Zistel-Alm** ≫, (O : 12 km), Höhe 1 001 m, ✉ A-5026 Salzburg-Aigen,
← ℰ (0662) 2 01 04, ← Alpen, 🌳, ⬜, 🐎, ⚞, Sommerrodelbahn — ➡wc ‖wc ☎ ➡ 🅿. ⒶⒺ ⑩
🄴 🆅🅸🆂🅰
Nov.- 15. Dez. geschl. — Karte 95/280 ⅃ — **24 Z : 38 B** 210/610 - 420/790 — 6 Appart 1200.

In Anif A-5081 ② : 7 km :

🏛 **Romantik-Hotel Schloßwirt** (Hübscher Gasthof a.d. 17.Jh. mit Biedermeier-Einrichtung),
ℰ (06246) 21 75, Telex 631169, « Gastgarten », 🐎 — 🛗 ➡wc ‖wc ☎ ➡ 🅿. ⒶⒺ ⑩ 🄴 🆅🅸🆂🅰
Feb. geschl. — Karte 180/370 — **32 Z : 55 B** 490/660 - 960/1090 Fb.

🏨 **Friesacher**, ℰ (06246) 20 75, Telex 632943, « Gastgarten », 🐎, ❀ — 🛗 📺 ➡wc ‖wc ☎
← 🅿 🏛. ⑩
Karte 100/350 *(Okt.- Juni Mittwoch geschl.)* ⅃ — **70 Z : 130 B** 450/480 - 660/840.

In Bergheim-Lengfelden A-5101 über Vogelweiderstr.V : 7 km :

🏛 Gasthof Bräuwirt ≫, ℰ (0662) 5 21 63, Telex 631109, « Gastgarten » — ➡wc ‖wc 🅿
38 Z : 70 B.

In Hof A-5322 über ① : 20 km :

🏛 **Schloß Fuschl** ≫ (ehem. Jagdschloß a.d. 15 Jh. mit 3 Gästehäusern), ℰ (06229) 25 30, ←,
🌳, Massage, ≘s, ⬜, ⛴, 🐎, ❀ — 🛗 📺 ➡ 🅿 🏛. ⒶⒺ ⑩ 🄴 🆅🅸🆂🅰. ❀ Rest
Karte 310/560 *(Tischbestellung erforderlich)* — **70 Z : 130 B** 1000/1200 - 1800/3800.

🏛 **Jagdhof am Fuschlsee**, ℰ (06229) 3 72, ←, « Jagdmuseum », 🐎 — 📺 ➡wc ‖wc ☎ 🅿
🏛. ⒶⒺ ⑩ 🄴 🆅🅸🆂🅰
Karte 120/330 ⅃ — **40 Z : 67 B** 450/500 - 650/900.

In Fuschl am See A-5330 über ① : 26 km :

🏨 Parkhotel Waldhof ≫, ℰ (06226) 2 64, ←, 🌳, Massage, ≘s, ⬜, ⛴, 🐎, ❀ — 🛗 ➡wc
‖wc ☎ 🅿 🏛 — **63 Z : 120 B**.

XX **Brunnwirt**, ℰ (06226) 2 36, 🌳 — 🅿. ⒶⒺ ⑩ 🄴 🆅🅸🆂🅰
nur Abendessen, Dienstag und 1.- 24. Dez. geschl. — Karte 220/400 (Tischbestellung
erforderlich).

In Mondsee A-5310 ① : 28 km (über Autobahn A 1) :

🏛 **Weißes Kreuz**, Herzog-Odilo-Str. 25, ℰ (06232) 22 54, « Gastgarten » — 🛗 ➡wc ‖wc ☎
← 🅿
10. Nov.- 10. Dez. geschl. — Karte 230/490 *(Tischbestellung ratsam)* (Sept.- Juni Mittwoch
geschl.) — **10 Z : 20 B** 400/500 - 700/1200.

XXX ❀ **Plomberg-Eschlböck** mit Zim, NO : 5 km, ℰ (06232) 29 12, ←, 🌳, ≘s, ⛵, 🐎 — 📺
‖wc ☎ 🅿. ⒶⒺ ⑩ 🄴 🆅🅸🆂🅰
Karte 270/550 *(Tischbestellung ratsam)* (Nov.- Mitte März Montag geschl.) — **11 Z : 20 B** 480/580
- 720/840.

SALZBURG Rheinland Pfalz siehe Marienberg, Bad.

SALZDETFURTH, BAD 3202. Niedersachsen 987 ⑮ − 15 000 Ew − Höhe 155 m − Heilbad −
🌀 05063.
♦Hannover 47 − ♦Braunschweig 52 − Göttingen 81 − Hildesheim 16.

🏨 **Relexa-Hotel** Ⓜ, An der Peesel 1 (in Detfurth), 𝒫 2 90, Telex 927444, 🍴, 🛁, 🏊, 🐎 − 🛗
📺 🚿wc ☎ 🅿 🦽 🅰🅴 ⓪ 🅴 𝑽𝑰𝑺𝑨
Karte 25/55 − **132 Z : 264 B** 95/125 - 140/220 Fb − P 124.

In Bad Salzdetfurth - Groß Düngen NO : 5 km :

✕ Müller, Bahnhofsallee 22, 𝒫 (05064) 2 77, 🍴 − 🅿.

SALZGITTER 3320. Niedersachsen 987 ⑮ ⑯ − 110 000 Ew − Höhe 80 m − 🌀 05341.
🅱 Verkehrspavillon am Bahnhof, Salzgitter-Lebenstedt, 𝒫 1 44 88.
♦Hannover 64 − ♦Braunschweig 28 − Göttingen 79 − Hildesheim 33.

In Salzgitter 51-Bad − Heilbad :

🏨 **Ratskeller** 🍴, Marktplatz 10, 𝒫 3 70 25, Telex 954485, 🍴 − 🛗 📺 🚿wc 🚿wc ☎ 🦽 🔁 🅿
🦽. 🅰🅴 ⓪ 🅴 𝑽𝑰𝑺𝑨
Karte 20/53 − **51 Z : 82 B** 37/80 - 65/120 Fb.

🏨 Harß-Hof, Braunschweiger Str. 128 (B 248), 𝒫 39 05 90 − 🚿wc 🚿wc ☎ 🅿 🦽
(nur Abendessen) − **11 Z : 22 B.**

In Salzgitter 21-Gebhardshagen :

🏡 **Gasthaus Keune**, Weddemweg 4, 𝒫 7 00 13 − 🔁 🅿. 🍽 Zim
Juli geschl. − Karte 15/42 *(Montag geschl.)* − **9 Z : 11 B** 26/32 - 52.

In Salzgitter 1-Lebenstedt :

🏨 **Gästehaus** 🍴, Kampstr. 37, 𝒫 1 44 52 − 📺 🚿wc 🚿wc ☎ 🔁 🅿 🦽. 🅰🅴 ⓪ 🅴
Karte 17,50/51 *(Sonntag geschl.)* − **47 Z : 60 B** 77/97 - 104/166.

🏠 Salzgitter garni, Berliner Str. 144, 𝒫 6 10 68 − 🚿wc 🚿wc 🔁 🅿
25 Z : 33 B.

✕✕ **Reinhardt's Höhe**, Thiestr. 18, 𝒫 4 44 47 − 🅿
nur Abendessen, Montag geschl. − Karte **29**/52 (Tischbestellung ratsam).

SALZHAUSEN 2125. Niedersachsen 987 ⑮ − 3 200 Ew − Höhe 60 m − 🌀 04172.
♦Hannover 117 − ♦Hamburg 45 − Lüneburg 18.

🏨 **Romantik-Hotel Josthof**, Am Lindenberg 1, 𝒫 2 92, 🍴, « Alter Niedersächsischer
Bauernhof », 🐎 − 🚿wc 🚿wc ☎ 🅿. 🅰🅴 ⓪ 🅴 𝑽𝑰𝑺𝑨
Karte 25/56 *(Nov.- März Dienstag geschl.)* − **17 Z : 32 B** 60/75 - 90/110.

🏠 **Rüter's Gasthaus**, Hauptstr. 1, 𝒫 71 40, 🔁. 🏊 − 🚿wc 🅿 🦽. 🅰🅴 ⓪ 🅴 𝑽𝑰𝑺𝑨
Karte 20/52 *(Nov.- April Mittwoch geschl.)* − **23 Z : 40 B** 41/46 - 78/92.

In Garlstorf am Walde 2125 W : 5 km :

🏠 **Heidehof**, Winsener Landstr. 4, 𝒫 (04172) 71 27, 🐎 − 🚿wc 🚿wc 🅿 🦽. ⓪ 🅴. 🍽
17.- 24. Dez. geschl. − Karte 17,50/52 *(Donnerstag geschl.)* − **13 Z : 26 B** 30/50 - 54/90 Fb −
P 60/70.

SALZHEMMENDORF 3216. Niedersachsen − 12 000 Ew − Höhe 200 m − 🌀 05153.
🅱 Rathaus, Hauptstr. 2, 𝒫 60 11.
♦Hannover 49 − Hameln 23 − Hildesheim 31.

In Salzhemmendorf 2-Lauenstein NW : 3 km :

🏠 **Lauensteiner Hof**, Im Flecken 54, 𝒫 64 12 − 🍴 🅿
↑ *Juli - Aug. 3 Wochen geschl.* − Karte 14/28 *(nur Abendessen, Dienstag geschl.)* − **16 Z : 27 B**
30/35 - 50/70.

In Salzhemmendorf 4-Osterwald N : 9 km :

🏠 **Zum Fichtenwirt** 🍴, Am Osterbrink 12, 𝒫 70 04, ≤, 🐎 − 🚿wc 🅿
Karte 18/45 *(Montag geschl.)* − **9 Z : 17 B** 30/50 - 60/75.

SALZKOTTEN 4796. Nordrhein-Westfalen 987 ⑭ ⑮ − 19 300 Ew − Höhe 102 m − 🌀 05258.
♦Düsseldorf 157 − Lippstadt 19 − Paderborn 12.

🏠 **Sälzerhof** 🍴, Stadtgraben 26, 𝒫 63 74 − 🚿wc 🅿. 🅰🅴 ⓪ 🅴
16. Dez.- 5. Jan. geschl. − Karte 19/42 *(Freitag geschl.)* − **16 Z : 24 B** 40/50 - 80/100.

🏡 **Hermann Hentzen**, Geseker Str. 20 (B 1), 𝒫 63 80 − 🚿wc 🔁 🅿
↑ *15. Dez.- 5. Jan. geschl.* − Karte 13,50/24 *(Samstag geschl.)* − **18 Z : 29 B** 32/44 -
60/78.

SALZSCHLIRF, BAD 6427. Hessen 987 ㉙ — 2 900 Ew — Höhe 250 m — Heilbad — ✆ 06648.

� Verkehrsbüro, Rathaus, ✆ 22 66 und Kurverwaltung, im Kurpark, ✆ 1 80.

◆Wiesbaden 161 — Fulda 18 — Gießen 81 — Bad Hersfeld 36.

🏨 **Badehof** ⏚ (mit Gästehäusern), Lindenstr. 2 (im Kurpark), ✆ 1 81 83, « Terrasse mit ≤ »,
    Bade- und Massageabteilung, ⊠, ≉ — 🛗 ⇌wc �𝄚wc 🕿 ⅙ 🅿 🄰. 🕸 Zim
    Karte 19/52 — **178 Z : 230 B** 42/82 - 74/142 — P 72/110.

🏨 **Kur- und Sporthotel** ⏚, Ahornweg 7, ✆ 20 21, Telex 49214, Bade- und Massageabteilung,
    ⊜, ⊿ (geheizt), ⊠, ≉, ≉ (Halle) — 🛗 📺 �𝄚wc 🕿 🅿 🄰. 🕸 Rest
    88 Z : 176 B Fb.

🏠 **Deutsches Haus** ⏚, Schlitzer Str. 4, ✆ 20 38, ≉ — 🛗 �𝄚wc 🅿. 🕸 Rest
    Jan. geschl. — Karte 15/41 — **42 Z : 50 B** 37/70 - 60/102.

🏠 **Arnold**, Schlitzer Str. 12, ✆ 23 06 — 🛗 ⇌. 🕸 Zim
    12. Jan.- Feb. geschl. — Karte 17/42 (Montag und Dienstag kein Abendessen) — **19 Z : 30 B**
    35/40 - 60/70 — P 49/55.

♨ **Paradies**, Bahnhofstr. 30, ✆ 22 73, ≉ — 🅿
➡   März - Okt. — Karte 13/35 (Dienstag geschl.) — **17 Z : 24 B** 32 - 64 — P 44.

   In Großenlüder 6402 SO : 5 km :

♨ Schmitt, Am Bahnhof 2, ✆ (06648) 74 86 — 📺 ⟨wc ⇌ 🅿. 🕸 Zim
    9 Z : 18 B.

SALZUFLEN, BAD 4902. Nordrhein-Westfalen 987 ⑮ — 54 000 Ew — Höhe 76 m — Heilbad —
✆ 05222.

🄺 Kur- und Verkehrsverein, Parkstr. 20, ✆ 18 30, Telex 9312233.

◆Düsseldorf 191 — Bielefeld 22 — ◆Hannover 89.

🏨 **Maritim Staatsbadhotel** ⏚, Parkstr. 53, ✆ 14 51, Telex 9312219, ⌂, Bade- und
    Massageabteilung, ♨, ⊿, ⊠, ≉ 🖃 Rest ⇌ 🅿 🄰 (mit 🖃). 🌣 🅴.
    Karte 30/69 (auch Diät) — **200 Z : 300 B** 113/175 - 186/246 Fb — P 143/225.

🏨 **Schwaghof** ⏚, Schwaghof (N : 3 km), ✆ 14 85, Telex 9312216, ≤, ⌂, ⊜, ⊠, ≉, ≉, ⌕
    — 🛗 ⟨wc 🕿 🅿 🄰 (mit 🖃). 🌣 🅾 🅴. 🕸 Rest
    Karte 26/62 — **94 Z : 157 B** 85/115 - 150/202 Fb — P 130/155.

🏨 Lippischer Hof, Mauerstr. 1a, ✆ 35 03, Bade- und Massageabteilung, ⊜, ⊠ — 🛗 ⟨wc 🕿
    ⇌ 🅿 🄰
    65 Z : 100 B Fb.

🏨 **Haus Hamburg** ⏚, Asenburgstr. 1, ✆ 66 55, ≉ — 🛗 ⟨wc 🕿 🅿. 🌣 🅴. 🕸
    Karte 18/64 (Mittagessen nur für Hausgäste, Donnerstag geschl.) — **35 Z : 50 B** 58/78 - 96/120
    — P 85/105.

🏨 **Kurpark - Hotel** ⏚, Parkstr. 1, ✆ 14 44, ⌂ — 🛗 ⇌wc ⟨wc 🕿. 🕸
    Mitte Feb.- Mitte Nov. — Karte 23/55 — **33 Z : 45 B** 50/105 - 96/150 Fb — P 95/122.

🏠 **Kurheim Knobbe**, An der Hellrüsche 2, ✆ 1 33 51 — 🛗 ⇌wc ⟨wc 🕿 🅿. 🕸
    (Rest. nur für Hausgäste) — **18 Z : 24 B** 60/70 - 120/140 — P 80/90.

🏠 Café Rosengarten garni, Bismarckstr. 8, ✆ 60 66, Caféterrasse — 🛗 ⟨wc 🕿 🅿
    14 Z : 21 B.

🏠 **Kurhotel Menz** ⏚, Parkstr. 5, ✆ 14 41 — 🛗 ⇌wc ⟨wc 🕿. 🕸
    Anfang Jan.- Mitte Feb. geschl. — Karte 22/60 (auch Diät) — **27 Z : 42 B** 50/75 - 128/144 —
    P 85/110.

🏠 **Parkblick-Parkfrieden** ⏚, Augustastr. 8, ✆ 1 64 45, ⌂, ⊜, ≉ — 📺 ⇌wc ⟨wc 🕿 🅿.
    🕸 Rest
    Jan.- 15. Feb. geschl. — Karte 15/36 (Abendessen nur für Hausgäste) — **25 Z : 34 B** 62/93 -
    114/140 Fb — P 82/96.

🏠 **Am Kurpark** ⏚, Augustastr. 4, ✆ 1 61 71, ≉ — ⇌wc ⟨wc 🕿. 🕸
    Karte 17/47 (Abendessen nur für Hausgäste, auch Diät) — **14 Z : 21 B** 50/85 - 100/150 — P 75/85.

XX **Le Gourmet**, Parkstr. 49 (im Kurhotel Berlin) — 🅿. 🌣 🅴. 🕸
    nur Abendessen, Sonntag - Montag und Nov. geschl. — Karte 44/74.

XX Ratskeller (Haus a.d. 16. Jh.), Am Markt 26, ✆ 32 40.

XX **Kurhaus**, Parkstr. 26, ✆ 14 75, ≤, ⌂ — 🄰. 🕸
    Nov.- März Montag und 16.- 30. Dez. geschl. — Karte 23/56.

   In Bad Salzuflen 1-Ehrsen :

XX **Montenegro** (Balkan-Rest.), Berliner Str. 14, ✆ 8 13 58
    Montag und Juli - Aug. 4 Wochen geschl. — Karte 17/50.

   In Bad Salzuflen 5-Werl :

🏠 **Ried-Hotel**, Riedweg 24, ✆ 36 37, ⌂ — ⟨wc 🕿 ⇌ 🅿. 🌣 🅾 🅴. 🕸 Rest
    Karte 24/51 (Sonntag geschl.) — **19 Z : 32 B** 69 - 99.

SAMERBERG 8201. Bayern — 2 200 Ew — Höhe 700 m — Erholungsort — Wintersport : 700/1 569 m ⟨1 ⟨4 ⟨10 — 🕓 08032.

🛈 Verkehrsverein, Samerberg-Törwang, Rathaus, 𝒫 86 06.
♦München 76 — Rosenheim 16 — Traunstein 44.

In Samerberg-Törwang :

🏠 **Post**, Dorfplatz 4, 𝒫 82 20, 🍴, 🚬, ☷ (geheizt), 🚗 — 🕴 ⌂wc 🛏wc ⟸ 🅿
↠ 11. Nov.- 25. Dez. geschl. — Karte 14/34 (Dienstag geschl.) — **34 Z : 60 B** 35 - 48/60
— P 45/50.

🏠 **Café Mangst**, Dorfplatz 15, 𝒫 82 38, 🍴 — 📺 🛏wc 🅿
↠ 25. Nov.- 24. Dez. geschl. — Karte 13/38 (Okt.- Juni Donnerstag geschl.) ⅃ — **16 Z : 27 B** 33 - 66
— P 50.

SAND Baden-Württemberg siehe Schwarzwaldhochstraße.

SAND Hessen siehe Emstal.

SANDE 2945. Niedersachsen 987 ⑭ — 9 500 Ew — 🕓 04422.
♦Hannover 217 — ♦Oldenburg 47 — Wilhelmshaven 9.

🏡 **Auerhahn**, Hauptstr. 105, 𝒫 6 16, 🚬, ☷ — 📺 ⌂wc 🛏wc 🕿 ⟸ 🅿 🏖. 🆔 ⓞ 🇪
Karte 22/55 — **46 Z : 70 B** 65/84 - 70/128 Fb.

ST. ANDREASBERG 3424. Niedersachsen 987 ⑯ — 2 700 Ew — Höhe 630 m — Heilklimatischer Kurort — Wintersport : 600/894 m ⟨9 ⟨5 — 🕓 05582.
Sehenswert : Lage★.
🛈 Kur- und Verkehrsamt, Am Glockenberg 12 (Stadtbahnhof), 𝒫 10 12.
♦Hannover 126 — ♦Braunschweig 72 — Göttingen 58.

🏠 **Tannhäuser**, Clausthaler Str. 2a, 𝒫 10 55, 🚬, 🚗 — ⌂wc 🛏wc 🕿 🅿. 🆔 ⓞ
🍴 Rest
Karte 22/47 (Mittwoch geschl.) — **23 Z : 41 B** 42/55 - 78/94 Fb.

🏠 **Skandinavia** 🌢, An der Rolle, 𝒫 6 44, ≤, 🚬, ☷, 🚗 — 🛏wc 🅿. 🍴
5.- 30. Nov. geschl. — Karte 21/51 (nur Abendessen, Montag geschl.) — **13 Z : 26 B** 34/55 -
70/96.

🏠 **Fernblick** 🌢, St.Andreasweg 3, 𝒫 2 27, ≤, 🚗 — 🛏wc ⟸ 🅿. 🍴
(Rest.nur für Hausgäste) — **15 Z : 25 B** 26/32 - 52/60 — P 44/48.

🏠 **Vier Jahreszeiten** 🌢 garni, Quellenweg 3, 𝒫 5 21, 🚬, ☷, 🚗 — 🛏wc 🅿
10. Nov.- 18. Dez. geschl. — **14 Z : 25 B** 36/42 - €2/72.

🏠 **In der Sonne** 🌢, An der Skiwiese 12, 𝒫 2 80, 🍴, 🚬, ☷, 🚗 — 🛏wc 🅿. 🆔 ⓞ 🇪
5. Nov.- 15. Dez. geschl. — Karte 19,50/56 (Feb.- Nov. Dienstag geschl.) — **15 Z : 29 B** 39/56 -
68/120 — P 60/72.

ST. AUGUSTIN 5205. Nordrhein-Westfalen — 54 000 Ew — Höhe 50 m — 🕓 02241.
♦ Düsseldorf 71 — ♦ Bonn 7 — Siegburg 4.

🏨 **Regina** Ⓜ, Markt 81, 𝒫 2 80 51, Telex 889796, 🚬 — 🕴 🅿 🏖. 🆔 ⓞ 🇪 🆅🇮🇸🇦
Restaurants: — **Regina-Stube** Karte 25/58 — **Ratsstuben** Karte 18/53 — **59 Z : 114 B** 98/159 -
148/189 Fb.

🏠 **Augustiner Hof** 🌢, Uhlandstr. 8, 𝒫 2 90 21 — ⌂wc 🛏wc 🕿 ⟸ 🅿 🏖
31 Z : 51 B Fb.

In St. Augustin 2-Hangelar :

🏡 **Hangelar** garni, Lindenstr. 19, 𝒫 2 10 25, 🚬, ☷, 🚗 — ⌂wc 🛏wc 🕿 ঙ ⟸ 🅿 🏖
31 Z : 50 B 52/65 - 78/90 Fb.

In St. Augustin 1-Mülldorf :

🍽 **Chez René**, Bonner Str. 83 (B 56), 𝒫 2 70 88 — 🅿 🏖. 🆔 ⓞ 🇪 🆅🇮🇸🇦
Aug., Samstag bis 18 Uhr und Mittwoch geschl. — Karte 40/76.

ST. BLASIEN 7822. Baden-Württemberg 987 ㊱, 216 ⑥, 427 ⑤ — 4 300 Ew — Höhe 762 m —
Heilklimatischer Kneippkurort — Wintersport : 900/1 350 m ⟨3 ⟨6 — 🕓 07672.
Sehenswert : Dom★.
🛈 Städt. Kurverwaltung, Haus des Gastes, am Kurgarten, 𝒫 4 14 30.
🛈 Kurverwaltung, im Rathaus Menzenschwand, 𝒫 8 76.
♦Stuttgart 187 — Basel 62 — Donaueschingen 64 — ♦Freiburg im Breisgau 62 — Zürich 71.

🏠 **Klosterhof**, Am Kurgarten 9, 𝒫 5 23, 🍴 — 🛏wc 🕿 🅿
12 Z : 20 B.

🏠 **Domhotel**, Hauptstr. 4, 𝒫 3 71 — 🛏wc
Mitte Nov.- Mitte Dez. geschl. — Karte 17,50/41 (Mittwoch geschl.) ⅃ — **11 Z : 18 B** 30/48 -
50/80.

🏛 **Kur-Hotel Bellevue** ⑤, Am Kalvarienberg 19, ℰ 7 86, Caféterrasse mit ≤, Bade- und
➥ Massageabteilung, ♨, 🔄, 🏤 – ⓶wc 🅿. 🄴
Karte 14,50/35 *(Dienstag geschl.)* 🍴 – **17 Z : 28 B** 40/48 - 74/88.

🏛 **Alb-Hotel** garni, Menzenschwander Str. 13, ℰ 3 21, ständige Mineralien- und
Edelsteinausstellung – 🔐wc ☎ 🅿. 🍽
10 Z : 20 B 59/69 - 70/80.

In St. Blasien 3-Kutterau S : 5 km über die Straße nach Albbruck :

🏛 **Vogelbacher** ⑤, ℰ 28 25, 🏤, 🏤 – 🔐wc 🅿.
Mitte Nov.- 20. Dez. geschl. – Karte 16/40 🍴 – **15 Z : 32 B** 24/34 - 48/64 – P 44/54.

In St. Blasien 2-Menzenschwand NW : 9 km – Luftkurort – ✪ 07675 (Bernau) :

🏨 Sonnenhof, Vorderdorfstr. 58, ℰ 5 01, ≤, 🏤, Bade- und Massageabteilung, ♨, ≘s, 🔲, 🏤
– ⓶wc 🔐wc ☎ 🅿. 🍽 Rest – **31 Z : 52 B**.

🏨 Waldeck, Vorderdorfstr. 74, ℰ 2 72, ≘s, 🏤 – ⓶wc 🔐wc ☎ 🅿. 🍽 Rest
21 Z : 40 B.

🏛 **Café-Weinstube Lärchenhof** ⑤ garni, Am Fischrain 6, ℰ 2 83, 🏤 – ⓶wc 🔐wc 🅿
Nov.- 15. Dez. geschl. – **15 Z : 30 B** 30/45 - 52/64.

🛪 **Hirschen**, Hinterdorfstr. 18, ℰ 8 84, 🏤 – 🔐 ☎ ⇔ 🅿. 🄰🄴 ⓞ 🄴 🆅🆂🄰
Karte 18,50/53 🍴 – **24 Z : 48 B** 30/45 - 60/90 – P 55/70.

ST. ENGLMAR 8449. Bayern – 1 400 Ew – Höhe 805 m – Luftkurort – Wintersport : 800/1 000 m
🚡4 🚠5 – ✪ 09965.

🛈 Verkehrsbüro, Rathaus, ℰ 2 21.

♦München 151 – Cham 37 – Deggendorf 30 – Straubing 31.

🏛 **Angerhof** ⑤, Am Anger 38, ℰ 5 67, ≤, 🏤, ≘s, 🏤 – ⓶wc 🔐wc ☎ 🅿
13 Z : 30 B Fb.

🛪 **Panorama** ⑤ garni, Glashütter Str. 20, ℰ 2 09, 🏤 – 🔐wc 🅿. 🍽
Nov.- 20. Dez. geschl. – **13 Z : 23 B** 26/30 - 48/56.

In St. Englmar-Grün NW : 3 km :

🏛 **Reinerhof**, ℰ 5 88, ≤, ≘s, 🔲, 🏤 – 🄿 ⓶wc 🔐wc ☎ ⇔ 🅿
5. Nov.- 10. Dez. geschl. – (nur Abendessen für Hausgäste) – **31 Z : 60 B** 44/49 - 82/92.

In St. Englmar-Kolmberg N : 7 km :

🛪 **Bernhardshöhe** ⑤, ℰ 2 58, ≤, 🏤, 🏤, 🍽, 🚡 – ⓶wc 🔐wc ⇔ 🅿
➥ *Nov.- 20. Dez. geschl.* – Karte 12/24 *(Freitag geschl.)* – **20 Z : 38 B** 27/32 - 48/60 – P 42/45.

In St. Englmar-Maibrunn NW : 5 km :

🏛 **Berghotel Maibrunn** ⑤, ℰ 2 92, ≤, 🏤, ≘s, 🔲, 🔲, 🏤 – ⓶wc 🔐wc ☎ ⇔ 🅿
➥ *4. Nov.- 19. Dez. geschl.* – Karte 13/30 – **23 Z : 45 B** 31/44 - 74/88 Fb – P 51/64.

🏛 **Beim Simmerl** ⑤, ℰ 5 90, ≤, 🏤, 🐴 – 🔐wc ⇔ 🅿
➥ *Nov. geschl.* – Karte 12/24 *(Dienstag geschl.)* – **15 Z : 30 B** 22/29 - 40/44 – P 35.

In St. Englmar-Predigtstuhl O : 2 km :

🏨 **Kur- und Sporthotel St. Englmar** ⑤, Am Predigtstuhl 12, ℰ 3 12, ≤, 🏤, Bade- und
Massageabteilung, ≘s, 🔲, 🏤, 🍽 (Halle) – 🄿 ⓶wc 🔐wc ☎ ⇔ 🅿 🄰. 🄰🄴 ⓞ 🄴. 🍽 Rest
5. Nov.- 20. Dez. geschl. – Karte 22/53 – **80 Z : 120 B** 60/83 - 134/164 Fb – P 88/111.

In St. Englmar-Rettenbach SO : 4,5 km :

🏨 **Kurhotel Gut Schmelmerhof** ⑤, ℰ 5 17, Telex 996580, 🏤, « Rustikales Restaurant mit
Ziegelgewölbe, Garten », Bade- und Massageabteilung, ≘s, 🔲 (geheizt), 🔲, 🏤 – ⓶wc 🔐
☎ ⇔ 🅿 🄰. 🍽
Karte 19/50 – **37 Z : 84 B** 44/80 - 78/168 Fb – 5 Appart. 100/148.

Siehe auch : *Liste der Feriendörfer*

ST. GEORGEN 7742. Baden-Württemberg 🄨🄷🄸 ㉟ – 15 000 Ew – Höhe 810 m – Erholungsort
– Wintersport : 800/1 000 m 🚡5 🚠3 – ✪ 07724.

🛈 Städt. Verkehrsamt, Rathaus, ℰ 8 72 28.

♦Stuttgart 127 – Offenburg 65 – Schramberg 18 – Villingen-Schwenningen 14.

🏛 **Hirsch** ⑤, Bahnhofstr. 70, ℰ 71 25 – ⓶wc 🔐wc ☎ ⇔. 🄰🄴 ⓞ 🄴 🆅🆂🄰
Karte 20/48 – **20 Z : 30 B** 54/56 - 84/86.

🏛 **Café Kammerer** ⑤ garni, Hauptstr. 23, ℰ 60 15 – 🄿 ⓶wc 🔐wc ☎ ⇔. 🄰🄴
7.- 27. Jan. geschl. – **17 Z : 26 B** 44/52 - 78/82 Fb.

In St. Georgen-Peterzell O : 3 km :

🛪 **Krone**, Buchenberger Str. 2, ℰ 71 85 – ⓶wc 🔐 ☎ ⇔ 🅿. 🄴
Okt.- Nov. 3 Wochen geschl. – Karte 18/44 *(Montag geschl.)* – **15 Z : 28 B** 30/39 -
60/66.

681

ST. GOAR 5401. Rheinland-Pfalz 👓 ㉔ − 3 700 Ew − Höhe 70 m − ✪ 06741.

Sehenswert : Burg Rheinfels★★.

🅸 Verkehrsamt, Heerstr. 120, 𝒫 3 83.

Mainz 63 − Bingen 28 − ✦Koblenz 35.

🏛 **Schloßhotel auf Burg Rheinfels** ≫, Schloßberg 47, 𝒫 20 71, ≤ Rheintal, 🍴, 🕿s, 🔲 −
  🛗 🚻wc 🛁wc 🕿 🅿 🚗 🅰🅴 ⓞ 🅴 💳
  Karte 26/59 ⑧ − **37 Z : 70 B** 50/80 - 100/160 Fb.

🏠 **Zum Goldenen Löwen**, Heerstr. 82, 𝒫 16 74, ≤, 🍴 − 🚻wc 🛁wc 🕿
  Mitte März - Mitte Nov. − Karte 20/59 − **12 Z : 24 B** 55/65 - 95/120.

🏚 **Schneider am Markt**, Marktplatz 1, 𝒫 16 89, ≤, 🍴 − 🛁wc
  Mitte März - Mitte Nov. − Karte 18/45 *(außer Saison Montag geschl.)* − **18 Z : 32 B** 30/50 -
  60/100.

  In St. Goar-Fellen NW : 2 km :

🏠 **Landsknecht**, an der Rheinufer-Straße (B 9), 𝒫 16 93, ≤, « Terrasse am Rhein » − 🛁wc
  🅿, 🅰🅴 💳
  6. Jan.- 15. März geschl. − Karte 19/54 *(Nov.- April Dienstag geschl.)* − **21 Z : 34 B** 45/85 -
  75/130.

ST. GOARSHAUSEN 5422. Rheinland-Pfalz 👓 ㉔ − 2 000 Ew − Höhe 77 m − ✪ 06771.

Ausflugsziel : Loreley★★★ ≤★★, SO : 4 km.

🅸 Verkehrsamt, Rathaus, Bahnhofstr. 8, 𝒫 4 27.

Mainz 63 − ✦Koblenz 35 − Limburg an der Lahn 48 − Lorch 16.

🏠 **Erholung**, Nastätter Str. 15, 𝒫 26 84 − 🚻wc 🛁wc 🅿
  Karte 16,50/41 *(15. Nov.- 15. März garni)* ⑧ − **59 Z : 108 B** 31/41 - 60/80.

🏠 **Colonius**, Bahnhofstr. 37, 𝒫 26 04, ≤ − 🛁wc 🚗 🅿
  34 Z : 58 B.

  Auf dem Loreleyfelsen SO : 4 km :

✗ **Auf der Loreley** ≫ mit Zim, ✉ 5422 St. Goarshausen, 𝒫 (06771) 26 76, 🍴 − 🛁wc 🚗 🅿.
  🅰🅴 ⓞ 🅴 💳
  Dez.- Jan. geschl. − Karte 18/32 *(im Feb. und Nov. Montag - Dienstag, im März nur Montag
  geschl.)* ⑧ − **13 Z : 25 B** 35/45 - 70/90.

  In Patersberg 5421 O : 4 km − Erholungsort :

🏚 **Das Wirtshaus am Teufelstein** ≫, Auf dem Herschelberg 5, 𝒫 (06771) 4 25, ≤ Burg Katz
🔜 und Rhein, eigener Weinbau, 🌳 − 🛁wc 🅿. 🅰🅴 ⓞ
  15. Nov.- 15. Dez. geschl. − Karte 12/30 ⑧ − **9 Z : 21 B** 22/30 - 44/60.

ST. INGBERT 6670. Saarland 👓 ㉔, 🈁 ⑦, 🈁 ⑦ − 42 200 Ew − Höhe 229 m − ✪ 06894.

✦Saarbrücken 13 − Kaiserslautern 55 − Zweibrücken 25.

🏛 **Stadthotel - Restaurant Stadtkrug**, Poststr. 33, 𝒫 32 62 − 🛗 🛁wc 🕿 🅿. 🍴 Zim
  7. Juli - 3. Aug. geschl. − Karte 20/53 *(Sonn- und Feiertage geschl.)* − **16 Z : 30 B** 65/100 -
  110/150.

🏠 **Goldener Stern**, Ludwigstr. 37, 𝒫 30 17 − 🛁wc 🕿. 🅰🅴 🅴
  Karte 16/48 *(Samstag geschl.)* − **14 Z : 19 B** 70 - 110.

✗✗ **Die Alte Brauerei**, Kaiserstr. 101, 𝒫 44 51, 🍴 − 🅿
  Montag geschl. − Karte 21/57.

  An der Autobahn-Ausfahrt St. Ingbert West SW : 3 km :

🏛 **Alfa-Hotel** garni (siehe auch Rest. L' Ermitage), ✉ 6670 St. Ingbert, 𝒫 (06894) 70 90 −
  🚻wc 🛁wc 🕿 🚗 🅿. 🅰🅴 ⓞ 🅴
  29 Z : 45 B 59/85 - 79/120 Fb.

✗✗ **L' Ermitage**, (im Alfa-H.), ✉ 6670 St. Ingbert, 𝒫 (06894) 8 71 96 − 🅿. 🅰🅴 🅴
  Samstag bis 18 Uhr, Mittwoch und Juni - Juli 3 Wochen geschl. − Karte 34/63.

  In St. Ingbert 16-Schüren N : 3 km :

🏛 **Waldhof** ≫, 𝒫 40 11, Telex 4429422, 🍴, 🕿s, 🔲, 🌳, ✗✗ − 🍽 Rest 🚻wc 🛁wc 🕿 🚗 🅿
  🚗
  Karte 28/60 − **30 Z : 57 B** 70/90 - 110/150.

ST. JOHANN 7411. Baden-Württemberg − 4 400 Ew − Höhe 750 m − ✪ 07122.

✦Stuttgart 57 − Reutlingen 17 − ✦Ulm (Donau) 65.

  In St. Johann-Göchingen :

🏚 Zum Hirsch, Parkstr. 2, 𝒫 92 87 − 🚻wc 🛁wc 🚗 🅿. 🍴 Zim
  14 Z : 24 B.

  In St. Johann-Lonsingen :

🏠 **Grüner Baum** ≫, Albstr. 4, 𝒫 92 77, 🕿s, 🌳 − 📺 🚻wc 🛁wc 🅿 🚗. 🍴 Zim
🔜 *20. Nov.- 15. Dez. geschl.* − Karte 11/27 *(Montag geschl.)* ⑧ − **28 Z : 59 B** 24/40 - 48/70.

ST. MÄRGEN 7811. Baden-Württemberg 987 ㉔, 242 ㉝ — 1 650 Ew — Höhe 898 m — Luftkurort — Wintersport : 900/1 100 m ≰1 ≴2 — ☼ 07669 — 🏠 Kurverwaltung, Rathaus, ✆ 10 66.

◆Stuttgart 230 — ◆Freiburg im Breisgau 24 — Donaueschingen 51.

🏠🏠 **Hirschen**, Feldbergstr. 9, ✆ 2 01, 🌧, 🌳 — 🛏wc 🛁wc ☎ 🚗 🅿. 🅰🅴 🛈 🄴
  17. Nov.- 20. Dez. geschl. — Karte 23/48 🍷 — **41 Z : 75 B** 34/54 - 66/105 Fb — P 60/79.

🏠 **Löwen**, Glottertalstr. 15, ✆ 3 76, ≼ Schwarzwald, 🌧, 🍴, 🅂, 🌳 — 🛏wc 🛁wc 🚗 🅿. 🅰🅴
  🄴 𝗩𝗜𝗦𝗔
  15. Nov.- 20. Dez. geschl. — Karte 19/41 (Mittwoch geschl.) — **35 Z : 70 B** 45/55 - 80/90.

🏠 **Pension Kranz** 🍴, Südhang 20, ✆ 3 11, ≼, 🌧, 🌳 — 🛏 🛏wc 🛁wc ☎ 🅿
  15. Nov.- 20. Dez. geschl. — Karte 16/45 🍷 — **11 Z : 20 B** 27/52 - 54/88 — P 52/69.

An der Straße nach Hinterzarten S : 4 km :

🏠 Neuhäusle, Erlenbach 1, 🖂 7811 St. Märgen, ✆ (07669) 2 71, ≼ Schwarzwald, 🌧, 🍴, 🌳 —
  🛏 🛁wc 🚗 🅿 — **26 Z : 48 B**.

An der Straße nach Hinterzarten S : 7 km :

🏠🏠 Thurnerwirtshaus, Höhe 1 036 m, 🖂 7811 St. Märgen, ✆ (07669) 2 10, ≼, 🍴, 🅂, 🌳 — 🛏
◆ 🛏wc 🛁wc 🅿
  15. Nov.- 15. Dez. geschl. — Karte 13,50/32 — **32 Z : 55 B** 38/55 - 70/100 — P 65/77.

ST. MARTIN Rheinland-Pfalz siehe Maikammer.

ST. PETER 7811. Baden-Württemberg 242 ㉝ — 2 200 Ew — Höhe 722 m — Wintersport : ≮1 —
☼ 07660 — 🏠 Kurverwaltung, Rathaus, ✆ 2 74.

◆Stuttgart 224 — ◆Freiburg im Breisgau 18 — Waldkirch 20.

🏠 **Zur Sonne**, Zähringerstr. 2, ✆ 2 03, 🌧 — 📺 🛁wc 🚗 🅿
  20. Nov.- 20. Dez. geschl. — Karte 20/46 (Mittwoch geschl.) 🍷 — **14 Z : 28 B** 45 - 84.

🏠 **Zum Hirschen**, Bertoldplatz 1, ✆ 2 04, 🌧 — 🛏wc 🛁wc
  15. Nov.- 15. Dez. geschl. — Karte 19/40 (Donnerstag geschl.) — **26 Z : 34 B** 33/43 - 70/80.

Kandel siehe unter : *Waldkirch*

ST. PETER-ORDING 2252. Schleswig-Holstein 987 ④ — 5 500 Ew — Nordseeheil- und Schwefelbad — ☼ 04863.

🏠 Kurverwaltung, St. Peter-Bad, Im Bad 27, ✆ 10 08.

◆Kiel 125 — Heide 40 — Husum 50.

In St. Peter-Bad :

🏠🏠 **Ambassador** 🍴, Im Bad 26, ✆ 10 91, Telex 28420, ≼, Massage, 🍴, 🅂 — 🛏 🛏wc 🛁wc ☎
  🚗 🅿 🛃. 🅰🅴 🛈 🄴 𝗩𝗜𝗦𝗔. 🍽 Rest
  Karte 26/51 — **88 Z : 170 B** 130/150 - 170/190 Fb — P 180/200.

🏠 **Fernsicht** 🍴, Am Kurbad 17, ✆ 20 22, ≼, 🌧 — 🛏wc 🛁wc 🚗 🅿. 🅰🅴 🛈 🄴 𝗩𝗜𝗦𝗔
  Karte 20/42 (1.- 21. Dez. geschl.) — **23 Z : 45 B** 50/65 - 100/120 — P 90/100.

🏠 Strandhotel garni, Im Bad 16, ✆ 24 40 — 🛁wc 🅿 — **31 Z : 62 B** — 4 Appart.

🏠 Kurpension Tannenhof garni, Im Bad 59, ✆ 22 16, 🌳 — 🛁wc 🅿. 🍽 — **26 Z : 36 B**.

In St. Peter-Ording :

🏠 Ordinger Hof 🍴, Am Deich 31, ✆ 22 08, 🌧, 🌳 — 🛁wc 🅿. 🍽 Zim
  15 Z : 27 B.

🏠 **Kurpension Eickstädt** 🍴, Waldstr. 19, ✆ 20 58, 🌳 — 🛏wc 🛁wc 🅿. 🍽 Rest
  15. Nov.- 15. Jan. geschl. — (Rest. nur für Hausgäste) — **35 Z : 60 B** 65/75 - 130/150 — 8
  Appart. 100/190 — P 80/90.

🏠 **Waldesruh** 🍴, Waldstr. 11, ✆ 20 56, 🌳 — 🛏wc 🛁wc ☎ 🅿. 🍽 Rest
  Karte 18/39 — **19 Z : 39 B** 43/64 - 90/118 — P 66/83.

In St. Peter-Süd :

🏠 **Zum Landhaus** 🍴 garni, Olsdorfer Str. 7, ✆ 22 74, 🌳 — 🛁wc 🅿. 🍽
  15. Okt.- 15. Nov. geschl. — **18 Z : 28 B** 40 - 76/80.

ST. ROMAN Baden-Württemberg siehe Wolfach.

ST. WENDEL 6690. Saarland 987 ㉔, 242 ③, 57 ⑦ — 28 000 Ew — Höhe 286 m — ☼ 06851.
🏠 Verkehrsamt, Rathaus, Schloßstr. 7, ✆ 80 91 31.

◆Saarbrücken 41 — Idar-Oberstein 43 — Neunkirchen/Saar 19.

🏠🏠 **Stadt St. Wendel**, Tholeyer Straße (B 41), ✆ 60 71, 🌧, 🍴 — 🛏 📺 🛁wc ☎ 🚗 🅿 🛃. 🅰🅴
  🛈 🄴
  Karte 18/54 — **22 Z : 44 B** 65 - 90/100.

🏠🏠 **Posthof**, Brühlstr. 18, ✆ 40 28 — 🛁wc ☎ 🅿. 🅰🅴 🄴. 🍽 Rest
  Karte 16,50/53 (Freitag geschl.) — **16 Z : 30 B** 48/50 - 85.

In St. Wendel-Urweiler N : 1,5 km :

☎ **Vollmann**, Hauptstr. 66, ℰ 25 54 — ⇔ ☻
⇌ Karte 12/27 *(nur Abendessen, Samstag geschl.)* ⅃ — **10 Z : 15 B** 33 - 55.

In St. Wendel 1-Wallesweilerhof NW : 5,5 km Richtung Oberthal :

✗ **Wallesweiler Mühle**, ℰ 38 72, 🏠 — ☻
Donnerstag geschl. — Karte 21/56 ⅃.

SARREBRUCK = Saarbrücken.

SARRELOUIS = Saarlouis.

SARSTEDT 3203. Niedersachsen 987 ⑮ — 16 900 Ew — Höhe 91 m — ✆ 05066.
♦Hannover 21 — Hildesheim 11.

🏛 Stadt Sarstedt, Bahnhofstr. 2, ℰ 30 63 — 🛏wc ☎ ☻
28 Z : 58 B Fb — 4 Appart.

SASBACHWALDEN 7595. Baden-Württemberg 242 ⑳ — 2 100 Ew — Höhe 260 m — Luftkurort
— Kneippkurort — ✆ 07841 (Achern).
🛈 Kurverwaltung, im Kurhaus, ℰ 10 35.
♦Stuttgart 131 — Baden-Baden 37 — Freudenstadt 45 — Offenburg 30.

🏨 ❀ **Talmühle**, Talstr. 36, ℰ 10 01, 🏠, « Cafégarten », 🌳 — 🛗 ⇔ ☻ 🏋. E. 🍴 Zim
1.- 25. Dez. geschl. — Restaurants: — **Le jardin** Karte 36/78 — **Badische Stuben** Karte 24/66 —
33 Z : 57 B 46/95 - 97/134 — P 75/106
Spez. Meeresfrüchte à la nage, Sauté vom Hauskaninchen in Estragonsauce, Passionsfrucht-Süpple mit
Kokosnuß-Eiscreme.

🏛 **Zum Engel**, Talstr. 14, ℰ 30 00 — 🛏wc ☎ ⇔ ☻ 🏋
8.- 31. Jan. geschl. — Karte 19/50 *(Montag geschl.)* ⅃ — **13 Z : 22 B** 30/40 - 60/80 — P 45/55.

✗✗ **Zum Alde Gott**, Talstr. 51, ℰ 2 12 90, 🏠 — ☻ 🏋
Karte 19,50/47.

✗ **Sonne** (badischer Landgasthof), Talstr. 32, ℰ 2 52 58
23. Okt.- 10. Nov. und Mittwoch 14 Uhr - Donnerstag geschl. — Karte **27**/52 ⅃.

In Sasbachwalden-Brandmatt SO : 5 km — Höhe 722 m :

🏨 **Atlas Hotel Forsthof** ⅗, Brandrüttel 26, ℰ 64 40, Telex 752106, ≤ Schwarzwald und
Rheinebene, 🏠, Massage, ⇌s, 🏊, 🌳 — 🛗 📺 🎾 ⇔ ☻ 🏋. 🆎 ⓪ E 🆅🆂🅰. 🍴 Rest
Karte 21/47 — **143 Z : 240 B** 80/115 - 132/190 — P 125/160.

☎ **Schwarzwaldperle**, ℰ 2 16 70, ≤ Rheinebene, 🏠 — 🛏 ☻
10 Z : 19 B.

✗✗ **Sternenwirtshaus Hohritt** (mit Caféstuben), ℰ 10 78 — ☻. 🆎 ⓪ E
Montag ab 14 Uhr, Freitag, Mitte Jan.- Mitte Feb. und Dez. 2 Wochen geschl. — Karte 28/63.

✗ **Berghotel Brandmatt** mit Zim, ℰ 33 84, ≤ Rheinebene, 🏠, 🌳 — ⇌wc 🛏 ☻
März geschl. — Karte 16/46 *(Dienstag geschl.)* ⅃ — **6 Z : 12 B** 27/33 - 54/66 — P 49/55.

SASSENBERG 4414. Nordrhein-Westfalen 987 ⑭ — 8 600 Ew — Höhe 60 m — ✆ 02583.
♦Düsseldorf 154 — Bielefeld 42 — Münster (Westfalen) 33 — ♦Osnabrück 37.

☎ **Börding**, von-Galen-Str. 16 (B 475), ℰ 10 39 — 🛏wc ☻
15. Juli - Aug. geschl. — Karte 15,50/27 *(Montag geschl.)* — **16 Z : 26 B** 40 - 76.

SASSENBURG 3177. Niedersachsen — 7 000 Ew — Höhe 65 m — ✆ 05379.
♦Hannover 102 — ♦Braunschweig 35 — Lüneburg 88.

In Sassenburg 3-Grußendorf :

🏛 **Bad Birkenhof** ⅗, ℰ 2 35, 🏠, 🏊, 🌳 — ⇌wc 🛏wc ☻. 🍴 Zim
Nov. geschl. — Karte 16/36 *(Dienstag geschl.)* ⅃ — **23 Z : 39 B** 34/40 - 59/60.

SASSENDORF, BAD 4772. Nordrhein-Westfalen — 9 400 Ew — Höhe 90 m — Heilbad —
✆ 02921 (Soest).
🛈 Kurverwaltung, Kaiserstr. 14, ℰ 50 11.
♦Düsseldorf 123 — Beckum 27 — Lippstadt 20 — Soest 5.

🏨 **Maritim-H. Schnitterhof** Ⓜ ⅗, Salzstr. 5, ℰ 59 90, Telex 847311, 🏠, ⇌s, 🏊, 🌳 — 🛗
📺 ☻ 🏋. 🆎 ⓪ E 🆅🆂🅰. 🍴 Rest
Karte 34/72 — **140 Z : 255 B** 108/172 - 183/240 Fb.

🏛 **Hof Hueck** ⅗, Im Kurpark, ℰ 57 61, 🏠, « Restauriertes westfälisches Bauernhaus a.d.
17.Jh. » — 📺 🛏wc ☎ ☻. 🆎 ⓪ E. 🍴 Zim
Karte 25/66 — **16 Z : 24 B** 85 - 140 Fb.

🏛 **Wulff** ⅗ garni, Berliner Str. 31, ℰ 5 55 51, ⇌s, 🏊 — 📺 ⇌wc ☻
24 Z : 30 B.

SAUENSIEK 2151. Niedersachsen — 1 700 Ew — Höhe 20 m — 😊 04169.
♦Hannover 162 — ♦Bremen 74 — ♦Hamburg 49.

  🏦 **Klindworth's Gasthof**, Hauptstr. 1, 𝄐 6 50 — 🛁wc 🅿
    Feb. geschl. — Karte 15/34 (Montag geschl.) — **16 Z : 32 B** 35/40 - 65/70.

  XX **Hüsselhus** (ehem. Bauernhaus), Hauptstr. 12, 𝄐 6 50 — 🅿
    wochentags nur Abendessen, Montag - Dienstag geschl. — Karte 19/48.

SAUERLACH 8029. Bayern 🔢🔢🔢 ⑰, 🔢🔢🔢 ⑰ — 5 200 Ew — Höhe 619 m — 😊 08104.
♦München 22 — Innsbruck 144 — Salzburg 122.

  🏨 Zur Post, Tegernseer Landstr. 2, 𝄐 10 57 — 🛗 🛁wc ☎ 🅿 🏛
    38 Z : 75 B Fb.

    In Sauerlach-Lochhofen S : 3 km :

  🏦 **Pension Zur Schmiede** ⏚, Kirchstr. 4, 𝄐 94 21, 🌳 — 🛁wc 🅿
    Nov. geschl. — (nur Abendessen für Hausgäste) — **18 Z : 34 B** 28/40 - 45/60.

SAULGAU 7968. Baden-Württemberg 🔢🔢🔢 ㉟, 🔢🔢🔢 ⑰ — 15 600 Ew — Höhe 593 m — 😊 07581.
♦Stuttgart 114 — Bregenz 73 — Reutlingen 74 — ♦Ulm (Donau) 69.

  🏨 ❀ **Kleber-Post**, Hauptstr. 100, 𝄐 30 51 — 🛁wc 🛁wc ☎ 🛏 🅿 🏛 ⁜ 🆎 ⑩ E 𝗩𝗜𝗦𝗔
    3.- 24. Jan. geschl. — Karte 29/66 — **40 Z : 53 B** 55/75 - 95/115
    Spez. Fisch- und Geflügelterrinen, Donau- und Federseefische, Wild- und Lammgerichte.

  🏦 **Bären**, Hauptstr. 93, 𝄐 87 78 — 🛁wc 🛏
    27. Dez.- 10. Jan. geschl. — Karte 16,50/36 (Samstag geschl.) — **24 Z : 33 B** 29/36 - 55/72.

  🏦 Schwarzer Adler, Hauptstr. 41, 𝄐 73 30 — 🛁 🛏 🅿 — **15 Z : 22 B**.

  🏦 Ochsen, Paradiesstr. 6, 𝄐 76 96 — 🛗 🛁 🅿 — **28 Z : 46 B**.

SAULHEIM 6501. Rheinland-Pfalz — 7 000 Ew — Höhe 208 m — 😊 06732.
Mainz 20 — Koblenz 96 — Bad Kreuznach 25 — ♦Mannheim 60.

  XX **Schloß Wedenhof** mit Zim, Neue Bahnhofstr. 29, 𝄐 50 81 — 🛁wc ☎ 🅿 🆎 ⑩ E 𝗩𝗜𝗦𝗔 🧹
    Karte 23/53 *(wochentags nur Abendessen, Dienstag geschl.)* 🔖 — **8 Z : 16 B** 55 - 80.

SCHACKENDORF Schleswig-Holstein siehe Segeberg, Bad.

SCHÄFTLARN 8021. Bayern 🔢🔢🔢 ⑰ — 5 000 Ew — Höhe 561 m — 😊 08178 (Icking).
♦München 20 — Garmisch-Partenkirchen 68 — Starnberg 11.

    In Baierbrunn 8021 NO : 5 km :

  XX Landgasthof Georgenstein, Wolfratshauser Str. 9 (B 11), 𝄐 (089) 7 93 35 43, Biergarten — 🅿
    nur Abendessen.

    In Baierbrunn-Buchenhain 8021 NO : 6 km :

  🏦 **Waldgasthof Buchenhain**, 𝄐 (089) 7 93 01 24, Biergarten — 🛗 🛁wc 🛁wc 🅿
    20. Dez.- 15. Jan. geschl. — Karte 15,50/40 (Freitag geschl.) — **42 Z : 61 B** 60/70 - 90.

SCHAFWINKEL Niedersachsen siehe Kirchlinteln.

SCHALKENMEHREN Rheinland-Pfalz siehe Daun.

SCHALKSMÜHLE 5885. Nordrhein-Westfalen — 11 500 Ew — Höhe 225 m — 😊 02355.
♦Düsseldorf 83 — ♦Dortmund 43 — Hagen 18 — Lüdenscheid 14 — Siegen 66.

    In Schalksmühle 2-Dahlerbrück :

  XX **Haus im Dahl**, Im Dahl 72, 𝄐 13 63, ≤, 🌳 — 🅿
    21. Dez.- 5. Jan. und Donnerstag geschl. — Karte 19,50/48 🔖.

SCHANZE Nordrhein-Westfalen siehe Schmallenberg.

SCHÄRBEUTZ 2409. Schleswig-Holstein 🔢🔢🔢 ⑥ — 13 800 Ew — Ostseeheilbad — 😊 04503
(Timmendorfer Strand).
🛈 Kurverwaltung, Strandallee 134, 𝄐 7 42 55.
♦Kiel 59 — ♦Lübeck 26 — Neustadt in Holstein 12.

  🏨 **Kurhotel Martensen - Die Barke**, Strandallee 123, 𝄐 71 17, Telex 261445, ≤, Massage,
    ⇌, 🖼 — 🛗 🛁wc 🛁wc 🅿 ⑩. 🧹
    März - Okt. — Karte 25/49 — **36 Z : 65 B** 70/100 - 140/200 Fb — 7 Appart. 150/270 — P 100/120.

  🏦 **Apartment-Hotel Baltic** garni, Hamburger Ring 2, 𝄐 7 41 41, ⇌, 🖼 — 🛁wc ☎ 🅿
    März - Okt. — **29 Appart. : 83 B** 90/165 pro Appart..

  🏦 **Windrose** garni, Strandallee 122, 𝄐 7 35 36, ≤, 🌳 — 🛁wc 🅿. 🧹
    April - Anfang Okt. — **20 Z : 35 B** 65/100 - 120/144 Fb.

Fortsetzung →

🏠 **Wennhof**, Seestr. 62, ℰ 7 23 54, 🚗, 🌭 — 🛏wc 📶wc ☎ ⇔ 🅿 🏛. **E**
Karte 20/58 — **30 Z : 70 B** 55/65 - 100/110 Fb.

🏠 **Petersen's Landhaus** garni, Seestr. 56a, ℰ 7 33 32, 🖼 — 📺 📶wc 🅿
4 Z : 8 B 62 - 104 Fb — 10 Appart. 145.

☎ **Seestern**, Seestr. 7, ℰ 7 31 34 — 📶wc ☎ 🅿
April - Sept. — *(Rest. nur für Hausgäste)* — **29 Z : 54 B** 35/50 - 70/90 — P 60/70.

In Scharbeutz-Haffkrug :

🏠 **Maris-Restaurant Tante Alma**, Strandallee 10, ℰ (04563) 51 82, ≤, 🌭, 🚗 — 📳 📺
🛏wc 📶wc ☎ ⇔ 🅿. 🆎 ⓞ **E**
24. Nov.- 24. Dez. geschl. — Karte 17,50/47 *(15. Okt.- 15. Mai Montag geschl.)* — **13 Z : 25 B**
49/95 - 98/118 — 4 Appart. 100/140.

In Scharbeutz-Klingberg SW : 6 km :

🏠 **Reiterpension Marlie** 🐎, Uhlenflucht 1, ℰ (04524) 82 20, 🌭, 🐎(Halle) — 🛏wc 📶wc 🅿
10. Jan.- 15. Feb. geschl. — *(Rest. nur für Pensionsgäste)* — **17 Z : 30 B** nur P 50/60.

SCHAUINSLAND Baden-Württemberg siehe Oberried.

SCHEDA Nordrhein-Westfalen siehe Drolshagen.

SCHEER Baden-Württemberg siehe Sigmaringen.

SCHEIBENHARDT 6729 Rheinland-Pfalz 242 ⑱. 57 ⑳. 87 ② — 500 Ew — Höhe 120 m — 🕭 06340
— Mainz 168 — ♦Karlsruhe 26 — Landau in der Pfalz 32 — Wissembourg 16.

In Scheibenhardt 2-Bienwaldmühle NW : 5,5 km :

✕ Zur Bienwaldmühle, ℰ 2 76, 🌭 — 🅿.

SCHEIDEGG 8999. Bayern 426 ⑭. 427 ⑧ — 3 700 Ew — Höhe 800 m — Heilklimatischer Kurort
— Kneippkurort — 🕭 08381 — 🖪 Kurverwaltung, Rathausplatz 4. ℰ 14 51.
♦München 177 — Bregenz 22 — Ravensburg 40.

🏨 **Kurhotel Scheidegg** 🐎, Kurstr. 18, ℰ 30 41, Telex 541115, ≤ Alpen, Bade- und
Massageabteilung, ♨, 🚗, 🖼, 🌭, ✕ — 📳 🛏wc ☎ ⇔ 🅿. 🆎 ⓞ **E** 💳. ✂
(Rest. nur für Hausgäste) — **91 Z : 120 B** 52/105 - 104/140 Fb — P 87/105.

🏠 **Gästehaus Allgäu** 🐎, Am Brunnenbühl 11, ℰ 52 50, 🚗, 🌭 — 📶wc 🏃 ⇔ 🅿
(nur Abendessen für Hausgäste) — **13 Z : 22 B** 30/36 - 60/68 — 2 Appart. 50/70.

🏠 **Gästehaus Bergblick** 🐎 garni, Am Brunnenbühl 12, ℰ 72 91, 🌭 — 🛏wc 📶wc ⇔ 🅿.
✂
14 Z : 26 B 35/54 - 58/70.

🏠 **Kneippkurhaus Herzberger** 🐎, Bräuhausstr. 28, ℰ 25 63, Bade- und Massageabteilung,
♨, 🚗, 🌭 — 📶wc 🅿
20. Nov.- 20. Dez. geschl. — *(Rest. nur für Hausgäste)* — **14 Z : 29 B** 38/50 - 68/72.

🏠 Post, Kirchplatz 5, ℰ 66 15 — 📶wc — **28 Z : 52 B** Fb.

🏠 **Haus Montfort** 🐎 garni, Höhenweg 4, ℰ 14 50, ≤, 🖼, 🌭, ✕ — 📶wc 🅿. ✂
Nov.- Dez. geschl. — **12 Z : 24 B** 28/39 - 60/66.

In Scheidegg-Lindenau S : 4 km :

🏠 **Landhaus Reni** 🐎 garni, Waldweg 2, ℰ (08387) 6 46, 🚗, 🖼, 🌭 — 📺 📶wc ☎ 🅿
7 Z : 14 B 45/50 - 70/80.

🏠 Antoniushof, Lindenau 48, ℰ 5 84, ≤ — 📶wc 🅿
(nur Abendessen für Hausgäste) — **11 Z : 22 B.**

SCHEINFELD 8533. Bayern 987 ㉖ — 4 100 Ew — Höhe 306 m — 🕭 09162.
♦München 244 — ♦Bamberg 62 — ♦Nürnberg 57 — ♦Würzburg 54.

✕✕ **Rentamts-Stuben** mit Zim, Schwarzenberger Str. 11, ℰ 3 03, 🚗 — 🛏wc 📶wc ☎. 🆎
Karte 24/59 *(abends Tischbestellung ratsam)* (Montag geschl.) — **6 Z : 12 B** 35/60 - 70/110.

SCHELKLINGEN 7933. Baden-Württemberg — 6 500 Ew — Höhe 540 m — 🕭 07394.
♦Stuttgart 90 — Reutlingen 63 — ♦Ulm (Donau) 24.

In Schelklingen 3-Hütten W : 8 km :

☎ **Eichhalde - Raiber**, Auf der Eichhalde 100, ℰ (07384) 2 85, ≤, 🚗, 🏊 (geheizt), 🌭 —
⇌ 🛏wc 📶wc 🅿
Karte 13/25 *(Dienstag geschl.)* — **9 Z : 18 B** 30/34 - 60/68 — P 42/46.

SCHELLERTEN Niedersachsen siehe Hildesheim.

SCHELLHORN Schleswig-Holstein siehe Preetz.

SCHENEFELD 2216. Schleswig-Holstein 987 ⑤ — 1 950 Ew — Höhe 24 m — ☺ 04892.
♦Kiel 67 — Flensburg 106 — ♦Hamburg 70.

🏠 **Zum Nordpol** garni, Holstenstr. 11 (B 204), ℰ 14 90, ℅ — 📺 🛏wc ☎ ⇦ ℗
  10 Z : 24 B.

SCHENKENZELL 7623. Baden-Württemberg — 2 000 Ew — Höhe 365 m — Luftkurort —
☺ 07836 (Schiltach).
🅱 Kurverwaltung, Rathaus, Reinerzaustr. 12, ℰ 22 58.
♦Stuttgart 104 — Freudenstadt 23 — Villingen-Schwenningen 46.

🏠 **Sonne**, Reinerzaustr. 13, ℰ 20 34, 🍴, ⇨s, 🌳 — 🛏wc ☎ ℗. 🆎 ⑩ ⋿ 🆅🆂🅰
  10.- 25 Jan. geschl. — Karte 15,50/40 — **42 Z : 76 B** 39/54 - 68/97 — P 50/65.

🏠 **Drei Könige**, Landstr. 2, ℰ 3 45, 🍴 — ⇨wc 🛏wc ℗
  Karte 16/37 (Nov.- März Dienstag geschl.) — **33 Z : 60 B** 31/47 - 58/80 — P 44/53.

🏠 **Café Winterhaldenhof** Ⓜ ⛵, Winterhalde 8, ℰ 72 48, ≼, 🌳 — 📺 ⇨wc 🛏wc ☎ ⇦ ℗
  3. Nov.- 20. Dez. geschl. — Karte 16,50/42 (Donnerstag geschl.) — **17 Z : 31 B** 27/62 - 50/94 Fb
  — P 45/64.

🏠 **Waldblick**, Schulstr. 12, ℰ 3 48, 🍴 — 🛏wc ℗. 🆎. ⊗ Zim
→ Karte 14/40 (Nov.- Mai Dienstag geschl.) — **14 Z : 25 B** 36/56 - 64/87 — P 48/68.

SCHENKLENGSFELD 6436. Hessen — 4 800 Ew — Höhe 310 m — ☺ 06629.
♦Wiesbaden 178 — Fulda 38 — Bad Hersfeld 13.

☎ **Steinhauer**, Hersfelder Str. 8, ℰ 2 22, ⇨s — 🛏wc ⇦ ℗
→ Karte 14,50/31 — **15 Z : 20 B** 24/30 - 48/60 — P 48/50.

SCHERMBECK 4235. Nordrhein-Westfalen 987 ⑬ — 12 900 Ew — Höhe 34 m — ☺ 02853.

Siehe Ruhrgebiet (Übersichtsplan).

♦Düsseldorf 69 — Dorsten 10 — Wesel 19.

🏠 **Haus Hucheltjen**, Weseler Str. 24, ℰ 22 14 — 🛏wc ⇦ ℗
  22. Dez.- 6. Jan. geschl. — Karte 16/45 (Dienstag geschl.) — **14 Z : 22 B** 26/38 - 56/74.

SCHESSLITZ 8604. Bayern 987 ㉖ — 6 800 Ew — Höhe 309 m — ☺ 09542.
♦München 252 — ♦Bamberg 14 — Bayreuth 47 — ♦Nürnberg 70.

In Scheßlitz-Würgau O : 5 km :

🏠 **Brauerei Gasthof Hartmann** Ⓜ, Hauptstr. 31 (B 22), ℰ 5 37, Biergarten — ⇨wc 🛏wc ℗
→ Karte 14/33 (Dienstag geschl.) — **9 Z : 15 B** 29/30 - 58/60.

🏠 Sonne, an der B 22, ℰ 3 12, « Gartenterrasse », 🌳 — 📶 ⇨wc 🛏wc ⇦ ℗ — **35 Z : 56 B**.

SCHIEDER-SCHWALENBERG 4938. Nordrhein-Westfalen 987 ⑮ — 8 500 Ew — Höhe 150 m —
☺ 05282 — 🅱 Kurverwaltung (Schieder), im Kurpark, ℰ 2 98.
♦Düsseldorf 209 — Detmold 22 — ♦Hannover 80 — Paderborn 39.

Im Ortsteil Schieder — Kneippkurort :

🏠 **Skidrioburg**, Pyrmonter Str. 4, ℰ 2 16, 🍴 — 🛏wc ☎ ⅙ ⇦ ℗
  Nov. geschl. — Karte 16/35 (Montag geschl.) — **24 Z : 42 B** 28/36 - 56/66 — P 38/48.

☎ **Nessenberg**, an der B 239 (W : 2 km), ℰ 2 45 — 🛏wc ⇦ ℗
  6. Jan.- 3. Feb. geschl. — Karte 17/41 (Okt.-März Freitag geschl.) — **13 Z : 20 B** 26/32 - 52/60.

Im Ortsteil Schwalenberg — ☺ 05284 :

🏠 Schwalenberger Malkasten, Neue-Tor-Str. 1, ℰ 51 08, wechselnde Kunstausstellung, ⇨s —
  🛏wc ℗. ⊗ Zim — **21 Z : 39 B** Fb.

☎ Berggarten, Brauergildestr. 9, ℰ 51 05, 🍴 — 🛏 — **9 Z : 16 B**.

✕✕ **Burg Schwalenberg** ⛵ mit Zim, ℰ 51 67, ≼ Schwalenberg und Umgebung, 🌳 — 📺
  🛏wc ℗. 🆎 🆅🆂🅰
  7. Jan.- Feb. geschl. — Karte 23/50 — **13 Z : 30 B** 65/80 - 120/140.

In Schieder-Glashütte NO : 5 km — Kneippkurort :

🏠 **Herlingsburg**, Bergstr. 29, ℰ 2 24, ⚘, 🌳 — ⇨wc 🛏wc ⇦ ℗
  12. Jan.- Feb. geschl. — Karte 20/45 — **30 Z : 80 B** 38/48 - 72.

In Schieder-Siekholz N : 3 km :

🏠 **Haus Fahrenbusch**, Siekholzer Str. 27, ℰ 2 18, ⇨s, 🏊, 🌳 — 🛏wc ☎ ℗
  Ende Dez.- Anfang Jan. geschl. — Karte 19/40 (Dienstag ab 14 Uhr geschl.) — **18 Z : 33 B** 42 -
  80 — P 55.

An der Straße nach Bad Pyrmont NO : 4 km ab Schieder :

🏠 **Fischanger**, ✉ 4938 Schieder-Schwalenberg 1, ℰ (05282) 2 37, ⇨s, 🌳 — ⇨wc 🛏wc ⇦
→ ℗
  Mitte Jan.- Mitte Feb. geschl. — Karte 14,50/38 (Dienstag geschl.) — **15 Z : 25 B** 27/32 - 58/64.

SCHIERLING 8306. Bayern 987 ㉗ — 6 000 Ew — Höhe 380 m — ✿ 09451.
◆München 107 — Landshut 38 — ◆Regensburg 28 — Straubing 36.

  ♒ **Taxis-Bräustüberl**, Rathausplatz 7, ℰ 19 68 — 🄿
  ↝   *1.- 15. Aug. geschl.* — Karte 10/18 *(Samstag geschl.)* — **12 Z : 16 B** 23 - 46.

SCHIFFERSTADT 6707. Rheinland-Pfalz 987 ㉔㉕ — 18 000 Ew — Höhe 102 m — ✿ 06235.
Mainz 83 — ◆Mannheim 16 — Speyer 9,5.

  🏠 **Kaufmann**, Bahnhofstr. 81, ℰ 70 41, 🐎, ✂ — 🛏wc 🕯wc ⟺ 🄿
     Karte 24/47 *(Montag geschl.)* — **23 Z : 30 B** 35/50 - 65/90.

  🏠 **Zur Kanne**, Kirchenstr. 9, ℰ 26 64 — 🕯wc 🄿
     20. Dez.- 10. Jan. geschl. — Karte 15/45 *(Dienstag geschl.)* 🛇 — **26 Z : 50 B** 28/60 - 48/95 Fb.

SCHILLINGSFÜRST 8801. Bayern — 2 600 Ew — Höhe 543 m — Erholungsort — ✿ 09868.
◆ München 188 — Ansbach 28 — Heilbronn 121 — ◆ Nürnberg 86.

  🏠 **Die Post**, Rothenburger Str. 1, ℰ 4 73, <, 🐎 — 🕯wc ⟺ 🄿
     Karte 15/36 *(Montag geschl.)* 🛇 — **14 Z : 28 B** 32/38 - 58/62 — P 46/56.

  🏠 **Zapf**, Dombühler Str. 9, ℰ 2 75, 🚗, 🐎 — 🛏wc 🕯wc 🄿, 🅰🅴 🄾 🄴
     15. Jan.- 15. Feb. geschl. — Karte 15,50/41 *(Nov.- März Samstag geschl.)* 🛇 — **29 Z : 52 B** 30/37
     - 50/68 — P 44/51.

  In Wörnitz-Mittelstetten 8801 S : 6 km :

  ♒ Zur Romantischen Straße, ℰ (09868) 8 28, 🚗 — 🕯wc ☎ ⟺ 🄿
     16 Z : 30 B.

SCHILTACH 7622. Baden-Württemberg 987 ㉟ — 3 800 Ew — Höhe 325 m — Luftkurort —
✿ 07836.
🄱 Städt. Verkehrsamt, Hauptstr. 5, ℰ 6 48.
◆Stuttgart 126 — Freudenstadt 27 — Offenburg 51 — Villingen-Schwenningen 42.

  ✗ **Rößle** mit Zim, Schenkenzeller Str. 42, ℰ 3 87 — 🕯wc ⟺ 🏛
     über Fastnacht 1 Woche geschl. — Karte 16/43 *(Sonntag 14 Uhr - Montag geschl.)* — **6 Z : 12 B**
     28/34 - 56/68 — P 45/52.

SCHIRMITZ Bayern siehe Weiden in der Oberpfalz.

SCHLADERN Nordrhein-Westfalen siehe Windeck.

SCHLANGEN 4797. Nordrhein-Westfalen — 7 500 Ew — Höhe 191 m — ✿ 05252 (Bad Lippspringe).
◆Düsseldorf 186 — ◆Hannover 102 — Bielefeld 43 — Paderborn 18.

  In Schlangen 3-Oesterholz N : 3 km :

  ♒ **Heidehof** 🐾, Haustenbecker Str. 45, ℰ 85 16, 🚗, 🐎 — 🛏wc 🕯wc ⟺ 🄿
     28. Juli - 25. Aug. geschl. — Karte 15/28 *(Montag geschl.)* — **6 Z : 12 B** 29 - 55.

SCHLANGENBAD 6229. Hessen 987 ㉔ — 6 300 Ew — Höhe 318 m — Heilbad — ✿ 06129.
🄱 Verkehrsbüro, Rheingauer Str. 20, ℰ 88 21.
◆Wiesbaden 16 — ◆Koblenz 63 — Limburg an der Lahn 43 — Mainz 21.

  🏨 Staatliches Kurhotel, Rheingauer Str. 47, ℰ 4 20, 🍽, Bade- und Massageabteilung, direkter
     Zugang zum Thermalbewegungsbad, 🐎 — 📶 ⟺ 🄿 🏛. ✂ Rest
     99 Z : 140 B Fb.

  🏨 **Schlangenbader Hof**, Rheingauer Str. 7, ℰ 20 33, Telex 4186208, 🚗, 🖼 — 📶 🛏wc 🕯wc
     ☎ 🄿 🏛. 🅰🅴 🄴
     Karte 21/48 🛇 — **40 Z : 60 B** 79/105 - 129/165 Fb — P 113/139.

  🏠 **Sonnenhof** 🐾, Mühlstr. 17, ℰ 20 71, 🚗 — 📶 📺 🛏wc 🕯wc ☎. 🄴 🆅🆂🅰
     (Rest. nur für Hausgäste) — **26 Z : 35 B** 55/90 - 80/150.

  🏠 **Russischer Hof**, Rheingauer Str. 37, ℰ 20 05, 🐎 — 🕯wc ☎ 🄿. 🅰🅴 🄴
     10. Jan.- 15. Feb. geschl. — (nur Abendessen für Hausgäste) — **24 Z : 40 B** 39/55 - 76/90 Fb.

  🏠 **Grüner Wald**, Rheingauer Str. 33, ℰ 20 61, 🐎 — 🕯wc. 🅰🅴 🆅🆂🅰
     5. Jan.- 20. Feb. geschl. — Karte 23/48 — **35 Z : 50 B** 35/65 - 65/100 — P 68/78.

  🏠 **Ricarda**, Rheingauer Str. 34, ℰ 20 35, 🐎 — 🕯wc 🄿. 🅰🅴 🄴
     23. Dez.- 22. Jan. geschl. — Karte 15/48 *(Montag geschl.)* — **19 Z : 34 B** 45/48 - 70/72.

  In Schlangenbad-Georgenborn SO : 2,5 km :

  🏠 **Gästehaus Werner** 🐾 garni, Mainstr. 38, ℰ 23 58 — 🕯wc 🄿. ✂
     10 Z : 17 B 34/44 - 64/84.

Ganz Europa auf einer Karte (mit Ortsregister) :
Michelin-Karte Nr. 920.

SCHLECHING 8211. Bayern 987 ③⑦, 426 ⑱ — 1 700 Ew — Höhe 570 m — Luftkurort — Wintersport : 600/1 400 m, ≰3 ≰4 — ✿ 08649.

🛈 Verkehrsamt, Haus des Gastes, Schulstr. 4, ℘ 2 20.

◆München 104 — Rosenheim 45 — Traunstein 34.

🍴 **Zum Geigelstein** mit Zim, Hauptstr. 5, ℘ 2 81, 🌳 — 🕋wc 🅿
15. Okt.- 20. Dez. geschl. — Karte 17/41 *(im Sommer Dienstag, im Winter Dienstag - Mittwoch geschl.)* — **8 Z : 14 B** 37/40 - 64/74.

In Schleching-Ettenhausen SW : 2 km :

🏠 **Steinweidenhof** Ⓜ 🍴, Steinweiden 8, ℘ 5 11, « Einrichtung im Bauernstil », 🖨, 🌿 — 📺 🕋wc 🕿 🅿
Nov.- 16. Dez. geschl. — (nur Abendessen für Hausgäste) — **9 Z : 20 B** 45/70 - 90/120.

SCHLECHTBACH Baden-Württemberg siehe Schopfheim.

SCHLEDEHAUSEN Niedersachsen siehe Bissendorf Kreis Osnabrück.

SCHLEIDEN 5372. Nordrhein-Westfalen 987 ㉓ — 12 500 Ew — Höhe 348 m — ✿ 02445.

🛈 Kurverwaltung (Schleiden-Gemünd), Kurhausstr. 6, ℘ (02444) 20 12.

◆Düsseldorf 103 — ◆Aachen 57 — Düren 38 — Euskirchen 30.

🏡 **Höddelbusch**, Gemünder Str. 39, ℘ 2 22 — ⟵ 🅿
➔ Karte 13/39 *(Sept.- Mai Dienstag geschl.)* — **20 Z : 33 B** 32 - 58 — P 42.

🍴🍴🍴 **Alte Rentei** mit Zim, Am Markt 39, ℘ 6 99 — 🕋wc 🕿. ⓪ Ⓔ
Karte 46/66 *(Donnerstag geschl.)* — **Rentei-Keller** Karte 29/48 — **6 Z : 12 B** 60/70 - 90/110.

In Schleiden-Gemünd NO : 6 km — Kneippkurort — ✿ 02444 :

🏠 **Kurpark Hotel** 🍴 garni, Parkallee 1, ℘ 17 29 — 🕋wc 🅿. 🌠
Nov.- 14. Dez. geschl. — **17 Z : 27 B** 35/45 - 70/80.

🏠 **Lieske** 🍴, Dreiborner Str. 34, ℘ 21 73 — 🕋 🕋wc 🕋wc 🕿 ⟵ 🅿. 🌠 Zim
Jan. 2 Wochen geschl. — Karte 17/37 *(Nov.- April Mittwoch geschl.)* — **16 Z : 28 B** 30/40 - 50/62 — P 54/62.

🏠 **Friedrichs**, Alte Bahnhofstr. 16, ℘ 6 00, 🖨 — 🕋wc 🅿. Ⓔ
17.- 26. März geschl. — Karte 19/53 *(Dienstag geschl.)* — **23 Z : 39 B** 48/65 - 76/92 — P 70/90.

🏠 **Haus Salzberg** 🍴 garni, Am Lieberg 31, ℘ 4 94, 🌿 — 🕋wc 🕋wc ⟵ 🅿. 🌠
März geschl. — **10 Z : 20 B** 37/55 - 62/79.

🏠 **Zum Urfttal** garni, Alte Bahnhofstr. 12, ℘ 26 88 — 🕋 🕋wc 🕿 🅿. Ⓔ. 🌠
Nov.- 25. Dez. geschl. — **18 Z : 38 B** 32/40 - 54/74.

🍴🍴 **Parkrestaurant Kurhaus**, im Kurpark, ℘ 7 76, « Gartenterrasse » — 👤 🏠
Okt.- April Montag und 13. Feb.- 10. März geschl. — Karte 18/50.

SCHLESWIG 2380. Schleswig-Holstein 987 ⑤ — 29 500 Ew — Höhe 14 m — ✿ 04621.

Sehenswert : Nydam-Boot★★★ Y — Schloß Gottorf : Schleswig-Holsteinisches Landesmuseum★★, Kapelle★★, Landesmuseum für Vor- und Frühgeschichte★ Y — Dom★ (Bordesholmer Altar★★) Z — ≼★ vom Parkplatz an der B 76 Y — Fischerviertel "Holm" (Friedhof-Platz★) Z.

🛈 Städt. Touristbüro, Plessenstr. 7, ℘ 81 42 26.

◆Kiel 53 ② — Flensburg 33 ⑤ — Neumünster 65 ③.

Stadtplan siehe nächste Seite.

🏠 **Strandhalle** 🍴, Strandweg 2 (am Jachthafen), ℘ 2 20 21, ≼, 🌳, « Garten », 🖨, 🔲 (geheizt), 🔲, 🌿 — 📺 🕋wc 🕿 🅿 🏠. 🖭 ⓪ Ⓔ 🎫   Y f
Karte 25/56 — **28 Z : 44 B** 51/78 - 100/120.

🏠 **Waldhotel** 🍴, Stampfmühle 1 (am Schloß Gottorf), ℘ 2 32 88, 🌿 — 🕋wc 🕿 ⟵ 🅿 🏠   X x
Karte 20/42 — **10 Z : 18 B** 37/52 - 82/96.

🏠 **Skandia**, Lollfuß 89, ℘ 2 41 90 — 📺 🕋wc 🕋wc 🕿 🅿 🏠. 🖭   Y s
Karte 22/49 — **30 Z : 50 B** 40/50 - 80/100.

In Schleswig-Pulverholz SW : 1,5 km, Zufahrt über Brockdorff-Rantzau-Straße Y :

🏠 **Waldschlößchen**, Kolonnenweg 152, ℘ 3 20 26, 🖨, 🔲, 🌿 — 🕋wc 🕋wc 🕿 ⟵ 🅿 🏠. 🖭 ⓪ Ⓔ
Karte 23/47 — **50 Z : 75 B** 55/65 - 80/99.

In Silberstedt 2381 W : 11 km :

🏠 **Schimmelreiter** Ⓜ, an der B 201, ℘ (04626) 10 44 — 📺 🕋wc 🕿 🅿 🏠
Karte 18/50 *(Montag geschl.)* — **29 Z : 51 B** 45/50 - 90.

In Treia 2881 W : 15 km :

🍴🍴 **Osterkrug** mit Zim, Treenestr. 30 (B 201), ℘ (04626) 5 50 — 📺 🕋wc 🕿 🅿. 🖭 ⓪ Ⓔ 🎫
Karte 18,50/59 — **8 Z : 18 B** 45/48 - 90/98.

SCHLESWIG

FLENSBURG 33 km, HUSUM 34 km
AUTOBAHN (E 3-A 7)

KAPPELN 32 km

0   400 m

ST. JÜRGEN

NEUSTADT

LOLLFUSS

ALTSTADT

HOLM

NYDAM-BOOT
SCHLOSS GOTTORF

SCHLEI

PORT WIKING

FRIEDRICHSBERG

HAUPT-BAHNHOF

Busdorfer Teich

HADDEBYER NOOR

HAITHABU, BUSDORFER, RUNENSTEIN
AUTOBAHN (E 3-A 7)
HAMBURG 124 km, NEUMÜNSTER 65 km

KIEL 53 km

0   200 m

DOM

ALTSTADT

HOLM

SCHLIENGEN 7846. Baden-Württemberg 242 ④⑥, 427 ⓒ, 87 ⑨ – 3 700 Ew – Höhe 251 m – ☺ 07635 – ◆Stuttgart 243 – Basel 28 – Müllheim 9.

In Schliengen 5-Obereggenen O : 7 km :

Graf's Weinstube ⌘, Kreuzweg 6, ℰ 12 64, ⛲, ☞, – ⌷wc ﬔwc ⟷ ℗
9. Jan.- 20. Feb. geschl. – Karte 20/39 (Mittwoch geschl.) ⅃ – **15 Z : 25 B** 41/50 - 78/84.

Zum Rebstock, Kanderner Str. 4, ℰ 12 89, eigener Weinbau – ⌷wc ﬔwc ℗ – **14 Z : 23 B**.

SCHLIERSEE 8162. Bayern 987 ㊲, 426 ⑱ – 6 000 Ew – Höhe 800 m – Luftkurort – Wintersport : ⚡2 ⚡18 ⚡5 – ☺ 08026.

Sehenswert : Pfarrkirche★.

Ausflugsziel : Spitzingsattel : Aussichtspunkt ≼★, S : 9 km.

🅱 Kurverwaltung, Am Bahnhof, ℰ 47 56.

◆München 62 – Rosenheim 36 – Bad Tölz 25.

Schliersee - Hotel ⌘, Kirchbichlweg 18, ℰ 62 91/40 86, Telex 526947, ⛲, ⌷s, ◫, ☞ – ⛁⃝ TV ℗ ⌷ Ⓔ Rest
Karte 21/47 – **60 Z : 113 B** 92/110 - 144/164 Fb – 33 Appart. 230 – P 136/154.

Schlierseer Hof, Seestr. 21, ℰ 61 21/40 71, ≼, « Gartenterrasse », ⌷s, ◫ (geheizt), ☞,
☞ – ⛁⃝ TV ℗ ⌷ Ⓔ
Karte 25/52 – **46 Z : 90 B** 70/90 - 120/180 Fb – P 105/154.

🏨 **Gästehaus am Kurpark** Ⓜ ⬙, Gartenstr. 7, ✆ 62 04/40 41, 🌳 – 🛏wc ☎ 🚗 🅿.
   ❀ Rest
   (nur Abendessen für Hausgäste, außer Saison garni) – **26 Z : 47 B** 55/61 - 90/101 Fb.

🏨 **Terofal**, Xaver-Terofal-Platz 2, ✆ 67 87 – 🛏wc ☎ 🅿
   ▸ 25. Feb.- 25. März geschl. – **Karte** 14/44 (Nov.- April Montag geschl.) – **24 Z : 51 B** 46/85 -
   72/135.

🏠 Gästehaus Maier am See ⬙ garni, Mesnergasse 1, ✆ 44 44, ≤, 🌳 – 🛏wc 🚿wc ☎
   15 Z : 30 B.

🏠 Zur Post, Rathausstr. 3, ✆ 40 11 – 🛏wc ☎ 🅿 – **24 Z : 50 B**.

   In Schliersee-Fischhausen S : 3 km :

XX **Zum Bartlbauer**, Neuhauser Str. 3, ✆ 47 33, 🌳 – 🅿. ⒶⒺ Ⓞ. ❀
   15. Nov.- 10. Dez. und Dienstag geschl. – Karte 26/57.

   In Schliersee-Neuhaus S : 4 km :

🏨 Dahms ⬙, Schönfeldstr. 5, ✆ 70 94, 🍴, 🔲, 🌳 – 📺 🛏wc 🚿wc ☎ 🚗 🅿
   (nur Abendessen für Hausgäste) – **15 Z : 30 B**.

XX **Sachs**, Neuhauser Str. 12, ✆ 72 38 – 🅿. ⒶⒺ
   Nov. und Montag geschl. – Karte 22/60.

   In Schliersee-Spitzingsee S : 10 km – Höhe 1 085 m :

🏩 **Spitzingsee-Hotel** Ⓜ ⬙, Spitzingstr. 5, ✆ 70 81, Telex 526944, ≤, 🌳, 🍴, 🔲, 🐾, 🌳,
   ❀ – 🔌📺 🚗 ⛴ ⒶⒺ ⓄⒺ ❀ Rest
   Karte 24/51 – **84 Z : 165 B** 115 - 190 Fb – P 160.

🏠 **Gundl - Alm** ⬙, Spitzingstr. 8, ✆ 74 12, ≤, 🌳, 🍴, 🌳 – 🚿wc 🚗 🅿
   15.- 30. April und Nov. geschl. – Karte 15/32 – **33 Z : 60 B** 37/50 - 56/80 – 2 Appart. 60/80.

🏠 **Postgasthof St. Bernhard** ⬙, Seeweg 1, ✆ 7 10 11, ≤, 🌳, 🐾, 🌳 – 🛏wc 🚿wc ☎
← 🚗 🅿. ⒶⒺ ⓄⒺ
   10. Nov.- 10. Dez. geschl. – Karte 14/38 (Donnerstag geschl.) ♨ – **10 Z : 20 B** 30/45 - 50/90 –
   P 54/64.

SCHLIFFKOPF Baden-Württemberg siehe Schwarzwaldhochstraße.

SCHLITZ 6407. Hessen 🗺🗺 ㉘ – 9 400 Ew – Höhe 240 m – Erholungsort – ✪ 06642.
🅱 Verkehrsbüro, Rathaus, An der Kirche, ✆ 50 51.
◆Wiesbaden 165 – Fulda 20 – Bad Hersfeld 28 – ◆Kassel 91.

🏠 **Vorderburg** ⬙, An der Vorderburg 1, ✆ 50 41 – 🔌 🚿wc ☎ 🅿 🏋
← 6. Jan.- 7. Feb. geschl. – Karte 20/42 (Mittwoch geschl.) – **28 Z : 43 B** 42 - 78 – P 66.

🏠 **Guntrum**, Otto-Zinßer-Str. 5, ✆ 50 93 – 🚿wc ☎ 🚗 🅿 🏋 ⒶⒺ ⓄⒺ Ⓔ 🆚
← Karte 14/35 (Montag geschl.) – **25 Z : 36 B** 30/35 - 59 – P 53/58.

🏡 **Habermehl** ⬙, Salzschlirfer Str. 38, ✆ 12 45, 🍴 – 🚿 🚗 🅿 🏋
← Karte 14/34 (Montag ab 14 Uhr geschl.) ♨ – **16 Z : 28 B** 25/27 - 48/50 – P 40.

🏡 **Kruppert**, Im Grund 6, ✆ 2 30 – 🚿 🚗 🅿
← Feb. geschl. – Karte 14/30 (Montag geschl.) ♨ – **14 Z : 22 B** 26/31 - 52/62.

   In Schlitz 1-Hutzdorf :

🏡 **Haus Schlitzerland** ⬙, Blumenweg 22, ✆ 16 49, ≤, 🍴, 🔲, 🌳 – 🛏wc 🚿wc 🚗 🅿.
   ❀ Rest
   (nur Abendessen für Hausgäste) – **17 Z : 30 B** 27/30 - 48/53.

   In Schlitz-Willofs W : 6 km :

🏡 **Roth**, Schlitzer Str. 1, ✆ 16 25 – 🚿wc 🚗 🅿
   Karte 16/25 – **8 Z : 16 B** 28 - 56.

SCHLOSSBÖCKELHEIM 6551. Rheinland-Pfalz – 400 Ew – Höhe 150 m – ✪ 06758.
Mainz 56 – Idar-Oberstein 40 – Bad Kreuznach 12.

   An der Nahe SO : 1,5 km :

🏨 Weinhotel Niederthäler Hof, ✉ 6551 Schlossböckelheim, ✆ (06758) 69 96, ≤, 🌳, eigener
   Weinbau, 🍴 – 🚿wc 🅿 🏋 – **25 Z : 46 B**.

SCHLOSSBORN Hessen siehe Glashütten.

SCHLOSS HOLTE-STUKENBROCK 4815. Nordrhein-Westfalen – 21 000 Ew – Höhe 135 m –
✪ 05207 – ◆Düsseldorf 178 – Bielefeld 18 – Detmold 19 – Paderborn 25.

   Im Ortsteil Stukenbrock :

🏠 Der kühle Grund, Hauptstr. 34 (B 68), ✆ 25 25 – 📺 🛏wc 🚿wc ☎ 🅿 🏋
   27 Z : 53 B.

🏠 **Westhoff**, Hauptstr. 24 (B 68), ✆ 33 69 – 🔌 🛏wc 🚿wc ☎ 🅿 🏋. ⒶⒺ
   Karte 18/45 (Freitag geschl.) – **25 Z : 45 B** 42/45 - 72/84.

SCHLOSS SAALECK Bayern siehe Hammelburg.

SCHLOSS ZEIL Baden-Württemberg siehe Leutkirch.

SCHLUCHSEE 7826. Baden-Württemberg **987** ③④, **216** ⑥, **427** ⑤ — 2 600 Ew — Höhe 951 m — Heilklimatischer Kurort — Wintersport : 1 000/1 130 m ⟨3 ⟨6 — ⊙ 07656.

🛈 Kurverwaltung, Haus des Gastes, ℘ 3 01.

♦Stuttgart 172 — Donaueschingen 49 — ♦Freiburg im Breisgau 47 — Waldshut-Tiengen 33.

🏨 **Hetzel-Hotel Hochschwarzwald** Ⓜ ≤, Am Riesenbühl 13, ℘ 7 03 26, Telex 7722331, ≤, 🏡, Bade- und Massageabteilung, ♨, ⬚, ⬚ (geheizt), ⬚, 🐎, ⸙ (Halle) — 🛗 📺 ⚹ 🏌 🚗 🅿 🎱 ⚿ 🆎 ⑩ E 💳. ⸙ Rest
Karte 30/65 *(auch Diät)* — **Kachelofen** Karte 19/38 — **212 Z : 450 B** 120/156 - 220/340 Fb — P 175/211.

🏨 **Hegers Parkhotel Flora** ≤, Sonnhalde 22, ℘ 4 52, ≤, 🏡, ⬚, 🐎 — 📺 ⇌wc 🛁wc ☎ 🚗
11. Nov.- 24. Dez. geschl. — (Rest. nur für Hausgäste) — **34 Z : 70 B** 88/110 - 115/165 — P 137/159.

🏠 **Schiff**, Marktplatz, ℘ 2 52, ≤, 🏡 — 🛗 🛁wc 🚗 🅿
3. Nov.- 19. Dez. geschl. — Karte 20/41 *(Sept.- Juni Montag geschl.)* — **29 Z : 70 B** 55/65 - 90/120 Fb.

🏠 **Berghotel Mühle** ≤, Mühlenweg 13 (NO : 1,5 km über Giersbühlstraße), ℘ 2 09, 🏡, 🐎 — 🛁 ⇌wc 🛁wc ⚿
Karte 19/50 *(Mittwoch geschl.)* ⚿ — **11 Z : 21 B** 40/45 - 80/90 — P 75.

🏠 **Sternen**, Dresselbacher Str. 1, ℘ 2 51, 🏡 — 🛗 ⇌wc 🛁wc ⚹ 🚗 🅿
Nov.- 15. Dez. geschl. — Karte 20/47 ⚿ — **41 Z : 74 B** 39/50 - 70/96.

✕✕ **Schwarzwaldstube**, Fischbacher Straße (im Kurhaus), ℘ 12 00, ≤, 🏡 — 🛗 ⚹ 🅿
außer Saison Mittwoch und 20. Nov.- 15. Dez. geschl. — Karte 17/50 ⚿.

In Schluchsee-Faulenfürst SO : 3 km :

🏡 **Gästehaus Herrenhof** ≤, Im Gäßle 9, ℘ 3 62, ≤, 🏡, 🐎 — 🛁wc 🅿, ⸙ Zim
März - April 4 Wochen und Ende Okt.- 20. Dez. geschl. — Karte 17/40 *(Jan.- Juni Donnerstag geschl., im Winter Abendessen nur für Hausgäste)* ⚿ — **20 Z : 38 B** 30/45 - 60/90.

🏡 **Rössle**, Bildstöckle 1, ℘ 2 77, 🏡, 🐎 — 🛁wc 🚗 🅿
Nov. geschl. — Karte 15/34 *(Montag geschl.)* ⚿ — **15 Z : 30 B** 25/30 - 50/60.

In Schluchsee-Fischbach NW : 5 km :

🏠 **Hirschen**, Schluchseestr. 9, ℘ 2 78, 🏡, ⚹ — 🛗 ⇌wc 🛁wc ☎ ⚹ 🅿
15. Nov.- 10. Dez. geschl. — Karte 17/38 *(Montag geschl.)* ⚿ — **32 Z : 68 B** 35 - 65 — 6 Appart. 55 — P 58/63.

In Schluchsee-Seebrugg SO : 2 km :

🏠 **See-Hotel Hubertus**, ℘ 2 61, ≤, 🏡 — ⇌wc 🛁wc 🚗 🅿
20. Nov.- 19. Dez. geschl. — Karte 16,50/41 *(Dienstag geschl.)* ⚿ — **12 Z : 25 B** 22/65 - 40/88 — P 50/75.

SCHLÜSSELFELD 8602. Bayern **987** ㉗ — 5 200 Ew — Höhe 299 m — ⊙ 09552.

♦München 227 — ♦Bamberg 44 — ♦Nürnberg 56 — ♦Würzburg 57.

🏠 **Zum Storch**, Marktplatz 20, ℘ 10 16, Telex 662914 — 🛗 🛁wc 🚗 ⑩ E
🍴 Karte 13/39 ⚿ — **43 Z : 90 B** 29/40 - 57/72.

🏠 **Amtmann-Bräu**, Kirchplatz 1, ℘ 70 63, 🐎 — 🛁wc 🚗 🅿
🍴 20. Nov.- 6. Dez. geschl. — Karte 14/32 *(Dez.-April Montag geschl.)* ⚿ — **39 Z : 75 B** 28/38 - 48/68.

In Schlüsselfeld-Attelsdorf SO : 2 km :

🏠 **Panorama**, ℘ 15 00, 🏡 — 🛁wc 🅿, ⸙
36 Z : 60 B.

🏠 **Herderich**, nahe der BAB - Ausfahrt Schlüsselfeld, ℘ 4 19 — 🛁wc 🚗 🅿
🍴 Nov. geschl. — Karte 12,50/32 — **30 Z : 48 B** 27/32 - 56/62.

In Schlüsselfeld-Reichmannsdorf NO : 7,5 km :

🏨 **Schloßgasthof**, ℘ (09546) 61 72, 🏡, ⸙ — 📺 🛁wc ☎ 🚗 🅿 🆎 ⑩ E
7. Jan.- 1. Feb. geschl. — Karte 19/59 *(Montag - Dienstag 18 Uhr geschl.)* — **11 Z : 22 B** 58/65 - 90.

Die im Michelin-Führer
verwendeten Zeichen und Symbole haben
— **fett** oder dünn gedruckt, rot oder **schwarz** —
jeweils eine andere Bedeutung.
Lesen Sie daher die Erklärungen (S. 12 bis 19) aufmerksam durch.

🏨   🏨

Karte **25**/45

SCHMALLENBERG 5948. Nordrhein-Westfalen 🎯🎯🎯 ㉔ — 26 500 Ew — Höhe 410 m — Luftkurort — Wintersport : 480/800 m, ⚡14 ⚡30 — ✆ 02972.

🛈 Verkehrsamt, Weststr. 32, ✆ 77 55.

◆Düsseldorf 168 — Meschede 35 — Olpe 38.

🏨🏨 **Störmann**, Weststr. 58, ✆ 4 55, « Behagliches Restaurant, Garten », Massage, ⓢ, 🔲, 🌳 — 🛗 📺 ⌷wc ⋔wc ☎ ⟺ ℗. 🆎 ⑩ E 𝖵𝖨𝖲𝖠 ⛷ Rest
März 2 Wochen und 22.- 26. Dez. geschl. — Karte 23/56 (Sonntag ab 14 Uhr geschl.) — **39 Z : 60 B** 50/85 - 99/170 Fb — P 74/109.

🏨 **Zur Post**, Weststr. 4, ✆ 50 20 — ⌷wc ℗
10 Z : 17 B.

In Schmallenberg 3-Bödefeld NO : 17 km — ✆ 02977 :

🏨 **Albers**, Graf-Gottfried-Str. 2, ✆ 2 13, ⓢ, 🔲, 🌳, ⚡ — ⋔wc ☎ ℗
33 Z : 70 B Fb.

🏨 **Haus Fehr**, Graf-Gottfried-Str. 6, ✆ 2 73, ⓢ — ⋔wc ⟺ ℗ — **14 Z : 25 B** Fb.

In Schmallenberg 12-Fleckenberg SW : 2 km

🏨🏨 **Hubertus** ⑤, Latroper Str. 24, ✆ 50 77, 🌳, 🌳 — 🛗 ⌷wc ⋔wc ☎ ⟺ ℗. ⛷
10.- 26. Dez. geschl. — Karte 19,50/50 — **24 Z : 39 B** 52/68 - 95/120 Fb — P 65/72.

🏨 **Gasthof Röhrig**, Hauptstr. 25, ✆ 63 69, ⓢ, 🌳 — ⋔wc ⟺ ℗
16 Z : 29 B.

In Schmallenberg 2-Fredeburg NO : 7 km — Kneippkurort — ✆ 02974 :

🏨🏨 **Kleins Wiese** ⑤, (NO : 2,5 km), ✆ 3 76, ⓢ, 🌳 — ⋔wc ℗. ⛷
20. Nov.- 26. Dez. geschl. — Karte 19/43 — **20 Z : 30 B** 40/45 - 80/90 Fb — P 68/75.

🏨 **Landhaus Knoche** ⑤, In der Schmiedinghausen 36, ✆ 4 37 — ⋔wc ☎ ⟺ ℗
März geschl. — Karte 17/45 (Dienstag geschl.) — **18 Z : 35 B** 40/45 - 80/86 — P 57.

🏨 **Zur Post**, Hochstr. 1, ✆ 70 33 — ⋔wc ☎ ℗
33 Z : 50 B.

✗✗ **Haus Waltraud** mit Zim, Gartenstr. 20, ✆ 2 87 — 📺 ⋔wc — **9 Z : 18 B.**

In Schmallenberg 3-Gellinghausen NO : 15 km :

🏨 **Gasthof Henneke**, ✆ (02977) 3 91 — ⋔wc ☎ ℗
Karte 17/38 — **25 Z : 50 B** 35/42 - 70/80 Fb.

In Schmallenberg 11-Grafschaft SO : 4,5 km — Luftkurort :

🏨🏨🏨 **Sporthotel Droste** ⑤, An der Almert 11, ✆ 10 81, 🌳, ⓢ, 🔲, ✗, 🐎 — 🛗 ⅙ ⟺ ℗ 🧖
🆎 ⑩ E. ⛷ Rest
Karte 19/50 — **116 Z : 210 B** 80/90 - 160/180 Fb — P 106/126.

🏨🏨 **Hochsauerland Stockhausen** ⑤, Am Stünzel 33 (SO : 1 km), ✆ 10 61, Telex 841538, ≤, 🌳, ⓢ, 🔲, 🌳 — ⌷wc ⋔wc ☎ ⟺ ℗ 🧖 ⑩
Karte 26/61 — **53 Z : 91 B** 71/75 - 134/180 Fb — P 87/110.

🏨 **Gasthof Heimes**, Hauptstr. 1, ✆ 10 51, ⓢ — 🛗 ⌷wc ⋔wc ⟺ ℗
15. Nov.- 6. Dez. geschl. — Karte 17,50/33 (Dienstag geschl.) — **15 Z : 30 B** 35/50 - 70/90 — P 45/60.

In Schmallenberg 12-Jagdhaus S : 7 km

🏨🏨🏨 **Jagdhaus Wiese** ⑤, ✆ 4 44, « Park », Massage, ⓢ, 🔲, 🌳, ✗ — 🛗 ⟺ ℗. ⛷
26. Nov.- 27. Dez. geschl. — Karte 21/49 (Abendessen nur für Hausgäste) — **66 Z : 105 B** 60/105 - 118/222 Fb — P 95/146.

🏨 **Gasthaus Tröster** ⑤, ✆ 63 00, 🌳, 🌳, ✗ — ⌷wc ⋔wc ☎ ℗. ⛷
25. Nov.- 27. Dez. geschl. — Karte 17/30 (Abendessen nur für Hausgäste) — **18 Z : 33 B** 50/58 - 96/108 — P 65/74.

🏨 **Haus Lutter** ⑤, ✆ 57 58, ⓢ, 🌳 — ⌷wc ⋔wc ☎ ⟺ ℗. 🆎 ⑩
25. Nov.- 19. Dez. geschl. — Karte 17/28 — **14 Z : 24 B** 38/45 - 71/81 Fb — P 50/61.

In Schmallenberg 12-Latrop SO : 8 km

🏨 **Hanses Bräutigam** ⑤, ✆ 50 37, ⓢ, 🔲, 🌳 — 🛗 ⋔wc ☎ ⟺ ℗. 🆎 ⑩ E
20. Nov.- 25. Dez. geschl. — Karte 16/48 — **25 Z : 41 B** 59/80 - 110/126 Fb — P 78/87.

🏨 **Zum Grubental** ⑤, ✆ 63 27, ⓢ, 🌳, ✗ — ⌷wc ⋔wc ☎ ⟺ ℗
20. Nov.- 26. Dez. geschl. — Karte 19/41 (Montag geschl.) — **19 Z : 32 B** 30/52 - 60/104 — P 50/69.

In Schmallenberg 7-Nordenau NO : 13 km — ✆ 02975 :

🏨🏨🏨 **Gnacke** ⑤, Astenstr. 6, ✆ 4 44, « Terrasse mit ≤ », Bade- und Massageabteilung, 🧖, ⓢ, 🔲, 🌳 — ⌷wc ⟺ ℗ 🧖. 🆎 ⑩ E
20. Nov.- 26. Dez. geschl. — Karte 26/58 — **62 Z : 100 B** 73/100 - 132/200 Fb — P 110/124.

🏨🏨 **Tommes** ⑤, Talweg 14, ✆ 2 20, ⓢ, 🔲, 🌳, ✗ — ⋔wc ☎ ⟺ ℗. 🆎 ⑩ E
20. Nov.- 20. Dez. geschl. — Karte 16/57 — **43 Z : 80 B** 35/75 - 60/150 Fb — P 54/89.

🏨🏨 **Nordenauer Landhaus** ⑤, Sonnenpfad 1a, ✆ 88 32, ≤, ⓢ, 🔲, 🌳 — ⌷wc ⋔wc ☎ ℗
(Rest. nur für Hausgäste) — **14 Z : 26 B** 46/50 - 88/112 — P 56/70.

In Schmallenberg 8-Oberkirchen O : 8 km

🏛 **Schütte**, Eggeweg 2 (B 236), ℰ (02975) 4 23, « Behagliches Restaurant », Massage, ≦s, 🔼 (geheizt), 🔼, 🚗, 🛁 – 🗄 🆗 🅿 – **70 Z : 115 B** Fb.

🏠 **Schauerte**, Alte Poststr. 13 (B 236), ℰ (02975) 3 75, ≦s, 🚗 – 🖵wc 🗄wc 🚗 🅿
Mitte Nov.- Mitte Dez. geschl. – Karte 15/33 *(Montag geschl.)* – **18 Z : 31 B** 40/42 - 80/84 –
P 54/56.

In Schmallenberg 9-Ohlenbach O : 15 km

🏦 **Waldhaus Ohlenbach** 🦌, ℰ (02975) 4 62, ≤ Rothaargebirge, ≦s, 🔼, 🚗, 🎾 – 🆗 🖵wc
🗄wc ☎ 🚗 🅿. 🆎 🕦 🅴 *VISA*. 🛁 Zim
15. Nov.- 20. Dez. geschl. – Karte 28/58 – **50 Z : 90 B** 60/100 - 120/200 Fb – P 80/120.

In Schmallenberg 2-Rimberg NO : 13 km

🏦 **Knoche** 🦌, Höhe 713 m, ℰ (02974) 70 41, ≤, 🏕, ≦s, 🔼, 🚗, 🐎, 🔥 – 🗄 🖵wc 🗄wc ☎
🚗 🅿 🏛. *12.- 27. Dez. geschl.* – Karte 22/54 – **54 Z : 82 B** 49/85 - 98/170 Fb – P 75/105.

In Schmallenberg 11-Schanze SO : 9 km

🏠 **Gasthof Alfons Hanses** 🦌, ℰ (02975) 4 73, ≤, 🏕, ≦s, 🚗 – 🗄wc 🚗 🅿
27. Nov.- 26. Dez. geschl. – Karte 18/32 *(Dienstag geschl.)* – **14 Z : 24 B** 32/38 - 68/72 –
P 45/51.

In Schmallenberg - Sellinghausen N : 14 km :

🏛 **Ferienhotel Stockhausen** 🦌, ℰ (02971) 3 56, 🏕, Waldhütte mit Grillplatz, ≦s, 🔼 (geheizt),
🔼, 🚗, 🎾, 🐎, Kutsch- und Schlittenfahrten – 🗄 🆗 🅿 🏛. 🛁 Rest
64 Z : 103 B Fb.

In Schmallenberg 8-Vorwald O : 13 km :

🏠 **Gasthof Gut Vorwald** 🦌, ℰ (02975) 3 74, ≤, 🚗, 🎾, 🐎, Kutschfahrten – 🗄wc ☎ 🚗 🅿.
🆎 🕦 🅴
15. Nov.- 26. Dez. geschl. – Karte 16/33 – **26 Z : 52 B** 30/42 - 60/84 – P 49/64.

In Schmallenberg 35 -Westernbödefeld NO : 15 km :

🏠 **Zur Schmitte**, Am Roh 2, ℰ (02977) 2 68, ≦s, 🚗, 🎾 – 🗄 🗄wc ☎ 🔥 🚗 🅿 🏛
⬅ *17. Nov.- 6. Dez. geschl.* – Karte 14/34 *(Montag geschl.)* – **17 Z : 32 B** 35 - 75.

In Schmallenberg 9-Westfeld O : 12 km

🏛 **Berghotel Hoher Knochen** 🦌, am Hohen Knochen (O : 2 km), Höhe 650 m, ℰ (02975) 4 97,
≤, ≦s, 🔼, 🚗, 🎾 – 🗄 🆗 🚗 🅿 🏛 🕦 🅴
24. Nov.- 15. Dez. geschl. – Karte 26/60 – **62 Z : 102 B** 60/105 - 120/210 Fb – P 90/110.

🏦 **Bischof** 🦌, Am Birkenstück 3, ℰ (02975) 2 56, ≦s – 🗄wc ☎ 🅿. 🛁 Zim
10.- 24. März geschl. – Karte 17,50/40 *(Mittwoch geschl.)* – **18 Z : 35 B** 40/45 - 80/90 – P 55.

In Schmallenberg 38-Winkhausen O : 6 km :

🏛 **Deimann zum Wilzenberg**, an der B 236, ℰ (02975) 8 10, Bade- und Massageabteilung,
🔥, 🔼, 🚗, 🎾, 🐎 – 🗄 🆗 🅿 🔥 🚗 🅿
24. Nov.- 25. Dez. geschl. – Karte 23/54 – **42 Z : 76 B** 50/100 - 100/180 Fb – 7 Appart. 86/150
– P 75/110.

SCHMELZ 6612. Saarland 🔢 🔢 ②, 🔢 ⑥ – 17 400 Ew – Höhe 300 m – 🟢 06887.
♦Saarbrücken 30 – Dillingen/Saar 17 – Saarlouis 20 – ♦Trier 52.

🍴 **Staudt** mit Zim, Trierer Str. 17, ℰ 21 45 – 🅿
Juni - Juli 2 Wochen geschl. – Karte 17/37 *(Freitag geschl.)* 🍴 – **2 Z : 3 B** 25 - 50.

In Schmelz 5-Hüttersdorf SW : 3 km:

🍴🍴 **Wilhelm**, Kanalstr. 3a, ℰ 25 84 – 🆎 🕦 🅴
wochentags nur Abendessen, Dienstag und Juni - Juli 3 Wochen geschl. – Karte 31/64
(Tischbestellung ratsam).

SCHMIDMÜHLEN 8456. Bayern 🔢🔢🔢 ㉗ – 2 500 Ew – Höhe 356 m – Erholungsort – 🟢 09474.
♦München 160 – Amberg 23 – ♦Nürnberg 79 – ♦Regensburg 38.

🏠 **Rasthaus Oberpfälzer Jura**, Rosenstr. 2, ℰ 3 43, 🏕 – 🗄 🚗 🅿 – **16 Z : 24 B**.

SCHMIDTSTADT Bayern siehe Etzelwang.

SCHMITTEN IM TAUNUS 6384. Hessen – 7 800 Ew – Höhe 440 m – Luftkurort – 🟢 06084.
Ausflugsziel : Großer Feldberg : ❄❄ S : 8 km.
🛈 Verkehrsamt, Parkstr. 2, ℰ 5 79.
♦Wiesbaden 37 – ♦Frankfurt am Main 37 – Gießen 55 – Limburg an der Lahn 39.

🏦 **Kurhaus Ochs**, Kanonenstr. 6, ℰ 5 59, ≦s, 🔼, 🚗 – 🖵 🗄wc ☎ 🚗 🅿 🏛. 🅴
Karte 22/53 – **40 Z : 60 B** 45/75 - 78/105 Fb – P 72/85.

🏠 **Haus Freund**, Wiesensteg 2, ℰ 5 38 – 🗄wc ☎ 🅿 🏛 – **38 Z : 58 B**.

In Schmitten 1-Arnoldshain SO : 1 km :

🏨 Haus Hattstein Ⓜ ⤶, Schöne Aussicht 9, 🖉 35 11 — 🏧wc Ⓟ
12 Z : 23 B.

In Schmitten 3-Oberreifenberg SW : 4 km — Höhe 650 m :

🏠 **Waldhotel** ⤶, Tannenwaldstr. 12 (O : 1 km), 🖉 (06082) 6 42, « Gartenterrasse », 🐎 — 🏧wc
🕿 ⟺ Ⓟ 🛁. Ⓔ
Karte 18,50/45 — **26 Z : 40 B** 58/78 - 92/110 — P 75/82.

🏠 **Haus Reifenberg** ⤶, Vorstadt 5, 🖉 (06082) 21 10, 🍴, 🍴, 🐎 — 📺 🛏wc 🏧wc 🕿 ⟺
🔶 🛁. ❄ Zim
15. Nov.-24. Dez. geschl. — Karte 14/43 *(Dienstag geschl.)* — **20 Z : 30 B** 29/50 - 46/90 —
6 Appart. 28/60 — P 50/63.

Auf dem Sandplacken SO : 5 km — Höhe 670 m :

🏠 **Sandplacken**, ✉ 6384 Schmitten 1-Arnoldshain, 🖉 (06084) 5 41 — 🛏wc 🏧wc ⟺ Ⓟ
15. Juni - 1. Juli und 15.- 31. Dez. geschl. — Karte 17/54 *(nur Abendessen)* — **27 Z : 40 B** 39/70 -
74/99.

SCHNAITTACH 8563. Bayern — 6 900 Ew — Höhe 352 m — ✪ 09153.

◆München 178 — Amberg 49 — Bayreuth 55 — ◆Nürnberg 32.

🏠 **Kampfer**, Fröschau 1, 🖉 2 39, 🍴, 🐎 — 🛏wc 🏧wc ⟺ 🛁. ⓪
🔶 *15. Dez.- 15. Jan. geschl.* — Karte 14/35 *(Freitag geschl.)* 🍷 — **30 Z : 43 B** 29/44 - 50/70.

In Schnaittach 2-Osternohe N : 5 km — Höhe 596 m :

🏠 **Igelwirt** ⤶, Igelweg 6, 🖉 2 97, ≼, 🍴 — 🛏wc 🏧wc Ⓟ 🛁. ⓪
🔶 Karte 11,50/32 *(Montag geschl.)* — **27 Z : 48 B** 28/37 - 54/66 — P 36/42.

♧ **Goldener Stern**, An der Osternohe 2, 🖉 75 86, 🍴, 🐎 — 🛏wc 🏧wc Ⓟ
🔶 Karte 11/24 *(Donnerstag geschl.)* 🍷 — **18 Z : 35 B** 25/32 - 50/64.

An der Autobahn A 9 Bayreuth-Nürnberg :

🏠 **Autobahnraststätte Hienberg**, ✉ 8563 Schnaittach, 🖉 (09155) 2 66, ≼, 🍴 — 🛏wc 🏧wc
🛁 Ⓟ
Karte 17/35 — **15 Z : 24 B** 56/70 - 79/96.

Nördlich der Autobahnausfahrt Hormersdorf NO : 11 km :

🏨 **Schermshöhe u. Berghof**, ✉ 8571 Betzenstein, 🖉 (09244) 2 60, 🍴, 🍴, 🏔, 🐎 — 🛏wc
🔶 🏧wc 🕿 ⟺ Ⓟ 🛁. Ⓔ
28. Okt.- 5. Dez. geschl. — Karte 14,50/34 🍷 — **49 Z : 82 B** 28/56 - 50/92.

SCHNEVERDINGEN 3043. Niedersachsen 🇩🇪🇩🇪 ⑮ — 16 800 Ew — Höhe 85 m — Luftkurort —
✪ 05193.

🅸 Verkehrsamt, Schulstr. 6a, 🖉 70 66.

◆Hannover 97 — ◆Bremen 74 — ◆Hamburg 63.

🏨 **Landhaus Höpen** ⤶, Höpener Weg 13, 🖉 10 31, Telex 924153, ≼, 🍴, 🏔, 🐎 — 📺 Ⓟ 🛁.
Ⓔ
Karte 34/76 — **42 Z : 73 B** 104/184 - 168/258 Fb — 3 Appart. 80/120.

♧ **Stradtmann's-Hotel**, Verdener Str. 15, 🖉 12 68 — 🏧wc ⟺ Ⓟ. ❄ Zim
14 Z : 18 B.

In Schneverdingen-Barrl NO : 7,5 km :

🏠 **Hof Barrl**, an der B 3, 🖉 (05198) 3 51, 🍴, 🐎 — 📺 🏧wc ⟺ Ⓟ
6. Jan.- 6. Feb. geschl. — Karte 18/42 *(Dienstag geschl.)* — **10 Z : 16 B** 27/40 - 60/75.

In Schneverdingen-Lünzen W : 6 km :

🏠 **Landhaus Birkenhof** ⤶, Birkenhain 10, 🖉 60 95, 🏔, 🐎 — 🏧wc 🕿 Ⓟ
🔶 *Mitte Nov.- Mitte Dez. geschl.* — Karte 14/40 *(Mitte Sept. - Mitte Juli Dienstag geschl.)* —
16 Z : 30 B 30/55 - 50/110 — P 50/75.

SCHÖLLANG Bayern siehe Oberstdorf.

SCHÖMBERG (Kreis Freudenstadt) Baden-Württemberg siehe Lossburg.

SCHÖMBERG (Zollernalbkreis) 7464. Baden-Württemberg — 3 250 Ew — Höhe 670 m —
✪ 07427.

◆Stuttgart 90 — Rottweil 13 — Tübingen 46.

♧ **Pension Kern**, Egertstr. 24, 🖉 26 08 — 🏧 Ⓟ
20. Dez.- 7. Jan. geschl. — *(nur Abendessen für Hausgäste)* — **10 Z : 15 B** 25/28 - 46/50.

SCHÖMBERG (Kreis Calw) 7542. Baden-Württemberg — 7 500 Ew — Höhe 633 m — Heilklimatischer Kurort — ✿ 07084.

🛈 Kurverwaltung, Rathaus, 𝄢 71 11.

♦Stuttgart 74 — Calw 15 — Pforzheim 24.

🏨 **Mönch's Lamm,** Hugo-Römpler-Str. 21, 𝄢 4 12 — 🛗 ⌷wc ⋔wc ☎ 🅿 🕸
  3.- 25. Jan. geschl. — Karte 19/45 🍴 — **40 Z : 50 B** 56/70 - 112/130 — P 93/107.

🏨 **Krone,** Liebenzeller Str. 15, 𝄢 70 77, 🐎 — 🛗 ⌷wc ⋔wc 🅿 ⟷ 🅿 🕸 . 𝔸𝔼 ⓞ 𝔈
  Karte 16,50/47 — **40 Z : 65 B** 30/50 - 60/100 Fb — P 50/70.

🏠 **Café Burkhardt,** Schillerstr. 5, 𝄢 3 58 — ⋔wc
  (Rest. nur für Hausgäste) — **15 Z : 22 B**.

  In Schömberg 3-Langenbrand NW : 2 km — Luftkurort:

🏠 **Schwarzwald-Sonnenhof** garni, Salmbacher Str. 35, 🐎 — ⌷wc ⋔wc 🅿 . 🕸
  21 Z : 41 B 38 - 68 Fb.

🏠 **Ehrich,** Schömberger Str. 26, 𝄢 77 12, 🛋, 🍴, 🐎 — ⋔wc 🅿 🕸
  32 Z : 52 B Fb.

🏠 **Hirsch,** Forststr. 4, 𝄢 75 27, 🛋 — ⌷wc ⋔wc ⟷ 🅿
  Nov. geschl. — Karte 16/30 *(Donnerstag geschl.)* — **15 Z : 25 B** 30/40 - 58/78 — P 50/54.

🏠 **Café Waldblick** garni, Zum Felsenmeer 3, 𝄢 61 43 — ⋔wc 🅿
  16 Z : 35 B — 2 Appart.

  In Schömberg 5-Oberlengenhardt SO : 3 km — Erholungsort :

🏠 **Ochsen,** Burgweg 3, 𝄢 70 65, 🐎 — ⋔wc ☎ 🅿 . 𝔈
  Karte 18/49 — **14 Z : 28 B** 39/48 - 70/78 — P 56/69.

SCHÖNAICH Baden-Württemberg siehe Böblingen.

SCHÖNAU a. d. BREND 8741. Bayern — 1 200 Ew — Höhe 310 m — ✿ 09775.

♦München 356 — ♦Bamberg 95 — Fulda 47 — ♦Würzburg 88.

🏠 **Im Krummbachtal** 🐌, Krummbachstraße, 𝄢 7 11, 🐎 — ⌷wc ⋔wc ☎ 🅿
  Karte 24/45 *(Montag geschl.)* — **27 Z : 65 B** 40 - 80 Fb — P 55.

🛅 **Krone,** Rhönstr. 57 (B 279), 𝄢 2 58, 🐎 — ⋔wc ⟷ 🅿
  17. Feb.- 7. März geschl. — Karte 16/32 — **18 Z : 28 B** 26/30 - 40/60.

SCHÖNAU AM KÖNIGSSEE 8240. Bayern — 5 200 Ew — Höhe 620 m — Heilklimatischer Kurort
  — Wintersport : 560/1 100 m ⚡1 ⚡6 ⚡3 — ✿ 08652 (Berchtesgaden).

Ausflugsziele : Königssee★★ S : 2 km — St. Bartholomä : Lage★ (nur mit Schiff ab Königssee erreichbar).

🛈 Verkehrsbüro, Untersteiner Str. 20, 𝄢 17 60.

♦München 159 — Berchtesgaden 5 — Bad Reichenhall 23 — Salzburg 28.

  Im Ortsteil Faselsberg :

🏯 **Kur- und Sporthotel Alpenhof** Ⓜ 🐌, Richard-Voss-Str. 30, 𝄢 6 10 51, Telex 56210, ≼,
  Bade- und Massageabteilung, 🔥, 🛋, ⊠, 🐎 — 🛗 🍴 Rest 📺 🅿 🕸 . ⓞ 𝔈 . 🕸 Rest
  Nov.- 15. Dez. geschl. — Karte 21/47 — **46 Z : 80 B** 85/135 - 164/205 Fb (Halbpension).

  Im Ortsteil Königssee 🈹 🈺 :

🏠 **Schiffmeister** 🐌 garni, Seestr. 34, 𝄢 40 15, ≼, 🐎 — 🛗 ⌷wc ⋔wc 🅿 . 𝔸𝔼 𝔈
  Nov.- 25. Dez. geschl. — **30 Z : 60 B** 39/51 - 50/150.

  Im Ortsteil Oberschönau :

🏯 **Stoll's Hotel Alpina** 🐌, Ulmenweg 14, 𝄢 50 91, ≼ Kehlstein, Hoher Göll, Watzmann und
  Hochkalter, « Garten », Bade- und Massageabteilung, 🛋, 🔥 (geheizt), ⊠, 🐎 — 🅿 . 𝔸𝔼 ⓞ
  𝔈 𝚅𝙸𝚂𝙰
  5. Nov.- 10. Dez. geschl. — Karte 19/50 — **50 Z : 100 B** 60/120 - 90/160 — P 75/130.

🏨 **Zechmeisterlehen** 🐌, Wahlstr. 35, 𝄢 38 97, ≼, 🔥, ⊠, 🐎 — ⌷wc ⋔wc ☎ 🅿
  Nov.- 15. Dez. geschl. — (nur Abendessen für Hausgäste) — **34 Z : 55 B** 62/70 - 84/176 Fb.

🏨 **Georgenhof** 🐌, Modereggweg 21, 𝄢 29 15, ≼ Hoher Göll, Watzmann und Hochkalter, 🐎
  — ⌷wc ⋔wc ☎ ♿ 🅿 . 🕸 Rest
  Nov.- 15. Dez. geschl. — (Rest. nur für Hausgäste) — **18 Z : 32 B** 42/60 - 80/114.

  Im Ortsteil Schwöb :

🏠 **Café Waldstein** 🐌, Königsseefußweg 17, 𝄢 24 27, 🛋, 🐎 — ⋔ ⟷ 🅿
  Mai - 15. Okt. — Karte 13/35 *(Montag geschl.)* 🍴 — **22 Z : 40 B** 36/46 - 64/80 Fb.

  Im Ortsteil Unterschönau :

🏠 **Köppleck** 🐌, Köpplwald 15, 𝄢 6 10 66, ≼ Kehlstein, Jenner und Watzmann, 🛋 — 📺
  ⌷wc ⋔wc ☎ 🅿 . 𝔈
  Mai - Okt. — Karte 18/43 — **22 Z : 42 B** 45/52 - 90 Fb.

🏠 **Hochwald** 🐌 garni, Im Hochwald 4, 𝄢 40 31, 🐎 — ⋔wc ☎ ⟷ 🅿
  22 Z : 43 B 50/54 - 80/110 Fb — 5 Appart. 65/120.

696

SCHÖNAU IM SCHWARZWALD 7869. Baden-Württemberg 987 ㉞. 242 ㊳ ㊵. 87 ⑧⑨ —
2 300 Ew — Höhe 542 m — Luftkurort — Wintersport : 800/1 414 m ⟋3 ⟋4 — ✦ 07673.

Ausflugsziel : Belchen ❄ ★★★, NW : 14 km.

🛈 Kurverwaltung, Haus des Gastes, Gentnerstr. 2a, ℰ 4 08.

◆Stuttgart 186 — Basel 42 — Donaueschingen 63 — ◆Freiburg im Breisgau 38.

- 🏠 **Kirchbühl** ⟆, Kirchbühlstr. 6, ℰ 2 40, 🍴 — ᐯwc ☎ 🅿. ⓞ E 𝑉𝐼𝑆𝐴 ✼ Zim
  18. Nov.- 7. Dez. geschl. — Karte 17,50/47 (Dienstag geschl.) ⅃ — **10 Z : 19 B** 41 - 74 Fb — P 55.

- 🏠 **Ochsen**, Talstr. 11, ℰ 2 01, Biergarten — ᐯwc ⇔ 🅿. ᴬᴱ ⓞ E
  Mitte - Ende Jan. geschl. — Karte 24/56 (Sept.- Mitte Juli Mittwoch geschl.) ⅃ — **10 Z : 17 B**
  40/42 - 78 — P 54.

- 🏠 **Vier Löwen**, Talstr. 18, ℰ 2 35 — ᐯwc 🅿
  Karte 17/40 (Montag geschl.) ⅃ — **7 Z : 14 B** 36/38 - 70 — P 50.

  In Tunau 7869 SO : 3 km :

- ☎ **Zur Tanne** ⟆, Alter Weg 4, ℰ (07673) 3 10, ≤, 🏛, ⟥, ☛ — ᐯwc 🅿
  Ende Nov.- Mitte Dez. geschl. — Karte 17/35 (Dienstag geschl.) ⅃ — **15 Z : 25 B** 38/46 - 66/82
  — P 53/58.

  Auf dem Belchen NW : 14 km — Höhe 1 413 m :

- ☎ **Berghotel Belchenhaus** ⟆, ✉ 7869 Schönau, ℰ (07673)2 81, ≤ Schwarzwaldberge,
  Schweizer Alpen und Vogesen — 🅿. E
  Karte 20/53 (Nov.- April Montag geschl.) — **29 Z : 41 B** 35/40 - 62/70 — P 68.

SCHÖNAU (RHEIN-NECKAR-KREIS) 6901. Baden-Württemberg — 4 600 Ew — Höhe 175 m —
✦ 06228 — ◆Stuttgart 115 — Heidelberg 18 — Mosbach 43.

- ✕✕ **Pfälzer Hof** mit Zim, Ringmauerweg 1, ℰ 82 88, « Haus mit behaglicher Einrichtung » —
  ᐯwc ☎ 🅿 🆊. ᴬᴱ ⓞ E 𝑉𝐼𝑆𝐴
  Aug. geschl. — Karte 25/85 (Montag - Dienstag geschl.) — **12 Z : 20 B** 40/60 - 75/100.

  In Schönau-Altneudorf N : 3 km :

- ✕ **Deutscher Kaiser** mit Zim, Altneudorfer Str. 117, ℰ 82 74, ☛ — 🅿
- ← Anfang - Mitte Jan. geschl. — Karte 13/45 (Montag geschl.) ⅃ — **6 Z : 12 B** 24 - 48 — P 34.

SCHÖNBERG 8351. Bayern 987 ㉘. 426 ⑦ — 3 500 Ew — Höhe 565 m — Luftkurort —
Wintersport : 650/700 m ⟋1 ⟋1 — ✦ 08554 — 🛈 Verkehrsamt, Rathaus, ℰ 8 21.

◆München 181 — Cham 74 — Deggendorf 38 — Passau 34.

- 🏨 **Unterer Markt**, Unterer Marktplatz 12, ℰ 5 75, 🏛, ⟥, ☛ — ▐ ⇔wc ᐯwc ☎ 🅿. ᴬᴱ ⓞ E
- ← Karte 13,50/38 — **18 Z : 40 B** 42/48 - 74/90 Fb — P 60.

- 🏠 **Zur Post**, Marktplatz 19, ℰ 14 12 — ⇔wc ᐯwc ☎ ⇔ 🅿
- ← Nov. geschl. — Karte 12,50/30 (Okt.- April Samstag geschl.) — **28 Z : 56 B** 31/41 - 54/56 —
  P 42/44.

- 🏠 **Bayerischer Hof**, Marktplatz 13, ℰ 3 06, Massage, 🏛, ⟥, ☛ — ᐯwc 🅿
- ← 15.- 30. Nov. geschl. — Karte 11/25 (Sonntag ab 14 Uhr geschl.) — **65 Z : 110 B** 35 - 60 — P 48.

- 🏠 **Dorfner**, Marktplatz 3, ℰ 8 95 — ᐯwc 🅿
- ← 20. Okt.- 16. Nov. geschl. — Karte 12,50/27 (Freitag geschl.) — **10 Z : 21 B** 26/28 - 48/52 —
  P 41/43.

SCHÖNBERG 2306. Schleswig-Holstein 987 ⑤ — 4 200 Ew — Höhe 18 m — Erholungsort —
✦ 04344 — 🛈 Kurverwaltung, Rathaus, ℰ 20 52.

◆Kiel 26 — Lütjenburg 22 — Preetz 19.

  In Kalifornien 2306 N : 5 km :

- 🏠 **Kalifornien** ⟆, Deichweg 3, ℰ (04344) 13 88, 🍴 — ᐯwc ☎ 🅿. ✼ Zim
  14 Z : 30 B — 2 Appart.

SCHÖNBORN, BAD 7525. Baden-Württemberg 987 ㉕ — 8 500 Ew — Höhe 110 m — Heilbad —
✦ 07253.

🛈 Kurverwaltung, Rathaus Mingolsheim, ℰ 44 96.

◆Stuttgart 79 — Heidelberg 25 — Heilbronn 51 — ◆Karlsruhe 37.

  In Bad Schönborn - Langenbrücken :

- 🏨 **Quellenhof** Ⓜ, Östringer Str. 40, ℰ 40 60, Telex 782106, 🍴, 🏛, ⟥ — ▐ ⇔wc ᐯwc 🅿 🆊
- ← ⇔ 🅿 🆊
  Karte 14/41 — **26 Z : 48 B** 60 - 90 Fb.

- 🏠 **Peters** ⟆ garni, Franz-Peter-Sigel-Str. 39, ℰ 68 56, 🏛, ☛ — ᐯwc 🆊 🅿. ⓞ E. ✼
  20 Z : 36 B 35/47 - 70 Fb.

- 🏠 **Monica** garni, Kirchbrändelring 42, ℰ 40 16, ☛ — ᐯwc ☎ 🅿. ✼
  13 Z : 26 B 55 - 76 Fb.

- 🏠 **Zu den Drei Königen**, Huttenstr. 2, ℰ 60 14 — ᐯwc ☎ 🅿
  Karte 17/38 — **8 Z : 11 B** 55 - 84.

In Bad Schönborn - Mingolsheim :

🏠 **Gästehaus Prestel** ॐ garni, Beethovenstr. 20, 🕿 41 07, 🛥 – 🏰wc 🕿 🅿. ⅋. 🛪
20 Z : 30 B 35 - 60 Fb.

🏠 **Erck**, Heidelberger Str. 22 (B 3), 🕿 51 51, 🛳 – 🏰wc 🅿 🕮
Karte 15/44 *(Nov.- Feb. Sonntag ab 15 Uhr geschl.)* – **17 Z : 27 B** 43/50 - 70 – P 60.

🏠 Zum Hirsch, Friedrichstr. 75, 🕿 48 16 – 🏰wc 🕿 🅿
8 Z : 16 B.

✗✗ **Falkenhorst** (rustikales Rest. in umgebautem Bauernhof), Leopoldstr. 10, 🕿 18 88, 🛳 –
⅋
nur Abendessen, Mittwoch und 2.- 20. Jan. geschl. – Karte 17/46.

✗ **Schweizer Stube**, Friedrichstr. 48, 🕿 46 85
━ *22. Juli - 10. Aug. und Freitag geschl.* – Karte 14,50/46 🍷.

SCHÖNBRUNN 6936. Baden-Württemberg – 2 300 Ew – Höhe 377 m – ✪ 06262.
◆Stuttgart 114 – Heidelberg 28 – Heilbronn 62 – Neckarsteinach 17.

In Schönbrunn-Schwanheim SO : 3 km – Erholungsort :

🏠 **Fischer's Inn** ॐ, Höhenstr. 2, 🕿 10 88, ≤, 🛥 – 🏰wc ⟸ 🅿. ⅋. ⊚
27. Jan.- 13. Feb. geschl. – Karte 17,50/45 *(Dienstag geschl.)* – **10 Z : 20 B** 35 - 60 – P 55.

SCHÖNBUSCH (Park) Bayern. Sehenswürdigkeit siehe Aschaffenburg.

SCHÖNECKEN 5541. Rheinland-Pfalz 🎃🎃 🎃. 🎃🎃🎃 ⑦ – 1 900 Ew – Höhe 400 m – ✪ 06553.
Mainz 199 – Euskirchen 76 – Prüm 7,5 – ◆Trier 56.

🏠 **Burgfrieden** ॐ, Rammenfeld 6, 🕿 22 09, ≤, 🛳 – 🏰wc ⟸ 🅿
Karte 15/35 – **22 Z : 36 B** 40 - 70.

🏠 **Zum Goldenen Stern**, Teichstr. 39 (B 51), 🕿 23 83 – 🏰 ⟸ 🅿
━ Karte 13,50/22 *(Donnerstag geschl.)* – **15 Z : 24 B** 25/35 - 50/60.

SCHÖNEGRÜND Baden-Württemberg siehe Baiersbronn.

SCHÖNHAGEN Schleswig-Holstein siehe Liste der Feriendörfer.

SCHÖNMÜNZACH Baden-Württemberg siehe Baiersbronn.

SCHÖNSEE 8476. Bayern 🎃🎃🎃 ⑦ – 2 700 Ew – Höhe 656 m – Erholungsort – Wintersport :
650/800 m ⚡5 ⚡6 – ✪ 09674.
🛈 Rathaus, 🕿 4 18.
◆München 235 – Cham 56 – ◆Nürnberg 136 – Weiden in der Oberpfalz 51.

🏨 **St. Hubertus** ॐ, Hubertusweg 1, 🕿 4 15, Telex 631825, ≤, 🛳, « Jagdmuseum », 🖙, 🄽,
🛥, ✗ – 🄫 🗂wc 🏰wc ⟸ 🅿 ⅋. ⊙. 🛪
15. Nov.- 15. Dez. geschl. – Karte 15/41 🍷 – **103 Z : 178 B** 35/61 - 62/96 Fb – 25 Ferienhäuser
36/60 – P 61/85.

🏠 **Brauereigasthof Haberl**, Hauptstr. 9, 🕿 2 14 – 🏰wc ⟸ 🅿
15 Z : 31 B.

In Schönsee 3-Gaisthal SW : 6 km :

🏠 **Gaisthaler Hof**, Schönsee Str. 16, 🕿 2 38, 🛳, 🛥, 🐎. (Reitschule) – 🏰wc 🅿
13 Z : 25 B.

✗✗ Zum Holzschnitzer mit Zim, Frauensteinstr. 2, 🕿 2 68 – 🗂wc 🏰wc 🕿 🅿
7 Z : 11 B.

In Stadlern 8471 O : 7,5 km :

🏠 **Pension Schwalbenhof** ॐ, Weidinger Str. 139, 🕿 (09674) 3 56, ≤, 🖙, 🄽, 🛥 – 🗂wc
🏰wc 🅿
15. Okt.- 15. Dez. geschl. – (Rest. nur für Hausgäste) – **19 Z : 37 B** 30/40 - 60.

SCHÖNTAL 7109. Baden-Württemberg – 5 700 Ew – Höhe 215 m – ✪ 07943.
Sehenswert : Ehemalige Klosterkirche★ (Alabasteraltäre★★) – Klosterbauten (Ordenssaal★).
◆Stuttgart 86 – Heilbronn 44 – ◆Würzburg 67.

In Kloster Schöntal :

🏠 **Pension Zeller** ॐ garni, Honigsteige 23, 🕿 6 00, 🛥 – 🏰wc ⟸ 🅿. 🛪
17 Z : 34 B 23/32 - 40/56.

Benutzen Sie auf Ihren Reisen in Europa
die **Michelin-Länderkarten** 1:400 000 und 1:1 000 000.

SCHÖNWALD 7741. Baden-Württemberg 9⃝8⃝7⃝ ㉞ ㉟ — 2 500 Ew — Höhe 988 m — Heilklimatischer Kurort — Wintersport : 950/1 150 m ≰5 ≰5 ⚙ — ☎ 07722 (Triberg).

🛈 Kurverwaltung, Rathaus, ℰ 40 46.

♦Stuttgart 146 — Donaueschingen 37 — ♦Freiburg im Breisgau 56 — Offenburg 63.

🏨 **Dorer** ⌂, Franz-Schubert-Str. 20, ℰ 10 66, 🔲, 🐟 — 📺 ➡wc 🏛wc ⟸ 🅿. 🆎 ⓪ 🅴 𝚅𝙸𝚂𝙰.
   ⌘ Rest
   Nov.- 15. Dez. geschl. — (Rest. nur für Hausgäste) — **20 Z : 34 B** 50/60 - 100/120 Fb — P 73/81.

🏨 **Zum Ochsen**, Ludwig-Uhland-Str. 18, ℰ 41 24, ≤, 🕿, 🔲, 🐟, ✕ — 📺 🏛wc ☎ ⟸ 🅿. 🆎
   ⓪ 🅴 𝚅𝙸𝚂𝙰. ⌘ Rest
   22. Nov.- 15. Dez. geschl. — Karte 24/62 (Dienstag - Mittwoch 17 Uhr geschl.) — **39 Z : 86 B**
   47/93 - 88/156 Fb — P 89/135.

🏨 **Landgasthof Falken**, Hauptstr. 5, ℰ 43 12 — 🏛wc ☎ ⟸ 🅿. 🆎 🅴 𝚅𝙸𝚂𝙰
   15. Nov.- 18. Dez. geschl. — Karte 18/50 (Donnerstag geschl.) — **15 Z : 28 B** 44/50 - 88/100 Fb
   — P 70/76.

🏨 **Bäuerle** ⌂, Anton-Bruckner-Str. 3, ℰ 41 21, ≤, 🐟 — 📺 ➡wc 🏛wc ⟸ 🅿
   11. Nov.- 15. Dez. geschl. — Karte 20/47 (Dienstag geschl.) — **19 Z : 35 B** 48/58 - 96/104 Fb —
   P 72/76.

🏨 **Pension Silke** ⌂, garni, Feldbergstr. 8, ℰ 60 81, ≤, 🕿, 🔲, 🐟 — 🏛wc ☎ 🅿
   Nov.- 24. Dez. geschl. — **32 Z : 52 B** 34/40 - 66/80 Fb.

🏨 **Landhaus Karoline** ⌂, garni, Goethestr. 8, ℰ 51 91, 🕿, 🐟 — ➡wc 🏛wc
   15 Z : 30 B 35/40 - 66/70.

SCHÖNWALD Bayern siehe Selb.

SCHÖNWALDE AM BUNGSBERG 2437 Schleswig-Holstein 9⃝8⃝7⃝ ⑥ — 2 300 Ew — Höhe 100 m — Erholungsort — ⚙ 04528.

♦Kiel 53 — ♦Lübeck 44 — Neustadt in Holstein 11 — Oldenburg in Holstein 17.

🏨 **Café Feldt** garni, Am Lachsbach 3, ℰ 2 31, 🐟 — 📺 🏛wc ⟸ 🅿. ⌘
   Nov. geschl. — **20 Z : 40 B** 33/42 - 60/75.

   In Kirchnüchel 2427 NW : 5,5 km :

✕✕ **Zur Marienquelle** mit Zim, ℰ (04528) 7 75 — 🅿. ⌘
   1.- 20. Okt. geschl. — Karte 37/57 (Tischbestellung ratsam) (Dienstag geschl.) — **3 Z : 6 B** 40/45
   - 80/90.

SCHÖPPINGEN 4437. Nordrhein-Westfalen — 6 000 Ew — Höhe 94 m — ⚙ 02555.

♦Düsseldorf 133 — Enschede 31 — Münster (Westfalen) 33 — ♦Osnabrück 74.

🏨 **Zur Alten Post**, Hauptstr. 82, ℰ 2 22 — ➡wc 🏛wc ⟸ 🅿. 🆎 ⓪ 🅴
   Karte 16/44 (Mittwoch geschl.) — **14 Z : 24 B** 35/40 - 70/80.

   In Schöppingen-Eggerode S : 4 km :

🏨 **Haus Tegeler**, Vechtestr. 24, ℰ (02545) 6 97 — ➡wc 🏛wc 🅿. ⌘ Zim
   15. Jan.- 15. Feb. geschl. — Karte 16,50/32 (Donnerstag geschl.) — **10 Z : 16 B** 35 - 70.

🏨 Winter, Gildestr. 3, ℰ (02545) 2 55, 🍴 — 🏛wc ⟸ 🅿
   9 Z : 17 B.

SCHOLLBRUNN 8771. Bayern — 800 Ew — Höhe 392 m — Erholungsort — ⚙ 09394.

♦München 325 — Aschaffenburg 34 — Wertheim 11 — ♦Würzburg 49.

🏨 **Benz** ⌂, Am Herrengrund 1, ℰ 2 92, 🕿, 🔲, 🐟 — ➡wc 🏛wc ⟸ 🅿 🛄. ⌘ Zim
   20. Jan.- 23. Feb. geschl. — Karte 16,50/32 (Donnerstag geschl.) ⚹ — **30 Z : 60 B** 50/58 - 96.

🏨 **Zur Sonne**, Brunnenstr.1, ℰ 3 44, 🐟 — 🏛wc 🅿
   Nov. geschl. — Karte 13/33 (Dienstag geschl.) ⚹ — **38 Z : 76 B** 35/45 - 55/75 — P 38/45.

SCHONACH 7745. Baden-Württemberg — 5 000 Ew — Höhe 885 m — Luftkurort — Wintersport : 900/1 152 m ≰4 ≰4 — ⚙ 07722 (Triberg).

🛈 Kurverwaltung, Haus des Gastes, Hauptstraße, ℰ 60 33.

♦Stuttgart 143 — Offenburg 60 — Triberg 4 — Villingen-Schwenningen 30.

🏨 **Rebstock**, Sommerbergstr. 10, ℰ 53 27, ≤, 🔲 — 🛗 🏛wc ⟸ 🅿. 🆎 ⓪ 🅴
   26. Okt.- 23. Nov. geschl. — Karte 18/42 (Dienstag geschl.) ⚹ — **25 Z : 44 B** 36/45 - 72/90 Fb —
   P 56/65.

🏨 **Lamm**, Hauptstr. 21, ℰ 53 06 — 🏛wc ☎ 🅿. ⌘ Zim
   19 Z : 32 B.

🏨 **Schloßberg**, Sommerbergstr. 28, ℰ 53 33, 🐟 — 🛗 🏛wc ⟸
   15. Nov.- 15. Dez. geschl. — Karte 18/43 — **32 Z : 60 B.**

🏨 **Schwanen**, Hauptstr. 18, ℰ 52 96, 🍴 — 🏛wc ☎ ⟸ 🅿. 🆎 🅴 𝚅𝙸𝚂𝙰
   Nov. geschl. — Karte 18/39 (Montag geschl.) — **20 Z : 35 B** 42/48 - 72/80 — P 57/67.

✕✕ **Michel's Restaurant**, Triberger Str. 42, ℰ 55 16 — 🅴
   Montag 15 Uhr- Dienstag geschl. — Karte 22/50.

SCHONDORF AM AMMERSEE 8913. Bayern 426 ⑯ — 2 300 Ew — Höhe 538 m — Luftkurort — 🕿 08192.

Sehenswert : Ammersee★.

🛈 Verkehrsbüro, Rathausplatz 1. 𝒫 2 26.

♦München 42 — Garmisch-Partenkirchen 75 — Landsberg am Lech 19 — Utting am Ammersee 3.

XX **Zur Post** 🐌 mit Zim, Bahnhofstr. 2, 𝒫 2 17, ≤, **Biergarten** — 🚗 🅿. 🎇 Zim
   4 Z : 6 B.

SCHONGAU 8920. Bayern 987 ㊲, 426 ⑯ — 10 900 Ew — Höhe 710 m — Erholungsort — 🕿 08861.

🛈 Verkehrsverein, Bahnhofstr. 44. 𝒫 72 16.

♦München 83 — Füssen 36 — Garmisch-Partenkirchen 50 — Landsberg am Lech 27.

🏬 **Holl** 🐌, Altenstädter Str. 39, 𝒫 72 92, ≤ — 📺 🛏wc 🛁wc 🕿 🅿. 🏧 ⓘ 🇪 VISA. 🎇
   Karte 19/46 *(Samstag - Sonntag geschl.)* — **25 Z : 50 B** 70 - 120 Fb.

🏠 **Alte Post**, Marienplatz 19, 𝒫 80 58 — 🛏wc 🕿
   24. Dez.- 7. Jan. geschl. — Karte 15/32 *(Samstag geschl.)* — **28 Z : 57 B** 38/65 - 76/114 Fb —
   P 60/77.

SCHOPFHEIM 7860. Baden-Württemberg 987 ㊲, 216 ⑤, 427 ④ ⑤ — 16 000 Ew — Höhe 374 m — 🕿 07622.

🛈 Verkehrsamt, Hauptstr. 31. 𝒫 39 61 16.

♦Stuttgart 275 — Basel 23 — ♦Freiburg im Breisgau 79 — Zürich 77.

🏠 **Zum Statthalter von Schopfheim**, Wehrer Str. 36 (B 518), 𝒫 70 84 — 🛏wc 🚗 🅿.
   🎇 Zim
   Karte 17/35 *(Jugoslawische Küche, Samstag geschl.)* 🍴 — **18 Z : 25 B** 39/42 - 75.

🏚 **Adler**, Hauptstr. 100, 𝒫 27 30 — 🛏wc 🚗 🅿
   Ende Aug.- Anfang Sept. geschl. — Karte 15/33 *(Freitag - Samstag 17 Uhr geschl.)* 🍴 — **17 Z :
   25 B** 28/40 - 56/70.

XXX ❀ **Alte Stadtmühle**, Entegaststr. 9, 𝒫 24 46 — 🏧 ⓘ 🇪
   17. Juli - 14. Aug., Samstag bis 18 Uhr und Mittwoch geschl. — Karte 55/128 *(nur Menu)*
   Spez. Jakobsmuscheln mit Gemüsesabayon und Safrannudeln, Gefülltes Wachtelkotelett auf Rotkohlsalat,
   Lammkotelett in Blätterteig.

   In Schopfheim 5-Gersbach NO : 16 km — Wintersport : 870/970 m ✠2 :

🏚 **Zur Mühle** 🐌, Am Bühl 4, 𝒫 (07620) 2 25, 🍴, 🌳 — 🛏wc 🅿 🏛. 🇪
   8. Jan.- 1. Feb. geschl. — Karte 26/60 *(Dienstag - Mittwoch 17 Uhr geschl.)* 🍴 — **16 Z : 32 B**
   32/40 - 52/70.

   In Schopfheim-Gündenhausen W : 2 km :

🏚 **Zum Löwen**, Hauptstr. 16 (B 317), 𝒫 80 12, 🍴, 🌳 — 🛏wc 🕿 🚗 🅿. 🏧 🇪
   Karte 17/44 🍴 — **23 Z : 40 B** 30/46 - 54/80.

   In Schopfheim-Schlechtbach NO : 12 km — Wintersport : 800/885 m ✠1 :

🏚 **Auerhahn** 🐌, Hauptstr. 5, 𝒫 (07620) 2 28, 🍴 — 🛏wc 🚗 🅿
   Nov.- Dez. geschl. — Karte 14,50/50 *(Donnerstag geschl.)* 🍴 — **10 Z : 18 B** 25/34 - 50/68.

   In Schopfheim-Wiechs SW : 3 km :

🏚 **Krone - Landhaus Brunhilde** 🐌, Am Rain 6, 𝒫 76 06, ≤, 🍴, 🔲, 🌳 — 🛏wc 🛏wc 🕿 🛁
   🅿. 🇪. 🎇 Zim
   Karte 14/39 *(Freitag - Samstag 17 Uhr sowie Jan. und Okt. je 2 Wochen geschl.)* 🍴 — **37 Z :
   66 B** 41/43 - 75/80 Fb.

🏚 **Berghaus Hohe Flum** 🐌, 𝒫 27 82, ≤, 🍴, 🌳 — 🛏wc 🅿
   19. Dez.- 19. Jan. geschl. — Karte 19/38 *(Donnerstag 15 Uhr - Freitag geschl.)* 🍴 — **10 Z : 15 B**
   30/42 - 75.

   In Maulburg 7867 W : 3 km :

🏠 **Murperch** garni, Hotzenwaldstr. 1, 𝒫 (07622) 80 44, 🌳 — 📺 🛏wc 🕿 🅿
   21. Dez.- 6. Jan. geschl. — **14 Z : 20 B** 48/55 - 89/99 Fb.

SCHOPFLOCH 7294. Baden-Württemberg — 1 900 Ew — Höhe 667 m — 🕿 07443(Dornstetten).

♦Stuttgart 62 — Freudenstadt 13 — Tübingen 53.

   In Schopfloch - Unteriflingen S : 5 km — Wintersport : ✠2 :

🏚 **Pension Schönblick** 🐌, Schönblickstr. 1, 𝒫 64 80, ≤, 🍴, 🌳 — 🛏wc 🅿
   15. Nov.- 15. Dez. geschl. — Karte 16,50/33 *(Montag geschl.)* 🍴 — **24 Z : 44 B** 33/36 - 66/72 —
   P 45.

SCHOPFLOCH Baden-Württemberg siehe Lenningen.

Einige Hotels in größeren Städten
bieten preisgünstige **Wochenendpauschalen** an.

SCHORNDORF 7060. Baden-Württemberg **987** ㉟ — 33 650 Ew — Höhe 255 m — ✆ 07181.
Sehenswert : Oberer Marktplatz★.

♦Stuttgart 29 — Göppingen 20 — Schwäbisch Gmünd 23.

☎ **Weißes Lamm**, Neue Str. 21, ℰ 6 22 40 — ⋔
10 Z : 13 B.

XX **Erlenhof**, Mittlere Uferstr. 70, ℰ 7 56 54 — ℗
Aug. 3 Wochen und Sonntag 15 Uhr - Montag geschl. — Karte 20/48.

XX **Zum Pfauen**, Höllgasse 9, ℰ 6 55 65 — ⓞ
Dienstag und Aug.- Sept. 2 Wochen geschl. — Karte 24/48.

In Winterbach 7065 W : 4 km :

🏫 **Am Engelberg** garni, Ostlandstr. 2 (an der B 29), ℰ (07181) 7 13 32, ☎s, ⬛, — 📶 ➱wc ⋔wc
☎ ℗ 🏛 ⏵ ⚠ ⓞ
28. Juli - 17. Aug. geschl. — **36 Z : 50 B** 42/65 - 85/90 Fb.

SCHOTTEN 6479. Hessen **987** ㉟ — 10 000 Ew — Höhe 274 m — Luftkurort — Wintersport :
600/763 m ㈱4 ⏴4 — ✆ 06044.

🅱 Stadtverwaltung, Vogelsbergstr. 184, ℰ 20 01.

♦Wiesbaden 100 — ♦Frankfurt am Main 72 — Fulda 52 — Gießen 41.

🏠 **Sonnenberg** ᔈ, Laubacher Str. 25, ℰ 7 71, <, 🌁, ☎s, ⬛, 🚿, ✗ — ➱wc ⋔wc ☎ ℗ 🏛
⚠ **E**
Karte 23/46 — **54 Z : 103 B** 48/58 - 80/98 Fb — P 75.

☎ **Adler**, Vogelsbergstr. 160, ℰ 24 37 — ⋔wc ℗
⟵ Karte 13/34 — **38 Z : 66 B** 28/32 - 52/60 — P 45/50.

☎ **Darmstädter Hof**, Vogelsbergstr. 156, ℰ 22 31 — ⋔ ⟵⟶ ℗
14 Z : 22 B.

XX **Zur Linde**, Schloßgasse 3, ℰ 15 36 — ℗. ⚠ **E**
wochentags nur Abendessen, Dienstag geschl. — Karte 35/55.

In Schotten 19-Betzenrod — Erholungsort :

🏠 **Landhaus Appel** ᔈ, Altenhainer Str. 38, ℰ 7 05, <, ☎s — ➱wc ⋔wc ☎ ℗ 🏛
7.- 31. Juli geschl. — Karte 17,50/40 — **26 Z : 40 B** 35/40 - 62/66 Fb — P 58/63.

SCHRAMBERG 7230. Baden-Württemberg **987** ㉟ — 19 000 Ew — Höhe 420 m — Erholungsort
— ✆ 07422.

🅱 Städt. Verkehrsbüro, Hauptstr. 25, ℰ 2 92 15.

♦Stuttgart 118 — ♦Freiburg im Breisgau 64 — Freudenstadt 37 — Villingen-Schwenningen 32.

🏠 **Parkhotel** ᔈ (ehem. Villa), Im Stadtpark, ℰ 2 08 18, 🌁 — ⋔wc ☎ ⟵⟶ ℗ 🏛
Karte 18/45 *(Mittwoch geschl.)* — **11 Z : 19 B** 33/58 - 66/116.

XX ❀ **Hirsch** mit Zim, Hauptstr. 11, ℰ 2 05 30 — ⋔
Juli-Aug. 4 Wochen geschl. — Karte 36/70 *(Tischbestellung ratsam)* (Sonntag 14 Uhr - Montag
geschl.) — **4 Z : 8 B** 60/65 - 120
Spez. Salmschnitte mit Krebssauce und Klößchen, Rinderlende in Salbeischaum, Kalbsrücken au Boursin.

X **Schilteckhof** ᔈ mit Zim, Schilteck 1, ℰ 36 78, <, 🚿 — ⋔ ℗
Nov. geschl. — Karte 18/40 *(Montag geschl.)* — **4 Z : 8 B** 28 - 56 — P 45.

Außerhalb W : 4,5 km über Lauterbacher Straße :

X **Burgstüble** ᔈ mit Zim, Hohenschramberg 1, ✉ 7230 Schramberg, ℰ (07422) 77 73, <, 🌁
— ⋔wc 🏛
7.-31. Jan. geschl. — Karte 17/38 *(Donnerstag geschl.)* ⏴ — **6 Z : 13 B** 33 - 66 — P 47.

SCHRIESHEIM 6905. Baden-Württemberg — 12 700 Ew — Höhe 120 m — ✆ 06203.

♦Stuttgart 130 — ♦Darmstadt 53 — Heidelberg 8 — ♦Mannheim 18.

🏠 **Gästehaus Weinstuben Hauser**, Steinachstr. 12, ℰ 6 14 45, eigener Weinbau — ⋔wc
℗
Ende Juli - Mitte Aug. geschl. — Karte 17/35 *(nur Abendessen, Sonntag geschl.)* ⏴ — **24 Z :
38 B** 26/45 - 52/80.

XX **Strahlenburg**, Auf der Strahlenburg (O : 3 km), ℰ 6 12 32, « Terrasse mit ≤ Schriesheim »
— ℗. ⚠ **E**
Okt.- Dez. Dienstag und Jan.- 15. Feb. geschl. — Karte 24/61.

In Schriesheim-Altenbach O : 7,5 km :

☎ **Bellevue** ᔈ, Röschbachstr. 1, ℰ (06220) 15 20, 🌁, 🚿 — ⋔wc ⏶ ℗. 🚿 Zim
⟵ Karte 13/30 ⏴ — **12 Z : 20 B** 30/40 - 60/74.

In Schriesheim 3-Ursenbach NO : 7,5 km :

X **Landhaus Greßlin**, Ortsstr. 1, ℰ (06220) 82 00, 🌁 — ℗
nur Abendessen, Montag und Feb. geschl. — Karte 16/40 ⏴.

SCHROBENHAUSEN 8898. Bayern 987 ㉚ — 15 500 Ew — Höhe 414 m — ✆ 08252.

♦München 74 — ♦Augsburg 42 — Ingolstadt 37 — ♦Ulm (Donau) 113.

🏨 **Zur Post** ⑤ garni, Lenbachplatz 9, 🖉 70 84 — 📳 📺 🚿wc ☎ ⇦. 🅰🅴 🄴
25 Z : 39 B 36/50 - 65/75 Fb.

🏠 **Grieser**, Bahnhofstr. 36, 🖉 20 04, Biergarten — 🛏wc 🚿wc ☎ ⇦ 🅿 🄰. 🅰🅴 🅾 🄴 𝐕𝐈𝐒𝐀
🍴
Karte 26/50 *(Freitag geschl.)* — **26 Z : 34 B** 38/47 - 62/72 Fb.

SCHÜRDT Rheinland-Pfalz siehe Flammersfeld.

SCHÜREN Saarland siehe St. Ingbert.

SCHÜTTORF 4443. Niedersachsen 987 ⑭. 408 ⑭ — 9 500 Ew — Höhe 32 m — ✆ 05923.

♦Hannover 201 — Enschede 35 — Nordhorn 23 — ♦Osnabrück 63.

🏠 **Lindemann**, Steinstr. 40, 🖉 44 37 — 📺 🛏wc 🚿wc ☎ ⇦ 🅿
20 Z : 34 B.

🏠 **Löhr**, Pagenstr. 1, 🖉 23 91 — 🚿wc ☎ 🅿. 🅾
↔ Karte 14/37 — **19 Z : 35 B** 30/45 - 60/80.

🍴 **Nickisch**, Friedrich-Kröner-Str. 2, 🖉 18 72, 🍽 — 🅿
Dienstag ab 14 Uhr und Sept.- Okt. 3 Wochen geschl. — Karte 18/43.

In Schüttorf-Suddendorf SW : 3 km :

🏨 **Stähle** Ⓜ 🏊, 🖉 53 10, « Gartenterrasse », 🔔, 🏊, 🌳 — 📺 🛏wc 🚿wc ☎ ⇦ 🅿
🄰
Karte 20/46 *(Donnerstag geschl.)* — **20 Z : 41 B** 60/75 - 100 Fb.

SCHULD 5489. Rheinland-Pfalz — 800 Ew — Höhe 270 m — ✆ 02695 (Insul).

Mainz 176 — Adenau 11 — ♦Bonn 46.

🏠 **Zur Linde**, Hauptstr. 2, 🖉 2 01, ≤, 🍽 — 🅿
22. Feb.- 8. März geschl. — Karte 17/46 *(Nov.- März Dienstag geschl.)* — **17 Z : 24 B** 35/45 - 70.

🎤 Schäfer, Schulstr. 2, 🖉 3 40, « Caféterrasse » — 🅿
10 Z : 18 B.

SCHULENBERG 3396. Niedersachsen — 520 Ew — Höhe 500 m — Luftkurort — Wintersport :
480/650 m ⚡2 — ✆ 05329.

🅱 Kurverwaltung, Wiesenbergstr. 16, 🖉 8 48.

♦Hannover 104 — ♦Braunschweig 57 — Goslar 14.

🏠 **Sporthotel Schulenberg** 🏊, Unter den Birken 6, 🖉 2 11, 🔔, 🏊, 🌳, 🎾 (Halle),
Windsurfingschule — 🚿wc ☎ 🅿 🅾 🄴. 🎿 Zim
1.- 15. Dez. geschl. — Karte 20/45 — **25 Z : 46 B** 54/77 - 94/120 Fb — P 89/114.

🏠 **Landhaus Mellinghausen** 🏊 garni, Tannenhöhe 1, 🖉 33 03 — 🚿wc ⇦ 🅿. 🎿
8 Z : 16 B 35/40 - 60/70 — 2 Appart. 50/85.

SCHUSSENRIED, BAD 7953. Baden-Württemberg 987 ㊱. 426 ⑭. 427 ⑧ — 7 500 Ew — Höhe
580 m — Moorheilbad — ✆ 07583.

Sehenswert : Ehemaliges Kloster (Bibliothek ★).

Ausflugsziel : Bad Schussenried-Steinhausen : Wallfahrtskirche ★ NO : 4,5 km.

♦ Stuttgart 120 — Ravensburg 35 — ♦Ulm (Donau) 61.

🏠 **Barbara** garni, Georg-Kaess-Str. 2, 🖉 26 50 — 🚿wc ☎ 🅿
20 Z : 38 B 45/47 - 84 Fb.

SCHUTTERTAL 7631. Baden-Württemberg 242 ㉘. 87 ⑥ — 3 400 Ew — Höhe 421 m —
Erholungsort — ✆ 07823 (Seelbach).

🅱 Verkehrsamt, Rathaus, Hauptstr. 5 (Dörlinbach), 🖉 (07826) 2 38.

♦Stuttgart 180 — ♦Freiburg im Breisgau 50 — Offenburg 38.

In Schuttertal 1 - Dörlinbach S : 2,5 km :

🎤 Löwen, Hauptstr. 4, 🖉 (07826) 3 24, 🔔, 🌳 — 🚿wc 🅿
15 Z : 28 B.

SCHWABACH 8540. Bayern 987 ㉚ — 35 000 Ew — Höhe 328 m — ✆ 09122.

♦München 167 — Ansbach 36 — ♦Nürnberg 15.

🏠 **Schwarzer Bär - Ratskeller**, Ludwigstr. 16, 🖉 50 51 — 📳 🛏wc 🚿wc ☎ 🅿. 🅰🅴 🄴
↔ Karte 12/36 *(Montag geschl.)* — **21 Z : 27 B** 54/65 - 105/120.

🏠 **Löwenhof**, Rosenberger Str. 11, 🖉 25 54 — 🛏wc 🚿wc ☎ ⇦. 🅰🅴 🅾 🄴
Karte 15/35 *(Sonntag geschl.)* — **25 Z : 40 B** 55/59 - 85/105.

♦München 75 — ♦Augsburg 25 — Kempten (Allgäu) 77 — Memmingen 58.

- **Deutschenbaur**, Fuggerstr. 11, ℘ 40 31 — 🛏wc ⇔ 🅿 %
  20. Dez.- 10. Jan. geschl. — Karte 14,50/30 *(Samstag geschl.)* — **24 Z : 35 B** 28/42 - 52/75.

  In Langerringen - Schwabmühlhausen 8936 S : 9 km :

- **Untere Mühle** 🦌, ℘ (08248) 2 77, 🍴, 🔲, 🐎 — 🛏wc 🅿 AE E VISA
  Karte 22/45 *(Montag geschl.)* — **17 Z : 30 B** 40/50 - 80/90 Fb.

SCHWABSTEDT 2251. Schleswig-Holstein — 1 300 Ew — Höhe 17 m — Luftkurort — ✪ 04884.
🛈 Fremdenverkehrsverein, Haus des Kurgastes, An der Treene, ℘ 4 20.
♦ Kiel 81 — Heide 33 — Husum 16 — Rendsburg 45.

- **Zur Treene**, An der Treene 5, ℘ 2 10, ≤, 🍴 — 🛏 ⇔ 🅿
  11 Z : 18 B.

- ✕✕ **Drei Kronen** 🦌 mit Zim, Kirchenstr. 9, ℘ 4 44 — 🛏wc 🅿 AE E
  Karte 25/47 *(Sept.- Juni Dienstag geschl.)* — **10 Z : 20 B** 42/48 - 70/80.

Orte mit mindestens einem für Rollstuhlfahrer geeigneten Hotel bzw.
mit eigenem Tennisplatz,
Golfplatz oder Reitpferden finden Sie auf einer Liste am Ende des Führers.

SCHWÄBISCH GMÜND 7070. Baden-Württemberg 987 ㉟㊱ — 56 100 Ew — Höhe 320 m —
Wintersport : ✖3 — ✪ 07171.
Sehenswert : Heiligkreuz-Münster★.
🛈 Städt. Verkehrsamt, Johannisplatz 3, Prediger, ℘ 6 03 41 50.
♦Stuttgart 53 ⑤ — ♦Nürnberg 151 ② — ♦Ulm (Donau) 68 ③.

SCHWÄBISCH GMÜND

SCHWÄBISCH HALL 46 km

0   300 m

AALEN 22 km
HEIDENHEIM 45 km

HEUBACH 12 km

26 km GÖPPINGEN
53 km STUTTGART

★ HEILIGKREUZ-MÜNSTER

HOHENSTAUFEN 14 km
GÖPPINGEN 22 km

WALDSTETTEN 6 km, GEISLINGEN 35 km
HEIDENHEIM 40 km

🏛 **City-Hotel Pelikan**, Freudental 26, 𝄢 6 90 98 (Hotel) 3 01 01 (Rest.), Telex 7248763 − 📺 📺
⌂wc 🍴wc ☎ 🅿 🎿 🕮 E 𝘝𝘐𝘚𝘈   Y n
Karte 20/42 − **42 Z : 51 B** 70/100 - 125 Fb.

🏛 **Goldene Krone** garni, Marktplatz 18, 𝄢 25 72 − ⌂wc 🍴   Y r
18 Z : 28 B 35/55 - 65/90.

🏛 **Café Patrizier**, Kornhausstr. 25, 𝄢 3 04 34 − 🍴wc ☎. 🕮 E   Z e
◆ Karte 13,50/31 *(Sonn- und Feiertage bis 18 Uhr geschl.)* − **28 Z : 40 B** 38/50 - 70/80.

XXX ❀ **Postillion**, Königsturmstr. 35, 𝄢 6 15 84 − 🕮 ⓪ E   Y z
Montag sowie Sonn- und Feiertage geschl. − Karte 36/78 (Tischbestellung ratsam).

In Schwäbisch Gmünd - Degenfeld ③ : 14 km :

🏕 **Zum Pflug** ⌂, Kalte-Feld-Str. 3, 𝄢 (07332) 53 42 − 🍴wc 🅿 🎿
20. Juli - 1. Aug. und 20. Okt.- 5. Nov. geschl. − Karte 15/30 *(Donnerstag geschl.)* 🍷 − **8 Z :**
12 B 38/45 - 64/70.

In Schwäbisch Gmünd - Hussenhofen ② : 4,5 km :

🏛 **Gelbes Haus**, Hauptstr. 83, 𝄢 8 23 97 − 📺 📺 🍴wc ☎ 🕭 🅿 🎿. 🕮 ⓪ E 𝘝𝘐𝘚𝘈. ⌘ Rest
Karte 15/28 *(Samstag und 3.- 24. Aug. geschl.)* 🍷 − **31 Z : 46 B** 45/55 - 86/95.

In Schwäbisch Gmünd - Radelstetten ⑤ : 6 km :

🏕 **Rose** ⌂, Lindesweg 3, 𝄢 (07165) 3 40, 🍽, ⌂, 📺 − 🍴wc ☎ 🅿. ⌘
Karte 16/32 *(Dienstag und Jan. 3 Wochen geschl.)* 🍷 − **14 Z : 25 B** 30/32 - 55/60.

In Schwäbisch Gmünd - Rechberg ④ : 8 km :

X **Zum Rad** mit Zim, Hohenstaufenstr. 1, 𝄢 4 28 20, 🐎 − 🍴wc ☎ ⌷ 🅿. ⓪
Karte 16/32 *(Montag geschl.)* 🍷 − **5 Z : 8 B** 38 - 62.

In Schwäbisch Gmünd - Straßdorf ④ : 4 km :

🏛 **Löwen** ⌂, Alemannenstr. 33, 𝄢 4 33 11, 📺, 🍺 − ⌂wc 🍴wc ☎ 🅿 🎿. 🕮 ⓪ E
Karte 16,50/45 *(Sonntag-Montag 17 Uhr geschl.)* 🍷 − **32 Z : 52 B** 45/55 - 80/100 Fb.

🏛 **Adler**, Einhornstr. 31, 𝄢 4 10 41 − ⌂wc 🍴wc ☎ ⌷ 🅿. ⌘
Karte 28/53 *(Montag ab 14 Uhr geschl.)* − **20 Z : 30 B** 40/70 - 70/130.

In Waldstetten 7076 S : 6 km :

XX **Sonnenhof**, Lauchgasse 19, 𝄢 (07171) 4 23 09, 🍺 − 🅿 🎿. 🕮
Montag und Juli 3 Wochen geschl. − Karte 29/55.

In Waldstetten-Weilerstoffel 7076 S : 8 km :

🏛 **Hölzle** ⌂, Waldstettener Str. 19, 𝄢 (07171) 4 21 84 − 🍴 🅿
Mitte Aug.- Anfang Sept. geschl. − Karte 15,50/35 *(Dienstag geschl.)* 🍷 − **13 Z : 20 B** 27
- 54.

SCHWÄBISCH HALL 7170. Baden-Württemberg 🌐🌐🌐 ㉘ − 32 000 Ew − Höhe 270 m − ❀ 0791.

Sehenswert : Marktplatz★★ : Rathaus★ R, Michaelskirche (Innenraum★) D − Kocherufer ←★ F.

Ausflugsziele : Ehemaliges Kloster Groß-Comburg★ : Klosterkirche (Leuchter★★★, Antependium★)
− Romanisches Klostertor★ SO : 3 km.

🗎 Tourist-Information, Am Markt 9, 𝄢 75 12 46.
◆Stuttgart 68 ④ − Heilbronn 53 ① − ◆Nürnberg 138 ② − ◆Würzburg 107 ①.

Stadtplan siehe gegenüberliegende Seite.

🏛 **Hohenlohe**, Im Weilertor 14, 𝄢 61 16, Telex 74870, ←, 🍺, Massage, ⌂, 📺, 📺, 🍺 − 📺
📺 🕭 ⌷ 🅿 🎿. 🕮 ⓪ E   c
Karte 25/57 🍷 − **96 Z : 150 B** 79/115 - 124/176 Fb.

🏛 **Ratskeller**, Am Markt 12, 𝄢 61 81, Telex 74893, ⌂, 📺 − 📺 📺 🅿 🎿. 🕮 ⓪ E 𝘝𝘐𝘚𝘈   e
Karte 24/61 *(Montag geschl.)* − **64 Z : 100 B** 65/100 - 110/210 Fb.

🏛 **Café Scholl** garni, Klosterstr. 3, 𝄢 7 10 46 − 📺 🍴wc ☎   h
29 Z : 50 B 35/62 - 64/95.

🏛 **Goldener Adler**, Am Markt 11, 𝄢 63 64 − ⌂wc 🍴wc ☎ ⌷   a
18 Z : 29 B.

🏛 **Simon** garni, Schweickerweg 25, 𝄢 27 37 − ⌂wc 🍴wc ☎ ⌷ 🅿   über ②
18 Z : 28 B.

In Schwäbisch Hall 4-Hessental ② : 3 km :

🏛 **Eisenbahn - Gästehaus Wolf**, Karl-Kurz-Str. 2, 𝄢 20 37 − 📺 ⌂wc 🍴wc ☎ 🅿
Aug. 2 Wochen geschl. − Karte 18/49 *(Montag geschl.)* 🍷 − **28 Z : 50 B** 44/56 - 58/93.

🏛 **Krone**, Schmiedsgasse 1, 𝄢 21 28 − ⌂wc 🍴wc ☎ 🅿 🎿
3.- 18. Aug. geschl. − Karte 19/43 *(Dienstag geschl.)* 🍷 − **25 Z : 35 B** 35/39 - 70/90 Fb.

🏕 **Leidig**, Karl-Kurz-Str. 24, 𝄢 25 84 − 🍴wc ⌷ 🅿
◆ Juli - Aug. 3 Wochen geschl. − Karte 11/31 *(Freitag geschl.)* 🍷 − **16 Z : 26 B** 25/36 - 48/70.

SCHWÄBISCH HALL

Benutzen Sie
auf Ihren Reisen in Europa
die Michelin-Länderkarten
1:400 000 und 1:1 000 000.

Pour parcourir l'Europe,
utilisez les cartes Michelin
Grandes Routes
à 1/400 000 et 1/1 000 000.

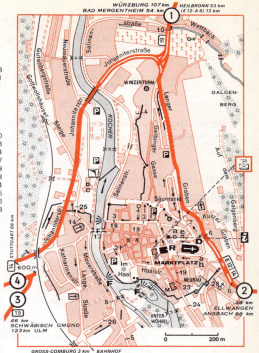

SCHWAIG 8501. Bayern — 8 800 Ew — Höhe 325 m — ☎ 0911 (Nürnberg).

♦München 171 — Lauf 6,5 — ♦Nürnberg 11.

XX **La Tartaruga** (Italienische Küche), Nürnberger Str. 19, ℰ 50 85 55 — AE Ⓞ E VISA
Sonntag geschl. — Karte 26/52 (abends Tischbestellung ratsam).

In Schwaig 2-Behringersdorf N : 1 km :

🏠 **Hübner,** Laufer Str. 28 (B 14), ℰ 57 40 08, 😤 — ▤ Zim 🛏wc ☎ ℗. AE Ⓞ E VISA
Karte 13/41 (Sonntag ab 14 Uhr geschl.) 🍷 — **33 Z : 48 B** 38/50 - 70/80 Fb.

SCHWAIGERN 7103. Baden-Württemberg — 8 900 Ew — Höhe 185 m — ☎ 07138.

♦Stuttgart 69 — Heilbronn 15 — ♦Karlsruhe 61.

XX **Zum Alten Rentamt** mit Zim (historisches Fachwerkhaus), Schloßstr. 6, ℰ 52 58, 😤 — ☎
Karte 35/65 (Montag geschl.) — **6 Z : 10 B** 45/60 - 80/95.

SCHWAIM Bayern siehe Griesbach im Rottal.

SCHWALBACH 6635. Saarland 242 ⑥, 57 ⑥ — 19 200 Ew — Höhe 160 m — ☎ 06834.

♦Saarbrücken 25 — Kaiserslautern 84 — Saarlouis 6.

In Schwalbach-Hülzweiler N : 3 km :

🏠 Waldhotel Zur Freilichtbühne ⟋, Zur Freilichtbühne, ℰ (06831) 5 36 33, 😤 — 🛏wc ☎ ℗ 🏖
23 Z : 45 B.

SCHWALBACH, BAD 6208. Hessen 987 ㉔ — 10 000 Ew — Höhe 330 m — Heilbad — ☎ 06124.

🛈 Verkehrsbüro in der Kurverwaltung, Am Kurpark, ℰ 50 20.

♦Wiesbaden 18 — ♦Koblenz 60 — Limburg an der Lahn 36 — Lorch am Rhein 32 — Mainz 27.

🏨 **Hotelpension Staatliches Kursanatorium** ⟋, Goetheplatz 1, ℰ 50 20, Telex 4182318,
direkter Zugang zum Stahlbadehaus — 🛗 🛏wc ☎ ℗ 🏖 ⚘
(Rest. nur für Hausgäste) — **103 Z : 112 B** 52/70 - 99/145 Fb.

Fortsetzung →

SCHWALBACH, BAD

> 🏠 **Zum Ritter**, Brunnenstr. 49, ℰ 1 20 71, 🎠 – 🕌 ⌂wc 🍴wc 🕿 ⇔ 🅿. 🎁 Rest
> 2. Jan.- 20. Feb. geschl. – Karte 19/36 – **45 Z : 58 B** 55/60 - 104/115 – P 68/75.

> 🏠 **Café Lutz** 🦢, Parkstr. 2, ℰ 86 20, 🎠 – ⌂wc 🍴wc 🅿. ⓥ
> ➔ Karte 14/38 *(Dienstag geschl.)* – **19 Z : 30 B** 39/48 - 82/96 Fb.

> 🏠 **Park-Villa** 🦢 garni, Parkstr. 1, ℰ 22 94 – ⌂wc 🍴wc
> 15.- 30. Dez. geschl. – **25 Z : 33 B** 38/45 - 75/90 Fb.

> 🏠 **Malepartus**, Brunnenstr. 43, ℰ 23 05, 🎠 – 🍴wc ⇔
> 15. Nov.- 1. Dez. geschl. – Karte 20/48 *(Sonntag 15 Uhr - Montag geschl.)* – **11 Z : 20 B** 43 - 86
> – P 58.

> ✗ **Moorgrube**, im Kurhaus, ℰ 50 23 51 – 🅿
> Montag geschl. – Karte 19,50/42.

In Hohenstein (Oberdorf) 6209 N : 7 km, 5 km über die B 54 dann links ab :

> ✗✗ **Waffenschmiede** 🦢 mit Zim, Burgstr. 12 (in der Burg Hohenstein), ℰ (06120) 33 57, ≤, 🎠
> – 📺 ⌂wc 🕿 🅿. ⒶⒺ ⓞ Ɛ. 🎁 Zim
> Jan.- 15. Feb. sowie Ende Juli und Ende Okt. je 1 Woche geschl. – Karte 23/60 *(Montag bis 18 Uhr und Dienstag geschl.)* – **8 Z : 15 B** 65/70 - 120.

SCHWALEFELD Hessen siehe Willingen (Upland).

SCHWALMSTADT 3578. Hessen 987 ㉘ – 18 000 Ew – Höhe 220 m – 🕿 06691.
🛈 Rathaus, Marktplatz (Treysa), ℰ 2 00 21.
◆Wiesbaden 154 – Bad Hersfeld 41 – ◆Kassel 70 – Marburg an der Lahn 43.

In Schwalmstadt 2-Ziegenhain :

> 🏠 **Rosengarten** (Fachwerkhaus a.d.J. 1620 mit modernem Hotelanbau), Muhlystr. 3 (B 254),
> ➔ ℰ 30 84, 🎠, 🎠 – 🍴wc 🕿 🅿 🕌 ⒶⒺ ⓞ
> 14. Juli - 3. Aug. geschl. – Karte 14,50/41 – **15 Z : 29 B** 27/45 - 51/79 Fb – P 41/58.
> ✗ Schloß-Café mit Zim, Landgraf-Philipp-Str. 3, ℰ 33 75, 🎠 – 🍴 ⇔ 🅿 – **7 Z : 16 B**.

SCHWALMTAL 4056. Nordrhein-Westfalen 213 ㉘ – 15 000 Ew – Höhe 60 m – 🕿 02163.
◆Düsseldorf 44 – Krefeld 25 – Mönchengladbach 12 – Roermond 24.

In Schwalmtal-Waldniel O : 2 km :

> ✗ **Bistro l'Escargot**, Ungerather Str. 33, ℰ 4 79 92 – ⒶⒺ Ɛ
> nur Abendessen, Montag und 1.- 21. Juli geschl. – Karte 33/56 (Tischbestellung ratsam).

Im Schwalmtal SW : 3,5 km ab Ortsteil Waldniel :

> ✗✗ **Lüttelforster Mühle** 🦢 mit Zim, ✉ 4056 Schwalmtal 1, ℰ (02163) 4 52 77, 🎠 – 🍴wc 🅿
> 🕌. ⒶⒺ ⓞ Ɛ
> Jan. geschl. – Karte 22/55 *(Montag, im Winter auch Dienstag bis 18 Uhr geschl.)* – **11 Z : 18 B** 43 - 75.

SCHWANAU Baden-Württemberg siehe Meissenheim.

SCHWANDORF 8460. Bayern 987 ㉗ – 28 500 Ew – Höhe 365 m – 🕿 09431.
◆München 167 – ◆Nürnberg 83 – ◆Regensburg 41 – Weiden in der Oberpfalz 46.

> 🏠 **Café Waldlust**, Fronberger Str. 10, ℰ 82 13, 🎠, 🖼 (Gebühr) – ⌂wc 🍴wc 🕿 🅿 🕌
> ➔ 🎁 Rest
> Karte 13/34 *(Freitag geschl.)* 🕌 – **31 Z : 48 B** 25/40 - 45/70.

SCHWANEWEDE 2822. Niedersachsen 987 ⑭ – 17 200 Ew – Höhe 12 m – 🕿 0421 (Bremen).
◆Hannover 145 – ◆Bremen 28 – ◆Bremerhaven 40.

In Schwanewede 1-Löhnhorst SO : 4 km :

> 🏠 **Waldhotel Köster**, Hauptstr. 9, ℰ 62 10 71, 🎠 – 🍴wc 🕿 🅿. ⒶⒺ ⓞ Ɛ. 🎁 Zim
> Karte 23/56 – **12 Z : 21 B** 63/69 - 78/105 Fb.

SCHWANGAU 8959. Bayern 426 ⑯ – 3 600 Ew – Höhe 800 m – Luftkurort – Wintersport:
830/1 720 m ≤1 ≤5 ≤4 – 🕿 08362 (Füssen).
Ausflugsziele : Schloß Neuschwanstein★★ ≤★★★, S : 3 km – – Schloß Hohenschwangau★ S : 4 km – Alpsee★ – Pindarplatz ≤★, S : 4 km.
🛈 Verkehrsamt, Rathaus, ℰ 8 10 51.
◆München 116 – Füssen 3 – Kempten (Allgäu) 44 – Landsberg am Lech 60.

> 🏠 **Post**, Münchener Str. 5, ℰ 82 35 – ⌂wc 🍴wc 🅿. ⒶⒺ ⓞ Ɛ VISA
> ➔ 20. Nov.- 10. Dez. geschl. – Karte 14,50/33 *(Montag geschl.)* – **40 Z : 70 B** 40/70 - 80/110.
> 🏠 **Weinbauer**, Füssener Str. 3, ℰ 8 10 15 – 🕌 ⌂wc 🍴wc 🕭 🅿
> Karte 17,50/35 *(Okt.- Mai Donnerstag geschl.)* 🕌 – **45 Z : 80 B** 26/47 - 52/84 Fb – P 52/70.
> 🏠 **Hanselewirt**, Mitteldorf 13, ℰ 82 37 – 🍴wc 🅿
> 1.- 25. Dez. geschl. – Karte 15/40 *(Mittwoch geschl.)* – **9 Z : 15 B** 25/30 - 40/55.

In Schwangau-Alterschrofen :

🏠 **Waldmann**, Parkstr. 5, ℘ 84 26, 🌳 – 🛏wc 🛋wc ⇔ 🅿. 🆑 E. 🛳
Karte 15/32 *(Mittwoch geschl.)* 🍴 – **24 Z : 42 B** 30/60 - 60/90.

🏡 **Wildparkhotel**, Bullachbergweg 1, ℘ 84 25, 🌳 – 🛋wc ⇔ 🅿
Ende Okt.- 24. Dez. geschl. – Karte 15,50/35 *(Jan.- April und Donnerstag geschl.)* – **17 Z : 35 B** 32/45 - 54/67.

In Schwangau-Brunnen :

🏠 **Ferienhotel Huber** 🔊, Seestr. 62, ℘ 8 13 62, Biergarten, ⇔s, 🌳 – 🛋wc 🅿
Karte 16/34 *(Montag geschl.)* – **16 Z : 32 B** 37/45 - 70/76 – 3 Appart. 60/90 – P 59/67.

🏠 **Haus Martini** 🔊, Seestr. 65, ℘ 82 57, ≤, 🍴, 🌳 – 📺 🛋wc 🅿
Mitte Okt.- Mitte Dez. geschl. – Karte 16/29 *(Donnerstag geschl.)* – **16 Z : 32 B** 29/45 - 66/70.

In Schwangau-Hohenschwangau :

🏨 **Müller** 🔊, Alpseestr. 16, ℘ 8 10 56, Telex 541325, « Terrasse mit ≤ » – 🛗 📺 🅿. 🆑 ⓞ E VISA
10. Nov.- 20. Dez. geschl. – Karte 16/52 – **45 Z : 80 B** 80/100 - 120/160 – P 100/120.

🏨 **Lisl und Jägerhaus** 🔊, Neuschwansteinstr. 1, ℘ 8 10 06, Telex 541332, ≤, 🍴, 🌳 – 🛗 ⇔ 🅿. 🆑 ⓞ E VISA
10. Jan.- 20. März geschl. – Karte 19,50/51 – **60 Z : 110 B** 50/110 - 100/170.

In Schwangau-Horn :

🏨 **Rübezahl** 🔊, Am Ehberg 31, ℘ 83 27, ≤, 🍴, « Gemütlich-rustikale Einrichtung » – 🛗 🛋wc ⇔ 🅿. 🆑
Nov. geschl. – Karte 17,50/47 *(Donnerstag geschl.)* – **28 Z : 53 B** 33/50 - 60/90 – P 50/65.

🏠 **Alpenblick**, Füssener Str. 113, ℘ 84 00, 🍴 – 🛗 🛏wc 🛋wc 🅿
Nov.- 20. Dez. geschl. – Karte 16/30 *(Okt.- April Donnerstag geschl.)* – **21 Z : 44 B** 45 - 75.

In Schwangau-Waltenhofen :

🏨 **Gasthof am See** 🔊, Forggenseestr. 81, ℘ 83 93, ≤, 🍴, ⇔s, 🛥, 🌳 – 🛗 🛏wc 🛋wc 🅿
◆ 4. Nov.- 5. Dez. geschl. – Karte 14/36 *(Dienstag geschl.)* 🍴 – **23 Z : 46 B** 40 - 80 – P 60/65.

🏠 **Haus Kristall** Ⓜ 🔊 garni, Kreuzweg 24, ℘ 85 94, 🌳 – 🛏wc ☎ 🅿. 🆑 E. 🛳
Nov.- 20. Dez. geschl. – **11 Z : 21 B** 39 - 72.

🏠 **Sporthotel Waltenhofen** 🔊, Marienstr. 16, ℘ 8 10 39, ⇔s, 🏊, 🌳 – 🛋wc ⇔ 🅿. 🆑 ⓞ E
Nov.- 26. Dez. geschl. – Karte 17/40 *(Sonntag ab 14 Uhr geschl.)* 🍴 – **20 Z : 45 B** 45/60 - 90/100 Fb – P 68/76.

SCHWANHEIM Baden-Württemberg siehe Schönbrunn.

SCHWANN Baden-Württemberg siehe Straubenhardt.

SCHWARMSTEDT 3033. Niedersachsen 987 ⑮ – 4 300 Ew – Höhe 30 m – 🕿 05071.
◆Hannover 42 – ◆Bremen 88 – Celle 33 – ◆Hamburg 118.

🏨 **Bertram**, Moorstr. 1, ℘ 20 17, ⇔s – 🛗 🛋wc ☎ 🅿 🦽. 🆑 ⓞ E. 🛳 Rest
Karte 21/56 – **44 Z : 74 B** 60/85 - 89/118 Fb.

In Essel-Engehausen 3031 NO : 7 km :

🏡 **Zur Tanne**, ℘ (05071) 34 61, 🌳 – 🅿
Nov. geschl. – Karte 17/38 *(Montag - Freitag nur Abendessen, Dienstag geschl.)* – **9 Z : 14 B** 30/35 - 58/68.

An der Straße nach Ostenholz NO : 8 km :

🏨 **Heide-Kröpke** 🔊, ✉ 3031 Ostenholzer Moor, ℘ (05167) 2 88, ⇔s, 🏊, 🌳, 🎾 – 🛗 📺 🦽 ⇔ 🅿 🦽. ⓞ E
Karte 32/67 – **45 Z : 85 B** 95/105 - 135/155 Fb.

SCHWARTAU, BAD 2407. Schleswig-Holstein 987 ⑤⑥ – 19 500 Ew – Höhe 10 m – Heilbad – 🕿 0451 (Lübeck).
🛈 Touristinformation, Pavillon am Markt, ℘ 2 59 44.
◆Kiel 72 – ◆Lübeck 8 – Oldenburg in Holstein 50.

🏠 **Waldhotel Riesebusch** 🔊, Sonnenweg, ℘ 2 15 81, 🍴 – 🛋wc ☎ ⇔ 🅿. 🛳 Zim
24.- 31. Dez. geschl. – Karte 18/47 *(Freitag geschl.)* – **14 Z : 21 B** 45/50 - 70/85.

In Ratekau 2401 NO : 4 km :

🏠 Zur Linde, Hauptstraße, ℘ (04504) 2 84, 🍴 – 🛏wc 🛋wc 🦽 🅿 🦽
13 Z : 26 B – 7 Appart.

In Techau 2409 NO : 6 km über die B 207 :

🏠 Rethschänke, Johannes-Brammer-Str. 1, ℘ (04504) 37 39 – 🛋wc ⇔ 🅿
13 Z : 19 B.

SCHWARZACH Baden-Württemberg siehe Aglasterhausen.

SCHWARZACH 8719. Bayern — 3 100 Ew — Höhe 200 m — ✆ 09324.
♦München 255 — ♦Bamberg 47 — Gerolzhofen 9 — Schweinfurt 35 — ♦Würzburg 33.

Im Ortsteil Münsterschwarzach :

🏛 Zum Benediktiner 🐿 garni, Weideweg 7, 🕿 8 51, 🚗 — 🛏wc 🛗wc ☎ & 🚗 🅿
32 Z : 64 B Fb.

✗ Gasthof zum Benediktiner, Schweinfurter Str. 31, 🕿 8 51, 🏠 — 🅿.

SCHWARZENBACH AM WALD 8671. Bayern — 6 500 Ew — Höhe 667 m — Wintersport : ✰5 —
✆ 09289.
Ausflugsziel : Döbraberg : Aussichtsturm ※★, SO : 4 km und 25 min. zu Fuß.
♦München 283 — Bayreuth 54 — Coburg 64 — Hof 24.

In Schwarzenbach - Schübelhammer SW : 7 km :

🛥 **Zur Mühle**, an der B 173, 🕿 4 24, 🛥, 🖪 — 🛗wc 🚗 🅿
— 15. Nov.- 15. Dez. geschl. — Karte 12,50/30 (Dienstag geschl.) — **21 Z : 36 B** 30/35 - 62/70 —
P 37/43.

In Schwarzenbach - Schwarzenstein SW : 2 km :

🛏 **Rodachtal**, Alte Bundesstr. 173, 🕿 2 39, 🏠, 🚗 — 🛏wc 🅿
— Mitte Okt.- Mitte Nov. geschl. — Karte 11/27 (Montag geschl.) — **24 Z : 39 B** 28/37 - 56/68 —
P 37/48.

GRÜNE REISEFÜHRER

Landschaften, Sehenswürdigkeiten
Schöne Strecken, Ausflüge
Besichtigungen
Stadt- und Gebäudepläne.

SCHWARZENBACH AN DER SAALE 8676. Bayern 987 ㉗ — 8 800 Ew — Höhe 504 m —
✆ 09284.
♦München 278 — Bayreuth 50 — Hof 16 — ♦Nürnberg 131.

✗ **Sonne** mit Zim, Ludwigstr. 13, 🕿 3 80 — 🅿. 🆎 ⓞ 🅴
Karte **26**/45 (Samstag geschl.) — **20 Z : 27 B** 27/30 - 54/60.

SCHWARZENBACHTALSPERRE Baden-Württemberg siehe Forbach.

SCHWARZENBERG Baden-Württemberg siehe Baiersbronn.

SCHWARZENBRUCK 8501. Bayern — 8 000 Ew — Höhe 360 m — ✆ 09128.
♦München 157 — ♦Nürnberg 21 — ♦Regensburg 92.

In Schwarzenbruck-Ochenbruck :

🛏 **Hellmann**, Regensburger Str. 32 (B 8), 🕿 21 76, 🏠, 🖪 — 🛗wc 🅿
— Karte 11,50/26 (wochentags nur Abendessen, Freitag geschl.) — **37 Z : 45 B** 40/50 - 75/80 Fb.

SCHWARZENFELD 8472. Bayern 987 ㉗ — 6 000 Ew — Höhe 365 m — ✆ 09435.
♦München 175 — ♦Nürnberg 82 — ♦Regensburg 53 — Weiden in der Oberpfalz 38.

🛥 **Brauerei-G. Bauer**, Hauptstr. 28, 🕿 15 05, 🏠 — 🛏wc 🛗 🅿. 🆎 ⓞ 🅴
— Karte 12/33 (Samstag geschl.) — **21 Z : 32 B** 27/40 - 54/70.

In Fensterbach - Wolfringmühle W : 7,5 km :

🛏 **Wolfringmühle** 🐿, 🕿 (09438) 3 26, Biergarten, 🚗, 🐎 — 📺 🛗wc 🅿 🏛 ⚽ Zim
— 7. Jan.- 15. Feb. geschl. — Karte 11,50/25 (Mitte Okt.- März Freitag geschl.) — **20 Z : 50 B** 28 -
56 — P 35.

SCHWARZWALDHOCHSTRASSE Baden-Württemberg — 50 km lange Höhenstraße★★ von
Baden-Baden bis Freudenstadt — Wintersport : 700/1 166 m ⚡21 ✰6

🏨 **Kurhaus Schloß Bühlerhöhe** ⚲,
Höhe 800 m, ✉ 7580 Bühl 13,
🌭 (07226) 50, Telex 781247, ≤ Schwarzwald und Rheinebene, 🏛, « 18 ha
Park », Bade- und Massageabteilung, 🔥, 🚬, 🖳, 🛏, ✵ – 🛗 ₺
🖚 🅿. ₳ℰ ⓞ. ✸ Rest
Anfang Nov.- 18. Dez. geschl. — Karte
40/75 (auch Diät, Dez.- April Montag
geschl.) – **70 Z : 110 B** 130/250 - 200/350
Fb – P 170/270.

🏨 **Plättig**, Höhe 800 m, ✉ 7580 Bühl 13,
🌭 (07226) 2 26, ≤, 🏛, 🚬, 🖳, ✵ – 🛗
🖾wc 🛁wc 🖚 🖚 🅿 ₺. ₳ℰ ⓞ ℇ 𝘝𝘐𝘚𝘈
Karte 22/59 – **66 Z : 99 B** 35/85 - 70/170
Fb – P 65/115.

🏨 ✽ **Unterstmatt**, Höhe 930 m,
✉ 7580 Bühl 13, 🌭 (07226) 2 09, 🏛, ✵,
🗲 – 🛗 🖾wc 🛁wc 🖚 🖚 🅿 ₳ℰ ⓞ ℇ
𝘝𝘐𝘚𝘈
Nov.- 15. Dez. geschl. – Karte 29/66 *(Mai*
- Okt. Montag geschl.) – **20 Z : 38 B**
50/80 - 100/110
Spez. Schwarzwälder Bauernschinken mit
Holzofenbrot und Kirschwasser, Cannelloni von
Forellen in Krebsrahmsauce, Lammcarré
provençale.

🏔 **Berghotel Mummelsee**, Höhe 1 036 m,
✉ 7591 Seebach, 🌭 (07842)10 88, ≤,
🏛 – 🖾 🛁wc 🅿
30 Z : 55 B.

🏨 **Schliffkopfhotel** (mit 🏔 Berggasthof), Höhe 1 025 m, ✉ 7292 Baiers-
bronn-Schliffkopf, 🌭 (07449) 2 05,
≤ Schwarzwald, 🏛, 🚬, 🖳, ✵, 🗲 –
🛗 📺 🅿. ✸ Zim
7.- 18. April und 11. Nov.- 19. Dez. geschl.
— Karte 20/50 ₺ — 36 Z : 60 B 40/90 -
78/144 — P 66/106.

Auf dem Kniebis — Höhe 935 m —
✉ 7290 Freudenstadt 1-Kniebis :

🏨 **Waldblick** ⚲, Eichelbachstr. 47,
🌭 (07442) 23 87, 🖳, ✵ – 🛗 📺 🖾wc
🛁wc 🖚 🅿 ₺. ✸ Rest
Mitte Nov.- Mitte Dez. geschl. — Karte
23/49 *(Dienstag geschl.)* — **34 Z : 62 B**
47/86 - 94/172 Fb — P 72/114.

In Kniebis-Dorf — Höhe 920 m —
Luftkurort — ✉ 7290 Freudenstadt 1-
Kniebis :

🏠 **Klosterhof**, Alte Paßstr. 49,
🌭 (07442) 21 15, Bade- und
Massageabteilung, 🚬, 🖳, ✵ – 🛗 📺
🖾wc 🖚 🅿
22 Z : 40 B Fb.

🏠 **Café Günter**, Baiersbronner Str. 26, 🌭 (07442) 21 14, ✵ – 🖾wc 🛁wc 🖚 🅿. ✸
Nov.-15. Dez. geschl. — (Rest. nur für Hausgäste) — **14 Z : 24 B** 28/40 - 50/75 — 3 Appart.
48/70.

SCHWEDENECK 2301. Schleswig-Holstein — 2 650 Ew — Seebad — 🕲 04308 (Surendorf).

🛈 Kurverwaltung, im Ortsteil Surendorf, 🌭 3 31.
♦Kiel 20 — Flensburg 75.

In Schwedeneck - Dänisch-Nienhof :

🏔 **Zur Schmiede**, Eckernförder Str. 49, 🌭 3 24, ✵ – 🛁wc 🅿
Karte 16,50/38 *(Okt.- April Dienstag geschl.)* — **20 Z : 36 B** 34/45 - 68/90 — 3 Appart. 65 —
P 57/78.

SCHWEICH 5558. Rheinland-Pfalz 𝟿𝟾𝟽 ㉓ — 5 700 Ew — Höhe 125 m — 🕲 06502.

🛈 Verkehrsamt im Rathaus, Brückenstr. 26 (B 49), 🌭 30 51.
Mainz 149 — Bernkastel-Kues 36 — ♦Trier 13 — Wittlich 24.

SCHWEICH

- 🏠 **Haus Grefen**, Brückenstr. 31 (B 49), ℰ 30 81, 🐟, — 🏤wc ☎ 🅿. ◑ 🄴
  1.- 23. Feb. geschl. — Karte 16,50/38 (Sonntag 15 Uhr - Montag 17 Uhr geschl.) ⅄ — **22 Z : 41 B** 35/45 - 55/75.

- 🏠 **Zur Moselbrücke**, Brückenstr. 1 (B 49), ℰ 24 06, 🍴, 🐟 — 🛏wc 🏤wc ⇔ 🅿. 🄰🄴 ◑ 🄴 **VISA**
  20. Dez.- Jan. geschl. — Karte 15,50/40 (Nov.- April Donnerstag geschl.) ⅄ — **22 Z : 45 B** 35/40 - 60/70.

- 🏠 **Leinenhof, an der B 49** (N : 1,5 km), ℰ 26 57, 🍴, 🐟 — 🏤wc ⇔ 🅿
  28 Z : 46 B.

- 🏠 **Bender**, Hofgartenstr. 21, ℰ 84 06, 🍴 — 🏤wc 🅿
  — Karte 14/30 *(Mittwoch geschl.)* — **15 Z : 33 B** 30/35 - 60/70 — P 48/50.

- 🏠 **Zum Stern**, Brückenstr. 60 (B 49), ℰ 84 96 — 🏤wc ☎. 🄰🄴 ◑ 🄴
  20. Dez.- 15. Jan. geschl. — Karte 14/40 (Mittwoch geschl.) ⅄ — **12 Z : 24 B** 35 - 60.

SCHWEIGEN-RECHTENBACH 6749. Rheinland-Pfalz 🈁🈁 ⑫, 🈁🈁 ⑱, 🈁🈁 ② — 1 300 Ew — Höhe 220 m — ✺ 06342 — Mainz 162 — ✦Karlsruhe 46 — Landau in der Pfalz 21 — Pirmasens 47 — Wissembourg 4.

- 🏠 **Leiling**, Hauptstr. 2 (B 38, Schweigen), ℰ 2 44, 🍴, — 🏤 🅿 ⛴ — **12 Z : 21 B**.

SCHWEINBERG Baden-Württemberg siehe Hardheim.

SCHWEINFURT

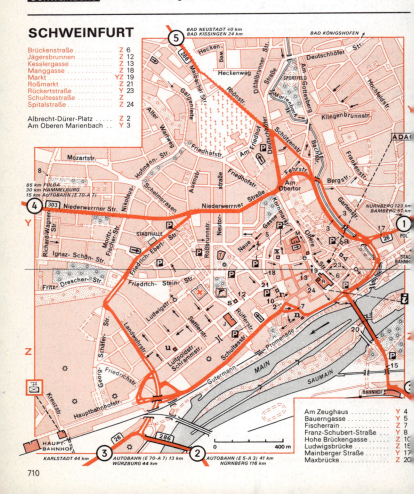

SCHWEINFURT 8720. Bayern 987 ㉖ — 50 200 Ew — Höhe 218 m — ✪ 09721.

🛈 Städt. Verkehrsamt und Verkehrsverein, Rathaus, Metzgergasse, 𝒫 5 14 97.

ADAC, Rückertstr. 17, 𝒫 2 22 62, Telex 673321.

◆München 287 ② — ◆Bamberg 57 ① — Erfurt 156 ⑤ — Fulda 85 ④ — ◆Würzburg 44 ③.

Stadtplan siehe gegenüberliegende Seite.

🏨 **Roß**, Postplatz 9, 𝒫 2 00 10, Telex 673222, ⇌, 🔲 — 🔄 📺 ⇌wc ♨wc ☎ ⇐⇒ 🛅   Z r
21. Dez.- 8. Jan. geschl. — Karte 18/43 *(Montag bis 18 Uhr sowie Sonn- und Feiertage geschl.)*
Ⓙ — **60 Z : 90 B** 58/75 - 90/100 Fb.

🏨 Dorint Panorama-Hotel garni, Am Oberen Marienbach 1, 𝒫 14 81, Telex 673358 — 🔄 📺
⇌wc ☎   Y a
75 Z : 150 B Fb.

🏨 **Parkhotel** garni, Hirtengasse 6a, 𝒫 12 77 — 🔄 ⇌wc ♨wc ☎ ⇐⇒ 🅰🅴   Z s
23. Dez.- 6. Jan. geschl. — **38 Z : 55 B** 58/62 - 78/95 Fb.

🏨 **Central-Hotel** garni, Zehntstr. 20, 𝒫 13 25, Telex 673349 — 🔄 ⇌wc ♨wc ☎ ⇐⇒ 🅰🅴 ⓄⒹ Ⓔ   Y x
💳   **35 Z : 65 B** 51/65 - 85/98 Fb.

🏨 **Zum Grafen Zeppelin**, Cramerstr. 7, 𝒫 2 21 73 — ♨wc ☎. 🅰🅴 ⓄⒹ Ⓔ   Z u
Karte 15,50/39 *(Mittwoch geschl.)* Ⓙ — **22 Z : 34 B** 39/45 - 75 Fb.

🏠 **Beier**, Burggasse 1, 𝒫 2 23 41 — ⇌wc ♨wc Ⓟ   Y v
26 Z : 45 B.

XX **Gösswein**, Fischerrain 67, 𝒫 2 22 82 — Ⓟ   Z n
1.- 20. Aug. geschl. — Karte 17/49.

XX **Ratskeller**, Am Markt, 𝒫 2 64 16   Z R
← Karte 14,50/42.

X **Brauhaus am Markt**, Am Markt 30, 𝒫 1 63 16, 🌣 — 🛅 🅰🅴 Ⓔ 💳   Y e
Karte 16,50/44 Ⓙ.

In Bergrheinfeld 8722 ③ : 5 km :

🏠 **Astoria**, Schweinfurter Str. 117 (B 26), 𝒫 (09721) 9 00 51 — ♨wc ☎ ⇐⇒ Ⓟ ⁑ Rest
← 6.- 22. April geschl. — Karte 12/33 *(Sonntag geschl.)* — **70 Z : 105 B** 30/42 - 56/74.

🏠 **Weißes Roß**, Hauptstr. 65, 𝒫 (09721) 9 01 23, Biergarten — ♨wc Ⓟ
21. Juli - 18. Aug. geschl. — Karte 11,50/34 *(Montag geschl.)* Ⓙ — **35 Z : 50 B** 24/36 - 48/68.

SCHWEITENKIRCHEN 8069. Bayern — 3 200 Ew — Höhe 520 m — ✪ 08444.

◆München 46 — ◆Augsburg 70 — Landshut 123.

Im Ortsteil Geisenhausen N : 6 km :

⌖ **Liebhardt**, Hauptstr. 3, 𝒫 (08441) 50 20 — ⇌wc ♨wc Ⓟ
← 2.- 30. Nov. geschl. — Karte 13/30 — **14 Z : 24 B** 34/38 - 52/64.

An der Autobahn A 9 :

🏠 **Motel Holledau**, ✉ 8069 Schweitenkirchen - Geisenhausen, 𝒫 (08441) 48 48 — ♨wc & Ⓟ
25 Z : 42 B 35/75 - 55/75 (ohne Frühstück) (Frühstück im Rasthaus).

SCHWELM 5830. Nordrhein-Westfalen 987 ⑭ — 31 250 Ew — Höhe 220 m — ✪ 02336.

◆Düsseldorf 50 — Hagen 16 — Wuppertal 9.

🏨 **Haus Wünsche** ⑤, Göckinghofstr. 47, 𝒫 68 31, ≤, ⇌, 🐎 — ⇌wc ♨wc ☎ ⇐⇒ Ⓟ 🛅
⁑
(nur Abendessen für Hausgäste) — **18 Z : 23 B** 55/60 - 90.

🏠 **Frese**, Schulstr. 56, 𝒫 29 63 — 📺 ♨wc. ⁑ Zim
Juli 3 Wochen und 24. Dez.- 3. Jan. geschl. — Karte 20/50 *(Samstag geschl.)* — **18 Z : 27 B** 45 -
72.

🏠 **Altdeutsche Bierstuben**, Bahnhofstr. 43 (B 483), 𝒫 66 46 — 📺 ♨wc ⇐⇒ Ⓟ
Juli 3 Wochen geschl. — Karte 18/42 *(nur Abendessen, Mittwoch geschl.)* — **17 Z : 28 B** 30/48 -
68/75.

SCHWEND Bayern siehe Birgland.

SCHWENDI 7959. Baden-Württemberg 987 ㊱, 426 ⑭ — 5 300 Ew — Höhe 530 m — ✪ 07353.

◆Stuttgart 127 — Memmingen 36 — Ravensburg 67 — ◆Ulm (Donau) 35.

⌖ **Zum Stern**, Hauptstr. 32, 𝒫 29 41 — ⇌wc Ⓟ
Karte 17/37 *(Freitag geschl.)* — **14 Z : 20 B** 26/35 - 48/65.

SCHWENNINGEN / HEUBERG 7476. Baden-Württemberg — 1 600 Ew — Höhe 864 m —
✪ 07579.

◆Stuttgart 112 — ◆Ulm (Donau) 110 — ◆Konstanz 75 — ◆Freiburg im Breisgau 123.

XX **Landhaus Müller** mit Zim, Hauser Talstr. 23, 𝒫 5 95, 🌣 — ♨wc Ⓟ
Feb. geschl. — Karte 20/43 *(Montag geschl.)* Ⓙ — **5 Z : 8 B** 37/40 - 74 — P 54.

SCHWERTE 5840. Nordrhein-Westfalen 987 ⑭ — 49 800 Ew — Höhe 120 m — ✆ 02304.

Siehe Ruhrgebiet (Übersichtsplan).

♦Düsseldorf 75 — ♦Dortmund 13 — Hagen 19 — Hamm in Westfalen 40.

✗ **Odyssia-Blumenhain** mit Zim, Bergstr. 10, ✆ 4 33 75, 🌤, Orchideen-Schau — 🅿
 (Griechische Küche) — **10 Z : 14 B**.

In Schwerte 6-Geisecke O : 5,5 km :

🏨 **Gutshof Wellenbad**, Zum Wellenbad 7, ✆ 48 70 — 📺 🚻wc 🚻wc ☎ 🅿 ⒶⒺ ⓄⒹ Ⓔ
 Karte 34/61 — **11 Z : 18 B** 82 - 130.

In Schwerte 5-Villigst NO : 3 km :

✗✗ **Haus Becker**, Am Buschufer 7, ✆ 7 31 35, 🌤 — 🅿. ⓄⒹ
 Donnerstag geschl. — Karte 35/75.

SCHWETZINGEN 6830. Baden-Württemberg 987 ㉟ — 18 500 Ew — Höhe 100 m — ✆ 06202.
Sehenswert : Schloßgarten★★.

🛈 Verkehrsverein, Schloßplatz (Haus Hirsch), ✆ 49 33.

♦Stuttgart 118 — Heidelberg 10 — ♦Mannheim 16 — Speyer 16.

🏨 **Adler-Post**, Schloßstr. 3, ✆ 1 00 36 — 📺 🚻wc 🚻wc ☎ 🔙 🛢. ⒶⒺ ⓄⒹ Ⓔ 𝗩𝗜𝗦𝗔
 Karte 27/69 *(außer im Mai Montag Ruhetag, 2.- 14. Jan. und 8.- 28 Juli geschl.)* — **32 Z : 50 B**
 45/97 - 120/170 Fb.

🏨 **Am Theater**, Hebelstr. 15 (am Meßplatz), ✆ 1 00 28 — 🛗 📺 🚻wc 🚻wc ☎
 19 Z : 28 B.

🏨 **Löwe**, Schloßstr. 4, ✆ 1 00 64/2 60 66 — 📺 🚻wc 🚻wc ☎ 🔙 🛢. ⒶⒺ ⓄⒹ Ⓔ 𝗩𝗜𝗦𝗔
 Karte 31/71 *(Juli - April Sonntag 14 Uhr - Montag geschl.)* — **Hebelstube** Karte 22/40 — **28 Z :**
 46 B 49/98 - 108/119 Fb.

🏩 **Zum Erbprinzen**, Schloßplatz, ✆ 1 00 42 — 🚻wc 🚻wc ☎. ⒶⒺ Ⓔ
 Karte 20/58 — **26 Z : 36 B** 40/48 - 80/100 Fb.

✗ **Weldebräu**, Mannheimer Str. 2, ✆ 48 30
 Juli - April Mittwoch geschl. — Karte 20/49 🍺.

In Ketsch 6834 SW : 5 km — ✆ 06202 :

🏨 **See-Hotel** 🦢, am Anglersee, ✆ 66 31, 🌤 — 🚻wc 🚻wc ☎ 🅿 🛢
 Karte 22/45 — **46 Z : 73 B** 65/85 - 95/135.

✗✗ **Hirsch**, Hockenheimer Str. 47, ✆ 6 14 39 — 🅿 ⓄⒹ
 Dienstag geschl. — Karte 22/50.

SCHWOLLEN Rheinland-Pfalz siehe Hattgenstein.

SEEBACH 7591. Baden-Württemberg — 1 500 Ew — Höhe 406 m — Luftkurort — ✆ 07842
(Kappelrodeck).

🛈 Verkehrsbüro, Rathaus, Ruhesteinstr. 21, ✆ 20 60.

♦Stuttgart 142 — Baden-Baden 48 — Freudenstadt 30.

🏩 **Zum Adler**, Ruhesteinstr. 62 (O : 2 km), ✆ 27 27, 🌤, 🌳, ✗ — 🚻wc 🚻 ☎ 🅿. ⒶⒺ
 🎿 Zim
 24. Feb.- 26. März geschl. — Karte 16,50/40 *(Dienstag geschl.)* 🍺 — **14 Z : 28 B** 32/45 - 52/70 Fb
 — P 42/53.

🏡 **Hirsch**, Ruhesteinstr. 17, ✆ 22 28 — 🚻wc 🅿. ⒶⒺ ⓄⒹ Ⓔ
 Nov.- Mitte Dez. geschl. — Karte 15/42 *(Freitag geschl.)* 🍺 — **19 Z : 34 B** 28/43 - 50/79 —
 P 43/56.

SEEBRUCK Bayern siehe Seeon-Seebruck.

SEEDORF Schleswig-Holstein siehe Ratzeburg.

SEEFELDEN Baden-Württemberg siehe Uhldingen-Mühlhofen.

SEEG 8959. Bayern 426 ⑮ — 2 200 Ew — Höhe 854 m — Erholungsort — ✆ 08364.

♦München 142 — Kempten (Allgäu) 34 — Pfronten 11.

🏨 **Sport- und Kurhotel Seeg** 🦢, Wiesleutener Str. 9, ✆ 10 21, 🌤, Bade- und
 Massageabteilung, 🛠, 😤, 🏊, 🌳 — 🛗 🚻wc 🚻wc ☎ 🔙 🅿. Ⓔ
 11. Nov.- 20. Dez. geschl. — Karte 19/43 — **40 Z : 80 B** 48/94 - 78/114 — P 75/94.

🏠 **Pension Heim** 🦢, Aufmberg 8, ✆ 2 58, ≤ Voralpenlandschaft, 😤, 🌳 — 🚻wc 🚻wc ☎
 🅿. 🎿 Rest
 Nov.- 20. Dez. geschl. — (nur Abendessen für Hausgäste) — **18 Z : 33 B** 40/60 - 80/90.

In Rückholz-Seeleuten 8961 SW : 2 km :

🏡 **Café Panorama** 🦢, ✆ (08364) 2 48, ≤ Voralpenlandschaft, 🌳 — 🚻wc 🔙 🅿
 15. Nov.- 10. Dez. geschl. — (Rest. nur für Hausgäste) — **20 Z : 36 B** 24/32 - 52/62 — P 40/48.

SEEHEIM-JUGENHEIM 6104. Hessen — 16 600 Ew — Höhe 140 m — Luftkurort — ☎ 06257.
♦Wiesbaden 56 — ♦Darmstadt 13 — Heidelberg 47 — Mainz 48 — ♦Mannheim 44.

Im Ortsteil Jugenheim :

🏠 **Brandhof** ⤢, Im Stettbacher Tal 61 (O: 1,5 km), ℰ 26 89, 😤 — 🏚wc ☎ ❷. ⓘ
Karte 19/49 ⓑ — **39 Z : 65 B** 48/50 - 80/90.

Im Ortsteil Malchen :

🏠 **Malchen** ⤢, Im Grund 21, ℰ (06151) 5 50 31 — 📺 ⬒wc 🏚wc ☎ ♿ ⬅ ❷. ⒶⒺ ⓞ Ⓔ 𝘝𝘐𝘚𝘈
(nur Abendessen für Hausgäste) — **21 Z : 46 B** 75/90 - 110/125 Fb.

SEELBACH 7633. Baden-Württemberg 🎛🎛 ㉘, 🎛🎛 ⑥ — 4 900 Ew — Höhe 217 m — Luftkurort —
☎ 07823 — 🗨 Verkehrsbüro im Bürgerhaus, Marktstr. 6, ℰ 28 61.
♦Stuttgart 175 — ♦Freiburg im Breisgau 61 — Offenburg 33.

🏠 **Ochsen**, Hauptstr. 100, ℰ 20 34, 😤, 🌳 — ⬒wc 🏚wc ⬅ ❷ 🏛. 🧺 Zim
Mitte - Ende Feb. geschl. — Karte 15/37 (Mittwoch geschl.) ⓑ — **29 Z : 52 B** 34/45 - 64/80 -
P 44/55.

In Seelbach-Schönberg NO : 6 km — Höhe 480 m :

🏠 **Geroldseck** garni, ℰ 20 45, ≤, 🗢, 🔲, 🌳 — 🏚wc ☎ ⬅ ❷ 🏛. ⒶⒺ ⓞ
26 Z : 52 B 55/64 - 100/118 Fb.

✕ **Löwen** (Gasthof a.d.J. 1370), an der B 415, ℰ 20 44, ≤, 😤 — ⬅ ❷. ⒶⒺ ⓞ
Montag geschl. — Karte 16/54.

SEELBACH Rheinland-Pfalz siehe Hamm (Sieg).

SEEON-SEEBRUCK 8221. Bayern — 4 200 Ew — Höhe 540 m — Erholungsort — ☎ 08624
(Seeon) und 08667 (Seebruck).
Sehenswert : Chiemsee★.
🗨 Verkehrsamt Seebruck, Am Anger 1, ℰ 71 33.
🗨 Verkehrsamt Seeon, Weinbergstr. 6, ℰ 21 55.
♦München 80 — Rosenheim 39 — Wasserburg am Inn 26.

Im Ortsteil Seebruck 🎛🎛 ㊲, 🎛🎛 ⑲ — Luftkurort :

🏠 **Café Wassermann** Ⓜ, Ludwig-Thoma-Str.1, ℰ 71 55, ≤, 😤, 🗢, 🔲 — 🛗 🏚wc ☎ ⬅ ❷
🏛. ⒶⒺ ⓞ Ⓔ
Karte 18,50/46 — **41 Z : 90 B** 59/75 - 84/99 Fb — P 76/93.

🏠 **Gästehaus Kaltner** garni, Traunsteiner Str. 4, ℰ 71 14, 🗢, 🐴, 🌳 — 📺 🏚wc ☎ ⬅ ❷
1.- 26. Dez. geschl. — **16 Z : 29 B** 40/70 - 80/100 — 13 Appart. 100.

✕✕ **Segelhafen**, Im Jachthafen 7, ℰ 6 11, ≤, 😤 — ❷
Nov.- 5. Dez. und Montag - Dienstag 14 Uhr geschl. — Karte 21/60.

Im Ortsteil Seebruck-Lambach SW : 3 km ab Seebruck :

🏠 **Landgasthof Lambachhof**, ℰ 4 27, 😤, Biergarten, 🐴, 🌳 — 📺 🏚wc ☎ ❷
25 Z : 48 B.

🏠 **Malerwinkel**, ℰ 4 88, Terrasse mit ≤ Chiemsee und Alpen, 🐴, 🌳 — 🏚wc ☎ ❷
Karte 17/51 (Tischbestellung ratsam) — **16 Z : 31 B** 50/70 - 90/100.

Im Ortsteil Seeon :

🏠 **Parkhotel Sandau** ⤢ garni, Werlinstr. 9, ℰ 25 80, 🌳 — 🏚wc ❷
21 Z : 41 B 39/50 - 64/94.

✕ **Insel-Schloß-Gaststätte** ⤢ mit Zim, Klosterweg 2 (Klosterseeon), ℰ 25 25, « Terrasse
am See », Badesteg — ❷
Karte 17/52 (Dez.- Feb. Dienstag geschl.) — **4 Z : 10 B** 30/47 - 60/80.

Im Ortsteil Seeon-Roitham S : 4 km ab Seeon :

🏠 **Gruber-Alm** ⤢, Almweg 18, ℰ (08667) 6 96, ≤, 🗢, 🌳 — 🏚wc ❷
Nov. geschl. — Karte 13/35 (Okt.- April Montag - Dienstag geschl.) ⓑ — **19 Z : 34 B** 22/30 -
42/56 — P 39/45.

SEESEN 3370. Niedersachsen 🎛🎛 ⑮⑯ — 23 000 Ew — Höhe 250 m — ☎ 05381.
🗨 Städt. Verkehrsamt, Marktstr. 1, ℰ 7 52 43.
♦Hannover 77 — ♦Braunschweig 62 — Göttingen 53 — Goslar 26.

🏠 **Goldener Löwe**, Jacobsonstr. 20, ℰ 12 01 — ⬒wc 🏚wc ☎ ⬅. ⒶⒺ ⓞ Ⓔ 𝘝𝘐𝘚𝘈
Karte 23/55 — **31 Z : 55 B** 55/79 - 72/118 Fb.

🏠 **Wilhelmsbad**, Frankfurter Str. 10, ℰ 22 48 — 🏚wc ⬅ ❷. ⒶⒺ ⓞ Ⓔ
6. Juli - 3. Aug. geschl. — Karte 16/42 (Sonntag geschl.) — **16 Z : 25 B** 28/65 - 50/90.

In Seesen-Münchehof S : 5 km :

🏠 **Goldener Löwe**, Thüringer Str. 3 (B 243), ℰ 85 18 — 🏚 ⬅ ❷. ⒶⒺ ⓞ Ⓔ 𝘝𝘐𝘚𝘈
Karte 14/43 (Freitag geschl.) — **19 Z : 27 B** 26/52 - 52/80 Fb.

SEESHAUPT 8124. Bayern 🄌🄁🄆 ⑰ — 2 600 Ew — Höhe 600 m — Erholungsort — ✪ 08801.
♦München 49 — Garmisch-Partenkirchen 48 — Weilheim 14.

XX **Sonnenhof**, Penzberger Str. 2, ℰ 7 60, 🍴 — ❷. ⓞ
    Dienstag und Mitte Jan.- Mitte Feb. geschl. — Karte 23/59.

SEEVETAL 2105. Niedersachsen — 35 000 Ew — Höhe 25 m — ✪ 04105.
♦Hannover 130 — ♦Bremen 101 — ♦Hamburg 22 — Lüneburg 33.

In Seevetal 1-Hittfeld :

🏨 **Krohwinkel**, Kirchstr. 15, ℰ 25 07, Spielbank im Hause — ⌷wc 🛁wc ☎ ❷ 🛋. ⅀ ⓞ E
    VISA
    Karte 22/55 — **16 Z : 27 B** 65/75 - 90/95 Fb.

🏨 **Meyer's Hotel** garni, Hittfelder Twiete 1, ℰ 5 15 61 — ⌷wc 🛁wc ☎ ❷. ⓞ
    16 Z : 28 B 74/79 - 123/128 Fb.

🏠 **Zur Linde**, Lindhorster Str. 3, ℰ 23 72 — 🛁wc ☎ ❷ 🛋
    Karte 16/35 *(Dienstag - Donnerstag nur Abendessen)* — **26 Z : 53 B** 51 - 82.

In Seevetal 3-Maschen 🄌🄇🄋 ⑤ :

🏠 **Maack**, Hamburger Str. 6 (B 4), ℰ 8 30 31 — 🛁wc ☎ ❷ 🛋. ⅀ ⓞ E *VISA*
    Karte 15/43 *(Samstag und 23. Dez.- 18. Jan. geschl.)* — **41 Z : 66 B** 42/54 - 74/95.

SEEWALD 7291. Baden-Württemberg — 2 100 Ew — Höhe 750 m — Luftkurort — Wintersport :
700/900 m ✂1 ⟲2 — ✪ 07448.
🛈 Rathaus in Besenfeld, Freudenstädter Str. 12, ℰ (07447) 10 07.
♦Stuttgart 76 — Altensteig 13 — Freudenstadt 23.

In Seewald-Besenfeld — ✪ 07447 :

🏨 **Oberwiesenhof** ⌂, Freudenstädter Str. 28, ℰ 10 01, 🍴, 🛁, 🏊, 🎾, 🎿 — ⌷📺 ⌷wc
    🛁wc ☎ ⟷ ❷ 🛋. ⅀ ⓞ *VISA*. 🍴 Rest
    5.- 20. Dez. geschl. — Karte 23/58 — **56 Z : 102 B** 65/85 - 120/170 Fb — P 90/115.

🏠 **Café Konradshof** Ⓜ ⌂ garni, Freudenstädter Str. 65 (B 294), ℰ 12 22, 🎿 — ⌷ ⌷wc
    🛁wc ⟷ ❷
    16 Z : 31 B 36/44 - 58/88.

🏠 Pferdekoppel-Unterwiesenhof ⌂, Kniebisstr. 65, ℰ 3 64, ≤, 🎿, 🐎(Halle, Schule) — ⌷wc
    🛁wc ❷
    14 Z : 25 B.

🏠 **Kapplerhof**, Römerweg 33, ℰ 4 37, 🎿 — ⌷wc 🛁wc ☎ ❷
    25. Okt.- 20. Dez. geschl. — (nur Abendessen für Hausgäste) — **17 Z : 30 B** 36/40 - 72/80.

🏠 **Sonnenblick**, Freudenstädter Str. 40 (B 294), ℰ 3 19, 🛁, 🎿 — ⌷📺 ⌷wc 🛁wc ⟷ ❷
    Mitte Nov.- Mitte Dez. geschl. — Karte 15/32 🍴 — **26 Z : 48 B** 30/40 - 62/86 — P 48/61.

In Seewald-Eisenbach :

🏠 **Tannenhof**, Ortsstr. 14, ℰ 2 28, 🎿 — ⌷wc 🛁wc ⟷ ❷
    Nov.- 15. Dez. geschl. — Karte 15/40 *(Dienstag geschl.)* 🍴 — **16 Z : 28 B** 36/38 - 66/70 —
    P 48/52.

In Seewald-Erzgrube :

🏠 **Bären** ⌂, Ortsstr. 1, ℰ 2 35, 🛁, 🛁, 🎿 — ⌷ ⌷wc 🛁wc ❷
    34 Z : 64 B.

In Seewald-Göttelfingen :

🏠 **Traube**, Altensteiger Str. 15, ℰ 2 13, 🎿 — 🛁wc ⟷ ❷
    Karte 16/40 *(Nov.- Mai Donnerstag geschl.)* — **40 Z : 60 B** 27/33 - 62/65 — P 48/51.

An der Straße Göttelfingen-Altensteig SO : 4 km ab Göttelfingen :

XX **Kropfmühle** ⌂ mit Zim, ✉ 7291 Seewald-Omersbach, ℰ (07448) 2 44, 🍴, 🎿 — 🛁wc
    ⟷ ❷
    12. Jan.- Feb. geschl. — Karte 16,50/41 *(Nov.- April Donnerstag geschl.)* 🍴 — **11 Z : 19 B** 28 - 56
    — P 46/50.

SEGEBERG, BAD 2360. Schleswig-Holstein 🄌🄇🄋 ⑤ — 15 500 Ew — Höhe 45 m — ✪ 04551.
🛈 Tourist Information, Oldesloer Str. 20, ℰ 5 72 31.
♦Kiel 47 — ♦Hamburg 63 — ♦Lübeck 31 — Neumünster 26.

🏨 **Intermar Kurhotel** ⌂, Kurhausstr. 87, ℰ 85 25, Telex 261619, ≤, 🍴, 🛁, 🛁 — ⌷ 📺
    ⌷wc 🛁wc ☎ ❷ 🛋. ⅀ ⓞ E *VISA*
    Karte 25/50 — **80 Z : 155 B** 84/94 - 133/143 Fb.

🏠 **Central Gasthof**, Kirchstr. 32, ℰ 27 83 — 🛁wc ⟷
    1.- 20. Okt. geschl. — Karte 17/44 *(Donnerstag geschl.)* — **11 Z : 20 B** 35/52 - 55/80.

🏠 Martin garni, Ziegelstr. 95 (B 432), ℰ 8 17 97 — 🛁wc ⟷ ❷
    16 Z : 28 B.

X Haus des Handwerks, Hamburger Str. 24, ℰ 41 40.

In Bad Segeberg-Schackendorf NW : 5 km :

🏠 **Hotel B 404-Haus Stefanie**, 𝒫 36 00, 😤 – ⌂wc 🛏wc ⟺ 🅿 🏖. 🖭 ⓪ 𝐄 𝘝𝘐𝘚𝘈
Karte 16,50/43 – **35 Z : 70 B** 27/45 - 59/74.

ⅩⅩ **Immenhof**, Neukoppel 1, 𝒫 32 44, 😤 – 🅿.

In Högersdorf 2360 SW : 3,5 km :

ⅩⅩ **Landhaus Lüken** 🦢 mit Zim, Dorfstr. 19, 𝒫 (04551) 40 41, 🛋 – 🛏 ☎ 🅿 🏖
Karte 22/59 *(Mittwoch geschl.)* – **6 Z : 10 B** 55/65 - 90/100.

In Rohlstorf-Warder 2361 NO : 8 km :

🏠 **Am See** 🦢, Seestr. 25, 𝒫 (04559) 10 31, 😤, 🍴, 🛋 – ⌂wc 🛏wc ⟺ 🅿
2. Jan.- 8. Feb. geschl. – Karte 19/45 *(Montag geschl.)* – **15 Z : 30 B** 40/42 - 76/80.

In Leezen 2361 SW : 10 km :

🏠 **Teegen**, Heiderfelder Str. 5 (B 432), 𝒫 (04552) 2 90, 🍴, 🔲, 🛋 – 🛏wc ⟺ 🅿 🏖. 🖭 ⓪ 𝐄
Okt. 3 Wochen geschl. – Karte 17/32 *(Montag geschl.)* – **17 Z : 25 B** 29/39 - 55/77.

SEHNDE 3163. Niedersachsen 𝟵𝟴𝟳 ⑯ – 18 500 Ew – Höhe 64 m – ✆ 05138.
♦Hannover 17 – ♦Braunschweig 48 – Hildesheim 38.

In Sehnde 4-Bilm NW : 5 km :

🏨 **Parkhotel Bilm** 🦢 garni, Behmerothsfeld 6, 𝒫 20 48, Telex 922485, 🍴, 🔲, 🛋 – 🚿 📺
🛏wc ☎ 🅿 🏖. 𝘝𝘐𝘚𝘈
24. Dez.- 3. Jan. geschl. – **55 Z : 70 B** 69/86 - 88/130 Fb.

In Sehnde 2-Ilten N : 4 km :

Ⅹ **Hubertus** mit Zim, Hindenburgstr. 22, 𝒫 (05132) 66 06 – 🛏wc 🅿
(wochentags nur Abendessen) – **6 Z : 11 B**.

In Sehnde 14-Müllingen SW : 7 km :

ⅩⅩ **Müllinger Tivoli** mit Zim, Müllinger Str. 41, 𝒫 13 80, 😤 – 🛏wc 🅿
6 Z : 10 B.

Die im Michelin-Führer
verwendeten Zeichen und Symbole haben –
fett oder dünn gedruckt, rot oder schwarz –
jeweils eine andere Bedeutung.
Lesen Sie daher die Erklärungen (S. 12 bis 19) aufmerksam durch.

SEHRINGEN Baden-Württemberg siehe Badenweiler.

SEIFRIEDSBERG Bayern siehe Sonthofen.

SELB 8672. Bayern 𝟵𝟴𝟳 ㉗ – 22 700 Ew – Höhe 555 m – ✆ 09287.
🛈 Verkehrsverband für Nordostbayern, Friedrich-Ebert-Str. 7, 𝒫 27 59.
♦München 291 – Bayreuth 62 – Hof 27.

🏨 **Rosenthal-Casino** 🦢, Casinostr. 3, 𝒫 7 89 24 – ⌂wc 🛏wc ☎ 🅿. 🖭 ⓪ 𝐄
11.- 24. Aug. geschl. – Karte 19,50/44 *(Samstag bis 17 Uhr und Sonntag geschl.)* – **14 Z : 20 B**
68/76 - 98/106 Fb.

🏠 **Schmidt**, Bahnhofstr. 19, 𝒫 7 89 01 – 🛏wc ☎. 🖭 ⓪ 𝐄
↤ Karte 14/30 *(Mittwoch geschl.)* – **24 Z : 42 B** 29/53 - 55/70.

In Schönwald 8671 NW : 5,5 km :

🏠 **Ploss**, Grünhaid 1, 𝒫 (09287) 54 86 – ⌂wc 🛏 🅿
30 Z : 60 B.

SELBECKE Nordrhein-Westfalen siehe Kirchhundem bzw. Hagen.

SELBITZ 8677. Bayern – 5 300 Ew – Höhe 525 m – ✆ 09280.
♦München 285 – Bayreuth 56 – Hof 15.

🏠 **Goldene Krone**, Bahnhofstr. 18, 𝒫 2 35 – 🛏wc ⟺ 🅿
9 Z : 15 B.

🏨 **Napoleon**, Mühlberg 4, 𝒫 16 60 – 🛏wc ⟺. 🦌
(nur Abendessen für Hausgäste) – **9 Z : 14 B** 24/35 - 48/60.

In Selbitz-Stegenwaldhaus O : 4 km über die B 173, in Sellanger rechts abbiegen :

🏨 **Leupold** 🦢, 𝒫 2 72, 🔲, 🛋 – 🛏 ⟺ 🅿
↤ Karte 13/24 *(Montag bis 18 Uhr geschl.)* – **14 Z : 26 B** 23/28 - 46/56.

SELIGENSTADT 6453. Hessen 🔢 ⓩ — 17 700 Ew — Höhe 118 m — ✪ 06182.
🛈 Verkehrsbüro, Aschaffenburger Str. 1, ✆ 8 71 77.
♦Wiesbaden 58 — Aschaffenburg 17 — ♦Frankfurt am Main 25.

🏠 **Mainterrasse-Ristorante La Gondola**, Kleine Maingasse 18, ✆ 2 22 60, ≤, 🌣 — ⏹wc
🅿. 🝙 ⑩ **E**
Karte 19/50 (Freitag geschl.) — **16 Z : 25 B** 40/48 - 58/70.

🏠 **Zum Ritter**, Würzburger Str. 31, ✆ 2 60 34 — ⏹wc ☎ 🔁 🅿
21.- Dez.- 6. Jan. geschl. — Karte 15/38 (nur Abendessen, Sonn- und Feiertage geschl.) — **24 Z :
38 B** 33/55 - 60/85.

🏠 **City-H.** 🏊 garni, Stadtgraben 10, ✆ 2 22 80 — ⭲wc ⏹wc 🅿
12 Z : 20 B 38/40 - 65.

XX **Klosterstuben**, Freihofplatz 7, ✆ 35 71, « Innenhofterrasse » — **E**
Sonntag - Montag und Juni 3 Wochen geschl. — Karte 28/57.

In Seligenstadt-Froschhausen NW : 3 km :

🕈 **Zum Lamm**, Seligenstädter Str. 36, ✆ 70 64 — ⏹wc ☎ 🅿
✦ Weihnachten - Neujahr geschl. — Karte 13/27 (Freitag geschl.) — **21 Z : 30 B** 40 - 70.

An der Autobahn A 3 NW : 6 km :

🏨 **Motel Weiskirchen** garni, Autobahn-Nordseite, ✉ 6054 Rodgau 6, ✆ (06182) 6 80 38 — 🛗
⏹wc ☎ 🅿
30 Z : 60 B 60 - 85.

SELLINGHAUSEN Nordrhein-Westfalen siehe Schmallenberg.

SELM Nordrhein-Westfalen siehe Lünen.

SELTERS 5418. Rheinland-Pfalz — 2 200 Ew — Höhe 246 m — ✪ 02626.
Mainz 94 — ♦Bonn 70 — ♦Koblenz 35 — Limburg an der Lahn 35.

🕈 Adler, Rheinstr. 24, ✆ 2 46 — ⏹ 🔁 🅿
12 Z : 16 B.

SENDEN 7913. Bayern — 19 200 Ew — Höhe 470 m — ✪ 07307.
♦München 143 — Memmingen 48 — ♦Ulm (Donau) 11.

🏠 **Feyrer**, Bahnhofstr. 18, ✆ 40 87 — ⭲wc ⏹wc 🔁 🅿. 🍽 Zim
2.- 10. Jan. und 13.- 31. Aug. geschl. — Karte 15/40 (Freitag bis 17 Uhr und Sonntag ab 14 Uhr
geschl.) — **24 Z : 35 B** 33/53 - 50/70.

In Senden-Aufheim NO : 2 km :

XX **Alte Schule**, Hausener Str. 5, ✆ 2 37 77 — 🅿
nur Abendessen, 24.- 30. Dez. sowie Sonn- und Feiertage geschl. — Karte 37/80.

SENDEN 4403 Nordrhein-Westfalen 🔢 ⓩ — 15 600 Ew — Höhe 60 m — ✪ 02597.
♦Düsseldorf 129 — Lüdinghausen 10 — Münster (Westfalen) 18.

XX **Haus Scharlau**, Laurentiusplatz 7, ✆ 2 89 — ⑩ **E**
Dienstag und Juli - Aug. 3 Wochen geschl. — Karte 32/59.

In Senden-Ottmarsbocholt SO : 4 km :

XXX ✿ **Averbeck's Giebelhof**, Kirchstr. 12, ✆ (02598) 3 93, « Elegante Einrichtung » — 🅿. 🍽
Montag - Dienstag 18 Uhr, Jan. 1 Woche una Juli - Aug. 3 Wochen geschl. — Karte 54/92
(bemerkenswerte Weinkarte)
Spez. Salmi von der Bresse-Taube, Pochierte Gänseleber in Sauternes, Steinbutt mit Artischocken gebraten.

SENDENHORST 4415. Nordrhein-Westfalen — 10 100 Ew — Höhe 53 m — ✪ 02526.
♦Düsseldorf 136 — Beckum 19 — Münster (Westfalen) 22.

🕈 **Zurmühlen**, Osttor 38, ✆ 13 74 — ⏹
✦ März 3 Wochen geschl. — Karte 14,50/34 (Freitag geschl.) — **9 Z : 15 B** 33/36 - 66/72.

In Sendenhorst-Hardt SO : 2 km :

XX **Zur Waldmutter**, an der Straße nach Beckum, ✆ 12 72, « Gartenterrasse » — 🅿 🏛
✦ Feb. und Montag geschl. — Karte 13,50/39.

SENHEIM 5591. Rheinland-Pfalz — 700 Ew — Höhe 90 m — ✪ 02673 (Ellenz-Poltersdorf).
Mainz 104 — Cochem 10 — ♦Koblenz 74 — ♦Trier 75.

🏠 **Schützen** 🏊, Brunnenstr. 92, ✆ 43 06, eigener Weinbau — ⏹wc 🔁. 🝙. 🍽
April - Nov. — Karte 16/38 (Montag geschl.) 🍷 — **15 Z : 28 B** 30/45 - 50/70.

SESSLACH 8601. Bayern — 3 800 Ew — Höhe 271 m — ✪ 09569.
♦München 275 — ♦Bamberg 40 — Coburg 16.

XX **Mally** 🏊 mit Zim, Dr.-J.-O.-Kolb-Str. 7, ✆ 2 28, 🌣 — ⏹
3.- 29. Jan. geschl. — Karte 36/55 (abends Tischbestellung ratsam) (Montag geschl.) — **9 Z :
14 B** 25 - 50.

SIEDELSBRUNN Hessen siehe Wald-Michelbach.

SIEGBURG 5200. Nordrhein-Westfalen 987 ② – 36 000 Ew – Höhe 61 m – ۞ 02241.

🛈 Verkehrsamt, im Rathaus, ℰ 10 23 83.

ADAC, Humperdinckstr. 64, ℰ 6 95 50, Notruf ℰ 1 92 11.

♦Düsseldorf 67 – ♦Bonn 11 – ♦Koblenz 87 – ♦ Köln 27.

🏨 **Kaspar** Ⓜ garni, Elisabethstr. 11 (am Rathaus), ℰ 6 30 73 – 🛗 📺 🍴wc ☎. ⓞ Ε 𝖵𝖨𝖲𝖠.
22. Dez.- 5. Jan. geschl. – **25 Z : 35 B** 65/85 - 102/135 Fb.

🏠 **Siegblick**, Nachtigallenweg 1, ℰ 6 00 77, 🦌 – ➪wc 🍴wc ☎ 🚗 🅿 🏖
20. Dez.- 12. Jan. geschl. – Karte 22/54 (Freitag geschl.) – **21 Z : 42 B** 48/65 - 75/90.

🏠 **Zum Stern** garni, Markt 14, ℰ 6 00 21 – 🛗 📺 ➪wc 🍴wc ☎ 🚗
35 Z : 50 B Fb.

🏠 **Kaiserhof**, Kaiserstr. 80, ℰ 5 00 71 – 🛗 🍴wc ☎ 🚗. 𝖠𝖤 ⓞ Ε 𝖵𝖨𝖲𝖠. 𝖘𝖖
Karte 22/53 – **32 Z : 48 B** 60/75 - 100/120.

🏠 **Zum alten Zollhaus**, Frankfurter Str. 144 (B 8), ℰ 6 37 10 – 🍴wc 🅿
(nur Abendessen) – **22 Z : 40 B**.

🏠 **Bergisches Haus**, Zeithstr. 23, ℰ 6 36 92 – ➪wc 🍴wc ☎ 🚗 🅿
20 Z : 37 B.

𝕏𝕏𝕏 **Auf den Arken**, Mühlenstr. 37, ℰ 6 62 98 – 🏖. 𝖠𝖤
Montag geschl. – Karte 25/55.

𝕏𝕏 **Alt Siegburg**, Luisenstr. 9, ℰ 6 23 33 – ⓞ Ε
nur Abendessen, 15. Juli - 1. Aug. sowie Sonn- und Feiertage geschl. – Karte 23/58
(Tischbestellung ratsam).

SIEGEN 5900. Nordrhein-Westfalen 987 ② – 114 000 Ew – Höhe 236 m – ۞ 0271.

🚃 in Siegen 21-Weidenau, ℰ 59 13 26.

🛈 Städt. Verkehrsamt, Pavillon am Hauptbahnhof, ℰ 5 77 75.

ADAC, Koblenzer Str. 65, ℰ 33 50 44, Notruf ℰ 1 92 11.

♦Düsseldorf 130 ⑤ – ♦Bonn 99 ⑤ – Gießen 73 ③ – Hagen 88 ⑤ – ♦Köln 93 ⑤.

Stadtplan siehe nächste Seite.

🏨 **Crest-Hotel Siegen**, Kampenstr. 83, ℰ 5 40 72, Telex 872734, Massage, 🈀s, 🖼 – 🛗 📺
➪wc 🍴wc ☎ 🚗 🅿 🏖. 𝖠𝖤 ⓞ Ε 𝖵𝖨𝖲𝖠. Rest   Y   c
Karte 26/62 – **102 Z : 170 B** 150/156 - 192/202 Fb.

🏨 **Berghotel Johanneshöhe**, Wallhausenstr. 1, ℰ 31 00 08, ≤ Siegen – 📺 ➪wc 🍴wc ☎
🚗 🅿 🏖. 𝖠𝖤 ⓞ Ε   über Achenbacher Straße   Z
Karte 21/56 – **25 Z : 44 B** 66/125 - 104/170 Fb.

🏨 **Kochs Ecke**, Koblenzer Str. 53, ℰ 5 20 23 – 🛗 ➪wc 🍴wc ☎ 🚗 🅿   Z   e
Karte 21/50 (Samstag bis 18 Uhr geschl.) – **40 Z : 50 B** 55/95 - 85/140.

🏠 **Haus am Hang** 𝒮 garni, Am jähen Hain 5, ℰ 5 10 01, 🦌 – 📺 ➪wc 🍴wc ☎ 🚗 🅿. 𝖠𝖤
ⓞ Ε   Y   h
20 Z : 25 B 40/80 - 100/120.

🏠 **Bürger** garni, Marienborner Str. 134, ℰ 6 25 51 – 🛗 🍴wc 🚗 🅿. 𝖠𝖤 ⓞ Ε 𝖵𝖨𝖲𝖠. 𝖘𝖖
58 Z : 80 B 43/75 - 78/110.   über Marienborner Straße   YZ

🏠 **Jakob** garni, Tiergartenstr. 61, ℰ 5 23 75 – 🍴wc ☎ 🅿   Y   a
10 Z : 18 B 46 - 85.

𝕏𝕏 **Pfeffermühle**, Frankfurter Str. 261, ℰ 5 45 26, 🦌 – 🅿   über ②
Karte 24/54.

𝕏𝕏 **Siegerlandhalle**, Koblenzer Str. 151, ℰ 33 10 00 – ⑮ 🅿 🏖. 𝖠𝖤 Ε   Z   T
Aug. geschl. – Karte 25/54.

𝕏𝕏 Laterne, Löhrstr. 37, ℰ 5 70 33 – 𝖘𝖖   Z   c

In Siegen 21-Buchen ① : 8 km :

☖ **Ongelsgrob**, Buchener Str. 22, ℰ 8 13 48, 🦌 – 🍴 ☎ 🚗 🅿. 𝖘𝖖 Rest
Nov. 2 Wochen geschl. – Karte 15/35 (nur Abendessen, Freitag geschl.) – **8 Z : 12 B** 29/37 -
58/74.

In Siegen 21-Dillnhütten ① : 7 km :

☖ **Reuter**, Geisweider Str. 144 (B 54), ℰ 8 55 66 – 🍴 🚗 🅿
Juli geschl. – Karte 14/34 (nur Abendessen, Sonntag geschl.) – **7 Z : 10 B** 28/35 - 60/65.

In Siegen 31-Eiserfeld ④ : 5 km :

🏠 **Haus Siegboot**, Eiserfelder Str. 230, ℰ 38 15 23 – 🛗 🍴wc ☎ 🅿 🏖. Ε. 𝖘𝖖
Karte 16/35 (nur Abendessen, Sonntag geschl.) – **29 Z : 48 B** 55/70 - 90.

In Siegen 21-Geisweid ① : 6 km :

🏠 **Café Römer** garni, Rijnsburger Str. 4, ℰ 8 10 45 – 🛗 🍴wc 🚗. 𝖠𝖤 ⓞ Ε 𝖵𝖨𝖲𝖠
16 Z : 20 B 55/60 - 100 Fb.

𝕏𝕏𝕏 Ratskeller, Lindenplatz 7 (im Rathaus), ℰ 8 43 33 – 🅿 🏖.

SIEGEN

In Siegen 1-Kaan-Marienborn O : 4 km über Marienborner Str. YZ :

✗ **Weißtalhalle**, Blumertsfeld 2, 𝒫 6 40 74 — 🅿 🏧 **E**
⟶ *Sonntag - Montag 17 Uhr geschl.* — Karte 14/47.

In Siegen 1-Seelbach ⑥ : 7 km :

☎ **Haus Waldhardt** ⤸, Nelkenweg 54, 𝒫 (0271) 37 01 88, ≤ — 🏛 🅿 🛇
(nur Abendessen) — **12 Z : 18 B** 40 - 67.

✗✗ **Am Weiher mit Zim**, Freudenberger Str. 671, 𝒫 (02734) 72 84, ≤ — 🏛wc ⇌ 🅿 🛇
8 Z : 11 B.

In Siegen 21-Sohlbach ① : 7 km :

🏠 **Kümmel**, Gutenbergstr. 7, 𝒫 8 30 69 — 🏛wc ☎ ⇌ 🅿 🛇
Karte 18,50/46 *(Freitag geschl.)* — **11 Z : 16 B** 52 - 88.

In Siegen 21-Weidenau ① : 4 km :

🏠 **Oderbein**, Weidenauer Str. 187 (am Bahnhof), 𝒫 4 50 27 — 🛗 📺 🏛wc ☎ 🅿 🏧
28 Z : 56 B Fb.

In Wilnsdorf-Obersdorf 5901 ② : 6 km :

✗✗✗ **Haus Rödgen** mit Zim, Rödgener Str. 100 (B 54), 𝒫 (0271) 3 91 73, ≤, 🏕 — 📺 🏛wc ☎ ⇌
🅿 🆎 ⓓ **E** 𝐕𝐈𝐒𝐀 🛇 Zim
Karte 32/65 — **8 Z : 12 B** 85/90 - 130/150.

In Wilnsdorf-Rödgen 5901 ② : 7 km:

🏠 **Haus Sonne** ⤸, Höhenweg 31, 𝒫 (0271) 39 97, Caféterrasse — 🏛wc ☎ 🅿
(Rest. nur für Pensionsgäste) — **14 Z : 23 B**.

In Wilnsdorf 5901 ② : 11 km :

☎ **Kölsch**, Frankfurter Str. 7 (B 54), 𝒫 (02739) 22 53 — 🏛 🅿
Karte 17/45 *(Dienstag geschl.)* — **8 Z : 12 B** 29/35 - 58/70.

SIEGSDORF 8227. Bayern 987 ③⑦ ③⑧, 426 ⑲ − 7 200 Ew − Höhe 615 m − Luftkurort − ✆ 08662.

🖪 Verkehrsamt, Hauptstr. 2, ☎ 79 93.

◆München 105 − Bad Reichenhall 32 − Rosenheim 48 − Salzburg 36 − Traunstein 7.

🏠 **Forelle**, Traunsteiner Str. 1, ☎ 70 93, 🍴 − 🛏wc 🛁wc ☎ ⇐ 🅿
→ 8. Jan.- 12. Feb. geschl. − Karte 13/40 (Sept.- Mai Montag geschl.) − **24 Z : 48 B** 35/40 - 65/75.

🏠 **Edelweiß**, Hauptstr. 21, ☎ 92 96 − 🛏 ⇐ 🅿
→ Okt. geschl. − Karte 12/23 (Donnerstag geschl.) ⅃ − **14 Z : 26 B** 27/30 - 52/62.

🏠 **Neue Post**, Kirchplatz 2, ☎ 92 78 − 🛏 ⇐ 🅿 − **21 Z : 40 B**.

In Siegsdorf-Hammer 8221 SO : 6 km :

🏨 **Hörterer**, Schmiedstr. 1 (B 306), ☎ 93 21, 🍴, 🏖 − 📺 🛏wc ⇐ 🅿 . AE E
10. Nov.- 15. Dez. geschl. − Karte 15/40 (Mittwoch geschl.) − **25 Z : 50 B** 40 - 80.

Siehe auch : *Liste der Feriendörfer*

SIERKSDORF 2430. Schleswig-Holstein − 1 900 Ew − Höhe 15 m − Seebad − ✆ 04563.

🖪 Kurverwaltung, Vogelsang 1, ☎ 70 23.

◆Kiel 57 − ◆Lübeck 28 − Neustadt in Holstein 8,5.

🏠 **Ostseestrand**, Am Strande 2, ☎ 81 15, ≤, 🍴 − 🛏wc ⇐ 🅿
Nov.- 15. Dez. geschl. − Karte 19/44 (Okt.- März Mittwoch geschl.) − **17 Z :
30 B** 35/55 - 60/90.

XX **Seehof** ⑤ mit Zim, Gartenweg 30, ☎ 70 33, ≤ Ostsee, 🍴, « Park », 🏖 − 🛏wc ⇐ 🅿
6. Jan.- Feb. geschl. − Karte 22/50 (Okt.- Mai Dienstag geschl.) − **10 Z : 25 B** 70/75 - 140 Fb −
11 Appart. 145.

SIERSHAHN 5433. Rheinland-Pfalz − 2 500 Ew − Höhe 290 m − ✆ 02623.

Mainz 88 − ◆Bonn 72 − ◆Koblenz 32 − Limburg an der Lahn 27.

🏠 **Busch**, Bahnhofstr. 2, ☎ 59 01 − 🛏wc 🛏 🅿. 🍽 Rest
Karte 17/45 (Sonntag geschl.) − **16 Z : 30 B** 30/45 - 60/80.

SIESEBY Schleswig-Holstein siehe Kappeln.

SIEVERSEN Niedersachsen siehe Rosengarten.

SIGMARINGEN 7480. Baden-Württemberg 987 ㉟ − 15 000 Ew − Höhe 570 m − ✆ 07571.

🖪 Verkehrsamt, Rathaus, ☎ 10 61 21.

◆Stuttgart 101 − ◆Freiburg im Breisgau 136 − ◆Konstanz 76 − ◆Ulm (Donau) 85.

🏨 **Fürstenhof**, Zeppelinstr. 14 (SO : 2 km), ☎ 30 76, ≤ − 🗐 🛏wc 🛏wc ☎ ⇐ 🅿 🔫. AE E
Karte 20/44 − **30 Z : 75 B** 48/85 - 85/110 Fb.

🏨 **Jägerhof** garni, Wentelstr. 4, ☎ 20 21 − 🛏wc ☎ ⇐ 🅿. AE ⓞ E
3.- 19. Jan. geschl. − **15 Z : 25 B** 43/45 - 75 Fb.

🏠 **Gästehaus Schmautz** ⑤, Im Muckentäle 33, ☎ 5 15 54, ≤ − 🛏wc ⇐ 🅿
(nur Abendessen für Hausgäste) − **16 Z : 24 B** 35/38 - 70/76.

🏠 **Traube**, Fürst-Wilhelm-Str. 19, ☎ 1 22 27 − 🛏wc ⇐ − **12 Z : 22 B**.

🏠 **Gästehaus Gmeiner** garni, Josefinenstr. 13, ☎ 1 30 06 − 🛏wc 🅿
11 Z : 20 B 30/45 - 56/74.

In Scheer 7486 SO : 10 km :

XX **Brunnenstube**, Mengener Str. 4, ☎ (07572) 36 92 − 🅿
4.- 25. Aug., Samstag bis 18 Uhr und Montag geschl. − Karte **25**/47 ⅃.

SILBERSBACH Bayern siehe Lam.

SILBERSTEDT Schleswig-Holstein siehe Schleswig.

SIMBACH bei Landau/Isar 8384. Bayern 987 ㉛ ㊳, 426 ⑥ − 3 200 Ew − Höhe 433 m − ✆ 09954
− ◆München 127 − Passau 66 − ◆Regensburg 88 − Salzburg 118.

🏠 **Pension Hacker** garni, Kreuzkirchenstr. 1, ☎ 2 24, « Original-Bauernmöbel », ⌓ (geheizt),
🏖 − 🛏wc 🅿
9 Z : 17 B 28/35 - 50/56.

SIMBACH AM INN 8346. Bayern 987 ㊳, 426 ⑥ − 9 200 Ew − Höhe 345 m − ✆ 08571.

◆München 122 − Landshut 89 − Passau 54 − Salzburg 85.

🏠 Weissbräu-Wimmer, Schulgasse 6, ☎ 14 18 − 📺 🛏wc − **13 Z : 25 B**.

🏠 **Passauer Hof**, Passauer Str. 15, ☎ 25 00 − 🛏wc ⇐ 🅿. AE ⓞ E
→ 10.- 30. Aug. geschl. − Karte 12/28 (Freitag geschl.) − **24 Z : 32 B** 28/45 - 52/68.

In Prienbach 8399 NO : 4,5 km :

🏨 Zur Post Ⓜ, an der B 12, ☎ (08571) 20 09, 🍴, ≘ − 🛏wc ☎ ⇐ 🅿 − **15 Z : 28 B** Fb.

719

SIMMERATH 5107. Nordrhein-Westfalen 987 ㉓, 409 ⑯ − 14 000 Ew − Höhe 540 m − ✆ 02473.
Ausflugsziel : Rurtalsperre★ O : 10 km.
🛈 Verkehrsamt, Rathaus, ℰ 88 39.
♦Düsseldorf 107 − ♦Aachen 30 − Düren 34 − Euskirchen 45 − Monschau 10.

🏠 **Zur Post**, Hauptstr. 67, ℰ 14 46, 🍴 − ⌷wc 🏳wc ⟸ 🅿. ⚘
➡ Karte 14,50/36 *(Montag geschl.)* − **11 Z : 20 B** 30/40 - 60/80.

🏠 Haus Kammerbruch, Kammerbruchstr. 9, ℰ 82 03 − 🏳 ⟸ 🅿 − **10 Z : 18 B**.

In Simmerath-Einruhr SO : 10 km :

🏠 **Sonnenhof** ⟟, Am Hostertberg 41, ℰ (02485) 2 50, ≤, 🍴, ⟦⟧, 🍴 − ⌷wc 🏳wc ⟸ 🅿
🏊 AE ⓞ E
Karte 18/48 − **50 Z : 85 B** 46/65 - 80/88.

🏠 **Haus am See**, Pleushütte (an der B 266), ℰ (02485) 2 32, ≤, 🍴 − ⌷wc 🏳wc ⟸ 🅿. AE
⚘ Zim
15. Dez.- 30. Jan. geschl. − Karte 16,50/40 *(Nov - 15. Mai Dienstag geschl.)* − **21 Z : 38 B** 30/50
- 60/80 − P 40/51.

In Simmerath-Erkensruhr SO : 12 km :

🏨 **Talcafé Wollgarten** ⟟, Talstr. 19, ℰ (02485) 4 14, 🍴, 🛋, ⟦⟧, 🍴 − 🚻 ▤ Zim 📺 ⌷wc
🏳wc ⟸ 🅿 🏊 − **42 Z : 64 B** Fb.

🏨 **Waldfriede** ⟟, Talstr. 108, ℰ (02485) 3 33, 🍴, 🛋, ⟦⟧, 🍴 − ⌷wc 🏳wc ⟸ 🅿 🏊. AE
ⓞ
Karte 18/48 − **40 Z : 70 B** 53/64 - 92/112 − P 70/31.

In Simmerath-Rurberg NO : 8,5 km :

🏠 **Paulushof** ⟟, Seeufer 10, ℰ 22 57, ≤, 🍴, 🛋, ⟦⟧ − 🚻 🏳wc 🅿
43 Z : 75 B.

✕ **Ziegler** ⟟ mit Zim, Dorfstr. 24, ℰ 23 10, 🍴, 🍴 − 🏳 🅿. E. ⚘
16. Dez.- 16. Jan. geschl. − Karte 21/47 *(Donnerstag geschl.)* − **9 Z : 15 B** 27/35 - 50/70.

SIMMERN 6540. Rheinland-Pfalz 987 ㉔ − 6 200 Ew − Höhe 330 m − ✆ 06761.
🛈 Fremdenverkehrsamt, Rathaus, ℰ 68 80.
Mainz 67 − ♦Koblenz 61 − Bad Kreuznach 48 − ♦Trier 97.

🏨 **Bergschlößchen**, Nannhauser Straße, ℰ 40 41, 🍴 − 🚻 🏳wc ☎ ♿ ⟸ 🅿 🏊 AE E VISA
29. Dez.- Jan. geschl. − Karte 17/46 *(Montag bis 18 Uhr geschl.)* ⚖ − **22 Z : 42 B** 42/46 - 64/72
− P 54/68.

🏠 **Zur Post**, Marktstr. 51, ℰ 60 07 − 📺 🏳wc ☎ 🅿 🏊. E
Juli geschl. − Karte 17/46 *(Freitag geschl.)* ⚖ − **9 Z : 18 B** 32/45 - 64/89.

🏠 **Haus Vogelsang** garni, Am Vogelsang 1, ℰ 21 62, 🍴 − 🏳wc 🅿
20. Juni - 5. Juli geschl. − **10 Z : 16 B** 31/40 - 55/67.

Nahe der Straße nach Oberwesel NO : 5 km :

🏠 **Jagdschloß** ⟟, ✉ 6540 Pleizenhausen, ℰ (06761) 22 84, 🍴 − 🏳wc 🅿
➡ Karte 13/32 ⚖ − **29 Z : 54 B** 26/34 - 50/60 − P 36/42.

An der Straße nach Laubach N : 6 km :

🏨 **Birkenhof** ⟟, ✉ 6540 Klosterkumbd, ℰ (06761) 50 05, 🛋, 🍴, 🐎 − 🚻 🏳wc ☎ 🅿. AE ⓞ
15. Feb.- 10. März geschl. − Karte 17/52 *(Dienstag geschl.)* − **22 Z : 44 B** 42/50 - 70/88 Fb −
P 60/74.

In Michelbach 5448 NW : 7 km Richtung Kastellaun :

🏠 **Junkersmühle** ⟟, ℰ (06761) 20 68, 🛋, 🍴 − ⌷wc 🏳wc 🅿
Karte 19,50/46 *(Montag geschl.)* − **18 Z : 38 B** 43 - 77 − P 61.

SIMMERSFELD 7275. Baden-Württemberg − 1 700 Ew − Höhe 725 m − Erholungsort −
Wintersport : 720/800 m ⟟3 ⟟6 − ✆ 07484.
🛈 Kurverwaltung, Rathaus, Gartenstraße, ℰ 3 62.
♦Stuttgart 70 − Freudenstadt 28 − Pforzheim 44.

🏠 **Löwen**, Altensteiger Str. 6, ℰ 3 76, « Gartenterrasse mit Grill », 🍴 − 🚻 ⌷wc 🏳wc 🅿
Mitte Nov.- Anfang Dez. geschl. − Karte 17/38 *(Okt.- Mai Montag geschl.)* − **30 Z : 55 B** 29/45
- 57/80.

🏠 **Anker**, Altensteiger Str. 2, ℰ 3 61, 🍴 − 🏳wc ⟸ 🅿
Nov. geschl. − Karte 17/33 *(Okt.- Mai Mittwoch geschl.)* − **26 Z : 45 B** 35/38 - 56/64.

SIMMERTAL 6571. Rheinland-Pfalz − 1 750 Ew − Höhe 182 m − Erholungsort − ✆ 06754.
Mainz 69 − Idar-Oberstein 26 − Bad Kreuznach 27.

🏠 **Landhaus Felsengarten**, Banzel-Auf der Lay 2, ℰ 2 62, 🛋 − 🏳wc 🅿. ⚘
➡ Karte 13,50/32 *(Mittwoch geschl.)* − **19 Z : 41 B** 38 - 70 − P 50/55.

🏠 **Haus Bergmühle**, an der B 421, ℰ 3 12, « Kleiner Park, Gartenterrasse », 🍴 − 🏳 ⟸ 🅿
Jan. geschl. − Karte 15/39 *(Dienstag geschl.)* − **9 Z : 16 B** 35 - 70 − P 45.

SIMONSBERGER KOOG Schleswig-Holstein siehe Husum.

SIMONSKALL Nordrhein-Westfalen siehe Hürtgenwald.

SIMONSWALD 7809. Baden-Württemberg 987 ㉞ ㊴, 242 ㉜ – 2 800 Ew – Höhe 330 m – Luftkurort – ☎ 07683 – 🛈 Verkehrsamt, Talstr. 14 a, 𝒫 2 55.

♦Stuttgart 215 – Donaueschingen 49 – ♦Freiburg im Breisgau 28 – Offenburg 73.

🏨 **Tannenhof**, Talstr. 13, 𝒫 3 25, ⇌, ⇗ – 🛗wc 🛉wc 🅿 🏊 ᨐ Zim
35 Z : 70 B Fb.

🏨 **Zum Bären**, Untertalstr. 45, 𝒫 2 03, ⇗ – 🛗wc 🛉wc 🅿 ᨐ Rest
2. Jan.- Mitte Feb. geschl. – Karte 16/41 (Okt.- Mai Montag geschl.) – **19 Z : 40 B** 34 - 68.

🏨 **Engel**, Obertalstr. 44, 𝒫 2 71, 🍴, ⇗ – 🛉wc ⇦ 🅿
6. Jan.- 4. Feb. geschl. – Karte 15/50 (Dienstag geschl.) ⚓ – **40 Z : 79 B** 39/49 - 59/80.

🏨 **Sonne**, Talstr. 37, 𝒫 2 40, ⇌, ⇗ – 🛉wc 🅿
Nov.- 15. Dez. geschl. – Karte 17/41 (Dienstag - Mittwoch 15 Uhr geschl.) – **36 Z : 69 B** 24/41 - 46/68 – P 38/52.

🏨 **Krone-Post**, Talstr. 8, 𝒫 2 65, ⟁, ⇗, ᨐ – 🛉wc ⇦ 🅿 ᨐ Zim
2. Nov.- 10. Dez. geschl. – Karte 16/38 (Montag geschl.) – **30 Z : 50 B** 27/38 - 48/64 – P 45/54.

☎ **Hirschen**, Talstr. 11, 𝒫 2 60, ⇌ – 🛗wc 🅿
24 Z : 40 B.

SINDELFINGEN 7032. Baden-Württemberg 987 ㉟ – 55 900 Ew – Höhe 450 m – ☎ 07031 (Böblingen) – Messehalle, Mahdentalstr. 116, 𝒫 8 58 61.

🛈 Verkehrsamt, Neues Rathaus, 𝒫 6 10 13 22 und Pavillon am Rathaus, 𝒫 6 10 13 25.

ADAC, Rotbühlstr. 5, 𝒫 80 10 80, Telex 7265836.

♦Stuttgart 19 – ♦Karlsruhe 80 – Reutlingen 34 – ♦Ulm (Donau) 97.

🏨 **Holiday Inn** Ⓜ, Schwertstr. 65 (O : 2 km), 𝒫 6 19 60, Telex 7265569, ⇌, ⟁ – 🛗 ▭ 📺 ᚇ 🅿 🏊 🖭 ⓐ E 𝒱𝒾𝓈𝒶 ᨐ Rest
Karte 26/56 – **187 Z : 360 B** 185 - 235 Fb.

🏨 **Crest-Hotel**, Wilh.-Haspel-Str. 101 (O : 2 km), 𝒫 61 50, Telex 7265778 – 🛗 ▭ Rest 📺 🅿 🏊 (mit ▭). 🖭 ⓐ E 𝒱𝒾𝓈𝒶
Karte 28/67 – **148 Z : 178 B** 174/204 - 234/264 Fb.

🏨 **Klostersee** Ⓜ garni, Burghaldenstr. 6, 𝒫 8 50 81 – 🛗 📺 ᚇ 🅿 🖭 ⓐ E
71 Z : 125 B 120 - 158 Fb.

🏨 **Berlin - Restaurant Adlon**, Berliner-Platz 1, 𝒫 6 19 70, Telex 7265591, ⇌, ⟁ – 🛗 📺 🛗wc 🛉wc ☎ ᚇ ⇦ 🏊 🖭 ⓐ E
Karte 34/70 – **100 Z : 150 B** 139/169 - 193/218 Fb.

🏨 **Knote**, Vaihinger Str. 14, 𝒫 8 40 45, 🍴, Theaterkeller – 📺 🛗wc 🛉wc ☎ 🅿 🖭 ⓐ E
Karte 23/60 – **24 Z : 31 B** 85/100 - 110/150 Fb.

🏨 **Eichholz** ⤵, Wolfstr. 25, 𝒫 80 10 46, ⇗ – 🛗wc 🛉wc ☎ ⇦ 🅿 🖭
23. Dez.- 7. Jan. geschl. – Karte: siehe **Rest. Feinschmeckerstuben** – **40 Z : 48 B** 55/95 - 110/130.

🏨 **Linde**, Marktplatz, 𝒫 8 48 79 – 🛗wc 🛉wc
Karte 20/51 (Freitag 14 Uhr- Sonntag 17 Uhr geschl.) – **21 Z : 31 B** 45/63 - 78/93.

✕✕ **Feinschmecker-Stuben Eichholz**, Wolfstr. 25, 𝒫 80 16 06, « Hübscher Dekor mit Antiquitäten » – 🅿 🖭
Montag und Aug. 2 Wochen geschl. – Karte 41/74.

✕ **Park-Restaurant Stadthalle**, Schillerstr. 23, 𝒫 8 40 78 – 🅿 🏊 🖭 ⓐ E
Montag, 2.- 10. Jan. und Aug. 3 Wochen geschl. – Karte 22/47.

In Sindelfingen-Eichholz :

🏨 Waldhotel Hirsch, Friedrich-Ebert-Str. 40, 𝒫 80 10 84 (Hotel) 80 45 91 (Rest.), 🍴 – 🛗 📺 🛗wc 🛉wc ☎ 🅿
22 Z : 46 B Fb.

In Sindelfingen-Hinterweil :

🏨 Lenau garni, Nikolaus-Lenau-Platz 13, 𝒫 6 13 71 – 🛗 📺 🛉wc ☎ 🅿
47 Z : 70 B Fb.

In Sindelfingen 6-Maichingen NW : 3 km :

✕ **Alte Pfarrei**, Sindelfinger Str. 49, 𝒫 3 13 40 – 🖭 E
Samstag und 24. Aug.- 8. Sept. geschl. – Karte 24/52.

SINGEN (HOHENTWIEL) 7700. Baden-Württemberg 987 ㉟, 216 ⑧, 427 ⑥ – 47 000 Ew – Höhe 428 m – ☎ 07731.

Ausflugsziele : Hohentwiel : Lage** – Festungsruine ≤ *, W : 2 km.

🛈 Verkehrsamt, Aug.-Ruf-Str. 7, 𝒫 8 54 73.

ADAC, Schwarzwaldstr. 40, 𝒫 6 65 63.

♦Stuttgart 154 ⑤ – ♦Freiburg im Breisgau 106 ⑤ – ♦Konstanz 32 ① – Zürich 79 ③.

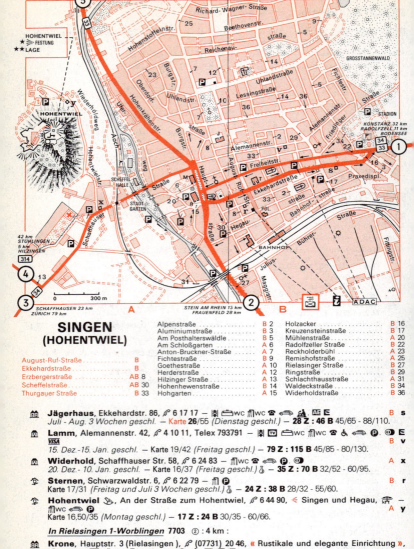

SINGEN
(HOHENTWIEL)

Jägerhaus, Ekkehardstr. 86, ℰ 6 17 17 – ⫶⫶ ⫶wc ⫶⫶wc ☎ 🚗 🅟 🆎 E   **B s**
Juli - Aug. 3 Wochen geschl. – **Karte 26/55** (Dienstag geschl.) – **28 Z : 46 B** 45/65 - 88/110.

Lamm, Alemannstr. 42, ℰ 4 10 11, Telex 793791 – ⫶⫶ TV ⫶wc ⫶⫶wc ☎ & 🚗 🅟 ⓪ E   E
VISA   **B v**
15. Dez.-15. Jan. geschl. – **Karte 19/42** (Freitag geschl.) – **79 Z : 115 B** 45/85 - 80/130.

Widerhold, Schaffhauser Str. 58, ℰ 6 24 83 – ⫶⫶wc 🚗 🅟 ⓪   **A x**
20. Dez.- 10. Jan. geschl. – Karte 16/37 (Freitag geschl.) – **35 Z : 70 B** 32/52 - 60/95.

Sternen, Schwarzwaldstr. 6, ℰ 6 22 79 – ⫶⫶ 🅟   **B r**
Karte 17/31 (Freitag und Juli 3 Wochen geschl.) – **24 Z : 38 B** 28/32 - 55/60.

Hohentwiel ⬇, An der Straße zum Hohentwiel, ℰ 6 44 90, < Singen und Hegau, 🍴 –
⫶⫶wc 🚗 🅟   **A y**
Karte 16,50/35 (Montag geschl.) – **17 Z : 24 B** 30/35 - 60/66.

In Rielasingen 1-Worblingen 7703 ② : 4 km :

Krone, Hauptstr. 3 (Rielasingen), ℰ (07731) 20 46, « Rustikale und elegante Einrichtung »,
🍴, 🐎 – TV ⫶wc ⫶⫶wc ☎ 🚗 🅟 🅜 🆎 ⓪ E
Anfang - Mitte Juli geschl. – Karte 15/38 (Montag geschl.) – **19 Z : 36 B** 48/64 - 87/115.

Sonne (Worblingen), Hardstr. 23, ℰ (07731) 2 24 52 – ⫶⫶wc 🅟 &
2.- 10. März geschl. – Karte 14,50/39 (Mittwoch geschl.) – **21 Z : 32 B** 42 - 76.

Zur Alten Mühle mit Zim, Singener Str. 3 (Rielasingen), ℰ (07731) 5 20 55, 🍴,
« Modernisierte ehemalige Mühle, rustikale Einrichtung » – ⫶⫶wc 🚗 🅟 🅜 🆎 ⓪ E VISA
Karte 29/63 – **6 Z : 10 B** 56 - 98.

In Kur- und Ferienorten wird manchmal zuzüglich
zum Übernachtungs- und Pensionspreis eine Kurtaxe erhoben.

SINNERSDORF Nordrhein-Westfalen siehe Pulheim.

SINSHEIM 6920. Baden-Württemberg 987 ㉒ — 27 000 Ew — Höhe 154 m — ✆ 07261.

🛈 Rathaus, Wilhelmstr. 4, ✆ 40 41 09.

◆Stuttgart 87 — Heilbronn 35 — ◆Mannheim 50 — ◆Würzburg 135.

- 🏠 **Lott**, Hauptstr. 22, ✆ 53 70 — 🛗 🛏wc 🛁wc 🕿 🚗 🅿
  23. Dez.-7. Jan. geschl. — Karte 16/42 *(nur Abendessen, Sonntag geschl.)* ⅄ — **20 Z : 23 B**
  60/62 - 90/92.

- 🏠 **Stadtpark**, Friedrichstr. 19, ✆ 54 58, 🍽 — 🛏wc 🛁wc 🅿
- ➡ Karte 14/40 *(auch Diät, Samstag geschl.)* ⅄ — **14 Z : 27 B** 30/45 - 60/90.

SINSPELT 5529. Rheinland-Pfalz 409 ㉗ — 350 Ew — Höhe 281 m — ✆ 06522(Mettendorf).

Mainz 181 — ◆Trier 47 — Wittlich 52.

- 🏠 **Altringer**, Neuerburger Str. 4, ✆ 8 12, 🍽, « Garten », 🚌, 🎏, 🎾 — 🛁wc 🕿 🅿. E
  3. Jan.- 15. März und 15. Nov.- 15. Dez. geschl. — Karte 15/41 *(Dienstag ab 14 Uhr geschl.)* ⅄ —
  22 Z : 42 B 39/43 - 65/75 Fb — P 50/56.

SINZIG 5485. Rheinland-Pfalz 987 ㉔ — 15 000 Ew — Höhe 65 m — ✆ 02642 (Remagen).

🛈 Verkehrsamt, Bad Bodendorf, Pavillon am Kurgarten, ✆ 4 26 01.

Mainz 135 — ◆Bonn 27 — ◆Koblenz 36.

In Sinzig-Bad Bodendorf — Thermalheilbad :

- 🏨 **Kurhaus Spitznagel** 🦢, Hauptstr. 162, ✆ 4 24 92, « Gartenterrasse », Bade- und
  Massageabteilung, 🏊, 🚌, 🏊, 🎏 — 🛗 🛁wc 🕿 🚗 🅿
  12. Jan.- 6. Feb. geschl. — Karte 20/39 — **30 Z : 46 B** 54/80 - 86/140 Fb — 3 Appart. 135 —
  P 84/94.

- 🏠 **Haus am Weiher** 🦢, Bäderstr. 46, ✆ 4 33 24, 🍽, 🎏 — 🛁wc 🅿
  15. Nov.- 14. Dez. geschl. — Karte 17/40 *(Nov.- April Dienstag geschl.)* — **13 Z : 19 B** 41/44 -
  82/86.

SIPPLINGEN 7767. Baden-Württemberg 427 ⑦, 216 ⑧ — 2 000 Ew — Höhe 401 m —
Erholungsort — ✆ 07551 (Überlingen).

🛈 Verkehrsbüro, Rathaus, ✆ 6 10 53.

◆Stuttgart 168 — ◆Freiburg im Breisgau 123 — ◆Konstanz 40 — Ravensburg 53 — ◆Ulm (Donau) 142.

- 🏠 **Zum Sternen** 🦢, Burkhard-von-Hohenfels-Str. 20, ✆ 6 36 09, ≤ Bodensee und Alpen, 🍽,
  🎏 — 🛏wc 🛁wc 🚗 🅿
  Mitte Jan.- Ende Feb. geschl. — Karte 15/39 *(Okt.- Jan. Dienstag geschl.)* ⅄ — **18 Z : 35 B** 30/54
  - 60/91.

- 🏠 **Seeblick** 🦢 garni, Prielstr. 4, ✆ 6 12 27, ≤, 🚌, 🏊, 🎏 — 🛁wc 🕿 🅿. E
  Jan.- 20. Feb. geschl. — **10 Z : 20 B** 62/70 - 100/124.

- 🏠 **Krone**, Seestr. 54 (B 31), ✆ 6 32 11, 🐾, 🎏 — 🛗 🛁wc 🅿. AE E VISA
  Dez.- 3. Jan. geschl. — Karte 16/35 *(Montag geschl.)* — **26 Z : 49 B** 46 - 79.

SISTIG Nordrhein-Westfalen siehe Kall.

SITTENSEN 2732. Niedersachsen 987 ⑮ — 4 250 Ew — Höhe 20 m — ✆ 04282.

◆Hannover 130 — ◆Bremen 63 — ◆Hamburg 58.

- 🏨 **Niedersachsenhof**, Scheeßeler Str. 2, ✆ 22 17 — 🛁 🅿
  12 Z : 21 B.

SOBERNHEIM 6553. Rheinland-Pfalz — 7 500 Ew — Höhe 150 m — Felke-Kurort — ✆ 06751.

🛈 Kur- und Verkehrsverein, am Bahnhof, ✆ 8 12 41.

Mainz 64 — Idar-Oberstein 31 — Bad Kreuznach 19.

- 🏨 **Kurhaus am Maasberg** 🦢, am Maasberg (N : 2 km), ✆ 20 41, 🍽, Bade- und
  Massageabteilung, 🏊, 🚌, 🏊, 🏊, 🎏, 🎾 — 🛗 🛁wc 🕿 🛎 🅿 🏋. 🎿 Rest
  1.- 19. Dez. geschl. — Karte 21/42 ⅄ — **97 Z : 125 B** 72/116 - 130/165 — P 102/136.

- 🏠 **Gästehaus Naheblick** 🦢, Im Wesentlich 82, ✆ 40 44, 🚌 — 🛁wc 🅿
  15. Dez.- 15. Jan. geschl. — (Rest. nur für Hausgäste) — **14 Z : 30 B** 30/32 - 60 — P 46.

- 🏨 **Hammer**, Staudernheimer Str. 2, ✆ 24 01, 🍽 — 🛁wc 🚗 🅿
- ➡ 20. Dez.- 15. Jan. geschl. — Karte 12/34 *(Freitag geschl.)* — **9 Z : 15 B** 27/35 - 54/66 — P 42/47.

In Sobernheim-Kallweiler NW : 14 km beim Flugplatz :

- 🍴 **Haus Kallweiler** mit Zim, ✆ (06756) 2 31, 🍽 — 🅿
- ➡ Feb. geschl. — Karte 13,50/32 *(Donnerstag geschl.)* ⅄ — **7 Z : 12 B** 25 - 47/53 — P 39/41.

Siehe auch : **Schloßböckelheim** O : 6 km

SODEN AM TAUNUS, BAD 6232. Hessen 🔟🔟🔟 ㉔㉕ − 18 600 Ew − Höhe 200 m − Heilbad − ✪ 06196.

🛈 Kurverwaltung, Königsteiner Str. 88 (im Kurhaus), 𝒫 20 82 80.

◆Wiesbaden 31 − ◆Frankfurt am Main 17 − Limburg an der Lahn 45.

🏨 **Parkhotel** Ⓜ, Königsteiner Str. 88, 𝒫 20 00, Telex 410588, 🌣, 🕿 − 🛗 📺 🕭 🅿 🏋 . 🆎 ⓪
E 𝘝𝘐𝘚𝘈
Karte 34/56 − **130 Z : 260 B** 144/180 - 198/254 Fb.

🏨 **Concorde**, Am Bahnhof 2, 𝒫 2 70 13 − 🛗 📺 🛏wc 🍴wc 🕿 🏋 . 🆎 ⓪ E 𝘝𝘐𝘚𝘈
20. Dez.- 3. Jan. geschl. − Karte 21/45 (nur Abendessen, Samstag - Sonntag und 15. Juli - 15. Aug. geschl.) − **70 Z : 90 B** 86/145 - 130/180 Fb.

🏨 **Travel Inn** Ⓜ garni, Kronberger Str. 32, 𝒫 2 90 76 − 🛗 📺 🛏wc 🍴wc 🕿 🅿 🏋 . 🆎 ⓪ E
𝘝𝘐𝘚𝘈
23. Dez.- 4. Jan. geschl. − **30 Z : 56 B** 98/145 - 130/185 Fb.

🏨 **Rohrwiese** 🦢 garni, Rohrwiesenweg 11, 𝒫 2 35 88 − 🍴wc 🅿 🏋 . 🌿
30 Z : 60 B 70/95 - 120.

🏨 **Türck** 🦢 garni, Bismarckstr. 20, 𝒫 2 60 23, 🚗 − 🛏wc 🍴wc 🕿 🚘 🅿 . E
21 Z : 27 B 60/85 - 125/140.

🏨 **Europahof** garni, Königsteiner Str. 45, 𝒫 2 40 35 − 🛗 📺 🛏wc 🍴wc 🕿 🅿 . 🆎 ⓪ E 𝘝𝘐𝘚𝘈
20. Dez.- 8. Jan. geschl. − **42 Z : 66 B** 75/80 - 120.

🏠 **Waldfrieden** 🦢 garni, Seb.-Kneipp-Str. 1, 𝒫 2 50 14, 🚗 − 🍴wc 🕿 . 🆎
21. Dez.- 3. Jan. geschl. − **35 Z : 45 B** 66/78 - 99/115 Fb.

✕ Paulinen-Schlößchen, Kronberger Str. 1, 𝒫 2 36 66, 🌣 − 🅿 .

In Bad Soden 2-Neuenhain :

✕ **Hubertus**, Hubertushöhe 12, 𝒫 2 34 98, 🌣 − 🅿
30. Dez.- 13. Feb., 1.- 18. Sept. und Montag - Dienstag geschl. − Karte 16/40.

SODEN-SALMÜNSTER, BAD 6483. Hessen 🔟🔟🔟 ㉙ − 11 800 Ew − Höhe 155 m − Heilbad − ✪ 06056.

🛈 Verkehrsverein, Badestr. 8a, 𝒫 14 33.

◆Wiesbaden 105 − ◆Frankfurt am Main 61 − Fulda 47.

Im Ortsteil Salmünster :

✕✕ **Country Club**, Fuldaer Str. 18, 𝒫 12 00 − 🅿 . E
nur Abendessen, Donnerstag und Mitte - Ende Aug. geschl. − Karte 19/47.

Im Ortsteil Bad Soden :

🏠 **Hubertus** 🦢, Frowin-von-Hutten-Str. 30, 𝒫 86 86 − 🍴wc 🕿 🚘 🅿
29 Z : 33 B

🏠 **Regina** 🦢 garni, Frowin-von-Hutten-Str. 13, 𝒫 14 58 − 🍴wc 🕿 🅿
3.- 28. Jan. geschl. − **16 Z : 26 B** 41/46 - 69/78.

🏠 Berlin, Parkstr. 8, 𝒫 80 08, 🚗 − 🛗 🍴wc 🅿 . 🌿
(Rest. nur für Hausgäste) − **25 Z : 29 B**.

✕✕ Kurhaus 🦢 mit Zim, Badestr. 8, 𝒫 13 17, 🌣 − 🅿
11 Z : 16 B.

SÖGEL 4475. Niedersachsen 🔟🔟🔟 ⑭ − 4 700 Ew − Höhe 50 m − ✪ 05952.

◆Hannover 220 − Cloppenburg 42 − Meppen 26 − Papenburg 37.

🏠 Café Jansen, Clemens-August-Str. 33, 𝒫 12 30 − 🛏wc 🍴wc 🕿 🅿
13 Z : 22 B.

🏠 Kossen, Clemens-August-Str. 54, 𝒫 3 59, 🚗 − 🛏wc 🍴wc 🚘 🅿
17 Z : 27 B.

SOEST 4770. Nordrhein-Westfalen 🔟🔟🔟 ⑭ − 43 000 Ew − Höhe 98 m − ✪ 02921.

Sehenswert : St. Patroklidom★ (Westwerk★★ und Westturm★★) Z − Wiesenkirche★ (Aldegrevers-Altar★) Y − Nikolaikapelle (Nikolai-Altar★) Z A.

🛈 Städt. Kultur- und Verkehrsamt, Am Seel 5, 𝒫 10 33 23.

ADAC, Arnsberger Str. 7, 𝒫 41 16, Notruf 𝒫 1 92 11.

◆Düsseldorf 118 ② − ◆Dortmund 52 ② − ◆Kassel 121 ② − Paderborn 49 ①.

Stadtplan siehe gegenüberliegende Seite.

🏨 **Hanse** Ⓜ, Siegmund-Schultze-Weg 100, 𝒫 7 70 22, Telex 84309 − 📺 🍴wc 🕿 🚘 🅿 🏋
Karte 18/38 − **36 Z : 53 B** 52 - 95/120.   über ② und Arnsberger Str.

🏠 **Andernach zur Börse**, Thomästr. 31, 𝒫 40 19 − 🍴wc 🕿 🅿 🏋 . 🆎 ⓪ E   Z n
Karte 20/62 − **16 Z : 24 B** 39/49 - 72/84.

🏠 **Stadt Soest** garni, Brüderstr. 50, 𝒫 18 11 − 🛏wc 🍴wc 🕿 🚘   Y a
20 Z : 36 B 40/60 - 70/90 Fb.

724

SOEST

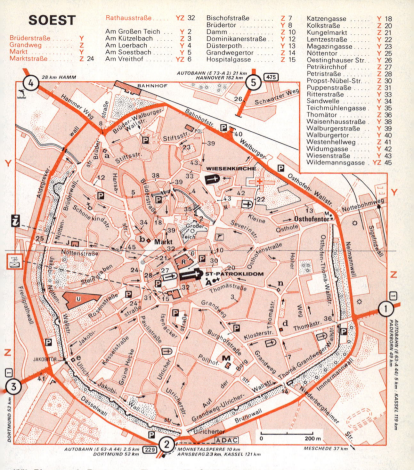

XXX **Biermann's Restaurant**, Thomästr. 47, ℰ 1 33 10, « Modern-elegante Einrichtung » – ℗
Montag und Juli - Aug. 2 Wochen geschl. – Karte 46/70 – **Bistro** Karte 27/39.
Z **d**

XX **Im wilden Mann** mit Zim, Am Markt 11, ℰ 1 50 71 – TV ⊟wc ▥wc ☎ ⚠ ⅏ ⅏ ⅏ ⊑ VISA
Karte 30/70 – **14 Z : 25 B** 40/75 - 75/120.
Y **b**

XX **Pilgrim-Haus** mit Zim (Gasthaus a.d. 14. Jh.), Jakobistr. 75, ℰ 18 28 – ▥wc. ⚠ ⅏ ⊑ VISA
Karte 29/57 *(Montag - Freitag nur Abendessen)* – **8 Z : 12 B** 48/78 - 68/110.
Z **e**

In Soest-Ruploh ② : 4 km :

☖ **Haus Schuerhoff**, Arnsberger Str. 120 (B 229), ℰ 7 51 39 – ▥ ⇔ ℗
▬ Karte 13/43 – **9 Z : 15 B** 30/35 - 70.

Benutzen Sie bitte immer die neuesten Ausgaben

der Michelin-Straßenkarten und -Reiseführer.

SOLINGEN 5650. Nordrhein-Westfalen ⅗⅘⅐ ㉔ – 162 500 Ew – Höhe 55 m – ✆ 0212.

Ausflugsziele : Solingen-Gräfrath : Deutsches Klingenmuseum★ 4 km über ① – Solingen-Burg :
Schloß Burg (Lage★) 8 km über ③.

ADAC, Schützenstr. 21, ℰ 4 50 05, Notruf ℰ 1 92 11.

♦Düsseldorf 27 ⑤ – ♦Essen 35 ① – ♦Köln 36 ④ – Wuppertal 16 ②.

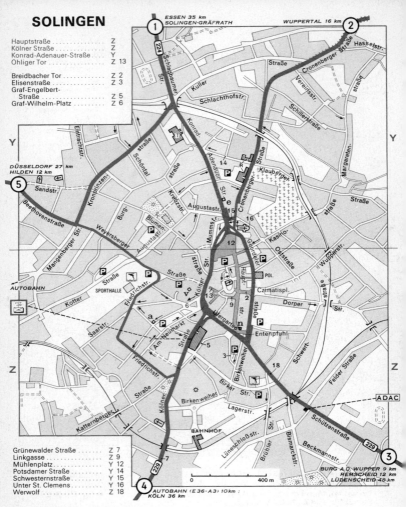

SOLINGEN

ESSEN 35 km
SOLINGEN-GRÄFRATH

WUPPERTAL 16 km

DÜSSELDORF 27 km
HILDEN 12 km

AUTOBAHN

BURG A.D. WUPPER 9 km
REMSCHEID 12 km
LÜDENSCHEID 48 km

AUTOBAHN (E 36-A 3) 10 km :
KÖLN 36 km

0   400 m

🏠 **Goldener Löwe** Ⓜ, Heinestr. 2, ℰ 1 20 30 – 🛗 📺 🕹wc ☎. 🆎 **E** Z a
Karte 16,50/40 *(nur Abendessen)* – **15 Z : 27 B** 75 - 105.

🏠 **Turmhotel** garni, Kölner Str. 99, ℰ 1 30 50, Telex 8514944, ≼ – 🛗 📺 🗑wc ☎ 🅿. 🆎 ⓪ **E** Z v
VISA
43 Z : 80 B 82/114 - 125/145.

🏠 **Zum Roten Ochsen** garni, Konrad-Adenauer-Str. 20, ℰ 1 00 03 – 🛗 🕹wc ☎. 🆎 **E**. 🛇 Y e
18 Z : 25 B 80/98 - 130/150.

🏠 **Landhaus Schmalzgrube**, Mangenberger Str. 356, ℰ 1 80 03, 🍴 – 🕹wc ☎ 🅿. ⓪ **E VISA** Z
Juli geschl. – Karte 18/55 *(Donnerstag geschl.)* – **9 Z : 12 B** 55/68 - 98.
über Mangenberger Straße

XX **Spiess**, Entenpfuhl 1, ℰ 1 08 95 Z n
Donnerstag und Juli - Aug. 4 Wochen geschl. – Karte 20/53.

In Solingen 25-Burg ③ : 8 km :

🏛 **In der Straßen**, Wermelskirchener Str. 12, ℰ 4 40 11, « Zinn- und historische
Hausratsammlung », 🍴 – 🗑wc 🕹wc ☎ 🚗 🅿 🏊. 🛇 Rest
Karte 28/65 – **20 Z : 38 B** 75/90 - 110/120.

🏠 **Haus Niggemann**, Wermelskirchener Str. 22, ℰ 4 10 22, 🍴 – 📶 🍴wc ☎ 🅿 🏌 E
Karte 20/50 – **30 Z : 50 B** 50/95 - 80/130.

🏠 **Burger Hof**, Eschbachstr. 3, ℰ 4 25 68 – 📺 ⊟wc ☎ 🅿 E *VISA*
Karte 25/57 – **7 Z : 13 B** 45/60 - 75/90.

🏠 **Zur Post**, Eschbachstr. 17, ℰ 4 22 90 – 📺 🍴wc ☎ 🏌 ᴁ ⓞ E
Karte 18/50 *(Donnerstag geschl.)* – **16 Z : 25 B** 35/75 - 70/105.

XX **Schloß-Gaststätte**, Schloßplatz 1, ℰ 4 30 50, 🍴 – 🅿 🏌
Montag und 21. Juli - 22. Aug. geschl. – Karte 28/55.

XX **Haus Striepen**, Eschbachstr. 13, ℰ 4 24 61 – E *VISA*
Karte 25/57.

In Solingen 11-Ohligs ⑤ : 7 km :

🏨 **Parkhotel Solingen** M, Hackhauser Str. 62, ℰ 7 60 41, Telex 8514547, 🚗 – 📶 📺 🅿 🏌 .
ᴁ ⓞ ⓔ E
Karte 35/61 *(nur Abendessen, Freitag geschl.)* – **65 Z : 74 B** 100/165 - 170/225 Fb.

In Solingen 19-Wald ① : 6 km :

🏠 **Haus vom Schemm** ⑤, Bausmühlenstr. 9, ℰ 31 10 91 – 📺 ⊟wc 🍴wc ☎ 🅿 🏌
Karte 18,50/48 *(Mittwoch geschl.)* – **14 Z : 28 B** 62/70 - 125.

SOLNHOFEN 8831. Bayern – 1 700 Ew – Höhe 409 m – 🕭 09145.
◆München 138 – Donauwörth 35 – Ingolstadt 52 – Weißenburg in Bayern 20.

🏠 **Birkenhof** ⑤, Am Birkenhain 4, ℰ 3 09, 🍴 – 🍴 🅿
↤ Karte 12/25 *(Donnerstag geschl.)* – **8 Z : 15 B** 26/29 - 50.

SOLTAU 3040. Niedersachsen 🎱🎱🎱 ⑮ – 18 900 Ew – Höhe 64 m – Erholungsort – 🕭 05191.
🛈 Verkehrsverein, Bornemannstr. 7, ℰ 24 74.
◆Hannover 79 – ◆Bremen 92 – ◆Hamburg 77 – Lüneburg 51.

🏠 **Meyn**, Poststr. 19, ℰ 20 01 – 📺 ⊟wc 🍴wc ☎ 🚗 🅿 🏌 ᴁ ⓞ E *VISA*
Karte 22/48 – **60 Z : 100 B** 55/70 - 80/110 Fb.

🏠 **Heidehotel Anna** garni, Saarlandstr. 2, ℰ 1 50 26 – 🍴wc ☎ 🅿 ᴁ ⓞ E
14 Z : 23 B 58/65 - 95 Fb.

🏠 **Haus Heidland**, Winsener Str. 109, ℰ 37 27, (Umbau Frühjahr - Sommer 1986), 🚗 – 🍴wc
🚗 🅿
28 Z : 56 B.

In Soltau-Friedrichseck NO : 4,5 km über die B 71 :

🏠 **Haus Waldfrieden** ⑤, ℰ 40 82, 🚗, 🔲 – 🍴wc 🅿 . 🦌
15. Jan.- 15. Feb. geschl. – (Rest. nur für Hausgäste) – **14 Z : 26 B** 33/57 - 66/98.

In Soltau-Harmelingen NO : 7,5 km :

🏠 **Landhaus Hubertus** ⑤, ℰ 46 55, 🚗, 🔨 – 🍴wc ☎ 🚗 🅿
Jan.- Feb. geschl. – (Rest. nur für Hausgäste) – **15 Z : 28 B** 32/40 - 60/70 – P 47/52.

SOMMERACH Bayern siehe Volkach.

SOMMERHAUSEN Bayern bzw. Nordrhein-Westfalen siehe Ochsenfurt bzw. Much.

SONNEFELD Bayern siehe Ebersdorf.

SONNENBÜHL 7419. Baden-Württemberg – 5 800 Ew – Höhe 720 m – Wintersport : 720/880 m
🎿3 🎿4 – 🕭 07128.
🛈 Fremdenverkehrsverein, Trochtelfinger Str. 1 (Erpfingen), ℰ 6 96.
◆Stuttgart 67 – ◆Konstanz 120 – Reutlingen 26.

In Sonnenbühl 2-Erpfingen – Luftkurort :

🏠 **Gästehaus Sonnenmatte** ⑤, Im Feriendorf Sonnenmatte, ℰ 8 91, 🍴, 🔲, 🚗 – 🍴wc ☎
25. Nov.- 21. Dez. geschl. – Karte 16,50/46 *(Montag geschl.)* 🏌 – **20 Z : 40 B** 49 - 84.

🏠 **Löwen**, Trochtelfinger Str. 2, ℰ 22 22 – 🍴wc 🅿
10 Z : 16 B.

SONSBECK 4176. Nordrhein-Westfalen 🎱🎱🎱 ⑬ – 6 900 Ew – Höhe 22 m – 🕭 02838.
◆Düsseldorf 72 – Krefeld 52 – Nijmegen 58.

XX **Waldrest. Höfer**, Gelderner Str. 69 (S : 2 km), ℰ 24 42 – 🅿 🏌 ᴁ ⓞ E
Montag geschl. – Karte 21/57.

SONTHOFEN 8972. Bayern 987 ③⑨. 426 ⑤ — 21 000 Ew — Höhe 750 m — Luftkurort — Wintersport : 750/1 050 m ⟨3 ⟨16 — ✆ 08321.

🚗 ⸋ 24 11.

🛈 Verkehrsbüro, Promenadenstr. 2a, ⸋ 22 70.

♦München 152 — Kempten (Allgäu) 27 — Oberstdorf 13.

🏨 **Der Allgäu Stern** M ⤸, Auf der Staiger Alp, ⸋ 40 12, Telex 54402, ≤ Allgäuer Berge, Bade- und Massageabteilung, 🛁, ⇌s, ⏦, ⊠, ☞ — 🕸 TV ⧛ ⇌ ℗ 🅰 AE ⓞ E ※ Rest
Karte 25/57 — **450 Z : 800 B** 109/129 - 136/218 Fb.

🏨 **Brauerei-G. Hirsch**, Grüntenstr. 7, ⸋ 70 16 — 🕸 ⇌wc 🖀wc ℗ 🅰
Karte 16/35 — **55 Z : 109 B** 35 - 70 Fb.

🏨 **Bauer**, Hans-Böckler-Str. 86, ⸋ 70 91, 🏠 — TV ⇌wc 🖀wc ☎ ⇌ ℗. AE ⓞ. ※ Rest
Karte 16/43 — **12 Z : 24 B** 44/57 - 78/114 — 4 Appart. 120 — P 68/81.

🏨 **Schwäbele Eck**, Hindelanger Str. 9, ⸋ 47 35 — ⇌wc 🖀wc ℗
April und Nov. je 2 Wochen geschl. — Karte 15/37 (Montag geschl.) — **24 Z : 50 B** 35/60 - 70/80 Fb.

🏨 **Zum Ratsherrn**, Hermann-von-Barth-Str. 4, ⸋ 29 29 — 🖀wc ℗. ※
Karte 16,50/30 (nur Abendessen, Montag geschl.) — **13 Z : 22 B** 30/35 - 55/70.

XX **Alte Post**, Promenadenstr. 5, ⸋ 25 08
1.- 20. Juni und Samstag geschl. — Karte 18,50/43.

X **Postillion**, Hirschstr. 4, ⸋ 22 86 — ℗
↠ Dienstag geschl. — Karte 12/32.

In Sonthofen-Altstädten S : 3,5 km :

🏨 **Schäffler**, Am Anger 8, ⸋ 27 30 — 🖀wc ℗
15 Z : 30 B.

In Sonthofen-Binswangen :

🏨 Haus Johanna ⤸, Sonnenkopfstr. 13, ⸋ 26 42, ≤, ⇌s, ☞ — 🖀wc ☎ ℗
(Rest. nur für Hausgäste) — **13 Z : 26 B**.

In Sonthofen-Tiefenberg 8972 S : 3 km :

🏨 **Sport- und Kurhotel Sonnenalp** M ⤸, ✉ 8972 Ofterschwang, ⸋ 7 20, Telex 54465, ≤, « Außenanlagen mit Terrassen », Bade- und Massageabteilung, 🛁, ⇌s, ⏦ (geheizt), ⊠, ☞, ※ (Halle), 🐎 — 🕸 TV ⧛ ⇌ ℗. AE. ※
(Rest. nur für Hausgäste) — **223 Z : 411 B** 132/214 - 282/520 Fb (nur Halbpension).

🏨 **Tiefenberger Hof**, ⸋ 31 16, 🏠, ☞ — ⇌wc 🖀wc ℗
Nov.- 20. Dez. geschl. — Karte 19/34 (Donnerstag geschl.) — **12 Z : 25 B** 30/40 - 60/70 — P 54/59.

🏨 **Gästehaus Gisela**, ⸋ 26 72, ≤, ⇌s, ⊠, ☞ — ⇌wc 🖀wc ☎ ⇌ ℗. ※
Nov.- 16. Dez. geschl. — (Rest. nur für Hausgäste) — **14 Z : 26 B** 30/45 - 60/80 Fb.

In Bihlerdorf 8976 NW : 3 km :

🏨 **Haus Katja** ⤸ garni, ⸋ (08321) 35 66, ☞ — 🖀wc ℗
Nov. geschl. — **16 Z : 32 B** 30/50 - 60.

In Seifriedsberg 8976 NW : 4 km :

🏨 **Kühberg**, ⸋ (08321) 20 11, ≤, Massage, ⇌s, ⊠, ☞ — 🖀wc ☎ ℗
Karte 16/40 (außer Saison Montag geschl.) — **33 Z : 65 B** 43/60 - 86/90 — P 63/65.

In Ofterschwang 8972 SW : 6 km :

🏨 **Landhaus Süßdorf** ⤸, ⸋ (08321) 90 28, ≤, 🏠, ⇌s, ⊠, ☞ — ⇌wc 🖀wc ☎ ⇌ ℗
↠ ※
Nov.-15. Dez. geschl. — Karte 14/32 (Mittwoch geschl.) — **17 Z : 32 B** 33/65 - 65/99 Fb — P 55/72.

Auf der Alpe Eck W : 8,5 km Richtung Gunzesried, Zufahrt über Privatstraße, Gebühr 4 DM, Hausgäste frei, Tagesgäste 2 DM — ✉ 8972 Sonthofen :

🏨 **Allgäuer Berghof** ⤸, Höhe 1 260 m, ⸋ (08321) 40 61, ≤ Allgäuer Alpen, 🏠, « Park », Bade- und Massageabteilung, ⇌s, ⊠, ☞, ※ — 🕸 ⧛ ⇌ ℗ 🅰. ※ Rest
21. Nov.- 15. Dez. geschl. — Karte 18/48 — **69 Z : 116 B** 36/160 - 72/282 Fb — P 65/198.

SONTRA 6443. Hessen 987 ②⑥ — 9 900 Ew — Höhe 242 m — Luftkurort — ✆ 05653.
♦Wiesbaden 201 — Göttingen 62 — Bad Hersfeld 34 — ♦Kassel 56.

🏨 **Link**, Bahnhofstr. 17, ⸋ 6 83 — 🖀wc ℗ 🅰
↠ Karte 13/27 — **39 Z : 69 B** 26/32 - 50/62.

In Nentershausen 2-Weißenhasel 6446 S : 5 km :

🏨 **Johanneshof**, Kupferstr. 24, ⸋ (06627) 7 88 — 🖀wc ℗
↠ 20.- 31. Jan. geschl. — Karte 14/38 (Dienstag geschl.) ⅃ — **23 Z : 51 B** 32/35 - 56/62 — P 45/50.

SOODEN - ALLENDORF, BAD 3437. Hessen 987 ⑮ — 10 000 Ew — Höhe 160 m — Heilbad —
✪ 05652 — Sehenswert : Allendorf : Fachwerkhäuser★ (Bürgersches Haus★, Kirchstr. 29,
Eschstruthsches Haus★★, Kirchstr. 59).

🛈 Kurverwaltung, in Bad Sooden, ℰ 20 66.

◆Wiesbaden 231 — Göttingen 36 — Bad Hersfeld 68 — ◆Kassel 36.

Im Ortsteil Bad Sooden :

🏨 **Kurhaus-Kurparkhotel** ♒, Am Brunnenplatz 5, ℰ 30 31, 🏛, direkter Zugang zum
Kurmittelhaus, 🚄, 🔲 — 🛗 🛏wc 🗊wc ☎ 🕭 🏛. 🆎 ⓪ 🇪 𝑉𝐼𝑆𝐴
Karte 20/54 — **40 Z : 60 B** 88 - 130 Fb — P 103/108.

🏨 **Martina** ♒, Westerburgstr. 1, ℰ 20 88 — 🛗 🛏wc 🗊wc ☎ 🅿. ✼ Rest
Karte 17,50/40 — **65 Z : 90 B** 54/65 - 105 — P 73/83.

🏠 **Kurhotel Sebastian Kneipp** ♒ garni, Bismarckstr. 1, ℰ 22 92, Bade- und
Massageabteilung, 🏛, 🚄, 🔲, 🌳 — 🗊wc. ✼
44 Z : 65 B 35/50 - 62/90.

🏠 **Central** ♒, Am Haintor 3, ℰ 25 84 — 🗊wc. ✼ Zim
Karte 19/51 — **17 Z : 23 B** 35/50 - 62/90.

🏠 **Haus am Schwanenteich** ♒ garni, Rosenstr. 4, ℰ 20 68, 🌳 — 🛏wc 🗊wc. 🆎
Jan. geschl. — **14 Z : 20 B** 30/45 - 60/76.

🏠 **Schaper**, Landgrafenstr.1, ℰ 20 17 — 🗊wc 🅿
Karte 15/30 *(Donnerstag geschl., Mitte Nov.- Anfang März garni)* — **35 Z : 58 B** 30/45 - 60/90 Fb
— P 52/68.

Im Ortsteil Allendorf :

🏠 **Werratal**, Kirchstr. 62, ℰ 23 43, 🚄 — 🛗 🛏wc 🗊wc ☎ 🚗
15. Dez.- 15. Jan. geschl. — Karte 16/58 — **30 Z : 45 B** 27/55 - 54/84 — P 43/58.

Im Ortsteil Ahrenberg NW : 6 km über Ellershausen, dort links ab :

🏠 **Berggasthof Ahrenberg** ♒, ℰ 20 03, ≤, 🏛, 🌳 — 🗊wc 🅿. 🆎 ⓪ 🇪 𝑉𝐼𝑆𝐴
10. Jan.- 15. Feb. geschl. — Karte 16/50 — **12 Z : 20 B** 35 - 70 — P 55.

SPAICHINGEN 7208. Baden-Württemberg 987 ㉟ — 9 500 Ew — Höhe 670 m — ✪ 07424.

Ausflugsziel : Dreifaltigkeitsberg : Wallfahrtskirche ☀★ NO : 6 km.

◆Stuttgart 112 — Rottweil 14 — Tuttlingen 14.

🏠 **Kreuz**, Hauptstr. 113, ℰ 59 55 — 🗊wc ☎ 🚗 🅿. 🇪
← Karte 14,50/40 🝆 — **13 Z : 18 B** 30/32 - 58.

SPANGENBERG 3509. Hessen 987 ㉕ — 7 000 Ew — Höhe 265 m — Luftkurort — ✪ 05663.

🛈 Verkehrsamt, Kirchplatz 4, ℰ 72 97.

◆Wiesbaden 209 — Bad Hersfeld 50 — ◆Kassel 36.

🏨 **Schloß Spangenberg** ♒ (In einer Burganlage a.d.13.Jh.), ℰ 8 66, Telex 99988, ≤
Spangenberg, 🏛 — 🛏wc 🗊wc ☎ 🅿 🏛. 🆎 ⓪ 🇪
10.- 31. Jan. geschl. — Karte 25/54 *(Nov.- März Donnerstag geschl.)* — **26 Z : 51 B** 65/95 -
120/230.

✗✗ **Ratskeller**, Markt 1, ℰ 3 41
Montag und Aug. 3 Wochen geschl. — Karte 23/35 (Tischbestellung ratsam).

SPARNECK Bayern siehe Münchberg.

SPEICHERZ Bayern siehe Motten.

SPEYER 6720. Rheinland-Pfalz 987 ㉔㉕ — 44 500 Ew — Höhe 104 m — ✪ 06232.

Sehenswert : Dom★★ (Krypta★★★, Querschiff★★) B — ≤★★ vom Fuß des Heidentürmchens auf den
Dom B E.

🛈 Verkehrsamt, Maximilianstr. 11, ℰ 1 42 39.

Mainz 93 ① — Heidelberg 21 ② — ◆Karlsruhe 57 ② — ◆Mannheim 22 ① — Pirmasens 73 ④.

Stadtplan siehe nächste Seite.

🏨 **Goldener Engel** garni, Gilgenstr. 27 (Eingang Mühlturmstraße), ℰ 7 67 32 — 🛗 🛏wc 🗊wc
☎ 🅿. 🆎 ⓪ 🇪   A e
23. Dez.- 6. Jan. geschl. — **39 Z : 69 B** 57/67 - 89/105.

🏨 **Löwengarten**, Schwerdstr. 14, ℰ 7 10 51, 🏛 — 🛗 📺 🛏wc 🗊wc ☎ 🚗 🅿 🏛   A t
36 Z : 70 B Fb.

🏨 **Kurpfalz** garni, Mühlturmstr. 5, ℰ 2 41 68 — 🛏wc 🗊wc ☎ 🅿. ✼   A n
13 Z : 25 B 62/72 - 98.

🏠 **Am Wartturm** garni, Landwehrstr. 28, ℰ 3 60 66 — 🗊wc 🅿   über Wormser Landstr.   A
17 Z : 32 B 55 - 89.

🏠 **Trutzpfaff**, Webergasse 5, ℰ 7 83 99 — 🗊wc 🅿. ✼ Zim   A a
← Karte 14/30 *(Samstag bis 18 Uhr geschl.)* 🝆 — **8 Z : 16 B** 49 - 74.

🏠 **Café Schlosser** garni, Maximilianstr. 10, ℰ 7 64 33 — 🗊wc 🚗 🅿. ✼ — **13 Z : 21 B.**   AB c

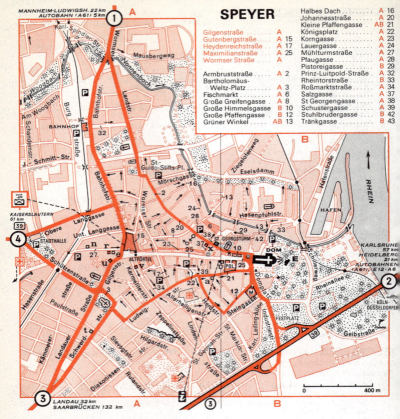

SPEYER

XXX **Backmulde**, Karmeliterstr. 11, ℰ 7 15 77, 🅰🅔 ⓄⒺ   A v
Sonntag und Juli - Aug. 3 Wochen geschl. – Karte 38/75.

XX **Rôtisserie Weißes Roß**, Johannesstr. 2, ℰ 2 83 80 – Ⓔ   A x
Juli - Aug. 3 Wochen, Montag ab 15 Uhr und Samstag geschl. – Karte 23/59 ⅃.

X **Pfalzgraf**, Gilgenstr. 26 b, ℰ 7 47 55 – Ⓟ   A u

X **Wirtschaft zum alten Engel**, Gilgenstr. 27 (Eingang Mühlturmstr.), ℰ 7 67 32, « Altes
Backsteingewölbe, antikes Mobiliar » – 🅰🅔 ⓄⒺ   A r
nur Abendessen, Samstag und Juli geschl. – Karte 19/36 ⅃.

__An der Rheinbrücke__ rechtes Ufer :

🏨🏨 **Rheinhotel Luxhof**, ⊠ 6832 Hockenheim, ℰ (06205) 3 23 33, 🚰, 🚗 – 🛏️wc 🚿wc ☎ 🚗
Ⓟ 🅰. 🅰🅔 ⓄⒺ   über ②
Karte 22/49 ⅃ – **52 Z : 104 B** 38/88 - 70/130 Fb.

SPIEGELAU 8356. Bayern 🏿🏿🏿 ⑦ – 4 200 Ew – Höhe 730 m – Erholungsort – Wintersport :
780/830 m ✂2 ✂3 – ✿ 08553 – 🅱 Verkehrsamt, Rathaus, Hauptstr. 30, ℰ 4 19.
◆München 193 – Deggendorf 50 – Passau 45.

🏨🏨 **Hubertushof und Gasthof Genosko**, Hauptstr. 1, ℰ 5 22, 🚰 – 🛏️wc 🚿wc 🚗 Ⓟ. 🍴
← *20. Okt.- 20. Dez. geschl.* – Karte 12/30 – **55 Z : 106 B** 35/40 - 64/68 Fb – P 48.

🏨 **Tannenhof** 🌲, Auf der List 27, ℰ 3 54, « Terrasse mit ≤ », 🚰, 🏊, 🚗 – 🛏️wc 🚿wc 🚗
Ⓟ
10. Nov.- 20. Dez. geschl. – Karte 16/34 – **40 Z : 63 B** 47/57 - 81/103 – P 60/70.

🏨 **Waldfrieden** 🌲, Waldschmidtstr. 10, ℰ 12 47, 🚰, 🏊, 🚗 – 🚿wc Ⓟ
20. März - 10. Mai und 20. Okt.- 20. Dez. geschl. – (Rest. nur für Hausgäste) – **24 Z : 44 B** 42 -
78 – 2 Appart.

🏨 **Café Lilo**, Hauptstr. 22, ℰ 3 80 – 🛏️wc 🚿wc Ⓟ – **20 Z : 40 B**.

In Spiegelau-Klingenbrunn NW : 4 km — Höhe 820 m :

🏠 **Pension Hochriegel**, Frauenauer Str. 31, ℰ 3 43, 🕿, 🔲, 🚗 — 🔃 📺 🛗wc 🄿. ❄
*Nov.- 24. Dez. geschl. — (nur Abendessen für Hausgäste) — **40 Z : 80 B** nur Halbpension 55 - 104 Fb.*

SPIEKEROOG (Insel) 2941. Niedersachsen 987 ④ — 1 000 Ew — Seeheilbad — Insel der Ostfriesischen Inselgruppe. Autos nicht zugelassen — ✆ 04976.

🚢 von Neuharlingersiel (40 min), ℰ (04976) 2 35.

🛈 Kurverwaltung, Noorderpad 25, ℰ 2 35.

◆Hannover 258 — Aurich (Ostfriesland) 33 — Wilhelmshaven 46.

🏠 **Upstalsboom** 📉, Pollerdiek 4, ℰ 3 64, 🕿, 🚗, 🚗 — 🛗wc 🕿 🄰
Karte 21/49 — **34 Z : 68 B** 70/80 - 140 Fb.

🏠 **Inselfriede** 📉, Süderloog 12, ℰ 2 33, 🕿, 🚗 — 📺 🛗wc 🕿. ᴀᴇ ⓪. ❄ Zim
10. Jan.- Feb. und 10. Nov.- 20. Dez. geschl. — Karte 16,50/41 — **15 Z : 30 B** 44/60 - 84/94 — 17 Appart. 66/128 — P 71/73.

🏠 **Huus Süder Mens** 📉, Südermens 1, ℰ 2 26, 🕿, 🚗 — 🛗wc. ⓪. ❄
*15. Nov.- 26. Dez. geschl. — (Rest. nur für Hausgäste) — **24 Z : 43 B** 35/70 - 70/100 — P 63/85.*

🏠 **Zur Linde** 📉, Noorderloog 5, ℰ 2 34, 🚗 — 🛗wc
10. Jan.- 15. März und 10. Nov.- 19. Dez. geschl. — Karte 15/40 *(Mittwoch geschl.)* — **25 Z : 45 B** 42/60 - 78/102 — P 65/78.

SPIRE = Speyer.

SPITZINGSEE Bayern siehe Schliersee.

SPRAKENSEHL Niedersachsen siehe Hankensbüttel.

SPRINGE AM DEISTER 3257. Niedersachsen 987 ⑮ — 30 000 Ew — Höhe 113 m — Erholungsort — ✆ 05041.

🛈 Verkehrsverein, Rathaus, ℰ 7 30.

◆Hannover 26 — Hameln 20 — Hildesheim 33.

🏠 **Zum Grafen Hallermunt**, Zum Niederntor 1, ℰ 40 18 — 🛗wc 🕿 🄿
Karte 20/50 *(Montag geschl.)* — **13 Z : 16 B** 40/50 - 80/90 Fb.

🏠 **Garni**, Zum Oberntor 9, ℰ 40 11 — 🛗wc
16 Z : 25 B 42/50 - 80 Fb.

SPROCKHÖVEL Nordrhein-Westfalen siehe Hattingen.

STADE 2160. Niedersachsen 987 ⑤ — 45 000 Ew — Höhe 7 m — ✆ 04141.

🛈 Fremdenverkehrsamt, Bahnhofstr. 7a, ℰ 1 42 15.

ADAC, Hinterm Teich 1, ℰ 6 32 22, Telex 218176.

◆Hannover 178 — ◆Bremerhaven 76 — ◆Hamburg 57.

🏠 **Vier Linden** 📉, Schölische Str. 63, ℰ 4 40 11 — 🛗wc 🕿 🄿 🄰. ᴀᴇ ⓪
Karte 19/40 *(nur Abendessen, Sonntag und Juli - Aug. 3 Wochen geschl.)* — **31 Z : 59 B** 49/70 - 96/110.

🏠 **Stader Klubhaus**, Große Schmiedestr. 14, ℰ 24 79, 🕿, — 🚽wc 🛗wc 🕿. ᴀᴇ ⓪ ᴇ ᴠɪꜱᴀ
Karte 20/53 *(Sonntag geschl.)* — **33 Z : 60 B** 35/69 - 65/99.

🏠 **Garni**, Richeyweg 15, ℰ 8 11 74 — 🛗wc 🄿
31 Z : 51 B 40/50 - 70.

🏠 **Zur Einkehr**, Freiburger Str. 82, ℰ 23 25 — 🛗wc 🕿 ⟷ 🄿. ⓪ ᴇ ᴠɪꜱᴀ
Karte 16,50/42 *(Montag geschl.)* — **32 Z : 56 B** 33/53 - 58/90.

XX **Insel-Restaurant**, Auf der Insel 1, ℰ 20 31, �_____ — 🄿 🄰. ᴀᴇ
Sonntag ab 18 Uhr geschl. — Karte 23/60.

X **Ratskeller**, Hökerstr. 10, ℰ 4 42 55 — ᴀᴇ ⓪ ᴇ
Montag geschl. — Karte 23/55.

In Stade-Bützfleth N : 6 km :

🏠 **Bützflether Hof**, Obstmarschenweg 350, ℰ (04146) 10 11 — 🛗wc 🕿 🄿 🄰
20. Dez.- 10. Jan. geschl. — Karte 15/40 *(Samstag geschl.)* — **21 Z : 35 B** 27/40 - 55/69.

STADECKEN-ELSHEIM Rheinland-Pfalz siehe Mainz.

STADLAND 2883. Niedersachsen — 7 800 Ew — Höhe 2 m — ✆ 04732.

◆Hannover 187 — ◆Bremen 68 — ◆Oldenburg 40.

In Stadland 1-Rodenkirchen :

🏠 **Friesenhof** garni, Friesenstr. 13 (B 212), ℰ 6 48, Grillplatz, 🚗, ❄ — 🛗wc ⟷ 🄿
15 Z : 18 B 45/50 - 70/90.

STADLERN Bayern siehe Schönsee.

STADTALLENDORF 3570. Hessen — 21 000 Ew — Höhe 255 m — ✪ 06428.
◆Wiesbaden 141 — Alsfeld 27 — Marburg an der Lahn 21 — Neustadt Kreis Marburg 8.

🏨 **Parkhotel** ⓢ, Schillerstr. 1, ✆ 30 91, 🍴, 🚲, ✂ — 📺 ⌂wc 🛁wc ☎ ᶓ ⟸ Ⓟ ᐠ. 🄰🄴 ⓪
E 𝘝𝘐𝘚𝘈
Karte 30/76 — **33 Z : 56 B** 79/140 - 104/180 Fb.

STADTBERGEN Bayern siehe Augsburg.

STADTHAGEN 3060. Niedersachsen 𝟿𝟾𝟽 ⑮ — 23 100 Ew — Höhe 67 m — ✪ 05721.
◆Hannover 44 — Bielefeld 76 — ◆Osnabrück 106.

🏨 **Parkhotel** ⓢ garni, Büschingstr. 10, ✆ 30 44, ⓢ, 🚲 — ⌂wc 🛁wc ☎ ⟸ Ⓟ. 🄰🄴 ⓪ **E**
𝘝𝘐𝘚𝘈
17 Z : 30 B 54/88 - 88/128.

In Stadthagen-Obernwöhren SO : 5 km :

🏨 **Oelkrug** ⓢ, Waldstr. 2, ✆ 7 60 51, 🚲 — 📶 ⌂wc 🛁wc Ⓟ ᐠ. ✂
15. Juli - 15. Aug. geschl. — Karte 21/60 *(Montag geschl.)* — **20 Z : 38 B** 55/65 - 80/95.

In Nienstädt-Sülbeck 3065 SW : 5 km :

🏨 **Sülbecker Krug**, Mindener Str. 17 (B 65), ✆ (05724) 60 31 — 🛁wc ☎ ⟸ Ⓟ
15 Z : 20 B Fb.

In Niedernwöhren 3066 NW : 6 km :

XX **Landhaus Heine - Rest. Ambiente**, Brunnenstr. 17, ✆ (05721) 21 21 — Ⓟ. ✂
Mittwoch und Juli 2 Wochen geschl. — Karte 29/59 (bemerkenswerte Weinkarte).

STADTKYLL 5531. Rheinland-Pfalz 𝟿𝟾𝟽 ㉓ — 1 200 Ew — Höhe 460 m — Luftkurort — ✪ 06597.
🄱 Verkehrsbüro, Haus am Park, Auelstr. 14, ✆ 28 78.
Mainz 190 — Euskirchen 48 — Mayen 64 — Prüm 22.

🏨 **Haus am See** ⓢ, Wirftstraße, ✆ 23 26, ≤, 🍴, ⓢ, ✂ — ⌂wc 🛁wc Ⓟ. ✂
Karte 23/46 *(Montag geschl.)* — **19 Z : 34 B** 38/45 - 64/80 Fb.

🏨 **Masson**, Hauptstr. 20, ✆ 23 39, 🚲 — 🛁wc ⟸ Ⓟ. ✂
Jan.- März und Nov.- 20. Dez. geschl. — (nur Abendessen für Hausgäste) — **12 Z : 21 B** 29/40 - 56/70.

STADTLOHN 4424. Nordrhein-Westfalen 𝟿𝟾𝟽 ⑬⑭. 𝟺𝟶𝟾 ⑬ — 17 400 Ew — Höhe 40 m — ✪ 02563.
🄱 Verkehrsverein, Rathaus, Markt 3, ✆ 8 71.
◆Düsseldorf 105 — Bocholt 31 — Enschede 38 — Münster (Westfalen) 56.

🏨 **Tenbrock**, Pfeifenofen 2, ✆ 10 72, ⓢ, 🔲 — 📺 ⌂wc 🛁wc ⟸ Ⓟ ᐠ. 🄰🄴 ⓪ **E** 𝘝𝘐𝘚𝘈.
✂ Zim
23. Dez.- 5. Jan. und Aug. 3 Wochen geschl. — Karte 18,50/45 *(Freitag 14 Uhr-Samstag 17 Uhr geschl.)* — **30 Z : 48 B** 44/58 - 88/110.

STADTOLDENDORF 3457. Niedersachsen 𝟿𝟾𝟽 ⑮ — 6 000 Ew — Höhe 206 m — ✪ 05532.
◆Hannover 64 — Göttingen 71 — Hildesheim 51 — Paderborn 84.

🏨 **Bahnhofshotel**, Deenser Str. 2, ✆ 21 39 — 🛁wc
22 Z : 36 B.

STADTSTEINACH 8652. Bayern 𝟿𝟾𝟽 ㉖㉗ — 3 800 Ew — Höhe 352 m — Erholungsort — ✪ 09225.
◆München 260 — ◆Bamberg 71 — Bayreuth 31 — Hof 46.

🏨 **Ratskeller**, Marktplatz 6, ✆ 2 58 — 🛁wc
◆ Karte 11,50/21 *(Samstag geschl.)* — **7 Z : 13 B** 22/25 - 44/48. — P 36.

STAFFELSTEIN 8623. Bayern 𝟿𝟾𝟽 ㉖ — 10 500 Ew — Höhe 272 m — ✪ 09573.
Ausflugsziel : Ehemaliges Kloster Banz : Terrasse ≤ *, N : 5 km.
🄱 Verkehrsverein, Alte Darre am Stadtturm, ✆ 2 00.
◆München 261 — ◆Bamberg 26 — Coburg 26.

🏨 **Rödiger**, Zur Herrgottsmühle 2, ✆ 8 95, ⓢ — 📶 ⌂wc 🛁wc ☎ Ⓟ ᐠ. 🄰🄴 ⓪ **E**
◆ Karte 13/40 *(Freitag und Aug. geschl.)* — **19 Z : 40 B** 40/45 - 74/78.

In Staffelstein-Grundfeld NO : 4 km :

🏨 **Maintal**, an der B 173, ✆ (09571) 31 66, Terrasse mit offenem Kamin — 🛁wc ☎ ⟸ Ⓟ
◆ 22. Dez.- 17. Jan. geschl. — Karte 12/28 *(Freitag geschl.)* — **22 Z : 36 B** 30/35 - 52.

In Staffelstein-Romansthal O : 3 km :

🏨 **Zur schönen Schnitterin** ⓢ, ✆ 43 73, ≤ — 🛁wc ⟸ Ⓟ
◆ 1.- 26. Dez. geschl. — Karte 11/24 *(Montag geschl.)* — **11 Z : 19 B** 22/24 - 44/48.

In Staffelstein-Unnersdorf 8620 N : 4 km :

🏠 Gästehaus Bruckner ⤢, ℰ 59 63, ≤, 🍴, 🦌 – ☎ 🅿 – **7 Z : 14 B**.

In Ebensfeld 8621 SW : 4,5 km :

🏠 **Pension Veitsberg** ⤢ garni, Prächtiger Str. 14, ℰ (09573) 64 00, 🦌 – ⊓wc ⇔ 🅿
14 Z : 24 B 27/35 - 46/60 – 2 Appart. 65.

STAPELFELD Schleswig-Holstein siehe Hamburg.

STARNBERG 8130. Bayern 🔢🔢🔢 ⑰, 🔢🔢🔢 ⑰ – 17 000 Ew – Höhe 587 m – ✪ 08151.
🖪 Verkehrsverein, Kirchplatz 3, ℰ 1 32 74.
◆München 27 – ◆Augsburg 95 – Garmisch-Partenkirchen 70.

🏠 **Pension Happach** garni, Achheimstr. 2, ℰ 1 25 37 – ⊏wc ⊓wc ⇔
Mitte - Ende Jan. geschl. – **11 Z : 20 B** 43/55 - 60/75.

XX **Maximilian**, Osswaldstr. 16, ℰ 62 80, 🍴
nur Abendessen, Dienstag, 3.- 20. Jan. und Juli geschl. – Karte 39/76 (Tischbestellung ratsam).

XX **Isola d'Elba** (Italienische Küche), Theresienstr. 9, ℰ 1 67 80, 🍴 – 🆑 ⓪ 🅴
Montag geschl. – Karte 27/52.

STAUDACH-EGERNDACH 8217. Bayern – 1 100 Ew – Höhe 600 m – ✪ 08641 (Grassau).
🖪 Verkehrsbüro, Hochgernstr. 1, ℰ 25 60.
◆München 91 – Rosenheim 34 – Traunstein 20.

Im Ortsteil Staudach :

🏫 **Mühlwinkl** ⤢, Mühlwinkl 14, ℰ 24 14, 🍴, 🦌 – ⊓wc 🅿
Nov.-20. Dez. geschl. – Karte 12/30 *(Dienstag geschl.)* – **17 Z : 30 B** 26/35 - 52/60.

Im Ortsteil Egerndach :

🏫 **Gasthof Ott** ⤢, ℰ 21 83, 🦌 – ⊓wc 🅿
9. Jan.- 14. Feb. geschl. – Karte 12/32 *(Montag geschl.)* ⅄ – **28 Z : 55 B** 19/28 - 38/56.

STAUFEN 7813. Baden-Württemberg 🔢🔢🔢 ⑱, 🔢🔢🔢 ④, 🔢🔢 ⑧ – 7 100 Ew – Höhe 290 m –
Erholungsort – ✪ 07633 – **Sehenswert** : Staufenburg : Lage★.
🖪 Verkehrsamt, Rathaus, ℰ 60 41.
◆Stuttgart 222 – Basel 58 – ◆Freiburg im Breisgau 20.

🏠 **Zum Hirschen**, Hauptstr. 19, ℰ 52 97, eigener Weinbau, 🦌 – 🛗 ⊏⊐wc ⊓wc 🅿
Ende Okt.- Ende Nov. geschl. – Karte 16/38 *(Montag - Dienstag geschl.)* ⅄ – **10 Z : 19 B** 45 -
80.

🏫 **Kreuz-Post**, Hauptstr. 65, ℰ 52 40, 🍴 – ⊓. ✂
Okt. geschl. – Karte 18/45 *(Mittwoch 14 Uhr - Donnerstag geschl.)* ⅄ – **8 Z : 12 B** 28/40 -
60/72.

XX **Zum Löwen-Fauststuben**, Hauptstr. 47, ℰ 70 78, 🍴 – ✂
Nov.- April Sonntag und 8.- 31. Jan. geschl. – Karte 33/70 (Tischbestellung ratsam).

X **Rebstock** mit Zim, ℰ 54 35 – ⊓ ⇔ 🅿
Karte 21/53 *(Mittwoch geschl.)* ⅄ – **7 Z : 16 B** 30/35 - 60/70.

STAUFENBERG 6301. Hessen – 7 400 Ew – Höhe 163 m – ✪ 06406.
◆Wiesbaden 102 – ◆Frankfurt am Main 73 – Gießen 11 – ◆Kassel 116.

🏛 **Burghotel Staufenberg** ⤢ (Burg a.d. 12.Jh. mit modernem Hotelanbau), Burggasse 10,
ℰ 30 12 – 📺 ⊓wc ☎ 🅿 🛝
Karte 19/54 *(Montag geschl.)* – **26 Z : 40 B** 70/85 - 108/130 Fb.

STEBEN, BAD 8675. Bayern – 3 900 Ew – Höhe 580 m – Heilbad – Wintersport : 585/650 m
≰1 ⵜ5 – ✪ 09288 – 🖪 Kurverein, ℰ 2 88 und Staatl. Kurverwaltung, Badstr. 31, ℰ 10 81.
◆München 295 – Bayreuth 66 – Hof 25.

🏨 **Relexa Kurhotel - Parkschlößchen** ⤢, Badstr. 26, ℰ 7 20, Telex 643423, 🍴, Bade- und
Massageabteilung, 🛁, ⇔s, 🌊, 🦌 – 🛗 🍽 Rest 📺 ⅄ 🅿 🛝 (mit ⊜). 🆑 ⓪ 🅴 🆅🆂🅰
Karte 17/40 – **123 Z : 159 B** 85/105 - 120/170 – P 105/150.

🏛 **Chalet Bavaria** ⤢ garni, Oberstebener Str. 85, ℰ 86 01, ⇔s, 🌊, 🦌 – 📺 ⊏⊐wc ⊓wc ☎
🅿. ✂
10 Appart. : 22 B 95/105 - 152 Fb.

🏠 **Promenade**, Badstr. 16, ℰ 4 77, ⇔s – 🛗 ⊏⊐wc ⊓wc ☎ 🅿
47 Z : 60 B Fb.

🏠 **Modena** ⤢, Hemplastr.1, ℰ 85 28, 🦌 – 📺 ⊓wc. ✂
(Rest. nur für Hausgäste) – **19 Z : 29 B** 40/55 - 70/86 – P 63/85.

🏠 **Zum alten Bergamt** ⤢, Badstr. 8, ℰ 81 24, 🍴 – ⊓wc ☎ ⇔ 🅿
Karte 19,50/44 *(auch Diät)* – **17 Z : 20 B** 47/65 - 94 Fb – P 75/77.

STEDESAND Schleswig-Holstein siehe Leck.

STEGEN Baden-Württemberg siehe Kirchzarten.

STEIBIS Bayern siehe Oberstaufen.

STEIN Schleswig-Holstein siehe Laboe.

STEINACH 7611. Baden-Württemberg **87** ⑥. **242** ㉘ — 3 600 Ew — Höhe 205 m — ✿ 07832 (Haslach im Kinzigtal).
◆Stuttgart 170 — ◆Freiburg im Breisgau 50 — Offenburg 24.

※ **Schwarzer Adler** mit Zim (Fachwerkhaus a.d.J. 1716), Hauptstr. 39, ✆ 25 09, 굖 — 孋wc ☎ 🆒 🅿 ⚤ 🆎 ⓞ 🅴 𝘝𝘐𝘚𝘈
Karte 17/46 *(Montag geschl.)* ⅃ — 7 **Z : 11 B** 39/44 - 78/88.

STEINBACH AM TAUNUS 6374. Hessen — 9 800 Ew — Höhe 140 m — ✿ 06171.
◆ Wiesbaden 35 — ◆Frankfurt am Main 13 — Mainz 35.

※ **Zum Goldenen Stern**, Bornhohl 1, ✆ 7 42 53
nur Abendessen, Donnerstag, 10.- 24. Jan. und Juli geschl. — Karte 33/64.

STEINBACH AM WALD 8641. Bayern — 3 900 Ew — Höhe 600 m — Wintersport : ⚐3 — ✿ 09263.
◆München 300 — ◆Bamberg 83 — Bayreuth 69.

🏠 **Rennsteig** ⅃ garni, Rennsteigstr. 33, ✆ 13 50, 굖 — 📺 ⌁wc 孋wc 🅿. ⓞ
16 Z : 34 B 30/35 - 60/70 Fb.

🏠 **Pietz**, Otto-Wiegand-Str. 4, ✆ 3 74, ⌂ₛ, 굖 — 孋wc 🅿
← 10. Nov.- 10. Dez. geschl. — Karte 12,50/24 *(Dienstag geschl.)* ⅃ — **34 Z : 62 B** 17/33 - 30/60.

🏠 Steinbacher Hof, Kronacher Str. 3, ✆ 4 86 — ⌁wc 孋wc 🅿
8 Z : 16 B.

An der Straße nach Tettau NW : 3,5 km :

🏠 **Waldhaus Waidmannsheil** ⅃, Am Rennsteig, ✉ 8641 Waidmannsheil, ✆ (09263) 5 91, 굦, 굖 — 孋wc 🅿
Nov. geschl. — Karte 15,50/36 *(Dienstag geschl.)* — **17 Z : 34 B** 36 - 64 — P 50.

STEINBERG 2391. Schleswig-Holstein — 1 000 Ew — Höhe 15 m — ✿ 04632 (Steinbergkirche).
◆Kiel 78 — Flensburg 28 — Kappeln 20.

🕿 **Ties Möller**, Süderstr. 1 (B 199), ✆ 3 11 — ☞ 🅿
12.- 31. Jan. geschl. — Karte 19/39 *(Montag geschl.)* — **10 Z : 17 B** 27 - 50.

In Steinberg-Steinberghaff O : 3 km :

🏠 **Hof Norderlück** ⅃, ✆ 75 95, ⌂ₛ, 🖸, 굖 — ⌁wc 孋wc ☎ 🅿
15. März - Okt. — (Rest. nur für Hausgäste) — **14 Z : 25 B** 49/60 - 98/120.

🕿 **Strandhotel** ⅃, ✆ 4 24, ≤, 굦, 굖 — 孋wc ☞ 🅿. ❀
Okt. geschl. — Karte 21/40 *(Nov.- Mai Donnerstag geschl.)* — **14 Z : 23 B** 35/45 - 66/80 — P 50/60.

STEINEN 7853. Baden-Württemberg **427** ④. **216** ⑤ — 4 000 Ew — Höhe 335 m — ✿ 07627.
◆Stuttgart 269 — Basel 17 — ◆Freiburg im Breisgau 73 — Schopfheim 7.

🏠 **Gästehaus Pflüger** garni, Lörracher Str. 15, ✆ 14 18, 굖 — ⌁wc 孋wc ☎ ☞ 🅿
15 Z : 23 B 44/49 - 70/80.

🕿 **Ochsen**, Kirchstr. 1, ✆ 6 16 — ⌁wc ☎ ☞ 🅿
Aug. 3 Wochen geschl. — Karte 17/40 *(Dienstag geschl.)* ⅃ — **9 Z : 14 B** 27/39 - 54/78.

STEINENBRONN 7031. Baden-Württemberg — 4 700 Ew — Höhe 430 m — ✿ 07157.
◆Stuttgart 20 — Reutlingen 33 — ◆Ulm (Donau) 92.

🏨 **Krone**, Stuttgarter Str. 47, ✆ 70 01, ⌂ₛ, 🖸 — 🛗 📺 ⌁wc 孋wc ☎ ☞ 🅿 ⚤ 🆎 ⓞ 🅴
23. Dez.- 15. Jan. geschl. — Karte **28**/59 *(Sonntag 15 Uhr - Montag geschl.)* — **46 Z : 70 B** 80/95 - 115/145 Fb.

🏠 **Maier**, Tübinger Str. 21, ✆ 25 89 — ⌁wc 孋wc ☞ 🅿. ⓞ 🅴. ❀
← Karte 14/35 *(nur Abendessen, Samstag - Sonntag geschl.)* — **23 Z : 35 B** 40/48 - 70/75 Fb.

STEINFELD 2841. Niedersachsen — 6 600 Ew — Höhe 49 m — ✿ 05492.
◆Hannover 122 — ◆Bremen 90 — ◆Oldenburg 121 — ◆Osnabrück 45.

In Steinfeld-Lehmden O : 5 km :

※※ **Zur Post**, Lehmden Nr. 65, ✆ 22 42 — 🅿
Montag geschl. — Karte 21/53.

STEINFURT 4430. Nordrhein-Westfalen — 33 000 Ew — Höhe 70 m — ✪ 02551.

🛈 Verkehrsverein Steinfurt- Burgsteinfurt, Markt 2, ☏ 13 83.

◆Düsseldorf 162 — Enschede 39 — Münster (Westfalen) 25 — ◆Osnabrück 58.

In Steinfurt-Borghorst 987 ⑭ :

🏛 **Posthotel Riehemann**, Münsterstr. 8, ☏ 40 59 — ☐wc �🛁wc ☎ ⇔ 🅿 ⚗ 🏫 ⚜ Zim
25. Juli - 9. Aug. geschl. — Karte 18/48 *(Freitag geschl.)* — **21 Z : 25 B** 35/50 - 80/85.

✗✗ **Schünemann**, Altenberger Str. 109, ☏ (02552) 23 30 — 🅿
Montag geschl. — Karte 19/61.

In Steinfurt-Burgsteinfurt 987 ⑭ :

🏠 **Zur Lindenwirtin**, Ochtruper Str. 38, ☏ 20 15 — �🛁wc 🅿
12. Aug.- 7. Sept. geschl. — Karte 17/40 *(Montag geschl.)* — **19 Z : 32 B** 34/46 - 56/66.

✗✗ ❀ **Rolinck-Bräu** mit Zim, Bahnhofstr. 35, ☏ 54 45, bemerkenswerte Weinkarte — 🛁wc. 🅰🅴
🅾 🅴
Karte 34/64 *(Samstag bis 18 Uhr und Montag geschl.)* — **6 Z : 10 B** 42 - 70
Spez. Rauchforellen-Parfait mit Meeresalgen, Kalbsbries mit Paprikasabayon, Kalbsmedaillon in Limonensauce.

✗✗ **Schloßmühle**, Burgstr. 17, ☏ 55 63, kleine Gemäldeausstellung — 🅿 🏫 🅰🅴 🅾 🅴
Dienstag geschl. — Karte 25/56.

✗ **Jochen's Landhaus**, Sellen 57 (an der B 57, NW : 3 km), ☏ 46 66, 🍴, « Originelle Einrichtung
aus Großmutters Zeit » — 🅿
(Tischbestellung ratsam).

STEINGADEN 8924. Bayern 987 ㉟, 426 ⑯ — 2 400 Ew — Höhe 763 m — Erholungsort — ✪ 08862.

Sehenswert : Klosterkirche★.

Ausflugsziel : Wies : Kirche★★ SO : 5 km.

◆München 103 — Füssen 21 — Weilheim 34.

In Steingaden-Wies SO : 5 km :

🛏 **Moser** ⌂, Wies 1, ☏ 5 03, 🍴 — ☐wc ⇔ 🅿
15. Dez.- 15. Feb. geschl. — Karte 17,50/34 *(Sept.- Mai Mittwoch geschl.)* — **15 Z : 31 B** 30/35 -
50/70.

STEINHAGEN 4803. Nordrhein-Westfalen — 16 600 Ew — Höhe 101 m — ✪ 05204.

◆Düsseldorf 171 — Bielefeld 10 — Gütersloh 15 — ◆Osnabrück 48.

🏠 **Berghotel Quellental** ⌂, nahe der B 68 (NO : 3 km), ☏ 30 37, 🍴 — ☐wc 🛁wc ⇔ 🅿
Karte 14,50/44 — **44 Z : 70 B** 45/50 - 90.

STEINHEIM 4939. Nordrhein-Westfalen 987 ⑮ — 12 200 Ew — Höhe 144 m — ✪ 05233.

◆Düsseldorf 208 — Detmold 21 — ◆Hannover 85 — Paderborn 38.

🛏 **Hubertus**, Rosentalstr. 15, ☏ 52 46 — 🛁 🅿. ⚜ Zim
Karte 13,50/36 *(Montag geschl.)* — **5 Z : 8 B** 32/45 - 68/78.

🛏 **Schäfer**, Marktstr. 18, ☏ 52 74 — ⚜ Zim
5 Z : 9 B.

In Steinheim 2-Sandebeck SW : 12 km :

🏠 **Germanenhof**, Teutoburger-Wald-Str. 29, ☏ (05238) 3 33 — 🛁wc ⇔ 🅿
15. Jan.- 15. Feb. geschl. — Karte 19,50/46 *(Dienstag geschl.)* — **13 Z : 20 B** 30/37 - 52/70.

STEINHEIM AM ALBUCH Baden-Württemberg siehe Heidenheim an der Brenz.

STEINHEIM AN DER MURR 7141. Baden-Württemberg — 9 200 Ew — Höhe 202 m — ✪ 07144
(Marbach am Neckar).

◆Stuttgart 32 — Heilbronn 28 — Ludwigsburg 16.

🏠 **Zum Lamm**, Marktstr. 32, ☏ 2 93 90 — 🛁wc ⇔ 🅿
Karte 15/39 *(Montag geschl.)* ⅙ — **14 Z : 25 B** 32/40 - 52/64.

In Steinheim 2-Kleinbottwar N : 2 km :

🏠 **Rädle**, Steinheimer Str. 12, ☏ (07148) 3 33 — 🛁wc ⇔ 🅿
Aug.- Sept. 4 Wochen geschl. — Karte 16,50/38 *(Montag geschl.)* ⅙ — **12 Z : 18 B** 32/36 - 65/70.

STEINKIRCHEN 2162. Niedersachsen — 1 750 Ew — Höhe 4 m — ✪ 04142.

◆Hannover 175 — ◆Hamburg 55 — Stade 16.

🛏 **Das Alte Land** ⌂, Bürgerei 5, ☏ 24 42, « Garten mit Teich und Wasserspielen » — 🅿.
⚜ Zim
Jan. geschl. — Karte 19/37 *(Mittwoch geschl.)* — **8 Z : 14 B** 30 - 55.

STEINSFELD Bayern siehe Rothenburg o.d.T.

STEISSLINGEN 7705. Baden-Württemberg 𝟮𝟭𝟲 ⑨. 𝟰𝟮𝟳 ⑥ — 3 350 Ew — Höhe 465 m — Erholungsort — ✆ 07738 — 🛈 Verkehrsverein, Lange Str. 34, ℘ 4 27.
♦Stuttgart 152 — ♦Konstanz 29 — Singen (Hohentwiel) 9.

🏠 **Schinderhannes**, Singener Str. 45, ℘ 2 31, 🌫 — 🛏wc ☎ ❷
März 2 Wochen und Okt. 1 Woche geschl. — Karte 15/34 *(Dienstag geschl.)* 🍷 — **11 Z : 23 B** 34 - 62.

🏠 **Café Sättele** 🏊 garni, Schillerstr. 9, ℘ 3 53, ≤, « Caféterrasse », 🌫 — 🛏wc ⇦ ❷. ⓪
15.- 31. Okt. geschl. — **9 Z : 18 B** 35/38 - 68.

🏡 **Krone**, Schulstr. 18, ℘ 2 25, 🍴 — 🛏 ❷
Juli - Aug. 2 Wochen geschl. — Karte 15/34 *(Montag geschl.)* 🍷 — **18 Z : 29 B** 26/30 - 48/62.

STEMSHORN Niedersachsen siehe Lemförde.

STEMWEDE 4995. Nordrhein-Westfalen — 14 000 Ew — Höhe 65 m — ✆ 05745.
🛈 Verkehrsamt, Buchhofstr. 43 (Levern), ℘ 21 12.
♦Düsseldorf 227 — Minden 36 — ♦Osnabrück 33.

In Stemwede 2-Haldem NW : 8,5 km ab Levern :

🏠 **Berggasthof Wilhelmshöhe** 🏊, ℘ (05474) 10 10, 🍴, « Garten » — 📺 ⇨wc 🛏wc ☎ ⇦ ❷ 🍺. 🏊 Zim
28. Jan.- 15. Feb. geschl. — Karte 24/47 *(Dienstag geschl.)* — **14 Z : 22 B** 40/65 - 80/100.

STERNENFELS 7137. Baden-Württemberg — 2 200 Ew — Höhe 347 m — ✆ 07045 (Oberderdingen).
♦Stuttgart 52 — Heilbronn 33 — ♦Karlsruhe 41.

🏡 **Krone**, Brettener Str. 1, ℘ 5 90 — 🛏wc ❷
➤ *Ende Juli - Mitte Aug. geschl.* — Karte 14,50/26 *(Dienstag ab 14 Uhr und Samstag-Sonntag geschl.)* 🍷 — **10 Z : 15 B** 30/35 - 60/70.

STETTEN Baden-Württemberg siehe Kernen im Remstal.

STEYERBERG 3074. Niedersachsen — 5 000 Ew — Höhe 60 m — ✆ 05764.
♦Hannover 62 — ♦Bremen 74 — Minden 38 — Nienburg (Weser) 19.

🏠 **Deutsches Haus**, Am Markt 5, ℘ 16 12 — 🛏wc ☎ ⇦ ❷ — **10 Z : 15 B**.

🏠 **Süllhof** 🏊, Kirchstr. 41, ℘ 16 04 — 🛏wc ☎ ⇦ ❷
Karte 15/32 *(Freitag geschl.)* — **12 Z : 16 B** 24/34 - 58/64.

STIPSHAUSEN 6585. Rheinland-Pfalz — 1 000 Ew — Höhe 500 m — Erholungsort — Wintersport : 500/746 m ✂2 🎿1 — ✆ 06544.
Mainz 106 — Bernkastel-Kues 26 — Bad Kreuznach 62 — Idar-Oberstein 24.

🏠 **Brunnenwiese** 🏊, Mittelweg 3, ℘ 85 85, ⇔, 🌫 — ⇨wc 🛏wc ⬥ ❷. 🏊
➤ Karte 14,50/32 — **10 Z : 20 B** 33 - 65 — P 47.

STOCCARDA = Stuttgart.

STOCKACH 7768. Baden-Württemberg 𝟵𝟴𝟳 ㉟. 𝟮𝟭𝟲 ⑨ — 491 m — Höhe 470 m — ✆ 07771.
Ausflugsziel : Haldenhof ≤★★, SO : 13 km.
🛈 Verkehrsbüro, Rathaus, Adenauerstr. 4, ℘ 20 71.
♦Stuttgart 157 — ♦Freiburg im Breisgau 112 — ♦Konstanz 36 — ♦Ulm (Donau) 114.

🏠 **Goldener Ochsen**, Zoznegger Str. 2, ℘ 20 31 — 🛗 ⇨wc 🛏wc ☎ ⇦ ❷ 🏊. 🆎 ⓪ E 💳
2.- 23. Jan. geschl. — Karte 23/49 *(Mittwoch geschl.)* — **38 Z : 55 B** 52/58 - 89/97 Fb.

🏠 **Zur Linde**, Goethestr. 23, ℘ 22 26, 🍴 — 🛗 ⇨wc 🛏wc ☎ ❷ 🏊. 🆎 ⓪ E 💳
Karte 20/44 *(Freitag geschl.)* — **25 Z : 47 B** 28/50 - 55/80.

🏠 **Paradies**, Radolfzeller Str. 36 (B 31), ℘ 35 20, 🍴 — 🛏wc ⇦ ❷
15. Dez.- 10. Jan. geschl. — Karte 17/40 *(Freitag geschl.)* 🍷 — **36 Z : 65 B** 30/45 - 56/75.

STOCKSBERG Baden-Württemberg siehe Beilstein.

STÖCKEN Nordrhein-Westfalen siehe Leichlingen.

STOLBERG/RHLD 5190. Nordrhein-Westfalen 𝟵𝟴𝟳 ㉓. 𝟮𝟭𝟯 ㉔. 𝟰𝟬𝟵 ⑯ — 59 000 Ew — Höhe 180 m — ✆ 02402 — ♦Düsseldorf 80 — ♦Aachen 11 — Düren 23 — Monschau 36.

🏨 **Parkhotel am Hammerberg** 🏊 garni, Hammerberg 11, ℘ 2 00 31, ⇔, 🏊, 🌫 — 📺 ⇨wc 🛏wc ☎ ❷ 🏊. 🆎 ⓪ E 💳
21 Z : 35 B 75/85 - 130/145 Fb.

🏠 **Stadthalle**, Rathausstr. 71, ℘ 2 30 56 — 🛗 📺 ⇨wc 🛏wc ☎ ❷ 🏊 — **19 Z : 25 B**.

🏂 **Romantik-H. Burgkeller** mit Zim, Steinweg 22 a, ℘ 2 72 72 — ⇨wc 🛏 🏊. 🆎 ⓪ E 💳
über Fasching geschl. — Karte 27/61 *(Samstag bis 18 Uhr geschl.)* — **11 Z : 16 B** 50/75 - 110/120 Fb.

736

In Stolberg-Mausbach SO : 5,5 km :

🏠 **Süssendell** 🏖, Süssendeller Straße (SO : 2 km), ℰ 7 10 11, 🍴, 🎴, 🚬, ⚓ – 🚽wc 🕿 🅿
Karte 19/51 *(Freitag geschl.)* – **10 Z : 20 B** 48/50 - 90/95.

In Stolberg 13-Venwegen SW : 12 km :

🍴 **Birkenhof** 🏖 mit Zim, Mulartshütter Str. 20, ℰ (02408) 53 38, 🍴 – 🅿
Karte 21/50 *(Okt.- März Freitag geschl.)* – **7 Z : 12 B** 40/55 - 74.

In Stolberg-Vicht SO : 5 km :

🏨 Jägersruh, Münsterau 140 (an der Straße nach Zweifall), ℰ 70 19 – 🕿 ⟺ 🅿
23 Z : 45 B.

In Stolberg-Zweifall SO : 6,5 km :

🏨 **Zum Walde** 🏖, Klosterstr. 4, ℰ 70 58, « Gartenterrasse », 🛋, 🔲, 🎴, ⚓ – 🔌 📺 🚽wc 🕿 🅿
🏊
Karte 26/55 *(Montag geschl.)* – **38 Z : 85 B** 85/99 - 134/162.

In this guide,
*a symbol or a character, printed in red or **black**, in **bold** or light type,*
does not have the same meaning.
Please read the explanatory pages carefully (pp. 28 to 35).

STOLLHAMM Niedersachsen siehe Butjadingen.

STOMMELN Nordrhein-Westfalen siehe Pulheim.

STRAELEN 4172. Nordrhein-Westfalen 👯 ⑧, 👯 ⑦ – 12 500 Ew – Höhe 45 m – ✪ 02834.
🛈 Fremdenverkehrsamt, Rathaus, ℰ 19 11 03.
♦Düsseldorf 66 – Venlo 12 – Wesel 39.

🏨 **Straelener Hof**, Annastr. 68, ℰ 10 41, 🍴 – 🚽wc 🚽wc 🕿 🅿
Jan. geschl. – Karte 22/57 – **11 Z : 18 B** 49/65 - 92/98.

🏨 Zum Siegburger, Annastr. 13, ℰ 15 81 – 🚽wc 🅿
17 Z : 31 B.

STRANDE 2307. Schleswig-Holstein – 1 300 Ew – Höhe 5 m – Seebad – ✪ 04349
(Dänischenhagen).
♦Kiel 17 – Eckernförde 26.

🏨 **Seglerhus** garni, R.-Kinau-Weg 2, ℰ 81 81 – 📺 🚽wc 🚽wc 🕿 🅿. 🆎 ⓞ 🗲
16 Z : 32 B 60/75 - 100/140.

🏠 **Garni**, Dorfstr. 9, ℰ 3 11 – 🚽wc 🚽wc 🕿 🅿 🏊. ⓞ 🗲
23 Z : 36 B 29/50 - 57/90.

STRASSENHAUS Rheinland-Pfalz siehe Rengsdorf.

STRASSLACH Bayern siehe München.

STRAUBENHARDT 7541. Baden-Württemberg – 8 000 Ew – Höhe 416 m – ✪ 07082 (Neuenbürg).
🛈 Verkehrsamt, Rathaus Conweiler, ℰ 10 21.
♦Stuttgart 67 – Baden-Baden 38 – ♦Karlsruhe 25 – Pforzheim 17.

In Straubenhardt 4-Schwann :

🏨 **Adlerhof** 🏖, Mönchstr. 14 (Schwanner Warte), ℰ 21 72, ≤, 🍴, 🎴 – 🚽wc 🚽wc 🅿
10. Jan.- 16. Feb. geschl. – Karte 18/46 *(Mittwoch 18 Uhr - Donnerstag geschl.)* – **28 Z : 45 B**
44 - 88.

Im Holzbachtal SW : 6 km :

🏨 **Waldhotel Bergschmiede** 🏖, ⊠ 7541 Straubenhardt 6, ℰ (07248) 10 51, « Hirschgehege,
Gartenterrasse », 🛋, 🔲, 🎴, ⚓ – 🚽wc 🚽wc 🅿 ⓞ 🗲
7. Jan.- 15. Feb. geschl. – Karte 21/46 *(Sonntag ab 18 Uhr geschl.)* 🍸 – **22 Z : 37 B** 50/56 -
76/110 Fb.

STRAUBING 8440. Bayern 👯 ⑳ – 42 500 Ew – Höhe 330 m – ✪ 09421.
Sehenswert : Stadtplatz★.
🛈 Städt. Verkehrsamt, Theresienplatz 20, ℰ 1 63 07.
ADAC, Stadtgraben 44a, ℰ 25 55.
♦München 120 – Landshut 51 – Passau 79 – ♦Regensburg 48.

🏠 **Seethaler** ⚘, Theresienplatz 25, ℰ 1 20 22, 🍴 − 📺 ⬜wc 🛁wc ☎ 🅿
    7.- 17. Jan. geschl. − Karte 16/40 *(Sonntag 14 Uhr - Montag geschl.)* − **25 Z : 40 B** 65 - 95 Fb.

🏠 **Wittelsbach** ⚘, Stadtgraben 25, ℰ 15 17 − 🛗 🛁wc 🅿. 🆎 ⓘ E
⬅ Karte 14/39 *(Sonntag 15 Uhr-Montag 18 Uhr geschl.)* − **41 Z : 62 B** 35/55 - 65/105 Fb.

🏠 **Wenisch**, Innere Passauer Str. 59, ℰ 2 20 66 − 🛁wc 🅿 🛎
    24. Dez.- 10. Jan. geschl. − Karte 16/42 *(Sonntag geschl.)* − **40 Z : 54 B** 35/50 - 75/85.

🏠 **Schedlbauer**, Landshuter Str. 78, ℰ 3 38 38 − 🛁wc 🅿. 🆎 ⓘ E VISA
    (nur Abendessen für Hausgäste) − **22 Z : 38 B** 35/40 - 55/65.

XX **La Mirage** mit Zim, Regensburger Str. 46, ℰ 20 51 − 🛁wc ☎ ⬅. 🆎 ⓘ. 🍽 Rest
    Karte 30/59 *(Sonntag geschl.)* − **18 Z : 24 B** 44 - 70/80.

XX Goldene Gans, Ludwigsplatz 16, ℰ 2 33 69, 🍴.

XX Redlbacher Keller-Taxis Stuben, Mühlsteingasse 8, ℰ 1 28 70, Biergarten.

In Straubing-Ost :

🏨 **Heimer** Ⓜ, Schlesische Str. 131, ℰ 6 10 91, Telex 65507, 🖂 − 🛗 📺 ⬜wc 🛁wc ☎ & ⬅
    🅿 🛎. 🆎 ⓘ E VISA
    Karte 24/54 − **37 Z : 70 B** 73/85 - 130/145 Fb.

In Aiterhofen 8441 SO : 6 km :

🏠 **Murrerhof**, Passauer Str. 1, ℰ (09421) 3 27 40, 🍴 − ⬜wc 🛁wc ⬅ 🅿
⬅ *Pfingsten und Weihnachten geschl.* − Karte 13/35 *(Freitag - Samstag geschl.)* − **25 Z : 40 B**
    39/49 - 60/75.

STROMBERG KREIS KREUZNACH 6534. Rheinland-Pfalz 📖 ㉔ − 2 500 Ew − Höhe 235 m −
☎ 06724.

Mainz 45 − ◆Koblenz 59 − Bad Kreuznach 18.

🏨 **Burghotel Stromburg** ⚘, Schloßberg (O : 1,5 km), ℰ 10 26, ≤, 🍴, 🖂 − 🛁wc ☎ 🅿 🛎.
    🆎 ⓘ E. 🍽 Rest
    Karte 32/60 − **22 Z : 40 B** 75/85 - 130/150 Fb.

🏠 **Goldenfels**, August-Gerlach-Str. 2a, ℰ 36 05 − ⬜wc 🛁wc 🅿
    Karte 18/42 *(Dienstag geschl.)* − **20 Z : 34 B** 26/36 - 50/70.

STRULLENDORF 8602. Bayern − 6 200 Ew − Höhe 250 m − ☎ 09543.

◆München 220 − ◆Bamberg 9 − Bayreuth 68 − ◆Nürnberg 50 − ◆Würzburg 93.

🏠 **Christel**, Forchheimer Str. 20, ℰ 91 18, 🖂, 🎱 − 🛗 🛁wc ☎ ⬅ 🅿 🛎
    Karte 21/48 *(Sonntag geschl.)* − **40 Z : 70 B** 55/80 - 100/120 Fb.

STRYCK Hessen siehe Willingen (Upland).

STÜHLINGEN 7894. Baden-Württemberg 📖 ㉟, 427 ⑥, 216 ⑦ − 5 300 Ew − Höhe 501 m −
Luftkurort − ☎ 07744.

🛈 Verkehrsbüro, Hauptstr. 7, ℰ 4 66.

◆Stuttgart 156 − Donaueschingen 30 − ◆Freiburg im Breisgau 73 − Schaffhausen 21 − Waldshut-Tiengen 27.

🏠 **Rebstock**, Schloßstr. 10, ℰ 3 75, 🖂, 🐎 − ⬜wc 🛁wc ⬅ 🅿 🛎
⬅ *15. Nov.- 15. Dez. geschl.* − Karte 13/38 🍷 − **30 Z : 52 B** 27/45 - 50/88 Fb − P 37/51.

🏡 **Krone**, Stadtweg 2, ℰ 3 21, 🍴 − 🛁wc ⬅ 🅿. ⓘ
⬅ *15. Okt.- 8. Nov. geschl.* − Karte 14,50/39 *(Montag geschl.)* 🍷 − **20 Z : 36 B** 30/36 - 56/68 −
    P 40/46.

In Stühlingen-Weizen NO : 4 km :

🏡 **Zum Kreuz**, Ehrenbachstr. 70, ℰ 3 35, 🍴 − ⬜wc 🛁wc ⬅ 🅿
⬅ *29. Okt.- 10. Nov. geschl.* − Karte 12,50/29 *(Montag geschl.)* 🍷 − **19 Z : 30 B** 25/40 - 50/60 −
    P 45/48.

STÜTTGEN Nordrhein-Westfalen siehe Neuss.

STUHR 2805. Niedersachsen − 28 000 Ew − Höhe 14 m − ☎ 04206.

◆Hannover 125 − ◆Bremen 9,5 − Wildeshausen 29.

In Stuhr 1-Brinkum 📖 ⑮

🏨 **Bremer Tor**, Syker Str. 4, ℰ (0421) 8 97 03 − 🛗 📺 🛁wc ☎ ⬅ 🅿 🛎. 🆎 ⓘ E
    Karte 26/57 *(Dienstag geschl.)* − **38 Z : 65 B** 63/74 - 89/95 Fb.

In Stuhr 1-Heiligenrode :

XX Meyerhof mit Zim, Heiligenroder Str. 72, ℰ 3 15, 🍴, 🐎 − 🛁wc 🅿 🛎
    12 Z : 16 B.

X **Klosterhof** ⚘ mit Zim, Auf dem Kloster 2, ℰ 2 12, 🍴 − 🛁wc 🅿 🛎
    3.- 10. Juni geschl. − Karte 21/47 *(Dienstag geschl.)* − **7 Z : 13 B** 33/50 - 66/90.

STUTTGART 7000. 🗺 Baden-Württemberg **987** ㉟ – 555 000 Ew – Höhe 245 m – ✪ 0711.

Sehenswert : Lage★★ – Höhenpark Killesberg★★ – Fernsehturm★★ (❀ ★★) **AY** – Liederhalle★ **BX** – Altes Schloß (Innenhof★) **CX** – Staatsgalerie Stuttgart★ **CX M1** – Stifts-Kirche (Grafenstandbilder★) **CX A** – Württembergisches Landesmuseum (mittelalterliche Kunst★★) **CX M2** – Daimler-Benz-Museum★ **EX M** – Porsche-Museum★ **HR M**.

Ausflugsziel : Bad Cannstatt : Kurpark★ O : 4 km EU.

🛪 Stuttgart-Echterdingen (JT), 🖉 7 90 11, City Air Terminal, Stuttgart, Lautenschlagerstr. 14, 🖉 22 12 64 – 🚂 siehe Kornwestheim – Messegelände Killesberg (BU), 🖉 2 58 91, Telex 722584.

🛈 Touristik-Zentrum des Verkehrsamts, Klett-Passage (Unterführung Hbf, U 1), 🖉 2 22 82 40, Telex 723854.

ADAC, Am Neckartor 2, 🖉 2 80 00, Notruf 🖉 1 92 11.

◆Frankfurt am Main 205 ⑧ – ◆Karlsruhe 82 ⑥ – ◆München 219 ④ – Strasbourg 154 ⑥.

Messe-Preise : siehe S. 17 und 60	**Foires et salons :** voir p. 25 et 60
Fairs : see pp. 33 and 60	**Fiere :** vedere p. 41 e 60

Stadtpläne siehe nächste Seiten.

🏨🏨🏨 ❀ **Steigenberger-Hotel Graf Zeppelin** ⟨S⟩, Arnulf-Klett-Platz 7, 🖉 29 98 81, Telex 722418, Massage, ⟨⟩, 🔲 – 🕮 🖵 🖥 ⅙ 🎿. 🕮 ⑩ 🄴 🆅🆂🅰
CX s
Karte 43/85 *(Tischbestellung ratsam)* (12. Juli - 3. Aug. sowie Samstag, Sonn- und Feiertage geschl.) – **280 Z : 400 B** 199/320 - 320/380 Fb.
Spez. Zanderfilet in Burgunderbutter, Kalbsbries in weißem Portwein mit Leipziger Allerlei, Kaninchenrücken in Trollinger mit Lauchspätzle.

🏨🏨 **Am Schloßgarten**, Schillerstr. 23, 🖉 29 99 11, Telex 722936, « Terrasse mit ≤ » – 🕮 🖵 🎿. 🕮 ⑩ 🄴 🆅🆂🅰
CX u
Karte 39/78 – **125 Z : 169 B** 165/200 - 250/270 Fb.

🏨🏨 **Royal**, Sophienstr. 35, 🖉 62 50 50, Telex 722449 – 🕮 🗐 Rest 🖵 🚗 🅿 🎿. 🕮 ⑩ 🄴 🆅🆂🅰
BY b
Karte 34/64 – **85 Z : 115 B** 175/210 - 220/260.

🏨🏨 **Park-Hotel**, Villastr. 21, 🖉 28 01 61, Telex 723405, 🌤 – 🕮 🗐 Rest 🖵 🅿 🎿 (mit 🗐). 🕮 ⑩ 🄴 🆅🆂🅰
DV r
Karte 35/61 – **Radiostüble** *(nur Abendessen)* Karte 21/49 – **81 Z : 105 B** 140/190 - 175/240 Fb.

🏨 **Ruff**, Friedhofstr. 21, 🖉 25 01 61, Telex 721645, ⟨⟩, 🔲 – 🕮 🖵 🛁wc 🗍wc ☎ 🚗 🅿 🎿. 🕮 ⑩ 🄴 🆅🆂🅰
CV a
21. Dez.- 2. Jan. geschl. – Karte 20/49 *(Samstag geschl.)* – **85 Z : 136 B** 85/120 - 126/145 Fb.

🏨 **Intercity-Hotel** garni, Arnulf-Klett-Platz 2, 🖉 29 98 01, Telex 723543 – 🕮 🖵 🛁wc 🗍wc ☎ 🅿 🎿. 🕮 ⑩ 🄴 🆅🆂🅰
CX p
104 Z : 135 B 75/130 - 130/165.

🏨 **Kronen-Hotel** ⟨S⟩ garni, Kronenstr. 48, 🖉 29 96 61, Telex 723632, ⟨⟩ – 🕮 🖵 🗍wc ☎ 🚗 🎿. 🕮 ⑩ 🄴 🆅🆂🅰
BX m
20. Dez.- 7. Jan. geschl. – **90 Z : 104 B** 85/150 - 115/170 Fb.

🏨 **Azenberg** ⟨S⟩, Seestr. 116, 🖉 22 10 51, Telex 721819, ⟨⟩, 🔲 – 🕮 🛁wc 🗍wc ☎ 🚗 🅿. 🕮 ⑩ 🄴 🆅🆂🅰
AV e
(nur Abendessen für Hausgäste) – **55 Z : 80 B** 110/130 - 150/180.

🏨 **Unger** garni, Kronenstr. 17, 🖉 29 40 41, Telex 723995 – 🕮 🛁wc 🗍wc ☎ 🚗 🎿. 🕮 ⑩ 🄴 🆅🆂🅰
CX a
80 Z : 100 B 111/150 - 170/205 Fb.

🏨 **Rieker** garni, Friedrichstr. 3, 🖉 22 13 11 – 🕮 🖵 🛁wc 🗍wc ☎. 🕮 🄴 🆅🆂🅰
CX d
63 Z : 80 B 96/115 - 154.

🏨 **Wartburg Hospiz**, Lange Str. 49, 🖉 22 19 91, Telex 721587 – 🕮 🗐 Rest 🖵 🛁wc 🗍wc ☎ 🚗 🅿 🎿 (mit 🗐). 🕮 ⑩ 🄴 🆅🆂🅰
BX g
23. Dez.- 6. Jan. geschl. – Karte 20/38 *(Sonn- und Feiertage geschl.)* – **81 Z : 97 B** 49/119 - 85/139.

🏨 Am Feuersee, Johannesstr. 2, 🖉 62 61 03 – 🕮 🖵 🗍wc ☎
AY t
(nur Abendessen) – **38 Z : 47 B** Fb.

🏨 **Wörtz - Zur Weinsteige** ⟨S⟩, Hohenheimer Str. 30, 🖉 24 53 96, Telex 723821, « Gartenterrasse » – 🖵 🛁wc 🗍wc ☎. 🕮 ⑩ 🄴 🆅🆂🅰
CY p
15. Dez.- 15. Jan. geschl. – Karte 22/55 *(Samstag, Sonn- und Feiertage geschl.)* ⅃ – **25 Z : 40 B** 56/125 - 84/150.

🏨 **Mack und Pflieger** garni, Kriegerstr. 7, 🖉 29 19 27 – 🕮 🗍wc ☎ 🅿. 🕮 ⑩ 🄴 🆅🆂🅰
CX h
23. Dez.- 2. Jan. geschl. – **94 Z : 127 B** 58/98 - 98/160 Fb.

🏨 **Haus von Lippe** garni, Rotenwaldstr. 68, 🖉 63 15 11 – 🕮 🛁wc 🗍wc 🚗 🅿
AY s
36 Z : 45 B 80 - 115.

🏨 **Ketterer**, Marienstr. 3, 🖉 29 41 51, Telex 722340 – 🕮 🛁wc 🗍wc ☎. 🕮 🄴 🆅🆂🅰
BY y
Karte 19,50/51 *(Freitag - Samstag geschl.)* – **75 Z : 100 B** 89/125 - 107/155.

❀❀❀ ❀ **Alte Post**, Friedrichstr. 43, 🖉 29 30 79 – ⑩
CX e
Samstag und Montag jeweils bis 18 Uhr, Sonn- und Feiertage sowie Ende Juli - Mitte Aug. geschl. – Karte 47/90 *(Tischbestellung ratsam)*
Spez. Essenz von Tomaten und Estragon, St. Petersfisch in Rote Beetebutter, Suprême von Poularde in grüner Pfeffercréme.

❀❀❀ **Mövenpick-Rôtisserie Baron de la Mouette**, Kleiner Schloßplatz 11 (Eingang Theodor-Heuss-Straße), 🖉 22 00 34 – 🗐. 🕮 ⑩ 🄴 🆅🆂🅰
BX a
Karte 32/70 – **Boulevard Café** Karte 19/48.

739

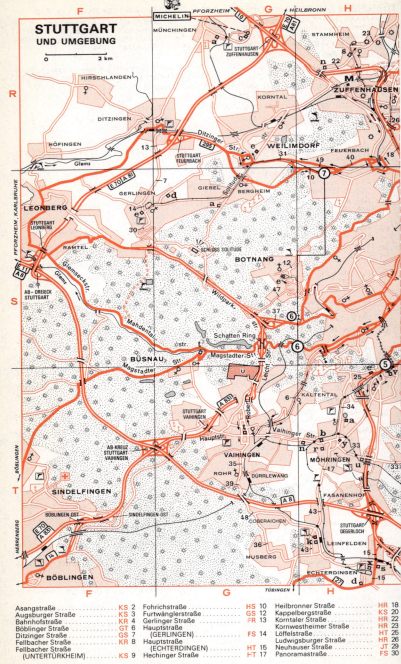

STUTTGART
UND UMGEBUNG

0   2 km

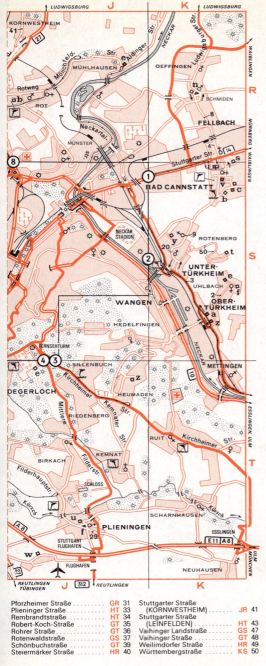

XX **Der Goldene Adler**, Böheimstr. 38, 𝄞 64 17 62 — 🅿. AE Ⓞ E VISA   AY e
Montag geschl. — Karte 24/67.

XX **Martin's-Stuben**, Karl-Schurz-Str, 15, 𝄞 26 16 31 — AE E   DV u
Montag und Samstag bis 18 Uhr geschl. — Karte 39/75.

XX **Schwyzer Eck**, Neckarstr. 246, 𝄞 2 62 26 94 — E
1.- 7. Jan. und Samstag geschl. — Karte 40/72.
    DV a

XX **Intercity-Restaurant**, Arnulf-Klett-Platz 2, 𝄞 29 49 46   CX v

XX **Greiner Stuben**, Arnulf-Klett-Platz 1, 𝄞 29 51 21 — AE Ⓞ E   CX t
Karte 25/51 — Bräustüble Karte 13,50/37.

XX **Zeppelin - Stüble - Maukenescht**, Lautenschlagerstr. 2 (im Hotel Graf-Zeppelin), 𝄞 22 40 13, ⌂ — ▤. AE Ⓞ E VISA   CX s
Karte 20/54 *(Schwäbische Spezialitäten)*
(Tischbestellung ratsam).

XX **Krämers Bürgerstuben**, Gablenberger Hauptstr. 4, 𝄞 46 54 81 — AE Ⓞ E VISA   DX n
Montag und 14. Juli - 4. Aug. geschl. — Karte 23/63 *(Tischbestellung ratsam).*

XX **China Garden** (Chinesische Küche), Königstr. 17 (2. Etage), 𝄞 22 38 66 — AE Ⓞ E VISA   CX n
Karte 17,50/40.

X **Kupferschmiede**, Christophstr. 45, 𝄞 23 35 30, Straßenterrasse — AE Ⓞ E
Samstag und Feiertage geschl. — Karte 27/58 ♨.
    CY a

X **Come Prima** (Italienische Küche), Steinstr. 3, 𝄞 24 34 22 — AE Ⓞ E
Montag geschl. — Karte 25/52.
    CY s

X **Mira**, Kronprinzstr. 6, 𝄞 29 75 96   BX n

In Stuttgart 1 - Botnang :

🏠 **Hirsch**, Eltinger Str. 2, 𝄞 69 29 17 — 🛗 🍴wc ☎ ⇔ 🚗 🅿 ⛽. 🌳   GS e
24.- 27. Dez. geschl. — Karte 21/57 *(Sonntag 15 Uhr - Montag geschl.)* — **40 Z :** **60 B** 58/87 - 90/128 Fb.

In Stuttgart 80 - Büsnau :

🏠 **Waldhotel Schatten**, Gewandschatten 2, 𝄞 68 10 51, Telex 7255557, ⌂ — 🛗 🍴wc 🍴wc ☎ 🅿 ⛽.
50 Z : 62 B Fb.

Fortsetzung →

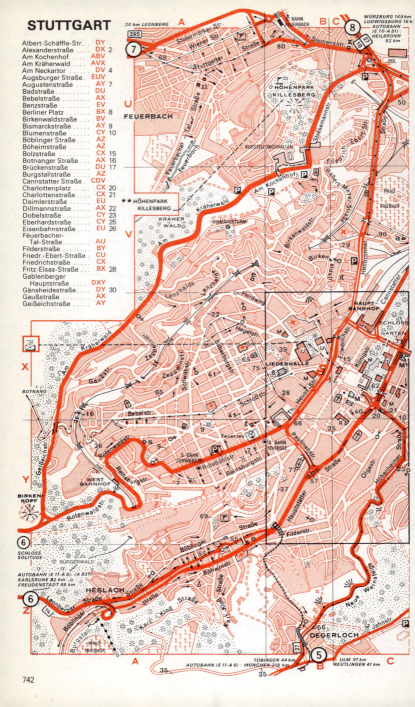

STUTTGART

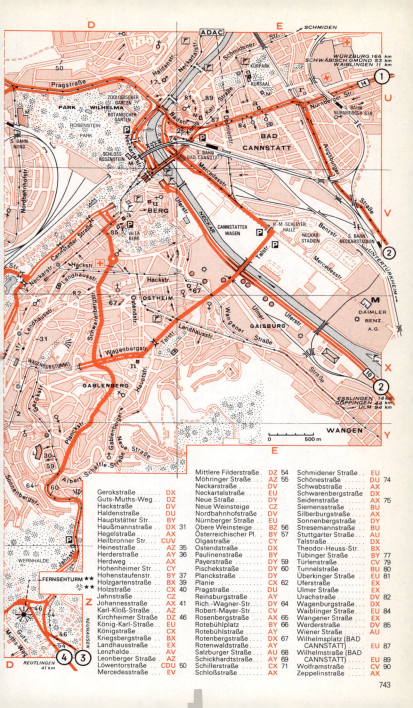

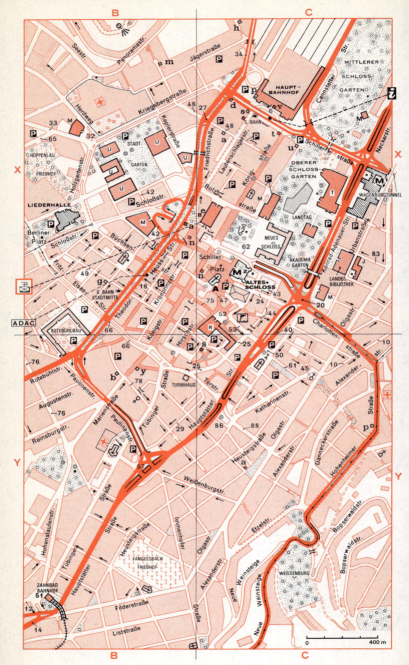

744

STUTTGART

In Stuttgart 50 - Bad Cannstatt :

🏨 **Spahr** M garni, Waiblinger Str. 63 (B 14), 𝒫 55 20 00, Telex 7254608 – 🛗 📺 🛏wc 🦷wc ☎ 🖐 ⬅ 🅿. 🌐 ⓘ 🗝 — EU a
23. Dez.- 7. Jan. geschl. — **59 Z : 100 B** 100/125 - 165/195.

🏠 **Krehl's Linde**, Obere Waiblinger Str. 113, 𝒫 52 75 67/5 28 13 85 – 🦷wc 🅿 ⬅. 🌐 — EU r
Aug. geschl. — Karte 27/61 (Sonntag - Montag 17 Uhr geschl.) — **25 Z : 30 B** 50/90 - 80/130.

XX **Alt-Cannstatt**, Königsplatz 1 (Kursaal), 𝒫 56 11 15, 🍴 – 🔬. 🌐 ⓘ 🗝 — EU
Montag geschl. — Karte 23/53.

In Stuttgart 70 - Degerloch :

🏨 **Waldhotel Degerloch** 🔱, Guts-Muths-Weg 18, 𝒫 76 50 17, Telex 7255728, 🍴, 🎾 – 🛗 📺 🛏wc 🦷wc ☎ 🖐 🅿. 🌐 ⓘ 🗝 — JT e
Karte 22/50 — **52 Z : 70 B** 90/135 - 140/190 Fb.

XX **Turmrestaurant** (auf dem Fernsehturm in 144 m Höhe, 🛗 4 DM), Jahnstr. 120, 𝒫 24 61 04, ❋ Stuttgart und Umgebung — 🍽 🅿. 🌐 ⓘ 🗝 — DZ
Karte 24/58.

XX **Turmgrill - Turmstube**, Jahnstr. 120 (am Fuß des Fernsehturms), 𝒫 24 61 04, 🍴 – 🦷 🅿. 🌐 ⓘ 🗝 — DZ
Karte 18/54 🍷.

X **Fässle**, Löwenstr. 51, 𝒫 76 01 00 — HT v

X **Goldener Bären**, Löffelstr. 24, 𝒫 76 58 76 — 🅿. 🌐 ⓘ 🗝 — HT e
Montag, 23. Dez.- 7. Jan. und Juni 3 Wochen geschl. — Karte 19/44 🍷.

In Stuttgart 30 - Feuerbach :

🏨 **Europe**, Siemensstr. 26, 𝒫 81 50 91, Telex 723650 – 🛗 🍽 📺 ⬅ 🔬. 🌐 ⓘ 🗝 🍴 Rest — CU z
Karte 34/63 — **200 Z : 300 B** 145/160 - 190 Fb.

XX ⚘ **Lamm**, Mühlstr. 24, 𝒫 85 36 15 – 🍴 — AU n
22. Dez.- 6. Jan., Samstag bis 18 Uhr sowie Sonn- und Feiertage geschl. — Karte 55/85 (Tischbestellung ratsam)
Spez. Lachsgratin, Kaninchenrücken in Senfrahm, Lammrücken "provençale".

X **Schiff**, Walterstr. 1, 𝒫 81 43 29 — AU n
Montag und 11.- 25. Aug. geschl. — Karte 26/60 (abends Tischbestellung ratsam).

In Stuttgart 23 - Flughafen :

🏨 **Airport-Hotel Mövenpick**, Randstraße, 𝒫 7 90 70, Telex 7245677 – 🛗 🍽 Rest 📺 🛏wc ☎ 🅿 🔬 (mit 🍽). 🌐 ⓘ 🗝 🍴 Rest — JT w
Karte 26/65 — **128 Z : 160 B** 169/177 - 197/211 Fb.

In Stuttgart 75 - Heumaden :

🏠 **Seyboldt** 🔱 garni, Fenchelstr. 11, 𝒫 44 53 54 – 🦷wc ☎ 🅿. 🍴 — JT z
1.- 24. Aug. geschl. — **17 Z : 24 B** 65 - 88.

In Stuttgart 80 - Möhringen :

🏨 **Stuttgart International**, Plieninger Str. 100, 𝒫 7 20 21, Telex 7255763, direkter Zugang zum Römerbad – 🛗 🍽 Rest 📺 🦷 ⬅ 🅿 🔬 (mit 🍽). 🌐 ⓘ 🗝 🍴 Rest — HT u
Restaurants : — **Kopenhagen** (nur Mittagessen) Karte 30/65 — **Paris Grill** (nur Abendessen) Karte 35/75 — **Schwabenbräu-Stube** Karte 17/48 — **200 Z : 300 B** 158/240 - 209/285 Fb.

Fortsetzung →

🏨 **Gloria - Restaurant Möhringer Hexle**, Sigmaringer Str. 59, ℰ 71 30 59, ⇔ – 🛄 🕎wc ☎   HT **y**
⇐ 🅿 🍴
Karte 19/47 ♨ – **70 Z : 121 B** 85/98 - 113/129 Fb.

🏨 **Neotel** 🅼 garni, Vaihinger Str. 151, ℰ 7 80 06 35, Telex 7255179 – 🛄 📺 ⇔wc 🕎wc ☎ &
🅿 🖭 ⓞ 𝙴 𝓥𝓘𝓢𝓐   HT **n**
71 Z : 120 B 119/129 - 179/189 Fb.

🏨 **Anker**, Vaihinger Str. 76, ℰ 71 30 31 – 🛄 ⇔wc ☎ ⇔. 🖭 ⓞ 𝙴 𝓥𝓘𝓢𝓐 ⁘   HT **b**
Aug. 2 Wochen geschl. – Karte 20/42 *(Schwäbische Küche, Samstag - Sonntag 18 Uhr geschl.)*
♨ – **24 Z : 32 B** 75/82 - 110/120 Fb.

🏨 ❀ **Hirsch-Weinstuben**, Maierstr. 3, ℰ 71 13 75 – 🅿. ⁘   HT **r**
Samstag bis 18 Uhr, Sonn- und Feiertage sowie März - April 2 Wochen geschl. – Karte 27/64
(Tischbestellung ratsam)
Spez. Terrine von Gänsestopfleber, Salat von Kalbskopf in Gemüsevinaigrette, Seeteufel auf Linsen mit
Safransauce.

🏨 **Landgasthof Riedsee**, Elfenstr. 120, ℰ 71 24 84, 🍴 – 🅿. 🖭 ⓞ 𝙴 𝓥𝓘𝓢𝓐   HT **a**
Sonntag 18 Uhr - Montag und 2.- 14. Jan. geschl. – Karte 26/62.

In Stuttgart 50 - Mühlhausen :

🏨 ❀ **Öxle's Löwen**, Veitstr. 2, ℰ 53 22 26 – 🖭 𝙴   JR **e**
Montag und Samstag jeweils bis 18 Uhr sowie Sonn- und Feiertage geschl. – Karte 37/76
Spez. Pasteten und Terrinen, Zephyr vom Hummer mit Kaviarvinaigrette, Kräuterroulade vom Kaninchenrücken.

In Stuttgart 61 - Obertürkheim :

🍴 **Weinstube Paule**, Augsburger Str. 643, ℰ 32 14 71 – 🅿. 🖭 ⓞ   KS **a**
Donnerstag und jeden letzten Sonntag im Monat geschl. – Karte 29/55 ♨.

🍴 **Wirt am Berg**, Uhlbacher Str. 14, ℰ 32 12 26   KS **z**
Sonn- und Feiertage, jeden 1. Samstag im Monat sowie Juli - Aug. 3 Wochen geschl. – Karte
29/52 ♨.

In Stuttgart 70 - Plieningen :

🏨 **Traube**, Brabandtgasse 2, ℰ 45 48 33, 🍴 – ⇔wc 🕎wc ☎ 🅿   JT **u**
22. Dez.- 6. Jan. geschl. – Karte 31/88 *(Tischbestellung erforderlich)* (Samstag und Sonntag
geschl.) – **22 Z : 28 B** 65/140 - 150/180.

🏨 **Fissler-Post**, Schoellstr. 4, ℰ 45 50 74 – ⇔wc 🕎wc ☎ ⇔ 🅿 🍴. 🖭 ⓞ 𝙴 𝓥𝓘𝓢𝓐   JT **f**
Karte 29/56 *(Tischbestellung ratsam)* (Sonntag ab 14 Uhr geschl.) – **63 Z : 90 B** 68/70 - 96/105.

🍴 **Recknagel's Nagelschmiede**, Brabandtgasse 1, ℰ 45 74 54 – 🅿   JT **u**
wochentags nur Abendessen, Dienstag und 22. Aug.- 15. Sept. geschl. – Karte 24/50.

In Stuttgart 40 - Rot :

🏨 **Koetzle** 🌿 garni, Eschenauer Str. 27, ℰ 87 20 13 – 🛄 🕎wc ☎ 🅿   JR **b**
46 Z : 80 B 40/73 - 59/98.

In Stuttgart 60 - Rotenberg :

🏨 **Rotenberg-Hotel** 🌿 garni, Stettener Str. 87, ℰ 33 12 93, ≤ Stuttgart, ⇔ – ⇔wc 🕎wc ☎
⇐ 🅿. 🖭 ⓞ 𝙴   KS **t**
24. Dez.- 15. Jan. geschl. – **22 Z : 32 B** 50/110 - 90/130.

In Stuttgart 40 - Stammheim :

🏨 **Novotel**, Korntaler Str. 207, ℰ 80 10 65, Telex 7252137, ⇔, ⌇ (geheizt) – 🛄 ▤ 📺 ⇔wc ☎
& 🅿 🍴. 🖭 ⓞ 𝙴 𝓥𝓘𝓢𝓐   HR **n**
Karte 22/46 – **117 Z : 234 B** 130 - 165 Fb.

🏨 **Strobel**, Korntaler Str. 35a, ℰ 80 15 32 – 🕎wc 🅿   HR **s**
23 Z : 30 B.

In Stuttgart 61 - Uhlbach :

🏨 **Gästehaus Münzmay** 🌿 garni, Rührbrunnenweg 19, ℰ 32 40 28, ⇔ – 🛄 ⇔wc 🕎wc ☎
⇐ 🅿   KS **f**
Weihnachten - 10. Jan. geschl. – **13 Z : 17 B** 80/88 - 125 Fb.

🍴 **Krone-Weinstuben**, Uhlbacher Str. 225, ℰ 32 27 35 – 🖭 ⓞ   KS **e**
Sonntag 15 Uhr - Montag, 24. Dez.- 7. Jan. und 29. Juli - 21. Aug. geschl. – Karte 24/58.

🍴 **Weinstube Hasen**, Innsbrucker Str. 5, ℰ 32 20 70 – 🅿   KS **f**
Montag, Sonn- und Feiertage sowie Aug. 3 Wochen geschl. – Karte 22/57.

In Stuttgart 60 - Untertürkheim :

🏨 **Haus Spahr** 🌿, Klabundeweg 10 (Zufahrt über Sattelstraße), ℰ 33 23 45 – 🛄 📺 🕎wc ☎.
🖭 ⓞ 𝙴 𝓥𝓘𝓢𝓐   KS **y**
(nur Abendessen für Hausgäste) – **31 Z : 38 B** 70/95 - 110/140.

In Stuttgart 80 - Vaihingen :

🍴 Schwabenbräu-Brauereigaststätte, Hauptstr. 26, ℰ 73 19 38   GT **t**

In Stuttgart 31 - Weilimdorf :

🏨 **Zum Muckestüble**, Solitudestr. 25 (in Bergheim), ✎ 86 51 22, « Gartenterrasse » — 🛗 🏠wc
☎ ⬅🚗.   GS a
22. Juli - 15. Aug. geschl. — Karte 18/42 *(Dienstag geschl.)* — **21 Z : 31 B** 48/50 - 80/84.

🍴🍴 **Hasen** mit Zim, Solitudestr. 261, ✎ 88 30 51 — ⓞ E   GR e
Karte 25/60 *(Montag geschl.)* — **4 Z : 6 B** 49/54 - 80.

In Fellbach 7012 — ✆ 0711 (Stuttgart) :

🏨🏨 **Kongresshotel** Ⓜ, Tainer Str. 7, ✎ 5 85 90, Telex 7254900, ⇌ — 🛗 📺 ⬅🚗. Ⓟ. 🅰🅴 ⓞ E 🆅🅸🆂🅰
Karte : siehe Rest. Alt Württemberg — **155 Z : 200 B** 160 - 210/230 Fb.   KS u

🏨 **Am Kappelberg** Ⓜ garni, Karlstr. 37, ✎ 58 50 41, Telex 7254486, ⇌, 🏠 — 🛗 🔲 📺 🏠wc
☎ ⬅🚗. Ⓟ. 🅰🅴 ⓞ E   KS c
22. Dez.- 10. Jan. geschl. — **41 Z : 47 B** 100 - 155 Fb.

🏨 **City-Hotel** garni, Bruckstr. 3, ✎ 58 80 14 — 🏠wc ☎ Ⓟ   KS s
26 Z : 40 B Fb.

🏨 **Waldhorn**, Burgstr. 23, ✎ 58 21 74 — 🏠 Ⓟ   KS b
15. Juli - 15. Aug. geschl. — (nur Abendessen für Hausgäste) — **18 Z : 22 B** 32/38 - 64/72.

🍴🍴 **Alt Württemberg**, Tainer Str. 7 (Schwabenlandhalle), ✎ 58 00 88 — 🔲 Ⓟ 🏠. 🅰🅴 ⓞ E 🆅🅸🆂🅰
Karte 30/57.   KS u

🍴 **Weinkeller Häussermann** (Gewölbekeller a.d.J. 1732), Kappelbergstr. 1, ✎ 58 77 75 — 🔲
24. Dez.- 3. Jan. sowie Sonn- und Feiertage geschl. — Karte 22/51.   KS c

🍴 **Weinstube Germania** mit Zim, Schmerstr. 6, ✎ 58 20 37 — 🍴   KS v
Aug. geschl. — Karte 21/41 *(Sonn- und Feiertage sowie Montag geschl.)* — **7 Z : 10 B** 30/35 -
58.

In Fellbach-Schmiden 7012 :

🏨 **Hirsch**, Fellbacher Str. 2, ✎ (0711) 51 40 60, ⇌, 🏠 — 🛗 📺 ⬅wc 🏠wc ☎ ⬅🚗. 🏠. 🅰🅴 ⓞ E
Karte 20/45 *(Freitag und Sonntag geschl.)* — **90 Z : 120 B** 50/90 - 90/140 Fb.   KR n

🏨 **Schmidener Eintracht**, Brunnenstr. 4, ✎ (0711) 51 21 65 — ⬅wc 🏠wc ☎. E   KR n
Karte 21/51 *(Samstag geschl.)* — **28 Z : 41 B** 48/68 - 78/98.

In Gerlingen 7016 :

🏨 **Krone**, Hauptstr. 28, ✎ (07156) 2 10 04 — 🛗 📺 ⬅wc 🏠wc ☎ ⬅🚗. Ⓟ 🏠. 🅰🅴 ⓞ E 🆅🅸🆂🅰
🍴 Rest   FS e
Karte 29/64 *(Tischbestellung ratsam)* (Mittwoch ab 14 Uhr, Sonn- und Feiertage sowie 25. Juli -
15. Aug. geschl.) — **35 Z : 49 B** 94/115 - 142/178 Fb.

🏨 **Balogh** garni, Max-Eyth-Str. 16, ✎ (07156) 2 30 95 — 🛗 🏠wc ☎ ⬅🚗. Ⓟ. 🅰🅴 E   GS d
48 Z : 56 B 70/85 - 100/135.

In Korntal-Münchingen 2 7015 nahe der Autobahn-Ausfahrt S-Zuffenhausen :

🏨🏨 **Mercure**, Siemensstr. 50, ✎ (07150) 1 30, Telex 723589, Biergarten, ⇌, 🏠 — 🛗 🔲 📺 ♿ Ⓟ
🏠. 🅰🅴 ⓞ E 🆅🅸🆂🅰   GR c
Karte 29/60 — **215 Z : 310 B** 151/158 - 185/238 Fb.

🏨 **Strohgäu Hotel**, Stuttgarter Str. 60, ✎ (07150) 60 81 — 🏠wc ☎ Ⓟ 🏠. 🅰🅴 ⓞ E 🆅🅸🆂🅰   GR a
Karte 25/47 — **22 Z : 27 B** 96 - 135 Fb.

In Leinfelden-Echterdingen 1 7022 :

🏨 **Drei Morgen** garni, Bahnhofstr. 39, ✎ (0711) 75 10 85 — 🛗 🏠wc ☎ ♿ ⬅🚗. Ⓟ. 🅰🅴 E   HT k
25 Z : 33 B 75/85 - 115/130 Fb.

🍴🍴 **Filderämtle**, Bahnhofstr. 61 (Filderhalle), ✎ (0711)75 02 51 — Ⓟ 🏠. 🅰🅴 ⓞ E   HT k
Montag geschl. — Karte 22/45.

In Leinfelden-Echterdingen 2 7022 — ✆ 0711 (Stuttgart) :

🏨 **Lamm**, Hauptstr. 98, ✎ 79 33 26, Telex 7255086 — 📺 🏠wc ☎ Ⓟ. 🅰🅴 ⓞ E   HT s
Karte 32/64 — **20 Z : 44 B** 80 - 110 Fb.

🏨 **Adler**, Obergasse 16, ✎ 79 35 90, ⇌, 🏠 — 🛗 ⬅wc 🏠wc ☎ Ⓟ 🏠   HT x
Karte 23/54 *(Sonntag - Montag 17 Uhr und Juli - Aug. 3 Wochen geschl.)* — **19 Z : 27 B** 85/90 -
125.

🏨 **Martins Klause** garni, Martin-Luther-Str. 1, ✎ 79 18 01 — 🛗 🏠wc ☎ Ⓟ   HT d
18 Z : 24 B.

In Leinfelden-Echterdingen 3 - Stetten 7022 über die B 27 JT :

🏨 **Nödingerhof**, Unterer Kasparswald 22, ✎ (0711) 79 90 67, ≤, 🌳 — 🛗 📺 🏠wc ☎ ⬅🚗. Ⓟ 🏠
24 Z : 41 B.

MICHELIN-REIFENWERKE KGaA. Niederlassung Stuttgart 7015 Korntal-Münchingen 2,
Siemensstr. 62 (GR), ✎ (07150) 20 31.

👉 *Die Hotelbesitzer sind gegenüber den Lesern*
dieses Führers Verpflichtungen eingegangen.
Zeigen Sie deshalb dem Hotelier Ihren Michelin-Führer des laufenden Jahres.

SUDDENDORF Niedersachsen siehe Schüttorf.

SÜDERENDE Schleswig-Holstein siehe Föhr (Insel).

SÜDERGELLERSEN Niedersachsen siehe Lüneburg.

SÜDLOHN 4286. Nordrhein-Westfalen — 7 400 Ew — Höhe 40 m — ✆ 02862.
◆Düsseldorf 98 — Bocholt 24 — Münster (Westfalen) 64 — Winterswijk 12.

🏠 **Haus Lövelt**, Eschstr. 1, ℰ 72 76 — 🛏wc 🚗 🅿. 🎾 Rest
Karte 21/45 — **15 Z : 25 B** 32/35 - 64/70.

🏠 **Föcking**, Kirchstr. 3, ℰ 73 31, 🍴 — 🛏wc 🚗 🅿. 🆎 ⑩ Ε
Karte 16/44 *(Montag geschl.)* — **20 Z : 30 B** 33/36 - 65/68.

In Südlohn-Oeding SW : 4 km :

🏨 **Burghotel Pass** 🐾 (modernes Hotel mit integriertem Burgturm a.d. 14. Jh.), Burgplatz,
ℰ 66 71/50 51, 🏛, « Restauranträume mit Ziegelgewölben », 🍴, 🔲 — 🛗 📺 🛏wc ☎ 🕭 🅿
🏊 🆎
1.- 18. Jan. geschl. — Karte 17/47 *(Donnerstag 16 Uhr - Freitag 16 Uhr geschl.)* — **25 Z : 44 B** 48
- 85/120.

SÜSSEN 7334. Baden-Württemberg 987 ㉟ ㉞ — 8 600 Ew — Höhe 359 m — ✆ 07162.
◆Stuttgart 53 — Göppingen 9 — Heidenheim an der Brenz 34 — ◆Ulm (Donau) 41.

🏠 **Löwen**, Hauptstr. 3, ℰ 50 88 — 🛏wc 🅿
29. Juli - 12. Aug. geschl. — Karte 16/46 *(Montag geschl.)* — **10 Z : 15 B** 38/50 - 78/90.

SUHLENDORF 3111. Niedersachsen — 2 650 Ew — Höhe 66 m — ✆ 05820.
◆Hannover 111 — Uelzen 15.

🏠 **Waldmühle** 🐾 (ehemalige Windmühle), Mühlenweg 4, ℰ 10 55, 🌳 — 🛗 ⏢wc 🛏wc 🅿 🏊
23 Z : 43 B — 4 Appart.

In Suhlendorf-Kölau S : 2 km :

🏨 **Brunnenhof** 🐾, ℰ 3 84, Massage, 🍴, 🔲, 🌳, 🎿, 🐎 (Halle) — 🛏wc 🅿
15. Nov.- 15. Dez. geschl. — (Rest. nur für Hausgäste) — **30 Z : 55 B** 59/62 - 108/110 — P 79/82.

SULINGEN 2838. Niedersachsen 987 ⑭⑮ — 11 600 Ew — Höhe 30 m — ✆ 04271.
◆Hannover 77 — Bielefeld 100 — ◆Bremen 51 — ◆Osnabrück 84.

🏠 **Zur Börse**, Langestr. 50, ℰ 22 47 — 📺 ⏢wc 🛏wc ☎ 🚗 🅿 🏊 🆎 ⑩ Ε
26. Dez.- 6. Jan. geschl. — Karte 26/50 *(Freitag 14 Uhr - Samstag 18 Uhr geschl.)* — **25 Z : 35 B**
45/55 - 75/90 Fb.

🏠 **Haake**, Bismarckstr. 2, ℰ 23 63 — 🛏 🚗 🅿
Karte 13,50/27 *(Sonn- und Feiertage geschl.)* — **12 Z : 18 B** 32/39 - 58/63.

In Mellinghausen 2839 NO : 8 km über die B 214 :

🏠 **Gesellschaftshaus Märtens** 🐾, ℰ (04272) 16 04, 🌳 — 🛏wc ☎ 🚗 🅿 🏊 Ε
Juli - Aug. 3 Wochen geschl. — Karte 14/36 *(Montag geschl.)* — **33 Z : 45 B** 33/42 - 55/70 —
P 50/59.

SULZ AM NECKAR 7247. Baden-Württemberg 987 ㉟ — 10 400 Ew — Höhe 430 m —
Erholungsort — ✆ 07454 — 🛈 Rathaus, Marktplatz, ℰ 20 28.
◆Stuttgart 76 — Horb 16 — Rottweil 30.

In Sulz-Glatt N : 4 km :

🏨 **Kaiser**, Oberamtstr. 23, ℰ (07482) 10 11, 🍴, 🔲, 🌳 — 📺 ⏢wc 🛏wc ☎ 🅿 🏊
Karte 22/49 *(Donnerstag geschl.)* — **30 Z : 60 B** 45/48 - 90/96 Fb — P 65.

🏠 **Zur Freystatt** 🐾, Schloßplatz 11, ℰ (07482) 3 33 — ⏢wc 🛏wc 🅿
3. Nov.- 3. Dez. geschl. — Karte 17/51 *(Montag geschl.)* 🍷 — **30 Z : 40 B** 36 - 66 — P 51.

In Sulz-Hopfau NW : 7 km :

🏨 **Odams-H.**, Neunthausen 19, ℰ 30 94, Telex 765449, 🍴, 🔲, 🌳 — 🛗 📺 ⏢wc 🛏wc ☎ 🚗
🅿 🏊 🆎
Karte 21/55 *(Samstag geschl.)* — **25 Z : 50 B** 85 - 140 Fb.

🏠 **Sonne**, Glattalstr. 32, ℰ 23 15 — 🛏wc 🅿
13 Z : 26 B.

SULZBACH AN DER MURR 7157. Baden-Württemberg 987 ㉟ — 4 900 Ew — Höhe 467 m —
Erholungsort — ✆ 07193.
◆Stuttgart 41 — Heilbronn 34 — Schwäbisch Gmünd 41 — Schwäbisch Hall 27.

🏠 **Sulzbacher Hof**, Flurstr. 2 (B 14), ℰ 4 57, 🍴 — 🛏wc 🚗 🅿 — **21 Z : 25 B**.

🍽 **Krone** mit Zim, Haller Str. 1, ℰ 2 87 — 🛏 🚗 🅿
Juli - Aug. 3 Wochen geschl. — Karte 16,50/47 *(Dienstag geschl.)* 🍷 — **10 Z : 14 B** 34/40 - 62/72.

748

SULZBACH-LAUFEN 7166. Baden-Württemberg — 2 500 Ew — Höhe 335 m — ✪ 07976.

♦Stuttgart 82 — Aalen 35 — Schwäbisch Gmünd 29 — ♦Würzburg 149.

XX **Krone** mit Zim, Hauptstr. 44, ℰ 2 81 — 🖻 🍽wc 🕾 📠. ⚎. ⚘ Zim
→ Karte 14,50/39 *(Montag geschl.)* ⅃ — **4 Z : 8 B** 45 - 80.

SULZBACH-ROSENBERG 8458. Bayern 𝟿𝟾𝟽 ㉗ — 18 000 Ew — Höhe 428 m — ✪ 09661.

♦München 205 — Bayreuth 67 — ♦Nürnberg 59 — ♦Regensburg 77.

🏠 **Bayerischer Hof**, Luitpoldplatz 15 (B 14), ℰ 30 16 — ⊟wc 🍽wc 🕾 📠
→ 26. Dez.- 6. Jan. geschl. — Karte 12,50/28 *(Samstag geschl.)* — **40 Z : 65 B** 28/38 - 55.

🏠 Zum Bartl, Glückaufstr. 2 (B 14, N : 1,5 km), ℰ 45 30, ≼, 🚗 — 🍽wc ⟿ 📠 — **11 Z : 18 B**.

🏠 **Kreuzerwirt**, Nürnberger Str. 5 (B 14), ℰ 45 37, 🍽, Biergarten — 🍽wc ⟿ 📠
→ Karte 12/33 *(Samstag geschl.)* — **13 Z : 22 B** 25/30 - 50/60.

In Neukirchen 8459   NW : 12 km :

🏛 Kohler, Hauptstr. 4, ℰ (09663) 12 24, 🍽, 🚌, 🖵 — 🍽wc 🕾 📠 🏊 — **20 Z : 45 B** Fb.

In Neukirchen-Weigendorf 8561   W : 13 km, an der B 14 :

🏠 **Pension Hubertus** ⬙, Hohenschlag 74, ℰ (09154) 46 41, ≼, 🍽, 🖵, 🚗 — 🍽wc 📠. ⚘
→ 10. Nov.- 20. Dez. geschl. — Karte 14,50/31 *(nur Abendessen)* — **15 Z : 28 B** 42/45 - 84.

SULZBACH/SAAR 6603. Saarland 𝟿𝟾𝟽 ㉔, 𝟤𝟦𝟤 ⑦, 𝟝𝟽 ⑥ ⑦ — 14 000 Ew — Höhe 215 m —
✪ 06897 — ♦Saarbrücken 11 — Kaiserslautern 61 — Saarlouis 33.

In Sulzbach-Hühnerfeld   N : 1,5 km :

🏠 **Dolfi**, Grühlingstr. 69, ℰ 33 75, 🚌, 🖵 — 🖻 ⊟wc 🍽wc 🕾 🏊
Karte 16,50/44 — **12 Z : 24 B** 35/50 - 60/100 Fb.

SULZBACH/TAUNUS 6231. Hessen — 7 100 Ew — Höhe 190 m — ✪ 06196 (Bad Soden).

♦Wiesbaden 28 — ♦Frankfurt am Main 15 — Mainz 28.

🏠 **Sulzbacher Hof** ⬙, Mühlstr. 11, ℰ 77 11, 🍽 — 🍽wc 🕾 📠
Karte 17/35 *(nur Abendessen, Samstag - Sonntag geschl.)* — **22 Z : 33 B** 64 - 95.

Siehe auch : *Frankfurt am Main* (Main-Taunus-Einkaufszentrum)

SULZBERG Bayern siehe Kempten (Allgäu).

SULZBURG 7811. Baden-Württemberg 𝟤𝟦𝟤 ㊱, 𝟦𝟤𝟽 ④, 𝟪𝟽 ⑧ — 2 700 Ew — Höhe 474 m —
Luftkurort — ✪ 07634 — 🅱 Verkehrsamt, Rathaus, ℰ 7 02.

♦Stuttgart 229 — Basel 51 — ♦Freiburg im Breisgau 28.

🏛 **Waldhotel Bad Sulzburg** ⬙, Badstr. 67 (SO : 4 km), ℰ 82 70, « Gartenterrasse », 🚌, 🖵,
🚗, ⚘ — 📶 ⊟wc 🕾 📠 🏊 ⓪
7. Jan.- 7. Feb. geschl. — Karte 29/53 (Tischbestellung ratsam) ⅃ — **40 Z : 70 B** 40/75 - 60/128
— P 74/106.

XX ⚙ **Zum Hirschen** mit Zim, Hauptstr. 69, ℰ 82 08 — 🍽wc
Juli - Aug. 3 Wochen geschl. — Karte 33/80 *(Tischbestellung ratsam)* (Dienstag und Mittwoch
jeweils bis 17 Uhr sowie Montag geschl.) — **5 Z : 9 B** 35/50 - 70/80
Spez. Gemüseterrine mit Gänseleber, Savarin vom Lachs mit Meeresfrüchten, Barbarie-Ente auf zwei Arten
serviert (2 Pers.).

In Ballrechten-Dottingen 7801   NW : 2 km :

🏠 **Winzerstube**, Neue Kirchstr. 30 (Dottingen), ℰ (07634) 7 05, 🚗 — ⊟wc 🍽wc ⟿ 📠
Anfang Jan.- Anfang Feb. geschl. — Karte 18/52 *(Donnerstag - Freitag 17 Uhr geschl.)* ⅃ —
8 Z : 14 B 30/36 - 60/72.

SULZFELD 7519. Baden-Württemberg — 3 500 Ew — Höhe 192 m — ✪ 07269.

♦Stuttgart 68 — Heilbronn 33 — ♦Karlsruhe 44.

Auf Burg Ravensburg   SO : 2 km — Höhe 286 m :

X **Burgschenke**, ✉ 7519 Sulzfeld, ℰ (07269) 2 31, ≼, 🍽 — 📠
Dez.- Feb. und Montag geschl. — Karte 23,50/50 ⅃.

SULZHEIM 8722. Bayern — 1 800 Ew — Höhe 235 m — ✪ 09382 (Gerolzhofen).

♦München 214 — ♦Bamberg 55 — ♦Nürnberg 96 — Schweinfurt 15 — ♦Würzburg 44.

🏠 **Landgasthof Goldener Adler**, Otto-Drescher-Str. 12, ℰ 10 94 — 🍽wc 📠
→ Karte 11,50/25 *(Nov.- April Freitag geschl.)* ⅃ — **44 Z : 65 B** 21/32 - 40/62.

In Sulzheim-Alitzheim :

🏠 **Grob**, Dorfplatz 1, ℰ 2 85 — 🍽wc ⟿ 📠 🏊
→ Karte 14,50/29 *(Samstag und Sonntag ab 14 Uhr geschl.)* ⅃ — **36 Z : 65 B** 25/45 - 50/80 Fb.

749

SUNDERN 5768. Nordrhein-Westfalen 987 ⑭ — 29 800 Ew — Höhe 250 m — ✿ 02933.

🛈 Verkehrsverein, Sundern-Langscheid, Hakenbrinkweg (Haus des Gastes), ℘ (02933) 6 96.

♦Düsseldorf 111 — Arnsberg 12 — Lüdenscheid 48.

In Sundern 9-Allendorf SW : 6,5 km :

🏠 **Clute-Simon**, Allendorfer Str. 85, ℘ (02393) 3 72, 🖾 — 🏠wc ⟷ **P**
15. März- 6. April geschl. — Karte 17,50/39 (Dienstag geschl.) — **14 Z : 21 B** 32/45 - 60/80.

In Sundern 16-Altenhellefeld SO : 7,5 km :

🏠 **Gut Funkenhof** ⅏, Altenhellefelder Str. 10, ℘ (02934) 10 12, 🍴, Bade- und Massageabteilung, ⇌, 🔲, 🖾 — ⊡wc 🏠wc ☎ ⅊ **P** ⅏. 🖾 ⓪ **E**. ℘ Rest
Karte 30/57 — **42 Z : 80 B** 65/125 - 120/165 Fb — P 100/130.

In Sundern 13-Langscheid NW : 4 km — Luftkurort — ✿ 02935 :

🏠 **Seegarten**, Zum Sorpedamm 21, ℘ 15 79, 🔲 — 🏠wc **P** ⅏. ℘
Karte 20/46 — **24 Z : 50 B** 50/60 - 80/100 Fb.

🏠 **Landhaus Pichel**, Langscheider Str. 70, ℘ 6 31, ≤, 🍴, 🖾 — 🏠wc **P**. ℘
Karte 14,50/45 (Donnerstag geschl.) — **12 Z : 22 B** 38/50 - 76 Fb — P 59.

🏠 **Haus Volmert**, Langscheider Str. 46, ℘ 25 00, ≤ — 🏠wc ⟷ **P**. ℘
4.- 13. Okt. geschl. — Karte 15/38 (Mittwoch geschl.) — **11 Z : 20 B** 30/38 - 56/66 — 2 Appart. — P 45/50.

✗ **Café Deutsches Haus**, Langscheider Str. 41, ℘ 6 15, ≤, 🍴 — **P**
Dienstag und März 2 Wochen geschl. — Karte 15/43.

In Sundern-Stockum SW : 5 km :

🏠 **Kleiner**, Stockumer Str. 17, ℘ 24 81, 🖾 — 🗐 🏠wc ☎ **P**. ⓪ **E**. ℘
10.- 28. Nov. geschl. — Karte 14,50/26 (Nov.- April Dienstag geschl.) — **24 Z : 40 B** 33/40 - 50/70.

In Sundern 11-Wildewiese S : 15 km — Wintersport : 520/640 m ⅊2 :

🏠 **Schomberg** ⅏, Hauptstraße, ℘ (02395) 13 13, ≤, ⇌, 🔲 — 🗐 🏠wc **P**
Karte 16/38 — **19 Z : 38 B** 46/54 - 92/108 — P 64.

SWISTTAL 5357. Nordrhein-Westfalen — 10 000 Ew — Höhe 130 m — ✿ 02254(Weilerswist).

♦Düsseldorf 73 — ♦Bonn 20 — Düren 43 — ♦Köln 35.

In Swisttal-Heimerzheim :

🏠 **Weidenbrück**, Nachtigallenweg 27, ℘ 71 43 — 🗐 📺 🏠wc **P**. **E**
Karte 16/42 (Mittwoch geschl.) — **27 Z : 50 B** 30/50 - 60/80.

SYKE 2808. Niedersachsen 987 ⑮ — 19 100 Ew — Höhe 52 m — ✿ 04242.

♦Hannover 89 — ♦Bremen 22 — ♦Osnabrück 106.

In Syke-Steimke SO : 2,5 km :

🏠 **Steimker Hof**, an der B 6, ℘ 22 20 — 🗐 🏠wc **P**. ⓪ **E**
Karte 22/44 — **10 Z : 18 B** 48 - 78.

SYLT (Insel) Schleswig-Holstein 987 ④ — Seebad — Größte Insel der Nordfriesischen Inselgruppe mit 36 km Strand, durch den 12 km langen Hindenburgdamm (nur Eisenbahn, ca. 30 min) mit dem Festland verbunden.

Sehenswert : Gesamtbild★★ der Insel — Keitumer Kliff : Lage★.

🚗 ℘ (04651) 2 40 57, Autoverladung in Niebüll.

Hörnum 2284 — 1 400 Ew — ✿ 04653.

🛈 Kurverwaltung, ℘ 10 65.

Nach Westerland 18 km.

🏠 Appart.-H. Helene ⅏ garni, An der Düne 38, ℘ 10 52, ⇌, 🔲 — 📺 ⊡wc 🏠wc ☎ ⟷ **P**
25 Appart. : 80 B.

Kampen 2285 — 900 Ew — ✿ 04651 (Westerland).

🛈 Kurverwaltung, im Kamp-Hüs, ℘ 4 33 00.

Nach Westerland 6 km.

🏠🏠 **Rungholt-Appartementhaus Meeresblick** ⅏, Kurhausstraße, ℘ 4 10 41, ≤, ⇌, 🖾 — **P**. ℘
April-Sept. — (nur Abendessen für Hausgäste) — **62 Z : 99 B** 115/185 - 230/390 (nur Halbpension).

🏠🏠 **Walter's Hof** Ⓜ ⅏, Kurhausstraße, ℘ 4 10 61, Telex 221261, Massage, ⇌, 🔲 — 📺 **P**. ℘ Rest
20. März - Okt. — Karte 45/85 (nur Abendessen) — **30 Appart. : 60 B** 150/270 - 280/410 Fb.

✗ **Sturmhaube**, ℘ 4 11 40, ≤ — **P**
Jan.- Feb. und Nov. geschl., außer Saison Mittwoch Ruhetag — Karte 28/60.

List 2282 — 3 300 Ew — ✆ 04652 — **✉** Kurverwaltung, Haus des Kurgastes, ℰ 10 15.
Nach Westerland 18 km.

✗ **Zum alten Seebär** (vorwiegend Fischgerichte), Mannemorsumtal 29, ℰ 3 85, ≼ — **℗**
April - 15. Okt. — Karte 29/80.

Rantum 2280 — 600 Ew — ✆ 04651 (Westerland) — **✉** Kurverwaltung, ℰ 60 76.
Nach Westerland 7 km.

🏠 **Gästehaus Rantum-Inge** ⑊ garni, Merret-Lassen-Wai, ℰ 2 35 77, ≼, 🚗 — 🛏wc **℗**. 🍽
Mai - Sept. — **12 Z : 23 B** 65 - 120/170.

🏠 **Ekke Nekkepen** ⑊, Alte Dorfstraße, ℰ 76 80, 🍃 — 📺 🛏wc ☎ **℗**
nur Saison — **7 Z : 12 B**.

Sylt Ost 2280 — 5 400 Ew — ✆ 04651 (Westerland).
✉ Kurverwaltung, im Ortsteil Keitum, Am Tipkenhoog 5, ℰ 3 10 50 — Nach Westerland 5 km.

Im Ortsteil Keitum :

🏰 **Romantik-Hotel Benen Diken Hof** Ⓜ ⑊ garni, Süderstraße, ℰ 3 10 35, Telex 221252,
⟷, ▨, 🚗 — 📺 **℗**. ◭ ⑥ **E** 🆅🆂🅰
38 Z : 83 B 95/210 - 170/300 Fb.

🏨 **Seiler Hof**, Gurtstig 9, ℰ 3 10 64, Garten, « Modernisiertes schönes Friesenhaus a.d.J.
1761 », ⟷, 🚗 — 📺 🛏wc 🛏wc ☎ **℗**. 🍽
(nur Abendessen für Hausgäste) — **8 Z : 18 B** 110 - 178 Fb.

🏨 **Wolfshof** ⑊ garni, Osterweg 2, ℰ 34 45, ⟷, ▨, 🚗 — 🛏wc ☎ **℗**
15. Jan.- 14. Feb. geschl. — **8 Z : 18 B** 95/135 - 190/225 Fb.

✗✗ **Fisch-Fiete**, Weidemannweg 3, ℰ 3 21 50, « Gartenterrasse » — **℗**
nur Saison — (Tischbestellung erforderlich).

Im Ortsteil Morsum :

✗✗✗✗ ❀❀ **Nösse**, Nösistig, ℰ (04654) 4 22, 🍃, « Schöne Lage am Morsum Kliff » — **℗**. ◭ ⑥ **E**
nur Abendessen, 3. Nov.- 15. März und außer Saison Dienstag - Mittwoch geschl. — Karte
49/107 (Tischbestellung ratsam) — **Bistro** *(auch Mittagessen, Mittwoch bis 18 Uhr geschl.)*
Karte 26/60
Spez. Muschelteigtaschen im Safransud, Lachs-Zanderroulade auf Champagnersauce, Deichlammfilet mit
Kräuterkruste.

Im Ortsteil Tinnum :

✗✗✗ ❀ **Romantik-Restaurant Landhaus Stricker**, Boy-Nielsen-Str. 10, ℰ (04651) 3 16 72,
bemerkenswerte Weinkarte — **℗**. ◭ ⑥ **E** 🆅🆂🅰. 🍽
Karte 35/83 (Tischbestellung ratsam)
Spez. Tartar vom Matjes, Edelfische in weißer Buttersauce, Gebackene Pflaumen mit Zimteis und Slivovitzsabayon.

Wenningstedt 2283 — 2 500 Ew — Seeheilbad — ✆ 04651 (Westerland).
✉ Zimmernachweis Verkehrsverein, Westerlandstr. 1, ℰ 4 32 10.
Nach Westerland 4 km.

🏨 **Strandhörn** ⑊, Dünenstr. 1, ℰ 4 19 11 — 📺 🛏wc ☎ **℗**. ◭
10. Jan.- Mitte März und Nov.- 23. Dez. geschl. — Karte 34/61 *(nur Abendessen, Mittwoch
geschl.)* — **16 Z : 26 B** 105/170 - 190 Fb.

🏠 **Villa Klasen** garni, Westerstr. 7, ℰ 4 20 11 — 📺 🛏wc ☎ **℗**
25 Z : 47 B — 9 Appart.

🏠 **Strandhotel Seefrieden**, Strandstr. 21, ℰ 4 10 71 — 📺 🛏wc ☎ **℗**
nur Saison — **49 Z : 86 B** Fb.

🏠 **Friesenhof**, Hauptstr. 16, ℰ 4 10 31, 🚗 — 📺 🛏wc ☎ **℗**. 🍽 Zim
Mitte März - Mitte Okt. — Karte 26/56 *(außer Saison Mittwoch geschl.)* — **17 Z : 27 B** 46/77 -
90/154 — 10 Appart.

🏠 **Café Merk** garni, Hauptstr. 1, ℰ 47 93 — 🛏wc ☎ **℗**
8 Z : 16 B.

✗ **La bonne auberge** ⑊ mit Zim, Am Dorfteich 2, ℰ 4 14 76, 🍃 — 📺 🛏wc 🛏wc ☎ **℗**. ◭
⑥
10. Jan.- 15. März geschl. — Karte 38/80 *(außer Saison Dienstag geschl.)* — **5 Z : 8 B** 90/120 -
170.

Westerland 2280. 🄰🄱🄲 ④ — 9 000 Ew — Seeheilbad — ✆ 04651.
✉ Fremdenverkehrszentrale, am Bundesbahnhof, ℰ 2 40 01.
♦Kiel 136 — Flensburg 55 — Husum 53.

🏰 ❀ **Stadt Hamburg**, Strandstr. 2, ℰ 85 80, 🚗 — 📳 📺 **℗** 🛁. 🍽 Rest
Karte 36/85 — **75 Z : 110 B** 52/212 - 86/320 — P 114/218
Spez. Consommé von Nordseefischen, Sylter Meeräsche mit Krabben in Basilikum (Juni - Sept.), Krokantparfait
mit warmer Whiskysauce.

Fortsetzung →

🏨 **Wünschmann** Ⓜ garni, Andreas-Dirks-Str. 4, ℰ 50 25 – 🛎 📺 🚻wc 🛁wc ☎ ⟵. 🅰🅴
    ❄️
    Mitte Jan.- Anfang März und Mitte Nov.- Mitte Dez. geschl. – **33 Z : 54 B** 116/164 - 197/292.

🏨 **Miramar** ⟨, Friedrichstr. 43, ℰ 85 50, ≤, Massage, ≋, 🔲 – 🛎 📺 🚻wc 🛁wc ☎ 🅿 🔬.
    🅰🅴 🅾 🄴 𝗩𝗜𝗦𝗔. ❄️ Rest
    Mitte Nov.- Mitte Dez. geschl. – Karte 27/65 – **78 Z : 130 B** 130/300 - 230/350 Fb.

🏨 **Atlantic** ⟨, Johann-Möller-Str. 30, ℰ 60 46, ≋, 🔲 – 📺 🛁wc ☎ 🅿. 🅰🅴 🅾 🄴 𝗩𝗜𝗦𝗔
    Karte 29/55 *(nur Abendessen, außer Saison Donnerstag geschl.)* – **27 Z : 47 B** 115/200 -
    220/245.

🏨 **Hanseat** garni, Maybachstr. 1, ℰ 2 30 23 – 📺 🛁wc 🛁wc ☎ ⟵ 🅿
    21 Z : 35 B.

🏨 **Dünenburg**, Elisabethstr. 9, ℰ 60 06 – 🛎 📺 🛁wc 🛁wc ☎ 🅿. ❄️ Rest
    (nur Abendessen) – **39 Z : 57 B** Fb.

🏨 **Vier Jahreszeiten** ⟨, Johann-Möller-Str. 40, ℰ 2 30 28 – 📺 🛁wc 🛁wc ☎ 🅿. ❄️ Rest
    3. Nov.- 15. Jan. geschl. – (nur Abendessen für Hausgäste) – **27 Z : 44 B** 112 - 194 Fb.

🏠 **Ursula** garni, Bomhoffstr. 3, ℰ 60 16 – 🛎 📺 🛁wc 🛁wc ☎ ⟵ 🅿
    30 Z : 47 B.

🏠 **Monopol**, Steinmannstr.11, ℰ 2 40 96 – 🛎 🛁wc 🛁wc ☎ ⟵
    (Rest. nur für Hausgäste) – **24 Z : 36 B** 90/110 - 180.

🏠 **Gästehaus Hellner** garni, Maybachstr. 8, ℰ 69 45, 🌳 – 🛎 🛁wc ⟵ 🅿. ❄️
    Jan. geschl. – **19 Z : 30 B** 50/70 - 90/170 – 3 Appart. 160/170.

🏠 **Windhuk** garni, Brandenburger Str. 6, ℰ 60 33 – 🛁wc 🛁wc ☎ 🅿
    10. Jan.- 15. Feb. geschl. – **30 Z : 46 B** 90/110 - 180/190 – 4 Appart. 180/220.

🏠 **Haus Wagenknecht** ⟨ garni, Wenningstedter Weg 59, ℰ 2 30 91, 🌳 – 🛁wc 🛁wc 🅿
    14 Z : 26 B.

🏵 ❀ **Käpt'n Hahn**, Trift 10, ℰ 54 61 – 🅿. 🅰🅴
    nur Abendessen, Nov.- Mai Montag und Mitte Jan.- Mitte Feb. geschl. – Karte 37/80
    (Tischbestellung ratsam).

🏵 ❀ **Das Kleine Restaurant**, Strandstr. 8 (Passage), ℰ 2 29 70 – 🅰🅴 🅾 🄴 𝗩𝗜𝗦𝗔
    nur Abendessen, 12. Nov.- 15. Dez. und Montag geschl. – Karte 45/73
    Spez. Warmer Kalbskopfsalat, Lachs-Zander-Roulade m t Champagner-Buttersauce, Mousse von dunkler und
    weißer Schokolade.

🏵 **Chantilly**, Wilhelmstr. 7, ℰ 2 38 43 – 🅰🅴
    Nov.- Mai Mittwoch geschl. – Karte 43/67.

🏵 **Alte Friesenstube**, Gaadt 4, ℰ 12 28, « Haus a. d. J. 1648 mit rustikal-friesischer
    Einrichtung »
    nur Abendessen, Sept.- Mai Montag sowie 5. Nov.- 6. Dez. und 10. Jan.- 20. Feb. geschl. –
    Karte 26/54 (Tischbestellung ratsam).

🏵 **Kiek in**, Johann-Möller-Str. 2a, ℰ 52 32, 🌳 – 🅿
    außer Saison Dienstag und 10. Jan.- 10. März geschl. – Karte 27/63.

🏵 **Bratwurstglöckl**, Friedrichstr. 37, ℰ 74 21
    nur Saison.

TACHERTING 8221. Bayern 🖪🖂🖦 ⑱ – 4 400 Ew – Höhe 473 m – ✪ 08621 (Trostberg).
◆München 92 – Altötting 22 – Rosenheim 52 – Salzburg 70.

In Engelsberg-Wiesmühl 8261 N : 3 km :

🏨 **Post**, Altöttinger Str. 9 (B 299), ℰ (08634) 15 14, 🌳 – 🛁wc ⟵ 🅿
    20. Aug.- 5. Sept. geschl. – Karte 12/37 *(Montag geschl.)* 🍷 – **15 Z : 25 B** 25/30 - 46/52.

TACHING Bayern siehe Waging am See.

TALHEIM 7129. Baden-Württemberg – 3 500 Ew – Höhe 195 m – ✪ 07133.
◆Stuttgart 48 – Heilbronn 9 – Ludwigsburg 32.

🏠 **Zur Sonne** ⟨, Sonnenstr. 44, ℰ 42 97, 🌳 – 🛎 🛁wc ☎ ⟵
    Jan. 1 Woche, Aug. 2 Wochen geschl. – Karte 18,50/53 *(Montag geschl.)* 🍷 – **25 Z : 39 B** 35/48
    - 75/85.

TANGENDORF Niedersachsen siehe Toppenstedt.

TANGSTEDT 2000. Schleswig-Holstein – 5 700 Ew – Höhe 35 m – ✪ 04109.
◆Kiel 81 – ◆ Hamburg 30 – ◆Lübeck 52.

In Tangstedt-Wilstedt NW : 2 km :

🏨 **Wilstedter Mühle**, Dorfring 1, ℰ 95 56 – 🛁wc 🅿 🔬. ❄️ Zim
    26. Dez.- 6. Jan. und 14. Juli - 6. Aug. geschl. – Karte 18,50/40 *(Montag geschl.)* – **8 Z : 13 B**
    40/43 - 76/81.

TANN (RHÖN) 6413. Hessen 987 ㉕㉖ — 5 000 Ew — Höhe 381 m — Luftkurort — ✆ 06682.
🛈 Verkehrsamt, Stadtverwaltung, Marktplatz, ✆ 80 11.
♦Wiesbaden 226 — Fulda 39 — Bad Hersfeld 52.

🏠 **Berghotel Silberdistel** ⏴, Bergstr.10 (O : 1 km), ✆ 2 30, ≼ Tann und Rhön, 🌣, 🌭 —
🍴wc ☎ 🚗 🅿
Mitte Nov.- 24. Dez. geschl. — Karte 21/48 (Dienstag geschl.) — **11 Z : 21 B** 28/44 - 56/88 —
P 50/64.

In Tann-Lahrbach S : 3 km :

🏠 **Gasthof Kehl**, Eisenacher Str. 15, ✆ 3 87 — 🍴wc 🅿. 🌿 Zim
➡ *Okt. 3 Wochen geschl. — Karte 12/28 (Dienstag geschl.) —* **11 Z : 20 B** 20/22 - 36/39 — P 35/36.

TARP Schleswig-Holstein siehe Flensburg.

TAUBERBISCHOFSHEIM 6972. Baden-Württemberg 987 ㉙ ㉖ — 12 500 Ew — Höhe 190 m —
✆ 09341 — ♦Stuttgart 117 — Heilbronn 75 — ♦Würzburg 37.

🏠 **Henschker**, Bahnhofstr. 18, ✆ 23 36 — 🍴wc 🍴wc 🚗 🅿 🦽 E
➡ *20. Dez.- 15. Jan. geschl. — Karte 14,50/39 (Sonntag-Montag 17 Uhr geschl.)* 🍸 — **15 Z : 23 B**
32/45 - 62/82.

🏠 **Am Brenner** ⏴, Goethestr. 10, ✆ 23 84, ≼, 🌣, 🎥 — 🍴wc ☎ 🅿. 🆚. 🌿 Rest
Karte 18/44 (Freitag geschl.) 🍸 — **31 Z : 50 B** 30/45 - 60/80.

🏠 **Badischer Hof**, Hauptstr. 70, ✆ 23 85 — 🍴wc 🚗 🅿 🦽
➡ *15. Dez.- 15. Jan. geschl. — Karte 14/32 (Freitag geschl.)* 🍸 — **23 Z : 35 B** 30/45 - 52/80.

🏠 Am Schloß ⏴, Hauptstr. 56, ✆ 32 71 — 🍴wc 🍴
(nur Abendessen für Hausgäste) — **15 Z : 21 B**.

In Königheim 6976 W : 7 km :

🏠 **Schwan**, Hardheimer Str. 6, ✆ (09341) 38 99, 🎥 — 🍴wc 🚗 🅿
➡ *25. Dez.- 15. Jan. geschl. — Karte 12,50/29 (Freitag geschl.)* 🍸 — **13 Z : 23 B** 29/32 - 56/58.

TAUBERRETTERSHEIM Bayern siehe Weikersheim.

TAUFKIRCHEN 8252. Bayern 987 ㊲ — 8 000 Ew — Höhe 456 m — ✆ 08084.
♦München 53 — Landshut 26 — Passau 129 — Rosenheim 66 — Salzburg 126.

🏠 **Zur Post**, Erdinger Str. 1, ✆ 81 20, 🌣 — 🍴wc ☎ 🅿
➡ Karte 13/36 (Montag geschl.) — **11 Z : 22 B** 43 - 85 Fb.

🏠 **Pension Regina** garni, Hochstr. 2, ✆ 23 28, 🎥 — 🍴wc 🚗 🅿
22 Z : 34 B 29/33 - 56/60.

TAUNUSSTEIN 6204. Hessen — 24 700 Ew — Höhe 343 m — ✆ 06128.
♦Wiesbaden 12 — Limburg an der Lahn 38 — Bad Schwalbach 10.

In Taunusstein 1-Hahn :

🏠 **Aarbrücke** ⏴ garni, Mühlfeldstr. 30, ✆ 56 55 — 🍴wc 🚗 🅿
24. Dez.- 6. Jan. geschl. — **21 Z : 40 B** 40/52 - 85/88.

In Taunusstein 4-Neuhof :

🏠 **Zur Burg**, Limburger Str. 45, ✆ 7 10 01 — 🍴wc ☎ 🅿 🦽. 🆎 E. 🌿
Karte 16,50/47 (Samstag geschl.) 🍸 — **24 Z : 43 B** 60 - 90.

TECHAU Schleswig-Holstein siehe Schwartau, Bad.

TECKLENBURG 4542. Nordrhein-Westfalen 987 ⑭ — 8 400 Ew — Höhe 235 m — Luftkurort —
✆ 05482.
🛈 Verkehrsbüro, Haus des Gastes, Markt 7, ✆ 4 94.
♦Düsseldorf 160 — Münster (Westfalen) 39 — ♦Osnabrück 28.

🏨 **Parkhotel Burggraf** ⏴, Meesenhof 7, ✆ 4 25, Telex 941345, ≼ Münsterland, 🎥, 🏊, 🎥
— 🍴 🅿 🦽. 🆎 ⓞ E 🆚. 🌿
Karte 33/73 — **44 Z : 76 B** 80/115 - 125/160 Fb — P 125/155.

🏠 **Drei Kronen**, Landrat-Schultz-Str. 15, ✆ 2 25, ≼, 🌣, 🎥, 🎥 — 🍴wc ☎ 🅿. 🆎 ⓞ
Dez.- 6. Jan. geschl. — Karte 20/44 (Mittwoch geschl.) — **28 Z : 50 B** 50/55 - 90/100 Fb —
P 75/80.

🏠 **Bismarckhöhe**, Am Weingarten 43, ✆ 2 33, ≼ Münsterland, 🌣 — 🍴wc 🅿. ⓞ
15. Nov.- 15. Dez. geschl. — Karte 17/38 (Nov.- April Montag geschl.) — **28 Z : 52 B** 30/38 -
60/76 — P 42/50.

In Tecklenburg 2-Brochterbeck W : 6,5 km :

🏨 **Teutoburger Wald**, Im Bocketal 2, ✆ (05455) 10 65, 🌣, 🎥, 🏊, 🎥 — 🍴wc ☎ 🚗 🅿. ⓞ
➡ *15.- 25. Dez. geschl. — (Rest. nur für Hausgäste) —* **20 Z : 34 B** 53/63 - 90/120 Fb — P 75/85.

In Tecklenburg 4-Leeden O : 8 km :

XX Altes Backhaus, Am Ritterkamp 27, ℘ (05481) 65 33, 🏠, « Rustikale Einrichtung » — 🅿.

An der Autobahn A 1 NO : 7 km :

🏠 **Raststätte Tecklenburger Land (West)**, ✉ 4542 Tecklenburg 4-Leeden, ℘ (05456) 5 66, 🏠 — 📶wc ⟺ 🅿. 🆎 ⓪ 🄴 𝖵𝖨𝖲𝖠
Karte 19/50 — **24 Z : 44 B** 68 - 110.

TEGERNHEIM Bayern siehe Regensburg.

TEGERNSEE 8180. Bayern 🟦🟦🟦 ㉗. 🟦🟦🟦 ⑰ — 4 800 Ew — Höhe 732 m — Heilklimatischer Kurort — Wintersport : 730/900 m ⚡1 — 🟢 08022.

🇮 Kuramt, Hauptstr.(im Haus des Gastes), ℘ 39 81.
◆München 53 — Miesbach 18 — Bad Tölz 19.

🏨 **Bayern** ≫, Neureuthstr. 23, ℘ 18 20, ≤ Tegernsee und Berge, 🏠, 🚿s, 🔲 — 🛗 🛏wc 📶wc 🕿 🅿 🦽 🆎 ⓪ 🄴
Karte 21/55 — **92 Z : 154 B** 94/110 - 152/222 Fb.

🏨 **Residenz** Ⓜ, Steinmetzplatz 1, ℘ 39 31 (Hotel) 46 16 (Rest.), 🚿s, 🔲 — 🛗 🛏wc 🕿 & ⟺ 🅿. 🆎 ⓪ 🄴 𝖵𝖨𝖲𝖠
Karte 20/55 *(Dienstag und 5.- 18. Jan. geschl.)* 🅟 — **41 Appart. : 92 B** 99/148 - 148/238 Fb.

🏨 **Bastenhaus** garni, Hauptstr. 71, ℘ 30 80, ≤, 🚿s, 🔲, 🦽 s, 🍴 — 🛏wc 📶wc 🕿 🅿
20 Z : 38 B 50/80 - 75/105.

🏠 **Seehotel zur Post**, Seestr. 3, ℘ 39 51, ≤, 🏠 — 🛗 🛏wc 📶wc 🕿 ⟺ 🅿. 🆎 ⓪ 🄴
Karte 20/56 — **45 Z : 90 B** 35/90 - 65/150 — P 62/92.

🏠 **Gästehaus Fackler** ≫, Karl-Stieler-Str. 14, ℘ 41 73, ≤, 🔲, 🍴 — 📶wc 🅿. 🚿
Nov.- 15. Dez. geschl. — (Rest. nur für Hausgäste) — **14 Z : 23 B** 53/68 - 86/136 — P 63/90.

🏠 **Gästehaus Gartenheim** ≫ garni, Hauptstr. 13, ℘ 45 37, ≤, « Garten », 🦽 s, 🍴 — 🛏wc 📶wc 🅿
Nov.- 25. Dez. geschl. — **22 Z : 38 B** 40/50 - 75/105.

🏠 **Fischerstüberl am See**, Seestr. 51, ℘ 46 72, ≤, 🏠, 🔲, 🍴 — 🛏wc 📶wc 🅿
8. Jan.- 20. Feb. geschl. — Karte 18/35 *(Mittwoch geschl.)* — **20 Z : 34 B** 37/78 - 65/120.

🏠 **Ledererhof** garni, Schwaighofstr. 89, ℘ 2 40 89, 🚿s, 🍴 — 📺 🛏wc 📶wc 🅿
15. Nov.- 20. Dez. geschl. — **20 Appart. : 50 B** 50/70 - 70/110.

TEINACH-ZAVELSTEIN, BAD 7264. Baden-Württemberg — 2 400 Ew — Höhe 392 m — Heilbad — 🟢 07053.

🇮 Kurverwaltung, Rathaus (Bad Teinach), ℘ 84 44.
◆Stuttgart 56 — Calw 9 — Pforzheim 37.

Im Stadtteil Bad Teinach :

🏨 **Bad-H.** ≫, Otto-Neidhart-Allee 5, ℘ 89 44, Bade- und Massageabteilung, 🚿s, 🔲 — 🛗 ⟺ 🅿 🦽. 🚿
Karte 30/64 — **55 Z : 86 B** 85/95 - 150/170 Fb — P 120/130.

🏠 **Schloßberg** ≫, Burgstr. 2, ℘ 86 55, ≤, 🏠 — 📶wc ⟺ 🅿. 🚿
10. Dez.- 10. Jan. geschl. — Karte 17/38 *(Montag geschl.)* — **13 Z : 24 B** 35/38 - 70/80 Fb — P 52.

🏠 **Mühle** garni, Badstr. 32, ℘ 88 17 — 🛗 🛏wc 📶wc 🅿. 🚿
19 Z : 32 B.

🏠 **Goldenes Faß**, Hintere Talstr. 2, ℘ 88 03, 🍴 — 🛗 📶wc ⟺ 🅿
6. Jan.- 22. Feb. geschl. — Karte 15,50/40 *(Montag geschl.)* — **34 Z : 55 B** 30/40 - 54/60 Fb — P 50/52.

🏠 **Lamm**, Badstr. 17, ℘ 82 11 — 🛗 🛏wc 📶wc 🅿
◆ 15. Jan.- Feb. geschl. — Karte 14/35 *(Dienstag geschl.)* — **21 Z : 35 B** 30/45 - 60/80 — P 45/55.

🏠 **Waldhorn** ≫, Hintere Talstr. 9, ℘ 88 21 — 🛏wc 📶wc. 🚿 Zim
Nov.- 20. Dez. geschl. — Karte 17,50/28 *(Donnerstag geschl.)* — **18 Z : 28 B** 32/40 - 64/80 — P 45/52.

Im Stadtteil Zavelstein — Luftkurort :

🏠 **Lamm**, Marktplatz 3, ℘ 84 14, 🏠, 🍴 — ⟺ 🅿
◆ 15. Nov.- 20. Dez. geschl. — Karte 14,50/37 *(Donnerstag geschl.)* — **18 Z : 25 B** 24 - 48 — P 44/47.

Im Stadtteil Sommenhardt :

🏠 **Löwen**, Calwer Str. 20, ℘ 88 56, 🏠 — 📶wc 🅿. 🚿 Rest
20. Jan.- 10. Feb. geschl. — Karte 16/32 *(Dienstag geschl.)* — **15 Z : 29 B** 27/37 - 54/70 — P 38/48.

Pour les grands voyages d'affaires ou de tourisme,
Guide MICHELIN rouge : Main Cities EUROPE.

TEISENDORF 8221. Bayern 987 ③⑧, 426 ⑩ − 7 800 Ew − Höhe 504 m − Erholungsort − ✆ 08666.
◆München 120 − Bad Reichenhall 22 − Rosenheim 61 − Salzburg 22.

   In Teisendorf-Achthal SW : 5 km :

☎ **Reiter**, Teisendorfer Str. 80, ℰ 3 27, 🛋 − ⌂wc ⋔wc 🚗 🅿
▲ 5.- 25. Nov. geschl. − Karte 11/25 *(Okt.- Mai Donnerstag geschl.)* − **12 Z : 23 B** 20/29 - 40/58 −
   P 35/40.

   In Teisendorf-Holzhausen N : 2 km :

🏨 **Kurhaus Seidl** ⤸, ℰ 74 14, ≤, �, Bade- und Massageabteilung, 🛁, 🖽, 🌡, 🎾 (Halle) −
▲ 🕼 ⋔wc ☎ 🚗 🅿 🛆
   7. Jan.- 4. Feb. geschl. − Karte 14,50/34 *(auch Diät)* − **61 Z : 85 B** 55/64 - 110/128 Fb − P 82/91.

   In Teisendorf-Neukirchen am Teisenberg SW : 8 km :

🏡 **Berggasthof Schneck** ⤸, Pfarrhofweg 20, ℰ 3 56, ≤, 🌟 − ⋔wc 🅿
   11 Z : 20 B.

TEISING Bayern siehe Altötting.

TEISNACH 8376. Bayern − 2 800 Ew − Höhe 467 m − ✆ 09923.
🛈 Verkehrsamt, Rathaus, ℰ 5 62.
◆München 168 − Cham 40 − Deggendorf 24 − Passau 75.

   In Teisnach-Kaikenried SO : 4 km :

🏡 **Kleines Sporthotel**, Am Platzl 2, ℰ 8 41, 🌟, 🛋 − ⋔wc 🅿
▲ Nov. 2 Wochen geschl. − Karte 14/32 *(Montag geschl.)* − **14 Z : 26 B** 35 - 60.

TELGTE 4404. Nordrhein-Westfalen 987 ⑭ − 16 600 Ew − Höhe 49 m − ✆ 02504.
Sehenswert : Heimathaus Münsterland (Hungertuch★).
🛈 Verkehrsamt, Kardinal-von-Galen-Platz 9, ℰ 1 33 27.
◆Düsseldorf 149 − Bielefeld 62 − Münster (Westfalen) 12 − ◆Osnabrück 47.

🏨 **Heidehotel Waldhütte** ⤸, Im Klatenberg 19 (NO : 3 km, über die B 51), ℰ 20 16,
   « Waldpark, Gartenterrasse », 🌟 − ⌂wc ⋔wc 🚗 🅿 🛆. 🆎 ⓪ 🄴 𝘝𝘐𝘚𝘈
   3.- 27. Feb. geschl. − Karte 27/55 *(Montag geschl.)* − **22 Z : 42 B** 50/70 - 70/120.
🏨 **Marienlinde** garni, Münstertor 1, ℰ 50 57 − 📺 ⌂wc ⋔wc ☎ 🅿. 🆎 ⓪ 🄴
   18 Z : 34 B 52/60 - 90/110 Fb.
🏡 Telgter Hof, Münsterstr. 29, ℰ 30 44 − 🕼 ⋔wc 🚗
   15 Z : 24 B.

   In Ostbevern 4412 NO : 7 km :

☎ **Beverhof**, Hauptstr. 35, ℰ (02532) 51 62 − ⋔ 🅿
▲ Karte 11,50/24 − **7 Z : 12 B** 23/25 - 44/50.

TENGEN 7708. Baden-Württemberg 216 ⑧ − 4 000 Ew − Höhe 570 m − ✆ 07736.
◆ Stuttgart 152 − ◆ Freiburg im Breisgau 80 − Singen (Hohentwiel) 19 − Zürich 81.

   In Tengen 2-Blumenfeld O : 2 km :

🗙🗙 Bibermühle, ℰ 4 68, 🌟 − 🅿.

TENINGEN 7835. Baden-Württemberg 242 ㉒, 62 ㉑, 87 ⑦ − 10 500 Ew − Höhe 189 m −
✆ 07641 (Emmendingen).
◆Stuttgart 192 − ◆Freiburg im Breisgau 20 − Offenburg 50.

☎ Zum Ochsen, Riegeler Str. 7, ℰ 12 28 − ⋔
   20 Z : 32 B Fb.

   In Teningen 3 - Bottingen SW : 4 km über Nimburg :

☎ **Landgasthof Rebstock** ⤸, Wirtstr. 2, ℰ (07663) 18 43 − ⋔wc 🅿
▲ 10. Jan.- 10. Feb. geschl. − Karte 14,50/40 *(Dienstag geschl.)* − **20 Z : 40 B** 25/35 - 48/64.

TETTNANG 7992. Baden-Württemberg 987 ㉟㉞, 216 ⑪, 427 ⑧ − 15 000 Ew − Höhe 468 m −
✆ 07542.
🛈 Verkehrsbüro, Storchenstr. 5, ℰ 57 21.
◆Stuttgart 160 − Bregenz 28 − Kempten (Allgäu) 65 − Ravensburg 13.

🏨 **Rad** 🅼, Lindauer Str. 2, ℰ 60 01, Telex 734245, 🛋 − 🕼 ▦ Rest 📺 🚗 🅿 🛆 (mit ▤). 🆎
   ⓪ 🄴 𝘝𝘐𝘚𝘈, 🎾 Zim
   Karte 29/60 − **70 Z : 100 B** 69/77 - 100/108 Fb.
🏨 **Der Rosengarten**, Ravensburger Str. 1, ℰ 68 83, 🛋 − 🕼 ⌂wc ⋔wc ☎ 🚗 🅿 🛆. 🆎
   2.- 15. Jan. geschl. − Karte 20/45 *(Sonntag ab 15 Uhr geschl.)* − **50 Z : 90 B** 52/60 - 84/98 Fb.

Fortsetzung →

TETTNANG

- **Ritter**, Karlstr. 2, ✆ 84 81, 🌦 − 📺 🛏wc 🍴 🚗 🅿. 🆎
  30. Okt.- 18. Nov. geschl. − Karte 19/45 (Okt.- April Freitag geschl.) − **25 Z : 50 B** 32/54 - 58/88 Fb.

- **Panorama** garni, Weinstr. 5, ✆ 71 89 − 🛏wc 🚗 🅿
  14 Z : 25 B.

- **Bären**, Bärenplatz 1, ✆ 69 45 − 🛏wc 🍴wc 🚗 🅿. 🆎 ⑩ 🇪 𝘝𝘐𝘚𝘈
  20. Nov.- 10. Dez. geschl. − Karte 18/48 (Freitag geschl.) 👗 − **40 Z : 60 B** 33/50 - 55/80.

- **Zur Krone**, Bärenplatz 7, ✆ 74 52 − 🅿
  14. Okt.- 5. Nov. geschl. − Karte 18/39 (Montag geschl.) − **10 Z : 15 B** 30/37 - 57/67.

  In Tettnang-Laimnau SO : 8 km :

- ✕✕ **Landgasthof Ritter**, Ritterstr. 5, ✆ (07543) 64 60 − 🅿
  wochentags nur Abendessen, Montag und Jan.- 14. Feb. geschl. − **Karte** 25/54 (Tischbestellung erforderlich).

TEUNZ 8478. Bayern − 1 100 Ew − Höhe 550 m − 😊 09671.
♦München 199 − Cham 49 − ♦Regensburg 77 − Weiden in der Oberpfalz 35.

- ☂ **Zum goldenen Lamm**, Hauptstr. 12, ✆ 6 37 − 🛏wc 🚗 🅿
  ⟵ Karte 9,50/18 *(Montag geschl.) −* **20 Z : 40 B** 20/23 - 40/46.

THALFANG 5509. Rheinland-Pfalz 𝟿𝟾𝟽 ㉔ − 1 700 Ew − Höhe 440 m − Erholungsort − Wintersport : 500/818 m ⟋4 ⟘3 (am Erbeskopf) − 😊 06504.
Ausflugsziel : Hunsrück-Höhenstraße★.
🅱 Verkehrsamt, Rathaus, Saarstr. 9, ✆ 4 41.
Mainz 121 − Bernkastel-Kues 31 − Birkenfeld 20 − ♦Trier 49.

- **Haus Vogelsang** 🦢, Im Vogelsang 7, ✆ 2 88, 🌲 − 🛏wc 🅿
  ⟵ Karte 14/35 👗 − **11 Z : 20 B** 28/37 - 52/72 − P 42/51.

- ☂ **Massing**, Hauptstr. 17, ✆ 3 18, 🍴 − 🛏wc 🚗 🅿
  ⟵ Karte 13/40 *(Dienstag geschl.) −* **9 Z : 14 B** 24/30 - 48/60.

  An der Hunsrück-Höhenstraße NO : 1,5 km :

- **Berghof**, ✉ 5509 Thalfang, ✆ (06504) 89 60, 🌦, 🌲 − 🛏wc 🚗 🅿
  Karte 19/50 − **10 Z : 18 B** 40 - 75.

  Siehe auch : *Liste der Feriendörfer*

THALHAUSEN Rheinland-Pfalz siehe Dierdorf.

THALKIRCHDORF Bayern siehe Oberstaufen.

THALLICHTENBERG Rheinland-Pfalz siehe Kusel.

THANNHAUSEN 8907. Bayern 𝟿𝟾𝟽 ㊲ − 5 000 Ew − Höhe 498 m − 😊 08281.
♦München 113 − ♦Augsburg 37 − ♦Ulm (Donau) 59.

- **Sonnenhof**, Messerschmittstr. 1, ✆ 20 14, 🌦 − 🛏wc ☎ 🚗
  ⟵ Karte 13/32 👗 − **10 Z : 20 B** 35/40 - 60/70.

THEDINGHAUSEN Niedersachsen siehe Achim.

THELEY Saarland siehe Tholey.

THIERGARTEN Baden-Württemberg siehe Beuron.

THOLEY 6695. Saarland 𝟿𝟾𝟽 ㉔, 𝟤𝟦𝟤 ③, 𝟧𝟽 ⑥ − 12 000 Ew − Höhe 370 m − 😊 06853.
Ausflugsziel : Kastel : Ehrenfriedhof ⟨★, N : 11 km.
♦Saarbrücken 37 − Birkenfeld 25 − ♦Trier 58.

- ✕✕ **Hubertus** mit Zim, Metzer Str. 1, ✆ 24 04 − 🛏wc. 🆎 ⑩ 🇪. 🍴
  2.- 18. Jan. geschl. − Karte **29**/53 *(Samstag bis 18 Uhr und Montag geschl.)* 👗 − **5 Z : 9 B** 38 - 76.

  Im Ortsteil Theley N : 2 km :

- **Bard**, Primstalstr. 22, ✆ 20 80 − 🛏wc ☎ 🚗 🅿. 🆎 🇪. 🍴 Zim
  Karte 15/55 *(Freitag - Samstag 18 Uhr geschl.) −* **18 Z : 30 B** 28/48 - 50/75.

THÜLSFELDER TALSPERRE Niedersachsen siehe Cloppenburg.

Es ist empfehlenswert, in der Hauptsaison und vor allem in Urlaubsorten, Hotelzimmer im voraus zu bestellen.

THURMANSBANG 8391. Bayern **426** ⑦ — 2 300 Ew — Höhe 503 m — Erholungsort — Wintersport : 490/800 m ✠2 ✠8 — ✿ 08504.

Ausflugsziel : Museumsdorf am Dreiburgensee SO : 4 km — 🛈 Verkehrsamt, Schulstr. 5, ℰ 16 42.

♦München 171 — Deggendorf 38 — Passau 26.

🏠 **Waldhotel Burgenblick** ⅏, Auf der Rast 12, ℰ 83 83, 🏤, 🖭, 🔲, 🛋, ℀ — 📺 🚻wc 🍴wc 🆑 🅿
6. Jan.- 23. März, 14. April - 3. Mai und 29. Sept.- 20. Dez. geschl. — Karte 18/40 — **70 Z : 130 B** 45/53 - 78/100 Fb.

In Thurmansbang-Oisching SO : 4 km :

🏠🏠 **Ferienhotel Dreiburgensee** ⅏ beim Museumsdorf Bayerischer Wald, ℰ 20 92, Telex 57785, 🏤, 🖭, 🔲, ☙, 🛋 — 📶 🚻wc 🍴wc 🍴wc 🆑 🛋 ℀
5. Jan.- 20. Feb. und Nov.- 20. Dez. geschl. — Karte 13,50/32 — **200 Z : 350 B** 38/42 - 74/84 — P 60/70.

In Thurmansbang-Traxenberg W : 1,5 km :

🏠🏠 **Traxenberger Hof** ⅏, ℰ (09907) 9 12, ≤, 🏤, 🖭, 🔲, 🛋, ℀ — 🆑wc 🍴wc ☎ 🅿 🛁
Nov.- 20. Dez. geschl. — Karte 14,50/36 ⅃ — **40 Z : 70 B** 44/50 - 82/92 Fb — P 55/60.

THURNAU 8656. Bayern — 5 000 Ew — Höhe 359 m — ✿ 09228.

♦München 256 — ♦Bamberg 44 — Bayreuth 21.

🏠 **Am Pollmannsgarten** ⅏ garni, Dr.-Pollmann-Str.10, ℰ 6 61, ≤, 🖭, 🔲, 🛋 — 📺 🆑wc 🍴wc ☎ 🅿 🛁 ⑩
7 Z : 15 B 36/44 - 68/84.

♨ **Fränkischer Hof**, Bahnhofstr. 19, ℰ 2 39, 🏤, 🛋 — 🆑wc 🍴wc ☎ 🅿
Okt. 2 Wochen geschl. — Karte 11,50/25 (Dienstag geschl.) — **16 Z : 28 B** 26/32 - 52/62 — P 38/42.

THYRNAU Bayern siehe Passau.

TIEFENBACH Bayern siehe Oberstdorf.

TIEFENBERG Bayern siehe Sonthofen.

TIEFENBRONN 7533. Baden-Württemberg **987** ㉞ — 4 200 Ew — Höhe 432 m — ✿ 07234.

Sehenswert : Pfarrkirche (Lukas-Moser-Altar★★).

♦Stuttgart 39 — Heilbronn 73 — Pforzheim 15 — Tübingen 59.

🏠🏠 ✿ **Ochsen-Post** (Fachwerkhaus a.d. 17 Jh.), Franz-Josef-Gall-Str. 13, ℰ 80 30, Telex 783485 — 📺 🆑wc 🍴wc ☎ 🆑 🅿 🅰🅴 ⑩ 🅴
Jan. 2 Wochen geschl. — Karte 37/80 (Tischbestellung erforderlich) (siehe auch Restaurant Bauernstuben) — **21 Z : 30 B** 68/98 - 95/130 Fb
Spez. Carpaccio vom Rinderfilet mit Krebsen und Caviar, Medaillons vom Rind und Kalb mit Gänseleber und Hummer, Geeistes Walnußsoufflé mit Zwetschgenmus.

✗ **Bauernstuben**, Franz-Josef-Gall-Str. 19 (im Hotel Ochsen-Post), ℰ 2 79, 🏤 — 🅿 🅰🅴 ⑩ 🅴
nur Abendessen, Dienstag und Jan. 2 Wochen geschl. — Karte 22/46.

In Tiefenbronn 1-Mühlhausen SO : 4 km :

🏠🏠 **Adler**, Tiefenbronner Str. 20, ℰ 80 08, Telex 783972, 🏤, 🛋 — 📳 🆑wc 🍴wc ☎ 🆑 🅿 🛁. 🅰🅴 ⑩ 🅴 🆅🅸🆂🅰
Karte 27/68 — **30 Z : 50 B** 40/70 - 70/115 Fb.

Im Würmtal W : 4 km :

✗✗ ✿ **Häckermühle** (mit Gästehaus), Im Würmtal 5, ✉ 7533 Tiefenbronn, ℰ (07234) 2 46, ≤, 🏤 — 🆑wc 🍴wc ☎ 🅿 🅴 ⑩ 🅴
13.- 31. Jan. geschl. — Karte 29/80 (Tischbestellung ratsam) (Montag - Dienstag 17 Uhr geschl.) — **13 Z : 22 B** 74/80 - 120/152 — P 95/98.

TIMMENDORFER STRAND 2408. Schleswig-Holstein **987** ⑥ — 11 500 Ew — Höhe 10 m — Seeheilbad — ✿ 04503 — 🛈 Kurverwaltung, im Kongresshaus, ℰ 40 61.

♦Kiel 64 — ♦Lübeck 21 — Lübeck-Travemünde 9.

🏠🏠 **Maritim Golf- und Sporthotel** ⅏, An der Waldkapelle, ℰ 40 91, Telex 261433, ≤ Ostsee, Massage, 🖭, 🔟, 🔲, 🛋, ℀ (Halle), 🛢 — 📳 📺 🆑 🛁 (mit 🍴). 🅰🅴 ⑩ 🅴 🆅🅸🆂🅰. ℀ Rest
Karte 37/75 — **250 Z : 500 B** 130/180 - 190/237 Fb — P 180/230.

🏠🏠 **Maritim Seehotel** ⅏, Strandallee 73b, ℰ 50 31, Telex 261431, ≤, Bade- und Massageabteilung, 🛋, 🖭, 🔟 (geheizt), 🔲, 🛋 — 📳 🏒 🆑 🅿 🛁 🅰🅴 ⑩ 🅴 🆅🅸🆂🅰. ℀
Restaurants : — **Orangerie** (wochentags nur Abendessen, Montag und 6. Jan.- 2. Feb. geschl.) Karte 40/90 — **Seeterrassen** Karte 32/70 — **Friesenstuben** Karte 28/67 — **241 Z : 502 B** 146/216 - 268/310 Fb.

🏠🏠 **Seeschlößchen**, Strandallee 141, ℰ 60 11, ≤, 🏤, Bade- und Massageabteilung, 🛋, 🖭, 🔟 (geheizt), 🔲, 🛋 — 📳 📺 🆑 🅿 🛁. ℀ Rest
Karte 31/75 — **150 Z : 250 B** 115/210 - 176/280 Fb — 27 Appart. 150/250.

Fortsetzung →

TIMMENDORFER STRAND

🏨 **Landhaus Carstens**, Strandallee 73, ℰ 25 20, « Gartenterrasse », ⪗ – 📺 🛏wc 🛁wc ☎ ♿ ☻
Karte 33/76 – **27 Z : 51 B** 95/105 - ↑70/180.

🏨 **Holsteiner Hof - Alt-Friesenstuben**, Strandallee 92, ℰ 20 22 – 🛏wc ☎
März - Okt. – Karte 26/60 *(April - Mai Montag geschl.)* – **16 Z : 32 B** 75 - 125 – 4 Appart.
150/210.

🏨 **Princess**, Strandallee 198, ℰ 6 00 10, Telex 261416, ⪗ – 📶 🛏wc ☎ ☻. ⯅ ⊙ Ε 𝖵𝖨𝖲𝖠
Karte 35/61 – **56 Z : 110 B** 95/100 - 140/170 Fb.

🏨 **Atlantis**, Strandallee 60, ℰ 50 51, 🍽, « Schifferklause », ⪗, ⃞ – 📶 🛏wc 🛁wc ☎ ⇔
☻ ⯈
Karte 21/65 – **47 Z : 80 B** 85/95 - 120/150 Fb.

🏨 **Ancora** garni, Strandallee 58, ℰ 20 16, ⪗, ⃞ – 📶 📺 🛏wc 🛁wc ☎ ⇔
21 Z : 45 B Fb – 4 Appart.

🏚 **Holsten-Hotel**, Strandallee 168, ℰ 40 74, 🍽 – 🛏wc ☎ ☻ – **21 Z : 44 B** Fb.

🏚 **Dryade** 🐕, Schmilinskystr. 2, ℰ 40 51, ⃞ – 📶 🛏wc 🛁wc ☎ ☻. ⽁ Rest
(Rest. nur für Pensionsgäste) – **55 Z : 80 B**.

🏚 **Hüttmann's Hotel**, Strandallee 184, ℰ 22 12, 🍽, ⪗ – 🛏wc 🛁wc ☎ ☻
Karte 22/55 *(Mitte Okt.- Mitte März Dienstag geschl.)* – **26 Z : 44 B** in der Saison nur
Halbpension 80/85 - 150/160.

🏚 **Steinhoff am Strand** garni, Strandallee 45, ℰ 40 66 – 🛏wc 🛁wc ☎ ☻. ⯅ Ε
18 Z : 33 B 52/68 - 96/139.

🏚 **Brigitte** garni, Poststr. 91, ℰ 42 91, ⪗ – 🛏wc 🛁wc ☻
Mitte März - Mitte Nov. – **13 Z : 24 B** 63/90 - 105.

🏚 **Ostsee-Hotel** garni, Poststr. 56, ℰ 24 07, ⃞, 🍽 – 🛏wc 🛁wc ☻ – **17 Z : 30 B**.

🏚 **Seestern** garni, Strandallee 124, ℰ 26 51 – 🛁wc ⇔ ☻
Ostern - Mitte Okt. – **18 Z : 35 B** 45/60 - 76/90.

In Timmendorfer Strand-Hemmelsdorf S : 3 km :

🏚 **Am Hemmelsdorfer See**, Seestr. 16, ℰ 58 50, 🍽 – 🛏wc ⇔ ☻. ⯅ ⊙. ⽁ Zim
Karte 19,50/42 *(Okt.- April Donnerstag geschl.)* – **11 Z : 18 B** 45/50 - 70/80.

In Timmendorfer Strand - Niendorf :

🏨 **Hotel Yachtclub**, Strandstr. 94, ℰ 50 61, Telex 261440, ⪗, ⃞ – 📶 📺 🛏wc ☎
☻. ⯅ ⊙ Ε 𝖵𝖨𝖲𝖠. ⽁ Rest
Karte 29/55 – **60 Z : 120 B** 109/119 - 173/183.

🏚 **Friedrichsruh** 🐕, Strandpromenade 65, ℰ 25 93, ≤, 🍽 – 📶 🛏wc ☎ ☻. ⯅ Ε. ⽁ Rest
27. Jan.- 2. März geschl. – Karte 21/48 *(Nov.- März Dienstag geschl.)* – **30 Z : 55 B** 50/80 -
90/135 – P 70/90.

Les prix de chambre et de pension
peuvent parfois être majorés de la taxe de séjour et d'un supplément de chauffage.
Lors de votre réservation à l'hôtel,
faites-vous bien préciser le prix définitif qui vous sera facturé.

TINNUM Schleswig-Holstein siehe Sylt (Insel).

TIRSCHENREUTH 8593. Bayern 𝟵𝟴𝟳 ㉗ – 9 400 Ew – Höhe 503 m – ☻ 09631.
♦München 283 – ♦Bayreuth 63 – ♦Nürnberg 131.

🏚 **Kistenpfennig**, Dammstr. 8, ℰ 10 33 – 📶 🛁wc ☎ ☻ – **22 Z : 38 B**.
🍴 **Zum Stefflwolf**, Maximilianplatz 37, ℰ 17 28 – 🛁wc
Sept. geschl. – Karte 12/29 *(Samstag geschl.)* – **8 Z : 15 B** 30/32 - 55/60.

TITISEE-NEUSTADT 7820. Baden-Württemberg 𝟵𝟴𝟳 ㉞ ㉟ – 11 000 Ew – Höhe 849 m –
Heilklimatischer Kneippkurort – Wintersport : 820/1 200 m ⽀5 ⽀10 – ☻ 07651.
Sehenswert : See★ – ⌷ Kurverwaltung Titisee, im Kurhaus, ℰ 81 01.
⌷ Kurverwaltung Neustadt, Sebastian-Kneipp-Anlage, ℰ 56 66.
♦Stuttgart 160 ② – Basel 74 ③ – Donaueschingen 32 ② – ♦Freiburg im Breisgau 30 ④ – Zürich 95 ③.

Stadtplan siehe gegenüberliegende Seite.

Im Ortsteil Titisee :

🏨 **Treschers Schwarzwald-H.** 🐕, Seestr. 12, ℰ 81 11, Telex 7722341, ≤, 🍽, ⪗, ⃞, ⽂,
🍽, ⽁ – 📶 ☻ ⯅. ⯅ Ε. ⽁ Rest
Nov.-20. Dez. geschl. – Karte 32/66 – **94 Z : 150 B** 90/140 - 110/210 – P 140/155. BZ **x**

🏨 **Titisee-Hotel** Ⓜ 🐕, Seestr. 16, ℰ 81 52, Telex 7722304, ≤, 🍽, ⪗, ⃞, ⽂, 🍽 – 📶
📶 Rest ⇔ ☻ ⯅ (mit 📶). ⊙ Ε 𝖵𝖨𝖲𝖠
Karte 26/59 – **132 Z : 222 B** 105/155 - 135/245 Fb – P 139/207. BZ **e**

🏨 **Kur-H. Brugger am See** 🐕, Strandbadstr. 14, ℰ 82 38, Telex 7722332, ≤,
« Gartenterrasse », Bade- und Massageabteilung, ⽂, ⪗, ⃞, ⽂, 🍽, 🍽 – 📶 📺 ♿ ⽁
☻ ⯅. ⯅ ⊙ Ε 𝖵𝖨𝖲𝖠. ⽁
Karte 27/76 – **67 Z : 120 B** 90/120 - 130/220 Fb – P 105/160. AZ **s**

758

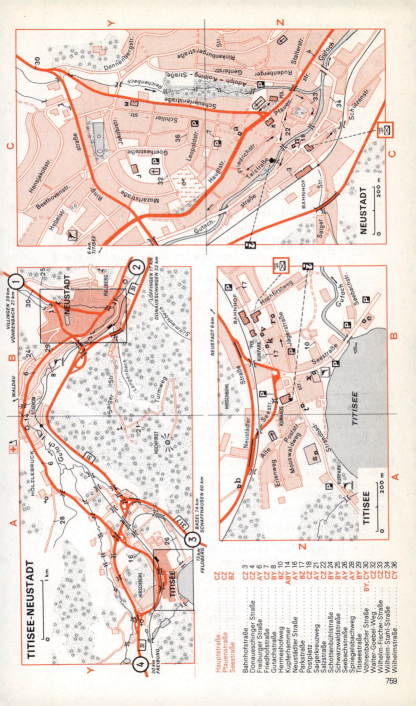

TITISEE-NEUSTADT

NEUSTADT

TITISEE

🏨 **Seehotel Wiesler** ⌂, Strandbadstr. 5, 🖉 83 30, ≤, 😎, 🔲, 🛥, ⌘ – 🛎 📺 ⌂wc 🛁wc
☎ ⇔ 🅿. ⒶⒺ Ⓔ 𝗩𝗜𝗦𝗔. ⚘   BZ t
15. Nov.- 20. Dez. geschl. – Karte 20/52 – **32 Z : 59 B** 69/92 - 130/159 Fb.

🏨 **Waldeck**, Parkstr. 6, 🖉 82 27, 😎, 🔲, ⌘ – ⌂wc 🛁wc ☎ 🅿. ⓞ. ⚘   BZ v
Nov.- 19. Dez. geschl. – (nur Abendessen für Hausgäste) – **24 Z : 40 B** 48/63 - 96/122 Fb.

🏨 Kehrwieder, Parkstr. 4, 🖉 82 08, 😎, 🔲, ⌘ – ⌂wc 🛁wc ☎ ⇔ 🅿   BZ k
21 Z : 44 B.

🏛 **Rauchfang**, Bärenhofweg 2, 🖉 85 55, 😎, 🔲 – ⌂wc 🛁wc ☎ ⇔ 🅿. Ⓔ 𝗩𝗜𝗦𝗔   AZ n
1.- 20. Dez. geschl. – Karte 19,50/39 *(nur Abendessen)* ⚘ – **18 Z : 34 B** 50/65 - 92/128 Fb – 12
Appart. 49/110.

🏛 **Rheinland** ⌂ garni, Jägerstr. 25, 🖉 84 74, 😎 – 📺 ⌂wc 🛁wc ☎ 🅿. ⒶⒺ   BZ r
15 Z : 26 B 48/70 - 95.

Siehe auch : *Hinterzarten Bruderhalde*

Im Ortsteil Neustadt :

🏨 **Romantik-H. Adler-Post**, Hauptstr. 16, 🖉 50 66, 😎, 🔲 – ⌂wc ☎ ⇔ 🅿 🛢 ⒶⒺ ⓞ Ⓔ
𝗩𝗜𝗦𝗔   CZ a
Karte 23/68 – **32 Z : 60 B** 48/85 - 90/160 Fb – P 85/125.

🏛 **Jägerhaus**, Postplatz 1, 🖉 50 55 – 🛎 ⌂wc 🛁wc ☎ 🅿   CZ n
Nov. geschl. – Karte 16,50/41 *(Montag geschl.)* ⚘ – **38 Z : 60 B** 30/45 - 60/85 – P 60/75.

Im Jostal NW : 6 km ab Neustadt :

🏨 **Josen** ⌂, Jostalstr. 90, ✉ 7820 Titisee-Neustadt, 🖉 (07651) 56 50, 🌲, 😎, 🔲, ⌘ – 🛎
🛁wc ☎ 🅿 🛢 ⒶⒺ ⓞ Ⓔ 𝗩𝗜𝗦𝗔
Anfang Nov.- Mitte Dez. geschl. – Karte 29/59 *(Donnerstag geschl.)* – **29 Z : 66 B** 75 - 140 Fb
– P 100.

Im Ortsteil Langenordnach N : 5 km über Titiseestr. BY :

🏛 **Zum Löwen ''Unteres Wirtshaus''** ⌂, 🖉 14 24, ⌘ – ⌂wc 🛁wc ⇔ 🅿
◆ *Dez. 3 Wochen geschl.* – Karte 13,50/36 *(Montag geschl.)* ⚘ – **27 Z : 48 B** 30/55 - 60/100 –
3 Appart. 49/69 – P 50/70.

Im Ortsteil Waldau N : 10 km über Titiseestr. BY :

🏛 **Traube** ⌂, Sommerbergweg 1, 🖉 (07669) 2 29, ≤, 😎, ⌘ – ⌂wc 🛁wc ♿ ⇔ 🅿
◆ *15. Nov.- 15. Dez. geschl.* – Karte 14/45 *(Dienstag geschl.)* ⚘ – **29 Z : 55 B** 35/55 - 52/100 Fb –
4 Appart. 100.

🏛 **Sonne-Post** ⌂, Landstr. 13, 🖉 (07669) 2 73, ⌘ – ⌂wc ♿ 🅿. ⚘ Zim
◆ *20. Nov.- 20. Dez. geschl.* – Karte 14/35 *(Montag geschl.)* – **18 Z : 36 B** 40/42 - 52/84 –
P 43/55.

TITTING 8079. Bayern – 2 500 Ew – Höhe 466 m – ✆ 08423.
◆München 119 – Ingolstadt 42 – ◆Nürnberg 73 – Weißenburg in Bayern 22.

In Titting-Emsing O : 4,5 km :

🏨 **Dirsch** ⌂, Hauptstr. 13, 🖉 2 60, ⌘ – 🛎 🛁wc ⇔ 🅿 🛢
◆ *Nov. geschl.* – Karte 13/43 – **90 Z : 170 B** 45 - 78 Fb – P 61.

TITTLING 8391. Bayern ⁴²⁶ ⑦ – 4 000 Ew – Höhe 528 m – ✆ 08504.
Ausflugsziel : Museumsdorf am Dreiburgensee NW : 2,5 km.
🛈 Verkehrsamt im Grafenschlößle, Marktplatz 10, 🖉 26 66.
◆München 197 – Passau 20.

🏛 Habereder, Marktplatz 14, 🖉 17 14 – 🛁wc ⇔ 🅿 🛢
32 Z : 58 B.

🏛 Zur Post, Marktplatz 6, 🖉 17 37 – 🛎 🛁wc ⇔ 🅿 🛢
40 Z : 70 B.

In Tittling-Rothau NW : 2,5 km :

🏛 **Seehof Tauer** ⌂, am Dreiburgensee, 🖉 7 60, 🌲, ⌘ – 🛁wc ⇔ 🅿. ⚘ Zim
◆ *Nov.- 20. Dez. geschl.* – Karte 11,50/31 ⚘ – **27 Z : 52 B** 30/36 - 60/86 – P 45/47.

✗ **Landgasthof Schmalhofer** mit Zim, Dorfstr. 9, 🖉 16 27, 🌲 – 🛁wc ⇔ 🅿
◆ *10.- 23. Nov. geschl.* – Karte 11/26 *(Nov.- März Montag geschl.)* – **5 Z : 10 B** 23/25 - 46/50.

TODTMOOS 7867. Baden-Württemberg ⁹⁸⁷ ㉞, ²¹⁶ ⑤ ⑥, ⁴²⁷ ⑤ – 2 400 Ew – Höhe 830 m –
Heilklimatischer Kurort – Wintersport : 800/1 200 m ⚡4 ⚡4 ✆ – ✆ 07674.
🛈 Kur- und Verkehrsamt, Wehratalstraße, 🖉 5 34.
◆Stuttgart 201 – Basel 48 – Donaueschingen 78 – ◆Freiburg im Breisgau 76.

🏨 Todtmooser Hof ⌂ (Appart.-H.), Auf dem Köpfle, 🖉 84 21, Telex 7721114, Bade- und
Massageabteilung, 🛁, 😎, 🔲, ⌘ – 🛎 📺 ⌂wc 🛁wc ☎ ♿ ⇔ 🅿 🛢. ⚘ Rest
28 Z : 60 B Fb – 136 Appart.

🏠 **Löwen**, Hauptstr. 23, ℰ 5 05, 🌤, ⇔, 🔲, 🌳 – 🛗 🍴wc ☎ 🅿. 🆎 ⓞ 🇪 𝘝𝘐𝘚𝘈 – **32 Z : 52 B** 38/60 -
März - April 4 Wochen und Nov.- Mitte Dez. geschl. – Karte 15/48 ⅃ – 32 Z : 52 B 38/60 -
60/90 Fb – P 53/73.

🏠 **Waldeck**, Kirchbergstr. 1, ℰ 3 95, 🌤 – 📺 ⇔wc 🍴wc ☎ 🅿
*Nov. geschl. – Karte 17/52 (außer Saison Donnerstag geschl.) – **11 Z : 25 B** 45 - 80/90 – P 70.*

In Todtmoos-Strick NW : 2 km :

🏨 **Rößle** 🦢, Kapellenweg 2, ℰ 5 25, ≼, « Gartenterrasse », ⇔, 🌳, 🎾, 🛥 – 🛗 🍽 Rest 📺
⇔wc 🍴wc ☎ 🅿. 🆎
*2. Nov.- 20. Dez. geschl. – Karte 17/39 (Dienstag geschl.) ⅃ – **25 Z : 48 B** 40/70 - 70/130 Fb –*
P 65/75.

In Todtmoos-Weg NW : 3 km :

🏨 **Schwarzwald-Hotel** 🦢, Alte Dorfstr. 29, ℰ 2 73, ⇔, 🌳 – ⇔wc 🍴wc 🚗 🅿. 🆎 ⓞ 🇪.
🍴 Rest
*5. Nov.- 15. Dez. geschl. – Karte 21/44 (auch Diät, Montag bis 16 Uhr geschl.) – **20 Z : 38 B***
45/65 - 80/120 Fb.

🏠 **Gersbacher Hof**, Hochkopfstr. 8, ℰ 4 44 – 🍴wc 🅿
*Nov.- 20. Dez. geschl. – Karte 17/38 (nur Abendessen, Dienstag geschl.) ⅃ – **12 Z : 26 B** 36/40*
- 72/80.

Siehe auch : *Liste der Feriendörfer*

TODTNAU 7868. Baden-Württemberg 🔢 ㉞, 🔢 ㊱, 🔢 ⑧ – 5 200 Ew – Höhe 661 m –
Luftkurort – Wintersport : 660/1 388 m ⤓21 ⤒3 – ✿ 07671.
Sehenswert : Wasserfall★ – Ausflugsziel : Todtnauberg★ (N : 6 km).
🅱 Kurverwaltung, Haus des Gastes, Meinrad-Thoma-Str. 21, ℰ 3 75.
♦Stuttgart 179 – Basel 49 – Donaueschingen 56 – ♦Freiburg im Breisgau 31.

🏠 **Waldeck**, Poche 6 (nahe der B 317, O : 1,5 km), ℰ 2 16, 🌤 – 🍴wc 🚗 🅿. 🆎 ⓞ 🇪 𝘝𝘐𝘚𝘈
*Anfang Nov.- Anfang Dez. geschl. – Karte 22/52 (Dienstag geschl.) – **14 Z : 28 B** 45 - 80/90 –*
14 Appart. 50/120 – P 74/79.

In Todtnau-Aftersteg NW : 3 km – Höhe 780 m – Erholungsort :

✗ **Aftersteger Mühle** mit Zim, Talstr. 14, ℰ 2 13 – 📺 ⇔wc 🍴wc 🅿 – **9 Z : 18 B**.

In Todtnau-Brandenberg NO : 3,5 km – Höhe 800 m :

🏠 **Zum Hirschen**, Kapellenstr. 1, ℰ 18 44 – 🍴wc 🚗 🅿
*2. Nov.- 6. Dez. geschl. – Karte 17/33 (Dienstag geschl.) – **9 Z : 18 B** 36 - 70 – P 56/60.*

In Todtnau-Fahl NO : 4,5 km – Höhe 900 m :

🏠 **Lawine**, an der B 317, ℰ (07676) 3 55, ⇔, 🌳 – 🍴wc 🅿. 🆎
*15. Nov.- 15. Dez. geschl. – Karte 17,50/40 (15. Sept.- Juni Donnerstag geschl.) ⅃ – **18 Z : 33 B***
42/45 - 76/80.

In Todtnau-Herrenschwand S : 14 km – Höhe 1 018 m :

🏠 **Waldfrieden** 🦢, Dorfstr. 8, ℰ (07674) 2 32, 🌳 – 🍴wc 🚗 🅿
↜ *15. Nov.- 15. Dez. geschl. – Karte 14/46 (Dienstag geschl.) ⅃ – **16 Z : 29 B** 29/38 - 58/76 –*
P 50/58.

In Todtnau-Muggenbrunn NW : 5 km – Höhe 960 m :

🏠 **Grüner Baum**, Schauinslandstr. 3, ℰ 3 54, ⇔, 🌳, 🎾 – 🍴wc 🅿. 🆎 🍴 Rest
*Nov. geschl. – Karte 16/45 ⅃ – **24 Z : 39 B** 30/55 - 60/110.*

🏔 **Adler**, Schauinslandstr. 13, ℰ 7 83, 🌳 – 🍴wc 🚗 🅿
Karte 15/41 ⅃ – **20 Z : 38 B** 35/45 - 70/90 – P 63/73.

Am Notschrei N : 2,5 km ab Muggenbrunn – Höhe 1 121 m :

🏨 **Waldhotel am Notschrei**, ✉ 7801 Oberried 2, ℰ (07602) 2 19, 🌤, ⇔, 🔲, 🌳 – 🛗 ⇔wc
🍴wc ☎ 🚗 🅿 🚴. 🆎 ⓞ
*April und Nov. je 2 Wochen geschl. – Karte 18/49 – **34 Z : 60 B** 45/70 - 72/124 Fb – P 70/96.*

In Todtnau-Präg SO : 7 km :

🏠 **Landhaus Sonnenhof** 🦢, Hochkopfstr. 1, ℰ 5 38, 🌤, 🌳 – 🍴wc 🅿. 🆎. 🍴 Rest
*31. Okt.- 27. Nov. geschl. – Karte 19,50/46 (Montag geschl.) – **22 Z : 40 B** Halbpension 67/80 -*
112/140 Fb.

In Todtnau-Todtnauberg N : 6 km – Höhe 1 021 m – Luftkurort :

🏨 **Kur- und Sporthotel Mangler** 🦢, Ennerbachstr. 28, ℰ 6 39, ≼, Bade- und
Massageabteilung, ⇔, 🔲, 🌳 – 📺 🍴wc 🅿. 🍴
Karte 20/47 ⅃ – **20 Z : 60 B** 55/79 - 90/140 Fb.

🏨 **Sonnenalm** Ⓜ 🦢, Hornweg 21, ℰ 18 00, ≼ Schwarzwald und Berner Oberland, ⇔, 🔲, 🌳
– 📺 ⇔wc 🍴wc ☎ 🅿. 🍴
*Nov.- 15. Dez. geschl. – (nur Abendessen für Hausgäste) – **12 Z : 26 B** 42/62 - 80/124 Fb.*

Fortsetzung →

🏠 **Engel**, Kurhausstr.3, ℰ 2 06, 🍴, 🌳s, 🔲 – ⌷🛗wc ⇔ 🅿. 🆎. ✗ Rest
→ *Nov. geschl.* – Karte 14/39 ⅄ – **45 Z : 85 B** 35/60 - 60/130 Fb.

🏠 **Pension Arnica** 🈯, Hornweg 26, ℰ 3 74, ≤ Schwarzwald und Berner Oberland, 🌳s, 🔲,
🌳 – 🔲 ⌷🛗wc 🅿. –
Mitte Nov.- Mitte Dez. geschl. – (Rest. nur für Hausgäste) – **14 Z : 28 B** 35/53 - 70/106 Fb.

🏠 **Herrihof** 🈯, Kurhausstr. 21, ℰ 2 82, ≤, Massage, 🌳s – ⌷🛗wc 🅿
→ Karte 14,50/41 ⅄ – **22 Z : 45 B** 35/50 - 60/120 Fb.

TÖLZ, BAD 8170. Bayern 🟩🟩🟩 🟦. 🟧🟧🟦 🟦 – 13 000 Ew – Höhe 670 m – Heilbad – Heilklimatischer Kurort – Wintersport : 670/1 250 m ⛷3 ⛷2 – 🟢 08041.
Sehenswert : Marktstraße★.
🅱 Städt. Kurverwaltung, Ludwigstr. 11, ℰ 4 14 95.
♦München 53 – Garmisch-Partenkirchen 65 – Innsbruck 97 – Rosenheim 52.

Rechts der Isar :

🏠 **Terrassenhotel Kolbergarten** garni, Fröhlichgasse 5, ℰ 15 01, 🍴, 🌳 – 🔲 ⌷wc ☎ 🅿.
🆎 ⓪ 🅴
16 Z : 26 B 50/60 - 90/100.

🏠 **Posthotel Kolberbräu**, Marktstr. 29, ℰ 91 58 – ⌷ ⌷wc ⌷🛗wc 🅿 🅰. 🆎 ⓪ 🅴
Karte 16/38 ⅄ – **21 Z : 32 B** 45/60 - 85/90 – P 70.

🏠 **Haus Bergblick** 🈯, Benedikt-Erhard-Str. 6, ℰ 36 22, 🌳 – ⌷🛗wc ☎ ⇔
15. Nov.- 24. Dez. geschl. – (nur Abendessen für Hausgäste) – **13 Z : 21 B** 35/45 - 69/82.

☎ **Zantl**, Salzstr. 31, ℰ 97 94, Biergarten – ⌷🛗wc ⇔ 🅿
→ *20. Jan.- 12. Feb. geschl.* – Karte 14/38 *(Freitag geschl.)* ⅄ – **10 Z : 17 B** 30/48 - 60/90 –
P 55/70.

✕✕ 🟢 **Zum alten Fährhaus** 🈯 mit Zim, An der Isarlust 1, ℰ 29 73 – ⌷wc ☎ 🅿. 🅴
Jan.- Feb. 3 Wochen geschl. – Karte 38/76 *(Montag - Dienstag 18 Uhr geschl.)* – **6 Z : 12 B**
65/75 - 120/130
Spez. Pasteten und Terrinen, Gefüllter Bachsaibling in weißer Buttersauce (im Sommer), Karpfen, "Spreewälder Art" (im Winter).

✕✕ **Weinstube Schwaighofer**, Marktstr. 17, ℰ 27 62
Mittwoch und 20.- 31. Mai geschl. – Karte 29/60 ⅄.

Links der Isar :

🏨 **Jodquellenhof** 🈯, Ludwigstr. 15, ℰ 50 91, 🍴, direkter Zugang zum Kurmittelhaus und Alpamare-Badezentrum – ⌷ & 🅿 🅰. 🆎 ⓪ 🅴. ✗ Rest
Karte 26/60 – **84 Z : 121 B** 89/104 - 160/178 Fb – 3 Appart. 80.

🏨 **Residenz** 🔲 🈯, Stefanie-von-Strechine-Str. 16, ℰ 80 10, Telex 526243, 🍴, 🌳s, 🌳 – ⌷ &
⇔ 🅿 🅰. 🆎 ⓪ 🅴 🆅🆂🅰
Karte 19/58 – **93 Z : 160 B** 117/137 - 154/180 Fb – P 115/175.

🏨 **Kur- und Sporthotel Tölzer Hof** 🈯, Rieschstr. 21, ℰ 7 00 61, direkter Zugang zum Kurmittelhaus – ⌷ ⌷wc ☎ ⇔ 🅿 🅰
(Rest. nur für Hausgäste) – **80 Z : 160 B** Fb.

🏨 **Kurhotel Eberl** 🔲 🈯, Buchener Str. 17, ℰ 40 50, Bade- und Massageabteilung, 🌳s, 🔲 –
⌷wc ⌷🛗wc ☎ 🅿. –
(Rest. nur für Hausgäste) – **32 Z : 50 B**.

🏨 **Alpenhof** 🔲 🈯 garni, Buchener Str. 14, ℰ 40 31, 🌳s, 🔲, 🌳 – 🔲 ⌷wc ☎ ⇔ 🅿
27 Z : 60 B 71/103 - 132/142 Fb.

🏨 **Bellaria** garni, Ludwigstr. 22, ℰ 60 77, 🌳s, 🌳 – ⌷ ⌷wc ⌷🛗wc ☎ 🅿. 🆎 ⓪ 🅴 🆅🆂🅰
26 Z : 40 B 59/70 - 90/130 Fb.

🏨 **Alexandra** 🔲, Kyreinstr. 13, ℰ 91 12, 🍴, 🌳s, 🌳 – ⌷wc ⌷🛗wc ☎ ⇔ 🅿
→ Karte 12,50/37 – **23 Z : 33 B** 50/70 - 90 – P 70.

🏨 **Diana** 🈯 garni, Breumayerstr. 18, ℰ 40 87, 🌳s, 🔲, 🌳 – ⌷wc ⌷🛗wc ☎ 🅿. 🆎
20 Z : 36 B 60 - 100/120.

🏠 **Kurhotel Tannenberg** 🈯, Tannenbergstr. 1, ℰ 28 68, Bade- und Massageabteilung, 🔥,
🌳s, 🌳 – ⌷ ⌷🛗wc ☎ 🅿
(Rest. nur für Hausgäste) – **16 Z : 32 B** 45/60 - 80/110 Fb.

🏠 Hiedl, Ludwigstr. 9, ℰ 97 74 – ⌷🛗wc ☎ ⇔ 🅿 – **16 Z : 27 B**.

TÖNISVORST Nordrhein-Westfalen siehe Willich.

TONBACH Baden-Württemberg siehe Baiersbronn.

TOPPENSTEDT 2096. Niedersachsen – 1 600 Ew – Höhe 50 m – 🟢 04173.
♦Hannover 117 – ♦Hamburg 43 – Lüneburg 27.

In Toppenstedt-Tangendorf N : 4 km :

🏠 **Gasthof Vossbur** 🈯, Wulfsener Str. 4, ℰ 3 12 – 🔲 ⌷🛗wc ☎ ⇔ 🅿 🅰
Karte 17,50/44 *(Donnerstag geschl.)* – **15 Z : 30 B** 42/56 - 60/110 Fb – P 75.

TOSSENS Niedersachsen siehe Butjadingen.

TOSTEDT 2117. Niedersachsen 987 ⑮ − 10 100 Ew − Höhe 32 m − ✪ 04182.
♦Hannover 119 − ♦Bremen 78 − ♦Hamburg 51 − Lüneburg 64.

⌂ Bostelmann's Hotel, Unter den Linden 1, 𝒫 14 09 − 🛗wc 🚗 🄿
21 Z : 35 B.

TOSTERGLOPE Niedersachsen siehe Dahlenburg.

TRABEN-TRARBACH 5580. Rheinland-Pfalz 987 ㉔ − 7 100 Ew − Höhe 120 m − Luftkurort −
✪ 06541.
🛈 Kurverwaltung und Verkehrsamt in Traben, Bahnstr. 22, 𝒫 90 11.
Mainz 104 − Bernkastel-Kues 24 − Cochem 55 − ♦Trier 60.

Im Ortsteil Traben :

🏠 **Appartementhotel Moselschlößchen**, Neue Rathausstr. 12, 𝒫 70 10, 🖀 − 🛗 📺 🛁wc
🕾 🚗 🛁 🄰🄴 🄾 🄴 𝑉𝐼𝑆𝐴
Karte 20/54 − **44 Appart. : 170 B** 128/163 - 160/195 Fb.

🏠 **Krone** 🐾, An der Mosel 93, 𝒫 63 63, ≼, 🛋, 🐎 − 🛁wc 🛗wc 🕾 🄿. 🄾 🄴. 🛠 Rest
Mitte März - Mitte Nov. − Karte 25/47 *(Montag geschl.)* − **22 Z : 43 B** 68/78 - 98/108.

🏠 **Vier Löwen** 🐾, An der Mosel 12, 𝒫 93 14, ≼, 🛋 − 🛗wc 🕾
12 Z : 19 B.

🏠 **Bisenius** 🐾 garni, An der Mosel 56, 𝒫 68 10, ≼, 🖀, 🔲, 🐎 − 🛗wc 🄿. 🄰🄴 🄴
12 Z : 24 B 45/65 - 78/105.

🏠 **Trabener Hof** garni, Bahnstr. 25, 𝒫 94 00 − 🛗wc
18 Z : 31 B 30/36 - 60/66.

🏠 **Central-Hotel**, Bahnstr. 43, 𝒫 62 38 − 🛗wc 🄿. 🄴
← *20. Dez.-10. Jan. geschl.* − Karte 14/33 🍴 − **32 Z : 60 B** 32/42 - 56/68 − P 56/62.

🏠 **Sonnenhof** garni, Köveniger Str. 36, 𝒫 64 51, 🐎 − 🛗wc 🄿
22. Dez.- 6. Jan. geschl. − **11 Z : 22 B** 29/33 - 58/66.

🗙🗙 **Alte Ratsschänke** (Fachwerkhaus a.d.J. 1674), Kirchstr. 19, 𝒫 93 57 − 🄾 🄴
Dienstag geschl. − Karte 20/51 🍴.

Im Ortsteil Trarbach :

🏠 **Altes Gasthaus Moseltor**, Moselstr. 1, 𝒫 65 51 − 🛗wc 🕾 🚗. 🄰🄴 🄾 🄴 𝑉𝐼𝑆𝐴
Feb. geschl. − Karte 33/78 *(Dienstag geschl.)* − **11 Z : 21 B** 50/55 - 80/110.

🏠 **Zur Goldenen Traube**, Am Markt 8, 𝒫 60 11 − 🛗wc 🕾
15 Z : 17 B.

Am Moselufer W : 1,5 km :

🏠 Gonzlay, ✉ 5580 Traben-Trarbach, 𝒫 (06541) 69 21, ≼, 🖀, 🖀, 🔲 − 🛗wc 🕾 🄿
36 Z : 64 B.

TRAITSCHING Bayern siehe Cham.

TRAUCHGAU Bayern siehe Halblech.

TRAUNREUT 8225. Bayern 987 ㊲ ㊳, 426 ⑲ − 18 400 Ew − Höhe 553 m − ✪ 08669.
♦München 126 − Traunstein 14 − Wasserburg am Inn 34.

🏠 Christina garni, Kantstr. 15, 𝒫 40 98, 🖀 − 🛗 🛗wc 🕾 🚗
25 Z : 48 B Fb.

TRAUNSTEIN 8220. Bayern 987 ㊲㊳, 426 ⑲ − 17 000 Ew − Höhe 600 m − Wintersport :
600/750 m ✍3 ✍4 − ✪ 0861.
🛈 Städt. Verkehrsamt, Bahnhofstr. 16 b, (Kulturzentrum) 𝒫 6 52 73.
♦München 112 − Bad Reichenhall 32 − Rosenheim 53 − Salzburg 41.

🏠 **Park-HotelTraunsteiner Hof**, Bahnhofstr. 11, 𝒫 6 90 41, Biergarten − 🛗 🛁wc 🛗wc 🕾
🚗 🄿 🛁. 🄰🄴 🄾 🄴. 🛠 Rest
Karte 19/46 *(Samstag geschl.)* − **65 Z : 90 B** 38/60 - 85/110.

⌂ **Auwirt**, Karl-Theodor-Platz 9, 𝒫 41 92 − 🛗. 🛠 Zim
← *3.- 26. Okt. geschl.* − Karte 14/31 *(Sonntag 14 Uhr - Montag geschl.)* − **23 Z : 41 B** 30/42 -
54/70.

🗙 **Brauerei Schnitzlbaumer-Malztenne**, Stadtplatz 13, 𝒫 45 34, 🖀 − 🄾 🄴
← *Dienstag und Feiertage geschl.* − Karte 14/50.

In Traunstein-Hochberg SO : 5 km − Höhe 775 m :

⌂ **Alpengasthof Hochberg** 🐾, 𝒫 42 02, ≼, Biergarten, ✍ − 🛗wc 🚗 🄿
← *Nov. geschl.* − Karte 13/27 *(Dienstag - Mittwoch 15 Uhr geschl.)* − **15 Z : 32 B** 27/29 - 54/58 −
P 44/46.

TREFFELSTEIN-KRITZENTHAL Bayern siehe Waldmünchen.

TREIA Schleswig-Holstein siehe Schleswig.

TREIS-KARDEN 5402. Rheinland-Pfalz — 2 500 Ew — Höhe 85 m — ✪ 02672.
🛈 Verkehrsbüro, Treis, Brückenstr. 47, ✆ 75 59.
🛈 Vereinigte Verkehrsvereine, Karden, Bahnhofstr. 47, ✆ 26 51.
Mainz 100 — Cochem 12 — ◆Koblenz 41.

Im Ortsteil Treis :

🏠 **Koch**, Moselallee 120, ✆ 71 97, ≤, 🏤 — 🗄wc ⇐⇒ 🅿, 🗚 ⓪ E
➡ *Dez.- Jan. geschl.* — Karte 14,50/40 *(Nov - April Dienstag geschl.)* ⅄ — **28 Z : 59 B** 37/45 - 56/80.

Im Ortsteil Karden :

🏠🏠 **Schloß-Hotel Petry**, Bahnhofstr. 80, ✆ 12 12, 🏤 — 🛗 ⊟wc 🗄wc ☎ 🅿 🛁, 🗚 ⓪ E
Karte 17/47 ⅄ — **59 Z : 110 B** 48/53 - 84/96 — P 70/81.

🏠 **Brauer**, Moselstr. 26, ✆ 12 11, ≤ — 🗄wc ⇐⇒ 🅿, 🕸 Zim
Jan.- 7. Feb. geschl. — Karte 17/55 *(Nov.- April Mittwoch geschl.)* — **35 Z : 70 B** 32/40 - 60/80 — 2 Appart. 70/100.

In Treis-Karden - Lützbach O : 4 km :

🏠 **Ostermann**, an der B 49, ✆ 12 38, ≤, ⊟, 🖾 — 🗄wc ⇐⇒ 🅿 🛁
Karte 19/60 — **26 Z : 50 B** 46 - 84.

In Lütz 5449 SO : 8 km — Luftkurort :

🏠 **Kurheim Röhrig**, Moselstr. 38, ✆ (02672) 10 22, Bade- und Massageabteilung, ⊟, 🖾, 🌳, 🕸 — ⊟wc 🗄wc ☎ 🅿 🛁
Karte 17/50 — **48 Z : 86 B** 44/62 - 86/94 — P 65/83.

Im Elzbachtal N : 9 km über Roes :

🏠🏠 **Brückenmühle** ⟋, ✉ 5441 Roes, ✆ (02672) 74 16, ⊟, 🖾, 🌳 — 🛗 ⊟wc 🗄wc 🅿 🛁
2. Jan.- Feb. geschl. — Karte 18,50/42 ⅄ — **28 Z : 45 B** 43 - 82 Fb — P 65.

TREMSBÜTTEL 2071. Schleswig-Holstein — 1 500 Ew — Höhe 45 m — ✪ 04532 (Bargteheide).
◆Kiel 71 — ◆Hamburg 39 — ◆Lübeck 37 — Bad Oldesloe 12.

🏰 **Schloß Tremsbüttel** ⟋, Schloßstr.6, ✆ 65 44, « Antikes Mobiliar, Park », 🕸 — ⇐⇒ 🅿 🛁, 🗚 ⓪ E, 🕸 Rest
13. Jan.- 10. Feb. geschl. — Karte 40/78 *(Sonntag 18 Uhr - Montag geschl.)* — **19 Z : 37 B** 151/186 - 216/272 Fb.

TRENDELBURG 3526. Hessen 987 ⑮ — 6 000 Ew — Höhe 190 m — Luftkurort — ✪ 05675.
🛈 Verkehrsamt, im Rathaus, ✆ 10 24.
◆Wiesbaden 257 — Göttingen 77 — Hameln 91 — ◆Kassel 35.

🏠🏠 **Burghotel** ⟋, (Burganlage a.d. 14.Jh.), ✆ 10 21, Telex 994812, ≤, 🏤 — ⊟wc 🗄wc ☎ 🅿 🛁, 🗚 ⓪
2. Jan.- Feb. geschl. — Karte 31/64 *(Nov.- März Montag geschl.)* — **23 Z : 41 B** 70/110 - 100/160.

TREUCHTLINGEN 8830. Bayern 987 ㉖ — 12 000 Ew — Höhe 414 m — Erholungsort — ✪ 09142.
🛈 Verkehrsbüro, Haus des Gastes (Schloß), ✆ 10 29.
◆München 131 — ◆Augsburg 73 — ◆Nürnberg 66 — ◆Ulm (Donau) 110.

🏠🏠 Kurhotel Schloß Treuchtlingen, Heinrich-Aurnhammer-Str. 5, ✆ 10 51, Bade- und Massageabteilung, 🔥, ⊟ — 🛗 📺 🅿 🛁
(nur Abendessen) — **22 Z : 42 B**.

🏠🏠 **Gästehaus Stuterei Stadthof** Ⓜ ⟋ garni, Luitpoldstr. 27, ✆ 10 11 — 📺 ⊟wc 🗄wc ☎ 🅿 🛁, 🕸
19 Z : 35 B 54/56 - 85/95.

🏠 **Waldgasthof Heumöderntal** ⟋, Uhlbergstr. 54, ✆ 38 32, 🏤 — 🗄wc 🅿
7 Z : 11 B.

🏢 **Prinz Luitpold** (mit Gästehaus Ⓜ ⟋), Luitpoldstr. 8, ✆ 12 52 — 🗄wc
➡ Karte 12/20 *(Sonn- und Feiertage sowie Jan. und Aug. je 2 Wochen geschl.)* ⅄ — **17 Z : 32 B** 22/35 - 44/60.

TREVES, **TREVIRI** = Trier.

TRIBERG 7740. Baden-Württemberg 987 ㉞㉟ — 6 000 Ew — Höhe 700 m — Heilklimatischer Kurort — Wintersport : 800/1 000 m ✠1 ✠2 — ✿ 07722.

Sehenswert : Wasserfall★ — Wallfahrtskirche "Maria in der Tanne" (Ausstattung★).

🛈 Kurverwaltung, Kurhaus, ✆ 8 12 30.

◆Stuttgart 139 ① — ◆Freiburg im Breisgau 61 — Offenburg 56 — Villingen-Schwenningen 26.

🏨 ✿ **Parkhotel Wehrle**, Marktplatz, ✆ 40 81, Telex 792609, « Park », ✆, ☖ (geheizt), ☒, 🐾 — 🗇 🛗wc ⟶ ✿ 🅿. AE ⓞ 💳
Karte 30/69 — **60 Z : 100 B** 75/120 - 135/230 — P 90/150
Spez. Die Forellen-Hors d'oeuvre (für 2 Pers.), Rehfilet im Maronenmantel (ab 2 Pers., auf Vorbestellung), Apfel in Honig mit Tannenspitzen-Kirschparfait.

🏨 **Central** garni, Am Marktplatz, ✆ 43 60 — 🗇 🛗wc ⟶ 🅿
14 Z : 28 B 45 - 74.

🏨 **Pfaff**, Hauptstr. 85, ✆ 44 79, 🍴 — 🛗wc. AE ⓞ 💳
10.- 30. Nov. geschl. — Karte 20/48 (Okt.- April Mittwoch geschl.) — **10 Z : 21 B** 32/55 - 64/84 — P 55/70.

🏨 **Café Ketterer am Kurgarten** 🐾, Friedrichstr. 7, ✆ 42 29, ← — 🖘wc 🛗wc ☎. 💳 💳
Karte 19/32 ♫ — **10 Z : 20 B** 40/45 - 76/80.

🏨 **Adler** garni, Hauptstr. 52, ✆ 45 74 — 🛗wc ⟶. AE 💳 💳
1.- 20. Nov. geschl. — **21 Z : 36 B** 34/44 - 68/88.

🏨 **Berg-Café** 🐾, Hermann-Schwer-Str. 6, ✆ 46 75, ←, Caféterrasse — 🛗wc ☎ ⟶
2.- 24. Dez. geschl. — (nur Abendessen für Hausgäste) — **12 Z : 21 B** 38/41 - 70/76.

♨ **Schwarzwald-H. Tanne**, Wallfahrtsstr. 35, ✆ 43 22, 🍴, 🐾 — 🖘 🛗wc ⟶ 🅿. AE ⓞ 💳 💳
Nov. geschl. — Karte 17,50/35 (Okt.- Mai Dienstag geschl.) ♫ — **22 Z : 40 B** 36/48 - 66/92 — P 56/70.

🍴 Landgasthof zur Lilie, Am Wasserfall, ✆ 44 19, « Rustikale Einrichtung, Gartenterrasse » — 🅿.

In Triberg 3-Gremmelsbach NO : 9 km (Zufahrt über die B 33 Richtung St. Georgen, auf der Wasserscheide Sommerau links ab) :

🍴 **Staude** 🐾 mit Zim, Obertal 20, Höhe 889 m, ✆ 48 02, 🐾 — 🛗wc 🅿
Nov. geschl. — Karte 28/40 (Dienstag geschl.) — **9 Z : 20 B** 25/34 - 46/64.

In Triberg 2-Nussbach :

🏨 **Römischer Kaiser**, Sommerauer Str. 35 (B 33), ✆ 44 18 — 📺 🛗wc ⟶ 🅿. AE ⓞ 💳 💳
Ende Nov.- 20. Dez. geschl. — Karte 22/47 (Donnerstag geschl.) — **26 Z : 48 B** 40/50 - 68/90.

Auf der Geutsche SO : 2 km, Zufahrt über Friedrichstraße — Höhe 900 m :

🏨 **Geutsche** 🐾, ✉ 7740 Triberg, ✆ (07722) 50 18, ←, 🐾 — ⟶ 🅿
12 Z : 21 B

TRIER 5500. Rheinland-Pfalz 987 ㉓, 409 ㉗ — 95 300 Ew — Höhe 124 m — ✿ 0651.

Sehenswert : Porta Nigra★★ — Liebfrauenkirche★★ (Grabmal des Domherren Metternich★) — Kaiserthermen★★ — Rheinisches Landesmuseum★★ BY M1 — Dom★ (Domschatzkammer★, Kreuzgang ←★, Inneres Tympanon★ des südlichen Portals) — Bischöfliches Museum★ (Deckenmalerei des Konstantinischen Palastes★★) BY M2 — Palastgarten★ — St. Paulin★ CX A.

Ausflugsziel : Moseltal★★ (von Trier bis Koblenz).

🛈 Tourist-Information, an der Porta Nigra, ✆ 4 80 71.

ADAC, Fahrstr. 3, ✆ 7 60 67, Telex 472739.

Mainz 162 ① — ◆Bonn 143 ① — ◆Koblenz 124 ① — Luxembourg 47 ④ — Metz 98 ③ — ◆Saarbrücken 93 ①.

Stadtplan siehe nächste Seite.

🏨 **Holiday Inn**, Zurmaienerstr. 164, ✆ 2 30 91, Telex 472808, ←, ✆, ☒ — 🗇 📺 🅿 🏋. AE ⓞ 💳 💳   CV e
Karte 30/57 — **220 Z : 335 B** 124/134 - 139/195 Fb.

🏨 **Europa-Parkhotel Mövenpick** Ⓜ, Kaiserstr. 29, ✆ 7 19 50, Telex 472858, 🍴 — 🗇 ☰ Rest 📺 ♿ ⟶ 🅿 🏋 (mit ☰). AE ⓞ 💳 💳. 🍽 Rest   AY s
Karte 24/53 — **85 Z : 170 B** 120/140 - 170 Fb.

🏨 **Dorint-Hotel Porta Nigra**, Porta-Nigra-Platz 1, ✆ 2 70 10, Telex 472895 — 🗇 📺 ♿ 🅿 🏋. AE ⓞ 💳 💳. 🍽 Rest   BX z
Karte 32/69 — **106 Z : 176 B** 103/128 - 156/250 Fb.

🏨 **Petrisberg** 🐾 garni, Sickingenstr. 11, ✆ 4 11 81, ← Trier — 🛗wc ☎ ⟶ 🅿. 🍽   CY y
31 Z : 55 B 65/70 - 95/100.

🏨 **Am Hügel** (ehemalige Villa), Bernhardtstr. 14, ✆ 3 30 66, 🍴 — 📺 🖘wc 🛗wc ☎ ⟶ 🅿. AE 💳 💳   BY
über die Straße nach Mariahof
(nur Abendessen für Hausgäste) — **25 Z : 48 B** 65/80 - 110.

🏨 **Deutscher Hof**, Südallee 25, ✆ 7 33 20/4 60 21, Telex 472799 — 🗇 🛗wc ⟶ 🅿   AY g
23. Dez.- 7. Jan. geschl. — Karte 16/37 ♫ — **94 Z : 172 B** 37/58 - 72/95 Fb.

🏨 **Kessler**, Brückenstr. 23, ✆ 7 67 71, ✆ — 🗇 🖘wc 🛗wc ☎ ⟶. AE ⓞ 💳 💳   AY r
(Rest. nur für Hausgäste) — **20 Z : 35 B** 45/100 - 70/150.

Fortsetzung →

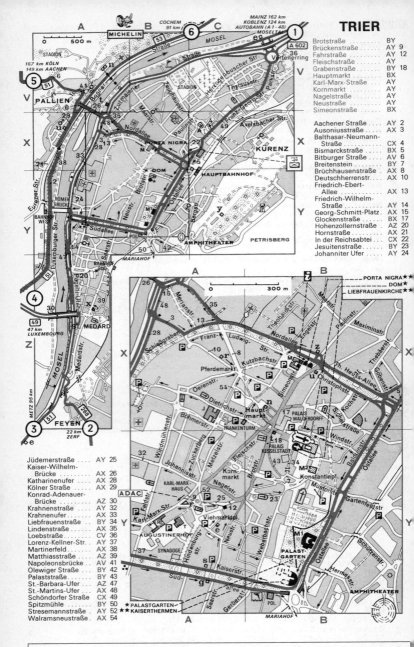

TRIER

Do not lose your way in Europe, use the Michelin
Main Road maps, scale : 1 inch : 16 miles.

🏠 **Monopol** garni, Bahnhofsplatz 7, ℰ 7 47 55 – 🛗 🏠wc ☎. ⓪ 🖲 𝖵𝖨𝖲𝖠.
24. Dez.- 15. Feb. geschl. – **35 Z : 71 B** 55/70 - 80/95 Fb. — CXY **t**

🏠 **Weinhaus Haag** garni, Stockplatz 1, ℰ 7 23 66 – 🏠wc. 🖭 ⓪ 🖲 𝖵𝖨𝖲𝖠. 🛇
27. Dez.- 15. Jan. geschl. – **16 Z : 25 B** 42/50 - 75/90. — BX **n**

🏠 **Christophel**, Simeonstr. 1, ℰ 7 40 41, 🍴 – 📺 🏠wc ☎
14 Z : 26 B. — BX **u**

🏠 **Deutschherrenhof** garni, Deutschherrenstr. 32, ℰ 4 83 08 – 🏠wc 🚗. 🛇
Dez.- Jan. geschl. – **13 Z : 25 B** 38/55 - 68/85. — AX **r**

🏛 **Feilen-Wolff**, Kölner Str. 22, ℰ 8 67 63 – 🛏wc 🏠wc 🚗 🅿. 🖭 🛇
20. Dez.- 20. Jan. geschl. – Karte 16/43 (Nov.- April Montag geschl.) – **27 Z : 50 B** 50 - 85. — AX **u**

XXX **Pfeffermühle**, Zurlaubener Ufer 76, ℰ 4 13 33, bemerkenswerte Weinkarte – 🅿. 🖲. 🛇
Sonntag und Juli 3 Wochen geschl. – Karte 39/70 (Tischbestellung ratsam). — AV **t**

XX **Alte Kate**, Matthiasstr. 71, ℰ 3 07 33 – 🅿
Dienstag geschl. – Karte 18/50. — AZ **x**

XX **Zum Domstein**, Hauptmarkt 5, ℰ 7 44 90, 🍴, eigene Kellerei, bemerkenswerte Weinkarte, « Innenhof » – 🖔. 🖭 ⓪ 🖲 𝖵𝖨𝖲𝖠
10. Jan.- 13. Feb. geschl. – Karte 16,50/44 ⅜. — BY **t**

X Brunnenhof, im Simeonstift, ℰ 4 85 84, « Innenhof » — BX **M**

X Lenz-Weinstuben, Viehmarkt 4, ℰ 4 53 10
nur Abendessen. — AY **e**

Auf dem Kockelsberg ⑤ : 5 km :

🏠 **Berghotel Kockelsberg** 🐾, ⌧ 5500 Trier, ℰ (0651) 8 90 38, ≼ Trier, 🍴 – 🏠wc ☎ 🅿 🏕
🖭 🖲 𝖵𝖨𝖲𝖠
Karte 16,50/44 – **29 Z : 58 B** 49/69 - 79/98.

In Trier-Biewer ⑥ : 4,5 km :

XX Kappes - Restaurant Olive mit Zim, Biewerer Str. 209, ℰ 6 10 01, 🍴 – 🏠 🚗 🅿
13 Z : 19 B.

In Trier-Euren SW : 3 km über Eurener Str. AY :

🏰 **Eurener Hof**, Eurener Str. 171, ℰ 8 80 77, Telex 472555, 🍴, « Rustikale Einrichtung », 🌊s,
🏊 – 🛗 🅿. 🛇
Karte 19/50 – **71 Z : 130 B** 39/95 - 76/145 Fb.

🏠 **Schütz** 🐾 garni, Udostr. 74, ℰ 8 88 38, 🌸 – 🏠wc. 🛇
22 Z : 36 B 40 - 60.

In Trier-Olewig über Olewiger Str. BY :

🏛 **Blesius-Garten** (ehemaliges Hofgut a.d.J. 1789), Olewiger Str. 135, ℰ 3 10 77, 🍴 – 🛗
🏠wc ☎ 🖔 🅿 🏕 🖭 ⓪ 🖲 𝖵𝖨𝖲𝖠
Karte 18/48 ⅜ – **60 Z : 120 B** 65/90 - 95/110 Fb.

In Trier-Pallien :

X Weisshaus, Bonner Str. 30 (Bergstation der Kabinenbahn), ℰ 8 34 33, ≼ Trier, 🍴 – 🖔 🅿 🏕
AV **n**

In Trier-Pfalzel ⑥ : 7 km :

🏠 **Klosterschenke** 🐾, Klosterstr. 10, ℰ 60 89, 🍴 – 🏠wc ☎ 🅿. 🛇 Zim
15. Dez.- 18. Feb. geschl. – Karte 17,50/42 – **9 Z : 15 B** 40/50 - 80/90.

An der B 51 SW : 5 km :

🏠 **Estricher Hof**, ⌧ 5500 Trier, ℰ (0651) 3 30 44, ≼, 🍴 – 🛗 🛏wc 🏠wc ☎ 🖔 🚗 🅿 🏕
🛇 Zim
16 Z : 36 B. — AZ **e**

In Igel 5501 SW : 8 km :

🏛 **Igeler Säule**, Trierer Str. 41 (B 49), ℰ (06501) 1 20 61, 🍴, 🌊s, 🏊 – 🏠wc ☎ 🅿 🏕
Karte 14/45 (Montag bis 18 Uhr geschl.) ⅜ – **26 Z : 52 B** 50 - 80/90.

In Mertesdorf 5501 O : 9 km über Trier-Ruwer :

🏠 **Weis**, Eitelsbacher Str. 4, ℰ (0651) 51 34, ≼, 🍴, eigener Weinbau – 🛗 🏠wc ☎ 🚗 🅿 🏕
🛇 Rest
Karte 17/45 ⅜ – **60 Z : 120 B** 45/49 - 80/84.

🏠 **Karlsmühle**, Im Mühlengrund 1, ℰ (0651) 5 20 35, 🍴, eigener Weinbau, Weinprobe, 🌸 –
🛏wc 🏠wc 🅿. 🖭
2. Jan.- 2. Feb. geschl. – Karte 14/40 (im Winter Montag geschl.) ⅜ – **45 Z : 78 B** 35/40 -
60/70.

MICHELIN-REIFENWERKE KGaA. 5500 Trier-Pfalzel Eltzstraße ⑥ : 7 km, ℰ (0651) 6 60 51,
Telex 472617.

TRIPPSTADT 6751. Rheinland-Pfalz 242 ⑧, 57 ⑨, 87 ① – 2 700 Ew – Höhe 420 m –
Erholungsort – ✆ 06306 – 🛈 Verkehrsamt, Hauptstr. 32, ☎ 3 41.

Mainz 96 – Kaiserslautern 13 – Pirmasens 34.

🏠 **Gunst** ⌂ garni, Hauptstr. 99, ☎ 17 85, ☛ – 🏠wc
14 Z : 30 B 40 - 60 – 2 Appart. 50.

🏠 **Zum Schwan**, Kaiserslauterer Str. 4, ☎ 3 93, « Gartenterrasse mit Grill », ☛ – 🏠wc 🅿
2. Jan. - 5. Feb. geschl. – Karte 16/34 (Dienstag geschl.) ⅃ – **11 Z : 19 B** 25/40 - 50/55.

XX **Schloßstuben**, Hauptstr. 24, ☎ 4 42, « Gartenterrasse mit Grill » – 🅿
Montag und 15. Jan. - 15. Feb. geschl. – Karte **29**/56 ⅃.

In Trippstadt-Johanniskreuz SO : 9 km :

🏠 **Waldhotel**, an der B 48, ☎ 13 04, « Kleiner Park, Gartenterrasse », ☎, 🔲, ☛ – 🛗 ⌂wc
🏠wc ☎ ⌂ 🅿 🔒
Karte 21/58 ⅃ – **46 Z : 80 B** 40/90 - 72/120 Fb.

TRITTAU 2077. Schleswig-Holstein 987 ⑤ – 5 500 Ew – Höhe 32 m – Luftkurort – ✆ 04154.
♦Kiel 90 – ♦Hamburg 32 – ♦Lübeck 48.

In Hamfelde in Lauenburg 2071 SO : 4 km :

🏠 **Pirschmühle**, Möllner Str. 2, ☎ (04154) 22 44, 🌳, ☎ – 🏠wc ☎ 🅿 🖭 ⓞ
Karte 32/63 (wochentags nur Abendessen, Montag geschl.) – **Pirsch-Klause** (Montag geschl.)
Karte 17/40 – **15 Z : 27 B** 45/60 - 78/90.

TRITTENHEIM 5559. Rheinland-Pfalz 987 ㉔ – 1 500 Ew – Höhe 121 m –
✆ 06507 (Neumagen-Dhron) – 🛈 Verkehrsamt, Moselweinstr. 55, ☎ 22 27.

Mainz 138 – Bernkastel-Kues 25 – ♦Trier 34.

🏠 **Krone**, Moselpromenade 9, ☎ 20 11, ≼, 🌳, ☎, 🔲 – 🏠wc ☎ 🅿
23 Appart. : 86 B.

🏠 **Moselperle**, Moselweinstr. 42, ☎ 22 21, 🌳, eigener Weinbau – 🏠wc ⌂
20. Dez. - 10. Jan. geschl. – Karte 14/40 (Montag geschl.) ⅃ – **14 Z : 22 B** 30/50 - 50/70 –
7 Appart. (im Gästehaus mit 🔲) 420/670 pro Woche.

In Büdlicherbrück 5509 S : 8 km :

🏠 **Robertmühle** ⌂, Im Dhrontal, ☎ (06509) 5 15, 🌳, ☛ – 🏠wc
Karte 14/53 ⅃ – **16 Z : 30 B** 30/37 - 51/67 – P 38/43.

🏠 **Zur Post**, Im Dhrontal, ✉ 5509 Naurath/Wald, ☎ (06509) 5 20, 🌳, ☛ – 🏠wc ⌂ 🅿 🖭
ⓞ 🗲
Karte 20/51 ⅃ – **12 Z : 25 B** 35 - 63/70 Fb – P 57.

In Bescheid-Mühle 5509 S : 10 km über Büdlicherbrück :

🏠 **Forellenhof** ⌂, Im Dhrontal, ☎ (06509) 2 31, 🌳, ☛, ⭢ – 🏠wc 🅿
Karte 14/50 ⅃ – **20 Z : 40 B** 36 - 66/73 – P 50/55.

TROCHTELFINGEN 7416. Baden-Württemberg – 5 200 Ew – Höhe 720 m – Erholungsort –
Wintersport : 690/815 m ✓2 ⚡2 – ✆ 07124 – 🛈 Verkehrsamt im Rathaus, ☎ 27 71.

♦Stuttgart 68 – ♦Konstanz 109 – Reutlingen 27.

🏠 **Zum Rößle**, Marktstr. 48, ☎ 12 21, ☎ – 🏠wc ☎ ⌂ 🅿 🔒 🖭 ⓞ 🗲
Karte 17/32 (Freitag ab 14 Uhr, Montag und Juni 2 Wochen geschl.) ⅃ – **25 Z : 36 B** 38 - 72.

TROISDORF 5210. Nordrhein-Westfalen – 61 200 Ew – Höhe 65 m – ✆ 02241.

♦Düsseldorf 65 – ♦Köln 21 – Siegburg 5.

🏠 **Regina** Ⓜ, Hippolytusstr. 23, ☎ 7 29 19 (Hotel) 7 29 48 (Rest.), Telex 889796 – 🛗 📺 🏠wc ☎
⌂ 🔒 🖭 ⓞ 🗲 ᵛᶦˢᵃ
Karte 25/57 (Samstag geschl.) – **36 Z : 67 B** 105/159 - 148/189 Fb.

🏠 **Wald-Hotel Haus Ravensberg**, Altenrather Str. 51, ☎ 7 61 04 (Hotel) 7 74 66 (Rest.) – 🛗
⌂wc 🏠wc ☎ ⌂ 🅿 🖭 ⓞ
Karte 20/66 (Montag geschl.) – **27 Z : 44 B** 69/79 - 105/125.

🏠 **Kronprinz** garni, Poststr. 87, ☎ 7 50 58 – 📺 🏠wc ☎ ⌂. 🖭 🗲 ᵛᶦˢᵃ
20 Z : 33 B 79 - 108 Fb.

TROMM Hessen siehe Grasellenbach.

TROSSINGEN 7218. Baden-Württemberg – 11 250 Ew – Höhe 699 m – ✆ 07425.
🛈 Verkehrsamt, Rathaus, Schultheiß-Koch-Platz 1, ☎ 2 51 20.

♦Stuttgart 106 – Donaueschingen 27 – Rottweil 14.

🏠 **Bären**, Hohnerstr. 25, ☎ 60 07 – ⌂wc 🏠wc ☎ ⌂ 🅿 🔒. ⓞ
Karte 23/52 (Freitag 17 Uhr - Samstag geschl.) – **24 Z : 35 B** 35/70 - 58/110.

🏠 **Schoch**, Eberhardstr. 20, ☎ 64 14, ☎, 🔲 – ⌂wc 🏠wc ⌂
Juli - Aug. 1 Woche geschl. – Karte 14,50/35 (Freitag geschl.) ⅃ – **22 Z : 35 B** 34/56 - 56/76.

TROSTBERG 8223. Bayern 987 ③⑦, 426 ⑲ — 9 900 Ew — Höhe 481 m — ✆ 08621.

♦München 86 — Passau 109 — Rosenheim 46 — Salzburg 64.

☎ Pfaubräu, Hauptstr. 2, ✆ 24 26, Biergarten — ⌷wc 🚗
25 Z : 36 B.

☎ **Zur Post**, Vormarkt 30, ✆ 22 09 — 🏛wc 🚗 **P.** 🆎
← Karte 13/34 (Sonntag 15 Uhr - Montag 17 Uhr geschl.) ⅃ — **22 Z : 45 B** 33/38 - 53/62.

Eine Karte aller Orte mit ❀, ❀❀ oder ❀❀❀ finden Sie auf S. 50 bis 57.

TÜBINGEN 7400. Baden-Württemberg 987 ③⑤ — 75 300 Ew — Höhe 340 m — ✆ 07071.
Sehenswert : Eberhardsbrücke ⩽** — Platanenallee** — Marktplatz* — Rathaus* —
Stiftskirche (Grabtumben**, Turm *, Kanzel*) — Schloß (Renaissance-Portale*).
Ausflugsziel : Bebenhausen : ehemaliges Kloster* 6 km über ①.

🛈 Verkehrsverein, an der Eberhardsbrücke, ✆ 3 50 11.

ADAC, Wilhelmstr. 3, ✆ 57 33, Telex 7262888.

♦Stuttgart 46 ① — ♦Freiburg im Breisgau 155 ③ — ♦Karlsruhe 105 ① — ♦Ulm (Donau) 100 ②.

TÜBINGEN

Am Markt	YZ	5
Friedrichstraße	Z	16
Holzmarkt	YZ	25
Karlstraße	Z	
Kirchgasse	YZ	27
Lange Gasse	Y	29
Mühlstraße	YZ	
Neckargasse	Z	33
Pfleghofstraße	Y	35
Wilhelmstraße	Y	

Alberstraße	X	2
Am Klein. Ämmerle	Y	3
Am Lustnauer Tor	Y	4
Ammergasse	Y	7
Burgsteige	Z	
Derendinger Straße	Z	9
Eberhardsbrücke	Z	12
Eberhardstraße	X	13
Ebertstraße	X	14

Europaplatz	Z	15
Froschgasse	Y	17
Goethestraße	X	19
Haaggasse	YZ	20
Hechinger Straße	Y	21
Hintere Grabenstr.	Y	22
Hirschgasse	Y	23
Hölderlinstraße	Y	24
Kapitänsweg	Z	26
Kronenstraße	Z	28
Metzgergasse	Y	30
Mohlstraße	X	31
Münzgasse	X	32
Nürtinger Straße	X	34
Poststraße	Z	37
Reutlinger Straße	X	38
Seelhausgasse	Y	43
Silcherstraße	Y	44
Stauffenbergstraße	X	45
Steinlachallee	Z	46
Vor dem Haagtor	Y	47
Waldhäuser Straße	X	48
Walter-Simon-Str.	Z	49

★ RATHAUS
SCHLOSS
★ MARKTPLATZ
STIFTSKIRCHE
★★ PLATANENALLEE
EBERHARDSBRÜCKE

🏨 **Krone** ⑤, Uhlandstr. 1, ℰ 3 10 36, Telex 7262762, « Stilvolle Einrichtung » – 📶 🖥 📺 **℗** 🅰️.   **Z b**
🆎 ⑩ **E** 𝓥𝓘𝓢𝓐
22.- 30. Dez. geschl. – Karte 32/71 – **52 Z : 72 B** 80/160 - 170/230.

🏨 **Stadt Tübingen**, Stuttgarter Str. 97, ℰ 3 10 71 – 🛏️wc 🛁wc 🕿 **℗** 🅰️. 🆎   **X a**
Karte 21/64 – **56 Z : 110 B** 75/95 - 110/185 Fb.

🏨 **Kupferhammer** garni, Westbahnhofstr. 57, ℰ 4 33 01 – 📺 🛁wc 🕿 ⟸ **℗** ⑩   **Y m**
14 Z : 23 B 48/65 - 78/88 Fb.

🏨 **Hospiz Tübingen**, Neckarhalde 2, ℰ 2 60 02 – 📶 📺 🛏️wc 🛁wc 🕿 ⟸ 🅰️. 🆎 ⑩ **E** 𝓥𝓘𝓢𝓐   **Z n**
Karte 19/47 *(Sonntag geschl.)* – **52 Z : 84 B** 48/90 - 80/130 Fb.

🏨 **Am Bad** ⑤, Am Freibad 2, ℰ 7 30 71 – 📺 🛁wc 🕿 🕭 **℗** 🆎 **E** 𝓥𝓘𝓢𝓐   **X f**
20. Dez. -10. Jan. geschl. – (nur Abendessen für Hausgäste) – **36 Z : 54 B** 67/75 - 82/93 Fb.

🏨 **Barbarina**, Wilhelmstr. 94, ℰ 2 60 48 – 📶 🛏️wc 🛁wc 🕿 **℗** 🆎   **X r**
Karte 16,50/58 *(nur Abendessen, Dienstag geschl.)* – **23 Z : 35 B** 57/80 - 75/98 Fb.

🏨 **Haus Katharina** ⑤ garni, Lessingweg 2, ℰ 6 70 21 – 🛏️wc 🛁wc 🕿 ⟸ **℗**   **X e**
16 Z : 20 B 56/95 - 105/130.

🍴🍴 **Museum**, Wilhelmstr. 3, ℰ 2 28 28 – 🅰️. 🆎 ⑩ **E** 𝓥𝓘𝓢𝓐   **Y T**
Karte 29/60.

🍴🍴 **Landgasthof Rosenau**, beim neuen Botanischen Garten, ℰ 6 64 66, 🍽️ – **℗**   **Y**
Dienstag geschl. – Karte 26/62.   über Frondsbergstr.   **Z v**

🍴 **Weinstube Forelle**, Kronenstr. 8, ℰ 2 29 38
Mitte Aug.- Mitte Sept., Donnerstag ab 14 Uhr und Dienstag geschl. – Karte 14/35 🍷.

In Tübingen-Bebenhausen ① : 6 km :

🍴🍴 ❀ **Waldhorn**, Schönbuchstr. 49 (B 27), ℰ 6 12 70 – **℗**
Donnerstag - Freitag 18 Uhr und Juli - Aug. 3 Wochen geschl. – Karte 22/66 (Tischbestellung ratsam)
Spez. Forellen-Terrine, Rehrücken mit Pilzen (2 Pers.), Hägemark-Eisbömble.

In Tübingen-Lustnau :

🏨 **Adler** garni, Bebenhäuser Str. 2 (B 27), ℰ 8 18 06 – 🛁wc **℗**   **X u**
24. Dez.- 15. Jan. geschl. – **30 Z : 50 B** 42/60 - 60/85.

In Tübingen 6-Unterjesingen ⑤ : 6 km :

🏨 **Am Schönbuchrand** garni, Hauptstr. 99, ℰ (07073) 60 47, 🚌, 🔲 – 📶 📺 🛏️wc 🛁wc 🕿
℗
13 Z : 18 B 52/60 - 80/104.

In Ammerbuch 2-Pfäffingen 7403 ⑤ : 8,5 km :

🏨 **Lamm**, Dorfstr. 42, ℰ (07073) 60 61, 🍽️ – 🛁wc 🕿 **℗** 🆎 ⑩ **E** 𝓥𝓘𝓢𝓐 –
24. Dez.- 7. Jan. geschl. – Karte 20/51 *(Okt.- April Freitag 14 Uhr - Samstag 18 Uhr geschl.)* –
20 Z : 35 B 48/54 - 76/84 Fb – P 70/85.

TÜSCHENBROICH Nordrhein-Westfalen siehe Wegberg.

TÜSSLING Bayern siehe Altötting.

TUNAU Baden-Württemberg siehe Schönau im Schwarzwald.

TUTTLINGEN 7200. Baden-Württemberg 987 ❀. 427 ⑥ – 33 000 Ew – Höhe 645 m – ❀ 07461.
🛈 Städt. Verkehrsamt, Rathaus, Marktplatz, ℰ 9 92 03.
🛈 Verkehrsamt Möhringen, Rathaus, ℰ (07462) 3 40.
♦Stuttgart 126 ⑤ – ♦Freiburg im Breisgau 93 ④ – ♦Konstanz 61 ③ – ♦Ulm (Donau) 117 ②.

Stadtplan siehe gegenüberliegende Seite.

🏨 **Café Schlack**, Bahnhofstr. 59, ℰ 7 20 81, Telex 762577 – 📺 🛁wc 🛁wc 🕿 ⟸ **℗** 🆎 ⑩ **E** 𝓥𝓘𝓢𝓐   **Z s**
🍴 Rest
Karte 21/43 *(Samstag geschl.)* – **37 Z : 62 B** 59/95 - 90/130 Fb.

🏨 **Rosengarten**, Königstr. 17 (1. Etage), ℰ 51 04 (Hotel) 53 60 (Rest.) – 📶 🛁wc ⟸   **Y r**
1.- 19. Jan. geschl. – Karte 15/35 *(Montag und Aug. geschl.)* 🍷 – **25 Z : 46 B** 31/56 - 58/82.

🏨 **Café Alter Römer** garni, Bahnhofstr. 39 (1. Etage), ℰ 27 66 – 🛁 🛁 ⟸   **Z u**
13 Z : 18 B 28/36 - 50/58.

🍴🍴 **Kupferkanne**, Zeughausstr. 8, ℰ 32 32 – 🆎 ⑩ **E**   **Z c**
Freitag - Samstag 17 Uhr und Juli - Aug. 2 Wochen geschl. – Karte 23/52.

In Tuttlingen - Möhringen ④ : 5 km – Luftkurort – ❀ 07462 :

🍴 **Löwen**, Mittelgasse 4, ℰ 62 77, 🚌 – 🛁wc ⟸ **℗**
20. Okt.- 20. Nov. geschl. – Karte 12,50/30 *(Mittwoch geschl.)* 🍷 – **22 Z : 38 B** 28/42 - 54/74 –
P 42/46.

🍴 **Zum Hecht** mit Zim, Hechtgasse 1, ℰ 62 87 – 🛁wc **℗**
Karte 15/37 *(Freitag geschl.)* – **4 Z : 7 B** 33 - 65.

TUTTLINGEN

Bahnhofstraße	Z	
Königstraße	YZ	10
Obere Hauptstraße	Z	15
Untere Hauptstraße	Y	24
Alleenstraße	YZ	2
Balinger Straße	Y	3
Bismarckstraße	Z	4
Donaueschinger Straße	Z	6
Donaustraße	YZ	7
Ludwigstaler Straße	Y	12
Marktplatz	Z	13
Neuhauser Straße	Z	14
Rathausstraße	YZ	18
Schaffhauser Straße	Z	19
Seitinger Straße	Y	20
Stadtkirchstraße	Z	22
Umgehungsstraße	Z	23
Untere Vorstadt	Y	25

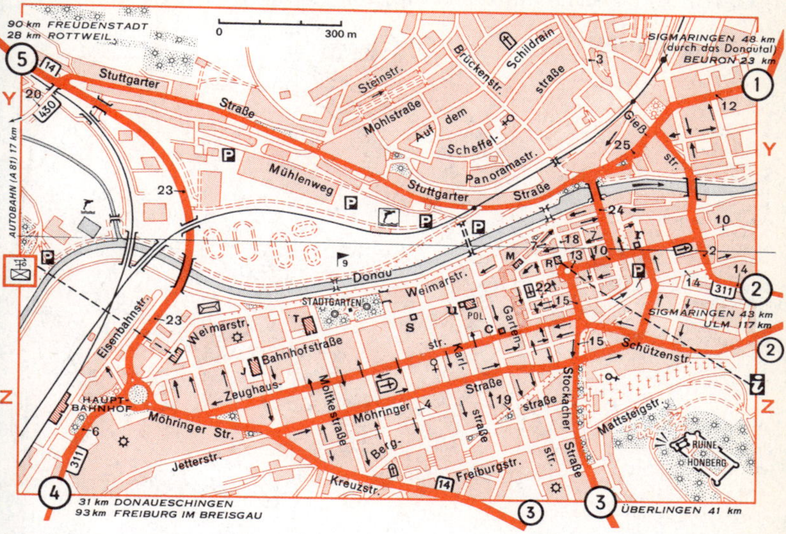

TUTZING 8132. Bayern 987 ㊲, 426 ⑰ – 10 000 Ew – Höhe 610 m – Luftkurort – ☎ 08158.
Verkehrsamt, Kirchenstr. 9, Rathaus, ☎ 20 31 – ♦München 42 – Starnberg 15 – Weilheim 14.

- **Engelhof** Ⓜ, Heinrich-Vogel-Str. 9, ☎ 63 36 – TV wc wc ☎ P. Rest (nur Abendessen für Hausgäste) – **11 Z : 23 B** 65/70 - 95 Fb.
- **Forsthaus Ilkahöhe**, auf der Ilka-Höhe (SW : 1,5 km), ☎ 82 42, ≤ Starnberger See und Alpen, , Biergarten – P
  Montag und 10. Jan.- 10. Feb. geschl. – Karte **29**/53.
- **Café am See** mit Zim, Marienstr. 16, ☎ 4 90, ≤, – TV wc P
  10. Nov.- 15. Dez. geschl. – Karte 18,50/43 *(Dienstag geschl.)* – **8 Z : 24 B** 68 - 85/95 – 4 Appart. 55/90.

TWISTRINGEN 2832. Niedersachsen 987 ⑭ – 11 700 Ew – Höhe 55 m – ☎ 04243.
♦Hannover 99 – ♦Bremen 38 – ♦Osnabrück 87.

- **Niedersachsen**, Langenstr. 6, ☎ 39 35 – P
  Karte 15/25 *(Samstag geschl.)* – **7 Z : 9 B** 30 - 58.

UDENBRETH Rheinland-Pfalz siehe Hellenthal.

ÜBACH-PALENBERG 5132. Nordrhein-Westfalen 213 ⑫, 408 ㉖, 409 ⑦ – 23 300 Ew – Höhe 125 m – ☎ 02451 (Geilenkirchen) – ♦Düsseldorf 72 – ♦Aachen 18 – Geilenkirchen 6.

- **Stadthotel**, Freiheitstr. 8 (Übach), ☎ 40 62 – wc ☎
  Karte 17/37 *(wochentags nur Abendessen, Sonntag nur Mittagessen)* – **17 Z : 27 B** 38/50 - 76/90.
- **Weydenhof**, Kirchstr. 17 (Palenberg), ☎ 4 14 10 – wc P
  Aug. geschl. – Karte 13/33 *(Freitag geschl.)* – **16 Z : 26 B** 30/40 - 60/80.

ÜBERHERRN Saarland siehe Saarlouis.

ÜBERKINGEN, BAD 7347. Baden-Württemberg – 3 300 Ew – Höhe 440 m – Heilbad – ☎ 07331 (Geislingen an der Steige) – ♦Stuttgart 64 – Göppingen 21 – ♦Ulm (Donau) 37.

- **Bad-Hotel** Ⓜ, Badstr. 12, ☎ 6 40 46, – Rest TV P. AE E.
  Karte 33/60 – **20 Z : 37 B** 75/115 - 160/240 Fb.

Sehenswert : Stadtbefestigungsanlagen★★ A — Münster★ B E — Seepromenade AB — Rathaus (Ratssaal★) B R.

🛈 Städt. Kurverwaltung, Landungsplatz 14, ☎ 40 41.

◆Stuttgart 172 ③ — Bregenz 63 ② — ◆Freiburg im Breisgau 129 ③ — Ravensburg 46 ①.

ÜBERLINGEN

Christophstraße . . . . A 3
Franziskanerstraße . . . . . . AB 5
Hofstatt . . . . B
Münsterstraße . . . . B

Bahnhofstraße . . . . A 2
Gradebergstraße . . . . B 6
Hafenstraße . . . . B 8
Hizlerstraße . . . . B 9
Hochbildstraße . . . . B 10
Jakob-Kessenring-
  Straße . . . . A 12
Klosterstraße . . . . A 14
Krummebergstraße . . . . B 15
Landungsplatz . . . . B 17
Lindenstraße . . . . B 19
Luziengasse . . . . B 20
Marktstraße . . . . AB 22
Obertorstraße . . . . B 23
Owinger Straße . . . . B 25
Pfarrhofstraße . . . . B 26
St-Ulrich-Straße . . . . B 28
Seestraße . . . . B 29

*Michelin puts
no plaque or sign
on the hotels
and restaurants
mentioned in this guide.*

🏨🏨 **Parkhotel St. Leonhard** ⤵, Obere St.-Leonhard-Str. 83, ☎ 80 80, Telex 733983, ≤ Bodensee und Alpen, 余, « Park, Wildgehege », ≦s, 🏊, 🦌, ✿ — 🔋 🅿 🏌, 🗚
über Obertorstr.   B
Karte 21/58 — **112 Z : 195 B** 75/117 - 136/170 Fb — P 102/151.

🏨 **Seegarten** ⤵, Seepromenade 7, ☎ 6 34 98, ≤, « Gartenterrasse », 🦌 — 🔋 ⇌wc 🟰wc 🗚   A e
✿. E
Feb.- Nov. — Karte 25/60 — **28 Z : 40 B** 50/100 - 120/160 — P 84/114.

🏨 **Bürgerbräu**, Aufkircher Str. 20, ☎ 6 34 07 — ⇌wc 🟰wc ☎ 🅿. 🗚 ⓞ E 𝗩𝗜𝗦𝗔 ✿ Zim   B c
Karte 26/50 — **12 Z : 19 B** 59 - 108 Fb.

🏨 **Romantik-Hotel Hecht**, Münsterstr. 8, ☎ 6 33 33 — 🟰wc ☎ ⇌. 🗚 ⓞ E 𝗩𝗜𝗦𝗔
✿ Zim
20. Feb.- 20. März geschl. — Karte 31/67 *(Tischbestellung ratsam)* (Montag geschl.) — **14 Z :
20 B** 65/80 - 120/150 Fb.

🏠 **Ochsen**, Münsterstr. 48, ☎ 40 67, 余 — 🔋 ⇌wc 🟰wc 🅿. 🗚 ⓞ E   B r
Karte 23/46 *(23.-31. Dez. geschl.)* — **43 Z : 63 B** 42/70 - 76/130 — P 78/108.

🏠 **Stadtgarten**, Bahnhofstr. 22, ☎ 45 22, 🗚, 🦌 — 🟰wc 🅿   über ③
(Rest. nur für Hausgäste) — **25 Z : 46 B**.

🏠 **Zähringer Hof** garni, Münsterstr. 36, ☎ 6 36 65 — 🟰wc   B u
April - Okt. — **30 Z : 42 B** 38/58 - 72/104.

☎ **Engel**, Hafenstr. 1, ☎ 6 34 12 — 🟰wc ⇌   B v
Jan. geschl. — Karte 19,50/40 (Montag geschl.) ৬ — **12 Z : 15 B** 30/50 - 60/88.

☎ **Weinstube Reichert** ⤵, Seepromenade 3, ☎ 6 38 57, ≤, 余 — 🟰. 🗚 ⓞ E 𝗩𝗜𝗦𝗔   A a
Karte 19/45 *(Montag geschl.)* — **9 Z : 15 B** 36 - 64/72.

✕ **Mokkas Grillstuben** mit Zim, Münsterstr. 3 (1. Etage), ☎ 6 37 57 — 🟰 ☎. 🗚 ⓞ E   B s
𝗩𝗜𝗦𝗔
Karte 22/45 *(Mittwoch geschl.)* — **5 Z : 7 B** 45 - 85.

In Überlingen-Andelshofen ① : 3 km :

🏠 **Zum Johanniter-Kreuz** ⤵, Johanniterweg 11, ☎ 6 10 91, 余, « Fachwerkhaus a.d. 17. Jh.,
rustikale Einrichtung » — ⇌wc 🟰wc ☎ 🅿. 🗚 ⓞ E 𝗩𝗜𝗦𝗔
Karte 24/48 *(Montag - Dienstag 17 Uhr und Nov. 2 Wochen geschl.)* — **14 Z : 24 B** 52/70 -
98/120.

In Überlingen 18-Nußdorf ② : 3 km :

🏠 **Seehotel Zolg**, Zur Forelle 1, ☎ 6 21 49, ≤, 余, ≦s, 🦆, 🦌 — 🟰wc ☎ 🅿. 🗚 ⓞ
E
Karte 16/43 *(Nov.- 15. März garni)* — **19 Z : 36 B** 57 - 100/110.

ÜBERSEE 8212. Bayern 🐴🐲🐃 ⑲ – 3 700 Ew – Höhe 525 m – Luftkurort – ☎ 08642.

🛈 Verkehrsamt, Feldwieser Str. 27, ℰ 2 95 – ✦München 95 – Rosenheim 36 – Traunstein 20.

In Übersee-Westerbuchberg S : 2 km :

🏠 **Zur Schönen Aussicht** ⌂, Westerbuchberg 9, ℰ 19 43, ≤, 🎄, ⇔, 🔲 – 📺 🍴wc ☎ 🅿
Karte 14/40 🍷 – **60 Z : 85 B** 46 - 92 Fb – P 72.

Am Chiemsee N : 4 km :

🏠 **Chiemgauhof** ⌂, Julius-Exter-Promenade 21, ✉ 8212 Übersee, ℰ (08642) 3 51,
Telex 563341, ≤, « Terrasse am See », ⇔, 🔲, 🐎, 🚗 – 🍴wc 🅿
7. Jan.- Ostern und Nov.- 23. Dez. geschl. – Karte 12,50/38 – **21 Z : 45 B** 42/75 - 64/110 Fb.

ÜHLINGEN-BIRKENDORF 7899. Baden-Württemberg 🐴🐲🐃 ⑤. 🐴🐲🐃 ⑥ ⑦ – 4 400 Ew – Höhe 644 m – Luftkurort – Wintersport : ⌖6 – ☎ 07743.

🛈 Verkehrsbüro Ühlingen, Rathaus, ℰ 2 69 und Kurverwaltung Birkendorf, Haus des Gastes, ℰ 3 80.
✦Stuttgart 172 – Donaueschingen 46 – ✦Freiburg im Breisgau 67 – Waldshut-Tiengen 21.

Im Ortsteil Ühlingen :

🏠 Posthorn, Hauptstr. 12, ℰ 2 44 – 🍴wc ⇐ 🅿 – **16 Z : 30 B**.

Im Ortsteil Birkendorf :

🏠 **Sonnenhof-Gästehaus Sonnhalde**, Schwarzwaldstr. 9, ℰ 3 60, 🎄, ⇔, 🔲, 🚗 – 📶
⇔wc 🍴wc ☎ 🅿. 🆎 ⓞ 𝗩𝗜𝗦𝗔
25. Nov.- 15. Dez. geschl. – Karte 18,50/43 (Jan.- April Donnerstag geschl.) 🍷 – **40 Z : 73 B**
30/50 - 54/80 Fb – P 48/64.

🏠 Hirschen, Schwarzwaldstr. 28, ℰ 3 49, 🚗 – ⇔wc 🍴wc ⇐ 🅿 🔶
20. Nov.- 15. Dez. geschl. – Karte 15,50/35 (Nov.- Mai Dienstag geschl.) 🍷 – **23 Z : 42 B** 25/37 -
40/70.

In Ühlingen-Birkendorf-Witznau SW : 10 km :

✗ Witznau mit Zim, ℰ (07747)2 15, 🎄 – 🅿. 🆎 ⓞ 🇪
15. Jan.- 15. Feb. geschl. – Karte 18/44 (Montag geschl.) – **8 Z : 12 B** 23/30 - 46/60.

UELSEN 4459. Niedersachsen 🐴🐲🐃 ⑨. 🐴🐲🐃 ⑬ – 3 500 Ew – Höhe 22 m – Erholungsort – ☎ 05942.
✦Hannover 240 – Almelo 23 – Lingen 36 – Rheine 56.

🏠 **Am Waldbad** ⌂, beim Feriengebiet, ℰ 10 61, 🎄, direkter Zugang zum städtischen 🔲,
⇔, 🚗 – 📺 ⇔wc 🍴wc ☎ 🅿 🔶. 🇪
Karte 20/49 – **14 Z : 22 B** 30/50 - 80/90.

UELZEN 3110. Niedersachsen 🐴🐲🐃 ⑯ – 38 000 Ew – Höhe 35 m – ☎ 0581.
🛈 Verkehrsbüro, Veerder Str. 43, ℰ 80 01 32 – ✦Hannover 96 – ✦Braunschweig 83 – Celle 53 – Lüneburg 33.

🏠 **Stadthalle**, Schützenplatz 1, ℰ 23 78 – 📶 🍴wc 🅿 🔶. 🆎 ⓞ 🇪
Karte 23/47 – **12 Z : 21 B** 60 - 110.

🏠 **Uelzener Hof**, Lüneburger Str. 47, ℰ 7 39 93, « Schönes Fachwerkhaus » – 🍴wc ☎ ⇐. 🇪
Karte 19/48 – **40 Z : 50 B** 50/60 - 70/88.

🏠 **Am Stern**, Sternstr. 13, ℰ 63 29 – 🍴wc 🅿. ⌕
Karte 17/35 (nur Abendessen) – **15 Z : 27 B** 40 - 70.

In Uelzen-Kirchweyhe N : 5 km :

✗ **Jägerhof** mit Zim, Uelzener Str. 13 (B 4), ℰ 22 37 – 🍴wc 🅿. 🆎 ⓞ 🇪 𝗩𝗜𝗦𝗔
Karte 20/47 (Nov.- Feb. Montag geschl.) – **5 Z : 9 B** 35 - 70.

ÜRZIG 5564. Rheinland-Pfalz 1 000 Ew – Höhe 106 m – ☎ 06532 (Zeltingen).
Mainz 124 – Bernkastel-Kues 10 – ✦Trier 46 – Wittlich 11.

🏠🏠 **Moselschild**, Moselweinstr. 14 (B 53), ℰ 30 01, Telex 4721542, ≤, 🎄, ⇔ – 📺 ⇔wc 🍴wc
☎ ⇐ 🅿. 🆎 ⓞ 🇪 𝗩𝗜𝗦𝗔
10.- 31. Jan. geschl. – Karte 28/68 – **14 Z : 27 B** 65/85 - 92/130 – P 84/125.

🏠 **Ürziger Würzgarten**, Moselweinstr. 44 (B 53), ℰ 20 83, ≤, ⇔, 🔲, 🚗 – 📶 🍴wc ☎ ⇐ 🅿
🔶. 🆎 ⓞ 🇪 𝗩𝗜𝗦𝗔
Karte 18/55 🍷 – **33 Z : 61 B** 48/80 - 70/110.

🏠 **Zehnthof**, Moselufer 38, ℰ 25 19, ≤, 🎄 – ⇔wc 🍴wc ⇐ 🅿. ⌕ Zim
April- Okt. – Karte 19,50/54 – **20 Z : 40 B** 35/70 - 60/100.

🏠 **Zur Traube**, Moselweinstr. 16 (B 53), ℰ 45 12, ≤, 🎄 – 🍴wc ⇐ 🅿. ⓞ 🇪
15. Jan.- Feb. geschl. – Karte 16/49 – **12 Z : 23 B** 20/40 - 40/80.

🏠 **Ürziger Ratskeller** garni (Fachwerkhaus a.d.J. 1588), Rathausplatz 10, ℰ 22 60 – 🍴wc ⇐
13 Z : 25 B 35/45 - 50/75.

✗ **Ürziger Rotschwänzchen** mit Zim, Moselufer 18, ℰ 21 83 – 🍴wc. 🆎
Karte 19/55 (5. Jan.- März geschl.) – **12 Z : 23 B** 25/34 - 50/72.

In Kinderbeuern 5561 N : 4,5 km :

🏠🏠 **Alte Dorfschänke**, Hauptstr. 105, ℰ (06532) 24 94, « Gartenterrasse » – 🍴wc 🅿
Jan. 2 Wochen geschl. – Karte 18/50 (Montag geschl.) 🍷 – **10 Z : 21 B** 35 - 70 – P 52.

UETERSEN 2082. Schleswig-Holstein 987 ⑤ – 17 000 Ew – Höhe 6 m – 🕾 04122.
◆Kiel 101 – ◆Hamburg 34 – Itzehoe 35.

🏤 **Hotel im Rosarium** ⑤, Berliner Straße, 🅟 70 66, « Gartenterrasse mit ≤ » – 🛱wc ☎ ⇔ 🅿 ⒶⒺ Ⓔ
Karte 25/62 – **13 Z : 26 B** 65 - 98 Fb.

🏠 **Deutsches Haus**, Kirchenstr. 24, 🅟 24 44 – 🛱wc ⇔
20. Dez.- 7. Jan. geschl. – Karte 16/32 (nur Abendessen, Sonntag geschl.) – **19 Z : 30 B** 35/50 - 64/84 Fb.

UETTINGEN 8702. Bayern – 1 200 Ew – Höhe 230 m – 🕾 09369.
◆München 294 – ◆ Frankfurt 101 – ◆ Würzburg 17.

🏠 **Fränkischer Landgasthof**, Würzburger Str. 8 (B 8), 🅟 82 89 – 🛱wc ⇔ 🅿
→ 13. Feb.- 7. März geschl. – Karte 11,50/32 (Donnerstag geschl.) – **9 Z : 15 B** 36 - 66.

UETZE 3162. Niedersachsen 987 ⑯ – 17 200 Ew – Höhe 50 m – 🕾 05173.
◆Hannover 39 – ◆Braunschweig 38 – Celle 23.

✗ **Landhaus Wilhelmshöhe** mit Zim, Marktstr. 13 (N : 1,5 km Richtung Celle), 🅟 8 10 – 🛱 ⇔ 🅿 �🛁
Juli- Aug. 4 Wochen geschl. – Karte 15,50/42 (Montag - Dienstag geschl.) – **8 Z : 12 B** 30/38 - 56/68.

UHINGEN 7336. Baden-Württemberg 987 ㉟ – 12 000 Ew – Höhe 295 m – 🕾 07161(Göppingen).
◆Stuttgart 44 – Göppingen 5 – Reutlingen 46 – ◆Ulm (Donau) 59.

In Uhingen-Diegelsberg NW : 3 km :

🏠 **Sonnenhof** ⑤, Sonnenhofstr. 1, 🅟 (07163) 31 33, 🞋 – 🛁wc 🛱 ☎ ⇔ 🅿
24. Dez.- Jan. geschl. – (nur Abendessen für Hausgäste) – **14 Z : 17 B** 45/58 - 77/100.

In Albershausen SW : 2 km :

🏨 Stern Ⓜ, Uhinger Str. 1, 🅟 (07161) 3 20 81, ⎙ – 🛗 ⅙ 🅿 🛁 – **44 Z : 64 B** Fb.

UHLDINGEN-MÜHLHOFEN 7772. Baden-Württemberg 216 ⑩, 427 ⑦ – 5 000 Ew – Höhe 398 m – Erholungsort – 🕾 07556.
Ausflugsziel : Birnau-Maurach : Wallfahrtskirche★ : Lage★★, NW : 3 km.
🛈 Verkehrsamt, Unteruhldingen, Schulstr. 12, 🅟 80 20.
◆Stuttgart 181 – Bregenz 55 – Ravensburg 38.

Im Ortsteil Oberuhldingen :

🏛 Sport- und Konferenzhotel ⑤, Linzgaustr. 6, 🅟 80 11, Telex 733903, 🞋, ⎙ – 🛗 TV 🛁wc 🅟 🅿 🛁
60 Appart. : 180 B Fb.

🏠 **Storchen**, Aachstr. 17, 🅟 85 86, 🞋 – 🛱wc ⇔ 🅿
Karte 17,50/34 ⚭ – **23 Z : 38 B** 33/39 - 60/78.

🏠 **Keßler**, Aachstr. 45, 🅟 86 91, 🞋 – 🛱wc 🅿 – **17 Z : 31 B**.

Im Ortsteil Seefelden :

🏨 **Landgasthof Fischerhaus** ⑤, 🅟 85 63, ≤, 🛁, 🛶, 🛤 – TV 🛁wc 🛱wc ☎ 🅿 🞋 Zim
April - Okt. – Karte 27/47 (Tischbestellung erforderlich) (Montag - Dienstag geschl.) – **22 Z : 42 B** 73/85 - 146/170 Fb.

Im Ortsteil Unteruhldingen :

🏨 **Gästehaus Bodensee** garni, Seestr. 5, 🅟 67 91, 🞋, 🛤 – TV 🛱wc 🅿
März - Nov. – **13 Z : 26 B** 55/61 - 100/114 Fb – 7 Appart. 80.

🏠 **Café Knaus**, Seestr. 2, 🅟 80 08, 🞋, 🛤 – TV 🛁wc 🛱wc ☎ ⇔ 🅿
15. Feb.- 15. Nov. – Karte 17/35 (Montag geschl.) – **29 Z : 55 B** 46/65 - 85/120 Fb.

🏠 **Seehof**, Seefelder Str. 8, 🅟 65 15, ≤, « Gartenterrasse » – TV 🛱wc 🅿
Mitte März - Nov. – Karte 17/38 – **22 Z : 37 B** 45/58 - 70/98 Fb.

🏠 **Alpenblick** garni, Meersburger Str. 11, 🅟 60 70, ≤, 🛤 – 🛗 🛱wc 🅿
17 Z : 25 B 44 - 90.

✗ **Grillstuben Knaus**, Seefelder Str. 2, 🅟 85 72, ≤, 🞋
außer Saison Mittwoch und Ende Nov.- Mitte Feb. geschl. – Karte 15/44.

ULM (Donau) 7900. Baden-Württemberg 987 ㊱ – 98 500 Ew – Höhe 479 m – 🕾 0731.
Sehenswert : Münster★★★ (Chorgestühl★★★, Turm ❊★★) Z – Jahnufer (Neu-Ulm) ≤★★ Z – Fischerviertel★ Z – Ulmer Museum★ Z M1.
Ausflugsziel : Ulm-Wiblingen : Klosterkirche (Bibliothek★) S : 5 km.
Ausstellungsgelände a. d. Donauhalle (über Wielandstr. X), 🅟 6 44 00.
🛈 Städt. Verkehrsbüro, Pavillon am Münsterplatz, 🅟 6 41 61.
ADAC, Neue Str. 40, 🅟 6 66 66, Notruf 🅟 1 92 11.
◆Stuttgart 91 ⑥ – ◆Augsburg 82 ① – ◆München 140 ①.

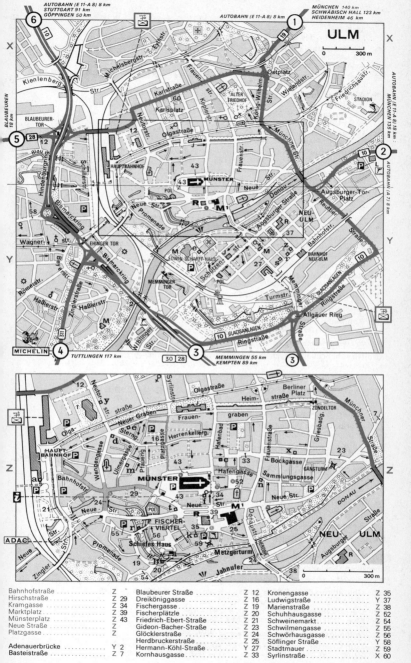

ULM

0   300 m

ULM (Donau)

🏨🏨 **Intercity-Hotel**, Bahnhofsplatz 1, ✆ 6 12 21, Telex 712871 — 🛗 ▦ Rest 📺 ᕲ ⇔ 🅰️. 🆎
🔟 🄴 _VISA_
Karte 21/60 — **110 Z : 160 B** 48/88 - 71/160 Fb.

🅩 a

🏨🏨 **Neutor-Hospiz**, Neuer Graben 23, ✆ 1 51 60, Telex 712401 — 🛗 📺 ⇔ 🅿️ 🅰️. 🆎 ⓪ 🄴
VISA. 🍴 Rest
Karte 27/60 — **85 Z : 130 B** 90/105 - 128/165 Fb.

🅩 e

🏨 **Stern**, Sterngasse 17, ✆ 6 30 91, Telex 712923, ⇔s — 🛗 📺 ⇔wc 🛁wc ☎ ⇔. 🆎 ⓪ 🄴
Karte 16/45 — **62 Z : 100 B** 75/95 - 110/130 Fb.

🅩 d

🏨 **Goldener Bock**, Bockgasse 25, ✆ 2 80 79 — 🛁wc ☎. 🆎 ⓪ 🄴 _VISA_
Karte 22/65 _(Sonntag geschl.)_ — **11 Z : 15 B** 70 - 120.

🅩 x

🏨 **Ibis**, Neutorstr. 12, ✆ 61 90 01, Telex 712927 — 🛗 🛁wc ☎ ᕲ ⇔ 🅰️
90 Z : 135 B Fb.

🅩 y

🏨 **Ulmer Spatz**, Münsterplatz 27, ✆ 6 80 81, � — 🛗 ⇔wc 🛁wc ☎. 🆎
Karte 18/44 — **40 Z : 54 B** 34/65 - 68/95.

🅩 f

🏨 **Am Rathaus - Reblaus** garni, Kronengasse 10, ✆ 6 40 32 — 🛁wc. 🆎 ⓪
24. Dez.- 6. Jan. geschl. — **38 Z : 67 B** 38/63 - 66/88.

🅩 k

🏨 **Goldenes Rad** garni, Neue Str. 65, ✆ 6 70 48 — 🛗 ⇔wc 🛁wc ☎. 🆎 ⓪ 🄴 _VISA_. 🍴
22 Z : 33 B 44/82 - 75/105.

🅩 t

🏨 **Roter Löwe**, Ulmer Gasse 8, ✆ 6 20 31 — 🛗 ⇔wc 🛁wc ☎ ⇔
← 23. Dez.- 7. Jan. geschl. — Karte 14/37 _(Sonn- und Feiertage geschl.)_ — **30 Z : 40 B** 35/68 -
68/88 Fb.

🅩 m

🏨 **Schwarzer Adler**, Frauenstr. 20, ✆ 2 10 93 — 🛗 🛁 ⇔
← 24. Dez.- 6. Jan. geschl. — Karte 14/39 _(Freitag geschl.)_ — **32 Z : 42 B** 35/43 - 65/75.

🅩 n

XX **Pflugmerzler**, Pfluggasse 6, ✆ 6 80 61 — 🆎
22. Dez.- 1. Jan., Samstag ab 15 Uhr sowie Sonn- und Feiertage geschl. — Karte **28**/59
(Tischbestellung ratsam).

🅩 c

XX Forelle, Fischergasse 25, ✆ 6 39 24

🅩 b

X **Gerberhaus**, Weinhofberg 9, ✆ 6 94 98
Sonn- und Feiertage geschl. — Karte 15/41.

🅩 r

X Ratskeller, Marktplatz 1, ✆ 6 07 22

🅩 R

**In Ulm-Böfingen** über ① :

🏨 **Sonnenhof**, Eberhard-Finckh-Str. 17, ✆ 2 60 91, ≤, � — 🛁wc ☎ 🅿️. 🆎 ⓪ 🄴
Karte 22/48 — **25 Z : 33 B** 45/56 - 90 Fb.

**In Ulm-Grimmelfingen** ④ : 5 km :

🏨 **Hirsch**, Schultheißenstr. 9, ✆ 38 10 08, � — 📺 🛁wc ☎ 🅿️. 🆎 ⓪
24. Dez.- 15. Jan. geschl. — Karte 15/41 _(Dienstag geschl.)_ ᕲ — **25 Z : 35 B** 45/60 - 80/90 Fb.

**In Ulm-Lehr** ⑥ : 3 km :

🏨 **Engel**, Loherstr. 35, ✆ 6 08 84, ⇔s — ⇔wc 🛁wc ☎ 🅿️ 🅰️. 🆎 ⓪ 🄴 _VISA_
2.- 26. Aug. geschl. — Karte 21/48 _(Sonntag ab 15 Uhr geschl.)_ — **31 Z : 46 B** 64/68 - 92/108.

**In Ulm-Wiblingen** S : 5 km über Wiblinger Str. Y :

🏨 **Grüner Baum**, Donautalstr. 21, ✆ 4 10 80, ⇔s — 📺 🛁wc ☎ 🅿️. 🆎 ⓪ 🄴
← Aug. geschl. — Karte 14/40 _(Sonntag geschl.)_ ᕲ — **40 Z : 63 B** 32/44 - 62/78.

**An der Autobahn A 8 - Ausfahrt Ulm-Ost** ① : 8 km :

🏨 **Rasthaus Seligweiler**, an der B 19, ✉ 7900 Ulm (Donau), ✆ (0731) 2 60 85, 🏞 — 🛗 ⇔wc
🛁wc ☎ ⇔ 🅿️ 🅰️. 🆎 ⓪ 🄴 _VISA_
Karte 15/38 — **118 Z : 204 B** 34/65 - 103/106 Fb.

**In Dornstadt** 7909 ⑥ : 9 km :

🏨 **Krone**, Lange Str. 1 (B 10), ✆ (07348) 2 10 33, ⇔s — ⇔wc 🛁wc ☎ 🅿️ 🅰️. 🆎 ⓪ 🄴 _VISA_
Karte 15/40 — **53 Z : 90 B** 46/56 - 72/98.

Siehe auch : _Neu-Ulm_

MICHELIN-REIFENWERKE KGaA. Niederlassung Dornier Str. 5 (über ④), ✆ (0731) 4 50 88.

ULRICHSTEIN 6314. Hessen — 3 200 Ew — Höhe 570 m — ✪ 06645.
Sehenswert : Schloßruine ❋★.
◆Wiesbaden 122 — ◆Frankfurt am Main 94 — Gießen 43 — Lauterbach 21.

🏨 **Gästehaus Schloßberg** 🍴 garni, Kramerstr. 4, ✆ 6 66, 🌂 — 🛁 🅿️
10 Z : 20 B 28 - 50.

🏨 **Darmstädter Hof**, Marktstr. 10, ✆ 2 92 — 🅿️
← Karte 11/30 _(Dienstag geschl.)_ — **14 Z : 25 B** 26 - 52 — P 34.

**In Ulrichstein 1 - Ober-Seibertenrod** NW : 3 km :

🏨 **Zum Ohmtal**, Obergasse 6, ✆ 3 81, ⇔s, 🏞, 🌂 — ⇔wc 🛁wc 🅿️
← 20. Nov.- 20. Dez. geschl. — Karte 14/34 — **16 Z : 28 B** 32/36 - 70 Fb.

UNDELOH 2111. Niedersachsen — 800 Ew — Höhe 60 m — 🌀 04189.

Sehenswert : Typisches Heidedorf★.

🅱 Verkehrsverein, Zur Dorfeiche 27, 🖉 3 33.

♦Hannover 113 — ♦Hamburg 53 — Lüneburg 35.

🏠 **Witte's Hotel** 🦢, Zum Loh 2, 🖉 2 67, 🍴, 🛋, 🐎 — 📺 ➔wc 🗓wc ☎ 🅿. 🏊 Zim
Jan.- 5. Feb. geschl. — Karte 19/47 *(Okt.- Juli Montag geschl.)* — **18 Z : 35 B** 47/57 - 92/116.

🏠 **Heiderose - Gästehaus Heideschmiede** 🦢, Wilseder Str. 13, 🖉 3 11, 🍴, 🔔, 📐, 🛋
— 📺 🗓wc ☎ 🅿. 🌐 **E**
Karte 17/48 — **21 Z : 40 B** 55/80 - 96/150 — P 80.

✕✕ **Undeloher Hof** 🦢 mit Zim, Wilseder Str. 22, 🖉 4 57, 🍴 — 📺 ➔wc 🗓wc ☎ 🅿. 🏊
6 Z : 12 B.

In Undeloh-Wesel NW : 5 km :

🏠 **Heidelust** 🦢, Weseler Dorfstr. 9, 🖉 2 72, 🍴, 🔔, 🛋 — 🗓wc ☎ 🅿 🦽. **E**
Jan. geschl. — Karte 19/47 *(15. Okt.- März Donnerstag geschl.)* — **32 Z : 48 B** 37/44 - 70/98 Fb
— 3 Appart. 65/75.

UNKEL 5463. Rheinland-Pfalz — 4 300 Ew — Höhe 53 m — 🌀 02224 (Bad Honnef).

🅱 Verkehrsamt, Linzer Str. 6, 🖉 33 09.

Mainz 137 — ♦Bonn 22 — Neuwied 28.

🏨 **Rheinhotel Schulz** 🦢, Vogtsgasse 4, 🖉 23 02, ≼, « Gartenterrasse » — ➔wc 🗓wc ☎ 🅿
🦽. 🆎 🌐 **E** 🆅🆂🅰. 🏊
Karte 25/57 — **30 Z : 50 B** 85/150 - 150/190.

🏠 **Zum Marienberg**, Frankfurter Str. 17, 🖉 7 13 36 — 📺 ➔wc 🗓wc 🅿. 🏊 Zim
11. Feb.- Anfang März geschl. — Karte 18,50/50 *(Dienstag geschl.)* — **15 Z : 30 B** 35/55 - 70/110.

🏠 **Gästehaus Korf - Zur Traube**, Vogtsgasse 2, 🖉 33 15 — 🗓wc ⟺ 🅿
Ostern - Okt. — Karte 17/40 *(wochentags nur Abendessen, Dienstag geschl.)* — **14 Z : 26 B**
32/41 - 64/82.

UNNA 4750. Nordrhein-Westfalen 𝟵𝟴𝟳 ⑭ — 56 800 Ew — Höhe 100 m — 🌀 02303.

Siehe Ruhrgebiet (Übersichtsplan).

🅱 Verkehrsverein im DER Reisebüro, Bahnhofstr. 37, 🖉 2 10 31, Telex 8229211.

♦Düsseldorf 87 — ♦Dortmund 21 — Soest 35.

🏠 **Kraka**, Gesellschaftsstr. 10, 🖉 18 11, 🔔 — ➔wc 🗓wc ⟺ 🅿 🦽
Karte 16/48 *(Sonntag ab 14 Uhr geschl.)* — **20 Z : 40 B** 58/95 - 98/130.

🏠 **Gut Höing** 🦢 garni, Ligusterweg (nahe Eissporthalle), 🖉 6 10 52, 🛋 — 📺 🗓wc ☎ 🅿
30 Z : 50 B 47/85 - 103/145.

✕✕ **Haus Kissenkamp**, Hammer Str. 102 (N : 2 km), 🖉 6 03 77, 🍴 — 🅿 🦽. 🆎 🌐
3.- 23. Feb. und Montag 15 Uhr - Dienstag geschl. — Karte 29/56.

✕✕ **Ölckenthurm** (modernes Rest. mit integriertem Turm a.d. J. 1475), Grabengasse 27 (am
Neumarkt), 🖉 1 40 80, 🍴 — 🦽. 🆎 🌐
Montag geschl. — Karte 21/50.

UNNAU 5239. Rheinland-Pfalz — 1 600 Ew — Höhe 358 m — Luftkurort —
🌀 02661 (Bad Marienberg).

Mainz 106 — Hachenburg 8 — Limburg an der Lahn 47 — Siegen 47.

🏠 **Goebel**, Erbacher Str. 10, 🖉 52 32 — ⟺ 🅿. 🏊 Rest
Okt. geschl. — Karte 15/35 *(Montag geschl.)* — **14 Z : 23 B** 33 - 66 — P 37.

UNTERBACH Nordrhein-Westfalen siehe Düsseldorf.

UNTERELCHINGEN Bayern siehe Elchingen.

UNTERFÖHRING Bayern siehe München.

UNTERGRUPPENBACH 7101. Baden-Württemberg — 6 400 Ew — Höhe 270 m — 🌀 07131.

♦Stuttgart 42 — ♦Heilbronn 10 — ♦Nürnberg 166 — ♦Würzburg 108.

🏠 **Landgasthof Fromm**, Happenbacher Str. 54, 🖉 70 20 — ➔wc 🗓wc ☎ 🅿. 🏊
Karte 15,50/30 🍷 — **13 Z : 24 B** 42/55 - 60/75.

UNTERHACHING Bayern siehe München.

UNTERHAUSEN Bayern siehe Oberhausen.

UNTERIFLINGEN Baden-Württemberg siehe Schopfloch.

UNTERJOCH Bayern siehe Hindelang.

UNTERKIRNACH 7731. Baden-Württemberg − 2 400 Ew − Höhe 800 m − Luftkurort − Wintersport : 800/900 m ⩤1 ⩢3 − ✪ 07721 (Villingen-Schwenningen).

🛈 Bürgermeisteramt, Hauptstr. 19, ℰ 5 30 37.

◆Stuttgart 122 − Donaueschingen 25 − ◆Freiburg im Breisgau 65.

XX **Zum Stadthof** mit Zim, Hauptstr. 6, ℰ 5 70 77 − 🗋wc ☎ 🅿. 🆎
Karte 30/62 *(Freitag geschl.)* − **10 Z : 14 B** 35 - 50.

UNTERKÜRNACH Bayern siehe Wiggensbach.

UNTERLÜSS 3104. Niedersachsen − 4 400 Ew − Höhe 110 m − ✪ 05827.

◆Hannover 80 − Celle 37 − Lüneburg 65 − Munster 31.

X **Zur Post** mit Zim, Müdener Str. 72, ℰ 3 59 − 🗋 🖚 🅿
8 Z : 13 B.

UNTERPFAFFENHOFEN Bayern siehe Germering.

UNTERREICHENBACH 7267. Baden-Württemberg − 2 000 Ew − Höhe 525 m − ✪ 07235.

◆Stuttgart 62 − Calw 14 − Pforzheim 12.

In Unterreichenbach - Kapfenhardt :

🏨 **Mönchs Waldhotel Kapfenhardter Mühle** ⑂, ℰ 12 21, Telex 783443, ≤, ㋡, ㋡, 🅾,
㋡, X − 🔲 📺 🅿 🛗. 🆎 🕦 E 💳
Karte 25/64 − **65 Z : 102 B** 61/90 - 110/176 Fb − P 90/125.

🏨 **Jägerhof** ⑂, Hasenrain 1, ℰ 81 30, ㋡, ㋡ − 🗋wc 🗋wc ☎ 🖚 🅿
Mitte Jan.- Anfang Feb. geschl. − Karte 21/46 *(Montag geschl.)* 🍴 − **14 Z : 25 B** 45 - 76 Fb −
P 65.

🏠 **Untere Kapfenhardter Mühle** ⑂, ℰ 2 23, ㋡ − 🗋wc ☎ 🖚 🅿. E
7.- 21. Jan. geschl. − Karte 16/34 *(Nov.- Mitte April Dienstag geschl.)* 🍴 − **25 Z : 45 B** 40/50 -
74/90.

UNTERSCHLEISSHEIM Bayern siehe Oberschleißheim.

UNTERSTEINBACH Baden-Württemberg siehe Pfedelbach.

UNTERSTMATT Baden-Württemberg siehe Schwarzwaldhochstraße.

UNTERUHLDINGEN Baden-Württemberg siehe Uhldingen-Mühlhofen.

UNTERWÖSSEN 8218. Bayern 🔢🔢🔢 ⑱ − 2 700 Ew − Höhe 600 m − Luftkurort − Wintersport :
600/1 450 m ⩤3 ⩢2 − ✪ 08641 (Grassau).

🛈 Verkehrsamt, Rathaus, ℰ 82 05.

◆München 99 − Rosenheim 40 − Traunstein 29.

🏠 **Zur Post**, Hauptstr. 51, ℰ 87 36, « Gartenterrasse » − 🗋wc 🗋wc ☎ 🖚 🅿. 🕦 E
🖚 *Ende Nov.- Mitte Dez. geschl.* − Karte 14,50/35 🍴 − **33 Z : 60 B** 30/60 - 56/100 − P 60/90.

🏠 **Haus Gabriele** ⑂, Bründlsberggasse 14, ℰ 86 02, ㋡ − 🗋wc 🗋wc 🖚 🅿
🖚 *Nov. geschl.* − (Rest. nur für Hausgäste) − **32 Z : 60 B** 32/50 - 76.

🏠 Zum Bräu, Hauptstr. 70, ㋡ ℰ 83 03, ㋡ − 🗋wc 🖚 🅿. ㋡ Zim
17 Z : 32 B.

In Unterwössen-Oberwössen S : 5,5 km :

🏠 **Post**, Dorfstr. 22, ℰ (08640) 82 91, ㋡, ㋡ − 🗋wc 🅿
🖚 *15. Nov.- 20. Dez. geschl.* − Karte 16/39 *(Dienstag geschl.)* − **20 Z : 39 B** 38/50 - 74 − P 55/57.

UPLENGEN 2912. Niedersachsen − 9 300 Ew − Höhe 10 m − ✪ 04956.

◆Hannover 206 − Emden 42 − ◆Oldenburg 38 − Wilhelmshaven 48.

In Uplengen-Remels :

🏨 **Uplengener Hof**, Ostertorstr. 57 (B 75), ℰ 12 25 − 🗋wc 🖚 🅿. ㋡. ㋡ Zim
🖚 *23. Dez.- 5. Jan. geschl.* − Karte 14,50/33 *(Dienstag geschl.)* − **7 Z : 11 B** 36 - 68.

Besonders angenehme Hotels oder Restaurants
sind im Führer rot gekennzeichnet.

Sie können uns helfen, wenn Sie uns die Häuser angeben,
in denen Sie sich besonders wohl gefühlt haben.

Jährlich erscheint eine komplett überarbeitete Ausgabe
aller Roten Michelin-Führer.

🏨🏨🏨 ... 🏠

XXXXX ... X

URACH, BAD 7432. Baden-Württemberg **987** ㉟ — 11 000 Ew — Höhe 465 m — Heilbad — ✿ 07125.

🛈 Kurverwaltung, Haus des Gastes, Bei den Thermen 4, ☎ 17 61.

◆Stuttgart 46 — Reutlingen 19 — ◆Ulm (Donau) 56.

🏨 **Graf Eberhard** Ⓜ ⌘, Bei den Thermen 2, ☎ 17 11 (Hotel) 74 66 (Rest.) — 🛗 📺 ﬗwc ☎ ⇔ 🅿 🅰 🆎 ⑩ 🄴 ⌘ Zim
Karte 21/65 — **77 Z : 150 B** 63/71 - 99/104 Fb — P 85/106.

🏨 **Ratstube** ⌘ (ehem. Zunfthaus a.d. 16. Jh.), Kirchstr. 7, ☎ 18 44 — 📺 ﬗwc ☎ 🅿
15. Jan.- 15. Feb. geschl. — Karte 18,50/49 *(Mitte Nov.- Mitte März Donnerstag geschl.)* —
15 Z : 26 B 56/65 - 82/98 Fb — P 84/93.

🏨 **Frank-Vier Jahreszeiten**, Stuttgarter Str. 5, ☎ 16 96 — 📺 ﬗwc ☎. 🆎 ⑩ 🄴 𝗩𝗜𝗦𝗔
Karte 19/43 — **29 Z : 50 B** 58/68 - 82/89 — 3 Appart. 70 — P 65/92.

🏨 **Café Buck**, Neue Str. 5, ☎ 17 17 — 🛗 ⇔wc ﬗwc ☎ ⇔. ⑩
Karte 20/38 — **25 Z : 44 B** 45/68 - 88/98 Fb — P 69/90.

🏨 **Hotel am Berg**, Ulmer Str. 14, ☎ 17 14, ≤ — 🛗 ⇔wc ﬗwc ☎ ⇔ 🅿 🆎 ⑩ 🄴
15. Dez.- 15. Jan. geschl. — Karte 20/50 *(Montag geschl.)* ⚒ — **45 Z : 70 B** 30/65 - 60/95 Fb —
P 55/75.

🏨 **Traube** ⌘, Kirchstr. 8, ☎ 7 00 63 — ﬗwc ☎
15. Jan.- 16. Feb. geschl. — Karte 16/31 *(Donnerstag ab 14 Uhr geschl.)* — **11 Z : 22 B** 45/52 -
80/82.

🏨 **Breitenstein** ⌘ garni, Eichhaldestr. 111, ☎ 16 77, ≤, Massage, ⛄, 🔲, 🌳 — 🛗 ﬗwc ☎
⇔ 🅿
16 Z : 27 B 46/68 - 84/98.

🏨 **Bächi** ⌘ garni, Olgastr. 10, ☎ 18 56, ⅃ (geheizt), 🌳 — ⇔wc ﬗwc ☎ 🅿. ⌘
16 Z : 23 B.

URBERACH Hessen siehe Rödermark.

USINGEN 6390. Hessen **987** ㉕ ㉖ — 10 600 Ew — Höhe 270 m — ✿ 06081.

◆Wiesbaden 62 — ◆Frankfurt am Main 33 — Gießen 41 — Limburg an der Lahn 41.

🏨 **Zur goldenen Sonne**, Obergasse 17, ☎ 30 08 — 📺 ⇔wc ﬗwc ☎ ⇔ 🅿 🅰. ⌘ Zim
Ende Juli - Mitte Aug. geschl. — Karte 15/43 *(Montag geschl.)* — **24 Z : 40 B** 38/68 -
70/95.

🏨 **City-H.** Ⓜ ⌘ garni, Schennengasse 6, ☎ 20 64 — 🛗 ﬗwc ☎ ⇔ 🅰. ⌘
9 Z : 14 B.

USLAR 3418. Niedersachsen **987** ⑮ — 16 000 Ew — Höhe 173 m — Erholungsort — ✿ 05571.

🛈 Fremdenverkehrsbüro, Lange Str. 1, ☎ 33 93.

◆Hannover 133 — ◆Braunschweig 120 — Göttingen 39 — ◆Kassel 62.

🏨 **Romantik-Hotel Menzhausen**, Lange Str. 12, ☎ 20 51, « 400jährige Fachwerkfassade »,
🌳 — ⇔wc ﬗwc ☎ ⇔ 🅿 🅰 🆎 ⑩ 🄴 𝗩𝗜𝗦𝗔. ⌘ Rest
Karte 31/58 *(Jan.- März Montag geschl.)* — **29 Z : 48 B** 50/80 - 70/140 Fb.

🏨 **Unter den Linden**, Graftplatz 1, ☎ 31 37 — ⇔wc ﬗwc 🅿
➡ Karte 14/30 *(Mittwoch geschl.)* — **12 Z : 20 B** 25/45 - 50/76.

In Uslar 1-Schönhagen NW : 7 km — Erholungsort :

🏨 **Fröhlich-Höche**, Amelither Str. 6 (B 241), ☎ 26 12, 🌳 — ﬗwc 🅿
➡ Karte 14,50/35 *(Donnerstag geschl.)* — **19 Z : 29 B** 25/35 - 50/60.

In Uslar 2-Volpriehausen O : 8 km :

🏨 **Landhotel Am Rothenberg** ⌘, Rothenbergstr. 4, ☎ (05573) 2 38, ⛄, 🌳 — ﬗwc 🅿 🅰.
⌘
15. Dez.- Feb. geschl. — Karte 17/45 — **21 Z : 45 B** 30/50 - 60/80 Fb — P 50/70.

USSELN Hessen siehe Willingen (Upland).

VAAKE Hessen siehe Reinhardshagen.

VAIHINGEN AN DER ENZ 7143. Baden-Württemberg **987** ㉕ — 23 000 Ew — Höhe 245 m — ✿ 07042.

◆Stuttgart 28 — Heilbronn 54 — ◆Karlsruhe 56 — Pforzheim 21.

🏨 **Post**, Franckstr. 23, ☎ 40 71 — 🛗 ⇔wc ﬗwc ☎ ⇔
Karte 16/38 *(Freitag geschl.)* — **21 Z : 33 B** 45/65 - 70/90 Fb.

VALLENDAR Rheinland-Pfalz siehe Koblenz.

VALWIG Rheinland-Pfalz siehe Cochem.

VAREL 2930. Niedersachsen 987 ⑭ — 24 300 Ew — Höhe 10 m — ✪ 04451.
◆Hannover 204 — ◆Oldenburg 34 — Wilhelmshaven 25.

🏨 **Friesenhof** (mit Gästehaus), Neumarktplatz 6, ℰ 50 75 — 🛉wc ☎ ⟺ ℗ 🍴
Karte 15,50/40 *(Nov.- Mai Samstag ab 14 Uhr geschl.)* — **41 Z : 89 B** 38/42 - 70 Fb — P 60/72.

🏨 **Ahrens**, Bahnhofstr. 53, ℰ 57 21 — 🛉wc ☎ ⟺ ℗
Karte 16/39 *(Samstag geschl.)* — **15 Z : 20 B** 27/38 - 54/70.

✗✗ **Schienfatt**, Neumarktplatz 3, ℰ 47 61, « Friesisches Heimatmuseum »
wochentags nur Abendessen.

In Varel 2-Obenstrohe SW : 4,5 km :

🏨 **Waldschlößchen Mühlenteich** ⑤, Mühlteichstr. 78, ℰ 8 40 61, ⛲, ☞, 🔲, 🚁 — 📺
⌂wc 🛉wc ☎ ℗ 🍴 . ❄
Karte 22/47 — **54 Z : 104 B** 45/75 Fb.

VASBECK Hessen siehe Diemelsee.

VATERSTETTEN 8011. Bayern — 18 700 Ew — Höhe 528 m — ✪ 08106 (Zorneding).
◆München 17 — Landshut 76 — Passau 160 — Salzburg 138.

🏨 **Alter Hof**, Fasanenstr. 4, ℰ 3 10 86, ⛲ — 🛉wc ☎ ℗
Karte 16,50/44 — **20 Z : 35 B** 70 - 90/100 Fb.

🏨 **Hansa** garni, Bahnhofstr. 23, ℰ 3 10 59 — ⌂wc 🛉wc ☎ ℗. 🆎
30 Z : 52 B 35/75 - 75/95.

In Vaterstetten-Neufarn NO : 7,5 km :

🏨 **Gasthof Stangl**, Münchener Str. 1 (B 12), ℰ (089) 9 03 28 49, Biergarten, Wildgehege —
🛉wc
Karte 14/38 *(Samstag geschl.)* 🛏 — **25 Z : 38 B** 40/60 - 75/80.

🏨 **Gasthof Anderschitz**, Münchener Str. 13 (B 12), ℰ (089) 9 03 51 17 — 🛉 ⟺ ℗
27. Dez.- 12. Jan. geschl. — Karte 14,50/37 *(nur Abendessen, Samstag geschl.)* — **25 Z : 45 B**
40/43 - 70/82.

In Vaterstetten-Parsdorf N : 4,5 km :

🏨 **Erb** garni, Feldkirchner Str. 2, ℰ (089) 9 03 26 29, ☞, 🔲 — 🛗 ⌂wc 🛉wc ☎ ⟺ ℗. 🆎 ⑩
Aug. geschl. — **20 Z : 30 B** 55/73 - 85.

VECHTA 2848. Niedersachsen 987 ⑭ — 23 200 Ew — Höhe 37 m — ✪ 04441.
◆Hannover 124 — ◆Bremen 69 — ◆Oldenburg 49 — ◆Osnabrück 61.

🏨 **Igelmann**, Lohner Str. 22, ℰ 50 66 — 🛉wc ☎ 🍴 ℗
(nur Abendessen für Hausgäste) — **22 Z : 44 B** 50/60 - 80/90.

🏨 **Sauna-Hotel** garni, Neuer Markt 20, ℰ 52 21 — 🛉wc ☎ ⟺ ℗. ⑩
13 Z : 20 B 40 - 70.

🏨 **Schäfers**, Große Str. 115, ℰ 30 50 — 📺 🛉wc ℗. 🆎 ⑩ E 𝖵𝖨𝖲𝖠
Karte 14/38 *(Freitag und Samstag jeweils bis 18 Uhr geschl.)* — **13 Z : 26 B** 46 - 76.

VECKERHAGEN Hessen siehe Reinhardshagen.

VEILBRONN Bayern siehe Heiligenstadt.

VEITSHÖCHHEIM 8707. Bayern — 9 300 Ew — Höhe 178 m — ✪ 0931 (Würzburg).
Sehenswert : Rokoko-Hofgarten★ — 🛈 Tourist-Information, Rathaus, Erwin-Vornberger-Platz, ℰ 9 10 51.
◆München 287 — Karlstadt 17 — ◆Würzburg 7.

🏨 **Hotel am Main** Ⓜ ⑤ garni, Untere Maingasse 35, ℰ 9 30 25, ≤ — 📺 ⌂wc 🛉wc ☎ ℗.
⑩
24. Dez.- 8. Jan. geschl. — **22 Z : 35 B** 58 - 98 Fb.

🏨 **Ratskeller** ⑤, Erwin-Vornberger-Platz, ℰ 9 11 49, ⛲ — ⌂wc 🛉wc ☎ ℗
9 Z : 15 B Fb.

VEITSRODT Rheinland-Pfalz siehe Idar-Oberstein.

VELBERT 5620. Nordrhein-Westfalen 987 ⑭ — 92 000 Ew — Höhe 260 m — ✪ 02051.

Siehe Ruhrgebiet (Übersichtsplan).

🛈 Verkehrsverein, Pavillon am Denkmal, Friedrichstr. 181 a, ℰ 31 32 96.
◆Düsseldorf 37 — ◆Essen 16 — Wuppertal 19.

🏨 **Stüttgen**, Friedrichstr. 168, ℰ 42 61 — 📺 ⌂wc 🛉wc ☎ ⟺ 🍴. ⑩ E. ❄
Aug. geschl. — (Rest. nur für Hausgäste) — **22 Z : 30 B** 60/100 - 135/145.

🏨 **Zur Traube**, Friedrichstr. 233, ℰ 5 32 31 — 📺 ⌂wc 🛉wc ☎ ℗
Karte 14/48 *(Freitag und 24. Dez.- 5. Jan. geschl.)* — **28 Z : 35 B** 50/75 - 90/125.

🏨 **Goeben** ⑤, Goebenstr. 49, ℰ 5 48 36 — 🛉 ☎ ⟺
20. Dez.- 12. Jan. geschl. — (nur Abendessen für Hausgäste) — **13 Z : 18 B** 45 - 85 Fb.

XX Rheinischer Hof, Kolpingstr. 5, ℰ 41 53.
X Alte Herrlichkeit, Am Offers 3, ℰ 41 56, 🍴.

In Velbert 11-Langenberg NO : 7 km :

🏠 Rosenhaus (Haupthaus a.d. 15. Jh.), Hauptstr. 43, ℰ (02052) 40 94 – 🛏wc 🚿wc ☎
📮
13 Z : 19 B.

In Velbert 15-Neviges SO : 4 km :

XX **Haus Stemberg**, Kuhlendahler Str. 295, ℰ (02053) 56 49, 🍴 – 📮. 🆎 ⓪ 🇪 💳
10.- 21. Feb., 18. Aug.- 5. Sept. und Donnerstag - Freitag geschl. – Karte **29**/61.

VELBURG 8436. Bayern 🔟🔟🔟 ㉗ – 4 100 Ew – Höhe 516 m – 🅖 09182.
◆München 144 – ◆Nürnberg 60 – ◆Regensburg 51.

🏠 **Zur Post**, Parsberger Str. 2, ℰ 2 35/16 35 – 🛗 🛏wc 🚿wc 🚗 📮
➡ Karte 12/22 – **72 Z : 175 B** 27/33 - 44/52.
🏠 Zum Löwen, Stadtplatz 11, ℰ 2 04 – 🚿wc 🚗 📮
9 Z : 19 B.

VELEN 4282. Nordrhein-Westfalen – 10 300 Ew – Höhe 55 m – 🅖 02863.
◆Düsseldorf 98 – Bocholt 30 – Enschede 54 – Münster (Westfalen) 52.

🏠 Zum Tiergarten, Rekener Str. 50, ℰ 19 44 – 🚿wc 🚗 📮 ♨
17 Z : 29 B.
🏠 **Emming-Hillers**, Kirchplatz 1, ℰ 13 70 – 🚿wc 🚗 📮. ✂ Zim
➡ April geschl. – Karte 14,50/35 *(Dienstag geschl.)* – **6 Z : 10 B** 28/35 - 56/70.

In Velen 2-Ramsdorf W : 5 km :

🏠 **Rave** ⅋, Hüpohlstr. 31, ℰ 52 55, 🍴 – 🛏wc 🚿wc 🚗 📮 ♨
Karte 16/42 *(Donnerstag geschl.)* – **43 Z : 90 B** 30/33 - 60/66.

VELLBERG 7175. Baden-Württemberg – 3 000 Ew – Höhe 369 m – Erholungsort – 🅖 07907.
Sehenswert : Pfarrkirche St. Martin ⩽★.
◆Stuttgart 81 – Aalen 49 – Schwäbisch Hall 13.

🏠 **Schloß Vellberg** ⅋, ℰ 70 01, ⩽, 🍴, « Schloßkapelle, Kaminzimmer, Rittersaal », 🛋, ✂
– 📺 🛏wc 🚿wc ☎ 📮 ♨. 🆎 ⓪ 🇪 💳
7.- 13. Jan. geschl. – Karte 26/68 🍴 – **37 Z : 58 B** 55/105 - 90/160 Fb – P 81/131.

VENWEGEN Nordrhein-Westfalen siehe Stolberg.

VERDEN AN DER ALLER 2810. Niedersachsen 🔟🔟🔟 ⑮ – 25 800 Ew – Höhe 25 m – 🅖 04231.
🛈 Verkehrsamt im Pavillon, Osterstorstr. 7a, ℰ 1 23 17.
◆Hannover 88 – ◆Bremen 38 – Rotenburg (Wümme) 25.

🏨 **Parkhotel Grüner Jäger**, Bremer Str. 48 (B 215), ℰ 50 91, 🛋, 🔳 – 🛗 📺 🛏wc 🚿wc ☎
♿ 📮 ♨. 🆎 ⓪ 💳
Karte 24/58 – **43 Z : 66 B** 37/82 - 74/144 Fb.
🏨 **Haag's Hotel Niedersachsenhof**, Lindhooper Str. 97, ℰ 6 90 33, 🍴, 🛋 – 🚿wc ☎ 📮
♨. 🆎 ⓪ 🇪 💳
Karte 22/47 – **39 Z : 80 B** 58/63 - 90/95 Fb.
🏠 **Höltje**, Obere Str. 13, ℰ 30 33 (Hotel) 58 77 (Rest.), 🛋, 🔳 – 📺 🛏wc 🚿wc ☎ 🚗 📮 ♨.
🆎 ⓪ 🇪 💳
Karte 22/55 *(Sonntag geschl.)* – **46 Z : 83 B** 37/72 - 79/119 Fb.
XX **Haus Schlepegrell**, Von-Einem-Platz 7, ℰ 30 60 – ⓪
nur Abendessen, Sonntag geschl. – Karte 33/64.
X **Zum Burgberg** mit Zim, Grüne Str. 36, ℰ 22 02 – 🚿 📮. ⓪
Karte 18,50/52 *(Montag ab 14 Uhr geschl.)* – **7 Z : 10 B** 30/60 - 50.
X Veerner-Remmer-Dönsen, Osterstorstr. 16, ℰ 23 51.

In Verden-Walle NO : 7 km :

🏠 **Zum Schützenhof**, Waller Heerstr. 97 (B 215), ℰ (04230) 2 33 – 🚿 ☎ 📮. 🆎 ⓪ 🇪
Karte 16/41 *(Freitag ab 15 Uhr geschl.)* – **11 Z : 15 B** 30/39 - 60/78.

In Dörverden 2817 S : 10 km :

🏠 Pfeffermühle, Große Str. 70 (B 215), ℰ (04234) 13 65 – 🚿wc ☎ ♿ 🚗 📮
16 Z : 25 B.

VERL Nordrhein-Westfalen siehe Gütersloh.

VERSMOLD 4804. Nordrhein-Westfalen 987 ⑭ — 18 700 Ew — Höhe 70 m — ✆ 05423.
♦Düsseldorf 165 — Bielefeld 33 — Münster (Westfalen) 44 — ♦Osnabrück 33.

🏨 **Altstadthotel**, Wiesenstr. 4, ℰ 30 36, ☞ — 🔊 📺 🕸wc 🕸wc ☎ 🅿. AE ⓞ E VISA
Karte 24/51 *(Samstag - Sonntag 18 Uhr geschl.)* — **26 Z : 45 B** 68 - 105.

In Versmold-Bockhorst NO : 6 km :

XX **Alte Schenke** mit Zim, An der Kirche 3, ℰ 85 97 — 🕸wc 🅿
Karte 23/56 *(nur Abendessen, Montag geschl.)* — **7 Z : 11 B** 45 - 90.

VICHT Nordrhein-Westfalen siehe Stolberg/Rhld.

VIECHTACH 8374. Bayern 987 ㉗ — 7 500 Ew — Höhe 450 m — Luftkurort — Wintersport : ✥4
— ✆ 09942 — 🛈 Verkehrsamt, Stadtplatz 1, ℰ 16 61.
♦München 174 — Cham 27 — Deggendorf 31 — Passau 82.

🏨 **Schmaus**, Stadtplatz 5, ℰ 16 27, ☞, ☎, 🔲, — 🔊 🕸wc 🕸wc ☎ ⟷ 🅿 🏊. AE ⓞ E VISA
↝ 7.- 29. Jan. geschl. — Karte 14,50/52 🍴 — **47 Z : 80 B** 33/65 - 86/110 — P 63/95.
🏨 **Dischinger**, Ringstr. 13, ℰ 16 01, ☞ — 🔊 🕸wc 🕸wc ☎ ⟷. E
März 2 Wochen geschl. — Karte **19,50**/37 *(Okt.- Mai Freitag 15 Uhr - Samstag geschl.)* — **37 Z :
65 B** 32/45 - 56/74 Fb.

In Viechtach-Neunußberg NO : 10 km :

🏨 **Burggasthof Sterr-Gästehaus Burgfried** 🦌, ℰ 88 20, ≤, ☞, ☎, 🔲, ☞ — 🕸wc
↝ 🕸wc ☎ ⟷ 🅿
5. Nov.- 15. Dez. geschl. — Karte 11/24 — **33 Z : 56 B** 30/33 - 48/67 — P 36/46.

In Patersdorf 8371 SO : 10 km über die B 85 426 ⑥

🏨 **Patersdorf**, Birkenweg 2, ℰ (09923) 10 22, ≤, ☞, ☞ — 🕸wc ☎ ⟷ 🅿. ✂ Rest
(Rest. nur für Hausgäste) — **14 Z : 26 B** 37/42 - 74/84.

VIENENBURG 3387. Niedersachsen 987 ⑯ — 11 700 Ew — Höhe 140 m — ✆ 05324.
♦Hannover 101 — ♦Braunschweig 38 — Göttingen 91 — Goslar 11.

☎ **Multhaupt**, Goslarer Str. 4, ℰ 30 27 — 🕸wc ⟷. ✂ Zim
↝ Karte 13,50/26 — **14 Z : 26 B** 35 - 60.

VIERNHEIM 6806. Hessen 987 ㉙ — 31 000 Ew — Höhe 104 m — ✆ 06204.
♦Wiesbaden 82 — ♦Darmstadt 47 — Heidelberg 21 — ♦Mannheim 11.

🏨 **Holiday Inn**, Bürgermeister-Neff-Str. 12 (Rhein-Neckar-Zentrum), ℰ 50 36, Telex 465452,
☎, 🔲 — 🔊 📺 📺 🕸wc ☎ 🅿 🏊. AE ⓞ E VISA
Karte 30/57 — **122 Z : 226 B** 140/145 - 190/195 Fb.
Stadtplan Mannheim - Ludwigshafen **DU** **r**
🏨 **Central-Hotel** garni, Hölderlinstr. 4, ℰ 81 08, ☎ — 🔊 📺 🕸wc 🕸wc ☎ 🅿 **DU** **n**
30 Z : 60 B Fb.
X **Die Stubb**, Luisenstr. 10, ℰ 7 23 73 — AE Stadtplan Mannheim - Ludwigshafen **DU** **a**
nur Abendessen, Sonntag geschl. — Karte 28/66 (Tischbestellung ratsam).

In Viernheim-Neuzenlache Autobahn - Ausfahrt Viernheim-Ost :

XX 🌸 **Pfeffer und Salz**, Neuzenlache 8, ℰ 7 70 33, ☞ — 🅿. AE. ✂
Samstag bis 18 Uhr, Sonn- und Feiertage sowie 23. Dez.- 7. Jan. geschl. — Karte 48/90
(Tischbestellung ratsam) über die A 659, Stadtplan Mannheim - Ludwigshafen **DU**
Spez. Terrinen, Gänseleber süß-sauer, Wild- und Fischgerichte (nach Saison).

VIERSEN 4060. Nordrhein-Westfalen 987 ㉓ — 82 000 Ew — Höhe 41 m — ✆ 02162.
ADAC, Bahnhofstr. 8, ℰ 1 82 63.
♦Düsseldorf 33 — Krefeld 20 — Mönchengladbach 10 — Venlo 23.

XX 🌸 **Refugium**, Dr.-Heggen-Str. 12, ℰ 2 34 10
Montag 15 Uhr - Dienstag geschl. — Karte 40/70 (Tischbestellung ratsam)
Spez. Hausgemachte Terrinen, Fischsalat "Refugium", Kalbsbries nach Art des Hauses.
XX **Kaisermühle** (ehemalige Mühle), An der Kaisermühle 20, ℰ 2 62 00, ☞ — 🅿. AE ⓞ E
Karte 18,50/54.
X **Stadtwappen** mit Zim, Gladbacher Str. 143, ℰ 1 35 39 — 🕸 ⟷ 🅿
Aug.- Sept. 3 Wochen geschl. — Karte 21/55 *(Samstag bis 18 Uhr und Montag geschl.)* — **8 Z :
11 B** 45 - 85.

In Viersen 11-Dülken W : 5,5 km :

🏨 **Ratsstube**, Lange Str. 111, ℰ 5 51 82 — 🕸wc ⟷. E. ✂ Zim
Aug. 3 Wochen geschl. — Karte 18/51 *(Freitag 14 Uhr-Samstag 17 Uhr geschl.)* — **14 Z : 20 B**
49 - 75.

In Viersen 12-Süchteln NW : 4,5 km :

🏨 **Höhen-Hotel Gehring** (ehem. Villa), Hindenburgstr. 67, ℰ 60 79 — 🕸 ☎ 🅿. AE E
17. Feb.- 6. März geschl. — Karte 19/50 *(Dienstag geschl.)* — **6 Z : 9 B** 40/50 - 80/85.

VIERZEHNHEILIGEN Bayern. Sehenswürdigkeit siehe Lichtenfels.

VILBEL, BAD 6368. Hessen 987 ㉝ — 26 300 Ew — Höhe 110 m — Heilbad — ☎ 06101.
🛈 Städt. Kur- und Verkehrsamt im Kurhaus, ℰ 23 89.
♦Wiesbaden 47 — ♦Frankfurt am Main 9 — Gießen 54.

🏠 **Hotel am Kurpark** garni, Parkstr. 20, ℰ 6 46 52 — 🛗 🛏wc 🛁wc ☎ 🅿
   46 Z : 80 B 59/78 - 80/100.

✗ **Hubertus**, Frankfurter Str. 192, ℰ 8 51 25 — 🆎 ⓪ 🇪 𝗩𝗜𝗦𝗔
   Sonntag ab 14 Uhr und Mittwoch geschl. — Karte 24/53.

VILLINGENDORF 7211. Baden-Württemberg — 2 400 Ew — Höhe 621 m — ☎ 0741(Rottweil).
♦Stuttgart 89 — Oberndorf 13 — Rottweil 5,5 — Schramberg 23.

🏠 **Kreuz**, Hauptstr. 8, ℰ 3 13 29, 🍽 — 🛁wc ☎ 🅿. 🎯
   8 Z : 11 B.

✗✗ **Linde** mit Zim, Rottweiler Str. 3, ℰ 3 18 43 — 🚗 🅿. 🆎 🇪
   15. Juli - 5. Aug. geschl. — Karte **29**/58 (Montag - Dienstag 16 Uhr geschl.) ⅃ — **6 Z : 10 B** 30 -
   56.

Besonders angenehme Hotels oder Restaurants
sind im Führer rot gekennzeichnet.

Sie können uns helfen, wenn Sie uns die Häuser angeben,
in denen Sie sich besonders wohl gefühlt haben.

Jährlich erscheint eine komplett überarbeitete Ausgabe
aller Roten Michelin-Führer.

🏰🏰🏰 ... 🏠

XXXXX ... X

VILLINGEN-SCHWENNINGEN 7730. Baden-Württemberg 987 ㉝ — 75 500 Ew — Höhe 704 m —
Kneippkurort — ☎ 07721.
🛈 Verkehrsamt, Villingen, Romäusring 2, ℰ 8 22 32.
ADAC, Kaiserring 1 (Villingen), ℰ 2 40 40, Telex 7921533.
♦Stuttgart 115 ③ — ♦Freiburg im Breisgau 78 ⑤ — ♦Konstanz 90 ⑤ — Offenburg 79 ① — Tübingen 83 ③.

Stadtplan siehe nächste Seite.

Im Stadtteil Villingen :

🏨 **Ketterer**, Brigachstr. 1, ℰ 2 20 95, Telex 792554 — 🛗 🛏wc 🛁wc ☎ 🅰. 🆎 ⓪ 🇪   A r
   Karte 28/59 (Sonn- und Feiertage ab 15 Uhr geschl.) — **34 Z : 55 B** 70/85 - 90/125.

🏨 **Parkhotel**, Brigachstr. 8, ℰ 2 20 11, 🚢 — 🛗 🛏wc ☎   A e
   18 Z : 28 B Fb.

🏠 **Bosse** 🦢, Oberförster-Ganter-Str. 9 (Kurgebiet), ℰ 5 80 11, 🍽 — 🛏wc 🛁wc ☎ 🅿. 🆎 🇪
   Karte 22/48 (Freitag und 28. Dez.- 12. Jan. geschl.) — **37 Z : 65 B** 53/60 - 86/110 — P 73/88.
                                                                              über ⑥
🏯 **Bären**, Bickenstr. 19, ℰ 5 55 41 — 🛗 🛁 ☎ 🚗. 🆎 🇪 𝗩𝗜𝗦𝗔   A a
   Karte 17/41 (Freitag geschl.) ⅃ — **43 Z : 60 B** 35/47 - 62/79.

Im Stadtteil Schwenningen :

🏨 **Ochsen**, Bürkstr. 59, ℰ (07720) 3 40 44 — 🛗 🛏wc 🛁wc ☎ 🚗 🅿. 🅰. 🆎 ⓪ 🇪 𝗩𝗜𝗦𝗔   B a
   2.- 21. Jan. geschl. — Karte 21/49 (Freitag geschl.) — **45 Z : 70 B** 55/65 - 85/110 Fb.

🏨 **Royal**, Aug.-Reitz-Str. 27, ℰ (07720) 3 40 01, « Uhrensammlung », 🚢 — 🛏wc 🛁wc ☎ 🚗.
   🆎 ⓪   B h
   Aug. 2 Wochen geschl. — Karte 18/42 (nur Abendessen, Sonntag geschl.) ⅃ — **20 Z : 30 B**
   55/65 - 90/98 Fb.

✗ **Zur Post**, Friedrich-Ebert-Str. 15, ℰ (07720) 3 53 84 — 🆎 ⓪ 🇪 𝗩𝗜𝗦𝗔   B r
   21.- 31. Dez. und Sonntag geschl. — Karte 18/46.

In Dauchingen 7735   NO : 4 km über Dauchinger Straße B :

🏠 **Landgasthof Fleig**, Villinger Str. 17, ℰ (07720) 59 09 — 🛁wc ☎ 🅿. ⓪ 🇪
   2.- 12. Jan. geschl. — Karte 19/36 (Freitag geschl.) — **18 Z : 29 B** 42 - 70 Fb.

🏠 **Schwarzwälder Hof** 🦢, Schwenninger Str. 3, ℰ (07720) 55 38, 🚢 — 🛗 🛁wc ☎ 🚗 🅿
   41 Z : 55 B.

In Brigachtal-Klengen 7734   S : 7 km über Donaueschinger Str. A :

🏯 **Sternen**, Hochstr. 2, ℰ (07721) 2 14 66 — 🛁wc 🅿
🔹 Karte 14/33 (Freitag 14 Uhr - Samstag geschl.) — **36 Z : 55 B** 24/30 - 48/54.

In Niedereschach 7732   N : 10 km über Dauchinger Str. B :

🏯 **Eschach-Hof**, Ifflinger Str. 29, ℰ (07728)13 30, 🍽 — 🛁wc ☎ 🅿
   Karte 17/32 (Freitag bis 17 Uhr geschl.) ⅃ — **10 Z : 18 B** 32 - 56.

VILLINGEN - SCHWENNINGEN

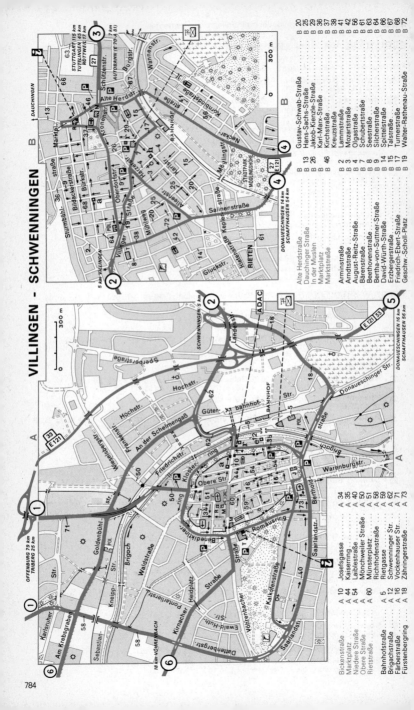

VILSBIBURG 8313. Bayern 987 ㊲. 426 ⑤ — 9 500 Ew — Höhe 449 m — ✿ 08741.
◆München 77 — Landshut 22 — Passau 106 — Salzburg 106.

🏠 Haslbeck (Brauerei-Gasthof), Stadtplatz 28, ℰ 2 75 — ⌂wc 🛁wc 🅿
10 Z : 17 B.

In Bodenkirchen-Rothenwörth 8318 0 : 9 km :

🏠 Spirklhof, an der B 388, ℰ (08722) 84 00 — 🛁wc ⇐ 🅿 — **22 Z : 32 B.**

VILSECK 8453. Bayern 987 ㉗ — 5 400 Ew — Höhe 402 m — ✿ 09662.
◆München 222 — Bayreuth 64 — ◆Nürnberg 76 — ◆Regensburg 88 — Weiden in der Oberpfalz 28.

🏠 **Zum Hirschen,** Marktplatz 4, ℰ 16 90 — 🖥 📺 ⌂wc 🛁wc 🅿. ⚜ Rest
➡ 20. Dez.- 5. Jan. geschl. — Karte 11/32 *(Montag geschl.)* 🍴 — **39 Z : 65 B** 25/45 - 40/80.

VILSHOFEN 8358. Bayern 987 ㉘㊳. 426 ⑦ — 14 600 Ew — Höhe 307 m — ✿ 08541.
◆München 164 — Passau 23 — ◆Regensburg 101.

🏠 **Bayerischer Hof,** Vilsvorstadt 32, ℰ 50 65 — ⌂wc 🛁wc ☎ ⇐ 🅿
➡ 26. Dez.- 7. Jan. geschl. — Karte 14,50/33 *(Samstag geschl.)* — **34 Z : 52 B** 31/45 - 59/82.

VISSELHÖVEDE 2722. Niedersachsen 987 ⑮ — 10 000 Ew — Höhe 56 m — Erholungsort —
✿ 04262.
🛈 Verkehrsamt, Haus des Gastes, Waldweg, ℰ 16 67.
◆Hannover 81 — ◆Bremen 60 — ◆Hamburg 98 — Lüneburg 72 — Rotenburg (Wümme) 19.

In Visselhövede-Hiddingen NO : 3 km :

🏠 Röhrs Gasthaus, Neuenkirchener Str.1, ℰ 13 72, ☎, ⚘ — 🛁wc 🛇 ⇐ 🅿 🎿
➡ Karte 14/41 *(Freitag bis 17 Uhr geschl.)* — **23 Z : 40 B** 40 - 74.

In Visselhövede-Jeddingen SW : 5 km :

🏠 **Jeddinger Hof,** Heidmark 1, ℰ 5 40, ⚘ — 📺 🛁wc ☎ 🅿 🎿. ⓞ
Karte 17/44 — **28 Z : 54 B** 55 - 85.

VLOTHO AN DER WESER 4973. Nordrhein-Westfalen 987 ⑮ — 19 500 Ew — Höhe 47 m —
✿ 05733.
◆Düsseldorf 206 — ◆Bremen 116 — ◆Hannover 76 — ◆Osnabrück 72.

🏠 **Fernblick** 🎿, Lange Wand 16, ℰ 41 94, ⟨ Wesertal und Porta Westfalica — 🛁wc ⇐ 🅿.
➡ ⓞ E
Karte 14/41 *(Dienstag geschl.)* — **17 Z : 34 B** 35/42 - 66/77.

XX **Lütke** mit Zim, Weserstr. 29, ℰ 50 75 — ⌂wc 🛁wc ☎ 🅿 🎿. AE ⓞ E VISA
Karte 29/56 — **20 Z : 30 B** 40/50 - 70/80.

In Vlotho-Exter SW : 8 km :

🏠 **Landhotel Ellermann,** Detmolder Str. 250, ℰ (05228) 2 14 — 🛁wc ☎ ⇐ 🅿. ⚜
➡ 11. Aug.- 4. Sept. geschl. — Karte 16,50/43 *(Dienstag geschl.)* — **18 Z : 32 B** 25/40 - 50/80.

XX **Grotegut** mit Zim, Detmolder Str. 252, ℰ (05228) 2 16 — 🛁 ⇐ 🅿
Karte 29/54 *(Sonntag 15 Uhr - Montag 18 Uhr geschl.)* — **12 Z : 22 B** 50/55 - 95/105.

VÖHRENBACH 7741. Baden-Württemberg — 4 200 Ew — Höhe 800 m — Wintersport :
800/1 000 m ⚡4 ⚡3 — ✿ 07727.
🛈 Rathaus, Friedrichstr. 8, ℰ 50 11 15.
◆Stuttgart 131 — Donaueschingen 21 — ◆Freiburg im Breisgau 56 — Villingen-Schwenningen 18.

🏠 **Kreuz,** Friedrichstr. 7, ℰ 2 09 — ⌂wc 🛁wc ⇐ 🅿. AE VISA
März 1 Woche und Okt. 3 Wochen geschl. — Karte 15,50/42 *(Juni - Okt. Freitag, Nov.- Mai
Freitag - Samstag 17 Uhr geschl.)* 🍴 — **15 Z : 30 B** 38/46 - 64/84 Fb.

🏠 **Ochsen,** Kälbergäßle 5, ℰ 2 24 — 🛁 ⇐ 🅿
Nov. 3 Wochen geschl. — Karte 16,50/43 *(Montag geschl.)* 🍴 — **15 Z : 30 B** 29/35 - 58/70.

X **Zum Engel** mit Zim, Schützenstr. 2, ℰ 70 52 — 🛁 🅿
Karte 27/59 *(Montag - Dienstag 18 Uhr geschl.)* — **7 Z : 13 B** 25/30 - 50/60 — P 48/52.

An der Straße nach Unterkirnach NO : 3,5 km — Höhe 963 m :

🏠 **Friedrichshöhe,** ✉ 7741 Vöhrenbach, ℰ (07727) 2 49, 🌳, ⚘ — ⌂wc 🛁wc ☎ ⇐ 🅿
➡ 25. Okt.- 15. Nov. geschl. — Karte 14/40 *(Freitag geschl.)* 🍴 — **16 Z : 32 B** 28/42 - 52/80 Fb —
P 43/57.

VÖHRINGEN 7917. Bayern 987 ㊳ — 12 900 Ew — Höhe 498 m — ✿ 07306.
◆München 146 — Kempten (Allgäu) 75 — ◆Ulm (Donau) 22.

In Vöhringen-Illerberg 2 NO : 3 km :

XX **Burgthalschenke,** Hauptstr. 4, ℰ 52 65, 🌳 — 🅿. AE ⓞ E
Montag geschl. — Karte 21/53.

VÖLKLINGEN 6620. Saarland 987 ㉔. 242 ⑥. 57 ⑥ — 44 200 Ew — Höhe 185 m — ✆ 06898.

🏛 Amt für Verkehrs- und Wirtschaftsförderung, Rathaus, Hindenburgplatz, ✆ 1 32 14.

♦Saarbrücken 11 — Saarlouis 12.

🏨 **Hotel am Stadion** garni, Stadionstr. 55, ✆ 2 20 33 — 🛁wc ☎ ⇐ 🅿. 🆎 ⓞ Ε
24. Dez.- 2. Jan. geschl. — **32 Z : 40 B** 46/60 - 82/95 Fb.

🏨 **Montan-Hotel**, Karl-Janssen-Str. 47, ✆ 2 33 11 — 🛁wc 🛁wc 🅿
→ Karte 14,50/46 — **24 Z : 28 B** 40 - 75.

✕ **Parkhaus**, Kühlweinstr. 70, ✆ 2 36 55, 🌳 — 🅿 🏛.

In Völklingen-Fürstenhausen S : 1,5 km :

🏨 **Saarhof**, Saarbrücker Str. 65, ✆ 3 72 39 (Hotel) 3 35 12 (Rest.) — 🍽 Rest 🛁wc ☎ ⇐ 🅿
Karte 25/47 🍷 — **14 Z : 17 B** 55/70 - 104/110.

In Völklingen-Geislautern SW : 2 km :

🏨 **Alte Post-Haus Irene**, Ludweiler Str. 178, ✆ 70 11 — 🛁wc ☎ ⇐ 🅿
Karte 21/44 *(Samstag bis 18 Uhr und Sonntag ab 15 Uhr geschl.)* — **28 Z : 45 B** 35/45 - 60/80.

VOERDE 4223. Nordrhein-Westfalen — 34 000 Ew — Höhe 46 m — ✆ 02855.

♦Düsseldorf 56 — ♦Duisburg 23 — Wesel 10.

🏬 Motel Haus Saathoff, Hindenburgstr. 93 (B 8), ✆ 63 21 — 🛁wc ☎ 🅿 🏛 — **33 Z : 65 B**.

✕✕ **Wasserschloß Haus Voerde**, Allee 64, ✆ 36 11 — 🅿
Samstag bis 18 Uhr und Montag geschl. — Karte 30/70.

VÖRSTETTEN Baden-Württemberg siehe Denzlingen.

VOGT 7981. Baden-Württemberg 426 ⑭. 427 ⑧ — 3 800 Ew — Höhe 700 m — ✆ 07529.

♦Stuttgart 178 — Kempten (Allgäu) 57 — Ravensburg 13.

✕✕ **Landgasthaus Adler** mit Zim, Ravensburger Str. 2, ✆ 15 22, « Modernisiertes Allgäuer Gasthaus mit elegant-rustikaler Einrichtung » — 🛁wc 🛁wc ☎ 🅿 🏛. 🆎 ⓞ Ε VISA
7.- 22. Jan. geschl. — Karte **27**/57 *(Mittwoch geschl.)* — **10 Z : 20 B** 49 - 78/90.

VOGTSBURG IM KAISERSTUHL 7818. Baden-Württemberg 242 ㉜. 62 ㉔. 87 ⑦ — 5 100 Ew —
Höhe 220 m — ✆ 07662 — ♦Stuttgart 200 — Breisach 10 — ♦Freiburg im Breisgau 25 — Sélestat 28.

In Vogtsburg-Achkarren :

🏨 **Zur Krone**, Schloßbergstr. 15, ✆ 7 42, 🌳 — 🛁wc 🛁wc ⇐ 🅿. 🆎
8. Jan.- 7. Feb. geschl. — Karte 20/56 *(Mittwoch geschl.)* 🍷 — **22 Z : 41 B** 45 - 72 — P 60.

In Vogtsburg-Bickensohl :

🏬 **Rebstock**, Neunlindenstr. 23, ✆ 7 73, 🌳 — 🛁wc 🛁wc 🅿
Jan.- 4. Feb. geschl. — Karte 19,50/47 *(April - Okt. Dienstag und Nov.- März Montag 15 Uhr - Dienstag geschl.)* 🍷 — **14 Z : 26 B** 33/52 - 74/92.

In Vogtsburg-Bischoffingen :

🏬 **Weinstube Steinbuck** ⚘, Steinbuckstr. 20 (in den Weinbergen), ✆ 7 71, ⟨ Kaiserstühler Rebland, 🌳 — 🛁wc 🛁wc ⇐ 🅿 🏛. 🌳 Zim
15. Jan.- Feb. geschl. — Karte 19/40 *(Dienstag, Nov.- März auch Montag ab 15 Uhr geschl.)* 🍷 — **18 Z : 32 B** 33/45 - 66 — P 52.

In Vogtsburg-Burkheim :

🏨 **Kreuz-Post**, Landstr. 1, ✆ 5 96, ⟨, 🌳 — 🛁wc ⇐ 🅿
11. Nov.- 9. Dez. geschl. — Karte 15/38 *(Dienstag geschl.)* 🍷 — **15 Z : 28 B** 30/46 - 50/65.

🏨 **Krone**, Mittelstadt 17, ✆ 2 11, « Terrasse mit ⟨ » — 🛁wc
2. Jan.- 4. Feb. geschl. — Karte 15/44 *(Montag geschl.)* 🍷 — **9 Z : 17 B** 25/45 - 50/70.

In Vogtsburg-Oberbergen :

✕✕✕ 🌸🌸 **Weingut Schwarzer Adler** mit Zim, Badbergstr. 23, ✆ 7 15, Telex 772685, große Auswahl an regionalen und französischen Weinen, 📺 — 🛁wc 🛁 ☎ ⇐ 🅿. 🆎 ⓞ VISA
🌸 Rest
7. Jan.- 6. Feb. geschl. — Karte 38/75 *(Tischbestellung ratsam)* (Mittwoch - Donnerstag 18 Uhr geschl.) — **9 Z : 18 B** 60/95 - 95/140
Spez. Gänseleber "badisch", Poulet in der Schweinsblase (2 Pers.), Halbgefrorenes von heimischen Beeren.

In Vogtsburg-Oberrotweil :

🏨 **Landgasthof Winzerstube**, Bahnhofstr. 47, ✆ 3 00, 🌳 — 🛁 🅿. Ε
Karte 16/43 *(nur regionale Weine)* (Donnerstag geschl.) 🍷 — **10 Z : 20 B** 26/33 - 52/62.

✕ **Rebstock** mit Zim (ehemaliges Rathaus a.d.J. 1672), Herrenstr. 11, ✆ 2 54, 🌳 — 🅿
Feb. geschl. — Karte 17/41 *(Freitag geschl.)* 🍷 — **8 Z : 14 B** 24 - 48.

✕ **Neun Linden**, Hauptstr. 65, ✆ 3 24 — 🅿.

In Vogtsburg-Schelingen :

✕ **Zur Sonne** mit Zim, Mitteldorf 5, ✆ 2 76 — 🛁wc 🅿. 🆎 ⓞ
14. Jan.- 5. Feb. geschl. — Karte 15/39 *(Dienstag geschl.)* 🍷 — **4 Z : 8 B** 31 - 62.

VOHENSTRAUSS 8483. Bayern 987 ② — 7 100 Ew — Höhe 570 m — ✪ 09651.
♦München 205 — ♦Nürnberg 108 — Passau 179 — ♦Regensburg 81.

⛫ **Gasthof Janner**, Marktplatz 20, 🖉 22 59 — ⊟wc �🅼wc ⇔
2.- 17. Sept. geschl. — Karte 13/23 *(Samstag geschl.)* 🍴 — **14 Z : 21 B** 22/32 - 44/64.

VOLKACH 8712. Bayern 987 ㉖ — 8 500 Ew — Höhe 200 m — Erholungsort — ✪ 09381.
🛈 Verkehrsamt, Rathaus, 🖉 5 71.
♦München 269 — ♦Bamberg 64 — ♦Nürnberg 98 — Schweinfurt 24 — ♦Würzburg 35.

🏨 **Romantik-Hotel Zur Schwane**, Hauptstr. 12, 🖉 5 15, eigener Weinbau,-
« Rustikal-gemütliches Restaurant, Innenhofterrasse » — �🅼wc 🕿 ⇔ 🛦 ⓞ Ⓔ VISA ⽊
20. Dez.- 20. Jan. geschl. — Karte 30/54 *(Montag geschl.)* — **24 Z : 38 B** 55/70 - 100/130 Fb.

🏨 **Königlich bayr. Amtsgericht**, Hauptstr. 31, 🖉 14 10, 🍴 — �🅼wc 🕿 🅿
Karte 17/42 — **10 Z : 20 B** 60 - 95 Fb.

🏨 Gasthof und Gästehaus Rose, Oberer Markt 7, 🖉 12 94, eigener Weinbau, 🚗 — 🕴 �🅼wc 🅿
🍴
23 Z : 44 B.

🏨 **Gasthof und Gästehaus Behringer**, Marktplatz 5, 🖉 24 53 — �🅼wc 🅿
Jan.- Feb. geschl. — Karte 12,50/30 *(Donnerstag geschl.)* 🍴 — **18 Z : 30 B** 27/48 - 50/72 —
P 51/64.

In Volkach-Escherndorf :

⛫ **Engel**, Bocksbeutelstr. 18, 🖉 24 47, eigener Weinbau — �🅼
23. Dez.- Jan. geschl. — Karte 14/30 *(Donnerstag geschl.)* 🍴 — **11 Z : 22 B** 25/30 - 35/45.

✗ **Zur Krone**, Bocksbeutelstr. 1, 🖉 8 50 — ⽊
Aug. und Dienstag geschl. — Karte 18/51.

In Nordheim 8711 SW : 4 km :

🏨 **Zur Weininsel**, Mainstr. 17, 🖉 (09381) 8 75, 🍴 — �🅼wc 🅿. ⽊ Zim
27. Dez.- Mitte Jan. geschl. — Karte 14/26 *(Mittwoch geschl.)* 🍴 — **11 Z : 20 B** 33 - 55.

✗ **Zehnthof Weinstuben**, Hauptstr. 2, 🖉 (09381) 17 02, 🍴, Weinkellerbesichtigung möglich
Montag geschl. — Karte 12/36 🍴.

In Sommerach 8711 SW : 5,5 km :

🏨 **Zum weißen Lamm**, Hauptstr. 2, 🖉 (09381) 93 77, eigener Weinbau — ⊟wc �🅼wc
23. Dez.- 25. Jan. geschl. — Karte 13/31 *(Mittwoch geschl.)* 🍴 — **18 Z : 36 B** 24/50 - 60/78.

In Eisenheim-Obereisenheim 8702 NW : 9,5 km :

⛫ Zur Rose, Gaulbergstr. 2, 🖉 (09386) 2 69, eigener Weinbau — �🅼wc 🅿
20 Z : 40 B.

VOLKERSBRUNN Bayern siehe Leidersbach.

VORNBACH Bayern siehe Neuhaus am Inn.

VORRA (PEGNITZ) 8561. Bayern — 1 800 Ew — Höhe 356 m — ✪ 09152 (Rupprechtstegen).
♦München 192 — Amberg 40 — Bayreuth 59 — ♦Nürnberg 46.

🏨 **Rotes Roß**, Hauptstr. 49, 🖉 80 26, 🍴, 🚗 — 📺 ⊟wc �🅼wc 🕿 ⇔ 🅿
7.- 21. Jan geschl. — Karte 18/47 *(Nov.- März Montag geschl.)* — **15 Z : 30 B** 45 - 85.

🏨 **Goldene Krone**, Hirschbacher Str. 6, 🖉 81 40, Biergarten, 🚗 — 📺 �🅼wc 🅿
Nov. geschl. — Karte 11,50/25 *(Montag bis 17 Uhr geschl.)* — **9 Z : 16 B** 28 - 56.

VOSSENACK Nordrhein-Westfalen siehe Hürtgenwald.

VREDEN 4426. Nordrhein-Westfalen 987 ⑬, 408 ⑬, 211 ⑲ — 18 500 Ew — Höhe 40 m — ✪ 02564.
🛈 Verkehrsverein, Markt 6, 🖉 46 00.
♦Düsseldorf 116 — Bocholt 33 — Enschede 25 — Münster (Westfalen) 65.

🏨 **Hamaland**, Up de Bookholt 28, 🖉 13 22 — �🅼wc 🕿 🅿. ⓞ Ⓔ
1.- 23. Aug. geschl. — Karte 14,50/44 *(Montag geschl.)* — **13 Z : 26 B** 40/50 - 80/90.

WACHENHEIM 6706. Rheinland-Pfalz 242 ④, 57 ⑩ — 4 600 Ew — Höhe 158 m — Erholungsort
— ✪ 06322 (Bad Dürkheim).
Mainz 86 — Kaiserslautern 35 — ♦Mannheim 24 — Neustadt an der Weinstraße 12.

🏨 **Goldbächel** Ⓜ ⽊, Waldstr. 99, 🖉 73 14, 🍴, 🚗 — �🅼wc 🅿. 🄰🄴
Feb. geschl. — Karte 20/52 *(Montag - Dienstag 15 Uhr geschl.)* 🍴 — **16 Z : 30 B** 50/60 - 85/95
Fb.

✗✗ Kapellchen, Weinstraße, 🖉 6 54 55.

✗ **Winzerverein Luginsland**, Weinstr. 2, 🖉 86 35, 🍴 — 🅿
Dienstag und 14.- 25. Juli geschl. — Karte 17/42 🍴.

WACHTBERG Nordrhein-Westfalen siehe Bonn.

WADERN 6648. Saarland 🔢 ②. 🔢 ⑥ — 17 000 Ew — Höhe 275 m — ✆ 06871.
♦Saarbrücken 51 — Birkenfeld 32 — ♦Trier 42.

   In Wadern-Bardenbach S : 6 km :
🏛 **Zum Felsenhof** ⚟, Am Fels 24, ℰ 30 41, ⌂, ⊿, 🐎, ✖ — 🛗 🏛wc ✆ ℗ 🅰. ℀ 🄴
   ℀ Rest
   Karte 20/65 — **25 Z : 50 B** 45/50 - 80.

   In Wadern-Lockweiler SO : 4 km :
✖✖ **Jagdhof Schuler** ⚟ mit Zim, Steinkreuzweg 10, ℰ 10 51, 🍽, 🐎 — 🏛wc ✆ ℗
   Feb. geschl. — Karte 18/48 *(Mittwoch geschl.)* 🍷 — **7 Z : 14 B** 50/65 - 80/100.

   In Wadern-Reidelbach NW : 7 km :
🏛 **Reidelbacher Hof**, ℰ 30 28, ≤, ← — 🏛wc ✆ ⇐ ℗ 🅰
   11.- 28. Feb. geschl. — Karte 16/40 *(Dienstag geschl.)* 🍷 — **11 Z : 21 B** 42 - 66.

WADERSLOH 4724. Nordrhein-Westfalen — 11 000 Ew — Höhe 90 m — ✆ 02523.
♦Düsseldorf 153 — Beckum 16 — Lippstadt 11.

🏛 **Bomke**, Kirchplatz 7, ℰ 13 01 — ⇐wc 🏛wc ✆ ℗ 🅰. ℀ 🄴. ℀ Zim
   Karte 26/52 *(Samstag geschl.)* — **16 Z : 28 B** 35/50 - 70/100.

WADGASSEN 6633. Saarland 🔢 ⑥. 🔢 ⑤⑥ — 20 000 Ew — Höhe 157 m — ✆ 06834.
♦Saarbrücken 19 — Saarlouis 7.

🏛 **Garni**, Lindenstr. 25, ℰ 45 38 — 🏛wc ✆ ℗
   12 Z : 15 B 40/43 - 72/76 Fb.

WÄCHTERSBACH 6480. Hessen 🔢 ㉕ — 10 500 Ew — Höhe 148 m — ✆ 06053.
🅳 Verkehrsverein, Am Schloßgarten 1, ℰ 92 13.
♦Wiesbaden 97 — ♦Frankfurt am Main 53 — Fulda 51.

✖ **Stadt Wächtersbach**, Main-Kinzig-Straße (im Bürgerhaus), ℰ 17 15, 🍽 — ℗ 🅰
   Montag geschl. — Karte 15/48.

   In Brachttal 1-Schlierbach 6486 NO : 8 km :
🏛 Zum Schützenhaus ⚟, ℰ (06053) 97 55, ≤, 🐎 — 🏛wc ✆ ℗ 🅰
   17 Z : 28 B.

WÄSCHENBEUREN 7321. Baden-Württemberg — 2 600 Ew — Höhe 408 m — ✆ 07172
(Lorch).
♦Stuttgart 54 — Göppingen 10 — Schwäbisch Gmünd 16.

   In Wäschenbeuren - Wäscherhof :
🏛 **Zum Wäscherschloß** ⚟, Wäscherhof 2, ℰ 73 70 — 🏛wc ⇐ ℗
   Karte 15,50/32 *(Mittwoch geschl.)* 🍷 — **25 Z : 50 B** 28/38 - 56/76.

WAGENFELD 2841. Niedersachsen 🔢 ⑭ — 6 000 Ew — Höhe 38 m — ✆ 05444.
♦Hannover 100 — ♦Bremen 74 — ♦Osnabrück 64.

🏛 **Central-Hotel**, Hauptstr. 68 (B 239), ℰ 3 61 — 🏛 ⇐ ℗
⇌   1.- 30. Aug. geschl. — Karte 13/29 *(Freitag - Samstag 17 Uhr geschl.)* — **12 Z : 24 B** 25/42 -
   50/75.

WAGHÄUSEL 6833. Baden-Württemberg — 17 000 Ew — Höhe 105 m — ✆ 07254.
♦Stuttgart 88 — Heidelberg 29 — ♦Karlsruhe 38 — Speyer 17.

   In Waghäusel-Wiesental SO : 4 km :
✖✖ Wagbachhof ⚟ mit Zim, Hambrücker Landstr. 1 (SO : 2,5 km), ℰ 22 11 — 🏛wc ℗
   10 Z : 17 B.

WAGING AM SEE 8221. Bayern 🔢 ㊳. 🔢 ⑲ — 5 200 Ew — Höhe 450 m — Luftkurort —
✆ 08681.
🅳 Verkehrsbüro, Wilh.-Scharnow-Str. 20, ℰ 3 13.
♦München 124 — Salzburg 31 — Traunstein 12.

🏛 **Wölkhammer**, Haslacher Weg 3, ℰ 2 08, Telex 563013 — 🏛wc ⇐ ℗. ℀ Zim
   27. Okt.- 21. Nov. geschl. — Karte 15/33 *(Okt.- Juni Freitag, Juli - Sept. Freitag ab 14 Uhr
   geschl.)* — **54 Z : 90 B** 34/44 - 60/94.
🏛 **Unterwirt**, Seestr. 23, ℰ 2 43, ⌂, 🔲 — ⇐wc 🏛wc 🅰. ℀ ⓪
⇌   2.- 21. Jan. geschl. — Karte 14/35 *(Montag geschl.)* 🍷 — **36 Z : 65 B** 38 - 70 — P 50/55.
🏛 **Gästehaus Tanner** ⚟ garni, Hochfellnstr. 17, ℰ 92 19 — 🏛wc ℗. ℀
   Jan.- Ostern und Nov.- 20. Dez. geschl. — **15 Z : 28 B** 32/40 - 60.

XX ✿ **Kurhaus Stüberl,** am See (NO : 1 km), ✆ 6 66, ≤ – P. AE ⓪ E. ✖
nur Abendessen, im Winter Sonntag auch Mittagessen, Montag - Dienstag und 7. Jan.- 11. Feb. geschl.) – Karte 38/57
Spez. Tafelspitz und Kalbsbries auf Salat, Fischgerichte, Schuhbeck's Dessertteller.

In Taching **8221** N : 4 km – Erholungsort :

Unterwirt, ✆ (08681) 2 52, ⛱, – ⋔wc P. ✖ Zim
30 Z : 55 B.

WAHLEN Hessen siehe Grasellenbach.

WAHLSBURG **3417.** Hessen – 3 300 Ew – Höhe 150 m – Luftkurort – ☎ 05572.
Sehenswert : in Lippoldsberg : Ehemalige Klosterkirche★.
ℹ Verkehrsamt, Lippoldsberg, Am Mühlbach 15, ✆ 10 77.
♦Wiesbaden 265 – Göttingen 48 – Höxter 40 – Münden 30.

In Wahlsburg-Lippoldsberg :

Lippoldsberger Hof ⛰, Schäferhof 16, ✆ 3 36, – ⋔wc ⛟ P. ✖ Rest
März 3 Wochen geschl. – Karte 13,50/28 *(Mittwoch geschl.)* – **17 Z : 29 B** 36/38 - 65/80.

WAHLSCHEID Nordrhein-Westfalen siehe Lohmar.

WAIBLINGEN **7050.** Baden-Württemberg 987 ㉟ – 45 100 Ew – Höhe 229 m – ☎ 07151.
♦Stuttgart 11 – Schwäbisch Gmünd 42 – Schwäbisch Hall 57.

Waldhorn ⛰, Fronackerstr. 12, ✆ 5 30 31 – |♦| ⊟wc ⋔wc ☎ P. AE ⓪ E
Karte 18/43 – **80 Z : 120 B** 88 - 125.

Koch, Bahnhofstr. 81, ✆ 5 34 35 – |♦| ⊟wc ⋔wc ☎ P
Jan. geschl. – Karte 16,50/44 *(Samstag geschl.)* – **50 Z : 74 B** 48/80 - 75/140.

XX **Remsstuben,** An der Talaue (im Bürgerzentrum, 1. Etage, |♦|), ✆ 2 10 78 – ♿ P ⛹
Karte 16,50/55.

X Altes Rathaus, Marktplatz 4, ✆ 5 39 89.

In Waiblingen 4-Hegnach NW : 3 km :

Lamm, Hauptstr. 35, ✆ 5 40 98, ⛷ – ⋔wc ☎ P
Ende Dez.- Mitte Jan. und Aug. 2 Wochen geschl. – Karte 16,50/40 *(Mittwoch geschl.)* 🍷 – **25 Z : 40 B** 50/60 - 80/90 Fb.

In Waiblingen 8-Neustadt N : 2,5 km :

XX **Goldener Ochsen** mit Zim, Am Rathaus 9, ✆ 8 39 97 – ⋔wc ☎ ⛟ P. AE ⓪ E VISA
Karte 28/56 *(wochentags nur Abendessen)* – **7 Z : 11 B** 49/55 - 90.

In Korb **7054** NO : 3 km :

Korber Hof, Boschstr. 7, ✆ (07151) 39 76, ⛷ – ⋔wc ☎ ⛟ P
(nur Abendessen) – **21 Z : 37 B** Fb.

WAIBSTADT **6923.** Baden-Württemberg – 4 000 Ew – Höhe 175 m – ☎ 07263.
♦Stuttgart 94 – Heidelberg 42 – Heilbronn 40 – Mosbach 25.

Pension Haaf ⛰, Mühlbergweg 16, ✆ 57 61, ≤, – ⋔ ⛟ P. ✖
Juli - Aug. 3 Wochen geschl. – Karte 14,50/25 *(Freitag geschl.)* 🍷 – **17 Z : 23 B** 25/35 - 45/55.

WAISCHENFELD **8551.** Bayern 987 ㉖ – 3 100 Ew – Höhe 349 m – Luftkurort – ☎ 09202.
ℹ Verkehrsamt im Rathaus, Marktplatz, ✆ 10 88.
♦München 228 – ♦Bamberg 48 – Bayreuth 26 – ♦Nürnberg 82.

Zur Gretl, Dooser Str. 59, ✆ 2 43, ⛷ – TV ⋔wc
10 Z : 20 B.

Im Wiesenttal, an der Straße nach Behringersmühle :

Café-Pension Krems ⛰, Heroldsberg 17 (SW : 3 km), ✉ 8551 Waischenfeld, ✆ (09202) 2 45, ≤, ⛱, – ⋔wc ♿ ⛟ P. ✖
Nov. geschl. – (nur Abendessen für Hausgäste) – **14 Z : 28 B** 25/40 - 48/74.

Heinlein ⛰, Doos (SW : 6 km), ✉ 8551 Waischenfeld, ✆ (09196) 7 66, ≤, ⛱, – ⊟wc ⋔wc ☎ P ⛹. AE ⓪
Karte 17/54 – **16 Z : 26 B** 33/70 - 80/95.

Waldpension Rabeneck ⛰, Rabeneck 27 (SW : 3 km), ✉ 8551 Waischenfeld, ✆ (09202) 2 20, ≤, ⛱, – ⋔wc ⛟ P
Nov. geschl. – Karte 11,50/29 – **25 Z : 50 B** 28/35 - 50/65.

Pulvermühle ⛰, Pulvermühle 35 (SW : 1 km), ✉ 8551 Waischenfeld, ✆ (09202) 10 44, – ⊟wc ☎ P
Karte 17/38 – **9 Z : 17 B** 40/50 - 80/100 – P 65.

In Waischenfeld-Langenloh SO : 2,5 km :

🏠 Gasthof Thiem ⌂, Langenloh 14, *☎* 3 57, ㍿ — 📺 ⋔wc ☎ 🅿. ⌖
11 Z : 27 B.

Im Ailsbachtal SO : 5 km :

🏠 **Neumühle** ⌂, ✉ 8581 Ahorntal-Neumühle, *☎* (09202) 2 28 — ⋔wc 🅿
← *März - 15. Nov.* — Karte 12,50/26 — **14 Z : 25 B** 30/35 - 60/70.

WALCHENSEE Bayern siehe Kochel am See.

WALDACHTAL 7244. Baden-Württemberg — 5 100 Ew — Höhe 600 m — Wintersport : ⛷ 3 —
🟢 07443 — 🅸 Kurverwaltung, in Lützenhardt, Rathaus, *☎* 60 73.
◆Stuttgart 83 — Freudenstadt 17 — Tübingen 64.

In Waldachtal-Lützenhardt — Luftkurort :

🏨 Kurhotel Sonnenhof ⌂, Am Wald 1, *☎* 2 70, ≼, Bade- und Massageabteilung, ⚗, ≘s, ☒,
㍿ — ▮🔲 ⇔ 🅿. ⌖ Zim
232 Z : 298 B Fb.

🏨 **Pfeiffer's Kurhotel-Rest. Le Carosse** ⌂, Willi-König-Str. 25, *☎* 80 21, Bade- und
Massageabteilung, ⚗, ≘s, ☒, ㍿ — ▮🔲 ⇔wc ⋔wc 🅿 ⚖. ㏂.
8. Jan.- 7. Feb. und Mitte Nov.- Mitte Dez. geschl. — Karte 21/52 *(Mittwoch geschl.)* — **87 Z :
137 B** 40 - 80 — P 60.

🏨 Carolin ⌂, Gerhard-Sonnenberg-Str. 21, *☎* 60 80, ≘s, ☒, ㍿ — ⋔wc ☎ ⇔ 🅿
(Rest. nur für Pensionsgäste) — **39 Z : 57 B** Fb.

🏠 **Sattelacker Hof**, Sattelackerstr. 21, *☎* 80 31, ≼, ㍿, ㍿ — ▮ ⋔wc 🅿
1.- 15. Dez. geschl. — Karte 18/40 — **24 Z : 33 B** 38/45 - 72/84 Fb — P 56/65.

🏠 **Breitenbacher Hof** ⌂, Breitenbachstr. 16, *☎* 80 16, ≘s, ㍿ — ▮ 📺 ⇔wc ⋔wc ☎ 🅿
20. Nov.- 15. Dez. geschl. — Karte 17/44 *(Mittwoch geschl.)* — **23 Z : 38 B** 38 - 70.

🏠 **Panorama**, Kirchbergstr. 83, *☎* 84 02, ≘s, ☒, ㍿ — ⋔wc ⇔ 🅿
(Rest. nur für Hausgäste) — **15 Z : 28 B** 35/52 - 70/98 Fb.

🏠 **Waldeck** garni, Kirchbergstr. 55, *☎* 81 98, ≼, ㍿ — ⋔wc 🅿
Okt. geschl. — **15 Z : 23 B** 26/29 - 52/58.

WALDBREITBACH 5451. Rheinland-Pfalz — 2 100 Ew — Höhe 110 m — Luftkurort — 🟢 02638.
🅸 Verkehrsamt, Neuwieder Str. 28, *☎* 50 01.
Mainz 124 — ◆Bonn 48 — ◆Koblenz 38.

🏠 **Zur Post**, Neuwieder Str. 45, *☎* 40 96, ≘s — ⋔wc 🅿 ⚖
Karte 17,50/40 — **43 Z : 87 B** 35/45 - 70/80.

🏠 **Park-Hotel Am Mühlenberg** ⌂, Am Mühlenberg 1, *☎* 55 05, ≘s, ☒, ㍿, ✗ (Halle) —
⋔wc ☎ 🅿. ⌖ Rest
15. Nov.- 27. Dez. geschl. — (Rest. nur für Hausgäste) — **28 Z : 45 B** 35/49 - 68/88.

🏠 **Vier Jahreszeiten**, Neuwieder Str. 67, *☎* 50 51, ≘s, ㍿ — 📺 ⋔wc ☎ 🅿 ⚖
5. Jan.- 15. Feb. geschl. — Karte 15/43 ⅃ — **35 Z : 55 B** 30/40 - 60/70.

WALDBRONN 7517. Baden-Württemberg — 12 300 Ew — Höhe 260 m — 🟢 07243(Ettlingen).
🅸 Kurverwaltung, im Haus des Kurgastes (beim Thermalbad), *☎* 62 55.
◆Stuttgart 71 — ◆Karlsruhe 16 — Pforzheim 22.

In Waldbronn 2-Busenbach :

🏨 **Kurhotel Bellevue** Ⓜ, Waldring 1, *☎* 6 90 35, Bade- und Massageabteilung, ⚗, ㍿ — ▮
📺 ⋔wc 🅿 ⚖. ㏂ ⓞ Ⓔ
(Rest. nur für Hausgäste) — **42 Z : 72 B** 72 - 112/120 Fb — P 91/107.

🏨 **Römerberg** Ⓜ, Waldring 3a, *☎* 60 60, Telex 782820, ㍿ — ▮ 📺 ⋔wc ☎ 🅿 ⚖. ㏂ ⓞ Ⓔ.
⌖ Rest
Karte 21/52 ⅃ — **57 Z : 92 B** 82 - 130 Fb.

🏨 **Badner Hof** Ⓜ, Marktplatz 3, *☎* 62 84, Biergarten — ▮ 📺 ⋔wc ☎ 🅿 ⚖. ㏂ ⓞ Ⓔ 𝖵𝖨𝖲𝖠
Karte 21/52 *(Samstag geschl.)* — **21 Z : 41 B** 57/65 - 100/120 Fb — P 88/98.

🏠 **Sonne**, Ettlinger Str. 65, *☎* 6 14 20, ㍿ — ⋔wc ☎ ⇔ 🅿. ㏂. ㏂
22. Dez.- 15. Jan. geschl. — Karte 21/38 *(nur Abendessen, Montag geschl.)* — **10 Z : 17 B** 45/50
- 80/90 Fb.

In Waldbronn 1-Reichenbach — Luftkurort :

🏠 **Weinhaus Steppe** ⌂, Neue-Heimat-Str. 18, *☎* 6 14 49, ≘s, ☒ — ⋔wc ☎ ⇔ 🅿
(nur Abendessen) — **32 Z : 41 B** Fb.

🏠 **Krone**, Kronenstr. 12, *☎* 6 11 40, ≘s, ㍿ — ⇔wc ⋔wc ☎ 🅿. ㏂ Ⓔ
Juli-Aug. 4 Wochen geschl. — Karte 15/44 *(Samstag ab 15 Uhr und Mittwoch geschl.)* ⅃ —
20 Z : 30 B 30/55 - 60/85 Fb.

✗ Kurhaus-Rest., Etzenroter Str. 2, *☎* 65 02, ≼, ㍿ — 🅿 ⚖.

WALDBURG Baden-Württemberg siehe Ravensburg.

WALDECK 3544. Hessen 987 ⑮ — 7 300 Ew — Höhe 380 m — Luftkurort — ☎ 05623.
Sehenswert : Schloßterrasse ≤★★.
Ausflugsziel : Edertalsperre★ SW : 2 km.
🛈 Verkehrsamt, Rathaus, ℰ 53 02.
♦Wiesbaden 201 — ♦Kassel 57 — Korbach 23.

🏨 **Roggenland**, Schloßstr. 11, ℰ 50 21, 🏤, 🐎 — 🍴wc 🚗 🅿. 🌸
   25. Nov.- 20. Dez. geschl. — Karte 19/49 *(Nov.- März Montag geschl.)* — **60 Z : 120 B** 39/49 -
   78/88 — P 62/67.

🏨 **Seeschlößchen** 🐾, Kirschbaumweg 4, ℰ 51 13, ≤ Edersee und Ederhöhen, 🏤, 🚾, 🔲,
   🐎 — 🍴wc ☎ 🅿. 🌸
   10. Jan.- 15. März und 5. Nov.- 20. Dez. geschl. — (Rest. nur für Hausgäste) — **24 Z : 41 B** 28/68
   - 52/92 Fb — 4 Appart. 64/128 — P 50/94.

🏨 **Burghotel Schloß Waldeck** 🐾, ℰ 53 24, ≤ Edersee und Ederhöhen, 🏤 — 📺 🛁wc
   🍴wc 🅿 🔥. 🆎 ⓞ ㉎
   Mitte März - Okt. — Karte 26/64 — **15 Z : 28 B** 70/80 - 120/150 — P 102/117.

   Am Edersee SW : 2 km — ✉ 3544 Waldeck 2 — ☎ 05623 :

🏨 **Waldhotel Wiesemann** 🐾, Oberer Seeweg 1, ℰ 53 48, ≤ Edersee, 🏤, 🚾, 🔲, 🐎 — 📺
   🍴wc 🚗 🅿
   Karte 15/51 — **15 Z : 30 B** 50/70 - 80/130 — P 70/100.

🏠 **Seehof** 🐾, Unterer Seeweg 2, ℰ 54 88, ≤ Edersee, 🏤 — 🍴wc 🅿
   Karte 15/28 — **14 Z : 28 B** 34/45 - 49/69.

WALDEMS 6273. Hessen — 4 800 Ew — Höhe 247 m — ☎ 06126.
♦Wiesbaden 27 — ♦Frankfurt am Main 42 — Limburg an der Lahn 26 — Bad Schwalbach 28 — Usingen 25.

   In Waldems-Bermbach :

🏠 **Hahnberg** 🐾, Am Hahnberg 1, ℰ 27 77, ≤, 🏤, 🐎, 🐎 — 🛁wc 🅿 🔥. 🌸 Rest
   14 Z : 22 B Fb.

WALDENBURG 7112. Baden-Württemberg — 2 600 Ew — Höhe 506 m — Luftkurort —
☎ 07942 (Neuenstein).
🛈 Verkehrsamt im Rathaus, ℰ 5 64.
♦Stuttgart 82 — Heilbronn 42 — Schwäbisch Hall 19.

🏨 **Stadt Waldenburg**, Hauptstr. 84, ℰ 20 01, ≤, 🚾, 🔲 — 🛗 🛁wc 🍴wc ☎ 🅿 🔥. 🆎 ⓞ ㉎
   VISA
   Karte 16/42 🍴 — **34 Z : 62 B** 59/85 - 95/130 Fb.

🏨 **Bergfried**, Hauptstr. 30, ℰ 5 44, ≤, 🏤 — 🛁wc
   23. Dez.- 23. Jan. geschl. — Karte 14,50/34 *(Mittwoch geschl.)* 🍴 — **13 Z : 20 B** 28/42 - 52/78 —
   P 48/72.

🏨 **Gästehaus Nägele** 🐾 garni, Hauptstr. 25, ℰ 22 61, ≤
   6 Z : 12 B 24 - 48.

WALDESCH Rheinland-Pfalz siehe Rhens.

WALDFISCHBACH-BURGALBEN 6757. Rheinland-Pfalz 987 ㉔, 57 ⑧, 87 ① — 6 200 Ew — Höhe
270 m — ☎ 06333.
Mainz 110 — Kaiserslautern 25 — Pirmasens 14.

🏠 **Martin**, Hauptstr. 47 (Waldfischbach), ℰ 25 38 — 🛁wc 🚗 🅿
   Karte 17/32 🍴 — **32 Z : 60 B** 20/45 - 40/80.

WALDKATZENBACH Baden-Württemberg siehe Liste der Feriendörfer : Waldbrunn.

WALDKIRCH 7808. Baden-Württemberg 987 ㉞, 87 ⑦ — 18 500 Ew — Höhe 265 m —
Kneippkurort — ☎ 07681.
🛈 Kur- und Verkehrsamt, Marktplatz 21, ℰ 32 92.
♦Stuttgart 204 — ♦Freiburg im Breisgau 17 — Offenburg 62.

🏨 **Park-H.** 🐾, Merklinstr. 20, ℰ 67 97 — 🛁wc 🍴wc ☎ 🅿 🔥. 🆎
   Karte 23/52 *(Montag geschl.)* 🍴 — **16 Z : 28 B** 47/65 - 84/103 Fb — P 77/100.

🏨 **Felsenkeller** 🐾, Schwarzenbergstr. 18, ℰ 71 11, ≤, Bade- und Massageabteilung, 🚾, 🐎
   — 📺 🛁wc 🍴wc 🅿
   Karte 17,50/47 — **30 Z : 60 B** 39/45 - 70/82.

🏨 **Scheffelhof** 🐾, Scheffelstr. 1, ℰ 65 04 — 🍴wc 🌸 Zim
   15. Nov.- 15. Dez. geschl. — Karte 14,50/30 *(Freitag geschl.)* — **16 Z : 30 B** 30/45 - 60/80.

🏠 **Rebstock**, Lange Str. 46, ℰ 93 80 — 🍴 🚗
   Karte 14/38 *(Freitag geschl.)* — **13 Z : 29 B** 27/40 - 54/70 — P 48/57.

In Waldkirch-Buchholz SW : 4 km :

XX **Hirschen-Stube** mit Zim, Schwarzwaldstr. 45, ℰ 98 53, ⇔s, ≉ – ⊟wc ▥wc ☎ ℗
E
7.- 27. Jan. geschl. – Karte 18/57 *(Montag geschl.)* ♨ – **17 Z : 34 B** 38/55 - 70/95 – 8 Appart.
60/100 – P 46/50.

X **Zum Rebstock** mit Zim, Schwarzwaldstr. 107, ℰ 98 72 – ▥wc ℗. ⋘
Feb. und Sept. je 2 Wochen geschl. – Karte 18,50/34 *(Dienstag geschl.)* ♨ – **6 Z : 12 B** 26/28 -
44/48.

In Waldkirch 2-Kollnau NO : 2 km :

🏠 **Kohlenbacher Hof** ⑤, Kohlenbach 8 (W : 2 km), ℰ 88 28, ≤, ㄇ – ⊡ ⊟wc ▥wc ☎ ℗
AE
28. Okt.- 15. Nov. geschl. – Karte 28/43 *(Dienstag geschl.)* ♨ – **18 Z : 36 B** 40/50 - 76/80 Fb.

In Waldkirch-Suggental SW : 4 km :

🏠 **Suggenbad**, Talstr. 1, ℰ 80 46, ㄇ, ≉ – ⊡ ▥wc ⟸ ℗. AE ⓞ
10.- 30. Nov. geschl. – Karte 20/47 *(Freitag geschl.)* ♨ – **15 Z : 28 B** 35/50 - 68/86.

An der Straße zum Kandel SO : 3,5 km :

🏠 **Altersbach** ⑤, ⊠ 7808 Waldkirch-Altersbach, ℰ (07681) 72 00 – ▥wc ℗
◆ Ende Nov.- Mitte Dez. geschl. – Karte 14,50/43 *(Montag geschl.)* ♨ – **20 Z : 36 B** 32/37 - 56/74.

Auf dem Kandel SO : 12,5 km – Höhe 1 243 m :

🏠 **Berghotel Kandel** ⑤, ⊠ 7811 St. Peter, ℰ (07681) 60 01, ≤, ㄇ, Skischule – ⊡ ⊟wc
▥wc ℗
Mitte Nov.- 20. Dez. geschl. – Karte 17/40 *(Okt.- März Dienstag geschl.)* – **43 Z : 90 B** 49/73 -
70/126 Fb – P 58/82.

WALDKIRCHEN 8392. Bayern 𝟵𝟴𝟳 ㉘. 𝟰𝟮𝟲 ⑦ – 9 600 Ew – Höhe 575 m – Luftkurort –
Wintersport : 600/984 m ≰2 ≰4 – 🕿 08581.
🛈 Fremdenverkehrsamt, Ringmauerstr. 14 (Bürgerhaus), ℰ 6 65.
◆München 206 – Freyung 12 – Passau 29.

🏨 **Vier Jahreszeiten** ⑤, Hauzenberger Str. 48, ℰ 7 65, Telex 571131, ≤ Bayerischer Wald,
ㄇ, ⇔s, ≉ – ⊟wc ☎ ℗ ⌂ AE ⓞ E
Nov.- 15. Dez. geschl. – Karte 16/33 – **106 Z : 218 B** 70 - 110 Fb – 6 Appart. 80.

🏨 **Golf- und Sporthotel Reutmühle** ⑤, Dorn 40, ℰ 20 30, ㄇ, Massage, ⇔s, ▦ – ⊟wc ☎ ㄅ
℗
140 Appart. : 462 B Fb.

🏠 **Gottinger Keller**, Hauzenberger Str. 10, ℰ 80 11, ≤, Biergarten, ≉ – ▥wc ☎ ℗ ⌂
22 Z : 39 B.

WALDKRAIBURG 8264. Bayern 𝟵𝟴𝟳 ㉗. 𝟰𝟮𝟲 ⑤ ⑯ – 22 000 Ew – Höhe 434 m – 🕿 08638.
◆München 71 – Landshut 60 – Passau 107 – Rosenheim 64.

🏠 **Garni**, Berliner Str. 35, ℰ 30 21 – ⊡ ▥wc ☎ ℗. AE E
25 Z : 34 B 47 - 72 Fb.

🏠 **Hotel am Stadtplatz** garni, Stadtplatz 2, ℰ 20 55 – ▤ ⊟wc ▥wc ☎. AE ⓞ E
26 Z : 42 B 28/46 - 42/68.

🏠 **Bayerischer Hof**, Reichenberger Str. 21, ℰ 34 09, Biergarten – ▥wc ℗
◆ Aug. geschl. – Karte 13/36 *(Montag - Donnerstag nur Abendessen, Mittwoch geschl.)* –
19 Z : 34 B 21/29 - 42/56.

X **Hubertus-Stuben**, Graslitzer Str. 4, ℰ 8 39 00, Biergarten.

WALD-MICHELBACH 6948. Hessen 𝟵𝟴𝟳 ㉙ – 11 300 Ew – Höhe 346 m – Erholungsort –
🕿 06207.
🛈 Verkehrsamt, Rathaus, ℰ 4 01.
◆Wiesbaden 101 – ◆Darmstadt 61 – ◆Mannheim 36.

🏠 **Pension Taufertshöfer** ⑤, Birkenweg 19, ℰ 4 44, ≤, Bade- und Massageabteilung, ⇔s, ▦ –
▥wc ☎ ℗. ⋘ Zim
(Rest. nur für Hausgäste) – **12 Z : 21 B.**

🏠 **Birkenhof** ⑤, ℰ 22 97, ≉ – ⊟wc ▥wc ㄅ ℗
◆ Nov. geschl. – Karte 16/42 *(Dienstag geschl.)* – **31 Z : 56 B** 37/40 - 68/74 – P 48.

In Wald-Michelbach 4 - Aschbach NO : 2 km :

XX **Vettershof**, Waldstr. 12, ℰ 23 13 – ℗
Jan. und Montag geschl. – Karte 24/64 ♨.

In Wald-Michelbach 1 - Ober-Schönmattenwag SO : 4 km :

🏠 **Waldfrieden** ⑤, Lotzenweg 38, ℰ 29 88, ≉ – ▥wc ⟸ ℗. ⋘
◆ Feb. geschl. – Karte 13,50/38 *(Donnerstag geschl.)* ♨ – **20 Z : 36 B** 36 - 68/74 – P 44.

Auf der Kreidacher Höhe W : 3 km :

🏨 **Sonnencafé Kreidacher Höhe** 📎, ⊠ 6948 Wald-Michelbach, ✆ (06207) 26 38, ≤, « Einrichtung im Landhausstil », ⇔, ⌛, 🔲, 🐾, ✗ – 🕭 📺 ⌷wc ⌷wc ☎ ♿ Ⓟ ⚠. 🅰🅴. ✸ Zim
Karte 25/58 – **33 Z : 60 B** 78/82 - 148/160 – P 109/117.

In Wald-Michelbach 5 - Siedelsbrunn SW : 7 km :

🏨 **Morgenstern**, Weinheimer Str. 51, ✆ 31 43, ≤, 🌣 – ⌷wc ⟸ Ⓟ ⚠. ✸ Zim
Karte 16/37 *(Montag geschl.)* – **12 Z : 23 B** 21/38 - 42/78 – P 36/46.

🏨 **Tannenblick** 📎, Am Tannenberg 17, ✆ 53 82, ≤, 🌣 – ⌷wc Ⓟ ⚠
1.- 20. Dez. geschl. – Karte 15/37 *(Dienstag geschl.)* – **16 Z : 32 B** 38 - 68 – P 49.

🏠 **Maienhof**, Forsthausweg 2, ✆ 26 67, ≤, 🌣, 🐾 – ⌷wc ⌷wc ⟸ Ⓟ. ✸
4.- 25. Nov. geschl. – Karte 16/35 – **15 Z : 25 B** 35/45 - 70/90 – P 42/50.

WALDMOHR 6797. Rheinland-Pfalz 🔢 ⑦. 🔢 ⑦ – 5 300 Ew – Höhe 269 m – ✪ 06373.
Mainz 127 – Kaiserslautern 36 – ◆Saarbrücken 37.

✗✗ **Le marmiton**, Mühlweiler 1, ✆ 91 56, 🌣 – Ⓟ
Montag - Dienstag 18 Uhr geschl. – Karte 25/60.

An der Autobahn A 6 - Nordseite SO : 3 km :

🏠 **Raststätte Waldmohr**, ⊠ 6797 Waldmohr, ✆ (06373) 32 35 – ⌷wc Ⓟ
Karte 18/48 – **11 Z : 14 B** 61 - 111.

WALDMÜHLE Nordrhein-Westfalen siehe Kürten.

WALDMÜNCHEN 8494. Bayern 🔢 ⑦ – 7 200 Ew – Höhe 512 m – Luftkurort – Wintersport : 750/920 m ⚡3 ⚡7 – ✪ 09972 – 🖪 Verkehrsamt, Marktplatz, ✆ 2 62.
◆München 210 – Cham 21 – Weiden in der Oberpfalz 70.

🏠 **Post**, Marktplatz 9, ✆ 14 16 – ⌷wc
◆ 1.- 15. Nov. geschl. – Karte 11/28 *(Montag geschl.)* – **11 Z : 20 B** 25 - 50 – P 40.

🏠 **Schmidbräu**, Marktplatz 5, ✆ 13 49 – ⌷wc ⌷wc Ⓟ. 🅰🅴 ⓪
◆ 20. Nov.- 10. Dez. geschl. – Karte 12/33 *(Nov.- April Samstag geschl.)* – **23 Z : 40 B** 20/25 - 40/48 – P 33/35.

In Waldmünchen-Arnstein N : 3 km – Höhe 760 m :

🏠 **Napoleon** 📎, ✆ 7 69, 🌣, 🐾 – ⌷wc Ⓟ. 🅰🅴 ⓪ 🇪
◆ Karte 12/30 – **17 Z : 32 B** 29/33 - 57/63 – P 43/47.

In Waldmünchen-Herzogau SO : 4 km – Höhe 720 m :

🏠 **Pension Gruber** 📎, ✆ 14 39, ≤, ⇔, 🐾 – ⌷wc Ⓟ
◆ Karte 11/22 *(Mittwoch geschl.)* – **22 Z : 40 B** 20/27 - 36/46 – 2 Appart. 42 – P 30/36.

In Treffelstein-Kritzenthal 8491 NW : 10 km Richtung Schönsee, nach 8 km rechts ab :

🏨 Katharinenhof 📎, ✆ (09673) 4 12, « Restaurant-Stuben im ländlichen Stil », ⇔, 🔲, 🐾 – ⌷wc ⌷wc ☎ Ⓟ ⚠
50 Z : 80 B.

WALDORF Rheinland-Pfalz siehe Breisig, Bad.

WALDPRECHTSWEIER Baden-Württemberg siehe Malsch.

WALDRACH 5501. Rheinland-Pfalz – 2 200 Ew – Höhe 130 m – ✪ 06500.
Mainz 163 – Hermeskeil 22 – ◆Trier 11 – Wittlich 36.

🏠 **Waldracher Hof**, Untere Kirchstr. 1, ✆ 6 19 – ⌷wc ☎ ⟸ Ⓟ
16. Jan.- 5. Feb. geschl. – Karte 15,50/47 *(Nov.- April Montag geschl.)* ♨ – **26 Z : 52 B** 38 - 70.

In Riveris 5501 SO : 3 km :

🏠 **Landhaus zum Langenstein** 📎, Auf dem Eschgart, ✆ (06500) 2 87, 🐾 – ⌷wc Ⓟ. ✸ Rest
◆ Karte 13/30 *(Nov.- März Montag geschl.)* ♨ – **21 Z : 40 B** 30/35 - 60/66 – P 45/50.

WALDSASSEN 8595. Bayern 🔢 ⑦ – 8 500 Ew – Höhe 490 m – ✪ 09632.
Sehenswert : Klosterkirche★ (Chorgestühl★, Bibliothek★★).
Ausflugsziel : Kappel : Lage★★ - Wallfahrtskirche★ NW : 7 km.
🖪 Stadtverwaltung, Kirchplatz 3, ✆ 18 11.
◆München 311 – Bayreuth 77 – Hof 55 – Weiden in der Oberpfalz 49.

🏨 **Zrenner**, Dr.-Otto-Seidl-Str. 13, ✆ 12 26 – ⌷wc ⌷wc ☎ ⟸
Karte 15/53 – **24 Z : 33 B** 30/55 - 52/85 – P 48/63.

🏠 Ratsstüberl, Johannisstr. 12, ✆ 17 82 – ⌷wc Ⓟ
14 Z : 24 B.

WALDSEE Rheinland-Pfalz siehe Limburgerhof.

WALDSEE, BAD 7967. Baden-Württemberg 987 ㉟㉚, 426 ⑭ — 15 000 Ew — Höhe 600 m — Moor-Heilbad — Kneippkurort — 🕿 07524.

Sehenswert : Stadtsee★.

🛈 Kurverwaltung, Ravensburger Str. 1, 🕾 1 03 77.

◆Stuttgart 154 — Ravensburg 21 — ◆Ulm (Donau) 66.

🏠 **Zum Ritter** garni, Wurzacher Str. 90, 🕾 80 18, 🚗 — 🛗wc 🕿 🅿. 🌿
24 Z : 35 B 44/60 - 74/88 Fb.

🏠 **Post**, Hauptstr. 1, 🕾 15 07, 🚗 — 🛗 🛁wc 🛗wc 🕿. E. 🌿 Rest
← 15. Dez.- 15. Jan. geschl. — Karte 14/34 (Samstag geschl.) — 32 Z : 50 B 28/50 - 60/80 — P 60/75.

✗ Hirsch, Hauptstr. 37, 🕾 12 34.

In Bad Waldsee 1-Enzisreute SW : 6 km :

🏠 Waldblick, an der B 30, 🕾 63 59, 🔲 — 🛁wc 🛗wc 🚗 🅿
27 Z : 43 B.

In Bad Waldsee-Mattenhaus N : 3 km :

✗ Landgasthof Kreuz (mit 🏠 Gästehaus), an der B 30, 🕾 16 10 — 🛁wc 🛗wc 🕹 🚗 🅿
21 Z : 39 B.

WALDSHUT-TIENGEN 7890. Baden-Württemberg 987 ㉟, 216 ⑥, 427 ⑤ — 21 500 Ew — Höhe 340 m — 🕿 07751.

🛈 Städtisches Verkehrsamt, Waldshut, im Oberen Tor, 🕾 16 14.

◆Stuttgart 180 — Basel 56 — Donaueschingen 57 — ◆Freiburg im Breisgau 80 — Zürich 45.

Im Stadtteil Waldshut :

🏠 **Waldshuter Hof**, Kaiserstr. 56, 🕾 20 08 — 🛗 🛁wc 🛗wc 🕿. 🅰 E
Karte 29/45 (Montag geschl.) 🍴 — 23 Z : 39 B 45 - 73 Fb.

🏠 **Schwanen**, Amthausstr. 2, 🕾 36 32 — 🛗 🚗
Karte 25/44 (Montag geschl.) 🍴 — 14 Z : 24 B 36/38 - 65/70 Fb.

✗✗ Fährhaus mit Zim, Konstanzer Str. 7 (B 34) (SO : 2 km), 🕾 31 16 — 🛗 🚗 🅿
18 Z : 26 B.

✗✗ **Taverna**, Kaiserstr. 98 (im Rheinischen Hof), 🕾 25 55 — 🅰 ⓿ E
Dienstag 15 Uhr - Mittwoch geschl. — Karte 25/53.

Im Stadtteil Tiengen :

🏠 **Bercher**, Bahnhofstr. 1, 🕾 (07741) 6 10 66, 🚗 — 🛗 📺 🛁wc 🛗wc 🕿 🚗 🅿 🛁
Karte 19/40 (Nov.- April Samstag geschl.) 🍴 — 35 Z : 60 B 40/62 - 80/110 Fb.

✗✗ **Brauerei Walter** mit Zim, Hauptstr. 23, 🕾 (07741) 45 30 — 🛗wc 🚗 🅿
Karte 18/44 (Sonntag geschl.) 🍴 — 16 Z : 27 B 31/38 - 62/76 — P 57/64.

In Waldshut-Tiengen - Schmitzingen N : 3,5 km ab Stadtteil Waldshut :

✗✗ **Löwen**, Hochtannweg 1, 🕾 69 44 — 🅿. ⓞ
1.- 20. Aug. und Mittwoch geschl. — Karte 37/62 🍴.

In Waldshut-Tiengen - Waldkirch N : 8 km ab Stadtteil Waldshut :

🛆 **Zum Storchen**, Tannholzstr. 19, 🕾 (07755) 2 69 — 🛗wc 🚗 🅿
← 15. Nov.- 20. Dez. geschl. — Karte 13/25 (Freitag geschl.) 🍴 — 14 Z : 28 B 26/32 - 50/63.

In Lauchringen 2-Oberlauchringen 7898 SO : 4 km ab Stadtteil Tiengen :

🏠 **Feldeck**, Klettgaustr. 1 (B 34), 🕾 (07741) 22 05, 🔲, 🌿 — 🛗 🛁wc 🛗wc 🕿 🚗 🅿 🛁
30 Z : 55 B Fb.

🛆 **Adler**, Klettgaustr. 20 (B 34), 🕾 (07741) 24 97 — 🚗 🅿
← Mitte Okt. - Mitte Nov. geschl. — Karte 12,50/28 (Donnerstag geschl.) 🍴 — 6 Z : 10 B 22 - 44 — P 34.

WALDSTETTEN Baden-Württemberg siehe Schwäbisch Gmünd.

WALDULM Baden-Württemberg siehe Kappelrodeck.

LES GUIDES VERTS MICHELIN

Paysages, monuments
Routes touristiques
Géographie, Économie
Histoire, Art
Itinéraires de visite
Plans de villes et de monuments.

WALLDORF 6909. Baden-Württemberg 🅱🅾🆇 ㉙ — 13 700 Ew — Höhe 110 m — ✪ 06227.
◆Stuttgart 107 — Heidelberg 15 — Heilbronn 54 — ◆Karlsruhe 42 — ◆Mannheim 30.

🏨 **Holiday-Inn**, Roter Straße (SW : 1,5 km), 𝒫 6 20 51, Telex 466009, 🕿, 🛏, 🗔, 🎏, 🎾 — 🛗
🍴 📺 🖂wc 🕿 🎣 ⏱ 🄰, 🄰🄴 🄾 🄴 🆅🆂🄰. 🎇 Rest
Karte 29/60 — **127 Z : 225 B** 162/187 - 204/244 Fb.

🏨 **Vorfelder**, Bahnhofstr. 28, 𝒫 20 85, Telex 466016, 🏡, 🎏 — 🛗 📺 🖂wc 🇓wc 🕿 🔚 🅿
🄰. 🄰🄴 🄾 🄴 🆅🆂🄰
Mitte - Ende Aug. geschl. — Karte 31/64 *(Sonntag geschl.)* — **38 Z : 57 B** 45/95 - 100/150 Fb.

🏠 **Zum weißen Rössel**, Hauptstr. 26, 𝒫 6 20 48 — 🛗 🖂wc 🇓wc 🕿 🄰. 🄰🄴 🄴
Karte 17/50 *(Sonntag ab 15 Uhr geschl.)* — **30 Z : 49 B** 42/70 - 75/105 Fb.

🍴 **Haus Landgraf** mit Zim, Hauptstr. 25, 𝒫 20 87, « Stilvolle, rustikale Einrichtung, Innenhof »
— 🇓 🅿. 🄰🄴 🄾 🄴 🆅🆂🄰
Jan. geschl. — Karte 21/55 *(nur Abendessen, Montag geschl.)* — **12 Z : 17 B** 40/75 - 80/120.

WALLDÜRN 6968. Baden-Württemberg 🅱🅾🆇 ㉘ — 10 500 Ew — Höhe 420 m — ✪ 06282.
🛈 Verkehrsamt, im alten Rathaus, Hauptstr. 27, 𝒫 6 71 07.
◆Stuttgart 125 — Aschaffenburg 64 — Heidelberg 93 — ◆Würzburg 62.

🏠 **Zum Ritter** (mit 🏠 Gästehaus), Untere Vorstadt 2, 𝒫 60 55 — 🖂wc 🇓wc 🕿 🅿 🄰
Karte 16/36 *(Freitag, Okt. 1 Woche und Feb. geschl.)* 🍷 — **19 Z : 35 B** 27/50 - 50/80.

🏯 **Goldene Rose**, Hauptstr. 41, 𝒫 2 54 — 🇓 🔚
➡ *23. Dez.- 29. Jan. geschl.* — Karte 12/28 *(Montag geschl.)* — **14 Z : 22 B** 24/30 - 48/56.

In Walldürn-Reinhardsachsen N : 9 km :

🏠 **Haus am Frankenbrunnen** 🍴, Am Kaltenbach 3, 𝒫 (06286) 3 36, 🕿, 🎏 — 🖂wc 🇓wc
➡ 🔚 🅿
Karte 13/32 *(Donnerstag geschl.)* 🍷 — **8 Z : 16 B** 40 - 74 — 6 Appart. 60/70.

WALLENFELS 8641. Bayern 🅱🅾🆇 ㉘ — 3 900 Ew — Höhe 380 m — Erholungsort — Wintersport :
400/500 m ⚞3 ⚟3 — ✪ 09262.
◆München 280 — ◆Bamberg 70 — Bayreuth 51 — Coburg 48.

🏠 **Wirtshannla**, Schützenstr. 1, 𝒫 4 50 — 🇓wc 🔚 🅿
➡ *13. Okt.- 15. Nov. geschl.* — Karte 12/20 *(Nov.- Mai Freitag geschl.)* — **20 Z : 36 B** 34 - 68.

WALLENHORST Niedersachsen siehe Osnabrück.

WALLERFANGEN Saarland siehe Saarlouis.

WALLGAU 8109. Bayern 🄸🄸🄶 ⑦ — 1 100 Ew — Höhe 868 m — Erholungsort — Wintersport :
900/1 000 m ⚞1 ⚟3 — ✪ 08825 (Krün) — 🛈 Verkehrsamt, Hauptstr. 7, 𝒫 4 72.
◆München 93 — Garmisch-Partenkirchen 19 — Bad Tölz 47.

🏨 **Parkhotel**, Barmseestr. 1, 𝒫 2 11, 🏡, Massage, 🕿, 🗔, 🎏 — 🛗 🕭 🔚 🅿 🄰. 🎇 Rest
Nov.- 15. Dez. geschl. — *(nur Abendessen für Hausgäste)* — **40 Z : 77 B** 98/130 - 196/210 Fb
(nur Halbpension).

🏨 **Post und Alpchalet**, Dorfplatz 6, 𝒫 13 11 (Hotel) 2 03 (Rest.), Biergarten, 🕿 — 🛗 📺 🇓wc
🕿 🅿 🄰
10. Nov.- 15. Dez. geschl. — Karte 20/49 — **35 Z : 68 B** 38/72 - 72/128 Fb.

🏨 **Karwendelhof**, Walchenseestr. 18, 𝒫 13 13, ≤ Karwendel und Wetterstein, 🕿, 🗔, 🎏 —
🖂wc 🇓wc 🕿 🅿
20. Nov.- 20. Dez. geschl. — Karte 15,50/43 *(Donnerstag geschl.)* — **11 Z : 21 B** 50/55 - 76/126
Fb.

🏨 **Vita Bavarica** 🍴 garni, Lange Äcker 17, 𝒫 5 72, ≤, 🕿, 🛏 (geheizt), 🎏 — 🖂wc 🇓wc
🅿. 🎇
Nov.-15. Dez. geschl. — **13 Z : 27 B** 41/55 - 82/110.

🏠 **Gästehaus Bayerland** garni, Mittenwalder Str. 3, 𝒫 6 11, 🕿, 🗔, 🎏 — 🖂wc 🇓wc 🕿 🅿. 🎇
16 Z : 30 B.

🏠 **Wallgauer Hof** 🍴, Isarstr. 15, 𝒫 6 16, 🏡, 🎏 — 🖂wc 🇓wc 🕿 🔚 🅿
20. Okt.-15. Dez. geschl. — *(nur Abendessen für Hausgäste)* — **23 Z : 42 B** 43/52 - 77/85.

🏠 **Isartal**, Dorfplatz 2, 𝒫 2 44 — 🖂wc 🇓wc 🔚 🅿
Nov.- 19. Dez. geschl. — Karte 15/35 *(Dienstag geschl.)* — **20 Z : 35 B** 35 - 70.

WALLUF 6229. Hessen — 5 000 Ew — Höhe 90 m — ✪ 06123.
🛈 Verkehrsamt, Mühlstr. 42, 𝒫 7 10 32.
◆Wiesbaden 10 — ◆Koblenz 71 — Limburg an der Lahn 51 — Mainz 13.

🏠 **Ruppert**, Hauptstr. 61 (B 42), 𝒫 7 10 89 — 🖂wc 🇓wc 🕿 🅿 🄰
Karte 15/38 *(Montag - Dienstag geschl.)* 🍷 — **30 Z : 50 B** 35/85 - 60/100 Fb.

🍴🍴 **Schwan** mit Zim, Rheinstr. 4, 𝒫 7 24 10, « Gartenterrasse mit ≤ » — 🅿. 🄰🄴 🄾 🄴
Karte 34/74 *(Dienstag geschl.)* — **5 Z : 9 B** 34/45 - 50/68.

🍴🍴 **Zum Treppchen**, Kirchgasse 14, 𝒫 7 17 68
nur Abendessen, Mittwoch, Sonn- und Feiertage sowie Feb.- März und Aug.- Sept. je
2 Wochen geschl. — Karte 32/62 (Tischbestellung ratsam) 🍷.

WALPORZHEIM Rheinland-Pfalz siehe Neuenahr-Ahrweiler, Bad.

WALSHEIM Saarland siehe Gersheim.

WALSRODE 3030. Niedersachsen 🄰🄱🄿🄰 ⑮ — 23 100 Ew — Höhe 35 m — Erholungsort — ✆ 05161.
Ausflugsziel : Vogelpark★★ N : 3 km.
🛈 Fremdenverkehrsamt, Lange Str. 22, ✆ 20 37.
♦Hannover 61 — ♦Bremen 61 — ♦Hamburg 102 — Lüneburg 76.

🏨 **Landhaus Walsrode** ⚲ garni, Oskar-Wolff-Str. 1, ✆ 80 53, ⤓ (geheizt), ≠ — 🚻wc 🚻wc
☎ ⇔ 🅿. 🆎
16. Dez.- 16. Jan. geschl. — **15 Z : 26 B** 55/120 - 110/180 Fb.

🏨 Walsroder Hof, Lange Str. 48, ✆ 58 10 — 🛗 🚻wc 🚻wc ⇔ 🅿 🏦. ⚘ — **35 Z : 50 B** Fb.

🏠 Stadtschänke garni, Lange Str. 73, ✆ 57 76 — 🚻wc 🅿 — **10 Z : 18 B.**

♨ **Hannover**, Lange Str. 5, ✆ 55 16 — 🚻wc ☎ ⇔ 🅿. **E**
Karte 15,50/42 — **26 Z : 50 B** 30/55 - 54/94.

WALTENHOFEN 8963 Bayern 🄸🄶🄱 ⑮ — 8 000 Ew — Höhe 750 m — ✆ 08303.
🛈 Verkehrsamt, Rathaus, ✆ 8 22.
♦München 131 — Bregenz 73 — Kempten (Allgäu) 6 — ♦Ulm (Donau) 97.

In Waltenhofen 2-Martinszell S : 5,5 km — Erholungsort :

🏠 **Adler**, Illerstr. 10, ✆ (08379) 2 07 — 🚻wc ☎ ⇔ 🅿
Karte 15/36 — **30 Z : 50 B** 36/42 - 72/84 — P 46/50.

WALTRINGHAUSEN Niedersachsen siehe Nenndorf, Bad.

WALTROP 4355. Nordrhein-Westfalen 🄰🄱🄿 ⑭ — 27 000 Ew — Höhe 60 m — ✆ 02309.
Siehe Ruhrgebiet (Übersichtsplan).
♦Düsseldorf 85 — Münster (Westfalen) 50 — Recklinghausen 15.

🏨 **Haus der Handweberei** garni, Bahnhofstr. 95, ✆ 30 03 — 🚻wc ☎ 🅿. ⚘
10 Z : 15 B 42/45 - 75/85.

XX **Rôtisserie Stromberg**, Dortmunder Str. 5 (Eingang Isbruchstr.), ✆ 42 28 — 🅿. 🆎 ⓞ
Karte 24/73.

WAMEL Nordrhein-Westfalen siehe Möhnesee.

WANFRIED 3442. Hessen 🄰🄱🄿 ⑯ — 5 200 Ew — Höhe 171 m — Luftkurort — ✆ 05655.
♦Wiesbaden 232 — Göttingen 60 — ♦Kassel 67.

🏠 Stadtpark, Vor dem Untertor 8, ✆ 5 55 — 🚻wc ☎ 🅿 🏦 — **12 Z : 19 B.**

🏠 **Wanfrieder Hof**, Marktstr. 21, ✆ 3 39 — 🚻wc 🅿 🏦
2.- 23. Jan. geschl. — Karte 15/40 — **21 Z : 40 B** 27/36 - 54/64.

WANGEN Baden-Württemberg siehe Göppingen bzw. Öhningen.

WANGEN IM ALLGÄU 7988. Baden-Württemberg 🄰🄱🄿 ㊳, 🄸🄶🄱 ⑭ — 23 500 Ew — Höhe 570 m —
✆ 07522 — Sehenswert : Marktplatz★.
🛈 Gästeamt, Rathaus, Marktplatz, ✆ 40 81.
♦Stuttgart 194 — Bregenz 27 — Ravensburg 23 — ♦Ulm (Donau) 102.

🏨 **Romantik-H. Alte Post**, Postplatz 2, ✆ 40 14, Telex 732774, « Einrichtung im Barock- und
Bauernstil », ≠ — 🚻wc 🚻wc ☎ 🅿 🏦. 🆎 ⓞ **E** 🆅🆂🅰
8.- 17. Feb. geschl. — Karte 23/62 *(Montag geschl.)* — **36 Z : 55 B** 70 - 108/140 Fb.

🏨 **Haus Waltersbühl** ⚲, Max-Fischer-Str. 4, ✆ 50 57, 😊, ⤓, 📷, ≠ — 🚻wc 🚻wc ☎ 🅿
🏦. ⚘
7.- 23. Juni geschl. — Karte 16/48 *(Sonntag ab 14 Uhr geschl.)* — **59 Z : 96 B** 46/54 - 84/100.

🏠 **Mohren-Post**, Herrenstr. 27, ✆ 2 10 76 — 🚻wc ⇔
15. Sept.- 10. Okt. geschl. — Karte 22/40 *(Freitag geschl.)* — **14 Z : 20 B** 40/48 - 70/80.

🏠 **Alpina** garni, Am Waltersbühl 6, ✆ 40 38 — 🛗 🚻wc 🚻wc ☎ ⇔ 🅿
23 Z : 48 B 43/48 - 70/78 Fb.

🏠 **Zur Sonnenhalde** ⚲, Wermeisterweg 35, ✆ 66 75, Gartenterrasse, ⤓, ≠ — 🚻wc ⇔ 🅿.
⚘ Zim
Karte 15,50/35 *(Freitag geschl.)* 🏦 — **20 Z : 32 B** 30/35 - 60/70.

♨ **Taube**, Bindstr. 47, ✆ 2 13 38 — 🚻
← Nov.- Dez. 3 Wochen geschl. — Karte 13/31 *(Freitag geschl.)* — **14 Z : 20 B** 30/35 - 60/70.

XX **Bären** mit Zim, Bahnhofplatz 1, ✆ 2 10 60 — 🚻wc ⇔ 🅿
Aug. 3 Wochen geschl. — Karte 18/47 *(Montag geschl.)* — **6 Z : 10 B** 28/40 - 50/70.

In Wangen-Herfatz NW : 3 km, über die B 32 :

🏫 **Waldberghof** ⬥, Am Waldberg, 𝒫 67 71, 🛋, 🔲, 🐴, 🏇 – ⌂wc 🏧wc ☎ 🅿. ❄
(nur Abendessen für Hausgäste) – **11 Z : 18 B**.

In Wangen 4-Neuravensburg SW : 8 km :

🏨 **Mohren**, Bodenseestr. 7, 𝒫 (07528) 72 45, 🛋, 🔲, ❄ – 🏧wc ⇐ 🅿
Nov. geschl. – Karte 19,50/35 *(Montag geschl.)* – **22 Z : 42 B** 40 - 75.

WANGERLAND 2949. Niedersachsen – 10 600 Ew – Höhe 1 m – 🔾 04426.
🛈 Kurverwaltung, Zum Hafen 1 (Horumersiel), 𝒫 15 11.
♦Hannover 242 – Emden 76 – ♦Oldenburg 72 – Wilhelmshaven 21.

In Wangerland 3-Hooksiel – Seebad :

XX **Packhaus** ⬥ mit Zim, am Hafen 1, 𝒫 (04425) 12 33, ≼ – 🏧wc ☎ 🅿
28. Jan.- 10. Feb. geschl. – Karte 24/59 – **6 Z : 12 B** 64/85 - 87/110.

In Wangerland 2-Horumersiel – Seebad :

🏦 **Atlanta** ⬥, Am Tief 6, 𝒫 15 21, Telex 253379, 🛋, 🔲 – 🛗 📺 🏧wc ☎ ⚹ 🅿 🖵
25 Z : 100 B Fb – 10 Appart.

🏫 **Appartement-Hotel Friesenhörn**, Friesenhörn 3, 𝒫 2 05, Massage – 🏧wc ☎ 🅿 🖵
7 Z : 14 B – 10 Appart.

🏫 **Mellum** ⬥, Fasanenweg 9, 𝒫 6 16, ❄ – 🏧wc 🅿
➡ *15. Jan.-15. Feb. geschl.* – Karte 14,50/41 *(Montag geschl.)* – **20 Z : 40 B** 48 - 78.

WANGEROOGE (Insel) 2946. Niedersachsen 🗺 ④ – 2 000 Ew – Seeheilbad – Insel der Ostfriesischen Inselgruppe. Autos nicht zugelassen – 🔾 04469.
🚢 von Wittmund-Carolinensiel (Bahnhof Harle) (ca. 1 h 15 min), 𝒫 (04469) 2 17.
🛈 Verkehrsverein, Pavillon am Bahnhof, 𝒫 3 75.
♦Hannover 256 – Aurich/Ostfriesland 36 – Wilhelmshaven 41.

🏦 **Gerken** ⬥, Strandpromenade 21, 𝒫 6 11, ≼, 🍴, ❄ – 📺 🏧wc ☎. 🅰🅴 ⑩ 🅴 🆅🆂🅰. ❄ Rest
Ostern - Sept. – Karte 33/57 – **57 Z : 92 B** 95/110 - 180/210 Fb – 7 Appart. 135/195 –
P 145/157.

🏫 **Kaiserhof** ⬥, Strandpromenade 27, 𝒫 2 02, ≼, 🍴 – 🏧wc. ❄
Ostern- 20. Sept. – Karte 22/36 – **52 Z : 88 B** 56/80 - 112/150 – P 88/110.

🏫 **Hansa-Haus** ⬥, Dorfplatz 16, 𝒫 2 37
Mai - Sept. – (nur Abendessen für Hausgäste) – **52 Z : 80 B** 55/72 - 102/154 Fb (nur Halbpension).

WANK Bayern. Sehenswürdigkeit siehe Garmisch-Partenkirchen.

WARBURG 3530. Nordrhein-Westfalen 🗺 ⑮ – 22 500 Ew – Höhe 205 m – 🔾 05641.
🛈 Fremdenverkehrsamt, Zwischen den Städten 2, 𝒫 9 25 55.
♦Düsseldorf 195 – ♦Kassel 34 – Marburg 107 – Paderborn 42.

🏦 **Alt Warburg**, Kalandstr. 11, 𝒫 42 11, Telex 991239 – 🏧wc ☎ ⇐ 🖵. 🅴
Karte 24/46 *(Samstag bis 18 Uhr und Montag geschl.)* – **16 Z : 25 B** 58/65 - 110.

🏫 **Berliner Hof** ⬥, Gerhart-Hauptmann-Str. 11, 𝒫 21 37 – 🏧wc ⇐ 🅿
Aug. geschl. – Karte 17,50/37 *(Freitag - Samstag 17 Uhr geschl.)* – **13 Z : 23 B** 37/54 - 67/98.

In Warburg 2-Scherfede NW : 10 km :

🏫 **Wulff**, Wiggenbreite 3, 𝒫 (05642) 2 08, 🍴, ❄ – 🏧wc ⇐ 🅿. ❄ Rest
11 Z : 21 B.

WARENDORF 4410. Nordrhein-Westfalen 🗺 ⑭ – 34 000 Ew – Höhe 56 m – 🔾 02581.
Ausflugsziel : Freckenhorst : Stiftskirche★ (Taufbecken ★) SW : 5 km.
🛈 Verkehrsamt, Markt 1, 𝒫 26 25.
♦Düsseldorf 150 – Bielefeld 47 – Münster (Westfalen) 27 – Paderborn 63.

🏦 **Im Engel** Ⓜ ⬥, Brünebrede 37, 𝒫 70 64, 🛋 – 🛗 ⌂wc 🏧wc ☎ ⚹ ⇐ 🅿 🖵. ⑩ 🅴 🆅🆂🅰
Juli 3 Wochen geschl. – Karte 22/59 (Weinkarte mit über 300 Spitzenweinen) – **23 Z : 40 B** 60/88 - 88/150.

🏦 **Olympia** Ⓜ, Dreibrückenstr. 66, 𝒫 80 18 – 🛗 📺 ⌂wc 🏧wc ☎ ⇐ 🖵. 🅰🅴 ⑩ 🅴 🆅🆂🅰
Karte 22/50 *(nur Abendessen, Sonntag geschl.)* – **24 Z : 47 B** 72/85 - 103/146 Fb.

🏫 **Emshof**, Sassenberger Str. 39, 𝒫 23 00 – ⌂wc 🏧wc ☎ ⇐ 🅿. ❄ Zim – **33 Z : 48 B**.

🏨 **Kaiserhof** garni, Oststr. 5, 𝒫 76 14 – 🏧wc ⇐
19 Z : 24 B 30/40 - 60/80.

XX **Haus Allendorf**, Neuwarendorf 16 (B 64, W : 4 km), 𝒫 21 07 – 🅿 🖵. ❄
Montag geschl. – Karte 17/44.

27

WARMENSTEINACH 8581. Bayern 987 ㉗ – 3 000 Ew – Höhe 558 m – Luftkurort – Wintersport : 560/1 024 m ⨠8 (Skizirkus Ochsenkopf) ⨠6 – ⊛ 09277.

🅘 Verkehrsamt, Freizeithaus, 🖉14 01.

♦München 253 – Bayreuth 24 – Marktredwitz 27.

🏠 **Sport-H. Sonnenbichl** ⬍, Panoramasteig 403, 🖉 5 15, Telex 642798, ⟨, ⌂, ⬍, 🔲 – ▒
→ 🛏wc ⓜwc ☎ ❷, 🅰🅴 ⓞ 🄴. 🕱 Rest
Karte 14/44 – **83 Z : 155 B** 81/124 - 134 Fb – P 85/99.

🏠 **Krug** ⬍, Siebensternweg 15, 🖉 2 09, « Terrasse mit ⟨ », 🍴 – ▒ ⓜwc ⇦ ❷
→ 4. Nov.- 20. Dez. geschl. – Karte 14/37 *(Mittwoch geschl.)* – **33 Z : 53 B** 30/45 - 52/82 –
P 46/65.

Im Steinachtal S : 2 km :

🏠 **Pension Pfeiferhaus**, ✉ 8581 Warmensteinach, 🖉 (09277) 2 56, ⌂, 🍴 – ⓜwc ⇦ ❷
Mitte Okt.- Mitte Dez. geschl. – (Rest. nur für Hausgäste) – **25 Z : 41 B** 25/40 - 46/74 –
P 35/47.

In Warmensteinach-Fleckl NO : 5 km :

🏠 **Sport-H. Fleckl** ⬍, 🖉 2 34, ⬍, 🔲, 🍴 – 🛏wc ⓜwc ⇦ ❷
Nov.- Mitte Dez. geschl. – (nur Abendessen für Hausgäste) – **38 Z : 58 B** 28/48 - 52/86 Fb.

🏠 **Waldhotel Fleckl** garni, 🖉 12 12, ⬍, 🔲 – 📺 ⓜwc ☎ ⇦ ❷
11 Z : 25 B.

🏠 **Berggasthof** ⬍, 🖉 2 70, 🍴 – 🛏wc ⓜwc ⇦ ❷ 🄴
→ 25. Nov.- 12. Dez. geschl. – Karte 13/29 – **20 Z : 40 B** 20/32 - 40/64 – P 36/48.

In Warmensteinach - Oberwarmensteinach O : 2 km :

♤ **Goldener Stern** ⬍, 🖉 2 46, 🍴 – ⓜwc ⇦ ❷
→ Nov.- 10. Dez. geschl. – Karte 13/31 *(Mittwoch geschl.)* – **20 Z : 40 B** 23/30 - 42/54 – P 40/47.

WARSTEIN 4788. Nordrhein-Westfalen 987 ⑭ – 29 600 Ew – Höhe 300 m – ⊛ 02902.

🅘 Fremdenverkehrsamt, Rathaus, Dieplohstr. 1, 🖉 8 12 56.

♦Düsseldorf 149 – Lippstadt 28 – Meschede 15.

🏠 **Hölter**, Siegfriedstr. 2, 🖉 24 40 – ⓜwc ☎ ⇦ ❷, ⓞ. 🕱
Karte 18/45 *(Montag geschl.)* – **10 Z : 16 B** 27/38 - 60/65.

🏠 **Bergenthal**, Hauptstr. 97 (B 55), 🖉 50 06 – ⓜwc ☎ ⇦ ❷
17 Z : 24 B.

🏠 **Lindenhof** ⬍, Ottilienstr. 4, 🖉 25 27, ⬍ – ⓜwc ⇦ ❷
Karte 17/45 – **50 Z : 95 B** 26/35 - 49/67.

Bei der Tropfsteinhöhle SW : 3 km, Richtung Hirschberg :

🏠 Warsteiner Waldhotel, Im Bodmen 52, ✉ 4788 Warstein, 🖉 (02902) 50 44, ⌂ – 📺 🛏wc
ⓜwc ❷ ⛳
16 Z : 32 B Fb.

In Warstein 2-Allagen NW : 11 km :

🏠 **Postillion**, Victor-Röper-Str. 5, 🖉 (02925) 33 83, ⌂, 🍴 – 🛏wc ⓜwc ☎ ❷ ⛳. ⓞ 🄴
Karte 22/45 – **14 Z : 26 B** 45 - 68.

In Warstein 1-Hirschberg SW : 7 km :

🏠 **Cramer** (Fachwerkhaus a.d.J. 1788), Prinzenstr. 2, 🖉 29 27 – 🛏wc ⓜwc ⇦ ❷
9.- 17. Dez. geschl. – Karte 18,50/44 *(Montag 14 Uhr - Dienstag geschl.)* – **13 Z : 24 B** 30/38 -
59/70.

♤ **Zum Hirsch** ⬍, Stadtgraben 23, 🖉 36 45 – ⓜwc ❷. 🕱
→ 24. April - 5. Mai geschl. – Karte 14,50/31 *(nur Abendessen, Montag geschl.)* – **10 Z : 18 B**
27/35 - 54/66.

In Warstein 2-Mülheim NW : 7 km :

XX **Bauernstübchen**, Erlenweg 45 (B 516), 🖉 (02925) 28 21 – ❷
Montag geschl. – Karte 18/56.

Les bonnes tables (voir p. 23)

Gourmets :

Nous distinguons à votre intention
certains hôtels et restaurants par ❀, ❀❀ ou ❀❀❀.

WARTENBERG KREIS ERDING 8059. Bayern − 3 000 Ew − Höhe 430 m − © 08762.
♦München 49 − Landshut 27.

🏨 **Reiter-Bräu**, Untere Hauptstr. 2, ℰ 8 91 − 🛗 ⌐wc 🛏wc ☎ 🅿 🛁 🛄
⇥ Karte 14/37 *(5.- 25. Aug. und Mittwoch geschl.)* − **34 Z : 76 B** 36/42 - 75/84.

WARTMANNSROTH Bayern siehe Hammelburg.

WASSENACH 5471. Rheinland-Pfalz − 1 100 Ew − Höhe 280 m − Luftkurort − © 02636
(Burgbrohl).
Mainz 126 − ♦Bonn 51 − ♦Koblenz 34.

🏠 **Mittnacht**, Hauptstr. 43, ℰ 23 07, 🍴, 🛋 − 🛏 🅿
⇥ Karte 11,50/30 *(Montag geschl.)* − **12 Z : 24 B** 27/30 - 54/60.

WASSENBERG 5143. Nordrhein-Westfalen 🔢 ㉓. 🔢 ⑳ − 13 200 Ew − Höhe 70 m
− © 02432.
♦Düsseldorf 57 − ♦Aachen 42 − Mönchengladbach 27 − Roermond 18.

🏨 **Burg Wassenberg** ⑤, Kirchstr. 17, ℰ 40 44, <, 🍴 − ⌐wc 🛏wc ☎ 🅿 🛁. 🆎 ①
E
Karte 29/78 − **22 Z : 37 B** 70 - 120 − P 98.

In Wassenberg-Myhl O : 3 km :

🍴🍴 **Haus Scholl**, Am Schwanderberg 83, ℰ 8 01 33, « Gartenterrasse » − 🅿. 🆎 ① E
Dienstag geschl. − Karte 34/71.

WASSERBURG AM BODENSEE 8992. Bayern 🔢 ⑭. 🔢 ⑧ − 3 100 Ew − Höhe 406 m −
Luftkurort − © 08382 (Lindau im Bodensee).
🛈 Verkehrsverein, Rathaus, Bahnhofstraße, ℰ 55 82.
♦München 185 − Bregenz 15 − Ravensburg 27.

🏨 **Zum lieben Augustin** Ⓜ garni, Hauptstr. 19, ℰ 2 88 94, <, 🛥, 🍴 − ⌐wc 🛏wc ☎ 🅿
nur Saison − **11 Z : 22 B** Fb.

🏨 **Seestern** garni, Hauptstr. 27, ℰ 60 49, 🔲, 🍴 − ⌐wc 🛏wc ☎ 🅿
15. März - Okt. − **17 Z : 34 B** 65/70 - 90/100 − 4 Appart. 120.

🏩 **Haus Lipprandt**, Hauptstr. 26, ℰ 53 83, 🍴, 🛋, 🏊 (geheizt), 🛥, 🍴 − ⌐wc 🛏wc ☎ 🅿.
🆎
15. Dez.- Feb. geschl. − Karte 16/48 − **33 Z : 63 B** 50/75 - 110/140 − P 80/105.

🏩 **Pfälzer Hof**, Hauptstr. 83, ℰ 65 11, 🍴 − 🛏wc 🅿
Karte 16/34 *(Mittwoch geschl., Nov.- März garni)* 🛁 − **10 Z : 23 B** 27/39 - 52/78 − P 45/57.

🏩 **Schloß Wasserburg** ⑤, Hauptstr. 5, ℰ 56 92, <, 🛥, 🍴 − 🛗 ⌐wc 🛏wc 🅿
🏖 Rest
15. Dez.- 15. Jan. geschl. − Karte 26/44 *(Dienstag geschl.)* − **19 Z : 37 B** 65/80 - 80/120.

In Wasserburg-Hege NW : 1,5 km :

🍴🍴 **Weinstube Gierer** mit Zim, ℰ 2 65 63, 🛋, 🔲 − 🛏wc 🅿. 🆎 ①
28. Okt.- 7. Dez. geschl. − Karte 22/47 🛁 − **11 Z : 18 B** 29/43 - 60/76.

WASSERBURG AM INN 8090. Bayern 🔢 ㊲. 🔢 ⑧ − 10 500 Ew − Höhe 427 m − © 08071.
Sehenswert : Malerische Lage★.
🛈 Städt. Verkehrsbüro, Rathaus, Eingang Frauengasse, ℰ 30 61.
♦München 54 − Landshut 64 − Rosenheim 31 − Salzburg 88.

🏩 **Fletzinger**, Fletzingergasse 1, ℰ 80 10 − 📺 ⌐wc ☎ 🚗 🛁
⇥ *12. Dez.- 20. Jan. geschl.* − Karte 13,50/36 *(Nov.- Mitte März Samstag geschl.)* − **29 Z : 55 B**
38/57 - 66/98.

🏩 **Paulanerstuben**, Marienplatz 9, ℰ 39 03, 🍴, « Prächtige Rokokofassade » − ⌐wc 🛏wc
⇥ ☎ 🚗
20. Okt.- 20. Nov. geschl. − Karte 12,50/31 *(Dienstag geschl.)* − **17 Z : 35 B** 30/42 - 50/66.

🏠 **Huber am Kellerberg**, Salzburger Str. 25 (O : 1,5 km), ℰ 74 33 − 🛏wc 🚗 🅿
⇥ Karte 12/21 *(Freitag geschl.)* − **19 Z : 35 B** 22/28 - 42/52.

🍴🍴 **Herrenhaus**, Herrengasse 17, ℰ 28 00 − 🆎 E
4.- 31. Aug. geschl. − Karte 20/59.

An der B 15 S : 8 km :

🏠 Fischerstüberl, Elend 1, ✉ 8091 Wasserburg-Attel, ℰ (08071) 25 98 − 🛏 🅿. 🏖 Zim
14 Z : 22 B.

WASSERKUPPE Hessen siehe Gersfeld.

WASSERLIESCH Rheinland-Pfalz siehe Konz.

WASSERTRÜDINGEN 8822. Bayern 987 ⑳ − 5 900 Ew − Höhe 420 m − ✪ 09832.
◆München 154 − Ansbach 34 − Nördlingen 26 − ◆Nürnberg 69.

🏠 **Zur Sonne**, Dinkelsbühler Str. 2, ℰ 3 28 − ⋔wc 🅿
↦ Karte 14/30 *(Montag geschl.)* ᗡ − **16 Z : 34 B** 27 - 50 − P 43.

🏠 **Zur Ente**, Dinkelsbühler Str. 1, ℰ 2 80 − ⋔wc 🅿
↦ Karte 14/28 − **49 Z : 87 B** 22/34 - 42/58.

WEDEL Schleswig-Holstein siehe Hamburg.

WEDEMARK 3002. Niedersachsen 987 ⑮ − 24 500 Ew − Höhe 45 m − ✪ 05130.
◆Hannover 20 − ◆Bremen 98 − Celle 27 − ◆Hamburg 128.

In Wedemark 7-Berkhof :

🏠 Bartels ⌂, Allerbusch 23, ℰ 25 67 − ⋔wc ☎ 🚗 🅿
14 Z : 22 B.

In Wedemark 1-Brelingen :

🏠 **Deutscher Hermann** ⌂, Bennemühler Str. 12, ℰ 22 94 − ⋔ 🚗 🅿 🏋
7. Aug.- 4. Sept. geschl. − Karte 18,50/40 *(Montag - Dienstag geschl.)* − **12 Z : 22 B** 35 - 70 Fb.

In Wedemark 1-Hellendorf :

🏠 **Foellmer** ⌂, Pappelallee, ℰ 30 30, ⌟, 🐎 − ⋔wc ⋔wc ☎ 🅿 🏋 ⓔ E
Aug. geschl. − Karte 18/50 *(nur Abendessen, Sonntag geschl.)* − **26 Z : 40 B** 45/60 - 90/110.

In Wedemark 1-Mellendorf :

🏠 **Eichenkrug**, Kaltenweider Str. 22, ℰ 25 00 − ⋔ 🚗 🅿. ✻ Zim
Karte 17/32 *(Dienstag geschl., Montag und Mittwoch nur Abendessen)* − **7 Z : 13 B** 33/40 - 65/68.

WEENER 2952. Niedersachsen 987 ⑭ − 14 200 Ew − Höhe 6 m − ✪ 04951.
◆Hannover 245 − Emden 40 − Groningen 58 − ◆Oldenburg 74.

In Weener-Halte S : 10 km :

XX Reiherhorst, ℰ (04961) 23 17, 🍴 − 🅿 🏋.

WEGBERG 5144. Nordrhein-Westfalen 987 ㉓, 213 ⑫ − 24 500 Ew − Höhe 60 m − ✪ 02434.
◆Düsseldorf 47 − Erkelenz 9,5 − Mönchengladbach 16.

X **Burg Wegberg**, Burgstr. 8, ℰ 13 27, « Gartenterrasse » − 🅿 🏋
Montag geschl. − Karte 17/49.

In Wegberg-Kipshofen SO : 5 km :

🏨 **Esser** ⌂, Von-Agriss-Str. 43, ℰ (02161) 5 89 95, 🚆 − 📺 🛏wc ⋔wc ☎ 🅿 🏋. 🆎 ⓔ E 🆅🆂🅰
Karte 17,50/56 *(Mittwoch und Donnerstag nur Abendessen)* − **21 Z : 35 B** 55/95 - 95/130.

In Wegberg-Schwaam N : 5 km über Rickelsrath :

🏠 Schüppen ⌂, Zum Thomashof 1, ℰ 33 83, 🐎 − ⋔wc 🚗 🅿. ✻
11 Z : 19 B.

In Wegberg-Tüschenbroich SW : 2 km :

XX **Tüschenbroicher Mühle**, ℰ 42 80, <, 🍴 − 🅿. ⓔ E 🆅🆂🅰
Donnerstag geschl. − Karte 32/73.

WEHINGEN 7209. Baden-Württemberg − 2 400 Ew − Höhe 777 m − ✪ 07426.
◆Stuttgart 100 − Sigmaringen 46 − Villingen-Schwenningen 40.

🏠 **Café Keller**, Bahnhofstr. 5, ℰ 10 68 − 🛏wc ⋔wc ☎ 🚗 🅿 🏋
Karte 19/40 *(Freitag geschl.)* − **21 Z : 32 B** 32/46 - 58/80 Fb.

WEHLMÄUSEL Bayern siehe Feuchtwangen.

LE GUIDE VERT MICHELIN ALLEMAGNE

Paysages, monuments

Routes touristiques

Géographie

Histoire, Art

Itinéraires de visite

Plans de villes et de monuments.

WEHR 7867. Baden-Württemberg 987 ㉞, 216 ⑤, 427 ⑤ — 12 000 Ew — Höhe 360 m — ✆ 07762.

🛈 Verkehrsverein, Hauptstr. 31, 𝒫 94 79.

◆Stuttgart 216 — Basel 31 — Lörrach 22 — Bad Säckingen 11 — Todtmoos 17.

🏚 **Klosterhof**, Frankenmatt 8 (beim Schwimmbad), 𝒫 86 50, 🌤 — 🏢 🛏wc 🍴wc ☎ 🅿. 𝔸𝔼
Karte 21/46 *(Freitag geschl.)* 🍴 — **36 Z : 50 B** 46/50 - 78.

   In Hasel 7861   N : 4 km :

🏚 **Landgasthof Erdmannshöhle**, Hauptstr. 14, 𝒫 (07762) 97 52, 🌤 — 🍴wc ☎ 🅿. 𝔸𝔼 𝐄
Karte 27/55 🍴 — **17 Z : 26 B** 32/45 - 58/88 Fb.

WEHRHALDEN Baden-Württemberg siehe Herrischried.

WEHRHEIM 6393. Hessen — 7 800 Ew — Höhe 320 m — ✆ 06081.

Ausflugsziel : Saalburg* (Rekonstruktion eines Römerkastells) S : 4 km.

◆Wiesbaden 57 — ◆Frankfurt am Main 28 — Gießen 46 — Limburg an der Lahn 46.

🕎 **Zum Taunus**, Töpferstr. 2 (B 456), 𝒫 51 68 — 🛏wc 🍴wc 🚗 🅿. 🍽 Zim
20. Juli - 15. Aug. geschl. — Karte 17,50/37 *(wochentags nur Abendessen, Freitag geschl.)* —
17 Z : 27 B 40/60 - 70/100.

   Am Bahnhof Saalburg   SO : 3 km :

🏛 **Lochmühle** 🦢, ✉ 6393 Wehrheim, 𝒫 (06175) 2 81, 🐎 — 🍴wc ☎ 🚗 🅿
Karte 24/50 *(Montag - Dienstag geschl.)* — **14 Z : 24 B** 58/75 - 95/120.

WEIBERSBRUNN 8751. Bayern 987 ㉕ — 2 000 Ew — Höhe 335 m — ✆ 06094.

◆München 337 — Aschaffenburg 19 — ◆Würzburg 61.

🏚 **Brunnenhof**, Hauptstr. 231, 𝒫 3 64, 🌤 — 🏢 🛏wc 🍴wc ☎ 🚗 🅿 🏊
Karte 18/52 — **52 Z : 104 B** 45/72 - 78/100.

🕎 **Jägerhof**, Hauptstr. 223, 𝒫 3 61 — 🍴 🅿
Karte 15/40 — **20 Z : 40 B** 32/40 - 54/63.

   An der Autobahn A 3   Ausfahrt Rohrbrunn :

🏛 **Rasthaus und Motel im Spessart - Südseite**, ✉ 8751 Rohrbrunn, 𝒫 (06094) 5 31, 🌤
— 📺 🛏wc 🍴wc ☎ 🕭 🅿. 𝔸𝔼 ⓞ 𝐄
Karte 17,50/45 — **34 Z : 62 B** 52/78 - 82/118.

Pleasant hotels or restaurants

are shown in the Guide by a red sign.

Please send us the names

of any where you have enjoyed your stay.

Your Michelin Guide will be even better.

🏨🏨🏨 ... 🏚

ⁿⁿⁿⁿⁿ XXXXX ... X

WEIDEN IN DER OBERPFALZ 8480. Bayern 987 ㉗ — 42 500 Ew — Höhe 396 m — ✆ 0961.

Ausflugsziel : Flossenbürg : Burgruine (Lage*, ≤*) NO : 20 km über ①.

🛈 Verkehrsamt, Altes Rathaus, Oberer Markt, 𝒫 8 14 11.

◆München 243 ④ — Bayreuth 64 ① — ◆Nürnberg 100 ④ — ◆Regensburg 82 ③.

Stadtplan siehe nächste Seite.

🏛 **Stadtkrug**, Wolframstr. 5, 𝒫 3 20 25, Telex 63863, Biergarten — 📺 🛏wc 🍴wc ☎ 🚗 🏊
𝔸𝔼 ⓞ 𝐄 𝐕𝐈𝐒𝐀   BZ **e**
Karte 16/43 *(Samstag 14 Uhr - Sonntag 17 Uhr geschl.)* 🍴 — **52 Z : 70 B** 44/64 - 80/120 Fb.

🏛 **Europa**, Frauenrichter Str. 173, 𝒫 2 50 51, Telex 63939 — 🏢 📺 🛏wc 🍴wc ☎ 🚗 🅿 🏊
Karte 23/49 — **26 Z : 35 B** 45/60 - 75/95 Fb.   AX **b**

🏛 **Am Tor**, Hinterm Wall 24, 𝒫 50 14, 🍴 — 🛏wc 🍴wc ☎ 🚗 🅿. 𝔸𝔼 ⓞ 𝐄. 🍽 Rest   BZ **m**
Karte 17/37 *(nur Abendessen, Samstag - Sonntag geschl.)* — **19 Z : 33 B** 45/48 - 78/85 Fb.

🕎 **Waldlust**, Neustädter Str. 46, 𝒫 3 22 71 — 🛏wc 🍴wc 🚗 🅿   BX **a**
⇐ Karte 11,50/25 *(nur Abendessen, Sonn- und Feiertage geschl.)* — **22 Z : 30 B** 24/36 - 48/60.

🗙🗙 **Zum Heindlwirt** mit Zim, Pfarrplatz 2, 𝒫 4 47 05 — 🛏wc 🍴wc   BZ **a**
Karte 18/42 *(Montag geschl.)* — **10 Z : 11 B** 28/35 - 60.

🗙 Ratskeller, Unterer Markt 10, 𝒫 4 21 66   BZ **s**

   In Weiden-Oberhöll ② : 7 km :

🏚 **Hölltaler Hof** 🦢, 𝒫 4 30 93, 🌤, 🐎, ≴ — 🛏wc 🍴wc ☎ 🚗 🅿. 𝔸𝔼 ⓞ
19. Dez.- 5. Jan. geschl. — Karte 14/38 *(Montag geschl.)* 🍴 — **28 Z : 40 B** 28/42 - 48/70.

   In Weiden-Schirmitz   SO : 3 km :

🏚 **Rebel** 🦢, Habichtweg 1, 𝒫 4 40 51, 🌤, 🐎 — 🛏wc 🍴 ☎ 🚗 🅿. 𝐄   BY **k**
⇐ Karte 12,50/35 *(Freitag geschl.)* — **23 Z : 31 B** 31/42 - 50/65.

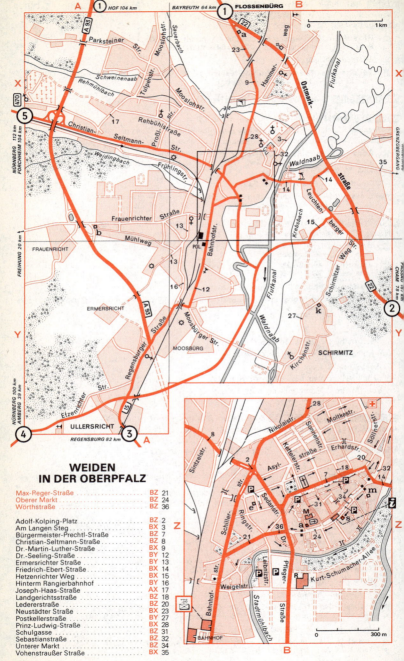

WEIDEN
IN DER OBERPFALZ

WEIDENBERG 8588. Bayern – 5 400 Ew – Höhe 463 m – ✪ 09278.
◆München 244 – Bayreuth 15 – Weiden in der Oberpfalz 58.

🏤 **Gasthof Kilchert** 🔧, Lindenstr. 14, 𝒫 2 77 – 🛁wc 🛏wc 🅿
28. Okt.- 23. Nov. geschl. – Karte 12/22 *(Montag geschl.)* – **16 Z : 33 B** 27/32 - 60/64.

WEIDENTHAL 6739. Rheinland-Pfalz 🔢 ④, 🔢 ⑨ – 2 400 Ew – Höhe 220 m – ✪ 06329.
Mainz 89 – Kaiserslautern 19 – ◆Mannheim 42 – Neustadt an der Weinstraße 19.

🏠 **Birkenhof**, Hauptstr. 226, 𝒫 3 08 – 🛏wc 🚗 🅿 E
Karte 17/40 *(Nov.- März Donnerstag geschl.)* 🍴 – **11 Z : 23 B** 35 - 68.

WEIKERSHEIM 6992. Baden-Württemberg 🔢 ㉘ – 7 300 Ew – Höhe 225 m – Erholungsort –
✪ 07934.
Sehenswert : Schloß (Ausstattung**, Rittersaal**).
🅱 Städt. Verkehrsamt, Marktplatz, 𝒫 72 72.
◆Stuttgart 128 – Ansbach 67 – Heilbronn 42. – ◆Würzburg 42.

🏤 **Laurentius**, Marktplatz 5, 𝒫 7 00 07, 🍽, – 🔆 📺 🛁wc 🛏wc ☎. 🅰🅴 ⓪ E
Feb. geschl. – Karte 21/50 *(Dez.- März Donnerstag geschl.)* – **12 Z : 20 B** 45/55 - 70/95.
🏠 **Grüner Hof**, Marktplatz 10, 𝒫 2 52, 🍽 – 🛁wc 🛏wc. 🌸
7. Jan.- Anfang Feb. geschl. – Karte 14/30 *(Montag geschl.)* – **20 Z : 35 B** 35/50 - 58/80.
🏠 **Deutschherren-Stuben**, Marktplatz 9, 𝒫 83 76, 🍽, 🍸 – 🛁wc 🛏wc
Karte 16/38 *(Dienstag geschl.)* – **24 Z : 36 B** 27/45 - 51/75.

In Tauberrettersheim 8701 NO : 4 km :

🏠 **Zum Hirschen**, Mühlenstr. 1, 𝒫 (09338) 3 22, 🍽, 🍸, 🌳 – 🛁wc 🛏wc 🚗 🅿
Feb. geschl. – Karte 14,50/35 *(Mittwoch geschl.)* 🍴 – **13 Z : 25 B** 30 - 56 – P 45/54.
🏤 **Krone**, Mühlenstr. 7, 𝒫 (09338) 4 12, 🌳 – 🛏wc 🚗 🅿
Karte 12/25 *(Montag geschl.)* – **10 Z : 21 B** 30/35 - 60.

WEIL AM RHEIN 7858. Baden-Württemberg 🔢 ④, 🔢 ④, 🔢 ⑨⑩ – 26 000 Ew – Höhe 260 m
– ✪ 07621 (Lörrach).
◆Stuttgart 261 – Basel 7,5 – ◆Freiburg im Breisgau 65 – Lörrach 5.

🏨 **Atlas Hotel**, Alte Str. 58 (nahe der BAB-Abfahrt Weil a. Rh.), 𝒫 70 70, Telex 773987, 🍸 –
🔆 📺 🅿 🚵. 🅰🅴 ⓪ E 𝚅𝙸𝚂𝙰
Karte 18,50/56 – **162 Z : 308 B** 80/110 - 110/170 Fb.
🏠 **Leopoldshöhe**, Müllheimer Str. 4, 𝒫 7 30 31, Biergarten, 🍸, 🌳 – 🔆 🛁wc 🛏wc ☎ 🚗
🅿 🚵 ⓪ E
Karte 16/47 *(Mittwoch geschl.)* 🍴 – **50 Z : 86 B** 40/59 - 75/105 Fb.
XXX ❀ **Zum Adler** mit Zim, Hauptstr. 139, 𝒫 7 11 88 – 📺 🛏wc ☎ 🅿
Karte 37/88 *(Sonntag - Montag 15 Uhr, 1.- 15. Jan. und 1.- 15. Aug. geschl.)* (Tischbestellung
ratsam) 🍴 – **16 Z : 31 B** 80/120 - 120/170 Fb
Spez. Salat von Flußkrebsen und Kaninchen, Steinbutt in Kerbelsauce, Entenbrust ''à ma façon''.
XX **Zur Krone** mit Zim (Landgasthof a.d. J. 1572), Hauptstr. 58, 𝒫 7 11 64 – 📺 🛏wc ☎ 🅿. 🅰🅴
⓪ E
30. Juli - 10. Aug. geschl. – Karte 25/60 *(Tischbestellung ratsam)* (Montag 15 Uhr - Dienstag
geschl.) 🍴 – **10 Z : 17 B** 38/100 - 68/140.

In Weil-Haltingen N : 3 km :

🏠 **Rebstock** 🔧, Große Gass 30, 𝒫 6 22 57 – 🛏wc 🚗 🅿
Jan. 2 Wochen geschl. – Karte 23/57 *(wochentags nur Abendessen)* 🍴 – **18 Z : 36 B** 38/55 -
65/90 Fb.
XX **Weinstube zum Hirschen** mit Zim (Gasthaus a.d.J. 1747), Große Gass 1, 𝒫 6 23 44,
« Gartenterrasse » – 🛏wc ☎ 🚗 🅿. 🅰🅴 ⓪ E. 🌸 Zim
Juli- Aug. 3 Wochen geschl. – Karte 23/61 *(Montag geschl.)* 🍴 – **10 Z : 15 B** 40/55 - 66/80.
X **Goldener Ochsen** mit Zim, Freiburger Str. 46, 𝒫 6 22 38, 🍽 – 🛏 🅿. 🅰🅴 𝚅𝙸𝚂𝙰
15. Juli - 10. Aug. geschl. – Karte 18/52 *(Montag geschl.)* 🍴 – **12 Z : 24 B** 32/50 - 60/80.

In Weil-Märkt NW : 5 km :

XX **Zur Krone** mit Zim, Rheinstr. 17, 𝒫 6 23 04, 🍽 – 🅿
Anfang - Mitte Sept. geschl. – Karte 18/45 *(Montag - Dienstag geschl.)* 🍴 – **4 Z : 5 B** 30
- 60.

WEILBACH 8761. Bayern – 2 100 Ew – Höhe 166 m – ✪ 09373 (Amorbach).
◆München 353 – ◆Frankfurt am Main 79 – Heilbronn 87 – ◆Mannheim 84 – ◆Würzburg 79.

Im Ohrnbachtal NW : 8 km :

🏠 **Zum Ohrnbachtal** 🔧, Hauptstr. 5, ✉ 8760 Miltenberg, 𝒫 4 13/14 13, 🍸, 🌳, 🌳 – 🛏wc
🚗 🅿. 🌸 Zim
Feb. geschl. – Karte 14/38 *(Mittwoch ab 14 Uhr geschl.)* 🍴 – **25 Z : 50 B** 40/42 - 80.

WEILBURG 6290. Hessen 987 ㉔ — 14 000 Ew — Höhe 180 m — Luftkurort — ☎ 06471.

Sehenswert : Lage★.

🛈 Verkehrsverein, im alten Rathaus, Marktplatz, ℰ 76 71.

🛈 Städt. Verkehrsamt, Maurerstr. 8, ℰ 14 24.

◆Wiesbaden 72 — Gießen 40 — Limburg an der Lahn 22.

🏨 **Schloßhotel Weilburg** Ⓜ ⤸, Langgasse 25, ℰ 3 90 96, Telex 484730, 🍴, 🚬, 🔲 – ⚙ 📺 🚗 🅿 🦽
Karte 24/60 — **43 Z : 95 B** 85/118 - 160/200 Fb.

🏨 **Heyne**, Frankfurter Str. 27 (B 456), ℰ 78 22, 🚬, 🔲, 🦽 – 🛁wc 🚽wc ㅂ 🅿. 🆎 ⓪ 🖃 𝘝𝘐𝘚𝘈. 🏇 Rest
Karte 15/26 — **21 Z : 47 B** 35/60 - 70/80.

✗ **Weilburger Hof**, Schwanengasse 14, ℰ 71 53 — 🖃
Mittwoch geschl. — Karte 18/33.

In Weilburg-Kubach O : 4 km über die B 49 :

🏨 **Kubacher Hof** ⤸, Hauptstr. 58, ℰ 48 22, 🚬, 🔲, 🦽 – 🚽wc ㅂ 🅿 🦽. 🖃. 🏇
➔ Karte 14,50/34 *(Montag geschl.)* — **16 Z : 30 B** 35/45 - 80.

WEILER-SIMMERBERG IM ALLGÄU 8999. Bayern 426 ⑭. 427 ⑧ — 4 900 Ew — Höhe 630 m — Heilbad — Luftkurort — Wintersport : 630/900 m ⚡5 — ☎ 08387.

🛈 Kur- und Verkehrsamt, Weiler, Hauptstr. 14, ℰ 6 51.

◆München 179 — Bregenz 32 — Ravensburg 42.

Im Ortsteil Weiler :

🏡 **Linde**, Kellhofplatz 1, ℰ 10 89 — 🚽wc 🚽wc 🅿
➔ Karte 14/33 *(Donnerstag ab 13 Uhr geschl.)* — **9 Z : 18 B** 35 - 64.

🏡 **Post**, Fr.-Holzer-Str. 4, ℰ 10 70 — 🚽wc 🚽wc 🦽 🅿. 🆎 ⓪
➔ Nov. geschl. — Karte 14/37 *(Montag geschl.)* — **15 Z : 29 B** 33/39 - 56/68.

WEILHEIM 8120. Bayern 987 ㊲. 426 ⑯ — 17 300 Ew — Höhe 563 m — ☎ 0881.

◆München 53 — Garmisch-Partenkirchen 44 — Landsberg am Lech 37.

🏨 **Vollmann** ⤸, Marienplatz 12, ℰ 42 55, 🍴 – 🚽wc 🦽 🅿
Aug. geschl. — Karte 16/44 *(Montag geschl.)* — **34 Z : 60 B** 38/52 - 65/82 Fb.

✗✗ **Bräuwastl-Seestuben**, am Dietlhofer See (NO : 3 km), ℰ 27 88, ≤, 🍴 – 🅿
6.- 31. Jan. und Freitag geschl. — Karte 33/57.

In Weilheim-Hirschberg SO : 8 km, 7 km Richtung Seeshaupt, dann rechts ab :

✗✗ **Forsthaus am Haarsee** ⤸ mit Zim, ℰ 20 88, ≤, « Terrasse », 🦽, 🦽 – 🅿
Nov.-15. Dez. geschl. — Karte 17/40 *(Dienstag geschl.)* — **6 Z : 10 B** 36 - 72.

An der B 2 NO : 8,5 km :

✗✗ **Hirschberg Alm** mit Zim, ✉ 8121 Pähl, ℰ (08808) 2 71, ≤, 🍴, 🦽 – 🚽 🦽 🅿. 🖃
Karte 17/44 *(Mittwoch geschl.)* — **7 Z : 12 B** 28/34 - 44/58.

WEILHEIM AN DER TECK 7315. Baden-Württemberg 987 ㉟ — 8 200 Ew — Höhe 385 m — ☎ 07023.

Ausflugsziel : Holzmaden : Museum Hauff★ N : 4 km.

◆Stuttgart 44 — Göppingen 15 — ◆Ulm (Donau) 52.

🏡 **Zur Post**, Marktplatz 12, ℰ 28 16 — 🚽wc 🚽wc 🦽 🅿. 🆎
➔ Jan. 1 Woche und Juni 3 Wochen geschl. — Karte 14/31 *(Sonntag ab 14 Uhr geschl.)* 🦮 —
18 Z : 27 B 29/35 - 54/64.

WEILROD 6395. Hessen — 6 200 Ew — Höhe 370 m — Erholungsort — ☎ 06083.

◆Wiesbaden 42 — ◆Frankfurt am Main 39 — Gießen 51 — Limburg an der Lahn 33.

In Weilrod 7-Altweilnau 987 ㉔ ㉕ :

🏡 **Burgrestaurant**, Weilnauer Str. 1, ℰ 3 10, ≤, 🍴, 🦽 – 🚽wc 🚽 🦽 🅿
➔ Nov.-5. Dez. geschl. — Karte 14/29 *(Okt.- März Dienstag geschl.)* — **21 Z : 38 B** 28/39 - 55/70 —
P 33/40.

In Weilrod 6-Neuweilnau :

🏨 **Sporthotel Erbismühle** ⤸, Weilstr. 3, ℰ 8 55, 🍴, 🚬, 🔲, 🦽, 🏓, ✦ – 📺 🚽wc 🚽wc
☎ 🅿 🦽. 🆎 ⓪ 🖃
Karte 20/59 — **38 Z : 66 B** 38/95 - 55/120 — P 73/105.

WEIMAR Hessen siehe Marburg.

WEINÄHR Rheinland-Pfalz siehe Nassau.

WEINGARTEN 7987. Baden-Württemberg **987** ㉟ ㊳. **216** ⑪ — 22 600 Ew — Höhe 458 m —
✪ 0751 (Ravensburg).

Sehenswert : Basilika★★.

🛈 Verkehrsamt, Münsterplatz 1, 𝒸 40 52 13.

◆Stuttgart 143 — Biberach an der Riß 43 — Ravensburg 4 — ◆Ulm (Donau) 85.

🏨 **Altdorfer Hof**, Burachstr. 12, 𝒸 4 30 05 — 🛗 📺 🛁wc 🚿wc ☎ 🛏 🅿 🏋 ⅋ AE ⓞ E VISA
　　21. Dez.- 12. Jan. geschl. — Karte 19/41 *(Sonntag 15 Uhr - Montag geschl.)* — **46 Z : 68 B** 58/75
　　- 90/135.

🏨 **Bayrischer Hof**, Abt-Hyller-Str. 22, 𝒸 4 20 85, 🚗, 🔲 — 🚿wc ☎ 🅿 🏋 ⅋ AE ⓞ E VISA
　　Karte 15/38 *(Sonntag ab 15 Uhr und Freitag geschl.)* — **33 Z : 41 B** 35/53 - 65/85.

🏛 **Waldhorn**, Karlstr. 47, 𝒸 4 42 79 — 🚿wc 🛏 🅿. E
　　Ende Aug.- Mitte Sept. geschl. — Karte 15/33 *(Montag geschl.)* — **12 Z : 19 B** 32/35 - 65.

　　In Wolpertswende 1 - Mochenwangen 7984　N : 7,5 km :

🏛 **Rist**, Bahnhofstr. 8, 𝒸 (07502) 13 74 — 🚿wc 🛏 🅿
　　- Karte 13/25 *(Freitag geschl.)* ⅋ — **18 Z : 24 B** 24/38 - 48/60.

WEINGARTEN KREIS KARLSRUHE 7504. Baden-Württemberg — 8 400 Ew — Höhe 120 m —
✪ 07244.

◆Stuttgart 88 — Heidelberg 46 — ◆Karlsruhe 16.

🏛 **Kärcherhalle**, Bahnhofstr. 150, 𝒸 23 57, Biergarten — 🚿wc 🅿
　　20 Z : 30 B.

🏛 **Zur Krone**, Marktplatz 6 (B 3), 𝒸 23 16 — 🚿
　　21 Z : 28 B.

XX ❀ **Gaststuben Walksches Haus** mit Zim, Marktplatz 7 (B 3), 𝒸 20 31, « Restauriertes
　　Fachwerkhaus a.d.J. 1701 » — 📺 🛁wc 🚿wc ☎ ⅋. AE
　　Karte 36/65 *(Tischbestellung ratsam)* *(Sonntag 15 Uhr - Montag geschl.)* ⅋ — **15 Z : 25 B** 50/85
　　- 100/175
　　Spez. Terrinen, Fischgerichte, Lamm mit Pomery-Senfsauce.

X **Kleiner Gourmet**, Goethestr. 34 (Ecke Wilzerstr.), 𝒸 17 77
　　(Tischbestellung ratsam).

WEINHEIM AN DER BERGSTRASSE 6940. Baden-Württemberg **987** ㉕ — 42 000 Ew — Höhe
108 m — ✪ 06201 — **Sehenswert :** Schloßpark★ — Wachenburg ≼★.

🛈 Verkehrsverein, Bahnhofstr. 15, 𝒸 1 65 03.

◆Stuttgart 137 — ◆Darmstadt 45 — Heidelberg 20 — ◆Mannheim 17.

🏨 **Fuchs'sche Mühle**, Birkenauer Talstr. 10, 𝒸 6 10 31, 🌲, 🚗, 🔲 — 🛗 🛁wc 🚿wc ☎ 🛏
　　🅿 🏋. 🍽
　　Karte 21/46 — **28 Z : 47 B** 35/80 - 60/105 Fb.

🏨 **Haus Masthoff** 🐾, Lützelsachsener Str. 5, 𝒸 6 30 33, 🔲 — 🛁wc 🚿wc ☎ 🛏
　　Karte 21/49 *(Montag geschl.)* ⅋ — **18 Z : 32 B** 50/75 - 90/105.

🏨 **Zur Pfalz** 🐾, Am Marktplatz 7, 𝒸 6 30 29, 🌲 — 🛁wc 🚿wc ☎. AE E VISA
　　22. Dez.- 12. Jan. geschl. — Karte 25/59 *(Sonntag geschl.)* — **15 Z : 24 B** 75/80 - 110.

🏛 **Goldener Bock** garni, Bergstr. 8, 𝒸 6 20 31 — 🛁wc 🚿wc ☎ 🛏 🅿
　　19 Z : 33 B 45/55 - 69/79.

XX **Würzhaus**, Hauptstr.47, 𝒸 1 22 10, « Rustikale Einrichtung ».

XX **Schloßparkrestaurant**, Obertorstr. 9, 𝒸 1 23 24, ≼ — E
　　20. Jan.- 20. Feb. und Dienstag geschl. — Karte 21/56.

　　In Weinheim-Lützelsachsen　S : 3 km :

🏛 Schmittberger Hof, Weinheimer Str. 43, 𝒸 5 25 37 — 🛗 🚿wc 🅿
　　34 Z : 56 B.

🏛 **Alte Pfalz** (mit 🏛 Gästehaus 🐾), Wintergasse 47, 𝒸 5 51 69 — 🚿wc 🛏 🅿
➡　Aug. geschl. — Karte 13/38 *(wochentags nur Abendessen, Montag geschl.)* ⅋ — **11 Z : 22 B**
　　27/40 - 54/80.

　　In Birkenau 6943　NO : 3 km :

🏨 **Drei Birken**, Hauptstr. 170, 𝒸 (06201) 30 32, 🚗, 🔲, 🌲 — 🚿wc ☎ 🅿 🏋. ⓞ
　　Karte 19,50/50 *(Freitag, Feb. 1 Woche und Aug. 3 Wochen geschl.)* — **20 Z : 35 B** 60/62 - 98/110.

XX **Ratsstuben** mit Zim, Hauptstr. 105, 𝒸 (06201) 3 30 25, 🌲, « Rustikale Einrichtung » —
　　🛁wc 🚿wc ☎ AE ⓞ
　　Karte 28/60 *(Samstag und Montag nur Abendessen, Sonntag geschl.)* — **6 Z : 10 B** 65/70 - 120.

　　In Birkenau-Schimbach 6943　NO : 7 km über Reisen :

🏛 **Schimbacher Hof** 🐾, 𝒸 (06209) 41 78, 🌲, 🚗, 🔲, 🌲, 🍽 — 🚿wc 🛏 🅿. AE
　　Karte 26/52 *(Donnerstag geschl.)* ⅋ — **20 Z : 36 B** 40/50 - 80/90 Fb.

　　In Gorsheimertal-Unterflockenbach 6946　SO : 5 km :

🏨 **Zum Odenwald**, Hauptstr. 231, 𝒸 (06201) 20 27, 🌲 — 🛗 🛁wc 🚿wc ☎ 🛏 🅿 🏋
　　6.- 18. Okt. geschl. — Karte 18/40 *(Okt.- April Freitag geschl.)* ⅋ — **27 Z : 57 B** 49/65 - 75/105.

805

WEINSBERG 7102. Baden-Württemberg 987 ⊗ — 9 200 Ew — Höhe 200 m — ✪ 07134.
♦Stuttgart 53 — Heilbronn 6 — Schwäbisch Hall 42.

Außerhalb SO : 2 km :

⚐ **Gutsgasthof Rappenhof** ৯, ⊠ 7102 Weinsberg, ℰ (07134) 82 80, ≼, 🍴, 🐎 — 🛏wc 🛢wc ☎ ℗
22. Dez.- 5. Feb. geschl. — Karte 20/46 *(Dienstag - Mittwoch 15 Uhr geschl.)* 🗻 — **15 Z : 24 B** 35/85 - 80/125.

In Erlenbach 7101 NW : 3 km :

XX **Zum Alten Stapf**, Weinsberger Str. 6, ℰ (07132) 1 64 13 — ℗. 𝚅𝙸𝚂𝙰
Montag geschl. — Karte 17/54.

WEINSHEIM Rheinland-Pfalz siehe Prüm.

WEINSTADT 7056. Baden-Württemberg — 23 000 Ew — Höhe 290 m — ✪ 07151 (Waiblingen).
♦Stuttgart 16 — Esslingen am Neckar 13 — Schwäbisch Gmünd 38.

In Weinstadt 1-Beutelsbach :

XX **Krone**, Marktstr. 39, ℰ 6 51 81
Mittwoch und Juli - Aug. 3 Wochen geschl. — Karte 18/46.

In Weinstadt 2-Endersbach :

🏠 **Gästehaus und Gasthof Rössle**, Waiblinger Str. 2, ℰ 6 10 01 — 🛏wc ☎ 🚗 ℗
Karte 15,50/42 *(Freitag geschl.)* 🗻 — **35 Z : 49 B** 50/60 - 85.

🏠 **Gästehaus Zefferer** garni, Strümpfelbacher Str. 10, ℰ 60 00 34 — 🛏wc ☎ ℗
12 Z : 24 B 62 - 88/90.

XX **Remstäler Hof** mit Zim, Liedhornstr. 15, ℰ 6 11 56 — 🛏wc ☎ 🚗 ℗. 𝙰𝙴 ⓞ 𝙴
Karte 17,50/60 — **12 Z : 20 B** 28/40 - 49/64.

In Weinstadt-Schnait :

⚐ **Krone**, Lützestr. 97, ℰ 6 80 09, 🍴 — 🛏 🚗 ℗. 𝒮𝒶 Zim
20. Dez.- 20. Jan. geschl. — Karte 22/50 *(Montag geschl.)* — **9 Z : 13 B** 35 - 60.

In Weinstadt 5-Strümpfelbach :

🏠 **Gästehaus Amalie** garni, Hindenburgstr. 16, ℰ 6 11 02 — 🛏wc ☎ 🚗 ℗. 𝒮𝒶
22. Dez.- 7. Jan. und Aug. 3 Wochen geschl. — **15 Z : 25 B** 31/46 - 56/75.

🏠 **Garni**, Hauptstr. 106, ℰ 6 12 57, 🛎 — 🛏 ℗
12 Z : 20 B 38/40 - 65/75.

X **Lamm**, Hindenburgstr. 16, ℰ 6 23 31 — ℗. 𝙰𝙴 ⓞ 𝙴
Jan. 2 Wochen, Aug. 3 Wochen und Sonntag 15 Uhr - Montag geschl. — Karte 28/51.

WEISKIRCHEN 6649. Saarland 242 ②, 57 ⑥ — 6 400 Ew — Höhe 400 m — Heilklimatischer Kurort — ✪ 06876.
🄸 Verkehrsbüro, Trierer Str. 29, ℰ 73 11.
♦Saarbrücken 45 — Merzig 21 — Saarburg 24 — ♦Trier 35.

🏨 **Sporthotel Kurzentrum** Ⓜ ৯, Im Besen, ℰ 1 72 50, Telex 445441, ≼, 🛎, 🏊, 🏊, 🐎, 𝒮𝒶 (Halle) — 🔌 📺 🛏wc 🛏wc ☎ & 🚗 ℗ 🗻 ⓞ 𝙴 𝚅𝙸𝚂𝙰
Karte 31/60 🗻 — **54 Z : 74 B** 80 - 126/140 Fb.

🏠 **Hofhaus Antz**, Trierer Str. 21, ℰ 2 02 — 🛏wc 🛏wc ☎ ℗ 🗻 𝙰𝙴 ⓞ 𝙴 𝚅𝙸𝚂𝙰
Karte 24/60 *(Montag geschl.)* — **15 Z : 26 B** 38/47 - 70/78 — P 50/55.

🏠 **Am Holzbachtal**, Im Hänfert 39, ℰ 3 50, 🍴, 🐎, 𝒮𝒶 — 🛏wc 🛏wc ℗. 𝙰𝙴 ⓞ 𝙴 𝚅𝙸𝚂𝙰
Karte 23/55 — **10 Z : 16 B** 35 - 65 — P 48.

WEISMAIN 8621. Bayern 987 ⊗ — 5 000 Ew — Höhe 315 m — ✪ 09575.
♦München 276 — ♦Bamberg 43 — Bayreuth 35 — Coburg 41.

🏠 Alte Post, Am Markt 14, ℰ 2 54, 🍴, 🛎 — 🛏wc 🛏wc
40 Z : 70 B.

🏠 **Krone**, Am Markt 13, ℰ 3 28, 🏊, 🐎 — 🛏wc 🚗. 𝒮𝒶 Zim
↤ Nov. geschl. — Karte 12/24 *(Montag geschl.)* — **38 Z : 65 B** 25/45 - 50/80.

WEISSACH Bayern siehe Kreuth.

WEISSDORF Bayern siehe Münchberg.

WEISSENBURG IN BAYERN 8832. Bayern 987 ㉘ − 17 300 Ew − Höhe 420 m − ✪ 09141.
Ausflugsziel : Ellingen (Schloß : Ehrentreppe★) N : 4 km.
🛈 Städt. Verkehrsamt, Martin-Luther-Platz 3 (Römermuseum), ☎ 7 09 00.
◆München 131 − ◆Augsburg 82 − ◆Nürnberg 55 − ◆Ulm (Donau) 119.

🏨 **Romantik-H. Rose**, Rosenstr. 6, ☎ 20 96, 🍴, 🍴 − 🛏wc 🛁wc ☎ ⟜. 🖭 ⓞ 🇪 🆅🇮🇸🇦
    Karte 23/67 *(Samstag bis 18 Uhr geschl.)* 🍴 − **32 Z : 50 B** 58/110 - 90/160.
🏨 **Am Ellinger Tor**, Ellinger Str. 7, ☎ 27 46 − 🛁wc ☎. ⓞ
    Karte 18/36 *(Sonntag 15 Uhr - Montag geschl.)* − **17 Z : 34 B** 40 - 70.
🏨 **Wittelsbacher Hof**, Friedrich-Ebert-Str. 21, ☎ 37 95 − 🛁wc ⟜. 🖭 ⓞ 🇪
⟵ Karte 12/33 *(Montag geschl.)* 🍴 − **22 Z : 38 B** 30/45 - 60/90.
🏨 **Krone**, Rosenstr. 10, ☎ 23 74 − 🛁wc ⟜. 🇪
    15.- 31. Aug. geschl. − Karte 17/49 *(Montag geschl.)* − **12 Z : 20 B** 40 - 70.
🍴 **Goldener Adler** mit Zim, Marktplatz 5, ☎ 24 00, Biergarten − 🛁
    Aug. 2 Wochen geschl. − Karte 15,50/36 *(Freitag geschl.)* − **9 Z : 17 B** 25/30 - 50.

WEISSENHÄUSER STRAND Schleswig-Holstein siehe Liste der Feriendörfer : Oldenburg i.H.

WEISSENHORN 7912. Bayern 987 ㊱ − 10 200 Ew − Höhe 501 m − ✪ 07309.
◆München 146 − Memmingen 41 − ◆Ulm (Donau) 22.

🏨 **Löwen** 🍴, Martin-Kuen-Str. 5, ☎ 50 14 − 🛏wc 🛁wc ⟜. 🖭 🇪
    15.- 30. Juni geschl. − Karte **28**/57 *(Sonntag geschl.)* − **13 Z : 19 B** 40/50 - 72/82.

WEISSENSTADT 8687. Bayern 987 ㉗ − 4 500 Ew − Höhe 630 m − Erholungsort − ✪ 09253.
🛈 Verkehrsamt, Rathaus, Kirchplatz 1, ☎ 7 11.
◆München 265 − Bayreuth 36 − Hof 28.

🏨 **Post Reichsadler**, Wunsiedler Str. 11, ☎ 3 66 − 📺 🛁wc
    11 Z : 23 B.
🏨 **Welzel-Goldener Löwe**, Wunsiedler Str. 4, ☎ 3 62 − 🛏wc 🛁 ☎ ⟜ 🅿. 🖭 ⓞ 🇪
⟵ Feb. geschl. − Karte 13,50/41 *(Mittwoch geschl.)* − **13 Z : 18 B** 28/31 - 56/64.
🏨 **Zum Waldstein**, Kirchenlamitzer Str. 8, ☎ 2 70 − 🛁 ⟜
⟵ 1.- 15. Sept. geschl. − Karte 11/31 *(Montag geschl.)* − **17 Z : 25 B** 19/23 - 40/46 − P 33/35.
🍴🍴 ✿ **Egertal**, Wunsiedler Str. 49, ☎ 2 37 − 🅿. 🖭 ⓞ
    Montag - Freitag nur Abendessen, Dienstag, Jan.- Feb. 3 Wochen und Juli 1 Woche geschl. −
    Karte 38/72 *(Tischbestellung ratsam)*
    Spez. Terrine von Lachs und Zander, Fischteller mit 2 Saucen, Schweinemedaillons in Bavaria-Blu-Sauce.

    In Weißenstadt - Weißenhaider Mühle SW : 3,5 km, über die Straße nach Bischofsgrün,
    hinter Schönlind links ab :
🍴 **Weißenhaider Mühle** 🍴, ☎ 2 96, 🍴 − 🛁 🅿. ⓞ 🇪
    Nov. geschl. − Karte 16/30 *(Montag geschl.)* − **8 Z : 13 B** 23 - 46.

WEITENBURG (Schloß) Baden-Württemberg siehe Horb.

WEITERSTADT Hessen siehe Darmstadt.

WEITNAU 8961. Bayern 426 ⑮ − 3 800 Ew − Höhe 800 m − Erholungsort − Wintersport :
850/980 m ⟷4 ⟷3 − ✪ 08375.
🛈 Verkehrsverein, Rathaus, ☎ 80 67.
◆München 146 − Isny 11 − Kempten (Allgäu) 22.

    In Weitnau-Wengen N : 12 km :
🏨 **Engel**, Alpe-Egg-Weg 2, ☎ 3 17, 🍴, 🍴 − 📺 🛁wc 🅿
⟵ 1.- 20. Dez. geschl. − Karte 12,50/39 *(Donnerstag geschl.)* − **18 Z : 32 B** 39/49 - 69/82 −
    P 69/79.

WELLIN Nordrhein-Westfalen siehe Herscheid.

WELSCHNEUDORF Rheinland-Pfalz siehe Liste der Feriendörfer.

WELZHEIM 7063. Baden-Württemberg 987 ㉟ − 8 400 Ew − Höhe 520 m − ✪ 07182.
🛈 Verkehrsamt, Rathaus, ☎ 5 81.
◆Stuttgart 44 − Schwäbisch Gmünd 22 − Schwäbisch Hall 38.

🍴 **Lamm**, Gschwender Str. 7, ☎ 88 03, 🍴, 🍴, 🍴 − 🛏 🛁wc 🅿
⟵ Nov. geschl. − Karte 14,50/36 *(Montag geschl.)* 🍴 − **25 Z : 40 B** 26/35 - 50/64 − P 41/50.

    In Alfdorf 2-Haghof 7077 S : 4 km :
🏨 **Haghof** 🍴, ☎ (07182) 5 45, Telex 7246712, 🍴, 🍴, 🍴, 🍴, 🍴(Halle) − 🛗 🛏wc 🛁wc ☎ 🅿
    🍴 ⓞ 🇪
    Karte 23/54 − **50 Z : 70 B** 85 - 120 Fb.

In Kaisersbach 7061 N : 7 km — Erholungsort — ☎ 07184 :

🏨 **Landhotel Hirsch - Gästehaus Iris** ⚓, am Ebnisee (SW : 3 km), ✆ 8 11, Telex 718410, 🏤, ⚓, 🔲, 🐎, ✗ — 🛗 📺 🄿 🛎. 🄰🄴 🄾 🄴. ✗ Rest
Karte 31/85 *(Sonntag 15 Uhr - Montag 18 Uhr und 7.- 31. Jan. geschl.)* — **55 Z : 90 B** 90/130 - 110/200 Fb.

🏠 **Rössle**, Hauptstr. 19, ✆ 7 65, ⚓ — 🛗wc ⟵⟶ 🄿 🛎. 🄴
Karte 15,50/44 *(Montag geschl.)* — **25 Z : 42 B** 33/46 - 60/92 — P 47/63.

WENDING 8853. Bayern 🄰🄱🄲 ㉖ — 5 000 Ew — Höhe 460 m — Erholungsort — ☎ 09092.
🛈 Verkehrsamt, Haus des Gastes, ✆ 80 01.
◆München 128 — ◆Augsburg 70 — Nördlingen 18 — ◆Nürnberg 93.

🏠 **Meerfräulein**, Wallfahrtsstr. 1, ✆ 80 21, ⚓ — 🛗wc ⟵⟶ 🛎. 🄴. ✗ Zim
Karte 15/36 *(Dienstag geschl.)* ⅃ — **39 Z : 60 B** 32/45 - 52/80 — P 50/55.

In Wemding-Wildbad W : 2 km :

🏠 **Kurhotel Seebauer** ⚓, ✆ 80 15, 🏤, Bade- und Massageabteilung, ⚓, ⅃, 🔲, 🐎 — 🛗 🛗wc 🄿 🛎. 🄰🄴 🄴
Karte 15/31 — **70 Z : 110 B** 36/39 - 72/76 — P 46/50.

WENDELSTEIN Bayern. Sehenswürdigkeit siehe Bayrischzell und Brannenburg.

WENDEN 5963. Nordrhein-Westfalen — 15 700 Ew — Höhe 360 m — ☎ 02762.
◆Düsseldorf 109 — ◆Köln 72 — Olpe 11 — Siegen 22.

In Wenden 5-Brün W : 5,5 km über Gerlingermühle :

🏠 **Wacker**, Mindener Str. 1, ✆ 80 88, ⚓, 🔲, 🐎, ✗ — 🛗wc ☎ 🔥 ⟵⟶ 🄿 🛎. 🄰🄴 🄾
Karte 16/46 — **31 Z : 59 B** 45/65 - 70/120.

WENDLINGEN AM NECKAR 7317. Baden-Württemberg — 14 800 Ew — Höhe 266 m — ☎ 07024.
◆Stuttgart 29 — Göppingen 28 — Reutlingen 31 — ◆Ulm (Donau) 69.

🏨 **Erbschenk** garni, Unterboihinger Str. 25, ✆ 79 51 — 🛗 📺 🛗wc ☎ ⟵⟶. 🄰🄴 🄾 🄴 🆅🅸🆂🅰
28 Z : 44 B 75/86 - 130/145 Fb.

🏠 **Löwen**, Nürtinger Str. 1, ✆ 73 43 — 🛗wc ☎ 🄿 🛎.
1.- 20. Aug. geschl. — Karte 16,50/40 *(Samstag geschl.)* — **28 Z : 40 B** 50/65 - 70/90.

✗ **Keim** mit Zim, Bahnhofstr. 26, ✆ 75 77 — 🛗 ☎ ⟵⟶ 🄿 🛎.
Aug. 3 Wochen geschl. — Karte 20/45 *(Samstag geschl.)* — **9 Z : 14 B** 35/45 - 60/70.

WENGEN Bayern siehe Weitnau.

WENHOLTHAUSEN Nordrhein-Westfalen siehe Eslohe.

WENNIGSEN 3015. Niedersachsen — 13 500 Ew — Höhe 94 m — ☎ 05103.
◆Hannover 18 — Hameln 33 — Hildesheim 32.

🏨 **Calenberger Hof**, Bahnhofstr. 11, ✆ 15 40 — 🛗wc ☎ 🄿
🔚 10. Juli - 3. Aug. geschl. — Karte 14/39 *(nur Abendessen, Montag geschl.)* — **18 Z : 33 B** 45 - 65.

WENNINGSTEDT Schleswig-Holstein siehe Sylt (Insel).

WERDOHL 5980. Nordrhein-Westfalen 🄰🄱🄲 ㉔ — 21 800 Ew — Höhe 185 m — ☎ 02392.
◆Düsseldorf 104 — Arnsberg 43 — Hagen 39 — Lüdenscheid 15.

An der Höhenstraße nach Lüdenscheid W : 2 km :

🏠 **Forsthaus**, ✉ 5980 Werdohl, ✆ (02392) 26 07, ≤, ⚓, 🔲 — 🛗wc ☎ 🄿. 🄰🄴 🄾 🄴. ✗ Zim
Karte 18/47 — **17 Z : 26 B** 32/45 - 80/90.

Siehe auch : **Neuenrade** N : 6 km

WERL 4760. Nordrhein-Westfalen 🄰🄱🄲 ㉔ — 27 600 Ew — Höhe 90 m — ☎ 02922.
◆Düsseldorf 103 — Arnsberg 25 — ◆Dortmund 37 — Hamm in Westfalen 17 — Soest 15.

🏠 **Park-H. Wiener Hof**, Hammer Str. 1, ✆ 26 33, 🏤 — 🔚wc 🛗wc ☎ ⟵⟶ 🄿 🛎. 🄰🄴 🄾 🄴. ✗ Rest
Karte 26/62 — **10 Z : 19 B** 51/65 - 75/90.

🏠 **Bartels - Restaurant Kupferspieß**, Walburgisstr. 4, ✆ 40 00 (Hotel) 13 22 (Rest.) — 🔚wc 🛗wc ☎ ⟵⟶ 🄿. ✗ Zim
Karte 20/47 *(Italienische Küche)* — **27 Z : 41 B** 40/45 - 80/92.

✗✗ **Alte Mühle** (ehemalige Windmühle), Neheimer Str. 53, ✆ 33 39 — 🄿
Feb. und Montag geschl. — Karte 17,50/48.

WERMELSKIRCHEN 5632. Nordrhein-Westfalen 987 ㉔ – 34 000 Ew – Höhe 310 m – ✆ 02196.

🏛 Rathaus, Telegrafenstr. 29, ✆ 8 82 07.

♦Düsseldorf 52 – ♦Köln 34 – Lüdenscheid 38 – Wuppertal 30.

🏠 **Zum Schwanen**, Schwanen 1, ✆ 30 07 – 📺 🗋wc ☎ 🚗 🅿. 🆎 ⓞ 🅔
Karte 30/71 – **19 Z : 24 B** 68 - 120 Fb.

🏠 **Zur Eich**, Eich 7, ✆ 60 08, 🛥 (geheizt), 🐎 – 🛁wc 🗋wc ☎ 🚗 🅿 🛁
Karte 22/53 – **38 Z : 50 B** 49/70 - 98/118 Fb.

In Wermelskirchen 2-Dabringhausen S : 8 km :

✕ **Zur Post** mit Zim, Altenberger Str. 90, ✆ 20 88, « Antiquitätenausstellung » – 🛁wc 🗋wc
☎ 🅿. ⓞ 🅔
Jan. geschl. – Karte 27/60 *(Montag geschl.)* – **8 Z : 13 B** 65/75 - 90.

In Wermelskirchen 3-Dhünn SO : 7 km :

🏠 **Zu den drei Linden**, Staelsmühler Str. 1, ✆ 8 03 43 – 🗋wc 🚗 🅿
Karte 18/43 *(Dienstag geschl.)* – **20 Z : 40 B** 35/41 - 69/77.

WERNAU 7314. Baden-Württemberg – 13 200 Ew – Höhe 255 m – ✆ 07153.

♦Stuttgart 32 – Göppingen 21 – Reutlingen 34 – ♦Ulm (Donau) 67.

🏨 **Maître** garni, Kranzhaldenstr. 3, ✆ 3 19 75 – 📺 🛁wc 🗋wc ☎ 🚗 🛁. 🆎 🅔
33 Z : 42 B 58/80 - 85/120 Fb.

🏠 **Bad Hotel Lämmle**, beim Freibad, ✆ 33 15, 🚉, 🛥, 🐎 – 🗋wc ☎ 🅿 🛁. 🆎 ⓞ
14. Dez.- 12. Jan. geschl. – Karte 18/40 *(nur Abendessen, Samstag geschl.)* – **62 Z : 100 B**
47/88 - 88/128 Fb.

✕✕ **Maître** mit Zim, Kirchheimer Str. 83, ✆ 33 75 – 🗋wc ☎ 🚗 🅿. 🆎 🅔
Karte 17,50/54 *(Freitag geschl.)* – **6 Z : 10 B** 58/80 - 85/120.

✕ **Stadthalle**, Kirchheimer Str. 70, ✆ 3 13 16 – 🅿 🛁
Montag und Aug. geschl. – Karte 20/44.

WERNBERG-KÖBLITZ 8475. Bayern 987 ㉗ – 5 500 Ew – Höhe 375 m – ✆ 09604.

♦München 193 – ♦Nürnberg 95 – ♦Regensburg 71 – Weiden in der Oberpfalz 18.

🏨 **Pari** 🦢, Zur Roten Marter 5, ✆ 5 22, ≤, « Gartenterrasse mit Grill », 🐎 – 📺 🗋wc ☎ 🚗
↔ 🅿 🛁
Aug. 2 Wochen geschl. – Karte 12/30 *(Samstag geschl.)* – **26 Z : 40 B** 30/48 - 60/96 Fb.

WERNE 4712. Nordrhein-Westfalen 987 ⑭ – 29 000 Ew – Höhe 60 m – ✆ 02389.

Siehe Ruhrgebiet (Übersichtsplan).

♦Düsseldorf 105 – ♦Dortmund 25 – Hamm in Westfalen 15 – Münster (Westfalen) 40.

🏠 **Baumhove** (altes Fachwerkhaus), Markt 2, ✆ 22 98, « Restaurant mit rustikaler Einrichtung »
– 🔔 🗋wc ☎ 🚗. ⓞ 🅔
Karte 16/43 *(26. Juli - 15. Aug. und Freitag geschl.)* – **18 Z : 25 B** 33/48 - 85.

🏠 **Centralhof**, Markt 1, ✆ 28 24 – 📺 🗋wc ☎ 🚗. 🆎 ⓞ 🅔
Juni - Juli 2 Wochen geschl. – Karte 17/42 *(Samstag geschl.)* – **16 Z : 23 B** 50/60 - 80/85.

In Werne 3-Stockum O : 5 km :

🏠 **Stockumer Hof**, Werner Str. 125, ✆ 34 39 – 🅿
21. Dez.- 7. Jan. geschl. – Karte 15/39 *(Samstag bis 17.30 Uhr geschl.)* – **13 Z : 19 B** 28 - 56.

WERNECK 8727. Bayern 987 ㉘ – 10 000 Ew – Höhe 222 m – ✆ 09722.

♦München 295 – Schweinfurt 13 – ♦Würzburg 27.

🏠 **Krone-Post**, Balthasar-Neumann-Str. 1, ✆ 83 04 – 🗋wc ☎ 🚗 🅿 🛁
Karte 15,50/31 🍺 – **52 Z : 92 B** 29/40 - 58/78.

WERSAU Hessen siehe Brensbach.

WERSHOFEN 5489. Rheinland-Pfalz – 960 Ew – Höhe 497 m – ✆ 02694.

Mainz 176 – Adenau 19 – ♦Bonn 53.

🏠 **Pfahl**, Hauptstr. 78, ✆ 2 32, ≤, 🚉 – 🗋wc 🅿
Jan.- Feb. 2 Wochen geschl. – Karte 18/38 *(Donnerstag geschl.)* – **22 Z : 48 B** 35/40 - 60/68.

🏠 Kastenholz, Hauptstr. 1, ✆ 3 81, ≤, 🛥 – 🗋wc 🅿 – **16 Z : 30 B**.

WERTACH 8965. Bayern 987 ㊱, 426 ⑮ – 2 300 Ew – Höhe 915 m – Luftkurort – Wintersport :
915/1 450 m �ี4 ✈3 – ✆ 08365. – 🏛 Verkehrsamt, Rathaus, ✆ 2 66.

♦München 127 – Füssen 24 – Kempten (Allgäu) 25.

🏠 **Alpengasthof Hirsch**, Marktstr. 21, ✆ 4 31, 🏡 – 🛁wc 🗋wc 🅿
Nov.- 15. Dez. geschl. – Karte 16,50/44 *(Donnerstag geschl.)* – **10 Z : 20 B** 45/47 - 90/94.

🏠 **Drei Mühlen**, Alpenstr. 1, ✆ 3 34, 🐎 – 🗋wc ☎ 🚗 🅿. 🍽 Zim
25. Okt.- 18. Dez. geschl. – Karte 17/36 *(Dienstag - Mittwoch geschl.)* 🍺 – **20 Z : 40 B** 40/42 -
69/73 – P 52/55.

WERTHEIM 6980. Baden-Württemberg 987 ⊗ — 20 000 Ew — Höhe 142 m — 🕲 09342.

Sehenswert : Stiftskirche (Grabdenkmäler * : Isenburgsches Epitaph **) — Linkes Tauberufer ≤*.

Ausflugsziel : Bronnbach : Klosterkirche* SO : 9,5 km.

🛈 Verkehrsamt, Rathaus, ℰ 30 12 30.

◆Stuttgart 143 — Aschaffenburg 47 — ◆Würzburg 42.

🏨 **Kette**, Lindenstr. 14, ℰ 10 01, 🍴, ☎s — 🛗 🗍wc ☎ ⟺
    30 Z : 50 B.

🏨 **Schwan**, Mainplatz 8, ℰ 12 78, 🍴 — 📺 ⌂wc 🗍wc ☎ 🛁. 🖭 ⓞ ⋿
    Karte 22/56 — **38 Z : 70 B** 40/90 - 72/130.

🏠 **Bronnbacher Hof**, Mainplatz 10, ℰ 13 63, 🍴 — 🗍wc
    25 Z : 50 B.

🗙 **Bach'sche Brauerei**, Marktplatz 11, ℰ 12 70 — 🖭
◆ *Okt.- Mai Mittwoch Ruhetag, 1.- 12. Jan. und 29. Okt.- 13. Nov. geschl.* — Karte 13,50/40 🍷.

    In Wertheim-Bettingen O : 10 km :

XXXX ⊛⊛ **Schweizer Stuben** 🦫 mit Zim, Geiselbrunnweg 11, ℰ 43 51, Telex 689123, ≤, 🍴, ☎s,
    🏊, 🐎, 🎾 (Halle) — 📺 ⌂wc 🗍wc ☎ ❷. ⓞ
    1.- 23. Jan. geschl. — Karte 77/135 *(Tischbestellung ratsam)* (Sonntag - Montag 19 Uhr geschl.)
    — **16 Z : 32 B** 155/280 - 185/350
    Spez. Gugelhupf von Gänsestopfleber mit Weinbeerensauce, Steinbutt mit Hummerravioli und Pimentosauce,
    Täubchenbrust in Blätterteig mit Perigordtrüffel.

    In Wertheim-Dertingen O : 14 km :

🏤 **Zum Roß**, Aalbachstr. 45, ℰ (09397) 2 36, 🍴 — 🗍wc ❷
◆ Karte 12/25 *(Donnerstag geschl.)* 🍷 — **8 Z : 12 B** 28/35 - 50/60.

    In Wertheim-Mondfeld W : 10 km — Erholungsort :

🏤 **Weißes Rössel**, Haagzaun 12, ℰ (09377) 2 50 — 🗍wc ⟺ ❷
◆ Karte 10/32 *(Dienstag geschl.)* 🍷 — **12 Z : 24 B** 30/36 - 52/56.

    In Wertheim-Reicholzheim SO : 7 km — Erholungsort :

🏠 **Gästehaus Martha** 🦫, Am Felder 11, ℰ 78 96, ≤, ☎s, 🏊, 🐎 — 🗍wc ☎ ❷. 🎾 Zim
◆ Karte 14/38 🍷 — **10 Z : 18 B** 33/39 - 60/70 — P 50/57.

    In Kreuzwertheim 6983, Bayern, auf der rechten Mainseite — 🕲 09342 :

🏨 **Lindenhof**, Lindenstr. 41 (NO: 2 km), ℰ 13 53, ≤, 🍴, 🐎, 🦫 — 📺 ⌂wc 🗍wc ☎ ⟺ ❷
    20. Dez.- 10. Jan. geschl. — Karte 24/50 — **15 Z : 26 B** 48/80 - 64/120 Fb.

🏠 **Herrnwiesen** 🦫, In den Herrenwiesen 4, ℰ 3 70 31 — ⌂wc 🗍wc ☎ ⟺ ❷. 🎾
    (nur Abendessen für Hausgäste) — **17 Z : 30 B** 35/45 - 55/70.

🏠 **Landgasthof Müller**, Hauptstr. 18, ℰ 66 00 — 🗍wc ⟺ ❷
    Karte 15,50/30 🍷 — **16 Z : 29 B** 35/45 - 65/75.

WERTHER Nordrhein-Westfalen siehe Halle in Westfalen.

WERTINGEN 8857. Bayern 987 ⊗ — 4 200 Ew — Höhe 419 m — 🕲 08272.

◆München 90 — ◆Augsburg 32 — Donauwörth 24 — ◆Ulm (Donau) 74.

🏠 **Hirsch**, Schulstr. 7, ℰ 20 55 — 🗍wc ❷ 🛁
◆ Karte 12/28 *(Samstag geschl.)* 🍷 — **35 Z : 45 B** 28/34 - 49/58.

WESCHNITZ Hessen siehe Fürth im Odenwald.

WESEL 4230. Nordrhein-Westfalen 987 ⑬ — 61 000 Ew — Höhe 25 m — 🕲 0281.

Siehe Ruhrgebiet (Übersichtsplan).

🛈 Verkehrsverein, Franz-Etzel-Platz 4, ℰ 2 44 98.

◆Düsseldorf 64 — Bocholt 24 — ◆Duisburg 31.

🏠 **Kaiserhof**, Kaiserring 1, ℰ 2 19 72 — 🛗 ⌂wc 🗍wc ☎ ⟺ ❷ 🛁
    43 Z : 66 B.

🏠 **Zur Aue**, Reeser Landstr. 14 (B 8), ℰ 2 10 00 — ⌂wc 🗍wc ☎ ❷. 🖭 ⓞ
    Karte 16/41 *(Samstag geschl.)* — **23 Z : 42 B** 35/55 - 59/75 Fb.

    In Wesel 14-Büderich SW : 6 km :

🏨 **Bürick**, Venloer Str. 74 (B 58), ℰ (02803) 10 11 (Hotel) 10 10 (Rest.), ☎s, 🏊, 🎾 (Halle) —
    ⌂wc 🗍wc ☎ ⟺ ❷ 🛁
    (nur Abendessen) — **65 Z : 90 B** Fb.

🏤 **Wacht am Rhein** 🦫, Rheinallee 30, ℰ (02803) 3 02, ≤, 🍴 — 🗍 ❷
◆ Karte 17,50/39 *(Dienstag geschl.)* — **14 Z : 20 B** 32/50 - 64/80.

    In Wesel 14-Feldmark N : 4 km über Reeser Landstraße :

🏨 **Waldhotel Tannenhäuschen** 🦫, Am Tannenhäuschen 7, ℰ 6 10 14, 🍴, ☎s, 🏊, 🐎 —
    ⟺ ❷ 🛁 🎾 Rest
    Karte 35/74 — **38 Z : 72 B** 98/135 - 134/195.

In Wesel 1-Flüren NW : 5 km :

✗ Waldschenke, Flürener Weg 49, ℰ 7 02 81, 🍴 – ◗.

An der Autobahn A 3 Richtung Arnheim SO : 10 km :

🏨 **Motel Raststätte Hünxe**, ✉ 4224 Hünxe, ℰ (02858) 70 57, Telex 8120122 – 📺 🛁wc ☎ ⴕ
◗ 🛄 ⏧
Karte 17/50 – **29 Z : 50 B** 60/96 - 99/132 Fb.

In Hamminkeln 3-Marienthal 4236 NO : 14 km :

🏨 **Romantik-Hotel Haus Elmer** 🦌, An der Klosterkirche 12, ℰ (02856) 20 41,
« Gartenterrasse » – 🛏wc 🛁wc ☎ 🚗 ◗ 🛄 ⏧ ⓞ E. ⭐ Zim
Karte 28/55 *(Montag bis 18 Uhr geschl.)* – **25 Z : 45 B** 80/110 - 125/160 Fb.

WESSELING 5047. Nordrhein-Westfalen – 30 000 Ew – Höhe 51 m – ✿ 02236.
♦Düsseldorf 55 – ♦Bonn 15 – ♦Köln 12.

🏨 **Haus Burum** garni, Bonner Str. 83, ℰ 4 10 51 – 🛗 📺 🛁wc ☎ ◗
13. Dez.- 12. Jan. geschl. – **24 Z : 30 B** 50/75 - 100/120.

🏨 **Central** garni, Konrad-Adenauer-Str. 2, ℰ 4 20 33 – 🛗 🛁wc ☎ ◗
25 Z : 36 B 55/115 - 100/140.

✗ **Kölner Hof** mit Zim, Kölner Str. 83, ℰ 4 28 41 – 🛁 ◗. ⭐ Zim
Karte 17,50/52 *(Samstag geschl.)* – **8 Z : 11 B** 35 - 70.

WESTERNBÖDEFELD Nordrhein-Westfalen siehe Schmallenberg.

WESTERDEICHSTRICH Schleswig-Holstein siehe Büsum.

WESTERLAND Schleswig-Holstein siehe Sylt (Insel).

🖝 *Benutzen Sie für weite Fahrten in Europa
die Michelin-Länderkarten im Maßstab 1:1 000 000.*

WESTERSTEDE 2910. Niedersachsen 🔟 ⑭ – 18 400 Ew – Höhe 13 m – ✿ 04488.
🛈 Tourist-Information, Rathaus, Am Markt, ℰ 18 88.
♦Hannover 195 – Groningen 110 – ♦Oldenburg 24 – Wilhelmshaven 42.

🏨 **Voss**, Am Markt 4, ℰ 60 51, 🍴 – 🛗 📺 🛁wc ☎ ◗ 🛄 ⏧ ⓞ E 𝖵𝖨𝖲𝖠
Karte 17,50/51 – **46 Z : 85 B** 38/64 - 64/90 Fb.

In Westerstede 1-Hollwege NW : 3 km :

🏨 **Heinemann's G.**, Liebfrauenstr. 13, ℰ 22 47 – 📺 🛁wc ☎ 🚗 ◗. ⭐
30. Juni - 24. Juli geschl. – Karte 14/35 *(Samstag, Sonn- und Feiertage geschl.)* – **18 Z : 32 B**
23/40 - 45/75.

WETTENBERG Hessen siehe Gießen.

WETTER (RUHR) 5802. Nordrhein-Westfalen 🔟 ⑭ – 30 000 Ew – Höhe 110 m – ✿ 02335.
Siehe Ruhrgebiet (Übersichtsplan).
♦Düsseldorf 59 – ♦Dortmund 20 – Hagen 9.

In Wetter 4-Wengern NW : 4 km :

🏨 **Haus Elbschetal**, Kirchstr. 2, ℰ 75 75, « Alpenländische Einrichtung » – 🛗 🛁wc ☎ ◗ 🛄.
⏧ ⓞ E
Karte 20/65 – **34 Z : 52 B** 80/100 - 125/140 Fb.

WETTMAR Niedersachsen siehe Burgwedel.

WETTRINGEN 4441. Nordrhein-Westfalen 🔟 ⑭ – 6 600 Ew – Höhe 55 m – ✿ 02557.
♦Düsseldorf 160 – Enschede 32 – Münster (Westfalen) 37 – ♦Osnabrück 59.

🏨 **Zur Post**, Kirchstr. 4 (B 70), ℰ 70 02 – 🛁wc ☎ 🚗. E
1.- 15. Aug. geschl. – Karte 14/28 *(nur Abendessen)* – **19 Z : 30 B** 30 - 60.

🏨 **Zur Sonne**, Metelener Str. 8 (B 70), ℰ 12 31, 🍴 – 🛁wc 🚗 ◗. ⭐
Karte 12/31 *(nur Abendessen, Freitag geschl.)* – **9 Z : 13 B** 28/29 - 56/58.

WETZLAR 6330. Hessen 🔟 ㉕ – 52 000 Ew – Höhe 145 m – ✿ 06441.
Sehenswert : Lottehaus ★.
🛈 Städt.Verkehrsamt, Domplatz 8, ℰ 40 53 38.
ADAC, Bergstr. 2, ℰ 2 66 66, Telex 483718.
♦Wiesbaden 96 ② – Gießen 17 ② – Limburg an der Lahn 42 ⑥ – Siegen 64 ⑧.

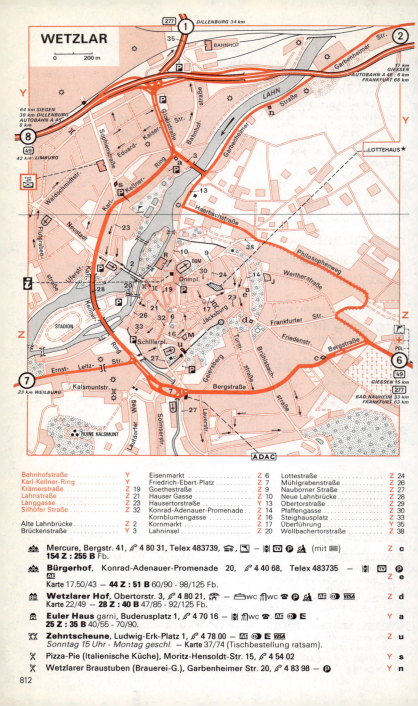

WETZLAR

Bahnhofstraße	Y
Karl-Kellner-Ring	Y
Krämerstraße	Z 19
Lahnstraße	Z 21
Langgasse	Z 23
Silhöfer Straße	Z 32
Alte Lahnbrücke	Z 2
Brückenstraße	Y 3

Eisenmarkt	Z 6
Friedrich-Ebert-Platz	Z 7
Goethestraße	Z 9
Hauser Gasse	Z 10
Hausertorstraße	Y 13
Konrad-Adenauer-Promenade	Z 14
Kornblumengasse	Z 16
Kornmarkt	Z 17
Lahninsel	Z 20

Lottestraße	Z 24
Mühlgrabenstraße	Z 26
Nauborner Straße	Z 27
Neue Lahnbrücke	Z 28
Obertorstraße	Z 29
Pfaffengasse	Z 30
Steighausplatz	Z 33
Überführung	Y 35
Wöllbachertorstraße	Z 38

🏨 **Mercure**, Bergstr. 41, ℰ 4 80 31, Telex 483739, 🛋, 🖼 – 📶 📺 🅿 🏤 (mit 🍽)
154 Z : 255 B Fb. — Z c

🏨 **Bürgerhof**, Konrad-Adenauer-Promenade 20, ℰ 4 40 68, Telex 483735 – 📶 📺 🅿
🅰🅴 — Z e
Karte 17,50/43 – **44 Z : 51 B** 60/90 - 98/125 Fb.

🏨 **Wetzlarer Hof**, Obertorstr. 3, ℰ 4 80 21, 🍴 – 🚾🚾 ☎ 🅿 🏤 🅰🅴 🅾 🇪 🆅🇮🇸🇦 — Z d
Karte 22/49 – **28 Z : 40 B** 47/85 - 92/125 Fb.

🏨 **Euler Haus** garni, Buderusplatz 1, ℰ 4 70 16 – 📶 🚾🚾 ☎. 🅰🅴 🅾 🇪 — Y a
25 Z : 35 B 40/55 - 70/90.

🍴🍴 **Zehntscheune**, Ludwig-Erk-Platz 1, ℰ 4 78 00 – 🅰🅴 🅾 🇪 🆅🇮🇸🇦 — Z u
Sonntag 15 Uhr - Montag geschl. – Karte 37/74 (Tischbestellung ratsam).

🍴 Pizza-Pie (Italienische Küche), Moritz-Hensoldt-Str. 15, ℰ 4 54 02 — Y s

🍴 Wetzlarer Braustuben (Brauerei-G.), Garbenheimer Str. 20, ℰ 4 83 98 – 🅿 — Y n

In Wetzlar-Kirschenwäldchen S : 4,5 km über ⑥ :

🏠 **Stoppelberg** 🌳, Kirschenwäldchen 18, ℰ 2 40 15, « Gartenterrasse » – 🏗wc ☎ 🚗 🅿.
Ⓞ Ⓔ. ❄ Zim
Karte 18/45 *(Donnerstag geschl.)* – **16 Z : 28 B** 55 - 92.

In Lahnau 3-Atzbach 6335 ② : 7,5 km :

XX **Bergschenke**, Bergstr. 15, ℰ (06441) 6 19 02, ≼, 🌧 – 🅿. 🆎 Ⓞ Ⓔ
Montag geschl. – Karte 23/62.

WEYHAUSEN Niedersachsen siehe Wolfsburg.

WIEDEN 7861. Baden-Württemberg 🔢🔢🔢 ⑤. 🔢🔢🔢 ㊲, 🔢🔢 ⑧ – 500 Ew – Höhe 850 m – Erholungsort
– Wintersport : 850/ 1 100 m ≰3 ≰4 – ✪ 07673 (Schönau).
🇧 Kurbüro, Rathaus, ℰ 3 03.
◆Stuttgart 246 – Basel 50 – ◆Freiburg im Breisgau 44 – Todtnau 11.

🏠 **Hirschen**, Ortsstr. 8, ℰ 10 22, 🌧, ⟦⟧, 🌧, ❄ – |🗄| 🏗wc ☎ 🚗 🅿
Nov.- Mitte Dez. geschl. – Karte 18,50/50 *(Montag geschl.)* 👗 – **32 Z : 60 B** 40/62 - 70/108.

🏠 **Moosgrund** 🌳 garni, Steinbühl 16, ℰ 79 15, ≼, 🌧, 🌧 – 🏗wc 🅿
10 Z : 19 B 38 - 70.

An der Straße zum Belchen W : 4 km :

🏠 Berghotel Wiedener Eck, Höhe 1 050 m, ✉ 7861 Wieden, ℰ (07673) 10 06, ≼, 🌧, 🌧, ⟦⟧ –
|🗄| 🛏wc ☎ 🚗 🅿
34 Z : 60 B Fb.

WIEDERSTEIN Nordrhein-Westfalen siehe Neunkirchen.

WIEFELSTEDE 2901. Niedersachsen – 10 000 Ew – Höhe 15 m – ✪ 04402.
◆ Hannover 188 – ◆Oldenburg 13 – Bad Zwischenahn 14.

🏨 Sporthotel Wiefelstede Ⓜ 🌳, Alter Damm, ℰ 61 18, ❄ (Halle) – 📺 🛏wc 🏗wc ☎ 👗 🅿
🅿
24 Z : 57 B Fb.

Les prix de chambre et de pension
peuvent parfois être majorés de la taxe de séjour et d'un supplément de chauffage.
Lors de votre réservation à l'hôtel,
faites-vous bien préciser le prix définitif qui vous sera facturé.

WIEHL 5276. Nordrhein-Westfalen – 22 600 Ew – Höhe 192 m – ✪ 02262.
🇧 Kur- und Verkehrsverein, Rathaus, Bahnhofstraße, ℰ 9 92 00.
◆Düsseldorf 85 – ◆Köln 48 – Siegen 53 – Waldbröl 17.

🏨 **Zur Post**, Hauptstr. 8, ℰ 90 91, Telex 884297, Biergarten, 🌧, ⟦⟧ – 📺 🛏wc 🏗wc ☎ 🅿 🅿.
🆎 Ⓞ Ⓔ 𝖵𝖨𝖲𝖠
21.- 25. Dez. geschl. – Karte 17,50/65 – **24 Z : 42 B** 60/80 - 95/140.

🏨 **Platte**, Hauptstr. 25, ℰ 90 75 – 🏗wc ☎ 🚗 🅿. Ⓞ
Jan. 3 Wochen geschl. – Karte 17/45 *(im Winter Samstag geschl.)* – **13 Z : 24 B** 45/60 -
75/100.

An der Tropfsteinhöhle S : 2 km :

🏨 **Waldhotel**, Pfaffenberg 1, ✉ 5276 Wiehl, ℰ (02262) 90 22, Cafégarten, 🌧, ⟦⟧, 🌧 – |🗄|
🛏wc 🏗wc ☎ 👗 🅿 🅿. 🆎 Ⓞ Ⓔ. ❄ Zim
Karte 20/56 – **30 Z : 60 B** 78/110 - 142/195 Fb.

WIEHLMÜNDEN Nordrhein-Westfalen siehe Engelskirchen.

WIES Bayern siehe Steingaden.

WIESAU 8597. Bayern 🔢🔢🔢 ㉗ – 4 500 Ew – Höhe 506 m – ✪ 09634.
◆München 274 – Bayreuth 60 – Hof 70 – Weiden in der Oberpfalz 32.

🏠 **Deutsches Haus**, Hauptstr. 61, ℰ 12 32, 🌧 – 🏗wc 🚗 🅿
← Karte 14/34 *(Sonn- und Feiertage geschl.)* – **21 Z : 31 B** 24/38 - 50/75.

WIESBADEN 6200. 🇱 Hessen 🔢🔢🔢 ㉔ – 269 000 Ew – Höhe 115 m – Heilbad – ✪ 06121.
Ausstellungs- und Kongreßzentrum Rhein-Main-Halle (BZ), ℰ 14 40.
🇧 Verkehrsbüro, Rheinstr. 15, ℰ 31 28 47 und im Hauptbahnhof, ℰ 31 28 48.
ADAC, Bahnhofstr. 57, ℰ 30 30 31, Notruf ℰ 1 92 11.
◆Bonn 153 ① – ◆Frankfurt am Main 39 ② – ◆Mannheim 89 ③.

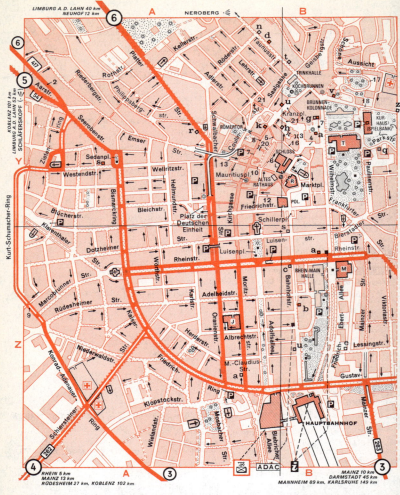

Nassauer Hof - Restaurant Die Pfanne �, Kaiser-Friedrich-Platz 3, ✆ 13 30, Telex 4186847, Massage, ⚫, ☒ – 🛗 ▤ Rest 📺 🅿 🚗 (mit ▤). ⒶⒺ ⓄⒹ Ⓔ 𝘝𝘐𝘚𝘈   BY **g**
Karte 35/73 – 160 Z : 300 B 210/225 - 260. (siehe auch Rest. **Die Ente vom Lehel**) – 210 Z : 350 B 228/308 - 316/436 Fb.

Aukamm-Hotel ⚫, Aukamm-Allee 31, ✆ 57 60, Telex 4186283, ☀ – 🛗 📺 🚗 🅿 🚗. ⒶⒺ
ⓄⒹ Ⓔ 𝘝𝘐𝘚𝘈   über Bierstadter Str.   BY
Karte 35/73 – 160 Z : 300 B 210/225 - 260.

Penta-Hotel, Auguste-Viktoria-Str. 15, ✆ 37 70 41, Telex 4186497, ☀, ⚫ – 🛗 📺 🅿
🚗 (mit ▤). ⒶⒺ ⓄⒹ Ⓔ 𝘝𝘐𝘚𝘈   BZ **e**
Karte 27/65 – 200 Z : 340 B 167/197 - 204/229 Fb.

Klee, Parkstr. 4, ✆ 30 50 61, Telex 4186916 – 🛗 📺 🅿 🚗. ⒶⒺ ⓄⒹ Ⓔ 𝘝𝘐𝘚𝘈   BY **q**
Karte 24/60 – 60 Z : 90 B 112/150 - 170/205 Fb.

Forum-Hotel, Abraham-Lincoln-Str. 17, ✆ 7 78 11, Telex 4186369, ☀, Massage, ⚫, ☒ –
🛗 📺 🚗 ⌫wc ☎ 🅿 🚗 ⒶⒺ ⓄⒹ Ⓔ 𝘝𝘐𝘚𝘈 🕮 Rest   über ②
Karte 29/63 – 157 Z : 300 B 170/200 - 200/240 Fb.

Oranien, Platter Str. 2, ✆ 52 50 25, Telex 4186217 – 🛗 📺 ⌫wc ⌫wc ☎ 🚗 🅿 🚗. ⒶⒺ ⓄⒹ
Ⓔ 🕮 Rest   AY **r**
Karte 21/33 *(nur Abendessen)* – 87 Z : 110 B 78/88 - 120/130.

WIESBADEN

🏨 **Hotel de France**, Taunusstr. 49, 🖉 5 12 51, Telex 4186362 – 🛗 🚻wc 🚿wc ☎. 🅰🅴 ⓞ E. 🍽 Rest
AY **n**
Karte 48/88 *(Samstag bis 18 Uhr und Sonntag geschl.)* – **37 Z : 65 B** 90/130 - 170 Fb.

🏨 **Am Kochbrunnen** garni, Taunusstr. 15, 🖉 52 20 01 – 🛗 📺 🚿wc ☎. 🅰🅴 ⓞ E 𝗩𝗜𝗦𝗔
BY **t**
24.- 31. Dez. geschl. – **24 Z : 45 B** 75/90 - 120 Fb.

🏨 **Am Landeshaus** garni, Moritzstr. 51, 🖉 37 30 41, Telex 6121958 – 🛗 🚻wc 🚿wc ☎ Ⓟ. 🅰🅴
AZ **a**
24. Dez.- Jan. geschl. – **24 Z : 44 B** 75/110 - 120/145 Fb.

🏨 **Bären** garni, Bärenstr. 3, 🖉 30 10 21, 🔲 – 🛗 🚻wc 🚿wc. 🅰🅴 ⓞ E 𝗩𝗜𝗦𝗔
ABY **h**
58 Z : 90 B 70/110 - 150/220.

🏨 **Hansa-Hotel** garni, Bahnhofstr. 23, 🖉 3 99 55, Telex 4186123 – 🛗 🚻wc 🚿wc ☎ Ⓟ 🏋. 🅰🅴 ⓞ E 𝗩𝗜𝗦𝗔
BZ **c**
15. Dez.- 2. Jan. geschl. – **86 Z : 130 B** 55/85 - 140.

🏠 **Luisenhof** garni, Bahnhofstr. 7, 🖉 3 94 31 – 🛗 🚻wc 🚿wc ☎
BZ **s**
40 Z : 60 B.

🏠 **Fürstenhof-Esplanade**, Sonnenberger Str. 32, 🖉 52 20 91, Telex 4186447 – 🛗 🚻wc 🚿wc ☎ Ⓟ 🏋. 🅰🅴 ⓞ E 𝗩𝗜𝗦𝗔
BY **z**
Karte 21/46 – **72 Z : 120 B** 58/110 - 95/195 Fb.

🏠 **Central Hotel**, Bahnhofstr. 65, 🖉 37 20 01, Telex 4186604 – 🛗 🚻wc 🚿wc ☎ 🚗 🏋. 🅰🅴 ⓞ E 𝗩𝗜𝗦𝗔
BZ **u**
Karte 20/42 *(Montag sowie Sonn- und Feiertage geschl.)* – **70 Z : 100 B** 58/110 - 85/140.

🍽🍽🍽🍽 ❀ **Die Ente vom Lehel**, Kaiser-Friedrich-Platz 3 (im Hotel Nassauer Hof), 🖉 30 15 16, ⌂ – ▭. 🅰🅴 ⓞ E. 🍽
BY **g**
nur Abendessen, im Bistro auch Mittagessen, Montag, Sonn- und Feiertage sowie Juli - Aug. 4 Wochen geschl. – Karte 67/115 *(Tischbestellung erforderlich)* – **Bistro** mit ⌂ Karte 41/68
Spez. Entenleber-Parfait, Kalbskopf mit Hummer und Frankfurter Grüner Sauce, "Dialog der Früchte".

🍽🍽🍽 **Le Gourmet**, Bahnhofstr. 42, 🖉 30 16 54 – ⓞ E
BZ **b**
Sonntag und Juli - Aug. 4 Wochen geschl. – Karte 44/70 *(Tischbestellung ratsam)*.

🍽🍽 **Kurhaus-Restaurants** (im Stil der Belle Epoque restaurierte Räume des Kurhauses a.d.J. 1907), Kurhausplatz 1, 🖉 52 69 37, ⌂ – 🏋. **La Belle Epoque** 🍽 – **Le Bistro**.
BY

🍽🍽 **Lanterna** (Italienische Küche), Westendstr. 3, 🖉 40 25 22 – 🅰🅴 ⓞ E 𝗩𝗜𝗦𝗔
AY **s**
Freitag - Samstag 18 Uhr geschl. – Karte 44/75 *(Tischbestellung ratsam)*.

🍽🍽 **Alte Krone**, Sonnenberger Str. 82, 🖉 56 39 47 – 🅰🅴 ⓞ
über Sonnenberger Str. BY
Karte 34/69.

🍽🍽 Alt-Prag (Böhmische Spezialitäten), Taunusstr. 41, 🖉 52 04 02
AY **d**

🍽 **Alte Münze**, Kranzplatz 4, 🖉 52 48 33, ⌂ – 🅰🅴 ⓞ E 𝗩𝗜𝗦𝗔
ABY **u**
Sonn- und Feiertage geschl. – Karte 31/67 *(abends Tischbestellung ratsam)*.

🍽 **Mövenpick**, Sonnenberger Str. 2, 🖉 52 40 05, ⌂ – 🅰🅴 ⓞ E 𝗩𝗜𝗦𝗔
BY **v**
Karte 23/60.

🍽 **Zum Dortmunder** (Brauerei-G.), Langgasse 34, 🖉 30 20 96, ⌂ – 🅰🅴
AY **k**
Freitag geschl. – Karte 16/40.

🍽 **Jade-Garten** (Chinesische Küche), Rheinstr. 19, 🖉 37 08 54, ⌂ – 🅰🅴 ⓞ E 𝗩𝗜𝗦𝗔
BZ **a**
Karte 18/54.

🍽 **China-Restaurant Wan-Wah**, Wilhelmstr. 52 (6. Etage, 🛗), 🖉 30 64 30, « Dachgarten mit ⩽ » – 🅰🅴 ⓞ E
BY **a**
Karte 22/50.

In Wiesbaden-Altklarenthal NW : 5 km über Klarenthaler Str. YZ :

🍽🍽 Landhaus Diedert ⌂ mit Zim, Am Kloster Klarenthal 9, 🖉 46 02 34, « Gartenterrasse » – 📺 🚿wc ☎ Ⓟ
5 Z : 10 B.

In Wiesbaden 1-Biebrich S : 4,5 km, über Biebricher Allee AZ :

🏠 **Zum Scheppen Eck** garni, Rathausstr. 94, ℰ 6 60 03 — ⇔wc 🛁wc ☎ 🅿. 🖭 ⓞ 🗉 𝖵𝖨𝖲𝖠. ❀
Juli - Aug. 3 Wochen und 22. Dez.- 6. Jan. geschl. — **43 Z : 65 B** 38/60 - 75/95 Fb.

🗶 **Rest. Weihenstephan**, Armenruhstr. 6, ℰ 6 11 34, Biergarten — 🅿
Samstag und Juli - Aug. 3 Wochen geschl. — Karte **29**/60.

In Wiesbaden-Dotzheim W : 3,5 km, über Dotzheimer Str. AZ :

🏛 **Rheineck**, Stegerwaldstr. 2, ℰ 42 10 61, ⇌ — 🛁wc ☎ 🅿 🏛. ⓞ 🗉
Karte 18/42 *(nur Abendessen)* — **38 Z : 66 B** 80/90 - 110/120 Fb.

In Wiesbaden-Naurod NO : 9 km über ① :

🗶🗶 **Zur Rose** mit Zim, Bremthaler Str. 1, ℰ (06127) 40 06 — 🛁wc ☎
(nur Abendessen) — **8 Z : 14 B**.

In Wiesbaden-Nordenstadt O : 10 km über ② und die A 66, Ausfahrt Nordenstadt :

🏛 **Massa-Hotel** Ⓜ, Ostring 9, ℰ (06122) 80 10 — 📶 📺 ⇔wc ☎ & 🅿 🏛. 🖭 ⓞ 🗉 𝖵𝖨𝖲𝖠
Karte 18/46 & — **150 Z : 300 B** 76/86 - 114 Fb.

In Wiesbaden-Schierstein ④ : 5 km :

🏠 **Link's Weinstube**, Karl-Lehr-Str. 24, ℰ 2 00 20, eigener Weinbau — 🛁wc. ❀ Zim
Mitte Juli - Mitte Aug. geschl. — Karte 15,50/30 *(nur Abendessen, Freitag-Samstag geschl.)* &
— **16 Z : 22 B** 40/50 - 78/80.

WIESEN Bayern siehe Frammersbach.

WIESENSTEIG 7346. Baden-Württemberg 𝟵𝟴𝟳 ㉟ — 2 800 Ew — Höhe 585 m — Erholungsort — Wintersport : 370/600 m ⚡3 — ✆ 07335.

Ausflugsziel : Reußenstein : Lage** der Burgruine ≪★, W : 5 km.

♦Stuttgart 57 — Göppingen 27 — ♦Ulm (Donau) 45.

🏛 **Sterneck** ⅋, Hohenstaufenstr. 10, ℰ 54 00, ≤, ⇌, ⬚, 🚗 — 📶 ⇔wc 🛁wc ☎ ⇔ 🅿. ⓞ
🗉 𝖵𝖨𝖲𝖠
Karte 20/40 *(Dienstag geschl.)* — **9 Z : 16 B** 45/48 - 78/82.

🏠 **Post**, Hauptstr. 45, ℰ 50 49 — 🛁 🅿
➡ *20. Dez.- 10. Jan. geschl.* — Karte 13/35 *(Mittwoch geschl.)* & — **19 Z : 33 B** 25/28 - 50/55 — P 56/65.

In Mühlhausen im Täle 7341 NO : 3 km :

🏠 **Höhenblick**, Obere Sommerbergstr. 10, ℰ (07335) 50 66 — ⇔wc 🛁wc ☎ ⇔ 🅿 🏛. 🖭 ⓞ
🗉 𝖵𝖨𝖲𝖠
Aug. geschl. — Karte 15/36 *(Sonntag geschl.)* & — **40 Z : 70 B** 35/45 - 65/85.

WIESENTAL Baden-Württemberg siehe Waghäusel.

WIESENTHEID 8714. Bayern — 3 900 Ew — Höhe 252 m — ✆ 09383.

Ausflugsziel : Prichsenstadt : Hauptstraße★ N : 5 km.

♦München 250 — ♦Bamberg 51 — ♦Nürnberg 79 — ♦Würzburg 36.

🏠 **Zur Brücke**, Marienplatz 2, ℰ 4 16 — 🛁 🅿. ❀ Zim
➡ *15. Aug.- 5. Sept. geschl.* — Karte 11/21 *(Dienstag geschl.)* & — **15 Z : 21 B** 25/30 - 45/58.

WIESENTTAL 8551. Bayern 𝟵𝟴𝟳 ㉖ — 2 800 Ew — Höhe 320 m — Luftkurort — ✆ 09196.
🚩 Rathaus, Marktplatz (Muggendorf), ℰ 7 17.
♦München 226 — ♦Bamberg 53 — Bayreuth 53 — ♦Nürnberg 56.

Im Ortsteil Muggendorf :

🏛 **Feiler**, Oberer Markt 4, ℰ 3 22, « Gartenterrasse », ⇌, 🚗 — 📺 ⇔wc 🛁wc ☎. 🖭 ⓞ
Karte 36/72 — **11 Z : 21 B** 65/90 - 110/180.

🏠 **Goldener Stern**, Marktplatz 6, ℰ 2 04 — 🛁wc 🅿 🏛. 🖭 ⓞ
Karte 15/43 *(Nov.- April Mittwoch geschl.)* — **40 Z : 65 B** 35/45 - 70/90.

🏠 **Park-H.**, Forchheimer Str. 8, ℰ 2 44, 🍴, 🚗, 🗶 — ⇔wc 🛁wc 🅿 🏛
30 Z : 50 B.

🏠 **Zur Wolfsschlucht**, Wiesentweg 2, ℰ 3 24 — ⇔wc 🛁wc ⇔ 🅿
➡ *20. Okt.- Nov. geschl.* — Karte 11,50/26 *(Dienstag geschl.)* — **17 Z : 28 B** 29/33 - 60/64 — P 51.

🏠 **Seybert** ⅋ garni, Oberer Markt 12, ℰ 3 72 — 🛁wc 🅿
14 Z : 25 B 27/33 - 52/64.

🏠 **Kohlmannsgarten**, Lindenberg 2, ℰ 2 01, 🍴 — 🛁wc 🅿
➡ Karte 13,50/30 & — **15 Z : 26 B** 26/36 - 46/60 — P 41/51.

🏠 **Eberhard**, Bayreuther Str. 2, ℰ 2 30, 🍴, ⇌, 🚗 — ⇔wc 🛁wc ⇔ 🅿
Karte 18/40 — **21 Z : 32 B** 40/44 - 76/84 — P 80/84.

Im Ortsteil Streitberg :

☎ **Schwarzer Adler**, Ortsstr. 31, ℰ 6 30, Biergarten — 🏠wc 🅿
← Karte 12,50/30 — **9 Z : 15 B** 30/34 - 58/68 — P 88/96.

WIESLOCH **6908.** Baden-Württemberg 🈂🈁 ⊗ — 22 500 Ew — Höhe 128 m — ✪ 06222.
♦Stuttgart 102 — Heidelberg 14 — Heilbronn 49 — ♦Karlsruhe 48 — ♦Mannheim 36.

🏠 **Mondial-Restaurant La Chandelle**, Schwetzinger Str. 123, ℰ 80 16, 🌴, 🐎 — 🍴 📶wc
🏠wc ☎ 🅿. 🆎 ⑩ 🅴. ✻ Rest
Karte 31/64 *(Samstag bis 15 Uhr und Sonntag geschl.)* — **28 Z : 54 B** 65/75 - 100/120 Fb.

XX **Freihof** (historisches Weinrestaurant), Freihofstr. 2, ℰ 25 17, 🌴 — 🛖
Montag und Aug. 3 Wochen geschl. — Karte 18/63 🍺.

XX **Langen's Turmstuben**, Höllgasse 32, ℰ 10 00, 🌴 — 🅿
Mittwoch und 2.- 16. Feb. geschl. — Karte 23/53 🍺.

XX **Roberto** mit Zim, Schloßstr. 8, ℰ 5 44 59 — 🍴 ☎. 🆎
Karte 25/58 *(Italienische Küche, Dienstag geschl.)* 🍺 — **10 Z : 16 B** 30/40 - 60/70.

Am Gänsberg SW : 2 km, über die B 3 :

X **Landgasthof Gänsberg** 🐾 mit Zim, ✉ 6908 Wiesloch, ℰ (06222) 30 87, ← — 🅿
Karte 15,50/39 *(Montag geschl.)* — **6 Z : 9 B** 29 - 58.

WIESMOOR **2964.** Niedersachsen 🈂🈁 ⑭ — 10 600 Ew — Höhe 10 m — Luftkurort — ✪ 04944.
🅱 Verkehrsbüro, Hauptstr. 199, ℰ 8 74.
♦Hannover 222 — Emden 47 — ♦Oldenburg 51 — Wilhelmshaven 36.

🏠 **Friesengeist**, Am Rathaus 1, ℰ 10 44, 🌴, 🍴, 🔲 — 🍴 📺 📶wc ☎ 🅰 🅿. 🆎 ⑩ 🅴
✻ Rest
Karte 21/52 — **34 Z : 64 B** 57/85 - 110/140 Fb — P 88/127.

🏠 **Torfkrug**, Hauptstr. 174, ℰ 20 08, 🌴 — 🏠wc 📶wc 🔄 🅿 🛖. 🆎 ⑩ 🅴
Karte 21/45 — **16 Z : 23 B** 32/40 - 62/80 — P 54/60.

🏠 **Christophers**, Marktstr. 11, ℰ 20 05, 🍴 — 📶wc 🔄 🅿 🛖
22. Dez.- 4. Jan. geschl. — Karte 15/38 — **34 Z : 54 B** 30/38 - 60/75 — P 45/55.

☎ **Zur Post**, Am Rathaus 6, ℰ 20 76 — 📶wc 🅰 🔄 🅿
← Karte 14,50/32 — **11 Z : 19 B** 30/36 - 60/70 — P 49/53.

In Wiesmoor-Hinrichsfehn S : 4,5 km, ca. 3,5 km über die Straße nach Remels, dann
rechts ab :

XX **Blauer Fasan** 🐾 mit Zim, Fliederstr. 1, ℰ 21 40, 🌴, « Blumengarten », 🏗 — 📺 🏠wc 📶wc
☎ 🔄 🅿. ✻ Zim
12 Z : 18 B.

WIESSEE, BAD **8182.** Bayern 🈂🈁 ⑰. 🈹 ⑰ — 5 000 Ew — Höhe 730 m — Heilbad —
Wintersport : 730/880 m ≤5 ❄3 — ✪ 08022.
🅱 Kuramt, Adrian-Stoop-Str. 20, ℰ 8 20 51.
♦München 54 — Miesbach 19 — Bad Tölz 18.

🏠 **Lederer am See** 🐾, Bodenschneidstr. 9, ℰ 82 91, Telex 526963, ←, 🌴, « Park », Massage,
🍴, 🔲, 🏊, 🐎 — 🍴 🅿 🛖. ✻ Rest
150 Z : 220 B Fb.

🏠 **Marina** 🐾, Furtwänglerstr. 9, ℰ 8 11 25, Telex 526961, 🌴, 🍴, 🔲, 🐎 — 🍴 📺 🏠wc 📶wc
☎ 🅿. 🅴
Anfang Nov.- Mitte Dez. geschl. — Karte 19/45 🍺 — **32 Z : 52 B** 65/80 - 128/140 Fb — P 90/105.

🏠 **Kurhotel Rex**, Münchner Str. 25, ℰ 8 20 91, « Park », 🐎 — 🏠wc 📶wc ☎ 🅿. ✻
April - Okt. — (Rest. nur für Hausgäste) — **62 Z : 99 B** 55/90 - 110/180 — P 80/105.

🏠 **Terrassenhof**, Adrian-Stoop-Str. 50, ℰ 8 27 61, ←, « Gartenterrasse », Massage, 🍴, 🔲,
🐎 — 🍴 🏠wc ☎ 🅿
24. Nov.- 15. Dez. geschl. — Karte 18,50/48 — **86 Z : 125 B** 63/125 - 134/240 Fb — P 93/150.

🏠 **Landhaus Sapplfeld** 🅜 🐾, Im Sapplfeld 8, ℰ 8 20 67, 🍴, 🔲, 🐎 — 📺 🏠wc 📶wc ☎
🔄 🅿. 🅴. ✻ Rest
Mitte Nov.- Mitte Dez. geschl. — (nur Abendessen für Hausgäste) — **17 Z : 34 B** 100/160 -
150/190 Fb.

🏠 **Resi von der Post** 🐾, Zilcherstr. 14, ℰ 8 27 88, 🐎 — 🍴 📺 🏠wc 📶wc ☎ 🅿
Mitte Okt.- Mitte Dez. geschl. — (Rest. nur für Hausgäste) — **32 Z : 45 B** 34/58 - 72/125.

🏠 **Wiesseer Hof**, Sanktjohanserstr. 46, ℰ 8 20 61, 🐎 — 🍴 📺 🏠wc 📶wc ☎ 🚴 🔄 🅿 🛖
Mitte Jan.- Mitte Feb. geschl. — Karte 16/50 *(auch Diät)* — **60 Z : 100 B** 35/82 - 58/160 —
P 54/101.

🏠 **Haus St. Georg** 🐾 garni, Jägerstr. 20, ℰ 8 27 14 — 🏠wc 📶wc ☎ 🔄 🅿
13 Z : 22 B Fb.

Fortsetzung →

🏠 **Bellevue-Weinstube Weinbauer** garni, Hirschbergstr. 22, ℰ 8 12 20, ➾ – 🛗 🛏wc
🛁wc 🅿 ❶ 🅰🅴 ⓓ 🅴
Mitte März - Okt. – **30 Z : 50 B** 42/65 - 70/120.

🏠 **Concordia** ⑤ garni, Klosterjägerweg 4, ℰ 8 14 66, ➾, 🖾, 🐎 – 🛗 🛏wc 🛁wc ☎ ⟿ 🅿
Nov.- 24. Dez. geschl. – **36 Z : 50 B** 50/58 - 96/106.

🏠 **Kurhotel Edelweiß**, Münchner Str. 21, ℰ 8 12 87, 🐎 – 🆃🆅 🛏wc 🛁wc ☎ 🅿. 🦌 Rest
(Rest. nur für Hausgäste) – **37 Z : 52 B**.

🏠 **Am Kureck**, Bodenschneidstr. 3, ℰ 8 13 66, 🍴, 🐎 – 🛏wc 🛁wc 🅿
nur Saison – **43 Z : 66 B**.

🏠 **Jägerheim** ⑤ garni, Freihausstr. 12, ℰ 8 10 24, ➾, 🖾, 🐎 – 🛏wc 🛁wc 🅿. 🅰🅴. 🦌
Nov.- 26. Dez. geschl. – **29 Z : 43 B** 36/48 - 78/94 – P 63/78.

🏠 **Landhaus Höss** ⑤ garni, Ringbergstr. 44, ℰ 88 55, ≼, 🐎 – 🛁wc 🅿
10 Z : 14 B 38 - 75.

🍴🍴 **Freihaus Brenner**, Freihaus 4, ℰ 8 20 04, ≼ Tegernsee, 🍴, « Rustikales Bergrestaurant »
– 🅿. 🅴
Ende Nov.- 20. Dez. geschl. – Karte 29/68 (Tischbestellung erforderlich).

In Bad Wiessee-Abwinkl :

🏨 **Hubertus** ⑤, Sonnenfeldweg 29, ℰ 8 27 74, Telex 526188, ≼, 🍴, « Park », 🐎 – 🛗 🛏wc
🛁wc 🅿 🅰🅴 🅴 🆅🅸🆂🅰
21. Okt.- 20. Dez. geschl. – Karte 18/48 – **105 Z : 159 B** 49/98 - 86/174 Fb – P 67/117.

🏠 **Roseneck** ⑤, Sonnenfeldweg 26, ℰ 87 85, 🐎 – 🛏wc 🛁wc ☎ 🅿. 🦌 Rest
Mai - 15. Nov. – (nur Abendessen für Hausgäste) – **22 Z : 40 B** 50/80 - 120/150 Fb.

Außerhalb W : 2 km – Höhe 830 m :

🏠 **Berggasthof Sonnenbichl** ⑤, ✉ 8182 Bad Wiessee, ℰ (08022) 8 13 65, ≼ Tegernsee und
Wallberg, 🍴, 🐎, ⚘ – 🛏wc 🛁wc ☎ ⟿ 🅿
Nov.- 20. Dez. geschl. – Karte 18/46 – **14 Z : 21 B** 45/65 - 118/130.

WIETZE 3109. Niedersachsen – 7 000 Ew – Höhe 40 m – ✆ 05146.

◆Hannover 47 – ◆Bremen 93 – Celle 18.

🏨 **Wietzer Hof**, Nienburger Str. 62 (B 214), ℰ 3 93 – 🛁wc ☎ 🅿 🦵 🅰🅴 🅴
Karte 24/57 *(Nov.- März Samstag geschl.)* – **43 Z : 78 B** 53/85 - 85/165 Fb.

WIGGENSBACH 8961. Bayern 🐷🐷🐷 ⑮ – 3 500 Ew – Höhe 857 m – Erholungsort – Wintersport :
857/1 077 m ≴1 ≵3 – ✆ 08370.

🔰 Verkehrsamt, Rathaus, ℰ 10 11.

◆München 133 – ◆ Augsburg 112 – Kempten (Allgäu) 10 – ◆ Ulm (Donau) 87.

🍴🍴 **Goldenes Kreuz**, Marktplatz 1, ℰ 2 17 – 🅿. 🅰🅴
Montag - Dienstag geschl. – Karte 17/42.

🍴 **Kapitel**, Marktplatz 5, ℰ 2 06 – 🅿.

In Wiggensbach-Unterkürnach W : 5,5 km :

🏨 **Hofgut Kürnach** ⑤, ℰ 12 11, Telex 54795, ➾, 🖾, 🐎, 🦌, 🐎 – 🛏wc ☎ 🏕 🅿 🦵 🅰🅴
ⓓ 🅴. 🦌 Rest
Karte 20/55 – **70 Z : 160 B** 55/89 - 98/110 Fb – P 83/99.

WILDBAD IM SCHWARZWALD 7547. Baden-Württemberg 🐷🐷🐷 ⑮ – 10 500 Ew – Höhe 426 m
– Heilbad – Luftkurort – Wintersport : 685/769 m ≴2 ≵4 – ✆ 07081.

🔰 Verkehrsbüro, König-Karl-Str. 7, ℰ 1 02 80, Telex 7245122.

🔰 Verkehrsbüro in Calmbach, Lindenplatz 5, ℰ 1 02 88.

◆Stuttgart 76 – Freudenstadt 39 – Pforzheim 26.

🏨🏨 **Badhotel Wildbad** 🅼, Kurplatz 5, ℰ 17 60, Caféterrasse, « Elegante Einrichtung », direkter
Zugang zum Eberhardsbad und Kurmittelhaus – 🛗 🆃🆅 🦵 ⟿ 🦵. 🅰🅴 🅴
Karte 24/65 – **83 Z : 129 B** 90/140 - 160/200 Fb – P 116/156.

🏨 **Bären am Kurplatz**, Kurplatz 4, ℰ 16 81 – 🛗 🛏wc 🛁wc ☎ 🦵 ⟿ 🦵. 🅰🅴 ⓓ
10. Jan.- Feb. geschl. – Karte 26/58 *(Mittwoch geschl.)* – **44 Z : 56 B** 56/82 - 130/164 Fb –
P 92/118.

🏨 **Kurhotel Post**, Kurplatz 2, ℰ 16 11, 🍴 – 🛗 🛏wc 🛁wc ☎
20. Okt.- 15. Dez. geschl. – Karte 23/50 *(Donnerstag geschl.)* – **40 Z : 58 B** 40/85 - 70/140 Fb –
P 70/115.

🏨 **Valsana am Kurpark** 🅼 ⑤, Kernerstr. 182, ℰ 13 25, Bade- und Massageabteilung, ➾, 🖾
– 🛗 🍽 Rest 🛏wc 🛁wc ☎ 🦵 ⟿ 🅿 🦵. ⓓ. 🦌 Rest
(Rest. nur für Hausgäste) – **35 Z : 65 B** 65/110 - 110/190 Fb.

🏨 **Traube**, König-Karl-Str. 31, ℰ 20 66 – 🛗 🛏wc 🛁wc ☎ ⟿. 🅴
Karte 24/51 *(Dienstag geschl.)* – **42 Z : 55 B** 65/87 - 126/142 – P 95/130.

🏨 **Weingärtner**, Olgastr. 15, ℰ 20 51 – 🛗 🛏wc 🛁wc ☎. 🦌
Jan.- 20. Feb. geschl. – Karte 23/40 – **40 Z : 61 B** 50/65 - 92/120 – P 68/88.

🏠 **Goldenes Lamm**, Wilhelmstr. 1, ℰ 20 33 — 🛏 🚿wc 🚿wc ☎. 🎿 Zim
18. Dez.- 15. Jan. geschl. — Karte 17,50/43 *(Donnerstag geschl.)* — **27 Z : 39 B** 37/46 - 74/92.

🏠 **Parkhotel Windhof** 🦘, Kernerstr. 206, ℰ 13 55, 🌳 — 🛏 🚿wc 🚿wc ☎ 🚗 🅿. 🎿 Zim
Nov.- 22. Dez. geschl. — Karte 25/48 — **36 Z : 48 B** 59/89 - 118/178 — P 89/103.

🏠 **Sonne**, Wilhelmstr. 29, ℰ 13 31 — 🚿wc ☎
10. Jan.- 5. Feb. geschl. — Karte 16,50/46 *(Mittwoch geschl.)* — **22 Z : 36 B** 39/50 - 74/90 —
P 58/67.

🏠 **Gästehaus Kießling** 🦘 garni, Bätznerstr. 28, ℰ 16 24, 🌳 — 🚿wc ☎ 🚗
15. Feb.- 15. Nov. — **40 Z : 51 B** 27/48 - 54/90.

🏠 **Gästehaus Vogelsang** 🦘 garni, Alte Steige 34, ℰ 20 86, 🚗 — 🛏 🚿wc ☎ 🚗
16 Z : 21 B 42 - 84.

🏠 **Gästehaus Nuding** 🦘 garni, Silcherstr. 26, ℰ 21 78 — 🚿wc 🚗
15 Z : 21 B 49 - 84/90.

🏠 **Gästehaus Sonnenbring** garni, Olgastr. 65, ℰ 25 29, 🌳 — 🚿wc. 🎿
35 Z : 43 B 28/40 - 66/80.

🏠 **Gästehaus Rothfuß** 🦘 garni, Olgastr. 47, ℰ 33 68, ≼, 🌳 — 🚿wc 🚿wc. 🎿
15. Nov.- 20. Dez. geschl. — **26 Z : 42 B** 29/40 - 64/70.

🏡 **Gästehaus Am Park** 🦘 garni, Bätznerstr. 150, ℰ 82 66, ≼ — 🚿. 🎿
13 Z : 17 B 29/36 - 56/65.

Auf dem Sommerberg W : 3 km (auch mit Bergbahn zu erreichen) :

🏨 **Sommerberghotel** 🦘, ✉ 7547 Wildbad im Schwarzwald, ℰ (07081) 17 40, Telex 724015,
≼ Wildbad und Enztal, 🌳, « Hirschgehege », Massage, 🚗, 🏊, 🎿, direkter Zugang zum
Halter-Institut — 🛏 📺 🚗 🅿. 🎿
Karte 36/73 — **98 Z : 135 B** 90/140 - 180/300 Fb — P 120/170.

🏠 **Waldhotel Riexinger** 🦘, ✉ 7547 Wildbad im Schwarzwald, ℰ (07081) 13 64, ≼, 🌳, 🌳
— 🚿wc 🚿wc ☎ 🅿. 🆎 ⑩
Nov.- 10. Jan. geschl. — Karte 25/50 — **14 Z : 19 B** 43/58 - 92/96 — P 62/78.

In Wildbad-Calmbach N : 4 km — Luftkurort :

🏠 **Birkenhof**, Wildbader Str. 50, ℰ 64 87 — 🚿wc 🚗 🅿. 🆎 ⑩ **E**
6. Jan.- Feb. geschl. — Karte 27/53 *(Montag 15 Uhr - Dienstag geschl.)* — **12 Z : 19 B** 32/42 -
64/84 — P 57/67.

🏡 **Sonne**, Höfener Str. 15, ℰ 64 27, 🌳 — 🚿wc 🚿wc 🚗 🅿
Ende Okt.- Anfang Dez. geschl. — Karte 16/28 *(Montag geschl.)* — **29 Z : 65 B** 26/35 - 52/70 —
P 57/66.

🏡 **Pension Christa-Maria**, Eichenstr. 4, ℰ 74 52, 🏊 — 🚿wc 🅿
◆ *Nov.- 10. Dez. geschl.* — Karte 13/27 *(Dienstag geschl.)* — **10 Z : 20 B** 45 - 82/86 — P 63/66.

In Wildbad-Nonnenmiss 7546 SW : 10 km, Richtung Enzklösterle :

🏠 **Tannenhöh** 🦘, Eichenweg 33, ℰ (07085) 3 71, ≼, 🌳 — 🛏 🚿wc 🚗 🅿. 🎿 Zim
◆ Karte 14/39 — **16 Z : 32 B** 34/38 - 66/76 — P 51/55.

WILDBERG 7277. Baden-Württemberg — 8 400 Ew — Höhe 365 m — Luftkurort — 🕿 07054.

🔲 Verkehrsamt im Rathaus, Marktstr. 2, ℰ 3 91.

◆Stuttgart 52 — Calw 15 — Nagold 12.

🏠 **Bären**, Marktstr. 15, ℰ 51 95, ≼ Nagoldtal, 🚗 — 🚿wc 🚗 🅿 🏋. 🎿 Zim
3.- 26. Dez. geschl. — Karte 18,50/30 *(Dienstag geschl.)* — **19 Z : 38 B** 35/38 - 70/76 Fb —
P 54/57.

🏠 **Krone**, Talstr. 68, ℰ 52 71 — 🚿wc 🚿wc 🚗 🅿 🏋. 🆎 **E**
◆ *5.- 20. Jan. geschl.* — Karte 12,50/33 *(Mittwoch bis 18 Uhr geschl.)* 🍴 — **18 Z : 32 B** 28/45 -
52/75 — P 39/55.

🏡 **Sonne**, Sulzerstr. 3, ℰ 52 26, 🌳 — 🚗 🅿. 🎿 Zim
◆ *Mitte Okt.- Mitte Nov. geschl.* — Karte 14/25 *(Donnerstag geschl.)* 🍴 — **14 Z : 24 B** 26/28 -
52/54 — P 38.

In Wildberg-Schönbronn W : 5 km — Erholungsort :

🏠 **Zum Löwen**, ℰ 56 01 — 🚿wc 🚿wc 🅿 🏋
◆ *7.- 26. Jan. geschl.* — Karte 13,50/39 — **22 Z : 40 B** 31/35 - 62/70.

WILDEMANN 3391. Niedersachsen — 1 500 Ew — Höhe 420 m — Kneippkurort — 🕿 05323
(Clausthal-Zellerfeld).

🔲 Kurverwaltung, Bohlweg 39, ℰ 61 11.

◆Hannover 95 — ◆Braunschweig 82 — Goslar 28.

🏨 **Kurhotel Waldgarten** 🦘, Schützenstr. 31, ℰ 62 29, 🏊, 🌳 — 🚿wc 🚿wc 🅿 🏋. 🎿 Zim
Karte 16/47 — **48 Z : 92 B** 30/50 - 60/110 Fb — P 55/80.

Fortsetzung →

WILDEMANN

- 🏠 **Haus Sonneck** ⟂, Im Spiegeltal 41, 🕿 61 93, 😩, ⌷ (geheizt), 🍴 – 🏠wc 🅿
  Nov.-15. Dez. geschl. – (nur Abendessen für Hausgäste) – **17 Z : 28 B** 30/45 - 56/74.
- 🏠 **Bremer Schlüssel** ⟂, Im Spiegeltal 49, 🕿 62 62, 🍴 – 🏠wc 🅿
  Okt.- 15. Dez. geschl. – Karte 14,50/27 – **27 Z : 42 B** 25/40 - 50/80 Fb.
- 🏠 **Rathaus**, Bohlweg 37, 🕿 62 61, 🍴 – 🏠wc ⟺ 🅿. 🛇 Zim
  Mitte Nov.- Mitte Dez. geschl. – Karte 15/42 *(Donnerstag geschl.) –* **12 Z : 21 B** 29/40 - 52/72
  – P 50/59.

WILDENSEE Bayern siehe Eschau.

WILDESHAUSEN 2878. Niedersachsen 🔢🔢🔢 ⑭ – 13 500 Ew – Höhe 40 m – Luftkurort – 🕿 04431
– Sehenswert : Alexanderkirche (Lage★).

Ausflugsziel : Visbeker Steindenkmäler★ : Visbeker Braut★, Visbeker Bräutigam★ (4 km von
Visbeker Braut entfernt) SW : 11 km.

◆Hannover 149 – ◆Bremen 38 – ◆Oldenburg 37 – ◆Osnabrück 84.

- 🏨 **Gut Altona**, Wildeshauser Straße, 🕿 22 30, 🍴, 🛇 – 🏠wc 🏠wc 🕿 ⟺ 🅿 🛆. 🖭 ⓪
  Karte 19/48 – **40 Z : 75 B** 30/65 - 50/90.
- 🏠 **Am alten Rathaus** garni, Kleine Str. 4, 🕿 43 56 – 🏠wc
  10 Z : 18 B.
- 🏡 **Stadt Bremen**, Huntetor 5, 🕿 30 30 – 🏠 🅿. 🛇 Zim
  Karte 15/38 – **10 Z : 15 B** 35/45 - 70.
- 🍴 **Ratskeller**, Markt 1, 🕿 33 77 – ⓪
  Karte 16/44.

WILDUNGEN, BAD 3590. Hessen 🔢🔢🔢 ㉘ – 16 000 Ew – Höhe 300 m – Heilbad – 🕿 05621.
Sehenswert : Evangelische Stadtkirche (Wildunger Altar★★).

🖪 Kurverwaltung, Langemarckstr. 2, 🕿 60 54.

◆Wiesbaden 185 – ◆Kassel 44 – Marburg an der Lahn 65 – Paderborn 108.

- 🏨 **Staatliches Badehotel** ⟂, Dr.-Marc-Str. 4, 🕿 8 60, Telex 994612, Bade- und
  Massageabteilung, 😩, ⌷, 🍴 – 🛗 🛆 ⟺ 🅿 🛆. ⓪ E. 🛇 Rest
  5. Jan.- Feb. geschl. – Karte 25/50 *(auch Diät) –* **74 Z : 96 B** 66/112 - 139/198 Fb – P 110/160.
- 🏠 **Homberger Hof** ⟂, Am Unterscheid 12, 🕿 33 50, ≤, 🍴 – 🏠wc 🏠wc ⟺ 🅿. 🛇 Rest
  1.- 20. Dez. geschl. – Karte 17/45 *(Dienstag geschl.) –* **26 Z : 52 B** 40/84 - 80/122.
- 🏠 **Bellevue** ⟂ garni, Am Unterscheid 10, 🕿 20 18, ≤ – 🏠wc 🏠wc 🅿
  Mitte März - Mitte Nov. – **22 Z : 32 B** 30/45 - 68/86.
- 🏠 **Café Schwarze**, Brunnenallee 42, 🕿 40 64, 🍴 – 🏠wc 🕿. 🛇
  Karte 18/41 (tägl. Tanz ab 19.30 Uhr) – **26 Z : 38 B** 29/42 - 54/68.
- 🍴 **Hessenstuben**, Brunnenallee 42 (im Hotel Schwarze), 🕿 40 64
  Dienstag geschl. – Karte 17/43.

  In Bad Wildungen - Bergfreiheit : S : 12 km

- 🏠 **Hardtmühle** ⟂, Im Urftal 5, 🕿 (05626) 7 41, Bade- und Massageabteilung, 🛆, 😩,
  ⌷ (geheizt), ⌷, 🍴, 🛇 – 🛗 🏠wc 🏠wc 🕿 🅿 🛆. 🛇 Rest
  10. Jan.- 9. Feb. geschl. – Karte 20/50 – **36 Z : 60 B** 45/55 - 80/110 Fb.
- 🏠 **Brockmeyer** ⟂ garni, Kellerwaldstr. 4, 🕿 (05626) 6 65 – 🏠wc 🏠wc 🅿
  14 Z : 29 B 35 - 70.

WILGARTSWIESEN Rheinland-Pfalz siehe Hauenstein.

WILHELMSFELD 6901. Baden-Württemberg – 2 800 Ew – Höhe 433 m – Luftkurort –
Wintersport : ⛷ 4 – 🕿 06220.

🖪 Verkehrsamt, Rathaus, 🕿 10 21.

◆Stuttgart 117 – Heidelberg 17 – Heilbronn 66 – ◆Mannheim 27.

- 🍴 **Talblick**, Bergstr. 38, 🕿 16 26, ≤, 🍴 – 🅿
  1.- 24. Dez. und Montag geschl. – Karte 14/31 🍷.

WILHELMSHAVEN 2940. Niedersachsen 🔢🔢🔢 ④⑭ – 97 000 Ew – Seebad – 🕿 04421.

🖪 Freizeit in Wilhelmshaven, Grenzstr./Ecke Peterstr., 🕿 2 62 61, Telex 253352.

ADAC, Börsenstr. 55, 🕿 1 32 22, Telex 253309.

◆Hannover 228 ① – ◆Bremerhaven 70 ① – ◆Oldenburg 58 ①.

Stadtplan siehe gegenüberliegende Seite.

- 🏨 **Kaiser's Hotel**, Rheinstr. 128, 🕿 4 20 71, Telex 253475 – 🛗 📺 🏠wc 🏠wc 🕿 🛆. 🖭 ⓪ E
  VISA   **B** y
  Karte 20/52 – **80 Z : 140 B** 45/75 - 75/110 Fb.
- 🏨 **Loheyde**, Ebertstr. 104, 🕿 4 30 48 – 🛗 📺 🏠wc 🏠wc 🕿   **B** u
  74 Z : 156 B Fb.

820

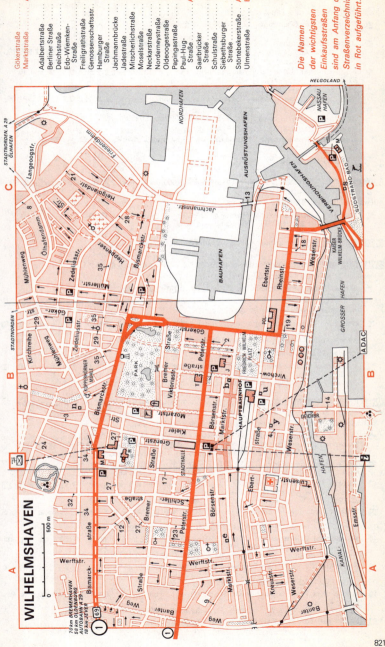

WILHELMSHAVEN

Adalbertstraße .... B 2
Berliner Straße .... B 3
Deichstraße .... B 4
Edo-Wiemken-
  Straße .... A 7
Freiligrathstraße .... C 8
Genossenschaftsstr. .... A 9
Hamburger
  Straße .... A 12
Jachmannbrücke .... C 13
Jadestraße .... B 14
Mitscherlichstraße .... A 17
Moselstraße .... C 18
Neckarstraße .... B 19
Nordenneystraße .... C 21
Oldeoogestraße .... A 23
Papingastraße .... B 24
Paul-Hug-
  Straße .... AB 27
Saarbrücker
  Straße .... C 28
Schulstraße .... B 29
Siebethsburger
  Straße .... A 32
Störtebekerstraße .... AB 34
Ulmenstraße .... BC 35

821

🏠 **Nordsee-Hotel Wilhelmshaven** 🦢, Ölhafendamm 205, 𝒫 6 00 73 — 🛏wc 🛁wc 🕿 🅿
🅰️ 🅰🅴 🅴 𝚅𝙸𝚂𝙰　　　　　　　　　　　　　　über Ölhafendamm　　　C
Karte 22/55 — **32 Z : 60 B** 63/73 - 98.

🏠 **Seerose** garni, Südstrand 112, 𝒫 4 33 66 — 🛁wc 🅿　　　　　　　　　　C s
15 Z : 25 B.

🏠 **Jacobi**, Freiligrathstr. 163, 𝒫 6 00 51, 🚗 — 🛁wc 🕿 🚗 🅿, 🅰🅴 ⓞ 🅴 𝚅𝙸𝚂𝙰 🍴
20. Dez.-12. Jan. geschl. — Karte 23/45 (nur Abendessen, Freitag geschl.) — **17 Z : 27 B** 57/80 -
85/110.　　　　　　　　　　　　　　　　　　　　　über Freiligrathstr.　　　C

🏠 **Koppenhörner Mühle** garni, Koppenhörner Str. 7, 𝒫 3 10 72 — 📺 🛏wc 🛁wc 🕿 🚗 🅿
21 Z : 54 B.　　　　　　　　　　　　　　　　　　　　　　　　　　　　　B n

🏠 **Keil** 🦢, Marktstr. 23, 𝒫 4 14 14 — 🛁wc 🕿. 🅰🅴 ⓞ　　　　　　　　　　B b
Karte 22/45 (Montag - Freitag nur Abendessen, Sonntag geschl.) — **20 Z : 30 B** 45/65 - 78/105.

🏠 **Klatte**, Marktstr. 157, 𝒫 2 62 38 — 🛁wc 🕿　　　　　　　　　　　　　A e
(nur Abendessen für Hausgäste) — **38 Z : 54 B** 39/52 - 69/89 Fb.

XX **Ratskeller**, Rathausplatz 1, 𝒫 2 19 64 — 🔥 🅰️　　　　　　　　　　　B R

XX **Seehafen-Restaurant Columbus**, Am Südstrand, 𝒫 4 40 88, ⇐ — 🅿 🅰️. 🅰🅴 ⓞ　　C M
Karte 17/55.

Siehe auch : **Sande** ① : 9 km

WILLEBADESSEN 3533. Nordrhein-Westfalen — 7 500 Ew — Höhe 250 m — Luftkurort — 🌀 05646
— 🅱 Tourist-Information, Haus des Gastes, 𝒫 5 95.
◆Düsseldorf 199 — Bad Driburg 17 — ◆Kassel 68 — Paderborn 27.

🏨 **Der Jägerwinkel**, Am Jägerpfad, 𝒫 13 91, ⇐ — 🛏wc 🛁wc 🕿 🅿 🅰️
Karte 18/43 — **30 Z : 60 B** 50/55 - 95 Fb — P 68/95.

WILLERTSHAGEN Nordrhein-Westfalen siehe Meinerzhagen.

WILLICH 4156. Nordrhein-Westfalen — 39 400 Ew — Höhe 48 m — 🌀 02154.
◆Düsseldorf 22 — Krefeld 8 — Mönchengladbach 16.

🏠 **Motel Blum** garni, Parkstr. 28, 𝒫 39 11, 🚗 — 📺 🛁wc 🕿 🅿
24 Z : 47 B 70 - 110.

In Willich 3-Schiefbahn S : 3 km :

X **Stieger** (Restauriertes Bauernhaus a.d.J. 1765), Unterbruch 8, 𝒫 57 65, Biergarten — 🅰🅴 ⓞ
🅴 𝚅𝙸𝚂𝙰
Montag und Samstag jeweils bis 18 Uhr geschl. — Karte 25/59.

An der Straße von Anrath nach St. Tönis NW : 9 km :

XX **Landhaus Hochbend**, Hochbend 19, ✉ 4154 Tönisvorst 2, 𝒫 (02156) 32 17, 🌳 — 🅿. 🅰🅴
ⓞ 🅴
Samstag bis 18 Uhr und Montag geschl. — Karte 36/70.

WILLINGEN (Upland) 3542. Hessen 🎿🎿🎿 ⑮ — 7 500 Ew — Höhe 550 m — Kneippheilbad —
Wintersport : 560/843 m ⚡10 ⚡5 — 🌀 05632 — 🅱 Kurverwaltung, Korbacher Str. 10, 𝒫 60 23.
◆Wiesbaden 208 — ◆Kassel 81 — Lippstadt 52 — Marburg 88 — Paderborn 64.

🏨 **Der Sauerland Stern**, Kneippweg 1, 𝒫 60 41, Telex 991150, ⇐, Bade- und
Massageabteilung, 🔥, 🍸, 🏊, 🎾 (Halle) — 🔌📺 🔥 ⛷️ 🅿 🅰️, 🅰🅴 ⓞ 🅴 𝚅𝙸𝚂𝙰 🍴 Rest
Karte 23/60 — **500 Z : 1 000 B** 76/109 - 152/206 Fb — 85 Appart. 148 — P 112/131.

🏨 **Göbel**, Korbacher Str. 5 (B 251), 𝒫 60 91, 🍸, 🏊 — 🔌 🛁wc 🕿 🚗 🅿
Karte 17/40 (Donnerstag geschl.) — **27 Z : 52 B** 46/60 - 92/120 Fb — P 66/80.

🏨 **Rüters Parkhotel** 🦢, Bergstr. 3a, 𝒫 60 86, Telex 991113, Massage, 🍸, 🏊, 🚗 — 🔌 📺
🛏wc 🛁wc 🕿 ⛷️ 🚗 🅿 🍴 Rest
25. Nov.- 15. Dez. geschl. — Karte 17/44 — **45 Z : 84 B** 42/91 - 84/182 Fb.

🏨 **Kölner Hof**, Briloner Str. 48 (B 251), 𝒫 60 06, 🍸, 🏊, 🚗 — 🔌 📺 🛏wc 🛁wc 🕿 🅿 🅰🅴 🅴
𝚅𝙸𝚂𝙰
Karte 17/46 — **41 Z : 75 B** 50/66 - 100/130 Fb — 8 Appart. 60/80 — P 65/78.

🏨 **Waldhotel Willingen** 🦢, Am Köhlerhagen 3 (W : 2,5 km), 𝒫 60 16, ⇐, 🌳, 🍸, 🏊, 🚗,
🎾 (Halle) — 🛁wc 🕿 🅿 ⓞ 🅴 🍴 Rest
1.- 20. Dez. geschl. — Karte 25/55 — **48 Z : 80 B** 60/103 - 110/166 Fb — P 82/107.

🏨 **Sporthotel zum hohen Eimberg**, Zum hohen Eimberg, 𝒫 60 94, 🍸, 🏊 — 🛏wc 🛁wc 🕿
🅿
Karte 17/42 — **23 Z : 45 B** 53/59 - 106/118 Fb — P 69/75.

🏨 **Waldecker Hof**, Korbacher Str. 24 (B 251), 𝒫 6 93 66, 🍸, 🏊, 🚗 — 🔌 🛏wc 🛁wc 🕿 🚗
🅿 🅰️ 🅴
15. Nov.- 15. Dez. geschl. — Karte 17/42 — **39 Z : 61 B** 40/54 - 78/108 — P 54/68.

🏨 **Willinger Hof**, Zum Kurgarten 3, 𝒫 67 67, 🍸, 🏊 — 🔌 🛁wc 🕿 🚗 🅿 🅴
15. Nov.- 15. Dez. geschl. — Karte 17/43 — **29 Z : 50 B** 40/62 - 68/108 Fb — P 55/80.

🏠 **Bürgerstuben**, Briloner Str. 40 (B 251), ℰ 60 99, Bade- und Massageabteilung, ♨, ≘s, 🗔
— 🛗 📺 ⇔wc ⋔wc ☎ ℗ AE ① E
Karte 17/48 — **44 Z : 80 B** 55/70 - 110/130 Fb — 8 Appart. 95 — P 75/85.

🏠 **Fürst von Waldeck**, Briloner Str. 1 (B 251), ℰ 60 74, ≘s, 🗔 — 🛗 ⇔wc ⋔wc ☎ ⇔ ℗
15. Nov.- 16. Dez. geschl. — Karte 15/38 (Donnerstag geschl.) — **30 Z : 53 B** 41/51 - 82/100 Fb
— P 59/69.

🏠 **Magdalenenhof**, Zum hohen Eimberg 12, ℰ 60 83, ≼, ≘s, 🗔, ⇔, 🛒 — ⇔wc ⋔wc ☎ ℗ AE.
❀ Rest
(Rest. nur für Hausgäste) — **15 Z : 26 B** 49/62 - 86/104 Fb.

🏠 **Ski-Hotel Lehnert** ⑤, In der Bärmeke 10, ℰ 64 39, ≼, ☆, 🛒 — ⋔wc ℗ AE ①
Karte 17/40 — **12 Z : 26 B** 35/48 - 70/96 Fb — P 50/55.

🏠 **Sport-Hotel Görlich** ⑤, In der Bärmeke 11, ℰ 65 22, ≼, ≘s, 🗔, 🛒 — ⇔wc ⋔wc ℗
Nov.- 15. Dez. geschl. — Karte 16/32 — **17 Z : 30 B** 45/50 - 90/100 Fb — P 60/65.

🏠 **Wald-Eck** ⑤, Hoppecketalstr. 43 (W : 2,5 km), ℰ 6 94 06, ☆, ≘s, 🗔, 🛒 — ⋔wc ⇔ ℗
↩ Karte 13/33 — **17 Z : 31 B** 59 - 96/118.

🏠 **Hof Elsenmann**, Zur Hoppecke 1, ℰ 64 51, 🛒 — ⋔wc ℗
Mitte Nov.- Mitte Dez. geschl. — Karte 17,50/43 — **9 Z : 16 B** 35 - 70 — P 45.

In Willingen-Schwalefeld NO : 3,5 km :

☝ **Berghaus Püttmann**, ℰ 62 97, ≼, ☆, ≘s, 🛒 — 🛗 ⋔wc ℗
1.- 21. März und Nov.- 24. Dez. geschl. — Karte 16,50/32 — **28 Z : 50 B** 30 - 56/60 — P 46.

In Willingen-Stryck SO : 3,5 km :

🏨 **Romantik-Hotel Stryckhaus** ⑤, Mühlenkopfstr. 12, ℰ 60 33, ☆, « Garten », ≘s, 🗔,
♨ — 🛗 ♿ ⇔ ℗ 🔏 AE ① E VISA ❀ Rest
Karte 30/64 — **63 Z : 100 B** 75/110 - 150/200 Fb — P 105/130.

🏨 **Haus Friederike** ⑤, Mühlenkopfstr. 4, ℰ 63 39, Bade- und Massageabteilung, ♨, ≘s, 🗔,
🛒 — 🛗 📺 ⇔wc ⋔wc ⇔ ℗
(Rest. nur für Hausgäste) — **45 Z : 60 B** Fb.

In Willingen 1-Usseln SO : 4,5 km :

🏨 **Fewotel - Der Sauerland Treff** ⑤, Am Schneppelnberg, ℰ 3 10, ≼, ☆, ≘s, 🗔, 🛒 —
🛗 📺 ⇔wc ☎ 🛝 ⇔ 🔏 AE ① E VISA ❀ Rest
Karte 22/48 — **110 Appart. : 400 B** 69/99 - 98/150 Fb.

🏨 **Post-Hotel Usseln** ⑤, Korbacher Str. 14 (B 251), ℰ 50 41, ≘s, 🗔, 🛒 — 🛗 📺 ⇔wc
⋔wc ☎ ⇔ ℗ 🔏 AE ① E VISA ❀
Mitte Nov.- Mitte Dez. geschl. — Karte 19/65 — **32 Z : 65 B** 45/80 - 85/140 Fb — P 65/85.

🏠 **Upländer Hof**, Briloner Str. 18 (B 251), ℰ 50 19, 🛒 — ⋔wc ⇔ ℗ AE
Karte 18/33 — **30 Z : 45 B** 28/36 - 56/76 — P 48/58.

🏠 **Stöcker** ⑤, Birkenweg 3, ℰ 73 15, 🛒 — ⋔wc ℗ ❀
16. Okt.- 24. Dez. geschl. — (Rest. nur für Hausgäste) — **13 Z : 20 B** 34/36 - 68/72 — P 40/48.

WILNSDORF Nordrhein-Westfalen siehe Siegen.

WILSTER 2213. Schleswig-Holstein 987 ⑤ — 4 500 Ew — Höhe 6 m — ✆ 04823.
♦Kiel 81 — ♦Hamburg 66 — Itzehoe 10.

🏠 **Busch**, Kohlmarkt 38, ℰ 82 52 — ⋔wc ℗ AE ① E
Karte 17/33 (nur Abendessen) — **40 Z : 62 B** 29/40 - 52/74.

☝ **Stückers Hotel**, Am Markt 7, ℰ 2 54 — ⋔wc
Ende Juni - Mitte Juli geschl. — Karte 20/45 (Freitag 14 Uhr - Samstag 17 Uhr geschl.) — **18 Z :
22 B** 26/38 - 50/72.

In Beidenfleth 2211 S : 9 km:

XX **Fährhaus Beidenfleth**, An der Fähre 3, ℰ (04829) 3 48 — AE ① E
nur Abendessen, 15. März - Sept. geöffnet, Montag - Dienstag geschl. — Karte 38/72.

WILTINGEN 5511. Rheinland-Pfalz — 1 500 Ew — Höhe 144 m — ✆ 06501.
Mainz 179 — ♦Luxembourg 58 — ♦Saarbrücken 80 — ♦Trier 17.

XX **Am Scharzberg** ⑤ mit Zim, Scharzhofstr. 269, ℰ 1 67 10, ≼, eigener Weinbau — ⋔wc ℗.
❀ Rest
2. Jan.- 1. Feb. geschl. — Karte 21/46 (Donnerstag geschl.) 🍷 — **5 Z : 10 B** 35 - 60.

Les hôtels ou restaurants agréables
sont indiqués dans le guide par un signe rouge.

Aidez-nous en nous signalant les maisons où,
par expérience, vous savez qu'il fait bon vivre.

Votre guide Michelin sera encore meilleur.

🏨🏨 ... 🏠

❀❀❀❀❀ ... XX

WIMPFEN, BAD 7107. Baden-Württemberg 987 ㉘ – 6 000 Ew – Höhe 230 m – Heilbad – ☎ 07063.

Sehenswert : Wimpfen am Berg★★ : Klostergasse★ – Wimpfen im Tal : Stiftskirche St. Peter (Kreuzgang★★).

Ausflugsziel : Burg Guttenberg★ : Greifvogelschutzstation und Burgmuseum★ N : 8 km.

🛈 Verkehrsamt, Rathaus, Marktplatz, ℰ 70 52.

♦Stuttgart 64 – Heilbronn 16 – ♦Mannheim 73 – ♦Würzburg 113.

- 🏨 **Sonne** (mit Gästehaus), Hauptstr. 87, ℰ 2 45 – 📺 ▥wc 🅿
  Karte 21/45 *(Mittwoch geschl.)* ⅄ – **24 Z : 45 B** 55/70 - 80/90.

- 🏨 **Weinmann** ⌂ garni, Marktplatz 3, ℰ 85 82 – 📺 ▥wc ⇔. ⌘
  März - Okt. – **14 Z : 20 B** 42/60 - 66/96.

- ✕✕ **Klosterkeller**, Hauptstr. 39, ℰ 2 43 – 🆎 ⓞ 🇪 �
  15. Jan.- Feb. und Sonntag 17 Uhr - Montag geschl. – Karte 19/53.

WINCHERINGEN 5511. Rheinland-Pfalz 242 ②. 409 ⑦ – 1 400 Ew – Höhe 220 m – ☎ 06583.

Ausflugsziel : Nennig (Mosaikfußboden★★ der ehem. Römischen Villa) S : 12 km.

Mainz 189 – Luxembourg 34 – Saarburg 13 – ♦Trier 32.

- 🏫 **Jung**, Am Markt 11, ℰ 2 57 – ▥wc 🅿
- ⇔ Jan. geschl. – Karte 14/34 *(Montag geschl.)* ⅄ – **10 Z : 19 B** 22/27 - 44/54.

- ✕✕ **Haus Moselblick** mit Zim, Am Mühlenberg 1, ℰ 2 88, ◂ Moseltal, 🏡 – ▥wc 🅿
  4 Z : 7 B.

WINDEBRUCH Nordrhein-Westfalen siehe Meinerzhagen.

WINDECK 5227. Nordrhein-Westfalen 987 ㉔ – 18 000 Ew – Höhe 235 m – ☎ 02292.

♦Düsseldorf 114 – ♦Koblenz 77 – Limburg an der Lahn 71.

In Windeck 1-Alsen :

- 🏨 **Waldschlößchen** ⌂, Forststr. 43, ℰ 27 91, 🏡, ▣, ⇌ – ▥wc 🅿. ⌘ Zim
  10. Jan.- 6. Feb. geschl. – Karte 15,50/37 *(Montag geschl.)* – **7 Z : 14 B** 30/36 - 64/68.

In Windeck-Herchen :

- 🏨 Tannenhof ⌂, Auf der Hardt 25, ℰ (02243) 31 67, 🏡, 🛋, ⇌ – ▥wc 🅿 ⚒
  18 Z : 35 B.

In Windeck 1-Schladern :

- 🏨 **Bergischer Hof**, Elmores Str. 8, ℰ 22 83, ⇌ – ▥wc 🅿
- ⇔ Juli - Aug. 3 Wochen geschl. – Karte 14/40 *(Montag geschl.)* – **12 Z : 18 B** 30/40 - 60/80.

WINDEN 7809. Baden-Württemberg 242 ㉘. 87 ⑦ – 2 600 Ew – Höhe 320 m – ☎ 07682 (Elzach).

🛈 Verkehrsbüro, Rathaus in Oberwinden, ℰ 3 86.

♦Stuttgart 192 – ♦Freiburg im Breisgau 28 – Offenburg 46.

In Winden-Oberwinden :

- 🏨 Sport- und Ferienhotel Schwarzbauernhof ⌂, Rüttlersberg 5 (S : 2 km, über Bahnhofstr.), ℰ 85 67, ◂, « Freizeit- und Außenanlagen », 🛋, ▣, ⇌, ✕ – 📺 ⇔wc ▥wc ☎ 🅿. ⌘
  (Rest. nur für Hausgäste) – **35 Z : 65 B** Fb.

- 🏨 **Waldhorn**, Hauptstr. 27 (B 294), ℰ 2 32 – ⇔wc ▥wc ⇔ 🅿
  6.- 27. Nov. geschl. – Karte 26/53 *(Mittwoch geschl.)* ⅄ – **22 Z : 41 B** 29/35 - 53/64 – P 39/45.

- 🏨 **Lindenhof**, Bahnhofstr. 14, ℰ 3 69, 🛋, ▣ – ▥wc 🅿
  Karte 17,50/39 *(Dienstag geschl.)* – **20 Z : 30 B** 45 - 90 – P 63.

- 🏫 Rebstock (mit Gästehaus), Hauptstr. 36, ℰ 2 27 – 📶 ▥wc 🅿 – **29 Z : 53 B**.

WINDHAGEN Nordrhein-Westfalen siehe Honnef, Bad.

WINDISCHESCHENBACH 8486. Bayern 987 ㉗ – 6 300 Ew – Höhe 428 m – ☎ 09681.

♦München 261 – Bayreuth 49 – ♦Nürnberg 115.

- 🏨 **Oberpfälzer Hof**, Hauptstr. 1, ℰ 7 88, Telex 63708 – ▥wc ⚒. 🇪
- ⇔ 15.- 30. Sept. geschl. – Karte 12/24 *(Mittwoch geschl.)* ⅄ – **21 Z : 45 B** 30 - 55.

- 🏨 **Weißer Schwan**, Pfarrplatz 1, ℰ 12 30 – ⇔wc ▥wc ⇔. ⌘
- ⇔ Karte 10/28 *(Samstag bis 18 Uhr geschl.)* – **26 Z : 38 B** 20/30 - 40/60.

In Windischeschenbach-Neuhaus O : 1 km :

- 🏨 Zum Waldnaabtal, Marktplatz 1, ℰ 6 19 – ▥wc ☎ ⇔
  10 Z : 19 B.

In Püchersreuth-Baumgarten 8481 O : 9,5 km, an der B 15 :

- 🏨 Igl, ℰ (09681) 14 22 – ▥wc ☎ ⇔ 🅿. 🆎 🇪
- ⇔ Karte 12,50/39 *(Freitag bis 18 Uhr geschl.)* ⅄ – **27 Z : 48 B** 35/44 - 58/80 Fb.

824

WINDSBACH 8812. Bayern — 5 000 Ew — Höhe 385 m — 🌐 09871.

♦München 168 — Ansbach 21 — Nördlingen 63 — ♦Nürnberg 39.

🏨 **Stern**, Hauptstr. 5, 🖋 3 03 — 🍴 🛏 🅿
➤ 1.- 28. Sept. geschl. — Karte 10,50/22 *(Freitag geschl.)* 🎎 — **18 Z : 25 B** 24/27 - 50.

WINDSHEIM, BAD 8532. Bayern 🄦🄫🄻 ⊗ — 12 500 Ew — Höhe 314 m — Heilbad — 🌐 09841.

🅸 Verkehrsamt, Rathaus, 🖋 20 04.

♦München 236 — Ansbach 33 — ♦Bamberg 72 — ♦Nürnberg 44 — ♦Würzburg 57.

🏨 **Kurhotel Residenz** 🏞, Erkenbrechtallee 33, 🖋 9 11, Telex 61526, 🌡, Bade- und
Massageabteilung, 🎠, 🏊, 🍴 — 🛗 📺 🅿 🏊 🝙 🛑 Ε 💳
Karte 22/48 — **104 Z : 155 B** 79/96 - 114 Fb — P 92/114.

🏨 **Am Kurpark** Ⓜ 🏞, Oberntiefer Str. 40, 🖋 90 20, Telex 61522, 🌳 — 🛗 📺 ⌂wc 🍴wc ☎ 🅿 ✆
🅿 🏊 🝙 Ε
Feb. geschl. — (Rest. nur für Hausgäste) — **30 Z : 52 B** 49/65 - 89/100 Fb — P 74/90.

🏨 **Reichel's Parkhotel** 🏞, Am Stauchbrunnen, 🖋 20 16, 🌳 — 🛗 ⌂wc 🍴wc ☎ 🅿
(Rest. nur für Hausgäste) — **32 Z : 56 B** 45/68 - 68/90 Fb — P 53/87.

🏠 **Goldener Schwan**, Rothenburger Str. 5, 🖋 15 19 — 📺 ⌂wc 🍴wc ✆
➤ 27. Dez.- 20. Jan. geschl. — Karte 14,50/38 *(Mittwoch ab 14 Uhr geschl.)* — **20 Z : 38 B** 37/45 -
60/75.

🏠 **Zum Storchen**, Weinmarkt 6, 🖋 20 11 — 📺 🍴wc ☎. 🔵
➤ Karte 14/36 *(Montag geschl.)* 🎎 — **24 Z : 44 B** 36 - 67.

WINGST 2177. Niedersachsen — 3 400 Ew — Höhe 25 m — Luftkurort — 🌐 04778.

🅸 Kurverwaltung, Dorfgemeinschaftshaus Dobrock, 🖋 3 12.

♦Hannover 218 — ♦Bremerhaven 54 — Cuxhaven 39 — ♦Hamburg 97.

🏨 **Wikings Inn** 🏞, Schwimmbadallee 6, 🖋 5 56, Telex 232129, 🌳 — 🛗 ⌂wc 🍴wc ☎ 🅿 🏊
❄ Zim
Karte 21/40 — **60 Z : 130 B** 50/130 - 89/150 Fb.

🏠 **Peter**, Bahnhofstr. 1 (B 73), 🖋 2 79 — 🍴wc 🅿
Mitte Dez.- 20. Jan. geschl. — Karte 16/30 *(Montag bis 18 Uhr geschl.)* — **20 Z : 44 B** 38/43 - 76
— P 59.

In Wingst-Dobrock :

🏨 **Waldschlößchen Dobrock** 🏞, Wassermühle 7, 🖋 70 66, Cafégarten, 🎠, 🎳, 🌳, ❌ —
⌂wc 🍴wc ☎ ✆ 🅿 🏊, 🛑 💳
Karte 19/51 — **45 Z : 79 B** 43/67 - 82/130 Fb — P 75/101.

🏠 **Forsthaus Dobrock** 🏞, Hasenbeckallee 39, 🖋 2 90, « Gartenterrasse », 🌳 — ⌂wc 🍴wc
🅿 🏊
14. Jan.- Feb. geschl. — Karte 21/57 *(Montag 17 Uhr - Dienstag geschl.)* — **23 Z : 46 B** 58/80 -
100/120.

WINKHAUSEN Nordrhein-Westfalen siehe Schmallenberg.

WINKLMOOSALM Bayern siehe Reit im Winkl.

WINNENDEN 7057. Baden-Württemberg 🄦🄫🄻 ⊗ — 21 600 Ew — Höhe 292 m — 🌐 07195.

♦Stuttgart 20 — Schwäbisch Gmünd 44 — Schwäbisch Hall 48.

🏠 Schloßhotel garni, Marktstr. 54 (2. Etage), 🖋 20 71 — 🛗 🍴wc ☎ 🅿
32 Z : 40 B Fb.

❌❌ Traube, Ringstr. 50, 🖋 31 28.

In Winnenden-Birkmannsweiler SO : 3 km :

❌ **Heubach-Krone** mit Zim, Hauptstr. 99, 🖋 35 40 — 🍴wc 🅿
Juli - Aug. 3 Wochen geschl. — Karte 18/45 *(Dienstag - Mittwoch 17 Uhr geschl.)* — **12 Z : 19 B**
35/45 - 70/85.

In Winnenden-Bürg NO : 4,5 km :

🏨 **Zur schönen Aussicht** 🏞, Neuffenstr. 18, 🖋 7 11 67, ≼ Winnenden und Umgebung, 🌡
— ⌂wc 🍴wc ☎ 🅿. ❄ Zim
Anfang - Mitte Jan. geschl. — Karte 17/50 *(Montag geschl.)* 🎎 — **16 Z : 32 B** 65 - 105 Fb.

In Berglen-Lehnenberg 7069 SO : 6 km :

🏠 **Zum Rössle**, Lessingstr. 13, 🖋 (07195) 23 36, 🌡 — 🍴wc 🅿
Jan. 3 Wochen geschl. — Karte 16/48 *(Dienstag geschl.)* 🎎 — **13 Z : 21 B** 35/44 - 65/78.

☛ *The hotels have entered into certain undertakings*
towards the readers of this guide.
Make it plain that you have the most recent Guide.

WINNINGEN 5406. Rheinland-Pfalz – 2 600 Ew – Höhe 75 m – ✪ 02606.

🛈 Verkehrsverein, Rathaus, Aug.-Horch-Str. 3, ✆ 22 14.

Mainz 111 – Cochem 38 – ✦Koblenz 11.

🏠 **Adler** garni, Fronstr. 10, ✆ 8 06 – 🚻wc 🛁wc
Mai - Mitte Nov. – **22 Z : 42 B** 42/78 - 74/84.

✗ **Weinhaus Hoffnung**, Fährstr. 37, ✆ 3 56 – 🦌
15.- 30. Dez. und Montag geschl. – **Karte** 17/48 🍴.

WINSEN (LUHE) 2090. Niedersachsen 🔢 ⑮ – 25 000 Ew – Höhe 8 m – ✪ 04171.

🛈 Reisebüro, Rathausstr. 2, ✆ 29 10.

✦Hannover 129 – ✦Bremen 112 – ✦Hamburg 34 – Lüneburg 21.

🏠 **Zum weißen Roß**, Marktstr. 10, ✆ 22 76 – 🛁wc ☎ Ⓟ – **12 Z : 24 B**.

🏠 **Röttings Hotel**, Rathausstr. 4, ✆ 40 98 – 🛗 🛁wc ☎ 🔙 Ⓟ ⚖. 𝐕𝐈𝐒𝐀
Karte 17/51 (Sonntag geschl.) – **24 Z : 36 B** 36/55 - 86/95 Fb.

🏠 **Dammanns Hotel**, Lüneburger Str. 49, ✆ 7 13 23 – 🛁wc 🔙 Ⓟ. ⓪ 𝐄
23. Dez.- 4. Jan. geschl. – Karte 17/43 (Sonntag geschl.) – **16 Z : 24 B** 35/47 - 70/90.

WINTERBACH Baden-Württemberg siehe Schorndorf.

WINTERBERG 5788. Nordrhein-Westfalen 🔢 ㉖㉟ – 14 500 Ew – Höhe 700 m – Heilklimatischer Kurort – Wintersport : 672/841 m ⚡51 ⚡20 – ✪ 02981.

🛈 Kurverwaltung, Untere Pforte, ✆ 18 57.

✦Düsseldorf 186 – Marburg 60 – Paderborn 79 – Siegen 63.

🏨 **Kur- und Kongreß-Hotel Claassen**, Am Waltenberg 41, ✆ 80 10, 🍴, 🖥 – 🛗 📺 🛁wc
🛁wc ☎ 🔙 Ⓟ ⚖. 🅰🅴 ⓪ 𝐄
Karte 18/50 – **90 Z : 150 B** 60/80 - 120/160 – P 115/135.

🏨 ❁ **Waldhaus** 🔍, Kiefernweg 12, ✆ 20 42, ⩽, 🌲, Massage, 🍴, 🖥, 🌡 – 🛗 📺 🛁wc 🛁wc
☎ ⚖ Ⓟ. ⓪ 𝐄
20. Nov.- 20. Dez. geschl. – Karte 31/67 (Montag geschl.) – **28 Z : 52 B** 37/80 - 82/200 Fb – P 66/129
Spez. Terrinen und Pasteten, Dialog von Edelfischen in Blätterteig, Dreierlei von Geflügel mit verschiedenen Saucen.

🏨 **Hessenhof**, Am Waltenberg 1, ✆ 22 17, 🍴, 🖥, 🌡 – 📺 🛁wc 🛁wc ☎ Ⓟ. ⓪ 𝐄
7.- 24. April geschl. – Karte 18/46 – **49 Z : 90 B** 49/56 - 90/106 – 4 Appart. 100 – P 71/82.

🏨 **Schneider**, Am Waltenberg 58, ✆ 67 49, 🖥, 🌡 – 🛁wc 🛁wc ☎ Ⓟ 🦌 Rest
(Rest. nur für Hausgäste) – **20 Z : 40 B** 50/60 - 100/120 Fb – P 80/90.

🏨 **Zur Bobbahn** Ⓜ 🔍, Kapperundweg 4, ✆ 20 21, Telex 84549, 🍴 – 🛗 📺 🛁wc ☎ 🔙 Ⓟ
⚖. 🅰🅴 ⓪
1.- 15. März geschl. – Karte 21/48 – **12 Z : 21 B** 65/80 - 120.

🏠 **Steymann** 🔍, Schneilstr. 2, ✆ 70 05, 🍴, 🖥, 🌡 – 🛁wc 🛁wc ☎ Ⓟ. ⓪ 𝐄. 🦌 Rest
Karte 16/50 – **38 Z : 60 B** 50/70 - 100/120 Fb – P 85/95.

🏠 **Haus am Walde** 🔍, Am Waltenberg 91, ✆ 4 73, 🌡 – 🛁wc 🔙 Ⓟ. 🦌
10. April - 10. Mai und Nov.- 26. Dez. geschl. – (Rest. nur für Hausgäste) – **14 Z : 22 B** 48/53 - 95/100 – P 65/70.

🏠 **Engemann-Kurve**, Haarfelder Str. 10 (B 480), ✆ 4 14, 🍴, 🖥 – 🛁wc 🔙 Ⓟ
April und Nov.- Dez. je 3 Wochen geschl. – Karte 20/40 – **23 Z : 36 B** 33/43 - 78/84 – P 70/81.

🏠 **Zur Sonne**, Schneilstr. 1, ✆ 14 68, 🌲, 🌡 – 🛁wc Ⓟ. 🦌
1.- 15. Dez. geschl. – Karte 19/48 – **16 Z : 30 B** 37/45 - 88 – 2 Appart 60/80 – P 67/74.

🏠 **Zur Sprungschanze**, Herrlohweg 4, ✆ 70 24, 🍴 – 🛁wc ☎ Ⓟ. ⓪
4.- 25. März geschl. – Karte 17/44 (Dienstag geschl.) – **20 Z : 38 B** 40/50 - 80/90 – 8 Appart 85/105.

🏠 **Haus Waltenberg**, Am Waltenberg 37, ✆ 22 25 – 🛁wc 🔙 Ⓟ
Karte 15,50/45 – **18 Z : 32 B** 35/45 - 64/90 – P 55/65.

🏠 **Winterberger Hof**, Am Waltenberg 27, ✆ 14 84, Biergarten – 🛁wc Ⓟ. 🦌
Karte 18,50/48 (April - Mai Mittwoch geschl.) – **10 Z : 20 B** 45/50 - 90/100.

🏠 **Haus Andrea** 🔍, Schanzenstr. 2, ✆ 21 31, 🍴, 🖥, 🌡 – 🛁wc Ⓟ. ⓪. 🦌
(nur Abendessen für Hausgäste) – **14 Z : 35 B** 45/55 - 88/98.

🏠 **Haus Nuhnetal** 🔍, Nuhnestr. 12, ✆ 26 17, 🍴, 🖥 – 🛁wc 🛁wc Ⓟ. 🦌 Rest
11. April - 9. Mai geschl. – (Rest. nur für Pensionsgäste) – **21 Z : 37 B** 38/45 - 76/84 – P 65/70.

🏠 **Parkhotel Winterberg**, Am Waltenberg 66, ✆ 5 98, ⩽, 🌲, 🌡 – 🛁wc 🛁wc Ⓟ
Karte 15/26 – **19 Z : 32 B** 30/50 - 60/80 – P 55/75.

🏠 **Haus Herrloh** 🔍, Herrlohweg 3, ✆ 4 70, ⩽, 🌡 – 🛁wc ☎ 🔙 Ⓟ. 🦌 Rest
5. Nov.- 5. Dez. geschl. – Karte 19/54 (auch Diät) – **16 Z : 29 B** 29/40 - 58/80 – P 54/65.

An der Straße nach Altastenberg W : 3 km :

🏠 **Haus Nordhang**, In der Renau 5, ✉ 5788 Winterberg, ✆ (02981) 22 09, 🌲, 🌡 – 🛁wc ☎ Ⓟ
15.- 30. Nov. geschl. – Karte 23/49 (Dienstag geschl.) – **11 Z : 20 B** 35/50 - 100 – P 70/85.

In Winterberg 8-Altastenberg W : 5 km :

🏨 **Berghotel Astenkrone**, Astenstr 24, *✆* 70 28, ≤, ♨, ⇌, ⌂ – ▐ TV ⊟wc ⑂wc ☎ ⇦
📞 AE ⓞ E. ⁂ Rest
Karte 33/66 – **22 Z : 38 B** 85/98 - 140/180 Fb – P 115/135.

🏨 **Kur- und Sporthotel Kirchmeier** ⑤, Renauweg 54, *✆* 20 03, Telex 84509, ≤, 🏖, ⇌, ⛶,
⌂, ⁑ (Halle), Skischule – ▐ ⑂wc ☎ 📞 ⛴ ⓞ E. ⁂ Rest
Karte 19/54 – **117 Z : 210 B** 65/85 - 110/140 Fb – P 87/117.

🏨 **Mörchen**, Astenstr. 8, *✆* 70 38, 🏖, Garten, ⇌, ⛶, ⌂, ⚲, Ferienfahrschule – ⊟wc ⑂wc
☎ 📞
20. Nov.- 20. Dez. geschl. – Karte 20/51 – **40 Z : 77 B** 52/69 - 104/138 Fb – P 74/91.

🏨 **Haus Clemens** ⑤, Renauweg 48, *✆* 13 58, ⇌, ⛶, ⌂ – TV ⑂wc ☎ ⇦ 📞
11. Nov.- 24. Dez. geschl. – Karte 16/45 *(Montag geschl.)* – **16 Z : 27 B** 31/52 - 62/84 –
P 48/69.

🏦 **Haus Platte**, Astenstr. 1, *✆* 22 08, ≤, ⌂ – ⑂wc ⇦ 📞
21 Z : 38 B.

In Winterberg 5-Hildfeld NO : 7 km :

🏨 **Heidehotel-Hildfeld** ⑤, Am Ufer, *✆* (02985) 83 73, ≤, 🏖, ⇌, ⛶, ⌂ – ⑂wc ☎ ⇦ 📞.
⁂ Rest
17. Nov.- 10. Dez. geschl. – Karte 19/60 – **35 Z : 65 B** 60/80 - 110/136 Fb – P 78/89.

In Winterberg 6-Hoheleye SW : 10 km :

🏨 **Kurhotel Hochsauerland**, an der B 236, *✆* (02758) 3 13, Telex 875629, ≤, 🏖, Park, Bade-
und Massageabteilung, ♨, ⇌, ⛶, ⌂ – ▐ ⛴ 📞 ⛴ E
Karte 25/65 *(auch Diät)* – **85 Z : 130 B** 69/139 - 133/199 – P 99/169.

In Winterberg 6-Langewiese SW : 7,5 km :

🏦 Wittgensteiner Landhaus ⑤, Grenzweg 2, *✆* (02758) 2 88, ≤ Rothaargebirge und Sauerland,
⇌, ⌂ – ⑂wc 📞
(Rest. nur für Hausgäste) – **19 Z : 36 B.**

In Winterberg 7-Neuastenberg SW : 6 km :

🏨 **Dorint Ferienpark**, Winterberger Str. (B 236), *✆* 20 33, Telex 84539, ≤, ⇌, ⛶, ⌂,
⁑ (Halle) – TV ⊟wc ☎ 🛝 📞 ⛴ E
Karte 22/59 – **80 Z : 160 B** 87/115 - 144/205 Fb – 62 Appart. 95/170 – P 108/165.

🏦 **Zur Post**, Winterberger Str. 10 (B 236), *✆* 18 50, ≤, ⌂ – ⊟wc ⑂wc ⇦ 📞
Nov. geschl. – Karte 16/41 – **18 Z : 38 B** 35/40 - 70/80 – P 55/60.

🏦 **Rossel**, Neuastenberger Str. 21, *✆* 22 07, ⌂ – ⑂wc 📞
Nov. geschl. – Karte 20/36 *(Donnerstag geschl.)* – **18 Z : 30 B** 28/38 - 56/74.

🏦 Berghaus Asten ⑤, Am Gerkenstein 21, *✆* 18 82, ≤, 🏖, ⌂ – ⑂wc 📞. ⁂ Zim
10 Z : 16 B.

In Winterberg 5-Niedersfeld N : 8,5 km :

🏦 **Cramer**, Ruhrstr. 50 (B 480), *✆* 2 31/4 74 71, ⇌, ⛶, ⌂ – ⑂wc ☎ ⇦ 📞 🛝 ⓞ
⁂ Rest
13.- 30. April geschl. – Karte 20/45 *(Dienstag geschl.)* – **23 Z : 40 B** 52/57 - 104/115 – P 76/84.

In Winterberg 2-Siedlinghausen NW : 10 km :

🏦 **Schulte-Werneke** ⑤, Alterhagen 1, *✆* (02983) 2 66, 🏖, « Garten mit Teich », ⌂ – ⊟wc
⑂wc ⇦ 📞
1.- 25. Dez. geschl. – Karte 17/45 *(Montag geschl.)* – **23 Z : 39 B** 45/60 - 90/118 Fb – P 60/75.

In Winterberg 4-Silbach NW : 7 km :

🏦 **Büker**, Bergfreiheit 56, *✆* (02983) 3 87, ⇌, ⛶ – ⊟wc ⑂wc ☎ ⇦ 📞. AE ⓞ E
März und Dez. je 3 Wochen geschl. – Karte 18/41 *(Mittwoch geschl.)* – **19 Z : 34 B** 44/51 -
86/99 – P 65/68.

In Winterberg 3-Züschen SO : 6,5 km :

🏦 **Walsbachtal** ⑤, Zum Homberg 11 (W : 2 km), *✆* 17 80, 🏖, ⇌, ⛶, ⌂ – ⑂wc 📞
1.- 25. Dez. geschl. – Karte 15,50/38 – **25 Z : 48 B** 32/42 - 62/84.

🏦 **Lindenhof** ⑤, Schützenstr. 42, *✆* 18 02, ⇌, ⛶ – ⑂wc 📞
15. Nov.- 15. Dez. geschl. – Karte 16/43 *(Dienstag geschl.)* – **17 Z : 30 B** 33/38 – 66/76 Fb –
P 52/57.

🏦 **Haus Spittler** ⑤, Auf dem Sonneborn 6 (NW : 1,5 km), *✆* 15 11, ⌂ – ⑂wc 📞. ⓞ
E
Nov. geschl. – (Rest. nur für Hausgäste) – **17 Z : 30 B** 32/42 - 60/64 – P 47/60.

WINTERBURG 6551. Rheinland-Pfalz – 300 Ew – Höhe 350 m – Erholungsort – ☺ 06756.
Mainz 65 – Kirn 25 – Bad Kreuznach 21.

🏦 Beck ⑤, Soonwaldstr. 46, *✆* 2 11, ⛶, ⌂ – ⑂wc 📞. ⁂
(Rest. nur für Hausgäste) – **26 Z : 50 B.**

WIPPERFÜRTH 5272. Nordrhein-Westfalen 987 ㉔ — 21 700 Ew — Höhe 275 m — 🕿 02267.

◆Düsseldorf 67 — ◆Köln 50 — Lüdenscheid 27 — Remscheid 20.

XX **Lohmühle** mit Zim, Leiersmühle 25, 🔗 55 80 — 📺 🍴wc 🕿 🅿 🐟
  Karte 34/60 *(Tischbestellung ratsam)* (Dienstag - Mittwoch 18 Uhr geschl.) — **6 Z : 10 B** 50 - 90.

XX **Zum Schützenhof**, Gaulstr. 71, 🔗 8 84 36 — 🅿 🐟 📷
  Mittwoch, Juli - Aug. 3 Wochen und 24. Dez. - 5. Jan. geschl. — Karte 17/50.

X **Ratskeller**, Rathausplatz 1, 🔗 8 78 22, 🍽 — 🅿

  In Wipperfürth-Neye NW : 1 km :

🏠 **Neyehotel**, Joseph-Mäurer-Str. 2, 🔗 8 70 19, 🔲, 🚲 — ⌂wc 🍴wc 🕿 🅿
➡ Karte 13,50/42 *(Montag - Freitag nur Abendessen, Dienstag geschl.)* — **16 Z : 30 B** 35/55 -
  58/85.

  In Wipperfürth-Wasserfuhr NO : 4 km Richtung Halver :

🏠 **Haus Koppelberg**, 🔗 50 51, 🍽, 🚲 — 🍴wc 🕿 🅿
  Karte 17,50/39 *(Montag geschl.)* — **11 Z : 22 B** 48 - 75.

WIRFUS Rheinland-Pfalz siehe Kaisersesch.

WIRGES Rheinland-Pfalz siehe Montabaur.

WIRSBERG 8655. Bayern — 2 000 Ew — Höhe 355 m — Luftkurort — 🕿 09227 (Neuenmarkt).
🛈 Kurverwaltung, Rathaus, Sessenreuther Str. 2, 🔗 8 82.

◆München 250 — Bayreuth 21 — Hof 41.

🏨 **Romantik-Hotel Post**, Marktplatz 11, 🔗 8 61, Telex 642906, 🛌, 🔲, 🚲 — 🛗 📺 ⌂wc
  🍴wc 🕿 🅿 🚾. 🆎 ⓞ 🗲 ✻ Rest
  Karte 24/69 — **48 Z : 85 B** 50/98 - 110/180 Fb.

🏨 **Reiterhof Wirsberg** 🦌, Sessenreuther Str. 50 (SO : 1 km), 🔗 8 88, ≤, 🍽, 🛌, 🔲, 🚲,
  🏹 (Halle) — 🍴wc 🕿 ⛟ ⛙ 🅿 🚾. 🆎 ⓞ 🗲
  Karte 18/50 *(wochentags nur Abendessen)* — **14 Z : 28 B** 50/59 - 94/104 Fb.

🏠 **Am Lindenberg** 🦌, Am Lindenberg 2, 🔗 8 60, 🛌, 🔲, 🚲 — 🍴wc 🕿 🅿 🆎 ⓞ 🗲
  Karte 17/41 — **33 Z : 60 B** 48/65 - 80/120 Fb.

🏠 **Hubertushof** 🦌, Schorgasttal 32, 🔗 53 63, 🍽 — 🍴wc 🕿 🅿 — **16 Z : 27 B**.

WISPERTAL Hessen siehe Lorch.

WISSEN 5248. Rheinland-Pfalz 987 ㉔ — 9 300 Ew — Höhe 155 m — Luftkurort — 🕿 02742.

Mainz 127 — ◆Köln 82 — Limburg an der Lahn 67 — Siegen 39.

🏠 **Nassauer Hof**, Nassauer Str. 2, 🔗 40 07 — 🍴wc 🕿 ⛟ 🚾. 🆎 🗲 📷
  24. Dez.- 6. Jan. geschl. — Karte 16/46 *(Samstag bis 18 Uhr geschl.)* — **12 Z : 24 B** 32/39 - 60/70.

🏠 **Zum Frankenthal**, Im Frankenthal 15 (B 62), 🔗 40 95 — 📺 🍴wc 🕿 ⛟ 🅿 🆎 ⓞ 🗲 📷
  Karte 16/43 *(Montag geschl.)* — **17 Z : 34 B** 35 - 70.

🏠 **Bürgergesellschaft** garni, Rathausstr. 65, 🔗 22 44 — 🍴
  14 Z : 20 B 27/30 - 45/50.

X **Alte Post** mit Zim, Siegstr. 1, 🔗 24 06 — 🍴 🅿 🚾. ⓞ 🗲
  1.- 28. März geschl. — Karte 18/50 *(Dienstag 14 Uhr - Mittwoch geschl.)* — **6 Z : 9 B** 30/35 -
  60/70.

WISSENBACH Hessen siehe Eschenburg.

WITTDÜN Schleswig-Holstein siehe Amrum (Insel).

WITTEN 5810. Nordrhein-Westfalen 987 ⑭ — 106 000 Ew — Höhe 80 m — 🕿 02302.

Siehe Ruhrgebiet (Übersichtsplan).

◆Düsseldorf 62 — Bochum 10 — ◆Dortmund 21 — Hagen 17.

🏨 **Parkhotel**, Bergerstr. 23, 🔗 5 70 41, Telex 8229195, Bade- und Massageabteilung, 🛌 —
  🛗 📺 🅿 🚾. 🆎 ⓞ 🗲 📷
  Karte 25/58 — **65 Z : 129 B** 105/125 - 145/185 Fb.

🏨 **Haus Hohenstein** 🦌, Hohenstein 32, 🔗 15 61, 🍽, 🛌 — 🍴wc 🕿 🅿 🚾 — **33 Z : 41 B** Fb.

XX **Theater-Stuben**, Bergerstr. 25 (Städt. Saalbau), 🔗 5 44 40, 🍽 — 🅿 🚾
  Samstag bis 18 Uhr und 24. Juli - 6. Sept. geschl. — Karte 19,50/53.

  In Witten-Annen :

🏡 **Specht**, Westfalenstr. 104, 🔗 6 03 93 — 🍴wc 🅿. ✻ Zim
  1.- 28. Aug. geschl. — Karte 16,50/30 *(nur Abendessen, Sonn- und Feiertage geschl.)* — **17 Z :
  25 B** 35/55 - 70/90.

XX **Petersilie** (ehemaliges Försterhaus a.d. 18. Jh.), Ardeystr. 287, 🔗 69 05 95 — 🅿. 🆎 ⓞ 🗲
  📷
  Samstag bis 14 Uhr und Montag geschl. — Karte 36/61.

WITTENSCHWAND Baden-Württemberg siehe Dachsberg.

WITTINGEN 3120. Niedersachsen 987 ⑯ — 11 500 Ew — Höhe 80 m — ✆ 05831.
♦Hannover 93 — ♦Braunschweig 65 — Celle 50 — Lüneburg 64.

🏠 **Nöhre**, Bahnhofstr. 2, ✆ 10 15, ☎ — ⌂wc ☎ 🅿 🏃
Karte 18/44 — **30 Z : 52 B** 30/48 - 60/85 Fb.

🏠 Rühlings-Hotel, Bahnhofstr. 51, ✆ 4 11 — ⌂ 🅿
12 Z : 15 B.

✗ **Stadthalle**, Schützenstr. 21, ✆ 3 46 — 🅿 🏃
Mittwoch geschl. — Karte 15/44.

WITTLICH 5560. Rheinland-Pfalz 987 ㉓ ㉔ — 16 200 Ew — Höhe 174 m — ✆ 06571.
🛈 Fremdenverkehrsverein, Rathaus, Marktplatz, ✆ 40 86.
Mainz 129 — ♦Koblenz 91 — ♦Trier 37.

🏠 **Felsenburg** ৯, Pleiner Weg, ✆ 79 37, ≼, 🌫 — ⌂wc ⌂wc ☎ 🅿 🏃 . ⚘
20 Z : 38 B.

🏠 **Well** garni, Marktplatz 5, ✆ 70 88 — 🛗 ⌂wc ☎. 🆎 ⑩ Ε
27 Z : 44 B 40/50 - 80/90.

🏠 **Wittlicher Hof**, Trierer Str. 29, ✆ 77 72 — ⌂wc ⌂wc 🅿
Karte 17/40 *(Nov.- Juni Freitag geschl.)* — **14 Z : 25 B** 30/45 - 60/80.

✗✗ **Altes Gasthaus Müller**, Karrstr. 37, ✆ 64 76 — 🆎 ⑩ Ε
Mitte Juli - Anfang Aug. und Montag geschl. — Karte 35/60.

In Wittlich 16-Wengerohr SO : 2,5 km :

🏠 **Zur Post**, Bahnhofstr. 13, ✆ 78 06 — ⌂wc ☎ 🅿
Juni - Juli 3 Wochen geschl. — Karte 15/41 *(Mittwoch geschl.)* — **15 Z : 27 B** 28/38 - 56/76.

In Dreis 5561 SW : 8 km :

🏠 ❀ **Waldhotel Sonnora** ৯, ✆ (06578) 4 06, ≼, « Garten », 🌫 — 📺 ⌂wc ☎ 🅿. Ε. ⚘
10. Jan.- 10. Feb. geschl. — Karte 50/79 *(Tischbestellung ratsam)* *(Montag geschl.)* — **20 Z :
38 B** 50/60 - 90
Spez. Suprême von Lachs und Zander in Blätterteig, Roulade von Gänseleber und Wachtel, Taubenbrust im
Gemüsekleid mit Trüffeljus.

WITTLINGEN Baden-Württemberg siehe Binzen.

WITTMUND 2944. Niedersachsen 987 ④ — 19 400 Ew — Höhe 8 m — ✆ 04462.
♦Hannover 237 — Emden 51 — ♦Oldenburg 26 — Wilhelmshaven 26.

🏠 Zur Post, Osterstr. 7, ✆ 52 81 — ⌂wc 🅿
10 Z : 16 B.

In Wittmund 2-Carolinensiel-Harksiel N : 14 km :

🏠 **Wien** ৯, Am Yachthafen 32, ✆ (04464) 2 59, ≼ — ⌂wc 🅿
Karte 20/34 *(Okt.- April Donnerstag geschl.)* — **23 Z : 31 B** 44/54 - 82/97.

WITZENHAUSEN 3430. Hessen 987 ⑮ — 18 500 Ew — Höhe 140 m — ✆ 05542.
🛈 Städt. Verkehrsamt, Rathaus, ✆ 57 45.
♦Wiesbaden 248 — Göttingen 26 — ♦Kassel 36.

🏠 **Stadt Witzenhausen** Ⓜ ৯ garni, Am Sande 8, ✆ 40 41 — 🛗 ⌂wc ☎ 🚗 🅿. ⑩ Ε
21 Z : 40 B 47 - 70.

🏠 **Zur Burg** garni, Oberburgstr. 10, ✆ 25 06 — ⌂wc 🚗 🅿. Ε
17 Z : 32 B 35/40 - 60/70.

🏠 **Deutscher Kaiser**, Walburger Str. 16, ✆ 55 72 — ⌂wc
15.- 30. Juni geschl. — Karte 15/37 *(Montag geschl.)* — **11 Z : 17 B** 34/44 - 60.

✗✗ **Am Johannisberg**, Am Sande 10 (im Bürgerhaus), ✆ 45 67, 🌫 — 🅿 🏃
Samstag geschl. — Karte 18/45.

In Witzenhausen 11-Dohrenbach S : 4 km — Luftkurort :

🏠 **Birkenhain** ৯, Steinbergstr. 12, ✆ 40 21, ☎, ☑ (geheizt), 🌳 — ⌂wc ☎ 🅿. 🆎 ⑩ Ε 🆅🆂🅰.
⚘
(Rest. nur für Hausgäste) — **15 Z : 29 B** 42 - 78 — P 52/58.

🏠 **Zur Warte** ৯, Warteweg 1, ✆ 30 90, 🌫, ☎, ☑, 🌳 — ⌂wc 🚗 🅿
Karte 15/39 *(Dienstag geschl.)* — **18 Z : 32 B** 29/33 - 54/64 — P 45/49.

🏠 **Zum Stern**, Rainstr. 12, ✆ 58 51, 🌳 — ⌂wc ☎ 🅿. ⚘ Zim
Feb. geschl. — Karte 17.50/38 — **15 Z : 26 B** 40 - 55/70.

✗✗✗ **Sommersberg-Hotel** ৯ mit Zim, Rainstr. 32, ✆ 40 97, 🌳 — ⌂wc ☎ 🚗 🅿. 🆎 ⑩ Ε
Karte 28/76 — **8 Z : 17 B** 44/50 - 78/88 — P 74/85.

WÖRISHOFEN, BAD 8939. Bayern 987 ⑥. 426 ⑮ — 13 500 Ew — Höhe 626 m — Kneippheilbad
☎ 08247.

🛈 Informationsbüro der Kurverwaltung, Zweigstr. 1, ℰ 50 01.

◆München 80 — ◆Augsburg 50 — Kempten (Allgäu) 55 — Memmingen 43.

🏨 **Kurhotel Residenz** M, Bahnhofstr. 8, ℰ 35 20, Telex 531534, « Park », Bade- und
Massageabteilung, ♨, ≘s, ⑆, ⬜, 🐎 — 🛗 📺 ⇔ ℗ 🏤. 🆎 ⑪. ⅍
Karte 28/60 *(auch Diät)* — **91 Z : 140 B** 95/145 - 190/360 Fb — P 125/225.

🏨 **Kurhotel Tanneck** M ⑆, Hartenthaler Str. 29, ℰ 50 91, Telex 531522, 🌤, Massage, ♨,
≘s, ⬜, 🐎, ⅍ — 🛗 📧 Rest 🏤 ⇔ ℗ 🏤. ⅍
(Rest. nur für Hausgäste) — **80 Z : 119 B** nur P 94/139 - 167/267 Fb.

🏨 **Kneipp-Kurhotel Fontenay** ⑆, Eichwaldstr. 10, ℰ 10 11, Massage, ♨, ≘s, ⬜, 🐎 — 🛗
⇔ ℗. ⅍
(Rest. nur für Hausgäste) — **52 Z : 67 B** 65/100 - 130/160 Fb — P 100/130.

🏨 **Kurhotel Kreuzer** ⑆, F.-Kreuzer-Str. 1a, ℰ 35 30, Massage, ♨, ≘s, ⬜, 🐎 — 🛗 ⇔ ℗.
🆎. ⅍
Ende Nov.- Mitte Jan. geschl. — Karte 20/50 *(auch Diät)* — **95 Z : 130 B** 65/140 - 120/180 Fb —
7 Appart. 90/200 — P 110/175.

🏨 **Kurhotel Eichinger** M ⑆, Hartenthaler Str. 22, ℰ 49 49/20 37, « Gartenterrasse », Massage,
♨, ≘s, ⬜, 🐎 — 🛗 🛠wc ☎ ⇔ ℗ 🏤
(Rest. nur für Hausgäste) — **41 Z : 55 B** Fb.

🏨 **Brandl** ⑆, Hildegardstr. 3, ℰ 20 56, Bade- und Massageabteilung, ♨, ≘s, ⬜ — 🛗 🛠wc ☎
℗. ⅍ Rest
15. Nov.- 20. Jan. geschl. — Karte 21/38 *(Sonntag geschl.)* — **21 Z : 36 B** 42/84 - 84/125 Fb —
P 67/93.

🏨 **Alpenhof** garni, Hauptstr. 68, ℰ 50 21, Massage, ♨, ≘s, ⬜, 🐎 — 🛗 🛠wc ☎ ℗
15. Dez.- 15. Jan. geschl. — **22 Z : 33 B** 38/46 - 84/88.

🏨 **Allgäuer Hof**, Türkheimer Str. 2, ℰ 50 98, 🌤 — 🛠wc 🛠wc ☎ ℗. 🆎 ⑪ E 𝖵𝖨𝖲𝖠
Jan. geschl. — Karte 28/53 — **26 Z : 40 B** 42/62 - 68/98 Fb.

🏠 **Adler**, Hauptstr. 40, ℰ 20 91, 🌤 — 🛗 🛠wc 🛠wc ☎ ⇔ ℗. 🆎 ⑪ E 𝖵𝖨𝖲𝖠. ⅍ Rest
← Karte 14/30 *(Freitag geschl.)* — **56 Z : 70 B** 33/50 - 68/86 Fb.

🏠 **Annely** garni, Hauptstr. 1, ℰ 20 23, Massage, ♨, ≘s, ⬜ — 🛗 🛠wc ☎ ⇔ ℗. ⅍
39 Z : 45 B.

🏠 **Löwenbräu**, Hermann-Aust-Str. 2, ℰ 50 56, 🌤 — 🛗 🛠wc 🛠wc ☎ ⇔ ℗. 🆎 ⑪ E
15. Dez.- 7. Jan. geschl. — Karte 18/52 *(auch Diät, Montag - Dienstag 17 Uhr geschl.)* — **23 Z :
34 B** 45/55 - 72/96.

🏠 **Schwabenhof** ⑆ garni, Füssener Str. 12 (Eingang am Trieb), ℰ 50 76, Massage, ♨, 🐎 —
🛗 🛠wc 🛠wc ℗. ⅍
Dez.- Jan. geschl. — **20 Z : 30 B** 37/58 - 76/97.

XX **Ceres**, F.-Kreuzer-Str. 11, ℰ 51 45
← *Donnerstag und 20. Nov.- 15. Jan. geschl.* — Karte 13/32 *(auch Diät und vegetarische Gerichte)*.

In Bad Wörishofen 3-Schlingen SO : 4 km :

XXX **Jagdhof**, Allgäuer Str.1, ℰ 48 79 — ℗. 🆎 E
Montag - Dienstag und Ende Nov.- 30. Dez. geschl. — Karte 23/52.

WÖRNITZ Bayern siehe Schillingsfürst.

WÖRTH AM MAIN 8761. Bayern 987 ㉖ — 3 600 Ew — Höhe 131 m — ☎ 09372.
◆München 363 — Aschaffenburg 30 — Miltenberg 16 — ◆Würzburg 87.

X **Bocksbeutelhaus Goldenes Fass**, Landstr. 25 (B 469), ℰ 56 70, 🌤 — 🆎 ⑪ E 𝖵𝖨𝖲𝖠
← *Dienstag geschl.* — Karte 14/40 ⅄.

WÖRTH AM RHEIN 6729. Rheinland-Pfalz 987 ㉘㉙ — 18 200 Ew — Höhe 104 m — ☎ 07271.
Mainz 154 — ◆Karlsruhe 12 — Landau in der Pfalz 23.

🏠 **Anker** ⑆ garni, Wilhelmstr. 7, ℰ 7 93 66 — 🛠wc ℗. ⅍
16 Z : 22 B 31/35 - 56.

🏠 **Garni zum Bahnhof** garni, Bahnhofstr. 45, ℰ 30 51 — 🛠wc ☎ ℗
12 Z : 18 B.

🏨 **Garni zum Hirsch** ⑆, Luitpoldstr. 9, ℰ 70 50 — 🛠 ℗
25 Z : 31 B 30/35 - 54/60.

In Wörth-Maximiliansau SO : 1,5 km :

XX **Einigkeit**, Karlstr. 16, ℰ 44 44
Freitag und Samstag nur Abendessen, Sonntag - Montag sowie Juli geschl. — Karte 34/62.

In Wörth-Schaidt W : 14,5 km :

X **Landgasthof Zur Linde** mit Zim, Hauptstr. 93, ℰ (06340) 81 36, 🐎 — 🛠wc ℗
Karte 16/49 *(Donnerstag geschl.)* ⅄ — **5 Z : 10 B** 32 - 64.

830

WÖRTH AN DER DONAU 8404. Bayern 987 ㉗ – 3 500 Ew – Höhe 360 m – ✆ 09482.
♦München 147 – ♦Regensburg 25 – Straubing 23.

🏠 Butz, Kirchplatz 3, ℰ 22 46 – 🏠wc ⊶ ℗
30 Z : 45 B.

WOLFACH 7620. Baden-Württemberg 987 ㉞ – 6 300 Ew – Höhe 262 m – **Luftkurort** – ✆ 07834.
🛈 Kur- und Verkehrsamt, Hauptstr. 28, ℰ 91 99.
♦Stuttgart 137 – ♦Freiburg im Breisgau 58 – Freudenstadt 38 – Offenburg 40.

🏨 **Schwarzwaldhotel** ⚲, Kreuzbergstr. 26, ℰ 40 11, 🌳, 🐎 – 🚻wc 🏠wc ℗
16. März - Okt. – Karte 20/46 🍴 – **12 Z : 21 B** 45/54 - 78/98 – P 70/79.

🏠 **Hecht,** Hauptstr. 51, ℰ 5 38 – 🏠wc ☎ ⬛ ⬛. ℗. ⬛. 🗱 Zim
6. Jan.- 8. Feb. geschl. – Karte 16/32 (Montag geschl.) 🍴 – **12 Z : 22 B** 37/38 - 70/75 – P 62.

🏠 **Krone,** Alter Marktplatz 33, ℰ 3 50 – 🏠wc 🏠
15. Nov.- 15. Dez. geschl. – Karte 19/44 (Freitag bis 18 Uhr geschl.) 🍴 – **23 Z : 40 B** 30/45 - 58/70 – P 58/70.

In Wolfach-St. Roman 7622 NO : 12 km – Höhe 673 m :

🏠 **Adler** ⚲, ℰ (07836) 3 42, ⛄, 🌳, 🐎 – 🚻wc 🏠wc ⊶ ℗ 🐎
9.- 21. Dez. geschl. – Karte 15/36 (Montag geschl.) 🍴 – **24 Z : 46 B** 33/45 - 60/74 Fb – P 45/54.

WOLFEGG 7962. Baden-Württemberg 987 ㊱, 427 ⑧ – 3 000 Ew – Höhe 673 m – **Luftkurort** – ✆ 07527.
♦Stuttgart 167 – Bregenz 46 – Ravensburg 17 – ♦Ulm (Donau) 76.

🏠 **Zur Post,** Rötenbacher Str. 5, ℰ 62 05 – 🏠 ⊶ ℗
Ende Nov.- Mitte Dez. geschl. – Karte 14,50/30 (Dienstag geschl.) 🍴 – **17 Z : 30 B** 26/30 - 52/62 – P 42/44.

WOLFENBÜTTEL 3340. Niedersachsen 987 ⑯ – 51 000 Ew – Höhe 75 m – ✆ 05331.
Sehenswert : Stadtmarkt★ – Schloß (Turm★).
🛈 Verkehrsverein, Breite Herzogstr. 25, ℰ 23 37.
♦Hannover 74 ⑤ – ♦Braunschweig 12 ⑤ – Goslar 31 ②.

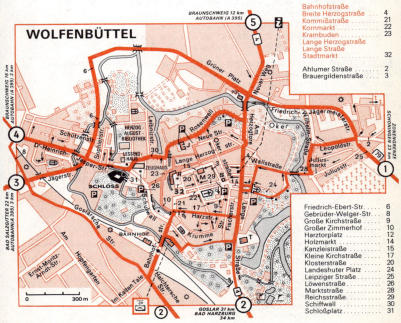

🏨 **Gildehof**, Brauergildenstr. 5, ℰ 50 78 – 🍴wc ☎ 🦽   **s**
Karte 20/50 *(nur Abendessen, Samstag geschl.)* – **17 Z : 28 B** 55/62 - 90/102 Fb.

🏨 **Landhaus Dürkop** 🦮 garni, Alter Weg 47, ℰ 70 53, ⭲ – 🍴wc ☎ 🖘 🅿. 🆎 **E**   über ⑤
21 Z : 32 B 60 - 95 Fb.

🏛 **Waldhaus**, Adersheimer Str. 75, ℰ 4 32 65 – 🍴wc ☎ 🅿. 🆎 ⓞ **E** 🆅🆂🅰   über ③
Karte 18,50/47 – **20 Z : 40 B** 39/59 - 68/99 Fb.

WOLFERTSCHWENDEN 8941. Bayern 🅰🈂🆖 ⑮ – 1 300 Ew – Höhe 676 m – 🕓 08334
(Grönenbach).

♦München 129 – Kempten (Allgäu) 27 – Memmingen 15.

🏛 **Weißenhorn**, Hauptstr. 4, ℰ 2 20, 🍴 – 🍴wc 🅿. **E**
Ende Okt.- Mitte Nov. geschl. – Karte 17/41 *(Montag geschl.)* 🍸 – **15 Z : 23 B** 27/39 - 54/78.

WOLFHAGEN 3549. Hessen 🐾🐾🐾 ⑮ – 13 000 Ew – Höhe 250 m – 🕓 05692.

♦Wiesbaden 238 – ♦Kassel 31 – Paderborn 68.

🏨 **Zum Schiffchen**, Hans-Staden-Str. 27, ℰ 22 75 – 📺 🍴wc 🖘 🅿
Karte 15/42 *(Sonntag ab 15 Uhr geschl.)* – **28 Z : 30 B** 27/35 - 54/70 Fb.

WOLFRAMS-ESCHENBACH 8802. Bayern – 2 000 Ew – Höhe 445 m – 🕓 09875.

♦München 177 – Ansbach 16 – Nördlingen 54 – ♦Nürnberg 48.

🏛 **Alte Vogtei** (Haus a.d. 14. Jh.), Hauptstr. 21, ℰ 2 70 – 🚿wc 🍴wc 🅿
12 Z : 24 B.

🏛 **Gästehaus Seitz - Gasthof Stern** 🦮, Obere Vorstadt 3, ℰ 2 30, ⭲, 🍽 (geheizt), 🚗 –
🖚 🍴wc 🖘 🅿
15. Okt.- 15. Nov. geschl. – Karte 13/23 *(Donnerstag geschl.)* 🍸 – **23 Z : 40 B** 31/35 - 62/66.

WOLFRATSHAUSEN 8190. Bayern 🐾🐾🐾 ㊲, 🅰🈂🆖 ⑰ – 15 500 Ew – Höhe 577 m – 🕓 08171.

♦München 29 – Garmisch-Partenkirchen 57 – Bad Tölz 23 – Weilheim 31.

🏨 **Humplbräu**, Obermarkt 2, ℰ 12 64 – 🍴wc 🖘 🅿
🖚 Mai - Juni 4 Wochen geschl. – Karte 13/30 🍸 – **30 Z : 70 B** 38/55 - 58/82 Fb – 7 Appart. 70.

✕✕ **Schariwari**, Isarstr. 1, ℰ 1 06 90, 🍴 – 🅿.

In Geretsried-Gelting 8191   S : 4 km :

🏨 **Zum Alten Wirt**, Buchberger Str. 4, ℰ (08171) 2 05 68, 🍴, ⭲ – 🍴wc ☎ 🅿 🦽
40 Z : 60 B Fb.

In Egling 8195   O : 7 km :

🏛 **Zur Post**, Hauptstr. 11, ℰ (08176) 3 84, ⭲ – 🍴wc ☎ 🖘 🅿
🖚 1.- 25. Nov. geschl. – Karte 13/36 *(Montag geschl.)* 🍸 – **8 Z : 14 B** 43 - 70.

WOLFSBURG 3180. Niedersachsen 🐾🐾🐾 ⑮ – 128 800 Ew – Höhe 60 m – 🕓 05361.

🛈 Tourist-Information, Pavillon, Rathausplatz, ℰ 1 43 33.
ADAC, Goethestr. 44, ℰ 2 50 84, Notruf ℰ 1 92 11.

♦Hannover 88 ③ – ♦Berlin 224 ② – ♦Braunschweig 30 ③ – Celle 77 ③ – Magdeburg 91 ②.

Stadtplan siehe gegenüberliegende Seite.

🏨 **Holiday-Inn**, Rathausstr. 1, ℰ 1 20 81, Telex 958475, ⭲, 🍽 – 🛗 🖥 📺 🅿 🦽. ⓞ **E** 🆅🆂🅰   **Y a**
Karte 25/60 – **200 Z : 400 B** 168 - 220 Fb.

🏨 **Alter Wolf** 🦮, Schloßstr. 21, ℰ 6 10 15, 🍴 – 📺 🍴wc ☎ 🅿 🦽. 🆎 ⓞ **E**   **X s**
Karte 16/58 – **14 Z : 21 B** 62 - 110.

🏨 **Goya**, Poststr. 34, ℰ 2 30 66 – 📺 🚿wc 🍴wc ☎ 🅿. 🆎 ⓞ **E**   **Y b**
Karte 19/42 *(nur Abendessen, Samstag geschl.)* – **42 Z : 60 B** 78/85 - 120/140 Fb.

🏨 **Primas**, Büssingstr. 18, ℰ 2 40 38, ⭲ – 🚿wc 🍴wc ☎ 🖘 🅿 🦽. 🆎 ⓞ **E**   **Y d**
Karte 18/41 *(nur Abendessen)* – **43 Z : 65 B** 70/90 - 120/140.

✕✕ **Ratskeller**, im Rathaus, ℰ 2 45 25   **Y R**
Karte 20/43.

✕ **Stadtkeller**, Porschestr. 50, ℰ 1 50 91   **Y e**

In Wolfsburg 12-Fallersleben – 🕓 05362 :

🏨 **Ludwig im Park** Ⓜ, Gifhorner Str. 25, ℰ 5 10 51, Telex 958450, « Stilvolle Einrichtung » –
🛗 📺 🦽 🅿. 🆎 ⓞ **E** 🆅🆂🅰   **X n**
(nur Abendessen für Hausgäste, siehe auch Rest. La Fontaine) – **40 Z : 50 B** 75/95 - 135/150 Fb.

🏨 **Hoffmannhaus** 🦮 (Geburtshaus von Hoffmann von Fallersleben), Westerstr. 4, ℰ 30 02,
🍴, « Restauriertes Fachwerkhaus a.d. 17. Jh. » – 🚿wc 🍴wc ☎ 🅿 🦽. 🆎 ⓞ   **X r**
Karte 17/50 – **18 Z : 30 B** 70 - 120.

🏛 **Zur Börse**, Sandkämperstr. 6, ℰ 23 95 – 🍴wc ☎ 🅿   **X a**
Karte 17/36 *(nur Abendessen, Samstag geschl.)* – **14 Z : 21 B** 60/70 - 100/126 Fb.

WOLFSBURG

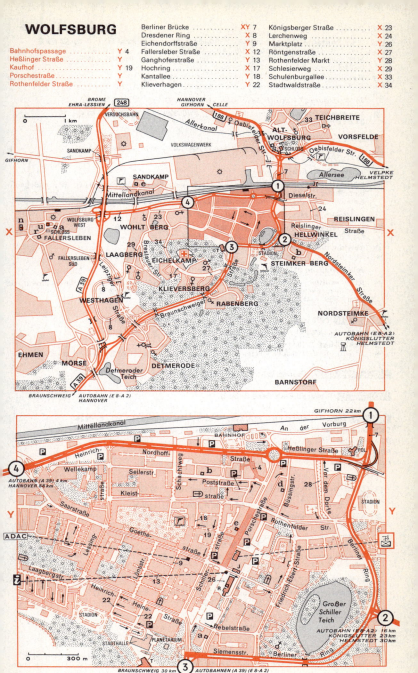

XXX ✿ **La Fontaine**, Gifhorner Str. 25, ℰ 6 28 28, « Elegante Einrichtung » — 🄿. AE ⑪ E   X n
Sonntag - Montag 18 Uhr und Juli - Aug. 3 Wochen geschl. — Karte 48/86
Spez. Salat von Edelfischen und Artischocken in Kerbelvinaigrette, Geräucherter Lachs (warm) auf Honig-Zimtsauce, Bresse-Taube in Moccasauce.

XX **Ratskeller**, Bahnhofstr. 17, ℰ 5 11 61 — 🚗. AE ⑪ E VISA   X u
Sonntag und Aug. 2 Wochen geschl. — Karte 25/60.

In Wolfsburg 27-Hattorf   SW : 10 km über die A 39 X :

🏠 **Landhaus Dieterichs** garni, Krugstr. 31, ℰ (05308) 22 11 — 📺 ⁝wc ☎ 🄿. ⌖
35 Z : 60 B 35/42 - 60/70.

In Wolfsburg 16-Sandkamp :

🏠🏠 **Jäger** ⌖ garni, Fasanenweg 5, ℰ 3 10 11, ⌖, ⌖ — ⁝wc ☎ ⌖ 🄿   X e
21 Z : 34 B 45/75 - 80/110.

In Wolfsburg 1-Steimkerberg :

🏠🏠🏠 **Parkhotel Steimkerberg** Ⓜ ⌖, Unter den Eichen 55, ℰ 5 30 01, ⌖, « Elegante
Einrichtung » — 🄿 🚗. AE ⑪ E VISA   X b
Karte 29/52 *(Sonntag 18 Uhr - Montag 18 Uhr geschl.)* — **40 Z : 60 B** 80/100 - 130/170.

In Wolfsburg 11-Vorsfelde   über die B 188 X :

🏠🏠 **Vorsfelder Hof**, Amtsstr. 5, ℰ (05363) 41 81 — ⁝wc ☎ 🄿. E. ⌖
Karte 20/45 *(Sonntag geschl.)* — **36 Z : 60 B** 55/60 - 95 Fb.

🏠 **Jordan**, Bahnhofstr. 19, ℰ (05363) 41 41 — ⁝wc 🄿
⌖ Karte 13,50/36 *(nur Abendessen, Sonntag geschl.)* — **27 Z : 42 B** 40/50 - 60/80.

In Weyhausen 3171   NW : 9 km über die B 188 X :

🏠🏠 **Alte Mühle**, Wolfsburger Str. 72 (B 183), ℰ (05362) 6 20 21, ⌖, « Restaurant mit
elegant-rustikaler Einrichtung », 🔲 — 🛗 📺 🚿wc ☎ 🄿 🚗. AE ⑪ E
Karte 42/68 — **43 Z : 79 B** 140/151 - 202 Fb.

WOLNZACH 8069. Bayern 987 ㊲ — 7 300 Ew — Höhe 414 m — ✪ 08442.
◆München 59 — Ingolstadt 31 — Landshut 47 — ◆Regensburg 65.

🏛 **Schloßhof**, Schloßstr. 12, ℰ 35 49 — 🚿wc ⁝wc ⌖
⌖ 23. Dez.- 10. Jan. geschl. — Karte 14,50/29 *(Samstag geschl.)* — **20 Z : 30 B** 30/40 - 58/70.

WOLPERTSWENDE Baden-Württemberg siehe Weingarten.

WOLSFELD Rheinland-Pfalz siehe Bitburg.

WORMS 6520. Rheinland-Pfalz 987 ㉔㉕ — 73 500 Ew — Höhe 100 m — ✪ 06241.
Sehenswert : Dom★★ (Reliefs aus dem Leben Christi★) — Judenfriedhof★ Z.
🅑 Verkehrsverein, Neumarkt 14, ℰ 2 50 45.
ADAC, Ludwigstr. 19, ℰ 66 17.
Mainz 45 ① — ◆Darmstadt 43 ② — Kaiserslautern 53 ④ — ◆Mannheim 22 ③.

Stadtplan siehe gegenüberliegende Seite.

🏠🏠 **Dom-Hotel**, Obermarkt 10, ℰ 69 13, Telex 467846 — 🛗 🖃 🚿wc ⁝wc ☎ ⌖ 🄿 🚗. AE ⑪
E   Y x
Karte 26/56 *(Sonntag geschl.)* — **60 Z : 90 B** 62/80 - 115/140 Fb.

🏠 **Kriemhilde**, Hofgasse 2, ℰ 62 78 — 🚿wc ⁝wc ☎. AE E   Z c
Karte 16,50/42 *(Samstag ab 15 Uhr geschl.)* 🍴 — **20 Z : 32 B** 45/50 - 80/90.

🏠 **Central** garni, Kämmererstr. 5, ℰ 64 57 — 🛗 ⁝wc ☎ ⌖. AE E   Z a
20. Dez.- 20. Jan. geschl. — **21 Z : 36 B** 44/60 - 72/85.

X **Rheinischer Hof**, Am Rhein 3, ℰ 2 39 50, ← — 🄿. AE   Y e
Okt.- April Montag und Nov. geschl. — Karte 17/45 🍴.

In Worms 21 - Pfeddersheim   ⑤ : 5,5 km :

🏠 **Pfeddersheimer Hof**, Zellertalstr. 35 (B 47), ℰ (06247) 8 11 — ⁝wc 🄿
Karte 17/37 *(Freitag geschl.)* 🍴 — **18 Z : 34 B** 40 - 66.

In Worms 31-Rheindürkheim   ① : 9 km :

🏛 **Krone**, Im Eck 1, ℰ (06242) 15 14 — 📺 ⁝wc
(nur Abendessen für Hausgäste) — **8 Z : 13 B** 29/40 - 65/70.

XX ✿ **Rôtisserie Dubs**, Kirchstr. 6, ℰ (06242) 20 23
Samstag bis 18 Uhr, Dienstag, Jan. 1 Woche und Juni - Juli 2 Wochen geschl. — Karte 34/76
Spez. Gänsestopfleber in Beerenauslese, Salmschnitten mit Hummer in kalter Caviarsauce, Ochsenlende in Heu gegart.

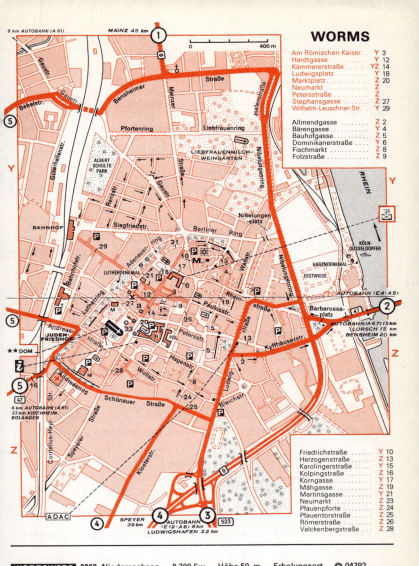

WORMS

WORPSWEDE 2862. Niedersachsen — 8 700 Ew — Höhe 50 m — Erholungsort — 📞 04792.
🛈 Fremdenverkehrsbüro, Bergstr. 13, 📞 14 77.
♦Hannover 142 — ♦Bremen 25 — ♦Bremerhaven 59.

🏨 **Eichenhof** Ⓜ ❀ garni, Ostendorfer Str. 13, 📞 26 76, 🚿 — 📺 🛏wc 🛁wc ☎ 🅿. 🅰🅴 🆔. 🛇
24. Dez.- Mitte Jan. geschl. — **7 Z : 15 B** 69/90 - 105/144 Fb — 3 Appart. 144.

🏠 **Hotel am Kunstcentrum** ❀ garni, Hans-am-Ende-Weg 4, 📞 5 50, 🖿 — 🛏wc 🛁wc ☎
🅿. 🛇
1.- 21. Dez. geschl. — **14 Z : 27 B** 65/75 - 105/120 Fb.

🏠 **Haar** garni, Hembergstr. 13, 📞 12 88, 🚿 — 🛏wc 🛁wc 🚗 🅿
17 Z : 29 B 39/53 - 68/90.

🏠 Deutsches Haus, Findorffstr. 3, 📞 12 05, 🖈 — 🛁wc 🅿
9 Z : 14 B.

835

In Worpswede-Ostendorf :

🏠 **Gästehaus Bonner** Ⓜ ⌛ garni, Hinterm Berg 24, ℘ 12 73, 🚲. Fahrradverleih — 🛏wc
🍴wc ☎ 🅿. 🆎 ⓘ
5 Z : 10 B 65 - 98.

WRIEDEL Niedersachsen siehe Amelinghausen.

WÜLFRATH 5603. Nordrhein-Westfalen — 20 700 Ew — Höhe 195 m — ✪ 02058.
◆Düsseldorf 21 — ◆Essen 24 — ◆Köln 50 — Wuppertal 15.

XXX ✿ **Glocke** (Bergisches Haus a.d. 17. Jh.), Am Kirchplatz 4, ℘ 7 14 12, « Einrichtung im
Biedermeier-Stil » — 🆎 ⓘ E. ✧
Karte 41/75
Spez. Salat von Meeresfrüchten, Gänsestopfleber im Portwein pochiert, Kalbsbries mit Lachs im Blätterteigmantel.

XX **Ratskeller**, Wilhelmstr. 131, ℘ 55 01
Mittwoch und 20. Juli - 17. Aug. geschl. — Karte 23/48.

WÜNNENBERG 4798. Nordrhein-Westfalen 🄿🄾🄼 ⑮ — 9 600 Ew — Höhe 271 m — Luftkurort —
Kneippkurort — ✪ 02953.
🅱 Verkehrsamt, Im Aatal 3, ℘ 7 20.
◆Düsseldorf 169 — Brilon 20 — ◆Kassel 84 — Paderborn 28.

🏨 **Jagdhaus** ⌛, Schützenstr. 58, ℘ 2 23, 🌲, 🚲, 🔲, 🐎 — 🍴wc ☎ ⇔ 🅿 ♨. ⓘ
Karte 16,50/56 *(Dienstag ab 14 Uhr geschl.)* — **35 Z : 60 B** 50/66 - 112/126 Fb.

🏠 **Forellenhof** ⌛, Im Aatal (beim Kurpark, S : 1 km), ℘ 83 62, 🌲, 🚲, 🔲, 🐎 — 📺 🍴wc ☎
🅿 ♨. 🆎 ⓘ E
Karte 22/42 *(Montag geschl.)* — **6 Z : 11 B** 55/65 - 85 — 16 Appart. 65/105.

🏠 **Tannenhof** ⌛, Tannenweg 14, ℘ 4 37, 🌲 — 🍴wc 🅿
(Rest. nur für Hausgäste) — **18 Z : 30 B**.

🏠 **Park-Café Haus Rabenskamp** ⌛ garni, Hoppenberg 2, ℘ 83 49 — 🍴wc 🅿
16 Z : 26 B.

🏡 Bonefeld, Mittelstr. 6, ℘ 3 09 — 🍴wc — **13 Z : 25 B**.

In Wünnenberg-Bleiwäsche S : 8 km :

🏩 **Waldwinkel** ⌛ (mit Gästehaus), Roter Landweg, ℘ 5 44, ≤, « Gartenterrasse », 🚲, 🔲,
🐎 — 🕌🔲 🅿 ♨. 🆎 ⓘ E
Karte 29/60 — **60 Z : 100 B** 60/90 - 120/200 Fb — P 75/105.

🏡 **Waldhaus Fischer** ⌛, Zur Glashütte 30, ℘ 2 71, 🐎 — 🍴wc ⇔ 🅿
Karte 15,50/26 — **21 Z : 36 B** 32/35 - 60/66 — P 42/45.

In Wünnenberg-Haaren N : 7,5 km :

🏠 **Münstermann**, Paderborner Str. 7, ℘ (02957) 10 20, 🌲, 🚲, 🔲 — 🍴wc 🅿
Dez.- 8. Jan. geschl. — Karte 15/35 *(Freitag geschl.)* — **49 Z : 76 B** 32/45 - 57/80 — P 60.

WÜRSELEN 5102. Nordrhein-Westfalen 🄰🄾🄱 ㉘ — 34 600 Ew — Höhe 180 m — ✪ 02405.
◆Düsseldorf 80 — ◆Aachen 6,5 — Mönchengladbach 47.

🏠 **Park-H.**, Aachener Str. 2, ℘ 25 36 — 🗣 🛏wc 🍴wc ⇔ 🅿
Karte 17/40 *(Sonntag ab 14 Uhr geschl.)* — **42 Z : 66 B** 36/50 - 62/80.

In Würselen-Bardenberg NW : 2,5 km :

🏨 **Alte Mühle** ⌛, Im Wurmtal, ℘ 1 50 66, 🌲, Massage, 🚲, 🔲, 🐎 — 📺 🍴wc ☎ 🅿 ♨. 🆎
ⓘ E
Karte 25/55 — **14 Z : 24 B** 75 - 120.

Im Gewerbegebiet Kaninsberg SO : 2,5 km :

XX **Aachener Kreuz** mit Zim, Adenauer Str. 8, ✉ 5102 Würselen-Broichweiden, ℘ (02405) 9 20 81,
✧ (Halle) — 📺 🍴wc ☎ 🅿 ♨
4 Z : 8 B.

WÜRZBACH Baden-Württemberg siehe Oberreichenbach.

WÜRZBURG 8700. Bayern 🄿🄾🄼 ㉘ ㉘ — 128 300 Ew — Höhe 182 m — ✪ 0931.
Sehenswert : Residenz★★ (Kaisersaal★★, Hofkirche★★, Treppenhaus★, Hofgarten★) — Haus zum
Falken★ X N — Mainbrücke★ Y — St.-Alfons-Kirche★ Z — Neumünster (Fassade★) XY E — Festung
Marienberg : Mainfränkisches Museum★★, Fürstengarten ≤★ Z — Käppele (Terrasse ≤★★) Z A.
Ausflugsziel : Romantische Straße ★★ (von Würzburg bis Füssen).
🚗 ℘ 3 43 43.
🅱 Verkehrsamt, Pavillon vor dem Hauptbahnhof, ℘ 3 74 36 und im Haus zum Falken, Marktplatz, ℘ 5 22 77.
ADAC, Sternplatz 1, ℘ 5 23 26, Notruf ℘ 1 92 11.
◆München 279 ② — ◆Darmstadt 121 ④ — ◆Frankfurt am Main 118 ④ — Heilbronn 108 ④ — ◆Nürnberg 109 ②.

WÜRZBURG

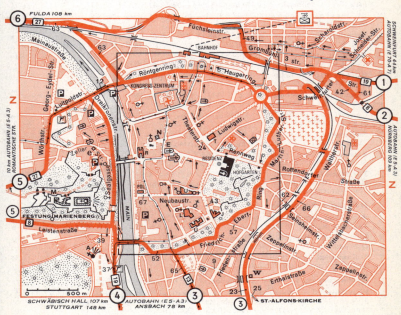

837

Maritim Hotel Würzburg Ⓜ, Pleichertorstr. 5, ℰ 5 08 31, Telex 680005, ⇔, 🖼 – 🛗 🎧 📺
🕭 ⇔ AE ⓪ E VISA. ⅍ Rest   X k
Karte 42/75 – **293 Z : 530 B** 128/186 - 178/258 Fb.

Rebstock, Neubaustr. 7, ℰ 5 00 75, Telex 68684, ㄟ – 🛗 🎧 Rest 📺 ℗ 🕭 AE ⓪ E   Y v
2.- 12. Jan. geschl. – Karte 34/59 (Sonn- und Feiertage ab 15 Uhr geschl.) – **Fränkische
Weinstube** (Dienstag geschl.) Karte 21/50 – **81 Z : 116 B** 105/171 - 183/257 Fb.

Walfisch ⅌, Am Pleidenturm 5, ℰ 5 00 55, Telex 68499, ≼ Main und Festung Marienberg –
🛗 📺 ⇔wc 🕭 🕭 ⇔ 🕭 AE ⓪ E VISA   Y b
23.- 27. Dez. geschl. – Karte 20/45 (Sonn- und Feiertage geschl.) – **41 Z : 60 B** 90/130 -
120/180.

Amberger, Ludwigstr. 17, ℰ 5 01 79, Telex 68465 – 🛗 📺 🕭wc 🕭 ⇔ 🕭 AE ⓪ E VISA
24. Dez.- 6. Jan. geschl. – Karte 18/42 (Sonntag geschl.) – **75 Z : 115 B** 85/105 - 120/185 Fb.
     X t

Alter Kranen Ⓜ garni, Kärrnergasse 11, ℰ 5 00 39 – 🛗 🕭wc 🕭. AE E   X a
17 Z : 26 B 60/70 - 100/110.

Grüner Baum Ⓜ, Zeller Str. 35, ℰ 4 70 81, Telex 680109 – 📺 ⇔wc 🕭wc 🕭 ⇔. AE E
Karte 16,50/40 (nur Abendessen, Sonn- und Feiertage geschl.) – **24 Z : 48 B** 80/90 - 125/160 Fb.
     Z e

Strauß-Restaurant Würzburg, Juliuspromenade 5, ℰ 5 05 88 – 🛗 📺 🕭wc ⇔ ℗ 🕭
75 Z : 125 B.   X v

Würzburger Hof garni, Barbarossaplatz 2, ℰ 5 38 14, Telex 68453 – 🛗 ⇔wc 🕭wc 🕭.
⓪ E VISA   X r
51 Z : 78 B 50/120 - 90/180 Fb.

Schönleber garni, Theaterstr. 5, ℰ 1 20 68 – 🛗 ⇔wc 🕭wc 🕭. AE ⓪ E VISA. ⅍   X n
34 Z : 50 B 39/65 - 74/105.

Franziskaner garni (siehe auch Rest. Klosterschänke), Franziskanerplatz 2, ℰ 5 03 60 – 🛗
🕭wc 🕭. AE ⓪ E VISA   Y x
46 Z : 72 B 48/80 - 75/115.

Bahnhofhotel Excelsior garni, Hauger Ring 2, ℰ 5 04 84, Telex 68435 – 🛗 ⇔wc 🕭wc 🕭.
AE ⓪ E VISA   X m
54 Z : 66 B 45/90 - 80/180 Fb.

Luitpoldbrücke, Pleichertorstr. 26, ℰ 5 02 44 – 📺 🕭wc 🕭. AE ⓪ E   X z
20. Dez.-10. Jan. geschl. – Karte 20/32 (nur Abendessen, Sonntag geschl.) – **33 Z : 55 B** 45/80
- 70/130 Fb.

Russ, Wolfhartsgasse 1, ℰ 5 00 16 (Hotel) 5 91 29 (Rest.) – ⇔wc 🕭 ⇔   Y k
Karte 18/44 (Sonntag 15 Uhr - Montag geschl.) – **30 Z : 42 B** 37/74 - 67/115.

St. Josef garni, Semmelstr. 28, ℰ 5 31 41 – 📺 ⇔wc 🕭wc 🕭 ⇔. ⅍   X p
35 Z : 50 B 40/80 - 70/110 Fb.

Urlaub ⅌, Bronnbacher Gasse 4, ℰ 5 48 13, ㄟ – 🛗 🕭wc 🕭 ⇔   X s
20. Dez.- 7. Jan. geschl. – Karte 14/35 (Freitag geschl.) 🍴 – **24 Z : 37 B** 38/55 - 66/92 Fb.

Rosenau, Erthalstr. 1, ℰ 7 12 66 – 🕭wc ℗. AE ⓪   Z w
Karte 16,50/38 (Nov.- März Freitag geschl.) – **56 Z : 100 B** 35/60 - 60/90.

Stift Haug garni, Textorstr. 16, ℰ 5 33 93 – ⇔wc 🕭wc 🕭. AE E VISA   X u
20 Z : 30 B 40/65 - 70/95.

Meesenburg, Pleichertorstr. 8, ℰ 5 33 04 – 🕭wc 🕭 ⇔. AE   X z
Karte 14,50/57 (Sonntag geschl.) – **31 Z : 54 B** 30/54 - 60/120.

Central garni, Koellikerstr. 1, ℰ 5 69 52 – 🛗 🕭wc 🕭. AE E   X e
21 Z : 33 B 50/60 - 80/100.

XX **Ratskeller**, Langgasse 1, ℰ 1 30 21, ㄟ – AE ⓪   Y R
Mitte Jan.- Mitte Feb. geschl., Nov.- März Dienstag Ruhetag – Karte 21/50.

X **Klosterschänke**, Franziskanerplatz 2, ℰ 5 52 21   Y x
Sonntag 15 Uhr - Montag geschl. – Karte 18/46.

X **Zur Stadt Mainz** mit Zim, Semmelstr. 39, ℰ 5 31 55 – 🕭   X p
20. Dez.- 20. Jan. geschl. – Karte 25/49 (Tischbestellung ratsam) (Feiertage und Sonntag 15
Uhr - Montag geschl.) 🍴 – **20 Z : 35 B** 30/33 - 50/60.

Fränkische Weinstuben :

X **Weinhaus zum Stachel**, Gressengasse 1, ℰ 5 27 70, « Innenhof "Stachelhof" » – E
ab 16 Uhr geöffnet, 15. Aug.- 10. Sept. und Sonntag geschl. – Karte 17,50/42 🍴.   X b

X **Bürgerspital-Weinstuben**, Theaterstr. 19, ℰ 1 38 61 – ⓪ E   X y
Dienstag und Mitte Juli - Mitte Aug. geschl. – Karte 12/28 🍴.

X **Juliusspital**, Juliuspromenade 19, ℰ 5 40 80   X d
Mittwoch und Feb. geschl. – Karte 18/35 🍴.

In Würzburg-Heidingsfeld S : 3 km über ④ und Mergentheimer Straße :

Post-Hotel - Restaurant Reuterskeller, Mergentheimer Str. 162,
ℰ 70 50 05 (Hotel) 70 10 85 (Rest.), Telex 68471 – 🛗 ⇔wc 🕭wc 🕭 ⇔ 🕭 AE ⓪ E
Karte 30/57 (Montag geschl.) – **50 Z : 100 B** 74/90 - 109/151.

In Würzburg-Lengfeld ① : 4 km :

XX **Karl** mit Zim, Georg-Engel-Str. 1, 𝒫 27 30 23 — ➱wc ⫟wc ☎ 🅿
(nur Abendessen) — **7 Z : 13 B**.

In Würzburg-Lindleinsmühle über ① und Versbacher Straße :

🏠 **Lindleinsmühle** garni, Frankenstr. 15, 𝒫 2 30 46 — ▯⟊ ⫟wc ☎ 🅿
21 Z : 39 B 45/50 - 80.

In Würzburg-Versbach NO : 4,5 km über ① und Versbacher Straße :

🏠🏠 **Mühlenhof-Daxbaude**, Frankenstr. 205, 𝒫 2 10 01, Telex 680077, 🌣 — ➱wc ⫟wc ☎ 🅿
E
Karte 29/65 — **34 Z : 66 B** 75/110 - 95/145 Fb.

In Würzburg-Zellerau ⑤ : 2 km :

🏠🏠 **Wittelsbacher Höh** ⫫, Hexenbruchweg 10, 𝒫 4 20 85, ≤ Würzburg, « Gartenterrasse »,
⟠ — 🅿 🅿 ⛾. 🄰🄴 🅾 **E** 𝗩𝗜𝗦𝗔
Karte 26/63 — **70 Z : 132 B** 79/115 - 128/168 Fb.

Im Steinbachtal SW : 5 km über ④ :

X **Waldesruh**, Steinbachtal 82, ✉ 8700 Würzburg, 𝒫 (0931) 8 76 25, 🌣 — 🅿. 🄰🄴 🅾
10.- 28. Jan. und Mittwoch geschl. — Karte 21/57 ⛾.

Auf dem Steinberg ⑥ : 6,5 km, schmale Zufahrt ab Unterdürrbach :

🏠🏠 **Schloß Steinburg** ⫫, ✉ 8700 Würzburg, 𝒫 (0931) 9 30 61, Telex 680102, ≤ Würzburg und
Marienberg, « Gartenterrasse », ⟠, 🏊 (geheizt), 🌭 — ➱wc ⫟wc ☎ ⟵ 🅿 ⛾. 🄰🄴 🅾 **E**
𝗩𝗜𝗦𝗔
Karte 24/57 — **50 Z : 90 B** 65/80 - 105/125 Fb.

In Biebelried 8710 ② : 12 km, nahe der Autobahnausfahrt A 3 und A 7 :

🏠🏠 **Leicht**, Würzburger Str. 3 (B 8), 𝒫 (09302) 8 14, 🌭 — ▯⟊ ⟵ 🅿 ⛾. 🄰🄴 **E**
23. Jan.- 10. Jan. geschl. — Karte 25/58 *(Sonntag geschl.)* — **70 Z : 105 B** 85/110 - 140/180 Fb.

In Erlabrunn 8702 ⑥ : 12 km :

🏠 **Gästehaus Tenne** garni, Würzburger Str. 4, 𝒫 (09364) 93 84, « Bäuerliche Einrichtung » —
⫟wc 🅿. **E**
13 Z : 21 B 35/40 - 60/70.

🏠 **Weinhaus Flach**, Würzburger Str. 16, 𝒫 (09364) 13 19, 🌣, eigener Weinbau — ⫟wc 🅿 ⛾
➼ Mitte Jan.- Mitte Feb. geschl. — Karte 12/43 *(Dienstag geschl.)* ⛾ — **22 Z : 35 B** 36/40 - 60/66.

In Höchberg 8706 ⑤ : 4 km :

🏠 **Lamm** Ⓜ, Hauptstr. 76, 𝒫 (0931) 40 90 94, 🌣 — ▯⟊ ⫟wc ☎ 🅿
➼ Karte 12,50/41 *(Mittwoch geschl.)* ⛾ — **26 Z : 41 B** 65/75 - 90/110 Fb.

🏠 **Frankenhof**, Hauptstr. 3, 𝒫 (0931) 40 90 91 — ➱wc ⫟wc ☎ ⟵ 🅿
27 Z : 52 B Fb.

In Rottendorf 8702 ② : 6 km :

🏠 **Zum Kirschbaum**, Würzburger Str. 18 (B 8), 𝒫 (09302) 8 12 — ➱wc ⫟wc 🅿
➼ Karte 14,50/37 *(Nov.- Feb. Samstag geschl.)* — **59 Z : 100 B** 35/50 - 70/85.

MICHELIN-REIFENWERKE KGaA. Niederlassung Würzburg, Ohmstr. 2 (über ①), 𝒫 (0931)
2 10 58.

WÜSTENROT 7156. Baden-Württemberg — 5 900 Ew — Höhe 485 m — Erholungsort — ✆ 07945.
♦Stuttgart 58 — Heilbronn 27 — Schwäbisch Hall 24.

🏠 **Waldhotel Raitelberg** ⫫, Schönblickstr. 39, 𝒫 83 11, 🌣, 🌭 — ➱wc ⫟wc ☎ 🅿 ⛾
15.- 25. Dez. geschl. — Karte 15,50/45 *(Montag geschl.)* ⛾ — **33 Z : 56 B** 46/67 - 82/96 Fb —
P 60/70.

In Wüstenrot-Neulautern SW : 4 km :

🏠 **Café Waldeck** ⫫, 𝒫 (07194) 3 23, ≤, 🌣, 🌭 — ⫟wc 🅿
Mitte Dez.- Ende Feb. geschl. — Karte 15/36 ⛾ — **15 Z : 26 B** 24/36 - 46/76 — P 36/52.

WUNSIEDEL 8592. Bayern 𝟵𝟴𝟳 ㉗ — 11 000 Ew — Höhe 537 m — ✆ 09232.
Ausflugsziel : Luisenburg : Felsenlabyrinth★★ S : 3 km.
🄴 Verkehrsamt, Jean-Paul-Str. 5 (Fichtelgebirgshalle), 𝒫 60 21 62.
🄴 Verkehrsbüro und Kurverwaltung, Bad Alexandersbad, Markgräfl. Schloß, 𝒫 (09232) 26 34.
♦München 280 — Bayreuth 48 — Hof 36.

🏠🏠 **Kronprinz von Bayern**, Maximilianstr. 27, 𝒫 35 09 — 📺 ➱wc ⫟wc ☎ 🅿
Karte 24/61 *(Montag geschl.)* — **28 Z : 50 B** 45 - 80.

🏠🏠 **Wunsiedler Hof**, Jean-Paul-Str. 3, 𝒫 40 81, 🌣 — ▯⟊ ⫟wc ☎ 🅿 ⛾. 🄰🄴 **E**
Karte 17/58 — **35 Z : 70 B** 50 - 80 Fb.

🏠 **Garni-Leeg** ⫫, Alte Landgerichtsstr. 18, 𝒫 22 01, 🌭 — ⫟wc ⟵
12 Z : 17 B 25/30 - 44/50.

839

In Wunsiedel-Juliushammer O : 3,5 km Richtung Arzberg :

🏨 **Juliushammer** ⟨S⟩, 𝒫 10 85, Telex 641279, ⚓, 🍴, ⊐ (geheizt), 🔲, 🎠, 🍽 — ⏢wc 🛁wc
☎ 🅿 🅰 AE ⓪ E
Karte 17/47 — **18 Z : 38 B** 45/53 - 68/81 — 10 Appart.

In Bad Alexandersbad 8591 SO : 3 km — Heilbad :

🏨 **Alexandersbad** ⟨S⟩, Markgrafenstr. 24, 𝒫 (09232) 10 31, Telex 641170, Bade- und
Massageabteilung, 🠠, 🔲 — 🔌 ⏢wc 🛁wc ☎ 🚗 🅿 🅰 AE ⓪ E. 🍽 Rest
Karte 23/48 (auch Diät) — **112 Z : 220 B** 66/68 - 115/125 Fb — P 92/97.

🏨 **Kur- und Sporthotel** ⟨S⟩, Markgrafenstr. 30, 𝒫 (09232) 8 91, Telex 641161, direkter Zugang
zum Kurmittelhaus, 🠠, 🔲, 🍽 — 🔌 📺 ⏢wc 🛁wc ☎ 🚗 🅿 🅰. AE ⓪ E. 🍽 Rest
Karte 25/48 — **137 Z : 242 B** 58/63 - 106/116 Fb — P 92/97.

WUNSTORF 3050. Niedersachsen 987 ⑮ — 37 500 Ew — Höhe 50 m — ✿ 05031.

🛈 Städt. Verkehrsamt, Steinhude, Leineweberstr. 18, 𝒫 14 45.

♦Hannover 23 — Bielefeld 94 — ♦Bremen 99 — ♦Osnabrück 124.

🏨 **Wehrmann**, Kolenfelder Str. 86, 𝒫 1 21 63 — 🔌 🛁wc ☎ 🅿 🅰. 🍽
Juli - Aug. 3 Wochen geschl. — Karte 18/37 (nur Abendessen, Sonn- und Feiertage geschl.) —
26 Z : 30 B 48/53 - 80/85.

In Wunstorf 2-Steinhude NW : 8 km — Erholungsort — ✿ 05033 :

🏨 **Haus am Meer** ⟨S⟩, Uferstr. 3, 𝒫 10 22, ≤, « Gartenterrasse » — ⏢wc 🛁wc ☎ 🅿
15. Dez.- Jan. geschl. — Karte 27/60 — **12 Z : 24 B** 58/100 - 90/150 — P 103/120.

🏨 **Tiedemann** ⟨S⟩ garni, Am Knick 4, 𝒫 53 94 — 🛁wc 🅿
10 Z : 16 B 33/52 - 62.

♨ **Schaumburger Hof**, Graf-Wilhelm-Str. 22, 𝒫 15 70 — ⏢wc 🛁wc
14. Okt.- 10. Nov. geschl. — Karte 17/43 (Montag geschl.) — **15 Z : 28 B** 36/45 - 72/82.

XX **Schweers-Harms-Fischerhus**, Graf-Wilhelm-Str. 9, 𝒫 52 28, « Altes niedersächsisches
Bauernhaus »
Nov.- Mai Montag und 2. Jan.- 15. Feb. geschl. — Karte 20/51.

Les guides Michelin

Guides Rouges (hôtels et restaurants) :

**Benelux, España Portugal, France, Great Britain and Ireland, Italia,
Main Cities Europe**

Guides Verts (Paysages, monuments et routes touristiques) :

**Allemagne, Autriche, Belgique, Canada, Espagne, Grèce, Hollande, Italie,
Londres, Maroc, New York, Nouvelle Angleterre, Portugal, Rome, Suisse**
... la collection sur la **France.**

WUPPERTAL 5600. Nordrhein-Westfalen 987 ⑭ — 400 000 Ew — Höhe 167 m — ✿ 0202.

Sehenswert : Schwebebahn★ — Von-der-Heydt-Museum★.

🛈 Informationszentrum, Wuppertal-Elberfeld, Pavillon Döppersberg, 𝒫 5 63 21 80.

ADAC, Wuppertal-Elberfeld, Friedrich-Ebert-Str. 146, 𝒫 31 34 52, Notruf 𝒫 1 92 11 und Wuppertal-Barmen,
Friedrich-Engels-Allee 305, 𝒫 8 26 26, Notruf 𝒫 1 92 11.

♦Düsseldorf 37 ⑥ — ♦Dortmund 48 ① — ♦Duisburg 56 ⑦ — ♦Essen 35 ⑥ — ♦Köln 56 ①.

Stadtpläne siehe nächste Seiten.

In Wuppertal 2-Barmen :

🏛 **Juliana** Ⓜ, Mollenkotten 195, 𝒫 6 47 50, Telex 8591227, « Terrasse mit ≤ », Bade- und
Massageabteilung, 🠠, ⊐ (geheizt), 🔲, 🎠, 🍽, 🛎 — 🔌 📺 ⬥ 🅿 🅰. AE ⓪ E VISA   BX u
Karte 38/72 (Tischbestellung ratsam) — **94 Z : 150 B** 105/185 - 160/200 Fb.

🏨 **Villa Christina** ⟨S⟩ garni, Rich.-Strauss-Allee 18, 𝒫 62 17 36, « Ehem. Villa in einem kleinen
Park », ⊐ (geheizt), 🎠 — 📺 ⏢wc 🛁wc ☎ 🅿. AE ⓪   DZ y
7 Z : 12 B 75/90 - 115/135.

🏠 **Zur Krone** garni, Gemarker Ufer 19, 𝒫 59 50 20 — 🔌 🛁wc ☎. AE ⓪ E VISA   DZ a
17 Z : 24 B 68 - 98.

🏠 **Paas**, Schmiedestr. 55 (B 51), 𝒫 66 17 06 — 🛁wc ☎ 🅿. AE ⓪ E   BX n
Karte 19/50 — **12 Z : 18 B** 60 - 90.

🏠 **Park-Hotel** garni, Mollenkotten 245, 𝒫 66 00 25 — 📺 ⏢wc 🛁wc ☎ 🚗 🅿. E   BX h
20 Z : 32 B 50/65 - 70/105.

XXX **Schmücker**, Friedrich-Engels-Allee 378 (B 7), ℰ 55 52 70 — 🅿. AE E VISA   BX **x**
Samstag bis 18 Uhr geschl. — Karte 25/55.

XX **Jagdhaus Mollenkotten**, Mollenkotten 144, ℰ 52 26 43 — 🅿   BX **e**
Montag - Dienstag, 6.- 21. Jan. und 28. Juli - 21. Aug. geschl. — Karte **29**/52.

XX **Palette Röderhaus**, Sedanstr. 68, ℰ 50 62 81, « Antiker Hausrat, Gemäldegalerie » — AE ① E   DZ **d**
nur Abendessen, Samstag - Sonntag, an Feiertagen sowie Juli - Aug. 3 Wochen geschl. — Karte 25/65.

XX **Im Vockendahl**, Märkische Str. 124, ℰ 52 05 17 — 🅿   BX **c**
Dienstag geschl. — Karte 24/61.

XX **Villa Foresta**, Forestastr. 11, ℰ 62 19 75, « Gartenterrasse » — 🅿. ① E   BXY **r**
Karte 19/51.

X **Park-Restaurant Haus Mallack**, Mallack 30d, ℰ 52 36 43 — 🅿. ※   BX **b**
Donnerstag und Juni geschl. — Karte 17/46.

X **Taverne Aramis** (Mövenpick), Alter Markt 5 (1. Etage), ℰ 59 34 50 — AE ① E VISA   DZ **r**
Karte 22/52.

In Wuppertal 12-Cronenberg :

🏠 **Zur Post** garni, Hauptstr. 49, ℰ 47 40 41 — TV 🛏wc 🏠wc ☎ 🏠 🅿. AE ① E VISA   AY **e**
16 Z : 22 B 58/105 - 95/148.

In Wuppertal 1-Elberfeld :

🏠 **Kaiserhof** — **Döppersberg 50**, ℰ 45 90 81, Telex 8591405, ≘s — 🛗 TV 🔥 🅿 🏠. AE ① E   CZ **a**
Karte 34/60 — **126 Z : 149 B** 85/140 - 149/205 Fb.

🏠 **Zur Post** ⚘ garni, Poststr. 4, ℰ 45 01 31 — 🛗 TV 🛏wc 🏠wc ☎. AE ① E VISA   CZ **p**
22. Dez.- 1. Jan. geschl. — **52 Z : 80 B** 48/95 - 80/125.

🏠 **Hanseatic** garni, Friedrich-Ebert-Str. 116a, ℰ 31 00 88 — 🏠wc ☎   AY **r**
16 Z : 20 B 65/80 - 90/110 Fb.

🏠 **Rubin** garni, Paradestr. 59, ℰ 45 00 77 — 🛗 🏠wc ☎ 🏠. VISA   CZ **f**
12 Z : 24 B 50/75 - 80/110.

XX **La Lanterna** (Italienische Küche), Friedrich-Ebert-Str.15, ℰ 30 41 51 — 🅿   CZ **n**

XX **Ratskeller**, Neumarkt 10, ℰ 44 62 92 — 🏠   CZ **R**

X **Zum alten Kuhstall**, Boettinger Weg 3, ℰ 74 34 27, 🎋 — 🅿. AE ① E   AY **s**
karte 22/44.

X **Bosnien Stube** (Jugoslawische Küche), Sportstr. 19, ℰ 44 48 21   CZ **c**
Karte 13/36.

In Wuppertal 22-Langerfeld :

🏠 **Neuenhof**, Schwelmer Str. 246, ℰ 60 25 36, � — 🛏wc 🏠wc ☎ 🏠 🅿. ※ Rest   BX **m**
23.- 31. Dez. geschl. — Karte 20/50 *(Freitag geschl.)* — **16 Z : 24 B** 48/80 - 96/150.

In Wuppertal 21-Ronsdorf :

🏠 **Atlantic**, In der Krim 11, ℰ 46 40 55, Telex 8592414, ≘s — TV 🛏wc 🏠wc ☎ 🅿 🏠. AE ① E VISA   BY **n**
Karte 30/60 *(Sonn- und Feiertage geschl.)* — **24 Z : 37 B** 98 - 138 Fb.

In Wuppertal 11-Sonnborn :

🏠 **Vollrath** garni, Möbeck 42, ℰ 74 30 10 — 🏠wc ☎ 🅿   AY **t**
29 Z : 40 B 40/68 - 70/98.

In Wuppertal 1-Varresbeck :

🏠 **Novotel**, Otto-Hausmann-Ring 203, ℰ 7 19 00, Telex 8592350, 🏊, � — 🛗 TV 🛏wc ☎ 🔥 🅿 🏠. AE ① E VISA   AY **u**
Karte 23/56 — **128 Z : 256 B** 130/150 - 163/175 Fb.

XXX **Gourmet im Windlicht**, Deutscher Ring 40, ℰ 71 02 20 — 🅿 🏠. ① E   AY **d**
Juli, Samstag bis 18 Uhr und Dienstag geschl. — Karte 34/65.

In Wuppertal 11-Vohwinkel :

XXX **Scarpati** mit Zim (Italienische Küche), Scheffelstr. 41, ℰ 78 40 74, 🎋 — TV 🛏wc 🏠wc ☎ 🅿 🏠. AE ① E   AY **n**
Karte 34/66 — **7 Z : 11 B** 98 - 148.

In Hattingen-Oberelfringhausen 4320 N : 8 km über ⑧ :

XXX **Landhaus Felderbachtal**, Felderbachstr. 133, ℰ (0202) 52 20 11, « Gartenterrasse » — 🍽 🅿 🏠. AE ① E VISA   BX **t**
Karte 34/67 (Tischbestellung ratsam).

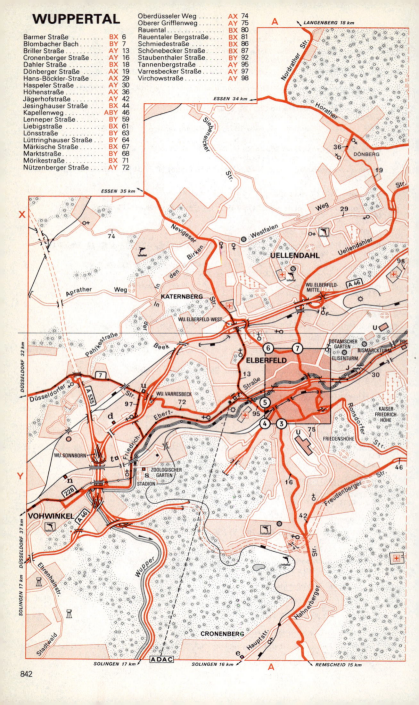

WUPPERTAL

842

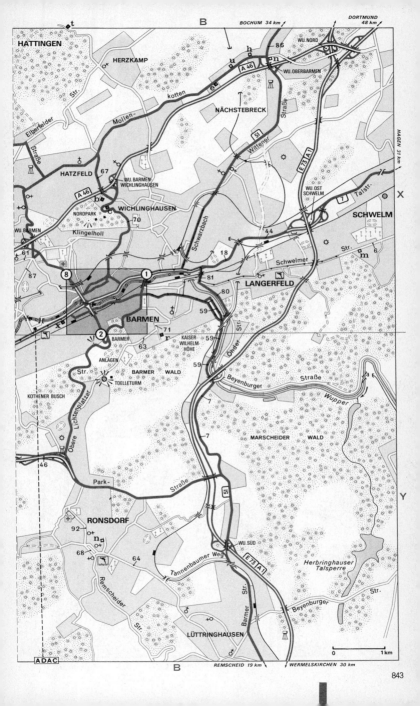

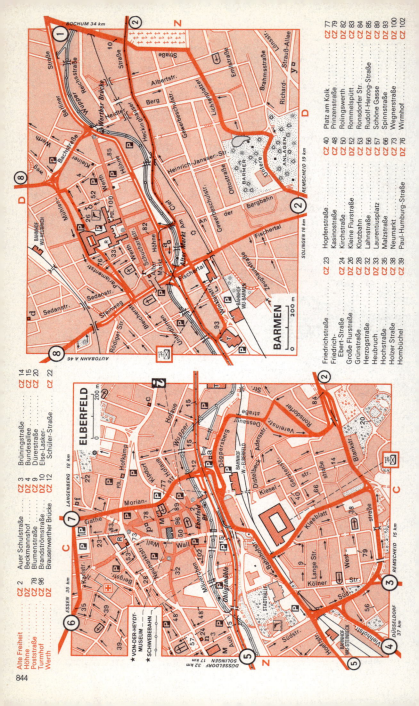

ELBERFELD

★ VON-DER-HEYDT-MUSEUM
★ SCHWEBEBAHN

BARMEN

0   200 m

BOCHUM 34 km

REMSCHEID 19 km

SOLINGEN 16 km

AUTOBAHN A 46

LANGENBERG 18 km

ESSEN 35 km

REMSCHEID 15 km

DÜSSELDORF 37 km

DÜSSELDORF 32 km

SOLINGEN 17 km

WURTZBOURG = Würzburg.

WURZACH, BAD 7954. Baden-Württemberg **987** ⑱. **426** ⑮ – 12 000 Ew – Höhe 652 m – Moor-Heilbad – 🕭 07564 – Sehenswert : Pfarrkirche★ – 🖪 Kurverwaltung, Mühltorstr. 1, ℰ 30 21 53.

◆Stuttgart 159 – Bregenz 66 – Kempten (Allgäu) 47 – ◆Ulm (Donau) 68.

🏠 **Rössle**, Schulstr. 12, ℰ 20 55, 🐎 – 🔟 ➞wc 🕿 ⇔ 🅿 ☕
   Karte 25/68 – **22 Z : 34 B** 65/100 - 120/200 – P 90/130.

🏠 **Moorsanatorium Reischberg** ⑤, ℰ 20 35, Dachterrasse mit ≤, Bade- und Massageabteilung, ☖, 🔲, ☞ – 🛏 ➞wc 🕿 🔥 ⇔ 🅿 ✻
   16. Dez.- 7. Jan. geschl. – (Rest. nur für Hausgäste) – **76 Z : 96 B** 62/70 - 124/140 Fb – P 95/105.

🏛 Städt. Kurhaus, Marktstr. 3, ℰ 30 21 61, Bade- und Massageabteilung, 🔲 – 🛏 ➞wc 🅿
   62 Z : 90 B.

WYK Schleswig-Holstein siehe Föhr (Insel).

XANTEN 4232. Nordrhein-Westfalen **987** ⑬ – 16 600 Ew – Höhe 26 m – 🕭 02801.
Sehenswert : Dom St. Viktor★ – 🖪 Verkehrsamt, Rathaus, Karthaus 2, ℰ 3 72 38.

◆Düsseldorf 66 – ◆Duisburg 42 – Kleve 26 – Wesel 16.

🏠 **Hövelmann**, Markt 31, ℰ 40 81 (Hotel) 30 03 (Rest.), Fahrradverleih – 🛏 🔟 ➞wc 🕿 ⇔ 🅿
   🖃 🄴. ✻ Zim
   20.- 24. Dez. geschl. – Karte 22/47 (Freitag geschl.) – **20 Z : 34 B** 60/80 - 100/130.

🏠 **Limes Hotel - Restaurant Fünf Gulden** 🅼, Niederstr. 1, ℰ 40 91 – 🛏 🔟 ➞wc 🕿 🔥 ⇔
   ☕ 🖃 🅾 🄴
   Karte 21/54 – **40 Z : 80 B** 76/106 - 122/147 Fb.

🏛 **Van Bebber**, Klever Str. 10, ℰ 14 01 – ➞ ⇔ 🅿 🄴
   Karte 23/48 (Donnerstag geschl.) – **12 Z : 22 B** 37/40 - 74/76.

In Xanten 2-Marienbaum NW : 7 km :

🏠 **Marienbaum**, Kalkarer Str. 77, ℰ 81 84 – ➞wc 🅿
↠ Karte 14,50/41 – **10 Z : 19 B** 38/45 - 70/85.

ZABERFELD 7129. Baden-Württemberg – 2 900 Ew – Höhe 227 m – 🕭 07046.

◆Stuttgart 54 – Heilbronn 26 – ◆Karlsruhe 48.

In Zaberfeld-Leonbronn NW : 3 km :

🏠 Löwen, Zaberfelder Str. 11, ℰ 26 03 – ➞wc 🕿 🅿. ✻ – **6 Z : 11 B**.

ZEDTWITZ Bayern siehe Hof.

ZEIL AM MAIN 8729. Bayern – 5 300 Ew – Höhe 237 m – 🕭 09524.
🖪 Verkehrsamt, Rathaus, Marktplatz, ℰ 16 41 – ◆München 270 – ◆Bamberg 29 – Schweinfurt 27.

🏠 **Café Kolb**, Krumer Str. 1, ℰ 2 22 – ➞wc ➞wc 🅿 ☕
↠ Karte 13/28 ☕ – **21 Z : 37 B** 25/38 - 48/60.

✕ **Fränkische Weinstube** mit Zim (Fachwerkhaus a.d.17.Jh.), Marktplatz 1 (B 26), ℰ 2 79 –
   🅿
   24. Dez.- 20. Jan. geschl. – Karte 16/40 (Montag - Dienstag geschl.) – **7 Z : 9 B** 30 - 60.

ZELL Bayern siehe Münchberg.

ZELL AM HARMERSBACH 7615. Baden-Württemberg **242** ⑱. **87** ⑥ – 6 300 Ew – Höhe 223 m
– Erholungsort – 🕭 07835 – 🖪 Verkehrsbüro, Alte Kanzlei 2, ℰ 6 65.

◆Stuttgart 168 – ◆Freiburg im Breisgau 55 – Freudenstadt 43 – Offenburg 22.

🏠 **Sonne**, Hauptstr. 5, ℰ 6 44, 🐎 – ➞wc ➞wc 🕿 ⇔ 🅿. ✻ Zim
   15. Jan.- 15. Feb. geschl. – Karte 26/50 (Donnerstag geschl.) ☕ – **17 Z : 31 B** 42/45 - 80/90 –
   P 73.

🏛 **Zum Schwarzen Bären**, Kirchstr. 5, ℰ 2 51, 🐎 – 🛏 ➞wc ➞wc 🕿 ⇔. ✻ Zim
   15. Nov.- 10. Dez. geschl. – Karte 17/50 (Mittwoch geschl.) ☕ – **28 Z : 45 B** 32/48 - 55/80 –
   P 55/65.

🏠 **Kleebad** ⑤, Jahnstr. 8, ℰ 33 15, ≤, Caféterrasse, 🐎 – ➞wc 🅿. ✻
   25. Nov.- 10. Dez. geschl. – (Rest. nur für Hausgäste) – **17 Z : 28 B** 29/44 - 58/74 – P 43/56.

In Zell-Unterharmersbach :

🏛 **Rebstock**, Hauptstr. 104, ℰ 5 13, 🐎 – ➞wc ➞wc 🅿
   10. Feb.- 10. März geschl. – Karte 17/42 (Dienstag geschl.) ☕ – **18 Z : 32 B** 38 - 72/76 – P 61.

🏠 **Eckwaldblick**, Rebhalde 1, ℰ 6 41, Caféterrasse, 🔲, 🐎 – 🛏 ➞wc ➞wc 🅿. ✻ Zim
↠ 10. Nov.- 15. Dez. geschl. – Karte 14,50/37 (Montag geschl.) ☕ – **31 Z : 50 B** 33/52 - 66/82 –
   P 50/60.

🏠 **Schützen**, Hauptstr. 170, ℰ 4 09 – ➞wc ⇔ 🅿
↠ 7. Jan.- 1. Feb. geschl. – Karte 13/38 (Donnerstag geschl.) ☕ – **18 Z : 32 B** 30/37 - 55/69 –
   P 45/55.

ZELL AN DER MOSEL 5583. Rheinland-Pfalz 987 ㉔ − 5 500 Ew − Höhe 94 m − 🕿 06542.

Sehenswert : Zell-Kaimt : ≤★★ von der Umgehungsstraße.

🛈 Verkehrsamt, Rathaus, Balduinstr. 44, 🕿 40 32.

Mainz 105 − Cochem 39 − ◆Trier 69.

🏨 **Zum grünen Kranz**, Balduinstr. 13, 🕿 42 76, ≤, eigener Weinbau, ⇔, 🔲 − 劇 🛏wc 🛏wc
🕿, 🖭 🗉
Karte 20/55 − **32 Z : 55 B** 35/70 - 60/120 − P 58/78.

🏠 **Zur Post**, Schloßstr. 25, 🕿 42 17 − 劇 🛏wc 🛏wc 🅿 🖭 ⓞ 🗉 𝘝𝘐𝘚𝘈. 🕸
Jan. 3 Wochen geschl. − Karte 16/36 (Montag geschl.) ⚕ − **16 Z : 30 B** 40/45 - 80.

🏠 **Weinhaus Mayer**, Balduinstr. 15, 🕿 45 30, ≤, eigener Weinbau − 🛏wc
März - Nov. − Karte 15/43 ⚕ − **14 Z : 29 B** 40/60 - 76/90 − P 65/75.

🏠 **Am Brunnen**, Balduinstr. 51, 🕿 42 15, ≤ − 🛏wc 🗉 𝘝𝘐𝘚𝘈
Karte 19/56 − **19 Z : 36 B** 40/45 - 80/90.

In Zell-Kaimt :

🏠 **Zur Schröter-Klause** 🐾, Marientaler Au 58, 🕿 4 16 55, 🍴, ⇔, 🍴 − 🛏wc 🅿
März - 15. Nov. − Karte 17/44 (nur Abendessen, Dienstag geschl.) − **9 Z : 19 B** 40 - 70/90.

ZELL IM ODENWALD Hessen siehe König, Bad.

ZELL IM WIESENTAL 7863. Baden-Württemberg 216 ⑤, 242 ㊿, 427 ⑤ − 7 000 Ew − Höhe 444 m − 🕿 07625.

◆Stuttgart 196 − Basel 32 − Donaueschingen 73 − ◆Freiburg im Breisgau 48.

🏠 **Löwen**, Schopfheimer Str. 2, 🕿 2 08 − 🛏wc 🕿 ⇐ 🅿
Karte 16/38 (Freitag - Samstag 18 Uhr geschl.) ⚕ − **37 Z : 50 B** 25/40 - 48/78.

🏠 **Dreikönig**, Kirchstr. 12, 🕿 3 39 − 🛏wc ⇐ − **20 Z : 30 B**.

In Zell-Gresgen W : 5 km − Höhe 750 m :

🏠 **Löwen** 🐾, 🕿 3 96, Biergarten, 🐎 − 🛏wc 🛏wc 🅿
Mitte Jan.- Feb. geschl. − Karte 17/42 (Montag - Dienstag geschl.) ⚕ − **21 Z : 33 B** 28/41 - 56/76.

ZELLINGEN 8705. Bayern − 5 400 Ew − Höhe 166 m − 🕿 09364.

◆München 296 − Aschaffenburg 60 − Bad Kissingen 53 − ◆Würzburg 16.

In Zellingen - Retzbach :

🏨 **Zum Löwen**, Untere Hauptstr. 9, 🕿 99 17, ⇔, 🔲, 🐎 − 📺 🛏wc 🕿 ⇐ 🅿 🛠. 🖭 ⓞ 🗉
𝘝𝘐𝘚𝘈
Karte 25/56 (Dienstag geschl.) − **33 Z : 60 B** 70/80 - 110/160 Fb.

ZELTINGEN-RACHTIG 5553. Rheinland-Pfalz − 2 650 Ew − Höhe 105 m − Erholungsort − 🕿 06532 − 🛈 Verkehrsamt, Zeltingen, Uferallee 13, 🕿 24 04.

Mainz 121 − Bernkastel-Kues 8 − ◆Koblenz 99 − ◆Trier 43 − Wittlich 10.

In Zeltingen :

🏨 **Nicolay zur Post**, Uferallee 7, 🕿 20 91, ≤, 🍴, ⇔, 🔲 − 劇 🛏wc 🛏wc 🕿 ⇐ 🅿 🛠. 🖭
ⓞ 🗉 𝘝𝘐𝘚𝘈. 🕸 Rest
Jan.- Feb. geschl. − Karte 18/49 (Nov.- Dez. Mittwoch geschl.) ⚕ − **37 Z : 70 B** 60/75 - 80/120
− P 78/108.

🏠 **Winzerverein**, Burgstr. 7, 🕿 21 19, ≤, 🍴, ⇔ − 🛏wc 🕿 🅿
15. Nov.- 15. Dez. geschl. − Karte 16/43 − **52 Z : 90 B** 30/40 - 50/80 − P 49/65.

ZEMMER Rheinland-Pfalz siehe Kordel.

ZENDSCHEID Rheinland-Pfalz siehe Kyllburg.

ZENTING 8359. Bayern 426 ⑦ − 1 200 Ew − Höhe 450 m − Wintersport : 600/1 000 m ⚟2 − 🕿 09907 − ◆München 172 − Cham 89 − Deggendorf 30 − Passau 33.

Im Ortsteil Ranfels S : 4 km :

🏠 **Birkenhof** 🐾, 🕿 2 69, ≤, 🔲 (geheizt), 🐎, 🐎 − 🛏wc ⇐ 🅿. 🕸 Rest
➤ 15. Nov.- 20. Dez. geschl. − Karte 13,50/37 − **23 Z : 40 B** 24/36 - 44/70 − P 37/50.

ZERF 5504. Rheinland-Pfalz 57 ⑤ − 1 600 Ew − Höhe 400 m − 🕿 06587.

Mainz 160 − ◆Saarbrücken 61 − ◆Trier 22.

🍴 **Zur Post** mit Zim (Gasthof a.d. 17. Jh.), Marktplatz 1, 🕿 2 43 − 🛏wc 🅿
Karte 15,50/35 (Donnerstag geschl.) − **4 Z : 9 B** 31 - 62.

In Greimerath 5501 S : 7 km :

🏠 **Zur Post**, Hauptstr. 73, 🕿 (06587) 8 57 − 🛏wc 🕿 🅿
➤ 21.- 25. Dez. geschl. − Karte 11,50/40 (Dienstag geschl.) ⚕ − **12 Z : 26 B** 31/36 - 58/66 −
P 46/50.

ZEVEN 2730. Niedersachsen 987 ⑮ — 11 900 Ew — Höhe 30 m — ✪ 04281.

♦Hannover 147 — ♦Bremen 55 — ♦Bremerhaven 60 — ♦Hamburg 74.

🏨 **Paulsen**, Meyerstr. 22, 𝒫 25 17 — 📺 ⋔wc ☎ 🅿 🦽. 🄰🄴 ⑨ ⋿ 𝚅𝙸𝚂𝙰
Karte 21/43 *(Sonntag geschl.)* — **31 Z : 55 B** 50/55 - 80/90.

🏨 **Garni**, Poststr. 20, 𝒫 34 92 — ⋔wc 🅿. ⑨ ⋿. ⅌
16 Z : 30 B 40/50 - 78/85.

🏨 Spreckels Gasthaus, Bremer Str. 2, 𝒫 24 33 — ⋔wc ⟺ 🅿. ⅌ Zim
20 Z : 30 B.

In Gyhum-Sick 2730 S : 10 km :

🏠 **Niedersachsen-Hof**, an der B 71, 𝒫 (04286) 10 56 — ⋔wc 🦽 ⟺ 🅿 🄰🄴 ⑨ ⋿
10.- 24. Juli geschl. — Karte 15,50/29 *(Freitag geschl.)* — **15 Z : 22 B** 36/42 - 60/64.

ZICHERIE Niedersachsen siehe Brome.

ZIERENBERG 3501. Hessen — 6 700 Ew — Höhe 280 m — Luftkurort — ✪ 05606.

♦Wiesbaden 235 — ♦Kassel 20 — Warburg 28.

Auf dem Dörnberg O : 3 km :

✗ **Dörnberghaus**, ✉ 3501 Zierenberg, 𝒫 (05606) 85 00, ≤, 🍃 — 🅿
20. Nov.- 24. Dez. und Donnerstag geschl. — Karte 16,50/39.

In Zierenberg 4-Burghasungen SW : 6 km :

🏨 **Panorama**, Ludwig-Müller-Str. 1, 𝒫 90 21, ≤, 🍃 — 🚿wc ☎ 🅿
7.- 24. Jan. geschl. — Karte 19/48 — **18 Z : 30 B** 48/53 - 82/89 — P 60/63.

🏠 **Gasthof Gerhold**, Zierenberger Str. 9, 𝒫 92 26 — ⋔wc 🅿. ⅌ Zim
↝ Karte 12,50/20 *(Donnerstag geschl.)* — **8 Z : 14 B** 28 - 50 — P 40/43.

ZIRNDORF 8502. Bayern 987 ㉖ — 21 000 Ew — Höhe 290 m — ✪ 0911 (Nürnberg).

Siehe Nürnberg (Umgebungsplan).

♦München 175 — Ansbach 35 — ♦Nürnberg 9.

🏨 **Knorz** ⅌, garni, Volkhardtstr. 18, 𝒫 60 70 61 — 🚿wc ⋔wc ☎ ⟺   AS **u**
15 Z : 24 B 39/48 - 60/75 Fb.

🏨 **Kneippkurhotel** ⅏, Achterplätzchen 5, 𝒫 6 00 03, 🍃 — ⋔ ⟺ 🅿. ⋿   AS **m**
Karte 16/36 *(Freitag geschl.)* — **17 Z : 22 B** 45 - 75 Fb.

In Zirndorf-Wintersdorf SW : 5 km über Rothenburger Straße AS :

🏠 **Lämmermann**, Ansbacher Str. 28, 𝒫 (09127) 88 19, 🍃, 🐎 — ⋔wc 🅿
↝ Karte 13/36 *(19. Aug.- 6. Sept. und Montag geschl.)* ⅋ — **26 Z : 35 B** 30/38 - 56/72 Fb.

ZORGE 3421. Niedersachsen — 1 700 Ew — Höhe 340 m — Luftkurort — ✪ 05586.

🅱 Kurverwaltung, Am Kurpark 4, 𝒫 2 51.

♦Hannover 137 — Braunlage 15 — Göttingen 70.

🏨 **Kunzental** ⅏, Im Förstergarten 7, 𝒫 12 61, 🍃, 🐎 — 🚿wc ⋔wc 🅿
Karte 28/56 — **24 Z : 46 B** 39/41 - 70/74 — P 61/63.

🏨 **Wolfsbach**, Hohegeißer Str. 25, 𝒫 4 26, 🍃 — 📺 ⋔wc 🅿. ⅌
15.- 30. Nov. geschl. — (Rest. nur für Hausgäste) — **16 Z : 25 B** 33/38 - 63/73 — P 50/56.

🏠 **Deutsches Haus**, Taubentalstr. 16, 𝒫 2 72 — 🚿wc ⋔wc
↝ Karte 14,50/30 — **21 Z : 40 B** 23/35 - 46/70.

ZORNEDING 8011. Bayern — 7 000 Ew — Höhe 560 m — ✪ 08106.

♦München 20 — Wasserburg am Inn 34.

🏠 **Neuwirt**, Münchener Str. 43 (B 304), 𝒫 28 25 — ⋔wc ☎ ⟺ 🅿. 🄰🄴 ⑨ ⋿
↝ 18. Aug.- 5. Sept. geschl. — Karte 13,50/42 ⅋ — **30 Z : 48 B** 55 - 80.

ZÜLPICH 5352. Nordrhein-Westfalen 987 ㉓ — 17 500 Ew — Höhe 170 m — ✪ 02252.

♦Düsseldorf 76 — ♦Bonn 38 — Düren 19 — ♦Köln 42.

🏨 Europa, Bonner Str. 2, 𝒫 22 84 — 🚿wc ⋔wc ☎ ⟺ 🅿
13 Z : 21 B.

ZUGSPITZE Bayern siehe Garmisch-Partenkirchen.

ZUSMARSHAUSEN 8901. Bayern 987 ㉚ — 4 500 Ew — Höhe 466 m — ✪ 08291.

♦München 88 — ♦Augsburg 30 — Donauwörth 47 — ♦Ulm (Donau) 55.

🏨 **Zur Post**, Augsburger Str. 2, 𝒫 3 02, 🔲, 🐎 — 🚿wc ⋔wc ⟺ 🅿. ⑨ ⋿
↝ Karte 13/34 *(Montag geschl.)* — **30 Z : 48 B** 30/45 - 50/70.

🏨 **Krone**, Augsburger Str. 9, 𝒫 2 12 — ⋔wc 🅿 🦽
↝ Karte 14/28 *(Samstag geschl.)* — **70 Z : 144 B** 31/45 - 59/72.

ZWEIBRÜCKEN 6660. Rheinland-Pfalz 987 ㉔, 57 ⑦ ⑧, 87 ⑪ − 37 300 Ew − Höhe 225 m − ✪ 06332.

🛈 Verkehrsamt, Herzogstr. 5, ℰ 8 82 48 − ADAC, Poststr. 14, ℰ 1 58 48.

Mainz 139 − Pirmasens 25 − ♦Saarbrücken 41.

🏠 **Hitschler**, Fruchtmarktstr. 8, ℰ 25 74 − 🍴 AE ⓪ E
Karte 25/48 *(Freitag - Samstag 18 Uhr geschl.)* − **16 Z : 25 B** 40/48 - 72/78.

🏠 **Rosenhotel** garni, Von-Rosen-Str. 2, ℰ 28 37/60 14 − 📱 ➚wc 🍴wc ☎. AE ⓪ E
43 Z : 56 B 54/57 - 88/98.

🏠 **Gambrinus**, Poststr. 13, ℰ 66 89 − 🍴 🅿
11 Z : 17 B.

Außerhalb O : 3 km :

🏨 **Romantik-Hotel Fasanerie** ⬳, Fasaneriestraße, ✉ 6660 Zweibrücken, ℰ (06332) 4 40 74, Telex 451182, « Terrasse mit ≪ », ➔, 🏊, 📺 ➚wc 🍴wc ☎ 🅿 🅰. AE ⓪ E VISA. ✽ Rest
Karte 33/62 − **50 Z : 100 B** 85/115 - 125/165 Fb.

In Battweiler 6661 NO : 9 km :

🏠 **Schweizer Haus**, Hauptstr. 17, ℰ (06337) 3 83 − 📺 🍴wc ☎ 🅿. AE ⓪ E
Karte 22/52 *(Dienstag geschl.)* − **8 Z : 14 B** 50/60 - 90/100 Fb.

ZWEIFALL Nordrhein-Westfalen siehe Stolberg/Rheinland.

ZWERENBERG Baden-Württemberg siehe Neuweiler.

ZWIEFALTEN 7942. Baden-Württemberg 987 ㉟ − 2 700 Ew − Höhe 540 m − Erholungsort − ✪ 07373.

Sehenswert : Ehemalige Klosterkirche★★.

♦Stuttgart 84 − Ravensburg 63 − Reutlingen 43 − ♦Ulm (Donau) 50.

🏠 **Hirsch**, Reutlinger Str. 2, ℰ 3 18 − 🍴wc ➚ 🅿
10 Z : 17 B.

🏠 **Zur Post**, Hauptstr. 44, ℰ 3 02, 🍳, 🐎 − 🍴wc ➚ 🅿
1.- 25. Jan. geschl. − Karte 14,50/33 *(Dienstag geschl.)* ⅃ − **13 Z : 25 B** 30/40 - 56/62 − P 48/55.

🏠 **Pension Münsterblick** ⬳ garni, Gustav-Werner-Str. 1, ℰ 8 74 (über Café am Münster) − 🍴 🅿
13 Z : 21 B 25/32 - 48/60.

In Zwiefalten-Gossenzugen N : 1,5 km :

🏠 Haus Forellental ⬳, Mühlweg 1, ℰ 8 01, 🍳, ➔, ⅃, 🐎 − 🍴 ☎ 🅿. ✽
7 Z : 15 B.

ZWIESEL 8372. Bayern 987 ㉘, 426 ⑦ − 10 200 Ew − Höhe 585 m − Luftkurort − Wintersport : 600/700 m ⽄4 ⽄10 − ✪ 09922.

🛈 Verkehrsamt, Stadtplatz 27, (Rathaus), ℰ 13 08.

♦München 179 − Cham 59 − Deggendorf 36 − Passau 63.

🏨 **Kurhotel Sonnenberg** ⬳, Augustinerstr. 9, ℰ 20 31, ≪, ➔, ⅃, 🐎 − 🍴wc ☎ 🅿
Karte 16,50/40 − **22 Z : 42 B** 45 - 91 − P 63/65.

🏨 **Arche Noah** ⬳, Ahornweg 17, ℰ 7 24, ≪, 🍳, ➔, ⅃, 🐎 − 📺 🍴wc ☎ 🅿
Karte 16/38 *(Mittwoch geschl.)* − **26 Z : 52 B** 65/75 - 110 − P 85/95.

🏠 **Bayerischer Hof**, Bahnhofstr. 41, ℰ 12 28, ➔, ⅃ − ➚wc 🍴wc ➚ 🅿
10. Nov.- 20. Dez. geschl. − (nur Abendessen für Hausgäste) − **40 Z : 70 B** 31/38 - 56/68 Fb.

🏠 **Deutscher Rhein**, Stadtplatz 42, ℰ 16 51, Biergarten − 📺 🍴wc ☎ 🅿. AE ⓪ E VISA
Karte 14/42 − **18 Z : 41 B** 43/58 - 70/90.

🏠 **Waldbahn**, Bahnhofplatz 2, ℰ 15 70, 🍳, « Garten », 🐎 − ➚wc 🍴wc 🅿. ✽ Zim
Nov. geschl. − Karte 13,50/32 ⅃ − **27 Z : 52 B** 35 - 70 Fb − P 50.

🏠 **Zwieseler Hof**, Regener Str. 5, ℰ 26 31 − 🍴wc ☎ ➚ 🅿. AE E
Karte 15/50 − **19 Z : 35 B** 29/37 - 55/63 Fb.

🏠 **Zum Goldwäscher**, Jahnstr. 28, ℰ 95 12, ➔ − ➚wc 🍴wc ☎ ➚ 🅿
26. Nov.- 12. Dez. geschl. − Karte 12,50/29 − **10 Z : 18 B** 35/40 - 70.

In Zwiesel-Rabenstein NW : 5 km − Höhe 750 m :

🏨 **Linde** ⬳, Lindenweg 5, ℰ 16 61, ≪ Zwiesel u. Bayer. Wald, 🍳, ⅃, 🐎 − 📱 📺 ➚wc 🍴wc ☎ 🅿. ✽ Rest
30. Nov. - 19. Dez. geschl. − Karte 14/42 − **39 Z : 75 B** 50/60 - 90/102 Fb.

In Lindberg-Zwieslerwaldhaus 8372 N : 10 km − Höhe 700 m − Wintersport : ⽄4 :

🏠 **Waldgasthof Naturpark** ⬳, ℰ (09925) 5 81, ⅃, 🐎 − ➚wc 🍴wc 🅿
15. Okt.- 22. Dez. geschl. − Karte 11,50/28 *(Dienstag geschl.)* − **16 Z : 33 B** 34/36 - 68/72 Fb.

🏠 **Schachten** ⬳, ℰ (09925) 2 49, 🍳, ➔, 🐎 − ➚wc 🍴wc 🅿. ✽ Rest
Nov.- 25. Dez. geschl. − Karte 13,50/30 *(Montag geschl.)* − **15 Z : 30 B** 35/45 - 60/70.

848

ZWIESELBERG Baden-Württemberg siehe Freudenstadt.

ZWINGENBERG 6144. Hessen — 5 600 Ew — Höhe 97 m — ✪ 06251 (Bensheim).
♦Wiesbaden 61 — ♦Darmstadt 23 — Mainz 62 — ♦Mannheim 37 — Heidelberg 45.

🏠 **Zum Löwen**, Löwenplatz 6, ℰ 7 11 34 — ⌂wc ♨wc 🅿 ⅍
Karte 18/55 *(Montag geschl.)* — **14 Z : 30 B** 60 - 100.

ZWISCHENAHN, BAD 2903. Niedersachsen 🄨🄧🄦 ⑭ — 24 500 Ew — Höhe 11 m — Moorheilbad
— ✪ 04403.

Sehenswert : Parkanlagen★.

🛈 Kurverwaltung, Auf dem Hohen Ufer, ℰ 25 80.
♦Hannover 185 — Groningen 121 — ♦Oldenburg 17 — Wilhelmshaven 53.

🏠 **Seehotel Fährhaus** ⌂, Auf dem Hohen Ufer 8, ℰ 24 76, ≤, « Terrasse am See », ◪, 🐎
— 🏥 📺 ♨wc ☎ ⟺ 🅿. AE ⑩
Karte 21/54 — **44 Z : 70 B** 54/70 - 96/125 Fb — P 80/100.

🏠 **Haus Ammerland** ⌂, Rosmarinweg 24, ℰ 51 44, 🐎 — 📺 ⌂wc ♨wc ☎ 🅿. AE ⑩
🍳
(nur Abendessen für Hausgäste) — **23 Z : 45 B** 50/65 - 80/100 — 4 Appart. 60/76.

🏠 **Haus am Meer** ⌂, Auf dem Hohen Ufer 25, ℰ 20 34, ≤, 🏕 — ⌂wc ♨wc ☎ ⟺ 🅿 ⅍.
AE ⑩
Karte 21/55 — **44 Z : 68 B** 40/65 - 80/160 Fb — P 80/120.

🏠 **Am Torfteich** ⌂ garni, Rosmarinweg 7, ℰ 10 33, ⇌ — 📺 ♨wc ☎ 🅿
12 Z : 21 B 63/78 - 84/120 Fb.

🏠 **Landhaus Haake** ⌂ garni, Speckener Weg 28, ℰ 46 54, ⇌, ◪, 🐎, ✖ — 📺 ♨wc ☎
⟺ 🅿. 🍳
12 Z : 23 B 45/60 - 73/83 — 17 Appart. 64/105.

🏠 **Park-Hotel**, In der Horst 19, ℰ 32 97, Straßenterrasse — 📺 ⌂wc ♨wc ☎ ⟺ 🅿 ⅍. AE
⑩
Karte 20/60 — **21 Z : 40 B** 52/70 - 104/125 Fb.

🏠 **Hof von Oldenburg**, Am Brink 4, ℰ 21 69, ⇌ — ♨wc ⟺ 🅿
Karte 17,50/43 *(Dienstag geschl.)* — **11 Z : 21 B** 38/45 - 89.

✗✗ **Der Ahrenshof**, Burgweg 7, ℰ 39 89, « Einrichtung eines Ammerländer Bauernhauses,
Gartenterrasse » — 🅿
(abends Tischbestellung ratsam).

In Bad Zwischenahn - Aschhauserfeld NO : 4 km Richtung Wiefelstede :

🏠 **Motor-Hotel-Strandperle - Romantik-Restaurant Jagdhaus Eiden** ⌂, ℰ 23 77
(Hotel) 10 22 (Rest.), Spielcasino im Hause, « Gartenterrasse », ⇌, ◪, 🐎 — 📺 ⌂wc
♨wc ☎ 🅿 ⅍. AE ⑩ E 𝗩𝗜𝗦𝗔. 🍳
Karte 27/64 (siehe auch Rest. **Apicius**) — **51 Z : 85 B** 65/100 - 125/140 Fb.

🏠 **Haus Borggräfe** ⌂ garni, Veilchenweg 17, ℰ 34 55, ⇌, ◪, 🐎 — 📺 ⌂wc ♨wc ☎ 🅿.
⑩
14 Z : 22 B 44/50 - 88/100.

🏠 **Pension Andrea** garni, Wiefelsteder Str. 43, ℰ 47 41, 🐎 — ♨wc ☎ 🅿. AE ⑩
16 Z : 26 B 50/70 - 80/120 — 2 Appart. 75/100.

✗✗✗ ❀ **Apicius**, im Jagdhaus Eiden, ℰ 10 22 — 🅿. AE ⑩ E. 🍳
2.- 13. Jan. und Sonntag 15 Uhr - Montag geschl. — Karte 36/75 (abends Tischbestellung
ratsam)
Spez. Zwischenahner Aal in Beaujolaissauce, Hechtsoufflé mit rosa Buttersauce, Das Beste vom Hauskaninchen.

✗✗ **Goldener Adler**, Wiefelsteder Str. 47, ℰ 26 97, « Ammerländer Bauernhaus » — 🅿
Dienstag geschl. — Karte 27/57.

In Bad Zwischenahn - Aue NO : 6 km Richtung Wiefelstede :

✗✗ **Klosterhof**, Wiefelsteder Str. 67, ℰ 87 10, 🏕, « Ammerländer Bauernhaus » — 🅿. AE ⑩
E 𝗩𝗜𝗦𝗔
Montag geschl. — Karte 24/55.

Gute Küchen (siehe S. 15)

haben wir für Feinschmecker

durch ❀, ❀❀ oder ❀❀❀ kenntlich gemacht.

FERIENDÖRFER - FERIENZENTREN (Auswahl)

Die angegebenen Preise gelten pro Wohneinheit und Tag. Eventuelle Neben-
kosten sind nicht enthalten.

Alle Wohnungen haben Kochgelegenheit, die meisten Anlagen verfügen über ein
Restaurant.

LOCALITÉS POSSÉDANT UN CENTRE DE VACANCES

Les prix indiqués ne concernent que le logement, par jour et ne comprennent
pas les éventuels suppléments.

Tous les appartements sont équipés d'une cuisine, mais la plupart des centres
de vacances possèdent aussi un restaurant.

TOWNS WITH A HOLIDAY VILLAGE

The prices given apply only to accommodation. These are daily rates and do
not include any additional expenses.

Every flat has a kitchen, but most holiday villages have a restaurant as well.

LOCALITÀ CON CENTRO VACANZE

I prezzi indicati corrispondono al solo alloggio giornaliero e non comprendono
eventuali supplementi.

Tutti gli appartamenti dispongono di cucina sebbene, nella maggior parte dei
centri vacanze, esista anche un ristorante.

Altreichenau 8391. Bayern 426 ⑧ – ✪ 08583

- **Haus Bayerwald** ♿, Duschlberg 185, ℘ 6 96, ≤, 斎, 龠, 🔲, ⚡ – 📳 TV 📶wc ⇦ 🅿
  3. Nov.- 15. Dez. geschl. – Karte 12/33 *(Montag geschl.)* – 74 Appart. (2-5 Pers.) 52/75.

Bernau im Schwarzwald 7821. Baden-Württemberg 987 ㉞ ㉝. 242 ㉚. 427 ⑤ – ✪ 07675

Feriendorf Rechbergblick ♿, in Bernau-Oberlehen, ℘ 8 96, 龠, 龠 – 📶wc 🅿
nur Selbstverpflegung – 12 Häuser (4-6 Pers.).

Bischofsmais 8379. Bayern – ✪ 09920

Waldferiendorf Dürrwies ♿, (SO : 4,5 km über Seiboldsried vorm Wald), ℘ 3 35, Appart.
in hist. Bauernhäusern, 🔲, 龠, ⚡ – 📶wc 🅿
nur Selbstverpflegung – 32 Appart. 55/195.

Bitburg 5520. Rheinland-Pfalz 987 ㉓. 409 ㉗ – ✪ 06561

Dorint Ferienpark Südeifel ♿, ✉ 5521 Biersdorf (NW : 12 km), ℘ (06569) 8 41,
Telex 4729607, ≤, Benutzung der Einrichtungen des Sporthotels, ✕ (Halle) – TV 📶wc
📶wc ☎ 🅿
Rest. im Sporthotel – 59 Appart. u. 56 Bungalows (2-7 Pers.) 80/160.

Böbrach 8371. Bayern – ✪ 09923 (Teisnach)

Rothbach Hof ♿, Maisried 6, ℘ 23 68, 斎, Forellenteich, 龠 – ⊟wc 📶wc 🅿
17 Appart. (3 - 7 Pers.).

Braunlage-Hohegeiss 3389. Niedersachsen 987 ⑯ – ✪ 05583

Apartment-Hotel Panoramic ♿, Am Kurpark 3, ℘ 7 11, Telex 96229, ≤, Bade- und
Massageabteilung, 龠, 🔲, 龠, ✕ – 📳 TV ⊟wc ☎ 🅿 ⚍. 彩 Rest
Karte 20/50 – 220 Appart. (2-5 Pers.) 62/156.

Damp 2335. Schleswig-Holstein – ✪ 04352

Ferienpark Damp 2000, ℘ 8 06 66, Telex 29322, Bade- und Massageabteilung, ⚓, 龠,
🔲 (geheizt), 🔲, 龠, ✕ – 📳 📶wc ☎ 🅿 ⚍
Karte 18,50/46 *(5 Rest., auch Self-service)* – 900 Appart. und Ferienhäuser (2-8 Pers.) 413/1267
pro Woche.

850

Daun 5568. Rheinland-Pfalz 987 ㉓ – ✆ 06592

Eifel-Ferienpark Daun ॐ, Im Grafenwald, ✆ 71 30, Telex 659291, ☎, 🏊, ✗ (Halle), 🏇 (Halle, Schule, Parcours) – 📺 ⛴wc ☎ ⚡ ⟶ 🅿 🛗
Rest. im Club-Hotel – 143 Bungalows und Appart. (2-6 Pers) 67/176.

Esens 2943. Niedersachsen 987 ④ – ✆ 04971

Aquantis ॐ, Bensersiel (NW : 4 km), ✆ 15 55, Telex 27798, Bade- und Massageabteilung, ☎, 🏊 – 🕴 📺 ⛴wc ⟶ 🅿
Mitte März - Anfang Nov. – Karte 18/50 (auch Self-service) – 220 Appart. (1-6 Pers.) 102/185.

Fehmarn 2448. Schleswig-Holstein 987 ⑥ – ✆ 04371

IFA Ferien-Centrum-Südstrand ॐ, Südstrandpromenade 1, ✆ 50 11 01, Telex 29825, ≼, ☎, 🏊, ✗ – 🕴 ⛴wc ⛴wc 🅿
März - Mitte Nov. – Karte 15,50/42 (4 Rest., auch Self-service) – 900 Appart. und Bungalows (2-6 Pers.) 69/209.

Frankenau 3559. Hessen – ✆ 06455

Feriendorf Frankenau ॐ, Am Sternberg (N : 2 km), ✆ 80 11, Telex 482520, ☎, 🏊, 🐎, ✗, 🏇, Fahrradverleih, ☃ – 📺 ⛴wc 🅿
– 132 Häuser (3-6 Pers.).

Freyung 8393. Bayern 987 ㉘, 426 ⑦ – ✆ 08551

Feriendorf Franz Hajek ॐ, Bergstr. 30, ✆ 44 19, ≼ – ⛴wc 🅿
nur Selbstverpflegung – 22 Häuser (4-5 Pers.) 315/700 pro Woche.

Frielendorf 3579. Hessen – ✆ 05684

Ferienwohnpark am Silbersee ॐ, ✆ 74 72, Telex 991732, ☎, 🏊, 🐎, 🐎, ✗, 🏇 – ⛴wc 🅿. ✗
Karte 16/35 (Nov.- Mai Montag geschl.) – 98 Häuser und Appart. (2-6 Pers.) 110/790 pro Woche.

Goslar-Hahnenklee 3380. Niedersachsen 987 ⑯ – ✆ 05325

Ferienpark Hahnenklee ॐ, Am Hahnenkleer Berg 1, ✆ 20 21, Telex 953735, 🏊 (geheizt), 🐎 – 🕴 📺 ⛴wc 🚶 🅿
nur Selbstverpflegung – 400 Appart. (2-6 Pers.).

Griesbach im Rottal 8399. Bayern 987 ㉘ – ✆ 08532

↔ **Appartment-Hotel Griesbacher Hof** ॐ, Thermalbadstr. 24, ✆ 70 10, Bade- und Massageabteilung, ☎, 🐎 – 🕴 📺 ⛴wc ☎ ⚡ ⟶. ✗
10. Nov.- 15. Dez. geschl. – Karte 14/40 (Dienstag geschl.) – 148 Appart. (1-4 Pers.) 34/108.

Gunderath 5441. Rheinland-Pfalz – ✆ 02657

Ferienpark Heilbachsee ॐ, ✆ 12 07, Telex 8611897, ≼, ☎, 🏊, 🐎, ✗ – 📺 ⛴wc ⚓ 🚶 🅿 🛗. ✗ Rest
Karte 16,50/40 – 218 Bungalows (2-6 Pers.) 272/954 pro Woche.

Haidmühle 8391. Bayern 426 ⑧ – ✆ 08556

Ferienhaus Wiesengrund ॐ, Bischofsreut (NW : 4 km), ✆ (08556) 3 59, Damwildgehege, 🏊, 🐎 – 📺 ⛴wc 🅿. ✗
nur Selbstverpflegung – 25 Appart. (2-5 Pers.).

Appartement-Hotel Dreisessel ॐ, ✆ 4 22, ≼ – 🕴 📺 ⛴wc ☎ ⚡ 🅿
12. April - 10. Mai und 4. Okt.- 20. Dez. geschl. – Karte 15/33 (Montag geschl.) – 80 Appart. (2-4 Pers.) 45/72.

Apparthotel Hochstein ॐ, ✆ 40 57, ☎, 🐎 – ⛴wc ☎ 🅿
4.- 29. Nov. geschl. – nur Selbstverpflegung – 71 Appart. (2-4 Pers.) 45/75.

Hausen-Roth (Naturpark-Rhön) 8741. Bayern – ✆ 09779

Rhön-Park-H. Ⓜ ॐ, Rother Kuppe (SW : 5 km), ✆ 9 10, Telex 672877, ≼ Rhön, 🏡, ☎, 🏊, 🐎, ✗ (Halle), 🏇 – 🕴 ⛴wc ☎ 🚶 ⟶ 🅿 🛗. 🆎 ⓪ Ⓔ. ✗ Rest
Karte 19,50/54 (auch Self-service) – 320 Appart. (2-4 Pers.) 400/715 pro Woche.

Hirzenhain 6476. Hessen – ✆ 06045

Ferienpark Hirzenhain ॐ, ✆ 3 37, Telex 4184017, ≼, ☎, 🏊, 🐎, ✗ – 📺 ⛴wc 🛗 🅿. ✗
– 100 Häuser (3-6 Pers.).

Hofbieber 6417. Hessen – ✆ 06657

Ferienpark Hofbieber - Hotel Georgshöhe ॐ, ✆ 80 52, ≼, ☎, 🏊, 🐎, ✗ – 📺 ⛴wc ⛴wc ☎ ⟶ 🅿 🛗
Karte 15/39 – 34 Appart. und Bungalows (2-6 Pers.) 55/122 und 16 Z : 28 B 46 - 79.

Hohenroda 6431. Hessen – ✪ 06676

Feriendorf Hohenroda 🦌, 𝒫 5 01, Telex 493146, ≤, 🏕 – 📺 🍴wc ☎ ℗
nur Selbstverpflegung – 67 Bungalows (2-6 Pers.).

Kellenhusen 2436. Schleswig-Holstein – ✪ 04364 (Dahme)

IFA Ostsee-Kurhotel 🦌, Leuchtturmweg 4, 𝒫 8 91, Telex 297424 – 🛗 📺 ⌂wc ☎ ℗. ﭏ ⑩ Ε. ❀
März - Okt. – Selbstverpflegung – 110 Appart. 108/130.

Kirchheim 6437. Hessen 987 ㉘ – ✪ 06628

See-Park-Kirchheim, Reimboldshausen (SW : 4,5 km), 𝒫 80 01, Telex 493115, ≤, ⌂s, 🔲,
🚣, 🏕, 🍴 (Halle), Wasserskilift, Eissporthalle – 🛗 📺 ⌂wc 🍴wc ☎ ℗ 🏌 ⑩
Karte 17/47 – 40 Appart. und 105 Bungalows (1 - 6 Pers.) 40/113.

Kleinwalsertal Vorarlberg 987 ㉚. 426 ⑮ – ✪ 08329 (Riezlern)

Aparthotel Kleinwalsertal, Wildentalstr. 3, ⊠ 8986 Mittelberg, 𝒫 6 51 10, Telex 59145, 🏕,
⌂s, 🔲 – 🛗 📺 ⌂wc 🍴wc ☎ 🏌 ⇔. ❀ Rest
– 160 Appart. (2-5 Pers.).

Rosenhof, An der Halde 15, ⊠ 8986 Mittelberg, 𝒫 51 94, ⌂s, 🔲, 🏕, 🍴 – 📺 🍴wc ☎ 🏌
℗.
5. Nov.- 5. Dez. geschl. – (Rest. nur für Hausgäste) – 25 Appart. (2-5 Pers.) 74/104.

Sporthotel Riezlern 🦌, Schwendestr. 9, ⊠ 8984 Riezlern, 𝒫 66 51, ≤, ⌂s, 🔲, 🏕 – 🛗
📺 ⌂wc ☎ ℗ ❀ Zim
6. April - 17. Mai und Nov.- 14. Dez. geschl. – Karte 17/40 (Dienstag geschl.) – 80 Appart. (2-4
Pers.) 57/150.

Ferienhotel Hirschegg Ⓜ 🦌, Oberseitestr. 23, ⊠ 8985 Hirschegg, 𝒫 50 78, 🏕, ⌂s, 🔲
– 📺 ⌂wc 🍴wc ☎ ℗
April - 20. Mai und Nov.- 20. Dez. geschl. – Karte 21/40 – 28 Appart. (3-5 Pers.) 110/220.

Langeoog (Insel) 2941. Niedersachsen 987 ④ – ✪ 04972

Aquantis 🦌, Kavalierspad, 𝒫 60 70, Telex 27785, ⌂s, 🔲 – 🛗 📺 🍴wc ♿
100 Appart. (2-4 Pers.).

Lechbruck 8923. Bayern 426 ⑯ – ✪ 08862

Allgäuer Urlaubsdorf Lechbruck am See 🦌, Hochbergle 2, 𝒫 77 11, Telex 59719, ≤ –
🍴wc ☎ 🏌 ℗
Anfang Nov.- Anfang Dez. geschl. – Karte 15/35 (Sept.- Juni Mittwoch geschl.) – 146
Bungalows (4-7 Pers.) 380/875 pro Woche.

Lenzkirch 7825. Baden-Württemberg 987 ㉚. 427 ⑤ – ✪ 07653

Feriendorf Ruhbühl 🦌, (O : 3 km), 𝒫 8 21, ⌂s, 🔲, 🏕, 🍴 – ⌂wc 🍴wc ☎ ℗
Ende Nov.- 20. Dez. geschl. – (siehe auch Schwarzwald-H. Ruhbühl) – 75 Häuser u. Appart.
(2-6 Pers.) 280/686 pro Woche.

Liebenzell, Bad 7263. Baden-Württemberg 987 ㉟ – ✪ 07052

→ Schwarzwaldferienpark Sonnenhöhe 🦌, Monakam (NO : 4 km), 𝒫 20 98, Telex 726156,
⌂s, 🔲, 🏕, 🍴 – 🛗 📺 ⌂wc 🏌 ℗ 🏌
Karte 13/35 (Nov.- Feb. Montag geschl.) – 33 Appart. (1-4 Pers.) und 76 Häuser (2-8 Pers.)
60/140.

Löffingen 7827. Baden-Württemberg 987 ㉟. 427 ⑤ ③ – ✪ 07654

Ferienhäuser Dittishausen 🦌, (NO : 4 km), 𝒫 5 05 (Verkehrsverein), Bade- und
Massageabteilung, ⌂s, 🏕 – 🛗 📺 ⌂wc 🍴wc ♿ ⇔
nur Selbstverpflegung – 100 Häuser (2-8 Pers.) und 100 Appart. (3-6 Pers.).

Michelstadt 6120. Hessen 987 ㉘ – ✪ 06061

Feriendorf Vielbrunn 🦌, in Michelstadt-Vielbrunn (NO : 13,5 km), 𝒫 (06066) 5 84, ⌂s, 🔲,
🏕 – 📺 🍴wc ℗ ❀
Karte 16/40 (Montag geschl.) – 84 Häuser (2-6 Pers.) 294/693 (pro Woche).

Mitterfels 8446. Bayern – ✪ 09961

→ Appartement-Hotel 🦌, Steinburger Str. 2, 𝒫 5 53, Telex 69720, ⌂s, 🔲, 🍴 (Halle) – 📺
⌂wc 🍴wc ☎ ℗ 🏌. ﭏ ⑩
Karte 14,50/30 (wochentags nur Abendessen) – 85 Appart. (2-6 Pers.) 329/773 pro Woche.

Möhnesee 4773. Nordrhein-Westfalen – ✪ 02924

See Apartments in Möhnesee-Wamel, Bahnhofstr. 26, 𝒫 3 76, ≤, ⌂s, 🔲, 🚣 – 🍴wc ℗
❀
nur Selbstverpflegung – 20 Appart. (2-6 Pers.) 46/103.

Nesselwang 8964. Bayern 987 ⑱. 426 ⑮ – ✆ 08361

Feriendorf Sonnenhäuser ⌂ (SW : 2 km), Bürgermeister-Martin-Str. 8, ✆ 6 16, ≤, ⌓ (geheizt), ☞, ✍ – 📺 ⌂wc 🚽wc 🏋 ☎ & ⟵ 🅿
nur Selbstverpflegung – 54 Häuser (2-8 Pers.) 45/122.

Neukirchen vorm Wald 8391. Bayern – ✆ 08504

Gut Giesel ⌂, in 8391 Feuerschwendt (O : 6 km), ✆ (08505) 7 87, Telex 57797, ≤, ⓢ, ⌕, ☞, ✍, ⟵ – ⌂wc 🚽wc ☎ & 🏋 ⟵ 🅿. ✻ Rest
Anfang Nov.- Anfang Dez. geschl. – (Rest. nur für Hausgäste) – 31 Appart. und Bungalows (1-6 Pers.) 60/126 (Vollpension pro Pers.) (nur Halb- oder Vollpension).

Oberhambach 6589. Rheinland-Pfalz – ✆ 06782

Ferienpark Hambachtal ⌂, ✆ 10 01, Telex 426605, Massage, ⓢ, ⌓ (geheizt), ⌕, ☞, ✍ (Halle), ☶ – 🔳 📺 ⌂wc ☎ 🏋 🅿 ⛵
Restaurants : – **Hambach-Grill** Karte 17/35 – **Blauer Pavillon** *(Dienstag geschl.)* Karte 22/46 – 266 Appart. und Bungalows (2-6 Pers.) 60/155.

Oberreute 8999. Bayern 426 ⑭ – ✆ 08387

Falkenhof Ferienappartements ⌂ Oberreute-Irsengrund (S : 1,5 km), Falkenweg 1, ✆ 24 55, ≤, ⓢ, ☞ – ⌂wc 🚽wc 🅿
nur Selbstverpflegung – 15 Appart. (2-6 Pers.) 53/78.

Oldenburg in Holstein 2440. Schleswig-Holstein 987 ⑥ – ✆ 04361

Ferienzentrum Weissenhäuser Strand, Seestr. 1 (NW : 6 km), ✆ 49 01, Telex 297417, Bade- und Massageabteilung, ⓢ, ☞, ✍ – 🔳 🚽wc ☎ & 🏋 ⟵ 🅿 ⛵. ✻
Mitte März - Okt. – Karte 22/46 *(3 Rest., auch Self-service)* – 1 007 Appart. und Bungalows (2-8 Pers.) 48/225 (auch 86 Z : 172 B 80/90 - 120/130).

Rotenburg (Wümme) 2720. Niedersachsen 987 ⑮ – ✆ 04261

Ferienzentrum ⌂, in 2725 Bothel (SO : 8 km), ✆ (04266) 4 87, ⓢ, ☞ – 🚽wc 🅿
24 Appart. (2-4 Pers.) u. 12 Häuser (6 Pers.) Übernachtung mit Frühstück möglich.

Saarburg 5510. Rheinland-Pfalz 987 ㉓. 409 ㉗. 57 ⑤ – ✆ 06581

Feriendorf Hostenberg ⌂, (W : 7 km über Saarburg-Kahren), ✆ 44 40, Telex 4729817, ≤, ☞ – 📺 ⌂wc 🚽wc ☎ 🅿
nur Selbstverpflegung – 47 Appart. und 40 Häuser (2-6 Pers.).

St. Englmar 8449. Bayern – ✆ 09965

Appart.-H. Predigtstuhl ⌂, Am Predigtstuhl 2, ✆ 8 92 13, Telex 69824, ≤, ☶, « Hallenbad Römerlagune », Bade- und Massageabteilung, ⓢ, ⌓ (geheizt), ☞, ✍ (Halle) – 🔳 📺 🚽wc ☎ 🏋 ⟵ 🅿. ✻ Rest
– 420 Appart. (2-5 Pers.).

Schönhagen 2343. Schleswig-Holstein – ✆ 04644

Dorint Aparthotel Schönhagen ⌂, Schloßstr. 1, ✆ 6 11, Telex 22890, ☶, ⓢ, ⌕, ✍ (Halle) – 🔳 🚽wc 🏋 🅿 ⛵. 🆎 ⓪ Ⓔ 𝗩𝗜𝗦𝗔
15. März - Okt. – Karte 21/54 – 193 Appart.(2-7 Pers.) 45/160.

Siegsdorf 8227 Bayern 987 ㊲ ㊳. 426 ⑲ – ✆ 08662

Ferienpark Vorauf ⌂, (O : 6 km), ✆ 70 61, Massage, ⓢ, ⌓ (geheizt), ⌕, ☞, ✍, 🏇 (Halle u. Parcours) – ⌂wc 🅿 ⛵
275 Häuser und Appart. (3-8 Pers.).

Thalfang 5509. Rheinland-Pfalz 987 ㉔ – ✆ 06504

Feriendorf Himmelberg ⌂, ✆ 15 22, ≤, ⓢ, ☞, ✍ – 📺 ⌂wc 🚽wc 🅿
nur Selbstverpflegung – 76 Appart. und 20 Bungalows (2-6 Pers.) 54/88.

Todtmoos 7867. Baden-Württemberg 987 ㉞. 427 ⑤ – ✆ 07674

Appartement - Hotel Sonne, Forsthausstr. 11, ✆ 5 91, ⓢ, ⌕ – 🚽wc ☎ 🅿
nur Selbstverpflegung – 60 Appart. (2-6 Pers.) 65/120.

Waldbrunn 6935. Baden-Württemberg – ✆ 06274

Feriendorf Waldbrunn ⌂, Waldbrunn-Waldkatzenbach, ✆ 15 24, ☞, ✍ – 📺 🚽wc 🅿
nur Selbstverpflegung – 180 Häuser (2-6 Pers.).

Welschneudorf 5431. Rheinland-Pfalz – ✆ 02608

Landhotel Rückerhof ⌂, Tiergartenweg, ✆ 2 08, ☞, 🏇 – 🚽wc 🅿
Karte 15/27 *(wochentags nur Abendessen, Montag geschl.)* – 13 Appart u. 7 Bungalows (2 - 6 Pers.) 60/105.

	✗	⚑	🐎	♿
Aach (Hegau)	x			
Aachen	x		x	
Achern			x	
Achim			x	
Ahaus			x	
Ahrensburg		x		
Aibling, Bad			x	
Albstadt		x		
Alsfeld	x		x	
Altenstadt	x			
Altensteig	x			
Alzenau	x			
Alzey	x			
Amorbach	x			
Ankum	x	x		
Aschaffenburg			x	
Ascheberg i. H.			x	
Attendorn	x	x		
Augsburg			x	
Aurich			x	
Backnang	x			
Baden-Baden	x	x	x	
Badenweiler	x			
Baiersbronn	x		x	
Barnstorf			x	
Barsinghausen	x			
Bartholomä	x		x	
Bederkesa			x	
Bellingen, Bad			x	
Bendorf	x			
Bergisch Gladbach		x		
Bergzabern, Bad	x		x	
Berlin			x	
Bernkastel-Kues	x		x	
Bernried			x	
Bertrich, Bad			x	
Bevensen, Bad			x	x
Bexbach	x			
Bielefeld			x	
Bippen	x			
Bischofsgrün	x	x	x	
Bischofsmais	x		x	
Bischofswiesen			x	
Bispingen			x	
Bissendorf			x	
Bitburg	x			
Bleckede		x		
Bochum			x	
Bocklet, Bad			x	
Bodenmais	x		x	
Bodenteich			x	x
Bodman-Ludwigshafen	x			
Böblingen			x	
Böbrach	x	x		
Bollendorf	x	x		
Bonn				x
Bonndorf		x		
Boppard	x			
Borgholzhausen	x			
Bosau				x
Brakel				x
Bramstedt, Bad				x
Braunlage	x			
Braunschweig				x
Bregenz (A)	x			x
Breisach				x
Breitenbach a.H.				x
Bremen				x
Bremerhaven				x
Brensbach	x			
Bruchsal				x
Brückenau, Bad			x	x
Buchen (Odenwald)		x		
Buchenberg	x			
Büchlberg		x		
Bühl	x			
Büsum	x			
Burgdorf	x			
Butjadingen				x
Celle				x
Chieming			x	
Cochem				x
Colmberg		x		
Cuxhaven		x	x	
Damp	x			
Darmstadt				x
Datteln	x			x
Daun	x	x		
Deggendorf				x
Dernbach (Kreis Neuwied)	x			
Detmold				x
Diemelsee				x
Diemelstadt				x
Diepholz	x			
Dingolfing				x
Dischingen	x			
Döttesfeld	x			
Donaueschingen		x	x	x
Dormagen				x
Dortmund				x
Drachselsried			x	
Driburg, Bad	x	x		
Dülmen				x
Dürkheim, Bad				x
Düsseldorf				x
Duisburg				x

	🍴	⛺	🐎	♿
Ebersberg	x			
Eckernförde	x		x	
Egestorf	x	x	x	
Egloffstein		x		
Eigeltingen		x		
Einbeck			x	
Eisenberg (Pfalz)			x	
Eisenschmitt	x			
Elfershausen			x	
Emsdetten			x	
Emstal			x	
Enzklösterle	x		x	
Erlangen			x	
Eschbach	x			
Eschenlohe			x	
Esens			x	
Eslohe	x		x	
Essen	x		x	
Esslingen			x	
Ettal	x			
Extertal		x		
Fassberg	x			
Fehmarn			x	
Feilnbach, Bad			x	
Feldafing	x			
Feldberg i. Schw.	x			
Feucht			x	
Feuerschwendt	x	x	x	
Fischen im Allgäu	x			
Fischerbach			x	
Flammersfeld			x	
Fleckeby	x			
Flensburg			x	
Forbach	x			
Forchheim (Bay.)			x	
Frankenau	x	x		
Frankfurt am Main	x		x	
Freiburg im Breisgau	x		x	
Freilassing	x			
Freudenstadt		x		
Freyung	x		x	
Friedenweiler	x			
Friedrichshafen	x		x	
Frielendorf	x	x		
Fürth			x	
Füssing, Bad			x	
Fulda	x		x	
Gaggenau		x		
Gaienhofen	x	x		
Ganderkesee	x		x	
Garmisch-Partenkirchen	x		x	
Geiselwind			x	
Gernsbach	x			
Gersfeld	x			
Gifhorn			x	
Glottertal	x			
Göppingen			x	
Göttingen	x			
Goslar	x		x	
Gräfendorf		x		
Grafenau	x		x	
Grainau	x		x	
Grasellenbach	x			
Grassau	x			
Grefrath	x			
Griesbach i. R.	x		x	x
Grömitz	x	x		
Gronau in Westfalen	x	x		
Grünberg	x			
Gütersloh				x
Gummersbach	x			x
Gundelsheim		x		
Gunderath	x			x
Hagen				x
Hagnau				x
Halblech	x			
Halle i. W.	x			x
Hamburg	x			x
Hamm i. Westf.				x
Hammelburg	x			
Hanau		x		x
Handeloh	x			
Hankensbüttel				x
Hannover	x			x
Harpstedt	x			
Harzburg, Bad	x			
Haselünne	x			
Hassloch				x
Hausen-Roth	x	x		
Hauzenberg	x			
Heidelberg				x
Heidenheim a.d. B.			x	
Heilbronn				x
Heimborn	x			
Heimbuchental	x			
Heitersheim				x
Herleshausen				x
Hermannsburg			x	x
Hermeskeil				x
Herrenberg				x
Herrsching am Ammersee	x			
Hersfeld, Bad				x
Herzberg				x
Herzogenaurach	x			
Herzogenrath	x			
Hilders	x			
Hindelang	x			
Hinterzarten	x		x	x
Hirzenhain	x			x
Hitzacker				x
Höhr-Grenzhausen	x		x	x
Hönningen, Bad				x
Höxter			x	
Hofbieber	x			
Hofheim am Taunus	x			
Hofheim in Unterfranken			x	
Hohenroda	x		x	x
Holzminden				x
Honnef, Bad	x	x	x	x
Horb			x	
Horben	x			
Horn-Bad Meinberg	x			x
Idar-Oberstein				x
Immenstadt im Allgäu			x	
Ingolstadt				x
Iserlohn	x			x
Isny	x			x
Jesteburg				x
Jungholz in Tirol	x			x
Kamp-Lintfort	x			
Kandel				x
Karben	x			

	✂	📻	🐎	♿		✂	📻	🐎	♿
Karlsruhe				x	Marl				x
Kassel				x	Mayen	x	x		
Katzenelnbogen	x			x	Mechernich	x	x		
Kelheim				x	Mellrichstadt				x
Kelkheim	x				Memmingen				x
Kell am See				x	Mergentheim, Bad				x
Kelsterbach				x	Mettlach	x			
Kevelaer	x		x	x	Mettmann	x			
Kiel				x	Mindelheim				x
Kirchen	x				Minden				x
Kirchham	x				Mittenwald				x
Kirchheim	x			x	Mitterfels	x			
Kissingen, Bad	x			x	Mönchberg	x			
Kleinwalsertal	x				Moers				x
Kleve	x			x	Monschau			x	
Kochel am See				x	Montabaur				x
Köln	x			x	München	x			x
König, Bad	x	x			Münden	x			
Königslutter	x			x	Münder am Deister, Bad				x
Königstein im T.	x				Münster (Westfalen)	x	x		x
Königswinter	x			x	Münster am Stein-				
Konstanz	x			x	Ebernburg, Bad	x			
Konz				x	Münstertal	x			
Korbach				x	Murnau				x
Krefeld				x	Nastätten	x			
Kressbronn				x	Nauheim, Bad				x
Kreuth	x				Naumburg			x	
Kreuznach, Bad				x	Neckarsteinach				x
Kronberg im Taunus		x			Neckarwestheim		x		
Kyllburg	x				Nenndorf, Bad				x
Laasphe	x				Neresheim	x			
Laer, Bad	x				Nesselwang	x			x
Lage (Lippe)				x	Neualbenreuth		x		
Lahnstein	x			x	Neuenahr-Ahrweiler, Bad	x			x
Lahr				x	Neuenkirchen/Steinfurt	x			
Lalling	x				Neuenrade	x			
Lam	x			x	Neukirchen vorm Wald	x		x	x
Langelsheim		x			Neumünster				x
Langeoog				x	Neunkirchen (B.-W.)	x			x
Laubach				x	Neunkirchen am Brand	x			
Lautenbach				x	Neureichenau	x			
Lauterberg, Bad				x	Neuss				x
Lembruch				x	Neustadt a.d. A.				x
Lenggries				x	Neu-Ulm				x
Lenzkirch	x			x	Niederstotzingen	x	x		
Lichtenau				x	Niefern-Öschelbronn				x
Liebenzell, Bad	x				Nohfelden	x			
Lindau im Bodensee	x			x	Norden				x
Lingen				x	Norderney (Insel)	x			x
Lippspringe, Bad				x	Nümbrecht				x
Löf	x				Nürnberg	x			x
Löffingen	x			x	Oberhambach	x			
Löwenstein				x	Oberkirch	x			
Lohmar	x				Obernzell	x	x		
Lorch am Rhein				x	Oberried	x	x		
Ludwigsburg				x	Oberstaufen	x			
Ludwigshafen am Rhein	x				Obing	x			
Lübeck				x	Ochsenfurt	x			
Lügde	x				Öhringen	x	x		
Lüneburg				x	Oestrich-Winkel				x
Maikammer				x	Oeynhausen, Bad				x
Mainz	x			x	Offenbach				x
Malente-Gremsmühlen	x				Offenburg				x
Mannheim				x	Oldenburg				x
Marburg an der Lahn				x	Oldenburg in Holstein	x			x
Marktheidenfeld	x			x	Olpe				x

	✁	⌂	⚘	⚲
Olsberg	x			x
Oppenau				x
Orb, Bad				x
Osnabrück				x
Osterhofen	x			
Ostfildern	x			x
Owschlag	x			
Parkstein			x	
Pattensen				x
Petershagen	x			
Peterstal-Griesbach, Bad	x			
Pfalzgrafenweiler	x			
Pforzheim				x
Pfronten	x			x
Piding	x			
Plech			x	
Pliezhausen				x
Pommersfelden				x
Prien am Chiemsee				x
Prüm			x	
Pyrmont, Bad				x
Quakenbrück			x	
Radolfzell	x			
Ramsau	x			x
Rastede				x
Ratingen	x			x
Ravensburg	x			
Regensburg	x			
Reichenhall, Bad	x		x	x
Remscheid				x
Rheda-Wiedenbrück			x	
Rieneck			x	
Rippoldsau-Schapbach, Bad	x			x
Rodach				x
Rohrdorf				x
Rosshaupten			x	
Rotenburg/Fulda	x			
Rothenburg o.d.T.				x
Rothenfelde, Bad				x
Rottach-Egern				x
Rüdesheim	x			
Rüsselsheim				x
Ruhpolding	x		x	x
Saarbrücken				x
Saarlouis				x
Salzburg (A)	x			x
Salzgitter				x
Salzschlirf, Bad	x			x
Salzuflen, Bad	x	x		x
St. Augustin				x
St. Englmar	x	x		
St. Ingbert	x			
Scharbeutz			x	
Scheidegg	x			x
Schenefeld	x			
Schieder-Schwalenberg				x
Schifferstadt	x			
Schliersee	x			
Schluchsee	x			x
Schlüsselfeld	x			
Schmallenberg	x		x	x
Schnaittach				x
Schönau am Königssee	x			
Schönau a. d. Brend			x	
Schönborn, Bad				x
Schönhagen	x			

	✁	⌂	⚘	⚲
Schönsee	x	x		
Schönwald	x			
Schopfheim				x
Schotten	x			
Schriesheim				x
Schulenberg	x			
Schwäbisch Gmünd			x	x
Schwäbisch Hall				x
Schwangau				x
Schwarmstedt	x			x
Schwartau, Bad	x			x
Schwarzach				x
Schwarzenfeld			x	
Schwarzwaldhochstraße	x			x
Schweitenkirchen				x
Seebach	x			
Seeheim-Jugenheim				x
Seewald	x	x		
Siegen				x
Siegsdorf	x	x		
Simmern			x	x
Simonswald	x			
Sindelfingen				x
Singen (Hohentwiel)				x
Sinspelt	x			
Sobernheim	x			x
Soden a.T., Bad	x			x
Soltau	x			
Sonthofen	x	x		
Sooden-Allendorf, Bad				x
Stadland	x			
Stadtallendorf	x			x
Stadtkyll	x			
Steben, Bad				x
Stipshausen				x
Stolberg/Rhld.			x	
Straubenhardt	x			
Straubing				x
Stühlingen			x	
Stuttgart	x			x
Südlohn				x
Suhlendorf	x	x		
Sulzburg	x			
Sundern				x
Tegernsee				x
Teisendorf	x			
Thalfang	x			
Thurmannsbang	x			
Timmendorfer Strand	x	x		x
Titisee-Neustadt	x			x
Todtmoos	x			x
Todtnau	x			
Tölz, Bad	x			
Treis-Karden	x			
Tremsbüttel	x			
Trier				x
Trittenheim			x	
Tübingen				x
Tutzing				x
Überlingen	x			
Uhingen				x
Ulm (Donau)				x
Undeloh			x	
Unterreichenbach	x			
Vechta				x
Vellberg	x			

	✸	🍴	🐎	⛵
Verden a.d.A.				x
Visselhövede				x
Wadern	x			
Waiblingen				x
Waischenfeld				x
Waldbreitbach	x			
Waldbrunn	x			
Waldeck			x	
Waldems			x	
Waldkirchen				x
Wald-Michelbach	x			x
Waldsee, Bad				x
Walldorf	x			x
Wallgau				x
Wangen im Allgäu	x		x	
Wangerland				x
Warendorf				x
Weibersbrunn				x
Weilburg				x
Weilrod	x			
Weinheim a. d. Bergstraße	x			
Weiskirchen	x			x
Welschneudorf			x	
Welzheim	x	x	x	
Wenden	x			
Wertheim	x		x	
Wesel	x			x
Wieden	x			
Wiefelstede	x			x
Wiehl				x
Wiesbaden				x
Wiesenttal	x			
Wiesmoor				x
Wiggensbach	x	x		
Wildbad im Schwarzwald	x			x
Wildeshausen	x			
Wildungen, Bad	x			x
Wilhelmshaven				x
Willingen (Upland)	x			x
Winden	x			
Windsheim, Bad				x
Wingst	x			
Winterberg	x			x
Wirsberg			x	x
Wörishofen, Bad	x			x
Wolfach			x	
Wolfsburg				x
Würselen	x			
Würzburg				x
Wunsiedel	x			
Wuppertal	x	x		x
Wurzach, Bad				x
Xanten				x
Zell an der Mosel	x			
Zenting			x	
Zeven				x
Zwischenahn, Bad	x			

© **MICHELIN-REIFENWERKE KGaA. KARLSRUHE**

Touristikabteilung

Satz : S.C.I.A., La Chapelle d'Armentières — Frankreich

Druck : Süddeutsche Verlagsanstalt und Druckerei GmbH, 7140 Ludwigsburg

Bindearbeit : Grossbuchbinderei Sigloch GmbH & Co. KG, 7118 Künzelsau

MANUFACTURE FRANÇAISE DES PNEUMATIQUES MICHELIN

Société en commandite par actions au capital de 700 000 000 de francs

Place des Carmes-Déchaux - 63 Clermont-Ferrand (France)

R.C.S. Clermont-Fd B 855 200 507

© MICHELIN ET Cie, propriétaires-éditeurs, 86

DL 12-85 — ISBN 3 92 107 806-7

TELEFON-VORWAHLNUMMERN EUROPÄISCHER LÄNDER

INDICATIFS TÉLÉPHONIQUES EUROPÉENS

EUROPEAN DIALLING CODES

INDICATIVI TELEFONICI DEI PAESI EUROPEI

	von de from dal		nach en to in	von de from dal		nach en to in
B	Belgien	0049*	→ Deutschland		0032	→ Belgien
DK	Dänemark	00949	→ »		0045	→ Dänemark
SF	Finnland	99049	→ »		00358	→ Finnland
F	Frankreich	1949*	→ »		0033	→ Frankreich
GR	Griechenland	0049	→ »		0030	→ Griechenland
GB	Großbritannien	01049	→ »		0044	→ Großbritannien
I	Italien	0049	→ »		0039	→ Italien
YU	Jugoslawien	9949	→ »		0038	→ Jugoslawien
FL	Liechtenstein	0049	→ »		0041	→ Liechtenstein
L	Luxemburg	05	→ »		00352	→ Luxemburg
NL	Niederlande	0949*	→ »		0031	→ Niederlande
N	Norwegen	09549	→ »		0047	→ Norwegen
A	Österreich	06	→ »		0043	→ Österreich
P	Portugal	749	→ »		00351	→ Portugal
S	Schweden	00949	→ »		0046	→ Schweden
CH	Schweiz	0049	→ »		0041	→ Schweiz
E	Spanien	0749*	→ »		0034	→ Spanien

Wichtig : Bei Gesprächen vom Ausland nach Deutschland darf die voranstehende O (Null) der deutschen Ortsnetzkennzahl nicht gewählt werden, ausgenommen bei Gesprächen von Luxemburg und Österreich nach Deutschland.

* *nach den ersten beiden Vorwahlziffern erneuten Wählton abwarten, dann weiterwählen.*

Important : Pour les communications d'un pays étranger (Luxembourg et Autriche exceptés) vers l'Allemagne, le zéro (0) initial de l'indicatif interurbain allemand n'est pas à chiffrer.

* *après les deux premiers chiffres : attendre la tonalité.*

Note : When making an international call (excluding Luxemburg and Austria) to Germany do not dial the first "0" of the city codes.

* *After the first two digits wait for the dialling tone.*

Importante : per comunicare con la Germania da un paese straniero (Lussemburgo e Austria esclusi) non bisogna comporre lo zero (0) iniziale dell'indicativo interurbano tedesco.

* *composte le prime due cifre, aspettare il segnale di "libero".*

Michelin
karten
der
Hauptverkehrsstraßen

1/1 000 000

Europe

1/3000000

920
MICHELIN

EUROPE

1cm: 30km
1/3000000 - 1 in. 47 miles (approx.)

Tourism
Roads
Relief

Index of place names

PNEU MICHELIN
46 Av. de Breteuil 75341 PARIS CEDEX 07
Tel. 11.11.11.11.11

Grüne Michelin Reiseführer

Deutsche Ausgaben

ITALIEN

SPANIEN

BRETAGNE

CÔTE D'AZUR
FRANZÖSISCHE RIVIERA

ELSASS-VOGESEN-CHAMPAGNE

KORSIKA*

PARIS

PROVENCE

SCHLÖSSER AN DER LOIRE

* (In Vorbereitung)